Enciclopédia do Cinema Brasileiro

1ª edição: 2000
2ª edição: 2004
3ª edição ampl. e atualiz.: 2012

Dados Internacionais de Catalogação na Publicação (CIP)
(Câmara Brasileira do Livro, SP, Brasil)

Enciclopédia do cinema brasileiro / [organizadores]
Fernão Pessoa Ramos, Luiz Felipe Miranda. –
São Paulo : Editora Senac São Paulo/Edições SESC SP,
2000.

Vários colaboradores.
ISBN 978-85-396-0150-9 (Editora Senac São Paulo)
ISBN 978-85-7995-030-8 (Edições SESC SP)

1. Cinema – Brasil   2. Cinema – Brasil – Enciclopédias   3.
Cinema – Brasil – Filmografia   I. Ramos, Fernão Pessoa.   II.
Miranda, Luiz Felipe.

99-3396   CDD-791.430981003

Índices para catálogo sistemático:

1. Brasil : Cinema : Enciclopédias   791.430981003
2. Cinema brasileiro : Enciclopédias   791.430981003
3. Enciclopédia : Cinema brasileiro   791.430981003

Enciclopédia do Cinema Brasileiro

Fernão Pessoa Ramos
Luiz Felipe Miranda
Organizadores

3ª edição ampliada e atualizada

SERVIÇO NACIONAL DE APRENDIZAGEM COMERCIAL
ADMINISTRAÇÃO REGIONAL DO SENAC NO ESTADO DE SÃO PAULO

Presidente do Conselho Regional
Abram Szajman

Diretor do Departamento Regional
Luiz Francisco de A. Salgado

Superintendente Universitário e de Desenvolvimento
Luiz Carlos Dourado

EDITORA SENAC SÃO PAULO

Conselho Editorial
Luiz Francisco de A. Salgado
Luiz Carlos Dourado
Darcio Sayad Maia
Lucila Mara Sbrana Sciotti
Jeane Passos Santana

Gerente/Publisher
Jeane Passos Santana (jpassos@sp.senac.br)

Coordenação Editorial
Márcia Cavalheiro Rodrigues de Almeida (mcavalhe@sp.senac.br)
Thaís Carvalho Lisboa (thais.lisboa@sp.senac.br)

Comercial
Rubens Gonçalves Folha (rfolha@sp.senac.br)

Administrativo
Luis Americo Tousi Botelho (luis.tbotelho@sp.senac.br)

Edição de Texto
Maísa Kawata

Preparação de Texto
Sandra Kato

Revisão de Texto
Elaine Azevedo Pinto
Luciana Baraldi
Luiza Elena Luchini (coord.)

Projeto Gráfico e Editoração Eletrônica
Fabiana Fernandes

Capa
João Baptista da Costa Aguiar

Impressão e Acabamento
Intergraf Indústria Gráfica Ltda.

SERVIÇO SOCIAL DO COMÉRCIO
ADMINISTRAÇÃO REGIONAL DO SESC NO ESTADO DE SÃO PAULO

Presidente do Conselho Regional
Abram Szajman

Diretor Regional
Danilo Santos de Miranda

Conselho Editorial

Comunicação Social
Ivan Giannini

Técnico-Social
Joel Naimayer Padula

Administração
Luiz Deoclécio Massaro Galina

Assessoria Técnica e de Planejamento
Sérgio José Battistelli

EDIÇÕES SESC SP

Gerente
Marcos Lepiscopo

Adjunto
Évelim Lúcia Moraes

Coordenação Editorial
Clívia Ramiro, Isabel M. M. Alexandre

Produção Editorial
Ana Cristina F. Pinho

Colaboradores
Marta Raquel Colabone

Proibida a reprodução sem autorização expressa. Todos os direitos desta edição reservados à

Editora Senac São Paulo
Rua Rui Barbosa, 377 – 1º andar – Bela Vista
CEP 01326-010 – São Paulo – SP – Brasil
Caixa Postal 1120 – CEP 01032-970 – São Paulo – SP
Tel. 55 11 2187-4450 – Fax 55 11 2187-4486
editora@sp.senac.br
http://www.editorasenacsp.com.br

Edições SESC SP
Avenida Álvaro Ramos, 991
CEP 03331-000 – São Paulo – SP – Brasil
Tel. 55 11 2607-8000
edicoes@edicoes.sescsp.org.br
www.sescsp.org.br

© Fernão Vitor Pessoa de Almeida Ramos & Luiz Felipe Alves de Miranda, organizadores, 2012

Sumário

Nota dos editores 7

Agradecimentos 9

Apresentação à 3ª edição 11

Apresentação à 1ª edição 13

Autores 15

Enciclopédia 17

Sobre os autores 753

Verbetes temáticos 755

Caderno de imagens.. 757

Nota dos editores

Editada pela primeira vez no final da década de 1990, a *Enciclopédia do cinema brasileiro* nasceu para preencher uma lacuna ocasionada pela falta de livros de referência sobre a produção cinematográfica do Brasil. Naquela ocasião, os pesquisadores Fernão Pessoa Ramos e Luiz Felipe Miranda coordenaram quase cinquenta autores e organizaram mais de setecentos verbetes, que apresentavam diferentes perspectivas sobre temas e personalidades.

Mais de uma década depois, os organizadores aceitaram o desafio de revisar toda a enciclopédia e atualizá-la, inserindo novos verbetes e filmes produzidos ao longo da primeira década do século XXI. Novamente eles enfrentaram um árduo trabalho, reuniram os autores da primeira edição, convidaram outros e fizeram um estudo dos temas pertinentes que deveriam ser acrescentados.

O cinema brasileiro cresceu a olhos vistos durante a década de 2000. Novos cineastas surgiram e se destacaram no ramo, atores e atrizes brilharam nas telas, profissionais contribuíram para o desenvolvimento cinematográfico, etc. O resultado disso é notado ao se verificar algo que parecia impossível: diversos filmes, feitos com altos e baixos orçamentos, ultrapassaram a marca de um milhão de espectadores.

Para dar conta de tamanho crescimento do cinema nacional, o Senac São Paulo e as Edições SESC SP publicam a terceira edição da *Enciclopédia do cinema brasileiro* a fim de continuar sua contribuição para o desenvolvimento e estudo da sétima arte.

Agradecimentos

A. P. Quartim de Morais, Ademir Maschio, Alairson Gonçalves, Albert Hemsi, Alice Gonzaga, Aloysio Nogueira, Ana Laura Godinho Lima, Ana Rita Mendonça, Ana Viega Mariz, Andréa Leite, Andréa Morelatto, Anita Hirschbruch, Antônio Jesus Pfeil, Antonio Roberto Bertelli, Arnaldo Fernandes Jr., Benjamin Abdala Jr., Carlos Eduardo Pereira, Carlos Roberto de Souza, Cecília Soubhia, Celso Ohno, Cíntia Campolina de Onofre, Cláudia Dottori, Cláudia Fernandes, Cláudia Lamerinha, Cláudio Portioli, Cyro Siqueira, David Tygel, Djair Rodrigues de Souza, Eder Mazzini, Edgar Amorim, Ediléia Barbosa, Edmárcio Silva, Edu Mendes, Eduardo Duarte, Eliana de Oliveira Queiroz, Elizabeth Geraldini, Elza Barbosa, Eugenia Moreira, Eugênio Gabriel, Euvo Illelo, Fátima Pessoa, Fernando Morais da Costa, Flávio Portho, Francisco Carlos, Francisco Sérgio Moreira, Galileu Garcia, Geraldo José, Gilberto Santeiro, Gilenilda (Gê) Delazari, Giovani Simionato, Graciele Marim, Guita Stern, Hélio Valeiro, Hugo M. Santos, Irineu Guerrini Jr., Isabel Alexandre, Ivo Branco, Jair Leal Piantino, Javert Monteiro, Jerry (do Museu P. F. Gastal), João Luiz Vieira, Jorge Capellaro, José Adão de Assis, José Carlos Avellar, José Júlio Spiewak, Juçara Palmeira Fernandes, Júlio Bressane, Liliane Schrank, Luiz Maranhão Filho, Luiz Mewes, Lucilene Pizoquero, Luiz Vicente, Márcia Denser, Márcia Marani, Márcia Suely, Margareth Gomes, Maria Adelaide, Maria de Lurdes Marques, Maria Elisa, Maria Helena, Maria José, Maria Olimpia, Marília Ortiz, Marina Farias, Marina Pozzoli, Mário Audrá Jr., Mário Vaz Filho, Marisa Nunes, Marisa Vitturi, Marta Regina, Mauro Alice, Mauro Domingues, Maximo Barro, Michel Espírito Santo, Mônica Aliseres, Nelson Lima, Norma Fernandes, Olga Futema, Ovídio Pole Junior, Paulo André Moraes de Lima, Paulo Giovani de Oliveira, Paulo Pina, Paulo Sérgio Cassiano, Plácido de Campos Jr., Remier Lion, Ricardo Forjaz, Ricardo Franco, Ricardo Guanabara, Ricardo Mendes, Roberto Diem, Roberto Gervitz, Roberto Leite, Roberto Machado, Rodrigo Oliveira, Roque de Souza, Rosana Dal Forno, Rosângela Sodré, Roseli Borelli, Sandra Ciocci Ferreira, Sergio Luiz de Andrade, Sônia Lucas, Susana Schild, Suzana Reck Miranda, Tânia Aparecida, Tânia Regina, Thaïs Sandri, Valdir Arruda, Valéria Maximo, Vera Donadio, Vera Lobo, Vicente Alves, Virgínia Flores, Walter Sequeira, Wilma Martins, Yoya Wurch.

Apoio institucional

Arquivo Multimeios do Centro Cultural São Paulo, Arquivo Nacional (RJ), Atlântida Cinematográfica, Biblioteca da Escola de Comunicações e Artes (ECA/USP), Biblioteca da Fundação Armando Álvares Penteado (FAAP/SP), Biblioteca Municipal Mário de Andrade (SP), Cinédia, Cinemateca Brasileira (SP), Cinemateca do Museu de Arte Moderna (MAM/RJ), Cinemateca Paulo Fontoura Gastal (RS), CPDOC – TV Globo, CTAV – Funarte (RJ), Divisão de Pesquisas do Centro Cultural São Paulo, Editora Senac São Paulo, Fundação Vitae, Instituto Goethe, Museu da Imagem e do Som (MIS/RJ), Museu da Imagem e do Som (MIS/SP), Museu Lasar Segall (SP), Núcleo de Cinema do Centro Cultural São Paulo, Riofilme, Sated (RJ/SP).

Os autores, a Editora Senac São Paulo e as Edições SESC SP agradecem às produtoras cinematográficas que gentilmente colaboraram e cederam imagens para a Enciclopédia do cinema brasileiro. Pedimos desculpas caso tenhamos nos equivocado em alguns créditos. Caso isso tenha acontecido, por favor entre em contato com a Editora Senac São Paulo para que seja corrigido na próxima edição.

Apresentação à 3ª edição

A terceira edição da *Enciclopédia do cinema brasileiro* traz ampla atualização de verbetes e filmografias, relativos ao período 1999-2010. Trata-se de um período no qual a produção do cinema brasileiro decolou em termos quantitativos, conquistando um espaço que há poucos anos parecia distante. Filmes como *Cidade de Deus* e *Tropa de elite* apresentam-se como campeões de público, obtendo igualmente reconhecimento nos principais festivais internacionais. Temos hoje um grupo restrito, mas significativo, de cineastas que atua com desenvoltura no cenário internacional. Ao lado da grande produção, filmes com orçamento menor também mostraram capacidade de atingir público amplo, com várias produções recentes ultrapassando o limiar do milhão de espectadores. Ao lado de obras que afirmam uma visão aguda e exasperada da atual sociedade brasileira, reemerge forte a sempre presente tradição cômica, espaço em que nadamos a largas braçadas. É importante que o preconceito com a chanchada dos anos 1950 não se repita agora, no limiar do século XXI, para nutrir a surpresa dos críticos futuros. Outro destaque, que encontramos ao atualizar o decênio, foi a emergência vigorosa da produção documentária, ocupando um espaço bastante razoável em números de lançamento no mercado exibidor. Trata-se de algo inédito e demonstra que a valorização desse cinema pelas novas gerações envolve a busca por formatos diferenciados.

A nova edição da *Enciclopédia* manteve sua estrutura central, dividindo o conteúdo em verbetes temáticos (ver lista na página 755) e de personalidades. Essa estrutura permite que cineastas ou atores sejam abordados extensamente dentro de temas diversos, mesmo que não tenham seu próprio verbete. O recorte desse trabalho corresponde à visão dos organizadores, com o objetivo de cobrir os principais personagens ou temáticas que surgem no cotidiano da crítica e na pesquisa cinematográfica. A escolha dos verbetes seguiu um princípio metodológico que excluiu, desde o início, uma opção de cunho exaustivo. Buscamos não confundir enciclopédia e lista telefônica, ainda que tivéssemos optado por trabalhar com filmografias completas, coisa que muitas enciclopédias deixam de lado em função das dificuldades que a empreitada envolve. São opções que refletem nossa visão da história do cinema brasileiro, numa perspectiva necessariamente subjetiva. Não há tabela periódica do cinema nacional que garanta de modo absoluto e neutro uma cobertura objetiva de sua estrutura constitutiva. Há um trabalho que envolve bom senso e é nessa área que acreditamos atuar. Também é importante frisar que a extensão dos verbetes não reflete medida de importância, mas responde a necessidades editoriais e de expressão pessoal de cada pesquisador. Nos três padrões de extensão determinados, a oscilação variou em função da capacidade de síntese e da estilística de quem escreve.

Na atualização da década de 2000, alguns cineastas e atores pararam de trabalhar, outros faleceram, outros tiveram o período mais intenso de suas carreiras, muitos estrearam. Também os colaboradores da *Enciclopédia* trabalharam de modo distinto. Alguns não puderam nos acompanhar na nova edição. Se o cineasta aumentou sua produção no período, mantivemos o texto original, com a assinatura, e acrescentamos texto novo, em bloco no final, correspondendo à produção recente. Se a complementação foi pequena, o texto acrescido vem sem assinatura, sob a responsabilidade dos organizadores do livro. De um modo geral, continuamos com o esquema de colaboração independente de pesquisadores especialistas, estrutura que funcionou bem na primeira edição e

APRESENTAÇÃO À 3ª EDIÇÃO

que agora conta com exatos cinquenta autores. Retornamos aos antigos colaboradores para a continuidade dos verbetes e incorporamos alguns novos profissionais. Os verbetes são todos assinados e de responsabilidade daqueles que os escreveram, assim, ao final de cada um deles há uma sigla que corresponde ao nome abreviado do autor. Fornecemos a filmografia e checamos alguns dados, com interferência apenas na estilística do texto, adequando-o à unidade do livro. Para esta nova edição atualizamos mais de 500 verbetes, mexemos em algumas filmografias e introduzimos mais de 130 novas entradas. Foi feito um esforço para fecharmos a década em 2010. Em função de necessidades editoriais, os meses finais de 2010 não tiveram um acompanhamento sistemático.

O objetivo de uma enciclopédia é retratar o estado de saber em uma área de conhecimento, em um deter-minado período histórico. Para tal, reúnem-se pesquisadores de destaque que tenham algo a dizer sobre o tema e tenta-se dividi-lo de modo que a exposição, necessariamente horizontal, seja possível em tópicos. Cremos que o desafio da escolha do grupo de trabalho para a empreitada, assim como a periodização e sistematização da produção brasileira, do final do século XIX até os dias de hoje, teve sucesso. É importante constatar que a produção cinematográfica brasileira adquiriu consistência suficiente, em um determinado momento de sua história, para provocar e fornecer material para esse tipo de intervenção. A partir da última edição, conforme os anos passavam, fomos sentindo o bolo crescer e a necessidade de atualização pareceu cada vez mais premente e complicada. Tivemos, às vezes, a impressão de estarmos às voltas com um novo livro. Isso demonstra que trabalhamos sobre um campo artístico atual e movente, em plena atividade, que mobiliza um número amplo de profissionais, interagindo de modo efetivo com a sociedade que o cerca. Ao escrevermos a atualização, sentimos como a produção cinematográfica dos últimos dez anos alterou-se e ampliou o panorama existente. No final do século XX vivíamos ainda o momento da "retomada", quando uma maior repercussão no público era acompanhada por sentimento de espanto e novidade. Uma parcela significativa dos profissionais que hoje se destacam estava engatinhando em seus primeiros filmes ou não havia estreado. Nossa intenção, com o novo material de pesquisa e crítica que apresentamos, é oferecer ao público leitor, no modo de verbetes, um panorama da viva dinâmica da produção mais recente do cinema brasileiro.

Os organizadores

Apresentação à 1ª edição

A ideia de publicar uma *Enciclopédia do cinema brasileiro* surgiu no início dos anos 90, a partir da constatação da falta evidente de livros de referência sobre a produção cinematográfica nacional. O projeto foi tomando corpo durante a década e, com a retomada da produção, recebeu um impulso com a concessão de bolsa de pesquisa pela Fundação Vitae, em 1996. O apoio que recebeu da Editora Senac São Paulo foi fundamental para que pudesse ser concluído, proporcionando-nos a oportunidade de trabalhar com um número significativo de autores. Tivemos a colaboração dos principais pesquisadores do cinema brasileiro, que muitas vezes dispunham de informações e saberes acumulados durante anos de leituras e levantamentos. Nesse sentido, esta *Enciclopédia* é uma obra múltipla que, como toda enciclopédia, reflete a visão de uma época sobre o objeto em torno do qual se debruça. Seu objetivo principal é fornecer um panorama horizontal do cinema brasileiro, retratando-o em seu percurso no século XX.

Optamos por trabalhar com um número grande de autores (45 no total), trazendo diferentes perspectivas sobre temas e personalidades também diversos do cinema brasileiro. Os textos são assinados e refletem opiniões e conhecimentos pessoais do verbetista sobre o assunto. Buscamos dar certa unidade ao conjunto, realizando alguns acertos de estilo e uniformizando, na medida do possível, informações de referência como datas ou nomes. A concepção da *Enciclopédia* como um todo e a seleção dos temas e personalidades verbetados devem ser debitadas, em seus acertos e erros, aos organizadores do livro. Nossa opção pelo número de verbetes (706 no total) obedeceu à ideia de uma obra ampla. A escolha dos temas teve a preocupação de isolar períodos, instituições e movimentos significativos do cinema brasileiro. As personalidades foram selecionadas buscando-se uma mistura de critérios quantitativos e qualitativos. O critério quantitativo levou em consideração a extensão da obra de cineastas ou atores. Um diretor com trinta longas-metragens, por exemplo, foi selecionado para ser verbetado, independentemente da repercussão de sua obra. Igual critério foi, proporcionalmente, utilizado para outros cineastas e atores. Esse recorte implicou uma representação significativa da produção cinematográfica realizada na Boca do Lixo. Essa representação, apesar de polêmica, foi mantida na *Enciclopédia* como um todo. O critério qualitativo buscou dar ênfase a cineastas e atores com obras de peso, mesmo não sendo muitas. Procuramos trabalhar dentro de uma chave que chamamos de "bom senso", evitando as idiossincrasias. Opções na formação do *corpus* foram, no entanto, inevitáveis. Assumimos o formato de enciclopédia com a finalidade de abranger e afirmar uma visão global do cinema brasileiro.

Os verbetes foram divididos em *temáticos* e de *personalidades*. Os verbetes temáticos cobrem períodos e instituições significativos do cinema brasileiro, tais como Cinema Novo, Chanchada, Pornochanchada, Documentário, Cinema Marginal, Ciclos Regionais, Festivais, Revistas, Cinematecas, Cineclubes, Embrafilme, INCE, etc.; ou retratam estados com produção considerável (Bahia, Rio Grande do Sul, Amazonas, Paraná, Minas Gerais, etc.); ou abordam produtoras como Cinédia, Brasil Vita Filmes, Atlântida, Vera Cruz, Saga Filmes, etc. Há também verbetes temáticos por função (Fotografia, Cenografia, Roteiro, etc.); ou ainda temas diversos em sua relação específica com o cinema brasileiro, tais como Livros, Laboratórios, Literatura, Teatro, Cantores-atores, Primeiros e maiores, etc. Os verbetes temáticos buscam mapear o cinema brasileiro

APRESENTAÇÃO À 1ª EDIÇÃO

a partir de conjuntos estruturais que consideramos significativos. Para facilitar a consulta, relacionamos esses verbetes no final da obra. Nosso principal cuidado foi evitar repetições e sobreposições com os verbetes pessoais, o que serve como justificativa para algumas ausências. Nos verbetes temáticos mapeamos a produção de diversos fotógrafos, roteiristas, cenógrafos, produtores e técnicos que não estão verbetados. Alguns verbetes pessoais acabaram sendo absorvidos por verbetes temáticos mais amplos. Para evitar polêmicas, optamos por não verbetar críticos de cinema em atividade.

O cabeçalho dos verbetes pessoais é formado por nome artístico, nome completo (para as mulheres utilizamos nome de solteira), local e data de nascimento, data de falecimento e principais funções desempenhadas. Em casos de dúvidas ou informações contraditórias não resolvidas, deixamos um ponto de interrogação. Para os nomes próprios optamos por utilizar a grafia moderna, à exceção dos nomes artísticos e das marcas já consagradas. Ao cabeçalho segue-se uma filmografia de longas-metragens, que busca ser a mais completa possível, cobrindo as diversas funções nele apontadas. Um diretor, por exemplo, que tenha desempenhado, profissionalmente,

atividade de fotógrafo terá sua filmografia levantada em ambos os setores, direção e fotografia (a principal função é a primeira mencionada no cabeçalho). As datas mencionadas são as de finalização da produção do filme e não as de lançamento. Buscamos com isso evitar distorções próprias a uma cinematografia que nunca conseguiu ter um controle efetivo sobre o circuito exibidor e a veiculação de sua própria produção. Com o objetivo de facilitar a consulta, personalidades, temas e instituições verbetados surgem acompanhados de um asterisco, quando de sua primeira aparição dentro de um verbete que não o seu.

Luiz Felipe Miranda é o responsável pela metodologia e pesquisa que permitiram a elaboração da extensa filmografia que apresentamos. As pesquisas para a composição dos cabeçalhos foram realizadas por Hernani Heffner e Lécio Ramos, juntamente com os organizadores da obra. Hernani e Lécio centralizaram os levantamentos e as pesquisas no Rio de Janeiro. Os verbetes foram divididos em pequenos, médios e grandes e encomendados, nesses formatos, aos autores. Se alguns se excederam no tamanho previsto, buscamos não cercear em demasia sua liberdade criativa. Nossa intenção foi respeitar o estilo e as opiniões de todos, frisando

a necessidade de elaborar textos panorâmicos que não se caracterizassem pela afirmação de posições polêmicas e pessoais.

O lançamento desta *Enciclopédia* surge em sintonia com um "espírito de época", com forte caráter retrospectivo, que parece moldar a sensibilidade contemporânea no final do milênio. O cinema, como arte narrativa, atravessa de modo fulgurante o século, mostrando até hoje um continuado dinamismo. Essa tradição artística é pensada aqui em sua interação com um corpo de usos e costumes, atitudes e contexto socioeconômico denominado "brasilidade". Aos nossos olhos, a singularidade e o caráter estrutural do conjunto de produções do cinema brasileiro são nítidos, mesmo levando-se em consideração sua diversidade. O projeto da *Enciclopédia* tem, portanto, em seu âmago, a sustentação dessa perspectiva. Dela emerge uma visão panorâmica construída de forma crítica, debruçando-se, ao mesmo tempo, com carinho e respeito sobre seu objeto. Uma visão que nos permita lançar para trás um olhar honesto de avaliação e que, de lá, consiga resgatar um pouco da autoestima que essa produção artística sem dúvida permite.

Os organizadores

Autores

Afrânio Mendes Catani (AMC)

Ana Maria Rebouças (AMR)

André Gatti (AG)

André Setaro (ASe)

Angela Regina Cunha (ARC)

Anita Simis (ASi)

Antônio Luiz Tinoco (ALT)

Arthur Autran (AA)

Beto Leão (BL)

Carlos Augusto Calil (CAC)

Fatimarlei Lunardelli (FL)

Fernando Tacca (FT)

Fernão Pessoa Ramos (FPR)

Guiomar Pessoa Ramos (GPR)

Helena Salem (HS)

Hernani Heffner (HH)

Inimá Simões (IS)

João Luiz Vieira (JLV)

José Américo Ribeiro (JAR)

José Gatti (JG)

José Inácio de Melo Souza (JIMS)

José Maria Tenório Rocha (JMTR)

José Mário Ortiz (JMO)

Lécio Augusto Ramos (LAR)

Leo Gavina (LG)

Lúcia Nagib (LN)

Luciana Corrêa de Araújo (LCA)

Luciano Ramos (LR)

Luiz Felipe Miranda (LFM)

Luiz Zanin Orichio (LZO)

Márcia Marani (MM)

Marcos de Souza Mendes (MSM)

Maria do Rosário Caetano (MRC)

Maria Thereza Vargas (MTV)

Miriam Rossini (MR)

Ney Carrasco (NC)

Nuno César Abreu (NCA)

Paulo Antonio Paranaguá (PAP)

Remier Lion (RL)

Roberto Moura (RM)

Rosinalva Alves de Souza (RAS)

Rubens Machado Junior (RMJr)

Sandra Lacerda Campos (SLC)

Selda Vale da Costa (SVC)

Silvia Oroz (SO)

Solange Stecz (SS)

Thais Sandri (TS)

Tuio Becker (TB)

Vera Lucia Donadio (VLD)

Walter Abreu (WA)

ABELIM, Eduardo – Cachoeira do Sul, RS, 1900-1984. Diretor.

FILMOGRAFIA: 1927 – *O castigo do orgulho*. 1931 – *O pecado da vaidade*.

Pioneiro do cinema gaúcho* nos anos 20. Muda-se para Porto Alegre, onde dirige o curta *Em defesa da irmã* (1926), realiza proezas automobilísticas e dedica-se à quiromancia. No ano seguinte funda a GAÚCHA FILM, produtora de seus filmes. Monta, em 1929, seu pequeno laboratório, dedicando-se à feitura de filmes de propaganda. Em 1930 dirige o documentário *Avançada das tropas gaúchas*, registro do envolvimento dos gaúchos na Revolução de 30. Produz, dirige e atua em dois dramas. Com *O castigo do orgulho* inicia um pequeno ciclo gaúcho de filmes mudos de ficção, de maior metragem, que ele próprio encerra com *O pecado da vaidade*. Consta ter utilizado nesses filmes, como atrizes, mulheres da vida. Muda-se para Niterói em 1932, onde por vários anos é exibidor ambulante de filmes em praças públicas. No ano de 1985, o diretor de fotografia Lauro Escorel Filho* estreia como diretor no longa *Sonho sem fim*, em que pinta um retrato desse cineasta dos primórdios do cinema brasileiro. (LFM)

ABRAHÃO, Benjamin (Benjamin Abrahão Botto) – Zahell, Líbano, 1890-1938. Diretor.

FILMOGRAFIA: 1936 – *Lampião*.

De origem e vida obscuras, mascate de profissão, realiza registro único sobre o fenômeno do cangaço e a figura de Virgulino Ferreira da Silva, o Lampião. Nascido em Zahell – ou Belém, na Jordânia –, deixa, durante a I Guerra Mundial, essa cidade, onde se fala português e de onde provém a maior parte dos imigrantes libaneses chegados ao Brasil. Aporta em Recife, passando a comerciar tecidos e outros produtos interior adentro. Estabelece-se em Juazeiro do Norte, tornando-se secretário de Cícero Romão Batista, o Padre Cícero. Interessa-se por Lampião e seu bando, decidindo realizar um filme sobre o grupo. Com a ajuda do religioso, que facilita o contato, e de Ademar Bezerra de Albuquerque, que fornece equipamentos e filme virgem, acompanha os cangaceiros por alguns meses, documentando o cotidiano dos acampamentos e os atritos com a polícia. O material montado é apreendido e encostado num depósito público. Resgatado parcialmente, anos mais tarde, por Alexandre Wulfes* e Al Ghiu, é utilizado ainda no documentário *Memória do cangaço*, de Paulo Gil Soares*, e no longa de ficção *Baile perfumado* (1997), de Lírio Ferreira* e Paulo Caldas*, em verdade a cinebiografia de Abrahão. (HH) Persistem dúvidas quanto ao local de seu falecimento, entre Recife e Serra Talhada, em 10 de maio. (HH)

ABREU, Cláudia (Cláudia Abreu Varella) – Rio de Janeiro, RJ, 1970. Atriz.

FILMOGRAFIA: 1995-1996 – *Tieta do agreste*. 1996 – *O que é isso, companheiro?*; *Ed Mort*. 1997 – *Guerra de Canudos*. 1998 – *Traição* (3º episódio: 'Cachorro!'). 1999-2001 – *O xangô de Baker Street*. 2003 – *O Homem do Ano*; *O caminho das nuvens*. 2008 – *Os desafinados*.

Aos 15 anos estreou em sua primeira novela, após ter frequentado aulas no Teatro Tablado e tido algumas experiências em comerciais e no teatro amador. Formada em Filosofia na Pontifícia Universidade Católica (PUC-RJ). É casada com o cineasta e publicitário José Henrique Fonseca. Estreou no cinema no filme de média-metragem *Absinto* (1992), de Eduardo Mhich. Participou do longa-metragem *Tieta do agreste*, de Carlos Diegues*, baseado no romance homônimo de Jorge Amado*, no papel de Leonora, moça bela e triste que acompanhou Tieta na viagem ao interior baiano. Em seguida, atuou no papel de Renée em *O que é isso, companheiro?*, de Bruno Barreto*, extraído do *best-seller* homônimo de Fernando Gabeira. Criou a engraçada Cibele, apresentadora de programa infantil na comédia *Ed Mort*, de Alain Fresnot*, baseada em *Ed Mort, procurando o Silva*, livro humorístico de Luis Fernando Verissimo. Interpretou Luiza, a filha mais velha de família sertaneja, no filme histórico *Guerra de Canudos,* de Sérgio Rezende*. No episódio 'Cachorro', dirigido por José Henrique Fonseca e incluído no longa *Traição*, fez a voz da ouvinte. Representou personagem nobre, a baronesa Maria Luiza, em *O xangô de Baker Street,* de Miguel Faria Jr.*, baseado no *best-seller* de Jô Soares*. Criou Cledir, a namorada de bandido em *O Homem do Ano,* de José Henrique Fonseca, baseado no romance *O matador*, de Patrícia Melo. Viveu Rose, esposa e mãe de cinco filhos de família nordestina que decide vir para o sul de bicicleta em *O caminho das nuvens*, de Vicente Amorim. Interpretou Glória, moça moderna, em *Os desafinados*, de Walter Lima Jr.*. Vem desenvolvendo trabalhos simultaneamente na televisão e no teatro. Na TV, destacou-se em papéis polêmicos como jovem que "aluga" seu útero, garota de classe média que se torna guerrilheira, vilã inescrupulosa ou menina de rua que se casa com milionário. (VLD)

ABREU, Gilda – Paris, França, 1904-1979. Diretora, atriz.

FILMOGRAFIA: 1936 – *Bonequinha de seda* (atriz). 1946 – *O ébrio* (dir.). 1947 – *Pinguinho de gente* (dir.). 1949 – *Coração materno* (dir., atriz).

Filha da cantora lírica portuguesa Nícia Silva e do dr. João Abreu, Gilda Abreu viveu na França até as vésperas da I Guerra Mundial, quando a família retornou ao Brasil. Apesar da oposição do pai, que não via com simpatia a vida de artista, Gilda estudou canto com a mãe, formando-se no então Instituto Nacional de Música, onde obteve a Medalha de Ouro. Iniciou a carreira como cantora lírica, atuando em concertos e festas de caridade, como a revista *Ondas sonoras*, de Bastos Tigre, encenada no Teatro Municipal do Rio de Janeiro, promovida pela RÁDIO CLUBE DO BRASIL em benefício da Pró-Matre. Sua carreira profissional teve início somente em 1933, quando atuou na peça *A canção brasileira*, de Luiz Iglésias e Miguel Santos, com trilha musical de Henrique Vogeler. A peça foi um grande sucesso de público, permanecendo três meses em cartaz, fato raro na época. No mesmo ano, Gilda casou-se com o cantor Vicente Celestino. Foi um casamento em pleno palco, durante a encenação da peça *A casa branca*, de Freire Júnior. Ela e Vicente formaram a partir de então uma dupla inseparável, na vida e na arte, tendo o casal atuado em diversas operetas de sucesso, entre as décadas de 30 e 50. A estreia de Gilda no cinema foi também tardia. Decidido a dirigir um filme, Oduvaldo Viana* conseguiu convencer Adhemar Gonzaga*, da CINÉDIA*, a produzir um grande musical, baseado em argumento seu: *Bonequinha de seda*. O filme foi idealizado para Carmen Miranda*, mas, devido à recusa desta, presa a compromissos musicais, Oduvaldo decidiu recorrer a Gilda Abreu. Aprovada nos testes que realizou para o papel, Gilda não hesitou em se submeter a uma arriscada cirurgia plástica para corrigir uma saliência nas maçãs do rosto evidenciada nos *closes* do teste. O perfeccionismo com que se preparou para viver Marilda, a filha do alfaiate Pechincha que é humilhada por um esnobe e educada para se tornar grã-fina e conquistá-lo, foi um dos fatores que fizeram de *Bonequinha de seda* um dos maiores sucessos do cinema brasileiro da época. Gilda viveu então o clímax de sua popularidade como atriz e cantora, sendo eleita Rainha das Atrizes no carnaval de 1937. Com o sucesso de *Bonequinha de seda*, Gonzaga e Oduvaldo Viana resolveram fazer um segundo filme, ainda

mais ambicioso tecnicamente. Intitulado "Alegria", era uma história que se passava em duas épocas, em que Gilda faria os dois papéis principais: o de uma cigana que morria nos braços de seu grande amor e a filha desta. As filmagens começaram animadas, com grande aparato publicitário. Em certo momento, porém, o produtor Adhemar Gonzaga resolveu impor o nome de Heloísa Helena para o papel da filha da cigana, na segunda parte do filme. Oduvaldo não concordou e, diante do impasse criado, a produção foi interrompida. Gilda teve então de retornar ao teatro, passando a atuar menos como cantora e mais como empresária do marido. Começou a adaptar e a dirigir para o teatro peças baseadas nas canções compostas por Vicente, como *Ouvindo-te, Matei, Coração materno* e *O ébrio*, encenadas com grande sucesso. Em 1945, Gilda retornou à CINÉDIA para dirigir e protagonizar "A viuvinha", uma adaptação que ela mesma fizera da obra homônima de José de Alencar*. A produção já estava em ritmo acelerado quando Gonzaga sugeriu que ela filmasse *O ébrio*, levando para a tela um de seus maiores sucessos no teatro. *O ébrio* tinha os ingredientes perfeitos para um filme de sucesso: um cantor extremamente popular (Vicente Celestino), um tema de forte apelo emocional (a decadência associada à bebida) e uma adaptação e direção fiéis ao espírito da época (Gilda estreia como diretora). De fato, o filme tornou-se um dos maiores sucessos do cinema brasileiro, estimando-se que tenha sido visto, desde o seu lançamento em 1946, por mais de 12 milhões de espectadores. Prestigiada pelo sucesso de *O ébrio*, Gilda partiu para o seu segundo filme como diretora, *Pinguinho de gente*, destinado a aproveitar a popularidade que Isabel de Barros (a menina paralítica que volta a andar depois de operada por Vicente Celestino) havia conquistado em *O ébrio*. Decidida a realizar um filme grandioso, Gilda não economizou na produção, chegando a utilizar uma máquina de fazer neve para dar realismo a um dos quadros musicais. Apesar de todo o empenho de Gilda, *Pinguinho de gente* não obteve o sucesso esperado. A produção acabou se tornando cara demais para a estrutura financeira da CINÉDIA, que não suportaria o abalo causado e teria de paralisar suas atividades pouco tempo depois. Apesar disso, Gilda não desanimou e, em 1949, teve a oportunidade de realizar seu projeto mais pessoal: ela escreveu, produziu, dirigiu e foi a protagonista de *Coração materno*, no qual teve também a oportunidade de concretizar o sonho de

atuar ao lado de Vicente Celestino. Em 1954, a convite do diretor Roman Viñoly Barreto, escreveu o roteiro de *Chico Viola não morreu*, biografia musicada do compositor Francisco Alves, morto num acidente automobilístico em 1952. A última investida de Gilda no cinema ocorreu em 1977, quando escreveu o roteiro e dirigiu o curta documental *Canção de amor*, um tributo à carreira de Vicente Celestino, falecido em 1968. Faleceu no Rio de Janeiro em 4 de junho. (LAR)

ABREU, Nuno César (Nuno César Pereira de Abreu) – Araçatuba, SP, 1948. Diretor.

FILMOGRAFIA: 1988-1989 – *Corpo em delito*.

Transitou por várias cidades em sua vida. Estudou na Universidade de Brasília (UnB), completou o curso de Cinema e se formou na Universidade Federal Fluminense (UFF), residindo hoje em Campinas. É diretor de uma série de curtas-metragens documentais, trabalhando inicialmente com bitola 16 mm e cor. No ano de 1974, em Niterói, dirigiu *São Bento*, sobre ponto tradicional da cidade, o Campo de São Bento, e montou *Biblioteca Nacional*, de José Alberto Nobreporto. Em São Paulo, passou para a bitola 35 mm, sendo diretor do média-metragem *32 × 78 (A respeito do Movimento Constitucionalista de 1932)* (1978), onde misturou fotos e filmes de época com uma peça teatral sobre aquele acontecimento histórico. Seguiram-se outros curtas, como *Encontro com Adoniran*, enfocando o ator e compositor Adoniran Barbosa; e *Chão batido ou Almeida Junior, um pintor do caipira* (1980), reflexão poética sobre o pintor paulista. Constituiu a NCA PRODUÇÕES ARTÍSTICAS, dirigindo na bitola 16 mm *Mad-Moré* (1981), sobre os dramas vividos na construção da estrada de ferro Madeira-Mamoré. Produz e cria o argumento junto com o diretor de *Sperantia quae sera tamen (Esperança ainda que tardia, todavia)* (1983), Ronaldo di Roná. Diretor de *O incrível senhor Blois* (1984), sobre o artista plástico miniaturista Oscar Blois, que mantém contato com extraterrestres. Realiza o vídeo *A herança do Jeca* (1985) abordando a carreira do célebre comediante Amácio Mazzaropi*. Estreia na direção de longa-metragem com drama político que retrata fatos reais em *Corpo em delito*. Desde os anos 1980 dedica-se à atividade de professor, inicialmente na Universidade Federal Fluminense (UFF) e depois no Departamento de Cinema da Universidade Estadual de Campinas (UNICAMP). (LFM)

ABUJAMRA, Antônio – Ourinhos, SP, 1932. Ator.

FILMOGRAFIA: 1987-1989 – *Lua cheia*. 1988 – *Festa*. 1988-1992 – *Oceano Atlantis*. 1989 – *Os Sermões*. 1992 – *Oswaldianas* (5º episódio: 'Perigo Negro'). 1992-1994 – *Carlota Joaquina, princesa do Brazil*. 1994-1996 – *Olhos de vampa*. 1995-1996 – *Quem matou Pixote?*. 1998 – *Caminho dos sonhos*. 1997-2000 – *Villa-Lobos, uma vida de paixão*. 2005 – *Quanto vale ou é por quilo?*; *Concerto campestre*. 2008 – *É proibido fumar*.

Apesar de ter nascido no interior de São Paulo, cresceu e estudou em Porto Alegre, formando-se em Filosofia e Jornalismo pela PUC, em 1957. Começou no teatro amador e paralelamente atuou como crítico teatral. No Teatro Universitário, entre 1955 e 1958, estreou como diretor, onde recebeu o Prêmio Juscelino Kubitschek pela direção de *A cantora careca*, de Eugène Ionesco. Contemplado com uma bolsa de estudos, em 1959, muda-se para Madri. Aproveitando sua estada na Europa, faz estágio na França com o diretor Roger Planchon e com o ator e diretor Jean Vilar, responsáveis por transformações no teatro europeu da época. Trabalha também no Berliner Ensemble, de Bertolt Brecht. Retorna em 1961, estreando profissionalmente no Teatro Cacilda Becker (TCB), como diretor de *Raízes*, e no Teatro Oficina, com *José, do parto à sepultura*, de Augusto Boal. Esse seria o começo de uma série de montagens que o levaria também ao Rio de Janeiro e Nova York. Encena espetáculos de grandes autores como Dias Gomes, Bráulio Cardoso, Plinio Marcos*, Leilah Assumpção, Nélson Rodrigues*, Brecht, Dario Fo, Jean Genet, Antonio Bivar, Garcia Lorca, entre outros. Teve carreira televisiva. Iniciou-se na antiga TV TUPI como diretor. Foi ator na novela *As minas de prata*, da extinta TV EXCELSIOR. Percorreu todas as emissoras paulistanas, e depois cariocas, atuando em mais de vinte telenovelas. No cinema, recebeu o Prêmio KIKITO, no FESTIVAL DE GRAMADO de 1989, como melhor ator no filme *Festa*, de Ugo Giorgetti*, ao protagonizar senhor de idade. Encarna o decadente conde de Mata-Porcos em *Carlota Joaquina*, de Carla Camurati*; o padre Otero, no *Caminho dos sonhos*, com roteiro baseado em *Um sonho no coração do abacate*, obra de Moacyr Scliar; o major Eleutério Fontes, em *Concerto campestre*, de Henrique Freitas Lima. Em 2001, participou do filme *Parusia*, com direção de João Levey, sem lançamento comercial, filmado em Visconde de Mauá (RJ) e captado em vídeo digital. Em *É proibido fumar*, de Anna Muylaet*, fez o morador chato que vive pegando no pé do porteiro. (TS)

ACÁCIO, Roberto (Acácio Domingues Pereira) – Porto, Portugal, 1917-1994. Produtor.

FILMOGRAFIA: 1949-1950 – *Perdida pela paixão*. 1953 – *É fogo na roupa*. 1954 – *O petróleo é nosso*; *Mãos sangrentas* (coprodução estrangeira). 1955 – *Carnaval em Marte*; *Leonora dos sete mares*. 1956 – *Rio fantasia*. 1958 – *Mulher de fogo* (coprodução estrangeira). 1973 – *Os primeiros momentos*. 1976 – *A fera carioca* (coprodução estrangeira).

Criado no Rio de Janeiro, onde sempre viveu. Nos estúdios da CINÉDIA*, levado por Sady Cabral*, desempenha papéis de coadjuvante nos filmes *Pureza* (1940), de Chianca de Garcia*, e *O dia é nosso* (1941), de Milton Rodrigues*. Após alguns anos de ausência, retorna ao cinema em 1949 e protagoniza, ao lado de Maria Della Costa*, *Caminhos do sul*, produção de Andrea di Robillant, sob a direção de Fernando de Barros* (ex-assistente de *Pureza*). Funda sua empresa, ARTISTAS ASSOCIADOS FILMES, e lança-se como produtor em *Quando a noite acaba* (rebatizado em São Paulo com o título *Perdida pela paixão*). Nessa nova parceria com o diretor Fernando de Barros, Tônia Carrero* tem seu primeiro papel de estrela. A partir de 1953 assume a função de produtor associado a Watson Macedo*, produzindo os primeiros filmes independentes desse diretor (*É fogo na roupa, O petróleo é nosso, Carnaval em Marte* e *Rio fantasia*). Produtor dos primeiros filmes brasileiros (*Mãos sangrentas* e *Leonora dos sete mares*) do argentino Carlos Hugo Christensen*, realizados em sistema de coprodução nos estúdios paulistas da MARISTELA*. O diretor de seu filme seguinte, *Mulher de fogo*, uma coprodução com o México, baseada no romance *Vazante*, de José Mauro de Vasconcelos, é o chileno Tito Davinson, com carreira no cinema mexicano, tendo como estrela Ninon Sevilla. Quinze anos mais tarde, retorna com o filme romântico *Os primeiros momentos*, de Pedro Camargo, estreia de sua nova produtora CINEMÁTICA e da atriz Cristina Aché*. Em seguida realiza outra coprodução, dessa vez com a Itália, a comédia policial *A fera carioca*, sob a direção do italiano Giuliano Carmineo. (LFM)

ACHÉ, Cristina (Maria Cristina Aché Cardoso Pinto) – Rio de Janeiro, RJ, 1957. Atriz.

FILMOGRAFIA: 1973 – *Os primeiros momentos*. 1974 – *Guerra conjugal*; *Quem tem medo de lobisomem?*; *Nem os bruxos escapam*. 1975 – *O filho do chefão*; *Deliciosas traições de amor* (4º episódio: 'Dois é bom... quatro é melhor'); *Padre Cícero*. 1976 – *Contos eróticos* (4º episódio: 'Vereda tropical'). 1977 – *Chuvas de verão*; *Os sete gatinhos*. 1978 – *Amor bandido*; *Batalha dos Guararapes*. 1981 – *O homem do pau-brasil*. 1983 – *Aguenta, coração*. 1984 – *Noites do sertão*; *Areias escaldantes*; *A estrela nua*; *Noite*. 1988-1994 – *O Judeu*. 1996 – *Doces poderes*. 1999 – *Minha vida em suas mãos*.

Com poucas passagens pelo teatro e pela televisão, geralmente em papéis secundários, desenvolve intensa carreira no cinema a partir de *Os primeiros momentos*, de Pedro Camargo, cuja personagem principal inspirou e protagonizou, ainda adolescente. Estuda Arte Dramática na Escola de Teatro Martins Pena e obtém reconhecimento cada vez maior em filmes como *Quem tem medo de lobisomem?*, de Reginaldo Faria*; *Chuvas de verão*, de Carlos Diegues*; e *Os sete gatinhos*, de Neville d'Almeida*. Casa-se com o cineasta Joaquim Pedro de Andrade*, com quem trabalha em *Guerra conjugal*, no episódio 'Vereda tropical' e *O homem do pau-brasil*. Atinge o estrelato desempenhando uma prostituta em *Amor bandido*, de Bruno Barreto*. Na virada para a década de 80, diminui suas participações, não adequando seu perfil artístico à nova dramaturgia nem fazendo concessões a projetos comerciais. Torna-se sócia e *promoter* dos bares-restaurantes Torre de Babel e Astrolábio, atuando esporadicamente. (HH)

AINOUZ, Karim – Fortaleza, CE, 1966.

FILMOGRAFIA: 2002 – *Madame Satã*. 2006 – *O céu de Suely*. 2009 – *Viajo porque preciso, volto porque te amo*.

Formou-se em 1988 em Arquitetura e Urbanismo pela Universidade de Brasília (UnB). Viveu durante algum tempo em Nova York, quando fez mestrado em Teoria e História do Cinema pela New York University em 1991. Em 1992, foi artista residente no Downtown Television Center e Film/Vídeo Arts. Dirigiu uma série de curtas antes de chegar a seu primeiro longa: *O preso* (1992); *Seams* (1993); *Paixão nacional I: choque metabólico irreversível* (1995); *Hic habitat felicitas* (1996); *Les ballons de bairros* (1998) e *Rifa-me* (2000). Retornou ao Brasil, atuando como roteirista em *Abril despedaçado* (2001), de Walter Salles*, adaptado do romance homônimo de Ismail Kadaré. Mais tarde, no ano de 2005, roteirizou *Cidade baixa*, de Sérgio Machado*, e *Cinema, aspirina e urubus*, de Marcelo Gomes*, esse último inspirado em *Relato de viagem*, de Ranulpho Gomes. Diretor de destaque no Cinema Brasileiro do novo milênio, circula com agilidade pela nova geração. Em 2010 teve uma retrospectiva de sua obra patrocinada pela MOSTRA DE CINEMA DE TIRADENTES. Seu primeiro longa como diretor foi *Madame Satã*, baseado na vida real da histórica travesti negra que reinou no submundo carioca da década de 1930. Obra violenta e carregada nas cores escatológicas, é bem representativa de certa tendência do cinema brasileiro contemporâneo. Seu segundo longa, *O céu de Suely*, segue trilha parecida, embora com plástica diferenciada. Explora com todas as cores a abertura geográfica do campo proporcionada pelo cenário nordestino, contrapondo um ambiente dramático claustrofóbico, onde vão progressivamente minguando as esperanças de uma migrante que volta às origens no Nordeste. Hermila Guedes interpreta a jovem que viveu a maior parte de sua vida em São Paulo e retorna à cidade em que nasceu em busca de nova vida. Acaba se prostituindo e oferecendo seu corpo numa rifa. O filme tem um tom lírico em que a desesperança contrasta com a fotografia, mantendo sempre em aberto o intervalo por onde a personagem escapole no final. Em codireção com Marcelo Gomes, realiza *Viajo porque preciso, volto porque te amo*, ficção sobre homem que viaja a trabalho pelo sertão nordestino, rememorando seu passado. O filme possui belas imagens tomadas de viagens, em épocas distintas, dos diretores ao sertão nordestino. A articulação fílmica se dá *a posteriori*, no modo ficcional, ao construir um sujeito que enuncia, com uma voz fora de campo rememorando em primeira pessoa. (FPR/LFM)

ALAGOAS

Dadas as distâncias entre Alagoas e os grandes centros culturais do país no final do século XIX, as projeções cinematográficas demoraram a chegar à região. A pequena província, no entanto, recebeu, já em 2 de dezembro de 1895, o quinetógrafo, trazido não do Sudeste, como era de esperar, mas de Recife, Pernambuco. Dois anos depois, o alagoano assistiria no Teatro Maceioense aos *Quadros ilusionistas* ou *Projeções luminosas em movimento*. Em 1897 surgiu o animatógrafo, de Luiz Costa, e nos intervalos das sessões ouvia-se o fonógrafo. O motoscópio foi apresentado em 1897, acompanhando-se do gramofone. Em 1902 aplaudia-se o bioscópio inglês, que exibia vistas fixas e animadas; seu diretor: J. Fillipi. O Teatrinho do Jaraguá apresentou, em 1907, o projetoscópio, e, no ano seguinte, o cinematógrafo falante na mesma casa de espetáculos. A sala de cinema fixa em Maceió só existiu a partir de 1909, com a instalação do aparelho de projeção da PATHÉ-FRÈRES no CINEMA VENEZA; daí por diante, salas de exibição foram progressivamente instaladas: HELVÉTICA (1910), POPULAR (1911), CINE TEATRO FLORIANO (1913), ODEON (1915), PATHÉ (1917), MODERNO (1919) e CAPITÓLIO (1927). Somente em 1930 surgiu em Maceió o cinema falado, instalado no CINE TEATRO FLORIANO, com a projeção de *Follies*.

Alagoas, como diversos estados brasileiros, também possuiu seu ciclo de cinema. Esse ciclo foi iniciado com a chegada, a Maceió, de um "fotógrafo-artista" chamado Guilherme Rogato. Nascido em 7 de dezembro de 1898 em San Marco Argentano, Cosenza, Itália, era filho de José Rogato e Filomenta Ponte Rogato, também italianos de nascimento. Chegou ao Brasil em 1910, procedente de Nápoles, desembarcando no porto de Santos (SP). O imigrante casou-se com Maria Rosa Greco, no Cambuci, bairro da cidade de São Paulo. Rosa era filha de Francisco Greco e Vicenzina Fragalli. Adaptado ao ramo da fotografia, Rogato trabalhou inicialmente em São Paulo, depois em Salvador e no Rio de Janeiro. Começou a ir a Alagoas, terminando por se estabelecer definitivamente em Maceió, no ano de 1921. A partir dessa data, já trabalhando como fotógrafo e estabelecido com a empresa ROGATO FILM, pôs em prática a ideia de filmar em Alagoas. As primeiras imagens feitas no estado foram realizadas no Carnaval de 1921 e depois na inauguração da ponte de cimento em Victória (Quebrângulo). Constituindo de fato as primeiras manifestações cinematográficas realizadas em Alagoas, *Carnaval em 1921* e *Inauguração da ponte em Quebrângulo* foram apresentadas em 1921, no CINE FLORIANO. A segunda filmagem de Rogato eram cenas feitas em homenagem ao governador Fernandes Lima, incluindo também o registro de jogos de futebol. O sucesso dos primeiros trabalhos cinematográficos de Rogato entusiasmou o público, e jornalistas passaram a estimular o realizador para que desse continuidade a sua arte. A exibição em Maceió do filme *No país das amazonas* (1921), de Silvino Santos, provocou a realização de *Terra de Alagoas* (1925-1926), de Rogato, docu-

mentário exibido em 1927, nos cinemas de Maceió e Penedo. Em 1930 chega a Alagoas Edson Chagas*, que já havia filmado em Pernambuco.

Datado de 1931, o primeiro longa-metragem alagoano, *Um bravo do Nordeste* – *western* adaptado para Alagoas –, de Edson Chagas, foi realizado pela ALAGOAS FILM, produtora fundada por Edson e Rogato. No comando da GAUDIO FILM, Rogato produziu e dirigiu com Etelvino Lima o segundo longa-metragem, *Casamento é negócio?*, exibido em sessão especial em 1933. Depois de incansáveis trabalhos, Rogato deixa este mundo no dia 9 de setembro de 1966. Em 1954 foi realizado *A marca do crime*, ficção dirigida por Josué Júnior e Mário Nobre, em 16 mm, com quarenta minutos de duração, que não teve exibição nos cinemas, apenas em casas de amigos.

A CAETÉ FILMES DO BRASIL, dirigida por José Wanderley Lópes, realizou inúmeros documentários comerciais exibidos em cinemas e em grande parte na TV. Em 1971 produziu *A volta pela estrada da violência*, em 16 mm, com 75 minutos de duração, com direção de Aécio de Andrade. Trata-se de uma tragédia que atinge uma família nordestina que tem seus passos controlados pelo coronelismo. A CAETÉ ainda realizou *Mulheres liberadas* (1982), com direção de Adnor Pitanga e produção de Wanderley Lópes. O filme contou com a interpretação da atriz Rossana Ghessa*.

No início da década de 70 ocorreu o *boom* do Super-8 em Alagoas. Inúmeros foram os realizadores que investiram na bitola e obtiveram bons trabalhos. Devido à prática desse tipo de cinema, foram criados, como incentivo e suporte, os FESTIVAIS DE CINEMA BRASILEIRO DE PENEDO, que tiveram início em 1975 e continuaram até 1982. Esses festivais revelaram Celso Brandão, um importante realizador. Esse cineasta, após várias produções em Super-8, teve seu filme *Ponto das ervas* (1978) produzido por Carlos Diegues*, em 35 mm, e fotografado por Dib Lutfi. Seus filmes seguintes são *Chão de casa* (1982) e *Memórias da vida e do trabalho* (1988); participou ainda do FESTIVAL DE MOSCOU. Afora Celso Brandão, outros nomes podem ser apontados, como: Aldevan Henrique, que fez, entre outros, *Fases da produção do açúcar* e *Farinhada*; Antônio Souza, com *Vaquejada*; Carlos Hora, de quem sobressai *Destino*; Denício Calisto, com destaque para *Vaquejada, festa de bravos*; Kleiner Gomes, com *Aventuras de um contrabandista* e *A faca*; Joaquim Alves, que, depois de ter feito vários filmes em Super-8, como *Severino ou O homem que jantou o filho*, realiza *Calabouço* (1976), em 16 mm, seu primeiro longa-metragem; Joaquim Silva Santos, de quem *Conteúdo* é o filme mais conhecido; José Geraldo Marques, com *Enquanto a natureza morre*; José Márcio Passos, com *A ilha* e *Casamento de uma Maria*; José Maria Tenório Rocha, com *Jornada* e *São Gonçalo d'Água Branca*; Júlio Simon, com *Encontro com Pierre Chalita*; e Mário Jorge Feijó, com *A maldição do Klemenn*. (JMTR)

ALENCAR, Iracema de (Ida Hermínia Kerber) – Triunfo, RS, 1900-1978. Atriz.

FILMOGRAFIA: 1919 – *Iracema*. 1953 – *Toda vida em 15 minutos*. 1959 – *Garota enxuta*. 1967 – *Garota de Ipanema*. 1967-1968 – *Brasil, ano 2000*. 1970 – *Em família*. 1971 – *Som, amor e curtição*; *Rua descalça*. 1972 – *O supercareta*. 1972 – *Salve-se quem puder*; *Rally da juventude*. 1973 – *O Pica-pau Amarelo*.

Constrói longa carreira, principalmente no teatro e no rádio, com pequenas passagens pela televisão e curta incursão no cinema. Criada em Porto Alegre, desenvolve gosto pelo palco ainda na escola, decidindo fugir com uma paixão adolescente, o amador Aldírio Ferreira, para tentar profissionalizar-se. Após um pequeno trabalho na Companhia de Operetas Irase, na Argentina, é contratada em 1918 pela Companhia Dramática Nacional, sediada no Rio de Janeiro e liderada por Itália Fausta. Integra importantes companhias teatrais do país por mais de três décadas, entre as quais a de Leopoldo Fróes*, em que participa do que considera seu melhor trabalho, a peça *Sangue azul*, e a de Jayme Costa*, em que obtém sucesso nacional com a personagem-título Berenice. O sucesso inicial e a repercussão de um concurso para escolha de seu nome artístico levam-na para o cinema, convidada por Vittorio Capellaro* para estrelar *Iracema*. Volta à tela em pequenos papéis nos anos 50, redescoberta pelo Cinema Novo*, que valoriza sua versatilidade e capacidade interpretativa. Alcança grande sucesso como a matriarca de *Em família*, de Paulo Porto*, sustentando com Rodolfo Arena* o sensível retrato de um casal de terceira idade. Faleceu no Rio de Janeiro em 7 de janeiro. (HH)

ALENCAR, José de (José Martiniano de Alencar) – Mecejana, CE, 1829-1877. Escritor.

FILMES: 1916 – *O guarani*; *Lucíola*. 1919 – *Ubirajara*; *Iracema*. 1920 – *O guarani*. 1926 – *O guarani*. 1930 – *Iracema*. 1932 – *Onde a terra acaba*. 1949 – *Iracema*. 1950 – *Anjo do lodo*. 1957 – *Paixão de gaúcho*. 1966 – *Sabor do pecado*. 1974 – *A lenda do Ubirajara*. 1975 – *Lucíola, o anjo pecador*. 1976 – *Cuando Pizarro, Cortés y Orellana eran amigos* (produção estrangeira); *Senhora*. 1978 – *O guarani*; *Iracema, a virgem dos lábios de mel*; *Paixão de sertanejo*. 1995-1996 – *O guarani*.

Considerado o mais popular escritor de sua época, autor de uma literatura de cunho urbano, é também conhecido por seus romances de temática indigenista e de motivos regionalistas. Seus temas e seu universo ficcional exercem forte influência em nosso cinema, sendo o escritor com o maior número de obras adaptadas para as telas. Os filmes baseados em seus romances atravessam de maneira uniforme décadas do século XX, marcando de modo distinto os diversos períodos do cinema brasileiro. Pode-se afirmar que, dos cineastas antigos até os atuais, diversas gerações inspiram-se em sua ficção. Na mais recente adaptação de *O guarani*, a diretora Norma Bengell* faz uma tentativa de concretizar um grande sonho glauberiano, com o casal televisivo Márcio Garcia e Tatiana Issa. Historicamente, a primeira filmagem é creditada ao palhaço Benjamin de Oliveira, artista de sucesso no início do século XX que filma o curta *Os guaranis* em 1908. *A viuvinha* (1914), baseado em um dos últimos textos do romancista, com produção de Luiz de Barros* e Ítalo Dandini, não chega a ser lançado. Mas *O guarani*, de Vittorio Capellaro*, é o primeiro sucesso baseado na obra do romancista, refilmado pelo mesmo diretor em 1926. *O guarani* é o romance mais filmado do autor, contando com seis adaptações: além das duas versões mudas de Capellaro, há a versão também muda de João de Deus* (1920); o brasileiro Gilberto Macedo, radicado no México, filma em 1976 a quarta versão, com o curioso título de *Cuando Pizarro, Cortés y Orellana eran amigos*; a quinta é do paulista Fauzi Mansur* (1978), com David Cardoso*, além da já referida versão de Norma Bengell, de meados dos 90, sendo as três últimas coloridas.

Lucíola, romance urbano ambientado na corte imperial, sempre mexeu com o erotismo de nossos pornochanchadeiros de plantão. Sua primeira adaptação cinematográfica em 1916, na versão silenciosa de Antônio Leal*, causou escândalo na época, ao mostrar a pioneira nudez da atriz Aurora Fúlgida*. A segunda adaptação da obra, já sonora, com a vedete Virgínia Lane no papel-título, incomodou em 1951 o jovem vereador Jânio Quadros, com seu apelativo título *Anjo do lodo*, filme dirigido por Luiz de Barros. A terceira versão, estrelada por Irma Alvarez*, carrega evidente apelo erótico até em seu título, *Sabor do pecado*, e lança o futuro diretor de pornochanchadas* Mozael Silveira. A quarta e última, a única em cores, *Lucíola, o anjo pecador* (1975), assume o gênero da pornochanchada e seu veio erótico, utilizando como chamariz a popular atriz Rossana Ghessa*. Trata-se de uma produção de A. P. Galante* e Alfredo Palácios* associados à EMBRAFILME*, que traz a assinatura do diretor Alfredo Sternheim*.

Entre os romances indigenistas do escritor, *Ubirajara* é filmado no período mudo por Luiz de Barros, e no sonoro por André Luiz de Oliveira, com o título *A lenda do Ubirajara*. *Iracema* possui duas versões silenciosas que não marcam tanto quanto a versão de 1949, realizada por um grupo de italianos e o desconhecido diretor Vittorio Cardinali, que lança a atriz Ilka Soares*, explorando sua seminudez. Para não fugir à tendência erótica, dominante na visão cinematográfica da obra de Alencar, *Iracema, a virgem dos lábios de mel*, de Carlos Coimbra*, também acentua a nudez da estrela maior da pornochanchada dos anos 70, Helena Ramos*.

Em *Senhora*, outro romance de cunho urbano, transposto para a tela e intitulado *Onde a terra acaba*, a produtora Carmen Santos* tem a oportunidade de viver a protagonista, em adaptação modernizada para a época da produção (início dos anos 30), com direção de Octávio Gabus Mendes*. A mesma obra é filmada em cores por Geraldo Vietri*, em 1976, conservando o título da ficção literária e utilizando o elenco da TV TUPI, encabeçado pela atriz Elaine Martins. *Paixão de gaúcho*, produção dos estúdios da BRASIL FILME, protagonizada por Alberto Ruschel*, é assinada por Walter George Dürst* na única adaptação de *O gaúcho*, romance rural regionalista. *O sertanejo* vira faroeste pelas mãos do fotógrafo-diretor Pio Zamuner*, em *Paixão de sertanejo*, com o casal protagonista Francisco Di Franco* e Fátima Freire. *Encarnação*, último romance de Alencar, é filmado em 1978 por J. Marreco e permanece inacabado. Em meados dos anos 70, Joaquim Pedro de Andrade* não consegue viabilizar seu projeto de filmar "As minas de prata". (LFM)

ALICE, Mauro – Curitiba, PR, 1925-2010. Montador.

FILMOGRAFIA: 1953 – *Candinho*. 1956 – *Gato de madame*; *Rio fantasia*.

1957 – *Baronesa transviada*; *A grande vedete*; *Alegria de viver*; *Rico ri à toa*. 1957-1958 – *Ravina*. 1959 – *Jeca Tatu*; *Na Garganta do Diabo*. 1959-1961 – *Bruma seca*; *A primeira missa*. 1962 – *Vendedor de linguiças*. 1963 – *Casinha pequenina*. 1964 – *Noite vazia*; *Imitando o Sol* (*O homem das encrencas*); *Vereda da salvação*. 1965 – *Corpo ardente*; *O puritano da rua Augusta*. 1965-1968 – *Maré alta*. 1969 – *Em cada coração um punhal* (1º episódio: 'Transplante de mãe'); *Verão de fogo* (coprodução estrangeira). 1970 – *O palácio dos anjos* (coprodução estrangeira); *As gatinhas*. 1971 – *As noites de Iemanjá*; *Pantanal de sangue*. 1972 – *Um caipira em Bariloche*. 1973 – *Detetive Bolacha contra o gênio do crime*. 1974 – *O anjo da noite*; *As cangaceiras eróticas*. 1976 – *Jecão... um fofoqueiro no céu*. 1978 – *Alucinada pelo desejo*. 1981 – *Filhos e amantes*. 1982 – *As aventuras da Turma da Mônica*; *Retrato falado de uma mulher sem pudor*. 1984 – *O beijo da mulher-aranha* (coprodução estrangeira). 1985 – *Made in Brasil* (1º episódio: 'Fim de semana impossível'; 2º episódio: 'Furacão acorrentado'; 3º episódio: 'Um milagre brasileiro'). 1986 – *Besame mucho*. 1987 – *Fogo e paixão*. 1988-1989 – *Doida demais*. 1995-1997 – *A grande noitada*. 1997-1998 – *Coração iluminado* (coprodução estrangeira). 1998-1999 – *Até que a vida nos separe*. 2002 – *Carandiru*. 2004 – *Vinho de rosas*.

Muda-se para São Paulo em 1948. Ingressa nos estúdios da VERA CRUZ* em 1950, exercendo várias funções, tendo sido assistente e discípulo do chefe de montagem da empresa, Oswald Hafenrichter*. Assina suas primeiras montagens, duas comédias de Amácio Mazzaropi*. No Rio de Janeiro, entre 1956 e 1957, trabalha para o produtor e diretor Watson Macedo*, nas comédias *Baronesa transviada*, *A grande vedete* e *Alegria de viver*. Nessa época monta o filme de estreia de Roberto Farias*, *Rico ri à toa*. De volta a São Paulo retorna à moviola dos estúdios VERA CRUZ, onde permanece até 1965, quando monta, entre outros, os filmes *Ravina*, de Rubem Biáfora*, *Na Garganta do Diabo*, de Walter Hugo Khouri*, e *A primeira missa*, de Lima Barreto*, além de uma série de produções do comediante Mazzaropi – *Jeca Tatu*, de Milton Amaral, *Vendedor de linguiças* e *Casinha pequenina*, de Glauco Mirko Laurelli*, *O puritano da rua Augusta*, de Mazzaropi –, e filmes de outros produtores – *Imitando o Sol*, de Geraldo Vietri*, e *Vereda da salvação*, de Anselmo Duarte*. Preferido de Khouri, monta *Noite vazia*, *Corpo ardente*, *O palácio dos anjos* e *O anjo da noite*. Na década de 70 monta uma gama variada de filmes de diferentes gêneros, como o romântico *As gatinhas*, de Astolfo Araújo, o drama *As noites de Iemanjá*, de Maurice Capovilla*, a aventura *Pantanal de sangue*, de Reynaldo Paes de Barros, o infantil *Detetive Bolacha contra o gênio do crime*, de Tito Teijido, as pornochanchadas *As cangaceiras eróticas*, de Roberto Mauro, *Alucinada pelo desejo*, de Sérgio Hingst*, além de dois filmes de Mazzaropi: *Um caipira em Bariloche* e *Jecão... um fofoqueiro no céu*. Nos anos 80 trabalha para o produtor Francisco Ramalho Jr.* em *O beijo da mulher-aranha*, direção de Hector Babenco*, em *Filhos e amantes* e em *Besame mucho*, os dois últimos sob a direção de Ramalho. Monta ainda o desenho animado *As aventuras da Turma da Mônica*, de Mauricio de Sousa*, o drama *Retrato falado de uma mulher sem pudor*, de Jair Correia e Hélio Porto, e a comédia *Fogo e paixão*, com direção dos estreantes Isay Weinfeld e Márcio Kogan. Depois da crise dos anos 90, regressa ao trabalho em 1997 com o filme de Denoy de Oliveira*, *A grande noitada*. Dá continuidade à carreira com seus filmes mais recentes, *Coração iluminado*, de Hector Babenco, e *Até que a vida nos separe*, de José Zaragoza. Em 2002, já idoso, segurou bem a personalidade de Babenco montando *Carandiru*, obra de grande bilheteria e repercussão. Seu último longa é o único dirigido por uma mulher montado por ele: *Vinho de rosas*, da mineira Elza Catado. Faleceu em São Paulo no dia 23 de novembro. (LFM)

ALMEIDA, Abílio Pereira de – São Paulo, SP, 1906-1977. Diretor, ator, produtor.

FILMOGRAFIA: 1950 – *Caiçara* (ator); *Terra é sempre terra* (ator). 1951 – *Ângela* (ator, dir.); *Sai da frente* (dir.). 1952 – *Appassionata* (ator); *Nadando em dinheiro* (dir.). 1952-1953 – *Sinhá Moça* (ator). 1953 – *Candinho* (dir.). 1956 – *Gato de madame* (prod.). 1957 – *Rebelião em Vila Rica* (prod.); *Estranho encontro* (prod.). 1962 – *Copacabana Palace* (coprodução estrangeira) (prod.); 1972 – *Independência ou morte* (ator).

Estudou em São Paulo, bacharelando-se pelo Colégio São Luís. Matriculou-se na Faculdade de Direito em 1925, abandonando o curso para ingressar na Aviação Militar do Exército, no Rio de Janeiro, onde chegou a sargento-ajudante eletricista. Quando estourou a Revolução de 30, combateu nas tropas federais contra São Paulo. Deu baixa do Exército em 1931. No ano seguinte, durante a Revolução de 32, lutou na aviação paulista. Bacharelou-se nesse mesmo ano em Direito, advogando por cerca de vinte anos. Escreveu um livro, *Prática jurídica comercial*, juntamente com Euzébio Queiroz Mattoso, que chegou a alcançar catorze edições pela Editora Nacional. Foi catedrático de Prática Jurídico-Administrativa da Escola de Comércio Álvares Penteado. Com Silvio Marcondes editou, durante quatro anos, a *Revista Jurídica*. Foi juiz do Tribunal de Impostos e Taxas no período de 1938 a 1939. Associou-se a Mário Simonsen numa fábrica de mentol e organizou outra, de seda natural.

O seu interesse pelo teatro nasceu no Colégio São Luís. Em 1936 começou a participar do grupo amador inspirado e dirigido por Alfredo Mesquita, atuando em *Noites de São Paulo*; a seguir, participou de *A casa assombrada* (1938) e *Dona Branca* (1939). Continuou com Alfredo Mesquita em 1942, no segundo grupo de amadores fundado em São Paulo, o Grupo de Teatro Experimental (GTE). Trabalhou na primeira peça levada pelo grupo, *Sonho romântico*, de Musset (1942), seguida por *A sombra do mal* (1943), *Fora da barra* (Sutton Vane, 1944), *O avarento* (Molière, 1944), *Os pássaros* (Aristófanes, 1945), *Heffmann*, escrita e dirigida por Mesquita, em 1945, e *As alegres comadres de Windsor* (Shakespeare, 1946). Nesse ano escreveu, dirigiu e interpretou a peça *Pif-paf*, encenada no Teatro Municipal e no Teatro Bela Vista. O sucesso de sua primeira experiência como dramaturgo foi motivo de divergência com o GTE, que trilhava um teatro de cunho naturalista. Abílio, segundo Sábato Magaldi, trabalhava com o público, buscando captar os conflitos que falavam de perto à burguesia: o jogo, o adultério, a decadência da aristocracia rural, a demagogia política, o funcionalismo público. O seu estilo populista, moralista e provocativo fez com que enfrentasse várias vezes a censura* (*Moral em concordata* foi proibido primeiro para 18, e depois para 21 anos). Provocou a ira dos que atacava. Os atores de *Santa Marta Fabril S.A.*, por exemplo, foram agredidos (a peça criticava Francisco Matarazzo e o adesismo a Getúlio Vargas dos paulistas derrotados em 1932). Esteve próximo ao grupo fundador do Teatro Brasileiro de Comédia (TBC) e da VERA CRUZ*, entre os quais Franco Zampari*, Francisco Ciccilo Matarazzo, Adolfo Rheingantz). A pedido de Zampari ensaiou a peça *A mulher de braços alçados*, de Zamboni, para representação no teatro instalado na casa de Paulo Assumpção. Do amadorismo passou ao profissionalismo do TBC.

O teatro foi inaugurado em 1948 com Henriette Morineau declamando *A voz humana*, de Jean Cocteau, seguida pela apresentação de *A mulher do próximo*, escrita por Abílio. Escreveu também *Paiol velho*; *Em moeda corrente no país*; *Moral em concordata*; *Santa Marta Fabril S. A.*; *Rua São Luís 27, 8º andar*; *Alô, 36-5499*; *Dona Violante Miranda*; entre outras. No total, foi autor de quinze peças, das quais seis foram levadas ao cinema.

Ingressou na VERA CRUZ por indicação de Alberto Cavalcanti*, produtor geral da companhia, que considerava Abílio um profissional com requisitos para a direção de filmes. O teatrólogo achava que a VERA CRUZ era um "passatempo" de gente rica, uma brincadeira de grã-finos. A produtora foi implantada com o objetivo de realizar um cinema industrial de nível internacional, na tentativa de desvincular o cinema produzido nos estúdios de São Bernardo do Campo das execradas chanchadas feitas no Rio de Janeiro. Em termos de dramaturgia, copiavam-se as regras do cinema clássico de Hollywood. Abílio participou da primeira produção da VERA CRUZ, *Caiçara*, com direção de Adolfo Celi*, filmada em Ilhabela, litoral de São Paulo. Fazia o papel de um homem rude (José Amaro), que retira uma moça, Marina (Eliane Lage*), de um preventório para um casamento arranjado. A disputa pela mulher com um amigo resulta na morte dos dois homens. Durante a realização de *Caiçara*, já se estruturava a segunda produção da companhia. Abílio, que fez seu aprendizado de cinema nas locações de Ilhabela, foi também encarregado da adaptação de sua peça *Paiol velho*, que se transformaria no filme seguinte da companhia, *Terra é sempre terra*, de Tom Payne*. A falta de conhecimento cinematográfico, no entanto, comprometeu a qualidade do roteiro. Lançado em 1951, foi bem recebido pela crítica. O personagem interpretado por Abílio na película foi o de Antonio Loferato. Com a saída de Cavalcanti da VERA CRUZ, ele passou a ser o consultor jurídico, produtor e diretor. No quarto filme da VERA CRUZ (o terceiro foi *Ângela*, no qual trabalhou como ator no papel de Gervásio), alterou o caminho inicial da companhia ao realizar uma comédia com Mazzaropi*. *Sai da frente*, com direção de Abílio, primeiro filme do comediante no cinema, foi um enorme sucesso, a despeito de todos os cortes que a película sofreu, impostos pelo montador Oswald Hafenrichter*, que não achava engraçado o humor do comediante. Ainda com Mazzaropi dirigiu *Nadando em dinheiro* e *Candinho*. Com

a falência da VERA CRUZ, o maior credor da companhia, o Banco do Estado de São Paulo, assume a direção da empresa.

Com o apoio do banco, Abílio estruturou em 1955 a CINEMATOGRÁFICA BRASIL FILME LTDA., sediada no mesmo endereço da antecessora, na rua Major Diogo, em São Paulo. O artifício devia-se ao contrato de exclusividade de distribuição que a VERA CRUZ mantinha com a COLUMBIA PICTURES. Embora produzindo com a mesma estrutura, a nova empresa não só escapava ao domínio da empresa americana como também podia instalar a sua própria distribuidora. Para a coprodução franco-brasileira *Copacabana Palace* criou o CONSÓRCIO PAULISTA. A BRASIL FILME realizou oito filmes, entre os quais *Ravina*, de Rubem Biáfora*, *Rebelião em Vila Rica*, dos irmãos Santos Pereira, e *Estranho encontro*, de Walter Hugo Khouri*. Segundo Abílio, foi o filme de Biáfora, produzido por Flávio Tambellini*, que pôs fim à produtora. O banco colocou outro interposto para dirigir a empresa, Cassio Egídio de Carvalho, cuja obrigação era apenas fazer a locação dos equipamentos e estúdios.

Se, como ator, Abílio aprendeu a trabalhar com cinema na prática, como produtor é colocado diante de outra realidade. Foi eleito, em 1955, presidente da Associação Profissional da Indústria Cinematográfica de São Paulo (APICESP), que funcionava em paralelo ao Sindicato Nacional da Indústria, já existente e sediado no Rio. Na sua gestão foram pedidas a revisão dos preços dos ingressos de cinema, das tarifas alfandegárias e a criação de um sistema de crédito cinematográfico. O baixo preço do ingresso e a entrada maciça do filme estrangeiro faziam com que o produtor nacional recebesse apenas 1,80 cruzeiro sobre um ingresso de 6 cruzeiros. A legislação especial reivindicada sobre o filme estrangeiro visava criar uma barreira fiscal. Na época, ele declarou que as propostas da APICESP foram derrotadas ou por força do lobista Harry Stone ou por desinteresse do governo federal. Foi na posição de produtor que descobriu também a subvenção recebida pelo filme estrangeiro através da tarifa cambial: os lucros das distribuidoras eram enviados ao exterior pelo câmbio livre, enquanto outras mercadorias eram controladas pelo câmbio oficial, mais alto. Na década de 70, entretanto, considerava a obrigatoriedade de exibição do filme brasileiro uma medida indefensável, antipática e imbecil. Mantinha sua opinião sobre a formação de uma barreira alfandegária como o instrumento ideal para o controle

da entrada do filme estrangeiro. Abílio Pereira de Almeida também foi membro da COMISSÃO ESTADUAL DE CINEMA.

Após sua demissão da BRASIL FILME, ele tentou sem sucesso a televisão. Voltou ao teatro, mas era avesso às inovações de vanguarda, como as introduzidas pelo Oficina. O seu campo de batalha era o dos costumes e não o da vanguarda estética. Liquidou praticamente todos os seus negócios em São Paulo, mudando-se para um sítio em Vinhedo. Arriscou alguma coisa em negócios (primeiro um aviário, depois um vinhedo), que fracassaram. Suicidou-se dentro de um automóvel, estacionado à margem da via Anhanguera, quando se dirigia para o sítio, no dia 10 de maio. (JIMS)

ALMEIDA, Canuto Mendes de (Joaquim Canuto Mendes de Almeida) – São Paulo, SP, 1906-1990. Roteirista.

FILMOGRAFIA: 1922 – *Do Rio para São Paulo para casar*. 1925 – *Gigi*. 1926 – *Fogo de palha* (dir.).

Publica seus primeiros artigos nos jornais acadêmicos da Faculdade de Direito do Largo de São Francisco. Pioneiro da crítica de cinema, nos anos 20, colabora com o jornal *Folha da Manhã* e com a revista *Cinearte**. Participa no cinema mudo paulista, ao colaborar em filmes do diretor José Medina*, assinando o argumento da comédia *Do Rio para São Paulo para casar*. Depois, adapta *Gigi*, de Viriato Correia, que resulta em outra comédia. Sua única experiência em direção é na comédia *Fogo de palha*, baseada em argumento de sua autoria. Após estrear como diretor, atua como assistente de direção de Marques Filho, em *Escrava Isaura* (1929), baseado no romance de Bernardo Guimarães. Faz carreira como jurista e professor de Direito na Faculdade de Direito do Largo de São Francisco. Faleceu em São Paulo em 28 de outubro. (LFM)

ALMEIDA, Neville d' (Neville Duarte de Almeida) – Belo Horizonte, MG, 1941. Diretor.

FILMOGRAFIA: 1968 – *Jardim de guerra*. 1970 – *Piranhas do asfalto*. 1971 – *Mangue-bangue*. 1972 – *The Night Cats*. 1973 – *Surucucu catiripapo*. 1975 – *A dama do lotação*. 1977 – *Os sete gatinhos*. 1980 – *Música para sempre*. 1982 – *Rio Babilônia*. 1989 – *Amazon Encounter* (produção estrangeira). 1990-1991 – *Matou a família e foi ao cinema*. 1997 – *Navalha na carne*.

O diretor Neville d'Almeida tem como nome original Neville Duarte de Almeida, sendo o toque afrancesado de seu nome, um apóstrofo entre o segundo e o último sobrenomes, adotado posteriormente. Frequentou a Igreja metodista e dali passou para o CENTRO DE ESTUDOS CINEMATO-GRÁFICOS, em 1958, lendo crítica de filmes e sorvendo a cultura cinematográfica mineira da época. Fez ainda cursos para ator na UFMG e no New York College, em 1965. Essa formação nos ajuda a explicar um pouco de sua trajetória posterior, que mistura marginalidade e fantasias eróticas. Em 1968 realizou seu primeiro longa, *Jardim de guerra*, gastando todo o dinheiro que ganhara nos Estados Unidos. Até esse momento havia feito apenas um curta-metragem, *O bem-aventurado*, premiado pelo FESTIVAL DE CINEMA AMADOR JB-MESBLA em 1966. *Jardim de guerra* trata de questões políticas num momento difícil e, "apesar da fragmentação narrativa, existem (no filme) fortes ingredientes para um contato mais intenso com o grande público", menciona Fernão Pessoa Ramos em seu estudo sobre o Cinema Marginal*. O filme aborda temas como drogas, sexo livre e feminismo, tendo sido censurado e proibida sua exibição comercial. Seus filmes posteriores, como *Piranhas do asfalto*, deixam de lado a pretensão de exibição – apesar de contar em seu elenco com atrizes como Betty Faria* – e, seguindo ditames do Cinema Marginal, são atravessados por gritos dilacerados e tom agônico. Realizou experimentações em 16 mm como *Mangue-bangue* e *The Night Cats*, este último realizado em Londres. Já *A dama do lotação*, estrelado por Sônia Braga, com produção de Nelson Pereira dos Santos*, contou com a participação da EMBRAFILME*, sendo lançado em 41 cidades, e foi um dos grandes sucessos de bilheteria da época. Para alguns, como Jean-Claude Bernardet*, o filme é uma pornochanchada* invertida, em que a mulher utiliza o homem como objeto sexual. De qualquer forma, empregou no filme os ingredientes eróticos da dramaturgia de Nélson Rodrigues* para conseguir um bom resultado mercadológico, utilizando ainda uma música de tonalidades psicanalíticas de Caetano Veloso*, a canção-tema *Pecado original*. Dois anos depois, o cineasta voltou ao mundo enlouquecido do teatrólogo com a versão cinematográfica da peça *Os sete gatinhos*, enveredando agora por uma tragédia suburbana que embaralha família, sordidez e prostituição. O filme despertou polêmicas variadas. O diretor continua provocando escândalos, no início dos anos 80, com *Rio Babilônia*, filme realizado depois de documentar o I Festival de Jazz de São Paulo em *Música*

para sempre. Com *Rio Babilônia* pretendeu fazer um painel do Rio de Janeiro, uma crônica de sua vida mundana, e para isso não economizou nas cenas eróticas. Problemas com a censura da época foram inevitáveis, os quais se estenderam por nove meses de batalha e resultaram em vários cortes no filme. Mesmo assim, ficaram sequências polêmicas, como a da relação sexual entre o personagem interpretado por Jardel Filho* e um travesti. O cineasta e também jornalista Arnaldo Jabor* não hesitou em catalogar, na época, o filme como "a crônica sexual de um país falido". De qualquer forma, assistimos a uma curiosa trajetória de Neville: de autor marginal a adaptador do polêmico Nélson Rodrigues, até aportar no escândalo erótico que criou problemas com a censura por motivos bem diversos dos apresentados pelos seus filmes do início da carreira. Em seguida acometeu-o uma espécie de desejo de voltar às origens e tentar um *remake* de *Matou a família e foi ao cinema*, clássico marginal de 1969, terceiro longa-metragem de Júlio Bressane*, um cineasta que ficou bem atado às suas convicções gestadas nos heroicos anos 60. *Navalha na carne*, seu longa-metragem de ficção mais recente, uniu o cineasta a outro marginal, Plínio Marcos*, autor teatral consagrado. Trabalhando com Vera Fischer*, que interpreta a prostituta Neusa Sueli, e com o ator cubano Jorge Perrugorría como o cafetão, Neville tencionou fazer uma incursão pelo universo sempre sórdido do dramaturgo. E, como é habitual na sua carreira, chocou a todos nesse que foi o maior lançamento do cinema brasileiro em 1997, com 101 cópias distribuídas em 56 cidades do país. Em 2003, expôs na Galeria Fortes Villaça, em São Paulo, a série "Cosmococas", desenvolvida nos anos 1970 ao lado de Hélio Oiticica. São instalações que depois foram fotografadas, compostas de desenhos dos rostos de ícones pop como Marilyn Monroe e Jimi Hendrix feitos à base de cocaína. Codirige com Tamur Aimara em 2007 o documentário de longa metragem *Maksuara – crepúsculo dos deuses*, filme que a partir do registro poético da relação harmônica do índio Maksuara com a natureza pretende expor o conflito entre índios e homens brancos. Neville, enfim, é um cineasta que pode receber qualquer crítica, menos a de não conseguir estardalhaço e polêmica a cada filme que realiza. E isso já é o bastante num cinema como o brasileiro, imerso em longos períodos de letargia. (JMO)

ALTBERG, Marco (Marco Antônio Altberg) – Rio de Janeiro, RJ, 1953. Diretor.

FILMOGRAFIA: 1979-1980 – *Prova de fogo*. 1982 – *As aventuras de um paraíba*. 1985 – *Fonte da saudade* (1º episódio: 'Bárbara'; 2º episódio: 'Guida'; 3º episódio: 'Alba'). 1995 – *Sombras de julho*. 2008 – *Panair do Brasil*.

Trabalhou inicialmente com a bitola 16 mm, quando foi diretor do filme experimental *Pra início de conversa* (1970). Mais tarde, filmou os documentários de média metragem, também realizados na bitola 16 mm, *Noel Nutels* (1975), sobre o sanitarista e indigenista Noel Nutels, e *PHD da selva* (1977), enfocando o trabalho feito na floresta por professores e alunos da Universidade Federal de Mato Grosso. Ao mesmo tempo, exerceu diferentes funções, como assistente de direção, diretor de produção e produtor executivo, em longas-metragens de importantes diretores como Geraldo Sarno*, Joaquim Pedro de Andrade*, Eduardo Escorel* e Carlos Diegues*. Roteirista, junto a Fábio Barreto*, de *Índia, a filha do Sol* (1981), extraído do conto *Ontem, como hoje e amanhã, depois*, de Bernardo Élis, e que marcou a estreia na direção de filmes de longa-metragem de Fábio. Em parceria com o produtor Luiz Carlos Barreto*, fez os primeiros filmes como diretor. Seu primeiro longa-metragem foi o drama *Prova de fogo*, filme místico sobre seitas populares que marcou a estreia no cinema da atriz Maitê Proença*. Em seguida, em *As aventuras de um paraíba*, utilizou um tom leve, próximo da comédia, para contar as aventuras e desventuras de migrante nordestino no Rio de Janeiro. Em 1985, fundou sua primeira produtora, a DIADEMA PRODUÇÕES CINEMATOGRÁFICAS, e, ainda em sociedade com Barreto, filmou adaptação do romance *Trilogia do assombro*, de Helena Jobim, no drama *Fonte da saudade*. Mais uma vez diversificou sua atuação, quando exerceu cargo de direção na EMBRAFILME. A seguir, funcionou como produtor executivo em filmes dos Trapalhões e tiveram projeto conjunto do filme "As férias dos Trapalhões", que seria dirigido por ele e não se concretizou. Constituiu nova empresa, M. ALTBERG CINEMA E VÍDEO, para a qual, em sociedade com a TELEVISÃO CULTURA de São Paulo, dirigiu a série *Sombras de julho*, baseada no romance homônimo de Carlos Herculano Lopes e que contou com versão longa-metragem exibida nos cinemas. Durante alguns anos na década de 1990, foi diretor de programa televisivo que fazia a cobertura do cinema brasileiro daquele momento. Seu primeiro documentário de longa-metragem foi *Panair do Brasil*, sobre a famosa empresa de aviação aérea brasileira. (LFM)

ALVAREZ, Irma (Irma Rufina Puster de Alvarez) – Salligueló, Argentina, 1933. Atriz.

FILMOGRAFIA: 1950 – *Cinco locos en la pista* (produção estrangeira). 1952 – *Del otro lado del puente* (produção estrangeira). 1955 – *De noche también se duerme* (produção estrangeira); *Brasiliana* (produção estrangeira). 1960 – *Os dois ladrões*. 1962 – *Nordeste sangrento*; *Porto das Caixas*. 1964 – *Morte em três tempos*; *Encontro com a morte* (coprodução estrangeira). 1965 – *Onde a Terra começa*; *Sabor do pecado*. 1966 – *Engraçadinha depois dos trinta*; *Terra em transe*; *Todas as mulheres do mundo*. 1967 – *O homem nu*; *A virgem prometida*. 1968 – *Os paqueras*; *A doce mulher amada*. 1969 – *A noite do meu bem*; *Como vai, vai bem?* (episódio: 'Hei de vencer'); *A cama ao alcance de todos* (1º episódio: 'A primeira cama'); *Um sonho de vampiros*. 1970 – *É Simonal*. 1971 – *Pra quem fica... tchau!*. 1971-1977 – *O dia marcado*. 1973 – *Caingangue, a pontaria do diabo*. 1974 – *A estrela sobe*. 1975 – *Ana, a libertina*. 1981 – *Pra frente, Brasil*. 1983 – *Aguenta, coração*. 1986 – *Rockmania*. 1998 – *O viajante*.

Criada em Buenos Aires, estuda balé e piano clássico, tornando-se modelo no final da adolescência. Por indicação de Henrique Serrano, vai ao Rio de Janeiro trabalhar com Walter Pinto, estreando em 1951 na revista *Eu quero é sassaricar*. Após um ano, retorna à capital argentina, onde trabalha num salão de beleza e conhece a bailarina e cantora Lolita Torres, que a incentiva a tornar-se atriz. Faz pontas em três filmes argentinos, ingressando em seguida no teatro de comédias. É novamente convocada por Walter Pinto em 1955, instalando-se em definitivo no Brasil. Torna-se vedete de Carlos Machado, atuando na boate Night and Day até o final dos anos 50. Participa do documentário *Brasiliana*, de Helmut Wiesler. Toma atitudes ousadas e inéditas, como protagonizar a primeira fotonovela brasileira – ao lado de Jardel Filho* –, em 1957, desfilar de biquíni no Copacabana Palace, em 1958, e rapar a cabeça para estrelar o filme inacabado "O cavalo de Oxumaré", de Ruy Guerra*, em 1961, fato que a projetou nacionalmente. Desenvolve carreira irregular, ora participando de filmes do Cinema Novo*, ora incursionando por obras mais comerciais. Intérprete intuitiva, consegue por vezes atuações expressivas, das quais se destaca a personagem principal de *Porto das Caixas*, de Paulo César Saraceni*. Tem passagens pelo teatro e principalmente pela televisão, onde fez várias novelas. Tendo começado a pintar de forma autodidata em 1967, transformou-se com o tempo em artista plástica, com trabalhos vendidos em diversos países. (HH)

ALVES, Amilar (Amilar Roberto Alves) – Campinas, SP, 1881-1941. Diretor.

FILMOGRAFIA: 1923 – *João da Mata*.

Personalidade intelectual campineira, é jornalista por profissão, trabalhando nos periódicos *Correio Popular*, *Diário do Povo*, sendo também diretor do *Correio de Campinas*. Dramaturgo, é ainda autor das comédias *Qui, quai, quod* (1921), *Tagarelice do papagaio* (1928), *Ciúmes e arrufos* (1933), do drama *Degenerados* (1933) e da peça histórica *Fernão Dias* (1939), que se transforma em filme com título homônimo, sob direção de seu filho, Alfredo Roberto Alves, em 1955-1956. Torna-se diretor do grupo teatral Benedito Otávio. É um dos fundadores do Centro de Ciências, Letras e Artes de Campinas. Pioneiro do Ciclo de Campinas*, reúne um grupo de quatro pessoas e forma a produtora FÊNIX. Diretor do primeiro filme de ficção totalmente realizado na cidade (incluindo estúdio e laboratório), utiliza no elenco elementos dos grupos dramáticos locais. Seu único filme é um drama sertanejo, baseado em peça de sua autoria. Faleceu em Campinas em 5 de março. (LFM)

ALVES NETTO, Cosme (Cosme Alves Ferreira Netto) – Manaus, AM, 1937-1996. Conservador.

Uma das mais destacadas personalidades cinematográficas brasileiras, tem atuação marcante como cineclubista, dirigente da CINEMATECA DO MUSEU DE ARTE MODERNA do Rio de Janeiro, consultor de inúmeros festivais e instituições e incentivador da pesquisa e conservação da memória cinematográfica nacional. Desenvolve intenso trabalho de difusão do cinema de arte e de produções menos conhecidas no país. Ao mesmo tempo procura divulgar internacionalmente as produções locais e latino-americanas, o que acaba por granjear-lhe, em reconhecimento aos seus esforços, o epíteto de "embaixador informal do cinema brasileiro e latino-americano". Filho de um rico empresário amazonense, demonstra desde a infância vivo interesse por cinema, procurando assistir a tudo que era exibido em Manaus. Ainda adolescente passa também a militar na Juventude Estudantil Católica (JEC). Aos 17 anos vai para o Rio de Janeiro cursar a Faculdade Nacional de Filosofia, formando-se somente no início da década seguinte. Em seus primeiros tempos na cidade, aproxima-se do movimento católico progressista, ingressando na Juventude Universitária Católica (JUC) e na Ação Social Arquidiocesana (ASA). Na primeira conhece Herbert de Sousa, o Betinho, coadjuvando suas ações sociais e sua participação na Ação Popular (AP), integrando até o fim da vida a diretoria da instituição criada por ele, o Instituto Brasileiro de Análises Sociais e Econômicas (Ibase). Na segunda, toma contato com cinematografias menos difundidas, com a proposta de utilização do cinema para fins de reforma social. Passa a militar em diversos cineclubes*, assumindo a direção do Grupo de Estudos Cinematográficos da União Metropolitana dos Estudantes, em 1959. Imprime nova orientação à entidade, assumindo a redação do boletim, aproximando-se das cinematecas* e privilegiando a contextualização histórica da programação.

Chamado de volta a Manaus, em 1962, para trabalhar na *holding* paterna, a Companhia Industrial Amazonense, instala uma unidade local do Centro Popular de Cultura (CPC) e monta, com Nivaldo Santiago, um curso de cinema, participando da fundação do Grupo de Estudos Cinematográficos do Amazonas, um ativo cineclube. Considerando-se inapto para a administração da empresa, abre mão de qualquer futura herança e volta ao Rio de Janeiro no início de 1964. Com o golpe militar, é preso, acusado pelo novo regime de ser o patrocinador de uma exibição de *Encouraçado Potemkin*, de Sergei Eisenstein, para a marinhagem insurreta. Inocentado por falta de provas, vai trabalhar na CINEMATECA DO MAM. Com a saída de José Sanz* da direção geral, assume interinamente o cargo em 1965, sendo efetivado dois anos mais tarde. Amplia consideravelmente as atividades da instituição, em relação a cursos, contatos internacionais, incorporação de novos títulos, documentos e exibição de filmes. Transfere a cinemateca para um novo auditório dentro do museu, transformando-o em referência cultural obrigatória da cidade. Além do passado cinematográfico, procura apresentar as produções do antigo Leste Europeu e os chamados cinemas novos, em especial os dos países subdesenvolvidos. Estende essa programação a diversas salas de exibição comerciais, entre elas o famoso CINEMA PAISSANDU. A partir da instalação de equipamentos de montagem e sonorização nas dependências da Cinemateca, cria uma linha de coprodução de curtas documentais, em que se destaca o cineasta Vladimir Carvalho*. A mesma infraestrutura é posta a serviço da finalização de alguns longas-metragens, como *Cara a cara* (1967), de Júlio Bressane*. Estabelece contato com diversos organismos e instituições internacionais, iniciando a difusão do cinema brasileiro e posteriormente latino-americano. As estreitas ligações com o universo da esquerda levam-no outra vez à prisão em 1969, onde passa onze meses. Nos anos 70 consolida a CINEMATECA DO MAM como destacado polo de resistência cultural e volta-se para os aspectos mais ligados à preservação fílmica, dando especial atenção ao projeto "Filho pródigo", tentativa de resgate de registros fílmicos brasileiros dispersos por cinematecas estrangeiras. Reingressa na universidade em 1975, graduando-se em Comunicação Social na Pontifícia Universidade Católica. Nos anos 80 comanda a reorganização física da cinemateca e participa, de 1984 a 1989, da comissão diretora do Festival Internacional de Cinema, Televisão e Vídeo do Rio de Janeiro (FESTRIO). Por meio desse e de outros festivais brasileiros, divulga sistematicamente o cinema latino-americano, o que leva o escritor Gabriel García Márquez a convidá-lo para integrar a comissão executiva da Fundación Nuevo Cine Latinoamericano e da Escuela Internacional de Cine y TV de San Antonio de los Baños, ambas sediadas em Cuba. Destituído da direção da CINEMATECA DO MAM, em 1988, exerce daí por diante o cargo quase honorário de curador geral. Torna-se, em meados da década de 90, assessor da diretoria da Fundação Nacional de Arte (Funarte), cargo que exerce por pouco mais de um ano. Entre as muitas honrarias recebidas por Cosme estão o prêmio Estácio de Sá e a Medalha de Cavaleiro da Ordem das Artes e Letras, concedida pelo Ministério da Cultura da França. Tem ainda inúmeras participações como depoente ou ator em documentários e filmes de ficção brasileiros, como *O grande mentecapto* (1987-1988), de Oswaldo Caldeira*, e *Cinema de lágrimas* (1995), de Nelson Pereira dos Santos*. (HH)

ALVES, Tânia (Tânia Maria Rego Alves) – Rio de Janeiro, RJ, 1950. Atriz.

FILMOGRAFIA: 1976 – *Trem fantasma*; *Morte e vida severina*. 1977 – *Emanuelle tropical*. 1979 – *Cabaré mineiro*. 1981 – *O olho mágico do amor*. 1982 – *Parahyba Mulher Macho*. 1983 – *O cangaceiro trapalhão*; *O mágico e o delegado*; *Onda nova*. 1984 – *A estrela nua*; *Sol escaldante* (produção estrangeira); *Noites do sertão*.

1989-1991 – *República dos anjos*. 1998 – *A hora mágica*.

Artista de múltiplos talentos, com formação de base musical e depois teatral, oscila entre o estereótipo da nordestina e o da mulher brasileira (alegre, bonita e sensual). Seus estudos iniciais incluem piano, acordeão, violão e pandeiro. Opta pela música erudita ao entrar para o grupo Musicantata, especializando-se em flauta doce barroca. Ingressa na Faculdade de Letras da Universidade Federal do Rio de Janeiro, onde descobre o teatro, abandonando o curso de português e literatura no último ano. Após uma estada na Bahia, retorna ao Rio de Janeiro, passando a trabalhar como dubladora na CINE CASTRO. Reata os contatos com o mundo teatral, em especial com Luís Mendonça, que se torna seu mestre e lhe apresenta o teatro de raízes populares. Ganha em 1975 o prêmio de atriz-revelação da Associação Paulista de Críticos Teatrais pela peça *Viva o cordão encarnado*. Inicia-se no cinema em São Paulo, participando do longa *Trem fantasma*, de Alain Fresnot*, e *Hoje tem futebol*, curta de José Antônio Garcia*. Desenvolve carreira como cantora, tendo lançado dez discos de 1980 a 1997. Atinge grande popularidade na primeira metade dos anos 80 ao participar de um conjunto de especiais de televisão premiados no exterior, destacando-se *Morte e vida severina* e *Lampião e Maria Bonita*, que a projeta nacionalmente. Obtém prêmio de melhor atriz coadjuvante no FESTIVAL DE GRAMADO por *Noites do sertão*, sendo igualmente laureada como melhor atriz, pela Associação Paulista de Críticos de Arte, por *O olho mágico do amor*, da dupla de diretores José Antônio Garcia e Ícaro Martins*, e, pelos festivais de HAVANA e CARTAGENA, por *Parahyba Mulher Macho*, de Tizuka Yamasaki*. Atua em várias novelas e minisséries, tendo trabalhado por um breve período como apresentadora do programa *Agita, Brasil*. Nos anos 90 abre os spas Maria Bonita, em Nova Friburgo e em São Pedro da Aldeia (RJ), e escreve o livro *Emagreça feliz*. (HH)

AMADO, Jorge (Jorge Leal Amado de Faria) – Itabuna, BA, 1912-2001. Escritor.

FILMES: 1948-1949 – *Terra violenta*. 1963 – *Seara vermelha*. 1971 – *Capitães da areia* (produção estrangeira). 1976 – *Dona Flor e seus dois maridos*; *Os pastores da noite* (*Otália da Bahia*) (coprodução estrangeira). 1977 – *Tenda dos milagres*. 1982 – *Gabriela, cravo e canela* (produção estrangeira). 1986 – *Jubiabá* (coprodução

estrangeira). 1995-1996 – *Tieta do agreste* (coprodução estrangeira). 1998 – *Gannet el Shayateen* (produção estrangeira). 2009-2010 – *Capitães da areia*. 2010 – *Quincas Berro d'Água*.

O mais popular escritor brasileiro experimenta a crítica de cinema quando é editor da revista *Paratodos* (1956-1957), junto com Vinicius de Moraes*. Seu romance *Terras do sem fim* é o primeiro transposto para a tela, com o título *Terra violenta*, superprodução da ATLÂNTIDA*, com direção do americano Eddie Bernoudy. Em seu envolvimento mais direto com cinema escreve o argumento de *Estrela da manhã*, que marca a estreia na direção do crítico de cinema Jonald, e roteiriza o episódio brasileiro 'Ana', do filme *A rosa dos ventos*, dirigido por Alex Viany*. A partir dos anos 70, vários de seus romances são filmados com sucesso, a maior parte conservando os títulos das obras literárias. *Seara vermelha* é filmado com direção do italiano radicado no Brasil Alberto D'Aversa*, em seu primeiro filme brasileiro. Outro americano, Hall Bartlett, dirige *Capitães da areia*, filme de produção americana. *Dona Flor e seus dois maridos*, película de grande êxito, é oficialmente a maior bilheteria do cinema brasileiro, e obtém sucesso também em outros países latino-americanos. Curiosamente, o diretor de *Dona Flor*, Bruno Barreto*, é o primeiro diretor de nacionalidade brasileira a filmar uma obra de Jorge Amado, e o resultado abre as portas para uma série de adaptações de seus livros. O francês Marcel Camus* filma *Os pastores da noite*. Bruno Barreto retorna ao autor em *Gabriela, cravo e canela*. Outro diretor a beber nessa fonte é Nelson Pereira dos Santos*, com o bem-sucedido *Tenda dos milagres* e o malogrado *Jubiabá*. Em meados dos anos 90, Carlos Diegues* aventura-se no universo do escritor com *Tieta do agreste*. Em 1998, a novela *A morte e a morte de Quincas Berro d'Água* ganhou adaptação numa produção egípcia, intitulada *Gannet el Shayateen*, do diretor Osama Fawzi, vencedor de vários prêmios locais e internacionais. Jorge Amado fez uma pequena participação em *Glauber, o filme – labirinto do Brasil* (2003), de Silvio Tendler*, com depoimento sobre o cineasta baiano. Faleceu em 6 de agosto, tendo a urna com suas cinzas sido enterrada ao pé de uma mangueira, na casa onde morou nos últimos quarenta anos. Após sua morte, foram lançados mais dois filmes baseados em suas obras: o primeiro longa da sua neta Cecília Amado e Guy Gonçalves, *Capitães da areia*, e o longa do cineasta baiano Sérgio Machado*, *Quincas Berro* *d'Água*, obra que percorreu com sucesso o circuito nacional. (LFM)

AMARAL, Cristina (Maria Cristina Amaral) – Presidente Venceslau, SP, 1954. Montadora.

FILMOGRAFIA: 1975 – *Interprete mais, ganhe mais.* 1977-1988 – *Ori.* 1990-1991 – *Sua Excelência, o candidato.* 1992-1994 – *Alma corsária.* 1995-1996 – *O cego que gritava luz.* 1997 – *O Velho, a história de Luiz Carlos Prestes.* 1998-1999 – *Dois Córregos – verdades submersas no tempo.* 2001 – *Sonhos tropicais.* 2003 – *Tempo de resistência.* 2004 – *Garotas do ABC*; *Bens confiscados.* 2006 – *Serras da desordem.* 2007 – *Garoto cósmico*; *Person*; *Falsa loura.* 2008 – *Bodas de papel.*

Formada em Cinema pela Escola de Comunicações e Artes da Universidade de São Paulo (ECA/USP), aluna de Paulo Emílio Salles Gomes*, e especializada em montagem de cinema. Cristininha, como é conhecida no meio cinematográfico, lembra que o montador Umberto Martins, de quem foi assistente, desempenhou papel essencial em sua formação profissional. O nome de Cristina Amaral está nos créditos de filmes de Guilherme de Almeida Prado*, Cecílio Neto, João Batista de Andrade*, entre outros. Ela define suas parcerias com Carlos Reichenbach* e Andrea Tonacci* como "essenciais e eternas". Entre seus principais trabalhos em longametragem, a montadora destaca: *Alma corsária*, *Dois Córregos – verdades submersas no tempo*, *Garotas do ABC* e *Bens confiscados*, todos com direção de Carlos Reichenbach; *Paixões* (1994) e *Serras da desordem*, ambos de Andrea Tonacci; *Ori*, de Raquel Gerber, e *A hora mágica*, de Guilherme Almeida Prado. Seus principais prêmios como montadora de curtas-metragens são: RIO CINE/86, com *Operação Brasil* (1985), de Luiz Alberto Pereira; GRAMADO/86, com *Ma Che Bambina!* (1986) e GRAMADO/91, com *Wholes* (1991), de A. S. Cecílio Neto; BRASÍLIA/91, com *O inventor* (1991), de Mirella Martinelli; FEST VITÓRIA/98, com *Amassa que elas gostam* (1998), de Fernando Coster; FEST CURITIBA/2002, com *O encontro* (2002), de Marcos Jorge. Como editora de som ganhou, em parceria com José Luiz Sasso, o CANDANGO no FEST BRASÍLIA/95 pelo curta *Eu sei que você sabe* (1995), de Lina Chamie. Montadora de carreira no curta teve outros trabalhos como: *A origem dos andamentos* (1980) e *O robô* (1994), ambos do diretor Bruno de André; *Glaura* (1997), de Guilherme de Almeida Prado; *A voz e o vazio – a vez de Vassourinha* (1998), de Carlos Adriano;

Um estrangeiro em Porto Alegre (1999), de Fabiana de Souza; *Aldeia* (2000), de Geraldo Pioli; *Bento Cego*, de Geraldo Pioli e Paulo Friebe; *Beauty* (2002), de Sean Walsh, seu primeiro trabalho com esse cineasta canadense, e *Ex Inferis* (2003), de Paulo Miranda. Na categoria longa, ganhou prêmios pela melhor montagem de *Sua Excelência, o candidato*, de Ricardo Silva Pinto (FEST BRASÍLIA/91) e *Alma corsária* (FEST BRASÍLIA/93). (LFM/TS)

AMARAL, Suzana – São Paulo, SP, 1932. Diretora.

FILMOGRAFIA: 1985 – *A hora da estrela.* 2001 – *Uma vida em segredo.* 2009 – *Hotel Atlântico.*

Diplomada pela primeira turma de Cinema (1968-1971) da Escola de Comunicações e Artes da Universidade de São Paulo (ECA/USP), completa sua formação em Nova York com o curso de cinema na New York University, na área de interpretação no Actor's Studio e estágio na WCNY – Canal 31. A partir dos anos 70 dirige uma série de curtas e documentários*, destacando-se com *Sua Majestade Piolim* e *Semana de 22*, ambos de 1971. A partir de 1974 atua como produtora e diretora de especiais da TV CULTURA por alguns anos, realizando para essa emissora o documentário de média metragem *Minha vida, minha luta* (1979), sobre a organização de mulheres da periferia paulistana. Sua feliz estreia na direção de longa utiliza adaptação de novela de Clarice Lispector, lançando no cinema a atriz Marcélia Cartaxo*, em excelente interpretação que lhe rende o prêmio de melhor atriz no FESTIVAL DE BERLIM em 1986. Em 1997 abandona as filmagens, devido à crise na produção, de "O caso Morel", adaptação de texto de Rubem Fonseca. Em 2001 retorna às telas com *Uma vida em segredo*, baseado na obra homônima de Autran Dourado, com roteiro adaptado desenvolvido pela própria Suzana Amaral. O filme relata a difícil adaptação de uma moça criada no campo a um ambiente urbano mais sofisticado, na Minas Gerais do início do século XX. De coloração intimista, recupera o eixo desenvolvido em *A hora da estrela* para colocar em foco o mundo interior da alma feminina. A narrativa avança em ritmo lento, buscando correspondência no mundo físico que cerca a protagonista. Trata-se de um filme de olhar. O universo ficcional tem reconstrução com direção de arte de Adrian Cooper*, figurinos de Marjorie Gueller e fotografia, sem realces estilistas, de Lauro Escorel*. Luiz

Henrique Xavier cria música original que enfatiza o recorte intimista. Cineasta bissexta, Amaral leva mais oito anos para lançar seu terceiro longa-metragem, *Hotel Atlântico*. Demonstrando ser dotada de estilo próprio, a diretora mantém o tom de suas duas primeiras obras. Sentimos em *Hotel Atlântico* uma narrativa que avança sem o frescor de *A hora da estrela*, mas que está mais à vontade para experimentar. Suzana mantém-se fiel às suas opções, na terceira adaptação para a tela de autores--chave da literatura nacional. Depois de Lispector e Dourado, seu alvo agora é a obra do escritor gaúcho João Gilberto Noll. Em *Hotel Atlântico* também assina o roteiro adaptado, baseado em romance homônimo. Filme de narrativa diferenciada, avança em um mundo com traços fluidos que nos remete, por vezes, à imagética onírica do americano David Lynch. A trama parece ter lógica própria e o espaço físico cria o dom de multiplicar-se por entropia, dentro de pequenas caixas. Os atores estão bem dirigidos, com destaque para Júlio Andrade, João Miguel, Gero Camilo e a sempre forte Mariana Ximenes. Em *Hotel Atlântico*, Amaral transfere seu foco para um personagem masculino, abandonando o viés intimista. O filme é voltado para fora, para uma ação sincopada amarrada tardiamente no final. O arco demora um pouco para se completar e o ritmo do filme sente a espera. Com *Hotel Atlântico*, Suzana afirma-se como uma das principais diretoras nacionais, apresentando boa obra de maturidade. São três longas-metragens com propostas diferenciadas que revelam uma cineasta em pleno domínio de sua linguagem (FPR/LFM).

AMARAL, Tata (Márcia Lellis de Souza Amaral) – São Paulo, SP, 1960.

FILMOGRAFIA: 1997 – *Um céu de estrelas.* 2000 – *Através da janela.* 2006 – *Antônia.* 2009 – *Trago comigo – Parte 1*; *Trago comigo – Parte 2.*

Uma das principais cineastas da nova geração do Cinema Brasileiro que emerge nos anos 90. Em 1976, aos 16 anos, começou na militância política, quando conheceu, entre outros colegas do Colégio Equipe, Eduardo Caron, que no futuro seria cineasta. Em 1982, aos 21 anos, frequentou o curso de Cinema como aluna ouvinte da Escola de Comunicações e Artes da Universidade de São Paulo (ECA/ USP). Em 1986, codirigiu, em parceria com Francisco César Filho, os primeiros documentários curtos, *Poema: cidade* e *Queremos as ondas no ar*. No primeiro filme, homenageou a poesia concreta de Augusto de Campos, e, no segundo, manifestou apoio à liberdade de imprensa dos meios de comunicação. Inicia carreira solo na direção como destacada realizadora de filmes urbanos. Em *História familiar* (1988), fez a primeira incursão no terreno ficcional, abordando crise conjugal vivida entre quatro paredes. Retornou ao documentário, quando filmou *Viver a vida* (1991), relato do cotidiano de um *office-boy*. Ao mesmo tempo, realizou uma série de vídeos, como *Mude seu dial* (1986); *SP PAN* (1987); *Orgulho* (1992); *Vão tomar o santo nome de Deus em vão* (1993); *Curta* e *O cinturão de Hipólita*, esses dois últimos de 1994. Em nova parceria com Francisco César Filho, foi codiretora do documentário *Vinte-dez* (2002). Diretora, com Sérgio Roizenblit e Wilson Surkoski, do curta documental *Vila Ipojuca* (2003), a partir de conto homônimo escrito pela própria Tata. Estreou como diretora de longas em *Um céu de estrelas*, baseado em livro homônimo de Fernando Bonassi*, escritor de sua geração. Trata-se de romance bem ao estilo de Bonassi, com acentuado foco na exasperação e na escatologia, clima que a cineasta busca trazer para as imagens. O resultado é convincente. A atriz Leona Cavalli*, vivendo o papel de Dalva, consegue colocar em cena a tensão de um casamento recém-acabado, à qual são agregadas minúcias cruéis pela narrativa. Tanto nesse filme como em *Através da janela*, sentimos a mão pesada de temáticas caras ao roteirista Jean-Claude Bernardet*, trabalhando em proximidade com o universo estilístico de Bonassi (também autor do roteiro de *Janela*) e Roberto Moreira* (roteirista de *Céu* e *Antonia*). A câmera na mão, nervosa e móvel, do primeiro longa, acalma-se um pouco e desliza mais em *Através da janela*. Nesse filme, Tata trafega por um território intimista que beira o incesto, mergulhada também na névoa da exasperação. Em *Antonia*, a diretora parece ter tomado fôlego com ares de novo horizonte. Mantém universo ficcional focado em personagens populares, ainda há tensão dramática forte, mas a leveza das canções e a vida para cima das meninas, emergindo para o estrelato pop, contagia o filme. Inovando, mistura *hip-hop*, *rap* e moças negras da periferia paulistana. O filme surge inicialmente concebido como minissérie de TV, formato no qual foi exibido antes de ser lançado nos cinemas, em uma inversão curiosa do sistema tradicional de distribuição e exibição. Em 2009, Tata lançou-se como escritora, com um pequeno livro de contos, *Hollywood depois do terreno*

baldio (2007). Em 2009, dirigiu séries para a TV CULTURA de São Paulo, *O rei do carimã* e *Trago comigo*. Esta última contou com montagem de duração de um longa-metragem, exibida na Mostra dos Direitos Humanos da Cinemateca Brasileira. (FPR/LFM)

AMAZONAS

A primeira sessão de cinema em Manaus deu-se em 1897, no Teatro Amazonas. Na primeira década do século XX, a região amazônica foi percorrida por dezenas de exibidores ambulantes, alguns de empresas famosas como a PATHÉ-FRÈRES e a GAUMONT, de Paris, que realizaram tomadas da selva e do cotidiano das cidades amazônicas, ao mesmo tempo que estimularam o aparecimento de inúmeras salas fixas de projeção pelos rios dos atuais estados do Acre, Roraima e Rondônia. A produção amazonense, entretanto, iniciou-se apenas em 1907, com a instalação da EMPRESA FONTENELLE & CIA., que se constituiria, a partir de 1912, na maior proprietária de salas de cinema de Manaus, só dividindo esse espaço, nos anos 30, com A. BERNARDINO & CIA. As primeiras imagens realizadas por cinegrafistas anônimos locais – *Vistas de Manaus, A procissão de N. S. da Conceição, Visita ao Matadouro* e *Obras da Manaus Harbour, A posse do sr. coronel Afonso de Carvalho* – foram exibidas em dezembro de 1907, no Teatro Amazonas. Na década de 10, além do pioneiro Silvino Santos* em Manaus, apareceu em Belém outro documentarista, o espanhol Ramón de Baños, que registrou os principais acontecimentos políticos do estado paraense, para sua produtora PARÁ FILMS. O Amazonas foi filmado nas três primeiras décadas por estrangeiros, membros de expedições e comissões científicas e culturais, que documentaram os trabalhos técnicos e captaram imagens de povos indígenas, dos cursos dos grandes rios e das riquezas do *hinterland* amazônico, como o cinema do major Luís Thomaz Reis*, da Comissão Rondon. Nos anos 30, produtores nacionais, como a FAN FILMES, de Líbero Luxardo* e Alexandre Wulfes*, realizaram inúmeras filmagens na região. No Amazonas, três empresas destacaram-se como produtoras cinematográficas: EMPRESA FONTENELLE & CIA. (1907-1910), AMAZÔNIA CINE FILM (1918-1920) e J. G. ARAÚJO (1920-1935). A única que se constituiu específica e exclusivamente como produtora de filmes foi a AMAZÔNIA CINE FILM, que contratou o pioneiro Silvino Santos como cinegrafista, realizou alguns documentários e o longa

inacabado "Amazonas, o maior rio do mundo", que levou a empresa à falência devido ao roubo dos negativos. J. G. Araújo montou uma seção cinematográfica e produziu, entre 1920 e 1935, mais de dez filmes exibidos comercialmente em todo o território nacional, além dos longas e 35 curtas realizados em Portugal e dezenas de filmes "domésticos".

Nas décadas de 70 a 90, a produção de documentários de curta e longa duração e filmes ficcionais tem a coparticipação do Estado, através de vários tipos de incentivos financeiros e logísticos. Filmes como os longas *A selva* (1972), de Márcio Souza, *Ajuricaba, o rebelde da Amazônia* (1977), do mineiro Oswaldo Caldeira*, ou o premiado *Mater dolorosa in memoriam II* (1980), curta do amazonense Roberto Evangelista, *O cineasta da selva* (1997), de Aurélio Michiles, e *Bocage, o triunfo do amor* (1997), de Djalma Limongi Batista*, são exemplos dessa parceria bem armada. A região se prestou, no início, muito mais a um cinema documental que ficcional, produzindo filmes de cunho propagandístico, estabelecendo uma bem-sucedida relação entre turismo e imagem. Há também o cinema fantástico, às vezes etnográfico, que acabou mais por encobrir do que revelar a realidade amazônica. A Amazônia e seu estranho mundo foram cenários para filmes produzidos em estúdios norte-americanos: monstros e mundos pré-históricos, caçadas perigosas, formigas, aranhas e piranhas gigantes, índios canibais e caçadores de cabeças, e até ardentes romances tiveram seu desenrolar em terras tropicais do norte do Brasil, recriando os mais desvairados mitos sobre a região. Mesmo Glauber Rocha* não escapou a essa atração quando, a convite do governo, filmou com seu olhar visionário *Amazonas, Amazonas* (1965).

A atividade cineclubista nos anos 60 e 70, centrada no Grupo de Estudos Cinematográficos (GEC) e no CINECLUBE HUMBERTO MAURO, estimulou uma rica e variada produção em Super-8* e 16 mm, de caráter sociológico e depois tropicalista, apresentada em mostras e festivais locais e nacionais, que revelaram alguns nomes que se tornaram mais tarde profissionais do cinema, como Márcio Souza (*Rapsódia incoerente*; *O começo antes do começo*; *Porto de Manaus*); Djalma Limongi Batista (*Um clássico*; *Dois em casa, nenhum jogo fora*, de 1968; *Porta do céu*, de 1975; *Asa Branca, um sonho brasileiro*, 1979-1981; *Brasa adormecida*, de 1985; *Bocage, o triunfo do amor*, 1994-1997); Roberto Kahané (*Igual a mim, igual a ti*; *Um pintor amazonense*; *Plástica e* *movimento*, ambos em correalização com Felipe Lindoso, todos em 8 mm; *Manaus fantástica*, de 1968; *A coisa mais linda que existe ou A trajetória de um seringueiro*, de 1969; *De natura sonoris e Arquitetura em Manaus*, de 1970; *... Ou Manaus*, de 1970; *Silvino Santos, fim de um pioneiro*, de 1970; *Fragmentos da terra encantada*, de 1971; *1922 – a exposição do centenário*, de 1971; *Vale quem tem*, de 1971; *Teatro Amazonas*, de 1971); também Aurélio Michiles realiza, em vídeo, *Via Láctea dialética e Olho de guaraná*, nos anos 80, além de *Que viva Glauber!*; *A árvore da fortuna*; *O Brasil grande dos índios gigantes* e *O cineasta da selva*, nos anos 90. Outros, como Ivens Lima (*Harmonia dos contrastes*), Normandy Litaif (*Carniça*), Guilherme Santos (*Aspectos da grande cheia*), Almir Pereira (*Claustro escuro*), todos de 1966, nunca mais fizeram uso da câmera. O cineclubismo também estimulou a criação de uma revista, *Cinéfilo*, do crítico José Gaspar, e a realização do I FESTIVAL DE CINEMA AMADOR DO AMAZONAS (1966) e do I FESTIVAL NORTE DE CINEMA BRASILEIRO (1969). Em 1987, a Fundação Cultural do Amazonas promoveu o I FESTIVAL INTERNACIONAL DE CINEMA AMAZÔNICO. No século XXI, desde 2004, o governo do estado promove o AMAZONAS FILM FESTIVAL e o Núcleo de Antropologia Visual da Universidade Federal do Amazonas – NAVI/UFAM realiza, desde 2006, a MOSTRA AMAZÔNICA DO FILME ETNOGRÁFICO, que tem estimulado a produção e realização de filmes, ficcionais e documentários, locais. Outro estimulo à realização amazonense tem sido o trabalho de oficinas e a realização dos festivais UM AMAZONAS e do CURTA4, por parte do realizador Junior Rodrigues. Apesar de a descontinuidade aparentemente ser a tônica da atividade cinematográfica no Amazonas, o cinema a partir dos anos 90 traduz a busca de uma linguagem amazônica e de uma estilística mais sofisticada e mais universal. (SVC)

ANDERSON, Marta (Sônia Marta Anders) – Vila Velha, ES, 1941. Atriz.
FILMOGRAFIA: 1970 – *Como ganhar na loteria sem perder a esportiva*. 1973 – *O rei do baralho*. 1975 – *As mulheres que dão certo* (2º episódio: 'Crime e castigo'); *Sabendo usar não vai faltar* (3º episódio: 'Três assobios'); *O padre que queria pecar*. 1976 – *As massagistas profissionais; Dona Flor e seus dois maridos; As loucuras de um sedutor*. 1977 – *Deu a louca nas mulheres; O garanhão no lago das virgens; A mulata que queria pecar*. 1978 – *Gigante da América; Império do desejo*. 1979 – *O preço do prazer* (*Onde andam nossos filhos?*). 1979-1980 – *Prova de fogo*. 1981 – *A prisão; Mulher de programa*. 1984 – *Perdidos no vale dos dinossauros*.
Um dos nomes mais conhecidos da pornochanchada*, cultuada por inúmeros cineastas, entre os quais Júlio Bressane*, com quem faz *O rei do baralho* e *Gigante da América*. De origem modesta, decide ser atriz após concluir o curso de Magistério em Vitória. Elege-se Miss Espírito Santo, conseguindo projeção suficiente para tornar-se vedete de Carlos Machado e ingressar na televisão, participando de algumas novelas. Personifica um novo tipo de loura sedutora. As comédias eróticas que interpreta dão-lhe fama, levando-a a trabalhar com nomes importantes como Carlos Reichenbach*, em *Império do desejo*. Problemas de saúde e a chegada do filme de sexo explícito forçam uma interrupção de sua carreira. No início dos anos 80 escreve sua precoce autobiografia, *A marquesa de Vila Velha*. (HH)

ANDRADE, João Batista de (João Batista Moraes de Andrade) – Ituiutaba, MG, 1939. Diretor.
FILMOGRAFIA: 1968 – *Gamal, o delírio do sexo*. 1969 – *Em cada coração um punhal* (3º episódio: 'O filho da televisão'). 1970 – *Pauliceia fantástica*. 1976 – *Doramundo*. 1979 – *O homem que virou suco*. 1982 – *A próxima vítima*. 1985 – *Céu aberto*. 1987 – *O país dos tenentes*. 1995-1996 – *O cego que gritava luz*. 1998-1999 – *O tronco*. 2001-2002 – *Rua 6 sem número*. 2004 – *Vida de artista*. 2005 – *Vlado, 30 anos depois*. 2006 – *Veias e vinhos: uma história brasileira*. 2009 – *Travessia*.
Cineasta com formação intelectual marxista, casou-se com a produtora de cinema Assumpção Hernandes. Passou por Uberaba e Belo Horizonte antes de estabelecer-se em São Paulo, em 1959, com a finalidade de estudar Engenharia na Escola Politécnica da USP. Militou no movimento estudantil, então em plena efervescência, vinculado à União Estadual dos Estudantes (UEE), entidade da qual chegou a ser diretor em 1963. Nessa época trabalhou como cineclubista e constituiu com Francisco Ramalho Jr.*, José Américo Viana e Clóvis Bueno* o GRUPO KUATRO DE CINEMA, cujo objetivo era produzir documentários financiados pela UEE. Os filmes, entretanto, ficaram inacabados. Quando Fernando Birri veio ao Brasil a convite de Maurice Capovilla* e Vladimir Herzog, João Batista de Andrade conheceu o diretor argentino e interessou-se por seus filmes e ideias.

Após o golpe militar de 1964, João Batista de Andrade abandonou a Escola Politécnica, porém continuou, com Renato Tapajós*, ligado ao movimento estudantil através do grêmio da Faculdade de Filosofia da USP. Em 1966, financiado por esse grêmio, João Batista de Andrade finalizou o seu primeiro filme, o documentário de média metragem *Liberdade de imprensa*. A seguir, trabalhou como assistente de direção em dois filmes de Maurice Capovilla, *Subterrâneos do futebol* e *Bebel, garota-propaganda*. João Batista de Andrade montou com Francisco Ramalho Jr. a produtora TECLA, cuja produção de estreia foi *Anuska, manequim e mulher* (1968), de Francisco Ramalho Jr. Apesar do fracasso de bilheteria do filme e do ambiente político altamente repressivo – com a decretação do AI-5 –, João Batista de Andrade dirigiu 'O filho da televisão' (episódio de *Em cada coração um punhal*) e *Gamal, o delírio do sexo*, seu primeiro longa-metragem de ficção. Esse filme, cujo ator principal é Paulo César Pereio*, tenta por meio de alegorias discutir a repressão política imposta pela ditadura militar e seus reflexos sobre o indivíduo, que acaba se refugiando no isolamento. Organizou com Luís Sérgio Person* e Iberê Cavalcanti a REUNIÃO DE PRODUTORES INDEPENDENTES (RPI), distribuidora que objetivava comercializar filmes brasileiros. Com *Gamal, o delírio do sexo*, João Batista de Andrade recebeu o prêmio AIR FRANCE de melhor diretor em 1970.

Voltou ao documentário dirigindo a série *Panorama do Cinema Paulista*, com roteiro de Jean-Claude Bernardet* e produzida pela COMISSÃO ESTADUAL DE CINEMA, dividida em três filmes: o longa-metragem *Pauliceia fantástica* (1970), que aborda o cinema paulista dos seus primórdios até 1934; o média-metragem *Eterna esperança* (1971), sobre as décadas de 30 e 40; e o também média-metragem *Vera Cruz* (1973), sobre a experiência industrial da produtora homônima. O trabalho de João Batista de Andrade com documentários ampliou-se a partir de 1972, ao ser chamado por Vladimir Herzog e Fernando Pacheco Jordão para integrar a equipe do programa jornalístico *Hora da Notícia*, produzido pela TV CULTURA de São Paulo. Aí realizou reportagens baseadas sobretudo em entrevistas, focalizando problemas que afetam diretamente a vida de grandes parcelas da população. Algumas das reportagens foram exibidas no circuito alternativo de cinema, sendo possível citar os títulos *Migrantes, Ônibus* e *Trabalhadores rurais*, todos curtas-metragens.

Demitido da TV CULTURA em 1974, em virtude de pressões políticas, João Batista de Andrade elaborou a experiência do cinema de rua, bastante calcada nas reportagens feitas para o *Hora da Notícia*. Os documentários do cinema de rua eram filmes baratos, elaborados com linguagem acessível, sobre problemas cotidianos da população e que possibilitavam a discussão desses problemas após a projeção; isso porque seu público-alvo eram associações de moradores, igrejas, clubes de mães e sindicatos. Exercendo na mesma época a atividade de professor das cadeiras de Realização Cinematográfica e Jornalismo Cinematográfico na Escola de Comunicações e Artes da USP, chamou Reinaldo Volpato, Adílson Ruiz e Wagner Carvalho – todos alunos do curso de Cinema da escola – para integrarem o grupo de produção do cinema de rua, cujos principais trabalhos são os curtas-metragens *Restos* e *Buraco da comadre*.

Em 1974, João Batista de Andrade fundou uma nova produtora, a RAIZ, através da qual dirigiu os filmes de curta metragem *Bahia de Todos os Santos*, *Rio Paraíba* e *Rio Tietê*, todos patrocinados pela Companhia Estadual de Tecnologia e Saneamento Básico (Cetesb, atual Companhia de Tecnologia de Saneamento Ambiental). Nesse mesmo ano entrou para a REDE GLOBO, fazendo reportagens como *Jogo do poder* (1975), *Volantes* (1975), *Guitarra conta viola* (1976), *Mercúrio no pão de cada dia* (1976), *Escola de 40 mil ruas* (1976), *Batalha dos transportes* e *Caso Norte* para o *Globo Repórter*. Realizou em seguida *Doramundo*, seu segundo longa-metragem de ficção. Trata-se da adaptação do romance homônimo de Geraldo Ferraz, com Irene Ravache e Antônio Fagundes* nos papéis centrais. A trama, ambientada em uma pequena cidade, no período do Estado Novo, centra-se no amor proibido de Raimundo por Teodora e tem como pano de fundo a tensão gerada pelo assassinato de um operário, que desencadeia outros assassinatos, além da violenta repressão policial. *Doramundo* ganhou o KIKITO de melhor filme, e João Batista de Andrade o de melhor diretor no VI FESTIVAL DE GRAMADO (1978). Nessa época realizou também o documentário *Wilsinho Galileia*, filme que reconstitui de forma inovadora a vida desse jovem marginal, com atores que se apresentam e dizem quem vão interpretar, cenas documentais, depoimentos fictícios e reais. Infelizmente o filme teve problemas com a censura* e não pôde ser exibido, nem na televisão nem nos cinemas. Dirigiu o longa-metragem ficcional *O homem que virou suco*, que aborda a temática da migração nordestina por meio da figura de Deraldo, interpretado por José Dumont*, poeta cordelista recém-chegado a São Paulo e confundido com um operário assassino do patrão. O filme recebeu a MEDALHA DE OURO no FESTIVAL DE MOSCOU (1981) e o PRÊMIO SÃO SARUÊ, concedido pela FEDERAÇÃO DOS CINECLUBES DO RIO DE JANEIRO (1983).

Com o ressurgimento do sindicalismo reivindicativo em São Paulo, na virada dos anos 70 para os 80, realizou dois documentários curtos sobre esse movimento social, *Greve* e *Trabalhadores: Presente!*. *Greve*, em especial, foi amplamente exibido no circuito alternativo e discutido pelos próprios trabalhadores. João Batista de Andrade também participou ativamente da política cultural, como membro da COMISSÃO ESTADUAL DE CINEMA, da Associação Brasileira de Documentaristas (ABD), fundador e ex-presidente da Associação Paulista de Cineastas (Apaci) e coordenador da Comissão de Cultura do PMDB de São Paulo nas eleições de 1982. Dirigiu o longa-metragem *A próxima vítima*, com Antônio Fagundes e Mayara Magri, filme de entrecho policial que discute a transição para a democracia no Brasil através da figura do jornalista que investiga vários assassinatos de prostitutas cometidos por um maníaco na época das eleições de 1982. Buscando ampliar a reflexão sobre essa transição e seus desdobramentos, realizou o documentário de longa metragem *Céu aberto*, que aborda a campanha pelas Diretas Já, a derrota desta no Congresso Nacional, a campanha de Tancredo Neves, a sua eleição para presidente da República pelo Colégio Eleitoral e, finalmente, a morte desse político. Dirigiu *O país dos tenentes*, longa-metragem de ficção centrado nas memórias de um general da reserva, interpretado por Paulo Autran*, que ao ser homenageado por uma empresa multinacional recorda-se da sua participação no movimento tenentista e relembra a traição aos seus ideais da juventude. *O país dos tenentes* foi premiado como melhor filme em 1988 no RIO CINE FESTIVAL. João Batista de Andrade enveredou nessa época pela literatura, publicando o romance *Perdido no meio da rua*.

Com a crise que atingiu o cinema brasileiro no final dos anos 80, radicalizada no governo Fernando Collor de Mello, João Batista de Andrade não conseguiu produzir o projeto "Vlado: o caso Herzog", sobre o assassinato de Vladimir Herzog nos porões da ditadura militar. Somente em 2005 lançou *Vlado – 30 anos depois*, documentário de longa metragem que, por meio de entrevistas, recupera a memória de Vladimir Herzog. Em 1991 dirigiu *Independência*, filme que faz parte da série de documentários curtos sobre a evolução da cultura brasileira em vários períodos históricos, financiado pelo Instituto Cultural Itaú. Voltou ao cinema ficcional em 1996 com *O cego que gritava luz*, longa-metragem sobre um contador de histórias, interpretado por Tonico Pereira*, que por alguns trocados ou um trago narra histórias tristes, porém fascinantes. Com os longas *O tronco*, adaptação do romance homônimo de Bernardo Élis; *Rua Seis, sem número*; e *Veias e vinhos, uma história brasileira*, adaptação do romance de Miguel Jorge, dá continuidade a sua carreira. *O tronco* narra a história dos violentos conflitos entre grandes fazendeiros em Goiás no início do século XX; a fita tem no elenco Antônio Fagundes, Ângelo Antônio e Letícia Sabatella. *Rua Seis, sem número* tem Marco Ricca* como ator principal e aborda a história do homem desempregado que presencia um assassinato e tem de cumprir o desejo do moribundo: entregar dinheiro à viúva deste sem saber corretamente qual o endereço da mulher. *Veias e vinhos* conta no elenco com Leonardo Vieira e Simone Spoladore; a trama se passa na Goiânia do final dos anos 1950 girando em torno de uma família perseguida por um intolerante policial.

Em 2002 o diretor lançou livro intitulado *O povo fala: um cineasta na área de jornalismo da TV brasileira*, no qual relata e analisa sua experiência na televisão nos anos 1970. Em 2004, foi publicado longo depoimento biográfico à jornalista Maria do Rosário Caetano com o título de *Alguma solidão e muitas histórias*. Entre 2005 e 2006 João Batista ocupou o cargo de secretário da Cultura do Estado de São Paulo. (AA)

ANDRADE, Joaquim Pedro de (Joaquim Pedro Melo Franco de Andrade) – Rio de Janeiro, RJ, 1932-1988. Diretor.

FILMOGRAFIA: 1962 – *Cinco vezes favela* (4º episódio: 'Couro de gato'); *Garrincha, alegria do povo*. 1965 – *O padre e a moça*. 1968 – *Macunaíma*. 1972 – *Os inconfidentes* (coprodução estrangeira). 1974 – *Guerra conjugal*. 1976 – *Contos eróticos* (4º episódio: 'Vereda tropical'). 1981 – *O homem do pau-brasil*.

Segundo filho dos mineiros Graciema (da família Prates de Sá) e Rodrigo Melo Franco de Andrade, nunca deixou de manter vínculos estreitos com Minas Gerais, onde iria realizar alguns de seus filmes. Afilhado de Manuel Bandeira, conviveu desde a infância com alguns dos mais expressivos escritores e intelectuais brasileiros – entre eles, Carlos Drummond de Andrade, Lúcio Costa, Pedro Nava e Oscar Niemeyer – que formavam o círculo de amizades do seu pai, ele mesmo intelectual de prestígio com atuação marcante à frente do Instituto do Patrimônio Histórico e Artístico Nacional desde sua criação, em 1936 até 1967. Joaquim Pedro estudou Física na Faculdade Nacional de Filosofia, entidade que contava em seu quadro de professores com Plínio Sussekind Rocha, pioneiro do cineclubismo no Brasil com o CHAPLIN CLUB* e crítico da revista *O Fan*. Durante o curso, tomou parte do CENTRO DE ESTUDOS CINEMATOGRÁFICOS, o cineclube* criado por Saulo Pereira de Mello e Mário Haroldo Martins. Em torno das sessões do cineclube – que tiveram início em 1953 – formou-se um grupo que incluía, além dos próprios organizadores, futuros cineastas como Paulo César Saraceni*, Leon Hirszman*, Marcos Farias* e Miguel Borges*. Com os colegas da faculdade, Joaquim Pedro fez algumas experiências filmando em 16 mm, participando de filmes curtos que não chegaram a ser concluídos, com exceção de *O mendigo*, em que dirige Saulo no papel principal. Terminado o curso de Física, chegou a trabalhar na área, mas logo seguiu para Congonhas do Campo, onde permaneceu por um ano na equipe de restauração dos *Passos da paixão*, de Aleijadinho. Em 1957 retornou a Minas Gerais, dessa vez para Ouro Preto, no seu primeiro trabalho profissional em cinema, fazendo assistência de direção para os irmãos Geraldo Santos Pereira* e Renato Santos Pereira em *Rebelião em Vila Rica*. Numa curta experiência no jornalismo, trabalhou na sucursal carioca de *O Estado de S. Paulo*, quando entrevistou Roberto Rossellini, em visita ao Brasil. Optando definitivamente pelo cinema, associou-se a Gérson Tavares e Sérgio Montagna na SAGA FILMES*. Colaborou na realização de comerciais e do institucional *A Petrobras forma seu pessoal técnico* antes de dirigir seu primeiro curta-metragem, *O mestre de Apipucos e o poeta do castelo* (1959), financiado pelo Instituto Nacional do Livro. O filme, que depois passaria a ser exibido separadamente, mostra dois grandes escritores brasileiros, o sociólogo Gilberto Freyre e o poeta Manuel Bandeira, em meio às atividades de sua rotina diária.

Joaquim Pedro deixou de ser sócio da SAGA FILMES, mas contou com a produtora para realizar seu curta seguinte, *Couro de gato* (1960), mais tarde incorporado a *Cinco vezes favela*, longa-metragem em episódios produzido pelo Centro Popular de Cultura (CPC). Estabelecendo intenso diálogo com *Rio 40 graus* e *Rio, Zona Norte*, os painéis cariocas de Nelson Pereira dos Santos*, *Couro de gato* articula documentário e ficção na história dos meninos da favela que antes do carnaval caçam gatos para vendê-los aos fabricantes de tamborins. Em 1995, o filme foi escolhido entre os cem curtas mais importantes que integraram a mostra *Um século de curtas*, promovida pelo FESTIVAL DE CLERMONT-FERRAND, na França. Depois de filmar *Couro de gato*, Joaquim Pedro viajou no final de 1960 para uma temporada de estudos no exterior. Primeiro instalou-se em Paris, onde finalizou o filme, associando-se ao produtor Sacha Gordine (que havia produzido no Brasil *Orfeu do Carnaval*, de Marcel Camus). Frequentou o Institut des Hautes Études Cinématographiques (IDHEC) e fez estágio na CINEMATECA FRANCESA. Com uma bolsa da Fundação Rockefeller que lhe permitiu montar o programa de estudos desejado, escolheu o curso de direção cinematográfica com Thorold Dickinson na Slade School of Art, em Londres. Seguiu depois para Nova York, onde fez estágio na produtora dos irmãos Albert e David Maysles, figuras centrais do cinema-verdade americano, junto com Richard Leacock, Robert Drew e D. A. Pennebaker. Joaquim Pedro aperfeiçoou seus conhecimentos técnicos, interessando-se pelo equipamento (câmera mais leve e gravador com som sincronizado) e conhecendo de perto as propostas dos novos documentaristas, que procuravam registrar situações sem encenação e com o mínimo de interferência por parte dos realizadores. De volta ao Brasil, em meados de 1962, foi convidado para dirigir o média-metragem *Garrincha, alegria do povo*, produção de Luiz Carlos Barreto* e Armando Nogueira. Seria um documentário nos moldes do cinema-verdade, mas a ausência de equipamento adequado modificou o projeto inicial. Às imagens filmadas em locação, o filme incorporou vasto material de arquivo, num trabalho de montagem que compõe um rigoroso ensaio sobre o futebol no Brasil, transformando-se num documentário longo.

Com o mesmo Luiz Carlos Barreto na produção, dirigiu seu primeiro longa-metragem de ficção, *O padre e a moça*. Baseado num poema de Carlos Drummond de Andrade, o filme é a primeira adaptação literária do cineasta, que daí por diante iria sempre buscar em obras da literatura brasileira o ponto de partida para seus longas. Durante a finalização de *O padre e a moça*, em novembro de 1965, Joaquim Pedro, Glauber Rocha*, Mário Carneiro*, Antônio Callado, Carlos Heitor Cony, Márcio Moreira Alves, Flávio Rangel e Jaime Azevedo Rodrigues organizaram uma manifestação contra o regime militar, por ocasião da abertura de uma conferência da Organização dos Estados Americanos (OEA) no Hotel Glória. O grupo foi preso durante uma semana, num episódio de grande repercussão que ficou conhecido como "Os oito do Glória". Com *Macunaíma*, Joaquim Pedro adaptou para o cinema uma das obras-chave do modernismo brasileiro. Ao texto de Mário de Andrade vieram juntar-se elementos do tropicalismo e da chanchada*, em ácidos comentários à realidade brasileira do final dos anos 60. A abordagem crítica não impediu que o filme seguisse uma bem-sucedida carreira comercial, façanha que o transformou em produto exemplar do projeto que então norteava os cineastas ligados ao Cinema Novo*: a conquista do público. A reflexão histórica, trabalhada através do humor em *Macunaíma*, ganha contornos dramáticos e é colocada no centro mesmo de *Os inconfidentes* – uma coprodução com a televisão italiana RAI, que, tirando proveito dos incentivos dados pelo governo brasileiro à realização de filmes históricos, se articula exatamente em torno da crítica à história oficial. Tomando por base os episódios relatados nos Autos da Devassa, nos poemas dos árcades mineiros e no *Romanceiro da Inconfidência*, de Cecília Meireles, o roteiro – escrito em parceria com Eduardo Escorel* – não apenas é construído em torno dos acontecimentos históricos como também coloca em questão o papel dos intelectuais brasileiros no período de repressão militar.

Se em *Macunaíma* o diretor retoma e subverte características da chanchada*, em *Guerra conjugal* e no curta *Vereda tropical* – que integraria o longa-metragem *Contos eróticos* – o diálogo que estabelece é com outro gênero de grande popularidade na época: a pornochanchada*. Em *Guerra conjugal*, adaptação de vários contos de Dalton Trevisan, o humor extremamente mordaz disseca a "psicopatologia amorosa" (na expressão do cineasta) e as relações de poder que se constituem nessa guerra. Já em *Vereda tropical*, o prazer do sexo está garantido pela sua interação com o mundo vegetal: um homem e sua melancia. Em 1976 produziu *Gordos e magros*, primeiro longa dirigido pelo diretor de fotografia Mário Carneiro, com quem havia trabalhado em *Couro de gato*, *Garrincha, alegria do povo* e *O padre e a moça*. Em seu último filme, *O homem do pau-brasil*, Joaquim Pedro volta a se debruçar sobre o modernismo brasileiro. Dessa vez toma a obra e também episódios da trajetória pessoal de Oswald de Andrade para expor uma abordagem – marcada bem mais pela adaptação inventiva do que pelo factual – da biografia e das ideias do escritor. Mesmo depois de se afirmar como diretor de ficção, Joaquim Pedro não deixou de exercer o lado de documentarista. Acompanhou um momento de intensa atividade cinemanovista em *Improvisiert und Zielbewusst* ou *Cinema Novo* (1965), realizado para a TV alemã. Lançou críticas ao desenvolvimento da capital do país em *Brasília, contradições de uma cidade nova* (1967), com financiamento da Olivetti. Realizou para o Serviço Nacional de Aprendizagem Comercial (Senac) *Linguagem da persuasão* (1970), sobre aperfeiçoamento profissional, e dirigiu para a REDE GLOBO *Vocações sacerdotais* (1976), episódio nunca veiculado do programa *Caso Verdade* sobre um padre progressista. Reencontrou a arte mineira, que havia ajudado a restaurar nos anos 50, em *O Aleijadinho* (1978), percorrendo as obras do artista com elegantes movimentos de câmera. Faria também documentários em vídeo: *O tempo e a Glória* (1981), no qual passeia ao lado do escritor Pedro Nava pelo bairro carioca da Glória, e *Ovídio* (1982), trabalho conjunto com seus alunos do curso Cinema e VT. No vídeo, a assistência de direção coube a Alice Andrade, filha de Joaquim Pedro com a primeira mulher, Sarah Castro Barbosa. Do casamento com a atriz Cristina Aché*, teve os filhos Antônio Francisco e Maria Graciema. Ao longo da década de 80, envolveu-se com diversos projetos, entre eles os roteiros *Vida mansa*, *O imponderável Bento contra o crioulo voador* (publicado depois de sua morte) e *Casa-grande, senzala & Cia.* – este último uma adaptação do clássico estudo do mesmo Gilberto Freyre já dirigido pelo cineasta estreante em *O mestre de Apipucos*. Nenhum desses projetos, entretanto, chegou a se realizar – tampouco a proposta de adaptação das memórias de Pedro Nava, que teria o título de "O defunto". Com câncer no pulmão, Joaquim Pedro morreu no dia 10 de setembro, aos 56 anos. (LA) Sua filha Alice Andrade, cineasta carioca nascida em 1964, trabalhou no projeto de restauração da obra completa de seu pai em 2006. No documentário *Histórias cruzadas*, revisita suas memórias familiares numa coprodução França/Brasil, exibido no FESTIVAL É TUDO VERDADE 2008. A cineasta é formada em Geografia pela PUC do Rio de Janeiro e estudou em escolas de cinema como a Escuela Internacional de Cine y TV de Cuba e a francesa FEMIS. Estreou na direção no longa-metragem *O diabo a quatro* (2004), coprodução Brasil/França/Portugal. (LCA)

ANDRADE, Júlio. Porto Alegre, RS, 1976. Ator.

FILMOGRAFIA: 2000 – *Tolerância*. 2003 – *O homem que copiava*. 2004 – *Meu tio matou um cara*. 2005 – *Sal de prata*. 2006 – *Wood & Stock: sexo, orégano e rock'n roll*; *Batismo de sangue*. 2007 – *3 Efes*; *Ainda orangotangos*; *Cão sem dono*. 2009 – *Hotel Atlântico*.

Reconhecido como um dos mais talentosos atores gaúchos de sua geração. Trabalhou como ator coadjuvante em filmes dos principais cineastas gaúchos, como Carlos Gerbase* (*Tolerância*; *Sal de prata* e *3 Efes*); Jorge Furtado* (*O homem que copiava* e *Meu tio matou um cara*); Otto Guerra (*Wood & Stock: sexo, orégano e rock'n roll*) e Gustavo Spolidoro (*Ainda orangotangos*). Foi ator em diversos filmes de curta-metragem: *Velinhas* (1998), de Gustavo Spolidoro; *Um estrangeiro em Porto Alegre* (1999), de Fabiano de Souza; *Fome*, de João Carlos Marafon Filho; *Quem?* (2000), de Gilson Vargas; *Outros*, de Gustavo Spolidoro. Foi ator e roteirista de *Final: trilogia do amor* (2001), de Gustavo Spolidoro, em *Bah!*, de Fabricio Barros e Gustavo Brandau, e no curta *Por um fio*, que contou com uma equipe de diretores (Ivana Verle, Lisiane Cohen, Wagner da Rosa e Karine Bertani). Também participou de *Miopia* (2002), de Muriel Paraboni; *João* (2003), de Flávio Guirland Vieira; *O Gato* (2004), de Saturnino Rocha; *Sketches* (2006), de Fabiano de Souza e *A domicílio*, de Nelson Diniz. O filme político *Batismo de sangue*, de Helvécio Ratton*, foi seu primeiro trabalho fora do Rio Grande do Sul. Júlio Andrade mudou-se para São Paulo em 2007. Protagonizou os dramas *Cão sem dono*, de Beto Brant* e Renato Ciasca, no qual faz homem solitário que passa seus dias contemplando o mundo, quando acontece uma reviravolta em sua vida, e *Hotel Atlântico*, de Suzana Amaral*, baseado na obra de seu conterrâneo João Gilberto Noll. Na televisão, trabalhou inicialmente no Rio Grande do Sul, em *Luna caliente* (1999) e *Contos de inverno* (2001). No Rio de Janeiro, na REDE GLOBO, atuou nas novelas *Caminho das Índias* e *Ciranda de pedra*; e na minissérie *Amazônia de Galvez a Chico Mendes*. Também interpretou o cantor Raul Seixas no programa especial *Por toda a minha vida*, e participou de episódio de *Carga Pesada*. (LFM/MM)

ANDRADE, Rudá (Rudá Poronominare de Andrade) – São Paulo, SP, 1930-2009. Conservador.

Filho do casal Oswald de Andrade e Patrícia Galvão (Pagú), intelectuais que se destacaram no movimento modernista. Diretor dos documentários *Pagú* (2001), codirigido com Marcelo Tassara, e *Renata* (2002), recebeu em 1983 o Prêmio Jabuti por *Cela 3: a grade agride*, um livro autobiográfico de viagem a um mundo desconhecido das prisões europeias, período em que esteve preso na França sob acusação de posse e tráfico de drogas. Pesquisador, cineasta, crítico cinematográfico e escritor; radicado na Itália durante a juventude, estudou Cinema em Roma e trabalhou com os cineastas italianos Luigi Comencini e Vittorio de Sica. Conservador e nos últimos tempos conselheiro da CINEMATECA BRASILEIRA, ao retornar ao Brasil, em 1962, fundou a Sociedade Amigos da Cinemateca na tentativa de consolidação dessa instituição a que esteve ligado desde os anos 50, juntamente com Paulo Emilio Salles Gomes* e Almeida Salles*. Figura fundamental no cinema e no cineclubismo, pesquisou e escreveu sobre o tema do cineclubismo no Brasil e na América Latina. Participou na elaboração do curso de Cinema da USP, onde lecionou durante dez anos e foi um dos criadores do Museu da Imagem e do Som (MIS), que ficou sob sua direção de 1970 a 1981. Atuou como assessor na Secretaria de Estado da Cultura de São Paulo. Idealizou os dois primeiros cinemas de arte no Brasil: cines PICOLINO e BELAS ARTES. Foi enterrado no Cemitério da Consolação, mesmo local em que Oswald e Pagu casaram-se, em 1930, numa cerimônia inusitada. Faleceu em Bragança Paulista no dia 27 de janeiro. (TS)

ANÍBAL, Augusto (Augusto Aníbal de Almeida) – Fortaleza, CE, 1887-1965. Ator.

FILMOGRAFIA: 1922 – *O cavaleiro negro*. 1923 – *Augusto Aníbal quer casar*. 1925 – *A gigolete*. 1929 – *Sinfonia da floresta*. 1938 – *Maridinho de luxo*. 1947 – *Fogo na canjica*. 1948 – *Esta é fina*. 1949 – *Pra lá de boa*. 1950 – *Aguenta firme, Isidoro*; *Anjo do lodo*; *Meu dia chegará*. 1952 – *Era uma vez um vagabundo*.

Artista em atividade em algumas companhias teatrais no final do século XIX e no começo do século XX. No cinema começa como atração principal nas comédias mudas de Luiz de Barros*, com quem faz oito filmes. No segundo filme, empresta seu nome ao título. Pode-se dizer que o ator é o primeiro comediante de sucesso de nosso cinema. Ainda nessa fase, atua nos filmes *A gigolete* e *Sinfonia da floresta*, ambos dirigidos pelo italiano Vittorio Verga. Quase vinte anos depois, retorna em carnavalescos e comédias comandadas pelo mesmo Luiz de Barros. Trabalha com Gino Talamo, outro diretor italiano, na comédia *Meu dia chegará*. Faleceu no Rio de Janeiro em 12 de junho. (LFM)

ANIMAÇÃO

O cinema de animação no Brasil só começaria a ser feito, de maneira experimental e esporádica, após a contribuição do cartunista Raul Pederneiras, que preparou pequenas charges animadas para terminar os *Pathé-Journal*, feitos a partir de 1907 pela companhia MARC FERREZ & FILHOS. A ideia também serviria para os cinejornais* dos irmãos Alberto Botelho* e Paulino Botelho*, sempre com a colaboração de Raul. Na segunda década do século, o cartunista Álvaro Marins (Seth), financiado por Sampaio Corrêa, lançou no Rio de Janeiro, em 1917, *O kaiser*, uma charge animada em que o líder alemão é engolido pelo globo terrestre. Outra animação foi *Chiquinho e Jagunço* ou *Traquinagens de Chiquinho e seu inseparável amigo Jagunço* (1917), produção da companhia KIRS FILMS, com personagens vindos dos quadrinhos da revista *Tico-Tico*, aliás seguindo uma tendência de fora de transpor para a tela personagens como Little Nemo e Felix, The Cat. Mantendo a mesma tendência, Eugênio Fonseca Filho (Fonk), um cartunista de São Paulo, animou peças publicitárias e foi autor de *As aventuras de Billi e Bolle* (1918), produção de Gilberto Rossi*, inspirada nos personagens de quadrinhos americanos Mutt e Jeff. Os anos 20 começam com *Sapataria Pé de Anjo*, exibido no Rio de Janeiro, no CINE CENTRAL, provavelmente um filme de propaganda. Também com esse fim, Pasqualle Michelle Faletti fez para a fábrica de cigarros Sudan uma animação com caixas e palitos de fósforos entre 1925 e 1927. Luiz Seel, junto com o caricaturista Belmonte, produziu em 1928 uma série de seis complementos cinematográficos, intitulados *Brasil animado*, em forma de charges animadas. *Macaco feio... macaco bonito* (1929), do mesmo Luiz Seel, com fotografia de João Stamato*, mostra o personagem Chiquinho visitando um zoológico e levando para casa um macaco fujão. Também de Seel, *Frivolità* (1930), sobre uma mocinha que quer dormir até mais tarde, teria um trecho produzido com som óptico.

Radicado no Rio, o cearense Luiz Sá, famoso por seus personagens dos quadrinhos Reco-Reco, Bolão e Azeitona, tentou levar para a tela o filme intitulado *As aventuras de Virgulino* (1938), sem conseguir exibição. Sá continua sua atuação com animações em cinejornais. A produção *O dragãozinho manso* (1942), que Humberto Mauro* realizou para o INSTITUTO NACIONAL DE CINEMA EDUCATIVO (Ince*), foi feita com a animação de bonecos, introduzindo no Brasil essa modalidade. A produção estatal de filmes educativos continuaria nos anos 50 com os desenhos *Limpeza e saúde*, *Os dentes*, *A raiva* e *Maneco, o sabido*. O INCE produziu em 1962 com direção de Guy Lebrun *H2O*, e em 1966 as produções foram os desenhos animados sob o título *Inflação* (1966), sendo um dirigido por Saulo Pereira de Mello e outro por Jorge Bastos, além da série *Alfabeto animado*, de Lebrun. Também em 1966 a empresa Petróleo Brasileiro S. A. (Petrobras) produziu *Um rei fabuloso*, com direção de Wilson Pinto. Ainda nos anos 50, Igino Bonfioli*, um dos pioneiros do cinema mineiro*, realizou algumas animações em colaboração com Fábio Horta, divididas entre institucionais e publicitárias – *Água limpa* e *Geografia infantil*, ambos de 1954, e *Aveia Quaker* (1958) –, e desenhos animados, intitulados *João Ventura e a ferradura* e *José Vitamina em Barbão, o pancadão*.

O primeiro longa-metragem de animação, em preto e branco, *Sinfonia amazônica*, ficou pronto em 1952. Anélio Latini Filho* trabalhou sozinho por seis anos para a sua conclusão e, apesar de premiado e bem recebido pelo público, foi seu único filme. O mercado já era dominado pelas produções dos ESTÚDIOS WALT DISNEY, coloridas e de técnica apurada. Nas décadas seguintes, Latini trabalhou em publicidade e não conseguiu concluir seu projeto "O Kitan da Amazônia", apesar de deixá-lo bastante adiantado. Seu irmão, Mário Latini, dirigiu um curta de animação, *Os azares de Lulu*, em 1940.

Um realizador que transpõe décadas com uma animação bem particular é Roberto Miller. Influenciado pelo animador Norman McLaren, volta de um estágio no Canadá no final dos anos 50 e realiza a partir de então diversos filmes experimentais com a animação feita diretamente na película. Miller ganhou notoriedade com a MEDALHA DE PRATA no FESTIVAL DE LISBOA com *Rumba* (1957) e prêmio idêntico no FESTIVAL DE BRUXELAS com *Sound Abstract* (1957). Segue atuando com suas animações abstratas como *O átomo brincalhão* (1967), *Balanço* (1968), *Carnaval 2001* (1971), *Can-can* (1978), *Ballet Kaley* (1981), *Biscuit* (1992), entre outros. Rubens

Francisco Lucchetti* e Bassano Vaccarini realizam, em Ribeirão Preto (SP), entre 1959 e 1962, no CENTRO EXPERIMENTAL DE CINEMA DE ANIMAÇÃO – inicialmente em parceria com Roberto Miller, depois sozinhos –, uma dúzia de animações abstratas, feitas diretamente na película, com sonorização em fita magnética. Da dupla destacam-se a série *Abstrações* (1959), *Rinocerontes* (1961) – este utilizado na peça do mesmo nome com Cacilda Becker* –, *Voo cósmico* (1961), *Arabescos* (1962) e *Cattedrale* (1962). Permanecem como exemplos quase únicos de continuidade do cinema experimental no Brasil.

Outras produções do início dos anos 60 foram a de Hamilton de Sousa, que realizou o curta *Uma história do Brasil, tipo exportação* (1963), e a de Aírton Gomes, intitulada *O homem e a sua liberdade* (1965). Já nessa época era intensa a produção de animações publicitárias para a televisão, caminho de formação da grande maioria. Incentivados pelo FESTIVAL DE CINEMA AMADOR DO JORNAL DO BRASIL, no Rio de Janeiro, a partir de 1965 vários novos realizadores têm oportunidade de exibir seu trabalho, como o cartunista Zélio Alves Pinto, com o seu *No caos está contido o germe de uma nova esperança* (1967), Sérgio Bezerra Pinheiro, com *A luta* (1968), e José Maria Parrot, com *Zeca e suas máquinas simples* (1970). Outros surgiram formando grupos de atuação, como o CENTRO DE ESTUDOS DE CINEMA DE ANIMAÇÃO e o FOTOGRAMA, ambos no Rio de Janeiro. No primeiro, Rui de Oliveira começou carreira com os curtas *O coelhinho sabido* e *O palhaço domador*, ambos de 1967, realizando posteriormente *O Cristo procurado* (1980). No segundo, Jô Oliveira realizou *O saci* e *Pantera negra*, ambos de 1968. *Status quo* (1968), de Carlos Alberto Pacheco, foi outro trabalho realizado pelo grupo, com efetiva colaboração de Pedro Ernesto Stilpen (Stil). Este continuaria sempre buscando técnicas baratas de produção, utilizando papel de embrulho em vez do caro celofane, abrindo perspectivas para a utilização de outras técnicas, como em *Batuque* (1969), *Urbis* (1970), *Lampião ou Para cada grilo uma curtição* (1972) e *Reflexos* (1974). Neste último dividiu a direção com Antonio Moreno, que dirigiu depois os curtas *Ícaro e o labirinto* (1975), *Verde* ou *Favor não comer a grama* (1976), misturando animação e cenas ao vivo. José Rubens Siqueira, diretor de teatro, foi outro nome de destaque com os premiados *PHM – Pequena história do mundo* (1974) e *A estrela Dalva* (1975).

No início dos anos 70, a produção de curtas cresceu de tal forma que a classe cinematográfica conseguiu a promulgação de uma lei de obrigatoriedade de exibição nos cinemas, que beneficiava também os animadores e incentivava novas realizações. Já com relação aos longas, a produção continuou incipiente. Em 1970, o amazonense e autor de quadrinhos Álvaro Henrique Gonçalves finalizaria em São Paulo o seu *Presente de Natal*, primeiro longa colorido, com precário lançamento comercial. Anteriormente já havia realizado os curtas *A cigarra e a formiga* (1956) e *O índio alado* (1967). Melhor sorte teve o japonês radicado em São Paulo Ypê (Yoshinori) Nakashima. Tendo anteriormente realizado os curtas *O reino dos botos*, *A lenda da vitória-régia* (1957) e *O gorila* (1958), em 16 mm e preto e branco, completou seu único longa, *Piconzé*, em 1972, após seis anos de trabalho solitário. A produção de longas de animação só teve continuidade dez anos depois com os filmes de Mauricio de Sousa*, iniciando com *As aventuras da Turma da Mônica* (1982), e seguindo com mais quatro títulos com seus personagens dos quadrinhos, além de duas animações com os atores do grupo Os Trapalhões*.

Regionalmente, o destaque maior ficou com o NÚCLEO DE CINEMA DE ANIMAÇÃO DE CAMPINAS. Seu fundador, Wilson Lazaretti, lançou o que seria seu embrião em 1975 e posteriormente, com Maurício Squarisi, dedicou-se ao ensino de animação para crianças e uma produção educativa que alcança hoje uma centena de títulos. Na Bahia, Francisco Liberato foi exemplo de produção praticamente isolada, com filmes como *O caipora* (1974), *Eram-se opostos* (1977), o longa *Boi aruá* (1981-1985) e *Carnaval* (1986), baseados numa estética próxima da xilogravura dos folhetins de cordel. Em Pernambuco, Lula Gonzaga de Oliveira apareceu com *A saga da Asa Branca* (1979) e *Cotidiano* (1980). Os anos 70 foram também profícuos na produção em Super-8*. Marcos Magalhães foi um dos que iniciaram carreira nessa época com produções nessa bitola, como *A semente* (1975) e *Meow* (1976), este refilmado em 35 mm em 1981, vencedor da PALMA DE OURO no FESTIVAL DE CANNES. No ano seguinte, ele realiza, em estágio no Canadá, um curta utilizando diversas técnicas de animação intitulado *Animando*. Posterior acordo entre a empresa canadense NATIONAL FILM BOARD e a nacional EMBRAFILME*, que criou um núcleo de animação no Rio de Janeiro, permitiu o aparecimento de toda uma nova geração de animadores: César Coelho e Aída Queiroz, nas parcerias *Alex* (1987) e *Tá limpo* (1991) – este com Magalhães

–; Daniel Schorr, com *Viagem de ônibus* (1986); Fábio Lignini, com *Quando os morcegos se calam* (1986); e vários outros. A experiência no Rio de Janeiro motivou o surgimento de núcleos regionais, com uma série de produções ligadas à Universidade Federal de Minas Gerais, com coordenação de José Tavares de Barros; e no Ceará, com José Rodrigues Neto – *Evoluz* (1986) – e Telmo Carvalho – *O músico e o cavalo* (1986) – orientando uma nova safra. Em todos esses lugares nota-se a diversidade de técnicas e experimentações. Em São Paulo, com animadores bem treinados na publicidade, destacam-se nomes como Flávio Del Carlo – *Pauliceia* (1978), *Tzubra Tzuma* (1983) e *Squich* (1992) –, Hamilton Zini Jr. – *Zabumba* (1984) e *Masp Movie* (1986) – e Cao Hamburger – *Frankenstein punk* (1986) e *A garota das telas* (1988), com sua animação de bonecos. Outro polo de produção, o Rio Grande do Sul, apresenta também o seu time com os curtas *O Natal do burrinho* (1984), *As cobras* (1985) e *Reino azul* (1989), da equipe formada por Otto Guerra, Lancast Mota e José Maia. Tadao Miaqui, também do Rio Grande do Sul, realiza *Projeto Pulex* (1991).

A produção nos anos 90 sofreu com o fim da EMBRAFILME. A animação continuou com produções mais escassas, mas com variedades técnicas e estilísticas e novos nomes vindos dos cursos universitários, como em *Bach experimental* (1990) e *Circular* (1991), com direção coletiva e orientação de Antonio Moreno, e em *Uma casa muito engraçada* (1996), de Toshie Nishio. É do Sul o longa *Rock & Hudson* (1994), de Otto Guerra, voltado para o público adulto. De São Paulo, o público infantil recebeu bem *Cassiopeia* (1996), de Clóvis Vieira, o primeiro longa feito integralmente em computador, que abriu novas possibilidades técnicas para a animação. Recebendo múltiplas premiações, Ennio Torresan Jr. apresentou *El macho* (1993). No Ceará, Telmo Carvalho fundiu atores com animação em *Campo branco* (1997). No Rio, Marcos Magalhães realizou *Estrela de oito pontas* (1996) em parceria com o artista plástico Fernando Diniz e depois *Pai João entrou na roda* (1998). Desde 1993 ele organiza junto com César Coelho, Aída Queiroz e Léa Zagury a mostra ANIMA MUNDI, que estimula a apreciação das modernas técnicas de todo o mundo e incentiva o aprendizado de animação, criando a perspectiva de crescimento do interesse e de mais produções. (LG)

Nos primeiros anos do novo milênio o longa-metragem de animação brasileiro

afirma-se definitivamente, com produção diversificada destinada ao público infantil e adulto. Longas e curtas são realizados inclusive em estados de menor expressão cinematográfica. Depois de demorada produção, Walbercy Ribas finaliza *O grilo feliz* (2001), obra que teve sua produção concretamente iniciada em 1997. Trata-se de um projeto de vida que começou a ser engendrado nos anos 80. Rafael Ribas, que viria a codirigir a continuação *O grilo feliz*, foi o primeiro destinatário da animação quando ainda era criança. Em janeiro de 2009, Walbercy, dividindo direção com seu filho Rafael, lança *O grilo feliz e os insetos gigantes*, já com produção digital e incorporando modernas técnicas de animação. Tanto o original, como a continuação, são resultado da perseverança em torno de uma ideia original. Conforme a década de 2000 avança, um ritmo maior de lançamentos nacionais começa a chegar aos cinemas. A animação brasileira aumenta sua presença no mercado. *Cine Gibi, o filme* (2004), de Mauricio de Sousa e José Márcio Nicolosi, faz parte desse movimento, explorando de modo inteligente as aventuras da turma da Mônica. Os filmes seguintes da série *Cine Gibi* são feitos por Nicolosi, diretamente para o mercado de DVDs. No mesmo ano, o brasileiro Carlos Saldanha* e o americano Chris Wedge assinam a autoria do primeiro *A Era do Gelo*, uma grande produção hollywoodiana. Em 2005, Xuxa debuta na animação com *Xuxinha e Guto contra os monstros do espaço*, animação de Clewerson Saremba e direção de cenas com tomadas de Moacyr Góes*. Ainda Carlos Saldanha assina a direção de *Robôs*, outra grande produção norte-americana. No ano de 2006 foi a vez de *Wood & Stock – sexo, orégano e rock'n'roll*, animação longa do gaúcho Otto Guerra, a partir dos originais de Angeli. No mesmo ano, Saldanha dá impulso a sua carreira em Hollywood, com o sucesso de *A Era do Gelo 2*. Datam de 2007 as estreias de *BRichos*, animação do cineasta paranaense Paulo Munhoz, que já concluiu o segundo longa (*Belowars*). Também desse ano é o novo *Turma da Mônica, uma aventura no tempo*, com direção de Mauricio de Sousa e codireção de Clewerson Saremba, André Passos e Rodrigo Gaya. O desenho *Garoto cósmico*, do estreante Ale Abreu, foi a única produção a aparecer em 2008. Ainda Carlos Saldanha dirige *A Era do Gelo 3*, juntamente com Mike Thurmeier. Explorando efeitos em 3D, o filme mostra por que Saldanha é considerado um dos principais brasileiros em atividade atualmente em Hollywood. Depois de treze anos fazendo sucesso na TV CULTURA, a turma do Cocoricó chega ao cinema com o média-metragem (sessenta minutos) *Cine Cocoricó: as aventuras na cidade*, direção de Fernando Gomes. Está aberto espaço para uma boa série infantil brasileira em um circuito exibidor dominado por produções norte-americanas. Outro média-metragem que chegou aos cinemas foi *Gui, Estopa e a Natureza*, de Mariana Caltabiano, misturando animação com imagens de tomadas realizadas por Lawrence Wahba. Seguindo parcela significativa da produção de animação contemporânea, *Gui, Estopa e a Natureza* revela forte consciência ecológica e toma como missão repassá-la à garota. Ainda como sinal do estágio positivo da animação brasileira, foi lançada, em abril de 2009, a primeira série brasileira de animação denominada *Peixonauta*. Produzida pela TVPINGUIM, é exibida pelo DISCOVERY KIDS, já caminhando para sua segunda temporada. Com direção de Célia Catunda e Kiko Mistrorigo, tem trilha sonora assinada por Paulo Tatit. A produtora prevê a realização de um longa-metragem com o material visual de *Peixonauta*, assim como o longa *Tarsilinha*, animação inspirada no trabalho da artista plástica Tarsila do Amaral. (FPR/LFM)

ANKITO (Anchizes Pinto) – São Paulo, SP, 1923-2009. Ator.

FILMOGRAFIA: 1953 – *É fogo na roupa*; *Três recrutas*. 1954 – *Marujo por acaso*; *Angu de caroço*. 1955 – *O rei do movimento*; *O grande pintor*; *O feijão é nosso*. 1956 – *Boca de Ouro*. 1957 – *De pernas pro ar*; *Metido a bacana*; *É de chuá!*. 1958 – *E o bicho não deu*; *Pé na tábua*; *Quem roubou meu samba?*. 1959 – *Garota enxuta*. 1960 – *Pistoleiro bossa-nova*; *Sai dessa, recruta*; *Vai que é mole*; *Um candango na Belacap*. 1961 – *Três cangaceiros*. 1966 – *As cariocas* (3º episódio). 1969 – *Um sonho de vampiro*. 1974 – *Ladrão de Bagdá, O magnífico*. 1976 – *Guerra é guerra* (2º episódio: 'O poderoso cifrão'). 1978 – *Bububu no bobobó*. 1985 – *Brás Cubas*. 1987-1990 – *Beijo 2348/72*. 1990 – *Diabo na cama*. 1989-1993 – *O escorpião escarlate*.

Astro da chanchada*, dotado de incomum agilidade corporal e perfeito histrionismo para o gênero, rivaliza com o popularíssimo Oscarito*. Descendente de famosa linhagem circense (filho e sobrinho dos palhaços Faísca e Piolim e neto do empresário Galdino Pinto), pisa nos picadeiros desde os 4 anos de idade. Aos 7 estreia profissionalmente no número do globo da morte, tornando-se logo em seguida o palhaço Espoleta e os acrobatas Panchito e Tito. Percorre o país, aprendendo as mais diversas especialidades circenses. O exímio domínio dos aparelhos de equilíbrio chama a atenção do meio artístico para a sua arte. Aos 17 anos é contratado como ciclista de palco e cômico-acrobata pelo Cassino da Urca. Substitui por dois anos o jovem acrobata Joy, da dupla Vic and Joy, uma das atrações do local. O retorno do titular o obriga a excursionar pelo país, apresentando-se principalmente em boates. A convite do mesmo cassino, pouco antes do seu fechamento, forma nova dupla, Anky & Mory, os ases da acrobacia coreográfica. Logo desempregados, rumam para Buenos Aires, onde permanecem por dois anos. Retornam a convite do Hotel Copacabana Palace, exibindo-se por pouco tempo. Desejoso de aperfeiçoar-se como acrobata, Anky volta à terra natal para um estágio prolongado na especialidade. Disputa inúmeras competições, tornando-se bicampeão sul-americano de acrobacia (1948-1949). Reata a parceria com Mory, passando a integrar o elenco de atrações do Teatrinho Follies do Rio de Janeiro. Com a saída do astro da companhia, o cômico Mesquitinha*, Mory propõe lançar Anky no papel principal da revista *Já vi tudo*, e o empresário Juan Daniel aceita a sugestão. Aproveitando o apelido Kito e a semelhança física com Oscarito, este último transforma-o no ator Ankito. Faz algumas peças, programas de televisão e retoma os números acrobáticos. Permanecerá nessa indefinição entre desfazer ou não a dupla e passar ou não ao teatro por algum tempo. Após trabalhar para Dercy Gonçalves* e Geysa Boscoli, alcançando grande sucesso, assina contrato com o empresário Miguel Khair para uma longa temporada solo no Teatro João Caetano em 1952. Estreia com o espetáculo *Bahia mortal*, ao lado de Grande Otelo*. Com o aumento das dissensões na ATLÂNTIDA* e a entrada em cena de outros produtores de chanchada, busca-se um novo astro para o humor ligeiro das comédias cinematográficas. Por sugestão do pianista e ator Bené Nunes, Watson Macedo* testa-o em *É fogo na roupa*, impressionando-se satisfatoriamente. A ascensão de Ankito prossegue, entrando como uma das principais figuras para a companhia de revistas de Walter Pinto. Na mesma época, os irmãos Alípio Ramos* e Eurides Ramos* lhe propõem um dos principais papéis de *Três recrutas*. A graça ágil e natural conquista o público, e os produtores lhe fazem uma proposta inusitada: um contrato de exclusividade artística, apenas para filmar. Começa com *Marujo por acaso* uma vertiginosa e bem-sucedida carreira, atuando em várias produções ao longo de sete anos. As estripulias corporais, as *gags* faciais e os cacos e bordões incorporados aos enredos criam um tipo único, reedição do eterno bom malandro. É, ao lado de Oscarito e Grande Otelo, um dos ícones do período, em que pese a alimentada disputa com o astro da ATLÂNTIDA. Obtém grande resposta do público com *O rei do movimento*, *Metido a bacana*, *Garota enxuta* e *Pistoleiro bossa-nova*, atuando quase sempre sob o comando dos diretores J. B. Tanko* e Victor Lima*. Encaminha-se para a consagração absoluta quando sofre grave acidente durante as filmagens de *Um candango na Belacap*, de Roberto Farias*. Embora recuperado, tem sua conhecida agilidade limitada, optando por abandonar a carreira após o filme seguinte, *Os três cangaceiros*, de Victor Lima. Após episódica participação em *As cariocas*, volta no final dos anos 60 no papel, misto de homenagem e retomada da chanchada, de um conde vampiresco em *Um sonho de vampiro*, de Iberê Cavalcanti. Resolve viver na Espanha, retornando em 1974. Tenta uma reinserção no cinema comercial dos anos 70, sem muito sucesso. Suas aparições daí por diante têm um caráter cada vez mais episódico e referencial, salientando-se os tributos prestados por Júlio Bressane*, em *Brás Cubas*, e Ivan Cardoso*, em *O escorpião escarlate*. Tenta uma reedição do teatro de revista em plena década de 80, com peças como *Tem pimenta na abertura* e *A inflação arroxa*, esta de sua autoria. Faz novelas de televisão – *Gina*, *Marina* e *A sucessora* –, a minissérie *Engraçadinha* e apresenta o programa *Show do Ankito* na REDE BANDEIRANTES. Retira-se do meio artístico nos anos 90, indo viver na reserva ecológica de Tanguá, no município de Nova Iguaçu. Faleceu no Rio de Janeiro em 30 de março. (HH)

ANOS 80

Os anos 80 são marcados, sobretudo, pela decadência das formas de produção cinematográfica desenvolvidas no Brasil durante o decênio anterior. A crise da economia brasileira, com a escalada inflacionária, que se acentua no último governo militar – de João Batista Figueiredo –, não apenas provoca o aumento dos custos de produção como ainda afasta grande parte do público tanto dos filmes nacionais quanto dos estrangeiros. O fechamento de quase dois terços das salas de cinema, mais expressivo no interior dos estados, reflete bem a queda global de público, que prefere a televisão e o videocassete. Central nesse processo é o esfacelamento da EMBRAFILME*, empresa estatal que, nos anos 70, teve importante papel tanto no avanço do cinema brasileiro no mercado interno quanto no financiamento de filmes artisticamente importantes. A empresa passou, progressivamente, a não dar mais conta do amplo leque de tarefas que deveria cumprir, pois, além de contar com menos investimentos do Estado, não conseguia reaver o dinheiro investido devido à retração do mercado. Por último, a EMBRAFILME continuou dominada pelo clientelismo político, não apenas acirrando a oposição dos setores do meio cinematográfico preteridos, mas ainda provocando uma onda crescente de ataques da imprensa. Nos anos 70, desenvolveu-se numerosa produção erótica, concentrada principalmente na Boca do Lixo*. Nos anos 80, com a censura mais liberal, esses filmes tornam-se mais "pesados" e degringolam no pornográfico, com cenas de sexo explícito, chegando a representar cerca de 70% do total da produção brasileira em 1988, fechando o espaço para diretores que no decênio anterior faziam filmes eróticos com propostas estéticas sofisticadas, dos quais os dois exemplos mais importantes são Walter Hugo Khouri* e Carlos Reichenbach*. As redes de televisão, que nos Estados Unidos e na Europa constituíram-se em importantes financiadoras da atividade cinematográfica, permaneceram praticamente sem exibir filmes brasileiros.

Mas nem tudo foi negativo nos anos 80, a começar pelo filão que buscou dialogar mais diretamente com o processo de transição democrática e refletir sobre a ditadura militar. Nessa linha são significativos, entre outros, *Pra frente, Brasil* (1981), de Roberto Farias*, *Eles não usam black-tie* (1981), de Leon Hirszman*, *O bom burguês* (1982), de Oswaldo Caldeira*, *A próxima vítima* (1982), de João Batista de Andrade*, *Nunca fomos tão felizes* (1984), de Murilo Salles*, *Memórias do cárcere* (1983), de Nelson Pereira dos Santos*, *Jango* (1981-1984), de Sílvio Tendler*, e *Cabra marcado para morrer* (1981-1984), de Eduardo Coutinho*. É importante notar que a EMBRAFILME foi coprodutora de boa parte dessas fitas, muito embora existissem pressões fortes do governo militar para impedir a realização dos projetos. Além dos já citados, os diretores egressos do Cinema Novo* trilharam os mais diferentes caminhos: David Neves* apostou na crônica urbana em *Fulaninha* (1984-1985) e *Jardim de Alah* (1988); Arnaldo

Jabor* realizou filmes que investigam o relacionamento amoroso como *Eu te amo* (1980) e *Eu sei que vou te amar* (1984); Carlos Diegues* investiu no espetáculo de cunho histórico em *Quilombo* (1983) e na inquietação da juventude urbana em *Um trem para as estrelas* (1987). Já Glauber Rocha*, com *A idade da Terra* (1978-1980), e Joaquim Pedro de Andrade*, com *O homem do pau-brasil* (1980-1981), buscaram maior experimentação estética. Dentre os realizadores não ligados ao Cinema Novo que têm propostas experimentais é possível destacar Júlio Bressane*, realizador de *Tabu* (1982), *Brás Cubas* (1985) e *Sermões* (1989), obras que dialogam de forma inovadora com a literatura e a música brasileiras; Ana Carolina*, diretora de *Das tripas coração* (1982) e *Sonho de valsa* (1986-1987); Rogério Sganzerla*, diretor de *Nem tudo é verdade* (1980-1986); Carlos Alberto Prates Correia*, diretor de *Cabaré mineiro* (1979) e *Noites do sertão* (1984); Ozualdo Candeias*, cujos filmes *A opção* (1979-1981), *Manelão, o caçador de orelhas* (1982) e *As belas da Billings* (1987) refletem a miséria econômica e cultural do Brasil; e Carlos Reichenbach, diretor de *Paraíso proibido* (1980), *Extremos do prazer* (1983) e *Filme demência* (1985).

Quanto ao cinema comercial, além dos filmes pornográficos é necessário salientar também aqueles dedicados ao público infantil, devido às grandes bilheterias que alcançaram, quase sempre estrelados por nomes bastante conhecidos da televisão – como Os Trapalhões* e Xuxa* – ou dos quadrinhos – como os desenhos animados com a Turma da Mônica. Outra linha que se desenvolveu com sucesso de público foi aquela voltada para jovens, representada por *Menino do Rio* e *Garota dourada*, ambos dirigidos por Antônio Calmon*, respectivamente em 1981 e 1983, e *Bete Balanço*, longa dirigido por Lael Rodrigues em 1984. A EMBRAFILME investiu muito em alguns filmes, acreditando no retorno de bilheteria. Os resultados, porém, foram variados. Se *Pixote, a lei do mais fraco* (1980), de Hector Babenco*, foi sucesso não apenas no Brasil, mas também no exterior, produções como *Quilombo* (Carlos Diegues, 1983) tiveram pouco público e recepção crítica bastante negativa. É interessante notar que, nos anos 80, há grande quantidade de diretores estreantes em longa-metragem: Sérgio Rezende* (*Até a última gota*, 1980), Ivan Cardoso* (*O segredo da múmia*, 1977-1981), Fábio Barreto* (*Índia, a filha do Sol*, 1981), Werner Schunemann (*Me beija*, 1983), Pedro Jorge de Castro (*Tigipió*, 1985) e Lauro Escorel

Filho* (*Sonho sem fim*, 1985), além dos já citados Sílvio Tendler (*Os anos JK, uma trajetória política*, 1976-1980), Murilo Salles e Lael Rodrigues. Mas é em São Paulo que se concentra a parcela mais expressiva dos estreantes: Djalma Limongi Batista* (*Asa branca, um sonho brasileiro*, 1979-1981), Guilherme de Almeida Prado* (*As taras de todos nós*, 1981), Sérgio Bianchi* (*Maldita coincidência*, 1977-1981), Chico Botelho* (*Janete*, 1982), Aloysio Raulino* (*Noites paraguaias*, 1981-1982), Hermano Penna* (*Sargento Getúlio*, 1978-1983), Suzana Amaral* (*A hora da estrela*, 1985), André Klotzel* (*A marvada carne*, 1984-1985) e Wilson Barros* (*Anjos da noite*, 1986).

No governo José Sarney, ao contrário do que se esperava, a crise global da produção cinematográfica brasileira tornou-se mais aguda, e na gestão de Celso Furtado como ministro da Cultura discute-se intensamente a necessidade de modificações na EMBRAFILME, responsável nesse momento pelo financiamento, total ou parcial, de praticamente todos os filmes nacionais não pornográficos. Em 1987, é criada a FUNDAÇÃO DO CINEMA BRASILEIRO, que assumia a função de apoiar a produção e a difusão do cinema de caráter cultural; a rebatizada EMBRAFILME DISTRIBUIDORA DE FILMES S. A. passou, então, a dedicar-se exclusivamente à produção e distribuição dos filmes voltados para o mercado. Já na primeira metade do decênio, o média-metragem *Mato eles?* (1983), de Sérgio Bianchi, os curtas-metragens *Diversões solitárias* (1983), de Wilson Barros, e *Chapeleiros* (1984), de Adrian Cooper*, e a série *Imagens do inconsciente* (1983-1985), de Leon Hirszman, chamavam a atenção da crítica. A partir da segunda metade da década, com a decadência quantitativa e qualitativa dos longas, é no curta-metragem que se concentra boa parte das propostas estéticas mais interessantes do cinema brasileiro. Importante para o fomento dessa produção foi a legislação de proteção ao formato. Os festivais nacionais de cinema constituíram importante vitrine, e no XIII FESTIVAL DE GRAMADO, de 1985, é possível notar vitalidade em curtas como *Madame Cartô*, de Nélson Nadotti, *O príncipe do fogo*, de Sílvio Da-Rin, e, especialmente, *O som ou Tratado da harmonia*, de Arthur Omar*. Outros curtas que se destacaram em diferentes festivais, alguns dos quais chegaram mesmo a ter um certo sucesso de público, são *Ma che bambina!* (1986), de A. S. Cecílio Neto, *Queremos as ondas do ar!* (1986), de Francisco César Filho e Tata Amaral, *O dia em que Dorival encarou o guarda* (1986), de Jorge Furtado* e José Pedro Goulart, *Frankenstein punk* (1986), de Cao Hamburger e Eliana Fonseca, *Caramujo-flor* (1988), de Joel Pizzini*, *A mulher do atirador de facas* (1988), de Nílson Villas Boas, *Dov'è Meneghetti?* (1989), de Beto Brant*, *O inspetor* (1989), de Arthur Omar, e *Ilha das Flores* (1989), de Jorge Furtado; este último premiado em vários festivais internacionais.

Quanto aos longas, a atuação da EMBRAFILME DISTRIBUIDORA DE FILMES S. A. não alterou em nada o quadro de entropia progressiva do órgão, que, sem outros instrumentos de fomento à produção e ao seu escoamento – a Lei Sarney de incentivo à cultura não demonstrou ser útil para o cinema –, minavam qualquer possibilidade de sucesso dos filmes. *Vera* (1986), de Sérgio Toledo*; *Anjos do arrabalde* (1986), de Carlos Reichenbach; *Guerra do Brasil* (1986), de Sylvio Back*; *A menina do lado* (1987), de Alberto Salvá*; *A dama do Cine Shangai* (1987), de Guilherme de Almeida Prado*; *Feliz ano velho* (1987), de Roberto Gervitz*; *Romance* (1986-1987), de Sérgio Bianchi; e *Faca de dois gumes* (1988-1989), de Murillo Salles, são exemplos de bons filmes que, não fossem os problemas do momento, poderiam ter tido repercussão bem mais expressiva. Em 1989, a situação do cinema brasileiro já era bastante grave, antecipando as medidas radicais adotadas por Fernando Collor de Mello e Ipojuca Pontes* no ano seguinte. (AA)

ANYSIO, Chico (Francisco Anysio de Oliveira Paula Filho) – Maranguape, CE, 1931. Ator, argumentista.

FILMOGRAFIA: 1955 – *O primo do cangaceiro* (ator). 1957 – *A baronesa transviada* (arg.); *Hoje o galo sou eu* (arg.). 1958 – *O camelô da rua Larga* (arg.); *Mulheres à vista* (arg.). 1959 – *Garota enxuta* (arg., rot.); *Entrei de gaiato* (arg., ator); *O palhaço o que é?* (ator); *Pequeno por fora* (arg., ator); *Duas histórias (Cacareco vem aí)* (arg., ator). 1960 – *Eu sou o tal* (ator). 1971 – *O doce esporte do sexo* (1º episódio: 'O torneio' (ator); 2º episódio: 'O filminho' (ator); 3º episódio: 'A boca' (arg., ator); 4º episódio: 'A suspeita' (arg., ator); 5º episódio: 'O apartamento' (ator)). 1986 – *Tanga, deu no New York Times* (ator). 1995-1996 – *Tieta do agreste* (ator). 2008 – *Se eu fosse você 2* (ator).

Na segunda metade da década de 1950, trabalha mais como argumentista do que como ator no cinema popular daquela época: as comédias cariocas. Fez pequena aparição no filme paródico, *O primo do cangaceiro*, último filme do diretor Ruy Costa*, filmado nos estúdios da FLAMA*.

Em seguida, foi autor de vários argumentos de comédias, escritas em parceria com outros, para fitas dos diretores Watson Macedo* (*Baronesa transviada*), Aluísio T. Carvalho* (*Hoje o galo sou eu* e *Pequeno por fora*), Eurides Ramos* (*O camelô da rua Larga*), J. B. Tanko* (*Mulheres à vista*; *Garota enxuta* e *Entrei de gaiato*) e Carlos Manga* (*Duas histórias – Cacareco vem aí*), além de ter escrito os diálogos de *Alegria de viver* (1957), de Watson Macedo, e *Só naquela base* (1960), de Ronaldo Lupo*. Para a comédia *Garota enxuta* escreveu seu único roteiro dessa época. Teve também pequenas participações como ator. Compôs músicas em parceria com Hianto de Almeida, como *Eu vim morar no Rio*, interpretada pelo cantor Carlos Gonzaga no filme *Virou bagunça* (1960), de Watson Macedo. Em parceria com Arnaud Rodrigues, compôs *Eu e Elezinho*, interpretada por Jerry Adriani, no filme *Jerry, a Grande Parada* (1967), de Carlos Alberto de Souza Barros*; em parceria com Nonato Buzzar, compôs *Rio antigo*, interpretada pela Escola de Samba da Mangueira, no filme *Os herdeiros* (1968-1969), de Carlos Diegues*. Sozinho, criou *Não se avéxe não*, interpretada por Dolores Duran no filme *Pedro Mico* (1984), de Ipojuca Pontes*. Mais de dez anos depois fez seu único filme como protagonista, a comédia episódica *O doce esporte do sexo*, quando foi dirigido por seu irmão mais novo, o cineasta Zelito Viana*, sendo autor dos argumentos dos episódios 'Boca' e 'Suspeita'. Muito ocasionalmente trabalha como ator coadjuvante no cinema. Destacou-se no papel dramático de pai sovina em *Tieta do agreste*, baseado no romance homônimo de Jorge Amado. Fez a locução de *O mundo mágico dos Trapalhões* (1981), de Sílvio Tendler*. Foi ator do filme *Por um fio* (2003), de João Batista de Andrade*, feito direto para o mercado de DVDs. Em 2008 tem atuação convincente fazendo papel cômico no megassucesso *Se eu fosse você 2*. (LFM)

AQUINO, Marçal – Amparo, SP, 1958. Roteirista.

FILMOGRAFIA: 1997 – *Os matadores*. 1998 – *Ação entre amigos*. 2001 – *O invasor*. 2004 – *Nina*. 2005 – *Crime delicado*. 2006 – *O cheiro do ralo*. 2007 – *Cão sem dono*. 2009 – *O amor segundo B. Schianberg*.

Escritor de sucesso, com atividade de roteirista principalmente no cinema paulista. Faz dupla forte com o diretor Beto Brant*, tendo participação em praticamente todos seus filmes. Ambos originários do interior do estado, conheceram-se nos anos 90 e desde então mantêm colaboração constante. Aquino possui carreira independente como escritor, tendo lançado diversos livros premiados na literatura adulta e infantojuvenil, entre eles *O amor e outros objetos pontiagudos*, Prêmio Jabuti de 2001. Antes de começar carreira de escritor, trabalhou como revisor, repórter e redator do jornal *O Estado de S. Paulo*. A partir de 1988 atua como repórter policial no *Jornal da Tarde*, experiência que serve de pano de fundo para diversos de seus romances e contos. Seu primeiro roteiro começa a ser escrito, em 1994, a partir de seu conto *Matadores* e servirá de base para filme homônimo de Beto Brant, em sua estreia na direção em 1997. Em 1998, Brant lança seu segundo longa, *Ação entre amigos*, que tem argumento de Aquino. Ambos dividem a assinatura do roteiro original. Beto pega a ideia do argumento no ar e estimula Marçal a escrever um filme. Este, mais tarde, irá lamentar-se por não ter conseguido aprofundar literariamente o que acabou sendo filmado antes. A trama de *Ação entre amigos* é inteligente. Mostra a densidade da mão de Aquino para uma boa história e personagens para sustentá-la. O filme retrata o encontro de quatro velhos companheiros de luta política com um adversário torturador de décadas atrás. Quando se encaminham para o justiçamento tardio, a surpresa é maior: descobrem que há um traidor entre eles. Em 1997 Marçal começa a escrever o roteiro de *O invasor* quando Beto ainda filmava *Ação entre amigos*. Com apenas um terço do romance concluído mostra os originais ao amigo, que, atraído pelo tema, novamente o convence a abandonar a obra para se dedicar ao roteiro. Aquino acaba mergulhando na escritura, deixando o romance para trás. Consegue retomá-lo, já com o filme em finalização, mas diz ter escrito sem se sentir à vontade para seu desenvolvimento. O filme retrata bem o universo de Marçal Aquino, com personagens fortes envolvidos em tramas sórdidas, no vale-tudo da ascensão social. A visão de mundo é particularmente pessimista numa sociedade onde não há escapatória da corrupção e onde todo jogo sujo é possível. Este é um lado que surge mais acentuado no roteiro do que no romance. Há uma dilatação da crítica do elemento social que ascende, o matador popular, cara de pau, contra a burguesia estabelecida (donos de empresa que mataram o sócio). As dicotomias são simples e servem bem para o exercício da má consciência. No novo trabalho de Brant, em 2009, a situação de demanda se inverte. Agora é o diretor que vai buscar inspiração em um romance já concluído de Marçal (*Eu receberia as piores notícias de seus lindos lábios*), do qual retira seu longa (antes série televisiva de quatro episódios) *O amor segundo B. Schianberg*. Nesse caso, o roteiro é assinado pelo próprio Brant, com inspiração no secundário personagem do romance, B. Schianberg. Ainda com Brant, Marçal assina também o roteiro de *Crime delicado*, mas agora em trabalho coletivo, juntamente com Marco Ricca*, o próprio Brant, Maurício Paroni de Castro e Luís F. Carvalho Filho, baseado em conto de Sérgio Sant'anna. Além dessa carreira conjunta, Aquino também faz o roteiro de dois longas de Heitor Dhalia*. Trabalha a adaptação cinematográfica de *Crime e castigo*, de Dostoievsky, para *Nina* e transforma, com estilo diferenciado, em longa-metragem o livro *Cheiro do ralo*, de Lourenço Mutarelli. Assinou também trabalhos para a televisão, forçando uma identificação, que nega, com o gênero policial. Para a GLOBO escreveu (juntamente com Fernando Bonassi*) a série *Força Tarefa* e para o HBO alguns episódios de *Filhos do carnaval*. (FPR)

ARAGÃO, Rajá (Ido Oraides Dias da Costa) – Rio Pardo, RS, 1938. Roteirista, diretor.

FILMOGRAFIA: 1971 – *O grande xerife* (rot.). 1975 – *A filha do padre* (rot.); *Os pilantras da noite* (*Picaretas sexuais*) (rot.); *Kung Fu contra as bonecas* (rot.). 1976 – *O dia das profissionais* (rot., dir.); *Pintando o sexo* (1º episódio: 'O lobo mau e a vovó' (rot.); 2º episódio: 'Concheta' (rot.); 3º episódio: 'Pintando o sexo' (rot.)). 1977 – *Presídio de mulheres violentadas* (rot.); *Internato de meninas virgens* (rot.); *As amantes de um canalha* (rot.); *Escola penal de meninas violentadas* (rot.). 1978 – *Jeca e seu filho preto* (rot.); *Paixão de sertanejo* (rot.). 1979 – *O matador sexual* (rot.); *A dama do sexo* (rot.); *O último cão de guerra* (rot.). 1979-1981 – *Rodeio de bravos, onde o chão é o limite* (rot.). 1980 – *O cangaceiro do diabo* (rot., dir.). 1981 – *Liliam, a suja* (rot.); *Karina, objeto de prazer* (rot.). 1982-1983 – *Tônico do sexo* (*Raiz do amor*) (rot.). 1985 – *Hospital da corrupção e dos prazeres* (rot., dir.); *Gloriosas trepadas* (rot., dir.). 1994 – *Anal de verdade* (rot.); *Escola do sexo anal* (rot.).

Roteirista de fitas populares, declara-se autodidata. É jornalista em São Paulo a partir do início dos anos 70. Radicado na Boca do Lixo*, escreve roteiros para filmes de Mazzaropi*, como na paródia *O grande xerife*, faroeste sob direção de Pio Zamuner*, e o drama racial *Jeca e seu filho preto*, da dupla Berilo Faccio e Pio Zamuner. Foi assíduo colaborador nos faroestes e policiais com direção e interpretação de Tony Vieira*. Para o produtor A. P. Galante* e o diretor e fotógrafo Osvaldo Oliveira*, roteiriza as fitas da série sobre presídios femininos (*Presídio de mulheres violentadas* e *Internato de meninas virgens*), incluindo *Escola penal de meninas violentadas*, filme de estreia na direção de Antônio Meliande*. Adapta para o diretor Zamuner o romance *O sertanejo*, de José de Alencar*, numa versão faroeste intitulada *Paixão de sertanejo*. Faz também assistência de direção, principalmente para Tony Vieira, e ainda participa como ator num grande número de filmes. Eclético, dirige o policial *O dia das profissionais*; o filme de cangaço *O cangaceiro do diabo* (creditado na direção ao produtor e ator principal Tião Valadares), além dos pornográficos *Hospital da corrupção e dos prazeres* e *Gloriosas trepadas* (este remontagem das fitas da DANEK PRODUÇÕES feita pelo iluminador Hércules Barbosa, cuja direção é creditada a Aragão). (LFM)

ARAGÃO, Renato (Antônio Renato Aragão) – Sobral, CE, 1935. Ator, produtor, roteirista.

FILMOGRAFIA: 1966 – *Na onda do iê-iê-iê*. 1967 – *Adorável trapalhão*. 1968 – *Dois na lona*. 1970 – *A ilha dos paqueras*. 1971 – *Bonga, o vagabundo*. 1972 – *Ali Babá e os 40 ladrões*. 1973 – *Aladim e a lâmpada maravilhosa*. 1974 – *Robin Hood, o trapalhão da floresta*. 1975 – *O trapalhão na ilha do tesouro*. 1976 – *Simbad, o marujo trapalhão*; *O trapalhão no planalto dos macacos*. 1977 – *O trapalhão nas minas do rei Salomão*; *Os Trapalhões na guerra dos planetas* (ator, prod.). 1978 – *Cinderelo trapalhão* (ator, prod.). 1979 – *O rei e Os Trapalhões* (ator, prod.); *Os três mosqueteiros trapalhões* (ator, prod.). 1980 – *O incrível monstro trapalhão* (ator, prod.). 1981 – *O mundo mágico dos Trapalhões* (ator, prod.); *Os saltimbancos trapalhões* (ator, prod.). 1982 – *Os vagabundos trapalhões* (ator, prod.); *Os Trapalhões na Serra Pelada* (ator, prod.). 1983 – *O cangaceiro trapalhão* (ator, prod.); *O trapalhão na arca de Noé* (ator, prod.). 1984 – *Os Trapalhões e o Mágico de Oroz* (ator, prod.); *A filha dos Trapalhões* (ator, prod.). 1985 – *Os Trapalhões no reino da fantasia* (ator, prod.); *Os Trapalhões no rabo do cometa* (ator, prod.). 1986 – *Os Trapalhões e o Rei do Futebol* (ator, prod.). 1987 – *Os Trapalhões no Auto da Compadecida* (ator, prod.); *Os fantasmas trapalhões* (ator, prod.). 1988 – *Os heróis trapalhões, uma aventura na selva* (ator, prod.); *O casamento dos Trapalhões* (ator, prod.). 1989 – *A princesa Xuxa e Os Trapalhões* (ator, prod.); *Os Trapalhões na terra dos monstros* (ator, prod.). 1990 – *Uma escola atrapalhada* (ator, prod.); *O mistério de Robin Hood* (ator, prod.). 1991 – *Os Trapalhões e a árvore da juventude* (ator, prod.). 1997 – *O noviço rebelde* (ator, prod.). 1998 – *Simão, o fantasma trapalhão* (ator, prod.). 1999 – *O trapalhão e a luz azul* (ator, prod.). 2000 – *Um anjo trapalhão* (ator). 2003 – *Didi, o cupido trapalhão* (ator). 2004 – *Didi quer ser criança* (ator). 2005 – *Didi, o caçador de tesouros* (ator). 2006 – *O cavaleiro Didi e a princesa Lili* (ator). 2008 – *O guerreiro Didi e a ninja Lili* (ator).

Líder do grupo humorístico Os Trapalhões*, com o personagem do malandro falastrão e enrolado Didi desenvolve bem-sucedida carreira na televisão e no cinema. Filho do jornalista Paulo Aragão, muda-se ainda jovem com a família para Fortaleza. Aos 18 anos torna-se funcionário do Banco do Nordeste, cursando paralelamente a Faculdade de Direito da Universidade do Ceará. Formado, consegue emprego como advogado do Banco do Brasil. Com a chegada da televisão ao estado, resolve tentar materializar o antigo desejo de virar cômico e um dia chegar ao cinema como os ídolos Oscarito* e Charles Chaplin. Em 1960 faz concurso de redator e produtor para a TV CEARÁ e, já contratado, recebe noções de direção. Estreia com o programa *Vídeo Alegre*, em que escreve, atua e dirige. Troca a tradição verbal dos programas humorísticos do veículo pela movimentação cênica e corporal. Contratado pela TV TUPI do Rio de Janeiro em 1963, entra para o elenco do programa *AEIO... Urca*. O produtor de cinema Jarbas Barbosa* assiste a um quadro em que Renato Aragão atua ao lado de Dedé Santana*, contratando-os para protagonizarem a comédia *Na onda do iê-iê-iê*, de Aurélio Teixeira*. Demitido da TUPI, vai para São Paulo, onde ingressa em 1965 na TV EXCELSIOR, criando o *Adoráveis Trapalhões*, protagonizado também por Ivon Curi, Wanderley Cardoso e Ted Boy Marino. A falência da emissora determina a transferência do programa para a TV RECORD, com o nome de *Os Insociáveis*. O imenso sucesso alcançado leva a TUPI a recontratá-los, dando-lhe carta branca para organizar novo programa. Surge em 1970 *Os Trapalhões*, transferido seis anos mais tarde para a REDE GLOBO. A carreira cinematográfica havia prosseguido com *Adorável trapalhão*, que marca o encontro entre o comediante e seu realizador mais fiel: J. B. Tanko*, e *Dois na lona*, de Carlos Alberto de Souza Barros*, numa nova tentativa de parceria, dessa vez com o lutador campeão de luta livre Ted Boy Marino. A parceria com Dedé é retomada em *A ilha dos paqueras*, de Fauzi Mansur*, e o perfil cinematográfico infantil dos filmes firma-se a partir da associação com o produtor e diretor J. B. Tanko em *Aladim e a lâmpada maravilhosa*. Passa então a comandar o destino do grupo, ao qual se associam Mussum* e Zacarias*, através da RENATO ARAGÃO PRODUÇÕES ARTÍSTICAS LTDA., criada em 1976. Com os sucessos de bilheteria alcançados nos anos 70 e início dos anos 80, compra terreno na Barra da Tijuca e constrói estúdio pré-fabricado. Inaugurado em 1984, passa a abrigar parcialmente a realização dos filmes do grupo. Protagoniza isoladamente *O trapalhão e a arca de Noé*, sob a direção de seu sobrinho Antônio Rangel, em razão de dissensão momentânea com os demais integrantes do quarteto. Com a morte de Mussum e Zacarias e as dificuldades de produção no início dos anos 90, encerra a trajetória do grupo. Participa de especiais de televisão, retomando a carreira cinematográfica em *O noviço rebelde*, de Tizuka Yamasaki*, em que repete o mesmo tipo de humor que o consagrou. Dando continuidade a sua "nova" carreira-solo, filma *Simão, o fantasma trapalhão* e *O trapalhão e a luz azul*, ambos com direção de seu filho Paulo Aragão Neto. (HH) Em *Didi, o cupido trapalhão* lança novo personagem no cinema como chamariz de bilheteria. Em *Didi quer ser criança*, curiosamente, tem filho e pai na direção (Alexandre Boury e Reynaldo Boury), sendo Reynaldo um veterano em atividade desde os anos 1960. Em seus últimos filmes lança um novo diretor, Marcus Figueiredo, responsável por *Didi, o caçador de tesouros*; *O cavaleiro Didi e a princesa Lili* e *O guerreiro Didi e a ninja Lili*. Sua filha, Livia Taranto Aragão, também trabalha como protagonista nesses dois últimos filmes. Já caminhando para a aposentadoria, Aragão continua a afirmar sua carreira no cinema brasileiro, compondo o papel de um dos principais cômicos brasileiros dos últimos cinquenta anos, ao lado de figuras como Oscarito, Grande Otelo*, Ankito* e Mazzaropi*.

ARAÚJO, Manuel F. (Manuel Ferreira de Araújo) – Rio de Janeiro, RJ, 1880-1940. Ator.

FILMOGRAFIA: 1919 – *Alma sertaneja*; *Ubirajara*. 1920 – *Coração de gaúcho*. 1922 – *O cavaleiro negro*. 1923 – *A capital federal*; *Augusto Aníbal quer casar*. 1924 – *Hei de vencer*. 1931 – *Mulher*. 1932 – *Onde a terra acaba*. 1936 – *Bonequinha de seda*; *Maria Bonita*; *Jovem tataravô*. 1939 – *Aves sem ninho*.

Coadjuvante mais requisitado dos primeiros quarenta anos do cinema brasileiro, sempre quis ser ator de cinema. Tenta o teatro primeiro, entrando como galã para a Companhia Ismênia Santos, na qual permanece de 1906 a 1911. Desiludido, retoma a profissão de alfaiate, trabalhando para o meio artístico. Convidado por Luiz de Barros* para interpretar um padre em *Alma sertaneja*, filma seguidamente com esse diretor. Entusiasma-se e funda a AMAZÔNIA FILM, pioneira empresa especializada em curtas publicitários. Apenas dois títulos são realizados: *Ipiosol* e *Convém martelar*, que codirige com António Silva, ambos de 1920. Chega a protagonizar *Aventuras de Gregório*, retomando em seguida os papéis secundários, em geral de homens mais velhos, que acabam lhe granjeando fama como o primeiro coadjuvante regular da época. Divide-se até o fim da vida entre a alfaiataria e as incursões no cinema. (HH)

ARAÚJO, Thais (Taís Bianca Gama de Araújo) – Rio de Janeiro, RJ, 1978. Atriz.

FILMOGRAFIA: 1999 – *Caminho dos sonhos*. 2003 – *Garrincha, estrela solitária*. 2005 – *As filhas do vento*. 2006 – *O maior amor do mundo*. 2007 – *Atabaques, Nzinga*. 2008 – *A Guerra dos Rocha*.

Atriz de teatro, televisão e cinema, Thais Araújo começou no teatro amador aos 11 anos de idade. Aos 17 anos, teve seu primeiro sucesso como a protagonista de *Xica da Silva*, telenovela da REDE MANCHETE. Transferiu-se para a REDE GLOBO, na qual atuou em outras telenovelas, tendo destaque em *Uga Uga*, *Porto dos milagres* e principalmente em *Da cor do pecado*. No cinema, estreou no filme *Caminho dos sonhos*, de Lucas Amberg, fazendo Ana Cavalcante, jovem negra que se envolveu com estudante judeu que estudava em Colégio Católico. Interpretou a cantora Elza Soares, em *Garrincha, estrela solitária*, de Milton Alencar Jr., cinebiografia do craque de futebol Garrincha, e foi Cida, filha de família negra que vive no interior de Minas Gerais em *As filhas do vento*, dirigido por Joel Zito Araújo. Também criou o papel da jovem da periferia, Luciana, que teve um romance com homem em crise, interpretado por José Wilker* no drama *O maior amor do mundo*, de Carlos Diegues*. Em *Atabaques, Nzinga*, do diretor Octávio Bezerra, interpretou a Rainha Nzinga, símbolo de resistência e valorização da cultura afrodescendente. Desempenhou o papel de Carol em *A Guerra dos Rocha*, comédia dirigida por Jorge Fernando. Fez também um curta-metragem ficcional, *Ópera do Mallandro* (2007), de André Moraes. Em 1997 ganhou o Troféu Imprensa como Atriz Revelação. Em 2005 ganhou o KIKITO DE OURO de melhor atriz coadjuvante, no FESTIVAL DE CINEMA DE GRAMADO, pelo filme *Filhas do vento*. A atriz é casada com o ator Lázaro Ramos. (VLD)

ARAÚJO, Vicente de Paula – São Sebastião do Paraíso, MG, 1914-1990. Historiador.

Vive sua infância e adolescência em região cafeeira no interior mineiro. No começo dos anos 30 muda-se para São Paulo. Em 1936 faz curso livre na Escola de Belas Artes. Trabalha como desenhista no jornal *A Noite*, nessa época sob direção do escritor Menotti del Picchia*, e na criação de charges para a imprensa nanica da época nos jornais humorísticos *O Governador* e *A Marmita*, de vida efêmera. É ainda desenhista, revisor e trabalha no setor de produção na Cia. Brasil Editora, empresa especializada em livros esportivos e romances franceses. Em 1944 inicia pesquisas sobre diversões públicas, interessando-se inicialmente por cabarés, cassinos, circos, teatros de revistas, etc. Em sua atividade de mais de quarenta anos como pesquisador, interessa-se pelo começo do cinema no Brasil. Seu trabalho *O cinematógrafo no Rio de Janeiro*, mais tarde rebatizado de *A bela época do cinema brasileiro*, é lançado pela Editora Perspectiva em 1976. Sua obra pioneira exerce forte influência nos estudos cinematográficos sobre o primeiro cinema brasileiro, conforme escreve Paulo Emílio Salles Gomes* no prefácio do livro. Nas palavras de Alex Viany*, trata-se de uma obra básica, um livro-chave, para o campo ainda novo de nossa história social. Pela mesma editora é lançado *Salões, circos e cinemas de São Paulo*, em 1981, trabalho no qual pesquisa as diversões paulistanas do começo do século XX e o incipiente cinema paulista. Sem nunca ter tido nenhum subsídio do poder público, Vicente de Paula Araújo vive de seu pequeno salário de bancário e, mais tarde, de sua aposentadoria. Seus arquivos, que cobriam detalhadamente o cinema brasileiro até o ano de 1963, infelizmente perdem-se após sua morte. (LFM)

ARENA, Rodolfo (Ângelo Rodolfo Arena) – Araraquara, SP, 1910-1980. Ator.

FILMOGRAFIA: 1919 – *O crime de Cravinhos*. 1945 – *Vidas solidárias*. 1946

– O ébrio; Sempre resta uma esperança. 1953 – Toda vida em quinze minutos. 1955 – O diamante; Sinfonia carioca. 1958 – Na corda bamba; O camelô da rua Larga; Um desconhecido bate à porta. 1960 – Eu sou o tal. 1962 – Boca de Ouro. 1964 – Procura-se uma rosa. 1965 – Menino de engenho. 1967 – Capitu; Cristo de lama: a história do Aleijadinho. 1967-1968 – Brasil, ano 2000. 1968 – O levante das saias; Maria Bonita, rainha do cangaço; Meu nome é Lampião. 1969 – Pobre príncipe encantado; Macunaíma; Matou a família e foi ao cinema. 1969 – Fu-Manchu e o beijo da morte (coprodução estrangeira). 1970 – Os senhores da terra; Barão Olavo, o horrível; Em família; Jesus Cristo... eu estou aqui; Lúcia McCartney, uma garota de programa; O azarento, um homem de sorte; Crioulo doido; Como ganhar na loteria sem perder a esportiva. 1971 – Vinte passos para a morte; Aventuras com tio Maneco; O doce esporte do sexo (3º episódio: 'A boca'); Missão: matar; Eu transo... ela transa; São Bernardo. 1972 – O grande gozador; Independência ou morte; O supercareta; Jesuíno Brilhante, o cangaceiro. 1972-1976 – ... E as pílulas... falharam. 1973 – Vai trabalhar, vagabundo; Sagarana: o duelo; Joana Francesa. 1974 – O mau-caráter; Brutos inocentes (1º episódio: 'Brutos inocentes'). 1975 – Enigma para demônios; Quando as mulheres querem provas; O caçador de fantasmas; Com as calças na mão; Motel; O roubo das calcinhas (1º episódio: 'O roubo das calcinhas'); O flagrante; Intimidade. 1975-1976 – Xica da Silva. 1976 – Costinha, o rei da selva; Fogo morto; Padre Cícero; O vampiro de Copacabana; As meninas querem... e os coroas podem; A noite dos assassinos; Tem folga na direção; Noite sem homem. 1977 – Costinha e o King Mong; Ladrões de cinema; Chuvas de verão. 1978 – Quem matou Pacífico?; O coronel e o lobisomem; Bububu no bobobó. 1979 – Eu matei Lúcio Flávio; A pantera nua; Sábado alucinante; Bye Bye Brasil; Maneco, o supertio; A mulher que inventou o amor; Parceiros da aventura; O torturador. 1979-1980 – O fruto do amor. 1980 – Flamengo paixão; Mulher sensual.

Apesar da precoce e casual estreia aos 9 anos de idade, numa ponta em O crime de Cravinhos, desenvolve carreira cinematográfica expressiva apenas nos anos 50 a 70. Profissional com extensa experiência de palco, interessa-se por teatro ao assistir a uma representação no Circo Dudu, de passagem por Santos, em 1927. Ingressa na trupe circense, assumindo o posto de "galã cínico", tipo que desempenharia até o final dos anos 40. Trabalha nas companhias de Procópio Ferreira* e Bibi Ferrei-ra*. Retorna ao meio cinematográfico com os vilões sedutores de Sempre resta uma esperança, de Nelson Schultz, e O ébrio, de Gilda Abreu*, sacramentando um sucesso que lhe permite montar com Iracema de Alencar* uma companhia teatral própria. Nos anos 50 desempenha pequenos papéis, principalmente em chanchadas*. Redescoberto pelo Cinema Novo*, que o utiliza em produções como Menino de engenho, de Walter Lima Jr.*, Capitu, de Paulo César Saraceni*, e Macunaíma, de Joaquim Pedro de Andrade*, transforma-se num dos atores mais requisitados dos anos 70, incursionando nos mais diversos gêneros. Alcança reconhecimento crítico com o personagem do velho Souza de Em família, de Paulo Porto*, recebendo por esse papel a CORUJA DE OURO de melhor ator de 1971. É tema do curta-metragem Rodolfo Arena, um ator do Brasil (1973), dirigido por Stepan Nercessian*. (HH)

ARONOVICH, Ricardo – Buenos Aires, Argentina, 1931. Fotógrafo.

FILMOGRAFIA: 1957 – El negoción (produção estrangeira). 1960 – Los de la mesa diez (produção estrangeira). 1961 – Los jóvenes viejos (produção estrangeira); Tres veces Ana (produção estrangeira). 1962 – Los inconstantes (produção estrangeira); Los venerables todos (produção estrangeira); El televisor (produção estrangeira). 1963 – Che Buenos Aires (produção estrangeira); Os fuzis. 1964 – Vereda da salvação; São Paulo S. A.; El reñidero (5 episódios, produção estrangeira). 1965 – Todo sol es amargo (produção estrangeira); Villa Delícia: Playa de estacionamento, Musica ambiental (produção estrangeira); Psique y sexo (produção estrangeira); Orden de matar (produção estrangeira). 1966 – As cariocas (3 episódios); Toda donzela tem um pai que é uma fera. 1967 – Garota de Ipanema. 1968 – O homem que comprou o mundo. 1969 – Tempo de violência; Sweet Hunters (produção estrangeira); Invasión (produção estrangeira). 1970 – Benito Cereno (produção estrangeira). 1971 – Sopro no coração (produção estrangeira); Papa, les petits bateaux (produção estrangeira); L'hummer vagabonde (produção estrangeira). 1972 – Jaun de Soleil (produção estrangeira); Chère Louise (produção estrangeira); L'attentat (produção estrangeira); L'affaire Dominici (produção estrangeira); Les autres (produção estrangeira). 1974 – O importante é amar (produção estrangeira). 1976 – Lumière (produção estrangeira); Sérail (produção estrangeira); Providence (produção estrangeira). 1977 – Je t'aime, tu danses (produção estrangeira); Une femme, un jour (produção estrangeira). 1978 – O recurso do método (produção estrangeira); Ecoute voir... (produção estrangeira). 1979 – Um homem, uma mulher, uma noite (produção estrangeira); The Outsider (produção estrangeira); Die Ortlieberbschen Fraeun (produção estrangeira); Chair Couleur Chair (produção estrangeira). 1980 – Ma blonde, entends-tu; Dans la ville? (produção estrangeira); You Better Watch Out (produção estrangeira); Casanova e a revolução (produção estrangeira). 1981 – Vrjdag (produção estrangeira); Chanel solitaire (produção estrangeira); Desaparecido, um grande mistério (produção estrangeira). 1983 – O baile (produção estrangeira); Le jeune mariée (produção estrangeira). 1984 – Hanna K (produção estrangeira); Las veredas de Saturno (produção estrangeira); Stress (produção estrangeira). 1986 – Les longs Manteaux (produção estrangeira); A família (produção estrangeira). 1988 – Nunca estuve en Viena (produção estrangeira). 1990 – The Man Inside (produção estrangeira). 1994 – Le mangeur de lune (produção estrangeira); Lumière noir (produção estrangeira). 1995 – Mecánicas celestes (produção estrangeira). 1996 – Désiré (produção estrangeira). 1997 – Il impostor (produção estrangeira). 1998 – Le radeau de la Méduse (produção estrangeira). 1999 – Le temps retrouvé (produção estrangeira). 2002 – Stranded: Naúfragos (produção estrangeira). 2004 – Whore (produção estrangeira). 2006 – Moscow Zero (produção estrangeira). 2007 – Klimt (produção estrangeira). 2010 – A Closed Book (produção estrangeira).

Considerado um dos melhores fotógrafos latino-americanos em atividade, possui um estilo realista de técnica irrepreensível e grande rigor formal. Interessa-se por cinema durante uma viagem aos Estados Unidos, onde assiste casualmente a Alexandre Nevski, de Eisenstein. O impacto causado pelo filme leva-o a estudar fotografia com o vanguardista húngaro Lazslo Moholy-Nagy, radicado em Nova York. Retorna à Argentina em 1950, começando a trabalhar como diretor de fotografia e realizador independente de filmes publicitários. Ao longo da década, fotografa e dirige alguns curtas-metragens, estreando no longa de ficção com El negoción. Na década seguinte integra-se à chamada Geração de 60 argentina e ao Cinema Novo* brasileiro, tornando-se um dos principais expoentes desses movimentos. Trazido ao Brasil por Ruy Guerra*, consegue grande repercussão com *Os fuzis*, considerado um marco da fotografia moderna pela dissimulação dos volumes e da profundidade. Participa de poucos filmes no país, mas os considera fundamentais para a consolidação de sua carreira, apreciando também *São Paulo S. A.*, de Luís Sérgio Person*, e *Vereda da salvação*, de Anselmo Duarte*. Prossegue pesquisando as possibilidades de criação da fotografia, transferindo-se para a Europa em 1970, onde filma com diretores preocupados com a movimentação e a interação dos diversos elementos visuais, o que favorece seu preciosismo. Entre os trabalhos que mais se destacam estão *O sopro no coração*, de Louis Malle, *Providence*, de Alain Resnais, e *O baile*, de Ettore Scola. Estabelece parcerias frequentes com Constantin Costa-Gavras e Ettore Scola. Em 1994 volta à Argentina para dirigir o primeiro vídeo de uma série dedicada a personalidades latino-americanas, e escolhe como tema o escritor Adolfo Bioy Casares. (HH) Em 2005, lançou *Expor uma história*, livro no qual expõe princípios da fotografia do cinema. Seus trabalhos mais recentes foram com o cineasta Raoul Ruiz, chileno radicado na França, com títulos diversos entre cinema, TV e um variado trabalho em gênero e estilo. Prestou depoimento para o documentário de longa metragem *Person* (2007), de Marina Person.

ARRAES, Guel (Miguel Arraes de Alencar Filho) – Recife, PE, 1953. Diretor.

FILMOGRAFIA: 2000 – *O auto da compadecida*. 2001 – *Caramuru – a invenção do Brasil*. 2003 – *Lisbela e o prisioneiro*. 2008 – *Romance*. 2010 – *O Bem Amado*.

Filho do líder histórico da esquerda brasileira Miguel Arraes, três vezes governador de Pernambuco. Por conta disso, na infância, viveu como exilado político na França e na Argélia. Em Paris, frequentou o Comitê do Filme Etnográfico, na época em que era dirigido por Jean Rouch. Quando retorna ao Brasil ingressa na REDE GLOBO DE TELEVISÃO, onde se destaca, como produtor e diretor. Constitui um núcleo de produção que injeta sangue novo na dramaturgia da emissora através de programas como *Armação Ilimitada*, *TV Pirata*, *Programa Legal*, *Comédia da Vida Privada* e outros, além de ter tentado carreira como diretor de telenovelas. Atrai para seu núcleo nomes como o do cineasta e roteirista Jorge Furtado*, o do roteirista Claudio Paiva, o da atriz Regina Casé*, o do antropólogo Hermano Viana, os dos atores Andréa Beltrão*, Fernanda

Torres*, Pedro Cardoso*, Luiz Fernando Guimarães*, entre outros. O núcleo Guel Arraes se constitui como polo de atração para uma nova geração de artistas cariocas, com raízes em grupos como Asdrúbal Trouxe o Trombone e ideias diferenciais sobre a cena brasileira, até então excluídos do principal palco televisivo nacional. A contradição entre a posição confortável na contestação e o trabalho cotidiano na REDE GLOBO (já experimentada por geração anterior de cineastas absorvida no *Globo Repórter*), é aos poucos digerida, seja por Arraes, seja por Furtado, seja através das acrobacias conceituais de Viana. O fato é que Arraes e seu grupo (que também co-optam a produção que gravita em torno da produtora O2/Fernando Meirelles, em São Paulo, e a CASA DE CINEMA DE PORTO ALEGRE/Jorge Furtado) marcam a produção dramatúrgica brasileira, levando para a GLOBO os principais talentos do setor. O estilo do grupo pode ser definido por uma veia intertextual forte, tematizando com frequência o próprio discurso através do humor. Possuem pruridos de exercer uma criação com viés brechtiano, a qual serve à bandeira da contestação, cara à origem de Furtado ou Casé. Sentimos a contribuição de um estilo impregnado com humor, que busca abrir seu espaço na própria constituição narrativa. No cinema, Arraes foi ator em *Cinema falado* (1986), de Caetano Veloso*, e coprodutor de *Os normais, o filme* (2003), de José Alvarenga. Também acumulou a função de roteirista em *Meu tio matou um cara* (2004), de Jorge Furtado, e *O coronel e o lobisomem* (2005), de Maurício Farias. Foi produtor associado de filmes como *A máquina* (2004), de João Falcão, e *Antônia* (2006), de Tata Amaral*. Esteve particularmente ativo em 2007, produzindo associado *Saneamento básico, o filme*, de Jorge Furtado; *Cidade dos Homens*, de Paulo Morelli, e *Meu nome não é Johnny*, de Mauro Lima*. Os dois primeiros longas que dirigiu foram criados duplamente no formato de minisséries de TV e filme, e assim exibidos. Arraes costuma declarar que trabalha nos dois campos e não vê contradição entre eles, embora esteja bem ciente das diferenças estilísticas entre um filme e uma minissérie. Sua estreia na direção de longa-metragem, *O auto da compadecida*, foi baseada no texto teatral clássico de Ariano Suassuna, com produção e orçamento diferenciados. A obra de Suassuna, amigo pessoal da família Arraes, era um desafio superegoico a ser enfrentado. A adaptação é bem-sucedida, com a inserção criativa do humor global e suas preocupações metadiscursivas nessa

obra clássica da literatura brasileira. *Caramuru* vai na trilha aberta anos antes por Camurati* (*Carlota Joaquina*), apresentando uma visão ácida da história do Brasil. A série televisiva teve problemas quando exibida em Portugal, que não soube compreender o prazer que a crítica acirrada provoca na boa consciência nacional. Fez novo sucesso de bilheteria com *Lisbela e o prisioneiro*, adaptado de texto teatral do também pernambucano Osman Lins, repetindo uma fórmula cômica que havia dado certo. Parecia ter encontrado a receita da moderna comédia popular, quando incursionou pelo longa-metragem dramático em *Romance*, baseado em história escrita com Jorge Furtado. A nova parceria passa ao largo do estilo do casamento televisivo e não encontra a mesma agilidade. (FPR/LFM)

ARRUDA, Genésio (Genésio Soares de Arruda) – Campinas, SP, 1898-1967. Ator, diretor.

FILMOGRAFIA: 1929 – *Acabaram-se os otários*. 1930 – *O babão*. 1931 – *O campeão de futebol* (dir.). 1941 – *O dia é nosso*. 1951-1952 – *O mistério do campo santo*. 1954 – *Carnaval em lá maior*. 1960 – *Zé do periquito*. 1961 – *Tristeza do Jeca*.

Comediante de humor caipira, influencia o tipo mais tarde criado por Mazzaropi*. Nos anos 20 começa a apresentar-se em espetáculos mambembes e por vários anos trabalha em circos e teatros. Atua no rádio e na televisão. Intérprete do primeiro filme sonoro, *Acabaram-se os otários*, de Luiz de Barros*, atua com o mesmo diretor em *O babão*, paródia do filme americano *O pagão*, com o astro Ramon Novarro. Sempre ao lado de seu parceiro Tom Bill, atua numa série de comédias curtas, orientadas por Luiz de Barros. Com os grandes jogadores de futebol da época, dirige seu único filme, a comédia *O campeão de futebol*. Mais tarde participa de alguns filmes em papéis coadjuvantes, dos quais *O mistério no campo santo*, de Rafael Falco Filho, permanece inédito. Encerra sua participação no cinema em dois filmes estrelados pelo seu discípulo, Mazzaropi. Faleceu em Campinas em 2 de outubro. (LFM)

ASSIS, Cláudio (Cláudio de Assis Ferreira) – Caruaru, PE, 1955. Diretor.

FILMOGRAFIA: 2002 – *Amarelo manga*. 2006 – *Baixio das bestas*.

Ligado à geração pernambucana dos anos 80, composta de Paulo Caldas*, Lírio Ferreira*, Marcelo Gomes*. Diretor com intervenções polêmicas, cultiva um certo narcisismo do conflito, no qual se locomove à vontade. Inicialmente foi ator no Grupo de Teatro Feira de Caruaru. No final da década de 1970, mudou-se para Recife, onde iniciou intensa atividade cineclubista. Na bitola Super-8, montou curta que mistura animação com experimentação: *Como se não fosse óbvio* (1980), de Vicente Paula Manna de Deus. Estreou na direção com curta-metragem em 16 mm, *Padre Henrique, um assassinato político?* (1987), documentário sobre o assassinato do padre que foi assessor de dom Helder Câmara. Depois, realizou novo curta-metragem, quando passou para a bitola 35 mm, *Soneto do Desmantelo Blue* (1993), enfocando vida e obra do poeta pernambucano Carlos Pena Filho. Em 1995, junto com Luci Alcântara, produziu o curta *Maracatu maracatus*, de Marcelo Gomes, e fez a produção executiva de *Cachaça*, curta de Adelina Pontual. Mais tarde, dirigiu o também curta *Viva o Cinema* (1996). No primeiro longa-metragem de que participou, foi um dos produtores do documentário *Memória viva* (1987), de Octávio Bezerra, e, mais tarde, atuou como diretor de produção de *Baile perfumado* (1995), de Paulo Caldas e Lírio Ferreira. Em 1993, fundou, com Adelina Pontual e Marcelo Gomes, a PARABÓLICA. Em 1999, sempre fiel ao curta-metragem, dirigiu mais um na bitola 35 mm, *Texas Hotel*, no qual já se vislumbra seu estilo futuro. Foi ator em *Conceição*, de Renato Ciasca e Heitor Dhalia*, e roteirizou *Vitrais*, de Cecilia Araújo. Seu primeiro longa-metragem como diretor, o drama urbano *Amarelo manga*, recebeu prêmio de melhor filme no FESTIVAL DE BRASÍLIA e no FESTIVAL DE TOULOUSE (França), além de ter ganho, no FESTIVAL DE BERLIM, o prêmio concedido pela Confederação Internacional de Cinemas de Arte e Ensaio. *Amarelo manga* talvez seja o exemplo mais característico de uma certa tendência naturalista do cinema brasileiro dos anos 2000. Possui imagens fortes, acentuando entranhas e exasperação. Traz, no entanto, direção consistente e sustenta com agilidade a carga pesada de suas imagens, com atores bem dirigidos e personagens amarrados. Em 2006 lança novo longa dramático, *Baixio das bestas*. O estilo é próximo ao de *Amarelo manga*, mas não se sente o mesmo frescor. As tensões se repetem e parecem satisfazer uma demanda de expressão aguda. Enfoca a prostituição no interior do estado de Pernambuco, dentro de uma relação familiar. É eleito, outra vez, melhor filme no FESTIVAL DE BRASÍLIA, sendo também premiado no FESTIVAL INTERNACIONAL DE CINEMA DE ROTERDÃ. (FPR/LFM)

ASSISTENTES DE DIREÇÃO

Função inexistente no período do filme mudo, o cargo de assistente de direção designa o profissional responsável pelo auxílio ao diretor do filme, na pré e na pós-produção, antes e durante as filmagens, ensaiando os atores e preparando as filmagens. Apesar de ter seu campo tecnicamente indeterminado, a função ocupa um papel-chave na formação de futuros diretores. Este verbete menciona também alguns profissionais que se dedicam exclusivamente a ela, sem nunca dirigir filmes. No cinema sonoro há cerca de quinhentos nomes que assinam a função. A CINÉDIA*, primeiro dos grandes estúdios, nos anos 30 e 40, não trabalha oficialmente com esse cargo, que não consta dos créditos de seus filmes. Entretanto, Manoel Rocha* e Arlete Lester exercem oficiosamente a assistência de direção. Arlete atua em variadas funções: de maquiadora a continuísta, na qual fez carreira desde os anos 40 até o princípio da década de 60. Curiosamente, é uma das primeiras pessoas a exercer o cargo de assistente de direção, nos anos 40, ao trabalhar com Gilda Abreu* em *O ébrio* e *Pinguinho de gente*. Atua também na ATLÂNTIDA* e na CINELÂNDIA FILMES.

É na ATLÂNTIDA que aparece o primeiro profissional de longa carreira, Paulo R. Machado, assistente de Moacyr Fenelon*, de José Carlos Burle* e de Watson Macedo*, entre 1945 e 1950. Posteriormente, Machado estreia na direção com *Katucha* (1950). No final dos anos 40, o português Toni França, com diversificadas funções, é assistente de direção em filmes de Fernando de Barros*, Paulo R. Machado, José Carlos Burle e Eurides Ramos*, em sua passagem por várias produtoras, mas nunca chega à direção.

No ano de 1950, em São Paulo, dentro de um esquema de produção hierarquizado, a VERA CRUZ* cria seu quadro de assistentes de direção, por onde passam mais de dez pessoas: John Waterhouse, Oswaldo Kathalian, Dani Balbo, Roberto Perchiavelli, Leo Godoy, Tom Payne*, Agostinho Martins Pereira*, Geraldo Santos Pereira* e Renato Santos Pereira, Galileu Garcia* e Trigueirinho Neto. Alguns vieram do grupo que Alberto Cavalcanti* traz da Europa. O inglês John Waterhouse, montador de documentários na Inglaterra, faz a assistência do primeiro filme da empresa (*Caiçara*), dirige o documentário *Volta Redonda* (1951), e acompanha Alberto Cavalcanti em sua passagem pela MARISTELA*, quando é seu assistente em *Simão, o caolho*. O goiano Oswaldo Kathalian, além de seu trabalho em *Terra é sempre terra*, de

Tom Payne, é assistente de Cavalcanti na MARISTELA e, depois de rápida passagem pela MULTIFILMES*, abandona o cinema. Dani Balbo e Leo Godoy passam pela experiência em um único filme. Godoy faria, posteriormente, carreira de escritor. Roberto Perchiavelli é assistente de *Terra é sempre terra* e *Simão, o caolho*. Os outros alcançam a direção, como nos casos de Tom Payne, Agostinho Martins Pereira, Geraldo e Renato Santos Pereira, Galileu Garcia. Trigueirinho Neto, após seu trabalho em *Caiçara*, parte para a Itália e estuda no CENTRO EXPERIMENTAL DE CINEMA. Mais tarde será roteirista do episódio brasileiro 'Ana', do longa *A rosa dos ventos*. Em 1960 dirige seu único longa, *Bahia de Todos os Santos*. Ainda em São Paulo, em 1950, a MARISTELA monta pequeno quadro de assistentes, pelo qual passam Armando Couto e Marcos Marguliés. Armando Couto é assistente em *Presença de Anita*, de Ruggero Jacobbi, primeiro filme da empresa. Depois muda-se para a MULTIFILMES e dirige o drama *O amanhã será melhor* e as comédias *O homem dos papagaios* e *A sogra*, encerrando sua carreira de cineasta no Rio de Janeiro com a comédia *Ladrão em noite de chuva*, baseada na peça *Do tamanho de um defunto*, de Millôr Fernandes. Marguliés, além do trabalho na MARISTELA, participa da MULTIFILMES, é assistente em *O comprador de fazendas*, de Alberto Pieralisi*, *A carne*, de Guido Lazzarini, e *Meu destino é pecar*, de Manuel Peluffo, sendo também roteirista em *Chamas no cafezal*, de José Carlos Burle, e *Toda vida em quinze minutos*, de Pereira Dias*. Dirige com o ator Graça Mello o drama *Mar sem fim* (1955), seu único longa. Atua também como diretor de curtas e crítico de cinema; deixa o cinema nos anos 60.

Na mesma época em que surgem os estúdios paulistas, a ATLÂNTIDA, no Rio de Janeiro, agora sob o comando de Luiz Severiano Ribeiro Jr.*, forma seu pequeno departamento de assistentes, em que atua o paranaense Roberto G. Ribeiro, assistente por quase toda a década de 50 de José Carlos Burle, mesmo depois de este deixar a produtora. Também na ATLÂNTIDA trabalha o pernambucano Sanin Cherques, o mais ativo assistente de direção do cinema brasileiro, que veio do Instituto Nacional de Cinema Educativo (INCE*), onde também trabalhou com Humberto Mauro*. Ingressa na ATLÂNTIDA em 1955 e é assistente de todos os filmes da casa até 1961, atuando ao lado de Carlos Manga*; de Francisco Eichorn*, em *Treze cadeiras*; e Cajado Filho*, em *O espetáculo continua* e *Aí vem a alegria*. Fora da empresa dirige três filmes, a comédia *Briga, mulher e samba*, o drama regional *Os abas largas*, no Rio Grande do Sul, e a paródia *A espiã que entrou em fria*. Mantém-se no cargo de assistente até a década de 90, auxiliando vários diretores nacionais e internacionais, como Alberto Pieralisi, Paulo Leite Soares*, Ipojuca Pontes*, o francês André Hunebelle, o americano Stanley Donen e o italiano E. B. Clucher. Último profissional a surgir na década de 50 com carreira de maior fôlego, Geraldo Miranda é assistente nas produções independentes de Watson Macedo, cujo filme mais importante desse momento é *Um morto ao telefone*; atua também como assistente de Wilson Silva*, em *Cristo de lama*; e de Carlos Alberto de Souza Barros*, em *Dois na lona*. Nos anos 70 dirige algumas pornochanchadas*.

Ivan de Souza inaugura a leva de assistentes de direção surgidos nos anos 60, no episódio 'História da praia', de Fernando Amaral, do longa *Quatro contra o mundo*. Depois trabalha com Nelson Pereira dos Santos*, em *Vidas secas*; Roberto Farias*, em *Selva trágica*; e Fernando de Barros, em *Riacho de sangue*. Também dessa geração é o paraibano Paulo Mello, especialista em filmes feitos no Nordeste, quando é assistente de Walter Lima Jr.*, em *Menino de engenho*; de Ruy Santos*, em *Onde a Terra começa*; de Marcos Farias*; em *Fogo morto*; de Paulo Thiago*, em *Soledade* e *Batalha dos Guararapes*; além de dirigir alguns curtas. Carlos Hugo Christensen* é um cineasta que forma seu próprio assistente, confiando a função a Francisco A. Marques, com quem trabalha em todos os filmes, desde 1965 até 1980. Com passagem pelo cinema de apelo popular, Rubens Azevedo começa sua carreira no episódio brasileiro 'O pacto' de *ABC do amor*, dirigido por Eduardo Coutinho*. Depois colabora com os cineastas Roberto Farias, em *Toda donzela tem um pai que é uma fera*; Domingos Oliveira*, em *Todas as mulheres do mundo*; Cecil Thiré*, em *O diabo mora no sangue*; Hugo Kusnet, em *Tempo de violência*; J. B. Tanko*, em *Como ganhar na loteria sem perder a esportiva*; e Alberto Pieralisi, em *Missão: matar*, após o qual deixa o cinema. O caso do capixaba Penna Filho é bastante diferente, pois trabalha em São Paulo de 1965 até 1971 com cineastas que fazem cinema para o grande público, como Carlos Coimbra*, em *O santo milagroso*; Ary Fernandes*, no filme-piloto *Sentinelas do espaço*; nos episódios da série *Águias de fogo*; e em *Uma pistola para Djeca*. Penna Filho dirige alguns episódios de *Águias de fogo*, mais as comédias *Os amores de um cafona*, *O*

diabo tem mil chifres e *Doce de coco*, o filme de aventura *Até o último mercenário* e o documentário *Um craque chamado Divino*.

Na virada dos anos 60 para os 70, surgem três nomes assíduos como assistentes de direção: Sindoval Aguiar, o fluminense Paulo Sérgio Almeida e o uruguaio Carlos Del Pino. O primeiro, na vertente do filme de produtor, esteve ao lado dos diretores Aurélio Teixeira*, em *Os raptores*; Jece Valadão*, em *O matador profissional*; Braz Chediak*, em *Navalha na carne* e *Dois perdidos numa noite suja*; Carlos Alberto de Souza Barros, em *Os devassos*; e J. B. Tanko, em *Salve-se quem puder* e *Rally da juventude*. Os outros dois ligam-se aos diretores do Cinema Novo*, como é o caso de Paulo Sérgio Almeida, que faz assistência a Carlos Diegues*, em *Xica da Silva* e *Chuvas de verão*; Miguel Faria Jr.*, em *Pecado mortal* e *Na ponta da faca*; Arnaldo Jabor*, em *Eu te amo*; e a outros como Neville d'Almeida*, em *A dama do lotação* e *Os sete gatinhos*; e Paulo Thiago, em *Batalha dos Guararapes*. Nos anos 80 passa à direção com o filme policial *Beijo na boca* e duas comédias dirigidas ao público adolescente, *Banana Split* e *Sonho de verão*. Emiliano Ribeiro faz carreira semelhante ao atuar como assistente de Paulo Porto*, em *Em família*; de Reginaldo Faria*, em *Pra quem fica... tchau!* e *Os machões*; de Arnaldo Jabor*, em *O casamento* e *Tudo bem*; de Bruno Barreto*, em *Dona Flor e seus dois maridos*; de Hugo Carvana*, em *Se Segura, Malandro!*; e de Pedro Carlos Rovai*, em *Amante latino*. Já em meados dos anos 80, Emiliano dirige *Trama familiar*, seu primeiro filme em 16 mm. O segundo, o drama *A viagem de volta*, entretanto, só é exibido na TV, e em 1995 filma *As meninas*, adaptação do romance homônimo de Lygia Fagundes Telles, substituindo David Neves*, que falece antes do início das filmagens.

As mulheres mostram-se cada vez mais presentes no cinema brasileiro nos anos 70, e muitas chegam à direção passando por um estágio inicial na assistência. Tânia Lamarca detém provavelmente a mais longa carreira de assistente, iniciando sua atividade na Boca do Lixo*, em 1977, ao trabalhar com o diretor Roberto Mauro, em *Desejo violento*. Depois transfere-se para o Rio de Janeiro, onde, entre muitos outros trabalhos, é assistente de José Medeiros*, em *Parceiros da aventura*. Trabalha também com Antônio Calmon*, em *Eu matei Lúcio Flávio* e *Terror e êxtase*; com Miguel Faria Jr., em *Stelinha*, e, após dirigir alguns curtas de encomenda, estreia na direção do longa *Buena sorte*. Tânia Savietto é assistente de cineastas oriundos do curso de Cinema

da USP, como Júlio Calasso, em *O longo caminho da morte*; Djalma Limongi Batista*, em *Asa branca, um sonho brasileiro* e *Bocage, triunfo do amor*; Aloysio Raulino*, em *Noites paraguaias*; e Walter Rogério, em *Beijo 2348/72*. É também diretora de curtas importantes, como *São Caetano e migração italiana*.

Na virada dos anos 70 para os anos 80, vários jovens assistentes atuam nas pornochanchadas* da Boca do Lixo. Entre eles, está o paulista Mário Vaz Filho, inicialmente assistente de W. A. Kopezky*, em *Os três boiadeiros* e *Em busca do orgasmo*. Depois atua ao lado de cineastas de maior domínio artesanal, como Jean Garrett*, em *A força dos sentidos*, *A mulher que inventou o amor* e *O fotógrafo*; Luiz Castillini*, em *Reencarnação do sexo*; e Walter Rogério, em *Os olhos de Vampa*. É também roteirista de *A noite do amor eterno*, de Jean Garrett, e de *Sol vermelho*, de Antônio Meliande*. A partir de 1984, dirige uma série de filmes pornográficos. Antônio Celso, outro membro desse clube, trabalha no Rio de Janeiro e em São Paulo, atuando com diretores como Mozael Silveira, em *Erótico virgem*, e Luiz Castillini, em *Orgia das taras*. É também ator, continuísta e gerente de produção. Caso curioso é o de Paulo Mendes Lopes, que trabalha com os dois chineses da Boca: John Doo*, em *Devassidão, Orgia do sexo* e *Ninfas insaciáveis*; e em todos os filmes de Juan Bajon*, de 1978 até 1983. Carreiras parecidas fazem o potiguar Tony de Souza e Sandro Comisso. Tony dirige vários curtas e atua como assistente de Edward Freund, em *Diário de uma prostituta*; de José Adalto Cardoso, em *O motorista do fuscão preto*; de Hélio Porto e Jair Correia, em *Retrato falado de uma mulher sem pudor*; e de Fauzi Mansur*, em *Sexo às avessas*. Dirige seu primeiro longa *O avesso do avesso* em 1987, que recebe montagem e lançamento de média-metragem. Com isso permanece sempre como assistente, principalmente em filmes da produtora DACAR.

Com a queda da produção e as seguidas crises da EMBRAFILME*, poucos são os assistentes que surgem na década de 80. O destaque é para os gaúchos Nelson Nadotti e Giba Assis Brasil*. O primeiro é diretor de curtas e do longa *Deu pra ti anos 70* em Super-8*. Depois muda-se para o Rio de Janeiro, onde trabalha como assistente de direção em *Quilombo*, de Carlos Diegues*. Assis Brasil trabalha no Rio Grande do Sul, em *Verdes anos*, como codiretor com Carlos Gerbase*. Depois é assistente de direção em *Me beija* e *O mentiroso*, de Werner Schunemann, e em *Aqueles dois*, de Sérgio Amon. Outro raro assistente dos anos 80 é o paulista Ricardo Pinto e Silva, que atua em filmes sob direção de Guilherme de Almeida Prado*, *A flor do desejo* e *A dama do Cine Shanghai*; de Sérgio Rezende*, em *O homem da capa preta* e *Lamarca, coração em chamas*. Mesmo após ter estreado na direção de *Sua Excelência, o candidato*, baseado na peça homônima de Marcos Caruso e Jandira Martini, Ricardo volta a trabalhar como assistente de direção em *O cangaceiro*, de Aníbal Massaini Neto*.

É justamente na virada do milênio, quando o chamado Cinema da Retomada pega impulso, que surge uma nova safra de assistentes de direção, com uma sofisticação que não havia acontecido antes. Como nas indústrias cinematográficas evoluídas do mundo, passam a existir os 1º, 2º e 3º assistentes de direção. Uma nota peculiar: como aconteceu em outras funções no cinema, como produtor e montagem, as mulheres também se fazem presentes nesse cargo. Três cineastas, depois de fazer carreira na função de assistente, dirigiram os respectivos filmes longos de estreia: Cecilia Amado (*Capitães da areia*), Cris D'Amato (*Sem controle*) e Olivia Guimarães (*Corpo do Rio*). Completando o time feminino, Isabela Teixeira e Janaína Diniz Guerra. No time masculino estão Hsu Chien Hsin, Rafael Salgado, Lamartine Ferreira e Tomás Portella.

Remanescente dos anos 1980, Olivia Guimarães funcionou como assistente de direção de *Romance da empregada* (1987), de Bruno Barreto, e seguiu trabalhando nos anos 1990, em *Sonho de verão*, de Paulo Sérgio Almeida; *Mil e uma*, de Suzana de Moraes; *Jenipapo*, de Monique Gardemberg; *O que é isso, companheiro?*, de Bruno Barreto; *Bela Donna*, de Fábio Barreto*; *Sabor da paixão*, filme venezuelano da diretora Fina Torres; *O xangô de Baker Street*, de Miguel Faria Jr. No novo milênio atua em *Bufo & Spallanzani*, de Flávio Tambellini*; *Lisbela e o prisioneiro*, de Guel Arraes*; e *Carandiru*, de Hector Babenco*. Foi codiretora, junto com Izabel Jaguaribe, do documentário de longa-metragem *Corpo do Rio* (2005). Outra cineasta com carreira é Cris D'Amato, assistente de direção em *Buena sorte* (1997), de Tânia Lamarca; *Outras estórias*, de Pedro Bial; *Tainá, uma aventura na Amazônia*, de Sérgio Block e Tânia Lamarca; *Amores possíveis*, de Sandra Werneck*; *Copacabana*, de Carla Camurati*; *Avassaladoras*, de Mara Mourão; *Lara*, de Ana Maria Magalhães; *Espelho d'água – uma viagem pelo rio São Francisco*, de Marcos Vinicius Cezar. Estreou como diretora com o *thriller Sem controle*

(2007). Nascido em Taiwan, Hsu Chien Hsin filmou como assistente *Zoando na TV* (1998), de José Alvarenga Jr., seguindo na função no novo milênio, em filmes do produtor Diler Trindade, como *Dom*; *Irmãos de fé* e *Um show de verão*, os três do diretor Moacyr Góes*; *Um lobisomem na Amazônia*, de Ivan Cardoso*; em filmes de outros produtores, *Villa-Lobos, uma vida de paixão*, de Zelito Viana*; *Viva Sapato*, de Luiz Carlos Lacerda*; *Vida de menina*, de Helena Solberg*; *Gaijin, Ama-me como sou*, de Tizuka Yamasaki*; *Sexo com amor*, de Wolf Maya; e em produções estrangeiras, como *Turistas*, de John Stockwell, e *Garota do Rio*, de Christopher Monger.

Outra profissional que se afirma como assistente de direção é Isabela Teixeira, que começou em *Traição* (1998). Depois filmou *Gêmeas* e *Eu tu eles*, ambos do diretor Andrucha Waddington*, entre outros filmes de realizadores de destaque como Carlos Diegues, Miguel Faria Jr. e Fernando Meirelles*. Um assistente que começou fazendo preparação de elenco foi Rafael Salgado. Logo depois estreou em *Orfeu* (1998), de Carlos Diegues, e no novo milênio trabalhou em *O caminho das nuvens*, de Vicente Amorim; *A dona da história*, de Daniel Filho*; *O coronel e o lobisomem*, de Maurício Farias; *Tropa de elite*, de José Padilha*; *Feliz Natal*, estreia na direção do ator Selton Mello*; *Os desafinados*, de Walter Lima Jr., e *Budapeste*, de Walter Carvalho*. Neta do escritor Jorge Amado, Cecília Amado passou da função mais simples de continuidade, para 2ª assistente de direção em *Mauá, o imperador e o rei* (1999), de Sérgio Rezende, e foi promovida a 1ª assistente em outro filme do mesmo diretor, *Onda anda você* (2003). Fez também vários trabalhos na TV e no cinema e ainda filmou com os diretores Roberto Gervitz* (*Jogo subterrâneo*) e Helvécio Ratton* (*Batismo de sangue*). Estreou no longa como diretora de *Capitães da areia* (2008-2010), retirado do romance de seu avô. Outra parente de artista é Janaína Diniz Guerra, filha do diretor Ruy Guerra* e da atriz Leila Diniz*, que começou como diretora do curta *Posta restante* (1997), trabalhando depois com seu pai em *Estorvo* (1999) e *Veneno da madrugada* (2005). Fez outros filmes como *O rap do Pequeno Príncipe contra as almas sebosas*, de Paulo Caldas* e Marcelo Luna; *As Três Marias*, de Aloísio Abranches; *Deus é brasileiro*, de Carlos Diegues, e é realizadora do documentário *Da Terra* (2005). Mais um assistente de carreira é Tomás Portella, que começou em *Tainá, uma aventura na Amazônia* (2000), de Mauro Lima*, diretor com quem voltou a trabalhar em *Meu nome não é*

Johnny. Portella também é parceiro do diretor Guel Arraes, em *Lisbela e o prisioneiro* (2003) e *O Bem Amado* (2010), preparando-se para dirigir seu primeiro longa. Dividido entre ser ator e assistente de direção, Lamartine Ferreira optou pela segunda opção, onde faz longa carreira trabalhando com os diretores Fernando Meirelles em *Cidade de Deus* (2002) e outros como Ricardo Pinto e Silva, Marcos Bernstein*, Ruy Guerra, Paulo Sérgio Almeida e Jorge Fernando, além de trabalhar em séries de TV, publicidade e videoclipes. (LFM)

ATLÂNTIDA (Atlântida Empresa Cinematográfica do Brasil S. A.) – Empresa produtora.

Fundada em 1941, no Rio de Janeiro, pelos irmãos José Carlos Burle* e Paulo Burle, juntamente com Moacyr Fenelon*, Arnaldo Farias e Alinor Azevedo*, com apoio do *Jornal do Brasil*. Na sede do jornal é montado o primeiro estúdio de pequeno porte. Em 1943 produz filmes de pretensões artísticas, como *Moleque Tião*, de José Carlos Burle, e *É proibido sonhar*, de Moacyr Fenelon. Em seguida volta-se para fitas de apelo popular, como *Tristezas não pagam dívidas*, de Ruy Costa* e J. C. Burle. Na sua presidência está Paulo Burle e a direção dos filmes é de J. C. Burle e Fenelon. Este último supervisiona os técnicos; os argumentos e roteiros são escritos por Alinor Azevedo. A partir de 1944 chegam os técnicos que compõem as equipes: Edgar Brasil* (fotógrafo), Waldemar Noya* e Watson Macedo* (montadores, e este último também assistente de direção), Paulo Vanderley* (argumentista e roteirista), Cajado Filho* (cenógrafo), Paulo R. Machado (assistente de direção) e os atores Mesquitinha*, Modesto de Souza*, Mário Brasini*, Vanda Lacerda* e Oscarito*, além de Grande Otelo*, que atua no primeiro filme. Com a média anual de dois filmes, outras produções são realizadas: *Romance de um mordedor*, adaptação literária do romance *Vovô Morungaba*, de Galeão Coutinho, e a comédia *Gol da vitória*, extraída de argumento de Silveira Sampaio*, ambos sob a direção de Burle. Fenelon filma uma adaptação da peça radiofônica *Gente honesta*, de Amaral Gurgel. Em virtude da briga entre Ruy Costa e Fenelon, o primeiro, que seria o diretor dos filmes populares, abandona os quadros da empresa. Esse incidente oferece a Watson Macedo a oportunidade de dirigir e se tornar responsável pelos famosos carnavalescos da ATLÂNTIDA: *Não adianta chorar*, *Este mundo é um pandeiro*, *E o mundo se diverte*, *Carnaval no fogo* e *Aviso* *aos navegantes*. Fenelon dirige os dramas *Vidas solidárias* e *Sob a luz do meu bairro*; a comédia *Fantasma por acaso*, inspirada na novela do escritor americano Thorne Smith; e *Asas do Brasil*, seu último filme na empresa, baseado em antigo argumento de Raul Roulien* sobre o Correio Aéreo Nacional. Em 1947, Fenelon deixa os estúdios e monta a produtora CINE PRODUÇÕES FENELON. José Carlos Burle permanece como o principal diretor do estúdio por quase dez anos. Além dos filmes citados, realiza de 1945 a 1952 um drama sobre a cegueira, *Luz dos meus olhos*, em que lança a atriz Cacilda Becker* no cinema; o carnavalesco *É com este que eu vou*; a comédia *Falta alguém no manicômio*, escrita por Hélio do Soveral*; o drama racial *Também somos irmãos*; a chanchada *Não é nada disso*; e o drama criminal *Maior que o ódio*, com roteiro do ator Jorge Dória*; além das comédias *Barnabé, tu és meu* e *Três vagabundos*. Seu último filme na empresa, a paródia carnavalesca *Carnaval Atlântida*, é uma crítica contundente ao modo de se fazer filmes no país.

Simultaneamente à saída de Fenelon, em 1947, o exibidor Luiz Severiano Ribeiro Jr.* assume o controle da ATLÂNTIDA, muda os rumos da empresa e direciona a linha de produção para os filmes carnavalescos e as chanchadas*. Contrata o galã Anselmo Duarte* e realiza uma coprodução com a Argentina, *Não me digas adeus*, história de Joracy Camargo, sob a direção do veterano argentino Luís Moglia-Barth. Produz também a primeira superprodução da companhia, *Terra violenta*, baseada no romance *Terras do sem fim*, de Jorge Amado*, com direção do americano Eddie Bernoudy, que possui longa experiência como assistente de direção em Hollywood [*Correspondente estrangeiro* (1940), de Alfred Hitchcock]. Outro diretor estrangeiro, o italiano Riccardo Freda, filma a comédia *Caçula do barulho*. Tendo trabalhado na produtora alemã UFA e no cinema austríaco, o croata J. B. Tanko* estreia na direção com o drama psicológico *Areias ardentes*. Mais tarde realizaria em estúdios paulistas, em sistema de coprodução com a MULTIFILMES*, o drama *A outra face do homem*. No começo dos anos 50, Severiano Ribeiro Jr. tem sob contrato a estrela Eliana* e Carlos Manga*, seu principal diretor. Incorpora ao time o fotógrafo de origem italiana Amleto Daissé*. Responsável pelos carnavalescos e pelas chanchadas, que sofrem uma evolução técnica em suas mãos, Manga estreia na direção com *Dupla do barulho*, sob a supervisão técnica de Tanko. Essa comédia reúne a dupla Oscarito e Grande Otelo e exibe, como no primeiro filme da empresa (*Moleque Tião*), quase uma biografia dos dois comediantes. Nos seus vinte filmes seguintes, o diretor favorito do *big shot* Severiano Ribeiro realiza as paródias *Nem Sansão nem Dalila*, *Matar ou correr*, *Colégio de brotos*, *É a maior* e *O homem do Sputnik*; os carnavalescos *Guerra ao samba*, *Vamos com calma*, *Garotas e samba* e *Quanto mais samba melhor*; as adaptações das peças teatrais de Mário Lago* e José Wanderley *O golpe*, *Papai fanfarrão* e *O cupim*; as comédias *De vento em popa*, *Esse milhão é meu*, *Os dois ladrões*; e as chanchadas *Pintando o sete*, *O palhaço o que é?*, *Cacareco vem aí* e *Entre mulheres e espiões*. Um dos últimos trabalhos do cineasta, o romântico *As sete Evas*, é um filme fora das normas da empresa, com produção de Cyll Farney*. Francisco Eichorn*, alemão radicado no Brasil, dirige a aventura *Paixão nas selvas*, estrelada por Cyll Farney e Vanja Orico*, em sistema de coprodução, e a comédia *Treze cadeiras*, história filmada em vários países, inclusive pelo comediante Mel Brooks, em 1970, com o título *Banzé na Rússia*. O cenógrafo, argumentista e roteirista Cajado Filho*, colaborador de Manga, dirige os carnavalescos *E o espetáculo continua* e *Aí vem a alegria*. Oscarito continua a arrastar multidões aos cinemas, e, na tentativa de criar uma nova dupla de sucesso, os cômicos Oscarito e Vagareza* são reunidos em *Os apavorados*, sob direção de Ismar Porto*. Em 1962, a ATLÂNTIDA fecha as portas de sua produtora. De 1963 a 1965 realiza algumas coproduções com a Alemanha, com cineastas europeus. Em 1966 une-se a vários produtores brasileiros na realização de grande quantidade de filmes populares, dos mais variados gêneros, feitos sempre em locações. No ano de 1983, a empresa deixa de produzir definitivamente. (LFM)

AUDRÁ, Mário (Mário Boeris Audrá Jr.) – São Paulo, SP, 1921-2004. Produtor.

FILMOGRAFIA: 1953 – *Magia verde*. 1955 – *A rosa dos ventos* (episódio brasileiro: 'Ana'). 1956 – *Arara vermelha*. 1957 – *Casei-me com um xavante*; *Vou te contá*.

Nascido na capital paulista, também conhecido como Marinho, era o filho caçula de uma família que teve outros dois meninos, Alberto e Artur. Seu pai nasceu no Rio de Janeiro, enquanto sua mãe, Maria Angelina Mantegazza Audrá, nasceu em Bergamo (1894), na Itália, vindo para o Brasil no ano seguinte. O velho Audrá era engenheiro, tendo conseguido amealhar grande fortuna com atividades industriais e comerciais, chegando a presidir um grupo econômico de âmbito familiar bastante razoável, que englobava fábricas, fazendas e empresas de serviços em vários pontos do país. Quem capitaneava esse grupo era uma empresa do ramo têxtil de aniagem (produzia sacos para embalar café), a Cia. Fabril de Juta Taubaté S. A., que chegou a ter 4 mil operários – as demais eram de porte pequeno e médio. A administração de tudo ficava nas mãos dos três irmãos, cabendo a Marinho, como atividade principal, cuidar da Transportes Maristela S. A., empresa de cargas rodoviárias. Ele acabou não fazendo curso superior e sempre se interessou por artes. Das conversas com Ruggero Jaccobi no início de 1950 e com outros amigos, decidiu construir uma companhia cinematográfica, a MARISTELA*, empolgado com a agitação desencadeada pela criação da VERA CRUZ*, em 1949, aproveitando o capital acumulado do grupo econômico familiar. Assim ocorreu, embora não nos moldes previstos originalmente, isto é, o de procurar seguir o modelo que se praticava na Itália do pós-guerra (onde Marinho havia residido e acompanhado as filmagens de algumas películas): um cinema ao ar livre, com um mínimo de cenas de estúdio e grande autenticidade – enfim, um cinema de baixos custos. Esse caminho foi logo alterado: grandes estúdios bem equipados foram montados, muitos técnicos, atores e diretores contratados, e um modelo semelhante ao da VERA CRUZ (embora em moldes bem mais modestos) acabou se consolidando. As produções iniciais não dão o retorno financeiro esperado, demissões ocorreram, o ritmo de trabalho foi reduzido e Mário Audrá Jr. acabou se afastando da empresa. Novas tentativas de reerguimento da empresa foram feitas, incluindo a produção de *Simão, o caolho*, dirigida por Alberto Cavalcanti*, o aluguel de estúdios e equipamentos para produtores independentes e a venda dos estúdios para a KINO FILMES*, que acaba devolvendo-os à MARISTELA. Por uma série de circunstâncias, Marinho assumiu todos os empreendimentos da família e, em especial, a "fábrica de filmes". Esse período corresponde aos anos de 1954 a 1958, ocasião em que procurou colocar em prática o que aprendera em fases anteriores, dizendo que "já havia aprendido que estúdio e produção são elementos completamente distintos no mecanismo da execução cinematográfica, administrativamente falando". Assim, a MARISTELA, com poucas exceções, a partir daí não investiu mais nas produções, integralizando sua parte com os estúdios, equipamentos, técnicos, etc., ficando com os coprodutores ou sócios a parte relativa à verba necessária para a realização dos filmes. Foi assim, por exemplo, com *Magia verde*, de Gian Gaspare Napolitano, em que Marinho foi roteirista e produtor; com *Carnaval em lá maior*, *Mãos sangrentas*, *A pensão de d. Stela*, *A rosa dos ventos* – sendo também produtor deste último; fez também a produção executiva de *Arara vermelha*, de Tom Payne*. Mário Audrá operou também outra mudança significativa na distribuição dos filmes, associando-se à COLUMBIA e assinando contrato de coprodução para quatro películas com a empresa, das quais apenas duas foram efetivadas: *Casei-me com um xavante* e *Vou te contá* (em ambas aparece como produtor). Além disso, participou da produção de *O grande momento*, de Roberto Santos*, e deu apoio a *Rio, Zona Norte*, de Nelson Pereira dos Santos*, e a *São Paulo S. A.*, de Luís Sérgio Person* (participou com os equipamentos para a sonorização e com a sala de montagem). Em 1958 encerrou as atividades da MARISTELA, vendendo o terreno da companhia e utilizando parte do equipamento sonoro da produtora na constituição da GRAVA-SOM, empresa de dublagem para a televisão (posteriormente associou-se a uma subsidiária da COLUMBIA, passando a chamar-se AIC – Arte Industrial Cinematográfica). O restante do equipamento foi vendido a diversos compradores, entre eles a Fundação Armando Álvares Penteado (FAAP). Montou o primeiro laboratório a trabalhar em cores no Brasil, chamado POLICROM, posteriormente vendido à LÍDER. No princípio da década de 60 tentou produzir, juntamente com a COLUMBIA, "Yerma", de García Lorca, que seria dirigido por Cavalcanti e teria como protagonistas Ana Esmeralda e o ator francês Maurice Ronet. Em 1997 lançou o livro *Cinematográfica Maristela: memórias de um produtor*. Ana Esmeralda participou de *São Paulo S. A.* Faleceu em 15 de setembro em São Paulo. (AMC)

AUGUSTO, Otávio (Otávio Augusto de Azevedo Sousa) – São Manuel, SP, 1945. Ator.

FILMOGRAFIA: 1969 – *Elas* (episódio: 'Artesanato de ser mulher'). 1970 – *A guerra dos pelados*; *Prata palomares*; *O capitão Bandeira contra o dr. Moura Brasil*. 1971 – *O doce esporte do sexo* (1º episódio: 'O torneio'). 1972 – *A viúva virgem*; *A filha de madame Betina*. 1973 – *Vai trabalhar, vagabundo*. 1974 – *Relatório de um homem casado*. 1975 – *A extorsão*. 1976 – *Deixa, amorzinho... deixa*; *O vampiro de Copacabana*; *Noite sem homem*; *As desquitadas em lua de mel*. 1977 – *O crime do Zé Bigorna*; *Mar de rosas*; *Um brasileiro chamado Rosaflor*. 1978 – *Inquietações de uma mulher casada*; *O coronel e o lobisomem*; *Eu matei Lúcio Flávio*; *O torturador*; *Terror e êxtase*; *Muito prazer*. 1978-1981 – *Dora Doralina*. 1979-1980 – *O fruto do amor*. 1980 – *Mulher sensual*; *Insônia* (1º episódio: 'Dois dedos'). 1981 – *O sequestro*. 1982 – *Carícias eróticas* (*Um casal de três*); *Profissão: mulher*; *Amor, estranho amor*. 1984 – *Noite*. 1986 – *Banana split*. 1987 – *Leila Diniz*; *Eternamente Pagu*. 1987-1989 – *Lua cheia*. 1987-1991 – *Vai trabalhar vagabundo II, a volta*. 1988 – *Festa*; *Forever* (coprodução estrangeira). 1990 – *Manobra radical*. 1994 – *Sábado*. 1995 – *Jenipapo* (coprodução estrangeira); *As meninas*. 1995-1996 – *O cangaceiro*. 1996 – *Ed Mort*; *Doces poderes*. 1997 – *Central do Brasil*; *Boleiros, era uma vez o futebol...* 2000 – *Buffo & Spallanzani*. 2001 – *O príncipe*. 2004 – *Bendito fruto*. 2006 – *Boleiros 2, vencedores e vencidos*; *Brasília 18%*; *Anjos do Sol*. 2008 – *Polaroides urbanos*. 2009 – *O demoninho de olhos pretos*.

Considerado um dos melhores atores coadjuvantes brasileiros, tem extensa filmografia, evoluindo de personagens sátiros a composições complexas e surpreendentes, como em *Noite*, de Gilberto Loureiro, e *Sábado*, de Ugo Giorgetti*. Criado pelos avós em sua cidade natal, vem com 16 anos para a cidade de São Paulo morar com a mãe. Começa a frequentar um grupo de teatro amador, sendo levado em seguida por um amigo para a RÁDIO SÃO PAULO. Torna-se *disc jockey*, aceitando qualquer trabalho artístico paralelo, como dublagens, leitura radiofônica da ave-maria às cinco e meia da manhã e atuações em picadeiros de circos suburbanos. Inscreve-se para os testes abertos, em 1963, do Teatro Oficina. Aprovado pelo diretor José Celso Martinez Corrêa, desenvolve importante carreira teatral, incluindo as peças *O rei da vela*, *Galileu Galilei*, *Os pequenos burgueses* e *A morte do imortal*. Após cinco anos deixa o grupo, partindo para montagens teatrais mais comerciais e para o cinema e a televisão. No cinema, torna-se um dos nomes mais assíduos da pornochanchada*, encarnando quase sempre o mulherengo cínico e irresponsável. Conquista o reconhecimento da crítica no final dos anos 70 com filmes como *Mar de rosas*, de Ana Carolina*, e *Muito prazer*, de David Neves*. Na televisão representa os mais diferentes papéis em novelas como *Super plá*, *Escalada*, *Baila comigo* e *Transas e caretas*. Seu maior sucesso no veículo é o personagem Matoso, da novela *Vamp*, pelo qual ganha o prêmio de melhor ator de 1991, conferido pela Associação Paulista de Críticos de Arte. Exerce a presidência do Sated, o sindicato da categoria, por duas vezes, distinguindo-se por sua luta em prol da regulamentação da profissão de ator. (HH) No novo milênio, atuou em outros filmes de Ugo Giorgetti* (*O príncipe* e *Boleiros 2*), cineasta de quem é parceiro em vários trabalhos. Fez um raro papel de protagonista em *Bendito fruto*, primeiro longa de Sérgio Goldenberg, quando criou um dono de salão de cabeleireiro, solteirão, que descobre amor em trama ambientada em Botafogo, bairro carioca que aparece como personagem do filme.

AULER, William (Cristóvão Guilherme Auler) – Petrópolis, RJ, 1865-1927. Produtor, exibidor.

Considerado um nome importante da chamada *belle époque* do cinema brasileiro (1907-1911), conduz os negócios do CINE-TEATRO RIO BRANCO, onde implanta expressiva linha de produção cinematográfica. Educado nos Estados Unidos, torna-se comerciante de madeiras e posteriormente ilustre e premiado fabricante de móveis e adereços decorativos em metal no Rio de Janeiro. Aproxima-se do meio com a abertura de salas de exibição no início do século, fornecendo-lhes principalmente cadeiras para os *foyers* e salões de projeção. A partir de ideia de Alberto Moreira, reúne um grupo de capitalistas (comendador Joaquim de Melo Franco, Antônio Vieira da Cunha Guimarães, Oscar Pragana e Amadeu Macedo), criando a WILLIAM & CIA. e inaugurando o GRANDE CINEMATÓGRAFO RIO BRANCO em 1907. O grupo tem como objetivo modificar as populares apresentações sincronizadas de filme e fonógrafo, substituindo-se este último por cantores. O estratagema, aplicado inicialmente às produções estrangeiras, funciona e dá origem ao filme cantante*. Demoram um pouco para constituir produção própria nesse campo, lançando antes as populares fitas em torno de crimes famosos, como *O crime da mala*. Ao ingressarem nos cantantes, optam por exibir trechos de operetas famosas, em geral de origem vienense: *Barcarola*, *Viúva alegre*, *Sonho de valsa*. A segunda é um verdadeiro marco do cinema brasileiro por aproximar os atores da câmera, o que causa forte impressão na época. Com o sucesso crescente e a concorrência dos demais exibidores mudam a orientação artística, adotando gêneros nacionais, como a revista musical. Com *Paz e amor*, argumento de José do Patrocínio Filho, que satiriza os costumes cariocas e a vida política, alcançam verdadeira consagração. O filme torna-se o maior sucesso das primeiras décadas do cinema brasileiro. Gera também dissensões internas, que culminam no incêndio criminoso do cinema. Moreira sai da empresa e Auler reconstrói a sala, transformando-a na maior do país em seu tempo. Os setecentos lugares ainda são poucos para o interesse pelo filme, obrigando-o a alugar o gigantesco pavilhão internacional, pertencente a Paschoal Segreto*. Em pouco tempo abandona a produção, para viver exclusivamente dos negócios com madeira, fornecendo peças para o setor exibidor. (HH)

AUTRAN, Paulo (Paulo Paquet Autran) – Rio de Janeiro, RJ, 1922-2007. Ator.

FILMOGRAFIA: 1952 – *Appassionata*; *Veneno*. 1953 – *Uma pulga na balança*; *Destino em apuros*; *É proibido beijar*. 1960 – *Tudo ou nada* (título francês). 1961 – *Sete Evas*. 1966 – *Terra em transe*. 1967 – *Mar corrente*. 1979 – *O menino arco-íris* (*A infância de Jesus Cristo*). 1984 – *Vertigens* (produção estrangeira). 1987 – *O país dos tenentes*; *Fogo e paixão*. 1995 – *Felicidade é...* (3º episódio: 'Cruz'). 1995-1999 – *Tiradentes*. 1998-1999 – *Oriundi*. 2002 – *Poeta de sete faces*. 2004 – *A máquina*. 2006 – *O ano em que meus pais saíram de férias*. 2007 – *O passado*.

Talvez o mais consagrado ator de teatro brasileiro, com participações também no cinema e na televisão. Nascido no bairro carioca de São Cristóvão, filho de Walter Autran e Magdalena Paquet Autran, é de ascendência francesa por parte de pai e belga por parte de mãe. Sempre viveu em São Paulo, pois seu pai, delegado de polícia, foi transferido quando Paulo tinha apenas alguns meses. Sua mãe faleceu em 1929 e, quando ele chegou à idade escolar, foi matriculado no Externato Elvira Brandão, onde fez o curso primário, passando depois para o Colégio Arquidiocesano e, finalmente, ingressando na Faculdade de Direito do Largo de São Francisco (USP), em São Paulo, onde se formou. Chegou a montar escritório próprio e a advogar por algum tempo, procurando esquecer suas tendências de ator, manifestadas em numerosos *shows* quando era estudante. Logo depois de formar-se, todavia, escreveu e representou, juntamente com Inezita Barroso*, uma peça infantil, *Pedro, o esperto*. Em 1948, Madalena Nicol, consagrada cantora de

música de câmara que fazia teatro amador em língua inglesa, convidou-o para interpretar o papel principal na peça de Priestley, *A esquina perigosa*. O espetáculo estreou com grande êxito no Teatro Municipal e ele foi saudado como um ator de grandes possibilidades. Ainda no ano de 1948 fundou-se o Teatro Brasileiro de Comédia (TBC). O grupo, dirigido por Madalena Nicol, juntamente com o de Alfredo Mesquita e o de Décio de Almeida Prado, passou a atuar regularmente naquela casa de espetáculos, uma vez que, no início, o TBC pretendia abrigar apenas alguns elencos amadores. Ali prosseguiu a carreira de *A esquina perigosa*. Ainda como amador e integrando o Grupo Experimental de Teatro, Paulo Autran apresentou-se no Rio de Janeiro, no início de 1949, com a peça de Abílio Pereira de Almeida*, *A mulher do próximo*, inaugurando o Teatro Copacabana. Com o mesmo grupo interpretou Tom, de *À margem da vida*, de Tennessee Williams. As duas atuações chamaram a atenção da crítica carioca e também de Tônia Carrero*, que o convidou para fazer parte da companhia que estava organizando. Paulo aceitou e abandonou definitivamente a advocacia. Sua estreia como ator profissional, ao lado de Tônia, ocorreu em 1949, no Teatro Copacabana, na Companhia Fernando de Barros. A peça era *Um deus dormiu lá em casa*, de Guilherme Figueiredo, encenada por Silveira Sampaio*. Seguiram-se *Amanhã, se não chover*, de Henrique Pongetti*; *Helena fechou a porta*, de Acioly Neto; e *Don Juan*, de Guilherme Figueiredo. Trabalhou durante um ano nessa companhia, que, em seguida, se dissolveu, com a mudança de Tônia para São Paulo (contratada pela VERA CRUZ*) e de Paulo para o TBC, já estabelecido como teatro profissional. Sendo dirigido por Adolfo Celi*, Ziembinski*, Luciano Salce*, Ruggero Jacobbi e Flamínio Bollini, entre outros, aprimorou seu metiê, consolidou sua profissionalização como ator, encenando no TBC as seguintes peças: *Seis personagens à procura de um autor* e *Assim é, se lhe parece*, de Pirandello; *O grilo da lareira*, de Dickens; *Ralé*, de Górki; *Antígona*, nas versões de Sófocles e de Anouilh; *A dama das camélias*, de Dumas; *Para onde a terra cresce* e *... E o noroeste soprou*, ambas de Edgard da Rocha Miranda; *Mortos sem sepultura*, de Sartre; *Leonor de Mendonça*, de Gonçalves Dias; *Uma certa cabana*, de Roussin; *Na terra como no céu*, de Hochwalder; *Santa Marta Fabril S. A.*, de Abílio Pereira de Almeida, etc.

Em meados dos anos 50 deixou o TBC e formou, com Tônia Carrero e Adolfo

Celi, a sua própria companhia (Tônia-Celi-Autran), estreando no Teatro Dulcina, no Rio, com *Otelo*, de Shakespeare, dirigido por Celi, com cenografia de Aldo Calvo. O êxito foi total e seguiram-se *A viúva astuciosa*, de Goldoni, e *Entre quatro paredes*, de Sartre. A companhia encenou ainda *Seis personagens à procura de um autor*, de Pirandello; *Infâmia*, de Lillian Hellman; e *Esses maridos*, de Axelrod. Com esse repertório, em 1957, pela primeira vez na história do teatro brasileiro, um elenco completo excursionou pelo Brasil com todo o seu equipamento, apresentando-se em Belo Horizonte, Curitiba, Florianópolis, Porto Alegre e Pelotas. Isso acendeu o entusiasmo de boa parte da juventude, e motivou a criação do Teatro Universitário de Belo Horizonte e da Escola Universitária de Teatro de Porto Alegre. Em 1960, apresentou em São Paulo a peça de Beckett, *Fim de jogo*. Nesse mesmo ano, a companhia seguiu para Buenos Aires, apresentando *Otelo*, *Entre quatro paredes*, *Seis personagens à procura de um autor* e *Um deus dormiu lá em casa*. Paulo recebeu o prêmio de melhor ator estrangeiro do ano, competindo com Jean Villar e os artistas do Piccolo Teatro di Milano. Montaram, em seguida, *Negócios de Estado*, de Verneuil, que deu um grande lucro, permitindo que os três sócios permanecessem três meses em Nova York e na Europa, onde Paulo assistiu a mais de uma centena de espetáculos. Quando voltaram ao Brasil, decidiram encerrar a companhia, embora ele e Tônia tenham trabalhado juntos na peça de Feydeau, *A dama do Maxim's*, encenada por Gianni Ratto. É importante mencionar também que gravou mais de dez discos (vinil), destacando-se uma antologia de antigos poetas brasileiros denominada *Poesia de sempre* e a versão brasileira de *O pequeno príncipe*, de Antoine de Saint-Exupéry, que também dirigiu, conquistando o DISCO DE OURO para a melhor gravação do ano. Durante muitos meses encarregou-se de um programa literário na RÁDIO MINISTÉRIO DA EDUCAÇÃO, denominado *Quadrante*, no qual lia crônicas dos nossos mais conhecidos autores do gênero. Posteriormente, na RÁDIO ELDORADO, realizou durante anos programa semelhante. Em 1962 fez enorme sucesso com a montagem de *My Fair Lady* (*Minha querida dama*), ao lado de Bibi Ferreira*, a partir de *Pigmalião*, de Bernard Shaw, comédia musical que ficou dois anos em cartaz. A convite de Flávio Rangel, protagonizou *Depois da queda*, de Arthur Miller, e, mais uma vez, obteve sucesso de público e de crítica. Sua *per*-

formance nessa peça levou a outro convite da parte de Rangel: aceitou estrelar *Liberdade, liberdade*, de Millôr Fernandes, em 1964-1965, produção do Grupo Opinião e do Teatro de Arena, também contando no elenco com Vianinha*, Nara Leão e Tereza Rachel. A montagem refletia o momento histórico e político que o país vivia. O êxito foi retumbante, propiciando, futuramente, as condições para que Paulo Autran continuasse encenando uma série de peças de seu agrado: *O burguês fidalgo* e *Tartufo*, de Molière; *Morte e vida severina*, de João Cabral de Melo Neto; *O homem de la Mancha*, de Dale Wasserman; *A morte de um caixeiro viajante*, de Arthur Miller, *Édipo Rei*, de Sófocles; *A amante inglesa*, de Marguerite Duras; *Pato com laranja*, de William Douglas Home; *Feliz Páscoa*, de Jean Poiret; *Equus*, de P. Schaffer; *Traições*, de H. Pinter; *Solness, o construtor*, de H. Ibsen; *Galileu*, de Brecht; *Tributo*, de Bernard Slade. De Shakespeare, Autran viveu Otelo, Coriolano, Macbeth, Próspero (o protagonista da última grande peça escrita pelo dramaturgo inglês, *A tempestade*) e o rei Lear. Em suma, subiu ao palco perto de 11 mil vezes, recebeu mais de 70 prêmios, interpretou entre 80 e 85 peças, fez algumas direções teatrais (cerca de dez), novelas (*Os imigrantes* na TV BANDEIRANTES; *Pai herói, Guerra dos sexos* e *Sassaricando* na TV GLOBO). Em 1998 participou da minissérie *Hilda Furacão*, na TV GLOBO, adaptação do romance de Roberto Drummond.

No cinema fez pequenos papéis em filmes da VERA CRUZ, como *Appassionata*, com direção de Fernando de Barros*, *Veneno*, de Gianni Pons*, e *Uma pulga na balança* – comédia dirigida por Luciano Salce. Atuou também na MULTIFILMES* em *Destino em apuros*, a primeira película brasileira colorida. Fez duas outras películas sem muita importância (a francesa *Tudo ou nada*, de Patrice Dally, e *As sete Evas*, de Carlos Manga*), até que Glauber Rocha* convidou-o para fazer, em *Terra em transe*, o político direitista Porfírio Díaz. Filmou ainda *Mar corrente*, de Luiz Paulino dos Santos, e *O menino arco-íris*, de Ricardo Bandeira, antes de fazer *Vertigens* (1984), dirigido pela francesa Christine Laurent, tendo no elenco Magali Noel, a polonesa Cristina Janda e Henry Serre. Essa película não foi exibida no Brasil. João Batista de Andrade* convidou-o para *O país dos tenentes*, em que vive um general da reserva, Gui, de 84 anos, que participou do movimento tenentista de 1922. O personagem é o diretor de uma grande empresa e, no dia em que é homenageado por ela, entra em crise existencial e começa a rememorar com amargura e ironia sua vida, suas omissões, seus amigos, sua mulher. Em 1987, filma *Fogo e paixão*, de Isay Weinfeld e Márcio Kogan, e, em 1995, ao lado de Karin Rodrigues, participa de um episódio ('Cruz') de *Felicidade é...*, dirigido por Cecílio Neto. O curta dura cerca de quinze ou dezesseis minutos; nele interpreta Pedro, homem sofisticado que, na velhice, tem de enfrentar algo que deixou no passado. *O ano em que meus pais saíram de férias* nos traz Autran em interpretação forte, vivendo o papel de um idoso às voltas com um garoto que cai em sua vida. (AMC)

O passado, filme de Hector Babenco*, uma coprodução Brasil-Argentina, é sua última participação no cinema, interpretando o professor francês Poussière, numa conferência sobre linguística. Faleceu no dia 12 de outubro na cidade de São Paulo.

AZEREDO, Ely (Ely Jacoud de Azeredo) – Macaé, RJ. 1930. Crítico de cinema.

Criador da expressão Cinema Novo*, o jornalista e crítico de cinema Ely Azeredo é filho de Octávio Laurindo de Azeredo e Zuleika Jacoud de Azeredo. Começou a carreira de jornalista no Rio de Janeiro, no começo dos anos 50. Após algumas colaborações avulsas em jornais cariocas (os primeiros textos cinematográficos de Ely foram publicados em colunas de outros críticos, como Pedro Lima* e Jonald), estreou na *Tribuna da Imprensa* em 1953, fazendo a cobertura crítica da I RETROSPECTIVA DO CINEMA BRASILEIRO, realizada em São Paulo. Foi na *Tribuna* que usou pela primeira vez a expressão Cinema Novo para caracterizar o movimento renovador do cinema brasileiro que girava em torno de Glauber Rocha*, Ruy Guerra*, Nelson Pereira dos Santos*, Leon Hirszman*, Joaquim Pedro de Andrade* e outros, no começo dos anos 60. Em março de 1965, passou a ser o titular da coluna de cinema do *Jornal do Brasil*. Foi redator e repórter em vários jornais e revistas do Rio de Janeiro, como *Correio da Manhã*, *O Globo*, *O Cruzeiro* e *Manchete*. Também escreveu sobre cinema para a *Revista de Cinema*, de Belo Horizonte, e para várias publicações do Rio, às vezes sob o pseudônimo Rodrigo Torres, entre as quais *Maquis, Senhor, Revista da Semana, O Seminário* e *Guia de Filmes*. Participou ativamente da campanha de criação do Instituto Nacional do Cinema (INC*), cujo setor de publicações dirigiu em duas ocasiões. Em 1966, com Flávio Tambellini*, criou a revista *Filme Cultura*, editada pelo INC. Foi o coordenador da revista até o número 4; e o editor dos números 5 a 14 e 20 a 27. Ely foi um dos organizadores do FESTIVAL HUMBERTO MAURO, realizado em Cataguases, em 1961, que "redescobriu" Humberto Mauro* para as novas gerações do cinema brasileiro. Foi o primeiro crítico brasileiro a representar o Brasil no júri de um festival internacional de cinema, o FESTIVAL DE BERLIM, realizado em 1965. No ano seguinte colaborou com o diretor desse festival, Alfred Bauer, na organização da Retrospectiva do Cinema Novo, no âmbito do FESTIVAL DE BERLIM. Foi o organizador, com Alberto Shatovsky, do primeiro cinema de arte do Brasil, em 1959. Foi um dos fundadores da Comissão Permanente de Defesa do Cinema do Rio de Janeiro, entre 1972 e 1973. Integrou diversos júris, comissões e grupos de trabalho do INC, onde lançou as bases do I CONCURSO NACIONAL DE ROTEIROS, que contou com a colaboração da EMBRAFILME*. Crítico de linhagem clássica, Ely se distinguiu pelo rigor lógico com que examinava um filme, num trabalho parecido ao de um anatomista. Manteve uma postura crítica em face do Cinema Novo e de alternativas estéticas como o Cinema Marginal* e a pornochanchada*. Teve grande repercussão a sua rejeição a *Terra em transe*, de Glauber Rocha, em artigo que criticava a atitude política do Cinema Novo. Em 1989 publicou o livro *Infinito cinema*, editado pela Unilivros, uma coletânea de críticas e ensaios publicados em vários jornais, como *Tribuna da Imprensa, Jornal do Brasil* e *O Globo*. Em 2010, lançou novo livro, *Olhar crítico – 50 anos de cinema brasileiro*, pelo Instituto Moreira Salles, reunindo críticas diversas. (LAR)

AZEVEDO, Alinor (Alinor Albuquerque Azevedo) – Rio de Janeiro, RJ, 1914-1974. Roteirista.

FILMOGRAFIA: 1943 – *Moleque Tião*. 1945 – *Não adianta chorar*. 1946-1947 – *Luz dos meus olhos*. 1947 – *Asas do Brasil*. 1948-1949 – *Terra violenta*. 1949 – *Também somos irmãos; A sombra da outra; Carnaval no fogo; Não é nada disso*. 1950 – *Katucha; Maior que o ódio; Aviso aos navegantes*. 1951 – *Milagre de amor; Tudo azul*. 1952 – *Com o diabo no corpo*. 1952-1953 – *Balança mas não cai*. 1953 – *É fogo na roupa; Família Lero-lero; Na senda do crime*. 1955 – *Carnaval em Marte*. 1956 – *Colégio de brotos; Depois eu conto*. 1958 – *Na corda bamba*. 1959 – *Cidade ameaçada*. 1962 – *Assalto ao trem pagador*.

Alinor Azevedo foi roteirista, argumentista e um dos fundadores da ATLÂN-

TIDA* (1941) junto com Moacyr Fenelon*, Arnaldo Farias, os irmãos Paulo e José Carlos Burle*, com o apoio do conde Pereira Carneiro, proprietário do *Jornal do Brasil*. Sua experiência em jornalismo de uma certa maneira orientou o interesse posterior pelo cinema. O primeiro contato com a imprensa escrita deu-se através de *A Manhã*, de Pedro Motta Lima, no qual trabalhou como "foca". Aos 23 anos, Alinor Azevedo ingressou na Agência Meridional dos Diários Associados, passando, em seguida, por outros diários como *O Jornal* e chegando, já bem mais tarde, a trabalhar como redator nas TVs TUPI e GLOBO. Sua primeira experiência em cinema foi com o documentário* *Cais em revista*, trabalho que realizou com a indenização recebida de sua saída da Agência Meridional. Em seguida, na organização da ATLÂNTIDA, redige, com Arnaldo Farias, o célebre manifesto que lançaria a nova empresa. Nela, sua principal atividade nos dois primeiros anos foi a edição do cinejornal* *Atualidades Atlântida*, além da preparação do seu maior sucesso, dois anos depois, o roteiro do longa-metragem *Moleque Tião*. Baseado em uma reportagem biográfica sobre Grande Otelo*, publicada por Samuel Wainer na revista *Diretrizes* com o título "Otelo não tem culpa", o filme, dirigido por José Carlos Burle, dava forma e conteúdo às propostas do grupo fundador da companhia carioca. Ao participar da criação da ATLÂNTIDA, Alinor Azevedo, ex-membro do Partido Comunista Brasileiro (PCB), pensava em dar ao cinema brasileiro uma estrutura sólida, sustentada por um trabalho criterioso e sério, sempre preocupado com a linha temática que o identificaria mais tarde com, por exemplo, Nelson Pereira dos Santos*, de *Rio 40 graus* (1954-1955). Não é coincidência, portanto, que a sequência de abertura de *Também somos irmãos*, produção da ATLÂNTIDA dirigida por Burle, se passasse numa autêntica favela carioca, numa célebre perseguição ao personagem interpretado por Otelo, que consegue escapar da polícia escondendo-se pelas vielas e barracos daquela locação. O tema desse filme roteirizado por Alinor Azevedo subverte o preconceito de que o mal é característica endêmica dos povos de origem africana, trazendo uma imagem positiva para o personagem negro interpretado pelo ator Aguinaldo Camargo. Em outra produção anterior, *Luz dos meus olhos*, também roteirizada por Alinor e dirigida por Burle para a ATLÂNTIDA, num tom mais leve e cômico, o personagem interpretado por Otelo, então já tipificado como o eterno moleque Tião, ao perder seu emprego, transforma-se num camelô que vende um remédio chamado Miraculina, que ele garante "não ser falsificado". O filme, que introduziu Cacilda Becker* no cinema brasileiro, fazia referência a outras mazelas da sociedade brasileira, como o câmbio negro e os racionamentos. Era dessa forma que Alinor Azevedo pensava no desenvolvimento de um cinema carioca popular e socialmente comprometido. Sempre contrário ao rumo tomado pela ATLÂNTIDA ao privilegiar as chanchadas*, Azevedo passou a influenciar o então incipiente cinema brasileiro escrevendo diálogos em que as falas repletas de termos eruditos ou pseudoeruditos eram substituídas pela linguagem cotidiana. Sobre o fracasso dos primeiros ideais da ATLÂNTIDA, ele comentou mais tarde, em depoimento ao Museu da Imagem e do Som do Rio de Janeiro, que "os projetos faliram porque assentamos a sobrevivência da empresa nos dividendos procedentes de um sistema de cotas que deu dinheiro para muita gente, menos para a organização". Além de preparar textos para diversos documentários, incluindo cinejornais do Departamento de Imprensa e Propaganda (DIP) e filmes institucionais, Alinor Azevedo também trabalhou, ainda que rapidamente, na VERA CRUZ*. Coerente com seus princípios, também levou sua experiência para o início do Cinema Novo* ao assinar, com Roberto Farias* e Luiz Carlos Barreto*, o roteiro de *Assalto ao trem pagador*. (JLV)

AZEVEDO, Ana Luiza – Porto Alegre, RS, 1959. Diretora.

FILMOGRAFIA: 2009 – *Antes que o mundo acabe*.

Apontada como uma das principais diretoras brasileiras, traz uma coloração feminina aos filmes que dirige. Começou no cinema em 1984. Foi continuísta de *O mentiroso* (1987), de Werner Schunemann, um dos primeiros longas de que acompanhou toda a realização. Trabalhou como assistente de direção de curtas, entre eles, *Ilha das Flores* (1989), de Jorge Furtado*, além de exercer outras funções como roteirista e trabalhar em produção de vários curtas. Compartilhou a direção com Jorge Furtado em *Barbosa* (1988), que, para o crítico de cinema Tuio Becker, "tentava estabelecer uma simbiose entre o documentário e a ficção". É diretora do documentário de média metragem *Ventre livre* (1994), versando sobre aborto e direitos reprodutivos da mulher no Brasil. Realizadora de curtas ficcionais, *3 Minutos* (1999), sobre o que se pode fazer no espaço de tempo de três minutos; *Jogos de amar por acaso* (2001), no qual divide a direção com Raul Costa Jr., e *Dona Cristina perdeu a memória* (2002), sobre a amizade de uma senhora de 80 anos que está perdendo a memória e um menino que gosta de ouvir as histórias que ela conta. Trabalhou também em núcleos de produção de séries televisivas, entre elas *Dia de visita* (2001), para a REDE GLOBO DE TELEVISÃO, e *O Bochecha* (2002), para a REDE BRASIL SUL (RBS). No final da década de 2000 preparou uma série para a HBO. Retornou à função de assistente de direção nos longas *Tolerância* (2000) e *Sal de prata* (2007), ambos com direção de Carlos Gerbase*; *O homem que copiava* (2003) e *Meu tio matou um cara* (2005), com direção do parceiro Jorge Furtado. Em 2003, dirige, com Milton Prado, o premiado curta *Vida de rua*. Em 2004, trabalhou em *Bens confiscados*, de Carlos Reichenbach*, e *Noite de São João*, de Sérgio Silva. Estreou como diretora no longa-metragem *Antes que o mundo acabe*, adaptado do livro de Marcelo Carneiro da Cunha, no qual foca a vida de um menino de 15 anos mergulhado em seu mundo próprio. É uma das sócias da produtora gaúcha CASA DE CINEMA de Porto Alegre, sendo casada com o montador Giba Assis Brasil*. (LFM)

AZEVEDO, Dionísio (Toufik Jacob) – Conceição da Aparecida, MG, 1922-1994. Ator, diretor.

FILMOGRAFIA: 1949 – *Quase no céu*. 1955 – *O sobrado*. 1957-1958 – *Chão bruto* (dir.). 1959 – *Cidade ameaçada*. 1960 – *Estrada do amor* (produção estrangeira); *A primeira missa*. 1962 – *O pagador de promessas*; *Lampião, rei do cangaço*. 1963 – *O pescador e sua alma* (produção estrangeira). 1965 – *O santo milagroso*. 1966 – *O anjo assassino* (dir.). 1969 – *Corisco, o Diabo Loiro*. 1970-1971 – *Longo caminho da morte*. 1972 – *Independência ou morte*. 1973 – *A virgem* (dir.); *A pequena órfã*; *Obsessão*. 1974 – *Sedução* (*Qualquer coisa a respeito do amor*). 1975 – *O dia em que o santo pecou*; *Kung Fu contra as bonecas*; *Bacalhau*; *A noite das fêmeas* (*Ensaio geral*). 1976 – *O dia das profissionais*; *Chão bruto* (dir.). 1978 – *O Caçador de Esmeraldas*. 1979 – *O menino arco-íris* (*A infância de Jesus Cristo*). 1981 – *Verde vinho* (coprodução estrangeira). 1982 – *Fuscão preto*. 1984-1985 – *A marvada carne*. 1985 – *Os bons tempos voltaram* (*Vamos gozar outra vez*) (2º episódio: 'Vamos gozar outra vez'). 1989-1992 – *Eternidade* (produção estrangeira).

Nos anos 40, começa no rádio como ator. Na televisão, a partir da década de

50, faz longa carreira de ator e diretor, nos quadros artísticos da TUPI, principalmente em novelas e teleteatros (*TV de Vanguarda*, *TV de Comédia*). Interpreta papéis de destaque, na EXCELSIOR, em *A pequena órfã* (1968-1969), de Teixeira Filho; na RECORD, em *As pupilas do senhor reitor* (1970), adaptação do romance homônino de Júlio Diniz, escrita por Lauro César Muniz*; na GLOBO, em *O astro* (1978), de Janete Clair. Esporadicamente atua no teatro. No cinema atua como coadjuvante quase sempre em papéis dramáticos, como em seus dois primeiros filmes, *Quase no céu*, de Oduvaldo Viana*, e *O sobrado*, de Walter George Dürst* e Cassiano Gabus Mendes. Contratado das produções de Osvaldo Massaini* para a CINEDISTRI*, destaca-se no papel do padre Olavo, em *O pagador de promessas*, filme do diretor Anselmo Duarte*. Outra interpretação marcante é o padre da comédia *O santo milagroso*, de Carlos Coimbra*, filme baseado em peça homônima de Lauro César Muniz. Em *Independência ou morte* interpreta o papel de José Bonifácio e colabora no roteiro. Nos anos 70 interpreta vários papéis em produções rotineiras da Boca do Lixo*. Diretor bissexto, realiza duas adaptações do romance *Chão bruto*, de Hernani Donato, a primeira em preto e branco e a segunda, colorida. Seu segundo longa, *O anjo assassino*, protagonizado por sua esposa, a atriz Flora Geny, é um drama policial extraído de novela televisiva da autora Ivani Ribeiro. Ainda nessa década busca aproximação com o universo do filme erótico, muito em voga no momento, através da comédia romântica *A virgem*. Uma de suas últimas interpretações de destaque é o caipira de *A marvada carne*, de André Klotzel*. Faleceu em São Paulo em 11 de dezembro. (LFM)

BABENCO, Hector (Hector Eduardo Babenco) – Buenos Aires, Argentina,1946. Diretor.

FILMOGRAFIA: 1973 – *O fabuloso Fittipaldi*. 1975 – *O rei da noite*. 1977 – *Lúcio Flávio, o passageiro da agonia*. 1980 – *Pixote, a lei do mais fraco*. 1984 – *O beijo da mulher-aranha* (coprodução estrangeira). 1987 – *Ironweed* (produção estrangeira). 1990 – *Brincando nos campos do Senhor* (produção estrangeira). 1997-1998 – *Coração iluminado* (coprodução estrangeira). 2002 – *Carandiru*. 2007 – *O passado* (produção estrangeira).

Hector Babenco, cineasta naturalizado brasileiro desde 1977, nasceu em 7 de fevereiro de 1946 na Argentina, país onde viveu até os 17 anos. Casou-se diversas vezes. A primeira, em 1966, com Fiorella Giovagnolli, com quem teve uma filha, Janka Babenco. O segundo casamento foi em 1971, com a *marchand* Raquel Arnaud, com quem teve a filha Myra Babenco. Em 1987 passou a viver com a atriz Xuxa Lopes*, que atuou em *Coração iluminado* e na peça *Louco de amor* (Sam Shepard), direção do cineasta em 1988. Desde 2006 está junto com a atriz Bárbara Paz, a quem dirigiu na peça *Hell* (2010). É filho de Jaime Babenco (nascido em Buenos Aires) e de Janka Haberberg de Babenco (nascida em Varsóvia, Polônia), ambos de origem judaica.

A partida precoce e definitiva da Argentina não impediu que a terra natal marcasse e determinasse a vocação futura de Hector, o cinema. Em Buenos Aires, Jaime Babenco exercia a profissão de alfaiate; quando Hector tinha 9 anos, Jaime abriu uma mercearia em Mar del Plata. Desde essa idade até os 17 anos, quando deixou o país, costumava ajudar o pai na loja durante o verão, momento em que a cidade era tomada pelos turistas. Em Buenos Aires, desde criança, costumava ir ao cinema cinco ou seis vezes por semana; nos verões em Mar del Plata, chegava a assistir a três filmes por dia nos dois grandes cinemas da cidade, que organizavam festivais e retrospectivas internacionais. Após as projeções, reunia-se com amigos igualmente cinéfilos numa mesa cativa do Café Ambos Mundos – lugar frequentado também pelo escritor Ricardo Piglia, que, em conjunto com Babenco, iria compor o roteiro do filme mais autobiográfico do cineasta, *Coração iluminado*. As temporadas em Mar del Plata não se interromperam quando o pai vendeu a loja: Babenco empregou-se, por dois verões consecutivos, no luxuoso Hotel l'Hermitage como carregador de malas. "Carreguei malas de muita gente famosa, como Truffaut e Antonioni", costuma afirmar, apontando dois dos diretores que o encantavam na época, ao lado de Bergman, Kurosawa, Huston e outros. Em meados dos anos 60, o pai adoeceu e o futuro cineasta, com 16 anos, precisou abandonar os estudos e trabalhar com a mãe para ajudar a sustentar os dois irmãos mais novos. Aos 17 anos teve sua primeira experiência cinematográfica, participando como figurante no filme *O caradura*, de Dino Risi, rodado na Argentina. Depois, apreensivo com o ambiente antissemita de Buenos Aires e com o rigor do serviço militar, Babenco partiu para a Europa, segundo diz, "com pouco mais de 20 dólares no bolso". A bagagem intelectual, porém, era bem maior: continha o existencialismo de Sartre e Camus, a filosofia "pé na estrada" dos escritores *beatnik* (Kerouac, Ginsberg), a literatura de Hemingway, Faulkner, Steinbeck, Henry Miller. De início um "agnóstico de esquerda", o jovem passou pela decepção do que chama de "atitudes fascistas da esquerda", adotando mais tarde a teosofia e os ensinamentos de Krishnamurti, que também seriam abandonados. Durante cinco anos viajou por diversos países da Europa, vivendo de bicos. Dois desses anos foram passados na Espanha, onde Babenco iniciou-se na prática do cinema em *spaghetti westerns*. Trabalhou como extra em filmes de Sergio Corbucci, Giorgio Ferroni e Mario Camus, sendo assistente de direção deste último. Não podendo retornar à Argentina por não ter cumprido o serviço militar, mudou-se para o Brasil, fixando residência em São Paulo em 1969. No mesmo ano dirigiu dois documentários para o produtor Pedro Carlos Rovai*: *Evolução do futebol brasileiro* e *Natal em São Paulo*. Fundou uma pequena produtora independente, a HB FILMES, dirigindo, no início dos anos 70, três documentários: *Carnaval da vitória*, *Museu de Arte de São Paulo* e *Teste*. O ano de 1973 marcou sua estreia em longa-metragem com o documentário *O fabuloso Fittipaldi*, no qual fez supervisão geral e coprodução, e cuja direção foi assinada pelo produtor Roberto Farias*.

Esse momento no Brasil era marcado pelo refluxo do cinema de autor – que conhecera seu auge nos anos 60, com o Cinema Novo* – e a ascensão da EMBRAFILME* e do cinema de gênero. É nesse cenário que Babenco se torna um diretor de ficção. O *glamour* que atraíra a juventude intelectualizada dos anos 60 para o cinema estava em decadência, e era preciso pensar em soluções práticas e conciliatórias com o mercado. Embora conscientemente inserida nessa situação, a carreira de Babenco se desenvolveu em torno do aprimoramento de um estilo e de um trabalho conjunto com uma equipe mais ou menos fixa, o que permite traçar uma trajetória autoral. O legado do Cinema Novo foi aproveitado e adaptado às novas condições. Em 1975, Babenco dirigiu seu primeiro longa-metragem ficcional, *O rei da noite*, de maneira independente, mas sem deixar de incluir alguns dos ingredientes eróticos e cômicos que na época faziam o sucesso das pornochanchadas. Esse filme inaugural, embora atípico no quadro de sua obra futura, já revela elementos importantes de sua vertente teatral e dá início a parcerias (como a com Lauro Escorel Filho*, na fotografia, e com a atriz Marília Pera*) que se tornarão componentes importantes de seu estilo. No filme seguinte, *Lúcio Flávio, o passageiro da agonia*, também independente, as cores fortes e o humor de *O rei da noite* desapareceram, dando lugar ao documental e à busca da "verdade". Deixando o desenvolvimento do tema e dos personagens prevalecer sobre as intenções estéticas, Babenco tentou revelar uma "realidade escondida" pela história oficial, ao detalhar os modos de atuação da polícia, dos bandidos e do esquadrão da morte. Os contornos nacionais são enfatizados, confirmando um desejo de intervenção num quadro político contemporâneo e real. A coroação da tendência iniciada com *Lúcio Flávio* vem com *Pixote, a lei do mais fraco*, única coprodução de Babenco com a EMBRAFILME. Neste último filme, a preocupação com a autenticidade dos fatos é acentuada desde o início com tomadas documentais da favela de onde provêm os atores que representam menores infratores. Ao plano documental se sobrepõe outro, fictício, reforçado pela atuação de atores profissionais, no qual se constitui o drama destinado a envolver emocionalmente o espectador. Essa combinação de elementos documentais com uma ficção fortemente teatralizada consagra, em *Pixote* (o filme mais premiado do diretor), o estilo de Babenco e o tipifica como diretor de atores, propiciando o início de sua carreira internacional. Ao mesmo tempo, nesses dois filmes, toma corpo a temática central de sua obra, que é a defesa da marginalidade e dos desvalidos em geral. Desenvolve-se uma espécie de "ética do crime", que se contrapõe à imoralidade do poder e coloca em questão os sistemas carcerários e punitivos. A demonstração da veracidade dos fatos é essencial para a comprovação de uma tese, na qual se opera uma inversão de valores. Com isso, os filmes adquirem um "ar marginal".

Em que pese o constante destaque do contexto brasileiro, os filmes de Babenco, desde o início, apresentam certa "latinidade", que amplia os contornos do território brasileiro para a América Latina. Esse traço, já presente no espírito de solidariedade terceiro-mundista do Cinema Novo, constitui, em Babenco, um passo em direção ao internacionalismo. *Lúcio Flávio* logo arrebata o público latino-americano, que identifica em seus próprios países a temática da corrupção policial do Brasil. *Pixote,* por sua vez, conquista os Estados Unidos, abrindo a oportunidade para a primeira coprodução americana do diretor, *O beijo da mulher-aranha*. Neste, a peça teatral de Manuel Puig, combinada com locações brasileiras e um corpo de atores de nacionalidades diversas, compõe uma América Latina sem contornos definidos, favorecendo a identificação em diferentes contextos nacionais. A ênfase na direção de atores se afirma e é consagrada com a interpretação de William Hurt, que recebe os dois prêmios mais prestigiosos do mundo: a PALMA DE OURO do FESTIVAL DE CANNES e o OSCAR. Após um filme inteiramente americano e marcadamente teatral, *Ironweed*, extraído do romance *Vernônia*, de William Kennedy, sobre a vida de um casal de mendigos, Babenco volta a filmar em território brasileiro, novamente com produção americana, fazendo *Brincando nos campos do Senhor*, transposição do romance homônimo de Peter Matthiessen, no qual reina uma latinidade difusa, em meio à selva amazônica. A diluição dos traços nacionais (completada, nos filmes de produção americana, pelo uso do inglês); a denúncia de injustiças sociais sem o aprofundamento de discussões políticas; o apego à narrativa, sem ceder a experimentações formais; a obediência a determinadas regras de gênero (como o melodrama, o cinema erótico ou o *thriller*); a ênfase no caráter individual, com reforço para a atuação de atores, além do uso de astros consagrados: eis os elementos que tornaram Babenco um dos diretores brasileiros de maior circulação internacional. O dinamismo de sua vida e de sua carreira teve, no entanto, de conviver com um grave câncer no sistema linfático, diagnosticado pela primeira vez em 1983. Controlando a doença, até 1994, com quimioterapia e imunoterapia via oral, Babenco viu seu mal evoluir para o estado crítico, em 1995. Submeteu-se, então, a uma quimioterapia radical, seguida de transplante de medula óssea, cujo doador foi seu irmão, Norberto Babenco. O transplante, realizado em Seattle, EUA,

foi bem-sucedido e, dois anos mais tarde, Babenco foi declarado inteiramente curado. Pôde assim, finalmente, filmar *Coração iluminado*, seu filme mais autobiográfico, cuja história, passada na Mar del Plata de sua juventude, fora escrita a quatro mãos com Ricardo Piglia em 1994. O filme foi apresentado na seleção oficial do FESTIVAL DE CANNES de 1998. (LN)

Em 2002, Babenco dirige *Carandiru*, baseado no livro *Estação Carandiru*, de Drauzio Varella, publicado em 1999. Alguns críticos consideram *Carandiru* numa linha de continuidade com *Pixote*. Ambos abordam os "miseráveis" da sociedade brasileira e ambos lhes destinam um olhar similar, carregado de crítica social e sentimentalismo. Possuem direção de atores parecida (no primeiro caso, marcando a estreia de Fátima Toledo no cinema, profissional que Babenco foi buscar em escola de arte da Febem/São Paulo). O tipo de encenação, proposto por Toledo, exige envolvimento e entrega da personalidade do ator, produzindo interpretações carregadas e exacerbadas, ao mesmo tempo que abre espaço para atores amadores. Talvez não fosse exagero afirmar que, ao ser aplicado a uma criança como Fernando Ramos da Silva, tenha contribuído para formatar sua personalidade no destino trágico que o seguiu na vida. Drauzio Varella, oncologista, foi um dos médicos que ajudou Babenco a superar seus problemas de saúde. A partir de 1989, Drauzio frequentou a Casa de Detenção de São Paulo (Carandiru), inicialmente como voluntário, a partir de um programa de prevenção e tratamento para Aids entre detentos. Foi nessa convivência que coletou os depoimentos que formam o livro. Sua obra termina com o relato do massacre de 1992, durante uma revolta no presídio onde 111 presos foram mortos pela polícia militar do estado. Babenco toma o texto como inspiração e o transporta livremente para o cinema, através de roteiro elaborado com Fernando Bonassi* e Victor Navas. A estrutura é similar e os personagens são construídos a partir da síntese das personalidades descritas por Varella. Em estrutura de *flashback*, *Carandiru* relata os episódios das vidas dos detentos que os levaram à prisão. A narrativa do médico centraliza o foco, sendo sobreposta à dos detentos, que muitas vezes assumem o relato em primeira pessoa. De relato em relato, o filme avança em crescendo dramático, até desembocar numa espécie de grande inferno dantesco onde Babenco tem espaço para soltar todas a cores da palheta escatológica. Durante os *flashbacks*, o viés cômico e os episódios curiosos predominam. As recordações são revestidas de tom memorialístico. A cenografia (assinada por Clóvis Bueno*) de alguns episódios consegue transformar a periferia das cidades brasileiras nos cenários platenses da infância do diretor. O tom é o das comédias italianas dos anos 60 e a represa Billings recebe o verniz colorido de Mar del Plata.

Babenco é um diretor marcado por sua origem judaico-argentina e sempre experimentou a realidade brasileira, na qual se viu imiscuído, como alteridade. Conforme a narrativa de *Carandiru* avança, oscila de modo cada vez mais marcado entre as recordações de outrora dos personagens e a tensa realidade presente. No terço final do filme, a representação do horror, que já vinha se esboçando em passagens diversas, toma corpo e transborda para a tela. Os personagens revelam facetas distintas de sua personalidade. A mudança é sustentada com consistência pela trama, mostrando segurança na direção e no roteiro. Além do pleno domínio da decupagem clássica (a montagem do filme fica a cargo do experiente Mauro Alice*), Babenco revela-se um diretor que tem uma especialidade: a de saber extrair o máximo dos atores. Em entrevistas, ciente de seu talento, diz ter crescido não com uma câmera de vídeo na mão, mas junto à cena teatral. Wagner Moura*, Rodrigo Santoro*, Gero Camilo, Ailton Graça*, Lázaro Ramos*, Milton Gonçalves*, Antonio Grassi, Caio Blat*, Milhem Cortaz, muitos em início de carreira, sustentam ótimos desempenhos, ajudados por personagens bem delineados em que, conduzidos com firmeza, podem soltar-se.

Nas cenas finais, o massacre é mostrado em detalhes macabros ao espectador, esticando a corda da realidade em seu lado mais sentimental. Temos a impressão de estar frente a um teorema que, para ter sua evidência, precisa ser exposto letra a letra. As tonalidades sentimentais crescem e compõem um horizonte dramático exacerbado em que o diretor circula à vontade. A sequência final é feita sob medida para a retórica sentimentalista e escorrega para a alegoria: às imagens últimas do horror é sobreposta a música tema "Aquarela do Brasil". Figura que aparece como cereja de um bolo que, de melado, já tinha muita cobertura. *Carandiru* é um filme denso que peca pelo excesso, podendo ser analisado na distância visceral de um diretor com a realidade que descreve. A reação aos fatos degradantes que relata, e a sociedade que os admite, embute uma agressividade latente que percorre o filme. O prazer que o espectador brasileiro obtém ao entrar em contato com uma representação construída nesse tom – dentro da sensibilidade de um autor espantado, deslocado, e também agressivo – diz bastante de uma postura masoquista, já explorada com talento, em outras circunstâncias, por um dramaturgo como Nélson Rodrigues.

Em 2007, Babenco arrisca nova aventura cinematográfica adaptando o livro *O passado*, do argentino Alan Pauls. Seria apressado dizer que, com *O passado*, retoma o veio mais intimista de sua obra que já encontramos em *Ironweed* e *Coração iluminado*. Na realidade, em sua filmografia, Babenco oscila em filmes com engajamento social (como *Lúcio Flávio, Pixote, Carandiru*), de foco mais acentuado nos miseráveis e na população marginal do capitalismo brasileiro. Se a tonalidade intimista está sempre presente, ao atuar em um universo ficcional balizado pela alteridade (que é para si o popular brasileiro), Babenco entrega-se a dramas com tonalidades sentimentais marcadas, escorregando às vezes para o piegas. Quando o foco é a própria realidade platense, o tom é diferenciado e a densidade dramática adquire voltagem. A consistência intimista é cerrada e sentimos o diretor locomovendo-se em seu meio, sem forçar a mão. Se este é o caso de *Coração iluminado*, o percurso faz-se sentir também em *O passado*. Nesse filme, a trama é centrada no personagem Rimini, desempenhado pelo ator mexicano Gael Garcia Bernal, que acaba de separar-se de Sofia (Analia Couceyro), e tenta partir para nova vida, sendo constantemente assediado pela presença da ex-mulher. A trama transcorre em Buenos Aires, com algumas locações em São Paulo. O filme respira o clima da vida cotidiana na metrópole argentina, centrando-se nas conquistas femininas, nos fantasmas e nas fragilidades de Rimini, sempre às voltas com a forte presença da ex-esposa. Gael faz o personagem masculino que atrai por sua fragilidade, mas possui pulso suficiente para afirmar-se, deixando marcas doloridas em sua passagem. A vida do casal recém-separado reflete também a experiência do diretor, que diz ser este um filme sobre a permanência do amor depois da separação. Pessoal ou não, *O passado* não tem o traço autobiográfico assumido de *Coração iluminado*, mas a trama, ao se desenrolar no cotidiano bonaerense, lida com um passado próximo que se convive com prazer e se quer evitar. Sensibilidade de um diretor que gosta de definir-se como estranho nos dois mundos aos quais vinculou sua vida, mas que está verdadeiramente à vontade nas águas mais profundas de Mar del Plata. (FPR)

BACK, Sylvio (Silvio Carlos Back) – Blumenau, SC, 1937. Diretor

FILMOGRAFIA: 1968 – *Lance maior*. 1970 – *Guerra dos Pelados*. 1975-1976 – *Aleluia, Gretchen*. 1980 – *Revolução de 30*. 1982 – *República Guarani*. 1986 – *Guerra do Brasil*. 1990-1991 – *Rádio Auriverde*. 1993-1995 – *Yndio do Brasil*. 1998-1999 – *Cruz e Souza, o poeta do Desterro*. 2003 – *Lost Zweig*. 2008-2010 – *O Contestado – restos mortais*.

Crítico, documentarista, produtor e diretor de cinema, escritor, ensaísta e poeta. Logo cedo se aproximou do mar – foi criado nos litorais de Santa Catarina (Balneário de Camboriú) e Paraná (baía de Paranaguá). Na década de 50 radicou-se em Curitiba e, posteriormente, no Rio de Janeiro. Autodidata, iniciou-se profissionalmente como jornalista em 1959, atividade que exerceu até meados da década de 1960. Nessa época escreveu críticas diárias de filmes para diferentes jornais e participou da fundação do Clube de Cinema do Paraná (1962). Como documentarista, estreou com *As moradas* (1962-1964), curta-metragem escrito em parceria com o crítico de cinema Francisco Bettega Neto, cujo enfoque são as moradias de ricos e pobres em Curitiba. Em seguida, filmou o média-metragem *Os imigrantes* (1965-1966), sobre o tema no estado do Paraná. Muito ativo no ano de 1966, realizou os curtas *Curitiba, Amanhã*; *A grande feira*; *Festival* e *Vamos nos vacinar* e ainda arranjou tempo para colaborar na coletânea de contos *7 de amor e violência*, livro reeditado em 1986, e que foi um dos primeiros atos na oposição ao regime imposto em 1964. Em 1967, publicou o livro de ensaios, *Um cinema polêmico*, sobre o cinema da Tchecoslováquia.

Os curtas *Schweik na II Guerra Mundial* e *O livro de Cristóvão Colombo* (1967-1969) foram inseridos nas apresentações das respectivas peças teatrais. Publicou novo livro de ensaios intitulado *Cinema paranaense?* (1968). Passa a dirigir longas-metragens feitos através da sua empresa, PARANÁ FILMES, em sociedade com os produtores Alfredo Palácios e A. P. Galante, nos quais contou com parceria de Oscar Milton Volpini para os roteiros. Estreia com o drama urbano *Lance maior*, que lançou a jovem estrela televisiva Regina Duarte no cinema, formando triângulo amoroso em torno de um jovem em busca de ascensão social na Curitiba do final dos anos 1960. Nesse primeiro filme de longa metragem contou com a contribuição de Nelson Pradella no roteiro e na escrita dos diálogos. Em seu primeiro filme colorido, *Guerra dos Pelados*, incursionou pela seara do filme histórico em adaptação do romance *Geração do deserto*, do escritor catarinense Guido Wilmar Sassi. O filme relata a Campanha do Contestado (1912-1916), acontecimento ocorrido no meio-oeste de Santa Catarina, região que naquela época pertencia ao Paraná. Entre os anos de 1971 e 1974, dirigiu mais de uma centena de comerciais para a OBJETIVA PRODUÇÕES CINEMATOGRÁFICAS. Em produção da BLIMP FILMES para o programa *Globo-Shell* realizou um média-metragem *A gaiola de ouro* (1973), sobre a extração de riquezas (ferro, manganês e ouro). Em 1974, fez sua única experiência com a bitola Super-8, com o curta *O semeador*. Nessa época fundou a SYLVIO BACK PRODUÇÕES CINEMATOGRÁFICAS e nesse mesmo ano filmou *Curitiba, uma experiência em planejamento urbano*, sobre as transformações urbanísticas da capital paranaense.

Nunca descuidou da divulgação de seu trabalho, publicando vários roteiros de seus filmes, começando com *Lance maior* (1975); *Aleluia, Gretchen* (1976), este reeditado quatro vezes; *Crônica sulina* (1978); *Sete Quedas* (1980); *República guarani* e *Vida e sangue de polaco* (1982); *Autorretrato de Bakun* (1985), acompanhado de biografia do artista, e *Rádio Auriverde* (1991). No biênio 1987-1988 lançou em vídeo vários de seus filmes (todos os longas e alguns dos principais curtas). Iniciou parceria com a EMBRAFILME através da produção do impressionante drama familiar *Aleluia, Gretchen*, considerado por muitos seu melhor trabalho. O filme reflete a influência da cultura germânica no Sul do Brasil, mesclando o alegórico com o real. O escritor, dramaturgo e encenador teatral Manoel Carlos Karam colaborou com Back e Volpini na criação da trama. Os longas ficcionais que dirigiu reuniram artistas conhecidos nacionalmente como protagonistas e artistas paranaenses como coadjuvantes. Em seguida, retomou a carreira de documentarista quando filmou o curta *Teatro Guaíra* (1976), que relata a importância dessa moderna casa de espetáculos na cultura curitibana. Com produção da BLIMP, realizou o primeiro trabalho para o programa *Globo Repórter*, o média *Mulheres guerreiras* (1977). Realizaria ainda outros dois filmes com média duração para o *Globo Repórter*: *1930: a revolução que mudou o Brasil* (1980) e *Jânio, vinte anos depois* (1981), que trata do político paulista Jânio

da Silva Quadros, vinte anos depois de sua renúncia à Presidência da República em 1961. Para o programa *Globo Rural* filmou o média *A extinção da araucária* (1981). Em 1978, fez nova produção para a BLIMP, o filme curto *Crônica sulina*, em que utilizou texto do escritor gaúcho Josué Guimarães e filmou o curta *Um Brasil diferente?*, filme que viaja desde o litoral do Paraná, passa por Vila Velha, Sete Quedas e Foz do Iguaçu. Embrião para longa homônimo foi o média *República guarani* (1978), questionador da formação no Sul do país de uma sociedade habitada, entre os anos de 1610 e 1767, pelos índios guaranis e criada pelos jesuítas.

Estende sua atividade de documentarista ao filme de longa metragem em *Revolução de 30*, caracterizado pelo seu diretor como um filme-colagem composto de mais de vinte títulos entre documentários e ficção, feitos nas décadas de 1920 e 1930, além de diversas gravações sonoras de músicas, com direito às vozes célebres de Carmen Miranda*, Francisco Alves e outros. Os depoimentos ficam por conta dos historiadores Bóris Fausto, Edgard Carone e Paulo Sergio Pinheiro. O curta *Sete Quedas* (1980) aborda o fim das corredeiras conhecidas como Sete Quedas no rio Paraná e seu desaparecimento com a construção da Represa de Itaipu no final de 1982. O média *A araucária: memória da extinção* (1981) conta a história do pinheiro e sua situação atual. Em 1982 dirige o longa *República guarani*, a partir do média já mencionado, com a colaboração do escritor Deonísio Silva no roteiro e pesquisa. O curta *A escala do homem* exibe as modificações sofridas por Curitiba, desde a cidade provinciana até a qualidade de vida contemporânea. Fez em seguida dois filmes que se destacam em sua obra. Com quase uma hora de duração, *Vida e sangue de polaco* mostra a imigração polonesa no Paraná. Outro documentário, com média duração, foi *Autorretrato de Bakun* (1984), retrato do pintor paranaense Miguel Bakun, considerado pioneiro da arte moderna no estado do Paraná. Filmou mais um documentário longo, *Guerra do Brasil*, para o qual faz sozinho a pesquisa cinematográfica, iconográfica e musical. Seu filme examinou a Guerra do Paraguai (1864-1870), que envolveu, além desse país, Argentina, Brasil e Uruguai, na mais violenta luta que houve em toda história de conflitos na América do Sul, abordando personagens muito conhecidos como Caxias, Barroso, o francês conde d'Eu, a irlandesa Madame Lynch, o paraguaio Solano Lopez, o argentino Mitre e o uruguaio

Venâncio Flores. O filme desmascara vários dos heróis mistificados pela história oficial. A polêmica é uma praia sempre frequentada por Sylvio Back, cineasta muito premiado no Brasil e no exterior.

A partir de 1986, retomou a obra literária, publicando livros de poemas e revelando um poeta até então desconhecido: *Caderno erótico de Sylvio Back* (1986), *Moedas de luz* (1988), *A vinha do desejo* (1994), *Yndio do Brasil* (poemas de Filme, 1995) e *Boudoir Eurus* (2004). Voltou a escrever livros de ensaios, *Por um cinema desideologizado* (1987), *No cinema inoculado* (1988 e reeditado em 1990) e *Pensar es insalubre* (1992). Fez seu quarto documentário longo *Rádio Auriverde (A FEB na Itália)*, no qual utilizou material estrangeiro e, através de seu cinema desmistificador, comprou inúmeras brigas com aqueles que lutaram no biênio 1944-1945 pela Força Expedicionária Brasileira (FEB) na II Guerra Mundial. Esta foi sua última obra em parceria com a EMBRAFILME, empresa cinematográfica fechada em seguida. Utilizou a linguagem experimental em *A Babel de Luz* (1992), curta sobre a poetisa paranaense Helena Kolody, na primeira realização da sua nova produtora, USINA DE KYNO. Filmou o quinto documentário longo, *Yndio do Brasil*, posicionando sua câmera para uma leitura crítica da imagem que os cineastas nacionais e estrangeiros deram do índio brasileiro, desde o primeiro filme, datado de 1912. Nessa nova obra, em colagem, misturou cinejornais, documentários e fitas de ficção. Realizou em seguida o média *Zweig: a morte em cena* (1995), sobre a vida brasileira do escritor austríaco Stefan Zweig e sua mulher Lotte. Em 1998-1999, depois de mais de vinte anos, realizou um novo filme ficcional, o drama *Cruz e Souza, o poeta do Desterro*, sobre o poeta catarinense considerado o maior poeta negro do Brasil. Quatro anos mais tarde, dirige sua primeira coprodução internacional, o drama *Lost Zweig*, baseado no livro *Morte no paraíso*, do jornalista Alberto Dines – roteirizado pelo irlandês Nicholas O'Neill, tendo no papel-título o alemão Rudiger Vogler. Back costuma retornar a alguns temas já trabalhados anteriormente em sua carreira. É assim que transforma o tema do ficcional *Guerra dos Pelados* em matéria para seu sexto documentário longo, *Contestado – restos mortais*, abordando novamente a revolta catarinense em formato de documentário. (LFM)

BAHIA

A primeira projeção de que se tem notícia na cidade de Salvador é a que acontece em 1897, no amplo salão do Theatro Polytheama, quase dois anos depois da exibição dos Lumière em Paris. O exibidor, Dionísio da Costa, traz do exterior fitas de pequena duração que, mostradas a uma plateia curiosa, provocam o entusiasmo pela novidade. Itinerante a princípio, sem lugar certo de pouso, exibido aqui e ali, somente a partir de 1909 o cinema fixa-se em salas permanentes. Além de Da Costa, Rubem Pinheiro Guimarães e Nicola Parente podem ser considerados os pioneiros na área de exibição. O cinema baiano deve o início do registro cinematográfico a Diomedes Gramacho e José Dias da Costa, que, com as lições aprendidas na arte de fotografar de um alemão chamado Lindemann, aventuram-se a uma incipiente produção cinematográfica. Exibidos com grande sucesso, em 1910, *Segunda-feira do Bonfim* e *Regatas da Bahia*, documentários na tradição lumieriana, são apontados como filmes precursores. Os celuloides, por demais inflamáveis, provocam incêndios sucessivos, destruindo boa parte da obra de Gramacho, que, desesperado, joga o resto de sua produção nas águas da Baía de Todos-os-Santos, desaparecendo, com isso, qualquer registro sobre a fase inicial do cinema baiano. É com Alexandre Robato Filho, a partir dos anos 30, que a Bahia conhece novas tentativas no campo cinematográfico. Esse cineasta desenvolve vasta produção nas décadas seguintes, passando do mero registro da realidade direta (filmagens de bacias e barragens, exposições agropecuárias) para uma confecção documental mais ritmada – *A marcha das boiadas* (1946), *Um milhão de KWA* (1949) –, até que, nos anos 50, atinge uma elaboração poética mais densa (*Entre o mar e o tendal*, 1952-1953, principalmente). O mérito maior desse cineasta está no registro da memória soteropolitana (o carnaval, os políticos da época, fatos pitorescos) e seus filmes, restaurados, encontram-se na Diretoria de Imagem e Som da Fundação Cultural do Estado da Bahia.

Os anos 50 conhecem uma fase de esplendor na vida cultural da província, que refletia a efervescência de um otimismo nacional com a perspectiva, nas artes, da renovação e da transformação do homem. O CLUBE DE CINEMA DA BAHIA, fundado em 1950, aponta na direção do conhecimento, pelos baianos, do neorrealismo italiano, da montagem ideológica de um Eisenstein, do realismo poético francês, da floração sueca bergmaniana, da antinarrativa de um Antonioni, ensejando, com isso, a vontade de fazer cinema. A figura e a presença de Walter da Silveira*, à frente das atividades cineclubistas, é um fator importante para a ebulição cinematográfica, apesar de o pioneiro do longa-metragem, Roberto Pires*, não ser sócio do clube. É *Redenção*, de Roberto Pires, o detonador de uma viabilidade real de se fazer cinema na Bahia. Realizado entre 1955 e 1959, nas horas vagas do cineasta, que inventou uma lente anamórfica (idêntica à do CINEMASCOPE, batizada de IGLUSCOPE), *Redenção*, embora policial amadorístico e com um tecido dramatúrgico ingênuo, influenciado pelo *thriller* americano, tem, contudo, a importância de seu pioneirismo e a revelação de um cineasta promissor na construção narrativa. O encontro do produtor Rex Schindler com Glauber Rocha*, no escritório do fotógrafo Leão Rosemberg, faz eclodir o Ciclo Baiano de Cinema, que, a rigor, tem início com *Barravento* (1960-1961), de Glauber Rocha (apesar da filmagem anterior de Luís Paulino dos Santos, autor de um curta importante: *Um dia na rampa*, 1955). Dentro de um projeto de se criar uma infraestrutura cinematográfica com Rex, Braga Neto e David Singer (produtores), Roberto Pires e Glauber como mentor intelectual, entre outros, o ciclo prossegue com *A grande feira* (1961) e, a seguir, *Tocaia no asfalto* (1962), filmes que podem ser enquadrados dentro dos postulados cinemanovistas, ainda que a linguagem de Pires revele um acentuado gosto pelo *thriller*. No entusiasmo geral, cineastas do Sul do país e do exterior, aproveitando o cenário da paisagem natural, realizam os filmes *Bahia de Todos os Santos* (1959-1960), de Trigueirinho Neto; *Mandacaru vermelho* (1961), de Nelson Pereira dos Santos*; *O pagador de promessas* (1962), de Anselmo Duarte*; *Três cabras de Lampião* (1962), de Aurélio Teixeira*. No Ciclo Baiano de Cinema incluem-se os filmes entre os anos 1960 e 1963, mas é preciso separar e distinguir os oriundos do grupo gerador inicial (Rex Schindler, Glauber, Pires, etc.) – que querem criar uma escola baiana de cinema, seguindo uma linha programática – daqueles realizados fora do grupo, ainda que genuinamente baianos, como *O caipora* (1963), de Oscar Santana; *Sol sobre a lama* (1962-1963), de Alex Viany*; e *O grito da terra* (1964), de Olney São Paulo. Há, porém, em todos, uma preocupação no enfoque do drama do povo brasileiro sofrido e faminto. A efervescência não dura muito, no entanto, por não haver retorno do capital investido.

Os anos que se seguem a 1964 revelam certo marasmo até que, com a explosão contracultural, uma nova geração, que desprezava as preocupações temáticas do ciclo, parte para um cinema cujo carro-chefe é *O Bandido da Luz Vermelha* (1968), de Rogério Sganzerla*, bebendo nas águas do tropicalismo e influenciado pelo cinema *underground* internacional. Essa reviravolta temática e estilística encontra-se bem nítida em *Meteorango Kid, o herói intergalático* (1969), de André Luiz Oliveira, espelho da angústia de toda uma geração em transe que se sustenta na *collage* de situações vivenciadas pelo histrionismo. Tipifica mais uma fase do chamado Cinema Marginal* do que, propriamente, um *corpus* regido com a consciência de sua fragmentação. No média-metragem *Akapalô* (1971), de José Frazão e Deolindo Checcucci, o discurso cinematográfico não possui a anarquizante *nonchalance* de *Meteorango*, aproximando-se mais de uma filosofia *flower power*. Essa ideologia encontra-se também em outro longa, *Caveira my friend* (1969), de Álvaro Guimarães, cuja narrativa gera uma espécie de representação simultânea de acontecimentos sem qualquer relação de casualidade. *O anjo negro* (1972), de José Umberto, que coloca em ebulição a influência da cultura negra na sociedade colonial, através de um personagem negro que se intromete no seio de uma família patriarcal, fecha esse outro ciclo baiano, que se poderia chamar de contracultural. Os longas seguintes – *O pistoleiro* (1975), de Oscar Santana; *Abrigo nuclear* (1981), de Roberto Pires; e *O mágico e o delegado* (1983), de Fernando Cony Campos*, assim como o filme de animação *O boi aruá* (1981-1985), de Chico Liberato – são filmes que não se podem encaixar dentro de um ciclo. Nos anos 70, cerceados pelo rigor da censura, surgem, no entanto, as jornadas baianas de curta metragem, organizadas por Guido Araújo, que abrigam o *boom* do Super-8 de meados da década, cujos realizadores, revelando-se na pequena bitola, levam adiante o compromisso da aventura cinematográfica (como Edgard Navarro, que faz, em 1989, *O Superoutro* em 35 mm). Único refúgio para a exibição de curtas, as jornadas se credenciam como polo durante a ditadura para se rarefazer na abertura democrática. O polo, que se cria durante os anos 80, gera alguns curtas dentro de um otimismo passageiro, desfeito pelas injunções conjunturais e determinismos provincianos. O convênio entre a EMBRAFILME* e o governo do estado não tem prosseguimento capaz de gerar obras mais consistentes. O longa-metragismo desaparece, mas Agnaldo Siri Azevedo (*O Boca do Inferno*, 1976, *O capeta Carybé*, 1996), José Umberto (*A musa do cangaço*,

1982), Tuna Espinheira (*Comunidade do Maciel*, 1976), Vito Diniz (*Pelourinho*, 1973) – que, além de cineasta, é iluminador da maioria dos longas e curtas baianos pós-70 –, Edgard Navarro, Cícero Bathomarco, Pola Ribeiro, Fernando Belens, Araripe Jr., entre outros, não desistem do processo de criação cinematográfica.

Na década de 1990, o longa-metragem se ausenta do cenário cinematográfico baiano, que fica restrito à produção de curtas. *Heteros, a comédia*, produzido pela TRUQ CINE TV E VÍDEO (que virá a ser, na década seguinte, a produtora mais atuante em Salvador), dirigido por Fernando Bélens em 1994, é uma obra de ficção que focaliza, em tom irônico e de deboche, a intolerância heterossexual na história de um sisudo professor universitário que se transmuta em mulher. Com roteiro escrito por Dinorah do Valle e pelo próprio Bélens, o filme tem no seu elenco Patrício Bisso, Wilson Mello, Fafá Pimentel, Rita Assemany e Bárbara Suzart. José Araripe realiza dois curtas: *Mr. Abrakadabra* (1996) e *Rádio Gogó* (1999). O primeiro, com roteiro premiado em concurso nacional e todo filmado em Cachoeira, cidade histórica da Bahia, é uma homenagem ao cinema mudo, utilizando a estética da arte muda, e assinala a derradeira aparição de Jofre Soares*, que viria a morrer logo após o fim da rodagem. Ele representa um velho artista que já não consegue fazer suas mágicas e, desesperado, tenta o suicídio várias vezes, sem, contudo, obter êxito. Decidido a morrer a qualquer preço, arquiteta um supersuicídio. Porém, algo surpreendente acontece. Além de Jofre Soares, *Mr. Abrakadabra* conta com muitos atores baianos: Edvaldo Santos "Bába", Fernando Marinho, Caco Monteiro, Haydil Linhares, Maria Menezes, Mr. Yesus Moreira, Teresa Araújo, Hebe Alves, Paula Hiroe, Zeca Abreu, Juliana Valente e Zé Ivane. Destaque especial para a direção de arte do conceituado Ewald Hackler. *Rádio Gogó* trata da paixão sem limites de Gogó (Caco Monteiro) por futebol. Sua vida consiste em narrar partidas de futebol de bairro, no "futebolês", os *babas* de rua. Sonha em ter sua própria rádio, a Rádio Karioca, mas seu veículo mesmo se reduz a uma kombi. Depois de narrar espetacularmente a final da Copa de 94, na qual o Brasil sagra-se campeão, Gogó revela um segredo mantido a sete chaves, desde 1970. Demais atores: Isabel Marinho, Karina Santos, Wagner Moura, Riachão e Manoel Bomfim. Todos os curtas citados são produzidos pela TRUQ.

Abordagem poético-sentimental de dona Lúcia Rocha, *A mãe*, de José Umbelino Brasil e Fernando Bélens, é um documentário no qual a mãe de Glauber Rocha fala de sua trajetória e encontra companheiros de vida e de luta no cinema brasileiro, como Luiz Carlos Barreto*, Wally Salomão, Orlando Senna*, João Ubaldo Ribeiro e Nelson Pereira dos Santos. PRÊMIO ESPECIAL DO JÚRI do FESTIVAL DE BRASÍLIA de 1998, o filme é montado por Peter Przygodda, responsável pela edição da maioria dos filmes de Wim Wenders e de outros cineastas do Novo Cinema Alemão.

Com a entrada no terceiro milênio, o cinema baiano toma um grande impulso e produz, no decorrer da década, vários longas-metragens, mediante concursos de roteiros patrocinados pelo governo do Estado da Bahia. Os concursos contemplam os roteiros premiados com uma quantia que, embora para produção de baixo orçamento, permite aos cineastas a realização de um longa. Ressurge, após jejum de duas décadas, o longa-metragismo na Bahia. Além dos concursos estaduais, o MINC (Ministério da Cultura) também oferece possibilidades para a expressão cinematográfica baiana em filmes de longa duração.

Antes da efetivação dos concursos, um deles, patrocinado pela Fundação Cultural do Estado da Bahia, premia três curtas que seriam transformados no longa *3 histórias da Bahia*. A produção do filme leva alguns anos para conseguir levar a cabo o projeto e, em 2001, o filme é lançado em circuito comercial. Segundo o folheto da produtora (a TRUQ, novamente, que se responsabiliza pelo aporte final de recursos), "três viagens aos subterrâneos da Bahia, três trabalhos de três diretores da nova geração do cinema baiano": *Agora é cinza*, de Sérgio Machado*, *Diário do convento*, de Edyala Yglesias, e *O pai do rock*, de José Araripe. No mesmo ano do lançamento de *3 histórias da Bahia*, 2001, um documentário baiano é premiado no FESTIVAL DE BRASÍLIA, dividindo o prêmio de melhor filme, *ex-aequo*, com *Lavoura arcaica*, de Luiz Fernando Carvalho*. Trata-se de *Samba Riachão*, de Jorge Alfredo, que retrata a história do samba como tema central da Música Popular Brasileira através da trajetória de Clementino Rodrigues, o popular sambista baiano Riachão, com seus 80 anos de idade, uma lenda viva do samba de rua da velha Bahia. O diretor utiliza a experiência pessoal do sambista Riachão para contar as transformações no mercado da música popular e nos meios de comunicação durante o século XX. Também é a TRUQ que o produz. Em 2004, José Araripe, após carreira bem-sucedida no curta-metragismo, consegue finalizar *Esses moços*, cuja captação de recursos dá-se através do supermercado Bom Preço com aporte da TRUQ. O argumento gira em torno de duas meninas, Darlene e Daiane, que fogem do interior e chegam a Salvador. Nessa cidade, encontram Diomedes, um senhor idoso que está desmemoriado, perdido nas ruas, sem saber quem é nem onde mora. Juntos, os três exploram a cidade. Darlene, a menina mais velha, tem a ideia de ganhar dinheiro com esmolas, por conta da piedade que o velho desperta nas pessoas. Ainda assim, os três constituem uma espécie de família informal, em que Diomedes é capaz de conduzi-las para seu mundo, onde afeto e solidariedade têm espaço para existir. A jornada que vivem em 48 horas muda suas vidas e abre possibilidades de escolha inesperadas para os três. Também nesse ano fica pronto *Cascalho*, de Tuna Espinheira, uma adaptação do romance homônimo de Herberto Salles, cuja ação se localiza na Chapada Diamantina na década de 30, quando da corrida ao ouro negro. O realizador, no entanto, precisa esperar mais quatro anos para lançá-lo em 2008, porque, nesse tempo, passa a captar mais recursos a fim de colocar o imprescindível DOLBY STEREO, sem o qual não se consegue exibição nas salas do circuito comercial.

Apesar de lançado em novembro de 2006, *Eu me lembro*, de Edgard Navarro, ficou pronto no ano anterior. Sucesso no FESTIVAL DE BRASÍLIA de 2005, com vários troféus, inclusive o de melhor filme, *Eu me lembro* é o primeiro longa de um cineasta já reconhecido por seus instigantes curtas em Super 8, 16 mm e 35 mm, principalmente pelo média *O Superoutro*, com o qual obtém repercussão nacional e chega, inclusive, a ser considerado, por parte da crítica, um dos melhores filmes nacionais dos anos 80. Navarro, em *Eu me lembro*, faz o seu *Amarcord* numa obra que tem a memória do pretérito como mola propulsora. O estilo iconoclasta, anárquico, é, nesse filme, substituído pela necessidade do *recuerdo* não desprovido de fina ironia e de uma particular observação dos comportamentos humanos. O ano de 2005 também é o de *Brilhante*, de Conceição Senna, que mostra como a cidade baiana de Lençóis mudou por causa de um filme: *Diamante bruto*, rodado em 1977 por seu marido, Orlando Senna*. Vinte e cinco anos separaram os dois filmes. De lá para cá, a cidade, arruinada pela decadência do garimpo, vira centro turístico; o espaço se transforma, e a relação dos moradores com seu lugar muda sensivelmente. Para os habitantes, a transformação tem início com *Diamante bruto*.

Brilhante conta essa história de amor entre uma cidade e um filme. Também de 2005 é *A cidade das mulheres*, de Lázaro Faria, documentário sobre a força e a soberania das mulheres do candomblé formadoras de uma organização matriarcal. O filme apresenta Mãe Estela, yalorixá do terreiro Axé Opó Afonjá – um dos mais antigos e conceituados da Bahia –, que conta a história do candomblé e de sua própria vida. Ela discute o matriarcado, a energia das mulheres e o sincretismo no Brasil. Por fim, fala do futuro e da esperança que tem na continuidade e na força do candomblé. *Pau Brasil*, de Fernando Bélens (2008), assinala a estreia do veterano diretor de curtas no longa. Filme bem realizado, focaliza o conflito entre duas famílias num pequeno lugarejo da Bahia. Há, nesse filme, uma elaborada *mise-en-scène* que vem a atestar o amadurecimento da linguagem no cinema baiano. A técnica conjuga-se com essa busca para fazer detonar uma estética. *Os filhos de João*, documentário de Henrique Dantas, ganha prêmios no FESTIVAL DE BRASÍLIA de 2009. Além desses filmes, podemos citar o longa *Estranhos*, de Paulo Alcântara.

A produção de curtas se acentua na década de 2000, com várias obras sendo produzidas: *Pixaim* (2001), de Fernando Bélens; *Catálogo de meninas* (2002), de Cão Cruz Alves; *Lua violada* (2002), de José Umberto; *No coração de Shirley* (2002), de Edyala Yglesias; *Hansen Bahia* (2003), de Joel de Almeida; *Cega seca*, de Sofia Federico; *O corneteiro Lopes* (2003), de Lázaro Faria; *O anjo daltônico* (2004), de Fábio Rocha; *29 polegadas e Ilha do Rato* (2005), ambos de Bernard Attal em parceria com Joselito Crispim; *Na Terra do Sol* (2005), canto agônico sobre os últimos dias de Canudos, de Lula Oliveira; *Vermelho rubro do céu da boca* (2005), de Sofia Federico; *E aí, irmão?* (2006), de Pedro Léo Martins; *Noite das marionetes* (2006) e *Piruetas*, de Haroldo Borges; *Um outro*, de Alba Liberato; *Cães*, de Adler (Kibi) Paz e Moacyr Gramacho; *Isso é bom*, de Joel de Almeida; *A incrível história de seu Mané*, de Nivalda Silva Costa; *10 centavos*, de César Fernando de Oliveira; *Dagoberto vai ao paraíso*, de Raul Moreira. (ASe)

BAJON, Juan – Xangai, China, 1948. Produtor, diretor.

FILMOGRAFIA: 1978 – *O estripador de mulheres* (prod., dir.). 1979 – *Colegiais e lições de sexo* (prod., dir.). 1981 – *A noite dos depravados* (prod., dir.). 1982 – *Fantasias sexuais* (1º episódio: 'O cáften'; 2º episódio: 'Os caronistas'; 3º episódio: 'A mulher-abelha') (prod., dir.); *Loucuras sexuais* (1º episódio: 'O rapto'; 2º episódio: 'A mulher-aranha') (prod., dir.). 1983 – *Bacanal de colegiais* (prod., dir.); *Juventude em busca de sexo* (prod., dir.); *Taras de colegiais* (prod., dir.). 1984 – *Sexo em grupo* (prod.); *Penetrações profundas* (prod., dir.); *Variações do sexo explícito* (prod.); *Sexo dos anormais* (prod.); *Colegiais em sexo coletivo* (prod., dir.). 1985 – *Sexo livre* (prod.); *Borboletas e garanhões* (prod.); *Sexo com chantilly* (prod., dir.); *Sexo de todas as formas* (prod., dir.); *Sexo a cavalo* (prod., dir.). 1986 – *Meu marido, meu cavalo* (prod., dir.); *Seduzida por um cavalo* (prod., dir.); *A colegial sacana* (prod., dir.); *Sexo em festa* (prod.); *A garota do cavalo* (prod., dir.); *Loucas por cavalos* (prod., dir.); *Sexo doido*; *Mulheres e cavalos* (prod., dir.); *Duas mulheres e um pônei* (prod.). 1987 – *Júlia e os pôneis* (prod., dir.); *Viciadas em cavalos* (prod., dir.); *Orgasmo louco* (prod.); *Ninfetas nota 10* (prod., dir.); *Corpos quentes* (prod.); *Revelações de uma sexomaníaca* (prod., dir.). 1988 – *Gatinhas, às suas ordens* (prod., dir.); *Bonecas do amor* (prod., dir.); *Tudo por um cavalo* (prod., dir.); *Um homem, uma mulher e um cavalo* (prod., dir.); *Garotas sacanas* (prod.). 1989 – *Ninfas pornôs* (prod., dir.); *Gatinhas safadas* (prod., dir.); *Eu, Márcia F., 27 anos, louca e desvairada* (prod., dir.); *A ninfeta sapeca* (prod., dir.); *A vida privada de uma atriz pornô* (prod., dir.).

Mora em São Paulo, desde 1954. Cinéfilo, grande conhecedor dos cinemas alemão e japonês, frequenta por vários anos seguidos as salas exibidoras de filmes nipônicos no bairro paulistano da Liberdade. Nos anos 60 liga-se ao grupo de Rubem Biáfora* e Walter Hugo Khouri*. Nessa época, ingressa na primeira turma da Escola Superior de Cinema São Luiz. Em 1973 faz assistência de direção em *A casa das tentações*, de Rubem Biáfora. No fim dessa década, instala-se na região da Boca do Lixo* e monta sua primeira produtora, a J. B. FILMES. Estreia na direção com *O estripador de mulheres*, fita policial na qual utiliza a criatividade para compensar os poucos recursos de produção. Associa-se depois à BRASIL INTERNACIONAL CINEMATOGRÁFICA, na produção de uma série de filmes eróticos e pornográficos. Com o advento do filme de sexo explícito, cria a GALÁPAGOS PRODUÇÕES CINEMATOGRÁFICAS, produzindo em larga escala fitas sob sua direção ou entregues à direção de Alfredo Sternheim*. (LFM)

BAMBOZZI, Lucas (Lucas Bambozzi da Silveira) – Matão, SP, 1975. Diretor.

FILMOGRAFIA: 2000-2001 – *O fim do Sem-fim*. 2004 – *Do outro lado do rio*.

Criado em Belo Horizonte, onde se formou em jornalismo. Videoartista, possui produção diversa de vídeos, *performances* e instalações, como *Da obsolescência programada* (2009), *O tempo não recuperado* (2003), *Multidão* (2006), *Run: routine* (2006), entre outros. Especificamente em cinema, dirige os curtas-metragens, *Otto, eu sou um outro* (1998), juntamente com Cao Guimarães*, sobre homem com duas personalidades, uma na fazenda e outra no centro urbano. Faz também o curta documentário *Oiapoque – L'Oyapock* (1999), servindo de ponto de partida para o tema que desenvolveria em seu longa de 2004. Em nova parceria com Cao Guimarães, e mais Beto Magalhães, dirige, fotografa e monta o longa documental, *O fim do Sem-fim*, sobre profissões em via de extinção, como amolador de facas, parteira, fotógrafo e lambe-lambe. Em sua primeira direção solo, filma o documentário de longa metragem *Do outro lado do rio*, realizado em estilo "direto", debruçando-se sobre personagens da fronteira norte do Brasil, entre as localidades de Oiapoque (Brasil) e L'Oyapock (Guiana Francesa), separadas apenas por um rio. Sua obra cinematográfica é marcada pela estilística da narrativa documentária, com origem no "cinema direto", embora procure dar destaque a preocupações de intertextualidade e plasticidade da videoarte. Atualmente está radicado em São Paulo. (FPR/LFM)

BARBOSA, Adoniran (João Rubinato) – Valinhos, SP, 1910-1982. Ator.

FILMOGRAFIA: 1945 – *Pif-paf*. 1946 – *Caídos do céu*. 1952 – *O cangaceiro*. 1953 – *Esquina da ilusão*; *Candinho*. 1954 – *Mulher de verdade*; *Os três garimpeiros*; *Carnaval em lá maior*. 1955 – *A carrocinha*; *A estrada*. 1956 – *A pensão de d. Stela*. 1959-1961 – *Bruma seca*. 1973 – *A super fêmea*. 1976 – *Elas são do baralho*.

Compositor da música popular brasileira firma-se no cinema como coadjuvante, desempenhando quase sempre papéis humorísticos. Filho de imigrantes venezianos, trabalha desde menino, começando por ajudar o pai no serviço de carga em vagões da Estrada de Ferro São Paulo Railway. Torna-se depois varredor e entregador de marmita. Acompanha os pais, que se transferem para Santo André em 1924, e trabalha como tecelão, pintor, encanador e serralheiro, até chegar a garçom na casa do futuro ministro da Guerra Pandiá Calógeras. Com a mudança deste para o Rio de Janeiro, a família de Adoniran transfere-se para a cidade de São Paulo. Aprende no Liceu de Artes e Ofícios a profissão de metalúrgico, conseguindo emprego como esmerilhador, o que lhe prejudicaria a saúde. Já compondo algumas canções, tenta a sorte como cantor na RÁDIO CRUZEIRO DO SUL em 1933. Após ser aprovado num concurso de calouros é chamado por Paraguassu para cantar com acompanhamento de regional em programa semanal com quinze minutos de duração. É levado por Octávio Mendes* para a RÁDIO RECORD em 1941, passando a trabalhar em programas humorísticos. Consegue notoriedade com o personagem Charutinho na série *Estória das malocas*, transmitida por dez anos. Interpreta quase sempre tipos populares, vários deles malandros ou trambiqueiros, perfil que o levará ao cinema. Revela-se um bom ator caricato, fazendo com muita verve o mascate judeu de *Caídos do céu*, de Luiz de Barros*, e o professor abilolado de filosofia de *Candinho*, de Abílio Pereira de Almeida*. As gravações de suas composições pelo grupo Demônios da Garoa, a partir de 1955, e o grande sucesso alcançado por algumas delas, em especial *Trem das onze*, de 1965, que o projetam nacionalmente, determinam seu afastamento cada vez maior do cinema. Tem seu talento musical reconhecido nos anos 70, gravando também seus primeiros discos como cantor. (HH) Faleceu em 23 de novembro, em São Paulo. Homenageado postumamente com os livros *Adoniran Barbosa, o poeta da cidade*, de Francisco Rocha (São Paulo: Ateliê, 2002); *Adoniran Barbosa: se o senhor não tá lembrado*, de André Nigri e Flavio Moura (São Paulo: Boitempo, 2002); *Adoniran: dá licença de contar...*, de Ayrton Magnaini (São Paulo: Editora 34, 2002); *Adoniran Barbosa*, coleção Mestres da Música, de André Diniz e Juliana Lins (São Paulo: Moderna, 2003); *Adoniran, uma biografia*, de Celso de Campos Jr. (São Paulo: Globo, 2004); *Adoniran Barbosa: anotações com arte*, de Fred Rossi (São Paulo: Anotações com Arte, 2009).

BARBOSA, Haroldo Marinho – Rio de Janeiro, RJ, 1944. Diretor.

> FILMOGRAFIA: 1972 – *Vida de artista*. 1975 – *Ovelha negra, uma despedida de solteiro*. 1981 – *Engraçadinha*. 1986 – *Baixo Gávea*. 2008 – *O demoninho de olhos pretos*.

Interessado por cinema desde a adolescência, admira a *nouvelle vague* e os Cinemas Novos. Entra no curso de Engenharia Mecânica da Pontifícia Universidade Católica, que conclui em 1967, não exercendo a profissão. Decide paralelamente fazer o curso de Cinema oferecido pela CINEMATECA DO MAM. Como trabalho de conclusão realiza o curta *Pau-de-arara* (1964). Participa dos FESTIVAIS DE CINEMA AMADOR JB-MESBLA, concorrendo em 1965 com *Copacabana* e, em 1967, com *Dom Quixote*, interpretado por Caetano Veloso* e Renata Sorrah. Tem seu primeiro contato com a produção de longa metragem fazendo continuidade de *Vida provisória*, de Maurício Gomes Leite*. Experimenta a cor* com o curta *Eu sou vida; eu não sou morte* (1970), baseado em Qorpo-Santo. Roda no ano seguinte *Petrópolis*, partindo então para o longa metragem, em que exerce quase sempre as funções de produtor, roteirista e diretor. *Vida de artista* aproxima-se da estética marginal, pela liberdade de tratamento da trama. Esses elementos são novamente explorados em *Ovelha negra*. Após breves passagens pela televisão (TVE) e pela crítica jornalística (*Jornal do Brasil*), roda o curta *Nélson Rodrigues* (1978), sobre o dramaturgo, vindo a ser contratado para dirigir nova versão de um texto desse autor, *Engraçadinha*. Com *Baixo Gávea*, investiga o entrelaçamento entre vida e arte, resumindo suas preocupações artísticas. Apresenta essas preocupações em tom intimista, guardando coerência com o ideário libertário, poético e humanista de sua filmografia. (HH) A partir de meados dos anos 80, assina como roteirista nas adaptações das obras de Nélson Rodrigues* e David Neves*. Em *O vestido* (2004), de Paulo Thiago*, escreve o roteiro inspirado no poema homônimo de Carlos Drummond de Andrade. Dirige *Centro do Rio* (2004), um documentário baseado no livro *Rio, o centro de nossas desatenções*, filme produzido por Gláucia Camargos em parceria com a FUNDAÇÃO PADRE ANCHIETA. Depois de um longo jejum, assume a direção do longa-metragem episódico *O demoninho de olhos pretos*, baseado no conto homônimo tirado do livro *Contos fluminenses*, de Machado de Assis.

BARBOSA, Jarbas (Jarbas Barbosa Medeiros) – Campina Grande, PB, 1929-2005. Produtor.

> FILMOGRAFIA: 1962 – *Boca de Ouro*. 1963 – *Crime do Sacopã*; *Os fuzis*; *Deus e o diabo na terra do sol*. 1963-1964 – *Ganga Zumba, rei dos Palmares*. 1965 – *Entre o amor e o cangaço*; *007 ½ no carnaval*. 1966 – *Nudista à força*; *Na onda do iê-iê-iê*. 1967 – *Carnaval barra-limpa*; *Proezas de Satanás na Vila de Leva-e-traz*; *Adorável trapalhão*. 1968 – *Antes, o verão*; *Juventude e ternura*. 1968-1969 – *Os herdeiros*. 1969 – *Pobre príncipe encantado*; *A cama ao alcance de todos* (1º episódio: 'Primeira cama'; 2º episódio: 'Segunda cama'). 1971 – *Soninha toda pura*; *Procura-se uma virgem*. 1972 – *Ali Babá e os 40 ladrões*. 1973 – *Aladim e a lâmpada maravilhosa*; *Amante muito louca*. 1975 – *O filho do chefão*. 1975-1976 – *Xica da Silva*.

Ainda criança, muda-se com a família para Recife. Sua mãe abre uma pensão que faz fundos com o cinema POLITHEAMA, frequentado por Jarbas graças ao romance da empregada de sua família com o bilheteiro. Em 1949, instalado no Rio de Janeiro, rejeita a sugestão de seu irmão Abelardo Barbosa – Chacrinha – de tornar-se locutor de rádio, e vai trabalhar como auxiliar de escritório na CINEGRÁFICA SÃO LUIZ, dirigida por José Augusto Rodrigues. Depois de dois meses, assume o cargo de assistente do cinegrafista Herbert Richers*. Jarbas acompanha Richers na sua nova empresa: CINE E TV FILMES LTDA. Nessa empresa são feitos os primeiros comerciais para televisão da agência McCann-Erickson. Durante esse período, Jarbas torna-se assistente geral e assume um importante papel na distribuição dos jornais cinematográficos de Richers no Norte e Nordeste do Brasil. Os jornais de Richers demoravam até três meses para ser exibidos nessas regiões. A solução foi enviar Jarbas para todas as capitais, entregando o material de "atualidades" antes da empresa do concorrente, Luiz Severiano Ribeiro Jr.* Além disso, ele teve a ideia de fazer trinta cópias dos jornais para ganhar da concorrência, que só fazia cinco. Isso foi decisivo para a velocidade da exibição dos eventos semanais. Quando Herbert Richers decide, em 1955, produzir também longas-metragens, Jarbas encarrega-se de montar uma distribuidora nacional, com filiais em São Paulo e Porto Alegre. A essa altura, os jornais já funcionavam perfeitamente no esquema de produção da empresa.

Os filmes produzidos por Herbert Richers não eram do agrado de Jarbas, que preferia um cinema de tendência social às chanchadas* da companhia. Em 1962 funda a empresa COPACABANA FILMES, cuja primeira produção é *Boca de Ouro*, de Nelson Pereira dos Santos*, baseado na obra de teatro de Nélson Rodrigues*. A COPACABANA FILMES começou a crescer, transformando-se também em distribuidora. Nessa época, Luiz Carlos Barreto* entrega para Jarbas uma carta de Glauber Rocha* e o roteiro de *Deus e o diabo na terra do sol*. Associa-se ao filme e simultaneamente ajuda Carlos Diegues* na finalização de *Ganga Zumba, rei dos Palmares*. Graças ao nexo estabelecido entre Jarbas e José Luiz Magalhães (do Banco Nacional de Minas) finaliza-se o filme e inicia-se a duradoura amizade entre Diegues e Jarbas, que também produzirá *Os herdeiros* e *Xica da Silva*, que foi – antes de *Dona Flor e seus dois maridos*, de Bruno Barreto* – um grande êxito de bilheteria. A COPACABANA FILMES, segundo o próprio Jarbas, "começou com a produção dos três primeiros filmes do Cinema Novo* e terminou com o lançamento dos três primeiros filmes do Cinema Novo: *Os fuzis*, *Deus e o diabo na terra do sol* e *Ganga Zumba*". Em 1965, com a produção de *Entre o amor e o cangaço*, funda a JB PRODUÇÕES CINEMATOGRÁFICAS. Dez anos depois, encerra sua carreira com *Xica da Silva*. Faleceu em Recife, em 9 de dezembro. (SO)

BARCELOS, Jaime (Jaime Jaimovich) – Rio de Janeiro, RJ, 1930-1980. Ator.

FILMOGRAFIA: 1951 – *Presença de Anita*; *Suzana e o presidente*; *O comprador de fazendas*. 1952 – *O amanhã será melhor*; *Appassionata*; *João Gangorra*. 1953 – *Uma pulga na balança*; *Destino em apuros*; *Uma vida para dois*; *A sogra*. 1953-1954 – *Floradas na serra*. 1955 – *O sobrado*. 1957 – *Rebelião em Vila Rica*; *Absolutamente certo*; *O grande momento*. 1970 – *A marcha*. 1974 – *Macho e fêmea*. 1975 – *O motel*; *Os amores da pantera*. 1976 – *Deixa amorzinho... deixa*; *Os pastores da noite (Otália da Bahia)*; *O pai do povo*; *Crueldade mortal*; *Tem folga na direção*. 1977 – *Ódio*; *A morte transparente*. 1978 – *A volta do filho pródigo*.

Ator de teatro e televisão. Pioneiro da TV, onde atuou durante quase trinta anos, entre outros programas, no *Grande Teatro Tupi*, *TV de Comédia* e *TV de Vanguarda*, passou por emissoras como a TUPI e GLOBO. No teatro, fez discreta carreira como ator e ocasionalmente experimentou a direção. No cinema, um dos primeiros trabalhos foi como dublador no primeiro desenho animado nacional de longa metragem, *Sinfonia amazônica* (1947-1952), do pioneiro Anélio Latini Filho. Por essa época, trabalhou como coadjuvante nos estúdios paulistas da MARISTELA*, MULTIFILMES* e VERA CRUZ*. Interpretou o filho preguiçoso na comédia *O comprador de fazendas*, de Alberto Pieralisi*, extraído do conto homônimo de Monteiro Lobato. Representou um imigrante, o austríaco Hans, professor que virou padeiro no

drama *O amanhã será melhor*, primeiro longa como diretor de Armando Couto. No melodrama *Appassionata*, de Fernando de Barros*, foi um advogado, e na comédia *João Gangorra*, trabalhou novamente com o diretor Pieralisi, no papel de padre. Estudante em *Rebelião em Vila Rica*, primeiro longa-metragem nacional colorido feito nos estúdios da Vera Cruz, que marcou a estreia na direção dos gêmeos Geraldo* e Renato Santos Pereira. Ator no curta ficcional *Assassinos* (1962), de Álvaro de Moya, baseado no conto homônimo do escritor americano Ernest Hemingway. Abolicionista no filme histórico *A marcha*, de Oswaldo Sampaio*, a partir do romance homônimo de Afonso Schmidt. Viveu o professor Kunz, misto de cientista e charlatão na comédia *Macho e fêmea*, de Ody Fraga*. Aparece como jornalista no policial *Os amores da pantera*, de Jece Valadão*, baseado em fatos reais e no livro homônimo de José Louzeiro*. É um cientista na comédia *O pai do povo*, único longa dirigido pelo comediante Jô Soares*, e delegado durão na fita policial *A morte transparente*, de Carlos Hugo Christensen*. Foi casado com a atriz Sonia Greiss (falecida) e pai do ator Daniel Barcelos. Faleceu no Rio de Janeiro, em 24 de dezembro. (LFM)

BARCELOS, Joel (Joel Dias Barcelos) – Vitória, ES, 1936. Ator, diretor.

FILMOGRAFIA: 1954 – *Trabalhou bem, Genival*. 1962 – *Cinco vezes favela* (5º episódio: 'Pedreira de São Diogo'). 1963 – *Os fuzis*. 1964 – *A falecida*. 1965 – *O desafio*; *A grande cidade*. 1966 – *Terra em transe*. 1967 – *Garota de Ipanema*; *Proezas de Satanás na Vila de Leva-e-traz*. 1967-1968 – *Um homem e sua jaula*. 1968 – *Copacabana me engana*; *Trópicos*; *Jardim de guerra*. 1969 – *Memória de Helena*. 1971 – *Rua descalça*; *O rei dos milagres* (ator, dir.). 1973 – *O Pica-pau Amarelo*; *Sagarana: o duelo*. 1975 – *Ovelha negra, uma despedida de solteiro*. 1976 – *Feminino plural*. 1976-1977 – *Anchieta, José do Brasil*. 1977 – *A virgem da colina*. 1977 – *Parada 88, limite de alerta*; *Paraíso no inferno* (ator, dir.); *Agonia*. 1977-1981 – *O segredo da múmia*. 1978 – *Batalha dos Guararapes*. 1979-1987 – *Exu-piá, coração de Macunaíma*. 1980 – *Insônia*. 1981 – *Luz del Fuego*. 1982 – *Rio Babilônia*; *Corações a mil*. 1983-1985 – *Imagens do inconsciente*; *Barca do Sol*. 1985 – *Amenic*. 1986-1987 – *Fronteira das almas*. 1986-1988 – *Presença de Marisa*. 1988 – *Jardim de Alah*; *Sonhei com você*. 1994-1996 – *Os olhos de Vampa*. 1996 – *O homem nu*.

É essencialmente um ator de cinema. Em meados dos anos 50, nos estúdios da FLAMA, em Laranjeiras, faz ponta na chanchada* *Trabalhou bem, Genival*, de Luiz de Barros*. Na década de 60, vincula-se ao Cinema Novo*, quando filma com quase todos os diretores do movimento: Leon Hirszman* ('Pedreira de São Diogo', *A falecida* e *Garota de Ipanema*), Ruy Guerra* (*Os fuzis*), Paulo César Saraceni* (*O desafio*), Carlos Diegues* (*A grande cidade*), Glauber Rocha* (*Terra em transe*), encarnando sempre tipos populares. Nos anos 70 interpreta o primeiro papel de *Jardim de guerra*, de Neville d'Almeida*, alternando trabalhos em filmes de maior apelo comercial, projetos mais ambiciosos, como em *Sagarana: o duelo*, de Paulo Thiago*, e experiências mais radicais com diretores como Júlio Bressane*, em *Agonia*. É também diretor dos filmes experimentais *O rei dos milagres* e *Paraíso no inferno*. Ao final dos anos 80, radicado em São Paulo, trabalha em *Fronteira das almas*, de Hermano Penna*, *Presença de Marisa*, de John Doo*, e *Os olhos de Vampa*, de Walter Rogério. (LFM)

BARRETO, Bruno (Bruno Villela Barreto Borges) – Rio de Janeiro, RJ, 1955. Diretor.

FILMOGRAFIA: 1972 – *Tati, a garota*. 1974 – *A estrela sobe*. 1976 – *Dona Flor e seus dois maridos*. 1978 – *Amor bandido*. 1980 – *O beijo no asfalto*. 1982 – *Gabriela, cravo e canela* (produção estrangeira). 1984 – *Além da paixão*. 1987 – *Romance da empregada*. 1990 – *Assassinato sob duas bandeiras* (produção estrangeira). 1995 – *Atos de amor* (produção estrangeira). 1996 – *O que é isso, companheiro?*. 1997-1998 – *One Tough Cop* (produção estrangeira). 1999 – *Bossa nova*. 2003 – *View From the Top* (produção estrangeira). 2005 – *O casamento de Romeu e Julieta*. 2007 – *Caixa dois*. 2008 – *Última parada 174*.

Primogênito de uma das principais famílias cinematográficas brasileiras, os Barreto. O pai, Luiz Carlos Barreto*, é talvez o maior produtor do Cinema Brasileiro; a mãe, Lucy Barreto, e a avó Lucíola Villela (produtora de seu primeiro longa) também produzem filmes, assim como a irmã Paula Barreto. Seu irmão, Fábio Barreto*, faz carreira como diretor de cinema. Desde garoto acompanha o pai em filmagens da empresa produtora LC Barreto. O primeiro interesse foi pela direção de fotografia, função que pretendia exercer, chegando a fotografar e até montar alguns de seus curtas. Bastante precoce, começou a filmar aos 11 anos, quando realizou os primeiros curtas-metragens como diretor na bitola 16 mm. Foram filmes de ficção como *Três amigos não se separam* (1966) e *O médico e o monstro* (1968). Escreveu o argumento do curta *ABC montessoriano* (1970), de seu amigo e parceiro Murilo Salles*, iluminador de seus filmes iniciais. Passou para a bitola 35 mm em 1970, com os filmes *Este silêncio pode significar muita coisa*, sobre a psicanálise, e *O tempo e o som*, filme que focaliza o movimento musical da bossa nova codirigido com Walter Lima Jr.*. A partir do ano de 1971, aderiu à literatura brasileira, em *A bolsa e a vida*, adaptado de texto do poeta Carlos Drummond de Andrade. Em 1972, filmou *Emboscada*, baseado no conto homônimo de Herberto Sales. No mesmo ano fez *Quarta-feira*, dividindo a direção com Maria do Rosário e Luiz Roberto, sobre a vida de um operário. Os primeiros longas-metragens foram adaptações literárias de obras de escritores cariocas: *Tati, a garota*, extraído do conto homônimo de Aníbal Machado e *A estrela sobe*, originário do romance de Marques Rebelo. *Tati* é filme de temática urbana, localizado no Lido, pequeno pedaço inicial de Copacabana, bairro para onde voltaria suas lentes em *Amor bandido*. A menina Daniela Vasconcelos (Tati) não seguiu carreira de artista e o roteiro contou com a parceria do experiente cineasta Miguel Borges*. *A estrela* marcou o primeiro encontro com uma de suas estrelas, Betty Faria*, e com o universo suburbano carioca que lhe é caro. Ainda um dos maiores sucessos de crítica e público do Cinema Brasileiro, com 12 milhões de espectadores, *Dona Flor e seus dois maridos* foi baseado no romance homônimo de Jorge Amado*. Consagrou os protagonistas José Wilker*, Sônia Braga* e proporcionou o maior papel da carreira de Mauro Mendonça como o dr. Teodoro Madureira. Outro parceiro seu, o roteirista Leopoldo Serran*, o escritor-roteirista José Louzeiro* e Bruno criaram o argumento de *Amor bandido*, drama ambientado no *bas-fonds* de Copacabana, num raro papel de protagonista de Cristina Aché*. Experimentou a adaptação teatral em *O beijo no asfalto*, extraído da obra clássica de Nélson Rodrigues*. Em produção internacional, estrelada pelo ator italiano Marcelo Mastroianni e fotografada pelo iluminador italiano Carlo De Palma (também cineastas), *Gabriela, cravo e canela* retornou, sem alcançar o sucesso anterior, ao universo romanesco de Jorge Amado. Sônia Braga é a protagonista no papel de Gabriela, repetindo personagem que fez

sucesso na TV. Por essa época, junto com o cineasta Carlos Diegues* e o escritor Aguinaldo Silva, elaborou o argumento de *Luzia Homem*, baseado no romance homônimo do escritor cearense Domingos Olimpio, projeto a ser dirigido por ele, com Florinda Bolkan no papel-título. A obra acaba sendo filmada em 1987 por seu irmão Fábio. Em *Além da paixão*, utilizou argumento do cineasta Antônio Calmon* para realizar drama sobre uma burguesa paulistana, interpretada por Regina Duarte, em crise. Baseado em argumento do dramaturgo e encenador Naum Alves de Souza, filmou o drama suburbano *Romance da empregada*, com papel vivido por Betty Faria contracenando com veterano Brandão Filho e Daniel Filho*, este em magistral interpretação. Em seguida, deixou o Brasil e iniciou carreira no cinema norte-americano com *Assassinato sob duas bandeiras* (*Show of Force*), *thriller* político ambientado em Porto Rico e protagonizado pela atriz norte-americana Amy Irving, com quem se casou e dirigiu nos filmes *Atos de amor* e *Bossa nova*. Para a TV norte-americana foi diretor de telefilme, o drama *Heart of Justice* (1992), quando trabalhou com o veterano ator Vincent Price. A fita chegou aqui apenas no mercado de vídeo com o título *O coração da justiça*. Após cinco anos, dirigiu seu segundo longa norte-americano, *Atos de amor* (*Carried Away*), baseado na obra *Farmer*, de Jim Harrison, filme romântico ambientado no Meio-oeste americano, protagonizado por Dennis Hopper e Amy Irving. Retornou ao Brasil para fazer o polêmico drama político *O que é isso, companheiro?*, cujo título em inglês, com o qual concorreu ao OSCAR de melhor filme estrangeiro em 1997, foi *Four Days in September*, baseado no *best-seller* de Fernando Gabeira que narra o sequestro do embaixador norte-americano (papel vivido pelo ator americano Alan Arkin), no Rio de Janeiro do final dos anos 1960. Faz em seguida um filme pouco conhecido, *One Tough Cop*, drama baseado em fatos reais sobre a relação de fidelidade de dois amigos de infância que seguiram caminhos opostos. A obra não foi lançada nos cinemas, indo direto para o mercado de vídeo. No Brasil recebeu o título de *Entre o dever e a amizade*. Nesse momento de sua carreira, alterna um filme nos EUA e outro no Brasil. Dirigiu a comédia romântica *Bossa nova*, baseada no conto *Senhorita Simpson*, de Sérgio Sant'anna, com par romântico formado por Antonio Fagundes* e Amy Irving. Fez nova fita norte-americana quando dirigiu outra comédia romântica, *Voando alto* (*View From the Top*),

estrelada pela Gwyneth Paltrow. Mudou-se para a cidade de São Paulo e filmou mais uma comédia romântica, *O casamento de Romeu e Julieta*, escrita por dupla de autores teatrais, Marcos Caruso e Jandira Martini, baseada em *Palmeiras, um caso de amor*, texto de outro autor teatral, Mário Prata, e livremente inspirado em Shakespeare. A comédia *Caixa dois*, que dirige em seguida, foi baseada em sucesso teatral de autoria de Juca de Oliveira. Tendo ao fundo fatos reais, filmou *Última parada 174*, enfocando tragédia ocorrida em um ônibus na Zona Sul carioca, transmitida ao vivo para todo o país. Trabalha ocasionalmente em outras funções, como produtor associado de *Bye Bye Brasil* (1979), de Carlos Diegues, produtor do filme para público adolescente, *Menino do Rio* (1981), de Antônio Calmon, e do drama *O caminho das nuvens* (2003), primeiro longa ficcional do diretor Vicente Amorim. (LFM)

BARRETO, Fábio (Fábio Villela Barreto Borges) – Rio de Janeiro, RJ, 1957. Diretor.

FILMOGRAFIA: 1981 – *Índia, a filha do Sol*. 1984 – *O rei do Rio*. 1987 – *Luzia Homem*. 1995 – *O quatrilho*. 1997-1998 – *Bela Donna* (coprodução estrangeira). 2002 – *A paixão de Jacobina*. 2006 – *Grupo Corpo – uma família brasileira*. 2007 – *Nossa Senhora do Caravaggio*. 2009 – *Lula, o filho do Brasil*.

Membro mais jovem da família do produtor Luiz Carlos Barreto*. Ao contrário do irmão Bruno Barreto*, com o qual se inicia cinematograficamente, atuando ainda criança no documentário caseiro *Os três amigos que não se separam* (1966), não se interessa em princípio pelo meio. Procurando uma definição profissional, estagia em jornais e na televisão. Começa a fazer traduções, responsabilizando-se, por exemplo, pelas versões para o inglês dos diálogos dos filmes *A estrela sobe, Lição de amor* e *Guerra conjugal*. Quase presta vestibular para Agronomia, o que mostra o interesse pelo mundo rural e sua cultura, retratados em sua obra. Decide-se pela carreira cinematográfica, começando como assistente de produção em *Dona Flor e seus dois maridos*. Estreia no curta-metragem com *A história de João e Maria*, prêmio de melhor direção da categoria no FESTIVAL DE BRASÍLIA de 1977, realizando, ainda no mesmo formato, *Mané Garrincha* (1978) e *Filmando Bye Bye Brasil* (1979). Passa a assistente de direção com outro filme do irmão, *Amor bandido* (1978). No início dos anos 80 torna-se diretor de produção, com *Prova de fogo* (1979), e finalmente produtor, com *O beijo no asfalto* (1980). Com produção da avó Lucíola Villela, estreia no longa-metragem com *Índia, a filha do Sol*, extraído de conto de Bernardo Élis. A carreira prossegue com *O rei do Rio*, baseado em texto do dramaturgo Dias Gomes, e *Luzia Homem*, adaptação do romance de Domingos Olimpio. Começa a pensar no projeto de *O quatrilho* no final dos anos 80. A descontinuidade de produção ocorrida nos anos Collor adia a realização para meados da década seguinte. Tendo aperfeiçoado seu estilo detalhista e formal, consegue enorme êxito de crítica e bilheteria com o filme, tornando-se um dos símbolos da chamada retomada do cinema brasileiro. *O quatrilho* foi extraído do romance homônimo de José Clemente Pozenato e inaugura o sistema de captação engendrado pela Lei do Audiovisual. Coroando seu sucesso é indicado ao OSCAR de melhor filme estrangeiro de 1996. Em 1998 filma *Bela Donna*, adaptação do romance *Riacho doce*, de José Lins do Rego. (HH)

Fábio Barreto continua bastante ativo na década de 2000, até que um sério acidente de carro o deixe em estado de coma por longo período. Em 2002, explora o caminho aberto com *O quatrilho* e *Bela Donna* e filma o drama histórico *A paixão de Jacobina*, baseado na revolta dos Mucker, ocorrida no século XIX no Rio Grande do Sul. Com *Grupo Corpo – uma família brasileira*, envereda para o documentário, retratando o grupo Corpo, coletivo com forte presença no cenário da dança contemporânea brasileira. Em 2009, antes do acidente, conclui *Lula, o filho do Brasil*, baseado em biografia homônima do ex-presidente, escrita por Denise Paraná. Trata-se de grande produção que se propôs bater todos os recordes de bilheteria no Brasil. O filme tem direção correta e agilidade suficiente no roteiro, mas acaba pecando na construção da figura de Lula, descrito através de personalidade idealizada, sem sutilezas nem contradições. O tipo ideal acaba engessando a trama e dilui a personalidade do então presidente. O filme ressente-se disso. A obra não emplaca entre o grande público, gerando frustração nas enormes expectativas iniciais. Herdeiro de família com forte presença no cinema brasileiro, Fábio Barreto não desmente o talento familiar. Possui filmografia correta que atinge alguns picos, dentro da estrutura narrativa clássica que marcou sua opção estilística. (FPR)

BARRETO, Lima (Vítor Lima Barreto) – Casa Branca, SP, 1906-1982. Diretor.

FILMOGRAFIA: 1952 – *O cangaceiro*. 1960 – *A primeira missa*. 1963 – *Américas Unidas*.

Vitor Lima Barreto, antes de se engajar no cinema, exerceu atividades numa fábrica de sacos em Campinas, foi garçom, jornaleiro e jornalista de *A Notícia*, de São José do Rio Preto. A passagem para o cinema não é muito clara. Afirmou que o cinema o conquistou depois de ter assistido a uma fita com Clara Kinball, *Noivado de espinhos*. Na cidade de São Paulo teria trabalhado, por volta de 1930, para a VICTOR FILME, do cinegrafista Victor del Picchia, tradicional produtor de documentários e cinejornais*. Em outros depoimentos disse que começou no cinema entre 1937 e 1938. Sabe-se, de concreto, que seu primeiro filme é de 1935. Na VICTOR FILME era apenas um ajudante de cinegrafista. Descobriu-se cineasta quando pediu uma câmera Kinamo emprestada e 25 metros de negativo. O seu primeiro filme a chamar a atenção dos espectadores foi o documentário* *Como se faz um jornal*, para *O Estado de S. Paulo*. Entre 1941 e 1945 trabalhou para o Departamento Estadual de Imprensa e Propaganda – DEIP, realizando cinejornais e documentários (edições especiais do DEIP-Jornal). Rodou *Fazenda velha* em 1944 para a instituição, documentário considerado por ele como seu primeiro filme a possuir algum mérito. Seguiram-se outros filmes como *Seu bilhete, por favor*, filmado para a Estrada de Ferro Mojiana; *A Carta de 46*, sobre a promulgação da Carta Constitucional do Estado; e *Caçador de bromélias*, realizado para o Serviço Nacional da Malária. Na mesma época exerceu outras atividades, como redator da RÁDIO TUPI e fotógrafo de reportagens.

Ingressou na VERA CRUZ* em 1950, a convite do produtor geral Alberto Cavalcanti*. O primeiro filme que realizou foi o documentário *Painel*, tomando como tema o painel sobre Tiradentes, pintado por Cândido Portinari para um colégio de Cataguases, Minas Gerais. O curta foi lançado junto com o primeiro longa de ficção da companhia, *Caiçara*. No ano seguinte dirigiu *Santuário*, sobre os profetas esculpidos por Aleijadinho para a Igreja do Bom Jesus do Matosinho, em Congonhas do Campo. O filme foi indicado para o II FESTIVAL DE VENEZA DE FILMES CIENTÍFICOS E DOCUMENTÁRIOS, em agosto de 1951, recebendo um prêmio. O primeiro sucesso internacional de Lima Barreto possibilitou-lhe a concretização de um projeto próprio de longa-metragem, *O cangaceiro*. A ideia para o filme, segundo algumas declarações suas, datava do começo dos anos 40, ou seja, logo após a liquidação do bando de Lampião pelas tropas estaduais e federais. Uma vez que a diretoria da produtora relutava em lhe dar carta branca para o projeto, que vinha sendo anunciado desde setembro de 1951, somente no ano seguinte fez a primeira tomada de *O cangaceiro*. Embora tivesse viajado pela Bahia, pesquisando os locais por onde os cangaceiros teriam agido, as filmagens foram realizadas em Vargem Grande do Sul, interior de São Paulo, região em que nascera. Para os papéis principais, o diretor chamou Alberto Ruschel* (o cangaceiro bom, Teodoro), Marisa Prado* (a professora Olívia) e Milton Ribeiro* (o cangaceiro mau, Capitão Galdino). O próprio diretor fez uma ponta, empunhando uma metralhadora das volantes que combatiam o Capitão Galdino. A trama tem como um dos polos da narrativa o Capitão Galdino, chefe de bando autoritário e violento. Os cangaceiros são perseguidos pelas volantes do governo, mas a luta concentra-se no interior do bando, entre Galdino e Teodoro, apaixonado pela professora. A morte de Teodoro, no duelo final com Galdino, causa a sua redenção. A produção de *O cangaceiro* foi tumultuada, arrastando-se por nove meses. O orçamento inicial foi ultrapassado várias vezes. As relações entre a diretoria da VERA CRUZ* e Lima Barreto, que nunca tinham sido boas, azedaram-se de vez, pois o diretor não fazia concessões. O filme foi lançado em janeiro de 1953 num circuito de 24 cinemas, alcançando sucesso imediato. Ficou seis semanas em cartaz, lotando dezenas de casas, batendo o recorde absoluto de renda e de público. Levado ao FESTIVAL DE CANNES, conquistou dois prêmios, o de melhor filme de aventuras, e o de menção especial para a música ("Mulhé rendera" daria notoriedade internacional para Vanja Orico*). No FESTIVAL DE EDIMBURGO, no mesmo ano, foi eleito o melhor filme. A película de Lima Barreto chegou a recolher, somente no mercado interno, 30 milhões de cruzeiros (cerca de 1,5 milhão de dólares), dos quais a VERA CRUZ recebeu apenas um terço. Apesar disso, a renda obtida foi suficiente apenas para pagar os altos custos do filme.

O sucesso de seu primeiro filme motivou o cineasta a partir para outro projeto, "O sertanejo". Em setembro de 1953 viajou pelo Nordeste, da Bahia ao Ceará, em busca de locações. Ao contrário de *O cangaceiro*, dessa vez ele pretendia filmar em cenários locais, tomando como tema o líder messiânico Antônio Conselheiro. As filmagens nunca foram realizadas, por absoluta falta de condições da VERA CRUZ.

Lima Barreto não desanimou, procurando recursos fora da companhia, fazendo campanhas pelos jornais, realizando leituras do roteiro. Porém as dificuldades foram enormes e ele nada conseguiu. Paulo Emílio chegou a declarar que o melhor filme do cinema brasileiro era "O sertanejo". Nos estertores da VERA CRUZ, Lima Barreto filmou *São Paulo em festa* (1954), documentário de média metragem sobre os festejos do IV Centenário da cidade de São Paulo. Foi o último filme da CIA. VERA CRUZ. Lima Barreto passou a fazer filmes de encomenda ou institucionais, como *Arte cabocla* (1955); *O livro* (1957), para o Instituto Nacional do Livro (INL); *O café* (1959). Entre 1954 e 1955 manteve uma coluna no jornal *O Dia*, "Lima Barreto em foco". Escreveu contos e novelas, mais tarde reunidas em livro, argumentos e roteiros. Projetou uma história do cinema em São Paulo, ao mesmo tempo que continuou com a sua campanha para a realização de "O sertanejo".

Somente em 1960 conseguiria concretizar o seu segundo longa-metragem, *A primeira missa*. Anunciado desde 1957, baseava-se num conto de Nair Lacerda, *Nhá Colaquinha cheia de graça*. As locações foram em Jambeiro, pequena cidade do Vale do Paraíba. A história, de inspiração rural, tratava de um menino que se tornava padre. O filme, lançado em São Paulo, foi friamente recebido. Escolhido para o FESTIVAL DE CANNES, em 1961, foi praticamente ignorado. Lima Barreto filmou depois somente um documentário de média metragem, *Psicodiagnóstico miocinético*, em 1962. Publicou o livro de contos *Lima Barreto conta histórias* (1961) e a ficção *Quelé do Pajeú* (1965). Em 1968 e 1969 foram premiadas pelo INL duas adaptações suas de obras literárias para o cinema: *Inocência*, baseada no livro homônimo do Visconde de Taunay, e *Um certo capitão Rodrigo*, da saga de Érico Veríssimo. Adaptou também *Brasil, a retirada da Laguna*, de Plácido de Castro, e *O alienista*, de Machado de Assis. Escreveu roteiros originais, como *Nos idos de Sorocaba*, *Cântico da terra*, *Pau-brasil*, *Quelé do Pajeú*, entre outros. Em 1977 vivia pobre e doente numa casa de cômodos no bairro da Bela Vista, em São Paulo. Dos seus projetos, *Quelé do Pajeú* (1970) foi filmado por Anselmo Duarte*, e *Inocência* por Walter Lima Jr.*, em 1982. Morreu num asilo de velhos em Campinas, no dia 23 de novembro. (JIMS)

BARRETO, Luiz Carlos (Luiz Carlos Barreto Borges) – Sobral, CE, 1928. Produtor.

FILMOGRAFIA: 1962 – *Assalto ao trem pagador*. 1963 – *Vidas secas*. 1962-1963 – *Garrincha, alegria do povo*. 1965 – *O padre e a moça*; *A hora e vez de Augusto Matraga*; *A grande cidade*. 1966 – *Toda donzela tem um pai que é uma fera*; *Terra em transe*. 1967 – *Perpétuo contra o esquadrão da morte*; *Capitu*. 1967-1968 – *Brasil, ano 2000*. 1968 – *O dragão da maldade contra o santo guerreiro* (coprodução estrangeira); *Vida provisória*. 1968-1969 – *Os herdeiros*. 1969 – *Azyllo muito louco*; *Benito Cereno*. 1970 – *Senhores da terra*; *Como era gostoso o meu francês*; *Bandeira Branca de Oxalá* (coprodução estrangeira); *Crioulo doido*. 1971 – *O homem das estrelas* (produção estrangeira); *O rei dos milagres* (produção estrangeira); *Os sóis na ilha de Páscoa* (coprodução estrangeira); *O barão Otelo no barato dos bilhões*. 1972 – *Tati, a garota*. 1974 – *A estrela sobe*; *Isto é Pelé* (dir.); *Guerra conjugal*. 1975 – *A dama do lotação*; *Lição de amor*. 1976 – *Dona Flor e seus dois maridos*. 1977 – *O crime do Zé Bigorna*. 1978 – *Amor bandido*. 1979 – *Bye Bye Brasil*. 1979-1980 – *Prova de fogo*. 1980 – *O beijo no asfalto*; *Tensão no Rio*. 1981 – *Menino do Rio*; *Índia, a filha do Sol*. 1982 – *Aventuras de um paraíba*; *Inocência*. 1982-1983 – *Garota dourada*. 1983 – *Memórias do cárcere*. 1984 – *Nunca fomos tão felizes*; *Além da paixão*; *O rei do Rio*. 1985 – *Fonte da saudade*. 1986 – *Igreja dos oprimidos*; *Ele, o boto*. 1987 – *Romance da empregada*; *Luzia Homem*. 1995 – *O quatrilho*. 1996 – *O que é isso, companheiro?* (coprodução estrangeira). 1997-1998 – *Bela Donna*. 1998 – *Uma aventura de Zico*. 1999 – *Bossa nova*. 2000 – *2000 nordestes*. 2002 – *A paixão de Jacobina*. 2003 – *Caminho das nuvens*. 2006 – *Sonhos e desejos*. 2007 – *Caixa dois*; *O homem que desafiou o diabo*. 2009 – *Lula, o filho do Brasil*.

Luiz Carlos Barreto é um dos mais importantes e influentes produtores de cinema do Brasil. É o caçula de uma família de onze irmãos. Seu pai saiu de casa quando ele tinha 3 anos e a mãe montou uma pensão em Fortaleza para sustentar a família. Com 15/16 anos, Barreto foi trabalhar no jornal *O Democrata*, do senador Olavo Oliveira. Começou como revisor e passou a repórter. O jornal seguia a orientação do Partido Comunista e ele se filiou à Juventude Comunista. A militância durou até que o partido fosse colocado na clandestinidade. Foi enviado então pela mãe para o Rio de Janeiro, em 1946, indo trabalhar na Companhia Siderúrgica Nacional, num cargo burocrático. Decidido

porém a voltar ao jornalismo, participou de um concurso de reportagem e ingressou na revista *A Cigarra*, que pertencia ao império de Assis Chateaubriand. Em seguida foi para *O Cruzeiro*, em 1950. Ao lado de Jean Manzon* e José Medeiros*, participou de várias reportagens fotográficas que revelaram aspectos ainda desconhecidos das vastidões e dos povos do Brasil. Barreto foi de fato um fotógrafo sensível às paisagens, texturas e fisionomias brasileiras. Nesse trabalho já vislumbra a face do Brasil perseguida pelo cinema que seria praticado pelo grupo de jovens cineastas nos anos 60. A aproximação com o cinema veio dessa época, quando teve a oportunidade de cobrir como repórter os grandes festivais internacionais, CANNES especialmente. Em 1954, estava na Europa como correspondente da revista e resolveu se inscrever no Institut des Hautes Études Cinématographiques (IDHEC), mas só ficou alguns meses. Em 1961, Barreto viajou a Salvador a trabalho: foi fotografar duas senhoras da alta sociedade local. Conheceu então um artista baiano, Genaro Carvalho. Ele o convidou a ir até a um lugar chamado Buraquinho, onde o jovem Glauber Rocha* estava filmando seu primeiro longa, *Barravento*. De volta ao Rio, convenceu o editor de *O Cruzeiro* a colocar as atrizes Helena Ignez* e Luiza Maranhão* na capa da revista. Foi um fato inédito, pois, até então, a revista só punha na capa as estrelas de Hollywood. Glauber viu no gesto de Barreto uma revolução, dizendo que ele havia quebrado a hegemonia de Hollywood. Começou aí a sua vinculação ao Cinema Novo*, a ponto de alguns se referirem a ele como o pai do movimento.

Foi Glauber que sugeriu a Barreto que entrasse para o cinema. Ele o convenceu a escrever o roteiro de um filme, com Roberto Farias*, sobre o assalto ao trem pagador, famoso episódio da crônica policial da época. Pronto o roteiro, entrou em cena o escritor Otto Lara Resende, que lhe apresentou o banqueiro José Luís Magalhães Lins, do Banco Nacional, que queria produzir um filme. Barreto conseguiu ainda a colaboração do produtor Herbert Richers*, filmando em seu estúdio. O filme fez grande sucesso. Também a partir de indicação de Glauber, produziu e fez a direção de fotografia de *Vidas secas*, a clássica adaptação de Nelson Pereira dos Santos* do romance de Graciliano Ramos*. A força do filme deve muito à concepção fotográfica de Barreto, que, em vez de usar filtros para suavizar a luz do sertão, abriu a objetiva para capturá-la em toda a sua dureza, o que resultou numa fotografia chapada, anticanônica. O drama da família de retirantes do flagelo nordestino foi recriado pela direção segura de Nelson e a atuação impecável do elenco, mas a fotografia de Barreto é que dá o tom de sufocamento, característico da seca, uma sintonia rara na história do cinema brasileiro entre forma e objeto da representação. Após *Vidas secas*, Barreto envolveu-se em outros filmes essenciais do Cinema Novo. Tendo Dib Lutfi* na câmera, fez a direção de fotografia de *Terra em transe*, dirigido por Glauber. Para evitar problemas com a censura, Barreto filmou sem refletores e diluiu os fundos para que o país nunca ficasse identificado com o Brasil. Produziu em São Paulo o filme *A hora e vez de Augusto Matraga*, de Roberto Santos*, uma das mais bem-sucedidas adaptações de Guimarães Rosa para o cinema. O governo do Rio de Janeiro havia criado a Comissão de Auxílio à Indústria Cinematográfica (CAIC), para apoiar a produção, e Barreto resolveu fundar uma distribuidora, a DIFILM*. No Rio, base operacional do Cinema Novo, Barreto produziu praticamente todos os filmes da primeira geração de cinemanovistas, como Glauber Rocha, Nelson Pereira dos Santos e Joaquim Pedro de Andrade*. Para este último, produziu *O padre e a moça*, brilhante transposição cinematográfica de um poema de Carlos Drummond de Andrade, e *Garrincha, alegria do povo*, uma homenagem a um dos gênios do esporte que é uma das grandes paixões de Barreto: o futebol. É sobre futebol o único filme dirigido por ele: *Isto é Pelé*, documentário de 1974, grande sucesso nos cinemas e um dos vídeos mais vendidos da história do país. Com a criação da EMBRAFILME*, Barreto produziu os títulos mais rentáveis da época, como *A dama do lotação*, de Neville d'Almeida*, *Dona Flor e seus dois maridos*, do filho Bruno Barreto*, e *Bye Bye Brasil*, de Carlos Diegues*. *Dona Flor* é um dos maiores sucessos da história do cinema brasileiro, com 12 milhões de espectadores. E *A dama do lotação* atingiu a marca de 7 milhões. Ambos demonstram a habilidade do produtor do ponto de vista do mercado, reunindo ingredientes infalíveis: estrutura narrativa e direção lineares, erotismo bem ao gosto do público médio, textos populares de autores consagrados como Jorge Amado*, principalmente, a exuberância e a sensualidade de Sônia Braga*.

O sucesso não foi bem recebido por alguns setores da intelectualidade brasileira, que viam nessa rendição aos ditames do mercado uma espécie de traição aos princípios do Cinema Novo. Na década de 80, Barreto produziu outro clássico de Nelson Pereira dos Santos, *Memórias do cárcere*, segunda viagem do diretor ao universo de Graciliano Ramos. Por sugestão de Barreto, Nelson abriu mão do fundo musical desconstrutivo que queria inserir no final do filme (quando o escritor deixa a prisão), para sugerir ao espectador uma sensação de estranheza e desconforto. Barreto propôs que utilizasse a "Fantasia sobre o Hino Nacional Brasileiro", de Louis de Gottschalk, dando à cena uma impressão de acentuado patriotismo. No momento mais difícil do cinema brasileiro, quando Fernando Collor extinguiu a EMBRAFILME e outros órgãos culturais, Barreto assumiu a liderança da classe cinematográfica, levando a categoria a se reunir para discutir soluções para a crise. No governo de Itamar Franco, apresenta sugestões e propostas para uma nova legislação de apoio ao cinema nacional. De seu empenho, surgiu a Lei do Audiovisual, que estabeleceu uma nova relação entre Estado e cinema no Brasil e instituiu um modelo baseado em incentivos fiscais que propiciou a retomada da produção. Uma das causas que Barreto tem defendido desde os anos 70 é a abertura do mercado da televisão. Os *lobbies* que fez nesse sentido não atingiram o efeito almejado, a não ser de forma parcial: em 1996, a TV GLOBO se associou à produção de *Guerra de Canudos*, dirigido por Sérgio Rezende*, em troca do direito de exibir o filme como minissérie. Com a chegada da TV por assinatura, Barreto resolveu ingressar nesse filão. Com Zelito Viana*, Roberto Farias*, Aníbal Massaini Netto, Marco Altberg* e outros produtores, criou o CANAL BRASIL, para servir não só de veículo de escoamento da produção dos sócios como possibilitar a exibição de produções específicas para o novo meio. Nos últimos anos, a imagem de produtor bem-sucedido reforçou-se com o êxito de dois filmes dirigidos pelos filhos Fábio* e Bruno. Barreto produziu para o primeiro *O quatrilho*, um drama centrado no rico filão da colonização italiana no Rio Grande do Sul. Com um alto nível técnico e primorosa reconstituição de época, o filme foi indicado para concorrer ao OSCAR de melhor filme estrangeiro em 1996. A dose foi repetida com *O que é isso, companheiro?*, dirigido por Bruno Barreto, adaptação do romance de Fernando Gabeira sobre o sequestro do embaixador americano Charles Elbrick por um grupo de jovens militantes de esquerda. Mesmo sem ganhar a cobiçada estatueta da Academia de Artes e Ciências de Hollywood, essas indicações fortaleceram o prestígio de Barreto. Produz *Bela Donna*, com direção de Fábio Barreto e inspirado no romance *Riacho doce*, de José Lins do Rego. (LAR) Continua ativo na carreira, assumindo uma das maiores produções da história do cinema brasileiro, *Lula, o filho do Brasil*, avaliada em mais de 16 milhões de reais. Apesar da oposição inicial ao governo Lula, seus contatos em círculos próximos ao poder possibilitam o levantamento do alto orçamento, que não teve participação direta do poder público ou empresas estatais. A obra contou com a autorização e o estímulo do principal retratado, além da aprovação da autora da biografia, Denise Paraná. O filme não deu o retorno financeiro esperado e o produtor amargou prejuízo. A produtora LC Barreto mantém-se em funcionamento há décadas, operando em esquema familiar, com forte participação da esposa de Luiz Carlos, Lucy Barreto, confirmando o talento das produtoras mulheres no cinema contemporâneo brasileiro.

BARRO, Maximo – São Paulo, SP, 1930. Montador.

FILMOGRAFIA: 1952-1954 – *Se a cidade contasse*. 1957 – *Pão que o diabo amassou*. 1958 – *Macumba na alta*; *A Padroeira do Brasil (Cavalgada da esperança)*. 1960 – *Conceição*; *As aventuras de Pedro Malazartes*; *Zé do Periquito*. 1961 – *Meu destino em suas mãos*. 1962 – *O Cabeleira*; *A ilha*. 1962-1963 – *Terra sem deus*. 1966 – *As cariocas* (1º episódio: 'Vistas por Fernando de Barros'); *O corintiano*. 1967 – *A margem*; *O quarto*. 1969 – *A arte de amar bem* (1º episódio: 'A inconveniência de ser esposa'; 2º episódio: 'A honestidade de mentir'; 3º episódio: 'A garçonnière de meu marido'); *Uma mulher para sábado*; *Isto é São Paulo*. 1970 – *Cléo e Daniel*; *Isto é Brasil*. 1971 – *Cordelia, Cordelia...* 1976 – *A última ilusão*; *A árvore dos sexos*; *O conto do vigário*. 1977 – *O atleta sexual*. 1978 – *Milagre, o poder da fé*; *Ninfas diabólicas*; *O outro lado do crime*. 1978-1979 – *Curumim*. 1979 – *Uma estranha história de amor*; *Colegiais e lições de sexo*; *Viúvas precisam de consolo*. 1980 – *Amélia, mulher de verdade*. 1980-1981 – *O inferno começa aqui*. 1981 – *Alugam-se moças*; *Noite das depravadas*; *O castelo das taras*; *Piquenique de bacanais do 5º grau (Picnic do sexo)*; *Transa brutal, o fim da picada*. 1982 – *Procuro uma cama*; *O vale dos amantes*. 1983 – *Perdida em Sodoma*; *Alugam-se moças 2*; *Vaivém à brasileira*; *Põe devagar... bem devagarinho*. 1984 – *O filho adotivo*; *Meu homem, meu amante*. 1987 – *Rastros na areia.* 1992-1993 – *O vigilante.* 2008 – *Revoada; Bahia de corpo e alma.*

Aluno do Centro de Estudos Cinematográficos (1948-1949), instalado no Museu de Arte de São Paulo (MASP), e membro-fundador do CLUBE DE CINEMA, origem da futura CINEMATECA BRASILEIRA e do Seminário de Cinema. Frequenta sessões de cinema dos cineclubes* do Museu de Arte, vinculado a Assis Chateaubriand, e do Museu de Arte Moderna (MAM), patrocinado por Cicillo Matarazzo. Segue o curso do Seminário de Cinema, que se estende de 1948 até 1952, tendo como professores Carlos Ortiz* (organizador), Jacques Deheinzelin, Rodolfo Nanni*, Osvaldo Sampaio*, Ruggero Jacobbi, Marcos Marguliés, Tito Batini. Em 1949, assiste à série de palestras ministradas por Alberto Cavalcanti*. Entre seus colegas estão Zulmira Ribeiro Tavares, Glauco Mirko Laurelli*, Trigueirinho Neto, Eliseu Fernandes* e Cláudio Barsotti. Em 1953, após a conclusão do curso, ingressa nos estúdios da MULTIFILMES*, localizados em Mairiporã, onde trabalha como assistente de produção nos filmes *Destino em apuros*, de Ernesto Remani*; *O homem dos papagaios*, de Armando Couto; e na preparação de *Fatalidade*, de Jacques Maret. No ano seguinte vai trabalhar na MUSA FILMES, empresa do professor Tito Batini, onde organiza a produção, monta e dirige cinejornais* e documentários. Monta seu primeiro longa, *Se a cidade contasse*, de Tito Batini. Esse período torna-se importante para a sua formação de montador com o aprendizado que faz com John Waterhouse, inglês que trabalha na MUSA. Ainda em 1954 começa a ministrar aulas nos cursos do Seminário de Cinema, então organizados pela prefeitura, onde permanece até 1959. Entre seus alunos estão os futuros cineastas Milton Amaral e Ozualdo Candeias*. No biênio 1954-1955, escreve críticas de filmes no jornal *O Tempo*, quando divide a coluna com o titular, Luiz Carlos (Bresser) Pereira. Em 1957 trabalha na primeira semana de filmagem de *Uma mulher para três*, como assistente de direção de Luís Sérgio Person*. No pequeno estúdio BANDEIRANTES, faz assistência de direção e montagem do drama *Pão que o diabo amassou* e da comédia *Macumba na alta*, ambos da diretora italiana Maria Basaglia*, produções de Marcello Albani para a PAULISTÂNIA FILMES.

Em sua carreira de montador de longas vincula-se a várias empresas cinematográficas. Na PAM FILMES, de Amácio Mazzaropi*, atua como diretor-técnico e montador em *As aventuras de Pedro Malazartes*, primeiro filme em que o comediante é creditado como diretor e faz a montagem de *Zé do Periquito*, de Ismar Porto*. Monta, praticamente ao mesmo tempo, *Meu destino em suas mãos*, de José Mojica Marins*, *A ilha*, de Walter Hugo Khouri*, e *Terra sem Deus*, de José Carlos Burle*. Na GUARUJÁ CINEMATOGRÁFICA e JARAGUÁ FILMES faz a montagem de documentários. Monta dois longas importantes: *A margem*, de Ozualdo Candeias*, e *O quarto*, de Rubem Biáfora*. Para a WALLFILME FILME, do empresário Wallace Simonsen, trabalha com o produtor Fernando de Barros* em seus filmes *A arte de amar bem* e *Cléo e Daniel*, o último sob direção de Roberto Freire. Em 1971, começa a lecionar no curso livre de Cinema da Faculdade Armando Álvares Penteado (FAAP), que ganha *status* universitário a partir de 1973, onde permanece como professor há cerca de quarenta anos. Como pesquisador de cinema, lança em 1976 *A primeira sessão de cinema em São Paulo*, livro que se dedica à pesquisa dos filmes dos primeiros tempos. A partir de meados dos anos 70, aproxima-se da produção da Boca, quando faz a montagem de filmes caipiras, infantis e religiosos, comédias, dramas, pornochanchadas, principalmente para a MADIAL FILMES e outras pequenas produtoras.

Encerra ciclo de atividades como montador com a chegada das fitas pornográficas contendo cenas de sexo explícito, das quais achou por bem não participar. Foi sócio de um técnico, Concórdio Matarazzo, na MACO FILMES e de um cineasta, Flávio Del Carlo, na produtora de curtas LUA FILMES. Atua também na montagem e direção de vários curtas-metragens, filmes institucionais e outros pequenos filmes de proposta mais pessoal, como *A casa do bandeirante* e *O milho* (1967); *Renda e rendeiras* e *Piratininga 1700* (1969), este em codireção com Ana Maria Tonacci; *Mulheres rendeiras* (1971); *Jardim da Luz* (1993); *Vittorio Capellaro* (1995) e *Almeida Fleming* (1998). Em *O vigilante*, volta a trabalhar com o diretor Ozualdo Candeias. Após intervalo de anos, monta dois novos longas baianos: *Revoada*, de Zé Humberto, e *Bahia de corpo e alma*, de Rex Schindler. Foi montador de diversos curtas-metragens, documentários e institucionais; desde seu primeiro trabalho, *O inimigo invisível* (1953), dirigido pelo inglês aqui radicado John Waterhouse, até o último trabalho, *Naturezas mortas* (1996), dirigido por Penna Filho. Entre eles podemos realçar trabalhos de jovens cineastas como J. C. Ismael e Jayme Monjardim e realizadores de animação como Flávio Del Carlo e Mauricio Squarizi. Presta depoimento para o documentário de longa metragem *Mazzaropi, o cineasta das plateias* (2002), de Luis Otavio de Santi.

Barros é figura emblemática do cinema paulistano e segue atuando como pesquisador no Departamento de Cinema da FAAP. Possui carreira de escritor, havendo publicado livros sobre bairros da Pauliceia como *Nossa Senhora do Ó* (1977) e *Ipiranga* (1978). Dentro de sua especialidade, o cinema, publicou *Caminhos e descaminhos do cinema paulista* (1997); *O cinema começa a falar* (1998); *Almeida Fleming – uma vocação* (1999); *Participação portuguesa no cinema brasileiro* (2000); *Moacyr Fenelon e a fundação da Atlântida* (2001); *Na trilha dos ambulantes* (2002) e *O cinema em cartaz* (2008), escrito em parceria com Rubens Fernandes Jr., seu colega na FAAP. Pela coleção Aplauso, da Imprensa Oficial do Estado de São Paulo, publicou as biografias do ator *Sérgio Hingst: um ator de cinema* (2004); dos cineastas *José Carlos Burle: drama na chanchada* (2007) e *Agostinho Martins Pereira: um idealista* (2008), e do compositor *Rogério Duprat: ecletismo musical* (2009). Ainda pela coleção Aplauso, Alfredo Sternheim forneceu um panorama de sua vida em *Máximo Barro: talento e altruísmo* (2009). (LFM/TS)

BARROS, Carlos Alberto de Souza

– São Paulo, SP, 1927-2002. Diretor.

FILMOGRAFIA: 1956 – *Osso, amor e papagaio*. 1961 – *América de noite* (episódio brasileiro) (coprodução estrangeira). 1966 – *O mundo alegre de Helô*. 1967 – *Jerry, a grande parada; Em busca do tesouro*. 1968 – *Dois na lona*. 1971 – *Os devassos*. 1974 – *As alegres vigaristas* (1º episódio: 'Alegres vigaristas'; 2º episódio: 'O padre e a modelo'). 1975 – *Um soutien para papai*. 1977 – *Um marido contagiante*.

Formado em Economia, com uma única passagem pelo teatro, onde figurou em *Hamlet*, com Sérgio Cardoso, dirigido por Paschoal Carlos Magno, abre uma produtora cinematográfica com o fotógrafo Rui Santos* e o artista plástico Luís Ventura no início dos anos 50. Ao passar à direção, realiza o documentário *Santa Isabel do Avaí*, com o qual conquista, em 1952, uma bolsa de três anos no CENTRO SPERIMENTALE DE CINEMATOGRAFIA, em Roma. Ainda na Itália, dirige e produz o curta *Pistoia*. Paralelamente, escreve o argumento de *Rua sem sol*, de inspiração neorrealista, dirigido por Alex Viany*. De volta ao Brasil, começa a desenvolver seu primeiro longa-metragem, a comédia

Osso, amor e papagaio, uma realização da BRASIL FILMES, que conquista vários prêmios SACI em 1957. Atua em seguida como diretor de produção de *O cantor e o milionário*, dirigido por José Carlos Burle*. Retorna ao documentário. Entre seus trabalhos dessa fase, está *O despertar do vale*. No início dos anos 60 aceita dirigir episódio de *América de noite*. Exerce a função de diretor de produção de *Homenage a la hora de la siesta*, do diretor argentino Leopoldo Torre-Nilsson. Volta ao longa de ficção com *O mundo alegre de Helô*, escrito em parceria com Nélson Rodrigues*. A partir daí alterna comédias leves e populares com outras mais picantes, acreditando nunca ter realizado pornochanchadas*. Teve um papel como ator em *Gordos e magros*, de Mário Carneiro*, além de aparecer em outros quinze longas em pequenos papéis. Faleceu em 25 de fevereiro. (HH)

BARROS, Fernando de (Fernando Policarpo de Barros e Silva) – Lisboa, Portugal, 1915-2002. Produtor, diretor.

FILMOGRAFIA: 1948 – *Inocência* (dir.). 1949 – *Caminhos do sul* (dir.). 1949-1950 – *Perdida pela paixão* (prod., dir.). 1951 – *Tico-tico no fubá* (prod.). 1952 – *Appassionata* (prod., dir.). 1956 – *Arara vermelha* (prod.). 1957 – *Uma certa Lucrécia* (dir.). 1959 – *Moral em concordata* (dir.). 1960 – *Dona Violante Miranda* (dir.). 1962 – *Copacabana Palace* (coprodução estrangeira) (prod.). 1965 – *Riacho de sangue* (dir.). 1966 – *As cariocas* (1º episódio: prod., dir.; 2º e 3º episódios: prod.). 1967 – *O homem nu* (prod.). 1969 – *A arte de amar bem* (1º episódio: 'A inconveniência de ser esposa'; 2º episódio: 'A honestidade de mentir'; 3º episódio: 'A garçonnière de meu marido') (prod., dir.). 1970 – *Cléo e Daniel* (prod.). 1971 – *Lua de mel & amendoim* (1º episódio: 'Lua de mel & amendoim') (dir.).

Profissional de múltiplas facetas, em seus quase cinquenta anos de Brasil, trabalha como produtor teatral, jornalista, crítico de cinema da *Última Hora*, e editor de moda da revista *Claudia*. Começa no cinema, em Portugal, nas funções de maquiador e assistente de direção de Chianca de Garcia*, com quem vem para o Brasil, em 1940. Aqui, faz assistência de direção para Chianca de Garcia, em *Pureza* e *Vinte e quatro horas de sonho*, e para Luiz de Barros*, em *O cavalo 13*; na produção de sua patrícia Carmen Santos*, *Inocência*, substitui o diretor Luiz de Barros, ao final das filmagens, sendo responsável pela conclusão da fita. Depois, dirige *Caminhos do sul*, do produtor Andrea di Robillant, elogiado por Alex Viany* na revista *Cena Muda*, à época de seu lançamento, uma adaptação do romance homônimo de Ivan Pedro Martins. Para o produtor Roberto Acácio* dirige outro drama, *Perdida pela paixão*. Contratado da VERA CRUZ* para criar uma nova linha de produção, leva para os estúdios paulistas vários elementos do cinema carioca, entre eles, o galã Anselmo Duarte*, o roteirista Alinor Azevedo* e o diretor de fotografia Edgar Brasil*. Trabalha como produtor no drama *Tico-tico no fubá*, cinebiografia do compositor Zequinha de Abreu, com direção de Adolfo Celi*. Torna-se produtor e diretor do melodrama *Appassionata*. Contratado pela MARISTELA*, produz a aventura baseada em adaptação do romance *Arara vermelha*, de José Mauro de Vasconcelos, sob direção de Tom Payne*. Para o produtor Florentino Llorente, da CINEMATOGRÁFICA SERRADOR, dirige sua primeira comédia, *Uma certa Lucrécia*, promovendo o estrelismo de Dercy Gonçalves*. Com base na peça homônima de Abílio Pereira de Almeida*, dirige o drama *Moral em concordata*, com produção de Antônio Pereira de Almeida. Contratado da CINEDISTRI*, produz *Absolutamente certo*, filme de estreia na direção de Anselmo Duarte*, e dirige *Dona Violante Miranda*, outro original de Abílio Pereira de Almeida, duas comédias de Dercy com produção de Osvaldo Massaini*. É também produtor, pelo CONSÓRCIO PAULISTA, da coprodução com a Itália *Copacabana Palace*, dirigida pelo italiano Steno. Como diretor contratado, realiza o drama regional *Riacho de sangue*. Depois torna-se produtor, na WALLFILME, do filme em episódios *As cariocas*, baseado em crônicas de Stanislaw Ponte Preta (Sérgio Porto). Para o diretor Roberto Santos*, trabalha como produtor da comédia *O homem nu*, baseada no conto homônimo de Fernando Sabino. Produz e dirige também a comédia em episódios *A arte de amar bem* e, para o diretor estreante Roberto Freire, produz *Cléo e Daniel*, baseado no romance deste. Para o produtor estreante Aníbal Massaini Netto*, da CINEDISTRI, dirige o primeiro episódio da comédia erótica *Lua de mel & amendoim*. Deixou o cinema na década de 1970 e dedicou-se à moda atuando como editor da *Playboy* por 26 anos. Lançou dois livros *Elegância: como o homem deve se vestir* (1997) e *O homem casual* (1998). Faleceu em 11 de setembro, em São Paulo. (LFM)

BARROS, Gita de (Teresa Morandi) – Roma, Itália,1897-1994. Roteirista.

FILMOGRAFIA: 1940 – *Entra na farra*; *E o circo chegou...* 1947 – *Fogo na canjica*. 1948 – *Esta é fina*; *Pra lá de boa*. 1949 – *Eu quero é movimento*. 1950 – *Aguenta firme, Isidoro*. 1953 – *É pra casar?*. 1954 – *Malandros em quarta dimensão*. 1956 – *O negócio foi assim*. 1957 – *Um pirata do outro mundo*. 1958 – *Com a mão na massa*. 1962 – *Vagabundos no society*.

Autora dos argumentos de inúmeras comédias dirigidas pelo marido, o cineasta Luiz de Barros*. Explora com habilidade a herança do teatro licencioso brasileiro, utilizando o jogo de palavras, o duplo sentido e a troca de identidade como recursos mais frequentes. Torna mais explícita a conotação sexual dos quiproquós típicos da chanchada. Adolescente, destinada a uma carreira de artista plástica, tem vida e trajetória artística moldadas pelas atividades do futuro companheiro, que conhece em um porão de uma galeria de arte, em Lausanne, por volta de 1913. Pedida em casamento logo no segundo encontro, aceita, partindo com o consorte para Paris e em seguida para o Rio de Janeiro. Após episódica participação como protagonista em *A viuvinha*, destruído pelo diretor, paulatina e discretamente envolve-se com as atividades teatrais e cinematográficas do marido. A partir da década de 20 ajuda na confecção de cenários e responsabiliza-se pela criação de algumas peças do guarda-roupa das companhias teatrais Rataplan e Tró-ló-ló. Mantém as mesmas funções nos cassinos da Urca e Atlântico nos anos 30 e 40. Na primeira incursão no cinema, escreve as histórias de *E o circo chegou...* e *Entra na farra*, produções independentes do parceiro rodadas em 1940. Firma-se na função no final dessa década, quando o marido opta pela realização artesanal, desligado dos grandes estúdios. Escreve praticamente todos os filmes cômicos dirigidos por Luiz de Barros na fase independente até 1962, destacando-se a mordacidade dos diálogos de *Esta é fina*, *É pra casar?* e *Vagabundos no society*. Retira-se do meio artístico e cinematográfico após este último, permanecendo ao lado do eterno companheiro. (HH)

BARROS, Luiz de (Luiz Moretzhon da Cunha e Figueiredo da Fonseca de Almeida e Barros Castelo Branco Teixeira de Barros) – Rio de Janeiro, RJ, 1893-1981. Diretor.

FILMOGRAFIA: 1915 – *Perdida*. 1916 – *Vivo ou morto*. 1918 – *Zero treze*; *A derrocada* ou *A vingança do peão*. 1919 – *Alma sertaneja*; *Ubirajara*. 1920 – *Coração de gaúcho*; *A joia maldita*. 1922 – *O cavaleiro* negro; *Rio Grande do Sul*. 1923 – *Capital Federal*; *Augusto Aníbal quer casar*. 1924 – *Hei de vencer*. 1925 – *Flagelo da humanidade*. 1926 – *Depravação*. 1928 – *Operação cesariana*; *Operação do estômago*. 1929 – *Acabaram-se os otários*. 1930 – *Messalina*; *O babão*. 1934 – *Carioca maravilhosa*. 1936 – *Jovem tataravô*. 1937 – *Samba da vida*. 1938 – *Tererê não resolve*; *Maridinho de luxo*. 1940 – *Cisne branco*; *Entra na farra*; *E o circo chegou...* 1941 – *Sedução do garimpo*. 1943 – *Samba em Berlim*. 1944 – *Berlim na batucada*; *Corações sem piloto*. 1945 – *O cortiço*; *Pif-paf*. 1946 – *Caídos do céu*. 1947 – *O cavalo 13*; *O malandro e a grã-fina*; *Fogo na canjica*. 1948 – *Esta é fina*; *Inocência*; *Pra lá de boa*. 1949 – *Eu quero é movimento*. 1950 – *Aguenta firme, Isidoro*; *Anjo do lodo*. 1952 – *Era uma vez um vagabundo*; *O rei do samba*. 1953 – *Está com tudo*; *É pra casar?*. 1954 – *Malandros em quarta dimensão*; *Trabalhou bem, Genival*. 1956 – *Quem sabe... sabe*; *O negócio foi assim*. 1956-1957 – *Samba na vila*. 1957 – *Tudo é música*; *Um pirata do outro mundo*; *Com a mão na massa*. 1959 – *Aí vêm os cadetes*. 1960 – *Por um céu de liberdade*. 1961 – *As testemunhas não condenam*. 1962 – *Vagabundos no society*. 1977 – *Ele, ela, quem?*.

Cineasta com a mais longa carreira da história do cinema brasileiro, realiza, entre longas e curtas-metragens, mais de uma centena de títulos, aos quais se acrescentam dezenas de reportagens filmadas para cinejornais*. Tornou-se com o tempo um especialista em filmes rápidos, baratos e populares, incursionando nos mais diversos gêneros, com especial predileção pela comédia musical. Descendente do Visconde do Bom Conselho, ex-magistrado e ministro do Império, deveria seguir a tradição familiar e ingressar na advocacia e depois na magistratura. Sem contrariar os desejos paternos, tem liberdade suficiente para frequentar os espetáculos de palco com sua mãe e tomar contato com a lanterna mágica e o cinematógrafo, logo incorporados à rotina caseira. A paixão pelo teatro leva-o, adolescente, a ingressar nos grêmios de amadores, começando a exercitar a interpretação, a direção e a confecção de cenários. Entra na faculdade de Direito, cursando até o início do terceiro ano. É enviado, por volta de 1912, a Milão para estudar cenografia e pintura decorativa. Torna-se aluno de Francesco Malherba e mais tarde da Academia Brera. Segue para Lausanne e oferece-se como aluno temporário do pintor romeno O. Sosec e, através deste, conhece a artista plástica e futura argumentista de muitos de seus filmes (sob

o pseudônimo Gita de Barros*) Thereza Morandi, com quem se casa. Vai para Paris, onde entra para a prestigiosa Academia Julien, prosseguindo seus estudos. Certo dia, assiste à filmagem de Max Linder, interessando-se vivamente pela realização cinematográfica. Decide procurar emprego em vários estúdios, nada conseguindo. Através de estratagema, em que se declara grande ator do Teatro Municipal do Rio de Janeiro de férias pela França, pede para conhecer os estúdios GAUMONT, sendo recebido. Acaba obtendo o papel do rei espanhol Afonso XIII no drama *Sang Andalou*. Faz estágio na companhia, passando pelas mais diversas funções.

Com a eclosão da I Guerra Mundial, retorna ao Brasil, procurando viabilizar uma carreira cinematográfica. Financia a adaptação do romance *A viuvinha*, dirigida pelo italiano Italo Dandini, no qual desempenha o papel principal. Decepcionado com o resultado artístico e o trabalho de laboratório, destrói a película antes de sua exibição. Assume a condução do projeto seguinte, o melodrama *Perdida*, protagonizado por Leopoldo Fróes*. Colhe elogios pela adulta condução da trama e pela qualidade da direção cinematográfica. Sempre responsabilizando-se pela autoria da obra, assim como por sua produção, montagem, roteiro, cenografia e eventualmente fotografia, enreda pelos caminhos das adaptações literárias e teatrais (*Ubirajara*, *Coração de gaúcho* e *Capital federal*) e dos filmes de aventura (*Vivo ou morto*, *A joia maldita*, *O cavaleiro negro*). Torna-se um dos diretores mais respeitados da época, atraindo a atenção de jovens como o futuro crítico Pedro Lima* e o futuro cineasta Adhemar Gonzaga*. Através de sua produtora, a GUANABARA FILM, promove salto qualitativo quanto à decupagem e à encenação, atualizando os processos narrativos utilizados no país. Nesse mesmo período, preocupa-se com a qualidade técnica dos filmes, construindo ao lado da produtora um laboratório, onde inicia maior controle da marcação de luz das cópias. Com as dificuldades cada vez maiores de colocação dos filmes brasileiros no mercado exibidor, começa a utilizar elementos de apelo comercial, como a nudez de Otília Amorim em *Alma sertaneja*. Passa também a realizar documentários* de cavação ou de circunstância, como *O Exército brasileiro*, *Rio Grande do Sul* e *A Revolução de 1924*. Aproxima-se dos espetáculos populares, incorporando tipos como os atores caipiras Genésio Arruda* e Tom Bill, em *Vocação irresistível*, e as *girls* da Companhia Bataclan, em *Augusto Aníbal quer casar*.

Com o fechamento da GUANABARA após *A derrocada* ou *A vingança do peão*, volta-se para o teatro de revista, tornando-se diretor artístico da Companhia Tró-ló-ló, de Jardel Jércolis, assinando os cenários e figurinos das peças. A convite de Francisco Serrador*, passa a conceber os palcos dos cinemas da CINELÂNDIA carioca. Ainda por solicitação de Serrador, organiza a Companhia de Prólogos e Revuettes do Cinema Odeon, escrevendo, montando os cenários e dirigindo pequenos espetáculos teatrais inspirados nos filmes a serem exibidos no cinema, antecedendo-os no programa. Como empresário, diretor artístico e cenógrafo, cria a Companhia Teatral Rataplan, especializada na revista licenciosa. Paralelamente, em suas estadas na capital de São Paulo, aproveita para retornar ao cinema, dirigindo *Hei de vencer*, em que apresenta planos aéreos de grande impacto, *Flagelo da humanidade*, documentário sensacionalista sobre os males da sífilis, e *Depravação*, filme que explorava situações apelativas. O enorme sucesso dos três o credencia a associar-se à nova produtora, a SINCROCINEX, que se propõe a realizar filmes sonoros. Inspirado no CHRONOPHONE GAUMONT, acopla sincronicamente discos previamente gravados ao filme, dirigindo o primeiro filme falado de longa metragem brasileiro, *Acabaram-se os otários*. Explorando principalmente a dupla Arruda e Bill, obtém seguidos êxitos em conjunto de obras consideradas precursoras do espírito da chanchada. Retorna definitivamente ao Rio de Janeiro, montando, em 1933, no Teatro Cassino, a Companhia Teatral Uiára, também conhecida como Grande Companhia de Estilização Folclórica. Escreve as peças musicais *Elas*, em parceria com Abadie Faria Rosa e Antônio Lago, *Miçangas*, com Gilberto Andrade e Heckel Tavares, *Maravilhas*, com Simões Coelho, e *Pétalas de rosas*, com Antônio Lago. Envolve-se com a decoração do carnaval, assinando oficialmente os enfeites da cidade por anos a fio. Estende essa atuação aos bailes de carnaval e a algumas casas de espetáculo. Como diretor artístico dos cassinos da Urca, Atlântico e Marajó, cria os cenários e figurinos da maioria dos espetáculos levados à cena até 1945.

Ainda em meados da década de 30 propõe coprodução à CINÉDIA*, viabilizando o romance musical *Carioca maravilhosa*. Nos estúdios da CINÉDIA, constrói a caravela utilizada nas filmagens de *O descobrimento do Brasil*, de Humberto Mauro*. Dirige a comédia de costumes *Jovem tataravô*. A eficiência demonstrada na produção e direção proporciona-lhe a oportunidade de ficar à frente de uma grande produção, o musical *Samba da vida*. Esse teste convence o produtor Adhemar Gonzaga* a entregar-lhe projetos simples, baratos e comerciais. Provando sua eficácia nesse campo, Luiz de Barros realiza em sete dias a comédia musical *Tererê não resolve*. Demonstra versatilidade, conduzindo o interessante *Maridinho de luxo*, baseado na peça teatral *Compra-se um marido*, de José Wanderley, e o desigual *Sedução do garimpo*. No mesmo período atua como cinegrafista de matérias cinejornalísticas e desenvolve uma linha de curtas-metragens musicais para a SONOFILMS. Após interregno, em que produz e dirige de forma independente três filmes – *Cisne branco*, *Entra na farra* e *E o circo chegou...* –, retorna fixando de vez as características da comédia musical cinediana: crítica de costumes com diálogos mordazes e números musicais em abundância. Sai-se particularmente bem com *Berlim na batucada*, sátira à passagem de Orson Welles pelo Brasil, com quem trabalhara em "It's All True" (cenografou o baile do Municipal), e *Caídos do céu*, hilariante descompostura à modernidade. Faz ainda uma elogiada adaptação do romance *O cortiço*, de Aluísio Azevedo.

Saindo da companhia, volta-se para uma linha de produção mais próxima da licenciosidade do teatro de revista, enfocando principalmente os relacionamentos amorosos à luz dos liberados costumes cariocas. Filmando para terceiros ou em sociedade com exibidores, realiza um terço de sua filmografia em pouco mais de quinze anos. Alcança notoriedade com o escândalo provocado pelo ousado *Anjo do lodo*, baseado no romance *Lucíola*, de José de Alencar, em seu último filme para a CINÉDIA. Obtém expressivo retorno de bilheteria com as chanchadas *Esta é fina*, *Pra lá de boa* e *É pra casar?*, entre outras. Faz um filme sobre a tomada de Monte Castelo durante a II Guerra Mundial, em *Por um céu de liberdade*. Encerra suas atividades no início dos anos 60, não conseguindo mais financiamento para seus roteiros. É homenageado com o curta-metragem *O incrível Lulu de Barros* (1971), de Lucien Mellinger, elogio a sua capacidade de improvisação, a sua sem-cerimônia e ao seu desembaraço diante das circunstâncias mais adversas. Recebe o prêmio CORUJA DE OURO de 1972, pelo conjunto de sua obra. Dirige, aos 84 anos, a comédia *Ele, ela, quem?*. (HH)

BARROS, Wilson (Wilson Rodrigues de Barros) – São Paulo, SP, 1948-1992. Diretor.

FILMOGRAFIA: 1986 – *Anjos da noite*.
Cineasta cujos filmes possuem temática marcadamemte urbana, com influências que vão do musical americano a Wim Wenders, passando por Alain Resnais. Apesar de aficionado por cinema desde criança, cursou Arquitetura, primeiramente no Mackenzie (1967) e depois na Faculdade de Arquitetura e Urbanismo da Universidade de São Paulo (1968). Abandonou a faculdade, começando a trabalhar como assistente de direção em dois episódios do longa-metragem *Em cada coração um punhal*: 'Transplante de mãe', de Sebastião de Souza, e 'O filho da televisão', de João Batista de Andrade*. Em seguida foi assistente de produção e direção de *Elas*, filme de José Roberto Noronha. Ingressou na TV RECORD como assistente de estúdio em telenovelas da emissora, trabalhando com Carlos Manga*, Dionísio Azevedo* e Wanda Kosmo. Também incursionou pelo teatro, fazendo a produção da peça *Abelardo e Heloísa*, montada por Perry Salles e Míriam Mehler. Viajou pela Europa (Londres, Paris, Estocolmo, etc.) em 1972, só voltando para o Brasil no ano seguinte. A partir de então e até 1978, Wilson Barros dedicou-se profissionalmente à serigrafia, cuja técnica aprendeu na passagem por Londres. Em 1975, desejando voltar a trabalhar na área, passou a cursar Cinema na Escola de Comunicações e Artes da Universidade de São Paulo (ECA/USP). Nessa instituição participou do projeto coletivo *Loira que te quero* (1977) e dirigiu como projetos curriculares o curta-metragem *Tigresa* (1978) e o média-metragem *Disaster Movie* (1979). Formado em 1979, Wilson Barros é contratado como professor de direção e roteiro da ECA/USP em 1981. Realizou seu único documentário*, o curta *Sorocaba: 326 anos* (1980) e também o curta de ficção *Crimes da lata* (1980), projeto coletivo do curso de pós-graduação da ECA/USP. Dirigiu ainda os curtas *Maria da Luz* (1981), *Diversões solitárias* (1983) e *Verão* (1983), este baseado no conto *Verano*, de Julio Cortázar. Wilson Barros defendeu na ECA/USP sua dissertação de mestrado, intitulada *Verão: um curta-metragem de ficção*. Nos anos 80, integrou o novo cinema paulista, trabalhando em vários curtas ligados ao movimento: foi montador de *Paulo Emílio*, de Ricardo Dias, *Renovo*, de Renato Neiva Moreira, e *Frio na barriga*, de Nílson Villas Boas; diretor de produção de *Prolegômenos*, de José Roberto Sadek, e assistente de direção de *Aquele breve encanto*, de Tânia Savietto. Além disso, foi um dos proprietários da BARCA FILMES. Viajou em meados de 1983 com uma bolsa para fazer doutorado na New York University. Nos Estados Unidos dirigiu *Postcard* (1985), cuja finalização foi realizada em vídeo. Ainda no exterior, Wilson Barros escreveu o roteiro de *Anjos da noite*, aprovado em um concurso da EMBRAFILME* e da Secretaria de Estado da Cultura (SP). Voltou ao Brasil em 1985, sem concluir o doutorado, para realizar *Anjos da noite*, longa-metragem cujo elenco é formado por Zezé Motta*, Antônio Fagundes*, Marília Pera*, Marco Nanini e Chiquinho Brandão, entre outros. A narrativa fragmentada de *Anjos da noite*, que aborda os encontros e desencontros de personagens da noite paulistana, repercutiu positivamente na crítica cinematográfica. *Anjos da noite* ganhou os prêmios de melhor filme e direção no XX FESTIVAL DE BRASÍLIA (1987) e melhor diretor e o prêmio da crítica no XV FESTIVAL DE GRAMADO (1987). O roteiro foi publicado em 1987 pela editora gaúcha Tchê!, acontecimento raro no Brasil. (AA)

BARROSO, Inezita (Inês Madalena Aranha de Lima) – São Paulo, SP, 1925. Atriz.

FILMOGRAFIA: 1951 – *Ângela*. 1953 – *Destino em apuros*; *O craque*; *É proibido beijar*.1954 – *Mulher de verdade*; *Carnaval em lá maior*. 1958 – *O preço da vitória*. 1969 – *Isto é São Paulo*. 1978 – *Desejo violento*. 2000 – *Os três zuretas*.

Em seus mais de quarenta anos de carreira de cantora de música caipira e folclórica, tem obtido sucesso nacional e prestígio no exterior. Apresentadora de programa na TV CULTURA, é também professora universitária. No cinema trabalhou em todos os estúdios paulistas. Na VERA CRUZ*, em seu filme de estreia, interpretou o papel de uma mulher vulgar, contracenando com Luciano Salce*, sob as ordens dos diretores Tom Payne* e Abílio Pereira de Almeida*. Mais tarde tem pequena participação na comédia *É proibido beijar*, de Ugo Lombardi*. Na MULTIFILMES*, atua cantando em pequenos papéis em *Destino em apuros*, de Ernesto Remani*, e em *O craque*, de José Carlos Burle*. Na KINO FILMES*, tem seu primeiro e único papel de protagonista, a enfermeira bígama de *Mulher de verdade*, de Alberto Cavalcanti*. Posteriormente, nos mesmos estúdios, já então da MARISTELA*, canta "Estatuto de gafieira", de Billy Blanco, no filme *Carnaval em lá maior*, de Adhemar Gonzaga*. Esporadicamente voltou às telas de cinema, e essa autêntica paulistana não poderia deixar de comparecer ao documentário *Isto é São Paulo*, de Ruben Rodrigues dos Santos. Fez pequena participação na fita erótica *Desejo violento*, de Roberto Mauro. Interpretando a canção 'Lampião de gás', participa de *Os três zuretas*, filme infantil de A. S. Cecílio Neto. Em 2000, colabora com um depoimento para a série de TV *João Pacífico, o caipira de São Paulo*, de Paulo Weidebach, assim como em *Um homem de moral* (2009), sobre o compositor Paulo Vanzolini, do diretor Ricardo Dias. A Escola de Comunicações e Artes da Universidade de São Paulo (ECA/USP) e a TV CULTURA produziram o documentário *Inezita Barroso: a voz e a viola*, exibido em 2009, na estreia da série sobre os *Grandes personagens brasileiros*. (LFM)

BARROSO, Jotta (José Barroso) – Visconde do Rio Branco, MG, 1921. Ator.

FILMOGRAFIA: 1964 – *Viagem aos seios de Duília*. 1965 – *Crônica da cidade amada* (episódio: 'Iniciada a peleja'). 1966 – *Carnaval barra limpa*; *O menino e o vento*. 1967 – *Juventude e ternura*. 1968 – *Como matar um playboy*. 1969 – *Os raptores*. 1970 – *Anjos e demônios*; *O vale do Canaã*. 1971 – *O enterro da cafetina*. 1972 – *Uma pantera em minha cama*; *A difícil vida fácil*; *Ainda agarro esta vizinha*; *A filha de madame Betina*. 1973 – *Os mansos* (2º episódio: 'O homem dos quatro chifres'); *Obsessão*. 1974 – *Caingangue, a pontaria do diabo*; *Banana mecânica*; *As mulheres que fazem diferente* (2º episódio: 'A bela da tarde'); *Varão de Ipanema*. 1975 – *Enigma para demônios*; *O trapalhão na ilha do tesouro*; *O casal*; *Costinha e o King Mong*; *Eu dou o que ela gosta*; *As mulheres que dão certo* (1º episódio: 'O velhinho da Colombo'). 1975-1976 – *O homem de seis milhões de cruzeiros contra as panteras*; *Ninguém segura essas mulheres* (3º episódio: 'Pastéis para uma mulata'). 1975-1977 – *Gargalhada final*. 1975-1978 – *A noiva da cidade*. 1976 – *Luz, cama, ação!*; *As loucuras de um sedutor*; *O seminarista*. 1977 – *Ódio*; *O sexomaníaco*; *Manicures a domicílio*; *Se Segura, Malandro!*. 1978 – *O Grande Desbun...*; *As taradas atacam* (2º episódio: 'O peru'); *As 1.001 posições do amor* (episódio: 'O mijão'); *As borboletas também amam*; *O coronel e o lobisomem*; *Namorador* (episódio: 'Namorador'); *Quanto mais pelada... melhor*. 1979 – *Vamos cantar disco, baby?* (*É proibido beijar as Melindrosas*). 1980 – *Bonitinha mas ordinária*. 1982 – *Banquete das taras*. 1983 – *Memórias do cárcere*.

Começa a carreira na RÁDIO CULTURA de sua terra natal, entre os anos de 1952 e 1956, como diretor artístico, radioator, apresentador, produtor, etc. Depois trabalha como diretor artístico nas rádios dos Diários Associados: Marajoara (Belém), Vitória (Espírito Santo), Guarani e Inconfidência (Belo Horizonte). Em 1960 ingressa na TV ITACOLOMI, de Belo Horizonte, também pertencente aos Diários Associados. Escreve programas sob o pseudônimo de Sérgio Mariani. A partir de 1963 radica-se no Rio de Janeiro, época em que trabalha nas TVs TUPI, RIO e GLOBO. Transfere-se para o cinema, atuando principalmente como coadjuvante, representando variada gama de papéis, como jardineiro, sacristão, gerente de hotel, juiz, chefe de bandidos, padre, pastor, Matusalém, o demônio e até o papel da velha a fiar, no filme *A noiva da cidade*, de Alex Viany*. Representa desde homens tímidos a senhores respeitáveis, maridos enganados e personagens arquetípicos das comédias eróticas. Trabalha com vários diretores de filmes populares em atividade no cinema carioca dos anos 70, principalmente Alberto Pieralisi*, Braz Chediak* e Carlos Hugo Christensen* (com este faz seu primeiro filme e trabalha numa série de oito filmes seguidos). Em um raro papel de destaque interpreta o Velhinho da Colombo, no episódio homônimo, sob a direção de Adnor Pitanga. Em *Ódio*, de Carlo Mossy*, representa um bandido. Interpreta seu único papel principal, em *Banquete das taras*, filme de Carlos Alberto Almeida, que mistura suspense e terror. Além de ator, colabora em alguns filmes como cenógrafo (*Caingangue, a pontaria do diabo*) e figurinista. Encerra seu trabalho em cinema com uma pequena participação no filme *Memórias do cárcere*, de Nelson Pereira dos Santos*. (LFM)

BARROZO NETTO, Hélio (Hélio Beviláqua Barroso Neto) – Rio de Janeiro, RJ, 1914-1998. Fotógrafo.

FILMOGRAFIA: 1949 – *Caminhos do sul*; *Escrava Isaura*. 1950 – *Pecado de Nina*. 1951 – *Tocaia*. 1952 – *Brumas da vida*; *Força do amor*. 1953 – *Perdidos de amor*; *Três recrutas*. 1954 – *Marujo por acaso*. 1955 – *O rei do movimento*; *Angu de caroço*; *O grande pintor*; *O feijão é nosso*. 1956 – *O Boca de Ouro*; *Quem sabe... sabe*; *O noivo da girafa*. 1957 – *O barbeiro que se vira*; *Chico Fumaça*. 1958 – *Na corda bamba*; *O camelô da rua Larga*; *Quem roubou meu samba?*; *Cala a boca, Etelvina*. 1959 – *Minervina vem aí*; *Dona Xepa*; *Titio não é sopa*. 1960 – *Sai dessa, recruta* (dir.); *A viúva Valentina*; *Eu sou o tal*. 1961 – *Assassinato em Copacabana*. 1962 – *Sonhando com milhões*.

Com múltipla formação técnica adquirida em sua passagem pela CINÉDIA*, torna-se o esteio da CINELÂNDIA FILMES, importante produtora de chanchadas* dos anos 50. Filho do compositor erudito e maestro Barrozo Netto, especializado em canto orfeônico, entra para o cinema por acaso. Convidado por um amigo para fazer figuração em *Estudantes*, interessa-se vivamente pelos bastidores da realização cinematográfica. Por influência de Adhemar Gonzaga*, aceita "estagiar" no estúdio e exercer a função de microfonista em *Alô! alô! Carnaval*. Aprovado, capta os sons de todos os filmes da CINÉDIA até *Samba da vida*, desempenhando paralelamente as funções de câmera, técnico de gravação e mixador em inúmeros cinejornais* da companhia. Em 1937 tem duas experiências atípicas: atua em *O descobrimento do Brasil*, de Humberto Mauro*, e dirige o curta *Canção de ninar*, ilustração de um número orfeônico comandado por seu pai. Passa a técnico de som, isto é, responsável pela equalização *in loco* do som direto, com *Tererê não resolve*. Responsabiliza-se pelo som da maioria dos longas da empresa até 1941, que abandona em favor da criação de um cinejornal próprio, *Notícias da semana*. Trabalha durante anos com esse formato, dirigindo, roteirizando, fotografando e montando a maioria das matérias de *Repórter da Tela*, *Esporte em Marcha* e *Cinelândia Jornal*, que o coloca em contato com os irmãos Alípio e Eurides Ramos*. O impulso definitivo para a sua inclusão na CINELÂNDIA FILMES, em 1949, vem da experiência acumulada na parte técnica e do belo trabalho fotográfico desenvolvido para *Caminhos do sul*. A empresa enevereda inicialmente por dramalhões. Quando contrata o comediante Ankito*, explora com sucesso o veio da chanchada. Barroso Neto continua desempenhando várias funções na realização desses filmes, assumindo a direção dos seus números musicais, aos quais imprime incomum agilidade narrativa. Assume a direção em *Sai dessa, recruta*, comédia sem maiores pretensões. Antecipando o fim da era de ouro da comédia cinematográfica, sai da empresa e funda, em 1963, um pequeno estúdio de som. Grava inicialmente a narração de comerciais, documentários e institucionais, tendo como principais clientes Carlos Niemeyer (*Canal 100*), Jean Manzon* e Isaac Rozemberg. O movimento cresce e os ESTÚDIOS BARROZO NETTO LTDA. mudam-se para um prédio maior em 1973. Passa a fazer dublagens, gravações diversas e sonorização de longas-metragens, sendo sua empresa uma das mais ativas do setor no período. Nos anos 80 passa a trabalhar com vídeo, voltando-se progressiva e exclusivamente para a área. Em meados dos anos 90 retira-se paulatinamente da empresa, passando-a ao filho Rodrigo. (HH)

BARSOTTI, Sandra – Rio de Janeiro, RJ, 1951. Atriz.

FILMOGRAFIA: 1970 – *O azarento, um homem de sorte*. 1971 – *Romualdo e Juliana; Quando as mulheres paqueram*. 1972 – *O grande gozador; A difícil vida fácil; Eu transo... ela transa*. 1973 – *Os primeiros momentos; Como nos livrar do saco*. 1974 – *O marido virgem; As mulheres que fazem diferente* (2º episódio: 'A bela da tarde'). 1975 – *Um varão entre as mulheres* (1º episódio: 'Um varão entre as mulheres'; 2º episódio: 'Um especialista em línguas'). 1976 – *Confissões de uma viúva moça; Deixa amorzinho... deixa; Os maníacos eróticos; Ouro sangrento* (*Tenda dos prazeres*). 1978 – *Pecado sem nome; A noite dos duros*. 1982 – *Carícias eróticas* (*Um casal de três...*). 1991 – *O filme da minha vida*. 2000 – *Vida e obra de Ramiro Miguez*. 2006 – *Vestido de noiva*.

Considerada uma das estrelas das pornochanchadas. Na década de 1970, filmou várias comédias eróticas com maior ou menor qualidade. Após fazer os primeiros filmes, a comédia *O azarento, um homem de sorte*, de João Bennio, e a fita romântica *Romualdo e Juliana*, de André Willième, sendo, desde o início da carreira cinematográfica, protagonista de seus filmes. Trabalhou com realizadores especializados no gênero erótico, como Victor Di Mello (*Quando as mulheres paqueram, O grande gozador* e *Um varão entre as mulheres*) e Alberto Pieralisi* (*A difícil vida fácil*), ou que incursionaram pelo gênero, como Pedro Camargo (*Eu transo... ela transa* e *Os primeiros momentos*), Saul Lachtermacher (*O marido virgem* e *Deixa amorzinho... deixa*), César Ladeira Filho (*Como nos livrar do saco*), Alberto Salvá* (*Os maníacos eróticos*). Em 1978, apareceu nas coletâneas *Assim era a pornochanchada* e *Os melhores momentos da pornochanchada*, sendo ambos feitos por Victor Di Mello. Foi autora do argumento dos três episódios: 'Um em cima e outro embaixo' (1º); 'Dois em cima e dois olhando' (2º) e 'Dois em cima, dois embaixo e dois olhando' (3º) de *Tem alguém na minha cama* (1976), que foram dirigidos respectivamente por Francisco Pinto Jr., Pedro Camargo e Luiz Antônio Piá. Filmou versão modernizada de conto de Machado de Assis *Confissões de uma viúva moça*, de Adnor Pitanga. Voltou a trabalhar com o diretor César Ladeira Filho no policial *Ouro sangrento*, e filmou outro policial, *Pecado sem nome*, de Juan Siringo, e o drama *Noite dos duros*, de Adriano Stuart*. A partir da década de 1980, passou a filmar ocasionalmente, quando foi coadjuvante na comédia erótica *Carícias eróticas*, de Adriano Stuart, e atuou nos dramas dirigidos por Alvarina Souza Silva (*O filme da minha vida* e *Vida e obra de Ramiro Miguez*) e *Vestido de noiva*, de Jofre Rodrigues, baseado na clássica peça teatral homônima de Nélson Rodrigues. Além de atuar em vários curtas-metragens ficcionais, alguns deles com direção de sua parceira Alvarina Souza Silva, como *Vênus de fogo* (1992), *A mulher que perdeu o controle* (1998), *Entrevista* (1998) e *O amor segundo o Aurélio* (2002), e o curta *Dias* (2000), dirigido por outro cineasta, Fernando Segtowick. (LFM)

BASTOS, Othon (Othon José de Almeida Bastos) – Tucano, BA, 1933. Ator.

FILMOGRAFIA: 1962 – *O pagador de promessas; Tocaia no asfalto*. 1962-1963 – *Sol sobre a lama*. 1963 – *Deus e o diabo na terra do sol*. 1967 – *Capitu*. 1968 – *O dragão da maldade contra o santo guerreiro* (coprodução estrangeira). 1970 – *Os deuses e os mortos*. 1970-1971 – *Longo caminho da morte*. 1971 – *São Bernardo*. 1975 – *O predileto*. 1976 – *Fogo morto*. 1979-1985 – *Chico Rei*. 1980-1981 – *O homem do pau-brasil; Ao sul do meu corpo*. 1982 – *Das tripas coração; A próxima vítima*. 1987-1988 – *O mistério do Colégio Brasil*. 1989 – *Sermões*. 1994 – *Menino maluquinho – o filme*. 1995 – *Sombras de julho*. 1995-1996 – *O cangaceiro*. 1995-1997 – *Grande noitada*. 1996 – *O que é isso, companheiro?*. 1996-1997 – *Policarpo Quaresma, herói do Brasil*. 1998 – *Central do Brasil*. 1997-1999 – *Villa-Lobos, uma vida de paixão*. 1999 – *Mauá, o imperador e o rei; A terceira morte de Joaquim Bolívar*. 1999-2000 – *Condenado à liberdade*. 2000-2001 – *A hora marcada*. 2000 – *Bicho de sete cabeças*. 2001 – *3 histórias da Bahia; Abril despedaçado*. 2002 – *Joana e Marcelo, um amor (quase) perfeito; Poeta de sete faces*. 2004 – *O vestido; Irmãos de fé; Cascalho*. 2005 – *O coronel e o lobisomem*. 2006 – *Brasília 18%; Zuzu Angel; O passageiro – segredos de adulto*. 2008 – *Orquestra de meninos*. 2009 – *Quincas Berro d'Água*. 2010 – *Nosso lar*.

Nascido no sertão baiano, próximo de Cocorobó, mudou-se para o Rio de Janeiro nos anos 40, após as mortes, no intervalo de poucos anos, dos pais. Estudou no Instituto Muniz Barreto, como interno, entre os 7 e os 10 anos. Quando a família soube da escola em que estava, similar a uma instituição correcional de menores, foi imediatamente transferido para o Pio Americano, em São Cristóvão, escola tradicional carioca (Adhemar Gonzaga* e Pedro Lima* ali estudaram nos anos 10). Continuou como interno até os 16 anos. A terceira escola que frequentou foi o Colégio Rio de Janeiro, onde foi colega de Walter Clark* e da folclórica personalidade carioca, Roniquito Chevalier. Queria ser aviador, mas foi reprovado. Tentou o vestibular para Odontologia. Fez um teste com Paschoal Carlos Magno, embora não se considerasse vocacionado para a profissão de ator. No Teatro Duse, de Paschoal Carlos Magno, foi contemporâneo de Agildo Ribeiro* e Consuelo Leandro. Entre os 17 e 18 anos aprendeu a montar cenários e a fazer assistência de cenografia, iluminação, sonoplastia, maquiagem e contrarregra. Pisou no palco como ator pela primeira vez em 1951, atuando como figurante em *Terra queimada*, de Aristóteles Soares. Depois fez um segundo personagem em *Lampião*, de Rachel de Queiroz, muito elogiado pela crítica. Quando Paschoal foi nomeado para o consulado na Itália, o Duse, que era um teatro semiprofissional, entrou em franco declínio. Estudou na Weber Douglas School em Londres, em 1956, ainda com o grupo do Teatro Duse, ficando um ano e meio na Europa. De volta ao Rio, entrou para o curso de Filosofia da Faculdade Nacional de Filosofia. Trabalhou com Tereza Rachel. Na TV, participou do *Grande Teatro Tupi*, de Sérgio Brito*, e do *Teatrinho Trol*, de Fabio Sabag. Recebeu convite de Martin Gonçalves para trabalhar no Teatro da Universidade da Bahia, em Salvador. Fez várias peças, entre as quais *As três irmãs*, de Tchekhov, *Um bonde chamado desejo*, de Tennessee Williams, e *O auto da compadecida*, de Ariano Suassuna. Rompeu com Martin Gonçalves em 1960 e fundou o Teatro Vila Velha, que só foi aberto em 1964, com a peça de Guarnieri* *Eles não usam black-tie*. Nesse meio-tempo trabalhou para a Prefeitura de Salvador, realizando espetáculos em praça pública, escolas e igrejas. Ganhando pouco em Salvador, retornou ao Rio em 1967. A primeira peça da qual participou, com Tônia Carrero*, foi um fracasso. Tentou a televisão. Procurou o Teatro Oficina, em São Paulo, mas o elenco estava completo. Somente entraria para o Oficina na remontagem de *Os pequenos burgueses*, de Máximo Górki, que iria excursionar pelo país em 1968. Depois participou das remontagens de *O rei da vela*, *Galileu Galilei* e *A selva* da cidade, até fins de 1969. Em 1972 montou a sua própria companhia, continuando a encenar peças políticas e sociais como *Castro Alves pede passagem, Calabar* e *Um grito parado no ar*.

Sua passagem para o cinema aconteceu em 1962, quando o cinema baiano* alçou voo. Participou das filmagens de *O pagador de promessas*, de Anselmo Duarte*, e *Tocaia no asfalto*, de Roberto Pires*. Depois fez um papel pequeno (o motorista) no filme de Alex Viany*, *Sol sobre a lama*. Seu grande personagem foi Corisco, em *Deus e o diabo na terra do sol*, dirigido por Glauber Rocha* em 1964. Na sua volta à Bahia, Othon tornou-se amigo de Glauber, por intermédio de Helena Ignez*. O ator Adriano Lisboa havia sido escolhido para fazer o personagem Corisco, mas comprometeu-se com outro filme. Assim, Othon foi chamado para o papel. Ele conhecia bem a região do Monte Santo, já que sua família era dona de terras e de um engenho no local. Durante as filmagens, sugeriu a Glauber que Corisco contasse a vida de Lampião em *flashback*, insistindo na gestualidade e na fala: deveria fazer gestos rápidos como o nome, mas a fala deveria ser lenta, para estabelecer um contraste. A sequência em que Corisco fala incorporando Lampião é antológica. O sucesso do filme atraiu a atenção sobre Othon Bastos, mas ele nunca se fixou em um único tipo. Quando Carlos Diegues* o chamou para trabalhar em *A grande cidade*, recusou. Permaneceu em Salvador, e só trabalhou novamente no cinema em 1967, fazendo o personagem sóbrio e contido de Bentinho, no filme *Capitu*, de Paulo César Saraceni*. Voltou a filmar com Glauber em *O dragão da maldade contra o santo guerreiro*, fazendo o papel de professor, um intelectual bêbado e alucinado. Em *Os deuses e os mortos*, de Ruy Guerra*, também realizado na Bahia, o personagem requereu uma máscara abjeta, dentro de um tema alegórico que ele conhecia bem: o coronelismo e os jagunços. Por esse filme ganhou o prêmio de melhor ator no FESTIVAL DE BRASÍLIA de 1970. Atuou em *Longo caminho da morte*, de Julio Calasso Jr. Teve novamente um papel forte em *São Bernardo*, de Leon Hirszman*. Nesse filme, em que trabalha ao lado de Isabel Ribeiro (Madalena), ele é Paulo Honório. A narrativa estrutura-se do ponto de vista desse personagem. Othon Bastos expressa a violência de Paulo Honório internamente, nunca a fazendo explodir, ao contrário de Corisco. As palavras são mastigadas soturnamente pelo ator. A acolhida ao filme foi excepcional, recebendo este vá-

rios prêmios, entre eles o de melhor ator no FESTIVAL DE GRAMADO de 1973. Em 1976 trabalhou em *Fogo morto*, de Marcos Farias*. Em 1980/1981 atua em *Ao sul do meu corpo*, de Saraceni, e em *O homem do pau-brasil*, último filme de Joaquim Pedro de Andrade*. Nas décadas de 80 e 90 alternou o trabalho em novelas e minisséries nos principais canais de televisão (GLOBO, MANCHETE e SBT) com a participação em alguns filmes, como *A próxima vítima*, de João Batista de Andrade*, *Chico Rei*, de Walter Lima Jr.*, e *Sermões*, de Júlio Bressane*, no qual fez o papel principal (Padre Vieira). Narrou vários curtas e documentários, dos quais destaca-se o longa-metragem *Os anos JK*, de Sílvio Tendler*. (JIMS) Mantém bom ritmo de atuação nos anos 2000, confirmando seu espaço como um dos principais atores brasileiros do século XX. Dotado de perfil forte, amplamente aproveitado em nossa filmografia, soube dar continuidade à sua carreira sem ficar preso à interpretação antológica do Corisco de *Deus e o diabo na terra do sol*. Atua em filmes-chave do cinema brasileiro da retomada como *Central do Brasil*, *Bicho de sete cabeças* e *Abril despedaçado*, interpretando figuras autoritárias. Também trabalha com Nelson Pereira do Santos* em *Brasília 18%*, estreando sob a direção do diretor cinemanovista. Deu continuidade à carreira cinematográfica com filmes baseados na literatura brasileira como *O vestido*, *Cascalho*, *O coronel e o lobisomem*, *Orquestra de meninos* e *Quincas Berro d'Água*. Atuou no filme religioso *Irmãos de fé* e também no trabalho espírita *Nosso lar*.

BATISTA, Djalma Limongi – Manaus, AM, 1950. Diretor.

FILMOGRAFIA: 1979-1981 – *Asa Branca, um sonho brasileiro*. 1985 – *Brasa adormecida*. 1994-1997 – *Bocage, triunfo do amor*.

Djalma Limongi Batista é filho do médico e intelectual Djalma da Cunha Batista, que teve importante participação na vida cultural amazonense. Ainda no colégio em Manaus, fez parte do movimento cineclubista com Gualter (seu irmão), Márcio Souza e Joaquim Marinho. Estudou entre 1968 e 1971 no curso de Cinema da Universidade de São Paulo (USP). Na USP realizou os curtas-metragens *Um clássico, dois em casa, nenhum jogo fora, O mito da competição do sul* e *Hang Five*. Em 1973 dirigiu o média-metragem *Porta do céu*. Trabalha a partir dos anos 1970 como fotógrafo profissional, fazendo fotos para moda, publicidade e *still* cinematográfico. Sua passagem para o longa-metragem

aconteceu com *Asa Branca, um sonho brasileiro*, que recebeu os prêmios de melhor direção no X FESTIVAL DE GRAMADO (1982), no XIV FESTIVAL DE BRASÍLIA (1982) e o AIR FRANCE de 1982 de melhor filme e direção. Seu segundo longa é *Brasa adormecida*, título que homenageia o filme mudo *Brasa dormida*, de Humberto Mauro*. Nos anos 90 incursionou pelo teatro, dirigindo *Calígula*, peça de Albert Camus. Utilizando boa parte do elenco e da equipe de produção de *Calígula*, lançou o filme *Bocage, o triunfo do amor*, adaptação livre dos poemas e da biografia do poeta português Manuel Maria Barbosa du Bocage. Escreveu biografia intitulada *Walmor Chagas: ensaio aberto para um homem indignado*, publicada em 2008. Nos últimos anos, Djalma Limongi Batista continua a dirigir peças de teatro, tais como *Um homem indignado*, além de ministrar aulas no curso de Cinema da FAAP (Fundação Armando Álvares Penteado). (AA)

BATISTA, Xandó – MG, 1920-1992. Ator.

FILMOGRAFIA: 1951 – *Suzana e o presidente*. 1952 – *Nadando em dinheiro*. 1953 – *Uma pulga na balança*; *Luz apagada*; *Candinho*. 1957 – *Rebelião em Vila Rica*. 1958 – *O preço da vitória*. 1963 – *Mulher satânica* (coprodução estrangeira); *Noites quentes de Copacabana* (coprodução estrangeira); *O beijo*. 1966 – *O corintiano*. 1973 – *A pequena órfã*. 1973-1975 – *A casa das tentações*. 1974 – *Trote de sádicos*. 1974-1975 – *Efigênia dá tudo que tem*. 1975 – *O predileto*; *Já não se faz amor como antigamente* (4º episódio: 'A flor de lys'). 1976 – *O seminarista*; *Chão bruto*; *Fruto proibido*. 1977 – *Contos eróticos* (3º episódio: 'O arremate'). 1978 – *A noite dos duros*; *Os amantes da chuva*. 1979 – *Histórias que nossas babás não contavam*; *A noite dos imorais*; *Sexo selvagem*. 1980 – *O gosto do pecado*. 1980-1981 – *O homem do pau-brasil*.

Xandó Batista é conhecido por sua atuação na televisão, principalmente em novelas da TUPI, da BANDEIRANTES, da GLOBO, da CULTURA e da MANCHETE, participando também de teleteatros. No cinema começa na VERA CRUZ* em pequenos papéis, após fazer ponta em uma comédia da MARISTELA* – *Suzana e o presidente*, de Ruggero Jacobbi. Promovido a coadjuvante, interpreta o papel de comandante da lancha da Marinha costeira em *Luz apagada*, de Carlos Thiré; faz o papel do reitor inflexível em *Rebelião em Vila Rica*, sob direção dos gêmeos Geraldo* e Renato Santos Pereira. Seu papel mais desafiador é o sogro apaixonado pelo genro, na primeira versão da peça de Nélson Rodrigues* *O beijo*, sob direção de Flávio Tambellini*. Ator de carreira eclética no cinema nacional, faz vários filmes de rotina. Em *O seminarista* volta a atuar sob a direção de Geraldo Santos Pereira, quando interpreta um padre rígido, um de seus últimos papéis importantes. (LFM)

BATTAGLIN, Roberto (Ermes Battaglin) – General Vargas, RS, 1927-1992. Ator.

FILMOGRAFIA: 1950-1951 – *Vento norte*. 1952 – *Agulha no palheiro*. 1953 – *Santa de um louco*. 1954 – *Nobreza gaúcha*. 1954-1955 – *Rio 40 graus*. 1954-1956 – *Contrabando*. 1956 – *Cangerê*. 1963 – *Bonitinha mas ordinária*. 1967 – *Perpétuo contra o esquadrão da morte*; *Mar corrente*. 1968 – *Maria Bonita, rainha do cangaço*. 1969 – *Pedro Diabo*. 1970 – *As escandalosas*; *A ilha dos paqueras*; *Uma garota em maus lençóis*. 1971 – *Idílio proibido*. 1972 – *Os desclassificados*; *Maridos em férias* (*O mês das cigarras*). 1973 – *Como evitar o desquite*; *Os condenados*. 1975-1978 – *A noiva da cidade*. 1976 – *Revólver de brinquedo*; *Costinha, o rei da selva*. 1983 – *Perdida em Sodoma*.

Seus primeiros filmes estão vinculados à temática social e têm importante papel na história do cinema brasileiro. Como é o caso de sua estreia na produção independente gaúcha, *Vento norte*, de Salomão Scliar*. Ao radicar-se no Rio de Janeiro trabalha em *Agulha no palheiro*, de Alex Viany*, filme que flerta com o neorrealismo, no qual interpreta o papel de um homem do povo, o condutor de bonde. Participa do clássico *Rio 40 graus*, do diretor Nelson Pereira dos Santos*. Faz uma série de papéis como coadjuvante. Monta o estúdio de som BATTAGLIN. No começo dos anos 70 atua em algumas pornochanchadas* e em *Os condenados*, de Zelito Viana*. Em 1975 volta a trabalhar com Alex Viany em *A noiva da cidade*. Passa a produtor quando realiza a comédia *Revólver de brinquedo*, dirigida por Antônio Calmon*. Seu filho, também com o nome de Roberto Battaglin, é galã de novelas de TV e fez algumas incursões no cinema. (LFM)

BAURAQUI, Flávio – Santa Maria, RS, 1966. Ator.

FILMOGRAFIA: 2002 – *Madame Satã*. 2004 – *Quase dois irmãos*. 2005 – *Cafundó*. 2006 – *Zuzu Angel*; *O céu de Suely*; *O cheiro do ralo*; *Os 12 trabalhos*. 2007 – *Noel, o Poeta da Vila*; *Mutum*. 2008 – *Meu nome não é Johnny*. 2009 – *Quincas Berro d'Água*.

Gaúcho que iniciou a carreira na cidade natal e posteriormente na capital Porto Alegre. Em 1993 muda-se para o Rio de Janeiro e frequenta oficinas de interpretação, canto e dança, seus primeiros cursos nas artes cênicas. Desde então trabalhou em mais de trinta peças, destacando-se os musicais *Elis, estrela do Brasil* (2002), dirigida por Diogo Villela, em que fez o papel de Jair Rodrigues, e protagonizou *Obrigado! Cartola!* (2004), de Vicente Maiolino. No cinema possui carreira consistente com personagens marcantes. Estreou com sucesso na pele do travesti Tabu no filme *Madame Satã*, dirigido por Karim Ainouz*, pelo qual recebeu uma indicação ao GRANDE PRÊMIO CINEMA BRASIL de melhor ator coadjuvante. Na televisão participou, em 2007, das novelas da REDE GLOBO *Paraíso tropical*, escrita por Gilberto Braga e Ricardo Linhares, e *Duas caras*, de Aguinaldo Silva. Em 2009 volta às novelas em *Caras & bocas*, de Walcyr Carrasco, também da REDE GLOBO. Foi indicado para o GRANDE PRÊMIO CINEMA BRASIL de melhor ator, como um dos protagonistas do filme político *Quase dois irmãos*, com direção de Lucia Murat* e também recebeu o prêmio de melhor ator no FESTIVAL DO RIO. Participou ainda como coadjuvante de filmes, como o histórico *Cafundó*, dos estreantes Paulo Betti* e Clóvis Bueno*; o policial *Achados e perdidos*, de José Joffily*; da biografia de Noel Rosa em *Noel, o Poeta da Vila*, de outro diretor estreante Ricardo Van Steen. Atuou em *Zuzu Angel*, de Sérgio Rezende*, docudrama que reconstitui as desventuras da estilista em busca do filho desaparecido em pleno regime militar. Tem participação forte nos filmes da nova geração do cinema brasileiro, com atuações marcantes em *O cheiro do ralo*, de Heitor Dhalia*, *Os 12 trabalhos*, de Ricardo Elias*; e em *O céu de Suely*, de Karim Ainouz*. Em *Maré, nossa história de amor*, trabalha novamente com a diretora Lúcia Murat. Atua como coadjuvante no belo *Mutum*, de Sandra Kogut*, e no drama realista *Meu nome não é Johnny*, de Mauro Lima*. (MM)

BEATO, Affonso (Affonso Henriques Beato) – Rio de Janeiro, RJ, 1941. Fotógrafo.

FILMOGRAFIA: 1965-1968 – *Brasil verdade* (1º episódio: 'Memória do cangaço'). 1967 – *Cara a cara*. 1967-1968 – *Viagem ao fim do mundo*. 1968 – *O bravo guerreiro*; *Máscara da traição*; *Copacabana me engana*; *O dragão da maldade contra o santo guerreiro* (coprodução estrangeira). 1970 – *O capitão Bandeira contra o dr. Mou-*

ra Brasil; *O homem das estrelas* (produção estrangeira); *Pindorama*. 1971 – *Supergirl* (produção estrangeira). 1972 – *Herança do Nordeste* (episódios); *La tierra prometida* (produção estrangeira). 1974 – *The Girl with the Incredible Feeling* (produção estrangeira); *Hot Times* (produção estrangeira). 1975 – *O terceiro grau* (produção estrangeira). 1977 – *The Boss's Sons* (produção estrangeira). 1978 – *Terra dos índios*. 1982 – *The Two Worlds of Angelita* (produção estrangeira). 1983 – *Para viver um grande amor*; *Circle of Fear* (produção estrangeira). 1984 – *Além da paixão*; *Tropclip*. 1986 – *Big Easy* (produção estrangeira). 1989 – *Over Her Dead Body* (produção estrangeira); *Great Balls of Fire* (produção estrangeira). 1992-1994 – *Mil e uma* (coprodução estrangeira). 1993 – *Wrong Man* (produção estrangeira). 1994 – *Blood Ties* (produção estrangeira); *Unconvered* (produção estrangeira). 1995 – *A flor do meu segredo* (produção estrangeira). 1996 – *Cinco dias, cinco noites* (produção estrangeira); *The Informant* (produção estrangeira); *Pronto* (produção estrangeira). 1997 – *Live Flesh* (produção estrangeira); *Dead by Midnight* (produção estrangeira); *Carne trêmula* (produção estrangeira). 1998 – *Traição* (episódio); *Tudo sobre minha mãe* (produção estrangeira). 1998-1999 – *Orfeu*. 1999 – *Price of Glory* (produção estrangeira). 2000 – *Ghost World* (produção estrangeira). 2001-2002 – *Deus é brasileiro*. 2003 – *Do the I* (produção estrangeira); *View from the Top* (produção estrangeira); *Resistindo às tentações* (produção estrangeira). 2005 – *Água negra* (produção estrangeira). 2006 – *A rainha* (produção estrangeira). 2007 – *Amor nos tempos do cólera* (produção estrangeira). 2008 – *Noites de tormenta* (produção estrangeira).

Filho de um industrial fabricante de vidros, optou por uma carreira artística, ingressando no início dos anos 60 na Escola Nacional de Belas Artes, onde estudou com Ivan Serpa, Aluísio Carvão e Fayga Ostrower. Ao frequentar a CINEMATECA DO MAM faz contato com jornalistas de *O Metropolitano*, em especial David Neves* e Carlos Diegues*, passando a fotografar para esse jornal. Inicia carreira cinematográfica como diretor de produção do curta *Domingo*, de Diegues. Pela afinidade com a pintura decide-se pela fotografia de cinema, aprendendo as primeiras lições com o fotógrafo argentino Ricardo Aronovich*, com quem trabalha em *Os fuzis*. Fotografa uma série de curtas, alguns de membros do Cinema Novo*, entre os quais: *Memória do cangaço* (1964), de Paulo Gil Soares*,

O circo (1964), de Arnaldo Jabor*, *Heitor dos Prazeres* (1965), de Antônio Carlos Fontoura*, *Anchieta* (1965), de Geraldo Sarno*, *Brasília: contradições de uma cidade* (1965), de Joaquim Pedro de Andrade*, *O povo do velho Pedro* (1967), de Sérgio Muniz* e *Lima Barreto* (1967), de Júlio Bressane*. Inicia-se no longa-metragem com *Cara a cara*, de Bressane, recebendo o prêmio de melhor fotografia no FESTIVAL DE BRASÍLIA. Cria marcante fotografia em cores para *O dragão da maldade contra o santo guerreiro*, de Glauber Rocha*. Decide ir para Nova York, onde fixa residência, iniciando carreira internacional sem precedentes para um fotógrafo brasileiro. Além do Brasil, filma na Itália, França e Alemanha. Convidado para fotografar *La tierra prometida*, no Chile, de Miguel Littin, dirige em seguida o documentário *Quando desperta o povo*. A exibição do longa chileno no festival italiano de PESARO de 1974 atrai a atenção do diretor americano Jim McBride. Iniciam uma longa parceria em *Hot Times*. Prossegue fotografando em vários países do mundo, só retornando definitivamente ao Brasil em 1983, convidado para registrar *Para viver um grande amor*. Com a redemocratização aceita estruturar o Centro Técnico Audiovisual da EMBRAFILME*, logo transformado na FUNDAÇÃO DO CINEMA BRASILEIRO, da qual foi diretor até 1988. Volta então ao trabalho fotográfico, filmando com diretores com quem mantém afinidades. Além de McBride, com quem faz *Great Balls of Fire* e *Big Easy*, estabelece nova parceria com o espanhol Pedro Almodóvar, com quem roda *A flor do meu segredo*, *Carne trêmula* e *Tudo sobre minha mãe*. No Brasil, fotografa *Mil e uma*, dirigido pela ex-mulher, Susana de Moraes, e *Orfeu*, de Carlos Diegues. (HH) Na última década ratificou sua opção profissional pela atuação no cinema de produção internacional. Isso o transformou no diretor de fotografia brasileiro com mais ampla carreira fora do Brasil. Faz também trabalhos ocasionais para a televisão brasileira.

BECKER, Cacilda (Cacilda Becker Yáconis) – Pirassununga, SP, 1921-1969. Atriz.

FILMOGRAFIA: 1946-1947 – *Luz dos meus olhos*. 1954 – *Floradas na serra*.

Considerada a grande dama do teatro brasileiro. Na década de 40, em seus anos de formação, participa com a professora Maria Jacintha, a ensaiadora Esther Leão e Miroel Silveira* do Teatro do Estudante do Brasil. Atua nas companhias de Raul Roulien* (onde é orientada pelo diretor de cena Sady Cabral*), Bibi Ferreira* e no Grupo Universitário de Teatro (GUT), onde encena *O auto da barca do inferno*, de Gil Vicente, *O irmão das almas*, de Martins Pena, e *Pequenos serviços em casa de casal*, de Mário Neme, todas sob a direção de Décio de Almeida Prado. O ano de 1947, com seu ingresso no grupo Os comediantes, marca o encontro com seu grande parceiro Ziembinski*, seu diretor na nova versão de *Vestido de noiva*, de Nélson Rodrigues*, e *Desejo*, de Eugene O'Neill. A convite de Abílio Pereira de Almeida*, participa da produção do Grupo de Teatro Experimental, na encenação de *A mulher do próximo*, com texto e direção de Abílio, e de *O baile de ladrões*, de autoria de Jean Anouilh, patrocinada pelo Grupo de Teatro Amador, nos palcos do Teatro Brasileiro de Comédia (TBC). Na década de 50, com a profissionalização do TBC, sob o comando de Franco Zampari*, torna-se sua estrela maior. Trabalha com diretores e cenógrafos formados na Europa, como Adolfo Celi*, Ruggero Jacobbi, Luciano Salce*, Aldo Calvo e o próprio Ziembinski. Com seu elenco permanente, o TBC monta textos importantes como *Nick Bar...*, de William Saroyan, *A ronda dos malandros,* de John Gay, *O anjo de pedra*, de Tennessee Williams, *Pega fogo*, de Jules Renard, *Paiol velho*, de Abílio Pereira de Almeida, *Seis personagens à procura de um autor*, de Luigi Pirandello, *A dama das camélias*, de Alexandre Dumas Filho, *Antígona*, de Sófocles, *Maria Stuart*, de Schiller, entre vários outros. Em 1958, monta sua própria companhia, o Teatro Cacilda Becker (TCB), trabalha em parceria com Ziembinski e Walmor Chagas*, seu marido, e monta, entre outros, *O santo e a porca*, de Ariano Suassuna, e *Santa Marta Fabril S.A.*, de Abílio Pereira de Almeida.

Talvez devido a sua importância como atriz de teatro, é pequena sua participação no cinema. Em seu filme de estreia, *Luz dos meus olhos*, produção da ATLÂNTIDA*, faz um papel dramático sob direção de José Carlos Burle*. Na VERA CRUZ*, após um projeto fracassado ("Mormaço"), atua em um filme especialmente preparado para ela, *Floradas na serra*, adaptação do romance homônimo de Dinah Silveira de Queiroz. Dirigida por Luciano Salce, nesse melodrama que encerra as atividades da VERA CRUZ, interpreta, de forma marcante, a tuberculosa Lucília. (LFM)

BELMONTE, José Eduardo – São Paulo, SP, 1970. Diretor.

FILMOGRAFIA: 2002 – *Subterrâneos*. 2005 – *A concepção*. 2007 – *Meu mundo em perigo*. 2008 – *Se nada mais der certo*.

Com 4 anos de idade, mudou-se para Brasília, acompanhando a família. Em 1994, formou-se em cinema pela Universidade de Brasília (UnB). Começou dirigindo clipes de bandas musicais. Passou a diretor de curtas-metragens e fez seu filme de formatura, *Três palavras* (1994). Em seguida, realizou outras obras ficcionais como *5 filmes estrangeiros* (1997) e *Tepê* (1999). Em 2002, dirigiu mais dois curtas ficcionais, *Dez dias felizes* e *Um trailer americano*. É um dos diretores brasilienses mais ativos no longa-metragem. Possui estilo que encaixa bem na produção recente, com caída forte para o lado escatológico que atrai parte da nova geração de cineastas brasileiros. Seus longas trazem o narcisismo juvenil direcionado em polo inverso. A agressão, o choque, a representação da agonia, são valorados positivamente e dão retorno ao ego inflado pela ousadia. Estreia no longa com *Subterrâneos*, cuja trama foi ambientada entre os tipos estranhos que frequentam o Centro Comercial de Brasília. No segundo longa, *A concepção*, segue com temática urbana, abordando a crise e o vazio da cidade de Brasília. *A concepção* acentua uma dramaturgia carregada e fragmentária que retrata a jovem burguesia brasiliense entre gritos e estados de espírito alterados. Seu terceiro longa, *Meu mundo em perigo*, é outro drama, agora com parceria no roteiro do dramaturgo Mário Bortolotto. *Se nada mais der certo* vem demonstrar a capacidade de produção bastante regular do diretor. Com ambiência em São Paulo, retrata mais um grupo de jovens voltados contra todos e o mundo, exaltados na postura de crítica acirrada. (FPR/LFM)

BELTRÃO, Andréa (Andrea Viana Beltrão) – Rio de Janeiro, RJ, 1963. Atriz.

FILMOGRAFIA: 1982-1983 – *Garota dourada*. 1983 – *Os bons tempos voltaram* (1º episódio: 'Sábado quente'). 1984 – *O rei do Rio*. 1984-1986 – *As sete vampiras*. 1985 – *Rock estrela*. 1986 – *A cor do seu destino*. 1987-1991 – *Vai trabalhar vagabundo II, a volta*. 1989 – *Minas, Texas*. 1989-1991 – *O escorpião escarlate*. 1996 – *Pequeno dicionário amoroso*. 2000-2001 – *A partilha*. 2004 – *Cazuza, o tempo não para*. 2005 – *O coronel e o lobisomem*. 2007 – *A grande família, o filme*; *Jogo de cena*. 2008 – *Verônica*; *Romance*. 2008-2009 – *Salve geral*. 2009 – *Som e fúria – o filme*. 2010 – *O Bem Amado*.

Aos 13 anos inicia o curso de teatro do Tablado, sob a orientação de Aracy

Mourthé. Mais tarde ingressa no curso de Arte Dramática da Universidade do Rio de Janeiro (UNI-RIO), que abandona após o segundo ano, e no grupo Manhas e Manias, com Débora Bloch* e Chico Diaz, entre outros. No teatro, destaca-se em *Beijo no asfalto*, *Sapomorfose*, *Senhorita Júlia*, *A tempestade*, *O Amigo da Onça* e *Estrela do lar*. Estreia no cinema em *Garota dourada*, de Antonio Calmon*, e na televisão desempenha papéis secundários. Na TV alcança notoriedade com a personagem Zelda Scott, do seriado *Armação Ilimitada*. Participa das novelas *Rainha da sucata*, *Pedra sobre pedra*, *Mulheres de areia* e da minissérie *A madona de cedro*, de Tizuka Yamasaki*. Na carreira cinematográfica, sua veia cômica é explorada. Conquista o papel principal de *Pequeno dicionário amoroso*, de Sandra Werneck*, que a consagra como uma das jovens estrelas da nova geração. (HH) Atriz popular da TV, na qual, além de atuar nas telenovelas, destaca-se como a cabeleira Marilda do programa humorístico *A Grande Família*. No cinema, estabelece carreira como atriz coadjuvante, que alterna com papéis de protagonista. Fez uma das quatro irmãs da comédia *A partilha*, bem-sucedida versão cinematográfica do diretor Daniel Filho* da peça teatral homônima de autoria de Miguel Falabella. Defende o papel-título em *Verônica*, filme policial de Maurício Farias, drama em que interpreta professora de escola pública que protege menino de favela, também seu aluno, que é alvo da perseguição de uma quadrilha de bandidos. É também protagonista de outra fita policial, *Salve geral*, de Sérgio Rezende*, representando professora que defende um jovem (nesse drama ele é seu filho). Dando um refresco aos papéis dramáticos, interpreta uma das irmãs Cajazeiras na comédia *O Bem Amado*. Em *Jogo de cena* sustenta bem o desafio de interpretação proposto por Eduardo Coutinho*. (LFM)

BENEDETTI, Paulo (Paolino Michellini Benedetti) – Bernalda, Itália, 1863-1944. Fotógrafo, produtor.

FILMOGRAFIA: 1915 – *Uma transformista original* (fot., prod., dir.). 1917 – *O Cruzeiro do Sul* (fot.). 1919 – *Iracema* (fot.). 1920 – *O garimpeiro* (fot.). 1924 – *A gigolete* (fot., prod.); *Dever de amar* (fot., prod.). 1924-1925 – *A esposa do solteiro* (*A mulher da meia-noite*) (fot., prod.). 1927-1929 – *Barro humano* (fot., prod.).

Nascido numa família de médicos, dominava com fluência a Química, a Física, a Mecânica e a Engenharia. Em 1897, aos 33 anos, resolveu emigrar para o Brasil. Sua certeza de sucesso no Novo Mundo estava depositada em três patentes para fabricação de um aparelho de gás acetileno (usado para iluminação). Casado com Antonieta Ciannelli e com um filho, Fúlvio, preferiu deixá-los na Itália. Porém logo conseguiu se estabelecer, abrindo uma empresa especializada em iluminação a gás no Rio de Janeiro. Interessado em fotografia desde jovem, foi atraído pela atividade cinematográfica nascente, e tornou-se exibidor ambulante.

Em 1910 instalou-se na cidade mineira de Barbacena, onde, além de exibir filmes, dedicava-se a inventar equipamentos e processos para o aperfeiçoamento da técnica cinematográfica. Sua primeira preocupação foi com o sincronismo precário entre a imagem e o acompanhamento musical, feito por meio de orquestras ou instrumentistas que se apresentavam durante a projeção ou de fonógrafos. Em 1912, Benedetti registrou a patente de um sistema chamado CINEMETRÓFONO, espécie de película cinematográfica especial dotada de uma faixa extra na base do fotograma, na qual era impressa a partitura da música de acompanhamento do filme, permitindo ao regente sincronizar os movimentos na tela aos movimentos da orquestra. Dois anos depois, aperfeiçoou a ideia original e apresentou um novo invento, dessa vez um aparelho que permitia o sincronismo perfeito entre o projetor e um fonógrafo, quase semelhante ao que Léon Gaumont havia desenvolvido. Com esse invento, Benedetti atraiu diversos capitalistas e fundou a ÓPERA FILME, voltada para a filmagem de óperas em diversas versões orquestrais. A companhia só conseguiu realizar um filme, de caráter demonstrativo, *Uma transformista original*, constituído de cinco partes, sendo três partes "cantadas pela machina cinematographica e acompanhadas pela orchestra" e duas "em musica descriptiva, com acompanhamento orchestral" (provavelmente sequências filmadas pelo processo original, de 1912, e incluídas no filme-ensaio para completar a opereta).

Benedetti não conseguiu sensibilizar os capitalistas a continuar investindo em seus inventos. Em 1916, regressou definitivamente ao Rio de Janeiro, e no ano seguinte fundou um laboratório cinematográfico. Dedicou-se também às pesquisas, sendo premiado na Exposição Internacional do Centenário da Independência, em 1922, por um novo sistema de cinema sonoro (aparentemente derivado do primitivo CINEMETRÓFONO): uma sinalização visual na própria película para orientar a orquestra durante a execução do acompanhamento musical. Em 1924, Benedetti resolveu se tornar produtor de cinema e fundou a BENEDETTI FILME. Para auxiliá-lo convocou seu conterrâneo Vittorio Verga, que havia emigrado para o Brasil no começo dos anos 10 e perambulava pelas principais agências cinematográficas do Rio de Janeiro. Logo no primeiro ano, a empresa de Benedetti realizou dois filmes, cuja qualidade técnica impressionou a nascente crítica cinematográfica carioca da época: *A gigolete* e *Dever de amar*. Os críticos, especialmente Adhemar Gonzaga*, da revista *Paratodos*, e Pedro Lima*, de *Selecta*, elogiaram muito o trabalho e a competência de Benedetti, embora fizessem severas críticas ao diretor Verga. Em 1926, Benedetti associou-se ao produtor e diretor italiano Carlo Campogalliani, que estava em turnê pela América do Sul e fixara base na Argentina, e o resultado foi a realização da primeira coprodução internacional do cinema brasileiro: *A esposa do solteiro*. O sucesso do filme estimulou Benedetti a se associar a um grupo de exibidores da cidade para a fundação de uma cooperativa de produção, o CIRCUITO NACIONAL DOS EXIBIDORES, formado por produtores e donos de pequenos cinemas marginalizados pelo sistema de distribuição da época. A finalidade era simples: produzir filmes para eles mesmos exibirem, sem intermediários. Como primeira atividade, o CIRCUITO instituiu um concurso para eleger a mais bela frequentadora dos cinemas cariocas. O prêmio seria um papel no primeiro filme da nova produtora. Apesar de apoiado pela revista *Cinearte*, o CIRCUITO não teve êxito. O diretor artístico, Vittorio Verga, insistiu em se dedicar à cavação, desdenhando as sugestões e orientações de Pedro Lima e Adhemar Gonzaga.

Desanimado, Benedetti resolveu voltar à rotina de laboratorista e inventor. Pedro Lima e Adhemar Gonzaga, redatores de *Cinearte*, conseguiram convencer o cineasta a não abandonar o cinema, comprometendo-se a realizar o filme que deveria ser feito pelo CIRCUITO, caso ele se responsabilizasse por toda a parte técnica. O resultado dessa associação foi *Barro humano*, filmado entre 1927 e 1929, que se tornou um clássico do cinema mudo brasileiro. Sucesso de público e crítica, *Barro humano* teve tamanho impacto que incentivou Gonzaga a fundar a CINÉDIA* em 1930. Em 1929, o grupo de *Cinearte* e Paulo Benedetti se uniram novamente para a produção de um novo filme, *Saudade*. Para esse filme, Gonzaga comprou nos Estados Unidos uma moderna câmera

Mitchell, que garantiria uma imagem ainda mais nítida e estável que a de *Barro humano*. O veterano fotógrafo, porém, não se adaptou à Mitchell e foi substituído por Paulino Botelho*, que também teve dificuldades com a câmera. Em março de 1930, com a saída de Pedro Lima de *Cinearte*, a produção foi interrompida. Paulo Benedetti voltou a se dedicar ao laboratório, onde a principal atividade era a confecção de legendas para as agências estrangeiras. Continuou porém as suas pesquisas, especialmente as relacionadas com o som. Em 1929, realizou uma série de curtas musicais com cantores populares para testar seu novo sistema de sincronismo musical, baseado em discos, auxiliado pelas sobrinhas Milde e Iolanda Michellini e pela cunhada Rosina Cianelli. Um desses filmetes, com o Bando dos Tangarás (liderado por Almirante, Braguinha e Noel Rosa), foi recentemente localizado. (LAR)

BENGELL, Norma (Norma Almeida Pinto Guimarães d'Arêa Bengell) – Rio de Janeiro, RJ, 1935. Atriz, diretora.

FILMOGRAFIA: 1958 – *O homem do Sputnik*. 1960 – *Conceição*; *Sócio de alcova* (coprodução estrangeira). 1961 – *Mulheres e milhões*; *Os cafajestes*. 1962 – *O pagador de promessas*; *O mafioso* (produção estrangeira). 1963 – *Il cuore infranto* (episódio: 'Vissero felici') (produção estrangeira); *Il mito* (produção estrangeira); *La ballata dei mariti* (produção estrangeira). 1964 – *Noite vazia*; *La costanza della ragione* (produção estrangeira); *O magnífico aventureiro* (produção estrangeira). 1965 – *Vigarice à italiana* (produção estrangeira); *The Hell Bander's* (produção estrangeira); *O planeta dos vampiros* (produção estrangeira); *O homem de Toledo* (produção estrangeira); *The Cat Burgler* (produção estrangeira). 1966 – *Os cruéis* (produção estrangeira); *As cariocas* (1º episódio). 1967 – *Phedra* (produção estrangeira); *Mar corrente*; *A espiã que entrou em fria*; *Edu, coração de ouro*. 1968 – *Antes, o verão*; *Dezesperato*. 1969 – *O anjo nasceu*; *Verão de fogo* (coprodução estrangeira). 1970 – *O palácio dos anjos* (produção estrangeira); *Os deuses e os mortos*; *A casa assassinada*; *O capitão Bandeira contra o dr. Moura Brasil*. 1971 – *As confissões de frei Abóbora*; *Paixão na praia*; *Os sóis da ilha de Páscoa* (coprodução estrangeira). 1973 – *A verdade proibida* (produção estrangeira). 1975 – *Assim era a Atlântida*; *Paranoia*. 1977 – *Mar de rosas*; *Abismu* (atriz, prod.). 1978 – *Na boca do mundo*. 1978-1980 – *A idade da Terra*. 1980-1982 – *Tensão no Rio*. 1981 – *Abrigo nuclear*; *Eros, o deus do amor*. 1982 – *Rio Babilônia*; *Tabu*. 1984 – *O filho adotivo*. 1985 – *Fonte da saudade* (3º episódio: 'Alba'). 1986 – *A cor do seu destino*. 1987 – *Eternamente Pagu* (atriz, dir.). 1992 – *Vagas para moças de fino trato*. 1995-1996 – *O guarani* (dir.). 2003 – *Infinitivamente Guiomar Novaes* (dir.). 2004 – *Antonietta Rudge – o êxtase em movimento* (dir.).

Atriz, cantora e diretora, Norma Bengell é uma das personalidades do cinema brasileiro, dona de dinâmica carreira. O pai era alemão e trabalhava como afinador de piano. A mãe, Maria da Glória, de família rica, fora deserdada após o casamento. A infância foi vivida em Copacabana. Norma nasceu predestinada a se tornar uma estrela de cinema. Por volta de 1936, o ator e diretor Raul Roulien*, de passagem pelo Rio, ao vê-la passeando no carrinho de bebê em Copacabana, pediu permissão à mãe para filmá-la. Em 1945, seus pais se separaram e Norma foi morar com os avós paternos. Levada a um internato de freiras alemãs, o Colégio Nossa Senhora da Piedade, não permaneceu lá por muito tempo: foi convidada a se retirar devido a atos de indisciplina. Voltando a morar em Copacabana, passou a estudar no Colégio Andrews, mas abandonou os estudos por volta de 1948. Trabalhou algum tempo como comerciária. No começo dos anos 50, Norma participou de um desfile da Festa das Rosas, no Copacabana Palace. Pediu emprego a Mena Fiala e tornou-se manequim da famosa Casa Canadá. Sua beleza logo chamou a atenção e Norma foi convidada a atuar no teatro de revista. Estreou em 1954 como *show girl* no espetáculo *Fantasia e fantasias*, de Caribé da Rocha, apresentado no Copacabana Palace. Trabalhou muitos anos com Carlos Machado nas boates Casablanca e Night and Day, com temporadas em Montevidéu e Buenos Aires. Em 1958, quando Norma trabalhava na Night and Day no Hotel Serrador, Stanislaw Ponte Preta criou a expressão "Norminha, meu Bengell". Norma Bengell já era a principal vedete dos espetáculos de Carlos Machado e se firmara como cantora e *show-woman* quando foi convidada a trabalhar no filme *O homem do Sputnik*, produção da ATLÂNTIDA*, dirigido por Carlos Manga* e estrelada por Oscarito*. O personagem de Norma, BB, era calcado em Brigitte Bardot. No mesmo ano gravou o disco *Ooooh, Norma*, com Aluísio de Oliveira. A carreira no cinema intensificou-se e Norma participou de *Conceição*, de Hélio Souto*, e *Mulheres e milhões*, de

Jorge Ileli*, ao lado de Jece Valadão*, no qual foi dublada por Nathália Timberg. Também participou de programas na TV RIO, com Daniel Filho*. Em 1960, Norma apresentou-se como cantora nos Estados Unidos. Fez também sua estreia no teatro dramático, na peça *Procura-se uma rosa*.

Atuou no filme que a consagrou definitivamente, *Os cafajestes,* dirigido por Ruy Guerra*, de produção tumultuada. Nessa fita, Norma protagonizou a primeira cena de nu frontal da história do cinema brasileiro, que a tornou alvo de grande perseguição dos setores conservadores, sofrendo ataques da Igreja e das mulheres da organização Tradição, Família e Propriedade (TFP). Em 1962, convidada a participar de um *show* de bossa nova na PUC-RJ, foi impedida pelos padres de cantar, porque se declarou a favor da pílula anticoncepcional. No mesmo ano foi chamada por Anselmo Duarte* para atuar em *O pagador de promessas*, no papel da prostituta Marli. *O pagador de promessas* ganhou a PALMA DE OURO no FESTIVAL DE CANNES em 1962 e deu a Norma a oportunidade de tornar-se uma estrela internacional. De Cannes, ela seguiu para a Itália. Conheceu o produtor Dino di Laurentis. Contracenou com Alberto Sordi, Jean-Louis Trintignant, Renato Salvatore, Catherine Deneuve, Enrico Maria Salerno, Samy Frey e outros. Participou de vários filmes na Itália, como *O mafioso, La costanza della ragione, Vigarice à italiana*. Trabalhou na França com Patrice Chéreau, do Théâtre National Populaire (TNP). Em 1964, de volta ao Brasil, fez outro filme polêmico e fundamental: *Noite vazia*, dirigido por Walter Hugo Khouri*, ao lado de Odete Lara*, Mário Benvenuti* e Gabriele Tinti. Casou-se com Tinti nos estúdios da VERA CRUZ*. Novamente fora do Brasil, teve uma experiência em Hollywood, participando de filme da série para a televisão *The Cat*. Norma fez *Antes, o verão*, contracenando com Jardel Filho*, e atuou também na peça *Cordélia Brasil*, de Antônio Bivar. Nesse mesmo ano foi sequestrada pelo DOI-Codi. Decidiu então autoexilar-se em Paris. De volta, fez *O anjo nasceu*, de Júlio Bressane*, e *O capitão Bandeira contra o dr. Moura Brasil*, de Antônio Calmon*. Em 1970 atuou na peça *Os convalescentes*, no Teatro Opinião, com direção de Gilda Grillo. Ao longo da década, participa de vários filmes importantes, como *Os deuses e os mortos*, de Ruy Guerra*, *A casa assassinada*, de Paulo César Saraceni*, *A idade da Terra,* de Glauber Rocha*, e *Mar de rosas*, de Ana Carolina*.

Como diretora, Norma realizou inicialmente os curtas *Barca de Iansã*, de 1979, além de *Maria da Penha* e *Maria Gladys, uma atriz brasileira*, ambos de 1980. Foi produtora de *Abismu*, de Rogério Sganzerla*. Filmou *Eternamente Pagu*, sua estreia na direção de um longa-metragem. Estrelado por Carla Camurati*, Antônio Fagundes* e Esther Góes, o filme conta a história da musa do modernismo brasileiro, Patrícia Galvão, e de seu relacionamento com Oswald de Andrade. Grande sucesso de público, ficou 36 semanas em cartaz apenas no Rio. No começo dos anos 90, quando o cinema brasileiro ficou praticamente paralisado após a extinção da EMBRAFILME* pelo governo Collor, Norma decidiu se engajar na campanha pela retomada da produção nacional, fazendo frequentes viagens a Brasília. Teve repercussão nacional o beijo que deu no presidente Itamar Franco, logo após a publicação da Lei do Audiovisual, que deu novas condições de sobrevivência ao cinema brasileiro. Depois de longo intervalo, Norma voltou à direção com uma nova adaptação da obra de José de Alencar*, *O guarani*, estrelado pelos novatos Tatiana Issa e Márcio Garcia. O filme foi muito mal recebido pela crítica, levando Norma a reagir exaltadamente, alegando que estava sendo vítima de perseguição política. (LAR)

Bengell demorou a se recuperar do baque de *O guarani*, abandonando o perfil de produtora e diretora de filmes ficcionais com produção mais ampla. Mas sua carreira no cinema brasileiro não sofreu solução de continuidade. Enveredando para a produção de documentários, "la Bengell" dedicou-se, nos anos 2000, a filmar a vida de três grandes mulheres de nossas artes, as pianistas Guiomar Novaes, Antonietta Rudge e Magda Tagliaferro. Numa época em que mulheres estavam destinadas a ocupar lugares subalternos, Rudge, Novaes e Tagliaferro firmaram-se no cenário musical, abrindo um espaço inédito no Brasil. Nossa boa tradição com intérpretes de piano remonta a essas mulheres. Norma percebe o veio dessa forma de expressão feminina nas primeiras décadas do século XX e a ele se atém de modo original. Compõe três documentários consistentes, trabalhando com amplo material de arquivo, filmados em sequência com os títulos de *Infinitivamente Guiomar Novaes*, *Antonietta Rudge – o êxtase em movimento* e o média-metragem *Magda Tagliaferro – o mundo dentro de um piano* (2005).

BENÍCIO, Murilo (Murilo Benício Ribeiro) – Niterói, RJ, 1972. Ator.

FILMOGRAFIA: 1995 – *O monge e a filha do carrasco* (coprodução estrangeira).

1997 – *Os matadores*. 1998-1999 – *Orfeu*. 1999 – *Até que a vida nos separe*. 2000 – *Sabor da paixão* (produção estrangeira); *Amores possíveis*. 2003 – *O homem do ano*. 2004 – *Sexo, amor e traição*. 2005 – *Paid* (produção estrangeira). 2006 – *Seus problemas acabaram!*. 2007 – *Inesquecível*.

Iniciou sua carreira na televisão atuando em telenovelas da REDE GLOBO. Logo parte para a carreira cinematográfica com o filme *O monge e a filha do carrasco*, de Walter Lima Jr.*. Interpretando um bandido, no filme *Os matadores*, de Beto Brant*, é elogiado pela crítica por trabalho convincente. Recebe uma indicação ao GRANDE PRÊMIO CINEMA BRASIL, na categoria de melhor ator, por sua atuação em *Orfeu*, de Carlos Diegues*. Convidado a participar da produção internacional *Sabor da paixão*, da cineasta venezuelana Fina Torres, contracenou com Penélope Cruz numa comédia romântica. Trabalha no filme *O homem do ano*, do diretor estreante José Henrique Fonseca, no qual faz o protagonista, um bandido agonizante afundando nas misérias do submundo. Em *Paid* vive um matador de aluguel que se apaixona por uma francesa (Anne Charrier), *call girl* em Amsterdã, formando o casal principal do filme de Laurence Lamers, aclamado diretor holandês. Para *Inesquecível*, de Paulo Sérgio Almeida, interpreta um famoso ator de cinema que descobre o drama que é ser traído pelo amigo. Também atuou no curta *Decisão* (1997). Está bem à vontade na trama de *Seus problemas acabaram!*, veículo fílmico para explorar as tiradas humorísticas do grupo Casseta & Planeta. Foi muito elogiado por sua atuação como Dodi, grande de vilão de *A favorita*, trama de sucesso no horário nobre de nossa maior emissora. (TS)

BENVENUTI, Mário – São Paulo, SP, 1926-1993. Ator.

FILMOGRAFIA: 1953 – *O homem dos papagaios*. 1957 – *Absolutamente certo*. 1960 – *Nudismo não é pecado*; *Conceição*; *A moça do quarto 13* (produção estrangeira). 1961 – *Tristeza do Jeca*; *Mulheres e milhões*. 1962 – *A ilha*. 1963 – *Crime do Sacopã*. 1964 – *Noite vazia*. 1965 – *Corpo ardente*. 1966 – *As cariocas* (2º episódio). 1967 – *A margem*. 1968 – *Até que o casamento nos separe*. 1969 – *Adultério à brasileira* (3º episódio: 'A receita'); *As armas*. 1970 – *Os maridos traem... e as mulheres subtraem*; *Ascensão e queda de um paquera*; *Como ganhar na loteria sem perder a esportiva*; *Um uísque antes... um cigarro depois* (episódio). 1972 – *Viver de morrer*; *Maridos em férias*; *As deusas*; *Anjo*

loiro. 1973 – *Os machões*; *Os mansos* (1º episódio: 'A bx... de ouro'); *Os garotos virgens de Ipanema* (*Purinhas do Guarujá*). 1974 – *O leito da mulher amada*; *Macho e fêmea*; *Adultério: as regras do jogo*; *As secretárias que fazem de tudo* (episódio); *O supermanso*. 1976 – *As desquitadas em lua de mel* (1º episódio); *As meninas querem... e os coroas podem*; *Nem as enfermeiras escapam*. 1978 – *A noite dos duros*. 1979 – *Mulheres do cais*; *Os pankekas e o calhambeque de ouro*; *Gugu, o bom de cama* (dir.). 1980 – *Bordel, noites proibidas*; *Os indecentes*. 1981 – *Como faturar a mulher do próximo* (1º episódio: 'A represália'). 1982 – *Fuscão preto*; *Amado Batista em Sol Vermelho*; *As viúvas eróticas* (1º episódio: 'Magnólia'). 1983 – *S. O. S. Sex... Shop* (*Como salvar meu casamento*). 1984 – *A flor do desejo*. 1987 – *As belas da Billings*; *As prisioneiras da selva amazônica*.

Inicia a carreira em 1953, nos estúdios da MULTIFILMES*, com pequena participação em *O homem dos papagaios*, de Armando Couto. Algum tempo depois, filma *Absolutamente certo*, de Anselmo Duarte*, e *Conceição*, de Hélio Souto*. Em seguida, desempenha papéis coadjuvantes em *Mulheres e milhões*, de Jorge Ileli*, *Crime do Sacopã*, de Roberto Pires*, e *A ilha*, de Walter Hugo Khouri*. Alcança o estrelato em *Nudismo não é pecado*, de Konstantin Tkaczenko*, um dos primeiros exemplares do filme erótico. Seu primeiro grande papel é o do burguês entediado de *Noite vazia*, de Walter Hugo Khouri. Torna-se ator de confiança desse realizador, com quem filma *Corpo ardente* e *As deusas*. Em *A margem*, de Ozualdo Candeias*, filme que se aproxima da alegoria, faz um papel completamente fora dos seus padrões. Continua a interpretar personagens da classe média urbana em *Até que o casamento nos separe* e *Um uísque antes... um cigarro depois*, ambos de Flávio Tambellini*. Na década de 70 trabalha em um grande número de comédias eróticas e pornochanchadas*, a maior parte produções da Boca do Lixo*. No final dessa década é produtor, na GARE FILMES, da comédia *A noite dos duros*, de Adriano Stuart*, do policial *Mulheres do cais*, de José Miziara*, e da comédia *Gugu, o bom de cama*, que também dirige. Nos anos 80, o jovem cineasta da nova geração paulista, Guilherme de Almeida Prado*, é seu diretor em *A flor do desejo*. Em seu último filme, volta a trabalhar com Ozualdo Candeias em *As belas da Billings*. Sua morte em acidente automobilístico foi uma grande perda para o cinema nacional. (LFM)

BERLINER, Roberto – Rio de Janeiro, 1957. Diretor.

FILMOGRAFIA: 2005 – *A pessoa é para o que nasce*. 2008 – *Pindorama – uma verdadeira história dos sete anões*. 2009 – *Herbert de perto*.

Cineasta carioca com perfil de documentarista. É diretor da produtora TV ZERO, onde viabiliza seus projetos desde 1992. Trabalhou extensamente com publicidade, vínculo pouco usual no meio documentário brasileiro. Formado em Comunicação pela UFRJ, atuou na REDE GLOBO na primeira metade dos anos 80. A partir de 1987, passa a assinar trabalhos, com diversas produções em videoclipes. Em 1988 faz o interessante curta *Andreia Androide*, com música de Ricardo Barreto (Blitz) e Chacal, no qual divide a direção com dois cineastas que, na década seguinte, seguiriam carreira na videoarte, Sandra Kogut* e Eder Santos. *Andreia Androide* compõe na medida a sensibilidade pós-moderna no cinema brasileiro dos anos 80, que encontramos particularmente na produção Vila Madalena. Ainda em 88, dirige o documentário *Angola*. Já em 1985 assina seu primeiro clipe com Dulce Quental (*Delica*), contando com a fotografia de Walter Carvalho*. A obra é seguida, em 1987, de clipes com Fausto Fawcet (*Katia Flavia*, codireção de Sandra Kogut) e Paralamas do Sucesso (*A novidade*). Com o grupo Paralamas desenvolve extensa parceria, dirigindo uma dezena de clipes (*Alagados, Atirei no mar, De perto, Vital e sua moto, Trac trac*, entre outros), culminando, em 2009, no longa documentário *Herbert de perto*. Nos anos 90, Berliner concentra parcela significativa de sua produção no videoclipe, com a direção de trabalhos com Lulu Santos, Ney Matogrosso, Gabriel o Pensador, Lobão, Skank, Lenine e outros. Em 2001 apresenta, para o FESTIVAL DO MINUTO, o curtíssimo *Afinação da interioridade*, tendo como protagonista o cantor Gilberto Gil. Durante a década de 90, e até 2001, sua carreira é basicamente publicitária, permeada pelo trabalho de clipes com cantores da MPB e algumas iniciativas diferenciadas. Entre elas, destaca-se Som da Rua, projeto da TVZERO iniciado em 1997, com veiculação televisiva ampla nos anos 2000. A ideia, retratar a música amadora realizada em lugares públicos do Brasil, teve boa repercussão e cresceu, gerando dezenas de pequenos curtas sobre grupos anônimos. No trabalho das tomadas do Som de Rua, Berliner conhece as chamadas ceguinhas de Campina Grande, sobre as quais realizaria um curta, intitulado *A pessoa*, em 1998. A partir do curta, passa a ter contato próximo com as cantoras cegas, desenvolvendo o tema na linha de documentários de depoimentos de Eduardo Coutinho. O resultado é o longa *A pessoa é para o que nasce*, codirigido por Leonardo Domingues, finalizado em 2005, seu primeiro trabalho autoral de maior fôlego. A carreira anterior de publicitário reflete-se no brilho da captação das imagens das protagonistas. Os depoimentos estão soltos, fortes, e as personagens são bem delineadas. Berliner parece desejar um impacto maior e desenvolve um tipo de exploração da imagem das cegas que escorrega para uma exibição carregada nas tomadas. Particularmente, a cena em que as cantoras aparecem nuas, na natureza, é marcada na expressão, sem ter o peso necessário para sua sustentação. Na mesma linha, em busca da imagem forte, com um toque publicitário, Berliner dirige seu segundo longa, agora trabalhando com anões. Em *Pindorama – a verdadeira história dos sete anões* (codireção de Leo Crivellare e Lula Queiroga) retrata a vida de anões dentro de um circo. O estilo narrativo é o mesmo de *A pessoa*, com imagem sem recuo nem pudor, atraída pela exibição e curiosidade do disforme. Com esse longa assume-se como documentarista autoral, dentro de uma carreira mais ampla de trabalhos dispersos na produção e publicidade. Em 2009 lança seu terceiro filme, *Herbert de perto* (codireção de Pedro Bronz). Voltando a tema constante dos clipes dos anos 90, aproveita-se da proximidade com Herbert Vianna. Realiza obra retratando a carreira e o cotidiano do cantor, sem se deter de modo muito sentimental no trágico acidente que marcou sua vida. A TVZERO, produtora que dirige, está presente na produção de projetos diversos, como o docudrama com a biografia de Bruna Surfistinha (2010), o documentário sobre o cronista e técnico de futebol João Saldanha (*João*, 2010), *Serra Pelada* (2010) e outros documentários de Victor Lopes (*Eliezer Batista – o engenheiro do Brasil*, 2009), o sucesso *Simonal, ninguém sabe o duro que dei* (2009), *Amores* (1998), de Domingos Oliveira, e outras iniciativas que demonstram capacidade de atuação no cinema brasileiro contemporâneo. (FPR)

BERNARDET, Jean-Claude (Jean-Claude Georges René Bernardet) – Charleroi, Bélgica, 1936. Ensaísta, roteirista.

FILMOGRAFIA: 1967 – *O caso dos irmãos Naves*. 1969 – *Gamal, delírio do sexo*. 1970 – *Orgia* ou *O homem que deu cria; Pauliceia fantástica*. 1974 – *A noite do espantalho*. 1996 – *Um céu de estrelas*. 1999 – *Através da janela*. 2001 – *Carrego comigo*.

Sua primeira nacionalidade é francesa, apesar de ter nascido no sul da Bélgica. Vive em Paris até 1948; no ano seguinte muda-se para São Paulo. No final dos anos 50 frequenta o CENTRO DOM VITAL e a CINEMATECA BRASILEIRA, ainda na rua Sete de Abril, centro de São Paulo, onde conhece seus companheiros de geração Gustavo Dahl* e Maurice Capovilla*, além dos mestres Paulo Emílio Salles Gomes* e Rubem Biáfora*. O crítico Almeida Salles* exerce grande influência em sua formação. Nessa época, passa a colaborar, com seus textos iniciais, no Suplemento Literário do jornal *O Estado de S. Paulo* e a trabalhar na CINEMATECA. Suas críticas e ensaios são publicados na revista *Delírio*, escrevendo ainda para os jornais *Última Hora* e *A Gazeta* e para as revistas *Visão, Opinião, Argumento* e *Filme Cultura*, além de revistas estrangeiras. Em 1964 naturaliza-se brasileiro. Com Paulo Emílio, Nelson Pereira dos Santos* e Pompeu de Souza, é um dos fundadores da Universidade de Brasília (UnB), onde leciona de 1965 até 1968, ano em que se transfere para a Escola de Comunicações e Artes da Universidade de São Paulo. Durante parte dos anos 70, devido a perseguições políticas, assina seus textos com o pseudônimo de Carlos Murao. Roteirista bissexto, entre seus primeiros trabalhos (1966), curiosamente, está o roteiro de *SS contra a Jovem Guarda*. Escrito em parceria com o comediante Jô Soares*, é o primeiro projeto de filme com o cantor Roberto Carlos, e deveria lançar o diretor Pedro Carlos Rovai*. Também dessa época é a sua adaptação do romance *A hora dos ruminantes*, de J. J. Veiga, que deveria ser dirigido por Luís Sérgio Person*. Nenhum dos dois projetos saiu do papel. No ano seguinte escreve, com Joaquim Pedro de Andrade*, o roteiro do documentário de média metragem *Brasília, contradições de uma cidade* (1967), que Joaquim dirige. É também o roteirista de *O caso dos irmãos Naves*, com direção do mesmo Luís Sérgio Person, filme de contínua tensão dramática baseado em fatos reais.

No biênio 1969-1970 colabora numa série de roteiros, entre eles o do filme experimental *Orgia* ou *O homem que deu cria*, de João Silvério Trevisan, trabalho de criação coletiva, com os atores do filme e os argumentistas Sebastião Millaré e o próprio Trevisan. Colabora em quatro filmes dirigidos por João Batista de Andrade*: a fita experimental *Gamal, o* delírio do sexo, o longa Pauliceia fantástica, que cobre o período do cinema mudo e o início do sonoro, e os médias Eterna esperança (1971) – que enfoca os anos 30 e 40 e a tentativa de industrialização da COMPANHIA AMERICANA FILMES – e Vera Cruz (1973) – que examina a situação desse estúdio. Colabora também com os documentários* da série Panorama do cinema paulista, produzidos pela COMISSÃO ESTADUAL DE CINEMA. Um filme que flerta com as alegorias, o musical A noite do espantalho, de Sérgio Ricardo, possibilita a Jean-Claude a oportunidade de trabalhar em parceria (no roteiro) com Maurice Capovilla. Na década de 90 retorna à função, quando adapta com Roberto Moreira* e Tata Amaral* o romance Um céu de estrelas, de Fernando Bonassi*, para o filme homônimo da diretora estreante Tata Amaral. É também ator, geralmente com pequenas participações, em vários longas, como Anuska, manequim e mulher (1968), de Francisco Ramalho Jr.*, Orgia ou O homem que deu cria, de João Silvério Trevisan, O profeta da fome (1969), de Maurice Capovilla, Ladrões de cinema (1977), de Fernando Cony Campos*, P. S.: Post scriptum (1980), de Romain Lesage, estrangeiro, A cor dos pássaros (1983), do diretor austríaco Herbert Brodl, no curta Disaster Movie (1982), de Wilson Barros*, e em vários outros filmes em que faz depoimentos. Dirige o documentário-colagem de média metragem São Paulo, sinfonia, cacofonia (1994), que, com cenas de diferentes filmes paulistas, mostra flashes da cidade em diferentes épocas. É produtor de outro documentário de média metragem, São Paulo, cidade, poema (1994), de Aloysio Raulino*.

Escritor com grande número de obras publicadas, basicamente sobre cinema brasileiro, seu livro de estreia, Brasil em tempo de cinema (1967), em forma de ensaio, analisa as propostas do Cinema Novo*, em contraponto ao cinema que se praticava no Brasil do período de 1958 até 1966. Mais de dez anos depois, retorna com uma série de livros. Publica Trajetória crítica (1978), coletânea de críticas de filmes brasileiros e estrangeiros escritas ao longo de quase vinte anos para diferentes publicações. Ativíssimo, em 1979 publica Guerra camponesa do Contestado, obra política, sem vínculos com o cinema; Cinema brasileiro: propostas para uma história, panorama ensaístico do cinema nacional; e Filmografia do cinema brasileiro – 1900-1935, publicação de levantamento no jornal O Estado de S. Paulo. Para a coleção Primeiros Passos, da Editora Brasiliense,

escreve, em 1980, O que é cinema?, obra didática, reeditada várias vezes. Nesse mesmo ano publica, em parceria com os críticos cariocas José Carlos Avellar e Ronald F. Monteiro, Anos 70 – cinema, três visões diferenciadas sobre o cinema dessa década. Vai a Paris estudar com o professor de Semiologia Christian Metz. Desse autor, já havia traduzido para o português A significação no cinema (1972) e escrito o prefácio. Também na edição brasileira desse livro, através de metodologia semiológica, utiliza o ferramental da "grande sintagmática" metziana para fazer análise fílmica detalhada de São Paulo S. A. Com a publicação de Piranha no mar de rosas (1982), outra coletânea de textos sobre vários filmes brasileiros da década de 70, ensaia revisão de nosso cinema. Em parceria com a historiadora Maria Rita Galvão lança Cinema, repercussões em caixa de eco ideológico (1983), em que discutem a ideia do nacional e do popular na cultura brasileira, incluindo a ótica dos filmes brasileiros mais engajados. Seu livro seguinte, Cineastas e imagens do povo (1985), é um estudo ensaístico sobre os documentários brasileiros de 1960-1980. No mesmo ano de 1985 publica com Ismail Xavier e Miguel Pereira O desafio do cinema, cabendo-lhe o capítulo que estuda a produção da nova geração de cineastas paulistas. Sua Bibliografia brasileira do cinema brasileiro (1987), publicada pelo CENTRO DE PESQUISADORES DO CINEMA BRASILEIRO, é um importante levantamento das obras do cinema brasileiro editadas no Brasil entre 1911 e 1987. Em parceria com Alcides Freire Ramos escreve Cinema e história do Brasil (1988), livro cuja proposta é a de orientar os professores sobre a utilização dos filmes como material didático. No ano de 1990 transita, com Voo dos anjos: Bressane, Sganzerla – estudo sobre a criação cinematográfica, pelo universo autoral desses cineastas do chamado Cinema Marginal*, e em Aquele rapaz arrisca-se no terreno da ficção e da memorialística. Com Teixeira Coelho escreve duas obras de ficção, Os histéricos (1993) e Céus derretidos (1996). Em 1996 publica A doença, uma experiência, sobre a convivência com a Aids. Entre seus livros da maturidade estão O autor no cinema (1994), no qual faz um estudo amplo da questão autoral nos horizontes brasileiro e europeu. Vista por alguns como sua obra definitiva, Historiografia clássica do cinema brasileiro (1995) é uma revisão do trabalho dos principais historiadores do cinema brasileiro, como Paulo Emílio

Salles Gomes* e Alex Viany*, questionando os recortes e a periodização adotada e propondo novos métodos de pesquisa. Foi casado com a jornalista, pesquisadora de cinema e professora Lucilla Ribeiro Bernardet, autora de importante trabalho sobre o Ciclo do Recife*. Na virada do milênio atuou como roteirista de dois dramas, Através da janela, quando voltou a trabalhar com uma parceria recente, a diretora Tata Amaral, e Carrego comigo, de Chico Teixeira. Reeditou Cineastas e imagens do povo (2003), tendo reescrito e atualizado textos da edição original. Foi publicado o roteiro de O caso dos irmãos Naves (2004), seu primeiro trabalho para o cinema. Publicou ainda Os caminhos de Kiarostami (2005), que é seu primeiro sobre um diretor de cinema estrangeiro. Como um tributo a sua importante obra, Laure Bacqué, Maria Dora Mourão e Maria Rosário Caetano organizaram o livro Jean-Claude Bernardet, uma homenagem (2007). Em raro trabalho à frente das câmeras nos últimos tempos, funcionou como intérprete protagonista, do filme experimental FilmeFobia (2008), de Kiko Goifman*. (LFM)

BERNSTEIN, Marcos – Rio de Janeiro, RJ, 1970. Roteirista.

FILMOGRAFIA: 1995 – Terra estrangeira. 1997 – Central do Brasil. 1998 – Pierre Verger – mensageiro entre dois mundos. 1998-1999 – Oriundi. 1999-2001 – O xangô de Baker Street (produção estrangeira). 2004 – O outro lado da rua (dir.). 2006 – Zuzu Angel. 2007 – Inesquecível. 2009-2010 – Chico Xavier.

Parceiro de Walter Salles*, para quem escreveu os dramas Terra estrangeira, em filme codirigido por Daniela Thomas, e Central do Brasil. Roteirizou o documentário sobre Pierre Verger, primeiro longa-metragem de Lula Buarque de Hollanda*, sobre esse francês identificado com as coisas da Bahia. Outros trabalhos foram o roteiro de drama ambientado no interior do Paraná, Oriundi, único longa do diretor paranaense Ricardo Bravo, e adaptação do best-seller de Jô Soares*, O xangô de Baker Street, coprodução com elenco internacional que contou com direção de Miguel Faria Jr.*. Acumulando as funções de produtor, argumentista e roteirista, lançou-se como diretor do drama O outro lado da rua, obra em que dirigiu dois grandes atores como protagonistas: Fernanda Montenegro* e Raul Cortez*. Retomou a escrita de roteiros, com filme histórico baseado em fatos reais, Zuzu Angel, de Sérgio Rezende*; o policial Inesquecível, de Paulo Sérgio Almeida, e *Chico Xavier*, de Daniel Filho*, sobre o mais famoso espírita brasileiro. Fez alguns trabalhos para a TV, como *A Guerra dos Pintos* (1999), *Filhos de Gandhy* (2000), e ainda o telefilme policial *Um crime nobre* (2001), de Walter Lima Jr.*. (LFM)

BETHLEM, Maria Zilda (Maria Zilda Bethlem Bastos) – Rio de Janeiro, RJ, 1953. Atriz.

FILMOGRAFIA: 1977-1981 – *O segredo da múmia*. 1978 – *A intrusa*. 1979 – *Eu matei Lúcio Flávio*; *Parceiros da aventura*. 1980 – *O grande palhaço*. 1984 – *Bete Balanço*; *O espelho da carne*. 1987 – *Rádio Pirata*. 1991 – *O filme da minha vida*. 1992 – *Vagas para moças de fino trato*. 1996 – *O homem nu*. 1999 – *Minha vida em suas mãos*. 2000 – *Eu não conhecia Tururu*.

Artista exclusiva da REDE GLOBO DE TELEVISÃO, emissora onde está desde 1974 e fez grande número de telenovelas, casos especiais e minisséries. Começou fazendo teatro. O primeiro nome artístico foi Maria Zilda, ao qual foi posteriormente anexado o Bethlem. No cinema, inicialmente atua pouco em *O segredo da múmia*, de Ivan Cardoso. Em papel de realce, é Juliana, jovem que foi amante de dois irmãos que moravam juntos nos pampas gaúchos, em *A intrusa*, de Carlos Hugo Christensen*. Foi a moça violentada em *Eu matei Lúcio Flávio*, policial de Antônio Calmon*. Fez participação especial em *Parceiros da aventura*, único longa com direção do iluminador José Medeiros*. Fez a amiga suburbana em *O grande palhaço*, de William Cobbett. Tem participação especial em *Bete Balanço* e foi uma jornalista em *Rádio Pirata*, ambos filmes para jovens de Lael Rodrigues. Surge como protagonista no drama *O espelho da carne*, de Antônio Carlos Fontoura*. Filmando ocasionalmente, foi uma das várias atrizes participantes de *O filme da minha vida*, de Alvarina Souza Silva, e uma das moças em *Vagas para moças de fino trato*, de Paulo Thiago*, adaptado da peça teatral homônima de Alcione Araújo, que fez muito sucesso nos palcos. Participou da comédia *O homem nu*, de Hugo Carvana*, baseada em crônica homônima de Fernando Sabino. Foi produtora e protagonista de *Minha vida em suas mãos*, de José Antonio Garcia* e atriz e roteirista de *Eu não conhecia Tururu*, no único longa dirigido pela atriz internacional Florinda Bolkan. Também atuou no curta *Rifa* (1985), de Simone Raskin. Foi casada com o diretor de televisão Roberto Talma. (LFM)

BETTI, Paulo – Sorocaba, SP, 1955. Ator.

FILMOGRAFIA: 1985 – *Jogo duro*; *Fonte da saudade* (1º episódio: 'Bárbara'). 1986 – *Besame mucho*. 1988 – *Dedé Mamata*. 1988-1989 – *Doida demais*. 1989-1990 – *Césio 137, o pesadelo de Goiânia*. 1991 – *O canto da terra*. 1994 – *Lamarca, coração em chamas*. 1994-1997 – *O amor está no ar*. 1995-1996 – *Quem matou Pixote?*. 1995-1997 – *O toque de oboé*. 1996 – *Ed Mort*. 1997 – *Guerra de Canudos*. 1998-1999 – *Oriundi*. 1999 – *Mauá, o imperador e o rei*. 2000 – *Um anjo trapalhão*. 2002 – *Querido estranho*. 2005 – *Cafundó* (dir.). 2006 – *Tapete vermelho*; *Irma Vap – o retorno*. 2007 – *O signo da cidade*. 2008 – *A casa da Mãe Joana*. 2009 – *Som e fúria – o filme*.

Filho de lavrador, trabalha na juventude como ajudante de pedreiro e funcionário de hospital. Único membro de uma família de quinze irmãos a estudar, forma-se pela Escola de Arte Dramática da Universidade de São Paulo (EAD-SP). Leciona teatro na Universidade Estadual de Campinas (Unicamp) em 1984. Chama a atenção da crítica com a peça *Os Iks*, de 1976. Ingressa na televisão na mesma época, trabalhando nas novelas *Os imigrantes* e *Transas e caretas*. Ganha os prêmios teatrais Mambembe e Molière como melhor diretor por *Na carreira do divino*, em 1978. Atinge grande popularidade na TV nos anos 80 e 90, atuando em novelas – *Carmen*, *Tieta do agreste*, *Pedra sobre pedra* –, minisséries – *Colônia Cecília* – e seriados – *Comédia da Vida Privada*. Estreia no cinema em *Jogo duro*, de Ugo Giorgetti*, logo conquistando lugar de destaque entre a nova geração de atores. Transforma-se em astro pelas mãos do diretor Sérgio Rezende*, em *Doida demais*. Sem deixar o teatro, onde participa de montagens de sucesso como *Aurora da minha vida* e *Perversidade sexual em Chicago*, filma seguidamente, incluindo o curta *Canal Click*, de Sandra Werneck*, os médias-metragens *Biú – a vida não tem retake*, de Paulo Halm, e *A respeito do Movimento Constitucionalista de 1932*, de Nuno César Abreu*. Participa ainda do vídeo *O ar nosso de cada dia*. Intérprete engajado, é um dos idealizadores do centro cultural Casa da Gávea, localizado no Rio de Janeiro. (HH) Durante bom tempo, na década de 2000, dedicou-se à produção de seu único longa-metragem como diretor, tarefa que dividiu com o cenógrafo Clóvis Bueno*. Trata-se do drama de época *Cafundó*, inspirado no livro *João de Camargo de Sorocaba, o nascimento de uma religião*,

de Adolfo Frioli e José Carlos de Campos Sobrinho, e em fatos reais ocorridos na região de sua terra natal. Retoma em seguida a carreira de ator de cinema e TV, alternando papéis cômicos e dramáticos.

BIÁFORA, Rubem (Gervásio Rubem Biáfora) – São Paulo, SP, 1922-1996. Crítico de cinema, diretor.

FILMOGRAFIA: 1957-1958 – *Ravina*. 1967 – *O quarto*. 1973-1975 – *A casa das tentações*.

Aos seis anos inicia uma coleção de recortes de filmes, que irá formar um importante arquivo, doado em parte ao curso de Cinema da Faculdade Armando Álvares Penteado. Aos doze anos, mais de uma vez por semana, atravessa as linhas de trem em direção ao bairro do Brás, para ver os cartazes de cinema e fazer suas anotações. Ingressa na imprensa em 1937. Crítico de cinema em atividade desde 1940, faz parte da primeira grande geração de críticos paulistanos, ao lado de Paulo Emílio Salles Gomes*, Almeida Salles*, B. J. Duarte*, Afrânio Zuccolotto, Carlos Ortiz* e Flávio Tambellini*. Escreve para as publicações *Plateia*, *O Dia*, *Revista Inteligência* e *Jornal de São Paulo*. Funda o CLUBE DE CINEMA DE SÃO PAULO, em 1946, que mais tarde irá se transformar na CINEMATECA BRASILEIRA. Em 1948 assume a coluna de cinema na *Folha da Noite* e empreende suas primeiras experiências em 16 mm. Em 1950, com José Júlio Spiewak*, organiza o GRUPO DE CINEMA ORSON WELLES. Transfere-se em 1953 para *O Estado de S. Paulo*, onde permanece por cerca de trinta anos (1982). Apoia a tentativa do cinema industrial paulista e até algumas chanchadas* cariocas. Inimigo ferrenho do Cinema Novo*, aposta suas fichas na produção da Boca do Lixo*. Grande é o número de seus discípulos: Jacob Timmoner, Walter George Durst*, Walter Hugo Khouri*, Carlos M. Motta, José Júlio Spiewak, Maurício Rittner, Alfredo Sternheim*, Rubens Ewald Filho, Astolfo Araújo, Rubens Stoppa e Juan Bajon*. No período da Guerra Fria, é acusado de americanófilo e de direitista, com Antônio Moniz Viana*, crítico do jornal carioca *Correio da Manhã*. Acusações injustas em função do domínio absoluto da produção americana na época, com mais de trezentos filmes anuais, além de um competente sistema de distribuição internacional de seus produtos. No ano de 1954, escreve e dirige seriados de ficção científica e teleteatros na TV RECORD. Em 1955, colabora anonimamente no roteiro do longa *Sob o céu da Bahia*, de

Ernesto Remani*. Depois, nos estúdios da VERA CRUZ*, dirige o último filme da BRASIL FILME, de produção de Flávio Tambellini, *Ravina*, drama de época, com os protagonistas Eliane Lage* e Mário Sérgio*, duas estrelas remanescentes do estúdio paulista. Em 1964, com o roteiro de *O monstro*, tenta a realização de seu segundo longa. Em 1966, funda a DATA CINEMATOGRÁFICA, quando dirige o curta colorido *Mário Gruber*, retratando o pintor paulista. Produz, escreve e dirige *O quarto*, drama ambientado no centro da capital paulista, que mostra a triste vida cotidiana de pequeno funcionário de repartição pública. Em 1970, é roteirista de *As gatinhas*, de Astolfo Araújo, que assina com o pseudônimo de Otto Leme. No ano seguinte, também produz *As noites de Iemanjá*, de Maurice Capovilla*, e *Fora das grades*, de Astolfo Araújo. É produtor, diretor e roteirista de *A casa das tentações*, retrato da decadência da família tradicional. Em 1978, colabora outra vez, anonimamente, no roteiro do filme *Alucinada pelo desejo*, único filme dirigido pelo seu ator predileto, Sérgio Hingst*. (LFM)

BIANCHI, Sérgio (Sérgio Luís Bianchi) – Ponta Grossa, PR, 1945. Diretor.

FILMOGRAFIA: 1977-1981 – *Maldita coincidência*. 1986-1987 – *Romance*. 1991-1994 – *Causa secreta*. 1999 – *Cronicamente inviável*. 2005 – *Quanto vale ou é por quilo?*. 2009 – *Os inquilinos*.

Sérgio Bianchi tem carreira demarcada por filmes polêmicos e provocadores. Em 1969, ingressou na Escola de Comunicações e Artes da Universidade de São Paulo (ECA/USP), onde foi aluno de Paulo Emílio Salles Gomes* e Jean-Claude Bernardet*. Antes de chegar a São Paulo, em 1968, foi assistente e ator no primeiro longa de Sylvio Back*, *Lance maior*. Seu primeiro curta, *Omnibus*, foi feito na ECA/USP baseado num dos contos de *Bestiário*, de Julio Cortázar. Em 1977 dirige outro curta baseado em Cortazar, *A segunda besta*, também do livro *Bestiário*. O filme foi retirado do conto *Carta a uma senhorita em Paris*. Foi assistente de direção nos primeiros filmes dos diretores Maurício Rittner (*Uma mulher para sábado*), Mário Kuperman (*O jogo da vida e da morte*), Antunes Filho (*Compasso de espera*), Maurice Capovilla* (*O vendedor de ilusões*). Em 1982, realizou o documentário *Mato eles?*, que trata do extermínio de índios em uma reserva do Paraná, premiado nos festivais de GRAMADO e BRASÍLIA. No ano seguinte, dirigiu *Divina providência*,

crítica ácida aos meandros institucionais do Estado brasileiro, abordando um mendigo às voltas com a burocracia. O filme lhe proporcionou mais um prêmio no FESTIVAL DE GRAMADO: o de melhor diretor de curta-metragem. Seu primeiro longa, *Maldita coincidência*, iniciado em 1977, só foi exibido em 1981. Bianchi fez mais dois longas: *Romance*, que participa de vários festivais de cinema, como BERLIM, TORONTO e NOVA YORK, e *A causa secreta*, baseado num conto homônimo de Machado de Assis. (LAR)

Mato eles? é filme que tem presença marcante no documentário brasileiro da década de 80, instaurando uma visão irônica até então ausente do gênero. Trabalha com ampla utilização de vozes, inclusive a do próprio diretor, contrapondo discursos e material de arquivo. Constrói seu ponto de vista utilizando materiais diversos e estratégias reflexivas, como a de criar um filme dentro do filme. O documentário deixa correr depoimentos que, no final, são puxados pelo avesso e submetidos ao ridículo. É farto em estruturas intertextuais, inclusive com utilização de cartelas simulando testes de múltipla escolha redundantes ou contraditórios. A partir do curto-circuito lógico da enunciação, o filme estabelece distanciamento que faz ironia com a voz assertiva oficial, abrindo espaço para denúncia sobre as condições de vida dos índios no Brasil, em particular na Reserva Mangueirinha, Paraná. No final, também a voz do diretor é questionada por um índio e estabelecida como fonte de discurso, que tem seu interesse. Na Reserva Mangueirinha, está em jogo a sobrevivências das etnias kaingang, guarani e xetá (representada pelo último índio), submetidas a um singular estratagema da Funai para explorar suas matas.

Romance é longa realizado por Bianchi em São Paulo, na segunda metade dos anos 80. Respira a imagética pós-moderna que impera na década. Os planos estão carregados de luzes e cenografia artificiais, com dramaturgia cênica claustrofóbica. O diferencial do diretor para o chamado neon-realismo da época está em seu veio autoral. As referências cruzadas e as brincadeiras com o cinema clássico estão ausentes em Bianchi. Do filme emerge um forte clima de angústia. A narrativa é fragmentada e mal conseguimos vislumbrar a trama, que gira em volta do assassinato do protagonista Antonio César, em meio à obscura conspiração internacional. Há outros três personagens que repercutem sua morte, na recorrente ideia de suicídio. Algumas tonalidades glauberianas e

alegóricas, heranças da década anterior, podem ser notadas no filme. O clima é de angústia e exacerbação perpassando tudo e todos. As filmagens duraram cerca de dois anos e foram carregadas de percalços e interrupções. Na mesma linha segue seu longa seguinte, *Causa secreta*, realizado em período crítico do cinema brasileiro, entre 1991 e 1994. A obra é baseada em conto homônimo de Machado de Assis sobre um sinistro personagem que, passando por benemérito, tem secreto prazer em ver os outros sofrerem. Aparentemente é bom samaritano, ajudando o narrador a manter um hospital, mas na realidade busca satisfazer instintos sádicos, olhando os pacientes na enfermidade. Sua personalidade é desvendada ao ser descoberto torturando um rato. Bianchi busca inspiração no conto machadiano. Serve de base para mostrar impulsos embaralhados que fundamentam revolta pessoal contra o mundo. Por detrás do burguês altruísta, por detrás do ser humano em sua generalidade, está o espírito sádico, o prazer em causar sofrimento alheio. Esta é a verdade última que o cinema de Bianchi insiste em nos revelar. Na adaptação de Machado, Renato Borghi encontra papel sob medida para dar vazão a seu estilo de interpretação enfático. Faz um diretor de teatro que pede a seus atores investigação sobre a crueldade humana. Saem a campo percorrendo ruas, filas de INPS, hospitais, encontrando uma indiferença à dor que exaspera. A necessidade de ampliar o universo ficcional machadiano, de modo a sustentar a representação do Brasil, já está presente em *Romance*. Bianchi precisa de temperaturas extremas de indignação para sustentar a tensão dramática. Uma dramaturgia entre quatro paredes não parece ser suficiente e a cartada da representação do Brasil, ou da representação de classe no Brasil, encontra-se à mão para servir de anteparo. Em *Causa secreta* já encontramos Bianchi pronto para o filme que definiria seu estilo de maturidade, permitindo a visão de sua obra numa perspectiva autoral bastante homogênea.

Cronicamente inviável é um longa que repercute bastante no cenário cultural brasileiro da virada dos anos 90, servindo como paradigma do momento que vive o país. Após o período de redemocratização, com o final do regime autoritário, setores da esquerda parecem estar prestes a assumir o poder, mas repetidamente não obtêm maioria de votos. Isso gera uma sensação de frustração, manifesta num espírito de crítica acirrada e exacerbação, presente em diversas obras do período. *Cronicamente inviável* sintetiza de modo especial esse estado de alma. Poderíamos dizer que *Cronicamente* é o filme certo, no momento necessário. Seu pano de fundo é o que foi chamado de "desigualdade social degradada". Seis personagens (entre eles um professor que percorre o país e dá liga ao filme) interagem colocando em jogo as relações sociais no Brasil do final dos anos 90. Na tensão social de classe, os polos apresentam-se em sua forma degradada, gerando um universo ficcional repleto de personagens e ações abjetas. O filme gira sua crítica sobre diversos setores sociais, mas quem sustenta a enunciação (o diretor) está fora do foco. De todos os lados, percebe-se a crônica de um país inviável, podre em suas bases. O retrato deve ser discutido não só a partir da validade do que expressa, mas também a partir da singular repercussão que teve. Qual o significado de uma crítica aguda e depreciativa encontrar ampla plateia disposta a vivenciar, em catarse emotiva, o próprio retrato negativo? Esta é a questão central que envolve *Cronicamente inviável*, filme que expressa uma sociedade dividida e permeada por forte sentimento de culpa. Há um certo regozijo na recepção do filme pelo público de classe média. O retrato apresentado da burguesia tem tons buñuelescos em seu lado mais grotesco, mas possui um nível de agressividade ausente no diretor espanhol. *Cronicamente inviável* fecha com chave de ouro a década da retomada, sintetizando o clima na qual transcorreu e deixando suas marcas para o período seguinte. Como cineasta, o estilo de Bianchi é bastante simples, às vezes considerado desleixado. Não há grande rebuscamento estilístico, nem preocupação com aspectos formais. *Cronicamente* foi montado por Paulo Sacramento*, que recebe os devidos créditos autorais de Bianchi, em diversas entrevistas. No tipo de proposta mais horizontal que o filme embute, a articulação narrativa de Sacramento é essencial. Seria exagero considerar *Cronicamente inviável* um filme paulistano, mas o tipo de crítica acirrada e generalizada que ele embute necessita do campo livre de uma metrópole sem raízes para levantar voo e adquirir a voltagem que possui. Se todos são deglutidos pela crítica acirrada, a voz que sustenta narrativamente o filme permanece impune, o que abre espaço para uma fruição redentora, buscando a identificação com ela. Essa é uma das críticas que Bianchi recebe, além de outras, mais simples, cobrando a distinção entre bandidos e mocinhos no meio do "salve-se quem puder" da selva social brasileira. De toda maneira, é inegável a marca que *Cronicamente* deixa no cinema

brasileiro e o significado que possui para o amadurecimento definitivo de Bianchi como um dos principais diretores brasileiros contemporâneos.

Em *Quanto vale ou é por quilo?*, Bianchi dá continuidade em forma e fundo ao filme anterior, numa espécie de *Cronicamente inviável 2*. O diretor avança adiante na mesma linha, embora sem o ritmo e a agilidade da primeira experiência. *Quanto vale* é um filme mais pesado, em que as críticas sociais não conseguem fazer o círculo com tanta leveza e ironia. O princípio é o mesmo e permanece o *frisson* de "épater le bourgeois". O móvel agora é mais focado e centra-se nas boas intenções das ONGs sociais, fora de órgãos governamentais. Se a crítica às instituições de atendimento social do Estado brasileiro é algo consensual, e não consegue chocar mais ninguém, como subir um degrau e ainda produzir polêmica? Colocando foco crítico nas intenções samaritanas das ONGs, e generalizando as denúncias, percorre-se um território ainda virgem para a crítica e a tensão é garantida. O filme é estruturado em montagem paralela, contrapondo relatos extraídos de autos do Arquivo Nacional sobre conflitos cotidianos entre escravos e proprietários (transformados em crônicas pelo historiador Nireu Cavalcanti), e episódios ficcionais em torno de ONGs no Brasil contemporâneo. A escravidão é contraposta às boas intenções das ONGs, colocando-se no meio uma igualdade de sinais: a figuração em extremos compõe o âmago do cinema de Bianchi. O norte da narrativa em *Quanto vale* é apontar para a corrupção e a leniência dos agentes envolvidos em atividades de filantropia, levando a comparação para ações supostamente bondosas que envolveram o cotidiano da relação senhor/escravo. Interessa para Bianchi desconstruir o espírito de solidariedade como ação social e mostrar a degenerescência mercantil que o envolve. Além da visão ácida do capitalismo, que segue em seus filmes, o foco está na crítica à bondade, revelada como fator de interesse.

Com *Os inquilinos*, Bianchi encerra o capítulo crítica social acirrada que vinha explorando, nessa forma, desde meados dos anos 1980. *Os inquilinos* foi escrito a quatro mãos com Bia Bracher. Talvez a presença de uma roteirista com voo literário próprio tenha servido para trazer Bianchi a estruturas narrativas e cinematográficas mais restritas. Tem-se a impressão de que *Os inquilinos* recupera Bianchi para um tipo de cinema dramático de que havia se esquecido. Na realidade, a verve crítica da indignação já fervia desde *Romance*. Mas lá

ainda toma a forma dos painéis figurativos, com personagens saídos dos anos 70. A partir de *Cronicamente inviável* adquire formato contemporâneo não só em seus alvos, mas também na composição narrativa. O veio denuncista ocupa por inteiro o diretor e alguns o acusam de haver se esquecido do cinema. Em *O inquilino* temos um Bianchi mais cinematográfico. Está enquadrado nas exigências da cena, preso a um roteiro com dramaturgia fechada e não episódica, preocupado também em dirigir, além de denunciar e chocar. Declara inclusive, em entrevistas, que nesse filme recuperou o prazer de dirigir atores (ou seja, fazer cinema). *O inquilino* tem sua ação centrada na periferia de São Paulo, com tomadas em locações no bairro de Brasilândia. O roteiro foi adaptado de texto original escrito por Vagner Giovani Ferrer, para o programa institucional EJA paulistano (Educação de Jovens e Adultos), que promove educação de adultos já fora da idade escolar (contraditoriamente, programa beneficente cercado de ações beneméritas). O foco narrativo é uma família de classe média baixa que enfrenta sérios problemas com seus vizinhos desordeiros e barulhentos. No caso específico do cinema brasileiro, e particularmente no cinema de Bianchi, o tema "choque entre vizinhos" não basta mais, em si mesmo, para uma trama e deve saltar necessariamente para retratar a situação social do país. Aponta então de modo agudo para o conflito de classes e a inoperância do Estado brasileiro. A tensão dramática é facilmente puxada em direção a situações extremas. Em *Os inquilinos*, Bianchi vai além da catarse pela crítica acirrada e trabalha estruturas dramáticas mais nuançadas. A crítica social, introduzida de modo brusco e articulada em torno de personagens tipos bem caracterizados, remete a uma filiação introduzida na dramaturgia contemporânea pelo alemão Bertolt Brecht. Agora Bianchi está a um passo do filme musical, movimento seguinte no delinear do tipo e na marcação recitada dos diálogos. O que importa em *Os inquilinos* não é a ação propriamente, mas a composição estática da situação. Isso cristaliza o drama, congelando a trama e abrindo espaço para um roteiro musicado, em proximidade com a ópera. Em *Os inquilinos* encontramos um Bianchi seguro de si na direção, manipulando sem esforço aparente todas as cores da palheta cinematográfica. (FPR)

BIDET, Hugo (Hugo Costa Leal) – Rio de Janeiro, RJ, 1934-1977. Ator.

FILMOGRAFIA: 1966 – *O mundo alegre de Helô*; *El Justicero*. 1967 – *Garota* de Ipanema; *Edu, coração de ouro*. 1968 – *Um homem e sua jaula*. 1970 – *Uma garota em maus lençóis*; *Os amores de um cafona*. 1971 – *Procura-se uma virgem*; *Pra quem fica... tchau!*. 1972 – *Cassy Jones, o magnífico sedutor*. 1973 – *O fraco do sexo forte*. 1974 – *Ainda agarro esta vizinha*; *Quando as mulheres querem provas*. 1975 – *Com as calças na mão*. 1975-1978 – *A noiva da cidade*. 1976 – *As loucuras de um sedutor*; *O sexomaníaco*; *As massagistas profissionais*; *Nem as enfermeiras escapam*; *Esse Rio muito louco* (2º episódio: 'A louca de Ipanema'); *Elas são do baralho*. 1977 – *Snuff, vítimas do prazer*; *Presídio de mulheres violentadas*; *Deu a louca nas mulheres*; *Costinha e o King Mong*. 1981 – *Um marciano na minha cama*.

Ator essencialmente de cinema. Sempre atuou como coadjuvante, criando tipos populares cariocas e excêntricos, com apelidos como Banguela, Teleco, Florindo Bocão e Mágico, entre outros. Após estrear na comédia *O mundo alegre de Helô*, baseada na peça teatral *Rua São Luiz, 27, 8º andar*, de autoria de Abílio Pereira de Almeida*, trabalhou no início da carreira com diretores mais inventivos como Nelson Pereira dos Santos* (*El Justicero*), Leon Hirszman* (*Garota de Ipanema*), Domingos Oliveira* (*Edu, coração de ouro*), Fernando Cony Campos* (*Um homem e sua jaula*), Reginaldo Faria* (*Pra quem fica... tchau!*) e Luís Sergio Person* (*Cassy Jones, o magnífico sedutor*). Apareceu no telefilme norte-americano *Rio dos diamantes* (*River of Mistery*) (1968), de Paul Stanley. A partir de 1973, fez uma série de pornochanchadas de maior ou menor inspiração e paródias. Também foi roteirista, sendo autor do primeiro episódio: 'O roubo das calcinhas', de Braz Chediak*, e do segundo episódio: 'I love bacalhau', de Sindoval Aguiar, filmes incluídos no longa *O roubo das calcinhas* (1975). Apareceu também em *A noiva da cidade*, de Alex Viany*. Suicidou-se na sua cidade natal no dia 20 de abril. (LFM)

BLAT, Caio – São Paulo, SP, 1980. Ator.

FILMOGRAFIA: 1999 – *Caminho dos sonhos*. 2001 – *Lavoura arcaica*. 2002 – *Cama de gato*; *Carandiru*. 2005 – *Quanto vale ou é por quilo?*; *Proibido proibir*. 2006 – *Batismo de sangue*; *O ano em que meus pais saíram de férias*; *Baixio das bestas*. 2008 – *Bezerra de Menezes, o diário de um espírito*. 2009 – *Os inquilinos*; *Histórias de amor duram apenas 90 minutos*; *As melhores coisas do mundo*.

Começou sua carreira aos oito anos de idade, fazendo comerciais para a tele-visão, tendo acumulado mais de duzentos trabalhos em publicidade. Sua primeira experiência como ator foi na série *O Mundo da Lua*, da TV CULTURA. Em novelas estreou no *remake* de *Éramos seis* (1994), no SBT. Sua paixão pela leitura o levou a escrever um romance policial inédito *O último suspeito* e também a produzir a peça *Mácario* (2000), do poeta Álvares de Azevedo. Na televisão, encadeou uma série de novelas e séries como *As pupilas do senhor reitor* (1995), *Fascinação* (1997), *Chiquinha Gonzaga* (1998), *Andando nas nuvens* (1999), *Esplendor* (2000), *Um anjo caiu do céu* (2001), *Coração de estudante* (2002), *Da cor do pecado* (2004), *Ciranda de pedra* (2008) e *Caminho das Índias* (2009). A estreia no cinema deu-se no filme *Caminho dos sonhos*, dirigido por Lucas Amberg. Daí em diante atua em diversos filmes importantes, como *Lavoura arcaica*, baseado no livro de Raduan Nassar; *Carandiru*, de Hector Babenco; *Proibido proibir*, de Jorge Duran, com o qual ganhou, em 2007, o prêmio LENTE DE CRISTAL de melhor ator no FESTIVAL DE CINEMA BRASILEIRO EM MIAMI. Participou também dos filmes *O ano em que meus pais saíram de férias*, de Cao Hamburger, *Batismo de sangue*, de Helvécio Ratton*, e *Baixio das bestas*, de Cláudio Assis*. Em 2010, está muito presente nas telas dos cinemas nos filmes *Os inquilinos*, de Sérgio Bianchi*, *Histórias de amor duram apenas 90 minutos*, de Paulo Halm, e *As melhores coisas do mundo*, de Laís Bodanzky. No teatro, integrou o elenco de *O homem das galochas* e dirigiu as peças *Êxtase* e *Karma*. (MM)

BLOCH, Débora – Belo Horizonte, MG, 1963. Atriz.

FILMOGRAFIA: 1984 – *Bete Balanço*; *Patriamada*; *Noites do sertão*. 1985 – *Sonho sem fim*. 1987-1988 – *O grande mentecapto*. 1994 – *Veja esta canção* (1º episódio: 'Drão'). 1995 – *Felicidade é... * (4º episódio: 'Estrada'). 1996-1997 – *A ostra e o vento*. 1999 – *Bossa nova*. 2001 – *Caramuru, a invenção do Brasil*. 2009 – *À deriva*.

Filha de Rebeca e do ator Jonas Bloch*. Atriz de grande versatilidade, com passagens pelo teatro, televisão e cinema. Começou a estudar teatro no Colégio Aleichen, quando morava em São Paulo. Ao transferir-se para o Rio de Janeiro, ingressou, aos 14 anos, no curso dirigido por Ivan Albuquerque, Rubens Correa e Amir Haddad, no Teatro Ipanema. Estreou profissionalmente substituindo Lucélia Santos* na peça *Rasga coração*, de Oduvaldo Viana Filho*, em 1980. Em seguida passou a fazer parte do grupo Manhas e Manias, integrado por Andréa Beltrão* e Chico Diaz, entre outros, permanecendo cinco anos. Em 1982 foi à televisão e fez a novela *Jogo da vida*. Atuou em outras novelas, como *Sol de verão* e *Cambalacho*, e estrelou a minissérie *AEIO... Urca*, de Daniel Filho*. Seu maior sucesso na televisão ocorreu na primeira fase do programa humorístico *TV Pirata*, no qual satirizava a figura da repórter de TV. No cinema, ganhou projeção nacional com a personagem-título de *Bete Balanço*, de Lael Rodrigues, participando inclusive na trilha musical. Em *Noites do sertão*, do diretor Carlos Alberto Prates Correia*, arrebata os prêmios de melhor atriz nos festivais de GRAMADO e CARTAGENA (Colômbia). Recebeu elogios por sua atuação no episódio 'Drão', de *Veja esta canção*, de Carlos Diegues*, e ganhou o prêmio de melhor atriz no FESTIVAL LATINO-AMERICANO DE RHODE ISLAND, nos Estados Unidos. Em 2009 esteve em Cannes, na mostra UM CERTO OLHAR, a fim de promover o filme *À deriva*, de Heitor Dhalia*. (LAR)

BLOCH, Jonas – Rio de Janeiro, RJ, 1939. Ator.

FILMOGRAFIA: 1971 – *O pecado de Marta*. 1972-1975 – *A santa donzela*. 1975-1976 – *À flor da pele*. 1976 – *Ouro sangrento* (*Tenda dos prazeres*). 1978 – *Inquietações de uma mulher casada*; *O caso Cláudia*. 1980 – *O paraíso proibido*. 1982 – *Retrato falado de uma mulher sem pudor*; *Doce delírio*. 1983 – *Quilombo*. 1984 – *Tropclip*. 1985 – *Avaeté, semente da violência*; *O homem da capa preta*. 1990 – *O diabo na cama*. 1992 – *A maldição do Sanpaku*. 1992-1993 – *Sigilo absoluto* (coprodução estrangeira). 1996 – *Doces poderes*. 1996-1997 – *Policarpo Quaresma, herói do Brasil*. 1997-1998 – *Kenoma*. 1998 – *Uma aventura de Zico*. 1999 – *O dia da caça*; *A terceira morte de Joaquim Bolívar*. 2000 – *Women on Top* (produção estrangeira); *O circo das qualidades humanas*. 2002 – *Amarelo manga*; *Histórias do olhar*. 2003 – *Apolônio Brasil, campeão da alegria*. 2005 – *Cabra-cega*; *Filhas do vento*. 2006 – *Cobrador; In God We Trust* (coprodução estrangeira). 2008 – *Nossa vida não cabe num Opala*.

Nos anos 60, em Belo Horizonte, inicia-se como ator no teatro amador, tendo inclusive escrito uma peça. Polivalente na televisão, atua como ator, a partir dos anos 70, em novelas e programas humorísticos nas tevês TUPI e GLOBO, destacando-se na minissérie *Bandidos da falange* (1983), de Aguinaldo Silva*, e MANCHETE. Atua no teatro. No cinema, geralmente como ator coadjuvante, em papéis de repórter ou policial, faz também alguns papéis de protagonista. Em seu primeiro papel de maior importância, interpreta um marido de um casamento em crise em *Inquietações de uma mulher casada*, de Alberto Salvá*. Faz o papel de Michel Frank na disfarçada filmagem do fatal acontecimento ocorrido com Cláudia Lessin Rodrigues, em *O caso Cláudia*, de Miguel Borges*. Outro papel de destaque é o de um radialista que escolhe viver em uma pequena cidade litorânea paulista, em *O paraíso proibido*, de Carlos Reichenbach*. Correto ator coadjuvante, destacou-se nos papéis de homens sem escrúpulos em filmes de diretores estreantes, como os dramas *Amarelo manga*, de Cláudio Assis*, e *Nossa vida não cabe num Opala*, de Reinaldo Pinheiro, baseado em peça teatral de Mário Bortolotto. (LFM)

BLOCH, Pedro (Piotr Bloch) – Titoniev, Ucrânia, 1914-2004. Roteirista.

FILMOGRAFIA: 1949 – *Uma luz na estrada*; *O homem que passa*. 1955 – *Leonora dos sete mares*. 1958 – *Meus amores no Rio*.

Brasileiro naturalizado (desde pequeno vive no Rio de Janeiro), é uma importante figura de nossa dramaturgia. Nos anos 50, seu nome populariza-se com o sucesso de suas peças *Dona Xepa*, na interpretação de Alda Garrido, e o monólogo *As mãos de Eurídice*, carro-chefe da carreira do ator Rodolfo Mayer*. No cinema é pioneiro na função de roteirista, quando escreve os dramas *O homem que passa* e *Uma luz na estrada*, respectivamente para direção de Moacyr Fenelon* e Alberto Pieralisi*. Colabora com o diretor Carlos Hugo Christensen* no roteiro da adaptação de sua peça *Leonora*, para o filme *Leonora dos sete mares*. Depois, para o mesmo diretor, escreve o roteiro da comédia colorida *Meus amores no Rio* (1959), seu último trabalho direto para o cinema. No ano seguinte, Darcy Evangelista dirige adaptação da peça *Dona Xepa*. Nos anos 60, Jece Valadão* estreia como diretor com a adaptação da peça *Procura-se uma rosa* e o produtor e diretor Flávio Tambellini* leva às telas outra adaptação da peça *Os pais abstratos*, com o título *Até que o casamento nos separe*. Faleceu no Rio de Janeiro em 23 de fevereiro. (LFM)

BOCA DO LIXO

Denominou-se Boca do Lixo o quadrilátero do bairro da Luz, no centro de São Paulo, formado pelas ruas do Triunfo e Vitória, nas imediações das estações da Luz e da antiga rodoviária, ponto de referência da indústria cinematográfica, onde se localizavam os escritórios de distribuidores, exibidores e produtores. A origem dessa designação é incerta mas foi anunciada poeticamente no filme *O Bandido da Luz Vermelha*, em 1968. Ao contrário do que muitos pensam, a Boca do Lixo não surgiu com a pornochanchada*. Ela ganhou esse nome nos anos 50, com a crônica policial, quando os habitantes daquele bairro de classe média começaram a abandonar o local. Como na época os filmes eram despachados por trem para cidades do interior, sua localização próxima à rede ferroviária era privilegiada. Antes, portanto, de ser um centro de produção cinematográfica, a Boca caracterizou-se por ser um centro de distribuição no estado.

Nos anos 70, depois de flertar com o esquema de produção precário do Cinema Marginal*, cristalizaram-se aí produtores e diretores nascidos na irrupção da comédia erótica, a pornochanchada. Estes foram responsáveis, durante os anos 70, por cerca de sessenta dos noventa filmes brasileiros produzidos em média anualmente. O cinema da Boca do Lixo caracterizou-se por investir principalmente na chamada produção média (para os padrões do Brasil) ou com "recursos controlados", em muitos casos com visível preocupação de oferecer bom acabamento artesanal. Obtendo retorno financeiro dentro dessa faixa "média", garantiu uma base empresarial que, embora pulverizada entre várias produtoras (e produtores), foi o que mais se aproximou do que se poderia chamar indústria cinematográfica no Brasil. A Boca do Lixo sempre teve sua produção apoiada em capitais privados, vivendo a tensão do investimento de risco e de suas relações com o mercado. Concretamente ligada a esse mercado, a Boca e seu cinema viviam em processo permanente de ajustamentos. Fracassos de bilheteria a ameaçavam como uma doença fatal. Por isso, seus filmes constituíam-se, de fato, num real termômetro do interesse popular e do consequente retorno financeiro. Mesmo tendo sua hierarquia artística, nunca investiu diretamente numa política autoral (de diretores), preocupando-se mais em adaptar-se às relações de mercado como fornecedora de produtos. Grande parte dessa produção é identificada com a pornochanchada, gênero que abrigava várias tendências e subgêneros do cinema erótico: comédias, dramas, horror, policial, suspense, *westerns*, e até experimentais. Pode-se atribuir à pornochanchada e à Boca o feito de terem conseguido construir um precário mas estimulante *star system*, à margem dos esquemas televisivos, lançando atrizes como Vera Fischer*, Helena Ramos*, Aldine Müller*, Matilde Mastrangi*, Zaira Bueno*, entre outras, ou cooptando nomes já conhecidos como Sandra Bréa, Kate Lyra e até a nobreza de Ira de Furstenberg, figuras que faziam as bilheterias funcionar. Com o crescimento da pornochanchada, a Boca do Lixo, que na época era considerada a "Hollywood brasileira", produziu um número considerável de títulos (cerca de setecentos filmes). Sua "época de ouro" corresponde aos anos de 1972 a 1982, quando as produtoras e distribuidoras pipocavam no quatrilátero. As ruas viviam cheias de equipes de filmagem partindo para as locações ou chegando delas. O Bar Soberano, depois transformado em restaurante, era ponto de parada obrigatório.

No entanto, a prosperidade do sistema de produção-distribuição-exibição baseado em leis de mercado não ficou imune à crise econômica que atingiu o Brasil nos anos 80. Após uma década promissora, ao menos em termos econômicos, veio a crise e a diminuição vertiginosa de público. O gênero pornochanchada começava a sinalizar seu esgotamento. O cinema da Boca conseguiu com alguns de seus filmes e realizadores certa respeitabilidade e a proeza de garantir, com o retorno de seus investimentos, continuidade de produção e melhoria da qualidade. Com a crise, esse sistema foi atacado em dois flancos: a evasão do público e a invasão bárbara dos filmes de sexo explícito (*hard core*) estrangeiros. Para tentar se defender, a Boca começou a exibir filmes de grande apelo sexual, distendendo a "corda" da censura. A caminhada da Boca em direção ao pornô explícito foi rápida, e rompeu o frágil equilíbrio das produções que anteriormente a sustentavam. Os filmes de sexo explícito passaram a ocupar uma enorme fatia do mercado, realizando, nos anos seguintes, cerca de quinhentos títulos, produção considerável para os padrões nacionais. Em 1984, por exemplo, dos 105 filmes nacionais produzidos (exibidos em São Paulo), nada menos que 69 eram de sexo explícito. O fim da Boca como espaço físico e forma de produção ocorreu no final da década de 80. (NCA)

BODANZKY, Jorge (Jorge Roberto Bodanzky) – São Paulo, SP, 1942. Fotógrafo, diretor.

FILMOGRAFIA: 1968 – *Gamal, delírio do sexo* (fot.); *Hitler, Terceiro Mundo*. 1969 – *Em cada coração um punhal* (2º episódio: 'Clepsusana' (fot.); 3º episódio: 'O filho da televisão' (fot.)); *O profeta da fome* (fot.). 1969-1973 – *Compasso de espera* (fot.). 1971 – *O pecado de Marta* (fot.). 1971-1977 – *O dia marcado* (fot.). 1973 – *O homem que descobriu o nu invisível* (fot.); *O fabuloso Fittipaldi* (fot.). 1974 – *Iracema, uma transa amazônica* (fot., dir.). 1975 – *Gitirana* (fot., dir.). 1980 – *Os Mucker* (fot., dir.). 1981 – *O terceiro milênio* (fot., dir.). 1986 – *Igreja dos oprimidos* (fot., dir.). 2010 – *No meio do Rio entre as árvores* (fot., dir.).

Paulistano, filho de austríacos, Bodanzky nasceu em 22 de dezembro e teve seus primeiros contatos com cinema na Universidade de Brasília (UnB), no início dos anos 60. Ingressou em 1963 na Faculdade de Arquitetura, aproximando-se do curso de Cinema, que estava sendo implantado na UnB por Paulo Emílio Salles Gomes*, Nelson Pereira dos Santos*, Maurice Capovilla*, Jean-Claude Bernardet*, entre outros. Com o desmantelamento da universidade em 1964, voltou-se para o jornalismo, trabalhando como repórter fotográfico no *Jornal da Tarde*, a convite de Capovilla, e na revista *Manchete*. Conseguiu uma bolsa na Alemanha para estudar fotografia, transferindo-se para a Universidade de Ulm, que na época possuía um Departamento de Cinema de cunho alternativo, com cineastas do novo cinema alemão, dentro de uma proposta próxima à da Universidade de Brasília. Especializou-se como fotógrafo cinematográfico nesse curso. Voltou ao Brasil em fins de 1968, quando retomou a atividade de repórter fotográfico (na revista *Realidade*) e iniciou os primeiros trabalhos como fotógrafo de cinema, tanto em curtas documentais como em longas de ficção. Trabalhou em propostas alternativas como *O profeta da fome*, de Maurice Capovilla (com o qual ganhou o prêmio CORUJA DE OURO, do INC, de melhor fotografia), *Gamal, delírio do sexo*, de João Batista de Andrade*, *Compasso de espera*, de Antunes Filho, e também em filmes comerciais como *O fabuloso Fittipaldi*, de Roberto Farias*. Em 1974, com a repercussão de *Iracema, uma transa amazônica*, reafirmou sua carreira como documentarista, encerrando sua participação como fotógrafo em longas de ficção.

Nos primeiros anos da década de 70, Bodanzky atuou como *freelancer* da televisão alemã, trabalhando com o jornalista Karl Bruger em uma série de documentários* e reportagens. Bodanzky cuidava do som e da fotografia e Bruger da reportagem. Nessa época fez suas primeiras viagens à Amazônia. Em 1973 dirigiu,

com Hermano Penna*, seu primeiro documentário, já no estilo de ficção abrindo-se para o imprevisto, chamado *Caminhos de Valderez*. A personagem Valderez foi interpretada pela não atriz Valderez Caetano Reis, que, como personagem "filha de santo", escapava de sua vida concreta para o misticismo. Bodanzky retornou diversas vezes à Alemanha, onde conheceu Wolf Gauer, seu sócio na STOPFILM. Juntos fundaram, na Alemanha, uma produtora com o objetivo de realizar uma série de onze documentários didáticos para o governo alemão, principalmente sobre o Brasil e a América Latina. Nesse projeto cuidou da fotografia e do som e Gauer escrevia os roteiros. Com o dinheiro obtido na produtora, compraram equipamento e transferiram-se para o Brasil, criando a produtora STOPFILME, uma pequena produtora individual que lhes dará suporte para a produção nos anos seguintes. A partir dessa estrutura fizeram os longas *Iracema, uma transa amazônica* e *Gitirana*. Com a venda de algumas cópias de *Iracema*, o dinheiro recebido com os filmes didáticos e mais um auxílio da EMBRAFILME*, ampliaram a STOPFILME criando a STOP SOM, prestadora de serviços profissionais de acabamento de som. Esse estúdio deu maior agilidade (e a qualidade mínima exigida por compradores no exterior) ao trabalho em 16 mm com som direto, marca das produções da dupla Bodanzky/Gauer. O apoio da televisão alemã permitiu que trabalhassem com temas polêmicos, nos quais nenhum produtor nacional se arriscaria em função da forte censura vigente na época.

Em 1974, Bodanzky apresentou à televisão alemã uma ideia desenvolvida a partir de uma velha reportagem, não publicada, que havia realizado para a revista *Realidade*. Conseguiu um pequeno adiantamento e, com os equipamentos que comprou para a produtora, foi para o Amazonas com Gauer, Orlando Senna* e uma equipe mínima de produção rodar *Iracema*. A ideia era fazer um filme de ficção inteiramente em locações, com um roteiro pouco amarrado, aberto para improvisações, atores amadores ou profissionais e habitantes da região. A história-guia é simples: uma menina, Iracema (representada por Edna de Cássia), do interior do Amazonas, vai para Belém assistir às festas do Círio de Nazaré. Deslumbrada com a vida urbana, decide tentar a sorte na grande cidade e acaba tornando-se prostituta. Conhece o caminhoneiro Tião Brasil Grande (interpretado por Paulo César Pereio*), que fica com ela algum tempo e a deixa na beira

da Transamazônica. O filme termina com o reencontro de ambos, tempos depois, na mesma estrada, com Iracema já em completa decadência. Embora não fosse atriz profissional (nem prostituta), Edna de Cássia ficou à vontade naquele papel que se inseria em uma realidade muito próxima da sua. O filme teve o roteiro e a codireção de Orlando Senna, que mais tarde trocaria acusações sobre a autoria com Bodanzky. Na realidade, Senna roteirizou o argumento original de Bodanzky e auxiliou na direção de atores. Bodanzky fez a colocação de câmera, a fotografia, as marcações dos atores, enfim o trabalho de direção e fotografia que firmaria sua carreira posteriormente. *Iracema* marca também o início de um estilo cinematográfico que trabalha a ficção no limite da improvisação, com grande abertura para o imprevisto, no qual Bodanzky, com o tempo, desenvolve excelência. Ocupando uma zona limítrofe com o documentário, a ficção delineada no argumento é exposta às vicissitudes da vida real, recolhendo dessa interação um resultado instigante e particular. Os longas seguintes da dupla Bodanzky/Gauer seriam desenvolvidos dentro desse recorte que tão bem funcionou em *Iracema*.

Iracema obteve intensa repercussão nacional e internacional e seu diretor permanece em destaque na mídia. A desmitificação do sonho do Brasil grande incomodou de forma particular os militares, que mantiveram o filme interditado até o início dos anos 80, e lhe negaram o certificado de produto nacional. Apesar das evidências de que fora feito por cineastas, técnicos e atores brasileiros, os militares argumentaram que o filme fora coproduzido e revelado na Alemanha. Em 1981, *Iracema* recebeu o CANDANGO de melhor filme no FESTIVAL DE BRASÍLIA. Bodanzky realizou *Gitirana*, longa-metragem filmado em 16 mm, com som direto, coprodução com a TV alemã e praticamente a mesma equipe de *Iracema*: além de Senna e Bodanzky, Gauer cuidou da produção e Achim Tappen fez o som direto. Conceição Senna foi a atriz principal e tentou exercer o mesmo papel catalisador de Edna de Cássia em *Iracema*. Conforme afirmou: "minha situação como atriz é a de flagrar situações, e não interpretá-las". A palavra "gitirana" tem o significado de cobra que voa e mata a vítima com sua picada. Conceição fez a personagem Ciça, que se transforma de filha de fazendeiro em operária da Barragem de Sobradinho. O filme, que foi para CANNES na QUINZENA DOS REALIZADORES, teve a participação dos habitantes de Petrolina e Juazeiro e locações em torno da Usina de Sobradinho. Ainda nos anos 70, Bodanzky filmou uma série de curtas documentários, a maioria para a TV alemã e outros órgãos alemães ligados à produção de filmes didáticos – como *Eduardo*, *O contrato nuclear*, *Operários da Volkswagen na Alemanha e no Brasil*, *Escola*, *Desenvolvimento*, *O processo de aprendizagem*, *Colonos alemães na Jamaica*.

Realizou *Jari* (1978), documentário de sessenta minutos, em 16 mm, com som direto, filmado dentro do que foi a maior propriedade particular de terras no Brasil, o Projeto Jari, do norte-americano Daniel Ludwig. A história da realização do filme é curiosa. Bodanzky aproximou-se do senador Evandro Carreira e conseguiu ser levado à propriedade de Ludwig, até então inexpugnável à imprensa, com membros de uma Comissão Parlamentar de Inquérito (CPI) da Devastação da Amazônia, em curso na época. Confundido como cinegrafista oficial do Congresso, teve inteira liberdade para filmar, permanecendo na região após a saída dos parlamentares. O filme foi realizado em cinco dias e contém depoimentos de operários e empresários do projeto, do ecologista José Antônio Lutzenberger e do senador Evandro Carreira. Bodanzky fez a câmera do filme, Gauer o som, e ambos dirigiram. Antes de filmar o senador Evandro Carreira em *O terceiro milênio*, Bodanzky realizou nova experiência de ficção em *Os Mucker*, filme histórico que relata casos de fanatismo religioso ocorridos no Sul do país, entre colonos recém-chegados da Alemanha. Entre 1872 e 1875 formou-se um grupo messiânico liderado por Jacobina Mentz, que, em conflito com outros imigrantes alemães dessa região, acabou por provocar um massacre. Esse longa seguiu o mesmo esquema dos anteriores: foi produzido pela STOPFILME, com apoio da TV alemã, filmado em 16 mm e com som direto. Gauer e Bodanzky fizeram a direção. Os personagens, em sua maioria, foram interpretados por não atores, descendentes dos imigrantes massacrados, habitantes de cidades da região de Sapiranga, São Leopoldo e Novo Hamburgo, no Rio Grande do Sul. Utilizou-se o alemão arcaico numa parte considerável das falas, preservado exclusivamente nessa região. As filmagens foram realizadas em Sapiranga, com algumas tomadas em São Leopoldo e Taquara. Como em *Iracema*, um ator profissional encarregou-se de levar adiante a interpretação, interagindo com a espontaneidade da população e a ambiência local, embora em *Os Mucker* o roteiro seja mais fechado que nos filmes anteriores. Atriz de origem

teatral e também da região, Marlise Saueressing desempenhou o papel da líder do movimento messiânico, Jacobina Mentz. Por seu desempenho recebeu um KIKITO no FESTIVAL DE GRAMADO de 1980. José Lewgoy* e Paulo César Pereio* também participaram do filme com pequenos papéis.

Bodanzky aproveitou seu relacionamento com o senador Evandro Carreira para filmar a campanha de reeleição do senador numa viagem de barco ao alto Solimões, Javari, Içá, Coari, Tabatinga, passando pelas aldeias indígenas de Maiuruna e Ticuna. Durante quinze dias, Bodanzky filmou um autêntico político populista, muito à vontade com a câmera, de modos bem expansivos e sem nenhum tipo de acanhamento. Beirando o grotesco, a campanha do senador foi usada para um mergulho na realidade do Amazonas, dentro do estilo peculiar do diretor de captar a vida em sua imprevisibilidade e intensidade. Considerado por Bodanzky um de seus filmes mais bem-sucedidos, *O terceiro milênio* (realizado por apenas três pessoas: além de Bodanzky e Gauer, David Pennington fez o som) fechou um conjunto de filmes que se delinearam a partir de *Iracema*, de caráter bastante autoral, articulados entre si e com propostas similares: equipes reduzidas, financiamento externo, bitola de 16 mm, som direto, tensionando de modo inteligente os limites da tradição ficcional do cinema. No caso de *O terceiro milênio*, esse limite apresenta sua outra face na figura folclórica do senador amazonense. O político parecia sair de um roteiro preconcebido, em contato com a espontaneidade da vida cotidiana do povo ribeirinho. Bodanzky fez outro longa-metragem, *Igreja dos oprimidos*, no qual persiste a preocupação política, mas sem alcançar o tom forte, misto de intensidade e espontaneidade que caracterizaram seus trabalhos anteriores. Nos anos 90 continuou a fazer alguns documentários que foram transformados em *Globo Repórter*, como *O último Eldorado*, *Amazônia* e *Ártico*, podendo também ser lembrados trabalhos anteriores como *Tristes trópicos*, sobre a aventura do antropólogo francês Lévi-Strauss no Brasil (realizado para a televisão francesa), e *Igor, uma aventura na África* (para os italianos). Se em geral os cineastas brasileiros costumam reclamar das poucas oportunidades que lhes oferece o meio televisivo, isso não parece ter sido um obstáculo para o diretor. Em meados da década de 90 realizou os CDs *Amazônia e Anos 60 – uma ideia na cabeça, uma câmera na mão* para a RIOFILME. Durante

os anos 2000, continua a carreira com atividades ligadas à mídia digital, dando foco a uma região que vem filmando há décadas: Amazônia. Faz CD-ROMs, *sites* de internet com o governo do Amapá, Ibama e o Parque Nacional de Itatiaia. Desenvolve, através de ONG com apoio estatal, um programa de ação social na Amazônia chamado Navegar Amazônia. Em um barco sedia diversas atividades de acesso e produção digital, juntamente com apresentações e projeções multimídia. Nesse espaço percorre comunidades ribeirinhas e regiões afastadas. Depois de diversos anos, em 2010, lança um longa documentário intitulado *No meio do rio entre as árvores*, centrado na interação com a população amazônica. O filme é resultado de uma expedição ao Alto Solimões, onde ministra oficinas de vídeo capacitando a população local. As imagens mostram que a forma de Bodanzky continua ativa, com belos planos líricos sobre a região. A narrativa despretensiosa e simples mostra o despojamento do documentarista, maduro no estilo. (FPR)

BODANZKY, Laís – São Paulo, SP, 1969. Diretora.

FILMOGRAFIA: 2000 – *Bicho de sete cabeças*. 2007 – *Chega de saudade*. 2009 – *As melhores coisas do mundo*.

Filha do diretor de fotografia e documentarista Jorge Bodanzky*. Fez curso de cinema na Faculdade Armando Álvares Penteado (FAAP). Diretora do curta-metragem ficcional, 35 mm, *Cartão vermelho* (1994), sobre futebol feminino. Foi produtora de outro curta ficcional, *Pedro e o Senhor* (1996), dirigido por seu parceiro de vários trabalhos, marido e roteirista habitual, Luiz Bolognesi*. Dividiu com Bolognesi a direção e a fotografia do documentário de média metragem *Cine Mambembe – o cinema descobre o Brasil* (1999), que produziu e montou. Percorre, com o filme, diversas regiões do Brasil, buscando afirmar uma forma de distribuição que passe ao largo dos circuitos habituais. Estreia no longa-metragem com *Bicho de sete cabeças*, drama baseado no livro *Canto dos malditos*, de Austregésilo Carrano Bueno. A obra provoca repercussão, fazendo que Laís se afirme como uma das principais representantes da nova geração do Cinema Brasileiro que emerge na virada do século XXI. Em *Bicho de sete cabeças* retrata de modo bastante realista a introspecção de um jovem levado progressivamente à loucura. Internado pelo pai ao ser pego em casa com um cigarro de maconha, Neto (o protagonista) inicia sua viagem exasperada no sistema psiquiátrico brasileiro. Com personagem de vida interior e força psicológica, Laís consegue desenvolver bem o roteiro através de uma interpretação surpreendente de Rodrigo Santoro. O filme marca um momento de virada na carreira do ator. *Chega de saudade*, seu segundo longa, trabalha em outra sintonia, com abertura para o lírico, apresentando uma visão bem atual da vida na terceira idade. Tem elenco afinado que mistura os experientes Leonardo Villar*, Tônia Carrero*, Stepan Nercessian*, Cássia Kiss*, Betty Faria* e o comediante Jorge Loredo. A ação transcorre numa divertida gafieira para idosos, carregando, com delicadeza, os pequenos dramas que cercam todo relacionamento humano. O contraponto do grupo é a jovem Maria Flor, que, quebrando códigos de conduta, desempenha o personagem que introduz o móvel dramático da trama. Bodanzky domina bem o espaço cênico fechado, conseguindo extrair excelentes interpretações, sem queda de ritmo. O foco na terceira idade, tema pouco explorado no cinema, atrai atores fortes que investem na proposta. O roteiro original é assinado por Luiz Bolognesi. O terceiro longa-metragem de Laís Bodanski, *As melhores coisas do mundo*, é mais uma aposta de sucesso, mostrando o potencial da ainda jovem diretora. Deixando a terceira idade, Bodanzky desloca-se para o início da segunda: a adolescência. *As melhores coisas do mundo* é filme dedicado à vida intensa que brota nesse período. A fita, até de modo corajoso, abandona a obrigação do corte de classe para se centrar no aprofundamento de personagens em seu cotidiano. Laís volta a afirmar talento na cena, conseguindo boas interpretações com adolescentes, mesclando-os a atores conhecidos. Em seu terceiro trabalho com Bolognesi, o roteiro vai buscar inspiração na série de livros *Mano*, de Gilberto Dimenstein e Heloísa Prieto, escritos no início da década. O filme é desenvolvido a partir de laboratório realizado em escolas particulares de São Paulo, trabalhando com atores que são os próprios jovens em seu terreno. O cenário são as escolas que frequentaram. A ação respira realismo, com os adolescentes à vontade para falar do cotidiano que vai fluindo com as dúvidas e emoções da idade. Bodanzky, juntamente com Bolognesi, dirige a produtora BURITI, que serve de braço administrativo para viabilizar seus projetos. Além das produções de seus filmes, a empresa desenvolve, sob sua coordenação, o projeto Tela Brasil, que evolui da proposta original do Cine Mambembe para objetivos mais expandidos, com oficinas de produção e projeção de filmes em locais desassistidos. (FPR/LFM)

BOLOGNESI, Luiz (Luiz Roberto Bolognesi) – São Paulo, SP, 1966. Roteirista.

FILMOGRAFIA: 2000 – *Bicho de sete cabeças*. 2005 – *Doutores da Alegria*. 2007 – *O mundo em duas voltas*; *Chega de saudade*; *Querô*. 2008 – *Terra vermelha* (coprodução estrangeira). 2009 – *As melhores coisas do mundo*.

Formou-se em Jornalismo pela Pontifícia Universidade Católica (PUC) em 1987, e em Ciências Sociais na Universidade de São Paulo (USP) em 1988. Trabalhou como repórter no jornal *Folha de S.Paulo* e na REDE GLOBO DE TELEVISÃO. Antes de seguir carreira no cinema escreveu roteiros para vídeos institucionais. Seu primeiro filme foi o curta-metragem *Pedro e o Senhor* (1996). É casado com a cineasta Laís Bodanzky*, com quem dirigiu *Cine Mambembe, o cinema descobre o Brasil* (1999), documentário premiado no FESTIVAL DE HAVANA. O filme foi construído a partir do projeto Cine Mambembe, que percorreu diversos locais do Brasil, em 1997, com o objetivo de projetar filmes para populações isoladas do Norte e do Nordeste. A iniciativa evoluiu para o projeto Tela Brasil, mais amplo, unindo oficinas e projeção de filmes, cobrindo também as periferias das grandes cidades. Junto com Laís, Bolognesi dirige a produtora BURITI FILMES, responsável pelos projetos cinematográficos da dupla e também pela captação e gerenciamento do Tela Brasil. Escreveu o roteiro do filme *Bicho de sete cabeças*, consagrado longa-metragem de estreia de Laís Bodanzky, baseado no livro autobiográfico *Canto dos malditos*, de Austregésilo Carrano Bueno. Escreve também roteiros para documentários, área em que possui experiência considerável: *Bandeirantes, profissão perigo*; *A guerra dos paulistas* (que também dirigiu)*; Doutores da Alegria*, sobre grupo que anima crianças internadas em hospitais*; Lutas.doc* (também codireção) e *O mundo em duas voltas*, do diretor David Schurmann, sobre a família Schurmann, que já fez duas viagens em volta ao mundo de veleiro. Em 2010 fez o roteiro para texto do dramaturgo Plínio Marcos* em *Querô*, drama de outro diretor estreante, Carlos Cortez. Juntamente com o diretor ítalo-argentino Marco Bechis escreveu o roteiro do longa-metragem *Terra vermelha*, rodado em Mato Grosso do Sul, que mostra de modo crítico a relação entre índios e fazendeiros da região. Na continuidade da parceria com a diretora Laís está o núcleo de sua carreira atual. Fazem dupla de trabalho na qual Bolognesi segue elaborando o material para uma cineasta com evidente potencial de *mise-en-scène*. Escreveu *As melhores coisas do mundo*, a partir da série de livros *Mano*, de Gilberto Dimenstein e Heloísa Prieto. Com o filme *Chega de saudade* recebeu prêmio por melhor roteiro no XL FESTIVAL DE BRASÍLIA de 2007. (FPR/VLD)

BOMTEMPO, Roberto (Roberto Bomtempo Castro Junior) – Rio de Janeiro, RJ, 1963. Ator.

FILMOGRAFIA: 1985 – *Urubus e papagaios*. 1986 – *Rockmania*; *Banana split*. 1989 – *Barrela, escola de crimes*. 1990 – *Manobra radical*. 1991 – *A maldição do Sanpaku*. 1994 – *Menino maluquinho – o filme*. 1994 – *Lamarca, coração em chamas*. 1995-1996 – *Quem matou Pixote?*. 1997 – *Anahy de las Misiones*. 1995-1996 – *O cego que gritava luz*. 1995-1999 – *Tiradentes*. 1997 – *Guerra de Canudos*. 1999 – *O dia da caça*. 1999 – *Mauá, o imperador e o rei*. 1999 – *Cronicamente inviável*. 2000 – *Tolerância*. 2002 – *Dois perdidos numa noite suja*. 2005 – *Achados e perdidos*; *Depois daquele baile* (dir.).

Ator com participações em telenovelas e minisséries na REDE GLOBO DE TELEVISÃO e MANCHETE. No teatro, atuou como ator e diretor, tendo nessa última função dirigido peças teatrais endereçadas ao público jovem. No cinema, é ator eclético que interpreta papéis de bandidos e policiais durões. Viveu um português em *Tiradentes*, filme histórico de Oswaldo Caldeira*, e foi pai do Menino Maluquinho. Fez o visconde do Rio Branco em outro filme histórico, *Mauá – o imperador e o rei*, de Sérgio Rezende*. Participou como ator dos telefilmes *Mangueira – amor à primeira vista* (1997), *Amor que fica* (1999) e *Joana e Marcelo, amor quase perfeito* (2002), todos com direção de Marco Altberg*, e de vários curtas-metragens, como *O vendedor* (1990), de Alberto Salvá*, *O coringa* (1993), de David França Mendes. No ano de 1995 atuou em *Jogos*, de Mariângela Grando, e *Seu garçom faça o favor de me trazer depressa*, de Marcello Maia. Também aparece em *Tepê* (1999), de José Eduardo Belmonte*, e *Disparos* (2000), de Tarcísio Lara Puiati. Seus últimos curtas datam de 2002: *Um trailer americano*, de J. E. Belmonte, e *Liberdade ainda que à tardinha*, de Luiz Guimarães de Castro. É diretor de um único curta-metragem, *O caso da erva galhuda* (2002). Estreou como diretor no longa-metragem com um filme sensível, *Depois daquele baile*, baseado em peça teatral homônima de Rogério Falabella, todo ambientado na cidade de Belo Horizonte. (LFM)

BONASSI, Fernando – São Paulo, SP, 1962. Roteirista.

FILMOGRAFIA: 1997 – *Os matadores*. 1999 – *Castelo Rá-Tim-Bum, o filme*. 2000 – *Através da janela*. 2001 – *Sonhos tropicais*. 2001-2003 – *Desmundo*. 2002 – *Carandiru*. 2004 – *Garotas do ABC*; *Cazuza, o tempo não para*. 2005 – *Cabra-cega*. 2009 – *Plastic City* (coprodução estrangeira); *Lula, o filho do Brasil*.

Escritor, dramaturgo e cineasta, nascido e criado na Mooca paulistana. Bonassi formou-se em Cinema na Escola de Comunicações e Artes da Universidade de São Paulo (ECA/USP), onde estudou no período de 1981 a 1985. É um dos principais roteiristas do cinema brasileiro, com presença sobretudo em produções paulistanas. Seu universo ficcional, carregado de infâmias, agonias extremas, abjeções, revolta, casa bem com a temática e os personagens de parcela significativa do cinema brasileiro atual. Filmes como *Os matadores*, *Carandiru*, *Através da janela*, *Cabra-cega*, trazem, em sua essência, a exasperação do universo de Bonassi e o maneirismo agônico de sua visão da sociedade brasileira. Na mesma toada, um de seus romances mais badalados, *Um céu de estrelas* (1997), dá origem ao filme homônimo da diretora estreante Tata Amaral*, e uma de suas peças, *As coisas ruins da nossa cabeça,* serve de base para o filme *Latitude Zero* (2000), primeiro longa ficcional de Toni Venturi*. A inserção de Bonassi na vida artística deu-se pela literatura, sendo autor de vários livros de contos, histórias infantis e romances. Escreveu e dirigiu os curtas-metragens *Circuito do olhar* (1984), *Faça você mesmo* (1991), *Amor materno* (1994) e *O trabalho dos homens* (1996), tendo este último recebido prêmio como melhor filme, diretor e roteiro no FESTIVAL DE GRAMADO de 1997. Também trabalhou em longas com roteiros mais leves, precisando de uma pitada de agonia. É o caso de *Cazuza, o tempo não para*, de Sandra Werneck* e Walter Carvalho*, e mesmo de *Garotas do ABC*, de Carlos Reichenbach*. Possui agilidade para levar à tela, em linguagem dramática cinematográfica, romances de outros autores. Em *Sonhos tropicais*, de André Sturm*, adapta livro do escritor gaúcho Moacyr Scliar. Já no filme histórico *Desmundo*, de Alain Fresnot*, extrai roteiro do romance homônimo de Ana Miranda, situando a

presença feminina no Brasil à época do descobrimento. Em *Carandiru*, de Hector Babenco*, transformou a visão mais intimista do *best-seller* de Drauzio Varella em um festival de horrores, na medida para a direção de Babenco. Bonassi é autor de vários livros. Entre eles, o romance *Subúrbio* (1994), os livros de contos *Passaporte* (2001) e *São Paulo/Brasil* (2002), e o livro infantil *Declaração universal do moleque invocado* (2001). Também tem escrito para TV. Como jornalista, é articulista na grande imprensa. (FPR/LFM/TS)

BONFIM, Roberto (Roberto Bonfim de Andrade) – Rio de Janeiro, RJ, 1945. Ator.

FILMOGRAFIA: 1969 – *Pedro Diabo*. 1970 – *Senhores da terra*; *Lúcia McCartney, uma garota de programa*; *Na boca da noite*; *O homem do corpo fechado*; *República da traição*. 1971 – *Matei por amor*. 1972 – *Revólveres não cospem flores*. 1973 – *Os homens que eu tive*. 1974 – *A estrela sobe*. 1975 – *Ana, a libertina*; *A extorsão*; *A lenda do Ubirajara*; *A dama do lotação*. 1976 – *Pecado na sacristia*; *Soledade*; *Gordos e magros*. 1976-1977 – *Anchieta, José do Brasil*. 1977 – *Chuvas de verão*. 1978 – *Quem matou Pacífico?*; *Batalha dos Guararapes*; *O caso Cláudia*; *Nos embalos de Ipanema*; *O sol dos amantes*; *O Caçador de Esmeraldas*; *O bandido Antônio Dó*. 1979 – *Terror e êxtase*. 1982 – *O rei da Boca*. 1983 – *A difícil viagem*. 1984-1985 – *Fulaninha*. 1987 – *Jorge, um brasileiro*. 1988-1989 – *Solidão, uma linda história de amor*; *Kuarup*. 1988-1990 – *O círculo de fogo*. 1993 – *Louco por cinema*. 1997 – *No coração dos deuses*. 1998 – *O viajante*. 1999 – *Milagre em Juazeiro*; *Minha vida em suas mãos*. 1999-2001 – *O xangô de Baker Street*. 2002 – *A selva*.

Marcado por papéis de jagunço, peão, malandro, policial e fora da lei, impõe um tipo característico. Filho do intelectual Almir de Andrade, ingressa no movimento secundarista durante a ditadura militar, participando da Ação Popular. Estreia no palco em 1967, substituindo um ator na peça *O coronel Macambira*. Constrói sólida carreira no cinema e na televisão. Em *O homem do corpo fechado*, de Schubert Magalhães*, representa o jagunço do sertão mineiro em seu primeiro papel de protagonista. Em suas constantes incursões no cinema atua com desenvoltura numa série de papéis de coadjuvante. Interpreta o índio Ubirajara, no filme *A lenda do Ubirajara*, de André Luís Oliveira, baseado no personagem criado pelo escritor José de Alencar para seu livro *Ubirajara*.

Personifica o bandido Mil e um em *Terror e êxtase*, de Antônio Calmon*, extraído do romance homônimo de José Carlos Oliveira. Até na Boca do Lixo* trabalha, quando defende o papel de um bandido famoso em *O rei da Boca*, de Clery Cunha. Retorna a um papel de índio em *A difícil viagem*, de Geraldo Moraes. Na década de 90, volta a trabalhar com o diretor André Luís Oliveira, na comédia *Louco por cinema*. (HH) Embora ator de carreira cinematográfica, tem filmado muito ocasionalmente nos últimos tempos. Participou de alguns curtas ficcionais como *Retratos rasgados* (1988), de Alvarina Souza Silva; *André Louco* (1990), de Rosa Berardo; *Água morro acima* (1993), de Maria Letícia, e *Os camaradas* (1997), de Bruno de André.

BONFIOLI, Igino – Negrar, Itália, 1886-1965. Fotógrafo, diretor.

FILMOGRAFIA: 1922-1923 – *Canção da primavera* (fot., dir.). 1927-1928 – *Minas antiga* (fot., dir.). 1930 – *Tormenta* (fot.).

Igino Bonfioli emigrou para o Brasil em 1897, e a primeira cidade na qual se estabeleceu foi São Paulo, mudando-se para Belo Horizonte em 1904, onde passou a morar definitivamente até sua morte em 23 de maio de 1965. No Brasil exerceu várias profissões antes de dedicar-se ao cinema: mecânico, fabricante de cigarros, tipógrafo, proprietário de uma vidraçaria e responsável pela fundição do primeiro sino da igreja de São José, então recém-construída em Belo Horizonte. Após essa variada gama de profissões, concentrou suas atividades, a partir de 1912, na fotografia. A Foto Bonfioli tornou-se um estabelecimento comercial com expressiva clientela, como a Companhia Força e Luz de Minas Gerais, que contratou Igino para fotografar a Usina de Rio das Pedras. É necessário salientar que Igino Bonfioli possuía várias das características comuns aos pioneiros do cinema nacional: imigrante europeu com pouca qualificação profissional, mas com grande habilidade no manuseio de aparatos mecânicos, trabalhando inicialmente com fotografia para depois passar ao cinema. Seu primeiro filme foi o "natural" – denominação dada na época para o documentário – *Aspectos do match entre o América e o Atlético e o enterramento do jejuador Michelin*, realizado em 1920. Nesse documentário, além da tradicional partida de futebol, os espectadores podiam apreciar as proezas de Great Michelin, que havia se apresentado em Belo Horizonte, jejuando durante oito dias enterrado a dois metros do solo. No mesmo ano realizou

A visita do rei Alberto da Bélgica, no qual registrou a estada do soberano belga em Belo Horizonte. Bonfioli também realizou filmes de encomenda para empresas e para o governo mineiro. No primeiro caso é possível citar *Bordados à máquina da Singer*; no segundo, *Café, açúcar e madeira, seu cultivo e sua evolução no Brasil* – feito para a Secretaria de Agricultura do estado. Após muitas experiências com filmes "naturais" de curta metragem, o cinegrafista estava guarnecido técnica e financeiramente para realizar um "posado" – como então eram chamados os filmes de ficção – de longa metragem. A partir do roteiro de Aníbal Matos, baseado em peça homônima deste, foi produzido *Canção da primavera*. Além de fotógrafo e coprodutor – com Odilardo Costa –, Igino Bonfioli também assumiu a função de codiretor ao lado do francês Cyprien Ségur. *Canção da primavera* estreou comercialmente em 1923, na cidade de Belo Horizonte, e foi o primeiro "posado" produzido na cidade. A trama girava em torno de um drama familiar e, tal qual muitos outros filmes brasileiros da época, continha uma evidente mensagem moral (nesse caso específico, dirigida contra o despotismo paterno). Existe cópia desse filme na CINEMATECA BRASILEIRA.

Com o fraco retorno financeiro de *Canção da primavera*, Igino Bonfioli voltou a concentrar sua produção em documentários* como *Funerais do presidente do Estado de Minas Gerais, dr. Raul Soares de Moura em 6 de agosto de 1924* e *A posse do presidente do Estado de Minas Gerais*. Esse novo governo, do dr. Melo Viana, financiou o segundo longa-metragem dirigido por Bonfioli, intitulado *Minas antiga*. O historiador Djalma Andrade idealizou um documentário para auxiliar o ensino de história nas escolas mineiras e, além de escrever o roteiro e os intertítulos do filme, conseguiu o apoio oficial. *Minas antiga* mostrava lugares de acontecimentos históricos importantes, como os relativos à Inconfidência Mineira, e nos intertítulos fazia o comentário do ocorrido. A CINEMATECA BRASILEIRA também possui cópia desse filme. Além de continuar produzindo regularmente documentários até 1930, Igino Bonfioli fotografou o longa-metragem "posado" *Tormenta*, dirigido por Arthur Serra nesse ano. O escritor, crítico e pesquisador Paulo Augusto Gomes provou sua não participação em *Entre as montanhas de Minas*. Graças à sua habilidade mecânica, Igino Bonfioli não apenas consertava seu equipamento já desgastado como ainda inventava artifícios para continuar utilizando-o. Com a Revolução de 30, o veterano cinegrafista

encontrou dificuldades para produzir, pois a maioria de suas encomendas era feita por políticos ligados à República Velha. Apesar de boa parte da produção de Bonfioli ter-se perdido em uma enchente em 1937, vinte anos depois os diretores Zoltan Glueck e Sálvio Silva utilizaram material dele e de José Silva, outro pioneiro em Minas Gerais, para compor o filme *Despertar de um horizonte*, documentário sobre a história de Belo Horizonte. (AA)

BORGES, Miguel (Miguel Henrique Borges) – Picos, PI, 1937. Diretor.

FILMOGRAFIA: 1962 – *Cinco vezes favela* (2º episódio: 'Zé da Cachorra'). 1963 – *Canalha em crise*. 1967 – *Perpétuo contra o esquadrão da morte*. 1968 – *Maria Bonita, rainha do cangaço*. 1970 – *As escandalosas*. 1971 – *O barão Otelo no barato dos bilhões*. 1974 – *O último malandro*. 1976 – *Pecado na sacristia*. 1978 – *O caso Cláudia*. 1980 – *Consórcio de intrigas*.

Radicado no Rio de Janeiro desde 1955, jornalista, Miguel Borges escreve no *Jornal do Comércio*, na *Tribuna da Imprensa* e em *O Metropolitano*, ocasião em que se vincula ao Cinema Novo*. Participa do filme em episódios *Cinco vezes favela*, com o segundo episódio 'Zé da Cachorra'. Seu primeiro longa, o drama de temática social, *Canalha em crise*, tem produção complicada. Depois, com o filme policial *Perpétuo contra o esquadrão da morte*, mostra um policial em crise de consciência. Para o produtor Osvaldo Massaini*, dirige um movimentado filme de cangaço em cores, enfocando a figura carismática de Maria Bonita. Seu filme seguinte, *As escandalosas*, escrachada comédia erótica de invulgar talento, é um dos primeiros exemplares do gênero. Focaliza personagens populares da vida carioca na comédia *O barão Otelo no barato dos bilhões*, em que o personagem central é uma espécie de Macunaíma urbano. Escreve o roteiro de *Tati, a garota*, para direção do jovem Bruno Barreto* (com apenas 17 anos na época), uma adaptação da obra de Aníbal Machado. Diretor dos curtas *Radar cativo* (1970) e *O jovem e o mar* (1973), em 1974 funda a MIGUEL BORGES PRODUÇÕES CINEMATOGRÁFICAS, quando produz e dirige *O último malandro*, retrato da decadência imobiliária do tradicional bairro carioca da Lapa e dos tipos locais. Entre 1974 e 1976, é produtor de *A cartomante*, baseado no conto homônimo de Machado de Assis, e *Fogo morto*, tirado do romance de José Lins do Rego, ambos os filmes dirigidos por Marcos Farias*. Em seu filme seguinte, em que é produtor e diretor, *Peca-*

do na sacristia, aborda a temática da cultura interiorana de assombrações e figuras do outro mundo, frequentes no universo rural. *O caso Cláudia*, baseado em fatos verídicos, torna-se estouro de bilheteria. Colabora como roteirista no filme *A noiva da cidade*, de Alex Viany*, e no histórico *Batalha dos Guararapes*, de Paulo Thiago*. O drama de mistério *Consórcio de intrigas*, produção da CINÉDIA*, marca seu duplo retorno aos personagens urbanos e ao tema do erotismo, porém a trama confusa não consegue atrair o público. Esse filme é rebatizado com o apelativo título *Consórcio do sexo* em seu lançamento paulista. Roteirista de *As tranças de Maria* (1997-2002), de Pedro Carlos Rovai*, adaptado da poesia de Cora Coralina. Em 2008, Antonio Leão da Silva Neto publicou, pela Coleção Aplauso, o livro *Miguel Borges – um lobisomem sai da sombra*. (LFM)

BOTELHO, Alberto (Alberto Mâncio Botelho) – Rio de Janeiro, RJ, 1885-1973. Fotógrafo, produtor, diretor.

FILMOGRAFIA: 1910 – *Paz e amor* (fot.); *606 contra o espiroqueta pálido* (prod.). 1913 – *Um crime sensacional (O hediondo crime da Paula Matos)* (prod.). 1918 – *Zero treze* (fot.); *Amor e boemia* (fot.); *A derrocada ou A vingança do peão* (fot.). 1919 – *Alma sertaneja* (fot., prod.). 1920 – *O guarani* (fot., prod.); *Sua majestade a mais bela* (fot., prod., dir.); *O Brasil grandioso* (fot., prod., dir.). 1924 – *Deem asas ao Brasil* (fot., prod., dir.). 1925 – *Brasil, potência militar* (fot., prod., dir.); *Educar* (fot., prod.). 1936 – *Jovem tataravô* (fot.). 1937 – *O descobrimento do Brasil* (fot.).

Um dos primeiros cinegrafistas regulares do país, tem longa e produtiva carreira, responsabilizando-se quase sempre pela pauta, fotografia, montagem, produção e direção dos mais de dois mil documentários* e cinejornais* que realizou. Criado na capital paulista, muda-se para o Rio de Janeiro ainda adolescente, indo trabalhar no comércio. Na virada do século começa a acompanhar o irmão mais velho, Paulino Botelho*, em suas andanças como fotógrafo amador. Por intermédio do irmão começa a trabalhar, aos 16 anos, como repórter do *Jornal do Brasil*. Em 1903 transfere-se para a revista *O Malho*, onde permanece por dezoito anos. Além de repórter passa a fotografar para a *Gazeta de Notícias*, *Fon-Fon!*, *Revista da Semana* e outras publicações. Interessa-se por cinema, que procura ver sistematicamente e acompanhar através da literatura estrangeira existente. Torna-se representante no estado de São Paulo dos produtos cinematográficos da Casa Marc Ferrez. Aproveita a estada na capital paulista e funda com o cunhado Arthur Carmo e o eletricista Guilherme Louzada a empresa de exibição SUL-AMERICANA. Abrem um salão improvisado no Brás, em 1907. O empreendimento fracassa e, atolados em dívidas, eles o repassam a Francisco Serrador*, que os convida a gerenciar uma loja de aparelhos cinematográficos. Botelho contrapropõe fazerem filmes. Serrador importa uma câmera Lumière e lhe entrega. Realiza, ainda em 1907, seu primeiro título, *Desfile de um tiro de guerra*. O bom resultado o credencia a assumir os trabalhos cinematográficos da F. SERRADOR & CIA., em que se destacavam os chamados filmes cantantes, ilustração de árias e canções populares como *La donna è mobile*. Em pouco tempo é considerado o melhor cinegrafista brasileiro em atividade, registrando todo tipo de acontecimento mundano. Contratado por William Auler*, fotografa os cantantes do CINE-TEATRO RIO BRANCO, no Rio de Janeiro. Ao mesmo tempo, torna-se representante do cinejornal francês *Pathé-Journal*, filmando assuntos nacionais para a matriz francesa. No RIO BRANCO, fotografa grandes sucessos como *Viúva alegre* e *Paz e amor*. No campo das atualidades consegue furo jornalístico ao ingressar no navio comandado pelo marinheiro João Cândido, durante a Revolta da Chibata. *A revolta da esquadra* é apreendido pela polícia, tornando-se um dos primeiros filmes brasileiros censurados por motivos políticos.

Com a retração da produção, por volta de 1912, funda uma companhia própria, a CARIOCA FILM. Cava diversas filmagens institucionais, ao mesmo tempo que lança um cinejornal à base de propaganda paga, oferecendo-o gratuitamente aos cinemas. Especializa-se em retratar campanhas políticas (acompanha sistematicamente o senador Rui Barbosa), temas esportivos e os carnavais carioca e paulista. Filma para grandes empresas, como a Light & Power, e atende ao longo dos anos a dezenas de encomendas sobre progressos citadinos ou estaduais, como *Pelo Paraná maior*. Na segunda metade da década de 10 passa a trabalhar para o cinejornal americano *New York Journal* e aproxima-se da ficção, fotografando inúmeros títulos para Luiz de Barros*, entre eles *Zero treze*, *Alma sertaneja* e *A derrocada*, este em parceria com Paulino. A experiência o anima a, além de fotografar, escrever e financiar *Alma sertaneja* para o mesmo diretor. A obra explora pioneiramente elementos de apelo, como a

nudez da atriz Otília Amorim. Lança-se então em seu empreendimento mais ousado, uma nova versão do romance *O guarani*. Dirigido por João de Deus* e filmado ao custo de cerca de 30 contos de réis no parque Lage, obtém retumbante sucesso, permitindo-lhe voltar-se unicamente para a sua grande paixão, o documentário. Cria nova empresa, a A. BOTELHO FILM (cuja famosa logomarca era um menino e seu vira-lata) e desenvolve em tom ufanista projetos de longas-metragens como *O Brasil grandioso*, *Deem asas ao Brasil* e *Brasil, potência militar*, em que mescla novas filmagens com material de arquivo, coletado ao longo de sua carreira. Abre na mesma época um grande laboratório no bairro de Vila Isabel, para onde transfere a produtora e os filmes. Um incêndio no início da década de 30 destrói esse laboratório por completo. Amparado no Decreto-lei nº 20.240, que torna compulsória a exibição de filmes de curta metragem, torna-se um dos mais ativos produtores do gênero ao longo dos anos 30 e 40, realizando uma média de 60 títulos por ano. São cinejornais e registros documentais, como *Meu Brasil*, ilustração de canções como "Canção ao luar", com Vicente Celestino, e obras de ficção como *Aniversário de Pedrinho*. Prossegue retratando os acontecimentos brasileiros até 1960, quando se retira do meio. (HH)

BOTELHO, Chico (Francisco Cassiano Botelho Jr.) – Santos, SP, 1948-1991. Diretor, fotógrafo.

FILMOGRAFIA: 1975 – *As três mortes de Solano* (fot.). 1977 – *Daniel, capanga e Deus*; *Parada 88, limite de alerta* (fot.). 1978-1979 – *Curumim* (fot.). 1980 – *Estrada da vida* (fot.). 1982 – *Janete* (dir.). 1984 – *O Evangelho segundo Teotônio* (fot.). 1985 – *Céu aberto* (fot.). 1986 – *Cidade oculta* (dir.).

Chico Botelho muda-se para São Paulo aos 16 anos. Abandona a Faculdade de Engenharia Mecânica para fazer o curso de Cinema na Escola de Comunicações e Artes da Universidade de São Paulo (ECA/USP), onde se forma em 1973. Trabalha como ator em quatro peças e faz produção de cinema, mas especializa-se como câmera e diretor de fotografia. Ainda na faculdade, dirige, fotografa, monta e faz o som de *Gare do infinito* (1972), baseado em *Memórias sentimentais de João Miramar*, de Oswald de Andrade. Nesse e nos três curtas seguintes que dirige divide a realização com Ella Dürst. Filmado num único dia, *Os cinco patamares* (1972) percorre um trecho da Estrada de

Ferro Santos-Jundiaí, registrando a "serra velha". *Exposição – Henrique Alvim Correa* (1973) mostra a casa e alguns quadros do pintor e tem narração de Paulo Emílio Salles Gomes*. Em *Corpo de baile* (1974), o tema são as atividades dos bailarinos do Teatro Municipal de São Paulo. Pouco depois, dirige para a TV CULTURA *São João Del Rey Del Povo* (1976), documentário sobre música mineira. A partir de 1974, torna-se professor da ECA, ensinando fotografia cinematográfica. Ao longo de sua carreira acadêmica, redige a dissertação de mestrado *A imagem fotográfica e o real* e defende, em 1991, a tese de doutorado sobre *Técnica e estética na imagem do novo cinema de São Paulo*. Como diretor de fotografia, colabora em quase cinquenta curtas, entre eles *Sob as pedras do chão* (1973), de Olga Futema, *Simitério do Adão e Eva* (1974), de Carlos Augusto Calil, *Caigang* (1978), de Inimá Simões, *Fogo fátuo* (1980), de Gofredo Telles Neto, *Aquarela de São Paulo* (1982), de Walter Rogério, *Gaviões* (1982), de André Klotzel*, e *Caramujo-flor* (1988), de Joel Pizzini*. Na década de 70 dedica-se também à televisão, realizando trabalhos para a REDE GLOBO, TV CULTURA, BBC de Londres e a alemã ZDF. Seu primeiro longa como diretor de fotografia é *As três mortes de Solano*, produção do Departamento de Cinema da ECA, dirigida por Roberto Santos*. Fotografa também *Daniel, o capanga de Deus*, de João Baptista Reimão, *Parada 88*, de José de Anchieta, *Curumim*, de Plácido Campos Jr.*, *Estrada da vida*, de Nelson Pereira dos Santos*, *O Evangelho segundo Teotônio*, de Vladimir Carvalho*, e *Céu aberto*, de João Batista de Andrade*. Em 1981 cria a TATU FILMES, com seis sócios. É em torno dessa e de outras produtoras, localizadas no bairro paulistano de Vila Madalena, que vai se formando o "cinema da Vila", constituído por jovens cineastas vindos, em sua maioria, das escolas de cinema. Com produção da TATU, Botelho dirige seu primeiro longa-metragem, *Janete*, sobre a jovem prostituta que passa pelos maus-tratos de um presídio antes de cair na estrada e virar artista de circo. O filme ganhou prêmio de melhor fotografia e música original no FESTIVAL DE GRAMADO, e melhor atriz e montagem no FESTIVAL DE BRASÍLIA. No início da década, além da atividade acadêmica e da atuação na TATU, participa ativamente da política cinematográfica, presidindo a Associação Paulista de Cineastas (Apaci) em 1981-1982. Chico Botelho volta à direção de documentário* com o média *A longa viagem* (1985), em que procura fazer um balanço sobre as inquietações de sua geração. Seu longa-metragem seguinte é *Cidade oculta*, que articula tanto referências cinematográficas (filme *noir*, musical) quanto da cultura *pop* em geral (música, quadrinhos) para recriar o universo marginal de uma grande cidade. A relação que estabelece com o espaço urbano e com o imaginário em torno dele, aliada à acentuada preocupação com a qualidade técnica, torna o filme um dos mais emblemáticos do chamado "novo cinema paulista" dos anos 80. No RIO CINE FESTIVAL de 1986, *Cidade oculta* ganha seis prêmios, entre eles os de melhor filme, direção e fotografia (para José Roberto Eliezer*). O último trabalho dirigido por Botelho é o média *A cidade e o corpo*, de 1991, em que continua a explorar a cidade de São Paulo, dessa vez detendo-se em seus tipos solitários e anônimos. No mesmo ano, em novembro, depois de voltar com febre de uma viagem ao Pará, morre no Rio de Janeiro, onde iria fotografar a série para a TV *Paisagens urbanas*, de Nelson Brissac Peixoto. (LCA)

BOTELHO, Paulino (Paulino Mâncio Botelho) – Rio de Janeiro, RJ, 1879-1948. Fotógrafo, diretor.

FILMOGRAFIA: 1910 – *606 contra o espiroqueta pálido* (fot., dir.). 1913 – *Um crime sensacional* (*O hediondo crime de Paula Matos*) (fot., dir.). 1915 – *Perdida* (fot.). 1916 – *Vivo ou morto* (fot.). 1918 – *Zero treze* (fot.); *A derrocada ou A vingança do peão* (fot.). 1920 – *A joia maldita* (fot.). 1924 – *Hei de vencer* (fot.). 1925 – *O Brasil desconhecido* (*Sertões de Mato Grosso*) (fot., dir.).

Homem de cinema talentoso e temperamental, lança-se em um empreendimento ousado para a década de 10, a produtora de cinema BRASIL FILME. Irmão do cinegrafista Alberto Botelho*, interessa-se pela fotografia na virada do século, vindo a ser o segundo fotógrafo regular da imprensa carioca, trabalhando principalmente para a *Gazeta de Notícias*. Um de seus feitos são as primeiras imagens aéreas brasileiras, tomadas do balão comandado por Magalhães Costa. Despertado pelas experiências do irmão no cinema, aprende com ele o ofício de operar uma câmera cinematográfica. Inicia carreira em 1908, retratando temas mundanos como *Festas de Nossa Senhora da Penha, Circuito de São Gonçalo* (o mais antigo filme brasileiro preservado) e *A aviação no Rio de Janeiro*. Em 1910 assume a direção de um filme de longa metragem, *606 contra o espiroqueta pálido*, fato raro para a época. Abre uma empresa produtora própria, criando a BRASIL FILME, em 1912,

momento em que o cinema brasileiro vive forte retração no mercado exibidor. Escolhe os assuntos, fotografa, monta e dirige o *Cine Jornal Brasil*, que dura até meados da década. Volta-se prioritariamente para a produção ficcional, escrevendo, produzindo e dirigindo *Um crime sensacional*, em que procura reeditar os filmes baseados em acontecimentos públicos violentos. Fotografa o curta *Entre dois amores* (1917) e os longas *Mil e quatrocentos contos* (1912), de Cândido de Castro, e *Pátria e bandeira* (1918), de Simões Coelho, e filmes de Luiz de Barros*, como *Perdida, Vivo ou morto, Zero treze, A joia maldita, A derrocada* e *Hei de vencer*. Realiza *O Brasil desconhecido*, em que explora certo exotismo naturalista. Abre uma segunda produtora, a BOTELHO FILM, que repassa, na década de 30, a Armando de Moura Carijó. (HH)

BRAGA, Alice (Alice Braga Moraes) – São Paulo, SP, 1983. Atriz.

FILMOGRAFIA: 2002 – *Cidade de Deus*. 2005 – *Cidade baixa*; *Só Deus sabe* (*Sólo Dios sabe*). 2006 – *Doze horas até o amanhecer* (*Journey to the End of the Night*); *O cheiro do ralo*. 2007 – *A Via Láctea*; *Eu sou a lenda* (*I Am Legend*). 2008 – *Cinturão vermelho* (*Redbelt*); *Ensaio sobre a cegueira* (*Blindness*); *Território restrito* (*Crossing Over*). 2009 – *Cabeça a prêmio*; *Coletores* (*Repo Men*).

A família é de artistas: o pai, Ninho Moraes, é diretor de programas televisivos; a mãe, Ana Maria Braga, atriz e publicitária, e ainda é sobrinha da atriz internacional Sônia Braga* e do ator Júlio Braga. O primeiro trabalho no cinema foi no curta-metragem *Trampolim* (1998), de Fiapo Barth. Foi revelada no Brasil aos 18 anos, em *Cidade de Deus*, filme de grande repercussão de Fernando Meirelles*. Depois fez *Cidade baixa*, dirigido por Sérgio Machado*, drama que deu a ela vários prêmios de melhor atriz, representando a dançarina e prostituta Karinna que se apaixona por dois jovens e vive momentos tensos por conta disso. Inicia carreira internacional atuando ao lado de nomes como Harrison Ford, Sean Penn, Will Smith e Julianne Moore. Trabalhou como protagonista no papel de Maria Dolores na coprodução Brasil-México, filmada nos dois países, *Só Deus sabe*, drama com direção do cineasta mexicano Carlos Bolado. O primeiro filme americano foi *12 horas até o amanhecer*, coprodução entre Alemanha, Brasil e EUA, com direção do cineasta americano Eric Eason, e representou uma garçonete de botequim em *O cheiro do ralo*, de Heitor Dhalia*. Atuou em

novo curta ficcional, *Rummikub* (2007), de Jorge Furtado*, e no drama *A Via Láctea*, dirigida por Lina Chamie, no qual, como protagonista, formou com Marco Ricca* um casal de namorados em crise. Em 2008, segue carreira nos filmes norte-americanos, como protagonista de *Eu sou a lenda*, dirigido por Francis Lawrence. Continua com papéis coadjuvantes de personagens com nomes latinos como em *Cinturão vermelho*, de David Mamet, *Território restrito*, de Wayne Kramer, e *Ensaio sobre a cegueira*, coprodução internacional dirigida por um brasileiro, quando voltou a trabalhar com Fernando Meirelles. Em 2009 filmou *Cabeça a prêmio*, primeiro longa-metragem dirigido pelo ator Marco Ricca, e baseado em livro de Marçal Aquino*, e *Coletores*, de Miguel Sapochnik. (VLD)

BRAGA, Rodrigo Saturnino – Rio de Janeiro, RJ, 1954. Distribuidor.

Formado em Administração de Empresas na Fundação Getúlio Vargas (FGV), foi inicialmente estagiário na EMBRAFILME, empresa em que trabalhou entre os anos de 1976 e 1988, além de participar da administração da TELEVISÃO EDUCATIVA (TVE) nos anos de 1985-1986. Ingressou como gerente nacional de vendas em 1988, na COLUMBIA TRISTAR BUENA VISTA, empresa que atuava em parceria com a ART FILMS, no lançamento de filmes como *A grande arte* (1989-1991), de Walter Salles*, baseado no romance homônimo de Rubem Fonseca; o filme infantil *Lua de cristal* (1990), de Tizuka Yamasaki*; e, para público adolescente, *Sonho de verão* (1990), de Paulo Sérgio Almeida. Além disso, associou-se às produções nacionais, como a trama histórica *Guerra de Canudos* (1997), de Sérgio Rezende*; a comédia *Eu tu eles* (2000), de Andrucha Waddington*, e *Castelo Rá-Tim-Bum, o filme* (1999), de Cao Hamburger, tirado de programa televisivo de sucesso. Depois, com a GLOBO FILMES, produziu infantil do comediante Renato Aragão* em *Simão, o fantasma trapalhão* (1998), de Paulo Aragão; *O auto da compadecida* (1999), de Guel Arraes*, adaptação do texto teatral clássico de Ariano Suassuna, e *A partilha* (2000-2001), de Daniel Filho*, extraído do texto teatral de Miguel Falabella. Em 1991, Saturnino tornou-se diretor geral da empresa, lançadora de filmes com resultados de público notáveis, como o drama *Carandiru* (2003), de Hector Babenco*, e a cinebiografia do músico Cazuza, em *Cazuza, o tempo não para* (2004), de Sandra Werneck* e Walter Carvalho*. Foi recordista de público nacional, entre 2003 e 2005, com

2 filhos de Francisco (2005), do diretor estreante Breno Silveira, obtendo mais de 5 milhões de espectadores com filme biográfico sobre dois cantores de sucesso. Egresso da conhecida "geração de ouro" da distribuidora EMBRAFILME, conhece profundamente o setor de distribuição no Brasil, balançando-se na corda bamba junto a setores mais nacionalistas por seu vínculo a uma da *majors* norte-americanas, a COLUMBIA/TRISTAR. Dedica-se ao estudo da informação estatística e comercial sobre o cinema no Brasil. (LFM/TS)

BRAGA, Sônia (Sônia Maria Braga)
– Maringá, PR, 1950. Atriz.

FILMOGRAFIA: 1968 – *O Bandido da Luz Vermelha.* 1970 – *Cléo e Daniel; A moreninha; O capitão Bandeira contra o dr. Moura Brasil.* 1973 – *Mestiça, a escrava indomável.* 1975 – *O casal; A dama do lotação.* 1976 – *Dona Flor e seus dois maridos.* 1980 – *Eu te amo.* 1982 – *Gabriela, cravo e canela* (produção estrangeira). 1984 – *O beijo da mulher-aranha* (produção estrangeira). 1987 – *Luar sobre Parador* (produção estrangeira). 1988 – *Rebelião em Milagro* (produção estrangeira). 1990 – *Rookie, um profissional do perigo* (produção estrangeira). 1994 – *Amazônia em chamas* (produção estrangeira); *A volta* (produção estrangeira). 1995 – *Morte dupla* (produção estrangeira). 1995-1996 – *Tieta do agreste.* 1997 – *Os jogadores.* 1998 – *From Dusk Till Dawn: Hagmans' Daughter* (produção estrangeira). 1999 – *Memórias póstumas.* 2001 – *Perfume* (produção estrangeira); *The Judge* (produção estrangeira); *Angel Eyes* (produção estrangeira). 2002 – *Empire* (produção estrangeira). 2003 – *Testosterone* (produção estrangeira). 2004 – *Scene Stealers* (produção estrangeira). 2005 – *Che Guevara* (produção estrangeira); *Marilyn Hotchkiss'Ballroom Dancing & Charm School* (produção estrangeira). 2006 – *Sea of Dreams* (produção estrangeira). *Bordertown* (produção estrangeira); *Um amor jovem* (produção estrangeira). 2010 – *An Invisible Sign* (produção estrangeira); *Lope* (coprodução estrangeira).

Seu pai, "um caboclo", como definiria Sônia Braga, faleceu ainda jovem, vítima de malária, deixando a esposa, que trabalhava como costureira, e sete filhos. Esse acontecimento marcou bastante a vida da futura atriz. Aos 13 anos, sua família mudou-se para São Paulo, onde Sônia frequentou escolas particulares, graças a bolsas de estudos. Aos 14 anos foi levada pelo irmão Hélio Braga para atuar na TV, no programa infantil *Jardim Encantado*, na

TV TUPI (REDE DIÁRIOS ASSOCIADOS). No final dos anos 60, Sônia já havia acumulado alguma experiência como modelo, começando a interessar-se pela fotografia. Nesse período, participa de um grupo de teatro amador de Santo André, atuou como Angélica na montagem de *George Dandin*, de Molière, dirigida por Heleni Guariba (assassinada pela repressão durante o regime militar), e teve sua primeira participação em filme, um Super-8*, dirigido por José Rubens Siqueira. Participou, em 1969, do teste para o elenco de *Hair*, no Teatro Brasileiro de Comédia (TBC), em São Paulo, sob a direção de Ademar Guerra. Sônia insistiu muito para conseguir um papel nessa peça. Segundo o jornalista Celso Curi, quando Sônia apareceu sob os refletores, o palco se iluminou. Esse foi talvez o primeiro grande impacto provocado pela atriz. *Hair* foi para ela um desafio que exigia um constante revezamento de papéis, além das habilidades com o canto e a dança. A direção musical foi de Paulo Herculano e a coreografia de Marika Gidali.

No cinema, Sônia teve uma participação fugaz (porém creditada) em *O Bandido da Luz Vermelha*, de Rogério Sganzerla*. Como definiu o ator José Wilker*: "Ela é pequena, se veste com camiseta e *jeans*, mas explode em sensualidade quando a câmera aparece. É um animal cinematográfico". Entre 1968 e 1969 apareceu na telenovela *Irmãos Coragem*, na TV GLOBO. Participou da filmagem de *Cléo e Daniel*, escrito e dirigido por Roberto Freire e protagonizado por Irene Stefânia*. Participou ao lado de Armando Bogus e Aracy Balabanian da versão brasileira da série educativa *Vila Sésamo*, na TV CULTURA (originalmente produzido para a PUBLIC BROADCAST SYSTEM, dos Estados Unidos, com o título *Sesame Street*). Também em 1970, Sônia estrelou, ao lado de David Cardoso*, *A moreninha*, filme musical para o público infantojuvenil assinado por Glauco Mirko Laurelli*. Nesse mesmo ano atuou em *O capitão Bandeira contra o dr. Moura Brasil*, de Antonio Calmon*. A partir daí, a carreira de Sônia direcionou-se para o público adulto, sendo marcada por uma série de papéis eróticos na televisão e no cinema. Em 1973 participou de um filme pouco divulgado, dirigido pela fotógrafa Lenita Perroy: *Mestiça, a escrava indomável*. Foi dirigida por Daniel Filho* em *O casal*, drama sobre recém-casados, em que contracena com José Wilker, baseado no texto televisivo *Enquanto a cegonha não vem*, de Oduvaldo Viana Filho*. Nesse mesmo ano consagrou-se como fenômeno

de massa ao protagonizar a telenovela *Gabriela*, adaptação do romance de Jorge Amado*, produzida pela TV GLOBO, que causou polêmica na imprensa, pois Sônia não era considerada negra o suficiente para o papel. O trabalho da atriz foi defendido, no entanto, pelo próprio Jorge Amado. *Gabriela* foi exportada para diversos países, e essa repercussão somou-se ao primeiro sucesso da atriz no cinema: a adaptação de outro romance de Jorge Amado, *Dona Flor e seus dois maridos*, dirigida por Bruno Barreto*. *Dona Flor*, lançado nos Estados Unidos, abriu esse mercado para as carreiras de Bruno Barreto e Sônia Braga, ao mesmo tempo em que provocou revolta nos círculos feministas. Em pesquisa divulgada pelo jornal *Última Hora*, em 1977, Sônia foi o nome mais popular em todas as classes sociais no Brasil. O filme *A dama do lotação*, baseado em crônica de Nélson Rodrigues* e dirigido por Neville d'Almeida*, e a telenovela *Dancin'Days*, escrita por Gilberto Braga para a TV GLOBO, deram continuidade à série de papéis sensuais protagonizados por Sônia e atingiram circulação internacional. Em 1979, a atriz produziu com seus próprios recursos, no Rio de Janeiro, a peça infantil *No país dos prequetés*. O filme *Eu te amo*, dirigido por Arnaldo Jabor*, com Paulo César Pereio*, Tarcísio Meira* e Vera Fischer* no elenco, marcou o retorno de Sônia aos papéis eróticos. Bruno Barreto fez nova adaptação de *Gabriela, cravo e canela*, de Jorge Amado, dessa vez para o cinema, com capital internacional, Marcello Mastroianni no papel de Nacif e a trilha sonora assinada por Tom Jobim*. A pouca receptividade ao filme não prejudicou a carreira internacional de Sônia, que, em 1984, posou para a *Playboy* americana e participou do elenco de *O beijo da mulher-aranha*, adaptação de excertos do romance de Manuel Puig levada à tela por Hector Babenco*, que concorreu aos OSCAR de melhor filme, diretor, roteiro e ator. Ao tomar a decisão de se transferir para os Estados Unidos, Sônia defrontou-se com a segmentação da indústria do entretenimento americana, que a classificou como "latina" – obstáculo também enfrentado por outra brasileira antes dela: Carmen Miranda*. Vivendo em Los Angeles e Nova York e descrita pela revista *Newsweek* como "algo inteiramente novo nas telas; a primeira atriz de verdade depois de Sophia Loren", Sônia apareceu na mídia e fez campanhas publicitárias. Associou-se ao ator e produtor norte-americano Robert Redford, participando de *Rebelião em Milagro*, filme com Redford na direção, no papel de mexicana. Repetiu esse papel étnico em outros trabalhos, como *Rookie – um profissional do perigo*, dirigido e protagonizado por Clint Eastwood, e *A volta*, dirigido por Robert Young. Em *Luar sobre Parador* (dirigido por Paul Mazursky), rodado em Salvador e Ouro Preto, Sônia fez o papel de uma líder guerrilheira latino-americana, amante do ditador de uma republiqueta indefinida. Nos Estados Unidos, fez diversos trabalhos para a televisão, *Bill Cosby*, *Contos da cripta* (*Tales from the Crypt*), e atuou em telefilmes como *Moses* (dirigido por Roger Young para a TNT, no papel de Ziporah, a esposa de Moisés), e o polêmico *Amazônia em chamas* (dirigido, em 1994, por John Frankenheimer para a HBO). Nesse último filme, uma suposta biografia do líder político Chico Mendes rodada no México e protagonizada por Raul Julia, Sônia desempenhou o papel menor de uma antropóloga nos seringais do Acre, revelando muito pouco da figura sensual que a marcou nos anos anteriores. Depois de trabalhar na Europa com o diretor Nicholas Roeg em *Morte dupla* (no papel de uma governanta romena), retornou ao Brasil para fazer *Tieta do agreste*, adaptação do original de Jorge Amado, dirigida por Carlos Diegues*. Sônia tentou retornar às novelas, mas seu contrato com o SBT para estrelar a produção argentino-brasileira *Antonio Alves, taxista* foi rompido entre processos e acusações mútuas. Em 1996, recebeu, em Portugal, o título de Comendadora da Ordem Militar de Santiago da Espada. Em 1997 estrelou, com Roy Scheider, *Os jogadores*, dirigido por Frank D. Gilroy. (JG) Com o passar dos anos, Braga avança em sua carreira, sempre em águas internacionais, principalmente no cinema e TV norte-americanos. Desde *Tieta do agreste*, obra na qual reafirmou sua *persona* artística, realiza apenas mais um filme com diretor brasileiro, escolhendo para tal André Klotzel*, que a dirigiu em *Memórias póstumas*. Trabalha também com Andrucha Waddington* em *Lope*, vivendo a cortesã espanhola Marcela. Talvez o fato de ter abandonado a filmografia nacional reflita-se nos papéis de pouco destaque que tem desempenhado. Embora sempre permaneça com a aura de "la Braga", sente-se que sua atuação recente não está à altura da forte figura de atriz que construiu em seus anos mais prolíficos.

BRAH, Lola (Eleonora Beinarovicz) – Viatka, Rússia, 1920-1981. Atriz.

FILMOGRAFIA: 1953 – *Uma pulga na balança*. 1954 – *Floradas na serra*. 1956 – *A pensão de d. Stela*. 1957 – *Casei-me com um xavante*; *Estranho encontro*. 1957-1958 – *Ravina*. 1958 – *Fronteiras do inferno*. 1959-1960 – *Bahia de Todos os Santos*. 1962 – *O vigilante contra o crime*. 1968 – *O Bandido da Luz Vermelha*. 1970 – *A marcha*. 1971 – *Paixão na praia*. 1972 – *Independência ou morte*. 1973 – *Mestiça, a escrava indomável*. 1974 – *Ainda agarro esta vizinha*; *As secretárias que fazem de tudo*. 1975 – *Cada um dá o que tem* (1º episódio: 'O despejo'); *A noite das fêmeas* (*Ensaio geral*); *O sexualista*. 1977 – *O bem-dotado, o homem de Itu*; *Noite em chamas*; *Pensionato das vigaristas*. 1978 – *O estripador de mulheres*; *Reformatório das depravadas*; *O inseto do amor*. 1979 – *Embalos alucinantes* (*A troca de casais*); *A mulher que inventou o amor*. 1980 – *Palácio de Vênus*; *Mulher-objeto*. 1981 – *As taras de todos nós* (2º episódio: 'A tesourinha'); *Sexo às avessas*.

Atriz coadjuvante desde a estreia na VERA CRUZ*, onde atua em dois filmes sob direção de Luciano Salce* (a comédia *Uma pulga na balança* e o melodrama *Floradas na serra*). Dirigida por Walter Hugo Khouri*, faz o papel de uma milionária apaixonada pelo amante mais jovem em *Estranho encontro*. Em seu filme seguinte, *Bahia de Todos os Santos*, o diretor Trigueirinho Neto oferece-lhe novamente o papel de milionária que se envolve emocionalmente com um homem mais jovem, de diferente classe social e mulato. A partir dos anos 70 trabalha em grande número de comédias, de diretores como Pedro Carlos Rovai* e Fauzi Mansur*, e pornochanchadas* da Boca do Lixo*. (LFM)

BRANT, Beto (Roberto Garcia Brant de Carvalho) – Jundiaí, SP, 1964. Diretor.

FILMOGRAFIA: 1997 – *Os matadores*. 1998 – *Ação entre amigos*. 2001 – *O invasor*. 2005 – *Crime delicado*. 2007 – *Cão sem dono*. 2009 – *O amor segundo B. Schianberg*.

Vive em São Paulo desde pequeno. Em 1987, graduou-se em Cinema pela Fundação Armando Álvares Penteado (FAAP). Assim como o cineasta brasiliense José Eduardo Belmonte*, realizou inicialmente clipes musicais. Passou à direção de curtas-metragens contendo tramas ficcionais. Começou na bitola 16 mm, quando dividiu com Renato Ciasca a direção de *Aurora* (1987), em que um homem narra história da infância. Nesse trabalho, aparece pela primeira vez nas telas a futura atriz Giulia Gam*. Passou à bitola 35 mm no filme *Dov'è Meneghetti?* (1989), sua única direção solo em curtas, mostrando a fuga rocambolesca do célebre ladrão (Meneghetti) que assustou os paulistanos na década de 1920. Compartilhou com Ralph Strelow a direção de *Jó* (1993), quando trabalhou com a imagem em preto e branco, abordando a vida de homem que assiste a transformações na história familiar. Estreia na direção de longas com *Os matadores*, adaptado do conto homônimo de Marçal Aquino*, enfocando matadores de aluguel na região da fronteira entre Brasil e Paraguai. Já sentimos nesse primeiro filme a mão pesada e ascética (sem concessões) de seu estilo, a dramaturgia carregada e o ritmo marcado. O argumento do segundo longa, *Ação entre amigos*, também foi escrito pelo parceiro Marçal Aquino, no qual quatro amigos revivem a luta armada. O filme é centrado na relação psicológica entre eles, explorando a tensão aberta por dúvidas de tempos passados e traições. Seu terceiro longa, *O invasor*, ainda baseado em obra de seu companheiro de viagem, Marçal Aquino, dá forma definida ao primeiro fôlego de sua carreira. Voltamos à representação claustrofóbica, regurgitando uma espécie de raiva embutida. A trama envolve assassinato por interesses financeiros, traições, corrupção, personalidades desprezíveis. Ao fundo perpassa a temática de classe, tão cara ao cinema brasileiro. Em seu quarto longa, *Crime delicado*, a atmosfera torna-se ainda mais sombria e o ritmo narrativo mais carregado. Baseado no romance *Um crime delicado*, de Sérgio Sant'anna, conta também com a colaboração de Aquino na criação do roteiro. A trama envolve um relacionamento amoroso na vida de um artista plástico, trazendo para primeiro plano a representação da exasperação existencial que o relacionamento detona. A figura da personagem feminina, sem uma das pernas, e a exploração plástica do corpo amputado dá o tom do filme. Brant aqui desloca a agressividade de seus filmes, do embate físico entre personagens masculinos, para o embate amoroso, sempre buscando motivo para carregar um grau a mais na expressão. Em seu quinto longa, *Cão sem dono*, divide, pela segunda vez, a direção com Beto Ciasca, antigo colega de faculdade e parceiro constante em sua filmografia. Também é seu primeiro longa sem a figura do roteirista Marçal Aquino. Mantém as linhas de seu universo dramático, mas a ambiência é mais aerada. No estilo sentimos que vai mais fundo no desafio de enfrentar a ficção com uma câmera e uma direção mergulhada na liberdade de improvisação da estilística "direta", trabalhando com uma jovem equipe gaúcha. O desafio mais radical nessa trilha surge em

O amor segundo B. Schianberg, inspirado no personagem Benjamim Schianberg, do livro *Eu receberia as piores notícias dos seus lindos lábios*, quando volta a trabalhar com original de Marçal Aquino. Um casal trancafiado em um apartamento é filmado de modo solto e aberto para a improvisação. A novidade está na direção do filme, sem contato físico direto com os atores. Brant comunica-se eletronicamente, manipulando as câmeras da tomada em outro espaço isolado. O resultado convence, com uma aposta bem-sucedida na tensão da encenação continuada. O filme, originalmente, foi composto para televisão, em quatro episódios de 48 minutos, a convite do SESC TV/TV CULTURA. Na versão cinematográfica (oitenta minutos), os móveis do universo ficcional são diluídos e vem para primeiro plano o próprio desafio de uma filmagem aberta no recuo absoluto do cineasta. (FPR/LFM)

BRASIL, Edgar (Edgar Hauschildt) – Hamburgo, Alemanha, 1902-1954. Fotógrafo.

FILMOGRAFIA: 1928 – *Brasa dormida*. 1929 – *Sangue mineiro*. 1930-1931 – *Limite*. 1932 – *Onde a terra acaba*. 1933 – *Voz do Carnaval*. 1934 – *Alô! Alô! Brasil*; *Carioca maravilhosa*. 1935 – *Os estudantes*; *Alô! alô! Carnaval*. 1936 – *Bonequinha de seda*; *Jovem tataravô*. 1937 – *O samba da vida*. 1938 – *Banana da terra*. 1939 – *Futebol em família*. 1939-1943 – *Inconfidência Mineira*. 1940 – *Céu azul*; *Entra na farra*. 1943 – *Moleque Tião*; *É proibido sonhar*; *Tristezas não pagam dívidas*. 1944 – *Romance de um mordedor*; *Gente honesta*. 1945 – *Não adianta chorar*; *Gol da vitória*; *Vidas solidárias*. 1946 – *Sob a luz do meu bairro*; *Segura esta mulher*; *Fantasma por acaso*; *Asas do Brasil*; *Este mundo é um pandeiro*. 1946-1947 – *Luz dos meus olhos*. 1948 – *E o mundo se diverte*; *É com este que eu vou*; *Falta alguém no manicômio*. 1948-1949 – *Terra violenta*. 1949 – *Também somos irmãos*; *A sombra da outra*. 1950 – *Aviso aos navegantes*; *Maior que o ódio*. 1951 – *Barnabé, tu és meu*. 1952 – *Era uma vez um vagabundo*; *O rei do samba*; *Veneno*. 1953 – *É fogo na roupa*; *Candinho*. 1954 – *Mulher de verdade*.

O pai de Edgar Brasil, Cornélio de Souza Lima, foi um grande fazendeiro de café no interior do estado do Rio, deputado estadual por três legislaturas consecutivas (1901-1903, 1904-1906, 1907-1909) e um profundo conhecedor de agricultura e agronomia. A mãe, Maria Hauschildt, nascida no norte da Alemanha, vem para o Brasil bem jovem

e conhece Cornélio quando vai trabalhar como preceptora em sua fazenda. Fruto de uma união ilegítima, Edgar Brasil (nome dado pela mãe) tem uma infância difícil, embora fosse assistido regularmente pelo pai. Aos 10 anos ingressa na Escola Alemã, reduto da comunidade germânica no Rio de Janeiro. Educado pela mãe e com escasso contato com o pai, recebe dela forte influência germânica e grande estímulo para a atividade intelectual. Com a situação econômica do pai se complicando, tem de trabalhar logo no início da adolescência. Desde cedo demonstra forte propensão para desenho, artes e ciências, o que leva sua mãe a matriculá-lo em cursos livres na Escola de Belas Artes e no Instituto Nacional de Música, onde estuda pintura, desenho e violino, respectivamente. Aos 18 anos, alista-se no Tiro de Guerra 525, onde atinge o posto de cabo em 1922. Não conseguindo a promoção para sargento, dá baixa em 1923. Em 1924, entra como tradutor na Inspetoria de Profilaxia e das Doenças Venéreas, órgão do Departamento Nacional de Saúde Pública. Segundo Haroldo Mauro, seu colega de repartição e do curso regular da Escola de Arte Dramática da Prefeitura, Edgar teria sido contratado em razão de seus conhecimentos de línguas, pois já dominava o alemão, o inglês e o francês. Morando com a mãe no bairro de Santa Teresa, leva uma vida modesta, quase obscura, entregue aos livros, a poucas diversões (como o cinema) e a um *hobby* que o fascinava, a fotografia.

Em 1927, Humberto Mauro*, irmão de Haroldo, procura um fotógrafo para seu filme seguinte, *Brasa dormida*, após o afastamento de Pedro Comello, que se responsabilizara pela fotografia de seus filmes anteriores. Sabendo disso, Haroldo incentiva Edgar a trabalhar como fotógrafo para Humberto. Após algumas conversações, Edgar decide demitir-se do serviço público e viajar para Cataguases, em fins de 1927, onde se integra à equipe e começa a familiarizar-se com o equipamento (ele jamais havia operado uma câmera de filmagem). *Brasa dormida* assinala a estreia de Edgar na profissão e, como primeiro filme, surpreende pela correção da exposição, pelos movimentos de câmera e pela estabilidade dos enquadramentos, qualidades que se intensificam no filme seguinte, *Sangue mineiro*, também sob a direção de Mauro. Durante a realização desse filme, conhece a produtora e atriz Carmen Santos*, iniciando uma ligação que se estenderia até a morte dela, em 1952. Em agosto de 1929, ao retornar de

Cataguases, ao término das filmagens de *Sangue mineiro*, Carmen convida-o para ser o fotógrafo do filme que pretende produzir com Adhemar Gonzaga*, "Lábios sem beijos", interrompido em dezembro devido à gravidez de Carmen. Em 1930, Mário Peixoto*, recém-chegado da Europa e disposto a realizar um longa-metragem, procura Edgar e o convida para fotografar um filme, sob a recomendação de Adhemar Gonzaga. Nasce *Limite*, a primeira obra-prima do cinema brasileiro. A absoluta originalidade dos enquadramentos, movimentos de câmera e mesmo da composição fotográfica, sabidamente criada em conjunto com o diretor, projetam o seu nome na galeria dos grandes fotógrafos e técnicos brasileiros. O projeto seguinte com Mário, *Onde a terra acaba*, não é finalizado, mas Carmen Santos resolve, aproveitando a equipe e o título, realizar um novo filme, agora sob a direção de Octávio Mendes. O resultado fotográfico é elogiado e Edgar, pouco depois, é contratado pela CINÉDIA*. Nessa companhia, onde trabalha cerca de cinco anos, consolida sua formação técnica e realiza, quando um conjunto de circunstâncias felizes o permitem, trabalhos fotográficos expressivos. Apesar de assinar dezenas de reportagens para os cinejornais* da companhia, deixa de ser um "fotógrafo da natureza", na expressão de Mário Peixoto, para se tornar essencialmente um fotógrafo de estúdio, espaço de trabalho de sua predileção. Seu estilo e sua capacidade nesse campo começam a evidenciar-se em *Bonequinha de seda*, dirigido por Oduvaldo Viana*, obra fotograficamente deslumbrante e impecável, com sequências de grua e superposições, além de belo trabalho de filtros e fotometria.

Desligando-se da CINÉDIA em fins de 1937, após o malogro do projeto "Alegria", de Oduvaldo Viana, que permanece inacabado, para o qual desenvolvera inúmeros efeitos especiais, enfrenta com a mãe sérias dificuldades materiais. Paralelamente, Carmen Santos inicia a longa produção de *Inconfidência Mineira*, requisitando a assessoria de Edgar. Nesse período conturbado, é obrigado a trabalhar em diversos lugares para sobreviver. Convocado pelo amigo Alcebíades Monteiro Filho*, monta o laboratório fotográfico da agência de publicidade que este criara dentro do jornal *A Noite*, responsabilizando-se pela fotografia e revelação. Ingressa, como *freelancer*, na SONOFILMS*, produtora de Alberto Byington Júnior, fotografando filmes como *Banana da terra* e *Futebol em família*, de Ruy Costa*. Entre 1941 e 1943 envolve-se inteiramente no filme *Inconfi-*

dência Mineira, única incursão na direção de Carmen Santos. Tentando captar a atmosfera visual do final do século XVIII, utiliza sem muito sucesso uma técnica americana de iluminação conhecida como *precision lighting*. Em 1942, funda o estúdio fotográfico A FIGURA, onde, além de executar os serviços de praxe, realiza pesquisas pioneiras sobre cor. Em 1943, Moacyr Fenelon*, um dos idealizadores e diretores da ATLÂNTIDA*, convida-o para ingressar na companhia, como principal diretor de fotografia. Estreia com *Moleque Tião*, filme de estreia do diretor José Carlos Burle*. Com equipamento limitado, já em desuso na década de 20, empenha-se em superar os obstáculos técnicos por meio da iluminação e do enquadramento. Em *Tristezas não pagam dívidas*, de Ruy Costa e José Carlos Burle, chega a surpreender pelo requinte de certas imagens, como a sequência do bailado inicial. O resultado de seu trabalho na ATLÂNTIDA não o gratifica suficientemente, concentrando sua criatividade na fotografia fixa, chegando a receber prêmios por algumas fotos em que explora ao máximo as possibilidades dos filtros e da manipulação da exposição. Com a entrada de Luiz Severiano Ribeiro Jr.* para a ATLÂNTIDA, em 1947, e a melhora das condições de trabalho, reencontra certo equilíbrio artístico. O sucesso e a influência do neorrealismo levam-no a flertar com esse estilo em filmes como *Terra violenta*, dirigido pelo americano Eddie Bernardy, rodado na Bahia, *Também somos irmãos*, com incursões em favelas cariocas, e *Maior que o ódio*, registro da fotogenia urbana do Rio de Janeiro, estes dois sob a direção de Burle. Em *A sombra da outra* busca caminho diametralmente oposto. Nesse que é seu trabalho preferido, dirigido pelo grande amigo Watson Macedo*, explora as possibilidades do rebuscamento fotográfico expressionista. Essa linha de trabalho continua em 1952, quando Anselmo Duarte* o convida para fotografar *Veneno*, um policial *noir*, rodado por Gianni Pons* na VERA CRUZ*. Trata-se provavelmente do trabalho mais elaborado de Edgar, que se vale tanto da exemplar infraestrutura disponível quanto de uma maturidade artística inconteste. No ano seguinte fotografa, ainda para a VERA CRUZ e com outra proposta de luz, *Candinho*, de Abílio Pereira de Almeida*, adequando a leveza da iluminação ao tom cômico do filme. Paralelamente, retorna à BRASIL VITA FILME* e trabalha com Luiz de Barros* em *O rei do samba* e *Era uma vez um vagabundo*, e com Watson Macedo* em *É fogo na roupa*. No segundo

semestre de 1953, Alberto Cavalcanti* o chama para fotografar *Mulher de verdade*. Em fins de dezembro retorna ao Rio para passar o Natal com a mãe e a família Macedo. Na volta a São Paulo, em 4 de janeiro de 1954, morre em acidente de automóvel na via Dutra, próximo à cidade de Cruzeiro. (HH)

BRASIL, Giba Assis (Gilberto José Pires de Assis Brasil) – Porto Alegre, RS, 1957. Montador.

FILMOGRAFIA: 1983 – *Verdes anos* (dir.). 1994 – *Rock & Hudson* (mont.). 2000 – *Tolerância* (mont.). 2002 – *Houve uma vez dois verões* (mont.); *Mar Doce* (mont.). 2003 – *O homem que copiava* (mont.). 2004 – *Meu tio matou um cara* (mont.). 2005 – *Sal de prata* (mont.). 2007 – *Ó Paí, Ó* (mont.); *Saneamento básico, o filme* (mont.). 2008 – *3 EFES* (mont.). 2009 – *Nada vai nos separar – os cem anos do S. C. Internacional* (mont.).

Gaúcho, teve formação cineclubista e em ocasionais cursos ministrados por gente de outros estados, como Jean-Claude Bernardet* e Sérgio Santeiro. Ainda na década de 1970, frequentou o grupo Humberto Mauro. Pertence a geração de cineastas gaúchos revelados nos anos 1980. Em codireção com Nelson Nadotti, realizou o longa-metragem Super-8 *Deu pra ti anos 70* (1981), num raro trabalho nessa bitola a ter divulgação nacional. Em 1983, passou para bitola 35 mm, dirigindo, juntamente com Carlos Gerbase*, o curta-metragem *Interlúdio* e o longa-chave para essa geração gaúcha, *Verdes anos*, baseado em conto homônimo de Luiz Fernando Emediato. Transitou pelas diversas funções de uma realização: foi roteirista de *Super colosso* (1994), de Luiz Ferre, e *Tolerância*, de Carlos Gerbase; funcionou como assistente de direção e é um dos sócios da produtora CASA DE CINEMA de Porto Alegre (1987). Principal montador do cinema gaúcho, torna-se responsável pela montagem de inúmeros curtas e de quase todos os longas realizados no Rio Grande do Sul nas últimas três décadas. Montou os longas dos principais cineastas gaúchos como Jorge Furtado* (*Houve uma vez dois verões, O homem que copiava, Meu tio matou um cara* e *Saneamento básico, o filme*), Carlos Gerbase (*Tolerância, Sal de prata* e *3 EFES*), Otto Guerra (*Rocky & Hudson*), Werner Schunemann (*Mar Doce*) e até um filme de um novo cineasta, Saturnino Rocha (*Nada vai nos separar – os cem anos do S. C. Internacional*). Em raro trabalho com cineasta de fora do estado, monta *Ó Paí, Ó*, de Monique Gardemberg*. (LFM)

BRASIL VITA FILME

A BRASIL VITA FILME, até hoje, localiza-se na tradicional rua Conde Bonfim, na Zona Norte carioca. Foi fundada por Carmen Santos*, com o nome BRASIL VOX FILME. Processada pela produtora americana FOX FILMES, é obrigada a mudar o nome para BRASIL VITA FILME. Em 1935 são concluídos os seus modernos estúdios, com dois palcos de filmagens. Os primeiros filmes realizados pela nova produtora são *Favela dos meus amores* (1935) e *Cidade-mulher* (1936), ambos sob direção de Humberto Mauro*. Entre 1939 e 1943, a empresa realiza a sua mais ambiciosa e demorada produção, o filme histórico *Inconfidência Mineira*, com direção de Carmen Santos, que leva mais de dez anos para chegar ao público. O lançamento desse filme só acontece em 1948, tornando-se fracasso de crítica e público. Em 1940, o diretor Humberto Mauro filma no estúdio o drama *Argila*. Depois disso, o estúdio permanece fechado por vários anos. Em 1947, a empresa passa a alocar seus estúdios para as filmagens de outras produtoras. O primeiro filme dessa nova fase, a comédia *O cavalo 13*, de Luiz de Barros*, é realizado pela KANITAR FILMES, que lança um novo produtor carioca, Cláudio Luiz. Esse produtor, com Araújo Filho, associa-se à empresa numa nova produção, a comédia *O malandro e a grã-fina* (1947), tendo como parceiro o diretor Luiz de Barros. Novas produções são filmadas nos estúdios, como a de Afonso Campiglia, para a PRÓ-ARTES FILMES, o drama *Estrela da manhã* (1948-1950), de Jonald. Em 1948, Carmen Santos produz *Inocência*, baseado no romance homônimo do Visconde de Taunay, em filme dirigido por Luiz de Barros e Fernando de Barros*. A produção de Victor Marques de Oliveira para a BRASIL VITA, a comédia *Era uma vez um vagabundo* (1952), serve de veículo para o cantor e comediante Ronaldo Lupo*. No mesmo ano acontece a última produção de Carmen Santos, o musical *O rei do samba*, que enfoca a vida do músico Sinhô. Esses dois últimos filmes são dirigidos por Luiz de Barros.

Após a morte de Carmen Santos, em 1952, seu filho Murilo Seabra assume a coordenação das produções do estúdio. A partir de 1953 são realizadas as produções independentes de Roberto Acácio* e Watson Macedo*, para as PRODUÇÕES WATSON MACEDO, quando são filmadas as comédias *É fogo na roupa* (1953) e *O petróleo é nosso* (1954), ambas com direção de Watson Macedo. Em outras produções, Macedo aparece associado a produtores como Anselmo Duarte*, Alberto Laranja, Athayde Caldas, Osvaldo Massaini* e Lívio Bruni, em *Carnaval em Marte*, *Sinfonia carioca* (ambos de 1955), *Rio fantasia* (1956), *A baronesa transviada*, *A grande vedete* e *Alegria de viver* (estes de 1957), *Aguenta o rojão* (1958), todos com direção de Watson Macedo, e *Depois eu conto* (1956), com direção de José Carlos Burle*. Nessa mesma época, a BRASIL VITA associa-se a outras produções, como no primeiro filme do produtor Osvaldo Massaini e de Mário Del Rio, o drama *Rua sem sol* (1953), com direção de Alex Viany*, e também aloca seus estúdios para a produção, de Conceição D. Oliveira (CASTELO FILMES), da chanchada *Está com tudo*, de Luiz de Barros. Depois disso, Murilo Seabra associa-se a Roberto Farias* na produção dos dois primeiros filmes desse produtor e diretor: *Rico ri à toa* (1957) e *No mundo da Lua* (1958). Em 1959, o produtor Herbert Richers* adquire os estúdios, realizando comédias dirigidas pelos especialistas J. B. Tanko* e Victor Lima*, com Ankito*, Grande Otelo*, Zé Trindade*, Ronald Golias* e artistas iniciantes como Carlos Imperial*, Chico Anysio* e Jô Soares*. Com a popularização da televisão nos anos 60, Richers monta seu estúdio de dublagem e, a partir da década seguinte, quando encerra suas atividades cinematográficas, aluga o estúdio para gravação de novelas e de especiais (como a série *Armação Ilimitada*) da REDE GLOBO. No começo da década de 90, a emissora adquire definitivamente esse histórico estúdio do cinema brasileiro. (LFM)

BRASINI, Mário (Mário Farias Brasini) – Rio de Janeiro, RJ, 1921-1997. Ator, roteirista.

FILMOGRAFIA: 1943 – *É proibido sonhar* (ator). 1944 – *Gente honesta* (ator, rot.). 1945 – *Vidas solidárias* (ator). 1946 – *Sob a luz do meu bairro* (rot.); *Fantasma por acaso* (ator). 1949 – *Iracema* (ator). 1952-1953 – *Balança mas não cai* (rot.). 1955 – *O primo do cangaceiro* (dir.). 1959-1961 – *Bruma seca* (ator, rot.). 1968 – *Antes, o verão* (ator); *Chegou a hora, camarada* (ator); *Jovens pra frente* (ator); *O homem que comprou o mundo* (ator); *Máscara da traição* (ator); *A doce mulher amada* (ator, rot.). 1969 – *Rifa-se uma mulher* (ator). 1975 – *Enigma para demônios* (ator).

Descendente de uma família de arquitetos italianos, mora no Recife, em Roma e em Paris até voltar à cidade natal na adolescência. Cursa o secundário no Externato Santo Antônio Maria Zacaria, onde se inicia como ator e autor teatral, participando com os colegas Milton Car-

neiro* e Alberto Perez da peça *A senha de roncar*. Ingressa em 1938 no elenco da Casa da Itália. Abandona a faculdade de Direito no segundo ano, após vencer o concurso de dramaturgia promovido pela União Nacional dos Estudantes (UNE) com a peça *Estudantes*, o que o motiva a fundar dentro da entidade o Teatro dos Estudantes. Passa em seguida ao Teatro Acadêmico, dirigido por Esther Leão, e ao Teatro dos Novos, encabeçado por Ziembinski*. Ao frequentar os ensaios desse grupo nos estúdios da ATLÂNTIDA*, é descoberto pelo diretor Moacyr Fenelon*, que o convida para estrelar *É proibido sonhar*. Torna-se o galã dos filmes sérios da primeira fase da companhia, sempre acompanhado da esposa Vanda Lacerda*, com quem faz par romântico. Desenvolve carreira paralela nas rádios CRUZEIRO DO SUL, MAUÁ e NACIONAL, atuando como locutor, radioator e autor de novelas. Monta em 1946 a companhia Artistas do Povo, integrada por Vanda e os amigos do externato. Escreve vários textos, entre os quais o bem-sucedido *Quarta-feira, sem falta, lá em casa*. Entra para a TV TUPI ainda em seus primórdios, atuando, escrevendo e dirigindo. No cinema, após trabalhar como ator nos filmes da ATLÂNTIDA – *Gente honesta*, *Vidas solidárias* e *Fantasma por acaso* –, um fato incomum: colabora nos roteiros de *Gente honesta* e *Sob a luz do meu bairro*, todos sob a direção de Moacyr Fenelon. Depois de deixar a ATLÂNTIDA, contracena com Ilka Soares* em *Iracema*, adaptação do romance homônimo de José de Alencar*, realizado pelo italiano Vittorio Cardineli. É um dos muitos roteiristas da conturbada produção *Balança mas não cai*, de Paulo Vanderley, baseada em popularíssimo programa de rádio; essa fita foi concluída por seu assistente de direção, Nelson Pereira dos Santos*. O passo seguinte de Brasini é a direção, com a paródia ao sucesso de *O cangaceiro*, de Lima Barreto, em *O primo do cangaceiro*, em que dirige o comediante Antônio Carlos, pai da estrela televisiva Glória Pires. Por essa época, dirige Oscarito* no Teatro Glória, na peça *O golpe*, de José Wanderley e Mário Lago*, entre outros espetáculos. Da década de 60 em diante, participa como ator coadjuvante em vários filmes e colabora em dois deles como roteirista: a aventura *Bruma seca*, de Mário Civelle*, e o romântico *A doce mulher amada*, de Ruy Santos*. Em seu segundo casamento, uniu-se a Terezinha Amayo, estrela dos filmes românticos da CINELÂNDIA FILMES do início da década de 50. Na década de 60, trabalhou na TV EXCELSIOR

e escreveu as peças teatrais *A guerra mais ou menos santa* e *Nadim nadinha contra o rei de Fuleiró*, que foram encenadas. Mais tarde, dedica-se a sua empresa de ponto eletrônico. Faleceu no Rio de Janeiro no dia 9 de outubro. (HH/LFM)

BRAUN, Lúcio – São Paulo, SP, 1925. Montador.

FILMOGRAFIA: 1954 – *Três garimpeiros*. 1955 – *Mar sem fim*; *Sob o céu da Bahia*; *Osso, amor e papagaio*. 1956-1957 – *Dorinha no soçaite*. 1957 – *A doutoura é muito viva*; *Estranho encontro*; *Paixão de gaúcho*; *Rebelião em Vila Rica*. 1957-1958 – *Chão bruto*. 1958 – *Chofer de praça*. 1970 – *Beto Rockfeller*; *Um certo capitão Rodrigo*. 1973 – *A super fêmea*. 1974 – *As delícias da vida*; *Gente que transa*; *Os imorais*; *Cada um dá o que tem* (1º episódio: 'O despejo'; 2º episódio: 'Cartão de crédito'; 3º episódio: 'Uma grande vocação'); *Trote de sádicos*. 1975 – *A ilha das cangaceiras virgens*; *Kung Fu contra as bonecas*. 1976 – *Quem é o pai da criança?*; *Nem as enfermeiras escapam*; *Elas são do baralho*.

No princípio dos anos 50, ingressa nos estúdios da VERA CRUZ*, onde trabalha como assistente do chefe de montagem do estúdio Oswald Hafenrichter* e chega a fazer a pré-montagem de alguns filmes. Monta seus primeiros filmes: *Três garimpeiros*, de Gianni Pons*, *Mar sem fim*, de Graça Melo e Marcos Marguliès, e *Sob o céu da Bahia*, de Ernesto Remani*, todas produções independentes. Nos estúdios da BRASIL FILME*, é assistente de direção em *Gato de madame*, de Agostinho Martins Pereira*, e *Osso, amor e papagaio*, de Carlos Alberto de Souza Barros* e César Memolo Jr., sendo montador deste último. Faz a montagem de outros filmes produzidos no estúdio: *Paixão de gaúcho*, de Walter George Durst*, *Estranho encontro*, de Walter Hugo Khouri*, *Rebelião em Vila Rica*, de Renato e Geraldo Santos Pereira*. Nos anos 70, após alguns anos de vínculo com a publicidade, retorna à atividade de montador em *Um certo capitão Rodrigo*, de Anselmo Duarte*, e em outras produções de rotina na fase das pornochanchadas*. (LFM)

BRESCIA, Luís Renato – Juiz de Fora, MG, 1903-1988. Produtor, diretor.

FILMOGRAFIA: 1952 – *Nos tempos de Tibério César* (*Centuriões rivais*) (prod.). 1965-1970 – *Phobus, o ministro do diabo* (prod., dir.).

Responsável por produções de baixíssimo orçamento, com gêneros e temas pouco comuns, é cultuado como uma espécie de

Ed Wood nacional. Com a intenção de montar uma fábrica de filmes virgem, vai a Milão no biênio 1921-1922 estudar cinema e química fotográfica. Ao retornar, torna-se jornalista, estreando como cinegrafista em 1927. A pedido de João Carriço, filma a partida entre Palestra Itália e Industrial Mineira, realizada em Juiz de Fora. Com acanhada infraestrutura de produção cinematográfica, incluindo laboratório, faz pequenos registros que considera experimentais, em geral estudos com paisagens. Forma-se em Medicina Veterinária e exerce a função de inspetor sanitário federal por mais de quarenta anos. No princípio da década de 40 transfere-se para São Gonçalo do Sapucaí, onde monta o itinerante ESTÚDIO CINEMATOGRÁFICO BRESCIA. Além de pequenos filmes científicos, cria o cinejornal* *Atividades Cineminas* e filma a série *Mostrando Minas ao Brasil*, composta de documentários de curta metragem como *Lambari*, *Cambuquira*, *Cultura do marmelo*, *Centenário de Pouso Alegre*, *Congado*, *Camanducaia*, *Varginha*, *Três Corações* e *Coqueiral e seu progresso*, entre outros.

Trabalhando com cinema apenas nos finais de semana, inicia em 1945 a produção do *western* "Sambruk", interrompido devido ao fato de a atriz principal ter abandonado as filmagens. Dez anos mais tarde, morando em Três Corações, tenta filmar uma adaptação de *O tronco do ipê*, de José de Alencar*, interrompido devido aos altos custos. Com argumento e direção do filho Ettore, produz e supervisiona *Nos tempos de Tibério César*, drama passado nos primórdios da era cristã, único registro de um épico romano no país – a precariedade do filme inviabiliza a comercialização na época. Fez ainda a remontagem desse material filmado com outro título, *Centuriões rivais*, mas sem sucesso.

Muda-se para Belo Horizonte em 1961, funda as ORGANIZAÇÕES CINEMATOGRÁFICAS CINEMINAS LTDA., retomando os cinejornais, e dirige, novamente com argumento do filho Ettore, seu único longa acabado de ficção, *Phobus, ministro do diabo* – terror baseado em personagem que pretendia estender o mal sobre a Terra, apresenta inúmeras trucagens e estabelece definitivamente sua fama de autor *trash*. Em meados da década de 70 para de filmar e, em 1986, lança *Como fiz cinema em Minas Gerais*, livro autobiográfico. (HH)

BRESSANE, Júlio (Júlio Eduardo Bressane de Azevedo) – Rio de Janeiro, RJ, 1946. Diretor.

FILMOGRAFIA: 1967 – *Cara a cara*. 1969 – *O anjo nasceu*; *Matou a família e foi ao cinema*. 1970 – *A família do barulho*; *Barão Olavo, o horrível*; *Cuidado, madame*. 1971 – *A fada do Oriente*; *Amor louco*; *Memórias de um estrangulador de loiras*. 1972 – *Lágrima pantera*. 1973 – *O rei do baralho*. 1975 – *O monstro caraíba*. 1976 – *A agonia*. 1978 – *O gigante da América*. 1982 – *Tabu*. 1985 – *Brás Cubas*. 1989 – *Sermões*. 1992 – *Oswaldianas* (1º episódio: 'Quem seria o feliz conviva de Isadora Duncan?'). 1995 – *O mandarim*. 1996-1997 – *Miramar*. 1999 – *São Jerônimo*. 2001 – *Dias de Nietzsche em Turim*. 2003 – *Filme de amor*. 2007 – *Cleópatra*. 2008 – *A erva do rato*.

Carioca, filho de general, Júlio Bressane passou a infância e juventude no Rio de Janeiro. O cinema parece estar presente, como inspiração, desde os primeiros anos: declara em entrevistas ter feito tomadas aos 9 anos, cujos trechos podem ser vistos em longas-metragens como *A família do barulho*, *Amor louco* e *Lágrima pantera*. Profissionalmente, aproxima-se do cinema por intermédio da segunda geração do Cinema Novo*, que começava a filmar em meados dos anos 60. Em 1965, Bressane trabalha como assistente de direção de Walter Lima Jr.* em *Menino de engenho* (em 1967-1968, seria coprodutor de *Brasil, ano 2000*, do mesmo diretor). Inicia seu primeiro curta, um documentário*, em 1966, intitulado *Lima Barreto: trajetória*. Na equipe, Eduardo Escorel* faz a montagem, e David Neves* e Affonso Beato* cuidam da fotografia. Ainda no documentário, em 1966 realiza *Bethânia bem de perto*, filmando apresentações da cantora (Bressane ainda faria com Bethânia, em 1994, o videoclipe *As canções que você fez para mim*). Nesse filme, feito a quatro mãos, divide direção, produção, fotografia, montagem e som com Eduardo Escorel. Nesse ano também filma, com Dib Lutfi* e Fernando Duarte*, diversas apresentações e depoimentos da cantora Elis Regina, material que acabou não sendo editado. Inicia as filmagens do longa *Cara a cara*, realizado basicamente com a equipe dos curtas (montagem de Eduardo Escorel e fotografia de Affonso Beato) e com Antônio Calmon* como assistente de direção. Do grupo que se articularia dois anos mais tarde em torno de *Matou a família e foi ao cinema*, *O anjo nasceu* e a produtora BELAIR, nota-se apenas a presença isolada de Helena Ignez*. *Cara a cara* tem jeito de primeiro filme: até certo ponto destoa do conjunto da obra posterior e nele sentimos a aventura de manipular influências diversas (principalmente do Cinema Novo). A referência a algumas sequências de *Terra em transe* é tão evidente que se torna citação, procedimento que mais tarde seria utilizado em larga escala na filmografia de Bressane. Essas citações remetem a tramas políticas que surgem deslocadas em um conflito de influências que parece impedir o diretor de se soltar completamente. O ritmo do filme, seus silêncios, sua abertura para uma dramaturgia diluída e elíptica apontam, no entanto, para o estilo que o diretor cristalizaria em seus filmes seguintes.

Sua conhecida rapidez de filmagem – que raramente ultrapassa os vinte dias – e sua capacidade de trabalhar com orçamentos baixos são surpreendentes. Desponta para a maturidade criativa filmando dois longas-metragens seguidos: *O anjo nasceu* (filmado em sete dias) e *Matou a família e foi ao cinema* (filmado em doze dias). É nítido o jorro de criatividade que atravessa essas duas fitas, que marcam a cristalização de uma virada no cinema brasileiro, abrindo definitivamente a trilha para a heterogeneidade coesa dos filmes do Cinema Marginal*. Realizados sob o choque da exibição de *O Bandido da Luz Vermelha* (que o diretor havia visto meses antes), distinguem-se pelo distanciamento inédito em relação ao conjunto de filmes que gira em torno de *Terra em transe* e do horizonte ideológico do Cinema Novo. Ambos foram feitos dentro de um esquema inovador para a época, com tomadas em 16 mm e ampliação posterior para 35 mm. *O anjo nasceu* tem som direto, com músicas tocadas durante a própria filmagem. O esquema de produção – que em seguida viabilizaria os filmes da BELAIR e a produção do exílio em 1970-1972 – envolve tomadas rápidas com equipe técnica reduzida, custos baixíssimos de produção, e um vínculo não premente com a exibição (nesse aspecto também distingue-se de *O Bandido da Luz Vermelha*, que tem um esquema de produção mais tradicional). *Matou a família* possui maior densidade intertextual com referências em espelho ao próprio cinema e à instância que sustenta a narração, além do diálogo com a cultura de massas. *O anjo nasceu* aprimora a sonegação e a retenção da informação narrativa – um certo "laconismo" bressaniano –, avançando, nesse aspecto, um degrau em relação a *Cara a cara*. Afinal, qual anjo nasceu?, pergunta-se inevitavelmente o espectador, sem resposta convincente. *Matou a família* trabalha a elipse pela redundância. Uma mesma estrutura narrativa composta de crimes por motivos familiares multiplica-se e sobrepõe-se sem um vínculo claro (em outra proposta "criminal", essa estrutura repete-se em *Memórias de um estrangu-*

lador de loiras). *Matou a família*, na segunda semana de exibição no Rio de Janeiro, em 1970 (com ótima bilheteria), é retirado violentamente de cartaz pela censura, que sequestrou o filme dos cinemas.

A censura de *Matou a família* parece ter coincidido com o final das intensas atividades da produtora BELAIR nos primeiros meses de 1970. A acusação do regime militar a Bressane era de vínculo político com Carlos Mariguela, líder de esquerda que o diretor havia conhecido casualmente em Cuba, quando da exibição de *Cara a cara*, em 1967. Na realidade o diretor havia trazido, conforme ele mesmo assume, uma correspondência de Mariguela para José Dirceu, desconhecendo o conteúdo. O breve sucesso de *Matou a família*, com detalhada cena de tortura, inúmeros assassinatos e tiroteio na sequência final, deve ter despertado a paranoia do regime. Em 1970, Bressane é convocado para interrogatório e recebe ameaça de prisão. Esse fato leva a BELAIR a um fim brusco e o diretor (com Rogério Sganzerla* e Helena Ignez) ao exílio, inicialmente em Londres, onde permaneceria três anos. A produção da BELAIR reproduz o esquema acelerado de filmagens que caracteriza o conjunto de sua filmografia. Em praticamente três meses filma três longas-metragens em 16 mm (*A família do barulho*; *Barão Olavo, o horrível*; *Cuidado madame*) e um em 8 mm (*A miss e o dinossauro*), que assina com Rogério Sganzerla. Nesses filmes, a fragmentação e as elipses narrativas se acentuam. A informação da intriga torna-se ainda mais rarefeita. Temos uma ideia central difusa, exposta ao espectador através de quadros dramáticos, ou rápidos esquetes que se sucedem. Os personagens são bem delineados e monotemáticos. O tom exasperado e debochado é intenso, com grande profusão de gritos, frases cafajestes, agressões gratuitas e atração pela representação do abjeto em geral. O deboche caracteriza a interpretação dos atores, que é feita na base do improviso, refletindo, no tom, o ambiente escrachado da vida comunitária. Helena Ignez constrói, nessa forma interpretativa, um tipo debochado insuperável que caracteriza a produção da BELAIR e que influiria outros filmes marginais. O paradigma dessa interpretação de Helena, que marca o Cinema Marginal, já está caracterizado em toda a sua plenitude em *A mulher de todos*, de Rogério Sganzerla (1969), influência talvez mais forte do que *O Bandido da Luz Vermelha* na produção da BELAIR. Em sua carreira posterior, principalmente nos anos 70, Bressane tentaria novamente encontrar

esse ponto ideal do deboche, nem sempre com tanta espontaneidade. Dois elementos que, nos anos 70 e 80, serão centrais na estilística bressaniana já aparecem em toda a sua evidência: o uso de canções e modinhas, muitas vezes em sua extensão original, como pontuação narrativa (essencial para a marcação da emoção do espectador na narrativa fragmentada), e o uso de trocadilhos, ditos, máximas e todo tipo de frase feita. Ambos os elementos, canções e trocadilhos, na medida em que surgem na narrativa na integridade de sua forma discursiva original, emergem como citação, elementos da intensa intertextualidade que caracteriza a obra de Bressane. Da produção da BELAIR (que ainda teria os longas *Copacabana, mon amour*; *Carnaval na lama* e *Sem essa aranha* de Rogério Sganzerla) podemos destacar, além dos diretores, Helena Ignez (atriz em todos os sete filmes da BELAIR); Guará* (trabalha em todos os filmes, às vezes como ator, às vezes como técnico); Maria Gladys* (trabalha em *Cuidado, madame*; *Sem essa aranha* e *Família do barulho*); Renato Laclete, Edson Santos e José Antonio Ventura (fotografias); Mair Tavares* (montagem); Elyseu Visconti (como ator e também como técnico).

A produção de Bressane no exílio continua intensa. Para lá, o diretor leva os negativos de *Cuidado, madame* para montagem. Realiza, em Londres, um filme de estrutura construtivista: *Memórias de um estrangulador de loiras*, em 16 mm. A proposta serial, que vemos esboçada em outros filmes do diretor, aqui é cristalina: um estrangulador mata sucessivas loiras em um banco de parque londrino. As loiras vêm em série e, no clima insuspeito do parque, os assassinatos sucedem-se. Também em 16 mm, ainda em Londres, realiza *Amor louco*, em que respiramos o clima exasperado e debochado do período BELAIR. De uma viagem ao Marrocos em 1972, é produzido *A fada do Oriente,* em 16 mm e preto e branco, que teria oitenta minutos de duração. Bressane filma em Nova York *Lágrima pantera*, diálogo com a obra de Hélio Oiticica, em 16 mm. A montagem teria sido feita em Londres. *A fada do Oriente* é um filme perdido.

Bressane volta ao Brasil no final de 1972 e engaja-se no filme *O rei do baralho*, que aponta de modo nítido para o seu estilo em produções posteriores dos anos 80 e 90. O diálogo intertextual, que está bem delineado em *Matou a família e foi ao cinema*, é realçado nesse filme. Volta-se sobre o universo da chanchada* e do cinema brasileiro dos anos 40 e 50, com Grande

Otelo*, Marta Anderson* e Wilson Grey* incorporando antigos personagens e trejeitos desse universo. Dentro da disposição narrativa predominante em Bressane, esse filme é articulado em quadros dramaticamente isolados entre si, uma espécie de constelação de situações arquetípicas das chanchadas. Canções de época, ditos e trocadilhos populares são a matéria-prima fundamental para a construção desses quadros. Outro ponto no qual Bressane atinge alto refinamento é a composição da luz, na fotografia de Renato Laclete (seu fotógrafo predileto nos anos 70). Filmado nos estúdios da CINÉDIA*, Bressane aproveita o controle da luz e o ambiente para compor a foto como detalhe. O diretor dá muito destaque a esse aspecto, repetindo diversas vezes, em entrevistas e artigos, a frase do cineasta francês Abel Gance: "cinema é a música da luz". A chamada tradição impressionista da vanguarda francesa dos anos 20 – que se articula principalmente em torno de manipulações imagéticas (com tendência à abstração) de movimento e luz – parece exercer particular atração no diretor: repetidos planos de copas de árvores filmados com rapidez que se sucedem em praticamente todos os seus filmes e a dramaturgia fragmentada e um pouco melancólica. Durante as filmagens, Ivan Cardoso* realiza seu primeiro *making of* de Bressane, intitulado *Alô, alô, Cinédia*.

Na segunda metade dos anos 70, Bressane realiza uma quase trilogia: *O monstro caraíba*, *A agonia* e *O gigante da América*, filmes em que a influência do período BELAIR ainda se faz presente. Ivan Cardoso novamente registra em *making of* a produção desses filmes através de *Uma aventura nos mares do sul* (sobre *O monstro caraíba*), *Horas de outro mundo* (sobre *A agonia*) e *História de um olho* (sobre *O gigante da América*). *O monstro caraíba* é produzido no extremo do esquema de produção precário, dentro do qual Bressane sente-se à vontade. Filmado em 48 horas, contou com a preciosa colaboração de Carlos Imperial*, que aceitou o esquema apesar de desiludido, segundo Ivan Cardoso, com a ausência de elenco feminino. O filme tem como protagonista o personagem Brasil, através do qual a questão da identidade nacional é tematizada, numa trama obscura com toques de orientalismo, muito em voga na época. No filme são utilizadas tomadas que Bressane realizou em viagens ao Oriente e ao México. Ainda antes de *O monstro caraíba* e retratando essas viagens pelo Brasil, Oriente, México, Equador, Bolívia, faz, em Super-8*, sonoro, *Viagem através do Brasil I* (70 min), *Viagem através* do Brasil II (90 min) e *Viagem através do Brasil III* (100 min). *A agonia* é a retomada do diálogo de Bressane com a tradição impressionista, que também teve influência central em Mário Peixoto*. *Limite* constitui aqui o foco central do diálogo intertextual, explorado como referência dramática e fotográfica. No som do filme aparece o que Bressane chama de "polivozes", personagens dublados por pessoas diferentes. Esse filme, como diversos outros do diretor, é recheado de frases feitas e provérbios, pronunciados com entonações distintas. *O gigante da América* parece fechar esse ciclo ainda sob a influência da BELAIR, sendo sua primeira produção com a EMBRAFILME*. Embora seja uma superprodução para os parâmetros bressanianos, mantém os prazos reduzidos de filmagem (nove dias, segundo declarações em entrevistas). Com Jece Valadão* e o travesti Rogéria, *O gigante* tem tomadas em estúdios da MAGNUS FILMES, com cenários e figurinos elaborados, além de grande elenco, como José Lewgoy*, Wilson Grey, Maria Gladys, Paulo Villaça*, Marta Anderson, Décio Pignatari, José Lino Grunewald*, inédito até aqui nas produções da JÚLIO BRESSANE PRODUÇÕES CINEMATOGRÁFICAS. O personagem de Jece Valadão erra por cenários diversos (escadarias, um hospício, a tenda de uma odalisca, um transatlântico), com falas recheadas de trocadilhos e segundas intenções irônicas. As tendas da sequência final (uma espécie de "permeáveis") foram feitas por Hélio Oiticica e montadas pelo artista nas dunas de Cabo Frio. *O gigante da América* parece encerrar um ciclo de Bressane, que parte para um horizonte próximo, porém distinto, em *Tabu*. Entre eles haveria ainda *Cinema inocente* (média-metragem, em 16 mm, com som direto, rodado em três dias), diálogo com o cinema erótico através da figura do montador Radá (Leovigildo Cordeiro*), com vasta experiência em pornochanchadas* e que já havia montado para o diretor *O monstro caraíba*, *A agonia* e *O gigante da América*, e ainda montaria *Tabu*. Em *Cinema inocente* encontramos a atração de Bressane pelo cinema pré-narrativo, "inocente", das origens, em que, fora do leito dominante do classicismo, o diretor consegue estabelecer uma ponte com a modernidade. Também nesse filme, a homenagem à vanguarda francesa dos anos 20 repete-se com o antropólogo Nunes Pereira interpretando o cineasta francês Marcel L'Herbier. Em *Cinema inocente* (1979), o erotismo e a sensualidade que percorrem o conjunto da obra de Bressane ficam evidentes na

forma de citações (transcrições) de filmes pornográficos dos primórdios do cinema (citações que também são encontradas em *Tabu* e *O mandarim*).

Talvez *Tabu*, filmado em dez dias, seja o filme mais sensual de Bressane. Nele encontra-se a confluência madura entre luz e música, entre luz e ritmo, que o diretor parece buscar desde o início de sua carreira. A canção brasileira, utilizada em diversos outros filmes como elemento dinâmico de pontuação dramática, domina o horizonte através das modinhas de Lamartine Babo e outras que animam o Rio de Janeiro nos anos 30. Erotismo, música, luz e movimento, quadros brincalhões articulados sobre trocadilhos e frases feitas compõem o estilo do filme. A intertextualidade aqui se debruça sobre o cinema erótico inocente e o diálogo com a música popular brasileira. O movimento modernista, que nessa segunda fase de sua carreira será uma presença constante, é representado por Oswald de Andrade. Lamartine Babo (representado por Caetano Veloso*), Oswald de Andrade (Colé*), João do Rio (José Lewgoy), Mário Reis (Arnaldo Brandão), erram pelo Rio de Janeiro em encontros imaginários, guiados por ninfas e musas esvoaçantes, inspiração para a imagem flutuar, guiada pelos antigos sambas. O diálogo com a cultura brasileira, na música, na literatura, na pintura, no cinema, é uma constante na obra de Bressane, que se debruça reiteradamente sobre os ícones dessa cultura, como o Padre Vieira, o modernismo, o concretismo, a chanchada e, principalmente, a MPB. Em *Tabu*, esse diálogo com a música é colocado em foco. Bressane ainda voltaria à canção brasileira com *O mandarim*, cuja figura central é Mário Reis (interpretado por Fernando Eiras). Conta com a participação do primeiro time da MPB: Caetano Veloso, protagonista de si mesmo, Chico Buarque, como Noel Rosa, Gilberto Gil, como Sinhô, Gal Costa como Carmen Miranda* e Edu Lobo como Tom Jobim*. *Mandarim* é um filme inteiramente centrado na música popular brasileira, traçando um diálogo entre gerações ao retratar livremente episódios da vida e da carreira do cantor e compositor Mário Reis. Encontramos no filme uma das paisagens preferidas do diretor, a do Rio de Janeiro e suas pedras. As imagens de grandes pedras, assim como as copas de árvores, funcionam como uma espécie de coringa nos filmes de Bressane, pontuando o ritmo. Parafraseando a expressão de Gance, que Bressane tanto admira, o cinema aqui é a "MPB da luz".

Em *Brás Cubas* e *Sermões*, ambos com a fotografia de José Tadeu Ribeiro*, agora seu fotógrafo predileto, Bressane acentua as composições e os detalhes luminosos dos quadros dramáticos. Poderíamos dizer que seu estilo se cristaliza. Em *Brás Cubas*, a melancolia surda do livro de Machado de Assis é temperada com o suave tom debochado que parece ser inerente ao diretor. Um de seus filmes mais bem-sucedidos, *Brás Cubas* concretiza de modo dinâmico e criativo algo que Bressane sempre buscou: o diálogo intertextual com obras cardeais da cultura brasileira. Interpretado à sombra de seu estilo particular, *Brás Cubas* não perde sua força original e faz com que o estilo do diretor adquira brilho especial. As frases de efeito e os axiomas, tão ao gosto de Bressane, adquirem densidade e combinam com o telegráfico estilo machadiano. Se com Oswald de Andrade os trocadilhos da narrativa surgem às vezes um pouco pesados, em Machado adquirem rapidamente a ironia necessária e interagem dramaticamente com agilidade. Renato Borghi, como Quincas Borba, e principalmente Luiz Fernando Guimarães*, como Brás Cubas, estão particularmente bem dirigidos e o filme é permeado do que poderia se considerar planos antológicos. *Sermões* fecha a década de 80 marcando uma proximidade maior, já esboçada desde os anos 70, com o movimento concreto. Com a "orientação poética" de Haroldo de Campos e música de Lívio Tragtenberg, Bressane mergulha no que ele mesmo chama de "vertigem barroca" da lexicografia de Vieira, realçando as formas do paradoxo e do fragmento. A tentativa de "transcriação" entusiasma o diretor: "a prosa (de Vieira) desborda no procedimento cinematográfico da montagem [...], detalhes visuais e auditivos se acumulam, elipses que são *fades*, reticências que são véus, véus que são fotogramas sem música, ou seja, sem sombra. Há ainda o leitor-lente, o leitor grande-angular e, às vezes, o leitor teleobjetiva. Há também imagens congeladas, repetição sucessiva de uma mesma palavra, que são como fotogramas fixos [...]". Ainda no diálogo próximo com o horizonte modernista, Bressane realiza o episódio 'Quem seria o feliz conviva de Isadora Duncan?', do longa *Oswaldianas*, com Giulia Gam* e Bete Coelho, em que é tematizado um suposto encontro de Oswald com a famosa dançarina. Bressane dirige aqui pela primeira vez Giulia Gam, atriz que, nos anos 90, compõe uma parceria especial com o diretor em *O mandarim* e *Miramar*. Em um encontro, agora direto, com a arte concretista, o diretor grava em vídeo, em 1992, *Galáxia albina*, dividindo a direção e o roteiro com texto de Haroldo de Campos, música de Lívio Tragtenberg, e as atrizes Giulia Gam e Bete Coelho. Nessa mesma linha realiza, em 1993 (agora assinando só a direção, com texto de Campos), *Infernalário: logodédalo* e *Galáxia dark*. Ambos são elaborados por meio de um diálogo com o livro-poema *Galáxias* do poeta concreto. Nessas obras, Bressane trabalha as potencialidades de manipulação abertas pelo vídeo, deixando fruir em imagens a proposta textual concreta. Em *Infernalário*, o diálogo com a história do cinema – dos filmes de Elvis Presley a Godard, do "cinema inocente" de James Williamson em *The Big Swallow*, passando pela citação e refilmagem da cena da aranha no corpo de uma mulher em *À meia-noite levarei sua alma*, de Mojica, até o Hitchcock de *Um corpo que cai* – serve de pano de fundo para o segundo movimento ("Dark") de *Galáxias* de Haroldo de Campos. Elemento central da obra de Bressane, a intertextualidade adquire, aqui, particular intensidade em uma "transcriação" colada ao texto fílmico. Nos vídeos *O cinema do cinema – criação e recriação da imagem no filme cinematográfico* (1993) e *Antonioni-Hitchcock: a imagem em fuga* (1993), esse procedimento de citação de filmes é levado ao extremo. O diálogo com a história do cinema, expresso pela citação de trechos inteiros de filmes, ocupa o espaço central desses vídeos. São literalmente "filmes de citação", ou melhor, filmes nos quais a citação se hipertrofia e absorve o discurso original, manipulada apenas por uma tênue camada discursiva que a dispõe. A citação e o diálogo com o cinema, que parecem ser uma paixão do diretor, podem agora distender-se sem preocupação.

Em 1996, Bressane publica o livro de ensaios *Alguns* (em que escreve sobre sua obra e outros temas) e realiza *Miramar*, livremente inspirado no texto de Oswald de Andrade *Memórias sentimentais de João Miramar*. O diretor mantém o mesmo esquema de produção: *Miramar* é filmado em doze dias com o baixo orçamento de 380 mil reais. Essa agilidade torna Bressane um dos diretores brasileiros que mais filmaram nas últimas décadas, mesmo possuindo uma forma estilística de vanguarda. *Miramar* conta a formação artística e pessoal de um jovem (Miramar), que se aproxima do cinema após a morte dos pais. Novamente o diálogo intertextual é intenso. No caso das referências cinematográficas, há longas sequências com citações integrais das falas e trilha sonora (a citação sonora percorre diversos longas

de Bressane) de *Macbeth*, de Orson Welles, *Rastros de ódio*, de John Ford, *Uma aventura na Martinica*, de Howard Hawks. A fotografia é novamente de José Tadeu Ribeiro.

As composições fotográficas de luz e forma, os enquadramentos, encontram nesse filme um nível de realização que revela a maturidade na criação artística do diretor. As referências intertextuais perdem um pouco o peso de "achados", e a narrativa consegue soltar-se mais ao seguir de modo intermitente a trilha do texto original de Oswald de Andrade. Seu cinema, para resumirmos, é jogo lúdico entre luz e quadro, através de procedimentos recorrentes de citação intertextual, fortemente fincado na cultura brasileira. É marcado por um estilo de produção rápido e aberto à improvisação, porém rigoroso nos resultados. Em 1998, em estilística similar, dirige *São Jerônimo*, em que percorre o conjunto dos textos do pensador religioso e tradutor da Bíblia para o latim do século IV. Às palavras do santo segue um tênue vínculo visual. Na representação de Jerônimo, o deserto é o sertão. O santo erra e se arrasta por muros e terras áridas, na experiência do martírio e do jejum.

Em 2001, Bressane dirige *Dias de Nietzsche em Turim*, conseguindo compor em forma harmônica o embate entre discurso e imagem. A apreensão do discurso nietzschiano é mais literal e surpreende num artista com formação cinematográfica contracultural. Divide o roteiro com sua esposa Rosa Dias (autora do argumento), professora de filosofia na UERJ, que tem a seu crédito o discurso do filósofo e o recorte fértil de seu pensamento. A seleção do tema para caber no filme é precisa: o período que Nietzsche permanece em Turim, entre abril de 1888 e janeiro de 1889, talvez seu último momento de calma espiritual antes do mergulho na loucura. É quando produz obras clássicas como *Ecce Homo* e *Crepúsculo dos ídolos* e usufrui do êxtase na paz de espírito. O filme não tem diálogos, sendo carregado de uma voz em primeira pessoa que reproduz a escrita dos textos e as cartas do filósofo. As imagens de Bressane estão à altura do pensador, levadas por seu preciso senso de enquadramento. Além do recorte do roteiro, a integração plástica com o texto é densa: um filme sem escorregões para a elegia da expressão como desleixo. A trilha sonora, como sempre em Bressane, é ponto forte, fazendo o casamento da música com a imagem ou explorando o silêncio. A cena final, com Nietzsche fotografado em azul, em delírio, fecha o filme e o percurso do personagem que

retrata. Em 2003, Bressane dirige *Filme de amor*, obra marcada pela referência à pintura. O diretor chega a declarar que 98% das imagens são retiradas de quadros, seja pela figuração, seja pela fotografia. O tema está na moda no início do milênio. Jacques Rivette e Eric Rohmer, além de pensadores franceses como Jacques Aumont ou Philippe Dubois, debruçam-se sobre as relações entre pintura e cinema. O filme ressente-se da necessidade da composição e da citação (Botticelli, Velázquez, Vermeer, entre outros). Também cineastas são homenageados e mesmo o cinema das origens. Bressane recupera a verve pornográfica dos filmes mudos exibidos em seu *Cinema inocente*, repetindo a dose. Agora, o contraste surge na relação entre a imagem cristalizada do universo plástico, bem ao gosto do fotógrafo Walter Carvalho*, e a tensão da vida e do sexo, expressa por cenas ousadas que beiram ou penetram literalmente no explícito. A tensão entre a imagem intensa da pornografia (o título inicial do filme era "Filme pornográfico") e a estética plástica da história da pintura cria um tom contrastante. O universo ficcional é baseado no mito grego das três graças (Talia, Abigail, Eufrosina – representando o amor, a beleza, o prazer, a fertilidade). Bressane lastreia as imagens pictóricas com a mitologia, transferindo a trama para um apartamento fechado de subúrbio onde três jovens (um deles rapaz) entregam-se e falam de amor.

Em *Cleópatra*, Bressane volta às grandes personagens históricas dentro de uma estrutura narrativa na qual se locomove com facilidade. O tema agora é a rainha egípcia e o diretor vai colecionando referências (entre objetos, falas, costumes, citações, etc.) na composição da narrativa. Apesar de imagens belas, o filme ressente-se do esgotamento do procedimento. As referências estão soltas e não possuem a amarração densa de *Dias de Nietzsche em Turim*, embora também traga Rosa Dias no roteiro. As pedras cariocas, esse cenário tão tipicamente bressaniano, voltam em profusão. É clara a atração da câmera por Alessandra Negrini, que evolui lentamente por seus pretendentes, entre eles Miguel Falabella fazendo um Júlio César bem pouco à vontade na dramaturgia bressaniana. *A erva do rato* traz a contribuição de Bressane para o clima escatológico que atinge o cinema brasileiro na primeira década do século. E o diretor possui tradição nesse setor, remontando aos clássicos do Cinema Marginal. Baseado em dois contos de Machado de Assis, *A causa secreta* e *Um esqueleto*, Bressane constrói um ambiente claustrofóbico, acompanhando o mórbido relacionamento de um casal, interpretado por Selton Mello e Alessandra Negrini. Ao retomar o conto *A causa secreta*, já explorado por Bianchi* em filme homônimo, revela a atração que o tema (homem torturando um rato) pode exercer no gosto preponderante do cinema brasileiro atual. A essa ideia, Bressane acrescenta ainda a trama do segundo conto, envolvendo um homem que convive com o esqueleto de sua mulher. Prato cheio para o naturalismo cruel contemporâneo. A fotografia de Walter Carvalho enfatiza os tons sombrios, acentuando os ambientes fechados. Mas o filme não evolui gratuitamente para a escatologia, embora algumas imagens explorando os roedores apontem nessa direção. A trama é trazida para os dias de hoje, girando em torno da obsessão do marido em fotografar sua esposa. Selton Mello está em um de seus bons papéis no cinema, à vontade com um personagem masculino denso, maníaco e taciturno, voltado para dentro de si. O filme é uma das bem-sucedidas obras contemporâneas de Bressane. Articula um bom universo ficcional com personagens fortes e bem delineados, numa estrutura narrativa condensada, sem desvios gratuitos. Sentimos nele que a forma do diretor ainda está em plena vigência. O tema é duro, a proposta é sombria e Bressane é quem consegue mergulhar nesse tipo de filme mantendo a personalidade, sem cair na exasperação desleixada. *A erva do rato* revela o vigor de um cineasta que, atuando à margem da via principal do Cinema Brasileiro, conseguiu colecionar uma impressionante regularidade na produção e na direção de longas, na carreira autoral que é a mais extensa dos diretores ainda em atividade em nosso cinema. (FPR)

BRIEBA, Henriqueta (Henriqueta Noguez Brieba) – Barcelona, Espanha, 1901-1995. Atriz.

FILMOGRAFIA: 1957 – *Hoje o galo sou eu*; *Batedor de carteiras*. 1960 – *Samba em Brasília*. 1969 – *Penúltima donzela*. 1970 – *Ascensão e queda de um paquera*; *Os caras de pau*; *Uma garota em maus lençóis*; *Os amores de um cafona*; *O azarento, um homem de sorte*. 1971 – *O bolão*; *Pra quem fica... tchau!*; *O enterro da cafetina*; *O barão Otelo no barato dos bilhões*; *Procura-se uma virgem*. 1971-1981 – *O rei da vela*. 1972 – *A viúva virgem*; *O grande gozador*; *Cassy Jones, o magnífico sedutor*; *Com a cama na cabeça*; *A filha de Madame Betina*. 1973 – *Toda nudez será castigada*; *O fraco do sexo forte*. 1974 – *Banana mecânica*; *O varão de Ipanema*; *O sexo das bonecas* (*Ele, ela e o etc.*); *Uma tarde... outra tarde*. 1975 – *Quando as mulheres querem provas*; *Com as calças na mão*; *O roubo das calcinhas* (1º episódio: 'O roubo das calcinhas'); *Eu dou o que ela gosta* (*Seduzida pelo amor*); *Um soutien para papai*. 1977 – *Manicures a domicílio*; *A mulata que queria pecar*; *Se Segura, Malandro!*. 1978 – *O escolhido de Iemanjá*; *O inseto do amor*. 1979 – *Viúvas precisam de consolo*. 1983 – *Para viver um grande amor*. 1987 – *Super Xuxa contra o Baixo Astral*.

Henriqueta Brieba era filha dos atores Galeno Noguez Guiben e Aurora Brieba. Só veio a conhecer o pai muito tempo depois, já no Rio de Janeiro: ele abandonara a família quando ela estava com 2 anos de idade. Não guardou grandes lembranças de seu país natal, já que deixara Barcelona aos 10 anos, viajando para o Peru com uma companhia de operetas e comédias musicadas, junto com a mãe, Aurora, o padrasto e as tias. Nunca mais voltou à Espanha. Depois, veio com a família para o Brasil, onde se naturalizou. Desembarcaram em Manaus em 1914. Cinco anos depois, foram para o Rio de Janeiro. Embora desde os 4 anos atuasse em teatro, Henriqueta abraçou efetivamente a carreira em 1919, no Rio. Começou no teatro de revista, dançando e cantando. Foi casada durante 38 anos com o ator João Lopes de Mattos, vinte anos mais velho, falecido em 1961. Parou de exibir as pernas nas revistas com 29 anos. Estreou no rádio em 1939, na novela *Em busca da felicidade*, da RÁDIO NACIONAL, onde ficou trinta anos. No teatro, um dos marcos de sua carreira foi a avó louca d. Poloca, que interpretou em *O rei da vela*, histórica montagem de José Celso Martinez Corrêa em 1968. Recebeu seu primeiro prêmio como atriz aos 78 anos, um Molière, em 1979, por sua interpretação em *Caixa das sombras*. Henriqueta Brieba estreou no cinema e na TV muito tarde. Fez inúmeras novelas, todas na TV GLOBO, como *Anjo mau* e *Brilhante*. No cinema, estreou na fase final da chanchada*, em duas comédias com direção de Aluísio T. Carvalho*. Em *Samba em Brasília*, de Watson Macedo*, interpretou a tia de Eliana. Após uma ausência de quase dez anos, retornou com uma prodigiosa carreira, atuando em inúmeras comédias e pornochanchadas*, trabalhando com quase todos os diretores do gênero no cinema carioca. Em *Toda nudez será castigada*, filme baseado na peça homônima de Nélson Rodrigues e dirigido por Arnaldo Jabor*, fez uma das tias beatas. Recebeu prêmios como atriz coadjuvante por sua atuação nos filmes *A viúva virgem*, de Pedro Carlos Rovai*, e *Os amores de um cafona*, de Penna Filho e Osíris Parcifal de Figueiroa. O fato de ter atuado em filmes rotulados de pornochanchada não a constrangia: ela defendia o gênero e torcia o nariz para os críticos que o rejeitavam, com a alegação de que "o povo gosta". Curiosamente, encerra sua carreira no cinema com o filme infantil *Super Xuxa contra o Baixo Astral*, na única vez em que foi dirigida por uma mulher, no caso, a cineasta Anna Penido. Sérgio Luís, seu único filho, faleceu em 1990, aos 57 anos. Henriqueta Brieba encerrou a carreira em 1993, depois de atuar por uma longa temporada na peça *Por falta de roupa nova, passei o ferro na velha*, que a reconciliou com seu passado de vedete do teatro de revista. (LAR)

BRITO, Sérgio (Sérgio Pedro Corrêa de Brito) – Rio de Janeiro, RJ, 1923-2011. Ator.

FILMOGRAFIA: 1951 – *Comprador de fazendas*. 1953 – *Destino em apuros*; *O homem dos papagaios*; *Uma vida para dois*; *A sogra*. 1965 – *O desafio*; *Society em baby-doll*. 1971 – *A culpa*. 1974 – *Caingangue, a pontaria do diabo*. 1976 – *Gordos e magros*. 1977 – *Na ponta da faca*. 1988-1989 – *Doida demais*. 1991 – *A maldição do Sanpaku*. 2006 – *O maior amor do mundo*.

Um dos grandes nomes do teatro brasileiro, funda com outros artistas o Teatro dos Doze (1949), o Teatro dos Sete (1959) e o Teatro dos Quatro (1978). Como produtor, monta, entre outros espetáculos, os sucessos *Noite dos campeões* (1975), de Jason Miller, com direção de Cecil Thiré*, e *Filhos de Kennedy* (1976), de Robert Patrick, cuja direção assina. Como diretor, nas TVs EXCELSIOR e GLOBO encena, entre 1956 e 1965, o *Grande Teatro Tupi*, depois *Grande Teatro*, além de fazer novelas como ator e diretor. Dirige várias óperas, sendo a primeira *La traviata* (1974) e a última *Il campanello* (1992). A partir da década de 70, é diretor de várias peças. Como ator, estreia no Teatro Universitário, com Jerusa Camões, em *Romeu e Julieta*, de William Shakespeare, em 1945. No Teatro do Estudante faz parte do elenco de *Hamlet*, também de Shakespeare, encenada em 1948 por Harnisch Hoffman. Muda-se para São Paulo em 1950, onde mora por dez anos e participa da Companhia Madalena Nicol, do Teatro de Arena, da Companhia Maria Della Costa* e do TBC. Retorna ao Rio na década de 60, quando participa dos movimentos renovadores. Destaca-se como ator em *Tango* (1972), de Slawomir Mzorek, em *O* *balcão* (1974), de Jean Genet, e em *Papa Highirte* (1979), de Oduvaldo Viana Filho*. Trabalha com grandes encenadores, como Ruggero Jacobbi, Eugênio Kusnet*, José Renato, Gianni Ratto, Maurice Vaneau, Amir Haddad, Victor Garcia. No cinema participa do *boom* dos estúdios paulistas, atuando atrás das câmeras e em pequenos papéis. Na MARISTELA* é assistente de direção em *Comprador de fazendas*, de Alberto Pieralisi*, e na MULTIFILMES* trabalha como diretor de diálogos de *Fatalidade*, de Jacques Maret. É ator em papéis secundários em *Destino em apuros*, de Ernesto Remani*, *Uma vida para dois*, de Armando Miranda, e *A sogra*, de Armando Couto. À época do Cinema Novo*, em *O desafio*, sob direção de Paulo César Saraceni*, interpreta um industrial que vive um casamento desgastado; em *Society em baby-doll*, de Waldemar Lima* e Luiz Carlos Maciel, interpreta novamente o papel de milionário. Em *Caingangue*, de Carlos Hugo Christensen*, é o chefe de um bando de malfeitores. *Em Gordos e magros*, de Mário Carneiro*, e *Na ponta da faca*, de Miguel Faria Jr.*, novamente representa dois grandes burgueses. No policial *A maldição do Sanpaku*, de José Joffily*, comanda uma gangue. Desde 1982 tem se dedicado à preparação de atores, numa escola no bairro de Laranjeiras, considerada uma das mais conceituadas do Brasil. *Arte com Sérgio Brito* é um programa semanal de TV em que faz comentários sobre peças e filmes em cartaz. Em *O maior amor do mundo*, de Carlos Diegues*, interpretou personagem que não fala e só demonstra amargura. (LFM)

BUENO, Clóvis (Clóvis Bueno de Carvalho) – Santos, SP, 1940. Cenógrafo.

FILMOGRAFIA: 1968 – *Anuska, manequim e mulher*. 1976 – *Luz, cama, ação*; *O pai do povo*. 1977 – *O cortiço*. 1978 – *O escolhido de Iemanjá*. 1979 – *O torturador*. 1979-1980 – *O fruto do amor*. 1980 – *Pixote, a lei do mais fraco*. 1981 – *O sequestro*; *Viagem ao céu da boca*; *Índia, a filha do Sol*. 1982 – *Aventuras de um paraíba*; *Os três palhaços e o menino*. 1983 – *Águia na cabeça*. 1984 – *A floresta das esmeraldas* (produção estrangeira); *O beijo da mulher-aranha* (coprodução estrangeira). 1985 – *A hora da estrela*. 1986 – *A cor do seu destino*. 1987 – *Feliz ano velho*; *Jorge, um brasileiro*. 1987-1988 – *O mistério do Colégio Brasil*. 1988-1989 – *Doida demais*. 1990 – *Brincando nos campos do Senhor* (produção estrangeira). 1991 – *Kickboxer 3* (produção estrangeira). 1992 – *Vagas para moças de fino trato*. 1994 – *Lamarca, coração em chamas*; *Menino maluquinho – o filme*. 1995 – *As meninas*; *Jenipapo*; *Le Jaguar* (produção estrangeira); *O monge e a filha do carrasco* (coprodução estrangeira). 1996-1997 – *A ostra e o vento*. 1997 – *Amor & Cia*. 1997-1999 – *Kenoma*. 1998-1999 – *Orfeu*. 1999 – *Castelo Rá-tim--bum, o filme*. 2002 – *Lara*. 2003 – *Onde anda você?*. 2004 – *A dona da história*. 2005 – *Cafundó* (dir.). 2007 – *O homem que desafiou o diabo*. 2008 – *Os desafinados*; *Terra vermelha*.

Cineclubista no começo dos anos 60. É um dos idealizadores do GRUPO KUATRO DE CINEMA, junto com João Batista de Andrade*, Francisco Ramalho Jr.* e José Américo Viana, que realizam seus primeiros documentários financiados pela UEE (União Estadual dos Estudantes). Em 1968 ingressa profissionalmente no cinema, na função de assistente de direção de *Anuska, manequim e mulher*, filme de estreia de seu colega Francisco Ramalho Jr. Alguns anos depois, inicia carreira de cenógrafo no cinema comercial carioca, em produções de rotina, com as comédias *Luz, cama, ação*, de Cláudio Mac Dowell, e *O pai do povo*, de Jô Soares*, além dos dramas *O fruto do amor*, de Milton Alencar Jr., e *O torturador*, de Antônio Calmon*, produções da MAGNUS FILMES. A partir dos anos 80 e do filme *Pixote*, de Hector Babenco*, participa de produções mais ambiciosas. Além dos filmes de características mais mercadológicas, trabalha como cenógrafo em outra comédia, *Aventuras de um paraíba*, de Marco Altberg*, no infantil *Os três palhaços e o menino* (acumulando a função de roteirista), de Alencar Jr., na comédia para adolescentes *O mistério do Colégio Brasil*, de José Frazão, e na produção de Tarcísio Vidigal* *Menino Maluquinho*, adaptação da obra infantil de Ziraldo, sob a direção de Helvécio Ratton*. Participa de produções de maior ambição quando trabalha com Paulo Thiago* em *Águia na cabeça*, *Jorge, um brasileiro* e *Vagas para moças de fino trato*; com Hector Babenco*, nas produções internacionais *O beijo da mulher-aranha* e *Brincando nos campos do Senhor*; com Sérgio Rezende*, em *Doida demais* e *Lamarca*; e com Walter Lima Jr.*, em *O monge e a filha do carrasco* e *A ostra e o vento*. Também foi parceiro de uma nova geração de estreantes como Jorge Durán* (*A cor do seu destino*), Suzana Amaral* (*A hora da estrela*) e Roberto Gervitz* (*Feliz ano velho*). Nos anos 90 trabalha com mais uma estreante: Monique Gardemberg* (*Jenipapo*). Junto com Yurika Yamasaki*, são dois dos mais requisitados cenógrafos do cinema brasileiro das décadas de 80 e 90. Diminui sua carga de trabalho na década de 2000, pois, durante bom tempo, dedica-se a seu único longa-metragem como diretor, tarefa que dividiu com o ator Paulo Betti*. Trata-se do drama de época *Cafundó*, inspirado em fatos reais da terra natal de Betti e no livro *João de Camargo de Sorocaba, o nascimento de uma religião*, de Adolfo Frioli e José Carlos de Campos Sobrinho. (LFM)

BUENO, Zaira (Zaira Silva Bueno) – Porto Alegre, RS, 1955. Atriz.

FILMOGRAFIA: 1974 – *A ilha do desejo* (*Paraíso do sexo*). 1976 – *Possuídas pelo pecado*; *Quem é o pai da criança?* (*Idade do desejo*). 1979 – *Amor, palavra prostituta*. 1980 – *Aqui, tarados!* (2º episódio: 'A viúva do dr. Vidal'); *P.S.: Post scriptum*. 1981 – *Coisas eróticas* (3º episódio: 'Férias do amor'); *Os insaciados*; *A noite dos bacanais*. 1981-1982 – *A fábrica de camisinhas*. 1982 – *O rei da Boca*; *Tessa, a gata*; *O prazer do sexo*. 1983 – *Sexo animal*. 1984 – *Fêmeas em fuga*. 1987 – *Gemidos e sussurros*.

Lançada no cinema em papéis coadjuvantes nas produções da Boca do Lixo*, atua em filmes de David Cardoso* (*A ilha do desejo* e *Possuídas pelo pecado*, ambos sob a direção de Jean Garret*). Trabalha em filmes de maior empenho de diretores como Carlos Reichenbach*, em *Amor, palavra prostituta*, e Romain Lesage, em *P. S.: Post scriptum*, contracenando com o crítico e ensaísta Jean-Claude Bernardet*. Nos anos 80 alcança o estrelato do cinema erótico paulista nos filmes *A noite dos bacanais* e *Sexo animal*, do produtor e diretor Fauzi Mansur*. Um de seus últimos filmes foi o policial *Fêmeas em fuga*, do diretor italiano Michelle Massimo Tarantini. Com o fim das produções eróticas, passa a trabalhar no teatro, representando o monólogo *Valsa nº 6*, de Nélson Rodrigues*, com produção sua e direção de Eraldo Rizzo, e na televisão, em novelas como *A filha do silêncio* (1982), de Jaime Camargo, na BANDEIRANTES. (LFM)

BULBUL, Zózimo (Jorge da Silva) – Rio de Janeiro, RJ, 1937. Ator.

FILMOGRAFIA: 1962 – *Cinco vezes favela* (5º episódio: 'Pedreira de São Diogo'). 1963-1964 – *Ganga Zumba, rei dos Palmares*. 1964 – *Grande sertão*. 1965 – *Onde a Terra começa*. 1966 – *Terra em transe*; *El Justicero*. 1967 – *O engano*; *Proezas de Satanás na Vila de Leva-e-traz*; *Garota de Ipanema*; *O homem nu*. 1969 – *A compadecida*; *O cangaceiro sem Deus*. 1969-1973 – *Compasso de espera*. 1970

– O palácio dos anjos (coprodução estrangeira); Guerra dos Pelados; República da traição. 1971 – Quando as mulheres paqueram; Os sóis da ilha de Páscoa (coprodução estrangeira). 1973 – Sagarana: o duelo. 1974 – Pureza proibida; Brutos inocentes (1º episódio: 'Brutos inocentes'). 1975 – Ana, a libertina. 1978 – A deusa negra (coprodução estrangeira). 1979 – Parceiros da aventura. 1980 – Giselle. 1982 – A menina e o estripador. 1983 – Quilombo (coprodução estrangeira). 1986 – Tanga (Deu no New York Times). 1987 – Memória viva. 1987-1988 – Natal da Portela (coprodução estrangeira). 1988 – Abolição (dir.). 2002 – A selva. 2004 – O veneno da madrugada. 2005 – As filhas do vento.

Descendente de escravos levados do Mali para a Bahia, abandona a faculdade de Economia no início dos anos 60, procurando politizar sua participação na sociedade. Escolhe o campo artístico, frequentando o Museu de Arte Moderna do Rio de Janeiro. Ganha uma bolsa de Adolfo Celi* para ingressar no curso regular de teatro do Tablado. Ingressa no Centro Popular de Cultura da União Nacional dos Estudantes (UNE) em 1961. Estreia como ator em um dos episódios do longa financiado pela entidade. Começa nos palcos com a peça Bonitinha mas ordinária, encenada na Maison de France em 1962. Após alguns papéis em filmes do Cinema Novo*, muda-se para São Paulo, onde personifica o Cristo negro de A compadecida, de George Jonas, e protagoniza Compasso de espera, única experiência no cinema do diretor teatral Antunes Filho, sobre um intelectual negro que paulatinamente se apercebe de sua condição racial. Estrela juntamente com Leila Diniz* a novela de televisão Vidas em conflito, que previa um casamento inter-racial e o nascimento de um filho mulato, mas isso foi proibido pela censura*. Coproduz o longa marginal República da traição, de Carlos A. Ebert, interessando-se cada vez mais pelos processos de criação cinematográfica. Com a situação política agravando-se, vai para o Chile e depois para a Argentina. Ao retornar ao Brasil em 1974, resolve tornar-se diretor, realizando o documentário Alma no olho, de catorze minutos, sobre a discriminação racial, tema constante em sua obra. Fica pouco tempo e ruma para Nova York e Paris. Dirige para a televisão francesa o média-metragem Os músicos brasileiros em Paris, de 1976. Sobrevive fazendo pontas, assistência de montagem e dando conferências sobre a situação do negro no Brasil. Conhece o cineasta nigeriano Ola Balogun, e desenvolve de volta ao país a coprodução Brasil-Nigéria A deusa negra, na qual atua e faz assistência de direção. Codirige com Vera Figueiredo outro documentário de pequena metragem, Artesanato do samba, de 1978. Dois anos mais tarde realiza Dia de alforria, seu trabalho mais conhecido e premiado em curta-metragem. Após participar de alguns filmes eróticos, praticamente se retira do meio por discordar dos seus rumos. Trabalha como animador cultural do Centro Cultural Cândido Mendes de 1983 a 1986, integrando ainda os elencos das peças A tragédia do rei Christophe, Vargas e O corsário do rei. Por ocasião do centenário da abolição da escravatura, dirige um longa-metragem documental que discute a trajetória do negro no Brasil. Abolição ganha os prêmios de melhor pesquisa histórica, roteiro e fotografia no FESTIVAL DE BRASÍLIA de 1988 e de melhor documentário no FESTIVAL LATINO-AMERICANO DE NOVA YORK de 1990. (HH) Trabalha em As filhas do vento, de Joel Zito Araújo, filme com atores e diretor negros que aponta para questões raciais no Brasil. Sua atuação também está ligada à afirmação de novos espaços de interpretação para afrodescendentes no cinema brasileiro.

BURLE, José Carlos (José Carlos Queirós Burle) – Recife, PE, 1907-1983. Diretor.

FILMOGRAFIA: 1943 – Moleque Tião. 1944 – Tristezas não pagam dívidas; Romance de um mordedor. 1945 – Gol da vitória. 1946-1947 – Luz dos meus olhos. 1948 – É com este que eu vou; Falta alguém no manicômio. 1949 – Também somos irmãos; Não é nada disso. 1950 – Maior que o ódio. 1951 – Barnabé, tu és meu. 1952 – Três vagabundos; Carnaval Atlântida. 1953 – O craque; Chamas no cafezal. 1956 – Depois eu conto. 1957 – O cantor e o milionário. 1958 – Quem roubou meu samba?. 1962-1963 – Terra sem Deus.

José Carlos Queirós Burle fez toda a sua escolaridade no Recife, bacharelando-se em Medicina pela Faculdade de Medicina do Rio de Janeiro. Chegou a exercer a profissão no interior de Pernambuco. As ligações de parentesco e comerciais dos Burle com o conde Pereira Carneiro, proprietário do Jornal do Brasil, no Rio de Janeiro, facilitaram a vinda do futuro cineasta para a capital da República (Paulo Burle, irmão de Zeca Burle, era um dos sócios da Sociedade Predial Jornal do Brasil e da Cia. de Comércio e Navegação Pereira Carneiro). Para efeito legal, entre janeiro de 1937 e 1942, Burle foi redator do Jornal do Brasil, e a partir de janeiro de 1943 até 1956, redator da RÁDIO JORNAL DO BRASIL. Para o jornal assinava a coluna Rádio, na qual, apesar do título, também fazia crítica cinematográfica. Como cinéfilo admirava Eisenstein, Pudovkin, René Clair e o americano Frank Capra.

Seu interesse pelo cinema vinha do Recife, onde tinha sido assistente de direção, ator, dialogista e compositor durante as locações nordestinas de Maria Bonita, de Julien Mandel (atualizou a música folclórica Meu limão, meu limoeiro para o filme). Foi a partir desse filme que conheceu Moacyr Fenelon* e Ruy Santos*, dos quais seria parceiro constante nos anos seguintes. No Rio, somente em 1941 tomou decididamente o caminho da realização cinematográfica. Fenelon conseguiu convencer os irmãos Burle a participar da fundação da ATLÂNTIDA* em 1941. A produtora surgiu num momento de estagnação das grandes produtoras cariocas: a CINÉDIA*, a SONOFILMS* e a BRASIL VITA FILME*. A sede ficava numa sala do prédio do Jornal do Brasil, na avenida Rio Branco. Os estúdios foram instalados na rua Visconde do Rio Branco, 51. Improvisou-se de tudo no antigo barracão, incluindo uma câmera e refletores. A primeira investida foi na realização de cinejornais*, Atualidades Atlântida, que tiveram uma longa presença nos cinemas do país. O primeiro projeto de longa apareceu em 1943 com Moleque Tião, dirigido por Burle. Apesar de o enredo basear-se na vida de um astro emergente, Grande Otelo*, a crítica considerou que este era o único trunfo do filme. Havia números musicais, porém isso não se dava a ponto de transformá-lo numa chanchada*. O enredo tinha um claro sentido social, atribuído, segundo algumas fontes, a um estilo neorrealista avant la lettre. O filme foi um sucesso de público, mas um fracasso de crítica. Iniciava-se aí uma longa esgrima do cineasta com os parceiros da sua antiga profissão, com clara desvantagem para Burle. Tanto a revista Cena Muda, como Pedro Lima*, em O Jornal, foram direto ao ponto: o diretor Burle tinha poucos predicados.

Para pagar os filmes "sérios" que faziam (o segundo da ATLÂNTIDA, dirigido por Fenelon, É proibido sonhar, para o qual Burle compôs as músicas, foi um fracasso), os produtores investiram nas chanchadas. O gênero era malvisto pela crítica e pela elite cultural por se apegar aos recursos da comédia, com larga tradição no próprio cinema brasileiro e no teatro de revista. A comédia, desde 1908, sempre esteve muito próxima do espectador brasileiro. Os roteiristas e diretores utilizavam-se largamente de tipos facilmente reconhecíveis pelo espectador, como o caipira ou o interiorano que vinha para a cidade grande, em geral o Distrito Federal. Havia outro fator de atração depois da chegada do sonoro: a música popular. Numa época dominada pelo rádio e seus cantores, ver os artistas na tela foi um excelente chamariz, e já o era em 1929, quando Luiz de Barros* investiu pela primeira vez no tema. *Tristezas não pagam dívidas* foi lançado como o filme carnavalesco de 1944. Iniciado por Ruy Costa*, foi concluído por Burle. Outra agradável surpresa para a produtora era a apresentação, pela primeira vez no cinema, da dupla Oscarito* e Grande Otelo, que depois faria outros treze filmes. O sucesso de *Tristezas* foi a salvação da empresa. Com isso, Burle pôde voltar novamente à comédia de costumes, com *Romance de um mordedor*. O público, no entanto, não correspondeu. Em 1945 insistiu mais uma vez com *Gol da vitória*, ambientado no mundo do futebol. Mas, para a ATLÂNTIDA, quem fez sucesso foi Watson Macedo*, com *Não adianta chorar*. Burle dirigiu *Luz dos meus olhos*, considerado pela publicação corporativa dos exibidores, *Cine Repórter*, uma produção modesta, realizando um "programa recomendável para qualquer público, isto é, para cumprir o decreto" (de exibição obrigatória do filme brasileiro). A entrada de Luiz Severiano Ribeiro Jr.* na empresa, em 1947, deslocou Burle para a condição de diretor contratado (ele venderia sua participação acionária oficialmente somente em 1950). Severiano Ribeiro era o maior exibidor do Rio-Nordeste-Norte, dono de uma distribuidora e de um laboratório. A entrada no setor da produção monopolizava em suas mãos toda a cadeia cinematográfica (produção-distribuição--exibição), curiosamente num momento em que o modelo estava sendo desmontado nos Estados Unidos pela legislação antitruste. Como diretor contratado realizou mais seis filmes: *É com este que eu vou* e *Falta alguém no manicômio* (no qual demonstrou sua fascinação por Capra, copiando *Este mundo é um hospício* e *Do mundo nada se leva*); *Também somos irmãos* e *Não é nada disso*; *Maior que o ódio*; *Barnabé, tu és meu*; *Três vagabundos* e *Carnaval Atlântida*. Desse conjunto, somente *Também somos irmãos* era uma fita socialmente engajada, adaptada aos modelos neorrealistas, trabalhando o tema do racismo. Demorou cinco anos para se pagar, ao contrário de *Três vagabundos*, que cobriu seus custos em duas semanas de exibição. *Maior que o ódio* apoiava-se no gênero policial. As outras eram chanchadas, entre as quais *Falta alguém no manicômio*

e *Carnaval Atlântida*, realizadas com mais êxito. Por outro lado, *É com este que eu vou* foi acusado de "reciclar" números musicais de outros filmes. *Maior que o ódio* foi considerado pelo crítico, depois cineasta, Walter George Durst*, uma cópia de filme de gângster americano, uma "película cafajeste, vazia e absurda".

Saindo da ATLÂNTIDA em 1952, Burle mudou-se para São Paulo. A VERA CRUZ*, fundada em 1949, tinha transformado a cidade no novo celeiro produtivo de filmes. A transposição do sistema de produção do cinema clássico de Hollywood para os estúdios de São Bernardo do Campo atraiu vários cineastas ou futuros diretores. Burle não foi exceção, só que se transferiu para a cidade de Mairiporã e para a MULTIFILMES*, dirigindo *O craque* e *Chamas no cafezal*, um drama rural mal recebido pela crítica. O roteiro de *O craque* foi realizado inicialmente por jovens promissores como Alberto Dines, Helio Tys e Saul Lachtermacher, que tinha acabado um curso no Institut des Hautes Études Cinématographiques (IDHEC). A pretensão era fazer um filme popular e neorrealista. Burle pensava o contrário. Pegou o roteiro, introduziu uma cena de briga, outra de boate e, para terminar com o original, chamou Sérgio Brito para reescrever os diálogos, trocando a linguagem popular por outra mais erudita. O fracasso da VERA CRUZ, levando de roldão todo o cinema paulista, fez com que Burle ficasse três anos sem filmar. Somente em 1956 dirigiu para Osvaldo Massaini* uma chanchada, *Depois eu conto*, com Dercy Gonçalves* e Grande Otelo. A película foi um estrondoso sucesso. No ano seguinte fundou com Ruy Santos a GUARUJÁ CINEMATOGRÁFICA LTDA., cujo primeiro e único filme foi *O cantor e o milionário*. O crítico Ignácio de Loyola Brandão afirmou que a fita fugia aos padrões da chanchada vulgar, procurando dar certa unidade e fluência a um enredo que facilmente acabaria na maior confusão (Pedro Lima* tinha criticado em *Três vagabundos* justamente essa incapacidade de Burle com a continuidade da ação e das sequências). A GUARUJÁ continuou sobrevivendo com a produção de um cinejornal, o *Imagens do Brasil*, exibido no circuito de cinemas de Paulo Sá Pinto (EMPRESA SUL). Suas duas últimas direções foram *Quem roubou meu samba?*, para a CINEDISTRI*, e anos depois *Terra sem Deus*. A CINEDISTRI tinha em vista a filmagem por Burle de um *best-seller* de Adelaide Carraro, *A falência das elites*, mas o projeto era perigoso perante a censura* e nunca foi levado adiante. *Terra sem*

Deus foi filmado em Recife, em regime de coprodução entre a RECIFILMES S. A., de Burle, e o ator Valença Filho. Como era um filme local, a prefeitura foi convidada a colaborar com 6 milhões de cruzeiros. A fita buscava atualizar-se com o Cinema Novo* e, de certa maneira, abrir um ciclo de filmes regionais, como tinha acontecido em Salvador, com o cinema baiano*. Tendo se iniciado no cinema na sua cidade natal 27 anos antes, Burle encerrou sua carreira no mesmo lugar. Tinha dirigido dezenove filmes, além de participações em diálogos, música e montagem.

Burle foi chamado pelo crítico Orlando Fassoni de o "artesão da chanchada". Medíocre, se levarmos em conta as críticas da época. A expressão é um pouco forte. A chanchada foi, na sua carreira, uma contingência. Além do mais, como a maioria dos cineastas da sua geração, fazia quase tudo no cinema. Dessa forma, a classificação perde sentido. Assim como foi oscilante nos seus propósitos (outro chanchadeiro, Watson Macedo, sofria do mesmo mal), Burle foi considerado por Sergio Augusto como "vagamente socialista e populista". Fã de Capra, detestava, entretanto, o cinema americano no seu conjunto. Porém dizia que o público pedia chanchadas, não podendo se impor a ele aquilo que não queria ver, ideia que qualquer produtor de Hollywood assinaria com prazer. No início de sua carreira foi fiel ao pensamento industrialista carioca, acreditando que faltava ao cinema brasileiro dinheiro e cultura. Em 1945 era favorável à lei de obrigatoriedade, porém não temendo a concorrência estrangeira. Segundo ele, somente com o crescimento da produção é que se poderia aumentar a obrigatoriedade de exibição (Fenelon dizia a mesma coisa: a produção contínua é que criaria a indústria). Para Burle, o cinema brasileiro era um grande fator de unidade nacional, pois, através da língua portuguesa, atingia os analfabetos e os semiletrados, afastando-os dos hábitos e costumes estrangeiros (leia-se americanos). Sob o influxo nacionalista foi favorável, em 1951, à taxação do filme estrangeiro. Foi um dos fundadores da ASSOCIAÇÃO DOS PRODUTORES, mais tarde SINDICATO NACIONAL DA INDÚSTRIA CINEMATOGRÁFICA, da qual foi tesoureiro por oito anos. Foi ainda membro da COMISSÃO FEDERAL DE CINEMA durante o governo Kubitschek. Quando levou ao presidente o estudo da comissão denunciando as vantagens fiscais da transferência dos lucros das distribuidoras estrangeiras pelo câmbio livre, espantou-se com o desinteresse de

Juscelino. Considerava o lobista Harry Stone um inimigo do cinema brasileiro. No seu entender, somente duas pessoas tinham feito alguma coisa pelo cinema nacional: Vargas, com a lei de obrigatoriedade, e Jânio Quadros, que abriu financiamento para o cinema. Entre Burle e o cinema clássico de Hollywood podemos encontrar uma relação contraditória. Aceitava as regras e o estilo, mas não o seu conteúdo. A descoberta tardia de que o cinema brasilero não era dono do seu mercado foi uma lição aprendida penosamente. Morreu vinte anos depois do seu último filme numa pequena cidade do interior de São Paulo, Atibaia, em 23 de outubro. Em 2007, Maximo Barro lançou, pela Coleção Aplauso, *José Carlos Burle – drama na chanchada*. (JIMS)

BURTIN, Uli (Ulrich Paulo Ferdinand Burtin) – Áustria, 1940. Diretor de fotografia.

FILMOGRAFIA: 1976 – *Die Neuen Leiden des Jungen* (produção estrangeira). 1978 – *Das Einhorn* (produção estrangeira). 1998-1999 – *Hans Staden*. 2000 – *Deus Jr.* 2003 – *Lisbela e o prisioneiro*. 2004 – *Tainá 2, a aventura*. 2006 – *Tapete vermelho*; *12 horas até o amanhecer* (produção estrangeira). 2007 – *Olho de boi*. 2008 – *Meu nome não é Johnny*. 2008-2009 – *Elvis e Madona*. 2009 – *Salve geral!*

Começou a estudar fotografia na Alemanha e na Áustria, ainda no pós-guerra. Aos 16 anos tornou-se aprendiz de fotógrafo num estúdio de fotografia publicitária em Frankfurt. Para completar sua formação, cursou a Escola Superior de Cinema de Berlim, trabalhando paralelamente como assistente de câmera da indústria cinematográfica na UFA (Universum Film Aktiengesellschaft). Estudou Química e Física e se formou em Engenharia Ótica, Fototécnica e Cinematografia. Iniciou seu trabalho como diretor de fotografia no início dos anos 1960. Filmou longas ficcionais para cinema e TV, documentários e seriados na Áustria, Suíça, Tchecoslováquia, Inglaterra, França, Líbano, África, Cuba, Egito, Rússia, Mongólia e China, com diversos cineastas estrangeiros, entre eles Eberhard Itzenplitz, Peter Patzak, Michael Verhoeven e Michael Braun. Coproduziu ainda, na América Latina, documentários para canais de TV alemães, BBC inglesa e ABC da Austrália. Com longa carreira internacional, vem ao Brasil como técnico contratado pelo governo alemão (Fundação Konrad Adenauer) na montagem da TV EDUCATIVA do Rio de Janeiro. Em seguida, criou e administrou cursos de iluminação e cinema na TV GLOBO. Em 1979, muda-se para o país, passando a fotografar e coproduzir filmes e documentários em toda a América Latina. Nos anos 80, dedicou-se à publicidade e tornou-se sócio da VPI, em São Paulo. De volta ao Rio, foi diretor de fotografia *freelancer* de comerciais e videoclipes. No Cinema Brasileiro, assinou sua primeira direção de fotografia no filme de Luiz Alberto Pereira*, *Hans Staden*. Em seguida, trabalhou com Mauro Lima*, em *Deus Jr.* Foi o responsável pela direção de fotografia do sucesso *Lisbela e o prisioneiro*, de Guel Arraes*, e assinou o segundo longa de Mauro Lima, *Tainá 2*; voltou a trabalhar com Luiz Alberto Pereira em *Tapete vermelho* e integrou a equipe do longa *12 horas até o amanhecer* (*Journey to the End of the Night*), coprodução Estados Unidos-Alemanha-Brasil; foi diretor de fotografia de *Olho de boi*, de Hermano Penna*, retornando à parceria com Mauro Lima em *Meu nome não é Johnny*. Mais recentemente, assinou a fotografia de *Elvis e Madona*, de Marcelo Lafitte, e *Salve geral!*, de Sérgio Rezende*. (TS)

CABRAL, Sady (Saddi Sousa Leite Cabral) – Maceió, AL, 1906-1986. Ator.

FILMOGRAFIA: 1936 – *Bonequinha de seda*. 1939-1943 – *Inconfidência Mineira*. 1940 – *Pureza*. 1941 – *Vinte e quatro horas de sonho*; *O dia é nosso*. 1948-1949 – *Terra violenta*; *Inocência*. 1949 – *Caminhos do sul*; *Escrava Isaura*. 1950 – *Pecado de Nina*; *Cascalho*. 1954 – *Mãos sangrentas*. 1954-1955 – *Rio 40 graus*. 1955 – *O diamante*; *Leonora dos sete mares*. 1959-1960 – *Bahia de Todos os Santos*. 1960 – *Sócio de alcova* (coprodução estrangeira); *Tudo ou nada* (produção estrangeira). 1962 – *Cinco vezes favela* (5º episódio: 'Pedreira de São Diogo'); *Pedro e Paulo* (coprodução estrangeira); *Lampião, rei do cangaço*. 1963 – *Seara vermelha*. 1964-1967 – *O matador*. 1965 – *Morte para um covarde* (coprodução estrangeira); *Paraíba, vida e morte de um bandido*. 1966 – *Cangaceiros de Lampião*. 1968 – *Enquanto houver uma esperança*. 1970 – *Balada dos infiéis*; *Cléo e Daniel*; *Se meu dólar falasse...*; *A marcha*. 1971 – *Um pistoleiro chamado Caviúna*. 1973 – *Sagarana: o duelo*. 1974 – *O leito da mulher amada*. 1975 – *O dia em que o santo pecou*; *As mulheres sempre querem mais* (*Um desejo insaciável de amor*); *O quarto da viúva*. 1976 – *Senhora*. 1977 – *Chuvas de verão*; *Os sete gatinhos*. 1979 – *Gaijin, caminhos da liberdade*; *O menino arco-íris* (*A infância de Jesus Cristo*). 1983 – *Perdoa-me por me traíres*.

Criado em Niterói, para onde se muda quando pequeno. Com sua voz, muito marcante, é ator no rádio a partir dos anos 30. No teatro, estuda na Escola Dramática Municipal (posteriormente denominada Martins Pena). Inicia sua carreira em 1923, como amador, depois, já como profissional, contracena com grandes atores da época: Lucilia Perez, Leopoldo Fróes* e Abigail Maia. Em sua longa carreira teatral de mais de cinquenta anos participa como ator de quase todas as fases de nosso teatro, atuando nas companhias dos grandes artistas (Oduvaldo Viana*, Jayme Costa*, Raul Roulien* e outros), nas revistas, no Teatro Brasileiro de Comédia (TBC), no Teatro de Arena, no Teatro Oficina e junto com os modernos encenadores como Adhemar Guerra e Amir Haddad. Foi também encenador de vários espetáculos. Na música popular brasileira, foi parceiro de Custódio Mesquita (*Velho realejo*, *Pião*, *Bonequinha*). Faz carreira de ator em mais de quarenta filmes, estando presente em diferentes ciclos e fases do cinema nacional. Interpreta quase todo tipo de papel. Eterno coadjuvante ou em pequenas participações, vive personagens de homens do povo, trabalha na BRASIL VITA*, CINÉDIA*, CINELÂNDIA, MARISTELA*. É o contrabandista gaúcho do filme *Caminhos do sul*, de Fernando de Barros*; garimpeiro nos dramas *Cascalho*, de Leo Marten*, e *O diamante*, de Eurides Ramos*; prisioneiro, em *Mãos sangrentas*, de Carlos Hugo Christensen*. Nos anos 60 atua em coproduções, geralmente argentinas. Em filmes de caráter social, personifica o capataz, como no episódio 'Pedreira de São Diogo', do diretor Leon Hirszman*, do longa *Cinco vezes favela*. Faz o pai da família de retirantes de *Seara vermelha*, de Alberto D'Aversa*. Na década de 70 atua em pornochanchadas* e filmes de caráter mais sério. Esse veterano ator com longa carreira cinematográfica nos deixou no dia 23 de julho, falecendo em São Paulo. (LFM)

CAFFÉ, Eliane (Eliane Dias Alves) – São Paulo, SP, 1961. Diretora.

FILMOGRAFIA: 1998 – *Kenoma*. 2002 – *Narradores de Javé*. 2009 – *O sol do meio-dia*.

Em 1986, graduou-se em Psicologia pela Pontifícia Universidade Católica (PUC/SP). Durante três meses do ano de 1987, foi bolsista da Escuela Internacional de Cine y Televisión de San Antonio de los Baños (Cuba), no curso de dramaturgia e roteiro. Entre 1990 e 1992, concluiu mestrado no Instituto de Estética y Teoria de las Artes na Universidade Autônoma de Madri (Espanha). Diretora de curtas-metragens ficcionais feitos na bitola 35 mm. O primeiro, *O nariz* (1987), foi adaptação livre de crônica de Luis Fernando Verissimo, em que um homem passa a utilizar nariz postiço gerando uma série de confusões em sua vida. Baseado em história de sua autoria, o segundo curta, *Arabesco* (1990), mostra um assalto absurdo e estranho. Criou nova história para o terceiro curta, o experimental *Caligrama* (1995). Sempre trabalhando com o dramaturgo Luiz Alberto Abreu no roteiro, tornou-se diretora de longas-metragens dramáticos ambientados no interior do Brasil. Seu primeiro longa foi *Kenoma*, filme bastante valorizado pela crítica, com cuidado cenográfico. No pequeno vilarejo de Kenoma, o protagonista tenta construir uma máquina de moto-perpétuo. Empreitada com viés esteticista, o filme é carregado de tonalidades figurativas sobre a tensão entre o mecânico e o tempo. Seu segundo longa, *Narradores de Javé*, ficção baseada em contexto real, versa sobre a construção de usina hidroelétrica no vale do Javé. Um carteiro é escolhido para escrever a história da localidade, de modo que possa ser resgatada da destruição. A temática do filme, também metafórica, busca nos remeter ao estatuto diverso da narrativa, e seu ambíguo poder referencial, a partir do testemunho oral do protagonista. O terceiro longa foi *O sol do meio-dia*, no qual o personagem central parte em busca de sua redenção, encontrando pelo caminho um homem e uma mulher, que seguem rumo a Belém do Pará. Explora o Norte do país, tendo sido filmado na região. A direção de atores é um ponto forte no cinema de Caffé, que costuma trabalhar interpretações espontâneas, ou construídas, de personagens que colhe nos lugares onde filma. (FPR/LFM)

CAJADO FILHO (José Rodrigues Cajado Filho) – Rio de Janeiro, RJ, 1912-1966. Cenógrafo, roteirista, diretor.

FILMOGRAFIA: 1945 – *Vidas solidárias* (cen.). 1946 – *Fantasma por acaso* (rot., cen.). 1948 – *Obrigado, doutor* (cen.); *Poeira de estrelas* (rot.); *Estou aí* (rot., cen., dir.); *Caçula do barulho* (cen.). 1949 – *O homem que passa* (cen.); *Todos por um* (rot., cen., dir.). 1950 – *Dominó negro* (cen.); *A inconveniência de ser esposa* (cen.). 1951 – *Aí vem o barão* (rot.); *O falso detetive* (rot., dir.); *Barnabé, tu és meu* (cen.); *Areias ardentes* (cen.). 1952 – *Amei um bicheiro* (cen.). 1953 – *É fogo na roupa* (rot., cen.). 1954 – *O petróleo é nosso* (rot., cen.); *Matar ou correr* (cen.). 1955 – *Guerra ao samba* (rot., cen.); *O golpe* (cen.); *Sinfonia carioca* (rot., cen.). 1956 – *Vamos com calma* (rot., cen.); *Colégio de brotos* (rot., cen.); *Papai fanfarrão* (rot., cen.); *Garotas e samba* (rot., cen.). 1957 – *De vento em popa* (rot., cen.); *Treze cadeiras* (rot., cen.); *É a maior* (rot., cen.). 1958 – *E o espetáculo continua* (rot., cen., dir.); *Esse milhão é meu* (rot., cen.); *O homem do Sputnik* (rot., cen.). 1959 – *Aí vem a alegria* (rot., cen., dir.); *O cupim* (rot., cen.); *Pintando o sete* (rot., cen.); *O palhaço o que é?* (rot., cen.). 1960 – *Cacareco vem aí* (*Duas histórias*) (cen.); *Os dois ladrões* (rot., cen.); *Marido de mulher boa* (rot.); *Quanto mais samba melhor* (rot.). 1961 – *As sete Evas* (rot., cen.); *Entre mulheres e espiões* (rot., cen.). 1962 – *Os apavorados* (rot.); *Boca de Ouro* (cen.). 1963 – *Bonitinha mas ordinária* (cen.). 1965 – *007 ½ no carnaval* (cen.).

Primeiro profissional a fazer carreira na função de cenógrafo no cinema brasileiro. Ingressa na ATLÂNTIDA*, logo nos primeiros anos, a partir de 1944. Trabalha nessa companhia cinematográfica, com pequenas interrupções, até a data de seu fechamento, em 1962. Filma com quase todos os diretores desse estúdio, atuando em dramas, comédias, carnavalescos, policiais e outros filmes de gênero, montando os cenários para os filmes de Moacyr Fenelon* (*Gente honesta*, *Vidas solidárias*, *Sob a luz do meu bairro*, *Fantasma por acaso*, *Asas do Brasil*, *Obrigado, doutor*, e, fora da ATLÂNTIDA, primeiro na CINE PRODUÇÕES FENELON – *Poeira de estrelas*, *O homem que passa* – e também na FLAMA*, em *Dominó negro* e *Milagre de amor*), de José Carlos Burle* (*Gol da vitória*, *Luz dos meus olhos*, *É com este que eu vou*, *Falta alguém no manicômio*, *Também somos irmãos*, *Barnabé, tu és meu*), de Watson Macedo* (*Não adianta chorar*, *Segura esta mulher*, *Este mundo é um pandeiro*, *E o mundo se diverte*, *Carnaval no fogo*, *Aí vem o barão*, e fora da empresa, na PRODUÇÕES WATSON MACEDO, em *É fogo na roupa*, *O petróleo é nosso*, *Carnaval em Marte*, *Sinfonia carioca*), de Riccardo Freda (*Caçula do barulho*). Ainda na ATLÂNTIDA, faz a cenografia para os filmes de J. B. Tanko* (*Areias ardentes*), de Jorge Ileli* e Paulo Vanderley* (*Amei um bicheiro*), de Luiz de Barros* (*Malandros em quarta dimensão*), de Carlos Manga* (*Matar ou correr*, *Guerra ao samba*, *O golpe*, *Colégio de brotos*, *Papai fanfarrão*, *É a maior*, *Cacareco vem aí* e *As sete Evas*), de Francisco Eichorn* (*Paixão nas selvas*), Roman Viñoly-Barreto (*Chico Viola não morreu*) e Ismar Porto* (*Os apavorados*). Durante alguns períodos presta serviço para outras produtoras, em filmes como *A inconveniência de ser esposa* e *Destino*, ambos sob direção de Samuel Markenzon. Acompanha Moacyr Fenelon quando este monta sua produtora independente, a CINE PRODUÇÕES FENELON, em 1947. Seus três primeiros filmes como diretor são produções de Fenelon. Estreia na direção com a comédia carnavalesca *Estou aí*, com a cantora Emilinha Borba e o cômico Colé*, escrita em parceria com Ítalo Jacques. Novamente com Colé, para a mesma produtora, dirige a paródia de *Os três mosqueteiros*, de Alexandre Dumas, intitulada *Todos por um*, baseada em argumento seu. Na FLAMA, dirige a comédia *O falso detetive*. Nos estúdios da BRASIL VITA*, na Tijuca, colabora novamente com Watson Macedo em vários filmes.

De volta à ATLÂNTIDA, a partir de meados dos anos 50, inicia nova função, quando escreve uma série de argumentos e roteiros. Sua maior parceria é com o diretor Carlos Manga, para quem, além do trabalho de cenografia, escreve o carnavalesco *Vamos com calma* e a comédia *Garotas e samba* (disfarçada refilmagem de *Como agarrar um milionário*, do diretor Jean Negulesco); a série de comédias com Oscarito*, *De vento em popa*, *Esse milhão é meu*, *O homem do Sputnik*, *O cupim* (uma adaptação de peça homônima da dupla José Wanderley e Mário Lago*), *Pintando o sete*, *Dois ladrões*, *Entre mulheres e espiões*; e com os palhaços Carequinha & Fred, *O palhaço o que é?*. Seu último argumento, coincidentemente, é escrito para o último filme da empresa, a comédia *Os apavorados*, de Ismar Porto. Em 1962, com o encerramento das chanchadas*, dos estúdios cariocas, continua a trabalhar como cenógrafo para uma série de produções independentes, como *O Boca de Ouro*, de Nelson Pereira dos Santos*; *Quero essa mulher assim mesmo* e *Bonitinha mas ordinária*, de J. P. Carvalho; *Sonhando com milhões*, de Eurides Ramos*; *Paraíba, vida e morte de um bandido*, *007 ½ no carnaval*, *Cuidado, espião brasileiro em ação*, de Victor Lima*; *O grande assalto*, de Adolpho Chadler*; *Mineirinho, vivo ou morto*, de Aurélio Teixeira*; *Aventuras de Chico Valente*, de Ronaldo Lupo*; e *As sete faces de um cafajeste*, de Jece Valadão*. (LFM)

CALDAS, Paulo (Paulo Maurício Germany Caldas) – João Pessoa, PB, 1964. Diretor.

FILMOGRAFIA: 1995 – *Baile perfumado*. 2000 – *O rap do pequeno príncipe contra as almas sebosas*. 2007 – *Deserto feliz*.

Na década de 1980, quando estudou no curso de Comunicação Social da Universidade Federal de Pernambuco (UFPE), participou de um grupo de alunos decididos a fazer cinema no estado. Começou na bitola Super-8, com *Frustações* (1981) e *Morte no Capibaribe* (1983), rodado com seus colegas da Universidade. No primeiro trabalho realizado com a bitola 16 mm, foi responsável pela direção de som do curta *O amigo Péricles* (1984), de Fernando Spencer. Trocou o Super-8 por outras bitolas quando realizou *Nem tudo são flores* (1985), baseado em fatos reais. O mais experimental dos curtas foi, sem dúvida, *O Bandido da Sétima Luz* (1987). Filmou ainda *Chá* (1988), em que mostra um chá de panela fantástico e surrealista. Encerrou essa fase com a direção de *Ópera Bola* (1992), sendo também diretor de produção e roteirista do curta *O crime da imagem* (1992), de Lírio Ferreira*. Dividiu com o parceiro Lírio Ferreira a direção do primeiro longa-metragem de ambos, *Baile perfumado*, cinebiografia do mascate Benjamin Abrahão, cineasta libanês autor das únicas imagens em movimento conhecidas do bando de Lampião, tomadas na década de 1930.

A abordagem de *Baile perfumado* é inovadora dentro dos filmes de cangaço, possuindo uma veia cômica mais forte. Desloca o foco da ação do bandido para o cineasta que ousou dele se aproximar, introduzindo um lado personalista inédito na exploração da figura histórica de Lampião. O fato dramático que detona o filme é o gosto de Lampião por perfumes. A narrativa é disposta de maneira inovadora, fazendo jus ao estilo jovem do novo cinema brasileiro que então se firmava no Brasil com o nome de "Retomada". O filme alcança repercussão nacional e abre caminho para uma nova geração de cineastas de Pernambuco. Na virada do século, divide com o estreante Marcelo Luna a direção do forte documentário *O rap do pequeno principe contra as almas sebosas*, enfocando dois jovens pobres de Camaragibe (PE) que seguem diferentes caminhos na vida. Um desemboca no crime, tornando-se matador, outro vira cantor de *rap*. As imagens são fortes e os depoimentos impõem-se em sua intensidade. Mais uma vez, encontramos uma aposta bem-sucedida no formato mais fragmentado, inovando ao centrar a narração na fala dos protagonistas e privilegiar as canções *rap* no fundo musical. Inspirado em *Relato de viagem*, de Ranulpho Gomes, escreve, em parceria com Karim Ainouz* e o diretor Marcelo Gomes*, o roteiro do filme *Cinema, aspirina e urubus* (2005), dirigido por Marcelo Gomes. Foi também roteirista em parceria do curta *O corneteiro Lopes* (2003), do cineasta baiano Lazaro Faria. Em *Deserto feliz*, faz sua primeira direção solo de longa, em um drama sobre turismo sexual no Nordeste, cujo roteiro é compartilhado com Manoela Dias, Marcelo Gomes e Xico Sá. (FPR/LFM)

CALDEIRA, Oswaldo (Oswaldo Caldeira Corrêa da Silva) – Belo Horizonte, MG, 1943. Diretor.

FILMOGRAFIA: 1974 – *Futebol total*; *Passe livre*. 1977 – *Ajuricaba, o rebelde da Amazônia*. 1978 – *Brasil bom de bola 78*. 1982 – *O bom burguês*. 1984 – *Muda Brasil*. 1987-1988 – *O grande mentecapto*. 1995-1999 – *Tiradentes*. 2005 – *Pampulha ou a invenção do mar de Minas*.

Oswaldo Caldeira formou-se em Filosofia pela Faculdade Nacional de Filosofia do Rio de Janeiro e conciliou a carreira de cineasta com a de professor da Escola de Comunicação da Universidade Federal do Rio de Janeiro, onde ingressou no início dos anos 70. Caldeira começou a carreira fazendo curtas de temática social. Fez seu primeiro filme, *Telejornal*, em 1967, depois filma os documentários* *O cantor das multidões*, em 1969, e *Trabalhar na pedra*, em 1972. Estreia no longa, em parceria com Carlos Leonan, em filme que registra a participação do Brasil na Copa do Mundo de 1974, na Alemanha, em seu primeiro trabalho para o produtor Carlos Niemeyer. No mesmo ano, dirigiu um filme rigoroso, *Passe livre*, sobre a luta pioneira do jogador de futebol Afonsinho para conquistar o direito a seu passe; com esse documentário ganhou o prêmio MARGARIDA DE PRATA, concedido pela Conferência Nacional dos Bispos do Brasil, em 1975. Com seu primeiro longa ficcional, *Ajuricaba, o rebelde da Amazônia*, investe no filme histórico tendo como parceira a EMBRAFILME*. Volta a trabalhar com o produtor Niemeyer em *Brasil bom de bola 78*, documentário enfocando o preparo e a participação de nossa seleção na Copa da Argentina. Contando com um elenco estelar: José Wilker*, Betty Faria*, Jardel Filho*, foca suas lentes novamente para o drama histórico em *O bom burguês*, baseado em fatos reais recentes, na trama política em que um bancário desviava dinheiro para a resistência ao regime militar no Brasil, em produção de Paulo Thiago* e da EMBRAFILME. O documentário *Muda Brasil* registra a volta ao poder dos civis e o clamor do povo por eleições diretas, em mais uma parceria com Paulo Thiago na produção. Produtor-diretor de *O grande mentecapto*, em sua primeira incursão na área da comédia, utiliza comediantes como Diogo Vilela, Débora Bloch* e Luiz Fernando Guimarães*, nessa adaptação do romance homônimo de Fernando Sabino, que marca seu reencontro com sua terra natal, Minas. Seu terceiro filme histórico, *Tiradentes* – feito para sua nova produtora, FILMES GERAES –, aborda a figura do mártir. Doutor em comunicação há mais de vinte anos, foi chefe de departamento por várias vezes e professor da pós-graduação. Coordenador do Núcleo de Cinema (NUCINE) da ECO. Homenageado com uma retrospectiva de sua obra no FESTIVAL INTERNACIONAL DE CINEMA DO PORTO – Portugal, fevereiro de 2002, foi premiado pelo conjunto de sua carreira. (LFM/LAR) *Pampulha ou a invenção do mar de Minas*, documentário de longa metragem, apresentado pelo ator Rodolfo Bottino, fala da primeira grande obra do arquiteto Oscar Niemeyer e do encontro com Juscelino Kubitschek.

CALMON, Antônio (Antônio Augusto Du'Pin Calmon) – Manaus, AM, 1945. Roteirista, diretor.

FILMOGRAFIA: 1970 – *Pindorama* (rot.); *O capitão Bandeira contra o dr. Moura Brasil* (rot., dir.). 1975 – *A carne* (*Um corpo em delírio*) (rot.); *Paranoia* (rot., dir.). 1976 – *Revólver de brinquedo* (rot., dir.); *Gente fina é outra coisa* (1º episódio: 'A guerra da lagosta'; 2º episódio: 'Chocolate com morango'; 3º episódio: 'O prêmio') (rot., dir.). 1977 – *O bom marido* (rot., dir.). 1978 – *Nos embalos de Ipanema* (rot., dir.). 1979 – *Eu matei Lúcio Flávio* (rot., dir.); *O torturador* (rot., dir.); *Terror e êxtase* (rot., dir.). 1980 – *Mulher sensual* (rot., dir.). 1981 – *Menino do Rio* (rot., dir.). 1982 – *Aventuras de um paraíba* (rot.). 1982-1983 – *Garota dourada* (rot., dir.). 1984 – *Além da paixão* (rot.). 1987 – *Super Xuxa contra o Baixo Astral*. 1988 – *Dedé Mamata* (rot.). 1988-1989 – *Dias melhores virão* (rot.). 1995 – *O quatrilho* (rot.). 1995-1996 – *Tieta do agreste* (rot.).

Filho de família tradicional que vive no Rio de Janeiro desde o início dos anos 1960. Fez curso na CINEMATECA DO MUSEU DE ARTE MODERNA (MAM) com Gustavo Dahl*. Utilizou a bitola 16 mm quando dirigiu o primeiro curta-metragem, o documentário *Infância* (1965), e passou à bitola 35 mm no curta ficcional colorido sobre a Música Popular Brasileira (MPB) intitulado *Quadro* (1966). Em 1969 dividiu a direção com Antônio Carlos Fontoura* em novo curta documental, *Meu nome é Gal*, enfocando a cantora baiana Gal Costa, e no curta de ficção científica *O último homem*, trabalhando com colorido em ambos os filmes. Voltou à bitola 16 mm e ao preto e branco quando dirigiu para a CENTRAL GLOBO DE PRODUÇÕES o documentário de média metragem *Educação: um salto para o futuro* (1972). Caçula no movimento Cinema Novo*, trabalhou em diferentes funções de vários longas importantes do período. Em 1965, fez continuidade de *A grande cidade*, de Carlos Diegues*; funcionou como assistente de direção de *Terra em transe*, *Cara a cara*, *O bravo guerreiro*, *O dragão da maldade contra o santo guerreiro* e *Pedro Diabo*. Também fez a produção de *Tostão, a fera de ouro* (1969-1970), documentário dos diretores estreantes Ricardo Gomes Leite e Paulo Laender, e no filme histórico *Pindorama* (1970), de Arnaldo Jabor*, em que acumulou as funções de assistente de direção, coautor do argumento e diretor de produção. Em seu primeiro longa-metragem, *O capitão Bandeira contra o dr. Moura Brasil*, buscou a experimentação. Funcionou como diretor de produção de *Rainha Diaba* (1971), de Antônio Carlos Fontoura. O drama erótico *A carne* (*Um corpo em delírio*), de J. Marreco, contou com roteiro seu escrito em parceria com o dramaturgo Antonio Bivar e a roteirista Isabel Câmara. Exerceu a função de roteirista em todos os filmes que dirigiu e em fitas de outros realizadores. Aderiu ao cinema de gênero e trabalhou para diversos produtores, sendo diretor do suspense psicológico *Paranoia*. Realizou uma série de comédias cariocas: *Revólver de brinquedo*, *Gente fina é outra coisa*, *O bom marido* e *Nos embalos de Ipanema*. Diretor das fitas policiais *Eu matei Lúcio Flávio*, sobre o temido policial Mariel Mariscot, e *O torturador*. Dirigiu adaptação do *best-seller* de José Carlos Oliveira *Terror e êxtase*. Alcançou pouca repercussão com *Mulher sensual*, cujo título inicial era "Novela das oito". Dirigiu filmes direcionados ao público jovem, *Menino do Rio* e *Garota dourada*. Foi produtor de *Inocência* (1982), de Walter Lima Jr.*, baseado no romance clássico do Visconde de Taunay. Iniciou carreira de roteirista com a comédia *Aventuras de um paraíba*, de Marco Altberg*; passou pelo drama em *Além da paixão*, de Bruno Barreto*; pelo filme infantil em *Super Xuxa contra o Baixo Astral*, único longa da diretora Anna Penido, e pela trama política de *Dedé Mamata*, baseado no romance homônimo de Vinicius Viana e único longa do diretor Rodolfo Brandão. Parceiro do diretor Carlos Diegues na comédia *Dias melhores virão*. Roteirizou adaptações de romances de José Clemente Pozzenato em *O quatrilho*, de Fábio Barreto*, e *Tieta do agreste*, de mestre Jorge Amado, quando voltou a trabalhar com o diretor Diegues. Desde os anos 1989, fixou-se na televisão, tendo escrito seriados e telenovelas de sucesso na GLOBO. (LFM)

CAMPOS, Antônio (Antônio Romão de Souza Campos) – Baependi, MG, 1877-1955. Fotógrafo, roteirista, produtor, diretor.

FILMOGRAFIA: 1915 – *Inocência* (fot., rot., prod.). 1916 – *O guarani* (fot., rot., prod.). 1917 – *O grito do Ipiranga* (*Independência ou morte*) (fot.); *Os heróis brasileiros na Guerra do Paraguai* (*A morte gloriosa do tenente Antônio João*, *A retirada de Laguna*) (fot.); *O curandeiro* (fot., rot., prod., dir.). 1919 – *A caipirinha* (fot., rot.). 1920 – *O faroleiro* (*Drama de um farol*) (fot., prod.); *Como Deus castiga* (prod.). 1924 – *Uma excursão arrojada* (fot., prod., dir.).

Antônio Romão de Souza Campos, mais conhecido como Antônio Campos, radicou-se em São Paulo em 1897. Formou-se cirurgião-dentista pela Faculdade de Farmácia e Odontologia. Na primeira década do século era um *sportsman* conhecido na cidade, que praticava o ciclismo e o futebol. Também fazia parte de círculos dramáticos amadores e de grupos musicais.

Começou a filmar com uma câmera Pathé a partir de 1908, quando realizou um filme ficcional, o curta *O diabo*. A experiência era uma "fantasia" inspirada em Georges Méliès, segundo Paulo Emílio Salles Gomes* escreveu em 1956, ano em que se preparava uma homenagem aos pioneiros do cinema brasileiro. Os atores teriam sido o próprio Campos e seu filho mais velho. No ano seguinte especializou-se na realização de filmes não ficcionais, os famosos documentários de cavação, em que focalizava os acontecimentos mais importantes em São Paulo e nas cidades circunvizinhas. Seus assuntos principais eram inaugurações, esportes e exposições. Nunca chegou a se especializar em cinejornais*, como fariam outros pioneiros da qualidade de um Alberto Botelho*, por exemplo. Seu período mais produtivo nos filmes de ficção foi entre 1915 e 1920. Para isso, a sociedade com Vittorio Capellaro* teve papel importante. Capellaro, ator teatral com larga experiência na Itália, onde chegou a trabalhar na companhia de Eleonora Duse, quando excursionava pela segunda vez pelo Brasil, em 1915, resolveu ficar em São Paulo. Depois de agosto desse ano, Capellaro associou-se a Antônio Campos, que, segundo o seu biógrafo, Jorge Capellaro, tinha uma "posição de destaque no ambiente de cinema de São Paulo". Iniciaram o projeto de filmagem de *Inocência*, baseado no romance do Visconde de Taunay. Para esse filme, Campos, além da coprodução, fez a câmera. Lançado em novembro, no Teatro São Paulo, teve pequeno sucesso. No ano seguinte, a sociedade Campos e Capellaro resolveu levar à tela outro romance: *O guarani*, de José de Alencar. As filmagens buscaram certo exotismo e grandiosidade, com tomadas no Instituto Butantan e na represa de Santo Amaro, para a cena final da inundação. Requisitaram-se figurantes na cavalaria da Força Pública. Quando do lançamento, uma grande orquestra executou a protofonia da ópera de Carlos Gomes. Foi lançado em São Paulo no PATHÉ PALÁCIO em junho de 1916. Novamente Campos foi o coprodutor e câmera, e dividiu a redação do roteiro com Capellaro. Como no filme anterior, este fez o principal papel masculino (Peri). O filme obteve mais sucesso que o anterior, ficando oito dias na estreia no Rio, fato incomum para a época, tratando-se de um filme nacional. Após o lançamento em São Paulo, Capellaro resolveu romper a sociedade.

Desfeita a parceria, Campos voltou a trabalhar com documentários de encomenda. Fez um filme de carnaval para Serrador, mas foi rapidamente engajado nos projetos patrióticos da família Lambertini. O primeiro deles foi *O grito do Ipiranga*. O relativo sucesso dessa película fez com que filmasse a seguinte, *Os heróis brasileiros na Guerra do Paraguai*. Estreando em 1917, teve menor sucesso que o primeiro. Depois dessas experiências, o cinegrafista partiu para um empreendimento pessoal, produzindo, dirigindo e filmando *O curandeiro*, baseado em obra de Cornélio Pires. Como nos precedentes, era um filme com os pés no interior do Brasil, no caso, o interior de São Paulo, inspirado na figura do caipira. Para ator principal chamou Sebastião Arruda, que tinha se especializado nesse tipo de caracterização. As filmagens foram realizadas no antigo bosque Jabaquara, já conhecido de Campos, que ali filmou uma das externas de *O guarani*. O filme foi muito elogiado pelos aspectos típicos e técnicos. Como no caso da maioria dos filmes brasileiros, correu as salas por uma semana e desapareceu. Campos continuou fazendo os seus documentários de carnaval, casos de crime, voltando ao filme de ficção somente em 1919, quando a experiência de *O curandeiro* seria novamente acionada para a realização de *A caipirinha*, uma produção semiamadora de Caetano Matanó pela COOPERATIVA FILME. Participou da realização do roteiro e fez a câmera. Como escreveu o crítico de *O Estado de S. Paulo*, lembrava um faroeste, mas havia cenas de carnaval na avenida Paulista. Como sempre, o trabalho técnico a cargo de Campos foi muito elogiado. Lançado em agosto de 1919, o filme foi um sucesso, principalmente por ser amador e de baixo custo. Nele trabalhou Miguel Milano, que no ano seguinte informava ser professor, socialista e cooperativista, prática esta que já tinha instituído no filme de Matanó. No final de 1919, Milano formou com outros companheiros a SOCIEDADE DE CULTURA ARTÍSTICA ROMEIROS DO PROGRESSO. Campos foi um dos cooperados e, em quatro meses, tinham pronto *O faroleiro*, baseado em obra de Monteiro Lobato. No filme seguinte da ROMEIROS DO PROGRESSO, *Como Deus castiga*, Campos teria participado apenas como produtor cooperado. Seus últimos filmes, realizados em 1921, tinham a marca da sua atividade mais constante: o documentário. Em 1924, inicia a realização do documentário *Uma excursão arrojada*, entregando a seguir a direção a seu filho, Francisco Campos.

A experiência de Campos com adaptações literárias fez com que escrevesse a respeito, em 1918, para *A Fita*, uma publicação sobre cinema pouco conhecida.

Para ele, a regra básica da adaptação era a divisão em "quadros", isto é, o local onde se desenvolvia a ação. Mudando-se a ação de lugar, mudava-se o quadro. Na adaptação de *O guarani*, a frase do livro "D. Diogo de Mariz gastava o tempo em correrias e caçadas" resultou em doze quadros. A segunda fase do trabalho era a organização sequencial dos quadros. Dentro do quadro poderiam ocorrer diferentes tomadas. Tal foi o caso de *O curandeiro*, no qual o quadro 38, onde se vê a esposa de Chico em oração, tendo uma vela acesa em uma das mãos, podia ser filmada em plano geral (todo o quarto), e em primeiro plano, para destacar os aspectos fisionômicos da personagem. A tomada cinematográfica para o articulista podia ser "comparativa", de "adorno" e "excitante". A primeira tinha sido uma criação dos italianos, tratando-se de uma cena intercalada para destacar o caráter do personagem. A segunda servia para quebrar a monotonia da cena, inserindo-se pequenos detalhes (o bocejo de um personagem secundário, por exemplo). O "adorno" tinha sido uma criação dos americanos, seguida pelos europeus. Os quadros excitantes, por fim, eram um acréscimo de emoção. Também era uma cena intercalada, como um ponteiro de relógio, anunciando a hora final da ação principal, uma corda que se arrebenta, etc. Esse tipo de tomada também tinha sido criado pelo cinema americano, principalmente depois de 1911, tornando-se uma atração esperada pelos espectadores, o que fazia o sucesso do cinema ianque. Não é difícil perceber no artigo para *A Fita* o estudo e o aprendizado das regras dos cinemas americano e europeu, em filmes de Enrico Guazzoni ou Griffith. Com o desaparecimento dos filmes realizados por Campos, tornou-se impossível a verificação do resultado objetivo desse interesse. Os exemplos citados, contudo, indicam que a absorção foi, até onde se pode perceber, completa.

Em 1921 abriu-se para Antônio Campos uma nova profissão: a de censor. Na década de 20, a polícia, nos diversos estados brasileiros, recebeu oficialmente mais uma função, a de censura de diversões públicas. Essa atividade, que nas duas décadas anteriores tinha sido exercida de forma inconstante e atrabiliária, ganhava agora foros legais, tanto na Chefatura de Polícia do Rio de Janeiro como no Gabinete de Investigações de São Paulo. Em 1921 Antônio Campos foi comissionado no setor de Censura Teatral e Cinematográfica. Com a Lei nº 2.034, de 1924, o novo serviço ganhou o amparo da legislação. Campos teve rápido momento de auge na profissão de censor quando foi nomeado diretor de Censura da Secretaria de Segurança durante a Revolução de 1932. Terminada a revolução, voltou ao cargo anterior, sendo efetivado somente em 1933. Com exceção de ligeira passagem pela Secretaria de Educação e Saúde, onde dirigiu a filmagem do Departamento de Profilaxia da Lepra, ele seguiu como censor até a aposentadoria compulsória em 1946. Casado com Maria José Cabello Campos, teve dez filhos, entre os quais o cinegrafista Francisco Campos. Faleceu no Rio de Janeiro. (JIMS)

CAMPOS, Fernando Coni (Fernando Luís Coni Campos) – Conceição do Almeida, BA, 1933-1988. Diretor.

FILMOGRAFIA: 1964 – *Morte em três tempos*. 1967 – *Viagem ao fim do mundo*. 1967-1968 – *Um homem e sua jaula*. 1970 – *Uma nega chamada Teresa*; *Sangue quente em tarde fria*. 1977 – *Ladrões de cinema*. 1983 – *O mágico e o delegado*.

Autor de filmes singulares dentro do panorama cinematográfico brasileiro, tem trajetória marcada pelo onírico, pela literatura e pela cultura popular. Transfere-se na infância para a cidade baiana de Castro Alves, onde conhece Guido Araújo. Na adolescência vai para Salvador, descobrindo o mundo das artes plásticas, em especial a obra do pintor feirense Raimundo de Oliveira, com quem convivia na mesma pensão. Muda-se para a cidade de São Paulo no início dos anos 50, ingressando nos cursos de gravura e desenho ministrados por Lívio Abramo no Museu de Arte Moderna. Casa-se com Talula Abramo, filha de seu professor e mais tarde atriz de alguns de seus filmes. Chega ao Rio de Janeiro em 1955, associando-se ao artista plástico Rubens Martins e posteriormente ao grupo de Aloísio Magalhães. Experimenta vários cursos em campos considerados novos àquela altura – Publicidade, Comunicação Visual, Desenho Industrial –, sempre em busca de uma definição profissional. Aproxima-se da literatura, escrevendo os livros de poesia *Nome* e *Repasto frugal*, o primeiro publicado e o segundo inédito. Toma parte da equipe de criação da nova capital federal, experiência que utilizaria na realização do curta *Brasília, planejamento urbano* (1964). Faz curso de introdução à Semiótica com Max Bense, na Escola Superior da Forma da universidade alemã de Ulm, em 1960. Tendo reencontrado Guido Araújo no final dos anos 50, desenvolvem em parceria o roteiro *Festa* (renomeado mais tarde *Quando a cidade vive*), premiado pelo Instituto Nacional do Livro. Ao ter acesso à biblioteca de cinema do amigo, descobre os textos do cineasta ucraniano Sergei Eisenstein, e opta em definitivo pela área. Nos longas-metragens mescla elementos populares, típicos do Cinema Novo*, com formas narrativas mais próximas do Cinema Marginal*, movimento com o qual tinha mais afinidade. Nos curtas retrata em geral o universo das artes plásticas, como em *O Cristo flagelado* (1965), *Do grotesco ao arabesco* (1967), *Tarsila do Amaral* (1969), codirigido por David Neves*, *Rebolo Gonzales* (1973), *Painel Tiradentes-Portinari* (1975) e *Art-nouveau* (1979). No mesmo formato realiza ainda *O sol do labirinto* (1966), *Rio amado* (1967), *O Natal de Cristo* (1969), em parceria com Renato Neumann, *Brasil de Pedro a Pedro* (1973) e *Pelo sertão* (1974).

Estreia no longa-metragem com o policial *Morte em três tempos*, baseado em *Estranha morte de Luba*, de Luiz F. Coelho. A partir de dois capítulos das *Memórias póstumas de Brás Cubas*, de Machado de Assis, roteiriza e dirige *Viagem ao fim do mundo*. De forte inspiração tropicalista, ganha o LEOPARDO DE PRATA do FESTIVAL DE LOCARNO de 1968. Com a saída de Paulo Gil Soares* da direção, concluiu *Um homem e sua jaula*, que era uma produção sua, na adaptação do romance *Matéria de memória*, de Carlos Heitor Cony. O filme é interditado pela censura* e permanece inédito. Aprofunda o experimentalismo em *Sangue quente em tarde fria* e retoma o tropicalismo em *Uma nega chamada Teresa*, inspirado na canção de Jorge Benjor. Tenta uma aproximação com o grande público a partir de uma ideia própria em *Ladrões de cinema*. O filme impõe-se como um dos mais originais da década, embora a duração primitiva de mais de três horas tenha sido reduzida. Seu último trabalho, *O mágico e o delegado*, conquista os prêmios de melhor filme, roteiro, ator e atriz coadjuvante no FESTIVAL DE BRASÍLIA de 1983. Na década de 80 passa a escrever roteiros para filmes de outros diretores. Assina em parceria os de *Lua cheia*, de Alain Fresnot*, e *Romance*, de Sérgio Bianchi*, além do inacabado "Fronteira: a saga de Euclides da Cunha", e dos não realizados "O imponderável Bento", "Frei Caneca" e "Made in Brazil", refilmagem sob a forma de musical de *Ladrões de cinema*. Deixa inconcluso o documentário sobre Oscar Niemeyer, figura que já retratara em vídeo para a rede de televisão MANCHETE. Prepara a produção de *Fiel do amor*, roteiro que desenvolve com a segunda mulher Eloá Jacobina a partir dos escritos de Pedro Nava. Reflexões suas elaboradas para um curso ministrado em Salvador por ocasião da XVI JORNADA DE CINEMA DA BAHIA estão transcritas e editadas no volume *Cinema, sonho e lucidez*, de 1991. (HH) Faleceu em 24 de dezembro no Rio de Janeiro.

CAMURATI, Carla (Carla de Andrade Camurati) – Rio de Janeiro, RJ, 1960. Atriz, diretora.

FILMOGRAFIA: 1981 – *O olho mágico do amor* (atriz). 1983 – *Onda nova* (atriz); *Os bons tempos voltaram* (*Vamos gozar outra vez*) (1º episódio: 'Sábado quente') (atriz). 1984 – *Estrela nua* (atriz). 1986 – *Cidade oculta* (atriz). 1987 – *Eternamente Pagu* (atriz). 1989 – *O corpo* (atriz). 1992-1994 – *Carlota Joaquina, princesa do Brazil* (atriz, dir.). 1994 – *Lamarca, coração em chamas* (atriz). 1997 – *La serva padrona* (dir.). 2001 – *Copacabana* (dir.). 2006 – *Irma Vap – o retorno* (dir.).

Carla Camurati é carioca de Botafogo, primeira das duas filhas do jornalista Sérgio Antônio Camurati e da advogada Ana Maria Manhães de Andrade. Antes de optar pela carreira de atriz, foi recenseadora do IBGE, professora e vendedora. Chegou a cursar Biologia, mas abandonou o curso no 4º período para se matricular numa escola de teatro. Estreou como atriz na televisão: em 1979, participou do episódio "Gatinhas e gatões", da série *Amizade Colorida*, da REDE GLOBO, ao lado de Antônio Fagundes*. Trabalhou em várias novelas, como *Brilhante*, *Sol de verão*, *Fera radical* e *Pacto de sangue*. Em 1981 teve sua primeira oportunidade no teatro, na peça infantil *Flicts*, de Ziraldo. Nesse mesmo ano começou a carreira no cinema no filme *O olho mágico do amor*, de Ícaro Martins* e José Antônio Garcia*, dupla de diretores paulistanos que a elegeu como musa, contratando-a para trabalhar em quatro filmes (incluindo *O corpo*, dirigido apenas por José Antônio). Ela não gosta de incluir em sua filmografia sua participação em *Os bons tempos voltaram* (*Vamos gozar outra vez*), em que atuou no episódio 'Sábado quente', dirigido por Ivan Cardoso*, pois foram inseridas cenas de sexo sem o seu conhecimento. Sua atuação em *Estrela nua*, que Ícaro Martins e José Antônio Garcia realizaram, causou sensação: em determinada cena, nua numa banheira, ela apara com uma tesoura os pelos pubianos. Carla foi a Shirley Sombra de *Cidade oculta*, um *noir* estilizado dirigido por Chico Botelho*. Sua desenvoltura em interpretar mulheres avançadas e de temperamento decidido pôde ser constatada em *Eternamente Pagu*, dirigido por Norma Bengell*,

no qual viveu a escritora Patrícia Galvão (Pagu), musa de Oswald de Andrade. Carla Camurati resolveu se tornar diretora. Em 1987, dirigiu seu primeiro filme, o curta *A mulher fatal encontra o homem ideal*, filme, segundo ela, totalmente intuitivo, sem buscar inspiração em ninguém. Três anos depois fez outro curta, *Bastidores*, um registro da peça *O mistério de Irma Vap*, com Ney Latorraca* e Marco Nanini. Após esse rápido estágio no curta, Carla sentiu-se preparada para realizar o seu primeiro longa-metragem. Em meio à paralisia que acometia o cinema brasileiro, após o desmantelamento dos mecanismos de produção efetuado pelo governo Collor, iniciou a produção de um filme de época, *Carlota Joaquina, princesa do Brazil*. Feito sem pressa, *Carlota Joaquina* foi uma experiência para toda a equipe: além de Carla, que estreava na direção, eram também estreantes a produtora executiva Bianca de Felippes, egressa do teatro, e o diretor de fotografia Breno Silveira. O filme custou pouco mais de 600 mil reais, uma quantia improvável para um filme de época. Com inesperado sucesso de público, pagou-se logo nas primeiras semanas de exibição. Farsa histórica leve e insolente, *Carlota Joaquina* pode ser apontado como um dos precursores do chamado "renascimento" do cinema brasileiro. As atuações de Marieta Severo*, no papel-título, de Marco Nanini, como d. João VI, e de Maria Fernanda*, como d. Maria, a Louca, foram decisivas para o sucesso do filme. *Carlota Joaquina* foi, em geral, bem recebido pela crítica. Uma brincadeira divertida e maliciosa com a história do Brasil, desagradou aos herdeiros da dinastia Orleans e Bragança, que não gostaram da visão de d. João VI como bobo e glutão e de Carlota Joaquina como ninfomaníaca e grotesca. Em 1997, Carla dirigiu seu segundo longa-metragem, *La serva padrona*, adaptação de uma ópera de Pergolesi, que havia anteriormente encenado em Belo Horizonte. (LAR) É também diretora do filme memorialista *Copacabana*, no qual o protagonista (Marco Nanini) interpreta um fotógrafo que, às vésperas de fazer 90 anos, aproveita para mergulhar em suas recordações do bairro carioca. A obra mostra o vínculo afetivo pessoal de Camurati com Copacabana. Apesar de nascida em Botafogo, passou sua infância e juventude em casa de parentes próxima ao Posto 6. Também com Nanini, mais Ney Latorraca, Camurati tenta levar o sucesso da peça *Irma Vap* para o cinema com *Irma Vap – o retorno*. A operação não é muito bem-sucedida e o filme passa em branco no circuito exibidor. A

brincadeira metalinguística a que se dedica (a adaptação fílmica centra-se na própria encenação da peça) parece ter um alcance limitado. Em 2007 assumiu a presidência da Fundação Theatro Municipal do Rio de Janeiro. (FPR)

CAMUS, Marcel – Chappes, França, 1912-1982. Diretor.

FILMOGRAFIA: 1956 – *O rio do arrozal sangrento* (produção estrangeira). 1958 – *Orfeu do Carvanal* (*Orfeu negro*) (produção estrangeira). 1960 – *Os bandeirantes*. 1962 – *L'oiseau du paradis*. 1965 – *O canto do mundo* (produção estrangeira). 1968 – *Viver à noite* (produção estrangeira). 1970 – *Le mur de l'Atlantique*. 1976 – *Os pastores da noite* (*Otália da Bahia*) (produção estrangeira).

Realizador identificado com elementos da cultura brasileira (ainda que nunca tenha se radicado no país) e marcado pela escolha temática de terras longínquas e relativamente desconhecidas ao olhar europeu. Tendo se preparado para ser professor de artes, modifica seus interesses após passar quase toda a II Guerra Mundial como prisioneiro. Ao término do conflito, entra para o cinema francês, tornando-se assistente de direção. Trabalha com Henri Décoin, Jacques Feyder, Jacques Becker e Luís Buñuel, entre outros, realizando um curta, *Renaissance du Havre*, em 1950, e passando ao longa com *O rio do arrozal sangrento*, que aborda a situação do Vietnã pós-guerra da Indochina. Com a realização seguinte, *Orfeu do Carnaval*, baseada na peça *Orfeu da Conceição*, de Vinicius de Moraes*, consegue enorme consagração internacional, ganhando o FESTIVAL DE CANNES e o OSCAR de melhor filme estrangeiro de 1959. Faz mais dois filmes no Brasil, *Os bandeirantes*, sobre a construção de Brasília, e *Os pastores da noite*, adaptado da obra homônima de Jorge Amado*, desenvolvendo, entre um e outro, uma carreira itinerante sem maiores repercussões. Faleceu em Paris (França), no dia 13 de janeiro. (HH)

CANDEIAS, Ozualdo (Ozualdo Ribeiro Candeias) – Cajubi, SP, 1922-2007. Diretor.

FILMOGRAFIA: 1967 – *A margem*. 1968 – *Trilogia do terror* (2º episódio: 'O acordo'). 1969 – *Meu nome é Tonho*. 1971 – *A herança*. 1973 – *Caçada sangrenta*. 1979-1981 – *A opção* ou *As rosas da estrada*. 1982 – *Manelão, o caçador de orelhas*. 1983 – *A freira e a tortura*. 1987 – *As belas da Billings*. 1992-1993 – *O vigilante*.

Ozualdo Candeias, considerado pelo crítico Jairo Ferreira* como o diretor "marginal entre marginais", é filho de agricultores, trabalhou no campo, depois foi militar, motorista de caminhão e chofer de táxi, entre várias outras ocupações. Ainda na condição de espectador, já se interessava em compreender por que o cinema brasileiro produzia poucos filmes. Morando na capital do estado, no início da década de 50, comprou uma câmera 16 mm com a qual filmava registros de caráter amador. Posteriormente, passou a realizar documentários e reportagens cinematográficas, trabalhando nas mais variadas funções: cinegrafista, montador, roteirista, etc. Desse período, o principal filme é o curta *Tambaú, cidade dos milagres* (1955), que registra de maneira incomum, em termos imagéticos, as romarias para a bênção tida como milagrosa do padre Donizetti. Buscando ampliar seus conhecimentos, cursou durante quase três anos o Seminário de Cinema, que se iniciou no MASP e depois foi transferido para a Fundação Armando Álvares Penteado. Com o apoio de Plínio Garcia Sanchez e Jacques Deheinzelin, Candeias dirigiu dois curtas documentais com maiores pretensões artísticas, financiados pelo governo do estado de São Paulo: *Polícia feminina* (1959) e *Ensino industrial* (1962). Seu primeiro longa-metragem de ficção foi *A margem*, fita pela qual o Instituto Nacional de Cinema (INC) o premiou com o CORUJA DE OURO de melhor diretor daquele ano e que deu início ao movimento conhecido como Cinema Marginal*. A produção de *A margem* foi paupérrima – traço característico de todos os filmes de Candeias –, com equipe técnica reduzida, elenco composto de iniciantes – à exceção de Mário Benvenuti* –, mas a narrativa nada linear e uma estética que aproveitava criativamente a ausência de recursos financeiros tornaram esse filme sobre os deserdados sociais um dos pontos altos do cinema brasileiro. O seu segundo filme de ficção foi "O acordo", episódio que compôs o longa *Trilogia do terror*, cujas outras duas partes foram dirigidas por Luís Sérgio Person* ('Procissão dos mortos') e José Mojica Marins* ('Pesadelo macabro'). No ano seguinte realizou *Meu nome é Tonho*, com elenco formado por Bibi Vogel, Jorge Karam e atores escalados na escola de José Mojica Marins*. A fita foi financiada por Augusto Sobrado, produtor da Boca do Lixo* cuja intenção era fazer algo nos moldes do bangue-bangue italiano, então no auge da popularidade. Ozualdo Candeias, entretanto, não seguiu a proposta inicial, dirigindo um filme que dialogava com a cultura do interior de São Paulo. Apesar de alguns protestos pelo estilo agressivo da fita, *Meu nome é Tonho* fez boa carreira comercial, constituindo-se num dos poucos sucessos de bilheteria da filmografia de Candeias. Trabalhou também em vários filmes de outros diretores, como diretor de produção em *Agnaldo, perigo à vista* (Reynaldo Paes de Barros, 1968), roteirista de *As noites de Iemanjá* (Maurice Capovilla*, 1971), diretor de fotografia de *A noite do desejo* (Fauzi Mansur*, 1973) e *Ninfas diabólicas* (John Doo*, 1977). Foi ator em importantes filmes do Cinema Marginal, tais como *O Bandido da Luz Vermelha* (Rogério Sganzerla*), *O despertar da besta* (José Mojica Marins, 1968) e *Orgia ou o homem que deu cria* (João Silvério Trevisan, 1970).

Em 1971, Ozualdo Candeias dirigiu o longa *A herança*, adaptação da peça *Hamlet*, de William Shakespeare, para o Brasil interiorano dos anos 70, com David Cardoso* no papel principal. O filme não possui diálogos, substituídos por um inteligente trabalho sonoro que ressalta a música e os ruídos utilizados de forma não realista. Com *A herança*, Candeias recebeu o prêmio AIR FRANCE de melhor diretor de 1971. David Cardoso produziu e estrelou o filme seguinte de Candeias, *Caçada sangrenta*, de 1973, que foi mutilado pelo produtor e pela censura*. A crítica não recebeu bem *Caçada sangrenta*, e o próprio diretor tinha ressalvas quanto a essa aventura policial. No mesmo ano, ainda no auge da repressão política, tentou realizar com Bernardo Vorobow e Maurice Capovilla um longa-metragem de três episódios, mas problemas com a censura não permitiram que se iniciasse a produção. Sem possibilidades políticas e econômicas, optou por radicalizar suas propostas nos médias-metragens *Zézero* e *Candinho*, denominados pelo próprio diretor como filmes "subterrâneos". Feitos em cooperativa, com negativo vencido, o som composto quase apenas de ruídos, circulando de forma clandestina – pois não tinham o visto da censura –, eram formidáveis críticas ao "país que vai pra frente" dos discursos oficiais. *Zézero*, merecedor de um alentado artigo de Paulo Emílio Salles Gomes*, é especialmente forte, mostrando a trajetória do migrante do campo para a cidade, a sua vida miserável em todos os níveis. Quando as coisas parecem melhorar através de um prêmio de loteria, o migrante encontra toda a sua família morta. Realizou também nessa época o curta *A visita do velho senhor*, produzido pela Fundação Cultural de Curitiba. Desde os anos 60, Ozualdo Candeias passou a dedicar-se à preservação da memória da Boca do Lixo fotografando os profissionais de cinema que por ali transitavam, as fachadas decaídas de velhos prédios, os bares, as prostitutas, etc., resultando, nos anos 80, em duas exposições desse material: *A Boca – centro da indústria cinematográfica paulista* (1984), realizada pela Imprensa Oficial do Estado, e *Uma rua chamada Triunfo* (1989), patrocinada pela Secretaria Estadual de Cultura. Além disso, em 2001 o cineasta publicou um livro com fotos da Boca do Lixo com o mesmo título dessa última exposição. Com propósito semelhante, Candeias dirigiu os curtas documentários *Uma rua chamada Triumpho 1969/70* (1971), *Uma rua chamada Triumpho 1970/71* (1971) e *Festa na Boca* (1976).

Apenas em 1981 finalizou um novo longa-metragem, *A opção* – também intitulado *As rosas da estrada*, título imposto pelos produtores. Filmado durante dois anos em São Paulo, Rio de Janeiro, Minas Gerais, Bahia, Paraná e Rio Grande do Sul, entre outros estados, aborda a itinerância de mulheres que se prostituem na beira da estrada e desejam vir para a cidade grande. Para finalizar *A opção*, Ozualdo Candeias contou, pela primeira vez na sua carreira, com financiamento da EMBRAFILME* e da Secretaria de Cultura do Estado de São Paulo. Mesmo sendo premiado no FESTIVAL DE LOCARNO, na Suíça, o filme só conseguiu lançamento comercial no final dos anos 80, em uma sala da prefeitura de Curitiba e no CINESESC, em São Paulo. Em 1982, finalizou *Manelão, o caçador de orelhas*, também coprodução da EMBRAFILME* e da Secretaria de Cultura. Centrado no personagem Manelão, caboclo que, ao contrair doença venérea, pediu dinheiro a um latifundiário para o tratamento médico e, como pagamento da dívida, passa a matar a serviço desse latifundiário. Em seguida, Candeias dirigiu *A freira e a tortura*, produzido e estrelado por David Cardoso, com uma proposta estética menos inovadora quando comparada aos outros filmes do autor. *A freira e a tortura* aborda a prisão arbitrária e os maus-tratos sofridos por uma religiosa acusada de subversão, enquadrando-se na discussão sobre a repressão política da década anterior no país, mas estranhamente misturada com cenas eróticas. Novamente financiado pela EMBRAFILME e pela Secretaria da Cultura, Ozualdo Candeias terminou, em 1987, *As belas da Billings*, sobre um violeiro que vem para São Paulo tentar o sucesso, mas acaba conhecendo a vida miserável e marginal da grande cidade. Nesse filme, Candeias usou um elenco relativamente mais conhecido, Almir Sater (o violeiro),

Mário Benvenuti, José Mojica Marins e Claudette Joubert*. A convite da Fundação Cultural de Curitiba e da CINEMATECA DO MUSEU GUIDO VIARO, ministrou um curso de cinema naquela cidade em 1987. O reconhecimento de sua importância como cineasta fica claro nas retrospectivas de sua obra, como a promovida no MASP em 1986 por intermédio da EMBRAFILME e da CINEMATECA BRASILEIRA ou a realizada em 2002 no Centro Cultural Banco do Brasil de São Paulo com a curadoria de Eugênio Puppo – esta última, aliás, foi acompanhada de livro-catálogo sobre a obra do diretor. Ainda em relação ao seu reconhecimento, em 2004 recebeu a Ordem do Mérito Cultural do Ministério da Cultura. O último longa-metragem de Candeias foi *O vigilante*, sobre um matador da periferia de São Paulo. O filme foi produzido durante os anos de crise absoluta do cinema brasileiro, no governo Fernando Collor de Mello. Um dos mais conscientes cineastas brasileiros, não abriu mão da sua liberdade criativa e das temáticas que julgou importante abordar, mesmo que isso tenha significado um alijamento quase completo do mercado exibidor. *O vigilante*, por exemplo, não chegou a ser lançado comercialmente, apesar de receber o prêmio especial do júri no XXV FESTIVAL DE BRASÍLIA (1992). Ozualdo Candeias faleceu a 8 de fevereiro na cidade de São Paulo. (AA)

CÂNDIDO, Ivan (Ivan Cândido da Silva) – Rio de Janeiro, RJ, 1931. Ator.

FILMOGRAFIA: 1962 – *Boca de Ouro*. 1963 – *Os fuzis*. 1965 – *A falecida*. 1968 – *Maria Bonita, rainha do cangaço*. 1970 – *As escandalosas*. 1971 – *Barão Otelo no barato dos bilhões*. 1974 – *O último malandro*; *A cartomante*. 1975 – *O roubo das calcinhas* (2º episódio: 'I love bacalhau'). 1976 – *Pecado na sacristia*. 1977 – *Barra-pesada*; *Lúcio Flávio, o passageiro da agonia*. 1980-1982 – *Tensão no Rio*. 1981 – *Pra frente, Brasil*; *Luz del Fuego*. 1985 – *Urubus e papagaios*; *Pedro Mico*. 1994 – *Érotique* (episódio: 'Final Call') (coprodução estrangeira).

Ator sóbrio e de tipos fortes e marcantes, Ivan Cândido começou a interpretar, como disse uma vez, "por acidente". Em 1955, inscreveu-se num curso de teatro a fim de aprimorar sua cultura geral, sem intenção de seguir carreira. Logo na primeira aula, Henriette Morineau, uma das professoras do curso, fez um teste para uma peça que iria montar e ele foi o escolhido. Resolveu então investir na carreira de ator, sem se desligar da profissão que

lhe garantia o sustento: era serventuário da Justiça. Dedicou-se inicialmente ao teatro, tendo recebido, em 1961, o prêmio de melhor ator do ano pelos críticos teatrais do Rio de Janeiro. Estreou no cinema em 1962, em *Boca de Ouro*, dirigido por Nelson Pereira dos Santos*, com um personagem que seria uma de suas especialidades: um jornalista. O ponto alto de sua carreira no cinema foi *A falecida*, de Leon Hirszman*, cujo desempenho lhe proporcionou prêmios em vários festivais. Outras atuações dignas de menção são as de *Os fuzis*, de Ruy Guerra*; *Barão Otelo no barato dos bilhões* e *Pecado na sacristia*, ambos dirigidos por Miguel Borges*; e *Lúcio Flávio, o passageiro da agonia*, de Hector Babenco*. Neste último, interpretou o algoz de Lúcio Flávio, o policial responsável pelo seu assassinato. Na televisão, Ivan Cândido foi escalado geralmente para interpretar durões, policiais ou repórteres. Sua primeira novela foi *Assim na terra como no céu*. Na primeira versão de *Irmãos Coragem* interpretou um delegado de polícia. Além de ator, Ivan Cândido teve experiências também como roteirista. Muito ligado a Miguel Borges, fez com ele o roteiro de "O vingador de Lampião". Sozinho, fez a adaptação para o cinema do romance *Lisbela e o prisioneiro*, de Osman Lins, que seria sua estreia como diretor de cinema, ambos não concretizados. (LAR)

CAÑIZARES, José – Madri, Espanha, 1912-?. Montador.

FILMOGRAFIA: 1941 – *Canción de Cuna*. 1942 – *Tu eres la paz*. 1945 – *Alla en el 70 y tantos*; *El capitán Perez*. 1946 – *El tercer huésped*; *Inspiración*; *Soy un infeliz*. 1947 – *Siete para un secreto*; *Mirad los lirios del campo*. 1948 – *La caraba*; *Rodriguez supernumerario*; *El tambor de Tacuari*. 1948-1950 – *Mundo estranho* (coprodução estrangeira). 1949 – *La otra y yo*; *Las Aventuras de Jack*; *El extraño caso de la mujer asesinada*. 1950 – *Escuela de campeones*; *Los isleros*; *El último payador*. 1951 – *Volver a la vida*; *Los arboles mueren de pie*; *Mi divina pobreza*; *O comprador de fazendas*. 1951-1953 – *O saci*. 1952 – *A carne*; *Meu destino é pecar*; *Simão, o caolho*. 1953 – *Magia verde* (coprodução estrangeira); *O canto do mar*. 1954 – *Mulher de verdade*; *Carnaval em lá maior*; *Mãos sangrentas*. 1955 – *A rosa dos ventos* (episódio brasileiro: 'Ana') (coprodução estrangeira); *Leonora dos sete mares*; *Rosas no céu – milagres na terra*. 1956 – *Eva no Brasil* (coprodução estrangeira); *Getúlio Vargas, glória e drama de um povo*; *Quem matou Anabela?*; *A pensão de d.

Stela*; *Arara vermelha*. 1957 – *O cantor e o milionário*; *Absolutamente certo*; *Uma certa Lucrécia*. 1959 – *Moral em concordata*. 1960 – *Dona Violante Miranda*; *Por um céu de liberdade*; *Silêncio branco*. 1961 – *Amor na selva* (coprodução estrangeira). 1962 – *Isto é strip-tease*; *Superbeldades*. 1962-1963 – *Sol sobre a lama*. 1962 – *Convite ao pecado* (produção estrangeira). 1964 – *Três histórias de amor* (1º episódio: 'A carreta, amor no campo'; 2º episódio: 'Madrugada, amor na praia'; 3º episódio: 'A construção, amor no campo'). 1966 – *Os Incríveis neste mundo louco*. 1967 – *Diversões naturistas*.

Cañizares, nos anos 30, chegou a trabalhar em Barcelona em uma companhia de aviação. Com a vitória dos franquistas acabou indo para Paris, onde se empregou como mordomo na embaixada do Chile. Ainda antes do início da década de 40, Cañizares radicou-se brevemente em Santiago (Chile), antes de chegar à Argentina. Não há informações detalhadas acerca de sua participação no cinema espanhol (1932-1938), e tampouco no cinema francês (1939). Sobre sua atuação no cinema argentino (1940-1951): foi laureado pela ACADEMIA DE ARTES E CIÊNCIAS CINEMATOGRÁFICAS daquele país pela edição das películas *Juvenilia*, *Caminito del indio* e *Los isleros*, e premiado pela ORGANIZACIÓN DE CRÍTICOS CINEMATOGRÁFICOS ARGENTINOS pelo seu trabalho de edição em *Alla en el 70 y tantos*, *Siete para un secreto*, *El último payador* e *Escuela de campeones*. Mário Audrá* convidou-o para vir trabalhar na MARISTELA* quando ficou claro que Carla Civelli, responsável pela montagem de *Presença de Anita*, a primeira película filmada nos estúdios de Jaçanã, mostrou-se inadequada para a função. Ele assinou contrato com a empresa, mas, alegando ter de voltar para preparar sua mudança, recusou-se, naturalmente por uma questão de ética, a tocar no filme. Só começou a trabalhar na segunda película da companhia. Assumiu a chefia do Departamento de Corte da MARISTELA, trazendo em sua bagagem, segundo o crítico B. J. Duarte*, um título curioso: "O salvador das películas perdidas" – ou, nas palavras de Audrá, o "desengasgador das películas", título que conquistara na Argentina "tornando apresentáveis algumas fitas malogradas". Cañizares foi também recomendado por Mário Pagés*, fotógrafo argentino que pertencia aos quadros da MARISTELA desde seus primeiros momentos. Na empresa de Jaçanã trabalhou em quase uma dezena de películas, além de participar dos filmes que Alberto

Cavalcanti* dirigiu para a KINO FILMES*, *O canto do mar* e *Mulher de verdade*. Editou igualmente *Absolutamente certo*, de Anselmo Duarte*, *A carne*, de Guido Lazzarini, *O saci*, de Rodolfo Nanni, *Leonora dos sete mares* (versão em português e espanhol), de Carlos Hugo Christensen*, *Eva no Brasil*, de Pierre Caron, *Uma certa Lucrécia*, de Fernando de Barros*, além de muitos documentários de que foi editor e montador, como *Fatos e não palavras* (que também dirigiu), *Anatomia do progresso, O drama da seca* (película encomendada pela Unesco, na qual colaborou na tomada de vista, e encarregou-se da edição). Cañizares teve seu trabalho amplamente reconhecido no Brasil, recebendo as seguintes láureas: PRÊMIO GOVERNADOR DO ESTADO para *O saci, O canto do mar, Leonora dos sete mares, Absolutamente certo, Uma certa Lucrécia*; *Leonora dos sete mares* recebeu ainda os prêmios SACI e PREFEITURA DE SÃO PAULO. Continuou bastante ativo, até o final dos anos 60, montando e editando longas-metragens. (AMC)

CAPELLARO, Vittorio (Eusébio Vittorio Giovanni Battista Capellaro) –
Mongrando, Itália, 1877-1943. Diretor.
FILMOGRAFIA: 1915 – *Inocência*. 1916 – *O guarani*. 1917 – *O Cruzeiro do Sul*. 1919 – *Iracema*. 1920 – *O garimpeiro*. 1926 – *O guarani*. 1932-1933 – *O caçador de diamantes*. 1935 – *Fazendo fita*.

Em sua infância recebe educação de seu tio Simon, vive em várias cidades e países, como em Modanne, na França, e em Oran, Philippeville e Bugie, na Argélia, sendo o francês sua primeira língua. Em Turim, Itália, conclui seus estudos com os padres salesianos, quando aprende o ofício de relojoeiro-ourives, sua primeira profissão, em que adquire conhecimentos de mecânica. Nessa mesma época, ainda nos salesianos, dedica-se ao teatro, frequentando a escola de arte dramática e participando de grupos amadores, que viajam e se apresentam por toda a Itália. Durante muitos anos liga-se a várias pequenas companhias da época, nas quais trabalha como ator dramático e vive em sérias dificuldades financeiras enquanto continua a viajar. Por volta de 1905, tem sua primeira grande oportunidade ingressando na companhia de um famoso ator do começo do século, Ermete Zacconi, com quem contracena numa série de peças, entre elas, *Piu che l'amore*. Logo depois, a partir de 1907, é ator na companhia de outra grande estrela da época, Eleonora Duse, com quem viaja pela América do Sul, tendo a oportunidade de conhecer o Rio de Janeiro, São Paulo e Buenos Aires, onde representa *A dama das camélias*, de Alexandre Dumas Filho, *Hedda Gabler*, de Henrik Ibsen, e outras. Em momento de projeção dessa companhia, excursionam pela Europa, apresentando-se na Alemanha, Áustria, Bélgica, Hungria, Romênia, e ainda para o czar russo Nicolau II, em São Petersburgo. Permanece nesse elenco até 1912. Na companhia Stabile, de Tina di Lorenzo, em 1913, visita novamente o Rio de Janeiro e São Paulo. Na Itália, até 1915, atua em companhias de menor porte. No cinema italiano, em 1912, contracena com Francesca Bertini, como ator principal de *Un amore di Pietro di Medici*, sob direção de Giuseppe Petrai, e interpreta papel secundário em *Idolo infanto*, produção da CELIO FILM, de Roma. Sua participação em outros filmes nesse período permanece nebulosa.

Em 1915, em Turim, trabalha na Companhia de Teatro e Cinema, de Alberto Capozzi, tendo em Mario Bacino a figura de seu diretor de cinema. Com eles, vem para o Brasil (São Paulo), pela terceira vez nesse mesmo ano. Aqui se apresentam com uma série de peças. Desliga-se de Capozzi, decide mudar-se para São Paulo e dedica-se ao cinema. Em sociedade com o cinegrafista paulista Antonio Campos*, produzem e adaptam o romance *Inocência*, do Visconde de Taunay, para filme homônimo, com direção e interpretação de Capellaro, protagonista no papel do jovem médico Cirino, e com fotografia de Antônio Campos. É o primeiro filme paulista de longa-metragem (próximo ao modelo atual de longa metragem), apesar de seu elenco de nomes italianos: Tina Gaudio no papel-título de *Inocência*, além de Santino Giannastasio, Enrico Fragale e Edoardo Cassoli. A iniciativa é bem-sucedida e lança um ciclo de adaptações literárias, gênero dominante no cinema brasileiro entre 1915 e 1920. Novamente em parceria com Campos, ambos exercendo as mesmas funções, dirige e interpreta o papel de Peri em *O guarani*, baseado no romance homônimo de José de Alencar*. O papel de Ceci é entregue à italiana Georgina Marchiani* e os mesmos nomes italianos do primeiro filme, Giannastasio, Fragale e Cassoli, juntam-se a Paulo Aliano e Maria Valentini, que compõem o elenco. O filme faz sucesso. Em 1916, Capellaro dirige seus primeiros documentários, *Propaganda do café brasileiro na América do Norte* e *Butantã*. Depois muda-se para o Rio de Janeiro, onde filma o drama *O Cruzeiro do Sul*, encarregando-se da produção, direção e enredo (que pode ter se inspirado em *O mulato*, de Aluísio Azevedo) e interpreta o principal papel masculino. A fotografia, dessa vez, é de Paulo Benedetti* e o principal papel feminino é de Georgina Marchiani. No segundo semestre de 1917 viaja à Itália e mobiliza-se pela guerra. Ao retornar ao Brasil, em 1918, traz na bagagem filmes italianos e trabalha na sua distribuição pelo Nordeste do país. Nesse mesmo ano filma sua primeira versão de "Iracema" (extraída do romance de José de Alencar), a qual, devido a acidente no laboratório, fica inacabada. No ano de 1919 retoma o mesmo argumento, que produz, adapta, dirige e no qual interpreta Martim, um dos papéis principais de *Iracema*. Lança também nesse filme a atriz Iracema de Alencar*, que mais tarde faz importante carreira no teatro. A fotografia é de Benedetti. Monta seu laboratório, no qual presta serviços para as distribuidoras de filmes. Fiel às adaptações literárias, filma *O garimpeiro*, baseado no romance homônimo de Bernardo Guimarães, com produção, adaptação, direção e interpretação suas. Faz o papel principal, o personagem Elias, tendo sua terceira parceria com o fotógrafo Benedetti. Em 1922 dirige o documentário* *Exposição do Centenário da Independência*.

Em 1924 muda-se mais uma vez para São Paulo, quando monta seu laboratório, ampliado em 1926. Seu afastamento do cinema de ficção e da temática rural dura seis anos. Nesse mesmo ano, associa-se à empresa americana PARAMOUNT PICTURES (fato inédito no cinema brasileiro), na produção da refilmagem de *O guarani*, que adapta e dirige (sua única experiência nesse setor), acumulando também a função de fotógrafo e o papel secundário de Loredano. Os papéis centrais de Peri e Ceci são entregues respectivamente a Tácito de Souza e Armanda Maucery. O filme tem grande sucesso, o maior de sua carreira. Em 1928 constrói seu único estúdio de filmagem, na alameda Santos, região da avenida Paulista. Dirige em Santos os documentários *Desastre do Monte Serrat* e *Inauguração do Cassino Atlântico*. Dirige também o filme de propaganda *Sabonete Lever* (1929). Na transição do filme silencioso para o sonoro, enfrenta dificuldades, como todo o cinema brasileiro da época. As tentativas de filmar a vida da marquesa de Santos e "As minas de prata", este baseado no romance de José de Alencar, fracassam e marcam o início de sua parceria com o crítico de cinema Niraldo Ambra, roteirista de seus filmes seguintes. Seu primeiro filme sonoro, *O caçador de diamantes*, é gravado no processo VITAPHONE. Produz, adapta e dirige a saga dos bandeirantes, com fotografia dos húngaros Adalberto Kemeny* e Rodolfo R. Lustig, serviços de laboratório da REX FILME. Nos principais nomes do elenco estão Corita Cunha, Francisco Scolamieri e Reginaldo Calmon. Em 1934 desfaz-se de seu estúdio, muda-se para a rua Frei Caneca, e monta novo laboratório, onde executa serviços para distribuidores de filmes estrangeiros. Dirige também os documentários *Laranjas de São Paulo*. Associado à ROSSI-REX FILME na feitura de seu primeiro longa de temática urbana, a comédia musical *Fazendo fita* utiliza elementos de prestígio no rádio paulista, com fotografia de Kemen e Lustig. Essa sátira ao modo de se fazer filmes no Brasil não alcança o mesmo sucesso dos *Alô! Alô!* cariocas. Dirige para a Distribuidora Nacional (DN) os documentários *Jornaleiros de São Paulo* e *Arranha-céus de São Paulo*, ambos de 1936. Muda-se para o Rio de Janeiro em 1937, dirigindo os documentários *Jardim Botânico do Rio de Janeiro* e *Castelo de Serrador em Correias*. Seus projetos seguintes não vingam, entre eles a filmagem da vida de Carlos Gomes. Dirige o documentário *Museu de Belas-artes* (1938) e curtas para Ruy Goulart e Alceu Maciel Pinheiro. Em 1940 dirige seus últimos documentários, *As crianças sempre brincam*, *A escola de educação física do Exército* e *O mosteiro de São Bento*. Faz gravações sonoras para documentários do DIP e do Ministério da Agricultura. Faleceu no Rio de Janeiro em 6 de agosto. (LFM)

CAPOVILLA, Maurice (Maurice Carlos Capovilla) – Valinhos, SP, 1936. Diretor.

FILMOGRAFIA: 1965-1968 – *Brasil verdade* (episódio: 'Os subterrâneos do futebol'). 1967 – *Bebel, a garota-propaganda*. 1969 – *O profeta da fome*. 1969-1973 – *Vozes do medo* (episódio: 'Loucuras'). 1971 – *As noites de Iemanjá*. 1976 – *O jogo da vida*. 2003 – *Harmada*.

Maurice Carlos Capovilla iniciou a sua escolaridade em Campinas, terminando-a em São Paulo, no Colégio Paes Leme, onde foi colega de Gustavo Dahl*. Matriculou-se no curso de Literatura da Faculdade de Filosofia da Universidade de São Paulo. Em 1961, ao mesmo tempo que era estudante, trabalhava como repórter-estagiário do jornal *O Estado de S. Paulo*. Como cinéfilo, frequentava as discussões do Centro Dom Vital com Gustavo Dahl e Jean-Claude Bernardet*. Ambos trabalhavam na CINEMATECA BRASILEIRA nessa época. Quando Dahl ganhou uma bolsa para estudar cinema no CENTRO EXPERIMENTAL DE CINEMATOGRAFIA, em Roma, Capovilla, ou Capô, como é mais conhecido, ficou no lugar do amigo no Departamento de Difusão de Filmes. Continuou seguindo a carreira jornalística trabalhando no jornal *Última Hora*. Descobriu o cinema documental com *Aruanda*, de Linduarte Noronha*, em 1961. Entre 1961 e 1963, Capô esteve envolvido em várias atividades, nas quais o cinema era o núcleo: na difusão de filmes, através da CINEMATECA; no jornalismo, escrevendo artigos para a *Revista Brasiliense*, na qual defendia o mercado para os filmes brasileiros e analisava filmes do Cinema Novo*; no trabalho político comunista no Sindicato da Construção Civil. A ação no sindicato não se limitava à exibição e discussão de filmes políticos, realizada juntamente com Rudá de Andrade*, envolvendo também a tentativa de filmagem de um documentário através da União Estadual dos Estudantes (UEE), numa espécie de experiência paulista similar ao Centro Popular de Cultura (CPC). O curta "União" seria o resultado desse trabalho, que teria sido interrompido na mesa de montagem. Em 1963, Fernando Birri esteve no Brasil para uma série de conferências a convite de Paulo Emílio Salles Gomes*. Capô ficou entusiasmado com *Tire Die*, realizado por Birri, em que meninos pobres que viviam embaixo de uma ponte ferroviária sobre o rio Salado, em Santa Fé, Argentina, pediam moedas aos passageiros do trem, dizendo "Atire dez", título do filme. Como a CINEMATECA passava por uma de suas crises periódicas, ele conseguiu uma bolsa do Itamaraty para fazer um estágio no Instituto de Cinematografia da Universidade Nacional do Litoral, em Santa Fé, onde se iniciara o movimento dirigido por Birri. Quando retornou, começou a produção de *Meninos do Tietê*, filme diretamente inspirado por *Tire Die*: garotos favelados que moram às margens do rio Tietê e vivem uma infância sem futuro. O documentário* concretizava a busca de um cinema realista, crítico e popular. Era uma forma de integração com o documentarismo cinemanovista, embora sua temática se afastasse dos exemplos apresentados durante a VI Bienal (1961), como *Couro de gato*, *O poeta do castelo* e *O mestre de Apipucos*, quando foram lançados oficialmente os filmes do Cinema Novo em São Paulo. Seu filme seguinte foi *Subterrâneos do futebol*, com produção de Thomaz Farkas*, que reunia na equipe Horácio Gimenez e Edgard Pallero, que tinham sido, respectivamente, assistente e diretor de produção de Birri. Dessa vez o diretor trabalhou com uma câmera 16 mm e som direto, tendo mais liberdade de movimentação do que em *Meninos do Tietê*, filmado em 35 mm. O curta foi realizado praticamente nos finais de semana, ainda que já tivesse deixado o jornal *Última Hora*, após o golpe de 1964. *Subterrâneos do futebol* entendia o futebol como alienação, analisando a engrenagem em que se debatiam os ídolos esportivos, no caso exemplar de Pelé, visto como um "escravo" do futebol. Os torcedores seriam sofredores histéricos. A cena de desmoronamento do estádio do Santos Futebol Clube era uma referência direta ao sofrimento do torcedor. A experiência de dois filmes criou uma situação curiosa dentro do meio cinematográfico paulistano. Ligado ao Cinema Novo, que se opunha à importação dos modelos do cinema clássico de Hollywood, como tinha acontecido com a VERA CRUZ*, ele também ultrapassava o grupo paulista anterior de críticos da produtora, como Galileu Garcia*, Carlos Alberto de Souza Barros* ou César Mêmolo Jr., diretores que tinham tido uma formação europeia ou no próprio sistema desenvolvido pela VERA CRUZ. Capô foi obrigado a voltar ao jornalismo em 1965, inaugurando a seção de cinema do recém-fundado *Jornal da Tarde*. Continuou ligado ao grupo de Thomaz Farkas, trabalhando com som direto para o filme *Nossa escola de samba*, *Memória do cangaço* e *Viramundo* (1965). Produzido para o Itamaraty, dirigiu *Esportes no Brasil*, em 1966, com direção de produção de Luís Sérgio Person* e fotografia de David Neves*. Nesse mesmo ano foi admitido como professor da Escola de Comunicações Culturais, da USP, depois Escola de Comunicações e Artes, tendo como alunos futuros cineastas como Aloysio Raulino*, Plácido de Campos Jr., entre outros. Em maio de 1967 deu os passos iniciais para a produção do seu primeiro longa, *Bebel, a garota-propaganda*, baseado num conto de Ignácio de Loyola Brandão e roteiro de Roberto Santos*. *Bebel* seguia a mesma linha do cinema sociológico inaugurada com *Meninos*: um cinema "realista, crítico e popular", mesmo que essas ideias já estivessem sendo revistas por um contemporâneo como Bernardet em *Brasil em tempo de cinema*. Terminadas as filmagens em julho, o filme estreou no ano seguinte, causando polêmica. A sequência do carro de um deputado atropelando uma criança, seguida do pedido de imunidade parlamentar para escapar à Justiça, causou revolta no plenário do Congresso, em Brasília. Afora o escândalo, o filme alcançou relativo sucesso, demorando dois anos para se pagar. Mesmo situando-se dentro do movimento do Cinema Novo, Capovilla recusava o rótulo de "cinema de autor". Para ele, o cinema de autor compreendia um leque de possibilidades que iam do cinema comercial ao cinema de conflitos psicológicos individualistas e antissocial, passando pela pesquisa de linguagem, algumas vezes válida, mas nem sempre digna de ser levada a sério. No seu entender, a "revolução formal" pertencia à Semana de 22, e o tropicalismo era um "futurismo às avessas". No início da década de 60 considerava filmes como *O ano passado em Marienbad* (1961), de Alain Resnais, desvinculados da realidade brasileira. Fiel ao cinema social, ele colocava muita ênfase sobre a aquisição de uma nova consciência, "uma maneira mais aguda de enfrentar os velhos problemas do homem e da sociedade". Dentro desse quadro, ele participou do Comitê Internacional do Cinema Novo, organizado em São Paulo, em 1968, para lutar contra a censura. O comitê organizou a I MOSTRA DO CINEMA NOVO, na qual os principais objetivos eram provar a popularidade dos filmes cinemanovistas e a possibilidade de abertura do mercado para eles. Trabalhou com Roberto Santos na montagem e no som de *A hora e vez de Augusto Matraga*. À falta de condições para o início de uma nova produção aliou-se à reformulação do seu estilo de fazer cinema. Como declarou, "estava muito preso à tradição realista do cinema paulista, da crítica de costumes". O fim do sonho utópico do cinema social deu lugar a discussões com Fernando Peixoto sobre o texto de Glauber Rocha*, *Estética da fome*. Para *Última Hora*, Capô redigiu uma matéria sobre o faquir Sikh. A reportagem foi utilizada como elemento do seu segundo longa, *O profeta da fome*. O filme articulava a fome como tema central. O grupo de artistas de um circo entra em tal processo de marginalização que a solução é tornar a fome uma atração. José Mojica Marins* fazia o faquir Alikahn. A produção do filme era pobre, sem grandes condições técnicas, o oposto de *Bebel*, mas de acordo com a nova produção que surgia na Boca do Lixo* de São Paulo, o Cinema Marginal*, que atraía cineastas como João Batista de Andrade*, muito próximo ideologicamente de Capovilla, ou Carlos Reichenbach*, no campo oposto. *O profeta da fome* seria uma parábola sobre o subdesenvolvimento, com o seu cortejo de horrores (loucura, morte, falta de perspectivas para o povo). Lançado em junho de 1970, foi visto por Rubem Biáfora* como uma fábula antropofágica. Comercialmente, fracassou, mas deu muito prestígio cultural a Capovilla. A película seguinte, *As noites de Iemanjá*, foi feita apenas para pagar as dívidas de *O profeta*. Ozualdo Candeias* tinha iniciado a roteirização do filme, mas acabou brigando com a produção. Capovilla não dá a menor importância ao filme. Voltou a ensinar Cinema na ECA, ao mesmo tempo que voltou a escrever para revistas, como *Visão*, e para o *Jornal da Tarde*, no lugar de Mauricio Rittner, que estava filmando *Uma mulher para sábado*. Para *Visão*, recusou-se a escrever sobre cinema brasileiro, porque não se sentia distanciado o suficiente para poder emitir uma opinião isenta. Entre 1972 e 1975 trabalhou seguidamente para a TV. Declarou que fazia televisão porque não conseguia fazer cinema. Além do mais, a TV tinha um espectador fiel, resolvendo o problema de realizar obrigatoriamente um filme popular. Em termos de linguagem, achava que podia progredir mais na TV do que no cinema. Podia-se fazer um cinema-verdade mais sofisticado, na época anterior ao videoteipe. Realizou filmes para o *Globo Shell Especial*, *Globo Repórter* e o *Globo Repórter Aventura*. Um deles, *Último dia de Lampião*, alcançou um Ibope de 30 milhões de espectadores. Em termos de dramaturgia, nesse filme, na falta de documentos visuais de época, Capovilla pôde experimentar a reconstituição histórica do cangaço, fazendo uma espécie de "documentário de ficção". Esse tipo de dramatização hoje é largamente utilizado na televisão e mesmo entre os documentaristas. Logo depois, em 1979, Sergio Muniz, no piloto de série para a EMBRAFILME*, *Andiamo in 'Merica*, fez uso desse recurso narrativo. Saiu da GLOBO em 1975, fundando a DOCUMENTA, que produziu documentários para o *Globo Repórter* e filmes de encomenda. Em 1976, empolgado com a EMBRAFILME, retornou ao cinema de ficção, filmando *O jogo da vida*. O roteiro original tinha sido pensado como um *Caso Especial* para a GLOBO, mas o projeto ficou arquivado. Em julho de 1976, ele resolveu fazer o filme baseado no livro *Malagueta, Perus e Bacanaço*, de João Antonio. Os personagens eram pequenos marginais da cidade, reunidos em volta de uma mesa de bilhar. Era uma retomada do cinema popular de que se tinha afastado em *O profeta da fome*, retornando à busca de uma identidade nacional que tinha tentado em *Subterrâneos* e *Bebel*. Lançado em novembro de 1977, a fita foi mal recebida pela crítica. Depois de *O jogo da vida*, Capovilla dedicou-se basicamente à TV e ao ensino. Foi para a BANDEIRANTES, onde dirigiu documentários especiais como *O boi misterioso*, baseado em uma história de cordel; programas semanais, como *Outras palavras*; dirigiu novelas, como *O todo poderoso*. Um documentário sobre Portugal, mal recebido pelo consulado no Rio de Janeiro, motivou a sua saída da BANDEIRANTES. Trabalhou para a TV EDUCATIVA do Rio de Janeiro num programa sobre o cinema brasileiro, e, mais tarde, numa TV comunitária em Paraty, no Rio de Janeiro. Dedicou-se também ao desenvolvimento do INSTITUTO DRAGÃO DO MAR, em Fortaleza, uma escola de cinema na qual foi diretor executivo e professor. (JIMS) Afastado há mais de vinte anos, retorna com *Harmada*, inspirado na obra de João Gilberto Noll, tendo como protagonista Paulo César Pereio*, que ganhou o TROFÉU CANDANGO de melhor ator no FESTIVAL DE BRASÍLIA (2003). Participa como ator em *Donde comienza el camino*, com entrevistados falando sobre Fernando Birri e a escola documental de Santa Fé.

CARBONARI, Primo – São Paulo, SP, 1920-2006. Diretor, produtor, fotógrafo.

FILMOGRAFIA: 1957 – *O circo chegou à cidade* (fot., prod.). 1959 – *Aí vêm os cadetes* (fot., prod.). 1963 – *Américas unidas* (prod.). 1965 – *A morte por 500 milhões* (prod.). 1966 – *Os Incríveis neste mundo louco* (prod.).

Primo Carbonari nasceu na cidade de São Paulo, filho de imigrantes vindos da Itália, por volta de 1880. Passou a infância pobre em um bairro tipicamente de imigrantes, a Barra Funda, e o seu interesse pelo cinema surgiu com os filmes silenciosos vistos nos anos 20, causado acima de tudo pela curiosidade por questões técnicas e não por questões estéticas. Devido a necessidades financeiras, começou a trabalhar ainda garoto em ocupações como fotógrafo lambe-lambe, ajudante de projecionista e repórter fotográfico de *A Gazeta* e dos *Diários Associados* – para os quais cobria os fatos policiais e o futebol. Em cinema, Primo Carbonari trabalhou nos laboratórios das empresas Matarazzo, passando depois, já na segunda metade dos anos 30, pela malograda COMPANHIA AMERICANA DE FILMES. Achille Tartari, diretor técnico da empresa, contratou-o para ser ajudante de Francisco Madrigano* no laboratório desta. Os pioneiros Tartari e Madrigano, em seus depoimentos para Maria Rita Galvão, compilados no livro *Crônica do cinema paulistano*, recordam do jovem Carbonari, e ainda de Antonio

Campos*, Nicola Tartaglione e Gilberto Rossi*. Isso porque Carbonari rondava os laboratórios atrás de emprego ou mesmo de pequenos serviços, tentando introduzir-se naquele acanhado meio cinematográfico. É importante notar que o contato com esses pioneiros, conhecidos como "cavadores" – por "cavarem" encomendas de filmes com políticos, empresários ou famílias ricas –, realizou-se já na decadência desse tipo de produção, cujo momento forte havia sido na década de 20. O trabalho na AMERICANA permitiu a Carbonari iniciar-se como cinegrafista, função que exerceu, após a falência da companhia, no Departamento Estadual de Imprensa e Propaganda (DEIP). Ao deixar esse órgão, trabalhou no cinejornal* *Bandeirante da Tela*, especializando-se em complementos, seja o cinejornal ou o documentário. Nos anos 50 abre sua própria produtora associado a Achille Tartari, a AMPLAVISÃO, nome também de um processo desenvolvido por Primo Carbonari similar ao CINEMASCOPE. Com sua habilidade técnica chegou a colocar para funcionar a aparelhagem de *back-projection* da VERA CRUZ*, quando das filmagens de *Floradas na serra*. A afirmação como importante produtor de cinejornais e documentários curtos acontece nessa época, através da ligação com Paulo Sá Pinto, então um dos principais exibidores de São Paulo, dono dos cinemas REPÚBLICA e RITZ-SÃO JOÃO. Após o golpe militar de 1964, do qual foi ardoroso defensor, Primo Carbonari, já sem a companhia de Achille Tartari, paulatinamente passa a dominar o mercado paulista de complementos, chegando no final da década de 70 a ter quase o monopólio desse mercado, além de substantiva participação em outras praças. Apesar disso, a qualidade técnica dos seus filmes sempre foi criticada negativamente e os conteúdos restringiam-se na maior parte das vezes à divulgação de banquetes, casamentos, aniversários, empresas, feiras, produtos e realizações do governo federal e dos governos estaduais ou municipais – ou seja, filmes de encomenda. Seus principais concorrentes no Brasil eram Carlos Niemeyer e Jean Manzon*. Primo Carbonari também produziu alguns longas-metragens ficcionais, tais como *O circo chegou à cidade* (direção de Alberto Severi), *Aí vêm os cadetes* (direção de Luiz de Barros*) e *Os Incríveis neste mundo louco* (direção de Brancato Jr.). Mas o seu êxito nesse campo não foi grande, visto serem poucos filmes e quase sem repercussão de público ou crítica. As atividades de Primo Carbonari não se restringiram à produção;

nos anos 70 participou ativamente da política cinematográfica, tendo exercido o cargo de presidente do SINDICATO DA INDÚSTRIA CINEMATOGRÁFICA e membro da COMISSÃO ESTADUAL DE CINEMA, sempre defendendo a legislação de obrigatoriedade de exibição do curta-metragem. Em 1986 candidatou-se a deputado federal pelo Partido Trabalhista Brasileiro (PTB), mas não conseguiu se eleger. Formou ao longo da vida um imenso arquivo cinematográfico, composto dos seus filmes e de material comprado de terceiros. Carbonari faleceu em São Paulo a 21 de março. (AA)

CARDOSO, David (José Darcy Cardoso) – Maracaju, MS, 1943. Ator, produtor, diretor.

FILMOGRAFIA: 1963 – *O Lamparina* (ator). 1964 – *Noite vazia* (ator). 1965 – *Corpo ardente* (ator). 1966-1967 – *Férias no Sul* (ator). 1968 – *Agnaldo, perigo à vista* (ator). 1970 – *A moreninha* (ator). 1971 – *A herança* (ator). 1973 – *Caçada sangrenta* (prod., ator). 1974 – *Sedução* (ator); *A ilha do desejo* (prod., ator). 1975 – *Amadas e violentadas* (prod., ator). 1976 – *Possuídas pelo pecado* (prod., ator). 1977 – *Dezenove mulheres e um homem* (prod., dir., ator). 1978 – *Bandido, a fúria do sexo* (prod., dir., ator). 1979 – *Desejo selvagem* (*Massacre no Pantanal*) (prod., dir., ator). 1980 – *Noite das taras* (3 episódios) (prod., dir.). 1981 – *Pornô!* (2º episódio: 'O prazer da virtude') (prod., dir.); *Aqui, tarados!* (3º episódio: 'O pasteleiro') (prod., dir.). 1982 – *As seis mulheres de Adão* (prod., dir., ator). 1983 – *A Freira e a tortura* (prod., ator); *Corpo e alma de uma raça* (prod., dir., ator); *A noite das taras 2* (2º episódio: 'A Guerra das Malvinas') (prod.). 1984 – *Caçadas eróticas* (1º episódio: 'A espiã que entrou em fria'; 3º episódio: 'Os punks') (prod., dir.). 1985 – *O viciado em c...* (prod., dir.); *O viciado em c... 2* (*Vícios nº 2*) (prod., dir.); *Troca-troca do prazer* (prod., dir.). 1986 – *Sexo cruzado* (prod., dir.); *Estou com aids, o terror da humanidade* (prod., dir.). 1987 – *O dia do gato* (prod., dir., ator). 1988-1989 – *Solidão, uma linda história de amor* (ator). 1998 – *A hora mágica* (ator). 2009 – *Cabeça a prêmio* (ator).

David Cardoso passou a infância em Campo Grande, Mato Grosso do Sul, onde cursou o científico (atual ensino médio) e prestou o serviço militar. Mudou-se para São Paulo em 1963, para tentar a carreira de ator. De início trabalhou na *Folha de S.Paulo* desempenhando funções de contato enquanto estudava para ingressar no curso de Direito. Foi admitido na facul-

dade, mas abandonou logo o curso, pois foi chamado a trabalhar na PAM FILMES – PRODUÇÕES AMÁCIO MAZZAROPI*. Mas, em vez de um convite para ser ator, David fora convocado para ser segundo assistente de direção. Seu filme de estreia foi *O Lamparina*, com direção de Glauco Mirko Laurelli* (que depois o dirigiu em *A moreninha*, em que David contracenou com Sônia Braga*) e Mazzaropi como a grande estrela. Ao fim de doze filmes como assistente de direção e diretor de produção, muitas pontas sem direito a fala, e algumas aparições como protagonista, caso de *Férias no Sul*, de Reynaldo Paes de Barros, David optou por mudanças de rumo. Em 1969 foi para os Estados Unidos tentar a carreira de modelo, seguindo o que já vinha fazendo no Brasil. Ficou lá apenas um mês e meio, tempo suficiente para conhecer Hollywood e se encantar com o cinema americano. Na volta retomou a carreira de ator, com um bom papel em *Agnaldo, perigo à vista*, quando volta a trabalhar sob as ordens de seu conterrâneo Reynaldo Paes de Barros. A carreira como ator parecia deslanchar, tanto que apareceu em *A moreninha* e logo em seguida em *A herança*, de Ozualdo Candeias*, com quem viria a trabalhar outras vezes, mas em circunstâncias bem distintas. Uma dessas ocasiões foi o filme *Caçada sangrenta*, quando David convidou Candeias para dirigir a primeira produção de sua recém-criada produtora, a DACAR FILMES. A outra foi com *A freira e a tortura*, quinze anos mais tarde, um filme que enfrentou sérios problemas com a censura*. Mas o estilo de Candeias não se encaixava bem no projeto cinematográfico de David. Ele pensava num cinema comercial, bem realizado, e Candeias era autoral, seguia suas próprias ideias.

Foi Jean Garret*, um jovem fotógrafo de cinema, de origem portuguesa, que serviu de suporte para os primeiros sucessos da DACAR, formando uma dupla de sucesso com David, que surge frequentemente nos seus filmes desempenhando o papel de herói másculo e corajoso. *A ilha do desejo* foi o primeiro grande sucesso da dupla e ficou quase dois meses em cartaz no CINE MARABÁ, no centro de São Paulo, configurando um verdadeiro fenômeno de público em 1975, superando até filmes americanos lançados com grande investimento publicitário. Nos anos seguintes, a DACAR continuou emplacando sucessos de bilheteria, sempre apoiados no binômio aventura/ação, sempre protagonizados pelo próprio produtor e jovens atrizes seminuas. Em 1977 David estreia na direção em *Dezenove mulheres e um homem*, em que imprime mais uma de suas marcas: locações em seu estado natal, Mato Grosso do Sul, onde vai tentar, anos mais tarde, seguir carreira política candidatando-se a deputado. David Cardoso sempre procurou diferenciar-se de outros produtores da chamada Boca do Lixo*, de São Paulo, o que facilitou o estabelecimento de parcerias com financiadores do *establishment* paulista, como José Ermírio de Morais e João Mellão. Em outras ocasiões buscou destaque convidando figuras do *jet-set* para seus filmes, caso da "princesa" Ira de Furstenberg, atriz em *Desejo selvagem*. Ao final da década de 70, já na fase de esgotamento da pornochanchada*, David se associa a Ody Fraga* em vários projetos que terão boa resposta de bilheteria, a exemplo de *A noite das taras*. O advento do cinema pornô nos anos 80 não vai afastá-lo das atividades cinematográficas, e ele chega a dirigir alguns filmes sob pseudônimo. David Cardoso dedica cada vez mais tempo a outras atividades, o que inclui a televisão, com participação em várias novelas da TV GLOBO. (IS)

Interpretou um policial em *A hora mágica*, de Guilherme de Almeida Prado*, e tem rápida aparição em *Cabeça a prêmio*, primeiro longa dirigido pelo ator Marco Ricca*.

CARDOSO, Ivan (Ivan do Espírito Santo Cardoso Filho) – Rio de Janeiro, RJ, 1952. Diretor.

FILMOGRAFIA: 1977-1981 – *O segredo da múmia*. 1983 – *Os bons tempos voltaram – vamos gozar outra vez* (1º episódio: 'Sábado quente'). 1984-1986 – *As sete vampiras*. 1989-1991 – *O escorpião escarlate*. 2005 – *A marca do Terrir*; *Um lobisomem na Amazônia*.

Chanchada* psicodélica de horror classe B, o *Terrir*, marca registrada do cineasta Ivan Cardoso, é a versão brasileira e *udigrudi* de um subgênero de comédia bastante antigo, de grande popularidade e constantemente reinventado pelo cinema. Na prática, o cinema de Ivan –"um primitivo de vanguarda", para Décio Pignatari – é marcado pela experiência profissional do cineasta em produções de Júlio Bressane* e Rogério Sganzerla* e por seu exercício precoce com a bitola Super-8. Criado em Copacabana, no mesmo ambiente que recria nos primeiros longas--metragens, Cardoso pertence a uma família de militares de classe média alta. O avô, general Dulcídio Cardoso, foi o último prefeito do Rio de Janeiro no período em que a cidade era Distrito Federal. Ivan descobriu o cinema vendo seriados americanos e os clássicos exibidos na TV

de madrugada. Na adolescência, "foi sugado por um estranho torvelinho criativo, que se formou sob o AI-5 e às margens do Cinema Novo", segundo Pignatari. Mistura poesia concreta, *pop art* e contracultura "num aprendizado por contato direto, vampirizando a torto e a direito, onde e como pode", observa Haroldo de Campos. Atividades extraclasse no Colégio São Fernando são pretexto para que ele se aproxime dos artistas Hélio Oiticica, Carlos Vergara e Rubens Gerchman. Após o impacto provocado por *O Bandido da Luz Vermelha*, tenta realizar um filme *underground* em 16 mm com os colegas de turma. Em 1969, aborda Rogério Sganzerla na praia, querendo entrevistá-lo para o jornal do colégio. Acaba contratado como assistente de produção de *Sem essa aranha*. Durante o exílio de Sganzerla e Bressane, colabora com o poeta e jornalista Torquato Neto numa campanha violenta contra o Cinema Novo*, através de artigos e notas publicadas na coluna *Geleia Geral* do jornal *Última Hora*. Reúne os amigos e realiza, no início de 1970, os primeiros filmes em Super-8, *Branco, tu és meu* e *Piratas do sexo voltam a matar*, com as participações especiais de Carlos Vergara, do poeta Waly Salomão e dos jogadores de futebol Jairzinho e Paulo César Caju. Explora com humor e erotismo os diversos clichês e possibilidades do cinema nos filmes Super-8 da série *Quotidianas Kodaks* (1970-1975). "O filme principal era precedido por complementos – *trailers*, cinejornais, anúncios – que eu mesmo fazia", explica. A namorada Helena Lustosa e os amigos Ricardo Horta, Zé Português, Cristiny Nazareth e Ciça Afonso Pena participam como atores em toda a série. O grupo de atores improvisados foi batizado por Waly Salomão de *Ivamps*. O média-metragem *Nosferatu no Brasil* (1971), primeiro e mais famoso filme da série, apresenta Torquato Neto no papel de um vampiro "malandro e desinibido", de férias no Rio. *Sentença de Deus* (1972), média realizado em seguida, recupera o título de um filme inacabado de José Mojica Marins*. "A múmia volta a atacar" (1972), primeira tentativa de filme de múmia, ficou incompleto devido ao "alto custo das bandagens". Entre os inúmeros curtas e fragmentos de filme que Ivan realizou em Super-8, muitos de um único plano, os mais conhecidos são *Amor & Tara* (1971), *Onde Freud não explica* (1971), *Chuva de brotos* (1973) e *O conde gostou da coisa* (1970). Registra em Super-8 os bastidores de filmagem de outros diretores. Nessas produções, Ivan acumula ainda as funções

de diretor de produção e fotógrafo de *still*. Os *sets* de *O rei do baralho* e *O monstro caraíba*, de Júlio Bressane, estão registrados em *Alô, alô Cinédia* (1973) e *Uma aventura nos mares do sul* (1975). *Surucucu D'Almeida* (1972) é um raro documento sobre a realização de *Surucucu Catiripapo*, longa de Neville D'Almeida* perdido. Ivan também documenta as filmagens de *O abismo*, de Rogério Sganzerla, *A agonia* e *O gigante da América*, de Júlio Bressane, mas não conclui a montagem desses materiais, rodados em 35 mm. Paralelamente à produção em Super-8, começa a fotografar profissionalmente. Faz praticamente todas as fotos da única edição da revista *Navilouca* (1974), idealizada por Torquato e Waly. Faz as fotos de capa dos discos *Fatal* (1971), de Gal Costa, *Para iluminar a cidade* (1972), de Jorge Mautner, e *Araçá azul* (1973), de Caetano Veloso*, e dos livros *Me segura qu'eu vou dar um troço* (1971), de Waly Salomão, *O balanço da bossa* (1972), de Augusto de Campos, *Os últimos dias de Paupéria* (1973), de Torquato Neto, e *Xadrez de estrelas* (1976), de Haroldo de Campos. Em 1973, realiza seu primeiro curta-metragem em 35 mm, *Moreira da Silva*, sobre o inventor do samba de breque. No ano seguinte, constitui a SUPER-8 PRODUÇÕES CINEMATOGRÁFICAS LTDA. e realiza os documentários *Museu Goeldi* e *Ruínas de Murucutu*, ambos filmados no Pará. Em 1975, volta de uma temporada na Europa e nos Estados Unidos trazendo uma câmara Beaulieu, negativo preto e branco e a ideia de "recuperar a linguagem do Super-8 no 16 mm e depois ampliar para 35 mm". Retoma o projeto de fazer um filme de múmia, sugestão do amigo e colaborador Eduardo Viveiros de Castro, estudante de antropologia do Museu Nacional, onde a múmia de uma adolescente atraía interessados em parapsicologia. Inicia a produção do longa *O lago maldito*, mas a falta de recursos e de um roteiro resultam em filmagens que demoram anos, sem chegar a uma conclusão. Com apoio da TV CULTURA, realizou o curta *Universo de Mojica Marins* (1976), prêmio de melhor roteiro do XI FESTIVAL DE BRASÍLIA, sobre o criador do personagem Zé do Caixão. Em 1977, é contratado como fotógrafo pela WEA Discos. Produz material de divulgação para os artistas Raul Seixas, Jorge Ben Jor, Tim Maia e Hermeto Paschoal e suas fotos são capa dos discos *Contrastes* (1977), de Jards Macalé, *Gafieira universal* (1978), da Banda Black Rio, *A peleja do diabo com o dono do céu* (1979), de Zé Ramalho, e *Um banda um* (1982), de Gilberto Gil. Em 1978, com a colaboração de Décio Pignatari, realiza *Doutor Dyonélio*, curta sobre o escritor rio-grandense Dyonélio Machado, autor do romance *Os ratos*. Compra os direitos de *Os ratos* e trabalha com Waly Salomão numa adaptação para o cinema que não vai adiante. Com a mesma estrutura de produção de *O lago maldito*, realiza ainda os curtas *A história do olho*, com Cláudia Ohana*, baseado no conto de Georges Bataille, *Curiosidades de vidas irregulares* e *A brasa do norte*, com Jackson do Pandeiro, nunca finalizados. Em 1979, filma o curta *HO*, precioso documento sobre Hélio Oiticica, realizado no último ano de vida do artista. Fotografa a arquitetura da cidade do Rio de Janeiro para o livro *Rio-Déco* (1980), coordenado por Luciano Figueiredo e Óscar Ramos. Consegue recursos da EMBRAFILME para finalizar *O lago maldito*. Por indicação de José Mojica Marins, contrata o roteirista R. F. Lucchetti* para o projeto. Para o novo filme escrito por Lucchetti, finalmente concluído em 1982, aproveita apenas algumas cenas do *Lago*. *O segredo da múmia* lança o veterano ator Wilson Grey* como protagonista. Grey é o professor *Expedito Vitus*, cientista maluco que usa uma múmia egípcia como cobaia em experiências. O filme é sucesso de público no Brasil e desperta a atenção dos fãs do cinema de horror no exterior. *O segredo da múmia* conquista mais de vinte prêmios, inclusive o de melhor filme no FESTIVAL DE CINEMA FANTÁSTICO DE MADRI. Em 1981 realiza o vídeo *Domingo de Ramos* (1981), documentário* sobre a praia de Ramos com participação do sambista Dicró e produzido pela TVE. Dirige 'Sábado quente', um dos episódios da comédia erótica *Os bons tempos voltaram – vamos gozar outra vez*, produção de Aníbal Massaini Netto*. Seu segundo longa-metragem, *As sete vampiras*, "uma chanchada hitchcockiana para curtidores de cinema, uma colcha de retalhos classe B, repleta de *defeitos especiais* e sintonizada com os novos campeões de bilheteria americanos da *espantomania*" na definição do cineasta, faz mais de um milhão de espectadores. Em 1989, constitui a IVAN CARDOSO PRODUÇÕES CINEMATOGRÁFICAS, depois, TOPÁZIO FILMES. Em *O escorpião escarlate* leva para o cinema as aventuras do *Anjo*, herói criado por Álvaro Aguiar para a RÁDIO NACIONAL, sucesso entre a garotada na década de 1950. Lança em 1991, em parceria com R. F. Lucchetti, seu roteirista regular, o livro *Ivampirismo, o cinema em pânico*, coletânea contendo artigos sobre o cineasta, os roteiros de *O segredo da múmia* e *As sete vampiras* e suas

versões em quadrinhos, assinadas respectivamente por Rodolfo Zalla e pela dupla Mozart Couto e Paulo Yokota. Entre 1992 e 1995, assina a coluna *No ar* (posteriormente *Noir*), publicada diariamente no caderno *Bis* do jornal *Tribuna da Imprensa*. Realiza os documentários *O anjo torto* (1992), sobre Torquato Neto, e *Fragmentos de um discurso amoroso* (1994), baseado em Roland Barthes, para o programa *Documento Especial*, exibido pela TV MANCHETE. Participa como produtor associado de *O mandarim*, de Júlio Bressane. Passou a primeira metade da última década garimpando imagens no próprio acervo, e em arquivos de terceiros, para produzir uma nova série de curtas experimentais, um longa e um média-metragem que retomam suas principais obsessões. Exorciza o fantasma de Glauber Rocha no curta *À meia-noite com Glauber* (1997), compilação vertiginosa de imagens de arquivo onde aproxima o inventor do Cinema Novo de Hélio Oiticica e Zé do Caixão. Segundo Ivan, o curta revela "o lado desconhecido de Glauber, o lado *pop*, *trash*, experimental, psicodélico". A partir das pesquisas realizadas para esse curta, inicia um demorado processo de ampliação para 35 mm de antigos materiais, filmados por ele, em Super-8 e 16 mm, na década de 1970. Revirando o próprio baú, redescobre material inédito usado nos curtas *Hi-Fi* (1999), *Heliorama* (2004) e no média *O sárcofago macabro* (2006). Produz ainda o longa *A marca do Terrir*, antologia com o melhor da série *Quotidianas Kodaks*. "Filme para cinecubistas", segundo Ivan, *Hi-Fi* é construído a partir da voz de Augusto de Campos lendo seus poemas e traduções. *Hi-Fi* inclui também animações e grafismos rabiscados pelo diretor diretamente na película, em *starts* e pedaços descartados de filmes antigos. A experiência extrapolou o curta e Ivan espera compilar o material futuramente em um novo projeto experimental. *Heliorama* recupera imagens produzidas para o curta *HO* que ficaram de fora do filme de 1979. Também incorpora registros de Hélio Oiticica realizados por outros cineastas. *O sarcófago macabro* foi feito com recursos de um edital para "telefilmes", mas ironicamente nunca foi exibido na TV, só em festivais de cinema. Reaproveita parte do material inédito de *O lago maldito* para contar um novo capítulo da biografia do cientista Expedito Vitus, agora envolvido com nazistas. A trama surreal do filme é costurada por um agente da CIA interpretado por Carlo Mossy. Em 2005, em coprodução com Diller Trindade, retornou ao cinema comercial

com o longa-metragem *Um lobisomem na Amazônia*. À frente de um numeroso elenco, cheio de participações especiais, característica de todos os filmes de Ivan, está o veterano ator Paul Naschy. Jacinto Molina, seu verdadeiro nome, uma lenda do cinema de horror, em *Um lobisomem na Amazônia* encarna pela última vez *el hombre lobo* que interpretou muitas vezes em filmes na Europa e nos Estados Unidos. Nos últimos anos, Ivan também produziu grande quantidade de vídeo experimental com uma pequena câmera digital. Antes de fotografar e filmar, fez pinturas. Foi de naturezas-mortas à abstração geométrica, passando rapidamente à criação de objetos, *ready-mades* e colagens com materiais variados – muitos recolhidos do lixo ou surrupiados ao acaso. Exibe suas pinturas pela primeira vez em 1967. Na coletiva *Exposição 72*, organizada por Carlos Vergara no Museu de Arte Moderna do Rio de Janeiro, seus filmes Super-8 são censurados durante o evento. Muitas de suas obras estão na coleção de Gilberto Chateaubriand, depositada no MAM-RJ. A exposição de fotografias *De Godard a Zé do Caixão* deu origem ao livro lançado pela Funarte em 2000. Desde 2001, o curta *HO* acompanha retrospectivas de Hélio Oiticica em museus e galerias de arte do mundo. Em 2006, o público da XXVII Bienal de Arte de São Paulo pôde examinar os fotogramas de *HO* numa mesa preparada especialmente para o evento. Há alguns anos detém os direitos e tenta levar para o cinema o personagem *Naiara, a filha de Drácula*, história em quadrinhos desenhada por Nico Rosso e lançada pela editora Taika na década de 1960. (RL)

CARDOSO, Laura (Laurinda de Jesus Cardoso) – São Paulo, SP, 1927. Atriz.

FILMOGRAFIA: 1963 – *O Rei Pelé*. 1964 – *O homem das encrencas (Imitando o Sol)*. 1965 – *Quatro brasileiros em Paris*. 1969 – *Corisco, o Diabo Loiro*. 1975 – *Amadas e violentadas*. 1975-1976 – *Já não se faz amor como antigamente* (2º episódio: 'O noivo'). 1976 – *Tiradentes, o Mártir da Inconfidência*. 1980 – *Ariella*. 1982 – *Carícias ardentes (Um casal de três)*. 1986 – *Quincas Borba*. 1987-1989 – *Lua cheia*. 1995 – *Terra estrangeira*. 1998 – *Uma aventura de Zico*. 2000 – *Através da janela*. 2001 – *Copacabana*. 2004 – *O outro lado da rua*. 2006 – *Muito gelo e dois dedos d'água; Fica comigo esta noite*. 2007 – *Primo Basílio*. 2008 – *A casa da Mãe Joana*.

Está perto de completar 70 anos de vida artística, com carreira iniciada aos 14 anos na RÁDIO COSMOS. Posteriormente participou dos elencos das rádios TUPI e DIFUSORA. Em 1952, foi pioneira na televisão TUPI, passando pelas TVs BANDEIRANTES, RECORD e finalmente GLOBO, onde está há vários anos. Tem feito papéis de destaque em inúmeros especiais, teleteatros, telenovelas, entre outros trabalhos. Fez também teatro. No cinema, estreou em filme de Carlos Hugo Christensen* sobre o grande jogador santista, numa obra que mistura documentário e ficção. Em seguida, filmou com o diretor Geraldo Vietri* *O homem das encrencas*, interpretando esposa de funcionário público que decide resolver todos os problemas de todo mundo, e na comédia *Quatro brasileiros em Paris*. Filmando ocasionalmente, participou como a tia de Corisco na fita de cangaço, *Corisco, o Diabo Loiro*, de Carlos Coimbra*. No cinema, sempre como coadjuvante, atuou também em fitas de maior apelo popular, como as eróticas *Amadas e violentadas*, de Jean Garrett*; foi uma mãe em *Ariella*, de John Herbert*, e fez a comédia *Carícias ardentes*, de Adriano Stuart*, na qual interpretou a sogra enciumada, possessiva, de seu filho adulto. Voltou a trabalhar com o diretor Vietri, quando criou uma vice-rainha para o filme histórico *Tiradentes, o Mártir da Inconfidência*. Repete o papel de mãe em *Lua cheia*, de Alain Fresnot*. Representou uma sofrida mãe em *Terra estrangeira*, de Walter Salles* e Daniela Thomas. Filmou até o infantil *Uma aventura de Zico*, de Antonio Carlos Fontoura*. Num raro papel de protagonista, vive enfermeira aposentada e viúva que mora com filho, no drama *Através da janela*, de Tata Amaral*. Interpretou uma vizinha diferente em *O outro lado da rua*, primeiro longa como diretor do roteirista Marcos Bernstein*. Interpretou uma avó muito doida em *Muito gelo e dois dedos d'água*, de Daniel Filho*. Aderiu aos curtas-metragens ficcionais *Adultério* (1988), de Ricardo Pinto e Silva, *No bar* (2002), de Paulo de Tarso Mendonça e Cleiton Stringhinni, e *Morte*, de José Roberto Torero, além de *Amigo secreto* (2004), de Márcio Salem. É viúva do ator-autor-produtor e diretor de televisão Fernando Baleroni. (VLD)

CARDOSO, Louise (Louise Ferreira Cardoso) – Rio de Janeiro, RJ, 1954. Atriz.

FILMOGRAFIA: 1976 – *Marcados para viver*; *O seminarista*; *Gente fina é outra coisa* (2º episódio: 'Chocolate ou morango'). 1977 – *Se Segura, Malandro!*; *Teu tua* (3º episódio: 'O corno imaginário'). 1978 – *O coronel e o lobisomem*. 1979 – *Cabaré mineiro*; *Gaijin, caminhos da liberdade*; *Parceiros da aventura*. 1981 – *O sonho não acabou*. 1982 – *Os vagabundos trapalhões*; *Os Trapalhões na Serra Pelada*; *A próxima vítima*; *Bar Esperança, o último que fecha*. 1985 – *Urubus e papagaios*. 1986 – *Baixo Gávea*. 1987 – *Leila Diniz*; *Sonhos de menina-moça*. 1990-1991 – *Matou a família e foi ao cinema*. 1996-1997 – *For All – o trampolim da vitória*; *Miramar*. 2001 – *Copacabana*. 2002 – *Gaijin 2, ama-me como sou* (coprodução estrangeira); *Viva Sapato!* (coprodução estrangeira). 2003 – *Apolônio Brasil, o campeão da alegria*. 2004 – *1972*. 2006 – *Irma Vap – o retorno*. 2007 – *Corpo*. 2009 – *Tempos de paz*; *Do começo ao fim*.

Carioca, Louise Cardoso estudou Letras. A carreira de atriz teve início no teatro, quando o ator e diretor Ziembinski* a convidou para participar da peça *Quarteto*. Participou em seguida do musical *Village* e das peças *O beijo da louca* e *Besame mucho*. Lecionou no curso de teatro Tablado, de Maria Clara Machado. Na televisão começou no seriado *Ciranda, Cirandinha*. Participou de várias novelas, como *Gina*, *Marrom glacê* e outras. A carreira de Louise no cinema, que contabiliza mais de vinte filmes, começou com *Marcados para viver*, dirigido por Maria do Rosário. Fez em seguida *O seminarista*, em que viveu uma garota ingênua e apaixonada. Entre o final dos anos 70 e início dos anos 80, Louise participou de vários filmes, destacando-se as suas atuações em *Se Segura, Malandro!*, dirigido por Hugo Carvana*; *Cabaré mineiro*, dirigido por Carlos Alberto Prates Correia*; *Gaijin*, dirigido por Tizuka Yamasaki*; e *O sonho não acabou*, de Sérgio Rezende*. O ponto alto de sua carreira foi *Leila Diniz*, dirigido por Luiz Carlos Lacerda*, em que reviveu com carisma e empatia a grande musa do cinema brasileiro. Versátil, foi em seguida a introvertida Beatriz, de *Sonhos de menina-moça*, dirigido por Teresa Trautman*. Foi premiada duas vezes como melhor atriz no FESTIVAL DE BRASÍLIA: a primeira, em 1986, pelo seu desempenho em *Baixo Gávea*, dirigido por Haroldo Marinho Barbosa*; e a segunda, no ano seguinte, por *Leila Diniz*. Em 1997 participou de *For All – o trampolim da vitória*, dirigido por Luiz Carlos Lacerda. Na década de 2000, continua a se manter atuante. Ao lado de participação em novelas da GLOBO, interpreta peças teatrais e tem feito papéis mais maduros em várias produções cinematográficas, entre comédias e dramas. Possui carreira no formato curta metragem, atuando em ficções como *Heróis*, de Ray Bandeira de Melo e Miguel Oniga, e *Alô, Teteia* (1978), de José Joffily*; *Babilônia* revisitada (1979), de Pompeu Aguiar; *Mal incurável* (1980), de Denise Bandeira; *Linhas cruzadas* (1981), de Lael Rodrigues; *Já que ninguém me tira para dançar*, de Ana Maria Magalhães, e *Duas histórias para crianças* (1982), de Pompeu Aguiar; *Brilho da noite* (1983), de Emiliano Ribeiro; depois filmou ocasionalmente *No escurinho do cinema* (1989), de Nelson Nadotti, e *O ovo* (2003), de Nicole Algranti, baseado no conto *O ovo e a galinha*, de Clarice Lispector. O livro *A mulher do Barbosa*, de Vilmar Ledesma, faz parte da Coleção Aplauso e traz a sua história. (LFM)

CARDOSO, Pedro (Pedro Cardoso Martins Moreira) – Rio de Janeiro, RJ, 1962. Ator.

FILMOGRAFIA: 1983 – *Os bons tempos voltaram* (*Vamos gozar outra vez*) (1º episódio: 'Sábado quente'). 1984-1986 – *As sete vampiras*. 1990 – *Stelinha*. 1992 – *Veja esta canção* (1º episódio: 'Drão'). 1993 – *Os sete sacramentos de Canudos* (episódio: 'A matadeira'). 1995 – *A felicidade é...* (4º episódio: 'A estrada'). 1996 – *O que é isso, companheiro?*. 1998 – *Traição* (1º episódio: 'O primeiro pecado'); *Por trás do pano*. 1999 – *Bossa nova*. 2003 – *O homem que copiava*. 2004 – *Redentor*. 2007 – *A grande família, o filme*. 2008 – *A casa da Mãe Joana*.

Em 1980, estreou no teatro em *Sonhe com os ratinhos*, de Ricardo Maurício. No ano seguinte, ingressou no grupo Manhas e Manias, e atua em *Manhas e manias* e em *Brincando com fogo*, ambas criações coletivas. Em 1982 participa do grupo Pessoal do Cabaré, no qual anteriormente trabalhou como operador de luz em dois espetáculos. A estreia como ator cômico acontece, no mesmo ano, em *Bar doce bar*, criado e dirigido em parceria com Felipe Pinheiro, que lhe valeu o TROFÉU MAMBEMBE como ator revelação. A dupla de atores fez uma sequência de espetáculos, com *A porta* (1983), *C de canastra* (1985), *A besta* (1987), *Nada* (1988) e *A macaca* (1990), que retiram humor de flagrantes do cotidiano levados ao absurdo. A continuidade dessa linha de teatro e o tipo de atuação fazem com que seja atribuída a eles a criação do besteirol, um novo filão cômico que predominou nos anos 1980. Com a morte de Felipe Pinheiro, Pedro passou a atuar sozinho em espetáculos em que assina também texto e direção. O primeiro monólogo que escreve é *O dono da festa* (1992). O mesmo texto foi condensado para estrear, dois anos depois, com novo título, *O autofalante*. Em 1998, o ator-autor volta com *Os ignorantes*, baseado no cordel de José de Oliveira, assinando também a direção. Transformou-se em ator de prestígio na TV, atuando em telenovelas, seriados e minisséries, como *AEIO... Urca* (1990), *Anos rebeldes* (1992) e *Pátria minha* (1994-1995). Participou de *Comédia da Vida Privada* (1995-1997), série de televisão escrita por Jorge Furtado* e Carlos Gerbase*, com direção de Jorge Furtado, Fernando Meirelles*, Mauro Mendonça Filho, Guel Arraes* e Roberto Talma. *A Grande Família* é outra série de televisão brasileira de que participa, exibida pela REDE GLOBO desde 2001. No cinema, após atuar em filmes de episódios e em pequenos papéis, projetou-se em *O que é isso, companheiro?*, extraído do *best-seller* homônimo de Fernando Gabeira, dirigido por Bruno Barreto*, interpretando o papel do próprio Gabeira. Atuou como coadjuvante em mais um filme desse diretor, a comédia romântica *Bossa nova*, e em outros. Ator em curtas ficcionais, começou em 1986 com *Geleia geral*, de Sandra Werneck*, e *Acre-doce*, de Juarez Precioso, além de *A matadeira*, de Jorge Furtado. Atuou também nos curtas *Os moradores da rua Humboldt* (1992), de Luciano Moura, e *Dente por dente* (1994), de Alice de Andrade. Exercendo outras funções, foi roteirista da comédia *Lisbela e o prisioneiro* (2003), de Guel Arraes*, baseado na obra homônima do escritor pernambucano Osman Lins. (MM)

CARELLI, Vicent – Paris, França, 1953. Diretor.

FILMOGRAFIA: 2009 – *Corumbiara*.

Antropólogo, formado em Ciências Sociais pela USP. Em 1987 fundou o projeto Vídeo nas Aldeias. Cineasta com perfil documentarista, Carelli é também uma espécie de produtor, voltado para a expressão audiovisual das diferentes tribos indígenas brasileiras. Seu projeto Vídeo nas Aldeias permitiu a realização de produção cinematográfica diversa nos anos 2000. Como documentarista, realiza o curta *A arca dos Zo'é* (1993), no qual filma o encontro dos índios waiãpi com os da etnia zo'é, recém-contatados pelos brancos. Para os waiãpi, o encontro significa tomar contato com tradições que há muito haviam abandonado; para os zo'é, a possibilidade de conhecer, através da palavra de outros índios, a civilização ocidental e os perigos a que se expõem no contato. O filme é dirigido em parceria com a também antropóloga Dominique Tilkin Gallois. Em 1987, no curta *A festa da moça*, sua primeira obra, filma rituais de iniciação dos índios nambiquaras trazendo para primeiro plano

o contato com a câmera, ainda pouco comum naquela época. São imagens novas, que impressionam a crítica, com destaque à reação dos índios às tomadas do próprio ritual. Ainda sobre os nambiquaras faz, em 1991, com Virgínia Valadão, *Boca livre no Sararé*, relatando a invasão de seu território por mais de 6.000 garimpeiros. Fica explícito no filme a tensão social na região, com destaque à luta política desenvolvida pela tribo. Carelli, quando dirige, é muitas vezes um diretor de intervenção, denunciando as condições de vida das populações indígenas. Também na linha combativa está *Ou vai ou racha*, de 1998, no qual os índios comemoram vinte anos da demarcação de sua reservas. Em *Eu já fui seu irmão* (1993), realiza interessante experiência ao colocar face a face duas tribos da mesma etnia, que falam a mesma língua, mas que estão separadas espacialmente. Os paracatejês, do Pará, visitam os craós, do Tocantins, em busca de raízes culturais perdidas. Mais tarde, recebem a retribuição da visita, estabelecendo um pacto entre as duas tribos. Ainda de Carelli, podemos citar *Vídeo nas Aldeias* (1989), incubadeira do projeto que leva esse nome, com grupos indígenas da região Norte (caiapós, nambiquaras, gaviões e ticunas) manipulando câmeras e filmando a si próprios; o premiado *Espírito da TV* (1990), com o estilo em recuo do cinema direto, sobre o impacto da chegada da televisão entre os waiãpis do Amapá; *Ninguém come carvão* (1991), abordando a utilização de carvão vegetal por indústria siderúrgica que devasta as terras do sul do Pará; a série *Programa de Índio* (1995/1996), que se debruça sobre qual é, e qual poderia ser, a imagem do índio na televisão brasileira; a série *Índios no Brasil* (2000), abordando aspectos diversos da história e da vida contemporânea dos índios brasileiros; *De volta à terra boa* (2008, com Mari Corrêa), sobre o trágico contato dos índios panarás com os brancos, sua transferência ao Xingu e seu retorno às terras originais na região entre Porto Velho e Corumbá; *Yãkwa, o banquete dos espíritos* (1996); *Segredos da mata* (1998); *Placa não fala* (1996); *Qual é o jeito, Zé?* (1992); *Agenda 31* (2003, com Mari Corrêa); *Antropofagia visual* (1995); *Pemp* (1988); *Filmando Maña Bai* (2008); *Iauaretê, Cachoeira das Onças* (2006); *Índio na TV* (2000). A atuação de Carelli surge, portanto, como referência para a antropologia visual, ao colocar ênfase nos dilemas enfrentados na representação da alteridade indígena, além de denunciar o processo predatório de aculturação. No projeto Vídeo nas Aldeias destaca-se o movimento

de entrega da câmera a quem antes era filmado. Estão aí incluídas questões centrais ligadas à arte cinematográfica, como edição da obra e a viabilização concreta da produção. Carelli incorpora a figura do produtor benevolente, não a serviço de vanguardas artísticas, como se costuma valorar, mas a serviço dos índios.

Com presença já nos anos 90, o projeto alcança sua maturidade durante a década de 2000, como podemos verificar no *site* da produtora, com ampla produção audiovisual de origem indígena. Muitos dos trabalhos estão reunidos nos DVDs da série *Cineastas Indígenas Um Outro Olhar*, que conta com edição para utilização em salas de aula de ensino médio. Neles podemos assistir ao trabalho de cineastas de várias etnias, com algumas pequenas obras-primas de talento autoral. Alguns diretores participam da edição/montagem, mas a maior parte das vezes o setor é deixado a cargo de Carelli e equipe. Em *O dia em que a terra menstruou* (2004), de Maricá Kuikuro e Takumã Kuikuro, da etnia cuicuro, encontramos uma narrativa composta pelos próprios índios cuicuros, do fenômeno eclipse. Tipo similar de narrativa está em *Cheiro de pequi* (2006), dos mesmos cineastas, em que a história da origem da fruta é mesclada a mitos indígenas, trabalhados visualmente de forma não linear. No final, o mito surge carregado de figuras eróticas/obscenas, trazendo uma encenação diferenciada. Podemos dizer que é um filme de índio, com um tipo de tomada e narrativa própria que se distancia das preocupações e cuidados metodológicos exigidos pela antropologia visual. *Os cantos do cipó* (2006), de Tadeu Siã Kaxinawá e Josias Maná Kaxinawá, e *Novos tempos* (2006), de Zezinho Yube, são filmes feitos pela etnia caxinauá/huni kui com a preocupação de valorizar ritos e costumes tradicionais. Também em *Já me transformei em imagem* (2008), do mesmo grupo huni kui, Zezinho Yube faz os anciões e outros membros da tribo falarem sobre os velhos tempos e comentarem a presença da câmera e o valor das filmagens. O trabalho do grupo panará, com forte personalidade, resulta em *O amendoim da cotia* (2005), bela fábula encenada sobre mitos envolvendo a colheita do amendoim, com direção de Paturi Panará e Komoi Panará. O mesmo tipo de encenação surge no preciso *Depois do ovo, a guerra* (2008), sob direção de Komoi Panará, construindo narrativa enxuta e direção com agilidade na interpretação infantil do massacre, efetivamente ocorrido em 1967, dos panarás pelos índios caiapós (os txucarramães do filme). Nesse caso, a memória trágica de um povo é revivida em tom de brincadeira na encenação dos meninos.

O cineasta xavante Divino Tserewahú é o principal realizador de sua etnia. Junto com outros cinegrafistas xavantes fez *A iniciação do jovem xavante* (1999), sobre ritos que cercam a introdução dos jovens meninos na tribo. Também sobre os mesmos rituais, com enfoque em cerimônias espirituais que envolvem desmaios e sonhos, realiza *O poder dos sonhos* (2001). Também dele é *Vamos à luta* (2002), sobre conflitos envolvendo a presença do exército em reservas indígenas na disputada região Raposa Terra do Sol. Divino Tserewahú, com os cineastas do projeto Vídeo nas Aldeias, Amandine Goisbault e Tiago Campos Torres, realiza *Sangradouro* (2009), contando a história de grupo xavante que, fugindo dos massacres nos anos 50, refugia-se em missão religiosa dos salesianos. Hoje conquistaram suas terras, mas sofrem a pressão da agricultura intensiva da soja e dos costumes culturais e alimentares dos brancos. O roteiro do filme é de Vicent Carelli e Amandine Goisbault. Já a etnia axanica filma na região amazônica, dentro da floresta. Em *Shomotsi* (2001), Valdete Pinhanta filma seu tio Shomotsi em seu cotidiano na aldeia e depois indo pelos rios até a cidade dos brancos receber sua aposentadoria. No documentário, o choque da cultura ocidental com a indígena é apresentado de modo irônico e delicado. Em *A gente luta mas come fruta* (2006), o mesmo Valdete Pinhanta, juntamente com Issac Pinhanta, retrata o trabalho dos axanicas para reflorestar suas terras e manter longe delas madeireiros e caçadores na fronteira com o Peru. A mesma dupla dirige *No tempo das chuvas*, mostrando o cotidiano dos índios axanicas em sua aldeia na época das chuvas. Ainda o cineasta Benki Pinhanta, da mesma etnia, dirige três curtas, *Caminho para a vida* (2004), *Aprendizes do futuro* (2004) e *Floresta viva* (2004) sobre aprendizado de técnicas agroflorestais. Com direção indígena e coordenação Vídeo nas Aldeias podemos ainda citar, entre outros, *A história do monstro Kátpy* (2009), de Kamikia Kisedje e Whinti Suyá; *Dançando com cachorro* (2001), de Adalberto Domingos Kaxinawá, Jayme Llullu Manchineri e Issac Pinhanta; *Das crianças Ikpeng para o mundo* (2001), de Natuyu Yuwipo Txicão, Kumará Ikpeng, Karané Ikpeng; *Moyngo – o sonho de Maragareum* (2000), de Natuyu Yuwipo Txicão, Kumaré Ikpeng e Karané Ikpeng; *Mulheres xavantes sem nome* (2009), de Tiago Campos Torres e Divino Tserewahú.

Sente-se nos filmes indígenas de produção Vídeo nas Aldeias uma narrativa diferenciada que incorpora, no próprio estilo, um "olhar" que não é o olhar branco. A produtora dá, certamente, uma coloração ao todo, sentida na presença da câmera e na tematização livre do dispositivo pelos índios, questões caras à antropologia contemporânea. Abre-se, no entanto, um espaço de expressão diferenciada que vai além dessa questão. A estabilidade estilística, dentro do padrão cinematográfico, impressiona alguns críticos e pode servir de motivo para reservas. Os índios seriam adestrados, nas oficinas, numa linguagem audiovisual colonizada, preocupada com a reflexividade do discurso? A questão, assim colocada, está fora dos eixos. Em boa parte dessa produção indígena respira-se a estilística da narrativa documentária. No diferencial, encontramos uma intensidade e um frescor na tomada que estão ausentes em produções autorais de Carelli e outros cineastas (como Andrea Tonacci) que buscaram se aproximar da alteridade indígena. Dentro do conjunto cada obra é uma obra, mas está claro o toque próprio dos índios na forma de compor a ação. Permanecem, e esta é a singularidade, dentro do circuito fechado cineasta-índio/sujeito-índio-da-filmagem. Como diretor, Vicent Carelli obtém, em 2009, o reconhecimento de seu trabalho ao ganhar, com o longa *Corumbiara*, o prêmio de melhor filme e melhor direção no FESTIVAL DE GRAMADO de 2009. *Corumbiara* é uma obra madura que reúne documentos audiovisuais coletados durante duas décadas sobre massacre indígena ocorrido na Gleba Corumbiara, sul de Rondônia, em 1985. Carelli diz ter feito um filme autobiográfico. O uso da voz *over* em primeira pessoa é extenso. A narrativa é composta de imagens de arquivo, tomadas inicialmente em 1986. Vincent estava terminando as filmagens de *A festa da moça* quando o sertanista Marcelo dos Santos o convida para registrar os vestígios do que supôs ter sido um massacre. Sua ligação com esse evento, que resulta no filme de 2009, teve início nesse momento. As imagens são feitas e começam as tentativas de reconstituir as provas do crime, encontrar seus responsáveis e sensibilizar a Justiça em Roraima. Carelli acredita que houve entre oito e dez mortes no massacre, com sete sobreviventes. Dois desses sobreviventes ficaram com marcas de ferimentos à bala. Em 1995, nove anos depois de filmar a cena do massacre, Carelli, ainda com Marcelo dos Santos, consegue encontrar no local duas índias de etnia desconhecida isoladas na selva. O filme testemunha seu primeiro contato com brancos. A partir desse encontro, desenrola o fio da meada e vai atrás de outros membros das tribos canoê e acuntsu. Consegue localizar um índio do mesmo grupo e o traz para Corumbiara, a fim de permitir a compreensão da língua e facilitar o contato. Com a ajuda de outros antropólogos, aos poucos as conversas gravadas são traduzidas. Na busca encontra, na mesma região, um índio isolado que passaria a se chamar o "índio do buraco". Sua descoberta causa grande alvoroço na mídia. Para desespero dos madeireiros, em função da presença do "índio do buraco", consegue-se delimitar um amplo recorte de floresta, declarada terra indígena pela Justiça de Roraima. Mais uma década se passa, estamos na segunda metade dos anos 2000, e Carelli resolve concluir seu filme. Retorna mais uma vez ao local que havia inicialmente filmado em 1986, depois em 1995, e com o qual sempre manteve contato. Realiza mais tomadas com o grupo canoê/acuntsu que agora vive estabilizado em uma aldeia. O "índio do buraco" continua resistindo isolado e os autores do massacre ainda estão impunes. Esse pequeno trecho da história das populações indígenas no Brasil se fecha numa narrativa de forte investimento pessoal. O corte autobiográfico é claro: a história do filme é um pouco a história de seu autor, seus pequenos sucessos, a paciência para levá-los adiante, os limites e frustrações daí decorrentes. (FPR)

CARIRY, Rosemberg (Antonio Rosemberg de Moura) – Farias Brito, CE, 1953. Diretor.

FILMOGRAFIA: 1987 – *Caldeirão de Santa Cruz do Deserto*. 1992 – *A saga do Guerreiro Alumioso*. 1996 – *Corisco & Dadá*. 2001 – *Juazeiro, a Nova Jerusalém*. 2002 – *Lua Cambará, nas escadarias do palácio*. 2006 – *Cine Tapuia*. 2007 – *Patativa do Assaré, ave poesia*. 2008 – *Siri-ará*.

Morador da capital Fortaleza, esse cineasta filma temas relacionados à terra nordestina. Começou como diretor de curtas-metragens, com *Profana comédia* (1975). Em 1979, apresentou outro curta, *Canto Cariry*, e o média-metragem *Patativa do Assaré, poeta camponês*. Realizou outros curtas, como *Pedro Oliveira, o cego que viu o mar* (1987-2000) e *Auto de Leidiana* (1998). Por esse tempo desenvolveu obra de poeta, publicando os livros *Despretenciosismo* (1975); *Semeadouro* (1981); *S de seca SS* (1983) e *Iñaron ou Na ponta da língua eu trago trezentos mil desaforos* (1985). Fundou a CARIRY FILMES (1980). O primeiro longa-metragem foi o documentário O caldeirão de Santa Cruz do Deserto, enfocando comunidade mística no interior do estado cearense nos anos 1920. Estreou como diretor de longa ficcional com A saga do Guerreiro Alumioso, no qual narrou os dramas de cidade fictícia do interior nordestino. O longa foi seguido da fita de cangação Corisco & Dadá, que contou a vida do casal de cangaceiros que intitula a fita. Retornou ao documentário de longa metragem, em Juazeiro, a Nova Jerusalém, quando aborda a vida da cidade de Juazeiro do Norte (CE) e do Padre Cícero Romão Batista (1854-1934). Inspirou-se em lenda brasileira para seu longa seguinte, Lua Cambará, nas escadarias do palácio, em trama ambientada entre o povo negro no final do século XIX. Em Cine Tapuia, buscou a identidade do povo cearense, misturando o texto do escritor José de Alencar* com a poesia popular dos cegos cantadores para contar momentos da história do povo do Ceará. Documentou a vida e obra do grande poeta popular em Patativa do Assaré, ave poesia. Siri-ará é uma ficção em que o personagem recém-chegado do exílio na França volta ao sertão em busca de sua identidade. (LFM)

CARLA, Wilza (Wilza Carla Rossi de Brandizi Silibeli Soares Marques Pereira) — Rio de Janeiro, RJ, 1935-2011. Atriz.

FILMOGRAFIA: 1955 – Genival é de morte; Chico Viola não morreu; Pani, amore e carnavale (produção estrangeira). 1957 – Tem boi na linha. 1958 – Minha sogra é da polícia. 1967 – Aventuras de Chico Valente. 1968-1969 – Os herdeiros. 1969 – O rei da pilantragem; Macunaíma. 1970 – O impossível acontece (3º episódio: 'O reimplante'); Os monstros do Babaloo. 1971 – Pra quem fica... tchau!; Cômicos e mais cômicos; Ipanema toda nua. 1972 – Salve-se quem puder; Rally da juventude. 1973 – Mais ou menos virgem. 1974 – Ainda agarro esta vizinha; Guerra conjugal. 1975 – Com as calças na mão; Um soutien para papai. 1976 – A ilha das cangaceiras virgens; As massagistas profissionais; O vampiro de Copacabana; As loucuras de um sedutor; Socorro! Eu não quero morrer virgem. 1977 – Costinha e o King Mong; Será que ela aguenta?; As eróticas profissionais. 1978 – Seu Florindo e suas duas mulheres. 1979 – O menino arco-íris (A infância de Jesus Cristo). 1981 – Os campeões; Sexo às avessas; Bacanais na ilha da fantasia. 1981-1982 – Clube do sexo. 1982 – O rei da Boca. 1983 – Põe devagar... bem devagarinho; Mulher de proveta; Vaivém à brasileira. 1984 – Padre Pedro e a revolta das crianças; Made in Brasil (episódio). 1988 – Prisioner of Rio (produção estrangeira).

Inicia sua carreira no teatro de revista. Figura popular, participa de inúmeros desfiles carnavalescos de fantasia, tornando-se conhecida graças às frequentes aparições nos meios de comunicação. A mais felliniana de nossas atrizes foi lançada no cinema pelo produtor e cantor Ronaldo Lupo*, no filme Genival é de morte, comédia dirigida por Aluisio T. Carvalho*. A sua participação no cinema é bastante irregular, normalmente, atuando em pequenos papéis, principalmente em filmes humorísticos ou pornochanchadas*, nos quais é explorado o seu tipo físico. No entanto, Wilza Carla conta também, em sua carreira, com participação em clássicos do cinema brasileiro como: Os herdeiros, de Carlos Diegues*; Macunaíma e Guerra conjugal, ambos dirigidos por Joaquim Pedro de Andrade*. Nos anos 70, passa a ser bastante requisitada, atuando em filmes infantis e em produções da Boca do Lixo*, como Socorro! Eu não quero morrer virgem, do diretor Roberto Mauro. Na televisão participou como jurada nos programas de auditório Sílvio Santos e Raul Gil. Em virtude de problemas de saúde, as aparições de Wilza nas telas escassearam. Em 1991, atuou na minissérie O portador, de Herval Rossano; Wilza, ao lado de Lafayette Galvão, formou um casal dono de pastelaria e traficante de sangue. Faleceu em São Paulo em 18 de junho. (AG)

CARNEIRO, João Emanuel (João Emanuel Carneiro Silva) — Rio de Janeiro, RJ, 1970. Roteirista.

FILMOGRAFIA: 1997 – Central do Brasil. 1998 – O primeiro dia (produção estrangeira). 1998-1999 – Orfeu. 2000-2001 – A partilha. 2001 – Cristina quer casar. 2001-2002 – Deus é brasileiro. 2004 – A dona da história; Redentor.

Roteirista com carreira inicial no cinema. Conheceu sucesso fulgurante na televisão (REDE GLOBO). Depois de trabalhos consistentes em filmes-chave da Retomada (Central do Brasil, Orfeu, O primeiro dia), começa a fazer assistência na TV. Obtém retorno em horários menores, até emplacar em cheio no horário nobre com A favorita, novela com trama de repercussão nacional. É filho de Lélia Coelho Frota, escritora e editora, do artista plástico Arthur José Carneiro Silva, e meio-irmão da atriz Cláudia Ohana, por parte do pai. Aos 15 anos já ajudava Ziraldo com as aventuras do Menino Maluquinho e do Pererê. Em 1989, dirige e faz o roteiro de Zero a zero, curta premiado em 16 mm no FESTIVAL DE GRAMADO de1992. Seu segundo curta, Pão de Açúcar, é de 1996. Logo depois, em parceria com Marcos Bernstein*, a partir de ideia original de Walter Salles*, escreve o roteiro de Central do Brasil, recebendo prêmio do SUNDANCE INSTITUTE. A história narra, com delicadeza, as agruras de uma senhora que tenta encontrar o pai de um garoto que acabou de perder a mãe. O motivo serve para fornecer uma visão panorâmica do Brasil contemporâneo. Filme central no cinema brasileiro contemporâneo, compõe, para Carneiro, um início de carreira consagrador. Central do Brasil abre portas, trazendo sua afirmação profissional no cinema. Ainda com Salles, roteiriza O primeiro dia, produção franco-brasileira de Daniela Thomas e Walter Salles, sobre o primeiro dia do novo século no Brasil, dentro da típica visão exasperada da época. Orfeu, dirigido por Carlos Diegues*, é outro filme que tem sua marca (como corroteirista), com um belo trabalho na adaptação da peça teatral Orfeu da Conceição do poeta Vinicius de Moraes. O fato de ter como horizonte de comparação Orfeu do Carnaval, de Marcel Camus, clássico da história do cinema, não o parece ter intimidado. Carneiro e Diegues apresentam soluções criativas para a nova versão, de corte mais realista. Entre 2000 e 2004 trabalha numa série de projetos no cinema. Com A partilha, a partir de peça original de Miguel Falabella, adentra a comédia de costumes, com texto ágil voltado para as idiossincrasias do ser carioca. A direção é de Daniel Filho*, que já apontava na direção, função em que irá se consagrar com grandes sucessos na segunda metade da década de 2000. O roteiro conta com a participação do próprio Daniel, além do autor da peça, Falabella. Ainda com Daniel Filho na direção, e coassinando o roteiro, escreve A dona da história, na mesma linha dramática de A partilha, tendo agora como alvo uma cinquentona que olha para trás e analisa em que pontos sua vida poderia ter se bifurcado de modo distinto. Proposta interessante, com roteiro bem trabalhado por Carneiro (a referência parece ser Peggy Sue, seu passado a espera, de Francis Ford Coppola), mas que não resulta em um filme acabado. No decorrer da década dedica-se cada vez mais à televisão, deixando de escrever para o cinema. Em 2000 estreou como autor na REDE GLOBO, convidado por Daniel Filho para colaborar no texto da minissérie A muralha, de Maria Adelaide Amaral. Já no ano seguinte deixa sua marca no roteiro da minissérie *Os Maias* e no telefilme *Um crime nobre*, de Walter Lima Jr.*. A partir de 2004, sua carreira deslancha nas telenovelas com *Da cor do pecado* (2004), *Cobras & lagartos* (2006) e o sucesso de *A favorita* (2008-2009). (FPR)

CARNEIRO, Mário (Mário Augusto de Berredo Carneiro) – Paris, França, 1930-2007. Fotógrafo.

FILMOGRAFIA: 1962 – *Cinco vezes favela* (4º episódio: 'Couro de gato'); *Porto das Caixas*. 1963 – *Crime no Sacopã*; *Gimba, presidente dos valentes*; *Garrincha, alegria do povo*. 1964 – *Morte em três tempos*. 1965 – *O padre e a moça*. 1966 – *Todas as mulheres do mundo*; *A derrota*. 1967 – *Mar corrente*; *Edu, coração de ouro*; *O engano*; *Capitu*. 1968 – *Balada da página três*. 1969 – *Pedro Diabo*. 1970 – *A dança das bruxas*; *A casa assassinada*. 1970-1973 – *Pontal da Solidão*. 1973 – *Sagarana: o duelo*. 1975 – *O motel*. 1976 – *Gordos e magros* (dir.). 1978 – *Batalha dos Guararapes*. 1979-1985 – *Chico Rei*. 1983 – *O mágico e o delegado*. 1987-1988 – *Natal da Portela*. 1998 – *O viajante*; *Sobras em obras*. 1999 – *Iremos a Beirute*. 2002 – *O risco: Lúcio Costa e a utopia moderna*; *Banda de Ipanema, Folia do Albino*. 2003 – *Rio de Jano*; *Harmada*. 2004 – *500 almas*. 2006 – *Bom dia, eternidade*.

Criador eclético, foi ainda arquiteto, gravador e artista plástico. Aos 18 anos foi para a França e teve contato com obras-chave do cinema na CINEMATECA FRANCESA. Em meados da década de 1950, fez curtas amadores com uma camerazinha Bolex utilizando a bitola 16 mm, filmes familiares ou de assuntos seus, entre eles, um cujo curioso título é *Boneca*. Por essa época, frequentou pioneiros cineclubes*, como os do crítico de cinema Luiz Alípio de Barros e da Faculdade de Filosofia, ligado ao professor Plínio Sussekind da Rocha. Alípio falava de Renoir e cinema francês e Plínio falava em Eisenstein e sua teoria. Cinemanovista de primeiríssima hora, antecedeu e contribuiu para o surgimento do movimento. Funcionou como codiretor de Paulo César Saraceni* no clássico documentário *Arraial do Cabo* (1958), em que também acumulou a direção de fotografia, sobre os pescadores ameaçados pela instalação de indústria química em pequena localidade litorânea no norte fluminense. Fotografou o curta *Couro de gato*, de Joaquim Pedro de Andrade*, incluído no longa-metragem *Cinco vezes favela*. Lançou vinte diretores no longa-metragem, entre eles, Paulo César Saraceni. O primeiro filme urbano que

iluminou foi o policial *Crime no Sacopã*, de Roberto Pires*. Retornou à favela, como havia feito em *Couro de gato*, para filmar o único longa do encenador Flávio Rangel, o drama *Gimba, presidente dos valentes*, baseado na peça teatral *Gimba*, de Gianfrancesco Guarnieri*. Fotografou documentário vinculado ao cinema direto, *Garrincha, alegria do povo*, sobre o craque bicampeão mundial. Outro policial urbano que filmou foi *Morte em três tempos*, primeiro longa de Fernando Coni Campos*, baseado no conto *Ninguém mais se perderá por Luba*, de Luiz Lopes Coelho. Dirigiu seu primeiro documentário solo em *Nave de São Bento* (1964), enfocando o Mosteiro de São Bento. Fotografou *O padre e a moça*, história ambientada no interior mineiro baseada em "Negro amor de rendas brancas", poema de Carlos Drummond de Andrade, primeiro longa ficcional de Joaquim Pedro de Andrade*. Fotografou também outros trabalhos de estreantes, as comédias *Todas as mulheres do mundo* e *Edu, coração de ouro*, de Domingos Oliveira*; os dramas *A derrota* e *O engano*, de Mário Fiorani*; e *Mar corrente*, de Luiz Paulino dos Santos. Filme de época, *Capitu*, baseado em *Dom Casmurro*, clássico romance de Machado de Assis, marcou o encontro com o realizador Paulo César Saraceni. Em 1967, iniciou carreira como diretor de fotografia de curtas, com os documentários *A entrevista*, de Helena Solberg*, e *Povo das águas*, de Soly R. Levy. Em 1968, fotografou curtas documentais sobre duas personalidades da cultura brasileira, em *José Lins do Rego*, dirigido pelo crítico de cinema Valério Andrade, e *Nelson Cavaquinho*, do cinemanovista Leon Hirszman*. Fez a direção de fotografia de diversos curtas documentais, principalmente sobre artistas plásticos e pintores, sendo o mais conhecido o polêmico *Di* (1976), de Glauber Rocha*. Iluminou novos filmes urbanos com cineastas estreantes, como o longa *Balada da página três*, de Luiz Rosemberg Filho*, e *Pedro Diabo*, de Miguel Faria Jr.*. Depois de fazer trabalhos importantes, teve a humildade de trabalhar apenas como operador de câmera em dois documentários de longa metragem, *Tostão, a fera de ouro* (1969-1970), de Ricardo Gomes Leite e Paulo Laender, e *Samba da criação do mundo* (1977), de Vera Figueiredo. Filmou o infantil *A dança das bruxas*, baseado na peça teatral *A bruxinha que era boa*, de Maria Clara Machado e único longa do diretor Francisco Dreux. Faz poucos longas na década de 1970. Voltou a trabalhar com o cineasta Paulo César Saraceni, com quem fez oito filmes, entre curtas e longas,

criando a luz do drama intimista *A casa assassinada*, baseado no romance *Crônica da casa assassinada*, de Lúcio Cardoso. Nova adaptação literária aconteceu em *Sagarana: o duelo*, de Paulo Thiago*, da obra de João Guimarães Rosa. Incursionou pela fita erótica em *O motel*, de Alcino Diniz. Foi diretor de longa fotografado por outro profissional em *Gordos e magros*, drama que retrata dois Brasis: a opulência dos gordos e a miséria dos magros. Dirigiu, fotografou e montou o curta *Landi, o arquiteto régio do Grão-Pará* (1978), documentário baseado nos livros *Santa Maria do Belém do Pará* e *Landi, um italiano luso tropical*, de Leandro Tocantins, sobre Antonio José Landi (1713-1791), arquiteto responsável por igrejas, palácios e solares da cidade de Belém do Pará. Trabalhou na fotografia de dois filmes históricos, *Batalha dos Guararapes*, de Paulo Thiago, e *Chico Rei*, de Walter Lima Jr.*. Na década de 1980 filmou menos longas que na década de 1970, quando voltou a trabalhar com o diretor Fernando Coni Campos em *O mágico e o delegado*, baseado no romance *Depois do último trem*, de Josué Guimarães. Diretor de *Iberê Camargo, pintura, pintura* (1983), curta documental que registrou a criação do pintor entre 1973 e 1981. Fez mais três trabalhos com Paulo César Saraceni, a cinebiografia do bicheiro patrono da escola de samba Portela, em *Natal da Portela*; o drama *O viajante*, baseado em obra do escritor Lúcio Cardoso, seu último romance que ficou inacabado; e o documentário *Banda de Ipanema, Folia do Albino*, sob tradicional bloco carnavalesco carioca. Iluminou seguidos documentários de longas metragens de realizadores estreantes como *Sobras em obras*, de Michel Favre; *O risco: Lúcio Costa e a utopia moderna*, de Geraldo Motta Filho; *Rio de Jano*, de Anna Azevedo, Renata Baldi e Eduardo Souza Lima; e *500 almas*, de Joel Pizzini*. Fez também mais alguns filmes ficcionais, como o drama *Iremos a Beirute*, do produtor cearense e diretor estreante Marcus Moura, em história ambientada em cidade serrana do interior do Ceará. Mais de 25 anos depois, o diretor Maurice Capovilla* retornou ao longa, com o drama *Harmada*, que teve sua fotografia. Encerrou a carreira com a fotografia do ainda inédito *Bom dia, eternidade*, de outro cineasta estreante, Rogério Moura. Em 1998, foi diretor de três curtas documentários, *Milton Dacosta – íntimas construções*, enfocando a obra e a vida do desenhista, gravador e pintor Milton da Costa (1915-1988); *Annabela Geiger – uma poética do espaço*, mostrando as diversas atividades dessa artista plástica, e *Cícero Dias – eu vi o mundo... ele começa no*

Recife, em que o pintor, então com 94 anos, relembra sua vida. Em 2003, esse filme foi apresentado em nova montagem, mais longa, com duração de média metragem, informando a morte do artista em Paris (França) e novo título, *Eu vi o mundo... ele começa no Recife*. Cineasta completo, também trabalhou como montador de alguns curtas e longas, tendo atuado até como produtor. Foi casado com a importante figurinista Marília Carneiro, que utiliza seu sobrenome, e uma atriz de curta carreira, Hileana Menezes. Faleceu na cidade onde sempre viveu (Rio de Janeiro) no dia 2 de setembro. (LFM)

CARNEIRO, Milton (Milton da Costa Carneiro) – Rio de Janeiro, RJ, 1922-1999. Ator.

FILMOGRAFIA: 1942-1943 – *O brasileiro João de Sousa*. 1944 – *Gente honesta*. 1945 – *Vidas solidárias*. 1946 – *Jardim do pecado*; *Sob a luz do meu bairro*. 1950 – *Dominó negro*; *Katucha*. 1951 – *Tudo azul*. 1959 – *Garota enxuta*; *Entrei de gaiato*; *O massagista de madame*. 1960 – *Um candango na Belacap*. 1964 – *Asfalto selvagem*. 1965 – *Crônica da cidade amada* (episódio: 'Iniciada a peleja'). 1968 – *Como matar um playboy*. 1969 – *Pais quadrados, filhos avançados*. 1970 – *Memórias de um gigolô*. 1971 – *Edy Sexy, o agente positivo*. 1973 – *As moças daquela hora*. 1974 – *As mulheres que fazem diferente* (2º episódio: 'A bela da tarde'). 1975 – *Eu dou o que ela gosta*; *O motel*. 1976 – *O pai do povo*; *Tem alguém na minha cama* (3º episódio: 'Dois em cima, dois embaixo e dois olhando'); *O trapalhão no planalto dos macacos*; *As loucuras de um sedutor*; *Gente fina é outra coisa* (2º episódio: 'Morango ou chocolate?'). 1977 – *Se Segura, Malandro!*; *Como matar uma sogra*.

Participante do Teatro do Estudante do Brasil, no ano de 1941, é colega de turma de Alberto Perez, Mário Brasini* e Vanda Lacerda*, e também ator na peça *3.200 metros de atitude*, de Julien Luchaire, com direção de Esther Leão. Atua em outras empresas, como a Companhia de Comédias Íntimas, de Raul Roulien*, em *Garçom* (1941), de Alfredo Savoir, com direção de Sady Cabral*. Na televisão, principalmente nos anos 70 e 80, participa do elenco de humoristas da TV GLOBO e atua numa série de programas, como *Planeta dos Homens* e *Viva o Gordo*. Na década de 90, representa o papel de Atanagildo em *A Escolinha do Professor Raimundo*. No cinema estreia em pequeno papel em *O brasileiro João de Sousa*, único filme do diretor Bob Chust.

Na ATLÂNTIDA* atua em papéis coadjuvantes em filmes de Moacyr Fenelon* (*Gente honesta*, *Vidas solidárias* e *Sob a luz do meu bairro*). Em outras produtoras faz alguns papéis dramáticos, como em *Jardim do pecado*, de Leo Marten*, e em *Katucha*, de Paulo R. Machado. Com o produtor e diretor Fenelon atua no policial *Dominó negro* e no carnavalesco *Tudo azul*, duas produções da FLAMA FILMES*. Depois de alguns anos de afastamento, trabalha em pequenos papéis nas chanchadas* da HERBERT RICHERS, como *Garota enxuta* e *Entrei de gaiato*, de J. B. Tanko*; e *O massagista de madame*, de Victor Lima*. Exibe sua versatilidade no papel coadjuvante do empresário oportunista de *Um candango na Belacap*, de Roberto Farias*. Coincidentemente, seus filmes dos anos 60 são adaptações literárias, como *Asfalto selvagem*, de J. B. Tanko, baseado no romance homônimo de Nélson Rodrigues*, o episódio 'Iniciada a peleja', da comédia de Carlos Hugo Christensen* *Crônica da cidade amada*, baseado em uma crônica de Fernando Sabino, e *Como matar um playboy*, de Carlos Hugo Christensen, baseado na peça teatral de João Bethencourt. Na década de 70 atua numa série de comédias de Tanko (*Pais quadrados* e *O trapalhão no planalto dos macacos*), de Fabio Sabag (*Edy Sexy*), de Alcino Diniz (*O motel* e *Loucuras de um sedutor*), de Jô Soares* (*O pai do povo*), de Antônio Calmon* (*Gente fina é outra coisa*), de Hugo Carvana* (*Se Segura, Malandro!*) e em pornochanchadas*. É também produtor associado, em 1974, de *O último malandro*, de Miguel Borges*. Nos últimos anos, continuou em humorísticos, consagrando sua participação como comediante nos programas *Escolinha do Professor Raimundo* e *Zorra Total*. Faleceu em 8 de dezembro, vítima de infarto, no Rio de Janeiro. (LFM)

CAROLINA, Ana (Ana Carolina Teixeira Soares) – São Paulo, SP, 1949. Diretora.

FILMOGRAFIA: 1973-1974 – *Getúlio Vargas*. 1977 – *Mar de rosas*. 1979 – *Nelson Pereira dos Santos saúda o povo e pede passagem*. 1982 – *Das tripas coração*. 1986-1987 – *Sonho de valsa*. 1999-2000 – *Amélia*. 2002 – *Gregório de Matos*.

Ana Carolina Teixeira Soares é filha dos comerciantes Alice L. C. Teixeira Soares e Mário Teixeira Soares. Cursou o Colégio Visconde de Porto Seguro e a Faculdade de Medicina (Departamento de Fisioterapia) da Universidade de São Paulo, com especialização em Paralisia Cerebral. Também foi aluna da Faculdade de Ciências Sociais na Pontifícia Universidade Católica de São Paulo. Estudou Cinema na ESCOLA SUPERIOR DE CINEMA SÃO LUIZ. Iniciou sua carreira cinematográfica como continuísta de Walter Hugo Khouri* em *As amorosas*. Em 1967 codirige com Paulo Rufino o curta-metragem *Lavra-dor*, iniciando carreira de documentarista. Em 1968 assina sua primeira direção solo, *Indústria*. Realiza também os seguintes documentários*: *Monteiro Lobato* (1969), *Guerra do Paraguai* (1970), *Pantanal do Mato Grosso* e *Três desenhos* (1971), e os médias *O sonho não acabou* e *Salada paulista* (1978). Registra, em película de 16 mm, passagens da vida e da obra do cineasta Nelson Pereira dos Santos* em *Nelson Pereira dos Santos saúda o povo e pede passagem*, filme feito em parceria com os alunos da Universidade Federal Fluminense e lançado pelas redes educativas de TV, a TVE, do Rio de Janeiro, e a TV CULTURA, de São Paulo. Em 1974, radicada no Rio de Janeiro, funda, com os cineastas Jorge Durán* e Murilo Salles*, a produtora CRYSTAL CINEMATOGRÁFICA LTDA. Ana Carolina foi também diretora artística do conjunto Musikantiga, assinou a direção da primeira montagem brasileira da ópera *Ariadne auf Naxos*, de Richard Strauss, em 1988, no Teatro Municipal do Rio de Janeiro. Escreveu a peça teatral *Fraldas da Providência*, ainda inédita.

Seu primeiro longa-metragem, o documentário *Getúlio Vargas*, focaliza a vida do político gaúcho desde a tomada do poder com a Revolução de 30 à queda após o término da II Guerra Mundial, a volta à presidência pelo voto direto e o suicídio em 1954. Usa imagens do antigo Departamento de Imprensa e Propaganda (DIP), instituto do Estado Novo, com narrativa de Paulo César Pereio* e música de Jards Macalé. Filme essencialmente de montagem, revela sensibilidade no agrupamento das imagens oficiais, procurando captar a aura de figura paterna exercida pelo político sobre a nação. Dá início à sua "trilogia feminina": *Mar de rosas*, *Das tripas coração* e *Sonho de valsa*. Esse tríptico já foi chamado de "memórias de uma moça malcomportada", mas provavelmente vai além dessa definição. Flagra a existência feminina em três estágios da vida: da perspectiva da criança, passando pela puberdade até a da mulher madura. Em *Mar de rosas*, o universo feminino é filtrado pelo olhar de Betinha (Cristina Pereira), às voltas com o casamento fracassado dos pais (Norma Bengell* e Hugo Carvana*). Mãe e filha são jogadas num estranho *road movie* em que aparece um personagem aproveitador, um casal entediado que faz de tudo para escapar à monotonia, um casal de noivos mortos no canal do mangue, etc. No final vem a liberação cruel da criança, em desfecho corrosivo e hilariante. Em *Das tripas coração*, a adolescência (encarnada em especial por Maria Padilha) vê o mundo dos adultos em um colégio interno, cujos relacionamentos são mediados por pulsões sexuais não resolvidas. Com *Sonho de valsa*, Ana Carolina busca uma atriz com a mesma idade que ela (Xuxa Lopes*), para servir-lhe de *alter ego*. É a mulher madura, aos 30 anos, em busca do amor definitivo. No processo, ela sofre, "carrega sua cruz, engole sapos, entra pelo cano e vê a luz no fim do túnel", até chegar a alguma espécie de amadurecimento e serenidade. É curioso como a diretora incorpora ao filme, visualmente, essas metáforas, esses lugares-comuns dos relacionamentos amorosos sofridos. Esse tratamento visual da metáfora, mais explícita no último dos três filmes, já está presente nos dois primeiros. Nos três longas pode-se detectar o gosto da diretora pelas situações-limite, o tratamento expressionista do impulso sexual, opção tributária, possivelmente, da estética do dramaturgo Nélson Rodrigues*, uma das matrizes da cultura brasileira contemporânea. Mas a obra de Ana Carolina também deve ser referenciada ao culto pelo absurdo e pelo mórbido e pela crueldade, elementos típicos de um cineasta como o espanhol Luís Buñuel. Suas personagens (seja a menina, a adolescente ou a mulher adulta) encontram-se imersas num universo caótico, em que a ordem das razões é sempre perturbada por pulsões irracionais. Com uma obra vigorosamente autoral, Ana Carolina revela originalidade tanto na estrutura dramática como na construção dos diálogos, na composição "acima do tom" proposta para os personagens e no tratamento visual, que busca o paroxismo das cores para sublinhar a crueza ou o caráter terminal de determinadas sequências. Quanto à temática, não pode ser reduzida ao âmbito do universo feminino, embora seja essa a ênfase dominante. A autora, em sua trilogia, parece apontar com sensibilidade para os elos de atração e repulsão que se estabelecem de forma assimétrica entre os sexos. No quadro histórico de um período menos coletivista e já pouco politizado como foi o final dos anos 70 e a década de 80, Ana Carolina fazia, com esses filmes, a reflexão possível sobre as relações de poder na sociedade da época. Usando como mote o domínio de pais sobre filhos, de professores sobre alunos, ou de homens sobre mulheres, procura tocar no cerne mesmo da sociedade autoritária.

É essa característica, política, que eleva sua trilogia acima do registro episódico da guerra entre os sexos. (LZO)

No começo da década, apresentou *Amélia*, um filme de ficção sobre a passagem da atriz francesa Sarah Bernhardt pelo Brasil e o choque de culturas, com um elenco feminino formado por Béatrice Agenin, Marília Pêra*, Camila Amado, Alice Borges, Cristina Pereira, Xuxa Lopes e extraordinária atuação de Miriam Muniz*, num de seus últimos papéis. Finalizado nos estúdios Playground Post Production, em Nova York, teve trilha musical assinada por David Carbonara, compositor, maestro e editor norte-americano, com composições executadas pelos músicos da Sinfônica de NY. Filmou, em seguida, *Gregório de Mattos*.

CARPI, Fábio – Milão, Itália, 1925. Roteirista, diretor.

FILMOGRAFIA: 1953 – *Uma pulga na balança* (rot.); *Na senda do crime* (rot.); *É proibido beijar* (rot.). 1953-1954 – *Floradas na serra* (rot.). 1957 – *Souvenir d'Italie* (rot.). 1959 – *Il vedovo* (rot.). 1961 – *A porte chiuse* (rot.). 1966 – *Andremo in città* (rot.); *Un uomo a metà* (rot.). 1968 – *Diario di una schizofrenica* (rot.). 1969 – *Vedo nudo* (rot.). 1972 – *Corpo d'amore* (rot., dir.). 1973 – *Bronte: cronaca di un massacro* (rot.). 1974 – *L'età della pace* (rot., dir.). 1976 – *Caro Michele* (rot.). 1982 – *Quarteto Basileus* (rot., dir.). 1987 – *Barbablù, barbablù* (rot., dir.). 1991 – *L'amore necessario* (rot., dir.). 1993 – *La prossima volta il fuoco* (rot., dir.). 1995 – *Omero: ritratto dell'artista da vecchio* (rot., dir.). 1997 – *Nel profondo paese stranieri* (rot., dir.) (produção estrangeira); *Buck and the Magic Bracelet* (rot.) (produção estrangeira). 1999 – *Território selvagem* (rot.) (produção estrangeira). 2001 – *Nobel* (rot., dir.) (produção estrangeira). 2003 – *La intermittenze del cuore* (rot., dir.) (produção estrangeira); *My Father, rua Alguém 5555* (rot.) (produção estrangeira). 2007 – *The Moon and the Stars* (rot.) (produção estrangeira).

Inicia sua carreira no cinema na VERA CRUZ*, em São Paulo, cidade onde vai tentar a vida no começo dos anos 50. Chefe do departamento de roteiristas da companhia, escreve os roteiros das comédias *Uma pulga na balança*, de Luciano Salce*, e *É proibido beijar*, de Ugo Lombardi*, e do policial *Na senda do crime*, de Flamínio Bollini Cerri. Em seu último filme brasileiro adapta o romance *Floradas na serra*, de Dinah Silveira de Queiroz, para o melodrama de igual título, novamente sob direção

de Salce. Retorna à Itália e inicia carreira literária como poeta e romancista, tendo, entre as obras que publica, *Le vecchie svizzere*, *Dove sono i cannibali*, *I luoghi abbandonatti*, *La digestione artificiale*, *Il circo di Pecchino*, *Mabuse*. A partir de 1957 faz carreira de roteirista no cinema italiano, escrevendo roteiros para os diretores Antonio Pietrangelli, com quem faz seu primeiro filme italiano, *Souvenir d'Italie*. Colabora também com Dino Risi, em *Il vedovo*, *A porte chiuse* e *Vedo nudo*; com o irmão deste, Nello Risi, em *Andremo in città* e *Diario di una schizofrenica*; com Vittorio De Seta, em *Un uomo a metà*. Trabalha com o diretor francês Yves Allégret, no roteiro de *L'invasion*, e com Florestano Vancini em *Bronte: cronaca di un massacro*. Com Mario Monicelli faz *Caro Michele*. É diretor do curta *Parliamo tanto di me* (1968), uma entrevista com o roteirista Cesare Zavattini, e do média-metragem *Cesare Musatti* (1985). Para a televisão italiana, escreve *Le avventure di Ulisse* (1969), com direção de Franco Rossi, e dirige os filmes *Le ambizioni sbagliate* (1982) e *I cani di Gerusalemme* (1984). Na década de 70 passa à direção de filmes intimistas, baseados em histórias suas, além de manter carreira de roteirista em filmes de outros diretores. Seu longa *Quarteto Basileus*, um de seus raros filmes exibidos no Brasil, revela um diretor sensível. Nos últimos tempos afirma-se como roteirista, trabalhando para filmes de seus conterrâneos, como em *Território selvagem*, de Tonini Ricci, e *My Father: rua Alguém 5555*, de Egydio Eronico, e *The Moon and the Stars*, do cineasta norte-americano John Irwin. Foi roteirista e diretor de *Nobel* e *La intermittenze del cuore*. (LFM)

CARRARI, Arturo (Arturo Saffatly Carrari) – Piezemonti, Itália, 1867-1935. Diretor.

FILMOGRAFIA: 1919 – *O crime de Cravinhos*. 1921 – *Um crime no parque Paulista*. 1922 – *O misterioso roubo dos 500 contos*. 1923 – *Os milagres de Nossa Senhora da Penha (A Virgem da Penha e seus milagres)*. 1924 – *Manhãs de sol*. 1927 – *Amor de mãe*. 1931 – *Anchieta entre o amor e a religião*.

Pioneiro cineasta paulista a fazer carreira de diretor. Em sua terra natal, aprende o ofício de fotógrafo. Radica-se no Brasil, na segunda década do século XX. A partir de 1911 mora em Ribeirão Preto, onde exerce atividade de fotógrafo ambulante por quatro anos. Muda-se para a capital paulista em 1915, quando permanece inicialmente em seu ofício de fotógrafo. Em 1917 transfere-se para o cinema e funda a CARRARI FILME. Junto com seus filhos, os cinegrafistas Hélio e José Carrari, filma seus primeiros documentários. Nesse mesmo ano realiza *O segundo filme da exposição industrial*. Em 1918 filma *Grandiosa manifestação de regozijo à vitória dos aliados* e *A vitória do Palestra*. Em seu caminho em direção ao filme de ficção, realiza o documentário *Duas grandes demonstrações da colônia italiana em São Paulo pela vitória* (1919). Em sociedade com o fotógrafo e produtor Gilberto Rossi* funda a SÃO PAULO NATURAL FILMES em 1919. Nesse mesmo ano filmam *O crime de Cravinhos*, baseado em rumoroso crime ocorrido no interior paulista, quando dona Sinhá Junqueira, fazendeira de Ribeirão Preto, conhecida como a rainha do café, manda matar seu genro. Esse filme conta com direção de Arturo e fotografia de Rossi. Depois de separar-se de Rossi monta a ESCOLA DE ARTES CINEMATOGRÁFICAS AZZURRI, misto de escola e empresa de cinema, que forma vários futuros atores e cineastas do cinema paulista dos anos seguintes. Arturo é também pioneiro na constituição de escolas de cinema. Um de seus alunos, Nicola Tartaglione, é ator em quase todos os seus filmes. Com sua nova produtora segue na linha policial com *Um crime no parque Paulista* e *O misterioso roubo dos 500 contos*, quando dirige seus primeiros filmes urbanos, sempre se baseando em fatos reais. Seus filmes seguintes são fotografados por seu filho José Carrari. Diversificando sua temática, realiza alguns melodramas. Para sua nova produtora, a GUARANI FILMES, dirige o filme religioso *Os milagres de Nossa Senhora da Penha*, narrativa de uma série de milagres obtidos por devotos da santa, que clamam por sua ajuda. Dirige a adaptação da peça teatral *Manhãs de sol*, de Oduvaldo Viana*. Seu sexto longa, *Amor de mãe*, não foge à fórmula do melodrama. Para a LUZ-ARTE FILME filma pela primeira vez para outro produtor, o espanhol Alberto Vidal. Encerra sua carreira com um filme de época, *Anchieta entre o amor e a religião*, que enfoca o personagem do padre Anchieta de maneira ficcional, quando toma a liberdade de narrar o amor proibido que o padre desperta em uma índia e sente por ela. (LFM)

CARRERO, Tônia (Maria Antonieta de Farias Portocarrero) – Rio de Janeiro, RJ, 1922. Atriz.

FILMOGRAFIA: 1947 – *Querida Suzana*. 1949 – *Caminhos do sul*. 1949-1950 – *Perdida pela paixão*. 1951 – *Tico-tico no fubá*. 1952 – *Appassionata*. 1953 – *É proibido beijar*. 1954 – *Mãos sangrentas*. 1960 – *Sócio de alcova* (coprodução estrangeira). 1961 – *Alias Gardelito* (produção estrangeira); *Esse Rio que eu amo* (4º episódio: 'Noite de almirante'). 1962 – *Copacabana Palace* (produção estrangeira); *Interpol chamando Rio* (produção estrangeira). 1969 – *Tempo de violência*. 1976 – *Gordos e magros*. 1986 – *A bela palomera*. 1987 – *Sonhos de menina-moça*; *Fogo e paixão*. 1988 – *O Gato de Botas Extraterrestre*. 2007 – *Chega de saudade*.

Começa sua carreira ao final dos anos 40, no Teatro Copacabana, na companhia de Fernando de Barros*, quando contracena com o também iniciante Paulo Autran*, representando o texto *Um deus dormiu lá em casa*, de Guilherme Figueiredo. No começo dos anos 50, destaca-se no Teatro Brasileiro de Comédia (TBC). Mais tarde, em meados da mesma década, constitui a Companhia Celi-Tônia-Autran, com seus colegas. Na televisão atua em vários especiais, novelas e teleteatros. Na teledramaturgia, em *Pigmalião 70*, enfrenta o desafio de dividir o estrelato com Sérgio Cardoso. Representa Madame Clecy, na adaptação televisiva de *Vestido de noiva*, de Nélson Rodrigues*. Estreia no cinema como coadjuvante na comédia *Querida Suzana*, do italiano Alberto Pieralisi*. Defende outro papel de coadjuvante no drama *Caminhos do sul*, do português Fernando de Barros. É esse diretor que vai lançá-la no estrelato em *Perdida pela paixão*, outro drama. Contratada como estrela da VERA CRUZ*, participa, ao lado de Anselmo Duarte* e Marisa Prado*, da biografia do músico Zequinha de Abreu, em *Tico-tico no fubá*, do italiano Adolfo Celi*. Em seu filme seguinte na companhia, o melodrama *Appassionata*, de Fernando de Barros, tem grande oportunidade de brilhar sozinha. No último filme em que atua na empresa, a comédia *É proibido beijar*, do italiano Ugo Lombardi*, contracena com o galã Mário Sérgio*. Após pequena participação em *Mãos sangrentas*, do argentino Carlos Hugo Christensen*, afasta-se do cinema por algum tempo. No começo dos anos 60 trabalha numa série de filmes em papéis coadjuvantes, como em *Sócio de alcova*, coprodução Brasil-Argentina dirigida pelo americano George M. Cahan. Filma *Alias Gardelito*, também na Argentina, com o diretor argentino Lautaro Murua. Volta a trabalhar com Christensen no episódio 'Noite de almirante', de *Esse Rio que eu amo*, baseado no conto homônimo de Machado de Assis. Participa do policial *Interpol chamando Rio*, outra coprodução Brasil-Argentina, com um diretor polonês de nascimento radicado na Argentina, Leo Fleider. Protagoniza outro policial, este de produção brasileira, *Tempo de violência*, de Hugo Kusnet, argentino de nascimento. A seguir, atua bissextamente como coadjuvante, quando trabalha em *Gordos e magros*, único filme dirigido pelo fotógrafo Mário Carneiro*, nascido em Paris. Filma *A bela palomera*, com o diretor moçambicano Ruy Guerra*. No papel de matriarca, em *Sonhos de menina-moça*, é dirigida pela paulista Teresa Trautman*. Uma curiosidade em sua carreira no cinema: até esse filme, em 1987, nunca havia trabalhado com um diretor de nacionalidade brasileira. Na comédia *Fogo e paixão*, dos paulistas Isay Weinfeld e Márcio Kogan, em pequena participação, contracena com a comediante Zezé Macedo*, ambas interpretando papéis contrários a seus tipos tradicionais. Depois de seu retorno ao cinema em *A bela palomera*, adaptado de Gabriel Garcia Márquez, com direção de Ruy Guerra, participa em *O Gato de Botas Extraterrestre*, de Wilson Rodrigues, interpretando uma vovó contando história de ninar para a netinha. Aparece prestando depoimento em *Vinicius de Moraes* (2005), documentário de Miguel Faria Jr.*. Em *Chega de saudades*, de Laís Bodanzky, Tônia está bem à vontade (como todo o elenco) fazendo o par romântico com outro veterano ator, Leonardo Vilar*. No ano de 2010 foi lançada sua biografia *Tônia Carrero – movida pela paixão*, de Tânia Carvalho, pela Coleção Aplauso, da Imprensa Oficial do Estado de São Paulo. (LFM)

CARTAXO, Marcélia (Marcélia de Sousa Cartaxo) – Cajazeiras, PB, 1963. Atriz.

FILMOGRAFIA: 1985 – *A hora da estrela*; *Brasa adormecida*. 1986-1987 – *Fronteira das almas*. 1987-1992 – *A árvore da marcação*. 1988 – *Sonhei com você*. 1989-1990 – *Césio 137 – o pesadelo de Goiânia*. 1995 – *16060*. 1996 – *Policarpo Quaresma, herói do Brasil*. 1996-1997 – *For All – o trampolim da vitória*. 1999-2000 – *Amélia*. 2002 – *Madame Satã*. 2005 – *Quanto vale ou é por quilo?*; *Crime delicado*. 2006 – *O céu de Suely*; *Batismo de sangue*; *Baixio das bestas*.

Teve sua carreira impulsionada pelo seu santo de devoção, santo Antônio. Adolescente, sonhava em se tornar atriz e participou do importante Projeto Mambembão, viajando pelo país inteiro com a peça *Beiço de estrada*, de autoria de seu conterrâneo Eliezer Filho. Descoberta pela cineasta Suzana Amaral*, protagonizou o primeiro longa de ambas, *A hora da estrela*, que lhe rendeu o prêmio URSO DE PRATA de melhor atriz no FESTIVAL DE BERLIM (1985) e o TROFÉU CANDANGO de melhor interpretação no FESTIVAL DE BRASÍLIA (1985). Representou a ingênua sonhadora Macabéa, personagem criada pela escritora Clarice Lispector. Não encontrou outros papéis principais, como no filme *A árvore da marcação*, único longa da cineasta Jussara Queiroz, cuja doença a impossibilitou de seguir trabalhando. Atuando como coadjuvante, tem recebido convites para trabalhar com diretores importantes e suas interpretações suscitaram novas premiações em Brasília e outros festivais, como no papel da viúva de família pobre que explora um milionário em *16060*, do diretor estreante Vinicius Mainardi. Atriz com fisionomia popular nordestina, possui um tipo de interpretação contida, articulada em torno de um tipo. Tem feito também carreira em curtas-metragens ficcionais, como *Salvar o Brasil* (1987), de José Mariani; *A última canção da Terra* (1992), de Luiz Carlos Persegani; *Dente por dente* (1994), de Alice de Andrade, e em 2002 filmou *Um trailer americano*, de José Eduardo Belmonte*, e *Aeroporto em O embarque*, de Nicole Algranti. Em 2003, dividiu a direção com Gisella de Mello do curta *Tempo de ira*, sobre mulher de vida sofrida em região árida. Tem atuado também em telenovelas, minisséries e especiais da REDE GLOBO e MANCHETE. (LFM)

CARTAZ

O cartaz tem longa e pouco conhecida trajetória no Brasil, particularmente quando associado à produção cinematográfica nacional. No início, incorporando a tradição teatral de origem francesa e italiana presente no país, os exibidores assumem a função de divulgar os filmes através de tabuletas e espelhos *biseautés* pintados à mão, volantes, libretos e cartazes impressos. Quase sempre estampam apenas dizeres, como o título, o gênero, o horário de exibição e o estabelecimento que promove o espetáculo. Nos espelhos e libretos às vezes são colocadas figuras femininas semidesnudas em estilo *art nouveau*, imagem clássica da *belle époque*, que ainda repercutia no final dos anos 20, como no cartaz de *Barro humano* (1927-1929), de Adhemar Gonzaga* (encomendado pelos produtores, procedimento que se tornaria padrão). A despeito da associação do cartaz ao universo cinematográfico e do desenvolvimento de uma linguagem específica para a sua apresentação gráfica na Europa e nos Estados Unidos, o fenômeno não se verificou de imediato em relação ao filme brasileiro. A litografia mais antiga conhecida é a do filme *João da Mata* (1923), de Amilar Alves*, montada ao estilo do filme comercial francês do final da década de 10, com textos (críticas, sinopse e dados da produção) e imagens do filme (fotos). A criação é puramente gráfica, sem recurso a técnicas plásticas prévias. Estas são timidamente utilizadas em *Amor e patriotismo* (1931), de Achille Tartari, cartaz em silhueta em duas cores assinado por Ugo, e definitivamente incorporadas em *Tesouro perdido* (1927), de Humberto Mauro*, peça em quatro cores baseada no traço original em bico de pena de Edgar Brasil*. Neste último desponta a figura humana em primeiro plano e o uso de uma cena do filme como referência visual. Esse processo parece ganhar uma identidade com o padrão internacional em alguns filmes como *Escrava Isaura* (1929), único filme de Marques Filho, com cartaz de Skaliks, que adiciona e privilegia os protagonistas e a atmosfera do enredo. Apresenta ainda como característica marcante uma aproximação à tradição brasileira de ilustração gráfica, representada por revistas como *O Malho*, *Paratodos* e *Careta*. Essa técnica predominaria até o final dos anos 50, firmando os primeiros cartazistas regulares do país, como Gutierrez e Mora. A liberdade proporcionada por essa linguagem e seu nacionalismo característico está representada em títulos como *Lábios sem beijos* (1930) e *Ganga bruta* (1931-1933), de Humberto Mauro, e *Onde a terra acaba* (1932), de Octávio Mendes*. Particularmente o primeiro cartaz, de Alfredo Mucilo, destaca-se pelo uso expressivo da tipologia, dos volumes e das linhas de força do desenho, em chave *art déco*. Outro resultado notável é o alcançado por Gutierrez para o cinejornal* *Cinédia Jornal*, em que a nuança do colorido e o recurso a certos clichês da imagística local compõem uma identidade visual inovadora. Mesmo assim, nem todos os filmes da época recorrem a um cartaz, em função das dificuldades de exibição comercial regular. Em 1936 Oduvaldo Viana* solicita ao cenógrafo e ilustrador Monteiro Filho* um cartaz gigante (24 folhas) para a divulgação de *Bonequinha de seda* (1936), de Oduvaldo. Monteiro Filho opta pela simplicidade, redesenhando uma foto da protagonista e corporificando o embrionário *star system* nacional. A solução é bem aceita e torna seu autor um dos mais requisitados cartazistas dos anos 30 e 40, particularmente pelo produtor e diretor Moacyr Fenelon*. Obtém expressivo *recall* com o trabalho em tamanho normal para *Moleque Tião* (1943), de José Carlos Burle*, a famosa imagem de Grande Otelo* fazendo beiço, encaminhando a fórmula para o decalque e até a caricatura, mesmo quando o enredo não se insere totalmente no universo da chanchada*, caso de *Poeira de estrelas* (1948), de Moacyr Fenelon.

Ao final dos anos 40 o cartaz torna-se item regular da estratégia de comercialização do filme brasileiro, operando-se algumas transformações técnicas, estilísticas e mercadológicas, o que configura o início de um período de transição para a fase moderna e contemporânea. Começa a sair de cena a iconografia meramente ilustrativa, como no cartaz de *Inconfidência Mineira* (1939-1943), de Carmen Santos*, e novas linguagens são incorporadas, como a cubista no belo *O malandro e a grã-fina* (1947), de Luiz de Barros*. Com o advento da impressão *off-set*, utilizada pela primeira vez no ano seguinte, em *Almas adversas* (1947-1948), de Leo Marten*, obtém-se maior definição no traço, nas cores e nas fotos, que substituem lentamente os desenhos. Refletindo a crescente importância do cartaz, os produtores procuram criar vínculos com os profissionais, assegurando a formação de certa identidade visual. É o caso de Aldo Calvo na VERA CRUZ*, Jayme Cortez em relação aos filmes de Amácio Mazzaropi*, Jaymeson Gomes Ferreira com a CINEDISTRI* e Creusa de Oliveira nos últimos filmes da ATLÂNTIDA*. Esta última, além de ser a primeira mulher no metiê, representa o início da associação desse trabalho com as agências de publicidade, a quem se solicitaria com frequência cada vez maior o desenvolvimento da estratégia de divulgação e comercialização dos filmes. Nota-se em todos esses artistas um refinamento no traço e maior consciência no trabalho das proporções. Destacam-se as composições de Cortez para as comédias de Mazzaropi, ricas em detalhes, movimento e tipologias. Com a anterior rejeição do desenho modernista de Emiliano Di Cavalcanti para *Barro humano*, surgem também nos anos 50 os primeiros convites para que artistas plásticos desenvolvam peças, lançando mão de sua capacidade criativa. Aldemir Martins inaugura a tendência ao criar a identidade visual básica para *O cangaceiro* (1952), de Lima Barreto*. Ela cresce associada ao cinema independente do momento e torna-se dominante com o advento do Cinema Novo*. Abandona-se paulatinamente o desenho, aceita-se cada vez mais a fotografia como ícone identificador da obra e traduz-se seu conteúdo com conceitos ou técnicas oriundos das artes plásticas. Despontam o recurso ao geometrismo visual e cromático e às técnicas da gravura, em particular a xilogravura (influências modernista, concreta e neoconcreta).

Nelson Pereira dos Santos* torna-se o esteio dessa associação ao convidar Scliar para confeccionar o cartaz de *Rio, Zona Norte* (1957) e especialmente Lygia Pape, que cria os de *Mandacaru vermelho* (1960) e *Vidas secas* (1963), dando *status* de arte a essa mídia. Acompanham a nova forma Lina Bo Bardi, que assina o de *Bahia de Todos os Santos* (1959-1960), de Trigueirinho Neto; Calasans Neto, responsável pelos de *Barravento* (1960-1961), de Glauber Rocha*, e *Tocaia no asfalto* (1962), de Roberto Pires*; Rogério Duarte, autor dos de *Deus e o diabo na terra do sol* (1963), de Glauber Rocha, *A grande cidade* (1965), de Carlos Diegues*, *Opinião pública* (1967), de Arnaldo Jabor*, *Cara a cara* (1967), de Júlio Bressane*, e *Meteorango Kid, o herói intergalático* (1969), de André Luís Oliveira; os irmãos Ripper, que criam o de *Terra em transe* (1966), de Glauber Rocha; e Rubens Gerchman, que idealiza o de *O bravo guerreiro* (1968), de Gustavo Dahl*. Raro exemplar metafórico, não antropomórfico, encontra-se na belíssima arte de raiz ilustrativa de Lula Cardoso para *Terra sem Deus* (1962-1963), de José Carlos Burle. Essa corrente é recuperada em outra chave, com base na tradição ilustrativa para livros infantis e histórias em quadrinhos, por cartunistas que se ligariam em breve ao tabloide *O Pasquim*, em especial Ziraldo. Após assinar os comuns *Assalto ao trem pagador* (1962), de Roberto Farias*, *Esse mundo é meu* (1963), de Sérgio Ricardo, e *Um ramo para Luiza* (1964), de J. B. Tanko*, o admirador de Luiz Sá (que criou apenas o cartaz da chanchada *Espírito de porco*, de 1959, de Victor Lima*) transpõe com sucesso a linguagem pasquiniana para títulos como *Toda donzela tem um pai que é uma fera* (1966), de Roberto Farias*; *Rio, verão e amor* (1966), de Watson Macedo*; *Os paqueras* (1968), de Reginaldo Faria*; *O donzelo* (1971), de Stephan Wohl; e *Os machões* (1973), de Reginaldo Faria. No final da década de 60 impõe-se um novo quadro de criação. Surgem cartazistas com formação fora do campo artístico tradicional, como o cenógrafo Anísio Medeiros*, que assina *Macunaíma* (1968), de Joaquim Pedro de Andrade*, um dos cartazes mais populares da história do cinema brasileiro, e como a *designer* Thereza Simões, autora dos cartazes de filmes de Júlio Bressane, *O anjo nasceu* e *Matou a família e foi ao cinema*

(ambos de 1969); de Miguel Faria Jr.*, *Pedro Diabo* (1969); e de David Neves*, *Lúcia McCartney, uma garota de programa* (1970). Há mesmo o raro caso de um realizador que cria o cartaz de seu filme, como Andrea Tonacci* para *Bang-bang* (1971). Ressurge modernizada a tradição ilustrativa, agora estreitamente ligada ao nascente cinema erótico brasileiro, consagrando o nome de Benício como sinônimo de cartazista de cinema de títulos como *Como vai, vai bem?* (1968), de Alberto Salvá* e outros; *Toda nudez será castigada* (1973), de Arnaldo Jabor*; *Os mansos* (1973), de Pedro Carlos Rovai* e outros; *As secretárias que fazem de tudo* (1974), de Alberto Pieralisi*; e *Dona Flor e seus dois maridos* (1976), de Bruno Barreto*.

As agências de publicidade passam a comandar esse mercado de criação. No início assinando diretamente as peças – a equipe CN produz os cartazes de *Capitu* (1967), de Paulo César Saraceni*; e de *Estranho triângulo* (1970), de Pedro Camargo, e a equipe DPZ, o de *Beto Rockfeller* (1970), de Olivier Perroy, e, em um segundo momento, fornecendo a maioria dos profissionais da área, como o próprio Benício, Gilberto Marchi e Fernando Pimenta. Deve-se também aos clubes de criação publicitária a iniciativa que gerou a Lei nº 6.633, de 28 de abril de 1979, que obriga as distribuidoras de filmes estrangeiros a apresentarem seus títulos através de cartazes feitos no país, legislação de pouco efeito prático e que não vingou. Mesmo assim, a produção nacional multiplica-se vertiginosamente nos anos 70, o que garante a continuidade da carreira de muitos cartazistas e propicia o ingresso de inúmeros outros como Ana Luiza Escorel (*Barão Otelo no barato dos bilhões*, de 1971, de Miguel Borges*), Mello Menezes (*Morte e vida severina*, de 1976, de Zelito Viana*), Milton Sobreiro (*Xica da Silva*, de 1975-1976, de Carlos Diegues), Lobianco (*Tenda dos milagres*, de 1977, de Nelson Pereira dos Santos) e Eugênio Hirsch (*Ladrões de cinema*, de 1977, de Fernando Coni Campos*). Artisticamente, destacam-se Marchi e Pimenta, por introduzirem uma linguagem mais propriamente gráfica e lançarem mão sistematicamente da fotografia associada a outros contextos visuais, obtendo com isso retorno do público-alvo e recriando padrões até então vigentes. O primeiro assina títulos como *Lilliam M, relatório confidencial* (1974), de Carlos Reichenbach*; *Chão bruto* (1976), de Dionísio Azevedo*; *Aleluia, Gretchen* (1975-1976), de Sylvio Back*; e *Lúcio Flávio, o passageiro da agonia*

(1977), de Hector Babenco*; e o segundo obras como *Os sete gatinhos* (1977), de Neville d'Almeida*; *Cabaré mineiro* (1979), de Carlos Alberto Prates Correia*; *Bye Bye Brasil* (1979), de Carlos Diegues; *Pixote, a lei do mais fraco* (1980), de Hector Babenco; e *Memórias do cárcere* (1983), de Nelson Pereira dos Santos, este um de seus mais belos trabalhos. Desviando-se desses parâmetros e como que prefigurando a fase posterior, em que predominam as técnicas oriundas do *design* gráfico contemporâneo, Luciano Figueiredo cria um raríssimo e radical cartaz para *Brás Cubas* (1985), de Júlio Bressane, esboçando o contorno de uma figura humana em vermelho sobre um fundo inteiramente preto. A passagem à nova fase é retardada em função da brutal queda de produção que se verifica na segunda metade dos anos 80 e início dos anos 90. A área é esvaziada, persistindo apenas os nomes mais consagrados. Até o mercado do cartaz do cinema pornô, de características mais simples (em geral, em duas cores, desenho a traço – quase grosseiro – e diagramação *naïve*), sofre fortíssima retração no mesmo período, devido às sucessivas leis municipais que proíbem a sua veiculação na porta dos cinemas. Com a Retomada, a partir de 1993, nova geração de criadores se impõe, explorando as possibilidades de uma nova ferramenta, o computador. A experimentação com tipologias, superposições, cores e diagramação ganha exemplos de peso, como no consagrado cartaz criado por Jair de Souza para *Como nascem os anjos* (1996), de Murilo Salles*. Esse artista domina o período, assinando a criação dos cartazes de *Perfume de gardênia* (1992), de Guilherme de Almeida Prado*; *Lamarca, coração em chamas* (1994), de Sérgio Rezende*; *Todos os corações do mundo* (1994-1995), de Murilo Salles; *O que é isso, companheiro?* (1996), de Bruno Barreto; *Guerra de Canudos* (1997), de Sérgio Rezende; *For All – o trampolim da vitória* (1997), de Luiz Carlos Lacerda* e Buza Ferraz; *Central do Brasil* (1997), de Walter Salles*, e *Coração iluminado* (1997-1998), de Hector Babenco. Destacam-se ainda Carlos Artêncio, com os cartazes de *O corpo* (1989), de José Antônio Garcia*; *O mandarim* (1995), de Júlio Bressane; *O homem nu* (1996), de Hugo Carvana*; e *Tiradentes* (1995-1999), de Oswaldo Caldeira*; Emilie Chamie, com o cartaz de *Um céu de estrelas* (1997), de Tata Amaral*; e o veterano Pimenta, com o de *O quatrilho* (1995), de Fábio Barreto*; *Tieta* (1995-1996), de Carlos Diegues; *Buena sorte* (1996), *Policarpo Quaresma* (1996-1997), de Paulo Thiago*; e *Bela Donna* (1998), de Fábio Barreto. (HH)

Em 2006 é lançado o livro *O cinema brasileiro em cartaz*, de Fernando Pimenta, retratando seu trabalho com farta iconografia. Pimenta marcou o cartaz do cinema brasileiro com criações inovadoras para filmes como *Os sete gatinhos* ou *Pixote, a lei do mais fraco*, com chamadas visuais fortes. Em *Pixote*, a imagem composta de Fernando Ramos da Silva correndo nu, na frente do carro da polícia, é paradigmática do filme e do trágico destino do ator. Em *Os sete gatinhos*, a imagem consegue transmitir, sem meias medidas, o erotismo do universo ficcional rodriguiano que não é politicamente correto. Além desses, a criatividade de Pimenta transparece na inventiva criação gráfica de *Os bons tempos voltaram: vamos gozar outra vez*; no desenvolvimento do *design* proposto para *Bye Bye Brasil*, na escolha precisa do detalhe da foto em *Contos eróticos* (a fatídica melancia levemente cortada), no movimento da explosão líquida em volta da cabeça de Glauber em *Câncer*, na composição ao mesmo tempo sóbria e sensual do cartaz de *Eu sei que vou te amar*, no desenho de José Wilker* para a ilustração de *O Homem da Capa Preta*; na composição precisa do espírito de Leila Diniz* em *Leila Diniz*, ou na composição criativa do cartaz de *Tieta do agreste*, com cores amplas circulares em torno do rosto de Sônia Braga, cortadas por uma linha horizontal de pequenos casebres. Nos anos 2000 afirma-se a figura do *designer* Marcelo Pallotta no desenho de cartazes para o cinema brasileiro. Pallota passa a cobrir os principais lançamentos nacionais. Com estilo diversificado, tende ao abstrato com cores fortes e traços expressionistas no vermelho galináceo de *Cidade de Deus*; ou no quase borrão a que se reduzem os prisioneiros indistintamente sentados em *Carandiru*, ou ainda nos rastros da estrada que desaparece em *Diários de motocicleta*. Já no cartaz de *O invasor*, parte para a fantasia fotográfica, nas cores fortes e artificiais que cobrem o rosto de Paulo Miklos. Compõe também sobriamente, em torno de fotogramas, como vemos no menino olhando para cima, sentado no banco de trás do carro em *O ano em que meus pais saíram de férias*, imagem que sintetiza de forma poderosa o filme. Também o cartaz de *Chega de saudade* é composto de fotografias de cena dispostas em série. No cartaz de *À deriva*, um maiô listrado e um corpo feminino no canto do quadro, espaço dividido entre o branco da areia e o azul do céu, conseguem dar conta da êssencia temática do filme. Além desses, Pallota também assina cartazes de obras fortes da década, como *Memórias póstumas de Brás Cubas* (1999); *Crime delicado*; *Chega Noel, poeta da vila*; *Cabeça a prêmio*; *A suprema felicidade*; *As melhores coisas do mundo*. (FPR)

CARVALHO, Aluisio T. (Aluisio Teixeira de Carvalho) – Salvador, BA, 1924. Diretor.

FILMOGRAFIA: 1951 – *O preço de um desejo*. 1955 – *Genival é de morte*. 1957 – *Tem boi na linha*; *Hoje o galo sou eu*; *Maluco por mulher*; *O batedor de carteiras*. 1958 – *Minha sogra é da polícia*. 1959 – *Pequeno por fora*. 1961 – *Capital do samba (Rio à noite)*. 1962 – *Senhor dos navegantes*.

Adolescente, em Salvador, nos anos 40, conhece e aprende o processo de fazer cinema nos laboratórios da TUPI FILMES, empresa de cinejornais* de Renato Monteiro, associado a seu irmão Jorge Carvalho. Muda-se para o Rio de Janeiro no imediato pós-guerra. Após sua primeira experiência no cinema, quando trabalha como assistente de produção e direção do inacabado "Jangada", de Raul Roulien*, faz parceria com o fotógrafo e produtor George Dusek, sendo roteirista de seu filme *Noivas do mal*, em 1952. Seu filme de estreia na direção, o drama *O preço de um desejo*, recebe elogio do exigente crítico de *O Cruzeiro*, Pedro Lima*. Transfere-se para o gênero comédia, quando é contratado pelo produtor e ator Ronaldo Lupo* para direção dos filmes *Genival é de morte*, *Tem boi na linha* e *Hoje o galo sou eu*, que funcionam como veículo para o sucesso desse cantor e comediante. Dirige *Maluco por mulher*, produção do americano John E. Borring, que lança ao estrelato o cômico Zé Trindade*. Como produtor e diretor, associa-se ao exibidor e produtor Lívio Bruni, na NOVA AMÉRICA FILMES, na realização de novas comédias como *O batedor de carteiras*, ainda com Trindade, de quem é *gagman* por algum tempo. Dirige Violeta Ferraz* em *Minha sogra é da polícia* e Walter D'Ávila* em *Pequeno por fora*, e algumas adaptações de peças do teatro de costumes carioca. Nos anos 60 produz e dirige o documentário sobre a noite carioca *Capital do samba*. Escreve, produz e dirige o drama de conteúdo social *Senhor dos navegantes*, filmado em cores, no processo EASTMANCOLOR, em Salvador, com elenco baiano. (LFM)

CARVALHO, Luiz Fernando (Luiz Fernando Carvalho de Almeida) – Rio de Janeiro, RJ, 1960. Diretor.

FILMOGRAFIA: 2001 – *Lavoura arcaica*. 2007 – *A pedra do reino*.

Destacado diretor de teledramaturgia, onde faz um trabalho que quer inovador. Em 1987, começou como diretor de telenovelas na REDE MANCHETE com uma versão atualizada e livre do clássico romance de Machado de Assis *Helena*. Na mesma emissora e no mesmo ano, dirigiu *Carmem*, escrita por Gloria Perez. Transferiu-se para a REDE GLOBO DE TELEVISÃO, onde iniciou fecunda parceria com o autor Benedito Ruy Barbosa, começando em *Vida nova* (1989), seguido de outros trabalhos como *O rei do gado* (1996), *Renascer* (1999) e *Esperança* (2002). Trabalhou com outros autores como José Louzeiro*, em *Gente fina* (1990); Aguinaldo Silva, em *Pedra sobre pedra* (1992); e foi escalado para a direção de versão atualizada de *Os irmãos Coragem* (1995), antiga novela de sucesso de Janete Clair. Em 1990, passou para a direção de minisséries, com *Riacho Doce*, baseado no romance homônimo de José Lins do Rego. No novo milênio, parece ter se fixado no formato minissérie, quando fez *Os Maias* (2001), obra clássica do escritor português Eça de Queirós, adaptado pela conterrânea do escritor, a dramaturga Maria Adelaide Amaral. Dirige séries globais com produção mais sofisticada, *Hoje é dia de Maria* e *Hoje é dia de Maria 2* (2005), a primeira escrita em parceria pelos dramaturgos Luiz Alberto Abreu e Carlos Alberto Soffredini e a segunda com a assinatura de Abreu. Em 2007 adaptou o romance homônimo de Ariano Suassuna, em *A pedra do reino*. Retornou ao universo de Machado de Assis em *Capitu* (2008), livre adaptação do romance *Dom Casmurro*. Nesses últimos trabalhos podemos sentir as características de seu estilo, baseado em uma dramaturgia com foco cenográfico carregado, utilizando fotografia marcada e fantasista. A trama é diluída em quadros mais estáticos e os atores parecem estar trabalhando em constante regime de *over-acting*. As falas declamadas estão em sintonia com a cenografia e a fotografia rebuscadas, em busca da chancela artística. Esse estilo talvez signifique trazer para a televisão a preocupação com o reconhecimento autoral do cinema. Seu início de carreira deu-se no cinema, quando trabalhou como assistente de câmera do diretor de fotografia Dib Lufti*, em *Aguenta, coração* (1983), comédia dirigida e protagonizada por Reginaldo Faria*. Codirigiu também, com Maurício Farias, o curta-metragem ficcional *A espera* (1986). Estreante na direção de longa-metragem em *Lavoura arcaica*, baseado no romance homônimo de Raduan Nassar, sente-se à vontade para aprofundar um certo intimismo psicológico que a televisão lhe negava. O resultado é um filme que estampa sua ambição no esteticismo das imagens. Leva para o cinema a minissérie *A pedra do reino*, numa versão longa-metragem lançada sem maior alteração. Também aqui os atores estão com direção em tom acentuado. (FPR/LFM)

CARVALHO, Rafael de (Manuel Rafael de Carvalho) – Caíçara, PB, 1918-1981. Ator.

FILMOGRAFIA: 1950 – *Dominó negro*. 1958 – *Aguenta o rojão*. 1959 – *Titio não é sopa; O palhaço o que é?*. 1960 – *Cacareco vem aí* (*Duas histórias*); *Um candango na Belacap; Por um céu de liberdade; Sai dessa recruta*. 1961 – *As testemunhas não condenam*. 1962 – *Vagabundos no society*. 1966 – *Terra em transe*. 1967 – *O homem nu*. 1968 – *Chegou a hora camaradas!*. 1969 – *Macunaíma; A um pulo da morte* (episódio). 1971 – *Um homem sem importância; Cômicos e mais cômicos; O doce esporte do sexo* (1º episódio: 'O torneio'). 1972 – *O supercareta; O grande gozador; Salve-se quem puder, Rally Juventude*. 1973 – *Mais ou menos virgem; O Pica-pau Amarelo*. 1975 – *O trapalhão na ilha do tesouro; Ana, a libertina; As aventuras amorosas de um pandeiro* (*Adultério à suburbana*). 1975-1977 – *Gargalhada final*. 1975-1978 – *A noiva da cidade*. 1976 – *Os maníacos eróticos; Fogo morto; Crueldade mortal*. 1978-1981 – *Dora Doralina*. 1979 – *O homem que virou suco; O menino arco-íris – a infância de Jesus Cristo*. 1981 – *Eles não usam black-tie*. 1982-1984 – *O baiano fantasma*.

Artista com histórico no teatro de revista. Destacou-se na TV GLOBO nos anos 1970. Eterno ator coadjuvante, estreou no cinema na fita policial *Dominó negro*, de Moacyr Fenelon*. Estranhamente, somente oito anos mais tarde voltou a trabalhar no cinema, quando participou de uma série de fitas populares dirigidas pelos mais ativos cineastas da época, Watson Macedo* (*Aguenta o rojão*); Eurides Ramos* (*Titio não é sopa*); Carlos Manga* (*O palhaço o que é?* e *Cacareco vem aí*); Roberto Farias* (*Um candango na Belacap*). Viveu o personagem cearense em *Por um céu de liberdade*, drama sobre a atuação da Força Expedicionária Brasileira (FEB) na II Guerra Mundial, e atuou no drama *As testemunhas não condenam*, num raro filme dessa época cuja direção foi assinada por uma mulher (Zélia Costa). Encerrou essa fase com a comédia *Vagabundos no society*, de Luiz de Barros*, em que interpretou um mordomo. Após um recreio de quatro anos, retornou ao trabalho sob as ordens de um diretor importante, Glauber Rocha*

(*Terra em transe*), e participou de novas comédias dirigidas por Roberto Santos* (*O homem nu*); Paulo Machado (*Chegou a hora camaradas!*) e Joaquim Pedro de Andrade* (*Macunaíma*). Após participar de mais um drama, *Um homem sem importância* (Alberto Salvá*), apareceu como ele mesmo no documentário *Cômicos e mais cômicos*, de Jurandyr Noronha. Seguiu carreira nos anos 1970, trabalhando em fitas populares, como as comédias *O supercareta* (Ronaldo Lupo), *O grande gozador* (Victor Di Mello) e *Aventuras amorosas de um pandeiro* (Waldyr Onofre*); em filmes direcionados ao público jovem, como *Salve-se quem puder, Rally Juventude* (J. B. Tanko*); em comentários eróticos, como *Mais ou menos virgem* (Mozael Silveira) e *Maníacos eróticos* (Alberto Salvá); em fimes infantis, como *O Pica-pau Amarelo* (Geraldo Sarno*) e obras dos Trapalhões. A partir da segunda metade da década de 1970, com exceção do fraco *O menino arco-íris – a infância de Jesus Cristo* (de Ricardo Bandeira), participou de produções mais empenhados, como a comédia *Gargalhada final* (Xavier Oliveira*); o nostálgico *A noiva da cidade* (Alex Viany*); a adaptação do romance clássico de José Lins do Rego, *Fogo morto* (Marcos Farias*); o drama baseado em fatos reais, *Crueldade mortal* (Luiz Paulino dos Santos); adaptação de obra literária de Rachel de Queiroz, *Dora Doralina* (Perry Salles); o drama *O homem que virou suco* (João Batista de Andrade*); a adaptação do texto teatral clássico de Gianfrancesco Guarnieri, em *Eles não usam black-tie* (Leon Hirszman*) e a comédia dramática *O baiano fantasma* (Denoy de Oliveira*). (LFM)

CARVALHO, Vladimir (Vladimir Carvalho da Silva) – Itabaiana, PB, 1935. Diretor.

FILMOGRAFIA: 1967-1971 – *O país de São Saruê*. 1981 – *O homem de Areia*. 1984 – *O Evangelho segundo Teotônio*. 1989-1990 – *Brasília, a última das utopias* (episódio: 'A paisagem natural'). 1990 – *Conterrâneos velhos de guerra*. 2000 – *Barra 68, sem perder a ternura*. 2006 – *Engenho de Zé Lins*.

Vladimir Carvalho é de Itabaiana, antigo centro boiadeiro na Paraíba, "portal do sertão, a meio caminho entre João Pessoa e Campina Grande". Traz de sua infância recordações de um cenário de faroeste nordestino, com grandes rebanhos de gado atravessando as ruas estreitas da cidade para serem embarcados em trem. Apesar de ter passado boa parte de sua vida em Brasília, sente-se em sua obra a marca da infância e da juventude vividas na Paraí-

ba. Se há um tema central e recorrente na obra de Vladimir Carvalho, esse tema é o homem nordestino. Inicia sua carreira de forma significativa participando de *Aruanda*, documentário*-chave para a consolidação do Cinema Novo* brasileiro. Na época já escrevia críticas para o jornal *A União* e para o *Correio da Paraíba*. Trabalha em diversos jornais da Paraíba e do Rio de Janeiro antes de firmar-se definitivamente como cineasta. *Aruanda*, filmado nos primeiros meses de 1960, foi a chance encontrada para passar à prática. Feito pelo grupo de jovens paraibanos que discutia cinema nos cineclubes*, escrevia em jornais e "tinha um certo fanatismo" pela *Revista de Cinema* (editada na época em Belo Horizonte), *Aruanda* obteve repercussão imediata, abrindo as portas para essa geração. Filme estruturado a partir de uma reportagem original de Linduarte Noronha*, seu roteiro (que mais tarde seria objeto de disputas judiciais) teria sido escrito por Vladimir Carvalho e João Ramiro Melo*. O fato é que Vladimir, Noronha, Melo e o fotógrafo pernambucano Rucker Vieira sobem a Serra do Talhado para as filmagens. Vladimir parece ter abandonado antes o grupo para prestar vestibular de Filosofia (curso que concluiria anos mais tarde na Universidade Federal da Bahia), juntando-se novamente à equipe nas tomadas finais de uma feira, em Santa Luzia. Depois da ruptura com Noronha em torno dos créditos do roteiro de *Aruanda* (Noronha é o diretor do filme), Vladimir e João Ramiro (que constam apenas como assistentes de direção) resolvem afirmar sua capacidade partindo para a direção. *Romeiros da Guia* foi realizado em 1961, desenvolvido a partir de uma reportagem escrita anteriormente por Vladimir Carvalho. De *Aruanda* aproveitaram o esquema de produção que permitiu viabilizar um documentário com pouco retorno financeiro. A câmera era a mesma que Noronha havia conseguido no Instituto Nacional de Cinema Educativo (INCE*), com Humberto Mauro*, e a produção também foi articulada através do INCE, que tinha, nessa época, Flávio Tambellini* como presidente. O filme, que também tem o Nordeste como cenário, mostra a peregrinação anual de pescadores do litoral de João Pessoa à Igreja de Nossa Senhora da Guia. Terminado o filme, Vladimir vai, em 1962, para a Bahia, atraído pelo ótimo momento vivido pelo cinema baiano*. Lá conhece Caetano Veloso*, seu colega de turma na Faculdade de Filosofia, Gil, Tom Zé, Capinam, Geraldo Sarno*, e também trabalha no Centro Popular de Cultura da União Nacional dos Estudantes, seção Bahia. Como já tinha experiência significativa em cinema e havia realizado a cobertura para jornais do Rio e do Nordeste, do movimento das Ligas Camponesas – e conhecido João Pedro Teixeira, o líder camponês assassinado –, foi indicado como assistente na produção da UNE *Cabra marcado para morrer*, com direção de Eduardo Coutinho* (Vladimir foi também coprodutor da versão final do filme, dirigida por Coutinho nos anos 80). A ideia era fazer um filme que utilizasse a viúva de João Pedro, Elizabeth Teixeira, como personagem de sua vida real. Depois de quase dois meses de filmagem em um engenho desapropriado por Miguel Arraes (o engenho Galileia, em Pernambuco), ocorre o golpe de 1964 e a equipe é perseguida pelos militares, sob acusação de subversão. Vladimir retorna para Salvador e, logo em seguida, vai para o Rio de Janeiro. Lá permanece alguns anos, quando faz assistência em *Opinião pública*, de Arnaldo Jabor*, e também trabalha no curta *Rio, capital do cinema*. Decide regressar novamente para a Paraíba, fonte da matéria bruta de seus filmes, voltando a trabalhar no *Correio da Paraíba* e a filmar. Dirige, em 1967, o curta *A bolandeira*, com montagem de João Ramiro Melo, sobre os engenhos a tração animal do sertão paraibano condenados a desaparecer. Em *A bolandeira* encontra-se esse traço, presente em outros documentários de Vladimir sobre o Nordeste, que é a representação de certa pureza original da realidade arcaica, com suas formas de organização social legítimas. Também desse mergulho em sua terra natal dirige em 1967, na região de Souza, com o apoio do prefeito e depois deputado federal Antonio Mariz, a primeira versão do longa *O país de São Saruê*. Realiza esse filme em três etapas: a primeira em 1966, quando foi interrompido pela chuva e teve de esperar que o sertão reapresentasse a mesma paisagem; a segunda em 1967, quando pôde terminar as filmagens de 1966, e a terceira no final de 1970, ano de conclusão do filme. A primeira versão, em 16 mm, com as filmagens de 1966 e 1967, com cerca de cinquenta minutos, chamada de *O sertão do rio do Peixe*, foi montada por Vladimir no Rio de Janeiro, chegando a ser exibida na Maison de France, tendo participado do FESTIVAL DE VIÑA DEL MAR, no Chile. Já concluído, em 35 mm, e sob o nome de *O país de São Saruê*, seu primeiro longa-metragem é submetido à apreciação da censura* e vetado sem sugestão de cortes. Há ainda uma tentativa de exibi-lo no FESTIVAL DE BRASÍLIA de 1971, mas o filme é substituído por *Brasil bom de bola*, de Carlos

Niemeyer, o que provocou revolta no público. Esse incidente, combinado com o clima repressivo do início da década, leva à suspensão do festival. O documentário ficaria censurado até 1979, quando é selecionado novamente para o FESTIVAL DE BRASÍLIA daquele ano e recebe o PRÊMIO ESPECIAL DO JÚRI. Inspirado no título de um cordel do conhecido autor paraibano Manoel Camilo dos Santos, *O país de São Saruê* é um de seus documentários mais densos. As imagens são fortes e o sertão surge de modo particularmente intenso na tela. Apesar de imagem recorrente no documentarismo brasileiro dos anos 60, o sertão de São Saruê mostrado por Vladimir fica na memória. O filme inicia-se com um "monólogo sobre o sertão", leitura de um poema de Jomar Moraes que serve como espinha dorsal sonora do filme. As entrevistas são inseridas aos poucos, contrapostas às cenas do folclore local, fotos antigas e material musical composto por Luiz Gonzaga, José Siqueira, Ernesto Nazareth. Na realidade, *O país de São Saruê* é um documentário sobre a região sertaneja do rio do Peixe (localizada no chamado "polígono da seca", região fronteiriça entre Paraíba, Pernambuco e Ceará) e a evolução de suas atividades econômicas, que tem o tom misto de lirismo saudoso e revolta, próprio ao diretor ao falar do Nordeste. O som do filme, que não é direto apesar de às vezes aparentar, foi parcialmente gravado em rádios locais, fórmula através da qual Vladimir viabiliza a utilização de gravadores sonoros para tomar depoimentos. Em 1986 é publicado, pela EMBRAFILME* e pela Editora da UnB, o livro *O país de São Saruê – um filme do Nordeste*, com o roteiro do filme e críticas.

Em 1969, através de um convite de Fernando Duarte*, Vladimir Carvalho troca definitivamente o Rio de Janeiro pela capital federal, para lecionar na Universidade de Brasília. O núcleo original do Departamento de Cinema e a proposta desenvolvida por Paulo Emílio Salles Gomes*, Nelson Pereira dos Santos*, Maurice Capovilla*, Jean-Claude Bernardet* já haviam sido desmontados em 1968. A Universidade, no entanto, ficara e Vladimir aceita o desafio de levar a coisa adiante, na medida do possível. A mudança para Brasília marca bastante sua obra, ligada à geografia de lugares que lhe são próximos. Mas Vladimir ainda mantém um esquema, que mais tarde se revelaria insustentável, de morar em Brasília e filmar no Nordeste. Faz assim, em 1972, *Incelência para um trem de ferro*, documentário que retrata a decadência do sistema ferroviário nordes-

tino em sua interação com as usinas, uma espécie de grande metáfora para mostrar o sistema fundiário nordestino. Também aí o tom melancólico cobre o retrato de uma realidade que finda. Ainda sobre a realidade nordestina, realiza, em 1975, o curta *A pedra da riqueza* (que tem como subtítulo: *ou a peleja do sertanejo para desencantar a pedra que foi parar na Lua com a nave dos astronautas*), filme em que mostra o ciclo do tungstênio, extraído do minério de xelita, no vale do Sabugi, na Paraíba, e a realidade dos homens que o extraem da terra, nada aproveitando do alto valor dessa matéria-prima indispensável para a feitura de ligas metálicas resistentes. A voz em *off* do narrador é aqui assumida pelos trabalhadores das minas, que em linguajar popular comentam seu cotidiano. Do comentário em tom etnológico, explicativo, com uma pitada cientificista, de *A bolandeira* e principalmente de *Romeiros da Guia*, a obra de Vladimir evolui para a incorporação da temática popular, que lhe é cara, na própria narração do filme. Embora, devido às condições técnicas, não tenha podido usar o som direto antes dos anos 70, respira-se em seus primeiros filmes uma nítida aspiração ao direto e à entrevista, a qual é resolvida com as alternativas técnicas disponíveis. O diretor afirma ser *A pedra da riqueza* "uma espécie de encerramento de um ciclo e a abertura de outro". Talvez seu último filme na linha que vem de *Aruanda* e *Romeiros da Guia*, é uma obra seca e direta, de denúncia, com uma fotografia dura, em que o cotejo com o passado está ausente.

Seu primeiro filme em Brasília é *Vestibular 70*, de 1970. Realizado com fotografia de Fernando Duarte, é uma denúncia sobre o sistema de seleção do vestibular no tom exaltado dos protestos da época sobre os "excedentes", filmado na própria Universidade de Brasília. *Espírito criador do povo brasileiro*, de 1972, seu segundo curta brasiliense, foi patrocinado pelo Ministério de Relações Exteriores e versa sobre o grande acervo de arte brasileira do pernambucano Abelardo Rodrigues, exposto na época no Itamaraty. O encontro com Goiás e o Centro-Oeste, com a problemática daquela que seria sua segunda região natal, dá-se através de uma trilogia da região brasiliense, os curtas *Vila Boa de Goyaz*, *Mutirão* e *Quilombo*. Inicialmente, em *Vila Boa de Goyaz*, filme realizado em 1974, Vladimir Carvalho mostra um universo arquitetônico e cultural que se perde no tempo. O filme registra Goiás Velho e seus personagens, detendo-se com melancolia nas tradições culturais e arquitetônicas em desaparecimento. Em *Mutirão*, de 1975, o documentarista retrata uma comunidade de artesãos que tenta voltar às suas origens de tecelões trabalhando com tear caseiro. *Quilombo*, de 1976, registra a desagregação de uma comunidade de negros, o Arraial dos Pretos (uma versão modernizada de *Aruanda*), que sofre pressão da especulação imobiliária e aos poucos vai se desintegrando. Também desse período é *Itinerário de Niemeyer* (1973), sobre o arquiteto que mais tarde filmaria em *Conterrâneos velhos de guerra*, em um contexto bem mais crítico. *Pankararu do Brejo dos Padres* é realizado em 1977. Em *Perseghini* (1984, codireção de Sérgio Moriconi), Vladimir aborda o tema (que voltaria a aparecer em *Conterrâneos velhos de guerra* e *Brasília segundo Feldman*) da chacina da Guarda Especial de Brasília (GEB), entrevistando Luis Perseghini (que também participa de *Brasília segundo Feldman*), operário que dá seu testemunho de vida e do massacre. Em *No galope da viola*, de 1988, aborda a interação da tradição do cordel com o rádio.

Desde sua mudança para Brasília no início dos anos 70, Vladimir preocupa-se em filmar sistematicamente os grandes eventos, o cotidiano e o povo da capital federal. Essa sua ligação com o espaço físico que o cerca encontra, no caso de Brasília, sua primeira expressão mais elaborada em *Brasília segundo Feldman*, feito a partir de material filmado originalmente pelo *designer* norte-americano Eugene Feldman, durante a construção de Brasília. À primeira vista percebe-se o que o atraiu nas imagens de Feldman. Ao contrário da maior parte dos registros nacionais da construção de Brasília, o centro de atração para o artista americano é a imagem do povo brasileiro em trabalho. Talvez seja a inocência amadora das filmagens de Feldman que faz com que elas denotem tanta força e mostrem a construção de Brasília de uma forma única (além da presença de cores, padrão singular para as filmagens da época). Em vez dos frios enquadramentos oficiosos em enfadonhas cerimônias de inauguração, sentimos o clima de intensa atividade borbulhar, através do esforço dos principais personagens desse cenário: os operários. Ao realizar, em 1979, *Brasília segundo Feldman*, Vladimir articulou essas imagens com falas de dois pioneiros da época, o pintor Athos Bulcão e o peão de obra Luís Perseghini, dando um tom testemunhal que perpassa o documentário. A temática do filme delineia o núcleo de denúncias que o diretor irá desenvolver em *Conterrâneos velhos de guerra*: mortes de trabalhadores provocadas pelos apertados prazos de conclusão da obra e as primeiras menções ao massacre, durante a construção de Brasília, realizado pela Guarda Especial de Brasília (GEB) nos alojamentos da construtora Pacheco Fernandes Dantas. A música e os sons de *Brasília segundo Feldman* foram recolhidos em batucadas gravadas nos canteiros de obra da cidade. Nos anos 80 Vladimir Carvalho filma dois longas documentais biográficos sobre duas personalidades da política nordestina: Teotônio Vilela e José Américo de Almeida. *O homem de Areia*, que tematiza a Revolução de 30 na Paraíba, é estruturado a partir de depoimentos de José Américo de Almeida, figura da intelectualidade e da política brasileira. Autor de *A bagaceira*, ativo articulador da Revolução de 30, em 1937 seria o conveniente candidato à presidência do getulismo, candidatura que acaba abortada pelo golpe do Estado Novo. Em *O Evangelho segundo Teotônio*, Vladimir filma, em 1984, os últimos dias do senador Teotônio Vilela, usineiro alagoano que desenvolveu carreira política na União Democrática Nacional (UDN) e depois na Arena, e que, no final da vida, se aproxima politicamente da esquerda, usufruindo o clima da campanha pela redemocratização do país. É nítida, nessa obra, a admiração do diretor pela personalidade que está sendo retratada. O longa-metragem *Conterrâneos velhos de guerra* aprofunda a trilha aberta por *Brasília segundo Feldman*, utilizando material já filmado anteriormente por Carvalho durante os anos 70 e 80. Nessas tomadas estão retratados não só os grandes eventos da cidade (a chegada da seleção em 1970, a morte de Juscelino), mas também o cotidiano e a imagem do povo. *Conterrâneos* pode ser apontado como um filme de maturidade do diretor, um "filme síntese", como ele mesmo o define. Nele unem-se as duas referências geográficas e humanas que marcam sua obra, o Nordeste e Brasília, aqui interagindo através do tema da imigração. O tom de denúncia e a preocupação em mostrar o ponto de vista dos excluídos manifesta-se através de uma visão distinta do episódio épico da construção de Brasília. O eixo central não é mais a união da nação em torno de um grande projeto coletivo, mas exatamente as bordas desse projeto, a "espuma da história", como o arquiteto Lúcio Costa se refere ao massacre dos peões no canteiro da construtora Pacheco Fernandes. Colocando no centro a figura dos "candangos", que migraram para construir Brasília, Vladimir nos apresenta imagens que mostram como esse projeto coletivo foi pensado de modo excludente e pouco humanitário.

Um dos pontos altos do filme é a tensa entrevista com Oscar Niemeyer, na qual o arquiteto começa por desfilar um discurso fácil sobre a exploração do homem, mas irrita-se ao ser confrontado com sua atitude pouco digna em um momento-chave de sua vida (o do massacre) em que essas convicções estiveram à prova. Vladimir toma o partido de seus irmãos nordestinos e o filme é montado na forma de um manifesto de denúncia, retrato das condições de vida e das expressões culturais de uma população deslocada. E é essa população que constitui a temática central de sua obra, configurando uma preocupação que define um horizonte de criação autoral particular. Realiza ainda o episódio 'A paisagem natural' (do longa *Brasília, a última das utopias*) e o curta *Com os pés no futuro*. Em 2000 conclui o longa-metragem *Barra 68, sem perder a ternura*, documentário que preparou durante décadas sobre a destruição do projeto original da Universidade de Brasília e os anos de chumbo na capital da República. Carvalho utiliza imagens de arquivo, localizadas em pesquisas, e trabalha com os protagonistas dos eventos da ocupação da universidade, reencenando ações. Em *O engenho de Zé Lins* retorna a seus conterrâneos, debruçando-se sobre o paraibano José Lins do Rego. Através de depoimentos diversos, material de arquivo, trechos do filme *Menino de engenho*, reconstrói a vida do romancista de um ponto de vista lírico e saudoso. (FPR)

CARVALHO, Walter (Walter Carvalho e Silva) – João Pessoa, PB, 1947. Fotógrafo.

FILMOGRAFIA: 1979 – *Nelson Pereira dos Santos saúda o povo e pede passagem*. 1980 – *O pulo do gato*; *Boi de prata*. 1981 – *O homem de Areia*. 1983 – *A difícil viagem*. 1985 – *Com licença, eu vou à luta*; *Pedro Mico*; *Igreja da libertação*. 1987 – *Os Trapalhões no Auto da Compadecida*; *Terra para Rose*. 1988 – *Que bom te ver viva*; *Uma questão de terra*; *Sonhei com você*; *No Rio... vale tudo*. 1988-1989 – *Círculo de fogo*. 1989-1990 – *Césio 137, o pesadelo de Goiânia*. 1989-1991 – *República dos anjos*. 1990 – *O mistério de Robin Hood*; *Uma escola atrapalhada*. 1990-1991 – *Assim na tela como no céu*. 1991 – *Os Trapalhões e a árvore da juventude*. 1993 – *Conterrâneos velhos de guerra*. 1994 – *Érotique* (1º episódio: 'Final Call'). 1994-1997 – *O amor está no ar*. 1995 – *Terra estrangeira*; *Cinema de lágrimas*. 1996 – *Pequeno dicionário amoroso*. 1996-1997 – *Buena Sorte*. 1997 – *Central do Brasil*. 1997-1999 – *Villa-Lobos, uma vida de paixão*. 1999 –

O primeiro dia. 2000 – *Amores possíveis.* 2001 – *Abril despedaçado; Janela da alma* (dir.); *Lavoura arcaica.* 2002 – *Madame Satã; Amarelo manga; Carandiru.* 2003 – *Filme de amor.* 2004 – *Entreatos; Cazuza, o tempo não para* (dir.). 2005 – *Veneno da madrugada; Crime delicado; A máquina; Moacir Arte Bruta* (dir.). 2006 – *O céu de Suely; Baixio das bestas; O engenho de Zé Lins; Santiago.* 2007 – *Cleópatra; Chega de saudade.* 2008 – *A erva do rato; O homem que engarrafava nuvens.* 2009 – *Budapeste* (dir.); *A falta que nos move; Sonhos roubados.*

Nome importante da fotografia cinematográfica brasileira na década de 90, conhecido pela versatilidade com que se adapta a diferentes projetos e pela manipulação consciente dos elementos de composição da imagem, em especial a tonalidade. Irmão mais jovem do cineasta Vladimir Carvalho*, faz os primeiros contatos com o meio ainda dentro do ciclo do documentário* paraibano dos anos 60. Estreia profissionalmente no curta *Os homens do caranguejo* (1968), de Ipojuca Pontes*, fazendo assistência de câmera do fotógrafo Rucker Vieira. Essa experiência leva-o a decidir-se pela função e a procurar uma formação mais sólida no campo visual. Transfere-se em 1968 para o Rio de Janeiro, ingressando na Escola Superior de Desenho Industrial, onde se gradua em programação visual. Continua trabalhando como assistente em curtas como *Humor amargo*, de Sérgio Santeiro, e *A pedra da riqueza*, de Vladimir Carvalho, entre outros. Exerce a função de fotógrafo de cena no longa *O sósia da morte* (1976), de João Ramiro Melo*, e a de técnico de som em *Nova Jerusalém*, de Ipojuca Pontes. Passa a exercitar-se em fotografia fixa, participando de várias exposições e tirando o primeiro lugar do CONCURSO DE FOTOGRAFIA promovido pelas empresas Bloch em 1973. Ampliando sua atuação no campo das artes visuais e plásticas, concebe e executa os letreiros de diversos filmes: *O homem do corpo fechado, A volta pela estrada da violência, O país de São Saruê, Revelações do Rio, Vila Boa de Goyaz, Itinerário de Niemeyer*, entre outros. Na mesma época começa a pintar sem pretensões artísticas. Torna-se professor de fotografia cinematográfica nos cursos de cinema da CINEMATECA DO MAM e da Universidade Federal Fluminense (UFF). Incentivado pelo irmão, assume profissionalmente a função, quase sempre associada ao trabalho como câmera, a partir de *Incelência para um trem de ferro* (1972). Filma seguidamente, sobretudo

curtas: *Chico da Silva, Boi de reis, Memória goitacá, Brinquedo popular do Nordeste, Pancararus, Dia de erê, Missa do Galo.* Torna-se o responsável pela filmagem dos registros para o programa *Cinemateca*, patrocinado pela EMBRAFILME* e veiculado pelas televisões educativas. Para essa série fotografa dezenas de títulos, entre os quais *Jorjamado*, de Glauber Rocha*; *O curta*, de Haroldo Marinho Barbosa*; e *Cinema e futebol*, de David Neves*. Ainda no programa *Cinemateca* dirige o curta *MAM – S. O. S.* (1978), sobre o incêndio da instituição carioca. Na mesma época filma série em duas partes para a TV italiana, cofotografando o documentário *Que país é este?*, de Leon Hirszman*. A carreira de Walter Carvalho deslancha e ele mantém forte identificação com o documentário (*Nelson Pereira dos Santos saúda o povo e pede passagem*, de Ana Carolina*; *Terra para Rose*, de Tetê Moraes*; *Que bom te ver viva*, de Lucia Murat*) e com um grupo de cineastas sediados em Brasília (Vladimir Carvalho – *O homem de Areia, Conterrâneos velhos de guerra*; Geraldo Moraes – *A difícil viagem, Círculo de fogo*; Carlos Del Pino – *República dos anjos*; entre outros). Cada vez mais requisitado, fotografa filmes comerciais e ingressa na publicidade e na televisão. Nesse veículo, assina as imagens de minisséries (*A máfia no Brasil, Agosto*), especiais (*Caetano Veloso*) e programas (*Os homens querem paz*). Obtém repercussão crítica favorável com as novelas *Renascer* e *O rei do gado*, dirigidas por Luiz Fernando Carvalho*, em cujos primeiros capítulos introduz uma composição de quadro e luz novas para o gênero, e os documentários *América* e *Blues*, de João Moreira Salles*. Esse conjunto de trabalhos evidencia a mudança paulatina de seu estilo, acrescentando-se à agilidade e ao realismo documental o uso do contraste e da saturação de cores, características do hiper-realismo de Robby Muller, um de seus ídolos. A nova forma de composição define-se com o conjunto de filmes feitos em parceria com o cineasta Walter Salles*. A utilização expressiva do preto e branco no curta *Socorro nobre* e no longa *Terra estrangeira*, codirigido por Daniela Thomas, consagram-no definitivamente. Diversas vezes premiado em festivais nacionais, recebe o prêmio CÂMERA DE PRATA, no INTERNATIONAL FILM CAMERA FESTIVAL de 1996, pelo filme *Terra estrangeira*. Recebe elogios ainda pelo bem-sucedido *Pequeno dicionário amoroso* e pelo aclamado *Central do Brasil.* (HH)

Antes de Carvalho estrear na fotografia de longas, na década de 1970, houve

em São Paulo outro diretor de fotografia chamado Walter Carvalho Corrêa. Este fez poucos longas e algumas vezes assinou seus trabalhos com o nome de Walter Carvalho. O fato costuma criar alguma confusão no estabelecimento de sua filmografia. Na primeira década do novo milênio, Carvalho consolidou em definitivo seu nome, assinando filmes de cineastas marcadamente seus parceiros como Sandra Werneck* (*Amores possíveis; Cazuza* e *Sonhos roubados*); Walter Salles (*Abril despedaçado*); Karim Ainouz* (*Madame Satã* e *O céu de Suely*); Cláudio Assis* (*Amarelo manga* e *Baixio das bestas*); Luiz Fernando Carvalho (*Lavoura arcaica*); Júlio Bressane* (*Filme de amor, Cleópatra* e *A erva do rato*); João Moreira Salles (*Entreatos* e *Santiago*). Foi convidado a trabalhar com diretores e filmes-chave de nossa filmografia, como Hector Babenco* (*Carandiru*); Ruy Guerra* (*Veneno da madrugada*); Beto Brant* (*Crime delicado*); seu irmão Vladimir Carvalho (*O engenho de Zé Lins*); Laís Bodanzky* (*Chega de saudade*) e Lírio Ferreira* (*O homem que engarrafava nuvens*). Sua participação nessa série de filmes capitais de nossa filmografia, nos quais apresenta concepção fotográfica nitidamente autoral (*Terra estrangeira, Pequeno dicionário amoroso, Central do Brasil, O primeiro dia, Abril despedaçado, Lavoura arcaica, Madame Satã, Amarelo manga, Carandiru, Crime delicado, O céu de Suely, Baixio das bestas, Cleópatra, A erva do rato, O homem que engarrafava nuvens, Sonhos roubados, Santiago, Entreatos*), o credencia como o principal fotógrafo brasileiro da atualidade. Sua fotografia costuma ser carregada, com toques esteticistas, às vezes maneiristas. Sabe, no entanto, oscilar e variar quando necessário, a partir de demandas da direção ou em função das exigências estilísticas do filme. Mas sentimos Carvalho mais à vontade quando pode carregar nas tintas, transferindo para a profusão de tonalidades e efeitos o domínio inegável que tem da técnica fotográfica. Não se pode dizer que sua fotografia trabalhe com uma composição despojada do quadro. Sente-se que há em seu estilo uma equivalência entre o acúmulo de efeitos esteticistas e a necessidade de mostrar o domínio técnico que valoriza. Na única direção solo de longa ficcional, *Budapeste*, o efeito esteticista transparece numa produção maior, em que pôde exercer completo domínio das variáveis de composição da imagem, e onde faz sentir a mão pesada na composição fotográfica do quadro. Se seu talento como fotógrafo é inegável, a ponto de marcar com criatividade a fotografia do cinema brasileiro na década, a direção de cena em *Budapeste* é bem mais frouxa, revelando que nem sempre um excelente fotógrafo é ótimo diretor. O fotógrafo de *Budapeste* é seu filho, Lula Carvalho, que inicia carreira promissora seguindo os passos do pai.

Walter Carvalho ainda codirigiu dois documentários longas, nos quais sentimos presença autoral. Em *Janela da alma* divide a direção com João Jardim*, em filme-chave na ascensão da produção documentária no Brasil dos anos 2000. Obra diferenciada no quadro de documentários de sua época (2001), teve ótima repercussão de crítica, conquistando público significativo. Possui proposta narrativa peculiar, caracterizando-se como documentário poético. Apesar do eixo assertivo marcado que define o filme como documentário, apresenta amplos espaços para divagação poética, em imagens e palavras que exploram o que é a visão e o que significa sua deficiência. Carvalho, que possui problemas de miopia, aparentemente identifica-se com o tema e, juntamente com Jardim, constrói um filme denso sobre assunto central em seu campo profissional. Em *Moacir Arte Bruta*, primeiro longa com direção solo, Carvalho retrata o artista primitivista Moacir. Detentor de obra expressiva em linha de criatividade que explora o inconsciente, lembra em alguns momentos Bispo do Rosário. O filme sabe construir a personagem e a desenvolve na composição de depoimentos de habitantes locais. A presença do artista Siron Franco na narrativa marca uma forma de contraposição que, de certo modo, destoa. (FPR/LFM)

CARVANA, Hugo (**Hugo Carvana de Holanda**) – Rio de Janeiro, RJ, 1937. Ator, diretor.

FILMOGRAFIA: 1954 – *Trabalhou bem, Genival* (ator). 1954-1956 – *Contrabando* (ator). 1957 – *Tudo é música* (ator). 1961 – *Esse Rio que eu amo* (4º episódio: 'Noite de almirante') (ator). 1962 – *Os cafajestes* (ator). 1963 – *Os fuzis* (ator). 1964 – *Crime de amor* (ator). 1965 – *A falecida* (ator); *O desafio* (ator); *A grande cidade (As aventuras e desventuras de Luiza e seus três amigos chegados de longe)* (ator). 1966 – *Terra em transe* (ator). 1967 – *O engano* (ator). 1967-1968 – *Um homem e sua jaula* (ator). 1968 – *Antes, o verão* (ator); *O homem que comprou o mundo*; *O bravo guerreiro*; *A vida provisória*; *Como vai, vai bem?* (5º episódio: 'O apartamento') (ator); *O dragão da maldade contra o santo guerreiro* (coprodução estrangeira) (ator); *Jardim de guerra* (ator). 1968-1969 – *Os herdeiros* (ator). 1968-1972 – *Câncer*

(ator). 1969 – *Tempo de violência* (ator); *Macunaíma* (ator); *O anjo nasceu* (ator); *Pedro Diabo* (ator); *Der Leone Have Sept Cabeças* (produção estrangeira) (ator). 1970 – *O capitão Bandeira contra o dr. Moura Brasil* (ator); *Pindorama* (ator). 1971 – *Procura-se uma virgem* (ator); *O rei dos milagres* (ator); *Matei por amor* (ator). 1972 – *Quando o carnaval chegar* (ator); *Amor, carnaval e sonhos* (ator); *Tati, a garota* (ator). 1973 – *Toda nudez será castigada* (ator); *Vai trabalhar, vagabundo* (ator, dir.). 1974 – *Ipanema, adeus* (ator). 1975 – *A nudez de Alexandra* (coprodução estrangeira) (ator). 1976 – *A queda* (ator); *Gordos e magros* (ator). 1976-1977 – *Anchieta, José do Brasil* (ator). 1977 – *Aventuras de Momo Montanha* (coprodução estrangeira) (ator); *Tenda dos milagres* (ator); *Se Segura, Malandro!* (ator, dir.); *Mar de rosas* (ator). 1982 – *Bar Esperança, o último que fecha* (ator, dir.). 1983 – *Águia na cabeça* (ator). 1984 – *Bete Balanço* (ator). 1985 – *Avaeté, semente da violência* (ator). 1987 – *Leila Diniz* (ator). 1987-1991 – *Vai trabalhar vagabundo II, a volta* (ator, dir.). 1989-1990 – *Boca de Ouro* (ator). 1990-1991 – *Assim na tela como no céu* (ator). 1996 – *O homem nu* (ator, dir.). 1999 – *Mauá, o imperador e o rei* (ator). 2001 – *Sonhos tropicais* (ator). 2001-2002 – *Deus é brasileiro* (ator). 2002 – *Lara* (ator). 2002-2003 – *Apolônio Brasil, campeão da alegria* (ator). 2004-2005 – *Mais uma vez amor* (ator). 2005 – *Achados e perdidos* (ator). 2006 – *O maior amor do mundo* (ator). 2008 – *Casa da Mãe Joana* (ator, dir.). 2010 – *Histórias de amor duram 90 minutos* (ator); *Não se preocupe, nada vai dar certo* (ator, dir.); *5 × favela agora por nós mesmos* (episódio) (ator).

É membro de um seleto clube, o dos atores com mais de sessenta filmes, cujos dez principais sócios são: Wilson Grey e Sérgio Hingst (ambos com mais de cem filmes no currículo, a maioria deles composta de fitas populares, sendo que Wilson Grey fez mais de 160 filmes), além de Grande Otelo, José Lewgoy, Jofre Soares, Rodolfo Arena, Hugo Carvana, Paulo César Pereio, Zezé Macedo (a única atriz do grupo) e Maurício do Valle. Ator que iniciou naturalmente como figurante a carreira no cinema e na TV. Nesse veículo mais tarde faria telenovelas e o seriado *Plantão de Polícia*, no papel do repórter Waldomiro Pena. Assim como aconteceu com outros artistas iniciantes, fez muita figuração. São difíceis de serem anotados seus filmes desse tempo, pois apareceu em fitas populares feitas nos estúdios cariocas

da Brasil Vita Filmes, Flama Filmes, no pequenino da Sacra Filmes e em outros locais de filmagens improvisados, quando assistiu a muitas filmagens orientadas por gente como os cineastas José Carlos Burle*, Watson Macedo*, Carlos Manga*, Aluisio T. Carvalho*, Victor Lima*, J. B. Tanko* e Roberto Farias*, especialistas em fabricar as denominadas chanchadas*. Dedicou-se pouco ao teatro, tendo feito apenas oito peças em dez anos. No período entre os anos de 1957 até 1967, esses espetáculos serviram para ele amadurecer como ator. No cinema, estreou na comédia *Trabalhou bem, Genival*, de Luiz de Barros*, diretor com que voltou a trabalhar na comédia musical *Tudo é música*. Filmou o policial *Contrabando*, iniciado por Mário Latini e concluído por Eduardo Llorente, no qual teve uma fala. Começou a ensaiar a futura carreira de cineasta, com a assinatura de H. C. Holanda (que só utilizou essa vez), quando coescreveu o argumento do drama *Copacabana zero hora* (1958), de Duílio Mastroianni. Além do espanhol Llorente, trabalhou com outros estrangeiros radicados, como o italiano Mastroianni e o argentino Christensen*. Com o advento do Cinema Novo*, trabalhou em vários filmes do movimento, destacando-se como um dos soldados do drama *Os fuzis*, de Ruy Guerra*. No papel de jornalista, em *Terra em transe*, iniciou parceria com Glauber*, diretor com quem fez quatro filmes. Intérprete que transitou da comédia ao drama, geralmente como coadjuvante. Foram ocasionais os papéis de protagonista, como aconteceu em *O anjo nasceu*, de Júlio Bressane*, sobre dois marginais da Zona Sul carioca, em que dividiu a cena com o ator Milton Gonçalves*. Preparando-se para a direção, coescreveu o argumento e atuou no papel de empresário de *shows* mambembes em *Quando o carnaval chegar*, de Carlos Diegues*. No mesmo ano de 1972, atuou em nova fita que trabalhou o tema de carnaval, *Amor, carnaval e sonhos*, de Paulo César Saraceni*. Finalmente estreou como diretor com a comédia *Vai trabalhar, vagabundo*, na qual, como protagonista, criou o papel do malandro carioca boa-vida. Em papel dramático, viveu homem que rompeu com a vida burguesa em *Ipanema adeus*, único longa-metragem do diretor Paulo Roberto Martins. Foi um dos protagonistas de *Tenda dos milagres*, de Nelson Pereira dos Santos*, baseado em romance homônimo de Jorge Amado*. Repetiu a dose de *Vai trabalhar, vagabundo*, em *Se Segura, Malandro!*, além de se ocupar do papel principal e da direção. Em *Bar Esperança, o último que fecha*, foi diretor e protagonista, transitando pela fita romântica e ingressando em sua fase memorialista. Mais um papel dramático e dessa vez viveu um homem simples do povo que testemunhou um massacre de índios, em *Avaeté, semente da violência*, de Zelito Viana*. Retomou o papel do malandro carioca boa-vida que ascendeu de classe social na comédia *Vai trabalhar vagabundo II, a volta*, que dirigiu e na qual interpretou o papel central. Pouco tempo depois, dedicou-se a mais à direção de suas comédias, *O homem nu*, refilmagem colorida de crônica de Fernando Sabino, em que o cronista colaborou no roteiro; e *Apolônio Brasil, campeão da alegria*, na qual fez uma homenagem às chanchadas, onde começou a carreira, e aos atores daquele período. No primeiro filme, o brilho foi do ator Claudio Marzo* e, no segundo, do ator Marco Nanini, bem dirigidos por Carvana. Outro filme de memórias foi a comédia *Casa da Mãe Joana*, baseada em fatos reais de sua juventude. A mais recente comédia é *Não se preocupe, nada vai dar certo*. Nesses filmes, reservou pequenos papéis para si. Outros trabalhos foram como pioneiro ator em curtas-metragens, começando em *Klaxon* (1971) e *Humor amargo* (1972), ambos do diretor Sérgio Santeiro. Anos depois filmou outros curtas ficcionais, como *Alô Teteia* (1978), de José Joffily*; *Por dúvida das vias* (1988), de Betse de Paula; *Happy hours* (1997), de Dodô Brandão; sendo protagonista de *O cabeça de Copacabana* (2000), de Rosane Svartman, e *A breve história de Cândido Sampaio* (2001), de Pedro Carvana, quando foi dirigido por seu filho mais velho, um carioca nascido em 1969 que dirigiu outro curta ficcional, *Ratoeira* (2004). Desde *Colagem* (1968), de David Neves*, até *Marçal de Souza – Guarani* (1985), de Nilson Barbosa, incluindo também o último trabalho de Humberto Mauro* como diretor, o documentário *Carro de bois* (1974), fez a narração de filmes. São cerca de quinze curtas-metragens aos quais emprestou sua voz, e os longas *Até a última gota*, de Sérgio Rezende*, e *O pulo do gato*, de Ney Costa Santos. Prestou depoimentos para os curtas *Gramado: três décadas de cinema* (1993-1994), de David Quintans, e *O sol caminha contra o vento* (2005), de Tetê Moraes*, este último produção de sua mulher, a jornalista Martha Alencar, parceira em vários filmes. Em 2005, a jornalista Regina Zappa publicou para a série Perfis do Rio, o livro *Hugo Carvana – adorável vagabundo*. (LFM)

CASÉ, Regina (Regina Maria Barreto Casé) – Rio de Janeiro, RJ, 1954. Atriz.

FILMOGRAFIA: 1977 – *Chuvas de verão*; *Os sete gatinhos*. 1977-1981 – *O segredo da múmia*. 1978 – *Tudo bem*. 1980 – *Eu te amo*. 1982 – *Corações a mil*. 1983 – *Onda nova*. 1984 – *Areias escaldantes*. 1984-1985 – *A marvada carne*. 1985 – *Brás Cubas*. 1986 – *Cinema falado*. 1987 – *Fogo e paixão*. 1987-1988 – *O grande mentecapto*. 1988 – *Luar sobre Parador* (produção estrangeira). 2000 – *Eu tu eles*.

Seu avô foi o grande pioneiro do rádio Ademar Casé. Seu pai, Geraldo Casé, uma figura importante da televisão brasileira, foi um dos criadores da série *Sítio do Picapau Amarelo*, da TV GLOBO, premiada internacionalmente. A partir desse *background* familiar, Regina se encaminhou naturalmente para a carreira artística. Em meados dos anos 70 integrou o grupo Asdrúbal Trouxe o Trombone, que revelou toda uma geração de atores e comediantes que se consagraria no teatro e na televisão, como Hamilton Vaz Pereira, Evandro Mesquita, Perfeito Fortuna, Luiz Fernando Guimarães* e Patrícia Travassos. Seu primeiro trabalho no Asdrúbal foi *O inspetor geral*, de Gógol, dirigida por Hamilton Vaz Pereira. Em 1977, Regina recebeu o Prêmio Molière por sua atuação em *Trate-me, leão*, também do Asdrúbal. Nesse mesmo ano, iniciou a sua carreira no cinema, participando de dois filmes: *Chuvas de verão*, de Carlos Diegues*, e *Os sete gatinhos*, de Neville d'Almeida*. Nos anos 80 atuou ativamente no cinema, fazendo praticamente um filme por ano, como *A marvada carne*, de André Klotzel*, *Cinema falado*, de Caetano Veloso*, e outros. Na década seguinte passou a se dedicar quase exclusivamente à televisão, participando de algumas novelas, programas humorísticos e especiais. (LAR) Protagonista da comédia *Eu tu eles*, de Andrucha Waddington*, interpreta com veracidade uma mulher que vive com três maridos num país machista. Construiu um tipo forte que acaba limitando sua gama de atuações. Narradora de *Onde andará Petrucio Felker?* (2001), curta de animação de Allan Sieber.

CASTILLINI, Luiz (Luiz Castillini Filho) – Barretos, SP, 1944. Roteirista, diretor.

FILMOGRAFIA: 1971 – *Cio, uma verdadeira história de amor* (rot.). 1973 – *Sob o domínio do sexo* (rot.); *A noite do desejo* (rot.); *O poderoso garanhão* (rot.); *Desejo proibido* (rot.). 1975 – *As mulheres sempre querem mais* (rot.); *O sexo mora ao lado* (rot.). 1976 – *Traídas pelo desejo* (rot.). 1977 – *Presídio de mulheres violentadas* (rot., dir.); *Noite em chamas* (rot.). 1978 – *Desejo violento* (rot.); *As amantes latinas* (rot., dir.); *Os galhos do casamento* (rot.). 1979 – *Taras, prazeres proibidos* (rot., dir.). 1980 – *Por um corpo de mulher* (rot.); *Orgia das taras* (rot., dir.). 1981 – *Pornô!* (1º episódio: 'As gazelas') (rot., dir.); *Ousadia* (1º episódio: 'A peça') (rot., dir.); *Prazeres permitidos* (1º episódio: 'Água abaixo... fogo acima'; 2º episódio: 'O sonho') (rot.); *Reencarnação do sexo* (rot., dir.). 1982 – *Instinto devasso* (rot., dir.); *Carícias eróticas* (*Um casal de três...*) (rot.). 1983 – *Elite devassa* (rot., dir.). 1985 – *Prazeres proibidos* (rot.).

Começa no cargo de projecionista de salas de cinema em Barretos, sua cidade natal. Trabalha, a partir de 1962, nessa função em cinemas de Santos e São Paulo. Permanece por dez anos no departamento de Telecine da TV TUPI. Nos anos 70 radica-se na Boca do Lixo*, escrevendo uma série de roteiros (dramas eróticos, policiais e pornochanchadas*), alguns de maior ambição, para Fauzi Mansur* (*Cio, uma verdadeira história de amor* e *A noite do desejo*), Tony Vieira* (*Sob o domínio do sexo*, *Desejo proibido* e *Traídas pelo desejo*), Antônio B. Thomé (*O poderoso garanhão*), Roberto Mauro (*As mulheres sempre querem mais* e *Desejo violento*), Jean Garrett* (*Noite em chamas*), Hércules Breseghelo (*Por um corpo de mulher*), Antôno Meliande* (*Prazeres proibidos* e *Prazeres permitidos*), até comédias de Ody Fraga* (*O sexo mora ao lado*), Sérgio Segall (*Os galhos do casamento*) e Adriano Stuart* (*Carícias eróticas*). Diretor dos curtas *A marcha do tempo* (1975), *Cinema, arte industrial e EAD* (1979), também foi assistente de direção de *Jecão... um fofoqueiro no céu*, de Pio Zamuner*. Dirige seu primeiro longa, coincidentemente, o primeiro filme da série de presídios femininos do produtor A. P. Galante*, tendo sido demitido por esse produtor no meio das filmagens. *Presídio de mulheres violentadas* é concluído por Osvaldo Oliveira* e traz a assinatura de A. P. Galante. Para o produtor Fauzi Mansur dirige os dramas eróticos *As amantes latinas*; *Taras, prazeres proibidos* e *Orgia das taras*, estrelados por sua então esposa Patrícia Scalvi*. Pretensiosa adaptação de história de Giovanni Boccaccio é o filme de terror, sob sua direção, *Reencarnação do sexo*, uma produção de Cláudio Cunha*. O drama *Instinto devasso* reúne um casal em crise, numa casa de praia, sendo seu filme de maior liberdade autoral, com um duelo de interpretações dos atores Ênio Gonçalves* e Patrícia Scalvi. (LFM)

CASTRO, A. P. (Afrodísio Pereira de Castro) – São Félix, BA, 1893-1975. Fotógrafo.

FILMOGRAFIA: 1931-1932 – *Ganga bruta*. 1933 – *A voz do Carnaval*. 1934 – *Alô! Alô! Brasil*. 1938 – *Tererê não resolve*; *Aruanã*; *Maridinho de luxo*; *Alma e corpo de uma raça*; *Onde estás, felicidade?*. 1938-1944 – *Romance proibido*. 1939 – *Está tudo aí*; *Joujoux e balangandãs*. 1941 – *Sedução do garimpo*. 1943 – *Samba em Berlim*; *Abacaxi azul*. 1944 – *Berlim na batucada*; *Corações sem piloto*. 1945 – *O cortiço*; *Pif-paf*. 1945-1949 – *Loucos por música*. 1946 – *Caídos do céu*; *O ébrio*. 1947 – *Um beijo roubado (Noites de Copacabana)*; *Pinguinho de gente*. 1947-1948 – *Mãe*. 1948 – *Obrigado, doutor*; *Poeira de estrelas*; *Estou aí*. 1949 – *O homem que passa*; *Vendaval maravilhoso (Vida e amores de Castro Alves)*; *Todos por um*. 1950 – *Dominó negro*; *A inconveniência de ser esposa*. 1951 – *O falso detetive*; *Milagre de amor*. 1952 – *Destino*; *Aí vem o general*. 1957 – *Tem boi na linha*; *Hoje o galo sou eu*; *Maluco por mulher*; *O batedor de carteiras*; *Traficantes do crime*. 1958 – *Minha sogra é da polícia*; *Depois do carnaval (Mulheres, música e carnaval)*. 1959 – *Comendo de colher*; *Eles não voltaram*; *Pequeno por fora*. 1960 – *Só naquela base*; *Por um céu de liberdade*. 1962 – *Vagabundos no society*. 1962-1963 – *Sangue na madrugada*. 1963 – *No tempo dos bravos*.

Trabalha por muitos anos, de 1938 a 1947, na CINÉDIA*, como titular de fotografia de toda a produção do estúdio de São Cristóvão. É nessa produtora que inicia sua formação, quando trabalha como assistente de câmera do fotógrafo Humberto Mauro*, em *Mulher* (1931), de Octávio Mendes*. Entre 1934 e 1937 trabalha como técnico de som em *Honra e ciúmes*, de Antônio Tibiriçá*; *Bonequinha de seda*, de Oduvaldo Viana*; *Caçando feras*, de Líbero Luxardo*; e *Samba da vida* e *O jovem tataravô*, ambos de Luiz de Barros*. Com Moacyr Fenelon*, é montador de *Alô! alô! Carnaval* (1935), de Adhemar Gonzaga*. Seu ex-assistente Hélio Barrozo Netto* assume seu posto de técnico de som. Curiosamente, seu primeiro trabalho como fotógrafo, *Ganga bruta*, de Humberto Mauro, é o filme mais importante de sua carreira. É um dos responsáveis pela fotografia dos carnavalescos *A voz do carnaval*, da dupla Mauro e Gonzaga, e *Alô! Alô! Brasil*, de Wallace Downey*. A partir 1938 inicia extensa parceria com o diretor Luiz de Barros, para quem fotografa os mais variados gêneros de filmes, como *Tererê não resolve*, *Maridinho de luxo*, *Sedução do garimpo*, *Samba em Berlim*, *Berlim na batucada*, *Corações sem piloto*, *O cortiço*, *Pif-paf* e *Caídos do céu*. Cria a luz para carnavalescos, comédias, dramas, melodramas, histórias românticas, em filmes de outros diretores com produção da CINÉDIA, como *Aruanã*, de Líbero Luxardo; *Alma e corpo de uma raça*, de Milton Rodrigues*; *Onde estás, felicidade?* e *Está tudo aí!*, ambos de Mesquitinha*; *Romance proibido* e *Loucos por música*, ambos de Adhemar Gonzaga; *O ébrio* e *Pinguinho de gente*, ambos de Gilda Abreu*; e *Um beijo roubado*, de Leo Marten*. Trabalha em várias outras produções filmadas no estúdio, como *Joujoux e balangandãs*, de Amadeu Castelaneto; *Abacaxi azul*, de Wallace Downey; e *Mãe*, de Teófilo de Barros Filho. Em 1948 é contratado pela CINE PRODUÇÕES FENELON, empresa que utiliza os estúdios da CINÉDIA e é associada nas produções. Estabelece nova parceria, filmando com o produtor Moacyr Fenelon os filmes que este dirige: *Obrigado, doutor*, *Poeira de estrelas* e *O homem que passa*; e os que Fenelon produz para direção de Cajado Filho*, como *Estou aí* e *Todos por um*. É um dos fotógrafos de *Vendaval maravilhoso*, cinebiografia do poeta baiano Castro Alves, realizado em sistema de co-produção Brasil-Portugal, sob a direção do lusitano Leitão de Barros. Em produção de Fenelon, fotografa *A inconveniência de ser esposa*, adaptação da peça homônima de Silveira Sampaio*, que lança um novo diretor: Samuel Markenzon. Acompanha o produtor Fenelon quando este funda a FLAMA, com seus novos estúdios. Nesse novo palco de filmagem direciona sua câmera para os filmes *Dominó negro* e *Milagre de amor*; ambos sob direção de Fenelon, e *O falso detetive*, de Cajado Filho. Após deixar a FLAMA, volta a trabalhar com o diretor Markenzon, no drama *Destino* (uma produção de Andrea di Robillant) e faz parte da fotografia da produção paulista de José Broder, a comédia *Aí vem o general*, com direção de Alberto Attili. Por diferentes motivos, permanece cinco anos afastado do cinema. Retorna como parceiro do diretor Aluisio T. Carvalho*, com quem filma uma série de comédias, como *Tem boi na linha*, *Hoje o galo sou eu*, *Maluco por mulher*, *O batedor de carteiras*, *Minha sogra é da polícia* e *Pequeno por fora*. *Freelancer*, trabalha ainda com os diretores Wilson Silva*, em *Depois do carnaval*, *Eles não voltaram* e *No tempo dos bravos*, e Mário Latini no policial *Traficantes do crime*. Em 1959 faz mais um carnavalesco em sua carreira, *Comendo de colher*, do ator, produtor e diretor Al Ghiu e, em 1960, a comédia *Só naquela base*, de outro ator, produtor e diretor, Ronaldo Lupo*. Volta a trabalhar com o diretor Luiz de Barros, no filme militar *Por um céu de liberdade* e na comédia *Vagabundos no society*. Com outro diretor estreante, Jacy Campos, filma *Sangue na madrugada*. Em alguns de seus últimos filmes trabalha nos novos estúdios da CINÉDIA, localizados em Jacarepaguá. (LFM)

CASTRO, Cláudio Corrêa e (Cláudio Luiz Murgel Corrêa e Castro) – Rio de Janeiro, RJ, 1928-2005. Ator.

FILMOGRAFIA: 1959 – *E é um caso de polícia!?*. 1962 – *Cinco vezes favela* (4º episódio: 'Couro de gato'). 1966 – *O mundo alegre de Helô*. 1973 – *Amante muito louca*. 1976 – *Elas são do baralho*; *Tiradentes, o Mártir da Inconfidência*. 1977 – *Os sete gatinhos*. 1978 – *O caso Claudia*. 1979-1980 – *Prova de fogo*. 1981 – *Engraçadinha*. 1987-1988 – *O grande mentecapto*. 1997 – *O noviço rebelde*. 1995-1999 – *Tiradentes*. 1999 – *Mauá, o imperador e o rei*; *Minha vida em suas mãos*. 2000 – *Duas vezes com Helena*; *Xuxa Pop Star*. 2004 – *Irmãos de fé*.

Estudou pintura na Escola Nacional de Belas Artes. Foi um ator mais presente no teatro e na televisão. Fez mais de quarenta telenovelas, especiais e minisséries, trabalhando nas TVs EXCELSIOR, TUPI e GLOBO, atuando nessa última por quase três décadas. Em 1968, no Teatro Oficina, foi o protagonista de *Galileu Galilei*, do dramaturgo alemão Bertolt Brecht, sob direção de José Celso Martinez Corrêa. No biênio 1973-1974, trabalhou no Teatro Popular do Sesi sob orientação do diretor Osmar Rodrigues Cruz em peças de autores nacionais, *Caiu o ministério*, de França Jr., e *Leonor de Mendonça*, de Gonçalves Dias. Em 1976, sob direção de Cecil Thiré*, atuou no papel do treinador em *Na noite dos campeões*, de Jason Miller. Mesmo assim, conseguiu fazer uma carreira irregular no cinema. O primeiro filme em que atuou nunca foi lançado: *E é um caso de polícia!?*, comédia policial dramática dirigida por uma mulher, Carla Civelli. Em seguida, fez rápida aparição como um homem gordo comendo sanduíche na favela em 'Couro de gato', episódio de *Cinco vezes favela*. Anos depois, fez a comédia *O mundo alegre de Helô*, baseada na peça teatral de sucesso, *Rua São Luiz, 27, 8º andar*, de Abílio Pereira de Almeida* e com direção de Carlos Alberto de Souza Barros*, que foi seu primeiro filme com bom lançamento comercial. Em nova comédia, *Amante muito louca*, de Denoy de Oliveira*, fez o doutor Amâncio, um austero pai em férias com a família em Cabo Frio cujo filho rebelde descobre a amante do pai. Num raro papel de protagonista, viveu o executivo Eugenio Violante Miranda, que trocou sua pacata Belo Horizonte pela movimentada São Paulo, atuando em mais uma comédia e mais um papel de homem austero, em *Elas são do baralho*, de Sílvio de Abreu. Participou de duas versões cinematográficas da história de Tiradentes, uma das quais foi *Tiradentes, o Mártir da Inconfidência*, de Geraldo Vietri*, representando o visconde de Barbacena, arrogante português que desprezava o Brasil. Fez papel de médico amigo da família em *Os sete gatinhos*, de Neville d'Almeida, baseado na peça teatral homônima de Nélson Rodrigues. Interpretou mais um papel de pai e de homem poderoso na sociedade carioca dos anos 1970, envolvido no caso de seu filho (um *playboy*) suspeito de assassinato de uma jovem, em *O caso Cláudia*, de Miguel Borges*, versão livre de escandaloso assassinato ocorrido no Rio Janeiro da segunda metade da década de 1970. Fez papel menor em *Prova de fogo*, de Marco Altberg*. Foi um político orador em *Engraçadinha*, de Haroldo Marinho Barbosa*, e *O grande mentecapto*, de Oswaldo Caldeira*. Trabalhou em fita do comediante Renato Aragão*, *O noviço rebelde*, quando voltou a ser dirigido por uma mulher, Tizuka Yamasaki*, e, fugindo dos papéis de pai, interpretou o padre Manuel. Fez dois filmes históricos praticamente seguidos: uma nova versão de *Tiradentes*, esta com direção de Oswaldo Caldeira, e em *Mauá, o imperador e o rei*, de Sérgio Rezende*, foi o Visconde do Uruguai. Fez um homem assaltado no metrô em *Minha vida em suas mãos*, de José Antônio Garcia*. Interpretou outro padre em *Duas vezes com Helena*, de Mauro Farias, adaptado da novela *Duas vezes Helena*, de Paulo Emílio Salles Gomes*. Foi o bondoso Olímpio, bom amigo do personagem de Xuxa* em *Xuxa Pop Star*, de Paulo Sérgio Almeida e Tizuka Yamasaki. Encerrou sua trajetória no filme bíblico *Irmãos de fé*, de Moacyr Góes, vivendo Gamaliel. Atuou em apenas dois curtas-metragens, o documentário *Petrópolis* (1971), de Haroldo Marinho Barbosa, quando apareceu vestido como dom Pedro II, e o ficcional *Sem pressa de amar* (1998), de Romeu di Sessa, que abordou o amor na terceira idade e contracenou com os atores Beatriz Segall e Lima Duarte. Morreu na cidade de Niterói no dia 16 de agosto. (LFM)

CASTRO, Ewerton de (Ewerton Ribeiro de Castro) – São Paulo, SP, 1945. Ator, diretor.

FILMOGRAFIA: 1967 – *O quarto*; *O Jeca e a freira*. 1969 – *As armas*. 1970 – *As gatinhas*; *Sentinelas do espaço*. 1971 – *Paixão na praia*. 1972 – *Anjo loiro*. 1973 – *Último êxtase*; *A noite do desejo* (*Data marcada para o sexo*). 1974 – *Delícias da vida*. 1975 – *Cada um dá o que tem* (3º episódio: 'Grande vocação'); *Noite das fêmeas* (*Ensaio geral*); *Sabendo usar não vai faltar* (1º episódio: 'Joãozinho'). 1975-1976 – *À flor da pele*. 1976 – *O poderoso machão*. 1978 – *Alguém*; *O estripador de mulheres*; *Adultério por amor*; *Na violência do sexo*. 1979 – *Viúvas precisam de consolo* (dir.). 1980 – *O médium, a verdade sobre a reencarnação*; *Os rapazes da difícil vida fácil*. 1981 – *A noite das depravadas*; *Sexo, sua única arma*. 1984 – *Patriamada*. 1987 – *Rádio pirata*. 1990 – *Uma escola atrapalhada*. 1999 – *Caminho dos sonhos*. 2001 – *O príncipe*. 2003 – *Maria, mãe do filho de Deus*.

Começa sua carreira nos anos 60 oscilando entre os papéis cômicos e dramáticos. No teatro, destaca-se como ator ao interpretar o papel de Noel Rosa, no palco do Teatro Popular do Sesi, em 1977, sob a direção de Osmar Rodrigues Cruz, em *Noel Rosa, o poeta da Vila e seus amores*, de Plínio Marcos*. Em 1981 interpreta *O homem elefante*, de Bernard Pomerance, sob a direção de Paulo Autran*, e é diretor de *Foi bom, meu bem?*, com a encenação do texto de Luiz Alberto de Abreu, em 1980. Atua em novelas da televisão, na TUPI paulista e na GLOBO. No cinema faz pequenos papéis, com maior destaque em *O Jeca e a freira*, de Amácio Mazzaropi. Ator coadjuvante do cinema paulista na década de 70, trabalha com os diretores Alfredo Sternheim* (*Paixão na praia* e *Anjo loiro*), Walter Hugo Khouri* (*Último êxtase*), Fauzi Mansur* (*A noite do desejo* e *Noite das fêmeas*), Maurício Rittner (*Delícias da vida*) e Francisco Ramalho Jr.* (*À flor da pele*). Participa de várias pornochanchadas* da Boca do Lixo* e ao final da década interpreta diversos papéis principais. Protagoniza o filme policial de pequena produção *O estripador de mulheres*, sob a direção de Juan Bajon*. Com a interessante comédia de humor negro *Viúvas precisam de consolo*, estreia como produtor, diretor e roteirista. Muda-se para o Rio de Janeiro nos anos 80, e trabalha com a diretora Tizuka Yamasaki* em *Patriamada* e em duas comédias para o público adolescente: *Rádio pirata*, de Lael Rodrigues, e *Uma escola atrapalhada*, de Antônio Rangel, em que vive seu primeiro papel de vilão. Filmou drama de Ugo Giorgetti*, *O príncipe*, e a fita religiosa, *Maria, mãe do filho de Deus*, de Moacyr Góes*. (LFM)

CATALANO (Humberto Catalano) – Rio de Janeiro, RJ, 1904-2000. Ator.

FILMOGRAFIA: 1920 – *O guarani*. 1943 – *Samba em Berlim*. 1944 – *Gente honesta*. 1945 – *Gol da vitória*; *Não adianta chorar*. 1946 – *Cem garotas e um capote*; *Segura esta mulher*; *Sob a luz do meu bairro*. 1947 – *Este mundo é um pandeiro*. 1948 – *E o mundo se diverte*; *É com este que eu vou*. 1949 – *Não é nada disso*. 1950 – *O noivo de minha mulher*. 1951 – *Pecadora imaculada*. 1954 – *O petróleo é nosso*. 1955 – *Carnaval em Marte*; *Genival é de morte*. 1956 – *O Boca de Ouro*; *Quem sabe... sabe!*; *Depois eu conto*; *Rio fantasia*. 1957 – *A baronesa transviada*; *A grande vedete*; *O circo chegou à cidade*. 1958 – *O camelô da rua Larga*; *Meus amores no Rio*; *Cala a boca, Etelvina*; *Quem roubou meu samba?*. 1959 – *Minervina vem aí*. 1960 – *Samba em Brasília*; *A viúva Valentina*; *Três colegas da batina*. 1966 – *Rio, verão e amor*. 1973 – *Um virgem na praça*. 1975 – *Mulheres que dão certo* (2º episódio: 'Crime e castigo'). 1976 – *Desquitadas em lua de mel*; *Tem folga na direção*. 1977 – *Manicures a domicílio*. 1978 – *O namorador*. 1981 – *Paspalhões em Pinóquio 2000*.

Após cursar o Ginásio Paroquial São José e o Colégio Pedro II, onde se bacharelou em Ciências e Letras, trabalhou como oficial de alfaiate nas melhores alfaiatarias do Rio de Janeiro. Interessado em se tornar ator, ingressou como amador no Teatro do Grêmio João Caetano. Estreou profissionalmente em 1924 na Companhia de Palmeirim Silva. Em 1927, fez *A lei do inquilinato*, uma comédia de curta metragem dirigida por William Shoucair. Trabalhou no Teatro Carlos Gomes com Jardel Jércolis, com quem excursionou ao Uruguai, à Argentina e a Portugal. Depois de passar por várias companhias de teatro, nos anos 40 Catalano começa a se dedicar preferencialmente ao cinema. Foi na ATLÂNTIDA*, entretanto, que se tornaria um dos comediantes mais populares do cinema brasileiro. Seu primeiro filme na companhia foi *Gente honesta*, um melodrama dirigido por Moacyr Fenelon*, em que fez apenas uma ponta. Em seguida, recebeu papéis maiores em *Gol da vitória*, dirigido por José Carlos Burle*, e *Não adianta chorar*, dirigido por Watson Macedo*. O filme, porém, que lhe deu popularidade foi *Este mundo é um pandeiro*, dirigido por Macedo, em que Catalano interpretou o marido enganado. Participou em seguida de várias chanchadas* na ATLÂNTIDA e em outros estúdios, explorando muito bem o seu talento para o humor. Catalano não fez somente comédias: em *Pecadora imaculada*, de Rafael Mancini, interpretou um papel dramático. Trabalhou em mais de quarenta filmes, chegando a atuar, nos anos 70, em algumas pornochanchadas*. Faleceu no Rio de Janeiro em 10 de setembro. (LAR)

CAVALCANTI, Alberto (Alberto de Almeida Cavalcanti) – Rio de Janeiro, RJ, 1897-1982. Diretor.

FILMOGRAFIA: 1925-1926 – *Le train sans yeux* (produção estrangeira). 1926 – *Rien que les heures*. 1927 – *Yvette* (produção estrangeira); *En rade* (produção estrangeira). 1928 – *Le Capitaine Fracasse* (produção estrangeira). 1930 – *Toute sa vie* (produção estrangeira); *A canção do berço* (produção estrangeira); *À mi-chemin du ciel* (produção estrangeira); *Les vacances du diable* (produção estrangeira). 1931 – *Dans une île perdue* (produção estrangeira). 1932 – *O tio da América* (produção estrangeira). 1933 – *Le mari garçon* (produção estrangeira); *Coralie et cie* (produção estrangeira). 1939-1942 – *Film and Reality* (produção estrangeira). 1942 – *Quarenta e oito horas* (produção estrangeira). 1944 – *Champagne Charlie* (produção estrangeira). 1945 – *Dead of Night* (2º episódio: 'The Christmas Story'; 4º episódio: 'The Ventriloquist's Dummy') (produção estrangeira). 1946 – *The Life and Adventures of Nicholas Nickleby* (produção estrangeira). 1946-1947 – *Nas garras da fatalidade* (produção estrangeira). 1947 – *O príncipe regente* (produção estrangeira). 1948 – *O transgressor* (produção estrangeira). 1952 – *Simão, o caolho*. 1953 – *O canto do mar*. 1954 – *Mulher de verdade*. 1955 – *O senhor Puntila e seu criado Matti* (produção estrangeira). 1958 – *A primeira noite* (produção estrangeira). 1976-1977 – *Um homem e o cinema*.

Alberto Cavalcanti nasceu numa família de militares positivistas do Nordeste, então instalados na capital da República. Nesse meio tradicional, a personalidade extrovertida de Cavalcanti, voltada desde cedo para as artes, chega às raias da incompatibilidade devido à sua homossexualidade. Arquiteto formado em Genebra, estuda belas-artes em Paris e não se adapta mais à vida no Rio de Janeiro. Sua primeira experiência no cinema ocorre em Paris, a partir de 1922, como assistente e cenógrafo do cineasta Marcel L'Herbier. Cavalcanti integra-se perfeitamente ao ambiente intelectual, dominado então pelo surrealismo. O jovem brasileiro participa da efervescência conhecida como a primeira vanguarda francesa, uma corrente impressionista empenhada em afirmar a especificidade do cinema em relação ao teatro e ao folhetim. *Rien que les heures* (1926) demonstra o talento de Cavalcanti e sua sensibilidade, ao transformar a cidade na verdadeira personagem de um filme em parte documental, em parte ficcional. Filmado pouco depois de *Le train sans yeux* – sua estreia como diretor numa linha mais convencional –, *Rien que les heures* anuncia as sinfonias urbanas de Walter Ruttmann e Dziga Vertov, Adalberto Kemeny* e Rodolfo Rex Lustig. Um drama portuário pessimista, *En rade*, inicia sua colaboração com a atriz Catherine Hessling e certa rivalidade com Jean Renoir, intérprete do proxeneta no curta-metragem *La p'tite Lili* (1927). No contexto artesanal e instável do cinema francês, Cavalcanti alterna experiências poéticas como *En rade* ou *Le petit chaperon rouge*, com adaptações mais prosaicas como *Yvette* (baseada em Maupassant) ou *Le Capitaine Fracasse* (baseada em Théophile Gautier). O aparecimento do cinema sonoro encerra essa primeira fase de afirmação criativa e profissional.

A segunda fase da sua carreira, também na França, assinala a integração numa verdadeira indústria, a produção em série organizada pela PARAMOUNT nos estúdios de Joinville. Nos primeiros anos do cinema falado, as companhias norte-americanas procuram consolidar seus mercados com uma produção barata filmada em várias línguas: profissionais de diversas origens conhecem por dentro o sistema dos estúdios, o modelo hegemônico de Hollywood. Cavalcanti dirige em Joinville versões francesas e um filme em português (*A canção do berço*), antes de assumir outros projetos comerciais de produtores locais.

A terceira e a quarta fases da carreira de Cavalcanti transcorrem na Grã-Bretanha, repetindo a anterior alternância entre o experimentalismo e o sistema dos estúdios. Procurando aproveitar as novas possibilidades expressivas abertas pelo som, Cavalcanti aceita o convite de John Grierson e entra para a equipe do GENERAL POST OFFICE FILM UNIT. Apesar do seu caráter institucional, a produção do GPO revoluciona o documentário* de cunho social. Na escola documentária britânica, a dupla com maior vivência formada por Grierson e Cavalcanti possui uma boa dose de rivalidade, polarizada pelas prioridades políticas do escocês e a exigência formal do brasileiro. Pela primeira vez, Cavalcanti pode dar vazão à sua vocação pedagógica, estimulando a formação de um grupo de jovens cineastas capazes de conciliar a sensibilidade social e a renovação da linguagem (Harry Watt, Humphrey Jennings, Len Lye). A fusão criativa da imagem e do som, o comentário e a música, a pesquisa em torno do ritmo (esboçada desde *Rien que les heures*), encontram um novo campo de expressão. Além da sua contribuição, muitas vezes anônima, à maioria dos filmes do GPO, o cineasta brasileiro realiza em 1934 *Pett and Pott* e em 1936 o clássico *Coalface*. Ao mesmo tempo, empreende uma reflexão sobre o documentário (e o realismo cinematográfico) em forma de antologia de longa-metragem, *Film and Reality*. Durante a II Guerra Mundial, recusa a nacionalidade britânica. Passa a trabalhar para os estúdios EALING, de Michael Balcon, um dos pilares da indústria inglesa. Nessa quarta fase da carreira, suas condições de atuação mudam completamente, mas Cavalcanti mantém o papel de formador de uma nova geração de diretores: Charles Frend, Charles Crichton, Basil Dearden, Robert Hamer. Com os três últimos compartilha a direção de um dos seus maiores sucessos, o episódio 'The Ventriloquist's Dummy' de *Dead of Night*. Cavalcanti começa na EALING fazendo um filme de montagem de propaganda contra Mussolini (*Yellow Caesar*, 1941) e atuando como produtor associado de *The Foreman Went to France* (*Querer é poder*, Charles Frend, 1942). Depois dirige o longa-metragem *Quarenta e oito horas*, o único filmado na Grã-Bretanha durante a guerra a considerar a hipótese de uma invasão. Trata-se de um filme "incômodo", sem personagem principal nem sentimentalismo, afastado dos parâmetros do cinema bélico, cuja incongruência é valorizada *a posteriori* e atribuída à influência surrealista. Cavalcanti dirige com a mesma competência duas fitas ambientadas no século XIX: *Champagne Charlie* e *The Life and Adventures of Nicholas Nickleby*, baseada em romance de Charles Dickens. Depois de afastar-se da companhia de Michael Balcon, dirige mais três filmes na Inglaterra: *Nas garras da fatalidade*, *O príncipe regente* e *O transgressor*. Uma nova frustração, o projeto abortado de adaptar *Sparkenbroke*, de Charles Morgan, para a RANK, provoca outra mudança de rumo, a quinta fase da sua carreira: aceita a proposta de Assis Chateaubriand para dar uma série de palestras sobre cinema no Museu de Arte de São Paulo em 1949.

Cavalcanti volta ao Brasil pela primeira vez em trinta anos e descobre um ambiente cultural desconhecido. Assume a orientação artística da nova COMPANHIA CINEMATOGRÁFICA VERA CRUZ*, como produtor geral (1950), um autêntico desafio. Contrata e leva para os estúdios de São Bernardo do Campo técnicos de diversas origens. Supervisiona a primeira produção da VERA CRUZ*, *Caiçara*, de Adolfo Celi*, e os documentários *Painel* e *Santuário* (ambos de Lima Barreto*), tropeça em *Terra é sempre terra*, de Tom Payne*, e fracassa ao tentar encaminhar *Ângela* (primeiro longa-metragem cuja direção tinha sido confiada a um brasileiro, Martim Gonçalves). Os desentendimentos e a ruptura com os donos da companhia são muito rápidos e provocam uma campanha de desprestígio proporcional às expectativas criadas em torno do único cineasta brasileiro com trajetória internacional. De fato, ninguém no Brasil possuía experiência tão rica, na direção e produção, na vanguarda experimental e no sistema dos estúdios, na formação de equipes e novos cineastas. Até então, o cinema nacional acumulava fracassos e veleidades. No entanto, sobre Cavalcanti confluem os preconceitos de conservadores e comunistas, grã-finos e intelectuais, que rejeitam sua personalidade e autoridade. Dirige *Simão, o caolho*, ainda em São Paulo, para a MARISTELA*, além de dois filmes para a nova produtora KINO FILMES*, *O canto do mar* e *Mulher de verdade*. Durante essa fase, Cavalcanti elabora o primeiro projeto do Instituto Nacional do Cinema (INC*) e publica o livro *Filme e realidade*, uma reflexão pioneira sobre o panorama do cinema brasileiro. Desgostoso, empreende a volta à Europa.

A sexta e última fase da vida de Cavalcanti, a mais prolongada e melancólica, é a de um homem sucessivamente deslocado de três países (a França, a Grã-Bretanha e o Brasil), e que oscila entre o seu refúgio de Anacapri (Itália) e uma atividade nômade por força das circunstâncias. Uma das novidades é sua condição de companheiro de viagem do comunismo, iniciada com a filmagem de *O senhor Puntila e seu criado Matti*, Áustria, e o encontro com o próprio autor, Bertolt Brecht. Com Joris Ivens, supervisiona o filme de episódios *A rosa dos ventos* (1955), produção internacional patrocinada pela antiga Alemanha Oriental, cuja parte brasileira foi escrita por Jorge Amado*, Cavalcanti e Trigueirinho Neto, dirigida por Alex Viany* e interpretada por Vanja Orico* e Miguel Torres*. Além de trabalhos para televisão e teatro, Cavalcanti empreende um balanço da sua obra, sob a forma de antologia temática, *Um homem e o cinema*, produzida pela EMBRAFILME*. Inconformado com a frustração da sua quinta fase (a VERA CRUZ* nunca chegou a filmar a biografia de Noel Rosa que ele planejara), mantém durante os últimos anos um projeto brasileiro que não consegue levar adiante, "O dr. Judeu", baseado na vida de Antonio José da Silva, vítima da Inquisição (filmada finalmente por Jom Tob Azulay, produtor de *Um homem e o cinema*). Antônio Carlos Fontoura* dirige o média-metragem *Brasília* (1982) a partir de um roteiro de Cavalcanti. *Simão, o caolho*, interpretado por Mesquitinha*, é uma comédia ambientada nos bairros populares de São Paulo. Sua inspiração está mais próxima do neorrealismo do que da chanchada* carioca, misturando toques sociais, políticos e religiosos com uma fantasia ingênua. *Mulher de verdade*, menos pretensiosa ainda, é uma comédia de situações que se presta a certas ironias sobre as relações entre homens e mulheres. Ambos os filmes contribuem para a diversificação da comédia, único gênero que se constitui com continuidade no cinema brasileiro. Mais importantes, *O canto do mar* e o episódio brasileiro de *A rosa dos ventos*, 'Ana', representam uma guinada na temática nordestina do cinema nacional contemporâneo, depois do desaparecimento dos Ciclos Regionais* do período mudo. Enquanto *O cangaceiro* procura aclimatar as convenções do gênero épico e o lirismo musical do cinema mexicano à produção industrial paulista, Cavalcanti prefere explorar os caminhos inéditos no Brasil de um realismo humanista. *O canto do mar* e *A rosa dos ventos* foram filmados no Nordeste, região que voltaria a atrair Trigueirinho Neto e Miguel Torres, ligados à renovação dos anos 60. Reduzir *O canto do mar* a um simples *remake* de *En rade* ou criticar seus aspectos folclóricos é parte da miopia da época. O hibridismo entre a antiga vanguarda e a crescente sensibilidade social mostram que tanto o filme quanto o cineasta são figuras da transição entre o velho e o novo. O próprio tom desesperado, afastado dos padrões então vigentes no "realismo socialista", parece sintonizado com o sentimento moderno perceptível nos filmes do Cinema Novo*, menos impregnados de messianismo militante. *O canto do mar* seria suficiente para garantir a Cavalcanti um lugar de destaque na história do cinema brasileiro, sem falar na sua participação em vários momentos decisivos da história do cinema mundial (a vanguarda francesa, o documentário social, a EALING). Ele morre em Paris, no dia 23 de agosto. (PAP)

CAVALCANTI, Cláudio (Claudio Murilo Cavalcanti) – Rio de Janeiro, RJ, 1940. Ator.

FILMOGRAFIA: 1961 – *Pluft, o fantasminha*. 1964 – *Um ramo para Luiza*. 1965 – *História de um crápula*. 1966 – *Engraçadinha depois dos trinta*; *Nudista à força*. 1969 – *A um pulo da morte*; *A cama ao alcance de todos* (2º episódio: 'A segunda cama'). 1970 – *Ascensão e queda de um paquera*; *Memórias de um gigolô*. 1971 – *Quando as mulheres paqueram*. 1972 – *O grande gozador*. 1973 – *Como nos livrar do saco*. 1974 – *Ipanema, adeus*. 1976 – *Contos eróticos* (4º episódio: 'Vereda tropical'). 1977 – *Um marido contagiante*. 1978 – *Uma estranha história de amor*. 1983 – *Bacanal do terceiro grau*. 1995-1999 – *Tiradentes*. 1997-1998 – *Menino maluquinho 2: a aventura*.

Ator de longa carreira na televisão. No final dos anos 50 começa na extinta TV CONTINENTAL e trabalha em dublagem na CINECASTRO. Cerca de dez anos mais tarde é contratado da REDE GLOBO, quando atua em diversas novelas, geralmente em papéis coadjuvantes. Torna-se popular com o personagem Jerônimo, em *Irmãos Coragem* (1970), parceria da autora Janete Clair com o diretor Daniel Filho*. Mais tarde, é ator principal de *O feijão e o sonho* (1976), baseado em original de Orígenes Lessa, com adaptação de Benedito Ruy Barbosa e direção de Herval Rossano. Também tem interpretado alguns papéis no teatro. Escritor bissexto, colabora num livro de contos escrito com outros atores e publica um livro de crônicas sobre sua carreira. A partir dos anos 60 faz carreira no cinema carioca, inicialmente como coadjuvante, quando estreia no infantil *Pluft, o fantasminha*, de Romain Lesage, filme baseado em peça homônima de Maria Clara Machado. Depois filma os dramas *Um ramo para Luiza* e *Engraçadinha depois dos trinta*, respectivamente, adaptações dos romances homônimos de José Conde e Nélson Rodrigues*, ambos sob direção de J. B. Tanko*. Atua no filme policial *História de um crápula*, de Jece Valadão*, e filma sua primeira comédia, *Nudista à força*, de Victor Lima*, diretor com quem faz o seriado policial *A um pulo da morte*. Participa de outra comédia *A cama ao alcance de todos*. Na década de 70, época das comédias eróticas, consegue papéis de destaque, como o *bon vivant* de *Ascensão e queda de um paquera*, de Victor Di Mello, e atua em outros filmes desse diretor, como *Quando as mulheres paqueram* e *O grande gozador*. Interpreta os vivaldinos de *Memórias de um gigolô*, de Alberto Pieralisi*, e de *Como nos livrar do saco*, de César Ladeira Filho. Um de seus raros papéis dramáticos desse momento é o que vive em *Ipanema, adeus*, de Paulo Roberto Martins. Causa escândalo ao criar o curioso personagem do homem da melancia, em "Vereda tropical", episódio do filme *Contos eróticos*, sob a direção de Joaquim Pedro de Andrade*. Em *Um marido contagiante*, de Carlos Alberto de Souza Barros* (filme baseado na peça *A venerável madame Gouneau*, de João Bethencourt), trabalha em mais uma comédia erótica. No drama *Uma estranha história de amor*, de John Doo*, faz um pequeno papel e também tem uma ponta em *Bacanal do terceiro grau*, de A. Ponzio. Depois de alguns anos sem filmar, participou como coadjuvante do filme histórico *Tiradentes*, de Oswaldo Caldeira*, e do infantil *Menino Maluquinho 2, a aventura*, dos diretores estreantes Fernando Meirelles* e Fabrizia Pinto. (LFM)

CAVALCANTI, Emanuel – Alagoas. Ator.

FILMOGRAFIA: 1963 – *Choque de Sentimentos*; 1965 – *A hora e vez de Augusto Matraga*. 1966 – *Terra em transe*; *El Justicero*. 1967 – *A virgem prometida (As histórias de Luiza e Leninha, essas noivas tão iguais)*; *Proezas de Satanás na Vila de Leva-e-traz*. 1968 – *Copacabana me engana*; *O dragão da maldade contra o santo guerreiro* (coprodução estrangeira); *A doce mulher amada*; *Os marginais* (2º episódio: 'Papo amarelo'). 1970 – *Guerra dos Pelados*. 1973 – *O homem do corpo fechado*; *Sagarana: o duelo*. 1973-1976 – *O forte*. 1974 – *A noite do espantalho*; *O amuleto de Ogum*. 1975 – *Padre Cícero*; *A dama do lotação*; *Os amores da pantera*; *Chapéu de couro*. 1976 – *Soledade*; *Os pastores da noite (Otália da Bahia)* (coprodução estrangeira); *Cordão de ouro*; *O jogo da vida*; *Crueldade mortal*. 1977 – *Ajuricaba, o rebelde da Amazônia*; *Ladrões de cinema*; *Tenda dos milagres*; *Chuvas de verão*. 1978 – *Quem matou Pacífico?*; *O coronel e o lobisomem*; *A deusa negra* (coprodução estrangeira). 1979 – *Bye Bye Brasil*; *Parceiros da aventura*. 1980 – *O grande palhaço*; *Insônia* (1º episódio: 'Dois dedos') (dir.). 1982 – *O bom burguês*. 1983 – *Quilombo*. 1984 – *O cavalinho azul*. 1985 – *Sonho sem fim*; *Urubus e papagaios*. 1987 – *Os Trapalhões no Auto da Compadecida*. 1992 – *A saga do guerreiro alumioso*.

Radica-se no Rio de Janeiro. Sua estreia é em *Choque de sentimentos*, filme do diretor italiano Massimo Alviani. Transforma-se depois num correto ator coadjuvante, quase exclusivo do Cinema Novo*, geralmente interpretando homens do povo. Atua sob as ordens de Roberto Santos* (*A hora e vez de Augusto Matraga*), Glauber Rocha* (*Terra em transe*, *Deus e o dragão da maldade contra o santo guerreiro*), Paulo Gil Soares* (*Proezas de Satanás na*

vila de Leva-e-traz) e em filmes fora do eixo Rio-São Paulo, como em Santa Catarina, em *Guerra dos Pelados*, de Sylvio Back*, em Minas Gerais, em *O homem do corpo fechado*, de Schubert Magalhães*, no Ceará, em *Padre Cícero*, de Helder Martins. Trabalha com uma série de diretores cariocas, em grande número de filmes com pequenas participações ou em papéis de coadjuvante. Destaca-se, entretanto, ao interpretar o personagem do dr. Baraúna, advogado do homem poderoso (Jofre Soares*), em *O amuleto de Ogum*, de Nelson Pereira dos Santos*. Nos anos 70 e 80, trabalha com diretores importantes, como Carlos Diegues* (*Chuvas de verão*, *Bye Bye Brasil* e *Quilombo*). Outro personagem marcante é o delegado da pequena cidade do interior mineiro em *Quem matou Pacífico?*, de Renato Santos Pereira. Nos anos 90 volta a filmar no Ceará, quando participa de *A saga do guerreiro alumioso*, de Rosemberg Cariry*. Diretor do episódio 'Dois dedos', do longa *Insônia*, baseado no livro de contos *Insônia* de Graciliano Ramos. (LFM)

CAVALIERI, Gina – Rio de Janeiro, RJ, 1910. Atriz.

FILMOGRAFIA: 1927-1929 – *Barro humano*. 1929 – *Veneno branco*. 1930 – *Lábios sem beijos*. 1931 – *Mulher*. 1933 – *A voz do carnaval*.

Gina Cavalieri foi presença assídua nos filmes produzidos no Rio de Janeiro na virada da década de 20 e no início dos anos 30. Apesar de não ter se tornado uma estrela, desfrutou de razoável popularidade e teve a seu crédito, em comparação com as "estrelas" de sua época, o privilégio de ter feito mais filmes que a maioria delas. A vida pessoal de Gina é envolta em um certo mistério. Sua aparição em tantos filmes não teve uma publicidade digna: afora duas entrevistas em *Cinearte**, feitas para divulgar os filmes em que então figurava, a imprensa dedicou-lhe pouco espaço. Na primeira entrevista (*Gina vive longe do mundo*, *Cinearte*, 13 e 20 de novembro de 1929) confessou ao repórter Barros Vidal que "desde menina namorava o cinema. Feita mulher, esse namoro continuou, mais e mais forte". A acreditar na veracidade desse depoimento, sua infância e adolescência haviam sido muito difíceis. Aos 13 anos sua mãe enlouqueceu e foi internada num hospício. Seu pai ficou na ruína e ela foi abandonada na casa de uma família piedosa. Adolescente, conheceu o seu primeiro e grande amor, mas seu pai mostrou-se contrário ao namoro. Ela e o amado decidiram então casar-se em segredo. Fato consumado, confessaria ao pai e

aguentaria as consequências. Casaram-se, mas na hora de contar faltou-lhe coragem. Preferiu esperar uma oportunidade melhor. O tempo foi passando e nada se resolvia. Até que Gina resolveu revelar a verdade ao pai. Este teve a reação esperada: indignado, negou-se a abençoar o casamento. O estranho marido partiu então para a Espanha e ela ficou sendo a "esposa solteira". Na segunda entrevista (27 de maio de 1931), Gina deixa transparecer que a primeira não passou de ficção.

O sonho infantil de Gina era ser estrela de cinema. Mocinha, acabou enveredando para outra área da vida artística, a dança clássica. Matriculou-se na primeira turma da Escola de Danças de Maria Olenewa e integrou com destaque o corpo de baile do Teatro Municipal. Além de dançar para Olenewa e em festas de caridade, também se tornou bailarina profissional, contratada pela empresa Octavio Scotto. A oportunidade para Gina concretizar seu desejo de trabalhar no cinema surgiu justamente na Escola de Danças. Lá conheceu Martha Torá, amiga de Olenewa e entusiasta do balé clássico, que iria trabalhar no filme *Barro humano*, produzido pelos redatores da revista *Cinearte* e pelo fotógrafo e produtor Paulo Benedetti*. Não se conteve e pediu a uma tia de Martha que lhe conseguisse uma ponta no filme. Foi apresentada ao diretor de produção, Pedro Lima*, que a escalou para uma sequência à beira da piscina, onde apareceria em trajes de banho. Sua naturalidade e descontração agradaram muito ao diretor Adhemar Gonzaga*, que acabou lhe dando mais dois pequenos papéis. Gina contracenou com Eva Schnoor numa cena em que ambas, antes de ir a um baile de carnaval, falam mal dos homens. E fez ainda uma rápida aparição no baile, como foliona. A julgar pelas fotos e impressões da época (já que não há mais cópias de *Barro humano*), o tipo que Gina encarnou poderia ser enquadrado como o de uma *flapper*, definição para as garotas modernas, namoradeiras e sapecas, que povoaram o cinema americano e seus êmulos nos anos 20. Seria excessivo referir-se a ela como uma mulher bonita. Seu rosto um tanto quadrado e seus lábios pequenos davam-lhe um aspecto talvez um pouco infantil.

Após o *début* em *Barro humano*, Gina foi convidada pelo produtor alemão, com passagem pelos Estados Unidos, Luís Seel, para atuar em seu primeiro longa-metragem no Brasil. Entusiasmada, Gina aceitou, sem atentar para o gênero do filme. *Veneno branco* utilizava os mesmos ingredientes que fizeram o sucesso e a polêmica de *Vício e beleza,* produção paulista de 1926: sexo e cocaína. O papel de Gina foi, contudo, pequeno e discreto. Apesar dos elogios que recebeu de alguns críticos (todos de *Cinearte,* é bom que se diga), não conseguiu esconder o grande constrangimento de ter aparecido em filme tão mal-intencionado. Entre 1929 e 1931, Gina atuou em três filmes que ficaram inacabados. O primeiro, *Paralelos da vida,* chegou a ser todo filmado, mas o negativo pegou fogo no início da montagem. Seu diretor era o pernambucano Gentil Roiz*, egresso do Ciclo de Recife, que viera para o Rio de Janeiro atraído pela pregação de Pedro Lima e Adhemar Gonzaga em *Cinearte,* defensores da centralização da produção na antiga capital da República. O filme tinha conotações religiosas e era de Gina o segundo papel feminino (a protagonista era Estela Mar, que também fora figurante em *Barro humano*). No início de 1930, Gina foi convocada para atuar em 'Saudade', segunda produção do pessoal de *Cinearte* e de Paulo Benedetti, cujas filmagens haviam sido paralisadas em abril. Gina foi então incluída no elenco de *O preço de um prazer,* produção da CINÉDIA*, que Adhemar Gonzaga fundara em março. As filmagens se arrastaram por dois anos, até que Gonzaga decidiu arquivar o filme, ainda mudo em plena era do falado. Gina estava rodando 'Saudade' quando foi convidada a integrar o elenco de *Lábios sem beijos,* primeiro filme da CINÉDIA, dirigido por Humberto Mauro*. A personagem tinha o seu nome, Gina, e era uma amiga "moderninha e levada da breca" de Lelita, a protagonista. Dona de um apartamento onde promovia festas de jovens, Gina encarnava a liberalidade, que começava a aflorar nos círculos da classe média. O último papel de Gina foi o de Lúcia, em *Mulher,* também da CINÉDIA, dirigido em 1931 por Octávio Gabus Mendes*. É um papel pequeno, como quase todos os que havia feito até então. Depois disso ela sumiu, da mesma forma que havia surgido: como por encanto. (LAR)

CAVALLI, Leona (Alleyona Canedo da Silva) – Rosário do Sul, RS, 1969. Atriz.

FILMOGRAFIA: 1996 – *Um céu de estrelas.* 1999 – *Através da janela.* 2002 – *Carandiru; Amarelo manga.* 2004 – *Contra todos; Olga.* 2005 – *Cafundó; Quanto vale ou é por quilo?.* 2006 – *Antônia.* 2009 – *Os inquilinos.*

Jovem, mudou para Porto Alegre, onde começou a fazer teatro e estudou artes cênicas por certo tempo na Universidade Federal do Rio Grande do Sul (UFRGS). Mais adiante, no começo da década de 1990, fixou-se em São Paulo, fazendo estudos de teatro na Pontifícia Universidade Católica. Cursou interpretação com Miriam Muniz* e trabalhou em espetáculos na periferia paulistana com o ator Paschoal da Conceição. Inventou o nome artístico de Leona Cavalli. Está na televisão desde 2002, trabalhando em telenovelas e minisséries. Destacou-se no teatro trabalhando com encenadores importantes como José Celso Martinez Corrêa, Bibi Ferreira* e Cibele Forjaz. Orgulha-se de ter sido dirigida pelo ator Paulo Autran*. Eclética, na GLOBO trabalhou em novelas, minisséries e humorísticos. Atriz-chave do novo cinema brasileiro que se afirma na virada do século XXI. É uma das intérpretes preferidas dos novos cineastas, com atuações em filmes-chave do período. Figura muito presente no cinema paulista contemporâneo. Foi lançada por Tata Amaral*, já como protagonista, em *Um céu de estrelas,* primeiro longa-metragem de ambas (atriz e diretora), baseado no romance homônimo de Fernando Bonassi*. Faz Dalva, jovem cabeleireira da periferia que tem sua casa invadida por Vitor, seu ex-marido. Sustenta a interpretação carregada que pede a personagem, levando adiante um trabalho com sutilezas. Volta a trabalhar com a diretora Tata Amaral em papel coadjuvante no drama *Através da janela.* Atriz de papéis dramáticos, filmou *Carandiru,* de Hector Babenco*. Em *Amarelo manga* aparece como uma dona de bar agressiva. Em filme ambientado na periferia paulistana, viveu Cláudia, personagem central na trama de traições *Contra todos,* do diretor estreante no longa Roberto Moreira*. Nos filmes seguintes, foi coadjuvante. Em paralelo, trabalhou como atriz em alguns curtas ficcionais, *O trabalho dos homens* (1997), de Fernando Bonassi; *O postal branco* (1998), de Philippe Barcinski; *Ilha* (2001), de Zeca Pires; sendo os curtas seguintes do ano de 2004, *Capital circulante,* de Ricardo Mehedff, e *Desequilíbrio,* de Francisco Garcia. (FPR/VLD)

CEARÁ

O cinema chegou ao Ceará, mais precisamente em Fortaleza, pelas mãos do empresário Dionísio Costa. De passagem, quando viajava para o sul do país representando uma empresa de eletricidade, anuncia a exibição da novidade francesa em 13 de novembro de 1897. A cidade de Fortaleza já havia visto nesse mesmo ano, com grande interesse, o quinetoscópio de Thomas A. Edison. As fitas animadas fizeram sucesso imediato e nos anos seguintes outros exibidores ambulantes tiveram passagem por ali, inclusive o italiano Vittorio Di Maio (1852-1926), pioneiro da exibição que já havia passado pelo Rio de Janeiro e São Paulo, levando o seu cinematógrafo para Fortaleza em 1907. Ele retorna no ano seguinte e inaugura um teatro com sessões cinematográficas regulares, o ART NOUVEAU, que se manteve em atividade até 1914. Ele abre também o CINEMA PARAÍSO na cidade de Crato em 1911. Outro exibidor que reivindicou a primazia de primeira sala regular de Fortaleza foi Júlio Pinto (1878-1916), com o seu CASSINO CEARENSE, inaugurado em 1909 com todas as características de uma sala de cinema permanente. No fim do mesmo ano é a vez do CINEMA RIO BRANCO, de propriedade dos italianos Roberto Muratori e Antonio Mesiano. Na área de exibição, foi no Ceará que se iniciou a trajetória de Luiz Severiano Ribeiro Jr.*, que, de empresário envolvido em várias áreas comerciais, volta-se para o cinema ao instalar o CINEMA RICHE em fins de 1915. Continuaria nos anos seguintes comprando outros cinemas e ultrapassa as fronteiras do estado para se tornar dono da maior rede de exibição do país e principal distribuidor. Foi através de exibição no CINEMA RIO BRANCO que se tem a primeira notícia sobre um filme rodado no Ceará, intitulado *A procissão dos Passos,* sem especificação de autoria, em 1º de abril de 1910. Outra produção, também não creditada, foi o *Ceará Jornal,* no RICHE, em 26 de fevereiro de 1919.

Em 1924, o cearense Adhemar Bezerra de Albuquerque (1892-1975) inicia as produções da ABA FILM, registrando os acontecimentos da cidade de Fortaleza, e estende sua atuação pelo estado. A primeira produção foi *Temporada maranhense de foot-ball no Ceará* (1924), seguindo-se *O Juazeiro de Padre Cícero* e *Aspectos do Ceará* (1925). Em 1926 realiza *A festa no Iracema, A indústria do sal no Ceará, A visita do dr. Washington Luís ao Ceará* e *A parada militar de 7 de setembro,* seguindo nos dois anos posteriores a mesma linha de produção. Nos anos 30 realiza vários documentários sonoros, entre eles *Getúlio Vargas no Ceará* (1933), *O carnaval no Iracema* (1934), *Irrigações no Ceará* (1935), *O Dia da Criança* (1936) e *O ministro Waldemar Falcão em Fortaleza* (1938). Benjamin Abrahão* filma, com o equipamento de Albuquerque, o bando de cangaceiros de Lampião em 1936. O filme foi apreendido e nunca liberado. A paisagem e os temas locais começam a atrair os cineastas do sul. No final dos anos 30, o diretor Leo Marten* filmou cenas em Fortaleza do longa *A eterna esperança*. Marcante e incentivadora foi a passagem de Orson Welles em 1942 para as filmagens do episódio 'Four Men and a Raft' ('Quatro homens e uma jangada'), de "It's All True". Em 1949, Raul Roulien* realiza ali também as filmagens do seu longa *Jangada*, em coprodução com a ABA FILM, mas o filme perdeu-se num incêndio. Em 1939 foi fundada a SOCIEDADE DOS AMADORES DE CINEMA, que realizou alguns pequenos documentários e o primeiro filme de ficção no estado, *Caminhos sem fim* (1944), com direção de José Augusto de Moura, filmado em 8 mm. Abordando a problemática da seca, contou com elenco formado por membros da própria entidade, entre eles José Maria Porto e Heitor Costa Lima. Na década de 50, Nelson Severiano de Moura, dono de uma empresa fotográfica, fundou a CINE PRODUTORA NELSON e produziu três documentários sonoros: o média-metragem *Canindé* (1951) e os curtas *Vaquejada* (1952) e *Iguatu* (1954). Outra associação de importância para o cinema do Ceará foi o CLUBE DE CINEMA, fundado em 1948, dedicado à difusão e discussão do cinema e que anos depois envereda pela produção, deixando os primeiros filmes inacabados. Por ele passaram nomes como Darcy Costa, Frota Neto e João Maria Siqueira – diretor do filme *Rede de dormir* (1965). Em 1966, a entidade produziu outro curta em 16 mm, *Gênesis*, dirigido por Frota Neto e Roberto Benevides. Encerrando esse período foi feito *A poesia folclórica de Juvenal Galeno* (1971), de Régis Frota.

Cineastas de fora voltaram a filmar no Ceará em princípios dos anos 60: Marcel Camus* filma *Os bandeirantes* (1960) e Carlos Coimbra* filma *A morte comanda o cangaço* (1960). Também dessa época é a coprodução sueco-brasileira *Jangada* (1962), com direção de Torgny Anderberg e supervisão de Genil Vasconcelos. Com destacado movimento cineclubista nos anos 60, é criada pela Universidade Federal do Ceará, em 1971, o CINEMA DE ARTE UNIVERSITÁRIO, conhecido popularmente como Casa Amarela, que serviu de ponto de encontro para discussão de cinema e a formação de toda uma geração de realizadores em Super-8* e também de diversos festivais na bitola. Seu principal incentivador foi Eusélio Oliveira, diretor de documentários nessa bitola, como *Joaquim bonequeiro* (1978) e *Brinquedos do povo* (1981). Acontecimento de destaque no período foi a produção em 35 mm do longa *Padre Cícero, o patriarca do sertão* (1976),

filmado pelo cearense Hélder Martins na região do Cariri, o que motivou ainda mais a juventude local a fazer cinema. Dessa época foi marcante *Lua cambará* (1977), longa de ficção em Super-8 dirigido por Francisco de Assis Lima e Ronaldo Correia, mas o predomínio da produção é de curtas documentais. Carlos Coimbra retornou ao estado para filmar o longa *O homem de papel* (1975), com roteiro do cearense Ezaclir Aragão e produção local. Volta depois para filmar *Iracema, a virgem dos lábios de mel* (1978). Aragão aproveita e filma o documentário *Caminhos de Iracema* (1979). A produção em 16 mm foi esparsa nos anos 70, ampliando-se pouco a pouco. Pedro Jorge de Castro, depois de estudos no exterior, dirige os documentários *Chico da Silva* (1976), *Brinquedo popular do Nordeste* (1977) e *De sol a sol* (1982), antes de realizar o longa de ficção *Tigipió* (1985). A produção documental prossegue com Jefferson de Albuquerque Jr. e o seu *D. Ciça do barro cru* (1979), realizando em seguida *Músicos camponeses* (1981) e *Patativa do Assaré – um poeta do povo* (1984). Codiretor desse filme, Rosemberg Cariry* já havia realizado uma versão em Super-8 do mesmo tema e ainda outros filmes na mesma bitola sobre a cultura popular, lançando-se em longa com o documentário em 16 mm *Caldeirão da Santa Cruz do Deserto* (1987).

Em 1988 é instalado um núcleo de animação na Casa Amarela a partir de um acordo entre a EMBRAFILME* e o NATIONAL FILM BOARD DO CANADÁ, coordenado por José Rodrigues Neto, diretor de *Evoluz* (1986), possibilitando novas e permanentes experiências de produção. As produções do sul aproveitam o cenário e a temática locais nos anos 80 com filmes como *Dora Doralina* (1977-1981), de Perry Salles; *O cangaceiro trapalhão* (1983), de Daniel Filho*; e *Luzia Homem* (1987), de Fábio Barreto*. Os anos 90 começaram com a extinção da EMBRAFILME*, e os curtas pareciam a única opção de produção. Com o incentivo das premiações do FESTIVAL DO CEARÁ, a partir de 1991 foi possível uma produção mínima. Mas com a criação de lei estadual de incentivo à produção e a criação do INSTITUTO DRAGÃO DO MAR, em 1996, dedicado à formação de mão de obra, a produção de longas retornou com toda a força. Rosemberg Cariry, depois de produzir com dificuldades a sua estreia na ficção, *A saga do guerreiro alumioso*, realiza *Corisco & Dadá* (1997). Pedro Jorge consegue concluir o seu *No calor da pele* (1996). Produções de fora foram atraídas pelos incentivos, destacando-se entre elas *A ostra e o vento* (1997),

de Walter Lima Jr.*, *Crede-mi* (1997), de Bia Lessa e Danny Roland, e *Bela Donna* (1998), de Fábio Barreto. Alguns naturais da terra voltam, como Renato Aragão* e o seu *O noviço rebelde* (1997), com direção de Tizuka Yamasaki*. Estreantes em longa-metragem com diferentes formações, como o técnico de som José Araújo, com *O sertão das memórias* (1997), e o curta-metragista Marcos Moura, com *Iremos a Beirute* (1998). O videasta Glauber Filho conclui seu projeto *Oropa, França, Bahia* e o produtor Wolney de Oliveira o seu *Milagre em Juazeiro* (1999), sinal do crescimento e constância da nova produção local. (LG) A década de 2000 apresentou movimentação interessante e alguns dos filmes produzidos no estado chegaram a ser exibidos no sul do país. O diretor cearense Rosemberg Cariry deu continuidade a sua carreira chegando ao oitavo longa-metragem. Florinda Bolkan, nascida no interior cearense, estreou como diretora em *Eu não conhecia Tururu* (2000), rodado no estado. José Araújo realizou o segundo longa, *As tentações do irmão Sebastião* (2007). O filho de Rosemberg, Petrus Cariry, que veio da escola dos curtas-metragens, dirigiu seu primeiro longa, o drama *O grão* (2007). Um sucesso regional com mais de 600 mil espectadores foi o filme espírita, o primeiro realizado no Brasil nos tempos atuais, *Bezerra de Menezes, o diário de um espírito*, de Glauber Filho e Joel Pimentel. O documentarista Wolney Oliveira realizou sua primeira fita ficcional, *A ilha da morte* (2009). O estado assiste a um nascimento cultural, com vários livros sobre cinema sendo publicados e muitos curtas-metragistas em atividade. Também a atividade de documentaristas surge em destaque, como mostra a produção em curtas e médias de Tibico Brasil, Margarita Hernandez, Márcio Câmera, Glauber Filho e Petrus Cariry. (LFM)

CEIÇA, Maria (Maria Conceição de Paula Mendes) – Rio de Janeiro, RJ, 1965. Atriz.

FILMOGRAFIA: 1990 – *Lambada*. 1991 – *O filme da minha vida*. 1992-1994 – *Carlota Joaquina, princesa do Brazil*. 1997 – *Navalha na carne; O testamento do senhor Napomuceno*. 1998-1999 – *Orfeu; Cruz e Souza, o poeta do Desterro*. 1999-2000 – *Aleijadinho, paixão, glória e suplício*. 2003 – *My Father, rua Alguém 5555*. 2004 – *O herói*. 2005 – *As filhas do vento*. 2008 – *Se eu fosse você 2*.

Iniciou-se como atriz no palco da escola, no fim dos anos 1980, onde fez seus estudos, a Escola de Teatro Martins Pena, quando foi convidada para fazer parte do elenco de apoio na telenovela *Pacto de sangue*, da REDE GLOBO DE TELEVISÃO. Desde esse trabalho vem atuando na TV, em telenovelas e minisséries, no teatro, e inclusive em musicais. Fez seu primeiro filme, *Lambada*, musical dirigido por um cineasta italiano estreante, Giandomenico Curi. Em seguida, apareceu *O filme da minha vida* (filme inédito de 1991, refilmado e remontado em 1996 e lançado com o título *Obra do destino*), de outro diretor estreante, Alvarina Souza e Silva. Participante de filmes históricos, o primeiro deles foi *Carlota Joaquina, princesa do Brazil*, de mais uma diretora estreante, Carla Camurati*. Participou de *Padre Mestre* (1996), curta-metragem de Ney Costa Santos. Sempre fazendo rápidas participações, filmou *Navalha na carne*, de Neville d'Almeida*, baseado na clássica peça teatral de Plínio Marcos*. Atua numa coprodução internacional entre Brasil, Portugal e Cabo Verde, o drama *O testamento do senhor Napumoceno*, do cineasta português Francisco Manso, baseado no romance de Germano de Almeida, em que conquistou, na criação de Graça, um papel de maior relevância. Trabalhou em *Orfeu*, direção de Carlos Diegues* e baseado na peça teatral *Orfeu da Conceição*, de Vinicius de Moraes*. Com Sylvio Back* na direção, interpretou Gavita, um dos amores de Cruz e Souza, em *Cruz e Souza, o poeta do Desterro*. Nesse filme, Ceiça canta em cena, demonstrando seu talento também para a música. Filmou, com o veterano Geraldo Santos Pereira*, *Aleijadinho, paixão, glória e suplício*, biografia do famoso escultor Antônio Francisco Lisboa, o Aleijadinho. Desde *O testamento do senhor Napomuceno*, ensaia uma carreira internacional, quando filmou, no papel de uma jornalista, o drama de guerra *My Father – rua Alguém 5555*, coprodução entre Brasil, Hungria e Itália, do diretor italiano Egydio Eronico. A obra é seguida de nova coprodução, esta entre Angola, França e Portugal, em outro drama de guerra, *O herói*, do cineasta angolano Zézé Gamboa, no qual interpretou uma prostituta. Atuou em *As filhas do vento*, de Joel Zito Araújo (com quem estava casada na época). (VLD)

CELI, Adolfo – Messina, Itália, 1922-1986. Ator, diretor.
FILMOGRAFIA: 1945 – *Um ianque na Itália* (ator). 1947 – *Natale al Campo 119* (ator). 1948 – *É proibido roubar* (ator); *Emigrantes* (ator). 1950 – *Caiçara* (ator, dir.). 1951 – *Tico-tico no fubá* (dir.). 1963 – *O homem do Rio* (ator). 1964 – *O irresistível gozador* (ator); *Rapina al sole* (ator). 1965 – *... E vene un uomo* (ator); *O expresso de Von Ryan* (ator); *Agonia e êxtase* (ator); *007 contra a chantagem atômica* (ator); *As aventuras imprevisíveis do 7º homem* (ator); *Oriente contra Ocidente* (ator). 1966 – *El Greco*; *Esse mundo é dos loucos* (ator); *Grand Prix* (ator); *Target For Killing* (ator); *O ianque* (ator); *La piacevoli notti* (ator). 1967 – *Scacco tutto matto* (ator); *Toureiro sem sorte* (ator); *Charada em Veneza* (ator); *A qualquer preço* (ator); *Golpe de mestre a serviço de Sua Majestade Britânica* (ator); *Operação Irmão Caçula* (ator); *Il padre di famiglia* (ator); *Das Ardenas ao inferno* (ator). 1968 – *Perigo: diabolik* (ator); *Sete vezes* (ator); *O álibi* (ator, dir.); *La donna, il sesso, il superuomo* (ator). 1969 – *Midas run* (ator); *L'arcangelo* (ator); *Un detective* (ator); *Emmanuelle* (ator). 1970 – *In Search of Gregory* (ator); *Tortura de um pesadelo* (ator); *Brancaleone nas Cruzadas* (ator); *O chefão* (ator). 1971 – *Murders in the Rue Morgue* (ator); *Hanno cambiato faccia* (ator); *Irmão Sol, irmã Lua* (ator); *La mano lunga del padrino* (ator); *Chi l'ha vista morire?* (ator). 1972 – *L'occhio nel labirinto* (ator); *La mala ordina* (ator); *Piazza Pulita* (ator); *Terza ipoteso si in caso di perfetta strategia criminale* (ator); *Ragazza tuta nuda assassinata nel parco* (ator); *La villeggiatura* (ator). 1973 – *Hitler: os últimos dez dias* (ator); *Libera, amore mio...*; *Il sorriso del grande tentatore* (ator); *Le mataf* (ator). 1974 – *Os últimos dos dez* (ator); *O fantasma da liberdade* (ator); *And then there Were None* (ator); *Il venditori di palloncini* (ator). 1975 – *Meus caros amigos* (ator); *The Devil is a Woman* (ator); *Come una rosa al naso* (ator). 1976 – *O próximo homem* (ator); *L'affittacamare* (ator); *Che notte quella notte!* (ator); *Le grand Escogriffe* (ator); *Genova a mano armata* (ator); *Uomini si nasce poliziotti si muore* (ator); *Os turfistas trapalhões* (ator); *Sandokan* (ator); *Signore e signori Buonanotte* (episódio) (ator); *La moglie di mio padre* (ator). 1977 – *Sandokan, o tigre da Malásia* (ator); *Pane, burro e marmellatan* (ator); *Les passagers* (ator); *Exterminação 2000* (ator); *Le braghe del padrone* (ator). 1978 – *Indagine su un delitto perfetto* (ator); *O golpe mais louco do mundo* (ator). 1979 – *Café express* (ator). 1982 – *Monsenhor* (ator); *Quinteto irreverente* (ator).
Filho de prefeito siciliano, formou-se pela Academia Nacional de Arte Dramática de Roma em 1945. Nesse mesmo ano iniciou sua carreira no cinema como ator em um filme de Luigi Zampa, *Um ianque na Itália*. Aos 19 anos já havia estreado no teatro numa peça de Luigi Pirandello, ocasião em que conheceu Vittorio Gassman e Luciano Salce*, nascidos no mesmo ano que ele, tornando-se amigos e companheiros de trabalho por toda a vida. Dirigiu também, nessa época, peças do poeta irlandês William Yeats, tendo montado *Fausto*, de Goethe, e *Nick bar*, de William Saroyan. Ainda em seu país atuou na primeira película de Luigi Comencini, *É proibido roubar*. Em 1948, como a situação profissional na Itália estava difícil, Celi aceitou o convite de Aldo Fabrizi para interpretar *Emigrantes*, filmado na Argentina. Em Buenos Aires atuou com o grupo teatral La Mascara, que já montava peças de Bertolt Brecht e de autores do teatro expressionista alemão, além de dirigir *Antígona*, de Sófocles. Nesse mesmo ano foi informado pela atriz argentina Eva Mataliarte de que em São Paulo procurava-se um diretor teatral estrangeiro. Tinha 27 anos incompletos e, a convite de Franco Zampari*, Alfredo Mesquita, Décio de Almeida Prado e Aldo Calvo, foi para a capital paulista, entrando em contato com um dinâmico grupo de amadores, repentinamente jogado numa proposta profissional de uma São Paulo do pós-guerra que se desenvolvia em ritmo frenético. Todavia, o panorama teatral encontrado não era muito animador. Afinal, a única atriz profissional realmente consagrada era Cacilda Becker*, com quem viria a se casar. Quanto à dramaturgia, havia apenas, em seu juízo, Abílio Pereira de Almeida*. Celi entendia que Nélson Rodrigues* era "carioca demais". Assim, juntamente com Ziembinski*, Ruggero Jacobbi, Luciano Salce, Flamínio Bollini e tantos outros, foi o responsável pela fase de ouro do Teatro Brasileiro de Comédia (TBC), tendo à frente o grande mecenas Franco Zampari. A ausência de autores brasileiros fez com que fossem montadas peças de Schiller, Pirandello, e repertório envolvendo os clássicos gregos e Shakespeare, reproduzindo o espírito da velha Academia italiana. Encenou também Sartre, Eugene O'Neill e *Leonor de Mendonça*, de Gonçalves Dias. Essa postura lhe valeu ácidas críticas ao seu papel de diretor artístico do TBC, no sentido de que seria um teatro alienado feito por diretores importados. Seu maior sucesso, que permaneceu um ano em cartaz, foi *Seis personagens à procura de um autor*, de Pirandello. Os grandes êxitos da companhia fizeram com que o público teatral paulista aumentasse de menos de cinco mil para quase cem mil espectadores por ano, sendo responsáveis, igualmente, pela construção de muitos teatros no eixo Rio-São Paulo que até hoje estão funcionando. Entretanto, o resultado mais importante desse período

foi a implantação do profissionalismo no teatro brasileiro, fazendo com que, no início dos anos 50, muitos médicos, advogados, engenheiros e funcionários públicos passassem a ganhar a vida como atores profissionais. A partir daí surgiram nomes como Fernanda Montenegro*, Tônia Carrero*, Sérgio Cardoso, Paulo Autran*, Odete Lara*, Carlos Vergueiro, Cleyde Yáconis, além de Flávio Rangel e Antunes Filho, que fizeram carreira como diretores. O TBC montou vários sucessos sob a direção de Celi, destacando-se *Arsênico e alfazema*, *Huis clos*, *Assim é se lhe parece*, *Uma certa cabana*, *Santa Marta Fabril S. A.* e *Nick bar*. Em 1956, Celi saiu de lá e fundou sua própria companhia, com Tônia Carrero (então sua mulher) e Paulo Autran, que ficaria famosa como Companhia Teatral Tônia-Celi-Autran, responsável por inúmeros sucessos: *Otelo* (Shakespeare), *A viúva astuciosa* (Goldoni), *Huis clos* (Sartre), *Um castelo na Suécia* (Françoise Sagan), *Lisbela e o prisioneiro* (Osman Lins), além de peças de Tennessee Williams e O'Neill. Aos poucos especializou-se em comédias de *boulevard* inglesas e francesas encenadas com elegância – um estilo que estava no auge quando dirigiu *Mary, Mary*, em 1962, no Teatro Copacabana. Logo depois a companhia extinguiu-se. Em seguida, aceitou dirigir o Teatro Municipal do Rio de Janeiro, cargo do qual dizia não ter muitas lembranças.

Ainda nos anos 50, juntamente com Franco Zampari, foi um dos idealizadores da COMPANHIA CINEMATOGRÁFICA VERA CRUZ*, sendo o primeiro diretor a realizar um filme nos estúdios recém-construídos. A película chamou-se *Caiçara*, ambientada em Ilhabela, no litoral paulista, da qual foi também corroteirista e fez uma pequena ponta. Em seguida dirigiu *Tico-tico no fubá*, sobre a vida do compositor Zequinha de Abreu. Uma década depois, no Rio de Janeiro, deixou inacabado o longa-metragem "Marafa" (1963), baseado em romance de Marques Rebelo. Sua vida alterou-se por completo quando filmou no Brasil *O homem do Rio*, do francês Philippe de Broca, com Jean-Paul Belmondo, em que interpretava um milionário esbanjador. Voltando à Itália para a dublagem, sem dinheiro e sem muitas perspectivas (ficou hospedado na casa de seu velho amigo Luciano Salce*, que deixara o Brasil com o fim da VERA CRUZ), aceitou o convite para dirigir uma peça de Peter Schaffer e outra de Harold Pinter. O sucesso do filme estrelado por Belmondo abriu as portas para sua carreira

de ator coadjuvante, tendo participado de mais de oitenta películas (isso sem contar mais de oitenta direções teatrais e uns 150 programas da televisão italiana). Seu primeiro sucesso como vilão foi em *007 contra a chantagem atômica*, de Terence Young, interpretando o gângster Emílio Largo, um vilão caolho. A carreira de ator levou-o para vários países: Irã, Malásia, China, sem contar os países da Europa e os Estados Unidos. Muitos filmes importantes seguiram-se: *Agonia e êxtase* (no papel de Giovanni di Médici), *Irmão Sol, irmã Lua* (interpretando o governador de Assis), *O fantasma da liberdade* (de Luís Buñuel), *Meus caros amigos* e *Quinteto irreverente* (ambos de Mario Monicelli). Dirigiu, juntamente com Vittorio Gassman e Luciano Salce, *O álibi*. Voltou algumas vezes ao Brasil para dirigir peças – *Pato com laranja* e *Seu nome é mulher* –, participar de filme (*O golpe mais louco do mundo*, de Luciano Salce) e encenar ópera (*Yerma*, no Teatro Municipal do Rio de Janeiro, em 1983). Celi morreu na Policlínica de Siena, em 19 de fevereiro de 1986, em consequência de um infarto sofrido dois dias antes, no início da noite, quando deixava o hotel e se dirigia para o Teatro Dei Rinnovati. Era a estreia nacional do espetáculo *Os mistérios de Petersburgo*, conjunto de fragmentos de obras curtas de Dostoiévski, peça inicial da nova Companhia La Bottega, dirigida por Gassman. Celi era também professor nessa companhia e, quando morreu, deixou a esposa e atriz Veronica Lazzaro e os filhos Alessandra e Leonardo. (AMC) Seu filho Leonardo Celi dirigiu o documentário *Adolfo Celi, un uomo per due culture* (2006).

CELULARI, Edson (Edson Francisco Celulari) – Bauru, SP, 1958. Ator.

FILMOGRAFIA: 1979-1981 – *Asa Branca, um sonho brasileiro*. 1982 – *Inocência*; *Os vagabundos trapalhões*. 1985 – *Brasa adormecida*; *Ópera do malandro*. 1987 – *Sexo frágil*. 1996-1997 – *For All – o trampolim da vitória*. 2006 – *Diário de um Novo Mundo*.

Formado pela Escola de Arte Dramática da Universidade de São Paulo (EAD/USP). Eclético, atua na televisão como galã em novelas cômicas, românticas e de época. Na GLOBO, participa, entre outras, de *Amor com amor se paga* (1986), de Ivani Ribeiro, do diretor Gonzaga Blota; *Que rei sou eu* (1989), de Cassiano Gabus Mendes; e *Deus nos acuda* (1992), de Sílvio de Abreu – estas duas últimas sob a direção de Jorge Fernando. Trabalha também na minissérie *Decadência* (1995), de Dias Gomes, do diretor Roberto Farias*,

quando interpreta o papel de um pastor de nova seita, com rápida ascensão social. Na BANDEIRANTES, atua na minissérie *Chapadão do Bugre* (1988), baseado no romance homônimo de Mário Palmério, do diretor Walter Avancini. No teatro participa de *Hamlet, o príncipe da Dinamarca* (1984), de Shakespeare, direção de Márcio Aurélio; *Fedra* (1987), de Racine, direção de Augusto Boal; *Louco de amor* (1988), de Sam Sheppard, direção de Hector Babenco*; e de uma peça mais leve, *Capital estrangeiro* (1995), de Sílvio de Abreu, dirigida por Cecil Thiré*. No cinema interpreta quase sempre primeiros papéis. Em seu filme de estreia, *Asa Branca*, de Djalma Limongi Batista*, representa um jovem interiorano vencedor como craque de futebol. Em *Inocência*, de Walter Lima Jr.*, baseado no romance homônimo de Taunay, faz o papel de Cirino, o médico da roça. Em filme dos Trapalhões*, sob a batuta do veterano J. B. Tanko*, vive o papel do clássico galã das comédias ingênuas. Volta a trabalhar com o diretor Limongi Batista em *Brasa adormecida*, quando interpreta jovem típico da classe média alta paulista dos anos 50. No filme de Ruy Guerra*, *Ópera do malandro*, representa o papel do malandro do título, numa adaptação da peça homônima de Chico Buarque de Hollanda. Contracena com Maitê Proença* na comédia romântica *Sexo frágil*, de Jessel Buss. Após quase dez anos afastado, retorna como coadjuvante em *For All – o trampolim da vitória*, de Luiz Carlos Lacerda* e Buza Ferraz. Em *Diário de um Novo Mundo*, de Paulo Nascimento, representa o médico e escritor Gaspar de Fróes, numa viagem ao Brasil, em 1752, em que se vê envolvido em percalços. (LFM)

CENOGRAFIA

"O cinema falado é o grande culpado da transformação." Essa frase da letra do samba "Não tem tradução" ou "Cinema falado", de 1933, de autoria de Noel Rosa, sintetiza bem a chegada do cinema sonoro, no começo dos anos 30. Nesse momento, com a criação de estúdios de porte no Brasil (CINÉDIA*, BRASIL VITA*), aparecem novas funções artísticas e técnicas nas equipes cinematográficas – dentro do modelo de equipe profissional do cinema industrial –, como direção, câmera, montagem e cenografia. No caso brasileiro, os primeiros cenógrafos são dois cineastas: Luiz de Barros* e Ruy Costa*, improvisadores que fazem de tudo (ou quase) na realização de um filme. Oficialmente, o primeiro cenógrafo é Ruy Costa, que inicia sua carreira exercendo essa função no começo dos anos 30. Os cenários de *Alô! alô! Carnaval*, de Adhemar Gonzaga*, trazem a assinatura do cartunista J. Carlos. Em *Cidade-mulher* e *O descobrimento do Brasil*, ambos sob direção de Humberto Mauro*, os cenários são assinados por Arnaldo Rosenmayer. O primeiro cenógrafo a fazer carreira é o português Hipólito Collomb, que começa em meados dos anos 30, nos estúdios da CINÉDIA, em *Bonequinha de seda*, de Oduvaldo Viana*, uma das primeiras produções de maior porte da época e das mais bem cuidadas. Nessa mesma empresa, trabalha em *Samba da vida* e *Tererê não resolve*, ambos de Luiz de Barros, e em *Alma e corpo de uma raça*, de Milton Rodrigues*. Na década de 40, outro diretor que começa fazendo cenários é Watson Macedo*. Durante quase metade dessa década, Hipólito Collomb continua construindo os cenários de *Argila*, de Humberto Mauro, filme da BRASIL VITA, e de *Direito de pecar* e *Vamos cantar*, filmes de Leo Marten* para a PAN-AMÉRICA FILMES. Continua sua parceria com a CINÉDIA em *Pureza* e *Vinte e quatro horas de sonho*, de Chianca de Garcia*; *O dia é nosso*, de Milton Rodrigues*; *Romance proibido*, de Adhemar Gonzaga; e *Um beijo roubado*, de Leo Marten. Em 1943, com a estreia do primeiro filme da ATLÂNTIDA* – *Moleque Tião*, de José Carlos Burle* –, aparece um novo cenógrafo, o português Alcebíades Monteiro Filho*. O diretor de teatro Ziembinski* responde pela cenografia do filme independente da CINEX – *O brasileiro João de Sousa*, sob a direção do paraguaio Bob Chust. Outro cenógrafo dos anos 40 é Cajado Filho*. O pintor húngaro Laslo Meitner radica-se no Rio na segunda metade dos anos 40, quando é criador dos cenários de *O ébrio* e *Coração materno*, de Gilda Abreu*; de *Terra violenta*, de E. Bernoudy; e de *Estrela da manhã*, de Jonald. Na mesma época, o cartunista e pintor Carlos Thiré é autor dos cenários de *Querida Suzana*, de Alberto Pieralisi*, e *Caminhos do sul* e *Perdida pela paixão*, ambos de Fernando de Barros*. Thiré, ao ingressar na VERA CRUZ*, consegue promoção a diretor da comédia *Nadando em dinheiro* e do melodrama *Luz apagada*.

No mesmo período aparece o francês Nicolas Lounine, que aqui chega no pós-guerra e faz carreira trabalhando numa série de produções para diferentes empresas, quando é criador dos cenários de: *Jardim do pecado*, de Leo Marten; *Mãe*, de Teófilo de Barros Filho; *Pinguinho de gente*, de Gilda Abreu; *Loucos por música*, de Adhemar Gonzaga; *A sombra da outra* e

Aviso aos navegantes, de Watson Macedo; *Não é nada disso*, de José Carlos Burle. Nos anos 50, Lounine monta os cenários de: *Katucha*, de Paulo R. Machado; *Beleza do diabo*, de Romain Lesage; *Hóspede de uma noite*, de Ugo Lombardi*; *Maria da Praia*, de Paulo Vanderley*; *Mulher do diabo*, de Milo Harbich; *Pecadora imaculada* e *Nobreza gaúcha*, de Rafael Mancini; *Com água na boca*, de J. B. Tanko*; *Cangerê*, de Iolandino Maia e Vitor Diniz Neto. Ao mesmo tempo fixa-se como cenógrafo das produções da CINELÂNDIA FILMES, durante os anos 50, em *Escrava Isaura*, *Pecado de Nina*, *Tocaia*, *Brumas da vida*, *Força do amor*, *Três recrutas*, *O diamante*, *O Boca de Ouro*, *Barbeiro que se vira*, *Cala a boca*, *Etelvina*, *Titio não é sopa*, todos sob a direção de Eurides Ramos*. Lounine cenografa também os filmes *O grande pintor* e *O feijão é nosso*, de Victor Lima*, e *Quem roubou meu samba?*, de José Carlos Burle, encerrando sua carreira em 1960. Mais um cenógrafo estrangeiro, de origem desconhecida, é Nicolau Jartulary, que desembarca aqui em meados dos anos 40, vindo provavelmente da Argentina. Chega com os irmãos Edgar e Francisco Eichorn*, com quem trabalha nos filmes *No trampolim da vida* e na coprodução Brasil-Argentina *Mundo estranho*, ambos com direção de Francisco Eichorn. No período de 1949 até 1953, Jartulary monta a cenografia de filmes de pequenas produtoras, como *Iracema*, de Vittorio Cardinali; *A echarpe de seda* e *Meu dia chegará*, de Gino Talamo; *Preço de um desejo*, de Aluisio T. Carvalho*; *Noivas do mal* e *Santa de um louco*, de George Dusek; *Perdidos de amor*, de Eurides Ramos; *Almas em conflito*, de Rafael Mancini. Uma coincidência na carreira desse cenógrafo é que a maioria de seus filmes é de diretores de origem estrangeira.

Na década de 50, com o aparecimento dos grandes estúdios paulistas (VERA CRUZ, MARISTELA* e MULTIFILMES*), outra leva de estrangeiros chega ao país. Um dos raros brasileiros que atua como cenógrafo nesse período é João Maria dos Santos, que faz seu primeiro filme na ATLÂNTIDA, em *Maior que o ódio*, de José Carlos Burle. Depois transfere-se para a VERA CRUZ, onde atua nos filmes *Veneno*, de Gianni Pons*; *Nadando em dinheiro*, de Abílio Pereira de Almeida* e Carlos Thiré; *Sinhá Moça*, de Tom Payne* e Oswaldo Sampaio*; *Appassionata*, de Fernando de Barros; *É proibido beijar*, de Ugo Lombardi*; e *Floradas na serra*, de Luciano Salce*. Ao deixar os estúdios, trabalha para várias empresas, como em *Mãos sangrentas*, de Carlos Hugo Christensen*;

A estrada, de Oswaldo Sampaio; *O capanga*, de Alberto Severi; *Lina, mulher de fogo*, de Tito Davinson. De forma bissexta, J. M. Santos continua sua carreira nos anos 60, em *O quinto poder*, de Alberto Pieralisi; *O beijo*, de Flávio Tambellini*; *Mar corrente*, de Luiz Paulino dos Santos. Desde o início dos anos 50, Santos também é cenógrafo do Teatro Brasileiro de Comédia (TBC) e de outras companhias teatrais. Outro cenógrafo em atividade na VERA CRUZ é o italiano Aldo Calvo, cuja importância maior está na sua contribuição aos teatros italiano e brasileiro. Em sua terra natal trabalha no cinema; no Brasil, faz apenas *Caiçara* e *Tico-tico no fubá*, quando estabelece parceria com o diretor Adolfo Celi*. Outro artista do teatro, o diretor e cenógrafo Martim Gonçalves monta os cenários do segundo filme da VERA CRUZ, *Terra é sempre terra*, de Tom Payne e, a partir de 1952, trabalha em produções da ATLÂNTIDA, *Três vagabundos* e *Carnaval Atlântida*, ambas com direção de seu conterrâneo, o pernambucano José Carlos Burle. Faz também *Carnaval em Caxias*, de Paulo Vanderley, e depois deixa o cinema, dedicando-se somente ao teatro. Mais um italiano da VERA CRUZ é Pierino Massenzi*. O ator e cenógrafo Luciano Gregory, outro italiano que chega ao Brasil nessa época, começa na produção da PIRATININGA FILMES, *Corações na sombra*, de Guido Lazzarini, indo para a MARISTELA, onde é responsável pelos cenários dos primeiros filmes da empresa: *Presença de Anita* e *Suzana e o presidente*, ambos de Ruggero Jacobbi; *O comprador de fazendas*, de Alberto Pieralisi; e das produções alheias filmadas na MARISTELA, como *Areão*, de Camillo Mastrocinque; *A carne*, de Guido Lazzarini; *Aí vem o general*, de Alberto Attili. Trabalha também na VERA CRUZ em *Família Lero-lero*, de Alberto Pieralisi, e *Esquina da ilusão*, de Ruggero Jacobbi. Curiosamente, dos filmes de que participa, todos contam com direção de italianos. Depois Gregory faz carreira como ator cômico em papéis coadjuvantes em vários filmes. Uma rara mulher cenógrafa aparece nesse momento: Teresa Nicolau, na época casada com o diretor Rodolfo Nanni*. Com ele trabalha em *O saci*, colabora em *João Gangorra*, de Alberto Pieralisi, e em *O craque*, de José Carlos Burle. É mãe do também cenógrafo Pedro Nanni, que exerce a função a partir dos anos 80. Titular na MULTIFILMES, o italiano Franco Cenni começa nesses estúdios em 1952 em *O amanhã será melhor*, de Armando Couto; *Destino em apuros*, de Ernesto Remani*; *O homem dos papagaios*, de Armando Couto; *Fatalidade*, de Jacques

Maret; *Uma vida para dois*, de Armando Miranda; *Chamas no cafezal*, de José Carlos Burle; *A sogra*, de Armando Couto; *A outra face do homem*, de J. B. Tanko. Cenni acumula também em seu currículo produções de outras procedências, como *Cais do vício*, de Francisco José Ferreira; *Capricho do amor*, de Hermogenes Rangel; *Se a cidade contasse...*, de Tito Batini; *A carrocinha*, de Agostinho Martins Pereira*; *A pensão de d. Stela*, de Ferenc Fekete e Alfredo Palácios*; *Sob o céu da Bahia*, de Ernesto Remani, em que, além de exercer sua função, é sócio da produtora, CORONA FILMES. Faz *Mar sem fim*, de Graça Melo e Marcos Marguliés, e trabalha também no Rio de Janeiro, quando participa de *Um desconhecido bate à porta*, de Haroldo Costa, e de *Pega ladrão*, de Alberto Pieralisi. Franco Cenni encerra sua carreira no filme *As aventuras de Pedro Malazartes*, de Amácio Mazzaropi*.

Com rápida incursão no cinema, outro nome desse momento é Luiz Andreatini, presente em pequenas produções paulistas do início dos anos 50, como *Gigante de pedra*, de Walter Hugo Khouri*; *Sós e abandonados*, de Fernando Gardel Filho; e *Paixão tempestuosa*, de Antônio Tibiriçá*. Ainda em São Paulo, outro nome é o de Francisco Balduino, vinculado a produções ligadas à MARISTELA, ou apenas filmadas no estúdio, como *Meu destino é pecar*, de Manuel Peluffo; *Simão, o caolho* e *Mulher de verdade*, ambas de Alberto Cavalcanti*; *Três garimpeiros*, de Gianni Pons; *Carnaval em lá maior*, de Adhemar Gonzaga. O último filme de Balduino é uma produção independente: *Bruma seca*, de Mário Civelli* (ex-produtor da MARISTELA). Inicialmente, como cenógrafo de produções rurais, José Vedovato constrói os cenários de *Fugitivos da vida*, de Massimo Sperandeo; de *Dioguinho*, de Carlos Coimbra*; e de *Amor na selva*, de Konstantin Tkaczenko* e Ruy Santos*. Participa também de algumas produções urbanas, como *Conceição*, de Hélio Souto*. É parceiro do produtor, diretor e fotógrafo Tkaczenko em *Isto é strip-tease*, *Superbeldades* e *Diversões naturistas*, e do ator e cineasta José Mojica Marins*, em *Meu destino em suas mãos* e em seus filmes de terror como *À meia-noite levarei sua alma* e *Esta noite encarnarei no teu cadáver*. Colabora com Ody Fraga* em *Diabo de Vila Velha* e *Vidas nuas*, e em *Maré alta*, de Carlos Eugênio Contim; nesse filme faz seu primeiro contato com as produções do estado do Paraná, onde mais tarde irá viver durante algum tempo. A partir dos anos 70 dirige vários filmes.

No Rio de Janeiro da década de 50, alguns cenógrafos estão presentes em poucos filmes, como o argentino Pablo Olivo, que trabalha nos estúdios da FLAMA*, em *Com o diabo no corpo*, de Mario Del Rio; em *Tudo azul*, de Moacyr Fenelon*; e em produções de outras origens, como *Balança mas não cai*, de Paulo Vanderley; *A carne é o diabo*, de Plínio Campos; *É pra casar*, de Luiz de Barros; *Luzes nas sombras*, de Carlos Ortiz*; *Com minha sogra em Paquetá*, de Saul Lachtermacher. Depois retorna a sua terra natal e continua sua carreira de cenógrafo no cinema argentino, tornando-se mais tarde diretor de filmes. A partir de meados dos anos 50, o médico e caricaturista Darcy Evangelista, que anteriormente participara da equipe de *Uma aventura aos 40*, de Silveira Sampaio*, trabalha como assistente de direção de *Mãos sangrentas* e como cenógrafo em *Leonora dos sete mares* e *Meus amores no Rio*, todos do diretor argentino radicado no Brasil Carlos Hugo Christensen. Atua também em *Rico ri à toa* e *No mundo da lua*, primeiros filmes de Roberto Farias* (ex-assistente de Christensen), e dirige dois filmes: a adaptação do texto teatral homônimo de Pedro Bloch*, *Dona Xepa*, e a comédia *Três colegas de batina*, em que entrega a função de cenógrafo a outros. Volta a exercer a função em seu último filme, a coprodução Brasil-Argentina *Morte para um covarde*, quando trabalha com mais um diretor argentino, Diego Santillan. A dupla Wilson Monteiro e Benedito Macedo monta os cenários de *Vamos com calma*, de Carlos Manga*, filme da ATLÂNTIDA; na CINELÂNDIA FILMES são os cenógrafos de *Dona Xepa*, de Darcy Evangelista; de *Sai dessa, recruta*, de Hélio Barrozo Neto*; de *Minervina vem aí*, de *Viúva Valentina* e de *Assassinato em Copacabana*, os três últimos filmes sob direção de Eurides Ramos. Alexandre Horvat é mais um europeu que presta sua contribuição para o setor. Entre seus primeiros filmes está *Maluco por mulher*, de Aluizio T. Carvalho. Na mesma época, começa seu trabalho com os diretores Tanko, Lima e Roberto Farias, nas comédias da HERBERT RICHERS, como *Sai de baixo*, *Metido a bacana*, *Com jeito vai*, *E o bicho não deu*, *Mulheres à vista*, *Garota enxuta*, *Entrei de gaiato*, *Vai que é mole*, *Marido de mulher boa*, *O dono da bola*, *Bom mesmo é carnaval*, *Asfalto selvagem*, *Um ramo para Luiza*, *Engraçadinha depois dos trinta*, *Carnaval barra-limpa*, *Adorável trapalhão*, todos com direção de J. B. Tanko, diretor com quem segue colaborando durante os anos 60. Trabalha também nas adaptações das obras de Nélson Rodrigues* e José

Condé e em filmes de outros produtores, como Jarbas Barbosa*. Filma *É de chuá!*, *Pé na tábua*, *Espírito de porco*, *Pistoleiro bossa-nova*, *Tudo legal*, *Viúvo alegre*, *Mulheres, cheguei*, *Os três cangaceiros*, *Os cosmonautas*, *Nudista à força*, *Três mulheres de Casanova*, todos com direção de Victor Lima; e a comédia *Um candango na Belacap*, o policial *Assalto ao trem pagador*, e *Selva trágica*, adaptação da obra homônima de Hernani Donato, estes três com direção de Roberto Farias. Participa do drama *Sócio de alcova*, coprodução Argentina-Brasil-EUA, do diretor americano George M. Cahan. Nos anos 60, Horvat trabalha para outros produtores em filmes de diferentes gêneros, como *Eles não voltaram*, *Nordeste sangrento* e *No tempo dos bravos*, todos de Wilson Silva*; *Briga, mulher e samba*, de Sanin Cherques; *Crime de amor*, de Rex Endsleigh; *História de um crápula* e *Essa gatinha é minha*, dois filmes de Jece Valadão*; *Na onda do iê-iê-iê* e *Juventude e ternura*, de Aurélio Teixeira*; *A derrota* e *O engano*, de Mário Fiorani*; *O mundo alegre de Helô*, de Carlos Alberto de Souza Barros*; *Sabor do pecado*, de Mozael Silveira; *Viagem ao fim do mundo*, de Fernando Cony Campos*. Também monta a cenografia de algumas coproduções estrangeiras (italiana, alemã, americana e mexicana) filmadas no Brasil, como *Choque de sentimentos*, do diretor italiano Massimo Alviani; *Manaus, glória de uma época*, do diretor alemão Francisco Eichorn; *Pão de Açúcar*, do americano Paul Sylbert; *Os selvagens*, do diretor espanhol Eugênio Martin; *Lana, rainha das amazonas*, do diretor alemão Geza von Cziffra; e os episódios 'H. O.' e 'Divertimento', do filme *Jogo perigoso*, dos diretores mexicanos Arturo Ripstein e Luiz Alcoriza. Encerrando sua carreira como cenógrafo, é produtor associado de *O bolão*, de Wilson Silva.

Outro artista que começa nas comédias populares de meados dos anos 50 é Mauro Monteiro. Trabalha na cenografia de *Genival é de morte*, de Aluizio T. Carvalho; em *Três colegas de batina*, de Darcy Evangelista; em *Samba em Brasília* e em *Virou bagunça*, de Watson Macedo; em *Os apavorados*, de Ismar Porto; nos dramas *Elas atendem pelo telefone*, de Duílio Mastroianni; *Sol sobre a lama*, de Alex Viany*; e *Cristo de lama*, de Wilson Silva. Retorna às comédias em *Enfim sós... com o outro*, de Wilson Silva, e em *Jovens pra frente*, de Alcino Diniz. Após longa interrupção de mais de quinze anos, quando se dedica à televisão, Mauro Monteiro retorna nos anos 80 na aventura *Perdidos no vale dos dinossauros*, do diretor italiano radicado no Brasil Michelle Massimo Tarantini. Monta também os cenários do musical *Ópera do malandro*, de Ruy Guerra*, e do drama *Solidão, uma linda história de amor*, de Victor Di Mello. Parceiro do diretor Carlos Hugo Christensen, o cenógrafo Benet Domingo trabalha com ele por quase toda a década de 60, em *Matemática, 0... amor, 10, Amor para três, Esse Rio que eu amo, Rei Pelé, Viagem aos seios de Duília, Crônica da cidade amada* e *O menino e o vento*. Domingo trabalha também com o diretor argentino Leopoldo Torre-Nilsson, na coprodução envolvendo a Argentina e a França, *Quatro mulheres para um herói* (1962), filmada no Brasil. Nos anos 60, o pintor, folclorista e cenógrafo pernambucano Apollo Monteiro monta cenários de filmes de aventuras rurais ambientados no Nordeste: *A morte comanda o cangaço* e *Lampião, rei do cangaço*, de Carlos Coimbra*, e *Riacho de sangue*, de Fernando de Barros. Anteriormente, em 1953, é assistente de direção de Alberto Cavalcanti, em *Mulher de verdade*. Mais tarde, na década de 70, dirige *Os cangaceiros do vale da Morte*. O pintor Carmélio Cruz é cenógrafo de *Pluft, o fantasminha*, de Romain Lesage, e de produções francesas filmadas no Brasil, como *Santo Módico*, de Robert Mazoyer, e *O homem do Rio*, de Phillipe de Brocca. Faz também *Juliana do amor perdido*, de Sérgio Ricardo; *A marcha*, de Oswaldo Sampaio; diversos episódios de *Vozes do medo*; *Sagarana: o duelo*, de Paulo Thiago*; *Nem os bruxos escapam*, de Valdi Ercolani.

Dono de longa carreira, Régis Monteiro faz a cenografia de *Crime no Sacopã*, de Roberto Pires*; *Ganga Zumba, rei dos Palmares*, de Carlos Diegues*; *A falecida*, de Leon Hirszman*; *ABC do amor*, episódio brasileiro de Eduardo Coutinho*; *Entre o amor e o cangaço*, de Aurélio Teixeira; *Em busca do tesouro*, de Carlos Alberto de Souza Barros; *Perpétuo contra o esquadrão da morte*, de Miguel Borges*; dos episódios de *Como vai, vai bem?*, de vários diretores; de *O homem que comprou o mundo*, de Eduardo Coutinho; *Máscara da traição*, de Roberto Pires; *Aventuras com tio Maneco*, de Flávio Migliaccio*; *Vai trabalhar, vagabundo*, de Hugo Carvana*; *A lira do delírio*, de Walter Lima Jr.*; *Toda nudez será castigada*, de Arnaldo Jabor*; *Ana, a libertina*, de Alberto Salvá*; *Soledade*, de Paulo Thiago; *O trapalhão no planalto dos macacos*, de J. B. Tanko; *Marília e Marina*, de Luiz Fernando Goulart; *Morte e vida severina*, de Zelito Viana*; *O cortiço*, de Francisco Ramalho Jr.*; *Inquietações de uma mulher casada*, de Alberto Salvá; *Na boca do mundo*, de Antonio Pitanga*; *Amante latino*, de Pedro Carlos Rovai*; *As borboletas*

também amam, de J. B. Tanko; *Álbum de família*, de Braz Chediak*; *Pedro Mico*, de Ipojuca Pontes*. O cenógrafo de teatro Napoleão Muniz Freire trabalha em filmes urbanos, como *Canalha em crise*, de Miguel Borges, e *Todas as mulheres do mundo*, de Domingos Oliveira*. Diretor e cenógrafo de teatro, Gianni Ratto faz os cenários de *Society em baby-doll*, filme de Luiz Carlos Maciel e Waldemar Lima*, baseado em peça homônima de Henrique Pongetti*. Em raras ocasiões, Ratto trabalha como ator de cinema. Sebastião de Souza é uma espécie de "faz-tudo", diretor de *shows*, assistente de direção no teatro, cenógrafo e figurinista na televisão, além de cenógrafo no cinema, em *O caso dos irmãos Naves* e *Panca de valente*, ambos de Luís Sérgio Person*. Acumula também as funções de assistente de direção e continuísta em *Lance maior*, de Sylvio Back*; em *Gamal, delírio do sexo*, de João Batista de Andrade*; em *Adultério à brasileira*, de Pedro Carlos Rovai, de quem é assistente de direção. Em *Anjos do arrabalde*, de Carlos Reichenbach*, trabalha apenas como cenógrafo, assim como em *Cinderela baiana*, de Conrado Sanchez. Foi diretor e cenógrafo do episódio 'Transplante de mãe', do filme *Em cada coração, um punhal*, de João Batista de Andrade e outros; e da comédia *O quarto da viúva*, de Sebastião de Souza.

Aluno do curso de cinema da UnB, Luiz Carlos Ripper é cenógafo e diretor de teatro. Trabalha nos filmes *El Justicero, Fome de amor* (em que é também roteirista) e *Azyllo muito louco*, de Nelson Pereira dos Santos*; *Balada da página três*, de Luiz Rosemberg Filho*; *Cara a cara*, de Júlio Bressane*; *Papai trapalhão*, de Victor Lima*; *Os herdeiros*, de Carlos Diegues. É responsável pelos vestuários e a assistência de direção de Walter Lima Jr. em *Brasil, ano 2000*; *Pindorama*, de Arnaldo Jabor; *A vingança dos 12*, de Marcos Farias*; *Faustão*, de Eduardo Coutinho; *São Bernardo*, de Leon Hirszman; *Xica da Silva* e *Quilombo*, de Carlos Diegues. Também participante dessa geração é Anísio Medeiros*. Bissexta é a carreira de Marcos Flaksman*. Cenógafo de teatro, Hélio Eichbauer trabalha em *O dragão da maldade contra o santo guerreiro*, de Glauber Rocha*; em *O lobisomem*, de Elyseu Visconti; em *Tudo bem*, de Arnaldo Jabor; cria ainda os figurinos nos dois últimos. Também trabalha em *O homem do pau-brasil*, de Joaquim Pedro de Andrade*; *O rei da vela*, de José Celso Martinez Corrêa e Noilton Nunes; *Gabriela*, de Bruno Barreto; e *Para viver um grande amor*, de Miguel Faria Jr.*. Curta é a participação da arquiteta Lina Bo Bardi: apenas em *A*

compadecida*, de George Jonas, e em *Prata Palomares*, de André Faria Jr. Nos anos 70, o carnavalesco e membro da famosa Banda de Ipanema Ferdy Carneiro é assistente de direção, faz cenografia e vestuários em *A casa assassinada*, de Paulo César Saraceni*, e atua apenas como cenógrafo de *Gordos e magros*, de Mário Carneiro*, e dos filmes *Anchieta, José do Brasil, Ao sul do meu corpo* e *Natal da Portela*, de Paulo César Saraceni. Cenógrafo de teatro e televisão, Campelo Neto, após colaborar, em meados dos anos 60 no drama *Vidas estranhas*, de Toni Rabatoni* e Itamar R. Borges, faz a cenografia de alguns superespetáculos históricos. Nos anos 80, Campelo envereda pela pornochanchada*. Trabalha em produções da CINEDISTRI*, como *Independência ou morte*, de Carlos Coimbra; *O exorcismo negro*, de José Mojica Marins; *O marginal*, de Carlos Manga; e *O Caçador de Esmeraldas*, de Osvaldo Oliveira*. Faz também a cenografia de outras produções como *Gente que transa (Os imorais)*, de Sílvio de Abreu; *O signo de escorpião*, de Carlos Coimbra; *Chão bruto*, de Dionísio Azevedo*; *Batalha dos Guararapes*, de Paulo Thiago; *Convite ao prazer*, de Walter Hugo Khouri; *Essas deliciosas mulheres*, de Ary Fernandes*; *A herança dos devassos*, de Alfredo Sternheim*; *Os rapazes da difícil vida fácil*, de José Miziara*; *Os campeões*, de Carlos Coimbra; *O último voo do condor*, de Emílio Fontana; encerrando sua carreira em *Filme demência*, de Carlos Reichenbach. Ator, cenógrafo e figurinista, Arthur Maia faz a cenografia da produção mais comercial carioca, como *Eu transo, ela transa* e *Os primeiros momentos*, de Pedro Camargo; *Quem tem medo de lobisomem, O flagrante* e *Barra-pesada*, todos de Reginaldo Faria*; *Um soutien para papai* e *Um marido contagiante*, de Carlos Alberto de Souza Barros; *Os Trapalhões nas minas do rei Salomão*, de J. B. Tanko; *Fim de festa*, de Paulo Porto*; *Maneco, o supertio*, de Flávio Migliaccio; *Bonitinha mas ordinária*, de Braz Chediak; e *Dora Doralina*, de Perry Salles.

Em seu primeiro filme, Francesco Altan é assistente de direção, cenógrafo e figurinista em *Os condenados*, de Zelito Viana, exercendo as duas últimas funções em *A nudez de Alexandra*, de Pierre Kast*. Outro cenógrafo de teatro, Colmar Diniz acumula as funções de cenógrafo e figurinista nas comédias *Ainda agarro esta vizinha*, de Pedro Carlos Rovai; *O Grande Desbun...*, de Antônio Pedro e Braz Chediak; e *Bububu no bobobó*, de Maurice Capovilla*. Também ator, Carlos Wilson é responsável pelos figurinos e a cenografia de *Perdida* e *Cabaré mineiro*, ambos de Carlos Alberto

Prates Correia*, e de *Cordão de ouro*, de Antônio Carlos Fontoura*. Mais um cenógrafo de teatro, Laonte Klawa monta os cenários dos filmes *Compasso de espera*, de Antunes Filho; *Lucíola, o anjo pecador*, de Alfredo Sternheim; *O rei da noite*, de Hector Babenco*; *Doramundo*, de João Batista de Andrade*; *Se Segura, Malandro!*, de Hugo Carvana; *O guarani*, de Fauzi Mansur; e *Alguém*, de Júlio Silveira. A Boca do Lixo* também produz seus profissionais na função, como o ator e cenógrafo Waldir Siebert, que monta os cenários de *Sob o domínio do sexo*, *Desejo proibido*, *A filha do padre* e *Os pilantras da noite*, todos de Tony Vieira*; de *O dia em que o santo pecou* e *Vítimas do prazer*, ambos de Claudio Cunha; de *A ilha das cangaceiras virgens* e *Pesadelo sexual de virgem*, de Roberto Mauro; de *Nem as enfermeiras escapam*, com direção de André José Adler; de *Gugu, o bom de cama*, de Mário Benvenuti*; de *Motel, refúgio do sexo*, de Alexandre Sandrini; de *Os Panquecas e o calhambeque de ouro*, de Antônio Moura Matos; e de *Ainda agarro este machão*, *No tempo dos trogloditas*, *Diário de uma prostituta* e *A virgem e o bem-dotado*, todos com direção de Edward Freund. Faz também a cenografia de *Com mulher é bem melhor*, de Nilton Nascimento. Diretora de vários curtas, Rachel (Esther Figner) Sisson constrói a cenografia de um filme de época, *Fogo morto*, de Marcos Farias, e sobre esse seu trabalho publica um livro. Jefferson Albuquerque Jr. é diretor do curta *Dona Ciça do Barro Cru* (1979) e também trabalha como cenógrafo e diretor de produção de *Padre Cícero*, de Helder Martins; *J. S. Brown, o último herói*, de José Frazão; *Eles não usam black-tie*, de Leon Hirszman; *Asa Branca, um sonho brasileiro*, de Djalma Limongi Batista*; *A Rainha do Rádio*, de Luiz Fernando Goulart; *Fronteiras das almas*, de Hermano Penna*; *República dos anjos*, de Carlos del Pino; e *O calor da pele*, de Pedro Jorge de Castro. Cenógrafo de teatro, Maurício Sette trabalha ocasionalmente no cinema, como em *Chuvas de verão*, de Carlos Diegues; *Cavalinho azul*, de Eduardo Escorel*; e *Com licença, eu vou à luta*, de Lui Faria. Também cenógrafo de teatro, Marcos Weinstock é cenógrafo e figurinista de: *Se meu dólar falasse...*, de Carlos Coimbra; *Os deuses e os mortos*, de Ruy Guerra; *As três mortes de Solano* e o episódio 'Arroz e feijão' de *Contos eróticos*, ambos de Roberto Santos*; *As filhas do fogo*, de Walter Hugo Khouri; *Eles não usam black-tie*, de Leon Hirszman; *Eu te amo*, de Arnaldo Jabor; *Besame mucho*, de Francisco Ramalho Jr.*; e *O país dos tenentes*, de João Batista de Andrade.

Filho do diretor de cinema Rodolfo Nanni e da cenógrafa Teresa Nicolau, Pedro Nanni começa sua carreira no episódio 'Vereda tropical', de Joaquim Pedro de Andrade, do longa *Contos eróticos*, e nos filmes rurais *O sol dos amantes*, de Geraldo Santos Pereira*, e *Amor e traição*, de Pedro Camargo. Trabalha também em filmes urbanos como *Garota dourada*, de Antônio Calmon, e *O homem da capa preta*, de Sérgio Rezende*, este último junto com Alexandre Mayer. Retorna ao filme rural em *Luzia Homem*, de Fábio Barreto*, falecendo ainda jovem em meados dos anos 90. Ator, maquiador, responsável pelo vestuário e cenógrafo, o chileno Carlos Prieto cria os cenários de *A queda*, de Ruy Guerra e Nelson Xavier*; de *Nos embalos de Ipanema* e de *Terror e êxtase*, ambos do diretor Antônio Calmon, neste último acumulando a direção de arte. Faz também *República dos assassinos*, de Miguel Faria Jr.; *Engraçadinha*, de Haroldo Marinho Barbosa*; *Beijo na boca*, de Paulo Sérgio Almeida; *Nunca fomos tão felizes*, de Murilo Salles*; *Espelho de carne*, de Antônio Carlos Fontoura; *Idolatrada*, de Paulo Augusto Gomes; e *Fonte da saudade*, de Marco Altberg*. A dupla Oscar Ramos e Luciano Figueiredo trabalha em parceria nos cenários e figurinos de *Eu matei Lúcio Flávio*, de Antônio Calmon, e *O gigante da América*, de Júlio Bressane. Sozinho, Oscar Ramos cenografa *Mulher sensual* e *O menino do Rio*, ambos de Antônio Calmon; *Além da paixão*, de Bruno Barreto; *O segredo da múmia*, o episódio 'Sábado quente' de *Os bons tempos voltaram* e *As sete vampiras*, os três últimos de Ivan Cardoso*. Sozinho, Luciano Figueiredo faz a cenografia de *Tabu* e *Brás Cubas*, de Júlio Bressane. Curta é a carreira de Paulo Chada, responsável pela cenografia de *O caçador de fantasmas*, de Flávio Migliaccio; de *Os noivos*, de Afrânio Vital; do episódio 'Quem casa quer casa', de *O namorador*, de Adnor Pitanga; e de *O namorador* ou *Noite de São João*, de Lenine Ottoni; do longa *Ato de violência*, de Eduardo Escorel; de *O beijo no asfalto*, de Bruno Barreto; de *O desconhecido*, de Ruy Santos; de *O bom burguês*, de Oswaldo Caldeira*; e de *Dora Doralina*, de Perry Salles.

Nos anos 80, vários cenógrafos de teatro e televisão colaboram com o cinema. Os nomes que se destacam são Clóvis Bueno* e Yurika Yamasaki*, que pertencem a essa geração. Cenógrafo de teatro, Felipe Crescenti Jr. tem a seu crédito *Asa Branca, um sonho brasileiro* e *Brasa adormecida*, ambos de Djalma Limongi Batista; *O beijo da mulher-aranha*, de Hector Babenco; *Fogo e paixão*, de Isay Weinfeld e Márcio

Kogan; *O corpo*, de José Antônio Garcia*. Outra cenógrafa de teatro, Rita Murtinho, monta a cenografia de *O sonho não acabou* e *O homem da capa preta*, ambos de Sérgio Rezende. No cinema, Rita tem trabalhado mais como figurinista. Carlos Liuzzi filma *Tensão no Rio*, de Gustavo Dahl*; *Chico Rei* e *Inocência*, de Walter Lima Jr.; *Avaeté, semente da violência*, de Zelito Viana; *Sonho de valsa*, de Ana Carolina*; *Lua cheia*, de Alain Fresnot*; e *Escola atrapalhada*, de Antônio Rangel. O diretor de cinema Arturo Uranga, argentino de nascimento, é o cenógrafo de *Areias escaldantes*, de Francisco de Paula, e de *Noite*, de Gilberto Loureiro, trabalhando também em *Era uma vez...*, seu único filme como diretor. Cenógrafo de teatro e televisão, Irênio Maia colabora com *Memórias do cárcere*, de Nelson Pereira dos Santos; com *Ópera do malandro* e com *A fábula da bela palomera*, de Ruy Guerra; com *Os Trapalhões e o Rei do Futebol*, de Carlos Manga; e com *Manoushe, uma lenda cigana*, de Luiz Begazzo. Outro cenógrafo da tevê é Mário Monteiro, presente em *Bar Esperança*, de Hugo Carvana; em *Os Trapalhões no reino da fantasia*, de Dedé Santana*; em *Os Trapalhões no Auto da Compadecida*, de Roberto Farias. O documentarista, fotógrafo e também cenógrafo Adrian Cooper*, inglês de nascimento, monta os cenários de *A marvada carne*, de André Klotzel* (junto com Beto Manieri), além de *Sonho sem fim*, de Lauro Escorel Filho*, e de *O Judeu*, de Jom Tob Azulay. Curta é a carreira de Paulo Dubois, com sua cenografia para *Baixo Gávea*, de Haroldo Marinho Barbosa, junto com Paulo Flaksman, e para *Fulaninha* e *Jardim de Alah*, de David Neves*. Outra participação curta é a de Barbara Mendonça, em *O homem da capa preta*, de Sérgio Rezende, com Pedro Nanni e Alexandre Mayer, fazendo também *Vento sul*, de José Frazão, e *Urubus e papagaios*, de José Joffily*. Também pequena é a contribuição de Cristiano Amaral, em *Anjos da noite*, de Wilson Barros* (em parceria com Francisco de Andrade); em *Vai trabalhar vagabundo II, a volta*, de Hugo Carvana; e em *Ed Mort*, de Alain Fresnot. Autor, cenógrafo, diretor e produtor de teatro, Naum Alves de Souza colabora em *Exu-Piá, coração de Macunaíma*, de Paulo Veríssimo, e em *Vera*, de Sérgio Toledo*, neste último com Simone Raskin. Da televisão, Lia Renha é cenógrafa de *Um trem para as estrelas* e *Dias melhores virão*, ambos de Carlos Diegues; de *Dedé Mamata*, de Rodolfo Brandão; de *Inspetor Faustão e o Mallandro, a missão primeira e única*, de Mário Márcio Bandarra. Outro contemporâneo seu é Paulo

Flaksman, cenógrafo de *Baixo Gávea*, de Haroldo Marinho Barbosa, em parceria com Paulo Dubois; além de *Ele, o boto*, de Walter Lima Jr.; de *Banana split*, de Paulo Sérgio Almeida; de *Romance da empregada*, de Bruno Barreto; do episódio 'Pisada de elefante' de *Veja esta canção*, de Carlos Diegues; e de *O quatrilho*, de Fábio Barreto.

Nos anos 90, mais de cinquenta cenógrafos atuam, a maioria com apenas um filme. Destacam-se os nomes que estão iniciando uma carreira na função, como Marlise Storchi, que começa em meados dos anos 80, em dois filmes gaúchos: *Me beija*, de Werner Schünemann, e *Aqueles dois*, de Sérgio Amon. Mais tarde, no Rio de Janeiro, em *Stelinha*, de Miguel Faria Jr., e em *Como nascem os anjos*, de Murilo Salles. A paulista Isabel Georgetti trabalha em *Sábado* e em *Boleiros, era uma vez o futebol...*, de Ugo Giorgetti*. De São Paulo é também Luiz Fernando Pereira, o cenógrafo de *O país dos tenentes*, de João Batista de Andrade; de *Sua Excelência, o candidato*, de Ricardo Pinto e Silva; e da produção gaúcha *Anahy de las Misiones*, de Sérgio Silva. Parceira de Gerald Thomas no teatro, a diretora e roteirista Daniela Thomas é responsável pela cenografia, além de dividir a direção, com Walter Salles*, do filme *Terra estrangeira*. Alguns outros cenógrafos surgiram ao longo da década de 1990, como Vera Hamburger, uma das mais atuantes. Estreia em *Lamarca, coração em chamas* (1994), seguindo carreira em *O Menino Maluquinho, Amor & Cia., Jenipapo, O monge e a filha do carrasco, A ostra e o vento* e *Kenoma*. Dividiu com Clóvis Bueno a direção de arte de *Castelo Rá-Tim-Bum*, dirigido por seu irmão Cao Hamburger. Assina também a arte de *Deus é brasileiro*, de Carlos Diegues, e trabalha novamente com o diretor Helvécio Ratton* (de *O Menino Maluquinho* e *Amor & Cia.*) em *Uma onda no ar*. Faz cenografia de *Carandiru*, de Hector Babenco, e direção de arte de *Cafundó*, de Paulo Betti* e seu parceiro Clóvis Bueno. Trabalhou em *Só Deus sabe*, coprodução internacional que contou com direção do mexicano Carlos Bolado. Em anos mais recentes, filmou *Não por acaso*, de Philippe Barcinski; *Ó Paí, Ó*, de Monique Gardemberg*; *O passado*, de Hector Babenco, e *Salve geral*, de Sérgio Rezende. Em 1994, José Joaquim Salles, que atua no cinema em diferentes funções desde o final dos anos 1960, foi responsável pela cenografia e direção de arte no seriado televisivo *Sombras de julho*, de Marco Altberg, que contou com uma versão longa lançada nas salas de cinema. Outros trabalhos seus foram para *Buena Sorte, Mauá, o imperador e o rei* e *Brava gente brasileira*. Foi diretor de arte também em *Apolônio Brasil, o campeão da alegria*; *É proibido proibir*; *Inesquecível* e *Sonhos roubados*. Também da safra de 1994 é Toni Vanzolini, que cenografou 'Você é linda' e 'Samba do grande amor', episódios de *Veja esta canção*, de Carlos Diegues. Vanzolini fez poucos trabalhos no cinema, trabalhando em *Outras estórias*, único longa-metragem dirigido pelo televisivo Pedro Bial; *Eu tu eles* e *O homem do ano*. Realizou o primeiro longa como diretor em *Eu e meu guarda-chuva* (2008-2009), cuja estreia ocorreu em 2010. Jean Louis Leblanc criou os cenários de *Como ser solteiro* (1996). Em seguida, fez a cenografia de *Cronicamente inviável*, de Sérgio Bianchi*; *O caminho das nuvens*, de Vicente Amorim; o longa francês *San Antonio* (2003), de Frédéric Auburtin; *Caixa dois*, comédia de Bruno Barreto; e *Reflexões de um liquidificador*, de André Klotzel. Tulé Peake é também um talento da nova geração que atua no cinema paulista, com proximidade do grupo da O2 Filmes. Estreia em *Os matadores* (1997), a que se seguiram *Alô?!*; *Por trás do pano*; *Menino maluquinho 2: a aventura*; *Domésticas* e *Cidade de Deus*. Trabalha também em *Redentor*, de Cláudio Torres; *Acquaria*, de Flávia Moraes; *Casa de areia*, de Andrucha Waddington*; *O maior amor do mundo*, de Carlos Diegues; *Tropa de elite*, de José Padilha*, e *Ensaio sobre a cegueira*, de Fernando Meirelles*. Henrique Mourthé tem curta carreira, sendo um dos vários cenógrafos da superprodução *Mauá, o imperador e o rei* (1999), de *Minha vida em suas mãos* e do telefilme *Crime nobre* (2001), de Walter Lima Jr. Outra cenógrafa revelada por *Mauá, o imperador e o rei* foi Bia Junqueira. Nos anos em que viveu na França, Bia trabalhou como cenógrafa e diretora de arte de *Sushi, sushi* (1991), de Laurent Perrin, e *Louis, enfant roi* (1993), de Roger Planchon. Outros filmes seus, no cinema brasileiro, foram *Concerto campestre*, de Henrique Freitas Lima; *O outro lado da rua* (2003), de Marcos Bernstein*, e *Mais uma vez amor* (2005), de Rosane Svartman. Um dos poucos cenógrafos revelados pela década de 2000 foi Marcos Pedroso. (LFM)

CENSURA

Uma das primeiras manifestações da censura cinematográfica no Brasil coincidiu com o início das atividades de Francisco Serrador* no ramo da exibição em São Paulo, em 1908. Serrador, que seria posteriormente proprietário de centenas de salas nas principais cidades do país, havia alugado um salão dos padres salesianos quando surgiu uma fita considerada imprópria, pela ótica dos padres. Ele então mostrou que o filme poderia ser cortado sem a necessidade de suspender toda sua apresentação. Alguns anos depois também se proíbe uma fita no Rio de Janeiro, por motivo político e não de ordem moral ou religiosa. Trata-se de um filme focalizando a vida do cabo João Cândido, líder da Revolta da Chibata, *persona non grata* à Marinha Brasileira.

A fiscalização da Igreja Católica sobre os filmes ganhou reforço em 1937, com a encíclica *Vigilanti Cura*, de Pio XI, que viabilizou a criação da Orientação Moral dos Espetáculos (OME), nos seus primórdios vinculada à Sociedade Brasileira de Defesa da Tradição, Família e Propriedade (TFP). A OME estabeleceu o sistema de classificação moral dos filmes, cujas cotações eram publicadas em inúmeros jornais e revistas até os anos 60. Pela autoridade moral e capilaridade de sua atuação, a Igreja é a principal instância de controle sobre as projeções cinematográficas no país. Ela, no entanto, não proíbe, apenas condena e obtém pronta adesão da comunidade. À medida que o cinema torna-se rapidamente a diversão preferida nos centros urbanos, torna-se necessário algum tipo de controle. Em 1919, um vespertino paulistano citava "cenas perniciosas que fariam corar um frade de pedra". Logo em seguida, o filme *O crime de Cravinhos*, de Arturo Carrari*, baseado em acontecimentos reais e grande sucesso de público, termina apreendido pela polícia. É só uma questão de tempo. Em 1921 instala-se o Serviço de Censura Cinematográfica no estado de São Paulo, pioneiro no setor e modelo para o resto do país.

A situação não se altera significativamente até o advento do Estado Novo, quando é criado o Departamento de Imprensa e Propaganda (DIP), que aperfeiçoa o mecanismo censório na medida em que interdita certas obras e estimula a realização de outras que serão gratas ao regime. Registre-se no período o episódio com *O grande ditador*, de Charles Chaplin, que foi proibido não só de ser exibido, mas também de ter divulgada a sua proibição. Com a queda de Vargas e a eleição do general Eurico Gaspar Dutra, o Brasil volta à normalidade constitucional. Em 1946, é criado o Serviço de Censura de Diversões Públicas (SCDP) do Departamento Federal de Segurança Pública. Uma das primeiras tarefas do novo serviço foi a proibição de um filme de Ruy Santos* sobre as atividades do Partido Comunista Brasileiro (que vivia curto período de legalidade), o que levou o deputado Jorge Amado*, do PCB, a protestar no plenário da Câmara Federal. A emergência das cinematografias europeias no pós-guerra, em contraponto com a produção americana, e o avanço da televisão em todo o mundo são ingredientes que levam o cinema hollywoodiano a abandonar gradativamente o caráter de diversão livre para trazer às telas assuntos e abordagens inconcebíveis até o final dos anos 50. Com isso, a Censura passa a agir com mais desenvoltura. Em 1955, quando Nelson Pereira dos Santos* lança *Rio 40 graus,* seu primeiro longa-metragem, influenciado pelos ventos neorrealistas, a Censura interdita o filme. Argumenta-se que ele não tinha enredo, que mostrava aspectos negativos da cidade, e, por fim, o veto de natureza meteorológica, com um delegado dizendo que "no Rio de Janeiro a temperatura nunca chega aos 40 graus".

De maneira geral, a atuação da Censura até 1964 só é percebida naqueles momentos em que se considera necessário evitar a exibição de obras não adequadas à moral da sociedade brasileira. *Os amantes* (1959), de Louis Malle, e *Os cafajestes* (1962), de Ruy Guerra*, enfrentaram problemas dessa natureza. O filme brasileiro trazia Norma Bengell* em cenas de nu frontal, algo inédito até então, impedindo que entrasse em cartaz em várias capitais. Mas, a partir do golpe de março, a Censura amplia seus poderes e entra em conflito imediato com os cinemanovistas, que entendem o cinema como instrumento de mobilização e conscientização da sociedade. Os militares não escondem sua desconfiança em relação aos filmes engajados que começam a fazer sucesso nos festivais internacionais, e a Censura torna-se o braço operacional do regime para complicar a vida dos opositores à nova ordem. A liberação dos filmes passa a ser um processo arrastado, trazendo prejuízos financeiros e artísticos irreparáveis, exigindo cortes de cenas e diálogos que alteram o sentido original das obras. Títulos exibidos sem maiores problemas até 1964, caso de *Encouraçado Potemkin,* de Eisenstein, são definitivamente retirados de circulação. Paulo César Saraceni* (*O desafio),* Glauber Rocha* (*Terra em transe*) e Joaquim Pedro de Andrade* (*O padre e a moça*) vivem em constante litígio com os profissionais da tesoura.

De qualquer forma, até 1968 ainda restava uma margem de negociação entre os cineastas e a Censura. A situação altera-se dramaticamente a partir de 13 de dezembro de 1968, quando é editado o Ato Institucional nº 5 (AI-5), que suspende as garantias individuais e coloca sob suspeição toda a produção cultural e artística não afinada com os preceitos da Lei de Segurança Nacional. Os dez anos seguintes marcam o período de maior arbitrariedade da Censura na história do país, e centenas de obras são mutiladas ou impedidas de chegar até o público. Filmes como *Vozes do medo* (Roberto Santos*), *O país de São Saruê* (Vladimir Carvalho*), *Prata Palomares* (André Faria), *Iracema* (Jorge Bodanzky*/Orlando Senna*), *Os homens que eu tive* (Teresa Trautman*) são simplesmente banidos das telas. O mesmo acontece com títulos significativos da cinematografia internacional. Cineastas são presos e submetidos à Justiça Militar. A gestão do general Antonio Bandeira na Polícia Federal coincide com o clímax da repressão. Numa penada, ele retira mais de uma dezena de filmes que estão em cartaz (e portanto já liberados pela própria Censura) incluindo nesse pacote filmes de Truffaut, Pontecorvo, Malle, Jabor*, Petri, Lina Wertmüller, entre outros. Jean-Luc Godard e Glauber Rocha também estão no *index* da Censura e vários de seus filmes proibidos. O primeiro é visto como o líder máximo dos cineastas comunistas que pretendem a desestabilização do mundo ocidental e cristão, e Glauber Rocha, encarado como seu principal porta-voz para a América Latina, é impedido de exibir os filmes realizados no exterior aqui no Brasil. Nem mesmo produções de vocação comercial, a exemplo das pornochanchadas*, escaparam da subjetividade censória. Nesses casos, os produtores tentam acordos e procuram adaptar-se aos critérios adotados (e nunca formalizados), que indicam como podem ser enquadrados os corpos femininos ou qual o desempenho da polícia numa trama ficcional. Dessa maneira alteraram-se títulos de filmes, finais foram refilmados e falas suprimidas. O exacerbamento chega a tal ponto que os filmes de kung fu foram enquadrados como suspeitos de difusão do maoismo. Nesse contexto não surpreende que cinejornais*, feitos geralmente para promover as autoridades de plantão, também sofram cortes. Filmes de caráter científico ou documentários sobre os movimentos populares não escapam ao crivo e incorrem frequentemente na velha questão: são contrários aos princípios do movimento militar de 1964.

A paranoia começa a se diluir no último governo militar, mas ainda assim sujeita a alterações de humor. De qualquer modo, já não é possível exercer o controle absoluto de antes. Os documentários que mostram as primeiras greves do ABC paulista em 1979 são proibidos, mas circulam informalmente em cineclubes* e paróquias, arrastando milhares de espectadores. *Pra frente, Brasil*, de Roberto Farias*, mostrando os bastidores da ditadura militar, é proibido, mas liberado depois de alguns meses de batalha jurídica. Em 1982, depois de muita polêmica, *O império dos sentidos* (1975), de Nagisa Oshima, pôde ser exibido, abrindo as comportas para o mercado do filme pornográfico. A sociedade brasileira deixa claro que não aceita mais a tutela. Na gestão do presidente José Sarney, a Censura, nos moldes em que vigorou durante o regime militar, é extinta. Desde 1985 os filmes são submetidos à classificação por faixa etária. (AG/IS)

CERVANTES, M. Augusto (Manuel Augusto Sobrado Pereira) – Chantada, Espanha, 1928-1988. Produtor.

FILMOGRAFIA: 1957 – *Sina do aventureiro.* 1961 – *Meu destino em suas mãos.* 1964 – *À meia-noite levarei sua alma.* 1966 – *Esta noite encarnarei no teu cadáver.* 1967 – *O estranho mundo de Zé do Caixão* (1º episódio: 'O fabricante de bonecas'; 2º episódio: 'A tara'; 3º episódio: 'A ideologia'). 1969 – *Meu nome é Tonho.* 1971 – *Dgajão mata para vingar.* 1973 – *A virgem e o machão.* 1975 – *Como consolar viúvas.* 1976 – *Excitação.* 1977 – *Noite em chamas; Mulher, mulher.* 1980 – *Palácio de Vênus; A fêmea do mar.* 1981 – *A fome do sexo; O sexo nosso de cada dia.* 1983 – *Erótica: fêmea sensual.* 1984 – *Volúpia de mulher; Gozo alucinante; Senta no meu que eu entro na tua.* 1986 – *Mulheres taradas por animais; Lazer, excitação sexual.*

Radicado em São Paulo, esse negociante de imóveis começa a atuar no cinema no final dos anos 50. É ator, inicialmente adotando o nome artístico de Augusto Pereira; depois produtor do bangue-bangue caboclo, em CINEMASCOPE, *Sina do aventureiro,* e, no gênero infantil, *Meu destino em suas mãos,* ambos sob direção de José Mojica Marins*, produções da empresa em que ambos são sócios, APOLO CINEMATOGRÁFICA. A parceria produtor-diretor de Cervantes e Mojica leva ao sucesso a fita de terror *À meia-noite levarei sua alma,* coprodução do português Ilidio Simões. Funda a IBÉRIA CINEMATOGRÁFICA, que produz os filmes de terror *Esta noite encarnarei no teu cadaver* e *O estranho mundo de Zé do Caixão,* novamente sob direção de Mojica. Radicado na Boca do Lixo*, no final da década de 60 torna-se um dos produtores solitários mais ativos de pornochanchadas dos anos 70, sem se asssociar a nenhum distribuidor, exibidor, ou outro sócio qualquer. Produz a paródia dos faroestes *spaghetti* italianos, *Meu nome é Tonho*, de Ozualdo Candeias*, primeiro filme de sua produtora MASPE FILMES. Também com a MASPE produz, na década de 70, o faroeste *Dgajão mata para vingar*, sob direção de Mojica, e realiza uma série de pornochanchadas, entregues também à direção de Mojica, como *A virgem e o machão* e *Como consolar viúvas*, que o diretor assina sob o pseudônimo de J. Avellar. Suas fitas seguintes são mais bem cuidadas tecnicamente, com direção de Jean Garrett* (*Excitação, Noite em chamas* e *Mulher, mulher*), a última um grande sucesso. Nos anos 80, inicia a parceria com Ody Fraga* (*Palácio de Vênus, A fêmea do mar* e *O sexo nosso de cada dia*). Sócio de Manuel Alonso na LUNA FILMES, produz o drama erótico *Volúpia de mulher*, sob direção de John Doo*. Novamente sozinho, através da MASPE, produz fitas pornográficas mais bem elaboradas, gênero que ajuda a lançar, sob direção de Ody Fraga (*A fome de sexo, Erótica: fêmea sensual, Senta no meu que eu entro na tua* e *Mulheres taradas por animais* – nesta última, o diretor usa o pseudônimo de Johannes Fryer). Também com a MASPE financia Jean Garrett em *Gozo alucinante* e *Lazer, excitação sexual*. Morre em seu escritório, quando preparava fita de terror com roteiro de Ody e direção de Mojica. (LFM)

CESANA, Marcos – São José do Rio Preto, SP, 1966-2010. Ator.

FILMOGRAFIA: 2001 – *Bicho de sete cabeças*. 2006 – *Veias e vinhos, uma história brasileira*. 2007 – *Chega de saudade*. 2009 – *Salve geral!*; *Lula, o filho do Brasil*. 2010 – *Jardim Europa*; *Reflexões de um liquidificador*; *Malu de bicicleta*.

Ator, jornalista, dramaturgo, radialista, roteirista de cinema e TV, Cesana participou como ator coadjuvante dos filmes *Bicho de sete cabeças* e *Chega de saudade*, ambos sob direção de Laís Bodanzky, mas ficou conhecido do grande público ao participar de inúmeros filmes publicitários, dentre eles as campanhas do baixinho da cerveja Kaiser e o porteiro Zé, da Cia. Porto Seguro. No teatro atuou em montagens premiadas como *A alma boa de Setsuan* (2009), direção de Marco Antonio Braz, e *Ricardo III* (2006), direção de Jô Soares*. Roteirista do drama *Olho de boi* (2007), longa-metragem do diretor Hermano Penna* e vencedor do prêmio de Melhor Roteiro no XXXV FESTIVAL DE CINEMA DE GRAMADO. É também autor das peças *Desamparo*, que ficou em cartaz, em 1999, no Centro Cultural São Paulo (CCSP), e *Ninguém fala de amor como você*, encenada em 2003. No rádio, trabalhou como imitador em programa humorístico e locutor de *spots*. Na televisão, integrou o elenco das novelas *Da cor do pecado* (REDE GLOBO) e *Cidadão brasileiro* (REDE RECORD), e em 2008 participa do seriado *Casos e Acasos*, da REDE GLOBO. Marcos Cesana também é um dos protagonistas do longa-metragem "Jardim Europa", de Mauro Baptista Vedia, e filmou "Reflexões de um Liquidificador", de André Klotzel*, e "Malu de bicicleta", de Flávio Tambellini*; todos esses três projetos se encontram em fase de finalização no primeiro semestre de 2010. (MM)

CHADLER, Adolpho (Cícero Adolpho Vitório da Costa) – Rio de Janeiro, RJ, 1931. Ator, produtor, diretor.

FILMOGRAFIA: 1966 – *Engraçadinha depois dos trinta* (ator). 1967 – *O grande assalto* (dir.). 1968 – *Os carrascos estão entre nós* (ator, dir.); *O tesouro de Zapata* (ator, prod., dir.); *Jardim de guerra* (ator). 1969 – *Incrível, fantástico, extraordinário* (1º episódio: 'A ajuda' (dir.); 2º episódio: 'O coveiro' (dir.); 3º episódio: 'O sonho' (dir.); 4º episódio: 'A volta' (dir.)); *O rei da pilantragem* (ator); *A um pulo da morte* (ator). 1970 – *O impossível acontece* (1º episódio: 'O acidente' (ator, prod., dir.); 2º episódio: 'Eu, ela e outro' (prod.); 3º episódio: 'O reimplante' (prod.); *Os caras de pau* (prod.). 1971 – *Vinte passos para a morte* (ator, prod., dir.); *Assalto à brasileira* (prod.). 1972 – *Condenadas pelo sexo* (prod.); *Jerônimo, herói do sertão* (ator, prod., dir.). 1973 – *Os homens que eu tive* (ator); *Êxtase de sádicos* (ator, dir.).

Realizador de carreira curta e bem-sucedida comercialmente. Tendo morado nos Estados Unidos entre 1963 e 1966, integra a equipe de produção dos seriados de televisão *Dana Andrews Show* e *Rota 66*. Viaja em seguida para a Europa, visitando estúdios e acompanhando filmagens. De volta ao Brasil, estabelece-se como ator, produtor e diretor. Afeito ao cinema de gêneros, experimenta transpor para locações brasileiras produtos típicos do final dos anos 60, como o filme policial americano e o *western spaghetti* europeu. Além de seus próprios filmes, atua em *O rei da pilantragem*, de Jacy Campos, e *A um pulo da morte*, de Victor Lima*. Produz de forma independente *Os caras de pau* e *Assalto à brasileira*, de Flávio Migliaccio*, e *Condenadas pelo sexo*, de Ismar Porto*. Estreia como cineasta com adaptação de caso policial acontecido na Inglaterra, explorando em seguida, de forma sensacionalista, a temática da presença de nazistas fugitivos em países sul-americanos. Alterna histórias mais cosmopolitas com adaptações de programas locais de grande popularidade, como a novela de rádio *Jerônimo, o herói do sertão*. Volta a viver nos Estados Unidos em meados dos anos 80, desligando-se completamente do meio cinematográfico. (HH)

CHAGAS, Edson – Catende, PE, 1901-1958. Fotógrafo.

FILMOGRAFIA: 1925 – *Retribuição*; *Jurando vingar*; *Aitaré da praia (Jangada da morte)*. 1926 – *A filha do advogado*; *Carnaval de 1926 em Recife*. 1927 – *Dança, amor e ventura*; *O filme do Jahú*. 1928 – *Aitaré da praia*. 1930 – *No cenário da vida*. 1931 – *Um bravo do Nordeste* (dir.). 1936 – *Maria Bonita*.

Segundo documento do Arquivo Pedro Lima, teria nascido em Sertãozinho em 1890 e seu nome verdadeiro seria Manoel Chagas. Mudou-se para o Recife, onde exerceu a profissão de ourives. Inicia-se no cinema durante uma temporada no Rio de Janeiro, trabalhando para João Stamato* na AMAZÔNIA-FILM, aprendendo os serviços de laboratório. De volta ao Recife, forma com Gentil Roiz* a AURORA-FILM, que dá início ao Ciclo do Recife*. Seu entusiasmo irrestrito em fazer cinema, mesmo nas condições mais precárias, tornou-o a figura catalisadora e essencial da produção pernambucana do período. Mora durante algum tempo na própria sede da AURORA, não só se encarregando da área de cinegrafia como também trabalhando em qualquer função em que fosse necessário. Foi ele quem manteve a produtora atuante, apesar das sucessivas crises financeiras que iriam desembocar na sua falência em 1926. Tendo deixado a AURORA, funda a LIBERDADE-FILM no final de 1926. Para Lucilla Ribeiro Bernardet, todo o movimento "se organizou e desorganizou" em torno de Chagas, "o mais persistente técnico cinegrafista local, o mais profundamente empenhado na profissionalização de sua atividade". Ele é responsável pela fotografia de sete dos treze filmes de enredo do ciclo, entre eles os de maior destaque: *Aitaré da praia*, de Gentil Roiz*, e *A filha do advogado*, de Jota Soares* (ambos produzidos pela AURORA). Na LIBERDADE-FILM refilma as sequências perdidas de *Aitaré da praia*, além de produzir e fotografar *Dança, amor e ventura*, de Ary Severo*, e *No cenário da vida*, de Luiz Maranhão e Jota Soares. Envolve-se em projetos que não chegam a ser realizados, como "Verônica", de Ary Severo, "Um rapaz de valor", com Dustan Maciel, e "O destino da Escolástica", para o qual anuncia na imprensa a compra de "cinco possantes refletores de estúdio", adquiridos da Alemanha. Seja em produtoras próprias, seja como cinegrafista contratado, realiza diversos naturais, entre eles os curtas *O 3º aniversário do governo Sergio Loreto* (AURORA-FILM, 1925), *O progresso da ciência médica em Pernambuco* (1929) e *Festa em comemoração à passagem do 15º aniversário da Liga Pernambucana de Desportos Terrestres em 16.06.1930* (1930), ambos da LIBERDADE-FILM, e os longas *Carnaval de 1926 em Recife* (AURORA-FILM) e *O filme do Jahú* (NORTE-FILM, 1927). Para ele, o mais importante era continuar fazendo cinema, e por isso não hesitou em partir para a realização de naturais e letreiros comerciais, que permitiam sua sobrevivência no meio. Esses trabalhos lhe trouxeram inúmeras acusações de ser um "mau elemento" e um "cavador", cujas obras não teriam qualidade e que chegava mesmo a lançar mão de expedientes pouco recomendáveis, como filmar sem que houvesse película na câmera, ou noivar com a irmã de Dustan Maciel a fim de conseguir dinheiro para a finalização de *Dança, amor e ventura*. A atividade contínua não impede que Chagas acumule dívidas até o ponto em que passa a receber ameaças dos credores. Deixa o Recife e se transfere para Maceió, onde, em 1931, realiza para a ALAGOAS FILME a ficção *Um bravo do Nordeste*, ambientado no sertão e com cenas de vaquejada, e o natural *Saída dos espectadores da matinée do Cine Capitólio*. No Rio de Janeiro, Chagas faz a fotografia de *Maria Bonita*, de Julien Mandel, e aparece como ator em *Ganga bruta*, *Caídos do céu* e *O ébrio*, todos produzidos pela CINÉDIA*, para a qual também dirige curtas-metragens. Em 1937 está novamente no Recife, filmando documentários para a SONOFILMS e com planos de montar uma produtora na cidade. Entre as décadas de 1930 e 1940, é responsável por uma série de complementos filmados, sobretudo nos estados do Rio de Janeiro, São Paulo e Pernambuco, a exemplo de *Niterói e seus encantos* (1939), *São Paulo moderno* (1940), *Guará e Aparecida* (1940) e *Universidade Rural* (1946). Em 1950, assume a direção do filme religioso "O poder da Santíssima Virgem", produção de época que reconstituía a história de Nossa Senhora de Aparecida e contava com a orientação de entidades religiosas. O filme não foi finalizado. (LCA)

CHAGAS, Walmor (Walmor de Souza Chagas) – Porto Alegre, RS, 1930. Ator.

FILMOGRAFIA: 1965 – *São Paulo S.A.* 1970 – *Beto Rockfeller*. 1973 – *Mestiça, escrava indomável*. 1974 – *Um homem célebre*. 1975-1976 – *Xica da Silva*. 1978 – *Joana Angélica*. 1979 – *Memórias do medo*. 1979-1981 – *Asa Branca, um sonho brasileiro*. 1981 – *Luz del Fuego*. 1982 – *Parahyba Mulher Macho*. 1984 – *Patriamada*. 1986 – *Banana Split*. 1987-1990 – *Beijo 2348/72*. 1992-1994 – *Mil e uma*. 1999 – *Memórias póstumas*. 2001 – *História do olhar*. 2007 – *Valsa para Bruno Stein*. 2008 – *Bodas de papel*.

Uma das grandes personalidades do teatro brasileiro. Entre 1947 e 1952 participa do Teatro do Estudante, em Porto Alegre, onde representa *O homem e as armas*, de Bernard Shaw, e *Hedda Gabler*, de Henrik Ibsen. Muda-se para São Paulo, quando atua nas companhias de Vera Nunes*, de Nicete Bruno e do Teatro das Segundas-feiras do Teatro Brasileiro de Comédia (TBC). É ator nas peças *Santa Marta Fabril S. A.*, de Abílio Pereira de Almeida*, sob a direção de Adolfo Celi*, e *Volpone*, de Ben Johnson, com direção de Ziembinski*. Em 1958, casado com Cacilda Becker*, reúne-se com a atriz e com Ziembinski no Teatro Cacilda Becker (TCB), quando trabalha em *Jornada de um longo dia noite adentro* (1958), de Eugene O'Neill, sob direção de Ziembinski, além de atuar e dirigir alguns espetáculos. Escreve *Isso devia ser proibido* (1967), em parceria com Bráulio Pedroso, que monta com direção de Gianni Ratto. É também ator de *Esperando Godot* (1969), de Samuel Beckett, com direção de Flávio Rangel. Na televisão, atua em novelas na TUPI e na GLOBO, destacando-se em *O grito* (1975), de Jorge Andrade, e na minissérie *Avenida Paulista* (1982), de Leilah Assumpção, ambas sob as ordens do diretor Walter Avancini. Na MANCHETE, é apresentador do programa musical *Bar Academia* (1984), sobre MPB. Em 1986, recita poesias em *Encontros de Ítalo Rossi e Walmor Chagas com Fernando Pessoa*, em pequeno teatro que monta no bairro carioca da Tijuca. No cinema, estreia em *São Paulo S.A.*, filme de Luís Sérgio Person*, que é seu maior papel nas telas, com a marcante interpretação de um homem que, devido a grave crise existencial, abre mão de um futuro promissor durante o surto da indústria automobilística nos anos 60. Tem pequena participação em *Beto Rockfeller*, de Olivier Perroy. Coincidentemente, atua em vários filmes de época, começando com o fazendeiro do século

XVIII, em *Mestiça, escrava indomável*, de Lenita Perroy, filme extraído do romance *Mestiça*, de Gilda Abreu*. Interpreta um músico do começo do século em *Um homem célebre*, de Miguel Faria Jr.*, filme baseado no conto homônimo de Machado de Assis. Representa grande papel na pele do contratador português João Fernandes, outra vez no século XVIII, no filme *Xica da Silva*, de Carlos Diegues*. Contracena com Maria Fernanda*, que encarna papel-título da franciscana concepcionista do século XVIII no documentário ficcional, feito em linguagem experimental, *Joana Angélica*, de Walter Lima Jr.*. Retorna aos filmes ambientados nos dias atuais quando intepreta um político de Brasília em *Memórias do medo*, de Alberto Graça. Faz participações especiais em *Asa Branca, um sonho brasileiro*, de Djalma Limongi Batista*, e em *Filhos e amantes*, de Francisco Ramalho Jr.*. Desempenha novamente papéis de políticos, como o senador de *Luz del Fuego*, de David Neves*, e o político paraibano João Pessoa, em *Parahyba Mulher Macho*, de Tizuka Yamasaki*. Com a mesma diretora interpreta personagem calcado em grande empresário nacionalista, no semidocumentário *Patriamada*. Em *Memórias póstumas*, de André Klotzel*, interpreta o dr. Vilaça. Atua no filme de estreia de Isa Albuquerque, *História do olhar*. Em *Valsa para Bruno Stein*, de Paulo Nascimento, fez o protagonista desse drama sobre o conflito de três gerações, no qual Bruno se apaixona pela nora. Participa ainda do filme de André Sturm* *Bodas de papel*, drama sobre uma cidade do interior paulista que tem a construção de sua usina hidrelétrica cancelada. Integrou, em 2009, o elenco da segunda temporada da série *Filhos do Carnaval*, para a HBO. (LFM)

CHANCHADA

Gênero cinematográfico de ampla aceitação popular que melhor sintetiza e define o cinema brasileiro das décadas de 30, 40 e, principalmente, 50, produzido majoritariamente no Rio de Janeiro. Diante de um mercado cinematográfico completamente dominado pela produção de origem norte-americana, a chanchada tornou-se, para o bem ou para o mal, a forma mais visível e contínua de presença brasileira nas telas do país. A designação pejorativa, adotada por vários críticos de cinema, possui origem etimológica no italiano *cianciata*, que significa um discurso sem sentido, uma espécie de arremedo vulgar, argumento falso. Sua forma substantiva foi introduzida em Portugal por intermédio da Espanha, no século XVI, onde "chanchada" denotava, de forma mais positiva, uma espécie de "fala caricata feita para recriar o espírito e exercitar a criatividade". Entretanto, seja nas suas formas italiana, espanhola ou portuguesa, o termo está profundamente ligado à ideia de falsidade e mentira. No cinema brasileiro, a chanchada vincula-se diretamente ao advento do cinema sonoro, uma vez que a música, característica essencial desse gênero, é em grande parte carnavalesca e foi incorporada na maioria dos filmes. Pode-se, entretanto, buscar num filme silencioso de 1908, *Nhô Anastácio chegou de viagem*, traços embrionários de um tipo de comédia popular que desemboca, mais tarde, na chanchada. Seu ator principal, o cantor e acrobata José Gonçalves Leonardo, interpreta um caipira que visita a capital federal e, entre os monumentos e prédios famosos do Rio de Janeiro, apaixona-se por uma cantora. Com a inesperada chegada de sua esposa, instalam-se os quiproquós envolvendo sequências cômicas de perseguição que terminam num final feliz. Esses personagens e essa situação também não são exclusivos do Brasil. Pelo menos desde 1903, com o filme *Rube and Mandy at Coney Island*, de Edwin S. Porter, as atribulações de personagens simplórios e caipiras na cidade grande têm oferecido farto material para a comédia. No filme brasileiro de 1908, tanto o personagem quanto seu ator já antecipavam duas encarnações futuras no desenvolvimento da chanchada. Mais próximo estava Genésio Arruda*, na década de 30, e, mais para a frente, nas décadas de 50 e 60, Amácio Mazzaropi*, que representa uma espécie de desdobramento paulista de alguns conteúdos e formas típicas da chanchada. Outra produção desse período, *Paz e amor* (1910), de Alberto Moreira, deve seu sucesso, em boa parte, à sua canção-título, exaustivamente tocada no Rio pela CASA EDISON, que, de certa maneira, também antecipa o lado musical, paródico e carnavalesco da chanchada, parecendo-nos mais influente no que diz respeito ao tom e à definição dos parâmetros do gênero. Essa comédia desenvolvia uma crítica despreocupada aos políticos nacionais e aos costumes sociais do Rio de Janeiro, repleta de trocadilhos, referências diretas a instituições como os Correios, a Igreja e a Presidência da República, exercida, na época, por Nilo Peçanha. O presidente surge, no filme, travestido de um rei imaginário cujo nome Olin I é um anagrama. A crítica da época exaltou essa produção dirigida por Alberto Botelho*, chamando a atenção para o fato de que o filme inaugurava no cinema o gênero "revista", ante-

riormente limitado ao teatro. *O Careta*, por exemplo, o considerou marco inaugural de um gênero que combinava sucessivamente música e dança com personagens cômicos tirados de situações familiares do cotidiano. Temas ligados ao carnaval também aparecem cedo no cinema brasileiro. Há registros documentais do carnaval desde 1908 e são produzidas, a partir de 1919, as séries "cantantes" intituladas *O carnaval cantado*. Mais que uma forte presença cultural, o discurso carnavalesco informa, define, estrutura e nomeia chanchadas no período sonoro em exemplos como *Alô! alô! Carnaval* (1935), *Carnaval no fogo* (1949), *Carnaval Atlântida* (1952), *Carnaval em Caxias* (1953), *Carnaval em lá maior* (1954), *Carnaval em Marte* (1955), chegando até o Cinema Novo*, na homenagem à chanchada prestada por Carlos Diegues* em *Quando o carnaval chegar* (1972).

No período sonoro, uma genealogia da chanchada localiza traços inaugurais no primeiro filme falado brasileiro, *Acabaram-se os otários* (1929), dirigido por Luiz de Barros*, prolífico realizador de filmes do gênero. Numa primeira fase, que compreende a década de 30 até meados dos anos 40, tipificada pela produção da CINÉDIA* ou da SONOFILMS*, a comédia musical desenvolve roteiros esquemáticos e elementares com esquetes e piadas oriundos do teatro de revista, do circo e do rádio alternados por números musicais mais ou menos autônomos. Numa segunda fase, marcada pela consolidação da ATLÂNTIDA*, as narrativas tornam-se mais complexas com a introdução de novas situações dramáticas, tipos e personagens, libertando-se, em seus melhores exemplos, dos limites de uma encenação marcadamente teatral ou radiofônica. Como a produção de números musicais tornou-se mais variada e heterogênea, os realizadores começaram também a experimentar um repertório novo de movimentos de câmera e técnicas de iluminação. O filme *Coisas nossas* (1931) – dirigido pelo norte-americano Wallace Downey*, que vivia no Brasil e trabalhava para a Columbia Records – fornece o tom exato da primeira fase da chanchada, seguindo de perto o modelo dos musicais transmitidos pelas rádios americanas do período e também pelo filme musical de Hollywood. E, apesar de esse filme ter sido realizado em São Paulo, a sede da produção do gênero muda-se definitivamente para o Rio de Janeiro, onde se consolida e se desenvolve nos anos seguintes. Duas das maiores bilheterias da década de 30 repetem a estrutura de *Coisas nossas*. Produzidos

pela CINÉDIA, *Alô! Alô! Brasil* (1934) e a sequência *Alô! alô! Carnaval* reconhecem a importância do rádio no título dos filmes e incluem no elenco as principais estrelas radiofônicas brasileiras, como Carmen Miranda*. No início da década de 40, apesar de intenções e projetos mais sérios, a ATLÂNTIDA fará da chanchada sua marca registrada a partir da segunda e terceira produções, intituladas respectivamente *É proibido sonhar* (1943) e *Tristezas não pagam dívidas* (1944). Esta última, anunciada como "o filme carnavalesco de 1944", reunia Grande Otelo* e Oscarito* em seu elenco e introduzia canções que fariam sucesso no Carnaval. A produção seguinte da ATLÂNTIDA, *Não adianta chorar* (1945), com Otelo, Oscarito e um grupo de cantores de ampla aceitação popular, marca a estreia na direção de Watson Macedo*, realizador que, nos quatro anos seguintes, dará a forma final da chanchada como gênero. Seu filme de 1949, *Carnaval no fogo*, aperfeiçoa o elenco, tipifica atores, introduz novos elementos narrativos de outros gêneros, como o policial e o de suspense. Tudo isso apoiava-se na fotografia bem cuidada, a cargo do mestre Edgar Brasil*, que em nada ficava a dever à qualidade da fotografia e iluminação encontrada, por exemplo, nos melodramas de cabaré de outro mestre latino-americano, o mexicano Gabriel Figueroa. Mas o sucesso desse clássico instantâneo devia-se também ao ritmo ágil de sua precisa montagem e, principalmente, ao elenco mais ou menos tipificado, em que se destacavam heróis cômicos, como a dupla Oscarito e Otelo; românticos, como Eliana* e Anselmo Duarte*; além dos malfeitores, com destaque absoluto para o vilão interpretado por José Lewgoy*, num tipo que o imortalizaria no cinema brasileiro. Com sua constelação típica de personagens, esse filme introduziu na chanchada as primeiras estrelas genuinamente cinematográficas do gênero, em oposição às estrelas do rádio da primeira fase. Com isso, a chanchada foi bem-sucedida ao reproduzir aqui, de forma competente, o esquema do estrelismo de Hollywood, consagrando uma plêiade de atores e atrizes como Eliana, Anselmo Duarte, José Lewgoy, Zé Trindade*, Violeta Ferraz*, Zezé Macedo*, Cyll Farney*, Fada Santoro*, entre muitos outros. E possibilitando também a formação de novos realizadores que deixaram também suas marcas e contribuições, como Carlos Manga*. O final dos anos 40 marca também a entrada do maior exibidor cinematográfico do país, Luiz Severiano Ribeiro Jr.*, nos negócios da ATLÂNTIDA, quando, em 1947, torna-se o seu maior acionista, garantindo nacionalmente a distribuição e exibição das chanchadas, afinal o produto de maior garantia de bilheteria da empresa.

O investimento em produções baratas, filmadas rapidamente, com equipes e elenco que recebiam baixos salários, aliado à enorme aceitação popular desses filmes, fez das chanchadas um empreendimento seguro e ideal. A exibição ditava, dessa forma, a "solução" ideal para o cinema brasileiro, celebrando a repetição contínua de um gênero de inquestionável resposta de público, que, por isso mesmo, num mercado inundado de filmes estrangeiros, garantia a visibilidade de um cinema nacional para um público de massa. Essa presença encontrava eco num enorme público marcadamente urbano que se reconhecia nos personagens e temas da chanchada, muitas vezes ultrapassando o *leitmotiv* carnavalesco para apresentar um espectro mais amplo de conteúdos, embora a linguagem carnavalesca sempre permanecesse como uma espécie de substrato estético e ponto de referência culturalmente codificado. A empatia do público com o universo da chanchada se apoiava, entre outros elementos, em personagens que ainda mantinham traços de uma sociedade pré-industrial, prezando valores de amizade, camaradagem, vizinhança, costumes comunitários típicos do interior ou do subúrbio carioca. Exemplos desses personagens são encontrados nas personificações de Violeta Ferraz em filmes como *Minha sogra é da polícia* (1958), de Aluisio T. Carvalho*, ou no funcionário público encarnado por Oscarito em *Esse milhão é meu*, de Carlos Manga, ou, ainda, no Aparício, interpretado pelo mesmo Oscarito, habitante simplório de uma então distante zona rural carioca de *O homem do Sputnik*, do mesmo Manga. O típico herói da grande maioria dos filmes pode ser definido como uma pessoa simples, ou um habitante da capital federal ou o recém-chegado matuto do interior, recuperando certas origens rurais diante de uma realidade urbana repleta de entraves burocráticos, corrupção política e a hipocrisia de elites dominantes. Tais personagens geralmente reagiam com perplexidade e confusão. Como se a cultura popular brasileira, em face do traumático processo de industrialização e urbanização, se aproveitasse do cinema para expressar um tipo de lamento elegíaco pelo desaparecimento iminente dos traços mais visíveis que caracterizam um passado recente, rural e interiorano. O típico herói masculino da chanchada é um personagem liminar que, geralmente,

se recusa a ocupar uma posição fixa na hierarquia da estrutura social. É um subtrabalhador marginal, trapaceiro, "virador", preocupado unicamente com seu sustento imediato, transitando por narrativas que, com poucas exceções, envolviam sempre uma busca obsessiva por dinheiro, em geral ligada mais ao acaso do que a um esforço especial ou competência por parte do herói. Tal personagem pode ser tipificado na dupla de malandros interpretada por Grande Otelo e Colé* em *Carnaval Atlântida* (1952), de José Carlos Burle*, ou, mais genericamente, em filmes como *O camelô da rua Larga* (1958), de Eurides Ramos*, ou *O batedor de carteiras* (1958), de Aluisio T. Carvalho.

Além da ATLÂNTIDA, outra produtora carioca notabilizar-se-ia pela produção de chanchadas, a PRODUÇÕES CINEMATOGRÁFICAS HERBERT RICHERS S. A., que, associada à SINO, ou à paulista CINEDISTRI*, consolidará a carreira de realizador de J. B. Tanko* em filmes como *Sai de baixo* (1956), *Com água na boca* (1956) ou *Metido a bacana* (1957), apresentando Otelo ao lado de Ankito* em nova formação de dupla cômica, após a separação de Oscarito. A partir da metade da década de 50, entretanto, certos temas de caráter social e político que já haviam sido tentados anteriormente em produções como *Moleque Tião* (1943) ou *Também somos irmãos* (1949), da própria ATLÂNTIDA, reaparecem em filmes como *Rio 40 graus* (1955) ou *Rio, Zona Norte* (1957), antecipando e preparando, concretamente, a explosão do Cinema Novo na década seguinte. No início dessa fase, o cinema brasileiro deixa de lado enredos cômicos, astros e estrelas, que são substituídos por cenários naturais, filmagens em locação e a presença de rostos novos, não necessariamente de atores ou atrizes famosos. Adota-se uma pedagogia político-social de vanguarda voltada mais para um distanciamento reflexivo de um novo cinema do que para a gargalhada empática da chanchada. A principal corrente da crítica jornalística, por sua vez, tornou-se ainda mais rigorosa em relação à chanchada no final da década. Uma ideologia mais nacionalista, extremamente preocupada com a imagem interna e externa do país, não podia tolerar a produção barata dessas comédias "popularescas". Durante os anos 50, a crítica tinha como um poderoso "álibi" os novos padrões de qualidade estabelecidos pela produção paulista da VERA CRUZ*, em oposição aos esquemas sempre improvisados do Rio de Janeiro. Para um olhar de "primeiro mundo", a chanchada sempre foi pobre, baixa e vulgar

nos seus títulos e narrativas, segundo uma crítica que também condenava a picardia sexual, em geral sustentada por argumentos que revelavam preconceitos raciais e de classe. A chanchada era censurada, entre outros argumentos, porque seus enredos "não tinham pé nem cabeça", crítica que assumia, como paradigma, o ideal de coerência narrativa e plausibilidade do cinema dominante, descartando assim uma atitude irreverente das chanchadas com relação ao modelo americano. O poder potencialmente subversivo inerente à dimensão carnavalizada da chanchada só foi compreendido bem mais tarde. O texto mais influente dedicado ao gênero continua sendo o ensaio seminal de Paulo Emílio Salles Gomes* intitulado *Cinema brasileiro: uma trajetória no subdesenvolvimento*, que enfatizou a importância cultural da chanchada como a única ligação por mais de três décadas entre o cinema brasileiro e o seu público. Paulo Emílio abriu o caminho definitivo para a recuperação da chanchada como assunto digno de atenção crítica. Paralelamente, a crescente popularidade da televisão transformou-a num veículo "natural" para onde migraram astros, estrelas, formas e conteúdos da chanchada. Vários aspectos da comicidade popular oriundos do rádio, do circo, do teatro de revista aperfeiçoados nas chanchadas e que facilitavam sua identificação com o público, formado ou não por gente "simplória" e "pouco educada", transferiram-se para a televisão. A frequência com que erros de português são cometidos, a dificuldade em pronunciar palavras difíceis, estrangeiras ou não, a exploração do manancial de gírias e de expressões idiomáticas de duplo sentido são alguns entre os inúmeros traços que hoje povoam algumas das atrações mais populares de nossas telas eletrônicas, da comicidade nem sempre ingênua de um "trapalhão" como Dedé Santana*, passando pelo humor cáustico, demolidor e quase sempre anárquico de um *Casseta e Planeta* e chegando, triunfante neste final de século, à quintessência da grossura de tom moralista personificada por um *Ratinho Livre*. (JLV)

CHAPLIN CLUB

Fundado em 13 de junho de 1928, no Rio de Janeiro, foi o primeiro cineclube* formalmente criado no Brasil. Surgiu para desenvolver o "estudo do cinema como uma arte". A partir de uma ideia de Plínio Sussekind Rocha, principal articulador do cineclube, a iniciativa também foi levada adiante por outros três entusiasmados jovens intelectuais universitários, Otávio de Faria, Almir Castro e Cláudio Mello. Os quatro, e mais Mário Peixoto*, já eram amigos e compartilhavam da paixão pelo cinema, alimentada por discussões e preferências, exercidas ainda quando estudantes de tradicionais colégios católicos da Zona Sul carioca. Após o impacto da experiência estética proporcionada pelo contato com filmes europeus – principalmente os expressionistas alemães distribuídos no Brasil pela URÂNIA –, o grupo decide fundar o CHAPLIN CLUB, que funciona mediante aluguel de cópias da URÂNIA, exibidas num cinema também alugado pelo grupo. No final da década de 20 existia, portanto, um clima favorável para o exercício de uma cinefilia diversificada, num mercado já completamente dominado pela hegemonia de Hollywood. O fascínio provocado pelo cinema silencioso necessitava de uma forma de apreciação e entendimento mais sofisticada, materializada nas reuniões do cineclube e, principalmente, nas páginas do jornal O Fan, publicação criada por eles próprios, que servia de porta-voz para as inquietações do grupo. Destinado a um público restrito, e de perfil mais intelectualizado, a publicação era graficamente menos sedutora que a revista Cinearte*. Em vez de fotos glamorosas de atores e atrizes, cenas de filmes e publicidade, era constituída exclusivamente de artigos ensaísticos nos quais predominava uma crítica avançada, em geral acompanhada de incursões de caráter teórico. O final da década de 20 marca também – em particular a partir da exibição, nos Estados Unidos, de O cantor de jazz, em 1927 – o início do cinema sonoro, num clima de amplo questionamento. Nesse momento de divergências e calorosos debates, o CHAPLIN CLUB e O Fan cristalizariam uma posição convergente: o culto à genialidade de Chaplin e a radical recusa da então novidade do cinema falado. Em seus nove números publicados, entre agosto de 1928 e dezembro de 1930, o jornal serviu de foro de discussões apaixonadas e reflexões teóricas em torno da linguagem cinematográfica do cinema silencioso, tomando por base, de um lado, a expressão plástica de um conteúdo – a complexidade da alma humana, por exemplo – na concretude da própria imagem no interior de um plano, e, numa outra posição, revelando um conteúdo, não no interior do plano, mas sim na relação entre duas ou mais imagens. Dessa forma, o sentido do filme viria menos da aparente materialidade do plano e mais da justaposição entre planos diferentes, um sentido mais virtual que concreto, numa formulação que Plínio

Sussekind Rocha chamaria de "nova sensibilidade", paralela, coincidentemente, à função principal outorgada à montagem nas experiências de Eisenstein. Essas e outras questões eram discutidas em torno de alguns filmes emblemáticos do apogeu do silencioso exibidos no Brasil, tais como The Big Parade (1925), A turba (1928), ambos de King Vidor, ou Aurora (1927), de F. W. Murnau. Além da enorme contribuição para a maturidade da crítica e do pensamento teórico sobre cinema no Brasil, talvez o resultado mais eloquente das atividades do CHAPLIN CLUB tenha sido, na prática, a realização de Limite, em 1930. Mário Peixoto, seu jovem realizador, bastante ligado a Otávio de Faria, em muito beneficiou-se dos debates e controvérsias do CHAPLIN CLUB e do entusiasmo de seus membros, simpatizantes da música renovadora de Erik Satie e Cesar Franck, e da literatura de escritores europeus modernos como Proust, Joyce, T. S. Eliot ou Virginia Woolf. Obra de impacto estético inigualável, não só no então incipiente cinema brasileiro, Limite, nunca mostrado comercialmente, foi exibido, pela primeira vez, em 1931, no cinema CAPITÓLIO, da antiga Cinelândia carioca, em sessão promovida pelo CHAPLIN CLUB. Segundo Saulo Pereira de Mello, foi em parte a certeza do triunfo do cinema falado que levou o clube à autodissolução e, por conseguinte, ao desaparecimento também do jornal O Fan. (JLV)

CHARLONE, César – Montevidéu, Uruguai, 1958. Diretor de fotografia.

FILMOGRAFIA: 1984 – Aqueles dois. 1985 – O Homem da Capa Preta. 1987 – Feliz ano velho. 1988-1989 – Doida demais. 1994-1995 – Todos os corações do mundo (produção estrangeira). 1996 – Como nascem os anjos. 1998 – Pierre Verger – mensagem entre dois mundos. 2002 – Cidade de Deus. 2005 – O jardineiro fiel (produção estrangeira). 2007 – O banheiro do papa (coprodução estrangeira) (dir). 2008 – Ensaio sobre a cegueira (produção estrangeira).

Fotógrafo uruguaio que mantém presença forte no cinema brasileiro recente. A fotografia bem-sucedida de Cidade de Deus rendeu-lhe reconhecimento internacional. O famoso "plano da galinha", em que a câmera percorre o espaço de modo ágil, atrás do movimento aleatório da ave, foi motivo de admirações e indagações curiosas. Também as cores diferenciadas e sutis de Cidade de Deus, oscilando conforme as diferentes épocas que o filme retrata, renderam boa repercussão entre

os profissionais da área. A indicação ao Oscar, em 2004, segue essa repercussão, destacando-se no conjunto do filme. Charlone estreia como diretor de fotografia no longa Aqueles dois, único filme de Sérgio Amon, ambientado em Porto Alegre, a partir de conto homônimo de Caio Fernando Abreu. Participa da fotografia de filmes fortes do cinema brasileiro como O Homem da Capa Preta, primeira obra de repercussão de Sérgio Rezende*, sobre o polêmico Tenório Cavalcanti. Continua na função em Doida demais, longa seguinte do diretor. Fotografa Feliz ano velho, filme de Roberto Gervitz* realizado a partir do romance de Marcelo Rubens Paiva que marcou uma geração. Foi parceiro do diretor Murilo Salles*, que, como fotógrafo, lhe confiou Todos os corações do mundo, documentário oficial da Copa do Mundo de 1994. Também fotografou, do colega de profissão Salles, Como nascem os anjos, drama-chave para se entender a estética da chamada Retomada. Filmou o documentário Pierre Verger – mensagem entre dois mundos, de Lula Buarque de Hollanda*. Fernando Meirelles*, já com carreira internacional em 2005, mostra reconhecimento por seu trabalho em Cidade de Deus, confiando-lhe a fotografia de O jardineiro fiel, adaptação do romance homônimo de John Le Carré. Outro grande desafio de sua carreira foi a iluminação de Ensaio sobre a cegueira, baseado na obra de José Saramago, que tem por protagonistas personagens cegos. A tradução da cegueira, em termos de luz, foi enfrentada com brilhantismo por Charlone. Em 2007 surpreende lançando, juntamente com Enrique Fernandez, seu primeiro trabalho na direção. O filme tem repercussão favorável ao retratar de modo enxuto, com uma comicidade fina, as transformações em uma cidade uruguaia, na fronteira com o Brasil, às voltas com uma possível passagem do papa pelo local. (FPR/LFM)

CHEDIAK, Braz (Braz Guimarães Chediak) – Três Corações, MG, 1942. Diretor.

FILMOGRAFIA: 1968 – Os viciados (1º episódio: 'A trajetória'; 2º episódio: 'A fuga'; 3º episódio: 'A favela'). 1969 – Navalha na carne. 1970 – Dois perdidos numa noite suja. 1971 – Confissões de frei Abóbora. 1973 – Os mansos (2º episódio: 'O homem de quatro chifres'). 1974 – Banana mecânica (Como abater uma lebre). 1975 – O roubo das calcinhas (1º episódio: 'O roubo das calcinhas'). 1976 – Eu dou o que ela gosta (Seduzida pelo amor). 1978 – O Grande Desbun... 1980 – Bonitinha mas ordinária. 1981 – *Álbum de família*. 1983 – *Perdoa-me por me traíres*.

Radicado na cidade do Rio de Janeiro no começo da década de 1960. Cursou o Conservatório Nacional de Teatro, tendo trabalhado como ator no ano de 1962, nas peças teatrais *O auto da barca do Inferno*, de Gil Vicente, com direção de Paulo Afonso Grisolli, e *O auto do galo*, de Walmir Ayala, com direção de Cida Lacerda. Conseguiu uma bolsa para estudar cinema na Itália e chegou a Roma aos 20 anos em companhia do ator Ênio Gonçalves. Fez curso de montagem e frequentou museus. Ingressou no cinema numa pequena participação como ator na comédia *O homem que roubou a Copa do Mundo* (1963), de Victor Lima*. Como falava italiano, funcionou como assistente do diretor italiano Giorgio Moser no filme *L'isola delle voci* (1964), da série de televisão *Avventure di Mare e di Costa* (1966), baseado em contos de Robert Louis Stevenson e com produção da RAI. Passou a atuar como assistente de direção em *Na mira do assassino* (1965), policial de Mário Latini. Acumulando as funções de assistente de direção e roteirista, foi parceiro do diretor Aurélio Teixeira* em: *Na onda do iê-iê-iê* (1966), em que teve uma pequena participação como músico; *Mineirinho, vivo ou morto* (1967), no qual fez também assistência de montagem; *Juventude e ternura* (1968) e *Meu pé de laranja-lima* (1970). Também parceiro de Jece Valadão*, foi seu roteirista em *A lei do cão* (1967), *As sete faces de um cafajeste* e *O matador profissional* (1968), todos produzidos, protagonizados e dirigidos por Valadão. Instalado na MAGNUS FILMES (produtora de Valadão) foi improvisado como diretor da fita em episódios, *Os viciados*, drama ambientado em diferentes classes sociais que escreveu em parceria com seu primo, o jornalista Jesus Chediak. Em seguida, levou à tela duas peças do dramaturgo paulista Plínio Marcos*, *Navalha na carne* e *Dois perdidos numa noite suja*, trabalhando com pequenos elencos. A primeira das adaptações foi inicialmente escrita em parceria com o jornalista Fernando Ferreira (homônimo do crítico cinematográfico) e depois com um dos atores protagonistas, Emiliano Queiroz*, fazendo sucesso de bilheteria. Em seu terceiro filme longo como diretor (*Dois perdidos*), contou com a parceria no roteiro dos atores protagonistas (Emiliano e Nelson Xavier*) e passou a trabalhar com filme colorido. Convidado pelo produtor Herbert Richers*, dirigiu o drama *Confissões de frei Abóbora*, baseado no romance homônimo de José Mauro de Vasconcelos, trabalhando com um elenco maior e de nomes consagrados pelo grande público. Sempre foi ligado ao cinema de entretenimento. Dedicando-se às comédias eróticas, fez parcerias com o produtor Pedro Carlos Rovai*, dirigindo seu episódio em *Os mansos*; na sequência *Banana mecânica*, cujo título parodiava *Laranja mecânica* (1971), clássico do diretor norte-americano Stanley Kubrick, lançado no ano anterior. Dirige também outro episódio para *O roubo das calcinhas* e *Eu dou o que ela gosta*, todos com ótimos resultados na bilheteria. Nessa fase tornou-se produtor de alguns de seus filmes. Retornou aos textos teatrais quando dividiu com o ator Antônio Pedro (responsável pela encenação do espetáculo que fez sucesso nos palcos) a direção da comédia *O Grande Desbun...*, baseada em *As desgraças de uma criança*, peça teatral de um autor clássico nacional, Martins Pena. Encerra sua carreira cinematográfica dirigindo uma trilogia com peças do dramaturgo Nélson Rodrigues*: *Bonitinha mas ordinária*, *Álbum de família* e *Perdoa-me por me traíres*. Além das peças de Plínio Marcos, já mencionadas, a escolha de Rodrigues compõe de modo coerente o universo ficcional no qual trabalha, oscilando entre o erotismo cômico e a tragédia acentuada. Trata-se de diretor que circulava sem dificuldades entre a cena teatral e o cinema e soube adaptar para a tela clássicos de nosso teatro.

Colaborou no roteiro da comédia *Tanga, deu no New York Times* (1986), único longa-metragem dirigido pelo cartunista Henfil, também seu conterrâneo. Parte para o teatro em 2002, escrevendo com Nélson Rodrigues Filho *Momento: beijos de Nélson Rodrigues* e *Futebol paixão*, além de dirigir *Pluft, o fantasminha*, de Maria Clara Machado e *O auto da compadecida*, de Ariano Suassuna. Vivendo em Minas Gerais, ministra aulas do I Curso de Arte Dramática, em Três Corações, formando a Trupe do Botequim, com a qual realiza o vídeo *O beijo*, numa adaptação do conto de Nélson Rodrigues. Exilado em sua terra natal, desenvolve atividade social ensinando arte e música para crianças carentes, juntamente com a publicação de suas crônicas em vários jornais mineiros. O livro *Braz Chediak: fragmentos de uma vida* (2005), do jornalista Sérgio Rodrigo Reis, saiu na Coleção Aplauso, resgatando momentos de sua atuação cinematográfica. (LFM)

CHIOZZO, Adelaide – São Paulo, SP, 1931. Atriz.

FILMOGRAFIA: 1946 – *Segura esta mulher*. 1947 – *Este mundo é um pandeiro*. 1948 – *É com este que eu vou; E o mundo se diverte*. 1949 – *Carnaval no fogo*. 1950 – *Aviso aos navegantes*. 1951 – *Aí vem o barão; Barnabé, tu és meu*. 1953 – *É fogo na roupa*. 1954 – *O petróleo é nosso; Malandros em quarta dimensão*. 1955 – *Genival é de morte*. 1955-1956 – *Sai de baixo*. 1956 – *Garotas e samba*. 1975 – *Assim era a Atlântida*.

Cantora, compositora e atriz, Adelaide Chiozzo nasceu numa típica família de imigrantes italianos. Filha de um comerciante de móveis, Geraldo Chiozzo, e de Leonor Chiozzo, cursou o Grupo Escolar Romão Pugari, passando depois pelo Colégio José Clemente. Artista precoce, com 7 anos começou a tocar acordeão. Escondida do pai, pegou o instrumento e, sem nunca ter tido aula, começou a tocar *Saudades de Matão*, uma antiga valsa de sucesso. Com 15 anos foi convidada a se apresentar no programa *Papel Carbono*, de Renato Murce, na RÁDIO CLUBE DO BRASIL, no Rio de Janeiro. Foi curiosa a forma como surgiu a oportunidade. Certo dia, passando pela loja de móveis de Geraldo Chiozzo, um homem a ouviu tocar acordeão, ficou tão impressionado com seu talento que se dispôs a inscrevê-la no programa de Murce, que seria apresentado no dia seguinte. Foi necessária alguma insistência para obter a permissão de Geraldo, um pai extremamente zeloso. Nervosa, Adelaide propôs-se a imitar o popular sanfoneiro Pedro Raimundo, enquanto o irmão Affonso Chiozzo, também presente ao programa, fazia as vezes de Luiz Gonzaga. A estreia foi um sucesso. Adelaide formou então uma dupla com o irmão Affonso, Irmãos Chiozzo, apresentando-se em vários programas de rádio. Com ele, estreou no cinema numa produção da ATLÂNTIDA*, *Segura esta mulher*, dirigida por Watson Macedo*. Adelaide e Affonso acompanhavam Bob Nelson, que cantava *O boi Barnabé*, de Nelson e Vítor Simon. Adelaide fez em seguida três outros filmes na ATLÂNTIDA, apenas como cantora e acordeonista: *Este mundo é um pandeiro*, dirigido por Watson Macedo; *É com este que eu vou*, dirigido por José Carlos Burle*; e *E o mundo se diverte*, dirigido por Macedo. Neste último – já sem a companhia do irmão Affonso –, Adelaide cantou um de seus primeiros sucessos, *Tempo de criança*. A partir de *Carnaval no fogo*, mais uma vez sob a direção de Macedo, passou a atuar também como atriz, especializando-se no papel de melhor amiga da mocinha, geralmente interpretada por Eliana*. Em *Carnaval no fogo*, Adelaide interpretou outra música famosa de sua carreira de cantora,

Pedalando, composta por Anselmo Duarte* e Bené Nunes. Revelando-se então uma atriz, conquista papéis de destaque em *Aviso aos navegantes*, *Aí vem o barão*, *É fogo na roupa*, *O petróleo é nosso*, todas de Macedo; mais *Barnabé, tu és meu*, de José Carlos Burle; *Sai de baixo*, de J. B. Tanko*; e *Garotas e samba*, de Carlos Manga*. Em *Aviso aos navegantes*, Adelaide fez dupla novamente com Eliana e interpretou o seu maior sucesso como cantora, *Beijinho doce*, carro-chefe de todos os seus *shows* desde então. No começo dos anos 50, casou-se com o violonista Carlos Mattos, que conheceu numa excursão pelo interior paulista. Teve uma filha, Cristina, que lhe deu três netos. Após muitos anos afastada do grande público, participa, em 1979, ao lado de Eliana e de outros astros da ATLÂNTIDA, da novela *Feijão maravilha*, uma homenagem do autor Bráulio Pedroso à chanchada. (LAR) Sua última participação como artista foi no papel de Jucelina, na telenovela *Deus nos acuda*, da REDE GLOBO DE TELEVISÃO, em 1992.

CHRISTENSEN, Carlos Hugo – Santiago del Estero, Argentina, 1914-1999. Diretor.

FILMOGRAFIA: 1940 – *El inglés de los Guesos*. 1941 – *Águia branca*. 1942 – *Os filhos mandam*; *Noche de bodas*; *Novia de primavera*. 1943 – *16 años*; *Safo*. 1944 – *La pequeña señora de Pérez*. 1945 – *El canto del cisne*; *La señora de Pérez se divorcia*; *Las sete suegras de Barba Azul*. 1946 – *Adán y la serpiente*; *El ángel desnudo*; *La dama de la muerte*. 1947 – *Con el diablo en el cuerpo*; *Los verdes paraísos*. 1948 – *Los pulpos*; *Una atrevida aventurita*; *La muerte camiña en la lluvia*. 1949 – *¿Por qué mintió la cigueña?*; *La trampa*; *El demonio es un ángel*; *La balandra de Isabel llegó esta tarde*. 1951 – *Armiño negro*. 1952 – *Si muero antes de despertar*; *No abras nunca esa puerta*. 1953 – *María Magdalena*. 1954 – *Mãos sangrentas*. 1955 – *Leonora dos sete mares*. 1958 – *Meus amores no Rio*. 1959 – *Matemática, 0... amor, 10*. 1960 – *Amor para três*. 1961 – *Esse Rio que eu amo* (1º episódio: 'Balbino, homem do mar'; 2º episódio: 'O milhar seco'; 3º episódio: 'A morte da porta-estandarte'; 4º episódio: 'Noite de almirante'). 1963 – *Rei Pelé*. 1964 – *Viagem aos seios de Duília*. 1965 – *Crônica da cidade amada* (episódios: 'O índio', 'Iniciada a peleja', 'O homem se evadiu', 'Um pobre morreu', 'Receita de domingo', 'A morena e o louro', 'Aparição', 'Mal-entendido', 'O pombo enigmático', 'Aventura carioca', 'Luiza'). 1966 – *O menino e o vento*. 1968

– *Como matar um playboy*. 1970 – *Anjos e demônios*. 1972 – *Uma pantera na minha cama*. 1974 – *Caingangue, a pontaria do diabo*. 1975 – *Enigma para demônios*. 1976 – *A mulher do desejo*. 1977 – *A morte transparente*. 1978 – *A intrusa*. 1982 – *¿Somos?*

Diretor de diversas películas, realizadas na Argentina, Brasil, Chile, Peru e Venezuela, filmou praticamente todos os gêneros, atuando, também, como roteirista e adaptador. Descendente de dinamarqueses, foi criado em Santiago del Estero e, ainda rapaz, mudou-se para Buenos Aires, ligando-se aos meios artísticos e intelectuais. Estudou Letras e Artes e escreveu versos. Aos 16 anos, em companhia de um grupo de colegas, começou a teatralizar poemas em uma emissora de rádio. Escrevia e apresentava os programas, adaptando poemas nacionais e estrangeiros, obtendo grande êxito. Em seguida, participa de radioteatros e programas de tangos de sucesso popular na RÁDIO SPLENDID (1938). Um dos proprietários da emissora montava um estúdio de cinema e, procurando novos talentos, contratou-o por cinco anos para os ESTÚDIOS CINEMATOGRÁFICOS LUMITON, em 1939. Nesse mesmo ano, faz a assistência de direção de *Así es la vida* (Francisco Mujica). Em LUMITON, dirige seu primeiro filme, *El inglés de los Guesos*, adaptação de um *best-seller* do momento. Nos primeiros anos da década de 40, o cinema argentino ainda era um dos mais importantes da América Latina, além de possuir um teatro em pleno desenvolvimento, rica literatura e estrutura econômica propícia às atividades industriais. As produções cinematográficas ocupavam um bom espaço nos mercados americanos de língua espanhola e atingiam grande público. Nesse contexto, a carreira de Christensen experimenta grande impulso, tendo dirigido, na sequência, *Águia branca*, *Noche de bodas*, *Os filhos mandam* – que teve cinco versões cinematográficas, no México, na Itália e na própria Argentina –, *Novia de primavera*, *16 años* e *Safo*. Este último, contava no elenco com Mecha Ortiz, Mirtha Legrand e Roberto Escalada, e era uma adaptação do romance de Alphonse Daudet; de acordo com o historiador Domingo di Núbila, "inaugurou o erotismo no cinema argentino". Mecha Ortiz foi considerada a Greta Garbo argentina e a película conta a história de amor entre uma mulher mais velha e um jovem. Assiste-se pela primeira vez no país a uma fita com beijos na boca, sem que seja usado o artifício de uma panorâmica para cima ou qualquer outro. Ainda na Argentina filmou *La pequeña señora de Pérez*, *El canto del cisne*, novamente com Mecha Ortiz, tendo

como tema o drama de uma mulher que está entrando na menopausa. A partir da ascensão ao poder, em meados dos anos 40, do peronismo, sua situação começa, gradativamente, a tornar-se incômoda, pois era da oposição a Juan Domingo Perón, que governou o país até a metade da década seguinte.

Em 1946, filma, pela primeira vez, no Rio de Janeiro: *El ángel desnudo*, com Olga Zubarry, fita que mostra o primeiro nu, de costas, do cinema argentino. Fez *Los verdes paraísos*, a partir de um poema de André Maurois. Filma, no Chile, *La dama de la muerte*, adaptação do romance *O clube dos suicidas*, de Robert Louis Stevenson, aceitando convite da CHILE FILMES, que acabara de inaugurar um estúdio bem equipado. Contando com os serviços de um competente cenógrafo francês, elaborou a reprodução da época vitoriana. O diretor declarou que o resultado saiu tão perfeito que o Museu Britânico adquiriu o filme para seu acervo. Na Argentina filmou, ainda, *Con el diablo en el cuerpo*, *Los pulpos*, *Una atrevida aventurita*, *La muerte camiña en la lluvia* (adaptação do romance de Steeman), *¿Por qué mintió la cigueña?*, *La trampa* (baseado em romance de Anthony Gilbert). Na Venezuela, fez *La balandra Isabel llegó esta tarde*, com Arturo de Córdova. Essa película foi exibida em todo o mundo com o título de *Cais da perdição*, tendo recebido no FESTIVAL DE CANNES de 1951 o prêmio de melhor fotografia. Em seguida, na Venezuela, dirigiu *El demonio es un ángel*, com Susana Freyre. Na Argentina, dirigiu *No abras nunca esa puerta* e *Si muero antes de despertar*, ambos baseados em contos de William Irish. No Peru filmou *Armiño negro*, espécie de co-produção peruano-argentina, embora fosse baseado no romance de um autor chileno. A história se passava entre Lima, Cuzco e Machu Picchu. Com Laura Hidalgo, atriz também do filme peruano, realizou sua segunda película no Brasil, em Salvador, *María Magdalena*. Nessa ocasião, fez o planejamento de *Mãos sangrentas* – inspirado na história da fuga dos presidiários da Ilha Grande –, que, no ano seguinte, inauguraria sua filmografia brasileira. Nas películas que Christensen dirigiu antes de se radicar no Brasil observa-se a combinação de estruturas narrativas bastante elaboradas com realizações cuidadosas, merecendo destaque a utilização da luz e a direção de atores. A expressão voluptuosa do desejo prenuncia a sanção concretizada em finais trágicos que instauram castigo àqueles que se deixam arrastar pela tentação (*Safo*, *Los pulpos*). Assim, apesar de o cinema de

Christensen ter sido, na época, considerado bastante transgressor, acaba, paradoxalmente, reafirmando a moral tradicional. O mesmo pode ser dito a respeito de seus melodramas policiais, em que utiliza uma iconografia do cinema *noir* norte--americano, mantendo a vigência de um universo narrativo dicotômico, anulando as ambiguidades entre lei e delito. *La trampa* apresenta-se, nesse caso, como modelo.

Seu primeiro filme no Brasil foi *Mãos sangrentas* (MARISTELA*), com Arturo de Córdova e Tônia Carrero*. Fez, em seguida, *Leonora dos sete mares*, adaptação da peça de Pedro Bloch*, um suspense de dimensão psicológica, com Córdova e Susana Freyre, atriz argentina que, na época, era sua mulher. *Meus amores no Rio* (seu primeiro filme colorido), *Matemática, 0... amor, 10* e *Amor para três* foram produzidos pela EMECE, empresa cinematográfica que fundou em 1956 com Cavalheiro Lima. Montou, também, peças teatrais: dirigiu *Gigi* (1956), no Copacabana Palace, produziu *O milagre de Anne Sullivan* (1961), além de produzir e dirigir, nesse mesmo ano, *Você pode ser um assassino*. No cinema dirigiu *Esse Rio que eu amo*, filme com quatro episódios; *Rei Pelé*, uma biografia de Edson Arantes do Nascimento; e *Viagem aos seios de Duília*, filmado no Rio de Janeiro e em Minas Gerais, adaptado de conto homônimo de Aníbal Machado. O filme foi estrelado por Rodolfo Mayer* e Nathália Timberg. Em 1965, com adaptação e diálogos de Millôr Fernandes, tendo no elenco Procópio Ferreira*, Jardel Filho*, Oswaldo Lousada e Milton Carneiro*, dirigiu *Crônica da cidade amada*, em que algumas características do Rio de Janeiro são retratadas através de onze crônicas de autoria de Carlos Drummond de Andrade, Fernando Sabino, Paulo Mendes Campos, Orígenes Lessa e Dinah Silveira de Queiroz. Também de Aníbal Machado levou à tela *O menino e o vento* (adaptado de *O iniciado do vento*). *Como matar um playboy* (adaptado da peça de João Bethencourt) e *Uma pantera na minha cama* eram comédias picantes, enquanto o gênero terror foi contemplado com *Anjos e demônios* e *Enigma para demônios* (filmado em Ouro Preto, a partir do conto *Flor, telefone, moça*, de Carlos Drummond de Andrade, numa história que mistura suspense, poesia e terror). Merecem destaque, ainda, o drama *A mulher do desejo*, concebido a partir de esboço deixado pelo escritor Nathaniel Hawthorne e de uma frase de Coleridge, tendo diálogos de Orígenes Lessa. Filmou, no interior de Mato Grosso, *Caingangue, a pontaria do diabo*, um *western* brasileiro

produzido por Roberto Farias* a partir de um argumento de Péricles Leal. O final dos anos 70 assistiria a um suspense policial, *A morte transparente* (baseado em outra história de Péricles Leal), bem como a adaptação de um conto homônimo de Jorge Luís Borges, *A intrusa*, cuja ação acontece nos pampas no final do século XIX. No início dos anos 80 filmou *¿Somos?*, produção argentina que tinha Olga Zubarry no elenco. A última película realizada por Christensen, após quinze anos sem filmar, foi *Casa de açúcar* (1996), primeira fita brasileiro-argentina concebida nos marcos dos vínculos do Mercosul. Falado em espanhol e português e todo rodado no Rio de Janeiro, foi filmado em seis semanas, a partir de um conto do livro *A fúria*, da escritora argentina Silvina Ocampo, que foi mulher de Adolfo Bioy Casares. Embora totalmente filmado, nunca foi finalizado. Em 1999, lançou o livro de poesias *Poemas para os amigos*, pela Editora Francisco Alves. Faleceu em 30 de novembro, no Rio de Janeiro. (AMC)

CICLO DE CAMPINAS

Nos anos 10 e 20, entre os ciclos cinematográficos regionais pelo país e os importantes surtos paulistanos, a ideia de uma "Hollywood brasileira" nem sempre foi tão superficial quanto possa parecer. Na capital paulista, algumas tentativas empresariais esboçaram essa via, sem sucesso, também no âmbito do sistema técnico de produção. Mas se deixarmos de lado o aspecto técnico e econômico que nos levaria a pensar o conjunto do fenômeno cinematográfico, e nos detivermos no âmbito estético, aquele mais próprio do impulso criador, veremos que a presença do modelo americano toma bastante força, sobretudo a partir do final dos anos 10. Naquela década vigorava ainda um forte interesse pela temática nacional e uma presença maior de filmes europeus no mercado, paralelamente ao concurso de imigrantes do velho continente que se iniciavam no cinema em sua nova terra. Os cinco filmes do Ciclo de Campinas virão marcados por uma polaridade semelhante à que diferenciou a passagem de uma década a outra no cinema da capital, concentrando-se, de um lado, na decantação mais elaborada da tendência nacionalista e, de outro, empenhando-se, também com maior radicalidade, em aderir à vocação americanizada.

Abre o ciclo campineiro o sucesso de *João da Mata* (1923), realizado por Amilar Alves*, um intelectual da cidade, com boa experiência no teatro amador. O êxito

de bilheteria daquela fita em Campinas e cidades da região teria pago com folga o investimento feito. Apesar do improviso do esquema de distribuição e divulgação, houve um bom público também na sessão da capital e boa acolhida pela imprensa, e também no Rio de Janeiro, onde teve uma projeção no CINE CENTRAL em 1923, acompanhada de calorosa recepção nos jornais. Vindo do teatro, como tantos outros pioneiros do cinema mudo, o realizador de *João da Mata* reunia porém certas particularidades pouco generalizáveis. Esse respeitável secretário da Prefeitura de Campinas já em 1923 contava com mais de 40 anos e certo reconhecimento público como intelectual. De infância difícil e sem recursos, o pai tendo morrido durante a epidemia da febre amarela, Amilar Alves chega apenas ao segundo ano do grupo escolar (atual ensino fundamental). Foi seu autodidatismo que o levou ao jornalismo e à filologia, à poesia e à dramaturgia. Como jornalista chegou a redator-chefe do *Diário do Povo* e a diretor do *Correio de Campinas*. Algumas de suas peças, como as comédias *Tagarelices de papagaio* e *Qui, quae, quod...*, foram bastante encenadas no interior. Em *Tagarelices*, a ação se desenvolve numa república de estudantes e até recentemente seria requisitada por grupos amadores. Tendo conquistado a confiança de dom João Nery, o bispo primaz de Campinas, também ele dramaturgo, torna-se o ensaiador de um grupo de teatro católico criado pelo religioso. Num novo surto de cinema esboçado em Campinas na década de 1950, Alfredo Roberto Alves dirige *Fernão Dias* (1957), sobre o bandeirante fundador da cidade, baseado na peça homônima de Amilar, seu pai. A importância deste para o teatro amador campineiro remonta à década de 10, estendendo-se pelas duas décadas seguintes.

Quando resolve adaptar sua peça *João da Mata*, naquela que será a sua única incursão pelo cinema, Amilar Alves já a tinha levado ao palco com sucesso. Metade do elenco foi aproveitado no filme, o restante sendo engajado entre outros amadores da cidade. Ficam ainda dois papéis femininos importantes, a mãe e a noiva de João, a cargo respectivamente de uma cabocla aparentada de alguém da equipe, e de uma moça da cidade, filha de ferroviário, ambas sem a menor experiência dramática. Elas vieram substituir duas atrizes amadoras que sofreram, talvez, oposição familiar, e parecem ter desempenhos convincentes na tela. Carlota Richerme, a moça que representava a noiva, era entretanto acompanhada nas filmagens por parentes. Carlos Roberto de Souza, em seu estudo *O cinema em Campinas nos anos 20 ou Uma Hollywood brasileira*, comenta a dificuldade em face dos padrões éticos familiares, provavelmente contornada pela respeitável posição de Amilar na administração municipal e por sua condição de ensaiador predileto do bispo. Na adaptação para a linguagem cinematográfica, Amilar contou com a colaboração de Felipe Ricci* e do cinegrafista Tomás de Túlio*, dois nomes importantes na continuidade do cinema campineiro. Além da equipe, formada toda ela na cidade, também o financiamento fora custeado por capitalistas locais. A história conta o drama de João da Mata, expropriado desonestamente de seu pequeno sítio por um violento coronel, que o obriga a fugir, deixando sua mãe na casa dos pais da noiva. Retornando, João traz de Itu provas de posse da terra e notícias sobre o passado de crimes do coronel na Bahia. Pesquisador do dialeto caipira da região, Amilar faz um trabalho criterioso de adaptação dos diálogos com a preocupação de dar autenticidade ao drama sem provocar risos inconvenientes na plateia, como já era comum num gênero corrente de comédia de teatro e de circo com a presença da figura do caipira. Os comentários da imprensa e os poucos fragmentos que sobraram do filme atestam sua qualidade dramática e uma relativa consistência em sua confecção. Destacam-se os elogios ao ator principal, Ângelo Fortes, ao tom simples e "genuíno" das encenações e do diálogo, bem como a filmagem perfeita de uma briga e de um atropelamento. Do Rio de Janeiro, o dramaturgo Oduvaldo Viana* escreve um bilhete a Amilar, entusiasmado com o filme e encantado com a beleza e sinceridade da dialogação. Enquanto criação cinematográfica, atribuição talvez mais devida à dupla Ricci-Túlio, ressalta-se ainda a transposição de figuras de linguagem dos diálogos para imagens cinematográficas, causando porém certa redundância com os letreiros, como na imagem de uma cobra contorcendo-se sob uma bota enquanto o personagem maldiz o coronel, comparando-o à serpente que acaba também sob o tacão de uma bota.

Com a efervescência provocada pelo filme fundam-se em Campinas produtoras, compram-se terrenos para a construção de estúdios e são rodados outros quatro "posados" (como eram chamadas as fitas de ficção). O êxito de *João da Mata*, contudo, não seria reeditado. Antônio Dardes Netto filma *Alma gentil* (1924), e a dupla Felipe Ricci e Tomás de Túlio realiza *Sofrer para gozar* (1923), *A carne* (1925) e *Mocidade*

louca (1927), o primeiro sob a direção do "norte-americano" E. C. Kerrigan*. O diretor de *Sofrer para gozar* chega àquela Campinas agitada por planos e sonhos que incluíam a importação de *stars* dos EUA, com o roteiro do filme já pronto. Dizendo-se diretor americano, egresso dos estúdios da PARAMOUNT, Kerrigan apresentava-se como um senhor de aparência distinta, de botas e culote, fumando cachimbo e falando pelos cotovelos. Fazia-se chamar conde Eugênio Maria Piglinioni Rossiglione de Farnet, o que lhe explicava o sotaque italiano. Estimula diversas pessoas a organizar uma produtora e, quando já está trabalhando sobre o segundo posado, ocorre um acidente que interrompe sua carreira na cidade: colocado diante de um norte-americano verdadeiro, vê-se que ele não sabe falar inglês. *Sofrer para gozar* é um faroeste melodramático mais ou menos adaptado ao nosso interior, tendo, entre sinais diversos de patente hollywoodianismo, personagens de nomes ingleses. Uma moça malcasada sofre com a estupidez do marido, sempre bêbado, enquanto é cortejada de todas as formas por um homem inescrupuloso, que acaba lhe matando o marido. Embora continue resistindo, é obrigada a aceitar o trabalho por ele oferecido em seu bar, o qual nos fundos possuía um cassino com mulheres. Continua então sua trilha de crescentes sofrimentos até que aparece um mocinho para resgatá-la. Ricardo Zarattini interpreta o mocinho, José Rodrigues, o vilão, e Lincoln Garrido, o marido. Trabalham também as irmãs Carlota (de *João da Mata*) e Vicentina Richerme (esta no papel principal), adotando os pseudônimos de Juracy Aymoré e Cacilda Alencar. A fita teve lucro nas exibições por cidades do interior, o que animou Túlio e Ricci a filmar *A carne*, adaptação do romance de Júlio Ribeiro. O filme não teve a mesma sorte, dando graves prejuízos à produtora. A direção, depois do incidente com Kerrigan, ficaria a cargo de Ricci e Túlio. O primeiro torna-se a figura campineira de maior projeção, enquanto o segundo afirmava-se como cinegrafista de recursos. A história do escritor naturalista Júlio Ribeiro era tida como bastante ousada na época, o que causou embaraços nas filmagens, pois temia-se que a atriz abandonasse o trabalho se percebesse o sentido de algumas cenas. Num dado momento ela deveria, por exemplo, expressar cansaço, sendo a cena anterior de tranquilo idílio no campo. Inspirados no romance, os diretores haviam substituído a cena de amor pelas possibilidades metafóricas de estranhas imagens de um touro e

uma vaca, prenunciando, pelo comentário de Paulo Emílio Salles Gomes*, célebres sequências da história do cinema.

Nesse período paulista de 1923 a 1925, *A carne* era já o terceiro filme ambientado em fazendas de café, ao lado de *João da Mata* e *O segredo do corcunda* (1924), de Alberto Traversa. Encontram-se na imprensa referências aos méritos das fitas em captar as cenas da lavoura e do beneficiamento do café nos terreiros, talvez por se aproximarem de um conhecido ideário da fazenda como indústria, em oposição a uma visão bucólico-roceira do campo. Já nas histórias caipiras de Antônio Campos* em *O curandeiro* (1917) e *A caipirinha* (1919), este dirigido por Caetano Matanó, o ambiente rural era enfocado mediante preocupações diferentes, predominando certo apelo folclorista e a evocação da vida roceira em sua simplicidade. Procuravam assim seguir os rumos de diversas manifestações artísticas da época, no teatro, na literatura e nas artes plásticas, que enveredavam pelo regionalismo. O registro fotográfico merece referências elogiosas nos jornais, tanto nos trabalhos de Campos como nos de Túlio, destacando-se nesse sentido o de Gilberto Rossi* para *O segredo do corcunda*, que ainda pode ser apreciado, pois é o único deles com cópia remanescente. Os fragmentos que sobram de *João da Mata*, unidos ao que se sabe do filme, permitem supor uma incursão de maior densidade dramática no universo despojado do sertanejo paulista. Possivelmente mais próximo das experiências de Campos que das posteriores, o filme de Amilar Alves reúne indícios de ter conseguido aproximação a uma vivência mais direta do campo. Inversamente, as abordagens subsequentes de *O segredo do corcunda* e *A carne* parecem caminhar no sentido de adotar uma visão mais urbana e industriosa da vida rural.

Depois de *A carne*, a dupla Ricci-Túlio filma *Mocidade louca*, fechando o ciclo em 1927. Novas referências elogiosas são feitas à iluminação de Túlio. O personagem central é um rapaz bem-nascido e esbanjador que é expulso de casa pelos pais e acaba se regenerando em sua trajetória de aventuras pelo interior do estado. Pode-se imaginar algo não muito longe de um *playboy* local típico. Em seu estudo, Carlos Roberto comenta que dos filmes do ciclo esse "foi certamente o de temática mais moderna. Trens, automóveis, telefones, vitrolas, tudo percorria o filme como parte integrante da vida de seus heróis: filhos de burgueses abastados". O possível traço distintivo do Ciclo de Campinas pode ser buscado em parte nas relações de rivalidade que a cidade havia criado com a capital São Paulo, com quem ombreava em população e progressos, tendo sido superada inapelavelmente entre as duas primeiras décadas do século. Seus filmes parecem ter acirrado as características das primeiras três décadas do cinema paulistano, com seus anseios polarizados entre a modernidade mais cosmopolita e aquela mais nativista. Desses últimos testemunham as várias sequências remanescentes de *João da Mata*, que possivelmente não foram igualadas no período silencioso brasileiro no que tange à profundidade da pesquisa regionalista. De outro lado, mesmo sem imagens moventes, o hollywoodianismo que remanesce talvez, entre outras coisas, no modelo de *western* ali exercitado, reavivou-se nos surtos que se esboçaram mais tarde na cidade, nos anos 50 e 60. Um curta-metragem bem posterior como *Gilda* (1973), de Augusto Sevá, sobre uma figura popular da cidade que, mesmo na indigência, comporta-se como uma estrela de Hollywood, poderia ser tomado como justa alegoria dessa tendência. Tais parâmetros de radicalização do cinema paulista, se podem ainda persistir, deveriam ser estendidos nesse caso ainda às manifestações mais dispersas que ali se verificaram, incluindo a recente produção universitária, o pioneirismo pornô de Raffaele Rossi, que ali filmou o debutante nacional do gênero *Coisas eróticas* (1981), além dos 20 anos que já somam as produções do NÚCLEO DE CINEMA DE ANIMAÇÃO DE CAMPINAS. (RMJr)

CICLO DE CATAGUASES

Ciclo ocorrido na década de 20, pode ser considerado um dos mais importantes momentos da história do cinema brasileiro, principalmente por ter lançado a figura ímpar do cineasta Humberto Mauro*. Como a maioria dos pioneiros do cinema brasileiro, Humberto Mauro foi um inventor por excelência – construtor de rádio, mecânico, radioamador, campeão de xadrez, fotógrafo. Foi no CINE-THEATRO RECREIO, em Cataguases, que Humberto Mauro começou a se interessar pelo cinema. Depois de assistir aos filmes de Griffith, de King Vidor e de Henry King, discutia-os com o fotógrafo Pedro Comello, não vendo muitas dificuldades em se fazer cinema, sobretudo fitas simples, em Cataguases. Piemontês de Novara, Itália, Pedro Comello chegara a Cataguases em 1914, tendo sido o mais importante fotógrafo da cidade. Casado com Ida Comello (nome artístico, Mae Nil), teve os filhos Eva Comello (Eva Nil*), nascida no

Cairo, Egito, e Roger Comello (Ben Nil), nascido em Cataguases.

Outra figura importante no ciclo de Cataguases foi, sem dúvida, o comerciante Homero Cortes Domingues, uma das poucas pessoas, em Cataguases, com dinheiro, naquele período, e que deu sustentação econômica ao projeto de Mauro e Comello. Os três fundaram a companhia cinematográfica SUL AMÉRICA FILM. Com uma câmera Pathé-baby, 9,5 mm, com perfuração no meio, realizaram *Valadião, o cratera*, em 1925, inspirado nos seriados de Pearl White, *Os perigos de Paulina,* e nos *westerns* de Thomas Ince. Segundo Humberto Mauro, *Valadião* "era um filme para assustar meninos e adolescentes". A empresa adquiriu, em seguida, uma câmera Hernemann, de 35 mm, passando à realização do filme "Os três irmãos", com história de Pedro Comello. Segundo Paulo Emílio Salles Gomes*, "Os três irmãos" sofreu influências variadas, predominando a literatura popular e o melodrama teatral europeu. Dirigido por Comello, tendo Humberto Mauro e Eva Nil como atores principais, o filme não chegou a ser finalizado. Em 1926, entra para o grupo um outro comerciante, Agenor Cortes de Barros, passando a companhia a denominar-se PHEBO SUL AMÉRICA FILM. Começam, então, a produção do filme "Os mistérios de São Mateus", com direção de Pedro Comello. Em seguida produziram *Na primavera da vida*. Humberto Mauro é o diretor, com o pseudônimo de Reynaldo Mazzei. A partir desse filme, Humberto Mauro passará a receber influência do pessoal da revista *Cinearte*, do Rio de Janeiro, editada por Adhemar Gonzaga* e Pedro Lima*, que começava a dar um destaque especial ao nascente cinema brasileiro, criando uma mística em torno de atores e de diretores, nos moldes do *star system* americano.

Em 1927, Pedro Comello funda a sua própria companhia, a ATLAS FILM, e inicia a produção de *Senhorita agora mesmo*. A filha de Comello, Eva Nil, seria, também, a protagonista de *Tesouro perdido*, produzido pela PHEBO BRASIL FILM ainda em 1927. Esse filme ganhou o MEDALHÃO CINEARTE como o melhor filme do ano. No entanto, por desentendimento com os integrantes da empresa, a atriz abandona o filme, embora Pedro Comello continue a participar das filmagens. A relação dos Comello com o resto do grupo fica estremecida desde então. Em 1929, Eva Nil ainda participou, no Rio de Janeiro, do filme *Barro humano*, de Adhemar Gonzaga. Em seguida abandona o cinema para

dedicar-se exclusivamente à carreira de fotógrafa. Em 1928, a PHEBO BRASIL FILM ainda produz *Brasa dormida*, com direção e roteiro de Humberto Mauro. Edgar Brasil* estreia no cinema, fazendo a fotografia. Atores do Rio de Janeiro, como Luiz Soroa* e Nita Ney*, atuaram no filme. A ajuda de Adhemar Gonzaga foi decisiva para a realização de *Brasa dormida*. Seu lançamento, no CHAPLIN CLUB*, presidido por Plínio Sussekind Rocha, foi um acontecimento marcante. Otávio de Faria, associado do cineclube*, considera-o superior ao filme americano contemporâneo *Sally de meus sonhos*. Nessa mesma época, foi editada em Cataguases a revista *Verde*, de inspiração modernista e que projetou a cidade nos meios literários dos grandes centros do país. Apesar de a cidade ser pequena, não houve, no entanto, influência de um grupo sobre o outro. Pode-se dizer que a modernidade de Humberto Mauro consistia no fato de estar fazendo cinema no interior de Minas Gerais, na década de 20. Em 1929 foi realizado *Sangue mineiro*, com argumento e direção de Humberto Mauro, fotografia de Edgar Brasil, produção da PHEBO BRASIL FILM, em coprodução com Carmen Santos*, que fazia parte do elenco, juntamente com Luiz Soroa e Nita Ney. Por ocasião das filmagens, o presidente do estado Antônio Carlos visitou o *set*, aventando a possibilidade da criação de um sistema de apoio à produção do cinema mineiro*, o que não veio a acontecer. Esse foi o último filme do Ciclo de Cataguases. A distribuição precária, o controle das salas de exibição pelas companhias americanas, a falta de apoio do público ao cinema brasileiro e a necessidade de buscar um centro maior que oferecesse melhores condições de produção interromperam uma das mais promissoras experiências de cinema no Brasil. (JAR)

CICLO DO RECIFE

Como a noção de "ciclo" costuma privilegiar o filme de ficção, em geral se toma como limites temporais do Ciclo do Recife a realização de *Retribuição* (cujas filmagens teriam começado em 1923, sendo exibido em 1925) e a exibição de *No cenário da vida*, em 1930. Embora antes e depois desse período tenham-se produzido filmes na cidade, é inegável que, a partir de 1924, com as atividades da PERNAMBUCO-FILM, e até 1930, ano da exibição de *No cenário da vida*, última ficção silenciosa pernambucana, acontece uma expressiva atividade cinematográfica. Nesse período, são produzidos e exibidos quase cinquenta filmes, entre longas e curtas, posados e naturais. Inúmeras produtoras foram criadas ou anunciadas, e pelo menos doze delas chegaram a finalizar e exibir seus filmes. Uma figura-chave do meio cinematográfico local ao longo da década é Edson Chagas*, que volta ao Recife em 1922, depois de uma temporada no Rio de Janeiro, entusiasmado com a ideia de fazer cinema. O primeiro passo é conseguir o equipamento, daí a aproximação com Gentil Roiz*, que possuía uma câmera de segunda mão. Os dois criam a produtora AURORA-FILM, em torno da qual se forma um grupo de jovens, de diversas ocupações (jornalistas, comerciários, artistas, funcionários, desempregados), que veem ali a oportunidade de passar de fãs a atores e técnicos de cinema. O entusiasmo supera a inexperiência e as dificuldades técnicas. O primeiro filme da produtora é *Retribuição*, escrito e dirigido por Gentil Roiz e fotografado por Edson Chagas. As filmagens acontecem apenas nos finais de semana, estendendo por mais de um ano a realização do filme. A revelação é feita no quintal da produtora, e sempre à noite, nas banheiras de madeira instaladas ao ar livre. O dinheiro da produção vem de pequenas contribuições da equipe e também, algumas vezes, do aluguel da câmera. Ao escrever o roteiro, Gentil Roiz deixa claro seu fascínio pelas peripécias dos filmes americanos de aventura, criando a história da mocinha que recebe do pai moribundo um mapa do tesouro e, auxiliada pelo galã, enfrenta os bandidos, também dispostos a colocar as mãos na fortuna. *Retribuição* estreia em março de 1925, sendo exibido em pelo menos sete salas recifenses. A estreia acontece no CINE ROYAL, tradicional sala lançadora do centro da cidade, que se torna a principal vitrine para os filmes de enredo da AURORA. As estreias eram transformadas em grandes festas, com a rua iluminada, a fachada coberta de flores e bandeiras, a orquestra abrindo a sessão com trecho de *O guarani*, e até o requinte de folhas de canela espalhadas no chão da sala para aromatizar o ambiente. Tudo graças ao gerente Joaquim Mattos, português que apoiou desde o início os jovens da produtora. O ROYAL, entretanto, não seria a única sala a exibir as produções locais. Especialmente nos anos de maior atividade, entre 1925 e 1926, os filmes em geral percorriam um circuito significativo, exibidos em cinemas do centro e dos bairros. O sucesso de *Retribuição* estimula o grupo a se arriscar em novas produções. Com o lucro do filme, a AURORA paga as

dívidas e compra o patrimônio da PERNAMBUCO-FILM – produtora local mais atuante em 1924, graças sobretudo aos documentários realizados para o governo do estado –, cujos sócios Ugo Falangola e J. Cambière transferem-se para o Rio de Janeiro em 1925. Mesmo criada com a intenção de produzir filmes de enredo, a AURORA também se beneficia com a realização de naturais, amparada pela amizade de Gentil Roiz com Amaury de Medeiros, secretário e braço direito do então governador Sergio Loreto. O segundo filme de ficção da produtora é *Um ato de humanidade*, curioso curta-metragem com fins publicitários, veículo de propaganda para a Garrafada do Sertão, remédio contra a sífilis. No longa seguinte, *Jurando vingar* (1925), Roiz assina o roteiro, mas entrega a direção a Ary Severo* e interpreta o mocinho, jovem fazendeiro cuja irmã é morta por um bandido. O modelo continua sendo o cinema americano, mas já existe a preocupação em inserir características locais – no caso, o ambiente do canavial. O traço regional acentua-se em *Aitaré da praia* (1925), apresentado como um "poema de costumes dos heróis jangadeiros", um "romance nas praias". Gentil Roiz dirige e Ary Severo assina o roteiro sobre o jangadeiro Aitaré, que ascende socialmente, mas não esquece seu romance com uma moça da região. Como em *Retribuição*, a atriz principal é Almery Steves, a grande estrela do Ciclo do Recife, que protagoniza quatro filmes. Ela procurou a AURORA-FILM estimulada pelo namorado Ary Severo, que logo se tornaria, ele também, figura de destaque no movimento. Concluídas as filmagens de *Aitaré da praia*, os dois se casam em novembro de 1925. O filme é exibido em mais de dez salas do Grande Recife, havendo também referências a exibições em Salvador, Maceió e Santarém. Ainda no final de 1925, é a vez de Gentil Roiz e Rilda Fernandes – galã e mocinha de *Jurando vingar* – casarem-se no Rio de Janeiro, enquanto em Recife a AURORA-FILM passa por sua primeira crise financeira, em meio a desentendimentos generalizados, que resultam na saída do sócio majoritário Joaquim Tavares. Sobram acusações a Gentil Roiz, que teria fugido com a cópia de *Aitaré da praia*, deixando dívidas na cidade. Ao que o diretor contestaria, afirmando ter seguido para o Rio com o duplo objetivo de se reunir à futura esposa e tentar a exibição comercial do filme, o que afinal não consegue. O ano de 1925 encerra-se contraditoriamente com o grande sucesso comercial de *Aitaré da praia* e a primeira falência da

AURORA-FILM. Ao longo do ano, surgem mais três produtoras (chamadas de "fábricas"): PLANETA-FILM, VENEZA-FILM e OLINDA-FILM. As duas últimas produzem, respectivamente, os documentários *A pega do boi* (1925) e *Grandezas de Pernambuco* (1926). Dissidência da AURORA, a PLANETA lança em agosto o longa de enredo *Filho sem mãe*, de Tancredo Seabra, com uma trama na qual se destaca a presença de cangaceiros. A intensa produção cinematográfica pernambucana atrai a atenção dos críticos Adhemar Gonzaga* e Pedro Lima*, que, nas revistas *Paratodos...*, *Selecta* e *Cinearte**, acompanham de perto a produção local, exortando, criticando e muitas vezes desaprovando o comportamento dos realizadores pernambucanos, do qual tomavam conhecimento através da frequente correspondência com integrantes da AURORA e com Mário Mendonça, leitor assíduo das revistas cariocas que se torna o correspondente em Recife. Em 1926, depois de realizar o natural *Carnaval pernambucano de 1926*, a AURORA volta aos filmes de enredo graças aos investimentos do novo proprietário João Pedrosa da Fonseca, rico comerciante que compra a massa falida da produtora e mostra grande habilidade tanto na produção quanto na promoção dos filmes. Nesse ano são lançados *Herói do século XX* – comédia com Pedro Neves, sempre lembrado por sua perfeita imitação de Buster Keaton – e *A filha do advogado*, "superprodução" para os padrões locais que começou a ser dirigida por Ary Severo, logo substituído por Jota Soares*, também um dos principais intérpretes. Ao contar a história da mocinha que vai a julgamento por ter matado o jovem que a atacara, sem saber que se tratava de seu próprio irmão, o filme transita pelos ambientes da fina sociedade da época e registra cenas da vida nas ruas, enfatizando o aspecto urbano, em contraposição às tramas anteriores ambientadas em fazendas ou na praia. O filme é exibido em Recife, Rio de Janeiro, Curitiba, Fortaleza, São Paulo, Belém e, possivelmente, também na Bahia e em Sergipe. Entre os filmes de enredo locais, *A filha do advogado* é considerado o de maior esmero na realização – desde os cenários e figurinos até a fotografia e o desenvolvimento da narrativa. Depois desse filme, a AURORA vai à falência, dessa vez definitiva. Outras fábricas mantêm a produção dos filmes de enredo. A VERA CRUZ-FILM faz investimentos consideráveis e extensa divulgação na imprensa do religioso *História de uma alma* (1926), produção em duas partes, dirigida por Eustórgio Wanderley, que recriava cenários e figurinos de época para contar a vida de santa Teresinha de Lisieux. Em 1927, a GOIANA FILME lança *Sangue de irmão*, filme de aventuras e bastante violento, escrito e dirigido por Jota Soares. Criada por operários do setor gráfico, a OLINDA-FILM realiza *Reveses...* (1927), de Chagas Ribeiro, dramática história de amor ambientada numa fazenda de gado. Entre fins de 1926 e 1927, Edson Chagas funda a LIBERDADE-FILM, na qual dirige diversos naturais, lançando já em 1927 o longa de enredo *Dança, amor e ventura* (1927), trama movimentada em torno de um bando de ciganos. O par romântico do filme é o mesmo de *Aitaré da praia*: Almery Steves e Ary Severo (também responsável pela direção). De posse dos negativos incompletos de *Aitaré da praia*, Chagas empreende a refilmagem das partes perdidas (com direção de Ary Severo, Jota Soares e Luís Maranhão), mas o filme não obtém o mesmo êxito. Ary Severo e Luís Maranhão fundam a Sociedade Pernambucana de Indústria Artística (SPIA-FILM) em 1929, lançando no ano seguinte *Destino das rosas*, com direção de Ary Severo, financiado em parte pelo ator Dustan Maciel, figura de destaque nos últimos anos do Ciclo do Recife. O último longa silencioso de enredo a ser lançado é *No cenário da vida* (1930), produzido pela LIBERDADE-FILM, que convida Luís Maranhão para assumir a direção. Drama romântico marcadamente urbano, seguindo a linha de *A filha do advogado*, é exibido quando o cinema sonoro já dominava o mercado. Responsável pela direção das sequências de cabaré, Jota Soares instalava-se na cabine de projeção durante cada sessão e, com discos emprestados da distribuidora alemã UFA, ia sincronizando as músicas para que o filme não ficasse inteiramente silencioso. No início dos anos 1930, Fred Júnior tenta, com a IATE-FILM, dar continuidade à produção, mas não chega a concluir "Odisseia de uma vida", com Dustan Maciel no elenco. Costuma-se levantar algumas razões para explicar o final do Ciclo do Recife, entre elas os constantes desentendimentos dentro do grupo e a chegada do cinema sonoro, que exigia equipamentos mais caros, adequados às novas técnicas. O fator determinante, entretanto, teria sido a dificuldade na distribuição e exibição dos filmes – dificuldade que já vinha comprometendo a produção desde 1927 –, o que impediu uma efetiva profissionalização da produção cinematográfica na cidade. (LCA)

CICLOS REGIONAIS

Na historiografia do cinema brasileiro, a definição de Ciclo Regional possui relativa fluidez. De forma geral, entende-se por Ciclo Regional – ou Surto Regional, como prefere Alex Viany* na *Introdução ao cinema brasileiro* – a produção de filmes de ficção (chamados de "posados") em cidades fora do eixo Rio-São Paulo, no período do cinema silencioso. Por vezes, entretanto, historiadores contemporâneos têm usado o conceito também para cidades que tiveram produção de filmes documentários (chamados de "naturais") mais intensa. Ainda na década de 10, registram-se dois Ciclos Regionais: Barbacena, (MG) e Pelotas (RS). Em relação a Barbacena, sua figura central é o italiano Paulo Benedetti*, proprietário de salas de cinema na cidade e da produtora ÓPERA FILM. Após ter feito alguns naturais, Benedetti dirigiu *O guarani*, em 1912, e *Uma transformista original*, em 1915, o primeiro aproveitando um trecho da famosa obra de Carlos Gomes, e o segundo, adaptação de uma opereta. Com a I Guerra Mundial e a decorrente dificuldade para adquirir filme virgem, Benedetti fecha a sua empresa e muda-se para o Rio de Janeiro, onde exerce importante atividade como cinegrafista. Quanto a Pelotas, cidade com economia pujante devido ao comércio do charque, a figura central é o português Francisco Santos*. Dono de uma sala de cinema e também filmando inicialmente documentários para a sua GUARANY FILM, Francisco Santos dirigiu, em 1913, *Os óculos do vovô* – cujos fragmentos são hoje os mais antigos de um filme ficcional brasileiro preservado. Em 1914 dirigiu *O crime dos banhados*, inspirado no rumoroso massacre de toda uma família motivado por questões políticas. Esse longa-metragem teve estrondoso sucesso de público no Rio Grande do Sul. Por causa do conflito mundial, Francisco Santos tem dificuldades em continuar a produzir cinema e fecha sua empresa em 1914.

A década de 20 foi caracterizada pelo surgimento dos Ciclos Regionais nos mais variados pontos do país. O Ciclo de Cataguases* (MG), o Ciclo do Recife* (PE) e o Ciclo de Campinas* (SP) são os mais importantes. Na virada dos anos 10 para os 20, Francisco de Almeida Fleming*, cuja família possuía uma cadeia de salas de exibição, iniciou em Pouso Alegre (MG) a realização de dois filmes que nunca foram concluídos, "Coração de bandido" e "In Hoc Signo Vinces". Somente em 1924, Almeida Fleming, dono da AMÉRICA FILM, finalizou o seu primeiro longa-metragem de ficção, *Paulo e Virgínia*, inspirado no folhetim *Paul et Virginie*, de Bernardin de Saint-Pierre. Deslocando-se para Ouro Fino (MG), Almeida Fleming realizou o seu segundo longa-metragem ficcional, *O vale dos martírios* (1925-1926). Outro Ciclo Regional do interior mineiro ocorreu em Guaranésia, cidade na qual os irmãos Carlos e Américo Masotti dedicavam-se à produção de naturais. Convencidos por E. C. Kerrigan* – que também fez filmes em Campinas, São Paulo (SP) e Porto Alegre (RS) –, os irmãos Masotti resolvem produzir o posado *Corações em suplício*, dirigido pelo próprio Kerrigan. Com o fracasso de bilheteria, os irmãos Masotti saem de Guaranésia e o ciclo encerra-se. Em Belo Horizonte (MG), além de naturais de curta metragem, foram produzidos alguns posados. O primeiro foi o drama *Canção da primavera*, de 1923, dirigido por Igino Bonfioli* e Cyprien Ségur. O imigrante italiano Igino Bonfioli, figura central no cinema feito em Belo Horizonte nos anos 20, dirigiu vários documentários, dos quais se destaca o longa *Minas antiga*, de 1927-1928, financiado pelo governo estadual. Em 1928, José Silva dirigiu *Os boêmios*, filme com cerca de vinte minutos que o próprio realizador considerava fraco. O mesmo ano marca o lançamento comercial de *Entre as montanhas de Minas*, produzido pela BELO HORIZONTE FILM, dirigido por Manuel Talon. Dois anos depois José Silva finalizou o longa-metragem *Perante Deus* – ainda conhecido pelos títulos *O calvário de Dolores* ou *Quando Deus castiga* –, que também foi produzido pela BELO HORIZONTE FILM e não chegou a ser exibido comercialmente, devido ao advento do cinema sonoro. Esse ano marca a realização de *Tormenta*, longa dirigido por Arthur Serra que conseguiu entrar no circuito comercial. Em Porto Alegre, a partir de 1926, a produção de posados surge e toma vulto, encarnada, sobretudo, em duas figuras: Eduardo Abelim* e E. C. Kerrigan. Abelim, após criar a GAÚCHA FILM, iniciou a carreira dirigindo e estrelando o curta posado *Em defesa da irmã*, ao que tudo indica bastante precário, a ponto de haver um plano em que o bandido "morto" acendia um cigarro. A segunda produção da GAÚCHA FILM, de 1927, já é um longa-metragem, *O castigo do orgulho*, e novamente Eduardo Abelim foi o diretor e galã. Dessa vez, porém, devido à colaboração do cinegrafista José Picoral, o resultado final, tanto fotográfico quanto narrativo, foi bem superior. O último posado dirigido e interpretado por Abelim é *O pecado da vaidade* (1931), com fotografia de Paulo Pavessi. Já era a época do cinema sonoro e, por isso, para que o filme tivesse aceitação, gravaram-se ruídos e músicas em discos. O som era sincronizado com a imagem por meio de um cabo que ligava a vitrola ao projetor, mantendo ambos na mesma rotação. Uma produção que Eduardo Abelim chegou a iniciar, em 1927, mas abandonou por desentendimentos com o produtor Walter Medeiros, foi *Um drama nos pampas*, que acabou sendo dirigido por Carlos Comelli. Quanto a E. C. Kerrigan, seu primeiro posado em Porto Alegre foi *Amor que redime* (1927), para o qual importou de Campinas o cinegrafista Tomás de Túlio*. Dois anos depois, dessa vez com fotografia de José Picoral, realizou *Revelação*. Três outros importantes Ciclos Regionais localizaram-se em Curitiba (PR), João Pessoa (PB) e Manaus (AM), porém foram produzidos nesses lugares apenas documentários. Em Curitiba, na década de 20, a produção cinematográfica tem à frente Arthur Rogge e João Baptista Groff. O filme mais importante é *Pátria redimida*, documentário de média metragem de João Baptista Groff, que acompanha de Curitiba até o Rio de Janeiro as tropas revolucionárias de 1930, quando Getúlio Vargas tomou o poder. Em João Pessoa, o pioneiro local é Walfredo Rodrigues, que, após aprender a manejar a câmera no Rio de Janeiro, voltou para aquela capital, onde realizou vários naturais curtos, além dos longas *O carnaval paraibano e pernambucano* – sobre os festejos do Momo nos dois estados – e *Sob o céu nordestino* – que abordava aspectos geográficos, humanos e econômicos da Paraíba. A produção cinematográfica em Manaus está ligada, sobretudo, à figura do português Silvino Santos*. Realizou o seu primeiro longa-metragem financiado por um grupo de empresários que pretendiam divulgar o Amazonas, pois a exploração da borracha encontrava-se em franca decadência. Trata-se de *Amazonas, o maior rio do mundo*. Porém, em 1920, os negativos foram enviados para o exterior a fim de ser copiados e acabaram se extraviando. Logo após, a AMAZÔNIA CINE FILM faliu. Contratado pelo próspero empresário local J. G. Araújo, Silvino Santos passou a contar com retaguarda financeira para a produção e, além de muitos curtas, dirigiu os longas *No país das amazonas* (1921), *Terra encantada* (1922), ambos codirigidos por Agesilau Araújo, filho do empresário, e *No rastro do Eldorado* (1924-1925). *No país das amazonas*, além de laureado na exposição do centenário da Independência, foi exibido comercialmente com sucesso no Rio de Janeiro. É importante observar que os diferentes pontos de produção não tinham contato entre si, um desconhecendo as realizações do outro. Esse problema foi atenuado graças à campanha pelo cinema brasileiro conduzida por Adhemar Gonzaga* e Pedro Lima*, cronistas cinematográficos do Rio de Janeiro que tentavam divulgar todo filme posado feito no Brasil entre 1924 e 1930. Apesar da empolgação inicial dos seus integrantes, os Ciclos Regionais não conseguiam manter a continuidade da produção devido à falta de retorno financeiro dos filmes, que, na maioria das vezes, eram exibidos apenas na cidade de origem. Com o advento do som, que encareceu sobremaneira a feitura de um filme e tornou-a muito mais complexa tecnicamente, os Ciclos Regionais ficaram inviáveis, e a produção concentrou-se no eixo Rio-São Paulo. (AA)

CINEARTE

Cinearte não foi a primeira revista dedicada exclusivamente ao cinema publicada no Brasil, mas foi sem dúvida a primeira editada em bases rigorosamente modernas, adaptando à realidade brasileira os padrões estabelecidos para a imprensa cinematográfica por seus modelos americanos, como *Classic* e *Photoplay*. Fundada em 1926 por Adhemar Gonzaga* e Mário Behring, *Cinearte* foi um instrumento fundamental na estratégia de implantação da indústria cinematográfica no Brasil. Sua origem liga-se a outra publicação, o semanário *Paratodos*, editado por O Malho S. A., detentora do maior parque editorial da época. Lançada em 1919, *Paratodos* foi a primeira revista moderna editada no Brasil, com algumas importantes inovações: uma inteligente divisão de assuntos em seções especializadas, uso abundante de fotografias, colaboradores famosos e um interesse especial pelas artes e espetáculos em geral (teatro, música, literatura e cinema). Em 1921, Adhemar Gonzaga, que havia começado a carreira de jornalista em 1919, começou a trabalhar em *Paratodos*. No começo, *Paratodos* dava grande espaço ao cinema americano, raramente apresentando alguma nota ou mesmo uma foto relativa à produção local. Em 1923, Gonzaga introduziu uma nova orientação na cobertura cinematográfica, criando uma seção inteiramente dedicada ao cinema brasileiro, intitulada Filmagem Brasileira. Na mesma época, Pedro Lima*, amigo de infância de Gonzaga e também envolvido no mesmo esforço de promoção do cinema local, começou a escrever uma seção similar no semanário *Selecta*, editado pela Companhia Americana. A seção cinematográfica de *Paratodos*, a cargo de Gonzaga e de um dos editores da publicação, Mário Behring, tornou-se em pouco tempo um grande veículo de divulgação da produção nacional, publicando sistematicamente notícias e fotos dos filmes em andamento. Com apenas algumas páginas em sua fase inicial, a seção foi tomando conta da revista.

Em 1925, Gonzaga percebeu que era necessário criar uma revista exclusivamente dedicada ao cinema. No ano seguinte, surgiu então *Cinearte*, tendo Gonzaga e Behring como diretores. O sucesso foi imediato: a tiragem da primeira edição se esgotou rapidamente, levando os editores a aumentá-la nas edições seguintes. O que, porém, transformou *Cinearte* num fenômeno editorial sem precedentes foi um número especial inteiramente dedicado a Rodolfo Valentino, que acabara de falecer. Parte do sucesso de *Cinearte* foi atribuído ao seu projeto gráfico, bastante inovador para a época. Além de promover o *star system* americano com a publicação sistemática de fotografias dos astros e estrelas de Hollywood, *Cinearte* dedicava regular espaço à técnica cinematográfica, ao cinema educativo e ao cinema brasileiro, procurando exercer o papel de formadora de opinião e disseminadora da cultura cinematográfica no país. Desde o início, Gonzaga foi o editor da publicação. Behring era o responsável pela página editorial, através da qual a revista posicionava-se sobre temas fundamentais, como a implantação de uma censura federal, os aumentos abusivos dos preços dos cinemas, a defesa do cinema educativo, o incentivo às novas produtoras que iam sendo fundadas no Brasil, a discussão do papel que o Estado deveria exercer na atividade cinematográfica, entre muitos outros. Não podendo acumular as funções de editor e responsável pela seção dedicada ao cinema brasileiro, Gonzaga trouxe Pedro Lima para a redação de *Cinearte*. Em 1927, ele assumiu a seção, que passou a se chamar Cinema no Brasil. Pedro se tornou então o primeiro repórter especializado em cinema brasileiro, chegando a empreender algumas viagens a São Paulo a fim de entrevistar atores e colher informações para seus artigos. Outra inovação introduzida pela revista foi a crítica sistemática aos filmes em cartaz, que ficava a cargo de Paulo Vanderley* e Álvaro Rocha. Outros colaboradores foram surgindo com o tempo, como Octávio Gabus Mendes*, que se tornou o correspondente da revista em São Paulo, e Sérgio Barreto Filho, um dos maiores conhecedores da técnica cinematográfica de sua geração, responsável por seções dedicadas ao cinema de amadores e ao cinema educativo. Outros colaboradores importantes foram Jacques Corseuil Filho (que posteriormente se tornaria um dos maiores jornalistas brasileiros especializados em balé), Montenegro Bentes e Hoche Ponte (titular de uma seção dedicada ao rádio, curiosamente intitulada Televisão). Em 1927, a revista passou a contar com um correspondente exclusivo em Hollywood. O primeiro a exercer a função foi Lamartine S. Marinho. Uma das proezas de Marinho, de que muito se orgulhava, foi ter entrevistado a ainda acessível Greta Garbo, no início da sua carreira nos Estados Unidos. Em 1932, Lamartine voltou ao Brasil e para seu lugar foi destacado outro integrante da turma de Gonzaga, Gilberto Souto, que trabalhava no *Correio da Manhã*. Souto permaneceu na revista até o seu fechamento.

A influência exercida por *Cinearte* no ambiente cinematográfico brasileiro foi enorme. *Cinearte* fez a primeira campanha sistemática de defesa do cinema brasileiro, que sofria várias restrições da imprensa e da crítica da época. Defendendo a implantação da indústria cinematográfica no Brasil, *Cinearte* procurava exercer a função de porta-voz dos interesses da classe dos produtores locais. Além de divulgar toda e qualquer produção nacional, por mais modesta e despretensiosa que fosse, *Cinearte* procurava orientar os produtores sobre a técnica cinematográfica e sobre a arte da realização cinematográfica. As críticas aos filmes, estrangeiros ou brasileiros, eram acompanhadas frequentemente por digressões sobre o roteiro cinematográfico (naquela época chamado de "scenario"), procurando difundir a terminologia específica do cinema, adaptada ou não de sua origem americana, como *plot*, *hokum*, *spleen*, *it* e várias outras palavras. As ideias sobre estética e política cinematográfica estampadas nas páginas de *Cinearte* expressavam o projeto cinematográfico do grupo de Gonzaga, que tentava transplantar para o solo brasileiro o essencial que havia assimilado de suas reflexões sobre o cinema americano e de suas viagens a Hollywood. A revista defendia, por exemplo, que o filme de ficção era o único capaz de permitir o desenvolvimento de uma verdadeira indústria cinematográfica no Brasil, posição que a levou a rejeitar o documentário (com exceção do filme educativo, que defendia por razões nacionalistas), chamado naquela época de "cavação", por ser geralmente realizado a expensas do poder público ou de algum incauto financiador. O fascínio por Hollywood fez com que Gonzaga in-

troduzisse no Brasil a política de intensa publicidade de astros e estrelas, conhecida como *star system*. *Cinearte* criou de fato o *star system* brasileiro, fazendo surgir os primeiros atores mitificados do cinema brasileiro, como Eva Nil*, Gracia Morena, Eva Schnoor e Didi Viana. O apego aos princípios estéticos do silencioso levou *Cinearte* a adotar uma posição contrária ao cinema falado, desde as primeiras notícias sobre as experiências da WARNER, em 1926. A polêmica foi sustentada pela revista até 1931, quando o mercado havia se curvado inteiramente ao filme sonoro. Outra característica controvertida da postura editorial da revista que deve ser lembrada é a sua atitude negativa em relação ao cinema europeu, especialmente o soviético, reprovado no mais importante dos quesitos de avaliação estética do cinema usados pela revista: a fotogenia. Das ideias defendidas pela revista resultaram dois marcos na história do cinema brasileiro do período: o filme *Barro humano*, de 1929, dirigido por Gonzaga, e o estúdio CINÉDIA*, fundado em 1930. Nos anos 30, *Cinearte* participou de forma ativa da campanha pela criação das primeiras leis de proteção ao cinema brasileiro. A revista circulou durante dezesseis anos, de 1926 a 1942. (LAR)

CINECLUBE

Um cineclube define-se por algumas características básicas que são mantidas internacionalmente, como o fato de estar legalmente constituído, possuir caráter associativo e conter nos seus estatutos, como finalidade principal, a divulgação, a pesquisa e o debate do cinema e da produção audiovisual como um todo. A história dos cineclubes e do cineclubismo do Brasil carece de documentação que possibilite ao pesquisador realizar um levantamento sistemático dos mais de oitenta anos de atividade cineclubista. No Rio de Janeiro, em 1917, Adhemar Gonzaga*, Álvaro Rocha, Paulo Vanderley*, Luís Aranha, Hercolino Cascardo e Pedro Lima* participam de um grupo de jovens interessados em cinema. Esses pioneiros utilizam-se de métodos cineclubistas consagrados, como assistir a filmes e, após a sessão, promover um debate entre os integrantes. Normalmente, assistiam às sessões nos cinemas ÍRIS e PÁTRIA, depois se dirigiam até um local conhecido como Paredão para continuar a jornada cineclubista. Outro local de reuniões era a casa do colecionador de filmes Álvaro Rocha. Esse grupo ficou conhecido como Cineclube Paredão, mas, ao que se sabe,

jamais foi constituído legalmente. Não existem, portanto, documentos que provem o seu funcionamento como um cineclube de fato. O que restou da experiência do Paredão foi o relato de seus principais integrantes: Lima e Gonzaga. Em São Paulo, em 1925, apareceu a denominação cineclub, utilizada pelo ator Jayme Redondo. No entanto, tratava-se de um clube de jogo com exibições cinematográficas. Em 1928, no Rio de Janeiro, foi fundado o CHAPLIN CLUB*, o primeiro cineclube brasileiro de fato. O grupo de fundadores era composto de Otávio de Faria, Plínio Sussekind Rocha, Almir Castro e Cláudio Mello. Em agosto, o CHAPLIN lançou o primeiro número de *O Fan*, órgão oficial do cineclube, dirigido pelos fundadores e que sobreviverá por dois anos, publicando nove números. O CHAPLIN foi o mentor da cultura cineclubista no Brasil, herdeiro da tradição da vanguarda francesa. Durante a sua curta existência, pautou a sua atuação em defesa dos ideais estéticos de seus sócios: a grande arte do cinema silencioso e o preto e branco. O CHAPLIN exibiu, em primeira mão, o filme brasileiro mais importante desse período: *Limite*, de Mário Peixoto*. A sessão aconteceu no imponente CAPITÓLIO, de Francisco Serrador*, em 1931. Os seus dois mais notórios sócios, Faria e Rocha, desempenharam importante papel na formação da cultura brasileira e cinematográfica, influenciando personalidades de gerações distintas, como Vinicius de Moraes*, Paulo Emílio Salles Gomes*, Paulo César Saraceni*, Joaquim Pedro de Andrade*, entre outros. Somente em agosto de 1940, na Faculdade de Filosofia da Universidade de São Paulo, foi fundado o CLUBE DE CINEMA DE SÃO PAULO (CCSP). Entre seus fundadores estavam algumas das mais marcantes personalidades da cultura brasileira, como Paulo Emílio Salles Gomes, Décio de Almeida Prado, Lourival Gomes Machado e Cícero Cristiano de Souza. O CCSP teve uma vida breve, sendo logo interditado pelo Departamento Estadual de Imprensa e Propaganda (DEIP). A partir de 1941, ainda funcionou com exibições clandestinas nas residências de Paulo Emílio e Lourival Machado, porém essas sessões tiveram vida curta. Somente depois da II Guerra Mundial, com o país respirando ares democráticos, é que a atividade cineclubista voltou a renascer. Em 1946, o novo CCSP foi oficializado, com diretoria composta de Francisco de Almeida Salles* (presidente), Múcio Porphyrio Ferreira (secretário) e Rubem Biáfora* (tesoureiro). Esse segundo CCSP utilizava-se do auditório do consulado americano, em São Paulo, num momento particularmente vibrante para a cultura cinematográfica, destacando-se nos meios culturais e sociais da cidade. O CCSP foi o embrião da futura CINEMATECA BRASILEIRA e manteve uma série de atividades, como exibições cinematográficas, cursos e seminários. Essas ações influenciaram toda uma geração, quando serviu, também, como uma espécie de modelo para os futuros cineclubes brasileiros. Estes, por sua vez, funcionaram como verdadeiras escolas de cinema para os seus frequentadores, num período em que não existiam cursos similares no país. Em 1946 foi fundado o CLUBE DE CINEMA DA FACULDADE NACIONAL DE FILOSOFIA, orientado pelo pioneiro cineclubista Plínio Sussekind Rocha.

O ano de 1948 foi particularmente significativo para o cineclubismo brasileiro, constatando-se uma inédita efervescência. No Rio de Janeiro, os críticos Alex Viany*, Moniz Vianna* e Luiz Alípio Barros fundaram o CÍRCULO DE ESTUDOS CINEMATOGRÁFICOS (CECRJ). No Sul, outro crítico, P. F. Gastal*, fundou o CLUBE DE CINEMA DE PORTO ALEGRE. Outros clubes de cinema foram fundados, nesse mesmo ano, em Santos e em Fortaleza, por exemplo. Em 1949, o cineclubismo brasileiro já demonstrava um elevado grau de maturidade quando o CCSP uniu-se ao Museu de Arte Moderna de São Paulo (MAM), transformando-se em FILMOTECA DO MAM (FMAM), nossa primeira cinemateca*. A FMAM inaugurou oficialmente suas atividades em março, com a projeção de *Drame chez les fantoches*, *Little Moritz*, *Enlève Rosalie* e *La passion de Jeanne D´Arc*. A FMAM exibia regularmente três programas de filmes antigos e modernos por semana, às vezes em forma de ciclos, mantendo as suas atividades até por volta de 1957. Ainda no ano de 1949, foi fundado o Seminário do Museu de Arte de São Paulo (SMASP) por iniciativa de Ruggero Jacobbi, Adolfo Celi* e Carlos Ortiz*, onde Alberto Cavalcanti* realizou importantes palestras, logo antes de ser convidado pelo governo federal para propor um projeto global para o cinema brasileiro. Em 1950, na cidade de São Paulo, foi criado o CENTRO DE ESTUDOS CINEMATOGRÁFICOS (CECSP). O CECSP promoveu, no mesmo ano, o primeiro CONGRESSO DE CLUBES DE CINEMA. Nesse congresso pioneiro foi proposta a criação de uma Federação Brasileira de Cineclubes, fato esse que jamais se efetivou. Em São Paulo, os críticos Rubem Biáfora e José Júlio Spiewak* fundam o CLUBE DE CINEMA

ORSON WELLES, que funcionou por cerca de um ano. Foi criado no início da década de 1950 o CLUBE DE CINEMA DE FLORIANÓPOLIS, que contava entre os seus fundadores com Archibaldo Cabral Neves e Emanuel Santos. Em 1951 foi organizado o CENTRO DE ESTUDOS CINEMATOGRÁFICOS DE MINAS GERAIS (CECMG), por iniciativa de Jacques do Prado Brandão, Cyro Siqueira*, Fritz Teixeira de Salles. O CECMG, durante a sua existência, editou a *Revista de Cinema* e foi responsável pela formação de uma geração de cineclubistas e cineastas mineiros, entre eles Neville d'Almeida*. Fazendo-se um balanço da atividade nos anos 40 e 50, percebe-se que o cineclubismo brasileiro, nessa fase, era detentor das melhores cabeças pensantes do meio cinematográfico nacional, possuidores de uma visão universalista e com profundo engajamento estético. No ano de 1952, a FMAM realizou em São Paulo a Primeira Retrospectiva do Cinema Brasileiro em colaboração com o CECSP e o CECRJ. O evento pioneiro aconteceu entre novembro e dezembro, contendo dezenove programas com palestras. Pela primeira vez no país realizava-se uma mostra retrospectiva do cinema nacional de maneira didática, exibindo-se para as novas gerações filmes de difícil acesso. Nesse ano, em outubro, foi fundado o CINECLUBE DE MARÍLIA. A mais duradoura das entidades cineclubistas brasileiras, o CINECLUBE DE MARÍLIA permaneceu em atividade até a década de 1990. Em São Paulo, Plínio de Arruda Sampaio, que mais tarde se tornaria deputado federal e candidato à Presidência da República, liderou um movimento pela fundação do CINECLUBE UNIVERSITÁRIO. Existia, nesse momento, um forte movimento de orientação católica que estimulava a cultura cinematográfica e a fundação de cineclubes. Essa influência teve, por um longo período, seus reflexos em toda atividade cineclubista, espalhando-se por quase todo o país. Em 1953, a Conferência Nacional dos Bispos do Brasil (CNBB) criou o Centro de Orientação Cinematográfica, destinado à formação de espectadores, tendo como presidente o padre Guido Logger. As cidades do interior paulista, a exemplo de Marília, e depois de outros estados, lentamente começaram a fundar os seus clubes de cinema. Nesse início de interiorização da atividade cineclubista, Campinas também passa a abrigar seu clube de cinema, de vida breve, mas que deixou uma semente cineclubista na cidade. Em 1954, na Faculdade de Filosofia do Rio de Janeiro, Saulo Pereira de Melo

e Joaquim Pedro de Andrade* fundaram o Centro de Estudos Cinematográficos. Esse Centro foi o responsável pelo resgate do filme *Limite*. Nesse mesmo ano, em Recife, surgiu a União Regional dos Cineclubes (URCC), que reuniu cinco cineclubes recifenses. A URCC foi a primeira tentativa bem-sucedida de agregar cineclubes sob o manto de uma entidade federativa. Nessa fase, em algumas localidades, os cineclubes começaram a funcionar com uma programação comercial, cumprindo o papel das salas de cinema, obviamente sem a mesma estrutura. Nesse momento, alguns exibidores cinematográficos sentiram-se lesados por essa prática. As distribuidoras norte-americanas resolveram suspender a locação de filmes para cineclubes e entidades recreativas. Em São Paulo, o Museu de Arte de São Paulo (Masp) criou um departamento de cinema incorporando o Seminário, que se tornou um centro de referência das atividades cineclubistas. Em 1955, a FMAM passou a distribuir regularmente filmes clássicos para os cineclubes brasileiros, preenchendo uma lacuna cultural importante. No ano seguinte, a FMAM transformou-se em sociedade civil com o nome de CINEMATECA BRASILEIRA. Ao final dos anos 50 e início dos anos 60, o cineclubismo brasileiro encontrava-se na fase de organização em torno de entidades federativas. A criação de entidades foi um claro sinal do crescimento da atividade cineclubista como um todo. Em 1956, foi fundado o Centro dos Cineclubes do Estado de São Paulo (CCESP), por iniciativa de Carlos Vieira. O Rio de Janeiro vivia uma intensa atividade cineclubista e nesse ano foram fundados os seguintes cineclubes: ESCOLA DE BELAS ARTES, ALIANÇA FRANCESA e o CENTRO DE CULTURA CINEMATOGRÁFICA, que se integraria ao Museu de Arte Moderna, transformado-se mais tarde em CINEMATECA DO MAM. Em 1957, Dejean Pelegrin e José Paes de Andrade fundaram, no Rio de Janeiro, o Grupo de Estudos Cinematográficos da União Metropolitana de Estudantes (GEC/UME). Também foi digna de nota a tendência de os cineclubes agregarem-se em torno de entidades, como museus, escolas, faculdades. O crescimento do número de cineclubes criou uma demanda para dirigentes de entidades cineclubistas e, em 1958, foi realizado o Curso para Dirigentes de Cineclubes. Esse curso, realizado pela CINEMATECA BRASILEIRA em São Paulo, foi um dos primeiros de que se tem notícia no país. O CCESP foi transformado em Centro dos Cineclubes (CCC) e reuniu cineclubes paulistas e de outros estados brasileiros. Nesse ano também foi fundado o CINECLUBE DOM VITAL (SP) por Rudá de Andrade* e Carlos Vieira. O futuro cineasta Gustavo Dahl* foi escolhido para presidente da entidade, que iniciou suas atividades discutindo semanalmente os lançamentos comerciais. No Rio de Janeiro, onde o movimento cineclubista encontrava-se em efervescência, foi fundada a Federação de Cineclubes do Rio de Janeiro (FCCRJ). Novas entidades foram criadas, como o CINECLUBE DA ESCOLA NACIONAL DE ENGENHARIA, fundado por Leon Hirszman* e Fernando Drumond, e o CINECLUBE DA ESCOLA NACIONAL DE ARQUITETURA, fundado por Altino M. Santos, entre outros. O movimento cineclubista já era uma realidade e existia a necessidade de que os cineclubes trocassem experiências entre si para que pudessem desempenhar mais satisfatoriamente as suas atividades. Em 1959, foi realizada a Primeira Jornada de Cineclubes promovida pelo CCC. O evento contou com a presença de apenas dezesseis cineclubes e teve o apoio da CINEMATECA BRASILEIRA. Durante a Jornada foi realizado o evento Semana da Cultura Cinematográfica, com debates e exibição de filmes.

Nos anos 60, o cineclubismo passou por uma expansão como nunca se viu antes, no entanto foi um movimento artificial, insuflado pela Igreja Católica, que detinha o monopólio da atividade. Esse movimento foi liderado pelos padres Guido Logger, Massote, Lopes, Humberto Didonet e Hélio Furtado do Amaral. Em 1960, na capital mineira, aconteceu a II Jornada de Cineclubes promovida pelo CCC e patrocinada pelo CECMG. A atividade cineclubista no Brasil, de modo geral, passou por um bom momento e presenciou-se a criação da Federação de Cineclubes de Minas Gerais (FCCMG), que foi um dos bastiões do emergente movimento cineclubista brasileiro ao lado da FCCRJ e do CCC (SP). No Rio de Janeiro, a FCCRJ lançou a revista *Cineclube*, sob a direção de Marcos Faria*, e também desenvolveu cursos de iniciação cinematográfica em escolas secundárias. Em 1962, na III Jornada de Cineclubes, realizada em Porto Alegre, foi fundado o Conselho Nacional de Cineclubes (CNC), entidade que passou a organizar as Jornadas Cineclubistas e a direcionar o movimento cineclubista brasileiro como um todo. A partir de 1964, a atividade entrou em declínio pelo advento do regime militar e a ação perniciosa da censura*. Brasília sediou, em 1968, a VII Jornada Nacional de Cineclubes, que se

manifestou claramente contra o regime. Nessa época, o Brasil possuía cerca de trezentos cineclubes e seis federações regionais. Em 1969 desapareceram o CNC, as seis federações e quase todos os cineclubes do país. Em 1971 foi fundado, no Rio de Janeiro, o CINECLUBE GLAUBER ROCHA, que foi o principal reorganizador da FCCRJ. Um dos elementos responsáveis por esse trabalho de ressurgimento foi Marco Aurélio Marcondes. Podemos dizer que aqui começou um novo cineclubismo, politicamente engajado. Em 1973, cineclubistas reorganizaram o CNC, em Marília, e prepararam uma jornada para o ano vindouro, em Curitiba. Nessa VII Jornada foi lançado um documento intitulado Carta de Curitiba. Esse documento delineou a ação dos cineclubes brasileiros até a volta da democracia. Entre as principais propostas dessa carta estavam o engajamento dos cineclubes em prol do cinema brasileiro e o combate à censura. A Carta também previu a constituição de uma distribuidora alternativa para os cineclubes, com o objetivo de fornecer opções às poucas fontes existentes de abastecimento de filmes de 16 mm, a bitola cineclubista. Em 1975 foi reorganizada a Federação de Cineclubes de São Paulo (FCCSP). Os ecos da Carta de Curitiba foram consumados em 1976, quando o CNC criou um departamento exclusivo para distribuição de filmes, a Distribuidora Nacional de Filmes (Dinafilme). Um dos primeiros filmes brasileiros que se utilizaram do esquema de distribuição da Dinafilme foi *Passe livre*, de Oswaldo Caldeira*. No entanto, a Dinafilme teve a sua trajetória bastante acidentada por causa das invasões e apreensões de filmes feitas pela ditadura militar. Além desses problemas políticos, a Dinafilme nunca se mostrou viável sob o ponto de vista econômico e logístico. Havia o chamado "mercado alternativo", que foi superestimado pelos seus dirigentes, revelando-se uma falácia, incapaz de dar suporte financeiro para uma distribuidora do gênero, apesar dos esforços realizados nesse sentido. Essa nova fase do cineclubismo no Brasil foi bastante ativa e, novamente, os cineclubes estavam presentes em quase todos os estados e principais capitais, ainda que de forma enviesada, indo além das escolas e faculdades. A atividade cineclubista foi desenvolvida em sindicatos e associações. Esse foi o momento do engajamento político cineclubista, mas sem o brilho e a qualidade intelectual dos cineclubes dos anos 50, mais preocupados com a cultura cinematográfica propriamente dita. Somente em 1981, o CONCINE* editou

a Resolução nº 64, que regulamentou a atividade cineclubista e definiu o que é cineclube. O conteúdo legal da Resolução nº 64 permanece válido até os dias de hoje, regulamentando as normas para se criar ou proteger uma entidade cineclubista. Em 1985, com o advento da Nova República e a volta do estado de direito, muitos cineclubes perderam a sua principal função, que era a de "conscientizar o povo através do cinema" ou "ajudar a derrubar o regime". Com o retorno à normalidade democrática, os partidos clandestinos de esquerda e outras organizações não necessitavam mais dos cineclubes-biombo. Presenciou-se, a partir daí, uma nova fase de adaptação por parte daqueles cineclubistas que estavam interessados em fazer um trabalho verdadeiramente cultural. Tradicionalmente, os cineclubes brasileiros operavam na bitola de 16 mm e, com o passar do tempo, esse tipo de película ficou bastante escasso. Alguns cineclubes enveredaram pelo caminho da profissionalização, ou seja, optaram por montar salas que operassem com equipamento profissional de 35 mm. A primeira experiência de um cineclube operando na bitola de 35 mm, em uma sala de cinema com sessões diárias e regulares, foi a do CINECLUBE CAUIM, fundado em 1979, na cidade de Ribeirão Preto (SP), onde até hoje se encontra em atividade. Suas ações são marcadas por uma política de massificação da cultura em vários níveis, orquestradas pelo seu personagem símbolo, o cineasta Fernando Caxassa, que tem dado fôlego a tão longeva atividade. Depois do Cauim, veio a bem-sucedida experiência do CINECLUBE BIXIGA, localizado na cidade de São Paulo. O BIXIGA nasceu em julho de 1981, sendo um dos fenômenos cineclubistas mais importantes nesse novo momento. A ideia de Antônio Gouveia Júnior, um dos seus fundadores, foi muito bem recebida pelo público cinéfilo de um modo geral, para depois ser copiada por outros cineclubes, como o ESTAÇÃO BOTAFOGO, no Rio de Janeiro, OSCARITO e ELÉTRICO, em São Paulo, e SAVASSI, em Belo Horizonte. A "profissionalização" dos cineclubes fez com que essas entidades se descaracterizassem, perdendo os ideais básicos do cineclubismo.

Nos anos da neoglobalização, os cineclubes e suas entidades representativas praticamente deixaram de existir. Entretanto, depois de um período de letargia e apatia, percebe-se que houve uma mudança no estado das coisas. Iniciou-se uma superação da crise instalada na década de 1990, numa recuperação que se deu de maneira bastante lenta. A partir de 2001, entretanto, já eram percebidos sinais de uma retomada concreta. Na medida em que as tecnologias de reprodução e exibição digitais começaram a ficar mais acessíveis no Brasil, ocorre o casamento da produção digital com sua exibição. Além disso, alguns produtores de conteúdo audiovisual passaram a enxergar na atividade cineclubista um modo de difundir a produção. Em 2003, durante a realização do FESTIVAL DE BRASÍLIA, houve um encontro nacional de cineclubes que marcou o ressurgimento do movimento cineclubista, em nível nacional, já havendo ações em locais como Rio de Janeiro, Rio Grande do Sul, Espírito Santo, São Paulo, etc. Esse quadro reflete avanços, graças a esforços de organização que conseguiram manter uma continuidade do trabalho. Destaca-se nesse cenário a atuação do CINECLUBE FALCATRUA, que funcionou como um projeto de extensão universitária da Universidade Federal do Espírito Santo (Ufes). O FALCATRUA se notabilizou por utilizar *downloads* de filmes disponibilizados na Internet ("torrents"), fato que lhe acabou rendendo dois processos na Justiça. Os reclamos judiciais foram feitos por empresas distribuidoras que se sentiram lesadas pela ação do FALCATRUA, acusando-o de concorrência desleal. Nesse momento, destaca-se a rearticulação do que se pode chamar uma "primavera dos cineclubes". Tal fato se deve à formação de uma nova mentalidade de uma geração que militou pela causa da cultura cinematográfica, desvinculando-se do cineclubismo militante de outrora. Além disso, foi importante o advento de uma política de ação entre o Estado brasileiro e o cineclubismo, através de uma atitude indutiva de instalação de pontos de exibição em todo o território brasileiro. Inicia-se uma política de formação de público entre Estado e sociedade civil. Para coroar esse processo, na gestão Manoel Rangel, a Agência Nacional do Cinema (ANCINE) edita a Instrução Normativa nº 63, em 2 de outubro de 2007, que se transformou no marco zero legislativo do cineclubismo brasileiro do século XXI. A IN nº 63 possui onze artigos que estabelecem a definição de cineclube e regulamentam suas atividades, tirando os cineclubes brasileiros do limbo institucional em que se encontravam. O renovado CNC, através de suas lideranças, encarnadas nas figuras de Antonio Claudino de Jesus (ES), João Batista Pimentel (SP) e Luis Alberto Cassol (RS), conseguiu uma articulação entre sociedade civil e Estado que alavancou novamente a dinâmica do movimento cineclubista. Demonstrando esse crescimento, durante a realização da XXVIII Jornada de Cineclubes, ocorrida no final de 2010 em Recife, estiveram presentes mais de duzentos cineclubes, oriundos de 25 estados brasileiros. Esse fato mostra que o cineclubismo brasileiro recuperou a sua capilaridade social e importância cultural. As ações cineclubistas integram agora o vocabulário dos dirigentes estatais e dos produtores audiovisuais. Além dos processos de federalização e de legitimação social, está entre as tarefas do novo cineclubismo discutir os chamados direitos do público. Essa bandeira de luta é oriunda da Carta de Tabor (1987), documento elaborado em congresso da Federação Internacional de Cineclubes (FICC). A adesão aos princípios da Carta permitiu que o cineclubismo brasileiro voltasse a se destacar no movimento internacional. Além disso, foram promovidos encontros com entidades internacionais cineclubistas em solo brasileiro, contribuindo para a sedimentação dessa relação. (AG)

CINÉDIA

Empresa fundada em 1930 pelo jornalista e cineasta Adhemar Gonzaga*, inaugurou o modelo de estúdio de porte no país e produziu obras importantes como *Ganga bruta*, *O ébrio* e *Bonequinha de seda*. Foi fruto das campanhas por uma indústria cinematográfica nacional na década de 20, em particular a empreendida pela revista *Cinearte*, dirigida por Gonzaga, que pregava uma atualização técnica e estética para equiparar o filme brasileiro à produção internacional. Nesse período de transição para o cinema sonoro, tal iniciativa, somada ao sucesso de *Brasa dormida* (1928), de Humberto Mauro*, e principalmente *Barro humano* (1927-1929), de Adhemar Gonzaga*, gerou a expectativa de ocupação imediata do mercado pela produção local. A CINÉDIA tentou compatibilizar em sua fase inicial a montagem de uma infraestrutura de trabalho de caráter modelar, a incorporação de diversas e modernas tecnologias de produção e realização, ligadas aos postulados do cinema feito em estúdio, e a busca por um produto acessível ao grande público e ao mesmo tempo com certas pretensões artísticas. Em 1929, Gonzaga recebeu o adiantamento de sua parte na herança do pai, o empresário da loteria federal João Antônio de Almeida Gonzaga, e adquiriu um terreno de 8.000 m² na rua Abílio, 26, no bairro de São Cristóvão. As obras de construção do estúdio – inicialmente batizado de CINEARTE ESTÚDIO – foram iniciadas em janeiro e concluídas em outubro de 1930. A associação com a revista manteve-se até algum tempo depois da data aceita como a de fundação da CINÉDIA – 15 de março de 1930. Essa data deveu-se ao fato de que alguns jornais noticiaram, no dia seguinte, a fundação de uma nova empresa produtora, batizada de PRODUÇÕES CINÉDIA. O nome escolhido era uma contração de uma expressão espanhola, "cine al dia", que pode ser traduzida ao pé da letra por "cinema em dia". Em abril, o grupo de CINEARTE dissolveu-se e Gonzaga decidiu fundir estúdio e produtora numa única denominação: CINÉDIA ESTÚDIOS.

O apuro narrativo, o bom acabamento técnico e a abordagem de temas ousados, como a condição feminina e a nova concepção de vida exprimida pelos jovens de classe média, marcaram os três primeiros títulos da companhia, *Lábios sem beijos* (1930), *Mulher* (1931) e *Ganga bruta* (1932-1933). Uma produção de ocasião, *Voz do carnaval* (1933), concebida para testar em grande escala a utilização do equipamento de captação de som pelo sistema MOVIETONE, indicou a associação necessária e bem aceita pelo público entre a comédia musical e o universo momesco. Sem explorar inicialmente esse recurso, a companhia, ainda terminando as obras dos palcos de filmagem, laboratório, camarins e demais instalações, voltou-se para a locação da infraestrutura já existente e para a produção de cinejornais* e de curtas-metragens. No primeiro caso o estúdio abrigou as filmagens de títulos como *Honra e ciúmes*, de Antônio Tibiriçá*, e *Onde a terra acaba*, de Octávio Mendes*. Na esteira do Decreto nº 20.240, que instituiu a obrigatoriedade de exibição de filmes de curta metragem, investiu nos chamados complementos de programa, criando séries jornalísticas semanais (*Cinédia Atualidades*, *Cinédia Jornal*, *Cinédia Revista*, entre outros) e produzindo dezenas de documentários sobre os mais variados aspectos do país e mesmo alguns títulos ficcionais, como *Uma encrenca musical* (1935). Em fins de 1934 optou por uma política de coproduções e por uma virada em direção ao filme popular. A associação com a WALDOW FILME firmou o musicarnavalesco como o principal produto da companhia, alcançando os primeiros grandes estouros de bilheteria com *Alô! Alô! Brasil* (1934), *Estudantes* (1935) e *Alô! alô! Carnaval* (1935). Com relação à atualização tecnológica, a contribuição da CINÉDIA foi fundamental. Ela importou para o Brasil os mais sofisticados equipamentos da época, como as câmeras Mitchell, já adaptadas à filmagem sonora, adquiridas por Gonzaga em 1929, refletores, copiadores e reveladoras automáticas.

Os vínculos com a fase anterior estenderam-se ao primeiro filme da companhia, *Lábios sem beijos*, dirigido por Humberto Mauro. Tratava-se de uma retomada do mesmo argumento que Gonzaga escreveu e tentou filmar em 1929, produzido e estrelado por Carmen Santos*. A produção teve de ser abandonada em dezembro daquele ano devido à gravidez de Carmen. *Cinearte* habilmente omitiu o fato, forjando a continuidade entre as duas versões. Filmado em meio às obras de construção do estúdio, *Lábios sem beijos* pertenceu à linhagem inaugurada por *Barro humano*, a do melodrama romântico recheado de mal-entendidos, idílios campestres e sensualidade brejeira. Foi exibido com relativo sucesso, chegando a ser eleito o melhor filme do ano em uma votação popular. Em seguida, a CINÉDIA realizou *Mulher*, com direção de Octávio Gabus Mendes*. Estrelado por Carmen Violeta, *Mulher* apresentava um argumento bem mais ousado, narrando as agruras de uma moça pobre que resistia aos avanços amorosos do padrasto e acabava se tornando amante de um jovem abastado. Os dois primeiros filmes do estúdio foram fiéis ao propósito original de Gonzaga de realizar filmes com qualidade artística, bom acabamento técnico e apelo popular. Gonzaga mantinha a mesma convicção quanto ao futuro do cinema: sonoro, sim, mas jamais falado. Essa crença fez com que ele descartasse a compra imediata de equipamento para a gravação de som óptico, o chamado processo MOVIETONE, patenteado pela FOX. Os primeiros filmes da CINÉDIA, portanto, foram concebidos, produzidos e exibidos a partir dessa perspectiva. Em seguida, a CINÉDIA partiu para a produção do que muitos consideram a sua obra-prima: *Ganga bruta*, dirigido por Humberto Mauro, lançado em 1933. Gonzaga encarregou Octavio Gabus Mendes de preparar um argumento e o filme entrou em produção no ano seguinte. Realizado entre 1932 e 1933, *Ganga bruta* foi concebido como filme silencioso, que seria acompanhado por uma trilha musical própria, gravada em disco e sincronizada à imagem durante a projeção. Superada porém a rejeição inicial, o filme falado acabou se firmando de vez no mercado brasileiro. Essa realidade se consumou quando *Ganga bruta* já estava quase concluído, mas ainda assim Gonzaga decidiu acrescentar algumas falas ao filme, gravadas com equipamento VITAPHONE (por meio de discos). O drama passional não agradou ao público da época e o filme foi um grande insucesso de bilheteria. Além disso, alguns críticos, como Henrique Pongetti*, foram implacáveis com o filme. Revisto a partir dos anos 60, *Ganga bruta* foi elevado à categoria de um dos maiores filmes brasileiros de todos os tempos, que reafirmou o talento de Humberto Mauro para retratar as paisagens e os tipos humanos brasileiros.

Ganga bruta desencadeou a primeira séria crise da CINÉDIA. Não apenas do ponto de vista econômico, mas sobretudo do ponto de vista estético. Primeiro, porque o filme chegou aos cinemas tecnicamente anacrônico: as poucas falas inseridas posteriormente acabaram por sublinhar ainda mais o atraso tecnológico do estúdio. Segundo, porque o público não demonstrou qualquer empatia para com o estilo simbólico adotado por Humberto Mauro. O insucesso artístico e financeiro de *Ganga bruta* levou Gonzaga a redefinir o perfil da CINÉDIA. Sem jamais abrir mão do modelo de cinema que sempre defendeu e que acreditava poder consolidar na CINÉDIA, Gonzaga adotou a partir de 1934 uma atitude mais flexível, mais pragmática. Projetos ambiciosos, como adaptações de clássicos da nossa literatura e produções ambientadas em locações exóticas, como a Amazônia e o Pantanal Mato-grossense, foram colocados em segundo plano, em nome de alternativas mais rentáveis. A necessidade de viabilizar comercialmente a empresa levou Gonzaga ao encontro do filme musical de apelo popular. Esse encontro consubstanciou-se na figura do empresário e técnico americano Wallace Downey*. Em 1931, Downey havia realizado em São Paulo o filme *Coisas nossas*, primeira revista musical do cinema brasileiro, isto é, um desfile de astros e estrelas do rádio paulista com alguns entrechos cômicos. O sucesso foi extraordinário, e a fórmula criada pelo filme – a fusão do cinema e do rádio – pareceu a melhor maneira de garantir o êxito comercial. Downey resolveu então se transferir para o Rio de Janeiro e, com um equipamento de gravação de som óptico montado num veículo, criou a WALDOW FILM. Em 1934, ele se associou à CINÉDIA para a produção dos primeiros musicais no estúdio. Antes, a CINÉDIA havia ensaiado os primeiros passos no gênero, realizando, em 1933, *A voz do carnaval*, um semidocumentário sobre o carnaval carioca, codirigido por Gonzaga e Humberto Mauro. A associação com Wallace Downey mudou completamente os rumos da CINÉDIA. Os três filmes dela resultantes – *Alô! Alô! Brasil*, *Estudantes* e *Alô! alô! Carnaval* –, cuja atração principal foi Carmen Miranda*, fizeram as pazes do estúdio com o público e criaram um novo gênero, que seria posteriormente batizado de "musicarnavalesco". Se o musicarnavalesco não nasceu na CINÉDIA (a paternidade do gênero está mais próxima de Downey), foi no estúdio de Gonzaga que ele adquiriu a sua forma definitiva. Assim, o cinema apropriou-se de dois elementos que ele não era capaz de fornecer por seus próprios meios, os cantores e os cômicos do teatro popular, encarregando-se apenas de dar-lhes visibilidade e uma repercussão que expandiam em muito a popularidade alcançada nos veículos originais. Verdadeira constelação de astros e estrelas do rádio brasileiro, esses musicais reuniram cantores como Mário Reis, Carmen Miranda, o Bando da Lua, Lamartine Babo, Francisco Alves, Almirante, as Irmãs Pagã, Dircinha Batista, Heloísa Helena, entre outros. O que a CINÉDIA (e sua concorrente SONOFILMES*) fez, portanto, foi ampliar infinitamente as possibilidades de difusão desses artistas por meio do cinema.

Se *Ganga bruta* pode ser considerado o primeiro clássico, e *Alô! alô! Carnaval* o primeiro estouro de bilheteria, *Bonequinha de seda*, realizado em 1936, foi o primeiro grande êxito artístico e financeiro da CINÉDIA, paradigma perfeito do cinema desejado por Gonzaga. Com roteiro e direção de Oduvaldo Viana*, *Bonequinha de seda* pode ser vinculado a um subgênero do musical hollywoodiano, a opereta, em que se destacaram atores-cantores como Maurice Chevalier, Jeannette MacDonald e Nelson Eddy. Sua realização representou um marco artístico e técnico na história do cinema brasileiro. O projeto de Oduvaldo era fazer um filme que não devesse nada às produções hollywoodianas, e o resultado foi a introdução de diversas inovações técnicas. Além de se beneficiar de recentes aquisições no parque de equipamentos da CINÉDIA – a compra de um conjunto de refletores Mole-Richardson, os mais conceituados em Hollywood –, *Bonequinha* apresentou a primeira sequência de grua do cinema brasileiro, construída sob a orientação do fotógrafo Edgar Brasil*, e as primeiras sequências filmadas com a técnica do *back-projection*, isto é, com atores contracenando sobre um fundo projetado. Com cenários e figurinos luxuosos, produção de primeira linha, atores com sólida experiência teatral e um ágil roteiro original, *Bonequinha de seda* foi o grande marco do cinema brasileiro dos anos 30. Confiante na sustentação proporcionada pelo gênero musical, Gonzaga voltou a investir pesadamente, terminando os palcos, comprando ou construindo equipamentos de ponta (refletores Mole-Richardson, copiadores Bell-Howell, reveladora contínua DeBrie, mesa de gravação RCA, câmera Super-Parvo, grua gigante de madeira, *process-shot* para projeção de fundo, e muito mais) e contratando e formando diretores, atores e técnicos de peso (Oduvaldo Viana, Oscarito*, Francisco Alves, Carmen Miranda, Gilda Abreu*, Moacyr Fenelon*, Edgar Brasil, entre outros). O objetivo foi retomar os projetos de maior envergadura artística e mesclá-los a uma produção corrente de maior apelo popular. Após *Bonequinha de seda*, a CINÉDIA lançou-se a uma nova investida no mesmo gênero, "Alegria", também dirigido por Oduvaldo. O filme, porém, foi interrompido antes da metade das filmagens, por divergências entre o diretor e o produtor Gonzaga. Apesar dos prejuízos causados pela interrupção da superprodução, e que determinariam em última instância a paralisação momentânea de 1942 e o encerramento das atividades em São Cristóvão no início dos anos 50, essa linha de trabalho não seria mais alterada substancialmente. Além de *Bonequinha de seda*, o programa prosseguiu com títulos como o musical *Samba da vida*, de Luiz de Barros, o drama *Pureza* e a comédia de costumes *Vinte e quatro horas de sonho*, ambos de Chianca de Garcia*, e o melodrama *Romance proibido*, de Adhemar Gonzaga. Os dois últimos foram, respectivamente, marcantes por suas qualidades narrativas e pela clareza de exposição em torno de um ideário de utilização do cinema como instrumento de socialização. No campo estritamente comercial recorreu-se a produções musicais de baixo custo, como *Tererê não resolve*, de Luiz de Barros, filmada em uma semana, e as tentativas de diversificação pela abordagem de vários gêneros (a aventura, em *Aruanã*, de Líbero Luxardo*, e *Sedução do garimpo*, de Luiz de Barros, e a comédia, em *O dia é nosso*, de Milton Rodrigues*).

Nos anos 40, a CINÉDIA diversificou a sua atividade regular de produção implementando o setor de documentários e cinejornais. Durante vários anos, a companhia foi a responsável pela realização do cinejornal do Departamento de Imprensa e Propaganda (DIP). No final de 1941, uma grave crise, motivada sobretudo pelo mecanismo de distribuição e exibição vigente que drenava os lucros do produtor, obrigou Gonzaga a paralisar as atividades da CINÉDIA. Após a breve interrupção, os estúdios foram reabertos para abrigar os interiores de "It's All True", filme sobre o carnaval carioca e os jangadeiros cearenses, que o diretor Orson Welles não concluiu. Os dramas *O brasileiro João Sousa*, de Bob Chust, e *Caminho do céu*, de Milton Rodrigues, enveredaram para um tom patriótico. O tema foi mais bem explorado nos títulos dirigidos por Luiz de Barros, *Samba em Berlim* e *Berlim na batucada*, este uma deliciosa paródia à passagem de Welles pelo país. Voltaram em seguida as coproduções e os projetos de maior envergadura (*O cortiço*, fiel adaptação do romance de Aluísio Azevedo) e o universo da comédia musical (*Corações sem piloto*, *Pif-paf*). A companhia continuou se aperfeiçoando tecnicamente, introduzindo a mixagem no país, e lançando na tela novos intérpretes dramáticos e musicais, como Cyll Farney*, Marlene*, Dercy Gonçalves*, Emilinha Borba, Átila Iório* e Vicente Celestino. Ao acolher as pretensões de Gilda Abreu de tornar-se diretora, investiu em *O ébrio*, alcançando com o filme estrelado pelo cantor Vicente Celestino uma das maiores bilheterias da história do cinema brasileiro. *O ébrio* foi lançado em 1946. Baseado na canção do próprio Vicente Celestino, datada de 1936, e na peça teatral homônima, lançada em 1942, o filme descrevia o drama do cantor Gilberto Silva, traído pela mulher. Estima-se que *O ébrio* tenha sido visto por mais de 12 milhões de pessoas. Seu estrondoso sucesso não foi, no entanto, repetido nas produções seguintes, como *Pinguinho de gente*, novamente sob a direção de Gilda. Em que pesem o rigoroso acabamento técnico e cenográfico e o apuro formal exibido pela narrativa, os gastos de *Pinguinho de gente* não foram compensados pela pequena e decepcionante bilheteria, que obrigou o estúdio a abrir mão da produção própria. Alugou-se o complexo para os LABORATÓRIOS ELETRÔNICOS BRASILEIROS, que realizaram *Esta é fina* e *Fogo na canjica*, ambos com direção de Luiz de Barros. Já tendo vendido parte dos terrenos de São Cristóvão e desfeito a antiga estrutura, a empresa retornou à produção no início dos anos 50, aproveitando as facilidades de finalização oferecidas pela COMPANHIA INDUSTRIAL CINEMATOGRÁFICA, mais conhecida como BONFANTI. Logrou certo êxito de bilheteria com *Anjo do lodo* e *Aguenta firme, Isidoro*, ambos com direção de Luiz de Barros, procurando com isso e o repasse do restante dos terrenos encerrar as dívidas contraídas ao longo do tempo. Refazendo a estratégia de trabalho, Gonzaga levou a companhia para São Paulo, onde acreditava poder reerguê-la, acompanhando a febre dos grandes estúdios paulistas. Associou-se à MARISTELA*, chegando a realizar *Carnaval em lá maior*, comédia musical que explorava a comunidade radiofônica local. Decepcionado, retorna ao Rio de Janeiro, decidido a reconstruir os estúdios, escolhendo o então longínquo bairro de Jacarepaguá, onde se instalou em 1956. Privilegiando a infraestrutura de filmagem, construiu grande palco, locando-o, a partir de 1960, para várias produções. Ao final da década retomou a produção própria com o melodrama de costumes *Salário mínimo*, última obra de Gonzaga. Participou também de inúmeras concorrências públicas, realizando curtas para o Instituto Nacional de Cinema (INC*), entre eles o premiado *Memória do carnaval*. Ainda locando eventualmente sua infraestrutura para produções como *Rei do baralho*, de Júlio Bressane*, e *Se Segura, Malandro!*, de Hugo Carvana*, acolhe paulatinamente a televisão e o cinema publicitário, transformados com o tempo no esteio de sustentação da companhia. Com a morte de Gonzaga em 1978, as filhas Alice e Nesy assumem a direção, procurando ampliar a infraestrutura, construindo novos palcos, e retomam o longa-metragem, acolhendo as coproduções *Bububu no bobobó*, de Marcos Farias*, e *O santo e a vedete*, de Luiz Rosemberg Filho*, e financiando *Consórcio de intrigas*, de Miguel Borges*. Nos anos 80, com Alice Gonzaga assumindo a condução dos negócios, a companhia volta-se para a recuperação do acervo histórico de filmes e a organização do arquivo de documentos coletados por Adhemar Gonzaga. Ao mesmo tempo que cria uma subsidiária, a CINÉDIA EQUIPAMENTOS, especializada em locação de geradores e material de iluminação, lança uma linha editorial voltada para a história da companhia e do cinema brasileiro e aluga estúdios para filmes como *Dias melhores virão*, de Carlos Diegues*. Nos anos 90 aventura-se novamente em coproduções. É a mais antiga produtora do país em atividade. (LAR/HH)

CINEDISTRI

Ao fundar a CINEDISTRI, em São Paulo, em 1949, o seu criador, Osvaldo Massaini*, fez uma homenagem ao pioneiro criador dos estúdios da CINÉDIA*, Adhemar Gonzaga*. O nome CINEDISTRI, originalmente, era endereço telegráfico do escritório de distribuição da CINÉDIA em São Paulo, que acabara de encerrar suas atividades na cidade. A CINEDISTRI foi criada para ser uma distribuidora exclusiva de filmes brasileiros. A empresa instalou seus escritórios na rua do Triunfo, 134, no quadrilátero que ficaria conhecido como a Boca do Lixo*. A história da CINEDISTRI pode ser dividida em quatro fases distintas, que explicam um pouco da mais longeva produtora e distribuidora do cinema paulista. Na sua primeira fase, a CINEDISTRI começou funcionando apenas como distribuidora, como afirma o seu fundador: "De 1949 a 1954 eu mantive essa pequena empresa, dois escritórios, apenas como distribuidora de filmes produzidos por terceiros, mas fui percebendo que nenhum produtor se dava conta de que o juiz do filme é o público. Era difícil trabalhar com pessoas convencidas de que tinham feito a fita ideal, mesmo quando essa fita se tornava um fracasso de bilheteria. Então fui chegando à conclusão de que era mais fácil manipular meus próprios filmes do que trabalhar com as películas dos outros. Isso sem deixar de distribuir as produções alheias, claro, porque sempre dão uma sustentação financeira para outras atividades". A CINEDISTRI distribuiu um número grande de filmes.

A segunda fase da empresa acontece quando a CINEDISTRI assume fôlegos de produtora, possibilitando a verticalização da produção que a empresa manteria até o final de sua carreira. A primeira produção com a marca CINEDISTRI viria, em 1953, com o filme *Rua sem sol*, direção de Alex Viany*. Apesar do fracasso de bilheteria de *Rua sem sol*, a empresa manter-se-ia na aventura de produzir filmes. Só que, em vez de produzir melodramas, como o filme citado, a empresa passaria a direcionar seus esforços de produção mais sintonizados com a linha de filmes que a CINEDISTRI tradicionalmente já distribuía: filmes musicais e chanchadas*. Em um período de seis anos, de 1955 a 1961, a CINEDISTRI produziu ou coproduziu cerca de 35 títulos, como *O fuzileiro do amor* (1955), *Cala a boca, Etelvina* (1958) e *Titio não é sopa* (1959), estes de Eurides Ramos*; mais *Absolutamente certo* (1957), de Anselmo Duarte*; *Dona Xepa* (1959), de Darcy Evangelista, e *A moça do quarto 13* (1960), de Richard Cunha. Essa fase é notória pela associação com produtores e diretores cariocas oriundos ou formados, na sua maioria, nos estúdios da ATLÂNTIDA*, como Herbert Richers*, Watson Macedo*, Alípio* e Eurides Ramos, Anselmo Duarte. Além desses fatores, a CINEDISTRI apoiava-se também nas leis de proteção ao filme brasileiro, em incentivos fiscais oferecidos para empresas produtoras e distribuidoras de filmes brasileiros e dos prêmios adicionais de bilheteria concedidos para os filmes exibidos em São Paulo. Outro aspecto importante no modo de produção da CINEDISTRI residia no fato

de ela ter constituído o seu próprio *star system*, em que figuravam os mais destacados artistas do rádio, televisão e teatro de revista como Ankito*, Dercy Gonçalves*, Anselmo Duarte, Eliana*, Grande Otelo*, Costinha*, Odete Lara*, Vanja Orico*, Dionísio Azevedo*, Amácio Mazzaropi*, Ivon Cury, entre outros.

Essa atividade frenética, em curto período de tempo, permitiu que a CINEDISTRI acumulasse algum capital para que a empresa deixasse um pouco de lado os filmes de produção barata e investisse em obras mais empenhadas. Foi com esse intuito que Osvaldo Massaini e Anselmo Duarte uniram-se pela segunda vez para realizar o filme de maior prestígio da distribuidora em toda a sua carreira, *O pagador de promessas*. Com esse filme inicia-se a terceira fase da produtora pioneira da Boca do Lixo. *O pagador de promessas* (1962), de Anselmo Duarte, foi vencedor de uma série de prêmios internacionais, como a prestigiada e inédita PALMA DE OURO para o cinema brasileiro, além de ter sido um estouro de bilheteria no Brasil e comercializado para dezenas de países do mundo inteiro. A conjugação desses dois fatores foi responsável por aumentar significativamente o conceito da CINEDISTRI como produtora cinematográfica, um prestígio e reconhecimento que até então ela não conhecera. Embalada pelo sucesso de *O pagador de promessas*, a CINEDISTRI preparou outra superprodução, enveredando por um gênero cinematográfico inédito para a produtora: o filme de cangaço. A exemplo de *O pagador de promessas*, *Lampião, rei do cangaço* (1962), de Carlos Coimbra*, foi também uma superprodução. Filmado em EASTMANCOLOR, um luxo para qualquer filme brasileiro na época, *Lampião, rei do cangaço* contou com elenco de primeira linha, Leonardo Vilar*, Glória Menezes*, Milton Ribeiro*. Revelou-se o maior sucesso de bilheteria da história da produtora e distribuidora, sendo vendido para mais de cinquenta países. A partir desse momento, a CINEDISTRI consolida-se como a mais importante e poderosa produtora cinematográfica paulistana dos anos 60 e 70. O filme também foi responsável pelo nascimento da parceria que se estabeleceria entre a produtora e o diretor Carlos Coimbra. Somente Coimbra dirigiria seis filmes de longa metragem para a empresa no período de uma década (1962-1972), quase todos filmes de ação, como *Cangaceiros de Lampião* e *Corisco, o Diabo Loiro*. Nessa fase áurea da empresa foi mantida a diversificação na linha de produção, pois, além dos filmes de cangaço como

Maria Bonita, rainha do cangaço (1968), de Miguel Borges*, a CINEDISTRI investiria em outros gêneros de filmes, como *O santo milagroso* (1966), filme religioso do pau para toda obra Carlos Coimbra*; *A espiã que entrou em fria* (1967), paródia de Sanin Cherques; *Os carrascos estão entre nós* (1968), suspense de Adolpho Chadler*. O último filme importante dessa fase áurea da CINEDISTRI foi *Independência ou morte* (1972), único integralmente produzido pela empresa, que, dessa vez, arriscava-se em um novo gênero cinematográfico: o filme histórico. *Independência ou morte*, direção de Carlos Coimbra, teve bilheteria que também não decepcionou, transformando-se numa das maiores da história da empresa. Apesar da rica produção e da boa pesquisa histórica, *Independência ou morte* traz no seu bojo um baixo resultado estético, mesmo contando no seu elenco com bons artistas como Tarcísio Meira*, Glória Menezes, José Lewgoy*, Sérgio Hingst*, entre outros. A partir daí começa o período de decadência estética e econômica da empresa, que passa a produzir filmes de apelo erótico e de orçamentos medianos, como *A infidelidade ao alcance de todos* (1972), de Olivier Perroy e Aníbal Massaini Netto*, e *Elas são do baralho* (1977), de Silvio de Abreu. Nessa safra escapam *O marginal* (1974), filme dirigido e coproduzido pelo veterano Carlos Manga*, com o galã Tarcísio Meira no papel principal, e *O Caçador de Esmeraldas* (1979), de Osvaldo de Oliveira*, uma tentativa frustrada da CINEDISTRI de produzir um filme histórico de repercussão. *O marginal* atingirá a expressiva cifra de um milhão de espectadores, enquanto *O Caçador de Esmeraldas* se revelará um retumbante fracasso, minando as últimas energias da CINEDISTRI e de seu fundador. No início dos anos 80, a CINEDISTRI encerrará suas atividades, sendo substituída pela CINEARTE, do produtor Aníbal Massaini Netto*, filho de Osvaldo Massaini. (AG)

CINEJORNAL

A adoção pelos produtores nacionais de procedimentos de produção seriada como os cinejornais aconteceu num espaço de tempo muito curto em relação ao exterior. Em março de 1909 a PATHÉ-FRÈRES lançava o *Pathé Fait Divers*, apresentado semanalmente, depois chamado *Pathé-Journal*. Francisco Serrador*, no ano seguinte, produziu o *Bijou Jornal*, para a sua primeira sala fixa de exibição em São Paulo, o BIJOU-THÉÂTRE, filmado por Alberto Botelho*. Conhece-se a existência de somente três números exibidos naquele ano. A marca da PATHÉ seria copiada no Rio de Janeiro por Arnaldo e Cia., em 1910, atuando como cinegrafista Marc Ferrez. Nos anos seguintes vários cinejornais apareceram pelo país, todos eles de vida efêmera (em 1912, em Salvador, o *Lindemann Jornal*; 1913, em Pelotas, o *Santa Maria Atualidades*; 1916, em Recife, o *Jornal da Tela Pernambucano*; etc.). Somente no Rio de Janeiro a produção de cinejornais teria uma continuidade maior, embora através de vários títulos, alguns deles de vida curta. A estabilização da produção acontece na década seguinte. Em 1921, José Medina* consegue uma subvenção do estado de São Paulo para a produção de um cinejornal pelo cinegrafista Gilberto Rossi*. O *Rossi Atualidades* seria produzido durante todo o governo dominado pelo Partido Republicano Paulista (PRP), até a subida de Getúlio Vargas, com a Revolução de 1930. No Rio, o panorama é dominado pelas várias marcas criadas pelos irmãos Alberto Botelho e Paulino Botelho*, até o aparecimento do *Filme Jornal*, da BOTELHO FILMES, que permaneceria nas telas até a década de 50.

A estandardização na produção de cinejornais significou a diminuição na realização de documentários, cuja prática vinha desde o aparecimento do cinema no país. Os filmes de curta metragem eram feitos com uma duração variada, tomando como assunto um fato relevante, sendo filmados para um cinema específico ou uma cadeia exibidora, como no caso de Serrador. A produção de cinejornais, por outro lado, além de seguir o fluxo internacional, padronizou a duração (o que não aconteceu de imediato), o formato de apresentação e institucionalizou o patrocínio (cavação), pois em geral eram filmados por pequenas produtoras, ou por cinegrafistas independentes que viviam da realização dessa classe de filme. O cinejornal nacional passou a fazer parte do formato do programa cinematográfico que se estabilizou após a I Guerra Mundial, transformando-se num nicho importante para a sobrevivência de certa imagem brasileira num cenário dominado pelo produto estrangeiro. Em São Paulo, como já foi dito, Rossi foi um dos maiores produtores, sendo igualado, no Rio de Janeiro, pelos Botelho. Os cinejornais formavam, em geral, unidades autônomas em que as várias fases de produção eram realizadas pela própria produtora (captação de recursos, filmagem, preparação dos letreiros, revelação e copiagem). Os resultados financeiros captados na exibição, principalmente na fase anterior ao protecionismo legal, deviam ser ínfimos. Mas se tornavam significativos quando ligados a uma casa exibidora ou uma rede, caso da CARRIÇO FILME, de Juiz de Fora, que exibia o seu cinejornal em cinema próprio. Tal fato refletia, por um lado, a entrada dos cinejornais das grandes produtoras estrangeiras praticamente de graça, para acompanhar o longa-metragem de ficção, forçando, por outro lado, a cavação como forma de pagar o jornal antes da chegada à tela.

Depois de 1934, com a obrigatoriedade de exibição do complemento nacional, os cinejornais ganharam um novo *status*. Muitas produtoras iniciaram a produção sistemática de cinejornais, como a CINÉDIA* ou a ATLÂNTIDA*, com o *Cinédia Atualidades*, depois *Cinédia Jornal* (1934-1944), e a *Atualidades Atlântida*, que permaneceu na tela de 1941 até a década de 70, graças principalmente à entrada de Luiz Severiano Ribeiro Jr.* na produtora. Primo Carbonari* é um dos casos típicos de iniciativa individual mantida por longos anos através do cinejornal. Os incêndios nos depósitos de Alberto Botelho, Paulino Botelho e Gilberto Rossi fizeram com que grande parte dessa produção se perdesse, tendo-se pouquíssimos exemplares das melhores produções realizadas no período mudo. A da CINÉDIA também se perdeu. Depois de 1938, o Estado, através do Departamento Nacional de Propaganda e Difusão Cultural, mais tarde Departamento de Imprensa e Propaganda (DIP), começou a realizar os seus próprios cinejornais, tirando de produtoras e cinegrafistas uma fonte de renda nada desprezível. O *Cine Jornal Brasileiro* (CJB) (1938-1946) foi produzido por alguns estados onde havia Departamentos de Imprensa e Propaganda solidamente montados. Em São Paulo foi iniciada a experiência mais longa e duradoura, o *DEIP Jornal*, que tinha nos seus quadros cinegrafistas como Lima Barreto*, mas se sabe que no Paraná e na Bahia repetiu-se com menor sucesso o exemplo paulista. Com o fim da ditadura estadonovista, o *Cine Jornal Brasileiro* foi transformado no *Cinejornal Informativo*, produzido pelo DNI e depois Agência Nacional, permanecendo em circulação até 1954. Entre 1971 e 1979, o governo federal voltou a produzir cinejornais como o *Brasil Hoje*. A partir da década de 70, os cinejornais tornaram-se anacrônicos. O crescimento do número de televisores presentes nos lares brasileiros associado ao jornalismo produzido cada vez mais próximo do tempo real foram dois fatores que empurraram o cinejornal para fora do mercado. O terceiro foi o número cada vez maior de alfabetizados com acesso a jornais e revistas.

Apesar da enorme variedade de títulos, produtores e cinegrafistas envolvidos no cinejornalismo, não se tem notícia de nenhuma coleção completa depositada nos arquivos de filmes das produtoras ou em cinematecas*. As fragmentadas coleções existentes nessas últimas sofrem de dois problemas para uma pesquisa sistemática. Um deles é a impossibilidade de acesso público devido à existência de uma cópia única ou somente do negativo de imagem ou de som; o outro deve-se ao depósito de cópias incompletas, principalmente pelo desgaste na exibição, às vezes sem nenhuma identificação. Existe hoje material mais completo de três cinejornais produzidos em momentos diferentes de nossa história: o *Cine Jornal Brasileiro*, o *Bandeirante da Tela* e o *Brasil Hoje*. O *CJB* tinha uma distribuição quase nacional através da Distribuidora de Filmes Brasileiros (DFB), apesar do atraso que em geral ocorria entre produção e exibição (para chegar a Porto Alegre um cinejornal demorava, às vezes, seis meses). Como jornal de propaganda da ditadura getulista, ele se distinguia, obviamente, por tomar os donos do poder como um dos seus temas favoritos. Mas o que fica visível é que esse poder estava bipartido, representado pelo ditador, de um lado, e pelas Forças Armadas, de outro, no qual o Exército tinha a preponderância (a Aeronáutica, como força independente, seria formada depois de 1941). As classes sociais estavam representadas de forma desarmônica. A construção da imagem do operário urbano não foi uma preocupação central para os dirigentes do *CJB*. Quando ela aparece, está subordinada à figura central do ditador, sendo manipulada em favor daquele. Já o trabalhador envolvido em atividades arcaicas, como a pesca, ganhou um destaque maior, notadamente após a odisseia que trouxe os quatro pescadores cearenses até o Rio de Janeiro para apresentarem reivindicações a Vargas. Orson Welles se utilizaria admiravelmente dos elementos dessa saga. Sendo produzido em tempo de guerra por uma ditadura rígida, a criação de imagens dos inimigos internos e externos tem importância para o *CJB*. O combate ao comunismo e as comemorações da Intentona Comunista de novembro de 1935 fazem parte da mesma moeda. Os inimigos externos apareceram depois do rompimento das relações com as potências do Eixo (Alemanha, Itália e Japão), representado pelos alemães, no Rio Grande do Sul, pelo campo de concentração da Ilha das Flores (RJ) ou ainda pelos japoneses do interior de São Paulo. Há, por fim, uma forte preocupação com a disciplina dos corpos e mentes durante o Estado Novo. Tais aspectos aparecem na divulgação do trabalho governamental de transformação do corpo raquítico e doente do brasileiro em outro saudável e forte, através de instituições sanitárias de internação como colônias, sanatórios ou preventórios, pela derrubada de favelas e pelas casernas militares.

O *Bandeirante da Tela* foi produzido em São Paulo, entre 1949 e 1956. Embora realizado por uma empresa privada, a DIVULGAÇÃO CINEMATOGRÁFICA BANDEIRANTE, o cinejornal estava intimamente ligado à propaganda do político Adhemar de Barros. Durante o segundo governo Vargas (1951-1954), um assunto da Agência Nacional era enxertado no *Bandeirante da Tela*, rendendo dinheiro para a produtora e mostrando uma sintonia entre os dois líderes. A diferença fundamental entre o *Cine Jornal Brasileiro* e o *Bandeirante da Tela* situa-se no exercício do populismo. Enquanto na década anterior Vargas apresenta-se apartado da massa popular, com Adhemar ocorre o inverso: ver-se cercado pela massa popular era uma parte importante do teatro político populista. Nos filmes de campanha eleitoral, esse aspecto é montado de forma repetitiva, enaltecendo continuamente aquilo que Adhemar tinha feito em prol dos pobres, da massa desorganizada e mais carente de benefícios sociais. O último cinejornal sobre o qual há alguma informação concreta é o *Brasil Hoje*. Os números arquivados cobrem boa parte do governo Geisel, e em menor quantidade os dos generais Médici e Figueiredo. Os temas dominantes nesses cinejornais são o desenvolvimento, a cultura e a descoberta do Brasil, assuntos afinados com as estratégias políticas dos governos militares. Desenvolvimento significava uma profunda participação do capitalismo de Estado nas áreas de mineração, energia e infraestrutura (Transamazônica, corredores de exportação, telefonia, etc.). Se hoje caminhamos no sentido inverso, para o assim chamado "Estado mínimo", o imaginário construído pelo *Brasil Hoje* cresce em importância histórica. No campo da cultura, há uma notável importância dada às artes plásticas, seguida pela música, literatura, museus e cinema. Temos um empenho real na apresentação de um mosaico representativo dos diversos pintores, escolas e técnicas, isto é, da pintura ingênua ao abstracionismo, de Zizi de Mariana, passando por Inimá de Paula até se chegar a Iberê Camargo ou Antonio

Henrique Amaral. A descoberta do Brasil, por fim, faz-se menos por imagens de estudantes do Projeto Rondon do que através da exploração da diversidade regional por meio do turismo. O tema não era estranho a uma série de cinejornais anteriores, principalmente na década de 50, sempre prontos a tomar a geografia distante dos grandes centros urbanos como algo exótico e deslocado. No caso do *Brasil Hoje*, não se trata mais de apresentar aventuras pelo desconhecido, mas de guiar o espectador para o lazer dirigido, no qual uma rede de serviços de hotelaria, companhias aéreas, transportes, organizados sobre todo o território nacional, mescla o "turista aprendiz" com o estimulador da circulação de riquezas, atividade intrínseca ao agente capitalista. (JIMS)

CINEMA BRASILEIRO ANOS 90

A história do cinema brasileiro dos anos 90 precisa ser contada, primeiro, por dois atos políticos. Recém-empossado, em 1990, o presidente Fernando Collor de Mello extinguiu os órgãos ligados ao cinema: EMBRAFILME*, CONCINE* e FUNDAÇÃO DO CINEMA BRASILEIRO. Menos de três anos depois, Collor já havia deixado o poder. Com o cargo vago, assumiu o vice, Itamar Franco. Em seu governo, foi sancionada a Lei do Audiovisual (Lei nº 8.695/93, de 20 de julho de 1993), que traz em seu texto mecanismos capazes de financiar novamente a produção de filmes em longa metragem por meio de incentivos fiscais. Uma versão anterior da lei já havia sido assinada por Fernando Collor, que, no entanto, vetara onze artigos, desfigurando-a e tornando-a inoperante. Somente depois de sua saída a legislação foi reapresentada na íntegra, aprovada sem vetos pelo Congresso e assinada pelo novo presidente. Praticamente todo o cinema dos anos 90 foi financiado por meio desse dispositivo.

Entre a extinção da EMBRAFILME e a efetiva colocação em prática da Lei do Audiovisual, o cinema brasileiro viveu um período de estagnação, com a produção de pouquíssimos filmes em longa metragem e que, rodados precariamente, chegavam com dificuldade ainda maior ao circuito comercial cinematográfico. Essa primeira fase, caracterizada pela falta de amparo ao produto nacional, foi um período de resistência, em que os poucos filmes eram feitos de maneira quase artesanal e obtinham mínimo resultado no mercado. A crise do início dos anos 90 foi tão grave que obrigou o tradicional FESTIVAL DE CINEMA BRASILEIRO DE GRAMADO a mudar seu perfil. A partir de 1992,

a mostra competitiva gaúcha tornou-se internacional (ibero-americana, depois latina), formato adotado até hoje, pois não havia filmes brasileiros para exibir. O outro festival de grande porte, o FESTIVAL DE BRASÍLIA, participou ativamente da resistência e decidiu apresentar os títulos disponíveis, deixando de lado o critério de qualidade para manter a mostra competitiva no âmbito exclusivamente nacional. No entanto, mesmo na fase mais aguda desse período, alguns títulos chegaram a ser produzidos. Podem-se citar *Beijo 2.348/72*, de Walter Rogério; *O escorpião escarlate*, de Ivan Cardoso*; *Conterrâneos velhos de guerra*, de Vladimir Carvalho*; *Capitalismo selvagem*, de André Klotzel*; *Alma corsária*, de Carlos Reichenbach*; *Louco por cinema*, de André Luís Oliveira; *Stelinha*, de Miguel Faria Jr.*; *Carmen Miranda – Bananas is my business*, de Helena Solberg*; *A causa secreta*, de Sérgio Bianchi*; *Mil e uma*, de Susana Moraes; *O corpo*, de José Antônio Garcia*; *Vagas para moças de fino trato*, de Paulo Thiago*; *A maldição do Sanpaku*, de José Joffily*. A maior parte desses filmes chegou a ser lançada nos cinemas, mas com pouco resultado de público. Para citar dois exemplos: *Stelinha* e *Vai trabalhar vagabundo II, a volta*, de Hugo Carvana*, obras de apelo nitidamente popular, ficaram apenas uma semana em cartaz numa praça como São Paulo. A fragilidade do relacionamento entre cinema nacional e público nessa época reflete-se na pesquisa feita em 1992 pelo jornal *O Estado de S. Paulo*. Reuniu-se uma amostra representativa da população brasileira e perguntou-se a cada entrevistado qual o filme brasileiro que mais o tinha agradado. Do público consultado, 61% não respondeu, ou por não se lembrar de nenhum título, ou por nunca ter entrado em uma sala para ver uma produção nacional. A parte restante dos entrevistados conseguiu citar filmes mais antigos, como *Pixote*, *Bete Balanço* ou o fenômeno *Dona Flor e seus dois maridos*. Nessa fase mais estéril da entressafra, o curta-metragem manteve vivo o fazer cinematográfico no Brasil. Quando mais tarde o longa-metragem voltou a ser produzido, os diretores de curta metragem continuaram a exercer a sua função de propor alternativas temáticas e de linguagem. Obras mais baratas, feitas em geral por jovens, e amparadas pelos prêmios-estímulo que existem em várias cidades do país, o formato curta-metragem produziu alguns dos filmes instigantes dos anos 90, como *Esta não é a sua vida*, de Jorge Furtado*; *Rota ABC*, de Francisco César Filho; *Deus ex-machina*, de Carlos Gerbase*; *Amor!*, de

José Roberto Torero; *Geraldo voador*, de Bruno Vianna; *Mr. Abrakadabra*, de Araripe Jr.; *Enigma de um dia*, de Joel Pizzini*; *O pulso*, de José Pedro Goulart; *Wholes*, de A. S. Cecílio Neto; *Brevíssima história da gente de Santos*, de André Klotzel; *O amor materno*, de Fernando Bonassi*; *Batimam e Robim*, de Ivo Branco; *Caligrama*, de Eliane Caffé*; *Capeta Carybé*, de Agnaldo Siri Azevedo; *Cartão vermelho*, de Laís Bodanzky*; *Criaturas que nasciam em segredo*, de Chico Teixeira; *PR-Kadeia*, de Eduardo Caron; *Maracatu, maracatus*, de Marcelo Gomes*; *Onde São Paulo acaba*, de Andréa Seligman. No entanto, como raramente chegam ao circuito comercial, os curtas-metragens dispõem de uma janela de exibição restrita aos festivais, o que tem impedido sua apreciação por um público mais amplo.

O primeiro longa-metragem dos anos 90 a conseguir quebrar a apatia do público foi *Carlota Joaquina, princesa do Brazil*, de Carla Camurati*. Em sua estreia na direção, a atriz construiu uma farsa da passagem da família real pelo Brasil no século XIX que agradou às plateias do país. Lançado com dificuldade em 1994, *Carlota* foi distribuído pela própria diretora, e atingiu cifra superior ao milhão de espectadores, fato que não se verificava desde o início da década. O longa-metragem de Carla Camurati foi, sem dúvida, o mais bem-sucedido produto do cinema brasileiro na fase aguda entre o desmonte da EMBRAFILME e a efetiva aplicação da Lei do Audivisual. Com a nova legislação em vigor, o panorama alterou-se rapidamente. A lei contém dois mecanismos básicos de captação de recursos. Em seu artigo 1, prevê que a aquisição de Certificados de Investimentos Audiovisuais pode ser abatida do imposto de renda devido (3% para pessoas jurídicas e 5% para pessoas físicas). Os certificados são regulamentados pela Comissão de Valores Mobiliários, depois de o projeto do filme ser aprovado pela Secretaria para o Desenvolvimento do Audiovisual do Ministério da Cultura. O segundo mecanismo está previsto no artigo 3 e faculta às empresas estrangeiras que exportam obras audiovisuais para o país a utilização em coproduções de filmes brasileiros de até 70% do imposto de renda a ser pago quando da remessa de rendimentos às suas matrizes. Ou seja, dois mecanismos baseados na renúncia fiscal. Com esses incentivos, o Estado deixa de arrecadar e transfere o montante dos impostos não recolhidos para a atividade audiovisual. Além disso, o Ministério da Cultura lançou dois concursos chamados Resgate do Ci-

nema Brasileiro, premiando projetos com determinada quantia em dinheiro, para que pudessem ser pré-produzidos até que a Lei do Audiovisual começasse a produzir resultados. Os cineastas e produtores passaram também a usar formas combinadas de incentivos para realizar seus filmes. Boa parte de seus projetos começou com o estímulo dos prêmios Resgate. Valeram-se de outras leis de incentivo, como a chamada Lei Rouanet (que beneficia atividades culturais em geral, e não apenas o cinema) e legislações municipais e estaduais que contemplam empresas aplicadoras em cultura com isenções ou descontos nos impostos sobre serviços ou circulação de mercadorias. Da combinação desses incentivos, o cinema brasileiro começou a renascer em meados dos anos 90. Esse retorno à produção é facilmente perceptível em termos numéricos. No princípio da década, apenas dois ou três longas-metragens nacionais chegavam às telas a cada ano. Entre 1995 e 1997, 31 filmes foram rodados, finalizados e exibidos.

Com o renascimento da produção, cineastas experientes voltaram a filmar, como Nelson Pereira dos Santos* (*A terceira margem do rio* e *Cinema de lágrimas*), Hector Babenco* (*Coração iluminado*), Walter Hugo Khouri* (*As feras* e *Paixão perdida*), Júlio Bressane* (*O mandarim* e *Miramar*), Paulo César Saraceni* (*O viajante*), Carlos Diegues* (*Tieta do agreste* e *Orfeu*), João Batista de Andrade* (*O cego que gritava luz* e *O tronco*), Denoy de Oliveira* (*A grande noitada*), Hermano Penna* (*Mário*). Novos cineastas, alguns deles vindos do curta-metragem, surgiram no panorama nacional com obras de interesse estético. São os casos de Tata Amaral* (*Um céu de estrelas*), Beto Brant* (*Os matadores* e *Ação entre amigos*), Eliane Caffé (*Kenoma*), Paulo Caldas* e Lírio Ferreira* (*Baile perfumado*), José Araújo (*Sertão das memórias*), Bia Lessa e Dany Roland (*Crede-mi*). O FESTIVAL DE BRASÍLIA de 1996 consagrou essa nova geração de cineastas, atribuindo os principais prêmios a *Baile perfumado* e a *Um céu de estrelas*. *Baile perfumado* revê a saga do cangaço por meio de um personagem um tanto esquecido da filmografia brasileira, o cinegrafista libanês Benjamin Abrahão*, que nos anos 30 documentou o bando de Lampião. A reconstituição dessa história real é trazida para o presente em termos de linguagem cinematográfica. O longa-metragem inova nos enquadramentos, na narrativa e no aspecto fotográfico. Utiliza-se de uma trilha sonora que é, ela própria, exemplo de síntese entre tradição e modernidade. As músicas pertencem ao

movimento que se convencionou chamar de mangue *beat* e incorporam o som *pop* internacional aos ritmos tradicionais do Recife. *Baile perfumado* seria o equivalente na esfera cinematográfica desse movimento musical. Como este, recicla a tradição com elementos da modernidade. *Um céu de estrelas*, adaptado do romance homônimo do escritor paulista Fernando Bonassi, trabalha em espaço fechado o drama da pequena burguesia periférica de São Paulo. Seus personagens são seres acuados por um sistema social que os agride, sem que eles tenham consciência disso. Também ousa em termos de linguagem, usando uma câmera irrequieta, que trabalha rente aos personagens, além de buscar amparo narrativo em elementos em *off*, fora do campo cinematográfico, como ruídos, luminosidade difusa, etc., recurso que fortalece a impressão causada pela história. Destoando também do *mainstream* comercial, merecem citação os filmes *O mandarim* e *Miramar*, de Júlio Bressane, coerentes com a linha particular de trabalho do diretor; *Os matadores*, de Beto Brant, que incorpora técnicas de certo cinema independente norte-americano (em particular o de Quentin Tarantino) a uma proposta nacional; *Bocage, o triunfo do amor*, de Djalma Limongi Batista*, apaixonada e transgressiva incursão pela biografia do poeta português; *A ostra e o vento*, de Walter Lima Jr.*, proposta alternativa de tratamento do tempo narrativo e obra de impacto visual.

O cinema nacional dos anos 90 dificilmente poderia ser enquadrado nos limites de um movimento estético. Não existe o que se poderia chamar de uma escola do novo cinema brasileiro, uma linha diretriz que unifique uma poética (no sentido amplo do termo) ou mesmo uma política. Num tempo de ênfase no individualismo, a característica maior desse novo cinema é a diversidade, tanto temática quanto estilística, refletindo os interesses pessoais dos criadores. Nos anos 90 apareceram obras cujo palco é o tenso ambiente urbano (*Um céu de estrelas*); releituras do ciclo do cangaço (*O cangaceiro*, de Aníbal Massaini Netto*; *Baile perfumado*, de Paulo Caldas e Lírio Ferreira; *Corisco & Dadá*, de Rosemberg Cariry*); comédias de costumes (*Pequeno dicionário amoroso*, de Sandra Werneck*, e *Como ser solteiro*, de Rosane Svartman); tentativas de atualização da chanchada* (*For All – o trampolim da vitória*, de Buza Ferraz e Luiz Carlos Lacerda*); *thrillers* policiais (*Os matadores*); comédias (*O homem nu*, de Hugo Carvana, e *Ed Mort*, de Alain Fresnot*), releituras de episódios históricos (*Carlota Joaquina*, de Carla Camurati; *Guerra de Canudos*, de Sérgio Rezende*; *O que é isso, companheiro?*, de Bruno Barreto*), crônicas urbanas de sabor agridoce (*Sábado e Boleiros*, de Ugo Giorgetti*); cinebiografias (*Lamarca, coração em chamas e Mauá*, de Sérgio Rezende*; *Tiradentes*, de Oswaldo Caldeira*; *O velho*, de Toni Venturi); adaptações de clássicos da literatura (*O guarani*, de Norma Bengell*; e *Policarpo Quaresma*, de Paulo Thiago). Estilisticamente, esse cinema, com algumas exceções, mostra feição conservadora, procurando adequar-se às exigências do mercado e buscando padrão de qualidade de nível internacional. Muitas vezes a necessária procura do aperfeiçoamento técnico se faz com o sacrifício do sentido de inovação. Outra característica importante do cinema brasileiro dos anos 90 é o começo de sua diversificação regional. A maior parte dos filmes tem origem no eixo Rio-São Paulo, mas alguns longas-metragens já começaram a ser produzidos em outras partes do país: *Anahy de las Misiones*, de Sérgio Silva, e *Lua de outubro*, de Henrique Freitas Lima, no Rio Grande do Sul; *O amor está no ar*, de Amylton de Almeida; *Vagas para moças de fino trato*, de Paulo Thiago; e *Fica comigo*, de Tizuka Yamasaki*, no Espírito Santo; *Baile perfumado*, em Pernambuco; *Louco por cinema*, de André Luiz Oliveira, *Conterrâneos velhos de guerra*, de Vladimir Carvalho, e *No calor da pele*, de Pedro Jorge de Castro, no Distrito Federal; *Sertão das memórias*, de José Araújo, e *Vamos a Beirute*, de Marcus Moura, no Ceará; *No coração dos deuses*, de Geraldo Moraes, em Tocantins. Concomitantemente a esse ressurgimento no âmbito interno, o cinema brasileiro voltou a marcar presença no cenário internacional, participando novamente dos festivais mais importantes. Um filme tão intensamente regionalista como *Sertão das memórias* ganhou a seção latino-americana do SUNDANCE FESTIVAL, evento consagrado à produção independente. *A ostra e o vento* disputou a mostra competitiva do FESTIVAL DE VENEZA de 1997. Por três vezes, em 1996, 1998 e 1999, o Brasil esteve entre os cinco finalistas ao OSCAR de melhor filme em língua estrangeira, uma com *O quatrilho*, de Fábio Barreto*, outra com *O que é isso, companheiro?*, de Bruno Barreto, e *Central do Brasil*, de Walter Salles*. *Coração iluminado* disputou a seleção oficial do FESTIVAL DE CANNES de 1998. No maior triunfo do cinema brasileiro desde que, em 1962, Anselmo Duarte* levou a PALMA DE OURO em Cannes com *O pagador de promessas*, *Central do Brasil*, de Walter Salles, ganhou o URSO DE OURO, principal prêmio do FESTIVAL DE BERLIM de 1998. A protagonista do filme, a atriz Fernanda Montenegro*, foi agraciada, no mesmo festival, com o troféu de melhor interpretação feminina, tendo também sido indicada para o OSCAR de melhor atriz por sua atuação em *Central do Brasil*. Com uma história tocante, o terceiro longa-metragem de Walter Salles (os dois primeiros são *A grande arte* e *Terra estrangeira*) modula a descoberta de um país perdido (e de uma emoção recalcada) pela personagem Dora (vivida por Fernanda Montenegro), a princípio insensível e depois aberta à troca afetiva. Por força de sua premiação no exterior, mas também pelo conteúdo humanístico que parece ir ao encontro da expectativa das pessoas, *Central do Brasil* sensibiliza as plateias, conseguindo boa bilheteria.

A comunicação com um público mais amplo, no entanto, permanece um desafio particular do cinema nacional. Se a aceitação dos filmes não é tão limitada quanto no início da década, ainda está longe do ideal. Apenas quatro longas-metragens produzidos até 1998 superaram a barreira do milhão de espectadores: *Carlota Joaquina*, *O quatrilho*, *Central do Brasil* e *O noviço rebelde*, este último dirigido por Tizuka Yamasaki e protagonizado pelo conhecido cômico Renato Aragão*. Outros, apesar do apelo popular, alcançaram bilheteria bem inferior. Deve-se destacar que o cinema brasileiro tem encontrado muita dificuldade em penetrar nos outros segmentos do mercado audiovisual: vídeo doméstico, televisão aberta ou por assinatura. Cumpre notar, também, que a presença do produto nacional nos veículos eletrônicos não se encontra disciplinada por nenhuma legislação, observando-se, nesses casos, apenas as leis de mercado. A dificuldade de viabilização comercial aponta para problemas futuros, pois a Lei do Audiovisual tem vigência apenas até 2003, quando deixa de existir. Foi pensada para propiciar a arrancada inicial de uma indústria que se deseja autossustentável a médio prazo. Tendo de pagar-se quase totalmente nas salas do circuito exibidor, os filmes brasileiros, mesmo os que fazem relativo sucesso, não têm conseguido se mostrar autossuficientes do ponto de vista econômico. Com algumas raras exceções, os filmes nacionais continuam existindo sob a forma de produtos comercialmente subsidiados. Persistindo essa condição de dependência econômica, a sociedade terá de discutir, no futuro, se é do seu interesse manter esse tipo de patrocínio indireto ao cinema.

Diversos especialistas, no entanto, têm se manifestado sobre a impossibilidade de autossustentação do produto nacional sem algum tipo de legislação que discipline sua presença nos meios de comunicação eletrônicos. O circuito exibidor, por si só, parece insuficiente para garantir aos filmes o retorno do investimento empregado em sua produção. (LZO)

CINEMA MARGINAL

O Cinema Marginal não possui, dentro do panorama do cinema brasileiro, uma coesão interna ao estilo do Cinema Novo*: não se reconhece como grupo nem sobrevive ao início dos anos 70. Para defini-lo, podemos distinguir certa congruência no estilo, o qual se sobrepõe a um espírito de época, dando origem a um conjunto bem marcado de filmes. O Cinema Marginal não é a terceira geração do Cinema Novo, e a estética de seus filmes, seu modo de produzir, suas expectativas de divulgação da obra, vão se confrontar com algumas das ambições da geração mais velha. Nessa caracterização, dois elementos estruturais, ausentes das obras-chave do Cinema Novo dos anos 60, passam a ocupar espaço central: a ideologia da contracultura (que emerge no final da década, importada dos Estados Unidos, pode ser sintetizada no horizonte ideológico de "sexo, drogas e rock'n roll") e a abertura para um diálogo lúdico e intertextual com o classicismo narrativo e o filme de gênero hollywoodiano. As citações de *O Bandido da Luz Vermelha* (Rogério Sganzerla*, 1968) ou *Bang-bang* (Andrea Tonacci*, 1970) têm pouco a ver com a referência imagética ao faroeste, presente, por exemplo, em *Deus e o diabo na terra do sol*. A intertextualidade lúdica, que caracteriza o recorte da modernidade em alguns dos cinemas novos dos anos 60 e 70 (e, em particular, na *nouvelle vague* francesa), vai, no caso brasileiro, deitar suas raízes nessa geração que começa a filmar seus primeiros longas-metragens em 1968-1969. É com esse espírito que o Cinema Marginal irá abrir os braços para a valorização e a citação das chanchadas* como gênero, horizonte com o qual a primeira produção cinemanovista nunca conseguiu dialogar. E é dentro desse recorte intertextual afirmativo com o universo da sociedade de consumo e da comunicação de massa que *O Bandido da Luz Vermelha* nos fornece a dimensão de sua originalidade como filme-farol do Cinema Marginal.

Se é difícil identificar uma unidade no grupo marginal, podemos apontar, entre seus participantes, alguns núcleos com uma produção mais coesa e um relacionamento mais próximo. Há o que se pode chamar de "marginal cafajeste", grupo de cineastas que tem como proposta filmar em estilo ágil e barato de produção, atingindo diretamente o mercado exibidor através do filão erótico. Na proximidade com o filme de consumo há, no entanto, sempre uma ponta, mesmo que pequena, de um retorno reflexivo, autoconsciente e irônico, sobre os procedimentos estilísticos e narrativos utilizados. Esse modo de produção, descoberto pelos marginais, de certa forma abre as portas para a posterior filmografia erótica da Boca do Lixo* paulista, a chamada pornochanchada*. No núcleo do marginal cafajeste encontram-se Carlos Reichenbach*, Antonio Lima, João Callegaro, Jairo Ferreira*, Carlos Alberto Ebert e os longas-metragens em episódios *As libertinas* (1969), de Reichenbach, Lima e Callegaro; e *Audácia, fúria dos desejos* (1970), de Reichenbach e Antônio Lima; além de *República da traição* (1970), de Ebert; e *O pornógrafo* (1970), de João Callegaro. Circulando próximo a esse grupo, podemos mencionar Rogério Sganzerla e, principalmente, seu segundo longa, *A mulher de todos* (1969), embora *O Bandido da Luz Vermelha* (1968) também possa ser incluído. O marginal cafajeste aproveita a veia intertextual lúdica do Cinema Marginal para manter um diálogo próximo com os aspectos mais desprezíveis da sociedade de consumo. A produção cultural voltada exclusivamente para o consumo rápido e descartável é valorizada em si mesma e incorporada à obra como citação. No marginal cafajeste encontra-se espaço para a apreciação estética do que na década de 90 se convencionou chamar de *trash*. O cafajeste sintetiza o elemento *trash* a ser deglutido, louvado, ironizado. Em muitos desses filmes, os dilemas, as graças, as ações do personagem cafajeste são abordados com particular carinho, sendo *A mulher de todos* o melhor exemplo desse procedimento. A valorização da obra de José Mojica Marins*, assim como o diálogo com o cinema pornográfico, o filme B e a produção precária hollywoodiana, podem ser incluídos dentro desse procedimento estético. As produções pobres de gêneros como o horror ou a ficção científica encontram particular acolhida no gosto estético do marginal cafajeste. A defesa do "ruim", do "desprezível", do "lixo" surge em diversos manifestos da época. A novidade desse procedimento concretiza--se como espaço recém-conquistado para o jogo lúdico da intertextualidade, diálogo com aquilo que já foi cinema ou produ-

ção cultural de massa. Se o horizonte do tropicalismo não está distante em alguns outros autores marginais, não parece poder ser lembrado aqui com muita ênfase. Próximo a esse grupo paulista, mas dentro de um recorte diferenciado – mais distante do esquema de produção que aproveita o veio erótico –, encontra-se Andrea Tonacci*, com seu *Bang-bang*. Filme em que o universo do classicismo é reelaborado e citado recorrentemente através de procedimentos narrativos de fragmentação, *Bang-bang* apresenta um desenraizamento com relação ao horizonte ideológico cinemanovista, típico do marginal cafajeste. Além do diálogo com a camada estilística do gênero, *Bang-bang* possui o dilaceramento existencial e a representação do disforme, do animalesco e do abjeto, típicos dos filmes marginais. Ainda como referência a esse grupo deve ser mencionada *A margem*, de 1967, filme pioneiro de Ozualdo Candeias*, geralmente citado como precursor do movimento marginal. Embora tenha servido de referência para o grupo, sua inserção dentro da produção do grupo paulista deve ser vista como diagonal. Apesar da representação do lixo e dos marginalizados, de seu modo ágil de produção que chama a atenção da geração mais jovem, não encontramos no universo altaneiro e sublime de *A margem* qualquer procedimento intertextual de citação ou deglutição *trash* da produção cultural de massa.

Ainda em São Paulo, outros cineastas participaram do início da Boca do Lixo, sem articulação direta, embora próximos, com o grupo cafajeste: João Batista de Andrade*, com *Gamal, o delírio do sexo*; João Silvério Trevisan, com *Orgia ou O homem que deu cria*; e Maurice Capovilla* (já de uma outra geração), com *O profeta da fome*. São filmes próximos ao momento alegórico-exasperado de cineastas identificados com o Cinema Novo (como *Brasil, ano 2000*, de Walter Lima Jr.*; *Pindorama*, de Arnaldo Jabor*; *Os deuses e os mortos*, de Ruy Guerra*; *Fome de amor*, de Nelson Pereira dos Santos*), em relação ao qual às vezes buscam se distanciar. A influência do horizonte tropicalista nesses cineastas também se encontra presente de modo mais evidente. Andrade e Trevisan mantêm um nítido traço comum ao conjunto das obras marginais, qual seja, o relacionamento com o espectador a partir de estruturas de agressão baseadas na fragmentação narrativa e na representação do horror e da abjeção. Tanto *Gamal* quanto *Orgia* são longas carregados de berros, nos quais à diluição narrativa se sobrepõe o dilacera-

mento corporal e espiritual, sintoma de uma época na qual se viam fechar os horizontes da criação artística. Em seu nome trazem o tributo ao esquema de produção "cafajeste" ("orgia" e "delírio do sexo"), embora no próprio filme não tenham aberto nenhuma brecha nessa direção. No filme de Trevisan, as referências zombeteiras ao primeiro Cinema Novo são explícitas, indo ao encontro da guerra travada na imprensa entre os dois grupos. Outro cineasta que apresenta uma obra próxima dos marginais, embora não pertença à turma, é José Agripino de Paula*, com seu *Hitler, Terceiro Mundo*, de 1968.

Rogério Sganzerla sintetiza em *O Bandido da Luz Vermelha* a presença da temática cafajeste e o diálogo crítico com o referencial e as origens cinemanovistas, presentes de modo mais problemático no grupo marginal do Rio de Janeiro. Pessoalmente, Sganzerla circula bem entre os dois grupos, fixando-se no Rio de Janeiro, em um segundo momento, onde filma em proximidade com Júlio Bressane*. Sganzerla faz a ponte entre os dois polos marginais e dá uma dimensão mais ampla a um grupo bastante fragmentado. O primeiro filme de Bressane, principal expoente do grupo carioca, *Cara a cara* (1967), é bastante marcado pela referência cinemanovista. Em 1969 filma seguidamente *O anjo nasceu* e *Matou a família e foi ao cinema*, em que essa influência desaparece, emergindo a temática e a rarefação narrativa típica dos filmes marginais. Diferentemente do grupo paulista, o referencial do mercado exibidor está ausente do marginal carioca, como também a possibilidade de explorá-lo através do veio da irreverência cômico-erótica. Esses filmes de Bressane são, na realidade, brincadeiras de diluição e fragmentação da forma da disposição clássica da ação, no universo ficcional. Mortes em família e nascimento de um anjo/bandido são os temas que servem para esses exercícios de reiteração e rarefação narrativa. Sendo a morte e o nascimento ações típicas da tradição narrativa clássica, a contraposição que emerge da diluição é evidente. Além dessas estratégias de fragmentação narrativa – uma das características estruturais do Cinema Marginal –, há nos dois filmes o vazio e o dilaceramento existencial típicos da produção marginal. Planos fixos nos mostram longamente cenas de sangue, torturas, berros prolongados, mortes. Nesses primeiros filmes de Bressane, o espectador ainda consegue respirar quando uma modinha antiga interfere, marcando um instante lírico. Não é exagero afirmar que Bressane representa a linha de continuidade (e por isto pôde ser de ruptura) no cinema brasileiro a partir de vertente aberta pelo Cinema Novo.

No início de 1970, Júlio Bressane e Rogério Sganzerla criam a BELAIR, onde, em apenas três meses, realizam seis longas-metragens e ainda um filme em Super-8*: *Barão Olavo, o horrível, Cuidado madame* e *A família do barulho*, de Júlio Bressane; *Betty Bomba, a exibicionista* (mais tarde *Carnaval na lama*), *Copacabana, mon amour* e *Sem essa aranha*, de Rogério Sganzerla; e o longa em Super-8 *A miss e o dinossauro*, criação coletiva. Podemos destacar na produção BELAIR, além dos diretores, Helena Ignez* (que atua em todos os sete filmes da BELAIR); Guará* (que também trabalha em todos os filmes, às vezes como ator, às vezes como técnico); Maria Gladys* (trabalha em *Cuidado, madame, Sem essa aranha* e *Família do barulho*); Renato Laclete, Edson Santos e José Antonio Ventura, que fotografam; Mair Tavares*, na montagem; Elyseu Visconti atuando e também no trabalho técnico. O espírito de vida e produção cinematográfica em comunidade predomina nessas obras. São filmes marcados pela liberdade de criação, em que a incidência do cotidiano na obra dos criadores é nítida. Não se trata, no entanto, de filmes com viés documentário. A espessura do universo ficcional é sempre densa, embora fragmentada, com personagens e tramas irônicas e debochadas. O clima de desespero e agonia existencial predomina. Por qualquer motivo longos berros são representados. A atração pela imagem do abjeto (babas, sangue, vômito, lixo e outros tipos de substâncias asquerosas) é recorrente. Esses procedimentos delineam um tipo de relação de agressão com o espectador, sustentada através de uma mistura de Brecht, Artaud e pitadas da estética da fome glauberiana. Trata-se aqui de impedir à boa consciência burguesa a fruição do espetáculo. Na realidade, esses filmes mostram uma juventude que responde, à sua maneira, aos horrores e temores de uma época difícil e autoritária. A liberação dos costumes e tradições, pregada pela ideologia contracultural (sexo livre, drogas, vida em comunidades marginais, não trabalho), constrói um universo alternativo no qual os dilemas da primeira geração cinemanovista sobre o popular e o nacional pouco significam. Nesse momento histórico de choques extremos, os filmes da BELAIR afirmam um espaço onde o berro prolongado é uma figura recorrente, simultaneamente vinculado à liberação das amarras e à ameaça aterrorizante contra esse movimento afirmativo. Os personagens erram sem objetivos, tanto no nível da trama como em um nível mais amplo, se pensarmos em qualquer tentativa de representação de agentes sociais no estilo cinemanovista. As brincadeiras vazias e uma certa bobice irritante e reiterativa dos protagonistas marcam o tom da relação de agressividade com o espectador. Pela BELAIR passam outros diretores com filmes inteiramente marcados pelo clima marginal, como Elyseu Visconti, Neville d'Almeida*, Sylvio Lanna, Sergio Bernardes, o jovem Ivan Cardoso*, ou figuras recorrentes dos filmes e do grupo marginal, como Guará, Helena Ignez, Maria Gladys, Paulo Villaça*, Renato Laclette e outros. Neville d'Almeida e Elyseu Visconti possuem uma produção de longas nesse período caracterizada pelo esquema de realização comunitária e pela ficção desesperada. Após *Jardim de guerra* (1968), em que o diálogo com o Cinema Novo é mais próximo, Neville realiza *Piranhas do asfalto* (1970), obra inteiramente marcada pela agonia marginal. Em *Mangue-bangue* (1970), o clima marginal "comunidade & curtição" predomina: longos planos mostram os atores fumando um baseado e rindo muito e a intriga desenrola-se a partir dessa vivência comum. Elyseu Visconti, em *Os monstros do Babaloo* (1970) e *O lobisomem, o terror da meia-noite*, aprofunda o viés "curtição" do Cinema Marginal, dentro de um diálogo com a chanchada e o filme de terror. A exasperação existencial, na forma da expressão de uma agonia extrema, indizível, está, no entanto, sempre presente. Esse último traço surge como componente central de *Jardim das espumas*, filme de Luiz Rosemberg Filho*. Embora não faça parte do grupo que circulou em torno da BELAIR, Rosemberg pode ser aproximado do grupo marginal pelo universo ficcional dilacerado e fragmentado. A proposta da representação do abjeto como forma de chocar e assim acordar o espectador de sua alienação também é um ponto comum com a geração marginal.

Outros cineastas mineiros e baianos filmaram em sintonia e muitas vezes em contato com os marginais paulistas e cariocas. De Minas, Sylvio Lanna realiza *A sagrada família* (1970), simultaneamente a *Bang-bang*, de Andrea Tonacci, com membros da equipe técnica em comum. Tendo também circulado em torno do grupo marginal carioca, Sylvio Lanna, em *A sagrada família*, retoma, com um tom iconoclasta, o questionamento de valores caros à unidade familiar, tema recorrente do universo do cinema marginal. Próximo a Sylvio encontramos José Sette de Barros, que, tendo acompanhado as filmagens de *A sagrada família* e realizado alguns curtas e médias na época, brinda-nos, em meados dos anos 80, com o marginal temporão *Um filme 100% brasileiro*. Geraldo Veloso, que faz a montagem de *A sagrada família*, publica na época, em jornais mineiros, artigos bem articulados sobre o grupo marginal e dirige *Perdidos e malditos*, no qual um bem-sucedido profissional abandona tudo para descobrir a curtição de viver. Seguindo a tradição de Cataguases no cinema brasileiro, Paulo Bastos Martins dirige *O anunciador, o homem das tomentas* (1970), filme em que se respira o típico clima de exasperação e exaltação característicos da época. Ainda no rescaldo do intenso ritmo de atividades e debates cinematográficos que marcou o universo cultural baiano no final dos anos 50 e na primeira metade da década de 60, André Luiz de Oliveira realiza, em 1969, *Meteorango Kid, o herói intergalático*, filme plenamente inserido no universo marginal, seja pelo diálogo com o referencial da cultura de massas na forma dos quadrinhos e do filme de gênero, seja pela ideologia contracultural. Também na Bahia, Álvaro Guimarães filma, em 1970, *Caveira, my friend*, filme de narrativa fragmentada, com música dos Novos Baianos.

Em abril de 1970, Bressane e Sganzerla são informalmente intimados pelos militares a deixar o país, encerrando a curta e produtiva experiência da BELAIR. No exílio, em Londres, continuam com uma produção que, em vários aspectos, remete-se aos filmes feitos antes no Brasil. O grupo que circulou em torno da BELAIR, em um momento ou outro, acaba também por passar pelo exílio inglês. São desse período (1971-1972) longas-metragens como *Amor louco* (1971), *Memórias de um estrangulador de loiras* (1971), *Lágrima pantera* (1971, filmado em Nova York) e *A fada do Oriente* (1972), de Júlio Bressane; *Fora do baralho*, de Rogério Sganzerla; *Mangue-bangue* e *Night cats*, de Neville d'Almeida; *Way Out* e *Forofina*, de Sylvio Lanna. Em função do esquema de produção familiar, às vezes é difícil distinguir quais desses filmes tomaram a forma final para exibição ou permaneceram meros rascunhos. Alguns, como *Night cats*, parecem ter sido perdidos. A produção do grupo marginal carioca no exílio marca o fim do período mais intenso de realização. A partir do retorno ao Brasil, que ocorre, em geral, depois de 1973, a produção marginal tende a escassear e os diretores tomam rumos diversos. Alguns, como Neville d'Almeida, abandonam por completo o estilo. Outros, como Bressane, Sganzerla, Reichenbach, Tonacci,

Rosemberg, acabam por desenvolver uma extensa carreira, em que a experiência vivida entre 1968 e 1973 desempenha papel preponderante. Se o Cinema Marginal não teve a organicidade e a duração do Cinema Novo, se seus membros não souberam, como a geração anterior, articular-se para dominar socialmente mecanismos de viabilização da produção e distribuição de seus filmes, é inegável a marca duradoura que suas propostas imprimiram no cinema brasileiro. (FPR)

CINEMA NOVO

O Cinema Novo foi o primeiro e provavelmente o único movimento cinematográfico brasileiro, tomando a palavra no sentido em que ela é empregada no caso de movimentos da vanguarda intelectual ao longo do século XX. Foi algo mais do que um grupo ou uma geração, apesar de às vezes ter atuado como um grupo de pressão para impor uma nova promoção de cineastas. Também não foi uma escola estética, pois tinha na pluralidade de personalidades e expressões uma das suas marcas registradas. Apenas o manifesto de fundação da ATLÂNTIDA* expressa uma ambição coletiva, em certa medida comparável, logo limitada pelo sistema de produção em estúdio. O Cinema Novo nasce livre de uma fórmula industrial pelo fracasso das experiências dos anos 50. Tampouco se sente comprometido com a discussão de uma ortodoxia estética, por mais novidade que ela encerre, conforme aconteceu com o neorrealismo italiano. Ao mesmo tempo, a situação de dependência do cinema brasileiro em relação à produção importada afasta o Cinema Novo da falta de compromisso com a reforma das estruturas vigentes, como foi o caso da *nouvelle vague* francesa. O autêntico precursor do movimento é Nelson Pereira dos Santos*, mesmo que Glauber Rocha* tenha procurado elaborar uma tradição anterior que passa por Humberto Mauro* e deixa injustamente de lado Mário Peixoto* (na sua *Revisão crítica do cinema brasileiro*). O Cinema Novo propicia uma ruptura com o passado – a chanchada* é proclamada inimigo público número um – por um radicalismo típico dos anos 60, facilitado pela falta de continuidade característica da história do cinema brasileiro até então.

Uma visão menos catastrófica da evolução histórica perceberia na eclosão do Cinema Novo um amadurecimento e várias confluências: as experiências neorrealistas de Nelson Pereira dos Santos e Roberto Santos*; a influência da crítica francesa com sua "política dos autores"; a formação de um significativo número de profissionais nas escolas de cinema da Europa; o auge da cultura cinematográfica, com o movimento de cineclubes* disputado e polarizado por comunistas e católicos; o surgimento de novas tecnologias com sua contribuição à renovação do documentário e à transformação da linguagem da ficção (câmeras leves, gravador Nagra e película sensível condicionam o *slogan* "uma ideia na cabeça e uma câmera na mão"). A tudo isso é preciso agregar o peso decisivo de fatores extracinematográficos: o movimento estudantil e o Centro Popular de Cultura imprimem ao Cinema Novo uma sintonia perfeita com a efervescência intelectual do momento, com destaque para a música, a literatura, as artes plásticas, a arquitetura. Nunca como antes o entrosamento entre o cinema brasileiro e as demais expressões da cultura nacional é tão íntimo, sem que houvesse desequilíbrios: basta comparar o desconhecimento quase total do cinema pelo modernismo de 1922 e a relação de dependência da VERA CRUZ* com o Teatro Brasileiro de Comédia. A filiação entre o modernismo literário e o Cinema Novo tem sua melhor representação em Joaquim Pedro de Andrade*. A dívida com o romance regional está presente nas adaptações de Nelson Pereira dos Santos e Walter Lima Jr.*; a invenção de linguagem de Guimarães Rosa, em Glauber Rocha; a influência do pensamento antropológico e sociológico, em Carlos Diegues*. O núcleo inicial compreende ainda Leon Hirszman*, Paulo César Saraceni*, Mário Carneiro*, Ruy Guerra*, David Neves*, Gustavo Dahl*, Luiz Carlos Barreto*. Um segundo círculo ampliado incluiria Eduardo Coutinho*, Luís Sérgio Person*, Arnaldo Jabor*, Paulo Gil Soares*, Geraldo Sarno*, Eduardo Escorel*, Maurice Capovilla*, e mesmo Roberto Pires* e Roberto Farias*.

Apesar de antecedentes na Paraíba e sobretudo na Bahia, o movimento de renovação concentra-se no Rio de Janeiro, com certas expressões em São Paulo (entre elas, a notável produção de documentários* de Thomaz Farkas*). A rivalidade e o bairrismo entre as metrópoles do sul é menor do que a distância entre as gerações, que afasta Anselmo Duarte*. O mimetismo até então em vigor é substituído pela descolonização da linguagem, pelo não alinhamento estético ("nem Hollywood nem MOSFILM"). A autenticidade não é mais uma questão apenas de temática brasileira, conforme se dizia na década de 50. Ninguém separa mais forma e conteúdo, expressão e produção: a falência dos projetos industriais reabilita a opção artesanal dos pioneiros, a espontaneidade ambicionada pela chanchada adquire uma nova dimensão com o som direto, ficção e documentário sofrem contaminações mútuas. Com a perspectiva histórica, o Cinema Novo aparece como um divisor de águas. A renovação dos quadros do cinema brasileiro durante a década de 60 ultrapassou os limites de qualquer grupo. Pouquíssimos diretores do período anterior mantêm-se na ativa na década seguinte (Walter Hugo Khouri*, J. B. Tanko*, Carlos Coimbra*, Carlos Hugo Christensen*), outros contam com uma atuação episódica. Em compensação, os cineastas confirmados durante os anos 60 prosseguiram sua carreira depois, tanto aqueles ligados ao Cinema Novo quanto os que escolheram caminhos individuais. Mais importante ainda, as décadas de 70 e 80 caracterizam-se pela renovação contínua, que desmente qualquer dominação da produção brasileira pelos cardeais do Cinema Novo. Mesmo sem dispor de mecanismos legais específicos para facilitar o acesso à direção de um primeiro filme, 30% da produção dos anos 80 está nas mãos de cineastas estreantes. Essa permanente abertura do cinema nacional, num clima de diversidade expressiva, é uma conquista da década de 60, comprovada trinta anos depois, apesar do hiato provocado pelo desmantelamento das estruturas durante o governo Collor. Antes, o cinema devia responder a parâmetros e convenções de gêneros e modelos dominantes. Em compensação, o Cinema Novo foi carioca e paulista, mineiro e nordestino, épico e intimista, realista e alegórico, branco e mulato, índio e algumas vezes negro, literário e musical, teatral e poético, pessimista e eufórico, trágico e cômico, com algumas pitadas melodramáticas, engajado e alienado, totalizante e parcial, crítico e contemplativo, messiânico e agnóstico, fatalista e ingênuo, sutil e histérico, apocalíptico e integrado, revolucionário e reformista, elitista e populista, saudosista e profético, nacionalista e cosmopolita, desesperado e orgiástico, machista e feminino, dionisíaco e careta, local e universal. Nenhuma figura resume todo o Cinema Novo, nem sequer Glauber Rocha, o seu maior agitador e porta-voz. Os próprios cineastas eram personalidades criativas em movimento, sempre à procura de novos desafios temáticos e estilísticos. Cada filme era muitas vezes a negação do anterior: a ausência de dogmatismo e preconceito estético parecia absoluta.

Determinar os primeiros passos do Cinema Novo é mais fácil do que fechar o ciclo. Os curtas *Arraial do Cabo* (Paulo César Saraceni/Mário Carneiro, de 1959) e *Couro de gato* (de Joaquim Pedro de Andrade, de 1960) são quase contemporâneos do surto baiano, que tem no nascimento confuso de *Barravento*, em 1960-1961, o seu primeiro marco internacional. *Cinco vezes favela* (produzido pela União Nacional dos Estudantes), *Os cafajestes* (de Ruy Guerra), *Porto das Caixas* (de Paulo César Saraceni), além da PALMA DE OURO de *O pagador de promessas* (de Anselmo Duarte), fazem de 1962 um ano fundamental, pelo impacto nacional e o reconhecimento europeu. O Cinema Novo está sintonizado também com o que acontece no resto do mundo: a crise do sistema de estúdios e do cinema de gêneros precipita a implosão dos códigos narrativos tradicionais. As pesquisas de linguagem privilegiam a *mise-en-scène* como instância fundamental, e o diretor como figura principal do processo criativo. Com os polos de produção tradicionais abalados, os festivais, a crítica e o público dos cinemas de arte prestam atenção nos filmes que vêm da periferia. A América Latina, o Terceiro Mundo pedem passagem. Porém, no contexto de radicalização política dos anos 60, o Cinema Novo afasta-se rapidamente dos esquemas militantes nacionais (CPC) e internacionais. Enquanto os argentinos Fernando Solanas e Octavio Getino teorizam um "terceiro cinema" e o cubano Julio García Espinosa defende um "cinema imperfeito", impregnados de considerações ideológicas, Glauber prega uma "estética da fome" e mesmo uma "estética do sonho", sem renunciar à prioridade estética. A maturidade vem logo em seguida com *Vidas secas*, *Deus e o diabo na terra do sol* e *Os fuzis*, visões diversas do emblemático Nordeste, que, filmadas antes do golpe militar, souberam vencer os obstáculos do novo contexto. Na verdade, a censura e a repressão atingem o auge apenas depois de 1968, quando o Cinema Novo envereda para o tropicalismo ou mesmo para o exílio. Logo depois do golpe de 1964, enquanto o teatro perpetua um clima de exaltação, o cinema inicia uma reflexão autocrítica sobre o fracasso do populismo nacionalista e os impasses da luta armada (de *O desafio*, de Paulo César Saraceni, 1965, a *Terra em transe*, de Glauber Rocha, 1967). Depois, o Cinema Novo entrosa-se com a vanguarda musical e teatral da tropicália, numa reformulação que desemboca em representações conflitantes da história e da formação nacional (*Macunaíma*, de Joaquim Pedro

de Andrade, de 1969, e *Os herdeiros*, de Carlos Diegues, de 1968-1969, *Azyllo muito louco*, de Nelson Pereira dos Santos, de 1969, e *Pindorama*, de Arnaldo Jabor, de 1970). Em pleno triunfalismo repressivo e econômico, os protagonistas do Cinema Novo propõem, no início dos anos 70, uma revisão do romantismo indigenista (*Como era gostoso o meu francês*, Nelson Pereira dos Santos, *Uirá, um índio em busca de Deus*, de Gustavo Dahl), dos mitos patrióticos (*Os inconfidentes*, de Joaquim Pedro de Andrade) e da tradição rural (*A casa assassinada*, de Paulo César Saraceni, *São Bernardo*, de Leon Hirszman). Na tela, a família patriarcal sofre os embates de outros conflitos em surdina. Mas a contestação da novíssima geração, o udigrúdi ou Cinema Marginal*, parece apressada em virar a página dos anos 60, com uma virulência e um desespero sem limites, que não repara que trocava o diálogo com a geração anterior pelo solilóquio da imprecação. O recurso à alegoria perde o fôlego totalizante em função de uma crescente fragmentação. Produz-se assim o divórcio entre a vanguarda experimental e o público que o Cinema Novo pretendia ultrapassar e apenas a música popular brasileira soube evitar.

Na medida em que os diretores do Cinema Novo continuam sua obra, a implosão do grupo não esgota a questão da continuidade ou não do movimento. Pelo mesmo motivo, a filmografia do movimento é problemática, dependendo da inclusão ou não do conjunto de títulos realizados pelos seus representantes, dentro e fora da década prodigiosa dos 60. Na realidade, pela primeira vez na história do cinema brasileiro, tudo se transforma, em lugar de acabar pura e simplesmente, como acontecia na sucessão de ciclos descontínuos. O Cinema Novo revitaliza a tal ponto o panorama, suscita tantas vocações nas mais diversas áreas da profissão, que vira ponto de partida de uma autêntica tradição. Glauber Rocha tinha elaborado uma tradição puramente imaginária ao reconstruir à sua maneira o passado do cinema brasileiro. Mas não importa que a pesquisa, as investigações, a historiografia e as novas opiniões desmintam sua *Revisão crítica do cinema brasileiro*. Sem o marco de legitimação cultural representado pelo Cinema Novo, o passado teria desaparecido completamente, na indiferença geral, sepultado no esquecimento reservado pela volúvel consciência nacional aos fracassos e frustrações. A única referência em matéria audiovisual seria a televisão, efêmera pela sua essência. A introdução do cinema

na universidade brasileira e sua integração no pensamento acadêmico revelam também o impacto da década de 60, sob a liderança esclarecida de Paulo Emílio Salles Gomes*, com uma leva de ensaístas iniciada por Jean-Claude Bernardet*, mais voltada para o cinema nacional do que para a especulação teórica abstrata. No exterior também, o Cinema Novo confere pela primeira vez um lugar duradouro ao Brasil na história do cinema mundial. Apesar do seu projeto de ruptura radical, deu consistência à tradição nacional. A preeminência do diretor como motor dos projetos, a própria inexistência de um sistema de produção em série e uniformizado, conferem ao impulso iniciado nos anos 60 um caráter voluntarista. Depois de tanta discussão política e econômica, nunca como antes fica tão claro que o cinema é também uma questão de desejo. A moderna tradição do cinema brasileiro conta agora com uma referência incômoda e paradoxal. Incômoda porque não se presta a uma domesticação ou catalogação simplista, porque exibe um amplo diálogo com um período fértil da cultura brasileira, porque exige também um diálogo incontornável para quem pretenda se situar na sua continuidade. O Cinema Novo é sinônimo de tradição viva, daquelas que não ficam trancadas nas paredes de um museu nem cristalizadas nas páginas de uma enciclopédia. Cinema Novo é paradigma de cinema brasileiro em liberdade. (PAP)

CINEMATECA

A preocupação com a salvaguarda da produção cinematográfica brasileira é antiga. Em 1910, o antropólogo Edgar Roquette Pinto cria a FILMOTECA DO MUSEU NACIONAL, iniciativa sem consciência quanto aos requisitos necessários para a correta conservação das películas e que por circunstâncias fortuitas preservou alguns dos mais antigos registros fílmicos do país, entre eles a filmagem do *Circuito de São Gonçalo*, feita por Paulino Botelho* em 1910. A pequena e simples guarda praticada pela filmoteca teve sequência nos acervos constituídos por alguns produtores como Francisco Serrador* e Alberto Botelho*. Quase sempre o descuido e o desconhecimento redundavam em incêndios devastadores. A passagem à fase sonora trouxe a percepção de que toda uma era anterior, vivida com indisfarçável coloquialidade e inserção no cotidiano, tinha virado história e precisava ser preservada. Começam a surgir na imprensa especializada textos sobre o assunto. Adhemar Gonzaga*, na revista *Cinearte*, e Jurandyr Passos Noronha*, na revista *Scena Muda*, defendem a criação de entidades especializadas na conservação das películas. Em iniciativa isolada, o crítico Pedro Lima* começa, no final dos anos 30, a recolher sistematicamente os rolos de filmes brasileiros da fase muda, constituindo apreciável acervo na filmoteca do Serviço de Informação Agrícola, onde trabalhava, também incendiada em 1951. Por iniciativa dos membros do segundo CLUBE DE CINEMA DE SÃO PAULO, entre eles o crítico Paulo Emílio Salles Gomes*, instala-se no final dos anos 40 a FILMOTECA DO MUSEU DE ARTE MODERNA DE SÃO PAULO, embrião da futura CINEMATECA BRASILEIRA. A ação reflete tanto a conscientização internacional para a questão, consubstanciada na criação da Federação Internacional dos Arquivos de Filmes (FIAF), quanto o contato de Paulo Emílio com Henri Langlois, criador da CINÉMATHÈQUE FRANÇAISE. A filmoteca procura novamente recolher o restante do passado cinematográfico brasileiro, alcançando larga repercussão no meio. Por iniciativa de um de seus membros, Caio Scheiby, começa um trabalho de reconstituição, revalorização e divulgação de inúmeros filmes antigos, como *Ganga bruta*, de Humberto Mauro*, já saudado como obra-prima durante a RETROSPECTIVA DO CINEMA BRASILEIRO de 1954. Todo esse esforço sofre sério revés com o incêndio do MAM-SP em 1957. Dois anos antes havia sido criado pelo crítico Antônio Muniz Vianna e por Ruy Pereira da Silva o Departamento de Cinema do futuro Museu de Arte Moderna do Rio de Janeiro. Dedicado inicialmente apenas à exibição dos clássicos do passado, apresentados no auditório da Associação Brasileira de Imprensa, transforma-se dois anos mais tarde em CINEMATECA DO MAM. Empreende algumas mostras temáticas pelas salas comerciais da cidade que ajudam a divulgar a entidade, entre eles a famosa *História do cinema americano*. Sua ação como cinemateca propriamente dita começa quando o crítico José Sanz* assume a direção em 1959. Também amigo de Langlois, consegue nesse mesmo ano a doação de um lote de filmes, dando início à coleção filmográfica. Já ocupando algumas instalações do prédio do museu, amplia o leque de atividades, oferecendo cursos de formação cinematográfica, entre eles o famoso Seminário de Cinema ministrado por Arne Sucksdorff* em 1962, origem de inúmeros integrantes da segunda e terceira gerações do Cinema Novo*. Em 1964 cria-se o setor de documentação, e alguns anos

depois, já sob a direção do ex-cineclubista Cosme Alves Netto*, inaugura-se o auditório da cinemateca no terceiro andar do prédio principal do museu.

Nesse meio tempo, reestruturando-se, a antiga FILMOTECA DO MAM-SP torna-se FUNDAÇÃO CINEMATECA BRASILEIRA. A falta do apoio público direto e de uma sustentação financeira maior dispersam os vários setores da entidade por vários bairros de São Paulo. Para tentar sanar o problema é fundada, no início dos anos 60, a Sociedade de Amigos da Cinemateca, esteio da instituição por duas décadas. Há uma lenta reconstituição das diversas coleções, preocupando-se seus dirigentes – Paulo Emílio sempre à frente – em adequar o trabalho de organização aos modernos conceitos arquivísticos e dotar a entidade de infraestrutura completa para tratamento, conservação e restauração das obras. Esses esforços prosseguem lentamente e não sem alguns retrocessos ao longo dos anos. A incorporação de um laboratório de revelação e copiagem no início dos anos 70 representa um marco no tratamento criterioso da duplicação das matrizes originais. Em 1978, a CINEMATECA DO MAM tem seu acervo preservado do incêndio do museu. Na segunda metade dos anos 60, essa cinemateca consolidara seu prestígio na comunidade cinematográfica e com o grande público participando ativamente do movimento dos cinemas de arte, responsável pela divulgação dos cinemas novos e de cinematografias pouco conhecidas no país, em particular as do antigo Leste Europeu. Incorpora também certa infraestrutura de produção, dedicada principalmente à finalização de filmes (montagem e sonorização, esta através do estúdio TRANSISOM), apoiando decididamente o novo cinema brasileiro. Com o incêndio sofre completa reformulação, procurando adequar-se às normas de preservação prescritas pela FIAF. Introduzem-se técnicas arquivísticas na organização das coleções, constrói-se nova sala de projeções e climatizam-se os depósitos de filmes. Desenvolve o projeto Filho Pródigo, pelo qual resgata dezenas de títulos nacionais, ou relacionados com o Brasil, dispersos por cinematecas estrangeiras. O ritmo de suas atividades começa a diminuir em meados dos anos 80 com as dificuldades financeiras crescentes por que passa o museu. Na mesma época, a antiga FUNDAÇÃO CINEMATECA BRASILEIRA, ao transformar-se em autarquia pública, transforma-se em CINEMATECA BRASILEIRA, órgão ligado ao Instituto do Patrimônio Histórico e Artístico Nacional.

Com a regularização de sua continuidade institucional, deslancha ambicioso plano de transferência de suas instalações para uma nova e única sede, o antigo Matadouro Municipal, localizado no bairro de Vila Mariana. Projetada para ser um grande centro cultural dedicado ao audiovisual, a nova sede abriga tanto a parte de preservação do acervo como cinemas, museu e laboratório cinematográfico. A instituição também desenvolve ampla catalogação de seus acervos e sistemática incorporação de arquivos particulares, como o de Paulo Emílio e o do cineasta Glauber Rocha*. À normalização das atividades da CINEMATECA BRASILEIRA sobrepôs-se um período de dificuldades na CINEMATECA DO MAM, com a passagem de seis diretorias sucessivas. Na década de 1990, mesmo com uma trajetória conturbada, ambas as cinematecas formalizaram os procedimentos de recolhimento e preservação da memória audiovisual brasileira e criaram uma conscientização no setor a respeito da importância da salvaguarda do patrimônio fílmico. Em que pese a perda de mais de 50% do que foi produzido no país, acervos importantes como os da VERA CRUZ*, MARISTELA*, CINEDISTRI*, Boca do Lixo*, ATLÂNTIDA*, CANAL 100, Cinema Novo, pornochanchada* e EMBRAFILME*, além de praticamente tudo que sobrou da fase muda, foram recolhidos às duas instituições. Esse trabalho começou a se multiplicar a partir dos anos 80 com o surgimento de cinematecas e filmotecas regionais, como o CENTRO TÉCNICO AUDIOVISUAL DA FUNARTE, a CINEMATECA PARANAENSE, a CINEMATECA CATARINENSE e a formação de pequenos acervos em escolas, fundações e mesmo empresas. (HH)

Após se estabelecer na Vila Mariana, a CINEMATECA BRASILEIRA inagurou, em 1997, a SALA PETROBRAS, construída num dos antigos galpões da atual sede, dotada de equipamentos de última geração. Dentro de padrões internacionais, também inagura, em 2007, outra sala de projeção, permitindo a ampliação de suas atividades com festivais e mostras. A CINEMATECA vem se dedicando nos últimos anos ao restauro de filmes do próprio acervo, investindo igualmente na recuperação de filmografias como a de Joaquim Pedro de Andrade*, Mário Peixoto*, Glauber Rocha* e acervos como da CINÉDIA* e ATLÂNTIDA*, recentemente adquiridos pelo MinC. Em situação adversa, a CINEMATECA DO MAM chegou a enfrentar crise sem precedentes, e tem sido desestruturada para a guarda de matrizes de filmes brasileiros. A transferência do acervo para outros arquivos foi iniciada, mas acabou interrompida. Uma lei municipal da cidade do Rio de Janeiro, em 2003, declara a CINEMATECA carioca patrimônio cultural e a remessa de matrizes é suspensa. Através do patrocínio do BNDES foi feita a reforma da reserva técnica das matrizes dos filmes nacionais, reabrindo-se a sala de exibição com novos projetores. Hoje, a CINEMATECA BRASILEIRA é reconhecida como a principal preservadora de nossa memória cinematográfica, em seus objetivos de guarda, restauro, pesquisa e divulgação.

CIOCLER, Caco (Carlos Alberto Ciocler) – São Paulo, SP, 1971. Ator.

FILMOGRAFIA: 1999 – Caminho dos sonhos; Minha vida em suas mãos. 1999-2001 – O xangô de Baker Street. 2000 – Bicho de sete cabeças. 2001-2003 – Desmundo. 2002 – Avassaladoras; A paixão de Jacobina; Lara. 2004 – Sexo, amor e traição; Olga. 2005 – Quase dois irmãos; Quanto vale ou é por quilo?. 2007 – Inesquecível.

Iniciou sua carreira aos 8 anos de idade. Fez curso de artes no clube A Hebraica, em São Paulo, onde até hoje dirige um grupo de teatro de jovens amadores. Cursou Engenharia Química e Artes Dramáticas, ambos na Universidade de São Paulo (USP), optando por seguir a carreira dramática. Em 1995 foi o protagonista da peça infantil Pedro Paulo Pedregulho e em seguida recebeu o PRÊMIO MAMBEMBE de melhor ator coadjuvante e um contrato de dois anos por seu personagem Orfeu da peça Píramo e Tisbe. Em uma das apresentações no teatro, o diretor Luiz Fernando Carvalho* o convidou para atuar na telenovela O rei do gado, exibida em 1995. O reconhecimento pelo grande público aconteceu com o personagem Ed Talbot da novela América (2005), de Gloria Perez; em seguida foi destaque em Páginas da vida, de Manoel Carlos. Trabalhou também em minisséries, A muralha (2000), baseada no romance homônimo de Dinah Silveira de Queiróz; O quinto dos infernos (2002), escrita por Carlos Lombardi; e JK (2006), de Maria Adelaide Amaral. No cinema, começou no papel do rabino Jacó no drama Caminho dos sonhos, dirigido por um estreante, Lucas Amberg, baseado em O sonho no caroço do abacate, romance de Moacyr Scliar. É protagonista como engenheiro desempregado e desesperado que se fecha num apartamento com uma mulher, com quem tem um envolvimento amoroso sexual em Minha vida em suas mãos, de José Antonio Garcia*. Participou

da coprodução internacional O xangô de Baker Street, dirigido por Miguel Faria Jr.*, baseado no best-seller de Jô Soares. Mas o sucesso veio com o filme Olga, dirigido por Jayme Monjardim. Protagonista do drama politico Quase dois irmãos, de Lucia Murat*, e Quanto vale ou é por quilo?, de Sergio Bianchi*, baseado em conto de Machado de Assis. Participou da fita policial Inesquecível, de Paulo Sérgio Almeida. Em 2008, o ator estreou o espetáculo teatral Imperador e Galileu. (MM)

CIVELLI, Mário – Roma, Itália, 1923-1993. Produtor, diretor.

FILMOGRAFIA: 1949 – Luar do sertão (dir.). 1951 – Presença de Anita (prod.); Suzana e o presidente (prod.); O comprador de fazendas (prod.). 1952 – Meu destino é pecar (prod.); O amanhã será melhor (prod.). 1953 – Destino em apuros (prod.); O homem dos papagaios (prod.); Uma vida para dois (prod.); Fatalidade (prod.); O craque (prod.); Chamas no cafezal (prod.); A sogra (prod.). 1954-1956 – O grande desconhecido (prod., dir.). 1958 – Rastros na selva (prod., dir.). 1959-1961 – Bruma seca (prod., dir.). 1969 – O gigante, a hora e a vez do cinegrafista (prod., dir.).

Produtor e diretor, naturalizado brasileiro (1953), chegou ao país em 1946. Na Itália, afirmava ter trabalhado com vários produtores e diretores independentes, aprendendo rapidamente os mecanismos básicos da produção de filmes. No entanto, pairaram dúvidas acerca de sua participação em películas italianas, embora, pela sua desenvoltura no meio cinematográfico brasileiro dos anos 40 e 50, fosse possível deduzir que conhecia a dinâmica dos estúdios e os elementos fundamentais do métier (vários de seus conhecidos chegaram a dizer que, contrariamente a sua alegada participação como assistente de direção e roteirista, Civelli exercia funções operacionais bem mais modestas). Em 1943, com um grupo de cineastas italianos, dentre os quais Pagliero, Soldati, Lattuada, Visconti, Aldo Tonti, Ubaldo Arata, Terzano, Ventimiglia, Trentino, Salaroli, Serandrei, escondeu câmeras e material técnico essenciais para o cinema italiano, temendo que as tropas invasoras transportassem esse material para a Alemanha. Com a aproximação das tropas da Quinta Armada Norte-americana, Civelli foi convidado por Marcello Pagliero, então engajado como diretor artístico no Psychological Warfare Branch (PWB – Departamento de Guerra Psicológica) da V e VIII Armadas dos Exércitos Aliados, para trabalhar na função de assistente de

produção do capitão Peter Praud, diretor de produção da seção cinematográfica. Participou de dezenas de documentários de curta metragem e do cinejornal Stars and Stripes. Com a hospitalização do capitão Praud, Civelli assumiu a direção de produção, tendo ficado nessa função até 1945. Com o fim da guerra, vai para Milão, trabalhar na produção de Il sorge ancora. Foi contratado como inspetor de produção por Dino de Laurentis, então produtor executivo da LUX FILMES, para As misérias de Monsieur Travet, dirigido por Mario Soldati. O produtor italiano funda a ROVERE DE LAURENTIS (RDL), convidando Civelli para ser o diretor de produção da película "Anita Garibaldi", encarregando-o de estudar as possibilidades de realização do filme na América do Sul.

Foi assim que Civelli chegou ao Brasil, em 1946. Não encontrando perspectivas para a realização de "Anita Garibaldi", e tendo se apaixonado pelo país, demitiu-se da RDL e, com Tito Batini, realizou Luar do sertão, que contou com a ajuda de Ruggero Jacobbi na elaboração do roteiro e do fotógrafo Adalberto Kemeny*. Alex Viany* referiu-se a Civelli como "o gordo italiano parecido com Orson Welles, de mentalidade agilíssima e passado cinematográfico curto e duvidoso". B. J. Duarte*, por sua vez, classificou-o como homem dotado de uma atividade "simplesmente espantosa", "gordíssimo, misto de rei Faruk e Aga Khan", "dotado da agilidade e do golpe de vista de um tenista consumado". O crítico paulista escreveu ainda que Civelli, para produzir as suas fitas, "virou céus e terras", "destruiu barreiras alfandegárias, contratou gente boa e má, ótima e péssima". Em suma, uma película produzida por ele apresentava "a virtude ao lado do pecado, a inteligência geminada à vulgaridade". Civelli foi contratado por Mário Audrá* para assumir a direção geral de produção da recém-criada MARISTELA*, no segundo semestre de 1950. Contratou técnicos, diretores, roteiristas, atores, montou estúdios, além de trazer vários profissionais estrangeiros, como os fotógrafos Aldo Tonti, Mário Pagés* e Juan Carlos Landini, o montador José Cañizares*, além de Alex Viany e Mário del Rio, que trabalhavam no cinema carioca. Na MARISTELA foi produtor de Presença de Anita e Suzana e o presidente, ambos de Ruggero Jacobbi, Meu destino é pecar, de Manuel Peluffo, e O comprador de fazendas, de Alberto Pieralisi*, tendo recebido, por esta película, o prêmio de melhor produtor de 1951. Produziu, também, Parques e jardins, documentário de curta metragem dirigido por B. J. Duarte. Afastando-se da MARISTELA, produziu *Modelo 19* – posteriormente rebatizado *O amanhã será melhor*, dirigido por Armando Couto e roteiro de Vão Gogo (Millôr Fernandes). Essa película teve a coprodução da MULTIFILMES*, criada em 1952 pelo industrial Anthony Assunção, que contratou Civelli para ser o diretor geral de produção. Nessa empresa foi o responsável pelos filmes *O homem dos papagaios* e *A sogra*, ambos com direção de Armando Couto, *Destino em apuros* (primeiro filme colorido brasileiro, dirigido por Ernesto Remani*), *Fatalidade*, de Jacques Maret, *Uma vida para dois*, de Armando de Miranda, *O craque* e *Chamas no cafezal*, estes dois de José Carlos Burle*, além de outros documentários de curta metragem. Saindo da MULTIFILMES, e em coprodução com CINEMATOGRÁFICA SERRADOR e MARISTELA, dirigiu *O grande desconhecido*, sobre os costumes e os rituais dos índios brasileiros, filmado na Amazônia e no Centro-Oeste. A película ganhou o prêmio de melhor documentário em longa metragem no FESTIVAL DE KARLOVY-VARY, na antiga Tchecoslováquia. Dirigiu, com Francisco Eichorn*, *Rastros na selva*, sendo também o produtor. Dirigiu e produziu *Bruma seca* e o documentário de longa metragem *O gigante, a hora e a vez do cinegrafista*, além de coproduzir *O caso dos irmãos Naves*, de Luís Sérgio Person*. Nos anos 50 Civelli lecionou no Seminário de Cinema do Museu de Arte de São Paulo. No I Congresso Paulista de Cinema Brasileiro (1952) apresentou *Experiências pessoais sobre o cinema nacional*, que, segundo Maria Rita Galvão, é "um dos textos mais lúcidos que conhecemos sobre a produção cinematográfica no Brasil". Nos anos 70, tentou fazer seriado televisivo e o longa-metragem *Missão Rondon*, sobre a vida do general e indigenista Cândido Mariano da Silva Rondon. Produziu vários documentários culturais de curta metragem e atuou como ator na minissérie *A máfia no Brasil*, para a REDE GLOBO. A "fórmula Civelli" era relativamente simples: custo baixo, amortizável no mercado nacional, realizado rapidamente, isto é, num prazo máximo de 45 dias (cerca de trinta dias em filmagens). Infelizmente, nem sempre conseguiu aplicar sua "fórmula" com resultados positivos, quer nos estúdios em que trabalhou, quer na atividade de produtor independente. (AMC)

CLARK, Walter (Walter Clark Bueno) – São Paulo, SP, 1936-1997. Produtor.
FILMOGRAFIA: 1974 – *A estrela sobe*; *Guerra conjugal*. 1976 – *Dona Flor e seus dois maridos*. 1977 – *O crime do Zé Bigorna*. 1978 – *Amor bandido*. 1979 – *Bye Bye Brasil*. 1980 – *Eu te amo*.

Mais conhecido como homem de televisão, Walter Clark confessou em sua autobiografia (publicada em 1991) que sua grande frustração era não ter realizado o sonho juvenil de ser diretor de cinema. Depois de uma bem-sucedida (e polêmica) carreira na televisão, quando transformou a TV GLOBO em líder de audiência em todo o país, Walter teve a oportunidade de se dedicar ao cinema como produtor. Começou a carreira em 1952, na RÁDIO TAMOIO, no Rio de Janeiro. Após rápida passagem pela agência de publicidade Interamericana, iniciou na TV TUPI uma ascendente carreira de sucesso na televisão que o levaria, nos anos 60, a ser o "todo-poderoso" superintendente da TV GLOBO, responsável, com José Bonifácio de Oliveira Sobrinho, pela criação do chamado "padrão global de qualidade". Sua primeira tentativa como produtor de cinema data de 1961, quando se associou ao amigo Carlinhos Niemeyer para a produção do filme "Zum-zum-zum", cuja estrela seria Norma Bengell*. O filme, porém, não foi realizado, e Walter só tentou o cinema novamente no início dos anos 70. Em 1973, fundou sua produtora, a ICB, e produziu dois filmes: *A estrela sobe*, do jovem Bruno Barreto*, e *Guerra conjugal*, dirigido por Joaquim Pedro de Andrade*. Estrelado por Betty Faria*, *A estrela sobe* estourou o orçamento inicial. Luiz Roberto Nascimento e Silva, assistente de direção de Bruno, descobriu o motivo de tantos gastos: filmavam com filme velado. Fundou a CLARK BARRETO PRODUÇÕES, em sociedade com Luiz Carlos Barreto*, produzindo *Amor bandido*, dirigido por Bruno Barreto, e *Bye Bye Brasil*, de Carlos Diegues*. Após desentendimento com Barreto, criou a FLÁVIA FILMES, que produziu *Eu te amo*, de Arnaldo Jabor*. Faleceu no Rio de Janeiro em 24 de março. (LAR)

COIMBRA, Carlos (Jaime Coimbra Jr.) – Campinas, SP, 1928-2007. Diretor, montador.
FILMOGRAFIA: 1955 – *Armas da vingança* (dir.). 1955-1956 – *A padroeira do Brasil* (*Cavalgada da esperança*) (mont.). 1957 – *Dioguinho* (dir., mont.). 1958 – *Crepúsculo de ódios* (*Nas garras do destino*) (dir., mont.); *Fronteiras do inferno* (mont.). 1959 – *As pupilas do senhor reitor* (mont.). 1960 – *A morte comanda o cangaço* (dir., mont.); *A moça do quarto 13* (coprodução estrangeira) (mont.). 1962 – *O pagador de promessas* (mont.); *Lampião, rei do cangaço* (dir., mont.). 1965 – *O santo milagroso* (dir., mont.). 1966 – *Cangaceiros de Lampião* (dir., mont.). 1968 – *Madona de cedro* (dir., mont.). 1969 – *Corisco, o Diabo Loiro* (dir., mont.). 1970 – *Se meu dólar falasse...* (dir., mont.); *A marcha* (mont.). 1971 – *Idílio proibido* (mont.); *Lua de mel & amendoim* – 1º episódio: 'Lua de mel & amendoim' (mont.); *Ana Terra*. 1972 – *Independência ou morte* (dir.). 1973 – *O descarte*. 1974 – *O exorcismo negro*; *O signo de escorpião* (dir., mont.); *O marginal* (mont.). 1975 – *O homem de papel* (*Volúpia de um desejo*) (dir., mont.); *Já não se faz amor como antigamente* (mont.). 1976 – *Elas são do baralho* (mont.). 1978 – *Iracema, a virgem dos lábios de mel* (dir., mont.). 1981 – *Os campeões* (dir., mont.). 1988 – *Fofão e a nave sem rumo* (mont.).

Na década de 40, Carlos Coimbra é cineclubista em Campinas. Em 1949, muda-se para o Rio de Janeiro, onde tenta infrutífera carreira de cantor nas rádios cariocas. Ingressa no cinema, fazendo figuração na produção da ATLÂNTIDA* *Também somos irmãos* (1949), de José Carlos Burle*. Mais tarde, é assistente de direção e roteirista no drama *Luzes nas sombras* (1951-1953), de Carlos Ortiz*, pequena produção de Heládio Fagundes. É diretor de espetáculos de ação, endereçados ao grande público. Em 1955, muda-se para São Paulo, a convite do produtor, diretor e fotógrafo Konstantin Tkaczenko*, estreando como diretor no longa de aventura *Armas da vingança*, com elenco de atores do gênero: Hélio Souto*, Vera Nunes*, Aurora Duarte* e Luigi Picchi*. *Armas da vingança* é realizado em Araraquara, na fase inicial dos filmes rurais feitos no interior paulista, com produção local de José Antônio Orsini. Durante a montagem desse filme, sob responsalidade de Oswald Hafenrichter*, inicia seu aprendizado na função de montador. Volta a trabalhar com o produtor e diretor Heládio Fagundes no filme religioso *A padroeira do Brasil*, nas funções de roteirista e montador. Dirige seu segundo filme de aventura, *Dioguinho*, o primeiro longa brasileiro a utilizar o processo EASTMANCOLOR; no elenco estão Hélio Souto e John Herbert*. Realizado em Piracicaba, esse filme é baseado na vida de um famoso bandido do começo do século que assombrou o sertão paulista. Essa história já havia sido filmada por Guelfo Andaló em 1916, com título semelhante. Konstantin Tkaczenko e Michel Lebedka fazem a produção. Em Jundiaí, com produção local de Inocêncio Mazzuia, Coimbra dirige sua terceira aventura, *Crepúsculo de* ódios, com Luigi Picchi, Aurora Duarte, Norma Monteiro e Carlos Zara. É montador de *Fronteiras do inferno*, de Walter Hugo Khouri*, da coprodução luso-brasileira, *As pupilas do senhor reitor*, dirigida pelo português Perdigão Queiroga, e da coprodução Brasil-EUA, *A moça do quarto 13*, do diretor americano Richard Cunha. Dirige seu primeiro filme de cangaço, *A morte comanda o cangaço*, com produção de Marcelo Miranda Torres, para AURORA DUARTE PRODUÇÕES CINEMATOGRÁFICAS, com Alberto Ruschel*, Milton Ribeiro* e Aurora Duarte, filmado em EASTMANCOLOR. É montador de *O pagador de promessas*, de Anselmo Duarte*, único filme brasileiro premiado com a PALMA DE OURO, no FESTIVAL DE CANNES de 1962. Contratado pela CINEDISTRI*, dirige uma série de filmes para o produtor Osvaldo Massaini*, de diferentes gêneros. No cangaço faz *Lampião, rei do cangaço*, *Cangaceiros de Lampião* e *Corisco, o Diabo Loiro*; na comédia, *O santo milagroso*, adaptação da peça homônima de Lauro César Muniz*, e *Se meu dólar falasse...*, veículo para o humor de Dercy Gonçalves*; no drama, *Madona de cedro*, adaptação do romance homônimo de Antônio Callado. Novamente utilizando o processo EASTMANCOLOR, filma *Lampião, rei do cangaço*, com Leonardo Vilar* (no papel-título), Glória Menezes*, Vanja Orico*, Dionísio Azevedo* e Milton Ribeiro*. A comédia, *O santo milagroso*, com Leonardo Vilar, Dionísio Azevedo, Vanja Orico e Geraldo D'El Rey*, contrapõe dois religiosos, um pastor protestante e um padre católico, em uma cidade do interior. Produção de rotina, *Cangaceiros de Lampião* tem em seu elenco Milton Rodrigues*, Jacqueline Myrna, Milton Ribeiro, Vanja Orico e Maurício do Vale*. Na mesma linha, *Corisco, o Diabo Loiro* é filmado com Maurício do Vale e Leila Diniz*. Produção de maior vulto, o drama ambientado em Congonhas do Campo, *Madona de cedro*, tem, no talentoso elenco, Leonardo Vilar, Leila Diniz, Jofre Soares*, Ziembinski*, Sérgio Cardoso e Cleyde Yáconis. Seu último filme para a CINEDISTRI, o drama histórico *Independência ou morte*, possui requintes de superprodução e um grande elenco, comandado por Tarcísio Meira*, Glória Menezes e Dionísio Azevedo. Grande sucesso popular, essa produção é vista como um filme que apoia o "projeto cultural da ditadura". Nos anos 70, Carlos Coimbra retorna ao trabalho de montagem de filmes de diferentes matizes para outros diretores: o drama histórico de adaptação literária *A marcha*, de Osvaldo Sampaio*, baseado no romance homônimo de Afonso Schmidt; a pornochanchada *Idílio proibido*, de Konstantin Tkaczenko; a adaptação de um romance regionalista, *Ana Terra*, de Durval Garcia, baseada na obra homônima de Érico Veríssimo; o suspense psicológico *O descarte*, de Anselmo Duarte; o filme de terror *O exorcismo negro*, de José Mojica Marins*; o melodrama policial *O marginal*, de Carlos Manga*; a comédia erótica *Elas são do baralho*, de Sílvio de Abreu; e o filme infantil *Fofão, nave sem rumo*, de Adriano Stuart*. Retoma sua carreira de diretor quando monta sua produtora, a CSC PRODUÇÕES CINEMATOGRÁFICAS. Realiza seu primeiro filme na dupla função de produtor e diretor, o suspense *O signo de escorpião*, baseado em história do astrólogo Omar Cardoso, com Rodolfo Mayer*, Maria Della Costa* e Kate Lyra no elenco. Para o produtor cearense Edson Queiroz, dirige o policial *O homem de papel*, ambientado na cidade de Fortaleza, com os atores Milton Morais*, Ziembinski, José Lewgoy* e Vera Gimenez*. Novamente acumula as funções de produtor e diretor na adaptação do romance indigenista *Iracema, a virgem dos lábios de mel*, de José de Alencar*, com a estrela de pornochanchadas Helena Ramos* no papel-título – conferindo ao filme certo apelo erótico –, o ator de novelas Tony Correia e Francisco Di Franco*. Com esse filme conquista sucesso de bilheteria. Funda a produtora ADEPI DO BRASIL, em sociedade com Tony Correia, ator, argumentista e roteirista da comédia romântica *Os campeões*, o último filme de Coimbra na dupla função de produtor e diretor. No elenco, estão Armando Bogus, Monique Lafond* e Wilza Carla*. Em 1980, na sua única incursão na televisão, dirige um especial para a TV BANDEIRANTES sobre a Revolução Farroupilha. Em meados dos anos 90, por motivo de saúde, é obrigado a abandonar a direção da refilmagem de *O cangaceiro*, sendo substituído pelo produtor Aníbal Massaini Netto*. Esse filme marcaria seu retorno como diretor. Faleceu em 14 de fevereiro, em São Paulo. (LFM)

COLASSANTI, Arduino – Livorno, Itália, 1936. Ator.

FILMOGRAFIA. 1966 – *El Justicero*. 1967 – *Garota de Ipanema*; *A virgem prometida*. 1967-1968 – *Brasil, ano 2000*. 1968 – *Fome de amor*; *A doce mulher amada*. 1969 – *Memória de Helena*; *Azyllo muito louco*. 1970 – *Uma garota em maus lençóis*; *Minha namorada*; *Como era gostoso o meu francês*. 1971 – *Procura-se uma virgem*; *Mãos vazias*. 1972 – *Amor, carnaval e sonhos*; *Quem é Beta?*. 1973 – *Mestiça, escrava indomável*; *Os homens que eu tive*. 1977 – *Daniel, o capanga de Deus*. 1978 – *O Caçador de Esmeraldas*. 1980-1981 – *O homem do pau-brasil*. 1983 – *Memórias do cárcere*; *Quilombo*. 1984 – *Tropclip*. 1986-1987 – *Sonho de valsa*. 1996 – *A ostra e o vento*. 1997-1998 – *Bela Donna*. 1988-1992 – *Oceano Atlantis*. 2000-2001 – *Hora marcada*. 2002 – *Histórias do olhar*. 2004 – *Xuxa e o tesouro da cidade perdida*.

Arduino Colassanti é ator de cinema, com algumas participações na TV como galã de novelas nas décadas de 60 e 70. Estreia no cinema interpretando El Jus, personagem principal da comédia *El Justicero*, de Nelson Pereira dos Santos*, baseada na novela *As vidas de El Justicero*, de João Bethencourt. Está entre os atores mais requisitados por esse diretor, com quem faz o hermético *Fome de amor*, inspirado na novela *Histórias para se ouvir à noite*, de Guilherme Figueiredo; a comédia alegórica *Azyllo muito louco*, extraída da novela *O alienista*, de Machado de Assis, em que interpreta um boêmio rico, dono de escravos; o tropicalista *Como era gostoso o meu francês*, no papel do aventureiro francês comido pelos índios. Encerra a fase de parceria com Nelson com pequena atuação na alegórica ficção científica *Quem é Beta?*. Cerca de dez anos depois, volta a ser dirigido por Nelson em *Memórias do cárcere*, baseado na obra homônima de Graciliano Ramos, no pequeno papel de um dirigente comunista húngaro. Contracena com as mais belas e destacadas atrizes de sua época, como Márcia Rodrigues*, Irene Stefânia*, Anecy Rocha* e Leila Diniz*. Trabalha com outros diretores do Cinema Novo*, representando o namorado da *Garota de Ipanema*, de Leon Hirszman*, e o personagem futurista na alegoria *Brasil, ano 2000*, de Walter Lima Jr.*. Também atua em *Memória de Helena*, de David Neves*, e *Amor, carnaval e sonhos*, de Paulo César Saraceni*. Faz alguns filmes comerciais, como o drama *A virgem prometida*, de Iberê Cavalcanti*, as comédias românticas *A doce mulher amada*, de Ruy Santos*, e *Uma garota em maus lençóis*, de Wilson Silva*. Trabalha como assistente de direção em *Mãos vazias*, de Luiz Carlos Lacerda*. Atua em filmes de conteúdo erótico, como a comédia *Procura-se uma virgem*, de Paulo Gil Soares*, e os dramas *Mestiça, escrava indomável*, de Lenita Perroy, e *Os homens que eu tive*, de Teresa Trautman*. Volta a interpretar um personagem alegórico em *Daniel, o capanga de Deus*, de João Baptista Reimão, baseado no romance homônimo do diretor Reimão. Faz o papel de um dos filhos do bandeirante Fernão Dias Paes Leme em *O Caçador de Esmeraldas*, de Osvaldo Oliveira*. Faz pequenas atuações no filme histórico *Quilombo*, de Carlos Diegues*, e na comédia musical juvenil *Tropclip*, de Luiz Fernando Goulart. Em mais um filme alegórico, *Sonho de valsa*, de Ana Carolina*, interpreta o pai da moça em crise (Xuxa Lopes*). Nos anos 2000 tem filmado ocasionalmente em papéis de coadjuvante, como o do chefe dos selvagens no filme infantil *Xuxa e o tesouro da cidade perdida*. (LFM)

COLÉ (Petrônio Rosa Santana) – Cruzeiro, SP, 1919-2000. Ator.

FILMOGRAFIA: 1945 – *O cortiço*; *Loucos por música*. 1946 – *Segura esta mulher*. 1948 – *Poeira de estrelas*; *Estou aí*. 1949 – *Todos por um*; *Coração materno*. 1951 – *O falso detetive*. 1952 – *Carnaval Atlântida*. 1953 – *Três recrutas*. 1954 – *Malandros em quarta dimensão*; *Mulher de verdade*. 1956 – *Eva no Brasil* (coprodução estrangeira). 1957 – *Um pirata do outro mundo*. 1959 – *Dona Xepa*. 1970 – *Jesus Cristo... eu estou aqui*. 1972 – *Com a cama na cabeça*. 1974 – *A transa do turf*. 1975 – *Aventuras d'um detetive português*. 1977 – *O Ibraim do subúrbio* (1º episódio: 'Roy, o gargalhador profissional'). 1977-1981 – *O segredo da múmia*. 1978 – *Bububu no bobobó*; *O gigante da América*. 1982 – *Tabu*. 1983 – *Os bons tempos voltaram* (1º episódio: 'Sábado quente'). 1985 – *Brás Cubas*. 1984-1986 – *As sete vampiras*. 1987-1988 – *Lili, a estrela do crime*. 1988-1991 – *Escorpião escarlate*.

Um dos cômicos mais conhecidos da fase de ouro do teatro de revista e da chanchada*, descende de uma família de artistas do picadeiro, a Família Santana. Filho da dupla caipira circense Os Percines (Francisco e Hermengarda), nasce durante uma turnê no interior paulista. Passa a infância e a adolescência no Rio de Janeiro, estreando aos 12 anos como ajudante de palhaço no Circo Dudu. Encarregado de animar a plateia durante as trocas de cenários, recebe o apelido de Picolé, pela frieza que desperta. Trabalha como palhaço, montador de elefantes e acrobata. No final dos anos 30 inicia carreira teatral, ingressando como Rosa Santana na Companhia Típica Brasil, onde atua como coadjuvante. Transfere-se, em 1940, para a Companhia De Carambola, apresentando-se com o pseudônimo de Santana Júnior. Ao deixar definitivamente o circo no ano seguinte, integra o elenco da Companhia Jardel Jércolis, conhecendo a cantora e atriz Celeste Aída, com quem faz dupla de

sucesso e se casa. Adota o nome artístico Colé, tornando-se conhecido por meio da revista *Camisa Amarela*. Trabalha nas rádios TRANSMISSORA, TUPI e TAMOIO, entre outras. Contrariando sua vocação para a comédia, começa no cinema participando de um drama, a adaptação do romance *O cortiço*, de Luiz de Barros*. Seu primeiro contato com a chanchada acontece em 1946, no filme *Segura esta mulher*, de Watson Macedo*. A grande oportunidade surge no ano seguinte, quando Chianca de Garcia* o convida para estrelar um novo formato de revista teatral, consagrando-o nos espetáculos *Um milhão de mulheres* e *Rei do samba*. Vira um novo astro do humor ligeiro, comparado a Oscarito*, devido ao intenso trabalho de corpo desenvolvido em suas apresentações. A fama de Colé atrai a atenção do produtor e diretor Moacyr Fenelon*, recém-saído da ATLÂNTIDA*, que busca um chamariz de bilheteria para sua nova companhia, a CINE PRODUÇÕES FENELON. Encarnando tipos populares, adequados ao seu histrionismo, protagoniza nesse período *Estou aí* e *O falso detetive*, em que tem um dos melhores desempenhos de sua carreira, atuando em ambos os filmes sob a orientação de Cajado Filho*. Colé foge do estilo marcado de atuação, que pode aprisioná-lo a determinados papéis; isso o credencia a trabalhar com Alberto Cavalcanti*. No papel principal em *Mulher de verdade*, revela-se um ator de recursos, contido em seus gestos e que valoriza as sutilezas de interpretação. Sem outros veículos para seu estilo de comédia e com o fim das chanchadas, retorna ao teatro de revista, assumindo as funções de ator e produtor. A falta de público para esse gênero faz Colé regressar ao cinema, participando dos primeiros tempos da pornochanchada*. Redescoberto por alguns cineastas egressos do movimento *underground*, é tratado como ícone da fase de ouro do cinema popular brasileiro. Atua em filmes de Júlio Bressane* e Ivan Cardoso*, personificando o espírito da chanchada. Participa de diversos programas humorísticos de televisão, entre eles *Os Trapalhões*, que tem o seu sobrinho Dedé Santana* como um dos protagonistas. Faleceu no Rio de Janeiro em 29 de agosto. (HH)

COMPARATO, Doc (Luiz Felipe Comparato) – Rio de Janeiro, RJ, 1950. Roteirista.

FILMOGRAFIA: 1979 – *Gaijin, caminhos da liberdade*. 1980 – *Mulher sensual*; *O beijo no asfalto*; *Bonitinha mas ordinária*. 1982

– *O bom burguês*. 1983 – *O cangaceiro trapalhão*; *Águia na cabeça*; *O trapalhão na arca de Noé*. 1993 – *Encontros imperfeitos*. 2000 – *Um anjo trapalhão*. 2007 – *El corazón de la tierra* (produção estrangeira).

Roteirista internacional, Doc Comparato é um dos mais prestigiados autores de televisão desde os anos 80, trabalhando principalmente para a TV GLOBO. É responsável pelos roteiros da série *Plantão de Polícia*, e das minisséries *Lampião e Maria Bonita*, *Padre Cícero*, *Bandidos da Falange* e *O tempo e o vento*, baseado no romance de Érico Veríssimo. Em uma de suas raras experiências teatrais, escreve a peça *Nostradamus*, dirigida por Antônio Abujamra. Nos anos 90, trabalha na televisão portuguesa. Em 1998, publica seu primeiro romance *A guerra das imaginações*. Ainda nos anos 90, retorna à GLOBO e escreve alguns episódios da série, filmada em película, *A justiceira*. No cinema, estreia com a história sobre a imigração japonesa *Gaijin, caminhos da liberdade*, de Tizuka Yamasaki*. Escreve o roteiro do melodrama de apelo erótico *Mulher sensual*, de Antônio Calmon*. Adapta duas obras de Nélson Rodrigues*, as peças *O beijo no asfalto* e *Bonitinha mas ordinária*, a primeira sob a direção de Bruno Barreto* e a segunda sob a direção de Braz Chediak*. Trabalha com o humor dos famosos comediantes da TV, roteirizando os filmes *O cangaceiro trapalhão*, dirigido por Daniel Filho*, e *O trapalhão na arca de Noé*, dirigido por Antônio Rangel. Escreve a trama política *O bom burguês*, de Oswaldo Caldeira*. Expõe o universo do jogo do bicho em *Águia na cabeça*, do diretor Paulo Thiago*. Em Portugal, escreve o drama existencialista *Encontros imperfeitos*, do diretor estreante Jorge Marecos Duarte. Em 1984, lançou *Da criação ao roteiro*, destinado a roteiristas e estudantes de cinema, livro que conta com inúmeras edições, e traz a experiência internacional do primeiro dramaturgo brasileiro a ministrar um curso de roteiro para cinema e TV no Brasil. Recentemente, colaborou na escrita das telenovelas da REDE RECORD *Caminhos do coração* e *Os mutantes*. (LFM)

CONCINE

O Conselho Nacional de Cinema (CONCINE) foi instituído pelo Decreto nº 77.299, em 16 de março de 1976, mas instalado somente em agosto do mesmo ano. Criado para substituir o Conselho Deliberativo e o Conselho Consultivo do extinto INSTITUTO NACIONAL DE CINEMA, tinha como objetivo assessorar o ministro da Educação e Cultura na formulação da política de desenvolvimento do cinema nacional e, através de suas atribuições de orientação normativa e de fiscalização, disciplinar as atividades cinematográficas em todo o território nacional, posteriormente definidas como a produção, reprodução, comercialização, venda, locação, permuta, exibição, importação e exportação de obras cinematográficas. Compunha-se inicialmente de treze membros conselheiros, entre os quais três representantes de setores de atividades cinematográficas, e a secretaria executiva, tendo sido seu primeiro presidente Alcino Teixeira de Mello.

Nove anos depois, o Decreto nº 91.144, de 15 de março de 1985, vinculou o CONCINE ao Ministério da Cultura, nomeando o ministro para a presidência do Conselho, que na verdade era dirigido pelo vice-presidente do Conselho. O último a ocupar esse cargo foi o cineasta Roberto Farias*. Em 23 de dezembro de 1986, outro decreto, nº 93.881, ampliou a composição de seu colegiado para 23 membros (passando, a partir de então, a contar com onze representantes da sociedade civil) e redefiniu suas funções, dando-lhe autonomia pessoal e orçamentária. Assim, o CONCINE foi transformado no órgão forte do cinema brasileiro, responsável pela formulação, controle e cumprimento das normas e leis regentes do segmento cinematográfico, além da política de comercialização e regulamentação do mercado, incluindo filmes publicitários. No ano seguinte, foi aprovado um novo estatuto do CONCINE, o quarto desde a sua criação. O CONCINE passou a ser responsável pelas autorizações para produções estrangeiras no país e, com a transferência da codificação, fornecimento e fiscalização dos selos de controle para videocassetes da EMBRAFILME* para o CONCINE, o órgão obteve uma importante fonte de receita. A partir de então, contando com apenas 72 funcionários espalhados pelas inspetorias de Porto Alegre, Curitiba, São Paulo, Rio de Janeiro, Salvador, Recife, Belém e Brasília, o CONCINE pôde reduzir, de 1987 a 1990, em 50% a burla, conhecida como pirataria, do direito autoral no mercado de videocassetes, regularizando os pagamentos devidos à EMBRAFILME. Além disso, agilizou acordos de coprodução e da integração do cinema ibero-americano em um mercado comum. Das 195 resoluções desse órgão, destaca-se a nº 171, de 1988, que fixou a maior quota de dias para a exibição compulsória de filmes de longa metragem nacionais nas casas exibidoras de todo o país. Todas as salas que funcionassem durante os sete dias da semana ficavam obrigadas a exibir filmes de longa metragem durante 140 dias por ano. Outra resolução importante, a nº 98/83, determinava que as distribuidoras e as locadoras comerciais deveriam oferecer 25% de títulos de filmes nacionais gravados nesse suporte sobre o total de cópias que tivessem nas prateleiras.

Várias foram as críticas feitas ao CONCINE: burocracia excessiva, falta de fiscais, lentidão na emissão dos selos colados nos videocassetes, entre outras. Até a legitimidade do órgão para controlar o mercado de videocassetes foi posta em dúvida, com o argumento de que o CONCINE havia sido criado para controlar o mercado cinematográfico e não o de vídeo. Havia de fato um déficit de funcionários para exercer a plena fiscalização. No entanto, o motivo para o consequente acúmulo de funções dos funcionários era uma portaria federal que, durante mais de um ano, proibiu a contratação de funcionários em todos os órgãos do governo. A isso se adicionou também a falta de equipamentos adequados. Se, em 1990, a fiscalização nos estados de São Paulo, Mato Grosso e Mato Grosso do Sul era realizada por apenas três funcionários, por outra parte, o trabalho de confecção e aposição manual de todas as etiquetas em videocassetes comercializados no país era realizado, na matriz do Rio de Janeiro, por pouco mais de seis funcionários. Muitas vezes as críticas eram feitas para dificultar o trabalho do CONCINE, seja na investigação das irregularidades na documentação da importação de filmes que entravam ilegalmente no país sem pagar impostos, seja na investigação das artimanhas para burlar as normas, como a "trepagem", que ocorria quando uma fita com selo e capa de um determinado título tinha o conteúdo de outro. O CONCINE, ao longo de sua existência, adquiriu toda uma experiência no levantamento e na sistematização de dados sobre legislação, produção, distribuição e exibição e demais aspectos que envolvem a atividade cinematográfica, que foi destruída a partir do governo Fernando Collor. (ASi)

CONGRESSO DE CINEMA

Congressos, mesas-redondas, encontros com fins associativos sempre constituíram fóruns importantes de discussão e reivindicação. A primeira vez que isso ocorreu no meio cinematográfico brasileiro foi com a Convenção dos Produtores Nacionais, no início da década de 30, encontro que resultou, mais tarde, na Associação Cinematográfica dos Produtores Brasileiros (ACPB). Essa associação de classe tornou-se uma importante forma de pressão sobre o Estado, lutando para que ele assumisse alguns tímidos compromissos com o cinema nacional. No início dos anos 50, o cinema defrontava-se com novas questões advindas do processo de transformação de uma prática artesanal para outra industrial, com a implantação da divisão de trabalho pelas grandes companhias: VERA CRUZ*, MARISTELA* e MULTIFILMES*. Essa reconfiguração dos processos produtivos foi acompanhada pela formação de um novo corpo de ideias sobre progresso, nação e imperialismo, no qual o mercado cinematográfico integrava-se ao corpo social, cultural e econômico do país. Cineastas, críticos ou intelectuais ligados, na maior parte das vezes, ao Partido Comunista Brasileiro (PCB) começaram a levantar bandeiras sobre os desvios acontecidos durante o processo de implantação do sistema de estúdio. Defendiam a formulação de um imaginário nacional sobre os temas a serem filmados e denunciavam as práticas de dominação do mercado pelas companhias distribuidoras estrangeiras, principalmente as norte-americanas, através do *dumping* e do cabeça de lote (*block-booking*). O governo nacionalista de Getúlio Vargas (1951-1954) e a euforia desenvolvimentista do pós-guerra foram outros dois fatores agregadores de elementos importantes para a criação de um clima de discussão sobre o cinema brasileiro, principalmente depois da encomenda ao cineasta Alberto Cavalcanti* de um projeto de criação de um Instituto Nacional de Cinema (INC*).

O impulso inicial para as mesas-redondas da Associação Paulista de Cinema (APC) foi o vazamento de uma cópia do projeto do INC para o meio cinematográfico. Entre 30 de agosto e 1º de setembro de 1951, nos auditórios do Serviço Social do Comércio (Sesc) e do Museu de Arte de São Paulo (Masp), reuniram-se vários cineastas, atores e técnicos para a discussão e o estabelecimento de um balanço, não só do projeto de Cavalcanti, como do cinema no seu conjunto. Muitos dos problemas postos em questão nesse momento tornaram-se predominantes nos anos seguintes, como o estabelecimento de uma definição de filme brasileiro, criação de associações de classe e o próprio INC. Entre os debatedores encontravam-se Alex Viany*, José Ortiz Monteiro, Nelson Pereira dos Santos*, Carlos Ortiz*, Bassano Vaccarini e muitos outros. Cerca de oito meses depois das mesas-redondas, reuniu-se em São Paulo o I CONGRESSO PAULISTA DO CINEMA BRASILEIRO. A sessão de abertura ocorreu em 15/4/1952 no auditório da Biblioteca Pública Municipal (atual Biblioteca Mário de Andrade). A comissão encarregada de iniciar os trabalhos foi composta de Carlos Ortiz (presidente), Jackson de Souza*, Mário Civelli*, Roberto Giacomo e Marcos Muguliés. Foram apresentadas 36 teses no segundo dia do Congresso. Desse conjunto, algumas delas trataram da distribuição e financiamento do filme brasileiro. Um segundo bloco reuniu teses variadas sobre o trabalho do ator, o argumento no cinema brasileiro, a formação de mão de obra técnica nacional e a criação de escolas de cinema. Num terceiro grupo estavam as propostas de definição do filme brasileiro, obtenção de medidas protecionistas e sindicalização. A tese vitoriosa sobre a definição do filme brasileiro afirmava que ele deveria ter 100% de capital nacional, respeito à lei dos dois terços de trabalhadores nacionais em cada produção, diálogos, roteiro, estúdios brasileiros e processamento em laboratórios brasileiros. A discussão da sindicalização fez surgir de imediato a ASSOCIAÇÃO BRASILEIRA DE CINEMA, de vida efêmera. O conteúdo do filme brasileiro deveria ser iminentemente nacional, com a criação de histórias que tocassem de perto o espectador, sendo a parte técnica menos importante nesse contexto.

O I CONGRESSO DO CINEMA NACIONAL nasceu da necessidade de conexão entre o corpo de reivindicações discutido em São Paulo e a grande caixa de ressonância da época, a capital federal. Algumas reuniões preparatórias foram feitas tanto no Rio de Janeiro como em São Paulo. Cavalcanti considerou o momento impróprio, posto que o governo tinha enviado mensagem à Câmara Federal sobre a criação do INC. O I CONGRESSO NACIONAL aconteceu entre os dias 22 e 28 de setembro de 1952. No dia 21 deu-se o credenciamento das delegações, eleição da mesa diretora e posse da secretaria. Nos dias seguintes foram analisadas teses relativas à definição do filme brasileiro, prevalecendo o conceito tirado em São Paulo, e à importação do filme virgem, sobre a qual Moacyr Fenelon* defendeu a concentração e distribuição no Sindicato Nacional da Indústria Cinematográfica (SNIC) da matéria-prima para a realização. Outros temas discutidos foram a fundação de uma distribuidora única para o filme brasileiro, incremento da produção de documentários, sindicalização, construção de estúdios, escolas de cinema e o INC. Durante os debates sobre esse último tópico, pediu-se a modificação do anteprojeto elaborado por Cavalcanti.

O II CONGRESSO NACIONAL DO CINEMA BRASILEIRO foi marcado pelo momento de crise dos grandes estúdios. Entre setembro e outubro de 1953 começaram as articulações para o encontro, com reuniões na Associação Brasileira de Imprensa (ABI), no Rio, e no Teatro Brasileiro de Comédia (TBC), em São Paulo. O programa apresentado ao final das discussões preliminares denunciava a "crise geral da economia brasileira em luta contra as forças externas e internas que entravam o seu desenvolvimento". Os pontos do temário foram fixados em torno de medidas para a defesa e o crescimento do cinema como parte integrante do patrimônio cultural do povo, da emancipação econômica da nação e fatores de intercâmbio cultural e econômico, buscando-se soluções para os problemas éticos e profissionais de todos os que militavam no cinema. Para o CONGRESSO realizado em São Paulo vieram delegações do Rio, Minas Gerais, Bahia e Rio Grande do Sul. O II CONGRESSO foi aberto a 12 de dezembro de 1953. A presidência coube ao ator Alberto Ruschel*. Os debates aconteceram, primeiro, no auditório da Federação Paulista de Futebol, passando, depois, para o Teatro Leopoldo Fróes. Uma das mais importantes teses discutidas foi a de Alex Viany, pedindo a limitação da importação do filme estrangeiro (contingenciamento), taxação do filme estrangeiro e utilização da renda obtida em favor do cinema nacional. Flávio Tambellini* escreveu na sua coluna para o jornal *Diário da Noite* que o mercado cinematográfico francês, com aproximadamente 6 mil cinemas, importava 150 filmes estrangeiros por ano, enquanto o Brasil, com a metade das salas, absorvia 900 filmes, em 1952. A conclusão do crítico era clara: sem o domínio do mercado interno dificilmente sobreviveríamos como indústria. Outra tese apresentada durante os trabalhos condenava a distribuição do filme brasileiro como cabeça de lote do filme estrangeiro, principalmente depois do sucesso de películas como *O cangaceiro*, entregue à COLUMBIA PICTURES pela VERA CRUZ. Um pedido de aumento do ingresso dos cinemas encaminhado pela atriz Tônia Carrero*, na assembleia do dia 18, causou enorme polêmica. O tema não tinha consenso entre os congressistas, sendo rejeitado. Alguns interpretaram a demanda como tendo partido dos exibidores, outros como dos produtores das grandes companhias em crise. A delicada situação dos estúdios causou um dano maior ao cindir o CONGRESSO. O SNIC declarou pelos jornais a sua participação como sim-

ples observador, recusando-se a participar dos debates. O sindicato argumentava que os objetivos do CONGRESSO tinham sido desvirtuados. Uma das atitudes tomadas que possivelmente contribuiu para isso foi uma manifestação de apoio ao reatamento das relações diplomáticas entre o Brasil e os países comunistas do Leste Europeu.

As mesas-redondas da APC e os três congressos realizados estabeleceram um quadro da situação geral em que estava o cinema naquele momento. Em termos práticos, pouco se conseguiu. A fabricação de filme virgem, escolas de cinema, distribuição única, contingenciamento e taxação do filme estrangeiro, apenas para nos atermos aos temas mais candentes, dependiam do diálogo com o Estado, como incentivador econômico ou legal, ou ainda do estágio de organização da indústria cinematográfica. A criação de um espaço privilegiado de debates, mesmo que ideologicamente orientado, não desmerece o esforço de compreensão do que ocorria no campo do cinema, cuja ordem tinha sido alterada pelo aparecimento e falência do sistema dos grandes estúdios. A procura do entendimento dos mecanismos de desenvolvimento e estrangulamento da produção nacional passava pelo reconhecimento e denúncia do imperialismo americano como ocupante do mercado interno. Mais do que isso, denunciavam-se os acordos protecionistas que datavam dos anos 30, assinados entre o Brasil e os Estados Unidos, embora tenha de se reconhecer o muito de bandeira de luta e a pouca eficácia de tais propostas. Os antigos acordos econômicos baseavam-se numa economia agrário-exportadora que a realidade do pós-guerra tinha subvertido completamente. No cerne da questão, contudo, estava a entronização do Estado como o *locus* principal de lutas por políticas públicas de proteção e incentivo ao cinema brasileiro, condição antes desprezada ou entendida de modo episódico. Abandonavam-se as reivindicações de captação interna de capitais, aliadas à importação de novas tecnologias, para transformar o Estado em condutor de uma política industrialista. O INC de Cavalcanti foi o primeiro projeto voltado para a intervenção do Estado na criação e condução de políticas de gestão do cinema, cujo engavetamento no Congresso Nacional foi facilitado pela morte de Vargas e a abertura para o filme estrangeiro dominante no governo Juscelino Kubitschek, apesar das comissões de estudo governamentais criadas para a resolução dos problemas do cinema brasileiro (Comissão Federal de Cinema e

Comissão Nacional de Cinema). É importante destacar, no entanto, que muitas das questões debatidas nos congressos foram repostas durante o transcorrer da década de 50, adquirindo corporificação no Grupo Executivo de Indústria Cinematográfica (GEICINE), depois de 1961, quando o curto governo de Jânio Quadros procurou desenvolver, pela primeira vez de modo sistemático, uma política de intervenção estatal no cinema. Nem tudo o que foi discutido nos congressos tinha consenso no meio cinematográfico. Os setores contrários manifestaram-se à vontade (vide revista *Anhembi*, por exemplo). O problema da defasagem do preço do ingresso foi o caso mais evidente, ganhando contornos mais nítidos nos anos seguintes. Porém o patamar estava sedimentado e o salto podia ser dado. (JIMS)

O período da Retomada do Cinema Brasileiro presenciou a reorganização ideológica e política da produção audiovisual nacional. Surgiram mecanismos de apoio econômico ao setor, principalmente via Estado, que possibilitaram a presença de uma razoável massa crítica de produção e a fixação de novas empresas produtoras e distribuidoras. Mais recentemente, o Estado veio também a apoiar a criação de salas e a expansão de alguns circuitos de exibição. Entretanto, esse segmento da indústria não teve grande participação no processo de repolitização da atividade.

Durante a década de 2000 ocorre uma ação política vertical do Estado no âmbito da indústria audiovisual local. Tal cenário acaba, contraditoriamente, criando um novo espaço de disputa política. Há uma clara mobilização que culmina com a ideia da realização de um fórum em que todos os problemas do cinema independente possam ser discutidos. Os últimos congressos de cinema tinham acontecido na longínqua década de 1950. Houve, portanto, um hiato digno de nota entre a realização do II CONGRESSO NACIONAL DE CINEMA BRASILEIRO (1953) e o III CONGRESSO BRASILEIRO DE CINEMA (CBC) (2000). Apoiado logisticamente pela Fundação de Cinema do Rio Grande do Sul (FUNDACINE), foi o começo de um novo processo no âmbito da indústria brasileira. A retomada do debate acontece de maneira mais visível durante a realização do FESTIVAL DE BRASÍLIA, em 1999, capitaneado pelos cineastas Gustavo Dahl* e Augusto Sevá*. Nesse Festival houve um fórum de debate que culminou com a publicação do texto *As coisas do Estado*. Entre outras "coisas", o texto apregoava a reorganização do setor e preparava o coletivo do Cinema Brasileiro para a realização do III CBC. Anteriormente, ainda em 1972, houve o I CONGRESSO DA INDÚSTRIA CINEMATOGRÁFICA BRASILEIRA (I CICB). Como foi patrocinado pelo INC*, acabou não sendo incorporado à cronologia congressual da corporação cinematográfica. Contudo, sabe-se que o I CICB foi o momento em que se consolidou uma política da corporação cinematográfica em relação às questões de Estado. Foi no I CICB que se consolidaram as principais teses que fundamentaram a ação política dos cineastas durante décadas.

Os congressos da década de 1950 surgiram para enfrentar uma crise violenta, principalmente, no âmbito da produção de filmes. A situação era particularmente mais aguda em São Paulo, onde os estúdios se encontravam em difícil estado de sobrevivência. O surgimento do III CBC ocorre num movimento de sentido oposto. Trata-se de um momento de crescimento da economia do cinema e do audiovisual independentes. Momento em que a legislação para o setor começava a tomar maior fôlego. Isso também acabou provocando ruídos junto aos setores hegemônicos da indústria brasileira. A realização do III CBC aconteceu na cidade de Porto Alegre, entre os dias 28 de junho e 1º de julho de 2000. O evento foi uma clara demonstração da reorganização da política institucional no que se refere à inserção do Estado nos negócios do cinema e do audiovisual independentes. O presidente do III CBC, e um dos principais articuladores desta repolitização do cinema brasileiro, foi o crítico e cineasta Gustavo Dahl. Destacam-se também as presenças da produtora Assumpção Hernandes e outras personalidades que contribuíram para que o setor do cinema independente encontrasse espaço para expor as suas propostas de desenvolvimento do audiovisual brasileiro. O III CBC agrupou setores distintos do campo cinematográfico, situação que se encontra razoavelmente exposta nas 69 resoluções finais. Esse reagrupamento será uma característica recorrente dos futuros congressos realizados no transcorrer da primeira década do século XXI.

Nos Congressos seguintes será discutida e materializada a questão de transformar o CBC em uma supraentidade do cinema e do audiovisual nacionais. O III CBC teve algumas de suas principais proposições atendidas por ocasião da edição da MP 2228-1/2001. Esse ato jurídico, do então presidente Fernando Henrique Cardoso, culminará com a criação da Agência Nacional do Cinema (ANCINE). A criação da ANCINE derivou de um documento basilar que foi elaborado pelo Grupo de Estudos da Indústria Cinematográfica (GEDIC). O documento final do GEDIC, um dos mais amplos e completos até hoje produzidos, propunha uma ampla reestruturação da indústria cinematográfica brasileira em todos os seus ramos. Pode-se dizer que os principais anseios do setor cinematográfico e audiovisual foram atendidos, ainda que não de maneira completa. Este foi um claro momento de encontro entre o Estado e a corporação do cinema. Um fato que há muito não se via na história do cinema brasileiro, com tal força e mobilização.

Embalado pelo sucesso obtido no III CBC, o setor audiovisual virá a realizar o IV CBC, conduzido ainda por Gustavo Dahl. O IV CBC foi realizado na cidade do Rio de Janeiro, entre 14 e 17 de novembro de 2001. O encontro foi uma grande revisão da pauta estabelecida no ano anterior, marcada pela expectativa em relação à ANCINE, recentemente criada no papel, mas ainda sem existência material propriamente dita. Nesse momento, houve a aprovação em plenário do estatuto e a eleição da primeira diretoria com mandato de dois anos, referendando a criação do CBC entidade, o que já havia acontecido em novembro de 2000. A produtora paulista Assumpção Hernandez foi eleita a primeira presidente do CBC entidade. Ainda durante o encontro, foi assinado um documento de compromisso entre a Federação Nacional das Empresas de Exibição Cinematográfica (FENEEC) e a Associação Brasileira de Documentaristas (ABD) para a volta da exibição de curtas-metragens nos cinemas brasileiros. Esse fato nunca foi concretizado no âmbito nacional. O conjunto de entidades locais e profissionais que assinaram a ata de fundação do CBC entidade girava em torno de 23. Entre os signatários estavam: Associação Paulista de Cineastas (APACI), ABD, CINEMATECA BRASILEIRA*, Sindicato Nacional da Indústria Cinematográfica (SNCI), Sindicato dos Trabalhadores da Indústria Cinematográfica (SINDICINE), Sociedade Brasileira de Estudos de Cinema (SOCINE), Sindicato da Indústria Cinematográfica do Estado de São Paulo (SICESP), Sindicato dos Trabalhadores da Indústria Cinematográfica (SINDICINE), Associação Brasileira de Cineastas (ABRACI), Centro dos Pesquisadores do Cinema Brasileiro (CPCB), etc. Um verdadeiro *melting pot* do audiovisual brasileiro, misturando entidades com interesses bastante diversos entre si.

Curiosamente, vemos aqui se sucedendo os mesmos problemas que marcaram a EMBRAFILME*, no momento da sua ampliação, em 1975, na gestão Roberto Farias*. A gestão de Hernandez se dará de forma harmoniosa entre o CBC e a ANCINE, tratando-se de um momento de implementação de nova política do Estado brasileiro para o setor. O V CBC aconteceu em Fortaleza, entre 7 e 10 de novembro de 2003. O campo audiovisual presencia um novo momento na transição de poder para o bimandato de Luis Inácio Lula da Silva (2003-2010), continuando a sintonia entre o Estado e o setor audiovisual. O VI CBC foi realizado entre 7 e 11 de dezembro de 2005, na capital pernambucana. Estiveram presentes 55 entidades representativas do cinema e do audiovisual brasileiros. Esse congresso foi presidido pelo cineasta Geraldo Moraes, que mobilizou o setor de maneira inequívoca. No VI CBC, os principais assuntos que pautaram o encontro foram questões amplas como a Convenção da Unesco e a convergência tecnológica. Discutiu-se muito a questão do acesso aos Fundos de Investimento em Cinema (FUNCINES). O VII CBC foi realizado na cidade de São Roque (São Paulo), entre os dias 5 e 9 de dezembro de 2007, com o nome de VII ASSEMBLEIA GERAL DO CONGRESSO BRASILEIRO DE CINEMA. Presidido pelo cineasta Paulo Bocatto, esse momento do CBC foi marcado pela crise política que se instalou no setor audiovisual. Os reflexos seriam sentidos na gestão seguinte do CBC, comandada pelo cineasta Paulo Rufino. Em 2008, o cineasta e poeta cearense Rosemberg Cariry* assume a presidência da entidade com a finalidade de pôr a casa em ordem. O fruto desse trabalho vai render a realização do VIII CBC. O VIII Congresso teve como cenário a cidade de Porto Alegre, entre os dias 12 e 15 de setembro, e foi um evento com o objetivo de reorganizar o campo, além de prestar uma homenagem aos dez anos da realização do primeiro congresso do cinema brasileiro pós-industrial. Curiosamente, esse evento veio representar também o fim de um ciclo das relações entre o Estado e a corporação audiovisual brasileira, momento de quase simbiose entre os agentes atuantes no campo e o Estado. (AG)

COOPER, Adrian – Devon, Inglaterra, 1945. Diretor de fotografia.

FILMOGRAFIA: 1979-1990 – *ABC da greve* (fot.). 1984 – *A marvada carne* (cen.). 1987 – *O país dos tenentes* (fot.). 1987-1990 – *Beijo 2348/72* (fot.). 1987-1994 – *O Judeu* (cen.). 1989-91 – *O fio da memória* (fot.). 1997 – *Anahy de las Misio-*

nes (fot.). 1998 – *Fé* (fot.). 1999 – *Memórias póstumas* (cen.). 2000 – *A negação do Brasil* (fot.). 2001 – *Uma vida em segredo* (cen.). 2001-2003 – *Desmundo* (cen.). 2004 – *Contra todos* (fot.). 2005 – *Cabra-cega* (fot.); *Jogo subterrâneo* (cen.); *O coronel e o lobisomem* (cen.); *Em trânsito* (fot.). 2006 – *Batismo de sangue* (cen.).

Cineasta bastante ativo, iniciou sua carreira no Brasil filmando com Leon Hirszman* o movimento sindicalista no ABC. Eclético, trabalha em diferentes funções: cenógrafo, diretor de arte e diretor de fotografia. No princípio dos anos 1970, quando iniciava sua carreira, trabalhou em curtas estrangeiros no exterior, filmando com os cineastas chilenos Raul Ruiz e Valeria Sarmiento, entre outros. Radicado no Brasil, dirigiu o elogiado e premiado curta-metragem *Chapeleiros* (1983), documentário sensível, de viés lírico, sobre um dia de trabalho numa fábrica de chapéus. Diretor de arte de diversos longas-metragens, criou os cenários rurais e suburbanos de *A marvada carne* e a ambientação de época de *Memórias póstumas*, ambos filmes do diretor André Klotzel*. Em *O Judeu*, filme histórico de Jom Tob Azulay, ambientado no período da Inquisição portuguesa, também trabalhou cenário de época, conseguindo efeitos convincentes em filme de produção problemática. Em *Uma vida em segredo*, de Suzana Amaral*, extraído do romance homônimo do escritor mineiro Autran Dourado, seu trabalho está concentrado em recriar uma cidadezinha do interior mineiro. Outro filme histórico em que trabalha é *Desmundo*, de Alain Fresnot*, baseado no romance homônimo de Ana Miranda, relatando o início da colonização portuguesa no Brasil. O cenário colonial na mata tropical é criativo, mostrando a versatilidade do trabalho cenográfico de Cooper. Trabalha na cenografia de outros filmes fortes da Retomada, como *Jogo subterrâneo*, de Roberto Gervitz*, *O coronel e o lobisomem*, de Maurício Farias, e *Batismo de sangue*, de Helvécio Ratton*. É interessante apontar sua atuação simultânea como fotógrafo, atividade que exerce em alternância com a cenografia. Caso único no gênero, parece trabalhar com igual desenvoltura em ramos profissionais distintos. Sua carreira inicia-se na fotografia. Foi o fotógrafo do documentário de longa metragem *ABC da greve*, de Leon Hirszman, trabalho que o diretor deixou inconcluso. O filme retrata as greves do ABC paulista em 1979. Adrian acompanha com agilidade o talento documentarista de Hirszman, obtendo imagens fortes dos operários brasileiros em suas primeiras

mobilizações depois do período autoritário. Em seu primeiro longa, atinge um dos pontos altos de sua atividade. Foi também o montador de *ABC da greve*, estando envolvido com o projeto de finalização do filme na virada dos anos 80, após a morte de Leon. Ainda no documentário de longa metragem, fotografou *O fio da memória*, de Eduardo Coutinho*; *Fé*, de Ricardo Dias; *A negação do Brasil*, de Joel Zito Araújo; e *Em trânsito*, de Henri Gervaiseau. Também fotografou filmes históricos de ambientação rural, como *O país dos tenentes*, de João Batista de Andrade*, e *Anahy de las Misiones*, de Sérgio Silva, além de vários curtas-metragens. (FPR/LFM)

COR

Em consonância com o cinema realizado na maior parte do mundo, a cor é um elemento presente nos filmes brasileiros desde fins do século XIX, atravessando praticamente todo o período silencioso. Nesses primórdios, sua utilização ocorre através da coloração artificial, parcial ou total do negativo, e, mais frequentemente, das cópias. Existem dois procedimentos básicos: pintar livremente à mão detalhe por detalhe, fotograma por fotograma, e submeter a película ou a um banho de anilina, conhecido por tintagem, ou a um banho químico, conhecido por viragem, fixando-se, nesses casos, uma única cor por plano, cena ou sequência, dependendo do material e das escolhas feitas pelo realizador. Por ser uma especialidade da indústria cinematográfica francesa, o colorido à mão tem parcos exemplos no cinema brasileiro. Em função de suas ligações com a PATHÉ, a família Ferrez envia a partir de 1908 cópias de alguns títulos para serem colorizadas na capital francesa, caso de *A mala sinistra*, que terminava em uma "apoteose colorida". Aparentemente, apenas Francisco de Almeida Fleming* experimenta diretamente o processo no curta *Noite de São João*, rodado no início da década de 20 (desconhecem-se detalhes do trabalho). Mais comuns, a tintagem predomina nos primeiros tempos, por exemplo em alguns filmes de Afonso Segreto*, e a viragem a partir de meados da década de 10, em que pesem as dificuldades iniciais na manipulação dos banhos (Luiz de Barros* destruiu seu primeiro filme como diretor, *A viuvinha*, em parte porque as viragens feitas por João Stamato* borraram a imagem em sua quase totalidade). Na década de 20, a maior parte dos filmes brasileiros incorpora as viragens, incluindo sua codificação simbólica (vermelho para cenas de paixão, verde para cenas de idílio

COR

amoroso, amarelo para cenas de tristeza, em enorme variedade cromática e de significados), distinguindo-se os resultados alcançados pelos laboratórios da BENEDETTI FILM (*Brasa dormida*, *Barro humano*) e da INDEPENDÊNCIA OMNIA FILM (*Vício e beleza*, *Fogo de palha*). Não há registro de uso de nenhum dos precários sistemas desenvolvidos por americanos e europeus na tentativa de fixar o colorido da cena real captada pelo negativo de câmera, salvo a aparente adaptação do KINEMACOLOR inglês por Paulo Benedetti*. Suas pesquisas em busca de um processo colorido efetivo partem do mesmo princípio: síntese aditiva das cores por meio de filtros na filmagem e na projeção. Os poucos espectadores, como o crítico Pedro Lima*, que têm contato com os primeiros esforços ainda em fins dos anos 20, falam com entusiasmo do realismo alcançado, da nitidez das cores e da definição da imagem. As palavras de encorajamento não são suficientes para iludir Benedetti, que prossegue anos a fio em busca de resultados mais definitivos. Pelos fotogramas remanescentes, o conjunto de filmes que realiza por volta de 1938 a 1942, como *Jockey Club*, *Parada de 7 de Setembro*, *Praia do Flamengo* (*Outeiro da Glória*) e *Carnaval de 1941*, atinge patamar de qualidade semelhante ao das diversas marcas de películas coloridas em circulação naquele momento. Mesmo assim, não há certeza de que Benedetti não tenha simplesmente adotado uma delas. Em caso positivo, está apenas integrando-se ao crescente grupo de profissionais brasileiros de cinema que testa as opções em oferta pelo mercado.

O interesse certamente derivava do sucesso do primeiro processo bem-sucedido de síntese substrativa, o TECHNICOLOR tricromático. Poucos meses após o lançamento de *Becky Sharp* (1935), de Rouben Mamoulian, Wallace Downey* convence Adhemar Gonzaga* a importar dos Estados Unidos um processo semelhante e mais barato, o bicromático CINECOLOR. A intenção é usá-lo na apoteose final de *Alô! alô! Carnaval*. Com a separação de Downey e Gonzaga, os equipamentos e negativos ficam com o primeiro e são empregados na sequência do sonho do personagem de Mesquitinha* em *João Ninguém* (1936). Tradicionalmente, considera-se esse trecho a primeira utilização da cor no cinema brasileiro, em que pese a artificialidade do resultado final, fruto da ausência do verde na síntese e consequente predominância do vermelho, mantendo pontos de contato com a antiga viragem sépia. A partir de 1937, o Instituto Nacional do Cinema

Educativo (INCE*) apresenta alguns títulos em cor, utilizando algum tipo de filme reversível em 16 mm. O diretor Humberto Mauro*, com o provável auxílio do fotógrafo Manoel Ribeiro, filma algumas cenas para os curtas *Corpo de bombeiros do Distrito Federal* e *Papagaio*. Em seguida realiza *Orchideas*, primeiro filme brasileiro inteiramente colorido apresentado ao público, ainda que em circuito não comercial. A comprovada revelação desses títulos nos Estados Unidos parece indicar o uso de algum processo como o KODACHROME ou similar. Certamente o alto custo da película e seu processamento impedem o INCE de generalizar as filmagens em cor (em 1938 apresenta apenas mais dois filmes: *XI Feira Internacional de Amostras do Rio de Janeiro* e *O Dia da Bandeira*). Durante sua estada no FESTIVAL DE VENEZA de 1938, Mauro provavelmente entra em contato com um processo híbrido francês chamado DUFAYCOLOR (incorpora internamente os filtros sob a forma de uma microscópica retícula capaz de "adicionar" as cores na formação da imagem na tela) e o recomenda. No ano seguinte, Manoel Ribeiro faz algumas experiências com o seu reversível 16 mm em *Jardim Zoológico do Rio de Janeiro*, *Dia da Pátria* e *Parada da mocidade e da raça*. A pouca definição do DUFAYCOLOR certamente leva o INCE a retomar o KODACHROME em uma série de títulos médicos filmados entre 1940 e 1944, ora por Eduardo McClure, ora por Humberto Mauro (*Técnica de autópsia em anatomia patológica*, *Extrofia da bexiga*, *Reação de Zondek* e *Histerosalpingografia*, entre outros). Mais raramente abordam-se outros assuntos: *Araras*, *Criação de rãs*, *Exposição de orquídeas*. Na mesma época, Alexandre Wulfes* realiza também em KODACHROME alguns registros de solenidades oficiais para o Departamento de Imprensa e Propaganda. Surgem também inúmeros cinegrafistas estrangeiros em busca da exuberância cromática do país. Esse exotismo visual está consubstanciado no episódio carioca de "It's All True" (1942), 'Story of Samba', realizado por Orson Welles em TECHNICOLOR, e continua década de 50 adentro com coproduções como *Amazônia indomável*, de Julien Lesser; *Magia verde*, de Gian-Gaspare Napoletano; *Feitiço do Amazonas*, de Zygmunt Sulestrowski; *Escravos do amor das amazonas*, de Curt Siodmark; e *Yalis, a flor selvagem*, de Francesco De Robertis, todos filmados em 35 mm e em processos tão diversos como KODACOLOR, FUJICOLOR e FERRANIACOLOR. A presença de profissionais nacionais nesses títulos é escassa.

A falta de experiência interna em lidar com os complexos parâmetros da filmagem em cores, incluindo a falta de equipamentos adequados para a revelação e copiagem em cor no Brasil e os altos custos envolvidos explicam o atraso no setor.

O primeiro longa-metragem em 35 mm filmado em processo substrativo por uma companhia brasileira e exibido comercialmente surge em 1953. A MULTIFILMES* apresenta o melodrama *Destino em apuros*, realizado por equipe parcialmente estrangeira e revelado no laboratório americano HOUSTON COLOR FILMS. A opção pelo ANSCOCOLOR (uma apropriação renomeada do AGFACOLOR alemão associado ao antigo KODACOLOR) não acrescenta nada de significativo à trama, exibindo a moderada saturação característica do processo. O diretor Ernesto Remani* e o fotógrafo H. B. Corel repetem a estratégia três anos mais tarde com *Sob o céu da Bahia*, igualmente sem maiores repercussões. Pouco antes, em 1955, Jorge Jonas consegue revelar um pequeno teste no laboratório paulistano DIVULGAÇÃO BANDEIRANTES. A experiência é repetida por Osvaldo Kemeny alguns meses depois, em 1956, no LABORATÓRIO REX com igual sucesso e o mesmo senão: o colorido acaba vazando para a área do som. Isso inviabiliza o processamento comercial em grande escala, circunscrevendo-o, momentaneamente, à área publicitária, que geralmente utiliza o reversível 16 mm. Mesmo assim, o uso da cor torna-se cada vez mais comum em produções nacionais. Recorrendo a negativos europeus, em geral mais baratos, e utilizando o laboratório argentino CURT para o processamento, operacionaliza-se um esquema que permite a feitura de dois a três longas por ano, a partir de 1958. Tendo se fixado no país, o argentino Carlos Hugo Christensen* passa definitivamente à cor com *Meus amores no Rio*, *Matemática, 0... amor, 10* e *Amor para três*. Utilizando um renovado AGFACOLOR, obtém bons resultados na definição e mostra-se cuidadoso na composição para a cor. Valendo-se igualmente da qualidade do CURT, os irmãos Geraldo Santos Pereira* e Renato Santos Pereira apresentam na mesma época uma atualização da Inconfidência Mineira, *Rebelião em Vila Rica*, filmada com o GEVACOLOR belga. A menor saturação desse negativo presta-se eficazmente ao estrito realismo pretendido pelos realizadores. Também obtém elogios o primeiro filme em cores de Walter Hugo Khouri*, *Fronteiras do inferno*, fotografado por Konstantin Tkaczenko*, que se tornaria o mais prolífico realizador nesse campo nos anos 60.

A nova década conhece aumento crescente no uso da cor e do negativo EASTMANCOLOR, em parte pela incorporação da tecnologia necessária ao processamento do longa-metragem pelo REX. Praticamente tudo que se fez no país até 1968 passa por suas renovadas reveladoras ARRI, começando por *A morte comanda o cangaço*, de Carlos Coimbra*, marco definitivo da nacionalização de todo o processo. Ainda devido aos altos custos, poucos filmes sem retorno comercial garantido se aventuram à novidade. À exceção do inacabado "O cavalo de Oxumaré" e do independente *Sol sobre a lama*, de Alex Viany*, o espaço fica reservado para grandes produções como *Madona de cedro*, de Carlos Coimbra. Têm também utilização regular da cor no período o fiel Christensen, algumas comédias de Mazzaropi e exemplares comerciais do ciclo do cangaço, como *Lampião, rei do cangaço*, de Carlos Coimbra, e *Maria Bonita, rainha do cangaço*, de Miguel Borges*. Permanecem ao largo do trabalho com a cor, por motivos estéticos e financeiros, os cineastas do Cinema Novo*. A primeira tentativa do grupo na área, o curta *O circo*, de Arnaldo Jabor*, apresenta sérias deficiências no processamento, realizado no LÍDER CINE LABORATÓRIOS, então procurando acercar-se dos procedimentos corretos. Leon Hirszman* arrisca-se em *Garota de Ipanema*, confiando na maestria do fotógrafo Ricardo Aronovich* e nos comprovados serviços do REX. Alcança um resultado asséptico, considerado distante da realidade cromática brasileira. Essa busca, fruto da crítica ao uso de negativos importados, desenvolvidos para outras temperaturas de cor, vira uma obsessão entre os cineastas do movimento. A necessária recusa da artificialidade dos processos mais antigos e saturados esbarrava no efeito inverso provocado pelas novas levas do EASTMANCOLOR, o que impedia o registro da abundante luz tropical e a consequente vivacidade das cores. Desconsiderando o problema, Affonso Beato* preocupa-se pioneiramente em dar à cor uma função estética, ao fotografar *O dragão da maldade contra o santo guerreiro*, de Glauber Rocha*. Unindo os dois objetivos, o fotógrafo italiano Guido Cosulich consegue marcante resultado em *Macunaíma*, de Joaquim Pedro de Andrade*. Trabalhado em cores quentes, com saturação incomum e explorando variedades cromáticas consagradas pela pintura modernista, atinge o que ficou conhecido na época como TROPCOLOR, suposta nacionalização da resposta cromática do negativo KODAK, espécie de colorido tropical. Com a entrada em funcionamento da unidade paulistana de processamento cor do LÍDER CINE LABORATÓRIOS generaliza-se enfim a filmagem em cores. Na década de 70 pouquíssimos serão os títulos realizados em preto e branco. Da mesma forma raras são as obras que apresentam alguma consciência do uso da cor como elemento de composição. Nesse sentido, destacam-se poucos títulos como *São Bernardo*, de Leon Hirszman, *Lição de amor*, de Eduardo Escorel*, e *Menino do Rio*, de Antônio Calmon*. Marcos da incorporação criativa de uma estética visual publicitária, que privilegia a cor como elemento autorreferente, são *O homem do pau-brasil*, de Joaquim Pedro de Andrade, e *Eu te amo*, de Arnaldo Jabor. Nos anos 80 procura-se dar à cor uma função mais simbólica e menos pictórica dentro dos enredos, caso de *Nunca fomos tão felizes*, de Murilo Salles*, e *Feliz ano velho*, de Roberto Gervitz*. Há mesmo o exemplo de uma composição completa em função da cor, o musical *Ópera do malandro*, de Ruy Guerra*. A geração de negativos americanos EXR, da Kodak, permite a superação de determinadas limitações (latitude limitada, pouca definição nas altas luzes, passagem interior/exterior e vice-versa, filmagem em condições adversas de luz) e rendem algumas experimentações de peso, como as desenvolvidas pelo fotógrafo Edgar Moura* em *Kuarup*, de Ruy Guerra, e *Tieta*, de Carlos Diegues*. Atinge-se a maturidade no domínio da cor e sua manipulação consciente. (HH)

CORDEIRO, Leovigildo (Leovigildo de Sousa Cordeiro) – Caruaru, PE, 1935-1983. Montador.

FILMOGRAFIA: 1968 – *Sete homens vivos ou mortos* (dir.). 1972-1976 – *E... as pílulas falharam*. 1974 – *Secas e molhadas*; *O leão do norte*. 1975 – *O esquadrão da morte*; *Onanias, o poderoso machão*; *O monstro de Santa Teresa*; *O monstro caraíba*. 1976 – *As desquitadas*; *As loucuras de um sedutor*; *Costinha, o rei da selva*; *Pedro Bó, o caçador de cangaceiros*; *Sete mulheres para um homem só*; *O sexomaníaco*; *Uma aventura na floresta encantada*. 1977 – *Costinha e o King Mong*; *Pra ficar nua... cachê dobrado*; *A força de Xangô*; *Agonia*. 1978 – *Nas ondas do surf*; *As amiguinhas*; *Gigante da América*. 1979 – *Dupla traição*; *Violência e sedução*; *Massacre em Caxias*; *Sexo e sangue*. 1980 – *Amantes violentos*; *Depravação*; *Sofia e Anita* (*Deliciosamente impuras*); *Um menino... uma mulher*; *Caça-doras de sexo*; *Amor e traição* (*A pele do bicho*); *Delícias do sexo*. 1981 – *A cobiça do sexo*; *Viagem ao céu da boca*; *Mulher de programa*. 1982 – *Tabu*; *Depravação 2*. 1984 – *Solar das taras proibidas*.

Radar, como também é conhecido, mudou-se para o Rio de Janeiro, ao final dos anos 50, fazendo pequenos papéis em filmes de Watson Macedo* e de Herbert Richers*. Contracena com o personagem Macunaíma na cena de multidão em frente da Bolsa de Valores, no filme homônimo de Joaquim Pedro de Andrade*. No cinema, exerce diferentes funções, como continuísta e assistente de produção em filmes da série *Tarzan*, realizados no Brasil. É assistente de direção em *24 horas no Rio* (1967), de Duílio Mastroianni. Dirige seu único filme, o policial *Sete homens vivos ou mortos*. Faz carreira de montador, sendo o favorito dos pornochanchadeiros cariocas. Trabalha com o diretor Mozael Silveira (*Secas e molhadas*, *Sete mulheres para um homem só* e *A cobiça do sexo*), incluindo suas paródias como *Pedro Bó*, e até os filmes policiais *Violência e sedução* e *Massacre em Caxias*. Com outros diretores, como Carlos Alberto Almeida, monta *E... as pílulas falharam*, *As amiguinhas* e *Sofia e Anita*. Para Carlos Imperial*, montou o policial *O esquadrão da morte* e as pornochanchadas* *O sexomaníaco* e *Delícias do sexo*. É parceiro constante do produtor e diretor Élio Vieira de Araújo, montando *As desquitadas*, *Pra ficar nua... cachê dobrado*, *Sexo e sangue*, *Depravação* e *Depravação 2*. Colabora com Alcino Diniz na comédia erótica *As loucuras de um sedutor* e nas paródias *Costinha, o rei da selva* e *Costinha e o King Mong*. Com Roberto Mauro, é montador de *Um menino... uma mulher*, *Viagem ao céu da boca* e *Solar das taras proibidas*. Monta também filmes com outras propostas, como o cangaço *O leão do norte*, de Carlos Del Pino; a adaptação literária *O monstro de Santa Teresa*, de William Cobbett; o infantil *Uma aventura na floresta encantada*, de Mário Latini; o documentário *Nas ondas do surf*, de Livio Bruni Jr.; o filme místico *A força de Xangô*, de Iberê Cavalcanti, e a adaptação do texto teatral *A pele do bicho*, em *Amor e traição*, de Pedro Camargo. Tem no diretor de vanguarda Júlio Bressane* seu fã. Tendo sua carreira como pano de fundo, Bressane realiza o média *Cinema inocente*, também montado por Cordeiro. Desse diretor, Radar também montou os longas *O monstro caraíba*, *Agonia*, *Gigante da América* e *Tabu*. (LFM)

CORREIA, Carlos Alberto Prates – Minas Gerais, MG, 1941. Diretor.

FILMOGRAFIA: 1968 – *Os marginais* (1º episódio: 'Guilherme'). 1970 – *Crioulo doido*. 1975 – *Perdida*. 1979 – *Cabaré mineiro*. 1984 – *Noites do sertão*. 1989 – *Minas-Texas*. 2007 – *Castelar e Nelson Dantas no país dos generais*.

Foi criado em Montes Claros. Desde o início dos anos 1960 viveu em Belo Horizonte, onde concluiu seus estudos. Por lá viu circularem, em diferentes momentos, futuros cineastas, críticos de cinema, jornalistas e literatos; gente como Alberto Graça, Flávio Werneck, Geraldo Magalhães e Veloso, Guará* (Guaracy Rodrigues), Harley Carneiro, Moisés Kendler, Neville d'Almeida*, Schubert Magalhães*, Victor Hugo de Almeida, Antônio Lima, Edmar Pereira, Geraldo Mayrink, José Haroldo Pereira, Moura Reis, Fernando Gabeira, Isaías Almada, Silviano Santiago. Alguns desses permaneceram em Beagá, outros fizeram vida no Rio de Janeiro, em São Paulo e até no exterior. Participou de atividade cineclubista, frequentando inicialmente o Centro de Estudos Cinematográficos (CEC). No ano de 1962 exerceu curta atividade de seis meses na crítica cinematográfica do jornal *Diário de Minas*. Em 1965, junto com outras vinte pessoas, foi fundador do CENTRO MINEIRO DE CINEMA EXPERIMENTAL (CEMICE) e dirigiu o curta-metragem inaugural do CEMICE, *Milagre de Lourdes* (1966), cujo enredo ficcional mostrou as peripécias de padre que, ao fugir de grupo enfurecido, se refugia por engano num bordel. Ao mesmo tempo, iniciou trabalho nos longas-metragens do Cinema Novo. Fez a continuidade de uma produção de fora, filmada em Diamantina e São Gonçalo do Rio das Pedras, *O padre e a moça* (1965), de Joaquim Pedro de Andrade*, baseado no poema *Negro amor de rendas negras*, do poeta mineiro Carlos Drummond de Andrade. Mais adiante, foi assistente de direção de *Macunaíma* (1969), do mesmo diretor Joaquim Pedro, amigo e filho de ilustre família mineira. Em 1966 mudou-se para o Rio de Janeiro onde se fixou em definitivo, sem perder os vínculos com Minas. Diretor de 'Guilherme', episódio do longa-metragem *Os marginais*, que tem o ator principal de *O padre e a moça* e *Macunaíma*, Paulo José, no personagem-título. Filma sempre em Montes Claros, norte de Minas Gerais, que considera seu universo mítico. Diretor da comédia *Crioulo doido*, fita ainda em preto e branco (inédita nos cinemas), protagonizada por um ator negro, no papel de alfaiate que ascende socialmente em pequena cidade mineira, tendo ao fundo a silenciosa discriminação

que o persegue. Foi diretor de produção do filme histórico *Os inconfidentes* (1971), em novo trabalho com o diretor Joaquim Pedro de Andrade, e dos dramas *Quando o carnaval chegar* (1972) e *Joana Francesa* (1973), ambos do cineasta Carlos Diegues*. Também dirige a produção de *Vai trabalhar, vagabundo* (1973), primeiro longa como diretor do ator Hugo Carvana*. Nessa época foi sócio de Nei Sroulevich na ZOOM CINEMATOGRÁFICA. *Perdida* é seu primeiro longa-metragem colorido, drama de moça simplória do norte de Minas Gerais, maltratada pelos homens, pelos patrões e pela vida. Foi coordenador de produção da comédia *Se Segura, Malandro!* (1977), quando trabalhou novamente com o diretor Hugo Carvana. É diretor, junto com o iluminador Francisco Balbino Nunes, do curta *Por trás das câmeras* (1978), documentário que aborda as dificuldades de produção do Cinema Brasileiro no momento em que este conquista mercado e público. Produtor de seus filmes seguintes, através da sua empresa MONTECLARENSE CINEMATOGRÁFICA (1979). Foi casado com a montadora Idê Lacreta, sua parceira de roteiro (*Noites de sertão*), de produção e montagem nos anos 1980. Em 1979 dirige nova comédia que flerta propositalmente com o fantástico, *Cabaré mineiro*, no qual narra as aventuras amorosas do boêmio de nome Paixão pelo norte mineiro. Também é de sua direção o drama ambientado nos anos 1950, *Noites do sertão*, baseado na novela *Buriti*, obra do escritor mineiro Guimarães Rosa. Diretor de produção de *Sonho sem fim* (1985), biografia do pioneiro cineasta Eduardo Abelim* e único longa-metragem que teve como diretor de fotografia Lauro Escorel Filho*. Ainda como produtor, através da LUA VAGA CINEMA, e diretor, com assinatura de Charles Stone (apelido familiar dado pelos primos, pois falava muito em cinema), realiza *Minas-Texas* (outra fita sua inédita no circuito exibidor), em que moça foge de casamento imposto pela família. Ficou afastado durante dez anos do cinema apesar dos longas vencedores dos festivais de BRASÍLIA e GRAMADO. Exatos dezoito anos depois voltou a trabalhar como diretor, com a assinatura de Carlos Prates (nome de bairro periférico de Belo Horizonte), quando realizou o semidocumentário *Castelar e Nelson Dantas no país dos generais*, enfocando o cinema feito em Minas Gerais nos anos do regime militar. Castelar é outro de seus apelidos. (LFM)

CORTEZ, Raul (Raul Christiano Machado Pinheiro de Amorim Cortez) – São Paulo, SP, 1931-2006. Ator.

FILMOGRAFIA: 1957 – *Pão que o diabo amassou*. 1964 – *Vereda da salvação*. 1966 – *O anjo assassino*. 1967 – *O caso dos irmãos Naves*; *Cristo de lama, a história do Aleijadinho*; *Capitu*. 1967-1968 – *Brasil, ano 2000*. 1968 – *O homem que comprou o mundo*; *Dezesperato*. 1969 – *Tempo de violência*; *A arte de amar bem* (1º episódio: 'A inconveniência de ser esposa'). 1970 – *Beto Rockfeller*. 1971 – *A 300 km por hora*. 1972 – *A infidelidade ao alcance de todos* (1º episódio: 'A tuba'). 1973 – *Janaína, a virgem proibida*. 1976 – *O seminarista*. 1978 – *Pecado sem nome*; *Os trombadinhas*. 1980-1982 – *Tensão no Rio*. 1982 – *Amor de perversão*. 1983 – *Aguenta coração*. 1986 – *Vera*. 1987 – *Os Trapalhões no Auto da Compadecida*. 1988 – *Jardim de Alah*. 1990-1991 – *A grande arte*. 1995 – *Cinema de lágrimas*. 2001 – *Lavoura arcaica*. 2004 – *Do outro lado da rua*.

Raul Cortez começou como ator amador a convite de Ruy Affonso. Enquanto não se firmou na carreira teatral, foi oficial de gabinete do pai, na subprefeitura de Santo Amaro (São Paulo), funcionário de uma firma de importação e exportação e sócio numa agência de publicidade. Passou pelo Teatro Paulista do Estudante, atuando ao lado de outros jovens, como Oduvaldo Viana Filho* e Gianfrancesco Guarnieri*. Entrou para o Teatro Brasileiro de Comédia (TBC) a convite de Ítalo Rossi. Embora tivesse sido desaconselhado por Ziembinsky* a continuar como ator, enfrentou o seu primeiro grande papel em *Eurídice*, de Jean Anouilh, em 1956, dirigido por Gianni Ratto. Décio de Almeida Prado, crítico teatral do jornal *O Estado de S. Paulo*, escreveu que Raul Cortez não merecia um lugar no teatro brasileiro. Mas ele manteve firme a sua convicção, participando da companhia de Cacilda Becker* (1959), quando excursionou pela Europa; do Teatro Oficina, em 1963, trabalhando na peça *Os pequenos burgueses*, e mais uma vez com Ruy Affonso, em *Os jograis* (1966). Ganhou o Prêmio MOLIÈRE em 1972 por *Os rapazes da banda*, e em 1975 por *A noite dos campeões*. Também em 1978 recebeu esse prêmio por seu trabalho em *Quem tem medo de Virginia Wolf?*. Foi um dos atores de *O balcão*, de Victor Garcia, montado por Ruth Escobar. Ator de forte personalidade cênica, chegou a chocar o público e mesmo os seus colegas de profissão por suas atitudes. Contrariamente ao esperado, para quem é tão arrebatado, foi presidente da Associação Paulista de Empresários Teatrais, em sucessivas gestões entre 1974 e 1980. Na televisão fez várias novelas de sucesso, como *Água* viva, *Rainha da sucata*, *Mulheres de areia* e *O rei do gado* (prêmio APCA de melhor ator de 1996). Para a TV GLOBO, na qual fez uma carreira contínua, foi convidado também para participação em programas como *Você Decide*.

O seu primeiro papel importante no cinema foi em *Vereda da salvação*, produzido, dirigido e adaptado por Anselmo Duarte*. A escolha era quase natural, posto que Raul Cortez já tinha feito o papel de Joaquim no teatro, na peça homônima escrita por Jorge Andrade. Ela era baseada num caso de misticismo acontecido entre os agregados de uma fazenda em Malacacheta, Minas Gerais. Anselmo realizou locações externas na Fazenda Cachoeira, perto de Itu, e nos estúdios da VERA CRUZ*. O papel principal vivido por Cortez era o de um líder messiânico que conduz o grupo de camponeses até uma situação apocalíptica. Atuou em *O caso dos irmãos Naves*, dirigido por Luís Sérgio Person*, e *O anjo assassino*, de Dionísio Azevedo*. O filme de Person baseava-se num erro judicial acontecido em Minas Gerais (Triângulo Mineiro) durante o Estado Novo. Dois irmãos são torturados pela polícia para a confissão de um crime que não tinham cometido. Um deles é Joaquim, vivido por Raul Cortez. O tenente torturador foi representado por Anselmo Duarte. Com a mudança para o Rio de Janeiro, faz filmes pouco vistos, como *Dezesperato*, de Sergio Bernardes Filho, pontas em *O homem que comprou o mundo*, de Eduardo Coutinho*, e *Brasil, ano 2000*, de Walter Lima Jr.* (o intelectual no fundo do poço). Trabalhou na versão cinematográfica de *Beto Rockfeller*, de Olivier Perroy, produção memorável somente pelo luxo, estando longe de reviver, no cinema, a novidade que tinha sido na TV. Para Perroy faria ainda um dos episódios da pornochanchada* *A infidelidade ao alcance de todos*, e outro filme com o mesmo estilo: *Janaína, a virgem proibida*. Participou de um dos filmes de Roberto Carlos (*A 300 km por hora*, de Roberto Farias*). Tendo começado no cinema de um forma tão destacada, não conseguiu depois oportunidades que estivessem à altura do seu talento. O seu trabalho principal continua sendo o Joaquim de *Vereda da salvação*, realizado dentro de uma dramaturgia diretamente imbricada com a sua experiência com o TBC, tanto no teatro clássico quanto no moderno. Na década de 90 atuou com enorme sucesso na TV, em novelas ou em programas especiais. No filme que realizou para Walter Salles*, *A grande arte*, muito da sua postura e gesticulação estão fortemente impregnadas de sua experiência televisiva.

Da união com a atriz Célia Helena teve uma filha, Ligia Cortez, também atriz, tendo também outra filha com a modelo e atriz Tania Caldas. (JIMS) Foi protagonista de seus dois últimos filmes, quando trabalhou com realizadores estreantes em *Lavoura arcaica*, de Luiz Fernando Carvalho*, baseado no romance homônimo de Raduan Nassar, e no drama romântico *Do outro lado da rua*, de Marcos Bernstein*. Faleceu em São Paulo em 18 de julho.

CORVELONI, Sandra – Flórida Paulista, SP, 1965. Atriz.

FILMOGRAFIA: 2008 – *Linha de passe*.

Assim como aconteceu com Marcélia Cartaxo, essa atriz foi revelação internacional logo no longa-metragem de estreia, *Linha de passe*, de Walter Salles* e Daniela Thomas, recebendo o prêmio de melhor atriz no Festival de Cannes em 2008. Veio para São Paulo aos 5 anos de idade. Em 1985, entrou na oficina de teatro no SESC. Depois, no ano de 1991, frequentou o curso de teatro avançado do Teatro da Universidade Católica de São Paulo (Tuca). Em 1992, ingressou no grupo Tapa, ano em que estreou como atriz profissional. Além de atriz de alguns espetáculos do encenador Eduardo Tolentino de Araújo, foi assistente de direção e também professora, tendo dividido a direção da peça teatral *Amargo siciliano* (2008) com Tolentino. Em 2008, chegou à televisão, trabalhando inicialmente na TV CULTURA, passando no ano seguinte para a REDE GLOBO. Enfrentou as câmeras de cinema quando atuou nos curtas-metragens *Flores ímpares* (1992), de Sung Sfai, e *Amor* (1993), de José Roberto Torero. No drama ambientado na periferia da cidade de São Paulo, *Linha de passe*, emprestou emoção à mãe que cria quatro filhos sozinha. Nos últimos anos, o cinema brasileiro tem revelado interessante número de bons atores, alguns de origem humilde, como Marcélia Cartaxo, Sandra Corveloni e Hermila Guedes. (LFM)

COSTA, Armando – Rio de Janeiro, RJ, 1933-1984. Roteirista, diretor.

FILMOGRAFIA: 1968 – *Copacabana me engana*. 1969 – *Pedro Diabo*; *Tempo de violência*. 1969-1970 – *A vingança dos 12*. 1970 – *Em busca do su$exo*; *Minha namorada* (dir.); *Faustão*. 1971 – *O doce esporte do sexo* (5º episódio: 'O apartamento'). 1972 – *A viúva virgem*. 1973 – *Vai trabalhar, vagabundo*; *O Pica-pau Amarelo*. 1974 – *Ainda agarro esta vizinha*. 1976 – *O Ibraim do subúrbio* (1º episódio: 'Roy, o gargalhador profissional'; 2º episódio:

'O Ibraim do subúrbio'). 1977 – *O bom marido*; *Se Segura, Malandro!*. 1978 – *Batalha dos Guararapes*; *O golpe mais louco do mundo*; *Nos embalos de Ipanema*. 1979 – *Amante latino*. 1982 – *Bar Esperança, o último que fecha*.

Sempre trabalha em parceria, principalmente, com Oduvaldo Viana Filho* (Vianinha) e Paulo Pontes, em seus textos de humor. No início da década de 60, participa do Centro Popular de Cultura (CPC) e, com Vianinha, Pontes e Ferreira Gullar, funda o Teatro Opinião. Em meados da década, colabora na peça coletiva *Se correr o bicho pega, se ficar o bicho come*; é diretor da peça *Meia-volta, volver*; e um dos autores do *Show Opinião* (1965). Escreve vários *shows* com interpretação e direção de Jô Soares*: *Viva o gordo e abaixo o regime* (1980), *Brasil, da censura à abertura* (1981), e *Um gordoidão no país da inflação* (1985). É autor da peça *Alegro desbum...* (1976), com Vianinha, dirigida por José Renato. Na década de 70, na televisão, sempre com Vianinha, trabalha na TUPI e na GLOBO, na criação da série de sucesso *A Grande Família*. No cinema, é ativo roteirista, escrevendo em parceria mais constante com Leopoldo Serran* (em quatro filmes). Começa como ator de *Canalha em crise* (1963), de Miguel Borges*. Mais tarde, é assistente de direção e roteirista de *Copacabana me engana*, de Antônio Carlos Fontoura*. É roteirista do drama *Pedro Diabo*, de Miguel Faria Jr.*, e da trama policial *Tempo de violência*, de Hugo Kusnet. É diretor de *Minha namorada*, comédia romântica, que dirige em parceria com o produtor e diretor Zelito Viana*. Escreve os filmes de cangaço *A vingança dos 12*, de Marcos Farias*, e *Faustão*, de Eduardo Coutinho*. Estabelece parcerias com vários diretores, como Pedro Carlos Rovai*, nas comédias *A viúva virgem*, *Ainda agarro esta vizinha*, e no filme que promoveu para o cantor Sidney Magal, *Amante latino*. Trabalha também com Hugo Carvana* nas comédias *Vai trabalhar, vagabundo*, *Se Segura, Malandro!* e *Bar Esperança*, e com Antônio Calmon*, nas comédias *O bom marido* e *Nos embalos de Ipanema*. Para o diretor Geraldo Sarno* adapta histórias de Monteiro Lobato, como em *O Pica-pau Amarelo*. Em sua única incursão no filme histórico, é um dos roteiristas de *Batalha dos Guararapes*, de Paulo Thiago*. A comédia *O golpe mais louco do mundo*, de Luciano Salce*, uma coprodução ítalo-brasileira, conta com roteiro seu. Morre cedo, aos 50 anos. (LFM)

COSTA, Jayme (Jaime Rodrigues Costa) – Rio de Janeiro, RJ, 1897-1967. Ator.

FILMOGRAFIA: 1924 – *A gigolete.* 1933 – *A voz do carnaval.* 1935 – *Favela dos meus amores; Alô! alô! Carnaval.* 1936 – *Cidade-mulher; Grito da mocidade.* 1937 – *Samba da vida.* 1939 – *Futebol em família.* 1940 – *Céu azul.* 1943 – *Tristezas não pagam dívidas.* 1953 – *Toda vida em 15 minutos.* 1954 – *Malandros em quarta dimensão.* 1955 – *Quem matou Anabela?.* 1956 – *A pensão de d. Stela; Osso, amor e papagaio.* 1957 – *Pão que o diabo amassou.* 1958 – *Macumba na alta.* 1959 – *Garota enxuta; Matemática, 0... amor, 10.* 1960 – *Amor para três; Os dois ladrões; A viúva Valentina; Tudo legal; Viúvo alegre; Quanto mais samba melhor.* 1961 – *Mulheres, cheguei; Bom mesmo é carnaval.* 1962 – *Vagabundos no society.* 1965 – *Crônica da cidade amada* (episódio: 'Luiza').

Carioca do Méier, primogênito do comerciante de móveis Afonso Rodrigues Costa, português de Vila Nova de Famalicão, e da brasileira Júlia Bentin Costa, Jayme Costa nasceu em 27 de novembro de 1897. Com 8 anos, foi para a Escola Pública do Engenho Novo. Aos 10, foi matriculado no Externato Hermes da Fonseca. Começou a trabalhar aos 14 anos, no escritório da loja do pai. Descobriu a vocação para o palco aos 18 anos, quando foi convidado pelo barbeiro Amadeu para integrar o Grupo de Teatro de Amadores de Salles Ribeiro. Sua estreia foi em 1920, na peça *Um erro judicial*, encenada no Clube Ginástico Português, no Rio de Janeiro, na qual Jayme interpretou o personagem cínico. Sua interpretação lhe valeu elogios calorosos da crítica, o que o estimulou a abraçar definitivamente a carreira de ator. Jayme Costa participou da primeira representação de uma peça de Pirandello no Brasil. Aproveitando a visita que o teatrólogo italiano fez ao Brasil em 1924, resolveu encenar *Così é... se vi pare* (*Assim é, se lhe parece*), recebendo do autor elogios pela sua caracterização do senhor Ponza. A estreia de Jayme Costa no cinema ocorreu quando atuou em *A gigolete*, primeiro filme da BENEDETTI FILME, dirigido por Vittorio Verga e seu único trabalho no cinema mudo. Após essa estreia precoce, Jayme passa alguns anos afastado do cinema. Sua volta ocorreu em 1933, no semidocumentário *A voz do carnaval*, produção da CINÉDIA*, dirigido por Humberto Mauro* e Adhemar Gonzaga*. Jayme teve um papel de destaque em *Favela dos meus amores*, dirigido por Mauro, produzido e estrelado por Carmen Santos*. Um dos filmes marcantes de Jayme Costa foi *Alô! alô! Carnaval*, de Adhemar Gonzaga, em que fez o papel de um empresário teatral que é assediado pelos novos autores Barbosa Júnior e Pinto Filho para financiar a produção de uma grande revista carnavalesca chamada *Banana da terra*. Concebido pelos argumentistas João de Barro (Braguinha) e Alberto Ribeiro em tom de sátira, *Alô! alô! Carnaval* tem muito da estrutura do rádio e um pouco do teatro de revista, mas a cena mais genuinamente cinematográfica foi protagonizada por Jayme Costa: a paródia de *Sonhos de amor*, de Liszt, na qual aparece travestido de soprano, fazendo mímica para a engraçadíssima voz de falsete de Francisco Alves. A carreira de Jayme na CINÉDIA inclui mais um filme, *Samba da vida*, dirigido por Luiz de Barros*. Jayme participou de *Tristezas não pagam dívidas*, comédia carnavalesca da ATLÂNTIDA*, dirigida por José Carlos Burle* e Ruy Costa*. Afastou-se então do cinema, concentrando-se em sua carreira no teatro. O retorno à tela grande só se deu dez anos depois, em São Paulo, quando participou da comédia *A pensão de dona Stela*, de Alfredo Palácios* e Ferenc Fekete, produzida pela MARISTELA*. Após alguns filmes em São Paulo, retorna ao Rio, onde atua em *Garota enxuta*, de J. B. Tanko*, produção da HERBERT RICHERS, ao lado de Ankito* e Grande Otelo*. Teve atuação destacada em dois filmes dirigidos por Carlos Hugo Christensen*: *Matemática, 0... amor, 10*, e *Crônica da cidade amada*, em que participou do episódio 'Luiza'. No cinema, Jayme Costa foi aproveitado sobretudo por sua veia cômica. Seu humor, de inegáveis raízes teatrais, baseava-se menos no histrionismo e na gestualidade e mais na entonação e na caracterização física de personagens, no que era um mestre. Jayme Costa faleceu em 30 de janeiro de 1967, vítima de infarto, horas depois de trabalhar em sua última peça, *Se correr o bicho pega, se ficar o bicho come*, de Oduvaldo Viana Filho* e Ferreira Gullar. (LAR) Esse importante comediante trabalhou nas principais produtoras cariocas nas décadas de 1930 a 1960 e até nos estúdios paulistas da MARISTELA.

COSTA, Maria Della (Gentile Maria Marchioro Della Costa) – Flores da Cunha, RS, 1927. Atriz.

FILMOGRAFIA: 1947 – *O cavalo 13; O malandro e a grã-fina.* 1948 – *Inocência.* 1949 – *Caminhos do sul.* 1952 – *Areão.* 1959 – *Moral em concordata.* 1967 – *Cristo de lama: a história do Aleijadinho.* 1970 – *Como ganhar na loteria sem perder a esportiva.* 1974 – *O signo de escorpião.*

Em Porto Alegre, no princípio dos anos 40, esta importante atriz e empresária do cinema brasileiro é modelo da revista *Globo*. Com essa divulgação, muda-se para o Rio de Janeiro. A seguir, com o apoio de seu primeiro marido, Fernando de Barros*, inicia carreira no cinema e no teatro. Destaca-se no grupo Os Comediantes, quando interpreta a peça *O anjo negro* (1948), de Nélson Rodrigues*, com direção de Ziembinski*. Radica-se em São Paulo a partir da década de 50. Junto com seu segundo marido, dublê de ator e empresário, Sandro Polonio, montam a COMPANHIA MARIA DELLA COSTA e fundam um teatro com seu nome. Com mais de quarenta anos de carreira teatral, entre suas principais atuações estão os espetáculos *A prostituta respeitosa*, de Jean-Paul Sartre, *A alma boa de Setsuan*, de Bertolt Brecht, e *Depois da queda*, de Arthur Miller, período em que trabalha com os encenadores estrangeiros radicados no Brasil, o italiano Flamínio Bollini e o belga Maurice Vaneau. Na televisão, são pouquíssimas as intervenções da atriz, atuando nas novelas *Beto Rockfeller* (1969), de Bráulio Pedroso, na TUPI, e em *Estúpido cupido*, de Mário Prata, na GLOBO. No cinema, é estrela das comédias *O cavalo 13* e *O malandro e a grã-fina*, de Luiz de Barros*. Interpreta também o papel-título de *Inocência*, na primeira versão sonora do clássico romance homônimo de Visconde de Taunay, dos diretores Luiz de Barros e Fernando de Barros. A seguir, participa da esmerada produção de Andrea Di Robillant, *Caminhos do sul*, sob a direção de Fernando de Barros, quando interpreta a mulher gaúcha dos pampas. O filme baseia-se no romance regionalista homônimo de Ivan Pedro Martins e tem filmagens no interior do Rio Grande do Sul. Contratada pelos estúdios MARISTELA*, não chega a participar de produções da empresa, por falta de projetos. Nos estúdios de Jaçanã, apenas estrela a produção independente, capitaneada por um grupo de italianos, *Areão*, drama rural do diretor italiano Camillo Mastrocinque baseado em obra do escritor paulista Francisco Marins. Depois de alguns anos de afastamento, contracena com Odete Lara*, num dos principais papéis na adaptação da peça *Moral em concordata*, de Abílio Pereira de Almeida*, novamente sob a direção de Fernando de Barros. Seus dois últimos filmes são uma comédia sob a direção de J. B. Tanko*, *Como ganhar na loteria sem perder a esportiva*, e o filme de mistério com símbolos do zodíaco, de Carlos Coimbra*, *O signo de escorpião*. (LFM)

COSTA, Ruy (Jaime Rui Costa Abolo Martines) – Porto, Portugal, 1909-1980. Diretor.

FILMOGRAFIA: 1938 – *Banana da terra*. 1939 – *Futebol em família*; *Laranja da China*. 1940 – *Pega ladrão*; *Céu azul*. 1943 – *Tristezas não pagam dívidas*; *Abacaxi azul*. 1947 – *O homem que chutou a consciência*. 1955 – *Tira a mão daí*.

Ruy Costa veio para o Brasil em 1913, radicando-se no Rio de Janeiro. Cursou a Escola Nacional de Belas Artes. No cinema, começou como assistente de Mário Peixoto* no filme *Limite* em 1930. Sua participação decorreu de sua amizade com Edgar Brasil*. Tudo indica que Ruy Costa operou a câmera de 16 mm que filmou o *making of* de *Limite*. Participou também, como cenógrafo, da versão de *Onde a terra acaba*, de Octávio Mendes*. O curta-metragem *Marambaia*, exibido juntamente com o filme, provavelmente foi dirigido por ele. Ingressou na CINÉDIA* em 1934, onde dirigiu o curta *Canção das águas* e escreveu o roteiro de *Jovem tataravô* para o diretor Luiz de Barros*. Foi também roteirista da última produção da WALDOW FILME, *João Ninguém*, de Mesquitinha*. A seguir, dirigiu os carnavalescos e as comédias da recém-fundada SONOFILMS*. No ano de 1943, ao ingressar na ATLÂNTIDA*, roteirizou a comédia *É proibido sonhar,* dirigida por Moacyr Fenelon*, e dirigiu parte do primeiro carnavalesco da empresa, *Tristezas não pagam dívidas*, finalizado por José Carlos Burle*. No mesmo ano, foi roteirista e responsável pela direção na conclusão das filmagens do último carnavalesco da SONOFILMS, *Abacaxi azul*, iniciado pelo produtor Wallace Downey*. Quatro anos depois, na nova produtora TAPUIA FILMES, dirigiu seu único drama, *O homem que chutou a consciência*, causando polêmica principalmente com os jornalistas, que se sentiram atingidos pelas críticas que o filme fazia à imprensa. Após alguns anos de afastamento, retornou ao cinema na FLAMA FILMES*, onde escreveu a paródia *O primo do cangaceiro*, de Mário Brasini*, e dirigiu a comédia *Tira a mão daí*. Ruy Costa teve uma carreira bem diversificada, atuando no teatro de revista, no rádio, no cinema e na televisão. Compositor de sucesso, foi parceiro de Gabriel Antônio Nássara na marchinha *Formosa*. Escreveu as revistas teatrais *As urnas vão rolar* e *Gente bem e champanhota*. (LAR)

COSTINHA (Lírio Mário da Costa Filho) – Rio de Janeiro, RJ, 1920-1995. Ator.

FILMOGRAFIA: 1950 – *Aguenta firme, Isidoro*; *Anjo do lodo*. 1952 – *O rei do samba*. 1955 – *O rei do movimento*; *Angu de caroço*; *O diamante*. 1955-1956 – *Sai de baixo*. 1956 – *Com água na boca*; *Cangerê*. 1957 – *Com jeito vai*; *De pernas pro ar*; *É de chuá!*. 1958 – *Sherlock de araque*; *Minha sogra é da polícia*. 1959 – *O massagista de madame*; *Entrei de gaiato*. 1960 – *O viúvo alegre*. 1961 – *O dono da bola*. 1965 – *007 ½ no Carnaval*. 1967 – *Carnaval barra-limpa*; *As aventuras de Chico Valente*. 1969 – *Golias contra o homem das bolinhas*. 1969-1970 – *Salário mínimo*. 1970 – *Jesus Cristo, eu estou aqui*; *Amor em quatro tempos* (1ª história); *Como ganhar na loteria sem perder a esportiva*. 1971 – *Cômicos... e mais cômicos*; *Tô na tua, bicho*. 1974 – *O libertino*. 1975 – *O homem de 6 milhões de cruzeiros contra as panteras*. 1976 – *Costinha, o rei da selva*. 1977 – *Costinha e o King Mong*. 1978 – *As aventuras de Robinson Crusoé*. 1979 – *Histórias que nossas babás não contavam*. 1991 – *O inspetor Faustão e o Mallandro, a missão primeira e única*. 1995 – *O mandarim*.

Ator e comediante marcado pelas caretas indecentes, piadas maliciosas e trejeitos homossexuais. Filho de palhaço, Costinha permaneceu no circo até a adolescência, quando largou os estudos e começou a trabalhar. Foi apontador de jogo do bicho, engraxate, *office-boy* e garçom de botequim. Logo foi convidado a trabalhar no rádio. Foi radiator nos programas *Cadeira de Barbeiro* e *Recruta 23*, em meados da década de 40. Participou da primeira edição da *Escolinha do Professor Raimundo*, nas rádios RECORD e MAYRINK VEIGA. A televisão transformou-o num dos cômicos mais populares do Brasil no final da década de 60. Foi o cômico mais censurado do país na época do regime militar. No cinema, Costinha teve destaque da carreira, começando em três filmes de Luiz de Barros*. Depois atua em uma série de filmes em papéis de coadjuvante, em produções da CINELÂNDIA FILMES e da HERBERT RICHERS, quando trabalhou com os diretores afeitos ao gênero comédia, como Victor Lima*, Eurides Ramos* e J. B. Tanko*. Experimenta seu primeiro papel de destaque em *Sherlock de araque*, de Victor Lima. A partir de meados da década de 60, passou a ser a principal atração nos filmes de que participava, quase sempre paródias de sucessos hollywoodianos, como *O homem de 6 milhões de cruzeiros contra as panteras*, de Luiz Antônio Piá; *Costinha, o rei da selva* e *Costinha e o King Mong*, ambos de Alcino Diniz; e *As aventuras de Robinson Crusoé*, de Mozael Silveira. Faleceu no Rio de Janeiro em 15 de setembro. (LAR)

COUTINHO, Eduardo (Eduardo de Oliveira Coutinho) – São Paulo, SP, 1933. Diretor.

FILMOGRAFIA: 1965 – *A falecida* (rot.). 1966 – *ABC do amor* (2º episódio: 'O pacto') (rot., dir.). 1967 – *Garota de Ipanema* (rot.). 1968 – *O homem que comprou o mundo* (rot., dir.). 1970 – *Faustão* (rot., dir.). 1973 – *Os condenados* (rot.). 1975 – *Lição de amor* (rot.). 1976 – *Dona Flor e seus dois maridos* (rot.). 1981-1984 – *Cabra marcado para morrer* (dir.). 1989-1991 – *Fio da memória* (dir.). 1999 – *Santo forte* (dir.). 2000 – *Babilônia 2000* (dir.). 2002 – *Edifício Master* (dir.). 2004 – *Peões* (dir.). 2005 – *O fim e o princípio* (dir.). 2007 – *Jogo de cena* (dir.). 2009 – *Moscou* (dir.).

Eduardo Coutinho fez toda a sua escolaridade em São Paulo, chegando a cursar Direito. Foi aluno do Seminário de Cinema do Museu de Arte de São Paulo (Masp), dirigido por Marcos Marguliés, em 1954. Trabalhou como revisor e copidesque da revista *Visão*, entre 1954 e 1957. Quando ganhou um prêmio em dinheiro, num programa de TV respondendo sobre Chaplin, empregou-o viajando para a França, onde estudou no Institut des Hautes Études Cinématographiques (IDHEC). Na França dirige a peça de Maria Clara Machado *Pluft, o fantasminha*, adquirindo experiência teatral. Segundo declarou, o ensino no IDHEC, como em quase todas as escolas de cinema, representou muito pouco para a sua formação. Para os alunos europeus, dava uma boa cultura escolástica, formando assistentes de direção. Retorna ao Brasil em 1960, tendo feito, no ano seguinte, assistência de direção na peça *Quarto de despejo*, de Eddy Lima. Coopera com o Centro Popular de Cultura da União Nacional dos Estudantes (CPC) de São Paulo, no grupo de Chico de Assis, em que participa da montagem da peça *Mutirão em Novo Sol*, encenada durante o I Congresso dos Trabalhadores Agrícolas em Belo Horizonte em 1962. Sua mudança para o Rio de Janeiro acontece no mesmo ano, quando foi escolhido para gerente de produção de *Cinco vezes favela*.

Durante a produção do episódio 'Pedreira de São Diogo', dirigido por Leon Hirszman*, abandonou a equipe para integrar, como diretor, a UNE-volante. O objetivo era fazer um documentário sobre as cidades por onde passava o grupo. Filmou-se em Manaus, Paraíba, Maranhão, Belo Horizonte e outros locais, mas o material acabou não sendo montado. Através da UNE-volante Coutinho conheceu Elizabeth Teixeira, a viúva de João Pedro Teixeira, tendo filmado um protesto de camponeses duas semanas depois da morte do líder das Ligas Camponesas, assassinado em Sapé, Paraíba, a 2 de abril de 1962.

Quando volta ao Rio, Coutinho propõe à UNE, através da diretoria do CPC, a realização de um filme a partir dos poemas sociais de João Cabral de Melo Neto. O poeta inicialmente concede a autorização para a adaptação, mas recua da decisão, talvez temendo as repercussões. O filme da UNE acaba se concentrando em torno da vida de João Pedro Teixeira, na forma de um documentário romanceado para ser representado pelos próprios camponeses que viveram a tragédia. A produção do filme foi conturbada pela falta de verbas, demorando a UNE um ano para liberar o dinheiro necessário. Nesse meio-tempo, Coutinho ajuda Leon Hirszman nas filmagens de *Maioria absoluta*. Finalmente, em fevereiro de 1964, começam as filmagens de *Cabra marcado para morrer*. O objetivo era realizá-las em Sapé, palco dos acontecimentos, mas um conflito entre camponeses e a polícia tornou o clima insustentável para a equipe. As locações foram transportadas para o Engenho Galileia, em Vitória de Santo Antão, Pernambuco, onde se organizou a primeira Liga Camponesa. Elizabeth Teixeira fez o seu próprio papel de viúva. O marido foi interpretado por um morador local. A equipe do filme contava com Vladimir Carvalho*, Fernando Duarte*, Marcos Farias* e Cecil Thiré*. Depois de ter rodado pouco mais de uma hora de negativos em 35 mm, a filmagem foi interrompida pelo golpe de 31 de março de 1964. Elizabeth Teixeira foge para o Recife e mais tarde, trocando de nome, vive escondida por dezessete anos no Rio Grande do Norte.

Com as filmagens interrompidas, Coutinho voltou para o Rio. Colabora no roteiro de *A falecida*, de Hirszman. Foi chamado para substituir Nelson Pereira dos Santos* no filme de coprodução com a Argentina e o Chile, *ABC do amor* (1965), daí o *ABC dos três países*. O segundo episódio era o brasileiro 'O pacto', escrito e dirigido por Coutinho. A outra substituição que faria foi em *O homem que comprou o mundo*. A película seria dirigida por Luis Carlos Maciel. Após o desentendimento deste com o produtor Zelito Viana*, Coutinho assume sua primeira direção de longa. *O homem que comprou o mundo* era uma comédia popular, abordando vários problemas como o perigo atômico e a política mundial. Em seguida colabora no roteiro de *Garota de Ipanema*, dirigido por Hirszman, tentativa de realização de um filme de boa fatura e apelo popular que foi um fracasso. Fez a sinopse de *A vingança dos 12*, de Marcos Farias, primeiro filme de cangaço da produtora SAGA. O segundo filme foi o longa *Faustão*, com direção do próprio Coutinho,

filmado em Fazenda Nova, Pernambuco. Tematiza a luta de classes, mas também o conflito entre pai e filho, inspirando-se em peças de Shakespeare. A história trata do filho de um potentado local, amigo do cangaceiro negro Faustão. Quando assume o poder, o filho renega o amigo, ficando do lado dos poderosos. A trama intercala várias histórias nordestinas e alguma coisa de Lampião, procurando ir além do gênero cangaço, com tinturas sociais. Mesmo lançado em onze cinemas cariocas, com mais de 400 mil espectadores no Brasil, o filme parece não haver correspondido às expectativas. Nessa época, a SAGA entra em processo de falência. Por motivos pessoais, Coutinho volta ao jornalismo, permanecendo três anos no Caderno B do *Jornal do Brasil*, fazendo copidesque e esporadicamente crítica de cinema. Foi corroteirista de Zelito Viana (*Os condenados*), Eduardo Escorel* (*Lição de amor*) e Bruno Barreto* (*Dona Flor e seus dois maridos*). Em 1975 vai para a GLOBO, trabalhando para o *Globo Repórter* como redator, editor e diretor. Para ele, a televisão foi uma escola do documentário. Aprendeu a conviver com a rapidez da TV e o trabalho de pesquisa prévio. Fazia um ou dois filmes por ano, sendo que a primeira vez que fez som direto foi na GLOBO. Dirigiu vários programas e editou uma série de reportagens. Para a GLOBO fez em película *Seis dias de Ouricuri*, documentário sobre a seca; *O pistoleiro da serra Talhada*, sobre o banditismo no Nordeste; *Teodorico – o imperador do sertão*, sobre o "coronel" nordestino Teodorico Bezerra; e *O menino de Brodósqui*, sobre o pintor Portinari.

A retomada de *Cabra marcado para morrer* começa a ser vislumbrada em 1979, quando foi decretada a anistia, tornando possível um contato mais seguro com Elizabeth. Indo a um festival de cinema em João Pessoa, Coutinho procurou saber notícias de Abraão, um dos filhos de Elizabeth Teixeira. Entra com o projeto do documentário na EMBRAFILME* em 1979, e consegue parte do financiamento necessário para a produção em fins de 1980. Ainda trabalhando na GLOBO, acumula férias e roda o filme nesse período. Após uma semana de preparação no Nordeste, procurando local de filmagens, volta ao Rio para fechar a equipe, retornando em março de 1981, quando a parte principal do filme é rodada. Os copiões haviam sido guardados em um lugar seguro na casa do pai de David Neves*, um general. Os negativos estavam em poder de Coutinho, que os havia retirado da LÍDER em 1975. Em 1982-1983 completa, no Rio de Janeiro, as

filmagens de personagens desaparecidos, concluindo o documentário que inicialmente não sabia que rumo iria tomar. A realização acaba funcionando como uma forma de conhecimento. A EMBRAFILME sai no fim da produção, em comum acordo com Coutinho. Ainda em 16 mm, foi exibido pela primeira vez em 30 de março de 1984 na CINEMATECA DO MAM. A recepção foi extremamente calorosa. Com a ajuda do Banespa (na gestão do crítico Luis Carlos Bresser Pereira), consegue recursos suficientes para a ampliação para a bitola de 35 mm. Desse modo, o filme pôde fazer carreira comercial nacional e internacional com sucesso de público e de crítica, tendo recebido, entre outros, o prêmio de melhor documentário do VI FESTIVAL DO NOVO CINEMA LATINO-AMERICANO DE HAVANA, em 1984.

No final de 1984, Coutinho abandona o *Globo Repórter*. Em 1988, com Roberto Feith, outro colega do tempo do *Globo Repórter*, roteirizou os seis capítulos de *90 anos de cinema brasileiro*, série exibida pela TV MANCHETE. Em 1985-1986 faz para a MANCHETE um dos episódios para a série *Caminhos da sobrevivência*, de Washington Novaes, sobre a poluição em São Paulo. Entre 1989-1991 realiza, em 35 mm, *Fio da memória*, que envolve pesquisa ampla sobre a cultura negra no Brasil. Diversos depoimentos são alinhavados a partir desse tema, compondo uma espécie de mosaico, no qual a questão da cultura negra no Brasil é mostrada de diversos pontos de vista. A linha condutora do filme são as memórias do artista negro Gabriel Joaquim dos Santos, que documentou toda sua vida à medida que ornava sua casa. De seus trabalhos em vídeo, podemos destacar *Boca do Lixo*, filmado no lixão de São Gonçalo, região do Grande Rio, em 1992, retratando a miséria dos que sobrevivem revolvendo o lixo. Faz ainda nesse suporte *Santa Marta – duas semanas no morro* (1987, 54 min), em favela do mesmo nome, documentário seminal que será fundador de uma sequência ampla dos filmes sobre a nova favela carioca da virada do milênio, culminando com *Notícias de uma guerra particular*, de seu futuro parceiro João Salles*. Parcela significativa da produção brasileira na primeira década dos anos 2000 tem seu débito com "Santa Marta". Faz também, ainda nos anos 80, *Volta Redonda – memorial da greve* (1989, 39 min), sobre o memorial de Niemeyer, a partir das mortes de operários quando de uma greve na usina; *O jogo da dívida* (1989, 58 min), abordando a dívida externa brasileira; e, seguindo, *A lei e a vida* (1992, 35 min), com foco na questão do meio ambiente na nova Constituição Brasileira, além de *Romeiros do Padre Cícero* (1994, 37 min), retratando romaria a Juazeiro. Graças a uma bolsa da Fundação Vitae, em 1994, começa pesquisa para a realização de mais um documentário, agora sobre a ferrovia Madeira-Mamoré. Esse trabalho não foi concluído. (FPR/JIMS)

Em 1999, Coutinho termina o longa *Santo forte*, com ampliação para 35 mm, filmado na favela carioca Vila Parque da Cidade, abordando a religiosidade popular. Depois de um período de oito anos (desde 1991, com *Fio da memória*), lança novamente um longa-metragem. É um intervalo grande, e corresponde a um amadurecimento de Coutinho que entra em nova fase da carreira, talvez a de frutos mais férteis. Em *Santo forte* já está esboçada a estrutura estilística que irá se repetir nos filmes dos anos 2000, mas o esquema de produção é singular, realizado através do CENTRO DE CRIAÇÃO DA IMAGEM POPULAR (CECIP, uma associação civil de promoção social, sem fins lucrativos) e não da VIDEOFILMES. Na década 2000, Coutinho terá seis longas produzidos pela VIDEOFILMES (*Babilônia 2000*, *Edifício Master*, *Peões*, *O fim e o princípio*, *Jogo de cena* e *Moscou*), parceria que efetivamente viabilizou seu trabalho. Deve-se destacar a importância da figura de João Salles e do guarda-chuva protetor que este abre com a VIDEOFILMES, permitindo e financiando a decolagem da carreira do diretor numa sequência regular de longas-metragens. Além da produção, às vezes compartilhada com outros, a VIDEOFILMES passa a cuidar da distribuição dos documentários a partir de 2005, com *Peões, O fim e o princípio, Jogo de cena* e *Moscou*. *Babilônia 2000* é o momento em que se cristaliza a nova forma de produção com a VIDEOFILMES, nesse caso contando ainda com o CECIP. *Santo forte* tem, então, produção exclusiva do CECIP, sendo o sinalizador de nova fase na narrativa documentária do cineasta. O estilo menos enxuto de *O fio da memória* adquire agora concisão e precisão. Coutinho volta ao ambiente da favela carioca, explorada pioneiramente em *Santa Marta*, mas já com a forma que iria progressivamente lapidar nos anos seguintes. Planos frontais permitem o *tête-à-tête* entre o cineasta e sua "personagem". O talento de Coutinho para puxar depoimentos, o olhar que inspira confiança (sua verve de diretor em ação, na tomada), fazem o resto. A narrativa tem foco nos depoimentos, explorando unicamente o "fio da meada" da fala, sem se distrair com asserções mais amplas sobre o mundo que relata. Em *Santo forte* não há

afirmações genéricas sobre a religiosidade popular, tema do filme, mas apenas o relato assumido pela fala, puxado por um cordão que vai pingando aos poucos. Em frente da câmera, em plena espontaneidade, surgem personagens fascinantes que parecem ter sido tirados da cabeça de um grande roteirista. A afetação das expressões passa para a tela com intensidade. Os achados são belos e o filme flui naturalmente. Grande descoberta estilística para o documentário brasileiro, *Santo forte* fez escola, criando uma fórmula repetida à exaustão.

Ainda na mesma toada, Coutinho dirige *Babilônia 2000*, retratando a virada do milênio no morro Babilônia no Rio de Janeiro. A forma da narrativa do documentário é a mesma, com os depoimentos centrando-se na noite do Ano-novo. As tomadas são divididas por diversas equipes, o que acaba resultando em um todo que não tem a mesma homogeneidade de *Santo forte*. Aprofundando a fórmula, Coutinho transfere o dispositivo para um prédio de classe média baixa, em Copacabana. Em *Edifício Master* trabalha num ambiente fechado que é o próprio edifício, selecionando os depoimentos a partir do fato de as personagens serem moradoras desse espaço. O que parece uma empreitada destinada à banalidade, transforma-se, nas mãos de Coutinho, em um fantástico reservatório de tipos humanos e depoimentos intensos. Em seu método de filmagem, Coutinho costuma enviar uma equipe prévia para sondar e fazer as primeiras tomadas com os eventuais candidatos. Seleciona o material que será explorado e aparece somente no dia em que as tomadas irão valer. O impacto é forte, seu talento de diretor de documentários inegável, e o material que consegue colher impressiona pela homogeneidade e pela intensidade. Novamente, como em *Santo forte*, tipos humanos proliferam, constituindo uma verdadeira galeria. Essa tipologia compõe em si mesma o vetor do documentário. A narrativa nega-se a asserções generalizantes. O material humano que exibe basta, e a enunciação constitui-se em postura de recuo do diretor na tomada – apesar da forte presença que detona a intensidade da fala e a expressão do afeto nas faces. *Peões*, de 2004, faz dupla face com *Entreatos*, de João Salles, ambos documentários sobre as eleições presidenciais de 2002, quando Lula é eleito presidente. Coutinho vai atrás dos antigos companheiros de sindicato de Lula, coletando depoimentos. O rendimento da estrutura proposta não mantém o mesmo patamar e parece faltar um norte mais orgânico à narrativa do que a vida pregressa de Lula.

Em *O fim e o princípio* Coutinho retoma um desafio do qual só grandes documentaristas saem indenes. Como fazer um filme do nada, ou melhor, como lidar com o não filme, com o modorrento cotidiano que escorrega no tempo e não faz história? Coutinho vai com sua equipe para o sertão da Paraíba, em São João do Rio do Peixe, na comunidade rural de Araçás, onde vivem 86 famílias, e sai de lá com um belo filme. A narrativa fílmica volta-se sobre si e sobre a dificuldade de fazer a mola do documentário detonar. Os depoimentos arrastam-se, estão dispersos, as tomadas não rendem, a equipe quase retorna para casa. O tempo passa, Rosa (Rosilene Batista de Sousa) surge e ocupa um papel central na articulação da equipe com a população. Com esse "fio da meada", a engrenagem articula e o filme decola: as falas estendem-se naturalmente e a constelação de personagens está novamente configurada no céu de Coutinho. E é uma das mais belas que o diretor obtém. As asserções, as falas, voltam-se para o que evidenciam: são velhos que estão falando e um velho que os está ouvindo, do outro lado da câmera. A cumplicidade de quem olha para trás na vida e vê o tempo pela frente compõe o âmago do documentário, em uma bela narrativa do que pode ser a estilística do direto em seus melhores momentos.

Depois de haver encarado e vencido o grande desafio do filme na iminência do banal, restava mesmo ao artista roer o osso até o final para ver até onde podia chegar. *Jogo de cena* é resultado do enfrentamento com os limites da própria proposta que norteia seu trabalho desde *Santo forte*. Se os depoimentos e os rostos expressando afeto fazem o núcleo de seu cinema, podemos retirar a espontaneidade e, ainda assim, permanecer dentro do dispositivo? E se, em vez de percorrermos o arco até *O princípio e o fim*, para colhermos o suprassumo da expressão espontânea e indeterminada, apenas contratássemos um ator para encená-la? *Jogo de cena* é construído na confluência entre dois tipos de documentário, dois tipos de encenação. O resultado é um fascinante jogo de cabra-cega que vai nos levar aos limites do documentário, na trilha escolhida por Eduardo Coutinho. De um lado, personagens em sua própria pele, relatando pela fala a experiência da carne no tempo presente; de outro, atores encarnando depoimentos que não são seus. Atores conhecidos e desconhecidos, o que torna a narrativa um emaranhado sem fim. Num dos grandes momentos da estratégia de direção de Coutinho, consegue provocar o esvaziamento egoico de estrelas do cinema de ficção brasileiro, como Marília Pêra e Fernanda Torres, que se sentem vazias de motor interpretativo ao viver fortes depoimentos pessoais. A sobreposição de formas de interpretação constitui a cena-limite para o documentário antevisto por Coutinho. Em *Moscou*, o diretor leva a mesma proposta ao extremo, num toque verdadeiramente maneirista. Agora a descoberta anterior perde seu frescor e as demandas reflexivas da narrativa tornam-se mais pesadas. A falas agonizam em um espetáculo da interpretação que já está nos trilhos, mas quer ainda buscar o que já achou. *Moscou* é um momento simbólico desse terceiro fôlego de sua carreira, que apontamos ter iniciado com *Santo forte*, considerando que o segundo momento inicia-se com *Cabra marcado para morrer*. No final de década de 2000, Coutinho afirma-se como nosso principal documentarista, figura de primeira grandeza no cenário do cinema mundial. Possui filmografia autoral, coisa rara de se localizar no horizonte da narrativa documentária. Em sua evolução podemos localizar um artista sensível, dotado de visão humanista, que consegue compor naturalmente, sem forçar no modo exibido, as expressões fortes e profundamente enraizadas do povo brasileiro. (FPR)

COUTINHO, Jorge – Rio de Janeiro, RJ, 1935. Ator.

FILMOGRAFIA: 1962 – *Cinco vezes favela* (3º episódio: 'Escola de samba, alegria de viver'). 1963 – *Gimba, presidente dos valentes*. 1963-1964 – *Ganga Zumba, rei dos Palmares*. 1967 – *Perpétuo contra o esquadrão da morte*. 1968 – *O matador profissional*. 1970 – *Crioulo doido*. 1977 – *Ladrões de cinema*; *Chuvas de verão*; *O cortiço*. 1978 – *A deusa negra*. 1979 – *Parceiros da aventura*. 1983 – *Quilombo*; *Memórias do cárcere*. 1990 – *Stelinha*. 1998 – *Uma aventura de Zico*. 2004 – *Cascalho*. 2005 – *Veneno da madrugada* (coprodução estrangeira). 2008 – *A ilha dos escravos* (coprodução estrangeira).

Começa a trabalhar na adolescência, desempenhando as funções de operário e bancário. Procurando tornar-se ator, frequenta curso comercial de interpretação. Por intermédio de um amigo, ingressa no Conservatório Nacional de Teatro. Estreia no Teatro Tablado em fins dos anos 50 com a peça *Do mundo nada se leva*. Crítico dos métodos e conceitos ali desenvolvidos, aproxima-se do núcleo teatral do Centro Popular de Cultura da União Nacional dos Estudantes (CPC/UNE). Participa do grupo itinerante de teatro popular da entidade. Desenvolve carreira paralela no teatro e no cinema, fazendo peças como *A prostituta respeitável*, *Chico do Pasmado* e a famosa *Arena conta Zumbi*, e filmes em geral relacionados com o papel do negro na história e cultura brasileiras. No cinema, estreia, na época do Cinema Novo*, sob as ordens de Carlos Diegues*, no episódio 'Escola de samba', do longa *Cinco vezes favela*; volta a trabalhar com esse diretor em *Ganga Zumba, rei dos Palmares*. Participa de *Gimba, presidente dos valentes*, único longa dirigido pelo encenador Flávio Rangel. Representa os papéis principais do detetive Perpétuo em *Perpétuo contra o esquadrão da morte*, de Miguel Borges*, e do negro em busca de ascensão social em pequena cidade mineira em *Crioulo doido*, de Carlos Alberto Prates Correia*. Mais tarde, retoma os papéis de coadjuvante em poucos filmes. No final dos anos 60 tem presença constante em diversos teleteatros, destacando-se seu trabalho em *Passos dos ventos*, escrito por Janete Clair. Em 1969 escreve e dirige um *show* para Elza Soares e Os Originais do Samba, o que lhe vale convite para produzir a série *Cartola Convida*, realizada no Teatro da UNE. Nos anos 70 alterna programa sobre o mundo do samba na RÁDIO CONTINENTAL com o resgate de figuras menos conhecidas do gênero, apresentadas no Teatro Opinião às segundas-feiras. Rareiam suas aparições em cinema e televisão, dedicando-se cada vez mais à música. Integra a diretoria do Sindicato de Artistas e Técnicos em Espetáculos e Diversões no biênio 1997-1998. (HH) Em pequenos papéis retomou a carreira, tendo participado de duas coproduções estrangeiras. Numa delas, *A ilha dos escravos*, trabalhou com o cineasta português Francisco Manso.

CUNHA, Cláudio (Cláudio Francisco Cunha) – São Paulo, SP, 1946. Ator, produtor, diretor.

FILMOGRAFIA: 1972 – *As mulheres amam por conveniência* (ator). 1973 – *Sob o domínio do sexo* (ator). 1974 – *O clube das infiéis* (ator, prod., dir.). 1975 – *O dia em que o santo pecou* (dir.). 1976 – *O poderoso machão* (ator, prod.). 1977 – *A praia do pecado* (ator); *Snuff, vítimas do prazer* (ator, prod., dir.). 1978 – *Amada amante* (prod., dir.); *A força dos sentidos* (prod.); *Damas do prazer* (ator). 1979 – *A dama da zona* (Hoje tem gafieira) (ator, prod.); *Sábado alucinante* (prod., dir.); *O doador sexual* (prod.). 1980 – *O gosto do pecado* (prod., dir.). 1981 – *Karina, objeto do prazer* (ator, prod.); *Reencarnação do sexo* (prod.). 1982 – *Profissão: mulher* (prod., dir.). 1984 – *Oh! Rebuceteio* (ator, prod., dir.).

Nos anos 60 é ator em pequenos papéis de novelas televisivas. A partir de 1972, começa no cinema da Boca do Lixo* como ator, em filmes de Roberto Mauro (*As mulheres amam por conveniência*) e de Tony Vieira* (*Sob o domínio do sexo*). Em 1974, funda a KINEMA FILMES e, em 1980, a CLÁUDIO CUNHA CINEMA & ARTE, quando produz seus filmes em sociedade com os distribuidores e exibidores. É produtor e diretor de seu filme de estreia, a comédia erótica *O clube das infiéis*. Em seu segundo longa como diretor, *O dia em que o santo pecou*, melodrama baseado em tema folclórico, a produção e o roteiro estão a cargo de Benedito Ruy Barbosa, inicialmente cogitado para dirigir o filme. Nos anos de 1976 e 1977, é ator e coprodutor em *O poderoso machão* e apenas ator em *A praia do pecado*, ambos filmes do diretor Roberto Mauro. A partir de 1977, produz uma série de filmes através da KINEMA. Dirige *Vítimas do prazer*, filme que mistura sexo e violência, baseado em roteiro de Carlos Reichenbach*. Dirige *Amada amante*, drama familiar escrito por Benedito Ruy Barbosa, em nova parceria da dupla, numa obra que se utiliza do título de canção de sucesso do cantor Roberto Carlos. É produtor de *A força dos sentidos*, de Jean Garrett*, melodrama que aborda a paranormalidade, e argumentista e produtor de *A dama da zona*, de Ody Fraga*. Aproveitando a onda das discotecas do final dos anos 70, dirige o musical *Sábado alucinante*, em mais um roteiro de parceria com B. R. Barbosa. É produtor associado da pornochanchada* paródica *O doador sexual*, de Henrique Borges. Em 1979 e 1980, é produtor dos curtas *Rimas para liberdade*, *Território do poeta* e *Jesuítas e a arquitetura religiosa do século XVII*, todos sob a direção de Aurora Duarte*. Nos anos 80, dirige outro drama, *O gosto do pecado*, baseado em roteiro do crítico de cinema Inácio Araújo. Produz o drama *Karina*, sob a direção de Jean Garrett, e o terror *A reencarnação do sexo*, do diretor Luiz Castillini*. Dirige filme episódico, baseado em adaptação do livro de contos *O animal dos motéis*, de Márcia Denser, com roteiro da autora. Desde 1983, acumulando as funções de ator, produtor e diretor, está em cartaz com o espetáculo *O analista de Bagé*, baseado no livro de Luis Fernando Verissimo. Sua única incursão no universo da fita pornográfica é com a produção e direção de *Oh! Rebuceteio*. Simone Carvalho, sua ex-mulher, é atriz em vários de seus filmes. (LFM)

CURTA-METRAGEM

O filme curto de ficção é um fato raro nos primórdios do cinema brasileiro. Tanto nesse período, como nos primeiros 30 anos iniciais do cinema sonoro, predominam os cinejornais* e os documentários. Ainda assim, em 2 de agosto de 1899, são lançados os filmes *Infelicidade de um velho na primeira noite de casamento* e *Uma viagem de núpcias acaba mal*, ambos da empresa de Paschoal Segreto*. Esses filmes contariam com a primazia de serem os pioneiros curtas ficcionais. Quase dez anos mais tarde, em 1908, o empresário Arnaldo Gomes de Souza, da empresa ARNALDO & CIA., associado a Marc Ferrez, realiza, com câmera operada por Júlio Ferrez*, a pioneira comédia *Nhô Anastácio chegou de viagem*, um marco em nossa cinematografia, lançada em 19 de julho. Logo em seguida, a FOTO-CINEMATOGRÁFICA BRASILEIRA*, de propriedade de Giuseppe Labanca e Antônio Leal*, realiza uma série de comédias curtas com câmera operada por Antônio Leal, entre elas, *Os capadócios da cidade nova*, *O comprador de ratos* e *Sô Lotero e Siá Ofrásia com seus produtos na exposição*. Em São Paulo, o pioneiro cinematografista Antônio Campos* aparece com *O diabo* (1908), um filme à moda dos que realiza o cineasta francês Georges Méliès. A FOTO-CINEMATOGRAFIA volta à carga em 1909, sofisticando seus filmes, que agora contam com um elenco e um diretor de cena, Antônio Serra, com suas novas produções: *O fósforo eleitoral*, *O nono mandamento*, *Casamento apressado*, *Noivado de sangue*, *Zé Bolas e o famoso telegrama nº 9*, *Nas entranhas do morro do Castelo*, *Pela vitória dos clubes carnavalescos*, *Um cavaleiro deveras obsequioso*, *Às portas do céu*, *Passaperna & Cia.*, *Aventuras de Zé Caipora*. No ano de 1910, é exibido *O chantecler*, da empresa WILLIAM & CIA., de propriedade de William Auler*; trata-se de uma paródia do poema homônimo do escritor francês Edmond Rostand. Algumas produções ficcionais acontecem longe da capital federal. No estado do Rio Grande do Sul, em Porto Alegre, Eduardo Hirtz filma *Ranchinho do sertão* (1909) e a GUARANI FILMES, empresa da cidade de Pelotas, lança o filme *Os óculos do vovô* (1913), de Francisco Santos*. No interior fluminense, em Petrópolis, Henrique Pongetti* filma *A estrangeira* (1914). Mas é no Rio de Janeiro que é feita a maioria dos filmes. É lançado em 1916, produzido pela ANGLO BRAZILIAN CINEMATOGRAPHIC, *Entre o amor e a arte*, filme sobre o qual persistem dúvidas quanto ao nome do diretor, se Charles F. MacLaren ou Rodolfo Blake. O filme *Entre dois amores*, de 1917, é uma produção da BRASIL FILME, e ainda persistem dúvidas se é realizado por Alberto Botelho* ou Paulino Botelho*. Em 1918, é produzida a comédia paulista *A desforra do tira-prosa*, de Antônio Campos. O ano de 1919 apresenta várias novidades. Em Pelotas, são produzidos dois filmes: *Um crime misterioso*, de realizador desconhecido, e *A culpa do pai*, este último uma produção da COMPANHIA DE FILMES RIO-GRANDENSE, filmado por Carlo Comelli. Em São Paulo, surge a ROSSI FILME, de Gilberto Rossi*, com o lançamento de *Exemplo regenerador*, de José Medina*. No Rio é realizado o carnavalesco *Pierrô e Colombina*, da NACIONAL FILMES. O ano de 1920 apresenta a comédia da AMAZÔNIA FILME *Convém martelar*, de Antônio Silva, e a produção da GUANABARA FILMES *Aventuras de Gregório*, de Luiz de Barros*, esta última uma comédia no estilo dos filmes do americano Mack Sennet. Em 1921 e 1922, a ROSSI FILME novamente apresenta outros filmes de José Medina; respectivamente, a comédia *Carlitinho* e o drama *A culpa dos outros*. No ano de 1923 surge uma outra paródia, *Romeu e Julieta*, de Generoso Ponce. De 1924 são os dramas *Amor de apache*, de Jardel Jercolis, e *Adultério*, este provavelmente também uma realização de Jercolis. A ATLAS FILME, de Cataguases, Minas Gerais, lança o drama *Felipe, o Louco*, de Harry Kremp, e ainda nesse ano Alberto Botelho filma *O reinado de Adônis*. Para a produtora CINECLUBE DE SÃO PAULO, Francesco de Rosa filma *Passei toda a minha vida num sonho*, lançado em 1925. O ano de 1926 apresenta maior movimentação, com o filme gaúcho *Em defesa da irmã*, de Eduardo Abelim*, e os filmes pernambucanos *Herói do século XX*, de Ary Severo*, e *Sangue de irmão*, de Jota Soares*. Em 1927, uma revelação de ator, diretor e produtor é o comediante William Schoucair, com a comédia *Maluco e mágico*, da FILMARTE, cujo filme busca identificação com os similares americanos da época. Esse ano marca novo encontro da parceria entre a ROSSI FILME e José Medina, com o drama *Regeneração*. Ainda em 1927, é realizada nova produção mineira, dessa vez da LIBERTAS FILMES, de Belo Horizonte: *Os boêmios*, de José Silva. O filme mineiro da empresa ATLAS FILME, *Senhorita Agora Mesmo* (1928), é uma produção fotografada por Pedro Comello. Na realidade, no período silencioso, não existem as definições dos filmes de curta, média e longa metragem; os filmes são definidos em sua metragem por partes.

Em 1929, a SINCROCINEX, de São Paulo, apresenta o filme sonoro *O amor não traz vantagens*, de Luiz de Barros. Outro curta sonoro é *Felicidade*, de José Carrari e Alberto Cerri, de 1930. Em 1931, Wallace Downey* realiza o musical *Mágoa sertaneja*. O espaço de tempo entre os anos de 1932 e de 1970 é dominado pelo cinejornal e pelo documentário, sendo raros os filmes de ficção. O cineasta mineiro Humberto Mauro* realiza centenas de documentários, filmando, no entanto, poucos curtas de ficção, entre eles, *O apólogo* (1939), em codireção com Roquette Pinto, baseado no conto homônimo de Machado de Assis, *Meus oitos anos* (1956) e *A velha a fiar* (1964). No Rio, Milton Rodrigues* dirige *O madeireiro* (1940), baseado no conto homônimo de Aluísio Azevedo. No Rio Grande do Sul, Ítalo Manjeroni filma *Cachorricídio* (1942), o primeiro filme sonoro gaúcho. Em Minas Gerais, acontece certa movimentação em meados da década de 50. Em 1953, é produzido o ensaio *Estudo nº 1*, de José Roberto Duque Novaes. Em 1954, a aventura *Rivais em luta*, de Armando Sábato. Em 1955, as tramas policiais *Aparando golpes*, de Armando Sábato, e *Anel roubado*, de Haroldo Matos; a fita romântica *Amando e mascando*, de Mário Lúcio Brandão, e *Aconteceu em Guarapari*, de Nicola Falabela. Em 1956, com *Um susto por minuto*, outro filme de aventura romântico, volta o sempre atuante Armando Sábato. Na Bahia, surge o primeiro filme de Glauber Rocha*, *O pátio* (1959), um exercício experimental. Os gaúchos filmam bastante na década de 60, iniciando uma produção curta-metragista que sempre foi forte nesse estado. Na ficção, começando em 1959, podemos citar *Frutos da bondade*, de Pedrotto Hengist, e *Anjos de fogo*, de Bruno Hochheim. Em 1960 é realizado *Média três*, de Nelson Furtado; *Noite de terror*, de Bruno Hochheim; e *Frutos do ambiente*, de Pedrotto Hengist. Em 1961 filmam-se *Natal pobre* e *O caso da joalheria*, de João Carlos Caldasso; *O homem nu*, de Alpheu Ney Godinho; e *O último golpe*, de Geraldo Moraes. Em 1962, *O padre nu* e *Cadeião dos arquidiabos*, ambos de Caldasso, um dos mais ativos cineastas desse período. Em 1963, *Romance na querência*, de Francisco Xavier de Sousa, e *O marginal*, de Ney Godinho. Em 1965, *Os tarados*, de Anibal Damasceno Ferreira, *A última estrela* e *Um homem na cidade*, ambos de Antônio Carlos Textor. Em 1966, *Uma sensação de frio surpreendente* e *O gesto essencial*, ambos de Textor. Em 1969, *Scorpio* e *Não tem sentido*, ambos de Sérgio Silva, além de *Hoje, o susto eletrônico*, de Ney Godinho.

Um expediente que surge na década de 60 (também na Europa) é juntar alguns curtas ficcionais num longa, o que barateia sensivelmente a produção. Um dos pioneiros desse novo modo de produção é o longa *Cinco vezes favela* (1962), composto dos curtas de ficção *Um favelado*, de Marcos Farias*; *Zé da Cachorra*, de Miguel Borges*; *Escola de samba, alegria de viver*, de Carlos Diegues*; e duas obras-primas, *Couro de gato* (1960), de Joaquim Pedro de Andrade*; e *Pedreira de São Diogo*, de Leon Hirszman*. Outros filmes com vários curtas reunidos são *Esse Rio que eu amo* (1961) e *Crônica da cidade amada* (1965), baseados em contos e crônicas sobre a cidade do Rio de Janeiro e realizados sob a direção de Carlos Hugo Christensen*. Também como filmes de episódios dessa época podemos lembrar *As cariocas* (1966), de Fernando de Barros*, Walter Hugo Khouri* e Roberto Santos*; *As libertinas* (1967), de Antônio Lima, Carlos Reichenbach* e João Callegaro; *Audácia*, de Carlos Reichenbach e Antônio Lima; *Em cada coração um punhal* (1968), de Sebastião de Souza, José Rubens Siqueira e João Batista de Andrade*; *América do sexo* (1969), de Flavio Moreira da Costa, Leon Hirszman, Luiz Rosemberg Filho* e Roberto Maia. *Quatro contra o mundo* (1970) é mais um filme de episódios, que reuniu quatro curtas de ficção realizados no começo dos anos 60: *História da praia*, de Fernando Amaral; *O anjo*, de Silvio Autuori; *O menino da calça branca*, de Sérgio Ricardo; e *Jovem retaguarda*, de Stefan Wohl.

Esse expediente de reunir curtas de ficção na construção de um longa de menor custo vai ser comum entre as pornochanchadas* dos anos 70, e muitas produtoras utilizam-se desse recurso em seus filmes de estreia. Minas Gerais volta a ser um foco na produção de curtas em meados dos anos 60. Na cidade de Belo Horizonte, no ano de 1965, o diretor Carlos Alberto Prates Correia* dirige seu primeiro filme, *Milagre de Lourdes*; Luís Otávio Madureira Horta dirige *Ocorrência policial*; e Fernando Antônio Zallio dirige *A desforra em 6ª dimensão*. No Rio de Janeiro, o jovem Bruno Barreto*, em seu tempo de formação, dirige os curtas de ficção *Três amigos não se separam* (1966), *O médico e o monstro* (1968), *A bolsa e a vida* (1971) e *A emboscada* (1972), algumas vezes utilizando-se de nossa literatura. Outros filmes são realizados em Belo Horizonte pelos novos cineastas locais, sendo 1967 um ano bastante produtivo com *Interregno*, de Flávio Werneck; *O bem-aventurado*, de Neville d'Almeida*; *Verão 67*, de Avelino

Sobrinho; *Os vigaristas*, de Armando Sábato; *Ruptura*, de José Américo Ribeiro; *A festa*, de Luiz Alberto Sartori; e *A mesa*, de Túlio Marques Filho. Em 1968, os mineiros mantêm-se atuantes, com o episódio 'Guilherme', de Carlos Alberto Prates Correia, ao lado do episódio 'Papo amarelo', de Moisés Kendler, incluídos no longa *Os marginais*, de Lucas Raposo; *A mulher*, de José Roberto Pimentel; *Voragem*, de Ricardo Pinheiro Cury; *Morte branca* e *Rosa, rosae*, ambos de José Américo Ribeiro; *Dimensão*, de Eduardo Nery; *Regeneração*, de Sérgio Ratton Monteiro; *Esparta*, de Milton Gontijo César; *Pastores desavisados*, de Ricardo Teixeira de Salles; *Aleluia*, de Schubert Magalhães*; *Joãozinho e Maria*, de Márcio Hilton Borges; *Puro fantasma*, de Olívio Tavares de Araújo. Em São Paulo, o crítico de cinema Maurício Rittner filma *Perto do coração selvagem* (1968), inspirado na novela homônima de Clarice Lispector. Em 1969, os mineiros filmam *Um caso de peru*, de Eduardo Ribeiro de Lacerda; *Ópio nº 1*, de Eid Ribeiro; *A vida ou a pífia empáfia provecta*, de Carlos Alenquer; *Entre a vida e a morte*, de Milton Gontijo César; *O começo é difícil, Novamente o atentado*, de Camillo de Souza Filho; *O cansaço das longas esperas*, de Márcio da Rocha Galdino; *Aqui*, de Humberto Carneiro; *A esfinge*, de Rogério Medeiros; e *A memória*, de Cláudio Martins. Um raro filme de 1970 é *Sinto, logo existo*, do carioca Raimundo Carvalho Bandeira de Mello. Em 1971 são realizados em São Paulo *Bexiga, ano zero*, de Regina Jehá, e *O enigma*, de Olivier Perroy, e, no Rio de Janeiro, *O pequeno mundo de Juca*, de Ruy Santos*. Também nesse mesmo ano filmam-se, em Minas, *A causa secreta*, de José Américo Ribeiro, e *O valente defensor*, de Armando Sábato. No ano de 1972 aparecem *O caminho de si mesmo*, de Raimundo Carvalho Bandeira de Mello; *Tempo integral*, de Umberto Martins; *A dança dos dedos*, de Jorge C. Silva; e *Reticências*, de José de Anchieta. Um raro filme ficcional mineiro, realizado no meio da década, é *A nota* (1975), de Marco Antônio Bueno e Antônio Humberto Carvalho. Os cineastas mineiros voltam a mostrar uma contínua atividade nos anos seguintes com os filmes *Graças a Deus* (1978), de Paulo Augusto Gomes; *O pintassilgo* (1978), de Paulo Laborne; e *Morada antiga* (1978), de Paulo Leite Soares*; *As amazonas* (1979), de Túlio Marques Filho; *Terra diabólica* (1980), de Antônio Celso e Carlos Alberto de Souza; *A quem possa interessar* (1981), de João Batista Melo; e *Polícia: o crime dos irmãos Piriás* (1981), de Luiz Alberto Sartori. Em 1982 são filmados em Minas os curtas

Ouro Preto, de Ralph Justino; *Zacharias*, de Paulo Laborne; *Solidão*, de Aluísio Salles; *Doce Bárbara*, de Paulo Augusto Gomes; e *Querida Maria Alice*, de Lício Marcos.

Acontecimentos relevantes são os festivais de cinema* surgidos em diferentes locais, a partir de meados dos anos 60, que exibem a produção curta documental e de ficção. No Rio de Janeiro, entre 1965 e 1970, ocorre o FESTIVAL BRASILEIRO DE CINEMA AMADOR, que só apresenta filmes curtos nas bitolas de 16 mm e 35 mm. A partir de 1971, com seu nome trocado para FESTIVAL BRASILEIRO DE CURTA-METRAGEM, apresenta cinco festivais, nos anos de 1971, 1972, 1973, 1975 e 1977. Também dos anos 60 é o FESTIVAL JB-MESBLA, em que diversos diretores iniciaram suas carreiras. É lá, por exemplo, que *Olho por olho*, de Andrea Tonacci*, é exibido, em 1965, juntamente com *Documentário*, de Rogério Sganzerla*, e *O pedestre*, de Otoniel Serra. Tonacci também iria dirigir, em 1967, outro curta de repercussão na época *Blá, blá, blá*. Carlos Reichenbach dirige seu primeiro curta em 1966, *Esta rua tão Augusta*, realizando mais tarde *Sonhos de vida* e *M da minha mão* (1979). Iniciadas em 1972 na cidade de Salvador, Bahia, as JORNADAS BRASILEIRAS DE CURTAS-METRAGENS apresentam filmes diferenciados, como o experimental *Ementário*, do Grupo Trabalho, orientado por Chico Liberato, e os filmes de ficção *Por quê?*, de José Carlos Menezes, e *Voo interrompido*, de José Umberto Dias. Na V JORNADA (1976) são exibidos os experimentais *Semi-ótica*, de Antônio Manuel, e *Eat me*, de Lygia Pape, mais a ficção *A visita do velho senhor*, de Ozualdo Candeias*. A JORNADA seguinte apresenta o exercício experimental *Alma no olho*, de Zózimo Bulbul*. Nesses anos, o filme experimental tem seus cultores. Entre eles, o artista plástico Antonio Manuel, que filma *Loucura & cultura* (1969). Outros curtas desse período são os cariocas *A hora do olho*, de David Waisman, *A morte do leiteiro*, de Altamir F. Braga, e *Declaração*, de Ney Costa Santos Filho. Um ano particularmente rico para o experimental é 1972, com *Odisseia festiva*, de Adnor Pitanga; *Triunfo hermético*, de Rubens Gerchman; *Ida e volta*, de Rose Lacreta; *Gare do infinito*, de Ella Dürst e Chico Botelho*. Fora dos grandes centros, em Manaus, Amazonas, o crítico de cinema Ivens Lima filma o experimental *Harmonia de contrastes* (1966). A seguir são feitos dois filmes de caráter ficcional, *Claustro escuro*, de Almir Pereira, e *Nonata*, de Terezinha da Silva Mangueira. Em Recife prevalece o Super-8*, com alguns documentários realizados por Fernando Monteiro e Fernando Spencer*, na bitola de 16 mm. Em Vitória, Espírito Santo, acontece uma efervescência que começa em 1965 e termina em 1967, com os filmes de ficção *Indecisão*, realização do grupo liderado por Rubens de Freitas Rocha e Ramon Alvarado; *Paladium*, de Luiz Eduardo Lages; *Kaput*, de Paulo Torre; *Pêndulo*, de Ramon Alvarado; *Alto a la agresión* e *Veia partida*, ambos de Antônio Carlos Neves. Em Florianópolis, Santa Catarina, acontecem manifestações, como as produções de Gilberto Gerlach, que filma *Novelo* (1969) e *Nau fantasma* (1970), de Rodrigo de Haro, diretor de *No elevador* (1969), e a parceria de Deborah Cardoso Duarte e Nelson Santos Machado, com apenas uma incursão no filme de ficção com *Via-crúcis* (1972).

É principalmente no final dos anos 70, início dos 80, que os curtas paulistas flertam com a ficção, em filmes como *Tigresa* (1978), *Disaster Movie* (1979), *Maria da Luz* (1981) e *Diversões solitárias* (1983), todos de Wilson Barros*. Outros filmes desse momento são *Grotão* (1980), de Flávio Del Carlo; *A voz do Brasil* (1981), de Walter Rogério; e *Negra noite* (1985), de Rogério Correia. Uma série de filmes paulistas estabelece-se na fronteira entre a ficção e o documental, criando uma nova linguagem; entre estes, estão *A estória de Clara Crocodilo* (1981), de Cristina Santeiro; *Gaviões* (1982), de André Klotzel*; *Mulheres da Boca* (1982), de Inês Castilho; *A terceira idade* (1982), de Eliane Bandeira; *Aquarela de São Paulo* (1982), de Walter Rogério; *O melhor amigo do homem* (1982), de Tânia Savietto; *Ecos urbanos* (1983), de Maria Rita Kehl e Nilson Villas-Boas; *Divina providência* (1984), de Sérgio Bianchi*; *Punks* (1985), de Alberto Gieco e Sarah Yakni; e *A longa viagem* (1985), de Chico Botelho. Os gaúchos, depois de uma fase de transição do Super-8, no final dos anos 70 e início dos anos 80, começam a filmar nas bitolas de 16 mm e 35 mm, em filmes como *No amor* (1982), de Nélson Nadotti; *Interlúdio* (1983), de Carlos Gerbase* e Giba Assis Brasil*; *Temporal* (1984) e *O dia em que Dorival encarou a guarda* (1986), ambos de Jorge Furtado* e José Pedro Goulart; *Nesta data querida* (1985), de Jair Torelly Mancio; *Ano novo, vida nova* (1985), de Alpheu Ney Godinho; *Obscenidades* (1986), de Roberto Henkin; *Passageiros* (1987), de Carlos Gerbase e Glênio Póvoas; *A voz da felicidade* (1987), de Nélson Nadotti; e *532* (1987), de Anibal Damasceno Ferreira e Ênio Staub. Entre 1988 e 1990 foram realizados *A hora da verdade*

(1988), de Henrique de Freitas Lima; *Vicious* (1988), de Rogério Ferrari; *Barbosa* (1988), de Jorge Furtado e Ana Luiza Azevedo; *Signos* (1989), de Luiz Cabrera; *Ilha das Flores* (1989), de Jorge Furtado; *Aulas muito particulares* (1989), de Carlos Gerbase; e *O brinco* (1989), de Flávia Moraes. Na década de 90, a produção mantém-se em ritmo razoável, podendo ser citados *O corpo de Flávio* (1990), de Carlos Gerbase; *Festa de casamento* (1990), de Sérgio Silva; *Au revoir, Shirley* (1990), de Gilberto Perrin; *O macaco e o candidato* (1990), de Henrique de Freitas Lima e Kais Muza; *Mazel Tov* (1990), de Flávia Seligman e Jaime Lerner; *Memória* (1990), de Roberto Henkin; *Mentira* (1990), de Flávia Moraes; *Verdade* (1991), de Nélson Nadotti; *Olímpicus* (1991), de Flávia Moraes; e *Esta não é sua vida* (1991), de Jorge Furtado.

Em uma análise do panorama do curta-metragem nos anos 70 e 80, podemos constatar que os curtas dos anos 70 – quando a temática política e o olhar documental foram enfatizados – representaram um período de assentamento e formalização, também na esfera legal, do movimento curta-metragista iniciado na aurora do Cinema Novo* e consubstanciado no FESTIVAL JB-MESBLA, nas JORNADAS DE CURTA-METRAGEM e no PRÊMIO ESTÍMULO. A década de 80 veria o desaparecimento quase total desse panorama, com a imposição de uma forte vertente ficcional e uma explosão quantitativa e qualitativa da produção. Fala-se com certa ênfase na maioridade artística do curta-metragem e mesmo na superioridade do pequeno formato sobre a maior parte da produção de longa metragem do momento. Coroando essa trajetória estaria a premiação de *Ilha das Flores* como melhor curta do FESTIVAL DE BERLIM de 1990. O término da lenta distensão do regime militar e a passagem à chamada Nova República liberam as novas gerações de cineastas para discutir questões de seu tempo e pôr em xeque o projeto temático e estilístico anterior. A maioria dos títulos, no entanto, ainda está ligada aos pressupostos documentais da década anterior: retratos biográficos convencionais (*Paulo Emílio*, de Ricardo Dias; *João Rosa*, de Helvécio Ratton*; *Carlos Chagas, o passado presente*, de Paulo Vilara; e *Chick Fowle, o faixa preta de cinema*, de Roberto Santos, entre muitos outros, e, fugindo ao modelo, *Noel por Noel*, de Rogério Sganzerla), abordagem fragmentária da obra de artistas plásticos (*Num sorriso, por favor – o mundo gráfico de Goeldi*, de José Sette de Barros, e *Newton Cavalcanti – quadro a quadro*, de Paulo César

Saraceni*, entre outros) e investigações ligadas ao campo das ciências sociais e da história (*Tribunal Bertha Lutz*, de João Batista de Andrade, e *A terceira idade*, de Eliane Bandeira e Marília de Andrade). As transformações vão se evidenciando pouco a pouco. Em filmes como *Vinicius de Moraes, um rapaz de família*, de Suzana de Moraes; *Príncipe do fogo*, de Sílvio Da Rin; e *Divina providência*, de Sérgio Bianchi, o retrato dos social e culturalmente excluídos mantém a abordagem direta, mas já ganha nuances que abarcam desde a sofisticação da fotografia até a desconstrução da narrativa, emulando o caos da realidade. Sinais mais significativos de mudanças trazem, por um lado, o questionamento radical dos conteúdos apresentados e, por outro, a crítica da suposta objetividade e autoridade da linguagem documental até então praticada. A definitiva implosão desse tipo de padrão documental dá-se no mesmo ano com *Idos com o vento*, de Márcio Kogan e Isay Weinfeld. Associando pioneiramente ironia e procedimentos ficcionais, esses autores promovem a galhofa da "biografia" da escritora Margaret Mitchell, responsável pelo romance *... E o vento levou*, a partir de informações contidas na orelha do livro.

A obra fílmica encarada como modo de expressão individual e como visão de mundo particular liberta as novas gerações de curta-metragistas de compromissos mais amplos e as leva a uma lúdica iconoclastia e experimentação, estabelecendo uma linha que vai de *Ma che bambina!*, de A. S. Cecílio Neto, e *O inspetor*, de Arthur Omar*, a *Ilha das Flores*, de Jorge Furtado, e *Memória*, de Roberto Henkin. Com predomínio da ficção, estabelece-se um cinema de gêneros e de referências em chave pós-moderna. Nessa linha, assuntos como a própria ditadura ganham um olhar diverso, como no emblemático *O dia em que Dorival encarou a guarda*, de Jorge Furtado e José Pedro Goulart, em que o humor substitui a sisudez e marca a tentativa de acercar-se de um público maior, jogando com dados do colonialismo cultural de espectadores e criadores cinematográficos. A alusão ao universo cinematográfico seria outra marca distintiva do período, buscando-se desde o rastreamento dos signos (em geral hollywoodianos) que nos formaram até o desvendamento do mistério da paixão pelo espetáculo cinematográfico (*A garota das telas*, de Cao Hamburger; *No escurinho do cinema*, de Nélson Nadotti; *Nem tudo que é sonho desmancha no ar*, de André Sturm*; *Mais luz*, de Reinaldo Pinheiro; *Chá verde e arroz*, de Olga Futema). Esse cinema mais descontraído recorrerá frequentemente e nos mais diversos quadrantes ao lúdico pelo lúdico (*Dov'è Meneghetti*, de Beto Brant*), à fantasia (*O incrível sr. Blois*, de Nuno César Abreu*), à ironia sem sarcasmos (*Viver a vida*, de Tata Amaral*) e a outros recursos poéticos como forma de abordar os assuntos de sempre, incluindo os de fundo político. Ao contrário do que foi insinuado a certa altura, não há alienação e sim recusa da mera ilustração, do discurso vazio e do falso compromisso, desvelando-se o autoritarismo por trás das "boas intenções". Mesmo propostas aparentemente mais corriqueiras, como a divulgação da obra de um artista, solicitam intensa pesquisa e soluções não usuais (*Caramujo-flor*, de Joel Pizzini*, que aborda a poesia de Manoel de Barros). Nesses novos tempos sobressaem também novos temas, como a abordagem bem-humorada do homossexualismo (*O brinco*, de Flávia de Moraes) e a barra-pesada da decadente periferia industrial (*Rota ABC*, de Francisco César Filho). Formam quase um conjunto à parte os trabalhos que se dedicam ao universo da mídia, em particular da televisão (*Queremos as ondas do ar*, de Francisco César Filho e Tata Amaral; *Colorbar*, de Marcelo Mendes e *Janela eletrônica*, de Adriana Figueiredo; entre outros). Muitos lançam mão da paródia como recurso crítico à indigência e à mesmice das programações, como em *A voz da felicidade*, de Nadotti.

Pode-se dizer que a produção de curtas-metragens na segunda metade dos anos 80 resgatou um elemento que estava em baixa no cinema brasileiro: a fantasia. Boa parte dos curtas dessa década constrói um universo ficcional denso que evolui a partir de um tom cômico, carregado de elementos ficcionais fantasistas. Sua imagem característica é a imagem estilizada nos aspectos fotográfico e cenográfico. O drama realista é minoria. A atração dessa produção pelo cinema de gênero hollywoodiano, pela narrativa fechada e cristalizada do classicismo é patente. No caso da intertextualidade com o filme de gênero podemos lembrar *A garota das telas*, de Cao Hamburger; *Frankenstein Punk*, de Eliana Fonseca*; *Epopeia*, de Michael Ruman; *Esconde-esconde*, de Eliana Fonseca, que brincam com o gênero terror. De uma maneira mais ampla, podemos notar esse diálogo com o gênero através da citação recorrente de elementos visuais e sonoros que compõem a narrativa clássica em curtas como *Idos com o vento* e *Três moedas na fonte*, de Cecílio Neto; *Arrepio* e *Nem tudo que é sonho desmancha no ar*, de André Sturm; *A revolta dos carnudos*, de Eliana

Fonseca; *A mulher fatal encontra o homem ideal*, de Carla Camurati*; *Hipócritas*, de Letícia Imbassahy e Marcos Pando; *O quadro não sangra*, de Roberto Moreira*; *Masp Movie*, de Hamilton Zini. Trata-se de um clima de época que marca essa produção e faz com que mesmo em uma ficção de tom realista como *O dia em que Dorival encarou a guarda* sejam citadas de forma compulsiva imagens tipificadas da cinematografia clássica. O diálogo com o cinema de gênero é, portanto, a tendência dominante do curta-metragem dos anos 80, principalmente se pensarmos na produção paulista, com reflexos também no cinema gaúcho. Outro ponto que podemos destacar nesses curtas é a fotografia bem marcada e estilizada que vem acentuar o tom fantasista e cômico do universo ficcional delineado. Essa fotografia, em geral feita em estúdio, com cores fortes e contrastantes, colore de forma exuberante o espaço cênico nos filmes *A caixinha de amor*, de Letícia Imbassahy; *Bruxa e fada*, de Flavio del Carlo; *A revolta dos carnudos*, de Eliana Fonseca; *Antes do galo cantar*, de Bruno André; *Squich!*, de Flávio del Carlo, entre outros. Muitas vezes, o tom fantasista vem acompanhado de acentos cômicos e debochados, como é o caso de *A revolta dos carnudos*, *Idos com o vento*, *Hipócritas*, *20 minutos*, *Dov'è Meneghetti*, *Ilha das Flores*, *O nariz*, de Eliane Caffé*; *Memórias de um anormal*, de Inácio Zatz e Ricardo Dias. O drama realista, quando surge, vem carregado de elementos intertextuais, como o diálogo com a televisão em *Imagem*, de Ponti, e *História familiar*, de Tata Amaral, ou o diálogo próximo do gênero em *Arrepio*, com a fotografia em *Cadê Bolinha?*, o cinema em *Nem tudo que é sonho desmancha no ar*. Essa tendência de diálogo intertextual com o cinema clássico é dominante e encontra-se fortemente fincada na produção paulista de longas-metragens dessa década (*A marvada carne*, de André Klotzel; *A dama do Cine Shangai*, de Guilherme de Almeida Prado; *Cidade oculta*, de Chico Botelho; *Anjos da noite*, de Wilson Barros; *Fogo e paixão*, de Márcio Kogan e Isay Weinfeld; *O olho mágico do amor*, de José Antônio Garcia e Ícaro Martins), refletindo nitidamente um clima e uma sensibilidade de época.

Na década de 90, em que pese a diminuição da média anual de curtas realizados (120 nos anos 80 contra 80 no final da década de 90), o formato afirma-se, conquista prestígio e consolida novos espaços de difusão, como o FESTIVAL INTERNACIONAL DE CURTA-METRAGEM, de São Paulo, e a MOSTRA CURTA CI-

NEMA, no Rio de Janeiro. Surge outra geração de bons cineastas que, evoluindo artisticamente, confirma certas tendências anteriores, ampliando temas e linguagens apenas esboçados ao longo dos anos 80. Talvez a marca mais distintiva do período venha a ser um ligeiro arrefecimento da ficção e uma reavaliação da força poética do documentário. A presença do drama e da aventura humanos ganha um eco mais eficaz nos temas abordados em *Vala comum*, de João Godoy, sobre a descoberta de ossadas de presos políticos da ditadura; *Socorro Nobre*, de Walter Salles*, que apresenta o inusitado encontro entre uma presidiária e o artista plástico Frans Krajcberg; e *Simião Martiniano, o camelô do cinema*, de Clara Angélica e Hilton Lacerda, em que a paixão pelo cinema encontra eco em uma figura do povo. Outro aspecto que se acentua claramente ao correr dos anos é a sofisticação dos filmes, com o uso das mais modernas tecnologias. Títulos como *PR Kadeia*, de Eduardo Caron, *Expresso*, de Michael Ruman, e *Jó*, de Beto Brant, lançam mão de gruas, *steadicam*, DOLBY STEREO, formato scope e efeitos especiais, tornando as narrativas ainda mais atraentes. Amplia-se a abordagem do afeto, do erotismo e dos relacionamentos amorosos e ressurge alguma preocupação social, quase sempre envolta no mesmo clima de lirismo e ironia da década passada. É o caso de *Gostosa*, de Pablo Torres Lacal; *Amor!*, *Amores possíveis* e *Bolo*, todos de José Roberto Torero; *Cartão vermelho*, de Laís Bodanzky*; *Geraldo voador*, de Bruno Vianna; e *Amar*, de Carlos Gregório*, entre outros. Diversamente, em *Pornografia*, de Murilo Salles* e Sandra Werneck*, uma cópula serve como protesto à política do governo Collor, que arrasou a área cultural. Continuam raras propostas mais agressivas ou experimentais, destacando-se *Ave* e *Juvenília*, ambos de Paulo Sacramento*, e *À meia-noite com Glauber*, de Ivan Cardoso*. Esboça-se aqui e ali também certo retorno a elementos da cultura popular e rural, como em *Nelson Sargento*, de Estevão Ciavatta Pantoja; *A árvore da miséria*, de Marcus Villar; e *Mr. Abrakadabra*, de José Araripe Jr. Por fim, permanecem vigorosos traços como o intimismo e a paródia, especialmente nos roteiros e na obra de Torero (*A inútil morte de S. Lira*, *Nunc et semper*, entre outros), e o humor cáustico, como no metafórico *Dente por dente*, de Alice Andrade. Da mesma forma persiste, a partir da década de 80, uma linhagem inteiramente dedicada à animação, com títulos como o premiado *Meow*, de Marcos Magalhães; *Frankenstein Punk*, de Eliane Fonseca e Cao

Hamburger; *El macho*, de Ênnio Torresan Jr.; e *Estrela de oito pontas*, criado a partir dos desenhos do doente mental e artista Fernando Diniz, além de *Masp Movie* e *Tzubra Tzuma*, de Flavio del Carlo. Também no setor de animação, os filmes com bonecos predominam nos anos 80 e 90, podendo ser lembrados *Frankenstein Punk*, *A garota das telas*, *O inseto*, de Angelo Barbosa, *Esconde-esconde*, *Epopeia*, *A fuga*, de Tito Lívio Meyer, entre outros. Evidenciando o reconhecimento qualitativo do conjunto da produção de curtas, alguns são reunidos e lançados no mercado comercial, seguindo tendência apontada anteriormente, como é o caso de *Felicidade é...* Da mesma forma, alguns projetos são concebidos diretamente nesse formato, como *Veja esta canção*, de Carlos Diegues, com destaque para o episódio 'Drão', e *Traição*, de Arthur Fontes, Cláudio Torres e José Henrique Fonseca, realizado a partir de contos de Nélson Rodrigues*. (LFM/HH/FPR)

Nos anos 90, o curta-metragem adquire importância na produção cinematográfica, passando a representar tendências estéticas do cinema nacional. Sem pressa para efetuar a passagem para o longa, mesmo porque o cinema brasileiro sofreu drasticamente com as intervenções produzidas pelo governo Collor, esses realizadores buscaram recursos em leis de incentivo à cultura e no PRÊMIO ESTÍMULO. As escolas de cinema deram sua contribuição para o curta através da formação acadêmica dos futuros cineastas. A Escola de Comunicações e Artes da Universidade de São Paulo (ECA/USP) e as Faculdades Armando Álvares Penteado (FAAP), em São Paulo, e no Rio de Janeiro a Universidade Federal Fluminense (UFF), passam a desempenhar o papel de produtoras em potencial desses filmes, embora com tendências diferentes. Universidades públicas são marcadas pela crítica social e política. Na FAAP predomina uma diversidade de estilos. A produção do curta ganhou versatilidade a partir das novas tecnologias, com câmeras de celular, filmadoras digitais e outros suportes, encontrando espaço em inúmeros festivais – nacionais e internacionais – que proliferaram. Também aparece em novos meios de exibição, abrindo-se para a mídia digital. Com polos de produção no Rio e em São Paulo, além de Minas, Rio Grande do Sul e Ceará, os curta-metragistas viram, no mercado internacional e em festivais de importância, sua porta de entrada. Foi o caso da paulista Vera Egito, que participou em Cannes com dois filmes: *Elo* (2008), que abriu a

sessão Semana da Crítica, e *Espalhadas pelo ar* (2007), como destaque antes da premiação, sendo também diretora de *25* (2009). Allan Ribeiro, carioca que traz na bagagem alguns curtas, ganhou destaque com o curta de ficção *Ensaio de cinema*, que arrebatou várias premiações no âmbito nacional e levou o cobiçado prêmio CACHO PALLERO, no XXXVIII FESTIVAL DE CINE DE HUESA/Espanha. Um dos grandes destaques no cinema de animação, o curitibano Paulo Munhoz atua há mais de vinte anos no mercado e já produziu vários curtas, recebeu diversos prêmios, e também participou dos principais festivais nacionais e internacionais, como o FESTIVAL ANIMA MUNDI. No seu currículo constam dois longas: *Brichos* e *Belowars*, sucessos da animação brasileira.

Kátia Lund, paulista mas radicada no Rio, formada na Brown University em Literatura Comparada, iniciou no cinema como assistente de direção até dividir a direção com João Moreira Salles no documentário *Notícias de uma guerra particular* (1999). Entre a direção de comerciais e do envolvimento com projetos audiovisuais relacionados às favelas cariocas, dirige *Palace II* (2001), em parceria com Fernando Meirelles*. Responsabiliza-se também pela preparação de atores não profissionais; dirigindo três episódios do seriado *Cidade dos homens* (2003) e um dos sete curtas do projeto *Crianças invisíveis* (2005), ao lado dos consagrados Spike Lee, John Woo e Emir Kusturica, além do *making of* de *Besouro*, de João Daniel Tikhomiroff.

Léa Zagury, carioca, com mestrado em artes pelo Califórnia Institute of the Arts e especialização em animação pelo National Film Board do Canadá, dirige os curtas de animação *Instinto animal* (1986), *Salamandras* (1991) e *Karaíba* (1994), premiado em festivais de animação mundiais. Mesmo morando em Los Angeles, sua carreira inclui a criação visual de personagens e cenários para longas. Ao lado dos colegas Aida Queiroz, Marcos Magalhães e César Coelho criam o FESTIVAL ANIMA MUNDI, em 1993, o maior festival de animação das Américas e o quinto do mundo. É diretora e programadora da mostra internacional, finalizando *A cachaça*, documentário de animação. Na metade da década de 90, dirige um curso de realização cinematográfica promovido pelo antigo Departamento Estadual de Cultura (DEC), coordenado e protagonizado por Valentina Krupnova, que numa segunda edição formou um conjunto de realizadores que viria a atuar na produção cinematográfica capixaba;

Gringa Miranda (1995) e *Labirintos móveis* (1997) são resultados do curso. Marcel Cordeiro, mesmo morando na Itália, dirige algum trabalho no Espírito Santo, como *Flora* (1996), exibido em TVs da Espanha, Portugal e Itália. Sérgio Medeiros, entre o vídeo e o cinema, produziu *Rito de passagem* (1996), e *O amor e o humor na música brasileira dos séculos XVIII e XIX* (1998), um estudo musical utilizando antigas composições. Produções mais despojadas surgem, como é o caso dos curtas de Virginia Jorge (*O enforcado*, 1998; *De amor e bactérias*, 1999).

O artista plástico mineiro Eder Santos Jr. exercitou-se no cinema de corte experimental, realizando *This Nervous Thing* (1990), *Janauba* (1993), *Intriguing People* (1995), *Neptune's Choice* (2003), *Delicadeza do amor* (2004) e *Cinema* (2009). O cineasta carioca Eduardo Nunes é autor de *Sopro* (1994), *Terral* (1995), *A infância da Mulher Barbada* (1996), *Tropel* (2000) e *Reminiscência* (2001), e outra carioca, Thereza Jessouroun, é autora de *Paula* (1994), *A Woman's Soul* (1998), *Manifesto* (2000), *Samba* (2001), *The Arturos* (2003), *Clarita* (2007), *Fim do silêncio* (2008) e *Dois mundos* (2009). O cineasta paulista Fernando Coimbra fez *As agruras de um homem-sandwich* (1995); *O retrato de Deus quando jovem* e *Euclydes & Anna* (1996); *Pobres-diabos no paraíso* (2005); *Trópico das Cabras* (2007); movimentação aconteceu em 2009, ao filmar *A garrafa do diabo*; *O rim de Napoleão* e *Playing Tennis With Jean-Luc Godard*, e mais *Magnífica desolação* (2010). O cineasta pernambucano Camilo Cavalcante fez *Os 2 velhinhos* (1996), *Hambre hombre* (1996), *Ocaso* (1997), *Leviatã* (1999), *O velho, o mar e o lago* (2000), *Ave Maria ou Mãe dos oprimidos* (2003), *A história da eternidade* (2003), *Rapsódia para um homem comum* (2005), *O presidente dos Estados Unidos* (2007), *Ave Maria ou Mãe dos sertanejos* (2009). O cineasta paulista Carlos Eduardo Nogueira filmou *Necro concreto #1* (1996), *Catálise* (1998), *Luiza vai pro inferno* (2000), *Pálvida Vanessa Pérvida* (2002), *Desirella* (2004), *Yansan* (2006), *Cânone para 3 mulheres* (2008), *Zigurate* (2009), *Musa Divinorum* (2010). O diretor baiano Daniel Lisboa é responsável por *As aventuras de Lirion no extremo norte da ilusão* e *O ônibus do retrovisor* (1996); *U olhu du povu* (2002); *Um milhão de pequenos raios* e *O fim do homem cordial* (2004); *O sarcófago* (2010). O cineasta mineiro Carlos Magno Rodrigues fez *Para quem enxerga e não entende bem as palavras* (1997); *Targa-Stalker* (2001); *Imprescindíveis* e *Todo punk é católico* (2003);

Antoniod (2005); *Diante dos abismos dos seus olhos*; *IGRREV – Igreja Revolucionária dos Corações Amargurados*; *Anticristo – um vídeo sobre minha morte* (2006); *Sebastião, o homem que bebia querosene* (2007); *Alexandre Illich*; *Cristo 72*; *Doriangren e Analogia do verme* (2008), e ainda *Andrômeda – a menina que fumava sabão* (2009). O cineasta maranhense Frederico Machado filmou *Litania da velha* (1997), *Fragmentos* (1998), *Olhos da fé* (1999), *Cartas* (2000), *Questão de prova* (2002), *Infernos* (2006), *Vela ao crucificado* (2009). O crítico de cinema de Pernambuco Kleber Mendonça Filho é diretor de *Enjaulado* (1997), *A menina do algodão* (2002), *Vinil verde* (2004), *Electrodoméstica* (2005), *Noite de sexta, manhã de sábado* (2006), *Luz industrial mágica* (2008), *Recife frio* (2009). É também diretor do documentário de longa metragem *Crítico* (2008). O carioca Frederico Cardoso fez *Letargia* (1998); *Resumo* e *O corretor de almas* (1999); *Terra dos lobos* e *Máquina do tempo* (2000). O cineasta paraibano Torquato Joel, *O verme na alma* (1998), *Passadouro* (1999), *Transubstancial* (2003), *Gravidade* (2006) e *Aqui* (2009). O cineasta paulista Alessandro Gamo dirigiu junto com Noel Carvalho *O catedrático do samba* (1999); dividiu com Luís Rocha Melo a direção de *O galante Rei da Boca* (2003), *Descobrindo Waltel* (2005) e *Praça da República* (2010). O cartunista gaúcho Allan Sieber realizou *Deus é pai* (1999), *Os idiotas mesmo* (2000), *Onde andará Petrucio Felker?* (2001), *Jonas* (2003), *Superstição* (2004), *Santa Casa* (2006), *Animadores* (2008), e a animação *Bolaoito Talkshow* (2009). A professora universitária Consuelo Lins é também documentarista, autora dos filmes *Chapéu Mangueira e Babilônia: histórias do morro* (1999), *Julliu's Bar* (2001), *Lectures* (2005), *Leituras cariocas* (2009), *Babás* (2010). O cineasta paranaense Murilo Hauser criou *Vende-se* (1999), *Minha mãe, minha filha, minha mãe* (2000), *Montanhas não são elefantes* (2001), *Entre cão e lobo* (2002), *Cocoon* (2003), *Já estamos todos mortos* (2004), *Outubro* (2007), e a animação *Silêncios e sombras* (2008).

Na leva do novo milênio apareceram nomes como o do cineasta cearense Guto Parente (*O saco azul*, 2000; *Cruzamento* e *Espuma e osso*, 2007; *Passos no silêncio* e *Praia do futuro* – episódio 'Castelo de areia', 2008; *Flash Happy Society*, 2009; *Estrada para Ythaca*, 2010), o do cineasta carioca Tarcisio Lara Puiati (*Disparos*, 2000; *Miss*, 2001; *O poço*, 2002; *São João do Carneirinho*, 2004; *A bença*, 2007; *Garoto de aluguel*, 2009; *Homem-bomba*,

2009) e o do cineasta mineiro Wilton Araújo (*Carlitos no final do século XX – uma homenagem*, 2000; *Lembranças*, 2005; *Hulhas-brancas*, 2007; e *Em nome de Deus*, 2010). Outro diretor carioca que desponta é Allan Ribeiro, com *Senhoras* (2001), *Boca a boca* (2003), *Papo de botequim* (2004), *O brilho dos meus olhos* (2006), *Depois das nove* (2008), *Ensaio de cinema* (2009). O cineasta paulista Victor-Hugo Borges dirigiu *Des Fantastik Sucric* (2001), *El Chateau* (2002), *Historietas assombradas (para crianças malcriadas)* (2005), *Ícarus* (2007), além da animação *O menino que plantava invernos* (2008) e mais *Tristesse Robot* (2009). O cineasta paraense Alberto Bitar fez *Doris* (2002); *Paisagem urbana em 3 atos* e *Enquanto chove* (2003); *Partida* (2005); *Belém 360°*; *Efêmera paisagem* (2007); *Quase todos os dias...* (2008); *Sobre distâncias e incômodos e alguma tristeza* (2009). O cineasta cearense Armando Praça fez *Parque de diversões* (2002), *O amor do palhaço* (2005), e teve um movimentado ano de 2008, com *Já era tempo! Um musical sensual tropical absurdo*, *A invenção do sertão* e *A mulher biônica*. O cineasta paulista Caetano Gotardo de *O outro dia* (2002), *Feito não para doer* (2003), *O diário aberto de R.* (2005), *Areia* (2008) e *O menino japonês* (2009). O cineasta brasiliense Gustavo Galvão rodou *Emma na tempestade* (2002); *As incríveis bolinhas do dr. Sorriso Sarcásótico* (2003); *Danae* (2004); *Uma noite com ele* (2005); *A vida ao lado* e *Uma questão de tempo* (2006); e *A minha maneira de estar sozinho* (2008). O cineasta mineiro Helvécio Marins Jr. filmou *Dois homens e Busílis* (2002); *Nascente* (2005); *Trecho* (2006); e *Nem marcha nem chouta* (2008). Filho de Rosemberg Cariry, o mais atuante diretor cearense, seu filho Petrus Cariry é outro cineasta cearense que dirigiu os seguintes curtas: *A ordem dos penitentes* (2002); *Uma jangada chamada Bruna* (2004); *A velha e o mar* e *Cidadão Jacaré* (2005); *Dos restos e das solidões* (2006); *Reisado Miudim* e *Quando o vento sopra* (2008); *A montanha mágica* (2009); *O som do tempo* (2010). Foi diretor de um longa-metragem, *O grão* (2007). O cineasta gaúcho Rafael Figueiredo é responsável por *O lugar das coisas* (2002), *Sobre aquele que nada fazia e um dia fez* (2003), *Prato do dia* (2005), *A peste da Janice* (2007). O ano de 2008 foi movimentado para Figueiredo, que fez três filmes: *Marino, Catarina e Ramiro*; e ainda *Groelândia*, em 2009. Também da década de 2000 é o cineasta carioca André Weller, que dirige *Lonas e bandeiras* (2003); *Carlos Cachaça* (2004); *No trilho*

(2005); *À luz dos monumentos* (2006); *International Children's Media* (2007); *Morro da Conceição* e *No tempo de Miltinho* (2008). A cineasta paulista Julia Zakia é responsável por *Suíte Anonimato* (2003), *O chapéu do meu avô* (2004), *A estória da figueira* (2006), *Tarabatara* (2007), e *Pedra bruta* (2009). Também paulista, Juliana Rojas realizou *Espera* e *Notívago* (2003); *O lençol branco* e *Concerto número três* (2004); *Perto do bosque, numa noite de neve* (2006); *Um ramo* (2007); *Vestida* (2008); e *As sombras* (2009). Cineasta pernambucano com sobrenome italiano é Marcelo Lordello, que tem sob sua responsabilidade a direção dos curtas *Sob a mesa* (2003); *Irineu* e *Certificado de posse* (2006); *Garotas de ponto de venda* (2007); *Fiz zum zum e pronto* e *Número 27* (2008). O cineasta mineiro André Novais fica com *Uma homenagem a Aluízio Netto* (2004); *A mulher que sabia demais* (2005); *Um dia meio parado* (2006); *150 miligramas* (2009); *Fantasmas* (2010). O cineasta paulista Mauricio Osaki tem cinco curtas em sua filmografia: *Quando tudo formiga* (2004), *Primavera* (2007), *Liberdade* (2008), *Lembrança* (2009), e *Karl Max Way* (2010). O cineasta paranaense Rodrigo Grota filma também temas regionais com *Londrina in Three Variations* (2004), *Public Enemy Number 1* (2005), *The Fifth Postulate* (2006), *Satori Uso* (2007), *Booker Pittman* (2008), *Haruo Ohara* (2010). A cineasta baiana Débora Diniz faz parte do quadro de recuperação da produção cinematográfica no estado, tendo dirigido *Habeas corpus* e *Uma história severina* (2005); *À margem do corpo* e *Quem são elas?* (2006); *Solitário anônimo* (2007) e *A casa dos mortos* (2009).

Podemos ainda destacar a produção do carioca Rafael Saar da Costa, com *Autossexo* e *Funeral* (2005); *A carta* (2006); *Depois de tudo*; *Pintinho* e *Medo da eternidade* (2008); também os curtas da cineasta amazonense Carolina Fernandes, com *Officer Tony* (2006); *Rita* (2007); *Preguiça* (2007); *Druques* (2007); e seus diversos filmes de 2008, como *Simplicity*; *Meeting Street Academy*; *O rio Unini*; *Swamp Donkey* e *Floresta 2*. O cineasta baiano Cláudio Marques começou com *O bombardeio de Salvador* (2006); seguido de *A infância de Anastácia* (2007); *O guarani*, *Imagens do Xaréu* e *Nego fugido* (2008), e ainda *Carreto* (2009). O cineasta mineiro João Toledo, *Sobre o suflê* (2006); *A janela* (ou *Vesúvio*), *Caixa preta*, *Para* e *Lembro-me ainda de quando comíamos pão de mel toda manhã mas hoje acordei de ressaca* (2009) e *Branco* (2010). O cineasta pernambucano Tião justifica sua inclusão por suas premiações internacionais: *Eisenstein* (2006) e *Muro* (2008) (Prêmio UM NOVO OLHAR, Quinzena de Realizadores, FESTIVAL DE CANNES; melhor curta FESTIVAL INTERNACIONAL DE CURTAS DE VILA CONDE/PT; melhor curta, prêmio público e do júri, FESTIVAL LUSO-BRASILEIRO DE SANTA MARIA DA FREIRA/PT; menção especial em Clermont-Ferrand/FR). Artista plástico radicado em São Paulo, o alagoano Felipe Pereira Barros registrou em película *Desvelamento* (2007); muito ativo no ano de 2008, Felipe fez cinco filmes nesse ano: *Fogo-fático*, *Olhe para nós*, *Destino transitório*, *Eternização* e *Fenatismo*; mais *Memória perdida* e *Arbanella* (2009); *E nada mais reclamo* (2010). (LFM/TS)

DAHL, Gustavo – Buenos Aires, Argentina, 1938-2011. Diretor.

FILMOGRAFIA: 1968 – *O bravo guerreiro*. 1972 – *Uirá, um índio em busca de Deus*. 1980-1982 – *Tensão no Rio*.

Antes de a família emigrar para o Brasil, passou alguns anos em Montevidéu. Em 1947 estava morando em São Paulo, onde completou a sua escolaridade. Fez o Colégio Paes Leme, sendo colega de Maurice Capovilla*. Ingressou no curso de Direito do Mackenzie. Quando o Centro Dom Vital, de tendência católica, fundou o seu cineclube*, em fevereiro de 1958, Dahl foi seu presidente. Deu cursos sobre introdução à cultura cinematográfica, secundado por outros integrantes, como Jean-Claude Bernardet*, além de ser o condutor de muitas discussões sobre os filmes ali exibidos. Além de trabalhar como redator em publicidade, pertenceu aos quadros da CINEMATECA BRASILEIRA, dirigida por Paulo Emílio Salles Gomes*. Ao lado de Rudá de Andrade*, Jean-Claude Bernardet e Lucila Bernardet, fez parte do núcleo que ajudou a dar um novo impulso à instituição após o incêndio de 1957. Escreveu ensaios para o Suplemento Cultural de *O Estado de S. Paulo*, entre 1958 e 1960, quando se preocupou com a questão da autoria em cinema, seguindo Jean-Claude Bernardet. Foi para Roma, em 1960, estudar cinema no CENTRO EXPERIMENTAL DE CINEMATOGRAFIA, sendo colega dos brasileiros Paulo César Saraceni*, Glauco Mirko Laurelli* e Geraldo Magalhães, e dos italianos Marco Bellochio e Bernardo Bertolucci. Seu primeiro filme foi um documentário sobre as gravuras de Holbein, *Dança macabra* (1962). Em Paris, fez o curso de cinema etnográfico ministrado por Jean Rouch no Museu do Homem. Consta que teria realizado um segundo documentário, tomando como assunto o museu. Escreveu para o *Cahiers du Cinéma*. Retornou ao Brasil em 1964, radicando-se no Rio de Janeiro, na época já sacudido pelas inovações do Cinema Novo*, do qual fora um ardoroso defensor desde o FESTIVAL DE SANTA MARGHERITA LIGURE, em 1961, e, depois, introduzindo Glauber Rocha* no meio cinematográfico italiano. Seu primeiro trabalho foi como montador de *Integração racial* (1964), de Saraceni. Para Carlos Diegues*, fez a montagem de *A grande cidade*. Em 1965, após três meses de filmagens em Ouro Preto, dirigiu o documentário* *Em busca do ouro*. A produção era do Patrimônio Histórico Nacional e Itamarati, tendo como tema o ciclo do ouro em Minas Gerais. Escreveu artigos para a *Revista Civilização Brasileira*, em defesa do Cinema Novo, entre 1965 e 1966.

Seu primeiro filme de longa metragem foi *O bravo guerreiro*, cujo projeto datava de novembro de 1966, embora tenha sido lançado somente em 1969, no cine BELAS ARTES, em São Paulo. A trama esboçada era muito próxima da que viria a aparecer na tela, girando em torno de um cronista que percebe a inutilidade do que faz, mas não tem coragem de começar outra coisa. Rogério Sganzerla*, em entrevista com o diretor, classificou o argumento como próximo de *A aventura* (1960), de Antonioni. Um aspecto que diferenciava a sua película, em 1969, do projeto anterior era a ligação com filmes políticos precedentes como *O desafio*, de Saraceni, e *Terra em transe*, de Glauber Rocha. No seu caso, tratava-se de um jovem deputado de oposição, Miguel Horta (Paulo César Pereio), decidido a abandonar a disputa verbal na Câmara para se infiltrar no partido que detém o poder. Para isso, faz algumas concessões, na verdade, traições ao seu passado político e a sua consciência. Na impossibilidade de alterar a estrutura política ou fugir à engrenagem partidária, ele cai num beco sem saída. O final ambíguo (o deputado com um revólver na boca) pode significar o seu silêncio ou o suicídio (moral ou físico). Filmado rapidamente, em um mês, foi apresentado em janeiro de 1969 nas JORNADAS DO POSITIF, em Paris. Em São Paulo, foi exibido em pré-estreia com a apresentação de Paulo Emílio e do diretor. Como a câmera permanece imóvel na maior parte das sequências, considerou-se que Dahl tinha sido influenciado pelo cineasta japonês Yasujiro Ozu (1903-1963), sobre quem tinha escrito um ensaio. Porém, o próprio diretor declarou que o filme, sendo antibarroco, fugia ao estilo glauberiano de *Terra em transe*, buscando uma plasticidade clássica. Suas influências localizavam-se em Bresson, Antonioni, Godard e Straub. Enquanto filme político, alinhava-se a outros da mesma década, como *A chinesa* (Godard), *La Cina è vicina* (Bellochio), *Não reconciliados* (Straub) e *Tempestade sobre Washington* (Otto Preminger). O filme foi um fracasso de público, levando três anos para se pagar. Assim como os outros filmes do diretor, está fora das telas há muito tempo, merecendo uma revisão. O projeto seguinte foi *Uirá*, para o qual começou a produção em 1971. O argumento baseava-se no ensaio de Darcy Ribeiro, publicado em 1957, *Uirá vai em busca de Maíra*. Tratava-se do estudo de um caso ocorrido na tribo urubu-caapor, do Maranhão, em 1939. Após a integração com o homem branco, a aldeia foi dizimada pelas doenças. Quando o chefe Uirá perde o filho mais velho, parte em busca da deusa Maíra. Ele sai da sua aldeia com o restante da família, indo para a capital, São Luís. A incompreensão dos brancos leva Uirá ao suicídio. Filmado em 16 mm e em cores, *Uirá* beneficiou-se da coprodução com a televisão italiana. Foi exibido primeiro na RAI, em agosto de 1973, dentro da série *L'America vista dai suoi registi*, ao lado de *Os inconfidentes*, de Joaquim Pedro de Andrade*. Ampliado para 35 mm para o mercado brasileiro, foi obrigado a passar pelo crivo de antropólogos e do presidente da Fundação Nacional do Índio (Funai), antes de ser liberado. Com locações em São Luís e na aldeia do Japu, a 400 km da capital, tinha Érico Vidal no papel de Uirá e Ana Maria Magalhães* como a esposa do chefe índio. Os diálogos foram transpostos para o dialeto urubu por um funcionário da Funai e um índio. Ao contrário de *O bravo guerreiro* – com atores interpretando de forma hierática, câmera composta e autoritária, fazendo dele um filme rigoroso e difícil –, no seu segundo filme, Dahl declarou que optou por uma identificação com o seu tema, sem se preocupar com a realização de um documentário antropológico. Era um filme heterogêneo, e não homogêneo como *O bravo guerreiro*. O diretor fez uma ponta como o chefe do posto do Serviço de Proteção aos Índios. Algumas opiniões consideraram que Bresson estava na lente da câmera, embora isso seja perfeitamente discutível. Foi lançado em São Paulo e no Rio de Janeiro em 1974, sendo bem recebido pela crítica.

Dahl deu um novo rumo a sua carreira, em 1975, ao se tornar assessor de Roberto Farias* na EMBRAFILME*. Depois passou para o DEPARTAMENTO DE LONGA-METRAGEM, que elevou à condição de SUPERINTENDÊNCIA DE COMERCIALIZAÇÃO. Nesse campo, Dahl adotou uma estratégia agressiva na distribuição do filme brasileiro. A distribuidora tinha sido criada em 1975, ficando dois anos vegetando. Com a sua entrada, foi feito um plano de comercialização que a transformou numa poderosa distribuidora, com dez escritórios regionais sob o controle de 150 funcionários, abocanhando 50% dos filmes brasileiros. Alguns desses funcionários fariam importante carreira, como Marco Aurélio Marcondes. O crescimento da distribuidora estabeleceu uma série de tensões no mercado cinematográfico. A crítica mais frequente era a de que havia o favorecimento da produção de películas de bilheteria, chamada popularmente "cinemão", com títulos da qualidade de um *A dama do lotação* ou *Tudo bem* (Glau-

ber, quando foi pedir dinheiro para o seu *A idade da Terra*, argumentou que o seu projeto limpava a face mercantilista da EMBRAFILME). Foi também chamado de ideólogo da supremacia do mercado. Outra crítica era a de que tinha se engajado no pacto entre o cinema e o regime militar ocorrido durante o governo Geisel, com o MEC dando suporte ao crescimento da EMBRAFILME. Glauber tinha sido um defensor da ideia do que ele considerava o nacionalismo dos generais brasileiros, criando o famoso elogio ao general Golberi. Segundo Dahl, o pacto tivera como consequência a valorização de um projeto de nação independente e do cinema de diretor, em oposição ao de produtor, além da possibilidade de dominação do mercado interno e de novas oportunidades de expansão da película brasileira para os mercados latino-americano e africano. A posição de tecnocrata com que se intitulava (as outras eram a dos apáticos e a dos fisiológicos) dentro de um projeto de capitalismo de Estado chamou a atenção dos distribuidores estrangeiros e dos exibidores. Várias acusações de favorecimento foram lançadas contra Dahl pelo obscuro Moacir Bochert, presidente do Sindicato das Empresas Exibidoras do Rio de Janeiro, e até pelo Sindicato Nacional da Indústria Cinematográfica (Luiz Carlos Barreto). Dizia-se que o superintendente tinha se valido de artifícios para receber adiantamentos sobre distribuição de um filme comercialmente fracassado como *Uirá* e do média-metragem para a TV italiana *Il cinema brasiliano: io e lei*, 1970. Devido a uma campanha orquestrada pela imprensa em outubro de 1978, no mês seguinte Dahl pede demissão do cargo, permanecendo somente porque um assunto maior acontecia: a sucessão de Roberto Farias. Dahl foi um dos nomes que se apresentaram, sendo apoiado por Glauber, Arnaldo Jabor* e Saraceni. Entre Roberto Farias e Dahl, o ministro da Educação, Eduardo Portela, escolheu um terceiro, o diplomata Celso Amorim.

Após ter saído da EMBRAFILME, Gustavo Dahl voltou à produção. No momento de sua demissão declarou-se contente por poder voltar à direção, depois de quatro anos de escritório. Tinha em mente o projeto *Tensão no Rio*. O filme, contudo, só pôde ser iniciado em 1981, sofrendo uma série de acidentes. Dina Sfat* começou interpretando a mulher de Anselmo Duarte* para acabar como amante, sendo substituída por Norma Bengell*. A trama, que era muito pretensiosa para a pequena produção, abordava o golpismo numa re-

publiqueta sul-americana, Valdívia, e sua narrativa concentrava-se na embaixada do país no Rio de Janeiro, o que trouxe muitos problemas ao diretor. *Tensão* foi produzido, roteirizado, dirigido e montado por Gustavo Dahl. Sempre fiel às filiações com outros cineastas, quase foi apedrejado no FESTIVAL DE GRAMADO de 1984 quando comparou seu filme a *Cidadão Kane*. Foi para a MOSTRA INFORMATIVA DO FESTIVAL DE VENEZA, no mesmo ano, sendo recebido com frieza. Entre 1981 e 1983 foi presidente da Associação Brasileira de Cineastas (ABRACI). Depois, em 1985, foi chamado para a presidência do CONCINE*, sendo demitido por Celso Furtado, ministro da Cultura, por divergências quanto ao processo de informatização do órgão. Com a falta de compreensão ministerial para o controle de novas tecnologias (como o vídeo) por métodos mais modernos, estabeleceu-se o confronto. Foi casado com as atrizes Maria Lúcia Dahl* e Ana Maria Magalhães. (JIMS) Gustavo Dahl sempre teve forte perfil de administrador, demonstrando conhecimento do negócio e da política cinematográfica em seus diferentes ramos. Nos anos 2000 continua sua carreira, eleito presidente do III e IV Congresso de Cinema Brasileiro (2000-2001), eventos que reuniram diversas entidades do setor, retomando os congressos dos anos 50 e marcando a união das entidades em sociedade civil. Foi também diretor-presidente da ANCINE, entre 2002 e 2006. Em 2010 gerencia o Centro Técnico Audiovisual do Ministério da Cultura. Faleceu em Trancoso, no litoral baiano, em 27 de junho.

DAHL, Maria Lúcia (Maria Lúcia Carneiro) – Rio de Janeiro, RJ, 1941. Atriz.

FILMOGRAFIA: 1965 – *Menino de engenho*; *A grande cidade*. 1967 – *Mar corrente*; *Cara a cara*. 1968 – *O levante das saias*; *O bravo guerreiro*. 1969 – *Pobre príncipe encantado*. 1969 – *Macunaíma*. 1974 – *Guerra conjugal*; *Ipanema, adeus!*; *Um homem célebre*. 1975 – *O motel*. 1976 – *Deixa, amorzinho... deixa*; *Tem alguém na minha cama* (3º episódio: 'Dois em cima, dois embaixo e dois olhando'); *A árvore dos sexos*; *Revólver de brinquedo*; *Gente fina é outra coisa* (1º episódio: 'A guerra da lagosta'); *Gordos e magros*. 1977 – *Os sensuais*; *O bom marido*; *Noite em chamas*. 1978 – *Os noivos*. 1979 – *Eu matei Lúcio Flávio*; *Terror e êxtase*. 1979-1980 – *O fruto do amor*. 1980 – *O gosto do pecado*; *Giselle*; *Eu te amo*; *Mulher-objeto*. 1981-1983 – *Idolatrada*. 1992 – *Veja esta canção*

(1º episódio: 'Drão'). 1995-1996 – *Quem matou Pixote?*. 2000 – *A terceira morte de Joaquim Bolívar*. 2002 – *Histórias do olhar*. 2004-2005 – *Mais uma vez amor*.

Atriz, escritora e redatora de TV, Maria Lúcia é carioca de Botafogo e provém de uma família burguesa. É irmã da ex--atriz e figurinista de teatro e televisão Marília Carneiro (atuou em *Capitu*, de Paulo César Saraceni*). Tendo passado pelo prestigioso Colégio Sion, foi aluna do curso de Filosofia da PUC do Rio de Janeiro. Ao viajar pela Europa, continente no qual permanece por um ano, conhece, na Itália, Gustavo Dahl*, com quem acabou se casando. Mas, um dia, em 1965, foi convidada para fazer um filme, *Menino de engenho*, dirigido por Walter Lima Jr.*. Incentivada por Gustavo Dahl, aceitou o convite e fez então um curso de teatro (foi aluna de Martim Gonçalves nos cursos que este ministrava no MAM do Rio de Janeiro), mergulhando de cabeça na nova profissão. Maria Lúcia passou dois meses no interior da Paraíba, ficando hospedada no engenho da família de José Lins do Rego. Culta, belíssima e casada com um dos ideólogos do movimento, ela se tornou então uma das musas do Cinema Novo*. Entre os filmes que fez nessa época estão *A grande cidade*, de Carlos Diegues*; *Cara a cara*, de Júlio Bressane*; *O bravo guerreiro*, de Gustavo Dahl; e *Macunaíma*, de Joaquim Pedro de Andrade*. Em 1969, separada de Gustavo Dahl, foi para a Europa, de onde só regressou em 1974. Trabalhou como atriz e modelo em Roma e em Paris. De volta ao Brasil, participou de outro filme de Joaquim Pedro, *Guerra conjugal*. Começou então uma nova fase de sua carreira, quando participou de várias comédias eróticas, começando com *O motel*, dirigida por Alcino Diniz. Outros filmes dessa fase são *Deixa, amorzinho... deixa*, de Saul Lachtermacher; *Gente fina é outra coisa* e *O bom marido*, de Antônio Calmon*, e ainda *Giselle*, de Victor Di Mello, e *Mulher-objeto*, de Sílvio de Abreu. Ao mesmo tempo, atua em filmes mais importantes, como *Gordos e magros*, comédia de Mário Carneiro*; *Revólver de brinquedo*, comédia erótico--policial de Antônio Calmon, e *Eu te amo*, de Arnaldo Jabor*. Além do cinema, Maria Lúcia fez também teatro e televisão (nesta, seu primeiro papel de destaque foi em *Espelho mágico*, de Lauro César Muniz*, uma das primeiras metatelenovelas brasileiras). Durante sete anos, escreveu uma coluna no *Jornal do Brasil*. Embora não tenha abandonado inteiramente a carreira de atriz, passou a investir prioritariamente na de escritora e redatora. É autora do romance *Quem não ouve seu pai um dia balança e cai* e redatora da TV GLOBO, tendo trabalhado no programa *Chico Anysio*, entre outros. Além de Gustavo Dahl, Maria Lúcia foi casada com o diretor Marcos Medeiros, pai de sua filha Joana Medeiros, também atriz. (LAR) Em 2005 lançou o livro *Maria Lucia Dahl – o quebra-cabeças*, pela Coleção Aplauso da IMESP, de sua autoria, apresentando compilação de crônicas publicadas no *Jornal do Brasil*.

DAISSÉ, Amleto – Itália, 1906-1964. Fotógrafo.

FILMOGRAFIA: 1949 – *Iracema*. 1950 – *A echarpe de seda*; *Meu dia chegará*. 1951 – *A mulher do diabo*; *Aí vem o barão*; *Areias ardentes*; *Barnabé, tu és meu*. 1952 – *Amei um bicheiro*; *Três vagabundos*; *Carnaval Atlântida*. 1953 – *A carne é o diabo*; *Dupla do barulho*; *Nem Sansão nem Dalila*; *Carnaval em Caxias*. 1954 – *Malandros em quarta dimensão*; *Matar ou correr*. 1955 – *Guerra ao samba*; *O golpe*; *O primo do cangaceiro*. 1956 – *Vamos com calma*; *Colégio de brotos*; *Com água na boca*. 1957 – *Metido a bacana*; *De pernas pro ar*; *Com jeito vai (Soldados do fogo)*. 1958 – *Sherlock de araque*; *Mulheres à vista*; *Pé na tábua*. 1959 – *Garota enxuta*; *Espírito de porco*; *Maria 38*; *O massagista de madame*; *Entrei de gaiato*. 1960 – *Vai que é mole*; *Pistoleiro bossa-nova*; *Tudo legal*; *Viúvo alegre*; *Briga, mulher e samba*; *Um candango na Belacap*. 1961 – *O dono da bola*; *Mulheres, cheguei*; *Os três cangaceiros*; *Bom mesmo é carnaval*. 1962 – *Assalto ao trem pagador*; *Os cosmonautas*; *Boca de Ouro*; *Quero essa mulher assim mesmo*. 1963 – *Bonitinha mas ordinária*; *O beijo*. 1964 – *Pão de açúcar* (produção estrangeira).

Diretor de fotografia italiano, Amleto Daissé veio para o Brasil no final da década de 40, com o também fotógrafo Ugo Lombardi*. Ambos faziam parte da equipe do diretor Riccardo Fredda, que veio dirigir um filme na ATLÂNTIDA*, *Caçula do barulho*, estrelado por Oscarito*. Daissé foi o operador de câmera nos filmes fotografados por Ugo Lombardi na virada dos anos 40 para 50, primeiro na Itália e depois no Brasil. Em seguida, iniciou a carreira de diretor de fotografia. Com a saída de Edgar Brasil* da ATLÂNTIDA, em 1951, Daissé ascendeu ao posto de principal diretor de fotografia da companhia. Foi o fotógrafo dos filmes iniciais de Carlos Manga*, estabelecendo com este uma parceria. Segundo Manga, foi Daissé quem sugeriu que fizessem uma sátira a *Matar ou morrer*, antológico *western* de Fred Zinnemann, escalando Oscarito para o papel do xerife. O resultado foi uma das mais engraçadas paródias da ATLÂNTIDA, *Matar ou correr*. Em *Carnaval Atlântida*, a pedido de Manga, Daissé adaptou para o cinema o jogo de luzes sobre o cenário todo em preto que fora utilizado por ele num *show* realizado no Fluminense Football Club. De acordo com um de seus mais frequentes assistentes, José Rosa*, Daissé era um fotógrafo extremamente eficiente, profundo conhecedor do *métier* e ágil na descoberta de soluções técnicas para os problemas da fotografia, em estúdio ou em exterior. No começo dos anos 60, Daissé fotografou os filmes mais importantes de sua carreira: *Assalto ao trem pagador*, de Roberto Farias*; *Boca de Ouro*, de Nelson Pereira dos Santos*; e *Bonitinha mas ordinária*, dirigido por J. P. Carvalho. Em *O Boca de Ouro*, os enquadramentos e os movimentos de câmera precisos de Daissé ajudam a dar agilidade à narrativa marcadamente teatral imposta pelo texto de Nélson Rodrigues*. É de lamentar que nunca tenha obtido o reconhecimento que merecia. Amleto Daissé faleceu em 1964, logo após concluir o seu último trabalho: a fotografia de *Pão de Açúcar*. (LAR)

DANIEL FILHO (João Carlos Daniel Filho) – Rio de Janeiro, RJ, 1937. Diretor, ator.

FILMOGRAFIA: 1955 – *O fuzileiro do amor* (ator). 1956 – *Colégio de brotos* (ator). 1957 – *Tem boi na linha* (ator); *Maluco por mulher* (ator). 1960 – *Eu sou o tal* (ator). 1961 – *Mulheres e milhões* (ator); *Esse Rio que eu amo* (4º episódio: 'Noite de almirante') (ator). 1962 – *Os cafajestes* (ator); *Boca de Ouro* (ator). 1968 – *Juventude e ternura* (ator). 1968-1969 – *Os herdeiros* (ator). 1969 – *Pobre príncipe encantado* (dir.); *A cama ao alcance de todos* (2º episódio: 'A segunda cama') (ator, dir.). 1970 – *O impossível acontece* (2º episódio: 'Eu, ela e outro') (ator, dir.). 1971 – *As quatro chaves mágicas* (ator). 1972 – *Roleta-russa (O jogo da vida)* (ator). 1975 – *Ana, a libertina* (ator); *O casal* (dir.). 1977 – *Chuvas de verão* (ator). 1980 – *O beijo no asfalto* (ator). 1982 – *Bar Esperança, o último que fecha* (ator). 1983 – *O cangaceiro trapalhão* (dir.); *Quilombo* (ator). 1984 – *Espelho de carne* (ator). 1986 – *Tanga (Deu no New York Times)* (ator). 1987 – *Um trem para as estrelas* (ator); *Romance da empregada* (ator). 1989 – *O corpo* (ator). 1995-1996 – *Tieta do agreste* (ator). 2000-2001 – *A partilha* (dir.). 2002 – *Querido estranho* (ator). 2004 – *A dona da história* (dir.). 2005 – *Se eu fosse você* (dir.). 2006 – *Muito gelo e dois dedos d'água* (dir.). 2007 – *Primo Basílio* (dir.). 2008 – *Se eu fosse você 2* (ator, dir.). 2009 – *Tempo de paz* (ator, dir.). 2009-2010 – *Chico Xavier* (dir.).

Sempre viveu no meio artístico, pois é filho de casal de artistas estrangeiros, o cantor Juan e sua parceira, Mary Daniel. No início da década de 1950, o jovem Daniel começou nos espetáculos de revistas, trabalhando na companhia de Walter Pinto. Sua família era proprietária do Teatro Follies. Logo ingressou na TV TUPI, tendo trabalhado com Jacy Campos e outro iniciante, Mauricio Sherman, como assistente de direção de Jacy no programa *Câmara Um*. Mais tarde, destacou-se como um dos principais profissionais da TV, particularmente da REDE GLOBO, onde fez quase tudo, produtor, diretor, criador, ator, entre outras funções, em humorísticos, minisséries, seriados. Dirigiu inúmeras telenovelas de sucesso no horário das 8 horas da noite, a maioria delas escrita pela especialista Janete Clair. Também trabalhou por pouquíssimo tempo nas tevês EXCELSIOR, RECORD, CULTURA e BANDEIRANTES. No cinema, começou em pontas na fase das chanchadas, atuando em quatro comédias de astros da época, Mazzaropi* (*Fuzileiro do amor*) e Oscarito* (*Colégio de brotos*), esta última uma produção da ATLÂNTIDA* dirigida por Carlos Manga*. Filmou duas comédias com o diretor Aluisio T. Carvalho* (*Tem boi na linha* e *Maluco por mulher*), conquistando papéis de maior relevo e trabalhando com outro comediante de nome, Zé Trindade*. No início da década de 1960, participou como protagonista de filmes inovadores de um cinema que se pretendeu novo. Atuou em *Os cafajestes*, de Ruy Guerra*, e *Boca de Ouro*, de Nelson Pereira dos Santos*. Foi um dos cafajestes da Zona Sul carioca, dividindo a cena com o ator Jece Valadão*. Novamente contracenou com Valadão no drama suburbano *Boca de Ouro*, baseado em texto teatral de Nélson Rodrigues. Depois de alguns anos, filmou como coadjuvante a comédia romântica *Juventude e ternura*, de Aurélio Teixeira*, em que, além de ator, foi autor da história, escrita em parceria com outro ator, Jorge Dória*. Em pequeno papel, interpretou um americano em *Os herdeiros*, iniciando parceria com o diretor com quem mais filmou: Carlos Diegues* (*Chuvas de verão*, *Quilombo*, *Um trem para as estrelas* e *Tieta do agreste*), em pequenos papéis de destaque. A estreia como diretor de cinema foi em *Pobre príncipe encantado*, comédia musical com argumento de Carlos Diegues, em que explorou a popularidade do cantor da Jovem Guarda Wanderley Cardoso. Sempre vivendo desafios, experimentou o trabalho de produtor, dirigindo e atuando em *A cama ao alcance de todos*, em que faz o episódio 'A segunda cama', em diálogo com o cinema em moda, a comédia erótica. No drama *O impossível acontece* fez outro episódio 'Eu, ela e outro', novamente acumulando as funções de produtor, ator e diretor. Atua como protagonista do hermético *Roleta-russa*, único longa-metragem dirigido pelo dramaturgo Bráulio Pedroso. No policial *Ana, a libertina*, de Alberto Salvá*, foi também protagonista como marido que trai e é traído. Nessa fase da carreira foi diretor de cinema bissexto. Realiza filme mais pessoal, o drama *O casal*, baseado na peça teatral *Enquanto a cegonha não vem* de autoria de Oduvaldo Viana Filho* (Vianinha). Em *Chuvas de verão*, voltou a trabalhar como ator para o diretor Diegues, numa rápida participação como o marido que levava uma estranhíssima vida dupla. Mais um trabalho baseado em peça homônima de Nélson Rodrigues é *O beijo no asfalto*, no qual interpreta um jornalista sensacionalista em filme que marcou seu encontro com o diretor Bruno Barreto*. Na paródia *O cangaceiro trapalhão*, foi diretor a serviço do famoso quarteto de comedians de sucesso na TV e no cinema. No papel de um caçador de escravos foi ator na trama histórica *Quilombo*, de Carlos Diegues. Junto com o elenco do filme (Denis Carvalho, Joana Fomm*, Maria Zilda* e Hileana Menezes), foi um dos protagonistas de drama sobre a burguesia carioca, *Espelho de carne*, de Antonio Carlos Fontoura*. Extraordinário trabalho de composição aconteceu em *Romance da empregada*, de Bruno Barreto, baseado em argumento e roteiro do dramaturgo Naum Alves de Souza, quando criou o papel do marido suburbano da empregada, um bêbado decadente e desempregado. Representou outro bêbado, este noturno, no drama *Um trem para as estrelas*, de Carlos Diegues. Na década de 1990, junto com roteirista Euclydes Marinho, criou a DEZENOVE PRODUÇÕES e fizeram o seriado de sucesso, exibido em mais duas empresas televisivas, *Confissões de Adolescente*, baseado no livro de Maria Mariana e filmado em película 16 mm.

No começo do novo milênio, impulsiona novamente sua carreira de diretor cinematográfico. Baseado na peça teatral homônima de sucesso de Miguel Falabella, *A partilha* é comédia que, com sua direção, fez boa bilheteria no cinema brasileiro. No drama *Querido estranho*, de Ricardo Pinto e Silva, baseado na peça teatral *Intensa magia*, de Maria Adelaide Amaral, viveu protagonista no papel de chefe de família insuportável. Em *A dona da história*, realizou drama baseado no texto teatral homônimo de João Falcão. Atua como produtor e coprodutor através da LEREBY PRODUÇÕES CINEMATOGRÁFICAS, e também como diretor artístico da GLOBO FILMES associado a diversos filmes de sucesso. Acerta na mosca do mercado através das comédias *Se eu fosse você* (1 e 2), que se transformam em recordistas de público no cinema brasileiro contemporâneo. A continuação, *Se eu fosse você 2*, leva adiante de forma criativa a proposta original, coisa rara em sequências cinematográficas. O filme tem mais sucesso que o primeiro, constituindo-se na maior bilheteria do cinema brasileiro contemporâneo depois de *Tropa de elite 2*. Com agilidade, transforma os televisivos Tony Ramos e Glória Pires* numa dupla cinematográfica que atua com personalidade. Ramos trabalha com afinco o papel feminino, numa composição particularmente bem-sucedida. É seguido de perto por Pires, que não fica atrás numa incorporação impagável do tipo masculino. Os dois filmes trazem um espetáculo à parte de dois atores consagrados. Entretanto, fracassou em *Muito gelo e dois dedos d'água*, escrito pela dupla de autores televisivos de sucesso Alexandre Machado e Fernanda Young. Na década de 1980, na REDE GLOBO, havia dirigido *Primo Basílio*, baseado no romance homônimo do escritor português Eça de Queiroz. Na versão cinematográfica, *Primo Basílio* ambientou a história na década de 1950 na cidade de São Paulo. Voltou a trabalhar como ator, tendo acumulado também a direção, no drama *Tempo de paz*, baseado na peça teatral *Novas diretrizes em tempo de paz*, de Bosco Brasil. Utiliza os atores Tony Ramos (seu parceiro em quatro filmes) e Dan Stulbach*, que anteriormente interpretaram os mesmos papéis nos palcos. Em 2010 estoura em outro grande sucesso de público, o drama *Chico Xavier*, baseado no livro *As vidas de Chico Xavier*, do jornalista Marcel Souto Maior, enfocando a vida do mais famoso mineiro do século passado e grande líder espiritual. O filme criou uma nova onda de filmes espíritas e religiosos. Publicou dois livros, *Antes que me esqueçam* (1988) e *O circo eletrônico* (2001). O primeiro foi sua autobiografia jovem e o segundo versou sobre a TV, veículo que conheceu por dentro. Fiel ao mundo artístico, foi casado com atrizes, Dorinha Duval, Betty Faria e Regina

Duarte. A filha mais velha, Carla Daniel, carioca nascida em 1965, trabalha como atriz na TV, tendo atuado em quatro filmes sob a direção de seu pai. (LFM)

DANTAS, Daniel (Daniel Tunes Dantas) – Rio de Janeiro, RJ, 1954. Ator.

FILMOGRAFIA: 1978 – *Tudo bem*. 1981 – *Engraçadinha; O sonho não acabou*. 1985 – *Fonte da saudade* (3º episódio: 'Alba'). 1986 – *Sonho de Valsa*. 1996 – *Jenipapo; Pequeno dicionário amoroso; O homem nu*. 1998 – *Traição* (2º episódio: 'Diabólica'). 1999 – *Cronicamente inviável*. 2003 – *Lost Zweig*. 2004 – *O vestido*. 2007 – *Caixa dois; Mulheres, sexo, verdades, mentiras*. 2008 – *Ouro negro*. 2009 – *Os normais 2 – a noite mais maluca de todas; Histórias de amor duram apenas 90 minutos*.

Filho do ator Nelson Dantas. O pai tem longa carreira no cinema brasileiro, o que, de certa forma, despertou-lhe o desejo de ser ator de cinema. Em 1975 começou no teatro, no grupo Asdrúbal Trouxe o Trombone, na peça *O inspetor geral*, de Nikolai Gógol. Atuou em outros espetáculos importantes, como *O homem sem qualidades*, baseado na obra do escritor austríaco Robert Musil, com direção de Bia Lessa; *Noite dos reis*, de William Shakespeare, com direção de Amir Haddad; e *Tio Vânia*, de Anton Tchekov, com direção de Aderbal Freire Filho. Em 1991, foi premiado com o MOLIÈRE de melhor ator por *Baile de máscaras*, de Mauro Rasi. Em 1980, chegou à televisão, trabalhando em várias telenovelas, minisséries e especiais da REDE GLOBO DE TELEVISÃO. Estreou como ator em filme de Arnaldo Jabor*, *Tudo bem*, interpretando um executivo. Na mesma época foi ator no curta-metragem *Todo dia é Dia D* (1978), de Henrique Faulhaber e Sérgio Pantoja. Mais tarde fez novos curtas ficcionais, como *Furo no sofá* (2002), no único trabalho de direção da atriz Ana Beatriz Nogueira*, e *De morango* (2003), de Fernando Grostein de Andrade. Fez outros longas-metragens, como *Engraçadinha*, de Haroldo Marinho Barbosa*, baseado no romance de Nélson Rodrigues*, no qual representou Zózimo, o noivo fiel de Engraçadinha. Foi um dos jovens vestibulandos de *O sonho não acabou*, primeiro longo ficcional de Sérgio Rezende*. Junto com pequeno elenco, está presente no episódio 'Alba', de *Fonte da saudade*, de Marco Altberg*, baseado no romance *Trilogia do assombro*, de Helena Jobim. Viveu um dos personagens centrais do tenso *Sonho de Valsa*, de Ana Carolina*. Foi apenas mera coincidência que tenha filmado com diretoras mulheres estreantes:

em *Jenipapo*, de Monique Gardemberg*, e na comédia *Pequeno dicionário amoroso*, de Sandra Werneck*, na qual é amigo ouvinte das histórias contadas pelo protagonista da história. Em nova comédia, *O homem nu*, de Hugo Carvana*, baseado em crônica de Fernando Sabino, representou amigo que traiu o amigo com a mulher daquele. Em *Traição*, atuou no 2º episódio, 'Diabólica', de Cláudio Torres, revisitando o universo de Nélson Rodrigues como amante da cunhada ninfeta. Em *Cronicamente inviável*, de Sérgio Bianchi*, representou Carlos, um dos seis personagens centrais dessa caótica trama urbana. Fez o papel de um homem pacato em *Caixa dois*, de Bruno Barreto*, baseado na peça homônima de Juca de Oliveira. É o homem feio em *Mulheres, sexo, verdades, mentiras*, filme de estreia, na direção, do roteirista Euclydes Marinho. (LFM)

DANTAS, Nelson (Nelson Hannequim Dantas Filho) – Rio de Janeiro, RJ, 1927-2006. Ator.

FILMOGRAFIA: 1947 – *Almas adversas*. 1953 – *Carnaval em Caxias*. 1961 – *Pluft, o fantasminha*. 1967 – *Capitu*. 1969 – *Azyllo muito louco*. 1970 – *Lúcia McCartney, uma garota de programa; A casa assassinada*. 1971 – *O doce esporte do sexo* (1º episódio: 'O torneio'); *Os inconfidentes*. 1973 – *Vai trabalhar, vagabundo*. 1973-1975 – *Assuntina das Américas*. 1974 – *A estrela sobe*. 1975 – *As aventuras d'um detetive português; O casamento*. 1975-1978 – *A noiva da cidade*. 1976 – *Dona Flor e seus dois maridos; Crônica de um industrial*. 1979 – *Cabaré mineiro*. 1980 – *Insônia* (1º episódio: 'Dois dedos'). 1980-1981 – *O homem do pau-brasil*. 1981 – *O santo e a vedete; Engraçadinha*. 1982 – *Bar Esperança, o último que fecha; O bom burguês*. 1983 – *Memórias do cárcere*. 1984 – *O cavalinho azul; Noite*. 1984-1985 – *Fulaninha*. 1985 – *Urubus e papagaios*. 1991 – *A viagem de volta; A maldição do Sanpaku*. 1994 – *Lamarca, coração em chamas*. 1995-1999 – *Tiradentes*. 1996 – *O que é isso, companheiro?*. 1998 – *Menino maluquinho 2: a aventura; O viajante*. 2002 – *Narradores de Javé*. 2006 – *Zuzu Angel*.

Com mais de trinta anos de carreira, já atuou como ator de cinema e televisão. No começo dos anos 50, por curto espaço de tempo, escreve críticas de cinema no *Jornal de Letras*. Entretanto, sua presença de maior importância acontece nas telas, destacando-se como correto coadjuvante, principalmente em filmes dos cineastas da geração cinemanovista. Também atua em alguns trabalhos atrás das câmeras: no

final dos anos 50, é assistente de direção do filme inacabado "A mulher de longe", com direção do escritor Lúcio Cardoso; mais tarde, exerce a mesma função em *Esse mundo é meu*, de Sérgio Ricardo; é roteirista de *Mar corrente*, de Luiz Paulino dos Santos. Após seu filme de estreia, o drama *Almas adversas*, de Leo Marten*, participa bissextamente do cinema, em figurações e pequenos papéis em *Carnaval em Caxias*, de Paulo Vanderley*, e *Pluft, o fantasminha*, de Romain Lesage. Filma com Paulo César Saraceni* (*Capitu* e *A casa assassinada*), Nelson Pereira dos Santos* (*Azyllo muito louco* e *Memórias do cárcere*), David Neves* (*Lúcia McCartney* e *Fulaninha*), Joaquim Pedro de Andrade* (*Os inconfidentes* e *O homem do pau-brasil*), Bruno Barreto* (*A estrela sobe*, *Dona Flor e seus dois maridos* e *O que é isso, companheiro?*), Arnaldo Jabor* (*O casamento*) e Hugo Carvana* (as comédias *Vai trabalhar, vagabundo* e *Bar Esperança*). Alterna seus papéis de coadjuvante com alguns (raros) papéis principais, como os que representa nos filmes experimentais de Luiz Rosemberg Filho* (*Assuntina das Américas*, *Crônica de um industrial* e *O santo e a vedete*). Interpreta o papel de um feliz e nostálgico boêmio do interior mineiro em *Cabaré mineiro*, de Carlos Alberto Prates Correia*. Representa um homem de meia-idade que conquista o amor de uma jovem, em pequena cidade interiorana, na comédia romântica *Urubus e papagaios*, de José Joffily*, história extraída do romance *Dona Anja*, do escritor gaúcho Josué Guimarães. Seu filho, Daniel Dantas, faz carreira de ator no cinema e na televisão desde a década de 80. Faleceu no Rio de Janeiro em 18 de março. Em 2008, o diretor Carlos Prates (Carlos Alberto Prates Correia*) dirigiu o documentário *Castelar e Nelson Dantas no país dos generais*, abordando o cinema feito em Minas Gerais no tempo do regime militar, tendo Nelson Dantas como protagonista. (LFM)

D'AVERSA, Alberto – Casarano, Itália, 1920-1969. Diretor.

FILMOGRAFIA: 1943-1946 – *07... Tassi*. 1949 – *Una voce nel tuo cuore*. 1951 – *Mi divina pobreza*. 1953 – *Honrarás a tu madre*. 1954 – *Muerte civil*. 1963 – *Seara vermelha*. 1964 – *Três histórias de amor* (1º episódio: 'A carreta – amor no campo'; 2º episódio: 'Madrugada – amor na praia'; 3º episódio: 'A construção – amor na cidade').

Formado diretor pela Academia Nacional de Arte Dramática de Roma, trabalha como ator e diretor em algumas companhias teatrais. Inicia sua carreira no cinema como assistente de direção nos anos 40. Seu primeiro filme como diretor é a comédia *07... Tassi*, iniciada em 1943 por Marcello Pagliero, autor do argumento e do roteiro, paralisada em virtude da guerra. Retomada em 1946, com sequências filmadas sob direção de Riccardo Freda, termina e assina esse filme. Em seguida, dirige Vittorio Gassman na comédia romântica *Una voce nel tuo cuore*. A seguir, muda-se para Buenos Aires, onde dirige filmes dramáticos para o produtor Armando Bo e dedica-se ao teatro na função de diretor. Vive em São Paulo desde 1956 e atua como diretor no TBC, entre os anos de 1957 e 1959, quando encena vários espetáculos com Fernanda Montenegro*, entre eles, *Rua São Luiz, 27, 8º andar*, de Abílio Pereira de Almeida*; *Vestir os nus*, de Luigi Pirandello; *Panorama visto da ponte*, de Arthur Miller; e *Pedreira das almas*, de Jorge Andrade. Nos anos 60, escreve críticas de teatro no *Diário de São Paulo*. No cinema, dirige a elogiada adaptação do romance *Seara vermelha*, de Jorge Amado*, e a comédia dramática *Três histórias*, que tem o mérito de lançar Dina Sfat* no cinema. Escreve o roteiro da comédia *Golias contra o homem das bolinhas*, que se preparava para dirigir quando morre. Essa produção de Arnaldo Zonari explora o humor do comediante televisivo Ronald Golias*, e a direção é entregue ao especialista Victor Lima* em 1969. Faleceu em São Paulo no dia 21 de junho. (LFM)

D'ÁVILA, Walter (Walter Duarte d'Ávila) – Porto Alegre, RS, 1913-1996. Ator.

FILMOGRAFIA: 1935 – *Noites cariocas*. 1944 – *Berlim na batucada*. 1945 – *Pif-paf*. 1945 – *Loucos por música*. 1946 – *Caídos do céu; O ébrio*. 1946-1950 – *Noites de Copacabana*. 1947 – *Fogo na canjica; Um beijo roubado*. 1948 – *Pra lá de boa*. 1952 – *João Gangorra*. 1953 – *Família Lero-lero*. 1954 – *Carnaval em lá maior*. 1957 – *É a maior*. 1958 – *No mundo da lua*. 1959 – *Pequeno por fora*. 1969 – *Motorista sem limites*. 1974 – *As delícias da vida*. 1978 – *O golpe mais louco do mundo* (*Professor Kranz Tedesco di Germania*).

Começou sua carreira em 1932, na RÁDIO SOCIEDADE DE PORTO ALEGRE. Irmão da comediante Ema D'Ávila, falecida em 1985, Walter começou a fazer teatro em 1935, quando trabalhou com Dercy Gonçalves* e teve a oportunidade de montar sua própria companhia. Seu primeiro papel no cinema foi o de um agente de polícia em *Noites cariocas*, de 1935, produção da

CINÉDIA* dirigida pelo argentino Enrique Cadícamo. No estúdio de Adhemar Gonzaga* atuou em várias comédias musicais, como *Caídos do céu*, de Luiz de Barros*, e *Um beijo roubado*, de Leo Marten*, e no grande sucesso *O ébrio*, de Gilda Abreu*. Teve também uma longa carreira na RÁDIO NACIONAL, atuando em programas humorísticos bastante populares. Foi um dos maiores humoristas da TV brasileira, onde se consagrou como Baltazar da Rocha da *Escolinha do Professor Raimundo*, de Chico Anysio*, personagem que começou a fazer em 1957, na antiga TV RIO. (LAR)

DE, Jefferson (Jefferson Rezende) – Taubaté, SP, 1969.

FILMOGRAFIA: 2009 – *Bróder*.

Jovem diretor negro brasileiro que venceu barreiras para filmar seu primeiro longa *Bróder*. Na história do cinema brasileiro, foi antecedido por Cajado Filho*, Haroldo Costa, Ismar Porto*, Odilon Lopez, Waldyr Onofre*, Nelson Xavier*, Zacarias dos Santos, Afrânio Vital, Agenor Alves, Antonio Pitanga*, Tião Valadares, Zózimo Bulbul*, Joel Zito Araújo e Rogério Moura. Entre os nomes de que se tem notícia, Jefferson é 15º cineasta negro brasileiro a fazer um longa-metragem. Formado em cinema pela Escola de Comunicações e Artes da Universidade de São Paulo (ECA/USP). Foi bolsista com a pesquisa *Diretores cinematográficos negros brasileiros*. Em 2000, lançou o manifesto *Gênese do cinema negro brasileiro ou Dogma Feijoada*. Estreou como diretor de curtas-metragens com *Gênesis 22* (1999), seguido de *Distraída para a morte* (2001), inspirado em acontecimentos contemporâneos. Em 2003 fez o documentário *Carolina* (2003), adaptação do livro *Quarto de despejo*, de Carolina Maria de Jesus, e, no ano seguinte, *Narciso pap* (2004). Também em 2004, fez sociedade com Renata Moura, fundando a BARRACO FORTE ENTRETENIMENTO. Publicou o livro *Dogma Feijoada: cinema negro brasileiro* (2005). Em 2009 estreia no longa-metragem com sucesso: *Bróder* é convidado para a exibição paralela da 60ª edição do FESTIVAL DE BERLIM. O longa foi filmado em locações no bairro do Capão Redondo, periferia de São Paulo, sendo centrado no reencontro de três amigos no dia do aniversário do protagonista. (LFM)

D'EL REY, Geraldo (Geraldo Homem D'El Rey Silva) – Ilhéus, BA, 1930-1993. Ator.

FILMOGRAFIA: 1950 – *Somos dois*. 1955-1959 – *Redenção*. 1959-1960 – *Bahia de Todos os Santos*. 1961 – *A grande

feira*. 1962 – *O pagador de promessas; Tocaia no asfalto; Lampião, rei do cangaço*. 1962-1963 – *Sol sobre a lama*. 1963 – *Deus e o diabo na terra do sol*. 1965 – *Entre o amor e o cangaço; Menino de engenho; O santo milagroso*. 1966 – *Mudar de vida* (produção estrangeira). 1967 – *Cristo de lama: a história do Aleijadinho; Bebel, a garota-propaganda*. 1970 – *Anjos e demônios*. 1971 – *Ana Terra*. 1973 – *Um homem tem que ser morto*. 1974 – *Núpcias vermelhas*. 1975 – *A carne* (*Um corpo em delírio*). 1978-1980 – *A idade da Terra*. 1979-1981 – *Asa Branca, um sonho brasileiro*. 1982-1983 – *Garota dourada*. 1988 – *Os heróis trapalhões, uma aventura na selva; Dedé Mamata*.

Geraldo D'El Rey nasceu na Fazenda Ponto de Provisão, no município de Ilhéus. Em Salvador, frequenta a Escola de Teatro da Universidade da Bahia, depois de voltar do Rio de Janeiro, onde fez uma ponta no filme *Somos dois*, estrelado por Dick Farney. Durante os cinco anos em que esteve na faculdade, sobreviveu consertando eletrodomésticos, além de trabalhar como vendedor. O primeiro papel importante no cinema vem em 1959, com *Redenção*, de Roberto Pires*, primeiro longa-metragem realizado na Bahia, que é também o marco inicial de uma série de filmes que serão produzidos nos anos seguintes, seja pelo grupo baiano (encabeçado por Glauber Rocha*, Roberto Pires e Rex Schindler), seja por realizadores de outros estados (Trigueirinho Neto, Alex Viany*, Anselmo Duarte*). Boa parte dessas produções conta com a presença de Geraldo D'El Rey, que desponta como um dos atores mais importantes do período. Trabalha em *Bahia de Todos os Santos*, que o paulista Trigueirinho Neto filma nas ruas da cidade. E volta a ser dirigido por Roberto Pires em *A grande feira* e *Tocaia no asfalto*. No primeiro, com os cabelos tingidos de louro, interpreta o marinheiro sueco que se envolve nos conflitos dos moradores da feira de Água de Meninos, ameaçada de extinção. Em *Tocaia no asfalto*, aparece como o deputado Ciro, idealista que enfrenta os latifundiários. Participa de *Sol sobre a lama*, dirigido pelo crítico Alex Viany, e no premiado *O pagador de promessas* interpreta o gigolô Bonitão, que seduz a mulher de Zé do Burro, personagem principal. Surge como o irmão do bandido em *Lampião, rei do cangaço* – um dos vários títulos do ciclo do cangaço, que se estende ao longo dos anos 60. Seu maior papel, que irá marcar definitivamente sua carreira, vem com *Deus e o diabo na terra do sol*. Dirigido por Glauber Rocha, o ator interpreta com precisão o vaqueiro Manuel, que conduz a trama desde o conflito com o proprietário da terra, passando pela devoção ao beato Sebastião e a incorporação ao bando de Corisco até a corrida final em direção ao mar. Com a repercussão internacional de *Deus e o diabo na terra do sol*, D'El Rey recebeu convite para filmar em Portugal. Foi o protagonista de *Mudar de vida*, dirigido por Paulo Rocha. Depois das filmagens, prolongou a temporada portuguesa, viajando pelo país, cantando e tocando violão na televisão e em casas noturnas. Na volta, atua em outra produção do Cinema Novo*, *Menino de engenho*, e integra o elenco de *Entre o amor e o cangaço*. A partir da segunda metade da década, D'El Rey não encontra mais papéis tão expressivos quanto aqueles das produções filmadas na Bahia. Faz desde comédias (*O santo milagroso*, *Um uísque antes... um cigarro depois*) até dramas com apelo erótico (*Anjos e demônios*, *A carne*) – mas sem o mesmo destaque. Volta a ser dirigido por Glauber Rocha no último filme do cineasta, *A idade da Terra*, assumindo o papel do Cristo Guerrilheiro. Alguns anos depois tem participação em *Dedé Mamata*, quando passa da alegoria para o personagem histórico, interpretando o guerrilheiro Carlos Marighela, pouco antes de ser assassinado pelos militares. Apesar de mais identificado como ator de cinema, não deixou de trabalhar no teatro, onde começou aos 14 anos, e na televisão. Entre as peças das quais participou, destacam-se *José, do parto à sepultura*, de Augusto Boal, numa montagem do Teatro Oficina, dirigida por José Celso Martinez Correia em 1962; e *Lição de anatomia*, encenada em meados da década de 70, com grande sucesso de público. D'El Rey começou a fazer novelas na TV EXCELSIOR, estreando em *Cortiço*. A partir daí, tomou parte em várias outras novelas, passando por diversas emissoras – além da EXCELSIOR, também a TV TUPI, RECORD, SBT, BANDEIRANTES e GLOBO. Seu último papel de destaque foi em 1992, na minissérie *Anos rebeldes*, como o jornalista veterano e idealista durante a ditadura militar. Em 25 de abril do ano seguinte, morre em São Paulo de enfisema pulmonar. (LCA)

DENEGRI, Antônia – São Francisco, EUA, 1901-1935. Atriz.

FILMOGRAFIA: 1918 – *Amor e boemia*. 1919 – *Alma sertaneja*; *Ubirajara*. 1920 – *Coração de gaúcho*. 1922 – *O cavaleiro negro*.

Ainda menina, muda-se para o Rio de Janeiro, no princípio do século. Adolescente, começa sua carreira de atriz em um café-concerto. Em 1915, estreia na revista *É ele*, da Companhia Álvaro Colás, no Teatro República. A seguir, trabalha para inúmeras companhias, como a de Asdrúbal de Miranda e a do Ciclo Teatral. Representa papéis em textos como *Os rivais* (1919), de Gastão Tojeiro. Estende sua atividade teatral até 1935. No cinema, está presente nos anos iniciais dos filmes de maior metragem (longas), sendo ao lado de Georgina Marchiani* uma de nossas primeiras estrelas da tela grande. *Amor e boemia* é seu primeiro filme, uma comédia dramática de Eduardo Arouca. Participa, sob as ordens de Luiz de Barros*, de quatro dramas românticos rurais, interpretando sempre o papel da mocinha frágil, como em *Ubirajara*, adaptação do romance homônimo de José de Alencar*. Falece jovem, aos 34 anos, na cidade do Rio de Janeiro em 4 de novembro. (LFM)

DEUS, João de (João de Deus Seta) – Trás-os-Montes, Portugal, 1883-1951. Ator.

FILMOGRAFIA: 1908 – *Os estranguladores*. 1919 – *Alma sertaneja*; *Ubirajara*. 1920 – *O guarani* (dir.). 1936 – *Caçando feras*. 1937 – *O descobrimento do Brasil*. 1940 – *Entra na farra*; *E o circo chegou*. 1945 – *O cortiço*. 1947 – *O malandro e a grã-fina*. 1948 – *Pra lá de boa*.

Iniciou sua atividade como ator profissional no Rio de Janeiro atuando na peça dramática *Os miseráveis*, encenada pela Companhia Dias Braga. Nessa companhia permaneceu até 1908, transferindo-se então para a companhia Artur Azevedo. Na mesma época, João de Deus integrou o elenco de *Os estranguladores*, dirigido por Francisco Marzulo e produzido por Giuseppe Labanca, considerado o primeiro filme de ficção brasileiro. João de Deus trabalhou em várias produções de Labanca, que também era exibidor, tais como: *Telegrama nº 9* (de Eduardo Leite), *Aventuras do Zé Caipora*, *Os milagres de santo Antônio* e *Pega na chaleira* (todas de Antônio Serra). No teatro de revista tem interpretações consideradas marcantes, como em *O maxixe*, escrita por João Foca e Bastos Tigre. Em 1918, João de Deus organizou a sua companhia especializada em revistas, ao lado de João Martins, Henrique Chaves e Álvaro Pires. Voltou a trabalhar na produção cinematográfica, atuando nos filmes *Alma sertaneja* e *Ubirajara*, ambos dirigidos por Luiz de Barros*. Com Alberto Botelho* como produtor, João de Deus dirigiu o longa-metragem *O guarani*, adaptação do clássico da literatura brasileira. No elenco, além de João de Deus, estavam Abgail Maia, Pedro Dias e J. Silveira, entre outros. Ao longo da década de 20, organizou várias companhias teatrais, de forma geral especializadas em revista. Só voltou ao cinema já no advento do sonoro, em 1934, dirigindo os curtas-metragens *Não sei por quê* e *Vá saindo*. Como ator participou dos filmes *Caçando feras* (Líbero Luxardo*), *O descobrimento do Brasil* (Humberto Mauro*), *E o circo chegou* (Luiz de Barros), *Entra na farra* (Luiz de Barros), *O cortiço* (Luiz de Barros) e *O malandro e a grã-fina* (Luiz de Barros). (AA)

DHALIA, Heitor – Recife, PE, 1970. Diretor.

FILMOGRAFIA: 2004 – *Nina*. 2006 – *O cheiro do ralo*. 2009 – *À deriva*.

Figura central da geração que chega à direção de longa nos anos 2000. Desde 1993, mora em São Paulo, onde atuou como publicitário. Foi codiretor, com Renato Ciasca, do curta ficcional *Conceição* (1999), com trama girando em torno de prostitutas e bandidos. No longa-metragem, trabalhou como assistente de direção em *Um copo de cólera* (1999), do diretor estreante Aluizio Abranches, de onde talvez tenha herdado o estilo mais derramado para a exaltação. Ainda com Abranches roteirizou, junto com Wilson Freire, o drama *As Três Marias* (2002), segunda obra do diretor mineiro. Dirige seu primeiro longa em *Nina*, livremente inspirado em *Crime e castigo*, de Dostoiévski. Filme com toques dramáticos carregados, ambiente claustrofóbico e fotografia marcada, tem roteiro escrito em parceria com Marçal Aquino*, figura central no cinema brasileiro mais recente, principalmente aquele que tem suas raízes em São Paulo. O foco dramático de *Nina* está na relação entre a garota que dá nome ao filme e a cruel senhora Eulália, proprietária do quarto que ocupa. Eulália é vivida pela atriz Miriam Muniz*, numa interpretação marcante em seu último papel no cinema. No segundo longa, *O cheiro do ralo*, mantém a parceria com Marçal Aquino, adaptando livremente obra homônima de Lourenço Mutarelli. Mais uma vez, personagens baixos, imagens escatológicas em ambientes deteriorados e dramaturgia exaltada compõem o universo ficcional. Desenvolve um drama insólito, estabelecendo relações humanas em torno de um comprador de quinquilharias, Lourenço (Selton Mello*), às voltas com o cheiro de esgoto que exala um ralo em sua sala. O argumento do ralo dá o tom do filme. A direção extrai boa interpretação de Selton Mello, que não escorrega para o estereótipo gratuito. Em seu último longa, *À deriva*, Dhalia afirma-

-se com personalidade no novo cinema brasileiro, desenvolvendo drama familiar de construção relacional complexa. *À deriva* mantém o eixo autoral dos filmes anteriores e mostra maturidade, com mão mais cuidadosa na condução narrativa. A reconstrução de época primorosa cria um pano de fundo verossímil para a trama, que é vista pelos olhos abertos de uma criança. Parecemos transportados a uma época em que ainda havia espaços vazios no litoral Rio/São Paulo. O filme foi escrito por Dhalia a partir de argumento original. A produção foi bancada pela O2 FILMES, com participação forte de Fernando Meirelles*, além da FOCUS FEATURES/ UNIVERSAL. (FPR/LFM)

DIAS, Pereira (Vanoly Pereira Dias) – Carlos Barbosa, RS, 1926-1988. Diretor.

FILMOGRAFIA: 1953 – *Toda vida em quinze minutos*. 1969 – *Para, Pedro*; *Não aperta, Aparício*. 1970 – *Janjão não dispara... foge*. 1971 – *Ela tornou-se freira*. 1972 – *A morte não marca tempo*. 1974 – *Pobre João*. 1975 – *A quadrilha do Perna Dura*. 1976 – *Carmem, a cigana*. 1977 – *Meu pobre coração de luto*. 1978 – *Gaúcho de Passo Fundo*. 1979 – *Domingo de Gre-Nal*. 1987 – *Legal paca*.

Pereira Dias iniciou como ator de teatro na Companhia Iracema de Alencar na peça *Um caso de polícia* (1941). Até os anos 50 atuou em várias companhias: Operetas César Fronzi, Procópio Ferreira* e Bibi Ferreira*, onde também foi administrador. Em 1952, foi convidado por Sérgio Azario para trabalhar de assistente de direção do primeiro filme de Geraldo Vietri*, *Custa pouco a felicidade* (1952). Em 1953, dirigiu e roteirizou *Toda vida em quinze minutos*, que ganhou o prêmio SACI de melhor roteiro, oferecido pelo jornal *O Estado de S. Paulo*. Retornou ao teatro e depois foi trabalhar em televisão. Dirigiu especialmente teleteatro na TV TUPI. Nos anos 60 retornou para Porto Alegre a fim de trabalhar na TV PIRATINI. Foi convidado pela LEOPOLDIS SOM para dar andamento ao projeto da empresa de produzir longas-metragens. Dirigiu, então, *Para, Pedro* e *Não aperta, Aparício*, ambos com o cantor regionalista José Mendes. Em 1971 foi ator e roteirista de *Ana Terra*, de Durval Garcia. Em 1972 iniciou seu trabalho ao lado de Teixeirinha*, para quem roteirizou, dirigiu e produziu seis filmes até 1978. Mas procurava não se limitar aos filmes do cantor. Assim, dirigiu a comédia *Janjão não dispara... foge*, com Edison Acri, o faroeste dramático *A morte não marca tempo*, e *Domingo de Gre-Nal*, que parodiava Romeu e Julieta, porém tendo como oponentes gremistas e colorados (clássico do futebol gaúcho). Seu último filme foi *Legal paca*, rodado no Paraná. (MR)

DIAZ, Chico (Francisco Diaz Rocha) – Cidade do México, México, 1959. Ator.

FILMOGRAFIA: 1979-1985 – *Chico Rei*. 1981 – *O sonho não acabou*. 1982 – *Aventuras de um paraíba*; *Ricchi ricchissimi, praticamente in mutande*; *Inocência*; *Gabriela, cravo e canela*; *Parahyba Mulher Macho*. 1983 – *Quilombo*; *Águia na cabeça*. 1985 – *Fonte da saudade* (3º episódio: 'Alba'); *O homem da capa preta*. 1986 – *O cinema falado*; *Selva viva* (*Where the River Runs Black*); *A cor do seu destino*; *A bela palomera*. 1987 – *Luzia Homem*. 1989 – *Barrela, escola de crimes*. 1992 – *Veja esta canção* (4º episódio: 'Samba de um grande amor'). 1993 – *A terceira margem do rio*. 1994 – *O testamento do senhor Napomuceno*. 1995 – *Baile perfumado*. 1996 – *Corisco & Dadá*; *Doces poderes*. 1996-1997 – *Policarpo Quaresma, herói do Brasil*. 1997 – *Os matadores*. 1998-1999 – *O tronco*. 2002 – *Lua Cambará – nas escadarias do palácio*; *Amarelo manga*; *A selva*. 2003 – *As alegres comadres*; *Benjamim*; *Garrincha, a estrela solitária*. 2005 – *O amigo invisível*. 2006 – *Anjos do Sol*; *Sonhos de peixe* (*Fish Dreams*); *O magnata*. 2007 – *Deserto feliz*. 2008 – *Ouro negro*; *Praça Saens Peña*. 2009 – *O contador de histórias*.

Irmão do ator e encenador Enrique Diaz. Passou parte da infância no Peru, onde nasceu o irmão. Vive no Brasil (Rio de Janeiro) desde 1969. Iniciou a formação artística no Teatro Tablado e no grupo Manhas e Manias. Na carreira artística é conhecido como Chico Diaz. Além de teatro, faz televisão, tendo começado na REDE MANCHETE e depois se transferido para a GLOBO. Trata-se de um herdeiro de Wilson Grey*, Grande Otelo*, Sérgio Hingst*, Jofre Soares*, José Lewgoy*, entre os atores com as maiores filmografias no cinema brasileiro. Em 2009, ao completar 50 anos de idade, possui mais de trinta anos de cinema e quarenta longas no currículo, sendo doze deles adaptações literárias, incluindo o telefilme *Um crime nobre* (2001), de Walter Lima Jr.*. Filmou por quase todo o país. O filme que pode ser considerado sua estreia como ator no cinema foi *O sonho não acabou*, de Sérgio Rezende*, no qual é um dos jovens da trama, Danilo "Biela", filho de candango que busca ascensão social. Na fita italiana, *Ricchi ricchissimi, praticamente in mutande*, de Sérgio Martino, trabalhou pela primeira vez com um realizador estrangeiro. Em *Selva viva* (*Where the River Runs Black*), foi dirigido pelo cineasta americano Christopher Cain. Foi o marido traído de *A bela palomera*, de Ruy Guerra*, baseado na obra do escritor colombiano Gabriel Garcia Márquez. Em *O testamento do senhor Napomuceno*, foi dirigido pelo cineasta português Francisco Manso. Em *Baile perfumado*, dos diretores estreantes Paulo Caldas* e Lírio Ferreira*, fez o coronel Zé de Zito. No primeiro papel como protagonista, criou o temido cangaceiro Corisco (O Diabo Loiro), em *Corisco & Dadá*, do cineasta Rosemberg Cariry*. Foi um jornalista de Rondônia em *Doces poderes*, de Lúcia Murat*. Foi Felizardo em *Policarpo Quaresma, herói do Brasil*, de Paulo Thiago*, baseado no romance *Triste fim de Policarpo Quaresma*, clássico do escritor Lima Barreto. Em *Os matadores*, primeiro longa do diretor Beto Brant*, foi Múcio, temido pistoleiro da fronteira entre Brasil e Paraguai. Tem um dos papéis centrais de *Lua Cambará – nas escadarias do palácio*, quando voltou a trabalhar com o diretor Rosemberg Cariry*. Interpretou um açougueiro, casado com mulher muito religiosa e que tem uma amante, num do vários personagens principais de *Amarelo manga*, de outro diretor estreante, Cláudio Assis*. Em *A selva*, trabalhou com outro realizador português, Leonel Vieira, na refilmagem do romance homônimo do escritor português Ferreira de Castro. Em filme de época baseado em William Shakespeare, *As alegres comadres*, da diretora estreante Leila Hipolito, fez o médico francês doutor Caius. Atuou na coprodução entre Brasil, EUA e Rússia, *Sonhos de peixe*, do cineasta internacional Kirill Mikhanovsky. Fez advogado espertalhão em *O magnata*, do diretor estreante Johnny Araújo. Em novo papel de protagonista, viveu escritor que prepara livro sobre o tradicional bairro carioca da Tijuca em *Praça Saens Peña*, de Vinicius Reis. Foi um camelô em *O contador de histórias*, de Luiz Villaça. Tirou licença do trabalho de ator, quando funcionou como assistente de direção de *Avaeté, semente da violência* (1985), de Zelito Viana*. Filmou diversos curtas-metragens ficcionais, começando em *Mal Star* (1985-86), de Pedro Nanni; no movimentado ano de 1993, apareceu em *Cadê a massa?*, de Ney Sant'anna; *De sentinela*, de Kátia Maciel, e *Diário noturno*, de Monique Gardemberg*; seguidos de *Cachaça* (1995), de Adelina Pontual; *O ovo* (2003), de Nicole Algranti, e *Quem você mais deseja*, de André Sturm* e Silvia Rocha Campos. É casado com a atriz Silvia Buarque. (LFM)

DIEGUES, Carlos (Carlos José Fontes Diegues) – Vitória, ES, 1940. Diretor.

FILMOGRAFIA: 1962 – *Cinco vezes favela* (3º episódio: 'Escola de samba, alegria de viver'). 1963-1964 – *Ganga Zumba, rei dos Palmares*. 1965 – *A grande cidade*. 1968-1969 – *Os herdeiros*. 1972 – *Quando o carnaval chegar*. 1973 – *Joana Francesa*. 1975-1976 – *Xica da Silva*. 1977 – *Chuvas de verão*. 1979 – *Bye Bye Brasil*. 1983 – *Quilombo*. 1987 – *Um trem para as estrelas*. 1989 – *Dias melhores virão*. 1992 – *Veja esta canção* (1º episódio: 'Drão'; 2º episódio: 'Você é linda'; 3º episódio: 'Pisada de elefante'; 4º episódio: 'Samba de um grande amor'). 1995-1996 – *Tieta do agreste*. 1998-1999 – *Orfeu*. 2001-2002 – *Deus é brasileiro*. 2006 – *O maior amor do mundo*.

Ainda pequeno, a família muda-se para o Rio de Janeiro, no bairro de Botafogo. Estudou Direito na PUC, mas o cinema o absorveu totalmente. É um dos nomes fundadores do Cinema Novo* e seus filmes fazem o mapa da filmografia dos últimos quarenta anos do cinema brasileiro. Integrante ativo do Centro Popular de Cultura (CPC) do Rio de Janeiro, participa da única produção cinematográfica do mesmo: *Cinco vezes favela* (episódio: 'Escola de samba, alegria de viver'). Cacá diz sobre essa época: "Quando começamos tínhamos 18 ou 20 anos e éramos 'modestíssimos'. Queríamos mudar a história do cinema brasileiro, a história do cinema mundial e se fosse possível todo o planeta". Assim participará, através do seu cinema da utopia, da década de 60. Utopia que se reflete, principalmente, no seu primeiro longa-metragem, *Ganga Zumba, rei dos Palmares*, e em *A grande cidade*. Ambos os filmes se inscrevem na necessidade da época de superar o mundo existente por um outro diferente e superior. *Ganga Zumba, rei dos Palmares* é o primeiro filme brasileiro com protagonistas negros, cuja história é o centro narrativo. *A grande cidade*, raro filme urbano do período, mostra a confrontação cultural e social do imigrante na metrópole. Os filmes relacionam-se com a produção neorrealista vista por Cacá na CINEMATECA DO MAM e com sua admiração por King Vidor.

Em 1969 realiza *Os herdeiros*, em que, devido à censura* e à violência da ditadura militar, se distancia da proposta realista e entra na metáfora da história do Brasil. O primeiro título do filme, *O brado retumbante*, referência ao Hino Nacional, foi sutilmente vetado pela censura. Em seguida, *Os herdeiros* foi proibido e, graças a um convite do FESTIVAL DE VENEZA, Cacá sai do país e se radica em Paris junto com sua esposa, na época a cantora Nara Leão. No exílio nasce sua primeira filha, Isabel. Conforme ele mesmo diz, passou os dois anos no exterior tentando fazer algum filme. Retorna ao Brasil em 1971, onde a ditadura estava fortalecida. Em meio ao clima de terror escreve um documento – 1972 – cujo conteúdo significa a sobrevivência dos cineastas e intelectuais ao processo político em marcha. Nessa conjuntura surge primeiro *Quando o carnaval chegar* e logo *Joana Francesa*. Ambos são filmes de sobrevivência num contexto político adverso e repressivo. *Quando o carnaval chegar*, revalorizado com o tempo, na época foi destruído pela crítica. É uma homenagem aos cantores populares e à chanchada* carioca. *Joana Francesa*, outro filme massacrado, foi o maior fracasso de bilheteria de Cacá. Hoje podemos vê-lo como um discurso de formas de assimilação cultural, constituindo o filme de transição de sua filmografia. Transição não somente na temática, mas também para uma nova forma de narrativa, com ênfase na procura de uma proposta menos reflexiva e mais afetiva. Começa aí sua proposta de uma montagem temporal, baseada na tradição do cinema americano clássico, em detrimento da montagem espacial, que tinha prevalecido nos seus filmes anteriores. Realiza *Xica da Silva*, no qual retorna à temática escravidão/liberdade iniciada com *Ganga Zumba, rei dos Palmares*. Consolida aí a narrativa de corte de montagem temporal e de relato cinematográfico, à qual se mantém fiel. *Xica da Silva* foi um grande êxito de bilheteria – 4 milhões de espectadores – e colocou enfaticamente a questão da derrota política/triunfo cultural, encarnada na personagem de Xica da Silva.

Em 1978, numa entrevista ao jornal *O Estado de S. Paulo*, defende a pluralidade do cinema brasileiro e chama de "patrulhas ideológicas" as posições que defendem tendências específicas e únicas. Essa entrevista foi um marco importante no contexto do cinema e cultura brasileiros, e o debate provocado atravessou a mídia e a academia. Em 1979 realiza *Bye Bye Brasil*, que tem público de 2 milhões de espectadores e, pela primeira vez no cinema latino-americano, discute as questões do hibridismo cultural sem fobia nacionalista. Em 1983, em parceria com a EMBRAFILME* e a produtora francesa GAUMONT, realizou a superprodução histórica *Quilombo*, em filme envolvendo grandes recursos. Baseado no romance *Ganga Zumba, rei dos Palmares*, de seu parceiro João Felício dos Santos, e no ensaio *Palmares, a guerra dos escravos*, de Décio de Freitas, a trama acontece em meados do século XVII no Quilombo de Palmares, povoado habitado por escravos fugitivos, liderado pelo príncipe africano Ganga Zumba. Tempos depois, chega ao local Zumbi, que segue a liderança de Ganga, mas diverge sobre a forma de relação com os brancos colonizadores. Em 1987, retoma seu cinema urbano com *Um trem para as estrelas*, nova coprodução com a França, em drama com cores pós-modernas ambientado no Rio de Janeiro dos anos 80, em que dialoga com *A grande cidade*, filme no qual a grande metrópole consome as pessoas e as deixa perdidas. Em 1989 realiza *Dias melhores virão*, que será o primeiro filme brasileiro estreado na televisão antes de ser lançado no cinema, em 1990, em plena inatividade cinematográfica causada pelo desmantelamento do cinema no governo Collor. Em 1992 realiza outra experiência pioneira: *Veja esta canção*, obra coproduzida pelo amigo Zelito Viana* e pela TV CULTURA, também com estreia na televisão. Em 1996 faz *Tieta do agreste*, baseado no livro de Jorge Amado*. Esse filme lhe tinha sido proposto, em 1977, por Luiz Carlos Barreto*, mas não saiu do mero projeto. Em 1998 realiza *Orfeu*, baseado na obra de Vinicius de Moraes *Orfeu da Conceição*, já filmada em 1958 por Marcel Camus* com o título *Orfeu do Carnaval*. É um velho projeto de Cacá, pensado após *Bye Bye Brasil* e do qual tinha desistido devido à morte de Vinicius e às condições de produção oferecidas pela GAUMONT para realizar *Quilombo*, em 1983. (SO)

Inspirado em *O santo que não acreditava em Deus*, conto de João Ubaldo Ribeiro, que dividiu a autoria do roteiro com o cineasta, Diegues filmou em 2001 *Deus é brasileiro*. A trama é uma comédia em que Deus resolve tirar umas férias e procura seu substituto em terras brasileiras, tendo nos papéis centrais Antônio Fagundes*, Wagner Moura* e Paloma Duarte. Diretor de *O maior amor do mundo*, novamente evocando a oposição do homem que se encontra perdido na grande cidade, dessa vez um brasileiro bem-sucedido no exterior que retorna ao país em busca de seu passado. Retomando uma dívida antiga, Cacá foi produtor e supervisor da coprodução GLOBO FILMES\COLUMBIA DO BRASIL *5 × favela agora por nós mesmos* (1º episódio: 'Fonte de renda', de Manaíra Carneiro e Wagner Novais; 2º episódio: 'Arroz com feijão', de Rodrigo Felha e Cacau Amaral; 3º episódio: 'Concerto de violino', de Luciano Vidigal; 4º episódio: 'Deixa voar', de Cadu Barcelos; 5º episódio: 'Acenda a luz', de Luciana Bezerra) em nova versão do pioneiro filme homônimo de 1962, agora dirigida e realizada por sete cineastas moradores de favelas que, trabalhando dentro de um esquema profissional, trazem novo olhar das comunidades cariocas Maré, Vidigal, Cidade de Deus, Parada de Lucas e Lapa. A ideia que sustenta a nova versão do filme foi permitir a expressão criativa de quem efetivamente vive essa realidade social. (LFM)

DIFILM

A DIFILM foi uma iniciativa de unir produtores de filmes de longa metragem em torno de uma empresa distribuidora e coprodutora cinematográfica comercial. A criação da DIFILM teve suas raízes na dificuldade que os cineastas brasileiros, normalmente, encontram para comercializar os seus filmes, já que os canais de distribuição para filmes brasileiros são bastante escassos. Com a derrocada do sistema dos estúdios cinematográficos, tanto dos estúdios cariocas quanto dos paulistas, acaba acontecendo um natural estreitamento dos canais de distribuição para a produção local. O aprofundamento da atomização da produção cinematográfica deve-se a dois fatos: à consagração do produtor-realizador e ao cinema de autor. À conjunção desses dois fatores contrapõe-se a pequena tradição do cinema industrial brasileiro (1930-1960), personificada nas produções empenhadas da VERA CRUZ* ou nos filmes ligeiros da ATLÂNTIDA*. Para a DIFILM, as dificuldades de comercialização não seriam diferentes das que foram enfrentadas por outros produtores-realizadores do cinema brasileiro. O desafio, por exemplo, que seria um dos primeiros filmes que a DIFILM deveria lançar, ficou meses interditado na censura*. A rigor, apenas três dos integrantes da DIFILM (Luiz Carlos Barreto*, Roberto Farias* e Rivanides Faria) não se encaixavam no perfil da produção do cinema de autor. Integravam a DIFILM, na sua primeira fase (1965-1969), onze sócios. Na verdade, um time de cinema composto de Marcos Farias*, Carlos Diegues*, Leon Hirszman*, Roberto Farias, Rivanides Faria, Joaquim Pedro de Andrade*, Paulo César Saraceni*, Luiz Carlos Barreto, Walter Lima Jr.*, Zelito Viana* e Glauber Rocha*. Na realidade, o grupo poderia ser de até doze sócios, mas o produtor e distribuidor Jarbas Barbosa*, que fora

inicialmente convidado por Barreto e Roberto Farias, declinou do convite por achar que a DIFILM era inviável sob o ponto de vista econômico, opinião que acabou se comprovando mais tarde. Os sócios da DIFILM, em sua maioria, eram membros de empresas produtoras cinematográficas. Estavam presentes na DIFILM sócios das seguintes produtoras: MAPA FILMES* (Glauber, Zelito, Saraceni, Walter Lima Jr. e Raimundo Wanderley), L. C. B. PRODUÇÕES CINEMATOGRÁFICAS (Luiz Carlos Barreto), SAGA FILMES* (Marcos Farias e Leon Hirzman), FILMES DO SERRO (Joaquim Pedro de Andrade*) e R. F. FARIAS PRODUÇÕES CINEMATOGRÁFICAS (Reginaldo*, Roberto e Rivanides Faria). Baseada na produção dessas cinco empresas e contando com o apoio financeiro do extinto Banco Nacional, a DIFILM teria um material mínimo para iniciar e desenvolver as suas atividades comerciais. Para se ter uma ideia, somando-se os filmes da MAPA FILMES, que projetava produzir cerca de quatro filmes por ano, aos das outras produtoras envolvidas, mantendo-se a média, a DIFILM contaria no seu cardápio, no mínimo, com oito novas produções por ano. À exceção de Roberto e Rivanides Farias, todos os outros sócios estavam, de uma maneira ou de outra, alinhados com o movimento do Cinema Novo*.

Segundo Saraceni, "a DIFILM coproduziria e distribuiria não só os nossos, mas ofereceríamos os serviços a todos que fizessem filmes de qualidade. A prioridade seria o mercado interno, depois pensaríamos no mercado externo. Nenhuma outra cinematografia conseguiria uma união assim, e apesar do golpe militar o público de nossos filmes crescia". Além dessa proposta de comercializar somente filmes de qualidade, a DIFILM abordaria o mercado cinematográfico brasileiro de forma sistemática, fazendo um estudo de reconhecimento de suas potencialidades comerciais, seguindo o exemplo das distribuidoras norte-americanas. Os encarregados dessa tarefa foram Marcos Farias e Rivanides Faria, que também administrariam o cotidiano da distribuidora. A DIFILM encontrava-se localizada no coração cinematográfico do Rio de Janeiro, na rua Senador Dantas nº 20, tendo também instalado uma filial em São Paulo. Alguns pesquisadores entendem que o projeto inicial da DIFILM irá se concretizar na futura EMBRAFILME*. Ao longo de sua existência, a DIFILM chegou a lançar comercialmente pouco mais de trinta títulos. Os dois primeiros filmes que a DIFILM comercializou – O vigilante e os

cinco valentes, de Ary Fernandes*, e Luta nos pampas, de Alberto Severi – não se encaixavam perfeitamente na proposta da distribuidora. Foram, no entanto, ensaios mercadológicos necessários para azeitar a máquina de distribuição. Filmes importantes de diretores estreantes no longa-metragem de ficção eram coproduzidos e comercializados pela DIFILM, como O padre e a moça (Joaquim Pedro de Andrade), Menino de engenho (Walter Lima Jr.), Todas as mulheres do mundo (Domingos Oliveira*), O bravo guerreiro (Gustavo Dahl*). Além desses longas ficcionais de jovens diretores estreantes, a DIFILM lançou Opinião pública, filme documentário de longa metragem de Arnaldo Jabor*. Outro filme importante lançado pela distribuidora foi Garota de Ipanema, de Leon Hirszman, o primeiro filme colorido do Cinema Novo. A DIFILM teve a oportunidade de lançar algumas das principais obras da moderna cinematografia brasileira, como Terra em transe (Glauber Rocha), O desafio (Paulo César Saraceni) e A grande cidade (Carlos Diegues), apesar dos intermináveis problemas com a censura, principalmente, com os dois primeiros filmes citados. Comercialmente, as mais bem-sucedidas intervenções da DIFILM foram Roberto Carlos em ritmo de aventura (1967) e Roberto Carlos e o diamante cor-de-rosa (1968), ambos produzidos e dirigidos por Roberto Farias, e Macunaíma (1968), de Joaquim Pedro de Andrade. Esse filme alcançou um público recorde para o Cinema Novo, de mais de 2 milhões de espectadores.

O fato curioso reside em que são justamente os filmes de Farias que provocarão a cisão na DIFILM. As palavras do produtor Jarbas Barbosa são taxativas nesse sentido, comentando a respeito do sucesso popular dos filmes musicais de Farias: "Surge o problema quando o Roberto Farias, que também participava da DIFILM, fez o filme de Roberto Carlos e foi um sucesso estrondoso de público, com enorme receita de bilheteria. O Roberto sentiu que ele sozinho estava custeando a DIFILM com a receita de seus filmes. A DIFILM não dava lucros e achava que com a renda de distribuição e exibição estava sustentando as perdas dos outros filmes". Nesse momento, somam-se a crise política do país e a econômica da DIFILM, provocando uma prevista cisão. Em 1969, a empresa ficará sob a tutela do produtor Luiz Carlos Barreto. A separação dos sócios, aparentemente, não foi amigável, pois o cineasta Paulo César Saraceni é taxativo em afirmar, em sua autobiografia, que na DIFILM o todo-poderoso Luiz Carlos Barreto atuava em proveito de sua família. A DIFILM ainda teria uma sobrevida, de 1972 a 1974, só que descaracterizada do seu projeto inicial. A experiência cultural e política da DIFILM será muito importante para o amadurecimento comercial e industrial da cinematografia brasileira nas vindouras décadas de 70 e 80. Como modelo antecessor da produtora podemos citar, nos anos 30, a experiência pioneira da DISTRIBUIDORA DE FILMES BRASILEIROS (DFB), estruturada como departamento da ASSOCIAÇÃO CINEMATOGRÁFICA DE PRODUTORES BRASILEIROS (ACPB). (AG)

DIMANTAS, Melanie – São Paulo, SP, 1958 – Roteirista.

FILMOGRAFIA: 1991 – *Não quero falar sobre isso agora*. 1992-1994 – *Carlota Joaquina, princesa do Brazil*. 2000 – *Duas vezes com Helena*. 2001 – *Copacabana*. 2002 – *Avassaladoras*. 2004 – *O outro lado da rua*. 2005 – *Gatão de meia-idade*. 2006 – *Mulheres do Brasil; Irma Vap – o retorno*. 2007 – *Nome próprio; Os Porralokinhas*. 2008 – *Orquestra de meninos*. 2009 – *Olhos azuis*.

Uma das mais atuantes mulheres roteiristas do cinema atual. Formada em Ciências Sociais, na USP, paulistana, radicada no Rio de Janeiro. Iniciou no cinema participando da equipe de *Com licença, eu vou à luta* (1985), do diretor estreante Lui Farias. Escreveu roteiros de premiados filmes, como a comédia *Não quero falar sobre isto agora*, em parceria com o diretor estreante Mauro Farias e o ator Evandro Mesquita, e o histórico *Carlota Joaquina*, com a diretora estreante Carla Camurati*. Adaptou para o cinema o conto de Paulo Emílio Salles Gomes*, *Duas vezes com Helena*, em nova parceria com o diretor Mauro Farias. Juntamente com a diretora Carla Camurati e Yoya Wursch escreveu *Copacabana*, sobre histórias do tradicional bairro carioca. Com Tony Góes e a diretora Mara Mourão dividiu o roteiro de outra comédia, *Avassaladoras*. Foi corroteirista do drama *O outro lado da rua*, de Marcos Bernstein*, que marcou a estreia na direção desse roteirista. Também assina o roteiro de *Gatão de meia-idade*, de Antônio Carlos Fontoura*, baseado no personagem criado pelo cartunista Miguel Paiva. Trabalha igualmente o roteiro de filmes como *Irma Vap – o retorno*, reafirmando a parceria com Carla Camurati; *O mistério de Irma Vap*, de Charles Ludlam, comédia que retoma para o cinema um grande sucesso do teatro brasileiro, e *Nome próprio*, de Murilo Salles*. Neste último carrega em personagem exasperado, bem ao gosto do diretor, criando uma adolescente escritora

que expõe publicamente sua vida íntima em um *blog*. Para TV escreveu o seriado *Cidade dos Homens* (2002) e o telefilme *Filhos do carnaval* (2006). É professora da Pontifícia Universidade Católica do Rio de Janeiro. (VLD)

DINIZ, Leila (Leila Roque Diniz) – Niterói, RJ, 1945-1972. Atriz.

FILMOGRAFIA: 1966 – *O mundo alegre de Helô; Todas as mulheres do mundo*. 1967 – *Jogo perigoso* (2º episódio: 'Divertimento') (coprodução estrangeira); *Edu, coração de ouro; Mineirinho vivo ou morto; O homem nu*. 1968 – *Fome de amor; Madona de cedro; Os paqueras*. 1969 – *Corisco, o diabo loiro; Azyllo muito louco*. 1971 – *O donzelo; Mãos vazias*. 1972 – *Amor, carnaval e sonhos*.

Seu pai era filiado ao Partido Comunista, mas largou a militância política depois de ter sido preso em 1947. Quando Leila tinha sete meses, os pais se separaram. Ela foi viver com os avós paternos e, pouco depois, com o pai e a nova esposa. Aos 15 anos, começou a trabalhar como professora, ensinando crianças do maternal e jardim da infância. Dois anos depois, está casada com Domingos Oliveira*, então diretor de peças infantis, entre elas *Em busca do tesouro*, em que Leila assumiu o papel da Oncinha. Para complementar o salário de professora também faz trabalhos como modelo publicitário. O primeiro contato com o cinema não é como atriz, mas como uma espécie de babá para o grupo de garotos que protagoniza o filme *Fábula*, dirigido pelo sueco Arne Sucksdorff* e pelos alunos do seu curso de cinema. Em 1963, trabalha como corista em *show* de Carlos Machado e depois estreia como atriz dramática, contracenando com Cacilda Becker* em *O preço de um homem*, peça encenada em 1964. O ano seguinte marca o final do casamento com Domingos Oliveira e o início da carreira na televisão, onde faria teleteatro e diversas novelas, começando por *Ilusões perdidas*.

O primeiro filme no qual trabalha como atriz é *O mundo alegre de Helô*, dirigido por Carlos Alberto de Souza Barros*. Participa da coprodução entre Brasil e México *Jogo perigoso*, do diretor Luiz Alcoriza, mais conhecido pelo trabalho de roteirista em colaboração com Luis Buñuel. Mas é com *Todas as mulheres do mundo* – uma das maiores bilheterias do ano – que Leila Diniz projeta-se como atriz e personalidade, atuando numa história dirigida com extrema desenvoltura por Domingos Oliveira, que incorporou claras referências à vida em comum do casal.

A personagem Maria Alice, inspirada na própria Leila, é uma jovem professora que acaba por conquistar o sedutor profissional, interpretado por Paulo José*. A repercussão alcançada com o filme vem juntar-se à popularidade conquistada pela atriz nas novelas *Eu compro esta mulher* e *O sheik de Agadir* – ambas escritas por Gloria Magadan e exibidas em 1966 pela GLOBO, com altos índices de audiência. Até 1970, faria mais sete novelas, entre elas *Anastácia, a mulher sem destino* e *Vidas em conflito*. Volta a ser dirigida por Domingos Oliveira em *Edu, coração de ouro*, também com Paulo José como o protagonista envolvido com diversas mulheres, entre elas Tatiana, de 17 anos, personagem de Leila Diniz. Os dois atores iriam contracenar pela terceira vez em *O homem nu*, de Roberto Santos*, com Leila como a esposa não muito exemplar. No cinema, a atriz alterna papéis de protagonista, coadjuvante e participações especiais. Apesar de se destacar em alguns filmes, não repete o impacto de *Todas as mulheres do mundo*. Contracena com Jece Valadão* em *Mineirinho, vivo ou morto*, de Aurélio Teixeira*. Em Congonhas do Campo filma *Madona de cedro*, baseado no romance de Antônio Callado. Nesse filme é dirigida por Carlos Coimbra*, com quem volta a trabalhar em *Corisco, o Diabo Loiro*, representando Dadá – uma das figuras femininas mais imponentes do cangaço, ao lado de Maria Bonita –, com quem a atriz chegou a conversar pessoalmente antes da filmagem. Em 1968, Leila vai à Alemanha representar *Fome de amor* no FESTIVAL DE BERLIM. No filme de Nelson Pereira dos Santos*, sua personagem é Ula, mulher vigorosa e cruel, que forma com o marido cego, surdo e mudo (Paulo Porto*) um dos dois casais que protagonizam a trama. Fragmentado, alegórico, numa constante atmosfera de estranhamento, *Fome de amor* permitiu a Leila afastar-se um pouco da representação naturalista, apesar de, mais uma vez, haver características semelhantes que aproximavam personagem e atriz.

Em novembro de 1969, é publicada em *O Pasquim* a entrevista que se tornaria histórica. A atriz falou com total desenvoltura da sua carreira, dos diretores e atores com quem trabalhou, da censura* e até do Instituto Nacional de Cinema (INC), mas o maior impacto ficou por conta de suas opiniões e experiências quanto ao sexo, à relação com os homens, ao amor livre. Tudo isso numa linguagem das mais coloquiais, que não dispensava gírias, além dos famosos e inúmeros palavrões, substituídos por asteriscos. A entrevista alcançou enorme repercussão, confirmando que o melhor personagem de Leila Diniz era ela mesma. Não faltaram reações mais conservadoras, incluindo a agressão pública e direta no programa *Quem tem medo da verdade*, em que Leila compareceu e saiu chorando depois de 'condenada' pelos jurados. A atriz também passou a ser perseguida pelo regime militar e ameaçada com um mandado de prisão, que foi revogado depois que ela assinou um termo de responsabilidade no qual se comprometeu a não mais falar palavrões. Junto com outras publicações, a entrevista d'*O Pasquim* agiu como estopim para o surgimento de uma lei de censura prévia, conhecida como "decreto Leila Diniz". O nome da atriz já havia batizado uma gripe que "levava todo mundo pra cama". Com dificuldade para encontrar trabalho – a GLOBO não renova seu contrato, alegando "razões morais" –, Leila recebe o apoio do apresentador Flávio Cavalcanti. Ele a convida para ser jurada no programa e também empresta sua casa no sítio para a atriz se isolar, num momento em que está sob suspeita de ter escondido militantes de esquerda. Como jurada do *Programa Flávio Cavalcanti* a partir de outubro de 1970, aceita desfilar de biquíni, em carro aberto pela avenida Rio Branco, no centro do Rio de Janeiro, em troca da doação para um asilo. Volta a filmar com Nelson Pereira dos Santos em *Azyllo muito louco*, fazendo um pequeno papel como Eudóxia, a esposa do médico da cidade. Depois de abandonar o espetáculo dirigido por Neville d'Almeida* *Leila Diniz, Betty Faria e asteriscos*, por considerá-lo mais uma jogada comercial em cima de sua imagem, Leila reabilita o teatro de revista e dá início a uma curta, mas bem-sucedida, carreira de vedete. Protagoniza *Tem banana na banda*, sempre improvisando a partir dos textos escritos por Millôr Fernandes, Luiz Carlos Maciel, José Wilker* e Oduvaldo Viana Filho*, entre outros. Ganha o concurso de Rainha das Vedetes, recebendo o título das mãos de Virgínia Lane. Também é eleita Madrinha da Banda de Ipanema – o que selou definitivamente a identificação entre Leila e a Zona Sul carioca. Em 1971 faz uma ponta em *O donzelo*, no papel dela mesma, como já havia acontecido em *Os paqueras*, dirigido e interpretado por Reginaldo Faria*. Como protagonista, atua em *Mãos vazias*, primeiro filme de Luiz Carlos Lacerda*, o Bigode, seu amigo íntimo desde a adolescência. Na história baseada em romance de Lúcio Cardoso, Leila representa Ida, mulher de família burguesa que passa a desafiar os modelos tradicionais de comportamento depois da morte do filho. Namorando o cineasta Ruy Guerra*, engravida nos primeiros meses de 1971, tornando-se a grávida do ano – assim eleita tanto no programa do Chacrinha quanto nas páginas d'*O Pasquim*. Exibindo uma grande barriga de oito meses, é fotografada de biquíni na praia, numa atitude inédita e audaciosa para a época. Mais uma vez, escandaliza a opinião pública, desencadeando uma infindável série de discussões sobre o tema. Em novembro, nasce Janaína. Depois de uma temporada de dedicação integral ao bebê, Leila volta aos palcos em mais uma revista: *Vem de ré que eu estou de primeira*, escrita e dirigida por Tarso de Castro, com participação de Dalva de Oliveira. Entre uma cena e outra, a atriz amamentava a filha nos bastidores. Pouco antes, no carnaval de 1972, havia saído pela Império Serrano, fantasiada de Carmen Miranda*. Também durante o carnaval, filmou sua última participação no cinema: *Amor, carnaval e sonhos*, de Paulo César Saraceni*. Leila aparece na bela sequência inicial, vestida de pirata e discutindo com a imagem de uma santa, pedindo-lhe que a ajude a encontrar um homem para brincar o carnaval, quando entra pela janela o malandro interpretado por Hugo Carvana*. Em junho deixa o Brasil para representar *Mãos vazias* no FESTIVAL DE CINEMA DA AUSTRÁLIA. Com saudades da filha, antecipa a volta, partindo antes do encerramento. No dia 14, o avião em que viajava explodiu no ar, quando sobrevoava Nova Déli. Foram consideradas várias causas possíveis para a explosão, de atentado terrorista a falhas técnicas. A morte de Leila Diniz, aos 27 anos, causou comoção nacional e deu início à formação do mito em torno da mulher "revolucionária", que rompeu tabus e convenções através de suas ideias e, especialmente, de suas atitudes. O fascínio por sua trajetória e personalidade produziu inúmeros artigos e alguns livros, além de vídeos e filmes. Mariza Leão* e Sérgio Rezende* realizaram em 1974 o curta *Leila para sempre Diniz*, com depoimentos, trechos de filmes e da entrevista gravada para *O Pasquim*. Após dez anos da morte da atriz, Ana Maria Magalhães* dirige o vídeo *Já que ninguém me tira para dançar*, com vários depoimentos e Leila sendo interpretada em algumas cenas pelas atrizes Lígia Diniz (sua irmã mais nova), Lídia Brondi e Louise Cardoso*. É também Louise quem protagoniza *Leila Diniz*, longa-metragem dirigido em 1987 por Luiz Carlos Lacerda. Em homenagem aos 25 anos da morte da atriz, o canal a cabo GNT produz em 1997 o documentário *3 × Leila*, com apresentação de Marieta Severo*. (LCA)

DISTRIBUIÇÃO

A distribuição comercial cinematográfica no Brasil, a exemplo do que acontece em outros países do mundo, foi, historicamente, o último ramo que surgiu como uma verdadeira especialidade da indústria, completando o clássico tripé produção- -distribuição-exibição. Na fase inicial da cinematografia comercial brasileira (1897-1900), o importador de películas cinematográficas, utilizando-se do expediente da importação direta das principais empresas produtoras cinematográficas da época, e sendo também exibidor, ocupa o papel de um verdadeiro demiurgo do mercado. A distribuição de filmes brasileiros praticamente não existe, já que a produção cinematográfica encontra-se em um patamar de incipiência industrial. Somente entre 1905 e 1915 a atividade comercial de importação de películas e equipamentos cinematográficos passa gradualmente a ser operacionalizada por um representante legal que poderia ser concessionário das produtoras-distruibuidoras estrangeiras ou representante das mesmas. A grande maioria dos proprietários dessas firmas, dos primeiros "programas cinematográficos", como eram conhecidas as distribuidoras, são imigrantes europeus como Paschoal Segreto*, Giacomo Staffa e Francisco Serrador*. A operacionalização da distribuição cinematográfica, baseada quase exclusivamente na importação de filmes, mantém-se até os dias de hoje de forma praticamente inalterada. Ao longo da história apenas se transformarão os métodos de atuação no mercado dos distribuidores e importadores de filmes, que mantêm sob a sua tutela a economia cinematográfica no Brasil, em aliança com o setor da exibição.

No primeiro período, apenas algumas empresas estrangeiras trabalhavam com concessionários no país: PATHÉ e EDISON, por exemplo, cujos representantes eram Marc Ferrez e Frederic Figner, respectivamente. Em 1908, o fotógrafo Ferrez obtinha definitivamente a exclusividade da PATHÉ-FRÈRES para vender os afamados produtos franceses (filmes e aparelhos cinematográficos) em território brasileiro. A exemplo do que acontecia com o mercado internacional, o mercado cinematográfico brasileiro encontrava-se ainda bastante desorganizado, sendo sua base comercial apoiada na atividade dos vendedores ou representantes de empresas estrangeiras de equipamentos e filmes. São esses vendedores de películas e de suprimentos cinematográficos que, com o passar do tempo, ficariam propriamente conhecidos como distribuidores. Atribui-se aos representantes da PATHÉ, Marc Ferrez e Júlio Ferrez*, o pioneirismo do uso do termo "distribuidor" no Brasil. Essa fase inicial também seria marcada pela concorrência que cada um dos primeiros importadores de filmes estabeleceria entre si, tendo como finalidade principal assegurar a exclusividade de, pelo menos, uma grande companhia estrangeira. A corrida pela exclusividade de representação é marcada por batalhas judiciais e extrajudiciais que se estabelecem entre os controladores do nascente mercado cinematográfico brasileiro. O pesquisador Vicente de Paula Araújo*, no seu livro *A bela época do cinema brasileiro*, narra com riqueza de detalhes as perfídias que se estabeleceram, muitas vezes alcançando as páginas dos jornais. Em 1908, Paschoal Segreto, segundo afirma Alice Gonzaga no livro *Palácios e poeiras*, já teria assinado contrato de exclusividade com a CINES. Enquanto isso, Giacomo Staffa, que também começara comprando filmes de forma avulsa em Paris, logo se apresentaria como revendedor exclusivo das produtoras ITÁLIA e FILM D'ART. No ano de 1910, Staffa consegue a exclusividade da empresa dinamarquesa NORDISK, uma das maiores produtoras da época, ao mesmo tempo que estabelece escritórios em várias capitais brasileiras como São Paulo, Porto Alegre e Recife. Além disso, Staffa chegou a contar com escritórios de compras localizados em centros como Nova York e Paris. Fato inédito para um distribuidor brasileiro que consegue demonstrar o potencial do mercado cinematográfico brasileiro.

A aproximação da I Guerra Mundial vai fazer com que a importação de filmes europeus torne-se bastante irregular. A situação acaba levando o comércio cinematográfico a um colapso generalizado, pela absoluta ausência de material cinematográfico, sejam filmes virgens ou impressos. A partir desse momento, as distribuidoras norte-americanas irão encontrar um mercado dócil e ao mesmo tempo ávido por novidades. Em 1915 instalam-se no país empresas subsidiárias da FOX e da UNIVERSAL. Em 1916 seria a vez da poderosa PARAMOUNT abrir uma filial no Rio de Janeiro, instalando-se sob a denominação de PELÍCULAS DE LUXO DA AMÉRICA DO SUL. Depois, ainda viriam a UNITED ARTISTS, a MGM e a FIRST NATIONAL. Somente mais tarde chegam a WARNER BROS. e a RKO. As produtoras-distribuidoras norte-americanas passam

também a trazer os melhores filmes europeus, liquidando, em um único golpe, os principais produtores e importadores nacionais. Os distribuidores brasileiros passam a não ter mais como se utilizar do expediente da importação direta, já que os distribuidores norte-americanos compravam filmes em escala dos produtores europeus, para exibi-los em vários países, incluindo os Estados Unidos. Ao se instalarem no Brasil, as distribuidoras norte-americanas também introduzem novas e revolucionárias técnicas comerciais de distribuição cinematográfica. A principal delas era a chamada "linha de exibição", método pelo qual um filme dessas distribuidoras seguia uma linha de salas de exibição. O lançamento era feito com exclusividade em uma única sala (normalmente aquela com ingressos mais caros), partindo depois para salas com ingressos mais baratos, obedecendo à lógica centro-periferia, capital-interior e assim por diante. Além da linha de exibição, utilizam-se de modernas técnicas de *marketing* para a divulgação de seus filmes. Logo depois, nos anos 20, as distribuidoras *majors* passam a se utilizar dos serviços das empresas de publicidade norte-americanas no Brasil para divulgação de seus produtos. Aos poucos, as distribuidoras estadunidenses começam a moldar o mercado cinematográfico brasileiro de acordo com os seus próprios interesses comerciais.

Nos primórdios da organização em escala do sistema de exibição cinematográfica no Brasil, não existe qualquer estrutura de distribuição para comercializar o filme nacional. A produção cinematográfica, praticamente artesanal, remete-se diretamente a alguns exibidores isolados, sem a capacidade de chegar às linhas de exibição que detêm os melhores e mais rentáveis cinemas. Era bastante comum o produtor brasileiro ceder seu filme a agentes cinematográficos que se dispunham a distribuir o filme pelo interior e pelas capitais dos estados mais afastados dos polos de produção cinematográfica do país, perdendo o controle de arrecadação. Os agentes cinematográficos, geralmente, operavam como verdadeiros caixeiros-viajantes, levando os filmes embaixo do braço, e quase sempre desapareciam sem prestar contas aos produtores. Vários cineastas e produtores brasileiros foram, de alguma forma, vítimas desses caixeiros. Em 1927, por exemplo, foram produzidos cerca de doze filmes de enredo. No entanto, é muito difícil saber quantos desses filmes chegaram a ser distribuídos e exibidos em

escala regional ou nacional. Normalmente, as produções ficavam restritas aos locais de produção, gerando, nesse período, a proliferação de Ciclos Regionais*, com produtores operando dissociados uns dos outros. Paralelamente, o mercado vivia um processo de intensa importação de filmes e projetores cinematográficos. Era chegado o momento da expansão da rede de exibição e do comércio cinematográfico brasileiro.

No início da década de 20, o mercado encontra-se organizado principalmente pela ação das distribuidoras norte-americanas, que, a partir desse momento, passam a controlar a maior fatia do mercado cinematográfico brasileiro. As consequências para a produção do filme brasileiro são as mais nefastas, pois o produto local é obrigado a se ajustar a um sistema de distribuição e exibição que teve todo o seu desenvolvimento calcado sobre o produto importado. Até essa fase, as técnicas de comercialização eram mistas, convivendo, em um mesmo ambiente econômico, a compra e locação de películas cinematográficas e ainda a venda através de percentual de bilheteria. A prática comercial de percentagem sobre a bilheteria obedecia à seguinte lógica para filmes importados: 50% da renda líquida iria para o distribuidor, no caso de tratar-se de um filme inédito na praça exibidora, ou entre 30% e 40% quando se tratava de filme em reprise ou de uma "dobra". A partir do momento em que se consolidou esse sistema de percentagem, deu-se o ponto de virada, em termos econômicos, da indústria cinematográfica no Brasil. Os produtores associam-se diretamente ao exibidor em sua atividade, que passa a ter poderes de manipular melhor a receita dos seus filmes. Há também o aumento do custo das produções cinematográficas, que se tornam cada vez mais caras e complexas. Esses fatores acabam levando todos os envolvidos a entrar no risco do negócio. Nesse processo, quem ganha são as empresas norte-americanas, capitalizando-se de forma impressionante, já que eram produtoras e distribuidoras dos seus filmes. Com a consolidação do sistema de percentagem, o filme brasileiro também ficaria em desvantagem em relação ao filme importado, pois se trabalhava com índices de 20% a 30% para o título brasileiro em lançamento. Entre o final da década de 10 e durante toda a década de 20, a distribuição do filme brasileiro restringe-se praticamente aos filmes curtos, os cinejornais*, que contam com distribuição mais ampla, sendo boa parte deles produzida pelos grandes exibidores.

DISTRIBUIÇÃO

A produção ficcional limita-se aos Ciclos Regionais, exibições locais, sem nenhum aparato de distribuição comercial.

Em 1932 é realizada a I CONVENÇÃO CINEMATOGRÁFICA NACIONAL, com a participação de distribuidores de filmes importados e exibidores cinematográficos. Dessa CONVENÇÃO surge a Associação Brasileira de Cinema (ABC), que passa a funcionar como um birô do cartel do cinema no Brasil, reunindo entre seus associados importadores e distribuidores de filmes estrangeiros e alguns grandes exibidores. Nesse mesmo ano, em 4 de abril, o Governo Provisório de Getúlio Vargas edita o Decreto nº 21.240, que favorece a importação de filmes impressos e reduz ao mínimo o preço de importação de filmes virgens. Ao mesmo tempo, os estúdios da CINÉDIA* esboçam uma tímida tentativa de verticalização, com a criação de um departamento de distribuição próprio, que chega a abrir uma filial em São Paulo. O Decreto nº 21.240 prevê também a obrigatoriedade de exibição de complemento nacional, criando um pequeno mercado para os produtores brasileiros, que ainda se encontram bastante desorganizados para atuar em um ambiente econômico dominado pelo filme importado. A primeira ação mais articulada dos produtores cinematográficos brasileiros acontece somente em junho de 1934, quando foi realizado o primeiro congresso de produtores cinematográficos brasileiros. Nessa ocasião foi criada a Associação Brasileira de Produtores Cinematográficos (ABPC). Uma das primeiras ações da entidade de classe, a primeira de cineastas e produtores, foi assinar um contrato com o Sindicato Cinematográfico dos Exibidores que regularia o preço do filme através da categorização das salas de cinema em cinco níveis. Nessa época, os filmes complementos deveriam ter, no máximo, 150 metros de comprimento para acompanhar a programação de filmes importados. Com a finalidade de se regular o mercado para o filme curto, a ABPC criou um departamento interno, a Distribuidora de Filmes Brasileiros (DFB), que ainda não era dotado de personalidade jurídica própria e foi dirigido por A. Pinto Paiva. No entanto, em 18 de outubro de 1935, com o desenvolvimento dos negócios, foi feita uma reorganização interna da DFB, dando-lhe estrutura comercial como era de direito. Podemos afirmar que a DFB foi a primeira iniciativa de caráter orgânico de distribuição coletiva no cinema brasileiro.

Em 1945 é criada uma empresa que seria fundamental para o desenvolvimento industrial do cinema nacional: a União Cinematográfica Brasileira (UCB), de propriedade do grupo de empresas da família Severiano Ribeiro. A UCB seria responsável pela distribuição nacional, associada com agências regionais no Sul e Sudeste do país, das chanchadas* e de filmes de carnaval a partir de 1946. Em 1947, o produtor e distribuidor Luiz Severiano Ribeiro Junior* assume o controle acionário dos estúdios da ATLÂNTIDA CINEMATOGRÁFICA*. A UCB foi a mais influente distribuidora de filmes nacionais por mais de três décadas, tornando-se uma das mais longevas distribuidoras de filmes brasileiros. Outra característica importante da UCB está no fato de ser a única distribuidora, na história do cinema brasileiro, a integrar-se verticalmente, em escala industrial, com a produção e a exibição. O desenvolvimento do cinema brasileiro, nessa fase, entusiasmou Osvaldo Massaini* a fundar a sua própria distribuidora, a CINEDISTRI*, em 1949, isso após o fechamento do escritório de distribuição da CINÉDIA, onde Massaini trabalhara. A CINEDISTRI especializou-se em distribuir filmes brasileiros de longa e curta metragens. Nesse período começam a surgir também pequenas e médias distribuidoras, que ficaram conhecidas como independentes. Essas distribuidoras eram empresas de capital brasileiro que trabalhavam com a importação e distribuição do filme estrangeiro.

Na década de 50, o mercado de distribuição começa a passar por significativas alterações, que possibilitaram a atuação de novas categorias de distribuidoras no país. Nesse período, havia a presença de praticamente todas as empresas distribuidoras norte-americanas importantes, como COLUMBIA, FOX, WARNER, UNITED ARTISTS, RKO, mas também estavam presentes no mercado cinematográfico brasileiro filiais de empresas estrangeiras não norte-americanas (japonesa e mexicana). A importância das distribuidoras brasileiras independentes e das distribuidoras estrangeiras não norte-americanas reside em sua contribuição cultural na formação dos futuros intelectuais, artistas e técnicos que passam a assistir com mais frequência a filmes japoneses, argentinos, mexicanos, italianos, franceses, suecos e alemães. Desse período, destacam-se distribuidoras como a FRANCO-BRASILEIRA, que trouxe para o Brasil a produção francesa da nouvelle vague, a SHOCHIKU, a TOHO e a TOHEI, que trouxeram os clássicos do cinema japonês. Uma característica importante dessas pequenas e médias distribuidoras é que elas encontravam-se vinculadas ao circuito de exibição, fator que garantiu sua sobrevivência por algum tempo. Podemos apontar, ainda na década de 50, uma nova configuração do mercado de exibição no envolvimento direto de empresas distribuidoras norte-americanas na comercialização da produção brasileira. A empresa que mais teria se empenhado nesse sentido seria a COLUMBIA PICTURES, que distribuiu produções dos estúdios paulistanos da VERA CRUZ* e da MARISTELA*. A COLUMBIA também apoiou a produção desses estúdios através do sistema conhecido como "avanço de bilheteria ou receita". Essa distribuição foi responsável por uma pequena inserção dos filmes brasileiros no mercado internacional, fato praticamente inédito para a cinematografia brasileira até então. Apesar das críticas dos setores mais nacionalistas do cinema brasileiro, a política das distribuidoras norte-americanas mostrou que existia a possibilidade de inserir o filme brasileiro no mercado internacional, obtendo até bons resultados.

Nos revolucionários anos 60 surgem algumas distribuidoras brasileiras que se alinham com a produção cinematográfica estabelecida no Rio de Janeiro. O movimento do Cinema Novo* foi particularmente aquinhoado, percebendo a importância de uma atuação concreta no setor por meio de distribuidoras como a COPACABANA FILMES e a DIFILM*. A COPACABANA FILMES, de propriedade do então já experiente distribuidor Jarbas Barbosa*, não chega a ter uma vida muito longa. No entanto, durante a sua curta existência, distribui filmes que se tornaram clássicos do cinema brasileiro, como Os fuzis, de Ruy Guerra*; Ganga Zumba, rei dos Palmares, de Carlos Diegues*; e Deus e o diabo na terra do sol, de Glauber Rocha*. A experiência que alguns dos mais importantes cineastas do Cinema Novo, como Rocha e Guerra, tiveram na COPACABANA FILMES contribuiu para uma conscientização maior sobre a importância desse setor na produção cinematográfica e a necessidade do domínio efetivo para viabilizar qualquer projeto de produção cinematográfica, tanto em termos artísticos e estéticos como industriais e empresariais. Em 1965, um grupo de pessoas alinhadas ao Cinema Novo funda a DIFILM, misto de distribuidora e produtora cinematográfica. A DIFILM foi uma experiência das mais abrangentes na história da distribuição comercial do cinema brasileiro, passando por significativas transformações internas ao longo de sua trajetória (1966-1972) que mudaram completamente o seu projeto inicial.

A partir de 1966, com a criação do Instituto Nacional de Cinema (INC), órgão dotado de poderes para regulamentar qualquer tema relativo à indústria cinematográfica, inicia-se um processo sistemático de centralização e catalogação de informações sobre a indústria cinematográfica brasileira, por meio do qual era possível obter as informações detalhadas sobre o faturamento e as práticas comerciais das empresas exibidoras e distribuidoras cinematográficas que estavam atuando no mercado (nesse momento, encontravam-se operando distribuidores de filmes para cinema e televisão). Implanta-se também a obrigatoriedade do registro de distribuidoras cinematográficas no INC para que as mesmas pudessem operar legalmente no país. A partir desse registro, e de outras formas de controle, inicia-se uma nova fase, em que passamos a ter dados oficiais sobre os números do mercado cinematográfico brasileiro. Por força da legislação, algumas distribuidoras norte-americanas passaram a investir diretamente na produção e distribuição de filmes brasileiros. Num período de catorze anos, entre 1967 e 1980, as seguintes empresas distribuidoras chegaram a comercializar filmes brasileiros: CINEMA INTERNATIONAL CORPORATION (CIC), oito filmes, entre 1974 e 1977; COLUMBIA PICTURES OF BRAZIL, sete filmes, entre 1967 e 1972; METRO-GOLDWYN-MAYER, seis filmes, entre 1968 e 1972; PARAMOUNT, um filme, em 1970; PELMEX, onze filmes, entre 1967 e 1978; e RANK FILMES, um filme, em 1969. Em 1969, Roberto Farias*, Rivanides Faria, Jarbas Barbosa, Jece Valadão* e Herbert Richers* fundam a IPANEMA FILMES*, que se revelou uma das mais profícuas iniciativas de distribuição do filme brasileiro. Num período de doze anos (1969-1980), a distribuidora lançou cerca de 68 filmes de longa metragem no mercado cinematográfico, cuja produção estava alicerçada, principalmente, nos filmes confeccionados pelas produtoras dos sócios da IPANEMA. A fase áurea da IPANEMA aconteceu entre 1970 e 1974, destacando-se filmes como *Os paqueras*, de Reginaldo Faria; *Marcelo, Zona Sul*, de Xavier de Oliveira*; *Pais quadrados... filhos avançados*, de J. B. Tanko*; *Roberto Carlos e o diamante cor-de-rosa*, de Roberto Farias; e *Os herdeiros*, de Carlos Diegues, entre outros. Com a emancipação da EMBRAFILME*, em 1975, a IPANEMA repassa para a empresa estatal nove dos seus escritórios espalhados pelos principais territórios cinematográficos e parte do acervo.

A extinção do INC, em 1975, faz com que as distribuidoras cinematográficas passem a se registrar na EMBRAFILME, que, a partir desse momento, se torna a mais influente instituição do cinema brasileiro. Nos anos 70 há, igualmente, uma multiplicação de médias e pequenas distribuidoras vinculadas a circuitos exibidores (HAWAY, OURO, etc.), que também favoreciam a distribuição de filmes brasileiros. Encontram-se ainda empresas que comercializam exclusivamente filmes brasileiros e empresas que distribuem filmes estrangeiros e brasileiros (ART, PARIS, CONDOR, OURO). Em 1973, 271 empresas distribuidoras encontram-se registradas no INC, das quais 104 estão localizadas no Rio de Janeiro e 90 em São Paulo, e as restantes espalhadas pelo país. Em 1979, esse número passa para 434 empresas, agora registradas na EMBRAFILME. A maior distribuidora cinematográfica operando no mercado brasileiro na década de 70 e início de 80 é a CIC, um truste que representa os grandes estúdios americanos como METRO-GOLDWYN-MAYER, WALT DISNEY, PARAMOUNT, etc. Ainda na década de 80, presencia-se um declínio acentuado da importação de filmes, devido a mudanças estruturais da indústria internacional e de barreiras alfandegárias, como o depósito compulsório, a mais importante delas, que atingiu indiscriminadamente pessoas físicas e jurídicas e onerou em muito as importações de filmes. Em 1984, o mercado brasileiro apresentava claros sinais de declínio econômico, e esse fator fez com que as distribuidoras norte-americanas fechassem as suas filiais nas cidades do interior do Brasil, mantendo apenas escritórios nos principais mercados, como Rio de Janeiro, São Paulo, Porto Alegre, Recife, Ribeirão Preto e Botucatu. O número de distribuidoras de filmes operando no país, no mesmo período, atingiu a expressiva marca de 850 empresas. Esse número era inflacionado pela entrada das distribuidoras de fitas de videocassete, cujo mercado encontrava-se em plena ebulição.

Nos anos 80 consolida-se uma legislação protecionista para o filme brasileiro que pretendia limitar a importação de filmes, estabelecer recursos legais para a obrigatoriedade de copiagem de filmes estrangeiros, determinar a instalação de um depósito compulsório e limitar o envio de divisas para o exterior. Essas medidas, aliadas à lei de obrigatoriedade da exibição do filme nacional, foram responsáveis pela inibição da importação de filmes em geral, contribuindo para a sensível diminuição da presença do filme estrangeiro. Na realidade, essas limitações se reportavam mais aos filmes importados por distribuidoras

pequenas e médias, enquanto as maiores evitavam importar filmes que teriam grande chance de ser improdutivos. A censura*, também, foi outro fator limitante na importação de filmes, principalmente os de apelo erótico e político. Nesse período, os maiores exportadores de filmes para o Brasil eram os EUA, a Itália, a França, a Inglaterra e Hong Kong.

Na década de 1990, a circulação do filme brasileiro de longa metragem, distribuído por empresas nacionais, retrocederá ao nível de organização dos anos 30 e 40, quando não tínhamos nenhuma empresa distribuidora local organizada em escala nacional. O único meio para um produtor brasileiro lançar nacionalmente e distribuir o seu filme no mercado será através de distribuição operada por empresas norte-americanas. Com a criação da RIOFILME, empresa estatal municipal, esta se torna a única distribuidora especializada em comercializar apenas filmes brasileiros de longa metragem. Nessa década, o filme brasileiro passa a representar menos de 5% dos ingressos totais vendidos no mercado. O baixo desempenho em termos históricos – já que o filme brasileiro chegou a ter mais de 30% dos ingressos totais vendidos nos anos 70 – deve-se principalmente à falta de uma estrutura de distribuição organizada em nível nacional e suficientemente capitalizada para fazer lançamentos em escala em todo o território brasileiro. Um fato novo surge com o advento da Lei do Audiovisual, quando as distribuidoras *majors*, FOX, WARNER, UIP, FOX e a SONY-COLUMBIA, passam a apoiar a produção e a distribuição de filmes brasileiros, entre os quais *Tieta do Agreste* e *Orfeu do Carnaval*, de Carlos Diegues; *O quatrilho*, de Fábio Barreto*; *O que é isso, companheiro?*, de Bruno Barreto*. Além desses filmes, essas empresas detêm os lançamentos de maior bilheteria da história recente do cinema brasileiro. Filmes como *Carandiru*, de Hector Babenco*; *Se eu fosse você* e *Se eu fosse você 2*, ambos de Daniel Filho*, *2 filhos de Francisco*, de Breno Silveira, foram distribuídos e coproduzidos assim, valendo-se das facilidades do Art. 3º da Lei do Audiovisual. Outra distribuidora que se destacou na distribuição de filmes brasileiros foi LUMIÈRE, que a partir de 1997 passou a comercializar obras nacionais de grande repercussão de público e crítica. Para se ter uma ideia, entre 1997 e 2002 a distribuidora vendeu mais de 5 milhões de ingressos de filmes nacionais. Nesse cenário, deve-se destacar a comercialização de *Cidade de Deus*, o polêmico filme de Fernando Meirelles* que reposicionou o cinema brasileiro, inclusive no mercado internacional.

No período 2000-2010, a distribuição comercial não passou por alterações significativas em sua infraestrutura econômica. Houve algumas mudanças no aspecto tecnológico quando as empresas passaram a distribuir seus filmes no suporte digital. Na realidade, esse aspecto das novas tecnologias vem determinando muito mais o perfil das exibidoras do que das distribuidoras propriamente ditas. O setor da distribuição comercial continua sendo dominado, praticamente, pelas mesmas empresas de antanho. Entretanto, observou-se que mais empresas *majors* interessaram-se pelo produto brasileiro, na medida em que alguns filmes têm obtido sucesso de bilheteria inequívoco e se amparam no citado Art. 3º. Nesse período, todas as empresas transnacionais vêm distribuindo filmes brasileiros com certa regularidade. Destaca-se o surgimento da DOWNTOWN FILMES de Bruno Wainer por ser a única empresa privada especializada na comercialização de filmes brasileiros voltados para o mercado de salas de cinema. O maior sucesso dessa empresa foi o filme *Meu nome não é Johnny*, de Mauro Lima*. Esse lançamento foi financiando pelo esquema do FUNCINES, novo mecanismo de apoio à produção e distribuição de filmes brasileiros. Até o lançamento do filme de Mauro Lima, a maioria dos filmes de grande sucesso foi suportada pelos recursos dos artigos 1º e 3º da Lei do Audiovisual. Por outro lado, algumas empresas com claro perfil de produtoras também resolveram adentrar no campo da distribuição de filmes brasileiros nas salas de cinema. Entre elas estão a CASA DE CINEMA e a VIDEOFILMES. A CASA DE CINEMA demonstrou um perfil mais contemporâneo ao lançar o filme *3 efes*, de Carlos Gerbase*, com distribuição simultânea na internet, salas de cinema digitais e DVD. Outra distribuidora que se colocou no mercado comercializando filmes brasileiros foi a IMOVISION, que também tem braço de exibição na cidade de São Paulo (Reserva Cultural). Comandada por Jean Thomas Bernardini, a IMOVISION tem se especializado em distribuir filmes de difícil comercialização, mas de grande empenho de realização, como *O prisioneiro da grade de ferro*, de Paulo Sacramento*; *Baixio das bestas*, de Cláudio Assis*; *Minha vida não cabe num opala*, de Reinaldo Pinheiro, *Meu caro Francis*, de Nelson Hoineff. Outra distribuidora com perfil parecido é a PANDORA FILMES, dirigida pelo polivalente André Sturm*.

Entre as películas distribuídas pela PANDORA encontram-se os filmes *Domésticas*, primeiro projeto de longa-metragem do cineasta Fernando Meirelles, que dividiu a direção com seu sócio Nando Olival. O filme teve um tratamento bastante original de comercialização, chegando a um público de mais de 70 mil espectadores, patamar considerado satisfatório por seus produtores. Outra obra distribuída pela PANDORA foi *Tapete vermelho*, de Luiz Alberto Pereira*, uma interessante releitura do cinema de Mazzaropi, estrelada por Matheus Nachtergaele* e Gorete Milagres. Uma forma diferenciada de distribuição foi a experiência da MOVIE MOBZ. Trata-se de um projeto comercial encabeçado por Marco Aurélio Marcondes, personalidade única na história da distribuição do cinema brasileiro com passagens pela EMBRAFILME, ART FILMES, CONSÓRCIO SEVERIANO MARCONDES e EUROPA FILMES. A MOVIE MOBZ integra um sistema ímpar que envolve internet, salas de cinema e exibição digital. Exibe o filme para um público segmentado, disposto a pagar para ver um determinado filme em determinado local e horário. Trata-se de uma experiência que remete ao movimento cineclubista, ainda que com caráter comercial. Uma outra perspectiva de distribuição foi alimentada pela inserção da tecnologia do DVD. Em razão desse mercado nunca se teve tantos títulos disponíveis para consumo doméstico. Isso não acontece somente com os títulos que recentemente entraram em cartaz, mas com filmes das mais variadas épocas e fases do cinema brasileiro. Nesse segmento encontramos algumas distribuidoras como a VERSÁTIL, EUROPA e outras que se notabilizam por disponibilizar obras nacionais em DVD. Empresas também estão lançando filmes na tecnologia Blue Ray. Nesse caso se encontram os filmes produzidos, recentemente, pelo crivo da GLOBOFILMES, aproveitando para exibir as obras nas transmissões de alta definição da sua empresa matriz, a REDE GLOBO DE TELEVISÃO. Ainda na distribuição em DVD, deve-se ressaltar o papel da PROGRAMADORA BRASIL, que já disponibilizou centenas de títulos de curtas, médias e longas-metragens para instituições que tenham perfil de formação de público. Ainda que pese o grande número de lançamentos em DVD, esse mercado ainda não tem a mesma representatividade econômica para o cinema brasileiro. Uma boa parte do baixo nível de circulação deve-se necessariamente à ação da pirataria, que afeta a atividade de um modo geral. O exemplo de *Tropa de elite*, que atingiu números antes nunca vistos pelo cinema brasileiro nesse segmento, comprova que há uma área que sofre sangria de recursos significativos. (AG)

DOCUMENTÁRIO MUDO

A produção documentária atravessa de modo horizontal o cinema mudo brasileiro. Às atividades que propriamente circundavam a feitura de documentários era dado o nome de cavação. Espaço menosprezado da sobrevivência no cinema, a "cavação" cobre o documentário de encomenda, a propaganda e o ensino em pequenas escolas de cinema. Os fotógrafos são chamados de "operadores", os diretores de "cinegrafistas" e os documentários de "naturais". Essa terminologia traz embutido certo desprezo pela produção documentária e pelo seu esquema de produção, herdado de alguns preconceitos da crítica de cinema do mudo. Preferimos usar aqui os termos modernos que designam autoria no cinema, chamando de "diretores" os "operadores de câmera" do cinema mudo documentário e de "documentário", em vez de filme "natural", o gênero. Gente como Afonso Segreto*, Alberto Botelho*, e Paulino Botelho*, Antônio Leal*, Antônio Campos*, Aristides Junqueira, Igino Bonfioli*, Francisco de Almeida Fleming*, Aníbal Requião*, Eduardo Hirtz, João Baptista Groff, Walfredo Rodrigues, Silvino Santos*, Luís Tomás Reis*, entre outros, em geral, concebem, enquadram e fotografam as tomadas.

Quanto à temática, o documentário mudo brasileiro gira em torno do que Paulo Emílio Salles Gomes* chamou de "o berço esplêndido e o ritual do poder". Documentários sobre fazendas, empresas e distintas famílias exploram o espaço da vaidade alheia através da imagem cinematográfica. Em geral trata-se da vaidade de ricos e poderosos que podem bancar os custos envolvidos. Principal vetor da cavação, os documentários sob encomenda rendem lucro fácil levando – em testemunhos de época e em editoriais de revistas especializadas – a críticas a falsos profissionais que aplicam golpes, prejudicando e denegrindo a classe como um todo. Não seria exagero, no entanto, considerar a cavação o principal modo de se produzir documentários no mudo brasileiro. Uma vez que parcela significativa dos registros desse período nos chega através de jornais de época, voltados principalmente para a exibição pública, boa parte da informação encontra-se perdida. A respeito do tema "ritual do poder", os registros prediletos são os das visitas, viagens e chegadas de autoridades, cobrindo deslocamentos físicos e respectivas celebrações. No campo das cerimônias oficiais temos principalmente posses de eleitos, paradas e manobras militares, inaugurações, funerais, feiras e exposições. Os grandes eventos políticos das três primeiras décadas do século XX são bem retratados por documentários, sempre a partir do ponto de vista do vencedor da revolta ou revolução, refletindo o gosto da época pela representação documentária do extraordinário. Merecem atenção detida dos documentaristas a Revolta dos Marinheiros em novembro de 1910 no Rio de Janeiro, o fim da I Guerra Mundial, a Revolta do Forte de Copacabana em 1922, os confrontos sangrentos no Rio Grande do Sul em 1923, a Revolução Paulista de 1924, a Revolução de 1930 e o Movimento Constitucionalista de 1932. Outro polo forte da produção documentária muda são os filmes sobre carnaval, antecedendo uma tradição que faria escola mais tarde na ficção. Esses curtas são inúmeros, repetem-se ano a ano e pipocam em regiões distantes do país. Junto com os filmes de carnaval há os filmes de festas diversas e corsos. Outra tradição brasileira encontra-se já presente no documentário mudo: os *matchs* ou jogos de futebol entre equipes nacionais ou contra sul-americanas. Outros esportes também são retratados, como automobilismo, ciclismo, regatas e hipismo. Os feitos de aviadores atravessando oceanos parecem ser um dos temas mais populares da época. Também desastres naturais (ressacas, em particular) e acidentes de trem são uma temática bastante presente, assim como novas ferrovias e estradas de rodagem.

Dentro do espírito da cavação muitos documentários são realizados retratando cidades do interior, exaltando sua beleza natural. Cachoeiras e cascatas são temas recorrentes, explicando uma das facetas da conhecida frase de Humberto Mauro*, que diz ser cinema, cachoeira. Também são retratados fontes, florestas e o progresso urbano. Se os documentários municipais são, em geral, pequenas produções realizadas no espírito da cavação, a exaltação das belezas e do exotismo de regiões mais amplas (marcando a cultura do regionalismo) irá gerar algumas das obras mais significativas do documentário mudo brasileiro. Nessa produção regional é inevitável o deslumbramento com tradições e paisagens da própria região. Aqui poderíamos citar o longa *Sob o céu nordestino* (1925-1928), de Walfredo Rodrigues; *Terra de Alagoas* (1925-1926), de Guilherme Rogato; *Grandezas*

de Pernambuco (1925), *Aspectos do Ceará* (1925) e o longa *O Juazeiro do Padre Cícero*, produzido pela ABA FILME, do produtor Adhemar Bezerra de Albuquerque; *Iguaçu e Guaíra* (1926), de João Baptista Groff; o longa *O Nordeste brasileiro* (1925), da FEDERAL FILMES; o média *Nos pantanais de Mato Grosso* (1925), de Ramon Garcia com roteiro de José Medina*; *A cidade de São Paulo* (I, II, III, 1922) e o longa *Nos sertões do Avanhandava* (1924), da produtora INDEPENDÊNCIA-OMNIA FILM, dos irmãos Del Picchia e Armando Leal Pamplona; os longas *No país das amazonas* (1921), *Terra encantada* (1922), sobre o Rio de Janeiro, e *No rastro do Eldorado* (1924-1925), de Silvino Santos*; o longa *Manaus cidade risonha* (1926), de Aprígio Martins de Menezes; o longa *São Paulo, a sinfonia da metrópole* (1929), de Adalberto Kemeny* e Rodolpho Rex Lustig; o longa *Os sertões de Mato Grosso* (1912-1913) e *Parimã, as fronteiras do Brasil* (1927), de Luís Thomás Reis; o longa *O Rio Grande do Sul* (1922), de Luiz de Barros*; e diversos outros. A ode ao Brasil como país também está presente em uma série de filmes da década de 20. O filme nacional-ufanista, embora em menor número que o filme ufanista-regionalista, ressalta aspectos exóticos, regiões distantes, tradições regionais, em contraposição à representação do progresso urbano. Dentre os que se dedicam ao tema Brasil, podemos citar *Ao redor do Brasil* (1932), de Luís Tomás Reis; os longas-metragens *Brasil grandioso* (1923), de Alberto Botelho; *O Brasil desconhecido* (1925), de Paulino Botelho; *O Brasil pitoresco – viagens de Cornélio Pires* (1925), de Cornélio Pires; *Nos sertões do Brasil* (1927), da produtora INDEPENDÊNCIA-OMNIA FILM; *Brasil maravilhoso* (1930), de Alfredo M. dos Anjos; *O Brasil desconhecido* (longa, 1930) e *O Brasil grandioso* (longa, 1931), de João Richenberg.

De acordo com pesquisas sobre as origens do cinema brasileiro, podemos afirmar que o documentário dominou a produção cinematográfica brasileira nos primeiros anos do século XX. Trata-se de dado significativo, se levarmos em consideração que, durante os dez primeiros anos, houve uma razoável quantidade de curtas-metragens realizados. Paschoal Segreto* e Afonso Segreto* são as principais figuras desse período, quase monopolizando o horizonte da produção cinematográfica no Brasil nos seus cinco anos iniciais através da produtora PASCHOAL SEGRETO & IRMÃOS. Afonso era o operador da câmera, e Paschoal, o produtor, ficando a direção a cargo do primeiro. A

partir de 1903, o espaço da produção de documentários é ocupado progressivamente por outros produtores. Embora Pascoal Segreto tenha se mantido em atividade, não parece ter conseguido acompanhar a afirmação da produção nacional no final da década, diminuindo sensivelmente sua participação depois de 1909.

Antonio Leal* é o outro documentarista que se destaca nesse momento. Seus primeiros filmes começam a aparecer em 1905, como *Tomadas da av. Central*, sobre a inauguração da avenida Central, e, do mesmo ano, *Inauguração da fonte Ramos*. Em 1907 e 1908 registra diversas cenas do Rio de Janeiro (*Movimento do Rio de Janeiro e seu porto*, *Baía da Guanabara*) e documenta uma operação em irmãs siamesas que obteve repercussão na época (*Operação das Marias Xifópagas pelo dr. Chapot Prevost*). Nesse período, a produção de documentários torna-se nacional, com o aparecimento do paranaense Aníbal Requião*, que filma no Paraná com a KOSMOS, com o mineiro Aristides Junqueira filmando em Minas, com o carioca Júlio Ferrez* (filho do fotógrafo Marc Ferrez), e com Eduardo Hirtz no Rio Grande do Sul. Em 1908 surge a produção cinematográfica ficcional com o gênero cantante*, e o documentário acompanha o ritmo frenético dos lançamentos que se sucedem. Antonio Leal se afirma como um dos principais diretores de documentários do período. Além de Labanca, Francisco Serrador* coloca-se como produtor de documentários no período, através da EMPRESA F. SERRADOR e, a partir de 1911, da COMPANHIA CINEMATOGRÁFICA BRASILEIRA. William Auler*, com intensa atividade no filme cantante* através da WILLIAM & CIA., aparentemente pouco produz no campo do documentário.

Os irmãos Paulino e Alberto Botelho, cineastas do documentário brasileiro durante o auge da produção entre 1908 e 1910, mantêm um constante nível de atuação até o final do mudo. Uma boa parte dos documentários de Alberto Botelho, nesse período inicial de sua carreira, é produzida por Francisco Serrador. Apesar de trabalharem com vários produtores, a partir da década de 20 muitos de seus documentários são produzidos pela BOTELHO FILME. A dupla também foi responsável pelo que talvez seja o pioneiro dos cinejornais* brasileiros, o *Bijou Jornal* (produzido pela EMPRESA F. SERRADOR), que teve duração de apenas algumas semanas em setembro de 1910. Os Botelho, e em particular Alberto, podem ser considerados os principais documentaristas do mudo brasileiro, ao menos em relação à quantidade de filmes produzidos. Além dos cinejornais, um impressionante ritmo de produção anual de documentários de curta metragem faz de Alberto Botelho talvez o mais prolífico cineasta de sua época (também trabalha, como o irmão, na função de cinegrafista em diversos filmes de ficção, sendo o principal fotógrafo do ciclo de cantantes entre 1908 e 1910).

Em 1912, os Botelho criam seu cinejornal, o *Cinejornal Brasil* (produzido pela BOTELHO & CIA.), procedimento que durante a década de 10 seria seguido por diversos outros documentaristas. Alguns cineastas não conseguem manter a produção de cinejornais por muito tempo. É o caso de Francisco Serrador com *Odeon Jornal*, ou outras tentativas diversas, como *Brasil ilustrado*, *Film Jornal*, *Fluminense Jornal*, *Odeon Jornal*, *Semana paulista*, *Recreio-ideal Jornal*. Em 1921, Gilberto Rossi* inicia o *Rossi Atualidades*, que, com patrocínio oficial de Washington Luís, iria manter-se até o final da década. Também *Sol e sombra*, da INDEPENDÊNCIA-OMNIA FILM – produtora fundada em 1922 por Armando Leal Pamplona e os irmãos Menotti del Picchia* e José del Picchia –, é exibido regularmente a partir de 1923, atravessando a década. Ainda no mudo dos anos 20 temos *Atualidades Matarazzo*, *Atualidades Serrador*, *Serrador Jornal*, *Brasil animado*, *Cine Kosmos*, *Filmogramas*, etc. Nos últimos anos do mudo, os cinejornais parecem ocupar o espaço que no início dos anos 10 estava destinado à produção documental de curta metragem, aparentemente menos sistemática no acompanhamento de eventos públicos.

A partir de 1909 começa a aparecer a produção documentária de Antonio Campos*, mineiro que teve sua carreira desenvolvida em São Paulo. Campos é um dos cineastas com maior atividade no documentário brasileiro dos anos 10. Junto com os Botelho, é dos que atravessam a década com filmagens anuais regulares. No final da década, surge José Carrari, tendo dirigido curtas retratando eventos da época, como *Segundo filme da Exposição Industrial de São Paulo* (1917), *Grandiosa manifestação em regozijo à vitória dos aliados* (1918), *A vitória do Palestra* (1919) e *Vários e múltiplos aspectos da visita de S. Exª o embaixador da Itália a esta capital* (1919). Também na linha de retratar as atividades da colônia italiana no Brasil, Carrari realizou uma pequena série de curtas sobre as comemorações pelo fim da I Guerra Mundial: *Manifestação dos aliados*, *Duas grandes demonstrações da colônia italiana em São Paulo pela vitória* e *A vitória da Itália* (há dúvidas se se trata realmente de três filmes distintos).

No centro das atividades cinematográficas de São Paulo, nessa época, encontra-se a figura do produtor e fotógrafo Gilberto Rossi, que é com certeza um dos mais qualificados operadores de câmera do mudo brasileiro. Vittorio Capellaro* foi outro que, com ampla carreira no cinema de ficção, se dedicou ao documentário. Ainda em São Paulo, João Stamato* produziu e dirigiu, em 1910, o longa-metragem *Imigração e colonização no Estado de São Paulo*, retratando em detalhe a chegada de imigrantes no porto de Santos, a viagem até São Paulo e depois a uma fazenda de café. Stamato continuaria sua carreira como documentarista no sonoro, em cinejornais da CINÉDIA* e como funcionário do Departamento de Informação e Propaganda (DIP).

Uma das principais produtoras de documentários do cinema mudo paulista é a INDEPENDÊNCIA-OMNIA. Ao que parece, José Del Picchia era responsável pelas filmagens e direção de documentários, e o irmão (Menotti), poeta e com produção em literatura, responsável pela autoria de roteiros e argumentos de eventuais filmes de ficção, além dos contatos políticos para liberação de verbas para cinejornais. Armando Leal Pamplona foi o outro sócio que entrou com capital para viabilizar a INDEPENDÊNCIA-OMNIA, e também dirigiu e operou a câmera em *A cidade de São Paulo* (1919) e *Sociedade Anônima Fábrica Votorantim* (1922). Pamplona talvez seja a figura central da produtora, tendo continuado sua atuação no documentário sonoro paulista das décadas seguintes. Além do cinejornal *Luz e sombra*, a empresa produz, a partir de 1922, diversos documentários de longa metragem, entre eles, *Companhia Fabril de Cubatão* (1922), *Na terra do ouro e da esmeralda* (1923), *Nos sertões do Avanhandava* (1924), *A Revolta em São Paulo* (1924), *Nos sertões do Brasil* (1927). Em 1924, José Del Picchia dirige o longa *A metralha no sertão paulista* ou *O trem da morte*, ficção utilizando cenas documentárias tomadas durante os conflitos de 1924, encenadas "pela legítima esposa do tenente rebelde". O fotógrafo desse filme é Antônio Medeiros*, cinegrafista de diversos filmes de ficção no período. A INDEPENDÊNCIA-OMNIA tem boa parte de sua produção centrada na exploração de aspectos da vida na capital paulista como em *A cidade de São Paulo* (I e II, 1922), *Os festejos do Centenário em São Paulo* (1922), *A campanha eleitoral de Armando de Sales Oliveira* (1923), *Primeira casa modernista de São Paulo* (1923), *O sagrado preito do povo de S. Paulo à memória de Rui Barbosa – 25 de março de 1923* (1923); *Agricultura industrial* (1929). Aborda também eventos esportivos, *Palla versus Benedito* (1924), e feitos aeronáuticos, *Bandeirantes do azul* (1930), entre outros. Entre as produtoras que surgem em São Paulo na década de 20, deve ser citada a REX FILM, dos húngaros Rudolf Rex Lustig e Adalberto Kemeny, que foi construída a partir da compra dos equipamentos da INDEPENDÊNCIA-OMNIA. É a REX que produz *São Paulo, a sinfonia da metrópole* (1929), longa-metragem de Lustig e Kemeny sobre a metrópole em vertiginoso crescimento no final dos anos 20. *São Paulo, a sinfonia da metrópole* é, dentro do documentário paulista dos anos 20, a obra que mais se aproxima da visão autoral contemporânea do que seja um documentário. Filme de longa metragem, é nitidamente construído a partir do modelo de *Berlim, sinfonia de uma metrópole*, de Walther Ruttmann, de 1927, apesar das negativas dos autores sobre qualquer influência. Decompõe o cotidiano da metrópole em uma jornada, do nascer ao pôr do sol. Nos letreiros do filme, a ode ao trabalho, ao progresso e à nova urbanidade de São Paulo dá o tom. Também é dos mesmos diretores o longa-metragem *São Paulo através da sua capital e do seu interior* (1930).

Aparentemente, o documentário brasileiro sente com mais vagar o fim do seu *boom* entre 1908 e 1910, mantendo um nível razoável de filmagens, embora sem a exuberância dos anos de ouro. Ainda no período até 1915, podemos destacar alguns documentaristas que mantêm um ritmo constante de filmagens fora do eixo Rio-São Paulo. No Paraná, Aníbal Requião continua filmando com intensidade, principalmente até 1912. Trata-se do principal cineasta em atividade fora do eixo Rio-São Paulo, nesse primeiro surto de produção do mudo. Em Porto Alegre, Rio Grande do Sul, Eduardo Hirtz, alemão naturalizado brasileiro, também vem filmando desde 1907, produzindo ainda, no segundo semestre de 1912, um cinejornal semanal, o *Recreio-ideal*, que teve como operador de câmera Emílio Guimarães. Também Francisco Santos*, através da GUARANY FILMES, produz nessa época, em Pelotas, uma série de documentários, algumas vezes identificados como compondo um cinejornal. José Brisolara da Silva também filmou em Pelotas nesse período *As festas do Centenário de Pelotas* (1912), *Excursão ao cerro do Capão do Leão* (1913) ou *A* *chegada de Cassiano Nascimento* (1913). No cinema gaúcho* podemos ainda destacar, na primeira década do século, as tomadas pioneiras de Giuseppe Fillipi em *Vistas da União Gaúcha* ou *Vistas do Centro de Tradições União Gaúcha* (1904), entre outros curtas como *Vistas de um passeio: o Grêmio Tamandaré pela bacia do Guaíba* e *Retirada do povo que assistiu à Festa das Dores*.

Nos anos 20 o cinema gaúcho mantém o forte traço regionalista que o caracteriza. Carlos Comelli filma os eventos de 1923 no Rio Grande do Sul, quando grupos políticos rivais (chimangos e maragatos) enfrentaram-se nos pampas, em documentário intitulado *No pampa ensanguentado*. Algumas críticas são feitas às liberdades tomadas por Comelli nas reconstituições e encenações de fatos históricos. Também sobre o mesmo assunto, temos o documentário longa-metragem de Benjamin Camozzato intitulado *A revolução no Rio Grande*. Comelli filma ainda a Revolução de 1924 em *O desembarque das tropas baianas* e, sobre a colonização alemã no Rio Grande do Sul, realiza o longa-metragem *O Centenário da Colonização Alemã* (1925). Também em Porto Alegre, o errante Eugenio Centenaro (E. C. Kerrigan*) realiza, com fotografia de Tomás de Túlio*, o média-metragem *Glória à Virgem do Rosário* (1927) e o curta *Campeonato Estadual de Futebol* (1927). O gaúcho José Picoral, dentro da atividade cinematográfica que marca o estado no período, filma, em 1927, o média-metragem *Torres*, no qual a pesca de anchova no litoral é retratada. Também do mesmo cineasta temos *Festividades artísticas da S. C. Vampiros* (1927) e *As mais belas do Rio Grande* (1929). Em 1930 o gaúcho Eduardo Abelim*, diretor de longas de ficção e documentários, realiza, em Curitiba, o curta *A avançada das tropas gaúchas* (1930), em que documenta o avanço das tropas gaúchas na Revolução de 30 até a capital paranaense.

Minas Gerais é outro polo da produção de documentários no Brasil. E, dentre os documentaristas mineiros, podemos destacar três autênticas vocações que vão além de filmagens ocasionais para sobrevivência: Igino Bonfioli, Aristides Junqueira e Francisco de Almeida Fleming. O trabalho do documentarista Bonfioli atravessa a última década do mudo, estendendo-se até os anos 50. Tendo também trabalhado no filme publicitário (realiza, em 1918, *Bordados à máquina Singer*, um dos pioneiros no gênero), filma a partir do final da década de 10 uma série de documentários (produzidos pela BONFIOLI FILME). Aristides Junqueira realiza, a partir de 1909, *Reminiscências*, um original filme com os membros da família do coronel Antônio Junqueira, com tomadas que se estendem até 1920, numa espécie de crônica fílmica através dos anos. Além dos filmes familiares, viaja por todo o país realizando imagens de diversas regiões, com um particular afeto por Minas, sua terra natal. Por ser um dos pioneiros do cinema mineiro*, já em 1907 encontramos referências de suas atividades em *Paes Leme*, seguindo-se, entre outros, *Território do Acre* (1908), *Minas Gerais* (I e II, 1910), *Exma família Bueno Brandão em Belo Horizonte no dia 11 de julho de 1913*, *Jardim Zoológico de Belém do Pará* (1915), *Engenho de cana-de-açúcar* (1918), *O rio das Velhas* (1921), *Mineração no Espírito Santo* (1919), *Em pleno coração do Brasil* (1924), *Às margens do Araguaia* (1925), *Aspectos da excursão presidencial à Zona da Mata* (1928), *No coração do Brasil* (1930). Em 1930, no calor da hora, realiza um documentário sobre a Revolução de 1930 em Minas intitulado *Minas em armas*. Almeida Fleming cria, em 1920, a AMÉRICA FILME e, entre São Paulo (onde tinha contatos com o pessoal da INDEPENDÊNCIA-OMNIA) e Pouso Alegre, realiza diversos documentários; dirigiria mais de duzentos títulos. No Ciclo de Cataguases* podemos destacar três documentários curtos: *Cinquenta anos da cidade de Cataguases* (1927), de Pedro Comello, que retrata as festividades na cidade por ocasião da data, *Visita do presidente Antônio Carlos a Cataguases e à Phebo Brasil Film* (1928), com direção e fotografia de Edgar Brasil*, e *Sinfonia de Cataguases* (1928), com direção e fotografia de Humberto Mauro.

O cinema documentário também acompanhou de perto a intensa atividade cinematográfica na Recife dos anos 20. Serve como fonte de financiamento para o fértil veio ficcional, mas também afirma-se como gênero. Dessa produção sobressai *A chegada do Jaú a Recife* (1927), da LIBERDADE FILMES, com direção de Edson Chagas*, acompanhando um feito aeronáutico que parece ter sido seguido por cinegrafistas de todo o país. Sobre o mesmo assunto há também, no mesmo ano, da VERA CRUZ FILME, *Rei de Gênova-Rio*, com direção de Alcebíades Araújo. Em 1926, dentro de uma das temáticas mais tradicionais do documentário mudo brasileiro, temos, da AURORA FILMES, *Carnaval pernambucano de 1926*, também com direção de Edson Chagas. Em um veio mais regionalista foram produzidos *Veneza americana* (1922-1924), da PERNAMBUCO FILME, *As grandezas de Pernambuco* (1925), da OLINDA FILMES, e *A pega do boi* (1925), da VENEZA FIL-ME. Retratando solenidades e eventos, podemos citar *Inauguração da Vila Estância* (1925), e *Pernambuco e sua exposição em 1924* (1925), ambas produções da PERNAMBUCO FILME. Próximo de Recife, em João Pessoa, nessa mesma década, Walfredo Rodrigues desenvolvia uma original carreira de documentarista no Nordeste, a qual parece haver terminado com o advento do cinema sonoro. Além de um longa-metragem intitulado *Sob o céu nordestino* (1928), com um trecho introdutório ficcional, Rodrigues também filmou o pioneiro *Carnaval paraibano e pernambucano em 1923*; *Filme jornal do Brasil... um pouco de tudo* (1924) (um cinejornal que teria tido em torno de dez edições), *Aspectos da Paraíba* (1930) e *Reminiscências de 1930* (1930). Ainda no Nordeste, em 1936, o mascate e fotógrafo Benjamin Abrahão* consegue articular um contato com o líder cangaceiro Lampião e filmá-lo em seu esconderijo, em pleno sertão, financiado pelo produtor cearense Adhemar Bezerra de Albuquerque. Os trechos remanescentes do média *Lampião, rei do cangaço* (1936) estão espalhados por diversos filmes documentais e ficcionais, influenciando nitidamente a imagética do gênero cangaço. Além dessa obra, Adhemar Bezerra, através da ABA FILME, produziu outros documentários mudos no Ceará, dos quais os mais conhecidos são *Aspectos do Ceará* e *O Juazeiro do Padre Cícero*, já citados, *Floro Bartolomeu visita o Juazeiro* (1928), *A indústria do sal no Ceará* (1926). Ainda no Nordeste, em Alagoas, podemos destacar a atuação do documentarista Guilherme Rogato, que realizou *Carnaval de 1926* e *Terra de Alagoas* (1927).

Na Curitiba dos anos 20, João Baptista Groff continua a tradição documentarista iniciada por Requião no cinema paranaense. Dentro de um viés de exaltação regional dedica-se a filmar, pela GROFF FILME, as paisagens e indústrias do Paraná em *Cataratas do Iguaçu* (1925), *Iguaçu e Guaíra* (1925), *Cidade de Morretes* (1929), *Cidade de Paranaguá* (1929), *Praias do litoral paranaense*. Em 1926 realiza o documentário carnavalesco padrão *Carnaval de 1926 em Curitiba*. Além desses filmes, alguns produzidos pela GROFF FILME, parece ter produzido também por essa empresa cinejornais como *Atualidades paranaenses* e *Groff Filme*. Sua grande obra do período é *Pátria redimida* (1930), média-metragem sobre a Revolução de 1930 que retrata a passagem das tropas gaúchas e de Getúlio Vargas por Curitiba, a situação tensa em Itararé, na divisa com São Paulo, e depois a chegada ao Rio de Janeiro. Groff continua filmando documentários na década de 30 após o advento do cinema sonoro. Também José Julianelli, catarinense de origem italiana, filma e produz documentários em Santa Catarina na década de 20 (pela UNIVERSO FILME), retratando a região em *Inauguração da ponte Hercílio Luz* (1926), *Os festejos do Centenário da Colonização Alemã em São Pedro de Alcântara e São José* (1929), *O progresso de Blumenau* (1926), *O Centenário de São José* (1928). Documenta igualmente eventos políticos como *Washington Luís em Joinville* (1928) ou *Chegada do Príncipe de Orleans e Bragança a Joinville* (1926), entre outros.

Dentro do padrão autoral/longa-metragem de documentário, os dois principais cineastas do mudo brasileiro são Luís Tomás Reis e Silvino Santos. É interessante notar que ambos filmaram fora do eixo Rio-São Paulo, onde se concentra a produção da época, e tiveram como assunto matas distantes, seres exóticos e costumes remotos. Santos, na maior parte de sua carreira, foi financiado por um mecenas, J. G. Araújo. Reis filmou patrocinado por instituições públicas, em particular a SEÇÃO DE CINEMATOGRAFIA E FOTOGRAFIA da Comissão de Linhas Telegráficas, chamada Comissão Rondon, mais tarde Inspetoria de Fronteiras. Recebeu em boa parte de sua carreira a proteção e o incentivo do marechal Rondon. Desvinculados das oscilações e exigências do mercado exibidor, Santos e Reis puderam desenvolver uma obra própria, com um estilo pessoal. (FPR)

DOCUMENTÁRIO SONORO

Dois elementos devem servir como referência ao abordarmos o panorama do documentário no Brasil nos anos 30 e 40: o Decreto nº 21.240, de 4 de fevereiro de 1932, que instaura a obrigatoriedade de exibição do curta-metragem filmado, revelado e copiado no país, e a criação do Instituto Nacional do Cinema Educativo (INCE*), em 1937. Humberto Mauro* surge como a principal figura do período, atuando na criação e consolidação do INCE. No entanto, nem a carreira documentarista de Mauro limita-se ao INCE nem as atividades do INCE limitam-se a Mauro. Dentro de uma ideologia que vê o cinema a partir do prisma da educação, o INCE é criado sob a inspiração de Roquette Pinto, misturando nacionalismo e cientificismo de cores positivistas. Um discurso que reivindica a preservação e a classificação de autênticos valores da cultura nacional (em geral confundidos com o universo rural) irá percorrer parte dos 354 filmes documentários de curta e mé-

dia duração que Mauro realiza no INCE. Os temas eram discutidos entre Roquette Pinto e Humberto Mauro e apresentados, para decisões sobre detalhes científicos/históricos de roteiro, a uma comissão de especialistas de instituições como o Observatório Nacional, Instituto Pasteur, Escola Politécnica, Casa da Moeda, ou a personalidades como Villa-Lobos, Vital Brasil, Afonso Taunay, entre outros. O INCE, como instituição, compõe o aparelho ideológico do Estado getulista, contando com a colaboração da elite intelectual e artística brasileira da época. Roquette Pinto fica no INCE até sua aposentadoria, em 1948, sendo substituído por Pedro Gouvêa Filho, que dirige o Instituto até 1961. Flávio Tambellini* acompanha, a partir daí, sua incorporação como departamento ao INC, o que se concretiza em 1966.

Não se deve ver os quase trinta anos de Humberto Mauro no INCE como mero emprego burocrático que suga suas potencialidades de cineasta. A infraestrutura técnica do INCE permite-lhe o exercício do documentário, e o horizonte ideológico nacional-cientificista que predomina nas obras do Instituto parece-lhe ser próximo. Talvez seja exagero afirmar que Mauro é um documentarista convicto que teve brevemente sua carreira desviada pelo cinema de ficção. Mas tem-se a impressão de que o cinema de ficção da época, com seus ambientes urbanos e suas tramas cheias de luxúria e traições, compõe um universo ficcional no qual não se locomove com facilidade. No âmago de sua obra, em sua alma, por assim dizer, está a representação das montanhas, dos costumes e tradições de Minas. O sentimento mauriano por excelência é a "saudade" desse universo. A ideologia preservacionista-classificatória do INCE surge emoldurada pela crença na dimensão educativa e civilizatória da cultura, da qual o cinema seria o meio de manifestação mais adequado. A expressão da alma mauriana parece caber nesse contexto como uma luva, encontrando uma forma de viabilizar-se como imagem cinematográfica (o que não é pouco), por meio da qual o cineasta pode dar vazão a seu veio lírico-rural mais forte, apesar dos eventuais compromissos com os quais se depara qualquer diretor de personalidade. O cotidiano do funcionalismo público oferece, também, um tipo de segurança que convém à sua personalidade. Antes do INCE, Mauro dirige, em 1929, em Cataguases, o já citado *Cataguases*. Depois de um produtivo período no cinema de ficção, na virada dos anos 30, Mauro volta ao documentário em 1934, dirigindo um

média e dois curtas para Carmen Santos* na BRASIL VITA FILMES*: *As sete maravilhas do Rio*, média mudo, *Pedro II*, curta sonoro, e *General Osório*, curta sonoro. No mesmo ano dirige, para o Departamento de Imprensa e Propaganda (DIP), o média *Feira de amostras do Rio de Janeiro*. Ainda podemos mencionar, do período anterior ao INCE, *A voz do carnaval*, codireção de Adhemar Gonzaga*, filme que pode ser enquadrado na tradição do documentário carnavalesco mudo, mas já com abertura para o gênero carnavalesco ficcional, que vai predominar no cinema brasileiro nas décadas seguintes.

Embora só tenha sido oficializado em janeiro de 1937, o INCE havia iniciado suas atividades desde março de 1936, e, já em maio, Mauro dirige seus primeiros curtas. A produção continua intensa durante o resto do ano de 1936, com mais 23 curtas produzidos. Desse total, onze documentários eram mudos. Segundo o próprio Humberto Mauro, boa parcela da produção inicial de filmes mudos foi determinada pela falta de projetores sonoros nas escolas. Mauro afirma-se definitivamente como documentarista com atividade intensa, tendo dirigido em 1936-1937 mais de cinquenta curtas.

Em 1938 e 1939 Mauro continua com intensa atividade no INCE. Desses primeiros anos podemos destacar a série de documentários rurais que parece ter servido de inspiração para a posterior *Brasilianas*, além de outros sobre a natureza brasileira, enfocando sua fauna, flora, ou mesmo sua abóbada celeste. Os curtas também documentam instituições e cerimônias oficiais. Os filmes científicos de Mauro, muito pouco conhecidos, talvez sejam o gênero predominante. Em novembro de 1938 faz uma série de filmes a partir de uma viagem que realiza à Europa, convidado para participar do FESTIVAL DE VENEZA de 1938, com os documentários *Vitória-régia* e *Céu do Brasil*. Os filmes realizados são sobre cidades europeias, tema exótico para um cineasta tão enraizado às suas origens (todos curtas e sem sonorização): *Pompeia*, *Roma*, *Vista de Veneza*, *Milão* e *Paris em quatro estações*. São de 1939 o média mudo *Abastecimento d'água no Rio de Janeiro* (16 mm), e os curtas *Tipos de cerâmica de Marajó* (16 mm) e *Cerâmica de Marajó* (35 mm), que nitidamente servem de inspiração para o longa ficcional *Argila*, realizado no ano seguinte.

Nos primeiros anos da década de 40, a produção documentarista do INCE reduz-se bastante devido à guerra. Mauro ainda dirige, em 1940, com Roquette Pinto, assessoria de Afonso Taunay e trilha sonora composta por Francisco Braga, o média sonoro *Bandeirantes* (35 mm). No estilo de *O descobrimento do Brasil*, com atores e reconstituições históricas, o filme é um documentário ficcional que recebe investimento diferenciado do INCE. Dirigindo mais de vinte curtas por ano na década de 30, na década seguinte, reduz para dez filmes sua produção anual, havendo alguns anos que não chega a cinco. A duração dos filmes do diretor aumenta progressivamente, conforme avançamos para a década de 60. Seu principal colaborador, nesse primeiro período do INCE, é Manoel Ribeiro, que fotografa e monta diversos filmes seus. A partir do início dos anos 40, seu filho, José Mauro, passa também a fotografar e montar, e, posteriormente, a dirigir. Além desses, a equipe contava com o técnico de laboratório Erich Walder, o assistente Matheus Collaço e Beatriz Roquette Pinto Bojunga, que, além de secretária do INCE, participa nos curtas como figurinista e cenógrafa.

No pós-guerra, a realização de curtas científicos e medicinais diminui progressivamente, e o diretor dedica-se a metragens um pouco mais longas e a temas que lhe dizem respeito mais de perto. Em 1945, Mauro inicia a série de sete curtas denominada *Brasilianas*, composta basicamente de documentários que ilustram canções tradicionais do folclore brasileiro. Na série podemos encontrar condensado o veio mais forte do trabalho de Mauro no INCE, embora seja importante frisar que este não se esgota aí. A preocupação com as tradições e os costumes de um Brasil rural em desaparição é abordada com tom melancólico e triste, e o testemunho das canções ocupa um lugar central. A temática da saudade, privilegiada em Mauro, encontra aqui o meio para sua expansão plena. O rigor e a genialidade dos enquadramentos maurianos, talvez inspirados pelas imagens queridas, têm nesses curtas um momento alto, ainda dentro da temática que lhe é cara (embora sem a intensidade lírica da série *Brasilianas*). Há nesses filmes, sobreposta à tentativa de documentação de um mundo em desaparição, uma esperança de que a introdução da racionalidade e da previsibilidade em alguns desses costumes os levem a perdurar. O diretor também se dedica, nos anos 50, a filmar as cidades históricas mineiras. Na década seguinte, sua produção reduz-se nitidamente, tendo dirigido apenas dois curtas científicos em 1960. Encerra sua filmografia no INCE, em 1964, com o clássico *A velha a fiar*, representação livre, espécie singular de videoclipe, carregada de um humor fino,

em torno de uma antiga canção folclórica. Em 1974 ainda dirige *Carro de boi*, uma espécie de testamento de sua carreira como documentarista, canto pungido ao desaparecimento progressivo de um universo com seus costumes e tradições.

A posição do INCE, como núcleo do documentário brasileiro entre as décadas de 30 e 60, não se restringe à produção de Humberto Mauro. Dos colaboradores mais próximos de Mauro que fotografam diversos de seus filmes, podemos destacar Manoel Ribeiro, Ruy Guedes de Mello, Oscar Motta Vianna da Silva, além de José Mauro, todos fotógrafos que, em algumas oportunidades, assumem a direção dos curtas em que estão envolvidos. Diversos diretores dos anos 50 também têm algumas de suas produções documentais financiadas pelo INCE, como é o caso dos filmes *A medida do tempo* (1964), *O monumento* (1965), *Uma alegria selvagem* (1966), de Jurandyr Noronha*; *Condenados pelo progresso* (1962), de Carlos Alberto de Souza Barros*; *Diamantina* (1958), *Erradicação do analfabetismo* (1958), *Ouro Preto* (1959), *Museu Nacional* (1960), *Mosteiro de São Bento* (1962), *Serra da Piedade* (1972), *O que é o Instituto do Patrimônio Histórico e Artístico Nacional* (1974), de Geraldo Santos Pereira*; *Semiologia neurológica – movimentos involuntários anormais* (1964), *Semiologia neurológica – alterações da marcha* (1964), *Hipospadia* (1964), de Benedito Duarte*; *Investir para progredir* (1966), de Jacques Deheinzelin; *Kuarup* (1962), *Jornada Kamayura* (1966), de Heinz Forthmann*; *Excursão ao Alto da Boa Vista* (1948), de Lima Barreto*; *Santo Amaro – Recôncavo Baiano* (1953), de Alexandre Robatto Filho. Roquette Pinto também dirige para o INCE pelo menos um curta, *Heliotipia – processo Roquette Pinto* (1947), tendo participado na seleção do argumento e na consultoria de diversos outros. Outra faceta do INCE, nem sempre muito conhecida, é seu apoio a cineastas da geração que, nos anos 60, iria dar novas formas ao documentário brasileiro. Entre os filmes que recebem apoio material do INCE, encontramos documentários nordestinos que estão na raiz do Cinema Novo*, como *Aruanda* (1960) e *O cajueiro nordestino* (1962), de Linduarte Noronha*; *Romeiros da Guia* (1962), de João Ramiro de Melo* e Vladimir Carvalho*; *A cabra na região semiárida* (1966), de Rucker Vieira; além de *Fala, Brasília* (1966), de Nelson Pereira dos Santos*; e os curtas *Brasília – planejamento urbano* (1964), *Sol no labirinto* (1966), de Fernando Cony Campos*; *Aspectos da Segunda Guerra Mundial* (1966), *Sol no labirinto*, de Alberto Salvá*.

Outros órgãos públicos federais que se destacaram na produção de documentários no Brasil dos anos 30 e 40, além do INCE, são o Departamento de Imprensa e Propaganda (DIP) getulista, com suas diversas versões estaduais, e o Serviço de Informação do Ministério da Agricultura. Lafayette Cunha foi responsável pelo setor de cinema do Serviço de Informação, por meio do qual produziu e exibiu dezenas de curtas. Apesar de ter dedicado sua carreira integralmente à filmagem de documentários, Lafayette Cunha é um diretor cuja produção está hoje esquecida. O núcleo de produção documental do Ministério da Agricultura teve também como cineasta o crítico Pedro Lima*, que lá realizou 27 filmes, obtendo destaque com *Nordeste*, obra premiada na III EXPOSIÇÃO MUNDIAL DE CURTA-METRAGEM, realizada no Rio de Janeiro em 1950. Em viagens a Mato Grosso e ao norte do Brasil, pelo Serviço de Informação do Ministério da Agricultura, Pedro Lima filma *Além de Rondônia*, *No coração de Mato Grosso*, *Em plena natureza*, *Curiosidade de Mato Grosso*. Diversos de seus curtas retratam a realidade do campo gaúcho, como *Trigo no Rio Grande do Sul*, *Granjas e fazendas em Pelotas*, *Nivelamento econômico do Sul*. Também filma documentários didáticos, como *Erosões e terraceamento*.

Possuindo esquema de produção voltado para o aproveitamento da lei da obrigatoriedade do curta, a CINÉDIA* distribui e produz diversos cinejornais* e documentários. Em 1933, Adhemar Gonzaga* dirige *Como se faz um jornal moderno*, um dos primeiros filmes brasileiros em MOVIETONE, com som ótico (em *A voz do carnaval*, a CINÉDIA já havia experimentado o sistema), no qual são apresentadas didaticamente as condições da produção jornalística na época. Ainda da CINÉDIA, que teve Edgar Brasil* como fotógrafo de diversos de seus curtas, podemos destacar *Laranjas, culturas e doenças* (1935), também com direção de Adhemar Gonzaga e foto de Edgar Brasil, *Cachoeira de Paulo Afonso* (1936), *Dia da Raça* (1936), *Filmando a Bahia* (1936), *Filmando Copacabana* (1936), *A caminho de Mato Grosso* (1938), *Dia da Raça em Curitiba* (1938), *Panoramas amazônicos* (1939). A produção documental da CINÉDIA lembra bastante, em sua temática, a "cavação" do documentário mudo, alternando cenas do Brasil distante com eventos esportivos, extraordinários e oficiais. Representantes da ideologia reinante no Estado Novo são os diversos documentários intitulados *Dia da Raça*. Também o documentário carnavalesco está presente com a série *A voz do carnaval*, que se inicia com o sucesso do longa de 1933, dirigido por Adhemar Gonzaga e Humberto Mauro, e mantém periodicidade anual (com poucas interrupções), por meio de curtas produzidos até 1949. Durante o período 1933-1949, a CINÉDIA realiza mais de duzentos curtas-metragens documentários, que não devem ser confundidos com os cinejornais produzidos pela empresa. Podemos também destacar o longa documentário *Tapirapés*, filmado em 1934, que retrata uma expedição ao rio Tapirapés, afluente do Araguaia, dirigida por Roberto Pompílio, que também ajuda na finalização do filme, produzido por Oliveira Borges. Além desse longa, outro filme com forte presença de imagem documental é *Aruanã* (1938), dirigido por Líbero Luxardo*, que incorpora em sua narrativa ficcional trechos amplos de outros documentários da CINÉDIA.

Nesse breve panorama dos anos 30 é indispensável mencionarmos a produção de Alexandre Wulfes*, que ultrapassa o período abordado. Wulfes é um dos poucos cineastas brasileiros que possui carreira extensa voltada de modo predominante para o documentário. Tendo já colaborado na fase do mudo com Alberto Botelho* e Paulino Botelho*, atravessa os anos 20, 30, 40 e 50 com uma produção constante, filmando para a Comissão Rondon, o INCE e o DIP getulista. Entre seus filmes podemos destacar o longa *Jornadas heroicas*, grande projeto em torno da participação brasileira na II Guerra Mundial, *O Brasil do século XX* e os documentários *O poder da fé em Tambaú* e *A Virgem Aparecida é milagrosa*, que retratam aspectos da religiosidade do povo brasileiro. Faz também *Nas profundezas do rio Amazonas*. É pioneiro em filmagens de vida animal, sobressaindo-se os documentários *A vida de um beija-flor*, *Peixes do Amazonas*, *A vida das abelhas*. Ruy Santos* possui carreira de documentarista, na qual pode exercer de modo mais livre seu particular talento para fotografar em exteriores (comenta-se que em estúdio não ficava tão à vontade). Os enquadramentos bem marcados que encontramos em alguns de seus documentários valeram-lhe o apelido de Figueruy, numa menção irônica ao estilo do fotógrafo mexicano Gabriel Figueroa. Apesar de haver trabalhado durante anos no DIP, onde realiza a maior parte de seus documentários, dirige, em 1945, o longa-metragem *Vinte e quatro anos de luta*, sobre o Partido Comunista Brasileiro (PCB). Em 1954 filma o episódio brasileiro de *O canto dos rios* (episódio 'O rio Amazonas'), projeto de Joris Ivens. Entre os documentários curtas que dirige podemos destacar *Norte-Sul* (1940), *A jangada* (1943), *Itapoã* (1943), *Terra seca* (1943), *Missões* (1943), *Comício* (1945), *A casa de Mário de Andrade* (1952), *O Aleijadinho* (1955), *Defendendo divisas* (1958), *A história da luz é a história do progresso* (1967), *Euclides da Cunha – antes de tudo um forte* (1970), *O pequeno mundo de Juca* (1970), *Delmiro Gouveia: o homem e a terra* (1971), *Anchieta, o Apóstolo do Brasil* (1973), *Enfoque – áreas verdes* (1974), *Pilar* (1974), *Pinheirais* (1974), *O homem e o limite* (1975), sobre o diretor Mário Peixoto* (a respeito do diretor de *Limite* temos ainda *O homem do morcego*, de Ruy Solberg, 1980), *Pelos caminhos do tear* (1975), *A era do café no vale do Paraíba* (1978), *Scliar – o homem e sua pintura* (1979), *Jorge Amado* (1985).

Da mesma geração de Ruy Santos, Jurandyr Noronha atua intensamente como documentarista, realizando diversos curtas para a CINÉDIA e para o INCE, entre os quais *Evolução da arquitetura no Brasil*, *Evolução dos esportes no Brasil*, *Minas antiga e moderna* (1942), *Esforço de guerra do Brasil* (1944), *A volta dos pracinhas* (1946), *Variações sobre a música popular* (1943), *A medida do tempo* (1964), *O monumento* (1965), *Uma alegria selvagem* (1966), *A belle époque da Aviação Brasileira* (1969), *Humberto Mauro* (1970), *Oswaldo Cruz* (1973), *Os brasileiros e a conquista do ar* (1973), *Salvamento no mar* (1976), *O cinegrafista de Rondon* (1979). Produz ainda vasta obra audiovisual sobre a história do cinema brasileiro, destacando-se os longas documentários *Panorama do cinema brasileiro* (1968), antologia de nosso cinema com amplo painel sobre sua evolução histórica, *70 anos de Brasil* (1974), apanhado histórico e cultural da história brasileira, e a coletânea *Cômicos e mais cômicos* (1971), com a presença de atores conhecidos e trechos de clássicos do cinema nacional. Dirige também o curta *Carmen Santos* (1969), sobre a principal produtora e atriz da primeira metade do século, e um curta intitulado *A Inconfidência Mineira, sua produção* (1971), sobre o maior projeto de Carmen. É necessário também mencionar aqui a continuidade da produção da geração de documentaristas que vêm do mudo, como Armando Pamplona, cineasta que mantém um ritmo intenso de filmagem nos anos 40 e 50, ou Aristides Junqueira, que prossegue trabalhando em Minas. Almeida Fleming* também desenvolve carreira para além do mudo, filmando, a partir de 1943, pelo Departamento Estadual de Imprensa e Propaganda do Estado de São Paulo (Deip), a versão estadual do DIP, e posteriormente pela Seção de Cinema da Secretaria de Cultura, Esporte e Turismo. Também produz pela AMÉRICA FILMES.

Nos anos 50, continua forte a presença do documentário científico no Brasil, já constatada na obra de Mauro (ainda em 1932, Gilberto Rossi filma *A aranha*; o último filme de Lima Barreto, de 1962, foi *Psicodiagnóstico miocinético*), com Alberto Federman (antigo funcionário do Instituto Biológico, em São Paulo) e principalmente com Benedito Junqueira Duarte. Crítico polêmico, Duarte é o fundador da FILMOTECA MÉDICO-CIRÚRGICA BRASILEIRA, que chegou a contar com mais de trezentas fitas científicas, projeto patrocinado pelos laboratórios Torres e Carlos Erbado Brasil. Em São Paulo, filma com Estanislau Szankovski e, no Rio de Janeiro, com Juan Gatti. B. J. Duarte orgulhava-se muito do tipo de documentário no qual se especializou – o cinema científico aplicado à Medicina, com filmagens de intervenções cirúrgicas –, tendo recebido os principais prêmios internacionais nessa desconhecida categoria, assim como diversas menções da Faculdade de Medicina da Universidade de São Paulo (USP). Lança em 1982 três volumes de contos e testemunhos sobre o cinema brasileiro de sua época, relatando no segundo, *Lâmpada cialítica*, problemas técnicos apresentados pelo gênero científico, além de evidenciar sua paixão pela documentação da atividade médica. A imagem das vísceras expostas não deixa de ser singular e deve conformar algum traço dessa paixão. Seu principal filme no gênero é *Transplante cardíaco humano*, no qual documenta o primeiro transplante de coração na América Latina, executado pelo dr. Zerbini. Consta haver realizado mais de quinhentos documentários educativos, promocionais e científicos, podendo-se destacar *Cirurgia cardíaca sob visão direta com circulação extracorpórea* (1962), executado também pelo dr. Zerbini, ganhador do prêmio TARGA D'ORO, *Pneumonectomia total direita por câncer broncogênico* (1950), prêmio MAREY, *Catarata*, prêmio HÉRCULES FLORENCE, *Esofagectomia transmediastinal anterior* (1961), codirigido pelo italiano Mario Scolari, *Cruzada da saúde mental*, *Pseudoartrose congênita*, *Tratamento cirúrgico da hipertensão arterial*, *Simpatectomia*, *Esofagoplatia retroesternal*, *Prostatectomia transvesical*, *A ciência contra a esquistossomose*, *Cirurgia do descolamento da retina*, *Marca-passo implantável*. B. J. Duarte realiza ainda documentários sobre outros temas. Também no campo do filme científico, com recorte mais educacional, podemos mencionar a obra do húngaro naturalizado brasileiro George Jonas, documentarista com produção bastante ampla, sobressaindo-se os títulos *Calor – uma viagem ao mundo das moléculas, Estrelas e o universo, Energia, Força, Sistema solar, O semeador, A força de 100 milhões de homens, Arquitetura colonial brasileira, Aço – fator de progresso*.

Lima Barreto é um caso característico de documentarista cuja carreira acaba se direcionando para o filme de ficção. Inicia-se no cinema nos anos 30, dirigindo *Como se faz um jornal*, para o periódico *O Estado de S. Paulo*, e *O carnaval paulista de 1936*, para a ROSSI-REX FILM, com Vitor del Picchia* (da família del Picchia, tão presente no documentário mudo paulista e que continua atuando nessa década). Em meados da década de 40 realiza alguns curtas para o DEIP, entre eles *Fazenda velha*, seu primeiro curta a obter alguma repercussão, no qual retrata um ambiente que conhece bem: uma antiga fazenda de café do interior paulista. Em 1946 realiza para Alberto Byington, na SONOFILMS*, *O quartzo, O disco* e *O cofre*, entre outros. Também do mesmo ano é *A carta de 46*, sobre a Constituição recém-promulgada. Lima Barreto, segundo o próprio testemunho, entra na VERA CRUZ* pela mão de Alberto Cavalcanti*, ao qual havia sido indicado por Moniz Viana*, como "grande documentarista". Lá realiza os dois documentários produzidos pela empresa em seu principal período, *Painel* (1950) e *Santuário* (1951), ambos com produção coordenada por Cavalcanti. A narrativa tradicional de *Painel* e *Santuário* revela a influência do didatismo da produção documental inglesa, da qual Cavalcanti participara nos anos 30. Possuem, no entanto, inegável força visual, comprovando o talento de Barreto para o gênero. *Painel*, que focaliza o mural de Portinari sobre a Inconfidência Mineira, enquadra-se no documentário artístico, algo que começa a aparecer nessa época. Nesse filme, o traço moderno da pintura ainda sente necessidade de justificativa, que é conseguida pela narração em *off*, bastante explicativa, ilustrando a ousadia do cineasta. *Santuário* – o segundo documentário da VERA CRUZ realizado um ano após *Painel* – aborda a arte barroca de Aleijadinho, em particular seus Profetas de Congonhas do Campo, através de um fio narrativo que se desenrola a partir da figura de um preto velho. Lima Barreto ainda faz, em 1954, um terceiro documentário para a empresa, que, na época, é mencionado como o "canto do cisne" da VERA CRUZ. Trata-se de *São Paulo em festa*, média-metragem sobre o IV Centenário da capital paulista, no qual se mesclam algumas cenas interpretadas da fundação da cidade às imagens dos festejos. Já fora da VERA CRUZ, Barreto filma *Arte cabocla* (1955), que ganha um prêmio SACI, e alguns outros documentários institucionais, como *Guarujá* (1955), encomendado e produzido pela Prefeitura Municipal do Guarujá, *O livro* (1957), para o Instituto Nacional do Livro, *O café* (1959), para o Instituto Brasileiro do Café, e, encerrando sua carreira de diretor, o já citado *Psicodiagnóstico miocinético* (1962), para a Fundação Getulio Vargas.

É interessante notar que, apesar de sua participação fundamental na produção documental britânica dos anos 30, Cavalcanti praticamente não realiza documentários em sua estada no Brasil. Além da produção de *Painel* e *Santuário*, entre 1950 e 1951, também produziu para a VERA CRUZ o curta *Volta Redonda*, 1952, de John Waterhouse, sobre a indústria nacional de aço. É na ficção *O canto do mar* (1953-1954) que iremos encontrar presente o veio de Cavalcanti para o gênero. Ainda no Brasil, em outra fase, realiza o último filme de sua carreira (produção da EMBRAFILME*), *Um homem e o cinema* (1976), narrativa memorialista na qual o diretor volta-se para a própria obra. Sobre Cavalcanti, o diretor Alfredo Sternheim faz, em 1970, com produção do Instituto Nacional de Cinema (INC*), o curta *Alberto Cavalcanti* – Sternheim dirige ainda alguns outros documentários, como *A batalha dos sete anos* (1958), sobre a produção paulista após a paralisação da VERA CRUZ, *Flávio de Carvalho* (1968), *Issei, nissei, sansei* (1970), em que retrata a imigração japonesa. Crítico polêmico, diretor de três longas de ficção, Rubem Biáfora* realiza com *Mário Gruber* (1966) um bem-sucedido exemplar de filme de arte sobre a obra do artista plástico. Também da geração anterior ao Cinema Novo, conhecido pela direção de um clássico do cinema nacional (*Amei um bicheiro*), Jorge Ileli desenvolve consistente carreira como documentarista, filmando, entre outros, o interessante *Carmen Miranda* (1969), *O Brasil na guerra – a FEB contra o nazifascismo* (1970), no qual retrata a atuação da FEB, e *Uma cruz na estrada* (1970), sobre o cantor Francisco Alves. Em 1963 realiza um documentário longa, *O mundo em que Getúlio viveu*, utilizando-se de tomadas de época e filmes de arquivo.

Durante os anos 50, a produção documental brasileira ganha um novo alento, adquirindo consistência para desempenhar o papel central que teria no início dos anos 60, quando da eclosão do movimento cinemanovista. A produção documental paulista aproveita o dinamismo gerado pelo surgimento dos grandes estúdios, tendo no hoje esquecido Marcos Marguliés um de seus principais animadores. Polonês naturalizado brasileiro, Marguliés formou-se pelo Institut des Hautes Études Cinématographiques (IDHEC) no final dos anos 40 e chega ao Brasil, onde faz assistência de direção, passando também pelos estúdios MARISTELA*. Nos anos 50 milita no cinema documental, sobre o qual escreve diversos artigos. Em 1951 dirige *Os tiranos*, filme baseado no quadro *Les prescriptions des triumvirat*, de Antoine Caron, do acervo do Museu de Arte de São Paulo (MASP), que apresenta como tema a tirania. Na mesma linha estilística tenta analisar a problemática migratória na obra do pintor Lasar Segall em *A esperança é eterna* (1954), premiado no FESTIVAL DE BERLIM. Em 1952 realiza o documentário *O descobrimento do Brasil*, com música de Villa-Lobos e texto da carta de Pero Vaz de Caminha, utilizando-se de material iconográfico de época para tentar reproduzir o contexto do descobrimento. Marguliés centra sua atividade no documentário de arte, buscando ampliar-lhe os horizontes e mesmo tematizá-lo teoricamente. Descrevendo uma reunião, em 1958, com o documentarista inglês John Grierson, em passagem por São Paulo, da qual participaram Nelson Pereira dos Santos, Cesar Mêmolo Jr., Ângelo Sciarra, Salomão Scliar, Agostinho Martins Pereira*, Ruy Santos*, Chick Fowle* e Marcos Marguliés, Benedito Duarte refere-se a estes como núcleo de cineastas interessados no gênero documentário. Dessa geração sobressaem Carlos Alberto Souza Barros* (*O despertar de um vale, Santa Isabel do Havaí*), Jacques Deheinzelin (*Marcha do cinema nacional*), Geraldo Junqueira de Oliveira (*O café, Kirongozi – mestre caçador*), Rodolfo Nanni* (*O drama das secas*), Renato Santos Pereira (*Minas na era eletrônica, Fazendo escola, Tiradentes*) e Galileu Garcia*, que, por meio da RGE-LINCE FILMES, mantém uma produção constante de curtas-metragens na segunda metade da década de 50 (*O vale do Paraíba, Ofidismo*). Trata-se de uma série de cineastas que giram em torno dos estúdios ou do chamado cinema independente e que, aproveitando-se do clima favorável na época para a produção cinematográfica, aceitam encomendas de documentários ou dedicam-se ao gênero por paixão. Alguns deles, como Cesar Mêmolo Jr., Jacques Deheinzelin, Galileu Garcia, migram para a propaganda.

Ainda no campo do documentário não podemos nos esquecer da produção que domina, desde os anos 30, o espaço

DOCUMENTÁRIO SONORO

conquistado pela reserva de curtas. O espírito da cavação, sustentado por um relacionamento íntimo e um pouco promíscuo com o poder público, mantém-se, conferindo novas formas a velhas facetas. No Rio de Janeiro, a produção de Jean Manzon* afirma-se de modo claro, empregando diversos cineastas. Também Isaac Rozemberg e Eurico Richers (para a HERBERT RICHERS) filmam com intensidade para esse mercado. Em São Paulo, a produção de Primo Carbonari* torna-se cada vez mais sistemática, ocupando um nicho do mercado exibidor, no qual se manteria até os anos 80. Embora não tenha desenvolvido carreira de documentarista, Nelson Pereira dos Santos filma, nessa época, alguns documentários de encomenda para Isaac Rozemberg e realiza *Soldados do fogo* (1958), para o Corpo de Bombeiros, *Um moço de 74 anos* (1965), para o Jornal do Brasil, *Cidade-laboratório de Humboldt* (1973) ou *Abastecimento, nova política* (1968) e *Biblioteca Nacional* (1974). Santos fez também algumas incursões pessoais pelo gênero, como em *Juventude* (1950), *Atividades políticas em São Paulo* (1951), *Ballet do Brasil* (1962), *O Rio de Machado de Assis* (1964), *Fala, Brasília* (1966), *Cruzada ABC* (1966), *Cinelândia, Cinema Rio, Nosso mundo – repórteres de TV* (1978), *A arte fantástica de Mário Gruber* (1982), além da obra mais tardia, abordada adiante. Outro diretor ligado ao cinema independente dos anos 50 que desenvolve carreira produzindo documentários é Roberto Santos*. Entre 1957 e 1982 realiza pelo menos dezenove curtas, entre eles *Usina de Votuporanga* (1957), *Bahia com H* (1957), *Viadutos de São Paulo* (1957), *A história do fogo* (1963), *Embu* (1968-1969), *A João Guimarães Rosa* (1968-1969), *Sesc Pompeia* (1977-1978), *Judas na passarela* (1979), *Bumba-meu-boi* (1982), *Chick Fowle, faixa preta em cinema* (1982). Alex Viany* dirige, nos anos 70, os curtas documentários *A máquina e o sonho* (1974), *Humberto Mauro: coração do bom* (1978) e *Maxixe, a dança perdida* (1979).

O tema "Brasil distante e exótico" volta à baila com força nos anos 50, através da produção de vários longas-metragens que chegam com algum sucesso ao mercado exibidor. É o caso dos filmes *Frente a frente com os Xavantes* (1947), de Rako Boskovic e *Sertão* (1949), de Genil Vasconcelos. Também sobre os xavantes podemos citar, em metragens menores, *Xavantes em Xavantina* (1952), de Noel Nutels, *Território xavante* (1958), de Massimo Sperandeo, e *Postos avançados no Brasil central*, também de Genil

Vasconcelos. Do mesmo diretor temos ainda o média *Expedição Roncador* (1955) e *Tragado pela Amazônia* (1954), em que relata a comovente história do francês Edgar Maufrais em busca de seu filho desaparecido na selva. Nessa mesma linha, foi lançada, em 1955, com grande repercussão na imprensa, a polêmica coprodução internacional da MARISTELA *Magia verde*, com direção de Gian Gaspare Napolitano. Em 1955, Jean Manzon realiza um longa com repercussão na imprensa internacional intitulado *Samba fantástico*, que busca retratar uma viagem de 250 mil km pelo Brasil em 1h30min. Ainda sobre o mesmo tema podemos citar *Brasil desconhecido* (1951), produzido pela ATLÂNTIDA* sob a orientação de Paulo Burle e direção de João Beck, *Minha vida no sertão* (1951), com direção de William Gerick e produção de Genil Vasconcelos, *O grande desconhecido* (1954-1956) e *Rastros na selva* (1958), ambos sob a direção de Mário Civelli*. Como produções de cunho mais antropológico, abordando a questão indígena, são realizados *Aspectos do alto Xingu* (1948), de Manoel Rodrigues Ferreira; *Os índios kuikuros* (1954), *Calapalo* (1954) e *Meruri*, de Nilo Velozo; *Entre os índios mehinakus* (1954), de M. Schwartz; *Javari*, de Noel Nutels; *Brasil central* (1954), de Alexandre Wulfes; e os longas de Heinz Forthmann, *Funeral bororo* (1953), com roteiro de Darcy Ribeiro, e *Xingu* (1957), coproduzido pela rede de televisão americana ABC. Forthmann especializa-se na filmagem antropológica realizando, entre outros, os curtas/médias *Guido Marliere – um posto indígena de nacionalização* (Os Krenaque) (1946), *Rio das Mortes* (Os Xavante) (1947), *Simões Lopes* (Os Bakairi) (1948), *Txukahamãe* (1955), *Xingu* (1957), *Kuarup* (1961-1962) e *Rito krahô* (1993). Realiza também, em 1964, para Herbert Richers*, o institucional *De pé no chão também se aprende a ler*, sobre campanha do Ministério da Educação. Ainda podemos destacar os filmes de Vladimir Kozak, indianista de origem tcheca (1897-1979), que filma no Brasil desde os anos 40 e desenvolve extensa carreira de cineasta documentando costumes indígenas: *Araras* (1948), *Índios carajás* (1954), *Índios bororos* (1956), *Índios do Alto Xingu* (1958), *Índios botocudos* (1967). Uma interessante abordagem de sua obra cinematográfica encontra-se no curta, em 16 mm, *O mundo perdido de Kozák* (1988), com direção de Fernando Severo, diretor que também realiza os documentários históricos *Os reinados* (1992) e *Século XX: primeiros tempos* (1993). É significativo o fato de a temática do Brasil distante e

exótico ter permitido ao documentário brasileiro de longa metragem atingir o mercado exibidor nos anos 50. Na realidade, trata-se do mesmo universo que, nos anos 20, também marca um conjunto de realizações em torno de uma ideia similar de brasilidade. No documentarismo do Cinema Novo, o Brasil continuaria distante e remoto, mas passaria a ser miserável. Mato Grosso e Amazônia saem de cena, dando lugar ao Nordeste.

O novo documentário brasileiro dos anos 60 deve ser pensado em sua correlação estreita com o horizonte cinemanovista. As novas opções estilísticas do documentário mundial – como o cinema direto ou cinema-verdade – exercem forte influência e estarão presentes no Brasil a partir de 1962. A abertura para o ritmo e a pulsação do mundo, e de preferência para o mundo dos excluídos, dá o tom dessa produção. Da geração cinemanovista, Paulo César Saraceni* é o primeiro a se aventurar, em 1959, na direção, com *Arraial do Cabo*, documentário sobre uma colônia de pescadores localizada a 25 km de Cabo Frio, dirigido com Mário Carneiro*. *Arraial do Cabo* deve ser considerado como marco da filmografia cinemanovista. É o primeiro documentário no qual se sente com intensidade a atração pela imagem do povo, por sua fisionomia. Nesse filme já encontramos maduras as sementes dos dilemas e da estética cinemanovista, embora ainda distantes das aventuras do cinema direto. No ano seguinte, na Paraíba, entre janeiro e março de 1960, Linduarte Noronha* dirige *Aruanda*, filme sobre a Festa do Rosário, em Santa Luzia do Sabugi, na serra do Talhado, alto sertão da Paraíba, outro marco dessa virada no cinema brasileiro. Sua repercussão demonstra a importância dos documentários na afirmação da estética cinemanovista. *Aruanda* teve seu roteiro desenvolvido a partir de uma reportagem. A autoria do roteiro é disputada na Justiça, pois João Ramiro de Melo e Vladimir Carvalho, prováveis coautores além de Noronha, constam dos créditos do filme apenas como assistentes de direção. Rucker Vieira, pernambucano, embora não fizesse parte desse núcleo original, é o responsável pela fotografia e montagem do filme. Em depoimento a José Marinho, Noronha menciona a equipe de filmagem na serra do Talhado, composta de Rucker Vieira e João Ramiro. Vladimir Carvalho havia abandonado o grupo para prestar vestibular de Filosofia em João Pessoa, retornando depois para as tomadas da feira, em Santa Luzia. Terminadas as filmagens, no início de março de 1960,

Vieira e Noronha vão para o Rio de Janeiro fazer a montagem no INCE. O Instituto Joaquim Nabuco de Pesquisas Sociais, de Pernambuco, também contribui para a produção do filme, juntamente com o usineiro Odilon Ribeiro Coutinho. *Aruanda* mostra o trabalho cotidiano de uma isolada comunidade, Olho-d'Água da serra do Talhado – fundada em meados do século passado por um negro liberto –, no cultivo de algodão e na fabricação de cerâmica, cuja produção é vendida no mercado local. Descrevendo o processo de produção do filme, Linduarte Noronha afirma ter chegado ao INCE com o roteiro debaixo do braço e conseguido de Humberto Mauro o empréstimo, não habitual, de uma câmera para as filmagens em Santa Luzia. A fotografia de Rucker Vieira é um dos pontos altos do documentário, com tonalidades toscas e estouradas captando a dureza do sertão. A banda de pífaros, que chamou a atenção durante o lançamento, e as músicas folclóricas estão em sintonia com o espírito do filme. A imagem do povo e da natureza nordestina, tão cara ao primeiro Cinema Novo, surge finalmente estampada na tela. *Aruanda* é uma pequena joia que dá forma a potencialidades que estavam no ar. A repercussão do filme é intensa e imediata, ocasionando sua exibição como carro-chefe na Homenagem ao Cinema Brasileiro promovida pela CINEMATECA BRASILEIRA na VI Bienal de 1962. Junto com *Arraial do Cabo*, é apresentado na sessão do "lançamento oficial do Cinema Novo em São Paulo", na VI Bienal, dividindo, na mostra, os créditos da nova estética do cinema brasileiro com *O poeta do castelo* e *O mestre de Apipucos*, ambos de Joaquim Pedro de Andrade*, *Apelo*, de Trigueirinho Neto, *Um dia na rampa*, de Luiz Paulino dos Santos, e a ficção com tons documentais, também de Joaquim Pedro, *Couro de gato*.

Ainda na Paraíba, Linduarte Noronha aproveita o sucesso de *Aruanda* para dirigir, em 1962 (com a mesma câmera do INCE e o auxílio do Instituto Joaquim Nabuco), *O cajueiro nordestino*, com fotografia e montagem de Rucker Vieira. O filme, que aborda a importância do cajueiro para o homem nordestino do litoral, situa-se dentro de uma proposta estética similar à de *Aruanda*, embora sem o impacto do primeiro. Depois da disputa com Noronha, Vladimir Carvalho e João Ramiro de Melo resolvem mostrar que também podem dirigir e fazem *Romeiros da Guia*. Filmado em 1962, pelo mesmo esquema do INCE (a velha câmera de *Aruanda* continuava na Paraíba), mostra a peregrinação anual que pescadores do litoral paraibano fazem à humilde igreja da Guia. Ramiro afirma ter ido ao Rio falar com Tambellini, que estava no INCE, para armar a produção do filme. Volta com um fotógrafo alemão, Hans Bantel. A fotografia do curta é clássica e contrastada, revelando domínio técnico, mas não tem nenhuma relação com as soluções e o clima criado pela luz de Rucker Vieira que encanta a sensibilidade cinemanovista. As filmagens praticamente coincidem com as de *O cajueiro nordestino*, sendo realizadas logo em seguida. É importante mencionar que o equipamento do INCE que está por trás do documentário paraibano no início dos anos 60 não permitia o registro de som direto. As tomadas sonoras desses filmes são, em sua maioria, gravadas em estúdios. No caso de *Romeiros da Guia*, a gravação é feita em João Pessoa, na RÁDIO TABAJARA, com um grupo de romeiros. A narração em *off* desses filmes é bastante convencional. Quase ausente em *Aruanda*, é permeada por um tom culturalista classificatório em *Romeiros da Guia*. Também Rucker Veira decide tentar a direção no gênero e realiza *A cabra na região semiárida (À memória de Delmiro Gouveia)* (1966), com produção do INC e roteiro aprovado por Humberto Mauro. Ipojuca Pontes* participa das filmagens como assistente. Em seguida, Rucker fotografa *Os homens do caranguejo* (1969), com direção de Pontes, documentário que denuncia as condições de vida de pescadores que vivem do chamado "ciclo do caranguejo". O filme é realizado na ilha do Livramento, na Paraíba, próxima a João Pessoa, com Rucker fotografando literalmente dentro da lama. Pontes ainda dirige os documentários *Poética popular* (1970), *Rendeiras do Nordeste* (1974), *Cidades históricas do Nordeste* (1974) e o longa *Canudos* (1976). Dessa geração, Vladimir Carvalho é o que mais se afirma posteriormente, seguindo uma das raras carreiras autorais exclusivamente voltadas para o documentário, com diversos longas que marcam o cinema brasileiro, como *O país de São Saruê* (1967-1971), *O homem de Areia* (1981), *O Evangelho segundo Teotônio* (1984) e *Conterrâneos velhos de guerra* (1990). Sua obra volta-se principalmente para as difíceis condições de vida do homem nordestino, documentando também aspectos sociais e culturais da região Centro-oeste. A fotografia é pouco rebuscada, com enquadramentos simples e diretos, sobressaindo a utilização de técnicas de entrevista e intervenção próprias ao cinema-verdade. O uso da narração em *off* também é bastante inventivo, como demonstram *A pedra da riqueza* (1976), *Bra-* *sília segundo Feldman* (1979), *O país de São Saruê*. É também autor de diversos curtas e médias documentários, fundamentais em nossa filmografia, como *A bolandeira* (1970), *Vestibular 70, Incelência para um trem de ferro* (1972), *Espírito criador do povo brasileiro* (1973), *Itinerário de Niemeyer* (1973), *Vila Boa de Goyaz* (1973), *Quilombo* (1975), *Mutirão* (1975), *Pankararu do brejo dos padres* (1977), *O homem de Areia* (1982), *No galope da viola* (1990), 'A paisagem natural' (episódio de *Brasília, a última utopia*) e *Com os pés no futuro* (1995).

No veio mais dinâmico do documentário brasileiro dos anos 60 encontramos a forte presença da geração cinemanovista. A estrela aqui é a introdução das técnicas do cinema-verdade ou cinema direto, que, pela primeira vez, deslocam o eixo educativo-cientificista, que permeia a voz e o foco narrativo do documentário brasileiro até meados dos anos 60. Se quisermos estabelecer marcos, podemos mencionar o Seminário de Cinema organizado pela Unesco e pela Divisão de Assuntos Culturais do Itamaraty, no segundo semestre de 1962, como ponta de lança da introdução das técnicas do cinema direto no Brasil. Esse seminário traz para o país o reconhecido documentarista sueco Arne Sucksdorff*, que depois aqui se radica, realizando em 1975, para o INC, no Pantanal, a tetralogia *Um mundo à parte* – parte I: 'Os anos felizes', parte II: 'Os anos na selva', parte III: 'Manha de jacaré', parte IV: 'O reino da selva'. É por meio de Sucksdorff que toda a geração do Cinema Novo tem contato com o fazer cinema e principalmente com as novas técnicas do direto. Diretores e cineastas como Arnaldo Jabor*, Eduardo Escorel*, Dib Lutfi*, Antônio Carlos Fontoura*, Luiz Carlos Saldanha*, Vladimir Herzog, Alberto Salvá*, Domingos Oliveira*, Oswaldo Caldeira*, David Neves*, Gustavo Dahl*, atores como Guará Rodrigues*, José Wilker*, Nelson Xavier*, Cecil Thiré*, participam do curso, que parece ter marcado a história de vida dessa geração. Sucksdorff chega ao Brasil trazendo dois gravadores Nagra. Posteriormente, utilizam-se no seminário as câmeras e o Nagra recém-adquiridos pelo Serviço do Patrimônio Histórico e Artístico Nacional (SPHAN), envolvido no projeto. Dessa iniciativa resulta um único filme, *Marimbás* (1963), dirigido por Vladimir Herzog, tido por alguns como o primeiro documentário brasileiro com tomadas, ainda não sincrônicas, em som magnético, utilizando Nagra. O filme vale-se de entrevistas – procedimento característico do cinema direto – para versar sobre pescadores que ainda sobreviviam no Posto 6 da praia de Copacabana. A dramática dimensão que a figura de Herzog teve na história brasileira impediu que fosse conhecida sua obra como documentarista, que não se reduz à participação nesse filme. O plano do Itamaraty era dar continuidade ao seminário com a vinda do documentarista francês Mario Ruspoli, em 1963, o que acaba não ocorrendo.

Na raiz do interesse súbito do Itamaraty pelo cinema estão as figuras de Mário Carneiro (filho de diplomata, um dos grandes fotógrafos do cinema brasileiro e diretor de documentários sobre arte como *Iberê Camargo – pintura, Pintura* (1983), *Memória do corpo: Lygia Clark, Milton da Costa: íntimas construções* (1998), além de *A nave de São Bento* (1964), *Landi, o arquiteto régio do Grão-Pará* (1978), e da série em vídeo, realizada para a Fundação Roberto Marinho, *Seis décadas de arte brasileira);* de David Neves, responsável pela participação da Unesco no seminário; de Joaquim Pedro de Andrade, devido ao prestígio de seu pai, Rodrigo Mello Franco de Andrade, na época diretor do Sphan; além do cônsul Arnaldo Carrilho. Joaquim Pedro, que estava na Europa em 1961, recebe uma bolsa da Fundação Rockefeller para ir aos Estados Unidos, onde mantém, durante o primeiro semestre de 1962, contato próximo com os irmãos Albert e David Maysles, figuras centrais do novo documentário mundial, que emergia com o nome de cinema direto (nos EUA) ou cinema-verdade (Canadá e França). Os Maysles já filmavam com Nagra. No âmago da transformação do cinema documental está a conquista do som magnético, que substitui o som ótico e permite tomadas de som em externas sem o antigo caminhão de som. Joaquim Pedro escreve entusiasmadas cartas aos colegas do Cinema Novo descrevendo os procedimentos do cinema direto. Volta para o Brasil em meados de 1962. Sua experiência adquirida na técnica de direto, com os irmãos Maysles, anima o produtor Luiz Carlos Barreto a convidá-lo para dirigir *Garrincha, alegria do povo*. Eduardo Escorel é encarregado do som. Em virtude da precariedade dos equipamentos disponíveis, Joaquim Pedro não consegue resolver satisfatoriamente os problemas técnicos do som direto, o que prejudica a gravação da voz de Garrincha. O filme se distancia das experiências norte-americanas de cinema direto, com o som feito basicamente em estúdio. É nessa época que, segundo David Neves, a presença do documentarista francês François Reichenbach no Rio proporciona a primeira experiência

concreta da geração cinemanovista com um gravador Nagra. Ainda de acordo com o cineasta brasileiro, o primeiro contato do grupo com as potencialidades do cinema--verdade havia sido através da exibição de *Chronique d'un été*, no início de 1962, numa SEMANA DO CINEMA FRANCÊS no Rio de Janeiro. O fato é que, no segundo semestre de 1962, desembarcam no Brasil os primeiros Nagras, seja pela aquisição do equipamento pelo Patrimônio Histórico, seja pela contribuição de cineastas como Reichenbach e Sucksdorff. A partir do final dos anos 50, com a redução progressiva do tamanho do gravador magnético (o Nagra, primeiro aparelho realmente portátil, pesava aproximadamente 8,5 kg), torna-se uma possibilidade concreta a gravação sincrônica som/imagem em tomadas exteriores, embora os cineastas brasileiros sofram para obter os efeitos desejados.

No Brasil, *Maioria absoluta*, com direção de Leon Hirszman*, filmado entre o segundo semestre de 1963 e o primeiro de 1964, é o pioneiro em explorar o Nagra de modo mais amplo, operado pelo jovem Arnaldo Jabor. A sincronização, posterior, foi feita por Luiz Carlos Saldanha, responsável também pela fotografia do filme. A "genialidade técnica" de Saldanha, segundo definição de Saraceni, parece ter sido um elemento indispensável para a repercussão das técnicas do cinema direto no Brasil. *Maioria absoluta*, filmado no Rio de Janeiro, em Pernambuco e na Paraíba, às vésperas do golpe de 1964, é estruturado sob a forma de entrevistas, que abordam a questão do analfabetismo. O filme, com narração em *off* assertiva que orienta a interpretação do espectador, apresentando o assunto e mencionando dados e números, distingue-se das propostas mais típicas do cinema direto. *Integração racial*, de Paulo César Saraceni, filmado também no segundo semestre de 1963 e montado no início de 1964, segue linha de abordagem parecida à de *Maioria absoluta*. O documentário, cuja narrativa evolui ao sabor da participação dos entrevistados, tem como fio condutor entrevistas feitas na rua, em casas, no transporte público, sem nenhum pressuposto a não ser o tema: a integração racial da sociedade brasileira – questionada em seus lugares-comuns. Ambas as produções foram finalizadas depois do golpe militar, em regime de semiclandestinidade, com os diretores escondidos da polícia. Em 1965, aproveitando o aprendizado de técnico de som em *Integração racial* e *Maioria absoluta*, Jabor, com o auxílio do esquema Itamaraty/Patrimônio Histórico, realiza *O circo*, curta no

qual o cinema direto atinge sua expressão plena no cinema brasileiro, dominando com naturalidade o conjunto do filme. Em *Opinião pública* (1967), Jabor aprofunda o método com longas tomadas de conversas casuais e entrevistas sucedendo-se.

Em São Paulo encontramos, nos anos 60 e 70, outro núcleo sólido de documentaristas, e próximos, geograficamente e na proposta estética, do grupo cinemanovista. O grupo paulista do cinema direto desenvolve-se a partir dos contatos com a escola argentina de documentário, principalmente por meio da figura de Fernando Birri, criador do Instituto de Cinematografia da Universidade do Litoral, em Santa Fé, Argentina. Entre 1951 e 1952, Rudá de Andrade* foi colega de Birri no CENTRO EXPERIMENTAL DE CINEMATOGRAFIA de Roma. Também Vladimir Herzog tem contato com Birri no FESTIVAL DE MAR DEL PLATA de 1962 e escreve alguns artigos sobre o diretor, publicados no Suplemento Literário do jornal *O Estado de S. Paulo*. Em 1963, Fernando Birri vem a São Paulo para fazer uma série de conferências e para a exibição, numa mostra, de seus filmes *Tire Die* e *Los inundados*. Nesse mesmo ano, Herzog, juntamente com Maurice Capovilla*, vai ao Instituto de Cinematografia em Santa Fé a fim de fazer um estágio de três meses. A presença de Birri em São Paulo parece ter sido essencial para a definição dos rumos desses jovens cineastas, entusiasmados com as possibilidades do cinema direto. Além de Herzog, podemos citar, como integrantes do núcleo paulista, Capovilla e Sergio Muniz*, aos quais viriam se juntar Francisco Ramalho Jr.*, Renato Tapajós e João Batista de Andrade*. Thomaz Farkas* atua como um catalisador do entusiasmo, permitindo que as ideias sejam postas em prática. Entre setembro de 1964 e março de 1965, mergulha na aventura de produzir quatro médias-metragens em proximidade com a estética do cinema direto: *Viramundo, Nossa escola de samba, Subterrâneos do futebol* e *Memória do cangaço*, os quais também fotografa, com exceção do último. É interessante aqui notar a simultaneidade dessas filmagens com a feitura de *Maioria absoluta* e *Integração racial*. Trazendo a vivência da sempre presente temática nordestina, Geraldo Sarno* integra-se ao grupo paulista, dirigindo *Viramundo*. Paulo Gil Soares*, cineasta baiano, contemporâneo do jovem Glauber Rocha*, que Farkas conhece no Rio de Janeiro, é convidado para dirigir *Memória do cangaço*. De Santa Fé estão presentes os argentinos Edgardo Pallero, que cuida da produção executiva dos quatro médias, e Manuel Horácio Gimenez, que dirige *Nossa escola de samba*. Maurice Capovilla dirige *Subterrâneos do futebol*. Com o apoio da Divisão Cultural do Itamaraty/Departamento de Cinema do Patrimônio Histórico e Artístico Nacional viabiliza, em coprodução, a realização de *Memória do cangaço*. Em *Subterrâneos do futebol*, Clarice Herzog, Francisco Ramalho, João Batista de Andrade e José Américo Viana são creditados como colaboradores, e Vladimir Herzog como diretor de produção. Nos médias, o estilo do cinema direto predomina, sendo a narrativa baseada em entrevistas, depoimentos e tomadas, nos quais se explora a improvisação. Em *Memória do cangaço*, o tradicional discurso didático-cientificista, que tanto marcou o documentário brasileiro dos anos 30 e 40, é ironizado com sutileza, através do procedimento de entrevista, na fala do professor Estácio de Lima, catedrático de Medicina Legal da Universidade da Bahia. A narração em *off* não precisa ser acionada para explicitar a contraposição entre a fala e a ideologia do média-metragem. Farkas parece haver conseguido para as filmagens um equipamento técnico de primeira qualidade, o que dá força e agilidade às tomadas em direto dos filmes. Capovilla descreve o sistema dizendo terem seguido, nos quatro filmes, o que François Reichenbach havia ensinado a Affonso Beato*: sincronizar o som direto sem usar o motor-sincro, fazendo *loops* das entrevistas e ajustando--as no Nagra enquanto se projeta. Esses médias-metragens (*Memória do cangaço, Viramundo, Nossa escola de samba* e *Subterrâneos do futebol*) foram reunidos no longa *Brasil verdade* e lançados em 1968, com o objetivo de atingir o mercado exibidor.

A partir dessa experiência, Farkas produz, entre 1969 e 1971, uma série de dezenove curtas-metragens intitulada *A condição brasileira*. Sua intenção, que já existia quando da filmagem dos médias de *Brasil verdade*, era viabilizar a produção de documentários por meio da exibição dos curtas em escolas do estado. O objetivo é claro: divulgar e registrar autênticas tradições e costumes da cultura nordestina, em via de desaparecimento, enfatizando a importância de sua preservação. A narração é bem mais tradicional do que nos médias de *Brasil verdade*, mantendo-se em geral uma voz em *off* objetiva e assertiva, que esclarece a importância e a dimensão das tradições. Na maior parte dos filmes utilizam-se entrevistas e som direto. A direção dos curtas coube a Paulo Gil Soares – *A morte do boi* (1969-1970), *A vaquejada* (1969-1970), *Frei Damião: trombeta dos afli-*

tos, martelo dos herejes (1970), *A erva bruxa* (1969-1970), *O homem de couro* (1969-1970), *A mão do homem* (1969), *Jaramataia* (1970); Geraldo Sarno – *A cantoria* (1969-1970), *Vitalino Lampião* (1969), *O engenho* (1969-1970), *Padre Cícero* (1971), *Casa de farinha* (1969-1970), *Os imaginários* (1970), *Jornal do sertão* (1970), *Viva Cariri* (1969-1970), *Região Cariri* (1970); Sergio Muniz – *Rastejador* (1969-1970), *Beste* (1970); e Eduardo Escorel – *Visão de Juazeiro* (1970). Do grupo de *Brasil verdade* mantêm-se, além do produtor Farkas, que viabiliza as duas séries, Sergio Muniz e Edgardo Pallero, que cuidam da produção executiva de todos os curtas (sempre auxiliados por João Silvério Trevisan). Também Geraldo Sarno, que já havia dirigido *Viramundo*, é, juntamente com Paulo Gil Soares, o principal diretor da série. O som direto fica por conta de Sidney Paiva Lopes em praticamente todos os curtas (com exceção de *Visão de Juazeiro*, do qual participa uma equipe diferenciada: Jorge Bodanzky*, responsável pela fotografia, e Hermano Penna*, pelo som direto). A mixagem ficou a cargo de Carlos de la Riva. A montagem dos curtas é basicamente dividida entre Geraldo Veloso e Eduardo Escorel, ficando a fotografia principalmente com Affonso Beato e, em alguns curtas, com Thomaz Farkas ou Lauro Escorel*. Vladimir Carvalho (produção), Ana Carolina* (música) e Othon Bastos* (narração) são também nomes que aparecem nos créditos de mais de uma obra. A música dos filmes é bem cuidada, com a participação de artistas regionais como a Banda de Pífaros do Crato, Banda de Pífaros de Caruaru, Cego Birrão do Crato, Antonio Calunga, os cantadores Lourival Batista e Severino Pinto, além de Musikantiga e Gilberto Gil. Farkas também tem em seu currículo a direção dos curtas *Paraíso Juarez* (1971), *Todomundo (Futebol + torcida = espetáculo total)* (1978-1980) e *Hermeto, campeão* (1981); a fotografia de curtas como *A morte das velas no Recôncavo* (1976), *Feira da banana* (1973), *Beste* (1970), *Cheiro e gosto*; e a coprodução de documentários como *Jânio a 24 quadros* (1979-1981), de Luiz Alberto Pereira*, e *Certas palavras com Chico Buarque* (1978-1980), de Maurício Beru.

Entre 1962 e 1963, os ainda estudantes de Engenharia João Batista de Andrade, Clóvis Bueno*, José Américo Viana e Francisco Ramalho formam na Escola Politécnica da USP o GRUPO KUATRO DE CINEMA, que filma documentários e desenvolve intensa atividade cineclubista. A esse grupo junta-se Renato Tapajós. Pertencentes à geração mais jovem do

cinema documental paulista dos anos 60, não possuem ainda a agilidade e o profissionalismo que a produção de Farkas traria aos diretores dos episódios de *Brasil verdade*, com os quais também contribuiriam. Nenhum dos filmes feitos pelo GRUPO KUATRO – com a produção articulada por Assunção Hernandez e colaboração direta da União Estadual dos Estudantes (UEE) e do Grêmio da Poli – foi terminado. Dessa fase podem-se citar, em particular, o documentário sobre catadores de lixo e outro sobre o Teatro Popular Nacional, projeto de ação teatral na periferia, que Ruth Escobar desenvolvia, ambos produzidos em 8 mm. Essas atividades são interrompidas pelo golpe de 1964. Já não mais como estudantes, mas agora como cineastas, João Batista e Renato Tapajós desenvolvem, na segunda metade da década, projetos intimamente ligados às propostas do movimento estudantil – em particular as do Grêmio da Filosofia da USP –, como *Liberdade de imprensa* (1966), de João Batista, e *Universidade em crise* (1965) e *Um por cento* (1965), de Renato Tapajós. Também editam o jornal *Amanhã*. Tapajós, que já havia realizado *Vila da Barca* (1964), registra junto com Batista várias manifestações políticas da época, e esses registros são enviados para Cuba e posteriormente utilizados em documentários diversos. Em 1968, Tapajós filma o Congresso da União Nacional dos Estudantes (UNE) em Ibiúna, tomadas que foram perdidas com a invasão da polícia. Preso em 1969, fica na cadeia até 1974, quando retoma sua atividade como documentarista, realizando, em 1975, *Fim de semana*, filme no qual critica o sistema de mutirões na periferia de São Paulo. Em 1977 realiza *Acidente de trabalho*, o primeiro de diversos curtas que filmaria com o Sindicato dos Trabalhadores da Indústria Metalúrgica em São Bernardo do Campo e Diadema, no qual documenta amplamente as atividades e reivindicações operárias no Brasil dos anos 80. Dentro do quadro da produção predominante no cinema documental brasileiro dos anos 60 e boa parte dos 70 – caracterizado por retratar atividades semi-industriais e rurais –, Tapajós apresenta reiteradamente em sua obra a vida do proletariado urbano nas grandes fábricas da região do ABC paulista. Seguem-se nessa linha *Trabalhadoras metalúrgicas* (1978), em codireção com Olga Futema, *Teatro operário* (1978), em 35 mm, *Um caso comum* (1978), *Greve de março* (1979), que tem como nome original *Que nunca mais ninguém duvide da capacidade de luta da classe trabalhadora*, *A luta do povo* (1980). Nos anos 80 realiza seu único longa, em 16 mm, *Linha de montagem* (1980-1982), também com o Sindicato dos Metalúrgicos, sobre as greves operárias no ABC. Seguindo a temática do movimento operário e sua luta política, faz também *Em nome da segurança nacional* (1984) e *Nada será como antes, nada?* (1984). Nessa década monta a produtora TAPIRI CINEMATOGRÁFICA, que produz esses últimos filmes. Também sobre o forte momento vivido pelo movimento operário no final da ditadura, na virada dos anos 70, podemos destacar *Greve* (1979) e *Trabalhadores, presente* (1979), de João Batista; *Braços cruzados, máquinas paradas* (1979), de Sérgio Toledo* e Roberto Gervitz* (ambos também fizeram, em 1976, *História dos ganha-pouco*); *Santo e Jesus, metalúrgicos* (1983), de Claudio Khans* e Antonio Ferraz; *ABC Brasil* (1980-1981), de Sérgio Péo; *ABC da greve* (1979), de Leon Hirszman. Devemos ainda mencionar, sobre o ressurgimento do movimento estudantil, em 1977, o curta *O apito da panela de pressão* (26 min) em 16 mm, produzido pelo Diretório Central dos Estudantes (DCE) da USP, com realização do Grupo Alegria.

Dentro do Cinema Novo, a trilha do cinema direto não esgota as experiências com o documentário. Diversos diretores do movimento tiveram obras destacadas no gênero, cujo estilo influenciou diretamente os filmes de ficção. Antes de *Garrincha, alegria do povo*, Joaquim Pedro havia realizado, em 1959, o curta *O mestre de Apipucos e o poeta do castelo*, sobre o poeta Manuel Bandeira e o sociólogo Gilberto Freyre, filme que seria mais tarde exibido separadamente como *O mestre de Apipucos* e *O poeta do castelo*. Esses dois curtas, talvez por não apresentarem a intensa e inovadora imagem do povo como em *Aruanda* ou *Arraial do Cabo*, não têm a mesma repercussão destes. Na sua carreira, Joaquim Pedro ainda faria os curtas documentários *Cinema Novo* (1965), para a televisão alemã, com o título *Improvisiert und Zielbewusst*; *Brasília, contradições de uma cidade nova* (1967), no qual apresenta uma visão crítica da cidade e da exclusão dos candangos que a construíram; *Linguagem, persuasão* (1970), realizado para o Serviço Nacional de Aprendizagem Comercial (Senac), no qual discute o papel dos meios de comunicação na profissionalização; e *O Aleijadinho* (1978), sobre a vida e a obra do escultor mineiro. Também Paulo César Saraceni realizou documentários, para além das obras de início de carreira. Embora não tão marcantes como *Arraial do Cabo* e *Integração racial*, é possível constatar a vocação de documentarista do diretor

em médias como *Laço de fita – folclore do Piauí* (1976), ou nos curtas *Casimiro de Abreu* (1972-1976), *Custódio Mesquita* (1972-1976), *Encontro das águas* (1973), *Cinema* (1974), *Quadro a quadro – Newton Cavalcanti* (1983).

David Neves é outro diretor que constrói um universo ficcional próprio, mas que possui forte tradição no documentário. Além de ter diversos textos publicados sobre o assunto, atua de forma significativa no período de 1962-1963, fazendo a produção de *Maioria absoluta* e a fotografia de *Integração racial*. Sua filmografia no gênero é bastante ampla, revelando um interesse bem direcionado. De Neves podemos destacar os documentários *Colagem* (1967), *Vinicius de Moraes* (1968), *Jaguar* (1968), *Tarzan* (1969), codirigido por Michel Espírito Santo, *Tarsila do Amaral* (1969), codirigido por Fernando Cony Campos, *Um museu* (1969), *Cartas do Brasil* (1971), *Bienal – mão do povo* (1971), codirigido por Gilberto Santeiro, *O palácio dos arcos* (1971), codirigido por Gilberto Santeiro, *Cinema e futebol* (1980), codirigido por Chico Drumond, *Mauro, Humberto* (1975), *Diamantina na memória* (1982), o média *P. E. Salles Gomes* (1979) e a *Série cultura nacional – literatura nacional contemporânea* (1974-1976), codirigida por Fernando Sabino, com os episódios, entre outros, 'O fazendeiro do ar', sobre Carlos Drummond de Andrade, 'O habitante de Pasárgada', sobre Manuel Bandeira, 'Veredas de Minas', sobre João Guimarães Rosa, 'Música, poesia e amor', sobre Vinicius de Moraes, 'Um contador de histórias', sobre Érico Veríssimo, 'Na casa de rio Vermelho', sobre Jorge Amado. Em 1980 dirige o longa *Flamengo paixão*. Além de sua carreira de diretor de fotografia, Renato Neumann trabalha com Neves em seus primeiros curtas, tendo dirigido *Homens ao mar* (1965), *Lapa 67* (1967), *Antônio Bandeira* (1970), *Glória de Outeiro* (1970), *Poluição* (1971), *A paixão segundo Aleijadinho* (1971), codirigido por Rachel Sisson, *A baiana* (1973), *Conventos franciscanos: Santo Antônio, João Pessoa* (1973), codirigido por Rachel Sisson, *Bandeira do Brasil* (1973), *Idade do ouro* (1973), codirigido por Rachel Sisson, *Enfoque – área verde* (1974), *Enfoque – Sete Povos das Missões* (1973), *Plácido de Castro* (1973). Embora não tenha desenvolvido carreira nessa direção, Lauro Escorel realiza dois sensíveis documentários: *Libertários* (1976), sobre o papel do anarquismo no início do movimento operário brasileiro, e *Arraes de volta* (1979), sobre o retorno do líder político do exílio. Seu irmão, Eduardo Escorel, estabelece sólida carreira no

documentário, dirigindo para Farkas o já mencionado *Visão de Juazeiro*, sonorizando *Garrincha, alegria do povo* e realizando a montagem de *Cabra marcado para morrer* e *Integração racial*, no qual atua ainda como assistente de direção. Dirige diversos curtas, como *Século XVIII: a colônia dourada*, *Bethânia bem de perto* (1966), com Júlio Bressane*, *Relação de visita feita a fortificações portuguesas do litoral nordeste do Brasil* (1974), *Jubileu* (1981), *Chico Antônio – o herói com caráter* (1983), além do longa *Isto é Pelé* (1974), com Luiz Carlos Barreto*. Sua carreira nos anos 2000 está abordada adiante. Walter Lima Jr.* parece ser um diretor que se realiza mais plenamente na ficção, embora tenha marcado presença em alguns documentários, como *O tempo e o som* (1970) – realizado em parceria com Bruno Barreto*, no qual a bossa nova é apresentada por suas principais estrelas e também por Gil e Caetano –, *Arquitetura: a transformação do espaço* (1971), *José Lins do Rego* (1975), *Conversa com Cascudo* (1977), o ficcionalizado *Joana Angélica* (1979), *Em cima da terra, embaixo do céu* (1982). Trabalha diversos anos, na década de 70, no *Globo Repórter*.

Glauber Rocha nem sempre é lembrado como documentarista, apesar de possuir uma produção documentária que excede eventuais trabalhos para a sobrevivência. Mesmo quando filma com esse intuito, imprime a inconfundível marca de seu estilo. É o caso de *Amazonas, Amazonas* (1965), sua primeira experiência com cor, na qual o estilo e os enquadramentos glauberianos são inconfundíveis. Em *Maranhão 66*, sobre a posse do então governador José Sarney, feito logo a seguir, no mesmo ano, encontramos presente a forte inspiração visual que é trabalhada ficcionalmente em *Terra em transe*. O documentário *1968*, filmado durante passeatas estudantis no Rio de Janeiro, juntamente com o fotógrafo Affonso Beato, demonstra a disponibilidade de Glauber para ir à rua, com uma câmera na mão, filmar o evento extraordinário. *História do Brasil* já é um projeto bem mais complexo, realizado durante o exílio cubano em 1972 e finalizado na Itália em 1974. O filme utiliza material documentário de arquivo e diversos trechos de filmes brasileiros, encontrados na cinemateca cubana. Uma voz narrativa enfática interpreta a história a partir de um viés marxista-leninista ortodoxo. Tudo caminha na ordem evolutiva materialista-dialética até que, no final, uma explosão exuberante e barroca de sons e imagens sobrepõe-se à sobriedade tediosa do filme. O curta *Di* (1977), também conhecido como *Di Cavalcanti* ou

Di Glauber, e o média *Jorjamado no cinema* (1977), seu último documentário, marcam o encontro de Glauber com dois ícones da baianidade, depois de anos no exílio. *Di* é uma ode à exuberância e à vida no meio refratário do velório do pintor. A esse ambiente sobrepõe-se, como profanação, a telúrica exibição de suas telas. Figuras conhecidas de atores (Joel Barcelos*, Marina Montini, Antonio Pitanga*) intervêm no cerimonial, dramatizando-o, como deuses coordenando um ritual. Em *Jorjamado no cinema*, por meio de planos longos, Glauber encena o mito Jorge Amado, focalizando principalmente as suas obras que serviram para adaptações cinematográficas. Encenar é a palavra exata para um tipo de entrevista que, pela reiteração da duração da tomada e da verborragia do entrevistador, acaba por perfurar o verniz dos lugares-comuns que cercam o romancista. Glauber ainda faz, para o Sindicato dos Trabalhadores da Atividade Cinematográfica de Portugal, *As armas e o povo*, sobre a Revolução dos Cravos, de abril de 1974, em Portugal.

Leon Hirszman é o grande talento do documentário cinemanovista. Além do já citado *Maioria absoluta*, dirige o inacabado "Minoria absoluta" (1964), sobre a minoria universitária, com imagens do comício de 13 de março de 1964, no Rio de Janeiro. O filme, com produção do Centro Popular de Cultura (CPC)/UNE, é interrompido pelo golpe de 1964. Em 1969 realiza o sensível *Nelson Cavaquinho*, uma experiência madura em documentário direto, no qual se intercalam tomadas do próprio Cavaquinho cantando em um boteco e cenas de entrevistas com o artista. Sente-se a presença forte da imagética popular, tanto na exploração da fisionomia do povo como do espaço físico de subúrbio carioca. A câmera locomove-se com agilidade, entre o rigor dos enquadramentos de Hirszman e a improvisação. Os anos 70 são particularmente férteis para a carreira de documentarista de Leon. Na volta dos baianos Caetano Veloso e Gilberto Gil do exílio, Hirszman filma o primeiro *show* da dupla, em 1972. Esse material, junto com o do registro do cotidiano dos baianos e de seus *shows,* como o *Gal-Fatal*, compõe "Caetano/Gil/Gal", nunca concluído. Em 1983 voltaria ao tema em *Bahia de todos os sambas*, no qual registra um grande evento sobre cultura brasileira ocorrido em Roma. A versão que temos hoje do filme é a finalizada por Saraceni, em 1996. Em 1973, Hirszman faz *Megalópolis* e *Ecologia*, documentários institucionais, de estrutura tradicional, produzidos pelo Departamento do Filme Educativo do INC. A narração

em *off*, com a voz excessivamente grave e pausada de Paulo César Pereio* (voz preferida pelos documentaristas do Cinema Novo), dá aos curtas a coloração dos velhos documentários do INCE. Apesar de serem também descritivos, encontramos um Hirszman mais à vontade na trilogia *Cantos do trabalho – Mutirão* (1975), *Cacau* (1978), *Cana-de-açúcar* (1978). Já em *Partido alto* (1976) retorna às experiências com o cinema direto. Agora as tomadas não têm mais o verniz heroico de *Maioria absoluta*, e o filme é absorvido pelo ritmo casual do morro e seus sambistas, captando a espontaneidade das rodas de samba. *Partido alto* conta com a participação de Paulinho da Viola, que parece ter conduzido Leon pelos meandros do samba no morro. Faz para a televisão italiana (RAI), em 1977, *Que país é este?*, documentário no qual entrevista personalidades brasileiras, com narração de Sérgio Buarque de Holanda, Fernando Novaes e Fernando Henrique Cardoso, entre outros. Infelizmente esse filme acaba não sendo exibido e perde-se nos arquivos da emissora. Também são dessa época os projetos não realizados "BR 480" e "Que viva a América!", que abordam as condições socioeconômicas do Brasil e da América Latina, e *Rio, carnaval da vida* (1978). Em 1979, Leon realiza *ABC da greve*, um longa documentário que marca sua carreira, influenciando nitidamente a ficção *Eles não usam black-tie*. Sua filmagem, no calor da hora, quando estouram as primeiras greves no ABC, acompanha o processo reivindicatório, que termina com a intervenção no Sindicato dos Metalúrgicos. Embora tenha sido montado na época por Adrian Cooper*, sob a orientação do diretor, só pôde ser finalizado postumamente, em 1990. Depois do sucesso de *Eles não usam black-tie*, Hirszman retorna ao documentário como querendo reafirmar um veio forte de sua carreira. Entre 1983 e 1985 dedica-se à realização de *Imagens do inconsciente*, o grande projeto do final de sua vida, no qual encontramos um Hirszman distante da imagética popular, que mobilizara até então sua câmera documentária. A imagem dos detentos e de sua vida na Seção Terapêutica Ocupacional do Centro Psiquiátrico Pedro II, seus depoimentos, exercem nítido fascínio sobre o diretor. O ponto central do filme, no entanto, é o que chama de "imagens do inconsciente", desenhos e quadros pertencentes ao Museu Imagens do Inconsciente, criado por Nise da Silveira. As estranhas formas que a loucura deixa no papel e na tela, vistas através do enquadramento preciso de

Hirszman, produzem um filme denso, com forte impacto visual. Também nos depoimentos e nas filmagens que acompanham a fala dos internos, encontramos esse rigor formal interagindo com a imprevisibilidade intrínseca de cenas com psicóticos. *Imagens do inconsciente* é composto de três episódios, 'Em busca do espaço cotidiano', 'No reino das mães', 'A barca do sol', nos quais são retratadas, respectivamente, as obras e a vida dos internos Fernando Diniz, Adelina Gomes e Carlos Pertuis. Em 1985, Leon ainda realiza "A emoção do lidar", entrevista com Nise da Silveira, que deixa inacabado.

Eduardo Coutinho, companheiro de viagem da primeira geração cinemanovista, é um exemplo raro no cinema brasileiro de carreira voltada de modo predominante para o documentário, com algumas tentativas na ficção. Realiza diversos trabalhos para emissoras de televisão, incluindo a REDE GLOBO, onde atua entre 1975 e 1983 na produção de documentários para o programa *Globo Repórter*: *Seis dias de Ouricuri*, sobre a seca, *O pistoleiro da serra Talhada*, sobre o banditismo no Nordeste, *Teodorico – o imperador do sertão*, sobre o "coronel" nordestino Teodorico Bezerra, e *O menino de Brodósqui*, sobre o pintor Portinari. Leva para a televisão sua experiência com as técnicas do cinema direto, que vivencia junto com a geração cinemanovista no início dos anos 60. De formação ideológica de esquerda, sempre se ressentiu das restrições que o meio televisivo lhe impôs, embora tenha conciliado sua experiência anterior do direto com as propostas da TV. No *Globo Repórter*, nesse período, cria-se um estilo de realização de documentários na televisão brasileira que seria depois muito imitado. A influência de Coutinho na formação desse estilo é significativa e deve ser considerada dentro da dimensão que esse trabalho na TV assumiu para o documentarismo brasileiro. Com todas as contradições inerentes ao meio, nessa fase de sua carreira trabalha com Maurice Capovilla, Walter Lima Jr., João Batista de Andrade, Paulo Gil Soares, entre outros. Coutinho tem em sua filmografia os longas documentários: *Cabra marcado para morrer, O fio da memória* e *Santo forte. Cabra marcado para morrer* é um dos clássicos do gênero no Brasil, não só por sua composição singular através dos anos, mas também pelo resultado obtido, acompanhando a trajetória de um país a partir da história de uma família de camponeses. Essa congruência confere uma intensidade particular ao filme, que é todo rodado (tanto nas tomadas dos anos 60, como nas dos 80) em um clima de particular emotividade. O estilo de Coutinho caracteriza-se por uma câmera ativa, participante, e nessa obra o diretor conduz habilmente as entrevistas. O enredo baseia-se na vida de João Pedro Teixeira, líder das Ligas Camponesas, assassinado em abril de 1962. Sua primeira concepção parece ter sido inspirada em *Morte e vida severina* e em outros poemas do poeta João Cabral de Melo Neto, que chega a ceder os direitos por carta, mas logo em seguida, talvez atemorizado com a repercussão política de seu ato, nega a autorização para a UNE, responsável, por meio do CPC, pela produção inicial do longa. Essa recusa deixa Coutinho com a opção de fazer um documentário dramatizado, com a participação do povo da região. A atriz principal era Elisabete Teixeira, que fazia seu próprio papel de viúva. Após a UNE levantar fundos durante um ano, as filmagens foram iniciadas em fevereiro de 1964 e interrompidas, logo em seguida, com o golpe militar de 31 de março. Cineastas e atores perseguidos dispersaram-se. As cópias teriam sido escondidas "embaixo da cama" do general Neves, pai de David Neves, no período quente da repressão, iniciativa que as teria preservado. Quando consegue localizar novamente Elizabete Teixeira e sua família, nos anos 80, Coutinho retoma o filme inacabado. O traço documental/fotográfico da imagem registrada vinte anos antes reflete a transformação na fisionomia dos camponeses, e o filme articula essa imagem com o destino de uma família popular dentro da história social do Brasil. É um dos grandes momentos do cinema documental brasileiro.

Além do grupo vinculado a Farkas, alguns outros nomes merecem ser citados na produção documental em São Paulo, nos anos 70. No final de 1972, João Batista de Andrade é convidado por Vladimir Herzog e Fernando Pacheco Jordão para atuar como repórter especial da *Hora da Notícia*, programa jornalístico da televisão estatal. Na TV CULTURA desenvolve uma proposta que, segundo seu testemunho, trouxera de uma estadia na Europa, para onde havia ido com o prêmio AIR FRANCE, recebido por *Gamal, o delírio do sexo*. Trata-se do que mais tarde ficou conhecido como "cinema de rua": "a ideia era fazer um cinema direto, na rua, fazer com que o filme fosse uma espécie de comunicação da população. Que você, com um microfone na rua e uma câmera, pudesse ser usado pela população como canal de comunicação". Nesse espírito realiza na TV CULTURA, em 16 mm, os documen-

tários *Ônibus* (1972), *Trabalhadores rurais* (1972), *Migrantes* (1973), *Pedreira* (1974). Em 1974 há uma intervenção na empresa e João Batista é demitido. Logo em seguida, seu companheiro de redação, Vladimir Herzog, é assassinado pelo regime militar. Com a criação da Escola de Comunicações e Artes (ECA) da USP, João Batista começa a lecionar na universidade, onde aprofunda, junto com seus alunos, as ideias do cinema de rua, baseado nos resultados efetivos dos curtas mencionados, a partir do que chamou de uma "dramaturgia de intervenção", na qual se cria um fato, uma intervenção na realidade e filma-se esse contexto. A proposta teve forte repercussão no meio cinematográfico brasileiro da época, catalisando discussões e propostas. O primeiro filme do grupo não realizado por João Batista é *Pau pra toda obra* (1975), de Reinaldo Volpato e Augusto Sevá, seguido por *Herança*, de Penna Filho, diretor que tem em seu currículo, entre outros, os documentários *Universidade de São Paulo* (1979) e *Naturezas mortas* (1996), além de trabalhos para a televisão como *Revolução de 24* (1974), para a TV GLOBO, e *99: Média mortal* (1978), para a TV CULTURA. Também os diretores de *Domingo em construção* (1975), Wagner Carvalho, de *Eleições* (1975), Adilson Ruiz, e de *Ambulantes* (1975), Wagner Carvalho e Jorge Santos, reivindicam de alguma forma as propostas do cinema de rua. Em 1976, na V JORNADA BRASILEIRA DE CURTA-METRAGEM, em Salvador, o grupo do Cinema de Rua esteve presente exibindo sua produção recente e causando repercussão com a proposta. Em 1975, João Batista de Andrade faria *Buraco da comadre* e *Restos*. Nos anos 70, dirige para o *Globo Repórter*, entre outros, *Jogo do poder* (1975), *Volantes* (1975), *Guitarra contra viola* (1976), *Mercúrio no pão de cada dia* (1976), *Escola de 40 mil ruas* (1976). Realiza também os curtas *Cândido Portinari – um pintor de Brodósqui* (1969), *Caso Norte* (1978) e *Tribunal Bertha Lutz* (1981). João Batista dirige ainda três longas documentários nos anos 70 e 80: em 1970 faz *Pauliceia fantástica*, com filmes de arquivo sobre o cinema paulista nas primeiras décadas do século; em 1978 dirige *Wilsinho Galileia*, sobre jovem assassinado pela polícia; e, em 1985, *Céu aberto*, com tomadas das manifestações ocorridas no período da morte de Tancredo Neves.

Também do grupo que começa a filmar em São Paulo, na ECA, no início dos anos 70, destaque deve ser dado à produção de Aloysio Raulino*, um dos mais talentosos de sua geração. O rigoroso trabalho com o quadro e a interessante

elaboração do som constituem destaques de seu estilo. Fotógrafo profissional, fez carreira com atuação em diversos filmes. Em *Jardim Nova Bahia* (1971), resolve de modo inventivo o nó epistemológico em torno do qual o documentarismo debate-se nos anos 60 e 70: entrega a câmera ao nordestino Deutrudes, que é levado de carro à praia e o filme articula-se em torno desse registro. De sua filmografia ainda podemos destacar *Lacrimosa* (1970), documentário no qual retrata, por meio de longas tomadas, as favelas da região das avenidas marginais em São Paulo, e *Teremos infância* (1974), registro de depoimento de ex-menor abandonado, com cenas filmadas na rua, que recebeu o grande prêmio do júri do FESTIVAL DE OBERHAUSEN. Nos anos 70 podemos também destacar da obra de Raulino seu primeiro documentário mais denso, *Rua 100/New York* (1969), em codireção com Plácido Campos, sobre a rua 100 em Nova York, e também *Arrasta a bandeira colorida* (1970), sobre o carnaval de rua em São Paulo. *Atelia – atelier infantil de arte* (1972) e *Expressão corporal* (1972) são documentários sobre educação. *Tarumã* (1975), baseado em depoimento de camponesa do extremo sul do estado de São Paulo, é codirigido por Mário Kuperman, Romeu Quinto e Guilherme Lisboa. Além disso, podemos citar, de Raulino, *Apocalipses* (1976), média em que registra um espetáculo de balé; *O tigre e a gazela* (1976), documentário em que aborda a questão racial-colonial; com textos do livro *Os condenados da terra*, do escritor da Martinica Frantz Fanon; *O porto de Santos* (1978), retratando o universo geral do porto santista; *A morte de um poeta*, sobre os funerais de Cartola; *Inventário da rapina* (1985), sobre o poeta Claudio Willer; *São Paulo cinemacidade* (1995), codirigido por Regina Meyer, uma colagem cinematográfica com filmes sobre São Paulo. Em 1996 e 1997 realiza os documentários, com momentos ficcionados, *Puberdade I* (1996) e *Puberdade II e III* (1997), sobre adolescentes das camadas menos favorecidas da população. Raulino também integraria a primeira diretoria da atuante Associação Brasileira de Documentaristas (ABD), entidade que vem representando esses cineastas, em âmbito nacional, desde a década de 70. A ABD foi fundada em setembro de 1973, durante a II JORNADA NORDESTINA DE CURTA-METRAGEM, embrião da futura JORNADA INTERNACIONAL DE CINEMA DA BAHIA, organizada pelo também documentarista baiano Guido Araújo, que durante anos abre espaço nas jornadas para a produção documental brasileira.

Também da geração paulista pós-68 podemos destacar Augusto Sevá, que dirige *Gilda* (1976) e *Oro* (1980), documentário sobre a morte, no qual utiliza como referência a pesca da baleia e o suicídio coletivo da seita Jim Jones; Suzana Amaral*, que constrói carreira no documentário em película e televisivo, sobressaindo-se em sua filmografia *Minha vida, nossa luta* (1979), premiado como o melhor curta no FESTIVAL DE BRASÍLIA, *Semana de 22* (1971), *Sua Majestade Piolin* (1971), *Os mortos viram terra* (1971), *Érico Veríssimo* (1975), *Crescer para ser quem?* (1979), *São Paulo de todos nós* (1981); Tania Savietto, que dirige os documentários *Comunidade Scapin* (1972), *São Caetano, migração italiana* (1975) e *O melhor amigo do homem* (1982); Carlos Augusto Calil, que, embora não tenha seguido carreira, dirige alguns documentários na década de 70, como *Acaba de chegar ao Brasil o bello poeta francês Blaise Cendrars* (1972) e *Simitério de Adão e Eva* (1975), melhor curta no FESTIVAL DE BRASÍLIA, além da tetralogia sobre artistas populares realizada entre 1978 e 1979: *A árvore dos sonhos* (1978), *O que eu estou vendo* (1979), *Quem não conhece o Silva?* (1979) e *Manuel e o pai dele* (1979). Calil faz ainda a produção do interessante curta que o crítico literário Alexandre Eulálio realizou sobre Murilo Mendes, *Murilo Mendes: a poesia em pânico* (1977). Eulálio também faz, em 1973, *Memória da Independência: exposição-piloto*, sobre a exposição organizada no Rio de Janeiro, comemorativa dos 150 anos da Independência. Em 1983, Inês Castilho realiza *Hysterias*, filme no qual aborda a questão da histeria como um fenômeno social. No mesmo ano, Adrian Cooper dirige o sensível *Chapeleiros*, documentário sobre as atividades da fábrica de chapéu Curi, em Campinas.

A partir do final dos anos 80 e início dos 90, boa parte da produção documental do estado pode ser vista nas mostras anuais intituladas O CINEMA CULTURAL PAULISTA. É o caso dos documentários *No tempo da II Guerra* (1990), de André Klotzel*, autor também de *Os deuses da era moderna* (1976), *Gaviões* (1982), *Brevíssima história da gente de Santos* (1996); de *Cafundó* (1986) e *O espectador que o cinema esqueceu* (1991), de Joel Yamaji, diretor de *Assembleias* (1977), *As mesmas perguntas* (1981) e, em vídeo, de *O tempo dos invisíveis* (1994) e *Hiroshimas nunca mais* (1998); dos curtas *Queremos as ondas do ar* (1986), codirigido por Tata Amaral*, *Hip Hop SP* (1990), *Rota ABC* (1991), *Zona Leste alerta* (1992), *A era JK* (1993), de

Francisco César Filho, diretor de *Poema: cidade* (1986), codirigido por Tata Amaral; de *Caramujo-flor* (1988), de Joel Pizzini*; do documentário *Chá verde e arroz* (1989), de Olga Futema, diretora de *Trabalhadoras metalúrgicas* (1978), codirigido por Renato Tapajós, *Sob as pedras do chão* (1973), *Retratos de Hideko* (1980) e *Hia Sa Sa Hai Yah* (1986); do filme *A cidade e o corpo* (1991), de Chico Botelho*, diretor de outros documentários produzidos pela ECA, como *Os cinco patamares* (1973) e *A exposição de Henrique Alvin Corrêa* (1974), ambos codirigidos por Ella Dürst. Também são exibidos nessa mostra, que tradicionalmente serve como vitrine para a produção cinematográfica paulista, os curtas documentários de Mirela Martinelli *Pós-modernidade* (1989), *O inventor* (1991), *Novos rumos: o pós-guerra* (1991); o longa em 16 mm *O Brasil, os índios e finalmente a USP* (1988), de Marcelo Tassara, que também fez *Laboratório sem paredes/sem fronteiras*, *Povo da Lua, povo do sangue – documento yanomâmi 1972-1982* (1983) e *De revolutionibus – Nicolau Copérnico* (1976); o curta documentário, sobre trabalho infantil e escola no Alto Jequitinhonha, *Eva, Vicente*, de Fernando Passos, diretor também de *Feira de Juazeiro* (1977), *Tribos de Manaus* (1977), *Artesãos de Juazeiro* (1977), *Uma profissão* (1979), *O trabalho* (1979), *Eu, professor leigo*, *Escrita* (1989), *Pirenópolis: cavalhadas e mascaradas na Festa do Divino* (1977); os curtas *Dia de visita* (1988) e *Canabraba – a necessidade de expressão* (1987), de Reinaldo Volpato, diretor ainda de documentários como *Os boias-frias* (1974), *Rio Paraíba* (1975) e *Perguntas de amor* (1978-1979), além de *Pau pra toda obra*, já mencionado; o documentário *Encanto (Catehe)* (1994), de Regina Jehá, que também dirige *Bexiga, ano zero* (1971), *Brás* (1973), *Guarani* (1975), *Pantanal, a última fronteira* (1983) e *Curumins e cunhatãs* (1980); o curta *Na terra devastada* (1988), de Peter Overbeck, codirigido por Joel Zito Araújo – (Overbeck dirige também *Nossos bravos*, *A origem da riqueza* e *A classe que sobra* (1985)); os documentários de Luiz Alberto Pereira* (Gal) *Raça na praça* (1986) e *Operação Brasil* (1986), sobre a morte de Tancredo Neves (Gal dirige também *Monteiro Lobato* (1972) e *Tá russo* (1984)); o curta de Roberto d'Ávila, *Michaud* (1991); o filme de Adilson Ruiz, *Rapsódia para cinema e orquestra* (1991-1992); os documentários de A. S. Cecílio Neto *Wholes* (1991) e *Ma che bambina* (1986); os filmes de Roberto Moreira* *Nasce a República* (1989), *Modernismo: os anos 20* (1992) e *O cão louco Mario Pedrosa* (1993).

Podemos também citar o curta *Striptease* (1984), mistura de ficção e realidade sobre as mulheres que exercem essa profissão, nos intervalos das sessões, nos cinemas ÁUREA e CAN-CAN, localizados na região da Boca do Lixo, no centro paulistano, do premiado cineasta Ivo Branco, laureado nos festivais de BRASÍLIA, GRAMADO e no RIO CINE, e, internacionalmente, em CUBA, que também realizou os curtas *Belmonte* (1981) e *Eh Pagu, Eh!* (1982), sobre a musa oswaldiana, escritora, feminista e jornalista Patrícia Galvão (seu filme, *Batiman e Robim* (1992), é sua primeira incursão num trabalho totalmente ficcional); e o curta de Raquel Gerber *Abá* (1993), codirigido por Cristina Amaral. Gerber é pesquisadora de cinema que também dirige o documentário longa *Ôri* (1989) e *Ylê Xoroquê* (1991). Dessa época é o curta de Cao Hamburger *Tietê* (1993) e o média documentário de Jean-Claude Bernardet* *São Paulo, sinfonia e cacofonia* (1994), sobre a cidade de São Paulo vista pelo cinema. Em 1995, Andréa Seligman dirige o forte *Onde São Paulo acaba*. Também produção paulista, *Pedeguerra* (1987) é um interessante documentário de Rubens Xavier que recebe os prêmios de melhor direção e melhor montagem no FESTIVAL DE GRAMADO de 1988. Xavier dirige ainda *Sete vidas* (1979), sobre a vida de um grupo de marginais. Em 1982, Walter Rogério filma o documentário *A voz do Brasil*, sobre cinema, e, em 1991, também em São Paulo, Marcio Ferrari dirige *Moleque de rua (O nobre pacto)*, documentário sobre a banda Moleque de Rua, da periferia da cidade. Em 1994, João Godoy dirige *Vala comum*, sobre túmulos clandestinos usados pela repressão política. Também com produção local, Eliane Caffé* realiza, em 1995, o delicado *Caligrama*, sobre gestos e sons de moradores de rua da metrópole paulistana, filme premiado como melhor documentário no FESTIVAL DE BRASÍLIA de 1995. Também premiado em BRASÍLIA como diretor do melhor curta-metragem em 1984, com *O incrível senhor Blois* (filme no qual retrata o artista plástico miniaturista), Nuno César Abreu* realiza outros documentários, compondo o que chama de "trilogia paulistana" (a guerra, o caipira, o samba), em *32 × 78 – a respeito do Movimento Constitucionalista de 1932* (1978), *Chão batido – ou Almeida Júnior, um pintor do caipira* (1980) e *Encontro com Adoniran* (1980). Dirige ainda *Mad-Moré* (1982), sobre a rodovia Madeira-Mamoré. Mario Kuperman também teve documentários dirigidos no final dos anos 80, início dos anos 90 como *Capitanias hereditárias* (1989), *Os insetos*

(1992), *Maniop!* (1994), *Um, dois, feijão com arroz* (1994). Kuperman é um dos documentaristas brasileiros mais ativos do período com vasta filmografia, porém pouco conhecida. Seus filmes foram produzidos pela FUTURA FILMES, de sua propriedade, e por outras produtoras. Entre 1969 e 1970 filma uma série de dezenove documentários curtas de treinamento para o Senac, abordando profissões diversas. Realiza também, em 1972, para a ENCINE, oito curtas em cores e em 16 mm intitulados *O que você pensa?*; *Aracrê, vou-me embora*; *A Raposa, colônia de pescadores*; *Chico Tantino, homem do sal*; *Do Amazonas ao meu irmão*; *Ceramistas de Caruaru*; *Baleia à vista*; *Transamazônica: 12 depoimentos*; *Canção da Belém-Brasília*. Filma, entre 1973 e 1974, uma série de documentários institucionais, de caráter didático e científico, para o Cenafor, o Cecap e a Fundacentro, além de *Tarumã* (1975), codirigido por Aloysio Raulino, Romeu Quinto e Guilherme Lisboa, *Cosipa* (1976), *São Simão, adeus* (1976), *Madeira* (1976), *Plantando dá* (1976), *O êxodo rural* (1976), *O irmão da estrada* (1976), *Migrantes – o campo* (1977), *A cor da luz* (1986). É também autor do longa-metragem *O jogo da vida e da morte* (1970).

No Rio de Janeiro, alguns cineastas iniciam carreira nos anos 70, atravessando a década de 80 e chegando aos dias de hoje. O principal núcleo de atração da produção documentária carioca é a Cooperativa dos Realizadores Cinematográficos Autônomos (CORCINA). Fundada em 1978 por um grupo de jovens cineastas, leva adiante a produção de curtas-metragens aproveitando a chamada "lei do curta", que deveria favorecer a exibição. Os principais novos diretores cariocas dos anos 80 e 90 de alguma maneira estiveram ligados à produtora. Sobrevive até 1983, sendo tragada pelas contradições entre a EMBRAFILME e a resistência dos exibidores ao cumprimento da obrigatoriedade de exibição de curtas. Mesmo não tendo atuado diretamente na produção, fornecia infraestrutura jurídica e material necessário para que cineastas independentes realizassem seus curtas, funcionando também como polo de aglutinação e debates. Um de seus principais objetivos era promover a defesa da lei do curta e do espaço de exibição. Os diretores da cooperativa, entre 1978 e 1983, são Sérgio Péo (1978-1980), Sérgio Rezende* (1981) e Joatan Vilela Berbel (1982-1983). Podemos distinguir ainda um núcleo central da CORCINA, constituído por Sílvio Da Rin,

Lúcio Aguiar, diretor de *Cabo Sul* (1977), Sérgio Péo, Pompeu Aguiar, Joatan Vilela Berbel, diretor de *Eunice, Clarice e Tereza* (1979), e de *Chico Caruso* (1981), e Sandra Werneck*. Além desses, também realizam documentários pela CORCINA diretores como José Joffily* (*Praça Tiradentes*, de 1977, *Copa mixta*, de 1979, e a interessante experiência de "cinema invisível" *Curta sequência: galeria Alaska*, de 1979, além de, mais tarde, *Amazônia*, de 1981); Emiliano Ribeiro (*Diga aí, Bahia*, produção anterior à CORCINA); José Carlos Asbeg (*Alegria de papel, Lá dentro, lá fora*); Paulo Veríssimo (*Antropofagia*, de 1979); Jorge Camillo de Abranches (*Balas e bolas II*, de 1979); Wilson Coutinho (*Cildo Meireles*, de 1978); Arthur Omar* (*Vocês*, de 1979); Pedro dos Anjos (*Exercício do óbvio*, de 1977); Maria Luiza D'Aboim (*Creche-lar*, de 1974, *Teu nome veio da África*, de 1979); José Inácio Parente (*A trama da rede*, de 1980, *Acorde maior*, de 1983, *Rio de memórias*, de 1987); Dileny Campos (*Trabalhar na pedra*, de 1972, codirigido por Oswaldo Caldeira, *Vivendo aos tombos*, de 1977, *Carvoeiros*, de 1977); Lygia Pape (*Guarda-chuva vermelho*, de 1966); Noilton Nunes (*Neblina*, de 1968, *Judas as verus*, de 1972, *Leucemia*, 1976, e *Leila Fox*, 1979); Edilson Plá (*Jongo*, de 1978); Rubem Corveto (*Floresta da Tijuca*, de 1978); Mariza Leão* (*Leila para sempre Diniz*, de 1975, codirigido por Sérgio Rezende, *Palmas para Jesus*, de 1976). Sílvio Da Rin dirige, também pela cooperativa, *Fênix* (1980), no qual retrata os eventos de 1968, e *Mutirão* (1981), sobre movimentos de ação popular em Pentotiba, estado do Rio de Janeiro. Faz ainda *O príncipe do fogo* (1984), documentário sobre o mais antigo interno em manicômio no Brasil, Febrônio Índio do Brasil, e *Igreja da libertação* (1986), sobre a ação política e social da Igreja progressista. Sérgio Péo é outro realizador da CORCINA que tem filmografia considerável no documentário, podendo ser destacados *Associação dos Moradores de Guararapes* (primeiro filme da produtora e ganhador do prêmio de melhor curta no FESTIVAL DE GRAMADO de 1979), *Rocinha, Brasil* (1977), *Cinemação: curtametralha* (1978), *Cinemas fechados* (1980), *O muro, o filme* (1985), *Nanderu – panorâmica Tupinambá* (1991), além do já citado *ABC Brasil* (1980-1981). Roberto Moura possui também carreira de realizador voltada basicamente para o documentário, destacando-se como uma espécie de cronista do Rio antigo e de suas tradições populares. Produz igualmente pela CORISCO FILMES, empresa cinematográfica com intensa atividade

na área do curta-metragem carioca. Em película realiza os documentários *Fim do algodoal* (1969), *Sai dessa, Exu* (1972), sobre a umbanda em Botafogo, *Coisas do arco-da-velha* (1973), no qual aborda o período áureo da RÁDIO NACIONAL, *Chega de demanda – Cartola* (1975), *2001 – Circulante Hospital Pinel* (1977), *Ângela noite* (1980), sobre a boêmia na praça Tiradentes, e a trilogia sobre futebol *Futebol 3 – Jogo dos homens, Meio de vida* e *Zona do agrião* (1980), além de *Bairro Jabour* (1982), sobre a Baixada Fluminense, e *Okê Jumbeba – a pequena África no Rio de Janeiro* (1987), documentário/ficção que mostra o ambiente social dos negros cariocas no início do século. Sandra Werneck teve ampla carreira de documentarista: *Bom dia, Brasil* (1976), *Ritos de passagem* (1979), *Pena prisão* (1983), *Geleia geral* (1986), *Damas da noite* (1987), *Guerra dos meninos* (1991), *Pornografia* (1992). Tendo também produzido pela CORCINA, Sérgio Rezende possui obras documentais, como os curtas *Leila para sempre Diniz* (1975), codirigido por Mariza Leão, *Opa! O que que há?* (1977), além do longa *Até a última gota* (1980), sobre a população pobre obrigada a comercializar sangue para sobreviver. Rezende e Mariza também produzem pela MORENA FILMES. Ainda desse grupo, nos anos 70, podemos citar o média de quarenta minutos *Destruição cerebral, esmagamento craniano, precipitação, fraturas generalizadas* (1976), com direção coletiva de José Carlos Avellar, Paulo Chaves Fernandes, Carlos Fernando Borges, Joatan Vilela Berbel e Nick Zarvos, sobre operário que sai do ABC paulista para se suicidar em Belém, no Pará. Também com direção coletiva de Carlos Fernando Borges, Paulo Roberto e Joatan Berbel é realizado *GTO*, sobre o artista plástico Geraldo Teles de Oliveira. Dono de longa carreira, Sergio Santeiro dirige, em 1969, *O Guesa*, sobre o poeta maranhense Sousândrade, seguido de *A Companhia Siderúrgica Nacional* (1970), *A indústria do solúvel* (1971), *Klaxon* (1972), *Viagem pelo interior paulista* (1975), em que aborda o estilo arquitetônico colonial do interior, *Universidade Fluminense* (1976), *Ismael Nery* (1979) e *Encontros com Prestes* (1987), no qual entrevista o conhecido líder comunista. Em 1977 realiza *Primeiros cantos*, filme em que aparece recitando poemas seus e que considera um documentário autobiográfico sobre sua própria obra.

Ainda no Rio de Janeiro, podemos citar o documentarista Octavio Bezerra, com ampla carreira dedicada ao gênero.

Dele podemos destacar os longas *Memória viva – um filme sobre Aluísio Magalhães* (1987-1988), sobre o artista plástico Aluísio Magalhães, que recebeu o prêmio de melhor filme no FESTIVAL DE BRASÍLIA de 1998, e *Uma avenida chamada Brasil* (1988-1989), registro do cotidiano da mais conhecida avenida do Rio de Janeiro, *A dívida da vida* (1993), *O lado certo da vida errada* (1995). Além desses, Bezerra também dirige *A lenda do Quatipuru* (1979), *Amérika* (1979), *Beco s/n* (1982), *A resistência da Lua* (1985), *Lampião, o capitão Malasartes* (1987), *Kultura tá na rua* (1988), *Parem as queimadas* (1991). Murilo Salles* afirma-se como fotógrafo no cenário do cinema brasileiro antes de passar à direção de longas. Desde o início de sua carreira dirige curtas documentários como *ABC montessoriano* (1970), *Sebastião Prata ou, bem dizendo, Grande Otelo* (1971), codirigido por Ronaldo Foster, *Coisas do arco-da-velha* (1973), codirigido por Roberto Moura e Sergio Santos, do média *Estas são as armas* (1977-1978), realizado em Moçambique, além do longa *Todos os corações do mundo* (1994). O eclético Luiz Carlos Lacerda* dirige curtas e médias com tendências para o gênero documentário como *O enfeitiçado: vida e obra de Lúcio Cardoso* (1968), *Angelo Agostini – sua pena, sua espada* (1968), *Nelson filma: trajetória* (1971), *Conversa de botequim: João da Bahiana* (1972), *O homem e sua hora* (1972), *Palco de vydro* (1972), *O sereno desespero* (1973), *Briga de galos* (1978), *Dor secreta* (1980). Antônio Carlos Fontoura*, crítico de cinema, constrói carreira no documentário com *Ver, ouvir* (1967), *Mutantes* (1970), *Ouro Preto – Scliar* (1970), *Gal* (1971), codirigido por Antonio Calmon*, *Chorinhos e chorões* (1974), *Arquitetura de morar* (1975), *Brasília segundo Alberto Cavalcanti* (1982). Luiz Carlos Saldanha possui participação significativa, já mencionada, na afirmação do estilo cinema-verdade do documentário brasileiro no início dos anos 60, ao viabilizar, com sua agilidade técnica, a utilização do som direto. Continua com carreira próxima ao documentário, ainda nos anos 60, dirigindo, com produção centrada na Itália, os curtas *Visita del presidente Saragat in Brasile* e *Monumento de Pistoia*. Em 1978 consegue a proeza, pouco valorizada na época, de ser indicado para concorrer, como diretor, ao OSCAR de melhor documentário com o longa *Raoni*, filme sobre o conhecido cacique txucarramãe assinado com Jean-Pierre Dutilleux. Fotografa também diversos documentários de Leon Hirszman, como *Ecologia, Megalópolis, Bahia de todos os sambas, Imagens*

do inconsciente. Ainda na produção carioca podem ser lembrados Jom Tob Azulay, com os documentários musicais *Os doces bárbaros* (1976), no qual aborda a turnê de Gil, Bethânia, Caetano e Gal, e *Corações a mil* (1982), em que mescla ficção aos registros dos *shows* de Gilberto Gil, retratando sua carreira; Vera Figueiredo, com outro documentário musical intitulado *Samba da criação do mundo* (1977), sobre a escola de samba Beija-flor; Ney Costa Santos, que dirige o longa *O pulo do gato* (1980), sobre a chanchada, além dos curtas *Café Lamas* (1977), *Meu glorioso São Cristóvão* e *O visionário* (1983); Luiz Fernando Goulart, da geração cinemanovista, que dirige *Projeto Caldeirão – a solução vinda da seca* (1973), *O conjunto arquitetônico do Pelourinho* (1974), *Música contemporânea no Brasil* (1974); Joaquim Assis, que realiza *Ó xente, pois não* (1973), curta com imagens fortes e proposta diferenciada sobre os lavradores de Salgadinho, no Nordeste brasileiro, além de também dirigir o documentário *Som e forma*; Antonio Manuel, que filma *Cultura e loucura* (1973), sobre os limites da loucura, e *Semi-ótica* (1975), em que propõe uma sociologia da marginalidade; Tetê Moraes*, que realiza os longas *Lages – a força do povo* (1982), em 16 mm, *Terra para Rose* (1987), sobre a questão da reforma agrária, e o curta *Quando a rua vira casa* (1981); e Lúcia Murat*, que lança, em 1989, o sensível *Que bom te ver viva* (prêmio de melhor filme no FESTIVAL DE BRASÍLIA), documentário (com corte de enredo) que explora com inteligência e sem sentimentalismo a questão da tortura de presas políticas no Brasil. Da mesma diretora podemos citar *Pequeno exército louco* (1979-1983), sobre a revolução sandinista, e *As precursoras* (1994), sobre duas grandes figuras femininas do cinema brasileiro na primeira metade do século, Carmen Santos e Gilda Abreu*, além da produção da década de 2000, abordada adiante.

Integrante do grupo do cinema marginal, Elyseu Visconti acaba enveredando pelo documentário com vários curtas sobre artistas plásticos e aspectos do folclore. Dirige, entre outros, *Folia do Divino, A feira de Juazeiro, Romaria* (1970), *Ticumbi* (1977), *Feira de Campina Grande* (1979). Também próximo do Cinema Marginal, Ivan Cardoso*, que realiza basicamente filmes de ficção, especializa-se no documentário biográfico com *Moreira da Silva* (1973), *O universo de Mojica Marins* (1978), *Dr. Dyonélio* (1979), *H. O.* (1979) e *À meia-noite com Glauber* (1997), além de filmar *Museu Goeldi* (1974) e *Ruínas de Murucutu* (1976). Faz também o *making of*

de vários filmes de Bressane, como *Alô, alô, Cinédia* (1973), sobre *O rei do baralho*; *Uma aventura nos mares do sul* (1975), sobre *O monstro caraíba*; *Horas de outro mundo* (1977), sobre *A agonia*; e *A história de um olho* (1978), sobre *O gigante da América*. Cineasta independente que flerta com a estética marginal, Fernando Cony Campos também se lança ao documentário, embora tenha direcionado sua carreira noutra direção. Podemos destacar *Brasília, planejamento urbano* (1964), *Rio amado* (1967), *Do grotesco ao arabesco* (1968), codirigido por Newton Cavalcanti, *Rebolo Gonsales* (1974), *O Brasil de Pedro a Pedro* (1973), *Painel Tiradentes–Portinari* (1972).

Uma pesquisa mais ampla sobre a obra de Rogério Sganzerla* certamente revelaria sua forte veia para o documentário, expressa em filmes como *História em quadrinhos* (1969), *Quadrinhos no Brasil* (1969), *Brasil* (1981), *Noel por Noel* (1981), *A linguagem de Orson Welles* (1985), o criativo *Tudo é Brasil* (1995-1998), além da reconstituição ficcional, com trechos de documentários, *Nem tudo é verdade* (1980-1986). Do grupo marginal mineiro, Sylvio Lanna também dirige documentários como *Superstição e futebol* (1969). Da mesma geração, Haroldo Marinho Barbosa* também faz carreira no documentário filmando *O pau de arara* (1964), *Copacabana* (1966), *Petrópolis* (1971), *A Nélson Rodrigues* (1979), *Visita ao presidente* (1983). Júlio Bressane inicia sua carreira com os documentários *Lima Barreto: trajetória* (1965-1966) e *Bethânia bem de perto* (1966), codirigido por Eduardo Escorel, mas se mantém distante do gênero, apesar dos flertes em *Cinema inocente*, filme sobre a figura do montador Radar. O romancista Márcio Souza, que também se aproximou do cinema marginal, realiza, em 1969, *Bárbaro e nosso – imagens para Oswald de Andrade*, sobre o conhecido poeta modernista – o filho do poeta, Rudá de Andrade, também dirigiu *Herói póstumo da província* (1973), episódio do longa em 16 mm *Do sertão ao beco da Lapa (e o mundo de Oswald)*, exibido como programa da série *Globo Shell Especial*. Andrea Tonacci* é o diretor dessa geração que mais se dedicou ao documentarismo. Excetuando-se o longa *Bang-bang* (filme pelo qual é geralmente reconhecido), sua carreira desenvolve-se inteiramente nesse gênero. Dono de estilo forte, possui uma filmografia extensa, constituída principalmente de documentários antropológicos. Desde 1972 trabalha de forma pioneira com vídeo no Brasil, produzindo nesse suporte diversas obras, conforme abordamos adiante.

A Bahia possui tradição no cinema documental, que vem do período mudo. Além de pioneiros como Diomedes Gramacho e José Dias da Costa, a principal figura do documentário até os anos 50 é indiscutivelmente Alexandre Robatto Filho, cuja produção sobre os usos e os costumes populares baianos abrange: *Favelas* (1933), *Bacia e barragem* (1937), *A marcha das boiadas, Vaqueiros, A volta de Ruy* (1949), *Entre o mar e o tendal* (1952-1953), *Vadiação* (1954), *Xaréu* (1954), *O regresso de Marta Rocha* (1955), *Uma igreja baiana* (1955). Luiz Paulino dos Santos, da marcante geração baiana dos anos 60, desenvolve carreira no documentarismo dirigindo filmes como *A união faz a força, Cidade universitária, Revisão, Não deixe São Paulo parar*, além de *Lisetta* (1974), *Ikatena – vamos caçar* (1983). Também dessa geração, Olney São Paulo constrói carreira no documentarismo desde a segunda metade dos anos 50, tendo dirigido curtas como *Um crime de rua, Profeta de Feira de Santana* e *Como nasce uma cidade* (estes três de 1956), *Sob o ditame de Rude Almajesto* (*Sinais de chuva*) (1976), *Teatro brasileiro – novas tendências* (1975), *Teatro brasileiro – origem e mudança* (1975), além do longa *Ciganos do Nordeste* (1976). Próximo a Glauber desde a adolescência, Paulo Gil Soares dirige alguns curtas, como o clássico *Memórias do cangaço*, para a produção de Farkas nos anos 60 e 70, já mencionada, tendo também realizado *Amazonas, mito e realidade* (1967), e, para a TV GLOBO, *Arte popular* (1972), *Testemunho do Natal* (1972), *O pão nosso de cada dia* (1972), *O negro na cultura brasileira* (1973). Soares, como outros documentaristas brasileiros, também trabalha para a REDE GLOBO, dirigindo o *Globo Repórter* na década de 70. Figura emblemática do cinema baiano, Guido Araújo coordena as famosas Jornadas de Salvador, principal ponto de exibição do documentário brasileiro nos anos 70 e 80. É também autor de obra documental consistente, que inclui filmes como *Maragogipinho* (1969), *Feira da banana* (1972), *A morte das velas do Recôncavo* (1976), *Agentes poluidores do mar da Bahia* (1977), *Por exemplo: Caxundé* (1977), *Festa de São João no interior da Bahia* (1978), *Exilados em sua própria terra* (produção inglesa de 1980), *Raso da Catarina: reserva ecológica* (1984), *Ilha da Esperança* (1985) e *Lambada em Porto Seguro* (1990). Também na Bahia, Agnaldo Siri Azevedo destaca-se como documentarista, tendo realizado *O Boca do Inferno* (1974), *As Phylarmonicas* (1975), *Carbonato ou xique-xique de Andaraí* (1976), *O mundo de Seo Nestor* (1978), *A*

volta do Boca (1978), sobre o poeta baiano Gregório de Matos, *Anistia* (1979), *Suíte Bahia* (1983), *Não houve tempo sequer para as lágrimas* (1985), *Por que só Tatuí?* (1987), *Adeus, rodelas* (1989), além de *O capeta Carybé* (1996). Ronaldo Duarte realiza *A falência* (1967), *Festas populares da Bahia* (1968), *Festas na Bahia de Oxalá* (1970), *A terra do samba de roda* (1977). O fotógrafo e documentarista Vito Diniz deixou trabalhos interessantes como *Magarefe* (1972), *Pelourinho* (1972) e *Gran Circo Internacional*. Tuna Espinheira filma *Comunidade do Maciel – há uma gota de sangue em cada poema* (1972), sobre a zona de prostituição em Salvador, além de *Canaíba* (1975), *Bahia de todos os Exus* (1976), *Dr. Heráclito Fontoura Sobral Pinto – profissão advogado* (1978), *A mulher marginalizada* (1984) e *Viva o 2 de Julho* (1998). Orlando Senna*, cineasta baiano radicado no Rio de Janeiro, tem significativa produção documental que vai além de sua polêmica parceria com Bodanzky em obras-chave do documentarismo brasileiro, como *Iracema, uma transa amazônica* (1974) e *Gitirana* (1975). Participa também do movimento cinematográfico baiano do início dos anos 60, tendo dirigido, nessa época, *Festa* (1961), sobre a segunda-feira gorda de Ribeira, carnaval de meio de ano muito popular em Salvador; *Imagem da terra e do povo* (1962), com produção de Glauber Rocha e roteiro de Odorico Tavares, filme que mostra a cidade de Salvador no início dos anos 60; *Rebelião ao sol*, codirigido por Geraldo Sarno, sobre as Ligas Camponesas da Bahia, lideradas por Felipão; e *Lenda africana* (1965), documentário que registra o carnaval baiano de 1965. Senna realiza ainda *Dois de julho* (1966), sobre a guerra da independência na Bahia entre 1822 e 1823, *Bahia bienal* (1967), *Cultivar* (1982) e *Ilê Aiyê Angola* (1984), documentário que mostra o grupo Ilê Aiyê no carnaval de 1984. Nos anos 80 dirige o longa *Brascuba* (1987), coprodução Brasil-Cuba, que assina com Santiago Alvarez, no qual aborda as identificações culturais entre os dois países no momento em que, depois de vinte anos, reatavam relações.

Nascida na Bahia, a atriz Marlene França* faz breve porém bem-sucedida carreira de diretora de documentário, com dois curtas premiados como melhor filme no FESTIVAL DE BRASÍLIA, *Frei Tito* (1983) e *Mulheres da terra* (1985), realizando também *Meninos de rua* (1988). No cinema goiano, José Petrillo, ex-presidente da ABD de Goiás, dirige *As cavalhadas de Pirenópolis* (1978), *A primitiva arte de tecer em Goiás* e *Areia, Cajazinho e Alfenin*. Ainda

em Goiás podemos destacar os documentários sobre arte indígena *Iza Brasil* (1992) e *Monumento às nações indígenas* (1992), de PX Silveira, que, em 1994, dirige o "documentário experimental" *Bernardo Élis Fleury de Campos Curado*. Em Brasília, Marcos de Souza Mendes dirige *Seu Ramulino* (1979), sobre um camponês de Formosa, região próxima da capital federal; *Heinz Forthmann* (1985-1990), filme baseado na obra do conhecido diretor de documentários antropológicos, e *O vidreiro* (1997). Tania Quaresma realiza dois longas-metragens, *Nordeste: cordel, repente, canção* (1975) e *Trindade, curto caminho longo* (1976-1978), codirigido por Luís Keller, além do curta *Memória das Minas* (1978), codirigido por Luís Keller. Ainda em Brasília, podemos citar, além do já mencionado Vladimir Carvalho, a produção documental de Lyonel Lucini: *Pirenópolis, o Divino e as máscaras* (1969), *Taim* (1979), *Antártida* (1984), *Babaçu* (1994); de Miguel Freire, que dirigiu *Papuan* e *Guerra santa na avenida*; de Sérgio Moriconi: *Carolino Leobas* (1978), *Perseghini* (1984), *Athos* (1998); de Armando Lacerda: *Arraes taí* (1979), *Cora Doce Coralina* (1984), *Janela para os Pireneus* (1996); de Jorge Rodrigues: *Serra Velha dos Cristais, Papagaios de guerra*; de Pedro Anísio Figueiredo: *Conversa paralela* (1979), *A visita do papa a Brasília* (1980); de Geraldo Sobral Rocha: *Brasília ano 10* (1970); e de João Lanari: *Mínima cidade* (1984) e o curioso *Deni's Movie* (1996), um pastiche do filme *Nick's Movie*, que se torna uma cinerreportagem sobre Denis de Oliveira, ator, roteirista e empresário *underground* da noite brasiliense. Em 1992, durante a demarcação da reserva indígena dos mencragnotires, João Facó e Rodrigo Roal dirigem o interessante média *Coração do Brasil – demarcação Menkragnoti* (1995). O amazonense Roberto Kahané dirige *Silvino Santos, o fim de um pioneiro* (1970), tendo também realizado *Manaus fantástica* (1968) e *Teatro Amazonas* (1979). Paraibano de origem, com passagem pelo Rio de Janeiro, Manfredo Caldas realiza os documentários *Feira* (1974), *Boi de reis* (1977), *Cinema paraibano – vinte anos* (1983), *Nau Catarineta* (1987), *Negros do cedro* (1998). Dirige também o longa *Uma questão de terra* (1988), sobre o problema da distribuição da terra no Brasil. O crítico e cineasta pernambucano Fernando Spencer* exalta a cultura regional de seu estado em ampla filmografia: *Caboclinhos de Recife* (1973), *Bajado, um artista de Olinda* (1974), *Adão foi feito de barro* (1978), *Toré à Nossa Senhora das Montanhas* (1976), *Farinhada* (1977), *Cinema Glória* (1979),

Sombras, adeus (1982), Nossa Santeiro do Cariri (1979), Pernambuco, tempo de revolução (1979), Capibaribe (1981) e Evocações... Nelson Ferreira (1987). Dirige também dois documentários sobre o Ciclo do Recife*, Almeri e Ari, Ciclo do Recife e da vida (1981) e Memorando o Ciclo do Recife (1982), além da ficção sobre o mesmo tema, Estrelas de celuloide (1987).

O mineiro José Tavares de Barros constrói carreira no documentário, filmando curtas sobre o ensino em Minas, com títulos como Cidade universitária (1964), Colégio universitário (1965), Novos caminhos da universidade (1967), Universidade integrada (1974), além de Ácido sulfúrico (1968), Cerâmica do Vale do Jequitinhonha (1975), Artesanato do Centro-oeste (1977), Giramundo (1979), Cinema na escola (1982). Helvécio Ratton* dirige o premiado Em nome da razão (1979), registro do cotidiano de um manicômio em Barbacena, e também João Rosa (1981), documentário sobre João Guimarães Rosa. Também em Minas, o crítico de cinema Paulo Augusto Gomes dirige Os verdes anos (1979), sobre a revista de vanguarda Verde, que surgiu em Cataguases nos anos 20, além de Graças a Deus (1978) e Sinais de pedra (1980), sobre a preservação do patrimônio histórico de Minas Gerais. O também mineiro Olívio Tavares de Araújo, radicado em São Paulo, produz mais de quarenta títulos, tendo se especializado em filmes sobre arte, dos quais podemos citar Farnese: caixas-montagens, objetos (1970), Semana Santa em Ouro Preto (1970), Volpi – o mistério (1978), Layout para um filme sobre Harry Laus. É também autor da série Gesto criador, com 24 títulos, entre eles, Baravelli (1976), Glauco Rodrigues (1976), Iberê Camargo (1976), Rubens Gerchman (1976), Guiomar Novaes: registro & memória (1979), Grassmann, mestre gravador (1979), Ver Tomie (1988), além de Hinário brasileiro (1974) e Profissão: travesti (1982). Luiz Alberto Sartori realiza Dona Olímpia de Ouro Preto (1971), filme com longos planos-sequências e som direto, e Polícia: o crime dos irmãos Piriás (1981), mistura de ficção e documentário. O crítico de cinema Geraldo Magalhães dirige Guignard (1968), documentário sobre o artista plástico que marcou a arte mineira. Orlando Bonfim Netto, de Belo Horizonte, com passagens pelo Espírito Santo e pelo Rio de Janeiro, onde se estabeleceu, realiza primordialmente documentários sobre questões ecológicas, como Itaúnas – desastre ecológico (1979) e Augusto Ruschi – Guainumbi (1979), além de filmes como O bondinho de Santa Teresa (1977), Canto para a liberdade (1978), As paneleiras de barro (1983), Dos reis magos

dos tupiniquins (1985). Fez também Tutti, tutti buona gente (1975). José Sette de Barros foi premiado no FESTIVAL DE BRASÍLIA, em 1981, com o documentário inovador Um sorriso, por favor – o mundo gráfico de Goeldi. Também dirige Cidade da Bahia (1975), Natureza torta (1976), O naturalista Krajcberg (1978), Natureza e escultura (1978), Interior de Minas – as memórias do dr. Lund (1978), Liberdade ainda que tardia (1982), Encantamento de Camargo Guarnieri (1990). O cineasta e pesquisador José Américo Ribeiro dirige os documentários Uma cooperativa habitacional (1971), Criança e argila (1973), Morro Velho (1973), A indústria da cana-de-açúcar no estado de Minas Gerais (1975), Ouro Preto, festival de dez invernos (1977), codirigido por José Tavares de Barros, Festa no País das Gerais (1978), Experiência cinematográfica (1980) e O anjo torto, sobre o poeta mineiro Carlos Drummond de Andrade. O cearense Pedro Jorge Castro, radicado em Brasília, que estuda na Europa nos anos 60, realiza, em 1968, na Itália, Studenti al lavoro. Trabalha em Brasília e Goiás dirigindo, entre outros, Brinquedo popular do Nordeste (1977), premiado no FESTIVAL DE BRASÍLIA (melhor curta/fotografia), Boca do forno (1979), De sol a sol (1982). O cineasta catarinense Eduardo Paredes realiza Desterro (1992) e Novembrada (1998), documentários sobre momentos políticos importantes de seu estado.

Na série sobre as Copas, Milton Rodrigues, irmão de Nélson Rodrigues*, dirige Copa do Mundo de 1950 (IV Campeonato Mundial de Futebol: por que o Brasil perdeu a Copa do Mundo). Milton, flamenguista convicto apesar de a família toda ser fluminense (em 1938 havia dirigido a ficção Alma e corpo de uma raça, sobre o time de sua paixão), já tinha experiência em filmar futebol para o seu cinejornal* Esporte em Marcha. Em 1978, Maurício Sherman assina Copa 78, o poder do futebol. O filme foi realizado, na verdade, por Capovilla e Saraceni, que não chegam a editar o material, e tentam embargar a utilização dos negativos por discordar da solicitação dos produtores, que pedem que não manifestem na película crítica à ditadura argentina. Sobre a Copa de 1994, nos Estados Unidos, Murilo Salles realiza Todos os corações do mundo. Em Brasil bom de bola (1970), Carlos Niemeyer retrata a vitória na Copa de 70 e inclui ainda trechos de outras Copas do Mundo. Com atuação marcante no gênero, Niemeyer produz os filmes de Caldeira e Barreto sobre futebol, além de ser dono da produtora responsável pelo Canal 100. Esse cinejornal, embora não seja exclusivamente futebolístico, acaba desenvolvendo

uma técnica extremamente refinada para filmagem desse esporte, imitada em outras partes do mundo. Sobre o Rei Pelé temos a única direção de Luiz Carlos Barreto, Isto é Pelé (1974), e o documentário Rei Pelé (1963), de Carlos Hugo Christensen*. Sobre Tostão, o cineasta mineiro Ricardo Gomes Leite e Paulo Laender filmam Tostão, a fera de ouro (1969). Garrincha é o tema do documentário de Joaquim Pedro de Andrade Garrincha, alegria do povo (1962). Maurice Capovilla também se dedica a documentar o esporte em geral, e em particular o futebol. Guiado pela concepção e pelas técnicas do cinema-verdade, Maurice Capovilla realiza, em 1966, Subterrâneos do futebol e Esportes no Brasil, este último com depoimentos da tenista Maria Esther Bueno, do boxeador Éder Jofre e do atleta Ademar Ferreira da Silva. Dirige também, para a televisão francesa ANTENNE 2, o média-metragem Raízes populares do futebol (1977), filme em que o jogador Zico é o personagem central, e no qual o diretor aborda a ligação orgânica do futebol com o povo brasileiro. Do início da década de 80, podem ser citados os documentários Futebol 3 – jogo dos homens, Meio de vida e Zona do agrião (1980), de Roberto Moura, que procura oferecer uma abordagem mais ampla do esporte; Todo-mundo (Futebol + torcida = espetáculo total) (1978-1980), de Thomaz Farkas, e Gaviões (1982), de André Klotzel. Ricardo D'Alvor Solberg também faz Uma vez Flamengo (1980), sobre o popular time carioca. Em 1998, João Moreira Salles* realiza Futebol, em 16 mm, documentário composto de três episódios de noventa minutos cada, exibido na televisão. Sobre o bicampeão mundial de automobilismo, Emerson Fittipaldi, Hector Babenco* dirige, em 1973, O fabuloso Fittipaldi, filme que acaba assinado por Roberto Farias*, que o concluiu. Na década de 2000, conforme veremos adiante, a produção documentaria sobre futebol e outros esportes continua intensa.

A cineasta Ana Carolina teve passagem marcante pelo documentário antes de dirigir sua trilogia ficcional Mar de rosas, Das tripas coração e Sonho de Valsa. Em 1968 dirige seu primeiro curta, o documentário Indústria, trabalho sobre a indústria dentro da linguagem alegórica. Já bem mais tradicional é o longa Getúlio Vargas (1973-1974), realizado a partir de imagens de época, no qual o ex-ditador é retratado com tonalidades heroicas e grandiloquentes na narração em off de Paulo César Pereio. No longa Nelson Pereira dos Santos saúda o povo e pede passagem (1979), os depoimentos de cineastas, críticos e parentes revelam facetas da carreira do conhecido diretor. Em seus documentários, Ana Carolina utiliza o enquadramento forte e preciso que caracteriza seus filmes ficcionais. Entre 1969 e 1980 filma *Monteiro Lobato* (1969), com Geraldo Sarno, *A fiandeira, Guerra do Paraguai* (1970), *Pantanal* (1971), *Três desenhos* (1971), *O sonho não acabou* (1978), *Anatomia do espectador* (1980). Na origem da produção documentária de Ana Carolina podemos identificar duas correntes significativas do documentarismo brasileiro dos anos 70 e 80. De um lado, a incorporação de documentos audiovisuais de época em filme de arquivo, como em *Getúlio Vargas*; de outro, como em *Indústria*, uma proposta de vanguarda no tratamento narrativo para o documentário – que se repetiria no curta de Paulo Rufino *Lavra-dor*, cuja codireção é reivindicada por Ana Carolina –, no qual se busca forçar os limites e tensionar a forma do gênero. Rufino também dirige *Os homens do presidente* (1984). Mais voltado para o cinema experimental, o cineasta Arthur Omar realiza questionamentos do gênero documentário, comuns aos anos 70 e 80. É o caso do longa *Triste trópico* (1974), de *Congo* (1972), *O anno de 1798* (1975), *Tesouro da juventude* (1979), *Música barroca mineira* (1981), *O inspetor* (1988) e *Ressurreição* (1989), sua obra com maior densidade imagética. Podemos destacar no documentário de arquivo, pela incorporação de imagens e documentos de época – prática adotada de forma similar por Carolina em *Getúlio Vargas* e por Alfredo Palácios* em *Getúlio, drama e glória de um povo* –, os longas de Sílvio Tendler*. *Os anos JK – uma trajetória política* (1980) marcou época no documentarismo brasileiro, revelando um veio a ser explorado. Tendler sabe como utilizar o filme de época, criando tensão na narrativa por meio de uma montagem ágil, como faz em *Jango* (1981-1984), sucesso de público e de crítica, no qual retrata o presidente deposto pelo golpe militar de 1964. Tendler faz ainda o longa documentário *O mundo mágico dos Trapalhões* (1981), sobre o conhecido grupo humorístico, e o interessante *Chega de saudade* (1988), sobre os eventos de 1968 no Brasil e no mundo. A obra de Tendler continua no século XXI, conforme veremos adiante.

Um dos principais documentaristas brasileiros, com ampla filmografia em longa metragem, Sylvio Back* utiliza-se constantemente de material de arquivo em seus filmes. Inicia carreira na produção de curtas, em meados dos anos 60, com *As moradas* (1964), *Os imigrantes* (1965-1966), *Curitiba amanhã* (1965-1966), *A grande feira* (1965-1966). Faz também médias documentários como *Araucária: memória da extinção* (1981), no qual aborda o desaparecimento das matas de araucárias no Sul do país; *Autorretrato de Bakun* (1984), sobre a vida e a obra do pintor paranaense Miguel Bakun; *Vida e sangue de um polaco*, no qual retrata a imigração polonesa no Sul do país; e *Zweig: a morte em cena* (1997), sobre o exílio e a morte no Brasil do escritor austríaco Stefan Zweig. *Revolução de 30* (1980) abre um novo filão na obra de Back, com o aproveitamento de material de arquivo para articular a narrativa fílmica. Inteiramente construído com material de época, *Revolução de 30* demandou vasta pesquisa de dois anos, com amplo levantamento de tomadas do documentarismo mudo brasileiro. Foi coletado material em dezenove documentários e filmes de ficção dos anos 20 e 30, para oferecer um panorama visual da revolução que marcaria a vida política do Brasil nas décadas seguintes. Em *República guarani* (1982), Back reúne material iconográfico por meio de colagem, além de inserir animação e trechos de filmes como *Xetá na serra dos Dourados* (1954) e *Bandeirantes* (1940). No filme realiza o que chama de "dramaturgia de entrevista", coletando depoimentos de onze especialistas para traçar um panorama da república indígena construída, entre 1610 e 1767, a partir de projeto da ordem dos jesuítas. Outros temas históricos registrados por Back são a Guerra do Paraguai, em *Guerra do Brasil* (1986), documentário no qual também aproveita material iconográfico, e a participação brasileira na II Guerra, em *Rádio Auriverde* (1991), utilizando-se de cinejornais americanos de época, cinejornais do DIP e da TV inglesa BBC, além de material radiofônico como suporte para a narração. Em seu último longa-metragem, *Yndio do Brasil* (1995), também com material de arquivo, trabalha, "através dos mil olhos do cinema", a imagem de nosso índio.

Há, nos anos 80, a exploração de personagens e personalidades históricas em longas como *O evangelho segundo Teotônio* (1984), de Vladimir Carvalho; *O homem de Areia* (1981), do mesmo diretor, sobre o político nordestino José Américo de Almeida; *O terceiro milênio* (1981), de Jorge Bodanzky, que retrata de forma irônica a atuação e a carreira política do senador amazonense Evandro Carreira; e *Céu aberto* (1985), de João Batista de Andrade, sobre os últimos dias de Tancredo Neves. Também atraído por filmes de arquivo, Luís Alberto Pereira (Gal) confere tratamento irônico ao material, como se pode constatar em *Jânio a 24 quadros* (1979-1981). Sérgio Bianchi* e Jorge Furtado* desenvolvem uma abordagem reflexiva do documentário, em alguns pontos paralela. Em *Mato eles?*, Bianchi ironiza de forma mordaz o discurso oficial indigenista, estruturando o filme na forma de um teste de múltipla escolha. O documentário denuncia o extermínio dos últimos índios da Reserva de Mangueirinha (Paraná). Jorge Furtado, que surgiu nos anos 80 como um dos principais representantes do *boom* do curta-metragem, constrói consistente carreira de documentarista após a realização do premiadíssimo *Ilha das Flores* (1989). Por meio de um esquema similar a *Mato eles?*, o diretor contrapõe heterogêneas referências sonoras e visuais a um rígido discurso em *off*. O eixo de *Ilha das Flores* é o paralelo traçado entre os cuidados dedicados à criação de porcos e os destinados aos seres humanos. Furtado é ainda autor de *Esta não é a sua vida* (1991), registro do cotidiano banal de uma dona de casa.

Da produção gaúcha dos anos 90 podemos destacar *Ventre livre* (1994), média-metragem em 16 mm de Ana Luíza Azevedo que trata de questões relativas à sexualidade feminina, em particular aquelas que envolvem interrupção de gravidez e esterilização. Também do Rio Grande do Sul, Antonio Jesus Pfeifel desenvolve carreira de pesquisador e documentarista, trabalhando basicamente com material de arquivo em diversas obras que retratam seu estado. Realiza *Cinema gaúcho, anos 20* (1974), *Porto Alegre, adeus* (1979), *Graff Zeppelin* (1980), *São Miguel dos Sete Povos* (1980), *As siglas do golpe* (1983), *Marcas e registros* (1984), *O último reduto da minha virgindade* (1985). Antonio Carlos Textor, cuja filmografia em curta metragem é extensa, dirige os documentários *A cidade e o tempo* (1969-1970), *A colonização alemã no Rio Grande do Sul* (1974), *As colônias italianas do Rio Grande do Sul* (1975), *Mário Quintana, o maravilhoso espanto de viver* (1979), *Primeira sequência, cena um* (1980). O diretor de fotografia Antonio Oliveira dirige *Bonito, bonito mesmo é...* (1980) e *O papa é gaúcho* (1981). Rubens Bender realiza *O Leão do Caverá* (1978), *Bento, farrapo, Farroupilha* (1979), *Ave soja, santa soja* (1980). Em *Cone Sul* (1985), Enio Staub e João Guilherme documentam o sequestro de um casal uruguaio ocorrido em Porto Alegre. Na primeira metade dos anos 90, Roberto Henkin dirige o premiado *Memória* (1990), Beto Rodrigues filma *Amigo Lupi* (1992), Beto Souza realiza *A morte no edifício Império* (1993) e Jaime Lerner faz *Miragem* (1993), todos curtas-metragens.

Na chamada Retomada do cinema brasileiro, alguns documentaristas destacaram-se nos anos 90. O diretor Walter Salles*, que inicia carreira no documentarismo, realiza dois filmes sobre o escultor Frans Krajcberg: *Krajcberg – o poeta dos vestígios* (1987), sobre a obra do artista, e *Socorro Nobre* (1992), no qual retrata a delicada correspondência entre o escultor e a presidiária Maria do Socorro Nobre, ambos em 16 mm. Dirige também diversos documentários sobre MPB, em vídeo, coproduzidos por redes de televisão, como *Tributo a Tom Jobim* (1993), *Caetano, 50 anos* (1992-1993), codirigido por José Henrique Fonseca, *João e Antônio* (1992), sobre a bossa nova, com Antônio Carlos Jobim* e João Gilberto, *Chico – no país da delicadeza perdida* (1990); além de seu trabalho de estreia, em 1985, *Japão, uma viagem no tempo*. Junto com seu irmão João Moreira Salles, é dono da produtora VIDEOFILMES, que se especializou na realização de documentários para a televisão. João Salles* dedica-se quase exclusivamente ao documentário. Realiza inicialmente *China, o império do centro*, gravado em Betacam (vídeo), em coprodução com a TV MANCHETE. Em 1989 dirige *América*, série em cinco episódios, gravada também em Betacam, igualmente coproduzida e veiculada pela MANCHETE. Outra produção dessa emissora com sua direção é *Blues*, documentário sobre música negra norte-americana. Em 1989 filma (em 16 mm, com edição em vídeo), *Poesia é uma ou duas linhas e por trás uma imensa paisagem*, obra experimental de cunho pessoal sobre a poetisa Ana Cristina César. Baseado na obra de Jorge Amado* realiza, em 1995, em coprodução com a televisão francesa (em 16 mm, com edição em vídeo), *Jorge Amado*, documentário de uma hora sobre a questão racial brasileira, tendo no horizonte os romances do escritor. Depois de dois anos de filmagens lança, em 1998, *Futebol*, sua obra mais madura nos anos 90, na qual divide a direção com Arthur Fontes (filme já mencionado). Filmado em 16 mm e editado em Betacam digital, o documentário, composto de três partes, com noventa minutos de duração cada uma, apresenta um panorama de situações pouco abordadas no futebol. A memória (e a imagem) de craques do passado surge em primeiro plano com cores desbotadas, contraposta ao dia a dia dinâmico de garotos e profissionais do esporte, com suas esperanças e frustrações. Helena Solberg*, cineasta com carreira internacional, realiza, em 1994, *Carmen Miranda: banana is my business*, documentário sobre a conhecida cantora brasileira. Solberg foi responsável por diversas produções nos Estados Unidos nos anos 70 e 80, entre elas, *The Double Day* (*Dupla jornada*), de 1976, *From the Ashes... Nicaragua Today* (*Ressurgindo das cinzas... Nicarágua hoje*), de 1981, *The Brazilian Connection: a Struggle for Democracy* (*Conexão brasileira*), de 1992, *Chile: by Reason or by Force*, de 1983, *Home of the Brave* (*Terra de bravos*), de 1985, *The Forbidden Land* (*A terra proibida*), de 1988.

Podemos destacar alguns longas documentários na retomada da produção brasileira, nos anos 90, que mostram o dinamismo e o amplo espaço ocupado pelo gênero no cinema contemporâneo: *No rio das amazonas* (1995), de Ricardo Dias, sensível documentário sobre a região amazônica, com a participação do compositor Paulo Vanzolini (sobre quem Dias também realizou o curta em 16 mm *Os calangos do Boiaçu*, de 1992, após ter dirigido em 1980 o curta documentário *Paulo Emílio*); seu filme mais recente é o documentário *Fé* (1999); *Antártida, o último continente* (1996), de Mônica Schmiedt e Alberto Salvá; *Brasília, um dia de fevereiro* (1996), de Maria Augusta Ramos*, cineasta brasileira radicada na Holanda; *Mamazônia, a última floresta* (1996), de Celso Luccas e Brásília Mascarenhas, exaltado filme sobre os problemas da região amazônica; *O cineasta da selva* (1997), primeiro longa de Aurélio Michiles, sobre a vida e a obra de Silvino Santos*; *Terra do mar* (1997), da dupla de estreantes Mirela Martinelli e Eduardo Caron; o média de 56 minutos *Geraldo Filme* (1998), de Carlos Cortez, obra que resgata figuras da história do samba paulista, e *O velho, a história de Luiz Carlos Prestes*, primeira incursão no longa de Toni Venturi, que já havia feito o curta *Guerras*, em 1988. Da produção documental de curtas mais recente, podemos citar *Nelson Sargento* (1997), de Estevão Pantoja, sobre o sambista mangueirense; *Recife de dentro para fora* (1997), da documentarista pernambucana Kátia Mesel, que tem como eixo o rio Capibaribe, visto da perspectiva da poesia de João Cabral de Melo Neto; *Burro-sem-rabo* (1996), de Sérgio Bloch; *Histórias de Avá – o povo invisível*, sobre os índios avá-canoeiros; *Simão Martiniano, o camelô do cinema* (1998), de Hilton Lacerda e Clara Angélica; *JK* (1998), de Luciana Canton; *Cabo Polônio – entre o céu e o mar* (1998), de Gabriel Varalla; e *A mãe* (1998), sobre a vida de Lúcia Rocha, mãe de Glauber, realizado por Fernando Beléns e Umbelino Brasil.

É necessário mencionar alguns cineastas que, no século XX, desenvolveram carreira com realizações significativas no gênero. Geraldo Sarno é um diretor que possui larga filmografia especificamente voltada para o cinema documental, com poucas experiências na ficção. Além de participar ativamente da produção de Farkas, já mencionada, dedica-se a diversos trabalhos pessoais, registrando a religiosidade popular bem como a cultura e o cotidiano do homem nordestino. Sarno dirige dois documentários de longa metragem: *Iaô* (1976), em 16 mm, sobre cultos iorubás da nação jeje-nagô, no qual mostra um ritual de iniciação, e *Deus é um fogo* (1987), sobre a Igreja progressista latino-americana, filmado em estilo direto. Além disso, podemos destacar de sua filmografia *Auto da vitória* (1966), sobre o padre Anchieta; *Dramática popular*, feito em 1968 para o INCE; *Monteiro Lobato* (1971), codirigido por Ana Carolina; *Petroquímica da Bahia* (1972); *Semana de Arte Moderna* (1972), filmado em 16 mm para um *Globo Shell Especial*; *Segunda-feira* (1974), sobre as feiras nordestinas; *Casa-grande & senzala*, baseado na obra de Gilberto Freyre, com entrevistas do sociólogo; *Plantar nas estrelas* (1979), com fotografia de Murilo Salles, realizado no interior de Moçambique, sobre organizações comunitárias do governo marxista, e *Espaço sagrado* (1975). Nos anos 80, Sarno apresenta novos documentários como *Eu carrego um sertão dentro de mim* (1980), delicado filme sobre Guimarães Rosa, que contém um dos raros depoimentos do escritor, e *A terra queima* (1985), média-metragem de cinquenta minutos, com produção canadense, sobre a grande seca nordestina de 1985. Também Sergio Muniz, depois de participar das produções de Farkas dos anos 60 e 70, desenvolve carreira própria de documentarista, tendo realizado *Você também pode dar um presunto legal* (1971), *Vera Cruz, a fábrica de desilusões* (1975), *Desafio metropolitano* (1975), codirigido por Roberto Duarte, *A loucura nossa de cada dia* (1976), *Um a um* (1976), *Cheiro/gosto, o provador de café* (1976), além de *A cuíca* (1977), *O berimbau* (1977) e *Andiamo in'Merica* (1977-1978), filme sobre a imigração italiana para o Brasil.

Sergio Sanz também pode ser citado como documentarista com ampla filmografia voltada para o gênero, que atua de forma dinâmica também nos anos 90. Realizou em película *Aldeia* (1963), *Alcântara: cidade morta* (1968), *Álbum de música* (1974), *Art nouveau* (*introdução*) (1979), em codireção com Fernando Cony Campos, e *Caminho das onças* (1997). Sanz defende a ideia de que o caminho do curta documentário é principalmente a televisão, centrando seus esforços no suporte vídeo, no qual realiza *Eh! boi, o bumba meu boi do Maranhão* (1988), documentário sobre as diferentes linguagens musicais dos bumbas meu boi do Maranhão; *Aldeia de Arcozelo, um sonho de Pascoal* (1988), sobre uma fazenda do século XIX transformada em centro livre de criação; *Do mulungu ao tiridá* (1990), no qual a história do teatro de bonecos no Brasil é contada pelo grupo Mamulengo Só-Riso, de Olinda; *Juan de Almeida Bosque – comandante de la Revolución* (1990), codirigido por Claudia Furiati, todo gravado em Cuba, sobre a história da revolução cubana, relatada por um de seus cinco comandantes; *TBC – a reabertura do histórico Teatro Brasileiro de Comédias* (1990); *Teatro de rua* (1991); *Antônio de todos os santos* (1995), registro do culto a santo Antônio no candomblé e na Igreja Católica; *Mestre Vitalino e o Alto do Moura* (1996), sobre Vitalino, o maior ceramista brasileiro, e *Carnaval* (1998), com cinco episódios, sobre a estrutura do carnaval carioca. Zelito Viana* também realiza documentários, como *Rodovia Belém-Brasília* (1973), *Zabumba, orquestra popular do Nordeste* (1973), *Choque cultural* (1975), o longa filmado inicialmente em 16 mm e depois ampliado *Terra dos índios* (1994), além de *Do filme à cinemateca*, *Música popular no campo* e *Arquitetura rural nordestina*. Apesar de ser mais conhecido pelo sucesso alcançado na ficção, nos anos 80, com *Sargento Getúlio*, Hermano Penna também consagra sua carreira ao documentário. Contemporâneo da geração que começa a fazer cinema na Bahia no início dos anos 60, é um dos responsáveis pela criação do Departamento de Cinema da Universidade de Brasília (UnB), indo depois para São Paulo. Entre seus filmes podemos destacar *Smetak* (1967), *CPI do Índio* (1968), *Emanuel Araújo* (1971-1972), codirigido por Jorge Bodanzky, *Memória da Independência* (1972), sobre o ambiente cultural da época da Independência, com texto de Alexandre Eulálio, o média *Folias do Divino* (1972-1974), *Desafio de um povo* (1976), *Mulher do cangaço* (1976), exibido no *Globo Repórter*, com interessantes depoimentos de mulheres cangaceiras, *Raso da Catarina* (1977), sobre região mítica do sertão baiano, *África, mundo novo* (1977), *Índio – direitos históricos* (1981), o inacabado "Lei dos estrangeiros" e *Aos ventos do futuro* (1986).

Maurice Capovilla é outro diretor com sucesso na ficção que tem carreira sólida no documentário. Sua atuação no gênero vai além da participação na renovação do documentário brasileiro no início dos anos 60. Constam em seu currículo duas experiências que marcaram alguns cineastas de sua geração: estuda com Fernando Birri, na Universidade do Litoral, em Santa Fé, Argentina, e trabalha no *Globo Repórter* (mas não assiste às aulas de Sucksdorff). Na GLOBO foi diretor para as séries *Globo Shell* e *Globo Repórter* entre 1971 e 1974. No início de sua carreira realiza os curtas *União* (1962) e *Meninos do Tietê* (1963), seu primeiro filme mais bem acabado, nitidamente inspirado em *Tire Die*, de Birri. Entre 1964 e 1965, faz *Esportes no Brasil* e *Subterrâneos do futebol*, já mencionados, flertando de perto com as técnicas do cinema-verdade. Em 1968 dirige o curta *Ensino vocacional*, uma produção da ECA sobre o Colégio Vocacional, conhecida experiência no ensino (mais tarde, Toni Unturi irá dirigir o longa "Vocacional, uma Aventura Humana" (2011) sobre o mesmo tema). Também desse ano é o inacabado "Rio do sono", sobre a Comissão Parlamentar de Inquérito (CPI) que investigou o Serviço Nacional de Proteção aos Índios, em curso então no Congresso, produzido pela Universidade de Brasília. *O pão nosso de cada dia* (1971) retrata as atividades noturnas do Centro Estadual de Abastecimento S. A. (Ceasa), também uma produção da ECA. Em 1971 inicia efetivamente sua ligação com a GLOBO, emissora para a qual dirige a maior parte de seus documentários nos anos 70. Nunca chegou a ser funcionário da empresa – como outros documentaristas –, à qual se vinculava profissionalmente por meio de sua produtora BLIMP. Filma, em 1971, em 35 mm, *Terra dos Brasis*, média-metragem que abre o programa *Globo Shell*, antecessor do *Globo Repórter*. Para realizá-lo percorreu o Brasil de norte a sul, registrando imagens significativas dos contrastes do país. Também para o *Globo Shell*, em 1971, faz *O poder jovem*, média-metragem de cinquenta minutos sobre o ensino em São Paulo. Ainda nesse ano dirige para a GLOBO *A indústria e a moda*, documentário de cinquenta minutos, em 35 mm. Em 1973, também para o *Globo Shell*, realiza *Do grande sertão ao beco da Lapa*, em 35 mm, com três episódios de cinquenta minutos cada um, sobre Guimarães Rosa, Oswald de Andrade (esse episódio teve direção de Rudá de Andrade) e Manuel Bandeira. Em 1974, já para o *Globo Repórter*, dirige, em 16 mm, com cinquenta minutos de duração, *Bahia de Todos os Santos*, média baseado em romance homônimo de Jorge Amado, sobre a cidade de Salvador. No mesmo ano faz, também para o *Globo Repórter*, *O cantoreador do Nordeste*, cinquenta minutos, em 16 mm, sobre o cantor Elomar. Um de seus documentários de maior repercussão na GLOBO foi *O último dia de Lampião*, realizado em 1975, em 16 mm, com duração de cinquenta minutos, uma reconstituição histórica da morte e das últimas 24 horas de Lampião, da qual participaram pessoas que estiveram presentes e assistiram ao seu fuzilamento. Ainda para a GLOBO filma os documentários *As cidades do sonho* (1976), *O mundo maravilhoso do circo* (1977) e *Os homens verdes da noite* (1976), este último sobre as noites paulista e carioca, com a participação de músicos como Dick Farney e Elizabeth Soares, no qual são exibidas imagens de travestis (o filme acabou sendo censurado na TV). Em 1976 faz para o Banco Nacional *História de um político*, sobre a vida de Magalhães Pinto. Capovilla dirige, ainda em película, para a televisão francesa ANTENNE 2, o já citado *Raízes populares do futebol*, filme no qual enfoca o jogador Zico. Nos anos 80 concentra-se na produção de documentários em vídeo, dos quais se destacam *O desafio do mar*, com doze episódios de cinquenta minutos, em que a costa brasileira é focalizada de norte a sul, e *Os brasileiros*, também em doze partes, com roteiro de Roberto da Matta, no qual faz um levantamento da cultura brasileira.

Uma das principais figuras do documentário brasileiro, Jorge Bodanzky segue também carreira própria e independente, caracterizando-se por interessante trabalho no limite da ficção, em que desenvolve técnicas de improvisação e abertura para o inesperado. Um exemplo dessa abordagem é *Iracema, uma transa amazônica* (1974), seu filme de maior repercussão, no qual a ficção sobre uma prostituta à beira da Transamazônica resvala nitidamente para o documentário. A experiência é repetida também em *Gitirana* (1975) e trabalhada em outra direção em *Os Mucker* (1980). Em *O terceiro milênio*, o diretor documenta a campanha política do senador Evandro Carreira, explorando incidentes nas viagens do político pelo Amazonas*, através de um estilo próximo ao cinema-verdade. *Jari* (1980) e *Igreja dos oprimidos* (1986) são obras de cunho documental mais tradicionais que retratam, respectivamente, as contradições do projeto Jari e a atuação política da Igreja. Não seria exagero dizer que Bodanzky, Vladimir Carvalho, Sílvio Back e Eduardo Coutinho* compõem o quarteto de ferro do documentário brasileiro na segunda metade do século XX, que tem ainda como destaque a atuação no gênero dos dois grandes diretores da geração cinemanovista: Glauber e Hirszman. Coroando o quadro privilegiado do campo do documentário no cinema brasileiro, temos ainda a vasta obra de nosso maior clássico, Humberto Mauro. (FPR)

Na primeira década do novo milênio, a produção documentária tomou impulso surpreendente. Novos diretores assumiram a direção de longas-metragens e o documentário passou a ocupar um espaço inédito na produção brasileira, atingindo percentuais superiores a 30%. Também no campo do debate e reflexão sobre cinema, a questão documentária veio para primeiro plano, com diversos livros e artigos publicados. O interesse sobre o documentário explodiu e o gênero vive na década 2000/2010 um momento particularmente positivo, com dezenas de lançamentos por ano. Conforme pode ser verificado nos verbetes individuais, dois autores destacaram-se nesse panorama: Eduardo Coutinho e João Moreira Salles, trabalhando em sintonia na produtora VIDEOFILMES, ainda acompanhados de Eduardo Escorel. Mas a afirmação da produção documentária no Brasil está longe de se restringir a esses dois diretores. Do conjunto da produção autoral podemos mencionar alguns núcleos temáticos que deitam raízes mais fundas na realidade cultural brasileira. Surpreende o número de documentários musicais que envolvem os grandes nomes da música popular brasileira, retratando também o surgimento e a expansão de diversos gêneros musicais.

A preferência do documentário brasileiro pela MPB revela a importância da criação artística envolvendo a canção para nossa cultura. Sintomático dessa produção, e trazendo para a cena o pensamento acadêmico sobre o tema, é *Palavra (en)cantada* (2008), de Helena Solberg, documentário que, além de coletar depoimentos de artistas, propõe-se a pensar o papel da canção. Sobre nossos grandes intérpretes e compositores podemos destacar, na década de 2000, *Um certo Dorival Cayimi* (2000), de Aluísio Didier, abordando o cantor e compositor baiano; *Nelson Gonçalves* (2002), de Eliseu Ewald, com foco na produção musical popular dos morros cariocas; *Paulinho da Viola – meu tempo é hoje* (2003), de Izabel Jaguaribe, que apresenta panorama da vida do poeta da Portela, com boas cenas tomadas na vida privada; "Elza" (2011), da mesma diretora, sobre a cantora Elza Soares; *Samba Riachão* (2004), sobre a vida e a obra do sambista baiano Riachão; *Vinicius* (2005), de Miguel Faria Jr.*, com cenas comoventes da vida

boêmia do "poetinha"; *Cartola – música para os olhos* (2006), de Lírio Ferreira* e Hilton Lacerda*, documentário com vasto material de arquivo e composição narrativa sofisticada; *Fabricando Tom Zé* (2007), de Décio Matos, preocupado em realçar a recepção internacional da obra do compositor; *Filhos de João, admirável mundo novo baiano* (2009), do estreante Henrique Dantas, revisitando a história coletiva do grupo Novos Baianos; *Pedrinha de Aruanda* (2007), com Andrucha Waddington* circulando à vontade no clã dos Veloso; *Titãs – a vida até parece uma festa* (2009), de Branco Mello e Oscar Rodrigues Alves, com tomadas vivas de câmera na mão de Branco, filmando a vida do grupo de um ponto de vista interno; *Simonal – ninguém sabe o duro que dei* (2009), de Cláudio Manoel, Micael Langer e Calvito Leal, documentário com testemunhos e amplo material de arquivo, tentando recuperar a vida de quem foi muito difamado; *Patativa do Assaré – ave poesia* (2009), de Rosemberg Cariry*, sobre o poeta e repentista cearense; *Loki – Arnaldo Baptista* (2009), de Paulo Henrique Fontenelle, com bom material visual sobre Os Mutantes e foco na vida contemporânea de Arnaldo Baptista; *Um homem de moral* (2009), de Ricardo Dias, sobre o poeta Paulo Vanzolini; *Coração vagabundo* (2009), de Fernando Grostein, consistente documentário sobre Caetano Veloso, explorando com agilidade a estilística do filme direto; *Oswaldinho da Cuíca: Cidadão Samba* (2009), de Toni Nogueira; *Sistema de animação* (2008), de Guilherme Ledoux e Alan Langdon sobre o baterista Lourival José Galiani (Toicinho); *Waldick, sempre no meu coração* (2009), em que Patrícia Pillar revela sua admiração pelo eterno rei da cultura brega; *Herbert de perto* (2006), de Roberto Berliner e Pedro Bronz, explorando o material que Berliner juntou durante décadas sobre o compositor e sua trajetória de vida; *Paralamas em close up* (1999), que também é sobre o grupo de *rock*, com direção de Andrucha Waddington, Breno Silveira e Cláudio Torres; *O homem que engarrafava nuvens* (2009), de Lírio Ferreira, resgatando a figura esquecida de Humberto Teixeira, filme de boa articulação narrativa com vasto material de arquivo liberado pela família; *Jards Macalé: um morcego na porta principal* (2008), de Marco Abujamra e João Pimentel, com depoimentos e apresentações de Macalé; *Rita Cadillac – a lady do povo* (2010), de Toni Venturi*, que seguiu o cotidiano de Cadillac, contrapondo material de arquivo para mostrar uma carreira singular. Em *Cantoras do rádio* (2008), Gil Baroni e

Marcos Avellar nos apresentam o universo da canção na mídia radiofônica entre as décadas de 1930 e 1950, dando destaque às vozes de Violeta Cavalcante, Carmélia Alves, Ademilde Fonseca e Ellen de Lima. Naná Vasconcelos é abordado em *Diário de Naná* (2006), documentário sobre o percussionista pernambucano numa incursão ao Recôncavo Baiano em busca das fontes de sua música. *Dzi Croquettes* (2010) é um bem articulado documentário de Raphael Alvarez e Tatiana Issa, com ótimos depoimentos e material de arquivo, sobre o performático grupo *gay* que deixou marca na arte brasileira dos anos 70.

Além dos documentários voltados para explorar personalidades, algumas obras dissertam sobre gêneros fortes no universo musical brasileiro da canção. É o caso de *Viva São João* (2002), de Andrucha Waddington, delicado documentário, com as belas imagens que Waddington costuma obter em seus filmes, centrado na tradição musical das festas de São João. *Fala tu* (2004), de Guilherme Coelho, retrata três jovens da periferia carioca com presença da música *rap* em seu cotidiano. *Sou feia mas tô na moda* (2005), de Denise Garcia, é documentário bem realizado que consegue entrar no eletrizante mundo do *funk* feminino no Rio de Janeiro. *Universo paralelo* (2005), de Maurício Eça e Teresa Eça, é sobre o movimento *hip-hop* em São Paulo. *Coisa mais linda – histórias e casos da bossa nova* (2004), de Paulo Thiago, centra-se na bossa nova e na vida do Rio de Janeiro dos anos 50, com amplo material de arquivo. *Uma noite em 67* (2010), de Ricardo Calil e Renato Terra, tem como fio da meada a transmissão televisiva da noite final do III Festival de Música Popular Brasileira na TV RECORD, onde se apresentaram estrelas da MPB, como Caetano Veloso, Chico Buarque de Hollanda, Gilberto Gil, Mutantes, Roberto Carlos, Edu Lobo, Sergio Ricardo. A tradição do carnaval de rua carioca é retratada em *A Banda de Ipanema – Folia do Albino* (2002), de Paulo César Saraceni, sobre o bloco carnavalesco e a figura de seu criador. O documentário *Brasileirinho – grandes encontros do choro* (2007), do finlandês Mika Kaurismaki, aborda os grandes "chorões" do Rio, seus locais de atuação e sua vida. Morador do Rio há diversos anos, Kaurismaki também fez *Moro no Brasil* (*Sound of Brazil*, 2002), com amplo panorama da música brasileira, em diversos estados, que viceja fora dos grandes circuitos de *shows*. *O milagre de Santa Luzia*, de Sérgio Roizenblit entrevista os maiores sanfoneiros do Brasil, percorrendo o país para retratar a arte e a música da sanfona. *O mistério do samba* (2008), de Carolina Jabor e Lula Buarque de Hollanda*, traz à cena sambistas da velha e da nova guarda, em seus redutos nos morros cariocas.

Ao lado da MPB, o documentário brasileiro também se debruçou sobre música clássica nacional, apresentando bons filmes sobre nossos intérpretes de destaque. É o caso da narrativa segura e criativa de João Moreira Salles, explorando o estilo direto em *Nelson Freire* (2003), filme sobre o maior pianista brasileiro da atualidade; da coprodução Brasil/Alemanha, *A paixão segundo Martins* (*Die Martins Passion*, 2004), dirigida pela alemã Irene Langemann, documentário que aborda as reviravoltas na vida do pianista João Carlos Martins; de *Musicagen* (2007), de Edu Felistoque Nereu Cerdeira, documentário sobre música de invenção e experimental, e *A odisseia musical de Gilberto Mendes* (2006), de Carlos Mendes, sobre a vida e obra do músico de vanguarda Gilberto Mendes. Norma Benguell*, nos anos 2000, descobriu um bom veio para ser explorado, dedicando-se a retratar a vida de três grandes mulheres brasileiras que escolheram a carreira de pianista: Guiomar Novaes, Magda Tagliaferro e Antonietta Rudge. Com esse recorte, utilizando depoimentos e material de arquivo, realiza em sequência *Infinitamente Guiomar Novaes* (2003), *Antonietta Rudge – o êxtase em movimento* (2004) e *Magda Tagliaferro – o mundo dentro de um piano* (2005/média).

Além das personalidades do universo da música, outras figuras ilustres foram retratadas pelo documentário brasileiro dos anos 2000. O corte biográfico, que sempre esteve presente na tradição documentária, atinge dimensão dominante em estilo que alterna o uso intensivo de material de arquivo com a onipresença de entrevistas e depoimentos. *Cruz e Souza, o poeta do Desterro* (1998-1999), de Sylvio Back, nos narra de um ponto de vista engajado a vida e a obra do poeta negro simbolista. *Verger, mensageiro entre dois mundos* (2000), de Lula Buarque de Hollanda, é sobre a vida no Brasil do francês Pierre Verger, fotógrafo, etnólogo e babalaô. Em *Entreatos,* João Moreira Salles nos fornece uma visão profunda da personalidade de Lula, através de um estilo diferenciado, de corte direto, que marca padrões para o documentário brasileiro contemporâneo. O cineasta Mário Peixoto é retratado por Sérgio Machado* em *Onde a terra acaba*, num documentário com veleidades poéticas. Glauber Rocha em Cuba aparece ao fundo, em imagens, no filme de seu filho, Eryk

Rocha, intitulado *Rocha que voa* (2002). Também é o caso de *Diário de Cintra* (2009), de Paula Gaitán, que tem como horizonte os últimos dias de Glauber. O saudoso Leon Hirszman é tema de documentário de seu amigo Eduardo Escorel intitulado *Deixa que eu falo* (2007). Em *Person* (2007), Marina Person, filha do cineasta Luís Sérgio Person, apresenta emotivo documentário sobre a vida e a obra do pai e seu desaparecimento prematuro. Também Alice Andrade faz documentário sobre seu pai, Joaquim Pedro de Andrade, em *Histórias cruzadas*, de 2007.

Mas não são só os cineastas do Cinema Novo que podem ser objetos de documentários. Em *Belair* (2009), Bruno Safadi e Noa Bressane retratam o Cinema Marginal através de seus expoentes, Rogério Sganzerla e Julio Bressane, colocando foco sobre a famosa produtora que, em cinco meses, realizou sete longas-metragens que transformaram a cara do cinema brasileiro. Nelson Pereira dos Santos, em *Raízes do Brasil* (2004), dedica amplo documentário à vida e à obra de Sergio Buarque de Holanda, trabalhando com diversos depoimentos de familiares. Em *Os iluminados* (2008), através de entrevistas e proposta de encenação, Cristina Leal fornece o perfil de grandes fotógrafos do cinema brasileiro (Dib Lutfi*, Edgar Moura*, Fernando Duarte*, Mario Carneiro, Pedro Farkas* e Walter Carvalho*). *Domingos* (2009), de Maria Ribeiro, é longa-metragem sobre a obra do dramaturgo e cineasta carioca Domingos Oliveira. *Vlado, 30 anos depois* (2005), de João Batista de Andrade, foi projeto longamente amadurecido pelo diretor, abordando a trágica trajetória de Vladimir Herzog, assassinado no auge da repressão política no Brasil. *Encontro com Milton Santos ou o mundo global visto do lado de cá* (2007) é filme engajado de Silvio Tendler mostrando o pensamento do principal geógrafo brasileiro. Em *O engenho de José Lins* (2007), Vladimir Carvalho apresenta documentário sobre a obra do escritor paraibano.

O senhor do castelos (2007), de Marcus Vilar, é sobre o dramaturgo, também paraibano, Ariano Suassuna. O escritor português José Saramago é retratado de modo sensível, em estilo direto e sempre na companhia de Pilar, em seu cotidiano logo antes do falecimento, na produção hispano-luso-brasileira *José e Pilar*, de Miguel Gonçalves Mendes. *A mochila do mascate* (2006), de Gabriela Greeb, foca a vida do diretor que percorre a cena brasileira, Gianni Ratto. O *longo amanhecer – cinebiografia de Celso Furtado* (2008) é

documentário de José Mariani em que a carreira do economista nordestino Celso Furtado é apresentada através de depoimentos e material de arquivo sobre suas atividades. Em *Pan-cinema permanente*, Carlos Nader diminui um pouco a chave mais vanguardista de suas obras para seguir de perto a vida do poeta Waly Salomão, que viria a falecer durante o processo, dando ao filme um tom diferenciado. Nelson Hoineff explora bem o gênero biográfico com dois filmes competentes em suas ambições: *Caro Francis* (2010), avançando na biografia do polêmico jornalista Paulo Francis, e *Alô, Alô, Teresinha* (2009), retratando, com farto material de arquivo, a vida do famoso apresentador de televisão José Abelardo Barbosa de Medeiros. Anna Azevedo, Renata Baldi, Eduardo Souza Lima mostram, em *Rio de Jano* (2003), o Rio de Janeiro do desenhista francês Jano, acompanhando o caricaturista em sua estadia na cidade. Também personalidades são retratadas em *O risco, Lúcio Costa e a utopia* (2004), de Geraldo Mota Filho; *Pampulha ou A invenção do mar de Minas* (2007), de Oswaldo Caldeira, focalizando a primeira grande obra de Niemeyer; *Oscar Niemeyer – a vida é um sopro* (2007), de Fabiano Maciel; *Fernando Lemos, atrás da imagem* (2006), de Guilherme Coelho; *Mestre Bimba – a capoeira iluminada* (2007), de Luiz Fernando Goulart; *Paulo Gracindo, o bem-amado* (2009), de Gracindo Jr.*, e *Eliezer Batista, o engenheiro do Brasil* (2009), de Victor Lopes.

Ainda na temática "personalidades" temos *Evandro Teixeira – instantâneos da realidade* (2004), de Paulo Fontenelle, documentário sobre o fotógrafo brasileiro, abordando de modo mais geral o fotojornalismo; *Anésia um voo no tempo* (2000), de Ludmilla Ferrola, destacando a aviadora pioneira Anésia Pinheiro Machado; *O homem pode voar* (2006), de Nelson Hoineff, abordando a vida de Santos Dumont; *Personal Che* (2008), coprodução Brasil/Colômbia, do brasileiro Douglas Duarte e da colombiana Adriana Marino, que foca depoimentos de pessoas que tiveram sua vida alterada por Che Guevara; *Lutzenberger: for ever gaia* (2007), de Frank Coe e Otto Guerra, trazendo a militância ambiental do cientista gaúcho José Lutzenberger; *Só dez por cento é mentira* (2010), de Pedro Cézar, sobre o poeta Manoel de Barros; e *Recife/ Sevilha, João Cabral de Melo Neto* (2003), de Bebeto Arantes, que faz um retrato do poeta pernambucano que viveu entre Recife e Sevilha. Também em Pernambuco localiza-se a narrativa de *Gilbertianas* (2000), de Ricardo Miranda, que traz à tona vida e obra de Gilberto Freyre. *Glauces – estudo de um rosto* (2001), de Joel Pizzini e Sérgio Mendes, é média-metragem com proposta experimental sobre a atriz Glauce Rocha e sua forma de atuação; *Passeios no Recanto Silvestre*, de Miriam Chnaiderman, é um curta-metragem que põe foco na vida do escritor José Agrippino de Paula*, figura--chave do tropicalismo que viveu recolhido em Embu; *Três irmãos de sangue* (2007), de Ângela Patrícia Reiniger, aborda a vida cheia de reviravoltas dos irmãos Henfil, Chico Mário e Betinho; *Programa Casé – o que a gente não inventa, não existe* (2010), de Estevão Ciavatta, é sobre Adhemar Casé, personagem pioneira do rádio e da televisão brasileira; *Maldito – o estranho mundo do José Mojica Marins* (2000), de André Barcinski e Ivan Finotti, mostra com humor o universo extraordinário do Zé do Caixão.

Há, nos anos 2000, uma série de documentários sobre artes em geral, como *A margem da linha* (2008), de Gisela Callas, sobre a arte contemporânea brasileira, e *Grupo Corpo 30 anos – uma família brasileira* (2007), de Fábio Barreto*, Lucy Barreto e Marcelo Santiago, sobre o grupo Corpo de dança contemporânea e a criação do espetáculo para comemorar trinta anos de sua fundação. Em *Moacir Arte Bruta* (2005), Walter Carvalho acompanha o dia a dia do artista primitivista Moacir, mostrando sua obra. *Cildo Meireles*, de Gustavo Rosa de Moura, é sobre o artista plástico carioca, figura central nas artes brasileiras do século XX. *A casa de Sandro* (2009), de Gustavo Beck, nos mostra, em planos longos, a reclusão em casa do artista plástico Sandro Donatello Teixeira.

Outro núcleo temático que mantém intensidade nos últimos anos é o de documentários sobre esportes, mais particularmente futebol. Conforme abordado, a produção nos anos 60/70 e 80 já era marcante e continua nos anos 2000. A partir de metade da década florescem com maior amplitude documentários sobre times de futebol. É o caso de *Inacreditável: a Batalha dos Aflitos* (2007), dirigido por Beto Souza, que retrata a dura vida do Grêmio na segunda divisão do Campeonato Brasileiro, sintetizada em um jogo dramático. Seu tradicional adversário gaúcho não quis ficar para trás e, no mesmo ano, lança documentário sobre a conquista do título mundial, *Gigante, como o Inter conquistou o mundo* (2007), de Gustavo Spolidoro. Ainda sobre o Inter, comemorando seu centenário, temos, de 2009, *Nada vai nos separar – os cem anos do S. C. Internacional*, de Saturnino Rocha. Também em

clima de centenário, o do Corinthians é comemorado com destaque, pelo menos no campo do documentário. Foram três longas-metragens: *Fiel – o filme* (2009), de Andrea Pasquini; *23 anos em 7 segundos* (2009), de Di Moretti; e *Todo-poderoso: o filme – 100 anos do Timão* (2010), de Ricardo Aidar e André Garolli, com narração de Dan Stulbach*. Também o São Paulo teve seu longa para cantar as glórias em *Soberano – seis vezes campeão* (2010), de Carlos Nader. Até o Fluminense teve obra comemorando o centenário do time, em média-metragem intitulado *Fluminense Football Club – centenário de uma paixão* (2002), de Marcelo Santiago, narração de Pedro Bial, com textos do tricolor histórico Nélson Rodrigues. O documentário sobre o irmão de Nélson, o também tricolor Mário Rodrigues Filho, intitula-se *Mário Filho, o criador das multidões* (2010), de Oscar Maron Filho. Mário foi considerado um dos maiores cronistas esportivos do século XX, dando seu nome ao estádio do Maracanã. *João* (2008), de André Iki Siqueira, é documentário sobre o cronista esportivo e técnico de futebol João Saldanha, que, militante do Partido Comunista, conseguiu a proeza de dirigir a seleção brasileira em plena ditadura militar. Alguns craques que sintetizam a trajetória de times de futebol tiveram suas vidas retratadas por documentários. É o caso de *Pelé e as glórias do Santos* em *Pelé eterno* (2004), de Aníbal Massaini. Com farto material de arquivo e reconstituições primorosas, mostra as razões pelas quais Edson Arantes do Nascimento é considerado o maior jogador na história do futebol. Também o divino Ademir da Guia tem sua carreira no Palmeiras relatada em *Um craque chamado Divino*, de Penna Filho (2006), com direito a belas jogadas em material de arquivo. Zico e o Flamengo aparecem em *Zico* (2002), com direção de Eliseu Ewald, com material de arquivo e reconstituições dramáticas. *Histórias do Flamengo* (1999), de Alexandre de Niemeyer, relata a história do clube carioca, a partir dos anos 60, utilizando o belo material de referência do *Canal 100*. Indo além, já no limite da linha do docudrama, tivemos a vida de Garrincha em *Garrincha – a estrela solitária* (2003), de Milton Alencar. *1958 – o ano em que o mundo descobriu o Brasil* (2008), de José Carlos Asberg, é documentário sobre a Copa de 1958, contando com diversos depoimentos de personagens que realmente viveram o evento. *Ginga – a alma do futebol brasileiro* (2005), de Tocha Alves, Hank Lavine e Marcelo Machado, com produção da O2 FILMES, é documentário de corte mais

horizontal. Trabalha com jovens anônimos e jogadores profissionais, tendo como foco o talento brasileiro para a finta, ou drible. Também explorando jogadores que passam pelo futebol no anonimato, *Fora de campo* (2010), de Adirley Queirós, trata dos atletas que não compõem a elite do esporte, com depoimentos sobre as dificuldades da profissão.

Ainda no campo esportivo, fazem muito sucesso os documentários sobre surf. *Surf Adventures* (2002), de Artur Fontes, foi um campeão de bilheteria em sua época, afirmando o gênero no documentário brasileiro. *Surf Adventures 2*, com direção de Roberto Moura, foi lançado em 2009, buscando seguir a trilha de sucesso do primeiro. *Fábio Fabuloso* (2004), de Pedro Cézar, Ricardo Bocão e Antonio Ricardo, é documentário sobre o surfista paraibano Fábio Gouveia, primeiro brasileiro a ganhar uma etapa no circuito internacional. O filme tem boa narrativa com tom irônico, articulada em depoimentos e ação nas ondas, obtendo diversas premiações em festivais. *Town in Surfing* (2006), de Jorge Guimarães, Rosaldo Cavalcanti, é uma coprodução Brasil-EUA que mostra o único campeonato em ondas gigantes em alto-mar. Surfistas brasileiros tiveram destaque na competição e na produção do filme. Ainda na linha esportiva podemos lembrar os documentários de exploração, antiga tradição no gênero documentário, como *Extremo Sul* (2005), de Mônica Schmiedt e Sylvestre Campe, relatando uma tentativa de conquistar o monte Sarmiento na Patagônia chilena, com foco narrativo que acaba virando para relacionamentos pessoais. *O mundo em duas voltas* (2007), de David Schurmann, centra-se nas aventuras e na vida familiar dos Schurmann, conhecidos por permanecer durante anos em um veleiro dando a volta ao mundo. *Senna*, de Asif Kapadia, não é propriamente um documentário brasileiro, a produção é do Reino Unido, mas merece ser citado por seu vínculo com um dos maiores ídolos do esporte nacional. Centrando-se na rivalidade com Prost e farto material de arquivo, o filme apresenta articulação razoável, retratando aspectos marcantes da carreira do tricampeão mundial.

O tema "cidade" já foi muito popular na história do documentário, gerando, entre outros, as famosas sinfonias urbanas da década de 20 (*São Paulo, a sinfonia da metrópole*, 1929, por exemplo) que uniram vanguarda e narrativa documentária. O assunto anda meio fora de moda, mas alguns filmes foram feitos tendo no horizonte metrópoles brasileiras. O carioca está atualmente em processo de redescobrir o Rio de Janeiro e louvar suas belezas. Nessa linha, as belezas das praias e a deslumbrante vida de quem vive na areia aparece em *Faixa de areia* (2007), de Daniela Kallmann e Flávia Lins e Silva. Também as belezas do Rio e o físico de seus habitantes são louvados em *Corpo do Rio* (2009), de Izabel Jaguaribe e Olívia Guimarães. Um Rio sem *glamour* aparece em *Atos dos homens* (2006), de Kiko Goifman*, documentário sobre a região da Baixada Fluminense e o estado de violência em seu cotidiano. Em *Rio, um dia de agosto* (2002), a cineasta Maria Augusta Ramos* retorna à sua cidade natal e realiza um sensível documentário sobre o Rio cotidiano, vivendo o dia a dia num momento qualquer da vida. Em *De braços abertos* (2008), Bel Noronha nos relata a história da construção da imagem do Cristo no Corcovado, ícone maior da Cidade Maravilhosa. *Bem-vindo a São Paulo* (2004) é filme de episódios sobre a cidade, com diversos documentários curtos, assinados em sua maioria por diretores estrangeiros, com exceções como *Odisseia*, de Daniela Thomas, *Esperando Abbas*, de Leon Cakoff; *Natureza morta*, de Renata Almeida. *Concreto*, de Caetano Veloso, não chega propriamente a caracterizar um episódio. Apesar de tons líricos, predomina a visão madrasta da cidade e seus problemas urbanos. A São Paulo de *Elevado 3.5* (2010), de João Sodré, Maíra Buhler e Paulo Pastorelo, também aparece em tom bastante sombrio. O documentário centra-se na fauna urbana que sobrevive, há décadas, no entorno do "Minhocão", conhecido viaduto paulistano. Também mostrando São Paulo dos contrastes e das construções desenfreadas está o documentário *Construção* (2007), de Cristiano Burlan. Ainda sobre São Paulo temos também o longa *São Paulo – retratos do mundo* (2005), de Flávio Frederico*, *Handerson e as Horas* (2007), de Kiko Goifman, com imagens da periferia e foco em transporte público, e *Sonoroscópio SP* (2004), média de Goifman e Rachel Monteiro. As recentes inundações da metrópole paulistana serviram de base para *Sobre rios e córregos* (2010), de Camilo Tavares, mostrar problemas atuais que decorrem da ocupação sem planejamento do solo. Em *Porto Alegre – meu canto no mundo* (2007), de Cícero Aragon e Jaime Lerner, os gaúchos traçam loas à sua capital.

2000 Nordestes (2001), de Vicente Amorim e David França Mendes, não é filme sobre cidade, nem uma região propriamente, mas sobre um tipo, o nordestino, em suas manifestações culturais em centros geográficos diversos (como Rio e São Paulo). *Avenida Brasília Formosa* (2010), de Gabriel Mascaro, documentário inicialmente apresentado em versão de cinquenta minutos pelo DOCTV, é longametragem sobre a famosa favela de Recife, Brasília Teimosa, que soube resistir à especulação imobiliária em Boa Viagem para se transformar em bairro popular na região nobre da cidade. *Olhar estrangeiro* (2006), de Lúcia Murat, tem argumento baseado no livro *O Brasil dos gringos: imagens no cinema*, de Tunico Amâncio. É documentário sobre como o Brasil é visto do exterior, apresentando, com veia crítica, entrevistados diversos que enunciam estereótipos vigentes sobre o tema. *Favela Rising* (2005), de Matt Mochary e Jeff Zimbalist, é filme de gringo, mas que foge dos estereótipos supra. Mostra a vida do líder comunitário negro Anderson Sá e as atividades da ONG AfroReggae. *Cinema Mambembe – o cinema descobre o Brasil* (1999), de Laís Bodanzky* e Luiz Bolognesi*, cria um motivo do cinema para percorrer geograficamente o Brasil, do sul da Bahia aos confins da Amazônia. *História do rio Negro* (2007) é documentário de Luciano Cury sobre o rio da Amazônia, com foco em narrativas de habitantes do local, conduzidas pelo médico Drauzio Varella. Em *No meio do rio entre as árvores* (2010), Jorge Bodanzky demonstra manter a forma de cineasta com sensível documentário sobre comunidades ribeirinhas no Alto Solimões, onde desenvolve trabalho comunitário. José Padilha* retoma o tom denuncista em *Segredos da tribo*, documentário que compõe um testemunho bem articulado, mostrando como vaidades acadêmicas podem se sobrepor a questões éticas com consequências trágicas. O objeto do filme é a população ianomâmi venezuelana, em seu primeiro contato com antropólogos norte-americanos e franceses. *Corumbiara* (2009), de Vincent Carelli*, mostra igualmente as tentativas de se apagar um massacre de índios ocorrido no sul de Rondônia em 1985. O estilo é solto, tendendo ao direto, e o face a face com os índios demonstra a agilidade de Carelli no documentário, adquirida ao longo dos anos de atividade em sua proposta antropológica. *Estratégia xavante* (2007), de Belisário França, documenta a estratégia de sobrevivência da cultura xavante, conforme pensada por seus líderes a partir de aculturação com a sociedade branca, que soube extrair meios de subsistência preservando a identidade cultural.

Documentários sobre religião refletem o amplo espaço que a questão ocupa na sociedade brasileira. Em *O chamado de Deus* (2001), José Joffily foca a vida de seis jovens que pensam seguir carreira religiosa para abordar a questão da vocação. É documentário de personagens em que se sente a influência do estilo de Coutinho e seu *Santo forte* (1999). *Devoção* (2008), de Sergio Sanz, percorre o conjunto do fenômeno religioso no Brasil com ênfase no sincretismo, com imagens de rituais de candomblé e missas. *Milagre em Juazeiro* (1999), de Wolney Oliveira, mostra a história de vida do religioso Padre Cícero, motivo de culto no Nordeste brasileiro. *Dom Helder Câmara, o santo rebelde* (2006), de Érika Bauer, retrata a vida do religioso pernambucano. *Carrego comigo* (2001), de Chico Teixeira, aborda tema singular, centrando-se na imagem e na vida sobreposta de gêmeos idênticos. Parcela marginal da população brasileira é retratada em *Os melhores anos de nossa vida* (2003), de Andrea Pasquini, apresentando delicado panorama da vida isolada e do preconceito sofrido por ex-internos do Sanatório Santo Ângelo, em Mogi das Cruzes, portadores de hanseníase. *Sobreviventes* (2009), de Miriam Chnaiderman e Reinaldo Pinheiro, trabalha com fortes depoimentos de pessoas que viveram situações extremas de vida e conseguiram sobreviver. *Casa Rosa* (2008), de Gustavo Pizzi, é documentário sobre o famoso prostíbulo carioca, que viveu seu auge na primeira metade do século XX, trazendo depoimentos de frequentadores conhecidos e algumas ex-prostitutas. *Língua, vidas em português* (2004), de Victor Lopes, é documentário sobre a língua portuguesa a partir de pessoas reais em países como Portugal, Angola, Moçambique, Brasil, com entrevistas diversas de personalidades sobre o assunto, entre elas José Saramago, Martinho da Vila, Teresa Salgueiro.

A história e a política ocuparam lugar de destaque no documentário brasileiro nos últimos anos. Foram retratados eventos que marcaram a história recente do Brasil, em particular durante o período mais forte da repressão política no regime militar. *Cidadão Boilesen* (2009), de Chaim Litewski, tem o mérito de descobrir bom fio da meada para reconstituir a articulação de empresários brasileiros de direita com militares, financiando centros de tortura mantidos pelo regime nos anos 60/70, em particular a Oban e o DOI-Codi. O documentário, com farta documentação, compõe a personalidade sádica do empresário dinamarquês Henning Boilesen, e seu papel na repressão política. *Caparaó*, de Flávio Frederico, reconstitui a guerrilha articulada por Leonel Brizola, de seu exílio no Uruguai, na serra do Caparaó, Minas Gerais, com boa coleta de depoimentos e algum material de arquivo. Em *Hércules 56* (2007), Silvio Da-Rin dá sua visão do sequestro do embaixador norte-americano no Rio de Janeiro em 1969, apresentando documentário com interessante dispositivo para encenação dos depoimentos dos antigos guerrilheiros. Apesar de seu romance sobre o evento, *O que é isso, companheiro?*, Fernando Gabeira foi excluído da turma. Também com entrevistas e material de arquivo, Roberto Mader, em *Condor* (2008), coloca foco na chamada "Operação Condor", que reuniu as polícias do Cone Sul para operacionalizar a repressão política. *Tempo de resistência* (2004), de André Ristum, é filme de depoimentos, com imagens de arquivos, de ex-militantes da resistência armada e democrática ao regime militar. *Camponeses do Araguaia – a guerrilha vista de dentro* (2010), documentário do estreante Vandré Fernandes, nos apresenta a guerrilha do Araguaia de um ponto de vista distinto, colocando foco no depoimento de camponeses da região que foram achacados e perseguidos pelos militares. *Ato de fé* (2005), de Alexandre Sampaio, documenta as atividades de um grupo de frades franciscanos que encararam o apoio à luta armada, atuando com a ALN (Ação Libertadora Nacional). Eduardo Escorel conclui sua trilogia histórica sobre as revoluções dos anos 30 com *35 – o assalto ao poder* (2002), filme denso com amplo material de arquivo e entrevistas de historiadores e personagens históricos. Os outros dois documentários que compõem a trilogia são *1930 – tempo de revolução* (1990, já mencionado), e *32 – a guerra civil* (1993). Com depoimentos diversos e bom material de arquivo, Sergio Sanz realiza, com *Soldado de Deus* (2005), documentário sobre o significado histórico, para o Brasil, da Ação Integralista Brasileira. Em *Barra 68, sem perder a ternura* (2001), Vladimir Carvalho volta-se para a formação da Universidade de Brasília e a crise que viveu no fatídico ano de 1968. Em *O Sol – caminhando contra o vento* (2006), Tetê Moraes retrata o ambiente cultural dos anos 60 através da história do jornal alternativo *O Sol*.

Senta a pua (2001), de Erik de Castro, abandona a denúncia política para mostrar, de modo positivo, a participação da Força Aérea Brasileira na II Guerra Mundial, narrando a história do grupo de aviação de caças que tem como grito de guerra o título do filme. Também sobre as tropas brasileiras na II Guerra, Vinicius Reis realizou *A cobra fumou* (2002). Ainda no tema Forças Armadas, mas sem recorte histórico, é interessante notar a coincidência de dois documentários que se sucedem sobre o treinamento de paraquedistas no Exército Brasileiro: *Brigada paraquedista*, de Evaldo Mocarzel (2008), e *PQQ* (2007), de Guilherme Coelho. Coelho possui estilo mais intrusivo e filma de perto a tropa e os garotos recebendo treinamento, enquanto Mocarzel fica um pouco mais distante, abrindo espaço para posição crítica. Em *O Contestado – restos mortais* (2010), Sylvio Back aborda com depoimentos e material de arquivo a Guerra do Contestado (1912-1916), episódio da história do Brasil pouco conhecido em sua extensão. Também sobre história do Brasil tivemos *Doce Brasil Holandês* (2010), de Mônica Schmiedt, perguntando à população do Recife de hoje se no tempo de Maurício de Nassau era melhor. *Estrada Real da Cachaça* (2006), de Pedro Urano, tenta mostrar a dimensão cultural da cachaça na história do Brasil, no espaço da antiga Estrada Real, ligação entre Minas e Rio (Paraty) no Brasil colônia. *Soy Cuba – o mamute siberiano* (2005), de Vicente Ferraz, é um dos raros documentários brasileiros com temática histórica inteiramente internacional. Mostra em detalhes a realização, em plena Guerra Fria, do filme *Soy Cuba* (1964), assinado pelo soviético Mikhail Kalatosov, conhecido por suas façanhas estilísticas com a câmera.

Alguns documentários tomam posição explícita em relação a temas do momento, intervindo de forma mais marcante na discussão política. É o caso da coprodução Brasil-EUA *Mataram Irmã Dorothy* (2009), do americano Daniel Junge, sobre o assassinato na Amazônia da freira Dorothy Stang. *A vida em cana* (2002), de Jorge Wolney Atalla, retrata a vida dos cortadores de cana no interior de São Paulo, centrando-se nos trabalhadores da usina de sua família, o que rendeu algumas críticas ao filme. *Família Alcântara* (2006), de Daniel Solá e Lilian Solá Santiago, é documentário engajado sobre ancestralidade negra e quilombola de uma família em Minas Gerais. *Dia de festa* (2006), de Toni Venturi e Pablo Georgieff, é documentário engajado, filmado no calor da hora, sobre invasões de prédios pelo movimento dos sem-teto em São Paulo. Na mesma linha de denúncia sobre as condições de moradia da população mais pobre do país está *A margem do concreto* (2007), de Evaldo Mocarzel. *O aborto dos outros*, de Carla Gallo, é documentário que reflete sobre a política da criminalização do aborto e suas consequências para a sociedade brasileira.

Acompanha mulheres atendidas em hospitais públicos que realizam o aborto, dentro das condições permitidas por lei. *Utopia e barbárie* (2007), de Sílvio Tendler, utiliza farto material de arquivo para reconstruir a carreira sentimental de seu diretor, percorrendo o universo da política como homem de esquerda. *Vocação do poder* (2005), de Eduardo Escorel, é documentário que tematiza diretamente a política na sociedade brasileira, acompanhando, em estilo direto, seis personagens que se candidatam a vereador do Rio de Janeiro durante as eleições municipais de 2004. Também explorando a eleição de 2002 no Brasil, mas com voz grandiloquente, Erik Rocha tem tom messiânico em *Intervalo clandestino* (2006). Ainda Eduardo Escorel, em *O tempo e o lugar* (2007), traz para as telas a vida do personagem Genivaldo Vieira dos Santos, antigo militante do MST que acaba por assumir posições críticas com relação à entidade. Bom filme de personagem, com recorte diferenciado na construção do tipo popular, o que provocou polêmica em seu lançamento. Também sobre o tema da questão fundiária destacamos *O sonho de Rose, 10 anos depois* (2001), de Tetê Moraes, que retoma a personagem já delineada em *Terra para Rose* (1987), filme já citado. Trata-se de documentário instigante que tem o tempo, e o talento, para se locomover em intervalo de duração longo, com boas imagens na transformação temporal e estruturação narrativa ágil. Em *A negação do Brasil* (2001), Joel Zito Araújo mostra como os papéis subalternos dos personagens negros na produção audiovisual brasileira conformam uma visão racista de nossa sociedade. Também sobre a questão racial no Brasil, e particularmente em São Paulo, é *Preto e branco* (2004), de Carlos Nader. *Atlântico Negro – na rota dos orixás* (1999), de Renato Barbieri, também põe em foco a cultura negra e sua origem africana. *O cárcere e a rua* (2005), de Liliana Sulzbach, trabalha com a delicada questão carcerária no Brasil, em forte documentário de personagem que se debruça sobre o tema no estilo direto. Paulo Sacramento*, em *O prisioneiro da grade de ferro*, lida com o mesmo tema em documentário bastante influente. Sacramento entrega a câmera para os detentos num movimento que já vinha servindo como paradigma ético para a produção documentária do período. O documentário retrata os últimos dias do Carandiru, antes da implosão do prédio.

Os filmes sobre presídios marcam um tom meio sombrio de abordar o universo popular que percorre o documentário brasileiro. *O rap do Pequeno Príncipe contra as almas sebosas* (2000), de Paulo Caldas* e Marcelo Luna, caminha nessa direção, apresentando a vida de dois moradores da mesma periferia de Recife que têm o destino cruzado: um deles (Helinho) é matador de bandidos, sendo entrevistado na prisão onde cumpre pena; o outro (Garnizé), cantor de *rap*, vive a mesma miséria, mas de forma diferenciada. A obra apresenta estrutura narrativa fragmentada, dando a entender que o cruzamento entre os personagens deve-se a serviço prestado a Garnizé por Helinho (um assassinato), sem que aquele houvesse solicitado. Também dois cantores de *rap* (Dexter e Afro X, formando a dupla 509-E) são os personagens de *Entre a luz e a sombra* (2009), de Luciana Burlamaqui. Trata-se de documentário em estilo direto, com feitura complexa, retratando sete anos de cotidiano dentro de presídios. Mostra a vida da dupla de cantores e seu envolvimento com a atriz e professora de teatro em presídios Sophia Bisilliat. Proposta fundada de obra aberta para o indeterminado, tem narrativa composta com agilidade em situações bastante adversas de tomada. *Falcão – meninos do tráfico* (2006), de MV Bill e Celso Athayde, é documentário que possui singularidade no panorama que traçamos: é dirigido por cineastas de origem popular. Embora não tenham conjunto de filmografia, os diretores compõem em *Falcão* obra com densidade dramática, cercada de depoimentos com impacto. É filme feito de dentro do universo que mostra.

Continuando em filmes dirigidos por cineastas de classe média explorando tipos populares, podemos citar as obras de Coutinho no período, como *Santo forte* (1999), com foco na religiosidade popular; *Babilônia 2000* (2000) – filmado em favela durante o *réveillon* do milênio; *O fim e o princípio*, filmado no Nordeste com foco na velhice; e *Peões*, trazendo imagens e tipos operários no ABC lulista. Coutinho caracteriza-se por ter sintetizado na década o documentário de personagens através do uso intensivo de depoimentos, cristalizando um estilo que foi extremamente influente. *Edifício Master* faz parte desse conjunto, explorando de modo marcado personalidades, com foco social centrado na classe média baixa carioca. *Ônibus 174* (2002), de José Padilha e Felipe Lacerda, é documentário denúncia sobre a condições precárias em que vivem crianças abandonadas no Brasil das grandes cidades. Construído a partir de um sequestro de ônibus, transmitido em rede nacional em junho de 2000, *Ônibus 174* focaliza a evolução da personalidade do sequestrador (Sandro do Nascimento, na época com 23 anos), desde sua infância, a partir de uma visão negativa do Brasil e suas instituições. Também na linha do Brasil sombrio, João Moreira Salles dirige, em 1999, *Notícias de uma guerra particular*, documentário que exerce influência duradoura no cinema brasileiro. Salles sobe o morro Dona Marta, no Rio de Janeiro, entrando no cotidiano da comunidade com o auxílio de Kátia Lund. Impressionam as imagens de garotos fortemente armados, com fala agressiva, dominando do alto a cidade. Ainda no campo da representação naturalista da miséria temos *Estamira*, documentário dirigido por Marcos Prado, em 2006, filmando uma moradora com traços esquizofrênicos, no lixão do Jardim Gramacho, em Duque de Caxias. A imagética do filme sintetiza bem a veia sombria do documentário brasileiro dos anos 2000. Diversos documentários de Evaldo Mocarzel realizados no período seguem um pouco nessa linha. É o caso de *À margem da imagem* (2004), que acompanha a vida dos moradores de rua em São Paulo, mostrando a miséria de sua existência, com recorte que incide de modo reflexivo no próprio estatuto da narrativa documentária. *À margem do lixo*, de 2008, também caminha nessa direção. *Os carvoeiros*, que o inglês Nigel Noble dirige em 1999, é uma das primeiras inserções da dupla Marcos Prado e José Padilha no cinema (ambos produzem, Padilha faz o roteiro e Prado inspira o filme com as fotos). O documentário mostra a miséria do trabalho infantil carvoeiro no interior do Brasil, sobrevivendo pela queima de mata em fornos precários. Em *Lixo extraordinário* (2010, produção anglo-brasileira), de Lucy Walker, juntamente com João Jardim* e Karen Harley, o documentário nacional retorna mais uma vez ao lixão do Jardim Gramacho, para filme que tem como mote atuação e criação plástica do artista Vik Muniz. A obra, com espírito mais anglo-saxão, tem um tom que vaï além do sombrio *Estamira*, envolvendo propostas concretas de ação para a comunidade local. *Um lugar ao sol* (2009), de Gabriel Mascaro, mantém a voz agressiva da burguesia esclarecida (os cineastas) contra sua classe de origem. As vítimas aqui são os moradores de coberturas de luxo, cujo discurso, virado ao avesso, mostra o ridículo da soberba de suas convicções.

Maria Augusta Ramos destaca-se na produção da década assinando dois densos documentários sobre o sistema judiciário brasileiro. Em *Juízo* (2007), acompanha as atividades da Justiça na II Vara de Justiça do Rio de Janeiro e no Instituto Padre Severino, utilizando garotos da região para interpretar os verdadeiros infratores. Em *Justiça* (2004), o foco é mais amplo, abrangendo o Judiciário como um todo. Em estilo direto, acompanha, na presença da câmera, o trabalho e as audiências de promotores, juízes e defensores públicos no Tribunal de Justiça do Rio de Janeiro, em diversas varas de menores cariocas. Na área da educação temos, de Malu Mader* e Mini Kerti, o documentário *Contratempo* (2009), abordando crianças carentes no Rio de Janeiro envolvidas em projeto de ensino de música clássica. *Pro dia nascer feliz* (2007), de João Jardim, entrevista crianças e adolescentes de escolas brasileiras, enfatizando o contraste entre a educação em escolas populares e em escolas de classe média. *Doutores da Alegria*, de Mara Mourão (2005), é sensível documentário que acompanha as atividades da ONG Doutores da Alegria com crianças internadas em hospitais. *Mensageiras da luz – parteiras da Amazônia* (2005), de Evaldo Mocarzel, segue o trabalho de parteiras tradicionais nas condições geográficas particulares que cercam as regiões fluviais da Amazônia. O documentário valoriza a profissão milenar enfatizando a importância dos vínculos comunitários. Em *Meninas* (2006), Sandra Werneck aborda o delicado tema da gravidez na adolescência, dando a palavra (no modo depoimento) e a ação para quatro meninas, entre 13 e 15 anos, relatarem sua experiência.

A linha de documentário que Coutinho desenvolve marca bastante a produção brasileira nos anos 2000, fundando um tipo de narrativa baseada em personalidades que, em boa parte dos casos, são anônimas. A constituição da personagem é obtida através da coleta de depoimentos, muitas vezes tomados por câmera frontal, ou seguindo a ação no modo direto. Além dos filmes de Coutinho e Salles (*Entreatos* e *Nelson Freire*, por exemplo), os já citados *Estamira* e *O tempo e o lugar* estão dentro desse recorte. *Morro da Conceição* é documentário de Christiana Grumbach sobre o morro do mesmo nome no Rio de Janeiro. Grumbach trabalhou como assistente de Coutinho e sentimos a presença do estilo do diretor. É dela também, em estilo similar, *As cartas psicografadas de Chico Xavier*. No filme sente-se que as personagens não conseguem decolar e algo soa duro no método. Também sob a influência da estilística de Coutinho temos *Chapéu Mangueira e Babilônia: histórias do morro* (1999), de Consuelo Lins. A mesma diretora, com utilização mais acentuada de material de arquivo, fez

Babás (2010), com abordagem histórica da figura da babá. Cláudia Mesquita e Júnia Andrade retratam personagem da Vila Nossa Senhora de Fátima, na Favela da Serra, Belo Horizonte, em *Olhos de Mariquinha* (2008). É também documentário marcado pela estilística Coutinho, em que a personagem Maria Ribeiro dos Reis é tomada na fala de suas recordações. Outro documentarista com perfil acadêmico é Henri Gervaiseau, que, em 2005, dirigiu *Em trânsito* (2005), filme de entrevista compondo personagens, com foco nas dificuldades de locomoção e transporte coletivo em São Paulo. Sobre documentário de personagem podemos também lembrar filmes de Roberto Berliner*, como *A pessoa é para o que nasce* (2005, juntamente com Leonardo Domingues) ou *Pindorama, a verdadeira história dos sete anões* (2008, assinado com Lula Queiroga e Leo Crivalere). São documentários marcados por tomadas carregadas de intensidade, com corte exibicionista. Também nessa sintonia podemos citar *Garapa* (2009), de José Padilha, marcado por um viés mais denuncista. *Jesus no mundo maravilha* (2007), de Newton Cannito, caminha numa trilha *trash* assumida, marcando na imagem a presença do cineasta que enuncia.

A enunciação em primeira pessoa percorre parcela do documentário de vanguarda brasileiro, que conquista seu espaço nos anos 2000. *Passaporte húngaro* (2001), de Sandra Kogut*, e *33* (2003), de Kiko Goifman, são paradigmas dessa tendência. Kogut enfrenta a burocracia na busca pessoal pelo segundo passaporte, no país de origem de seus avós, e Goifman, sendo filho adotivo, tenta localizar sua mãe biológica. Com narrativa pessoal, em estilo direto mais tradicional, Evaldo Mocarzel apresenta em *Do luto à luta* (2005), sensível documentário sobre si próprio e o filho, lidando com as dificuldades e potencialidades abertas pela síndrome de Down. Em *FilmeFobia* (2008), de Kiko Goifman, o lado intenso-exibicionista da imagem aparece carregado da fala em tom pessoal. O uso da primeira pessoa mistura-se intencionalmente à criação do personagem protagonista, que assume a direção desempenhado por Jean-Claude Bernardet. Também João Moreira Salles, através da voz do irmão, encarna a primeira pessoa em *Santiago* (2006). Trata-se de filme delicado, em que o autor mistura suas memórias de infância, construindo a figura do mordomo da família, a uma postura crítica de certa forma de se fazer documentário (a um estilo documentário propriamente). Em *O retorno* (2008), Rodolfo Nanni retorna ao cenário das filmagens do documentário que realizou nos anos 50, *O drama das secas* (já citado) para constatar, com melancolia, que o cenário de miséria continua praticamente inalterado. Também Lúcia Murat, em *Dia dos Pais* (2008), oscila na enunciação pessoal ao percorrer o Vale do Paraíba, detendo-se em sua cidade natal. *Ariel* (2007), de Mauro Baptista e Claudia Jaguaribe, é documentário em primeira pessoa, na clave pessoal, sobre o suicídio do pai de Mauro, Ariel.

Com recorte mais fechado nas ambições da vanguarda, tensionando a estrutura narrativa do documentário, mas dentro do formato longa-metragem, podemos lembrar de filmes de Cao Guimarães*, como *A alma do osso* (2004), com foco em um ermitão que vive em cavernas no interior de Minas Gerais, ou *O andarilho* (2007), acompanhando as deambulações de um andarilho pelas estradas do Brasil. Pequena obra-prima de Guimarães é o curta *Da janela de meu quarto* (2004), filmado em recuo, dentro do estilo direto, e composto com toques minimalistas, dando ao fluxo do transcorrer toda a beleza de sua intensidade. Guimarães compõe a parcela da vanguarda mineira que, depois de experimentar dispositivos audiovisuais diversos, acabou encontrando um bom suporte de expressão no formato narrativo documentário. Também nessa linha, podemos citar o trabalho do mineiro de origem Lucas Bambozzi* em *Do outro lado do rio* (2004), documentário sobre a vida cotidiana na zona de fronteira entre Brasil e Guiana Francesa. Junto com Cao Guimarães (e também Beto Magalhães), Bambozzi dirige, em *O fim do sem fim* (2001), um bom documentário em estilo direto explorando depoimentos sobre o fim de profissões seculares. Em *Aboio* (2005), de Marília Rocha, temos outra narrativa característica dessa vanguarda mineira, com tom impressionista, ritmo lento, voltada para a valorização de idiossincrasias e costumes arcaicos. *A falta que me faz* (2009), da mesma diretora, possui narrativa similar, abordando a vida íntima, bem feminina, de meninas em cidade perdida no interior de Minas Gerais. Rocha consegue inserir-se no grupo de garotas e, no corpo a corpo cotidiano, extrai boas figuras. A composição estética explícita é, no entanto, excessivamente marcada, o que fragiliza o documentário como um todo. Também a marcação da composição, com a ingerência de uma voz em primeira pessoa, faz com que *Acácio* (2008) se ressinta de intenções explícitas demais. O filme mostra a vida do casal português Acácio Videira e Maria da Conceição Videira em sua peregrinação por três países (Angola, Portugal, Brasil) com cerca de trinta anos de vida em cada local (como bem explica o protagonista as etapas de sua existência). A narrativa explora os depoimentos de modo plano, apresentando farto material de arquivo, tomado por Acácio durante sua vida em Angola. *Terra deu, terra come*, de Rodrigo Siqueira – outro mineiro vencedor do festival de documentários É TUDO VERDADE –, é filme com narrativa similar, mostrando a força do estilo poético no documentário brasileiro contemporâneo e o gosto da crítica por sua proposta de corte experimental. A narrativa debruça-se sobre costumes arcaicos do interior de Minas, sustentados por uma voz que oscila entre demência e clarividência. Em *500 almas*, Joel Pizzini caminha na mesma direção, com narrativa fragmentada e elíptica centrada na redescoberta da tribo dos guatós, dada por extinta. Também com enunciação elíptica, Carlos Alberto Prates* apresenta, em *Castelar e Nelson Dantas no país dos generais* (2008), interessante narrativa memorialista sobre cinema (e mulheres) em Minas Gerais, no auge da ditadura militar.

Com recorte mais tradicional e imagem derivada de outras fontes, como a publicidade, o cineasta Marcelo Masagão* também reivindica o carimbo que o estatuto da vanguarda concede. *Nós que aqui estamos por vós esperamos* é filme de 1999 que, com vasto material de arquivo, busca traçar um panorama diversificado da vida política, intelectual e artística do século XX. Também na mesma linha, *1,99 – um supermercado que vende palavras* (2003) nos propõe uma reflexão sobre a sociedade de consumo. *Nem gravata, nem honra* (2002) vai pensar a questão de gênero (masculino/feminino) através de estilo mais focado em depoimentos e entrevistas. Também com narrativa fragmentada, ligada à tradição da vanguarda, podemos lembrar de documentários como *Anabazys* (2007), de Joel Pizzini e Paloma Rocha, e *Pachamama* (2010), de Eryk Rocha, todos lançados comercialmente no circuito exibidor e que remetem a uma raiz narrativa com cores glauberianas. *Terras* (2010), de Maya Da-Rin, é documentário sobre região fronteiriça da Amazônia, e *BR3 documentário* (2009), de Evaldo Mocarzel, centra-se em peça encenada ao longo do rio Tietê, em São Paulo. Podemos dizer que *Janela da alma* (2001), de Walter Carvalho e João Jardim, insere-se na categoria de documentário poético, ao tematizar livremente sobre a questão do que é a visão, através de depoimentos e obras estéticas.

Há no quesito "vanguarda", do documentário brasileiro da década de 2000, um conjunto de filmes que se volta para si mesmo, questionando o próprio estatuto enunciativo do documentário. Particularmente duas obras de Eduardo Coutinho, trabalhando com atores, caminham nessa direção. Em *Jogo de cena* (2007), Coutinho usa indiscriminadamente depoimentos pessoais e interpretação de atores, embaralhando de modo proposital o estatuto de quem enuncia e a própria encenação. O "jogo" produz efeito e Coutinho nos apresenta uma das obras mais consistentes do documentário brasileiro contemporâneo. O filme retorna sobre a obra de Coutinho na década, encerrando com chave de ouro um percurso e um estilo. *Moscou* (2009) também é desenvolvido na mesma sintonia, agora com o desafio de enfrentar uma trupe profissional de atores, o Grupo Galpão. Coutinho trabalha conjuntamente com outro diretor de cena, Enrique Diaz, que lhe esvazia a batuta. Outro documentário de fôlego no panorama contemporâneo é *Serras da desordem*, de Andrea Tonacci, narrando a extraordinária epopeia do índio Carapirú, da etnia awá-guajá, em busca de seu povo. Com bela estruturação narrativa, cortes elípticos e trama fragmentada, Tonacci estabelece padrões diferenciados de encenação no filme, despertando com esse procedimento o espanto da crítica.

As temáticas dominantes do documentário brasileiro na década de 2000 dividem-se entre o retorno do tema "representação do universo popular", a presença da MPB e dos cantores/compositores, o documentário sobre futebol, as biografias, a abordagem de assuntos históricos, o farto uso de depoimentos e material de arquivo, a construção de personagens pela fala, e as formas das vanguardas, com diversas narrativas debruçando-se sobre o próprio processo de enunciação. O ponto a se destacar é a evolução concreta do espaço do documentário no cinema brasileiro, que passa a ser uma referência profissional para jovens cineastas, ocupando inclusive salas de exibição. Nesse sentido, há de se realçar a experiência do Programa de Fomento à Produção e Teledifusão do Documentário Brasileiro (DOCTV), criado em 2003 pelo Ministério da Cultura/Secretaria de Audiovisual, para produção e difusão de documentários em televisão, em convênio com a Fundação Padre Anchieta/TV CULTURA e Associação Brasileira de Emissoras Públicas Educativas e Culturais (ABEPEC). Entre edições nacionais e internacionais, até 2009, o DOCTV produziu 206 documentários, sendo 131 pelo convênio nacional, 39 pelas carteiras especiais, 27 pelo DOCTV Ibero-americano e nove pelo DOCTV CPLP (Comunidade dos Países de Língua Portuguesa). Foram feitas sete edições até 2009, sendo quatro nacionais (DOCTV I, DOCTV II, DOCTV III e DOCTV IV), duas ibero-americanas (DOCTVIB I e DOCTVIB II) e uma DOCTV CPLP (Comunidade dos Países de Língua Portuguesa). O DOCTV disseminou a prática do documentário pelo país, oferecendo condições materiais e financeiras concretas para realização, resultando em mais de três mil horas de programação em televisão pública aberta. Apesar da presença de alguns cineastas renomados, o grosso da produção foi feito por realizadores em início de carreira, após treinamento em oficinas. (FPR)

DOO, John (Chien Lien Tu) – Chung King, China, 1942. Diretor.

FILMOGRAFIA: 1965 – *O puritano da rua Augusta*. 1977 – *Ninfas diabólicas*. 1978 – *Uma estranha história de amor*. 1979 – *Ninfas insaciáveis*; *Devassidão, orgia do sexo*. 1980 – *A noite das taras* (1º episódio: 'A carta de Érica'); *Aqui, tarados!* (1º episódio: 'A tia de André'). 1981 – *Pornô* (3º episódio: 'O gafanhoto'); *Delírios eróticos* (3º episódio: 'Amor por telepatia'); *Escrava do desejo*. 1982 – *O prazer do sexo*. 1983 – *A fêmea da praia*; *Excitação diabólica*. 1984 – *Volúpia de mulher*; *A mansão do sexo explícito*. 1986-1988 – *Presença de Marisa*.

Radicado em São Paulo desde a década de 50. No ano de 1962 entra para o cinema desempenhando pequenas funções, como a de continuísta, chegando à assistência de direção em *Casinha pequenina*, de Glauco Mirko Laurelli*. Em seguida, dirige a comédia *O puritano da rua Augusta*, de Mazzaropi*, na qual foi creditado como assistente de direção. Abandona o cinema por vários anos. Ao voltar, participa da segunda geração de cineastas da Boca do Lixo*, no final dos anos 70, como produtor e diretor por meio de sua empresa PRESENÇA FILMES. Dirige o filme de terror *Ninfas diabólicas*, com boas interpretações de Aldine Müller*, Patrícia Scalvi* e Sérgio Hingst*. Seu segundo longa é o drama romântico *Uma estranha história de amor*. Produz os filmes eróticos *Sexo profundo*, sob a direção de W. A. Kopezky*, e a fita de episódios *Delírios eróticos*, que dirige com Kopezky e Peter Racz. Em seguida, é diretor contratado pela E. C. CINEMATOGRÁFICA, de Cassiano Esteves, realizando os filmes eróticos *Ninfas insaciáveis* e *Devassidão, orgia do sexo*. Filma os episódios 'A carta de Érica', 'A tia de André' e 'O gafanhoto' para os longas da DACAR, de David Cardoso*. Dirige para a THOMÉ FILMES, de Antônio B. Thomé, o drama erótico *Escrava do desejo*, com Patrícia Scalvi, e o terror *Excitação de mulher*. Para a LUNA FILMES, de Manoel Alonso, dirige mais dois dramas eróticos, *O prazer do sexo* e *Volúpia de mulher*, este com Helena Ramos*, que permanece inédito. Produz e dirige *A fêmea da praia* e *A mansão do sexo explícito*, filmes que, devido à inclusão de cenas de sexo explícito, estão assinados por seus diretores de fotografia, Osvaldo Oliveira* e Henrique Borges. Alguns filmes dessa fase, entre eles, *Escrava do desejo*, *A fêmea da praia* e *Volúpia de mulher*, apresentam maior inspiração do que a média da produção da época. Associado à produtora Assunção Hernandez, da RAIZ PRODUÇÕES CINEMATOGRÁFICAS, e à EMBRAFILME*, dirige *Presença de Marisa*, filme que mistura crise existencial, paranormalidade e feitiçaria. (LFM)

DÓRIA, Jorge (Jorge Pires Ferreira) – Rio de Janeiro, RJ, 1920. Ator.

FILMOGRAFIA: 1947-1948 – *Mãe*. 1949 – *Também somos irmãos*. 1950 – *Maior que o ódio*. 1962 – *Assalto ao trem pagador*. 1963 – *Crime do Sacopã*; *O beijo*. 1963-1964 – *Os vencidos*. 1964 – *Asfalto selvagem*; *Procura-se uma rosa*. 1965 – *História de um crápula*; *Paraíba, vida e morte de um bandido*. 1966 – *Cuidado, espião brasileiro em ação*; *O mundo alegre de Helô*. 1967 – *Cristo de lama: a história do Aleijadinho*. 1968 – *Juventude e ternura*. 1969 – *As duas faces da moeda*; *Pais quadrados, filhos avançados*. 1970 – *É Simonal*; *Minha namorada*. 1971 – *Bonga, o vagabundo*; *O pecado de Marta*; *O doce esporte do sexo* (2º episódio: 'O filminho'); *Os devassos*; *Eu transo... ela transa*. 1972 – *Viver de morrer*. 1973 – *Como é boa a nossa empregada* (3º episódio: 'O melhor da festa'). 1974 – *Oh! Que delícia de patrão* (1º episódio: 'As loucuras do patrão'; 2º episódio: 'Um brinde ao patrão'); *O comprador de fazendas*; *As secretárias que fazem de tudo* (3º episódio: 'Avante, C. C. S.'). 1975 – *Um varão entre as mulheres*; *Com as calças na mão*; *As aventuras d'um detetive português*; *Ninguém segura essas mulheres* (1º episódio: 'O marido que volta deve avisar'); *Um soutien para papai*; *A dama do lotação*. 1977 – *Teu tua* (2º episódio: 'Um debaixo da cama'). 1981 – *O sequestro*. 1983 – *Perdoa-me por me traíres*. 1984 – *Pedro Mico*. 1987 –

A dama do Cine Shangai. 1998 – *Traição*. 2002-2003 – *O homem do ano*.

Filho de tradicional família carioca, escandaliza sua família quando decide seguir a carreira artística, a partir dos anos 40. Alterna interpretações de comediante escrachado com outras de contido ator dramático. É dono de importante e longa carreira no cinema, no teatro e na televisão. Começa no teatro, na companhia de Luiz Iglesias e Eva Todor. Seu grande sucesso, por mais de vinte anos, desde os anos 70, é a peça *A gaiola das loucas*, de autoria de Jean Poiret, com adaptação e direção do mestre João Bethencourt. Na televisão dos anos 70, interpreta o papel do pai, na série criada por Oduvaldo Viana Filho* *A Grande Família*, mais um sucesso da REDE GLOBO. No cinema, estreia em papel coadjuvante no melodrama *Mãe*, sob a direção do radialista Teófilo de Barros. Em seguida, na ATLÂNTIDA*, é ator em dois filmes do diretor José Carlos Burle*, *Também somos irmãos* e *Maior que o ódio*. Neste último, um vigoroso melodrama policial, além do papel de protagonista ao lado de Anselmo Duarte*, também escreve o argumento. Cria a história e escreve os roteiros junto com Jorge Ileli* de outro melodrama policial, *Amei um bicheiro*, de Ileli e Paulo Vanderley*, da comédia *Absolutamente certo*, de Anselmo Duarte, e do policial *Mulheres e milhões*, de Ileli. Em sua carreira bissexta de argumentista, adapta a novela radiofônica de Berliet Jr. para o policial *Na mira do assassino*, de Mário Latini, e escreve ainda as comédias *Juventude e ternura*, de Aurélio Teixeira*, e *A penúltima donzela*, de Fernando Amaral. Sob as ordens dos diretores Roberto Farias*, em *Assalto ao trem pagador*, Roberto Pires*, em *Crime do Sacopã*, e Flávio Tambellini*, em *O beijo*, interpreta papéis dramáticos. Curiosamente, somente em 1966, em *O mundo alegre de Helô*, de Carlos Alberto de Souza Barros*, atua em uma comédia. Depois participa de comédias e filmes românticos em papéis coadjuvantes. Nos anos 70, é figura obrigatória nas comédias eróticas e pornochanchadas* cariocas, quando trabalha continuamente com os diretores especialistas Alberto Pieralisi* e Victor Di Mello, ficando marcado como ator desse gênero de filmes. Em *A dama do lotação*, de Neville d'Almeida*, *O sequestro*, de Victor Di Mello, e *Pedro Mico*, de Ipojuca Pontes*, vive seus raros personagens dramáticos dessa época. Em 1987 faz apenas um pequeno papel em seu único filme paulista, *A dama do Cine Shangai*, de Guilherme de Almeida Prado*. Na década de 90 atua somente no teatro

e na televisão. Afastado da televisão e do teatro devido a um acidente vascular cerebral (AVC) ocorrido em 2004, o ator continua em recuperação. Em 4 de março de 2010, foi homenageado pelos atores Miguel Falabella e Diogo Vilela na estreia da peça *A gaiola das loucas*, que há tempos encenou. (LFM)

DOWNEY, Wallace – Nova York, EUA, 1902-1967. Produtor, diretor.

FILMOGRAFIA: 1931 – *Coisas nossas* (prod., dir.). 1932 – *Julho de 32* (prod.). 1934 – *Alô! Alô! Brasil* (prod., dir.). 1935 – *Alô! alô! Carnaval* (prod.); *Os estudantes* (prod., dir.). 1936 – *João Ninguém* (prod.). 1937 – *O bobo do rei* (prod.). 1938 – *Bombonzinho* (prod.); *Banana da terra* (prod.). 1939 – *Futebol em família* (prod.); *Anastácio* (prod.); *Laranja da China* (prod.). 1940 – *Pega ladrão* (prod.); *Simpático Jeremias* (prod.); *Céu azul* (prod.). 1943 – *Abacaxi azul* (prod., dir.).

Chegou a São Paulo em 1928, com a finalidade de trabalhar na Columbia Discos, na função de diretor artístico. Atuando em conjunto com seu sócio Alberto Byington Jr., produziu o primeiro filme-revista sonoro brasileiro, *Coisas nossas* (direção de Downey). Foi, de fato, o primeiro filme terminado no Brasil a utilizar-se do sistema VITAPHONE (discos sincronizados com a projeção), permitindo a sonorização em língua portuguesa. Moacyr Fenelon* cuidou do som e foi, também, o assistente geral, enquanto Alberto Kemeny* e Rodolfo Rex Lustig foram os responsáveis pela fotografia. A película foi lançada no Rio de Janeiro em novembro de 1931, permanecendo duas semanas em cartaz no CINE ELDORADO. O elenco era constituído por Procópio Ferreira* e Batista Júnior, que "costuravam" os quadros humorísticos do filme. Paraguaçu, acompanhado pela orquestra de Napoleão Tavares, cuidava da parte musical. *Alô! Alô! Brasil* foi produzido pela empresa de Downey (a WALDOW FILME), associada à CINÉDIA*, de Adhemar Gonzaga*. Nesse esquema de coprodução, a CINÉDIA participava com serviços de laboratório, estúdios, técnicos e equipamentos, sendo de responsabilidade de Downey (além da direção) os demais custos de produção. Já em *Alô! Alô! Brasil*, o sistema utilizado foi o MOVIETONE, que permitia a gravação sonora diretamente na película, em lugar do som gravado em discos, como ocorria no antigo sistema VITAPHONE. Esse filme, segundo os historiadores, consolidava de vez a presença do rádio no cinema brasileiro, apresentando astros e estrelas

do rádio e do disco. Assim, aparecem na tela os radialistas César Ladeira e Jorge Murad, além de outros nomes bastante conhecidos, destacando-se Mesquitinha*, Almirante, Dircinha Batista, Custódio Mesquita, Ary Barroso, Barbosa Júnior e o Bando da Lua. Wallace Downey dirigiu, em 1935, *Os estudantes*, valendo-se da dupla de roteiristas de sua produção anterior. Era uma comédia estrelada por Barbosa Júnior e Mesquitinha, que contava com a participação de grande parte dos cantores que já haviam aparecido em *Alô! Alô! Brasil*. Em *Os estudantes*, Carmen Miranda*, pela primeira vez, além de cantar, apresentou-se como atriz: interpretava uma garota do rádio namoradeira. Moacyr Fenelon foi o responsável pela sonografia do filme. *Alô! alô! Carnaval*, dirigido por Adhemar Gonzaga, também foi uma produção da WALDOW-CINÉDIA, que obteve grande sucesso de público. Intercalava números musicais em uma narrativa que incluía sátiras a pessoas e fatos ocorridos em 1935. Dois amigos (Pinto Filho e Barbosa Júnior) tentam convencer um empresário (Jaime Costa*) a montar uma revista elaborada por eles, intitulada *Banana da terra*. Nesse filme, Oscarito* fez sua segunda aparição cinematográfica. Entre os números musicais destacam-se *Cadê Mimi*, cantado por Mário Reis, e *Pierrô apaixonado*, de Noel Rosa e Heitor dos Prazeres, interpretado por Joel e Gaúcho. Havia, também, Dircinha Batista, Francisco Alves, Almirante, as Irmãs Pagãs, Aurora* e Carmen Miranda. Após essa película, Downey rompeu o acordo de coprodução com a CINÉDIA, decidindo filmar apenas com sua empresa. Em 1937, com a WALDOW já transformada em SONOFILMS*, produziu, com Alberto Byington, a comédia dramática *João Ninguém*, que marcou a estreia do ator Mesquitinha na direção. Além de documentários, a SONOFILMS produziu filmes carnavalescos e, também, outras fitas de "meio de ano", adaptações de comédias teatrais de sucesso como *O bobo do rei*, baseada na peça de Joraci Camargo, novamente sob a direção de Mesquitinha; o dramaturgo Joray Camargo dirigiu *Bombonzinho*, baseado em peça de Viriato Correa; *O simpático Jeremias*, dirigido por Moacyr Fenelon, a partir de texto de Gastão Tojeiro. Ruy Costa* roteirizou para a companhia, nas palavras do historiador João Luiz Vieira, "sua trilogia de frutas tropicais": *Banana da terra*, *Laranja da China* e *Abacaxi azul*, sendo os dois primeiros também dirigidos por ele e o terceiro junto com Wallace Downey. Produziu, ainda, adaptações de peças teatrais dirigidas por João de Barro (*Anastácio*) e Ruy Costa (*Futebol em família*, *Pega ladrão* e *Céu azul*). Em *Banana da terra*, o personagem de Oscarito* faz campanha publicitária em favor do consumo da banana. O filme conta com números musicais interpretados por Orlando Silva, Dircinha Batista, Carlos Galhardo, Almirante e Carmen Miranda, que canta *O que é que a baiana tem*, de Dorival Caymmi. O filme obteve grande sucesso de bilheteria, com lotação esgotada por várias semanas. Wallace Downey, entre outras atividades, dirigiu uma agência (Toda América) que durante anos empresariou artistas, atores e cantores para apresentações em hotéis, cassinos, boates e teatros de várias capitais latino-americanas. Faleceu em Nova York, em 13 de março. (AMC)

DUARTE, Anselmo (Anselmo Duarte Bento) – Salto, SP, 1920-2009. Ator, diretor.

FILMOGRAFIA: 1939-1943 – *Inconfidência Mineira* (ator). 1947 – *Querida Suzana* (ator); *Pinguinho de gente* (ator). 1948 – *Não me digas adeus* (coprodução estrangeira) (ator). 1948-1949 – *Terra violenta* (ator). 1949 – *Caçula do barulho* (ator); *A sombra da outra* (ator); *Carnaval no fogo* (ator). 1950 – *Maior que o ódio* (ator); *Aviso aos navegantes* (ator). 1951 – *Tico-tico no fubá* (ator). 1952 – *Veneno* (ator); *Appassionata* (ator). 1952-1953 – *Sinhá Moça* (ator). 1955 – *Carnaval em Marte* (ator); *O diamante* (ator); *Sinfonia carioca* (ator). 1956 – *Depois eu conto* (ator); *Arara vermelha* (ator). 1957 – *O cantor e o milionário* (ator); *Absolutamente certo* (ator, dir.). 1959 – *As pupilas do senhor reitor* (coprodução estrangeira) (ator). 1960 – *Un rayo de luz* (produção estrangeira) (ator). 1962 – *O pagador de promessas* (dir.). 1964 – *Vereda da salvação* (dir.). 1967 – *O caso dos irmãos Naves* (ator); *A espiã que entrou em fria* (ator). 1968 – *Juventude e ternura* (ator); *Madona de cedro* (ator). 1969 – *Quelé do Pajeú* (dir.). 1970 – *O impossível acontece* (3º episódio: 'O reimplante') (dir.); *Um certo capitão Rodrigo* (dir.). 1972 – *Independência ou morte* (ator). 1973 – *O descarte* (dir.). 1973-1975 – *A casa das tentações* (ator). 1974 – *O marginal* (ator); *A noiva da noite* (*Desejo de sete homens*) (ator). 1975 – *Assim era a Atlântida* (ator); *Paranoia* (ator); *Já não se faz amor como antigamente* (1º episódio: 'Oh! Dúvida cruel') (ator, dir.); *Ninguém segura essas mulheres* (1º episódio: 'Marido que volta deve avisar') (ator, dir.). 1977 – *O crime do Zé Bigorna* (dir.). 1978 – *Os trombadinhas*

(dir.). 1979 – *Embalos alucinantes* (*A troca de casais*) (ator). 1980-1982 – *Tensão no Rio* (ator). 1985 – *Brasa adormecida* (ator).

Galã número um da ATLÂNTIDA* e da VERA CRUZ* e diretor laureado com o primeiro prêmio internacional de prestígio do cinema brasileiro – a PALMA DE OURO de melhor filme por *O pagador de promessas*, em 1962 –, Anselmo Duarte, caçula de sete irmãos, criado sem pai (que fugira, abandonando a mãe à própria sorte), começou a trabalhar cedo: foi engraxate, lavou garrafas numa farmácia e foi ajudante de barbeiro. Aos 14 anos, mudou-se para a capital paulista, onde morou algum tempo com a irmã mais velha e arrumou um emprego de datilógrafo numa escola de contabilidade. Trabalhou depois na editora de música dos irmãos Vitale, tendo sido admitido no mesmo dia em que o compositor Zequinha de Abreu (a quem Anselmo interpretaria anos mais tarde no filme *Tico-tico no fubá*) se demitia. Após frequentar um curso de dança, foi trabalhar no Cassino São Vicente, no litoral paulista, onde conheceu a bailarina Lolita, uma morena de tipo mexicano, por quem se apaixonou. Os dois resolveram ir para o Rio de Janeiro, atraídos por um anúncio em que o diretor americano Orson Welles, que estava realizando 'It's All True', convocava pessoas de boa aparência, que possuíssem fantasias e soubessem dançar, para participar do filme. Foram contratados e começaram a trabalhar no Cassino da Urca. Essa foi portanto a primeira experiência de Anselmo no cinema. Segundo ele, não foi das mais agradáveis: Welles se apaixonou por Lolita e teria mandado sequestrá-lo, para persuadi-lo a deixá-la. Jorge Dória* o convida, em 1943, para ser figurante no filme *Inconfidência Mineira*, de Carmen Santos*. Beneficiado pela boa estatura (1,88 m), foi selecionado pelo assistente Watson Macedo* e pelo fotógrafo Edgar Brasil*, recebendo elogios de Carmen pela sua desenvoltura. A carreira no cinema não deslanchou dessa vez, mas Anselmo, após uma passagem pelo serviço militar, atuou na radionovela *Rocambole*, da RÁDIO GLOBO. Posteriormente, trabalhou na revista *Observador Econômico e Financeiro*, na qual permaneceu até o ingresso definitivo na carreira cinematográfica.

Isso se deu em 1946, quando foi convidado a integrar o elenco do filme *Querida Suzana*, dirigido pelo italiano Alberto Pieralisi*, primeiro filme produzido pelo exibidor Luiz Severiano Ribeiro Jr.*, no qual, além do próprio Anselmo, foram reveladas Tônia Carrero* e Nicete Bruno. Depois desse filme, foi convidado

pela diretora Gilda Abreu* para estrelar *Pinguinho de gente*. Anselmo lembra no livro *Adeus, cinema* como Gilda soube extrair dele um desempenho convincente numa cena em que deveria estar colérico, mas não conseguia. Simplesmente, ela lhe deu um tapa no rosto, obtendo assim a tão esperada expressão de raiva. Em 1947, convidado por Oswaldo Éboli, o Vadeco do Bando da Lua, participou da coprodução argentino-brasileira *Não me digas adeus*, dirigida por Luis Moglia Barth, com sequências filmadas em Petrópolis e em Buenos Aires. Na temporada argentina, Anselmo viveu a experiência de ídolo popular, chegando a ser convidado para uma audiência com o presidente Juan Domingo Perón e a primeira-dama Eva Duarte. De volta ao Rio, foi contratado para atuar na primeira grande produção da ATLÂNTIDA, *Terra violenta*, adaptação do romance *Terras do sem-fim*, de Jorge Amado*, com direção do americano Eddie Bernoudy. Anselmo firmou-se como o principal galã da ATLÂNTIDA, tornando-se alvo de intenso assédio de fãs. Recebeu o convite de Watson Macedo para participar de *Carnaval no fogo*, que seria o seu primeiro filme carnavalesco. No começo recusou, mas, ante a insistência de Macedo, impôs uma condição para aceitar: queria escrever o roteiro, no qual os números musicais e as situações cômicas integravam-se a um entrecho policial. Macedo ficou tão satisfeito com a colaboração de Anselmo que permitiu que ele dirigisse dois números musicais: *Pedalando*, interpretado por Adelaide Chiozzo*, com letra e música do próprio Anselmo, e o fox *Jealousy*, com Bené Nunes ao piano. A seguir, Anselmo foi o protagonista de quatro filmes: *A sombra da outra* e *Aviso aos navegantes*, ambos de Watson Macedo; *Caçula do barulho*, do italiano Riccardo Freda, e *Maior que o ódio*, de José Carlos Burle*. Este, que retrata a vida noturna do Rio de Janeiro, foi seu último trabalho na ATLÂNTIDA, com o qual ganhou dois prêmios de interpretação, o SACI, concedido pelo jornal *O Estado de S. Paulo*, e o ÍNDIO, instituído pelo *Jornal do Cinema*.

Devido ao sucesso de *Carnaval no fogo*, o produtor Luiz Severiano Ribeiro Jr. deu-lhe a oportunidade de dirigir o seu primeiro filme. Anselmo escreveu então o roteiro de *Amei um bicheiro*, baseado num argumento de Jorge Dória. Na ocasião, entretanto, recebeu uma proposta irrecusável da VERA CRUZ, que lhe oferecia um salário de 50 mil cruzeiros (ganhava 13 mil na ATLÂNTIDA). O filme acabou sendo realizado por Jorge Ileli* e Paulo Vanderlei*. Contratado exclusivo da VERA CRUZ, Anselmo fez quatro filmes em três anos. O primeiro foi *Tico-tico no fubá*, dirigido por Adolfo Celi*. Sua personificação do compositor Zequinha de Abreu valeu-lhe o segundo prêmio SACI de melhor ator. Representa um abolicionista em *Sinhá Moça*, dirigido por Tom Payne*. Seus dois últimos filmes na VERA CRUZ foram feitos simultaneamente: *Appassionata*, de Fernando de Barros*, filmado durante o dia, e *Veneno*, de Gianni Pons*, filmado à noite. Com a derrocada da VERA CRUZ em 1953, Anselmo voltou ao Rio de Janeiro, onde se associou ao diretor Watson Macedo numa produtora sediada nos estúdios da BRASIL VITA FILME*, de Carmen Santos. Dois filmes foram produzidos: *Carnaval em Marte* e *Sinfonia carioca*. Após mais dois filmes como ator no Rio de Janeiro – *O diamante*, de Eurides Ramos*, e *Depois eu conto*, de José Carlos Burle –, Anselmo retornou a São Paulo, a convite do diretor Tom Payne para ser o protagonista de *Arara vermelha*. Nos intervalos das filmagens, realizou praticamente sozinho um pequeno documentário sobre a produção do filme intitulado *Fazendo cinema* (1956). Foi sua estreia como diretor, atividade a que se dedicaria prioritariamente nos anos seguintes.

Estimulado por prêmio obtido com o documentário, Anselmo decidiu realizar seu primeiro longa-metragem. Escreveu um roteiro inspirado num argumento de Jorge Dória, que tinha por base o programa de TV *O Céu É o Limite*. Produzido por Osvaldo Massaini*, o filme *Absolutamente certo* foi um grande sucesso de público, sendo lançado em quarenta cinemas. Após atuar em *O cantor e o milionário*, de José Carlos Burle, Anselmo aproveitou os lucros obtidos com *Absolutamente certo* e passou uma temporada na Europa. Sua primeira parada foi em Portugal, onde, por indicação de Bibi Ferreira*, que lá residia na ocasião, foi contratado para o papel principal de *As pupilas do senhor reitor*, dirigido por Perdigão Queiroga. Terminado o filme português, foi para Paris, onde se matriculou no Institut des Hautes Études Cinématographiques (IDHEC). Em seguida, tentou realizar um filme, a partir de um roteiro de sua autoria, intitulado *O rapto*. Conseguiu atrair o interesse de dois produtores, o francês Raoul Lévy e o espanhol Manuel Goyanes, que aceitou participar da produção, mas exigiu que Anselmo atuasse no filme *Un rayo de luz*, realizado por Luis Lucia em estúdios de Madri. Sob o nome de 'Le rapt', chegou a ser iniciado, mas foi interrompido no

oitavo dia de produção, em virtude de mudanças na lei francesa de coprodução cinematográfica. Em 1960, Anselmo assistiu ao FESTIVAL DE CANNES. Conheceu o jornalista português Novais Teixeira, correspondente do jornal *O Estado de S. Paulo* em Paris, e, ao se despedir dele, lançou um desafio: voltaria no ano seguinte a CANNES como concorrente, e conquistaria a PALMA DE OURO. De volta ao Brasil, Anselmo começou a escrever o roteiro, que intitulou de *Messias, o mensageiro*. Inspirado na vida de Cristo, contaria a história de um carteiro do interior, Messias, filho de um carpinteiro, José, e de uma lavadeira, Maria. O roteiro avançava lentamente quando teve a oportunidade de assistir no Teatro Brasileiro de Comédia (TBC), por sugestão de Flávio Rangel e ao lado do produtor Osvaldo Massaini, à peça *O pagador de promessas*, de Dias Gomes. Percebeu que havia encontrado o argumento para o filme que pretendia realizar. Após comprar do autor os direitos para levar a peça ao cinema, fez uma série de modificações na história, o que gerou sérias divergências com o autor (Dias Gomes chegou a exigir que retirasse seu nome dos créditos do filme). A formação do elenco também foi conturbada: Massaini queria Mazzaropi* no papel de Zé do Burro, e Anselmo insistia em manter Leonardo Vilar*, que havia feito o personagem no teatro. As filmagens foram realizadas em Salvador. Selecionado para ser o representante brasileiro no FESTIVAL DE CANNES, o filme concorreu com *Os cafajestes*, de Ruy Guerra*. A competição em CANNES naquele ano foi uma das mais acirradas de todos os tempos, com competidores de peso como Federico Fellini, Vittorio de Sica, Luchino Visconti, Michelangelo Antonioni, Luís Buñuel, Michael Cacoyannis, Sidney Lumet, Agnès Varda, Robert Bresson. François Truffaut, que integrava o júri, foi um dos maiores entusiastas do filme, fazendo campanha para atribuir o prêmio ao filme brasileiro. Na noite de 21 de maio de 1962, o chefe do cerimonial do festival anunciou a vitória de *O pagador de promessas*. Ao retornar ao Brasil, Anselmo foi alvo de várias homenagens (embora reclamasse das críticas e ironias que lhe endereçaram alguns críticos) e foi recebido pelo governador do então estado da Guanabara, Carlos Lacerda. Em seguida, dirigiu *Vereda da salvação*, adaptação de peça de Jorge de Andrade. Vencendo toda a sorte de obstáculos, Anselmo conseguiu levar o filme ao FESTIVAL DE BERLIM, onde disputou o primeiro prêmio com *Alphaville*, de Jean-Luc Godard. *Vereda da*

salvação não teve boa bilheteria, obrigando Anselmo a se afastar do cinema por algum tempo. A convite do diretor Luís Sérgio Person*, interpretou o seu melhor papel no cinema: o policial sádico de *O caso dos irmãos Naves*. Dirigiu e roteirizou *Quelé do Pajeú*, que seria filmado por Lima Barreto*, mas este adoeceu antes do início das filmagens e foi afastado pelos produtores. Filmado na cidade natal de Anselmo, Salto, que reproduzia uma cidade do sertão nordestino, descreve uma longa caminhada do personagem principal, Quelé, interpretado por Tarcísio Meira*. Para substituir o *travelling*, difícil de armar num solo irregular e pedregoso, Anselmo utilizou uma superteleobjetiva de 250 mm, para dar a impressão de que o personagem não saía do lugar. Dirigiu *Um certo capitão Rodrigo*, uma adaptação do romance de Érico Veríssimo. Nos anos seguintes, sua carreira como ator e diretor prosseguiu com altos e baixos. Dirigiu *O descarte*, um melodrama policial estrelado por Glória Menezes* e Ronnie Von. Flertou com a pornochanchada*, ao dirigir os episódios 'Marido que volta deve avisar', de *Ninguém segura essas mulheres*, e 'Oh! Dúvida cruel', de *Já não se faz amor como antigamente*. Realizou o drama *O crime do Zé Bigorna*, baseado em caso especial de TV, escrito por Lauro César Muniz*. Dirigiu *Os trombadinhas*, estrelado por Pelé (também autor do argumento). Participou do filme *Tensão no Rio*, de Gustavo Dahl*, no qual interpretou o papel do presidente de Valdívia – republiqueta latino-americana – que sofre um atentado em sua visita ao Rio. Na década de 80 atua ainda no filme *Brasa adormecida*, dirigido por Djalma Limongi Batista*. (LAR) Em 1997 é convidado especial para a PALMA DE OURO em Cannes, França, no 50º aniversário do Festival, que reuniu diretores premiados. Prestou depoimentos para os documentários *Adolfo Celi – un uomo per due culture* (2006), de Leonardo Celi (filho de Adolfo), e *O homem que engarrafava nuvens* (2008), de Lírio Ferreira*. Faleceu em São Paulo, em 7 de novembro, aos 89 anos, devido a acidente vascular cerebral, o terceiro que o acometeu. Foi enterrado em Salto, sua cidade natal.

DUARTE, Aurora (Diva Matos Peres) – Duque de Caxias, RJ, 1935. Atriz, produtora.

FILMOGRAFIA: 1953 – *O canto do mar* (atriz). 1954 – *Os três garimpeiros* (atriz). 1955 – *Armas da vingança* (atriz). 1958 – *Fronteiras do inferno* (coprodução estrangeira) (atriz); *Crepúsculo de ódios* (atriz). 1960 – *A morte comanda o cangaço* (atriz, prod.). 1965 – *Riacho de sangue* (prod.). 1967-1968 – *Um homem e sua jaula* (prod.). 1968 – *Sou louca por você* (prod.). 1970 – *Uma nega chamada Teresa* (atriz). 1983 – *Elite devassa* (prod.).

Cria-se no Recife. Adolescente de seus 17 anos, faz teatro amador, quando desembarca na cidade a equipe de *O canto do mar* (direção de Alberto Cavalcanti*), que utiliza atores locais nas filmagens. É a oportunidade que bate à sua porta. Interpreta um dos papéis centrais do filme. Em seguida, muda-se para São Paulo. Com seu tipo característico de nordestina, de mulher forte, atua numa série de filmes rurais, dramas de ação ambientados no interior paulista: *Os três garimpeiros*, de Gianni Pons*; *Armas da vingança* e *Crepúsculo de ódios*, de Carlos Coimbra*; *Fronteiras do inferno*, de Walter Hugo Khouri*. Casa-se com o jornalista pernambucano Walter Guimarães Motta. Juntos, Aurora e Motta fundam a AURORA DUARTE PRODUÇÕES CINEMATOGRÁFICAS e, reunidos ao produtor Marcelo Miranda Torres, produzem o filme colorido *A morte comanda o cangaço* – em que ela atua com Alberto Ruschel* e Milton Ribeiro* –, um eficiente drama de cangaço filmado em Pernambuco, sob a direção de Carlos Coimbra, escrito por Motta. Mais adiante, a produtora Aurora (a partir dessa produção, não trabalha mais como atriz) e seu autor de roteiros, Walter Motta, unem-se para realizar um novo filme ambientado no Nordeste, protagonizado por Alberto Ruschel e Maurício do Valle*, o drama social *Riacho de sangue*, sob a direção de Fernando de Barros*. Reúne-se com o editor de livros Massao Ohno e com Fernando Cony Campos* para produzir *Um homem e sua jaula*, longa baseado no livro de Carlos Heitor Cony, sob a direção de Paulo Gil Soares*, que começa as filmagens, e Fernando Cony Campos, que as conclui. A produção seguinte do grupo, na tentativa de realizar um filme de maior apelo popular, é o musical *Sou louca por você*, com direção de Ruy Gomes. Depois de certo tempo afastada, retorna ao cinema como diretora dos curtas *Rimas para a liberdade*, *Território do poeta* (1979), *Chagas, Jesuítas e a arquitetura religiosa do século XVIII, Pennacchi, Porta para o mistério* (1980) e como produtora de curtas de Paulo César Saraceni* e de Maximo Barro*. Por meio de sua nova empresa, a LUCE FILMES, produz o drama de apelo erótico *Elite devassa*, com Selma Egrei*, Patrícia Scalvi* e o estreante Thales Pan Chacon, baseado na obra *Fogo*, de Adelaide Carraro, sob a direção de Luiz Castillini*. (LFM)

DUARTE, B. J. (Benedito Junqueira Duarte) – Franca, SP, 1910-1995. Crítico de cinema, diretor.

Além de crítico e realizador cinematográfico, B. J. Duarte foi também fotógrafo. Aprendeu o ofício em Paris, a partir dos 11 anos, com um tio português, José Ferreira Guimarães, radicado na França. Esse tio foi o descobridor da aplicação do magnésio, que permitia fotografar no escuro, motivo pelo qual fora condecorado pelo imperador Pedro II, tornando-se, talvez, o melhor fotógrafo retratista do Brasil na época. Guimarães ensinou-lhe o metiê, completado com estágio e posterior emprego na Casa Reutinger, onde se faziam fotos profissionais dos filmes. Após ter permanecido cerca de oito anos na França, voltou a São Paulo em 1929, dominando por completo sua profissão. Conseguiu emprego como fotógrafo no *Diário Nacional*, atividade que exercia ao mesmo tempo que retratava as grandes figuras da sociedade paulistana. Irmão do respeitado intelectual, jornalista e escritor Paulo Duarte (1889-1984), formou-se pela Faculdade de Direito do Largo de São Francisco, em São Paulo. Advogou apenas por três anos, e a partir de 1935 tornou-se o primeiro fotógrafo do Departamento de Cultura da Prefeitura de São Paulo (Serviço de Iconografia), criado nesse mesmo ano por seu irmão e pelo prefeito Fábio Prado, e comandado pelo escritor Mário de Andrade. No próprio Departamento de Cultura, ainda nos anos 30, B. J. Duarte iniciou sua atividade de realizador cinematográfico como documentarista e produtor, tendo elaborado mais de quinhentos filmes informativos, educativos, didáticos, científicos e de divulgação promocional, obtendo mais de cinquenta prêmios internacionais e quinze nacionais. Realizou filmes científicos com os professores doutores Edmundo Vasconcelos, Carlos Caldas Cortese, João de Lorenzo, Daher Cutait, Eurico Bastos, Artur Domingues Pinto, Eurícledes de Jesus Zerbini, entre outros, num total aproximado de 150 películas. Filmou com o professor Edmundo Vasconcelos um *Curso de cirurgia pelo cinema*, além de dezenas de produções para os seguintes laboratórios: Johnson & Johnson, Roche, Rhodia do Brasil, Le Petit, Carlo Erba do Brasil, Torres e Farmacêutico Internacional. Constam também de sua filmografia diversas realizações independentes, produções para o Instituto Nacional do Cinema Educativo (INCE*) e 25 fitas promocionais. Foi premiado por várias de suas películas, das quais merecem destaque *Coração-pulmão artificial em cirurgia experimental, Campanha contra a sonegação de impostos, A metrópole de Anchieta, Parques infantis da cidade de São Paulo, Sinal de alarme, O jockey, Esofagectomia transmediastinal anterior, Cirurgia cardíaca sob visão direta com circulação extracorpórea*, etc. E, entre os prêmios com que foi agraciado, sobressaem-se os recebidos em concursos e festivais internacionais: VENEZA-PÁDUA (3 vezes), ROMA (8), SALERNO (5), TURIM (3), PAUIA (3), BOLONHA (1), LA SPEZZIA (1), NANTES (1), MOGADISCIO (1), LONDRES (2), BRISBANE (1). No Brasil recebeu dois prêmios SACI (do jornal *O Estado de S. Paulo*), quatro prêmios MANUEL DE ABREU, três prêmios GOVERNADOR DO ESTADO, além de um prêmio MUNICIPALIDADE DE SÃO PAULO. A maior glória vivida por B. J. Duarte ocorreu em maio de 1968, mais exatamente na madrugada do dia 26, quando, juntamente com Estanislau Szankóvski e cerca de quarenta médicos e cirurgiões das equipes dos professores Zerbini e Décourt, realizou a reportagem científica do primeiro transplante cardíaco humano que se praticou na América do Sul e o décimo sétimo no mundo, tendo como destaque uma nova técnica descoberta pelo professor Zerbini: "o transplante cardíaco sob normotermia, ou seja, em temperatura normal do coração doador, ao contrário [...] do realizado pelo doutor Barnard, sob hipotermia, isto é, em temperatura baixa".

Exerceu a crítica cinematográfica por um período relativamente longo. Inicialmente em *O Estado de S. Paulo*, entre 1946 e 1950, e na *Folha da Manhã*, na *Folha da Tarde* e na *Folha da Noite*, entre 1956 e 1965. Foi o coordenador e o principal crítico da seção de cinema da revista de cultura *Anhembi*, entre 1950 e 1962. Participou do CLUBE DE CINEMA DE SÃO PAULO, que posteriormente se transformou na CINEMATECA BRASILEIRA, do FOTO CINECLUBE BANDEIRANTE, além de integrar várias comissões municipais e estaduais de cinema e júris de festivais e prêmios de cinema. B. J. Duarte foi um crítico de cinema que atuou na contramão do campo cinematográfico local, opondo-se à realização dos congressos de cinema* e a boa parte da legislação protecionista, atacando a produção que se fazia no Brasil de sua época (basicamente as chanchadas* e o Cinema Novo*), defendendo Alberto Cavalcanti* de maneira acrítica, promovendo o cinema de "boa qualidade" – com a importação de técnicos e diretores estrangeiros. Definia ainda como o cineasta ideal aquele que fosse capaz de conferir ao cinema nacional um padrão universal, respeitado em todo o mundo e em condições de realizar a obra cultural e educativa ainda não realizada. Em outras palavras, "a de elevar o povo ao cinema" – ao contrário, portanto, do que se fizera até então e do que havia sido possível, isto é, "baixar o cinema ao povo". Em 2007, uma exposição fotográfica acompanha o lançamento do livro *B. J. Duarte: caçador de imagens* (Cosac Naify), com amplo material de sua carreira de fotógrafo. Faleceu no dia 8 de julho em São Paulo. (AMC)

DUARTE, Fernando – Rio de Janeiro, RJ, 1937. Fotógrafo.

FILMOGRAFIA: 1963-1964 – *Ganga Zumba, rei dos Palmares*. 1965 – *A grande cidade*. 1968 – *Desesperato*; *A vida provisória*. 1969-1970 – *Tostão, a fera de ouro*. 1975-1976 – *Esse Rio muito louco* (1º episódio: 'Fátima Todo Amor'). 1976 – *Soledade*; *Os doces bárbaros*. 1977 – *Barra-pesada*; *Samba da criação do mundo*. 1978 – *Na boca do mundo*. 1978-1980 – *Certas palavras com Chico Buarque*. 1980 – *Flamengo paixão*. 1981 – *Luz del Fuego*. 1981-1984 – *Cabra marcado para morrer*. 1985-1986 – *A dança dos bonecos*. 1987 – *Terra para Rose*. 1993 – *Conterrâneos velhos de guerra*; *A terceira margem do rio*. 2003 – *Glauber o filme*; *Labirinto do Brasil*. 2006 – *O amigo invisível*.

Fernando Duarte é, ao lado de Mário Carneiro*, um dos fotógrafos que ajudaram a criar o tom e o estilo de fotografia que definiram o perfil do Cinema Novo*: pouca ou quase nenhuma iluminação artificial, nada de luz filtrada ou difusa, refletores sempre frontais para gerar claros e escuros bem pronunciados e generosas aberturas de diafragma. Outra característica que deve ser ressaltada é o fato de que sempre procurou fazer uma fotografia próxima do roteiro e da direção. A busca de uma fotografia ou de uma luz brasileira constitui a nota dominante de sua carreira, iniciada de forma casual em 1961. Fotógrafo por conta própria, trabalhava no jornal *Metropolitano* quando foi convidado para fazer a câmera e a assistência de câmera em três episódios de *Cinco vezes favela*: 'Pedreira de São Diogo', de Leon Hirszman*, 'Escola de samba, alegria de viver', de Carlos Diegues*, e 'Um favelado', de Marcos Farias*. O fotógrafo desses episódios foi Ozen Sermet*. No início da década de 60, um grupo de estudantes da PUC carioca reuniu-se para editar o jornal acadêmico *O Metropolitano* e dedicar-se a outros pro-

jetos, como a atividade cineclubista. Esse grupo congregava, entre outros, Carlos Diegues, David Neves*, Paulo Alberto Monteiro de Barros (Arthur da Távola), Paulo Perdigão e Fernando Duarte. Uma parte desse pessoal dedicou-se à realização de filmes como participante do movimento Cinema Novo, trocando as salas escuras do cineclube MACUNAÍMA e do MAM pelas locações das filmagens. Era então assistente de câmera nos primeiros filmes do movimento cinemanovista, quando fez seu aprendizado com fotógrafos do porte de Toni Rabatoni*. Ainda na fase do preto e branco, iniciou-se na fotografia junto com o diretor estreante Carlos Diegues, de quem foi parceiro em *Ganga Zumba, rei dos Palmares* e *A grande cidade*. Na função de fotógrafo, colaborou com vários outros estreantes. Trabalhou no experimental *Desesperato*, de Sérgio Wladimir Bernardes Filho. Foi um dos fotógrafos do documentário *Tostão, a fera de ouro*, de Ricardo Gomes Leite e Paulo Laender. Em 1964 fez a fotografia da primeira fase de *Cabra marcado para morrer*, dirigido por Eduardo Coutinho*, cuja realização foi abortada. Foi o diretor de fotografia de *Vida provisória*, de Maurício Gomes Leite*, filmado em Brasília e estrelado por Paulo José* e Dina Sfat*. Nessa ocasião conheceu Cecília Pais de Carvalho, que era recepcionista da equipe do filme. Fernando e Cecília se casaram em 19 de abril de 1968, após cinco dias do primeiro encontro, numa badalada cerimônia *hippie*. Dina Sfat e Paulo José foram os padrinhos. Fernando decidiu então deixar uma situação estável no Rio de Janeiro em troca de uma experiência como professor de cinema na Universidade de Brasília, onde trabalhou em companhia de Vladimir Carvalho*. Durante o seu período na capital federal fotografou apenas um longa-metragem, o documentário *Tostão, a fera de ouro*. Em 1975 voltou para o Rio, após cinco anos em Brasília, retomando a função de fotógrafo nos documentários musicais *Os doces bárbaros*, de Jom Tob Azulay, *Samba da criação do mundo*, de Vera Figueiredo, e *Certas palavras com Chico Buarque*, de Mauricio Beru. No terreno da ficção trabalhou em dois dramas, *Soledade*, de Paulo Thiago*, e *Barra-pesada*, de Reginaldo Faria*. Nessa época, lecionou no curso livre de cinema, no parque Lage. Na única experiência de direção cinematográfica do ator Antonio Pitanga*, *Na boca do mundo*, colabora com outro estreante. Em parceria com seu colega de geração David Neves filmou o documentário *Flamengo paixão* e a biografia *Luz del Fuego*. Novamente em Minas

Gerais, local onde trabalhara no final dos anos 60, com os irmãos Gomes Leite, foi o fotógrafo do filme infantil* *A dança dos bonecos*, de Helvécio Ratton*. Registrou, com sua câmera, o documentário *Terra para Rose*, de Tetê Moraes*. O trabalho posterior de Fernando Duarte, mesmo em filmes de ficção, evidenciou sempre a sua estreita ligação com o documentário, como se pode constatar em *Barra-pesada* e *Na boca do mundo*. Na década de 90 participou de produções como *A terceira margem do rio*, de Nelson Pereira dos Santos*, e *Conterrâneos velhos de guerra*, de Vladimir Carvalho. Em 2007, foi um do iluminadores enfocados no documentário *Iluminados*, primeiro longa-metragem de Cristina Leal. (LFM/LAR)

DUARTE, Lima (Aryclenes Venâncio Martins) – Desemboque, MG, 1930. Ator.

FILMOGRAFIA: 1949 – *Quase no céu*. 1955 – *O sobrado*. 1957 – *Paixão de gaúcho*; *O grande momento*. 1957-1958 – *Chão bruto*. 1963 – *Rei Pelé*. 1968 – *Trilogia do terror* (2º episódio: 'Procissão dos mortos'). 1974 – *Guerra conjugal*. 1976 – *A queda*; *Contos eróticos* (3º episódio: 'O arremate'); *O jogo da vida*. 1977 – *Os sete gatinhos*; *O crime do Zé Bigorna*. 1978-1983 – *Sargento Getúlio*. 1979 – *O menino arco-íris* (*A infância de Jesus Cristo*); *Kilas, o mau da fita* (produção estrangeira). 1987-1989 – *Lua cheia*. 1988-1989 – *Corpo em delito*. 1996-1997 – *A ostra e o vento*. 1997 – *Boleiros, era uma vez o futebol...* 1998 – *Rio de ouro* (produção estrangeira). 1999 – *O auto da compadecida*. 2000 – *Eu tu eles*; *Palavra e utopia* (produção estrangeira). 2004 – *O preço da paz*. 2005 – *2 filhos de Francisco*; *Espelho mágico* (coprodução estrangeira); *Depois daquele baile*. 2006 – *Boleiros 2 – vencedores e vencidos*; *A ilha do Terrível Rapaterra*. 2009 – *Topografia de um desnudo*.

Em meados dos anos 40, muda-se para São Paulo e começa a trabalhar no rádio como técnico de som, e depois como radioator em novelas, sempre na emissora TUPI. Em 1949 assiste à inauguração da televisão, veículo no qual se destaca como ator e diretor em mais de quarenta anos de carreira. É pioneiro na TV TUPI, onde trabalha durante 26 anos, participando, entre outros trabalhos, do *Grande Teatro Tupi* e do *TV de Vanguarda*. É o diretor da revolucionária telenovela *Beto Rockfeller* (1968), de autoria de Bráulio Pedroso. Na TV GLOBO destaca-se desde os anos 70 como ator em várias novelas, como *O Bem-amado* (1973), de Dias Gomes, e *Pecado capital* (1975), de Janete Clair. Na década de 60 atua no Teatro Arena, durante dez anos, em *Os fuzis da senhora Carrar*, de Bertolt Brecht, sob a direção de José Renato; em *Revolução da América do Sul*, de Augusto Boal; e em *Tartufo*, de Molière. No teatro de linha mais comercial alcança grande sucesso com a peça *Bonifácio Bilhões* (1976), de autoria e com direção de João Bethencourt. No cinema estreia com pequena participação no filme *Quase no céu*, de Oduvaldo Viana*. Nos estúdios da VERA CRUZ* é coadjuvante em dois filmes de Walter George Dürst*, *O sobrado* e *Paixão de gaúcho*. No interior paulista filma *Chão bruto*, de Dionísio Azevedo*. Tem participação discreta em *Rei Pelé*, de Carlos Hugo Christensen*, além de fazer a narração do filme. Na década de 70 conquista seus melhores papéis na tela grande, quando se destaca como o advogado, conquistador e malandro de *Guerra conjugal*, de Joaquim Pedro de Andrade*. Representa o papel do contínuo e chefe de família em *Os sete gatinhos*, de Neville d'Almeida*. Cria um desempenho denso na pele do sargento Getúlio, no filme homônimo, sob a direção de Hermano Penna*. Nos anos 80, representando o personagem brechtiano da comédia *Lua cheia*, de Alain Fresnot*, tem um bom duelo de interpretação com Otávio Augusto*. Vive outro denso personagem, o do médico que serve a uma ditadura, em *Corpo em delito*, de Nuno César Abreu*, filme baseado em fatos reais. Em meados da década de 90, volta a atuar em dois filmes: o pai rigoroso em *A ostra e o vento*, de Walter Lima Jr.*, e o treinador linha-dura em *Boleiros, era uma vez o futebol...*, de Ugo Giorgetti*. No cinema interpreta tanto papéis de homens sérios e duros como personagens cômicos. Foi um dos maridos na comédia *Eu tu eles*, de Andrucha Waddington*. Trabalha com o prestigiado diretor português Manoel de Oliveira em *Palavra e utopia*, voltando a filmar com ele em *Espelho mágico*. Criou personagem de homem maduro que curte a vida em Belo Horizonte, no sensível drama romântico *Depois daquele baile*, primeiro longa-metragem como diretor do ator Roberto Bomtempo*. Interpretou um rígido técnico de futebol em rápida participação em *Boleiros 2 – vencedores e vencidos*, de Ugo Giorgetti. No infantil *A Ilha do Terrível Rapaterra*, da diretora estreante Ariane Porto, viveu o malvado Rapaterra. Prestou depoimento para o filme *Person* (2007), documentário de Marina Person. (LFM)

DUARTE, Regina (Regina Blois Duarte) – Franca, SP, 1947. Atriz.

FILMOGRAFIA: 1968 – *Lance maior*. 1969 – *A Compadecida*. 1976 – *Chão bruto*. 1977 – *Daniel, o capanga de Deus*; *Parada 88, limite de alerta*. 1980 – *O homem do pau-brasil*. 1981 – *El hombre del subsuelo* (produção estrangeira). 1983 – *O cangaceiro trapalhão*. 1984 – *Além da paixão*. 2000 – *Um anjo trapalhão*.

Atriz-referência da televisão brasileira, é conhecida como "a namoradinha do Brasil" por interpretar personagens doces e ingênuas. Filha de um tenente reformado do Exército, Jesus Duarte, e de Dulce Duarte, Regina é a mais velha de cinco irmãos. Com três meses de idade, seus pais se mudaram para a cidadezinha de São Joaquim da Barra, no interior de São Paulo. Em seguida, fixaram residência em Campinas, onde se deu toda a sua formação. A carreira artística começou no teatro amador. Em 1961, aos 14 anos, Regina fez seu primeiro personagem, um palhacinho. Decidida a se profissionalizar como atriz, mudou-se para São Paulo para prosseguir a carreira. Regina foi logo convidada para trabalhar na televisão: em 1965, interpretou a personagem Malu na novela *A deusa vencida*, de Ivani Ribeiro, na TV EXCELSIOR de São Paulo. Em seguida, teve duas experiências no teatro: atuou em *A megera domada*, de Shakespeare, em 1966, e em *Black Out*, de Frederick Knott, em 1968. Nesse ano, ingressou na Escola de Comunicações e Artes (ECA) da Universidade de São Paulo, mas não chegou a completar o curso, já que teve de se mudar para o Rio de Janeiro devido a um convite para trabalhar na TV GLOBO. Sua primeira novela na emissora foi *Véu de noiva*, de 1969. Após várias novelas de sucesso, Regina estourou na primeira versão de *Selva de pedra*, de Janete Clair, gravada em 1972. Tentando fugir do estereótipo de "namoradinha do Brasil", Regina passou a interpretar mulheres fortes, independentes e liberadas, como nas séries *Malu Mulher* e *Joana*, esta produzida por ela mesma. Mostrou sua versatilidade e capacidade dramática em *Roque Santeiro*, de Dias Gomes*, novela em que interpretou com grande carisma a viúva Porcina. Regina Duarte estreou no cinema em *Lance maior*, de Sylvio Back*. Participou de *A Compadecida*, de George Jonas. Nos dois filmes desempenhou papéis de destaque, embora seu envolvimento com a produção tenha sido ocasional. Entusiasmando-se pelo cinema, Regina resolveu, em 1976, tomar parte em três produções, uma após a outra. A primeira foi *Chão bruto*, dirigida por Dionísio Azevedo*. Em seguida, participou de *Daniel, o capanga de Deus*, de João Baptista

Reimão, e *Parada 88, limite de alerta*, de José de Anchieta. Ao receber o convite para trabalhar em *Chão bruto*, Regina optou por ler o romance de Hernani Donato antes de aceitar o papel. No filme, Regina interpreta Sinhana, uma mulher do campo que luta pela posse da terra que ocupa. Em *Daniel, o capanga de Deus*, longa-metragem de estreia do paulista João Baptista Reimão, que até então era diretor de comerciais, Regina interpreta dois papéis: o de Sandra, uma prostituta de personalidade, e o de Beatriz, uma mulher tipicamente burguesa. As duas mulheres se envolvem com um executivo bem-sucedido (Arduino Colassanti*) que entra em crise e resolve abandonar a vida proposta pela sociedade de consumo, indo em busca de um cotidiano mais autêntico junto da natureza. A participação nesse filme trouxe sérios constrangimentos para Regina, como a publicação de fotos de cena sem seu consentimento, quebrando assim uma das cláusulas do contrato que assinara com a produtora do filme. Indignada, entra com uma ação de perdas e danos contra o produtor, alegando que as fotos sugeriam que ela aparecia totalmente nua no filme. Após um lapso de alguns anos, Regina voltou a trabalhar no cinema, fazendo uma participação em *O homem do pau-brasil*, de Joaquim Pedro de Andrade*. Em 1981 foi convidada a atuar em um filme na Argentina, *El hombre del subsuelo*, dirigido por Nicolás Sarquís. A indicação para o papel partiu de Dina Sfat*, que havia recebido o convite, mas não pôde aceitá-lo devido a compromissos, indicando-a para o seu lugar. Baseada em uma novela de Dostoiévski, a história de *El hombre del subsuelo* foi adaptada para a década de 30. Regina desempenhou o papel de Luiza, uma atriz brasileira que passa férias em Buenos Aires, onde encontra Diego Carmona, personagem interpretado pelo argentino Alberto de Mendoza. Premiado em vários festivais, o filme nunca foi lançado comercialmente no Brasil. Após uma participação em *O cangaceiro trapalhão*, de Daniel Filho*, Regina teve a sua efetiva prova de fogo no cinema ao aceitar o papel principal do filme *Além da paixão*, de Bruno Barreto*. No filme, ela viveu Fernanda, uma dona de casa paulista de classe média alta moralmente reprimida que se envolve com um jovem marginal, interpretado por Paulo Castelli. O roteiro previa várias cenas de nudez. Após longas conversas com o diretor, ela aceitou filmá-las. Entretanto, fez apenas uma curta cena de nudez, que dura quinze segundos. Regina casou-se com o campinense Marcos Flávio Mayer Franco – com quem teve os filhos André e a também atriz Gabriela Duarte –, com o ator, produtor e diretor Daniel Filho*, com o produtor de cinema argentino Daniel Gomes, pai de seu filho caçula, João, e com o diretor Déo Rangel, que conheceu durante as filmagens de O cangaceiro trapalhão. (LAR)

DUMONT, Denise (Denise Bittencourt Teixeira) – Rio de Janeiro, RJ, 1955. Atriz.

FILMOGRAFIA: 1979 – Terror e êxtase. 1981 – Eros, o deus do amor; Filhos e amantes. 1982 – Rio Babilônia; Os vagabundos trapalhões; Bar Esperança, o último que fecha. 1984 – O beijo da mulher-aranha (coprodução estrangeira). 1984-1985 – Amenic. 1987 – Jorge, um brasileiro; A era do rádio (produção estrangeira); The Allnighter (produção estrangeira). 1988 – Heart of Midnight (produção estrangeira). 1989 – Minas-Texas; Heart of Midnight (produção estrangeira).

Filha do compositor Humberto Teixeira e da atriz Margot Bittencourt, fez ainda na adolescência o curso de teatro amador da Faculdade Bennet. Passou ao Tablado, conseguindo uma ponta na novela O semideus. Depois cursou arte dramática na New York University e no Actor's Studio, estudando com Stella Adler. Estreou profissionalmente na peça infantil Os cigarras e os formigas. Tornou-se estrela ao protagonizar a novela Marina e o filme Terror e êxtase, de Antônio Calmon*, no qual interpreta a cocota Leninha, personagem que lhe trouxe prêmios e o status de sex symbol. Desenvolveu rápida carreira cinematográfica, trabalhando sempre em papéis de destaque com os diretores Walter Hugo Khouri* (Eros), Francisco Ramalho Jr.* (Filhos e amantes), Neville d'Almeida* (Rio Babilônia) e de mocinha no filme Os vagabundos trapalhões, de J. B. Tanko*. Integra também o elenco da minissérie Quem ama não mata. Transferiu-se em 1984 para os Estados Unidos. Sua participação em O beijo da mulher-aranha, de Hector Babenco*, atraiu a atenção do diretor americano Woody Allen, que a convidou para um pequeno papel em A era do rádio. Apareceu ainda em um episódio da série The Equalizer e em duas pequenas produções independentes. Casou-se com o ator Cláudio Marzo*, o roteirista Euclydes Marinho e o diretor inglês Matthew Chapman. (HH) Mudando de função, foi produtora de um interessante documentário de longa metragem, O homem que engarrafava nuvens (2008), enfocando a figura de seu pai, o compositor Humberto Teixeira. Nesse filme, dirigido pelo pernambucano Lírio Ferreira*, aparece dando depoimento sobre o difícil temperamento do pai e sua oposição inicial à carreira da artista.

DUMONT, José – Bananeiras, PB, 1950. Ator.

FILMOGRAFIA: 1976 – Morte e vida severina. 1977 – Lúcio Flávio, o passageiro da agonia; Coronel Delmiro Gouveia; Se Segura, Malandro!. 1978 – Tudo bem; Amor bandido; J. S. Brown, o último herói; A volta do filho pródigo. 1979 – República dos assassinos; Gaijin, caminhos da liberdade; O homem que virou suco. 1980 – Até a última gota. 1981-1982 – Noites paraguayas. 1982 – Parahyba Mulher Macho. 1982-1984 – O baiano fantasma. 1983 – O cangaceiro trapalhão; Memórias do cárcere. 1984 – Os Trapalhões e o Mágico de Oroz. 1985 – Avaeté, semente da violência; A hora da estrela; Tigipió, uma questão de amor. 1986 – Vento sul. 1987 – Os Trapalhões no Auto da Compadecida. 1989 – Minas-Texas. 1990 – Brincando nos campos do Senhor (produção estrangeira). 1996 – Policarpo Quaresma, herói do Brasil. 1997-1998 – Kenoma. 1998 – Milagre em Juazeiro. 2001 – Abril despedaçado. 2002 – Narradores de Javé.

Filho de lavrador pobre, saiu de sua cidade natal ainda na infância para ir morar em João Pessoa. Devido à sua origem, popular e humilde, foi pouco ao cinema quando criança. Teatro só viu pela primeira vez quando já morava em São Paulo, e aprendeu a ler por meio da literatura de cordel. Tentou estudar, mas, por falta de condições financeiras, desistiu. Ingressou no Exército, onde chegou ao posto de cabo, e, após dar baixa, fez curso para embarcadiço da Marinha Mercante. Sem dinheiro e tendo de esperar alguns meses para conseguir embarcar no porto de Santos, José Dumont desistiu da Marinha Mercante indo trabalhar, no início dos anos 70, em São Paulo, numa fábrica e depois nos Correios. Por volta de 1976, conheceu pessoas envolvidas com teatro que o estimularam a estudar. Foi, entretanto, reprovado para os cursos e peças a que se candidatou. Apesar dessas dificuldades iniciais, José Dumont conseguiu alguns pequenos papéis em peças teatrais e ficou conhecido pelo público ao trabalhar no Caso Especial da REDE GLOBO intitulado O sonho, escrito por Gianfrancesco Guarnieri* e dirigido por Fernando Peixoto. O sonho tratava da vida dos migrantes nordestinos em São Paulo; a partir daí, José Dumont ficou marcado por esse tipo de papel. Sua educação, de cunho bastante repressor, começou a mudar nessa época através do contato com o meio artístico. Convidado por Zelito Viana* para integrar o elenco da adaptação cinematográfica Morte e vida severina, baseada na peça de João Cabral de Melo Neto, José Dumont vai morar no Rio de Janeiro. Após esse filme, fez papéis secundários em Lúcio Flávio, o passageiro da agonia, dirigido por Hector Babenco*, Coronel Delmiro Gouveia, dirigido por Geraldo Sarno*, e Tudo bem, dirigido por Arnaldo Jabor*. Participou de episódios isolados das séries televisivas Malu Mulher, Plantão de Polícia e Carga Pesada, todas produzidas pela REDE GLOBO, além do especial Morte e vida severina, outra adaptação da obra de João Cabral de Melo Neto, também realizado por essa emissora. Em 1980, José Dumont fez parte do elenco de Fábrica de chocolate, peça escrita por Mário Prata. A sua carreira, porém, concentra-se no cinema, desde a curiosa participação em Até a última gota, documentário de Sérgio Rezende* no qual aparece apenas em fotografias como um doador de sangue, passando pela interpretação em Gaijin, caminhos da liberdade, dirigido por Tizuka Yamasaki*, que lhe valeu o KIKITO de melhor ator coadjuvante no VIII FESTIVAL DE GRAMADO (1980), até sua marcante atuação no papel principal de O homem que virou suco, dirigido por João Batista de Andrade*, pelo qual foi premiado como melhor ator no IX FESTIVAL DE GRAMADO (1981) e no XIII FESTIVAL DE BRASÍLIA (1980). Interpretando nesse filme o operário que mata o patrão quando vai receber um prêmio e também o repentista, sósia desse operário, que passa a ser perseguido pela polícia devido à semelhança física, José Dumont interpreta com êxito a brutal opressão a que estão sujeitos os migrantes pobres nas grandes cidades brasileiras, opressão esta não somente policial, mas econômica e cultural. Após O homem que virou suco trabalhou em O baiano fantasma, de Denoy de Oliveira*, no qual também interpreta um migrante nordestino procurado pela polícia e que lhe valeu outro KIKITO de melhor ator no XII FESTIVAL DE GRAMADO (1984), em Avaeté, de Zelito Viana, e em Tigipió, de Pedro Jorge de Castro. Por esses três filmes, José Dumont foi premiado como melhor ator no VII FESTIVAL DE HAVANA (1985), o que significou o reconhecimento internacional no mais importante encontro cinematográfico da América Latina. Sua atuação em A hora da estrela, de Suzana Amaral*, mesmo como coadjuvante de Marcélia Cartaxo*, também merece destaque, pois aqui surge o nordestino pobre oprimido mas também opressor da mulher, personagem cuja caracterização está isenta de clichês. Na segunda metade dos anos 80, paralelamente à crise que começa a atingir profundamente o cinema brasileiro, José Dumont declara-se cansado de interpretar sempre o mesmo tipo, pois produtores e diretores chamavam-no apenas para fazer o migrante nordestino. Atuou, a partir daí, em poucos filmes, como é o caso de *Minas-Texas*, de Carlos Alberto Prates Correia*, que não chegou a ser lançado comercialmente. O trabalho na televisão torna-se mais constante, tendo participado das novelas *Carmem*, *Tocaia grande* e *Mandacaru*, todas da REDE MANCHETE, bem como *Terra nostra* e *América*, da REDE GLOBO. Com o reaquecimento da produção na segunda metade dos anos 1990, José Dumont voltou ao cinema, interpretando um dos papéis principais de *Kenoma*, longa-metragem de estreia de Eliane Caffé*, além de atuar como coadjuvante em *Policarpo Quaresma, herói do Brasil*, de Paulo Thiago*, e em *Milagre em Juazeiro*, de Welney Oliveira (AA). Nos últimos anos, destacam-se os seus trabalhos como o pai de *Abril despedaçado*, de Walter Salles*, e como Antônio Biá em *Narradores de Javé*, de Eliane Caffé, além do Zé Elétrico de *Árido movie*, de Lírio Ferreira*, e do Sergipano de *Cidade baixa*, de Sérgio Machado*. Pelo filme *Narradores de Javé* recebeu os prêmios de melhor ator no FESTIVAL DO RIO e no VII CINE PE – FESTIVAL AUDIOVISUAL DO RECIFE, ambos em 2003.

DURÁN, Jorge (Jorge Fernando Durán Parra) – Santiago, Chile, 1942. Roteirista, diretor.

FILMOGRAFIA: 1972 – *Ya no basta con rezar* (produção estrangeira) (rot.). 1977 – *Lúcio Flávio, o passageiro da agonia* (rot.). 1978 – *O escolhido de Iemanjá* (rot., dir.). 1979 – *Gaijin, caminhos da liberdade* (rot.). 1980 – *Pixote, a lei do mais fraco* (rot.). 1981 – *O sonho não acabou* (rot.). 1984 – *Nunca fomos tão felizes* (rot.); *O rei do Rio* (rot.); *O beijo da mulher-aranha*. 1985 – *Urubus e papagaios* (rot.). 1986 – *A cor do seu destino* (rot., dir.). 1988-1989 – *Doida demais* (rot.). 1991 – *A maldição do Sanpaku* (rot.). 1994 – *Mi último hombre* (produção estrangeira) (rot.). 1995-1996 – *Quem matou Pixote?* (rot.); *Como nascem os anjos* (rot.); *Fica comigo* (rot.). 1999 – *Loft Story* (rot.) (produção estrangeira). 2002 – *Uma onda no ar* (rot.). 2005 – *Achados e perdidos* (rot.); *Jogo subterrâneo* (rot.); *Mi mejor enemigo* (produção estrangeira) (rot.); *Proibido*

proibir (rot., dir.). 2009 – *Olhos azuis* (rot.). 2009-2010 – *Não se pode viver sem amor* (rot., dir.).

Filho de Renato Durán Orriols, pequeno industrial, e de Ana Parra Hormazábal, ao terminar o ensino secundário exerceu diversas atividades – comércio, publicidade, vigia noturno, caixeiro de venda de bilhetes para corridas de cavalo –, começando a estudar teatro em 1963 na Academia Municipal de Teatro. Nos dois anos que lá permaneceu participou de diversas montagens, apresentações públicas e festivais. Frequentou, também, o Curso de Cantos e Danças Folclóricas Chilenas, dirigido por Victor Jara, tornando-se professor de expressão corporal e danças do mesmo curso um ano depois. Em 1965 ingressou na Faculdade de Artes Cênicas da Universidade do Chile, formando-se ator, após ter participado de inúmeras peças no Teatro da Universidade do Chile. Foi contratado pelo Teatro de Concepción, na cidade do mesmo nome que fica no sul do Chile, integrando diversas montagens, de Tchekhov a Goldoni. Em 1968 fundou com o irmão Eduardo Durán e outros dois colegas a Companhia de Teatro Vértice, em Santiago, com a qual excursionou pelo Peru, Equador, Panamá, Costa Rica e Guatemala. Na capital guatemalteca dirigiu a peça *O fazedor de chuva*, em colaboração com a Companhia Nacional de Teatro. Em 1969 passou um ano na Europa, quando foi convidado a fazer o seu primeiro trabalho no cinema: a cenografia e assistência de direção do filme *Voto + fuzil* (1970), do chileno Helvio Soto. Como assistente de direção no Chile, trabalhou ainda em vários outros filmes, entre os quais *Estado de sítio*, de Costa Gravas, e *Queridos compañeros*, de Pablo de la Barra, com produção da PRODUTORA PROA, da qual era sócio. Entre 1970 e 1973, trabalhou também na TELEVISÃO NACIONAL DO CHILE, como produtor das séries *Teledramas*, *Programas de Jazz*, entre outras. Militante do Partido Socialista, foi detido por motivos políticos no golpe militar de setembro de 1973, e decidiu deixar o Chile após a sua libertação, viajando em dezembro daquele mesmo ano para o Rio de Janeiro, onde se estabeleceu. Um ano depois, retomou as atividades no cinema, assumindo a assistência de direção em *Nem os bruxos escapam* (1974), de Valdi Ercolani*, *O rei da noite* (1975), de Hector Babenco*, *Dona Flor e seus dois maridos* (1976), de Bruno Barreto*, e *Lúcio Flávio, o passageiro da agonia*, de Hector Babenco, para o qual escreveu também seu primeiro roteiro no Brasil. Como diretor assistente, trabalhou

em *A queda* (1976), de Ruy Guerra*, e em *Quilombo* (1983), de Carlos Diegues*. Foi ainda produtor executivo e associado de *Memórias do medo*, de Alberto Graça, e diretor de produção de *A difícil viagem* (1983), de Geraldo Moraes. Dirigiu seu primeiro longa, *O escolhido de Iemanjá*. Durán escreveu, dirigiu e produziu outro longa-metragem, *A cor do seu destino*, que expressa a rica vivência latino-americana do diretor e também a sua indignação pelos acontecimentos políticos no Chile. O filme conta a história de um grupo de adolescentes, entre os quais o filho de um exilado político chileno, que resolve acertar suas contas com os representantes oficiais daquele país no Brasil. Bem-humorado, sensível, ágil, *A cor do seu destino* lançou alguns jovens atores como Guilherme Fontes (o protagonista), Marcos Palmeira e Andréa Beltrão*. Ganhou diversos prêmios, entre os quais os de melhor filme, diretor, roteiro, ator e atriz coadjuvantes no FESTIVAL DE BRASÍLIA de 1986, MARGARIDA DE PRATA da Conferência Nacional dos Bispos do Brasil (CNBB), de roteiro no FESTIVAL DE CARTAGENA, na Colômbia, de melhor filme da CRÍTICA INTERNACIONAL (Fipresci), da Imprensa Nacional, do Ofício Católico (OCIC), das Juventudes Comunistas e o PRÊMIO CARACOL (da União Nacional de Escritores e Artistas Cubanos), no FESTIVAL DE HAVANA de 1986. Apresentado em inúmeros festivais internacionais, o filme foi exibido em circuito nacional nos Estados Unidos e em diversos países europeus e latino-americanos em 1987. Simultaneamente, Durán desenvolveu uma importante carreira como roteirista, sendo responsável pelos roteiros de alguns dos mais significativos filmes brasileiros das últimas décadas, como *Pixote, a lei do mais fraco*, de Hector Babenco, *Gaijin*, de Tizuka Yamasaki* (melhor filme e roteiro do FESTIVAL DE HAVANA de 1981), *Nunca fomos tão felizes*, de Murilo Salles*, adaptação de um conto de João Gilberto Noll, e *O beijo da mulher-aranha*, de Babenco, baseado no livro homônimo de Manuel Puig, entre muitos outros. Escreveu também roteiros para o cinema chileno, como *Ya no basta con rezar*, de Aldo Francia, e *Mi último hombre*, de Tatiana Gaviola, selecionado para a SEMANA DA CRÍTICA DO FESTIVAL DE CANNES. Quando, após o fechamento da EMBRAFILME* em 1990, a produção cinematográfica brasileira entrou em crise, Durán passou a dividir seu tempo entre o Brasil e o Chile, e também voltou-se mais para a televisão, escrevendo a telenovela *Amazônia*, para a TV MANCHETE (1991);

o episódio "Viagem ao inferno", do seriado *A Justiceira*, para a TV GLOBO (1997); as minisséries *Estrela de Chiloé* (1992) e *Serpentina* (premiada no INPUT 1994, em Montreal, Canadá), para a TV NACIONAL DO CHILE; entre inúmeros outros trabalhos. (HS) A partir da década de 1990 tornou-se colaborador do diretor José Joffily* (também roteirista) em diversos filmes, todos com tramas urbanas (*A maldição do Sanpaku*, *Quem matou Pixote?*, *Achados e perdidos*, *Olhos azuis*). Roteirizou mais alguns filmes de trama urbana, como *Como nascem os anjos* e *Fica comigo*. Trabalhou com outra realizadora chilena, Christine Lucas, no roteiro de *Loft Story*. Também na década de 2000, pela primeira vez, escreveu para os diretores Helvécio Ratton* (*Uma onda no ar*) e Roberto Gervitz* (*Jogo subterrâneo*). Foi roteirista da coprodução internacional (Chile, Argentina e Espanha) *Mi mejor enemigo*, de Alex Bowen. Voltou a dirigir roteiro de sua autoria, com parceria de Dani Patarra, no drama *Proibido proibir*, e no realismo fantástico de *Não se pode viver sem amor*, filme que levantou polêmica no FESTIVAL DE GRAMADO em 2010.

DÜRST, Walter George – São Paulo, SP, 1922-1997. Diretor.

FILMOGRAFIA: 1955 – *O sobrado*. 1957 – *Paixão de gaúcho*.

Inicia sua vida profissional no rádio, nos anos 40, sob a orientação de Octávio Gabus Mendes*, nos programas *Crítica de Cinema* e *Cinema em Casa*. Presente desde seu início, faz carreira na televisão, na qual permanece quase cinquenta anos, participando dos seus grandes momentos, como a criação do *TV de Vanguarda* e do *Grande Teatro Tupi*. Toma parte nos programas *Teatro 63*, da TV EXCELSIOR, e *Teatro Cacilda Becker* (1967-1968), da TV BANDEIRANTES. Na TV GLOBO, no setor de novelas, adapta *Gabriela* (1975), baseada no romance *Gabriela, cravo e canela*, de Jorge Amado*, e escreve *Nina* (1979), novela de época. Adapta também as minisséries *Rabo de saia* (1984), baseada no conto *Seu Quequé*, de José Condé, e *Grande sertão veredas* (1985), extraída de histórias de Guimarães Rosa, todas sob a direção de Walter Avancini. Namora o cinema desde meados dos anos 40, quando frequenta o segundo Clube de Cinema de São Paulo, onde conhece o crítico Rubem Biáfora*, que exerce influência em sua formação. Mais tarde, no começo dos anos 50, escreve críticas de filmes, em

Radar e *O Tempo*. Em 1953 ingressa no departamento de roteiros da VERA CRUZ*, quando prepara uma adaptação de 'Ana Terra' (não realizada), da obra homônima de Érico Veríssimo. Ainda na fase dos estúdios paulistas escreve o argumento e o roteiro da comédia *A carrocinha*, produção independente de Jaime Prades, estrelada por Mazzaropi* e filmada nos estúdios da MULTIFILMES*, sob a direção de Agostinho Martins Pereira*. Dirige e roteiriza dois filmes de produção da BRASIL FILMES, nos estúdios da VERA CRUZ: o primeiro, o épico *O sobrado*, numa adaptação do romance *O tempo e o vento*, de Érico Veríssimo. Nesse primeiro filme conta com a colaboração de Cassiano Gabus Mendes, na codireção. Seu segundo filme, *Paixão de gaúcho*, outro épico, é inspirado no romance *O gaúcho*, de José de Alencar*. Escreve algumas peças para o teatro. Nos anos 90 tenta voltar à direção cinematográfica com seus roteiros *Um certo capitão Galdino* e *Baú da felicidade*, não sendo bem-sucedido em conseguir financiamento. (LFM)

DUVAL, Liana (Maria de Lourdes Vasconcelos Antunes) – Sapezal, SP, 1927. Atriz.

FILMOGRAFIA: 1952 – *João Gangorra*; *Nadando em dinheiro*; *Aí vem o general*. 1953 – *Uma vida para dois*; *O craque*. 1954 – *Floradas na serra*. 1956 – *A pensão de d. Stela*. 1957 – *Pão que o diabo amassou*; *Hoje o galo sou eu*. 1960 – *Só naquela base*. 1963 – *O beijo*. 1965 – *Crônica da cidade amada* (episódio: 'Receita de domingo'). 1969 – *Em cada coração um punhal* (1º episódio: 'Transplante de mãe'). 1970 – *O pornógrafo*. 1971 – *Fora das grades*. 1972 – *Anjo loiro*; *A infidelidade ao alcance de todos* (1º episódio: 'A tuba'). 1972-1975 – *A santa donzela*. 1973 – *Mestiça, escrava indomável*. 1973-1975 – *A casa das tentações*. 1974 – *As delícias da vida*; *Macho e fêmea*; *Pensionato de mulheres*. 1975 – *Amantes amanhã, se houver sol*. 1976 – *Excitação*; *O seminarista*. 1977 – *Mágoa de boiadeiro*; *Mulher mulher*. 1978 – *Os amantes da chuva*; *Milagre, o poder da fé*; *O outro lado do crime*. 1979 – *Dani, um cachorro muito vivo*; *Joelma, 23º andar*; *Amor, palavra prostituta*. 1979-1980 – *Ato de violência*; *O império das taras*. 1979-1982 – *Sete dias de agonia*. 1980 – *Ariela*. 1981 – *Pornô!* (3º episódio: 'O gafanhoto'); *Alugam-se moças*. 1982 – *A noite das taras 2*; *O vale dos amantes*; *De todas as maneiras*; *Nasce uma mulher*; *Tchau, amor*;

Tudo na cama; *Carícias eróticas* (*Um casal de três...*). 1985 – *Filme demência*. 1986 – *Vera*. 1992 – *A dama do Cine Shangai*.

Atriz de longa carreira, possui mais de quarenta anos dedicados ao cinema como eficiente coadjuvante. Inicia sua vida profissional na época dos estúdios paulistas, trabalhando com Mazzaropi* na produção da VERA CRUZ* *Nadando em dinheiro*, sob a direção de Abílio Pereira de Almeida*. Em seu segundo filme apresenta um tipo *sexy* bem interessante. No primeiro, contracena com Walter d'Ávila*, na comédia *João Gangorra*, de Alberto Pieralisi*, filme de produção independente. Na MULTIFILMES* protagoniza, ao lado do galã Orlando Vilar*, *Uma vida para dois*, de Armando Miranda. É coadjuvante em *O craque*, de José Carlos Burle*. Trabalha no terceiro estúdio paulista, a MARISTELA*, na comédia *A pensão de d. Stela*, de Ferenc Fekete e Alfredo Palácios*. No pequeno estúdio BANDEIRANTES filma *Pão que o diabo amassou*, de Maria Basaglia*. Pouco presente no cinema dos anos 60, contracena com Ronaldo Lupo* na comédia *Só naquela base*, que este produz, dirige e interpreta. Atua também como coadjuvante no drama *O beijo*, de Flávio Tambellini*. Representa a esposa de Oscarito* no simpático episódio, quase silencioso, 'Receita de domingo', de *Crônica da cidade amada*, de Carlos Hugo Christensen*. Na década de 70, participa de um grande número de filmes, desde sertanejos até urbanos, passando pela produção da Boca do Lixo*, incluindo pornochanchadas*, como coadjuvante ou em pequenos papéis, geralmente interpretando mulheres maduras (mães, esposas, etc.). Também trabalha com diretores de projetos autorais, como João Callegaro* (*O pornógrafo*), Geraldo Santos Pereira* (*O seminarista*), Roberto Santos* (*Os amantes da chuva* e *Nasce uma mulher*), Eduardo Escorel* (*Ato de violência*) e Carlos Reichenbach* (*Amor, palavra prostituta*). Atua ainda nos filmes dos jovens cineastas paulistas Sérgio Toledo* (*Vera*) e Guilherme de Almeida Prado* (*A dama do Cine Shangai*). Atuou ocasionalmente na televisão, participando de novelas na TV TUPI, como *O machão*, *O sheik de Ipanema*, *Vila do Arco* e *Roda de fogo*, de Sérgio Jockyman, nos anos 70; de minisséries na TV CULTURA, nos anos 80; e, mais tarde, de algumas novelas na GLOBO. (LFM)

EBERT, Carlos (Carlos Alberto Azambuja Ebert) – Rio de Janeiro, RJ, 1946. Diretor de fotografia.

FILMOGRAFIA: 1967 – *Viagem ao fim do mundo*. 1968 – *Sou louca por você*; *O Bandido da Luz Vermelha*. 1969 – *Elas* (1º episódio: 'Namoro no escuro'; 2º episódio: 'A radionovela'; 3º episódio: 'O alto-falante'; 4º episódio: 'O artesanato de ser mulher'). 1970 – *República da traição* (dir.); *Nenê Bandalho*; *Prata Palomares*. 1971-1981 – *O Rei da Vela*. 1980-1986 – *Nem tudo é verdade*. 1988 – *Deus é um fogo*. 1998 – *Fé*. 2001 – *Carrego comigo*. 2001-2002 – *Rua 6, sem número*. 2003 – *À margem da imagem*. 2005 – *Do luto à luta*; *Vlado, 30 anos depois*. 2006 – *A Ilha do Terrível Rapaterra*. 2009 – *Um homem de moral*; *Topografia de um desnudo*; *Solo*.

Diretor de fotografia que iluminou diversos curtas (*Lavra-Dor*, *Indústria*, *São Paulo 3 pontos*, *Primeiros passos*, *Surfista invisível*, *Noite final menos cinco minutos*, *Booker Pittman*), trabalha extensamente em longas-metragens. Teve participação no Cinema Marginal*, dirigindo e fotografando o longa *República da traição*. O filme é marcado pela estilística particular do movimento, com narrativa fragmentada e exasperação existencial, trazendo a presença forte do fantasma da tortura física. Foi censurado pelo regime militar, que considerou as alusões demasiado próximas. Com toques alegóricos, *República da traição* retrata a repressão política em país fictício, a partir das atividades clandestinas de um casal. Teve Aníbal Massaini* e Julio Calasso envolvidos em sua produção/distribuição, o que aponta para os vínculos da Boca do Lixo com a produção alternativa em São Paulo, na virada dos anos 60. Ebert também teria participação importante em *O Bandido da Luz Vermelha*, sendo o responsável pela operação nervosa da câmera. Os primeiros longas que fotografou foram dirigidos por realizadores com apenas um filme, como a comédia *Sou louca por você*, de Rui Gomes; *Elas*, fita episódica de José Roberto Noronha; e o experimental *Prata Palomares*, de André Faria Jr., também com fortes traços da estilística marginal. Ainda próximo a grupos da vanguarda paulistana, foi um dos iluminadores da transposição para telas da peça teatral de Oswald de Andrade *Rei da Vela*, a partir de montagem de José Celso Martinez Corrêa, dirigida por este e por Noílton Nunes. Ebert participa também da produção do filme. Seu vínculo com o cinema alternativo continua na fotografia de *Nem tudo é verdade* (repartida com José Medeiros e Edson Santos, entre outros), primeiro filme da trilogia de Rogério Sganzerla* sobre a passagem de Orson Welles pelo Brasil nos anos 40. *Nem tudo é verdade* foi filmado entre 1980 e 1986. Com *Deus é um fogo*, de Geraldo Sarno*, e *Fé*, de Ricardo Dias, Ebert passa à fotografia de documentários, tendo fotografado outros filmes dessa categoria, como *À margem da imagem* e *Do luto à luta*, ambos do diretor Evaldo Mocarzel*, e *Vlado*, de João Batista de Andrade*. Fez também trabalhos ficcionais, como o drama *Rua 6, sem número*, de João Batista de Andrade; o infantil *A Ilha do Terrível Rapaterra*, de Ariane Porto, e *Topografia de um desnudo*, de Teresa Aguiar. É fotógrafo bastante articulado sobre as técnicas da profissão e não hesita em falar abertamente sobre segredos do ofício. Possui conhecimento em fotografia na história do cinema, com textos escritos sobre o assunto. Tem participação ativa na Associação Brasileira de Cinematografia (ABC), sendo um de seus membros fundadores. (FPR/LFM)

EGREI, Selma – São Paulo, SP, 1949. Atriz.

FILMOGRAFIA: 1969-1973 – *Vozes do medo*. 1973 – *Obsessão maldita*; *A noite do desejo*. 1973-1975 – *A casa das tentações*. 1974 – *As delícias da vida*; *O anjo da noite*; *Jeca macumbeiro*. 1975 – *A carne (Um corpo em delírio)*; *O desejo*; *O dia em que o santo pecou*. 1975-1976 – *Aleluia, Gretchen*. 1976 – *O poderoso machão*; *Gente fina é outra coisa* (3º episódio: 'O prêmio'). 1977 – *Emmanuelle tropical*. 1978 – *Adultério por amor*; *O coronel e o lobisomem*; *Uma estranha história de amor*; *As filhas do fogo*; *Nos embalos de Ipanema*. 1979 – *Mulheres do cais*. 1979-1980 – *Ato de violência*. 1981 – *Eros, o deus do amor*; *Sexo, sua única arma*. 1982 – *Tchau, amor*. 1983 – *Elite devassa*; *Força estranha (Estranhos prazeres de uma mulher casada)*. 1984 – *Estrela nua*. 1987 – *Sonhos de menina-moça*. 2007 – *O signo da cidade*; *Chega de saudade*. 2010 – *Nosso lar*.

Considerada uma das musas da pornochanchada*, constrói carreira diametralmente oposta no teatro adulto e infantil, na dança e na televisão. Formada pela Escola de Arte Dramática da Universidade de São Paulo, tem sua primeira oportunidade fazendo uma ponta no longa-metragem *Vozes do medo*, iniciativa dos colegas do curso de cinema. A participação chama a atenção de Walter Avancini, que a convida para integrar o elenco da novela *Simplesmente Maria*. Com a popularidade, ingressa no cinema, colocando seu tipo físico a serviço de dramas e comédias de sabor erótico, que em geral não lhe agradam.

Vendo o copião de *A casa das tentações*, Walter Hugo Khouri* convida-a para estrelar *O anjo da noite*, fixando uma *persona* algo enigmática. O desempenho a credencia para trabalhos mais significativos, destacando-se mais três colaborações com o mesmo diretor. Obteve atuações elogiadas em *Aleluia, Gretchen*, de Sylvio Back*, e *Ato de violência*, de Eduardo Escorel*. Ao contrário do cinema e da televisão, onde trabalha pouco fazendo algumas novelas, minisséries e a noviça Rosário da série *Papai coração*, desenvolve trajetória de palco atuando basicamente na cidade de São Paulo e ligando-se ao experimentalismo. Com Ivaldo Bertazzo procura explorar a expressão corporal e aprimorar as técnicas de dança, alcançando reconhecimento em espetáculos como *Sur urbano*. Essa base permite-lhe participar de projetos de grande envergadura artística, como o musical *Tratar com Murdok*, de José Possi Neto, e as peças *Os altos sacramentais*, dirigida pelo argentino Victor Garcia, e *Grande e pequeno*, dirigida por Celso Nunes, sua interpertação mais aplaudida. (HH) Depois de alguns anos de afastamento do cinema, retorna nos anos 2000, com atuações firmes na maturidade em filmes como *Chega de saudade*, *O signo da cidade* e o campeão de bilheteria *Nosso lar*. Atua também em séries televisivas como *Cinquentinha*, escrita por Aguinaldo Silva*, *Trago comigo*, produção da TV CULTURA com direção geral de Tata Amaral*, e na bem-sucedida *Som e fúria*, de Fernando Meirelles*.

EICHORN, Francisco (Franz Eichorn) – Ansbach, Alemanha, 1904-1982. Diretor.

FILMOGRAFIA: 1946 – *No trampolim da vida*. 1948-1950 – *A grande aventura amazônica (Mundo estranho)*. 1954 – *Paixão nas selvas*. 1956 – *Violent Years* (produção estrangeira). 1957 – *Treze cadeiras*. 1958 – *Rastros na selva*. 1959 – *Comendo de colher*. 1960 – *Os homens do Brasil*. 1963 – *Manaus, glória de uma época*. 1964 – *Os selvagens*. 1967 – *Jogo perigoso* (1º episódio: 'H.O.').

Cineasta alemão fascinado pelas selvas da América Latina. Na década de 1920, veio pela primeira vez a este continente, em companhia de seu irmão, o diretor de fotografia Edgar Eichorn (que trabalhou no Cinema Argentino e fez carreira em nosso cinema nos anos 1950 e 1960), quando realizaram um documentário, *Sinfonia das selvas virgens* (1929). De volta à Alemanha, trabalhou como roteirista do longa-metragem *Kantuschuk* (1935), filme do diretor Eduard Von Borsody em produção da UFA. Retornou ao Brasil, em busca de novas imagens da selva, quando fez registros documentais desde o Peru até o rio Amazonas, em sua parte brasileira, sempre trabalhando com seu irmão. Em 1946, dirigiu seu primeiro filme brasileiro, a comédia musical *No trampolim da vida*, com a famosa dupla sertaneja Jararaca e Ratinho, baseado em argumento de José Carlos Calasans (Jararaca). Seu novo filme de selva, *A grande aventura amazônica*, é uma coprodução entre Brasil e Argentina, com elenco internacional, liderado pela estrela do cinema alemão Angelika Hauff. Em nova coprodução internacional, dessa vez entre Alemanha e Brasil, com chancela da ATLÂNTIDA*, reuniu os atores Cyll Farney* e Vanja Orico* na aventura romântica *Paixão nas selvas*. Dirigiu o filme policial americano *Violent Years*, com roteiro escrito pelo famoso "pior diretor de cinema do mundo", Ed Wood. Para a ATLÂNTIDA, dirigiu, com Oscarito* e Renata Fronzi* nos papéis principais, a comédia *Treze cadeiras*, baseada no romance de Ilia Ilf e E. Prestov. Essa história foi filmada em vários países. Também codirigiu com Mário Civelli* o filme *Rastros na selva*, mais uma produção com história de selva. Funcionou como codiretor de Al Ghiu na comédia *Comendo de colher*. Na década de 1960, dirigiu o documentário *Os homens do Brasil* e envolveu-se em novas coproduções internacionais da ATLÂNTIDA com a Alemanha nos filmes *Manaus, glória de uma época*, que dirigiu sozinho, e *Os selvagens*, no qual dividiu a direção com cineasta espanhol Eugênio Martin. Mais tarde trabalhou durante algum tempo na televisão. (LFM)

ELIANA (Ely Macedo de Sousa) – Itaocara, RJ, 1925-1990. Atriz.

FILMOGRAFIA: 1948 – *E o mundo se diverte*. 1949 – *A sombra da outra*; *Carnaval no fogo*. 1950 – *Aviso aos navegantes*. 1951 – *Aí vem o barão*. 1952 – *Amei um bicheiro*; *Carnaval Atlântida*. 1953 – *Nem Sansão nem Dalila*. 1954 – *Malandros em quarta dimensão*; *A outra face do homem*. 1955 – *Guerra ao samba*; *Sinfonia carioca*. 1956 – *Depois eu conto*; *Vamos com calma*; *A doutoura é muito viva*; *Rio Fantasia*. 1957 – *O barbeiro que se vira*; *Alegria de viver*. 1958 – *E o espetáculo continua*. 1959 – *Maria 38*; *Titio não é sopa*. 1960 – *Samba em Brasília*; *Três colegas de batina*; *Virou bagunça*. 1962 – *Um morto ao telefone*. 1975 – *Assim era a Atlântida*.

Grande estrela da ATLÂNTIDA*, sobrinha, musa e protegida do diretor Watson Macedo*, Eliana é sem dúvida uma das mais populares atrizes da história do cinema brasileiro. Sua carreira está associada sobretudo à era da chanchada*, que dominou a produção nacional entre as décadas de 30 e 50. Interpretando geralmente papéis de mocinha romântica, ora ingênua ora destemida, Eliana era versátil como exigia o gênero musical onde pontificava: além de atuar com competência, cantava e dançava com grande desenvoltura. Nascida em 21 de setembro de 1925 (certas fontes indicam o ano de 1926), na localidade de Portela, distrito de Itaocara, no interior do estado do Rio de Janeiro, era filha de Elias Lourenço de Souza e Élia Macedo de Souza, que trabalharam em vários filmes do cunhado e irmão Watson Macedo. Filho de um fazendeiro local, o pai de Eliana teve dez irmãos, o que permitiu formar uma banda musical completa na família. Dotada de precoce talento artístico, aos oito anos tornou-se mascote da banda Bloco de Ouro, dirigida pelo pai, que animava os carnavais de Portela. Como seu distrito natal não possuía escolas, Eliana foi estudar em Nova Friburgo, lá cursando o primário. Posteriormente, fez o ginásio na vizinha Miracema e o curso normal na Escola Normal de Nossa Senhora do Carmo, em Cataguases, Minas Gerais. Retornou então a Portela e ali foi professora primária por quatro anos. Durante as férias escolares, ia ao Rio de Janeiro frequentar a Escola de Educação Física, curso que lhe deu a agilidade física que exibiria no cinema. Atraídos por Watson Macedo, que fora para o Rio de Janeiro no final dos anos 1930 e em poucos anos se tornara um dos principais diretores da ATLÂNTIDA, os pais de Eliana resolveram se estabelecer no Rio de Janeiro. No final dos anos 40, Eliana estava conformada com a carreira de professora quando Watson resolveu lançá-la no cinema. Em 1948, ele estava preparando *E o mundo se diverte*, uma comédia ambientada no mundo do teatro. O principal papel feminino estava destinado a Marion*, mas esta não pôde aceitá-lo porque ficou grávida. A professorinha pública Ely Macedo de Sousa foi então transformada na nova mocinha da ATLÂNTIDA, com o nome de Eliana. *E o mundo se diverte* fez bastante sucesso, e a atuação de Eliana, embora discreta, foi em geral bem recebida pela crítica mais condescendente (aquela que não arrasava *a priori* qualquer filme da ATLÂNTIDA). Sua ascensão ao estrelato, porém, não tardou: em outro filme, *Carnaval no fogo*, de Watson Macedo, considerado o protótipo da chanchada clássica, Eliana formou com Anselmo Duarte* o mais famoso par romântico do cinema brasileiro. Bem mais à vontade diante das câmeras, ela interpretou, cantou, dançou, mostrou todo o seu preparo físico em cenas de briga e ainda teve pique para os idílios amorosos com o galã.

Em 1949, Watson deu à sobrinha a oportunidade de interpretar seu primeiro papel dramático de peso, uma mulher com dupla personalidade, angelical e diabólica. Adaptação do romance *Elza e Helena*, de Gastão Cruls, estrelado por Eliana e Anselmo Duarte, *A sombra da outra* foi a mais ambiciosa tentativa de Macedo em realizar um drama psicológico de suspense. Esse duplo papel foi um grande desafio para Eliana, ainda hesitante em seus começos na carreira, o que motivou alguns "senões" da crítica. Com *Aviso aos navegantes*, Eliana retornou ao musical, contracenando novamente com Anselmo Duarte, Oscarito*, Grande Otelo* e José Lewgoy*. A bordo de um transatlântico em viagem de Buenos Aires ao Rio de Janeiro, Eliana interpretava uma passageira que se envolvia com Anselmo Duarte. Ambos, mais o clandestino Oscarito, enfrentavam o temível professor Scaramouche (Lewgoy), um diabólico espião internacional. Ficou especialmente famoso o número musical que reuniu Eliana e Adelaide Chiozzo*: cantando a valsa brejeira *Beijinho doce*. Logo depois de *Aviso aos navegantes*, Eliana atuou em outro filme do tio (o quinto consecutivo): *Aí vem o barão*, uma paródia dos filmes de capa e espada, protagonizado pelo impagável Oscarito. Nesse filme, Eliana ganhou um novo galã, Cyll Farney*, já que Anselmo Duarte havia sido contratado a peso de ouro pela VERA CRUZ*. Em 1952, Eliana atuou pela primeira vez num filme que não foi dirigido pelo tio: *Amei um bicheiro*, drama que enfocava de forma razoavelmente realista o submundo do jogo do bicho. Ela interpretou a personagem Laura e contracenou novamente com Cyll Farney. Dirigido por Jorge Ileli* e Paulo Vanderley*, o filme foi bem recebido pelo público e pela crítica. Em *Carnaval Atlântida*, dirigido por José Carlos Burle*, Eliana faz uma imitação de Leslie Caron. Este e o filme seguinte de Eliana, *Nem Sansão nem Dalila*, dirigido por Carlos Manga*, são dois dos melhores exemplos da paródia a Hollywood (e às próprias limitações do cinema brasileiro), caracterizando a chanchada como um fenômeno de incorporação, de deglutição do modelo dominante. Após um acidente, o barbeiro Oscarito acorda em Gaza, séculos antes de Cristo, e se transforma num Sansão ligeiramente diferente: a fonte de

sua força é uma peruca, em vez de cabelos naturais. A personagem de Eliana é Dalila, irmã de Miriam (Fada Santoro*). Em 1954, Eliana recebeu o prêmio SACI de melhor atriz por sua atuação em *A outra face do homem*, dirigido por J. B. Tanko*. Em 1955, Eliana voltou a trabalhar com Watson Macedo, estrelando *Sinfonia carioca*, que teve novamente Anselmo Duarte como galã. Filmado nos estúdios da BRASIL VITA FILME* e primeiro rebento da recém-fundada produtora pessoal de Macedo (a WATSON MACEDO PRODUÇÕES), o filme foi premiado no FESTIVAL CINEMATOGRÁFICO DO DISTRITO FEDERAL e era uma escancarada declaração de amor à cidade. A premiação de Eliana chegou a suscitar alguma polêmica na época, já que ela derrotou ninguém menos que Cacilda Becker*, que concorreu com *Floradas na serra*, melodrama da VERA CRUZ. No ano seguinte, Eliana protagonizou outro hino de exaltação à cidade do tio, *Rio fantasia*, agora com John Herbert* no lugar de Anselmo Duarte. Em 1956, Eliana atuou em dois filmes de Carlos Manga: *Vamos com calma*, feito às pressas para o carnaval de 1956, e *Depois eu conto*. Este assinalou sua quinta e última parceria com Anselmo Duarte.

Ela atuou ainda em cinco outras produções de Macedo: *Alegria de viver*, uma comédia que flertava com o nascente *rock'n'roll*; *Maria 38*, uma comédia policial em chave melodramática; *Samba em Brasília*, um musical de ocasião sobre a nova capital do país, inteiramente filmado em estúdio no Rio de Janeiro; *Virou bagunça* e *Três colegas de batina*, ambos de 1960. A versatilidade de Eliana pode ser apreciada, por exemplo, em *Maria 38*, dirigido por Macedo. No filme, ela faz o papel de uma punguista da Lapa que se emprega como babá na casa de uma família rica para ajudar a sequestrar o garoto Marinho, sobrinho dos donos da casa. Acaba se afeiçoando ao menino e resolve se regenerar, ajudando a prender os seus cúmplices. A personagem deu a Eliana a oportunidade de mostrar todo o seu talento, dando plausibilidade à personagem, uma ladra muito astuta, dona de um linguajar masculino, ágil nas fugas e correrias. Seu último filme é de 1962: *Um morto ao telefone*, um drama policial de Watson Macedo. Certos críticos consideraram a sua atuação no filme a melhor de sua carreira. No começo dos anos 50, Eliana foi contratada pela RÁDIO NACIONAL para atuar, ao lado de Adelaide Chiozzo, no programa *Alma do setor*, comandado por Renato Murce. Em 1954, ela e Murce se casaram, para surpresa dos fãs, já que ele

era 20 anos mais velho e distante do perfil de galã que imaginavam ter o seu parceiro ideal. O casal não teve filhos e levou sempre uma vida discreta e recatada. Eliana fez apenas uma novela para a televisão: *Feijão maravilha*, uma homenagem de Bráulio Pedroso à era da chanchada. Ela faleceu no Rio de Janeiro em 17 de junho de 1990, de ataque cardíaco. (LAR)

ELIAS, Luiz – São Paulo, SP, 1940. Montador.

FILMOGRAFIA: 1957 – *Sina do aventureiro*. 1958 – *Sexo e vida*. 1962 – *O vigilante rodoviário*. 1963 – *O beijo*; *A desforra*; *À meia-noite levarei sua alma*; *O vigilante contra o crime*. 1964 – *O vigilante e os cinco valentes*; *O vigilante em missão secreta* (1º episódio: 'O aventureiro'; 2º episódio: 'A experiência'; 3º episódio: 'Aventura do Tuca'; 4º episódio: 'Terras de ninguém'). 1965-1968 – *Brasil verdade* (3º episódio: 'Os subterrâneos do futebol'). 1966 – *Esta noite encarnarei no teu cadáver*; *A verdade vem do alto*. 1968 – *O agente da lei*. 1969 – *A Compadecida*; *Águias em patrulha* (1º episódio: 'A viagem'; 2º episódio: 'O diplomata'; 3º episódio: 'Contrabando'); *Meu nome é Tonho*. 1970 – *Sentinelas do espaço* (episódios); *Nenê Bandalho*; *Mágoas de caboclo*. 1971 – *A herança*; *Até o último mercenário*. 1972 – *O Jeca e o bode*; *Os desclassificados*. 1973 – *A virgem*; *Caçada sangrenta*. 1976 – *Chão bruto*. 1977-1986 – *Quebrando a cara*. 1980 – *Pixote, a lei do mais fraco*; *Os indecentes*; *Mulher-objeto*. 1981 – *Eros, o deus do amor*. 1983 – *Os bons tempos voltaram* (2º episódio: 'Os bons tempos voltaram'). 1986 – *Eu*. 1994 – *Supercolosso, o filme*. 1994-1996 – *As feras*. 1995-1996 – *O cangaceiro*. 2003 – *Pelé eterno*.

Ainda adolescente, ingressa na MARISTELA* em 1955, trabalhando como assistente de montagem. Nessa função, em 1957, participa da montagem de *O grande momento*, de Roberto Santos*, filme produzido por Nelson Pereira dos Santos*. Monta os filmes das séries *O Vigilante Rodoviário* e *Águias em Patrulha* e as fitas sertanejas *Mágoas de caboclo* e *O Jeca e o bode*, todos sob direção de Ary Fernandes*, da produtora PROCITEL. Faz a montagem da fita de aventura *Até o último mercenário*, com direção de Penna Filho e produção de Ary Fernandes. Monta também *O beijo*, filme de características autorais, de Flávio Tambellini*. Trabalha na montagem das primeiras fitas de terror de José Mojica Marins*, *À meia-noite levarei sua alma* e *Esta noite encarnarei no teu cadá-*

ver. Funciona como colaborador habitual do diretor Ozualdo Candeias*, para quem monta *Meu nome é Tonho*, *A herança* e *Caçada sangrenta*. Monta o filme experimental *Nenê Bandalho*, de Emílio Fontana. A partir do final dos anos 60, liga-se às produções da Boca do Lixo*, quando monta filmes da PROFILBRAS, como *Os desclassificados*, de Clery Cunha, e *A virgem*, de Dionísio Azevedo*. Trabalha para diversas produtoras, nos filmes *Chão bruto*, também do diretor Dionísio Azevedo; *Mulher-objeto*, de Sílvio de Abreu; e *Os indecentes*, de Antônio Meliande*. Nos anos 80 volta a trabalhar com diretores de maior importância, como Hector Babenco* (*Pixote, a lei do mais fraco*) e Walter Hugo Khouri* (*Eros, o deus do amor*, *Eu* e *As feras*). Após alguns anos de afastamento, monta nos anos 90 o filme infantil* *Supercolosso*, de Luiz Ferré, e *O cangaceiro*, de Aníbal Massaini Neto*. Retoma a parceria com o produtor e diretor Aníbal Massaini para montar o documentário *Pelé eterno*. (LFM)

ELIAS, Ricardo – São Paulo, SP, 1968. Diretor.

FILMOGRAFIA: 2003 – *De passagem*. 2006 – *Os 12 trabalhos*.

No começo dos anos 1990 formou-se em Cinema pela Escola de Comunicações e Artes da Universidade de São Paulo. Fez vários curtas-metragens, inicialmente como assistente de câmera. Em 1991, passou a atuar como diretor de fotografia, em *Idade do lixo*, de Leopoldo Nunes, *Na dúvida, sonhe comigo*, de Maria Alzira Pimenta, *Pé na tábua*, de Sílvia Zatz, *Olhos de Aliok*, de Selma Nakamura. Mudando de função, fez a direção de produção de *Amortecendo*, de Cida Pfeifer. Um de seus últimos trabalhos de iluminador foi *Quando eu falar ação* (1992), de Ana Cabeças. A primeira direção de curtas foi na bitola 16 mm, *Derrube Jack* (1993), sobre menino que tenta entender o que seu pai faz num circo. Passou para a bitola 35 mm, com *Lumpet* (1994), curta em que quatro mendigos invadem um teatro e começam a brincar de representar. Voltou à bitola 16 mm no seu único documentário, *Um filme de Marcos Medeiros* (1999), em que o líder estudantil e cineasta tem sua vida lembrada por amigos e parentes. Elias faz aqui seu último trabalho como diretor de fotografia. Estreia como diretor com o longa *De passagem*, sobre os diferentes destinos de três jovens da periferia paulistana. O filme destaca-se no universo do novo cinema brasileiro pelo estilo *cool* e a interpretação contida, tomando seu tempo para figurar a dura realidade social.

Os personagens surgem fragmentados e isolados na metrópole, sem que a costura da compaixão pela miséria amorteça esse primeiro plano. Seu estilo é diferenciado e tem personalidade própria. O vazio que cerca os personagens, em meio à efervescência e balbúrdia brasileiras, lembra o clima de alienação zen de obras autorais italianas dos anos 60. Instalando esse ambiente singular, Elias confirma o lado autoral em seu segundo trabalho longo. *Os 12 trabalhos* volta ao tema do jovem da periferia, numa abordagem original do corrido cotidiano dos motoboys em São Paulo. Seus dois primeiros longas foram escritos em parceria com Cláudio Yosida. (FPR/LFM)

ELIEZER, José Roberto (José Roberto Albert Eliezer) – Santos, SP, 1954. Fotógrafo.

FILMOGRAFIA: 1982 – *Janete*. 1984 – *Made in Brasil* (2º episódio: 'Furacão acorrentado'). 1985 – *Filme demência*. 1986 – *Cidade oculta*; *Anjos da noite*. 1987 – *Rádio pirata*; *A dama do Cine Shangai*. 1985-1990 – *Real desejo*. 1989-1991 – *A grande arte*. 1995 – *Todos os corações do mundo*. 2004 – *Nina*; *A dona da história*. 2005 – *Cafundó*; *O coronel e o lobisomem*. 2006 – *Se eu fosse você*; *O cheiro do ralo*. 2007 – *Caixa dois*; *Person*. 2007-2008 – *Encarnação do demônio*. 2009 – *Hotel Atlântico*; *Família vende tudo*; *Cabeça a prêmio*; *High school musical – o desafio*. 2009-2010 – *Luz nas trevas – A volta do Bandido da Luz Vermelha*.

Nascido em Santos, muda-se aos dez anos para São Paulo. Conclui os estudos colegiais em estada de um ano nos EUA, em North Syracuse, Nova York. Atraído pela fotografia desde os dezessete anos, cursa a Escola Superior de Propaganda, que abandona no segundo semestre, em 1973, ao ingressar na Escola de Comunicações e Artes da USP (ECA), onde se gradua em Cinema (1979), e começa a trabalhar com fotografia cinematográfica. Primeiramente como assistente de câmera em comerciais e curtas-metragens, depois em longas-metragens como *As três mortes de Solano* (1975), de Roberto Santos*, produzido naquela escola, e *Estrada da vida* (1980) de Nelson Pereira dos Santos*. Na ECA/USP, o seu primeiro trabalho foi a fotografia de cena de *Tem coca-cola no vatapá* (1975), de Pedro Farkas* e Rogério Correa, curta-metragem sobre as ideias do professor Paulo Emílio Salles Gomes*, realizado então por estudantes da sua última geração de alunos. Os seus primeiros trabalhos em direção de fotogra-

fia dão-se em curtas de 1977, em alguns documentários sobre cultura popular, de Sérgio Vilella e de Fernando Passos, entre Minas Gerais, Amazonas e o Nordeste, além do curta metavanguardista de Luiz Renato Martins, *Um filme como os outros*, produzido na ECA e cofotografado por André Klotzel*. Entre os inúmeros curtas que fotografa desde então destacam-se especialmente os de ficção urbana realizados pelas novas gerações paulistas, sobretudo nos anos 70 e 80, e nos anos 90 aumenta a sua dedicação ao filme publicitário, fotografando também dezenas de documentários. Sócio-fundador da BARCA FILMES em 1980, Eliezer (Zé Bob, como é chamado no meio) faz parte de uma geração paulistana premiada nacionalmente na produção do curta. Trata-se, na verdade, de gerações que se foram adensando ao longo dos anos 80, identificadas, às vezes, como geração da "Vila Madalena", bairro entre a USP e o Centro, que abrigou não só repúblicas estudantis como algumas pequenas produtoras, formadas por grupos saídos da ECA. Entre os seus melhores trabalhos em curta, Eliezer pode incluir filmes dirigidos por mulheres: além daqueles pelos quais foi premiado, *Folguedos no firmamento* (1984), de Regina Rheda, e *Arifa* (1986), de Simone Raskin, filmes como os da dupla Eliane Bandeira e Marília Andrade, *Balzaquianas* (1981) e *A terceira idade* (1982), ou *Punks* (1983), de Sarah Yakhni e Alberto Gieco; podemos ainda lembrar *A mulher fatal encontra o homem ideal* (1987), de Carla Camurati*, *Aquele breve encontro* (1990), de Tânia Savietto, e ainda *Mentira* (1989) e *Olímpicos* (1991), de Flávia Moraes. Dentre os curtas "masculinos" destacam-se *O incrível Sr. Blois* (1984), de Nuno César Abreu*; os filmes de Nilson Villas Boas, *O que move* (1986) e *Frio na barriga* (1987); os de Ninho Moraes, *Ondas* (1986) e *Branco & preto (Norte & Sul)* (1988); além de *Amor!* (1994), de José Roberto Torero.

Mas talvez seja com os curtas de Wilson Barros*, *Verão* (1982) e *Diversões solitárias* (1983), que teve início um estilo de trabalho pelo qual se tornou mais conhecido, e que marcou também os seus trabalhos premiados no longa. A fotografia de *Anjos da noite*, único longa de Wilson Barros, ganhou três prêmios, coroando um trabalho de crescente estilização das luzes artificiais da cidade, com seguro controle do aparato de iluminação. Sua primeira fotografia em longa, *Janete* (1982), de Chico Botelho*, já havia sido premiada, mas foi no seu segundo longa com aquele cineasta, *Cidade oculta*, que levou mais longe esse desafio de transformar as luzes artificiais em imagens que dialogam com as estilizações de certos gêneros das histórias em quadrinhos, ou da própria história do cinema, como o *film noir*, em sintonia, aliás, com as estéticas alusionistas e citacionistas típicas dos anos 80. Os trabalhos que fez em seguida com Guilherme de Almeida Prado*, em *A dama do Cine Shangai*, e com Walter Salles*, em *A grande arte*, igualmente premiados, parecem desdobrar aspectos estéticos iniciados com Wilson Barros e Chico Botelho. No filme de Salles, entretanto, a estilização aproxima-se de um registro algo realista, em inclinação temperada, mas presente em alguns de seus filmes anteriores, como *Filme demência*, de Carlos Reichenbach*, cineasta que enriquece singularmente o seu painel de imagens do desvario paulistano. A fotografia de Eliezer é indissociável da transfiguração da paisagem brasileira operada pelo cinema nacional contemporâneo, que se compõe pelo olhar esquematizante sobre as formas urbanas com que convivem desde a infância aquelas novas gerações. Seu trabalho contribuiu em particular para uma tradução da metrópole paulista em imagem colorida, difícil tarefa que, desde os anos 60, não havia conquistado um grau de elaboração comparável ao que atingiu a fotografia em preto e branco, entre os tempos da VERA CRUZ* e o início do Cinema Marginal*.

Depois de um intervalo de quase dez anos, retornou com três fotografias premiadas em 2003: o curta de Dennison Ramalho *Amor só de mãe*, e os longas *Cafundó*, de Paulo Betti* e Clóvis Bueno*, e *Nina*, de Heitor Dhalia*, cineasta com o qual volta a ser premiado pelo insólito *O cheiro do ralo*, comédia controversa ambientada numa genérica e minimalista Zona Leste paulistana. As narrativas inusitadas que perpassam quase toda a trajetória do fotógrafo lastreiam-se com seu trabalho em *Hotel Atlântico* para Suzana Amaral*. Se a diretora paulistana destaca-se como veteraníssima perto das demais colaborações de Zé Bob, jovens quase sempre, ou de linhagens pouco tradicionais, o que se dirá de sua contribuição no ressurgimento de José Mojica Marins? A volta do Zé do Caixão em *Encarnação do demônio* garantiu-lhe três prêmios e uma inserção mais substantiva em trabalhos estéticos de longo percurso local. Ainda que nessa ressurreição Mojica estivesse cercado das novas gerações, nas imagens que fabricou parece mais reconhecível o teor dessa simbiose geracional. O diálogo com o passado paulistano parece agora prosseguir, tanto em trabalhos de maturação junto à sua própria geração, como em *Família vende tudo*, de Alain Fresnot*, como em novos arranjos com as tradições mais antigas, caso de *Luz nas trevas – a volta do Bandido da Luz Vermelha*, que seu colega da Vila Madalena, Ícaro Martins*, codirige com Helena Ignês*. (RMJr)

EMBRAFILME (Empresa Brasileira de Filmes S. A.)

A trajetória da EMBRAFILME pode ser dividida por fases que ficam bem caracterizadas pela sucessão de personalidades que ocuparam o cargo de diretor geral. Por ser uma empresa de economia mista (a União era o acionista majoritário), a EMBRAFILME encontrava-se sujeita às intempéries econômicas e políticas do momento. A primeira fase da EMBRAFILME inicia-se com a sua criação, em 1969, e termina por volta de 1974, quando houve a ampliação das atividades. Essa primeira fase pode ser entendida como de busca para uma definição de quais rumos a empresa deveria tomar. A segunda fase, de 1974 a 1985, pode ser caracterizada como de transição para o crescimento. Já a terceira e última fase, de 1986 a 1990-1991, é marcada pelo esvaziamento político e econômico, significando também a exaustão de um projeto para o cinema brasileiro. Cada uma dessas fases corresponde ao nível de interesse e de investimento que o Estado quer e pode dedicar à indústria cinematográfica e às questões correlatas.

Na sua primeira fase, a EMBRAFILME surgiu como um apêndice do Instituto Nacional do Cinema (INC*), criada através do Decreto nº 862, de 12 de dezembro de 1969. O capital inicial da EMBRAFILME foi integralizado através de uma dotação inicial de NCr$ 6.000.000,00 que correspondiam a 600 mil ações. A União, representada pelo Ministério da Educação e Cultura (MEC), ficou com 70% das ações e os 30% restantes foram diluídos entre outras entidades de direito público e privado – alguns sócios minoritários eram produtores. A EMBRAFILME pôde, igualmente, contar com outras fontes de renda, como as receitas próprias derivadas de suas atividades comerciais e industriais, explicitadas no Decreto nº 862/69. O produtor e cineasta Roberto Farias* afirma que "a finalidade principal não expressa no decreto de criação da empresa era capitalizar o produtor nacional, aumentando-lhe os ganhos com uma nova fonte de receita, a do mercado externo – complementar –, e possibilitar à obra cinematográfica nacional, no mercado interno, maior competitividade com o produto estrangeiro". Entre as principais atividades da EMBRA-FILME estavam também as atribuições de distribuir e divulgar o filme brasileiro no exterior, promovendo a realização de mostras e apresentações. Além dessas atividades, cabia à EMBRAFILME difundir o filme brasileiro em seus aspectos culturais, artísticos e científicos em cooperação com o INC. Seu primeiro diretor geral foi o ex-presidente do INC, Durval Gomes Garcia, articulador da criação da empresa com apoio de Jarbas Passarinho, ministro da Educação e Cultura do governo Emílio Garrastazu Médici, num momento em que se delineava uma política cultural para o regime militar. A EMBRAFILME teve seu projeto de implantação estruturado sem haver consulta aos vários segmentos envolvidos, como produtores, distribuidores e exibidores. Em função dessa gênese de gabinete, sofre severas resistências de setores que não concordavam com o procedimento ou com a justificativa de sua criação.

Em 1970, a EMBRAFILME passou a ter sob sua tutela o financiamento de filmes, que antes estava a cargo do INC. Esse fato promoveu o fortalecimento da empresa com a ampliação das atividades e maior poderio financeiro. Nesse momento, encontra-se na direção geral Ricardo Cravo Albim, em gestão na qual foram financiados 30 projetos de 22 empresas produtoras. Nessa fase, um fator externo terá influência direta no futuro da EMBRAFILME. Em 1972, entre os dias 23 e 27 de novembro, na cidade do Rio de Janeiro, acontece o I Congresso da Indústria Cinematográfica Brasileira (CICB), patrocinado pelo INC e preparado na gestão do brigadeiro Armando Troia. Nesse evento, foram discutidos temas pertinentes à cinematografia brasileira de um modo geral. O CICB foi conduzido por Carlos Guimarães Mota Júnior, presidente em exercício do INC, que logo depois seria guindado ao cargo de diretor geral da autarquia. O resultado objetivo desse Congresso foi de ter funcionado como uma plataforma política para o grupo de cineastas e produtores que iriam deter o poder futuramente na EMBRAFILME. A plataforma dessa política está no documento Projeto Brasileiro do Cinema (PBC), endossado pelos principais representantes dos produtores e realizadores de São Paulo e Rio de Janeiro, como Alfredo Palácios*, Walter Hugo Khouri*, Luiz Carlos Barreto*, Roberto Farias, entre outros.

Em fevereiro de 1973, o ministro Jarbas Passarinho nomeia comissão integrada pelo presidente do INC e pelo diretor geral da EMBRAFILME, além de altos funcionários do MEC, para promover a reformulação administrativa do cinema brasileiro, a criação do Conselho Nacional de Cinema (CONCINE*) e a fusão do INC e da EMBRAFILME. Em 3 de outubro de 1973, assume a direção geral da EMBRAFILME o ex-presidente do antigo Instituto Nacional de Previdência Social (INPS), Walter Graciosa, cuja principal tarefa era a de promover uma reestruturação técnica e administrativa na empresa que nitidamente não se encontrava estruturada para realizar as novas tarefas que lhe foram atribuídas. Começa-se a sentir aqui a necessidade de uma maior agilidade no trato da gestão da empresa. Em um período de três anos (1970-1973) a EMBRAFILME viabilizou a produção de 83 filmes de longa metragem através do seu sistema de financiamento. Esse sistema previa que os filmes deveriam ser reembolsados à empresa após um período máximo de três anos a juros de 4% ao ano. Em 27 de setembro de 1973, a EMBRAFILME obteve autorização para atuar na distribuição cinematográfica comercial em território brasileiro. Para tanto, foi criado um órgão em nível departamental, com gestão diferenciada e autonomia técnica. O primeiro filme comercializado pela EMBRAFILME foi o clássico do Cinema Novo* *São Bernardo*, de Leon Hirszman*, que acabou realizando boa campanha comercial na estreia da distribuidora, ficando cerca de dois meses em exibição numa sala do Rio de Janeiro. Nessa primeira fase, a implementação do departamento de distribuição ficou a cargo de Roberto Lupovich, irmão do cineasta e ator Ronaldo Lupo*, um dos mais ardorosos defensores da viabilidade da criação da distribuidora, junto aos setores organizados da cinematografia e da própria EMBRAFILME. Nesse momento, a distribuidora implantou dois tipos de contrato de distribuição: um para filmes produzidos e outro para filmes em produção, criando mais um apoio econômico para os produtores cinematográficos. Por sugestão do ministro Jarbas Passarinho, é reformulado o prêmio EMBRAFILME, que passa a incentivar filmes baseados em obras literárias. Pela primeira vez, o Estado brasileiro direciona a produção temática de filmes. Os primeiros prêmios foram entregues em 26 de março de 1974 por Ney Braga, ministro da Educação e Cultura, grande incentivador da política da intervenção estatal no cinema brasileiro. Nesse período, a classe cinematográfica já encontrava algumas de suas reivindicações básicas atendidas, como a obrigatoriedade de exibição, implantação da reserva de mercado, implementação de recursos financeiros destinados à produção, etc.

A segunda fase da EMBRAFILME (1974-1985) inicia-se com a indicação do diretor e produtor Roberto Farias, que contava com o apoio de importantes personagens da classe cinematográfica, como Jarbas Barbosa*, Herbert Richers*, Jece Valadão*, etc. Na realidade, o primeiro diretor geral da EMBRAFILME deveria ter sido o produtor Luiz Carlos Barreto, mas este teve, aparentemente, seu nome vetado pelo Serviço Nacional de Informações (SNI), dias antes de sua posse. Barreto chegou a conceder entrevista como diretor geral da empresa. Em 19 de agosto de 1974, Roberto Farias toma posse no cargo de diretor geral da EMBRAFILME. As principais propostas dessa nova gestão estavam contidas no citado PBC, que previa uma reestruturação do aparelho cinematográfico estatal. O pesquisador Antônio Carlos Amâncio afirma que a política cinematográfica de Roberto Farias "foi uma gestão de transição de modelos gerenciais levados por seus respectivos grupos à risca [...]". Novas normas de coprodução de filmes são introduzidas, mudando consideravelmente o perfil de produtora da empresa, que trocaria o antigo sistema do INC por uma avaliação da "qualidade global do projeto". Nessa fase, as normas de financiamento obedeciam ao critério de financiar-se até 30% do valor total de um orçamento, e o financiamento não poderia exceder o valor total de 2,2 mil salários mínimos vigentes. Também foram instituídas outras formas de apoio financeiro aos produtores, como a concessão de avanços de bilheteria sobre filmes brasileiros em distribuição. A EMBRAFILME passaria a ter uma gestão mais profissional, inclusive apresentando um *marketing* muito mais agressivo. No período de cinco anos (1970-1975), a EMBRAFILME chegou a aprovar o financiamento de 106 filmes. No entanto, a grande ação política de Roberto Farias seria a aprovação da Lei nº 6.281, de 9 de dezembro de 1975. Essa lei amplia os poderes da EMBRAFILME e extingue o INC, absorvendo as suas atividades. Além disso, entre outras coisas, a lei previa a criação do CONCINE, órgão normatizador e regulador da atividade. A EMBRAFILME obtém então significativo aumento de capital, que foi elevado para Cr$ 80.000.000,00. O orçamento da EMBRAFILME era composto dos seguintes recursos: dotações da União, contribuição advinda de taxa sobre título de filme para a exibição, empréstimos, subvenções, produtos de multas, venda de ingressos e borderôs padronizados, juros e taxas de financiamento, parte do imposto de renda devido pelas empresas estrangeiras. Nesse momento, a empresa tinha como principais foros deliberativos a assembleia geral e a diretoria executiva, que era composta de três membros: diretor geral, nomeado pelo presidente da República, diretor de operações não comerciais e diretor administrativo. Nesse momento de implantação de novos rumos para a política cinematográfica brasileira foi essencial o apoio de dois ministros: Ney Braga, da Educação e Cultura, e Reis Velloso, do Planejamento. Nessa nova conjuntura, a EMBRAFILME assume as funções, patrimônio e pessoal do extinto INC, que por sua vez havia incorporado o Instituto Nacional do Cinema Educativo (INCE*). A empresa, portanto, por força de lei, abrigava em seu seio atividades culturais, industriais e comerciais, concomitantemente. Essa multifacetação de atividades fez com que a empresa fosse contemplada com um organograma complexo, tornando-se máquina cara e pesada. A consequência dessa mistura de interesses provocará choques entre os setores comercial e cultural durante toda a trajetória da EMBRAFILME. A Lei nº 6.281/75 sofreu duros ataques públicos através de uma campanha orquestrada pelos defensores da economia de mercado – distribuidores e exibidores. Outros segmentos cinematográficos não alinhados à economia de mercado ficaram momentaneamente contra a nova lei ordenadora do cinema brasileiro.

Na nova conjuntura criada pela Lei nº 6.281/75, todos os setores da estrutura da estatal cinematográfica passariam por transformações. A EMBRAFILME teria na Superintendência Comercial (SUCOM) e na Superintendência de Produção (SUPROD) seus braços mais ativos. A Diretoria de Operações Não Comerciais (DONAC) responderia pela área cultural, no entanto, com um orçamento bem menor do que dispunham os outros setores da EMBRAFILME. Nesse momento, a política de produção conhece mudanças. A EMBRAFILME passa agora a ser uma produtora de fato, entrando no risco do negócio, deixando de lado os financiamentos. O *slogan* "Cinema é risco", que fora cunhado por Farias, sintetiza os novos rumos da política econômica da nova EMBRAFILME. Outro setor importante da empresa, a distribuição de filmes, ficou subordinado à SUCOM, comandada pelo cineasta e crítico Gustavo Dahl*, indicado pelo grupo do Cinema Novo. O primeiro filme comercializado pela nova EMBRAFILME foi a adaptação da obra de Guimarães Rosa *Sagarana: o* *duelo*, com direção de Paulo Thiago. A maturidade empresarial e comercial da distribuidora chega em 1976, com o lançamento de *Dona Flor e seus dois maridos*, produção de Luiz Carlos Barreto. Esse filme transformou-se no maior sucesso de bilheteria do cinema brasileiro nas últimas décadas, alcançando um público superior a 10 milhões de espectadores em sua carreira comercial. *Dona Flor* foi responsável pela ampliação da rede de fiscalização e pela criação da chamada Lei da Dobra. Inicia-se aqui a implementação de um sistema de fiscalização, responsável por um retrato mais apurado do mercado exibidor cinematográfico brasileiro, utilizando como base de dados informações geodemográficas. Essa função de fiscalização do sistema de exibição, que, originalmente, caberia ao CONCINE, foi repassada à EMBRAFILME via convênio estabelecido entre as partes. Para realizar essa tarefa, a EMBRAFILME utilizou-se de modernos recursos de informática, fato inédito na cinematografia brasileira até então. Em 1977, alguns filmes que foram coproduzidos pela empresa sofreram problemas com a censura*, por exemplo, *Loucuras de um sedutor*, de Alcino Diniz, que teve a sua exibição suspensa, e *Morte e vida severina,* de Zelito Viana*, que teve seu certificado de exportação vetado. Esse tipo de problema será comum ao longo da vida da empresa e aumentará as contradições com o regime militar. Ainda em 1977, a EMBRAFILME produzirá uma mostra cinematográfica itinerante homenageando os oitenta anos de cinema brasileiro. Em 1978, Roberto Farias realizou uma reforma estatutária através do Decreto nº 6.533, de 24 de maio, redefinindo cargos, funções e atribuições departamentais. O veterano produtor Jarbas Barbosa, em depoimento a Silvia Oroz, faz um balanço positivo da gestão de Roberto Farias: "Aqui começa o momento de glória do cinema brasileiro. Quando Roberto assume a direção, descobre que a EMBRAFILME tem dinheiro, muito dinheiro [...] A partir desse momento começam a recuperação e o crescimento da EMBRAFILME. [...] Roberto Farias se ocupa em fortalecer o mercado interno como meta principal, não apenas com a fiscalização dos cinemas, que era fundamental e estava bem desenvolvida, mas também se apoiando no tripé distribuição/divulgação/exibição. Com uma administração perfeita, aquele esquema começa a render lucros extraordinários como jamais se viram no cinema nacional. Aumentou o espaço físico, contratou-se pessoal especializado para cada setor e desenvolveram-se *marketing*

nacional e internacional". Nesse momento, a ação fiscalizadora do CONCINE e da EMBRAFILME passam a enfrentar a fúria dos exibidores que eram contra qualquer tipo de controle de sua atividade, como o uso de ingressos e borderôs padronizados. Os produtores e distribuidores americanos, através do seu porta-voz, Jack Valenti, ficaram radicalmente contra as novas resoluções legais que estavam sendo implementadas. Curiosamente, esses distribuidores também acabaram beneficiando-se dessas medidas, pois puderam ter acesso à real receita das salas de exibição, principalmente aquelas mais distantes dos grandes centros urbanos. No ano de 1978, a EMBRAFILME lança *A dama do lotação*, de Neville d'Almeida*, o seu segundo maior sucesso de bilheteria. O filme foi lançado em quarenta cidades e vendeu mais de 7 milhões de ingressos no transcorrer de sua carreira comercial. A EMBRAFILME inicia então uma agressiva campanha de vendas de filmes brasileiros para o exterior. Na verdade, somente agora a empresa está madura para realizar aquela que seria a sua primeira atribuição, alcançando importantes mercados, como o americano, alemão, francês, italiano, e, principalmente, o latino-americano. A estratégia usada foi a de instalar duas representações no exterior, em Paris e Nova York, com uma forte inserção em festivais internacionais cinematográficos. O cinema brasileiro nunca vira tantos prêmios antes em sua história (ver tabela de premiação em Festivais*).

O nome escolhido para suceder Roberto Farias, que chegou a ser reconduzido ao cargo entre agosto de 1978 e abril de 1979, foi o do diplomata Celso Amorim, que tomou posse em abril de 1979. A escolha de Amorim, que não era nem cineasta nem produtor cinematográfico, foi fruto de problemas políticos gerados no seio da classe cinematográfica. A categoria dividiu-se basicamente entre três candidatos: Gustavo Dahl, Jece Valadão e Roberto Farias, este pleiteando sua recondução ao cargo. Ao final do ano é realizado na Câmara dos Deputados o Simpósio sobre Censura, em que Amorim faz uma defesa dos métodos de comercialização da EMBRAFILME, que também coproduzia e distribuía filmes eróticos no mercado cinematográfico brasileiro. Essa posição liberal lhe valeu um desgaste que culminaria com a sua saída. No ano de 1980, a EMBRAFILME produz a obra *A idade da Terra*, de Glauber Rocha*, maior produção cinematográfica do período, com um custo de 1 milhão de dólares, um filme caríssimo

para os padrões da época, com nenhum retorno. No entanto, outros filmes que também são coproduzidos e distribuídos pela EMBRAFILME confirmam a boa fase da empresa e do cinema brasileiro. Essa safra apresentaria obras como *Pixote, a lei do mais fraco*, de Hector Babenco*; *Eu te amo*, de Arnaldo Jabor*; *Gaijin, caminhos da liberdade*, de Tizuka Yamasaki*; e *O homem que virou suco*, de João Batista de Andrade*, todos com boas carreiras comerciais e premiações importantes em festivais internacionais. Nesse período, no entanto, inicia-se uma recessão econômica que também atinge a EMBRAFILME. Internamente, a crise manifesta-se pela diminuição de salas e de público, afetando diretamente a arrecadação da empresa. À crise econômica agrega-se uma crise institucional gerada por *Pra frente, Brasil*, de Roberto Farias, filme patrocinado pela empresa, que desagrada profundamente os militares. A posição de Celso Amorim torna-se insustentável e, com a sua saída, vem a indicação de Roberto Parreira, ex-presidente da FUNARTE, em abril de 1982. Parreira era homem de confiança do regime militar e detinha excelente trânsito político entre os militares e setores da cultura. A gestão de Parreira contribuiu para o crescente descrédito da sociedade civil em relação à EMBRAFILME, e, em praticamente dois anos e meio de gestão, deixou como legado ao seu sucessor um superendividamento que comprometia totalmente a receita orçamentária da empresa por um bom período. Além disso, a safra de filmes não foi das mais promissoras sob o ponto de vista comercial, com rendas muito abaixo das expectativas. Alguns dos filmes tiveram orçamentos caros e acabaram comprometendo definitivamente a relação custo/benefício. Houve exceções, como o filme *Memórias do cárcere*, de Nelson Pereira dos Santos*, que foi um dos maiores êxitos de crítica e bilheteria na década de 80. Entre 1983 e 1984, a EMBRAFILME lançou filmes importantes, como *Rio Babilônia*, de Neville d'Almeida; *Bar Esperança*, de Hugo Carvana*; *Cabra marcado para morrer*, de Eduardo Coutinho*, *Inocência*, de Walter Lima Jr.*; *Parahyba Mulher Macho*, de Tizuka Yamasaki. Com o restabelecimento da ordem democrática, Parreira deixa a direção da EMBRAFILME no final de 1984, guindado para a direção da Fundação de Televisão Educativa (FUNTEVÊ).

Com a saída de Parreira cria-se um vácuo no poder. Era o momento do governo da Nova República, período em que a direção geral da empresa ficou interinamente sob o comando de Carlos Augusto Calil, ex-diretor de operações técnicas que se encontrava, desde 1979, ocupando cargos de direção na EMBRAFIL-ME. O governo do presidente José Sarney criou o Ministério da Cultura (MinC), que daria um novo contorno à política cultural estatal, alterando significativamente as relações entre o Estado e setores organizados da cultura. Na prática, a criação do MinC representou um esvaziamento dos organismos governamentais na área cultural. Em 1985, a EMBRAFILME lançaria poucos filmes com ressonância cultural e comercial. Entre eles destacam-se: *Avaeté*, de Zelito Viana; *Patriamada*, de Tizuka Yamasaki; *Estrela nua*, de Ícaro Martins* e José Antônio Garcia*. Em função da instabilidade política durante o ano de 1985, Calil só assumiria o cargo definitivamente no início de 1986. A indicação de Calil foi uma ação articulada entre setores do cinema brasileiro. Como afirma Paulo César Saraceni*: "eu ainda tentei, e consegui, apoio do grupo para Gustavo Dahl no CONCINE. Eleição vitoriosa, emplacamos Calil e Gustavo na EMBRA-FILME e CONCINE, mudamos o panorama político, tornando a EMBRAFILME mais plural e democrática". Na sua gestão, Calil elaborou um enxugamento dos quadros da EMBRAFILME e foi obrigado a desacelerar suas atividades de distribuição e coprodução (justamente as principais atividades da empresa) em virtude do endividamento encontrado, legado de seus antecessores. Ainda em sua gestão foi montada uma comissão de alto nível que elaborou o documento Plano Nacional do Cinema (PNC). A edição do Plano Cruzado, em 28 de fevereiro de 1986, favoreceu momentaneamente o mercado cinematográfico, que presenciará um retorno do público às salas de cinema com ingressos a preços congelados. Algumas coproduções da EMBRAFILME funcionarão razoavelmente, mas já sem o mesmo brilho da segunda fase (1974-1979). Em 1986, a empresa lançou filmes importantes, como *A marvada carne*, de André Klotzel*; *Eu sei que vou te amar*, de Arnaldo Jabor; *A hora da estrela*, de Suzana Amaral*; *Cidade oculta*, de Chico Botelho*; *O beijo da mulher-aranha*, de Hector Babenco; *Ópera do malandro*, de Ruy Guerra*; *As sete vampiras*, de Ivan Cardoso*; *O homem da capa preta*, de Sérgio Rezende*. Esse foi um raro momento de encontro de cineastas mais experientes em longas-metragens com estreantes e semiestreantes, com os filmes, de maneira geral, obtendo boa receptividade de crítica e público. Ao final de 1986, Calil deixa o cargo de diretor geral da EMBRAFILME, alegando estar profundamente descontente com a política cultural do ministro da Cultura Celso Furtado, cujo objetivo político era o de esvaziar a empresa como um todo. Furtado alegava que a atuação da EMBRAFILME era ilegítima, baseado no frágil argumento de que a empresa fora criada durante o regime militar e, portanto, não atendia às demandas do novo momento político, econômico e cultural do país. O cinemanovista Paulo César Saraceni define da seguinte maneira a situação: "Calil e Escorel, servindo aos derrotados e escolhendo a política do filme de mercado, se enfraquecem e são fulminados por um golpe do ministro Celso Furtado, que confundiu tudo e colocou um livreiro na presidência de uma estatal de cineastas". O livreiro a que o cineasta refere-se trata-se de Fernando Ghignone, que, no fim de 1987, estará demissionário.

No ano de 1987, Celso Furtado alcança os seus objetivos através da aprovação da Lei nº 7.624 na Câmara dos Deputados (o que aconteceu em 8 de outubro, sendo sancionada em 5 de novembro do mesmo ano), estabelecendo uma nova reestruturação geral da empresa, bastante diferenciada daquela ocorrida em 1975. Nessa nova configuração houve, fundamentalmente, uma separação entre o setor comercial-industrial e o cultural-técnico. O setor comercial-industrial transformou-se em uma distribuidora, passando a chamar-se EMBRAFILME – DISTRIBUIDORA DE FILMES S. A. O setor cultural-técnico originou a Fundação do Cinema Brasileiro (FCB). Nessa cisão estava embutida a ideia de se privatizar a EMBRAFILME, que também perdeu a atribuição de definir a política federal para o cinema, atribuição que foi repassada ao CONCINE. Esse foi um ano de desencontro entre o público e o cinema brasileiro de uma forma geral, com a produção distribuída pela EMBRAFILME sofrendo as consequências da retração do mercado. Essa safra contava com filmes como *A cor do seu destino*, de Jorge Duran*; *Besame mucho*, de Francisco Ramalho*; *Um trem para as estrelas*, de Carlos Diegues*; *Baixo Gávea*, de Haroldo Marinho Barbosa*; *No país dos tenentes*, de João Batista de Andrade; *Eu*, de Walter Hugo Khouri. Outro problema que afligia a EMBRAFILME estava na fixação dos seus quadros de pessoal, pois a empresa havia se transformado numa fornecedora de recursos humanos para a concorrência de uma maneira geral. Foi aprovado, pelo Conselho Ministerial das Empresas Estatais, um novo plano de cargos e salários, numa tentativa de evitar o êxodo de pessoal. No mercado exibidor, as reclamações partiam da alegação de que a empresa colocava filmes errados nas latas, filmes com certificado de censura vencido e cópias em péssimo estado de conservação e revelação. Nessa nova fase, a direção geral ficou a cargo de Moacir de Oliveira, que contou com o apoio do cineasta Marco Altberg* e do produtor Carlos Molleta na condução dos assuntos da empresa. No apagar das luzes do governo Sarney, Oliveira e Altberg assinaram uma série de contratos que comprometiam o orçamento da EMBRAFILME por alguns anos. Essa foi uma tentativa desesperada de evitar o fechamento da empresa, que obviamente não deu certo. Entre 15 de março de 1990 e 29 de setembro de 1992, o Brasil viveu um dos períodos mais conturbados na história de sua cultura de um modo geral. Ao assumir, o presidente Fernando Collor de Mello editou um pacote com uma série de medidas provisórias que, entre outras coisas, extinguiam leis de incentivos culturais e órgãos culturais da União. A MP nº 151 ocupava-se da extinção e dissolução de entidades da administração pública federal (autarquias, fundações e empresas públicas). Para executar o trabalho de fechamento desses órgãos foram nomeados inventariantes, normalmente funcionários de carreira do alto escalão governamental. O MinC é rebaixado à condição de Secretaria da Cultura, ficando ligado diretamente ao gabinete do presidente da República. O primeiro secretário de Cultura foi o jornalista e cineasta Ipojuca Pontes*, que, em março de 1991, já se encontrará demissionário do cargo. Nesse período de um ano, Ipojuca prestou uma série de serviços com a finalidade de desobrigar o Estado dos negócios do cinema. A alegação era que o cinema brasileiro deveria competir no regime das leis de mercado com o produto estrangeiro. Para tanto, Ipojuca revogou a legislação cinematográfica em vigor, reduziu a exibição obrigatória de filmes brasileiros para setenta dias, diminuiu a presença do filme brasileiro nas videolocadoras de 25% para 10% e concretizou o fechamento dos órgãos cinematográficos em atividade (CONCINE, EMBRAFILME e FCB). A opinião pública e setores orgânicos do cinema brasileiro apoiaram publicamente a ação empreendida pelo poder central. Isso porque, na sua fase final, a EMBRAFILME era acusada de inoperância, má gestão administrativa, favoritismo e o não cumprimento de compromissos. Em função da política estabelecida pelo governo central de não cumprir contratos, muitos projetos de filmes foram interrompidos e outros em andamento sofreram sérios problemas de produção, chegando até mesmo a ficar paralisados na pré-produção. Os contratos e compromissos assumidos pela EMBRAFILME e pela Lei Sarney não foram respeitados pelo novo governo. Em 1990, a EMBRAFILME ainda distribuiu alguns poucos filmes, como *Sermões*, de Júlio Bressane*; *Sonhos de verão*, de Paulo Sérgio de Almeida; e *O grande mentecapto*, de Oswaldo Caldeira*. Além de Ipojuca Pontes, outros conhecidos cineastas participaram da operação desmonte, entre eles Miguel Borges*, que atuou como secretário-adjunto e, mais tarde, Adnor Pitanga, que foi o último administrador da massa falida da EMBRAFILME.

Tecnicamente, a dissolução da EMBRAFILME, de seu pessoal e patrimônio, passou por um tortuoso caminho legal. Depois da publicação da MP nº 151, em 12 de abril de 1990, é publicada a Lei nº 8.029, que autoriza a dissolução ou privatização da EMBRAFILME – Empresa Brasileira Distribuidora de Filmes S. A. Apenas quinze dias após, em 27 de abril, é publicado o Decreto nº 99.226, que dissolvia a distribuidora definitivamente. Um ano após o início da operação desmonte, a EMBRAFILME teimava em existir na medida em que continuava a receber a percentagem da remessa de lucros devida por importadores de filmes e por distribuidoras estrangeiras. Com a saída de Ipojuca, o acadêmico-embaixador Sérgio Paulo Rouanet assumiu a direção da Secretaria de Cultura e propôs para o cinema brasileiro a extinção gradual da lei de obrigatoriedade. Sob a sua gestão foi tomada a decisão de impedir o leilão dos filmes brasileiros no processo de extinção da EMBRAFILME. A medida foi vista como um gesto de boa vontade entre o governo federal e a categoria de produtores, artistas e técnicos de cinema. Em 27 de abril de 1992, o presidente Collor assinou o decreto que transferia à Secretaria Nacional de Cultura os recursos da antiga EMBRAFILME, um valor de 2 bilhões de cruzeiros mensais, além do valor acumulado em dois anos, que atingia 25 bilhões de cruzeiros. Nesse período, segundo o pesquisador Afrânio Catani, "havia dois grupos em conflito quanto ao Decreto: 1) o produtor Luiz Carlos Barreto, o cineasta Cacá Diegues e outros que defendiam uma privatização geral do cinema com a transferência dos recursos da EMBRAFILME para as distribuidoras estrangeiras, sentindo que o decreto impediria a viabilização do

'cinema industrial' e privilegiaria filmes alternativos; 2) cineastas como Nelson Pereira dos Santos e Júlio Bressane, que defendiam a transferência dos recursos da EMBRAFILME para a secretaria, o que acabou sendo determinado pelo decreto. Bressane temia que, nas distribuidoras estrangeiras, o dinheiro parasse na mão dos mesmos produtores e cineastas de sempre". Após a renúncia de Collor, o vice Itamar Franco tomou posse e logo depois recriou o MinC. Entre as prioridades do novo MinC estava o incentivo à produção de filmes brasileiros, tendo como parâmetro a verba da antiga EMBRAFILME. Foram destinados para tal 13 milhões de dólares a título de crédito especial, pois tramitava no Congresso a Lei do Audiovisual, que ainda necessitava de uma regulamentação. O MinC destinaria parte dessa verba, cerca de 5,5 milhões de dólares, à produção cinematográfica através do concurso Resgate do Cinema Brasileiro, que divide o valor citado para a produção de treze filmes de longa metragem. Em 23 de junho de 1993, o Decreto nº 575 dispõe sobre a transferência de bens e haveres e o contencioso judicial da EMBRAFILME DISTRIBUIDORA DE FILMES S. A., concluindo a liquidação da empresa. (AG)

ESCOREL, Eduardo (Eduardo Escorel de Morais) – São Paulo, SP, 1945. Diretor, montador.

FILMOGRAFIA: 1965 – *O padre e a moça* (mont.). 1966 – *Terra em transe* (mont.). 1967 – *Cara a cara* (mont.). 1968 – *O bravo guerreiro* (mont.); *Dragão da maldade contra o santo guerreiro* (coprodução estrangeira) (mont.). 1968-1969 – *Os herdeiros* (mont.). 1969 – *Macunaíma*; *Der Leone Have Sept Cabezas* (produção estrangeira) (mont.). 1970 – *Cabezas cortadas* (coprodução estrangeira) (mont.). 1970-1972 – *Herança do Nordeste* (2º episódio: 'Casa de farinha') (mont.). 1971 – *Os Inconfidentes* (mont.); *São Bernardo* (mont.); *O doce esporte do sexo* (1º episódio: 'O torneio'; 2º episódio: 'O filminho'; 3º episódio: 'A boca'; 4º episódio: 'A suspeita'; 5º episódio: 'O apartamento') (mont.). 1972 – *Quando o carnaval chegar* (mont.). 1973 – *Joana Francesa* (mont.); *Os condenados* (mont.). 1974 – *Guerra conjugal* (mont.). 1975 – *Lição de amor* (dir.). 1976 – *Contos eróticos* (3º episódio: 'O arremate' (dir.); 4º episódio: 'Vereda tropical' (mont.). 1978 – *Terra dos índios* (mont.). 1979-1980 – *Ato de violência* (dir.). 1981 – *Eles não usam black-tie* (mont.). 1981-1984 – *Cabra*

marcado para morrer (mont.). 1984 – *Cavalinho azul* (dir.). 1997-1999 – *Villa-Lobos, uma vida de paixão* (mont.). 1999 – *Fé* (mont.). 2000 – *Chamado de Deus* (mont.). 2002 – *Dois perdidos numa noite suja* (mont.). 2005 – *Achados e perdidos* (mont.); *Vocação do poder* (dir., mont.). 2006 – *Santiago* (mont.); *Deixa que eu falo* (dir.). 2008 – *O tempo e o lugar* (dir.).

Irmão mais velho do destacado diretor de fotografia Lauro Escorel Filho*, ambos filhos do diplomata Lauro Escorel. Por conta disso, viveu em São Paulo e durante muitos anos no exterior, fixando-se em definitivo no Rio de Janeiro. Inicialmente como frequentador da CINEMATECA DO MUSEU DE ARTE MODERNA (MAM), assistiu a importantes mostras de filmes clássicos do cinema. Em 1964, ao mesmo tempo que iniciou trabalhos como assistente de montagem e técnico de som, fez o curso prático de cinema, ministrado pelo cineasta sueco Arne Sucksdorff*, onde teve como colegas futuros cineastas. Montou curtas-metragens, estreando na função em *VIII Bienal de São Paulo* (1965), de Carlos Diegues*, seguido de outros trabalhos de destaque no formato curto, como *Lima Barreto – trajetória* (1966), de Júlio Bressane*; *Nelson Cavaquinho* (1968), de Leon Hirszman*, e sendo parceiro do diretor Geraldo Sarno* em vários curtas dele feitos no período 1969-1970, como *Jornal do Sertão*, *A cantoria*, *O engenho*, *Os imaginários* e *Casa de farinha*, esse último incluído como episódio do longa-metragem documentário *Herança do Nordeste*; além de fazer montagens ocasionais de alguns curtas como *Um mundo novo* (1972), de Geraldo Sarno; *Arraes de Volta* (1979), de Lauro Escorel Filho, e *Retrato pintado* (2000), de Joel Pimentel. Codiretor com Júlio Bressane do primeiro curta-metragem de ambos, *Bethânia bem de perto* (1966), documentário com enfoque na carreira inicial e na vida da cantora Maria Bethânia. Diretor de uma série de documentários curtos. O primeiro deles foi *Visão do Juazeiro* (1970), filme que mostra a fé no Padre Cícero Romão Batista e as transformações no comércio e na vida política da pequena cidade cearense de Juazeiro do Norte. No ano de 1973 exibiu a trajetória do aviador brasileiro Alberto Santos Dumont, suas bem-sucedidas experiências de voar nos anos parisienses até o retorno ao Brasil e seu fim trágico em *O que eu vi o que nós veremos* e filmou novo documentário de tema histórico, *Relação de visita*, enfocando a necessidade de domínio do litoral e o interior nordestino sob domínio português no século XVI. Alguns anos mais tarde, passou a filmes de maior metragem, realizando médias-metragens. No primeiro deles, *Jubileu* (1981), mostrou as comemorações no mês de setembro na pequena cidade histórica mineira de Congonhas do Campo, a festa do Jubileu do Senhor Bom Jesus do Matosinho. Fez também *Chico Antônio, herói com caráter* (1983), no interior cearense, onde encontrou o tocador de ganzá que encantou Mário de Andrade na década de 1920. Ainda estava lúcido e cheio de memórias. Documentarista, filmou a trilogia histórica composta de: *1930 – tempo de revolução* (1990); *32 – a guerra civil* (1993) e *35 – o assalto ao poder* (2002). Forte reconstituição de período turbulento da história do Brasil, mostra a maturidade de Escorel como documentarista, com narrativa de ritmo ágil, através da utilização intensiva de material de arquivo e entrevistas. Ainda em 1993, fez o vídeo de longa metragem *Ulysses Cidadão*, sobre a figura política de Ulysses Guimarães. Dirigiu novo curta, *Século XVIII: a colônia dourada* (1994), abordando a descoberta do ouro nas Minas Gerais, que transferiu o centro econômico do Nordeste para aquele estado. Foi vinculado ao Cinema Novo e aos cineastas do movimento, com quem colaborou em filmes-chave da filmografia nacional. Inicialmente comandou a moviola em *O padre e a moça*, de Joaquim Pedro de Andrade*, e em *Terra em transe*, de Glauber Rocha*. Trabalhou em filmes de longa metragem de diretores estreantes, como *Cara a cara*, de Júlio Bressane, e *O bravo guerreiro*, de Gustavo Dahl*. Voltou a trabalhar com Glauber nas montagens de *O dragão da maldade contra o santo guerreiro*; *Der Leone Have Sept Cabezas* e *Cabezas cortadas*, quando o cineasta trabalhou com cores e estabeleceu contatos europeus. Também parceiro de Carlos Diegues, montou *Os herdeiros*, *Quando o carnaval chegar* e *Joana Francesa*. Voltou a trabalhar com Joaquim Pedro de Andrade em outras ocasiões, como em *Macunaíma*, adaptação da obra de Mário de Andrade, e *Os inconfidentes*, filme histórico no qual acumulou as funções de assistente de direção e roteirista. Montou ainda *Guerra conjugal*, extraído de contos de Dalton Trevisan, e o 4º episódio, 'Vereda tropical', de *Contos eróticos*. Montador de duas obras clássicas da cultura brasileira, as versões do romance homônimo de Graciliano Ramos em *São Bernardo* e do texto teatral homônimo de Gianfrancesco Guarnieri em *Eles não usam black-tie*, ambos sob direção de Leon Hirszman. Para o produtor-diretor Zelito Viana* montou

os episódios da comédia *O doce esporte do sexo*; *Os condenados*, versão do romance de Oswald de Andrade; o documentário *Terra dos índios*; e a biografia do maestro Heitor Villa-Lobos em *Villa-Lobos, uma vida de paixão*. Em diversas fontes de pesquisa, aparece creditado como diretor, junto com Luiz Carlos Barreto*, do documentário *Isto é Pelé* (1974), sobre o maior craque da história do futebol. Diretor eclético, estreou no longa-metragem com o sensível filme de época *Lição de amor*, baseado no romance *Amar, verbo intransitivo*, de Mário de Andrade. Convidado pelo produtor César Memolo Jr., filmou o episódio dramático 'O arremate', incluído em *Contos eróticos* e extraído do conto de Aécio Flávio Consolin. Fez também o policial *Ato de violência*. Montou documentário que se tornou clássico imediatamente, *Cabra marcado para morrer*, de Eduardo Coutinho. Foi também produtor executivo de *O fio da memória* (1989-1991), outro documentário de Coutinho. Junto com os iluminadores Lauro Escorel Filho e José Tadeu Ribeiro* fundou a produtora CINE FILMES (1982). A convite da dramaturga e encenadora Maria Clara Machado, foi diretor do infantil *Cavalinho azul*, baseado em peça teatral dela. Afastado durante muitos anos das salas de montagem por ter optado pela realização, montou *Fé*, de Ricardo Dias. Estabeleceu nova parceria, dessa vez com o diretor José Joffily*, para quem montou o documentário *Chamado de Deus*, o drama *Dois perdidos numa noite suja*, versão do texto teatral de Plínio Marcos, e o policial *Achados e perdidos*, tirado do *best-seller* de Luiz Alfredo Garcia-Roza. (LFM)

Na década de 2000, além de continuar sua carreira como montador, Escorel afirma-se como um dos principais documentaristas brasileiros em atividade. Com a retomada da produção documentária, encontra espaço para afirmar seu estilo em três longas que demonstram maturidade na direção: *Vocação do poder*, *Deixa que eu falo* e *O tempo e o lugar*. Eduardo tem uma carreira que atravessa os principais momentos do cinema brasileiro, constituindo-se numa espécie de monumento depositário de impressões vividas. O fato de não estar na primeira fila da realização nesse cinema histórico permite que atravesse todos os períodos um pouco nos bastidores e que na década de 2000, já protagonista, comece a fornecer depoimentos recheados de histórias de vida e experiências. Ao mesmo tempo, é uma pessoa de perfil polêmico, que não se furta a deixar claras suas opiniões, mesmo que estas não sejam congruentes com a ideologia dominante no

momento. Colaborador da revista *Piauí* com crítica de cinema, mantém um *blog* onde dá vazão a essa veia mais polemista.

Seu domínio da montagem cinematográfica o levou a participar das principais obras da filmografia moderna brasileira, como *Terra em transe*, *O dragão da maldade contra o santo guerreiro*, *Macunaíma*, *Os inconfidentes*, *São Bernardo*, *Eles não usam black-tie*, *Cabra marcado para morrer*, *Santiago*, apenas para ficar nos títulos mais expressivos. Através da listagem podemos constatar que Escorel esteve presente na cozinha – na formatação, se quiserem – de filmes-chave da história do cinema brasileiro. Além disso, apontando para sua futura carreira de diretor, dirigiu em 1975 uma pequena obra-prima intitulada *Lição de amor*. É indispensável que essa participação na formatação de obras centrais do cinema brasileiro contemporâneo seja indicada com o devido crédito e pensada sob perspectiva autoral. Quem faz cinema, quem dirige, e entende o que é montar, sabe da importância do montador na concepção geral da obra, lado a lado com o diretor no estabelecimento do ritmo e na formatação narrativa do filme. Nos anos 2000, Escorel estabelece uma espécie de redirecionamento de sua carreira, aprofundando elementos, já presentes anteriormente, que adquirem nova dimensão. O trabalho de engenharia, de estruturador/compositor de obras-primas do cinema brasileiro fica para trás. A profissão de montador sai do primeiro plano para abrir espaço à atividade de diretor de documentários. Embora o ofício de dirigir filmes seja algo que domine desde cedo, é a partir dos anos 80, e certamente sob influência do trabalho desenvolvido na estruturação do difuso material de *Cabra marcado para morrer*, que Escorel irá aprofundar o perfil de diretor de documentários. Na maturidade sexagenária assume a direção de três longas-metragens documentários, praticamente na sequência, *Vocação do poder* (2005), *Deixa que eu falo* (2006) e *O tempo e o lugar* (2008) e caminha para a conclusão da trilogia histórica, acrescendo ao trio o período do Estado Novo com "As imagens do Estado Novo" (título provisório).

Escorel afirma-se hoje como um dos principais documentaristas brasileiros, compondo, com Salles* e Coutinho, a trinca de ferro que, dos estúdios da VIDEO-FILMES, constituiu o núcleo mais criativo da produção documentária brasileira dos anos 2000. Já nos anos 90, Escorel envereda para uma carreira produtiva de documentarista com a direção da trilogia histórica mencionada: *1930 – tempo de revolução* (1990, média); *32 – a guerra civil* (1993, média) e *35 – o assalto ao poder* (2002, longa). São filmes realizados dentro de contextos de produção diferenciados, alguns a partir de demandas próprias ao formato televisivo, mostrando um documentarista ciente dos recursos do gênero e capaz de utilizá-los com criatividade. O padrão clássico do documentário histórico encontra na trilogia um momento alto, o que não deve ser visto como coisa menor. Alternando voz *over*, bom levantamento de material de arquivo, entrevistas/depoimentos recortados com precisão, trilha sonora bem pontuada, Escorel escolheu uma boa equipe de colaboradores para a produção e outro time forte de historiadores e jornalistas para os depoimentos (Boris Fausto, Paulo Sergio Pinheiro, Sergio Augusto, José Murilo de Carvalho, Marly Vianna, André Singer, André Klotzel*, Fernando Morais, William Waak, entre outros). O resultado é um momento alto do documentário brasileiro, permitindo uma reflexão arejada sobre momentos fundamentais de nossa história, longe do sectarismo político de esquerda ou direita. Escorel respira com facilidade o documentário político e navega em águas polêmicas. Sua prática de montador permite o aproveitamento delicado de material histórico e o corte preciso dos depoimentos, na conformação narrativa documentária. Como documentarista, seu trabalho recai predominantemente sobre personalidades ou movimentos sociais de dimensão diretamente política, no sentido em que essa palavra designa luta pelo poder dentro da sociedade. Escorel possui estilo clássico. Seu trabalho de documentarista costuma passar ao largo da elegia dos temas da subjetividade que dominam o documentário brasileiro esclarecido. Apesar da proximidade com Coutinho e, principalmente, Salles, seu cinema, como diretor, não deve ser pensado em linha de continuidade com ambos. Escorel é um diretor mais tradicional em suas opções formais e temáticas e parece não nutrir muitos complexos por isso. Em entrevistas, advoga a utilização com mais desenvoltura da voz *over* fora de campo, ou procedimentos ilustrativos imagem/som, algo de que documentaristas engajados na estilística reflexiva da década de 2000 buscam manter distância (ao menos na intenção).

Vocação do poder é seu primeiro longa da década de 2000, definindo um projeto com cores mais autorais, que se distancia do documentário histórico com material de arquivo no qual trabalha ainda em 2002 com *35 – o assalto ao poder. Vocação* é um projeto desenvolvido a quatro mãos com José Joffily. Teve origem na mesa de montagem de *O chamado de Deus,* longa documentário de Joffily sobre a vocação religiosa, montado por Escorel. Ao lidarem com o material retratando a escolha da vida celibatária e a dedicação à ideia de divindade, surgiu a proposta de realizarem algo similar com a atração, ou a vocação, pelo poder e pela política. O objetivo era filmar já na eleição de 2000, mas a organização da produção acabou levando a realização para 2004. A antropóloga e cientista política Karina Kuschnir, estudiosa da vida política do Rio de Janeiro, conduziu os bastidores abrindo algumas veredas para serem exploradas. A ideia nuclear do documentário consiste em seguir cotidianamente seis candidatos a vereador pela cidade do Rio de Janeiro, entre final de abril e início de outubro de 2004, retratando, no calor da hora, em estilo direto, a campanha eleitoral. A inspiração do cinema direto é a mesma do trabalho de Coutinho e Salles na eleição de Lula em 2002, mostrando a sinergia da trinca. Foram formadas duas equipes, uma dirigida por Joffily, outra por Escorel, que seguiram os candidatos. No dia da eleição foram compostas seis equipes para o acompanhamento próximo de cada um dos retratados. O perfil de *Vocação do poder* distingue-se bastante dos documentários anteriores de Escorel, mostrando a influência do documentário de personagens no cinema brasileiro dos anos 2000. Trata-se de documentário em que cada um dos retratados é explorado em ações cotidianas, de modo a enfatizar um tipo ou uma personalidade. No final temos seis tipos bem marcados, construídos através de personalidades que vão se compondo a partir de ações, ou depoimentos, escolhidos e montados com esse objetivo. Emerge então o personagem candidato evangélico, o politicamente consciente de esquerda, o mauricinho de direita, o situacionista que defende Cesar Maia, o assistencialista, etc. As duas equipes e as equipes do dia da eleição coletaram mais de noventa horas de filmagem, entregues ao talento estruturador de Escorel (que divide a montagem com José Joffily e Fernanda Rondon) para extrair desse material um filme. A estrutura narrativa escolhida sustenta-se e o resultado é um painel consistente da política brasileira. Com *Vocação do poder*, Escorel antena-se a seu tempo, passando a atuar em sintonia com as tendências mais fortes do documentário brasileiro contemporâneo. Seu perfil mais clássico abre-se para uma forma narrativa documentária que ainda não havia experimentado, na qual consegue operar relativamente à vontade. Mas Escorel é antes de tudo um montador e fica claro que está mais à vontade em casa, no estúdio, lidando com material de arquivo e depoimentos tomados em locações fechadas.

É nesse sentido que cabe considerar *O tempo e o lugar* como uma obra diferenciada em sua filmografia. Inicialmente por se tratar de um projeto essencialmente pessoal, dentro de uma carreira marcada pela característica de criar em conjunto. Dentro de seus trabalhos documentários, esse é o filme mais essencialmente seu. É aquele em que esteve envolvido sozinho desde o início e assim o levou até o final. Seguindo a tendência dominante no documentário brasileiro dos anos 2000, *O tempo e o lugar* é um documentário de personagem e um personagem descoberto, nutrido, valorizado e construído por Escorel, contra raios e trovoadas. O filme centra-se na figura de Genivaldo Vieira da Silva, agricultor nordestino com história de vida particular. Sua trajetória não coincide com o destino miserável da massa camponesa do campo nordestino, nem serve como modelo para exaltação de líder social, ao estilo do gosto dominante no documentário brasileiro contemporâneo. Genivaldo é um verdadeiro *self-made man*, que fez a vida ao seu jeito, aproveitando as oportunidades que se apresentaram, de acordo com seu temperamento independente pouco afeito a cabrestos. Em sua maturidade, quando o filme o encontra, é um pequeno proprietário bem-sucedido, com liderança e influência política na cidade em que habita. A proposta do documentário de Escorel é simples, mostrando proximidade com o modelo criado e trabalhado mais a fundo por Coutinho. Trata-se de localizar uma personalidade marcante e explorá-la, a partir da forma narrativa documentária, de modo a transformá-la em personagem. Escorel dá conta do desafio com talento, nada deixando a dever ao mestre. Introduz uma variante mais clássica que dá voltagem aos contornos do sujeito figurado. Coutinho é mais engenheiro e ascético; Escorel derrama-se na figuração de seu eleito, que aparece mais à vontade, com material audiovisual mais solto lhe compondo a figura. O ascetismo de Coutinho corresponde a uma concepção formal do documentário que vai ao encontro do gosto da crítica contemporânea e suas demandas reflexivas à enunciação documentária. O estilo de Escorel é mais leve e solto, o que pode provocar certo distanciamento entre sua obra e essa crítica que tem como norte realçar as modalidades da subjetividade na enunciação discursiva.

O tempo e o lugar é um documentário que provocou polêmica por retratar de modo positivo uma figura que se distancia do tipo de figura modular que a classe média brasileira elegeu como passível de valorização. Genivaldo da Silva é uma Elizabeth Teixeira que parte da mesma origem, mas faz uma caminhada distinta. Ambos possuem trajetória significativa, embora, no segundo caso, a personagem esteja em sintonia com o modelo que se tornou arquétipo valorizado para o grupo político que chega ao poder no Brasil na década de 2000. A estranheza, no caso de Genivaldo, refere-se ao fato de que, apesar de ter flertado com partidos políticos como o PT, modelos de ação social como o da Igreja da Teologia da Libertação e o MST, acaba optando por buscar sucesso num estilo de realização pessoal regado a individualismo e voltado para o enriquecimento. Nada de extraordinário, mas singular o suficiente para provocar polêmica. Genivaldo é bisneto de coiteiros de Lampião e seu percurso no século XX repete uma saga particular do próprio povo nordestino, em paralelo a outros personagens marcantes construídos por nosso documentarismo recente.

Outro ponto que chocou a plateia, quando da exibição do filme em 2008, foi a rivalidade e o conflito entre Genivaldo e Claudemir, seu filho mais velho, em oposição ao irmão Clobes, que se posiciona do lado do pai. Em uma sociedade fortemente estruturada a partir de laços familiares e de amizade (o Brasil gentil), impressiona a representação, em estilo narrativo direto, de um conflito familiar. A cizânia familiar, e ainda mais o conflito de posição política entre pai e filho, cria uma espécie de curto-circuito nos mecanismos de identificação do espectador de classe média, que não consegue estabelecer uma relação de empatia tranquilizadora com o personagem que a narrativa constrói. No documentário de personagens, desenvolvemos mecanismos de identificação próximos aos do filme de ficção e fica difícil lidarmos com personalidades ambíguas, que fogem aos padrões mais claros de simpatia e antipatia. Seguindo essa percepção, a recepção do filme foi bastante polêmica e intensos debates são provocados quando de sua exibição.

Escorel descobre Genivaldo pela primeira vez em 1996, na cidade de Inhapi, Alagoas, quando realizava um episódio para a série Gente Que Faz, exibida aos sábados, durante anos, na televisão brasileira, com patrocínio do antigo Banco Bamerindus. Bons cineastas brasileiros estiveram envolvidos nessa série e Escorel foi um deles. Ao retratar Genivaldo num desses episódios, impressionou-se com a história de vida do agricultor. Com intuição de documentarista, pressentiu o filme futuro e a potencialidade para a construção de um personagem significativo do povo brasileiro. Na época gravou um depoimento em cassete de áudio que acabou ficando esquecido. Com as evoluções que o documentário brasileiro tomou na década de 2000, certamente a figura de Genivaldo deve ter retornado inúmeras vezes à cabeça de Escorel, que o conseguiu localizar novamente em 2005. Nesse segundo encontro, ainda estava esboçando o roteiro para um filme de ficção que acaba não acontecendo. Toma um segundo depoimento, já com imagens, que seria aproveitado na versão final do filme. Finalmente, em 2007, volta a Alagoas, onze anos após o contato inicial, para filmar de modo mais extenso Genivaldo e sua família, permanecendo no local três semanas.

O terceiro longa dirigido por Escorel na década de 2000 foi realizado com material de arquivo de seu colega de geração Leon Hirszman, intitulando-se Deixa que eu falo (2006). Trata-se de filme pessoal e memorialístico, sobre um cineasta que faleceu antes da hora e deixou saudades. Escorel teve acesso a material inédito, inclusive o último plano filmado por Leon, e nos mostra o cineasta em plena atividade, tendo a carreira interrompida no auge de seu processo criativo. O filme transborda de vitalidade, com a presença intensa de Leon saindo por todos os poros da imagem. Escorel percorre a carreira do amigo através das imagens de seus filmes e do material inédito que deixou. Sentimos o documentarista à vontade em seu meio (a mesa de montagem) com uma liberdade para improvisar carrregada de emotividade. O documentário faz jus à obra de seu inspirador, constituindo uma bela homenagem. Encontra-se distribuído como bônus juntamente com a caixa CD intitulada "Leon Hirszman 1-2", que traz os longas Eles não usam black-tie e ABC da greve.

Ainda na primeira metade da década de 90, alguns filmes são significativos do trabalho estilístico de Escorel como documentarista arquiteto que sabe estruturar material de arquivo: Rondon – o sentimento da terra, de 1992; Ulysses Cidadão, de 1993, e O barão, de 1995. São filmes que retratam personalidades-chave de nossa história e que têm sua estrutura articulada a partir do uso de imagens tomadas por terceiros, compostas narrativamente em novo contexto para delinear personalidades. Também no mesmo estilo e da mesma época (1994) é Século XVIII: a colônia dourada. Um panorama da carreira de crítico de Escorel, antes da eclosão do veio crítico no final de década de 2000, pode ser encontrada no livro Adivinhadores de água, publicado em 2005. Nele encontramos testemunhos, sempre carregados de memória, e também algumas tentativas, pouco afiadas, de se tentar pensar teoricamente a prática do documentário. Escorel é também responsável por um curso de pós-graduação lato sensu em documentário, ministrado na Fundação Getulio Vargas do Rio de Janeiro. (FPR)

ESCOREL, Lauro (Lauro Escorel de Moraes Filho) – Washington, EUA, 1950. Fotógrafo.

FILMOGRAFIA: 1971 – São Bernardo. 1973 – Toda nudez será castigada; Queridos companheiros (produção estrangeira). 1975 – O rei da noite. 1976 – Morte e vida severina. 1977 – Lúcio Flávio, o passageiro da agonia; Mar de rosas; Coronel Delmiro Gouveia. 1978 – Amor bandido. 1979 – Bye Bye Brasil. 1979-1980 – Ato de violência; Prova de fogo. 1981 – Eles não usam black-tie. 1983 – Quilombo. 1984 – Eu sei que vou te amar. 1985 – Sonho sem fim (dir.).1987 – Ironweed (produção estrangeira). 1988-1989 – Dias melhores virão. 1990 – Brincando nos campos do Senhor (produção estrangeira). 1992 – Indecency (produção estrangeira). 1993 – Dangerous Heart (produção estrangeira); I´ll Fly Away (produção estrangeira). 1994 – Amélia Earhart: The Final Flight (produção estrangeira). 1995 – Stuart Saves his Family (produção estrangeira); Voices from a Locked Room (produção estrangeira). 1996 – Critical Choices (produção estrangeira). 1997-1998 – Coração iluminado. 1999-2001 – O xangô de Baker Street. 2001 – Domésticas, o filme; Uma vida em segredo. 2003 – Acquaria. 2005 – Jogo subterrâneo; Vinicius de Moraes. 2006 – Irma Vap – o retorno; O maior amor do mundo; Batismo de sangue. 2008 – A casa da Mãe Joana. 2009 – O contador de histórias. 2010 – A suprema felicidade.

Filho de diplomata, irmão mais novo do diretor e montador Eduardo Escorel*, Lauro Escorel Filho nasceu enquanto o pai estava no posto em Washington, em 1950. Começa como fotógrafo dos curtas-metragens A falência (de Rogério Duarte, 1967) e A gafieira (de Gerson Tavares, 1968) e assistente de câmera do longa Tostão, a fera de ouro (de Ricardo Gomes Leite e Paulo Laender, 1970). Trabalha como assistente dos dois melhores profissionais da fotografia formados até então pelo Cinema Novo*: Dib Lutfi* (em *A catástrofe de Peter Fleischmann*, 1970) e Affonso Beato* (*O homem das estrelas*, de Jean-Daniel Pollet, 1971). Apesar de uma curta experiência, Lauro Escorel assume a direção de fotografia de *São Bernardo* e consegue satisfazer às exigências de rigor numa filmagem difícil. Em condições bem melhores, volta a trabalhar com Leon Hirszman* em *Eles não usam black-tie*. Outros diretores do Cinema Novo solicitam sua competência: Arnaldo Jabor* (*Toda nudez será castigada, Eu sei que vou te amar*), Carlos Diegues* (*Bye Bye Brasil, Quilombo, Dias melhores virão*), além de Zelito Viana* (*Morte e vida severina*) e Geraldo Sarno* (*Coronel Delmiro Gouveia*). Lauro Escorel pertence à geração formada intelectualmente durante o auge do Cinema Novo, naturalmente ligado aos cineastas que começam na década de 70. Trabalha nos primeiros longas-metragens de Ana Carolina* (*Mar de rosas*) e Marco Altberg* (*Prova de fogo*), em filmes de Bruno Barreto* (*Amor bandido*) e do próprio irmão Eduardo Escorel (*Ato de violência*). Acompanha boa parte da carreira de Hector Babenco*, desde *O rei da noite* e *Lúcio Flávio, o passageiro da agonia*: vai com o cineasta aos Estados Unidos para fotografar *Ironweed*, numa filmagem em que são os dois únicos brasileiros de uma equipe inteiramente hollywoodiana. Volta com Babenco e demonstra seu talento na produção americana *Brincando nos campos do Senhor*, filmada na Amazônia. Durante a crise do cinema brasileiro da década de 90, procura trabalho na indústria norte-americana. Regressa para colaborar mais uma vez com Babenco no seu autobiográfico *Coração iluminado*, filmado na Argentina. Lauro Escorel mostra que é capaz de captar a luz das paisagens mais diferentes, de iluminar com a mesma pertinência as mais diversas atmosferas e situações. Para o mesmo diretor, sua trajetória exibe estilos fotográficos bem afastados, segundo a necessidade de cada filme, além de se adaptar ao esquema de produção do momento. Está à vontade nos exteriores de *Bye Bye Brasil*, assim como no cenário proliferante de *Eu sei que vou te amar*, no passado mítico de *Quilombo* e nos dramas contemporâneos, como *Eles não usam black-tie*. Paralelamente à profissão de fotógrafo, Lauro Escorel aborda a direção. No Peru, dirige o curta *Teatro de la Calle* (1974). No Brasil, filma os documentários *Os libertários* (1976) e *Arraes de volta* (1979). Seu primeiro e até o momento único longa-metragem como diretor, *Sonho sem fim* (1985), é duplamente interessante. Evoca um passado popular e utópico, descoberto no material de arquivo de *Os libertários* e nas pesquisas de Maria Rita Galvão. Além disso, enfoca um dos pioneiros do cinema nacional, Eduardo Abelim*, resgatando assim a dimensão artesanal do seu próprio meio de expressão. *Sonho sem fim* adota um tom romântico e bem-humorado, com uma primorosa ambientação nas paisagens do Sul do Brasil. A empatia com a época, a vontade de fixar ou lembrar o tempo que passa, alimentam a sensibilidade e o ofício de Lauro Escorel, um profissional brasileiro com gabarito internacional. (PAP) Depois de filmar no exterior no tempo da crise durante os anos 1990, retornou ao cinema brasileiro, quando voltou a trabalhar com antigos parceiros, como os diretores Hector Babenco (*Coração iluminado*); Carlos Diegues (*O maior amor do mundo*) e Arnaldo Jabor (*A suprema felicidade*). Estabeleceu novas parcerias, com o cineasta Miguel Faria Jr.* (*O xangô de Baker Street* e *Vinicius de Moraes*) e realizadores de outras gerações. Nos anos 2000 tem carreira de maturidade, afirmando-se com um dos principais fotógrafos brasileiros.

ESPÍRITO SANTO

A cinematografia espírito-santense, em sua gênese, conta com um inventor: o relojoeiro Ludovico Percisi (1899-1944). Oriundo da cidade de Castelo, nos anos 20, inventou e patenteou, na Biblioteca Nacional (1927), um engenho cinematográfico que reunia as funções de filmar, revelar e projetar. Consta que, entre os filmes que dirigiu, está o primeiro *western* brasileiro. Engenho e criador ficaram no ostracismo, exceto pela realização, nos anos 70, do curta de Alex Viany*, *A máquina e o sonho*, produção do capixaba Ney Modenesi, que resgatou a epopeia do diretor e inventor. Em 1938, o espanhol Luiz González Batan filmou localidades turísticas de Vitória, capital do estado, assim como "momentos de família". Seu filho, Ramón Alvarado, recuperou algumas das imagens filmadas por seu pai que resultaram no filme, documentário, *Victória 1938*. Nos anos 60, Vitória, em consonância com o resto do país, vivia uma turbulência de ideias sociais, políticas e estéticas. Jovens de então realizaram um ciclo de curtas-metragens que durou da metade ao final da década. A bitola de 16 mm foi muito usada e o estímulo intelectual de seus realizadores superava as deficiências técnicas. Destacaram-se Antônio Carlos Neves, diretor de *Veia partida*, ganhador do prêmio de melhor fotografia para Ramón Alvarado, FESTIVAL JB-MESBLA, 1968.

Luiz Tadeu Teixeira, com *Ponto e vírgula*, 1969, selecionado para o FESTIVAL JB-MESBLA, encerra o ciclo. Outros diretores foram: Rubens Freitas Rocha, Paulo Torre e Luiz Lage. Desses realizadores, Antônio Carlos Neves volta a filmar, na década de 70, em 35 mm, mais quatro filmes. Pela TVE/ES dirigiu os *Telecontos capixabas* e foi premiado com o vídeo *Essa ilha é...*, no FESTIVAL DE TRIESTE (Itália). Ramón Alvarado, presente em todos os filmes do ciclo, posteriormente trabalhou como assistente de direção e diretor de fotografia em diversos longas-metragens. Como realizador de curtas dirigiu, entre outros, *O mastro do Bino Santo*, 35 mm, 1969-1971, sobre a festa folclórica do município da Serra, e *Frei Pedro Palácios*, filme histórico, 35 mm.

Cabe a Júlio César Monjardim o mérito de ter tido a maior e mais duradoura produtora profissional do Espírito Santo. Especializado em documentários, começou a filmar na década de 40. Realizou trabalhos jornalísticos, telejornais para a ATLÂNTIDA*, filmes institucionais, turísticos e até científicos, como documentários sobre cirurgia plástica. A atividade de sua produtora só cessou nos anos 70, merecendo o louvor de ser a mais bem-sucedida experiência profissional do estado. Se a década de 70 foi marcada pelo fim das utopias e tem como característica a aridez das ideias e projetos, em Vitória houve uma exceção: o cineasta Sérgio de Medeiros. Sérgio realiza filmes há mais de duas décadas. Conseguiu montar equipes com orçamentos exíguos. Sempre fez exibições públicas e teve até seu filme *Sinais de fascismo*, longa, Super-8*, 1978, apreendido por falta de certificado de censura, documento obrigatório na época. O cineasta também foi ator em outros filmes de Super-8, entre 1976-1978. Fez a fotografia do longa, Super-8, *Um minuto, uma hora... sua vida*, de Walter A. Abreu. Em vídeo dirigiu *Refluxo*, 1986, *Diga adeus a Lorna Love*, 1988, e o longa *Fuga de Canaã*, 1991. Depois, em 35 mm, dirigiu *Rito de passagem*, 1996, e *O amor e o humor na música brasileira dos séculos XVIII e XIX*, 1998, cujo roteiro foi vencedor no PRIMEIRO CONCURSO DE PREMIAÇÃO CINEMATOGRÁFICA DE CURTA-METRAGEM do Ministério da Cultura, 1997.

Orlando Bonfim, radicado no Espírito Santo, é um dos artífices mais respeitados do cinedocumentário nacional. Teve a iniciativa de revelar aspectos pouco conhecidos da cultura capixaba, rica na diversidade de seus elementos. Mostrou a imigração italiana, em Santa Teresa, no filme *Tutti, tutti buona gente*, 35 mm, prêmio

CORUJA DE OURO, troféu HUMBERTO MAURO, prêmio 1976 MEC-EMBRAFILME. Também foi convidado para participar em festivais na Rússia, Alemanha e San Sebastian (Espanha). Filmou *Guainumbi* (1979), sobre Augusto Ruschi, o grande pesquisador dos beija-flores. Em *Canto para liberdade*, mostra a Festa do Ticumbi. *Mestre Pedro de Aurora* enfoca o último mestre de jongo, do sertão norte do estado. *Dos Reis Magos dos Tupiniquins*, curta, 35 mm, 1984-1985, revela a presença dos jesuítas em Nova Almeida e a cultura negra na região, registrando a última construção jesuíta original do Brasil, a Igreja dos Reis Magos, feita com mão de obra indígena. Em *As paneleiras do barro* (1983, 52 min), vemos as artesãs das panelas de barro, herança cultural indígena e utensílio típico da culinária capixaba. Seu filme *Itaúnas, desastre ecológico*, que mostra o desaparecimento de uma vila causado pelo desmatamento à beira-mar, de parte da Mata Atlântica, ganhou o primeiro prêmio do FESTIVAL DE BRASÍLIA. Amylton de Almeida (1946-1995) foi jornalista, romancista, contista, autor teatral, mas ficou conhecido do público principalmente como crítico de cinema, *videomaker* e cineasta. Dirigiu *São Sebastião dos boêmios*, 1976, 16 mm; *O último quilombo*, 1980; *Lugar de toda pobreza*, vídeo, 1983; *Piúma: concha*, 1988, vídeo; *Nasce uma cidade*, 1989, vídeo; *Incêndio nas mentes*, 1990, vídeo; *Cupido no ar*, 1992, vídeo. Produzido pelo polo de cinema capixaba, Amylton realizou o longa, em 35 mm, *O amor está no ar*, que recebeu o prêmio de melhor atriz em GRAMADO 1997, para Eliane Giardini. O diretor faleceu após o término das filmagens. Podemos mencionar ainda outras produções capixabas: *Receita artesanal*, curta, anos 80, produzido pelo Departamento Estadual de Cultura, dirigido por Douglas Lynch, prêmio de melhor documentário, no FESTRIO 1987; *Balduíno*, vídeo de Cloves Mendes, premiado no FESTIVAL DE TRIESTE; *Passo a passo com as estrelas*, 16 mm, preto e branco, de Marcel Cordeiro, premiado no FESTIVAL DE BENÁRIO (Itália); do mesmo Marcel Cordeiro, *Flora*, prêmio de melhor atriz, Regina Braga, no XIII RIO CINE FESTIVAL. Luiza Lubiana recebeu com *Sacramento* menção honrosa em 1995 na MOSTRA DE CINEMA E VÍDEO DE VITÓRIA, e com *A lenda de Protner*, 16 mm, colorido, a cineasta ganha o prêmio de diretor-revelação no FESTIVAL DE CUIABÁ em 1996. Ronaldo Barbosa, produtor e diretor do vídeo *Arte graúna barroca*, ganhou, em 1990, os prêmios de melhor ví-

deoarte no FESTVÍDEO FESTIVAL, Canela, RS; melhor vídeo experimental RIOCINE FESTIVAL, RJ; prêmio especial VÍDEO BRASIL 8TH FOTOPTICA INTERNATIONAL VIDEO FESTIVAL, SP, e finalista do XIII INTERNATIONAL FILM 8 FESTIVAL OF NEW YORK, EUA.

Certos atributos levaram o Espírito Santo a sediar a realização de diversos filmes: presença do mar e da montanha com belas locações naturais, proximidade com Rio de Janeiro e São Paulo e apoio que os governos municipais e estaduais sempre deram às produções de cinema. Algumas vezes esse apoio chegou a incluir o próprio financiamento. Nos anos 70 começaram as filmagens em terras capixabas. Jece Valadão*, criado em Cachoeiro de Itapemirim mas radicado no Rio de Janeiro, filma, com ajuda governamental, *O vale do Canaã*, e, em 1973, filma, em Castelo, *Obsessão*. William Cobbett e José Regattieri filmam *Vida de Cristo*, com Fernanda Montenegro*. O capixaba Paulo Thiago* realiza *Sagarana: o duelo*. Carlo Mossy* produz *As mulheres querem prova*, direção de Cláudio MacDowel. Fauzi Mansur* faz *A ilha dos paqueras*, com Renato Aragão* e Dedé Santana*. J. B. Tanko* rodou *O rally da juventude*. Em 1977, outro capixaba, Joel Barcelos*, filma *Paraíso no inferno*. *Memórias da siderurgia*, de Sílvio Tendler*, tem locações mostrando as indústrias Companhia Siderúrgica de Tubarão (CST) e Companhia Ferro e Aço de Vitória (COFAVI). Em Guarapari, 1981, Iberê Cavalcanti dirige *Veias abertas*, prêmio no FESTRIO, 1982. Para intensificar a produção, o Banco de Desenvolvimento do Espírito Santo (Bandes) cria financiamento para produção cinematográfica. Os filmes, longas-metragens, que resultaram desse crédito financeiro foram: *O amor está no ar*, de Amylton de Almeida; *Lamarca, coração em chamas*, de Sérgio Rezende*; *Fica comigo*, de Tizuka Yamasaki*; e *Vagas para moças de fino trato*, de Paulo Thiago. A linha de crédito findou, pois os filmes não deram o retorno financeiro previsto. Mas continua o apoio dado pelo governo ao cinema, fornecendo infraestrutura para outras produções no Espírito Santo. (WA) Nos anos 2000 foram realizados vários filmes curtos e apenas um longa-metragem, *Morte para uma mulata* (2002), do diretor estreante Marcel Cordeiro.

ESTRELA, Nonato (Raimundo Nonato Estrela Filho) – Teresina, PI, 1953. Fotógrafo.

FILMOGRAFIA: 1977 – *Paraíso no inferno*. 1985 – *Rock estrela*. 1987 – *Os fantasmas trapalhões*; *Leila Diniz*; *Sexo frágil*; *Super Xuxa contra o Baixo Astral*. 1987-

1988 – *O grande mentecapto*. 1988 – *Os heróis trapalhões, uma aventura na selva*; *O casamento dos Trapalhões*; *Deus é um fogo*. 1989 – *A princesa Xuxa e Os Trapalhões*; *Os Trapalhões na terra dos monstros*. 1991 – *A viagem de volta*; *A maldição do Sanpaku*; *Gaúcho negro*. 1994-1995 – *Todos os corações do mundo* (produção estrangeira). 1995 – *As meninas*. 1995-1996 – *Quem matou Pixote?*. 1996 – *O homem nu*. 1998 – *Zoando na TV*. 1999 – *O Trapalhão e a luz azul*. 1999-2000 – *Condenado à liberdade*. 2000 – *Chamado de Deus*. 2002 – *Dois perdidos numa noite suja*. 2002-2003 – *Apolônio Brasil, campeão da alegria*. 2005 – *Achados e perdidos*; *Depois daquele baile*. 2006 – *Muito gelo e dois dedos d'água*. 2007 – *Primo Basílio*; *Sem controle*. 2008 – *Se eu fosse você 2*. 2009 – *Divã*; *Olhos azuis*; *Histórias de amor duram 90 minutos*. 2009-2010 – *Chico Xavier*.

Pertencente à última geração de fotógrafos do cinema brasileiro surgida na década de 80, da qual participam, entre outros, Walter Carvalho*, Pedro Farkas*, Antônio Luiz Mendes e José Tadeu Ribeiro*. Foi responsável pela fotografia de curtas-metragens e do longa-metragem *Paraíso no inferno*, dirigido pelo ator Joel Barcelos*. Diretor do curta *Caieiras velhas* (1979), em parceria com Ney Sant'anna. A partir de 1980, atua em vários filmes cariocas, na função de assistente e depois como operador de câmera, quando faz seu aprendizado trabalhando com diferentes iluminadores e principalmente com Edgar Moura*. Desde 1985, vincula-se ao cinema de molde mais comercial, fotografando as fitas infantis dos Trapalhões*, comédias românticas e musicais. Na década de 90 trabalha em obras de maior ambição artística, fotografando para os diretores Emiliano Ribeiro (*A viagem de volta* e *As meninas*) e José Joffily* (*A maldição do Sanpaku* e *Quem matou Pixote?*). É um dos fotógrafos do documentário da Copa do Mundo de 1994, *Todos os corações do mundo*, dirigido por Murilo Salles*. Nos anos 2000 afirma-se como um dos principais fotógrafos brasileiros, com ampla filmografia. Estabelece boa parceria com o diretor Daniel Filho*, tendo fotografado filmes de diretores estreantes como Roberto Bomtempo* (*Depois daquele baile*), Cris d'Amato (*Sem controle*) e Paulo Halm (*Histórias de amor duram apenas 90 minutos*). (LFM)

EXIBIÇÃO

A primeira tecnologia de exibição cinematográfica que aportou no Brasil foi o quinetoscópio de Edison, importado por Frederico Figner, cuja apresentação aconteceu no Rio de Janeiro em dezembro de 1894. No entanto, oficialmente, a primeira exibição cinematográfica no país data de 8 de julho de 1896, portanto, poucos meses após a exibição histórica dos irmãos Lumière. Essa projeção realizou-se na rua do Ouvidor, 57. Na fase inicial, os equipamentos de exibição eram importados diretamente das matrizes estrangeiras e somente em um segundo momento constituíram-se os representantes das firmas francesas, italianas e americanas. No início, entre 1896 e 1907, a exibição era predominantemente ambulante. O nomadismo foi a principal característica comercial da primeira década da exibição cinematográfica. Como não havia um público formado para o consumo do cinema, um mercado exibidor propriamente dito, a exibição cinematográfica fica restrita a apresentações esporádicas, normalmente em lugares públicos como cafés, quermesses, recepções públicas e em parques de diversões. Essas exibições foram as sementes da formação do mercado cinematográfico brasileiro, tendo o mérito de popularizar a atividade através de preços de ingressos mais acessíveis, ao contrário do que acontecia nos teatros ou salas fechadas, onde os preços eram proibitivos para a maioria da população brasileira. No ano de 1897, várias localidades brasileiras tiveram a presença da novidade das imagens em movimento, como Juiz de Fora, Curitiba e Salvador. Em 31 de julho, é inaugurado o Salão de Novidades Paris, no Rio de Janeiro, a primeira sala a manter uma programação regular de exibição cinematográfica, mas não exclusivamente. Os seus proprietários, Paschoal Segreto* e José Roberto Cunha Sales, são, portanto, os pioneiros da exibição sedentária no Brasil. O primeiro exibidor e produtor a consolidar uma linha de produção de filmes foi o pioneiro Segreto, cujos filmes eram "enquadrados" pelo seu irmão Afonso Segreto* que, como operador cinematográfico, registra inúmeros eventos da época, como *Círculo Operário Italiano*, *Dança de um baiano*, *Maxixe no outro mundo*, *As festas da Penha*, etc.

Na passagem do século XIX para o XX, outros tantos exibidores também se aventuraram na produção de filmes. Esses filmes curtos eram exibidos nas próprias salas dos exibidores e produtores. Esse esboço de verticalização, ainda que incipiente, não se tornaria a repetir com a mesma intensidade ao longo da trajetória do cinema brasileiro. Os filmes, de um rolo apenas, muitos de encomenda, cobriam eventos sociais ou políticos dos mais va-

riados. Em 1902, presenciam-se algumas evoluções nas técnicas de exibição com os primeiros filmes cantantes no Rio de Janeiro. Os cantantes, que combinavam exibição cinematográfica e discos executados por fonógrafos, foram de fato os primeiros brasileiros bem-sucedidos comercialmente. No ano de 1906, um filme de três rolos, *Os estranguladores,* de Francisco Marzullo, é a primeira produção a obter significativo retorno de público na história do cinema brasileiro. *Os estranguladores* foi responsável pela criação de um filão cinematográfico: o de filmes baseados em crimes hediondos de grande repercussão. Depois viriam ainda *O crime da mala*, *Os estranguladores* (segunda versão), entre outros. Era o período da bela época, quando os filmes brasileiros, produzidos principalmente no Rio de Janeiro, encontravam ainda canais naturais de exibição e os produtores eram rotineiramente também exibidores ou associados a eles. Em 1907, inicia-se a consolidação da exibição sedentária em São Paulo com a inauguração do TEATRO ELDORADO – a primeira sala fixa –, e depois seria a vez da abertura do BIJOU PALACE. Essas pioneiras salas de exibição apresentavam exclusivamente fitas cinematográficas, sendo ambas iniciativas do empresário Francisco Serrador*. No Rio de Janeiro a exibição cinematográfica encontra-se apoiada na expansão da rede elétrica da capital federal. Nesse período surge o CINE PATHÉ, da empresa Arnaldo & Companhia, que criaria um padrão europeu de exibição cinematográfica. Entre os sócios do CINE PATHÉ encontravam-se Marc e Júlio Ferrez*, distribuidores dos filmes e dos projetores da PATHÉ FRÈRES para o país. Em outras regiões encontravam-se alguns exibidores estabelecidos como Eduardo Hirtz (Porto Alegre), Aníbal Requião* (Paraná), Rubem Pinheiro Guimarães (Bahia), Francisco de Almeida Fleming* (Minas Gerais). Em uma década, entre 1897 e 1907, a produção cinematográfica brasileira foi expressiva, porém em número insuficiente para se manter um circuito de exibição que se encontrava em franca expansão. No ano de 1908, o exibidor Francisco Serrador une-se ao fotógrafo Alberto Botelho* iniciando a produção de uma série muito bem-sucedida de filmes cantantes. Nesses filmes, a técnica de exibição concretizava-se do seguinte modo: os atores posicionavam-se atrás da tela para que pudessem interpretar diálogos e cantar para a plateia presente. Em 1909, a produção brasileira de filmes atinge mais de cem títulos, a maioria filmes curtos de

um rolo. Alguns desses filmes exibidos acabaram conquistando a preferência popular, como *Dona Inês de Castro*, *Os milagres de santo Antônio*, *A cabana do pai Tomás*, etc. No entanto, *Viúva alegre*, dirigido pelo produtor e exibidor carioca William Auler*, é o filme recordista em exibições nesse ano, com mais de mil apresentações, somente na cidade do Rio de Janeiro, com as sessões sempre cheias. Uma consagração rara para qualquer filme brasileiro, isso numa época em que os filmes raramente ficavam em exibição por dois ou três dias consecutivos. Trata-se de um momento áureo para a exibição de uma obra brasileira, que passou a arrebanhar um público razoável tanto para as salas de exibição quanto para as exibições que ocorriam aleatoriamente em locais públicos. O filão do filme cantante permaneceu, tanto que *Paz e amor*, de William Auler, foi exibido com retorno de público muito acima da maioria das películas importadas. Nesses primeiros anos da cinematografia brasileira, outras categorias de filmes também passaram a atrair a atenção do público: os filmes religiosos e os filmes masculinos. Estes filmes eram dedicados exclusivamente a um público masculino adulto: alguns deles eram filmes científicos, como um parto e outros eram realmente pornográficos. Enquanto isso, os filmes religiosos contavam com excelente recepção de público e inspiraram a produção de filmes nacionais como *Os milagres de Nossa Senhora da Penha*, entre outros. Em Minas Gerais, o cineasta pioneiro Paulo Benedetti* faz uma versão sonora da ópera *O guarani*, em 1912, utilizando-se do recurso dos filmes cantantes. Nesse mesmo ano, no Rio de Janeiro, acontece a primeira interdição de exibição de um filme brasileiro: *A vida de João Cândido*, que foi considerado ofensivo pelos oficiais da Marinha brasileira, entre outros. A principal característica comercial da produção cinematográfica da bela época era a existência de uma certa solidariedade entre alguns exibidores e produtores. Essa solidariedade garantiu a sobrevivência de um ciclo de produção cinematográfica inédito no Brasil. Em 1912, no Rio de Janeiro, o empresário Bráulio Guidão inaugura o CINEMA AVENIDA, dedicado exclusivamente à exibição dos filmes americanos da VITAGRAPH. Nesse período, o Brasil vive a reorganização do seu mercado cinematográfico, tarefa que cabe aos distribuidores de filmes importados. Estatísticas do período afirmam que, entre 1896 e 1911, cerca de 30% dos filmes exibidos eram brasileiros, já entre 1907 e 1911 esse número teria chegado a 50% do total. Entre 1912 e 1913, a produção de filmes brasileiros começa a se restringir aos cinejornais, como Cine Jornal Brasil, de Alberto Botelho, Recreio Ideal Jornal, de Eduardo Hirtz, entre outros, que mantiveram acesa a produção e exibição do produto cinematográfico brasileiro.

A I Guerra Mundial será responsável por profundas mudanças no mercado cinematográfico exibidor brasileiro. Com a guerra veio a decadência do cinema europeu, que teve seus mercados externos limitados pela ação do conflito. Por outro lado, a produção cinematográfica ressente-se do escasseamento de películas virgens. A aliança perversa desses fatores acabou abrindo uma fenda para a penetração das empresas distribuidoras norte-americanas, que se instalaram definitivamente no território brasileiro. As consequências dessa nova situação logo se tornaram perceptíveis. Progressivamente, os exibidores foram se distanciando da atividade produtiva, tornando-se uma burguesia comercial. Esta que, historicamente, iria apoiar-se no filme impresso importado, dependendo dos acordos de distribuição para manter a atividade com baixo risco e custo moderado. Tradicionais exibidores e distribuidores tornaram-se apenas exibidores, como Serrador. Curiosamente, no ano de 1915, houve um grande salto da técnica de linguagem do cinema brasileiro, aparecendo produções mais empenhadas, baseadas em obras literárias, como Inocência, de Vittorio Capellaro*, e A moreninha, de Antônio Leal*. Nessa fase, a frequência às salas de exibição é estimulada por uma série de publicações, como Teatro e Filme, Paratodos, A Fita, Palcos e Telas, todas com informações sobre a produção cinematográfica em exibição no Brasil. Em 1920, começa-se a ter as primeiras estatísticas oficiais brasileiras sobre o mercado cinematográfico, período em que foram exibidos 1.295 filmes, dos quais 923 eram norte-americanos. A exibição brasileira encontra-se totalmente dominada pelas películas estrangeiras e, pela primeira vez, anuncia-se que no Congresso Nacional tramita um projeto que prevê a inclusão de um filme brasileiro por semana nos programas dos cinemas nacionais. No Rio de Janeiro, em 1922, durante as comemorações do centenário da Independência, foi apresentada uma MOSTRA DE FILMES BRASILEIROS, quando foram exibidas algumas obras desconhecidas do grande público, como o documentário de longa metragem No país das amazonas, de Silvino Santos*.

Com a exibição dos filmes nacionais praticamente restrita aos cinejornais, o cinema norte-americano encontra-se plenamente consolidado no mercado exibidor cinematográfico brasileiro. Em 1924 foram exibidos 1.477 filmes no Brasil; destes, 1.268 eram de procedência norte-americana, 86% do total de filmes exibidos no país. Em 23 de abril de 1925, o exibidor Serrador inaugura, no Rio de Janeiro, o CINE CAPITÓLIO, primeiro cinema do QUARTEIRÃO SERRADOR, local onde se perfilaram várias salas de exibição. A criação de corredores de exibição cinematográfica será depois copiada em várias localidades do país, ainda que não com o mesmo espírito e projeto do QUARTEIRÃO. Em 1926, estabelece-se no Rio de Janeiro o exibidor cinematográfico cearense Luiz Severiano Ribeiro, que, em curto período de tempo, tornar-se-á o maior exibidor do país. Em 1929, o filme Barro humano, direção de Adhemar Gonzaga*, seria considerado pela crítica o melhor filme do ano, consagrando-se como a maior bilheteria do cinema brasileiro até então. Em abril, a PARAMOUNT promoveu em São Paulo sessões com os filmes Alta traição e Anjo pecador, em que os atores falavam e cantavam com o som sincronizado pelo sistema de discos agora aperfeiçoado. No Rio de Janeiro, em 20 de junho, no PALÁCIO TEATRO estreou Melodia na Broadway, utilizando-se do sistema de som impresso na própria película cinematográfica – o MOVIETONE. A façanha coube ao incansável Serrador, que importara os equipamentos e os técnicos americanos da Western Electric para o Brasil. A febre dos falantes foi responsável pela importação de 165 unidades de som alemãs, contra 52 norte-americanas, em 1930. No Rio de Janeiro, Adhemar Gonzaga funda a CINÉDIA*, um estúdio onde era possível a realização de todas as etapas de produção de um filme, do roteiro à cópia final. O cinema sonoro brasileiro consolida-se com Coisas nossas, de Wallace Downey*, lançado em 30 de novembro de 1931, exibido no ELDORADO em São Paulo, com um sistema de discos mais aperfeiçoado. Outro pioneiro do sonoro é Paulo Benedetti*, realizador dos primeiros cineclipes brasileiros, que contavam com a participação de artistas como Bando dos Tangarás, João de Barro e Noel Rosa. Nessa fase houve um certo entusiasmo em relação ao cinema sonoro, entusiasmo que logo se mostrará falso: muitas salas de exibição tiveram de cerrar as suas portas pela incapacidade de operar o cinema sonoro, em virtude do alto custo necessário para se equipar uma sala. Na década de 1930, a atividade de exibição cinematográfica será controlada por dois empresários: Serrador e Severiano Ribeiro. A força desses exibidores reside, fundamentalmente, nas boas relações comerciais que mantêm com as empresas distribuidoras norte-americanas. Outro detalhe interessante está no fato de que as duas empresas controlavam os principais territórios cinematográficos do país: Rio de Janeiro e São Paulo. A partir de então, o mercado de exibição brasileiro passaria a ser dividido em áreas de influência. Essa concentração da exibição, que aparentemente deveria favorecer a projeção do filme nacional, revelar-se-á uma barreira praticamente intransponível. Até a produção de filmes curtos, mantenedora da pequena infraestrutura industrial do cinema brasileiro, também foi seriamente afetada por essa conjuntura. A dificuldade de exibição para o filme brasileiro, nesse período, pode ser atestada, por exemplo, pela carreira comercial do filme Limite, que conseguiu uma única exibição promovida pelo CHAPLIN CLUB*, em março de 1931, no CINE CAPITÓLIO, de propriedade da Empresa Serrador.

A busca por um espaço para o filme brasileiro nas telas dos cinemas obrigou nossos produtores a lutar por um lugar no mercado, utilizando-se da pressão corporativa que redundaria no Decreto nº 21.240, de 1932. O decreto, no seu artigo 13º, definia a obrigatoriedade de exibição de um filme de longa metragem por ano e a obrigatoriedade de exibição de um filme complementar para acompanhar a exibição de películas estrangeiras. O Decreto nº 21.240 criava também a taxa cinematográfica para educação popular que incidiria sobre o valor do ingresso vendido na bilheteria do cinema. O Brasil, em 1933, contabilizava 1.683 salas de exibição e, no ano seguinte, apenas 1.450. Ainda em 1933, Francisco Serrador e Adhemar Gonzaga assinaram contrato de exibição inédito entre um estúdio brasileiro (CINÉDIA) e um importante circuito de exibição cinematográfica. O filme objeto do contrato foi Ganga bruta, de Humberto Mauro*. Nessa fase, o mercado exibidor brasileiro já tinha se tornado bastante atraente, cada vez mais cobiçado pelas empresas produtoras e distribuidoras estrangeiras. Em 1935, o Brasil e os Estados Unidos assinaram acordo comercial que previa a livre circulação de filmes americanos em território brasileiro. Em 1936, o comércio cinematográfico nacional produzia uma receita bruta de US$ 8.000.000,00, e os filmes das empresas norte-americanas detinham 80% dessa receita da exibição cinematográfica no país. Com a construção, em São Paulo, do UFA PALACE, com capacidade para comportar 3.139 pessoas, o cinema alemão tenta rivalizar com o cinema americano, mas a vizinhança da II Guerra Mundial atrofia esse projeto. Em 1937, a MGM instala uma sala de exibição no Rio de Janeiro, adotando um novo padrão na exibição cinematográfica no país. Com a construção do CINE METRO, a exibição cinematográfica será renovada mais uma vez, a exemplo do que anteriormente Serrador o fizera. O METRO foi uma revolução na exibição cinematográfica brasileira sob todos os aspectos. Essa sala contava com ricos motivos arquitetônicos e decoração interna. Além do conforto das poltronas, houve a instalação de um pioneiro ar-condicionado. Outro fator de destaque do METRO era o atendimento diferenciado e a assepsia dos ambientes. Os técnicos envolvidos no projeto vieram diretamente da MGM norte-americana, e os principais materiais utilizados na construção e decoração da sala também foram importados. Presencia-se então o período áureo da construção dos palácios de cinema, salas modernas, com instalações caras e luxuosas. A grande maioria das empresas exibidoras brasileiras não possuía a capacidade de investimento dessas empresas (UFA e MGM), fazendo com que os exibidores brasileiros ficassem na retaguarda do processo, tentando copiar o padrão de exibição que essas empresas trouxeram ao país. Uma nova mudança legislativa acontece em 1939, quando é publicado o Decreto-lei nº 1.494, que obrigava a exibição de um filme de longa metragem de ficção em todas as salas de cinema localizadas em território brasileiro. A necessidade do Decreto-lei nº 1.494/39 foi devido ao fato de a redação do Decreto nº 21.240/32 ser dúbia no que se referia ao filme de longa metragem. Nesse momento, chegam ao Brasil os primeiros filmes importados do Japão, que passaram a ser exibidos regularmente para a colônia nipônica instalada no Brasil.

Em 1941, a crise campeia pelo mercado cinematográfico, com os exibidores e distribuidores impossibilitados de cumprir seus compromissos, gerando um momento de grande instabilidade, agravado pelo conflito mundial. O Departamento de Imprensa e Propaganda (DIP), em 1942, torna obrigatória a exibição dos seus cinejornais. Em um período de três anos (1941-1943), foram exibidos 1.231 filmes estrangeiros contra apenas onze filmes brasileiros. A produção, no mesmo período, alcançou dezesseis títulos. Em 23 de outubro de 1945, no Rio de Janeiro, é constituído o SINDICATO NACIONAL DAS EMPRESAS EXIBIDORAS, para proteger os interesses dos exibidores brasileiros. No ano de 1946, é publicado o Decreto nº 20.493, que amplia a proteção ao filme brasileiro, passando a obrigatoriedade de exibição para três filmes brasileiros de longa metragem por ano. Essa mudança legislativa ampliando a cota de exibição serve de estímulo direto para mais um processo de tentativa de industrialização do cinema brasileiro. Em 1946, os estúdios da CINÉDIA lançam o filme O ébrio, de Gilda Abreu*, um dos maiores sucessos da exibição cinematográfica brasileira de todos os tempos. Segundo a produtora, O ébrio, ao longo de sua carreira, teve uma tiragem de aproximadamente quinhentas cópias. Em algumas salas, o filme chegou a ficar até três meses consecutivos em exibição, um recorde para os padrões da época. Em 1947, percebendo que a exibição de filmes brasileiros poderia representar um bom negócio, o proprietário do maior circuito exibidor do país, Luiz Severiano Ribeiro Jr.*, adquire o controle acionário dos estúdios da ATLÂNTIDA*. Ribeiro Jr. verticalizou a produção do estúdio em todos os níveis, utilizando-se de laboratórios, gráficas próprias, além de manipular a distribuição e exibição. A exibição dos filmes de carnaval da ATLÂNTIDA mostrar-se-á um fenômeno imbatível perante os concorrentes. Nesse período, as empresas estrangeiras evitavam exibir os seus melhores filmes no período do lançamento dos filmes de carnaval. Também em 1947, a empresa estatal Películas Mexicanas (PELMEX) instala-se no Brasil, onde atuará na exibição e distribuição cinematográfica, engrossando o setor das empresas verticalizadas, além de trazer as cinematografias argentina e mexicana para o mercado brasileiro. Os "dramalhões", como eram conhecidas as produções da PELMEX, tiveram boa acolhida do público, e os mexicanos passariam a incomodar as distribuidoras norte-americanas com os seus melodramas recheados de sentimentalismo.

No final da década de 40 e toda a década de 50, o mercado cinematográfico estará em alta de público. No biênio 1952-1953 foram exibidos, no país, um total de 1.068 filmes estrangeiros. Essa exibição em massa do filme importado implicará uma grande fuga de divisas, num momento vital para a economia. A exibição de filmes importados representava uma sangria permanente de moeda forte, preocupando os grandes órgãos de comunicação da época, como a revista O Cruzeiro, que, em 7 de julho de 1948, publicava a seguinte manchete: "A batalha do cinema – novecentos milhões de cruzeiros fugindo anualmente do país – indústria de lucros colossais e esquecida pelo capital". A produção cinematográfica brasileira passa a ser estimulada pelas novas leis protecionistas, entrando em um ritmo mais intenso. Em 1948, dezesseis filmes brasileiros estrearam nos cinemas. O momento é de euforia. Em 1949, um grupo de empresários cria a COMPANHIA CINEMATOGRÁFICA VERA CRUZ*, o empreendimento mais ambicioso do cinema brasileiro em toda a sua história. A VERA CRUZ tentará mudar o padrão do filme brasileiro através da importação de técnicos e de equipamentos, além de contratar artistas das empresas concorrentes a peso de ouro. Lentamente, a produção brasileira começa a ocupar o seu espaço no mercado exibidor com a estreia de dezessete filmes de longa metragem. Nesse mesmo ano entraram no país 1.798 filmes americanos de todas as metragens. A técnica de exibição utilizada para se obter essa massa de filmes é a de programas duplos. Em 1951, o filme Sai da frente, de Abílio Pereira de Almeida*, traz um novo personagem recordista de público: o Jeca interpretado por Amácio Mazzaropi*, um dos maiores fenômenos de bilheteria do cinema brasileiro, que foi gerenciado através de empresa própria, a Produções Amácio Mazzaropi (Pam FILMES), exemplo raro na cinematografia nacional de uma combinação de ator, produtor e distribuidor.

Em 1951, a legislação sobre a exibição comercial cinematográfica é transformada mais uma vez com a publicação do Decreto nº 30.179. Esse decreto vincula a exibição do filme brasileiro ao estrangeiro, a chamada "lei 8 por 1". A partir desse momento, a exibição do filme brasileiro ficaria atrelada à exibição do filme estrangeiro. O Decreto nº 30.179/51 foi amplamente fustigado pelos setores nacionalistas pelo fato de vincular a exibição do filme nacional à do filme importado, configurando a subordinação do cinema no Brasil aos interesses de exibição do filme importado de uma maneira geral. De acordo com o Anuário Estatístico do Brasil, em 1952, o país possuía 2.411 salas de cinema para um público de 180.653.657 espectadores. A estimativa para o ano seguinte era de um público de 250 milhões de espectadores para uma população de 52 milhões de habitantes. Em média, o espectador brasileiro frequentava as salas de cinema 4,8 vezes por ano, uma média muito próxima daquela dos países industrializados. Embora o sistema de estúdios comece a dar sinais de exaustão econômica, o mercado ainda vive um estado de euforia. Em 1953 foram exibidos 34 longas-metragens brasileiros e 544 longas-metragens estrangeiros. A VERA CRUZ, através da distribuidora norte-americana COLUMBIA PICTURES, lançava o seu maior êxito: O cangaceiro, de Lima Barreto*. Primeiro filme brasileiro a ser distribuído mundialmente por uma empresa norte-americana, o filme também obteve excelente repercussão por parte do público internacional. Apesar do aparente fausto dos estúdios paulistanos, os filmes da ATLÂNTIDA, ainda em 1956, continuavam surpreendendo a bilheteria dos cinemas, como aconteceu com o Colégio de brotos, direção de Carlos Manga*, que alcançou a expressiva cifra de 250 mil espectadores em sua primeira semana de exibição, um recorde do período. Nesse momento, a classe cinematográfica brasileira também luta pela extinção de um subsídio indireto ao filme estrangeiro, obtido através de artifícios cambiais de remessa de lucros dos filmes exibidos no mercado brasileiro. A recém-criada Comissão Federal de Cinema (CFC) lutou pela aprovação da Lei nº 3.244 – aprovada em 14 de agosto de 1957 –, que revertia essas vantagens cambiais ao filme importado. Cavalheiro Lima, um dos alardeadores dessa desnecessária sangria cambial, estimava que os distribuidores e importadores chegaram a remeter cerca de 100 milhões de dólares indevidamente, isso em um período de apenas quatro anos (valores de hoje). Com o advento do governo desenvolvimentista de Juscelino Kubitschek foi criado o Grupo de Estudos da Indústria Cinematográfica (Geic), que funcionaria como órgão consultivo e poderia propor uma política para o setor. A ação legislativa proposta pelo Geic obteve sucesso com a aprovação, pelo Poder Executivo, do Decreto nº 47.466, que cria a obrigatoriedade de exibição para 42 dias/ano. As distorções apresentadas pela chamada Lei de Contingência, de 1951, foram inúmeras e a sua aplicação fora clamorosamente desrespeitada pelos exibidores, principalmente pelo motivo da ausência de fiscalização. Outro destaque para o Decreto nº 47.466 é que, pela primeira vez, a cota de obrigatoriedade utilizava como parâmetro o critério de dias de exibição, critério utilizado até os dias de hoje.

Na década de 1960, o cinema brasileiro encontra-se num momento de ascensão artística e com uma produção bastante diversificada, passando a concorrer de forma mais direta com o produto importado nas telas espalhadas pelo Brasil. Filmes importantes, como O pagador de promessas, de Anselmo Duarte*; Os cafajestes, de Ruy Guerra*; e Assalto ao trem pagador, de Roberto Farias*, ganharam as páginas dos jornais, arrebatando as plateias por onde fossem exibidos. A partir dessa década, a produção de filmes no Brasil entrará em ritmo acelerado e, para os produtores cinematográficos, era necessário garantir a exibição do filme brasileiro em seu próprio mercado. No ano de 1963 acontece uma importante vitória nesse aspecto com a edição do Decreto nº 52.745, que aumenta a cota de tela para 56 dias/ano. A edição do decreto por parte do Poder Executivo acaba criando uma profunda insatisfação no mercado, principalmente por parte dos exibidores e distribuidores de filmes importados. O setor comercial do cinema no Brasil defendia que as leis de mercado deveriam ser a solução para o problema, enquanto o setor industrial defendia a proteção estatal mediante a reserva de mercado. Esse será o principal ponto de atrito que condicionará toda a política cinematográfica, nas décadas de 60, 70 e 80, entre os setores organizados do mercado. Em 1966, com a criação do Instituto Nacional do Cinema (INC*), a exibição do filme brasileiro passa a contar com um organismo com poderes de fiscalizar e legislar sobre a indústria cinematográfica de modo geral. O INC, entre uma das suas primeiras iniciativas, esboça uma tímida campanha para conscientizar o público frequentador de salas de exibição da necessidade de adoção de ingressos e borderôs padronizados. Com a utilização desses instrumentos poderiam ser aferidos com muito mais precisão o desempenho dos filmes e das salas de exibição. A iniciativa não foi muito bem recebida pelos exibidores cinematográficos, que demorariam anos para adotar esses mecanismos de controle das receitas das salas em nível nacional. O INC, no entanto, jamais foi capaz de cumprir as suas obrigações legais e históricas em defesa do cinema brasileiro, faltando-lhe recursos humanos e materiais para realizar tais tarefas. Somente em 1969, após intensas negociações, o INC conseguiria aumentar a cota de tela para 63 dias através da sua Resolução nº 31. Nesse tímido aumento estava embutido o projeto de progressividade da cota de tela dos produtores, cujo objetivo era chegar entre 30% e 40% do tempo-tela das salas de exibição. Nesse ano, alguns filmes têm excelente resultado de bilheteria, como Roberto Carlos em ritmo de aventura, de Roberto Farias, e Macunaíma, de Joaquim Pedro de Andrade*.

Em 1970, a fratura entre produtores e exibidores fica cada vez mais exposta, existindo uma verdadeira queda de braço institucional entre os vários setores envolvidos. Nesse ano, foram editadas três resoluções: as de nº 35, 38 e 49. As resoluções nº 38 e 49, que aumentavam a cota de tela para 112 e 98 dias, respectivamente, não foram implementadas. A Resolução que ficou vigorando foi a de nº 35, que passava a cota para 77 dias/ano. Entre 1967 e 1970 foram lançados 194 filmes brasileiros e a lei de obrigatoriedade começava a dar frutos relevantes. Somente no ano de 1970, estrearam 74 filmes brasileiros nas salas de exibição, um número de filmes lançados jamais visto. O momento era particularmente favorável a um novo aumento de cota de tela, tanto que, em 1971, o INC edita a Resolução nº 69, consolidando a cota em 84 dias/ano. A cota de tela tem seus reflexos diretamente sentidos na produção cinematográfica . No período de 1970 a 1975 foram produzidos, em média, 72 filmes brasileiros, contra uma importação de quinhentos filmes, em média, por ano. Nessa fase, praticamente todos os filmes brasileiros conseguiram garantir a sua exibição, mesmo aqueles de baixo apelo comercial. Em 1975, o INC edita uma de suas últimas resoluções, a de nº 106, que passava a obrigatoriedade do filme brasileiro para 112 dias/ano. No quinquênio 1971-1975, o público de filmes brasileiros alcançou a cifra de 169.390.229 pagantes contra um público de 895.148.419 para o cinema estrangeiro. O quadro da exibição cinematográfica nesse período consolida uma nova divisão econômica no mercado brasileiro. A exibição comercial nas regiões Sul, Sudeste – excluindo o Rio de Janeiro – e parte da Centro-Oeste tinha o seu mercado cinematográfico controlado por um pequeno grupo de grandes empresas, caracterizando-se a prática de oligopólio. Nas outras regiões do Brasil, a partir do Rio de Janeiro para cima, incluindo parte da região Sudeste e Centro-Oeste, Norte e Nordeste, o mercado exibidor encontrava-se monopolizado por uma única grande empresa exibidora, de propriedade da família Severiano Ribeiro. A estratégia usada pelo grupo consistia em diluir o circuito através de várias empresas com denominações variadas, como ATLÂNTICA CINEMAS, CINEMAS SÃO LUIZ, etc. A partir de 1975, com a expansão da EMBRAFILME* e a instalação do CONCINE*, em 1976, a cota de tela passa a ser mais respeitada em função da fiscalização mais rigorosa que a empresa e o órgão, conjuntamente, conseguiram empreender. Em 1978, o CONCINE ainda edita a Resolução nº 23 que aumenta a cota de tela para o filme brasileiro para 133 dias/ano. Na década de 70, o cinema brasileiro conquistou, em média, entre 25% e 30% da receita bruta da exibição cinematográfica. O público pagante para o filme brasileiro, por exemplo, no ano de 1978, alcançou o seu melhor desempenho com 61 milhões de espectadores. Portanto, a assistência ao filme brasileiro, em um período de cinco anos, aumentou em mais de 100%. Essa conquista de parcela significativa do mercado deveu-se à ação conjugada do apoio estatal à produção de filmes e à efetiva aplicação da lei de obrigatoriedade. Esse período áureo da produção cinematográfica brasileira estava contemplado por filmes bastante distintos, como os das séries dos Trapalhões* e de Mazzaropi, filmes de gênero, as produções das pornochanchadas* e filmes de alguns realizadores e produtores oriundos do Cinema Novo* e do cinema marginal*, como *Xica da Silva*, *Dona Flor e seus dois maridos*, *A dama do lotação*, *Toda nudez será castigada*. Na década de 1970, também, se inicia o fenômeno do fechamento de tradicionais salas de exibição. Isso aconteceu em função da queda de público, do baixo preço dos ingressos e da especulação imobiliária que ocorreu nos grandes centros urbanos brasileiros. Estima-se que mais de 1.200 salas encerraram as suas atividades em todo o território brasileiro nessa fase.

Em 1980, o CONCINE aumenta a cota de tela do filme brasileiro para 140 dias, através da Resolução nº 62. A queda do número de salas de cinema também foi acompanhada pela queda do público frequentador das salas, pois em três anos (1979-1981), o público total diminui 34%, de 192 milhões para 139 milhões, em números redondos. Na década de 1980, os números referentes ao cinema de um modo geral entram em queda livre. Em 1988, o público pagante para o filme brasileiro caiu para 24 milhões de espectadores. A queda de público também será acompanhada pela queda do número de salas em operação. Em 1980, o Brasil possuía 2.365 salas de cinema, ao passo que em 1983 encontravam-se em funcionamento apenas 1.938 salas. Um estudo realizado, em 1981, pela EMBRAFILME mostrou que o Brasil possuía 2.244 salas de cinema, das quais 646 pertenciam a 54 grandes empresas que dominavam a exibição cinematográfica pelo fato de possuírem as salas mais rentáveis. As salas que encerraram suas atividades, nesse período, encontravam-se localizadas no interior, enquanto nas capitais apenas setenta salas de exibição fecharam. Com as

quedas dos números de salas e de ingressos vendidos, os exibidores partiram para uma política de reajustes graduais dos preços dos ingressos acima dos índices inflacionários. Nessa fase, além de uma série de tributos, os cinemas estavam obrigados a recolher 3,5% da renda bruta a título de pagamento de direitos autorais sobre a trilha sonora de filmes. Esses custos foram repassados diretamente aos consumidores. Presencia-se assim um sucateamento sem precedentes do parque exibidor cinematográfico brasileiro. Na década de 1980, houve uma produção cinematográfica bastante razoável de filmes comerciais e de alto nível artístico. Foi nessa década que o Brasil recebeu o maior número de prêmios em festivais internacionais. Com a edição do Plano Cruzado, em 1986, houve uma sensível recuperação da frequência às salas de exibição: apenas no primeiro semestre foi registrado um aumento de 15% do público total. No entanto, em 1986, os números não foram propriamente empolgantes, pois as maiores bilheterias do ano, que contava com filmes como *Pixote, a lei do mais fraco*, de Hector Babenco*; *Eu sei que vou te amar*, de Arnaldo Jabor*; *Rock estrela*, de Lael Rodrigues; mal ultrapassaram a barreira de 1 milhão de espectadores (o único a ultrapassar com relativa folga foi *Pixote*, com um público de 1.594.900 espectadores). Até Os Trapalhões, com o filme *Os Trapalhões no rabo do cometa*, fizeram apenas 839.187 espectadores, uma média muito abaixo da maioria dos filmes do grupo. Entre fevereiro de 1985 e fevereiro de 1986, o aumento do preço do ingresso foi de 421% acima do índice da inflação do período, afastando definitivamente o público de baixa renda das salas de cinema. O número de salas também caiu consideravelmente no mesmo período: em 1985 havia 1.428 salas em funcionamento e, em 1986, apenas 1.387 salas.

A tendência do fechamento das salas de exibição tradicionais permaneceu. O que de fato aconteceu com a exibição cinematográfica comercial foi uma elitização da atividade, que se direcionou prioritariamente para o público de classe média, com novas salas, via de regra, sendo abertas apenas em *shopping centers* espalhados pelo país. Desse período até 1995, o número de salas estabilizou-se nessa faixa de 1.400 salas. Houve a abertura de novas salas reduzindo-se, no entanto, a oferta de assentos para o público, pois as novas salas de exibição raramente excediam o número de 250 assentos. A presença dos filmes brasileiros nas salas nacionais foi praticamente inexpressiva

entre 1991 e 1993, e suas receitas também. A partir de 1994 houve o chamado "renascimento do cinema brasileiro" que tanto foi alardeado por críticos e produtores. Porém essa retomada tem demonstrado um desempenho pouco significativo, se formos compará-la ao desempenho dos filmes brasileiros nas décadas de 1960 e 1970. Entre os mais de cinquenta filmes lançados entre 1994 e 1998, apenas quatro filmes alcançaram ou superaram a cifra de um milhão de espectadores. São eles: *Carlota Joaquina, princesa do Brazil*, de Carla Camurati*; *O quatrilho*, de Fábio Barreto*; *Central do Brasil*, de Walter Salles*; e *O noviço rebelde*, de Tizuka Yamasaki*, estrelado por Renato Aragão*, que foi o campeão do cinema brasileiro entre 1990 e 1998. Outros filmes, como *Canudos*, de Sérgio Rezende*; *Pequeno dicionário amoroso*, de Sandra Werneck*; *O que é isso, companheiro?*, de Bruno Barreto*; e *Menino maluquinho – o filme*, de Helvécio Ratton*, também obtiveram bom retorno de público, mas sem atingir o patamar de um milhão de espectadores. Estima-se que a média de público total para o filme brasileiro nesse período não seja superior a três milhões de espectadores por ano. Em termos percentuais, isso significa que o filme brasileiro tem ocupado, em média, entre 3% e 7% do mercado total da exibição cinematográfica no Brasil. No ano de 1998 foram exibidos comercialmente no Brasil 26 filmes de longa metragem que alcançaram um público total de 3,5 milhões de ingressos vendidos. Esse número representa um aumento real de 37% em relação ao ano anterior. O MinC, através da Secretaria do Audiovisual, tinha como meta, em 2000, alcançar um índice de 20% do mercado de exibição para o filme brasileiro.

Outro fenômeno importante da década de 1990 está exatamente na exibição cinematográfica comercial brasileira, que presencia uma profunda e radical transformação com a chegada das empresas transnacionais de exibição. Essas empresas – como a norte-americana CINEMARK, cujo número de telas nos Estados Unidos é maior do que o número de telas existentes no Brasil, sendo apenas a quinta maior empresa daquele país – introduziram o conceito de salas multiplex, que são na realidade verdadeiros complexos cinematográficos de exibição, concentrando um número variável entre seis e quinze salas em um único local. As salas multiplex são regidas por modernas técnicas de administração, cuja concentração permite o barateamento da relação custo/sala. Isso é feito através da racionalização do emprego de mão de obra e de equipamentos de operacionalização da atividade. Essas salas mantêm também um alto nível de qualidade do serviço de exibição e exploram a venda de comestíveis e bebidas, tipo *fast-food*, substituindo as velhas *bombonières* e cafés. Há um cálculo de que essas organizações investiram, em um período de cinco anos, cerca de 600 milhões de dólares na criação de novos centros de exibição multiplex. As grandes variações cambiais da última década dificultam um quadro mais confiável do montante investido. As salas múltiplas tornam-se presentes nos grandes centros urbanos, como Recife, Brasília, São Paulo, São Bernardo, São José dos Campos, Manaus, Salvador, Rio de Janeiro, Florianópolis, Vitória, Belém, Ribeirão Preto, Campinas, Santos, Aracaju, etc. Entretanto, segundo dados da ANCINE, nos anos 2000, apenas 8% dos municípios brasileiros possuem salas de cinema. O governo federal, através de varias instâncias, tem estimulado o financiamento de abertura de salas fora dos grandes centros urbanos.

Os espaços multiplex modificaram toda a estrutura de exibição e o mercado brasileiro cinematográfico, introduzindo a globalização da atividade comercial cinematográfica, representando o fechamento das salas consideradas deficitárias. Esse fenômeno também tem acontecido em países como os EUA e na Comunidade Europeia, onde grande parcela das empresas em atividade não é mais composta das empresas tradicionais. Nos últimos dez anos, a atividade de exibição está passando por um processo bastante complexo de adequação às necessidades da indústria, principalmente no que diz respeito às questões de ordem tecnológica. A transição entre os sistemas analógico e digital ainda não se encontra totalmente resolvida. No Brasil existem dois sistemas de exibição digital em atividade: um deles é operado pela Rain Network e o outro é patrocinado pelas distribuidoras ligadas à MPA-AL (Motion Picture Association/América Latina – cartel dos grandes estúdios norte-americanos). A Rain Network é uma empresa de capital nacional que foi pioneira em trabalhar com distribuição e exibição digitais no país. Entretanto, existe outra tecnologia de projeção digital (DCI) que foi desenvolvida pela MPA. O cartel do cinema desenvolveu a sua própria matriz de execução digital. As diferenças entre essas duas plataformas são muitas. Os *softwares* são incompatíveis entre si e a qualidade da projeção também é bastante distinta. Isso se deve ao fato de que os equipamentos da Rain têm capacidade de pouco mais de 1K de projeção, e os equipamentos DCI operam a partir de 2K. Por outro lado, a indústria hegemônica tem se esforçado em exibir filmes em 3D, que necessita de outras adaptações tecnológicas. Atualmente, esse suporte conta com cerca de 95 salas em atividade no Brasil. Essas salas, por sua vez, também cobram ingressos mais caros do que as salas digitais comuns.

No que diz respeito à exibição de filmes brasileiros, a fatia do mercado que eles alcançaram no período ainda se encontra aquém das médias históricas de décadas anteriores. Na realidade, a atividade como um todo enfrenta a diminuição da audiência. Na última década tem se presenciado alguns momentos em que o público total alcançou pouco mais de 100 milhões de ingressos vendidos. Entretanto, a receita, em 2009, quase bateu na emblemática cifra de US$ 1 bilhão. Isso se deve a dois motivos, o alto preço médio do ingresso e a relação cambial favorável ao real nos últimos anos. Podemos também realçar a presença de megassucessos como *Carandiru*, *Se eu fosse você 1 e 2*, *2 filhos de Francisco*, *Meu nome não é Johnny*, *Cidade de Deus*, *Tropa de elite 1 e 2*, entre outros. Essas obras alcançaram cifras de público bastante alentadoras. Entretanto, a participação do filme brasileiro no mercado de exibição dificilmente tem ultrapassado os 10% do total de público no período. No que diz respeito ao empreendedorismo da exibição nacional, deve-se destacar a atuação do empresário Adhemar de Oliveira, que conseguiu que um projeto voltado ao cinema de empenho chegasse a ocupar uma posição de destaque entre os maiores exibidores do país. Sua ação permitiu a inauguração de uma inédita sala IMAX 3D. Além disso, os seus circuitos ARTEPLEX e ESPAÇO UNIBANCO DE CINEMA têm encontrado novas posições em praças tão distintas, como Porto Alegre, Salvador, etc.

A questão da digitalização da exibição comercial cinematográfica vem afetando a comercialização de filmes brasileiros em vários aspectos. Como hoje coexistem três sistemas operacionais de difusão de imagens em movimento e sons (35 mm, DCI e Rain), o produtor brasileiro sente-se obrigado a disponibilizar as suas obras nos três sistemas, o que torna a operação de exibição mais cara e complexa. Por outro lado, o sistema Rain tem permitido que boa parte da produção nacional escoe pelas salas que adotaram tal sistema. Em 2010, já eram mais de 160 salas em operação em todo o Brasil. Essa situação tem favorecido sobremaneira aquelas produções originalmente captadas em plataformas digitais. Os filmes documentários de longa metragem são aqueles mais favorecidos nessas circunstâncias. A presença de documentários nas salas apresentou uma percentagem inédita na história da comercialização cinematográfica: mais de 30% do total de filmes brasileiros exibidos comercialmente. Em razão dessa situação específica, o número de lançamentos comerciais vem alcançando patamares bastante próximos daqueles praticados em décadas passadas. Trata-se de um cenário que ainda precisa ser mais bem avaliado. A média de frequência obtida pelos filmes documentários é muito baixa para torná-los comercialmente atraentes para os exibidores. Por sua vez, os proprietários de salas têm exibido os filmes documentários muito mais pela necessidade de cumprir a pequena cota de tela regulamentada por medida provisória anualmente. A cota de tela que durante muito tempo foi o grande instrumento das cinematografias nacionais, ao que tudo indica, encontra-se em fase de obsolescência. Isso se deve à total adesão do setor de exibição ao sistema de operação de salas multiplex, que pulverizam a eficácia da cota de tela. Além disso, não existe nenhum outro mecanismo de proteção à exibição do filme brasileiro no seu mercado. Tem-se observado um nível alto de liberalização e de concentração do mercado, inédito no Brasil, o que permite que três ou quatro *blockbusters* cheguem a ocupar mais de 80% das salas de exibição. Identifica-se, também, uma contrapartida para os grandes lançamentos brasileiros, que já conseguem ocupar várias centenas de salas. Atualmente, não é exceção um filme nacional ocupar duzentas, trezentas, quatrocentas ou até quinhentas salas. Trata-se de um fenômeno novo no campo da exibição dos filmes nacionais. Essa situação é derivada dos mecanismos de subsídio à indústria cinematográfica nacional, tais como leis de incentivo e dos fundos de cinema (FUNCINES). Esses mecanismos têm alocado grande soma de recursos, com a finalidade de inserir o filme brasileiro no seu território. (AG)

FAGUNDES, Antônio (Antônio José da Silva Fagundes Filho) – Rio de Janeiro, RJ, 1949. Ator.

FILMOGRAFIA: 1969 – *A Compadecida*. 1975 – *Eu faço... elas sentem*; *A noite das fêmeas (Ensaio geral)*. 1976 – *Elas são do baralho*; *Doramundo*. 1977 – *Os sete gatinhos*. 1978 – *A noite dos duros*. 1979 – *Gaijin, caminhos da liberdade*; *O menino arco-íris (A infância de Jesus Cristo)*. 1981 – *Pra frente, Brasil*. 1982 – *Carícias eróticas (Um casal de três...)*; *Das tripas coração*; *Aventuras de Mário Fofoca*; *A próxima vítima*; *Tchau, amor*. 1985 – *Jogo duro*. 1986 – *Anjos da noite*; *Besame mucho*. 1987 – *Leila Diniz*; *A dama do Cine Shangai*; *Eternamente Pagu*. 1987-1992 – *Beijo 2.348/72*. 1989 – *O corpo*. 1995 – *Fica comigo*. 1996 – *Doces poderes*. 1997-1998 – *Paixão perdida*. 1997-1999 – *Villa-Lobos, uma vida de paixão*. 1998-1999 – *No coração dos deuses*; *O tronco*. 1999 – *Bossa nova*. 2001-2002 – *Deus é brasileiro*. 2004 – *A dona da história*. 2005 – *Achados e perdidos*. 2008 – *A mulher do meu amigo*.

Antônio Fagundes nasceu no Rio de Janeiro, mas cresceu em São Paulo, para onde se mudou aos 6 anos. Ainda adolescente, no Colégio Rio Branco, costumava organizar *shows* para arrecadar fundos para o grêmio, do qual era diretor social. Formou aos 16 anos o grupo Semáforo, recebendo o primeiro prêmio no VI Festival de Teatro Amador de São Paulo pela montagem da peça *Atlantics Queen*, de Eugene O'Neill. Em 1966 passa a integrar o núcleo 2 do Teatro de Arena, interpretando o protagonista de *Farsa do cangaceiro com truco e padre*, escrita por Chico de Assis. Dois anos depois participa da I Feira Paulista de Opinião, interpretando junto com o elenco principal do Arena textos escritos por Augusto Boal, Gianfrancesco Guarnieri*, Plínio Marcos*, Bráulio Pedroso e Jorge Andrade. Atua também em *Arena conta Tiradentes*, *Castro Alves pede passagem* e *A resistível ascensão de Arturo Ui*. Em 1969 trabalha na peça *Hair*, e no mesmo ano estreia no cinema em *A Compadecida*, adaptação da obra de Ariano Suassuna, uma das produções mais caras do cinema brasileiro até então. A partir do início dos anos 70 desenvolve um ritmo intenso de atividade – em TV, teatro e cinema –, que se tornou uma característica de sua carreira. Começa a fazer novela em 1973, na TV TUPI, onde conhece seu primeiro sucesso com *O machão*. Três anos depois está na GLOBO. Faz algumas novelas antes de se estabelecer definitivamente no posto de galã com *Dancin' Days*, em 1978.

No teatro chama a atenção no papel do pedreiro de *Muro de arrimo*, que voltaria a montar, depois da primeira temporada, em 1975. Por essa época, participa de alguns filmes, transitando das comédias eróticas (*Elas são do baralho*, *Eu faço... elas sentem*) ao drama engajado (*Doramundo*). Já reconhecido como intérprete, Fagundes esboça uma carreira de autor, escrevendo a peça *Por telefone* (dirigida em 1980 por José de Anchieta), além de episódios para as séries *Carga Pesada* e *Amizade Colorida*, que protagoniza na televisão. Torna-se um bem-sucedido produtor teatral ao criar, com mais dois sócios, a Companhia Estável de Repertório, que atrai grandes plateias em suas turnês e chega a montar um cadastro com cerca de 150 mil nomes. A companhia termina em 1988, encenando *Fragmentos de um discurso amoroso*, adaptação do livro de Roland Barthes. Na seleção de elenco, Fagundes conhece sua segunda esposa, a atriz Mara Carvalho, com quem tem um filho. Com a primeira mulher, a atriz e bailarina Clarice Abujamra, com quem fora casado por vários anos, adota três filhos. Nos anos 80 trabalha ativamente no cinema. Atua em *Gaijin, caminhos da liberdade*, o elogiado filme de estreia de Tizuka Yamasaki*, interpretando o papel do brasileiro que se envolve com uma imigrante japonesa. O ator voltaria a ser dirigido por outras cineastas – Ana Carolina* (*Das tripas coração*), Norma Bengell* (*Eternamente Pagu*) e Lúcia Murat* (*Doces poderes*) – e pela própria Tizuka (*Fica comigo*). Continua a fazer filmes com apelo erótico, como *Tchau, amor*, de Jean Garrett*, um dos mais importantes realizadores da Boca do Lixo*. Nas produções do "novo cinema paulista" dos anos 80, Fagundes marca presença trabalhando em *Anjos da noite*, *Beijo 2.348/72* e *A dama do Cine Shangai*. Neste último alcança um de seus melhores desempenhos no cinema como o corretor de imóveis que mergulha no universo *noir*, atraído por uma mulher misteriosa e fatal. Sempre liderando a preferência do público feminino, Fagundes já foi eleito, em ocasiões diversas, por leitoras de revistas o "homem ideal", o "mais desejado" e o "mais charmoso" do país. Na ficção, o sucesso entre as mulheres ganha versão em tons de farsa cômica em *O corpo*, filme em que Fagundes interpreta o marido capaz de conviver harmonicamente com as duas esposas, num casamento a três aparentemente perfeito. Na década de 90, o ator diminui o número de trabalhos para o cinema. Mantém constante atividade teatral, enquanto vai acumulando na televisão uma série de personagens de grande repercussão entre o público. Filma com o diretor Zelito Viana* a produção *Villa-Lobos, uma vida de paixão*, interpretando o maestro e compositor Heitor Villa-Lobos em sua fase adulta. (LCA) Ator eclético, em *Paixão perdida*, personificou o último Marcelo, personagem criado pelo cineasta Walter Hugo Khouri*, homem que vive na procura insaciável pelo sexo e conquistas femininas. Interpretou dois papéis no filme histórico *No coração dos deuses*, de Geraldo Moraes, sendo um deles o do bandeirante Fernão Dias Paes Leme. A seguir, fez uma sequência de filmes baseados em personagens literários: foi um juiz em *O tronco*, de João Batista de Andrade*, adaptado do romance homônimo do escritor goiano Bernardo Élis; protagonizou ao lado da atriz norte-americana Amy Irving o casal da comédia romântica *Bossa nova*, de Bruno Barreto*, baseado em *Senhorita Simpson*, conto de Sérgio Sant'anna; interpretou Deus na comédia *Deus é brasileiro*, de Carlos Diegues*, inspirado no conto *O santo que não acreditava em Deus*, de João Ubaldo Ribeiro; representou o marido em nova comédia romântica, *A dona da história*, de Daniel Filho*, extraído do texto teatral de João Falcão; criou um policial em crise para o drama *Achados e perdidos*, de José Joffily*, tirado do livro homônimo de Luiz Alfredo Garcia-Roza. Protagonizou *A mulher do meu amigo*, comédia dirigida por Claudio Torres.

FALABELLA, Débora (Débora Lima Falabella) – Belo Horizonte, MG, 1979. Atriz.

FILMOGRAFIA: 2002 – *Dois perdidos numa noite suja*. 2003 – *Lisbela e o prisioneiro*. 2004 – *Cazuza, o tempo não para*; *A dona da história*. 2007 – *Primo Basílio*. 2009 – *Som e fúria – o filme*.

Deu início à sua carreira aos 12 anos no teatro amador em Belo Horizonte. Na televisão estreou no seriado global *Malhação*. Também trabalhou no SBT, na telenovela infantil *Chiquititas*, em Buenos Aires, e retornou à GLOBO. Obteve destaque em sua atuação na minissérie *JK* no papel da esposa, Sarah Kubitschek, e em telenovelas. Estreou no cinema com *Françoise* (2001), curta-metragem mineiro de Rafael Conde que lhe rendeu três prêmios de melhor atriz. Em 2002, foi duas vezes premiada por sua atuação em *Dois perdidos numa noite suja*, no papel de Paco, filme dirigido por José Joffily*, baseado na peça teatral de Plínio Marcos*. Protagonizou *Lisbela e o prisioneiro*, dirigido por Guel Arraes*, baseado no texto de Osman Lins. No filme *Cazuza, o tempo não para*, fez o papel de Dani, quando foi dirigida

por Sandra Werneck* e Walter Carvalho*. Atuou em *A dona da história*, como Carolina, e foi dirigida por Daniel Filho*. Em 2006 fez o curta-metragem *5 mentiras*. Em *Primo Basílio* vive Luísa, novamente com direção de Daniel Filho, baseado no romance de Eça de Queiroz. Em 2008, atuou de novo em curtas, como *La Dolorosa*, de Odilon Rocha, e *Quarto 38*, de Thomas Edward Hale, e em 2009 fez *Doceamargo*, de Rafael Primot. Em 2009 é uma das protagonistas do filme/série *Som e fúria*, em que consegue manter personalidade em elenco de grandes destaques, numa parceria O2 FILMES e GLOBO, sob supervisão/direção de Fernando Meirelles*. Também tem interesse por moda. Juntamente com a estilista Mariana Aretz, lançou grife especializada em vestidos. (VLD)

FALCO, Rubens de (Rubens de Falco Costa) – São Paulo, SP, 1931-2008. Ator.

FILMOGRAFIA: 1952 – *Appassionata*. 1953 – *Esquina da ilusão*. 1954 – *Floradas na serra*. 1956 – *O capanga*. 1957 – *Pão que o diabo amassou*. 1966 – *Engraçadinha depois dos trinta*; *Essa gatinha é minha*. 1968 – *O homem que comprou o mundo*. 1969 – *Tempo de violência*. 1970 – *Anjos e demônios*; *O impossível acontece* (2º episódio: 'Ele, ela e o outro'). 1971 – *Missão: matar*. 1972 – *Uma pantera em minha cama*; *A difícil vida fácil*. 1973 – *Café na cama*. 1974 – *O mau-caráter*. 1975 – *Nós, os canalhas*; *O homem da cabeça de ouro*. 1976 – *Deixa, amorzinho... deixa*; *O sósia da morte*; *Esse Rio muito louco*. 1977 – *Coronel Delmiro Gouveia*. 1978 – *Foragidos da violência*; *A dama de branco*. 1980 – *Pixote, a lei do mais fraco*. 1985 – *La hora texaco* (produção estrangeira); *Profisión vivir* (produção estrangeira); *Macho y hombre* (produção estrangeira). 1986 – *El hombre de éxito* (produção estrangeira). 1995 – *O monge e a filha do carrasco* (coprodução estrangeira). 2001 – *Sonhos tropicais*. 2008 – *Fim da linha*.

Eclético ator de teatro, televisão e cinema. Nos seus anos de formação, entre 1951 e 1953, com o nome artístico de Rubens Costa, é ator no Teatro Brasileiro de Comédia (TBC), trabalhando em peças como *O mentiroso*, de Carlo Goldoni, e com os principais diretores da companhia, entre eles, Luciano Salce*, Ruggero Jacobbi, Adolfo Celi* e Flaminio Bollini Cerri. Mais tarde atua em outras companhias, nas peças *Código Penal, artigo 240* (1959), de Abílio Pereira de Almeida*, com direção do autor, e *Os ossos do barão* (1963), de Jorge Andrade, com direção de Maurice Vaneau. Na televisão destaca-se

em novelas de época na GLOBO – *Escrava Isaura* (1976), do romance de Bernardo Guimarães, adaptado por Gilberto Braga, e *Sinhá Moça* (1986), do romance de Maria Dezzone Pacheco Fernandes, adaptado por Benedito Ruy Barbosa – e na BANDEIRANTES – a saga *Os imigrantes* (1981), de Benedito Ruy Barbosa. Estreou no cinema no filme *Appassionata*, de Fernando de Barros*, como coadjuvante na VERA CRUZ*, onde filmou *Esquina da ilusão*, de Ruggero Jacobbi, e *Floradas na serra*, de Luciano Salce. Na fita de aventura *O capanga*, de Alberto Severi, interpreta seu primeiro papel principal. Após atuar em *Pão que o diabo amassou*, de Maria Basaglia*, e alguns anos de afastamento, volta na trama policial *Tempo de violência*, de Hugo Kusnet. Na década de 70 interpreta papéis coadjuvantes ou de destaque, em filmes de variadas temáticas, incluindo pornochanchadas*, com os diretores Carlos Hugo Christensen* (*Anjos e demônios* e *Uma pantera na minha cama*), Alberto Pieralisi* (*Missão: matar*, *Café na cama* e *O homem da cabeça de ouro*), Jece Valadão* (*O mau-caráter* e *Nós, os canalhas*) e protagoniza o policial *Sósia da morte*, de João Ramiro Melo*. Representa com marcante interpretação o papel de Delmiro Gouveia, no filme *Coronel Delmiro Gouveia*, de Geraldo Sarno*. Com o diretor Hector Babenco*, em *Pixote*, tem a oportunidade de interpretar um juiz. Desempenha o papel principal no filme cubano *El hombre de éxito*, de Humberto Solas. Retorna ao cinema nacional em *O monge e a filha do carrasco*, de Walter Lima Jr.*. Antes de morrer, em 22 de fevereiro de 2008, aos 76 anos de idade, esteve internado por dois anos para tratamento de um derrame. Havia atuado em *Sonhos tropicais*, drama biográfico sobre o sanitarista Oswaldo Cruz dirigido por André Sturm*, como intérprete do general Travassos. Sua última participação cinematográfica foi no papel do corrupto deputado Ernesto Alves em *Fim da linha*, comédia do diretor Gustavo Steinberg. (LFM)

FANTO, GEORGE (Gÿorgy Fantö) – Budapeste, Hungria, 1911. Fotógrafo.

FILMOGRAFIA: 1936 – *Il corsario nero* (produção estrangeira). 1938-1944 – *Romance proibido*. 1939 – *Joujoux e balangandãs*. 1940 – *Direito de pecar*. 1941 – *Vinte e quatro horas de sonho*. 1943 – *Samba em Berlim*. 1946 – *El ángel desnudo* (produção estrangeira). 1947 – *O cavalo 13*. 1947-1948 – *Mãe*; *Almas adversas*. 1948-1949 – *Inocência*. 1949 – *Vendaval maravilhoso*; *Caminhos do sul*. 1949-1952 – *Othello* (produção estrangeira). 1993 – *It's All True* (produção estrangeira).

George Fanto nasceu em Budapeste, em 4 de agosto. Formado na Áustria e na França, iniciou-se como diretor de fotografia nos anos 30. Seu primeiro filme como diretor de fotografia foi *Il corsario nero*, feito na Itália em 1936 pelo diretor italiano Amleto Palermi. Logo depois viajou para os Estados Unidos, levado pelo produtor húngaro Alexander Korda. Em 1939 emigrou para o Brasil para, segundo seu próprio depoimento, filmar *Joujoux e balangandãs,* versão cinematográfica de um espetáculo beneficente apresentado no Teatro Municipal do Rio de Janeiro, realizada nos estúdios da CINÉDIA*. Em seguida foi contratado pela CINÉDIA como cinegrafista *freelancer*. Em 1940 assumiu a direção de fotografia de *Direito de pecar,* produção da PAN AMÉRICA FILMES, dirigido por Leo Marten*. Em 1939 trabalhou em *Romance proibido*, dirigido por Adhemar Gonzaga*, que só foi lançado em 1944. Em 1942, Fanto teve a sua grande oportunidade ao colaborar com Orson Welles no inacabado "It's All True". Sem poder contar com a equipe americana que fora chamada de volta aos Estados Unidos, Welles contratou Fanto para fotografar o episódio 'Jangadeiros', filmado em Fortaleza, Recife e Salvador. Utilizando uma câmera Mitchell alugada da CINÉDIA, Fanto realizou um dos mais belos trabalhos em preto e branco feitos no Brasil, captando com precisão as nuanças das luzes e sombras da paisagem cearense. De volta à CINÉDIA, Fanto fez mais um longa-metragem, *Samba em Berlim,* e muitas filmagens para os cinejornais* da empresa. Em 1949, a convite de Orson Welles, de quem se tornara amigo, foi para a Europa colaborar na fotografia de *Othello*, de produção atribulada, que só foi lançado em 1952. Ao fim de sua participação no filme, Fanto decidiu se fixar em Londres, abandonando o cinema. Em 1986 regressou ao Brasil para uma curta temporada, a convite dos organizadores do RIO CINE FESTIVAL, que promoveram a exibição de um documentário de Richard Wilson (assistente de direção de "It's All True") sobre a filmagem do episódio 'Jangadeiros', incluído no filme longo documental, *It's All True*, de Bill Krohn e Myron Meisel. (LAR)

FARIA, Betty (Elizabeth Maria Silva de Faria) – Rio de Janeiro, RJ, 1941. Atriz.

FILMOGRAFIA: 1963 – *O beijo*. 1965 – *Amor e desamor*. 1966 – *Na onda do iê-iê-iê*. 1967 – *A lei do cão*. 1968 – *As sete faces de um cafajeste*. 1970 – *Piranhas do asfalto; Os monstros do Babaloo*. 1971 – *Som, amor e curtição*. 1974 – *A estrela sobe*. 1975 – *O casal*. 1976 – *Dona Flor e seus dois maridos*. 1977 – *O cortiço*. 1979 – *Bye Bye Brasil*. 1982 – *O bom burguês*. 1985-1986 – *Jubiabá*. 1986 – *Anjos do arrabalde (As professoras)*. 1987 – *Um trem para as estrelas; O romance da empregada*. 1987-1988 – *Lili, a estrela do crime*. 1992 – *Perfume de gardênia*. 1996-1997 – *For All – o trampolim da vitória*. 2004 – *Sexo, amor e traição; Bens confiscados*. 2007 – *Chega de saudade*.

Betty Faria é carioca de Copacabana, nascida em família de classe média alta, filha de general reformado. Começou cedo na carreira artística depois que o pai, com alguma resistência, a emancipou para que participasse do espetáculo de boate *Skindô*. Atua inicialmente em espetáculos de dança e *shows* de bossa nova na noite carioca, passando rapidamente ao teatro, onde estreia na peça *As inocentes do Leblon*. Sua carreira cinematográfica inicia-se em 1963 com *O beijo*, na adaptação de um texto de Nélson Rodrigues* feita por Flávio Tambellini*. No final dos anos 60 frequenta os círculos da geração da contracultura, com a qual trabalha, atuando em montagens do Teatro Oficina, como *Os pequenos burgueses*, e filmes do Cinema Marginal*, como *Piranhas do asfalto* e *Os monstros do Babaloo*. Casa-se com o ator Cláudio Marzo* (com quem teve uma filha), e juntos fundam a própria companhia, montando *O bravo soldado Schweik* e *Falsa criada*. Também dessa época (1967-1968) são os dois filmes que fez com Jece Valadão*: *As sete faces do cafajeste* e *A lei do cão*. Essa virada de década parece não ter sido fácil para a atriz, que se refere a ela como sua "fase suicida". Mas as coisas evoluem rapidamente, e Betty Faria considera o ano de 1974 como "a melhor fase de sua vida e carreira". Durante os anos 70, o sucesso e o reconhecimento são conquistados com atuações seguras como Lazinha Chave de Cadeia em *O espião*, Leda Maria em *Duas vidas* ou ainda em *Pecado capital*. Dessa primeira passagem pela televisão reclama de lhe reservarem sempre o papel de mulher má e forte. No cinema, a consagração vem exatamente em 1974 com o filme *A estrela sobe*, dirigido por Bruno Barreto*, com o qual alcança um dos pontos altos de sua carreira. O papel da cantora Leniza lhe cabe como uma luva, e ela explora com inteligência seu lado de cantora de teatro de revista, horizonte do início de sua atividade artística. Betty Faria está efetivamente à vontade como a menina de subúrbio que sonha em subir na vida. Sua atuação, alicerçada em diversos personagens, e em fases diferentes da vida, é o ponto de gravidade que amarra e dá personalidade ao filme. Em 1976, devido ao casamento recente com Daniel Filho* (e ao nascimento de seu segundo, e último, filho) declina o convite de Bruno Barreto para fazer *Dona Flor e seus dois maridos* (que foi aceito por Sônia Braga*), decisão da qual mais tarde se arrependeria. De toda forma, ainda faz uma pequena ponta nesse filme. Em 1979 tem seu segundo grande papel no cinema atuando como a falsa cantora latina na caravana de *Bye Bye Brasil*. Bem dirigida por Carlos Diegues*, está novamente à vontade no palco como cantora mambembe, universo ficcional que lhe rendeu as melhores interpretações. Atriz que domina com segurança a composição de expressões variadas, Betty Faria vai, sem muito esforço, da moça tímida à prostituta calejada. Essa característica é representativa da variedade de tipos que desempenha ao longo de sua carreira. Além da menina atrevida e sensual (mesmo se inocente), seu olhar firme, com uma ponta de ironia no canto da boca, lhe rendeu principalmente papéis de mulheres fortes, autoritárias, lutadoras, como é o caso da viúva Porcina, que interpretaria na primeira versão de *Roque Santeiro* (chegou a gravar cenas como Porcina, personagem que dez anos depois marcou Regina Duarte). A novela, no entanto, foi censurada na estreia, em mais uma frustração de sua carreira. Atua no papel-título da novela *Tieta*, em interpretação que fez época. Nos filmes *O romance da empregada* e *Anjos do arrabalde*, compõe bem seu tipo mais forte de maturidade, ainda bela, interpretando figuras populares às voltas com a dureza da vida cotidiana. Depois de uma passagem breve como estrela de cinema em *Perfume de gardênia*, marca sua presença na Retomada do cinema brasileiro atuando em *For All – o trampolim da vitória*. Em 2004 tem participação especial em *Sexo, amor e traição*, mais uma comédia carioca. Em *Bens confiscados*, Carlos Reichenbach* novamente lhe fornece um papel amplo em que consegue desenvolver trabalho mais denso. Trata-se de diretor que efetivamente leva adiante as composições de Betty Faria, dando-lhe protagonismo. Em *Chega de saudade*, trabalha com Laís Bodanzky, ótima diretora de atores. Interpreta uma coroa solitária, à vontade para seguir adiante com a iniciativa nas conquistas amorosas, mas marcada pela solidão. O filme fornece a uma plêiade de grandes atores sexagenários papéis que raramente o cinema propõe. O resultado traz ótimas interpretações e um papel marcante para Faria, que se expande à vontade, dominando a cena em meio a seus pares. (FPR)

FARIA, Celso – São Paulo, SP, 1932. Ator.

FILMOGRAFIA: 1957 – *Rebelião em Vila Rica*. 1957-1958 – *Ravina*. 1958 – *Chofer de praça*. 1960 – *Dona Violante Miranda*; *Conceição*; *Marido de mulher boa*. 1962 – *Copacabana Palace*. 1966 – *O anjo assassino*. 1967 – *Django não espera... mata* (produção estrangeira). 1968 – *Reze a Deus... e cave sua sepultura* (produção estrangeira). 1969 – *Peça perdão a Deus, nunca a mim* (produção estrangeira). *Quintana* (produção estrangeira). *Sou Sartana, venham em quatro para morrer* (produção estrangeira). 1971 – *Django e Sartana no dia da vingança* (produção estrangeira); *Django e Sartana, até o último sangue* (produção estrangeira); *O xerife de Rockspring* (produção estrangeira). 1972 – *Fico só, mas mato todos* (produção estrangeira). 1973 – *Café na cama*. 1975 – *Nós, os canalhas*; *Quando elas querem... e eles não*. 1976 – *Confissões de uma viúva moça*; *Quem é o pai da criança?*. 1977 – *Ódio*; *A mulata que queria pecar*. 1978 – *O caso Cláudia*; *O bandido Antônio Dó*; *O peixe assassino*. 1979 – *Eu matei Lúcio Flávio*. 1980 – *Um menino... uma mulher*. *Delícias do sexo*; *O torturador*; *Terror e êxtase*; *Giselle*. 1980-1982 – *Tensão no Rio*. 1981 – *A rainha do rádio*; *Luz del Fuego*; *O sequestro*; *Escalada da violência*; *Os rapazes da calçada*. 1982 – *O bom burguês*; *Profissão: mulher*. 1983 – *O início do sexo*. 1984-1985 – *Amenic*. 1986 – *Rockmania*. 1987 – *Johnny Love*. 1987-1991 – *Vai trabalhar vagabundo II, a volta*.

Coadjuvante mais conhecido por suas incursões no *spaghetti western* italiano, firma-se a partir dos anos 70 no cinema brasileiro. Interessa-se por cinema desde a infância, pois o pai, José Jorge Faria, frequentara a Hollywood dos anos 20, fazendo inúmeras figurações, como em *Four Horsemen of the Apocalypse*, com Rodolfo Valentino. Trabalha inicialmente como jornalista e corretor de imóveis. Atua em algumas produções da BRASIL FILMES, como *Ravina*. Encarna a figura do poeta Tomás Antônio Gonzaga em *Rebelião em Vila Rica*, conquistando algum reconhecimento, o que lhe permite abraçar a carreira de ator. Bastante requisitado, participa em curto período de *Chofer de praça* e *Dona Violante Miranda*. Resolve seguir para a Itália, tal como fez Norma Bengell*, com quem filmara *Conceição*, no início da década de 60. Embarca em

1962 com o diretor Fernando de Barros*, com indicações de que o diretor Riccardo Freda reservara-lhe um papel em seu próximo filme. Depois de um período sem atuar, desiludido, retorna ao Brasil, ocasião em que roda *O anjo assassino*. Recebe em 1965 convite do diretor brasileiro Wladimir Lundgreen, radicado em Roma, para personificar um vilão em *Django não espera... mata*. Consagra-se como "bandido", em meio ao grupo de brasileiros que invade o cinema italiano (Norma, Antônio de Teffé, Esmeralda de Barros, Florinda Bulcão e Marília Branco), participando de vários filmes do gênero, ora com o próprio nome, ora com o pseudônimo de Tony Andrews. Torna-se conhecido, protagonizando mais de oitenta fotonovelas, republicadas em português pela revista *Sonho*, e trabalhando na Alemanha, onde faz quatro filmes policiais e uma novela para a televisão. Volta definitivamente para o Brasil em 1973, desempenhando o tipo "machão" em comédias eróticas, e atuando em filmes violentos como *Eu matei Lúcio Flávio* e *Terror e êxtase*, veículos para sua conhecida *persona* de homem mau. (HH)

FARIA, Reginaldo (Reginaldo Figueira de Faria) – Nova Friburgo, RJ, 1938. Ator, diretor.

FILMOGRAFIA: 1958 – *No mundo da lua* (ator); *Aguenta o rojão* (ator). 1959 – *Cidade ameaçada* (ator). 1962 – *Assalto ao trem pagador* (ator); *Porto das Caixas* (ator). 1963 – *O beijo* (ator). 1964 – *Selva trágica* (ator). 1965 – *A morte de um covarde* (coprodução estrangeira) (ator). 1966 – *ABC do amor* (2º episódio: 'O pacto') (coprodução estrangeira) (ator); *Toda donzela tem um pai que é uma fera* (ator). 1967 – *Roberto Carlos em ritmo de aventura* (ator). 1968 – *Lance maior* (ator); *Os paqueras* (ator, dir.). 1971 – *A 300 km por hora* (ator); *Pra quem fica... tchau!* (ator, dir.). 1973 – *Os machões* (ator, dir.). 1974 – *Quem tem medo de lobisomem?* (ator, dir.). 1975 – *O flagrante* (ator, dir.). 1977 – *Barra-pesada* (ator, dir.); *Lúcio Flávio, o passageiro da agonia* (ator). 1979 – *Parceiros da aventura* (ator). 1981 – *Pra frente, Brasil* (ator). 1983 – *Aguenta, coração* (ator, dir.). 1985 – *Com licença, eu vou à luta* (ator). 1987 – *A menina do lado* (ator). 1987-1988 – *Lili, a estrela do crime* (ator). 1999 – *Memórias póstumas* (ator). 2004 – *Cazuza, o tempo não para* (ator).

Reginaldo Faria durante anos dedicou-se ao estudo do violão clássico. O interesse em seguir a carreira de ator foi particularmente estimulado quando ganhou de Adacto Filho (que havia integrado

o grupo Os Comediantes, responsável pela primeira montagem de *Véu de noiva*) uma biblioteca especializada em teatro, incluindo peças, estudos e livros de interpretação. Aos 19 anos mudou-se para o Rio de Janeiro, onde trabalhava como datilógrafo num banco. Por essa época, começa a frequentar os estúdios de cinema, quando o irmão Roberto Farias* passa a fazer assistência de direção para Watson Macedo*, que, depois de se consolidar na ATLÂNTIDA* como um dos mestres da chanchada*, havia criado sua própria produtora, no início dos anos 50. Seu primeiro trabalho é como assistente de câmera em *Rico ri à toa* (1957), filme de estreia de Roberto Farias (Roberto é o único dos irmãos com o *s* no sobrenome). Em *No mundo da lua*, é chamado para substituir um ator, aparecendo pela primeira vez em frente às câmeras. Desde o início, Roberto e Reginaldo estabelecem uma produtiva parceria, que vai ser retomada com frequência. No filme seguinte do irmão, *Cidade ameaçada*, Reginaldo assume o posto de protagonista, chamando atenção pelo seu desempenho como o jovem bandido Promessinha. No mesmo ano em que encabeça o elenco do bem-sucedido *Assalto ao trem pagador*, faz sua única incursão pelo terreno do Cinema Novo*, assumindo o principal papel masculino de *Porto das Caixas*, primeiro longa-metragem de Paulo César Saraceni*. Atua em filmes de outros diretores, como Flávio Tambellini* (*O beijo*), Eduardo Coutinho* (no episódio brasileiro de *ABC do amor*) e Sylvio Back* (*Lance maior*). Mas sempre mantém o trabalho conjunto com Roberto: participa de *Selva trágica*, é um dos protagonistas de *Toda donzela tem um pai que é uma fera* – comédia que alcançou expressivo sucesso de público –, e em *Roberto Carlos em ritmo de aventura* não só está no elenco como também faz assistência de direção. O passo seguinte é estrear como diretor em *Os paqueras*, comédia que acompanha as peripécias de dois *playboys* cariocas na conquista de lindas mulheres. O filme levou mais de um milhão de espectadores às salas de cinema – o que estimulou o surgimento de outras produções que procuraram seguir o mesmo filão. *Os paqueras* pode ser considerado um dos precursores da pornochanchada*, pela combinação de humor e erotismo (ainda que sem a ousadia dos filmes posteriores). Mas a paternidade desagrada ao diretor, que aponta no seu filme exatamente uma crítica à pornochanchada. A partir de *Os paqueras* e durante a primeira metade dos anos 70, Reginaldo Faria vai dar prioridade, mas não exclusividade, à carreira de diretor, tanto que em 1972 faz sua primeira novela, *Tempo de viver*, na TV TUPI. Os dois filmes que dirige depois de *Os paqueras* retomam o mesmo e bem-sucedido esquema. Tanto *Pra quem fica... tchau!* quanto *Os machões* são comédias urbanas, centradas em personagens masculinos e suas conquistas. Procurando trabalhar outro gênero, mas sem abandonar o aspecto cômico, realiza *Quem tem medo de lobisomem?*, filmado em Nova Friburgo, onde nasceu. Trata-se de "um filme de terror com bom humor" (na definição do próprio cineasta), que incorpora elementos do fantástico às aventuras de dois amigos, um deles muito supersticioso, durante uma viagem ao interior à procura de informações sobre seus antepassados. Em *O flagrante*, Faria deixa de lado o sobrenatural e volta ao gênero que o consagrou: a comédia urbana. Os personagens principais são quatro amigos, que já viveram seus dias de conquistadores, mas agora estão casados, com mais de 30 anos, e aterrorizados com a possibilidade de suas mulheres manterem casos extraconjugais. No final do filme, há uma enquete que pergunta a alguns homens na rua: "O senhor prefere morrer ou ser traído por sua esposa?". Para seu filme seguinte, tinha em mente adaptar para o cinema o livro de José Louzeiro* sobre a trajetória do bandido Lúcio Flávio, que ganha a atenção da mídia com seus assaltos e termina por ser executado na prisão depois de denunciar a corrupção policial e o esquadrão da morte. Mas o primeiro a comprar os direitos do livro é o cineasta Hector Babenco*, que convida Faria para interpretar o assaltante em *Lúcio Flávio, o passageiro da agonia*. O filme é visto por cerca de cinco milhões de espectadores, numa das maiores bilheterias do cinema brasileiro. Na mesma época, Faria lança seu sexto filme, *Barra-pesada*, adaptação do conto *Queró*, de Plínio Marcos*. Afastando-se do universo classe média das comédias anteriores, o filme mergulha na marginalidade das favelas cariocas, tratando o tema da violência urbana a partir da história do rapaz perseguido tanto pela polícia quanto pelos traficantes. O filme concorre e ganha prêmios no FESTIVAL DE GRAMADO de 1978, mesmo ano em que Faria é eleito o melhor ator por *Lúcio Flávio*. Depois de *Barra-pesada*, leva seis anos para voltar a dirigir. Nesse intervalo, transforma-se num dos atores de maior destaque da televisão, estreando na TV GLOBO em *Dancin' Days* (1978) e ganhando popularidade como o protagonista de *Água viva* (1980). Em 1981, é novamente dirigido pelo irmão Roberto Farias em *Pra frente, Brasil*, que provocou polêmica e foi censurado às vésperas do lançamento por mostrar, ainda durante o regime militar, a repressão e a tortura na época da Copa do Mundo de 1970. Reginaldo Faria interpreta o personagem torturado, no desempenho de maior impacto de sua carreira, junto com a impecável atuação como o bandido Lúcio Flávio. *Pra frente, Brasil* é o sétimo filme de Roberto Farias (dos doze de ficção que dirigiu) com o irmão Reginaldo no elenco. Além disso, a produtora R. F. FARIAS, criada nos anos 60 pelos irmãos Roberto, Reginaldo e Rivanides, produziu todos os filmes dirigidos por Reginaldo, com exceção de *Quem tem medo de lobisomem?*. No auge do prestígio como intérprete, tanto no cinema quanto na televisão, retoma o trabalho como diretor em *Aguenta, coração*, crônica de costumes em torno de três casais de amigos e suas complicações conjugais e profissionais. O filme é recebido com reservas pela crítica, apesar dos elogios à atuação de Faria, que três anos depois ganharia o prêmio de melhor ator no FESTIVAL DE GRAMADO, pelo seu desempenho como o escritor de meia-idade que se apaixona por uma garota de 14 anos em *A menina do lado*, de Alberto Salvá*. No final dessa década, com mais de trinta anos de carreira, estreia no teatro com a peça *Somente entre nós*, encenada em Nova Friburgo. Parte para a experiência de autor teatral, escrevendo *Em nome do filho*, que em 1995 é apresentada numa montagem em família: no elenco, o autor e ator Reginaldo e o filho Marcelo; na direção, o filho mais velho, Régis. A parceria familiar já havia se estendido à segunda geração do clã dos Faria quando Reginaldo atuou nos dois filmes dirigidos pelo sobrinho Lui Farias (filho de Roberto): *Com licença, eu vou à luta* e *Lili, a estrela do crime*. Em 1996, anunciou o projeto de dirigir um filme sobre Leonardo Pareja, o jovem sequestrador que liderou uma rebelião no presídio onde cumpria pena e que seria assassinado meses depois. Para escrever o roteiro de "Leonardo Pareja, herói-bandido", tomou por base as vinte horas de entrevistas gravadas com o rapaz, que também foram utilizadas no documentário para a televisão *Vida bandida*, realizado por Régis Faria. Em meio às atividades no teatro, cinema e televisão, Reginaldo Faria mantém a dedicação ao violão clássico, já tendo composto dezenas de músicas. Afastado do cinema, voltou às telas com *Memórias póstumas*, de André Klotzel*, no elogiado papel de Brás Cubas, baseado no clássico romance *Memórias póstumas de Brás Cubas*, de Machado de Assis. Filmou o policial *Um crime nobre* (2001), de Walter Lima Jr.*, tentativa da REDE GLOBO na produção de uma série de telefilmes que, mesmo associada à COLUMBIA e à RAI, vê seu projeto fracassado. Reginaldo interpreta um detetive particular que ajuda a localizar a mãe biológica de um garoto que fora adotado por uma italiana (Ornela Muti). Em *Cazuza, o tempo não para*, de Sandra Werneck*, fez o pai do cantor. Nesses últimos anos, dedicou-se também à televisão, com participação em mais de dez novelas. (LCA)

FARIA JR., Miguel – Rio de Janeiro, RJ, 1944.

FILMOGRAFIA: 1969 – *Pedro Diabo ama Rosa Meia-noite*; *Pecado mortal*. 1971 – *Matei por amor*. 1974 – *Um homem célebre*. 1977 – *Na ponta da faca*. 1979 – *República dos assassinos*. 1983 – *Para viver um grande amor*. 1990 – *Stelinha*. 1999-2001 – *O xangô de Baker Street*. 2005 – *Vinicius de Moraes*.

Iniciou na direção com o curta-metragem, *Arte-comunicação* (1968), documentário enfocando a modernização do teatro brasileiro, com depoimentos de Tônia Carrero*, José Celso Martinez Corrêa e Plínio Marcos*. Em seguida, partiu para realização dos primeiros longas-metragens, com a trama policial *Pedro Diabo ama Rosa Meia-noite*. No mesmo ano filmou o drama *Pecado mortal*. Realizou novo drama, *Matei por amor*, que, para o crítico Jairo Ferreira*, é um filme próximo da proposta do Cinema Marginal*. Diretor do média-metragem *Demônios da Garoa* (1972), sobre popular conjunto musical paulistano. Junto com o produtor Nei Sroulevich e a cineasta estreante Ana Carolina*, produziu o documentário de longa-metragem *Getúlio Vargas* (1973-74), para direção de Ana, abordando a figura do político. Dirigiu adaptação do conto homônimo de Machado de Assis, em um filme de época, *Um homem célebre*. Diretor de *Na ponta da faca*, um drama de 1977. Filmou documentário curto, *Waldemar Henrique canta Belém* (1977), sobre compositor paraense que utiliza motivos amazonenses na sua criação. Em sua única incursão no cinema, o empresário da noite Ricardo Amaral produziu *República dos assassinos*, baseado no romance homônimo de Aguinaldo Silva* e com elenco estelar. Funcionou como produtor executivo de *Tensão no Rio* (1980-1982), filme político de Gustavo Dahl*. Diretor de *Para viver um grande amor*, extraído da peça teatral musical *Pobre menina rica*, de autoria de Carlos Lyra e Vinicius de

Moraes*. Em *Stelinha*, enfocou a vida de uma cantora de rádio de seu apogeu ao declínio e esquecimento. Colaborou em filmes de outros cineastas, sendo produtor associado de *Veja esta canção* (1992), filme musical de Carlos Diegues*, e também autor dos argumentos do segundo e terceiro episódios: 'Pisada de elefante" e 'Você é linda". Partiu para as produções internacionais, quando produziu com o produtor português Paulo Branco o drama *Mil e uma* (1992-1994), único longa com direção de Suzana Moraes. Trabalhando com artistas estrangeiros e nacionais filmou sua mais cara produção, *O xangô de Baker Street*, adaptado do romance *best-seller* de Jô Soares. Em nova parceria com Suzana Moraes, fez seu primeiro documentário de longa metragem, *Vinicius de Moraes*. (LFM)

FARIAS, Marcos (Marcos Nei Silveira de Farias) – Campos Novos, SC, 1933-1985. Produtor, diretor.

FILMOGRAFIA: 1962 – *Cinco vezes favela* (1º episódio: 'Um favelado') (dir.). 1963 – *Canalha em crise* (prod.). 1966 – *ABC do amor* (2º episódio: 'O pacto') (prod.). 1967 – *Garota de Ipanema* (prod.); *Perpétuo contra o esquadrão da morte* (prod.). 1969-1970 – *A vingança dos 12* (dir.). 1970 – *Faustão* (prod.). 1971 – *São Bernardo* (prod.). 1974 – *A cartomante* (prod., dir.). 1976 – *Fogo morto* (prod., dir.). 1978 – *Bububu no bobobó* (prod., dir.). 1982 – *De Pernambuco falando para o mundo* (prod.).

Um dos membros do grupo original do Cinema Novo*, desenvolve filmografia explorando as raízes culturais brasileiras, com abordagens que vão do cordel até o teatro de revista e as obras de José Lins do Rego e Graciliano Ramos. É considerado um dos melhores produtores do movimento, refletindo certamente sua passagem pela Escola Brasileira de Administração da Fundação Getulio Vargas. Discute ativamente as questões de infraestrutura e comercialização do cinema brasileiro, sendo responsável direto pela criação da Cooperativa Brasileira de Cinema em 1978 e pela proposta de formação de polos cinematográficos, adotada em grande escala após sua morte. Ainda em Florianópolis, interessa-se inicialmente pela literatura, integrando o Grupo Sul. Escreve na revista homônima e entra na Antologia de Contistas Novos de Santa Catarina (1954). Já no Rio de Janeiro, como estudante de Filosofia da antiga Universidade do Brasil (atual UFRJ), frequenta o cineclube da Faculdade Nacional de Filosofia, dirigido por Plínio Sussekind Rocha, onde trava

contato com uma geração apaixonada pela sétima arte e disposta a modificar o padrão de criação vigente. Participa das reuniões na casa de Joaquim Pedro de Andrade* e dos encontros nas sessões promovidas pela CINEMATECA DO MAM na Associação Brasileira de Imprensa. Da geração cinemanovista é dos primeiros a viabilizar um filme, o curta *O maquinista*, de 1958, demonstrando a possibilidade concreta de se fazer cinema e incentivando as aspirações dos colegas de movimento. Organiza como produtor executivo a obra coletiva *Cinco vezes favela*, assinando também o argumento e a direção do episódio 'Um favelado'. Exerce a mesma função nos longas *Cabra marcado para morrer* (versão original), *Canalha em crise*, *ABC do amor*, *Garota de Ipanema*, *Perpétuo contra o esquadrão da morte*, que também escreve e roteiriza, *Faustão* e *São Bernardo*, e no curta *Nelson Cavaquinho* (1970). Através da SAGA FILMES* atua como produtor associado em *Todas as mulheres do mundo*, *Bebel, a garota-propaganda*, *O bravo guerreiro*, *Capitu*, *Vida provisória* e *Pecado na sacristia*. Faz o planejamento de produção de *Batalha dos Guararapes*. Produz e dirige os curtas *A estrada do café* (1964), *O carvão* (1965), *Sexto páreo* (1970), *Reforma universitária na Paraíba* e *As cidades de ouro* (ambos de 1974), *Cinema brasileiro 77 – o sufoco* (1977), *Calendário* – este apenas produz –, *Cinema brasileiro – segundo tempo: euforia* e *Primeira página* (todos de 1978), e *Cruz e Sousa* (1982). Em 1979 supervisiona a edição de *Cantos de trabalho: cacau* e *Cantos de trabalho: cana*, realizados por Leon Hirszman*. Responsabiliza-se pelo argumento e pelo roteiro de todos os longas que dirige. Seu último trabalho foi a produção do documentário *De Pernambuco falando para o mundo*, de Micheline Bondi. (HH) O cineasta Cesar Cavalcanti dirigiu o documentário de longa metragem *Olhar de um cineasta* (2007), enfocando a vida e a carreira desse realizador catarinense radicado no Rio de Janeiro, que tentou nos anos 1980 impulsionar um polo de cinema em seu estado natal. Participam ainda do documentário a filha Patrícia e a mulher do cineasta, Maria Clara Borges Feigenbaun, além de artistas e cineastas.

FARIAS, Roberto (Roberto Figueira de Farias) – Nova Friburgo, RJ, 1932. Produtor, diretor.

FILMOGRAFIA: 1957 – *Rico ri à toa* (dir.). 1958 – *No mundo da lua* (dir.). 1959 – *Cidade ameaçada* (dir.). 1960 – *Um candango na Belacap* (dir.). 1962 – *Assalto ao trem pagador* (dir.). 1964 – *Selva

trágica* (prod., dir.). 1966 – *Toda donzela tem um pai que é uma fera* (prod., dir.). 1967 – *Roberto Carlos em ritmo de aventura* (prod., dir.). 1968 – *Roberto Carlos e o diamante cor-de-rosa* (prod., dir.); *Os paqueras* (prod.); *Meu nome é Lampião* (prod.); *Azyllo muito louco* (prod.). 1970 – *Estranho triângulo* (prod.); *Em família* (prod.). 1971 – *A 300 km por hora* (prod., dir.); *Aventuras com tio Maneco* (prod.); *Pra quem fica... tchau!* (prod.); *Som, amor e curtição* (prod.). 1973 – *Os machões* (prod.); *O fabuloso Fittipaldi* (prod., dir.). 1974 – *Quem tem medo de lobisomem?* (prod.). 1975 – *O flagrante* (prod.). 1977 – *Barra-pesada* (prod.). 1981 – *Pra frente, Brasil* (prod., dir.). 1983 – *Aguenta, coração* (prod.). 1987 – *Os Trapalhões no Auto da Compadecida* (prod., dir.).

No início dos anos 1950, começa sua carreira no cinema como assistente na ATLÂNTIDA* e nas PRODUÇÕES WATSON MACEDO, principalmente em chanchadas*, tendo também trabalhado nos estúdios da MARISTELA*, em São Paulo. A exemplo de importantes produtores brasileiros como A. P. Galante*, Alfredo Palácios*, Osvaldo Massaini*, Watson Macedo*, Farias também encontra a sua origem dentro do sistema de estúdios, iniciado nos anos 1930 e cujo apogeu acontece com o advento da VERA CRUZ*. No início, a produção dessa geração de realizadores será denominada de produção independente. Irá predominar por mais de três décadas, a partir da segunda metade dos anos 1950, coincidindo com a bancarrota do sistema de estúdios no Brasil. A absoluta ausência de escolas de cinema no Brasil nesse período fez com que essa geração de produtores tivesse uma formação eminentemente empírica. O jovem cineasta Farias teria a sua aprendizagem da carpintaria cinematográfica trabalhando ao lado de diretores como José Carlos Burle*, J. B. Tanko*, Watson Macedo e Carlos Hugo Christensen*. Nos estúdios da antiga BRASIL VITA FILMES*, dirigiu duas comédias na linha da chanchada com os humoristas Zé Trindade*, Violeta Ferraz* e Walter D'Ávila*. Quando o diretor Roberto Santos* abandonou *Cidade ameaçada*, antes do início das filmagens, Roberto Farias encontrou sua primeira oportunidade de dirigir um filme de maior ambição, no gênero policial, baseado na vida do bandido Promessinha. Roberto Farias, contratado por Herbert Richers*, teria sob seu comando os comediantes Ankito* e Grande Otelo* em *Um candango na Belacap*. Ainda nos estúdios de Herbert Richers, Farias dirigirá as suas mais importantes obras: o neorrealista *Assalto ao trem pagador* e o hawksiano *Selva trágica*. Esses dois filmes colocam Farias num patamar de destaque entre seus pares. *Assalto ao trem pagador* foi um retumbante sucesso de crítica e público numa obra em que se destacam citações cinematográficas de alguns clássicos do cinema. O elenco possui como ponto de destaque a interpretação de Eliezer Gomes*, Ruth de Souza*, Luiza Maranhão* e Grande Otelo*, numa seleção de atores negros raramente vista nas telas nacionais. Em *Selva trágica*, o cineasta buscou utilizar uma chave mais autoral, flertando com um estilo oriundo de filmes do Cinema Novo*. Ao lado de sua constante atuação na produção cinematográfica, Roberto percebe a necessidade de também obter espaço na distribuição. No ano de 1965, com Luiz Carlos Barreto*, Walter Lima Jr.*, Glauber Rocha* e outros cineastas e produtores, cria a DIFILM*. Nessa fase, Roberto se estabelece como produtor e funda a R. F. FARIAS PRODUÇÕES CINEMATOGRÁFICAS, apoiado por seus irmãos Rivanides e Reginaldo Faria*. Na DIFILM, Roberto verá seus filmes *Roberto Carlos em ritmo de aventura* e *Roberto Carlos e o diamante cor-de-rosa* se transformarem em megassucessos de bilheteria. Essas películas foram literalmente adaptadas de filmes internacionais. *Help*, com os Beatles, serviu claramente de modelo para os filmes de Roberto Carlos. Foram esses sucessos que o deixaram incompatibilizado com a proposta da DIFILM de produzir filmes de empenho estético e político mais explícito. Entretanto, em 1969, Roberto Farias – junto com os produtores Jarbas Barbosa*, Rivanides Faria e Jece Valadão* – funda a IPANEMA FILMES, distribuidora cinematográfica. A IPANEMA seria estabelecida em bases totalmente diferenciadas da DIFILM, não ficando presa a nenhum estilo ou gênero de filmes. Jarbas Barbosa afirma que a IPANEMA "foi uma distribuidora maravilhosa. Tínhamos feito um acordo de não aceitar filme de ninguém a não ser que nós quatro concordássemos em distribuí-lo. Tínhamos Roberto Carlos, Os Trapalhões* e Jece Valadão com *Navalha na carne* e *Enterro da cafetina*. Depois, entra na história Herbert Richers e nós compramos todas as filiais em nível nacional dirigidas por mim e Riva [...]. A distribuidora funcionou até que o Roberto foi diretor da EMBRAFILME* e decidimos fechá-la para se transformar na rede de distribuição da EMBRAFILME". Para Roberto Farias e seus sócios na época, a IPANEMA era uma garantia para que eles pudessem manter o

sonho de dirigir e produzir os seus próprios projetos. A IPANEMA estabeleceu escritórios nos principais centros cinematográficos, como São Paulo, Rio de Janeiro e Curitiba. A partir da Bahia ocorria a redistribuição dos seus filmes para as regiões Norte e Nordeste. Cobrindo todo o território nacional, a IPANEMA inovou no lançamento de filmes brasileiros, alcançando bons resultados de bilheteria, sendo considerada a distribuidora mais produtiva no período 1970-1974. Entre os cineastas que tiveram seus filmes distribuídos pela IPANEMA estão: Reginaldo Faria (*Os paqueras*); Pedro Camargo (*Estranho triângulo* e *Eu transo... ela transa*); J. B. Tanko (*Pais quadrados, filhos avançados*); os filmes do próprio Roberto Farias (*A 300 km por hora, O fabuloso Fittipaldi*). Estes últimos abordam o universo automobilístico sob aspectos distintos: a indústria e o esporte. No primeiro, Roberto e Erasmo Carlos são piloto e mecânico que atuam para o sucesso do jovem piloto. *O fabuloso Fittipaldi* é uma rara intervenção de Farias no gênero documentário de longa metragem. Como havia produzido o filme, e após o abandono do diretor Hector Babenco*, Farias terminou a obra na direção, ainda que exercendo outras funções. Foi o primeiro documentário de longa metragem colorido sobre automobilismo a ser filmado no Brasil, em locações de importantes circuitos. A IPANEMA FILMES distribuiu títulos de variados estilos como *Dois perdidos numa noite suja*, de Braz Chediak*; *Toda nudez será castigada*, de Arnaldo Jabor*; *Ascensão e queda de um paqueira*, de Vitor Di Mello; *Os herdeiros*, de Carlos Diegues*; *Aladim e a lâmpada maravilhosa*, de J. B. Tanko; e *Vai trabalhar, vagabundo*, de Hugo Carvana*. O impulso econômico com as boas bilheterias permitiu ampliar as atividades da IPANEMA... Em 1972, iniciam a produção do cinejornal *Teleobjetiva*, cuja direção e edição ficou a cargo do jornalista Carlos Leonam até 1974. Recebendo apoio da EMBRAFILME, Farias dirigiu *Pra frente, Brasil*, enfrentando problemas com a censura* até sua liberação para exibição nos cinemas. O filme fez boa carreira comercial e obteve reconhecimento internacional com premiações nos festivais de BERLIM e HUELVA. No entanto, internamente, por tratar de questões políticas e por enfatizar mais a ação policial, *Pra frente, Brasil* não foi muito bem recebido pela crítica cinematográfica. Mostrando a sua versatilidade, o último filme de Roberto é uma encomenda dos Trapalhões*, quando adaptou a obra homônima do escritor pernambucano Ariano

Suassuna. Na Retomada, por um bom tempo, Farias se encontrou em fase de captação de recursos para realizar um filme sobre a vida do Marechal Rondon. Foi seu projeto mais ambicioso e de mais alto custo. Como cineasta, Roberto Farias é um dos poucos realizadores da sua geração com capacidade de transitar por vários gêneros cinematográficos. Vem mantendo uma vigorosa e regular carreira na televisão brasileira, iniciada na década de 1980, quando teve a oportunidade de trabalhar em séries, programas e minisséries na TV GLOBO. Destaque para *Contos de verão*, *Bandidos da Falange* e *As noivas de Copacabana*, um dos melhores *thrillers* até hoje realizados no Brasil. Além destes, outros programas de sucesso se encontram no seu repertório. Mais recentemente, Farias fez a direção geral de *Sob Nova Direção* e *Faça a sua História* Provando o dinamismo que lhe é peculiar, Roberto é um dos sócios fundadores do CANAL BRASIL. Seu irmão, o ator e diretor Reginaldo Faria, conta com a presença de Roberto como produtor nos seguintes filmes: *Os paqueras, Pra quem fica... tchau!, Os machões, Quem tem medo de lobisomem?, O flagrante, Barra-pesada* e *Aguenta, coração*. Também outro irmão, Riva Faria, foi assistente de direção e montagem, diretor de produção e produtor executivo. Seus filhos Lui e Mauro Farias são também diretores de cinema, tendo o primeiro dirigido *Com licença, eu vou à luta* (1985) e *Lili, a estrela do crime* (1988), e o segundo, *Não quero falar sobre isso agora* (1991). (AG)

Paralelamente às suas atividades comerciais e industriais, Roberto Farias atua na política cinematográfica. Em 1972, durante a realização do I CONGRESSO DA INDÚSTRIA CINEMATOGRÁFICA BRASILEIRA, destaca-se pela atuação em defesa dos interesses do cinema brasileiro, ao lado de Luiz Carlos Barreto, Osvaldo Massaini e outros. Em 1974 é indicado para a direção geral da Empresa Brasileira de Filmes (EMBRAFILME), ocupando o cargo originalmente destinado a Luiz Carlos Barreto. Durante o período em que trabalhou como diretor geral da EMBRAFILME (1974-1979), foi um dos articuladores da Lei nº 6.892/75, que ampliou as funções da EMBRAFILME e extinguiu o Instituto Nacional do Cinema (INC*). Além disso, durante a sua gestão foi aprovado o Decreto nº 77.299, de 16 de março de 1976, que criava o Conselho Nacional de Cinema (CONCINE*), órgão no qual iria assumir as funções de presidente (1987-1990). Contando com o apoio de ministros influentes como João Paulo Reis Velloso,

Roberto Farias obtém fluxo de recursos e apoio político para levar a cabo sua tarefa de conquistar o mercado interno e inserir o filme brasileiro no mercado internacional cinematográfico. Entre suas atividades atuais destacam-se o cargo de presidente da Academia Brasileira de Cinema.

FARKAS, Pedro – São Paulo, SP, 1954. Fotógrafo.

FILMOGRAFIA: 1976-1981 – *A caminho das Índias*. 1977-1981 – *Maldita coincidência*. 1978-1980 – *Certas palavras com Chico Buarque*. 1978-1983 – *Diacuí, a viagem de volta*. 1980 – *O boi misterioso e o vaqueiro menino*. 1981 – *Índia, a filha do Sol*. 1982 – *Inocência*. 1984-1985 – *A marvada carne*. 1985 – *Fonte da saudade*. 1986 – *Cinema falado; Ele, o Boto*. 1987 – *Fogo e paixão*. 1987-1989 – *Lua cheia*. 1991 – *Manobra radical*. 1992 – *Maria Galant* (produção estrangeira); *Capitalismo selvagem*. 1994 – *Boca* (produção estrangeira). 1995 – *O monge e a filha do carrasco* (coprodução estrangeira). 1996 – *Ed Mort; Jenipapo*. 1996-1997 – *A ostra e o vento*. 1998 – *Um copo de cólera*. 1999 – *Dois Córregos – verdades submersas no tempo; Memórias póstumas*. 2002 – *Lara*. 2001-2003 – *Desmundo*. 2003 – *O diabo a quatro*. 2004 – *Vida de menina*. 2006 – *Zuzu Angel; Passageiro, segredo de adulto*. 2007 – *Não por acaso*. 2008 – *Os desafinados; Palavra (en)cantada*. 2009 – *O menino da porteira, O sol do meio-dia*.

Um dos grandes talentos da fotografia surgidos nos anos 80. Como fotógrafo de cinema, Pedro pode ser filiado a uma escola mais técnica, mais sofisticada, que dá menos ênfase à câmara e mais importância à química e à plástica da imagem. Seu trabalho é extremamente elaborado e estudado: Pedro procura capturar a essência do roteiro através da sua fotografia, usando a sua intuição e sobretudo o seu talento para compor uma das mais belas cromáticas do cinema brasileiro. Filho do fotógrafo de origem húngara Thomaz Farkas*, Pedro Farkas formou-se em Cinema pela Escola de Artes e Comunicação da Universidade de São Paulo (ECA/USP). Começou a trabalhar com fotografia em 1974 e, em pouco tempo, consolidou-se como um dos melhores fotógrafos de cinema do Brasil, em filmes como *Inocência*, de Walter Lima Jr.*, e *A marvada carne*, de André Klotzel*, além de vários outros curtas e longas. Após fotografar alguns curtas, Pedro estreou como diretor de fotografia em *A caminho das Índias*, de Augusto Sevá* e Isa Castro. Na mesma época fez a fotografia de *Diacuí, a viagem de volta*, de Ivan Kudrna. Coincidência ou não, os assuntos indígenas se tornariam a especialidade de Farkas. Fotografou o primeiro longa de Sérgio Bianchi*, *Maldita coincidência*. Seu primeiro trabalho a merecer destaque foi a fotografia de *Índia, a filha do Sol*, de Fábio Barreto*, filmado no estado de Goiás. Com boa parte das cenas passadas ao ar livre, em exuberantes cenários naturais, *Índia* tem um dos mais belos trabalhos fotográficos do cinema brasileiro contemporâneo*, com um primoroso trabalho de cor. Farkas fez igualmente um trabalho esplêndido em *Inocência*, de Walter Lima Jr., uma das melhores adaptações cinematográficas do romance oitocentista já feitas no Brasil. Além da música e da direção de arte competentes, a fotografia de Farkas é fundamental para criar o clima delicado de fábula que cerca a história de Alfredo Taunay. Farkas usou generosamente filtros difusores para produzir a imagem enevoada, às vezes *flou*, que a fantasia requeria. *A marvada carne*, de André Klotzel*, assinala a maturidade plena de Pedro como fotógrafo de cinema, senhor absoluto de seus meios e recursos. Pedro chega às raias da perfeição no uso de uma técnica na qual ele já havia revelado um bom domínio: a ambientação visual do roteiro. Repete novamente o desempenho em *Memórias póstumas*. Trabalhando em sintonia com o *doublé* de cenógrafo Adrian Cooper*, Pedro definiu o tom preciso para aclimatar visualmente a fábula do caipira em busca da concretização do sonho de comer carne. Em 1986, Pedro voltou a trabalhar com Walter Lima Jr., assinando a fotografia de *Ele, o Boto*, outra fábula cinematográfica da lavra do diretor de *Menino de engenho*. Por se tratar de uma lenda, Pedro pôde fugir totalmente dos parâmetros da fotografia realista e criar uma imagem absolutamente onírica. A parceria entre Pedro e Walter se verificou em outros filmes: *O monge e a filha do carrasco*, *A ostra e o vento* e *Os desafinados*, que lhe rendeu o prêmio de melhor fotografia ibero-americana no FESTIVAL DE GUADALAJARA. A fotografia de Pedro é uma das poucas ressalvas de *Jenipapo*, confuso *thriller* psicológico e político dirigido por Monique Gardemberg*, lançado em 1996, cercado de grande expectativa por se tratar do primeiro longa de ficção da diretora (famosa no Brasil como produtora do festival Free Jazz, ao lado de sua irmã Sylvia, recentemente falecida) e abordar a questão dos sem-terra. A produção do filme, no entanto, foi impecável e dela se beneficiou Pedro, fazendo uma fotografia radiante, luminosa e mostrando uma agilidade de câmara notável. (LAR)

Com Helena Solberg*, leva o KIKITO de melhor fotografia em GRAMADO, no filme *Vida de menina*. Também assina a fotografia do documentário da diretora, *Palavra (en) cantada* Quando Philippe Barcinski estreia na direção com o longa dramático *Não por acaso*, convida-o para a fotografia. Entre tantos longas de diretores renomados, fotografou *Dois Córregos – verdades submersas no tempo*, de Carlos Reichenbach*; *Um copo de cólera*, de Aluísio Abranches; *Lara*, de Ana Maria Magalhães*; *Desmundo*, de Alain Fresnot*. Na Retomada do cinema brasileiro, esteve presente como fotógrafo em *O diabo a quatro*, de Alice de Andrade; *Zuzu Angel*, de Sérgio Rezende*; *O passageiro, segredo de adulto*, de Flávio R. Tambellini. Atua com personalidade no *remake* da fita rural *O menino da porteira*, de Jeremias Moreira*, e no filme recente de Eliane Caffé*, *O sol do meio-dia*.

FARKAS, Thomaz (Thomaz Jorge Farkas) – Budapeste, Hungria, 1924-2011. Produtor, fotógrafo.

FILMOGRAFIA: 1965-1968 – *Brasil verdade* – 1º episódio: 'Nossa escola de samba' (prod., fot.); 2º episódio: 'Viramundo' (prod., fot.); 3º episódio: 'Subterrâneos do futebol' (prod., fot.); 4º episódio: 'Memória do cangaço' (prod.). 1968 – *Trópicos* (prod.). 1970 – *Na boca da noite* (prod.). 1970-1972 – *Herança do Nordeste* – 1º episódio: 'Casa de farinha' (prod.); 2º episódio: 'Rastejador, substantivo masculino' (prod., fot.); 3º episódio: 'A erva bruxa' (prod.); 4º episódio: 'Jaramataia' (prod.); 5º episódio: 'Padre Cícero' (prod.). 1973 – *O Pica-pau Amarelo* (prod.). 1971 – *O rei dos milagres* (prod.). 1974 – *Triste trópico*. 1977 – *Coronel Delmiro Gouveia* (prod.). 1978-1980 – *Certas palavras com Chico Buarque* (prod.); *Andiamo in'Merica* (prod. fot.). 1979-1981 – *Jânio a 24 quadros* (prod.).

Thomaz Farkas chegou ao Brasil em 21 de março de 1930. Formado em Engenharia pela Escola Politécnica da USP, trabalhou boa parte de sua infância e adolescência na loja de materiais fotográficos que foi de seu pai, a Fotoptica, tornando-se depois proprietário da mesma. Integrou o movimento fotoclubístico nos anos 40, fazendo parte do FOTO CLUBE BANDEIRANTES, juntamente com Eduardo Salvatore, Yalenti Bastos, Chiquito Ferreira. Participou de exposições fotográficas com Geraldo de Barros e José Oiticica Filho, destoando, com suas fotos abstratas, da fotografia brasileira dominante na época. Em 1948 realiza a primeira exposição de fotografia do MASP, cuidando, em 1950, do projeto e da instalação do Laboratório Fotográfico do Museu de Arte de São Paulo, a convite de P. M. Bardi. É importante mencionar sua proximidade com os estúdios da VERA CRUZ*, onde teve contato com Chick Fowle*. Já nessa época trabalhava amadoristicamente com cinema, utilizando uma câmera Kodak, tendo realizado pequenos filmes sobre Santos, jornais cinematográficos, inauguração do Estádio do Pacaembu, etc. Também na Poli continua a filmar, aproveitando-se do gosto pela parte técnica da fotografia e as facilidades de equipamentos que a Fotoptica fornecia. Segundo seu depoimento, quem o trouxe definitivamente para o cinema foi Vilanova Artigas, que o teria aproximado de Vladimir Herzog, Maurice Capovilla*, Sérgio Muniz, além dos argentinos Edgardo Pallero e Fernando Birri. Herzog e Capovilla já haviam estado no INSTITUTO DE CINEMATOGRAFIA DE SANTA FÉ, em 1963, para um estágio de três meses. Foram para lá após uma visita de Fernando Birri ao Brasil, quando veio acompanhar a exibição de seus filmes. Ainda em 1963, Birri, Edgardo Pallero e Manuel Horácio Gimenez vêm ao Brasil para ficar, fugindo das condições políticas adversas na Argentina. Aqui encontram um ambiente favorável à produção cinematográfica, em particular o documentário*. Com o grupo já meio definido pelas circunstâncias, a atuação de Farkas serve como uma espécie de catalisador, permitindo a concretização das produções, apoiando a linha temática dos filmes e o novo formato do documentário com som direto, que então fascinava os cineastas. A influência da estética do cinema-verdade, que começa a se esboçar na Europa, é evidente. Entre setembro de 1964 e março de 1965, Farkas mergulha de cabeça na aventura de produzir quatro médias-metragens (Viramundo, Memória do cangaço, Nossa escola de samba e Subterrâneos do futebol). Trazendo a vivência da sempre presente temática nordestina, Geraldo Sarno* integra-se ao grupo paulista dirigindo Viramundo. Paulo Gil Soares*, cineasta contemporâneo do jovem Glauber Rocha* em Salvador – próximo do grupo cinemanovista e que Farkas conhece no Rio de Janeiro –, é convidado para dirigir Memória do cangaço. De Santa Fé estão presentes os argentinos Edgardo Pallero, que cuida da produção executiva dos quatro médias, e Manuel Horácio Gimenez, que dirige Nossa escola de samba. Fernando Birri viaja para a Europa, não participando do projeto. Sérgio Muniz cuida da direção de produção de Viramundo substituindo Herzog, que havia ido à Inglaterra. Maurice Capovilla dirige Subterrâneos do futebol, tendo ainda Clarice Herzog, Francisco Ramalho Jr.*, João Batista de Andrade* e José Américo Viana como colaboradores, aparecendo Vladimir Herzog como diretor de produção. Além da produção do conjunto, Farkas faz a fotografia de Nossa escola de samba, Viramundo e Subterrâneos do futebol. Os quatro médias depois são reunidos e lançados em 1968 como um longa intitulado Brasil verdade, com o objetivo de atingir o mercado exibidor. Os filmes de Brasil verdade possuem como unidade um tema caro a essa geração: as manifestações populares de cultura. Estas são vistas através de uma forma de documentário que explora o som direto e a intervenção do cineasta no filmado, dentro do estilo do que se denominou cinema-verdade.

Nos anos seguintes, agora totalmente voltado para a produção documentária, Farkas produz, fotografa e dirige uma série de documentários que mais tarde seria conhecida como A condição brasileira. Entre 1967 e 1968, Sérgio Muniz faz um levantamento e localiza centenas de escolas que compravam ou alugavam cópias para atividades didáticas. Havendo, dentro desse universo, uma grande procura por filmes que retratassem aspectos da realidade brasileira, surge a ideia de se fazer uma série de documentários que seriam depois vendidos ou alugados às escolas. Na realidade, o objetivo era explorar um mercado de cerca de duzentas cópias, o que pagaria os filmes, que abordariam temas sobre a realidade nacional. A primeira região a ser filmada seria o Nordeste, com sua geografia e costumes, que foram tão caros ao cinema brasileiro dos anos 60. Esse primeiro núcleo de documentários deveria ser seguido por outros conjuntos que abordariam o Norte, o Sul, etc., o que acaba não ocorrendo. A concepção do documentário como suporte para o registro histórico de autênticas tradições em vias de desaparecimento embasa o projeto e dá o tom dos filmes. O cinema aparece como o veículo ideal para esse objetivo. A narração é bem mais tradicional do que nos médias de Brasil verdade, mantendo-se em geral uma voz em off, objetiva e assertiva, que esclarece a importância e a dimensão das tradições. A maior parte dos filmes trabalha com entrevistas e som direto, mas a intervenção mais dinâmica, que encontramos em alguns dos médias de Brasil verdade, está ausente. Apostando então na viabilidade da produção de documentários para venda e aluguel na rede escolar (esperança que no ano seguinte seria desfeita com a publicação de um decreto que inviabilizou às escolas federais esse tipo de gasto extracurricular), Farkas dá o sinal verde para o início da produção em 1968. Sérgio Muniz e Edgardo Pallero partem para o Nordeste com o compromisso de voltar, como produtores executivos, com pelos menos dez filmes de curta ou média duração. Trazem dezenove filmes que constituiriam o primeiro núcleo do que depois se chamou de A condição brasileira. A direção dos curtas e médias coube a Paulo Gil Soares (A morte do boi – 1969-1970; A vaquejada – 1969-1970; Frei Damião – trombeta dos aflitos e martelo dos hereges – 1970; A erva bruxa – 1969-1970; O homem de couro – 1969-1970; A mão do homem – 1969 Jaramataia – 1970), a Geraldo Sarno (A cantoria – 1969-1970; Vitalino Lampião – 1969; O engenho – 1969-1970; Padre Cícero – 1971; Casa de farinha – 1969-1970; Os imaginários – 1970; Jornal do sertão – 1970; Viva Cariri – 1969-1970; Região Cariri – 1970), a Sérgio Muniz (Rastejador – 1969-1970; Beste – 1970) e a Eduardo Escorel* (Visão de Juazeiro – 1970). Do grupo de Brasil verdade mantêm-se, além de Farkas, que viabiliza as duas séries, Sérgio Muniz e Edgardo Pallero, que cuidam da produção executiva de todos os curtas (aqui sempre auxiliados por João Silvério Trevisan); Muniz ainda dirige os curtas Rastejador e Beste. Geraldo Sarno, que já havia dirigido Viramundo, é, juntamente com Paulo Gil Soares, o principal diretor da série. O som direto fica por conta de Sidney Paiva Lopes em praticamente todos os curtas (exceção de Visão de Juazeiro, que parece contar com uma equipe diferenciada: Jorge Bodanzky*, fotografando, e Hermano Penna*, fazendo o som direto). A mixagem ficou a cargo de Carlos de la Riva. A montagem dos curtas é basicamente dividida entre Geraldo Veloso e Eduardo Escorel, ficando a fotografia principalmente com Affonso Beato* e, em alguns curtas, com Thomaz Farkas ou Lauro Escorel*. Vladimir Carvalho* (produção), Ana Carolina* (música), Othon Bastos* (narração) são também nomes que aparecem nos créditos de mais de uma obra. A música dos filmes é bem cuidada, com a participação de artistas regionais como a Banda de Pífaros do Crato, Banda de Pífaros de Caruaru, Cego Birrão do Crato, Antonio Calunga, os cantadores Lourival Batista e Severino Pinto, além de Musikantiga e Gilberto Gil. A partir desses filmes, Farkas faria o longa Herança do Nordeste, contendo os episódios 'A erva bruxa', 'Casa de farinha', 'Jaramataia', 'Padre Cícero' e 'Rastejador'.

A atividade de Farkas no cinema não se esgota na produção de filmes, tendo dirigido ainda quatro curtas-metragens e fotografado diversos outros. *Paraíso Juarez* é um documentário seu, de oito minutos, realizado em 1971, sobre o artista plástico Juarez Paraíso e seus painéis, colocados em um cinema de Salvador, em via de desaparecimento. Em 1978-1980, Farkas dirige *Todomundo (futebol + torcida = espetáculo total)*, documentário de 35 minutos sobre o mundo do futebol, dando ênfase ao espetáculo das torcidas. Sua terceira direção é *Hermeto, campeão*, de 1981, documentário de 35 minutos que mostra aspectos da vida pessoal e da carreira do músico Hermeto Pascoal. Fez ainda o curta *Torcida de futebol*, de 1982. Além dos documentários de *Brasil verdade* e da primeira fase de *A condição brasileira*, Farkas possui ampla e singular carreira de produtor de documentários, fornecendo oportunidades e concretizando projetos que de outra maneira não se realizariam. O eixo de sua atividade como produtor de documentários é o de resgatar e registrar a tradição cultural brasileira nas suas mais diferentes expressões. É nessa direção que produz e fotografa os documentários *Feira da banana* (1972-1973), sobre a produção de banana no Recôncavo Baiano, e *A morte das velas no Recôncavo* (1976), também sobre a região do Recôncavo, abordando o fim dos saveiros, ambos com direção de Guido Araújo. Ainda dentro desse amplo projeto de resgate e registro da tradição brasileira, podemos citar a produção dos documentários de Sérgio Muniz, *De raízes e rezas* (1972), sobre raízes e rezas medicinais (Farkas assina a fotografia, com Affonso Beato e Sérgio Muniz); *Um a um* (1976), retratando o desaparecimento da catação manual de café em Santos (Farkas também fez a fotografia); *Cheiro e gosto, o provador de café* (1976), sobre os profissionais que experimentam e classificam diferentes tipos de café; *A cuíca* (1978), retratando o instrumento musical através da carreira e da obra de Oswaldinho da Cuíca; *O berimbau* (1978), realizado no mesmo esquema com o músico Papete, um especialista no assunto; e *Andiamo In'Merica* (1977-1978), sobre a emigração italiana para o Brasil, a partir do testemunho de quatro personagens. Além disso, no mesmo projeto, podemos citar, com produção de Farkas, *Ensaio* (1975), com direção de Roberto Duarte, e *Trio elétrico* (1978), de Miguel Rio Branco, mostrando o famoso trio elétrico Dodô e Osmar. Esse conjunto de obras muitas vezes foi designado como *A condição brasileira*, projeto mais amplo de Farkas, embora a denominação original tenha

sido empregada para se referir ao primeiro núcleo da produção, realizada entre 1969-1970. Farkas também foi um produtor ativo no formato longa-metragem, seja na ficção ou no documentário, tendo coproduzido filmes como *Triste trópico*, de Arthur Omar*; *O Pica-pau Amarelo*, de Geraldo Sarno; *Coronel Delmiro Gouveia*, de Geraldo Sarno; *Jânio a 24 quadros*, de Luís Alberto Pereira*; *Certas palavras com Chico Buarque*, de Maurício Beru, além da série *Carnets Brésiliens*, para a TV francesa, com direção de Pierre Kast*. Como diretor de fotografia, Farkas trabalhou em seu curta *Estudos*, além dos citados três médias de *Brasil verdade* e também *Rastejador, Beste, Feira da banana, A morte das velas no Recôncavo, Cheiro e gosto* e *Um a um*. Farkas foi também, durante anos, professor na Escola de Comunicações e Artes da Universidade de São Paulo, além de presidir a FUNDAÇÃO CINEMATECA BRASILEIRA. *Thomaz Farkas, Brasileiro* (2004), é documentário de Walter Lima Jr.* em sua homenagem. Em 2007 foi produtor e codiretor, com Ricardo Dias, do curta documental *Pixinguinha e a velha guarda do samba*, com imagens de arquivo filmadas por Thomaz em 16 mm e p&b, durante a festa do IV Centenário da cidade de São Paulo, em 1954. Faleceu em São Paulo em 25 de março. (FPR)

FARNEY, Cyll (Cileno Dutra e Silva) – Rio de Janeiro, RJ, 1925-2003. Ator, produtor, diretor.

FILMOGRAFIA: 1947 – *Um beijo roubado* (ator). 1949 – *Escrava Isaura* (ator). 1950 – *Pecado de Nina* (ator). 1951 – *Tocaia* (ator); *Aí vem o barão* (ator); *Areias ardentes* (ator); *Barnabé, tu és meu* (ator). 1952 – *Amei um bicheiro* (ator); *Três vagabundos* (ator); *Carnaval Atlântida* (ator). 1953 – *Nem Sansão nem Dalila* (ator). 1954 – *Paixão nas selvas* (coprodução estrangeira) (ator). 1955 – *Guerra ao samba* (ator); *Chico Viola não morreu* (coprodução estrangeira) (ator). 1956 – *Vamos com calma* (ator); *Colégio de brotos* (ator); *Papai fanfarrão* (ator). 1957 – *De vento em popa* (ator); *É a maior* (ator). 1958 – *E o espetáculo continua* (ator); *O homem do Sputnik* (ator, prod.). 1959 – *Aí vem a alegria* (prod.); *O cupim* (prod.); *Pintando o sete* (ator); *O palhaço o que é?* (prod.). 1960 – *Cacareco vem aí (Duas histórias)* (ator, prod.); *Os dois ladrões* (ator, prod.); *Quanto mais samba melhor* (ator, prod.). 1961 – *As sete Evas* (ator, prod.). 1962 – *Copacabana Palace* (coprodução estrangeira) (ator). 1963 – *Manaus, glória de uma época* (coprodução estrangeira).

1964 – *Lana, rainha das amazonas* (coprodução estrangeira) (dir.). 1966 – *Todas as mulheres do mundo* (prod.). 1967 – *A espiã que entrou em fria* (ator, prod.). 1968 – *Os carrascos estão entre nós* (prod.); *Juventude e ternura* (ator). 1969 – *O rei da pilantragem* (ator); *Incrível, fantástico, extraordinário* (1º episódio: 'A ajuda') (ator). 1971 – *Tô na tua, bicho* (prod.). 1972 – *A infidelidade ao alcance de todos* (2º episódio: 'A transa') (ator). 1973 – *Janaína, a virgem proibida* (ator); *Um virgem na praça*. 1975 – *Assim era a Atlântida* (ator). 1976 – *O pai do povo* (ator); *Tem folga na direção* (ator); *Esse Rio muito louco* (ator).

Ator, para sempre identificado com personagens definidas como "galãs" na galeria de tipos desenvolvida pela chanchada*. No espaço de uma década apenas, entre 1950 e 1960, Cyll Farney estrelou uma série de filmes ao lado dos maiores nomes do cinema brasileiro da época, como Oscarito*, Grande Otelo*, Fada Santoro* e Eliana*, personificando um mesmo tipo de papel, o do mocinho bonito, elegante e bem-vestido, geralmente filho de papai rico que encantava a namorada. Sua carreira no cinema começou em 1947, quando foi convidado por Adhemar Gonzaga* para fazer, ao lado de Marlene* e Vera Nunes*, o filme *Um beijo roubado*, dirigido por Leo Marten*, lançado em 1950. O encontro entre o famoso produtor e o então jovem baterista aconteceu após uma sessão de música em que Cyll acompanhava o irmão Farnésio Dutra e Silva (Dick Farney), pianista e cantor. Após esse trabalho, o ator contracenou com Fada Santoro em *Escrava Isaura* e *Pecado de Nina*, criando um ideal de par romântico também interpretado por Eliana e Anselmo Duarte*, que, nos anos seguintes, cristalizaria noções de bom mocismo. Em 1951, Cyll Farney entra para a ATLÂNTIDA*, onde atuou em 22 filmes, sendo oito ao lado de Eliana, porém trocando o tipo de galã chanchadeiro de *Aí vem o barão, Vamos com calma* ou *Pintando o sete*, por papéis mais complexos, como o do contraventor no melodrama urbano *Amei um bicheiro* ou na biografia *Chico Viola não morreu*. Em 1958, consagrado no cinema, Cyll Farney incursionou rapidamente pela televisão, repetindo as qualidades de bom moço que o identificavam na tela, estrelando episódios de *O jovem dr. Ricardo* para a TV EXCELSIOR. A partir de 1966 sua carreira ganha novos rumos ao dedicar-se à produção e direção de documentários para a Agência Nacional e para a publicidade, algumas vezes associado ao diretor e amigo Carlos Manga*. Faleceu no Rio de Janeiro em 14 de março. (JLV)

FENELON, Moacyr (Moacir Fenelon Miranda Henriques) – Patrocínio, MG, 1903-1953. Produtor, diretor.

FILMOGRAFIA: 1940 – *O simpático Jeremias* (dir.). 1943 – *É proibido sonhar* (dir.). 1944 – *Gente honesta* (dir.). 1945 – *Vidas solidárias* (dir.). 1946 – *Sob a luz do meu bairro* (dir.); *Fantasma por acaso* (dir.). 1947 – *Asas do Brasil* (dir.). 1948 – *Obrigado, doutor* (prod., dir.); *Poeira de estrelas* (prod., dir.); *Estou aí?* (prod.). 1949 – *O homem que passa* (prod., dir.); *Todos por um* (prod.). 1950 – *Dominó negro* (prod., dir.); *A inconveniência de ser esposa* (prod.). 1951 – *Milagre de amor* (prod., dir.); *O falso detetive* (prod.); *Tudo azul* (prod., dir.). 1952 – *Com o diabo no corpo* (prod.); *Agulha no palheiro* (prod.).

Interessado desde garoto pelos problemas do rádio e das gravações, teria viajado aos Estados Unidos para a realização de um curso na Radio Institute of USA, da qual recebeu o diploma de técnico de som. Consta que escreveu sobre o assunto em revistas de São Paulo, para onde se mudou após ser contratado como técnico das gravadoras de discos Columbia e Parlaphan. Com a invenção do cinema sonoro, Luiz de Barros* realizou uma experiência por cópia do processo VITA-PHONE (gravação do som em discos) na comédia *Acabaram-se os otários*, filmada em São Paulo. Segundo Luiz de Barros, em 1929, Fenelon trabalhava numa loja de rádios da rua Direita, sendo contratado por ele para acompanhar as instalações de amplificadores nos cinemas que exibiam o filme sonorizado à brasileira. Esse é o único crédito que ele dá a Fenelon. Já para a revista *A Cena Muda*, Fenelon disse que começou no cinema em 17/10/1927 como "sonografista" de *Acabaram-se os otários*. Para Wallace Downey*, que era diretor artístico da fábrica de discos Columbia, ligada no Brasil à Byington & Cia., fez a gravação em discos de *Coisas nossas*, em 1931. Lançado em novembro daquele ano no luxuoso CINE ROSÁRIO, que já estava adaptado para o VITAPHONE, a fita foi um sucesso. No Rio, *Coisas nossas* ficou duas semanas no CINE ELDORADO. Quando Wallace Downey montou a WALDOW FILMES no Rio, em 1934, Fenelon foi chamado para trabalhar como técnico de som a partir de *Estudantes* (1935), já pelo processo MOVIETONE, com o som impresso na película. No ano seguinte, desligou-se da WALDOW, passando para a SONOARTE como diretor técnico. A empresa era especializada na realização de gravação, regravação, cópia, dublagem e sincronização. Quando Byington e Dow-

ney fundaram a produtora SONOFILMS*, Fenelon foi chamado para ser o técnico de som da nova firma. Entre 1936 e 1941 realizou a gravação de vários filmes, como *João Ninguém*, *Banana da terra*, *Futebol e família* e *Aves sem ninho*, tanto para a SO-NOFILMS como para outras empresas. Foi o encarregado da dublagem dos filmes de Walt Disney *Branca de Neve e os sete anões* (1938) e *Pinóquio* (1940).

Sua estreia na direção aconteceu em 1940 com *O simpático Jeremias*, uma comédia tirada do fecundo autor teatral Gastão Tojeiro. A produção era da SONOFILMS. A grande virada na sua vida ocorreu com a ideia de criação da ATLÂNTIDA*. Vivia-se um momento de estagnação entre as grandes companhias cariocas: a CINÉDIA* estava quase paralisada; a SONOFILMS tinha sofrido um incêndio; e a BRASIL VITA FILMES*, encrencada com a produção de *Inconfidência Mineira*, iniciada em 1936. No início, a ATLÂNTIDA foi pensada para ser uma sociedade por cotas. Com a dificuldade de levar a cabo sozinho o empreendimento, ele se aproximou dos irmãos Burle, tendo conhecido José Carlos Burle* em 1936, quando realizou a sonorização de *Maria Bonita*, de Julien Mandel. Paulo Burle tinha fortes ligações com o conde Pereira Carneiro, dono do *Jornal do Brasil*. Com a associação, fundou-se a ATLÂNTIDA EMPRESA CINEMATOGRÁFICA DO BRA-SIL S. A., em 18/9/1941, ficando Fenelon com o cargo de superintendente (nas outras diretorias estavam Paulo Burle, José Carlos Burle e Charles M. Browne). A sede foi instalada no prédio do *Jornal do Brasil*, na avenida Rio Branco, 51, o que deu respeitabilidade ao empreendimento, já que o conde também adquiriu cotas da sociedade. Os estúdios foram instalados na rua Visconde do Rio Branco, num antigo barracão, onde tudo era improvisado. A produção inicial foi de cinejornais*, que tiveram uma longa vida nos cinemas brasileiros, com a sua apresentação surrupiada de um filme de propaganda nazista. O primeiro projeto de longa-metragem de ficção só se materializou em 1943, com *Moleque Tião*. A direção foi de Burle, e a Fenelon coube a direção de produção. Seu primeiro filme na produtora foi *É proibido sonhar*, no mesmo ano, para o qual Burle compôs a trilha musical. A fita foi um fracasso de público. A película seguinte, *Gente honesta*, satirizava a burguesia nacional. Seguiram-se *Vidas solidárias*, *Fantasma por acaso* e *Sob a luz do meu bairro*. Desses, os de maior sucesso foram *Gente honesta* e *Fantasma por acaso*. Fenelon era partidário da produção contínua, pois achava que

os filmes de grande bilheteria cobririam o déficit gerado pelos fracassos. A ideia não era nova, mas, adaptada ao panorama brasileiro, significa a produção de filmes mais engajados enquanto outros diretores da ATLÂNTIDA realizavam chanchadas*. Em 1946, o crítico Pedro Lima* escreveu que, com o roteirista Arnaldo Farias, Fenelon tinha realizado dois filmes de "fundo socialista" (*Vidas solidárias* e *Sob a luz*), mas que, no segundo caso, o enredo tinha caminhado aos tropeços, numa mistura de chanchada e problemas sociais (o que, no fundo, caberia a todas as grandes chanchadas). *Sob a luz* acabava desaguando no tema dos "anjos de cara suja" (referência ao filme americano de sucesso dirigido por Michael Curtiz e PAN FILME, em 1938), ou seja, era uma cópia malfeita do filme norte-americano com problemas sociais. Se não bastasse isso, as duas fitas foram fracassos de público. A entrada de Luiz Severiano Ribeiro Jr.* na ATLÂNTIDA, em outubro de 1947, motivou a saída do diretor da empresa. Severiano era o maior exibidor do Rio-Nordeste-Norte do Brasil, além de ser distribuidor, através da União Cinematográfica Brasileira (UCB). A entrada na produção enfeixava nas suas mãos toda a cadeia produtiva (produção-distribuição-exibição), num momento em que o modelo americano estava sendo desmontado pela Justiça através da lei antitruste. Seu último filme na ATLÂNTIDA foi *Asas do Brasil*, aliás, o mais caro.

Fenelon fundou a sua própria produtora, a CINE PRODUÇÕES FENELON. Associando-se à CINÉDIA de Adhemar Gonzaga*, realizou cinco coproduções: *Obrigado, doutor*, *Poeira de estrelas*, *Estou aí*, *O homem que passa* e *Todos por um*. O primeiro era baseado num programa homônimo de rádio com larga penetração entre o público. Lançado no circuito ME-TRO, foi um sucesso, resultado tanto da filmagem do programa radiofônico como pela presença na tela do ator Rodolfo Mayer*, que fazia o papel principal no rádio. *Poeira de estrelas* era um musical, ao estilo do que seria o seu último filme, *Tudo azul*. Produziu *Estou aí* e *Todos por um*, para direção de Cajado Filho. Aproveitando o sucesso de Rodolfo Mayer, dirigiu mais uma vez o ator na penúltima coprodução com a CINÉDIA, *O homem que passa*. Era um drama psicológico no qual o complexo de culpa, uma novidade no cinema brasileiro, atormentava o personagem principal. Vindo na esteira das narrativas psicologizantes do cinema norte-americano do pós-guerra, *O homem que passa* foi um fracasso, sendo identificado como uma novelização radiofônica devido ao argumento de Pedro Bloch*. Em 1950, o proprietário da RÁDIO CONTINENTAL, Rubens Berardo, entrou como sócio da CINE PRODUÇÕES FENELON, surgindo da associação a produtora FLAMA FILMES*. Ela era anunciada como tendo dois palcos de filmagens em Laranjeiras, nos locais da antiga PAN FILME, de Jaime de Andrade Pinheiro. A FLAMA teria adquirido os equipamentos do americano Howard Randall, que pretendia criar a COLUMBIA PICTURES DO BRASIL. A exibição foi assegurada com o circuito VITAL RAMOS DE CASTRO, o mais popular do Rio, e a COMPANHIA SERRADOR, em São Paulo, a maior da cidade. O sistema de financiamento dos filmes era feito pela venda de cotas ao público. A FLAMA foi inaugurada com a primeira tomada de cena de *Milagre de amor*, em abril de 1951, com direção de Fenelon. Além desse filme, com Fada Santoro*, Fenelon faria outros dois: *Dominó negro*, anunciado como o primeiro policial brasileiro, com Paulo Porto* e Elvira Pagã*, e *Tudo azul*, saudado na época como uma inovação no gênero musical. Foi também o produtor de *Agulha no palheiro*, de Alex Viany*.

Nos últimos anos de sua vida, Fenelon foi um grande batalhador do cinema brasileiro. Embora padecesse de problemas cardíacos, fundou a Associação Brasileira de Cinema (ABC), em 1949. Foi presidente do SINDICATO NACIONAL DA INDÚSTRIA CINEMATOGRÁFICA (1952) e presidente do I CONGRESSO NACIONAL DO CINEMA BRASILEIRO, realizado no Rio de Janeiro, em 1952. Como presidente do Sindicato, foi autor do projeto de lei dos 8 × 1 (Decreto nº 30.179), isto é, para cada oito filmes estrangeiros deveria ser exibido um brasileiro. Participou da Comissão Parlamentar que discutiu o projeto do Instituto Nacional do Cinema (INC*) preparado por Alberto Cavalcanti*. Durante o I CONGRESSO NACIONAL foi o autor de uma das teses de defesa do cinejornal, pela implantação de um sistema de reservas nos cinemas por produtoras. Quanto maior fosse a produtora, mais cinejornais teria direito de colocar no mercado. A medida era ditada pela retirada dos cinejornais estrangeiros pelas distribuidoras, por se recusarem a cumprir um dos artigos da legislação que as obrigava a adquirir 10% dos cinejornais brasileiros para continuar no mercado. Fenelon defendeu também a sugestão de que o filme virgem deveria ser distribuído pelo sindicato, transformado em regulador do mercado. Era favorável à dublagem dos filmes estrangeiros como fator de padronização da pronúncia e emprego gramatical. Além do mais, a medida melhoraria os sistemas de projeção dos cinemas, que ele calculava atingir o nível de 70% de obsolescência. Internado para uma operação cirúrgica, não resistiu. Faleceu no Rio de Janeiro em 14 agosto. Foi casado com Olga Vidrati Fenelon e teve uma filha, Ieda. (JIMS)

FERNANDA, Maria (Maria Fernanda Meireles Correia Dias) – Rio de Janeiro, RJ, 1928. Atriz.

FILMOGRAFIA: 1946 – *Sempre resta uma esperança*. 1948-1949 – *Terra violenta*. 1953 – *Luz apagada*. 1954 – *Nobreza gaúcha*. 1957 – *Tumulto de paixões*. 1975 – *Ovelha negra, uma despedida de solteiro*. 1978 – *J. S. Brown, o último herói*; *Fim de festa*. 1979-1985 – *Chico Rei*. 1992-1994 – *Carlota Joaquina, princesa do Brazil*. 2004 – *O Quinze*.

Terceira filha da poetisa Cecília Meireles e do pintor Correia Dias (que se suicidou em 1934). Embora tenha sempre trabalhado com regularidade no cinema, teve nos palcos teatrais as maiores glórias de sua carreira de atriz. No Brasil, atuou em grandes peças, como *A prostituta respeitosa*, de Jean-Paul Sartre, *Um bonde chamado desejo*, de Tennessee Williams, *Santa Joana*, de Bernard Shaw, *Verde que te quero verde*, de Federico García Lorca, *As troianas*, de Sartre, e outras. Recebeu o prêmio Molière em 1970, pelo seu desempenho em *O balcão*, de Jean Genet. Começou a carreira no Teatro do Estudante do Brasil, de Paschoal Carlos Magno, interpretando Ofélia na peça *Hamlet*, de Shakespeare, em 1948. Quando o Teatro do Estudante se profissionalizou sob o nome de Teatro dos Doze, Maria Fernanda juntou-se ao grupo. Tomou parte, em seguida, em alguns programas de rádio, como *Convite à poesia*, na RÁDIO MINISTÉRIO DA EDUCAÇÃO. Maria Fernanda estreou no cinema em *Terra violenta*, adaptação do romance *Terras do sem fim*, de Jorge Amado*, dirigido pelo americano Eddie Bernoudy na ATLÂNTIDA* entre 1947 e 1948. Sua atuação no papel de Ester foi bastante elogiada, embora a crítica ao filme tenha sido negativa. Na mesma época, Maria Fernanda participou do filme não concluído "Mulher ao longe", de Lúcio Cardoso. Em 1949, recebeu uma bolsa de estudos e foi para Londres fazer um curso de arte teatral na escola de arte dramática The Old Vic School. Na Europa, onde viveu alguns anos, foi figurante em diversos filmes. Chegou a ser cogitada para trabalhar em *O salário do medo*, do diretor francês Henri-Georges Clouzot, mas sua participação no filme não se concretizou. De volta ao Brasil em 1953, protagonizou *Luz apagada*, produção da VERA CRUZ*, dirigida por Carlos Thiré, obtendo críticas bastante favoráveis à sua atuação. No final desse ano, Maria Fernanda foi cogitada para atuar em *O americano*, produção de Robert Stillman feita no Brasil, com direção de Budd Boetticher, tendo no elenco Glenn Ford e Cesar Romero. A heroína que Stillman queria que fosse brasileira acabou sendo uma alemã, Ursula Thiess, que era casada com o ator Robert Taylor. Em 1956, Maria Fernanda foi a estrela de *The Amazon Trader*, produção da WARNER BROS., dirigida por Tom McGowan e estrelado por John Sutton. Tratava-se de um média-metragem (43 minutos) no estilo "fiction-travelogue" que contava diversas histórias da vida na selva amazônica, em torno de um mercador interpretado por Sutton. O filme foi realizado em 1955 e lançado em fins de 1956, sem muito sucesso. Um dos pontos altos da carreira de Maria Fernanda no cinema foi a interpretação sensível e vigorosa de madre Joana Angélica no filme homônimo de Walter Lima Jr.*, feito em 1978 como piloto de uma série histórica para a televisão brasileira que nunca se concretizou. Joana Angélica foi a religiosa que se opôs corajosamente à entrada dos soldados portugueses num convento da Bahia, logo após a proclamação da Independência. Em *Carlota Joaquina, princesa do Brazil*, Maria Fernanda interpreta o papel de d. Maria Louca, rainha de Portugal e mãe do futuro rei d. João VI. A versão em tom de farsa de Carla Camurati* deu a Maria Fernanda a oportunidade de exercitar o seu talento para viver personagens caricatas e histriônicas. (LAR) Seu filme mais recente é *O Quinze*, no qual interpreta papel de mãe, no único longa-metragem dirigido pelo ator Jurandir de Oliveira, baseado no romance homônimo de Rachel de Queiroz.

FERNANDES, Ary – São Paulo, SP, 1931-2010. Diretor.

FILMOGRAFIA: 1962 – *O vigilante rodoviário* (1º episódio: 'O contrato'; 2º episódio: 'O fugitivo'). 1963 – *O vigilante contra o crime*. 1964 – *O vigilante e os cinco valentes*. 1965 – *O vigilante em missão secreta* (1º episódio: 'Aventura de Tuca'; 2º episódio: 'O aventureiro'; 3º episódio: 'A experiência'; 4º episódio: 'Terras de ninguém'); *O mistério do Taurus 38* (1º episódio: 'Fórmula de gás'; 2º episódio: 'Café marcado'; 3º episódio: 'O suspeito'). 1968 – *O agente da lei*; *Marcado para o perigo*; *Pânico no império do crime*. 1969 – *Águias em patrulha*

(1º episódio: 'O contrabando'; 2º episódio: 'O diplomata'; 3º episódio: 'O rapto'; 4º episódio: 'A viagem'); *Uma pistola para Djeca*. 1970 – *Sentinelas do espaço*; *Mágoas de caboclo*. 1971 – *Até o último mercenário*. 1972 – *O Jeca e o bode*. 1974 – *O supermanso*. 1975 – *Quando elas querem... e eles não*. 1976 – *Guerra é guerra (Cama é cama)* (1º episódio: 'Núpcias com futebol'). 1977 – *As trapalhadas de Dom Quixote e Sancho Pança*. 1978 – *O vigilante rodoviário*; *Sexo selvagem*. 1979 – *Essas deliciosas mulheres*. 1980 – *Orgia das libertinas*. 1981 – *Cassino das bacanais*. 1981-1982 – *A fábrica de camisinhas*. 1982 – *As vigaristas do sexo*. 1983 – *Elas só transam no disco*; *Taras eróticas*.

Trabalhou em rádio fazendo locução de anúncios, notícias e falas de novelas. Passou pelo teatro e pela extinta TV PAULISTA. Começou em cinema em *O canto do mar*, de Alberto Cavalcanti* (1953), como assistente de produção. Na companhia MARISTELA*, passa a gerente de produção em *Quem matou Anabela?*, *Casei-me com um xavante*, *Arara vermelha*, *A doutora é muito viva*, *Vou te contar* e *A pensão de d. Stela*. Dirige a produção do episódio brasileiro de *A rosa dos ventos*, de Alex Viany*, filme de produção internacional. Foi assistente de direção em *Leonora dos sete mares* e *Mãos sangrentas*, ambos de Carlos Hugo Christensen*. Seu primeiro filme como diretor foi o documentário *Um peão para todo serviço*. No início dos anos 60, com espírito pioneiro, investe na realização de filmes para a televisão (TV TUPI) através de sua PRODUTORA NACIONAL DE FILMES (PNF), em sociedade com Alfredo Palácios*, dirigindo 38 episódios para a série *Vigilante Rodoviário* – com Carlos Miranda no papel-título –, com grande aceitação de público e que resultou em remontagens de oito longas-metragens para exibição em cinema. Unindo a paixão pelo cinema e pela aviação (era piloto), Ary Fernandes empenha-se na realização de outra série para a televisão, *Águias de Fogo*, que abordava façanhas de aviões e pilotos da Força Aérea Brasileira e do Correio Aéreo Nacional, filmando 26 episódios entre 1967 e 1968, adaptados para exibição em cinema, como *Águias em patrulha* e *Sentinelas do espaço*. Nesse período, criou a Produtora de Cinema e Televisão (PROCITEL). Paralelamente, mergulha na produção de *jingles*, realizando centenas de filmes publicitários. Produz e dirige o drama rural *Mágoas de caboclo*, cujo sucesso levou-o a realizar *O Jeca e o bode*, no qual cria o personagem cômico do caipira Chico Fumaça, uma imitação do Jeca, de Amácio Mazzaropi*, para quem dirigiu *Uma pistola para Djeca*. No período 1972-1974, como sócio da produtora BRASECAN, participa da produção de alguns sucessos de bilheteria como *O anjo loiro*, *A noite do desejo*, *Sedução*, *Curral de mulheres*, *O leito da mulher amada*, entre outros. Acreditando que a pornochanchada* era um nome errado para a comédia popular que se produzia no Brasil, dedica-se à produção e direção de filmes nessa linha, realizando o *Supermanso*, com boa resposta de bilheteria. A seguir dirige *Quando elas querem... e eles não*; o episódio 'Núpcias com futebol', do filme *Guerra é guerra (Cama é cama)*; e *As trapalhadas de Dom Quixote e Sancho Pança*. Em 1978, realiza a refilmagem de um piloto (de uma hora de duração) para a televisão do *Vigilante Rodoviário*, mas a série não se concretiza. Acompanhando a tendência do cinema da Boca do Lixo*, na virada dos anos 80, dedica-se ao cinema erótico mais ousado realizando *Sexo selvagem*, *Essas deliciosas mulheres*, *Orgia das libertinas*, *Cassino das bacanais*, *A fábrica de camisinhas* e *As vigaristas do sexo*. Em 1983 filma *Elas só transam no disco* e *Taras eróticas*. Diretor de produção de *O cangaceiro*, em 1996. Trabalha como dublador de filmes para a televisão. (NCA) Em 2006 é lançada sua biografia: *Ary Fernandes – sua fascinante história*, parceria do biografado com o escritor Antonio Leão da Silva Neto. As séries *Águias de Fogo* e *Vigilante Rodoviário* são contempladas pelo projeto de recuperação, numa parceria Petrobras/CINEMATECA, sendo remasterizadas e telecinadas em 2009. Ary Fernandes e o CANAL BRASIL/GLOBOSAT unem-se para, em 2010, exibir pela televisão paga o inédito e colorido *Vigilante Rodoviário* (1978). Faleceu em 29 de agosto em São Paulo.

FERNANDES, Eliseu (Eliseu Fernandes Nord) – Rio Claro, SP, 1932-? Fotógrafo.

FILMOGRAFIA: 1954-1955 – *Madrugada de sangue*. 1956-1957 – *O preço da ilusão*. 1962 – *Lá no meu sertão*. 1965 – *O diabo de Vila Velha*. 1966 – *A verdade vem do alto*. 1970 – *Mágoas de caboclo*. 1971 – *Até o último mercenário*; *Noites de Iemanjá*; *Fora das grades*. 1972 – *O Jeca e o bode*. 1972-1976 – *E... as pílulas falharam*. 1973 – *A virgem e o machão*. 1974 – *As cangaceiras eróticas*. 1975 – *As mulheres sempre querem mais (Um desejo insaciável da carne)*; *O ladrão de galinhas*; *Como consolar viúvas*. 1976 – *O menino da porteira*; *A última ilusão*; *O conto do vigário*. 1977 – *Garimpeiras do sexo*; *Mágoa de boiadeiro*; *O atleta sexual*. 1978 – *Milagre, o poder da fé*; *Cabocla Teresa*. 1980 – *Por um corpo de mulher*. 1980-1981 – *O inferno começa aqui*. 1981 – *Alugam-se moças*; *Os insaciados*; *Sexo e violência no vale do Inferno*. 1982 – *Procuro uma cama*. 1983 – *Alugam-se moças nº 2*. 1984 – *O filho adotivo*; *Sexo a domicílio* (dir.). 1985 – *Devassidão total (Até o último orgasmo)*. 1987 – *Carnaval 87, só deu bumbum*; *A vida íntima de estrela de TV*; *Ou vai ou racha*.

Após estudar no Seminário de Cinema, ingressa na MARISTELA* em 1952, trabalhando como assistente de câmera em *Simão, o caolho*, de Alberto Cavalcanti*. Começa sua carreira de fotógrafo em *Madrugada de sangue*, de Maurício de Barros. A seguir, trabalha por vários anos como iluminador de fitas rurais. Filma, em Santa Catarina, *O preço da ilusão*, de Nilton Nascimento. Fotografa, em outros estados, *Lá no meu sertão*, de Eduardo Llorente, *O diabo de Vila Velha*, de Ody Fraga*, e *A verdade vem do alto*, de Virgilio T. Nascimento. Durante quase dez anos, na década de 60, é cinegrafista do *Jornal da Tela*, de Florianópolis. Retorna ao longo dos anos 70, em dois filmes rurais, *Mágoas de caboclo* e *O Jeca e o bode*, de Ary Fernandes*; radica-se na Boca do Lixo*, fotografa *Até o último mercenário*, de Penna Filho*; *As noites de Iemanjá*, de Maurice Capovilla*; *Fora das grades*, de Astolfo Araújo*; *As cangaceiras eróticas* e *As mulheres sempre querem mais*, de Roberto Mauro*; *A virgem e o machão* e *Como consolar viúvas*, de José Mojica Marins*; *O ladrão de galinhas* e *Cabocla Teresa*, de Sebastião Pereira; *E... as pílulas falharam*, de Carlos Alberto Almeida; *A última ilusão* e *Garimpeiras do sexo*, de José Vedovato; *O menino da porteira* e *Mágoa de boiadeiro*, de Jeremias Moreira Filho*; *O conto do vigário*, de Kleber Afonso; *O atleta sexual*, de Antônio Ciambra; *O milagre, poder da fé* e *Por um corpo de mulher*, de Hércules Breseghelo. Nos anos 80 fotografa as pornochanchadas *Alugam-se moças*; *Alugam-se moças nº 2*; *Procuro uma cama* e *O filho adotivo*, de Deni Cavalcanti; *Sexo e violência no vale do Inferno*, de Emanoel Rodrigues*; estes dois últimos do gênero rural. Encerra sua carreira nas fitas pornográficas *Devassidão total*, de Fauzi Mansur*; *Carnaval 87, só deu bumbum*; *A vida íntima de uma estrela de cinema* e *Ou vai ou racha*, de Carlos Nascimento. Com o filme erótico *Sexo a domicílio*, experimenta a direção. Faleceu em São Paulo. (LFM)

FERRAZ, Violeta (Violeta Vidigal) – Lisboa, Portugal, 1903-1982. Atriz.

FILMOGRAFIA: 1938-1944 – *Romance proibido*. 1939 – *Está tudo aí!*. 1946 –

Caídos do céu; *No trampolim da vida*.1947 – *Asas do Brasil*; *Pinguinho de gente*. 1950 – *Aguenta firme, Isidoro*. 1953 – *É fogo na roupa*. 1954 – *O petróleo é nosso*. 1955 – *Carnaval em Marte*; *O golpe*; *O grande pintor*; *O feijão é nosso*. 1956 – *Quem sabe... sabe*. 1957 – *Rico ri à toa*; *O batedor de carteiras*. 1958 – *Minha sogra é da polícia*; *No mundo da lua*; *Pega ladrão*. 1959 – *Comendo de colher*. 1960 – *Briga, mulher e samba*. 1962 – *Quero essa mulher assim mesmo*.

Uma das comediantes-símbolo da era da chanchada*, Violeta Ferraz começou a carreira nos anos 20, no teatro de revista. Se fosse possível enquadrar o tipo de humor que fazia, poderíamos considerá-la uma legítima herdeira de Luiza del Vale (1892-1930), uma das mais populares atrizes caricatas do teatro brasileiro, que ficou famosa pela personagem d. Chincha, interpretada por ela em 1924 na burleta *Comidas, meu santo*. D. Chincha deu a receita do estilo adotado por Violeta: expressões faciais exageradas, muito escracho e certo *nonsense*. Dercy Gonçalves* é outra atriz que pode ser incluída nessa tradição de humor escrachado iniciada por d. Chincha. Já consagrada no teatro musicado, os primeiros filmes de Violeta são *Romance proibido*, de Adhemar Gonzaga*, e *Está tudo aí!*, baseado na peça *Ri... de palhaço*, de Paulo Orlando e José Agostinho Marques Porto. Dirigida e estrelada por Mesquitinha*, essa produção da CINÉDIA*, realizada em tempo recorde para aproveitar o carnaval de 1939, contava a história de um chefe de família que, às vésperas do carnaval, armava alguns golpes para conseguir o dinheiro para os dias de folia. Violeta interpretou a esposa, Filomena, a verdadeira "chefe" da família. Nessa primeira atuação recebeu comentários elogiosos do crítico Paulo Lavrador. Após curto período de afastamento, voltou ao cinema em *Caídos do céu*, dirigida por Luiz de Barros*. Fez ainda dois outros filmes na CINÉDIA: *Pinguinho de gente*, dirigida por Gilda Abreu*, e *Aguenta firme, Isidoro*, dirigido por Luiz de Barros, em que exibiu todo o seu histrionismo. Nos anos 50, Violeta Ferraz apurou ainda mais o seu estilo escrachado em filmes de Watson Macedo*. Na primeira comédia independente de Macedo, *É fogo na roupa*, Violeta interpretou a Madame Pau Pereira, irascível e masculinizada participante de um Congresso de Esposas em Petrópolis. No filme seguinte de Watson, *O petróleo é nosso*, é a impagável d. Perpétua, proprietária de terras onde é descoberto petróleo, às voltas com o inescrupuloso presidente da Petroneca. Em *Carnaval em Marte*, é uma dona de casa que alimenta o desejo de ser coroada Rainha do Carnaval e, após uma pancada na cabeça, sonha ser a Rainha de Marte. Curiosamente, Violeta só fez um filme na pátria-mãe da chanchada, a ATLÂNTIDA*: *O golpe*, dirigido por Carlos Manga*. São memoráveis também suas participações em *Quem sabe... sabe*, de Luiz de Barros, e *Rico ri à toa*, estreia de Roberto Farias* na direção. Seu último filme, *Quero essa mulher assim mesmo*, de J. P. Carvalho e Ronaldo Lupo*, coincide com os primeiros sinais de esgotamento do filão que ajudou a consagrar com seu tipo incomparável. Casada com Carlos Ferraz, Violeta faleceu em 4 de novembro de 1982. (LAR) Aparece em *Cômicos e mais cômicos* (1971), documentário de Jurandyr Noronha sobre os comediantes das chanchadas.

FERREIRA, Bibi (Abigail Izquierdo Ferreira) – Rio de Janeiro, RJ, 1922. Atriz.

FILMOGRAFIA: 1936 – *Cidade-mulher*. 1947-1948 – *O fim do rio* (produção estrangeira); *Almas adversas*.

Uma das grandes divas do teatro brasileiro, com raras atuações no cinema. Bibi Ferreira é carioca da Tijuca, tendo nascido em 1º de junho (segundo outras fontes, a data seria 22 de junho). Da parte da mãe, Aída Izquierdo, Bibi descende de uma família espanhola de artistas circenses, os Queirolo. Sua avó materna, Irma Queirolo, casou-se com o maestro e diretor de bailes António Izquierdo. Aída nasceu em Valência, na Espanha, onde viveu até os 11 anos, quando a família se mudou para Buenos Aires. Tempos depois, António Izquierdo foi convidado para trabalhar no Rio de Janeiro. Resolveu ir sozinho, deixando a família na Argentina. Depois de haver regido as orquestras do Lírico e do João Caetano, foi contratado por Paschoal Segreto* para ser o regente e o mestre de baile da Companhia Nacional de Revistas do Teatro São José, e depois do São Pedro. Um dia, Izquierdo chamou a filha Aída (então com 14 anos e já bailarina do Teatro Colón de Buenos Aires) ao Rio para passar férias. Aproveitando sua presença, Paschoal a contratou para o São Pedro. Logo depois, ela conheceu o jovem ator Procópio Ferreira*. Do namoro ao casamento foi um passo, e eles se casaram em 1919. A filha única que tiveram foi batizada de Abigail, em homenagem à atriz Abigail Maia, na época esposa de Oduvaldo Viana*. Em 1922, quando Procópio integrava a Trianon, companhia organizada por Viriato Correia, Nicolino Viggiani e Odu-valdo Viana, Bibi teve a oportunidade de subir ao palco pela primeira vez. Estreou com apenas 24 dias de vida, substituindo uma boneca que desaparecera na peça *Manhã de sol*, de Oduvaldo Viana. Em 1923, Eulógio Velasco, com sua Grande Companhia Espanhola de Revistas, tivera tremendo êxito no Teatro João Caetano. Precisando de uma bailarina, contratou Aída para uma temporada na Argentina e no Chile. Bibi acompanhou a mãe nessa excursão. E foi em Santiago do Chile que ela estreou definitivamente no palco, aos 3 anos de idade, cantando e dançando, principalmente o gênero flamenco. Com 4 anos de idade, voltou ao Rio. Era necessário que Aída cuidasse de sua educação. Seus pais queriam que ela estudasse antes de se tornar artista. Inicialmente foi para o Colégio Anglo-americano. Isso depois de haver sido rejeitada pelo Colégio Sion, fato que causou enorme escândalo em todo o Rio. Sonhando em ser maestrina, Bibi estudou canto e dança – foi aluna de Maria Olenewa, bailarina russa que se estabeleceu no Rio nos anos 20 e montou a primeira escola de danças clássicas do país. Bibi fez também um estágio no Teatro Colón, de Buenos Aires. Sua estreia no teatro profissional se deu pelas mãos do pai. Em 1941, ele resolveu lançá-la na peça que inauguraria a temporada do Teatro Serrador. Procópio passou então três semanas ensinando-lhe tudo o que precisava para ser atriz de teatro. Estreou como atriz em 28 de fevereiro de 1941, na comédia clássica *La locandiera*, de Goldoni, lançada em português com o título de *O inimigo das mulheres*. Em 1945, organizou companhia própria, exibindo-se no Teatro Fênix, no Rio de Janeiro.

No cinema, Bibi começou em 1936, fazendo uma pequena participação em *Cidade-mulher*, produzido e estrelado por Carmen Santos* e dirigido por Humberto Mauro*. Tinha 14 anos e nenhuma experiência como atriz. Sua primeira real oportunidade no cinema, curiosamente, aconteceu num filme estrangeiro, *O fim do rio*, produção inglesa. Bibi Ferreira já era consagrada como atriz do rádio e do teatro quando foi contratada por J. Arthur Rank para ser a estrela do filme, baseado num livro de Desmond Holdridge, americano que viveu dez anos em Belém do Pará. Contava a história de um índio que deixava sua tribo e ia em busca da civilização. Esse personagem foi interpretado pelo ator indiano Sabu. O papel de Bibi era o de uma mestiça, Teresa, companheira do jovem índio. Os produtores tentaram filmar em Belém do Pará, mas não obtiveram bons resultados nas primeiras tentativas. Resolveram então fotografar as paisagens e as construções e levaram as imagens para Londres, lá recriando tudo em estúdio. *O fim do rio* foi produzido por Michaell Powell e Emeric Pressburger para a THE ARCHERS. O diretor era Derek Twist e a música, composta por Lambert Williamson, foi executada pela The Philarmonic Orchestra, sob a direção do grande maestro Muir Mathieson, que em 1958 se consagraria pela notável condução da trilha clássica de Bernard Herrmann para *Um corpo que cai*, de Alfred Hitchcock. Bibi tinha planos de voltar a filmar com os ingleses. Havia até assinado com Rank um contrato de sete anos. Sua carreira no cinema internacional, no entanto, se limitou a esse filme. No Brasil, Bibi atuou em *Almas adversas*, de Leo Marten*. O argumento era do escritor Lúcio Cardoso. Foi produzido por João Tinoco de Freitas, pelo próprio Cardoso e por Leo Marten. O filme foi rodado em Congonhas do Campo, Salvador, Rio de Janeiro e São Paulo. A equipe técnica era primorosa: cenografia de Roberto Burle Marx, música de Radamés Gnattali* e fotografia de Adrian Samailoff e George Fanto*. Bibi Ferreira interpretou dois personagens, Zefa e Georgina, contracenando com Graça Mello, Fregolente*, Lúcia Lopes, Nelson Dantas*. O filme foi lançado em 18 de maio de 1950, dividindo a crítica. Pedro Lima*, por exemplo, não gostou da fotografia nem da atuação de Bibi: "Bibi Ferreira, que não conseguiu aparecer em *O fim do rio*, onde havia mais recursos e pelo menos mais compreensão de cinema, deve se desiludir de vez com o filme e se contentar somente em ir vê-lo na tela". (LAR)

FERREIRA, Jairo (Jairo Ferreira Pinto) – São Paulo, SP, 1945-2003. Diretor e crítico de cinema.

FILMOGRAFIA: 1969 – *Audácia, fúria dos desejos* (1º episódio: 'A badaladíssima dos trópicos') (rot.). 1970 – *O pornógrafo* (rot.). 1971 – *Corrida em busca do amor* (rot.). 1977 – *O Vampiro da Cinemateca (super-8)*.

Na década 1960, quando se desenvolveu o moderno cinema brasileiro, aparece em São Paulo uma nova geração de críticos cinematográficos, da qual fazem parte, entre outros, Alfredo Sternheim*, Jairo Ferreira, Jean-Claude Bernardet*, Leon Cakoff, Maurice Capovilla*, Maurício Rittner, Rogério Sganzerla* e Rubens Ewald Filho. O jovem Jairo passou a frequentar as sessões de cinema da CINEMATECA BRASILEIRA a partir do ano de 1963, militando no cineclube do CENTRO DOM VITAL, do qual foi coordenador entre 1964 e 1966. Na imprensa, trabalhou como crítico no jornal da colônia japonesa *São Paulo Shimbum*, entre 1966 e 1972, acompanhando todo o movimento do Cinema Marginal*. Jairo adota uma postura cultural com visão pessoal, escrevendo com intimidade sobre os cinemas brasileiro e japonês. Atuou como assistente de direção de *Tempo passado* (1966), curta-metragem de Astolfo Araújo e dos longas-metragens *O quarto* (1967), de Rubem Biáfora*, e *Orgia ou Homem que deu cria* (1970), de João Silvério Trevisan. Exerceu diferentes funções no cinema da época, como assistente de produção, câmera, montagem; continuísta, fotógrafo de cena e fez seleção musical para diversos filmes da Boca do Lixo*. Foi roteirista do episódio de Carlos Reichenbach* em *Audácia*; em *O pornógrafo*, de João Callegaro e *Corrida em busca do amor*, comédia de Carlos Reichenbach. Assinou também os roteiros de curtas de Carlão, como *O 'M' da minha mão* e *Sonhos de vida*, ambos de 1979, e *Sangue corsário* (1980). Precedendo esse período, atuou na cinematografia como diretor dos curtas: *O guru e os guris* (1972), documentário sobre Maurice Legéard (fundador do CLUBE DE CINEMA da cidade de Santos), e *Antes que eu me esqueça* (1977), documentário filmado com uma câmera Super-8, durante o lançamento do livro homônimo de Roberto Bicelli, no Teatro Célia Helena. *Antes que eu me esqueça* registra declamações, no sarau dos poetas *beats* Roberto Piva, Cláudio Willer, Eduardo Fonseca, Luiz Fernando Ramos, tendo *rock* como fundo musical. Já Jorge Mautner e Nelson Jacobina fazem uma apresentação musical em *Nem verdade, nem mentira* (1979-1980), ficção com produção da Galante Produções Cinematográficas, fotografada por Carlos Reichenbach, em que Patrícia Scalvi* interpreta uma repórter e questiona como a verdade e o mito jornalísticos habitam o mundo da imprensa.

Jairo dirigiu vários filmes na bitola Super-8* que se tornaram clássicos do *underground* brasileiro: *O ataque das araras* (1975), *O vampiro da Cinemateca* (1977), *Horror Palace Hotel* (1978), *O insigne ficante* (1981) e *Metamorfose ambulante* (1983). Crítico da *Folha de S.Paulo*, de 1976 a 1980; colaborou de forma esparsa nas revistas *Filme Cultura, Cisco, Fiesta* e *Artes*, além dos jornais *Cine Imaginário, O Estado de S. Paulo* e *Jornal da Tarde*. Editou a revista *Metacinema*. Em 1986, publicou o livro *Cinema de invenção*, que analisa a produção experimental ao longo da história do cinema brasileiro. Reeditado no ano 2000, ganhou várias modificações. É autor do texto *Cinema: música da luz*, que integra o livro *O cinema segundo a crítica paulista*, organizado por Heitor Capuzzo. Trabalhou como assessor de imprensa da EMBRAFILME*, em São Paulo, entre os anos de 1982 e 1986. Como ator, em *Filme demência* (1986), longa-metragem do amigo Carlos Reichenbach, interpreta o professor de lógica. Nos curtas *A bela e os pássaros* (2001), de Paolo Gregori, faz o papel de faquir e aparece ainda prestando um depoimento sobre o cineasta Ozualdo Candeias* em *Candeias – da boca para fora* (2002), dirigido por Celso Gonçalves. Em novembro de 1997, foi homenageado pelo Museu da Imagem e do Som (MIS) de São Paulo, que promoveu ampla retrospectiva de sua obra cinematográfica. Em 2006, Alessandro Gamo assina o livro *Jairo Ferreira – críticas de invenção: os anos do São Paulo Shimbun*, para a Coleção Aplauso, da Imprensa Oficial. No mesmo ano, numa iniciativa dos editores e redatores de revistas cinematográficas, é criado o PRÊMIO JAIRO FERREIRA. Faleceu em 25 de agosto, em São Paulo. (LFM)

FERREIRA, Lírio (Lírio da Silva Ferreira Neto) – Recife, PE, 1965. Diretor.

FILMOGRAFIA: 1995 – *Baile perfumado*. 2005 – *Árido movie*. 2006 – *Cartola – música para os olhos*. 2008 – *O homem que engarrafava nuvens*.

No curta-metragem, foi roteirista de *O chá* (1988), de Paulo Caldas*. Na bitola 35 mm, começou na direção com *O crime da imagem* (1994), história envolvendo Antônio Conselheiro, infidelidade e lenda sertaneja. Nos curtas seguintes utilizou a bitola 16 mm. *That's Lero-lero* (1995), que codirigiu com Amin Steple, enfocando a passagem do cineasta Orson Welles pelo Recife dos inícios da década de 1940. Em *Assombrações do Recife Velho* (2000), trabalhou com três histórias escritas por Gilberto Freyre: *O papa-figo*, *A casa da rua de São João* e *Um outro lobisomem*, todas as três narradas por um locutor. Dividiu com o parceiro Paulo Caldas a direção do primeiro longa-metragem de ambos, *Baile perfumado*, cinebiografia do mascate Benjamin Abrahão*, libanês resolvido a filmar, na década de 1930, o bando de Lampião. O filme alcançou repercussão nacional e chamou atenção para uma nova geração de cineastas em Pernambuco. Lírio surge como figura de destaque nessa geração, abrindo caminho no novo cinema brasileiro para um inédito polo de produção nordestino. Seguindo a mesma linha, quase dez anos depois, dirige outro longa com ambientação ficcional e locações em Pernambuco: *Árido movie*. Nele, além da direção, divide a parceria na produção com o fotográfo Murilo Salles*. O filme acerta o contexto ideológico da geração dos anos 90, com uma história de "barato" girando em torno de muita maconha, com ação nos cenários deslumbrantes do árido vale do Rocha. É a imagem do sertão nordestino que foge à estilística dos anos 60, ainda muito presente em filmes feitos no Sudeste sobre o tema. Enverada para o documentário com longas abordando dois grandes músicos brasileiros. Em *Cartola – música para os olhos*, nos apresenta um documentário com narração diferenciada, em que divide a direção com o roteirista Hilton Lacerda. Enfoca o sambista carioca com amplo uso de imagens de arquivo e uma narrativa que mantém a tensão na exposição, mesmo quando fora de linearidade. Em *O homem que engarrafava nuvens*, confirma o talento de documentarista. Recompõe a vida de Humberto Teixeira utilizando como eixo, e mote para detonar os depoimentos, a pessoa da filha do compositor, Denise Dummont. Ela também é produtora e idealizadora do projeto, ajudando na roteirização. O resultado é um documentário com farto material de arquivo aproveitado com inteligência, permeado com a tensão de entrevistas bem conduzidas na tomada. (FPR/LFM)

FERREIRA, Procópio (João Álvaro de Jesus Quental Ferreira) – Rio de Janeiro, RJ, 1898-1979. Ator.

FILMOGRAFIA: 1917 – *A quadrilha do esqueleto*. 1931 – *Coisas nossas*. 1936 – *O trevo das quatro folhas* (produção estrangeira). 1940 – *Pureza*. 1944 – *Berlim na batucada*. 1951 – *O comprador de fazendas*. 1953 – *O homem dos papagaios*; *A sogra*. 1955 – *Quem matou Anabela?* 1959 – *Titio não é sopa*. 1965 – *Crônica da cidade amada* (episódio: 'O índio'). 1970 – *Como ganhar na loteria sem perder a esportiva*; *Em família*. 1980 – *Insônia* (2º episódio: 'A prisão de J. Carmo Gomes').

Um dos maiores atores do teatro brasileiro, com atuações brilhantes no cinema. Sua estreia como ator ocorreu em 1917, na peça *Amigo, mulher e marido*, de Flers e Caillavet. O primeiro êxito foi o papel de Zé Fogueteiro na peça *Juriti*, de Viriato Correia, de 1919. O prestígio como ator se consolidou em 1921, com a peça *Onde canta o sabiá*. Sua atuação no teatro foi marcada por grandes papéis, mas merece destaque especial a sua atuação em *Deus lhe pague*, de Joracy Camargo, encenada

pela primeira vez em 1932. A carreira cinematográfica de Procópio foi igualmente notável. Antes de se firmar no palco, havia atuado em um filme, ainda na época do silencioso: *A quadrilha do esqueleto*. Em 1931, quando se encontrava em São Paulo, fez uma pequena participação em *Coisas nossas*, precursor das comédias musicais radiofônicas dos anos 30, dirigido pelo americano Wallace Downey*. O primeiro grande papel de Procópio no cinema, porém, foi o do chefe de estação em *Pureza*, produção da CINÉDIA*, dirigida pelo português Chianca de Garcia*. Vendo-o atuar nesse filme, pode-se sentir o mesmo que Álvaro Moreira sentia diante de uma atuação de Leopoldo Fróes*, conforme deixou registrado numa crônica em *Paratodos*: "Ninguém olha para o nada como ele olha, ninguém anda em cena como ele anda". Procópio dominava como poucos o "tempo" de reação que o cinema exigia, esquivando-se facilmente dos "cacoetes" teatrais que caracterizavam as atuações no cinema de outros monstros sagrados dos palcos brasileiros. Em 1944, Procópio fez *Berlim na batucada*, de Luiz de Barros*, uma espécie de paródia à passagem pelo Brasil do cineasta americano Orson Welles, que em 1942 esteve aqui filmando o carnaval carioca e os jangadeiros cearenses. Na fita, Procópio é o típico malandro carioca que não quer nada com o trabalho e que acaba servindo de cicerone a um empresário americano, interpretado por Delorges Caminha, que quer conhecer o samba brasileiro para produzir um *show* nos Estados Unidos. Também é muito lembrada sua atuação nas duas produções da MARISTELA*, a comédia *O comprador de fazendas*, de Alberto Pieralisi*, e a comédia policial *Quem matou Anabela?*, de D. A. Hamza. (LAR). Apareceu no longa *Cômicos e mais cômicos* (1971), documentário sobre os comediantes da fase da chanchada que foi dirigido por Jurandyr Noronha. Faleceu no Rio de Janeiro em 18 de junho.

FERREZ, Júlio (Júlio Marc Ferrez) – Rio de Janeiro, RJ, 1881-1946. Fotógrafo.

Seu pai, Marc Ferrez, foi um dos mais importantes nomes a dedicar-se à fotografia fixa no Brasil, entre o final do século XIX e o início do século XX. Júlio Ferrez, que praticamente desde o aparecimento do cinematógrafo dos irmãos Lumière interessou-se pela novidade, através de contatos feitos em Paris com Charles Pathé, conseguiu a representação exclusiva da poderosa casa para o Brasil. Em conjunto com o pai e o irmão, Luciano Ferrez,

não apenas vendiam equipamentos e filmes da marca francesa, como também abriram no Rio de Janeiro, em 1907, o cinema PATHÉ. Júlio Ferrez foi um dos principais operadores de câmera dos primórdios do cinema brasileiro, tendo fotografado fitas como *A mala sinistra* (1908) – reconstituição de um crime famoso da época – e *Nhô Anastácio chegou de viagem* (1908) – a primeira comédia do cinema brasileiro. Contratado por William Auler*, exibidor que produzia filmes cantantes*, Júlio Ferrez fotografou títulos como *Sonho de valsa* (José Gonçalves Leonardo, 1909), *A viúva alegre* (Alberto Moreira, 1909) e *A gueixa* (José Gonçalves Leonardo, 1909). Para Francisco Serrador*, Júlio Ferrez foi operador de câmera em *O cometa* (1910). Após esse período dedicou-se ao circuito exibidor pertencente à família, constituído pelos cinemas PATHÉ, PATHÉ PALACE, PARATODOS e MAUÁ. (AA) Seu filho, o historiador Gilberto Ferrez, tem mais de trinta livros publicados, sendo vários deles de fotografia, atividade vinculada a sua família por cerca de 150 anos.

FESTIVAIS

O nome do pesquisador, ensaísta e escritor Paulo Emílio Salles Gomes* está na origem do primeiro festival internacional de cinema organizado no Brasil, assim como na criação do primeiro festival integralmente dedicado ao cinema brasileiro. O I FESTIVAL INTERNACIONAL DE CINEMA DO BRASIL teve duração relâmpago (uma única edição em 1954) e o FESTIVAL DE BRASÍLIA DO CINEMA BRASILEIRO, criado em 1965, comemorou sua trigésima edição em 1997. O FESTIVAL INTERNACIONAL DE CINEMA DO BRASIL aconteceu nos meses de janeiro e fevereiro de 1954, ano do IV Centenário da Cidade de São Paulo, como atividade complementar da II Bienal Internacional de Artes Plásticas. Seus organizadores foram – além de Paulo Emílio – Lourival Gomes Machado, Almeida Salles*, B. J. Duarte* e Rudá de Andrade*. Paulo Emílio defendeu um festival sem caráter competitivo, com ênfase em mostras retrospectivas e informativas, cursos de formação e debates. A mais famosa das mostras promovidas em 1954, com repercussão até no exterior, foi a RETROSPECTIVA ERICH VON STROHEIM (1885-1957). O festival foi palco da estreia mundial da cópia sonorizada da *Marcha nupcial* (*The Wedding March*, 1928). O cineasta austro-americano esteve em São Paulo, como membro da delegação dos EUA. O interesse por seus filmes foi tão grande que um dia o buscaram no hotel para a sessão das 3h30min da madrugada. O cineasta, muito aborrecido com o horário, protestou veementemente. Não acreditava que houvesse público esperando por um filme em horário tão absurdo. Só que o CINE MARROCOS, palco da mostra, estava abarrotado. A delegação francesa foi liderada pelo cineasta Abel Gance (1889-1981) e pelo crítico de cinema e redator-chefe da revista *Cahiers du Cinéma*, André Bazin (1918-1958). Em abril de 1954, Bazin publicou, na *Cahiers*, um registro de suas impressões sobre o evento brasileiro. Definiu-o como "um festival da cultura cinematográfica". O cinema brasileiro foi tema de grande mostra retrospectiva, que vinha da fase muda, com ênfase em Humberto Mauro*, e no Ciclo Vera Cruz. O primeiro longa-metragem de Walter Hugo Khouri*, *O gigante de pedra*, representou o Brasil na mostra principal do evento, ao lado de produções internacionais.

Em 1965, Paulo Emílio, que participara da implantação do curso de Cinema da Universidade de Brasília (UnB), organizou na nova capital brasileira a I SEMANA DO CINEMA BRASILEIRO, de caráter competitivo. O filme *A hora e vez de Augusto Matraga*, de Roberto Santos*, sagrou-se o grande vencedor. Três edições depois, o evento mudou seu nome para FESTIVAL DE BRASÍLIA DO CINEMA BRASILEIRO. Sob a influência de Paulo Emílio, o primeiro festival de cinema brasileiro criado no país transformou-se na grande vitrine da produção nacional. Difundiu o Cinema Novo*, seus postulados, com ênfase em sua opção por um cinema de registro e reflexão da realidade brasileira. Difundiu também o Cinema Marginal*, exibindo os primeiros filmes de Rogério Sganzerla* (o grande premiado de 1968 com o filme-manifesto *O Bandido da Luz Vermelha*) e Júlio Bressane*. Em 1969, um filme causou furor: *Macunaíma*, de Joaquim Pedro de Andrade*. Mas, na hora da premiação, o principal CANDANGO foi parar nas mãos de *Memória de Helena*, de David Neves*, roteirizado por Paulo Emílio Salles Gomes. Em 1970, com a censura* ampliando seu rigor, o festival premiou *Os deuses e os mortos*, de Ruy Guerra*, obra que se encaixa no que Antônio Houaiss denominou "neobarroquismo". Ou seja, filmes alegóricos que tentavam passar mensagens nas entrelinhas, pois o país vivia sob rigorosa vigilância do Ato Institucional nº 5, de 13 de dezembro de 1968. Em 1971, o festival encerraria sua primeira e gloriosa fase premiando *A casa assassinada*, de Paulo César Saraceni*. Sofreria, sob os rigores

da censura do governo Médici, interrupção nos anos de 1972, 1973 e 1974. O evento voltaria a acontecer em 1975, ano em que houve uma grande disputa entre *Guerra conjugal*, de Joaquim Pedro de Andrade*, e *A Rainha Diaba*, de Antônio Carlos Fontoura*. O primeiro conquistou o troféu CANDANGO de melhor filme. O segundo ganhou vários CANDANGOS, incluindo o de melhor ator para Milton Gonçalves*, intérprete do homossexual Rainha Diaba, criado pelo roteirista Plínio Marcos*, a partir de personagem real e tradicional da cidade de Santos.

O FESTIVAL DE BRASÍLIA conhece nova fase de êxito e badalação. Apoiado pela EMBRAFILME*, então sob o comando de Roberto Farias* (1975-1979), o festival transforma-se na vistosa vitrine do ciclo embrafílmico, composto de grandes produções, muitas delas baseadas em obras literárias ou episódios históricos. Os mais festejados títulos do período disputam o troféu CANDANGO e, em seguida, são lançados pela poderosa Superintendência de Comercialização, dirigida por Gustavo Dahl*. Quatro nomes da linha de frente do Cinema Novo, nessa altura empenhados em dialogar com grandes plateias, sagram-se vencedores: Joaquim Pedro de Andrade, em 1975, com *Guerra conjugal*; Carlos Diegues*, em 1976, com *Xica da Silva*; Nelson Pereira dos Santos*, em 1977, com *Tenda dos milagres*; e Arnaldo Jabor*, em 1978, com *Tudo bem*. A partir de 1979, o festival perderia terreno para GRAMADO, que ganhava em organização e badalação. Na década de 80, as atenções da imprensa cinematográfica concentraram-se mais no evento gaúcho que no brasiliense. Nos anos 90, os dois festivais conheceram seus piores momentos. Com o fim da EMBRAFILME, do Conselho Nacional de Cinema (CONCINE*) e da FUNDAÇÃO DO CINEMA BRASILEIRO, decretado pelo governo Fernando Collor, a produção caiu de uma média de 25 títulos/ano (filmes de empenho artístico-cultural, já que a pornochanchada* respondia por uma média de 50 títulos/ano) para dois ou três. Houve anos em que o festival brasiliense teve que exibir filmes de reduzida qualidade (como *A serpente*, de Alberto Magno, *Oceano Atlântis*, de Francisco de Paula, e *Assim na tela como no céu*, de Ricardo Miranda) – todos com histórias de produção tumultuadas e rejeitados integralmente pelo mercado – para ocupar as seis vagas disponíveis nas mostras competitivas. Com a retomada da produção, o festival reencontrou seus bons tempos, chegando a promover, em 1996, agitada mostra competitiva em que se des-

tacaram filmes de realizadores estreantes como Lírio Ferreira* e Paulo Caldas* (*Baile perfumado*), Tata Amaral* (*Um céu de estrelas*), e reafirmou talentos como o de Murilo Salles* (*Como nascem os anjos*). Em novembro de 1997, o FESTIVAL DE BRASÍLIA comemorou, com festa e homenagem a atores e produtores, sua trigésima edição. Afinal, trata-se do mais antigo e duradouro dos festivais brasileiros.

No mesmo ano em que nasceu o FESTIVAL DE BRASÍLIA DO CINEMA BRASILEIRO, o país assistiu, no Rio de Janeiro, a mais uma tentativa de criação de um festival internacional de cinema. O FIC-RIO foi criado pelo crítico Antônio Moniz Viana* e equipe, por ocasião dos festejos do IV Centenário da Cidade do Rio de Janeiro (1965). De caráter competitivo, premiou, em sua primeira edição, dois filmes: *A velha dama indigna*, do diretor francês René Allio, e *Socorro*, do inglês, nascido nos EUA, Richard Lester, estrelado pelo grupo musical The Beatles. No júri do I FESTIVAL INTERNACIONAL DE CINEMA brilhavam nomes como o de Fritz Lang, Valério Zurlini e Vincente Minnelli. Um fato causou furor: o francês Jean-Luc Godard mandou retirar seu filme *Alphaville* da mostra competitiva em protesto contra o regime militar brasileiro, implantado em março de 1964. O Brasil disputou a GAIVOTA DE OURO com dois filmes: *A falecida*, de Leon Hirszman*, e *Crônica da cidade amada*, de Carlos Hugo Christensen*. O FIC teria uma segunda e última edição em 1969, ano em que o júri, presidido por Joseph Von Sternberg, premiou o filme argentino *Martin Fierro*, de Leopoldo Torre-Nilsson (1924-1978). Na mostra competitiva estavam *O bebê de Rosemary*, de Roman Polanski (melhor atriz para Mia Farrow), *A piscina*, de Jacques Deray (melhor diretor), e *Devoção pelo demônio* (sobre os Rolling Stones), de Jean-Luc Godard. *A Compadecida*, de George Jonas, estrelado por Regina Duarte* e baseado em obra de Ariano Suassuna, representou o Brasil. Em 1984, o produtor cinematográfico Ney Sroulevich criou o FESTRIO (Festival Internacional de Cinema e Vídeo do Rio de Janeiro). Na primeira de suas seis edições, o júri internacional premiou o filme brasileiro *Cabra marcado para morrer*, de Eduardo Coutinho*, com o troféu máximo, o TUCANO DE OURO. O festival realizou mais quatro edições no Rio de Janeiro (1985, 1986, 1987 e 1988) e uma edição em Fortaleza, no Ceará (1989).

Em 1973, na Serra Gaúcha, nascia o FESTIVAL DO CINEMA BRASILEIRO DE GRAMADO, que viria a se firmar nos anos

80 como o mais importante e badalado do país. No início, a ideia era modesta: exibir na bela estância turística de Gramado, cidade de colonização alemã e italiana, situada a 100 km de Porto Alegre, o que de melhor se fazia no cinema brasileiro. No núcleo fundador do festival estava o ator Geraldo D'El Rey*, estrela máxima do Ciclo Baiano, comandado por Glauber Rocha*, Roberto Pires* e Rex Schindler. O primeiro título premiado em GRAMADO foi *Toda nudez será castigada*, de Arnaldo Jabor, responsável pela consagração da atriz Darlene Glória*. Nos anos 70, pelo menos mais um título de destaque conquistou o troféu KIKITO (prêmio máximo do festival, na forma de uma hortênsia estilizada): *O amuleto de Ogum*, de Nelson Pereira dos Santos. Na década seguinte, o festival transformou-se na grande vitrine do cinema brasileiro. Diretores e produtores montavam estratégias para lançarem, lá, seus filmes. Nos anos em que Celso Amorim (1979-1981) e Roberto Parreira (1981-1984) dirigiram a EMBRAFILME, GRAMADO passou a funcionar como o evento que divulgava a produção lançada no primeiro semestre, e o FESTIVAL DE BRASÍLIA, a do segundo. Com a mais aguda das crises já enfrentadas pelo cinema brasileiro – a do começo dos anos 90 –, GRAMADO ficou sem alternativa. Houve um ano, 1991, em que mostrou filmes de pouca (ou nenhuma qualidade), já que a produção tornara-se rarefeita e o FESTIVAL DE BRASÍLIA, numa jogada de risco, antecipara sua data (geralmente outubro ou novembro) para julho. Como GRAMADO acontecia em agosto, só lhe restou uma alternativa: mostrar filmes já exibidos no festival candango. Conseguiu, mesmo assim, um título inédito: *Não quero falar sobre isso agora*, de Mauro Farias, que se sagrou vencedor. Mas a experiência, traumática, levou o comando do festival gaúcho (Esdras Rubin, Hiran Goidanich e equipe) a buscar um novo perfil para o evento. Em 1992, o festival ampliou seu alcance. Tornou-se ibero-americano. Em 1994, passou a alcançar também cinematografias de expressão latina (com a mobilização de concorrentes franceses, italianos e do Quebec). Com a retomada da produção, foi possível promover duas mostras: uma latina e outra brasileira. Como o Rio Grande do Sul faz fronteira com países do Mercosul, o diálogo com cinematografias hispano-americanas se mostrou adequado. Em 1997, GRAMADO decidiu restringir seu alcance ao mundo ibérico. França, Itália e Quebec deixaram a mostra competitiva.

Em 1973, o cineasta e professor da Universidade Federal da Bahia, Guido Araújo, criou a JORNADA DE CINEMA DA BAHIA. O evento tinha alcance nordestino. Ampliou-se, passando a abranger a produção de todo o país, até transformar-se na JORNADA INTERNACIONAL DE CINEMA DA BAHIA, com mostras competitivas em cinema e vídeo, brasileira e internacional (prioridade para filmes de expressão espanhola e portuguesa). Já em São Paulo, em 1977, o crítico Leon Cakoff criou a MOSTRA INTERNACIONAL DE CINEMA DE SÃO PAULO, que se firmou como o mais importante festival internacional de cinema do país. A MIC-SP, desde sua criação, atribui dois prêmios: melhor filme segundo o júri popular e melhor filme segundo a crítica internacional. A partir de 1994, instituiu júri oficial para premiar o melhor filme de jovem realizador (de primeiro ou segundo longa-metragem). O vencedor ganha o troféu BANDEIRA PAULISTA. O RIOCINE FESTIVAL, dedicado ao cinema brasileiro, nasceu em 1985. Nos anos 90, ampliou seu perfil, passando a mostrar, no Rio de Janeiro, o melhor da produção independente mundial. Com o fim do FESTRIO, em 1989, a turma do CINECLUBE ESTAÇÃO BOTAFOGO criou a MOSTRA INTERNACIONAL DE CINEMA DO RIO DE JANEIRO. Trata-se de um evento não competitivo, que se compõe de grandes mostras retrospectivas, perspectivas, informativas, tesouros de cinematecas e a MOSTRA PANORAMA BRASIL (com o melhor da produção anual).

Nos anos 90, o país assistiu a um verdadeiro *boom* de festivais. Em 1990, a produtora Zita Carvalhosa e o cineasta Francisco César Filho criaram, em São Paulo, o FESTIVAL INTERNACIONAL DE CURTA-METRAGEM. O evento promove mostras com o melhor da produção internacional, mostras informativas e retrospectivas de grandes realizadores e o PANORAMA BRASIL (com a produção total do país no formato, variando de cinquenta a oitenta títulos). O evento é promovido pela Associação Kinoforum de Cinema, que realiza, desde 1996, o É tudo Verdade. FESTIVAL INTERNACIONAL DE CINEMA DOCUMENTÁRIO, com mostras competitivas internacional e brasileira. O evento tem curadoria do crítico de cinema Amir Labaki. O CINECEARÁ nasceu em 1991, do estímulo deixado pela inusitada edição cearense do FESTRIO (1989). Promove mostra competitiva de novos realizadores de longa metragem (até segundo filme) e mostra competitiva de cinema e vídeo, de curta e média metragem. Anu-

almente acontecem festivais de cinema e vídeo, todos de alcance brasileiro, em São Luís (MA) (FESTIVAL GUARNICÊ DE CINEMA E VÍDEO, criado em 1978), Natal (RN) (1989), Cuiabá (MT) (desde 1993), Vitória (ES) (desde 1994), Recife (PE) (1997) e Curitiba (PR) (1997). (MRC)

FILME CANTANTE

Fenômeno genuinamente brasileiro, os filmes cantantes podem ser compreendidos como um ciclo de filmes que, apropriando-se de espetáculos do teatro como operetas e revistas musicais, deu início à primeira conjuntura de conquista de mercado da produção nacional. Produzidos entre 1908 e 1911, eles se caracterizam pela utilização de uma forma peculiar de sonorização: os cantores, posicionados atrás da tela, entoavam ao vivo as canções que faziam parte da trilha dos filmes, isto é, acompanhavam com a voz a movimentação das imagens. Os cantores estão associados a um momento singular na história da sociedade brasileira contemporânea, que o crítico Paulo Emílio Salles Gomes* chamou de "bela época". Reflexo da *belle époque* francesa, foi marcada pela sede de novidade e experimentação, pela urbanização desenfreada, por mudanças sensíveis no comportamento e nos costumes. No campo do espetáculo, graças à presença de cantoras e companhias líricas que movimentaram o mundanismo e a boêmia do início do século, ocorreu uma grande popularização da opereta, do *bel canto* e da revista de época ou de atualidades, calcada na sátira política e social. Em relação ao cinema brasileiro, sua eclosão seguiu-se ao primeiro e tardio surto de produção ficcional, iniciado com *Os estranguladores*, de 1908, produzido pela FOTO-CINEMATOGRÁFICA BRASILEIRA*, de Giuseppe Labanca e Antônio Leal*, que continuou por uma série de filmes policiais marcadamente documentais.

Desde as primeiras projeções, os filmes mudos eram sempre acompanhados de música incidental, seja por pianistas ou outros instrumentistas, seja por pequenos conjuntos ou até orquestras completas. Nos cantantes, todavia, a relação entre o som e a imagem ganhou outra dimensão, que implicava, mas certamente não se limitava, a intenção de obter sincronismo sonoro. Isso era buscado não apenas entre as notas e acordes do acompanhamento musical e as cenas projetadas, mas, principalmente, entre as canções apresentadas ao vivo e as partes cantadas na tela, típicas dos gêneros musicais. A ocultação dos atores e cantores atrás da tela demonstra a tentativa de preservar a ilusão de realidade fortemente associada ao cinema. Houve ainda uma variante, chamada por Paulo Emílio e Adhemar Gonzaga*, no livro *70 anos do cinema brasileiro*, publicado em 1966, de filmes falantes, que utilizava o recurso da declamação, não se exigindo sincronização com o movimento labial dos atores (é também possível que se tenha tentado produzir verdadeiros filmes falados, mas não há registro de tentativas bem-sucedidas de sincronização de diálogos). Como exemplo de filme falante pode ser mencionado *A república portuguesa* ou *5 de outubro*, apresentado como um "drama cinematográfico declamado", realizado em 1911 por Alberto Moreira. Os historiadores atribuem ao exibidor e produtor Francisco Serrador* a introdução do gênero no país. Em 1908, ele teria produzido o primeiro cantante, protagonizado por Cândido das Neves, cantor e palhaço do Circo Spinelli. Filmadas por Alberto Botelho*, as "canções ilustradas", como eram denominadas, eram exibidas no cinema BIJOU-THÉÂTRE, de Serrador, como complementos das fitas europeias de maior metragem. Os mais famosos intérpretes desses filmes eram a soprano espanhola Claudina Montenegro e o barítono Santiago Pepe. O pesquisador Vicente de Paula Araújo*, o primeiro a realizar um estudo sistemático sobre os primórdios do cinema brasileiro, não faz menção ao surgimento do cantante em sua importante e seminal *A bela época do cinema brasileiro*, publicada em 1976. As referências que ele faz aos cantantes, tendo como fonte básica o jornal carioca *Gazeta de Notícias*, datam de 1909 em diante. No capítulo intitulado "Os filmes cantantes: 1909", ele começa citando a *Gazeta de Notícias*, de 12 de janeiro de 1909, que publicou um anúncio do CINEMA PHONO, localizado no edifício do *Jornal do Comércio*, na avenida Central (depois Rio Branco), no Rio de Janeiro. Por 300 réis, o espectador podia "ouvir" Caruso e os cantores populares Mário e Geraldo em cançonetas, lundus, fados e modinhas. Cronologicamente, essa seria talvez a primeira sessão de cantantes no Rio de Janeiro. Nessa ocasião surgiram na cidade os primeiros *films d'art* franceses, exibidos no TEATRO LÍRICO, que passavam a dividir o mercado com os tradicionais filmes religiosos, sazonalmente exibidos. De acordo com Vicente de Paula Araújo*, em maio de 1909 o cinema BRASIL mostrou a seus frequentadores o filme cantante *O pronto*, "em que representava e cantava Eduardo das Neves, que interpretava um magnífico choro de violão".

Uma boa parte desses cantantes eram, na realidade, filmes estrangeiros, "sonorizados" por cantores locais. Em novembro de 1909, o cinema BRASIL apresentou o filme cantante *Sangue espanhol*, "belíssima fita dramática cantada e imitada pelo conhecido cançonetista Eduardo das Neves". A fita era estrangeira, e Eduardo ficava atrás do pano, cantando e declamando. Francisco Serrador (que em 1910 começa a operar no Rio de Janeiro) e William Auler* foram os maiores produtores e exibidores de fitas cantantes do Brasil, e entre eles havia tal rivalidade que um tratava de filmar o mesmo assunto trabalhado pelo outro. Proprietário do cinema RIO BRANCO, Auler "produziu" alguns cantantes com filmes estrangeiros, mas também resolveu filmar alguns, com a ajuda do fotógrafo Júlio Ferrez* e do maestro Costa Júnior. Filmou especialmente para acompanhamento vocal ao vivo uma versão da ópera *O guarani*, de Carlos Gomes, com elenco argentino. Seu grande rival no início foi a FOTO-CINEMATOGRÁFICA BRASILEIRA, de Labanca e Leal, cujo maior sucesso no gênero foi uma versão de *A viúva alegre*, lançada em julho de 1909 no cinema PALACE, com direção de Eduardo Leite e Américo Colombo. *A viúva alegre* tinha coros, solos e grande orquestra e a trupe da Companhia Portuguesa, que trabalhava no Teatro Apolo. A parte cantada ficava por conta da soprano Ismênia Matheus, secundada por Antônio Cataldi, Mercedes Villa, Santucci e Angiolino. Apesar do sucesso extraordinário do filme (as filas circundaram o prédio do cinema PALACE na avenida Rio Branco), o fotógrafo Antônio Leal se afastou da sociedade e Labanca parou de produzir. A empresa de Auler passou então a dominar a produção de cantantes, chegando a produzir, na mesma época, outra versão de *A viúva alegre*, com Ismênia Matheus, Mercedes Villa, Santucci e Antônio Cataldi. Em novembro de 1909, foi exibida a opereta *A Geisha*, que, segundo a propaganda, fora "colorido em Paris, na casa PATHÉ-FRÈRES, por encomenda do cinema RIO BRANCO". O crítico da *Gazeta de Notícias* elogiou o libreto (roteiro) do filme, "curioso e inteiramente diverso da peça". Segundo ele, era "obra do autor d'*A viúva alegre* cinematográfica, Alberto Moreira, que criou o gênero, e cada vez nos apresenta melhor as suas festejadas composições". O diretor era o ator José Gonçalves Leonardo, e no elenco estavam Ismênia Matheus, Mercedes Villa, João Colás, João Gonçalves Leonardo, Antônio Cataldi e outros.

Em 1910, Auler resolveu combinar a técnica de sonorização musical ao vivo dos cantantes com a estrutura narrativa da re-

vista teatral, gênero satírico em voga desde o século passado, tendo Arthur de Azevedo como um de seus principais cultores. As revistas de fim de ano eram tradicionais nos palcos cariocas, caracterizando-se por uma sucessão de quadros retrospectivos de acontecimentos políticos e sociais da capital federal. Auler produziu então *Paz e amor*, maior sucesso de todo o gênero. Em 29 de novembro de 1909, apareceu na imprensa carioca a primeira menção ao filme. A empresa de Auler começou a campanha de lançamento em abril de 1910, afirmando que era a primeira revista cinematográfica produzida no país. A estreia ocorreu em 25 de abril. No elenco, apareciam Ismênia Matheus, Amica Pellissier, Mercedes Villa, Maria da Piedade, Laura Grassi, Antônio Cataldi, Santucci e o ator José Gonçalves Leonardo. Escrito por José do Patrocínio Filho, sob o pseudônimo de Antônio Simples, com músicas e regência de Costa Júnior, tinha quatro partes, cinco quadros e duas apoteoses. Filmado por Alberto Botelho*, foi dirigido por Alberto Moreira e pelo ator Leonardo. O título foi retirado do discurso de posse do presidente Nilo Peçanha ("Farei um governo de paz e amor"), que é retratado no filme através do Rei Olin, um anagrama de Nilo. O filme fazia uma crítica extremamente mordaz ao governo e às instituições, como a polícia e a imprensa. *Paz e amor* teve mais de mil exibições contínuas no Rio de Janeiro e fez carreira semelhante em São Paulo, sendo portanto o primeiro grande sucesso de bilheteria da história do cinema brasileiro, ultrapassando os recordes anteriores de *Os estranguladores*, de 1908, e *A viúva alegre*, de 1909. O sucesso do filme provocou o surgimento de outros filmes no mesmo estilo, permitindo que se possa falar numa espécie de subgênero do cantante, o "filme-revista". Em 1910, entrou em exibição a revista cantante (expressão de Vicente de Paula Araújo) *O chantecler*, em três partes, com direção e argumento de Alberto Moreira. Seguia a mesma linha de *Paz e amor*, satirizando acontecimentos e personalidades políticos (o chantecler do título era Pinheiro Machado). Outros exemplares do gênero revista cantante foram *O Rio por um óculo*, de O. Pontes e Avil, com fotografia de Emílio Silva, e *Logo cedo*, de 1910, produzido por Auler. Em 12 de outubro de 1910, Francisco Serrador inaugurou o cinema CHANTECLER, exibindo *O cometa*, revista satírica filmada por Júlio Ferrez. Em abril de 1911, é lançado outro cantante, *O conde de Luxemburgo*, com fotografia de Júlio Ferrez e produção de Francisco Serrador. Na parte cantada, figuravam Ismênia

Matheus, Luís Paschoal, Soller e Conchita. *O conde de Luxemburgo* tinha argumento e direção de Antônio Quintiliano, fotografia de Alberto Botelho e fez bastante sucesso. Em junho de 1911, foi exibido *A dançarina descalça*, com a participação dos atores e cantores da Companhia Teatral Ettore Vitale, destacando-se as irmãs espanholas Mercedes e Carmen Villa. Trata-se do último filme cantante. A produção ficcional brasileira, que vinha crescendo desde 1907, caiu bruscamente em 1911, chegando no ano seguinte ao quase aniquilamento, quando foi produzido no país apenas um filme de ficção.

A derrocada, de certa forma surpreendente, dos cantantes (e da produção ficcional da bela época como um todo) ainda é tema de muitas especulações entre os historiadores do cinema brasileiro. Afinal, como um gênero que enchia os cinemas pôde ser abandonado, levando em conta também que os exibidores e produtores eram geralmente a mesma pessoa, o que assegurava a rentabilidade total do negócio? A mesma figura apontada como o pai do gênero pode ser agora o vilão da história. Em 1911, Francisco Serrador fundou no Rio a COMPANHIA CINEMATOGRÁFICA BRASILEIRA, associando-se a setores ligados diretamente ao capital estrangeiro. A empresa adquiriu em pouco tempo diversos cinemas em todo o país, formando um truste e organizando o mercado em função do filme estrangeiro, principalmente o norte-americano. Como consequência, as produtoras nacionais começaram a fechar. Auler, o principal rival de Serrador, vendeu as cópias de suas operetas e revistas e mudou de atividade. Deve-se porém evitar explicações maniqueístas como esta, que considera a época dos cantantes como uma espécie de idade do ouro do cinema brasileiro e vê a formação do truste de Serrador e de um sistema de distribuição – que passa a privilegiar o produto estrangeiro em detrimento do produto nacional – como uma força maligna que pôs fim ao paraíso anterior. Esse modo de ver a história do cinema brasileiro permanece ainda bastante arraigado, sendo cômodo atribuir a fatores externos a causa de suas crises e descontinuidades. Uma interpretação como essa não dá conta de uma série de fatores importantes, como o próprio esgotamento natural do gênero, as mudanças ocorridas no mercado e mesmo no público cinematográfico. (LAR)

FILME INFANTIL

Na década de 50, *O saci* (1951-1953), realizado pelo paulista Rodolfo Nanni*,

foi saudado por criar, "já num nível superior, o cinema infantil no Brasil". Embora se possa citar experiências anteriores, como a do professor Venerando Graça, que em 1917 produz e dirige três filmes para crianças, *Jardim Zoológico*, *Façanhas do Lulu* e *O livro de Carlinhos*, é de Nanni o mérito de dirigir a primeira produção importante para o público infantil. O arrojo e resolução estética do filme, baseado em Monteiro Lobato, com música de Cláudio Santoro e elenco infantil, garantem-lhe o posto inaugural de um segmento cinematográfico explorado no Brasil aquém de suas possibilidades. A emergência de Amácio Mazzaropi*, nesse período, somente em parte supre esse segmento, pois, como caipira em confronto com a cidade, era um personagem destinado prioritariamente ao público adulto. O fato de serem comédias com elementos circenses determinou que alguns títulos pudessem ser apreciados também por crianças. *As aventuras de Pedro Malazartes* (1960), protagonizado e o primeiro dirigido pelo cômico, possui o diferencial de ser uma fábula interpretada por crianças. Somente a partir dos anos 60 haverá um incremento em produções do gênero. Ainda assim, a maioria dos filmes constituem experiências isoladas na filmografia dos diretores. Autora fundamental da dramaturgia infantil, Maria Clara Machado tem três obras transpostas para o cinema. O francês radicado no Brasil, Romain Lesage, cineasta bissexto, filma, a partir de peça homônima, *Pluft, o fantasminha* (1961), com figurantes conhecidos como Vinicius de Moraes* e Paulo Mendes Campos. Em 1970, Francisco Dreux, que havia começado sua trajetória no Teatro Tablado, dirige seu único longa-metragem, *A dança das bruxas*, a partir da peça *A bruxinha que era boa*. A adaptação mais elogiada, entretanto, é *O cavalinho azul* (1984), dirigido por Eduardo Escorel*. Algumas experiências merecem registro pelo inusitado. O sergipano Wilson Silva*, produtor, diretor e roteirista de todos os seus filmes, realiza o faroeste com atores infantis *No tempo dos bravos* (1963), filmado em cenários especialmente construídos nos estúdios da CINÉDIA*. O projeto mais ousado do período e de maior repercussão é a estreia na direção do ex-crítico de cinema Walter Lima Jr.*, que havia iniciado sua carreira como assistente de Glauber Rocha* em *Deus e o diabo na terra do sol*. Adaptação do romance de José Lins do Rego, *Menino de engenho* (1965) narra pela ótica de um garoto a decadência de um mundo rural. Em plena vigência do conceito de cinema de autor,

o filme foi festejado pela narrativa poética e a perfeita transição da literatura para o cinema. Ao contrário de Lima Jr., para o qual o público infantil não seria prioritário, o ator e diretor Aurélio Teixeira*, que no mesmo ano dirige o primeiro filme de Renato Aragão* e Dedé Santana*, *Na onda do iê-iê-iê*, voltaria ao gênero com a adaptação de *Meu pé de laranja-lima* (1970), baseado no clássico da literatura infantil escrito por José Mauro de Vasconcelos. A produção foi de Herbert Richers*, que no ano seguinte volta a trabalhar com o autor em *Rua descalça*, dirigido por J. B. Tanko*. Croata radicado no Brasil, Tanko tem seu nome vinculado ao modelo de cinema infantojuvenil dos Trapalhões*, o mais bem-sucedido da história do cinema brasileiro. A união com Renato Aragão, que conheceu ao dirigir *Adorável trapalhão* (1967), foi fundamental no impulso do grupo e da J. B. TANKO FILMES, a partir de *Aladim e a lâmpada maravilhosa* (1973). Entre 1973 e 1991, o grupo chegaria ao mercado com um novo filme a cada seis meses, coincidindo com as férias escolares. O sucesso do grupo, que predomina no segmento até 1991, quando a crise cinematográfica afeta também os projetos da RENATO ARAGÃO PRODUÇÕES ARTÍSTICAS, estimula outras produções para o público infantil. No início dos anos 70, aproveitando o sucesso do programa de TV *Shazam, Xerife & Cia.*, que protagonizava com Paulo José*, o ator e diretor Flávio Migliaccio* lança *As aventuras do tio Maneco* (1971), uma tentativa mais consistente de criar, fora dos Trapalhões, um personagem que protagonizasse uma série para crianças. Interpretado pelo próprio Migliaccio, o personagem é transposto para o universo da novela de Oscar Wilde, *O fantasma de Canterville*, em *O caçador de fantasmas* (1975). Fecha a trilogia com *Maneco, o supertio* (1979). Hábil em manejar o gênero, Migliaccio dirige, em 1989, *Os Trapalhões na terra dos monstros*. Outros filmes surgem como experiências isoladas. Uma adaptação atualizada do conto *Joãozinho e Maria*, dos Irmãos Grimm, resulta em *As quatro chaves mágicas* (1972), única produção do gênero na filmografia do espanhol radicado no Brasil Alberto Salvá*. Ao fixar-se no Rio de Janeiro, no início da década de 1970, o baiano Geraldo Sarno* produz e dirige, através de sua produtora, a SARUÊ FILMES, *O Pica-pau Amarelo* (1973), clássico infantojuvenil da obra de Monteiro Lobato. Numa outra vertente, dos realizadores familiarizados com o cinema popular, podemos encontrar diretores oriundos das chanchadas* cariocas e outros gêneros assinando produções infantis. Destaque para Victor Lima*, excelente roteirista e diretor eclético que, em 1971, encontra Renato Aragão em *Bonga, o vagabundo*. É Lima quem aponta para a vertente dos contos das *Mil e uma noites* em *Ali Babá e os 40 ladrões* (1972). Alterna com outras produções os infantis *Ladrão de Bagdá, o magnífico* (1974), *O Pequeno Polegar contra o dragão vermelho* (1977) e *Paspalhões em Pinóquio 2000* (1981), que não foi lançado. Gilvan Pereira* começa a carreira (1964) trabalhando com J. B. Tanko e, entre os filmes que dirige, está o infantil de ficção científica *Elke Maravilha contra o homem atômico* (1978). Na década de 80, o vínculo entre televisão e cinema, já explorado pelo grupo Os Trapalhões, se fortalece com Xuxa Meneghel*, fenômeno de comunicação de massa que começa no cinema fazendo participações especiais nos filmes do grupo, até bancar as próprias produções. Fora do esquema Os Trapalhões/Xuxa, vem de Minas Gerais a produção mais significativa dos anos 80. Associados no GRUPO NOVO DE CINEMA, Tarcísio Vidigal* produz e Helvécio Ratton* dirige *A dança dos bonecos* (1985-1986), primeiro longa brasileiro com bonecos articulados, criados por Álvaro Apocalypse, do Teatro Giramundo de Bonecos. Elogiado pelo conteúdo mágico e a incorporação de elementos da cultura mineira, o filme obteve excelente acolhida de crítica e de público. Ratton leva quase dez anos para dirigir um segundo filme, *Menino maluquinho – o filme* (1994), no qual volta à cultura regional, transpondo para o cinema o personagem criado em 1980 pelo escritor e cartunista Ziraldo Alves Pinto. Vencendo as dificuldades de exibição, conseguiu chegar ao público, beneficiando-se, ainda, da expansão do mercado de vídeo e da comercialização internacional. No rastro do sucesso do filme, Vidigal produz *Menino maluquinho 2: a aventura* (1998), dirigido por Fernando Meirelles* e Fabrizia Pinto. Em 1994, o cinema brasileiro contava com dois trunfos para resgatar o diálogo perdido com o público em decorrência da crise no começo da década: o politizado *Lamarca, coração em chamas*, de Sérgio Rezende*, e o infantojuvenil *Era uma vez...*, estreando na direção o argentino radicado no Brasil Arturo Uranga. Misturando o repertório básico dos contos de fadas com efeitos especiais – especialidade de Uranga em cinema, televisão e publicidade –, o retorno de público deixou a desejar. O maior esforço de exibição já visto no cinema brasileiro aconteceu no Natal de 1995. *Supercolosso*

transferia para a tela grande os bonecos da *TV Colosso*, vistos diariamente na REDE GLOBO. Produzido e distribuído pela PARIS FILMES, entrou em 234 salas em todo o país. Realizado em apenas seis meses, sob o comando do manipulador de bonecos e diretor estreante Luiz Ferré, obteve desempenho de bilheteria muito abaixo da expectativa. Excetuando-se os filmes estrelados por Xuxa, nenhum outro superou o sucesso de público dos Trapalhões. Confirmando a fórmula bem-sucedida, *Noviço rebelde* (1997), dirigido por Tizuka Yamasaki*, retorno de Renato Aragão e Dedé Santana após um hiato de seis anos, foi lançado em 250 salas e visto por mais de um milhão e meio de espectadores, transformando-se na melhor bilheteria do cinema brasileiro na década. (FL)

Próximo da virada do milênio, além do anteriormente citado *Menino maluquinho 2: a aventura*, podemos citar produtores que buscaram o mercado infantil. Gente como A. P. Galante*, que fez fitas de cangaço, sertanejas e eróticas, se despediu do cinema com *Cinderela baiana*, fita apagada, estrelada pela cantora dançarina Carla Perez, dirigida por Conrado Sanchez. O comediante-produtor Renato Aragão retomou o personagem Trapalhão em *Simão, o fantasma trapalhão*, cuja direção foi de um estreante na função, seu filho Paulo Aragão. O ano de 1999 foi produtivo para o filme infantil. Uma das primeiras produções da recém-inaugurada GLOBO FILMES foi *Zoando na TV*, de José Alvarenga Jr., aventura infantil estrelada pelo casal televisivo Angélica e Márcio Garcia. Em *No coração dos deuses*, de Geraldo Moraes, um garoto se junta a adultos numa expedição histórica na época dos bandeirantes. Outra estrela televisiva, Xuxa, fez grande sucesso de público com *Xuxa requebra*, seu reencontro com a cineasta Tizuka Yamasaki. Fechando o ano, é lançado novo filme de Renato Aragão, *O trapalhão e a luz azul*, de Paulo Aragão e o estreante Alexandre Boury, ambos diretores oriundos da TV.

No ano de 2000 predominaram lançamentos no mês de dezembro, quando a REDE GLOBO DE TELEVISÃO presenteou o comediante Renato Aragão por seus mais de vinte anos de casa com um especial de Natal feito em película que foi exibido na TV e em versão longa nas salas de cinema: *Um anjo trapalhão*, de Alexandre Boury e Marcelo Travesso, este último também diretor na TV. O filme contou com várias estrelas da casa. Xuxa continuou levando público aos cinemas em *Xuxa popstar*, de Paulo Sérgio Almeida e Tizuka Yamasaki. *A reunião dos demônios* (ex-*Os Três Zuretas*),

que misturou crianças com demônio e muitos sustos, foi o primeiro longa-metragem do curta-metragista A. S. Cecílio Neto. Em 2001, novos filmes procuraram o filão infantil, como *Os Xeretas*, de Michael Ruman, com três meninos vivendo aventuras. Outro veterano produtor, Pedro Carlos Rovai*, investiu numa fita com tema indígena que fez muito sucesso, *Tainá, uma aventura na Amazônia*, de Sérgio Block e Tânia Lamarca, que gerou continuação. É lançado mais um sucesso de Xuxa, *Xuxa e os Duendes*, de Paulo Sérgio Almeida e Rogério Gomes. No ano seguinte, 2002, houve apenas um filme para as crianças, mas de amplo sucesso, *Xuxa e os duendes 2, no caminho das fadas*, dos mesmos diretores Almeida e Gomes. Essa foi a época de artistas de TV começarem a lotar os cinemas e a fortalecer o casamento entre TV e cinema. Depois de passar dois anos em branco, Renato Aragão voltou em 2003 cheio de inovações, sendo pioneiro no Brasil no uso do cinema digital e com novo personagem cinematográfico, Didi, muito conhecido do público da TV, em *Didi, o cupido trapalhão*, de Paulo Aragão e Alexandre Boury. O produto de sucesso na TV *A Ilha Rá-Tim-Bum* contou com versão cinematográfica em *Ilha Rá-Tim-Bum em O Martelo de Vulcano*, de Eliana Fonseca*. Em *Xuxa abracadabra*, acontece a primeira parceria da rainha dos baixinhos com o diretor Moacyr Góes*. Em 2004, *Cine Gibi, o filme*, de José Márcio Nicolosi e Mauricio de Sousa*, mistura cenas de animação e tomadas com pessoas de carne e osso. Uma nova saga de Didi surge com *Didi quer ser criança*, de Alexandre Boury e Reynaldo Boury, cuja curiosidade é que os diretores são pai e filho. Reynaldo é um veteraníssimo da TV, onde atua desde os anos 1960. Xuxa e Moacyr Góes aprontam mais uma com *Xuxa e a cidade do tesouro perdido*. Em 2005, aconteceu a volta da índia Tainá em *Tainá 2, a aventura continua*, de Mauro Lima*. Uma outra loira e apresentadora de TV, Eliana, tentou o cinema no frouxo *Eliana em o segredo dos golfinhos*, de Eliana Fonseca. *Xuxinha e Guto contra os monstros do espaço* misturou a animação de Clewerson Saremba e cenas ao vivo dirigidas por Moacyr Góes.

O ano de 2006 teve Renato Aragão trocando o lançamento de suas fitas de dezembro para janeiro (mês menos congestionado de lançamentos infantis) e apresentando *Didi, o caçador de tesouros*, em que lança um novo diretor de sua confiança, Marcus Figueiredo. A aventura infantil de dois garotos, um pobre e outro rico, movimenta *No meio da rua*, com produção e

301

direção de Antônio Carlos Fontoura. Uma rara produção mato-grossense, ambientada na capital Cuiabá, foi *A oitava cor do arco-íris*, do diretor estreante Amauri Tangará, contando as aventuras de um menino. Aventura ecológica infantil ambientada no litoral paulista, *A ilha do terrível Rapaterra* foi dirigida pela cineasta estreante Ariane Porto. Xuxa experimentou um novo parceiro em *Xuxa gêmeas*, o diretor televisivo Jorge Fernando. Renato Aragão voltou a lançar filmes no mês de dezembro, promovendo a estrela a filha, a menina Livian Taranto Aragão fazendo a princesa Lili em *O cavaleiro Didi e a princesa Lili*, de Marcus Figueiredo. *O amigo invisível*, com produção, direção e roteiro de Maria Letícia, mostra menina que convive com amigo invisível. Personagem de fitas infantis da década de 1970, o Tio Maneco retorna na aventura *Porralokinhas*, de Lui Farias. Xuxa tenta conseguir o mesmo público do começo da década e se transfere para nova produtora em *Xuxa em sonho de menina*, de Rudi Lagemann. Na metade de 2008 aparece outra produção de Aragão, *O guerreiro Didi e a ninja Lili*, de Marcus Figueiredo, mostrando que a parceria entre Renato Aragão e a filha Livian ficou em apenas dois filmes. O diretor Helvécio Ratton (*A dança dos bonecos* e *Menino Maluquinho*), voltou novamente os olhos para fita infantil no sensível *Pequenas histórias*. Em 2009, mais um programa de TV, a série da CULTURA *Cocoricó*, foi transformado em média-metragem, exibido nos cinemas com título de *Cine Cocoricó: as aventuras na cidade*, do diretor Fernando Gomes, o mesmo realizador da TV. *Xuxa em mistério de feiurinha*, de Tizuka Yamasaki, é a mais recente parceria da artista com a cineasta numa rara incursão no terreno da literatura brasileira, em adaptação da obra de Pedro Bandeira. Em 2010, com origem gaúcha, *A casa verde*, de Paulo Nascimento, mistura história infantil com animação em trama ecológica. (LFM)

FILMES PERDIDOS

Grande parte do cinema brasileiro mudo está perdido. A película fílmica dessa época, fabricada em nitrato, era de fácil combustão, o que se somou às condições precárias de armazenamento e transporte. O período conhecido como a "bela época" do cinema brasileiro, de 1907 até 1912, existe apenas como textos, escritos em livros sobre cinema brasileiro. Os pioneiros cinejornais*, curtas, documentários, os famosos filmes cantantes* e os de ficção ficaram perdidos no tempo. Do período seguinte, de 1912 até 1914, os filmes de Paulo Benedetti* em Barbacena

(Minas Gerais), e Francisco Santos* em Pelotas (Rio Grande do Sul), também desapareceram. A situação não se modifica com o que é filmado a partir de 1915. Os cineastas dessa época, entre eles Luiz de Barros* (dono de extensa carreira, com sua GUANABARA FILM), não nos deixou nenhuma imagem sua do período mudo, incluindo seus primeiros filmes sonoros (*Acabaram-se os otários* e *O babão*). Os principais filmes de Vittorio Capellaro* (*Inocência* e *O guarani*) e de outros cineastas paulistas, como o produtor e diretor Arturo Carrari* (*O crime de Cravinhos*, *Um crime no parque Paulista* e *Anchieta entre o amor e a religião*), e os filmes de maior metragem do mais importante nome do cinema mudo paulista, José Medina* (*Perversidade*, *Do Rio para São Paulo para casar* e *Gigi*), foram perdidos. O mesmo acontece com um cineasta de linha mais comercial, como Francisco Madrigano*, incluindo o primeiro filme dirigido por uma mulher, *O mistério do dominó negro*, de Cléo Verberena*. A maioria dos filmes dos Ciclos Regionais* que dominam os anos 20 também não deixou imagens para a posteridade. Do Ciclo de Campinas* não sobrou nenhum filme completo. Do Ciclo do Recife* (o de mais longa duração), com seus doze filmes, restam apenas *Aitaré da praia*, de Gentil Roiz*, e *A filha do advogado*, de Jota Soares*. Felizmente, do Ciclo de Cataguases*, apenas o filme de estreia, *Na primavera da vida*, de Humberto Mauro*, está perdido. De todos os filmes de Silvino Santos* no Amazonas (uma produção expressiva), só ficaram fragmentos. De Francisco de Almeida Fleming*, em sua fase nas cidades mineiras de Ouro Fino e Pouso Alegre, também se perderam seus elogiados *Paulo e Virgínia* e *O vale dos martírios*. Os filmes mineiros de Guaranésia e Belo Horizonte resistem apenas como memória escrita. No Sul do país, os filmes gaúchos dos anos 20 de Eduardo Abelim*, Benjamin Camozato, Carlo Comelli, E. C. Kerrigan* e José Picoral também se perderam. No Rio, do mesmo período, perdeu-se *Barro humano*, de Adhemar Gonzaga*, obra central da filmografia brasileira. O antológico filme *Limite*, de Mário Peixoto*, ficou esquecido durante muitos anos, e só foi recuperado graças ao esforço abnegado de Saulo Pereira de Melo e seus anos de dedicação à recuperação da obra.

Nos anos 30, na primeira década do cinema sonoro, as películas passam a ser fabricadas em celuloide, o que melhora um pouco a situação. De toda forma, os filme paulistas, o musical *Coisas nossas*,

de Wallace Downey*, e a comédia *Fazendo fita*, de Vittorio Capellaro, também se encontram desaparecidos (do primeiro, existem várias partes da trilha sonora, encontradas pelo pesquisador Antônio Jesus Pfeil, e, do segundo, existe o *trailer*). O mesmo acontece com os musicais cariocas *A voz do carnaval*, de Humberto Mauro e Adhemar Gonzaga, *Alô! Alô! Brasil*, e *Os estudantes*, de Wallace Downey. Dos estúdios da CINÉDIA* (onde muita coisa está sendo recuperada), entre as preciosidades perdidas estão *Onde a terra acaba*, de Octávio Mendes*, produzida e estrelada por Carmen Santos*. Nos estúdios da BRASIL VITA FILME*, perdeu-se quase toda a produção da casa, entre eles *Favela dos meus amores*, um clássico do cinema brasileiro, e *Cidade-mulher*, ambos de Humberto Mauro; *Inconfidência Mineira*, de Carmen Santos; *O malandro e a grã-fina*, de Luiz de Barros; e *Inocência*, de Luiz e Fernando de Barros*. O primeiro filme de Raul Roulien* como diretor, *Grito da mocidade*, é outra perda. De toda a filmografia da SONOFILMS* não existe mais nada, apenas fragmentos, o que não nos permite aquilatar os filmes de Carmen Miranda* e a experiência com cineastas improvisados: o comediante Mesquitinha*, o compositor João de Barro, o dramaturgo Joracy Camargo e o *yes-man* da casa, o revisteiro Ruy Costa*, assim como o filme de estreia na direção de Moacyr Fenelon* (*O simpático Jeremias*). Da tentativa industrial paulista da COMPANHIA AMERICANA FILMES, seu único título, *Eterna esperança*, de Leo Marten*, também foi perdido. Filmes das pequenas empresas do princípio dos anos 40, como a PAN-AMÉRICA FILMES, produtora do drama *Direito de pecar* e do carnavalesco *Vamos com calma* (ambos sob a batuta do mesmo Marten) e da CINEX, produtora de *O brasileiro João de Sousa*, de Bob Chust, não mais existem. Da ATLÂNTIDA*, da fase inicial de 1943 até 1952, faltam o indispensável *Moleque Tião* e *Também somos irmãos*, ambos com direção de José Carlos Burle*; os filmes de Moacyr Fenelon e os vários carnavalescos da empresa, entre eles *Este mundo é um pandeiro* e *Carnaval no fogo*, de Watson Macedo*; a coprodução com a Argentina *Não me digas adeus*, de Luís Moglia-Barth; a comédia *Caçula do barulho*, com direção do italiano importado Riccardo Freda. Os dramas rurais e os filmes românticos dos primeiros anos da CINELÂNDIA FILMES, realizados entre 1947 e 1954, com exceção de *Escrava Isaura*, de Eurides Ramos*, estão perdidos. Os filmes das pequenas produtoras, como a TAPUIA, PRÓ-ARTE,

FAN FILMES, LEB, também se perderam. Os dois primeiros filmes do produtor e diretor Fernando de Barros, *Caminhos do sul* e *Perdida pela paixão*, e os filmes *Areias ardentes* e *A outra face do homem*, de J. B. Tanko*, também desapareceram. Os filmes que o produtor Mário Civelli* dirige, *Luar do sertão*, *O grande desconhecido*, *Rastros na selva* e *O gigante*, estão na mesma situação. A única exceção é *Bruma seca*. O diretor de comédias, Aluisio T. Carvalho* tem grande parte de sua obra de dez longas toda perdida. O curioso filme de estreia do diretor Walter Hugo Khouri*, *Gigante de pedra*, também não foi preservado.

Felizmente, grande parte da produção da ATLÂNTIDA dos anos 50 está em circulação, assim como todos os filmes da VERA CRUZ*, da MARISTELA*, da KINO FILMES* e da BRASIL FILME. Da curta produção da MULTIFILMES*, estão perdidos: o primeiro filme de ficção em cores, *Destino em apuros*, de Ernesto Remani*; *Fatalidade*, de Jacques Maret; *Uma vida para dois*, de Armando Miranda; *O craque*, de José Carlos Burle; e *A sogra*, de Armando Couto. Também estão perdidos os primeiros filmes do diretor Carlos Coimbra*, *Armas da vingança*, *Dioguinho* e *Crepúsculo de ódios*, além de muitas produções realizadas no interior paulista. Precedendo o Cinema Novo*, *Redenção* (1955-1959), de Roberto Pires*, o primeiro longa sonoro baiano, não foi preservado. Curiosamente, a partir dos anos 60, poucos são os filmes dados oficialmente como perdidos. Persistem, no entanto, alguns casos, como o filme de estreia de Miguel Borges*, *Canalha em crise* (1963); *Morte em três tempos* (1964), de Fernando Cony Campos*, e *Balada da página três* (1968), de Luiz Rosemberg Filho*. Na década seguinte, *Fora do baralho* (1971), de Rogério Sganzerla*; e *Que país é este?* (1977), de Leon Hirszman*, não tiveram imagens preservadas. Com a criação das cinematecas BRASILEIRA (São Paulo), do MAM (Rio de Janeiro), da EMBRAFILME*, dos Museus da Imagem e do Som (RJ, SP) e de outros órgãos correspondentes, a preservação de filmes começou a ser realizada de modo mais sistemático no Brasil. No entanto, infelizmente, chegaram com grande atraso, pois parcela significativa de nossos primeiros cinquenta anos de cinema desapareceu. (LFM)

FIORANI, Mário – Innsbruck, Áustria, 1922-1996. Diretor.

FILMOGRAFIA: 1966 – *A derrota*. 1967 – *O engano*.

Mário Fiorani nasceu de pai emiliano (da região de Emília, na Itália) e mãe polonesa, de origem judaica. Depois do divórcio dos pais, foi morar com uma tia. Após várias peregrinações (passou por Milão, Rio de Janeiro – onde o pai residia – e Bolonha), estabeleceu-se em Florença com a tia. Lá fez o equivalente ao ensino médio brasileiro e cursou por alguns anos a universidade, fazendo o curso de Medicina. Durante a guerra, prestou alguns meses de serviço militar como acadêmico de Medicina. Participou também da "Resistenza" italiana ao fascismo. Ao fim da guerra, resolveu mudar de faculdade e escolheu Letras e Filosofia. No final de 1946, veio para o Brasil para receber a herança do pai, falecido em 1945. Não achou dinheiro algum, mas resolveu ficar no país, fazendo vários trabalhos. Depois de um ano voltou à Itália, mas acabou regressando ao Brasil em 1949, passando a trabalhar como bibliotecário e tradutor. Em 1963, publicou o livro *Pequena história do fascismo*. Deu aulas de Cinema na Escola Nacional de Belas Artes do Rio de Janeiro e escreveu sobre cinema na revista *Paratodos* entre 1956 e 1957, então dirigida por Jorge Amado*. Sua primeira experiência direta com o cinema ocorre quando consegue um lugar como contato entre o diretor Adolfo Celi* e o roteirista Millôr Fernandes para o filme "Marafa". A direção acabou passando para ele, mas a realização do filme foi interrompida. Em 1965, produziu *O desafio*, de Paulo César Saraceni*, e *Amor e desamor*, de Gerson Tavares, filmado em Brasília. Escreveu, produziu e dirigiu seu primeiro filme, *A derrota*, com Luís Linhares*, Glauce Rocha*, Ítalo Rossi* e Oduvaldo Viana Filho*, com fotografia de Mário Carneiro* e música dodecafônica de Esther Scliar. O filme foi bem recebido pela crítica, aparecendo Fiorani como um diretor identificado com o Cinema Novo* e a vanguarda europeia. Escreveu, produziu e dirigiu *O engano*, estrelado por Marisa Urban, Hugo Carvana*, Cláudio Marzo*, Helena Ignez* e Zózimo Bulbul*, e fotografado por Mário Carneiro*. O filme foi massacrado pela crítica e fracassou na bilheteria. Fiorani foi também o produtor de *Copacabana me engana*, de Antônio Carlos Fontoura*. Realizou na Bahia o documentário *Linha morta* (1970), sobre uma linha férrea abandonada no leste baiano. A fotografia em cores foi de Dib Lutfi*. Em 1973, mudou-se para o Chile, onde fez dois curtas. Depois do golpe de Pinochet, em setembro de 1973, teve de fugir para a Argentina. Decidiu então voltar para a Europa e, em 1974, radicado em Portugal, escreveu dois roteiros e fez um média-metragem para a TV. Após essa experiência, voltou definitivamente para a Itália. Traduziu livros de Glauber Rocha* e dirigiu a produção de telefilmes e longas produzidos com verba do governo italiano. Publicou na Itália livro sobre o banditismo social no Brasil, intitulado *Cangaceiros: ballata tragica* (1978). Em 1989, deixa as atividades práticas por causa do mal de Parkinson. (LAR)

FISCHER, Vera – Blumenau, SC, 1951. Atriz.

FILMOGRAFIA: 1972 – *Sinal vermelho, as fêmeas*; *Anjo loiro*. 1973 – *A super fêmea*. 1974 – *As delícias da vida*; *Essa gostosa brincadeira a dois*; *Macho e fêmea*; *As mulheres que fazem diferente* (1º episódio: 'Uma delícia de mulher'). 1975 – *Intimidade*. 1980 – *Eu te amo*; *Bonitinha mas ordinária*. 1982 – *Amor, estranho amor*; *Dora Doralina*. 1983 – *Perdoa-me por me traíres*; *Quilombo*. 1983-1984 – *Amor voraz*. 1988 – *Forever*. 1988-1989 – *Doida demais*. 1992 – *O quinto macaco* (coprodução estrangeira). 1997 – *Navalha na carne*. 2002 – *Xuxa e os duendes 2, no caminho das fadas*.

Figura obrigatória do *star system* nacional e uma das atrizes de personalidade mais marcante no cinema brasileiro. Graças a um talento dramático natural e uma enorme força de vontade, Vera Fischer conseguiu superar o estereótipo de símbolo sexual, surgido das pornochanchadas* em que atuou no início da carreira. Vera nasceu em Blumenau, Santa Catarina, em 27 de novembro. Filha do comerciante de origem alemã, Emil Fischer, e de Hildegard Fischer, foi educada dentro da tradicional rigidez e disciplina que caracterizam a colônia alemã da cidade. Estudou numa escola pública estadual, o Colégio Pedro II (que homenageou a aluna ilustre com uma placa de bronze), e numa escola de freiras, o Colégio Sagrada Família, onde fez o antigo curso clássico. Loura de olhos verdes, Vera passou a chamar a atenção pela sua beleza aos 15 anos de idade, época em que debutou no Clube Pomerano, da vizinha cidade de Pomerode. Em 1969, antes de completar 18 anos, foi eleita Miss Brasil. Ficou entre as quinze finalistas do concurso de Miss Universo, realizado nas Filipinas. Surgiram então vários convites para *shows* e apresentações na televisão. Contrariando a vontade da família, em 1971 ela decidiu se mudar para o Rio de Janeiro para dar livre curso à sua carreira. Dividindo um minúsculo apartamento em Botafogo, ela teve muitas dificuldades no começo e não conseguiu trabalho. A sorte foi mudando e logo surgiram alguns convites para a televisão. Vera estreou na televisão fazendo uma pequena participação no programa *Sérgio Bittencourt*. Foi o suficiente para ser convidada a atuar como apresentadora do programa *Show de Turismo*, na TV Rio, apresentado pelo ex-ator Paulo Monte. Em seguida, passou a fazer parte do corpo de jurados do programa *Flávio Cavalcanti*, na TV Tupi, o que a tornou nacionalmente conhecida.

Em 1972, aos 21 anos, faz seu primeiro filme, *Sinal vermelho, as fêmeas*, de Fauzi Mansur*. Perguntada se concordaria em filmar nua, Vera não fez nenhuma objeção. A atriz principal era Marlene França*, mas toda a publicidade e os cartazes do filme foram feitos em torno do nome e sobretudo da nudez da ex-miss. O sucesso foi enorme: no dia da estreia, o filme só perdeu na bilheteria para *O poderoso chefão*, de Francis Ford Coppola. Fez, a partir de então, uma série de seis filmes, entre os quais *A super fêmea*, de Aníbal Massaini Netto*, *Anjo loiro*, dirigido por Alfredo Sternheim*, *Essa gostosa brincadeira a dois*, de Victor di Melo, e *As delícias da vida*, de Maurício Rittner, que a transformaram no primeiro grande símbolo sexual da pornochanchada. Essa fase (que Vera renegaria posteriormente, reconhecendo que sua participação nesses filmes fora "puramente física") durou até 1975, quando ela produziu e protagonizou, ao lado do primeiro marido Perry Sales (com quem foi casada por dezesseis anos, de 1972 a 1988), o drama *Intimidade*. Baseado numa história de Carlos Heitor Cony, com roteiro e direção do inglês Michael Sarne, o filme proporcionou-lhe o primeiro papel sério de sua carreira e pôs fim ao superexplorado rótulo de símbolo sexual. Foi todavia um malogro de público e crítica. Apesar da recepção negativa e do questionamento de suas possibilidades como atriz dramática, Vera não desanimou. Passou a investir na sua preparação como atriz, frequentando cursos de interpretação. Vera foi se tornando gradativamente uma atriz de grandes recursos expressivos, versátil e carismática, embora seu principal trunfo sempre tenha sido a sensualidade, que espontaneamente imprimia a todas as suas personagens.

Em 1980, Vera estrelou *Bonitinha mas ordinária*, de Braz Chediak*, seu primeiro filme baseado em peça de Nélson Rodrigues*. Uma nova fase se inicia na carreira de Vera quando ela atua em *Eu te amo*, produzido por Walter Clark* e dirigido por Arnaldo Jabor*. No filme, Vera interpreta Bárbara, a amante que abandona Paulo César Pereio*, participando de

cenas de sexo bastante ousadas. Mas foi Walter Hugo Khouri* o responsável pela reviravolta na carreira de Vera, ao fazer dela uma presença constante em seus filmes a partir de *Amor, estranho amor*. Nesse filme, passado na época do Estado Novo e famoso pela presença desinibida da então novata Xuxa Meneghel*, Vera fazia o papel de Ana, uma prostituta de luxo, amante do governador de São Paulo (Tarcísio Meira*). Apreciador de situações polêmicas, Khouri incluiu no filme uma cena de incesto entre a personagem e seu filho de 12 anos. Por sua atuação, Vera ganhou dois prêmios de melhor atriz – o do Festival de Brasília e o Air France. Em 1981, foi finalmente concluído e lançado seu mais ambicioso projeto pessoal, *Dora Doralina*, adaptação de um romance de Rachel de Queiroz. Dirigido por Perry Sales, o filme teve uma preparação lenta, que durou seis anos. Vera fez o papel de Doralina, que vive com a mãe viúva e autoritária, conhecida como Senhora (interpretada por Cleyde Yáconis) na Fazenda Soledade, no Ceará. A história se passava em 1936, durante o Estado Novo. Apesar do empenho de produção e do esforço de Vera, o filme teve críticas negativas. Vera volta a trabalhar com Braz Chediak em *Perdoa-me por me traíres*. Ela fez o papel de Judite, uma dona de casa do subúrbio carioca por quem o marido, interpretado por Nuno Leal Maia*, morre de ciúmes. No mesmo ano, Vera atuou em *Quilombo*, dirigido por Carlos Diegues*, fazendo o papel de Ana de Ferro, uma prostituta de luxo francesa que veio para o Brasil na caravana de Maurício de Nassau e que acabava se apaixonando por Ganga Zumba, o líder do quilombo dos Palmares. Em *Amor voraz*, dirigido por Walter Hugo Khouri, ela interpretou Ana, uma mulher sensível e frágil que se apaixona por um ser fictício, talvez um extraterrestre. *Forever*, filme dirigido por Walter Hugo Khouri e coproduzido com a Itália (no qual interpretou Cristina, uma das amantes de Marcelo, vivido pelo ator americano Ben Gazarra, que acaba descobrindo o caso de amor que ele tinha com a própria filha). Em 1989, Vera atuou em *Doida demais*, um *road movie* de Sérgio Rezende*, filmado em vários pontos do Brasil, no qual interpretou uma pintora e falsificadora de arte. Em *O quinto macaco*, dirigido pelo francês Eric Rochat e filmado em Parati e tendo o ator indo-britânico Ben Kingsley no elenco, ela fez o papel de Miss Watt, uma milionária apaixonada por animais. Em *Navalha na carne*, de Neville d'Almeida*, filme baseado na famosa e polêmica peça de Plínio

Marcos*, anteriormente filmada por Braz Chediak, interpretou a prostituta Neusa Sueli de forma muito natural, confessando que já estava preparada para fazer a personagem muito antes de receber o convite de Neville. (LAR) Participa da aventura *Xuxa e os duendes 2, no caminho das fadas*, dirigido por Paulo Sérgio Almeida e Rogério Gomes, na pele da rainha Dara, a fada mãe. Em 2004 en>vereda pelo teatro, atuando na montagem de *A primeira noite de um homem* (2004) como Mrs. Robinson. Lança seu livro de memórias *Vera – a pequena Moise*, em 2007. No mesmo ano faz sua primeira exposição com pinturas e colagens, intitulada *Fêmea*. Esse ano também é marcado pela estreia, como diretora, da peça teatral *Confidências*, escrita por seu ex-marido Perry Salles.

FLAKSMAN, Marcos – Rio de Janeiro, 1944. Cenógrafo.

FILMOGRAFIA: 1967 – *Garota de Ipanema*. 1967-1968 – *Brasil, ano 2000*. 1977 – *Os sete gatinhos*. 1983 – *Blame it Rio* (produção estrangeira). 1985 – *Floresta das esmeraldas* (produção estrangeira). 1988 – *Luar sobre Parador* (produção estrangeira). 1990 – *Barrela, escola de crimes*; *O mistério de Robin Hood*. 1991 – *Os Trapalhões e a árvore da juventude*. 1996 – *O que é isso, companheiro?* 1999 – *Villa-Lobos, uma vida de paixão*. 1999-2001 – *O xangô de Baker Street*. 2000-2001 – *A partilha*. 2001 – *Girl from Rio* (produção estrangeira); *Mike Bassett: England Manager* (produção estrangeira). 2003 – *Benjamin*. 2004 – *O vestido*; *Sexo, amor e traição*; *O veneno da madrugada*. 2005 – *Vinicius de Moraes*. 2006 – *Irma Vap – o retorno*; *Zuzu Angel*. 2007 – *Primo Basílio*. 2008 – *A casa da Mãe Joana*. 2008 – *Se eu fosse você 2*. 2009 – *Budapeste*; *Tempos de paz*; *High School Musical: o desafio*.

Um dos mais renomados cenógrafos teatrais do país, com um currículo no cinema de mais de 25 longas, participou de diversas produções nacionais e internacionais, situando-se na primeira geração de técnicos a lidarem com a questão da cor. Apaixonado pelo palco, participa como ator de montagens amadoras e presta vestibular para o Conservatório Nacional de Teatro, passando nos testes e sendo recusado pela escola, em função de já estar trabalhando profissionalmente como cenógrafo. Cursando Arquitetura na Universidade Federal do Rio de Janeiro, encaminha paulatinamente todo o seu esforço criativo para o mundo teatral. Sua estreia concebendo cenários acontece em 1964, com a peça *A tempestade*. Ingressa no ano seguinte no Teatro de Repertório, realizando a montagem de *Mortos sem sepultura*, direção de Paulo Affonso Grisolli. A parceria se repete no ano seguinte em *A vida impressa em dólar*, que lhe propicia o primeiro de vários prêmios Molière. Convidado por Leon Hirszman*, estabelece a concepção cênica do filme *Garota de Ipanema*, fixando uma imagem *pop* e descontraída. Essa linha de trabalho ganha contornos mais imprecisos e anárquicos em *Brasil, ano 2000*, de Walter Lima Jr.*, com muitos críticos tomando o filme como um dos precursores do visual tropicalista. Ganha bolsa de estudos livres e passa um ano na Europa, acompanhando a cena teatral. No início dos anos 70 fixa-se em Paris, onde mora por três anos. Retorna ao Brasil, onde se destaca por realizações pouco convencionais e de grande apuro técnico, como o cenário da peça *Rasga coração*, de 1979, seu melhor projeto na área. Atua também como ensaiador, dirigindo uma elogiada montagem de *A serpente*, de Nélson Rodrigues*. No período, assina a cenografia do filme *Os sete gatinhos*, de Neville d'Almeida*, associando com felicidade objetos tradicionais, de volume e textura pesadas ao clima de opressão e decadência vindo do original teatral. Volta ao cinema somente nos anos 90, acrescentando certa sofisticação aos últimos filmes do grupo Os Trapalhões*. Concebe cenário único, de grande rendimento em termos de enquadramentos e direção de atores, para a produção de baixo orçamento *Barrela, escola de crimes*, única experiência na direção do falecido montador Marco Antônio Cury. Assina controvertida reconstituição de época para *O que é isso, companheiro?*, de Bruno Barreto*, privilegiando a cor e a massa visual dos diversos elementos em cena. (HH). Em 2009, foi premiado em cenografia e direção de arte por sua atuação no cinema e no teatro, com três troféus do Prêmio Molière, além do GRANDE PRÊMIO da ACADEMIA BRASILEIRA DE CINEMA. Compartilhou seu acervo de plantas de cenários, maquetes e desenhos na exposição *Desenhando um filme*, onde revela os bastidores da direção de arte. Em 2009 assina a direção de arte de *High School Musical: o desafio*, de César Rodrigues, primeiro filme da franquia Disney produzido no Brasil, numa versão nacional da produção norte-americana.

FLAMA FILMES

Localiza-se no bairro de Laranjeiras, da Zona Sul carioca. Esse estúdio encontra-se em atividade desde o período silencioso, inicialmente com outro nome, PAN FILMES (Produções Artísticas Nacionais), sob o comando de Jayme J. Andrade P. Pinheiro. Em 1950, é adquirido por Rubens Berardo, empresário, político (foi vice-governador do estado da Guanabara), dono de estações de rádio e televisão (CONTINENTAL). Em sociedade com o produtor Moacyr Fenelon* ingressa na produção de filmes. Assim, ainda em 1950, a FLAMA inicia suas atividades com a filmagem do policial *Dominó negro*, sob a direção de Fenelon, responsável pelas produções da empresa. No ano seguinte, são realizados no estúdio a comédia *O falso detetive*, com direção de Cajado Filho*, o drama romântico *Milagre de amor* e o carnavalesco de 1952 *Tudo azul*, ambos de Moacyr Fenelon. No ano de 1952 realiza outra comédia, *Com o diabo no corpo*, de Mário Del Rio, e um filme que lança um novo diretor: Alex Viany*. Esse filme é *Agulha no palheiro*, que, com suas preocupações sociais incluídas na trama, destoa do conjunto de filmes nacionais da época. *Agulha* parece indicar novos caminhos para o cinema brasileiro, na sua busca pelo realismo e pela autêntica comédia carioca. Infelizmente, Moacyr Fenelon, ao morrer em 1953, deixa os estúdios sem seu mentor e, posteriormente, sem rumo. A seguir, os estúdios são alocados para as produções da ATLÂNTIDA*; para as comédias paródicas *Carnaval em Caxias*, de Paulo Vanderley*; *Três recrutas*, de Eurides Ramos*, e *Nem Sansão nem Dalila*, de Carlos Manga*. Este último é uma produção de maior porte, que utiliza dois estúdios em suas filmagens: os da FLAMA e da SACRA FILMES, no bairro de São Cristóvão. O diretor Luiz de Barros* filma aí, para o produtor e comediante Ronaldo Lupo*, a comédia *Trabalhou bem, Genival* (1954), uma produção da FLAMA, e, em sociedade com o exibidor Paulo Sá Pinto, da CINE SUL, as comédias *O negócio foi assim* (1956), *Samba na Vila* (1956-1957) e *Tudo é música* (1957). Ainda no ano de 1957, Luiz de Barros filma nos estúdios FLAMA as produções da CINEMATOGRÁFICA FRANCO-BRASILEIRA, os carnavalescos *Um pirata do outro mundo* e *Com a mão na massa*. Outras duas produções da FLAMA dessa época são as comédias *O primo do cangaceiro* (1955), de Mário Brasini* – produção sob responsabilidade de Mário Del Rio –, e *Tira a mão daí* (1956), de Ruy Costa*, com produção de Murilo Lopes. Com sua nova produtora, a LUPO FILMES, o ator e produtor Ronaldo Lupo filma, entre os anos de 1955 e 1957, as comédias *Genival é de morte*, *Hoje o galo sou eu* e *Tem boi na linha*, todos sob direção do especialista Aluisio T. Carvalho*. Encerram-se de

forma discreta as atividades dos estúdios cinematográficos de Laranjeiras, vizinhos do time do Fluminense Futebol Clube. A partir do ano de 1958, nasce a estação de televisão CONTINENTAL. Especialista em programas humorísticos e de futebol, a emissora permanece no ar por pouco mais de dez anos. Seu proprietário, Rubens Berardo, é uma figura da comunicação raramente lembrada, e pouco se sabe de sua vida e os motivos de seu suicídio. (LFM)

FLEMING, Almeida (Francisco de Almeida Fleming) – Ouro Fino, MG, 1900-1999. Diretor.

FILMOGRAFIA: 1923-1924 – *Paulo e Virgínia*. 1925-1926 – *O vale dos martírios*.

Na década de 10 mudou-se para Pouso Alegre, objetivando continuar os estudos e gerenciar o cinema ÍRIS, pertencente a sua família, que possuía algumas salas no sul de Minas Gerais e no interior de São Paulo. A paixão pela arte cinematográfica nasceu dos filmes vistos no ÍRIS, levando-o, por volta de 1918, a comprar um laboratório completo. Sua primeira experiência foi o documentário *Pouso Alegre*, de 1919, no qual eram mostrados alguns lugares da cidade e com duração de mais ou menos dez minutos. Em seguida, é procurado pelo dr. Garcia Coutinho, médico e dramaturgo que dirigia um grupo de teatro amador em Pouso Alegre. Garcia Coutinho propôs que os dois realizassem um filme dramático, surgindo daí "Coração de bandido", com roteiro e direção do dramaturgo e produzido e fotografado por Fleming. Apesar do empenho, a produção não foi concluída, pois boa parte dos negativos filmados perdeu-se ao ser mandada para revelação em São Paulo, provocando desânimo na dupla. Na tentativa de dirigir o seu primeiro filme de ficção, Almeida Fleming criou em 1920 a sua própria produtora, a AMÉRICA FILM. Inspirado por passagens da Bíblia, escreveu o roteiro de "In hoc signo vinces", cujas filmagens – ocorridas entre 1921 e 1922 – foram paralisadas devido às dificuldades de produção. Na mesma época desenvolveu o AMÉRICA CINE FONEMA, processo de sonorização no qual o projetor e o gramofone eram sincronizados. Com as comemorações do centenário da Independência, Almeida Fleming foi trabalhar como cinegrafista em São Paulo na INDEPENDÊNCIA-OMNIA FILM – empresa de José del Picchia, Menotti del Picchia* e Armando Pamplona. As comemorações ensejaram a produção de numerosos documentários com o objetivo de demonstrar o desenvolvimento de determinadas cidades e, principalmente, fazer propaganda política. São Paulo foi o estado onde esse tipo de produção mais floresceu, e a INDEPENDÊNCIA-OMNIA FILM – como o próprio nome demonstra – foi criada para aproveitar a onda. Voltando para Pouso Alegre, Almeida Fleming iniciou uma nova produção em 1923, *Paulo e Virgínia*, na qual acumulou as funções de roteirista, diretor e fotógrafo. Trata-se da adaptação do romance *Paul et Virginie*, escrito por Bernardin de Saint-Pierre, cuja trama é típica dos folhetins. O enredo gira em torno do amor, nunca concretizado, de dois jovens criados juntos desde a infância em uma distante colônia francesa. Após a superação das mais diferentes barreiras que impediam o casamento, Virgínia morre em um naufrágio e Paulo também morre pouco tempo depois, infeliz com o destino da amada. O par central era interpretado por Rosalita de Oliveira e Paulo Rosanova. A produção teve locações em Pouso Alegre e em Santos, esta última necessária devido às cenas do naufrágio. Apenas no ano seguinte o filme seria concluído e lançado comercialmente em praças de Minas Gerais e na cidade do Rio de Janeiro. A recepção do público foi positiva, mas o retorno financeiro não compensou, devido aos costumeiros problemas de distribuição. A única cópia de *Paulo e Virgínia* foi explorada durante anos em São Paulo pelo distribuidor Bernascone, que não prestou contas nem devolveu a cópia.

Após insistir em duas produções de época ambientadas fora do Brasil, o inconcluso "In hoc signo vinces" e *Paulo e Virgínia*, Almeida Fleming partiu para a realização de *O vale dos martírios*, que se passava no Brasil contemporâneo. Essa mudança é importante, pois ocorreu devido à conscientização do realizador dos altos custos financeiros, com resultados pouco convincentes, das suas duas primeiras experiências. *O vale dos martírios* foi filmado em Ouro Fino entre 1925 e 1926, aproveitando-se as montanhas da cidade como locação. O elenco era integrado por Juraci Sandall, Octávio de Paiva e Hamleto Santini, entre outros. A trama tem semelhanças com a de *Paulo e Virgínia*, pois é centrada no amor de um casal jovem criado desde a infância. O lançamento foi realizado em Ouro Fino, havendo exibições comerciais também no Rio de Janeiro. Apesar do elogio de críticos importantes da época, como Pedro Lima*, mais uma vez não houve retorno financeiro. Sem grandes perspectivas de continuar a fazer cinema no interior de Minas Gerais,

Almeida Fleming mudou-se para o Rio de Janeiro, convencido por Adhemar Gonzaga*. Nessa cidade, após instalar o seu próprio laboratório, Fleming passa a chefiar o laboratório da SONOFILMS*. Na segunda metade dos anos 30 mudou-se para São Paulo. Empregou-se inicialmente como cinegrafista do governo na interventoria de Ademar de Barros, chegando a chefe de laboratório cinematográfico da Secretaria do Governo do Estado de São Paulo. Realizou ainda trabalhos para o Departamento Estadual de Imprensa e Propaganda (DEIP) e para o Departamento de Cultura e Ação Social da Universidade de São Paulo. No total, Almeida Fleming realizou mais de trezentos curtas-metragens ao longo de sua carreira. O cineasta mineiro, que nasceu no primeiro ano do século passado, faleceu aos 98 anos de idade, em 10 de maio na cidade de São Paulo. (AA)

FLOR, Maria (Maria Flor Leite Calassa) – Rio de Janeiro, RJ, 1983. Atriz.

FILMOGRAFIA: 1989 – *Os sermões*. 2003 – *O diabo a quatro*. 2004 – *Quase dois irmãos*; *Cazuza, o tempo não para*. 2005 – *Proibido proibir*. 2006 – *Podecrer!* 2008 – *Chega de saudade*.

Filha do cineasta Joaquim Pedro de Andrade e irmã da cineasta Alice de Andrade, já possui carreira marcante na nova geração de atrizes brasileiras. Fez poucos trabalhos na TV, onde começou em 1995 no seriado *Malhação*. Aparece menina em *Os sermões*, de Júlio Bressane. Estreou como protagonista na comédia dramática *O diabo a quatro*, primeiro longa-metragem da diretora Alice de Andrade, ambientado no bairro de Copacabana, onde trabalha uma migrante que começa a ascender socialmente. Foi coadjuvante no filme político *Quase dois irmãos*, de Lúcia Murat*, e viveu uma garota de Bauru em *Cazuza, o tempo não para*, de Sandra Werneck e Walter Carvalho*. Também como protagonista filmou o drama *Proibido proibir*, de Jorge Durán*, e a comédia romântica *Podecrer!*, de Arthur Fontes. São filmes que retratam a nova juventude carioca, encenando papéis que parecem ter sido feitos sob medida para explorar sua expressão. Representa um dos personagens centrais em *Chega de saudade*, de Laís Bodanzky*, em que, em uma casa de dança paulistana, sustenta com personalidade o *tête-à-tête* com Stepan Nercessian*. (FPR/LFM)

FOMM, Joana (Joana Maria Fomm) – Belo Horizonte, MG, 1939. Atriz.

FILMOGRAFIA: 1962 – *Um morto ao telefone*. 1964 – *Crime de amor*; *Três his-*

tórias de amor (2º episódio: 'Madrugada, amor na praia'). 1966 – *ABC do amor* (2º episódio: 'O pacto'); *Todas as mulheres do mundo*. 1967 – *Edu, coração de ouro*; *Bebel, a garota-propaganda*; *O homem nu*. 1968 – *A vida provisória*; *Gamal, o delírio do sexo*. 1969 – *A noite do meu bem*; *Macunaíma*; *Elas* (4º episódio: 'Artesanato de ser mulher'); *Em cada coração um punhal* (3º episódio: 'O filho da televisão'). 1970 – *O palácio dos anjos* (produção estrangeira); *As gatinhas*. 1971 – *As noites de Iemanjá*; *Fora das grades*. 1972 – *Os desclassificados*. 1976 – *Marília e Marina*; *Contos eróticos* (1º episódio: 'Arroz e feijão'). 1977 – *Um brasileiro chamado Rosaflor*. 1981 – *Beijo na boca*. 1984 – *O cavalinho azul*; *Espelho de carne*. 1987-1991 – *Vai trabalhar vagabundo II, a volta*. 1989-1990 – *Césio 137, o pesadelo de Goiânia*. 1995-1996 – *Quem matou Pixote?*. 2001 – *Copacabana*. 2006 – *Quanto vale ou é por quilo?*.

Registrada como carioca, órfã muito cedo, é criada pelo jornalista Arthur Fomm. Inclinando-se desde a adolescência pelas artes, inicia estudos de balé, artes plásticas e música, acrescentando em seguida literatura e arte dramática. Escreve poesias, que chegam a ser publicadas pelo *Suplemento Dominical do Jornal do Brasil*, e uma peça, em parceria com Carlinhos Lyra e Eduardo Sidney, jamais levada aos palcos. Entra para o curso de teatro de Dulcina de Moraes*, onde fica pouco tempo, e para a Escola de Teatro Martins Pena, formando-se em 1957. Estreia com o pseudônimo de Maria Guennard em *Paixão da terra*, encenada no Teatro Municipal do Rio de Janeiro. Desapontada com sua *performance*, procura trabalho na televisão, ingressando no final dos anos 50 na TV RIO. Sob o pseudônimo de Jo-Ana atua como escada em diversos programas humorísticos, exercendo ainda as funções de apresentadora e garota-propaganda. Transfere-se para a TV CONTINENTAL, passando a integrar o elenco de seus teleteatros. Casa-se intempestivamente com um dos galãs da emissora, Francisco Milani. Com o relacionamento em crise, o pai intervém, montando uma companhia teatral para o casal. A peça *Um estranho bate à porta*, dirigida por Sérgio Cardoso, traz-lhe reconhecimento crítico. É considerada a atriz-revelação de 1962. No mesmo ano passa a integrar o elenco fixo do Teatro Santa Rosa, alcançando grande sucesso com *Toda donzela tem um pai que é uma fera*, *Asilado* e *O auto da compadecida*, e estreia discretamente no cinema com *Um morto ao telefone*, de

Watson Macedo*. Vai trabalhar no Teatro de Arena, em São Paulo, engajando-se na proposta de um teatro popular, com apresentações ao ar livre em diversas cidades nordestinas. Com o golpe de 1964, opta pela televisão, participando de inúmeras telenovelas em diversas emissoras, e pelo cinema, onde deslancha meteórica carreira. Um conjunto de filmes, entre os quais se destacam *Todas as mulheres do mundo* e *Edu, coração de ouro*, ambos de Domingos Oliveira*, e *Bebel, a garota-propaganda*, de Maurice Capovilla*, caracteriza-a como uma encarnação da nova mulher – livre, desinibida, consciente. Entrega-se a projetos de grande experimentação, em que o ator contribui diretamente para a criação cinematográfica, como em *Gamal, o delírio do sexo*, de João Batista de Andrade*, uma de suas melhores atuações. Tem marcante intervenção em *Macunaíma*, de Joaquim Pedro de Andrade*, e elogiada interpretação em *A noite do meu bem*, de Jece Valadão*, calcada na figura de Dolores Duran, considerando este um de seus desempenhos favoritos. Filma intensamente com vários realizadores paulistas, incluindo o novo marido, Astolfo Araújo, diretor de *As gatinhas* e *Fora das grades*. Chamada a colaborar nos diálogos do episódio 'Artesanato de ser mulher', acaba corroteirizando-o e assumindo o papel principal. Anteriormente havia escrito o roteiro de *O anjo*, filmado por Roberto Pires* e nunca lançado. A ascensão da pornochanchada* afasta-a das telas e lhe permite breve passagem pela TV CULTURA, onde desenvolve experiências teledramatúrgicas singulares e radicais com os diretores Ademar Guerra (*Joana grávida*), Antônio Abujamra (*Yerma*), Roberto Santos* (*História dos curtas-metragens*) e Ozualdo Candeias* (*O desconhecido*). Torna-se jornalista, trabalhando no *Última Hora* paulista, no qual edita o Caderno Especial e assina diversas colunas, incluindo uma de crítica cinematográfica, a partir de setembro de 1973. Escreve ainda para os jornais *Folha de S.Paulo*, *Aqui São Paulo* e as revistas *Mais* e *Cartaz*. Em 1977 obtém segundo lugar em concurso de contos eróticos da revista *Status*, o que propicia a edição no ano seguinte de seu livro *A hora do café*, reunião de contos mais antigos. A essa altura de volta ao Rio de Janeiro, é convidada por Daniel Filho* para viver na novela *Dancin' Days* a primeira de uma longa série de vilãs. Utilizando quase sempre grande carga emocional e variados recursos histriônicos, alcança estrondoso sucesso popular como a malvada Perpétua, da novela *Tieta*. Continua

a filmar de forma esparsa, destacando-se sua participação em *Césio 137, o pesadelo de Goiânia*, de Roberto Pires. (HH). Em 2001, no papel de Rita, faz *Copacabana*, de Carla Camurati*, história dos anos dourados do bairro carioca. Retorna com interpretação convincente em *Quanto vale ou é por quilo?*, de Sergio Bianchi*, filme ambientado em duas épocas distintas, baseado em obra de Machado de Assis. Aos 70 anos, encontra-se um pouco afastada do meio por problemas de saúde. (HH)

FONSECA, Eliana – São Caetano do Sul, SP, 1961. Diretora.

FILMOGRAFIA: 1985 – *Seven Variations on a Theme* (episódio: 'Com um monte de beijos'). 2003 – *Ilha Rá-Tim-Bum em O Martelo de Vulcano*. 2005 – *Coisa de mulher; Eliana em o segredo dos golfinhos*.

Estudante de cinema formada pela Escola de Comunicações e Artes da Universidade de São Paulo. Na TV participou de programas educativos, especiais, humorísticos e telenovelas. Exerceu diferentes funções no cinema, participando integralmente do talentoso surto da produção paulista curta nos anos 80. Atriz em *Folias tropicais* (1982), de Ana Mara Abreu; *Diversões solitárias* (1983), de Wilson Barros*; *Bammersach* (1984), de A. M. Abreu e Michael Ruman; *Dov'è Meneghetti* (1989), de Beto Brant*; *Viver a vida* (1991), de Tata Amaral*; *A má criada* (1993), de Sung Sfai; *Século XX: primeiros tempos* (1993), de Fernando Severo, e *Expresso* (1994), de Michael Ruman. Foi diretora de produção de *Projeto Veterinária* (1985), de Ruman, na primeira parceria com esse diretor, e também sua produtora executiva e atriz em *20 minutos* (1988). Particularmente ativa no ano de 1991, trabalha como roteirista em *Isabel*, de Sérgio Augusto Mesquita; é atriz e autora da história de *Epopeia*, de Ruman; e assistente de direção de *Faça você mesmo*, de Fernando Bonassi*. Compartilhou com Cao Hamburger a realização da animação com bonecos e massa de modelar *Frankenstein Punk* (1985), filme que conquistou grande repercussão nacional e internacional marcando, pela plástica de sua imagem, a carreira de diversos jovens cineastas. Desde *Frankenstein* passou a trabalhar com a bitola 35 mm. Diretora do drama *Esconde-esconde* (1988), no qual casal resolve brincar de esconde-esconde, fez nova comédia em *A revolta dos carnudos* (1991), ambientada num clínica de emagrecimento, em que pacientes gordos brigam com funcionários magros. Esses três últimos filmes constituem o ponto maior de sua carreira como curta-metragista,

dentro do perfil da produção paulistana da época. No longa-metragem, atuou como coadjuvante em *Anjos da noite* (1986), de Wilson Barros; *Não quero falar sobre isso agora* (1990-91), de Mauro Farias; *Carlota Joaquina, princesa do Brazil* (1992-94), de Carla Camurati*; *Efeito Ilha* (1993-94), Luiz Alberto Pereira*; *Os Xeretas* (2001), de Michael Ruman, e *Um show de verão* (2004), de Moacyr Góes*. Em sua carreira de atriz no curta e na metragem longa, revela-se uma das principais atrizes cômicas nacionais, criadora de tipos hilários que marcaram a produção de corte mais pós-moderno nos anos 80 e 90. Trabalha também como roteirista de *Xuxa requebra* (1999), de Tizuka Yamasaki*. Feito na bitola 16 mm, o episódio cômico, *Com um monte de beijos* (1985), foi incluído no longa internacional *Seven Variations on a Theme*. Como diretora de longa-metragens, já nos anos 2000, realiza fitas populares dentro do gênero infantil, como *Ilha Rá-Tim-Bum em O Martelo de Vulcano*, baseado em série televisiva. A seguir, dirigiu a comédia *Coisa de mulher*, única produção da SBT FILMES. Retornou à fita infantil em *Eliana em o segredo dos golfinhos*, tentativa de veículo para a apresentadora de TV Eliana. (FPR/LFM)

FONTOURA, Antônio Carlos – São Paulo, SP, 1939. Diretor.

FILMOGRAFIA: 1968 – *Copacabana me engana*. 1971 – *A Rainha Diaba*. 1976 – *Cordão de ouro*. 1984 – *O espelho de carne*. 1998 – *Uma aventura de Zico*. 2005 – *Gatão de meia-idade*. 2006 – *No meio da rua*.

Diretor, produtor e roteirista, Antônio Carlos Fontoura nasceu em São Paulo, mas mudou-se para Copacabana, no Rio de Janeiro, ainda adolescente. Em sua carreira, Fontoura contabiliza sete longas, mais de dez curtas e uma experiência como diretor e roteirista de televisão nas séries *Plantão de Polícia* e *Ciranda Cirandinha*. Começou a carreira de diretor em curta-metragem. Seu segundo curta foi *Ver, ouvir*, de 1966, inspirado na obra de três artistas plásticos, Roberto Magalhães, Antônio Dias e Rubens Gerchman, que produziram uma ruptura dentro das artes plásticas brasileiras. Seu primeiro longa é *Copacabana me engana*, de inspiração autobiográfica. Influenciado pela cultura popular e, sobretudo, pelas religiões afro-brasileiras, Fontoura dirigiu *A Rainha Diaba*, sobre um chefão do crime, homossexual, vivido por Milton Gonçalves*. O universo do candomblé foi retratado por ele em *Cordão de ouro*. Dirigiu seu filme mais polêmico,

O espelho de carne, alvo de fortes críticas no FESTIVAL DE GRAMADO de 1985. Com roteiro baseado numa peça de Vicente Pereira, trata-se de um espelho mágico, comprado num antiquário, que provoca uma estranha libertação dos impulsos sexuais reprimidos de cinco personagens (Denis Carvalho, Hileana Menezes, Daniel Filho*, Joana Fomm* e Maria Zilda Bethlem*. Em virtude das fortes cenas de sexo, o filme foi acusado de pornográfico e provocou uma reação agressiva de alguns setores da crítica e da opinião pública, que acusaram o Estado (através da EMBRAFILME*) de estar investindo em pornografia. Fontoura ficou longo tempo afastado do cinema, só retornando em 1998 para dirigir o projeto mais comercial de sua carreira, *Uma aventura de Zico*, produzido por Luiz Carlos Barreto*. (LAR) Em 2003, colaborou no roteiro de *Pelé eterno*, documentário sobre o rei realizado por Aníbal Massaini Neto. Também assinou a direção da comédia *O gatão de meia-idade*, baseado no marcante personagem criado pelo cartunista Miguel Paiva, que ajudou no roteiro. O filme retrata as agruras da meia-idade, tematizando a virilidade masculina. Em 2006 dirigiu mais um filme, a história infantil *No meio da rua*. Trabalhou como colaborador na REDE RECORD, escrevendo a novela *Vidas opostas*.

FONTOURA, Ary (Ary Beira Fontoura) – Curitiba, PR, 1933. Ator.

FILMOGRAFIA: 1965 – *O agente da lei*. 1968 – *As sete faces de um cafajeste*; *Os paqueras*; *Até que o casamento nos separe*. 1969 – *Os raptores*. 1970 – *Um uísque antes... e um cigarro depois* (1º episódio: 'Um uísque antes'). 1973 – *Os mansos* (2º episódio: 'O homem dos quatro chifres'). 1974 – *Banana mecânica*. 1975 – *O motel*. 1976 – *O sósia da morte*. 1977 – *Mar de rosas*; *Os sete gatinhos*. 1979 – *O torturador*. 1987-1992 – *Beijo 2.348/72*. 1992 – *A serpente*. 1996 – *Ed Mort*. 2005 – *Se eu fosse você*. 2006 – *Xuxa gêmeas*. 2008 – *A Guerra dos Rocha*; *Se eu fosse você 2*.

Ator popular da televisão, onde atua numa série de novelas da GLOBO em papéis de coadjuvante, destaca-se em *Gabriela* (1975), adaptação de Walter George Dürst*, baseado no romance homônimo de Jorge Amado*, e em *Amor com amor se paga* (1984), de Ivani Ribeiro, um de seus raros papéis principais no personagem de homem avarento, inspirado em Molière. No teatro, interpreta quase sempre personagens cômicos nas peças em que participa. No cinema, atua em pequenas participações ou em papéis de coadjuvante, como nas comédias *As sete faces de um cafajeste*, de Jece Valadão*, *Os paqueras*, de Reginaldo Faria*, *Até que o casamento nos separe*, e *Um uísque antes... e um cigarro depois*, de Flávio Tambellini*; no policial *Os raptores*, de Aurélio Teixeira*; roteirista de *Massacre no supermercado*, outro policial, de J. B. Tanko*. Nos anos 70, atua nas pornochanchadas *Banana mecânica*, de Braz Chediak*, e *O motel*, de Alcino Diniz. Em papéis de maior importância, atua no policial *O sósia da morte*, de João Ramiro Melo*. Em *Mar de rosas*, de Ana Carolina*, contracenando com Miriam Muniz*, cria um casal muito excêntrico. Na comédia *Ed Mort*, de Alain Fresnot*, baseado em original de Luis Fernando Verissimo, interpretou um vilão diferente. Em *Se eu fosse você*, faz o padre Henrique. Em *Terra incógnita* (2006), curta-metragem de Gil Baroni e Beto Carminati, fala da vida de um idoso mal-humorado, viúvo, que um dia se revolta contra o cotidiano. Em *Xuxa gêmeas*, assume o papel de pai das gêmeas, dono de um império gráfico. Em *A Guerra dos Rocha*, de Jorge Fernando, está ótimo no papel da matriarca dona Dina, mãe de três filhos que não querem saber dela. (LFM)

FÖRTHMANN, Heinz – Hannover, Alemanha, 1915-1978. Diretor.

FILMOGRAFIA: 1953 – *Funeral bororo*. 1957 – *Xingu*.

O cineasta e fotógrafo Heinz Förthmann é filho da professora de piano Hedwiges Pauline Voigt Förthmann, brasileira, e do gerente comercial Rudolf Heinrich Christian Förthmann. Sua família mudou-se para o Brasil em 1932, passando a residir em Porto Alegre, onde o jovem Förthmann concluiu o curso secundário, estudou desenho gráfico, fotografia industrial e iniciou-se como ilustrador de livros e periódicos. Em 1940, Förthmann optou pela nacionalidade brasileira e transferiu-se para o Rio de Janeiro, onde trabalhou em publicidade com o amigo e jornalista Wertheimer. No Rio, aperfeiçoou-se em fotografia e iluminação com o retratista Rosembauer e estudou fotografia de cinema com Harald Schultz*, etnólogo do Serviço Nacional de Proteção aos Índios (SPI), onde ingressou, a convite de Schultz, no ano de 1942. O SPI, órgão do Conselho Nacional de Proteção aos Índios presidido por Cândido Rondon, possuía uma Seção de Estudos cujo Setor de Documentação buscava o registro audiovisual – cinema, fotografia e som – dos hábitos e tradições culturais dos povos indígenas brasileiros. Essa documentação era realizada pela Equipe de Expedições, coordenada por Schultz. E foi na qualidade de fotógrafo e técnico de som que Förthmann participou da Equipe de Expedições, iniciando assim sua vida profissional de fotógrafo e documentarista.

Durante quatro anos realizou extensa documentação fotográfica dos povos indígenas de Mato Grosso (nascentes do rio Xingu) e Mato Grosso do Sul, como os terenas, cadiuéus, caiuás, guaranis, bacairis, umotinas, meinácus, cuicuros, trumaís e calapalos. Fotógrafo principal de Rondon nesse período, Förthmann dirigiu e fotografou seu primeiro filme em 1946: *Guido Marlière, um posto indígena de nacionalização*, curta-metragem, preto e branco, 35 mm, sobre os crenaques do vale do Rio Doce em Minas Gerais. Nos dois anos seguintes, Förthmann – Henrique Förthmann, como gostava de ser chamado – realizou mais quatro curtas seguindo a linha de documentação do SPI: *Entre os índios do sul*, *Os Carajá*, *Rio das mortes* (sobre os xavantes) e *Simões Lopes*. Casou-se em 1948 com Rosa de Arruda, Rosita, uma jovem professora de Cuiabá, com quem teve dois filhos: Beatriz e Henrique. Em 1949, ainda no SPI, trabalhou com um jovem naturalista, futuro diretor do Museu do Índio, que daria outro rumo à documentação indígena no SPI: Darcy Ribeiro. Junto com Darcy, em 1949-1950, realizou o filme de média metragem *Os índios urubus – um dia na vida de uma tribo da floresta tropical*, rodado no vale do Gurupi, Maranhão, com a participação do linguista francês Max Boudin. Esse filme retratava o cotidiano de uma jovem família urubu-caapor: Koçó, sua mulher Xi-Ira e o pequeno filho Berém; e evidenciava ações banais de subsistência, da vida doméstica e técnicas de cultura material, como o preparo de flechas. Obra de delicada poesia, caracterizada por uma bela fotografia de enquadramentos simples e precisos que lembra o trabalho de Robert Flaherty, *Os índios urubus* permanece como referência fundamental da história do documentário etnográfico brasileiro.

O segundo filme feito com Darcy Ribeiro foi o longa-metragem *Funeral bororo*, realizado em Mato Grosso, com os índios bororos do rio São Lourenço. Considerado perdido por muitos anos, esse documentário ficou célebre por registrar raras cenas de escarificação em um dos mais dramáticos rituais fúnebres do mundo, tendo sido o filme oficial do Congresso Internacional de Americanistas de São Paulo em 1954. No ano seguinte, com a produção do norte-americano James Marshall e a participação

FOTOGRAFIA

de Darcy Ribeiro e Orlando Villas Boas, Heinz Förthmann retornou ao Xingu para realizar extensa documentação sobre a região, destacando-se os filmes *Txukahamãe, Kwarup, Xingu* e *Jawari*. Em 1957, partiu sozinho para os EUA para a montagem de todo o material. Após dois anos, tendo residido em Boston e Nova York, retornou ao Brasil sem recursos e sem as cópias dos filmes realizados. Em 1959 acabou por deixar o SPI, então burocratizado após a morte de Rondon, e começou sua carreira de *freelancer*. O início da década de 60 foi muito fecundo para Förthmann – já então um conceituado profissional da fotografia e do cinema etnográfico. Contratado por vários produtores nacionais e internacionais, como Carlos Gaspar, Isaac Rozemberg, PERSIN PERIN PRODUÇÕES e GAUMONT, percorreu várias regiões brasileiras e países da América Latina. Seus filmes mais conhecidos desse período foram: *Ligando o Brasil de norte a sul* (navegação costeira), da série *Coisas do Brasil* – trabalho sobre as realizações do governo Juscelino Kubitschek; *Os últimos dias de Canudos* – sobre a cidade de Antônio Conselheiro antes de sua inundação pelo açude de Cocorobó; *De pé no chão também se aprende a ler* – documentação da experiência de alfabetização popular em Natal; e *Kuarup*, ritual fúnebre dos camaiurás, seu filme mais conhecido. Em *Kuarup*, Förthmann atingiu o auge de sua maturidade e rigor técnico como fotógrafo, montador e etnólogo. A interação desenvolvida com os camaiurás e a sensibilidade com que registrou danças e lutas tribais tornaram esse filme um clássico do cinema brasileiro e uma obra humanista reveladora do profundo respeito que o realizador manteve pelos povos indígenas com que conviveu. *Kuarup*, PRÊMIO SACI de melhor curta brasileiro de 1963, obteve menção especial no FESTIVAL DEI POPULI, em Florença. No final de 1964, ingressou na Universidade de Brasília para implantar o Ateliê de Fotodocumentação. Na UnB, coordenou o Centro de Recursos Audiovisuais e dirigiu seus dois últimos filmes: *UnB: primeira experiência em pré-moldado* e *Rito krahô*, que permaneceu inacabado por 21 anos e foi concluído em 1993 por colaboradores. Heinz Förthmann fotografou filmes de cineastas de Brasília nos anos 70 e trabalhou os últimos anos de sua vida como professor de Cinema e Fotografia do antigo Departamento de Comunicação da UnB. (MSM)

FOTO-CINEMATOGRÁFICA BRASILEIRA

Primeira produtora brasileira e carioca a ter um projeto mais ambicioso que suas contemporâneas. Foi organizada pelo italiano Giuseppe Labanca, em sociedade com o português Antônio Leal*, este responsável pelas filmagens. Possuía estúdios, onde filmava suas ficções, sendo também bastante ativa no setor de documentários. Em 1907, realiza seu primeiro trabalho, *Parada na avenida Tiradentes em homenagem ao general Roca*, registro feito em São Paulo pelo cinegrafista Emílio Guimarães. A partir do começo do ano de 1908, torna-se bastante dinâmica, seja nos registros documentais, como *Entrada da esquadra americana na baía do Rio de Janeiro; A festa campestre de famílias cariocas; O corso de Botafogo; O corso de carruagens na exposição; Barroso e Saldanha, trasladação e homenagens à Marinha Brasileira; Bombeiros do Rio; Como se glorifica um herói; Comemoração da Batalha do Riachuelo; As últimas regatas; Centenário do Primeiro Regimento de Cavalaria; Match internacional de futebol entre brasileiros e argentinos; Inauguração da Exposição Nacional; Tudo pela higiene; Uma festa gaúcha no Leme; A força de uma criança; Corso e passeata do Colégio Militar; As modas da quinzena;* filmes estes sobre acontecimentos da vida da cidade, então capital federal, façanhas esportivas, militares, de exaltação a personalidades. A ficção também é tentada com *Aspectos da avenida – o padre vendedor de fósforos; Os capadócios da cidade nova; O comprador de ratos*. A empresa também se arrisca em filmes de maior metragem, naquele que é considerado o primeiro longa nacional, *Os estranguladores*, que exige a presença de um diretor de cena, Francisco Marzullo, e de elenco de atores. Outros filmes do período são *Sô Lotero e siá Ofrásia com seus produtos na exposição; O flagrante do cinema; Duelo de cozinheiras; Um rapto no México; Elixir da juventude. A mala sinistra* é outro filme de maior metragem, com seus 32 minutos. Nesse momento, são os acontecimentos da cidade que servem de argumentos para os filmes ficcionais. Em 1909, com exceção do documentário *Aspectos da capital paulista*, o restante da produção é de filmes de ficção. A empresa filma em seus estúdios, possui diretores de cena como Antônio Serra e Eduardo Leite, um cenógrafo como Emílio Silva, além do sempre presente Antônio Leal, atrás da câmera, e elenco fixo. A maioria dos primeiros filmes são curtas, como *A carta da terra; O fósforo eleitoral; Amor e... piche; O nono mandamento; Aqui não! Não pode!; Casamento apressado; Noivado de sangue; Zé Bolas e o famoso telegrama nº 9; Nas entranhas do morro do Castelo. Pela vitória dos clubes carnavalescos* talvez seja nosso primeiro filme carnavalesco, com grande elenco e direção de cena de Antônio Serra, que também filma fitas de maior metragem, como *Os milagres de santo Antônio*. Outros filmes da produtora são: *O professor de dança nacional; Ser ou não ser... reconhecido; Um cavalheiro deveras obsequioso*. Completam a filmografia da empresa *As portas do céu; Pega na chaleira; Passaperna & Cia.; Ou traz-se a fazenda e... o dinheiro*. A partir de maio, os filmes tornam-se mais ambiciosos e maiores, como *A cabana do pai Tomás*, baseado no popular romance da escritora americana Harriet Beecher Stowe, no qual, outra vez, o diretor de cena é Antônio Serra, com grande elenco. A seguir, a inspiração é a peça teatral espanhola *Juan José*, do autor espanhol Joaquim Dicenta, em que Eduardo Leite dirige a cena, com o título de *João José*. Outro vasto elenco, sob as ordens de Eduardo Leite e Américo Colombo, encena para as câmeras *A viúva alegre*, baseado na opereta clássica de Franz Lehar. Mais um texto teatral é filmado, dessa vez de origem nacional e de autoria de Furtado Coelho e Joaquim Serra, *Remorso vivo*, que conta com direção de cena de Eduardo Leite e grande elenco. O drama histórico *Dona Inês de Castro*, baseado no texto de Júlio de Castilho, é realizado por grande elenco orientado por Eduardo Leite. Em seguida é feita a comédia *Aventuras de Zé Caipora*, com direção de Antônio Serra e argumento de Chico Feliz (Paiva Santos). O curta *Sua Excelência na intimidade* encerra o ano da companhia. Lançado no começo de 1910, *Mil adultérios* é um filme do final de 1909, sendo uma pretensiosa produção dividida em cinco episódios, com direção de Colás, baseando-se na peça de Henri de Gorsse e Louis Forest, com grandioso elenco. Esse filme encerra as atividades da produtora. (LFM)

FOTOGRAFIA

O primeiro cinegrafista, ou fotógrafo, de nosso cinema, com uma produção mais sistemática, é Afonso Segreto*, em atividade desde 1898. Anos mais tarde, chegam outros: Antônio Leal*, os irmãos Alberto Botelho* e Paulino Botelho*, Júlio Ferrez*, Antônio Campos*, Paulo Benedetti*, Francisco Santos*, Luís Tomás Reis*, João Stamato*, Gilberto Rossi*, Igino Bonfioli*, Silvino Santos*, Francisco de Almeida Fleming*, Tomás de Túlio*, Edson Chagas*, Antônio Medeiros*, Adalberto Kemeny* e Rodolfo Rex Lustig. Ainda emprestaram sua contribuição, nesse período do cinema silencioso, filmando cinejornais*, curtas, documentários e as fitas de ficção, atuantes no Rio de Janeiro, São Paulo, Minas Gerais, Rio Grande do Sul, Bahia, Nordeste e Norte, os brasileiros Joseph Arnaud, José Brisolara, José Dias da Costa e Diomedes Gramacho, José Carrari, Armando Pamplona, Caetano Matanó, Walfredo Rodrigues, Benjamin Camozato, Humberto Caetano, José Palácios, Alcebíades Araújo, Jaime Redondo, J. B. Groff, Horácio Carvalho, Lafayette Cunha, José Picoral, José Julianelli, José Tavares de Sá, José Borin, Otávio Rodrigo Arantes, Leopoldis (Italo Manjeroni), Francisco Campos e Artur Rogge. Também fotografaram diversos estrangeiros, como os italianos Giuseppe Fillipi e Nicola Petrelli, Guilherme Rogatto, Ludovico Rossi, Carlo Comelli, J. Candieri, Victor Chiacci, Victor del Picchia, Pedro Comello, Américo Masotti, José Nelli, o alemão Eduardo Hirtz, o português Emílio Guimarães, os espanhóis Ramón de Baños e Hugo Torlay, o argentino J. Etchebehere, e os irmãos japoneses José e Pedro Chida. A partir dos anos 30, a fase sonora do nosso cinema, o início da industrialização e a construção dos primeiros estúdios de porte, com o aumento da produção, possibilitam aos fotógrafos fazer carreira. Como nomes que se destacam podemos citar Edgar Brasil* e A. P. Castro*, titulares na ATLÂNTIDA* e na CINÉDIA*. Nesse momento, aparece Manoel Ribeiro com o filme mudo *Meu primeiro amor*, com direção de Ruy Galvão. Ribeiro seria, mais tarde, colaborador do diretor Humberto Mauro*, em *O descobrimento do Brasil* e *Argila*, trabalhando nas produções da SONOFILMS* do final dos anos 30. Integrado ao Instituto Nacional de Cinema Educativo (INCE*), onde permanece por vários anos, dedica-se aos curtas e documentários. No cinema desde 1915, Fausto Muniz, criador do processo MUNIZÓGRAFO, é pioneiro na colocação do som diretamente na película. Na função de fotógrafo colabora com o diretor Leo Marten*, nos filmes *Carnaval de 1933* e *Cabocla bonita*.

Nesse período de transição para o sonoro, vários estrangeiros passam pelo país ou aqui ficam radicados, fazendo com que a fotografia do cinema brasileiro seja feita com o auxílio marcante de imigrantes. O espanhol Ramón García, cinegrafista oficial do Departamento de Imprensa e Propaganda (DIP), cobre todos os movimentos do presidente Getúlio Vargas naquele tempo. O russo Serge Uzum fotografa *Iracema*, ainda silencioso, com direção de seu conterrâneo Jorge S. Konchin. Mais tarde, Uzum trabalha na AMERICANA FILMES e na complicada produção de *Eterna esperança*, sob a direção de Leo Marten. O americano (persistem dúvidas se nasceu na Lituânia) Adam Jacko, fotógrafo do cinema argentino, colabora no Brasil com os diretores Raul Roulien*, com quem faz *Grito da mocidade*, Gilda Abreu*, para quem fotografa *Coração materno*, e o italiano Ferrucio Cerio, em *O noivo de minha mulher*. O alemão Carlos Felten filma com Roulien *Aves sem ninho*, e para Luiz de Barros* fotografa *Cisne branco* e *Fogo na canjica*, operando a câmera de outras fitas do mesmo diretor, além de trabalhos na CINÉDIA. Na virada dos anos 30 para os 40, nos estúdios da SONOFILMS, Basílio Viana fotografa os filmes *Anastácio* e *O simpático Jeremias*, respectivamente sob a direção dos estreantes João de Barro e Moacyr Fenelon*.

Na década de 40, a presença europeia na fotografia do cinema brasileiro continua intensa com o surgimento de uma nova leva de estrangeiros. O português Aquilino Mendes, com importante carreira em seu país, trabalha aqui ao lado de seu conterrâneo Chianca de Garcia*, em *Pureza* e *Vinte e quatro horas de sonho*, e para Leo Marten ilumina *Vamos cantar*, retornando em seguida a Portugal. O tcheco George Dusek, tio do cantor Eduardo Dusek, radicado no país desde 1940, eclético, trabalha como assistente de direção, câmera, fotógrafo, produtor e diretor. Fica vários anos como câmera na ATLÂNTIDA, além de fotografar filmes de outras procedências, como *O dia é nosso* e *Cem garotas e um capote*, de Milton Rodrigues*; *Pif-paf*, de Luiz de Barros; *Sempre resta uma esperança*, de Nelson Schultz; *Mãe*, de Teófilo de Barros Filho; *Carnaval no fogo*, de Watson Macedo*; *Não é nada disso*, de José Carlos Burle*; e *Katucha*, de Paulo R. Machado, sua primeira produção. Nas suas produções seguintes, *Noivas do mal* e *Santa de um louco*, Dusek também dirige e fotografa, retornando à sua carreira de fotógrafo em *Pecadora imaculada* e *Nobreza gaúcha*, ambos de Rafael Mancini, e em *Sai de baixo*, de J. B. Tanko*. Dusek chega a trabalhar no filme pioneiro do Cinema Novo* – *Cinco vezes favela*, no episódio 'Zé da Cachorra', com direção de Miguel Borges*, e nas fitas *Rio à noite* e *Senhor dos navegantes*, que têm direção de Aluisio T. Carvalho*. O húngaro George Fanto* está presente em alguns filmes durante a década de 40. O alemão John Reichenhein aparece no começo dos anos 40, tendo provavelmente uma passagem por Hollywood, pois seu primeiro filme, *O brasileiro João de Sousa*, tem a direção de Bob Chust, diretor que consta ter trabalhado nos estúdios de Los Angeles. Fotografa

também *Folias cariocas*, de Manoel Jorge e Hélio Tys, além de *Cascalho*, de Leo Marten, desaparecendo a seguir. O também alemão Edgar Eichorn começa sua carreira no final dos anos 20 em sua terra natal, tendo trabalhado na Argentina e chegado ao Brasil no meio da década de 40 junto com seu irmão, o diretor Francisco Eichorn*, com quem sempre trabalha, sendo iluminador dos filmes que este dirige: *No trampolim da vida*, *Mundo estranho*, *Paixão nas selvas*, *Treze cadeiras* e *Rastros na selva*, este último em codireção com Mário Civelli*. Eichorn colabora com o diretor Alberto Pieralisi*, de quem é parceiro em *Querida Suzana*, *João Gangorra* e *Família Lero-lero*. Fotografa também *O diamante* e *O fuzileiro do amor*, ambos sob a direção de Eurides Ramos*. Na ATLÂNTIDA, ilumina *Papai fanfarrão* e *Garotas e samba*, duas parcerias com o diretor Carlos Manga*. Para o francês Pierre Caron faz *Eva no Brasil*, tendo também fotografado o filme estrangeiro *Homens do Brasil*, de Nelson Marcelino de Carvalho; *Nordeste sangrento*, de Wilson Silva*; as coproduções alemãs da ATLÂNTIDA (*Manaus – glória de uma época*, de Francisco Eichorn; *Os selvagens*, de Eugenio Martin; e *Lana – rainha das amazonas*, de Geza Von Cziffra); e o longa de Reynaldo Paes de Barros, *Férias no sul*. O francês Meldy Mellinger faz poucos filmes: além de fotógrafo, produz e dirige o filme *A transa do turfe* (1974). Em seu primeiro filme como fotógrafo, *Uma aventura aos 40*, de Silveira Sampaio*, substitui o pioneiro Antônio Leal, que falece durante as filmagens. Anos mais tarde, fotografa *Ambição e ódio*, de João César Galvão, e *É isso aí, bicho*, de Carlos Bini. Outros europeus desse momento são Sewerin Steinmarcel, Jorge Kurkdjan e Theodor Lutz, que curiosamente respondem pela fotografia de apenas um longa. Steinmarcel fotografa *Uma luz na estrada*, de Alberto Pieralisi; Kurkdjan fotografa *Quase no céu*, de Oduvaldo Viana*, e a seguir ingressa na televisão, onde é pioneiro na TUPI; e Lutz, após trabalhar como câmera em vários filmes, fotografa e dirige *Caraça – a porta do céu*, substituindo, nesta última função, o diretor E. Bernoudy, inicialmente escalado. Com trabalho fotográfico marcante no final dos anos 40, podemos citar o português Antônio Gonçalves*, e, uma coisa incomum nesse período, a presença de fotógrafos brasileiros Hélio Barrozo Netto* e Ruy Santos*.

Com o nascimento dos grandes estúdios paulistas na década de 50, uma nova leva de estrangeiros aporta no país. Entre os de maior destaque, estão o inglês Chick

FOTOGRAFIA

Fowle*, titular na VERA CRUZ*, o italiano Ugo Lombardi*, o argentino Mário Pagés*, titular da MARISTELA*, fotógrafos em seus países de origem, e mais o italiano Amleto Daissé*, titular da ATLÂNTIDA. Os franceses Maurice Pecquex e Maurice Bernachon trabalham no Rio de Janeiro. Pecquex começa sua carreira de fotógrafo na França, em meados dos anos 40, e aqui fotografa *Anjo do lodo* e *Aguenta firme, Isidoro*, ambos sob a direção de Luiz de Barros. Bernachon tem sua origem e paradeiros desconhecidos, fotografando apenas *A beleza do diabo*, sob a direção de seu conterrâneo Romain Lesage. O famoso iluminador italiano Aldo Tonti – participante do movimento neorrealista e que fotografou *Roma, cidade aberta* (1945), de Roberto Rossellini – cria, para os estúdios da MARISTELA, a luz de *O comprador de fazendas*, de Alberto Pieralisi. Mais tarde, em 1965, voltaria ao Brasil para fotografar *Operazione paradiso*, sob a direção de Henry Levin. Pouco se sabe a respeito de Johnny Putz, o fotógrafo de *Garota mineira*, filme do alemão João H. Leopoldo. Ainda no grupo da VERA CRUZ, chegam os ingleses Ray Sturgess e Bob Huck, ambos operadores de câmera no cinema de seu país de origem, tendo ainda o primeiro trabalhado na função no clássico *Hamlet* (1948), de Laurence Olivier. Ambos são promovidos a fotógrafos nos estúdios brasileiros. Huck fotografa os primeiros filmes de Amácio Mazzaropi* – *Sai da frente* e *Nadando em dinheiro* –, sob a direção de Abílio Pereira de Almeida*, e *Luz apagada*, de Carlos Thiré. Mais tarde, trabalha com o diretor Osvaldo Sampaio* em *A estrada* e *A marcha*. Ray Sturgess fotografa *Sinhá Moça*, de Tom Payne*, e *Floradas na serra*, de Luciano Salce*. Ambos retornam à Inglaterra, onde continuam suas carreiras. O francês Roberto Mirilli desde meados dos anos 40 faz parte dos quadros da ATLÂNTIDA, onde trabalha como assistente de câmera e depois consegue sua promoção a fotógrafo (bissexto na atividade). Seu primeiro filme na função é *Dentro da vida*, sob a direção de Jonald. Mais tarde, nos anos 60 e 70, fotografa *Na mira do assassino*, de Mário Latini; *O sabor do pecado*, de Mozael Silveira; *Chegou a hora, camarada!*, de Paulo R. Machado, sendo também produtor neste último; *O playboy maldito*, de Nilo Machado*; e *A sombra da violência*, de J. Figueira Gama. Outro francês, Jacques Deheinzelin, formado pelo Institut des Hautes Études Cinématographiques (IDHEC), ingressa na VERA CRUZ, onde atua como câmera em *Caiçara*, de Adolfo Celi*; a seguir fotografa o primeiro filme

da MULTIFILMES*, *O amanhã será melhor*, de Armando Couto, e as produções independentes *Luzes nas sombras*, de Carlos Ortiz*, e *A carrocinha*, de Agostinho Martins Pereira*. A seguir, fixa-se na publicidade. De origem alemã, David Altschuler chega no grupo de técnicos oriundos do cinema argentino contratados pela MARISTELA. Nesse estúdio fotografa seu único filme brasileiro, *A carne*, de Guido Lazzarini. Com a saída de Mário Pagés, Ferenc Fekete torna-se titular nos estúdios da MARISTELA. Tendo inicialmente trabalhado como iluminador no cinema de seu país, a Hungria, Fekete fotografa na MARISTELA *Simão, o caolho*, de Alberto Cavalcanti*; *Carnaval em lá maior*, de Adhemar Gonzaga*; *Quem matou Anabela?*, sob a direção de seu conterrâneo D. A. Hamza; *Glória e drama de um povo*, de Alfredo Palácios*; além de fotografar e dirigir com este *A pensão de d. Stela*. Paralelamente, fotografa produções de outras origens, como *Carnaval em Caxias*, de Paulo Vanderley*; *Toda vida em quinze minutos*, de Pereira Dias*; e *Lei do sertão*, de Antoninho Hossri. Depois de algum tempo de afastamento, Fekete retorna ao *métier* nos anos 70, quando novamente trabalha com o diretor Adhemar Gonzaga em *Salário mínimo*, encerrando sua carreira no filme gaúcho *A quadrilha do Perna*, de Pereira Dias. Outro húngaro que aparece nesse momento é Rodolfo Icsey*. Na MULTIFILMES, o italiano Giulio de Lucca, com passagem pelo cinema egípcio, é o titular dos estúdios de Mairiporã, quando fotografa *Fatalidade*, de Jacques Maret; *O homem dos papagaios*, de Armando Couto; *Chamas no cafezal*, de José Carlos Burle; e *A outra face do homem*, de J. B. Tanko. Trabalha a seguir em outras produções, como o documentário *Rosas no céu, milagres na terra*, de Alberto Pieralisi; *O capanga*, de Alberto Severi; *Pão que o diabo amassou* e *Macumba na alta*, de Maria Basaglia*. O alemão H. B. Correll, que trabalha na Europa e nos EUA, fotografa o primeiro filme colorido argentino: *El gaucho y el diablo* (1951), sob a direção de Ernesto Remani*. Nos estúdios MULTIFILMES, Correll também fotografa, com o mesmo diretor, o primeiro longa de ficção colorido do cinema brasileiro, *Destino em apuros* (1952), utilizando o processo ANSCOLOR. Juntos, nas mesmas funções, Remani e Correll associam-se na produção de outro filme em cores com o mesmo processo: *Sob o céu da Bahia* (1955). De origem russa, Cyrill Arapof trabalha no cinema inglês da década de 40. No Brasil, fotografa *O canto do mar*, produção de Alberto Cavalcanti* para a KINO FIL-

MES*, deixando a seguir o país por não conseguir trabalho. Nos estúdios paulistas, Toni Rabatoni* e Hélio Silva* iniciam seu aprendizado. Na MARISTELA, o italiano Massimo Sperandeo trabalha como assistente de câmera, sendo, a seguir, um dos fotógrafos da complicada produção de *O gigante de pedra*, de Walter Hugo Khouri*. Em Santa Rita do Passa Quatro, Sperandeo fotografa *Da terra nasce o ódio*, com direção de Antoninho Hossri, e acumula as funções de fotógrafo e diretor em *Fugitivos da vida*. Em seu último trabalho, divide a codireção com Fernando Negreiros e fotografa o documentário *Território xavante*. Outro inglês da VERA CRUZ, Jack Mills, trabalha no estúdio como assistente de câmera. Já fora da empresa, após o fechamento desta, fotografa seu único filme brasileiro, *Os três garimpeiros*, de Gianni Pons*. O argentino Juan Carlos Landini começa sua carreira no cinema argentino nos anos 40, trabalha vários anos como assistente e depois como operador de câmera, função esta que exerce na MARISTELA. Sua promoção a fotógrafo acontece em *Se a cidade contasse...*, de Tito Batini. A seguir, ilumina no interior paulista os filmes *Não matarás*, de Freitas Jr., e *Homens sem paz*, de Lorenzo Serrano. No Rio de Janeiro filma *Rico ri à toa* e *No mundo da lua*, de Roberto Farias*, e, anos depois, trabalha no longa *Águias em patrulha* (1º episódio: 'A viagem'; 2º episódio: 'O diplomata'; 3º episódio: 'Contrabando') e no seriado *Sentinelas do espaço*, ambos sob a direção de Ary Fernandes*. Depois de longa passagem pela publicidade, torna-se professor de fotografia no curso de Cinema da Faap. Outro argentino, Aníbal González Paz, faz importante carreira no cinema de seu país, vivendo durante alguns anos no Brasil, quando fotografa *Chico Viola não morreu*, de Roman Viñoly Barreto; *Meus amores no Rio*, *Matemática, 0... amor, 10*, *Amor para três* e *Esse Rio que eu amo*, todos sob a direção de seu conterrâneo Carlos Hugo Christensen*; além de *Interpol chamando Rio*, de Leo Fleider. Mais um europeu, o belga George Pessis, fotografa seu único filme brasileiro, *Mar sem fim*, de Graça Melo e Marcos Marguliés. No Rio Grande do Sul, o documentarista gaúcho Manoel Tomazzoni produz e fotografa *Agosto 13, sexta-feira*, sob a direção do italiano Camillo Tebaldi. O técnico de som, fotógrafo, produtor e diretor ucraniano Konstantin Tkaczenko* é outro nome que surge nesse momento. O assistente de câmera, formado na prática dos estúdios da ATLÂNTIDA e da FLAMA FILMES*, Sílvio Carneiro, em sua promoção a fotógrafo, atua em poucos

311

FOTOGRAFIA

filmes, quase todos sob a direção de Luiz de Barros, como *O negócio foi assim, Samba na Vila, Tudo é música, Um pirata do outro mundo* e *Com a mão na massa*. Já sob a direção de Haroldo Costa, fotografa *Um desconhecido bate à porta*, e, em seguida, migra para a televisão, onde permanece por mais de trinta anos. Na produção localizada no interior paulista, alguns fotógrafos atuam em apenas um único filme, como nos casos de Edgard C. Campos em *Terra sem justiça*, de Moacyr A. Ramos; de Thomaz Malzzoni em *Paixão de bruto*, de João Lopes; e do italiano Hélio Cocheo, ex-assistente de câmera dos estúdios paulistas, que fotografa *Crepúsculo de ódios*, de Carlos Coimbra*, todos esses filmes realizados em Jundiaí. Em Campinas, João N. Bernal fotografa *Fernão Dias*, de Alfredo R. Alves. Na cidade de São João da Bela Vista, Dilo R. Gianelli produz e fotografa *João Negrinho*, de Oswaldo Censoni, e *Chão bruto*, de Dionísio Azevedo*.

Mais outros fotógrafos estrangeiros vêm ao Brasil nessa época, como o alemão Alexandre Orban e os italianos Angelo Sciarra e Arturo Usai, de quem pouco se sabe. Orban, além de alguns trabalhos como assistente de câmera, fotografa *Tumulto de paixões*, de Zygmunt Sulistrowski, e *Ladrão em noite de chuva*, de Armando Couto. Sciarra fotografa *Copacabana, zero hora*, de seu conterrâneo Duílio Mastroianni, e *Silêncio branco*, de Geraldo Junqueira Oliveira, e Usai, outro ex-assistente de câmera, apenas fotografa *Pega ladrão*, de Alberto Pieralisi. Após trabalhar alguns anos como assistente de câmera nos estúdios, Honório Marin fotografa um único filme: *Sina de aventureiro*, de José Mojica Marins*. Pioneiro câmera de televisão, o turco Ozen Sermet* é outro estrangeiro que aparece nessa década. O italiano Angelo Riva fotografa *Contrabando*, de Mário Latini e Eduardo Llorente, *Além do rio das mortes* e *Elas atendem pelo telefone*, de Duílio Mastroianni, fazendo ainda *Choque de sentimentos*, de Massimo Alviani, e *Os abas largas*, de Sanin Cherques. Fotografa também *Aconteceu no Maracanã*, de Nilo Machado*. O polonês Edward Freund trabalha como produtor, diretor, argumentista, roteirista, fotógrafo, montador e ator, sendo o que se pode considerar um pau para toda obra. Começa no cinema como cinegrafista na época da guerra. A seguir é operador de câmera em filmes italianos no pós-guerra, mudando-se para São Paulo em 1947, onde se radica. No Brasil, trabalha como cinegrafista de cinejornais, técnico de cinema e câmera de televisão. A partir do final dos anos 50, até os anos

80, inicia sua carreira de fotógrafo de cinema, em produções do interior paulista, como *Santo Antônio e a vaca*, de Wallace Leal V. Rodrigues; *O matador*, de Amaro César; e produções realizadas na capital, como *Isto é strip-tease* e *Superbeldades*, de Konstantin Tkaczenko; *Sou louca por você*, de Ruy Gomes e Isnard Fernandes; *O fracasso de um homem nas duas noites de núpcias*, de George Serkeis*; *Tentação nua*, de José da Costa Cordeiro; *Quando os deuses adormecem* e *Dgajão mata para vingar*, ambos de José Mojica Marins. Seu último filme na função é *O fruto proibido*, de Egydio Eccio. Também trabalha como montador e ator em diferentes filmes. Faz quase tudo nos filmes que dirige, acumulando a fotografia no faroeste *Férias no arraial* (1960); no drama religioso *A vida quis assim* (1966); nos faroestes *Enquanto houver uma esperança* (1968), *Um pistoleiro chamado Caviúna* (1971), *Quatro pistoleiros em fúria* (1972), *Trindade... é meu nome* (1973); nos eróticos *Ainda agarro esse machão* (1975), *Quando as mulheres tinham rabo* (1978), *Diário de uma prostituta* (1979) e *A virgem e o bem-dotado* (1980). O italiano Guglielmo Lombardi trabalha como assistente de câmera nos estúdios italianos até os anos 50, começando a fotografar no cinema paulista no final dos 50. Faz *Bruma seca*, de Mário Civelli, e, a partir dos anos 60, faz carreira no cinema brasileiro fotografando *Bahia de Todos os Santos*, de Trigueirinho Neto; *O Cabeleira*, de Milton Amaral; *Montanha dos sete ecos*, de Armando de Miranda; *Seara vermelha*, de Alberto D'Aversa*; *O diabo de Vila Velha*, de Ody Fraga*; *A morte por 500 milhões*, de Antônio Orellana; *Os incríveis neste mundo louco*, de Brancato Jr.; *Dois mil anos de confusão*, de Fauzi Mansur*; *Golias contra o homem das bolinhas*, de Victor Lima*; *Sou louca por você*, de Ruy Gomes; *Balada dos infiéis*, de Geraldo Santos Pereira*; *O fracasso de um homem nas duas noites de núpcias*, de George Serkeis; *A paixão de um homem*, de Egydio Eccio; *Conflito em San Diego*, de Maurício Miguel; *As duas lágrimas de Nossa Senhora Aparecida*, *A marca da ferradura*, *Os três justiceiros*, *A herdeira rebelde*, estes quatro sob a direção de Nelson Teixeira Mendes*. Lombardi fotografa também os filmes gaúchos *Não aperta, Aparício!*, de Pereira Dias, e *A filha de Iemanjá*, de Milton Barragan, além do filme pernambucano *Os cangaceiros no vale da Morte*, de Apollo Monteiro.

Na década de 60, surgem duas novas gerações de fotógrafos. Dentro de uma proposta de fotografia com a luz brasileira, surgem, formados pelo Cinema Novo*,

Mário Carneiro, que nasceu na França, e os brasileiros Fernando Duarte*, José Medeiros*, Affonso Beato*, Dib Lutfi* e Luiz Carlos Saldanha*, mais o argentino Ricardo Aronovich*. Dentro de uma evolução própria ao sistema de estúdios, antigos assistentes de câmera, formados nos anos 50, afirmam-se na direção de fotografia, como Osvaldo Oliveira*, José Rosa*, Afonso Vianna* e Pio Zamuner*, trabalhando no cinema popular. Podemos também citar alguns outros nomes, como Armando Cavalcanti, fotógrafo de *Pluft, o fantasminha*, de Romain Lesage; Armando Barreto, fotógrafo do filme mato-grossense *Paralelos trágicos*, de Aboud J. Ladho; Fernando Melo, fotógrafo dos filmes paraenses *Marajó, barreira do mar*, *Um diamante e cinco balas* e *Brutos inocentes*, todos sob a direção de Líbero Luxardo*; Belarmindo Mancini, fotógrafo de *A margem*, de Ozualdo Candeias*, e *Macho e fêmea*, de Ody Fraga. Três fotógrafos que também trabalham como diretores são Antônio B. Thomé, Reynaldo Paes de Barros e Renato Neumann. No começo da década de 60, Antônio B. Thomé é diretor de produção na PAM FILMES, de Amácio Mazzaropi, trabalhando igualmente como cinegrafista de cinejornais durante muitos anos. Desde *Quatro brasileiros em Paris* (1964), de Geraldo Vietri*, faz parceria com esse diretor (*O pequeno mundo de Marcos*; *Diabólicos herdeiros*; *A primeira viagem*; *Senhora*; *Tiradentes, o mártir da Inconfidência*; *... Que estranha forma de amar: Iaiá Garcia*; *Adultério por amor*; *Os imorais*; e *Sexo, sua única arma*), filmando também com outros diretores, como em *O homem-lobo* e *Pedro Canhoto, o vingador erótico*, de Raffaele Rossi; e *A força do sexo*, de Sérgio Segall. Fotografa e dirige, na década de 70, as fitas populares *Os desempregados* (*Irmãos sem coragem*) (1972), *O poderoso garanhão* (1973), *O segredo das massagistas* e *O artesão de mulheres* (1977), *Na violência do sexo* (1978), *Belinda dos Orixás na praia dos desejos* (1978-1979), *A tara das cocotas na ilha do pecado* (1979). Thomé também fotografa *O gênio do sexo* e *O médium*, ambos do diretor Paulo Figueiredo. Pela THOMÉ FILMES, produz os filmes *Escrava do desejo* e *Excitação diabólica*, ambos sob a direção de John Doo*, que estranhamente não fotografa. Depois de sua participação em produções estrangeiras, no começo dos anos 60, Reynaldo Paes de Barros estreia como fotógrafo em *Menino de engenho*, de Walter Lima Jr.*. A seguir, trabalha como assistente de direção em alguns filmes estrangeiros, radicando-se em São Paulo, a partir de 1969, onde faz carreira de iluminador na década de

FOTOGRAFIA

70 nos filmes *Uma nega chamada Teresa*, de Fernando Cony Campos*; *Anjo loiro*, de Alfredo Sternheim*; *Trindade... é meu nome*, de Edward Freund; *O supermanso e Sexo selvagem*, de Ary Fernandes; *Amadas e violentadas*, *Possuídas pelo pecado* e *Noite em chamas*, de Jean Garrett*; *O quarto da viúva*, de Sebastião de Souza; *Chão bruto*, de Dionísio Azevedo; no filme de episódios *Delírios eróticos e Sexo profundo*, de W. A. Kopezky*. Barros é também fotógrafo e diretor de *Agnaldo, perigo à vista*; *Pantanal de sangue*; e *A noite dos imorais*. Com carreira de diretor no curta-metragem e no setor de montagem no longa, Renato Neumann inicia curta carreira de fotógrafo no final dos anos 60, a partir de *Um sonho de vampiros* e *A força de Xangô*, de Iberê Cavalcanti; *Cassy Jones, o magnífico sedutor*, de Luís Sérgio Person*; *Fogo morto* e *Bububu no bobobó*, de Marcos Farias*; em dois episódios de *Tem alguém na minha cama* e *Marcados para viver*, de Maria do Rosário; *O caso Cláudia*, de Miguel Borges. Fotografa e codirige, com Fernando Cony Campos, *Sangue quente em tarde fria* (1970), e, sozinho, fotografa e dirige *Noite sem homem* (1976).

Nessa época, aparece uma nova leva de estrangeiros de diferentes origens, como os argentinos Roque Funes, de destacada carreira no cinema portenho, que filma aqui *Marido de mulher boa*, de J. B. Tanko, e Rodolfo Neder, que se radica no Brasil, colaborando em *Crime de amor*, de Rex Endsleigh; *Entre o amor e o cangaço*, de Aurélio Teixeira*; *Rio, verão e amor*, de Watson Macedo; *Essa gatinha é minha*, de Jece Valadão*; e *A virgem prometida*, de Iberê Cavalcanti. Os italianos Giorgio Attili, Guido Cosulich e Leonardo Bartucci são outros profissionais que começam nesse momento. Attili fotografa *As testemunhas não condenam*, de Zélia Costa; *Lá no meu sertão* e *Obrigado a matar*, de Eduardo Llorente; *O Caipora*, de Oscar Santana; *Luta nos pampas*, de Alberto Severi; *Arigó*, de Virgilio T. Nascimento; *O puritano da rua Augusta*, de Amácio Mazzaropi. A partir de *À meia-noite levarei sua alma*, de José Mojica Marins, Giorgio Attili inicia profícua parceria com esse realizador, em *Esta noite encarnarei no teu cadáver*, *Trilogia do terror* (episódio: 'Pesadelo macabro'), *Estranho mundo de Zé do Caixão*, *Finis hominis*, *Como consolar viúvas*, *Inferno carnal*, *Delírios de um anormal*, *A mulher que põe a pomba no ar*, *Mundo, mercado do sexo*, *Perversão*, *O despertar da besta* (ex-*Ritual de sádicos*), e ainda a produção de José Mojica Marins *A estranha hospedaria dos prazeres*, sob a direção de Marcelo Motta. Faz também *Geração em fuga*, de Maurício Nabuco; *O conto do vigário*, de Kleber Afonso; *Motel, refúgio do amor*, de Alexandre Sandrini; *Nicolli, a paranoica do sexo*, de Alexandre Sandrini e Flávio Portho*. Colega de alguns cineastas brasileiros no CENTRO SPERIMENTALE DE CINEMA, Guido Cosulich fez alguns filmes no Brasil, como *O desafio*, de Paulo César Saraceni*; *Brasil, ano 2000*, de Walter Lima Jr.; e *Macunaíma*, de Joaquim Pedro de Andrade*. Curta é a carreira de Leonardo Bartucci, que filma *Grito da terra*, de Olney São Paulo; *Um homem e sua jaula*, de Fernando Cony Campos e Paulo Gil Soares*; *Minha namorada*, de Zelito Viana* e Armando Costa*; *Na boca da noite*, de Walter Lima Jr.; *Romualdo e Juliana*, de André Willieme; *O barão Otelo no barato dos bilhões*, de Miguel Borges; *Intimidade*, de Michael Sarne e Perry Salles; *Tangarella, a tanga de cristal*, de Lula Campello Torres; *O pai do povo*, de Jô Soares*; e *O pistoleiro*, de Oscar Santana. Mais um italiano que surge é Mario Di Leo, fotógrafo de *Três histórias de amor* (1º episódio: 'A carreta, amor no campo'; 2º episódio: 'Madrugada, amor na praia'; 3º episódio: 'A construção, amor na cidade'), de Alberto D'Aversa*, e de *Herança sangrenta*, de Jeffrey Mitchell e Glauco Mirko Laurelli*. Os alemães Hans Bantel e George Pfister fazem curta carreira. Bantel filma *Canalha em crise*, de Miguel Borges, e vários documentários. Pfister, depois de atuar vários anos como operador de câmera para Rodolfo Icsey, fotografa *O diabo de Vila Velha*, de Ody Fraga; *Maré alta*, de Carlos Eugênio Contim; *Madona de cedro*, de Carlos Coimbra; e *Uma mulher para sábado*, de Mauricio Rittner. Os espanhóis Marcial Alfonso Fraga e Antônio Smith Gamez têm curta participação no cinema brasileiro. Fraga ilumina *O matador*, de Amaro César, e *Homem das encrencas*, de Geraldo Vietri. Gamez fotografa *A espiã que entrou em fria*, de Sanin Cherques; *A lei do cão*, *As sete faces de um cafajeste* e *A noite do meu bem*, todos esses de Jece Valadão; *Os viciados*, de Braz Chediak*; *Os raptores*, de Aurélio Teixeira; e *Rifa-se uma mulher*, de Célio Gonçalves. O uruguaio Américo Pini, que está em São Paulo no começo dos anos 50, é um dos fotógrafos e também o assistente de direção de *O gigante de pedra*, de Walter Hugo Khouri. Alguns anos mais tarde, em Porto Alegre, Pini fotografa *Coração de luto*, de Eduardo Llorente, e dirige e fotografa seu único longa, *Um crime... no verão* (1971).

Na década de 70, alguns nomes, como Lauro Escorel*, Murilo Salles*, Edgar Moura*, Walter Carvalho*, dão continuidade à fotografia mais elaborada do Cinema Novo, e outros atuam na vertente mais comercial do cinema brasileiro da época, como Cláudio Portioli*, Antônio Meliande*, enquanto nomes como Jorge Bodanzky*, Carlos Reichenbach*, Antônio Penido* e Chico Botelho* fixam-se em outras propostas, experimentais ou industriais. Outros fotógrafos, como Edison Baptista, Roberto Pace, José Antônio Ventura fazem carreira. Com formação clássica de assistente de câmera, Baptista fotografa o episódio 'A primeira cama', de Alberto Salvá*, do longa *A cama ao alcance de todos*; com outros diretores filma *Marcelo Zona Sul* e *André, a cara e a coragem*, de Xavier de Oliveira*; *Cuidado madame*, de Júlio Bressane*; *A possuída dos mil demônios* e *Lerfa Mu*, ambos de Carlos Frederico; *Obsessão*, *O mau-caráter*, *Nós, os canalhas*, *A filha de madame Betina*, *Os amores da pantera* e *A noite dos assassinos*, estes de Jece Valadão; *Amante muito louca*, de Denoy de Oliveira*; *O marido virgem*, de Saul Lachtermacher; *Amor e medo*, de José Rubens Siqueira; o segundo episódio, 'A bela da tarde', do longa *As mulheres que fazem diferente*, e *O padre que queria pecar*, ambos de Lenine Ottoni; o episódio 'Os divinos sons da música do prazer', de Phydias Barbosa, do longa *Deliciosas traições do amor*; *O homem da cabeça de ouro*, de Alberto Pieralisi; os episódios 'Marido que volta deve avisar', de Anselmo Duarte*, e 'Pastéis para uma mulata', de Jece Valadão, do longa *Ninguém segura essas mulheres*; *O sexo das bonecas* e *O esquadrão da morte*, de Carlos Imperial*; *Tem folga na direção* e *Crazy, um dia muito louco*, de Victor Lima*; *A deusa negra*, de Ola Balogun; parte da fotografia de *Nem tudo é verdade*, de Rogério Sganzerla*; *Amor e traição*, de Pedro Camargo; *Fêmeas em fuga*, *Perdidas no vale dos dinossauros*, ambos de Michelle Massimo Tarantini. Roberto Pace, ex-assistente de câmera, fotografa *Tesouro de Zapata*; os episódios de *Incrível, fantástico, extraordinário*; *Vinte passos para a morte* e *Êxtase de sádicos*, todos de Adolpho Chadler*; *O rei da pilantragem*, de Jacy Campos; *Sete homens vivos ou mortos*, de Leovigildo Cordeiro*; os episódios 'O acidente', de Adolpho Chadler, e 'O reimplante', de Anselmo Duarte, do longa *O impossível acontece*; *Os caras de pau*, de Flávio Migliaccio*; o episódio 'Berenice', de Pedro Carlos Rovai*, do longa *Lua de mel & amendoim*; *Tô na tua, bicho*, de Raul Araújo; *Condenadas pelo sexo*, de Ismar Porto*; o episódio 'O terror das empregadas', de Victor Di Mello; os episódios 'Roy, o gargalhador profissional', de Astolfo Araújo, e 'O Ibraim do subúrbio', de Cecil Thiré*, do longa *O Ibraim do subúrbio*; os episódios

313

de *Gente fina é outra coisa*, *O bom marido* e *Nos embalos de Ipanema*, estes últimos de Antônio Calmon*. Com poucos longas e vários curtas no currículo, José Antônio Ventura inicia sua carreira como técnico de som e, depois, assistente de câmera. No longa fotografa *A vingança dos 12*, de Marcos Farias; *O rei dos milagres* e *Paraíso no inferno*, de Joel Barcelos*; os episódios de *O doce esporte do sexo*, de Zelito Viana; *Os sóis da ilha de Páscoa*, de Pierre Kast*; *Paranoia*, de Antônio Calmon; *Perdida*, de Carlos Alberto Prates Correia*; o episódio 'Mais de cem', de *Deliciosas traições do amor*, e *Teu tua*, ambos de Domingos Oliveira*, e *Chico Rei*, de Walter Lima Jr. Com vínculos com o Cinema Marginal*, Renato Laclete fotografa *A família do barulho*, *Barão Olavo, o horrível*, *O rei do baralho*, *Agonia* e *O gigante da América*, todos de Júlio Bressane; *Copacabana, mon amour* e *Abismu*, de Rogério Sganzerla; *Os monstros do Babaloo*, de Elyseu Visconti; *Passe livre*, de Oswaldo Caldeira*; *O segredo da múmia*, de Ivan Cardoso*; *Por que as mulheres devoram os machos?*, de Alan Pek. Outro nome dessa fase é Tiago Veloso, que fotografa *O anjo nasceu* e *Matou a família e foi ao cinema*, de Júlio Bressane; *Bang-bang*, de Andrea Tonacci*; *Sagrada família*, de Sylvio Lanna; o episódio 'O acordo', de Ozualdo Candeias, do longa *Trilogia do terror*; *Crioulo doido*, de Carlos Alberto Prates Correia. O alemão Peter Overbeck, que começa no setor de cenografia, fotografa *O Bandido da Luz Vermelha* e *A mulher de todos*, de Rogério Sganzerla; *Meu nome é Tonho*, de Ozualdo Candeias; *O palácio dos anjos*, de Walter Hugo Khouri; *O longo caminho da morte*, de Júlio Calasso; um dos episódios de *Vozes do medo*, filme experimental com direção de vários cineastas; *As gatinhas*, de Astolfo Araújo; *O jogo da vida e da morte*, de Mário Kuperman. Em seguida, trabalha para a publicidade.

Alguns fotógrafos trabalham fora do eixo Rio-São Paulo. No cinema gaúcho*, Ivo Czmanski fotografa *Ela tornou-se freira*, *A morte não marca tempo*, *Pobre João* e *Domingo de Gre-Nal*, todos de Pereira Dias; *Teixeirinha a sete provas*, de Milton Barragan; e Alexandre Ostrowski fotografa *Um homem tem que ser morto*, de David Quintans; *O negrinho do pastoreio* e *O grande rodeio*, de Antônio Augusto Fagundes. No cinema paranaense, Euclides Fantin fotografa *Os galhos do casamento*, de Sérgio Segall; *Caminhos contrários* e *Deu a louca em Vila Velha*, de Arlindo Ponzio; *O milagre das águas*, de Ronaldo Pelaquim; e trabalha para cineastas de São Paulo em *E ninguém ficou em pé* e *Tem piranha no garimpo*, de José

Vedovato; e *Sinfonia sertaneja*, de Black Cavalcanti. No cinema baiano*, Vítor Diniz fotografa *Meteorango Kid, o herói intergalático*, de André Luiz Oliveira; *O anjo negro*, de José Umberto; e filmes fora do ciclo baiano, como *Canudos*, de Ipojuca Pontes*, parte de *Nem tudo é verdade*, de Rogério Sganzerla, além de fotografar grande número de curtas. Nos últimos anos, radica-se em Pernambuco. Além de fotografar *Idolatrada*, de Paulo Augusto Gomes, no cinema mineiro, Dileny Campos trabalha também no Rio de Janeiro, onde fotografa *Ipanema, adeus*, de Paulo Roberto Martins; e *Encarnação*, de Rose Lacreta. Outro fotógrafo mineiro é Harley Carneiro, iluminador de *Dois homens para matar*, de Paulo Leite Soares*, e *Ela e os homens*, de Schubert Magalhães*.

Muitos iluminadores do cinema brasileiro são fotógrafos de um filme só. Alguns vêm da publicidade, sendo contratados para uma filmagem singular em função de sua experiência, outros simplesmente não desenvolvem carreira. Mário Simões fotografa e monta *O anunciador, o homem das tormentas*, de Paulo Bastos Martins. Diretor de curtas, Clinton Vilela fotografa *Nas trevas da obsessão*, filme pernambucano de Pedro Onofre. Soly Levy fotografa *Prata Palomares*, de André Faria Jr. Assistente de câmera, Giorgio Traverso fotografa parte de *A psicose de Laurindo*, de Nilo Machado. O badalado fotógrafo (de fotos fixas), de nacionalidade americana, há anos radicado em São Paulo, David Drew Zing fotografa *Memória de Helena*, de David Neves*. Pouco se sabe de Sérgio Maciel, fotógrafo de *Caveira, my friend*, de Álvaro Guimarães. Flávio Chaves fotografa e roteiriza *Alucinação*, de Wagner Roncourt. Josafá J. Silva fotografa *Ringo, a caminho do inferno*, de Sebastião Rosa. Ronaldo Forster fotografa *O último malandro*, de Miguel Borges. Técnico de som, diretor e fotógrafo de curta, Iso Millan fotografa *Triste trópico*, de Arthur Omar*. Assistente de câmera e operador de câmera, Toni Nogueira fotografa *Bandalheira infernal*, de José de Barros. Francisco Balbino Nunes fotografa parte de *Morte e vida severina*, de Zelito Viana. Antônio Silva fotografa *A transa do turfe*, de F. M. L. Mellinger; e *Ele, ela, quem?*, de Luiz de Barros. Assistente de câmera, Gilberto Otero fotografa *O princípio do prazer*, de Luiz Carlos Lacerda*; e *Carícias sensuais*, de Alceu Massari. Fotógrafo de publicidade, Ronaldo C. Moreira fotografa *Beto Rockfeller*, de Olivier Perroy. Fotógrafo de curtas, Vitalino Muratori fotografa *A vida de Jesus Cristo*, de José Regattieri. Luiz dos Santos fotografa *O diabo tem mil chifres*, de

Penna Filho. O artista plástico Mário Cravo Neto fotografa *A lenda de Ubirajara*, de André Luiz Oliveira. O veterano fotógrafo de fotos fixas, Miroslav Javurek, fotografa os episódios sob a direção de Egydio Eccio e Jairo Carlos do longa *Pintando o sexo*. Outro publicitário é Rubinho Marques, fotógrafo de *Dani, um cachorro muito vivo*, de Frank Dawe.

Curtas são as carreiras de Rogério Noel* e de Aloysio Raulino*. Também com poucos filmes estão, entre outros, o parceiro do diretor Luiz Rosemberg Filho*, Renaut Leenhardt, que fotografa *Jardim das espumas*, *Imagens do silêncio* e *Assuntina das Américas*, para esse cineasta experimentalista. Wanderley Silva fotografa *O macabro dr. Scivano*, de Raul Calhado e Rosalvo Caçador, e um dos episódios de *Vozes do medo*. Mais afeito ao cinejornal, no qual atua durante décadas, o português João Cerqueira fotografa *O último cangaceiro*, de Carlos Mergulhão; *Parabéns, gigantes da Copa* e *Menina dos sonhos demais*, ambos de Hugo Schlesinger. Ex-assistente de Mário Carneiro, Marco Bottino fotografa *Amor, carnaval e sonhos*, *Anchieta, José do Brasil* e *Ao sul do meu corpo*, todos de Paulo César Saraceni; *O forte*, de Olney São Paulo; e no interior paulista, *Abrasasas*, de Reinaldo Volpato. Diretor e fotógrafo dos curtas paraibanos, Manoel Clemente fotografa os longas *O salário da morte*, de Linduarte Noronha*, e *O país de São Saruê*, de Vladimir Carvalho*. Fotógrafo de curtas, também autor do livro *Manual do assistente de câmera*, Jorge Monclar fotografa *Como nos livrar do saco* e *Ouro sangrento*, ambos de César Ladeira Filho; os episódios 'Dois é bom... quatro é demais', de Teresa Trautman*, do longa *Deliciosas traições de amor*, e 'Dois em cima e dois embaixo', de Pedro Camargo, do longa *Tem alguém na minha cama*. *O bandido Antônio Dó*, de Paulo Leite Soares, e, ultimamente, *O cego que gritava luz*, de João Batista de Andrade*. Técnico de som, fotógrafo, diretor e produtor de curtas, Júlio Romiti produz e fotografa *O forte*, de Olney São Paulo, e ilumina os documentários *Canudos*, de Ipojuca Pontes, e *O mundo maravilhoso da diversão*, de Osiris Parcifal de Figueiroa. Fora da publicidade, Walter Soares fotografa *A praia do pecado*, de Roberto Mauro, e *O menino arco-íris*, de Ricardo Bandeira. Profissional de televisão, o africano Luiz Beja, com rápida passagem pelo Brasil, atua inicialmente no cinema como técnico de som e, a seguir, fotografa *A mulata que queria pecar* e *As desquitadas em lua de mel*, ambos de Victor Di Mello. De origem japonesa, Lúcio Kodato exercita-

-se na fotografia de curtas, transferindo-se a seguir para o longa, quando fotografa *Nordeste: cordel, repente, canção*, de Tânia Quaresma; o episódio 'Joãozinho', do longa *Sabendo usar não vai faltar, e À flor da pele*, ambos de Francisco Ramalho Jr.*; *Os anos JK, uma trajetória política e Jango*, de Sílvio Tendler*. Artista plástico e fotógrafo de fotos fixas, Miguel do Rio Branco exercita-se na fotografia de cinema em *Lágrima pantera*, de Júlio Bressane; *Revólver de brinquedo*, de Antônio Calmon; *Corações a mil*, de Jom Tob Azulay; e *Abolição*, de Zózimo Bulbul*. Ramon Alvarado destaca-se como diretor de curtas no seu estado natal, o Espírito Santo, na década de 60, a seguir, muda-se para o Rio de Janeiro, quando, após trabalhar em várias funções em curtas e longas, fotografa *Karla, sedenta de amor*, de Ismar Porto; *Lua de mel sem começo... sem fim*, de Nilo Machado; *Sete mulheres para um homem só*, de Mozael Silveira; *Caçadoras de sexo*, de Costa Cotrim. Assistente de câmera, Jorge da Silva fotografa *Pra ficar nua, cachê dobrado e Sexo e sangue*, ambos de Élio Vieira de Araújo; *As amiguinhas* e *O banquete das taras*, ambos de Carlos Alberto Almeida. Assistente de câmera e fotógrafo de curtas, Ronaldo Nunes fotografa *Pecado na sacristia*, de Miguel Borges; *A noiva da cidade*, de Alex Viany*; *Essa freira é uma parada* e *A gostosa da gafieira*, ambos de Roberto Machado*; e *Amantes violentos*, de Marcos Lyra. Com curta carreira, Zetas Malzoni fotografa *O cortiço* e *Paula, a história de uma subversiva*, ambos de Francisco Ramalho Jr.; *J. S. Brown, o último herói*, de José Frazão; *Os amantes da chuva* e *Nasce uma mulher*, de Roberto Santos*; *Uma estranha história de amor*, de John Doo; *Linha de montagem*, de Renato Tapajós; e *O último voo do condor*, de Emilio Fontana. Antônio Brito Santana fotografa *As massagistas profissionais*, de Carlo Mossy*, e *As grã-finas e o camelô*, de Ismar Porto. Assistente, operador de câmera e ator, Antônio Segatti fotografa *Os foragidos da violência* e *Pantera nua*, de Luiz de Miranda Corrêa. Profissional que assina seu primeiro longa, no qual acumula as funções de cenógrafo e fotógrafo, é Carlos E. Silveira, no filme *Cordelia, Cordelia...*, de Rodolfo Nanni*. Silveira passa a assinar Carlos Egberto quando fotografa *Relatório de um homem casado*, de Flávio Tambellini*; *Menino do Rio* e *Garota dourada*, de Antônio Calmon; *Aventuras de um paraíba*, de Marco Altberg*; o episódio 'Sábado quente', de Ivan Cardoso*, do longa *Os bons tempos voltaram*; *O trapalhão na arca de Noé*, de Antônio Rangel; *Espelho de carne*, de Antônio Carlos Fontoura*; e *Corpo*

em delito, de Nuno César Abreu*. Diretor de fotografia de curtas, Carlos Tourinho fotografa os longas *Jesuíno Brilhante, o cangaceiro* e *O monstro de Santa Teresa*, ambos de William Cobbett; *O segredo da rosa*, de Vanja Orico*; *Consórcio de intrigas*, de Miguel Borges; *Piranha de véu e grinalda*, de Roberto Machado. Assistente de câmera, Dutra (José Assis de Araújo) fotografa *Sinfonia brasileira*, de Jaime Prades; *O flagrante*, de Reginaldo Faria*; *Tarzan, o bonitão sexy* e *Emanuello, o belo*, ambos de Nilo Machado. Ator mais conhecido pelos comerciais que faz do que por suas participações na televisão, Fernando Amaral, no cinema, além dos papéis que representa, é diretor de curtas e dos longas *A penúltima donzela* (1969) e *Gaudêncio, o centauro dos pampas* (1971), sendo também roteirista de filmes de outros diretores. Fotografa seu segundo longa, *Gaudêncio*, e os episódios 'Um uísque antes' e 'E um cigarro depois', do longa *Um uísque antes... e um cigarro depois*; e os longas *Relatório um homem casado* e *A extorsão*, todos de Flávio Tambellini. Faz também *Luz, cama, ação*, de Cláudio MacDowell. Outro dos raros negros (além de José de Almeida) a atuar no setor de fotografia é Geraldo Gabriel. Adolescente, assiste às filmagens de *Caiçara*, de Adolfo Celi, quando descobre o cinema. Em sua carreira tem mais presença na publicidade. No longa-metragem fotografa um dos episódios de *Vozes do medo*; além de *O predileto*, o episódio 'As três virgens', do longa *Contos eróticos*, e *Diário da província*, todos estes de Roberto Palmari; *As filhas do fogo*, de Walter Hugo Khouri; e *O sol dos amantes*, de Geraldo Santos Pereira.

Já com carreira bem mais longa, o fotógrafo José de Almeida começa adolescente no cinema, quando aprende seu ofício. Mais tarde, fotografa *Lúcia McCartney, uma garota de programa*, de David Neves; *Um homem sem importância* e *As quatro chaves mágicas*, ambos de Alberto Salvá; *A volta pela estrada da violência*, de Aécio de Andrade; *O fraco do sexo forte*, de Osíris Parcifal de Figueiroa; o episódio 'Uma delícia de mulher', de Adnor Pitanga, do longa *As mulheres que fazem diferente*; *Com as calças na mão*, *Manicures a domicílio*, os episódios de *As taradas atacam*, os episódios de *Bonitas e gostosas*, os episódios de *1.001 posições de amor*, todos sob a direção de Carlo Mossy; os episódios 'O velhinho da Colombo', de Adnor Pitanga, e 'Crime e castigo', de Lenine Ottoni, do longa *As mulheres que dão certo*; *Confissões de uma viúva moça*, de Adnor Pitanga; *Um varão entre as mulheres*, de Victor Di Mello; *O garanhão no lago das virgens*, de Marcos

Lyra; *Elke Maravilha contra o homem atômico*, de Gilvan Pereira*; *Quanto mais pelada... melhor*, de Ismar Porto; o episódio 'Quem casa quer casa', de Adnor Pitanga, do longa *O namorador*. João Carlos Horta, também fotógrafo de curtas, fotografa os longas *Perdidos e malditos*, de Geraldo Veloso; *Pecado mortal*, *Matei por amor*, *Um homem célebre* e *República dos assassinos*, todos de Miguel Faria Jr.*; *Vida de artista*, de Haroldo Marinho Barbosa*; *O Pica-pau Amarelo*, de Geraldo Sarno; *Diamante bruto*, de Orlando Senna*; e *O segredo da múmia*, de Ivan Cardoso. O alemão Roland Henze, diretor de curtas que chega até a atuar como produtor de um longa (*A volta do filho pródigo*), faz a fotografia de *Os senhores da terra*, de Paulo Thiago*; *Em ritmo jovem* e *Com a cama na cabeça*, ambos de Mozael Silveira; *Brutos inocentes*, de Líbero Luxardo*; *Um virgem na praça*, *Uma mulata para todos* e *Deu a louca nas mulheres*, todos de Roberto Machado*; *Quando as mulheres paqueram*, *O grande gozador* e *Copa 78, o poder do futebol*, todos de Victor Di Mello; *As desquitadas*, *Onanias, o poderoso machão*, este em codireção com Geraldo Miranda, mais *Depravação*, todos os três de Élio Vieira de Araújo; *A sombra da violência* e *Uma fêmea do outro mundo*, ambos de J. Figueira Gama; *A volta do filho pródigo*, de Ipojuca Pontes. Filho dos críticos de cinema Tati e Vinicius de Moraes*, e irmão da cineasta Suzana Moraes, o fotógrafo Pedro de Moraes começa sua carreira com *Mangue-bangue*, de Neville d'Almeida*; *Os inconfidentes* e *Guerra conjugal*, ambos de Joaquim Pedro de Andrade*; *Amor e medo*, de José Rubens Siqueira; *Flagrante de adultério* e *As mulheres que fazem diferente*, de Cláudio MacDowell; *Gordos e magros*, de Mário Carneiro; *Nas ondas do surf*, de Livio Bruni Jr.; e *A idade da Terra*, de Glauber Rocha*. Com aprendizado em seu país de origem, o argentino Rodolfo Sanchez fotografa *Pixote, a lei do mais fraco* e *O beijo da mulher-aranha*, ambos de Hector Babenco*; *Vera*, de Sérgio Toledo*; *Sonho de Valsa*, de Ana Carolina*; *Festa*, *Sábado* e *Boleiros, era uma vez o futebol...*, todos de Ugo Giorgetti*. Com uma carreira maior, Edson Santos fotografa *Desesperato*, de Sérgio Bernardes Filho; *Sem essa aranha*, *Carnaval na lama* e *Nem tudo é verdade*, todos de Rogério Sganzerla; *Piranhas do asfalto*, *A dama do lotação*, *Os sete gatinhos*, *Música para sempre* e *Rio Babilônia*, todos de Neville d'Almeida; *Cordão de ouro*, de Antônio Carlos Fontoura; *Ajuricaba, o rebelde da Amazônia* e *Muda Brasil*, ambos de Oswaldo Caldeira; *Os noivos*, de Afrânio Vital; *Dora Doralina*, de Perry Salles; *Estranhas*

FOTOGRAFIA

relações, *Sedutor fora de série* e *O desejo da mulher amada*, todos de Milton Alencar Jr.; *Egungun*, de Carlos Brajsblat; e *Primeiro de abril, Brasil*, de Maria Letícia. Os diretores André Faria Jr., Carlos Albert Ebert*, Jom Tob Azulay, Milton Barragan, Plácido Campos Jr., Salo Felzen e Hermano Penna fotografam filmes para outros diretores. Com formação de assistente de câmera, Faria Jr. fotografa o episódio 'Colagem', de Luiz Rosemberg Filho, do longa *América do sexo*; *Roleta-russa*, de Bráulio Pedroso; além de ter exercido várias funções em curtas e longas. Pau para toda obra no curta e no longa, Azulay trabalha como técnico de som, fotógrafo, produtor, roteirista e diretor. Nesta última função, dirige *Os doces bárbaros* (1976), *Corações a mil* (1982) e *O Judeu* (1987-1994); além de fotografar *Muito prazer*, de David Neves. Outro pau para toda obra, Barragan trabalha como um dos diretores de plantão do astro-cantor Teixeirinha*, para quem dirige *Motorista sem limites* (1969), *Teixeirinha a sete provas* (1972), *Na trilha da justiça* (1976), *Tropeiro velho* (1978) e *A filha de Iemanjá* (1981); e fotografa *Carmem, a cigana* e *Meu pobre coração de luto*, ambos de Pereira Dias. Aluno da primeira turma da ECA/USP (1967-1971), o eclético Campos Jr. é montador de *Cristais de sangue*, de Luna Alkalay; fotógrafo de *Trem-fantasma*, de Alain Fresnot*; assistente de direção de *Ao sul do meu corpo*, de Paulo César Saraceni; diretor do episódio 'O produto', de *Vozes do medo* (1970-1972), e do longa *Curumim* (1978-1979), além de vários curtas institucionais. É durante algum tempo programador das salas exibidoras da CINEMATECA brasileira Museu da Imagem e do Som (SP) do Centro Cultural São Paulo. Felzen dirige e fotografa *Chapéu de couro* (1976) e produz e fotografa *Pecado sem nome*, de Juan Siringo.

A Boca do Lixo* forma seus próprios fotógrafos, como o operador de câmera Alcides Mondim, que fotografa *Gregório volta para matar* e alguns outros filmes de Rubens da Silva Prado. Curta é a carreira de Giuseppe Romeu, fotógrafo de *Parabéns, gigantes da Copa*, de Hugo Schlesinger; *Sob o domínio do sexo*, de Tony Vieira*; *A última bala*, de Luigi Picchi*; e *Maníacos por meninas virgens*, de Alexandre Sandrini. Espécie de faz-tudo, desde assistente de direção e de câmera a cenógrafo e gerente de produção, Virgilio Roveda fotografa *Gringo, o último matador* (*O matador erótico*), de Tony Vieira; *Caçada sangrenta*, de Ozualdo Candeias; *... E a vaca foi pro brejo*, de José Adalto Cardoso; *O sexo e as pipas*, de José Vedovato; *A quinta dimensão do sexo, 24 horas de sexo ardente, 48 horas de sexo alucinante* e *O dr. Frank na clínica das taras*, todos estes de José Mojica Marins; e *Menina do sexo diabólico*, de Mário Lima. Rápida é a carreira de Wellington Trindade, fotógrafo de *Desejo proibido, O exorcista de mulheres* e *A filha do padre*, estes de Tony Vieira; *Mais ou menos virgem, Secas e molhadas* e *As audaciosas*, todos de Mozael Silveira; e *A ilha do desejo*, de Jean Garrett. Ator e assistente de câmera (função em que atua mais constantemente), Dionísio Tardok acumula as funções de assistente de direção, ator e fotógrafo em seu primeiro longa, *Terra quente*, de Custódio Gomes. Desse diretor, Tardok ilumina *As taras das sete aventureiras* e *O vale das taradas*. Faz também *Caçadoras de sexo*, de Costa Cotrim. Ex-assistente e operador de câmera, formado pelo iluminador Cláudio Portioli*, Gesvaldo Arjones Abril fotografa alguns curtas e os longas *As amantes latinas* e *Orgia das taras*, ambos de Luiz Castillini*; *O inseto do amor, Incesto, um desejo proibido, Me deixa de quatro, A noite dos bacanais, Sexo às avessas*, o primeiro episódio de *As ninfetas do sexo selvagem, Bacanais sem fim, Sadismo, aberrações sexuais, Sexo animal, Promiscuidade, os pivetes de Kátia, Bacanal das taradas*, todos estes de Fauzi Mansur; *Sócias no prazer, A insaciável* (*Tormentos da carne*) e *Em busca do orgasmo*, estes de W. A. Kopezky. Também alguns estrangeiros, como o húngaro Gyula Koloszvari, os italianos Antônio Ciambra e Raffaele Rossi, o português Antônio J. Moreiras, trabalham na Boca. Com longa e contínua carreira de assistente e operador de câmera, Koloszvari fotografa alguns filmes, como *As mulheres amam por conveniência*, de Roberto Mauro; *Os desclassificados, A pequena órfã, O pensionato de mulheres* e *Outro lado do crime*, todos de Clery Cunha, diretor de quem se torna parceiro. Faz também *A virgem*, de Dionísio Azevedo; *Traição conjugal*, de Celso Falcão; fotografa e dirige *Um golpe sexy* (1976). Ciambra faz seu aprendizado na função de assistente de câmera e de montagem nos curtas e documentários de Raffaele Rossi, de quem é também assistente de direção em *O homem-lobo*. Como fotógrafo, Ciambra trabalha em *Travessuras de Pedro Malazartes*, de Celso Falcão; *Os três boiadeiros*, de W. A. Kopezky; *O estripador de mulheres, Colegiais e lições de sexo, A noite das depravadas, Fantasias sexuais, Loucuras sexuais, Bacanal de colegiais, Juventude em busca de sexo, Taras de colegiais, Penetrações profundas*, todos de Juan Bajon*; *Transa brutal, o fim da picada*, de Diogo Angélica; *Anúncio de jornal*, de Luiz Gonzaga; *O sexo e as pipas*, de José Vedovato; *Massage for men*, de José Adalto Cardoso; *Sexo em grupo*, de Alfredo Sternheim; e dirige *O atleta sexual* (1977). Produtor, diretor, roteirista e montador, Rossi dirige e fotografa alguns de seus longas, como *Pura como um anjo... será virgem?* (1975), *Roberta, a moderna gueixa do sexo* (1977) e *Uma cama para sete noivas* (1979), este em codireção com José Vedovato. Seus outros trabalhos na direção são *O homem-lobo* (1971), *Pedro canhoto, o vingador erótico* (1973), *A gata devassa, Seduzida pelo demônio* (1974), *João de Barro* (1978), *A casa de Irene* (1980), *Boneca cobiçada, Coisas eróticas* (1981), *Coisas eróticas 2* (1984), *Gemidos e sussurros* (1987). Ator, assistente de câmera – com carreira nessa função –, assistente de direção, gerente de produção, o eclético Moreiras fotografa *Ainda agarro este machão*, de Edward Freund; *Nem as enfermeiras escapam*, de André José Adler; *Os Trapalhões na guerra dos planetas*, de Adriano Stuart*; *O rei da Boca*, de Clery Cunha; *As intimidades de Analu e Fernanda, Os rapazes da difícil vida fácil, Pecado horizontal* e *Rabo 1*, todos de José Miziara*; o episódio 'O gato', de Ody Fraga, de *As gatas, mulheres de aluguel*; *Deu veado na cabeça*, de J. B. Rodrigues; *A noite do amor eterno*, de Jean Garrett; *Vaivém à brasileira*, de Manoel Carlos; e *Me leva pra cama*, de Mário Vaz Filho.

Também na Boca do Lixo, arriscam-se na direção de fotografia Raul Calhado, Henrique Borges, J. Marreco e Salvador Amaral. Assistente de direção, ator, fotógrafo, montador, diretor de produção, produtor, roteirista e diretor, Raul Calhado, apesar de todas essas funções, filma pouco: fotografa e dirige *O macabro dr. Scivano* (1971) e fotografa *O poder do desejo* (*Na terra onde meu revólver é lei*), de Salvador Amaral. Longa é a carreira do fotógrafo Henrique Borges, que faz todo seu aprendizado na Boca, começando como figurante. A seguir, é maquinista, além de assistente e operador de câmera. Como fotógrafo, trabalha em *Bonecas diabólicas*, de Flávio Nogueira; *O poderoso machão, Pesadelo sexual de um virgem, Socorro! Eu não quero morrer virgem* e *Será que ela aguenta?*, todos de Roberto Mauro; *As mulheres do sexo violento*, de Francisco Cavalcanti; *Os violentadores, Os depravados, O matador sexual, O último cão de guerra, Fêmeas violentadas, tortura cruel, Condenadas por um desejo, Suzy... sexo ardente, As amantes de Helen, Corrupção de menores, Prostituídas pelo vício, Neurose sexual* e *Calibre 12*, todos de Tony Vieira; *Terapia do sexo*, de Ody Fraga; *Liberdade sexual, A dama do sexo, Meu primeiro amante, Masculino... até* certo ponto, estes de Wilson Rodrigues; *O erótico virgem* e *Massacre em Caxias*, ambos de Mozael Silveira; *Sexo e violência no vale do Inferno*, de Domingos Antunes; *A cafetina de meninas virgens*, de Agenor Alves e Guillermo Vera; *As mamadeiras*, de Rubens da Silva Prado e Antônio de Andrade; *O início do sexo* e *A tara do touro*, ambos de Walter Wanny*; *Estou com aids*, de David Cardoso*; *Sonhos e confusões de dois caboclos na cidade*, de Ubiratan Gonçalves; *Eu matei o rei da Boca*, de Agenor Alves; *Na rota do brilho*, de Deni Cavalcanti. Henrique Borges é o mais ativo fotógrafo na fase das fitas de sexo explícito. Dirigiu e fotografou *Igrejinha da serra* (1978), *O doador sexual* (1980), *A mansão do sexo explícito* (1984) e *O preço da fama* (1988). Produtor, diretor, fotógrafo, montador, roteirista, operador de câmera, fotógrafo e diretor de curtas e documentários, diretor de novelas de TV, J. Marreco, como diz a expressão popular, brinca nas onze. Fotografa para outros diretores os filmes *O incrível seguro da castidade*, de Roberto Mauro; *Os pilantras da noite*, de Tony Vieira; *Quando elas querem... e eles não*, de Ary Fernandes; *Bacalhau*, de Adriano Stuart; *Quem é o pai da criança?*, de Ody Fraga; *A virgem camuflada*, de Célio Gonçalves; *Gugu, o bom de cama*, de Mário Benvenuti*. Com sua direção, fotografa *Fantasticon, os deuses do sexo* (1970), *Núpcias vermelhas* (1974), *A carne* (1975), *Passaporte para o inferno* (1976), *Emanuelle tropical* (1977); *A mulher-serpente e a flor* (1983). Eletricista, maquinista, ator, cenógrafo, assistente e operador de câmera, Salvador Amaral dirige *O poder do desejo* (*Na terra onde meu revólver é lei*) (1975); fotografa e dirige *Muitas taras e um pesadelo* (1981) e *Rodeio de sacanagem* (1985-1988). É diretor de fotografia de *Mulheres violentadas, O porão das condenadas, O filho da prostituta, Ivone, a rainha do pecado, O padre Pedro e a revolta das crianças* e *Os violentadores de meninas virgens*, todos estes de Francisco Cavalcanti; *Desejo violento* e *Eu compro essa virgem*, ambos de Roberto Mauro; *Boneca cobiçada* e *Coisas eróticas*, de Raffaele Rossi; *As prisioneiras da ilha do Diabo*, de Agenor Alves; *Nuas no asfalto*, de Ubiratan Gonçalves. Amaral também fotografa alguns pornôs explícitos.

Os diretores Ozualdo Candeias, Alberto Salvá e Carlos Reichenbach ocasionalmente fotografam seus próprios filmes e também os de outros realizadores. Na década de 80, Pedro Farkas*, José Tadeu Ribeiro*, José Roberto Eliezer* e Nonato Estrela* estreiam e destacam-se. Década de certa forma muito parecida com os anos 70, apresenta características similares,

como a grande quantidade de fotógrafos em atividade, alguns com pequena filmografia. Os novos nomes são fotógrafos como Luiz Mauro, que faz *Tudo acontece em Copacabana*, de Erasto Filho; Sideval Jordão, que ilumina *Viagem ao mundo da língua portuguesa*, de Rubem Rodrigues dos Santos; Werner Stahelin, que fotografa *Amélia, mulher de verdade*, de Deni Cavalcanti; *O campineiro, garotão para madames*, de Agostinho Martins Pereira; e *Por que as mulheres devoram os machos?*, de Alan Pek. Fotógrafo de publicidade, Sérgio A. Mastrocola fotografa *Casais proibidos*, de Ubiratan Gonçalves, e *O castelo das taras*, de Julius Belvedere. Com curta participação, Nicanor Oliveira, Odon Cardoso e Eduardo Poiano atuam como assistentes e operadores de câmera. Oliveira só fotografa um longa: *Com mulher é bem melhor*, de Nilton Nascimento. Cardoso fotografa *A filha do Calígula*, de Ody Fraga; *O motorista do fuscão preto*, de José Adalto Cardoso; e *As taras de todos nós*, de Guilherme de Almeida Prado*. Poiano faz *Maldita coincidência*, de Sérgio Bianchi*, e *Jânio, a 24 quadros*, de Luiz Alberto Pereira*. Ator em filme de 1975, Hércules Barbosa passa a fazer foto de cena (*still*) numa série de filmes na década de 80. Depois fotografa *Orgia das libertinas, A fábrica de camisinhas, As vigaristas do sexo* e *Elas só transam no disco*, todos de Ary Fernandes; e *Hospital da corrupção e dos prazeres*, de Rajá Aragão*. Fotógrafo de publicidade, Marcelo Primavera começa no início dos anos 50 como foquista na VERA CRUZ. Anos mais tarde, fotografa um dos episódios de *Vozes do medo*; o episódio 'Arroz com feijão', de Roberto Santos, de *Contos eróticos*; e *Alguém*, de Júlio Silveira. Gualter Limongi Batista foi fotógrafo dos longas de seu irmão Djalma Limongi Batista*, *Asa Branca, um sonho brasileiro* e *Brasa adormecida*. Fotógrafo de publicidade, Kimihito Kato experimenta o cinema quando fotografa o episódio 'Vereda tropical', do filme *Contos eróticos*, e *O homem do pau-brasil*, ambos do diretor Joaquim Pedro de Andrade. Peter Sova fotografa um único filme: *Samba da criação do mundo*, de Vera Figueiredo. Outro fotógrafo de publicidade, Pedro Pablo Lazzarini fotografa *Fuscão preto*, de Jeremias Moreira Filho*, e *Jogo duro*, de Ugo Giorgetti. Diretor de curtas, José Eduardo Alcazar fotografa *Mulher de programa*, de Luiz de Miranda Corrêa. Roberto Buzzini gosta de trabalhar com Super-8*, abre exceção para longa 35 mm quando fotografa *Snuff, vítimas do prazer, Profissão: mulher* e *Oh! Rebuceteio*, todos de Cláudio Cunha*. Renato Padovani fotografa *Tormenta* e *Por*

incrível que pareça, ambos de Uberto Molo. Eletricista, Victor Neves chega à fotografia em *O fruto do amor*, de Milton Alencar Jr., e *Viagem ao céu da boca*, de Roberto Mauro. No começo da década de 80, Paulo Cézar Mauro atua como assistente de câmera e, mais tarde, fotografa *Amor maldito*, de Adélia Sampaio. Embora pareça pseudônimo, A. Paulo Maluf é nome real do fotógrafo de *O clube do sexo*, de Rubem Rey, sendo este seu único longa. Atuante na publicidade, Walter Carvalho Correa fotografa *Sete dias de agonia*, de Denoy de Oliveira. Ex-assistente de câmera, Roberto Santos Filho fotografa curtas e faz um único longa, *Quincas Borba*, com direção de seu pai Roberto Santos. Depois muda-se para a publicidade. Alcides Caversan, também ator, fotografa *Tráfico de fêmeas*, de Agenor Alves; *A vingança de Chico Mineiro*, de Rubens da Silva Prado; *A luta pelo sexo*, de Norbert Novotny; *Paraíso da sacanagem*, de José Adalto Cardoso e Luiz Antônio Oliveira. Como sócio da ACES FILME, Caversan produz e dirige *O menino jornaleiro* (1980-1982) e *Arapuca do sexo* (1982-1983). A seguir fotografa algumas fitas pornôs. Mais três assistentes de câmera, Renalto Alves, Luiz Antônio Oliveira e Rubens Eleutério chegam a fotografar longas. O primeiro deles, Alves, também ator, fotografa *O menino jornaleiro*, de Alcides Caversan; *A pistola que elas gostam*, de Rubens da Silva Prado; e *As mamadeiras*, de Antônio Andrade e R. da S. Prado. Depois fotografa vários filmes pornôs, codirigindo alguns títulos. L. A. Oliveira fotografa *Desejo insaciável da carne* e *Tensão e desejo*, ambos de Alfredo Sternheim; *Escândalos na sociedade*, de Arlindo Barreto; e *Taras eróticas*, de Ary Fernandes. Oliveira ainda fotografa e codirige, com José Adalto Cardoso, *Paraíso da sacanagem* (1984), depois retoma a função de assistente de câmera. Eleutério, fotógrafo e diretor de uma série de documentários para a HAWAY CINEMATOGRÁFICA, fotografa *A mulher-serpente e a flor*, de J. Marreco; *O príncipe Natan e a princesinha curiosa*, de Pedro Luis Nobile; *Eternidade*, coprodução Brasil-Portugal, do português Quirino Simões; fotografa e dirige *Volúpia do prazer* (1980-1981); fotografa também algumas fitas pornôs. José Roberto Sadek fotografa o filme peruano *Yawar Mayú*, do brasileiro Araken Vaz Galvão, e os episódios de *Made in Brazil*, de Carlos Nascimbeni e Chico Magaldi. Também filho de cineasta, Carlos Nascimento fotografa *O sexo e as pipas*, de José Vedovato, e *Perdida em Sodoma*, de seu pai Nilton Nascimento. A seguir, entre 1984 e boa parte da década de 90, fotografa e dirige mais sessenta fitas pornôs, todas com produção de seu pai e realizadas em estúdio na localidade de São Miguel Paulista. Conrado Sanchez – filho de Plínio Garcia Sanchez, criador e incentivador de grande número de cursos de cinema, também trabalhando na prática da realização de filmes como diretor de produção de longas e diretor de poucos curtas – começa sua carreira no cinema como fotógrafo de cena, cenógrafo e assistente de produção, atuando mais tarde como assistente de direção. Fotografa *Anjos do arrabalde*, de Carlos Reichenbach; fotografa, roteiriza e dirige *A menina e o estripador* (1982), *A menina e o cavalo* (1983), *Como afogar o ganso* (1984), *As prisioneiras da selva amazônica* (1987), e *Cinderela baiana* (1998). O eclético Custódio Gomes é ator, assistente de câmera, fotógrafo e diretor. Em seus primeiros filmes, *Meu filho, cruel aventureiro* (1969), *Terra quente* (1975), *As taras das sete aventureiras* (1983) e *O vale das taradas* (1984), acumula as funções de ator, produtor e diretor; com o advento das fitas pornográficas, atua, fotografa e dirige uma série delas.

Alguns fotógrafos, nessa década, trabalham fora do eixo Rio-São Paulo. Em Minas Gerais, Hélio Márcio Gagliardi fotografa *Os treze pontos*, de Alonso Gonçalves. No Rio Grande do Sul, Christian Lesage é fotógrafo de *Verdes anos*, de Carlos Gerbase* e Giba Assis Brasil*; além de *O mentiroso*, de Werner Schünemann. Fora desse estado, fotografa o infantil *Supercolosso, o filme*, de Luiz Ferré. No Ceará, Miguel Freire fotografa *Tigipió, uma questão de amor* e *O calor da pele*, ambos de Pedro Jorge de Castro. Alguns estrangeiros radicados no país desenvolvem carreira de fotógrafo, como o uruguaio Cézar Elias, fotógrafo de *O segredo da múmia*, de Ivan Cardoso, e *Era uma vez...*, do argentino Arturo Uranga. O paraguaio Fausto Bogado foi parceiro de Juan Bajon numa série de filmes pornográficos a partir de meados dos anos 80, incluindo alguns com direção de Alfredo Sternheim. O boliviano Hugo A. Cuéllar Ulrizar foi iluminador de *A mulher de proveta*, de José Rady Cuéllar Ulrizar. O inglês Adrian Cooper*, que também trabalha como cenógrafo e documentarista, faz a fotografia dos longas *O país dos tenentes*, de João Batista de Andrade; *ABC da greve*, de Leon Hirszman*; *Beijo 2.348/72*, de Walter Rogério; *O fio da memória*, de Eduardo Coutinho*; *No rio das amazonas*, de Ricardo Dias; e *Anahy de las Misiones*, de Sérgio Silva. De origem francesa, Jean Benoit Crepon fotografa *Sonhos de menina-moça*, de Teresa Trautman, e *A hora mágica*, de Guilherme de Almeida Prado. Também francês, Jacques Cheiuche faz *Stelinha*, de Miguel Faria Jr., e colabora ainda em duas produções finlandesas aqui filmadas, *Tigrero, a Film That Was Never Made*, de Mika Kaurismaki, e *Filhas de Iemanjá*, de Pia Tikka.

A década de 90 lança os novatos Marcelo Dürst, fotógrafo que trabalha com diretores também estreantes em *Não quero falar sobre isso agora*, de Mauro Farias; *Sigilo absoluto*, de Odorico Mendes; e *Os matadores* e *Ação entre amigos*, ambos de Beto Brant*. Marcelo Coutinho é o fotógrafo de *O efeito ilha*, de Luiz Alberto Pereira. Breno Silveira, fotógrafo-parceiro da diretora Carla Camurati*, faz *Carlota Joaquina, princesa do Brazil* e *La serva padrona*. O argentino Hugo Kovensky fotografa *Um céu de estrelas*, de Tata Amaral, e *Kenoma*, de Eliane Caffé*. Outro estreante é Cleumo Segond, fotógrafo de *O velho*, de Toni Venturi. Ainda no chamado período da Retomada, aparecem diversos diretores de fotografia que se destacam, como Mauro Pinheiro Jr., cujo primeiro longa foi uma produção demorada, *A árvore da marcação* (1987-1992), único longa de Jussara Queiroz. Seguem-se *Surf Adventures, o filme*; *Cinema aspirina e urubus*; *Fica comigo esta noite*; *A casa de Alice*; *Mutum*; *Linha de passe*; *No meu lugar*; *Os famosos e os duendes da morte*; *Insolação*; *As melhores coisas do mundo* e *VIPs*. Guy Gonçalves estreou na direção de fotografia numa produção do Reino Unido, o documentário *Boys from Brazil* (1993), de John Paul Davidson. Fotografou outros documentários, como *O chamado de Deus*; *Poeta das sete faces*; *Coisa mais linda* e *Juízo*; além de filmes ficcionais como *For All – trampolim da vitória*; *A hora marcada*; *Quase nada*; *O vestido*; *Onde anda você?*; *Orquestra de meninos*; e dividiu com Cecília Amado a direção de *Capitães da areia*, longa baseado no clássico romance de Jorge Amado*. Muito ativo, Cezar Moraes iluminou o filme infantil *Era uma vez...* (1994); criou a luz para fitas de Renato Aragão, *O noviço rebelde*; *Simão, o fantasma trapalhão*; *Didi, o cupido trapalhão*; *Didi quer ser criança*; *Didi, o caçador de tesouros*; *O cavaleiro Didi e a princesa Lili*; *O guerreiro Didi e a ninja Lili*; para Xuxa, em *Xuxa requebra*, *Xuxa pop'star*, *Xuxa e os duendes*, *Xuxa e os duendes 2 – no caminho das fadas*; para o filme histórico infantil *No coração dos deuses*; e para a série televisiva *Sombras de julho*, cuja versão em longa metragem foi lançada nos cinemas. Moraes também fotografou documentários, como *Sonho de Rose – 10 anos depois*, *Um certo Dorival Caymmi*, *Senta a pua!*, *Zico*,

Ônibus 174, *O sol caminhando contra o vento*. Em 2010 é lançada, com sua fotografia, a trama policial *Federal*. Paulo Jacinto dos Reis, também conhecido pelo apelido de Feijão, fez a fotografia de *Baile perfumado* (1995), *Mensageiras da luz – parteiras da Amazônia*, *Deserto feliz* e *Pequenas histórias*. Toca Seabra é fotógrafo que assume filmagens em lugares distantes do Brasil, atuando também no exterior. Possui vasta carreira no setor, tendo atuado como assistente desde os anos 80, em filmes como *A idade da Terra*. Estreou na direção de fotografia com *O toque do oboé* (1995-1997), continuando com *Oriundi*, *O dia da caça*, *O invasor*, *Dom*, *O outro lado da rua*, *Cidade baixa*, *Cão sem dono*, *Estômago*, *Quincas Berro d'Água* e também nos documentários *Nelson Freire* e *O mistério do samba*. Mais curta é a carreira do diretor de fotografia de documentários Marcelo "Guru" Duarte, iniciada na fita ficcional *Como ser solteiro* (1998), *O chamado de Deus*, *A cobra fumou*, *Ônibus 174*; *Soldado de Deus* e na rara fita ficcional *Mulheres sexo verdade mentiras*. Fotógrafo de documentários, Flávio Zangrandi trabalhou em *Os carvoeiros* (1999), *Paulinho da Viola – meu tempo é hoje*, *Justiça* e *Contratempo*, e no filme religioso *Maria, mãe do filho de Deus*.

Na década de 2000 outros nomes surgem na fotografia, como Luís Abramo, que alterna em seu currículo documentários com filmes de ficção de diretores estreantes. Possui carreira bastante ativa. Atua como um dos fotógrafos de *O chamado de Deus* (2000), além de fotografar *Timor Lorosae – o massacre que o mundo não viu*, *Querido estranho*, *Araguaya – a conspiração do silêncio*, *O Quinze*, *Santa Liberdade* (2004), filme espanhol da diretora Margarida Ledo, *Cascalho*, *Eliana em o segredo dos golfinhos*, *Vocação do poder*, *Vinho de rosas*, *Proibido proibir*, *5 fracções de uma quase história* e *Palavra (en)cantada*. As duas primeiras mulheres que surgiram como diretoras de fotografia de longas são Kátia Coelho e Heloisa Passos. Kátia fez poucos trabalhos, tendo sido uma das fotógrafas de *Real desejo* (1980-1985). Desenvolve maior atividade na década de 2000, com *Tônica dominante*, *Casamento de Louise*, *Como fazer um filme de amor*, *Corpos celestes* e *A Via Láctea*. Heloisa Passos filmou os documentários *Mulheres* (2006), *Mulheres do Brasil* e *Manda bala* (*Send a Bullet*, 2007), documentário estrangeiro de Jason Kohn; fez a produção internacional *Lixo extraordinário* e *Viajo porque preciso, volto porque te amo*.

Adriano Goldman também deslanchou na carreira na década de 2000, tendo no currículo filmes como *Surf Adventures, o filme*; *Casseta & Planeta: a Taça do Mundo é nossa*; *O casamento de Romeu e Julieta*; *O ano em que meus pais saíram de férias*; *Cidade dos Homens*; *Romance*; *Som e fúria*, e as produções estrangeiras, *Sin nombre* (2009) e *Jane Eyre* (2010), ambos do diretor Cary Fukunaga, e *Conviction* (2010), de Tony Goldwyn. Outro nome que se projetou recentemente foi Gustavo Hadba, que, em carreira bastante ativa, realiza *Seja o que Deus quiser* (2002-2003); *O caminho das nuvens*; *Pro dia nascer feliz*; *Seus problemas acabaram*; *Podecrer!*; *Polaroides urbanos*; *À margem do lixo*; *Simonal – ninguém sabe o duro que dei*; *Lula, o filho do Brasil*; *Bróder* e *Malu de Bicicleta*. Ricardo Della Rosa fez poucos filmes, porém realizações importantes como *Olga* (2004), *Casa de areia, O passado, À deriva* e *Lope*. Lula Carvalho afirma-se como um dos principais fotógrafos em atividade, registrando com suas lentes *Moacir Arte Bruta* (2005), *Incuráveis, Fabricando Tom Zé, Tropa de elite, Meu nome é Dindi, A festa da menina morta, Feliz Natal, Budapeste, Elevado 3.5, Tropa de elite 2. O inimigo agora é outro*, e um filme estrangeiro, *Felicitas* (2009), da cineasta argentina Maria Teresa Constantini. (LFM)

FOWLE, Chick (Henry Edward Fowle) – Londres, Inglaterra, 1915-1995. Fotógrafo.

FILMOGRAFIA: 1946 – *Children on Trial*. 1947 – *The Woman in the Hall*. 1948 – *Once a Jolly Swagman*; *Esther Walters*. 1949 – *Dear Mr. Prohack*; *Morning Departure*. 1950 – *The Happiest Days of Your Life*; *Caiçara*; *Terra é sempre terra*. 1951 – *Ângela*; *Tico-tico no fubá*. 1952 – *O cangaceiro*. 1953 – *Na senda do crime*. 1954 – *Floradas na serra*; *São Paulo em festa*. 1955 – *O sobrado*; *A rosa dos ventos* (episódio brasileiro: 'Ana') (coprodução estrangeira). 1956 – *O gato de madame*; *Osso, amor e papagaio*. 1957 – *Paixão de gaúcho*; *Absolutamente certo*. 1957-1958 – *Ravina*. 1960 – *A primeira missa*. 1962 – *O pagador de promessas*. 1963 – *O pescador e sua alma* (coprodução estrangeira).

Henry Edward Fowle forma-se na escola de documentário inglês com o fotógrafo Jonah Jones (Frank H. Jones), tendo começado a trabalhar em 1932 como simples mensageiro da empresa britânica de correios e telégrafos (o General Post Office). Alberto Cavalcanti* conhece-o no GENERAL POST OFFICE FILM UNIT, criado por John Grierson (1933), o núcleo de produção institucional que revoluciona a concepção do documentário social. Chick Fowle colabora na fotografia de *The King's Stamp* (William Coldstream, 1935), *Calendar of the Year* (Evelyn Spice, 1936), do clássico *Nightmail* (Harry Watt e Basil Wright, 1936), *Big Money* (H. Watt, 1937), *Roadways* (W. Coldstream-Stuart Legg, 1937), *North Sea* (H. Watt, 1938), *Penny Journey* (Humphrey Jennings, 1938), *News for the Navy* (Norman McLaren, 1938), *Spring Offensive* (An Unrecorded Victory, H. Jennings, 1939), *London Can Take It* (H. Watt-H. Jennings, 1940). Fowle fotografa sozinho os documentários *Work Waits For You* (Alex Shaw, 1936), *The Copper Web* (Maurice Harvey, 1937), *The City* (Ralph Elton, 1938), *Men in Danger* (Health in Industry, Pat Jackson, 1939), *At the Third Stroke* (Richard Massingham, 1939), *Spare Time* (H. Jennings, 1939), *Listen to Britain* (H. Jennings, 1941), *Welfare of the Workers* (H. Jennings, 1941), *Heart of Britain* (H. Jennings, 1941), *Merchant Seamen* (J. B. Holmes, 1941), *The Silent Village* (H. Jennings, 1943), *The True Story of Lili Marlene* (H. Jennings, 1944), *The Cumberland Story* (H. Jennings, 1947) – filmes supervisionados ou produzidos pelo cineasta brasileiro até sua saída do CROWN FILM UNIT (núcleo ligado ao Ministério da Informação que substituiu o GPO FILM UNIT). A lista de longas-metragens britânicos de ficção que fotografa é modesta: *The Woman in the Hall* (Jack Lee), *Children on Trial* (Jack Lee-Ian Dalrymple) e *Esther Walters* (Ian Dalrymple-Peter Proud), fotografados em colaboração com C. M. Pennington-Richards. Ainda na ficção, Fowle filma sozinho *Once a Jolly Swagman* (Jack Lee), *Dear Mr. Prohack* (Thornton Freeland) e os exteriores de *Morning Departure* (Roy Baker) e *The Happiest Days of Your Life* (Frank Launder).

Nos grandes estúdios da EALING, onde trabalha durante vários anos e dirige alguns dos seus maiores sucessos, Alberto Cavalcanti conta com outros diretores de fotografia. Portanto, ao trazer H. E. Fowle ao Brasil, o produtor geral da VERA CRUZ* prefere contratar um técnico formado na dura escola do documentário social e da reportagem, em lugar de alguém com experiência apenas no sistema de estúdios então em vigor. Mesmo que a VERA CRUZ não tenha dado ao documentário a importância que tinha então para Cavalcanti e teria no futuro para o Cinema Novo*, a produção de Franco Zampari* não fica trancada nos galpões construídos em São Bernardo do Campo. A preferência pelas locações é uma das novidades da VERA CRUZ em relação à CINÉDIA* e à ATLÂNTIDA*. A contribuição de Chick Fowle é fundamental nesse sentido. O fotógrafo inglês está presente em *Caiçara* e *Terra é sempre terra*, os primeiros longas-metragens da VERA CRUZ. Depois da ruptura entre os donos da companhia e Cavalcanti, permanece na filmagem de *Ângela*, cuja direção passa de Martim Gonçalves a Abílio Pereira de Almeida* e Tom Payne*. Quando o espanhol José María Beltrán abandona o set de *Tico-tico no fubá* devido ao vencimento do seu contrato, Fowle assume a iluminação da cidade cenográfica durante a prolongada filmagem de uma das mais requintadas produções da companhia. A versatilidade e a capacidade de adaptação do fotógrafo ficam comprovadas com os seus dois últimos filmes para a VERA CRUZ: *O cangaceiro* e *Na senda do crime*. No caso do primeiro, a fotografia contribui de maneira decisiva para a plasticidade e unidade de um filme que oscila entre a violência épica e o lirismo musical (com Lima Barreto* trabalharia novamente em *São Paulo em festa* e *A primeira missa*. Em *Na senda do crime*, os claros-escuros da iluminação conseguem transformar São Paulo em cenário de *film noir*. À sombra dos arranha-céus ou na ensolarada paisagem rural, Chick Fowle capta a luz mais adequada a cada filme, com a mesma exigência em matéria de homogeneidade e transparência. O fotógrafo não impõe um estilo, ele se adapta às necessidades do tema, gênero, lugar e diretor. Depois da falência da VERA CRUZ, resolve permanecer no Brasil. Trabalha para uma das primeiras firmas de publicidade do país, a LYNX FILMES, de César Mêmolo Jr., para quem fotografa o longa-metragem *Osso, amor e papagaio*. Fowle é também o apreciado e solicitado colaborador de outros exemplos da produção paulista posterior à VERA CRUZ: *O sobrado* (de Walter George Dürst* e Cassiano Gabus Mendes), *O gato de madame* (de Agostinho Martins Pereira*), *Paixão de gaúcho* (de Walter George Dürst) e *Ravina* (de Rubem Biáfora*, 1959). Ele encara com idêntica competência tanto uma comédia leve de Amácio Mazzaropi* (*O gato de madame*) quanto as filigranas psicológicas de *Ravina*. Quem sabe tirar partido das diversas qualidades de Chick Fowle é Anselmo Duarte*, que o conhece nos estúdios de São Bernardo do Campo. Quando o ex-galã resolve passar para a direção, na comédia *Absolutamente certo*, conta com a habilidade do fotógrafo inglês. A colaboração entre o diretor e o iluminador rende melhores frutos em *O pagador de promessas*, recompensado com a PALMA DE OURO DO FESTIVAL DE CANNES. Se as primeiras imagens lembram as silhuetas de *O cangaceiro*, a filmagem em locações na Bahia representa um novo desafio para Chick Fowle. A fotografia é um dos maiores trunfos do filme de Anselmo Duarte: o preto e branco expressa todas as suas possibilidades plásticas, uma riqueza de nuances e tons que não limita mais os movimentos dos intérpretes e figurantes, conforme acontecia numa época recente. A fusão é perfeita entre os rostos anônimos e os atores vindos do palco (do Teatro Brasileiro de Comédia (TBC), como Leonardo Vilar*, ou do teatro baiano, como Geraldo D'El Rey*, Othon Bastos* e Antonio Pitanga*). Nesse momento, Fowle não revela apenas a plenitude dos seus recursos técnicos: o inglês mostra que é um dos autênticos descobridores da luz brasileira, o homem que representa a transição entre o "alemão" Edgar Brasil* e o argentino Ricardo Aronovich*. Isso não se chama mais competência e profissionalismo, isso é sensibilidade e talento: a fotografia concebida como uma grande arte no processo de criação coletiva do cinema. Faleceu em Londres em 16 de junho. (PAP)

FRAGA, Denise (Denise Rodrigues Fraga) – Rio de Janeiro, RJ, 1965. Atriz.

FILMOGRAFIA: 1985 – *Com licença, eu vou à luta*. 1993-1994 – *O Efeito Ilha*. 1995 – *A felicidade é...* (1º episódio: 'Sonho'). 1997 – *O cineasta da selva*; *Boleiros, era uma vez no futebol....* 1998 – *Por trás do pano*. 1999 – *O auto da compadecida*. 2001 – *Cristina quer casar*. 2004 – *Como fazer um filme de amor*. 2006 – *Boleiros 2 – vencedores e vencidos*. 2007 – *Os Porralokinhas*; *O signo da cidade*. 2009 – *O contador de histórias*.

Comediante de formação teatral. Durante seis anos protagonizou a peça de retumbante sucesso *Trair e coçar é só começar*, de autoria de Marcos Caruso e com direção de Atílio Riccó, no papel da empregada doméstica Olímpia. É também um nome popular na TV, em humorísticos, séries e telenovelas. Fez pequena participação em *Com licença, eu vou à luta*, primeiro longa-metragem do diretor Lui Farias, baseado no romance homônimo de Eliane Maciel. Quase dez anos depois, apareceu com personagem de nome curioso, Flávia Chip, em *O Efeito Ilha*, de Luiz Alberto Pereira*. No primeiro episódio: 'Sonho', de José Pedro Goulart, do longa *A felicidade é...*, fez a mulher cujo marido escritor rouba sonhos. No papel de Anita, fez participação especial em filme que mistura documentário e ficção, *O cineasta da selva*, único longa de Aurélio Michiles.

No papel de Neidinha, trabalhou como atriz convidada em *Boleiros, era uma vez no futebol...*, de Ugo Giorgetti*. Viveu a jovem atriz Helena em *Por trás do pano*, do diretor estreante Luiz Villaça. Criou Dora, a mulher namoradeira do padeiro em *O auto da compadecida*, de Guel Arraes*, adaptação de clássica peça teatral de Ariano Suassuna. Criou o personagem de Cristina, em *Cristina quer casar*, de Luiz Villaça. Foi Laura, a mocinha de *Como fazer um filme de amor*, único longa dirigido pelo escritor e roteirista José Roberto Torero. Inventou uma juíza de futebol em *Boleiros 2 – vencedores e vencidos*, de Ugo Giorgetti. No papel de Magali, atuou no filme infantil *Os Porralokinhas*, trabalhando novamente com o diretor Lui Farias. Interpretou Lydia, vizinha infeliz no casamento em *O signo da cidade*, drama dirigido pelo ator Carlos Alberto Riccelli*. Produtora em sociedade com Francisco Ramalho Jr.*, de *O contador de histórias*, de Luiz Villaça, em que Denise fez ponta. Atriz em curtas-metragem ficcionais, como *Um C chamado paixão* (1992), de Renato Lemos e Márcia Calisman; *Até a eternidade* (1995), de Luiz Villaça e Flávio de Souza; *Lembrança do futuro* (1996), de Flávio de Souza, e mais *Lápide* (1997), de Paulo Morelli. Foi casada com encenador Moacir Chaves, com quem estudou teatro, e está casada com cineasta e diretor de TV, Luiz Villaça. (LFM)

FRAGA, Ody (Odi Fraga e Silva) – Florianópolis, SC, 1927-1987. Roteirista, diretor.

FILMOGRAFIA: 1960 – *Conceição* (rot.). 1961 – *Amor na selva* (coprodução estrangeira) (rot.). 1962 – *O Cabeleira* (rot.). 1962-1967 – *Vidas nuas* (rot., dir.). 1965 – *O diabo de Vila Velha* (dir.). 1974 – *Macho e fêmea* (rot., dir.); *O exorcista de mulheres* (rot.); *O signo de escorpião* (rot.); *Adultério, as regras do jogo* (rot., dir.); *Pensionato de mulheres* (rot.). 1975 – *O sexo mora ao lado* (rot., dir.); *Amantes amanhã, se houver sol* (rot., dir.). 1976 – *Possuídas pelo pecado* (rot.); *Quem é o pai da criança?* (*Idade do desejo*) (rot., dir.); *Excitação* (rot.). 1977 – *O mulherengo* (rot.); *Mulher, mulher* (rot.); *Dezenove mulheres e um homem* (rot.); *Ninfas diabólicas* (rot.). 1978 – *Terapia do sexo* (rot., dir.); *Bandido, a fúria do sexo* (rot.); *Reformatório das depravadas* (rot., dir.); *Sexo selvagem* (rot.); *Damas do prazer* (rot.). 1979 – *Histórias que nossas babás não contavam* (rot.); *A dama da zona* (*Hoje tem gafieira*) (rot., dir.); *Eu compro essa virgem* (rot.); *Desejo selvagem* (*Massacre no Pantanal*) (rot.); *E agora, José?* (*Tortura do sexo*) (rot., dir.). 1980 – *Bordel, noites proibidas* (rot.); *Bacanal* (rot.); *A noite das taras* (3º episódio (rot., dir.)); *Corpo devasso* (rot.); *Palácio de Vênus* (rot., dir.); *A fêmea do mar* (rot., dir.); *Aqui, tarados* (1º episódio: 'A tia de André' (rot.); 2º episódio: 'A viúva do dr. Vidal' (rot.); 3º episódio: 'O pasteleiro' (rot.)). 1981 – *Fome do sexo* (rot., dir.); *Pornô!* (1º episódio: 'As gazelas' (rot.); 2º episódio: 'O prazer da virtude' (rot.); 3º episódio: 'O gafanhoto' (rot.)); *A filha do Calígula* (rot., dir.); *O sexo nosso de cada dia* (rot., dir.); *Anarquia sexual* (rot.). 1981-1982 – *A fábrica de camisinhas* (rot.). 1982 – *As gatas, mulheres de aluguel* (1º episódio: 'Aretuza' (rot.); 2º episódio: 'O gato' (rot., dir.)); *A primeira noite de uma adolescente* (rot.); *A noite das taras 2* (1º episódio: 'Solo de violino' (rot.); 2º episódio: 'A guerra das malvinas' (rot.)); *O prazer do sexo* (rot.); *Mulher tentação* (rot., dir.); *As seis mulheres de Adão* (rot.); *As viúvas eróticas* (1º episódio: 'Magnólia'; 2º episódio: 'Sílvia'; 3º episódio: 'Rute e Eva') (rot.); *Vadias pelo prazer* (rot.); *As panteras negras do sexo* (rot.); *Tudo na cama* (rot.). 1983 – *Tentação na cama* (rot., dir.); *Corpo e alma de uma mulher* (rot.); *Erótica: fêmea sensual* (rot., dir.); *Taras eróticas* (rot.). 1984 – *Senta no meu que eu entro na tua* (rot., dir.). 1986 – *Mulheres taradas por animais* (rot., dir.). 1987 – *O dia do gato* (rot.).

Ody Fraga passou a infância numa casa ao lado de um cinema da cidade, o que lhe permitiu ver muitos filmes, a despeito da rigorosa vigilância paterna. Na adolescência, seguindo a vontade da família e uma suposta vocação, frequentou um seminário durante três anos, com o objetivo de tornar-se pastor da Igreja protestante. Aos 19 anos abandonou tais estudos e, com alguns amigos, montou um grupo teatral, em princípio sem maiores ambições, mas que acabou lhe fornecendo o "passaporte" para chegar ao Rio de Janeiro, no final da década de 40. A oportunidade surgiu com a passagem de Paschoal Carlos Magno (grande divulgador e incentivador do teatro) por Florianópolis, que simpatizou com a vontade do grupo amador e propiciou a possibilidade de Ody e seus companheiros viajarem até a capital federal. Antes de deixar a cidade natal, Ody Fraga já era autor de textos, incluindo os literários, tendo a seu crédito o fato de ter sido um dos fundadores da revista literária *Sul*, considerada a mais importante de Santa Catarina nas últimas décadas.

No Rio de Janeiro, Ody Fraga trabalhou no Serviço Nacional do Teatro (SNT), sem deixar de lado seu interesse pela dramaturgia. Sua adaptação de *Pi-*

nóquio foi um sucesso, com milhares de apresentações para plateias infantis em todos os cantos do país. Na mesma época, começo dos anos 50, participou ativamente de um grupo de teatro que mantinha um nome sugestivo: *Os Quixotes*. Paralelamente desenvolveu atividades no jornalismo. Gostava de contar sua condição de *ghost-writer* de um crítico de cinema, segundo ele, Eduardo de Menezes, no *Diário Carioca*, o que lhe rendia alguns trocados a mais no dia a dia. Escreveu também no suplemento literário do jornal *A Manhã*. Na estreia da peça *Doroteia*, de Nélson Rodrigues*, no Teatro Fênix, foi uma voz isolada em defesa do texto e da encenação. A efervescência cultural da época o levou a vários estados pela Campanha Nacional de Educação de Base, apresentando espetáculos pedagógicos, que incluíam teatro de fantoches. Num congresso de folclore conheceu Solano Trindade, que o convidou a escrever um texto para teatro que serviu de preparação para uma mudança em sua vida.

A vinda para São Paulo ocorreu em 1959, e desde o início participou das rodas cinematográficas do bar Costa do Sol, na rua Sete de Abril, em frente à sede dos *Diários Associados*. A convite, escreveu o roteiro de *Conceição*, filme dirigido pelo ator Hélio Souto*. Foi seu ingresso na atividade cinematográfica. Em seguida, foi roteirista de *Amor na selva*, *O Cabeleira*, até estrear na direção com *Vidas nuas*, em 1962, que só foi finalizado cinco anos mais tarde, pelo produtor iniciante A. P. Galante*, e se constituiu, para muitos, um dos marcos iniciais da pornochanchada* brasileira. As incertezas do cinema nacional levaram Ody Fraga à televisão entre 1965 e 1973. De início trabalhou na TV BANDEIRANTES ao lado de Walter George Dürst* no *Teatro Cacilda Becker*. Depois trabalhou nas TVs CULTURA, TUPI e RECORD, quase sempre em teleteatros. Nas duas últimas emissoras escreveu textos para novelas. Na sua volta definitiva ao cinema, em 1973, Ody se instala na Boca do Lixo*, região que reunia produtoras, distribuidoras e empresas de equipamentos cinematográficos e de assistência técnica, cujo epicentro era o bar Soberano, na rua do Triunfo, próximo às estações ferroviárias da cidade. O primeiro trabalho foi *Macho e fêmea*, que traz uma inovação que será seguida por outros produtores: a entrada do distribuidor na produção, o que garante um escoamento mais rápido em direção ao circuito exibidor. Daquele lugar, Ody nunca mais saiu até sua morte em 1987. Num período de quase quinze anos participou de pelo menos sessenta filmes como roteirista e diretor, a maior parte deles incluída no gênero pornochanchada, que reunia os filmes com cenas de nudez ou situações de sexo, antes do advento do filme pornográfico explícito, no início da década de 80, do qual ele também participou ativamente.

Ody Fraga era considerado o ideólogo da Boca. Era homem articulado, inteligente e tinha um nível cultural muito acima de seus pares. Nem por isso desdenhava o cinema de vocação comercial. Todos recorriam a Ody para ouvir observações, trocar ideias ou mesmo pedir um roteiro baseado em algo que estivesse pairando no ar, ou que fosse sucesso em outros países. Foi assim que Ody preparou o roteiro de *Mulher, mulher*, baseado no *Relatório Hite*, dirigido por Jean Garrett*, que foi visto por mais de 2 milhões de espectadores no seu lançamento em 1979. Ody roteirizou também vários sucessos de David Cardoso* – *Dezenove mulheres e um homem* e *Possuídas pelo pecado*, entre outros, sem contar os projetos que lhe foram encomendados e que ele roteirizou e dirigiu, caso de *Terapia do sexo*, inspirado num sucesso comercial do cinema alemão, à base da dobradinha sexo & ciência, rodado em apenas catorze dias, numa rapidez que seria outra de suas marcas. A capacidade de Ody para resolver problemas, consertar roteiros ou orientar diretores iniciantes contribui para a sua fama e o leva à condição de liderança informal na área, ainda que tivesse uma visão crítica de seus pares, sabendo que muitos que se apresentavam como diretores, produtores, intérpretes ou roteiristas não mereciam assim ser chamados. Por razões de natureza financeira, principalmente, manteve-se em atividade mesmo no período em que os filmes pornográficos ocuparam o lugar da pornochanchada na produção paulista. *Fome do sexo*, um dos primeiros do gênero, foi sucesso de público. Mesmo no cinema pornô, em que o roteiro geralmente dá lugar a uma ação mecânica e documental, ele colocou sua marca, incluindo enredo, graça e inventividade. Ao contrário da maioria dos profissionais que preferiam esconder a identidade, assinou sempre seu nome, até 1987, quando, segundo seus amigos mais próximos, morreu debruçado sobre a velha máquina de escrever, preparando mais um roteiro. Faleceu em São Paulo em 4 de setembro. (IS)

FRANÇA, Marlene (Marlene França Yppolito) – Uauá, BA, 1943-2011. Atriz.

FILMOGRAFIA: 1955 – *A rosa dos ventos* (episódio brasileiro: 'Ana') (coprodução estrangeira). 1958 – *Chofer de praça*; *Fronteiras do inferno*. 1959 – *Jeca Tatu*. 1960 – *A moça do quarto 13* (coprodução estrangeira). 1961 – *Mulheres e milhões*. 1962 – *O Cabeleira*; *Lampião, rei do cangaço*. 1964 – *Mulher satânica* (coprodução estrangeira). 1965 – *O agente da lei*. 1968 – *O pequeno mundo de Marcos*; *Panca de valente*. 1970 – *Uma nega chamada Teresa*; *Se meu dólar falasse...* 1971 – *Lua de mel & amendoim* (1º episódio: 'Lua de mel & amendoim'); *Até o último mercenário*; *Cio, uma verdadeira história de amor*; *A herdeira rebelde*. 1972 – *Sinal vermelho, as fêmeas*; *A infidelidade ao alcance de todos* (2º episódio: 'A transa'). 1973 – *Janaína, a virgem proibida*; *A noite do desejo* (*Data marcada para o sexo*); *Trindade... é meu nome*; *Caçada sangrenta*. 1973-1975 – *A casa das tentações*. 1974 – *O supermanso*. 1975 – *A noite das fêmeas* (*Ensaio geral*); *Bacalhau* (*Bac's*). 1976 – *Crueldade mortal*. 1977 – *O mulherengo*; *O bem-dotado, o homem de Itu*. 1978 – *O estripador de mulheres*; *Mulher desejada*. 1979 – *A dama da zona* (*Hoje tem gafieira*); *Paula, a história de uma subversiva*. 1982 – *O último voo do condor*; *Nasce uma mulher*. 1986 – *Quincas Borba*.

Nascida em um vilarejo no sertão baiano perto de Feira de Santana, Marlene França começou a manifestar propensões à carreira artística aos 9 anos de idade. Aos 13, estreou no cinema, no filme *A rosa dos ventos*, mais precisamente no episódio 'Ana', dirigido por Alex Viany*. Uma coprodução Brasil-Alemanha, o filme propiciou-lhe um prêmio no FESTIVAL DE BERLIM de 1957, como atriz-revelação. Radicando-se em São Paulo, dedica-se à carreira de atriz. Tornou-se conhecida ao contracenar com Amácio Mazzaropi* em *Jeca Tatu*, sob a direção de seu marido Milton Amaral. Sua longa carreira no cinema continua em filmes rurais, como *O Cabeleira*, novamente sob a direção de Milton Amaral, e *A herdeira rebelde*, de Nelson Teixeira Mendes*. Atuou ainda em *A noite do desejo*, de Fauzi Mansur*, obtendo o prêmio GOVERNADOR DO ESTADO de melhor atriz daquele ano. Sua atuação no filme *Crueldade mortal*, de Luiz Paulino dos Santos, foi reconhecida através de um prêmio de maior prestígio, o de melhor atriz no FESTIVAL DE GRAMADO. Nos anos 80, começou a dirigir curtas-metragens como *Frei Tito*, sobre o padre brasileiro que enfrentou o regime militar, *Mulheres da terra* (1985) e *Meninos de rua* (1988). (LAR) Esse filme conquistou três prêmios MARGARIDA DE PRATA consecutivamente. Participou de *Guerra dos Farrapos*, dirigido por Carlos Coimbra* para a TV BANDEIRANTES e trabalhou para a TV CULTURA em *Antes do baile verde*, de Lygia Fagundes Telles. Faleceu em 23 de setembro em Itatiba.

FRANCO, Francisco Di (Francisco de Souza Neto) – São Paulo, SP, 1938-2001. Ator.

FILMOGRAFIA: 1959 – *Jeca Tatu*. 1960 – *As aventuras de Pedro Malazartes*; *Tristezas do Jeca*. 1962 – *Vendedor de linguiças*. 1963 – *O lamparina*. 1965 – *Corpo ardente*. 1966 – *As cariocas* (2º episódio). 1967 – *O quarto*. 1969 – *O cangaceiro sem Deus*. 1969-1970 – *Juliana do amor perdido*. 1970 – *Balada dos infiéis*; *Um certo capitão Rodrigo*; *O pornógrafo*; *Sertão em festa*. 1971 – *Cordelia, Cordelia...*; *Pantanal de sangue*; *Cio, uma verdadeira história de amor*; *Quando as mulheres paqueram (Assim nem a cama aguenta)*; *Os devassos*; *Um marido sem... é como um jardim sem flores*; *Um anjo mau*. 1972 – *Independência ou morte*. 1973 – *Como evitar o desquite*. 1974 – *O marginal*; *A noiva da noite (Desejo de sete homens)*; *O supermanso*; *A última bala*. 1977 – *O trapalhão nas minas do rei Salomão*. 1978 – *A força do sexo*; *As aventuras de Robinson Crusoé*; *As borboletas também amam*; *Iracema, a virgem dos lábios de mel*; *Paixão de sertanejo*; *Os três boiadeiros*; *Os trombadinhas*. 1979 – *Mulheres do cais*; *Os Pankekas e o calhambeque de ouro*. 1981 – *Boneca cobiçada*; *O sexo e as pipas (Bacanal do 3º grau)*. 1982 – *Tessa, a gata*; *Anúncio de jornal*. 1984 – *Sexo, sexo, sexo*. 1997-1999 – *Hans Staden*. 1998 – *Até que a vida nos separe*.

Ator de cinema, com ocasionais incursões na televisão. Começa a atuar com o nome artístico de Francisco de Souza. Desde sua estreia em 1959 até 1963, faz uma série de participações em filmes de Amácio Mazzaropi*, sob a direção de Milton Amaral (*Jeca Tatu* e *Tristezas do Jeca*), Ismar Porto* (*As aventuras de Pedro Malazartes*) e Glauco Mirko Laurelli*. A seguir, ainda em pequenos papéis, aparece em um episódio de *As cariocas* e em *Corpo ardente*, ambos do diretor Walter Hugo Khouri*, e em *O quarto*, de Rubem Biáfora*. Na década de 70, troca seu nome artístico para Francisco Di Franco, quando começa a atuar em papéis principais, como em *Juliana do amor perdido*, de Sérgio Ricardo. Interpreta o papel-título em *Um certo capitão Rodrigo*, de Anselmo Duarte*. Representa o amante de Cordélia, no filme *Cordelia, Cordelia...*, de Rodolfo Nanni*. Atua num grande número de filmes de diferentes gêneros (aventuras, comédias eróticas, dramas, faroestes, infantis, por-

nochanchadas* e sertanejos), até quando representa um papel fora de seus padrões, como o do cafetão de *O marginal*, de Carlos Manga*. É o mocinho da fita infantil *O trapalhão nas minas do rei Salomão*, sob a direção de J. B. Tanko*, e vive o personagem de Robinson Crusoé, quando contracena com Grande Otelo*, em *As aventuras de Robinson Crusoé*, filme do diretor Mozael Silveira. Sempre manteve vínculos com o cinema da Boca do Lixo*, quando trabalha com diretores como Osvaldo Oliveira* (*O cangaceiro sem Deus* e *Sertão em festa*); Fauzi Mansur* (*Uma verdadeira história de amor*); Ary Fernandes* (*O supermanso*); W. A. Kopezky* (*Os três boiadeiros*); José Miziara* (*Mulheres do cais*); Raffaele Rossi (*Boneca cobiçada*); e José Vedovato (*O sexo e as pipas*). Atua em duas adaptações de obras de José de Alencar*: *Iracema, a virgem dos lábios de mel*, de Carlos Coimbra*, extraído do romance homônimo, quando, estranhamente, interpreta o papel de um índio, fora de seu tipo físico; e *Paixão de sertanejo*, de Pio Zamuner*, versão do romance *O sertanejo*, transformado em faroeste. Na década de 80 diminui bastante o ritmo de filmagens, participando ainda de *Hans Staden*, de Luiz Alberto Pereira*, e *Até que a vida nos separe*, de José Zaragoza, onde atua como *barman*. Foi um dos principais galãs do cinema e da televisão brasileira, falecendo em São Paulo em 10 de abril. (LFM)

FREDERICO, Flávio – Rio de Janeiro, RJ, 1969. Diretor.

FILMOGRAFIA: 2001 – *Urbânia*. 2003 – *Serra*. 2004 – *São Paulo – retratos do mundo*. 2007 – *Caparaó*.

Carioca, há anos radicado em São Paulo. Formado em Cinema pela Escola de Comunicações e Artes da Universidade de São Paulo (ECA/USP), onde também estudou Arquitetura. Desde 1988, trabalha com cinema, fotografia, TV e vídeo. Diretor de série de curtas-metragens na bitola 35 mm que flertam com experimentalismo. O primeiro deles foi *Nazareno* (1992), filme que mistura sonho e realidade. Seguido de *Vencido* (1996), sobre três mendigos que vivem num estúdio abandonado e resolvem fazer um filme com câmera encontrada no lixo. Filmou *Todo dia todo* (1998), enfoque que mistura o dia na vida de um homem e fatos importantes do século XX. Depois de fazer filmes ficcionais, filmou o documentário *Copacabana* (1999), sobre um dia na famosa praia brasileira. Retornou à trama ficcional em *Pormenores* (2000), sobre os pequenos gestos de um café da manhã de casal em crise no relacionamento. Filme

sobre diferentes pontos de vista foi *Ofusca* (2002). Em *Red* (2005), montou uma nova visão da história de Chapeuzinho Vermelho e o Lobo Mau. Filmou documentário de média metragem, *Quilombo: do Campo Grande ao Martins* (2007), sobre os mais de cem quilombos que existiram em Minas Gerais entre os anos de 1695 e 1790. Funcionou como produtor executivo dos longas-metragens *Seja o que deus quiser* (2002-2003), de Murilo Salles*, e *Árido movie* (2005), de Lírio Ferreira*. Diretor estreante com um longa-metragem ficcional que mistura documentário, *Urbânia*, numa viagem sentimental por uma São Paulo do passado e do presente. Nos longas seguintes, utilizou novas tecnologias quando se fixou no documentário. Em *Serra*, fez um registro da serra da Mantiqueira. Em *São Paulo – retratos do mundo*, mostrou os contrastes dessa grande metrópole que naquele momento comemorou 450 anos. Em *Caparaó*, refletiu sobre a primeira tentativa de luta armada contra o regime militar instaurado no Brasil em 1964, que aconteceu na serra do Caparaó, localizada na divisa do Espírito Santo com Minas Gerais, em agosto de 1966. (LFM)

FREGOLENTE (Ambrósio Fregolente) – São Paulo, SP, 1912-1979. Ator.

FILMOGRAFIA: 1946 – *Sempre resta uma esperança*. 1947-1948 – *Almas adversas*. 1948-1950 – *Estrelas da manhã*. 1949 – *Escrava Isaura*; *A sombra da outra*; *Não é nada disso*; *Coração materno*. 1951 – *Garota mineira*; *Tocaia*; *O preço de um desejo*. 1952 – *Brumas da vida*; *Noivas do mal*; *Três vagabundos*. 1953 – *Balança mas não cai*; *Dupla do barulho*; *Rua sem sol*. 1954 – *Marujo por acaso*. 1957 – *Absolutamente certo*; *O barbeiro que se vira*. 1958 – *O homem do Sputnik*; *Minha sogra é da polícia*. 1959 – *Cidade ameaçada*. 1960 – *Só naquela base*. 1962 – *Assalto ao trem pagador*. 1963 – *Bonitinha mas ordinária*; *O beijo*; *Mercenários do crime* (episódio: 'Carnaval de assassinos') (produção estrangeira). 1964 – *Asfalto selvagem*. 1965 – *Os selvagens* (coprodução estrangeira); *Crônica da cidade amada* (episódio: 'Aventura carioca'); *Paraíba, vida e morte de um bandido*. 1966 – *O mundo alegre de Helô*. 1967 – *A virgem prometida*. 1968 – *O homem que comprou o mundo*; *Enfim sós... com o outro*; *Os paqueras*; *A penúltima donzela*; *As duas faces da moeda*. 1970 – *Anjos e demônios*; *Um uísque antes... e um cigarro depois* (2º episódio: '...'); *Como ganhar na loteria sem perder a esportiva*. 1971 – *O bolão*; *O donzelo*; *Romualdo e Juliana*. 1972 – *Viver de morrer*. 1973 – *Vai trabalhar, vagabundo*.

1974 – *Ainda agarro esta vizinha*; *Sedução (Qualquer coisa a respeito do amor)*. 1975 – *Aventuras d'um detetive português*; *O casamento*. 1975-1977 – *Gargalhada final*. 1976 – *O padre que queria pecar*; *O Ibraim do subúrbio* (1º episódio: 'Roy, o gargalhador profissional'). 1976-1977 – *Anchieta, José do Brasil*. 1977 – *O mulherengo*; *Ajuricaba, o rebelde da Amazônia*; *Um marido contagiante*. 1978-1981 – *Dora Doralina*. 1979 – *Amante latino*.

Ambrósio Fregolente mudou-se ainda jovem para o Rio de Janeiro, com a intenção de se formar em Medicina. Iniciou o curso em meados dos anos 40, mas logo o abandonou para se dedicar à carreira de ator (Fregolente conseguiu completar o curso em 1965, aos 53 anos, especializando-se em Psiquiatria). Seu primeiro trabalho como ator foi na peça *O beijo no asfalto*, de Nélson Rodrigues*. Sua carreira teatral foi expressiva: atuou em cerca de duzentas peças e era considerado um dos maiores intérpretes da obra de Nélson Rodrigues. Fregolente foi um dos primeiros atores contratados para a televisão, sem receber, no entanto, papéis à altura de seu talento. Embora tivesse atuado muito no teatro e na televisão, o cinema era a sua grande paixão. Segundo seu próprio depoimento, participou de mais de cinquenta longas-metragens. Seu papel de maior sucesso foi em *Assalto ao trem pagador*, de Roberto Farias*. Ao falecer, em março de 1979, vítima de infarto do miocárdio, estava participando de *Amante latino*, de Pedro Carlos Rovai*, estrelado pelo cantor Sidney Magal. (LAR) Um dos poucos atores a participar de mais de cinquenta filmes e peças de teatro. Faleceu na cidade fluminense de Mendes em 19 de março. (LAR)

FREIRE, Marina (Maria da Cunha Freire Junqueira Franco) – São Paulo, SP, 1910-1974.

FILMOGRAFIA: 1951 – *Tico-tico no fubá*. 1952-1953 – *Sinhá Moça*. 1953 – *Família Lero-lero*; *Esquina da ilusão*. 1953-1954 – *Floradas na serra*. 1956 – *Osso, amor e papagaio*. 1957 – *Absolutamente certo*. 1958 – *Macumba na alta*. 1959 – *Dona Violante Miranda*. 1963 – *Casinha pequenina*; *A desforra*. 1964 – *Noites quentes de Copacabana (Mord in Rio)*. 1965 – *O puritano da rua Augusta*. 1967 – *O quarto*. 1971 – *Lua de mel & amendoim* (1º episódio: 'Lua de mel & amendoim'). 1972 – *A infidelidade ao alcance de todos* (2º episódio: 'A transa').

Atriz com história no teatro paulista. Começou no teatro com Alfredo Mesquita. Fundadora do Teatro Brasileiro de Comédia (TBC). Nos estúdios cinematográficos da COMPANHIA CINEMATOGRÁFICA VERA CRUZ, sempre como coadjuvante, atuou nos filmes iniciais. Em *Tico-tico no fubá*, de Adolfo Celi*, cinebiografia do músico Zequinha de Abreu, interpretou uma tia. No filme histórico *Sinhá Moça*, de Tom Payne* e Oswaldo Sampaio*, baseado no romance homônimo de Maria Dezzone Pacheco Fernandes, foi Clara, a constante acompanhante de Sinhá Moça. Nas comédias *Família Lero-lero*, de Alberto Pieralisi*, extraída da peça teatral *As aventuras da família Lero-lero*, em que representou o papel da mãe, e *Esquina da ilusão*, de Ruggero Jacobbi, em que foi Angelina. No último filme da companhia, *Floradas na serra*, de Luciano Salce*, adaptado do romance homônimo de Dinah Silveira de Queiroz, foi dona Sofia. Trabalhou novamente nos estúdios VERA CRUZ em produções de outras empresas, como as comédias *Osso, amor e papagaio*, de Carlos Alberto de Souza Barros* e César Memolo Jr., baseado no conto *A Nova Califórnia*, de Afonso Henriques de Lima Barreto, e *Absolutamente certo*, de Anselmo Duarte*, no pequeno papel de madame Clarisse. O primeiro filme fora dos estúdios foi a comédia *Macumba na alta*, de Maria Basaglia*, baseada na peça teatral de Amaral Gurgel e na qual viveu Violeta. Em nova comédia, *Dona Violante Miranda*, de Fernando de Barros*, baseado na peça teatral homônima de Abílio Pereira de Almeida*, fez dona Boneca, que conta à jornalista quem foi Violante Miranda. No papel de Josefina, finalmente filmou com Mazzaropi*, *Casinha pequenina*, de Glauco Mirko Laurelli*, e, no papel de Raimunda, *O puritano da rua Augusta*, de Amácio Mazzaropi. Atuou no drama *A desforra*, de Gino Palmisano. No policial *Noites quentes de Copacabana*, coprodução entre Alemanha e Brasil, filmada nos estúdios VERA CRUZ com direção do alemão Horst Hachler. Foi uma amante em *O quarto*, de Rubem Biáfora*. Os últimos filmes foram em episódios. Faleceu em São Paulo no dia 2 de maio. (LFM)

FREIRE, Vera (Vera Freire Machado) – Rio de Janeiro, RJ, 1950. Montadora.

FILMOGRAFIA: 1970 – *Mandinga*. 1975 – *Motel*; *Tangarella (A tanga de cristal)*. 1976 – *O pai do povo*. 1977 – *Samba da criação do mundo*; *Mar de rosas*. 1978 – *Raoni*; *O escolhido de Iemanjá*. 1979 – *Gaijin, caminhos da liberdade*. 1980 – *Até a última gota*. 1981 – *O sonho não acabou*; *Das tripas coração*. 1982-1983 – *Garota dourada*. 1984 – *Nunca fomos tão felizes*; *Além da paixão*. 1985-1986 – *Dança dos bonecos*. 1987 – *Super Xuxa contra o Baixo Astral*; *O mentiroso*; *Sonhos de menina-moça*. 1988 – *Que bom te ver viva*. 1991 – *A maldição do Sanpaku*. 1992 – *Oswaldianas* (2º episódio: 'Daisy das almas deste mundo'). 1994 – *Menino maluquinho – o filme*. 1995-1996 – *Quem matou Pixote?*; *Fica comigo*. 1996 – *Doces poderes*. 1999-2000 – *Aleijadinho – paixão, glória e suplício*. 2003 – *Garrincha, estrela solitária*. 2004 – *O vestido*.

Uma das mais requisitadas e premiadas profissionais da montagem no Cinema Brasileiro é responsável por narrativas mais compassadas. Aluna do Institut des Hautes Études Cinématographiques (IDHEC), onde permanece de 1970 a 1974, especializando-se rapidamente em montagem, seus primeiros trabalhos são o longa *Mandinga* e o média *A grande farsa* (1972), ambos dirigidos por Jorge Monclar. Na capital francesa frequenta ainda o CONSERVATOIRE INDEPENDANT DU CINÉMA FRANÇAIS. De volta ao Brasil, paralelamente ao curso de Comunicação Social, que faz na Universidade Estácio de Sá, entra para o meio cinematográfico, montando inúmeros cinejornais* e estreando no longa-metragem com três curiosas pornochanchadas*: *Motel*, *Tangarella* e *O pai do povo*. Convidada pela diretora Ana Carolina*, monta o tenso *Mar de rosas*. O filme a destaca imediatamente, passando a montar para os principais diretores lançados nos anos 70 e 80, com especial destaque para contínuas parcerias com mulheres cineastas. Ganha seu primeiro prêmio no FESTIVAL DE GRAMADO pelo documentário *Raoni*, de Jean-Pierre Dutilleux e Luiz Carlos Saldanha*. Obtém muitos elogios pela sobriedade narrativa imprimida a *Gaijin* e pelas variações de ritmo introduzidas em *Das tripas coração* e *O sonho não acabou*, no qual também faz assistência de direção. Explora os tempos mortos no sensível *Nunca fomos tão felizes*, sendo premiada no FESTIVAL DE BRASÍLIA. Estabelece parceria com Helvécio Ratton*, construindo o ritmo de *A dança dos bonecos* e *Menino Maluquinho*. Prossegue trabalhando principalmente com diretoras, destacando-se os filmes montados para Lúcia Murat*, em especial *Que bom te ver viva*, que lhe rende mais um prêmio no FESTIVAL DE BRASÍLIA. Nos anos 90 adapta-se perfeitamente às concepções de José Joffily*, desenvolvendo intrincadas manipulações narrativas em *A maldição do Sanpaku*, seu trabalho mais premiado, e em *Quem matou Pixote?*. É responsável pela concatenação de imagens de mais de uma dezena de curtas, muitos dos quais dirigidos por Nélson Nadotti (*Madame Cartô*, *A voz da felicidade*, *O escurinho do cinema*, *A verdade*, *Vejo o Rio de Janeiro*). Monta também os médias *Seu nome veio de África* (1979), de Ana Luisa Aboim, e *A guerra dos meninos* (1991), de Sandra Werneck*. Tem passagem pela televisão, editando a minissérie *Madona de cedro*, dirigida por Tizuka Yamasaki*. (HH)

FRESNOT, Alain – Paris, França, 1951. Diretor.

FILMOGRAFIA: 1976 – *Trem fantasma*. 1987-1989 – *Lua cheia*. 1996 – *Ed Mort*. 2001-2003 – *Desmundo*. 2009 – *Família vende tudo*.

Formado em cinema na Escola de Comunicações e Artes (ECA/USP) na turma do período 1971-1974. Iniciou sua carreira com curtas-metragens ficcionais: *Doces e salgados* (1973) e *Pêndulo* (1974), feitos na bitola 16 mm, com produção da ECA. O primeiro filme curto que dirigiu na bitola 35 mm foi o documentário *Nitrato* (1975). Mais adiante foi diretor de outros curtas que utilizaram a bitola 35 mm: o documentário *Capoeira* (1979); os ficcionais *Amor que fica* (1986) e *Pé de Pato* (1994). Durante vários anos trabalhou como montador de muitos filmes curtos, de raros médias e poucas fitas longas. Desde os primeiros longas-metragens de que participou, alternou trabalhos em diferentes funções: como continuísta, diretor de produção, assistente de direção e técnico de som. Foi roteirista de *Doramundo* (1976), de João Batista de Andrade*, adaptado do romance homônimo de Geraldo Ferraz. Funcionou como produtor através da ACAUÃ PRODUÇÕES (1976), tendo sido sócio da TATU FILMES (1981) e da A. F. CINEMA E VÍDEO (1986), única que segue em atividade. Nessas duas últimas empresas foi produtor de filmes de outros realizadores. Diretor do drama *Trem fantasma*, sobre operário que quis mudar de vida ao tentar ascender socialmente e falha. Filmado na bitola 16 mm e nunca transferido ao 35 mm, esse filme permanece inédito nas salas de cinema. Diretor de comédias, começando com *Lua cheia*, que contou com roteiro seu em parceria com os cineastas Fernando Cony Campos* e Isa Castro, livremente inspirado em *O senhor Puntilla e seu criado Matti*, do dramaturgo alemão Bertolt Brecht. Em 1996 lança uma nova comédia, *Ed Mort*, baseada em personagem criado pelo escritor Luis Fernando Verissimo. Mudando de rumo, partiu para um filme histórico, quando dirigiu *Desmundo*, baseado no romance histórico e homônimo da badalada escritora Ana Miranda, com roteiro escrito em parceria com Sabina Azuategui. O longa é ambientado no século XVI e falado em português arcaico, com direito a legendas. Naturalizou-se brasileiro depois de viver quarenta anos no Brasil. Em 2010 lança a comédia *Família vende tudo*. (LFM)

FRÓES, Leopoldo (Leopoldo Constantino Fróes da Cruz) – Niterói, RJ, 1882-1932. Ator.

FILMOGRAFIA: 1915 – *Perdida*. 1931 – *Minha noite de núpcias* (produção estrangeira).

Grande ator teatral do início do século XX no Rio de Janeiro, é filho de um político e de uma família de expressão. Devido à sua origem e às pressões familiares, começa sua carreira no teatro português. Lança-se como ator profissional em 1903, mais adiante participando da Companhia Afonso Taveira. Em 1915, morando no Rio de Janeiro, atua na Companhia Lucília Peres-Leopoldo Fróes, tornando-se popular. No ano seguinte funda sua própria companhia, quando faz grande sucesso com textos de autores nacionais, como *Flores da sombra*, de Cláudio Souza; *O simpático Jeremias*, de Gastão Tojeiro; *Longe dos olhos*, de Abbadie Faria Rosa. Filma seu primeiro e único filme brasileiro, *Perdida*, com direção de Luiz de Barros*, melodrama em que atua ao lado do grande ator português Érico Braga e da estrela Iole Burlini. Em 1918, funda a Casa dos Artistas, local de assistência aos atores aposentados. Em 1920, lança-se como autor teatral, quando escreve as peças *O outro amor* e *Senhorita Gasolina*. No ano seguinte escreve sua terceira peça, *Mimosa*, compondo também a canção com o mesmo título, que se torna um clássico do nosso cancioneiro. Na década de 20, alcança grande êxito com *Gigolô*, de Renato Viana, e forma a Companhia Fróes-Chaby. Em 1929, desgostoso com o ambiente teatral, muda-se para Portugal e reinicia sua carreira, interessando-se pelo cinema sonoro. Nos estúdios franceses da PARAMOUNT, em Joinville, atua em seu segundo filme, *Minha noite de núpcias*, dirigido pelo cineasta austríaco E. W. Emo, uma comédia da versão sonora portuguesa do filme americano *His Wedding Nights*, ao lado dos atores portugueses Estevão Amarante e Beatriz Costa. Falece meses antes de completar 50 anos em Davos (Suíça), no dia 2 de março. (LFM)

FRONZI, Renata (Renata Mirra Ana Maria Fronzi) – Rosário, Argentina, 1925-2008. Atriz.

FILMOGRAFIA: 1946 – *Fantasma por acaso*. 1953 – *Toda vida em quinze minutos*. 1954 – *Carnaval em lá maior*. 1955 – *Guerra ao samba*. 1956 – *Garotas e samba*. 1957 – *De pernas pro ar*; *Treze cadeiras*; *É de chuá!*; *Hoje o galo sou eu*. 1958 – *Pé na tábua*. 1959 – *Espírito de porco*; *O massagista de madame*. 1960 – *Pistoleiro bossa-nova*; *Vai que é mole*; *Briga, mulher e samba*; *Marido de mulher boa*. 1962 – *Quero essa mulher assim mesmo*. 1963 – *O homem que roubou a Copa do Mundo*. 1967 – *As aventuras de Chico Valente*; *Papai trapalhão*. 1969-1970 – *Salário mínimo*. 1970 – *Como ganhar na loteria sem perder a esportiva*. 1975 – *Um soutien para papai*. 1976 – *Esse Rio muito louco* (2º episódio: 'A louca Ipanema'). 1981 – *Mulher de programa*. 1996 – *Il barbiere de Rio* (produção estrangeira). 2001 – *Copacabana*. 2002 – *Dead in the Water* (produção estrangeira). 2005 – *Coisa de mulher*.

Atriz de teatro, cinema e televisão, iniciou sua carreira como amadora, aos 15 anos, na companhia teatral de seu pai, César Fronzi, interpretando peças clássicas em italiano. Atuou em vários gêneros com seu pai: operetas, revistas e comédias. Em sua família todos eram artistas: avós paternos e maternos e os pais. Seus avós paternos tinham uma companhia de mímica. Renata nasceu por acaso em Rosário, numa das excursões que seus pais estavam fazendo com o repertório habitual. Sua estreia profissional deu-se na companhia Eva Todor, em uma peça de Luiz Iglésias chamada *Sol de primavera*, fazendo o papel da rival de Eva. Quando jovem, estudou balé clássico no Teatro Municipal de São Paulo, onde seu pai era *metteur en scène*. Foi por vários anos vedete do teatro de revista, ambiente em que o ator era obrigado a fazer de tudo, cantar, dançar, representar, constituindo-se em uma escola fantástica. Fez revista durante muito tempo e depois, pelas mãos de Aurimar Rocha, passou para o teatro de comédia. Na companhia de Walter Pinto trabalhou em três espetáculos de sucesso, sendo um deles *Não sou de briga*. Fez *shows* nas melhores boates cariocas dos anos 40 e 50. Casou-se em 1949 com o locutor, radialista e produtor César Ladeira, com quem teve dois filhos. Atuou em dezenas de peças teatrais, a maioria delas comédias (*Toda donzela tem um pai que é uma fera*, de Gláucio Gil; *O peru*, de Feydeau; *Mamãe, papai está ficando roxo*, de Oduvaldo Viana*). Interpretou também várias comédias musicais escritas por Mário Lago*, César Ladeira e Haroldo Barbosa, destacando-se *Adorei milhões*,

Brasil 3.000, *Com força total*, *Assim de mulher*. A comédia musical seguia mais ou menos a mesma linha da chanchada*. Tinha um humor sadio, divertido, ingênuo, e o público adorava. Para ela, a chanchada foi "a escola dos grandes diretores da televisão e do cinema" que estavam atuando nos anos 70 e 80. Nos anos 50, em especial, fez dezenas de chanchadas, tendo atuado com os principais diretores e comediantes do gênero (Carlos Manga*, Victor Lima*, J. B. Tanko*, Oscarito*, Zé Trindade*, Eliana*, Zezé Macedo*, entre outros). Merecem destaque seus desempenhos em *Guerra ao samba*, *Garotas e samba*, *Treze cadeiras*, *É de chuá!*, *Espírito de porco*, *Marido de mulher boa* e *O massagista de madame*. Desde o início, fez televisão. Inicialmente, na TV TUPI e, depois, na EXCELSIOR, GLOBO, RECORD e MANCHETE. Na EXCELSIOR fez o teatro infantil de Fabio Sabag, no qual era a bruxa-substituta, pois a bruxa-efetiva era Zilka Salaberry. Fez também o teleteatro *Câmara um*, dirigido por Jacy Campos. Seu maior êxito foi na TV RECORD, nos anos 60, com *Família Trapo*, que ficou quatro anos em cartaz, tendo no elenco Ronald Golias*, Otelo Zeloni* e Jô Soares*. Fez várias telenovelas, destacando-se *Corpo a corpo* (GLOBO), em que reviveu seu passado de vedete, e *A história de Ana Raio e Zé Trovão* (MANCHETE). Faleceu no Rio de Janeiro em 15 de abril. (AMC)

FÚLGIDA, Aurora (Aurélia Cocaneanu) – Bucareste, Romênia, 1880-?. Atriz.

FILMOGRAFIA: 1916 – *Lucíola*. 1917 – *Rosa que se desfolha*. 1924 – *A gigolete*; *Dever de amar*.

Desejosa de seguir a carreira artística, foge aos 17 anos com uma companhia de bailados que passava por sua cidade natal. Após dois anos trabalhando como figurante, parte para Milão, onde dança em cabarés para se sustentar e forma-se em bailados clássicos e interpretativos. Inicia carreira solo, percorrendo a Europa e posteriormente a América do Sul. Passa pelo Rio de Janeiro uma primeira vez e ao retornar recebe convite do fotógrafo e produtor Antônio Leal* para estrelar uma adaptação cinematográfica do romance *Lucíola*, de José de Alencar*. A temática forte e a ousadia da realização, que explora a silhueta da intérprete principal, transformam a produção num sucesso. A *performance* de Aurora é particularmente elogiada e sua imagem marca profundamente a primeira geração de espectadores e críticos, fato que a coloca como a primeira atriz a causar

impacto num filme brasileiro. Mesmo não deslanchando uma carreira significativa, devido à incipiência do meio na época, resolve fixar-se no Brasil, trabalhando a partir dos anos 30 na Casa da Romênia, no Rio de Janeiro, entidade da qual foi dirigente até os anos 60. Faleceu no Rio de Janeiro em data desconhecida. (HH)

FURTADO, Jorge – Porto Alegre, RS, 1959. Diretor.

FILMOGRAFIA: 1993 – *Os sete sacramentos de Canudos* (episódio: 'A matadeira'). 1995 – *Felicidade é...* (4º episódio: 'Estrada'). 2002 – *Houve uma vez dois verões*. 2003 – *O homem que copiava*. 2004 – *Meu tio matou um cara*. 2007 – *Saneamento básico, o filme*.

O ano de 1984 foi de extrema importância para o cinema no Rio Grande do Sul, já que o FESTIVAL DE CINEMA BRASILEIRO DE GRAMADO exibiu na competição o longa-metragem *Verdes anos*, de Giba Assis Brasil* e Carlos Gerbase*, e trouxe uma participação mais do que expressiva no setor de curtas-metragens. Foi o ano que marcou a estreia de Jorge Furtado no cinema. Em parceria com José Pedro Goulart, ele realizou *Temporal*, ficção baseada em uma história de Luis Fernando Verissimo. Seu segundo curta, *O dia em que Dorival encarou a guarda* (1986), foi premiado nos festivais de GRAMADO, HAVANA e HUELVA (Espanha). Com origem no telejornalismo, em sua trajetória cinematográfica, Furtado não passou nem pelo Super-8* nem pelo cineclubismo. Também não estava ligado a nenhum dos grupos que, desde os anos 60, vinham mantendo acesa a ideia de tornar possível a realização contínua de filmes no Rio Grande do Sul. A partir da criação da CASA DE CINEMA DE PORTO ALEGRE, em dezembro de 1987, Furtado começou a estruturar sua produção cinematográfica. Em 1989, com *Ilha das Flores*, premiado no FESTIVAL DE CINEMA DE GRAMADO e, depois, com o URSO DE PRATA do FESTIVAL DE BERLIM, em 1990, sua produção cinematográfica tornou-se o foco das atenções. O curta também foi premiado em CLERMONT-FERRAND. Furtado realizou outro curta-metragem com direção compartilhada, dessa vez com Ana Luiza Azevedo*. *Barbosa* (1988) foi o melhor da categoria no FESTIVAL DE HAVANA, e tentava estabelecer uma simbiose entre o documentário e a ficção, um estilo que Furtado depurou em *Ilha das Flores*. *Esta não é a sua vida*, de 1991, foi também premiado em CLERMONT-FERRAND e dava sequência ao mesmo estilo cinematográfico que trazia influências bem

assimiladas da obra do cineasta alemão Alexander Kluge. Desde 1989, Furtado é diretor e roteirista da REDE GLOBO DE TELEVISÃO, empresa para a qual tem escrito diversas minisséries e séries. Episódios de dois longas-metragens coletivos integram a filmografia de Jorge Furtado. O primeiro deles, *Os sete sacramentos de Canudos*, é uma produção para a televisão alemã em sete episódios. O de Furtado chama-se *Extrema-unção*. Rodado em 16 mm, o curta foi lançado depois separadamente com o título *A matadeira* (1993). O outro longa, *Felicidade é...* (1995), é composto de quatro curtas-metragens, sendo *A estrada* o episódio de Furtado. Este difere, quanto à feitura, dos outros filmes do realizador, mas guarda o diálogo ágil das séries de TV e um capricho visual impresso na composição das cenas. Em 1997, Furtado dirige o curta-metragem *Ângelo anda sumido* (1997). O livro *Um astronauta em Chipre*, da Editora Artes e Ofícios, reúne entrevista com o autor, além do roteiro de *Ilha das Flores*, *Esta não é a sua vida* e *A matadeira*. (TB)

Em 2000, Furtado dirige *Sanduíche*, curta em que mostra maturidade para o longa-metragem. Furtado resiste ao formato longo, mantendo um certo orgulho de sua autonomia no curta, enquanto desenvolve carreira na GLOBO. *Sanduíche* sintetiza diversas preocupações de sua obra, já presentes na primeira fase da carreira. Podemos destacar o questionamento do próprio estatuto da enunciação cinematográfica manifestado em procedimento metalinguísticos. *Sanduíche* possui forma narrativa que se volta continuamente sobre si mesma, revelando-se em camadas. A ficção aponta para sua construção e desemboca num documentário que também mostra seus próprios mecanismos de enunciação. O movimento de voltar-se sobre a linguagem, apontando a construção, seja de modo irônico, seja através de distanciamento, é uma constante na obra de Furtado. Em *Ilha das Flores*, exemplo paradigmático, a voz *over* comenta o formato narrativo através do qual enuncia o destino de alimentos não aproveitados em uma sociedade capitalista, no lixão de Porto Alegre. O formato narrativo desenvolvido em *Ilha das Flores* irá retornar de modo repetitivo em diversas obras de sua carreira, seja no cinema, seja na televisão. O tom irônico das falas, exemplificadas com gráficos e ilustrações de claras intenções farsescas, tensionam as asserções do documentário em sua forma clássica, introduzindo o distanciamento, o espaço reflexivo e a largura necessária para a crítica. Descoberta a fórmula, Furtado a aplica largamente, influenciando a produção audiovisual brasileira como um todo. Durante os anos 1990/2000, haverá momentos em que a produção televisiva da principal emissora do país utilizará amplamente procedimentos daí derivados, agora reificados em programas humorísticos e séries dramáticas.

Uma vez maduro para o longa-metragem, Furtado enfrenta seu primeiro desafio em *Houve uma vez dois verões*, de 2002. Filme de baixo orçamento, com tomadas em câmera digital e locações em ambientes familiares, marca a passagem de Furtado para produções maiores, mas ainda dentro de um horizonte limitado. O filme foi pensado para ser de baixo orçamento e o roteiro escrito posteriormente ao do longa que rodaria em seguida, *O homem que copiava*. Os dois filmes foram realizados no mesmo fôlego, quase em sequência. A trama mostra as praias gaúchas, vazias no mês de março, onde adolescentes aproveitam os últimos dias de férias. *Houve uma vez dois verões* é uma comédia e um filme de adolescentes, dois gêneros poucos explorados no cinema brasileiro. Furtado está bem à vontade no roteiro, com frases inteligentes e boas sacadas que constroem um filme leve e agradável de se ver. As poucas passagens metalinguísticas são incorporadas pela narrativa sem prenderem a trama nem se configurarem de modo maneirista. Trata-se de comédia para adolescentes que se assume como tal, enquanto bom exercício de longa de estreia. O esquema familiar inclui a atuação de seu filho, Pedro Furtado, a equipe gaúcha, locações que todos conhecem dos anos juvenis, mais filmagens em lugares-chave de Porto Alegre. Apesar de não ter se transformado em sucesso de público, o filme costuma agradar a plateia a que se destina. A trilha sonora baseada em *rock & roll* está bem pontuada e ajuda na composição do filme. O título remete ao filme *Summer of 42*, de Robert Mulligan, que também retrata amores de um adolescente em férias. O movimento de deslocamento semântico com o título em português deixa mais uma vez claro onde bate coração da obra de Furtado. A dificuldade em assumir uma narrativa em primeira mão é uma dificuldade por essência moderna e Furtado faz disso uma descoberta reiterada.

O homem que copiava, seu longa seguinte, caminha na mesma direção, embora com produção e ambições mais amplas. Também no título estampa a brincadeira com o cinema e o jogo intertextual, nos remetendo ao clássico hitchcockiano *O homem que sabia demais*. Citações a *Janela indiscreta* e outros clássicos proliferam no filme. Também a utilização de trechos com animação pode ser debitada à necessidade de diálogo intertextual. É ampla a exploração da voz em *off* do protagonista, interagindo com a forma dramática propriamente. Furtado consegue casar bem a utilização desses recursos metalinguísticos, compondo uma narrativa que avança com personagens bem definidos, sem muitos solavancos. Sua ampla experiência como roteirista em projetos globais faz-se sentir através de diálogos ágeis e rápidos e na tonalidade cômica que sabe manter. Os atores que traz da televisão estão bem dirigidos, refletindo a agilidade do diretor em se mover dentro dos estúdios cariocas. Luana Piovani* revela-se atriz de recursos finitos, mas feita sob medida para bons papéis no cinema. É firme e enfrenta a câmera sem piscar, sabendo-se fotogênica e ciente do potencial, numa espécie de Marilyn Monroe dos trópicos. Lázaro Ramos* consegue a proeza de interpretar um personagem gaúcho, feito para ser gaúcho, apesar de transbordar malemolência baiana em seu ser. Pedro Cardoso* é bem explorado por Furtado, que constrói um personagem sob medida para o ator. Como em *Houve uma vez dois verões*, o filme é impregnado de Rio Grande do Sul, Porto Alegre, hábitos, linguagem e expressões gaúchas, mostrando necessidade de afirmação cultural dentro do contexto brasileiro. Furtado é o filho da terra, com projeção nacional no universo audiovisual, e carrega nas costas o peso de projetar as especificidades culturais gaúchas no cenário nacional. O filme é a terceira produção em longas da CASA DE CINEMA DE PORTO ALEGRE que, com *O homem que copiava*, afirma-se definitivamente como produtora de porte. O longa teve boa acolhida de público, com cerca de 660.000 espectadores e lançamento envolvendo setenta cópias, números bastantes razoáveis no circuito exibidor brasileiro da época.

Na mesma linha evolutiva de *Houve uma vez dois verões* e *O homem que copiava*, Furtado lança no ano seguinte, em 2004, *Meu tio matou um cara*. Conta então com uma *performance* singular na produção nacional: três longas-metragens em três anos, recuperando-se assim do período em que elegeu o curta como formato em que investir. O protagonista de *Meu tio matou um cara* é novamente Lázaro Ramos, vivendo uma intrigante trama de mistério. A temática adolescente permanece e o deslocamento da camada narrativa serve de motivo para algumas brincadeiras de linguagem que satisfazem, simultaneamente, o público mais jovem e a consciência crítica de alguns adultos. As citações, os retrocessos, as reviravoltas, os estratagemas de remetência proliferam, no estilo que Furtado mantém desde *Ilha das Flores*. A tensão com o gauchismo também está firme no filme, criticado por ter se aproveitado de cenários sulinos sem usar a segunda pessoa do singular. Os três primeiros longas de Furtado, para quem olha de modo mais abrangente, fazem um todo bastante uniforme, afirmando uma marca autoral. Na aparência trata-se de um mesmo filme explorando variáveis distintas. A forma narrativa é a mesma, o que pode levar à valorização da *performance* de Furtado como roteirista. A estrutura busca ser original, mas tem como pano de fundo um sistema dramático bastante clássico, em termos de ação e personagens. O cenário envolve a cultura gaúcha moderna de classe média urbana, explorando o sentimento de estar finalmente sendo representada com nuances. O universo ficcional dos três filmes é similar, envolvendo personagens adolescentes às voltas com as incertezas, os sonhos e as paixões da idade. No caso de *Meu tio matou um cara*, a presença de Paula Lavigne* na produção nos concede o prazer da direção musical assinada por Caetano Veloso*, contribuindo com diversas canções inéditas. No roteiro escrito sentimos a experiência de Furtado e Guel Arraes*, conseguindo manter ritmo e falas quentes, diante de uma história bastante complexa e ainda carregada de citações e preocupações intertextuais.

Saneamento básico, o filme possui singularidade em relação à trilogia adolescente. Lançado em 2007, o intervalo de tempo permitiu que Furtado depurasse um pouco mais seus procedimentos. As preocupações sociais agora vêm para primeiro plano e o *frisson* das reviravoltas está mais distante, embora permaneça o deslumbramento com a manipulação do formato clássico narrativo. A voz *off* do personagem inicia o filme, já situando-se de roldão dentro de outro filme. O fazer cinema e as brincadeiras com a metalinguagem também estão bem servidas em *Saneamento básico, o filme*. A obra é filmada na serra gaúcha, boa parte em Bento Gonçalves, junto à comunidade de origem italiana que habita o local. A trama gira em torno de uma população mobilizada para reivindicar saneamento básico que acaba às voltas com a realização de um filme de ficção. Faz uma ácida crítica aos mecanismos de captação de recursos do cinema brasileiro, traçando um paralelo entre a abertura que o Estado fornece para esse tipo de demanda de auxílio e aquele que circunda o investimento social em saneamento. A crítica é dura e bastante pertinente, embora o próprio Furtado utilize esses mecanismos de captação, inclusive no filme que sustenta a denúncia como ficção. A trama estabelece uma espécie de metralhadora giratória, mas a trilha reflexiva é suspensa quando atinge o alvo e quem recebe a maior carga são os agentes municipais corruptos. Furtado demonstra mais uma vez firmeza na direção dos atores globais, extraindo desempenhos fortes de Fernanda Torres* e da dupla Wagner Moura*/Lázaro Ramos, já escolada como dupla em outros filmes e que aqui está em um momento azeitado. O roteiro, com falas ágeis e irônicas, é um dos pontos altos do filme. Em *Saneamento básico, o filme*, o tom de comédia se impõe, mas a crítica de fundo social está sempre presente, encobrindo uma inocência que oscila como comédia pastelão. Efetivamente, não há novidade na ideia de uma comédia pastelão explorando "um filme dentro do filme", levado adiante por equipe amadora. Mas é desse motor simplório que a narrativa extrai seus maiores achados, sem precisar se deter em excesso no motivo desconstrutivo. A própria denúncia política emerge com naturalidade, encaixando-se bem numa trama em que personagens rasos, sem forçar, adquirem seu direito de ser. A montagem, como sempre nos filmes de Furtado, demonstra a segurança de quem está habituado às demandas da decupagem televisiva na composição do espaço clássico. Aqui não despenca em cascata, como em alguns de seus primeiros filmes, salva de um excesso de virtuosismo.

Além do cinema, Furtado tem, desde o início da carreira, atuação relevante na televisão, principalmente na REDE GLOBO, da qual foi funcionário, e em sua subsidiária gaúcha, a RBS. O cineasta não vê contradição entre o trabalho de produzir conteúdo audiovisual para uma rede de televisão hegemônica e as posições políticas marcadas que divulga na mídia digital. Sua produtora, CASA DE CINEMA DE PORTO ALEGRE, possui histórico de militância com diversos vídeos institucionais feitos para partidos políticos e associações de esquerda. Na REDE GLOBO, Furtado atuou amplamente no núcleo dirigido por Guel Arraes, assim como em outros setores, assinando roteiros e direção de diversos produtos da empresa. Podemos destacar os roteiros de episódios das minisséries *Agosto*, em parceria com Giba Assis Brasil, e *Memorial de Maria Moura*, com Carlos Gerbase, *Cidade dos Homens*, *Comédias da Vida Privada*, *Antônia*, *Sexo Oposto*, *Ó Paí, Ó*, além de clássicos da literatura brasileira transformados em episódios especiais, como 'Lisbela e o prisioneiro', 'Memórias de um sargento de milícias', 'O mambembe', 'O alienista', 'O coronel e o lobisomem', 'O homem que falava javanês', 'Suburbano coração'. Em programas regulares atuou como roteirista de episódios de *Os Normais*, *Brava Gente*, *Programa Legal*, *Muvuca*, *Dóris para Maiores*, 'A Vida ao Vivo' (*Fantástico*). Também assina a direção (e roteiro) de episódios das séries *Luna caliente*, *Cena aberta*, *A invenção do Brasil*, *Decamerão – a comédia do sexo*. No campo cinematográfico, assina o roteiro de todos seus longa-metragens, além de *Antes que o mundo acabe*, de Ana Luiza Azevedo, *Romance*, de Guel Arraes, *O coronel e o lobisomem*, de Maurício Farias,

Os normais – o filme, de José Alvarenga Jr., *Lisbela e o prisioneiro* de Guel Arraes, *Benjamin*, de Monique Gardemberg*, *Caramuru – a invenção do Brasil*, de Guel Arraes, *Tolerância*, de Carlos Gerbase. Também assina o roteiro de diversos curtas, como *Rummikub*, *Dona Cristina perdeu a memória*, *O sanduíche*, *Ângelo anda sumido*, *A matadeira*, *Barbosa*, *Esta não é a sua vida*, *O dia que Dorival encarou a guarda*, *Ilha das Flores*, *A estrada*. Por sua atuação tanto na mídia televisiva como no cinema, Furtado pode ser considerado hoje um dos principais roteiristas do país, com larga experiência no setor. No trabalho cotidiano em núcleos de criação da GLOBO, acabou desenvolvendo o estilo que trouxe para o cinema. Seus melhores roteiros têm tonalidade cômica. Neles, com o comparsa Guel Arraes, criou algumas das tiradas mais criativas da dramaturgia brasileira contemporânea. O repertório nordestino de Arraes e o estilo cortante do gaúcho Furtado acabaram casando bem, principalmente na adaptação de clássicos de nossa literatura. Como frisado, é clara a sua preocupação em aproveitar procedimentos de construção narrativa como motivo dramático para roteiro. A proposta é desafiadora e pode oferecer soluções diferenciadas, se não escorregar na admiração da própria criatividade. Furtado também é escritor e teve nove de seus contos publicados em *Meu tio matou um cara e outras histórias* (L&PM, 2002), além do conto "Frontal com Fanta" que apareceu na coletânea *Tarja preta* (Objetiva, 2005). Também escreveu um romance intitulado *Trabalhos de amor perdido* (Objetiva, 2006), baseado livremente em peça homônima de Shakespeare. (FPR)

GALANTE, A. P. (Antônio Polo Galante) – Tanabi, SP, 1934. Produtor.

FILMOGRAFIA: 1962-1967 – *Vidas nuas*. 1968 – *Trilogia do terror* (1º episódio: 'O acordo'; 2º episódio: 'Procissão dos mortos'; 3º episódio: 'Pesadelo macabro'); *A doce mulher amada*. 1969 – *As armas*; *A mulher de todos*; *O cangaceiro sanguinário*; *América do Sexo* (1º episódio: 'Antropofagia'; 2º episódio: 'Balanço'; 3º episódio: 'Bandeira zero'; 4º episódio: 'Sexta-feira da Paixão, Sábado de Aleluia'); *O cangaceiro sem Deus*. 1970 – *As gatinhas*; *O pornógrafo*; *Sertão em festa*; *Guerra dos Pelados*; *Lúcia McCartney, uma garota de programa*; *Ipanema toda nua*. 1971 – *No Rancho Fundo*; *Paixão na praia*; *Luar do sertão*. 1972 – *As deusas*. 1973 – *Os garotos virgens de Ipanema* (*Purinhas do Guarujá*); *O último êxtase*. 1974 – *As cangaceiras eróticas*; *Trote de sádicos*. 1975 – *Lucíola, o anjo pecador*. 1977 – *Presídio de mulheres violentadas*; *Internato de meninas virgens*; *Escola penal de meninas violentadas*; *Pensionato de vigaristas*; *A ilha dos prazeres proibidos*. 1977-1978 – *Meus homens, meus amores*. 1978 – *Fugitivas insaciáveis*; *Terapia do sexo*; *A filha de Emanuelle*; *Reformatório das depravadas*. 1979 – *Nos tempos da vaselina*; *O prisioneiro do sexo*. 1980 – *Convite ao prazer*; *Bordel, noites proibidas*; *Paraíso proibido*. 1981 – *A filha de Calígula*; *Filhos e amantes*; *A prisão*; *Liliam, a suja*; *Anarquia sexual*; *As prostitutas do dr. Alberto*. 1982 – *As safadas* (1º episódio: 'A rainha do fliperama'; 2º episódio: 'Aula de sanfona'; 3º episódio: 'Belinha, a virgem'); *A primeira noite de uma adolescente*; *A menina e o estripador*. 1983 – *A menina e o cavalo*. 1986 – *Anjos do arrabalde* (*As professoras*). 1987 – *As prisioneiras da selva amazônica*. 1998 – *Cinderela baiana*.

Galante enfrentou uma série de dificuldades na sua infância e adolescência, tendo sido criado em entidades assistenciais. Em 1954, depois de ter feito o tiro de guerra, resolve deslocar-se para São Paulo, onde consegue emprego de faxineiro nos estúdios da MARISTELA*, começando a ter contato com a produção cinematográfica propriamente dita. Num primeiro momento, Galante assume a função de ajudante geral, carregando os pesados magazines de 300 metros das câmeras Mitchell. Logo depois, o jovem Galante ocupa as funções de contrarregra, eletricista, assistente de câmera, etc. Essas funções menores serão a sua escola de cinema e a base do seu aprendizado cinematográfico. As mesmas, mais tarde, lhe fornecerão um sentido prático e técnico bastante aguçado, elementos fundamentais para a formação do seu perfil de produtor. A carreira do produtor Galante revela-se como uma das mais profícuas do cinema brasileiro. Sua filmografia compreende mais de cinquenta títulos, caracterizando-o como o mais ativo produtor da Boca do Lixo*, entre os anos 70 e 80. Galante iniciou sua carreira de produtor em 1967. Foi nesse ano que ele e Alfredo Palácios* adquiriram o material e todos os direitos de um filme ainda inacabado chamado *Erótika*. O filme teve algumas cenas acrescentadas para alcançar a metragem necessária para ser exibido comercialmente. Essa prática do enxerto cinematográfico foi um expediente bastante utilizado pelos produtores da pornochanchada*. As cenas foram roteirizadas e dirigidas por Ody Fraga* – para quem produziria *Terapia do sexo* e *Reformatório das depravadas* – e a montagem final ficou a cargo de Sylvio Renoldi*. O filme, chamado de *Vidas nuas*, transformou-se em um estrondoso sucesso de bilheteria, alcançando a expressiva cifra de mais de um milhão e meio de espectadores. Depois do sucesso de *Vidas nuas*, em 1968, os produtores Alfredo Palácios e Galante unem forças e fundam a Serviços Gerais de Cinema (SERVICINE*), empresa produtora e distribuidora de filmes que manteria sua atividade por um período de oito anos. Em 1976, Galante, agora um produtor tarimbado, inaugura a sua própria empresa, a GALANTE PRODUÇÕES CINEMATOGRÁFICAS. Nessa empresa, o consagrado produtor de filmes populares irá intensificar a exploração do gênero de filmes eróticos e seus subgêneros. No ano de 1977, Galante entraria em um ritmo frenético de produção, realizando sete produções cinematográficas, um recorde que até hoje se mantém. Somente Osvaldo Oliveira*, seu diretor de confiança, dirigiria três filmes – *Presídio de mulheres violentadas*, *Internato de meninas virgens* e *Pensionato de vigaristas* – da série de filmes de presídio. O próprio Galante admite ter copiado o gênero de um produtor alemão, de cujo nome não se lembra. Mesmo se considerarmos significativa parte de sua produção de baixo nível estético e temático, Galante é também um produtor eclético que realiza produções mais empenhadas para diretores consagrados, como Walter Hugo Khouri*, com quem fez *O último êxtase* e *O prisioneiro do sexo*. Outra característica do produtor Galante está no fato de ser capaz de incentivar a carreira de jovens cineastas de talento como Rogério Sganzerla*, para quem produziu *A mulher de todos*; Sylvio Back*, *Guerra dos Pelados*;

e Carlos Reichenbach*, *A ilha dos prazeres proibidos* e *Anjos do arrabalde*, entre outros. Para muitos, Galante é conhecido como uma espécie de Roger Corman tupiniquim, que, ao lado de Osvaldo Massaini*, constitui um dos poucos casos bem-sucedidos economicamente de produtores brasileiros. Galante se encaixa perfeitamente no perfil daqueles produtores que melhor souberam tirar proveito da lei de reserva de mercado implementada no final da década de 30. Em função da lei de obrigatoriedade e seu reforço nos anos 60 e 70, a figura do produtor voltaria a ser valorizada. Com o produtor Galante em ação, conseguia-se preencher as datas de lançamentos dos grandes exibidores paulistanos. O esquema de financiamento que Galante utilizava apoiava-se no expediente de adiantamento de bilheteria que os exibidores faziam. Em troca, o exibidor ficava com a exclusividade do filme no seu lançamento até o retorno do investimento inicial. Com filmes produzidos a custos baixíssimos, rapidez na confecção do produto e, invariavelmente, bons retornos de bilheteria, Galante consolidou-se nos anos 70 como importante produtor. Para se ter uma ideia do seu estilo de produzir, era conhecida a máxima de que "Galante seria incapaz de refilmar uma cena, independentemente de seu resultado". Com a crise que se abate sobre a produção brasileira nos anos 90, Galante deixa o setor e só retorna à produção em 1998, com o projeto *Cinderela baiana*, direção de Conrado Sanchez, com Carla Perez no papel principal. (AG) Pesquisa mais recente mostra que a primeira fita da série de presídios, intitulada *Presídio de mulheres violentadas*, tem seu sobrenome Polo Galante creditado como diretor, função que, na verdade, nunca exerceu. Tendo despedido o diretor do filme Luiz Castillini*, este foi substituído por Osvaldo Oliveira, que concluiu a fita e Galante assinou a direção. A série de presídios femininos, idealizada por ele, é composta de oito filmes de longas metragens. O cineasta Alessandro Gamo e o pesquisador Luis Rocha Melo abordam a vida de Galante no documentário *Galante – o rei da Boca* (2003), cuja história confunde-se com a região central da cidade de São Paulo que leva esse nome.

GAM, Giulia – Perúgia, Itália, 1966. Atriz.
FILMOGRAFIA: 1986 – *Besame mucho*; *Anjos da noite*. 1987 – *O país dos tenentes*; *Fogo e paixão*. 1989-1990 – *A grande arte*. 1992 – *Oswaldianas* (1º episódio: 'Quem seria o feliz conviva de Isadora Duncan?'). 1993-1994 – *Sábado*. 1996 – *O mandarim*. 1997 – *Policarpo Quaresma, herói do Brasil*; *Miramar*. 1998 – *Outras estórias*. 1995-1999 – *Tiradentes*. 2004 – *O preço da paz*; *A dona da história*. 2005 – *Árido movie*. 2006 – *O passageiro, segredos de adulto*. 2008 – *A Guerra dos Rocha*. 2009-2010 – *Chico Xavier*.

Giulia Gam, neta de dinamarqueses, nasceu em Perúgia, Itália, onde seus pais moraram por dois anos. Filha única, foi criada e educada em São Paulo. Chega ao teatro em 1982, através do Centro de Pesquisa Teatral (CPT), dirigido por Antunes Filho, de onde guarda recordações de um método de trabalho rígido, exigindo dedicação absoluta e longas jornadas de ensaios, "sem família, Natal ou feriado". Estreia em 1984 no Teatro Anchieta, em São Paulo, encenando o papel-título de *Romeu e Julieta*. Com Antunes faz ainda *Nélson 2 Rodrigues* e *Macunaíma*, antes de o grupo se desfazer. Em seguida viaja para a Europa para recomeçar a vida. Lá conhece o diretor inglês Peter Brook e fica fascinada por seu trabalho. Chega a trazer ao Brasil um ator de seu grupo, o franco-argelino Maurice Benichou, na tentativa de encenar *A conferência dos pássaros*, do persa Farid Attar, obra do repertório de Brook. Em 1986 faz um comercial de muito sucesso na época, interpretando a moça da Telesp. É sua estreia no meio televisivo. Também em 1986 realiza seu primeiro trabalho em cinema atuando em *Besame mucho*, de Francisco Ramalho Jr.*, em que faz o papel de Aninha, uma liberada adolescente interiorana amiga das protagonistas Olga (Glória Pires*) e Dina (Christiane Torloni). No ano seguinte, trabalha no filme *O país dos tenentes*, de João Batista de Andrade*, interpretando Helena, paixão de juventude de um velho general (Paulo Autran*) que rememora sua vida. Em ambos os filmes, Giulia tem papel de certo destaque, embora insuficiente para dar asas a uma interpretação mais afirmativa. Faz um papel menor em *Anjos da noite*, de Wilson Barros*, e uma aparição em *Fogo e paixão*, de Isay Weinfeld e Márcio Kogan. Entre janeiro e julho de 1987, substituindo Cássia Kiss*, integra o elenco de *Fedra*, onde contracena com Fernanda Montenegro*, com quem diz ter aprendido muito. Sente-se então preparada para aceitar um convite que já havia recusado diversas vezes: o de atuar na televisão. Em outubro de 1987 estreia na novela *Mandala*, de Dias Gomes, na REDE GLOBO, alcançando estrelato instantâneo. Atua somente duas semanas, nos dezesseis capítulos iniciais, interpretando a jovem Jocasta, mãe de Édipo, que seria substituída, na fase adulta da personagem, por Vera Fischer*. O sucesso é tanto que a própria Vera, primeira dama da televisão brasileira, sente-se um pouco constrangida em substituí-la. Ainda na televisão, Giulia faria, logo em seguida, em 1988, Luísa, da minissérie global *O primo Basílio*, baseada no romance homônimo de Eça de Queirós. Em entrevistas, a atriz classifica como "traumática" essa sua primeira experiência mais sistemática na televisão. Acostumada ao ritmo e à dedicação do teatro, Giulia enfrenta problemas de relacionamento com a equipe e dificuldades em se adaptar às exigências do meio. No ano seguinte, também na GLOBO, interpreta sua primeira novela completa, *Que rei sou eu?*, de autoria de Cassiano Gabus Mendes, em que vive a personagem da camponesa Aline. Terminada a novela, vai para a Europa tentar uma nova experiência em teatro com Gerald Thomas. Durante a estada europeia tem uma breve passagem pela televisão portuguesa, em um núcleo de produção orientado por Walter Avancini. Nos meses seguintes à conclusão, em 1988, da minissérie *O primo Basílio*, Giulia volta ao convívio de seu ambiente original, interpretando *A cena da origem*, um trabalho de Bia Lessa, a partir de texto de Haroldo de Campos e música de Lívio Tragtenberg. Essa convivência com a arte de vanguarda paulista é um *background* nutrido com carinho pela atriz, desde o começo de suas atividades profissionais com Antunes. No início dos anos 90, quando a imprensa cultural andava às voltas com a moda dos "saraus" poético-musicais, Giulia era constantemente citada como uma das animadas anfitriãs dos encontros. É dentro dessa tradição de vanguarda que terá talvez seus melhores papéis no cinema, dirigida por Júlio Bressane*. Ainda a partir de obra de Haroldo de Campos, realiza, em 1992, com direção de Bressane, o vídeo de quarenta minutos *Galáxia albina*. Giulia torna-se uma das atrizes prediletas do diretor na década de 90, estando presente na maior parte de seus filmes do período, como em 'Quem seria o feliz conviva de Isadora Duncan?', episódio do filme *Oswaldianas*, em que interpreta a bailarina protagonista. Trabalha em outros dois longas do diretor: *O mandarim* e *Miramar*. Em *O mandarim*, faz a doce mulher por quem Noel Rosa, desempenhado por Chico Buarque, está apaixonado. Bem à vontade, tem um trabalho de interpretação livre, no clima de improvisação e descoberta que cercam as filmagens de Bressane, podendo se destacar a troca de olhares irônica com

Chico e o beijo sapeca no "personagem" Noel. *Miramar* talvez contenha seu melhor trabalho no cinema. Em um desempenho bem mais interiorizado, Giulia parece ter tido espaço para trabalhar o personagem e constrói com compenetração as expressões. A excelente fotografia do filme também realça seu talento. Giulia interpreta a sensual e atrevida Rolá, de nome irônico, por quem o jovem Miramar está apaixonado.

Nos anos 90 continua com sua carreira televisiva fazendo, em 1993, a Linda Inês da novela *Fera ferida*. Faz também alguns especiais globais, dirigida por Guel Arraes* em papéis cômicos, episódios de *Comédia da Vida Privada* e *A Vida Como Ela É*. Em 1997, para sua surpresa, é convidada a fazer o papel de Dona Flor na série *Dona Flor e seus dois maridos*, também uma produção da GLOBO. Toma sol para ficar morena, cacheia os cabelos, tem aulas de reestruturação do corpo e encara o desafio de encenar uma personagem nitidamente distante de seu *physique du rôle*, e que tem como referência inevitável uma antológica interpretação de Sônia Braga*. Os resultados não chegam a ser insatisfatórios, mas sente-se que a atriz não consegue abrir-se completamente dentro do horizonte da personagem. Nos anos 90, para além dos trabalhos com Bressane, sua carreira também se afirma no cinema. Na virada da década, realiza *A grande arte*, primeiro longa de Walter Salles*, em que desempenha uma prostituta que se envolve em uma chantagem e é assassinada. É outro papel pequeno, mas intenso, que aproveita seu lado natural de menina doce, sem espaço maior para um trabalho interpretativo. Faz ainda *Sábado*, de Ugo Giorgetti*, interpretando Claudinha, uma atrapalhada diretora de *casting* envolvida na feitura de um comercial. É outro tipo que explora sua veia cômica, mas ainda aquém de suas potencialidades como atriz. Na segunda metade da década de 90, tem seu primeiro papel mais amplo em *Policarpo Quaresma, herói do Brasil*, de Paulo Thiago*, em que interpreta Olga, protagonista feminina do filme. Em 1998, Giulia faz *Outras estórias*, filme baseado em novelas de Guimarães Rosa e direção de seu ex-marido, Pedro Bial, com quem teve um filho. Depois de alguns anos longe do cinema, retorna às telas com três filmes em 2004. Seu tipo físico agora é outro e passa de intérprete de mocinhas para o de matronas. Em suas nova fase, com personagens mais maduras, faz a esposa baronesa do barão do Serro Azul em *O preço da paz*; a quarentona que quer reformar sua vida passada em *A dona da história*; e a madrasta má em *Chico Xavier*. Também em *O passageiro, segredos de adulto* (2006), é a mãe do protagonista. Em *A Guerra dos Rocha*, tem papel para recuperar a verve cômica, interpretando uma dona de casa às voltas com a presença da nora em sua residência. Em *Árido movie*, como socióloga que pesquisa no sertão, tem bom papel que permite trabalhar em interpretação mais nuançada. (FPR)

GARCIA, Chianca de (Eduardo Augusto Chianca da Silva Garcia) – Lisboa, Portugal, 1898-1983. Diretor.

FILMOGRAFIA: 1930 – *Ver e amar* (produção estrangeira). 1936 – *O trevo de quatro folhas* (produção estrangeira). 1938 – *A rosa do adro* (produção estrangeira); *Aldeia da roupa branca* (produção estrangeira). 1940 – *Pureza*. 1941 – *Vinte e quatro horas de sonho*.

Antes de ingressar na produção cinematográfica portuguesa, Chianca de Garcia foi jornalista, escritor e autor teatral. Nos anos 20, com Antônio Lopes Ribeiro, fundou a revista de cinema *Imagem*. O primeiro filme dirigido por Chianca de Garcia intitulou-se *Ver e amar*, uma comédia musical. Sua película seguinte foi a comédia *O trevo de quatro folhas*, estrelada por dois atores portugueses de renome, Nascimento Fernandes e Beatriz Costa, além do ator brasileiro Procópio Ferreira*. Em Portugal, Chianca de Garcia dirigiu ainda *A rosa do adro* e *Aldeia da roupa branca*, ambos de 1938, este último interpretado por Beatriz Costa e considerado pelo historiador Luís de Pina um clássico da comédia popular portuguesa. No ano seguinte, Chianca de Garcia viajou para o Brasil acompanhado pelo diretor de fotografia Aquilino Mendes e por Fernando de Barros*. Estabelecido no Rio de Janeiro, Chianca de Garcia dirigiu dois filmes para a CINÉDIA*, produtora de Adhemar Gonzaga*: *Pureza* e *Vinte e quatro horas de sonho*. *Pureza* é uma adaptação do romance homônimo de José Lins do Rego, que também escreveu os diálogos do filme, com Procópio Ferreira e Sarah Nobre no elenco. A comédia *Vinte e quatro horas de sonho*, estrelada por Dulcina de Moraes* e Odilon de Azevedo, conta a história de uma jovem que, antes de suicidar-se, resolve aproveitar a vida hospedando-se num hotel de luxo, fazendo muitas compras e paquerando. Chianca de Garcia pretendeu adaptar para o cinema o romance *Mar morto*, de Jorge Amado*, mas não conseguiu realizar o projeto. Escreveu o argumento de *Appassionata*, produção de 1952 da VERA CRUZ*, dirigida por Fernando de Barros. Nos anos 40, montou *shows* de sucesso em cassinos. Com o fechamento desses estabelecimentos em 1947, pelo então presidente Eurico Gaspar Dutra, Chianca de Garcia passou para o teatro de revista, onde, dentre vários outros espetáculos, produziu *Um milhão de mulheres* (1947), produziu e coescreveu, com Joaquim Maia, *O rei do samba* (1947), e, com Geysa Bôscoli e Joaquim Maia, *Beijos, abraços e amor!* (1948). Também produziu e dirigiu *Tô aí nessa boca...* (1949) e dirigiu e coescreveu, com Hélio Ribeiro, *Escândalos, 1950* (1950). Chianca de Garcia também trabalhou na televisão, onde foi pioneiro. Veio a falecer em 29 de janeiro no Rio de Janeiro. (AA)

GARCIA, Galileu – São Paulo, SP, 1930. Diretor.

FILMOGRAFIA: 1957 – *Cara de fogo*.

Assistente de direção no cinema e realizador de filmes publicitários. Crítico de cinema do jornal *Notícias de Hoje* (1950), foi aluno do Seminário de Cinema do MASP, em sua primeira fase. Redator do departamento de publicidade da VERA CRUZ* (1950), trabalhou nos seguintes filmes da produtora: *Sai da frente*; *O cangaceiro*; *Na senda do crime*; *Floradas na serra*; *São Paulo em festa*. Participou de *A carrocinha*; *O gato de madame*; *Paixão de gaúcho*; *Osso, amor e papagaio* e *A primeira missa*. Dirigiu e roteirizou *Cara de fogo*, adaptação do conto *A carantonha*, de Afonso Schmidt. Segundo Ignácio de Loyola Brandão, "*Cara de fogo* traz ao cinema pela primeira vez, com realidade, o tema da assombração tão caro ao matuto que possui milhares de histórias sobre o assunto". A partir de 1958 ingressou no mercado de filmes publicitários, tendo feito roteiro, direção e produção de centenas de películas. Dentre seus filmes institucionais e documentários, merecem destaque *O Vale do Paraíba* (1959), *Ofidismo* (1969), *Pacaembu-memória* (1987) e *Aids* (1992). Elaborou roteiros sobre o *Rei da Boca* (Hiroito) e *Capela das almas*, além de realizar as pesquisas para o *remake* de *O cangaceiro*. Tem planos para filmar "Veludinho", película infantil adaptada do livro de Martha Pannunzio. Ativo participante dos CONGRESSOS DO CINEMA BRASILEIRO (1952-1953), foi sócio-fundador e ocupou cargos em várias entidades e sindicatos de classe, como a Associação Paulista de Cinema (APC), Associação de Técnicos e Atores Cinematográficos do Estado de São Paulo (ATACESP), Associação Profissional dos Trabalhadores na Indústria Cinematográfica do Estado de São Paulo (APTICESP), Sindicato dos

Artistas e Técnicos em Espetáculos de Diversões no Estado de São Paulo, Associação Paulista de Cineastas (APACI) e Associação Brasileira dos Profissionais de Filmes de Curta Metragem (ABPFCM). Na década de 90 tem ministrado seminários na Escola Superior de Propaganda e Marketing (ESPM). (AMC)

GARCIA, José Antônio (José Antônio Barros Garcia) – São Paulo, SP, 1955-2005. Diretor.

> FILMOGRAFIA: 1981 – *O olho mágico do amor*. 1983 – *Onda nova*. 1984 – *A estrela nua*. 1989 – *O corpo*. 1999 – *Minha vida em suas mãos*.

Integrante da geração de cineastas paulistas dos anos 80, oriunda da Escola de Comunicações e Artes da USP. Inicia sua prática cinematográfica no filme de curta metragem, na bitola 35 mm, com os seguintes títulos: *Hoje tem futebol* (1976), *Marilyn Tupi* (1977) e *Tem bola na escola* (1979). Ao lado de Ícaro Martins* forma uma das raras duplas de diretores no Brasil. O primeiro projeto filmado da dupla, *O olho mágico do amor*, contou com a produção de Adone Fragano, conhecido pela realização de filmes eróticos na Boca do Lixo*. Fragano enxergou no roteiro boas possibilidades comerciais, o que de fato acabou acontecendo. A parceria deu certo, e *O olho mágico do amor* foi muito bem recebido pela crítica e pelo público. Essa foi uma das poucas produções que fizeram a ponte entre a produção da Boca do Lixo e as produtoras do novo cinema paulista. Os méritos de *O olho* residem na união entre produção de baixo custo, característica da Boca do Lixo, e resultado estético inquietante, traço de um cinema de maior empenho. A segunda incursão da dupla no longa-metragem foi o filme *Onda nova*, obra que revisita o *underground* paulistano na década de 1980. Entretanto, os resultados comerciais, dessa vez, não foram dos mais alentadores. A despeito da temática, a obra não chegou a arrancar suspiros. Trata-se de um filme que precisa ser revisto. Ainda em um ritmo ágil de produção, Garcia e Martins realizam sua última obra conjunta intitulada *A estrela nua*. Obra intimista que revela os bastidores de uma pós-produção cinematográfica brasileira. Em *A estrela nua* destacam-se as atuações das atrizes Carla Camurati*, protagonista dos três filmes da dupla, e Cristina Aché*. Em 1989, Antônio Garcia produz o seu primeiro filme-solo: *O corpo*, previsto para ser a obra inicial de um projeto de três títulos adaptados da obra literária de Clarice Lispector. A trilogia deveria completar-se com a rea-

lização de *Ele me bebeu*. O projeto seria composto de duas histórias que formariam um sonhado e nunca realizado filme de longa metragem. Por sua vez, *O corpo* se transformou em um estorvo para o diretor, que teve vários problemas com o produtor Aníbal Massaini*. A produção foi bastante arrastada e complicada. Essa situação teve seus reflexos diretos na carreira comercial do filme, que foi bastante fraca, chegando às telas somente em 1991 no período pré-Retomada, momento extremamente grave para o cinema como um todo no Brasil. Seu último voo solo foi como diretor convidado em *Minha vida em suas mãos*, uma rara produção cinematográfica da atriz Maria Zilda Bethlem*. O falecimento precoce de Garcia deixou uma lacuna no cinema paulistano, devido às qualidades que marcaram a *persona* artística do cineasta: um inegável talento, cercado de inventividade e sensibilidade. (AG)

GARCIA, Lea (Léa Lucas Garcia de Aguiar) – Rio de Janeiro, RJ, 1933. Atriz.

> FILMOGRAFIA: 1958 – *Orfeu do Carnaval* (*Orfeu Negro*). 1960 – *Os bandeirantes* (*Les pionniers*). 1963 – *O santo módico*. 1963-1964 – *Ganga Zumba, rei dos Palmares*. 1969-1973 – *Compasso de espera*. 1973-1976 – *O forte*. 1975-1978 – *A noiva da cidade*. 1977 – *Ladrões de cinema*. 1976 – *Feminino plural*. 1978 – *A deusa negra* (*Black Goddess*). 1983 – *Quilombo*; *SOS – sex... shop* (*Como salvar meu casamento*). 1998-1999 – *Cruz e Souza, o poeta do Desterro*; *Orfeu*. 2002 – *Viva Sapato!*. 2005 – *As filhas do vento*. 2006 – *O maior amor do mundo*; *Mulheres do Brasil*; *Atabaque Nzinga*; *Remissão*. 2009 – *Memórias da chibata*.

Uma das principais atrizes negras brasileira, desenvolveu carreira dentro da militância do movimento negro. Foi companheira de Abdias do Nascimento, criador do Teatro Experimental do Negro (TEN) e figura importante na luta pela afirmação racial no Brasil. Começou sua carreira em 1952, no TEN, na peça *Rapsódia negra*, de Abdias do Nascimento, com récita do poema de Castro Alves "Navio negreiro". Participou de outros espetáculos teatrais como *Orfeu da Conceição*, de Vinicius de Moraes, e *Casa grande e senzala*, extraído da obra de Gilberto Freyre. Na televisão, fez mais trinta trabalhos, entre telenovelas, casos especiais e minisséries. Trabalhou na TV RIO no final dos anos 60, passando também pela GLOBO, MANCHETE e RECORD. Um de seus papéis mais famosos foi a inesquecível vilã Rosa, em *Escrava Isaura* (1976-1977), novela de Gilberto

Braga, adaptada do clássico romance homônimo de Bernardo Guimarães, dirigida por Herval Rossano e Milton Gonçalves*. Em outra telenovela, *Marina* (1980), de Wilson Aguiar Filho, baseada em romance de Carlos Heitor Cony e Sulema Mendes, viveu uma batalhadora chefe de família em papel no qual tematizou diretamente a questão racial no Brasil (na novela era professora de sua própria filha, que sofria preconceito em um colégio da elite carioca). No cinema, começou atuando em coproduções estrangeiras realizadas no Brasil. Trabalha inicialmente com o diretor francês Marcel Camus em *Orfeu do Carnaval*, onde faz a personagem de Serafina, em filme que correu o mundo divulgando as paisagens cariocas e as canções da bossa nova, embora sempre visto de modo muito crítico pela geração cinemanovista. Consta que faltou muito pouco para que roubasse, em CANNES/1959, o prêmio de melhor atriz de Simone Signoret. Seu segundo filme, ainda com Camus, foi *Os bandeirantes*, outra produção franco-ítalo-brasileira que explora fartamente a geografia e as paisagens brasileiras. Atua também em filme de outro cineasta francês, Robert Mazoyer, a comédia *O santo módico*. A primeira parceria da atriz com o diretor Carlos Diegues* aconteceu no filme histórico, *Ganga Zumba, rei dos Palmares*, baseado no romance homônimo de João Felício dos Santos. Anos depois fez um pequeno papel no drama racial *Compasso de espera*, único longa-metragem dirigido pelo encenador Antunes Filho. Na década de 1970, atua em um número maior de filmes, como *O forte*, de Olney São Paulo, baseado no romance homônimo de Adonias Filho. Filmou com Alex Viany* (*A noiva da cidade*). Em *Ladrões de cinema*, de Fernando Cony Campos*, representou o personagem de Carlota Escrava. Participou de *Feminino plural*, filme da cineasta Vera de Figueiredo que misturou documentário com drama. Trabalhou novamente em uma coprodução estrangeira, no drama *A deusa negra*, do cineasta nigeriano Ola Balogun. A segunda parceria com diretor Carlos Diegues aconteceu em novo filme histórico, *Quilombo*, em que tem participação especial. Outra pequena participação acontece em *SOS – sex... shop*, comédia erótica de Alberto Salvá*. Interpretou o papel da mãe do poeta Cruz e Souza em *Cruz e Souza, o poeta do Desterro*, de Sylvio Back*. O terceiro trabalho com o diretor Carlos Diegues aconteceu em *Orfeu*, refilmagem do filme de Marcel Camus, baseado na peça teatral *Orfeu da Conceição*, de Vinicius de Moraes, em participação especial fazendo papel de mãe. A trilogia com Diegues é significativa de sua militância no movimento negro e da preocupação com o tema que atravessa a obra do diretor. Em *Viva Sapato!*, de Luiz Carlos Lacerda*, viveu uma mãe de santo. Uma de suas melhores interpretações foi na trama de duas irmãs brigadas entre si, na qual compartilha os papéis principais com Ruth de Souza*. Trata-se de *As filhas do vento*, do cineasta Joel Zito Araújo, trabalho pelo qual levou o KIKITO de melhor atriz em GRAMADO (2004). O filme de Araújo traz a oportunidade de vermos atuando, conjuntamente, duas primeiras damas do cinema nacional, abrindo um raro espaço dramático para personagens protagonistas negras. Garcia aparece também em *Vinicius de Moraes*, documentário do diretor Miguel Faria Jr.*. A quarta parceria com diretor Carlos Diegues acontece em *O maior amor do mundo*, em que representa outro papel de mãe. Em *Mulheres do Brasil* e *Atabaque Nzinga* trabalha em documentários que lidam em proximidade com a encenação ficcional. Surge também como atriz nos curtas-metragens *Comportamento humano* (1994-1995), de Flávio Leandro de Souza, e *Memórias da chibata* (2005), de Marcos Manhães Marins. (FPR/LFM)

GARCIA, Stênio (Stênio Garcia Faro) – Mimoso do Sul, ES, 1933. Ator.

FILMOGRAFIA: 1963 – *O Vigilante contra o crime* (episódio: 'A chantagem'). 1964 – *Vereda da salvação*. 1965 – *O Vigilante em missão secreta* (episódio: 'Terras de ninguém'). 1968 – *As amorosas*. 1969 – *A mulher de todos*; *Águias em patrulha* (episódio: 'Operação Tatu'). 1969-1973 – *Compasso de espera*. 1970 – *O pornógrafo*; *Guerra dos Pelados*; 1975 – *O Esquadrão da Morte*; *Ana, a libertina*; *As três mortes de Solano*. 1976 – *Morte e vida severina*. 1977 – *O crime do Zé Bigorna*. 1978 – *Tudo bem*. 1987 – *Leila Diniz*. 1988-1989 – *Solidão, uma linda história de amor*; *Kuarup*. 1990 – *Mais que a terra*; *Brincando nos campos do Senhor* (*At Play in the Fields of the Lord*). 1997 – *Os matadores*. 1997-1998 – *Menino maluquinho 2: a aventura*. 1998-1999 – *Hans Staden*. 2000 – *Eu tu eles*; *O circo das qualidades humanas*. 2004 – *Redentor*. 2005 – *Casa de areia*. 2007 – *Ó Paí, Ó*.

Também aparece como nascido em 1932. No Rio de Janeiro, formou-se em 1958 no Conservatório Nacional de Teatro. No mesmo ano, mudou-se para São Paulo, trabalhando como ator no Teatro Cacilda Becker (TCB), em peças dirigidas por Ziembinski*, Cacilda* e Benedito Corsi. Transferiu-se para o Teatro Brasileiro de Comédia (TBC), trabalhando sob orientação dos encenadores Alberto D'Aversa*, Flávio Rangel e Antunes Filho. Em algumas ocasiões acumula a função de assistente de direção. No final dos anos 60, participou de espetáculos inovadores, como *Cemitério de automóveis*, de Fernando Arrabal, sob direção de Victor Garcia, e *Rito do amor selvagem*, de autoria e com direção de José Agrippino de Paula*. Ator com longa história na TV, iniciada na EXCELSIOR, com rápida passagem pela TUPI. Quando retornou ao Rio de Janeiro em 1972, fixou-se na REDE GLOBO, onde atuou em mais de vinte telenovelas, minisséries, especiais, humorísticos, como *Kika e Xuxa* (1978), onde criou o personagem Xuxu e destacou-se como o caminhoneiro Bino (Setembrino), do seriado *Carga Pesada* (1979), que retornou no novo milênio, entre os anos de 2003 e 2007. No cinema, inicialmente participou de dois episódios da pioneira série televisiva, *O Vigilante Rodoviário*, de Ary Fernandes*, mais tarde exibidos nos cinemas, nos quais representou ex-presidiário chantageado e grileiro. Além de ator, no papel de camponês fanático religioso, acumulou a assistência de direção de Anselmo Duarte* no drama *Vereda da salvação*, baseado na peca teatral homônima de Jorge Andrade. Voltou a trabalhar com o diretor Ary Fernandes no seriado televisivo *Águias de Fogo*, no episódio "Operação Tatu", inserido no longa *Águias em patrulha*. Ator coadjuvante especialista em tipos populares, alguns personagens seus tiveram nomes como Chicote; Duão; Hermes, Um Comunista; Nove Horas; Radar; Rato Branco; Zeca Maluco e Zezinho. Fez ocasionais papéis de protagonista, como o Miguel Metralha de *O pornógrafo*, único longa do diretor João Callegaro, no qual assume a direção de revista pornográfica localizada na região da Boca do Lixo* paulistana. Na fita policial *O Esquadrão da Morte*, de Carlos Imperial*, interpretou condenado à prisão que, após cumprimento da pena, se vê envolvido em misteriosos crimes. Viveu Solano, criando três personagens diferentes – um homem que sofre com pesadelos, um ator e um palhaço de circo de periferia – em *As três mortes de Solano*, de Roberto Santos*, baseado no conto *A caçada*, de Lygia Fagundes Telles. Interpretou personagem histórico, o cientista Nicolau Copérnico (1473-1543), no curta-metragem *De Revolutionibus* (1975), de Marcello G. Tassara. Foi um dos três Severino (os outros dois foram José Dumont* e Luiz Mendonça), de *Morte e vida severina*, filme de Zelito Viana*, baseado no clássico poema de João Cabral de Melo Neto. Um novo papel de protagonista foi de Cícero, ex-agricultor e posseiro, em *Mais que a terra*, de Elizeu Ewald. Enquanto coadjuvante, criou o marcante personagem do Nenê, que, junto com sua madrinha, perseguem um trem, acreditando ser um dragão, para o filme histórico *Guerra dos Pelados*, de Sylvio Back*, baseado no romance *Geração do deserto*, do escritor catarinense Guido Wilmar Sassi. Foi operário em *Tudo bem*, de Arnaldo Jabor*. Foi o comunista Hermes em *Leila Diniz*, de Luiz Carlos Lacerda*, cinebiografia da atriz Leila Diniz*. Interpretou o coronel Ibiratinga em *Kuarup*, de Ruy Guerra*, baseado no romance *Quarup*, de Antônio Callado. Representou o índio Boronai em *Brincando nos campos do Senhor*, de Hector Babenco*, e pajé em *Hans Staden*, de Luiz Alberto Pereira*. Foi o vovô Tonico do Menino Maluquinho em *Menino maluquinho 2: a aventura*, de Fernando Meirelles* e Fabrizia Pinto, baseado no *best-seller* infantil de Ziraldo. Em *Eu tu eles*, criou o sertanejo Zezinho, um homem de enorme simplicidade. Um raro trabalho em curta-metragem, no ficcional *Maria Morango* (2004), de Érico Luís Cunha Cazarré. Interpretou seu Jerônimo em *Ó Paí, Ó*, no filme lançado nos cinema e posteriormente no seriado feito para TV. (LFM)

GARDEMBERG, Monique (Monique Pedreira Gardemberg) – Salvador, BA, 1958. Diretora.

FILMOGRAFIA: 1996 – *Jenipapo*. 2003 – *Benjamim*. 2007 – *Ó Paí, Ó*.

Criadora em 1985 do Free Jazz, festival que durou quinze anos. Dirige programas especiais para TV e videoclipes musicais com várias estrelas da Música Popular Brasileira (MPB). Transferiu-se para o cinema onde começou, no ano de 1989, com os poucos conhecidos *Insônia* e *Day 67*, feitos nos Estados Unidos, onde estudou cinema em Nova York. Diretora do curta ficcional *Diário noturno* (1993), sobre as fantasias noturnas de mulher quarentona que leva uma vida tediosa. Dona da empresa DUETO PRODUÇÕES. Estreou como diretora de longas-metragens na coprodução entre Brasil e EUA *Jenipapo*, drama contemporâneo com elenco encabeçado por atores estrangeiros. Também estreou como diretora teatral em 2002, com *Os sete afluentes do rio Ota*, de Robert Lepage. Realizou o segundo longa, o drama *Benjamim*, baseado no romance homônimo de Chico Buarque de Hollanda. E, no ano de 2005, montou o segundo espetáculo teatral como encenadora: *Baque*, de Neil Labute. Retornou a sua cidade natal, Salvador, onde realizou *Ó Paí, Ó*, extraído da peça teatral de Márcio Meirelles. Em 2008, *Ó Paí, Ó* virou seriado de TV. (LFM)

GARRETT, Jean (José Antônio Nunes Gomes e Silva) – Ilha das Flores, Portugal, 1947-1996. Diretor.

FILMOGRAFIA: 1974 – *A ilha do desejo (Paraíso do sexo)*. 1975 – *Amadas e violentadas*. 1976 – *Possuídas pelo pecado*; *Excitação*. 1977 – *Noite em chamas*; *Mulher, mulher*. 1978 – *A força dos sentidos*. 1979 – *A mulher que inventou o amor*. 1980 – *O fotógrafo*. 1981 – *Karina, objeto de prazer*. 1982 – *A noite do amor eterno*; *Tchau, amor*. 1983 – *Estranho desejo*. 1984 – *Meu homem, meu amante*; *Gozo alucinante*. 1985 – *Fuk fuk à brasileira*; *Entra e sai*. 1986 – *O beijo da mulher piranha*; *Lazer, excitação sexual*.

Português do arquipélago dos Açores, veio para o Brasil ainda adolescente. Com formação profissional em fotografia, trabalhou com vários fotógrafos de moda, montou estúdio em São Paulo fotografando moda, propaganda e institucional. Seu primeiro contato com cinema foi com José Mojica Marins* – o Zé do Caixão –, com quem trabalhou como ator e contrarregra no episódio 'Pesadelo macabro', do filme *Trilogia do terror*, e em *O estranho mundo de Zé do Caixão*. Faz também fotografia de cena para Ozualdo Candeias*, Ody Fraga* e Fauzi Mansur*, para quem fez assistência de direção em *A noite do desejo* e *Sedução*. Paralelamente, escreveu, produziu e fotografou fotonovelas na revista *Melodias*, para a qual também cobria reportagens. Realiza *A ilha do desejo (Paraíso do sexo)*, seu primeiro filme como diretor, com produção de David Cardoso*, em que atua também como ator. O filme – um policial erótico – chama a atenção pelos cuidados com a elaboração formal, para os padrões do chamado "cinema da Boca do Lixo*", e consegue expressiva resposta de bilheteria, levando-o a repetir a parceria no *thriller Amadas e violentadas* e no drama *Possuídas pelo pecado*. Participando na elaboração do roteiro de seus filmes "por acreditar que é o começo de uma boa direção", exercita-se em gêneros diferentes, como no suspense *Excitação*; no cinema-catástrofe *Noite em chamas*, que provoca alguma polêmica pela tentativa de realizar uma versão popularesca de um modismo de época; e no erótico *Mulher, mulher*, filme de grande bilheteria. Esses últimos três longas foram produzidos pela MASPE FILMES, de M. Augusto Cervantes*. Realiza *A força dos*

sentidos, uma trama de suspense. Dirige o erótico *A mulher que inventou o amor*, "filme radical de realismo furioso, debochado e polêmico", segundo o diretor. Em 1980, cria a ÍRIS PRODUÇÕES CINEMATOGRÁFICAS, sua própria produtora, e dirige o ensaio intimista *O fotógrafo*. Com produção de Cláudio Cunha*, dirige *Karina, objeto de prazer*. Realiza também os dramas *A noite do amor eterno* e *Tchau, amor*. A tendência ao erótico pornográfico (ainda não explícito), que se instala no cinema da Boca do Lixo, vai se refletir nas produções seguintes de Garrett. Faz *Estranho desejo* e *Meu homem, meu amante* – com produção de Deni Cavalcanti. Entre 1985 e 1986 dedica-se aos filmes de sexo explícito, realizando *Fuk fuk à brasileira*; *Entra e sai* e *Lazer, excitação sexual*. Filma também a sátira *O beijo da mulher piranha*. Posteriormente, dedica-se à administração teatral. Faleceu em 21 de abril. (NCA)

GASTAL, P. F. (Paulo da Fontoura Gastal) – Pelotas, RS, 1922-1996. Crítico de cinema.

Paulo Fontoura Gastal, decano da crítica cinematográfica do Rio Grande do Sul, começou a escrever sobre cinema no jornal pelotense *Diário Popular*, em 1941. No final dos anos 40 transferiu-se para Porto Alegre. Trabalhou de 1949 a 1979 no jornal *Correio do Povo*, em que editava a seção de espetáculos e o Caderno de Sábado. Foi um dos 53 sócios-fundadores do CLUBE DE CINEMA DE PORTO ALEGRE, em 13 de abril de 1948. Com Alberto Cavalcanti*, Gastal foi trabalhar no setor de divulgação dos estúdios da VERA CRUZ*, em São Paulo. Com o fracasso da empresa, acabou voltando para Porto Alegre. Também foi um dos criadores do FESTIVAL DE CINEMA BRASILEIRO DE GRAMADO, no início dos anos 70. Seu vasto acervo cinematográfico – livros, revistas, fotos, cartazes e recortes de jornal está reunido na CINEMATECA PAULO FONTOURA GASTAL, aos cuidados do Serviço Nacional de Aprendizagem Comercial (Senac). Faleceu em 12 de fevereiro e parte de sua obra crítica (também assinava seus artigos com o pseudônimo de Calvero) está reunida no livro *Os cadernos de cinema de P. F. Gastal*, publicado em 1997. (TB)

GERBASE, Carlos – Porto Alegre, RS, 1959.

FILMOGRAFIA: 1983 – *Verdes anos*. 2000 – *Tolerância*. 2005 – *Sal de prata*. 2008 – *3 efes*. 2009 – *1983: O ano azul*.

Participante da geração de realizadores gaúchos revelados na década de 1980

(Ana Luisa Azevedo*, Giba Assis Brasil*, Jorge Furtado*, José Pedro Goulart, Otto Guerra e outros). Superoitista, nessa bitola fez, em codireção com Nelson Nadotti, o curta-metragem *Sexo e Beethoven* (1979), baseado no conto *O encontro e o confronto*, de Rubem Fonseca. Trabalhou como assistente de direção do longa-metragem *Deu pra ti anos 70* (1981), de Giba Assis Brasil e Nelson Nadotti, e ainda dirigiu o longa-metragem *Inverno* (1982), baseado no conto de sua autoria *O argonauta*. Em 1983, passou a utilizar a bitola 35 mm, quando fez, em codireção com Giba Assis Brasil, o curta dramático *Interlúdio* e o longa *Verdes anos*, este, baseado em conto homônimo de Luiz Fernando Emediato. Dedicou-se à direção de uma série de curtas dramáticos: *Passageiros* (1987); *Aulas muito particulares* (1988), que trabalha com erotismo; *Corpo de Flávia* (1990); *Deus ex-machina* (1995); *Sexo e Beethoven: o reencontro* (1997). No início dos anos 2000, escreveu roteiros para TV. Após dezessete anos, retornou ao filme longo e estreou na direção solo, quando realizou o drama *Tolerância*. O longa seguinte, o drama *Sal de prata*, foi um filme sobre o cinema. Experimentou o longa digital, de pequeno orçamento, em novo drama, *3 efes*, lançado simultaneamente em salas de cinema, DVD, internet, nas TVs aberta e por assinatura. Voltou a trabalhar como codiretor, em parceria com cineasta Augusto Mallmann, na realização do seu primeiro documentário de longa-metragem, *1983: o ano azul*, sobre a grande conquista do tricolor gaúcho Grêmio, time que foi campeão mundial de futebol. Faz algum tempo é professor de cinema na Pontifícia Universidade Católica do Rio Grande do Sul. (LFM)

GERVITZ, Roberto (Roberto Edgar Gervitz) – Nova York, Estados Unidos, 1957. Diretor.

FILMOGRAFIA: 1978 – *Braços cruzados, máquinas paradas*. 1987 – *Feliz ano velho*. 2005 – *Jogo subterrâneo*.

Criou-se na capital paulista. Começa no cinema no Super-8*, ao lado de Sérgio Toledo*. Profissionalmente, inicia como assistente de montagem do experiente Sylvio Renoldi*, em *Lúcio Flávio, o passageiro da agonia*, de Hector Babenco*, e em *O cortiço*, de Francisco Ramalho Jr.*. É editor de som e montador em filmes publicitários. Ainda como montador, Gervitz editou (e roteirizou) o média-metragem *Em nome da segurança nacional*, de Renato Tapajós, e também *Linha de montagem*, além dos longas-metragens *Xingu terra*, de Maureen Bisilliat. Ao lado de Tapajós faz *A soja* *virando praga* e *Xô*, ambos em 1983. O longa-metragem *Das tripas coração*, de Ana Carolina*, contou com o trabalho da dupla Roberto Gervitz e Sérgio Toledo na montagem. Os dois estreariam na direção de longa-metragem no documentário *Braços cruzados, máquinas paradas*. O filme é um corajoso registro do movimento sindical metalúrgico paulista, retratando as eleições no sindicato de São Paulo, em eventos que antecederam de pouco as grandes greves do ABC. *Braços cruzados, máquinas paradas* revelou-se um longa premonitório no cinema documentário brasileiro. (AG) Apesar de desconhecerem os meandros da estilística do "cinema direto", os jovens diretores souberam filmar a ação se desenrolando em sua indeterminação (a própria eleição sindical), orientando-se apenas pelo faro de documentaristas na tomada.

Feliz ano velho é a estreia de Gervitz no filme longo de ficção, realizado quase dez anos após *Braços cruzados*. Gervitz agora está afastado do calor da luta sindical e seus horizontes são outros. A época está envolta nas produções da Vila Madalena e na estética neon-realista, com cores pós--modernas. As obras retratam o choque da megalópole paulistana na sensibilidade de seus jovens moradores. A cidade, que já era grande, tornou-se imensa, uma massa disforme, e os filmes da década de 80 nos mostram uma nova percepção voltada para o infinito urbano. *Feliz ano velho* foi adaptado de livro homônimo de Marcelo Rubens Paiva, relatando acidente no qual ficou paraplégico. Obteve em seu lançamento boa recepção de crítica e de público, figurando como uma das principais obras da chamada geração Vila Madalena. Gervitz aponta como um dos cineastas mais promissores do grupo. Em seguida, esses jovens diretores teriam suas carreiras interrompidas pela paralisação da produção cinematográfica no governo Collor. Em função das dificuldades de filmar, Gervitz permanece basicamente na publicidade nos anos 90. Com a retomada do cinema brasileiro, consegue levantar a produção para mais um longa. Em 2005 lança *Jogo subterrâneo*, filme baseado no conto *Manuscrito encontrado em um bolso*, de Julio Cortázar, com trilha musical de Luiz Henrique Xavier e roteiro do próprio Gervitz e Jorge Durán*. A adaptação amarra bem a transposição cinematográfica do conto. Felipe Camargo é protagonista, em papel que marca a retomada de sua carreira. Traz um ótimo desempenho, incorporando o personagem que monta encontros casuais nos subterrâneos de São Paulo. O filme, de longa gestação, tem marca da estilística

dos anos 80, seja na fotografia, seja na temática urbana. Também traz a influência do novo cinema argentino chegando ao Brasil no ínicio da década, repercutindo a origem de Gervitz (filho de portenho). Roberto comenta com acerto que a trama do filme poderia se desenrolar em São Paulo, mas não no Rio de Janeiro.

No universo ficcional do filme, assim como na atual produção argentina, a ausência da alteridade "povo" não é motivo para má consciência. Traço significativo, se pensarmos no longa de estreia na filmografia do diretor. Destoa, nesse aspecto, da produção brasileira contemporânea, marcada pela preocupação em representar o "outro" popular. Pode-se dizer que *Jogo subterrâneo* é um filme meio fora de seu tempo, subterrâneo como o espaço que mostra. A tonalidade exasperada não está na primeira linha e a interioridade psicológica, mais reservada, vem à tona num flanar que nos remete ao vazio dos surrealistas parisienses, referências do autor Cortázar. O tema do acaso, da imponderabilidade do destino, contribui para o sentimento da presença anônima na grande cidade. Obra com preocupações que apontam para um passado que ficou esperando conclusão (o interrompido cinema da década de 80), seja na produção, seja no próprio estilo do filme. Em 2010, Gervitz lança *Brincando de Deus* pela Imprensa Oficial, escrito por ele mesmo a partir de relato, envolvendo bons detalhes de produção, tomado pelo documentarista Evaldo Mocarzel*. Trata-se de sensível depoimento de uma figura líder na geração que acabou espremida entre dois momentos fortes do cinema brasileiro (o fim da produção EMBRAFILME*/Cinema Novo* e início da Retomada) e que, principalmente em São Paulo, sofreu marcada solução de descontinuidade. (FPR)

GHESSA, Rossana – Carbônia, Itália, 1943. Atriz.

FILMOGRAFIA: 1965 – *Paraíba, vida e morte de um bandido*; *007 ½ no carnaval*. 1966 – *Carnaval barra-limpa*. 1967 – *Bebel, a garota-propaganda*. 1968 – *Enfim sós... com o outro*. 1969 – *Quelé do Pajeú*; *Verão de fogo* (produção estrangeira). 1970 – *O palácio dos anjos* (coprodução estrangeira); *Memórias de um gigolô*. 1971 – *Lua de mel & amendoim* (1º episódio: 'Lua de mel & amendoim'); *Ana Terra*; *Edy sexy, o agente positivo*; *Um marido sem... é como um jardim sem flores*. 1973 – *Obsessão*. 1974 – *A noiva da noite* (*Desejo de sete homens*); *Pureza proibida*; *Quando as mulheres querem provas*; *As secretárias*

que fazem de tudo (3º episódio: 'Avante C. C. S.'). 1975 – *Amantes amanhã, se houver sol*; *O filho do chefão*; *Lucíola, o anjo pecador*. 1976 – *Tem alguém na minha cama* (2º episódio: 'Dois em cima e dois embaixo'). 1976 – *O vampiro de Copacabana*. 1977 – *Snuff, vítimas do prazer*; *Como matar uma sogra*. 1978 – *As borboletas também amam*; *A pantera nua*; *O inseto do amor*. 1979 – *Violência e sedução*. 1980 – *Convite ao prazer*; *Bordel, noites proibidas*; *As intimidades de duas mulheres, Vera e Helena*; *A virgem e o bem-dotado*. 1981 – *Me deixa de quatro*. 1982 – *Fantasias sexuais* (3º episódio: 'A mulher abelha'); *Estranhas relações*; *Mulheres liberadas*. 1984 – *Momentos de prazer e agonia*. 1985 – *Fêmeas em fuga*. 1997-1999 – *Adágio ao sol*.

Ainda criança, muda-se para o Brasil e radica-se no Rio de Janeiro. Uma atriz preferencialmente de cinema, com a participação em filmes cariocas de rotina, como o policial *Paraíba, vida e morte de um bandido*, a paródia *007 ½ no carnaval*, ambos sob direção de Victor Lima*, e o carnavalesco temporão *Carnaval barra-limpa*, de J. B. Tanko*. Conquista papéis relevantes ao representar Bebel, uma moça em busca de ascensão social na grande metrópole (São Paulo), no filme homônimo de Maurice Capovilla*, extraído do romance *Bebel que a cidade comeu*, de Ignácio de Loyola Brandão. A seguir inicia seu trabalho com diretores de maior destaque, como Anselmo Duarte* (*Quelé do Pajeú*) e Walter Hugo Khouri* (*O palácio dos anjos*). Interpreta o papel-título no filme *Ana Terra*, de Durval Gomes Garcia, baseado no romance homônimo de Érico Veríssimo. Na década de 70, transforma--se numa das grandes estrelas das comédias eróticas e das pornochanchadas*, ao atuar com vários diretores que se dedicam ao gênero, a partir do episódio 'Lua de mel & amendoim', sob direção de Fernando de Barros*. Nessa linha faz ainda, com Alberto Pieralisi*, *Memórias de um gigolô*, tirado do romance homônimo de Marcos Rey*, em que interpreta uma prostituta de bom coração. Com o mesmo diretor, faz *Um marido sem... é como um jardim sem flores* e *As secretárias que fazem de tudo*; com Cláudio MacDowell, *Quando as mulheres querem provas*; com Mozael Silveira, *As intimidades de duas mulheres, Vera e Helena*, e o policial *Violência e sedução*; com Milton Alencar Jr., *Estranhas relações*; e com Adnor Pitanga, *Momentos de prazer e agonia*, além de participar de episódio da produção alagoana *Mulheres liberadas*. Interpreta também papéis de maior ambição, como no drama *Obsessão*, com Jece Valadão*. Em outros gêneros, trabalha novamente com Victor Lima, na paródia *O filho do chefão*; com Xavier de Oliveira*, filma a comédia *O vampiro de Copacabana*; com o produtor e diretor Luiz de Miranda Corrêa, filma a adaptação atualizada do romance *O livro de uma sogra*, de Aluísio Azevedo, na comédia *Como matar uma sogra*; faz o melodrama *As borboletas também amam*, num raro trabalho sério do diretor de comédias J. B. Tanko; e interpreta, com o italiano Michelle Massimo Tarantini, a aventura *Fêmeas em fuga*. Paralelamente, a partir de 1973, atua em filmes eróticos da Boca do Lixo*: *A noiva da noite*, de Lenita Perroy; *Amantes amanhã, se houver sol*, de Ody Fraga*; *Snuff, vítimas do prazer*, de Cláudio Cunha*; *O inseto do amor* e *Me deixa de quatro*, de Fauzi Mansur*; *A virgem e o bem-dotado*, de Edward Freund; e *Fantasias sexuais*, de Juan Bajon*. *Lucíola, o anjo pecador*, de Alfredo Sternheim*, uma produção de época bem elaborada, de Alfredo Palácios* e A. P. Galante*, da SERVICINE*, em associação com a EMBRAFILME*, baseado no romance de José de Alencar*, apresenta Rossana no papel-título, sendo um de seus maiores sucessos. Monta sua empresa, a ROSSANA GHESSA PRODUÇÕES CINEMATOGRÁFICAS, quando atua como produtora de *Pureza proibida*, de Alfredo Sternheim, e *A pantera nua*, de Luiz Antônio Piá, e do curta-metragem *O crochet* (1978), de Ruy Santos*. Em sociedade com o marido, o produtor e cineasta Durval Garcia, são donos de nova produtora, VERONA FILMES. No final da década de 90 retorna à produção com filme que protagonizou, *Adágio ao sol*, drama de Xavier de Oliveira, ambientado no interior paulista na década de 1930. (LFM)

GIMENEZ, Vera (Vera Regina Oliveira Gimenez) – São Paulo, SP, 1946. Atriz.

FILMOGRAFIA: 1971 – *Tô na tua, bicho*; *Lua de mel & amendoim* (2º episódio: 'Berenice'). 1972 – *A difícil vida fácil*; *A filha de madame Betina*. 1973 – *Obsessão*; *O descarte*; *Um edifício chamado 200*. 1974 – *O marginal*; *O mau-caráter*. 1975 – *Nós, os canalhas*; *Ninguém segura essas mulheres* (1º episódio: 'Marido que volta deve avisar'); *Homem de papel* (*Volúpia do desejo*); *Os amores da pantera*. 1976 – *Já não se faz amor como antigamente* (2º episódio: 'O noivo'); *As loucuras de um sedutor*; *A noite dos assassinos*. 1979 – *Eu matei Lúcio Flávio*; *O torturador*. 1979-1980 – *Por que as mulheres devoram os machos*

(1º episódio: 'As amigas'; 2º episódio: 'Um encontro'; 3º episódio: 'Desamor e crime'). 1983 – *A freira e a tortura*. 1984 – *A filha dos Trapalhões*. 1988-1989 – *Solidão, uma linda história de amor*.

Manequim e modelo paulista, em seu primeiro filme atua numa ponta no episódio 'Berenice', em *Lua de mel & amendoim*, sob direção de Pedro Carlos Rovai*. Em seu segundo trabalho, a chanchada *Tô na tua, bicho*, de Raul Araújo, representa o papel de mocinha de família ingênua. Muda-se para o Rio de Janeiro e casa-se com Jece Valadão*. Faz carreira na MAGNUS FILMES, geralmente em filmes sob direção de seu marido, em pequenos papéis, depois como coadjuvante, também em filmes de outras produtoras, como no papel de milionária em *O marginal*, de Carlos Manga*, ou no de bandida em *Homem de papel*, de Carlos Coimbra*, e alcança o estrelato vivendo o papel de Angela Leclery, em *Os amores da pantera*, de Jece Valadão. Especialista em papéis de mulher má ou milionária, volta a interpretar este último tipo em *Loucuras de um sedutor*, de Alcino Diniz. Fora dos seus padrões, interpreta papel político engajado de uma religiosa em *A freira e a tortura*, de Ozualdo Candeias*. Na televisão, atua em poucas novelas da GLOBO, entre elas, *Anjo mau* (1976), de Cassiano Gabus Mendes. Após alguns anos afastada, volta a trabalhar na telinha em 2008, participando da série *Donas de Casa Desesperadas*, baseada na série americana e dirigida por Fábio Barreto*. Em 2010, atua na novela *Uma rosa com amor*, onde interpreta a médica do hospital. (LFM)

GIORGETTI, Ugo (Ugo César Giorgetti) – São Paulo, SP, 1942. Diretor.

FILMOGRAFIA: 1977-1986 – *Quebrando a cara*. 1985 – *Jogo duro*. 1988 – *Festa*. 1993-1994 – *Sábado*. 1997 – *Boleiros, era uma vez o futebol...* 2001 – *O Príncipe*. 2004 – *Boleiros – vencedores e vencidos*. 2009 – *Solo*.

Retratando de forma levemente surreal o cotidiano social brasileiro, em especial a disparidade entre as elites e as classes médias e populares, é um dos realizadores egressos do cinema publicitário nos anos 80 e 90. Diretor, produtor e roteirista, cria uma fórmula bem-sucedida de realização, aliando orçamento, poucos cenários e uma situação temática restrita (uma festa, uma conversa de bar, uma filmagem). Com carreira publicitária iniciada em 1966, quando troca o departamento de pessoal da Gessy Lever pela função de assistente de contato na agência Alcântara Machado, torna-se,

com o tempo, um dos mais requisitados diretores de comerciais do país. Passa nos anos 70 pelas agências C&N, Denison, onde adquiriu prestígio, Proeme e, nos anos 80, pelas produtoras CIA. DE CINEMA e FRAME, que chega a comandar por algum tempo. Envolve-se com cinema ao dirigir os curtas *Campos Elísios* (1973), sobre a decadência de uma área outrora aristocrática, e *Rua São Bento, 405 – Prédio Martinelli* (1976), o célebre edifício paulistano, naquele momento em via de desaparecimento. Elementos desses dois filmes ecoam por toda a sua obra. Monta ainda o curta *Praça da Sé, 76* (1976), de Nilce Tranjan. Parte em seguida para retratar em 16 mm a vida do pugilista Éder Jofre, em projeto que cresce com o tempo, tranformando-se em longa-metragem jamais lançado comercialmente. O primeiro filme de ficção, *Jogo duro*, introduz o núcleo temático do conflito de classes sociais. Alcança tratamento original no premiado *Festa*, principal ganhador do FESTIVAL DE GRAMADO de 1989. O filme seguinte, *Sábado*, sintetiza essas preocupações, opondo o universo de uma equipe de filmagem de comerciais ao quadro hostil e socialmente decadente de um prédio do velho centro de São Paulo. Em *Boleiros, era uma vez o futebol...*, retoma o universo do esporte e suas correlações com a miséria social brasileira. No campo publicitário, dividiu-se nos últimos anos entre as produtoras ESPIRAL e CIA. DE CINEMA. (HH) Como documentarista, realiza *Uma outra cidade* (2000), poesia e vida em São Paulo nos anos 60. Dirige e escreve *O Príncipe*, filme de ficção bastante amargo sobre sua cidade de origem. É dono de uma visão crítica sobre a sociedade brasileira, carregada de pessimismo, com pitadas de sadismo. Nessa linha se aproxima da visão de mundo do documentarista Mocarzel*. É produtor de *À margem da imagem* (2002), com o qual Mocarzel recebe o KIKITO de melhor documentário no FESTIVAL DE GRAMADO (2003) e no ano seguinte produz *Mensageiras da luz – parteiras da Amazônia*. É diretor de *Variações sobre um quarteto de cordas – a música de Johanes Oelsner* (2005) e *Boleiros 2*, uma continuação do filme de 97. Através da Coleção Aplauso, é lançado *Ugo Giorgetti – um sonho intacto*, livro assinado por Rosane Pavan. Desde 2006, assina a coluna sobre futebol no jornal *O Estado de S. Paulo*; paralelamente, dirigiu *Solo*, monólogo com cerca de 72 minutos no qual um velho advogado, interpretado por Antonio Abujamra, revela o que deixou de fazer sentido em sua vida, lembrando em muito o programa *Provocações*.

GLADYS, Maria (Maria Gladys Mello da Silva) – Rio de Janeiro, RJ, 1939. Atriz.

FILMOGRAFIA: 1958 – *No mundo da lua*. 1960 – *Por um céu de liberdade*. 1963 – *Os fuzis*; *Bonitinha mas ordinária*; *Canalha em crise*. 1966 – *Todas as mulheres do mundo*; *Um diamante e cinco balas*. 1967 – *Edu, coração de ouro*. 1968 – *Copacabana me engana*; *Como vai, vai bem?* (5º episódio: 'O apartamento'). 1969 – *O anjo nasceu*. 1970 – *A família do barulho*; *Sem essa aranha*; *Cuidado, madame*; *Piranhas do asfalto*; *Meu pé de laranja-lima*; *É Simonal*; *Sangue quente em tarde fria*; *O capitão Bandeira contra o dr. Moura Brasil*; *Lúcia McCartney, uma garota de programa*. 1971 – *Mangue-bangue*; *O donzelo*. 1975-1976 – *Bandalheira infernal*. 1976-1977 – *Anchieta, José do Brasil*. 1977 – *Agonia*. 1978 – *Gigante da América*. 1982 – *Rio Babilônia*; *Bar Esperança, o último que fecha*. 1982-1985 – *Um filme 100% brasileiro*. 1983 – *Os bons tempos voltaram* (*Vamos gozar outra vez*) (1º episódio: 'Sábado quente'). 1985 – *Brás Cubas*. 1987-1988 – *Natal da Portela*. 1989-1991 – *Matou a família e foi ao cinema*. 1995 – *O monge e a filha do carrasco* (produção estrangeira). 2003 – *Apolônio Brasil, campeão da alegria*. 2006 – *Se eu fosse você*. 2007 – *Meu nome é Dindi*; *Pequenas histórias*. 2008 – *Se eu fosse você 2*. 2010 – *A alegria*.

No ano de 1958, inicia a sua carreira artística como bailarina, atuando no programa de televisão *Clube do Rock*, dirigido pelo multifacetado Carlos Imperial*. Nesse momento, mantém relação com o grupo original da Jovem Guarda (Roberto Carlos, Erasmo Carlos, Tim Maia, entre outros). Em 1959, desenvolve atividade teatral importante, estreando na peça *O mambembe*, de Arthur Azevedo, que era integrada por outros grandes atores da sua geração, tais como Fernanda Montenegro*, Fernando Torres, Sergio Brito* e Ítalo Rossi*. Aparece no cinema no período fronteiriço da transição da chanchada* para o Cinema Novo*, quando, sob as ordens do veterano Luiz de Barros*, tem pequena participação creditada no filme *Por um céu de liberdade*, produção feita de encomenda para o exibidor paulista Paulo Sá Pinto. Em 1963, Maria Gladys atua em seu primeiro grande filme de longa metragem, o clássico do movimento cinemanovista *Os fuzis*, de Ruy Guerra*. Nesse filme faz o papel de uma moça vinda de um lugarejo do interior baiano que namora um soldado da força policial interventora. No mesmo ano, trabalha em *Bonitinha mas ordinária*, de J. P. Carvalho.

A seguir, participa do filme de estreia de Miguel Borges*, *Canalha em crise*. A partir desse momento, Gladys manterá carreira interpretando pequenos papéis, como a namorada suburbana do personagem *bon vivant* interpretado por Paulo José* em *Todas as mulheres do mundo*, de Domingos Oliveira*. Com o mesmo diretor, trabalha em *Edu, coração de ouro*. Contracena com o ator Luiz Linhares*, ambos defendendo os papéis principais, no filme de aventura *Um diamante e cinco balas*, filmado no Pará, com direção de Líbero Luxardo*. Em *Copacabana me engana*, de Antônio Carlos Fontoura*, interpreta mais um pequeno papel. Gladys integrou-se à produção do Cinema Marginal carioca, com os atores Helena Ignez*, Paulo Villaça* e Guará, os mais presentes nos filmes desse período. Na produção do Cinema Marginal*, Gladys atua em papéis exacerbados e exasperados, aproveitando seu estilo caricato, herdeiro da escola tradicional de interpretação brasileira de Alda Garrido, Dercy Gonçalves*, Marília Pêra* e Regina Casé*. O diretor Júlio Bressane* elege Gladys como uma de suas atrizes prediletas. A parceria se estabelece a partir de *O anjo nasceu*, quando contracena com Hugo Carvana*, Milton Gonçalves* e Norma Bengell*, nessa trama em que dois bandidos da Zona Sul carioca mantêm duas mulheres como reféns de suas vontades. A seguir, na fase da produtora BELAIR, filma com Bressane *A família do barulho*, a chanchada retrabalhada pela estética do marginal, e em *Cuidado, madame*, em que na principal via de Copacabana, a Barata Ribeiro, transita para cima e para baixo, em longos planos-sequências, vociferando com e contra sua patroa. Participação destacada em *Sem essa aranha*, em que atua ao lado dos atores José Loredo, interpretando o seu famoso personagem Zé Bonitinho, e Helena Ignês. Nesse filme de Rogério Sganzerla*, a sua passagem descendo a favela do Vidigal gritando "estou com fome", vestida de verde-amarelo, é uma atuação digna de registro. Com o diretor Neville d'Almeida*, atua em *Piranhas do asfalto* e no inédito *Mangue-bangue*, filme em que aparece numa longa cena tomando banho, "estourando a estrutura temporal da narrativa clássica". O diretor Antônio Calmon* também se utilizou dos serviços de Gladys em seu filme *O capitão Bandeira contra o dr. Moura Brasil*, obra que flerta com o experimentalismo. Participa de pequenos papéis em uma série de produções comerciais cariocas, *Meu pé de laranja-lima*, de Aurélio Teixeira*; *É Simonal*, quando volta a trabalhar com Domingos Oliveira*, e *O*

donzelo, de Stephan Wohl. Paralelamente, trabalha em filmes fiéis à estética contracultural do momento, como em *Sangue quente em tarde fria*, de Fernando Cony Campos* e Renato Neumann, e *Lúcia McCartney, uma garota de programa*, do cinemanovista David Neves*. Acompanha a turma do Cinema Marginal em seu auto-exílio na Europa, principalmente Londres (onde se basearam) e depois mundo afora. Nesse começo dos anos 70, experimenta a direção no filme "The First Odalisca", exercício que permanece inacabado. De volta ao Brasil, participa de *Anchieta, José do Brasil*, de Paulo César Saraceni*, outro cinemanovista. Volta a trabalhar com Bressane, em *Gigante da América* e *Agonia*, em que transita, sem destino certo, ao lado de Joel Barcelos*, por morro carioca. Na década de 1980, trabalha em vários filmes, como *Rio Babilônia*, de Neville d'Almeida; *Bar Esperança*, de Hugo Carvana*; no experimental *Um filme 100% brasileiro*, de José de Barros; no episódio 'Sábado quente', de *Os bons tempos voltaram*, de Ivan Cardoso*. Reúne-se novamente a Bressane, em *Brás Cubas*, e a Saraceni, no quase inédito *Natal da Portela*. Participa da refilmagem de *Matou a família e foi ao cinema*, de Neville d'Almeida. Na televisão, suas interpretações mais expressivas acontecem nos programas especiais e em minisséries, com destaque para as personagens Soninha, em *Bandidos da Falange* (1983), de Aguinaldo Silva* e Doc Comparato*; e Berê, em *As noivas de Copacabana* (1992), de Dias Gomes, Ferreira Gullar e Marcílio Moraes; além de sua atuação em novelas da GLOBO e em *O chapadão do Bugre*, novela da BANDEIRANTES (1988), baseada no romance homônimo de Mário Palmério, sob direção de Walter Avancini. Entre 2000 e 2010, Gladys será figura constante na TV GLOBO, mantendo uma atividade regular na teledramaturgia. No período citado, nas telas grandes a sua volta acontece pelas mãos de Hugo Carvana*, Bruno Safadi e Daniel Filho*. Aliás, com esse diretor teve a oportunidade de participar da franquia-*blockbuster* de maior bilheteria dos últimos anos do cinema brasileiro, *Se eu fosse você* e *Se eu você fosse 2*. (AG)

GLÓRIA, Darlene (Helena Maria de Almeida Glória Viana) – São José do Calçado, ES, 1942. Atriz.

FILMOGRAFIA: 1963 – *Choque de sentimentos* (produção estrangeira). 1964 – *Um ramo para Luiza*; *São Paulo S. A.* 1965 – *Paraíba, vida e morte de um bandido*. 1966 – *Nudista à força*; *Terra em transe*. 1967 – *Papai trapalhão*. 1968 – *Os viciados*

(2º episódio: 'A fuga'); *Os paqueras*; *O matador profissional*. 1969 – *Os raptores*; *Golias contra o homem das bolinhas*. 1971 – *Lua de mel & amendoim* (2º episódio: 'Berenice'); *Os devassos*; *Eu transo... ela transa*. 1972 – *A viúva virgem*. 1973 – *Toda nudez será castigada*; *Os homens que eu tive*. 1974 – *O marginal*; *Um homem célebre*. 1998 – *Até que a vida nos separe*. 2006 – *Anjos do Sol*. 2008 – *Feliz Natal*.

Aos 8 anos, Darlene Glória mudava-se para Cachoeiro de Itapemirim com os pais, fiéis da Igreja Batista. Ainda criança, encena peças natalinas, acompanhada pela mãe. Apresenta-se como cantora em programas de rádio infantil e juvenil, que tinham também como atração o jovem Roberto Carlos. Em 1958, eleita Miss Cachoeiro de Itapemirim, vai para Vitória concorrer na disputa estadual, mas é desclassificada por ser menor de idade. Trocou o primeiro nome para Darlene, que tirou de uma fotonovela sobre uma moça ingênua do interior às voltas com os perigos da cidade grande. Pouco depois foge para o Rio de Janeiro, tentando levar adiante a carreira de cantora. Seu estilo são as músicas de fossa, daí a participação no programa *Papel Carbono*, imitando Maísa, uma de suas preferidas ao lado de Nora Nei e Dolores Duran. Torna-se amante de um político influente, que lhe arranja um emprego público. Aos 17 anos, solteira, tem o primeiro filho. O segundo nasceria em 1970, filho do policial Mariel Mariscot, ligado ao Esquadrão da Morte. Darlene vai deixando de lado a música para se dedicar ao trabalho como atriz. Estreia no teatro com a remontagem da peça *Society em baby-doll*, no papel de amante, que segundo ela seria uma constante em toda a sua carreira. Apresenta-se no teatro rebolado em São Paulo, em espetáculos como *Rei Momo de bambolê* e *Escândalos cubanos*. Seu primeiro trabalho na televisão é para a TV JORNAL DO COMMÉRCIO, em Recife. No Rio de Janeiro, Darlene torna-se apresentadora de *A Grande Cidade*, programa de entrevistas conduzido por Stanislaw Ponte Preta. Na GLOBO e na TV RIO (para onde vai a convite de Walter Clark*), faz algumas novelas, entre elas *O bofe* e *Véu de noiva*. O primeiro filme em que trabalha é *Choque de sentimentos*, melodrama dirigido pelo italiano Massimo Alviani. O cineasta Luís Sérgio Person* teria visto o filme, o que o levou a convidar Darlene para interpretar Ana, uma das namoradas de Walmor Chagas*, em *São Paulo S. A.* Continua a fazer televisão e cinema – incluindo participação em *Os paqueras* e uma ponta em *Terra em transe* –, mas sua grande

oportunidade só vai surgir no início dos anos 70, quando é chamada por Arnaldo Jabor* para ser a Geni em *Toda nudez será castigada*, adaptação da peça de Nélson Rodrigues*, que ganha o URSO DE PRATA no FESTIVAL DE BERLIM, com Darlene sendo escolhida a melhor atriz. No filme, faz a prostituta que se casa com o moralista viúvo Herculano, interpretado por Paulo Porto*, com quem a atriz já havia contracenado em *Um ramo para Luiza*, de J. B. Tanko*. Consagrada pelo seu impressionante desempenho no filme, Darlene torna-se a estrela do momento, levando adiante a postura de ousadia e provocação, antes assumida por Leila Diniz*, morta em 1972. Cabe a ela assumir o papel escrito originalmente para Leila em *Os homens que eu tive*, de Teresa Trautman*. Dirigida por Carlos Manga*, Darlene faz ainda *O marginal*, sobre a ascensão e queda de um criminoso. Em agosto de 1974, depois de procurar voluntariamente tratamento psiquiátrico, decide se converter à Igreja Evangélica – a mesma de seus pais –, abandonando a carreira e também o álcool, as drogas, a devoção ao candomblé e a prostituição (havia trabalhado como garota de programa e sido amante de políticos). Torna-se a irmã Helena Brandão ao se casar, no ano seguinte, com o funcionário público Marcos Vinicius de Almeida Brandão. Com ele, tem dois filhos e forma a Igreja do Evangelho da Paz, que chega a reunir oitocentos fiéis. Depois de várias brigas com Mariel Mariscot pela guarda do filho, é a irmã Helena quem convence o ex-policial a se converter, pouco antes de ser assassinado na cadeia. O casamento com Marcos Vinicius termina em 1989, quando ele a abandona por uma moça de 22 anos. Antes disso, Darlene já havia retomado sua carreira de atriz. Em 1985, faz para a televisão o *Caso Verdade* 'Todo pecado será perdoado', que recontava sua própria trajetória. O especial não agradou a Darlene e muito menos aos seus "irmãos". Dois anos depois, ela está de volta na novela *Carmem*, novamente num papel com claras referências a sua biografia. Trabalha também na novela *Araponga*, em 1991, antes de seguir para os Estados Unidos, onde permanece por cinco anos, apresentando palestras em igrejas brasileiras, fazendo serviços em restaurantes e residências, e até vendendo pastéis durante a Copa do Mundo. De volta, recebe homenagem no FESTIVAL DE GRAMADO e diversas propostas de trabalho. Faz um episódio do programa *Você Decide*, dirigido por Roberto Farias*, que tem planos de realizar um filme sobre a atriz. Em 1998, filma *Até*

que a vida nos separe, de José Zaragoza, e publica *Uma nova Glória*, o primeiro de uma série de cinco livros que escreveu nos Estados Unidos, que inclui também *O manual da mulher cristã repudiada*, *Lapidada pela cruz*, *Um bebê em apuros* e *Opróbrio e bênção*. Em homenagem à atriz, Adriano Lírio e Luzius Rueedi realizam em 2004 o curta *Ninguém suporta a Glória*. No drama *Anjos do Sol*, do estreante Rudi Lagemann, marca seu retorno ao cinema como Vera, um pequeno papel. No filme de estreia de Selton Mello na direção, o drama *Feliz Natal*, tem um papel de maior destaque, uma mãe problemática. (LCA)

GNATALLI, Radamés – Porto Alegre, RS, 1906-1988. Músico.

FILMOGRAFIA: 1931-1932 – *Ganga bruta*. 1936 – *Maria Bonita*. 1937-1940 – *Eterna esperança*. 1938 – *Onde estás, felicidade?*. 1940 – *Argila*; *Pureza*. 1943 – *A caminho do céu*. 1948-1950 – *Estrela da manhã*. 1949 – *Escrava Isaura*. 1950 – *Pecado de Nina*; *Somos dois*. 1951 – *Hóspede de uma noite*; *Tocaia*; *Tico-tico no fubá*; *Sai da frente*. 1952 – *Brumas da vida*; *Força do amor*; *Nadando em dinheiro*. 1953 – *Perdidos de amor*; *Três recrutas*; *Carnaval em Caxias*. 1954 – *Marujo por acaso*. 1954-1955 – *Rio 40 graus*. 1955 – *Angu de caroço*; *O diamante*; *O rei do movimento*; *O fuzileiro do amor*; *O feijão é nosso*. 1956 – *Eva no Brasil* (coprodução estrangeira); *O Boca de Ouro*; *O noivo da girafa*; *Quem sabe... sabe!* 1957 – *O barbeiro que se vira*; *Zona Norte*; *Chico Fumaça*. 1958 – *Na corda bamba*; *O camelô da rua Larga*; *Cala a boca, Etelvina*; *Quem roubou meu samba?* 1959 – *Aí vem a alegria*; *Dona Xepa*; *Titio não é sopa*. 1960 – *Eu sou o tal*; *Sai dessa, recruta*. 1961 – *Assassinato em Copacabana*; *Esse Rio que eu amo* (1º episódio: 'Balbino, homem do mar'; 2º episódio: 'O milhar seco'; 3º episódio: 'A morte da porta-estandarte'; 4º episódio: 'Noite de almirante'). 1964 – *A falecida*; *Grande sertão*; *Fábula* (produção estrangeira). 1965 – *Onde a Terra começa*. 1968 – *A doce mulher amada*. 1976 – *O jogo da vida*. 1981 – *Eles não usam black-tie*. 1983 – *Perdoa-me por me traíres*.

Maestro, pianista, compositor e sobretudo arranjador, é considerado um dos músicos mais importantes deste século. O longo e extenso envolvimento com o cinema decorre em parte de sua ligação com o universo da canção, sempre aproveitada nas comédias musicais, e de seus múltiplos talentos artísticos, que lhe permitiam escrever ou adaptar os temas, orquestrá-los e conduzir sua gravação em tempos sempre reduzidos. Boa parte das trilhas que assina são, em verdade, seleções de obras alheias, que rearranja ou não em função dos requisitos da produção. Sempre que pode, e os roteiros permitem, insere motivos musicais populares ou mesmo folclóricos, aproveitando o cinema como instrumento de divulgação de tradições mais arraigadas e desconhecidas. Defensor intransigente de um nacionalismo musical, que em parte ajudou a moldar, procura fincá-lo em raízes populares, sem descurar da inventividade e da inovação desde que harmonizadas a essa origem. Descendente de uma família de músicos, estuda piano com a mãe e violino com uma prima, desde os 5 anos de idade. Aproximando-se do universo da música popular, passa a aprender cavaquinho e violão. Ingressa em 1920 no Instituto de Belas Artes de Porto Alegre, procurando desenvolver uma carreira de concertista. Ao mesmo tempo, para ajudar a família, trabalha como pianeiro nos cinemas da capital gaúcha (em especial o CINE COLOMBO), acompanhando filmes mudos, e em orquestras de dança, tocando tudo que lhes fosse solicitado. Forma-se com medalha de ouro em 1924, vindo tentar se aperfeiçoar no Rio de Janeiro. Apesar de um concerto inicial auspicioso no Instituto Nacional de Música, não consegue fundos para manter-se na cidade. Divide-se entre a então capital federal, onde estuda harmonia com Agnelo França, e a cidade natal, onde integra como violista o Quarteto de Cordas Henrique Oswald, e começa a escrever suas primeiras peças eruditas. Toca em cinemas cariocas e executa, como pianista, música ligeira e popular na RÁDIO CLUBE DO BRASIL. Decide fixar residência definitiva no Rio de Janeiro em 1929, procurando uma colocação como professor no Instituto, que afinal não sai. Para sobreviver, aceita trabalho em orquestras populares e ingressa no rádio. Passa no início dos anos 30 pela RÁDIO TRANSMISSORA. É contratado em 1932 pela gravadora RCA Victor, registrando choros de sua autoria e responsabilizando-se pelo arranjo dos discos de Orlando Silva, Gastão Formenti, Vicente Celestino e Francisco Alves, entre outros. Como arranjador, começa a redesenhar a sonoridade das músicas populares, assinando, por exemplo, a orquestração da primeira gravação do clássico *Carinhoso*.

A presença na RCA Victor também lhe proporciona o primeiro contato com o cinema, pois a gravadora dava suporte técnico à sonorização de *Ganga bruta*. A pedido do diretor do filme, Humberto Mauro*, faz uma seleção funcional de trechos de composições eruditas estrangeiras

e acrescenta alguns temas regionais brasileiros, assinando ainda os arranjos dessas canções. Seu nascente pendor nacionalista seria reaproveitado mais tarde pelo mesmo realizador no filme-síntese desse credo estético-político, *Argila*. Após uma breve passagem pela RÁDIO MAYRINK VEIGA, chega em 1936 à RÁDIO NACIONAL, onde permaneceria por três décadas e aprimoraria sua técnica de arranjador, mudando definitivamente a concepção de música popular. Essa nova configuração musical, que identifica a chamada época de ouro da música popular brasileira, caracteriza-se pela introdução da orquestra acompanhando ou perfazendo os ritmos carnavalescos e pode ser sintetizada na grandiloquência e no envolvimento da gravação original de *Aquarela do Brasil*, de Ary Barroso. Nos anos 40, muda-se para a gravadora Continental, dando um passo adiante ao antever algumas características da futura bossa nova, como na orquestração de *Copacabana*, gravada por Dick Farney. É o período em que se dedica também a escrever com regularidade sua obra erudita, composta de mais de cem peças, incluindo sinfonias, cantatas e concertos para instrumentos solo, em geral dedicados a virtuoses populares, como Garoto e Luciano Perrone. Na mesma época reata um contato mais estreito com o cinema, musicando *Estrela da manhã* – que marcaria a estreia na direção do crítico cinematográfico Jonald –, filme que explorava os dotes interpretativos do cantor Dorival Caymmi. Atende a diversas encomendas de produtores independentes de chanchadas*, adequando motivos retirados dos sucessos do momento ao fio da narrativa. A concisão requerida pelo gênero provavelmente influencia seu estilo telegráfico e reiterativo de uma célula rítmica ou um compasso mais sugestivo, rearranjados e dispostos ao longo de todo o filme. Contratado pela VERA CRUZ* para recriar a música de Zequinha de Abreu, abordada na cinebiografia do compositor, *Tico-tico no fubá*, de Adolfo Celi*, realiza trabalho correto, mas sem nenhum brilho, sendo preterido na empresa em favor de compositores mais afeitos ao uso funcional da música no cinema, como Gabriel Migliori*. Mesmo assim, traz importantes contribuições para produções independentes mais afinadas com a busca de uma identidade nacional através da música popular e folclórica, como *Rio 40 graus* e *Rio, Zona Norte*, ambos com direção de Nelson Pereira dos Santos*, e *Onde a Terra começa*, de Ruy Santos*. Com o esvaziamento da RÁDIO NACIONAL, após o golpe de 64, transfere-se para a TV EXCELSIOR e em

1967 para a REDE GLOBO DE TELEVISÃO, onde permanece fazendo arranjos e vinhetas até aposentar-se em meados dos anos 80. Grava ainda alguns discos independentes e um dos ex-integrantes da sua orquestra na emissora, Aluísio Didier, junto com Moisés Kendler, dedica-lhe um média-metragem, *Nosso amigo Radamés Gnatalli* (1991), registro de atividades e espetáculos dos seus últimos anos de vida. (HH) Com patrocínio da Petrobras, em 2007, foi gravado um CD duplo *Retratos de Radamés*, com composições suas tocadas pelos violonistas Edelton Gloeden e Paulo Porto Alegre. Faleceu no Rio de Janeiro em 13 de fevereiro.

GÓES, Moacyr – Natal, RN, 1961. Diretor.

FILMOGRAFIA: 2003 – *Dom; Maria – mãe do filho de Deus; Xuxa abracadabra; Um show de verão*. 2004 – *Irmãos de fé; Xuxa e o tesouro da cidade perdida*. 2005 – *Xuxinha e Guto contra os monstros do espaço*. 2006 – *Trair e coçar é só começar*. 2007 – *O homem que desafiou o diabo*.

Radicado no Rio de Janeiro. Diretor de teatro formado pela UniRio (Universidade Federal do Rio). Em 1986, criou a Companhia de Encenação Teatral. É professor de interpretação da Casa das Artes de Laranjeiras (CAL) e de teatro da Universidade Federal do Rio de Janeiro (UFRJ). Em rápida passagem pela tevê, trabalhou na REDE GLOBO DE TELEVISÃO, onde foi diretor das telenovelas *Suave veneno* (1999), de Aguinaldo Silva*, e *Laços de família* (2000), de Manoel Carlos. Em 2003, foi diretor de quatro longas-metragens, numa rara *performance* para o cinema brasileiro, onde um diretor pode levar quatro ou mais anos para realizar um filme. Parceiro de Diler Trindade*, é o diretor da confiança desse produtor de fitas populares. Nesse ano de 2003, realizou *Dom*, versão modernizada do clássico romance *Dom Casmurro*, de Machado de Assis. Em seguida, dirigiu o padre Marcelo Rossi no primeiro dos filmes religiosos que fez, *Maria – mãe do filho de Deus*. Iniciou sua parceria com Xuxa Meneghel em *Xuxa abracadabra* e encerrou o ano com um filme protagonizado por casal de sucesso na telinha, Angélica e Luciano Huck, em *Um show de verão*. Diretor de novo filme religioso com o padre Marcelo, *Irmãos de fé*, e de novo filme de Xuxa, *Xuxa e o tesouro da cidade perdida*, foi também codiretor com Clewerson Saremba do filme de animação *Xuxinha e Guto contra os monstros do espaço*. Foi diretor da adaptação da longeva peça teatral de sucesso *Trair e coçar é só começar*, de

GOIÁS

autoria de Marcos Caruso. Também fez a direção de *O homem que desafiou o diabo*, baseado no romance de Nei Leandro de Castro, quando trabalhou para o produtor Luiz Carlos Barreto*. (LFM)

GOIÁS

No estado de Goiás, o cinema sempre existiu como mercado exibidor, com seu *staff* de críticos, como acontece no restante do país. A produção cinematográfica aparece nos anos 60, quando João Bênnio, ator e incentivador do teatro em Goiás, transfere-se para o cinema. Esse mineiro de Mutum, radicado em Goiânia, decide partir para a produção de um longa-metragem. É produtor com a BÊNNIO PRODUÇÕES CINEMATOGRÁFICAS do drama rural *O diabo mora no sangue* (1967), que marca as estreias de Cecil Thiré* (direção) e Ana Maria Magalhães* (atriz). Esse polêmico filme aborda o difícil tema do incesto no interior goiano. Bênnio assinou o argumento e fez o papel principal. O roteiro é de autoria de Hugo Brockers e Ziembinski*. A fotografia em preto e branco é do ex-iluminador da ATLÂNTIDA*, Ozen Sermet*. Não enveredando para o lado sensacionalista, o filme trata com seriedade da destruição do rio Araguaia e do incesto entre irmãos que vivem à beira do rio em questão. A seguir, Bênnio produz e é ator, no Rio de Janeiro, do filme policial *Tempo de violência*, de Hugo Kusnet, argentino radicado no Brasil. De volta a Goiás, tenta produzir adaptação do conto *A enxada*, do escritor goiano Bernardo Élis. Sem conseguir concretizar esse projeto, produz e dirige *Simeão, o boêmio* (1969), que marca sua estreia na direção cinematográfica. Baseado num conto de Isócrates Oliveira, o filme é uma espécie de Romeu e Julieta do cerrado, com pano de fundo político. Trata de forma tragicômica as pendengas político-partidárias da UDN e PSD. O filme usa e abusa do recurso técnico dos *zooms*, o que o torna enfadonho. Exerce as mesmas funções do filme anterior em *O azarento, um homem de sorte* (1970), e, estranha ironia, confirma o título: constitui-se no maior fracasso da carreira de Bênnio. A sempre competente fotografia de Dib Lutfi*, mais as presenças de Sandra Barsotti* e Paschoal Guida no elenco, além da música do maestro Guerra Peixe, são os pontos altos dessa comédia risível pela sua ingenuidade. No começo da década de 70, volta ao Rio de Janeiro, onde atua como distribuidor e produtor de filmes, principalmente de comédias de Victor Di Mello (*Ascensão e queda de um paquera*, *Quando as mulheres paqueram* e

Grande gozador). Mais cineastas vindos de fora filmaram no estado, como Carlos Del Pino, diretor de *O Leão do Norte* (1974), e André Luiz Oliveira, realizador de *A lenda do Ubirajara* (1975). Em Rio Verde, no interior do estado, o cineasta local, Alberto Rocco, realiza seus filmes em Super-8*, incluindo a primeira versão de *Igrejinha da serra*, drama sertanejo, refeito mais tarde em 35 mm (1978), que Rocco codirige com o fotógrafo paulista Henrique Borges. Outros cineastas do eixo Rio-São Paulo vão explorar os cenários e as temáticas locais de Goiás, como o carioca Iberê Cavalcanti, que filma o policial *O dia marcado* (1971-1977). Outro nome é Fábio Barreto*, que utiliza o conto *Ontem como hoje como amanhã como depois*, de Bernardo Élis, para seu filme *Índia, a filha do Sol* (1981), uma produção de Luiz Carlos Barreto*/Governo do Estado, marcando as estreias do diretor e da atriz Glória Pires*. Ativo cineasta e iluminador, Antônio Meliande* dirigiu *Amado Batista em Sol Vermelho* (1982), protagonizado pelo cantor Amado Batista, nascido na cidade de Catalão e que viveu no estado. Como antes havia acontecido com Bênnio, o gaúcho Geraldo Moraes ambientou no estado seus filmes, *A difícil viagem* (1983) e *Círculo de fogo* (1989-1990). Radicado em Goiânia, o mais ativo assistente de direção do cinema brasileiro, Carlos Del Pino, dirige o curta *Caminhos das Gerais* (1979), sobre a vida e a obra de Bernardo Élis, e, em 1989-1990, o longa sobre Santa Dica do Sertão, intitulado *A República dos Anjos* (1989-1991). Nessa mesma época, o baiano Roberto Pires*, outro radicado, dirige o drama *Césio 137, pesadelo de Goiânia* (1989-1990), sobre o acidente que causou comoção nacional. Em meados dos anos 90, também radicado no estado, um cineasta que voltou, Iberê Cavalcanti, dirigiu *Terra de Deus* (1996-2000). O produtor e diretor Pedro Carlos Rovai* filma o poema de Cora Coralina *As tranças de Maria* (1997-2002), uma produção que demorou a ser concluída. Na virada do século, outro mineiro fixou-se na região de Goiás e Mato Grosso; seu nome, João Batista de Andrade*. Realiza, no biênio 1998-1999, filme baseado no romance *O tronco*, de Bernardo Élis. Através de sua nova produtora, a OESTE FILMES, Batista dirigiu ainda os dramas *Rua 6, sem número* (2001-2002) e *Veias e vinhos: uma história brasileira* (2006). Filme que conquistou uma bilheteria extraordinária, com mais de cinco milhões de pessoas, foi *2 filhos de Francisco* (2005), de Breno Silveira, contando a vida de uma família do interior goiano, os artistas Zezé

di Camargo e Luciano. O curta local começa a aparecer de forma mais nítida, em meados dos anos 70. Um dos nomes desse momento é Altamir Castro Brito, diretor de *O juramento* (1976), e do longa em Super-8 *Três destinos* (1980), duas histórias com temáticas e ambientes interioranos. Outro nome é Divino José da Conceição, um realizador experimental e urbano com seus filmes: *Interferência* (1977), *Um dos últimos tiranos* (1980) e *Encontro inesperado* (1987). Paralelamente, na década de 80, uma nova safra de realizadores de curtas se apresenta, filmando nas bitolas de 8 mm, 16 mm e 35 mm. Entre eles, o fotógrafo Antônio Eustáquio, fundador com João Bênnio e Ronan Carvalho da TAKE FILMES, maior produtora de filmes de ficção e documentários de sua época. Eustáquio atua como fotógrafo, em 1979, em *Caminhos das Gerais*, de Carlos Del Pino; em *Semana Santa em Goiás*, de Carlos Fernando Magalhães; e dirige e fotografa *Antonio Poteiro – o profeta de barro e das cores* (1982). Outro realizador atuante é Eudaldo Guimarães, diretor de *O homem primitivo* (1979), cujo título já descreve sua história. *Nosso cinema, aspectos e sua gente* (1981), documentário do mesmo diretor, aborda o trabalho dos cineastas independentes e dos cineclubistas de Goiânia. Seu filme seguinte é o poético *Fantasias do ar* (1985). Em *As meninas* (1989), trata do homossexualismo. Típico cineasta amador, o cineclubista Lourival Belém é diretor do filme experimental *295,5* (1981). Seu segundo trabalho, *Quintessência* (1982), é um musical que questiona os métodos dos tratamentos psiquiátricos. Em outro filme experimental, *A ilusão, uma verdade 24 vezes por segundo* (1983), presta homenagem a Jean-Luc Godard. Depois das primeiras experiências em Super-8, Pedro Augusto Brito, o cineasta mais velho de sua geração, dirige *Ventos de Lizarda* (1982), documentário sobre os costumes do povo do extremo norte goiano, e *A lenda dos Kirirás* (1989), faroeste ambientado no ano de 1870 na Província de Goiás. Outro cineclubista é Ricardo Musse, crítico de cinema por alguns anos do *Jornal Opção* e diretor de *Contemplação* (1984), que conta uma história de ficção sobre o relacionamento entre o espectador e o cinema. O antropólogo Luiz Eduardo Jorge dirige *Os passageiros de segunda classe* (1985), seu primeiro filme, em que utiliza os pacientes do hospital psiquiátrico Adauto Botelho, de Goiânia, numa mistura de cinema-verdade e ficção. Seu segundo filme, *A fuga dos avá-canoeiros* (1989), acompanha o primeiro contato da equipe da Funai com os índios avá-canoeiros e, no mesmo ano, realiza o documentário *Borbula, o cara-vermelha*, sobre o antropólogo-cineasta Jesco Von Puttkamer. Rosa Berardo dirige *André louco* (1989), o mais profissional curta goiano, rodado em 35 mm por equipe técnica paulista, contando com a produção executiva de Maria Ionescu para a ORION CINEMA E VÍDEO, roteiro de Mari Castañeda, baseado no conto homônimo de Bernardo Élis, montagem de Mirella Martinelli e música de Arrigo Barnabé. Atualmente, o mais conhecido dos cineastas goianos, P. X. Silveira, realizou uma série de documentários: *Nove minutos e meio da eternidade* (1990), que retrata a vida do artista plástico goiano D. J. Oliveira; *Iza Brasil*, que retrata outro artista plástico, Iza Costa; e *Pedro fundamental*, em que focaliza o político Pedro Ludovico, fundador da cidade de Goiânia e liderança local. Seu último filme, mistura de documentário com ficção, *Bernardo Élis Fleury de Campos Curado – escritor* (1994), registra o mais conhecido e filmado escritor goiano. Na primeira década do novo milênio aumenta bastante o número de curtas goianos. (BL)

GOIFMAN, Kiko (José Henrique Goifman) – Belo Horizonte, MG, 1968. Diretor.

FILMOGRAFIA: 2003 – *33*. 2005 – *Ato dos homens*. 2008 – *FilmeFobia*.

Formado em antropologia pela Universidade Federal de Minas Gerais (UFMG), fez mestrado no Programa de Pós-Graduação em Multimeios da Unicamp. Começou a carreira na direção de curta-metragens, já com viés documentário. Desenvolve sua obra em diversos trabalhos de videoarte, embora mantendo diálogo com o fronteiriço cinematográfico. *Teresa*, de 1992, retrata o cotidiano na prisão, sendo pioneiro em um tipo de documentário que faria bastante sucesso na virada da década. Em seguida, e aproveitando o mesmo material, faz o curtíssimo *Matar o tempo*, obra sobre a percepção do tempo na cadeia. Em codireção com Caco Pereira de Souza, dirige em 1994 *Clones, bárbaros e replicantes*, curta em que aborda de perspectivas distintas a paixão pelos clones e pela imitação. A voz *over* tradicional versa sobre replicantes e reproduções, sendo sobreposta a depoimentos. As imagens-câmera surgem com forte manipulação plástica e sonoridade diversa, dentro de um perfil caro ao documentário de final de século. Nos anos seguintes, Goifman se aprofunda na videoarte e nas instalações, com obras em suportes diversos, como *A cidade e seus filmes* e *A cidade e suas histórias*, do projeto Arte Cidade; *Urbis*; *Valetes em slow motion*; *Jacks*; *Arquitetura 3 Movimentos*; *Cronofagia*, entre outros. Em codireção com Jurandir Miller, companheiro de vários projetos, dirige *Morte densa*, também previsto para ser veiculado em mídias diversas. Com lançamento em 2003, o média-metragem participa no mesmo ano do FESTIVAL DE LOCARNO. Propõe-se a coletar testemunhos de pessoas que passaram pela experiência do assassinato uma vez na vida. A maior parte dos depoimentos conduz a desilusões amorosas. A ideia é original, embora o filme ressinta-se da falta de uma mão mais forte amarrando o material de que dispõe. Com *33*, Goifman desembarca no cinema e na metragem longa em um documentário já maduro, no qual consegue reunir influências diversas dos últimos dez anos e condensá-las numa narrativa autobiográfica, numa tendência forte do documentário contemporâneo. Filho adotivo, utiliza dramaticamente o número 33 como mote para iniciar uma busca de sua própria mãe biológica (33 anos tinha o cineasta, 33 dias para achar sua mãe, etc.). Apesar da indeterminação da busca e da forte carga emocional que ela envolve (e que transparece na tela), a imagem é edulcorada por uma estilização cinematográfica marcada, remetendo-nos à imagética do filme *noir*. O contraste produzido é interessante e dá personalidade à obra. A busca de Goifman pela mãe acabou caindo no radar da grande mídia, que contribuiu para a repercussão do filme. Com direção solo, fez *Território vermelho* (2004), curta-metragem sobre pessoas que trabalham em sinais de trânsito, enfrentando a impaciência dos motoristas. No ano seguinte, realiza seu segundo longa, *Ato dos homens*, sobre massacres e a banalidade dos assassinatos na Baixada Fluminense. Assim como em *Morte densa*, o universo da tragédia e das situações extremas de miséria e angústia atrai as lentes do diretor. Sentimos um documentário potente ainda em busca de sua forma. Em seguida, filmou *Handerson e as horas*, em que retrata o transporte público na cidade de São Paulo a partir da percepção do tempo nas longas jornadas de seus usuários. *FilmeFobia* é seu documentário que obteve maior repercussão desde *33*. Retrata fobias diversas a partir de reconstituições cenográficas, tendo como personagem o próprio fóbico. A função narrativa é personificada por Jean-Claude Bernardet*, que, como personagem, centraliza como um mestre de cerimônias as sessões em que as fobias são encenadas e vividas. No próprio filme aparecem críticas à postura sádica do voyeurismo, que a opção narrativa do documentário embute. Por trás do diretor, sentimos as preocupações e a visão de mundo do protagonista Jean-Claude, figura com forte influência ideológica sobre o jovem cinema paulista. (FPR)

GOLIAS, Ronald – São Carlos, SP, 1929-2005. Ator.

FILMOGRAFIA: 1957 – *Vou te contá*. 1957-1967 – *Marido barra-limpa*. 1960 – *Tudo legal*. 1961 – *O dono da bola*; *Três cangaceiros*. 1962 – *Os cosmonautas*. 1963 – *O homem que roubou a Copa do Mundo*. 1968 – *Agnaldo, perigo à vista*. 1969 – *Golias contra o homem das bolinhas*.

Em 1940 vem para São Paulo, participando, em meados da década, como aqualouco no Clube de Regatas Tietê, quando viaja exibindo-se por vários estados, ocasião em que aparece em cinejornais* e curtas-metragens*. Em 1952, começa como calouro na RÁDIO CULTURA; em 1954, é revelação de comediante na Nacional paulista, no programa Manoel da Nóbrega, criando seus primeiros tipos. Torna-se famoso com os personagens Bronco, Pacífico e Bartolomeu Guimarães. Em meados da década de 50, ingressa na televisão, na emissora PAULISTA, onde participa do humorístico *A Praça da Alegria*, sucesso de vários anos. Mais tarde, na RECORD, destaca-se como atração principal da *Família Trapo*, a partir do ano de 1968, e na BANDEIRANTES comanda o programa *Bronco*, no final dos anos 80. Na década de 90, apresenta-se em *A Praça é Nossa*, do SBT. No cinema, sua participação é pequena. Seu primeiro filme foi *Vou te contá*, de Alfredo Palácios. Apareceu com maior destaque em *Marido barra-limpa*, comédia com direção de Luís Sérgio Person*, permanece paralisado por dez anos, sendo finalizado pelo produtor Renato Grecchi, sendo único creditado na direção. Ao contrário dos comediantes anteriores, que se mudaram do cinema para a televisão, Golias vem do sucesso da TV para o cinema. A partir de 1960, sob contrato com a HERBERT RICHERS PRODUÇÕES CINEMATOGRÁFICAS, atua numa série de comédias, com direção dos cineastas da empresa, principalmente com Victor Lima* (*Tudo legal, Os três cangaceiros, Os cosmonautas* e *O homem que roubou a Copa do Mundo*) e J. B. Tanko* (*O dono da bola*), em que divide parcerias com outros comediantes (Ankito*, Grande Otelo* e Jô Soares*). Anos depois, reaparece em pequena participação na comédia romântica *Agnaldo, perigo à vista*, de Reynaldo Paes de Barros. Despede-se do cinema no filme que usa seu nome no título, *Golias contra o homem das bolinhas*, uma comédia de produção de Herbert Richers*, com direção de Victor Lima. Levou para a televisão seu personagem Bronco, além de criar outros célebres, que o popularizaram em programas humorísticos, como *A Praça é Nossa*, *Escolinha do Golias* e *Meu cunhado*, ao lado de Moacyr Franco. Faleceu no dia 27 de setembro, em São Paulo. (LFM)

GOMES, Eliezer – Santo Antônio de Pádua, RJ, 1920-1979. Ator.

FILMOGRAFIA: 1962 – *Assalto ao trem pagador*. 1963 – *Samba* (produção estrangeira); *O beijo*; *Choque de sentimentos* (coprodução estrangeira); *Mercenários do crime* (episódio: 'Carnaval de assassinos') (produção estrangeira). 1963-1964 – *Ganga Zumba, rei dos Palmares*; *Os vencidos*. 1965 – *Operação Paraíso* (produção estrangeira); *Na mira do assassino*; *Crônica da cidade amada*. 1967 – *Palmeiras negras* (produção estrangeira); *Perpétuo contra o esquadrão da morte*; *Tarzan e o Grande Rio* (produção estrangeira). 1968 – *Chegou a hora, camarada*; *Sete homens vivos ou mortos*. 1970 – *Faustão*. 1971 – *O homem das estrelas* (produção estrangeira). 1973 – *Joana Francesa*. 1974 – *O anjo da noite*.

Um dos mais brilhantes atores negros do cinema brasileiro, Eliezer Gomes nasceu em Santo Antônio de Pádua (há fonte que informa ter ele nascido em Conceição de Macabu) e faleceu no Rio de Janeiro, vítima de derrame cerebral. Ator absolutamente intuitivo e visceral, Eliezer Gomes nunca estudou interpretação e era dotado de uma extraordinária gama de expressões faciais. De origem humilde, começou a trabalhar na lavoura com 7 anos de idade. Aos 14 anos mudou-se para o Rio de Janeiro. Órfão desde os 16 anos, para sustentar os sete irmãos mais novos trabalhou de dia numa loja de ferragens e como estivador à noite. Eliezer exerceu ainda diversas profissões: foi ajudante de caminhão, encanador, eletricista, cozinheiro e motorista. Alcança grande notoriedade com seu primeiro filme, *Assalto ao trem pagador*, de Roberto Farias*, quando interpreta o papel de Tião Medonho, o líder de um bando que assalta o trem pagador, em filme clássico do cinema brasileiro com trama baseada em fatos reais. Eliezer Gomes concorreu com 118 candidatos e foi o escolhido. Não tem muita sorte em seus papéis nos filmes nacionais de que participa no mesmo período, como *O beijo*, de Flávio Tambellini*; *Ganga Zumba, rei dos Palmares*, de Carlos Diegues*; *Os vencidos*, de Glauro Couto; *Na mira do assassino*, de Mário Latini; *Perpétuo contra o esquadrão da morte*, de Miguel Borges*; *Chegou a hora, camarada*, de Paulo R. Machado; e *Sete homens vivos ou mortos*, de Leovigildo Cordeiro*. Participa também de diversas produções estrangeiras rodadas no Brasil, como *Samba*, do diretor espanhol Rafael Gil; *Choque de sentimentos*, do diretor italiano Massimo Alviani; *Operação Paraíso*, do diretor americano Henry Levin, e até um filme de maior valor artístico, como *Palmeiras negras*, do diretor sueco Lars-Magnus Lindgren. Em 1974, Eliezer Gomes atingiu o ápice de sua carreira de ator em *Anjo da noite*, de Walter Hugo Khouri*. No filme, Eliezer encarna um personagem enigmático, vigia de uma mansão, que tem um estranho relacionamento com uma governanta, interpretada por Selma Egrei*. Sua atuação é contida, marcada por gestos econômicos e sobretudo por um olhar estranho e diabólico. Depois do filme, Eliezer decidiu se aposentar. Era funcionário público do Estado. Ao falecer no Rio de Janeiro, em 12 de fevereiro, deixou viúva, Adelaide de França Gomes, e quatro filhos. (LFM/LAR)

GOMES, Marcelo – Recife, PE, 1963. Diretor.

FILMOGRAFIA: 2005 – *Cinema, aspirina e urubus*. 2009 – *Viajo porque preciso, volto porque te amo*.

Representante da forte geração pernambucana, e nordestina, que chega ao longa nos anos 2000, deslocando a direção e encenação de filmes criativos do eixo Rio-SP. No início da década de 1990, estudou Cinema durante dois anos na Universidade de Bristol (Inglaterra). Retornou ao Brasil e, em sociedade com os cineastas Adelina Pontual e Cláudio Assis*, montou a produtora de cinema PARABÓLICA BRASIL (1993). Diretor de curtas-metragens na bitola 35 mm, em *Maracatu, maracatu* (1995) mostrou as visões de diferentes gerações sobre esse ritual afro-indígena e, em codireção com Beto Normal, realizou *Clandestina felicidade* (1998), livre adaptação de conto homônimo de Clarice Lispector. Roteirista dos curtas *Viva o cinema* (1996), de Cláudio Assis, e *Tempo de ira* (2003), de Marcélia Cartaxo* e Gisella de Mello, baseado no conto *Candoia, Cícera*, de Ronaldo Correia de Brito. Colaborou no roteiro de *Madame Satã* (2002), primeiro longa do diretor Karim Ainouz*. Em 2007 roteirizou longas que contaram com diversos autores: *A casa de Alice* foi escrito por ele em parceria com Sabina Anzuategui, Júlio Pessoa e o diretor Chico Teixeira, e *Deserto feliz*, escrito por ele em parceria com Manuela Dias, Xico Sá e o diretor Paulo Caldas*. Dirige o longa-metragem *Cinema, aspirina e urubus*, inspirado em *Relato de viagem*, de Ranulpho Gomes, cujo roteiro foi dividido com Karim Ainouz e Paulo Caldas. Filme de sucesso crítico, pode ser considerado um *road movie* ambientado no sertão nordestino. Mostra um caixeiro viajante e seu companheiro de viagem errando pelo interior do Brasil, durante a II Guerra Mundial, vendendo aspirinas. A concepção cenográfica e imagética do sertão é diferenciada, com um visual "nova geração" numa temática que também se distancia das grandes obras dos anos 60 que têm o Nordeste como pano de fundo. Em 2009, Gomes assina a codireção e corroteirização, com Karim Ainouz, de *Viajo porque preciso, volto porque te amo*. Filme de estilo diferenciado, narra a história de um geólogo que atravessa o sertão para realizar uma pesquisa de campo. As imagens foram tomadas sem ter necessariamente a trama no horizonte e articuladas posteriormente, com uma narrativa em voz *off* unindo-as. (FPR/LFM)

GOMES, Paulo Emílio Salles – São Paulo, SP, 1916-1977. Ensaísta.

Paulo Emílio fez toda a sua escolaridade em São Paulo, bacharelando-se em 1933 pelo Lyceu Nacional Rio Branco (hoje Liceu Rio Branco), onde foi colega de turma de Décio de Almeida Prado. Iniciou os preparatórios para Medicina, posto que seu pai era um médico famoso, chefe do Serviço da Lepra. Mas o apelo da política foi mais forte. Começou como ativista da Juventude Comunista, passando, em 1935, a militar na Aliança Nacional Libertadora. Nesse mesmo ano, fez estudos para o vestibular na recém-criada Faculdade de Filosofia, porém foi preso no início de dezembro em decorrência do golpe comunista acontecido no Rio de Janeiro (Intentona Comunista). Ficou preso no presídio do Paraíso e no Maria Zélia até fevereiro de 1937, quando um grupo de dezessete presos, entre os quais estava Paulo Emílio, cavou um túnel por onde escaparam do Paraíso. Foi para a França, onde permaneceu até o início da II Guerra Mundial. Em Paris, realizou cursos de Literatura Francesa, na Sorbonne, de Sociologia, na École des Hautes Études Sociales e Internationales, e de Jornalismo, na École de Journalisme. Colaborou com a revista estudantil de linha luxemburguista *Essais et Combats* e na ultracatólica *Com-*

bat. A partir de março de 1938 analisou cuidadosamente os processos de Moscou, pelos quais Stálin liquidou a velha guarda bolchevista, adquirindo uma visão crítica do terror stalinista. Na prisão, em São Paulo, tinha criado o Teatro Popular Maria Zélia, escrevendo e atuando na peça *Destinos*. Em Paris, participou do grupo teatral Les Revérbères, sendo ator na peça de Apollinaire, *Les mamelles de Tirésias*, em 1939. Trabalhou na RADIO FRANCE INTERNATIONAL, no serviço de língua portuguesa. Seu interesse pelo cinema, que era apenas de fã, foi aguçado pelas sessões do CERCLE DU CINÉMA, promovidas por Henri Langlois e Georges Franju.

Com a declaração de guerra, retornou ao Brasil, em dezembro de 1939. A partir do segundo semestre de 1940, já enturmado com o excepcional grupo de jovens intelectuais formados pela Faculdade de Filosofia, como Décio de Almeida Prado, Antonio Candido, Lourival Gomes Machado, Gilda de Mello e Souza e outros, resolveu colocar em prática o CLUBE DE CINEMA DE SÃO PAULO nos moldes do CERCLE DU CINÉMA. Os filmes foram exibidos na sua casa e no salão da Faculdade de Filosofia. Havia um estoque limitado de produções estrangeiras no formato Pathé-baby (9,5 mm) ou em 16 mm, com filmes de Fritz Lang (*Os nibelungos,*) Charles Chaplin (comédias da fase Essanay e Mutual) e Robert Wiene (*O gabinete do dr. Caligari*). O público, composto de professores da faculdade e intelectuais paulistanos, participava, após as projeções, dos debates, em geral em francês. A ditadura estadonovista achou a iniciativa subversiva, impedindo a continuidade do CLUBE. Mas a ideia da passagem da posição de fã para o cultivo da cinefilia estava estabelecida. Depois de 1941, com a fundação da revista *Clima*, praticamente pelo mesmo grupo, Paulo cuidou da seção de cinema, reinaugurando a prática do ensaio cinematográfico longo, que tinha sido criado pela revista *Fan*, do CHAPLIN CLUB*, do Rio de Janeiro, em 1928-1930. Em 1942 matriculou-se na Faculdade de Filosofia, bacharelando-se em Filosofia na turma de 1944. Participou da "Batalha da Borracha", esforço de guerra do governo brasileiro para aumentar a produção da matéria-prima, primeiro realizando um filme sobre o envio de trabalhadores do Rio de Janeiro até Belém, pelo interior do Brasil, e, depois, assumindo a chefia do Posto de Altamira, Pará. De volta a São Paulo, em 1943, aderiu ao grupo de estudantes que combatiam a ditadura, tanto na Faculdade de Filosofia como na de Direito. Do processo de luta surgiram alguns grupos socialistas independentes da linha do PCB, como a União Democrática Socialista (UDS) e a Esquerda Democrática (ED), que se transformou, em 1947, no Partido Socialista Brasileiro.

No começo de 1946, com uma bolsa do governo francês, foi para Paris estudar estética no Institut des Hautes Études Cinématographiques (IDHEC). Além de estudante de cinema, foi um dos delegados brasileiros à conferência de fundação da UNESCO, integrando a Comissão de Comunicação de Massa. A pedido de Paulo Duarte, etnólogo e jornalista, substituiu-o na secretaria geral do Institut des Hautes Études Brésiliennes, fundado no Museu do Homem. Com a criação do segundo CLUBE DE CINEMA DE SÃO PAULO, em 1946, Almeida Salles* foi eleito presidente. Dois anos depois, com a fundação do Museu de Arte Moderna (MAM), abriu-se um departamento de cinema, a FILMOTECA DO MAM. Paulo foi credenciado para responder na Europa pelo CLUBE e pela FILMOTECA. Nessa atividade conseguiu a entrada das entidades brasileiras na FÉDERATION INTERNATIONALE DES CINÉ-CLUBS e na FÉDERATION INTERNATIONALE DES ARCHIVES DU FILM. Como correspondente do jornal *O Estado de S. Paulo* e da revista *Anhembi*, escreveu uma série de artigos sobre os filmes apresentados nos festivais de CANNES, VENEZA e BRUXELAS. Durante a segunda estada na França foi que ele descobriu os Vigo, pai e filho. Miguel Almereyda, pai do cineasta Jean Vigo, tinha sido um anarquista no começo do século, sendo "suicidado" misteriosamente na prisão. O filho foi um diretor que teve a sua carreira interrompida por doença, em 1934. Deixou dois curtas, um média-metragem, *Zéro de conduite*, e um longa, *L'Atalante*. *Zéro* tinha sido proibido pela censura* logo após a estreia. *L'Atalante* foi cortado e remontado pela produtora GAUMONT, sendo exibido com o título de *La chalande qui passe*, para aproveitar uma canção de sucesso da época. Todos esses elementos, o passado do pai e a morte no início da carreira, eram fatores que aureolaram Vigo como um cineasta maldito. Depois da guerra, seus filmes entraram em circulação. Paulo Emílio começou a pesquisa tanto sobre o cineasta como sobre o pai anarquista. O trabalho estendeu-se de 1947 a 1952, quando os textos em francês sobre os dois personagens foram finalizados.

O retorno ao Brasil começou a ser preparado a partir de 1952, quando começou a organização das comemorações do IV Centenário da cidade de São Paulo (1954). Um FESTIVAL INTERNACIONAL DE CINEMA foi incluído na programação. Paulo foi encarregado do convite a cineastas europeus (Stroheim, por exemplo), e da feitura de catálogos (*Os grandes momentos do cinema* e *Homenagem a Erich Stroheim*). Iniciado em janeiro de 1954, o I FESTIVAL INTERNACIONAL DE CINEMA DO BRASIL foi um acontecimento ímpar na cidade. Paulo Emílio veio para acompanhar as mostras retrospectivas preparadas pela CINEMATECA FRANCESA. Em maio de 1954, instalou-se definitivamente no país. Assumiu o cargo de conservador da FILMOTECA DO MAM, cujo acervo tinha crescido enormemente com a permanência em São Paulo das retrospectivas internacionais. Por outro lado, iniciou a prospecção de filmes brasileiros ou estrangeiros antigos, conseguindo para a FILMOTECA a doação de lotes obtidos no interior de São Paulo ou a produção do governo federal (DIP e Prefeitura do Rio de Janeiro, então distrito federal). Quando Décio de Almeida Prado assumiu a direção do Suplemento Cultural do jornal *O Estado de S. Paulo*, em 1956, Paulo ficou encarregado da seção de cinema, mantendo-a até 1966. Foi a oportunidade de expor para os leitores brasileiros toda a bagagem adquirida nos seus oito anos de permanência na Europa, escrevendo sobre Jean Renoir, Orson Welles, Eisenstein, mas também sobre o seu novo interesse pelo Brasil e seu cinema (faz-se necessário lembrar que o primeiro artigo para o Suplemento foi sobre Aníbal Requião*). O livro sobre Jean Vigo foi editado em 1957 pela Seuil, em Paris, para o que muito se empenharam André Bazin e Chris Marker. Nesse mesmo ano abatia-se sobre a FILMOTECA a tragédia do incêndio de fevereiro, com a destruição do acervo de filmes, biblioteca e documentação depositados no 13º andar do edifício dos Diários Associados na rua Sete de Abril. Depois do acidente aconteceu a desvinculação da FILMOTECA DO MAM, com a criação da FUNDAÇÃO CINEMATECA BRASILEIRA. Uma sede e novos depósitos foram obtidos no Parque do Ibirapuera, onde permaneceram até a década de 80. Entre 1957 e 1961 foi árdua a manutenção da entidade independente, mas, dependente dos recursos do governo, cuja incompreensão sobre a manutenção de um arquivo de filmes só não era maior que a incompreensão em geral sobre a importância de uma cinematografia nacional. Houve um momento em que o corpo funcional estava reduzido a pouquíssimas pessoas, entre elas, Rudá de Andrade*.

Um pequeno momento de bonança deu-se entre 1961 e 1963, quando algumas verbas estaduais foram alocadas para a instituição, permitindo a existência ativa de um pequeno núcleo de jovens vindos do cineclubismo ou do jornalismo cinematográfico como Jean-Claude Bernardet*, Gustavo Dahl*, Maurice Capovilla* e Lucila Bernardet.

A atividade educacional, que fora intensa desde o seu retorno ao Brasil, ganhou outro foro quando Darcy Ribeiro convidou Paulo para organizar um curso universitário de Cinema no Instituto Central de Artes da Universidade de Brasília. Para o curso pioneiro, ele chamou Jean-Claude Bernardet. Nelson Pereira dos Santos* foi convidado pelo coordenador Pompeu de Souza. A crise que se abateu sobre a universidade depois do golpe de 1964 destruiu não só a experiência do curso de Cinema como desarticulou grande parte da UnB com a demissão coletiva de cerca de duzentos professores. Paulo retornou a São Paulo, sendo convidado por Antonio Candido para a Faculdade de Letras da USP, onde lecionou Teoria Literária, mas com um enfoque voltado para o cinema. Com a fundação da Escola de Comunicações Culturais em 1968, depois Escola de Comunicações e Artes (ECA), Paulo passou a lecionar Cinema Brasileiro e História do Cinema. Foi um período de grande reflexão sobre o cinema brasileiro, cujo interesse tinha se iniciado com a volta ao Brasil, aguçando-se com o movimento do Cinema Novo*, do qual foi um dos grandes defensores. A atividade pedagógica no Departamento de Letras e na ECA, por outro lado, iniciou a formação de uma nova geração de estudantes voltados para o cinema brasileiro, cujos primeiros frutos foram Maria Rita Galvão, com o livro *Crônica do cinema paulistano*, e Ismail Xavier, com *Sétima arte: um culto moderno*. Paulo começou a preparação do seu doutorado, tomando como tema Humberto Mauro*. A defesa ocorreu em 1972 na Faculdade de Letras, com o título *Cataguases e Cinearte na formação de Humberto Mauro*. Com a introdução de um curso de pós-graduação na ECA, Paulo pôde aceitar orientandos no curso de mestrado.

Os últimos anos de sua vida foram marcados pelo ressurgimento da CINEMATECA, que tinha praticamente permanecido estagnada por uma década (1965-1975), e a paixão pela literatura. Alunos formados nas primeiras turmas da ECA começaram a dar um novo alento à instituição, como Alain Fresnot*, Raquel Gerber ou Felipe Macedo, aos quais se juntou uma segunda onda, com Carlos Augusto Calil, Carlos Roberto de Souza e José Motta, depois de 1975, que acabou levantando de vez a CINEMATECA. Nesse período, já sofrendo de problemas cardíacos, Paulo iniciou a redação da novela *Três mulheres de três Ps*. Editada em junho de 1977, teria consagração imediata. Infelizmente, Paulo não pôde continuar trilhando o novo caminho. Estava na sua sala de diretor do Instituto de Cultura Contemporânea da Secretaria Municipal de Cultura, hoje Divisão de Pesquisas do Centro Cultural São Paulo, quando lhe sobreveio um infarto. Paulo Emílio foi casado com Sonia Houston Velloso Borges (1949) e com Lygia Fagundes Telles (1966). Publicou em vida *Plataforma da nova geração* (depoimento político, Globo, 1945); 'Nought for Behaviour' (artigo em coautoria com Henri Storck para a coletânea inglesa *The Cinema*, Penguin Books, 1951); *Jean Vigo* (Seuil, 1957; traduzido para o inglês, em 1972, pela Secker e Warburg, Londres, 1972); "Mauro e altri grandi" (*Il cinema brasiliano*, Silva Editori, 1961); "Cinema polonês hoje" (folheto CINEMATECA BRASILEIRA, dois capítulos, 1962); *70 anos de cinema brasileiro* (em coautoria com Adhemar Gonzaga*, Expressão e Cultura, 1966); *Humberto Mauro, Cinearte, Cataguases* (Perspectiva, 1974); *A personagem de ficção* (coletânea de artigos de Antonio Candido, Décio de Almeida Prado e Anatol Rosenfeld, Perspectiva, 1976); *Três mulheres de três Ps* (novela, Perspectiva, 1977, traduzido para o francês com o título de *P... comme Polydore*, Actes Sud, 1986). Postumamente apareceram *Cinema: trajetória no subdesenvolvimento* (composto de três textos: "Pequeno cinema antigo", "Panorama do cinema brasileiro: 1986/1966" e "Cinema: trajetória no subdesenvolvimento", Paz e Terra, 1980); *Crítica de cinema no Suplemento Literário* (Paz e Terra, 2 volumes, 1982); *Jean Vigo* (edição brasileira, Paz e Terra, 1984); *Paulo Emílio: um intelectual na linha de frente* (coletânea de artigos, Brasiliense, 1986); *Vigo, vulgo Almereyda* (Companhia das Letras/Edusp, 1991) e *Capitu* (roteiro do filme homônimo em colaboração com Lygia Fagundes Telles, Siciliano, 1993). Faleceu no dia 9 de setembro em São Paulo. (JIMS)

GONÇALVES, Antônio – Porto, Portugal, 1924-1988. Fotógrafo.

FILMOGRAFIA: 1948 – *Esta é fina; Pra lá de boa*. 1949 – *Eu quero é movimento*. 1949-1950 – *Serra da aventura*. 1953 – *É pra casar?; Está com tudo*. 1954 – *Tragado pela Amazônia (No rastro de Maufrais)*. 1955 – *Genival é de morte*. 1961 – *Entre mulheres e espiões*. 1962 – *Os apavorados*. 1966 – *O menino e o vento*. 1967 – *Adorável trapalhão; 24 horas no Rio*. 1968 – *Como matar um playboy; Jovens pra frente; Enfim sós... com o outro*. 1969 – *Pobre príncipe encantado; Rifa-se uma mulher; Motorista sem limites*. 1970 – *Anjos e demônios; O impossível acontece* (2º episódio: 'Eu, ela e o outro'); *Vida e glória de um canalha; Amor em quatro tempos* (história 1; história 2; história 3; história 4); *O bolão; Como ganhar na loteria sem perder a esportiva; Uma garota em maus lençóis; Os amores de um cafona*. 1971 – *Bonga, o vagabundo; Som, amor e curtição; Rua descalça*. 1972 – *Ali Babá e os 40 ladrões*. 1973 – *O judoka; Aladim e a lâmpada maravilhosa; Café na cama*. 1974 – *Caingangue, a pontaria do diabo; Robin Hood, o trapalhão da floresta; O comprador de fazendas*. 1975 – *Enigma para demônios; O trapalhão na ilha do tesouro; Assim era a Atlântida; O filho do chefão; O estranho vício do dr. Cornélio; Com um grilo na cama*. 1976 – *Simbad, o marujo trapalhão; Costinha, o rei da selva; Essa mulher é minha... e dos amigos; O trapalhão no planalto dos macacos; A mulher do desejo; Uma aventura na floresta encantada*. 1977 – *O trapalhão nas minas do rei Salomão; Os sensuais: crônica de uma família pequeno-burguesa; Um marido contagiante; A morte transparente*. 1978 – *As borboletas também amam; O coronel e o lobisomem; Fim de festa; A intrusa*. 1979 – *Vamos cantar disco, baby? (É proibido beijar as Melindrosas); Violência e sedução; O rei e Os Trapalhões*. 1980 – *Giselle; Sofia e Anita, deliciosamente impuras*. 1981 – *Os saltimbancos trapalhões; O sequestro; Os paspalhões e Pinóquio 2000*. 1982 – *Os vagabundos trapalhões; Os Trapalhões na Serra Pelada*. 1983 – *Atrapalhando a Suate*. 1984 – *Os Trapalhões e o Mágico de Oroz; A filha dos Trapalhões*. 1987 – *Johnny Love*. 1988-1989 – *Solidão, uma linda história de amor*.

Chega ao Rio de Janeiro em 1939, procedente da província de Macieira, em Portugal, encaminhando-se para o comércio. Faz curso de radiotelegrafia e de fotografia comum. Monta laboratório, especializando-se em fotos de cavalos de corridas. Trabalha em seguida para a revista *Ouro Verde*, editada pelo Departamento Nacional do Café. Frequenta o chamado Beco da Fome, na Cinelândia, estabelecendo contato com o meio cinematográfico. Estreia como assistente de som em *Sempre resta uma esperança* e *Cavalo 13*. O cineasta Luiz de Barros* o promove sucessivamente e chega a primeiro assistente de câmera (foquista). Foi fotógrafo em *Esta é fina*, *Eu quero é movimento* e *Pra lá de boa*, todas fitas ligeiras feitas sob direção de Luiz de Barros. Na mesma época foi ator e diretor de fotografia de *Serra da aventura*, único filme de longa metragem de Miguel Marracini, e *Tragado pela Amazônia*, documentário de Genil Vasconcelos. Em 1954 é contratado como câmera pela ATLÂNTIDA*, participando de quase todas as produções ou coproduções da companhia até o encerramento de suas atividades, nos anos 60, responsabilizando-se ainda pelos *stills* da empresa. Assume também o departamento jornalístico do estúdio, realizando inúmeros cinejornais* e os documentários *Como nasce um filme*; *Prevenção de acidentes*; *Monumentos históricos*; *Rio, cidade maravilhosa*, premiado como melhor documentário no FESTIVAL DO DISTRITO FEDERAL de 1956; *Paquetá, a mais bela ilha da Guanabara*; *Carnaval de 1956*; *Santos e São Paulo*; e *Um domingo nos esportes*. Desenvolve longuíssima carreira, onde se destacam suas parcerias com os diretores Carlos Hugo Christensen*, com quem faz seu trabalho mais elogiado, *A intrusa*, e J. B. Tanko*, com quem filma a maioria das produções dos Trapalhões*. (HH)

GONÇALVES, Dercy (Dolores Gonçalves Costa) – Santa Maria Madalena, RJ, 1907-2008. Atriz.

FILMOGRAFIA: 1938-1944 – *Romance proibido*. 1943 – *Samba em Berlim*; *Abacaxi azul*. 1946 – *Caídos do céu*. 1948 – *Folias cariocas*. 1956 – *Depois eu conto*. 1957 – *A baronesa transviada*; *A grande vedete*; *Uma certa Lucrécia*; *Absolutamente certo*. 1958 – *Cala a boca, Etelvina*. 1959 – *Minervina vem aí*; *Dona Violante Miranda*; *Entrei de gaiato*. 1960 – *Só naquela base*; *A viúva Valentina*; *Com minha sogra em Paquetá*. 1962 – *Sonhando com milhões*. 1970 – *Se meu dólar falasse...* 1979 – *O menino arco-íris (A infância de Jesus Cristo)*. 1988-1992 – *Oceano Atlantis*. 2008 – *Nossa vida não cabe num Opala*.

Dolores Gonçalves Costa era a sétima dos oito filhos do alfaiate Manoel Gonçalves Costa e da lavadeira Margarida Gonçalves Costa. De origem humilde, Dercy estava destinada a ser uma grande artista, insurgindo-se contra o marasmo da sua cidade natal. Começou cantando no coro da igreja de Madalena. A sua vida escolar se resumiu ao terceiro ano do ensino fundamental: o pai a retirou da escola alegando que já havia aprendido o suficiente para o resto da vida. Tendo perdido a mãe muito cedo, vivia na esperança de deixar Madalena e realizar seu sonho de artista. Até que apareceu na cidade uma companhia de teatro, a Companhia Maria Costa. Dercy conheceu o ator Eugênio Pascoal, cantou para ele, e começaram a namorar. Pascoal a convenceu a fugir com ele e viveram cinco anos juntos. Foi para São Paulo, onde trabalhou na Companhia de Delorges Caminha. Passou a ser conhecida em 1932, quando participou de *Casa de caboclo*, um dos maiores sucessos da época. Em 1934, voltou para o Rio de Janeiro, doente de tuberculose. Viaja para a cidade mineira de Santos Dumont, onde fica seis meses em tratamento. Recuperada, volta para o Rio de Janeiro e retoma a carreira. Logo conhece o segundo marido, com quem teve a única filha, Dercymar. Nessa época trabalha na Companhia de Jardel Jércolis, fazendo imitações. Em 1942, casou-se com seu empresário, Danilo (de quem se separaria nos anos 50, quando ele se apaixonou pela novata Odete Lara*). Também trabalhou cinco anos na Companhia Walter Pinto. Dercy deixou de ser cantora após a tuberculose e passou a se dedicar à comédia. Criou um estilo próprio, espontâneo e escrachado, recheado de palavrões. Diz ter copiado algumas coisas de Mesquitinha*, a quem muito admirava. Começou na televisão na EXCELSIOR, a convite de Jacy Campos. A carreira cinematográfica foi iniciada em 1940, quando foi convidada a participar de *Romance proibido*, ambicioso mas malogrado projeto de Adhemar Gonzaga*, só finalizado e exibido em 1944. Dercy marca, nesse filme, o perfil de suas aparições no cinema: histriônica, debochada e espalhafatosa. Dercy atuou nos anos 40 em mais dois filmes na CINÉDIA*: *Samba em Berlim* e *Caídos do céu*, e em ambos esteve sob as ordens de Luiz de Barros*. Participou das fitas carnavalescas *Abacaxi azul*, de Ruy Costa* e Wallace Downey*, e *Folias cariocas*, de Manoel Jorge e Hélio Thys. Após afastamento de alguns anos, retoma a carreira cinematográfica com força total, atuando com destaque em várias comédias, quando trabalha com os diretores José Carlos Burle* (*Depois eu conto*); principalmente com Watson Macedo* (*A baronesa transviada*, *A grande vedete*) e Eurides Ramos* (*Cala a boca, Etelvina*, *Minervina vem aí* e *A viúva Valentina*), geralmente em produções de Osvaldo Massaini*. Também sobressai nos estúdios paulistas, em *Absolutamente certo*, de Anselmo Duarte*, em *Uma certa Lucrécia* e *Dona Violante Miranda*, de Fernando de Barros*. Na década de 60, reduz sua colaboração, dividindo o estrelato com Zé Trindade* em *Entrei de gaiato*, produção de Herbert Richers* e direção de J. B. Tanko*; e contracenando com Ronaldo Lupo* em *Só naquela base*, que este produziu e dirigiu. Duas comédias suas de maior elaboração são *Com minha sogra em Paquetá*, do estreante Saul Lachtermarcher, e *Sonhando com milhões*, de Eurides Ramos, esta uma versão cinematográfica do texto teatral *Em moeda corrente no país*, de Abílio Pereira de Almeida*. Novamente trabalha com Osvaldo Massaini, em *Se meu dólar falasse...*, de Carlos Coimbra*, quando atua pela última vez como protagonista.

Participou do curta-metragem *Célia e Rosita* (2000) e tem rápida aparição numa cena de *Nossa vida não cabe num Opala*, de Reinaldo Pinheiro. Faleceu em 19 de julho, aos 101 anos no Rio de Janeiro. (LAR/LFM)

GONÇALVES, Ênio (Ênio Francisco da Silva Gonçalves) – Porto Alegre, RS, 1941. Ator.

FILMOGRAFIA: 1962-1963 – *Sangue na madrugada*. 1966 – *O menino e o vento*. 1967-1968 – *Brasil, ano 2000*. 1968 – *Juventude e ternura*. 1975 – *Eu dou o que ela gosta*. 1976 – *Belas e corrompidas*. 1979 – *Viúvas precisam de consolo*. 1979-1982 – *Sete dias de agonia*. 1980 – *As intimidades de Analu e Fernanda*; *P. S.: Post scriptum*. 1981 – *A noite dos bacanais*; *Sexo às avessas*; *O olho mágico do amor*. 1982 – *Doce delírio*; *Tudo na cama*; *Instinto devasso*. 1983 – *Elite devassa*; *Força estranha*; *Onda nova*. 1984 – *Promiscuidade, os pivetes de Kátia*. 1985 – *Filme demência*. 1986 – *Anjos do arrabalde (As professoras)*. 1988 – *Atração satânica*. 1992 – *Gaiola da morte*. 1994-1997 – *O amor está no ar*. 2004 – *Garotas do ABC*. 2005 – *Quanto vale ou é por quilo?*.

Em sua cidade natal estuda um ano de teatro. Muda-se para o Rio de Janeiro no princípio dos anos 60, quando participa do Tablado, escola de teatro de Maria Clara Machado, e de teatro jovem. Atua na peça *Toda nudez será castigada* (1965), de Nélson Rodrigues*, sob direção de Ziembinski*, e é ator em *Sangue na madrugada*, seu primeiro filme, sob direção de Jacy Campos. Atua igualmente no filme *O menino e o vento*, de Carlos Hugo Christensen*, uma adaptação do conto *O iniciado com o vento*, de Aníbal Machado; contracena com a cantora Wanderléa na comédia romântica *Juventude e ternura*, de Aurélio Teixeira*; no filme futurista *Brasil, ano 2000*, de Walter Lima Jr.*, e na pornochanchada *Eu dou o que ela gosta*, de Braz Chediak*. A partir do final dos anos 60, radica-se em São Paulo e atua em um dos episódios da série *Águias em Patrulha*, de Ary Fernandes*. Na televisão participa de várias novelas e especiais como em *Xeque-mate*, de Chico de Assis e Walter Negrão em 1976 na TUPI. É responsável pela adaptação e direção, junto com Kiko Jaess, de *Soroco, sua mãe, sua filha*, de Guimarães Rosa, e *Dinheiro vivo* (1979), de Mário Prata. No teatro, é autor das peças *Vem contudo* (1977) e *Elas complicam tudo* (1980); como ator, trabalha nas peças *Alice, que delícia* (1987), de Antônio Bivar, com direção de Odavlas Petti, e *Nossa cidade* (1989), de Thornthon Wilder, sob direção de Eduardo Tolentino de Araújo. No cinema da Boca do Lixo*, participa de uma série de filmes, incluindo *Belas e corrompidas*, de Fauzi Mansur*, no qual contracena com sua ex-mulher, a atriz Maria Isabel de Lisandra. Também com Mansur trabalha no papel principal de fitas eróticas como *A noite dos bacanais, Sexo às avessas, Promiscuidade*, e no filme de terror *Atração satânica*. Sob a direção de Ewerton de Castro*, participa da comédia *Viúvas precisam de consolo*. Além disso, participa de outras produções realizadas fora da Boca, como os dramas *Sete dias de agonia*, de Denoy de Oliveira*; *P. S.: Post scriptum*, de Romain Lesage; e *Doce delírio*, de Manuel Paiva. Com os jovens cineastas José Antônio Garcia* e Ícaro Martins*, filma a comédia *O olho mágico do amor* e o filme juvenil *Onda nova*. Participa também de outros filmes eróticos como *As intimidades de Analu e Fernanda*, de José Miziara*; *Tudo na cama*, de Antônio Meliande*. Num duelo de interpretações, contracena com Patrícia Scalvi* no filme *Instinto devasso*, de Luiz Castillini*, sobre um casal em crise de relacionamento trancado numa casa de praia. Também com o mesmo diretor atua em outro drama, *Elite devassa*. Em *Força estranha*, um filme de suspense, no qual o diretor Jean-Pierre Manzon esconde-se por trás do pseudônimo de Pedro Mawashe, interpreta um marido que pretende eliminar sua esposa. Com o diretor Carlos Reichenbach*, alcança a chance de dois bons papéis: como um homem falido financeiramente que viaja por dentro de sua crise existencial em *Filme demência*; e como marido hipócrita e moralista em *Anjos do arrabalde*. Nos anos 90, tem pequena participação no pouco visto *Gaiola da morte*, de W. A. Kopezky*. Voltou a filmar com o diretor Carlos Reichenbach em *Garotas do ABC* e pela primeira vez trabalhou com o realizador Sérgio Bianchi* em *Quanto vale ou é por quilo?*. (LFM)

GONÇALVES, Milton – Monte Santo, MG, 1933. Ator.

FILMOGRAFIA: 1957 – *O grande momento*. 1959 – *Cidade ameaçada*. 1962 – *Cinco vezes favela* (3º episódio: 'Couro de gato'). 1963 – *Gimba, presidente dos valentes*. 1964 – *Procura-se uma rosa*; *Grande sertão*. 1965 – *Paraíba, vida e morte de um bandido*; *Cuidado, espião brasileiro em ação*; *Na mira do assassino*. 1966 – *Toda donzela tem um pai que é uma fera*. 1967 – *Jerry, a grande parada*; *Em busca do tesouro*; *Mineirinho, vivo ou morto*; *O homem nu*. 1968 – *O homem que comprou o mundo*; *O bravo guerreiro*; *Máscara da traição*; *Sete homens vivos ou mortos*. 1969 – *Os raptores*; *O anjo nasceu*; *A cama ao alcance de todos* (2º episódio: 'A segunda cama'); *Macunaíma*; *Pedro Diabo*. 1971 – *A Rainha Diaba*. 1974 – *As quatro chaves mágicas*; *Ipanema, adeus!* 1976 – *A fera carioca* (produção estrangeira). 1977 – *Ladrões de cinema*; *Lúcio Flávio, o passageiro da agonia*. 1978 – *Na boca do mundo*; *O sol dos amantes*. 1979 – *Parceiros da aventura*. 1981 – *Eles não usam black-tie*; *A cobiça do sexo*. 1983 – *Quilombo*. 1984 – *O beijo da mulher-aranha* (coprodução estrangeira); *O rei do Rio*. 1987 – *Um trem para as estrelas*. 1987-1988 – *Natal da Portela*. 1988 – *Luar sobre Parador* (produção estrangeira). 1989 – *Orquídea selvagem*. 1992 – *Kickboxer 3*; *O quinto macaco*. 1996 – *O homem nu*; *O que é isso, companheiro?* 1997 – *O testamento do sr. Napumoceno* (produção estrangeira). 1997-1999 – *Villa-Lobos, uma vida de paixão*. 1998-1999 – *Orfeu*. 1999 – *O dia da caça*. 2000 – *Bufo & Spallanzani*. 2002 – *Carandiru*. 2003 – *Garrincha, a estrela solitária*; *Acquária*; *As alegres comadres*. 2004 – *Xuxa e o tesouro da cidade perdida*. 2005 – *As filhas do vento*; *Xuxinha e Guto contra os monstros do espaço*; *Quanto vale ou é por quilo?*. 2006 – *Cobrador: In God We Trust* (coprodução estrangeira); *Fica comigo esta noite*. 2007 – *Xuxa em sonho de menina*; *Segurança nacional*. 2010 – *Quincas Berro D'Água*.

De formação stanislavskiana, compõe personagens antológicos do cinema brasileiro, como o bandido travesti de *A Rainha Diaba*, de Antônio Carlos Fontoura*, e o operário de *Eles não usam black-tie*, de Leon Hirszman*. Muda-se com a família para a cidade de São Paulo aos 6 anos de idade. Começa a trabalhar, ainda criança, sendo ajudante de farmácia, aprendiz de alfaiate, operário em fábricas de doces e de móveis de vime e vendedor de livros. Na adolescência torna-se gráfico. Um colega de trabalho, pertencente ao Clube de Teatro, oferece-lhe um convite para assistir à peça *A mão do macaco*, fato que lhe desperta o interesse pela arte dramática. Perguntado sobre o espetáculo, responde que seria capaz de fazer aquilo, o que lhe vale um convite para integrar o grupo amador. Estreia com a peça infantil *A revolta dos brinquedos*, fazendo em seguida *O dote*. Convidado por Eggdio Eccio, entra para o Teatro da Juventude em 1955, assumindo as funções de ator, contrarregra, maquinista, eletricista e produtor. Excursiona por várias cidades e estados, adquirindo grande experiência de palco. Levado por Sérgio Rosa, transfere-se para o Teatro de Arena no ano seguinte, profissionalizando-se. Entre as montagens de que participa estão *Ratos e homens*, *Revolução na América do Sul* e *A mandrágora*. Ingressa na TV EXCELSIOR, onde acaba dirigindo alguns programas, e no cinema, estreando em *O grande momento*, de Roberto Santos*. Junto com Flávio Migliaccio*, Vera Gertel, Gianfrancesco Guarnieri* e Oduvaldo Viana Filho*, vem para o Rio de Janeiro, em 1958, fundar a versão carioca do Teatro de Arena. Torna-se um coadjuvante assíduo em diversas produções cinematográficas, fazendo quase sempre papéis de bandido. O colega Graça Melo sugere-lhe fazer teste para a recém-criada TV GLOBO. É contratado para a primeira novela da emissora, *Rosinha do sobrado*, desenvolvendo longa carreira como ator e diretor. Na primeira condição aparece nas novelas *O Bem-amado*, *O espião* e *Baila comigo*, entre outras. E na segunda codirige, sem ser creditado, novelas como *Véu de noiva*, *Irmãos Coragem*, *O homem que devia morrer* e *Escrava Isaura*. Após viagem de estudos aos Estados Unidos, assume a condução de alguns seriados, como *Carga Pesada*, e do programa *Caso Verdade*. Paralelamente, mantém a atividade teatral, em peças como *Os órfãos de Jânio*, *A pena e a lei* e *A farsa da boa preguiça*, e a cinematográfica, além de quase se formar em Comunicação pela Faculdade Hélio Alonso. No final dos anos 60 começa a ter seu talento reconhecido em filmes como *O bravo guerreiro*, de Gustavo Dahl*, *O anjo nasceu*, de Júlio Bressane*, e *Macunaíma*, de Joaquim Pedro de Andrade*. A grande oportunidade chega com a soberba caracterização do personagem-título de *A Rainha Diaba*, de Antônio Carlos Fontoura, que lhe vale os prêmios CANDANGO, AIR FRANCE, GOVERNADOR DO ESTADO DE SÃO PAULO e CORUJA DE OURO. Destaca-se ainda em *Ladrões de cinema*, de Fernando Cony Campos*, *Lúcio Flávio, o passageiro da agonia*, de Hector Babenco*, *Parceiros da aventura*, de José Medeiros*, *Eles não usam black-tie*, de Leon Hirszman, *O rei do Rio*, de

Fábio Barreto*, e *Natal da Portela*, de Paulo César Saraceni*, em que encarna o famoso bicheiro-sambista. A participação em *O beijo da mulher-aranha*, de Hector Babenco, abre-lhe o mercado de filmes estrangeiros filmados no Brasil, aparecendo em *Luar sobre Parador*, de Paul Mazursky, *O quinto macaco*, de Eric Rochat, e *Orquídea selvagem*, de Zalman King, entre outros. Em 1985 dirige a Superintendência Regional da Radiobrás no Rio de Janeiro e, em 1994, candidata-se ao governo do estado do Rio de Janeiro pelo Partido do Movimento Democrático Brasileiro (PMDB). É um dos fundadores do Instituto de Pesquisa da Cultura Negra. (HH) Sempre associando televisão, cinema e militância, participou do elenco de grandes sucessos de telenovelas na década de 1990 e 2000, destacando--se igualmente em programas como *Zorra Total* (humor) ou *Força Tarefa* (policial). Recebe prêmio de melhor ator no XXXII FESTIVAL DE GRAMADO pela atuação no filme *Filhas do vento*. Sobre o ator, destaque pode ser dado ao documentário *Em quadro – a história de quatro negros vai à tela* (2008), de Luiz Antonio Pilar, retratando vida e obra de Ruth de Souza*, Zezé Motta*, Lea Garcia*, além de Milton Gonçalves, numa panorâmica sobre a inclusão do ator negro no cinema brasileiro. Atua na coprodução Argentina, México e Brasil intitulada *O cobrador*, com direção do cineasta mexicano Paul Leduc, baseada em cinco contos escritos por Rubem Fonseca. No filme de Roberto Carminati, *Segurança nacional*, é protagonista como o primeiro negro na Presidência do Brasil, combatendo os cartéis da droga na América Latina. Presta depoimento para os documentários *Encontro com Milton Santos*, de Sílvio Tendler*, e *O bem-amado*, de Gracindo Jr.

GONZAGA, Adhemar (Adhemar de Almeida Gonzaga) – Rio de Janeiro, RJ, 1901-1978. Produtor, diretor.
FILMOGRAFIA: 1927-1929 – *Barro humano* (dir.). 1930 – *Lábios sem beijos* (prod.). 1931 – *Mulher* (prod.). 1931-1932 – *Ganga bruta* (prod.). 1933 – *A voz do Carnaval* (prod., dir.). 1934 – *Alô! Alô! Brasil* (prod.). 1935 – *Alô! alô! Carnaval* (prod., dir.); *Os estudantes* (prod.); *Bonequinha de seda* (prod.); *O jovem tataravô* (prod.); *Caçando feras* (prod.). 1937 – *O samba da vida* (prod.). 1938 – *Tererê não resolve* (prod.); *Maridinho de luxo* (prod.); *Alma e corpo de uma raça* (prod.). 1938-1944 – *Romance proibido* (prod., dir.); *Onde estás, felicidade?* (prod.). 1939 – *Está tudo aí* (prod.); *Joujoux e balangandãs* (prod.). 1940 – *Pureza* (prod.). 1941

– *Vinte e quatro horas de sonho* (prod.); *O dia é nosso* (prod.); *Sedução do garimpo* (prod.). 1943 – *Samba em Berlim* (prod.); *A caminho do céu* (prod.). 1944 – *Berlim na batucada* (prod.); *Corações sem piloto* (prod.). 1945 – *O cortiço*; *Pif-paf* (prod.); *Loucos por música* (prod., dir.). 1946 – *O ébrio* (prod.); *Caídos do céu* (prod.). 1947 – *Um beijo roubado* (prod.); *Mãe* (prod.); *Pinguinho de gente* (prod.). 1949-1950 – *Aguenta firme, Isidoro* (prod.); *Anjo do lodo* (prod.). 1954 – *Carnaval em lá maior* (dir.). 1969-1970 – *Salário mínimo* (prod., dir.).
Adhemar Gonzaga foi o terceiro dos cinco filhos de João Antônio de Almeida Gonzaga. Carioca legítimo, João Antônio provinha de uma linhagem de comerciantes e empresários pertinazes. Aos 14 anos de idade, começou a trabalhar no escritório do comendador João Carlos de Oliveira Rosário, filho do barão de São Francisco, Joaquim José do Rosário, que se tornou, por assim dizer, seu protetor. Seguindo uma tendência muito natural de estender relações de trabalho para o âmbito familiar, João Antônio veio a se casar com Maria Cândida de Oliveira Rosário, filha do comendador e de Amália de Castilho Rosário, no final da década de 1880. O comendador detinha a concessão da exploração da loteria na cidade do Rio de Janeiro. A Companhia Nacional de Loterias do Brasil foi a base da fortuna de que os Gonzaga usufruíram por longo tempo. João Antônio enviuvou logo, com poucos anos de casamento. Não tardou, porém, a encontrar nova esposa. Seu segundo casamento, com Alice Monteiro Guimarães, ocorreu em 1894. Aos 3 anos de idade, Adhemar foi batizado, tendo como padrinho o comendador Rosário. O primeiro colégio que frequentou foi o de d. Dudusta, na rua Silva Manoel, a partir de 1906. No ano seguinte, a família se mudou para o número 33 da mesma rua, para uma casa cuja construção fora encomendada pelo pai. João Antônio gostava da rua Silva Manoel porque, conforme dizia, ela lhe trouxera sorte. Adhemar frequentou um colégio na rua Monte Alegre. Em 1912, Adhemar prosseguiu seus estudos primários na prestigiosa Escola Alemã (Deutsche Schule), atualmente Colégio Cruzeiro, criada e mantida pela Sociedade de Beneficência Humboldt. Filhos do Patriarca da República, Quintino Bocaiúva, foram seus colegas. Seu mais importante colega (de colégio, pois pertenciam a turmas diferentes) foi, no entanto, Edgar Brasil*, matriculado na escola pela mãe que o criou, filha de alemães.
O desenho – em especial a caricatura – foi o primeiro talento manifestado

pelo menino Adhemar que aponta para o rumo que tomaria sua vida no futuro. Em 1912, ele criou o jornal *O Colombo*, feito à mão, semanal, com os acontecimentos da rua Silva Manoel. Um número, o de 14 de fevereiro de 1913, chama a atenção por apresentar caricaturas calcadas em personagens de filmes das companhias AMBROSIO (italiana) e NORDISK (dinamarquesa). Muitos anos depois, Gonzaga fez a seguinte anotação nesse exemplar: "O cinema já estava na alma". A paixão pelo cinema se intensificou e Gonzaga criou, nas páginas de *O Colombo*, o "Grande Cinematographo Nordisk, da Empresa Adhemar", imitando os anúncios que já começavam a aparecer nos jornais da cidade com os programas da AMBROSIO, NORDISK e GAUMONT. Em 2 de novembro, o "Cinematographo Nordisk" anuncia em destaque um filme brasileiro, *Batalha das flores*, da BOTELHO FILM, filmado no Campo de Santana em 1909. Gonzaga apontou com orgulho esse anúncio como evidenciador de seu apoio precoce ao cinema brasileiro. Nessa época, Gonzaga começou a enviar caricaturas para *Tico-tico* e *O Malho*. As amizades do pai também influíram na inclinação de Adhemar para o cinema. João Antônio financiou alguns filmes de Labanca, era amigo de Paschoal Segreto* e ajudou a sustentar anonimamente durante anos o cinema de Cruz Júnior, com generosos influxos de capital. Para completar essa proximidade, por algum tempo, no começo da década de 1920, Adhemar trabalhou como publicista do ÍRIS, sendo o responsável pelos anúncios com os programas exibidos naquele cinema. Os pais, entretanto, não viam com bons olhos esse interesse absorvente pelo cinema e, para fazê-lo esquecer essa obsessão, destruíram tudo o que havia colecionado sobre o assunto e o matricularam num colégio interno.

Em março de 1914, Adhemar ingressou no Ginásio Pio Americano, em São Cristóvão. Figuras ilustres passaram pelo Pio Americano, como os irmãos Cyro e Luís Aranha, o pintor Di Cavalcanti, Armando, neto de Rui Barbosa, o futuro caricaturista Álvaro Perdigão e Pedro Lima*, com quem Gonzaga empreenderia, nos anos 20, uma campanha apaixonada em defesa do cinema brasileiro. No Pio Americano, ele e os colegas Álvaro Rocha, Pedro Lima, Paulo Vanderley*, Luiz Aranha e Hercolino Cascardo constituíram, por volta de 1917, uma espécie de clube de fãs de cinema. Frequentavam regularmente os cinemas ÍRIS e PÁTRIA e comentavam demoradamente os filmes exibidos. Reuniam-se na casa de Álvaro Rocha, que tinha uma pequena coleção de filmes, e lá os assistiam. Certo dia, Gonzaga descobriu que seu vizinho na rua Silva Manoel, João Stamato*, "era também entusiasta de cinema e tinha até máquina de filmar". Passou então a frequentar assiduamente a sua casa, onde aprendeu "sobre certas coisas de cinema". Em 1919, Gonzaga começou a escrever cartas para a revista *Palcos e Telas*. Era comum naqueles tempos os leitores se ocultarem atrás de pseudônimos, e Gonzaga assinava suas cartas pegando emprestado o nome de seus artistas preferidos. Mary MacLaren, atriz americana muito em voga e a preferida então de Gonzaga, era o pseudônimo mais frequente utilizado por ele. Acabou sendo chamado para escrever para a revista, iniciando a sua colaboração em fevereiro de 1920. Procurava, segundo ele, "fazer crítica declarada em vez de um pequeno resumo informativo de filmes", a que se limitavam as publicações nacionais de um modo geral. Colaborou também em *Paratodos*, inicialmente mandando comentários, fornecendo informações e formulando algumas questões sobre cinema para a seção de cartas, intitulada Questionário. Em outubro de 1920, Gonzaga recebeu um valioso presente de seu cunhado Antônio Joaquim Peixoto de Castro Júnior: uma câmera tipo caixão, marca Ernemann, de 35 mm, e um projetor Ica, trazidos da Alemanha. Com essa câmera, Adhemar filmou todos os arredores de sua casa na rua Silva Manoel. Com ela, fez um filme de ficção, usando como atores o copeiro Castorino e a empregada Celeste. Atendendo o desejo de seus pais, Adhemar Gonzaga fez os estudos preparatórios para a Escola Politécnica do Rio de Janeiro. Não tinha, porém, a menor vocação para a Engenharia e desistiu logo no começo, para contrariedade de seus pais. Essa aversão aos estudos formais deve ser atribuída, em parte pelo menos, à sua paixão pelo cinema. Gonzaga assinava várias revistas especializadas estrangeiras e comprava por correspondência todos os livros sobre cinema de que tomava conhecimento. A biblioteca de Gonzaga, que se encontra hoje no arquivo da CINÉDIA*, ostenta vários livros sobre a arte do *photoplay* ou *screen play*, publicados nas primeiras décadas do século.

A carreira jornalística de Gonzaga começou para valer, segundo suas próprias anotações, em 1922. O curso anexo da Escola Politécnica que frequentava ficava muito perto do *Rio Jornal*, de Ivo Arruda. Foi então convidado a substituir Peregrino Jr., responsável pela crônica social. Graças à intercessão de seu padrinho, o comendador Rosário, em 1923, Adhemar ingressou na redação do semanário ilustrado *Paratodos*, a mais popular publicação da empresa O Malho, que pertencia à Gráfica Pimenta de Melo, fundada em 1845. Os bilhetes da Companhia Nacional de Loterias eram impressos nas oficinas dessa gráfica, de modo que o comendador privava da amizade e da camaradagem de Pimenta de Melo. Gonzaga foi submeter-se à chancela de Mário Behring, um dos diretores da revista e redator da seção cinematográfica, trinta e tantos anos mais velho que ele e com sólida carreira no jornalismo carioca (trabalhara na *Kosmos*, editada nos primeiros anos do século e em cujas páginas ecoa todo o esplendor da chamada bela época carioca). Relembrando o encontro, Gonzaga escreveu que a primeira impressão não foi das melhores: Behring em princípio não viu com bons olhos o colega, com quem teria de dividir a edição de *Paratodos*. Mas Behring e Gonzaga logo se afinaram e o resultado foi o crescimento da cobertura cinematográfica, sobretudo em relação ao cinema nacional, a respeito do qual Gonzaga tinha interesse especial (ao contrário de Behring, inicialmente cético quanto às possibilidades locais). As inúmeras ocupações de Behring (em 1924, por exemplo, foi nomeado diretor da Biblioteca Nacional) fizeram com que a revista ficasse praticamente nas mãos de Gonzaga. Ao lado de seu velho colega Pedro Lima, que trabalhava em *Selecta*, semanário da Editora Americana, iniciou uma campanha sem precedentes de sistemática divulgação e valorização da produção nacional. Em agosto de 1924, Gonzaga se casou com Genesy Ribeiro, tendo desse casamento apenas uma filha, Nesy, nascida no ano seguinte. O casamento não durou muito: acabou em 1928, quando Genesy deixou a casa em que morava com Gonzaga e Nesy.

O crescimento do espaço dedicado ao cinema foi tal que Gonzaga, com o apoio dos editores de *Paratodos*, idealizou transformar a seção Cinema Para Todos... em revista autônoma. Após cogitar alguns nomes, como Clássico (alusão ao popular magazine cinematográfico americano *Classic*, cujas características foram imitadas), Gonzaga encontrou o nome definitivo, *Cinearte**. A revista começa a circular em 3 de março de 1926 e, em pouco tempo, torna-se a campeã de vendas do grupo O Malho. Seu sucesso se deveu em parte ao seu projeto gráfico, bastante original para a época. Voltada fundamentalmente para o fã tradicional, *Cinearte* apresentava um amplo noticiário sobre os acontecimentos e os ídolos de Hollywood, mas não se limitava a isso: dedicava também grande espaço ao cinema europeu, à legislação cinematográfica, às questões técnicas, ao cinema amador e às discussões estéticas sobre o cinema. Adotando um perfil combativo, quase militante, empreendeu diversas campanhas, como a defesa da isenção de impostos para a importação de filme virgem, a criação de uma censura de âmbito federal e a implantação do cinema educativo. Em relação à produção nacional, *Cinearte* exerceu importante papel de divulgação sistemática dos filmes e figuras atuantes no setor. *Cinearte* é sem dúvida uma ilustração evidente da determinação de Gonzaga em influir na prática cinematográfica nacional. Embora o jornalismo cinematográfico fosse motivo de satisfação pessoal e profissional, faltava-lhe consumar o sonho que acalentava desde menino: dirigir filmes. Curiosamente, ele não tinha pressa. Eventualmente, havia participado de alguns filmes locais (sua estreia foi fazendo uma ponta no curta *Convém martelar*, de 1920). A relutância de Gonzaga se devia sobretudo à consciência da precariedade técnica do filme nacional. Estúdios, câmeras, material de laboratório, pessoal técnico qualificado – tudo era incipiente. Foi com a dominante preocupação de superar esses entraves ao desenvolvimento do cinema nacional que Gonzaga visitou os estúdios americanos (de Nova York e de Hollywood) em 1927. Apresentando-se como jornalista em busca de entrevistas e notícias exclusivas, Gonzaga aproveitou a viagem para visitar todos os estúdios que o tempo permitiu, prestando a máxima atenção na estrutura arquitetônica dos palcos de filmagem, nos procedimentos técnicos, no trabalho dos técnicos, no comportamento dos diretores. Registrou cada detalhe do que viu em cartas entusiasmadas ao amigo Álvaro Rocha.

Adhemar Gonzaga retornou dos Estados Unidos, em 1927, convencido de que fazer cinema não era um bicho de sete cabeças. Com engenho e arte se poderiam superar as limitações do meio. Mas a estreia de Gonzaga na realização cinematográfica não foi planejada. Foi de certa forma circunstancial e improvisada. A história começa em 1926, quando é fundado no Rio de Janeiro o CIRCUITO NACIONAL DOS EXIBIDORES, por iniciativa do italiano Vittorio Verga, que havia pouco mais de dez anos emigrara para o Brasil e trabalhara por longo tempo numa agência de distribuição de filmes estrangeiros. Com o seu compatriota Paulo

Benedetti*, Verga já havia dirigido dois filmes: *A gigolete*, em 1924, e *Dever de amar*, em 1925, severamente recriminados pelos críticos Adhemar Gonzaga, de *Paratodos*, e Pedro Lima, de *Selecta*. O CIRCUITO era uma associação constituída pelos proprietários de cinemas, por assim dizer, "independentes", isto é, que não integravam as cadeias que monopolizavam a exibição dos melhores programas. Uma das finalidades do CIRCUITO era, através de um fundo constituído pela contribuição financeira dos cinemas afiliados, produzir seus próprios filmes. *Cinearte* apoiou calorosamente a iniciativa, firmando um compromisso de produção com o CIRCUITO. Não indo adiante esse acordo, os redatores de *Cinearte* procuraram o velho fotógrafo Benedetti, propondo a ele uma produção conjunta. Benedetti entraria com seu trabalho e o laboratório, e eles com a realização artística. Começam então a preparar a produção de *Barro humano*, em clima de grande euforia. Nascido sob o nome de *Mocidade*, o filme teve seu roteiro básico escrito por Paulo Vanderley*, mas sofreu muitas modificações a partir de sugestões coletivas, partidas principalmente de Adhemar Gonzaga. *Cinearte* dá ao projeto atenção primordial: a partir do final de 1927, tudo passa a girar em torno de *Barro humano*. De modo muito natural, Gonzaga escalou-se e foi escalado para dirigir o filme, respaldado por seu estágio recente nos Estados Unidos. O caráter de filme coletivo de *Barro humano* não impede que se identifique bem o papel que Gonzaga exerceu em sua realização. Suas convicções cinematográficas estão expressas muito nitidamente na forma quase didática com que o filme apresentava os recursos estéticos e estilísticos que todos admiravam na arte silenciosa. Sua realização foi um exemplo a ser seguido, já que tornava um fato concreto o modelo de cinema que *Cinearte* defendia. A filmagem demorou muito, cerca de um ano e meio, porque era feita apenas nos domingos e feriados, dias de folga da equipe e de alguns integrantes do elenco. Lançado em meados de 1929, *Barro humano* faz estrondoso sucesso e enche o cineasta de confiança.

No segundo semestre de 1929, Gonzaga começa a dirigir um outro filme com roteiro seu, *Lábios sem beijos*, produzido e estrelado por Carmen Santos*. A equipe de *Cinearte* prepara ao mesmo tempo seu filme seguinte, *Saudade*, que repetiria o esquema adotado em *Barro humano*: roteiro de Paulo Vanderley, direção de Gonzaga, produção de Pedro Lima e assistência total de Álvaro Rocha. A filmagem de *Lábios*

sem beijos foi interrompida em janeiro de 1930, após longa paralisação devido a um tombo que Carmen Santos sofrera semanas antes. O motivo principal foi que Carmen estava grávida de seu segundo filho. *Saudade* também teve vários percalços. As principais atrizes de *Barro humano*, Gracia Morena e Eva Schnoor, recusaram-se a participar do novo filme. A dificuldade em montar um elenco para o filme fez com que Gonzaga e seus amigos de *Cinearte* se decidissem a lançar uma nova atriz, sem experiência anterior em cinema. No arquivo fotográfico de *Cinearte*, que recebia centenas de cartas com fotos de rapazes e moças oferecendo-se para trabalhar no cinema, encontraram o que precisavam. Era Didi Viana, fotogênica mocinha do interior paulista. O repórter Pedro Lima foi encarregado de visitá-la em Ipaúçu, onde morava, para acertar os detalhes de sua ida para o Rio de Janeiro. Acompanhada do pai, Didi chegou à cidade em 24 de janeiro de 1930, firmando contrato com a PRODUÇÕES CINEARTE (como os rapazes passaram a denominar a produtora informal que constituíram), pelo qual receberia o salário de 200 mil-réis. Em 26 de janeiro de 1930, foram iniciadas as filmagens de *Saudade*, com algumas tomadas nos terrenos onde seriam construídos os estúdios da CINÉDIA, em São Cristóvão. A expectativa em torno de *Saudade* era grande. Gonzaga havia adquirido em sua segunda viagem aos Estados Unidos uma moderna câmera Mitchell, símbolo de suas agora profissionais intenções. Depois de um início bastante animado, a produção começou a apresentar problemas. Benedetti não se adaptou à nova câmera e abandonou o posto. Paulino Botelho*, fotógrafo e cinegrafista com longa experiência no cinema nacional, escalado para substituí-lo, também não se deu bem com a Mitchell. Além disso, as obras de construção do futuro estúdio da CINÉDIA e a produção de seu primeiro filme (*Lábios sem beijos*, agora sob o comando de Humberto Mauro*, foi retomado do mesmo roteiro escrito para Carmen Santos, cuja filmagem foi suspensa em janeiro) tomaram todo o tempo de Gonzaga. Com todas essas dificuldades, as filmagens se prolongaram por três meses (até abril). Nesse mês, Gonzaga demitiu Pedro Lima da *Cinearte*, provocando a dissolução do grupo e determinando o fim do projeto de *Saudade*. Como compensação, Didi Viana foi incluída no elenco de *Lábios sem beijos*, assumindo o segundo papel, já que a estrela era Lelita Rosa*. Para dar a Didi o estrelato definitivo, que lhe fora prometido

com *Saudade*, Gonzaga providenciou um novo argumento, *O preço de um prazer*, que ele dirigiria paralelamente à realização do filme de Humberto Mauro. As filmagens se prolongaram até o início de 1931 e foram interrompidas por razões sentimentais. Tendo se enamorado desde o primeiro encontro, Gonzaga e Didi decidiram se casar. A família dele condicionou a aprovação do casamento ao imediato abandono da carreira artística por Didi, o que ela aceitou.

A fundação da CINÉDIA decorre naturalmente do êxito de *Barro humano*. A CINÉDIA é, portanto, o *point of no return* de uma sucessão de acontecimentos e decisões, originadas na trincheira jornalística e rematadas numa espécie de tomada de poder na cena cinematográfica nacional empreendida pelo grupo de *Cinearte*. Em seu primeiro momento, a CINÉDIA é a concretização do projeto industrial do grupo de *Cinearte*. Graças ao adiantamento de sua parte na herança do pai, Gonzaga adquiriu, em dezembro de 1929, um terreno de 9.000 m^2 na rua Abílio (atual General Almério de Moura), em São Cristóvão. Não se pode exigir muito dos filmes da CINÉDIA realizados nesse período – década de 30 – no aspecto técnico, já que a política cambial e a lei de remessa de lucros praticadas pelo governo oneravam pesadamente os produtores cinematográficos, que precisavam importar seus equipamentos básicos. Por ter nascido para sustentar um projeto industrial, a CINÉDIA se tornou vulnerável aos imperativos econômicos. Em seus primeiros anos, apenas três filmes foram completados: *Lábios sem beijos*, *Mulher* e *Ganga bruta*, sendo o primeiro e o último dirigidos por Humberto Mauro e o segundo por Octávio Mendes*. *Ganga bruta*, mal recebido por público e crítica, serviu para Gonzaga como uma espécie de lição: para viabilizar um negócio tão caro como o cinema, é preciso conquistar o mercado. Conquistar o mercado é conhecer as aspirações do público e fornecer-lhe o que ele anseia assistir. Essa constatação levou Gonzaga a se desviar um pouco da sua estratégia inicial de filmes grandiosos, artisticamente ambiciosos, e associar-se ao produtor de origem norte-americano Wallace Downey*, que havia criado em São Paulo a fórmula ideal para fazer com que o cinema feito no Brasil conquistasse seu próprio público: a comédia musical. Num mercado dominado pelo filme americano, a única chance de o cinema brasileiro ter um lugar ao sol era oferecer um produto de que o concorrente não dispunha: nossos cantores, verdadeiros ídolos nacionais. A parceria com Downey resultou em três filmes, *Alô! Alô! Brasil*, *Os estudantes* e *Alô! alô! Carnaval*, o primeiro grande sucesso da CINÉDIA, os dois primeiros dirigidos por Downey e o terceiro por Gonzaga.

Curiosamente, Gonzaga só realizou um único projeto pessoal em toda a primeira fase da CINÉDIA. Trata-se de *Romance proibido*, de longuíssima e acidentada realização: iniciado em 1938, só foi concluído e lançado anos depois, em 1944. *Romance proibido* é um reencontro com *Barro humano*, para sempre o paradigma de cinema que nortearia a imaginação criadora de Gonzaga. Sua origem de certa forma se liga a um certo clima de euforia vivido por Gonzaga, com reflexos na CINÉDIA e na *Cinearte*, no ano de 1938. A primeira década de *Barro humano* foi efusivamente comemorada e sua evocação dá a Gonzaga a esperança de retomar o ímpeto realizador que tinha quando dirigiu o filme. O arquivo de Gonzaga é pródigo em recortes de jornais cariocas comemorando a efeméride. A confiança em um novo começo leva Gonzaga a convidar o galã de *Barro*, Carlos Modesto, e sua esposa Eva Schnoor para protagonizarem o novo filme. Da localidade de Porto das Caixas, município de Itaboraí, situado nos fundos da baía de Guanabara, Modesto enviou a Gonzaga uma carta polida recusando o convite. Médico de uma colônia de ingleses estabelecidos numa fazenda da localidade, Modesto confessou-se muito velho ("tenho 30 anos") e distante da vaidade juvenil que o caracterizava na época de *Barro humano*. Em *Romance proibido* se reflete também, de forma muito nítida, a adesão de Gonzaga a alguns ideais getulistas, especialmente o nacionalismo cívico. Imaginou, por exemplo, uma cena em que uma professorinha de interior, em vez de giz e quadro-negro, usa um projetor para dar aula. Era sua confiança no progresso do país e no papel que o cinema tinha a exercer nesse sentido. *Romance proibido* sofreu duramente os efeitos da recessão que atingiu o país durante a II Guerra Mundial. A escassez de material químico para a revelação de filmes (as "drogas" importadas, compradas em farmácias) durou de 1942 a 1945 e contribuiu decisivamente para a prolongada filmagem.

No começo da década de 40, a CINÉDIA atravessou grave crise financeira: o mercado se retraíra, os custos de produção aumentaram, os mecanismos de distribuição ergueram mais resistências ao filme brasileiro e as agências regionais e proprietários de cinemas fraudavam abertamente borderôs e livros-caixa. A crise chegou ao auge em 1941, quando Gonzaga foi

obrigado a paralisar as atividades da CINÉDIA. Em 1946, Gonzaga produziu *O ébrio*, dirigido por Gilda Abreu*, que se tornou o maior sucesso da história da CINÉDIA. Um panorama promissor se abriu para a CINÉDIA, mas o filme seguinte de Gilda, *Pinguinho de gente*, produção que não conseguiu conquistar o público, acabou acirrando a crise financeira. Em 1951, Gonzaga foi obrigado a fechar os estúdios de São Cristóvão. Em 1952, Gonzaga mudou-se para São Paulo, lá permanecendo até 1955. Chegou a examinar alguns terrenos, pensando em transferir a CINÉDIA para lá. Mas os insucessos da VERA CRUZ*, MULTIFILMES* e MARISTELA* o desanimaram e ele decidiu retornar para o Rio de Janeiro. Em São Paulo, Gonzaga realizou um filme, *Carnaval em lá maior*. Em 1956 adquiriu um terreno em Jacarepaguá e começou a construir os novos estúdios da CINÉDIA, destinados à locação para terceiros. Em 1969, dirigiu seu último filme de longa metragem, *Salário mínimo*, lançado no ano seguinte. Passou então a se dedicar a outras atividades: organizou seus arquivos, recuperou e restaurou seus filmes, planejou algumas pesquisas sobre a história do cinema brasileiro e voltou ao jornalismo, assinando uma coluna no jornal *O Dia*. Faleceu no Rio de Janeiro em 29 de janeiro. (LAR)

GONZAGA, Geraldo (Geraldo Torres Gonzaga) – Belém, PA, 1938. Roteirista, diretor.

FILMOGRAFIA: 1968 – *Meu nome é Lampião* (rot.). 1970 – *Jesus Cristo, eu estou aqui* (rot.); *Vida e glória de um canalha* (rot.). 1974 – *Brutos inocentes* (1º episódio: 'Brutos inocentes' (rot.); 2º episódio: 'A promessa' (rot.)). 1976 – *Sete mulheres para um homem só* (rot.). 1977 – *As eróticas profissionais* (rot.). 1978 – *O erótico virgem* (rot.); *Empregada para todo serviço* (rot., dir.); *A virgem camuflada* (rot.). 1979 – *Violência e sedução* (rot.); *Massacre em Caxias* (rot.); *Uma cama para três* (rot., dir.). 1980 – *Intimidades de duas mulheres* (rot.).

Radica-se no Rio de Janeiro, a partir dos anos 60. Eclético, trabalha no cinema carioca, inicialmente como ator. Posteriormente atua como assistente de direção de Flávio Migliaccio* (*Aventuras com tio Maneco*), função que acumula junto com a de roteirista de *Vida e glória de um canalha*, de Alberto Salvá*, e em vários filmes de Mozael Silveira. É com esse diretor que colabora em diversos roteiros, como no da fita de cangaço *Meu nome é Lampião* e na comédia *Jesus Cristo, eu estou aqui*,

adaptada da peça *Zefa entre os homens*, de Henrique Pongetti*. A parceria constante entre ambos se estende durante os anos 70 nas pornochanchadas* com direção de Mozael Silveira (*Sete mulheres para um homem só*; *As eróticas profissionais*; *O erótico virgem*; e *Intimidades de duas mulheres*) e nos policiais (*Violência e sedução* e *Massacre em Caxias*). Roteiriza o filme paraense *Brutos inocentes*, de Líbero Luxardo*. Escreve uma pornochanchada para outro diretor, Célio Gonçalves, intitulada *A virgem camuflada*. Dirige duas pornochanchadas que roteiriza: *Empregada para todo serviço* e *Uma cama para três*. Na década de 80, deixa o cinema. (LFM)

GOULART, Paulo (Paulo Afonso Miessa) – Ribeirão Preto, SP, 1933. Ator.

FILMOGRAFIA: 1953 – *Destino em apuros*. 1957 – *O cantor e o milionário*; *O barbeiro que se vira*; *Rio, Zona Norte*; *O grande momento*. 1958 – *E o bicho não deu*; *Um desconhecido bate à porta*; *Cala a boca, Etelvina*. 1959 – *Eles não voltaram*. 1960 – *Sócio de alcova* (coprodução estrangeira). 1962 – *Nordeste sangrento*. 1970 – *A marcha*. 1977 – *O bem-dotado, o homem de Itu*. 1978 – *Os trombadinhas*. 1982 – *Gabriela, cravo e canela* (produção estrangeira). 1983 – *Para viver um grande amor*. 1988-1989 – *Faca de dois gumes*; *Solidão, uma linda história de amor*. 1999 – *O auto da compadecida*. 2000 – *Soluços e soluções*. 2004 – *Redentor*. 2006 – *Tapete vermelho*. 2009-2010 – *Chico Xavier*. 2010 – *Nosso lar*.

Ator de enorme versatilidade, mestre na caracterização de tipos fortes e densos, beneficiado por um timbre de voz privilegiado. Seus avós vieram de Salamanca, na Espanha, região dos touros miúra e das plantações de azeitona, logo após a I Guerra Mundial. Aos 5 anos de idade, mudou-se para Olímpia, cidade pequena, de 15 mil habitantes, onde o pai tinha uma fazenda de gado e de café. Além disso, era proprietário de uma estação de rádio, o que permitiu a Paulo ensaiar os primeiros passos que o levariam à carreira de ator. No rádio, fez de tudo: foi locutor, operador de som, discotecário e líder de um conjunto musical. Aos 17 anos, mudou-se para São Paulo para estudar Química Industrial. Descobriu, porém, que sua verdadeira vocação era outra. Começou a trabalhar como radioator para se manter. Logo, resolveu abandonar os estudos e sofreu uma forte oposição da família. Apesar disso, ingressou na televisão. Fez um teste, passou e começou a trabalhar com Amácio Mazzaropi*. Em 1952, conheceu a jovem, mas já consagrada, atriz Nicete Bruno, nascida em Niterói, em 1933, com quem se casaria em 26 de fevereiro de 1954. Procurava-se na época um ator para contracenar com Nicete e Paulo foi o escolhido. Paulo fez sua estreia como ator dramático no Teatro do Alumínio, na peça francesa *Senhorita minha mãe*. Estreou no cinema em *Destino em apuros*, de Ernesto Remani*. Sua carreira cinematográfica, porém, não deslanchou, e ele preferiu se dedicar ao teatro. A volta ao cinema deu-se no Rio de Janeiro, para onde havia se mudado, em meados dos anos 50. Trabalhou na comédia de Eurides Ramos* *O barbeiro que se vira*. O primeiro papel de importância que teve foi em *Rio, Zona Norte*, de Nelson Pereira dos Santos*. Mas o principal filme da carreira de Paulo é certamente *O grande momento*, de Roberto Santos*, em que ele contracena com Míriam Pérsia. Filme sensível, com ressonâncias do neorrealismo italiano (sobretudo de Rosselini e De Sica), *O grande momento* deu a Paulo a oportunidade de interpretar um personagem popular e realista. Paulo faz o papel de um operário na São Paulo em vias de industrialização dos anos 50. Em 1958, é o protagonista de *Pista de grama*, que depois ficou conhecido como *Um desconhecido bate à porta*, filme sobre o mundo do turfe, em que Paulo contracena com Yoná Magalhães*. Após alguns filmes de gêneros variados, como *Cala a boca, Etelvina*, de Eurides Ramos, *Eles não voltaram* e *Nordeste sangrento*, ambos de Wilson Silva*, e *Sócio de alcova*, do diretor americano George M. Cahan, Paulo afastou-se do cinema, concentrando-se no teatro e na televisão. Seu retorno dá-se, em 1970, no filme *A marcha*, de Osvaldo Sampaio*, obra sobre a abolição da escravatura que tinha como chamariz a presença do Rei do Futebol, Pelé, como protagonista. Paulo Goulart voltou a contracenar com Pelé em *Os trombadinhas*, de Anselmo Duarte*. Após participações pequenas em *Gabriela*, primeiro filme internacional de Bruno Barreto*, e *Para viver um grande amor*, de Miguel Faria Jr.*, o talento de Paulo foi mais bem aproveitado em *Faca de dois gumes*, thriller de Murilo Salles*, estrelado por Paulo José* e Marieta Severo*. (LAR) No final da década, a incursão de Paulo no cinema foi em *Solidão, uma linda história de amor*, filme produzido por bicheiros do Rio de Janeiro, com um elenco majoritariamente televisivo. Paulo Goulart e Nicete Bruno tiveram três filhos, todos atores: Bárbara Bruno, Beth Goulart e Paulo Goulart Filho. (LAR) Juntos mantêm a sociedade M. F. (Miessa e Filhos),

que administra o Teatro Paiol, em São Paulo, além da NICETE BRUNO PRODUÇÕES ARTÍSTICAS, firma de produções. Produtor e ator de cinema, é também escritor. Lançou livros de autoajuda e culinária. Entre os papéis mais recentes no cinema, atuou em *Redentor*, filme de Cláudio Torres, e *Tapete vermelho*, de Luiz Alberto Pereira*, no papel de um caminhoneiro. Em *Soluços e soluções* é o narrador, e em *Xuxinha e Guto contra os monstros do espaço* (2005), de Clewerson Saremba e Moacyr Góes*, empresta sua voz para são Pedro. Na nova safra de filmes espíritas, atua em *Chico Xavier*, como Almir Guimarães, locutor do programa *Pinga Fogo*, e em *Nosso lar*, de Wagner Assis, uma coprodução com a FOX, detentora de recordes de público no cinema brasileiro contemporâneo. (LAR)

GRAÇA, Aílton – São Paulo, SP, 1964. Ator.

FILMOGRAFIA: 2002 – *Carandiru*. 2004 – *Nina*; *Contra todos*. 2005 – *Meu tio matou um cara*. 2006 – *Veias e vinhos, uma história brasileira*; *Muito gelo e dois dedos d'água*; *Trair e coçar é só começar*. 2007 – *Querô*. 2008 – *Os desafinados*; *Tempo de paz*. 2009 – *Os inquilinos*; *Segurança nacional*. 2009-2010 – *Chico Xavier*.

Ailton foi criado em Americanópolis, periferia de São Paulo. Trabalhou como vendedor de loja de sapatos e contínuo do Hospital do Servidor Público Estadual, onde havia um projeto de lazer para pacientes que incluía teatro. Participando de várias peças no hospital começa sua carreira. Em 1985, formou-se na Oficina Vocal do Centro Cultural São Paulo. Depois fez técnicas circenses no Circo Escola Picadeiro. Cursou dramaturgia, direção e interpretação nas Oficinas Culturais Três Rios e Oficina de Cenário e Figurino no CPT (Centro de Pesquisa Teatral), do SESC, onde, de 1986 a 1988, foi aluno de Antunes Filho. Foi coreógrafo de comissão de frente e mestre-sala da escola de samba Gaviões da Fiel e União Independente da Zona Sul. Em 2002 foi mestre-sala na X-9 Paulistana. No cinema, se destacou em *Carandiru*, de Hector Babenco*, no papel de Majestade, e na comédia *Meu tio matou um cara*, de Jorge Furtado*. Nos teatro protagonizou espetáculos como *Babilônia* e *Otelo*. Em 2005, interpretou Feitosa em *América* e atuou no seriado *Carandiru – outras histórias*, ambos da REDE GLOBO. Ainda no cinema, após a estreia em *Carandiru*, participou dos dramas *Contra todos*, do diretor estreante Roberto Moreira*; *Veias e vinhos, uma história brasileira*, de João Batista de Andrade*, e

Nina, de Heitor Dhalia*. Representou um porteiro cego em papel cômico de *Trair e coçar é só começar*, de Moacyr Góes*, baseado na peça teatral de sucesso de Marcos Caruso. Atua em *Querô*, em que Carlos Cortez recupera para o cinema peça teatral de Plínio Marcos*. (MM)

GRACINDO, Paulo (Pelópidas Brandão Gracindo) – Rio de Janeiro, RJ, 1911-1995. Ator.

FILMOGRAFIA: 1936 – *João Ninguém*. 1938 – *Onde estás, felicidade?* 1939 – *Está tudo aí!*; *Anastácio*. 1941 – *O dia é nosso*; *Vinte e quatro horas de sonho*. 1948-1950 – *Estrela da manhã*. 1953 – *Balança mas não cai*. 1964 – *A falecida*. 1965 – *Na mira do assassino*. 1966 – *Terra em transe*. 1967 – *Cara a cara*; *Tarzan e o grande rio* (produção estrangeira). 1968 – *O bravo guerreiro*; *Antes, o verão*; *Copacabana me engana*. 1969-1970 – *Salário mínimo*. 1978 – *Amor bandido*; *Tudo bem*. 1979-1987 – *Exu-Piá, coração de Macunaíma*.

Neto de "coronel" alagoano e filho de um temido prefeito (e senador), Paulo Gracindo teve uma típica criação de família aristocrática do Nordeste, em Maceió. No Recife, cursa faculdade de Direito e é convocado pelo tiro de guerra. A Revolução de 30 o traz de volta ao Rio de Janeiro, cidade onde – para espanto de muitos – Gracindo nasceu e foi registrado. Na então capital da República, o futuro ator conquista os dois primeiros empregos – revisor do jornal *Correio da Manhã* e redator de publicidade. Pelópidas (nome batismal de Gracindo) ingressa na carreira de ator profissional quando Oduvaldo Viana* o descobre no grupo de teatro amador do Clube Ginástico Português. Viana coloca Gracindo na companhia Dulcina-Odilon. Depois, Gracindo e os atores Darcy Cazarré, Elza Gomes e Delorges Caminha organizam uma cooperativa de teatro. Na TUPI, Paulo Gracindo estreia como locutor de rádio. Em 1948, ingressa na RÁDIO NACIONAL e, durante vinte anos ininterruptos, apresenta o programa de auditório *Paulo Gracindo*. Na Nacional aconteceram mais dois sucessos de Gracindo: a interpretação dos personagens Albertinho Limonta, em *O direito de nascer*, e do Primo Rico do humorístico *Balança mas não cai*. A estreia em televisão é na TV RIO (no *Show Odd*). Em seguida, na GLOBO, continua com o Primo Rico e participa de novelas de Glória Magadan. Na emissora do Jardim Botânico, Gracindo alcança sucesso com o personagem Tucão, da telenovela *Bandeira 2*, de Dias Gomes. Gracindo interpreta outros personagens importantes de telenovelas de repercussão: Odorico Paraguassu (*O Bem-amado*); Ramiro Bastos (*Gabriela*) e João Maciel (*O casarão*). O ator acaba com o estigma de "animador de auditório" quando interpreta personagens clássicos do teatro: o judeu Solomon (*O preço*, de Arthur Miller), Herodes (*Salomé*, de Oscar Wilde), entre outros. Nas produtoras SONOFILMS* e CINÉDIA*, faz pequenos papéis. Trabalha como coadjuvante em filmes com direção do ator Mesquitinha* (*João Ninguém, Onde estás, felicidade?, Está tudo aí!*), com o compositor João de Barro (*Anastácio*), com Milton Rodrigues* (*O dia é nosso*) e com o realizador português aqui radicado, Chianca de Garcia* (*Vinte e quatro horas de sonho*). Não obstante a contemporaneidade com os estúdios cariocas, Gracindo somente marca presença nas telas com o surgimento do novo cinema brasileiro. O ator participa de importantes filmes dos anos 60 e 70. Seu primeiro papel em filmes do Cinema Novo* é em *A falecida*, contracenando com Fernanda Montenegro* numa bem-sucedida adaptação de Nélson Rodrigues*, cuja direção coube ao estreante (em longa) Leon Hirszman*. Está no elenco do filme político de Gustavo Dahl* *O bravo guerreiro*. Tem pequena mas importante participação em *Antes, o verão*, de Gerson Tavares, filme baseado na obra homônima de Carlos Heitor Cony. Gracindo marca presença no filme "cinemanovista" de Júlio Bressane* (*Cara a cara*). Protagoniza um ditador em filme no gênero udigrúdi de Andrea Tonacci* (*Blá, blá, blá*). Participa também de obra que constata poeticamente a alienação da classe média urbana, *Copacabana me engana*, de Antônio Carlos Fontoura*. Em *Terra em transe*, representa o poderoso Julio Fuentes, personagem criado por Glauber Rocha*. Sob direção de Bruno Barreto*, interpreta o corrupto e moralista detetive Galvão (*Amor bandido*). Mas o grande marco de Gracindo no cinema foi em *Tudo bem*, do diretor Arnaldo Jabor*, em que interpreta o aposentado Juarez Meneses, homem íntegro e saudosista, cujo processo de desalienação acontece quando ele, integrante da classe média alta, convive com as carências da classe operária por ocasião de uma reforma em seu apartamento. Gracindo morre no Rio de Janeiro, em 4 de setembro, aos 84 anos, vitimado por um câncer na próstata. Um de seus últimos trabalhos foi a minissérie televisiva *Agosto*, de 1993, baseada no romance homônimo de Rubem Fonseca. Seu filho, Gracindo Jr.*, também ator, diretor de TV e encenador teatral, estreou como diretor no longa-metragem com o documentário *Paulo Gracindo – o bem-amado* (2008). (ALT)

GRACINDO JUNIOR (Epaminondas Xavier Gracindo) – Rio de Janeiro, RJ, 1943. Ator.

FILMOGRAFIA: 1971-1977 – *O dia marcado*. 1973 – *Os homens que eu tive*; *As moças daquela hora* (episódio 1). 1976 – *O pai do povo*. 1980-1982 – *Tensão no Rio*. 1982 – *Os Trapalhões na Serra Pelada*. 1983 – *O Trapalhão na Arca de Noé*. 1984 – *Floresta das esmeraldas* (*Emerald Forest*). 1992 – *Kickboxer 3* (*Kickboxer 3: the Art of War*). 1996-1997 – *Buena sorte*. 2000 – *Bufo & Spallanzani*. 2000-2001 – *A hora marcada*. 2001-2002 – *Rua 6, sem número*. 2002 – *A selva*. 2007 – *Primo Basílio*; *Segurança nacional*. 2008 – *Paulo Gracindo – o bem-amado* (dir.). 2009 – *Topografia de um desnudo*; *Bonitinha mas ordinária*.

Filho do ator Paulo Gracindo. Ator e diretor no teatro e na televisão, com carreira iniciada no começo dos anos 1960. Nos palcos estreou como ator em 1962, trabalhando com encenadores importantes, o que fez com que se tornasse mais tarde também encenador. É ator de bom número de telenovelas desde 1965 e diretor de algumas delas. No cinema, o primeiro longa que filmou só foi concluído anos depois: *O dia marcado*, policial de Iberê Cavalcanti. Foi um dos vários amantes de uma única mulher em *Os homens que eu tive*, no longa de estreia da diretora Teresa Trautman*. Atuou no papel de trapezista no drama *As moças daquela hora*, de Paulo Porto*. Foi um repórter na comédia *O pai do povo*, no único longa dirigido pelo comediante Jô Soares*. Interpretou um motorista em *Tensão no Rio*, filme político de Gustavo Dahl*. Participou dos filmes infantis, *Os Trapalhões na Serra Pelada*, de J. B. Tanko*, e *O Trapalhão na Arca de Noé*, de Antônio Rangel. Participou de filmes estrangeiros feitos no Brasil, *Floresta das esmeraldas* (*Emerald Forest*), do diretor inglês John Boorman, e *Kickboxer 3: the Art of War*, do cineasta americano Rick King. Filme em ambiente de rodeio foi *Buena sorte*, de outra diretora estreante, Tânia Lamarca. Representou um executivo em *Bufo & Spallanzani*, de Flávio R. Tambellini, baseado no romance homônimo de Rubem Fonseca. Protagonista do policial *A hora marcada*, de Marcelo Taranto, criou o personagem de milionário inescrupuloso. *Rua 6, sem número*, de João Batista de Andrade*. Outro filme estrangeiro realizado no Brasil foi o drama *A selva*, do cineasta português Leonel Vieira, baseado no romance homônimo do escritor português Ferreira de Castro. Esteve presente em outro original de escritor português, a obra clássica de Eça de Queiroz *Primo Basílio*, vertida para a tela por Daniel Filho*. Representou um senador em *Segurança nacional*, filme de ação de Roberto Carminati. Diretor do interessante documentário sobre seu pai intitulado *Paulo Gracindo – o bem-amado*, em que aparece fazendo entrevistas. Ator no drama *Topografia de um desnudo*, de outra diretora estreante, Teresa Aguiar. *Bonitinha mas ordinária*, de Moacyr Góes*. Ator nos curtas-metragens, *Desterro* (1992), de Eduardo Paredes; *Carro-forte* (2002), de Mário Diamante. (LFM)

GREGÓRIO, Carlos (Carlos Alberto Mendes Gregório) – Rio de Janeiro, RJ, 1947. Ator.

FILMOGRAFIA: 1970 – *Prata Palomares*. 1971 – *Os inconfidentes*. 1971-1981 – *O rei da vela*. 1974 – *Guerra conjugal*. 1975 – *A extorsão*. 1977 – *Chuvas de verão*. 1978 – *A volta do filho pródigo*. 1979 – *Memórias do medo*. 1980-1981 – *O homem do pau-brasil*. 1981 – *Álbum de família: uma história devassa*; *O sonho não acabou*; *Engraçadinha*. 1982 – *Bar Esperança, o último que fecha*. 1983 – *Para viver um grande amor*. 1984 – *O rei do Rio*. 1985 – *O homem da capa preta*. 1986 – *Baixo Gávea*. 1986-1987 – *Sonho de Valsa*. 1987 – *O país dos tenentes*, *Eternamente Pagu*; 1988-1989 – *Doida demais*. 1991 – *A maldição do Sanpaku*. 1996-1997 – *Policarpo Quaresma, herói do Brasil*. 1997 – *Amor & Cia*. 1999 – *Mauá, o imperador e o rei*. 2000 – *Women on Top* (produção estrangeira); *Tônica dominante*; *Duas vezes com Helena*. 2001 – *Xuxa e os duendes*. 2002 – *Poeta de sete faces*.

Ator de papéis específicos, com participações na televisão e no teatro. No cinema, estreia em filme alegórico: *Prata Palomares*, de André Faria Jr. A seguir, em papel coadjuvante, inicia sua parceria com o diretor Joaquim Pedro de Andrade*, como um dos inconfidentes do filme homônimo. Já em *Guerra conjugal*, do mesmo Joaquim Pedro, atua num dos papéis principais, quando cria com o diretor um tipo de cidadão urbano, patético e neurótico, brilhantemente utilizado pelo filme. Em papéis de coadjuvante, filma *A extorsão*, de Flávio Tambellini*. Representa um rapaz de subúrbio, superprotegido pela mãe, apaixonado por uma antiga vedete do teatro de revista que a família naturalmente não aceita, em *Chuvas de verão*, de Carlos Diegues*. Interpreta o assessor de um político de Brasília, em *Memória do medo*, de Alberto Graça. Volta a trabalhar com Joaquim Pedro, em *O homem do pau-brasil*. Em *Álbum de família*, de Braz Chediak*, atua em adaptação de peça homônima de Nélson Rodrigues*. Com o diretor Sérgio Rezende*, estabelece nova parceria quando filma *O sonho não acabou*, *O homem da capa preta* e *Doída demais*. Pequenas são as participações em *Bar Esperança*, de Hugo Carvana*, e *Para viver um grande amor*, de Miguel Faria Jr.*. É também parceiro do diretor Haroldo Marinho Barbosa* em *Engraçadinha* e *Baixo Gávea*, trabalhando no primeiro filme novamente sobre texto de Nélson Rodrigues, e representando no segundo o personagem de Fernando Pessoa, numa peça encenada dentro da trama do filme. Com o diretor João Batista de Andrade*, representa um tenente do movimento de 1922 em *O país dos tenentes*. Desde a segunda metade dos anos 1980, trabalha como ator em vários curtas-metragens ficcionais, começando em *S. O. S. Brunet!* e *Por dúvida das vias*, de Betse de Paula; *O nariz*, de Eliane Caffé*; *A porta aberta*, de Aluísio Abranches. Prosseguiu com *Tudo cheira a gasolina* (1996), de Vicente Amorim e Tuca Amorim. Em 1997 atuou em *O cão louco de Mário Pedrosa*, de Roberto Moreira*; *Dedicatórias*, de Eduardo Vaisman, e estreia na direção com a comédia curta *Amar...*, em que atuou, roteirizou e produziu. Fez outros curtas em 2002: *Ex Inferis*, de Paulo F. Miranda, e *Loop*, no qual retorna à direção interpretando cientista que inventa máquina do tempo. Dirigiu seu terceiro curta com *Silêncio (Silence)* (2006). Representou Carlos Drummond de Andrade no documentário *Poeta de sete faces*, de Paulo Thiago*, sobre o escritor. Junto com o ator Roberto Frota é responsável pelo argumento da comédia de grande sucesso de bilheteria *Se eu fosse você* (2006), dirigida por Daniel Filho. (LFM)

GREY, Wilson (Wilson Morelli da Conceição Coutinho Chaves) – Rio de Janeiro, RJ, 1923-1993. Ator.

FILMOGRAFIA: 1951 – *Hóspede de uma noite*. 1952 – *Amei um bicheiro*; *Carnaval Atlântida*. 1953 – *Balança mas não cai*; *Dupla do barulho*; *Carnaval em Caxias*; *Nem Sansão nem Dalila*. 1954 – *Matar ou correr*; *Malandros em quarta dimensão*; *O petróleo é nosso*; *Paixão nas selvas* (coprodução estrangeira). 1954-1955 – *O contrabando*. 1955 – *O primo do cangaceiro*; *Chico Viola não morreu* (coprodução estrangeira); *O rei do movimento*; *O grande pintor*; *O feijão é nosso*; *O fuzileiro do amor*. 1956 – *Quem sabe... sabe!*; *O Boca de Ouro*; *Cangerê*; *Vamos com calma*; *Osso, amor e papa-gaio*. 1957 – *O barbeiro que se vira*; *De pernas pro ar*; *Maluco por mulher*; *Metido a bacana*; *Chico Fumaça*. 1958 – *Sherlock de araque*; *Na corda bamba*; *O camelô da rua Larga*; *Cala a boca, Etelvina*; *Depois do Carnaval*; *Quem roubou meu samba?* 1959 – *Minervina vem aí*; *Titio não é sopa*. 1960 – *Pistoleiro bossa-nova*; *Tudo legal*; *A viúva Valentina*; *Viúvo alegre*; *Eu sou o tal*; *Marido de mulher boa*. 1961 – *Os três cangaceiros*; *Esse Rio que eu amo* (episódio: 'Milhar seco'). 1962 – *Assalto ao trem pagador*; *Os cosmonautas*; *Quero essa mulher assim mesmo*. 1963 – *Crime no Sacopã*; *Samba* (produção estrangeira). 1964 – *Manaus, glória de uma época* (coprodução estrangeira). 1965 – *Paraíba, vida e morte de um bandido*; *Na mira do assassino*; *Os selvagens* (coprodução estrangeira). 1966 – *Nudista à força*; *Cuidado, espião brasileiro em ação*. 1967 – *Mineirinho, vivo ou morto*; *Perpétuo contra o esquadrão da morte*. 1968 – *Chegou a hora, camarada*; *Maria Bonita, rainha do cangaço*; *Sete homens vivos ou mortos*; *Pedro Diabo*. 1969-1970 – *Salário mínimo*. 1970 – *Vida e glória de um canalha*; *O vale do Canaã*; *Como ganhar na loteria sem perder a esportiva*; *O capitão Bandeira contra o dr. Moura Brasil*; *Lúcia McCartney, uma garota de programa*; *Pindorama*. 1971 – *O bolão*; *Lobisomem, terror da meia-noite*; *O barão Otelo no barato dos bilhões*; *O doce esporte do sexo* (5º episódio: 'O apartamento'); *As quatro chaves mágicas*; *Os devassos*; *Procura-se uma virgem*; *Os inconfidentes*; *A Rainha Diaba*. 1972 – *Ali Babá e os 40 ladrões*; *A viúva virgem*; *Quando o Carnaval chegar*; *Salve-se quem puder, o rally da juventude*; *O supercareta*; *Tati, a garota*. 1973 – *Vai trabalhar, vagabundo*; *Sagarana: o duelo*; *O fraco do sexo forte*; *O rei do baralho*. 1974 – *A estrela sobe*; *O último malandro*; *A transa do turfe*; *As alegres vigaristas* (2º episódio: 'O padre e a modelo'); *Nem os bruxos escapam*. 1975 – *Guru das sete cidades*; *Ana, a libertina*; *Com as calças na mão*; *As desquitadas*; *Ladrão de Bagdá, o magnífico*; *O monstro caraíba*; *O roubo das calcinhas* (2º episódio: 'I love bacalhau'); *Ninguém segura essas mulheres* (3º episódio: 'Pastéis para uma mulata'); *Ovelha negra, uma despedida de solteiro*; *O monstro de Santa Teresa*; *Perdida*. 1975-1978 – *A noiva da cidade*. 1976 – *Costinha, o rei da selva*; *Tem alguém na minha cama* (3º episódio: 'Dois em cima, dois embaixo e dois olhando'); *O Ibraim do subúrbio* (1º episódio: 'Roy, o gargalhador profissional'); *Gordos e magros*; *Uma aventura na floresta encantada*; *Revólver de brinquedo*; *Crônica de um industrial*. 1976-1977 – *Anchieta, José do Brasil*. 1977 – *Na ponta da faca*; *Barra-pesada*; *Ladrões de cinema*; *O trapalhão nas minas do rei Salomão*; *Se Segura, Malandro!*; *Abismu*; *Agonia*. 1977-1981 – *O segredo da múmia*. 1978 – *Empregada para todo serviço*; *As borboletas também amam*; *O coronel e o lobisomem*; *Foragidos da violência*; *Bububu no bobobó*; *O gigante da América*; *Lerfa Mu*. 1979 – *Uma fêmea do outro mundo*; *República dos assassinos*; *A virgem camuflada*; *Parceiros da aventura*; *Sexo e sangue*. 1979-1980 – *O fruto do amor*. 1980 – *Bonitinha mas ordinária*; *O incrível monstro trapalhão*; *Uma × Flamengo*; *Insônia* (3º episódio: 'Um ladrão'). 1980-1981 – *O homem do pau-brasil*. 1981 – *Engraçadinha*; *Escalada da violência*; *Luz del Fuego*; *O santo e a vedete*; *Tem piranha no aquário*. 1982 – *Depravação 2*; *Rio Babilônia*; *Os Trapalhões na Serra Pelada*; *Bar Esperança, o último que fecha*; *Estranhas relações*. 1982-1985 – *Um filme 100% brasileiro*. 1983 – *Águia na cabeça*; *O mágico e o delegado*; *Memórias do cárcere*; *Os bons tempos voltaram* (1º episódio: 'Sábado quente'). 1984 – *A boca do prazer*. 1984-1986 – *As sete vampiras*. 1985 – *Brás Cubas*; *Ópera do malandro*. 1985-1986 – *A dança dos bonecos*. 1986 – *Baixo Gávea*; *Banana Split*. 1987 – *Os fantasmas trapalhões*; *Leila Diniz*. 1987-1992 – *Vai trabalhar vagabundo II, a volta*. 1988 – *No Rio vale tudo* (coprodução estrangeira). 1988-1989 – *Corpo em delito*. 1989-1993 – *O escorpião escarlate*. 1989 – *Minas-Texas*. 1994 – *A TV que virou estrela de cinema*. 1995 – *O lado certo da vida errada*.

Um dos ícones do cinema brasileiro, desenvolve carreira como ator coadjuvante, participando de mais de 150 produções, o que constitui a mais extensa filmografia do país. De origem humilde, trabalha desde muito cedo, empregando-se paralelamente aos estudos como camelô, mensageiro de farmácia, auxiliar de escritório e ajudante de contador. Essa ampla experiência, acrescida de algumas aproximações com a malandragem e mesmo com a marginalidade, prosseguiria até o ingresso definitivo no cinema, proporcionando-lhe extenso conhecimento dos tipos populares, aspecto que distingue muitas de suas interpretações. O desejo de tornar-se ator surge na adolescência, fruto da admiração pelo cinema americano. Por volta de 1942, tendo concluído o curso ginasial e trabalhando na Alfândega, começa a procurar colocação em algum filme, sem alcançar sucesso por muitos anos. Decide frequentar a escola de arte dramática da Prefeitura do Distrito Federal, atual Escola de Teatro Martins Pena, concluindo o curso regular em 1948. Estreia no palco do Teatro Municipal do Rio de Janeiro com a peça *O criador de ilusões*, em que interpretava um general que volta de uma batalha na qual fora vencedor. A atuação lhe vale a perda do emprego em uma empresa comercial e um convite de Paschoal Carlos Magno para participar do elenco fixo do Teatro do Estudante, juntamente com o colega Luiz Linhares*. Com a contratação deste para a Companhia Sady Cabral, ganha um papel de soldado em montagem de *Hamlet*, profissionalizando-se. No ano seguinte, o ator Sérgio Cardoso resolve montar uma companhia com os elementos mais destacados da temporada anterior e o convida, juntamente com Linhares, Sérgio Brito* e Jaime Barcelos, entre outros, para integrar o Teatro dos Doze. Faz diversas peças, sempre como coadjuvante, entre elas *Hamlet*, *Arlequim servidor de dois amos* e *Winterset*, onde tem elogiada interpretação na pele de um vagabundo. Dissolvida a companhia, passa ao elenco de Raul Roulien*, com quem viaja por vários estados.

Ao retornar ao Rio de Janeiro, no início dos anos 50, vê-se subitamente sem perspectivas profissionais, retomando os empregos corriqueiros, tentando mais uma vez as pontas em cinema e encenando peças infantis em escolas, asilos, hospitais e outras instituições beneficentes. Por causa da prévia experiência teatral, começa a fazer rápidas aparições na tela grande, como em *Hóspede de uma noite*, de Ugo Lombardi*. Após várias tentativas malogradas de entrar para a ATLÂNTIDA*, um amigo o recomenda como substituto aos diretores Jorge Ileli* e Paulo Vanderley* para fazer o pequeno papel de um contraventor em *Amei um bicheiro*. O desempenho impressiona os realizadores, que aumentam sua participação no filme. Abandona definitivamente os empregos corriqueiros – os últimos foram em uma perfumaria e como corretor – e torna-se coadjuvante regular da companhia, aparecendo em *Carnaval Atlântida*, *Dupla do barulho*, *Nem Sansão nem Dalila*, *Matar ou correr*, *Malandros em quarta dimensão* e *Vamos com calma*. Consegue certo destaque como o rei Anateque de *Nem Sansão nem Dalila*, de Carlos Manga*, o que o credencia para o filme seguinte do mesmo diretor, a paródia *Matar ou correr*, pelo qual ganha seu primeiro prêmio, o ÍNDIO de melhor ator coadjuvante. Em carreira cada vez mais ascendente, conquista, em 1955, o título de coadjuvante mais popular do cinema brasileiro em concurso promovido pelo jornal *Última Hora* e pela revista *Jornal do Cinema*. Passa a filmar

intensamente, fazendo uma média de seis longas-metragens por ano, em sua grande maioria chanchadas*, que aproveitam o tipo franzino, desengonçado e de fala mansa e fina. Os gestos marcados, a ginga no andar, a expressividade da máscara fisionômica, cada elemento vai construindo a figura do *outsider* caracteristicamente brasileiro. A sua presença nas comédias populares dos anos 50 e 60 já leva em conta essa identificação natural, mas não a explora suficientemente, confinando-o à função de escada ou à encarnação anedótica do tipo. Ainda nesses primeiros tempos, também se efetua a associação com os personagens criminosos, explorando-se traços de vilania e cinismo inerentes ao seu histrionismo, como em *Contrabando*. Somente a partir de *Esse Rio que eu amo*, de Carlos Hugo Christensen*, *Assalto ao trem pagador*, de Roberto Farias*, e *O Boca de Ouro*, de Eurides Ramos*, valorizam-se seu talento interpretativo e sua adequação a esse tipo de papel. Vira presença quase obrigatória nos filmes policiais do período, apreciando as incursões pelo gênero, em especial em *Sete homens vivos ou mortos* (único filme dirigido pelo montador Leovigildo Cordeiro*), que considera a melhor interpretação de sua carreira.

Tendo passado ao largo do primeiro Cinema Novo*, começa a filmar com diretores egressos do movimento no início dos anos 70, quando suas obras incorporam elementos da chanchada, como em *Quando o carnaval chegar*, de Carlos Diegues*, ou dão uma guinada em direção a um cinema mais comercial, caso de *O barão Otelo no barato dos bilhões*, de Miguel Borges*. A redescoberta tardia do seu talento o credencia para projetos importantes e calcados no potencial do ator em detrimento do estereótipo, como em *Pindorama*, de Arnaldo Jabor*, *Os inconfidentes*, de Joaquim Pedro de Andrade*, *A Rainha Diaba*, de Antônio Carlos Fontoura*, e *Ladrões de cinema*, de Fernando Cony Campos*, entre outros. Esse reconhecimento se amplia com o prêmio CORUJA DE OURO de melhor ator coadjuvante de 1973 por *Sagarana: o duelo*, de Paulo Thiago*, e *Vai trabalhar, vagabundo*, de Hugo Carvana*, filme este que o associa definitivamente à figura do malandro. Recebe verdadeira consagração e um tratamento quase mitológico dos cineastas oriundos do Cinema Marginal*, em especial Júlio Bressane*, Rogério Sganzerla* e Ivan Cardoso*, que o consideram um dos melhores atores brasileiros de todos os tempos e símbolo de um cinema nacional autêntico e ligado às raízes culturais populares. Esse

tratamento reverencioso se corporifica em seguidos convites, um deles para protagonizar a comédia *trash O segredo da múmia*, de Ivan Cardoso, pela qual ganha o prêmio de melhor ator do FESTIVAL DE BRASÍLIA de 1981. Tratado como uma marca do cinema brasileiro, sua presença torna-se quase obrigatória, participando, sempre como coadjuvante, de dezenas de longas-metragens filmados entre 1970 e 1985, incluindo vários títulos do grupo Os Trapalhões* e muitas pornochanchadas*. Lidera o elenco de uma produção apenas mais uma vez, no infantil *A dança dos bonecos*, de Helvécio Ratton*, pelo qual ganha mais alguns prêmios e reencontra o universo que mais praticou em sua carreira teatral. Apesar da fama e da idolatria, a carreira começa a declinar ainda nos anos 80, atingindo números incompatíveis com sua grandeza e trajetória, sempre calcada no cinema. As passagens pelo teatro profissional tornaram-se esporádicas a partir de 1954, e as incursões pela televisão sempre estiveram envoltas em disputas por melhores salários e incompatibilidade com o meio e seu acanhamento artístico. Após uma fugidia participação no seriado *Falcão Negro*, no final dos anos 50, em que interpretava um vilão de origem chinesa, só retornou com mais frequência ao veículo no final dos anos 70, integrando o elenco de alguns episódios de seriados como *Carga Pesada*, programas humorísticos como *Chico City*, e novelas como *Cambalacho*. (HH). Faleceu aos 69 anos, às vésperas de completar 70 anos, no Rio de Janeiro. Foi lançado postumamente, em 1996, seu último filme, *O lado certo da vida errada*. Por sua extensa filmografia, recebeu homenagem de Jessel Buss, no curta *Wilson Grey*.

GRÜNEWALD, José Lino – Rio de Janeiro, RJ, 1931-2000. Crítico de cinema.

Homem de letras, poeta, tradutor e jornalista, fica conhecido por suas ligações com o movimento da poesia concreta, no qual ingressa formalmente em 1958. Descendente de alemães, volta-se para o jornalismo em meados da década de 50. Em 1956 passa a escrever no *Jornal do Brasil*, que, através do suplemento dominical, começa a divulgar a produção concretista. Em alguns anos transfere-se para o *Correio da Manhã*, principal jornal do país, onde chega a editorialista político, responsabilizando-se ainda pela edição de inúmeros cadernos. Nessa mesma publicação, estreia como crítico diário de cinema. Pauta-se por uma rara sensibilidade para a criação inovadora, saudando tanto o produto comercial hollywoodiano (foi um dos primeiros analistas a perceber a importância e a qualidade estética dos musicais da METRO) quanto a ousadia iconoclasta da *nouvelle vague* e do Cinema Novo*. Preocupa-se em matizar suas opiniões, introduzindo conceitos egressos dos estudos estruturalistas e de antigos textos teóricos sobre a natureza do cinema. Em pioneira coletânea, *A ideia do cinema*, publicada em 1968, seleciona e traduz ensaios de alto nível sobre os diversos fundamentos e implicações do fenômeno cinematográfico. Aproxima-se conceitualmente do chamado Cinema Marginal*, chegando a participar como ator de *O gigante da América*, de Júlio Bressane*. Em 1970 torna-se *freelancer*, escrevendo artigos sobre diversas áreas da cultura em inúmeros jornais e revistas. Mantém colunas de crítica cinematográfica no *Jornal do Brasil* e depois no *Última Hora*. Dedica-se a partir dos anos 80 a projetos de grande envergadura no campo das traduções, vertendo para o português obras como *Igitur*, de Stéphane Mallarmé, e *Os cantos*, de Ezra Pound. É autor dos livros *Um e dois*, *Transas, traições, traduções* e *Escreviver*, entre outros. Figura em diversas antologias poéticas, em sua maioria ligadas à poesia concreta, publicadas em diversas línguas. (HH) Vítima de embolia pulmonar, faleceu no Rio de Janeiro. Em 2001, Ruy Castro organizou as críticas escritas no *Jornal do Brasil*, *Jornal das Letras* e no *Correio da Manhã*, entre 1958 e 1970, publicando-as em livro intitulado *Um filme é um filme*. Logo depois, em 2002, seria a vez de José Guilherme Corrêa organizar e lançar a coletânea dos trabalhos literários do crítico: *Grau Zero de escreviver*. Também com críticas de cinema de Grünewald foi publicada a coletânea *Vertentes do cinema moderno: inventores e mestres* (Pontes, 2003), organizada por José Armando Pereira da Silva e Rolf de Luna Fonseca.

GUADALUPE, Maria – Alvear, Corrientes, Argentina, 1932-2006. Montadora.

FILMOGRAFIA: 1955 – *Não matarás*. 1956 – *Homens sem paz*. 1957 – *Vou te contá*. 1958 – *O preço da vitória*. 1959 – *Cidade ameaçada*. 1959-1960 – *Bahia de Todos os Santos*. 1961 – *Mulheres e milhões*; *As testemunhas não condenam*. 1962 – *Três cabras de Lampião*. 1963 – *No mundo em que Getúlio viveu*. 1966 – *As cariocas* (2º episódio). 1968 – *As amorosas*; *Lance maior*. 1970 – *Guerra dos Pelados*. 1971 – *Som alucinante*. 1972 – *Viver de morrer*; *Cassy Jones, o magnífico sedutor*.

Primeira mulher a fazer carreira como montadora no cinema brasileiro. Muda-se para São Paulo no princípio dos anos 50 com o diretor de fotografia Juan Carlos Landini, na época seu marido, e juntos trabalham nos estúdios da MARISTELA*. Anteriormente trabalhara na desenvolvida indústria de filmes de sua pátria, onde iniciou sua carreira. No departamento de montagem do estúdio do Jaçanã, atua como assistente de João Alencar. Seu primeiro filme na função de montadora, *Não matarás*, de Freitas Jr., é um faroeste produzido e filmado em Sorocaba. Também no interior paulista, em Lucélia, monta outro faroeste de feitura e produção local: *Homens sem paz*, de Lorenzo Serrano. Na MARISTELA monta o carnavalesco *Vou te contá*, de Alfredo Palácios*, que coincidentemente é a última produção da empresa. A seguir, monta várias produções independentes do sistema dos estúdios. Seu filme seguinte, *O preço da vitória*, de Osvaldo Sampaio*, é um drama que versa sobre futebol, aproveitando o evento da Copa do Mundo de 1958, que o Brasil conquista na Suécia. Monta o policial *Cidade ameaçada*, de Roberto Farias*, e os melodramas policiais *Mulheres e milhões* e *Viver de morrer*, ambos do diretor Jorge Ileli*. Monta ainda a produção de Lorenzo Serrano *Bahia de Todos os Santos*, de Trigueirinho Neto, filme que aborda problemas sociais. Para o produtor Gino Palmisano, monta o drama *As testemunhas não condenam*, de Zélia Feijó. No gênero cangaço, é montadora de *Três cabras de Lampião*, de Aurélio Teixeira*. Também é responsável pela montagem dos documentários *O mundo em que Getúlio viveu*, de Jorge Ileli, e *Som alucinante*, de Carlos Augusto Oliveira. Faz a montagem de filmes de diretores com propostas autorais, como *As amorosas*, de Walter Hugo Khouri*, e *Lance maior* e *Guerra dos Pelados*, de Sylvio Back*. Encerra sua carreira no longa com a comédia *Cassy Jones, o magnífico sedutor*, de Luís Sérgio Person*. Também trabalha durante vários anos no cinema publicitário. Faleceu em São Paulo. (LFM)

GUARÁ (Guaracy Rodrigues) – Belo Horizonte, MG, 1941-2006. Ator.

FILMOGRAFIA: 1968 – *Os marginais* (1º episódio: 'Guilherme'); *A vida provisória*; *O homem nu*; *Jardim de guerra*. 1969 – *Macunaíma*; *Matou a família e foi ao cinema*. 1970 – *A família do barulho*; *Barão Olavo, o horrível*; *Copacabana, mon amour*; *Piranhas do asfalto*. 1971 – *Misterius*; *Memórias de um estrangulador de louras*; *Crazy love*; *The Night Cats*. 1972-1973 – *Boom Shankar* (dir.). 1974-1976 – *Kabul-Goa* (dir.). 1973 – *O rei do baralho*. 1977 – *Os sete gatinhos*. 1979 – *Terror e êxtase*. 1980 – *Música para sempre* (dir.); *Eu te amo*. 1980-1981 – *O homem do pau-brasil*; *Anchieta, José do Brasil*. 1980-1986 – *Nem tudo é verdade*. 1982 – *Rio Babilônia*; *Tabu*; *Aventuras de um paraíba*. 1982-1985 – *Um filme 100% brasileiro*. 1983 – *Para viver um grande amor*. 1984 – *Areias escaldantes*; *Noite*. 1984-1985 – *Amenic*. 1985 – *Brás Cubas*. 1988 – *Dedé Mamata*; *Luar sobre Parador*. 1989 – *Sermões*. 1991 – *Matou a família e foi ao cinema*. 1992 – *Oswaldianas* (episódios: 'Perigo negro'; 'Quem seria o feliz conviva de Isadora Duncan?'); *Perfume de gardênia*. 1993 – *Oceano Atlantis*; *A saga do guerreiro alumioso*. 1994 – *Louco por cinema*. 1995 – *O Mandarim*. 1997 – *Navalha na carne*. 2002 – *Samba-canção*. 2003 – *O signo do caos*. 2005 – *Um lobisomem na Amazônia*.

"Um misto de [José] Lewgoy e [Charles] Aznavour", definiu Haroldo de Campos, após uma sessão de *Memórias de um estrangulador de louras*. "Nosso Peter Lorre", escreveu Jairo Ferreira no livro *Cinema de invenção*. Guaracy Rodrigues iniciou sua formação cinematográfica no CENTRO DE ESTUDOS CINEMATOGRÁFICOS e no Curso de Cinema da Universidade Católica de Minas Gerais, em Belo Horizonte. Veio para o Rio de Janeiro em 1962 para participar do seminário de Arne Sucksdorff*. Em muitas ocasiões, Guará acumulou mais de uma função em um mesmo filme – ator, assistente de direção, técnico de som, cenógrafo, roteirista – ou trabalhou em mais de um filme ao mesmo tempo. Seu primeiro emprego no cinema foi como assistente de direção de Roberto Santos* em *A hora e vez de Augusto Matraga*. A estreia como ator foi no episódio 'Guilherme', de Carlos Alberto Prates Correia*, rodado em 1965 e mais tarde incluído no longa de episódios *Os marginais*. Trabalhou como ator e assistente de direção em praticamente todos os filmes de Neville D'Almeida*. Guará é coautor, com Neville e Jorge Mautner, do roteiro de *Jardim de guerra* e escreveu o argumento de *Piranhas do asfalto*. Fez a cenografia de *O anjo nasceu* e foi assistente de direção em *Matou a família e foi ao cinema*, realizados por Júlio Bressane*. Em seguida, participou como ator, assistente de direção e técnico de som nas produções clandestinas da BELAIR dirigidas por Júlio Bressane e Rogério Sganzerla*. Em Londres, foi o ator principal dos filmes de Júlio Bressane e Neville D'Almeida realizados no exílio.

Coproduziu e atuou em *Misterius*, filme de José Sette de Barros rodado no Brasil, Europa e Marrocos. Entre 1971 e 1972, atravessou a Europa, com uma câmera de 16 mm Éclair ACL e um gravador Nagra IV, rumo à Índia. Partiu da Holanda e visitou países da África e do Oriente Médio. Pelo caminho, filmou o longa de ficção *Boom Shankar*, "o primeiro *road movie* brasileiro de verdade, uma história de amor louco e tráfico de drogas", nas palavras do diretor. Realiza também os documentários de curta-metragem *Dog's Fight*, no Afeganistão, e *Snake's Charmers*, na Índia. Entre 1974 e 1976, coleta material para o documentário longa-metragem *Kabul-Goa*. A partir de 1975, realizou três curtas em Super-8*. O primeiro foi a ficção *OD*, feita em Londres, com Rose Taylor (esposa do Rolling Stone Mick Taylor), Susana Moraes e Maria Gladys* no elenco. No ano seguinte, rodou *Carnavale* na Bahia, com as participações de Caetano Veloso*, Gilberto Gil, Sérgio Bernardes Filho e Norma Bengell*. Em 1977, encerra o ciclo com a ficção *Viver Zapata*. Nunca interrompeu a parceria com Neville D'Almeida, Júlio Bressane e Rogério Sganzerla. Também participou como ator em produções mais comerciais. Em *Areias escaldantes* seu personagem, depois de morto, é cremado e tem as cinzas aspiradas pelo cantor e compositor Lobão. Com Neville e o engenheiro de som Dudi Guper, codirigiu o longa *Música para sempre*, sobre os bastidores do I Festival de Jazz de São Paulo (1978) e as *performances* de Dizzy Gillespie, Chick Corea, Al Jarreau, Djalma Correa, Hermeto Paschoal, Egberto Gismonti, Paulo Moura e Milton Nascimento. Documentou em 16 mm o cotidiano das mulheres das tribos de índios caingangues e guaranis no curta *Índias do Sul do Brasil* (1979). Em 1980, rodou no Brasil e na Argentina o inacabado "Tropical Jazz Rock", com John MacLaughlin e Egberto Gismonti. Premiado duas vezes no FESTIVAL DE BRASÍLIA, recebeu o troféu CANDANGO de bronze pelo som de *Tabu*, de Bressane, e de ator coadjuvante por *Louco por cinema*, de André Luiz de Oliveira. Participou da montagem teatral que Arnaldo Jabor* fez do filme *Eu te amo*, contracenando com os atores através de um monitor de vídeo. Participou dos curtas *Diálogo de todo dia*, de Jaime Schwarcz (1981); *País do carnaval*, de Nélio Ferreira (1993); *Ejaculação precoce* (1995), de Ninho Moraes; *A hora vagabunda*, de Rafael Conde (1997); e *Curra urbana*, de Tiago Mata Machado (1998). Flávio Carvalho o acompanhou num passeio por Belo Horizonte no vídeo

O lobo Guará (1996). Luiz Nazário realizou com Guará os vídeos *Sexo-verdade* (2001); *Prisioneiros do planeta Ornabi* (2003); e *Filoctetes* (2006), último trabalho de Guará. Também orientou projeto de pesquisa em que o artista colaborou com documentos pessoais e concedeu um longo depoimento, gravado em vídeo. Guará morreu no Rio de Janeiro, no dia 21 de fevereiro de 2006, vendo TV. O curta *Guará, ladrão de estrelas*, de Fábio Carvalho, registra o seu enterro no Cemitério do Caju. Guará nunca chegou a publicar sua tão anunciada autobiografia, intitulada *Memórias de um hóspede*. (RL)

GUARNIERI, Gianfrancesco (Gianfrancesco Sigfrido Benedetto Martinenghi de Guarnieri) – Milão, Itália, 1934-2006. Ator.

FILMOGRAFIA: 1957 – *O grande momento*. 1969-1973 – *Vozes do medo* (episódio: 'Aquele dia 10') (dir.). 1975 – *As três mortes de Solano*. 1976 – *O jogo da vida*. 1977 – *Diário da província*. 1978-1979 – *Curumim*. 1979 – *Gaijin, caminhos da liberdade*. 1979-1981 – *Asa Branca, um sonho brasileiro*. 1981 – *Eles não usam black-tie*. 1982 – *A próxima vítima*. 1985 – *Por incrível que pareça*; *Beijo 2.348/72*. 1995 – *O quatrilho*. 1998 – *Contos de Lygia* (3º episódio: 'Fuga').

Primordialmente um homem do teatro, toda sua trajetória de ator, dramaturgo, diretor e compositor se alicerça na preocupação com o desenvolvimento de uma linguagem cênica e dramatúrgica nacional, em estreita relação com a realidade política e social do Brasil. Mesmo em trabalhos no cinema e na tevê pode-se identificar o compromisso do artista para com sua função social e humanística. Único filho de um casal de músicos eruditos, nasce em meio ao fascismo que se instalara na Itália. Seu pai, o maestro Edoardo de Guarnieri, e sua mãe, a harpista Elza Martinenghi, contrários ao regime, decidem deixar o país, onde estavam tendo dificuldades para conseguir trabalho. Assim, em 1936, Guarnieri desembarca no Rio de Janeiro. Aos 6 anos de idade, já tem contato com a vida na favela carioca através da empregada da família, Margarida de Oliveira, do namorado dela, Gimba, e da mãe, Romana. Essas personalidades marcam-no profundamente e vão inspirá-lo para os personagens Romana, de *Eles não usam black-tie*, e Gimba, da peça homônima. Suas primeiras experiências como ator foram no Colégio Santo Antônio Maria Zacaria, no Catete, em peças religiosas. Aos 13 anos, escreve *Sombras do passado*,

uma crítica ao autoritarismo do vice-reitor. Como prêmio, é expulso do colégio. Por volta de 1950 envolve-se no movimento estudantil. Muda-se para São Paulo, em 1954, e atua para ampliar a participação estudantil através do teatro. Ao lado de Oduvaldo Viana Filho*, Vera Gertel e Regina Helena, funda o Teatro Paulista do Estudante (TPE), que estreia em 1955 com *Na rua da igreja*, de Lennox Robbins. O II Festival Paulista do Teatro Amador lhe confere o Prêmio Arlequim pela interpretação do inspetor em *Está lá fora um inspetor*, de J. B. Priestley. Em 1956, o Teatro de Arena convida alguns membros do TPE para participar da montagem de *Escola de maridos*, de Molière, propondo, em seguida, a fusão dos dois grupos. No mesmo ano Guarnieri recebe o Prêmio Revelação de Ator da APCT pela atuação em *Ratos e homens*, de John Steinbeck. Entusiasmado com sua interpretação, o diretor Roberto Santos* convida-o para protagonizar o filme *O grande momento*, interpretando Zeca. Numa época em que se buscavam diretrizes artísticas como forma de atuação política, a encenação de sua peça *Eles não usam black-tie*, em 1958, dirigida por José Renato, revoluciona o palco brasileiro pela inclusão de personagens da classe operária que vivem os conflitos desencadeados por uma greve. Grande êxito do Teatro de Arena e da dramaturgia nacional, proporcionou a criação do Seminário de Dramaturgia do Arena, responsável por nova safra de dramaturgos. Na época, Guarnieri declara que suas influências estavam nos cineastas do neorrealismo italiano, principalmente Vittorio de Sica e Roberto Rosselini. Na transposição de *Eles não usam black-tie* para a tela, lançada em 1981, sob a direção de Leon Hirszman*, a ação se desloca para 1979, com cenário ampliado, mostrando a rua, a fábrica, a favela. O filme, que conta com roteiro de Guarnieri, em parceria com Hirszman, e também com sua interpretação no papel de Otávio, o chefe da família operária, ganha o prêmio especial do FESTIVAL DE VENEZA e é exibido com êxito na Europa e em Nova York. Em 1959, a encenação de *Gimba*, pela Companhia Maria Della Costa, sob direção de Flávio Rangel, obtém sucesso em Paris. Contudo, a versão cinematográfica *Gimba, presidente dos valentes* (1963), também dirigida por Rangel em sua única experiência no cinema, embora enriquecida pela fotografia de Mário Carneiro*, não logrou o mesmo êxito. Em 1961, a peça *A semente* sofre intervenções da censura*. *O filho do cão*, estreada em fevereiro de 1964, foi retirada de cartaz logo após o golpe militar, que fechou o Teatro de Arena. Em setembro, marcando a reabertura do Arena, Guarnieri assume o papel-título de *Tartufo*, de Molière, dirigida por Augusto Boal, escolhida pelo paralelo com a hipocrisia do regime vigente. Numa nova fase, sua dramaturgia passa a abordar temas da história brasileira de forma alegórica. Surgem *Arena conta Zumbi* (1965) e *Arena conta Tiradentes* (1967), ambas escritas em parceria com Boal. Dentro do ciclo denominado "teatro de ocasião", escreve *Botequim*, *Um grito parado no ar* (1973), *Ponto de partida* (1976), entre outras.

Sem abandonar o teatro, Gianfrancesco Guarnieri atua mais intensamente no cinema a partir de meados dos anos 70. Ao roteirizar e dirigir 'Aquele dia 10', episódio de *Vozes do medo*, sua única experiência na direção de cinema, mantém-se fiel ao seu universo criativo, mostrando o dia de pagamento de dois operários da construção civil. Esse filme experimental, coordenado por Roberto Santos e com produção de César Mêmolo Jr., reunia trabalhos de cineastas estreantes. No metafórico *As três mortes de Solano*, baseado no conto *A caçada*, de Lygia Fagundes Telles, Guarnieri retoma o trabalho com Roberto Santos, em uma produção cinematográfica da ECA/USP. Destaca-se, nesse filme, sua interpretação de um diretor de teatro no exercício da profissão. Em *O jogo da vida*, de Maurice Capovilla*, extraído do conto *Malagueta, Perus e Bacanaço*, de João Antonio, compõe, com Lima Duarte* e Maurício do Valle*, o trio que tenta ganhar a vida com o bilhar na noite paulistana. Em *Diário da província*, de Roberto Palmari, interpreta um jornalista liberal que denuncia manobras de um político oportunista (José Lewgoy*) para conquistar o poder, ambientado numa pequena cidade do interior paulista nos anos 30. No infantil *Curumim*, de Plácido Campos Jr., é o pai de Curumim, um garoto que viaja para o misterioso mundo dos índios. Em *Gaijin, caminhos da liberdade*, a diretora estreante Tizuka Yamasaki*, descendente de japoneses, conta a saga de seu povo e de outros imigrantes que, em 1908, vêm oferecer mão de obra numa fazenda em São Paulo, na esperança de construir nova vida. Seu personagem Enrico, imigrante italiano com traços anarquistas, confere um toque de solidariedade aos imigrantes, tratados friamente pelos patrões. *Asa Branca*, de Djalma Limongi Batista*, conta a trajetória de um jogador de futebol (Edson Celulari*) do interior paulista contratado para um clube na capital, que, perdido na cidade

grande, encontra na noite um homem amargurado (Guarnieri) embebedando-se no bar. Nessa pequena participação no filme, o ator rouba a cena em um solo de interpretação. Em *O quatrilho*, de Fábio Barreto*, é o bondoso padre de origem italiana que aparece na abertura do filme. Nos trabalhos para a tevê, merecem destaque suas interpretações nas telenovelas *O terceiro pecado* (1968), *A muralha* (1968), *Mulheres de areia* (1973), todas de Ivani Ribeiro; *Cambalacho* (1986), *A próxima vítima* (1995), e *Esperança* (2002), as três de Silvio de Abreu; e *Belíssima* (2006), de Benedito Ruy Barbosa e Walcyr Carrasco. Como secretário municipal de Cultura de São Paulo (1984-1986), buscou incentivar projetos com a participação comunitária através de encontros culturais nos bairros. Faleceu em São Paulo, no dia 22 de julho. (AMR)

GUEDES, Hermila – Cabrobó, PE, 1980. Atriz.

FILMOGRAFIA: 2005 – *Cinema aspirinas e urubus*. 2006 – *O céu de Suely*; *Baixio das bestas*. 2007 – *Deserto feliz*.

Bem-sucedida atriz pernambucana com uma ainda curta, mas premiada, carreira. Viveu nas cidades de Cabrobó, Olinda e Recife, onde se fixou. Começou fazendo teatro em 1999, na peça *Duquesa dos Cajus*, de autoria de Benjamim Santos, e com direção de seu amigo João Ferreira, que a estimulou a seguir na carreira artística. Entre outras peças, representou *A Paixão de Cristo*, nos anos de 2001 a 2005. Os primeiros trabalhos no cinema foram nos curtas-metragens *O pedido* (2000), de Adelina Pontual, a que se seguiram, em 2004, *Copo de leite*, de William Cubits Capela, e *O homem da mata*, de Antônio Souza Leão; *Entre paredes* (2005), de Eric Laurence. Datam do ano de 2006, *Uma vida e outra*, de Daniel Aragão, e *Rifa-me*, de Karim Ainouz*. Estreou no longa-metragem no papel de Jovelina, no drama *Cinema, aspirina e urubus*, de Marcelo Gomes*. Foi protagonista e se projetou no longa seguinte, o premiado *O céu de Suely*, de Karim Ainouz. Trabalhou em outros filmes pernambucanos: no papel de Bela, em *Baixio das bestas*, de Cláudio Assis*, e no papel de Pâmela, em *Deserto feliz*, de Paulo Caldas*. Nos quatro longas em que atua, sintetiza bem, em suas raízes, a força do grupo pernambucano e da produção nordestina no cinema brasileiro dos anos 2000. Encarna personagens à margem da sociedade, levando uma vida exasperada em filmes que têm por fundo uma denúncia social. Desde 2007, trabalha

na REDE GLOBO DE TELEVISÃO, onde estreou no especial *Por toda minha vida*, personificando a cantora Elis Regina. Em 2008 atuou na telenovela *Ciranda de pedra*, de Alcides Nogueira, baseada no romance homônimo de Lygia Fagundes Telles e direção geral de Carlos Araújo. Em 2009, participou do seriado policial *Força Tarefa*, de Fernando Bonassi* e Marçal Aquino*, com direção de José Alvarenga Jr. e Mário Márcio Bandarra. (FPR/LFM)

GUELLER, Marjorie – São Paulo, SP, 1960. Figurinista.

FILMOGRAFIA: 1992 – *Capitalismo selvagem*. 1997 – *O cineasta da selva*. 1999 – *Memórias póstumas*. 2000 – *Tônica dominante*. 2001 – *Uma vida em segredo*. 2001-2003 – *Desmundo*. 2004 – *Vida de menina*; *Contra todos*. 2006 – *Só Deus sabe* (coprodução estrangeira); *Batismo de sangue*. 2007 – *A Via Láctea*. 2009 – *O sol do meio-dia*; *O menino da porteira*.

Formada pelo Studio Berçot-Ruckie na França. Desenvolve atividades na área da moda, sendo atuante em desfile e criação. Elabora figurinos para televisão, espetáculos de dança e teatro, videoclipes e publicidade. Realiza oficinas e *workshops* de história da moda, estilismo e figurino. No cinema desde 1993, começou como figurinista de curtas-metragens com o diretor Roberto Maya em *Era uma vez no Tibet*. Trabalhou em outros curtas, como *Circuito fechado* (1994), de Isa Castro, *A sereia* (1998), de Tadeu Jungle, e *Dercy Beaucoup* (2002), de Paula Trabulsi. Seu primeiro longa como figurinista foi para André Klotzel*, em *Capitalismo selvagem*. Em seguida fez figurinos de época para *O cineasta da selva*, docudrama do diretor estreante Aurélio Michiles. Visitou o carregado ambiente do século XIX machadiano em *Memórias póstumas*, também de Klotzel. Prossegue como figurinista nos filmes *Uma vida em segredo*, de Suzana Amaral*, com universo ficcional ambientado em pequena cidade mineira; *Vida de menina*, de Helena Solberg*, em que continua em ambiente mineiro do interior, em figurino de época retratando o final do XIX; *Desmundo*, filme histórico de Alain Fresnot*, extraído de romance de Ana Miranda, com vestimentas do XVI, em difícil reconstituição histórica na selva tropical; *Só Deus sabe*, com trama ambientada nas cidades do México e São Paulo, em coprodução entre Brasil e México dirigida pelo cineasta mexicano Carlos Bolado. Com a nova geração do cinema brasileiro faz o universo pequeno-burguês de periferia em *Contra* *todos* de Roberto Moreira*. Veste os jovens revolucionários de *Batismo de sangue*, de Helvécio Ratton*, em trama ambientada em diferentes épocas. Também trabalha em *Via Láctea*, de Lina Chamie, com ambiente urbano da metrópole paulistana. Seus últimos trabalhos de composição surgem no estilo rural de *O menino da porteira*, de Jeremias Moreira*, e em *O sol do meio-dia*, dirigido por Eliane Caffé*, ambientado na região norte do país. Teve amplo espaço para criação no tom branco e nas vestimentas básicas em *Capitães da areia*, desenvolvendo o universo baiano de Jorge Amado* no longa dirigido por sua neta Cecília Amado. (VLD)

GUERRA, Ruy (Ruy Alexandre Guerra Coelho Pereira) – Maputo, Moçambique, 1931. Diretor.

FILMOGRAFIA: 1962 – *Os cafajestes*. 1963 – *Os fuzis*. 1969 – *Sweet Hunters* (produção estrangeira). 1970 – *Os deuses e os mortos*. 1976 – *A queda*. 1978 – *Mueda, massacre e memória* (produção estrangeira). 1982 – *Erendira* (produção estrangeira). 1985 – *Ópera do malandro*. 1986 – *A bela palomera*. 1988-1989 – *Kuarup*. 1999 – *Estorvo*. 2004 – *Portugal S/A* (produção estrangeira). 2005 – *O veneno da madrugada*.

Ruy Guerra nasceu no dia 22 de agosto, em Lourenço Marques (Maputo depois da independência), a capital de Moçambique, numa família portuguesa. Estuda em Paris, no Institut des Hautes Études Cinématographiques (IDHEC), de novembro de 1952 a julho de 1954. Na nona turma do IDHEC, foi colega de Pierre Pelegri, coautor do primeiro roteiro de *Os fuzis*. Seu curta-metragem de diploma, *Les hommes et les autres*, é inspirado em romance de Elio Vittorini. Foi assistente de Jean Delannoy (*Crianças sem destino*, 1956) e Patrice Dally (*Tudo ou nada*, 1960). Interpreta um papel em *S. O. S. Noronha* (Georges Rouquier, 1956), parcialmente filmado no Brasil, onde resolve se radicar a partir de 1958. Deixa inacabados os documentários "Orós" (1960) e "O cavalo de Oxumaré" (1961), em colaboração com Miguel Torres*. Adere ao núcleo inicial do Cinema Novo*, em que mostra um preparo técnico sem par: colabora como montador em *Cinco vezes favela* e *Esse mundo é meu* (de Sérgio Ricardo, 1963) e como ator em *Os mendigos* (de Flávio Migliaccio*, 1962). Sua estreia como diretor, em *Os cafajestes*, provoca o maior escândalo da fase de afirmação do Cinema Novo, por causa da cena de nu frontal de Norma Bengell* e do seu amoralismo. *Os fuzis* é um dos filmes emblemáticos do radicalismo político do momento, ao transpor para o Nordeste uma parábola antimilitarista. Ruy Guerra retorna à França, onde abortam uma série de projetos para a televisão. Seu episódio "Chanson pour traverser la rivière" não é incluído na montagem definitiva do filme militante *Loin du Vietnam* (1967). Afinal consegue dirigir *Sweet Hunters* (*Tendres chasseurs*), num esquema de produção internacional híbrido que associa a França (onde o filme é de fato rodado) e o Panamá. *Os deuses e os mortos* assinala sua volta ao Brasil e repete o sucesso dos primeiros filmes. Em parceria com Edu Lobo, Francis Hime, Chico Buarque de Hollanda e Milton Nascimento escreve canções; com Chico Buarque assina uma peça musical, *Calabar, o elogio da traição*. No exterior, trabalha novamente como ator em *Benito Cereno* (Serge Roullet, 1969), *Le maître du temps* (Jean-Daniel Pollet, 1970), *Aguirre, a cólera dos deuses* (Werner Herzog, 1972). Compartilha a direção de *A queda* com o ator principal, Nelson Xavier*, retomando os personagens e intérpretes de *Os fuzis* (ambos os filmes ganharam o URSO DE PRATA no FESTIVAL DE BERLIM). No Moçambique independente colabora com a criação do INSTITUTO NACIONAL DO CINEMA daquele país e filma *Mueda, massacre e memória*. Alterna filmagens em diversos países: empenha seu profissionalismo num conto de Edgar Allan Poe (*La lettre volée*, França, 1982), no musical de Chico Buarque, *Ópera do malandro* (Brasil-França, 1985), na adaptação do romance de Antônio Callado, *Kuarup* (Brasil, 1989), e em vários argumentos de Gabriel García Márquez (*Erendira*, México; *A bela palomera*, Brasil; *Me alquilo para soñar*, Cuba, 1992 – este último, um filme para a TV espanhola junto com o ICAIC cubano, além de *La mala hora*). Em 1996 publica uma primeira coletânea de crônicas jornalísticas: *Vinte navios*.

Por opção, ou pelas circunstâncias, a carreira cinematográfica de Ruy Guerra tem alternado trabalhos dentro e fora do Brasil. Em alguns casos, os filmes rodados no exterior têm uma ligação com sua obra brasileira mais pessoal: o extraordinário *Sweet Hunters* está impregnado de uma intensa magia, apesar de situado na Europa; *Mueda, massacre e memória* é o registro de uma representação popular africana que dilui as fronteiras entre ficção e documentário (conforme acontecia em *Os fuzis*); *Erendira*, a melhor tradução cinematográfica do "realismo mágico", parece escapar à maldição que cerca as adaptações de García Márquez na tela.

Neste último caso, estamos diante da competência profissional de um cineasta capaz de dar os melhores ou piores resultados, quando solicitado dentro ou fora do Brasil: a *Ópera do malandro* assume com brilho o desafio de ultrapassar a falta de tradição do cinema nacional em matéria de musical (as coreografias da chanchada* são o aspecto mais pobre do gênero); em compensação, *Kuarup* perde o seu fôlego épico nos valores de produção. *Os cafajestes* mostra desde o início da carreira grande domínio dos recursos expressivos. Porém, no auge do Cinema Novo, esses recursos estão canalizados em função de algo mais do que a simples competência narrativa: Ruy Guerra é um dos diretores mais arrojados na pesquisa de linguagem. *Os cafajestes* coloca no cerne da busca expressiva a *mise-en-scène*, aparentemente improvisada, com uma câmera em constante deslocamento. O domínio do diretor beiraria o virtuosismo não fosse a agudeza de observação dos personagens cariocas, principalmente a dupla masculina. Estudo de mentalidades, mais do que de comportamentos, *Os cafajestes* não tem na famosa cena de nudez de Norma Bengell seu principal *strip-tease*: o filme revela o mau caráter do protótipo do carioca, na sua versão marginal (Jece Valadão*) e na sua versão pequeno-burguesa (Daniel Filho*), associados no deboche, no engano e na violação das mulheres. Com seu ar de *vitelloni* ou "rebeldes sem causa", os cafajestes do título mostram a prepotência e o machismo escondidos por trás da simpatia e da cordialidade do homem brasileiro. Os militares de *Os fuzis* compartilham a mesma mentalidade, mas a brilhante *mise-en-scène* de Ruy Guerra assume aqui outro desafio: integrar os personagens na geografia humana do Nordeste. O diretor obtém uma fusão perfeita do enfoque semidocumentarista com o desenvolvimento do enredo, graças à colaboração do fotógrafo Ricardo Aronovich*, com sua câmera envolvente e sua imagem estourada. Um ingrediente fundamental nessa fusão é a trama paralela representada pelos flagelados e a voz estridente do beato. Enquanto *Vidas secas* aposta no despojamento e *Deus e o diabo na terra do sol* apresenta uma sucessão de opções estilísticas diferentes e mesmo contraditórias, *Os fuzis* propõe um dispositivo heterogêneo, porém convergente, que evolui progressivamente para o desenlace e a explosão de violência. A heterogeneidade assumida é maior ainda no caso de *Os deuses e os mortos*, contemporâneo do tropicalismo. A história familiar e política da Bahia oligárquica, o sexo e a religião, a realidade e o imaginário confundem-se com a liberdade de uma tragédia shakespeariana. *A queda* estabelece um diálogo ímpar com a fase de maior inventividade do Cinema Novo, ao retomar as imagens em preto e branco de *Os fuzis* como reminiscências dos personagens ou *flashbacks* subjetivos. Na virada da década de 70, o cineasta explora assim a paisagem urbana em plena transformação pós-milagre econômico, dialogando com seus personagens e o seu próprio filme dos anos 60. *A queda* consegue inserir seus personagens de operários literalmente em luta pela sobrevivência no Brasil moderno de elites cristalizadas e figurantes anônimos, captados pela câmera de Edgar Moura*. Nesse momento, enquanto outros preferem se afastar das opções estéticas e políticas da década anterior, Ruy Guerra parece procurar justamente a confrontação, mesmo que ela seja desgarradora. Durante alguns anos, o cineasta explora caminhos e busca o seu lugar: enquanto nos anos 60 alterna a carreira no Brasil e na França, a partir dos anos 80 volta também às origens (Moçambique e Portugal) e encontra novas afinidades (Cuba, México). Tantos deslocamentos mostram um cineasta insatisfeito e mesmo desconcertado diante dos rumos do cinema brasileiro durante os anos da EMBRAFILME*, oscilando entre o acerto de contas radical de *A queda*, o prazer do espetáculo total da *Ópera do malandro* e o saudosismo de uma época de messianismo político, rememorada em *Kuarup*. (PAP)

Depois de quase dez anos sem filmar, Ruy Guerra volta à atividade com o lançamento, em 1999, de *Estorvo*, baseado em romance homônimo de Chico Buarque. *Estorvo* marca o outono de sua produção cinematográfica. Respiramos um estilo marcado por tons sombrios e ambientes dramáticos exasperados, mantendo-se a força visual que caracteriza sua obra. Guerra é um diretor exímio na composição fotográfica, fazendo com que fotógrafos alcancem alto desempenho sob sua direção. O quadro de seus dois últimos filmes brasileiros, *Estorvo* e *Veneno da madrugada*, é composto de modo semelhante, com uma fotografia carregada e escura acompanhando o desempenho exacerbado dos atores. A narrativa é bastante fragmentada e o estilhaçamento da trama é motivo de orgulho para o cineasta. Em *Estorvo*, o romance é adaptado de modo a acentuar as tonalidades persecutórias, mostrando o protagonista em constante fuga e desespero, sem se saber de onde exatamente parte o motivo. A direção de atores é solta, enquanto fotografia e cenografia parecem

receber carga maior de elaboração. Guerra cria imagens poderosas, mesmo se a tensão dramática é monocórdica. Por *Estorvo*, Marcel Durst ganhou prêmio de melhor fotografia em GRAMADO. Sua câmera cola nos personagens compondo enquadramentos fortes, que vão além dos efeitos mais simples obtidos por uma "câmera na mão" amadora. As cores estão lavadas e beiram o preto e branco. Também em *O veneno da madrugada*, o trabalho do fotógrafo Walter Carvalho* merece destaque. As imagens conseguem brilhar no tom sempre escuro do filme, carregadas numa chuva que parece não parar nunca. A composição nessa tonalidade exige perícia e Carvalho pode pôr à mostra todo seu talento, sem o perigo do maneirismo no qual às vezes incorre. Em *Veneno*, a trama e a densidade dramática acabam sacrificadas por estratégias complexas de dramaturgia, que nem sempre se revelam operantes na tela. O resultado é um filme com visual forte e atores bem preparados, sem uma direção que dê o laço. Impera o tom dramático forte que Guerra carrega desde o início de sua carreira, mas já sem a agilidade da juventude. De qualquer forma, sentimos a força cinematográfica desse diretor que respira cinema por todos os poros. Em certa medida, a obra de maturidade, que encontramos em *O veneno da madrugada* e *Estorvo*, retoma, com traços menos figurativos, a trilha de *Os deuses e o mortos*, que parecia distante na produção dos anos 80, de *Erendira* ou *Ópera do malandro*.

Apesar de não possuir uma filmografia com traços claramente brasileiros, Guerra aproxima-se bastante da produção nacional, seja pela origem de sua filmografia imbricada no Cinema Novo, seja por sua ascendência luso-africana. Em *Portugal S/A*, Guerra se distancia de seu país adotivo e o resultado faz-se sentir. Em filme de produção portuguesa, dá vazão a seu lado mais europeu, em trama direta, sem rodeios, com diálogos secos e viés político. A fotografia é limpa e os atores respiram fora da bruma de *Estorvo* ou *Veneno*. O resultado é mais plano e temos a impressão de estar em face de uma obra de encomenda. O contraste deixa clara a densidade que pode adquirir o cinema de Ruy Guerra quando entregue à gravidade na qual se locomove de modo próprio. Cineasta com todos os créditos, a filmografia de Guerra caracteriza-se por uma *mise-en-scène* poderosa, uma das mais consistentes do cinema brasileiro, talvez ombreando-se com a de Rocha. Se em alguns momentos podemos sentir falta de um polimento dramático à altura da força das imagens, uma visão global deixa

entrever claramente o pleno domínio do autor sobre a arte cinematográfica. (FPR)

GUIMARÃES, Cao – Belo Horizonte, MG, 1965. Diretor.

FILMOGRAFIA: 2001 – *O fim do sem fim*. 2004 – *Rua de mão dupla; A alma do osso*. 2006 – *Acidente*. 2007 – *Andarilho*.

Cineasta com carreira no cinema experimental e no documentário, trabalha com captação imagética nos suportes 8 mm, 16 mm, e vídeo digital de baixa e alta resolução. O caráter experimental de sua obra é um pouco nublado pela ênfase da crítica na mixagem de suportes. Também artista plástico, desenvolve trabalhos nas artes visuais com exposições em bienais/ museus e vídeos no formato "instalação" com títulos como *Rua de mão dupla* (2004, também em formato longa-metragem), *Sonho da casa própria* (2008), *Inventário de raivinhas* (2002), *Histórias do não ver* (2001). Diretor que possui personalidade e consistência imagética própria, tem potencial para voos amplos no cinema. De origem mineira, é um dos expoentes da geração de *videomakers* mineiros que flertam com a videoarte de museu, apresentando obras experimentais no cinema documentário (Rocha, Bambozzi*). Inicia sua carreira no curta-metragem com uma singular série de produções com tomadas em 8 mm, formato tardio para o início do anos 2000, mas que produz resultados imagéticos fortes. São da fase 8 mm títulos como *The Eye Land* (1999); *Between-Inventário de pequenas mortes* (1999); *Sopro* (2000); *Coletivo* (2001); *Hypnosis* (2001), *Word World* (2001). A exceção é seu primeiro curta *Otto – eu sou um outro* (1998), feito em 16 mm, mas dentro de estética similar. Nessas primeiras obras já podemos vislumbrar os traços autorais que seriam aprofundados em seus filmes longos. Trata-se de um cinema fenomenológico em que o corpo a corpo com o mundo vem carregado de uma espécie de espanto original com suas formas. Guimarães lida bem com os sons criando uma ambiência forte para esse sentido. Tem esquadro imagético próprio. A atração pela consistência plástica do mundo e suas formas vai tensionando a variável tempo, conseguindo diluir as coisas que surgem filmadas em carne viva. É matéria sólida que pinga e escorre. Guimarães é um Tarkovsky mineiro, solto num universo sem intriga. É o cineasta do fenômeno, do mundo em sua forma de ser à toa, mas com o peso gosmento das coisas. A atração pelo mundo, na graça de seu transcorrer, é o móvel de *Da janela do meu quarto* (2004), curta, já com tomadas em suporte digital, particularmente bem-sucedido em sua proposta de retratar a poesia do fugaz no acaso. Outra vertente de sua obra articula-se em torno de propostas conceituais ou brincadeiras/reflexões sobre o dispositivo imagético. É um eixo menos original, no qual a matéria do mundo surge na brincadeira propositiva. Na segunda metade da década de 2000, Guimarães segue com a produção de curtas em *Memória* (2008), *Mestres e gambiarras* (2008), *Quarta-Feira de Cinzas* (2006), *Sin peso* (2007), *O sonho da casa própria* (2008), entre outros. Ao chegar ao longa-metragem, seu fôlego de cineasta fica mais claro, realçando a dimensão inovadora dos primeiros curtas e instalações. *O fim do sem fim*, codirigido com Lucas Bambozzi e Beto Magalhães, tem como motivo o desaparecimento de certos ofícios no Brasil. *O andarilho* foca o ser andarilho na estrada e *A alma do osso*, o ser ermitão na caverna. *Rua de mão dupla* e *Acidente* partem de propostas conceituais em torno da própria produção fílmica: filmar a casa de um desconhecido (*Rua*), ou filmar vilas mineiras a partir de escolha aleatória pela beleza dos nomes (*Acidente*). O que se encontra neles? Brincadeiras conceituais com o dispositivo fílmico não constituem propriamente novidade no cinema contemporâneo. Guimarães poderia ser mais um cineasta experimental, percorrendo trilha já exaurida. Mas é por constituir mais do que isto, mais do que mera experimentação, que sua obra distingue-se. Ao adentrar o campo do filme longo, Guimarães leva consigo uma respiração própria, carrega sua particular sensibilidade para explorar, pela câmera, o ser no mundo. (FPR)

GUIMARÃES, Celso (Celso Tinson Foot Hummel Guimarães) – Jundiaí, SP, 1907. Ator.

FILMOGRAFIA: 1935 – *Fazendo fita*. 1939 – *Aves sem ninho*. 1940 – *Argila*. 1943 – *A caminho do céu*. 1946-1947 – *Luz dos meus olhos*. 1947 – *Asas do Brasil*. 1948-1949 – *Terra violenta*.

Começou no rádio, em 1932, em São Paulo. Mudando-se para o Rio de Janeiro, ingressou na RÁDIO NACIONAL, onde se tornou um dos mais famosos locutores do Brasil nas décadas de 40 e 50. Além de locutor, foi também radioator, adqui-rindo enorme popularidade. Atraído pelo cinema, participou de um único filme paulista, quando estreou em *Fazendo fita*, de Vittorio Capellaro*. No Rio de Janeiro filmou o drama *Aves sem ninho*, de Raul Roulien*. Sempre protagonista, em seguida, interpretou um ceramista em *Argila*, de Humberto Mauro*, contracenando com Carmen Santos*. Formando par romântico com a cantora Rosina Pagã, protagonizou o drama sobre a aviação brasileira *A caminho do céu*, de Milton Rodrigues*. Na ATLÂNTIDA*, foi intérprete de *Luz dos meus olhos*, de José Carlos Burle*, quando representou um pianista cego, contracenando com Cacilda Becker* e Grande Otelo*. Ainda na produtora, atuou sob as ordens de Moacyr Fenelon* em *Asas do Brasil*, e em *Terra violenta*, orientado pelo diretor americano Eddie Bernoudy. Colaborou no documentário *A Virgem Aparecida é milagrosa*, de Alexandre Wulfes*, fazendo a locução da fita. (LAR/LFM)

GUIMARÃES, Luiz Fernando – Rio de Janeiro, RJ, 1949. Ator.

FILMOGRAFIA: 1976 – *O Ibraim do subúrbio* (2º episódio: 'O Ibraim do subúrbio'). 1977 – *Os sete gatinhos*; *Teu tua* (3º episódio: 'O corno imaginário'). 1978 – *Tudo bem*. 1981 – *Engraçadinha*. 1982 – *Bar Esperança, o último que fecha*. 1984 – *Areias escaldantes*. 1985 – *Brás Cubas*. 1987-1988 – *O grande mentecapto*. 1988 – *Dedé Mamata*. 1996 – *O que é isso, companheiro?*. 2003 – *Os normais, o filme*. 2009 – *Os normais 2*.

Comediante popular na televisão brasileira, Luiz Fernando Guimarães tem, no cinema, uma carreira de poucos filmes, nos quais atuou quase sempre como coadjuvante, explorando seu talento para o humor histriônico e predominantemente verbal. Trabalhava como bancário quando resolveu largar tudo para se dedicar à carreira de ator. Após uma passagem pela Escola de Comunicações e Artes da Universidade de São Paulo (ECA/USP), Luiz Fernando ingressou, em 1974, no grupo Asdrúbal Trouxe o Trombone, integrado por Hamilton Vaz Pereira, Regina Casé*, Evandro Mesquita, Perfeito Fortuna, Jorge Alberto Mota e Patrícia Travassos. Participou da estreia oficial do grupo, na peça *O inspetor geral*, de Gógol. Logo chegou à televisão, atuando primeiro como ator de comerciais (a série que fez para a Caixa Econômica Federal proporcionou-lhe uma enorme popularidade), e em seguida como ator de telenovelas. Em 1982, participou de duas novelas: *Vereda tropical*, em que interpretou o personagem Miro, e *Cambalacho*, em que foi Jean-Pierre, um falso conde francês. Firmou-se como comediante no humorístico *TV Pirata*. Participou ainda do *Programa Legal*, comandado por Regina Casé, da *Comédia da Vida Privada* e do quadro "Vida ao Vivo", exibido dentro do programa *Fantástico*, posteriormente transformado em programa-solo, sob o nome de *Vida ao Vivo Show*. No cinema, Luiz Fernando estreou em *O Ibraim do subúrbio*, no episódio homônimo, dirigido por Cecil Thiré*. Fez um papel pequeno, mas atuou com suficiente desembaraço para ser notado pela crítica, que o identificou como revelação. Em 1977, participou de *Tudo bem*, dirigido por Arnaldo Jabor*. Outros filmes em que atuou foram *Engraçadinha*, de Haroldo Marinho Barbosa*; *Areias escaldantes*, de Chico de Paula; *Brás Cubas*, de Júlio Bressane*; e *O grande mentecapto*, de Oswaldo Caldeira*. Numa entrevista, Luiz Fernando observou que sua carreira no cinema tinha uma curiosidade: quase nunca chegava vivo no final dos filmes de que participava. Em *Brás Cubas*, dirigido por Júlio Bressane, o personagem-título que interpretou já está morto desde o início da história, e em *Areias escaldantes*, seu personagem morre no final. Em *Dedé Mamata*, Luiz Fernando interpreta um vilão, um traficante de drogas que persegue Dedé, interpretado por Guilherme Fontes. Em seu filme mais recente, *O que é isso, companheiro?*, dirigido por Bruno Barreto*, Luiz Fernando teve a oportunidade de interpretar seu primeiro personagem dramático, Marcão, um militante da luta armada que participou do sequestro do embaixador americano Charles Elbrick, em 1969. (LAR) Afirmando-se como ator essencialmente televisivo, tem participação marginal no cinema brasileiro contemporâneo. Atua em dois filmes realizados a partir da série televisiva *Os Normais*, *Os normais, o filme* e *Os normais 2*, nos quais é protagonista, juntamente com Fernanda Torres*. Ambos são sucesso de bilheteria.

HAFENRICHTER, Oswald – Oplomitz, Croácia, 1899-1973. Montador.

FILMOGRAFIA: 1931 – *Senhoritas de uniforme* (produção estrangeira). 1933 – *Der Choral von Leuthen* (produção estrangeira). 1934 – *La Paloma ein Lied der Kameradschaft* (produção estrangeira). 1935 – *Der grüne Domino, Liebeslied* (produção estrangeira). 1936 – *Heißes Blut, Opernring* (produção estrangeira). 1937 – *Cipião, o Africano* (produção estrangeira); *Muterlied* (produção estrangeira). 1938 – *Giuseppe Verdi* (produção estrangeira). 1938-1939 – *Marionette* (produção estrangeira); *Dir gehört mein Herz* (produção estrangeira). 1939 – *Il sogno di Butterfly* (produção estrangeira). 1940 – *Manon Lescaut* (produção estrangeira); *Oltre l'amore* (produção estrangeira); *Ama ni, Alfredo!* (produção estrangeira). 1947 – *O passado de meu marido* (produção estrangeira); *An Ideal Husband* (produção estrangeira). 1948 – *O ídolo caído* (produção estrangeira). 1949 – *O terceiro homem* (produção estrangeira); *The Happiest Days of Your Life* (produção estrangeira). 1950 – *Caiçara*; *Terra é sempre terra*. 1951 – *Ângela*; *Tico-tico no fubá*; *Sai da frente*. 1952 – *Appassionata*; *Veneno*; *Nadando em dinheiro*; *O cangaceiro*. 1952-1953 – *Sinhá Moça*. 1953 – *Esquina da ilusão*; *Família Lerolero*; *Luz apagada*; *Uma pulga na balança*; *É proibido beijar*; *Na senda do crime*. 1954 – *Floradas na serra*. 1955 – *Armas da vingança*; *A estrada*; *O sobrado*. 1957 – *Escravos do amor das amazonas* (produção estrangeira); *The Smallest Show on Earth* (produção estrangeira); *Candinho*. 1958 – *Hello London* (produção estrangeira). 1959 – *Jet Storm* (produção estrangeira); *Law and Disorder*. 1961 – *The Hands of Orlac* (produção estrangeira); *Foxhole in Cairo* (produção estrangeira); *Enter Inspector Duval* (produção estrangeira). 1962 – *O 7º mandamento* (produção estrangeira); *Vengeance* (produção estrangeira); *The Happy Thieves* (produção estrangeira); *The Brain* (produção estrangeira); *Out of the Fog* (produção estrangeira). 1963 – *Ladies who Do* (produção estrangeira); *Sparrow Can't Sing* (produção estrangeira). 1964 – *Traitor's Gate* (produção estrangeira). 1965 – *A maldição da caveira* (produção estrangeira); *The Skull* (produção estrangeira); *Dr. Who and the Daleks* (produção estrangeira). 1966 – *As bonecas da morte* (produção estrangeira); *The Psycopath* (produção estrangeira); *The Trigon Factor* (produção estrangeira); *The Deadly Bees* (produção estrangeira). 1967 – *Danger Route* (produção estrangeira). 1969 – *Dólares de sangue* (produção estrangeira); *The File of Golden Goose* (podução estrangeira). 1970 – *Trog* (produção estrangeira); *Cry of the Banshee* (produção estrangeira). 1972 – *The Creeping Flesh* (produção estrangeira). 1973 – *The Vault of Horror* (produção estrangeira).

Hafenrichter trabalhou em alguns países europeus e no Brasil. Fez a montagem de *Senhoritas de uniforme*, de Leon Sagan, um dos primeiros filmes sonoros do cinema alemão. Montou filmes musicais italianos na UFA/KLANGFILME, onde trabalhou na versão musical atualizada da peça de Edmond Rostand *Cyrano de Bergerac*, com o tenor polonês Jan Kiepura e Magda Schneider. Na Itália montou, entre outros, *Cipião, o Africano*, épico de superprodução dirigido por Carmine Gallone. Depois da II Guerra Mundial principiou sua atuação no cinema inglês e, posteriormente, fez filmes com Alexander Korda (*O passado de meu marido*) e Carol Reed (*O ídolo caído* e *O terceiro homem*). Montou ainda, na Inglaterra, comédia dirigida por Frank Launder, *The Happiest Days of Your Life*. Hafenrichter chegou ao Brasil em 1950, a convite de Alberto Cavalcanti*, para ser o montador-chefe dos filmes da VERA CRUZ*. Montou todas as películas da empresa produzidas entre 1950 e 1954. De acordo com depoimentos colhidos por Maria Rita Galvão, Hafenrichter tinha bom relacionamento com todos os técnicos e funcionários mais modestos – algo que se diferenciava, por exemplo, do comportamento da maioria dos técnicos ingleses. O montador Rex Endsleigh declarou que a grande maioria dos diretores da VERA CRUZ era inexperiente e, assim, quase todos os filmes tinham que ser feitos na sala de montagem. O fotógrafo Chick Fowle*, orientado por Hafenrichter, era quem comandava os *sets* de filmagem, reduzindo os diretores a uma figura quase decorativa. Isso, segundo os atores Anselmo Duarte* e Sérgio Hingst*, acaba por gerar muitos atritos entre o editor-chefe da empresa e os diretores. Lima Barreto* disse que Hafenrichter cortou diversas cenas de *O cangaceiro*; Abílio Pereira de Almeida* também tinha queixas semelhantes, embora Carlos Thiré, o diretor de *Luz apagada*, tenha sido o maior atingido pela impetuosa tesoura do montador: os cortes foram tantos que o filme ficou com apenas 45 minutos, sendo a equipe obrigada a voltar a Angra dos Reis para refilmar a outra metade da película. Com o fim da VERA CRUZ*, Hafenrichter montou mais algumas fitas (*Armas da vingança*, de Carlos Coimbra* e Alberto Severi; *A estrada*, de Osvaldo Sampaio*; *O sobrado*, de Walter

George Dürst* e Cassiano Gabus Mendes; e a produção americana *Escravos do amor das amazonas*, dirigida pelo alemão Curt Siodmark, radicado nos Estados Unidos) e foi roteirista de *O capanga* (1956), dirigido por Alberto Severi. De volta à Europa, fez as montagens de filmes de Basil Dearden (*The Smallest Show on Earth*), Cy Endfield (*Jet Storm*), Edmond Gréville (*The Hands of Orlac*), George Marshall (*O 7º mandamento*), além de seis películas de Freddie Francis (merecendo destaque *As bonecas da morte*; *Troge the Creeping Flesh*). Editou também produções dirigidas por C. M. Pennington-Richards, Gordon Flemyng, Sam Wanamaker, Gordon Hessler e Roy Ward Baker. Em 1966 editou minissérie televisiva. Fez poucos filmes na década de 70. Faleceu em Londres, Inglaterra. (AMC)

HELENA, Heloísa (Heloísa Helena de Almeida Lima) – Rio de Janeiro, RJ, 1917-1999. Atriz.

FILMOGRAFIA: 1935 – *Alô! alô! Carnaval*. 1937 – *Samba da vida*. 1938 – *Tererê não resolve*. 1939 – *Futebol em família*. 1940 – *Pega ladrão*; *Céu azul*. 1946-1947 – *Luz dos meus olhos*. 1948 – *É com este que eu vou*. 1948-1949 – *Terra violenta*. 1953 – *É fogo na roupa*; *A carne é o diabo*. 1954 – *Marujo por acaso*; *O petróleo é nosso*; *Mãos sangrentas*. 1955 – *Angu de caroço*; *Leonora dos sete mares*; *Chico Viola não morreu*. 1956 – *Depois eu conto*; *O Boca de Ouro*. 1958 – *O homem do Sputnik*. 1959 – *Matemática, 0... amor, 10*. 1960 – *Samba em Brasília*. 1968 – *Jovens pra frente*. 1969 – *Rifa-se uma mulher*. 1970 – *Uma garota em maus lençóis*. 1972 – *Independência ou morte*. 1973 – *O descarte*; *Divórcio à brasileira*. 1975 – *Com as calças na mão*. 1977 – *Ódio*. 1978 – *A pantera nua*.

Adolescente, foi pioneira no rádio, onde começou cantando em inglês (língua que dominava) e tocando violão. Fez os primeiros filmes nos estúdios cinematográficos da CINÉDIA. Apareceu cantando em *Alô! alô! Carnaval*, de Adhemar Gonzaga*. Sempre como coadjuvante, especializou-se em papéis de mulheres esnobes da alta sociedade, emprestando-lhes um tom crítico. Seu primeiro personagem a surgir nas telas dos cinemas foi Helena, na comédia musical *Samba da vida*, e atuou no carnavalesco *Tererê não resolve*, ambos sob direção de Luiz de Barros*. Na produtora SONOFILMES, atuou nas comédias *Futebol em família* e *Pega ladrão*, e em outro carnavalesco, *Céu azul*, no qual viveu Mimi, todas as três fitas sob direção de Ruy Costa*. Alguns anos mais tarde, fez filmes na produtora ATLÂNTIDA: o drama *Luz dos meus olhos* e o carnavalesco *É com este que eu vou*, ambos do diretor José Carlos Burle*, e o drama *Terra violenta*, baseado no romance *Terras do sem fim*, de Jorge Amado*. Nos anos 1950, atuou em várias fitas populares filmando seguidamente. Nos estúdios da BRASIL, esteve presente nas produções de Watson Macedo*, começando no papel da condessa de Buganville na fita carnavalesca *É fogo na roupa*; seguida pelas comédias *O petróleo é nosso* e *Samba em Brasília*, além de viver a Marinete em *Depois eu conto*, dirigida por José Carlos Burle. Voltou a trabalhar na ATLÂNTIDA, em *A carne é o diabo*, de Plínio Campos; fez a Dondoca em *O homem do Sputnik*, de Carlos Manga*, e a coprodução entre Brasil e Argentina *Chico Viola não morreu*, de Róman Viñoly Barreto, cinebiografia do cantor popular Francisco Alves (Chico Viola), além de filmes do diretor Eurides Ramos* (*Marujo por acaso*, *Angu de caroço* e *O Boca de Ouro*). Nessa época trabalhou em filmes dramáticos do diretor Carlos Hugo Christensen* (*Mãos sangrentas* e *Leonora dos sete mares*) e até na comédia *Matemática, 0... amor, 10*, que o eclético Christensen realizou. Após longo afastamento, retornou às fitas populares. Atuou nas comédias *Jovens pra frente*, de Alcino Diniz; *Rifa-se uma mulher*, de Célio Gonçalves, e *Uma garota em maus lençóis*, de Wilson Silva*. Interpretou o papel da princesa Carlota Joaquina no filme histórico *Independência ou morte*, de Carlos Coimbra. Participou ainda do melodrama policial *O descarte*, de Anselmo Duarte*; da comédia *Divórcio à brasileira*; da comédia erótica *Com as calças na mão* e do policial *Ódio*, ambos os filmes sob direção de Carlo Mossy*. Encerrou a carreira na despretensiosa comédia erótica *A pantera nua*, de Luiz de Miranda Corrêa. No início da década de 1950, foi igualmente pioneira na nascente TV TUPI carioca, levada por Chianca de Garcia*, onde trabalhou como apresentadora, atriz em teleteatros e até diretora de programas. Foi casada com o dramaturgo Paulo Magalhães. (LFM)

HERBERT, John (John Herbert Buckup) – São Paulo, SP, 1929-2011. Ator, diretor.

FILMOGRAFIA: 1952-1954 – *Se a cidade contasse*. 1953 – *Uma pulga na balança*; *Candinho*. 1954 – *Floradas na serra*; *Matar ou correr*; *A outra face do homem*; *O petróleo é nosso*. 1956 – *Rio fantasia*. 1957 – *Dioguinho*; *A grande vedete*; *Alegria de viver*; *Escravos do amor das amazonas* (produção estrangeira). 1958 – *E o espetáculo continua*. 1959 – *Maria 38*. 1960 – *A moça do quarto 13* (coprodução estrangeira); *Por um céu de liberdade*. 1961 – *Assassinato em Copacabana*. 1962 – *Copacabana Palace* (coprodução estrangeira). 1963 – *Gimba, presidente dos valentes*. 1964 – *Mulher satânica* (coprodução estrangeira). 1966 – *As cariocas* (1º episódio); *Toda donzela tem um pai que é uma fera*. 1967 – *O caso dos irmãos Naves*; *Bebel, a garota-propaganda*. 1969 – *O cangaceiro sanguinário*; *Corisco, o Diabo Loiro*; *Em cada coração um punhal* (1º episódio: 'Transplante de mãe'; 3º episódio: 'O filho da televisão'); *A arte de amar... bem* (3º episódio: 'A garçonnière do meu marido'). 1970 – *O palácio dos anjos* (coprodução estrangeira); *Cléo e Daniel*; *O capitão Bandeira contra o dr. Moura Brasil*. 1972-1975 – *A santa donzela*. 1973 – *Helga e seus homens* (produção estrangeira); *A super fêmea*. 1974 – *As delícias da vida*. 1975 – *Cada um dá o que tem* (2º episódio: 'Cartão de crédito') (ator, dir.); *O sexo mora ao lado*; *O quarto da viúva*. 1975-1976 – *Já não se faz amor como antigamente* (2º episódio: 'O noivo' (ator, dir.); 3º episódio: 'Flor de Lys'). 1977 – *O bem-dotado, o homem de Itu*. 1977-1978 – *Meus homens, meus amores*. 1978 – *O Caçador de Esmeraldas*; *O inseto do amor*. 1979 – *O torturador*. 1980 – *Ariella* (ator, dir.); *O gosto do pecado*; *Bacanal*. 1982 – *Amor de perversão*; *Tessa, a gata* (ator, dir.); *Retrato falado de uma mulher sem pudor*; *As aventuras de Mário Fofoca*. 1983 – *Deu veado na cabeça*; *Jeitosa, um assunto muito particular*. 1984 – *Made in Brazil* (3º episódio: 'Um milagre brasileiro'). 1984-1986 – *As sete vampiras*. 1985 – *Os bons tempos voltaram* (2º episódio: 'Sábado quente') (ator, dir.). 1988 – *Forever* (coprodução estrangeira). 1997-1998 – *A hora mágica*. 2007 – *Onde andará Dulce Veiga?*.

John Herbert Buckup, descendente de alemães e ingleses, estudou no tradicional Colégio Porto Seguro. Ingressou depois na Faculdade de Direito, pela qual se bacharelou em 1954. Dividiu um escritório de advocacia especializado em marcas e patentes. Foi também funcionário da própria Faculdade de Direito e da Secretaria de Saúde do Estado de São Paulo. A atração pelo teatro vinha da adolescência. Chegou a participar de uma encenação do *Fausto*, em alemão, dirigida por Hoffman Harmisch. Durante o curso de Direito matava aulas para frequentar o Teatro Brasileiro de Comédia (TBC). Foi aluno do curso de cinema do Centro de Estudos Cinematográficos do Museu de Arte de São Paulo, tendo como professores Trigueirinho Neto, Tito Batini, Ruggero

Jacobbi e Carla Civelli. Em 1953, foi um dos atores da primeira experiência de implantação do Teatro de Arena conduzida por José Renato. Participou da encenação de *O demorado adeus*, *Esta noite é nossa*, *Judas em sábado de aleluia* e *Uma mulher e três palhaços*, juntamente com Monah Delacy, Sérgio Brito*, Renata Blaustein e Henrique Becker. Além de ator, foi produtor de teatro, começando em 1964 com a peça *Black-out*, seguindo-se *A cozinha*, *Os rapazes da banda*, no qual fez uma ponta, *Pequenos assassinatos* e *Tome conta de Amélia*, entre outras. Contrário aos extremismos, considerou perniciosa ao teatro a peça de Chico Buarque, *Roda-viva*, motivadora do afastamento do público.

Como ator, não poderia deixar de participar do novo campo aberto pela TV. Foi convidado por Carla Civelli em 1953 para trabalhar em alguns programas da TV RECORD. Na TUPI, no ano seguinte, atuou em teleteatros. Com Eva Wilma*, participou do programa semanal *Alô, Doçura*, que permaneceria no ar por mais de dez anos (a partir de 1957 passou a ser apresentado também no CANAL 6, do Rio de Janeiro). O convite partiu de Cassiano Gabus Mendes, que, inicialmente, tinha escolhido Mário Sérgio* e Marisa Prado* como o casal de atores de *Os Namorados da Tarde*. O patrocinador mudou o nome para o definitivo *Alô, Doçura*, saindo o par inicial para a entrada de John e Eva. O programa era calcado nos modelos norte-americanos de comédias, entre os quais *I Love Lucy* foi o exemplo mais eloquente, e Eva Wilma e John Herbert formaram o primeiro casal popular da TV brasileira, instituindo um padrão de sociabilidade daquilo que seria moderno para a classe média. Chegou a alcançar 70% de audiência com *sketches* de 35 minutos. Além de ator em dezenas de novelas das TVs EXCELSIOR, TUPI e GLOBO (*Fatalidade*, *Revolta dos anjos*, *O sheik de Ipanema*, *Divinas e maravilhosas*, *O machão*, *Sublime amor*, etc.), chegou a dirigir o Departamento de Teatro da TUPI, em 1974.

Seu primeiro papel no cinema foi em *Uma pulga na balança*, produção da VERA CRUZ* e direção de Luciano Salce*, lançado em abril de 1953. Para a produtora de São Bernardo do Campo faria ainda *Candinho*, de Abílio Pereira de Almeida*, e *Floradas na serra*, novamente com Salce. Como no teatro e na TV, a sua carreira no cinema foi longa. O seu tipo físico cultivado pela natação, em que obteve vitórias em vários campeonatos, aliado à experiência teatral, eram ideais para o papel de galã. Além dos dramas e comédias da

VERA CRUZ, trabalhou em chanchadas* de Watson Macedo* e Carlos Manga*, ou faroestes realizados no interior de São Paulo. Foi ator em *O petróleo é nosso*, de Macedo, *Matar ou correr*, de Manga, e *Dioguinho*, de Carlos Coimbra*, mas sua melhor interpretação aconteceu em *O caso dos irmãos Naves*, de Luís Sérgio Person*, fazendo o advogado de defesa. Não restringiu a sua participação somente a esse campo. Foi assistente de direção de *A moça do quarto 13*, do diretor americano Richard Cunha, e sócio de Maximiniano Bogdacino numa produtora (1963), com a qual pretendia filmar o texto de Antônio Callado *Assunção de Salviano*. Coprodutor de *Toda donzela tem um pai que é uma fera*, de Roberto Farias*, e produtor associado de *Anuska, manequim e mulher*, de Francisco Ramalho Jr.*. Em 1961, participou de uma produtora de curtas-metragens ligada à publicidade. Na década de 70, durante o auge da pornochanchada*, passou para a direção no filme de episódios *Cada um dá o que tem* (Adriano Stuart* e Sílvio de Abreu foram os outros diretores). John considerava a pornochanchada destituída de valores culturais, refletindo superficialmente a galhofa, a gozação e a baderna do Brasil numa certa época. Dizia que a pornochanchada era a chanchada sem o vilão, o que, como frase de efeito, tem a sua graça. Dirigiu e atuou num dos episódios de *Já não se faz amor como antigamente*, associando-se à CINEDISTRI* na produção (Aníbal Massaini Neto*). O episódio de John foi baseado em um conto de Lygia Fagundes Telles, mas a crítica em geral considerou que a busca de sofisticação da pornochanchada resultou num artefato *kitsch*. Assim como tentou vender *Toda donzela* como renovadora da comédia de costumes, *Já não se faz amor* foi também rotulada como tal. Para Ely Azeredo*, a classificação era destituída de sentido, pois o que faltava era justamente a "observação dos costumes", substituída pelo acúmulo de "classe" e "bom gosto", onde um trio de velhos galãs decadentes fazia má figura. Seguindo na mesma linha, coproduziu e dirigiu *Ariella*, baseado em Cassandra Rios. No seu entender era um melodrama erótico. Nicole Puzzi*, que fazia a personagem principal, contou que, numa das cenas com a atriz Christiane Torloni, os produtores (Herbert e Pedro Carlos Rovai*) inseriram uma cena de lesbianismo com dublês, prática corrente na pornochanchada. Recorreu novamente à obra da autora Cassandra Rios em seu segundo longa na direção: *Tessa, a gata*.

John foi também dirigente sindical,

sendo presidente da Associação Brasileira de Atores Cinematográficos (ABAC), em 1963, e vice-presidente da Associação dos Produtores em Espetáculos Teatrais do Estado de São Paulo (APETESP), no biênio 1976-1978. Nos últimos anos se dedicou mais à TV e ao teatro. Sua interpretação, tanto no cinema como nas novelas, passou do galã contido para o exagero e o atropelo, tomados de um certo espetáculo *boulevardier*. Sobre a camada inicial apareceu um caricato. Foi casado com Eva Wilma (1955) e teve dois filhos, dos quais John Herbert Buckup Jr. chegou a ser assistente de direção em *Ariella*. Pela Coleção Aplauso (2004) saiu o livro *John Herbert – um gentleman no palco e na vida*, de Neusa Barbosa. (JIMS) Faleceu em São Paulo em 26 de janeiro.

HIGINO, Raimundo (Raimundo Higino de Souza) – Camocim, CE, 1935. Montador.

FILMOGRAFIA: 1963 – *Os fuzis*. 1966 – *Todas as mulheres do mundo*. 1967 – *Roberto Carlos em ritmo de aventura*; *A psicose de Laurindo*. 1968 – *Os paqueras*. 1969 – *Simeão, o boêmio*. 1970 – *A dança das bruxas*; *Ascensão e queda de um paquera*; *Memórias de um gigolô*; *O vale de Canaã*; *Faustão*. 1971 – *Soninha toda pura*; *Assalto à brasileira*; *O enterro da cafetina*; *Edy Sexy, o agente positivo*; *Missão: matar*; *Procura-se uma virgem*; *Quando as mulheres paqueram*; *Um marido sem... é como um jardim sem flores*; *Mãos vazias*. 1972 – *A difícil vida fácil*; *O grande gozador*; *Tati, a garota*; *Jesuíno Brilhante, o cangaceiro*. 1973 – *Os mansos* (1º episódio: 'A b... de ouro'; 2º episódio: 'O homem dos quatro chifres'; 3º episódio: 'O homem, a mulher e o etc. ... numa noite de loucuras'); *Café na cama*. 1974 – *Ainda agarro esta vizinha*; *A banana mecânica*; *Essa gostosa brincadeira a dois*; *A estrela sobe*; *A cartomante*; *O comprador de fazendas*; *As mulheres que fazem diferente* (3º episódio: 'O flagrante de adultério'). 1975 – *O roubo das calcinhas* (1º episódio: 'O roubo das calcinhas'; 2º episódio: 'I love bacalhau'); *Eu dou o que ela gosta*; *As aventuras amorosas de um padeiro*; *O flagrante*; *O homem da cabeça de ouro*; *A dama do lotação*. 1976 – *Luz, cama, ação*; *Dona Flor e seus dois maridos*. 1977 – *O crime do Zé Bigorna*; *Tenda dos milagres*; *O bom marido*. 1978 – *Amor bandido*; *Cinderelo trapalhão*; *Copa 78, o poder do futebol*; *O princípio do prazer*; *Assim era a pornochanchada*. 1979 – *O rei e Os Trapalhões*. 1980 – *O beijo no asfalto*; *O incrível monstro trapalhão*. 1981 – *Menino do Rio*; *Índia, a filha do Sol*. 1982 – *As aventuras de* um paraíba; Inocência. 1982-1983 – Garota dourada. 1984 – O rei do Rio. 1987 – Luzia Homem. 1988-1989 – Solidão, uma linda história de amor. 1996-1997 – Buena sorte.

Carreira cinematográfica iniciada nos estúdios da produtora carioca FLAMA FILMES*. Trata-se de técnico formado pelo diretor e produtor Moacyr Fenelon*, responsável pela formação de outros montadores importantes como Waldemar Noya* e Rafael Valverde*. Esses três técnicos formarão uma espécie de triunvirato responsável por parcela significativa da montagem da produção carioca no período que vai desde a década de 50 até os anos 90. Na FLAMA FILMES, Higino iniciou como continuísta no filme Tudo azul, de Moacyr Fenelon. Nesse mesmo ano, 1952, passa a assistente de direção de Mário Del Rio em Com o diabo no corpo. A seguir, assume a gerência de produção da FLAMA FILMES, função que exercerá ao longo de sua carreira, ainda que cada vez mais esporadicamente. Durante quase uma década trabalhando como assistente de produção e de direção, Higino pôde atuar ao lado de importantes diretores do cinema carioca, como Carlos Manga* (Dupla do barulho; Nem Sansão nem Dalila), Alex Viany* (Agulha no palheiro e Rua sem sol), J. B. Tanko* (Metido a bacana; Com jeito vai), Victor Lima* (De pernas pro ar; Sherlock de araque). Destaca-se nessa fase a sua participação na equipe do filme O grande momento, de Roberto Santos*, em que atuou como diretor de produção. Nessa mesma função, Higino encontrou em Nelson Pereira dos Santos* um parceiro em importantes produções do cinema brasileiro, como Rio, Zona Norte (1957), Boca de Ouro (1962), Vidas secas (1963), El Justicero (1967), Tenda dos milagres (1977) e Memórias do cárcere (1983). Nos estúdios de Herbert Richers*, trabalha a partir de 1959 como assistente de direção em várias chanchadas* e filmes como Marido de mulher boa e Entrei de gaiato, de J. B. Tanko, e Mulheres, cheguei, de Victor Lima.

A estreia de Higino na montagem acontecerá somente em 1963 em uma das obras-primas do Cinema Novo*: Os fuzis, de Ruy Guerra* (nesse filme também atua como diretor de produção). Em 1966, com o filme Todas as mulheres do mundo, de Domingos Oliveira*, o montador Raimundo Higino foi vencedor do PRÊMIO INC de melhor montagem. Os seus serviços de técnico de montagem estão presentes em filmes de cineastas mais engajados, como Eduardo Coutinho* (Faustão), ou em filmes de cineastas mais preocupados com o resultado mercadológico, como

Roberto Farias* (Roberto Carlos em ritmo de aventura) ou Alberto Pieralisi* (O enterro da cafetina). Em 1968, com o filme Os paqueras, de Reginaldo Faria*, o montador Raimundo Higino é agraciado com o troféu CORUJA DE OURO por melhor montagem. O produtor Luiz Carlos Barreto* elege Higino como montador de significativa parcela de filmes de sua produtora. Nesse conjunto destacam-se filmes de diretores como Bruno Barreto* (Tati, A estrela sobe, Dona Flor e seus dois maridos, Amor bandido, O beijo no asfalto), Antônio Calmon* (Menino do Rio, Garota dourada), Fábio Barreto* (Índia, a filha do Sol, O rei do Rio e Luzia Homem) e Marco Altberg* (As aventuras de um paraíba). Outro filme de grande sucesso de bilheteria montado por Higino é A dama do lotação, de Neville d'Almeida*. O diretor Adriano Stuart* também teve filmes da série Os Trapalhões* montados por Higino. Um dos nossos mais importantes montadores, Raimundo Higino é dos poucos técnicos que conseguiram atravessar diferentes fases do cinema brasileiro trabalhando tanto com jovens cineastas como com diretores consagrados de nossa cinematografia. (AG)

HINGST, Sérgio – Sorocaba, SP, 1924-2004. Ator.

FILMOGRAFIA: 1951 – Ângela; Tico-tico no fubá. 1952 – Nadando em dinheiro. 1953 – Luz apagada. 1954 – Floradas na serra. 1955 – Sob o céu da Bahia. 1957 – Estranho encontro. 1957-1958 – Ravina. 1959 – Na Garganta do Diabo. 1962 – O vigilante rodoviário. 1963 – Luta nos pampas. 1964 – Mulher satânica (coprodução estrangeira); Homem das encrencas (Imitando o Sol); São Paulo S. A. 1964-1967 – O matador. 1964-1968 – Vidas estranhas. 1965 – Corpo ardente. 1966 – As cariocas (2º episódio). 1967 – O caso dos irmãos Naves; O quarto. 1968 – O Bandido da Luz Vermelha. 1969 – O cangaceiro sanguinário; Adultério à brasileira (1º episódio: 'O telhado'); O cangaceiro sem Deus; Quelé do Pajeú; O profeta da fome; A arte de amar bem (Trilogia do herói grotesco) (2º episódio: 'A honestidade de mentir'). 1969-1983 – Despertar da besta. 1970 – O palácio dos anjos (coprodução estrangeira); Cléo e Daniel; Verão de fogo (coprodução estrangeira); O pornógrafo; As gatinhas; Os amores de um cafona. 1971 – As noites de Iemanjá; Um anjo mau; Cio, uma verdadeira história de amor; Fora das grades; Um pistoleiro chamado Caviúna. 1972 – Independência ou morte; Sinal vermelho: as fêmeas. 1972-1975 – A santa donzela. 1973 – Maria... sempre Maria; A super fêmea; Mestiça,

escrava indomável. 1973-1975 – A casa das tentações. 1974 – Ainda agarro esta vizinha; As cangaceiras eróticas; O clube das infiéis; Núpcias vermelhas; Trote de sádicos; Liliam M: relatório confidencial; Uma tarde... outra tarde. 1975 – Eu dou o que ela gosta; Lucíola, o anjo pecador; O dia em que o santo pecou; A noite das fêmeas (Ensaio geral); O quarto da viúva; Chapéu de couro; O desejo. 1975-1976 – Ninguém segura essas mulheres (4º episódio: 'O furo'); Aleluia, Gretchen. 1976 – As meninas querem... e os coroas podem; O Ibraim do subúrbio (1º episódio: 'Roy, o gargalhador profissional'); Nem as enfermeiras escapam; Doramundo. 1977 – Internato de meninas virgens; O mulherengo; Snuff, vítimas do prazer; Escola penal de meninas violentadas; A praia do pecado; Ninfas diabólicas; Noite em chamas. 1978 – As fugitivas insaciáveis; A filha de Emanuelle; O Caçador de Esmeraldas; Os galhos do casamento; Alucinada pelo desejo (dir.); Os trombadinhas. 1979 – Histórias que nossas babás não contavam; Colegiais e lições de sexo; Incesto: desejo proibido. 1980 – Ariella; Noite de orgia; Orgia das taras; A virgem e o bem-dotado. 1981 – O cassino das bacanais; A noite das depravadas; Prazeres permitidos. 1981-1982 – A fábrica das camisinhas. 1982 – Curral de mulheres; As meninas de madame Laura; Procuro uma cama; Sadismo, aberrações sexuais; As safadas (3º episódio: 'Belinha, a virgem'); O vale dos amantes; As vigaristas do sexo; Vadias pelo prazer. 1983 – Perdida em Sodoma; Deu veado na cabeça; Sexo animal; Curras alucinantes; Elite devassa; Onda nova. 1984 – A flor do desejo; Sacanagem (1º episódio: 'Gatas no cio').

Ator de relevante importância no cinema brasileiro e, em especial, no cinema paulista, era neto de alemães, proprietários de olaria em Sorocaba. Desde 1938, com 14 anos, estabeleceu-se em São Paulo, passando a trabalhar com um tio numa fábrica de massas alimentícias. Aos 20 anos tornou-se pequeno empresário e, quase simultaneamente, matriculou-se na Escola de Arte Dramática (EAD), em sua segunda turma. Foi aluno da EAD por mais de três anos, mas não concluiu o curso. Representou pela primeira vez, na Bahia, teatro de repertório: Um demorado adeus, de Tennessee Williams, dirigido por Alfredo Mesquita. Participou também, como aluno, das seguintes peças: Os pássaros, de Aristófanes; Lilion, de Ferenc Molnar; Casamento forçado, de Molière; Um rapaz apressado, de Labiche; além de cenas de estudo envolvendo textos de Brecht, Odets, Kaiser, etc. Ingressou no Teatro Brasileiro de Comédia (TBC) na segunda turma, juntamente com Leonardo Vilar* e Benedito Corsi. Na VERA CRUZ* ingressa em 1951, como segundo assistente de direção de Abílio Pereira de Almeida*, no filme *Nadando em dinheiro*. Conseguiu uma pequena ponta nesse filme, "que nem foi usada, sobrou na montagem". Carlos Thiré convidou-o para trabalhar em *Luz apagada*, na fase preparatória da produção. Nesse filme foi, novamente, segundo assistente de direção, além de atuar como ator coadjuvante. Antes, havia feito figuração em *Ângela*, de A. P. de Almeida e Tom Payne*, e *Tico-tico no fubá*, de Adolfo Celi*. Em seguida, a convite de Luciano Salce*, foi primeiro assistente de direção e ator em *Floradas na serra*. Com o final da VERA CRUZ, trabalhou durante um ano (1954-1955) como técnico e ator de novelas infantis na TV RECORD, sendo também assistente de direção de Carlos Thiré no programa *Noite de Gala*, na TV RIO, no começo dos anos 60 (isso sem contar o estágio em produção de TV realizado na mesma emissora, em 1957). Fez, ainda, vários papéis como ator na TV CULTURA de São Paulo, em peças e casos especiais. Em 1955 foi o único ator profissional no filme *Sob o céu da Bahia*, de Ernesto Remani*, e, em seguida, atuou no departamento de publicidade da CINEMATOGRÁFICA BRASIL FILMES e CINEDISTRI* (1956-1957) e, também, na CAMPOS ELÍSIOS CINEMATOGRÁFICA (1960). Foi ator coadjuvante em uma centena de filmes de toda natureza: de cangaceiro, comédia, drama, pornochanchada*, merecendo destaque seu desempenho em *Estranho encontro* (Walter Hugo Khouri*), *Ravina* (Rubem Biáfora*), *Quelé do Pajeú* (Anselmo Duarte*). Filmou também outras películas com Khouri e com vários diretores do cinema brasileiro, tais como João Callegaro, Maurice Capovilla*, Luís Sérgio Person*, Roberto Santos*, Fauzi Mansur*, Carlos Reichenbach*, John Herbert*, Rogério Sganzerla*, Pedro Carlos Rovai*, Osvaldo Oliveira*, Astolfo Araújo, Carlos Coimbra*, Roberto Mauro e Alfredo Sternheim*, entre outros. Atuou em *Mulher satânica*, produção alemã filmada no Brasil, de Alfonz Stummer, e *Verão de fogo*, coprodução Brasil-França, de Pierre Kalfon. Foi protagonista pela primeira vez em *O quarto* (Rubem Biáfora), seguindo-se, entre outros, *As gatinhas*; *Aleluia, Gretchen*; *Ninfas diabólicas*. Escreveu, coproduziu e foi ator de um drama em sua única experiência de direção, *Alucinada pelo desejo* (1978), baseado num conto irônico e malicioso, *As tumulares*, de Guy de Maupassant. Che-gou a trabalhar num filme de José Mojica Marins* que foi proibido pela censura* (*Ritual de sádicos*), "mais tarde desmontado pelo diretor e aproveitado em partes para um outro". Recebeu vários prêmios pela sua atuação como ator (GOVERNADOR DO ESTADO, SACI, CIDADE DE SÃO PAULO, AIR FRANCE, etc.). Foi proprietário de uma agência de representações artísticas, em São Paulo, e secretário do Seminário de Cinema da Associação Museu de Arte do Instituto de Arte Contemporânea. Sócio-fundador da Associação dos Técnicos e Artistas Cinematográficos do Estado de São Paulo (ATACESP), entidade criada em 1956, foi seu secretário e presidente. Posteriormente, foi funcionário do Sindicato da Indústria Cinematográfica do Estado de São Paulo, trabalhando mais de vinte anos na entidade, onde cuidava da parte administrativa. Para sobreviver, Hingst fez também comerciais e se empregava no Sindicato e na Associação Brasileira de Empresas de Filmes Publicitários, pois, segundo ele, "nenhum ator brasileiro consegue viver só de cinema". Em sua atuação sindical lutou, desde o final dos anos 50, pela regulamentação da profissão de ator. Faleceu em Sorocaba, em 7 de novembro. (AMC)

HIRSZMAN, Leon – Rio de Janeiro, RJ, 1937-1987. Diretor.

FILMOGRAFIA: 1962 – *Cinco vezes favela* (5º episódio: 'Pedreira de São Diogo'). 1965 – *A falecida*. 1967 – *Garota de Ipanema*. 1969 – *América do sexo* (episódio: 'Sexta-feira da Paixão, Sábado de Aleluia'). 1971 – *São Bernardo*. 1977 – *Que país é esse?* (produção estrangeira).1980-1989 – *ABC da greve*. 1981 – *Eles não usam black-tie*. 1983-1985 – *Imagens do inconsciente* (1º episódio: 'Em busca do espaço cotidiano'; 2º episódio: 'No reino das mães'; 3º episódio: 'A barca do sol'). 1984-1996 – *Bahia de todos os sambas*.

Leon Hirszman nasceu a 22 de novembro, na Boca do Mato, em Lins de Vasconcelos, subúrbio do Rio de Janeiro. Era filho de Jaime (1907-1983) e Sarah Hirszman (1903-1995), judeus poloneses que fugiram das perseguições antissemitas nos anos 30, pouco antes de eclodir a II Guerra Mundial. Leon perdeu todos os parentes paternos durante a guerra na Polônia, o que marcaria profundamente a sua infância. O pai era ateu e comunista, a mãe, extremamente religiosa. Leon estudou na escola judaica progressista Scholem Aleichem, onde, segundo afirmava, começou a adquirir consciência social e política, e despertou seu interesse pelo cinema. Aos 14 anos, levado pelo pai, entrou para o Partido Comunista Brasileiro (PCB): a partir daí, a política e a vida estariam intrinsecamente associadas para Leon. Embora apaixonado por cinema desde menino, graduou-se em Engenharia para satisfazer um desejo da mãe, mas nunca exerceu a profissão. Frequentador assíduo de cineclubes* enquanto cursava a universidade, desenvolveu uma idolatria especial pelo cineasta russo Serguei Eisenstein, que cultivaria ao longo de toda a sua vida. Seu primeiro contato com o cinema deu-se no *set* de *Rio, Zona Norte*, de Nelson Pereira dos Santos*, em 1957, "levando cadeira de um lado para o outro". Nesse mesmo ano, fez assistência de direção e continuidade no filme *Juventude sem amanhã*, dirigido pelo advogado Elzevir Pereira da Silva e o dentista João César Galvão, sobre meninos que viviam nas ruas. Em 1960, criou a parte audiovisual da peça *A mais-valia vai acabar, seu Edgar*, de Oduvaldo Viana Filho*, apresentada no Teatro de Arena da Faculdade de Arquitetura do Rio de Janeiro, sob direção de Chico de Assis. Em 1962, Leon participou da fundação do Centro Popular de Cultura (CPC) da União Nacional dos Estudantes, tornando-se o responsável pelo setor de cinema. Através do CPC, levantou a produção para um longa-metragem de cinco episódios, *Cinco vezes favela*, que se tornaria um marco do Cinema Novo*. Um desses episódios, 'Pedreira de São Diogo', seria o primeiro filme dirigido por Leon, fortemente influenciado pela estética eisensteiniana e também pelo cinema japonês. Nessa mesma época, casou-se com a jornalista Norma Pereira Rego, com quem teve sua primeira filha, Irma, em 1963. Em seguida, dirigiu seu segundo filme, também um curta-metragem: o documentário *Maioria absoluta* (1964), sobre o analfabetismo no Brasil, patrocinado pelo Ministério da Educação. No ano seguinte, rodou o primeiro longa, *A falecida*, baseado na peça homônima de Nélson Rodrigues*, com roteiro do próprio Leon e de Eduardo Coutinho*. Primeiro filme, também, da atriz Fernanda Montenegro*, conta a história de uma mulher de classe média baixa, do subúrbio do Rio de Janeiro, que trai o marido e, ao ser flagrada pela prima, mergulha num processo de culpa e hipocondria que a leva à morte. De humor sutil, foi fracasso de bilheteria à época de seu lançamento, fazendo com que Leon se preocupasse em partir para um projeto de comunicação mais direta, capaz de atingir o grande público.

Em 1967, ele foi buscar inspiração na música popular de Tom Jobim* e Vinicius de Moraes* para realizar *Garota de Ipanema*. Sobre as angústias de uma adolescente da Zona Sul do Rio, o filme é um dos melhores registros da juventude e intelectualidade da classe média carioca nos tempos pós-golpe militar e pré-Ato Institucional nº 5. Primeiro filme colorido do Cinema Novo, foi fotografado pelo argentino Ricardo Aronovich*, cujo trabalho marcou toda uma geração de fotógrafos brasileiros na época. Em 1965, Leon havia se casado com a economista Liana Maria Lafayette Aureliano da Silva, que se tornou mãe de sua segunda filha, Maria, nascida no ano seguinte. Hirszman fez dois filmes diametralmente opostos, que, no entanto, são bastante emblemáticos da postura do diretor em face do cinema e da vida: o experimental 'Sexta-feira da Paixão, Sábado de Aleluia' (também 'Ligou, ligado e psst'), episódio do longa alternativo *América do sexo*, produzido por Luiz Rosemberg Filho*, e o curta-metragem *Nelson Cavaquinho* (1968), documentário sobre o conhecido músico popular. Ou seja, num momento de crise política nacional e de crise pessoal, Hirszman exercitou o seu lado de documentarista ligado à realidade do país e de seu povo, ao mesmo tempo que partiu para a experimentação radical, vivendo uma dualidade que seria marca de seu modo de estar no mundo: o delírio, a fantasia e a racionalidade pé no chão. Desde meados da década de 60, associou-se a Marcos Farias* na produtora SAGA FILMES*, que produziu, entre outros, *A vingança dos 12* (de Marcos Farias, 1969-1970), *Faustão* (de Eduardo Coutinho, 1970) e *São Bernardo*, dirigido pelo próprio Hirszman. Adaptação fiel do livro homônimo de Graciliano Ramos, *São Bernardo* conta a história de um homem pobre que se torna latifundiário, utilizando todos os meios para atingir suas metas. Extremamente elaborado, foi feito com pouquíssimos recursos, embora essa precariedade não seja percebida na tela. Leon utilizou toda a sua criatividade, incluindo a técnica de ensaios reiterados, para gastar o mínimo de negativo possível sem sacrificar a qualidade. Um de seus filmes mais bonitos, mereceu entusiasmados elogios do jornal americano *The New York Times*, que o qualificou de "belo, solene e quase cerimonioso" (Vincent Canby). A censura da ditadura militar reteve *São Bernardo* por sete meses, exigindo cortes de cunho político, que Leon não aceitou fazer. Foi o prêmio MARGARIDA DE PRATA, outorgado em 1973 pela Conferência Nacional dos Bispos do Brasil (CNBB), que abriu as portas para a liberação do filme. No entanto, a demora em estrear levou a SAGA FILMES a um processo de falência, fazendo com que Leon permanecesse quase dez anos sem fazer um novo longa-metragem, até que se resolvesse o processo judicial.

Nesse ínterim, ele dirigiu curtas-metragens sobre temas ecológicos, como *Ecologia* e *Megalópolis* (1973); sobre temas musicais (uma de suas paixões era a música popular brasileira), como *Partido alto* (1976), *Cantos do trabalho* (*Cacau, mutirão e cana-de-açúcar*, 1975-1977), *Rio, carnaval da vida* (1978); e o audiovisual *Cinema brasileiro: mercado ocupado* (1975), em que colocava algumas questões que permanecem atualíssimas sobre o cinema brasileiro, como a necessidade de descentralização, de constante aprimoramento técnico e reformulação do sistema de distribuição e exibição dos filmes nacionais, para que eles tenham efetivo acesso ao mercado. Rodou também, para a RÁDIO E TELEVISÃO ITALIANA (RAI), o documentário de duas horas (em duas partes) intitulado *Que país é esse?*, com testemunhos de economistas, historiadores, sociólogos, cientistas políticos e outros intelectuais de oposição, procurando dar um panorama do Brasil. Montado em Roma, o filme nunca foi exibido e, ao que tudo indica, encontra-se perdido. Em 1977, após seis anos de casamento, ele se separou de sua terceira mulher, Mercedes Pires Fernandes, mãe de João Pedro, nascido em 1975. Eleito vice-presidente da Associação Brasileira de Cineastas (ABRACI) também em 1975, Leon desenvolveu em todo esse período, assim como fizera desde os anos 50, intensa atividade política, procurando articular os diversos setores da intelectualidade – cineastas, músicos, atores, economistas, filósofos, escritores, artistas plásticos, etc. – contra a ditadura, organizando seminários e reuniões. "O Leon era um grande articulador", avalia o diretor Nelson Pereira dos Santos.

Em 1979, já livre do processo de falência, Leon partiu para um novo projeto, que alimentava havia muitos anos: a adaptação para o cinema da peça *Eles não usam black-tie* (1956), de Gianfrancesco Guarnieri*. No entanto, enquanto se preparava em São Paulo para rodar o novo filme, estouraram as greves no ABC paulista, que deram origem ao novo movimento sindical brasileiro e ao Partido dos Trabalhadores (PT). Documentarista, sempre preocupado com as grandes questões nacionais, Leon juntou uma pequena equipe para realizar o documentário no longa-metragem *ABC da greve*. Embora tenha montado o filme, não chegou a finalizá-lo, o que aconteceria apenas após a sua morte, sob a orientação do diretor de fotografia Adrian Cooper*. O filme é, sem dúvida, o melhor registro daquele movimento popular que precedeu a anistia política e a redemocratização do país. *Eles não usam black-tie*, cuja temática também se ambientava na periferia de São Paulo durante os movimentos grevistas, conseguiu atingir um objetivo que Leon buscava desde o fim da década de 60: a síntese razão e emoção capaz de sensibilizar o grande público sem abrir mão de seus princípios e ideias. Prêmio especial do júri do FESTIVAL DE VENEZA de 1981, foi sucesso de crítica e bilheteria, no Brasil e em alguns países, como a Argentina. Leon rodou, em parceria com Paulo César Saraceni*, *Bahia de todos os sambas*, sobre uma grande festa da música popular brasileira realizada em Roma (o filme só foi finalizado em 1996). Finalmente, Leon dedicou os últimos anos de sua vida a um projeto que alimentava desde o fim da década de 60: *Imagens do inconsciente*. São três documentários, extremamente elaborados do ponto de vista técnico e de concepção, sobre três artistas esquizofrênicos do Centro Psiquiátrico Pedro II, no Rio de Janeiro, com texto escrito pela dra. Nise da Silveira, psiquiatra junguiana responsável por aquela instituição: Fernando Diniz – *Em busca do espaço cotidiano*; Adelina Gomes – *No reino das mães*; e Carlos Perthuis – *A barca do sol*. Para muitos, entre os quais o cineasta Walter Lima Jr.*, *Imagens do inconsciente* "é uma obra-prima". Carlos Diegues* avalia que ele "seria o primeiro filme de uma grande obra que o Leon iria construir a partir dali, porque o filme é o reconhecimento dele mesmo". No entanto, o cineasta morreria ainda muito jovem, antes de completar 50 anos, a 16 de setembro de 1987, menos de um ano após descobrir que estava com aids. Um dos construtores de um novo cinema no país, Hirszman, embora tenha filmado pouco para o seu imenso talento, realizou uma obra fundamental, em que se destacam uma reflexão profunda sobre o Brasil, a busca permanente do apuro técnico e a preocupação com os oprimidos e marginalizados, incluindo as mulheres, que o diretor conseguiu retratar com rara complexidade e sensibilidade. (HS)

HOLLANDA, Lula Buarque de (Luiz Buarque de Hollanda) – Rio de Janeiro, RJ, 1963. Diretor.

FILMOGRAFIA: 1998 – *Pierre Verger – mensageiro entre dois mundos*. 2003 –

Casseta & Planeta – a Taça do Mundo é nossa. 2008 – *O mistério do samba.*

Diretor de produção com palheta autoral ampla, indo do documentário a *Casseta & Planeta.* Mestre em Cinema Studies pela Universidade de Nova York, foi um dos fundadores da CONSPIRAÇÃO FILMES. Dirigiu especiais televisivos com Gilberto Gil (*Tempo rei*); Milton Nascimento (*Sede de peixe*) e Marisa Monte (*Barulhinho bom*). Em 2005, foi um dos diretores da série televisiva *Mandrake*. Documentarista, filmou seu longa-metragem de estreia na direção, *Pierre Verger – mensageiro entre dois mundos*, sobre o etnógrafo e fotógrafo Pierre Fatumbi Verger, francês radicado na Bahia desde meados da década de 1940. Dirigiu a comédia *Casseta & Planeta – a Taça do Mundo é nossa*, primeiro longa-metragem com grupo de comediantes televisivos. Dividiu com a estreante Carolina Jabor a direção de seu segundo longa documental, *O mistério do samba*, enfocando a Velha Guarda da Portela e a pesquisa da cantora Marisa Monte sobre composições dos anos 1940 e 1950. (LFM)

ICSEY, Rodolfo (Rudolf Icsey) – Popradfelkan, Hungria, 1905-1986. Fotógrafo.

FILMOGRAFIA: 1936 – *The Man Under the Bridge* (produção estrangeira); *Szenzáció* (produção estrangeira); *Pókhálo* (produção estrangeira); *Café Moszkva* (produção estrangeira). 1938 – *Pusztai Kiraly Kesassozony* (produção estrangeira); *A Papucshos* (produção estrangeira); *A Leányvári Boszorkány* (produção estrangeira). 1939 – *Bors István* (produção estrangeira); *Tokéletes Férfi* (produção estrangeira); *Szervus Péter!* (produção estrangeira); *Pény áll a Házhoz* (produção estrangeira); *Mátyas Rendet Csinál* (produção estrangeira); *Holgyek Elonyben* (produção estrangeira). 1940 – *Zárt Tárgyalás* (produção estrangeira); *Az Utolso Vereczkey* (produção estrangeira); *Sok Huho Emméert* (produção estrangeira); *Erzsébet Királyné* (produção estrangeira); *Erdélyi Kastély* (produção estrangeira); *Eladó Birtok* (produção estrangeira). 1941 – *A Szuz És a Godollye* (produção estrangeira); *Régikeringo* (produção estrangeira); *Europa nem Valászol* (produção estrangeira). 1942 – *Szírusz* (produção estrangeira); *Szeptember Végén* (produção estrangeira); *Szép Csillag* (produção estrangeira); *Fráter Loránd* (produção estrangeira); *Férfihuseg* (produção estrangeira); *Annamária* (produção estrangeira); *Álom Keringo* (produção estrangeira). 1943 – *Sjováthy Éva* (produção estrangeira); *Sziámi Macska* (produção estrangeira); *Ragaszkadom a Szerelembez* (produção estrangeira); *Nászindulo* (produção estrangeira); *Muki* (produção estrangeira); *Machita* (produção estrangeira); *Egy Szoknys* (produção estrangeira); *Baldok Idok* (produção estrangeira); *Bajtarsak* (produção estrangeira). 1944 – *Madách* (produção estrangeira); *Egy Eimber Tragédiája* (produção estrangeira); *A Héram Galamb* (produção estrangeira); *Fiú Vagy Lány?* (produção estrangeira); *Egy Pofon, Egy Csók* (produção estrangeira). 1945 – *Aranyóra* (produção estrangeira). 1947 – *Der Hofrat Geiger* (produção estrangeira). 1948 – *Der Leberfleck* (produção estrangeira). 1950 – *Sangue sul sagrato* (produção estrangeira). 1955 – *Macumba Love* (produção estrangeira); *Quem matou Anabela?*. 1956 – *Arara vermelha*; *A doutora é muito viva*; *Curuçu, o terror das amazonas* (produção estrangeira). 1957 – *Casei-me com um xavante*; *Cara de fogo*; *Estranho encontro*; *Vou te contá*. 1958 – *Chofer de praça*; *O preço da vitória*. 1959 – *Jeca Tatu*; *Mistério da ilha de Vênus* (produção estrangeira); *Moral em concordata*; *Na Garganta do Diabo*. 1960 – *As aventuras de Pedro Malazartes*; *Zé do Periquito*. 1961 – *Mulheres e milhões*; *Tristeza do Jeca*. 1962 – *Vendedor de linguiças*; *A ilha*. 1963 – *Casinha pequenina*; *O lamparina*. 1964 – *Noite vazia*; *Meu Japão brasileiro*. 1965 – *Corpo ardente*. 1966 – *O corintiano*. 1967 – *O Jeca e a freira*; *O quarto*. 1968 – *Até que o casamento nos separe*; *Agnaldo, perigo à vista*. 1969 – *A Compadecida*; *Para, Pedro*; *A arte de amar bem* (1º episódio: 'A inconveniência de ser esposa'; 2º episódio: 'A honestidade de mentir'; 3º episódio: 'Garçonnière de meu marido'). 1970 – *Cléo e Daniel*; *A moreninha*; *Janjão não dispara... foge*. 1970-1973 – *Pontal da solidão*. 1971 – *Lua de mel & amendoim* (1º episódio: 'Lua de mel & amendoim'). 1972 – *Independência ou morte*; *As deusas*.

Diretor de fotografia húngaro, radicado em São Paulo desde 1955. Veio para o Brasil juntamente com o diretor, produtor e pintor D. A. Hamza, a convite de Mário Audrá*, proprietário da MARISTELA*, que os contratou na Itália, onde residiam. Sua estreia no Brasil, como diretor de fotografia, ocorreu em *Quem matou Anabela?*, dirigido por Hamza. Foi o responsável pela direção de fotografia de filmes realizados no Brasil e na Europa. Excelente profissional em seu campo de atuação. Começou a fotografar em 1919, seguindo os passos de seu pai e de seu avô. A exemplo de outros grandes fotógrafos que vieram para o país e aqui ficaram (Chick Fowle*, Mário Pagés* e Ugo Lombardi*, apenas para citar alguns), Icsey trabalhou com vários diretores e produtores do cinema brasileiro, merecendo destaque as onze películas realizadas com Amácio Mazzaropi*, os seis filmes feitos com Walter Hugo Khouri* e os realizados com Tom Payne* (*Arara vermelha*), Alfredo Palácios* (*Casei-me com um xavante* e *Vou te contá*), Fernando de Barros* (*Moral em concordata*, *A arte de amar bem* e *Lua de mel & amendoim*), Galileu Garcia* (*Cara de fogo*), Osvaldo Sampaio* (*Preço da vitória*), Flávio Tambellini* (*Até que o casamento nos separe*), Carlos Coimbra* (*Independência ou morte*), Jorge Ileli* (*Mulheres e milhões*) e Rubem Biáfora* (*O quarto*). A boa qualidade da fotografia de Icsey foi várias vezes reconhecida, merecendo destaque a parceria com Khouri, em especial em *Estranho encontro*, *Na Garganta do Diabo* e *Noite vazia*. Por ocasião de sua morte, Khouri declara que Icsey "era um fotógrafo expressionista, que trabalhava com luz recortada, como se fosse pintura". Nessa mesma ocasião, o produtor Aníbal Massaini Neto* afirmou que o fotógrafo húngaro agia, durante as filmagens, como um verdadeiro membro de equipe, dirigindo a fotografia efetivamente junto com o diretor e transmitindo sua vasta experiência aos auxiliares. (AMC)

IGNEZ, Helena (Inês Pinto de Melo e Silva) – Salvador, BA, 1941. Atriz.

FILMOGRAFIA: 1961 – *A grande feira*. 1962 – *Assalto ao trem pagador*. 1964 – *O grito da terra*. 1965 – *O padre e a moça*. 1967 – *O engano*; *Cara a cara*. 1967-1968 – *Um homem e sua jaula*. 1968 – *O Bandido da Luz Vermelha*; *Os marginais* (1º episódio: 'Guilherme'). 1969 – *A mulher de todos*. 1970 – *Família do barulho*; *Sem essa aranha*; *Barão Olavo, o horrível*; *Copacabana, mon amour*; *Cuidado, madame*; *Carnaval na lama*; *Os monstros do Babaláô*. 1973 – *Um intruso no paraíso*. 1980-1985 – *Nem tudo é verdade*. 1992 – *Perfume de gardênia*; *Oswaldianas* (5º episódio: 'Perigo negro'). 1999 – *São Jerônimo*. 2003 – *O signo do caos*. 2007 – *Meu mundo em perigo*; *Canção de Baal* (dir.). 2007-2008 – *Encarnação do demônio*. 2009 – *Hotel Atlântico*. 2009-2010 – *Luz nas trevas – A volta do Bandido da Luz Vermelha* (dir.).

O teatro foi a primeira manifestação artística de Helena Ignez. Em 1957, aos 18 anos, ingressou na Escola de Teatro da Bahia, onde teve contato com as ideias vanguardistas de Martim Gonçalves, que a dirigiu em várias peças. Ali também conheceu Glauber Rocha*, seu futuro marido, com quem faria um ano mais tarde o curta *O pátio* e teria uma filha, Paloma. Bonita e charmosa, foi a *Glamour Girl* da Bahia e participou do Concurso de Miss Bahia. Paralelamente a suas atividades no teatro, foi responsável por uma coluna social no *Diário de Notícias*, de Salvador, com o pseudônimo Krista, que, segundo o depoimento de Luiz Carlos Maciel, escondia a identidade de Glauber, o verdadeiro autor das notas e textos. Quando Glauber assume a direção de produção de *A grande feira*, dirigido por Roberto Pires*, consegue um papel para Helena Ignez. Daí em diante, a atriz passa a trabalhar em filmes de grande repercussão. Em 1962, embarca para o Rio de Janeiro convidada a participar do elenco de *O assalto ao trem pagador*, dirigido por Roberto Farias*, que se tornou obra de referência na época. Logo depois trabalha com Joaquim Pedro de Andrade* em *O padre e a moça*, adaptação livre de um poema de Carlos Drummond de Andrade, em que faz uma mulher com jeito inocente que desencaminha o padre interpretado por Paulo José*. Helena Ignez se torna então capa de revista e sai em todos os jornais. Por seu trabalho no filme, merece uma menção honrosa no FESTIVAL DE CINEMA DE BERLIM. Residindo no Rio, Helena iniciou uma parceria com Júlio Bressane* a partir de *Cara a cara*. Mas foi com *O Bandido da Luz Vermelha* e *A mulher de todos*, ambos de Rogério Sganzerla*, que a atriz se transformou, definitivamente, na musa do udigrúdi. Nesses filmes, ela interpreta, respectivamente, a pistoleira Janete Jane e a demoníaca/ninfomaníaca Ângela Carne e Osso, sempre com um charuto entre os lábios. Nesse período, que vai até 1974, a atriz desenvolve um tipo característico que vai ficar marcado para sempre no meio cinematográfico e entre os espectadores. Ela é o protótipo da musa vanguardista, o ar angelical convivendo com o deboche, desenvolvendo um modo de interpretar que ficaria como sua marca registrada: *over*, escrachado, antinaturalista. Em 1970, monta com Rogério Sganzerla e Júlio Bressane a produtora BELAIR, na qual fizeram seis filmes na fase mais radical do cinema experimental/marginal brasileiro, pouco exibidos no circuito comercial. Helena Ignez some de cena por mais de uma década, dedicando-se à criação das duas filhas que teve do casamento com Rogério Sganzerla, ao mesmo tempo que viaja para o Oriente e desenvolve seus novos interesses, voltados para o taoísmo, o Hare Krishna e o tai chi chuan. A reclusão se encerra em 1992, quando faz uma participação especial no filme *Perfume de gardênia*, de Guilherme de Almeida Prado*. Quatro anos depois, com Rogério Sganzerla, atuou em *Tudo é Brasil*, que integra a trilogia do diretor dedicada a Orson Welles. Mas seu retorno à interpretação inclui também o teatro, trabalhando com Antonio Abujamra* em *Exorbitâncias* e na montagem teatral de *Jango*, texto de Glauber Rocha sob a direção de Luiz Carlos Maciel, entre outros trabalhos. (IS)

Helena Ignez mantém ritmo intenso de atividade na década de 2000, revelando-se artista com carreira ampla na maturidade. Retoma bem seu trabalho de encenação em filmes como *O signo do caos*, dirigida por seu marido Sganzerla; *Encarnação do demônio* com Zé do Caixão, e *Hotel Atlântico*, de Suzana Amaral*. Mas é a descoberta de suas potencialidades como diretora de cinema que marca os anos 2000 para a atriz. Depois de passar a vida em proximidade cotidiana com diretores de cinema, seu primeiro longa, *A canção de Baal*, revela que poderia ter avançado antes o sinal (apesar das experiências esporádicas nos anos 70). No bom velho estilo do Cinema Marginal, *A canção de Baal* é uma adaptação livre da peça *Baal* do jovem Bertolt Brecht. Sente-se claramente a influência "marginal" carregada de alguns arquétipos da geração dos anos 60, que tanto marcou o cinema brasileiro. Podemos respirar em *A canção de Baal* o clima tão particular das produções BELAIR. *Baal* tem o frescor dos velhos tempos, quando estes sopram do fundo do coração. O primeiro contato de Helena com Brecht deu-se na Bahia efervescente de 1960, quando encenou *A ópera dos três vinténs*, dirigida por Martim Gonçalves. Glauber estava filmando *Barravento* na época, e foi assistir à estreia da esposa. Mais tarde, o diretor refere-se a essa encenação de Brecht como uma das influências fortes de sua juventude, na origem do sincretismo de *Deus e o diabo na terra do sol*. Helena, portanto, tem história para voltar a Brecht. E o retorno tem um traço encorpado, que vai além da descoberta superficial.

O estilo que dá o tom no filme vem claramente das experiências da contracultura, mesmo que esteja longe da virtuosidade da encenação glauberiana, ou do domínio do quadro no Sganzerla dos melhores tempos. Ignez é uma artista intuitiva, um pouco *naïve* na condução do filme, mas que faz sentir em suas mãos a história do cinema brasileiro. Fragmentação narrativa e exasperação existencial percorrem o filme, com sexo exposto, gritos, bobices reiteradas, cafajestes, vozes múltiplas, postulados anunciados em tom grandiloquente, seres grotescos, abjeções. Está lá tudo o que marcou o estilo da produção de vanguarda no Brasil na década 70. *A canção de Baal* não é apenas um filme antigo, que mostra uma Helena Ignez revivida. Helena é a mulher que sobreviveu a seus homens, para parafrasear manchete da capa do *Pasquim*, com ela e Sganzela. Agora ela é a matriarca, que está em cima da mesa dando ordens e levantando a produção, dirigindo o filme. Sua veia artística é forte e vai além dos evidentes dotes para a interpretação, que a tornaram a musa *underground* do cinema brasileiro. Sganzerla e Glauber estão vibrando no fundo da terra e *Baal* ecoa na voz feminina de Helena. O mais espantoso é que ela consegue fazer cinema de verdade, que se sustenta bem nas pernas, e que pode ser acrescentado sem condescendência à filmografia "marginal". É puro Cinema Marginal.

Em 2009, Helena inicia a continuação do clássico *O Bandido da Luz Vermelha* (1969), filmado por seu marido. Sganzerla haveria escrito centenas de páginas de roteiro para a sequência de *O Bandido*. Antes de morrer, entrega o material nas mãos de Helena dizendo: "Agora é teu".

A responsabilidade é grande: trata-se de dar continuidade a um clássico de nosso do cinema. *Bandido* é o filme que quebra com o realismo mais comportado do Cinema Novo e introduz definitivamente a estética do liquidificador tropicalista no cinema brasileiro. A produção envolve maior envergadura que *Baal*, e tem uma estética mais comportada. Ney Matogrosso faz o papel do Luz Vermelha e Dgin Sganzerla (filha de Rogério com Helena) o papel da pistoleira depravada que a mãe tão bem havia desempenhado. O roteiro é criativo e centra-se na figura de um filho do Bandido da Luz Vermelha, que afinal não teria sido morto eletrocutado. Como em toda continuação, é inevitável termos o original na cabeça e a comparação sofre ao provocar o paradigma do clássico. A produção teve desenvolvimento complicado com o rompimento entre Helena e Ícaro Martins*, que divide os créditos de direção. O esquema familiar talvez tenha pesado no filme: roteiro do marido, direção da esposa, estrelando a filha e o genro, embora todos sejam bons profissionais na área em que atuam. *Luz nas Trevas – a volta do Bandido da Luz Vermelha* aponta para a afirmação da carreira de Helena como diretora, fazendo jus a seu papel de coringa nos diversos caminhos cruzados do cinema brasileiro. (FPR)

ILELI, Jorge (Jorge Miguel Ileli) – Rio de Janeiro, RJ, 1925-2003. Diretor.

FILMOGRAFIA: 1952 – *Amei um bicheiro*. 1961 – *Mulheres e milhões*. 1963 – *No mundo em que Getúlio viveu*. 1972 – *Viver de morrer*.

Filho de imigrantes, Jorge Ileli nasceu no Rio de Janeiro, onde começou a estudar Jornalismo na Faculdade de Filosofia. Deixa o curso em 1949 para escrever uma coluna cinematográfica em *Diretrizes*. O interesse por cinema também o levou a fundar e dirigir o cineclube CARLITOS. A partir de 1951, passa a trabalhar na revista *A Cigarra*, na qual chegou a fazer parte da secretaria de redação. Paralelamente à atuação como crítico e jornalista, Ileli investe também na prática cinematográfica. Junto com Alex Viany* (outro crítico que se tornaria diretor), faz assistência de direção para Ruy Santos* em "Aglaia" (1950), filme inacabado no qual também colaborou como roteirista. Seu primeiro longa-metragem, *Amei um bicheiro*, é dirigido em parceria com Paulo Vanderley*, veterano crítico de cinema, roteirista de *Barro humano* (1927-1929). Produção da ATLÂNTIDA*, o filme mostra o envolvimento de um rapaz que vem do interior com os chefões do jogo do bicho. A trama recebe um tratamento que remete às atmosferas do *thriller* americano. Ao mesmo tempo, o filme é considerado uma das primeiras referências ao neorrealismo italiano no país, pela preocupação em abordar temas e personagens da realidade brasileira. *Amei um bicheiro* procurava atingir maior qualidade técnica e narrativa, o que levou parte da crítica a apontá-lo como modelo a ser seguido, em contraposição à precariedade das chanchadas*, que faziam o sucesso da companhia. Com a repercussão de seu filme de estreia, Ileli recebe proposta de Luiz Severiano Ribeiro Jr.* para dirigir os cinejornais* da CINEGRÁFICA SÃO LUIZ. Permanece durante três meses na função, imprimindo um estilo de reportagem às atualidades, acrescentando comentários às imagens e até construindo certa dramaticidade no registro das situações. Em *Carnaval em Caxias* (1953), Ileli assume o posto de produtor e faz parte do time de roteiristas, que inclui Alex Viany e Leon Eliachar, além do próprio diretor, Paulo Vanderley. Junto com Jorge Dória* (também argumentista de *Amei um bicheiro*), assina o argumento de *Absolutamente certo* (1957), espirituosa comédia dirigida por Anselmo Duarte*. Ileli só voltaria à direção no início dos anos 60, com *Mulheres e milhões*, mais um argumento de Jorge Dória, com roteiro de Ileli e Flávio Tambellini*, e diálogos adicionais de Nélson Rodrigues*. Inspirado particularmente no trabalho dos diretores John Huston (*O segredo das joias*) e Jules Dassin (*Cidade nua*), Ileli retoma a estrutura do *thriller* e procura compor um filme policial brasileiro ao contar a história de um assalto a banco minuciosamente planejado. O terceiro dos quatro longas dirigidos por Ileli é o documentário *No mundo em que Getúlio viveu*, que partiu do projeto de realizar uma série de reportagens históricas para a televisão. Com as pesquisas e a compra de material de arquivo, o filme passou a abordar não só a figura do ex-ditador e presidente, mas também episódios históricos que marcaram a primeira metade do século (*belle époque*, I e II Guerra Mundial). Realizado em 1963, o documentário permaneceu inédito por mais de dez anos. Somente em 1976 foi exibido comercialmente, saudado por uns como uma esclarecedora reportagem histórica e visto com reservas por outros, que esperavam uma visão mais crítica da trajetória de Getúlio. Em 1970, Ileli é o produtor de *Juliana do amor perdido* – um trabalho "em família" com seus primos Sérgio Ricardo na direção, e Dib Lutfi* como fotógrafo. Por essa época, dirige três curtas-metragens. A partir de imagens de arquivo, realiza em 1969 *Carmen Miranda* e, no ano seguinte, *O Brasil na guerra, a FEB contra o nazifascismo*, com produção do crítico Antônio Moniz Viana*. Logo em seguida, volta-se para outro ídolo da música brasileira em *Francisco Alves, uma cruz na estrada* (1970). Dois anos depois, dirige (e também produz, através de sua empresa ENTREFILMES) seu quarto e último filme de longa metragem: *Viver de morrer*. A trama urbana, narrada no melhor estilo do policial *noir*, acompanha os sucessivos golpes aplicados pelos personagens, que descobrem quanto podem ganhar forjando mortes, ou matando de verdade, para ficar com o dinheiro do seguro. Considerando *Viver de morrer* como seu primeiro filme pessoal, Ileli o define como um adágio lúgubre, em que sua visão amarga sobre o mundo contemporâneo se traduz na divisão dos personagens entre assassinos e assassinados. Como crítico e realizador, atuou com frequência na política cinematográfica, assumindo a vice-presidência da Associação Brasileira de Cronistas Cinematográficos (ABCC) e a direção do Departamento do Filme de Longa Metragem no Instituto Nacional de Cinema (INC*). Deixa o cinema para se dedicar à Unilivros, rede de livrarias, editora e distribuidora que fundou e dirigiu. Em 1979 planejou voltar à direção de cinema com um roteiro adaptado do livro *Araceli, meu amor*, de José Louzeiro*, mas o projeto não vingou. Faleceu em 16 de maio no Rio de Janeiro. (LCA)

IMPERIAL, Carlos (Carlos Eduardo Corte Imperial) – Cachoeiro do Itapemirim, ES, 1935-1992. Ator, diretor, produtor.

FILMOGRAFIA: 1954-1956 – *Contrabando* (ator). 1956 – *Cangerê* (ator). 1957 – *De vento em popa* (ator). 1958 – *Aguenta o rojão* (ator); *Sherlock de araque* (ator); *Minha sogra é da polícia* (ator); *Pé na tábua* (ator); *Mulheres à vista* (ator). 1959 – *Garota enxuta* (ator). 1960 – *Vai que é mole* (ator); *O dono da bola* (ator). 1961 – *Capital do samba, Rio à noite* (ator). 1962-1963 – *Sangue na madrugada* (ator). 1969 – *O rei da pilantragem* (ator, prod.); *Tempo de violência* (ator). 1970 – *Os amores de um cafona* (ator). 1971 – *O doce esporte do sexo* (4º episódio: 'A suspeita') (ator). 1972 – *A viúva virgem* (ator); *Independência ou morte* (ator); *Cassy Jones, o magnífico sedutor* (ator). 1973 – *O Pica-pau Amarelo* (ator); *As depravadas* (ator); *Um edifício chamado 200* (ator, prod., dir.). 1974 – *Banana mecânica* (ator, prod.); *O* sexo das bonecas (*Ele, ela e o etc.*) (ator, prod., dir.). 1975 – *O monstro caraíba* (ator, prod.); *O esquadrão da morte* (ator, prod., dir.). 1975-1978 – *A noiva da cidade* (ator). 1976 – *A ilha das cangaceiras virgens* (ator); *As meninas querem... e os coroas podem* (ator); *O sexomaníaco* (ator, prod., dir.). 1978 – *Amada amante* (ator). 1979-1983 – *Loucuras, o bumbum de ouro* (ator, prod., dir.). 1980 – *Delícias do sexo* (ator, prod., dir.). 1981 – *Mulheres... mulheres* (ator, prod., dir.); *Um marciano na minha cama* (ator, prod., dir.). 1983 – *Os bons tempos voltaram, vamos gozar outra vez* (1º episódio: 'Sábado quente') (ator). 1984 – *Perdidos no vale dos dinossauros* (ator).

Se ainda fosse vivo, Carlos Imperial poderia ser definido com um adjetivo que se atribui atualmente aos artistas polivalentes que se dedicam a várias áreas simultaneamente – um homem multimídia. Em sua relativamente curta existência dedicou-se às profissões de ator, cantor, compositor, produtor fonográfico, diretor de tevê, diretor de cinema, jornalista (colunista e repórter), animador, dirigente de classe, publicitário. Iniciou sua carreira na TV TUPI, onde teve ascensão fulminante: admitido em 1959, tornou-se supervisor musical da emissora em 1968. Seus estudos iniciais se deram no Instituto São Fernando e no Colégio de Cataguases. Já no Rio de Janeiro, fez um curso de propaganda e um curso de música no Instituto Villa-Lobos. Compositor, cantor e produtor musical de sucesso, Imperial foi um dos lançadores do Movimento Musical Jovem nos anos 60. Durante quatro anos consecutivos (1966 a 1969), foi o campeão nacional em vendagem de discos e execução musical. Sua carreira no cinema começou na década de 50, como ator, no policial *Contrabando*, de Mario Latini e Eduardo Llorente. Suas atuações mais expressivas foram em *A viúva virgem*, de Pedro Carlos Rovai*, *O Pica-pau Amarelo*, de Geraldo Sarno*, e *O monstro caraíba*, de Júlio Bressane*, nos quais personifica, respectivamente, um conquistador, um pirata e um monstro. Além de ator, foi assistente de direção, criador de números musicais e de várias trilhas sonoras, tendo fundado sua própria produtora, a CIPAL. Estreou na direção com *Um edifício chamado 200*, adaptação de uma peça teatral de Paulo Pontes, grande sucesso nos palcos cariocas. Com exceção de *O esquadrão da morte*, seus filmes se caracterizam pelo erotismo escrachado e por vezes apelativo (Imperial foi cultor do gênero erótico no cinema brasileiro, batizado de pornochanchada*

nos anos 70). Os títulos dão uma clara ideia de suas intenções: *O sexo das bonecas, O sexomaníaco, Loucuras, o bumbum de ouro, Delícias do sexo, Mulheres... mulheres.* Seu último filme como diretor foi *Um marciano na minha cama*, realizado em 1981. Imperial faleceu em 4 de novembro de 1992, no Rio de Janeiro. (LAR)

INC (Instituto Nacional de Cinema)

O INC foi criado durante o regime militar pelo Decreto-lei nº 43, de 18 de novembro de 1966. No entanto, é interessante notar que, desde 1952, tramitava no Congresso um projeto propondo a sua criação. Trata-se da proposta formulada pelo cineasta Alberto Cavalcanti*, que, a partir de um convite do presidente Getúlio Vargas, formou um grupo de trabalho do qual participaram, entre outros, Vinicius de Moraes* e Décio Vieira Ottoni*, para realizar um estudo sobre a situação do cinema brasileiro. Esse primeiro projeto vinha por sua vez se contrapor à tramitação de um outro, formulado inicialmente, em 1947, por Jorge Amado*, então representante da bancada do Partido Comunista Brasileiro (PCB), que tinha por objetivo criar o Conselho Nacional de Cinema e regular normas de produção, importação, distribuição e exibição de filmes, mas que, em 1957, foi anexado ao que criava o INC, por se tratar de "assunto idêntico" ou "análogo". Portanto, um longo e intrincado processo precede o momento em que o INC passa a organizar o campo cinematográfico, com as decisões centralizadas no Executivo. Se existem algumas semelhanças em relação às propostas de Alberto Cavalcanti, o Decreto-lei nº 43 de 1966, que o instituiu, era mais abrangente que o projeto original quanto aos objetivos. Em vez de apenas ater-se a promover e estimular o desenvolvimento das atividades cinematográficas no país, o INC deveria formular e executar a política governamental relativa à produção, importação, distribuição e exibição de filmes, ao desenvolvimento da indústria cinematográfica brasileira, ao seu fomento cultural e à sua promoção no exterior. De fato, ao contrário da legislação anterior referente a órgãos como o Grupo Executivo da Indústria Cinematográfica (GEICINE), ao qual competia apenas "recomendar", "encaminhar" ou "propor" financiamentos à produção cinematográfica, foi com o INC que o Estado assumiu explicitamente o financiamento da produção nacional de filmes.

Instituído como uma autarquia federal e incorporando o GEICINE e o Instituto Nacional de Cinema Educativo (INCE*), o INC contava com autonomia técnica,

administrativa e financeira, mas estava subordinado ao Ministério da Educação e Cultura. Sua organização era composta do presidente, nomeado pelo presidente da República, do Conselho Deliberativo, do Conselho Consultivo e das secretarias de Planejamento e de Coordenação. É de se observar que, enquanto o Conselho Deliberativo era composto do presidente do INC, cinco representantes de diversos ministérios, afora um do Banco Central, os representantes dos produtores de cinema, dos distribuidores, dos exibidores, da crítica cinematográfica e dos diretores de cinema tinham assento apenas no Conselho Consultivo. É curioso notar que, embora Flávio Tambellini* tenha persistido na necessidade da criação do órgão – o que ocorre no final do governo do presidente Humberto Castelo Branco –, o primeiro dirigente do INC, Durval Gomes Garcia, foi nomeado pelo sucessor deste na Presidência da República, general Artur da Costa e Silva.

Entre as iniciativas introduzidas, conforme estabelecia o próprio decreto-lei que o criou, o INC tornou obrigatório o uso do ingresso único, de borderô e de máquinas registradoras. Essa era uma antiga reivindicação dos produtores, já que essas medidas proporcionavam uma garantia maior de receberem a porcentagem real da renda de seus filmes, embora, nos anos 70, mesmo após a introdução das máquinas registradoras, tenham sido apreendidos cerca de 40 mil ingressos que, em vez de serem rasgados como determinava a legislação, voltavam à bilheteria, sendo alguns até plastificados. Além disso, o INC aumentou a quota anual de exibição compulsória de filmes nacionais de 63 dias, em 1969, para 112, em 1975, ano em que é extinto o órgão. Das 112 resoluções baixadas, destacam-se as que concederam prêmios – como o PRÊMIO INC, ou prêmios percentuais calculados sobre a renda líquida de bilheteria – e as medidas que procuraram fortalecer a infraestrutura do cinema, como a que obrigou a copiagem de filmes estrangeiros em laboratórios cinematográficos* brasileiros. As principais fontes de receita do INC eram as dotações orçamentárias, a "contribuição para o desenvolvimento da indústria nacional" imposta a todos os filmes destinados à exibição comercial em cinema e televisão – com exceção dos filmes publicitários – e, especialmente, a renda proporcionada pela venda de ingressos padronizados. O INC, durante os três primeiros anos de seu funcionamento, realizou 38 filmes em regime de produção associada, valendo-se dos recursos oriundos dos depósitos a que se refere o artigo 45 da Lei nº 4.131, de 3 de setembro de 1962, que, ao disciplinar a aplicação do capital estrangeiro e as remessas de valores para o exterior, retinha parte do imposto de renda das distribuidoras estrangeiras. Em 1969, esses recursos foram transferidos para a recém-criada EMBRAFILME*, esvaziando o instituto. Sua extinção se deu pela Lei nº 6.281, em 9 de dezembro de 1975, quando suas atribuições passaram a ser exercidas pela EMBRAFILME e, em seguida, pelo CONCINE*, que manteve suas resoluções baixadas até a gestão de seu último presidente, Alcino Teixeira de Mello. (ASi)

INCE (Instituto Nacional de Cinema Educativo)

O INCE foi criado por Roquette Pinto*, e destinava-se a promover e orientar a utilização da cinematografia especialmente como processo auxiliar do ensino, e ainda como meio de educação popular. Oficialmente fora instituído em 1937, por meio da Lei nº 378, artigo 40, no Ministério da Educação e Saúde, embora uma comissão instaladora já funcionasse desde março do ano anterior, dando início à produção, aquisição e adaptação de filmes educativos para exibição e distribuição de cópias à rede de ensino do país. Antes, em 1936, o INCE produziu 26 filmes científicos, de reportagens e de temática artística. O INCE surgia no bojo de um projeto articulado no governo de Getúlio Vargas, que, no esforço de construir uma identidade imprescindível ao desenvolvimento industrial e à constituição de um mercado, valorizou os instrumentos de difusão cultural, abrindo um novo relacionamento do cinema com o poder. Para tanto, valeu-se das propostas que, desde os anos 20, apontavam as possibilidades da técnica cinematográfica para implementar a reforma da sociedade pela via da reforma do ensino. Desse modo, o cinema educativo tornou-se um dos pilares de um projeto mais amplo, que procurava organizar a produção, o mercado exibidor e o importador, ao mesmo tempo que servia ao propósito de propagandear o aspecto integrador/centralizador da ideologia nacionalista. Em 1946, o Decreto-lei nº 8.536 dá organização ao INCE e o Decreto-lei nº 20.301 aprova o regimento.

O INCE chegou a realizar, entre outras atividades, projeções em mais de mil escolas e institutos de cultura, organizou uma filmoteca e elaborou documentários. A produção do INCE dividiu-se em filmes escolares, de 16 mm, mudos e sonoros, destinados a circular em escolas e institutos de cultura, e filmes populares, sonoros, de 35 mm, encaminhados para o circuito das casas de exibição pública de todo o país, ora reproduzindo títulos da literatura brasileira, como *Um apólogo* (1936), de Machado de Assis, ora evocando episódios da história, como *Bandeirantes* (1940), que contou com a colaboração de Humberto Mauro*. Até 1941, já haviam sido editados cerca de duzentos filmes, que foram distribuídos não apenas nas escolas, mas também em centros operários, agremiações esportivas e sociedades culturais. Todo o processo de produção dos filmes do INCE era realizado pelo próprio instituto: revelação, montagem, gravação de som, filmagem em estúdios e copiagem. Humberto Mauro constituiu uma equipe que permitiu ao INCE uma produção ininterrupta de filmes por mais de vinte anos: Mateus Colaço, Erich Walder, Manoel Ribeiro, seus irmãos Haroldo e José Mauro, Brasil Gerson e Pascoal Lemme. Foi no INCE que Humberto Mauro produziu e dirigiu mais de duzentos documentários de curta e média metragem. Entre os curtas-metragens, destaca-se a série *Brasilianas*, com obras como *Meus oito anos* (1956) ou *A velha a fiar* (1964). Outro filme produzido em parte com recursos do INCE foi *Aruanda* (1959-1960), dirigido por Linduarte Noronha*. Após abordar uma enorme gama de assuntos em seus filmes (geografia, música, medicina, educação rural, documentação científica e industrial, história), o INCE é incorporado, em 1966, ao INC* (Decreto-lei nº 43, artigo 31) e passa a encomendar filmes a produtores, como George Jonas, que realizou *O semeador*. (ASi)

IÓRIO, Átila – Rio de Janeiro, RJ, 1921-2002. Ator.

FILMOGRAFIA: 1946 – *Caídos do céu*. 1949 – *Também somos irmãos*. 1953 – *Dupla do barulho*. 1957 – *A baronesa transviada*. 1960 – *Briga, mulher e samba*; *Virou bagunça*. 1961 – *Os três cangaceiros*. 1962 – *Assalto ao trem pagador*; *Os cosmonautas*; *Um morto ao telefone*; *Quero essa mulher assim mesmo*; *Sonhando com milhões*. 1963 – *Vidas secas*; *Os fuzis*. 1964 – *Lana, rainha das amazonas*. 1965 – *007 ½ no carnaval*. 1967 – *As aventuras de Chico Valente*. 1968 – *Os carrascos entre nós*; *Panca de valente*; *No paraíso das solteironas*; *Deu a louca no cangaço*. 1969 – *Dois mil anos de confusão*. 1970 – *Guerra dos Pelados*. 1973 – *Sagarana: o duelo*. 1974 – *O libertino*; *Uma tarde... outra tarde*. 1975 – *O filho do chefão*. 1977 – *Ódio*; *Diário da província*. 1978 – *O sol dos amantes*. 1985 – *Pedro Mico*. 1990 – *O mistério de Robin Hood*.

Veterano artista com discreta participação na televisão e de destaque no cinema. Inicia sua carreira à época da chanchada*, quando atua sempre em pequenos papéis, filmando as comédias de Luiz de Barros* (*Caídos do céu*), de Carlos Manga* (*Dupla do barulho*) e de Watson Macedo* (*A baronesa transviada*). Na ATLÂNTIDA*, em *Também somos irmãos*, do diretor José Carlos Burle*, atua em seu primeiro filme sério. Na década de 60, permanece fazendo pequenas participações em comédias, como as de produção de Ronaldo Lupo*, *Briga, mulher e samba*, com direção de Sanin Cherques; *Quero essa mulher assim mesmo*, de J. P. Carvalho; e em *As aventuras de Chico Valente*, com direção de Lupo. Atua em outras comédias, como *Virou bagunça*, novamente com o diretor Watson Macedo, e com o diretor Victor Lima* em *Os três cangaceiros*, *Os cosmonautas* e *007 ½ no carnaval*. Com o advento do Cinema Novo*, conquista bons papéis. É um dos bandidos de *Assalto ao trem pagador*, de Roberto Farias*. No melodrama policial *Um morto ao telefone*, de Watson Macedo, e *Sonhando com milhões*, de Eurides Ramos*, é apenas um correto coadjuvante. A seguir, interpreta seus papéis de maior destaque, como quando faz o humilhado chefe de uma pequena família de retirantes da seca, em *Vidas secas*, obra-prima do diretor Nelson Pereira dos Santos*, extraído do romance homônimo de Graciliano Ramos, e como o motorista de caminhão, de apelido Gaúcho, retido na cidade conflagrada, em *Os fuzis*, de Ruy Guerra*. É um dos principais atores em outro filme policial, *Os carrascos estão entre nós*, de Adolpho Chadler*. No fim dos anos 60, participa em papéis irrelevantes numa nova série de comédias: *Panca de valente*, de Luís Sérgio Person*, *No paraíso das solteironas*, de Amácio Mazzaropi* (quando contracena com esse comediante), *Deu a louca no cangaço* e *Dois mil anos de confusão*, ambos com o diretor Fauzi Mansur*, quando tem a oportunidade de trabalhar com o comediante Dedé Santana*. Na década de 70, filma menos. Tem uma grande oportunidade pelas mãos do diretor Sylvio Back* ao representar o líder político e religioso de *Guerra dos Pelados*, baseado em fatos reais e no romance *Geração do deserto*, de Guido Wilmar Sassi. A esse filme, seguem-se duas participações irrelevantes em dois dramas extraídos de adaptações literárias, como *Sagarana: o duelo*, de Paulo Thiago*, e *Uma tarde... outra tarde*, de William Cobbett. Volta a trabalhar com o diretor

Victor Lima nas comédias *O libertino* e *O filho do chefão*, em que representa o papel do chefão, misturando dramaticidade e humor em sua interpretação. Mais quatro dramas aparecem em sua filmografia: o policial *Ódio*, de Carlo Mossy*; os dramas rurais, *Diário da província*, de Roberto Palmari*; e *O sol dos amantes*, de Geraldo Santos Pereira*; e finalmente *Pedro Mico*, de Ipojuca Pontes*, baseado na peça homônima de Antônio Callado. Encerra sua carreira em comédia dos Trapalhões*. Faleceu em Sepetiba (Rio de Janeiro), em 10 de dezembro. (LFM)

ISABELLA (Maria Heloísa Silva de Cerqueira Campos) – Mundo Novo, BA, 1938. Atriz.

FILMOGRAFIA: 1962 – *Cinco vezes favela* (1º episódio: 'Um favelado'); *Os apavorados*. 1965 – *O desafio*. 1967 – *Proezas de Satanás na Vila de Leva-e-traz*; *Capitu*. 1968 – *O bravo guerreiro*. 1969 – *A cama ao alcance de todos* (1º episódio: 'A primeira cama'); *Pedro Diabo*. 1970 – *Barão Olavo, o horrível*; *Lúcia McCartney, uma garota de programa*; *A possuída dos mil demônios*. 1971 – *As quatro chaves mágicas*.

1973-1977 – *Lira do delírio*. 1978 – *Lerfa Mu*. 1979 – *Parceiros da aventura*.

Uma das musas do Cinema Novo*, é alcunhada de Anna Karina brasileira, em referência à atriz da *nouvelle vague*. Interessada por arte e pela figura do intérprete desde a infância, monta e atua em pequenos espetáculos no colégio que frequenta em Salvador. Profissionaliza-se como aeromoça da Panair, transferindo-se para o Rio de Janeiro em meados dos anos 50. Após estágio em Paris, onde exibe as criações da Maison Dior, trabalha como modelo da Socila. Por meio de um amigo consegue um papel secundário na peça *No país dos cadillacs*, mas a experiência não a convence de seu potencial dramático. Por intervenção de Cacilda Becker*, ingressa no Teatro Tablado, onde conhece o ator Jorge Coutinho*, que a leva a cursar interpretação e direção com Ana Edler e Jack Brown no Conservatório Nacional de Teatro. Após alguns pequenos trabalhos em televisão, estreia na peça *A prima dona*, conquistando o prêmio de melhor atriz do Festival Universitário de Belo Horizonte, promovido pela União Municipal dos Estudantes Secundários (UMES), em 1962.

Ingressa no cinema em *Cinco vezes favela*, no episódio 'Um favelado', de Marcos Farias*. Casa-se com o diretor Paulo César Saraceni*, para o qual desempenha os principais papéis em *O desafio* e *Capitu*, filmes que fixam seu estilo introspectivo e a projetam nacionalmente. Procurando diversificar a carreira, aceita participar de diferentes projetos, interpretando desde uma beata, em *Proezas de Satanás na Vila de Leva-e-traz*, até uma bruxa, em *As quatro chaves mágicas*, prêmio CORUJA DE OURO de melhor atriz coadjuvante. Considera *A possuída dos mil demônios*, de Carlos Frederico, com quem se casaria em seguida, um de seus trabalhos mais interessantes. Filma intensamente até 1973, quando se retira do meio artístico e vai viver em Visconde de Mauá (RJ), onde abre uma loja de ervas cosméticas e medicinais, e posteriormente monta um pequeno palco, encenando peças para visitantes e turistas. Roda esporadicamente com o marido o longa *Lerfa Mu* e o curta *O mundo a seus pés* (1987). No final dos anos 80, retorna ao Rio de Janeiro, atuando de tempos em tempos em algumas peças, como *Cora Coralina*, de 1993. (HH)

JABOR, Arnaldo – Rio de Janeiro, RJ, 1940. Diretor.

FILMOGRAFIA: 1967 – *Opinião pública*. 1970 – *Pindorama*. 1973 – *Toda nudez será castigada*. 1975 – *O casamento*. 1978 – *Tudo bem*. 1980 – *Eu te amo*. 1984 – *Eu sei que vou te amar*. 1990 – *Love at First Sight* (coprodução estrangeira). 2010 – *A suprema felicidade*.

Arnaldo Jabor cursa o Colégio Santo Inácio (como Carlos Diegues* e Júlio Bressane*), sob a orientação dos jesuítas. Estuda Direito na Pontifícia Universidade Católica do Rio de Janeiro. Nessa época, screve poemas e peças de teatro: um par delas chega a ser encenado no palco, no colégio e na universidade. Colabora no jornal que expressa então a radicalização do movimento estudantil, *O Metropolitano*. Participa do Centro Popular de Cultura. Frequenta o curso do cineasta sueco Arne Sucksdorff*. No Cinema Novo*, começa em 1963 como técnico de som de *Ganga Zumba, rei dos Palmares*, de Carlos Diegues, e *Maioria absoluta*, e assistente de direção e produtor executivo de *Integração racial* – os dois últimos, respectivamente, dirigidos por Leon Hirszman* e Paulo César Saraceni* –, documentários influenciados pelo cinema-verdade. Na véspera do golpe militar, devia viajar para Pernambuco para filmar um documentário inspirado pelos poemas de João Cabral de Melo Neto, *O rio* e *Morte e vida severina*. Diante das circunstâncias, aproveita o financiamento do Itamaraty para realizar o curta-metragem *O circo* (1965). Seu documentário seguinte, *Opinião pública*, tem a duração de um longa-metragem e o fôlego de um ensaio sobre a classe média. Seu primeiro filme de ficção, *Pindorama*, conta com recursos importantes, procedentes dos lucros da COLUMBIA PICTURES então bloqueados no Brasil. Apesar de ter sido apresentado no FESTIVAL DE CANNES, o filme é um fracasso de crítica e de público. *Toda nudez será castigada* representa uma revanche em ambos os aspectos, além de conseguir driblar a censura* graças ao URSO DE PRATA conquistado no FESTIVAL DE BERLIM. O filme seguinte, baseado também em obra de Nélson Rodrigues*, *O casamento*, não obtém a mesma unanimidade. *Tudo bem*, seu filme mais agudo, é um roteiro original de Jabor e Leopoldo Serran*. *Eu te amo* é um novo sucesso, até certo ponto compreensível pelo grau de sofisticação e sedução. Apesar do tom bem mais amargo e da sua relativa complexidade, *Eu sei que vou te amar* conquista novamente o público nacional, com desdobramentos no palco e mesmo nas vendas do livro: Fernanda Torres* ganha o seu primeiro prêmio internacional de interpretação no FESTIVAL DE CANNES. Apesar da série de êxitos colhidos ao longo da sua carreira cinematográfica, Jabor enverada pelo jornalismo no momento em que o governo Collor desmantela a EMBRAFILME* e as estruturas do cinema brasileiro. Jabor torna-se um comentarista conhecido pela sua irreverência e estilo barroco. Critica a atualidade nacional (e às vezes internacional) como se estivesse descrevendo uma ficção, com altas doses de humor. Da *Folha de S.Paulo* e outros jornais passa para a televisão, com intervenções incisivas nos noticiários e programas da REDE GLOBO. Num estilo menos pedante e mais pessoal, Jabor desfruta do prestígio de ser o digno sucessor de Paulo Francis, numa mídia com monopólica tendência à mediocridade. As primeiras coletâneas de artigos saem publicadas sob os títulos *Os canibais estão na sala de jantar* (1993), *Brasil na cabeça* (1995) e *Sanduíches de realidade* (1997).

Certa noção de decadência, associada a uma dimensão alegórica está presente desde *O circo*: o espetáculo popular ameaçado pela urbanização está documentado com rigor. Porém, a fragmentação das imagens e entrevistas sugere outras conotações. *Opinião pública* ultrapassa também os parâmetros do cinema-verdade; nesse mergulho na pequena burguesia carioca, a sociologia desemboca na "psicologia de massas". A alegoria típica do tropicalismo abafa *Pindorama*, filmado num cenário delirante de Luis Carlos Ripper. Situado num século XVI mítico, *Pindorama* é um desses casos em que o brechtismo extremo é sinônimo de hermetismo, em lugar de didatismo. Jabor dá uma guinada radical no seu trabalho ao deixar de lado a história e as classes sociais e focalizar os impasses da família patriarcal, através do prisma debochado de Nélson Rodrigues. A exacerbação dos sentimentos e as paixões desenfreadas de *Toda nudez será castigada* estabelecem um diálogo original com o melodrama – um gênero minoritário no cinema brasileiro, revitalizado pelo auge do folhetim na televisão. O filme vira pelo avesso a moral tradicional do melodrama burguês. Apesar da sua dívida com a dramaturgia de Nélson Rodrigues, Jabor focaliza a problemática afetiva e sexual com maior intimidade em relação à psicanálise. No "teatro desagradável" de Nélson Rodrigues e no universo melodramático, o cineasta procura os arquétipos e os resíduos temáticos do inconsciente coletivo, munição para desnudar o conservadorismo paternalista. O distanciamento é bem mais sutil do que na época de *Pindorama*, apesar de certa dimensão paródica. Em lugar de manter o jogo duplo, o diretor aposta nos conflitos e no clímax, tira o melhor partido possível da interpretação encabeçada por Darlene Glória*, sem receio diante dos excessos ("o gosto pela dicção apocalíptica", segundo palavras de Ismail Xavier). A música de Astor Piazzolla e Roberto Carlos, e a iluminação de Lauro Escorel Filho* contribuem para as mudanças de tom, os contrastes e o lirismo de certas sequências. *O casamento* é uma sequela de *Toda nudez será castigada*, em tom muito mais grotesco e histérico. O diretor assume o *pathos* do melodrama, radicaliza o seu aspecto patético e a universalidade da decadência, condensa a proliferação do enredo e personagens em 24 horas. Nélson Rodrigues libera Jabor dos esquemas e pressupostos sociologizantes da sua juventude, presentes até na representanção alegórica de *Pindorama*. *Tudo bem* é a grande síntese das ambições totalizantes do Cinema Novo e dessa experiência dramatúrgica propiciada pelo autor de *Toda nudez será castigada*. Em *Tudo bem*, a família não é mais um núcleo dramático isolado, ela é o primeiro círculo de um microcosmo maior. Entre as quatro paredes de um apartamento de Copacabana (em plena reforma), desfilam as figuras que representam todas as classes e regiões do Brasil, o presente e mesmo o passado: os fantasmas da nacionalidade (o poeta romântico, o imigrante próspero, o fascista nostálgico) situam a frustração da pequena burguesia carioca numa perspectiva histórica. Jabor consegue conciliar intérpretes tão diferentes quanto a veterana Fernanda Montenegro* e os jovens atores de teatro Regina Casé* e Luiz Fernando Guimarães*. A dimensão alegórica coexiste com uma penetrante capacidade de observação e representação dos personagens mais diversos. O mito das origens e o imaginário nacional se integram à conflitante contemporaneidade (o que depois veio a ser chamado de globalização). Na sala e no quarto de empregada, Jabor atualiza a dicotomia clássica da casa-grande e senzala, reúne no mesmo cenário os arcaísmos e os arroubos modernizantes da sociedade brasileira. De um lado, o saudosismo e as novas afinidades norte-americanas dos donos da casa. Do outro, o misticismo, a carnavalização, a proletarização e a violência de empregadas e operários. O pessimismo e o sarcasmo envolvem ambos os polos, sem a menor chance de condescendência para nenhum dos personagens. A decadência não é um estágio nem uma

característica precoce do subdesenvolvimento, ela é uma essência preservada pelo progresso, com suas transformações moleculares ou cosméticas. Num tom de comédia bem afastado do lirismo épico dos anos 60, *Tudo bem* é um dos filmes mais abrangentes do Brasil pós-milagre.

Eu te amo concentra sua atenção nos jogos do amor e da sedução (interpretados por Sônia Braga* e Paulo César Pereio*, com toda sua verve), sem perder o contato com a atualidade. *Eu sei que vou te amar* fecha mais ainda o ângulo: nos dois filmes, o casal substitui a família. A falência da figura paterna desemboca na perplexidade masculina diante das mudanças do comportamento feminino. A decadência passa do círculo social à intimidade física e afetiva, como se o diretor procurasse conjurar os limites da condição humana. O microcosmo perde o alcance de *Tudo bem*, mas, em termos dramatúrgicos, Jabor exibe um domínio maior, associado a um requinte visual inédito. No primeiro caso, o diretor conta novamente com a colaboração do roteirista Leopoldo Serran; o cenário de Marcos Weinstock e a fotografia de Murilo Salles* são em boa medida responsáveis pelo visual sofisticado. No segundo caso, Jabor trabalha mais uma vez com o fotógrafo Lauro Escorel e usa um cenário proliferante, futurista e feérico de Oscar Niemeyer e Sérgio Silveira. *Eu sei que vou te amar* assume o desafio de um *huis clos* mais sistemático do que o de *Eu te amo*. *Eu sei que vou te amar* é uma aposta audaciosa, na preeminência da palavra, no intercâmbio amoroso, um psicodrama delirante. Em ambos os casos, a densidade dos conflitos está nos antípodas da diluição propiciada pelo novo modelo audiovisual dominante no Brasil: o das novelas de televisão. Nesse sentido, apesar de apelar para dispositivos de *mise-en-scène* cada vez mais espetaculares, Jabor não aplica à família nem ao microcosmo social, nem ao casal, a estética da conciliação em vigor na telinha. Ele permanece fiel a uma vontade de transformação que ultrapassa os horizontes do mero realismo. Seu cinema é uma antinovela. Dos cineastas surgidos na década de 60, ninguém se mostra mais impregnado da experiência do teatro contemporâneo nem tão à vontade com os meandros do inconsciente. Ninguém descreve melhor a vida, paixão e morte da pequena burguesia nacional. Arnaldo Jabor traz o olhar radical do Cinema Novo para dentro de casa, dissecando a alma do próprio espectador de classe média. (PAP)

Após vinte anos longe das telas, Jabor retorna ao cinema com o longa-metragem

A suprema felicidade. Durante o período, afirma-se como um dos principais articulistas brasileiros, mantendo retórica polêmica e sustentando posições críticas com relação à atual estrutura de poder no Brasil. Escreveu para jornais como *O Globo*, *O Estado de S. Paulo*, *Folha de S.Paulo*, com presença forte também no rádio e na televisão. Na década de 2000, publicou diversos livros com suas crônicas, como *Pornopolítica* (2006), *A invasão das salsichas gigantes* (2001), *Amor é prosa, sexo é poesia* (2004). Também relançou, em 2007, *Eu sei que vou te amar*, ficção romanceada, reescrita a partir do original, com material do filme, que já havia sido editado em 1986. O romance retoma as falas dos protagonistas da obra cinematográfica, fazendo sentir a verve política aguda no relacionamento pessoal. As figuras de linguagem fluem com facilidade e profusão, mostrando uma sensibilidade marcada pela veia escatológica de Nélson Rodrigues. Na reedição de 2007, a adequação à literatura é mais clara e podemos sentir a fluidez de linguagem, adquirida no trato cotidiano da crônica política. Como cronista político, Jabor tem uma escritura sarcástica, recuperando um tom polêmico que já encontramos na literatura brasileira do século XIX e XX, estabelecida em comentários e charges do Segundo Reinado ou da Primeira República. Jabor une a postura crítica natural do carioca à escatologia rodriguiana e as transfere para a política. Como é característico dessa tradição meio carnavalesca, não possui travas na língua ao destratar mitos contemporâneos, o que provoca desconforto em alguns. O resultado são crônicas ácidas, pontificando com ironia sobre as mazelas da sociedade brasileira e alguns hábitos políticos arraigados.

Em 2010, aos 70 anos, quando já se pensava em Jabor para sempre ausente do cinema, o cineasta ressurge com um filme singular, numa espécie de narrativa memorialista saudosista. Podemos verificar que, embora meio fora de forma, ainda respira bem o veio da sensibilidade cinematográfica. Em sua carreira cinematográfica, num primeiro momento, a escatologia rodriguiana junta águas para compor uma espécie de crônica desbragada do relacionamento pessoal para, em seguida, atingir o domínio público e político. *A suprema felicidade* avança nessa trilha coerente que tem seu início nas tentativas de representação do Brasil, quando ainda mergulhado nas raízes estéticas da geração cinemanovista. É desse patamar, em que impera uma visão crítica das estruturas da sociedade brasileira, que Jabor faz valer a escatologia rodriguiana, deslocando a análise dos grandes panoramas históricos (*Pindorama*) para o cotidiano da pequena burguesia carioca (*Tudo bem, O casamento*), desembocando depois no vazio interpessoal de uma burguesia às voltas com seus fantasmas existenciais (*Eu te amo, Eu sei que vou te amar*). O fator sexual toma nova forma com a contracultura, sofrendo um deslocamento na geração de Jabor, que ainda havia recebido educação básica em colégios religiosos. Nélson Rodrigues passa a ser um bom referencial para dialogar com esse choque e Jabor o aproveita de modo extenso. *A suprema felicidade*, de certa forma, coroa o processo no qual evolui seu cinema desde *Pindorama* (para não falar de *Opinão pública*), evolução que vai das visões amplas de Brasil ao mergulho na subjetividade interpessoal, para desembocar na ácida crônica política dos anos 2000. Em *A suprema felicidade*, Jabor retorna à dimensão psíquica mais interior, já presente em *Eu te amo* e *Eu sei que vou te amar*, mas agora seu foco é a primeira pessoa. Embora não se trate de filme assumidamente biográfico, o autor realça que diversos aspectos de sua infância e juventude estão presentes no filme. A narrativa tem como mote a história de vida de um garoto no Rio de Janeiro dos anos 40/50, entre seus 8 e 20 anos. Não é difícil perceber que Jabor toma liberdades com esse personagem, compondo-o a partir de experiências próprias, oscilando o foco e o conteúdo da narrativa com liberdade artística. Seu olhar parece ser o do avô, sobre ele mesmo ainda menino. Ou melhor, o foco narrativo seria o de Jabor, chegando aos 70 anos, sobre aspectos livremente reconstruídos de sua infância.

O movimento soa natural no filme e envolve a sensibilidade do diretor. Com o passar dos anos, as memórias da primeira vida tendem a crescer e este é o momento de Jabor que dá personalidade à obra. Um olhar carinhoso sobre a cidade que desapareceu e deixou lembranças fortes em quem a viveu. Junte-se a esse aspecto, ponto talvez tenha contribuído para a incompreensão da obra, a verve desbragada que Jabor herda de Rodrigues e não consegue (nem pretende) abandonar. Essa verve mistura-se às recordações ternas e expressa-se em episódios que parecem gratuitos, tornando o filme mais pesado. No cruzamento entre um movimento de análise personalista, que às vezes quer ir para o ritmo das longas tiradas de *Eu sei que vou te amar*, e o percurso memorialista, estabelece-se *A suprema felicidade*. No entanto, se algumas dessas tiradas parecem deslocadas, não se vê como manter de outra forma a inegável densidade dramática que a obra possui. A narrativa tem unidade e traz coeso o conjunto de impressões subjetivas que cerca o olhar de um menino. Jabor consegue transpor visualmente esse olhar para a tela, criando imagens fortes, em sequências compostas com maestria. Se o filme, como um todo, não mantém a mesma voltagem, um espectador relaxado pode percorrê-lo com prazer de ponta a ponta levado pelas impressões e pelo olhar subjetivo de um garoto carioca da primeira metade do século XX. Na realidade, Jabor sustenta a vivência de sua própria memória embaralhada, mostrando que ainda se mantém em dia com a forma cinematográfica, apesar do período que ficou distante da prática. Se podemos sentir a inatividade numa direção mais frouxa da montagem e em atores às vezes soltos, o poderio visual das recriações é forte e mostra domínio do meio. É significativo que, após tantos anos de crônica política, vivendo um embate distante do cinema, Jabor tenha a ele retornado pondo em foco algo tão subjetivo quanto sua *persona* ainda infante. Movimento que exige coragem e mostra que, atrás do articulista soltando diatribes, existe o poeta sensível que sabe se locomover nos caminhos difíceis da expressão em imagens cinematográficas. (FPR)

JARDEL FILHO (Jardel Frederico Gonzaga de Bôscoli) – São Paulo, SP, 1927-1983. Ator.

FILMOGRAFIA: 1948 – *Pra lá de boa*. 1950 – *Dominó negro*. 1953 – *Santa de um louco*; *Paixão tempestuosa*; *Toda vida em quinze minutos*. 1954 – *Floradas na serra*. 1955 – *Leonora dos sete mares*. 1958 – *Meus amores no Rio* (coprodução estrangeira). 1959 – *Moral em concordata*; *Cidade ameaçada*. 1960 – *Sócio de alcova* (coprodução estrangeira); *Plaza Huincul* (produção estrangeira). 1961 – *Setenta veces siete* (produção estrangeira); *Esse Rio que eu amo* (episódio: 'Balbino, homem do mar'). 1962 – *Barcos de papel*; *Pedro e Paulo* (coprodução estrangeira). 1965 – *Arrastão* (coprodução estrangeira); *Crônica da cidade amada* (episódio: 'Iniciada a peleja'); *Paraíba, vida e morte de um bandido*. 1966 – *Terra em transe*. 1968 – *O homem que comprou o mundo*; *Antes, o verão*; *Três mulheres de Casanova*; *Sete homens vivos ou mortos*. 1969 – *A um pulo da morte*; *Macunaíma*. 1971 – *Os devassos*. 1972 – *A viúva virgem*. 1975 – *Tangarella, a tanga de cristal*. 1976 – *A menor violentada* (coprodução estrangeira). 1977-1981 – *O segredo da múmia*. 1978 – *Batalha dos Guararapes*. 1980 – *Pixote, a lei do mais fraco*. 1982 – *O bom burguês*; *Rio Babilônia*.

Jardel Filho dizia-se três vezes paulista: nasceu no estado, na capital e na maternidade São Paulo. Ele nasceu durante uma das inúmeras temporadas promovidas pelo seu pai, Jardel Jércolis, dono de uma companhia de teatro de revista, que participaria mais tarde do filme *Noites cariocas* (1935), de Enrique Cadicamo. Sua mãe, Lódia Silva, costumava ser a estrela do grupo. Mesmo cercado de artistas na família – também era sobrinho-neto de Chiquinha Gonzaga e primo de Ronaldo Bôscoli –, Jardel Filho ainda tentou seguir os conselhos do pai, que queria ver o filho na Marinha, e estudou no Colégio Militar do Rio de Janeiro. Era atleta campeão pelo Botafogo e trabalhava como despachante na Aerovias Brasil, quando largou o emprego para estrear no teatro, em 1946, numa montagem de grande prestígio: *Desejo*, de Eugene O'Neill, dirigida por Ziembinski* e encenada pelo grupo Os Comediantes (responsável pela histórica montagem de *Véu de noiva*, em 1943). Permanece um ano com o grupo, depois passa a fazer parte da companhia de Dulcina, viajando por vários estados do país com peças voltadas para o grande público. A partir de 1949, atua ao lado de Bibi Ferreira*, também diretora, em peças como *Senhora* e *Beija-me e verás*. É nessa época que faz pela primeira vez teatro de revista – retomando a tradição familiar –, exibindo seus dotes de *chansonnier* em espetáculos do gênero, entre eles *Escândalos de 50*. Em 1952, integra o grupo Artistas Unidos, assumindo pela primeira vez papéis de protagonista em peças dirigidas e estreladas por Henriette Morineau. A estreia como ator principal aconteceu em *O complexo do meu marido*: quando terminou a peça estava completamente embriagado depois de tentar controlar o nervosismo com sucessivas doses de conhaque. Com Morineau, faz cerca de dez peças, entre elas *Jezebel*, que lhe rendeu prêmio de melhor ator de 1952. No mesmo ano, trabalha ainda com Carlos Machado em *O feitiço da vila*. Em seguida, vai trabalhar no Teatro Brasileiro de Comédia (TBC) e assina contrato com a VERA CRUZ*. Mas Jardel não era novato no cinema. Havia começado em 1948, na chanchada *Pra lá de boa*, de Luiz de Barros*, filmando duas cenas com diálogos escritos de última hora. Participou de outras produções, como *Dominó negro*, de Moacyr Fenelon*, e *Santa de um louco*, dirigida por George Dusek e produzida pela ATLÂNTIDA*. Na VERA CRUZ, faz par romântico com Cacilda Becker* em *Floradas na serra*, de Luciano Salce*, último filme da companhia, interpretando Bruno, o rapaz tuberculoso que chega a Campos do Jordão para se curar da doença. No TBC, encena ao lado da atriz a peça *O leito nupcial*. Com dez anos de carreira, Jardel Filho já havia trabalhado com as grandes damas do teatro brasileiro: Dulcina, Bibi Ferreira, Henriette Morineau e Cacilda Becker. Depois da temporada no TBC, integra-se à companhia teatral de Maria Della Costa* e Sandro Polônio, com a qual se apresenta em Portugal. Em 1955, com bolsa de estudo oferecida pela embaixada americana, viaja cinco meses pelos Estados Unidos, onde chega a frequentar, como ouvinte, cursos no Actor's Studio. Também faz estágio em Lyon, na França, com o diretor Roger Planchon. Na volta, faz *Leonora dos sete mares*, dirigido pelo argentino Carlos Hugo Christensen*, com quem iria realizar uma trilogia carioca, formada por *Meus amores no Rio*, *Esse Rio que eu amo* e *Crônica da cidade amada* – os dois últimos baseados em crônicas de escritores brasileiros, com roteiro de Christensen e Millôr Fernandes. Na primeira metade dos anos 60, tem atuação significativa no cinema argentino. A língua espanhola não lhe era estranha: havia morado na Argentina durante o período de alfabetização, acompanhando os pais em turnê pelo país. Entre as produções de que participa, estão *Plaza Huincul*, de Lucas Demare, que lhe valeu na Argentina o prêmio de melhor ator estrangeiro em 1961, concorrendo com atores famosos de vários países; *Sócio de alcova*, de George M. Cahan, contracenando com Tônia Carrero* e Norma Bengell*; *Setenta veces siete*, dirigido por Leopoldo Torre-Nilsson, um dos cineastas mais respeitados do país; e *Barcos de papel*, de Román Viñoly Barreto, uma coprodução Argentina-Espanha. Em 1964, sofre um acidente de carro, que o deixa imobilizado durante meses. Depois de fazer chanchada* e ser galã na VERA CRUZ, Jardel atua em dois filmes-chave do Cinema Novo*. Interpreta Paulo Martins, personagem principal de *Terra em transe*, o jornalista dividido entre a política e a poesia, atormentado com as contradições do país e com as suas próprias. Dirigido por Glauber Rocha*, Jardel exibe aqui o melhor desempenho de sua carreira. Em *Macunaíma*, de Joaquim Pedro de Andrade*, o ator troca o drama pelo humor, aparecendo quase irreconhecível sob a pesada maquiagem do industrial

Venceslau Pietro Pietra, identificado pelo herói sem nenhum caráter como o Gigante Piaimã, comedor de gente. Pela atuação no filme, ganha o prêmio de melhor ator coadjuvante no FESTIVAL DE BRASÍLIA, em 1969. Confirmando sua versatilidade, trabalha na comédia erótica *A viúva virgem*, grande sucesso de bilheteria que impulsiona a produção das pornochanchadas*. Paralelamente ao cinema, mantém ativas as carreiras no teatro e na televisão. É o primeiro a trazer para o Brasil a produção dos novos dramaturgos ingleses, os *angry young men*, montando *Geração em revolta*, de John Osborne, no início dos anos 60. Nessa montagem, trabalhou também como produtor, função que voltaria a exercer em *Vamos brincar de amor em Cabo Frio*, *Queridinho* e *Golpe sujo*, uma coprodução com a atriz Maria Della Costa, que marcou sua volta aos palcos em 1975, depois de cinco anos afastado. Considerava seu maior sucesso no teatro a peça *O senhor Puntila e seu criado Matti*, de Bertolt Brecht, e o maior fracasso, *Beco sem saída*, de Arthur Miller. Na televisão, começou fazendo teleteatros na TV TUPI. Estreou em novelas com *O acusador*, a primeira escrita por Janete Clair. Depois de passar pela TV RIO e pela RECORD, foi para a GLOBO em 1969, atuando em *A ponte dos suspiros*, novela escrita por Dias Gomes sob o pseudônimo de Estela Calderón. A partir daí, destaca-se em casos especiais e em novelas de grande popularidade, como *O bofe*, *O bem-amado*, *Pecado capital* e *Brilhante*. Voltaria a alcançar uma marcante interpretação no cinema com *Pixote, a lei do mais fraco*, de Hector Babenco*, no papel do vigilante do reformatório. Seus últimos filmes são ambos de 1982: *Rio Babilônia*, de Neville d'Almeida*, e *O bom burguês*, de Oswaldo Caldeira*. Também teve participação especial em *O segredo da múmia*, de Ivan Cardoso*, ao lado da filha Tânia Bôscoli, do casamento com a atriz Míriam Pérsia, a terceira de suas cinco esposas. O ator também foi casado com Maria Augusta, com as atrizes Márcia de Windsor e Glauce Rocha* e com Elizabeth de Bôscoli, mãe de sua segunda filha, Adriana. Em 1983, no auge da popularidade, graças ao sucesso do personagem Heitor na novela *Sol de verão*, Jardel Filho morreu de infarto e edema pulmonar, aos 55 anos, no dia 19 de fevereiro, o primeiro sábado depois do carnaval. O velório aconteceu no Teatro Municipal e, em respeito ao ator, as escolas de samba campeãs cancelaram o desfile de comemoração, que passaria ao lado do teatro. Faleceu no Rio de Janeiro. (LCA)

JARDIM, João (João Henrique Jardim) – Rio de Janeiro, RJ, 1964. Diretor.

FILMOGRAFIA: 2001 – *Janela da alma*. 2007 – *Pro dia nascer feliz*. 2010 – *Lixo extraordinário*.

Cineasta com formação na Universidade de Nova York, teve carreira na publicidade e na televisão antes de chegar ao longa documentário. Trabalhou como montador no núcleo Carlos Manga* na TV GLOBO, em *Memorial de Maria Moura* e *Agosto*. Também dirigiu *Engraçadinha*, junto com Denise Saraceni. Ainda como montador, na primeira metade dos anos 90, fez edição de produções de Walter Salles* para a televisão, como *Caetano 50 anos* e *Chico no país da delicadeza perdida*. Como assistente de direção, no final dos anos 80, tem sua formação aprimorada com Paul Mazursky (*Luar sobre Parador*); Murilo Salles* (*Faca de dois gumes*); e Cacá Diegues* (*Dias melhores virão*). Já nos anos 90, dirige, com Marcos Prado, *Free Tibet*, curta-metragem com imagens da invasão chinesa ao Tibete em 1950. Seu outro curta é *Terra Brasil*. Mas é no final dos anos 90 que se articula para dirigir seu primeiro longa autoral. Através de pesquisa própria, e com Walter Carvalho* na câmera (assinando também a codireção), realiza *Janela da alma*, uma das maiores bilheterias do documentário brasileiro nos anos 2000. A obra exige extensa pesquisa e Jardim consegue depoimentos de personalidades importantes como Wim Wenders, Agnes Varda, José Saramago, entre outros. O tema do documentário é a visão, sendo sobrepostas questões que envolvem o estatuto de subjetividade, tão caras a nossa época. O filme tem corte lírico, com belas imagens explorando nuances artísticas do olhar. As asserções sobre o ver aparecem sempre mediadas pelo corte do inefável que o título designa (olhar e alma). Ainda no campo da autoria documentária, dirige *Pro dia nascer feliz*, inspirado pelo sucesso de *Ser e ter*, de Nicolas Philibert (2002). O filme debruça-se sobre os problemas da educação no Brasil, coletando depoimentos de alunos de classes sociais e localidades distintas. Embora utilize técnicas do cinema direto, o filme não compra o desafio de ver uma obra se constelando à sua frente. A demanda crítica ao sistema educacional brasileiro preenche de modo prévio a articulação narrativa. Em 2010, João Jardim exibe, no FESTIVAL DE SUNDANCE (recebendo prêmio de público), *Lixo extraordinário*, filmado juntamente com a inglesa Lucy Walker e Karen Harley. O documentário mostra o trabalho do artista plástico Vik Muniz no lixão do Jardim Gramacho, locação que exerce particular atração sobre documentaristas cariocas. (FPR)

JOBIM, Tom (Antônio Carlos Brasileiro de Almeida Jobim) – Rio de Janeiro, RJ, 1927-1994. Músico.

FILMOGRAFIA: 1958 – *Um desconhecido bate à porta*; *Orfeu do Carnaval* (coprodução estrangeira). 1961 – *Pluft, o fantasminha*. 1962 – *Porto das Caixas*. 1965 – *Man Outside* (produção estrangeira). 1967 – *Garota de Ipanema*. 1970 – *O mundo dos aventureiros* (coprodução estrangeira); *A casa assassinada*. 1973 – *Sagarana: o duelo*. 1982 – *Gabriela, cravo e canela*. 1985 – *Brasa adormecida*; *Fonte da saudade*. 1987 – *A menina do lado*. 1994 – *Érotique* (episódio: 'Final Call') (coprodução estrangeira).

Tido por estudiosos e críticos como um dos maiores compositores da história musical brasileira, autor de dezenas de canções clássicas como *Desafinado*, *Samba de uma nota só*, *Wave* e *Sabiá*, fica conhecido nacional e internacionalmente como um dos criadores da bossa nova, surgida em 1958 com o lançamento do disco *Canção do amor demais*. Tendo se iniciado no piano de forma sistemática em 1941, quando passa a estudar com Hans Joachim Koellreuter, faz estudos mais profundos de teoria e harmonia a partir de 1945, com a professora Lúcia Branco. Presta vestibular para Arquitetura no ano seguinte, trocando em pouco tempo o curso pelo exercício da música. Abandona os estudos eruditos e torna-se pianista da noite, trabalhando em diversas boates e restaurantes da Zona Sul carioca. Contratado pela gravadora Continental para registrar em partitura as músicas de artistas populares, entra em contato com os compositores, arranjadores e homens de orquestra Radamés Gnatalli*, Léo Peracchi e Lírio Panicalli, aperfeiçoando-se na arte de lapidar a canção popular, em especial o samba. Começa a criar suas próprias composições, aproximando-se paulatinamente do núcleo gerador da bossa nova, que reúne entre outros João Gilberto e Dolores Duran. Comanda o programa *Bom Tom*, veiculado pela emissora de televisão RECORD em 1955. Assume a direção artística da gravadora Odeon no ano seguinte, ocasião em que o crítico Lúcio Rangel o apresenta formalmente ao poeta Vinicius de Moraes*, que procura um parceiro para musicar as letras da peça *Orfeu da Conceição*. Estreada em fins de 1956 e posteriormente transformada em filme por Marcel Camus*, representa a verdadeira consagração dos seus autores. Para a produção cinematográfica criam algumas canções novas. Por conta de seu estilo climático, levemente dissonante e de grande variedade tímbrica, adapta-se perfeitamente às exigências do meio, desenvolvendo carreira no Brasil e nos Estados Unidos. Após musicar *Pluft, o fantasminha*, de Romain Lesage, uma transposição da peça infantil, aceita criar a trilha de *Porto das Caixas*. Concebida de forma funcional, deixa transparecer influências eruditas, o que favorece o clima de estranhamento do filme. O sucesso da famosa apresentação no Carnegie Hall em 1962 leva-o para uma longa temporada nos Estados Unidos, onde grava inúmeros discos. Seu maior sucesso musical, a canção *Garota de Ipanema*, inspira a produção cinematográfica homônima, dirigida por Leon Hirszman* e musicada pelo próprio Tom. Retornando definitivamente ao país no início dos anos 70, trabalha com Paulo César Saraceni*, responsabilizando-se pela música de *A casa assassinada*, considerada sua melhor trilha. Mantém contatos esparsos com o meio a partir dessa época, destacando-se as composições para *Fonte da saudade*, adaptado de um original literário de autoria da irmã Helena. Grava muitos programas de televisão para emissoras brasileiras e americanas, quase sempre registros de apresentações ao vivo ou em estúdio. É retratado no vídeo independente *3 Antônios e 1 Jobim* (1993), de Rodolfo Brandão. Postumamente, tem editado seu texto *Visão do paraíso*, inspirando o vídeo homônimo, dirigido por Flávio Tambellini (em diferentes fases de sua carreira, utilizou as assinaturas de Flávio Tambellini e Flávio R. Tambellini e a recente Flávio Ramos Tambellini) e supervisionado por Walter Salles*. (HH) Faleceu em Nova York em 8 de dezembro.

JOFFILY, José (José Joffily Bezerra Filho) – Pocinhos, PB, 1945. Roteirista, diretor.

FILMOGRAFIA: 1981 – *O sonho não acabou* (rot.). 1982 – *Parahyba Mulher Macho* (rot.). 1984 – *O rei do Rio* (rot.); *A filha dos Trapalhões* (rot.). 1985 – *Avaeté, semente da violência* (rot.); *Urubus e papagaios* (rot., dir.). 1986 – *A cor do seu destino* (rot.). 1987 – *Terra para Rose* (rot.). 1987-1991 – *Vai trabalhar, vagabundo II, a volta* (rot.). 1991 – *A maldição do Sanpaku* (rot., dir.). 1995-1996 – *Quem matou Pixote?* (rot.); *O guarani* (rot.). 2000 – *O chamado de Deus* (dir.). 2002 – *Dois perdidos numa noite suja* (dir.). 2005 – *Vocação do poder* (dir.); *Achados e perdidos* (dir.). 2009 – *Olhos azuis* (dir.).

Filho do político e historiador José Joffily Bezerra de Melo e de Maria José Mindello Joffily, José Joffily foi criado em Copacabana, no Rio de Janeiro. Seu pai foi deputado federal pela Paraíba por quatro legislaturas consecutivas, de 1946 a 1964, quando foi cassado pelo governo militar. Ligado às Ligas Camponesas, foi preso em dezembro de 1966, sendo solto logo depois por força de um *habeas corpus*. Formado em Direito pela Universidade do Estado do Rio de Janeiro (UERJ), dos 17 aos 27 anos Joffily exerceu diversas profissões: foi bancário, securitário e até provador de café. Como sempre gostou de fotografia, resolveu largar tudo e se tornar fotógrafo. Durante alguns anos, trabalhou como *freelancer* para várias revistas, como *O Cruzeiro*, *Realidade* e *Placar*. Seu primeiro contato com o cinema data de 1975, quando foi convidado para fazer as fotos de *still* do filme *As aventuras d'um detetive português*, de Stefan Wohl. A carreira como fotógrafo de cena durou alguns anos, até que o diretor de fotografia Dib Lutfi* o chamou para ser seu assistente em *A nudez de Alexandra* (1975), dirigido pelo francês radicado no Brasil Pierre Kast*. Com a implantação da lei da obrigatoriedade de exibição do curta-metragem, Joffily associou-se à CORISCO FILME, que atuava como uma cooperativa de produção e aglutinou uma legião de curtas-metragistas, como Sérgio Rezende*, Jorge Durán*, Sérgio Peo e outros. Em 1977, dirigiu seu primeiro curta, *Praça Tiradentes*. Produziu e dirigiu outros: *Alô, teteia* (1978), *Copa mixta* (1979) (escolhido para a seleção oficial do FESTIVAL DE BERLIM), *Curta-sequência: Galeria Alaska* (1979), *Voando com os pés no chão* (1980), e *Amazônia* (1981). Seus curtas de maior repercussão foram *Alô, teteia, Copa mixta* e, principalmente, *Curta-sequência: Galeria Alaska*, uma aplicação ao cinema dos princípios do "teatro invisível", em que o elemento ficcional é introduzido imperceptivelmente numa situação real: dois atores, Paulão e Anselmo Vasconcelos*, passavam-se por pessoas comuns e eram interpelados pela câmera de Joffily, provocando reações inesperadas nos transeuntes. A boa repercussão de seus curtas nos festivais gerou o convite para escrever seu primeiro roteiro. Um produtor brasiliense encomendou a ele e a Sérgio Rezende um filme com a condição de que deveria se passar em Brasília. Trata-se de *O sonho não acabou*, dirigido por Sérgio Rezende. Joffily teve como primeira inspiração o rumoroso caso Ana Lídia (uma menina barbaramente seviciada e assassinada por jovens da elite brasiliense), mas a história tomou outro caminho, de caráter mais documental. Seu segundo roteiro foi para *Parahyba Mulher Macho*, dirigido por Tizuka Yamasaki*, baseado num livro de seu pai sobre a Revolução de 30, que dedicava um capítulo a Anayde Beiriz, estopim dos conflitos da Paraíba. Em 1981, Joffily fundou a produtora COEVOS FILMES, com a qual passou a produzir seus filmes. Após escrever outros três roteiros (para *O rei do Rio*, de Fábio Barreto*, *A filha dos Trapalhões*, dirigido por Dedé Santana*, e *Avaeté, semente da vingança*, de Zelito Viana*), Joffily foi convidado pelo produtor Joaquim Vaz de Carvalho para dirigir seu primeiro longa-metragem, *Urubus e papagaios*, baseado no romance do escritor gaúcho Josué Guimarães *Dona Anja*, que mostra a repercussão do regresso à cidade natal provinciana de um desembargador de 50 anos, casado com uma bela jovem com idade para ser sua filha. Admirador das chanchadas* da ATLÂNTIDA*, Joffily prestou uma homenagem ao gênero ao incluir um personagem, o líder da oposição interpretado por Anselmo Vasconcelos, inspirado em Zé Trindade*. Outra referência à chanchada foi a presença no elenco de Jackson de Sousa*, que trabalhou na ATLÂNTIDA. Após esse filme, Joffily ficou alguns anos sem dirigir. Colaborou então no roteiro de *A cor do seu destino*, dirigido por Jorge Durán, roteiro premiado nos festivais de BRASÍLIA e CARTAGENA. Em 1991, período em que a produção brasileira havia parado quase completamente, Joffily voltou à direção com *A maldição do Sanpaku*, uma homenagem ao gênero policial e ao próprio cinema, protagonizado pela bela Patrícia Pillar*. Produzido pelo próprio Joffily, *Sanpaku* foi filmado em 16 mm e posteriormente ampliado para 35 mm, o que exigiu um rigoroso controle da fotografia e da iluminação. *A maldição do Sanpaku* foi laureado com os prêmios de melhor ator coadjuvante, melhor montagem e melhor fotografia no FESTIVAL DE GRAMADO; além de melhor filme pelo júri popular e pelo júri oficial, melhor atriz, melhor ator coadjuvante, melhor fotografia e melhor montagem no FESTIVAL DE BRASÍLIA, tendo sido considerado ainda pelo júri do prêmio ROQUETTE PINTO o melhor filme do ano de 1993. Em 1994, Joffily recebeu de José Louzeiro* o livro de memórias de Cida Venâncio, viúva de Fernando Ramos da Silva, o Pixote. Impressionado pela história, fez um roteiro e o inscreveu no prêmio RESGATE, instituído pela Secretaria do Audiovisual do Ministério da Cultura.

Quem matou Pixote?, seu terceiro e mais engajado longa, é a vida de Fernando Ramos da Silva, que ficou famoso ao ser escolhido por Hector Babenco* para protagonizar *Pixote, a lei do mais fraco*, mas não conseguiu se livrar da delinquência juvenil. O filme ganhou no FESTIVAL DE GRAMADO de 1996 os prêmios de melhor filme, melhor roteiro, melhor ator, melhor atriz, melhor fotografia e melhor música. No FESTIVAL DE HAVANA, ganhou o prêmio de melhor ator e, no FESTIVAL DE CARTAGENA, os prêmios de melhor ator e atriz coadjuvante. Participou também de diversos outros festivais internacionais, entre os quais RO-TERDÃ, BIARRITZ, HUELVA, MONTREAL e CHICAGO. Além dos já mencionados, Joffily escreveu o roteiro dos seguintes longas-metragens: *Avaeté, semente da vingança*, de Zelito Viana (melhor roteiro do RIO CINE FESTIVAL), *Terra para Rose*, de Tetê Moraes*, *Vai trabalhar, vagabundo II, a volta*, de Hugo Carvana* (melhor roteiro do FESTIVAL DE NATAL), *O guarani*, de Norma Bengell*. Joffily foi ainda produtor e produtor executivo do média-metragem *PSW – uma crônica subversiva* e do longa-metragem *Lamarca, coração em chamas*, de Sérgio Rezende. Seu vídeo *Voando com os pés no chão* ganhou o prêmio de melhor vídeo do PRIMEIRO FESTIVAL DE VÍDEO DO RIO DE JANEIRO. Em 1978 recebeu um prêmio do FESTIVAL JB-SHELL pelo conjunto de sua obra. Atualmente, Joffily se divide entre dois projetos: um filme sobre imigrantes brasileiros radicados nos Estados Unidos e uma adaptação de um livro de seu pai, *Morte na Ullen Company*. Além de cineasta e roteirista, José Joffily é mestre em Comunicação pela UFRJ. Paralelamente à sua atividade como realizador e produtor, trabalha no Departamento de Cinema e Vídeo da Universidade Federal Fluminense como professor adjunto. (LAR) Estreou na direção de documentário longo com *O chamado de Deus*, filme sobre a fé religiosa. Dirigiu nova versão cinematográfica da peça teatral de Plínio Marcos *Dois perdidos numa noite suja*. É codiretor, com Eduardo Escorel*, do documentário longo *Vocação do poder*, sobre candidatos em eleição no Rio de Janeiro. Filmou o policial urbano *Achados e perdidos*, baseado no romance homônimo de Luiz Alfredo Garcia-Roza. Em 2009 realizou *Olhos azuis*, em que desenvolve drama envolvendo a truculência das fronteiras e o mundo da emigração nos Estados Unidos.

JOSÉ, Geraldo (Geraldo José de Paula) – Mimoso do Sul, ES, 1929. Sonoplasta.

FILMOGRAFIA: 1951 – *Aviso aos navegantes*. 1955 – *Rio 40 graus*. 1957 – *Além do rio das mortes*. 1960 – *Mandacaru vermelho*; *Nas trevas da obsessão*. 1960-1961 – *Barravento*. 1961 – *Esse Rio que eu amo*; *As sete Evas*; *A grande feira*. 1962 – *Senhor dos navegantes*; *Os apavorados*; *Um dia qualquer*; *Boca de Ouro*; *Assalto ao trem pagador*; *Tocaia no asfalto*; *Os cafajestes*. 1962-1963 – *Sangue na madrugada*. 1963 – *Bonitinha mas ordinária*; *Canalha em crise*; *Manaus, glória de uma época* (coprodução estrangeira); *Vidas secas*; *Crime no Sacopã*; *Os fuzis*; *No tempo dos bravos*; *Encontro com a morte*; *Asfalto selvagem*; *Um ramo para Luiza*; *O grito da terra*; *Selva trágica*. 1963-1964 – *Ganga Zumba, rei dos Palmares*. 1964 – *Esse mundo é meu*; *Society em baby-doll*; *A hora e vez de Augusto Matraga*. 1965 – *Onde a Terra começa*. 1966 – *Em ritmo jovem*; *Um diamante e cinco balas*; *El Justicero*. 1967 – *A lei do cão*; *Cristo de lama: a história do Aleijadinho*; *O grande assalto*; *O diabo mora no sangue*; *Adorável trapalhão*; *Cara a cara*; *Garota de Ipanema*; *Mar corrente*; *Perpétuo contra o esquadrão da morte*; *Proezas de Satanás na Vila de Leva-e-traz*; *Roberto Carlos em ritmo de aventura*. 1967-1968 – *Brasil, ano 2000*. 1968 – *Desesperato*; *Simeão, o boêmio*; *Meu nome é Lampião*; *Enfim sós... com o outro*; *A doce mulher amada*; *O matador profissional*; *As sete faces de um cafajeste*; *Roberto Carlos e o diamante cor-de-rosa*; *Jovens pra frente*; *Copacabana me engana*; *Juventude e ternura*; *Os viciados*; *O tesouro de Zapata*; *Os carrascos estão entre nós*; *Como matar um playboy*; *O homem que comprou o mundo*; *Até que o casamento nos separe*; *Na mira do assassino*; *Vida provisória*; *Fome de amor*; *Jardim de guerra*; *Chegou a hora, camarada*. 1969 – *Tempo de violência*; *Um sonho de vampiros*; *Pais quadrados, filhos avançados*; *Para, Pedro*; *Sete homens vivos ou mortos*; *Motorista sem limites*; *A penúltima donzela*; *Navalha na carne*; *Memória de Helena*; *Pedro Diabo*; *A cama ao alcance de todos*; *Não aperta, Aparício*; *A noite do meu bem*; *Incrível, fantástico, extraordinário*; *Azyllo muito louco*; *Marcelo Zona Sul*. 1969-1970 – *A vingança dos 12*. 1970 – *Minha namorada*; *Ascensão e queda de um paquera*; *O amor em quatro tempos*; *O meu pé de laranja-lima*; *Balada dos infiéis*; *Memórias de um gigolô*; *O salário da morte*; *Os amores de um cafona*; *A dança das bruxas*; *É Simonal*; *O vale do Canaã*; *Uma garota em maus lençóis*; *Estranho triângulo*; *Os deuses e os mortos*; *Anjos e demônios*; *Como ganhar na loteria sem perder a esportiva*; *Crioulo doido*; *Janjão não dispara... foge*; *O donzelo*; *Prata Palomares*; *O capitão Bandeira contra o dr. Moura Brasil*;

O impossível acontece; Lúcia McCartney, uma garota de programa; Faustão; Os monstros do Babaloo; Um uísque antes... e um cigarro depois; Ipanema toda nua; As escandalosas; Como era gostoso o meu francês; Um é pouco, dois é bom; A casa assassinada; Os senhores da terra; André, a cara e a coragem. 1970-1973 – O pontal da solidão; A possuída dos mil demônios. 1971 – Rua descalça; A volta pela estrada da violência; Gaudêncio, o centauro dos pampas; A vida de Jesus Cristo; Romualdo e Juliana; Pantanal de sangue; Assalto à brasileira; Som, amor e curtição; O pecado de Marta; A culpa; Os caras de pau; O enterro da cafetina; Quando as mulheres paqueram; Soninha toda pura; Bonga, o vagabundo; Vinte passos para a morte; Confissões de frei Abóbora; Missão: matar; Pra quem fica... tchau!; Um marido sem... é como um jardim sem flores; Um macho à prova de bala; A Rainha Diaba; Mãos vazias; Eu transo... ela transa; Ela tornou-se freira; Crime de verão. 1972 – Condenadas pelo sexo; Jesuíno brilhante, o cangaceiro; O grande gozador; Os devassos; Teixeirinha a sete provas; A difícil vida fácil; Com a cama na cabeça; O supercareta; Jerônimo, herói do sertão; Uma pantera em minha cama; A morte não marca tempo; Tati, a garota; Independência ou morte; Roleta-russa; Barão Olavo, o horrível; Quem é Beta?; A marcha; A viúva virgem. 1973 – Como evitar o desquite; Como nos livrar do saco; Negrinho do pastoreio; Os mansos; Um edifício chamado 200; Obsessão; As moças daquela hora; Café na cama; O azarento: um homem de sorte; As depravadas; Os machões; Um virgem na praça; Amante muito louca; Aladim e a lâmpada maravilhosa; Êxtase de sádicos; Como é boa a nossa empregada; Divórcio à brasileira; O descarte; Toda nudez será castigada; Joana Francesa; É isso aí, bicho; A hora e a vez do samba; Vai trabalhar, vagabundo; Sagarana: o duelo; O homem do corpo fechado; Os condenados. 1973-1974 – O segredo da rosa. 1973-1976 – O forte. 1974 – Karla, sedenta de amor; Quem tem medo de lobisomem?; A noite do espantalho; Exorcismo negro; Quando as mulheres querem provas; As secretárias que fazem de tudo; O sexo das bonecas; Isto é Pelé; Mais ou menos virgem; O último malandro; Secas e molhadas; Uma tarde... outra tarde; Essas mulheres lindas, nuas e maravilhosas; O varão de Ipanema; Essa gostosa brincadeira a dois; Pureza proibida; Ainda agarro esta vizinha; Caingangue, a pontaria do diabo; Um homem célebre; O comprador de fazendas; Oh! que delícia de patrão; As quatro chaves mágicas; A estrela sobe; O Leão do Norte; Banana mecânica – como abater uma lebre; O mar-ginal; O relatório de um homem casado; Amor e medo; Setenta anos de Brasil; O amuleto de Ogum; Uma mulata para todos. 1975 – As audaciosas; O caçador de fantasmas; O estranho vício do dr. Cornélio; As mulheres que dão certo; Cada um dá o que tem; As mulheres que fazem diferente; O guru das sete cidades; Com um grilo na cama; Nem os bruxos escapam; O pistoleiro; Pedro Bó, o caçador de cangaceiros; As aventuras amorosas de um padeiro; Já não se faz amor como antigamente; Nós, os canalhas; Onanias, o poderoso machão; Padre Cícero; A extorsão; O trapalhão na ilha do tesouro; O roubo das calcinhas; Um varão entre as mulheres; Assim era a Atlântida; Motel; Paranoia; O casamento; Perdida; O homem de papel (Volúpia de um desejo); Enigma para demônios; O casal; Lição de amor; O rei da noite; A dama do lotação; As aventuras d'um detetive português; Annie, a virgem de Saint-Tropez (coprodução estrangeira); Luciana, a comerciária. 1975 – O massacre. 1975-1976 – Xica da Silva. 1976 – Confissões de uma viúva moça; As loucuras de um sedutor; Luz, cama, ação; Sete mulheres para um homem só; Uma aventura na floresta encantada; Ninguém segura essas mulheres; O padre que queria pecar; Tangarela, a tanga de cristal; As desquitadas em lua de mel; Deixa, amorzinho... deixa; O trapalhão no planalto dos macacos; Eu dou o que ela gosta; Costinha, o rei da selva; Tem alguém na minha cama; O seminarista; Contos eróticos (1º episódio: 'Feijão com arroz'; 2º episódio: 'As três virgens'; 3º episódio: 'O resgate'; 4º episódio: 'Vereda tropical'); O pai do povo; O sósia da morte; O homem dos seis milhões de cruzeiros contra as panteras; Essa mulher é minha... e dos meus amigos; Gente fina é outra coisa; A mulher do desejo; Canudos; Simbad, o marujo trapalhão; Crueldade mortal; Marcados para viver; Soledade; Elas são do baralho; Dona Flor e seus dois maridos; Feminino plural. 1977 – A força de Xangô; Quem matou Pacífico?; O crime do Zé Bigorna; Essa freira é uma parada; O desconhecido; Os sensuais; Os Trapalhões na guerra dos planetas; Sexo e violência em Búzios; Um brasileiro chamado Rosaflor; Costinha e o King Mong; Mar de Rosas; Chuvas de verão; O Ibraim do subúrbio; Pra ficar nua, cachê dobrado; Paraíso no inferno; Na ponta da faca; Tenda dos milagres; A mulata que queria pecar; A lira do delírio; Gargalhada final. 1978 – Rally da juventude (Salve-se quem puder); Batalha dos Guararapes; A dama de branco; As aventuras de Robinson Crusoé; Como matar sua sogra; Inquietações de uma mulher casada; O amante de minha mulher; O bem-dotado, o homem de Itu; O coronel e o lobisomem; O Grande Desbun...; Foragidos da violência; Tio Maneco, o supertio; Anchieta, José do Brasil; Os trombadinhas; A intrusa; Se Segura, Malandro!; A volta do filho pródigo; Fim de festa; As filhas do fogo. 1978-1981 – Dora Doralina. 1979 – A pantera nua; Diário da província; Nos embalos de Ipanema; Nos tempos da vaselina; O Caçador de Esmeraldas; O massacre; O sol dos amantes; Sangue e sexo; Histórias que nossas babás não contavam; Bye Bye Brasil; Lerfa Mu; Pequenas taras; O amante latino. 1980 – O beijo no asfalto; Mulher-objeto; Um marciano em minha cama. 1981 – Os saltimbancos trapalhões; O homem do pau-brasil; Ao sul do meu corpo. 1982 – Os Trapalhões na Serra Pelada; Os vagabundos trapalhões. 1982-1988 – Só restam as estrelas. 1983 – As ninfetas do sexo selvagem; Quilombo. 1984 – A filha dos Trapalhões; Vento sul; Memórias do cárcere; Os Trapalhões e o Mágico de Oroz. 1984-1986 – As sete vampiras. 1985 – Pedro Mico; Urubus e papagaios; Sonho sem fim. 1985-1986 – A dança dos bonecos. 1986 – Os Trapalhões e o Rei do Futebol; Baixo Gávea; Tanga (Deu no New York Times); A cor do seu destino; Banana Split; A bela palomera. 1987 – Super Xuxa contra o Baixo Astral; Os fantasmas trapalhões; Leila Diniz; Jorge, um brasileiro; O mentiroso. 1988 – O casamento dos Trapalhões; Os heróis trapalhões. 1988-1989 – Faca de dois gumes. 1989 – O corpo. 1989-1991 – O escorpião escarlate. 1994 – Menino maluquinho – o filme; Lamarca, coração em chamas. 1996 – O cangaceiro; Buena sorte. 1997 – Baile perfumado.

Geraldo José é importante sonoplasta do cinema brasileiro. É também um pesquisador e colecionador incansável de sons e ruídos, o que lhe valeu o título de "homem-ruído". Possui um arquivo de mais de 20 mil sons diferentes. Com 16 anos, Geraldo começou sua carreira na RÁDIO TUPI, como *boy* de Paulo Gracindo*. Trabalhou ainda no famoso *Incrível, fantástico, extraordinário*, de Almirante (fazia os assustadores sons de fantasmas). No cinema, começou em *Aviso aos navegantes*, chanchada* da ATLÂNTIDA*, dirigida por Watson Macedo*. Considera porém que sua verdadeira estreia no cinema se deu em *Mandacaru vermelho*, de Nelson Pereira dos Santos*. Fez também a sonoplastia de *Deus e o diabo na terra do sol*, de Glauber Rocha*. Desde então, seu nome – embora nem sempre creditado – está associado de forma permanente ao cinema brasileiro. Geraldo José foi um dos pioneiros da TV GLOBO, inaugurada em 1965. Ele começou a organizar o departamento de sonorização da emissora vinte dias antes de ela entrar no ar, e lá permaneceu por vinte anos. Em 1970, lançou o primeiro disco de músicas de filmes brasileiros, produzido por ele e por Ricardo Cravo Albin. Em 1974, recebeu o troféu CORUJA DE OURO (prêmio INC ESPECIAL), em virtude da impressionante marca de 33 filmes que sonorizou naquele ano. São de sua responsabilidade os ruídos incidentais criados para versão restaurada de *O descobrimento do Brasil*, filme de Humberto Mauro* produzido em 1937 e recuperado pela Funarte na década de 80. Ao longo de sua carreira, Geraldo José fez o som de mais de seiscentos filmes, sendo portanto o técnico detentor da maior filmografia de toda a história do cinema brasileiro. (LAR)

JOSÉ, Paulo (Paulo José Gomez de Souza) – Lavras, RS, 1937. Ator.

FILMOGRAFIA: 1965 – *O padre e a moça*. 1966 – *Todas as mulheres do mundo*. 1967 – *Edu, coração de ouro*; *Bebel, a garota-propaganda*; *O homem nu*. 1968 – *Como vai, vai bem?* (1º episódio: 'Uma vez Flamengo, sempre Flamengo'; 2º episódio: 'Mulher à vista'; 4º episódio: 'A santinha do Encantado'; 5º episódio: 'O apartamento'; 6º episódio: 'Os meninos de padre Bentinho'; 7º episódio: 'Hei de vencer'); *As amorosas*; *A vida provisória*; *Os marginais* (1º episódio: 'Guilherme'). 1969 – *Macunaíma*. 1971 – *A culpa*; *Gaudêncio, o centauro dos pampas*. 1972 – *Cassy Jones, o magnífico sedutor*. 1975 – *O rei da noite*. 1980-1981 – *O homem do pau-brasil*. 1981 – *Eles não usam black-tie*. 1983 – *A difícil viagem*. 1987 – *O mentiroso*. 1988-1989 – *Faca de dois gumes*; *Dias melhores virão*. 1990-1991 – *A grande arte*. 1996 – *Policarpo Quaresma, herói do Brasil*. 1997 – *Anahy de las Misiones*. 1999 – *Outras histórias*. 2001 – *Dias de Nietzsche em Turim*. 2002 – *Benjamin*. 2002-2003 – *Apolônio Brasil, campeão da alegria*. 2003 – *O homem que copiava*. 2004 – *O vestido*. 2007 – *Saneamento básico, o filme*; *Pequenas histórias*. 2008 – *A festa da menina morta*; *Juventude*. 2009 – *Insolação*; *Quincas Berro d'Água*.

Paulo José, aos 10 anos, foi estudar no Colégio dos Padres Salesianos, em Bagé. Junto com os colegas, participava de peças de teatro como ator e também ajudava nos cenários. Mudou-se para Porto Alegre com a família. Continuou fazendo teatro amador, além de se envolver com política estudantil (chegou a ser presidente do diretório acadêmico). Inscreve-se no vestibular de Medicina, mas só faz uma prova. Começa a fazer faculdade de Arquitetura,

ao mesmo tempo que participa do Teatro Universitário de Porto Alegre, encenando *Romeu e Julieta* e *À margem da vida*, de Tennessee Williams, entre outras peças. A ligação com o cinema vai se formando através das sessões do CLUBE DE CINEMA, promovidas pelo crítico P. F. Gastal*. Em torno do cineclube* e do movimento teatral, reúnem-se jovens artistas como Fernando Peixoto, Antônio Abujamra*, Luiz Carlos Maciel e Lilian Lemmertz*. Em 1961, a ponto de ganhar uma bolsa para estudar teatro no exterior, resolve se integrar ao Teatro de Arena, que fazia algumas apresentações em Porto Alegre, e vai com o grupo para São Paulo. Sua primeira participação é em *Testamento de um cangaceiro*, que estreia em julho do mesmo ano. A partir daí, desenvolve intensa atividade, como ator, figurinista, cenógrafo, diretor, contrarregra, assistente de direção e produção ou diretor musical. Entre seus trabalhos estão a adaptação (junto com Gianfrancesco Guarnieri* e Augusto Boal) de *O melhor juiz, o rei*, de Lope de Vega; a direção de *O filho do cão*, texto de Guarnieri sobre a reforma agrária; a atuação em *Mandrágora* (quando fez também cenário e figurinos, que lhe valeram dois prêmios em 1963), *O noviço*, *O inspetor geral* e *Tartufo* (também cenógrafo e figurinista). Estava de férias no Rio de Janeiro quando recebeu o convite do diretor Joaquim Pedro de Andrade* para ser o protagonista de *O padre e a moça*. O ex-coroinha Paulo José estreou no cinema no papel de um padre, substituindo o artista plástico Luiz Jasmim, que contraiu hepatite às vésperas da filmagem. A interpretação contida, introspectiva, do jovem padre hesitante entre a fé e o desejo trouxe o reconhecimento que seria confirmado com seu segundo papel no cinema, o sedutor incorrigível de *Todas as mulheres do mundo*, que alcançou grande sucesso de público. Com essa envolvente crônica de costumes dirigida por Domingos Oliveira*, o ator se tornou um dos mais requisitados do momento. Volta a trabalhar com Domingos logo depois em *Edu, coração de ouro* e, mais tarde, em *A culpa* (também como coprodutor), contracenando com a mulher Dina Sfat*. Transita pelo drama e pelo humor com resultados igualmente irretocáveis – do estudante de Filosofia em *As amorosas*, de Walter Hugo Khouri*, e do jornalista perseguido de *A vida provisória*, de Maurício Gomes Leite*, passando pelo *O homem nu*, de Roberto Santos*, das ruas do Rio de Janeiro, até os seis tipos diferentes (entre eles um travesti) que compõe na comédia em episódios *Como vai, vai bem?*

Em 1969, assume no cinema o personagem-chave do modernismo literário brasileiro em *Macunaíma*. Nessa segunda colaboração com o diretor Joaquim Pedro, Paulo José exibe um primoroso desempenho – como o herói sem nenhum caráter (interpretado na infância por Grande Otelo*) e também como a mãe rabugenta que o coloca no mundo. Com o filme, ganha maior popularidade, o prêmio de melhor ator no FESTIVAL DE BRASÍLIA e um convite para trabalhar na TV TUPI e na GLOBO. Disputado pelas duas emissoras, vai para a segunda, que lhe oferece melhor proposta. O contrato vantajoso lhe permite saldar as dívidas contraídas com a realização de *Os deuses e os mortos* (1970), que produziu e corroteirizou (com Flávio Império), a partir de um argumento do diretor Ruy Guerra*. Nos anos 70, as atuações no cinema tornam-se mais esparsas. Entre os filmes que faz no período estão o último de Luís Sérgio Person*, *Cassy Jones, o magnífico sedutor*, e o primeiro de Hector Babenco*, *O rei da noite*, ao lado de Marília Pêra*. Dedica-se com maior frequência à direção teatral, em montagens de sucesso como *Réveillon* (com Regina Duarte*), *É...* (com Fernanda Montenegro*), *Murro em ponta de faca*. Volta aos palcos como ator em 1987, contracenando com Bruna Lombardi em *Eu te amo*. Estreando na GLOBO em 1969 com a novela *Véu de noiva*, Paulo José começa uma bem-sucedida trajetória na televisão, como intérprete e diretor. Atua em diversas novelas (*O homem que deve morrer*, *Primeiro amor*, *O casarão*, *Tieta*, *Vamp* e outras) e durante dois anos e meio protagoniza com Flávio Migliaccio* o seriado *Shazam, Xerife & Cia*. Nos anos 70, é responsável pela direção de vários casos especiais, como *Quem era Shirley Temple?*, escrito por Osman Lins, com Dina Sfat e Grande Otelo no elenco. Em 1979, realizou quase trinta episódios do programa *Aplauso*, que exibia adaptações de peças de teatro para a televisão. Por essa época, separa-se, depois de quinze anos de casamento, da atriz Dina Sfat, mãe de suas filhas Bel e Ana Kutner, ambas atrizes, e Clara. Ainda teria mais um filho, o caçula Paulo Henrique, com a atriz Beth Caruso. Nos anos 80 e 90, dirige mais de quarenta episódios do *Caso Verdade*, especiais, minisséries – incluindo *Agosto* e *Memorial de Maria Moura* –, além de filmes publicitários. Mesmo privilegiando o trabalho na televisão, continua a fazer cinema. Entre alguns de seus trabalhos estão a participação especial em *O homem do pau-brasil* (no qual é dirigido pela terceira vez por Joaquim Pedro de Andrade) e os protagonistas de *A difícil viagem*, de Geraldo Moraes, e de *Faca de dois gumes*, eficiente *thriller* dirigido por Murilo Salles*. Em 1992, enquanto dava início ao projeto do programa *Você Decide*, é acometido pelo mal de Parkinson, o que não o impede de levar adiante seus projetos. Com *Anahy de las Misiones*, de Sérgio Silva, volta a filmar no Rio Grande do Sul, onde já havia feito *Gaudêncio, o centauro dos pampas*, de Fernando Amaral, e *O mentiroso*, de Werner Schünemann. Quase trinta anos depois de incorporar o herói sem nenhum caráter em *Macunaíma*, interpreta outro clássico personagem da literatura brasileira, dessa vez o íntegro *Policarpo Quaresma, herói do Brasil*, de Paulo Thiago*, que, segundo o ator, é "o xiita do caráter, da retidão". Em 1998, destaca-se na televisão no papel do alcoólatra Orestes, da novela *Por amor*. (LCA) Sua atuação adquire ritmo mais intenso nos últimos tempos. Apesar dos problemas de saúde que enfrenta, chega a atuar em dois filmes por ano. Traz para cena seu cotidiano pessoal, criando um tipo, com pouca variação interpretativa, no qual cristaliza seu estado de vida. Aparentemente, esse tipo se encaixa com precisão no universo ficcional da produção contemporânea brasileira, haja vista a demanda insistente de filmes recentes que buscam sua presença, inclusive em papéis de destaque. O Paulo José do final da carreira, com seu tipo fixo, é aquele que encontramos em obras como *Quincas Berro d'Água*, *A festa da menina morta* e *Juventude*, em que desempenha praticamente o mesmo personagem. Nesses casos, aparece distante do ator distinguido exatamente pela variedade na construção de personagens e que consegue operar numa palheta de atuações bastante ampla. No entanto, se esse trabalho de interpretação está ausente em seus últimos filmes, vemos um Paulo José comovido, como se estivesse se despedindo, fechado em seu universo pessoal mas ainda com a faísca nos olhos que distingue atores de forte personalidade. (FPR)

JOUBERT, Claudette (Cleodete Carvalho Moreira) – Londrina, PR, 1951. Atriz.

FILMOGRAFIA: 1972 – *Sinal vermelho, as fêmeas*; *Gringo, o último matador (O matador erótico)*. 1973 – *Sob o domínio do sexo*; *Desejo proibido*; *Obsessão maldita*. 1974 – *O exorcista de mulheres*. 1975 – *A filha do padre*; *Os pilantras da noite (Picaretas sexuais)*. 1976 – *Traídas pelo desejo*; *Torturadas pelo sexo*. 1977 – *As amantes de um canalha*. 1978 – *Os violentadores*; *Os depravados*; *O inseto do amor*. 1979 – *Essas deliciosas mulheres*; *A herança dos devassos*. 1980 – *Meu primeiro amante*; *Os rapazes da difícil vida fácil*; *O cangaceiro do diabo*; *O fotógrafo*; *Os indecentes*. 1981 – *A pistola que elas gostam*. 1982 – *O rei da Boca*. 1983 – *O início do sexo*. 1986 – *Sexo erótico na ilha do gavião*. 1987 – *Gemidos e sussurros*; *As belas da Billings*. 1994 – *Inferno no Gama*. 1997 – *Eixo da morte*. 2001 – *Tortura selvagem – a grade*. 2003 – *Fuga do destino*.

Uma das musas da Boca do Lixo* paulistana, estrela de diversos filmes policiais, *westerns* e dramas de características eróticas, tem carreira ligada principalmente aos diretores Tony Vieira* e Afonso Brazza, com os quais se casa. Transferindo-se para São Paulo no início dos anos 70, inicia carreira de modelo, figurando em diversos comerciais feitos para a televisão. Ao conhecer o ator David Cardoso*, este a apresenta ao diretor Fauzi Mansur*, que a lança junto com Vera Fischer* em *Sinal vermelho, as fêmeas*. Trava contato com Vieira, que lhe oferece novo papel em sua primeira realização, *Gringo, o último matador*. Lançada como estrela no filme seguinte, *Sob o domínio do sexo*, trabalha anos seguidos apenas com o marido, com a exceção de *Obsessão maldita*, de Flávio Nogueira. Nesse período, forja sua imagem de ninfeta ingênua e decidida, espécie de Eliana* erótica, tornando-se um dos maiores atrativos de bilheteria da pornochanchada*. Com a separação, no fim dos anos 70, filma com outros realizadores da Boca, consolidando seu prestígio no gênero. Afasta-se do meio com a chegada do sexo explícito, retornando no final dos anos 80 pelas mãos de Brazza, um antigo colaborador de Vieira, agora bombeiro e residente no Gama, cidade-satélite de Brasília. O antigo admirador retoma a produção de filmes de baixo orçamento, mantendo a ação, o sabor *trash* e a estrela nos papéis principais. (HH) Atuou nos últimos filmes de Afonso Brazza, *Tortura selvagem – a grade* e *Fuga sem destino*. Brazza faleceu antes de terminar o filme em 29 de julho de 2003, em Brasília. A finalização do filme coube a Pedro Lacerda.

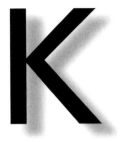

KAHNS, Claudio (Cláudio André Kahns) – São Paulo, SP, 1951. Produtor.

FILMOGRAFIA: 1982 – *Janete*. 1984-1985 – *A marvada carne*. 1986 – *Vera*. 1987 – *Feliz ano velho*. 1987-1994 – *O Judeu* (coprodução estrangeira). 1996 – *Como nascem os anjos*. 1998 – *Sobras em obras* (prod.) (coprodução estrangeira). 2009 – *Mamonas Assassinas pra sempre (O Doc)* (prod., dir.); *Eu eu eu, José Lewgoy* (prod., dir.).

Um dos principais produtores do cinema paulista dos anos 80. Tenta nova equação entre qualidade e retorno comercial, obtendo resultados expressivos. Formado em Sociologia pela Universidade de São Paulo, realiza estudos na França, frequentando diversos cursos na École Pratique des Hautes Études, na École de Beaux-Arts e na Université de Vincennes. Interessa-se por cinema ainda no exterior, decidindo envolver-se com o meio ao retornar ao país. Faz o curso de Cinema da Universidade de São Paulo, trabalhando ainda como produtor e organizador de mostras para a CINEMATECA BRASILEIRA. No final dos anos 70 dirige a Federação Paulista de Cineclubes. Estreia como realizador com os documentários de curta e média metragem *O sonho não acabou* e *Santo e Jesus – metalúrgicos*, este codirigido por Antônio Paulo Ferraz e premiado como melhor filme da JORNADA DE CINEMA DA BAHIA de 1983, sendo posteriormente interditado pela censura. Funda, no início dos anos 80, a produtora TATU FILMES, localizada no bairro paulistano de Vila Madalena. Atua como produtor executivo nos projetos em que se envolve, dando preferência para jovens diretores. O primeiro trabalho, *Janete*, de Chico Botelho*, não obtém muita repercussão. Consegue reconhecimento crítico e de bilheteria com *A marvada carne*, de André Klotzel*, premiado no FESTIVAL DE GRAMADO de 1985 e visto por quase 1 milhão de espectadores, e *Vera*, de Sérgio Toledo*, prêmio de melhor atriz para Ana Beatriz Nogueira* no FESTIVAL DE BERLIM de 1986. Seus filmes, aos quais se junta *Feliz ano velho*, de Roberto Gervitz*, contribuem para suscitar comentários a respeito de um novo estilo paulista de cinema. Ampliando seu campo de atuação, participa da coprodução, com Portugal, *O Judeu*, de Jom Tob Azulay, que se arrasta durante anos, devido a problemas que vão da morte de atores a questões financeiras e burocráticas. Na virada para os anos 90 exerce o cargo de assessor de cinema da Secretaria de Cultura do Estado de São Paulo. Com a valorização da produção documentária, desenvolve diversos projetos nessa área. Em 2002, produz o belo documentário *35 – o assalto ao poder*, de Eduardo Escorel*, retratando os eventos que cercaram a chamada "Intentona Comunista". Também coproduz, com a Suíça, o documentário de longa metragem *Sobras em obras*, dirigido pelo cineasta suíço Michel Favre. Desenvolveu diversos projetos em sua produtora, entre os quais: o documentário *Papagaios amarelos (La terre sans mal)* com cinquenta minutos, sobre a invasão francesa no Brasil no século XVII, coprodução com a produtora suíça LE CINE ATELIER Sàrl e a TVS – SESC SENAC; o documentário *A civilização do cacau*, um episódio de cinquenta minutos, dirigido por Rogério Corrêa, em coprodução com a TV CULTURA. Passou à direção em 2009, ainda no documentário, assinando longas-metragens. O primeiro filme é *Mamonas Assassinas pra sempre (O Doc)*, sobre a banda que foi o maior fenômeno musical do país na década de 1990 e seu trágico acidente aéreo. O segundo tem o título *Eu eu eu, José Lewgoy*, documentário sobre José Lewgoy*, grande vilão da ATLÂNTIDA. Mostra a trajetória do ator que se inicia nas chanchadas* da empresa, passando pelo Cinema Novo* e chega ao plano internacional, quando trabalha com cineastas como Werner Herzog, em *Fitzcarraldo*. O filme vai tecendo fatos da sua vida, entrelaçando os trabalhos mais importantes. Conta também com depoimentos de muitos parceiros, como Tônia Carrero*, Luis Fernando Verissimo, João Ubaldo Ribeiro, Jaguar. (AG)

KAST, Pierre – Paris, França, 1920-1984. Diretor.

FILMOGRAFIA: 1957 – *Un amour de poche*. 1958 – *Amores fracassados* (produção estrangeira). 1960 – *Natercia, uma mulher para amar* (produção estrangeira). 1961 – *As quatro estações do amor* (produção estrangeira). 1963 – *Vacances portugaises* (produção estrangeira). 1964 – *Le grain de sable* (produção estrangeira). 1967 – *Drôle de jeu* (produção estrangeira). 1968 – *Bandeira branca de Oxalá* (produção estrangeira). 1971 – *Os sóis na ilha de Páscoa* (coprodução estrangeira). 1975 – *A nudez de Alexandra* (coprodução estrangeira). 1979 – *Le soleil en face* (produção estrangeira). 1982 – *La guerrillera* (produção estrangeira).

Esse parisiense está afetivamente ligado a Portugal e ao Brasil. Homem completo de cinema, a partir do ano de 1945, até 1947, começa a trabalhar na CINEMATECA FRANCESA, com Henri Langlois. Por essa época, cursa o Idhec (Institut des Hautes Études Cinématographiques). Escreve artigos de cinema e exerce a função de crítico de cinema na *Revue de Cinéma*, *Cahiers du Cinéma*, *L'Écran* e *Positif*, e em outras publicações. Documentarista, filma várias obras importantes, como *Les charmes de l'existence* (1950); *Claude-Nicolas Ledoux, l'architecte maudit* (1954) e *Le Corbusier, l'architecte du bonheur* (1956). Em sua formação em direção de longas-metragens, trabalha como assistente de direção de Jean Grémillon, em *Mulher cobiçada* (*Pattes blanches*, 1949) e em *L'étrange madame X* (1951); de René Clément, em *Brinquedo proibido* (*Jeux interdits*, 1952); de Jean Renoir, em *French can-can* (1954); e de Preston Sturges, em *As memórias do major Thompson* (*Les carnets du major Thompson*, 1955). Após dirigir seus primeiros filmes franceses, dirige alguns outros realizados em Portugal, com atores e produção portugueses. Coincidentemente, em 1966, com a série *Carnets Brésiliens*, filme de mais de quatro horas de duração, inicia sua colaboração com a tevê francesa, da qual se torna realizador de alguns longas e estabelece seu contato com o Brasil. Esse documentário apresenta os artistas brasileiros Vinicius de Moraes*, Edu Lobo, Caetano Veloso*, Ruy Guerra*, Nelson Pereira dos Santos*, Joaquim Pedro de Andrade* e Glauber Rocha*. Novamente no Brasil, onde vive alguns anos, filma, com produção de Jean-Gabriel Albicocco e Luiz Carlos Barreto*, o documentário* *Bandeira branca de Oxalá*, sobre as religiões negras do Brasil. Seus dois filmes seguintes, a ficção científica *Os sóis na ilha de Páscoa* e a comédia dramática *A nudez de Alexandra*, são duas coproduções de Brasil e França, com elenco misto. Retorna à Europa para dirigir em Portugal e na França seus últimos longas. É autor dos argumentos dos filmes *Une balle au coeur* (1966) e *O homem das estrelas* (*Le maître du temps*, 1970), ambos de Jean-Daniel Pollet; de *Nina 1940: crônica de um amor* (*Le petit matin*, 1971), de Jean-Gabriel Albicocco, e *Uma noite no ano 43* (*L'ironie du sort*, 1973), de Edouard Molinaro. A partir de 1975, inicia sua curta carreira literária de romancista. Em 1985, foi lançado seu último filme, *L'herbe rouge*, uma produção estrangeira para a TV. Kast faleceu a bordo de um avião, em 20 de outubro, enquanto voltava para casa. (LFM)

KEMENY, Adalberto – Budapeste, Hungria, 1901-1969. Fotógrafo, diretor.

FILMOGRAFIA: 1929 – *São Paulo, sinfonia da metrópole* (fot., dir.). 1930 – *São Paulo, através de sua capital e seu interior* (fot., dir.). 1931 – *Coisas nossas* (fot.). 1932-1933 – *O caçador de diamantes* (fot.). 1933 – *São Paulo em 24 horas* (fot., dir.). 1935 – *Fazendo fita* (fot.). 1938 – *Civilização e sertão* (fot., dir.). 1949 – *Luar do sertão* (fot.).

Junto com Rodolfo Rex Lustig, companheiro inseparável em todas as realizações, dirige um dos maiores clássicos do documentário e do período mudo brasileiros, *São Paulo, sinfonia da metrópole*. Inicia carreira como eletricista e laboratorista na PATHÉ húngara em 1918. Conhece Lustig no ano seguinte, e com o tempo tornam-se cinegrafistas, especializando-se mais tarde nos trabalhos de câmera e revelação. Já associados, começam a fazer filmes publicitários, transferindo-se para Berlim por volta de 1920. Teriam passado pela maior produtora alemã da época, a Universum Film Aktiengesellschaft (UFA). Por ocasião das comemorações do centenário da independência do Brasil, a convite de Armando Pamplona, diretor da INDEPENDÊNCIA-OMNIA FILM, Kemeny fixa residência na cidade de São Paulo, passando a filmar para a companhia. Em 1926, chega Lustig, estabelecendo-se um plano para a compra da empresa e seu laboratório, afinal concretizado dois anos mais tarde. Mudam-lhe o nome para REX FILME e, inspirados por *Berlim, sinfonia de uma metrópole*, de Walter Rutmann, decidem retratar um dia da capital paulista, assumindo todas as funções da produção. A qualidade fotográfica, o ritmo moderno da montagem, os efeitos visuais, tudo contribui para realçar o extraordinário registro antropológico de uma cidade brasileira do início do século XX. Do material filmado é extraído um curta-metragem intitulado *A segunda sinfonia* (1930), considerado ainda melhor que o longa original. Com a chegada do som, atuam como fotógrafos em diversas realizações paulistanas, destacando-se *Coisas nossas*, dirigido por Wallace Downey*. A implantação do Decreto nº 20.240, de abril de 1932, que obrigava as salas a exibir um curta-metragem nacional junto ao longa estrangeiro, leva-os a se associar à ROSSI FILME, do cinegrafista Gilberto Rossi*, resultando na fusão a ROSSI-REX FILME, responsável por centenas de cinejornais* e curtas-metragens documentais nas décadas de 30 e 40. No final dos anos 40, novamente atuando apenas como REX FILME, apoiam a criação da VERA CRUZ*, ao demonstrarem através de um registro cinematográfico de trechos da peça *Arsênico e alfazema*, encenada pelo elenco do Teatro Brasileiro de Comédia (TBC), a possibilidade técnica de um cinema de qualidade no Brasil. Com o apoio à VERA CRUZ, modernizam os equipamentos do laboratório, transformando-o no melhor do país durante os anos 50 e 60. Já com a participação do filho de Adalberto, Oswaldo Cruz Kemeny, introduzem em 1956 a revelação colorida, começando por pequenos filmes publicitários e incorporando os longas-metragens na virada para os anos 60. Com o falecimento dos fundadores, o laboratório cinematográfico* da REX FILME assume nos anos 70 o nome de REVELA, transformando-se em pouco tempo na filial paulista do LÍDER CINE LABORATÓRIOS. (HH)

KERRIGAN, E. C. (Eugênio Centenaro) – Gênova, Itália, 1878-1956. Diretor.

FILMOGRAFIA: 1923 – *Sofrer para gozar*. 1925 – *Corações em suplício*. 1927 – *Amor que redime*. 1929 – *Revelação*.

E. C. Kerrigan foi, certamente, um dos pioneiros do cinema brasileiro com vida mais pitoresca. Chegando a São Paulo, dizia ser o conde Eugênio Maria Piglione Rossiglione de Farnet, originário da Itália. Atraído pelo sucesso em São Paulo da fita *João da Mata*, de Amilar Alves*, realizada no CICLO DE CAMPINAS*, em 1923, transfere-se para essa cidade e afirma ser o norte-americano E. C. Kerrigan, ex-diretor de filmes produzidos por companhias como a VITAGRAPH ou a PARAMOUNT. Inaugura, então, a ESCOLA CINEMATOGRAPHICA CAMPINEIRA, convencendo o cinegrafista Tomás de Túlio*, em 1923, a participar da empreitada. Nessa escola, seguindo o modelo das existentes em São Paulo e no Rio de Janeiro, Kerrigan "ensinava" aos alunos como representar diante da câmera. Com alguns deles, funda no mesmo ano a APA FILM, na qual exercia o cargo de diretor artístico e Tomás de Túlio, o de operador. Para essa produtora dirige *Sofrer para gozar*, com Cacilda Alencar, Ricardo Zaratini e Waldemar Rodrigues no elenco. Trata-se de um rocambolesco filme de aventuras que narra a história de Edith, cujo marido é assassinado pelo dono do Bar da Onça, com a intenção de tornar Edith sua amante. A viúva vai trabalhar no bar – na realidade um antro de vícios – sem saber quem é o culpado do crime. Porém, um jovem chega à cidade e apaixona-se por ela, acabando por salvá-la e conseguindo mandar para a prisão o assassino. Após a realização de *Sofrer para gozar*, E. C. Kerrigan é demitido da APA FILM por exigir condições salariais consideradas altas e, principalmente, por ser desmascarado quando confrontado com um verdadeiro norte-americano. Tenta ainda fundar a CAMPINAS FILM, mas, em total descrédito na cidade, acaba por aceitar a proposta do industrial Adalberto de Almada Fagundes e volta para São Paulo. Almada Fagundes, proprietário de uma importante fábrica de louças, foi das personalidades mais importantes do cinema paulista dos anos 20 ao construir o principal estúdio da época, o da VISUAL FILM. A primeira e única produção da VISUAL FILM foi o média-metragem *Quando elas querem*, de 1925, produzido e roteirizado por Almada Fagundes, cuja direção inicialmente foi entregue a Paulo Trincheira e, depois, a Kerrigan. A história trata do drama de uma jovem, interpretada por Laura Letti, que, para resolver os problemas financeiros do pai, aceita casar sem amar o marido. Com o fracasso financeiro de *Quando elas querem*, apesar do elogio de cronistas como Adhemar Gonzaga* e Pedro Lima*, Almada Fagundes desiste da produção cinematográfica. E. C. Kerrigan fica desempregado, deslocando-se para Três Corações (MG), onde conhece os irmãos Carlos e Américo Masotti e os convence a fazer filmes de ficção. Os Masotti, que já realizavam documentários* em Guaranésia e região, produzem *Corações em suplício*, dirigido por Kerrigan, também em Guaranésia. A história desse filme, que em linhas gerais lembra *Sofrer para gozar*, trata de moça assediada pelo patrão mau-caráter e protegida por um jovem apaixonado. No elenco, Lilian Loti e Waldemar Rodrigues, além do próprio Kerrigan no papel do vilão, usando como ator o pseudônimo William Gouthier. O filme redunda em grande prejuízo, e os Masotti, com dificuldades financeiras, mudam-se para Belo Horizonte. Já E. C. Kerrigan continua nas suas andanças pelo Brasil, tentando realizar "posados". Vamos reencontrá-lo em Porto Alegre, em 1926, dirigindo para a PINDORAMA FILM a produção "Joia do bem", que não chegou a ser concluída. Dois anos depois, na mesma cidade, dirige *Amor que redime* para a ITA FILM. A história, segundo Pedro Lima, era cópia da produção americana *O homem miraculoso* (direção de George Loane Tucker). Para fotografar *Amor que redime*, Kerrigan chamou de Campinas o seu antigo conhecido Tomás de Túlio. Os atores principais eram Rina Lara, Ivo Morgova e Roberto Zango. Kerrigan ainda realizou *Revelação*, produção da UNI FILM. O enredo aventuresco centra-se em Harry Lage, interpretado por Ivo Morgova, ope-

rário acusado injustamente de ter matado o patrão. Foragido, emprega-se no sítio de Marta, interpretada por Naly Grant, a filha do patrão. O casal apaixona-se. Quando a moça descobre a verdadeira identidade do rapaz, pensando que ele é o assassino, rompe o namoro. O verdadeiro assassino, Mirtos, gerente da fábrica, interpretado por Walter Holger, tem a pretensão de casar-se com Marta, mas acaba sendo desmascarado após brigar com Harry Lage. Marta e Harry, finalmente, ficam juntos. Este foi o último "posado" dirigido por E. C. Kerrigan. Em 1930 passa por Curitiba, onde abre a ACADEMIA CINEMATOGRAPHICA PARANAENSE, mas é denunciado pela imprensa local como indivíduo pouco confiável. De qualquer forma, o advento do som tornara a produção cinematográfica muito cara e tecnicamente complexa para os padrões artesanais dos ciclos regionais*. Volta para Porto Alegre, onde sofre um infarto e falece, a 25 de dezembro de 1956. Após deixar de trabalhar em cinema, E. C. Kerrigan é acusado de envolvimento com tráfico de escravas brancas e de passar-se por hindu, capaz de ler bolas de cristal. (AA)

KHOURI, Walter Hugo – São Paulo, SP, 1929-2003. Diretor.
FILMOGRAFIA: 1952-1953 – *O gigante de pedra*. 1957 – *Estranho encontro*. 1958 – *Fronteiras do inferno*. 1959 – *Na Garganta do Diabo*. 1962 – *A ilha*. 1964 – *Noite vazia*. 1965 – *Corpo ardente*. 1966 – *As cariocas* (2º episódio). 1968 – *As amorosas*. 1970 – *O palácio dos anjos* (coprodução estrangeira). 1972 – *As deusas*. 1973 – *O último êxtase*. 1974 – *O anjo da noite*. 1975 – *O desejo*. 1976-1977 – *Paixão e sombras*. 1978 – *As filhas do fogo*. 1979 – *O prisioneiro do sexo*. 1980 – *Convite ao prazer*. 1981 – *Eros, o deus do amor*. 1982 – *Amor, estranho amor*. 1983-1984 – *Amor voraz*. 1986 – *Eu*. 1988-1990 – *Forever* (coprodução estrangeira). 1994-1996 – *As feras*. 1997-1998 – *Paixão perdida*.

Khouri, de origem libanesa, inicia sua trajetória – que totaliza 24 longas – na década de 50, cursando a Faculdade de Filosofia da USP, trabalhando na televisão (TV RECORD), escrevendo para jornal sobre Ingrid Bergman e Fritz Lang e atuando como assistente no preparo de *O cangaceiro* de Lima Barreto*, nos estúdios da VERA CRUZ*. Essa origem parece ter marcado definitivamente sua produção posterior, em termos da exigência de um cinema de qualidade, da importância dos estúdios e da presença de técnicos de qualidade e de equipamentos para se obter um bom

produto fílmico. Talvez esteja aí uma das razões – conjuntamente com a postura ideológica – que o vai colocar como antípoda de uma "estética da fome", cultuada pelos cinemanovistas.

Em dezembro de 1951, Khouri inicia a produção de seu primeiro longa-metragem, *O gigante de pedra*, obra na qual aprende a compor – apesar das precariedades da produção – o quadro com cuidado, característica que vai se tornar uma de suas especialidades, tomando, inclusive, a precaução de fazer a câmera em seus filmes. Cinco anos depois vem a realização de *Estranho encontro*, filme polêmico que se contrapõe a *Rio 40 graus*, de Nelson Pereira dos Santos*, situando-se em terreno oposto, o que merece inclusive um artigo, hoje clássico, de Paulo Emilio Salles Gomes*, intitulado *Rascunhos e exercícios*, em que marcava as tendências conflitantes dos dois filmes. *Estranho encontro*, ao contrário do neorrealismo que caracteriza o filme de Nelson, opta por uma via intimista, com poucos personagens e o ambiente fechado de uma casa. O diretor tem então a oportunidade de construir *décors* grandes, utilizando os palcos dos estúdios da VERA CRUZ, que estavam sob o comando da BRASIL FILMES (produtora do filme), bem como de valer-se de uma iluminação que tinha a mesma origem, contando, portanto, com recursos técnicos de peso. Originam-se aí as acusações de afastamento das questões nacionais, de universalismo, de "alienação", enfim, de ser um "Bergman brasileiro", que sempre serão feitas contra o cineasta. E Khouri joga mais lenha na fogueira do debate: filma – agora utilizando o colorido – novamente conflitos psicológicos em *Fronteiras do inferno*. Khouri utiliza os estúdios da VERA CRUZ em *Na Garganta do Diabo*, e parte do filme transcorre nas Cataratas do Iguaçu. Já aparece nessa obra a sua preocupação com as atrizes – depois outra marca registrada –, no caso Odete Lara*e Edla Van Steen, plantando aí as sementes de sua longa caminhada posterior. Khouri é diretor que se caracteriza pelo talento na direção de atores. Depois de fundar a KÂMERA FILMES, em 1962, realiza *A ilha*, que focaliza um grupo de ricaços insulados em uma ilha deserta. De novo, vemos retornar a mesma temática dos anos 50, com a agudização das questões individuais. Além disso, encontramos uma característica que vai acompanhar vários filmes do diretor: o êxito de bilheteria marca a realização.

Mas é *Noite vazia* o grande interlocutor do Cinema Novo*. Num momento conturbado da vida brasileira, com golpe de Estado e mudança radical de rumos políticos, Khouri opta por um mergulho na maior metrópole do país. Em contraponto ao apartamento – onde transcorre a maior parte do filme – surgem os exteriores de uma cidade marcada pela solidão, paisagens que servem para afirmar o clima noturno, opressivo, e mesmo fantasmagórico, da obra. Parece que estamos longe dos problemas de um país do "terceiro mundo", inseridos numa temática talhada para grandes centros típicos dos países centrais da economia mundial. É assim que assistimos ao verdadeiro martírio sexual de Mario Benvenutti* (um ricaço que comanda a farra), Gabriele Tinti (um amigo pobretão do hedonista), e duas "garotas de programa" – Norma Bengell* e Odete Lara. O filme sofre de uma fraqueza, em parte advinda de sua estrutura dicotômica, que divide os personagens em "bons" e "maus". Mas isso pouco importa. Na época, o que mais chocava era o caráter "politicamente incorreto" do filme, sua alienação diante das grandes questões que sacudiam o país. No resto, encontramos a correção técnica de sempre, com o aproveitamento perfeito do que sobrara como herança de um grande estúdio, a VERA CRUZ. Seus três filmes posteriores dão continuidade a uma carreira que encontrara seu ápice em *Noite vazia*. Temos assim *Corpo ardente*, que se vale da boa repercussão junto ao público de sua obra anterior, e vemos surgir novamente a angústia e a existência vazia de uma personagem (a francesa Barbara Laage) contraposta à vida e força de um cavalo, que corta a narrativa. Segue um episódio do coletivo *As cariocas*, filme que pretendia retratar aspectos de uma parcela da população brasileira. E, finalmente, nos confrontamos com *As amorosas*, obra que não escapa dos influxos do período conturbado de 1968. Um jovem universitário confuso (Paulo José interpretando Marcelo, personagem-símbolo que terá presença constante nas obras do autor nas décadas seguintes) divide-se entre os apelos do seu tempo e as mulheres, tendo presença marcante a sensual Jacqueline Myrna. Temos nesse filme um Khouri atravessado pela forte realidade social que o cercava; uma novidade, sinal dos tempos que então atravessávamos. Seu filme que encerra a década de 60 é *O palácio dos anjos*, uma coprodução francesa, em que as mulheres assumem um papel ainda mais proeminente, adensando o já importante lugar que sempre tiveram na obra do cineasta. É uma história de prostituição de luxo que conta com atrizes como Adriana Prieto* e Rossana Ghessa*.

Nos anos 70 e 80 veremos um Khouri que mescla produções através da chamada Boca do Lixo*, trabalhando com profissionais como Alfredo Palácios* (SERVICINE*) e A. P. Galante*, além de aproximar-se da extinta EMBRAFILME* e de um produtor de filmes publicitários como Enzo Barone. Mas mantém em alguns filmes uma marca extremamente pessoal, como em *As deusas* e *O último êxtase*, operando com pouquíssimos recursos. Às vezes, envereda pelos domínios do parapsicológico, como em *As filhas do fogo*, realizado em Gramado no final da década de 1970. Ou então mergulha profundamente no erotismo exigido pela Boca, como no excelente *Convite ao prazer*, de 1980, que é quase uma refilmagem de *Noite vazia*, com dois amigos de posição social contrastante em busca voraz de sexo. É assim que Roberto Maia (que interpreta o Marcelo em diversos filmes) incentiva a relação, quase doentia, com inúmeras mulheres, arrastando um dentista (Serafim Gonzalez) em sua trajetória e originando um filme que agrada em cheio ao produtor Antonio Galante. Marcelo – espécie de *alter ego* do diretor – está presente em vários filmes dessa fase, até a sua completa dissolução em *Eros, o deus do amor*, do início dos 80, quando o personagem desaparece, ou melhor, é substituído pela câmera e só ouvimos sua voz e inferimos os movimentos. É um radical exercício de câmera subjetiva, que tem sua origem num filme clássico americano de 1946 – *A dama do lago*, de Robert Montgomery. Numa obra de intenso erotismo, surge então essa singularidade que é o espectador não ver o corpo do ator principal. Em compensação, assistimos a um inebriante desfile de belas atrizes, indo de Denise Dumont* e Kate Lira à já conhecida, e famosa havia vinte anos, Norma Bengell. E chega a vez de Tarcísio Meira*, grande galã da televisão, encarnar Marcelo. Em *Eu*, que tem como produtor Aníbal Massaini Neto*, vemos o ator realizar um total esforço interpretativo. Trata-se de uma película com toques de comicidade, uma novidade na carreira do diretor, sempre envolvido com situações tormentosas. Conta ainda com a presença de Monique Evans, e principalmente de Bia Seidl, no papel de Berenice, filha de Marcelo, que por ela nutre um amor ambivalente e incestuoso.

Khouri, incansável, não para de filmar. Consegue uma coprodução com italianos para realizar, na virada para 1990, *Forever*, contando com o astro internacional Ben Gazzara, em um filme que tem sua finalização no país europeu. O cineasta continua em ação e filma, com o mesmo Aníbal Massaini Neto, *As feras*. A produção de *Paixão Perdida* é de uma empresa

de vídeo – a VIDECOM –, contando ainda com o aporte da TV CULTURA, através de seu Programa de Integração Cinema e TV. Vemos, portanto, um cineasta que atravessa a história do cinema brasileiro por mais de quarenta anos, vindo dos escombros da VERA CRUZ e aportando na complexa situação audiovisual que hoje vivenciamos. Sem dúvida alguma, um caso ímpar de amor pelas imagens e sons que batem em nossas telas Khouri faleceu a 27 de junho na cidade de São Paulo. (JMO)

KINO FILMES
Companhia cinematográfica paulista com vida efêmera. Sua trajetória abarca parte do ano de 1952, de 1953 e pequena parte de 1954, tendo se constituído no bairro de Jaçanã a partir da compra dos estúdios e equipamentos da CINEMATO-GRÁFICA MARISTELA*. Foi dado um sinal de 20% do preço total e o restante seria pago em várias prestações. Tendo o cineasta Alberto Cavalcanti* à frente do empreendimento, na qualidade de diretor geral, anuncia-se o nome dos demais diretores da empresa: Jurandir Noronha* (diretor comercial), Harry Hand (diretor industrial) e Elsa Soares Ribeiro (diretora tesoureira). Cavalcanti vai para Recife rodar *O canto do mar* (1953), refilmagem de *En rade* (1927), seu primeiro sucesso na França. Enquanto isso, os responsáveis pela KINO conseguem executar com maior liberdade seus reais objetivos, isto é, vender ações da firma. Cavalcanti dirige outra película, *Mulher de verdade* (1954). Ambas fracassam nas bilheterias, as ações da companhia sofrem queda acentuada e técnicos e funcionários vão sendo gradativamente demitidos. As prestações devidas à MARISTELA não são pagas e, em comum acordo, os estúdios e equipamentos lhe são devolvidos no início de 1954. Terminam assim, melancolicamente, as atividades da cinematográfica. Cerca de dois anos depois, o Banco do Brasil ingressa na Justiça com uma ação executiva contra a KINO FILMES S. A., para cobrar a dívida de um empréstimo que havia feito à empresa, que apresentara como fiadores a jornalista Elsa Soares Ribeiro e os cineastas Jurandyr Noronha e Alberto Cavalcanti. (AMC)

KISS, Cássia (Cássia Kiss Magro) – São Caetano do Sul, SP, 1958. Atriz.
FILMOGRAFIA: 1983 – *Memórias do cárcere*. 1986 – *Ele, o boto*. 1987 – *O país dos tenentes*. 1989-1991 – *A grande arte*. 1999-2000 – *Condenado à liberdade*. 2000 – *O circo das qualidades humanas*; *Bicho de sete cabeças*. 2000-2001 – *A hora*

marcada. 2004 – *Odiquê?*. 2006 – *Tapete vermelho*. 2007 – *Não por acaso*; *Chega de saudade*. 2008 – *Meu nome não é Johnny*; *A festa da menina morta*. 2009 – *Os inquilinos*.

Rebelde na adolescência. Mudou para o Rio de Janeiro aos 23 anos. Começou sua carreira no teatro amador, apresentando-se em espetáculos na periferia. Fez vários trabalhos em teatro profissional, como o sucesso em *Zoológico de vidro* (texto de Tennessee Williams). Nos trabalhos na televisão, entre novelas e minisséries, criou perto de trinta papéis, desde a estreia em *Cara a cara* (1979). Em todas as áreas que atua, o tema "maternidade em conflito" é muito presente em seus papéis. No cinema, seu primeiro trabalho foi com o diretor Nelson Pereira dos Santos*, em *Memórias do cárcere*, em pequena participação. Em papel de maior relevância, foi Tereza, filha de um pescador em *Ele, o boto*, de Walter Lima Jr.* (lenda amazônica do boto, que seduz e engravida mulheres). Em seguida, atuou num dos papéis centrais no telefilme *Alta rotação* (1987), de Marcos Manhães Marins e Paulino Abreu. Interpretou Inês no filme histórico *O país dos tenentes*, de João Batista de Andrade*. Criou a Mercedes de *A grande arte*, primeiro longa-metragem do diretor Walter Salles*, baseado no romance homônimo de Rubem Fonseca. Teve participações especiais no policial *Condenado à liberdade*, de Emiliano Ribeiro, e no drama *O circo das qualidades humanas*, dirigido por Milton Alencar, Paulo Augusto Gomes, Geraldo Veloso e Jorge Moreno. Foi Clarice em novo filme policial, *A hora marcada*, do diretor estreante Marcelo Taranto. Pelo papel da mãe submissa em *Bicho de sete cabeças*, dirigido pela diretora estreante em longas-metragens Laís Bodanzky*, e baseado no livro *O canto dos malditos*, de Austragésilo Carrano, Cássia ganhou o TROFÉU PASSISTA, de melhor atriz coadjuvante, no FESTIVAL DE RECIFE. Representou uma juíza em *Meu nome não é Johnny*, dirigido por Mauro Lima*, baseado no livro de Guilherme Fiuza. Representou uma mulher insegura no relacionamento com cara conquistador em *Chega de saudade*, de Laís Bodanzky. Fez um dos papéis centrais, novamente uma mãe, no drama *A festa da menina morta*, primeiro longa dirigido pelo ator Matheus Nachtergaele*. Pelo filme *Os inquilinos*, do diretor Sérgio Bianchi*, Cássia recebeu prêmio de melhor atriz coadjuvante no FESTIVAL DO RIO de 2009. (VLD)

KLOTZEL, André – São Paulo, SP, 1954. Diretor.

FILMOGRAFIA: 1984-1985 – *A marvada carne*. 1992 – *Capitalismo selvagem*. 1999 – *Memórias póstumas*. 2010 – *Reflexões de um liquidificador*.

A exemplo de vários cineastas paulistanos, Klotzel realiza suas primeiras experiências cinematográficas na bitola Super-8*. Cursa Cinema na Escola de Comunicações e Artes da Universidade de São Paulo (ECA/USP), entre 1973 e 1978. Profissionalmente, trabalha, como assistente de produção no telefilme *Curumim*, de Plácido de Campos Júnior; *Exorcismo negro*, de José Mojica Marins* e em episódios dos filmes *Cada um dá o que tem* e *Sabendo usar não vai faltar*, ambos de Adriano Stuart*. Também trabalhou como assistente de direção de Nelson Pereira dos Santos* (*A estrada da vida*) e de Adriano Stuart (*Kung Fu contra as bonecas*). Entre 1983 e 1984 constitui a empresa produtora SUPERFILMES ao lado de Pedro Farkas*, José Roberto Eliezer* e Zita Carvalhosa. Como boa parcela da geração que faz cinema em São Paulo nos anos 80, aproveita a experiência na Boca do Lixo* e a passagem pela ECA/USP para desembocar em produções mais autorais, sediadas na Vila Madalena. O estilo é marcado pelo pós-modernismo, ou neon-realismo, com forte influência da narrativa de gênero, criando uma espécie de parêntesis na dominante tradição nacional-popular do cinema brasileiro. O seu longa-metragem de estreia foi *A marvada carne*, adaptação de peça de Carlos Alberto Soffredini, numa reestilização da comédia caipira. Conquista os principais prêmios do FESTIVAL DE GRAMADO, lançando uma nova geração no cinema nacional. Fernanda Torres*, ainda bem jovem, está em um dos momentos altos de sua carreira, fazendo a filha do caipira que atravessa o "interior" em busca de um bom bife. Klotzel trabalha com inteligência o gênero, reciclando temas e tipos bem definidos de Mazzaropi*, encarnação de gênero cinematográfico popular, com forte presença em São Paulo. Seu segundo longa-metragem, *Capitalismo selvagem*, põe em foco as contradições sociais do Brasil, trazendo o ator José Mayer no papel principal. O momento é outro e o tom brincalhão dos anos 80 ficou para trás. Trata-se de acentuar as denúncias de um país injusto, já no corte dramático exasperado. O filme é produzido no contrapé da crise que envolveu o fim da EMBRAFILME, obtendo distribuição precária. Retrata o clima do país vivendo a ressaca do governo Collor e a própria crise do cinema brasileiro com sua produção paralisada. Em 1996, Klotzel dirige um premiado curta de encomenda para a Prefeitura de Santos, intitulado *Brevíssima história da gente de Santos*. Documentário com voz irônica e inovação narrativa, trabalha com agilidade material de arquivo para compor uma pequena obra-prima a partir de filme de encomenda. Ainda no documentário, dirigiu *No tempo da II Guerra* (1990); *Os deuses da era moderna* (1976) e *Gaviões* (1982), sobre a fanática torcida organizada corintiana do mesmo nome. Lança adaptação cinematográfica de *Memórias póstumas de Brás Cubas*, de Machado de Assis, com roteiro seu, num trabalho de conversão bastante pessoal. O filme consegue captar o tom nostálgico do original, voltado para o lado efêmero da vida e seus triunfos de Pirro, sem perder a verve irônica. Trabalha de forma criativa com a ambiguidade do foco narrativo machadiano. Apesar de bissexto, Klotzel é diretor de personalidade, apresentando ao mercado filmes densos e com propostas autorais. (AG/FPR)

KOGUT, Sandra – Rio de Janeiro, RJ, 1965. Diretora.

FILMOGRAFIA: 2001 – *Um passaporte húngaro*. 2007 – *Mutum*.

Carioca, estudou Comunicação na PUC/RJ. Inicia carreira no vídeo experimental, em formato "curta". Com experiências plásticas em videoarte, em seus primeiros trabalhos também explora o formato instalação. Estreia com *Andreia Androide* (1988), curta bem ao estilo do cinema anos 80, com múltiplas referências textuais de gênero e fala/música do tipo Blitz (o guitarrista Ricardo Barreto fez a música). Do mesmo ano é o clipe *Julliette*, em música de Fausto Fawcett. Um boa ideia no formato "instalação" são as "videocabines", nas quais populares são chamados a dar depoimentos para câmeras-vídeo em cabines fechadas. A ideia rende o curta *Videocabines são caixas pretas* (1990). Em *Parabolic People* (1991), leva a experiência das videocabines para outros países, resultando num média com resultados estilísticos mais sofisticados, que incluem procedimentos intertextuais dentro do quadro imagético, na forma de janelas. Em *What do You Think People Think Brazil* (1990), coleta depoimentos de turistas estrangeiros sobre o Brasil, submetidos a uma criativa manipulação de imagens. Ainda no formato curta podemos destacar: *En français* (1993), *Adieu monde ou La histoire de Pierre et Claire* (1998), *Lecy e Humberto nos Campos Neutrais – viagens na fronteira* (1999). Na bitola 35 mm, filmou *Lá e cá* (1995), curta centrado em

Regina Casé*, sob direção leve, andando à vontade pelos subúrbios do Rio. Faz uma personagem que oscila entre ficar nos subúrbios ou mudar para a Zona Sul. Também em 1995 desenvolve trabalho na GLOBO, circulando na gravidade do grupo Guel Arraes*. Dirige, até 1997, programas do popular (entre crítica e público) *Brasil Legal*. Mais uma vez, podemos sentir Kogut à vontade no meio audiovisual jovem carioca. O lado mais criativo de sua obra, que costuma chamar a atenção da crítica, de alguma forma emerge nas inovações que são creditadas ao programa *Brasil Legal*, nos limites que permitem a telinha.

Em 2001, Kogut chega ao formato longo com um documentário que deixaria sua marca na produção cinematográfica nacional. De viés autobiográfico, *Um passaporte húngaro* relata, passo a passo, a busca da nacionalidade húngara pela autora. De origem judaica, aproveita, no documentário, para relatar a memória de sua família (sempre a partir de seu imaginário/presença pessoal) na chegada ao Brasil e na vida contemporânea na Hungria. O filme se situa dentro de uma tendência forte do documentário contemporâneo, abrindo a porta para outras autobiografias no Brasil (ver *33, Santiago, Ariel, Tarnation, Tongues Untied, Lost Lost Lost*, etc.). Como em todo documentário autobiográfico, a tensão nas tomadas é forte, o estilo é "direto" e a indeterminação tensiona a narrativa. Kogut conduz com maestria, sem congelar as figuras na tomada nem deixá-las demasiadamente soltas, esgarçando o relato. Em seu segundo trabalho longo, Kogut reafirma as potencialidades de cineasta, mostrando haver chegado à maturidade. *Mutum* é uma ficção adaptada livremente da novela *Campo geral*, de Guimarães Rosa. Mutum é o lugar em que vive Miguilim, o personagem rosiano que no filme é apelidado de Thiago, nome real do ator menino que o interpreta (Thiago da Silva Mariz). A escolha e a direção do ator é o coração do filme, que utiliza de intérpretes profissionais (como João Miguel), também bem dirigidos. A obra é adaptação singular de um original literário, conhecido pela presença da fala imiscuída no estilo. A força do filme está nos silêncios e na construção, em imagens, do olhar infantil descoberto no âmago do conto original. Relações familiares, objetos, animais, medos, o próprio tempo, surgem flexionados no olho da criança pela câmera, traduzido com talento na forma cinematográfica. No conjunto da obra de Kogut, encontramos uma autora à vontade no filme intimista, no documentário com corte biográfico, na produção televisiva, em manipulações digitais caras à ideologia contemporânea. Isso vem demonstrar uma diretora com potencial para trabalhar a imagem e o som em diferentes propostas e que amadureceu de modo surpreendente ao enfrentar o formato longa. (FPR)

KOPEZKY, W. A. (Waldyr de Andrade Kopezky) – São Paulo, SP, 1938-2001. Roteirista, diretor.

FILMOGRAFIA: 1977 – *O segredo das massagistas* (rot.); *O artesão de mulheres* (rot.). 1978 – *A noite dos imorais* (rot.); *Os três boiadeiros* (rot., dir.); *O vigilante rodoviário* (rot.); *A força dos sentidos* (rot.). 1979 – *Diário de uma prostituta* (rot.); *Incesto: desejo proibido* (rot.). 1979-1980 – *Sócias no prazer* (rot., dir.). 1980 – *Em busca do orgasmo* (rot., dir.); *A insaciável* (*Tormentos da carne*) (rot., dir.). 1980-1981 – *Sexo profundo* (rot., dir.). 1981 – *Delírios eróticos* (1º episódio: 'Sussurros e gemidos') (rot., dir.); *Me deixa de quatro* (rot.); *Sexo às avessas* (rot.). 1982 – *Sadismo, aberrações sexuais* (rot.). 1985 – *Obscenidade total* (rot.); *Minha égua favorita* (rot., dir.); *A noite do troca-troca* (rot., dir.). 1988 – *Tesão da minha vida* (rot., dir.); *Devassa e ordinária* (rot., dir.); *Mulheres eróticas* (rot., dir.). 1992 – *Gaiola da morte* (rot., dir.).

Ator e dramaturgo, nos anos 60, escreve as peças *ABC do amor*, *A pérola*, *A descoberta* e *Os guerreiros*. Trabalha na tevê e no cinema dirigindo o curta *O bicho de mil olhos* (1971) e o longa inacabado "Amemo-nus". Ao final da década de 70, radica-se na Boca do Lixo* e escreve os roteiros de um grande número de filmes, em sua maioria pornochanchadas*, como *O segredo das massagistas* e *O artesão de mulheres*, de Antônio B. Thomé, e *A noite dos imorais*, de Reynaldo Paes de Barros. Dirige seu primeiro longa, *Os três boiadeiros*, filme rural, e os documentários* *Rodeio campeão* e *Um poema ao sol* (1979). É também roteirista do filme-piloto da série televisiva *O Vigilante Rodoviário*, de Ary Fernandes*; do erótico *Diário de uma prostituta*, de Edward Freund; e do drama parapsicológico *A força dos sentidos*, de Jean Garrett*. A partir de 1979, inicia colaboração na VIRGÍNIA FILMES, com o produtor e diretor Fauzi Mansur*, como roteirista dos filmes dele (*Incesto, Me deixa de quatro, Sexo às avessas, Sadismo, Obscenidade total*). Dirige diversos dramas eróticos. A partir de 1985, na fase dos pornográficos, dirige sob o pseudônimo de Fernando Ferro. Com *Gaiola da morte*, filme de *kickboxer*, dá continuidade a sua carreira de diretor. Faleceu em São Paulo. (LFM)

KROEBER, Carlos – Belo Horizonte, MG, 1934-1999. Ator.

FILMOGRAFIA: 1968 – *O homem que comprou o mundo*. 1969 – *Navalha na carne*. 1970 – *É Simonal*; *A casa assassinada*. 1971 – *Som, amor e curtição*; *Rua descalça*; *Os inconfidentes*. 1973 – *Joana Francesa*; *Os primeiros momentos*. 1974 – *O marginal*; *Guerra conjugal*; *O padre que queria pecar*; *Quem tem medo de lobisomem?*; *Um homem célebre*. 1975 – *A extorsão*; *O filho do chefão*; *O motel*; *O casamento*. 1976 – *Soledade*; *Tem alguém na minha cama* (1º episódio: 'Um em cima e outro embaixo'); *As loucuras de um sedutor*; *Gente fina é outra coisa* (1º episódio: 'A guerra da lagosta'); *Gordos e magros*. 1976-1977 – *Anchieta, José do Brasil*. 1977 – *Um brasileiro chamado Rosaflor*. 1978 – *O bandido Antônio Dó*. 1979 – *Massacre em Caxias*; *Muito prazer*; *Bye Bye Brasil*. 1979-1985 – *Chico Rei*. 1980 – *Bonitinha mas ordinária*. 1981 – *Luz del Fuego*. 1982 – *Tessa, a gata*. 1983 – *Quilombo*. 1984 – *O cavalinho azul*; *Noites do sertão*. 1985 – *Por incrível que pareça*. 1986 – *Vera*. 1988 – *Jardim de Alah*. 1990 – *O quinto macaco*.

Um dos atores coadjuvantes mais requisitados dos anos 70, tem longa carreira teatral e incursões na televisão, onde fez algumas novelas, como *Sol de verão* e *Roda de fogo*. De compleição física incomum, por ser muito alto e de porte avantajado, impõe-se como um ator de recursos, sobressaindo-se em papéis dramáticos. O interesse pelo palco surge na adolescência, ao acompanhar os ensaios das diversas companhias teatrais que passavam por Belo Horizonte. Aos 16 anos, casualmente, faz teste e substitui, com o pseudônimo de Carlos de Brito, um dos atores da peça *Helena fechou a porta*. Entra para a Faculdade de Filosofia da Universidade Federal de Minas Gerais, participando da criação do Grupo de Teatro Experimental. Ganha bolsa de estudos nos Estados Unidos. Ao retornar, em 1959, ingressa como assistente de direção na Companhia Teatral Tônia-Celi-Autran. Ao longo de quase uma década, exerce diversas funções na empresa: contrarregra, sonoplasta, cenógrafo, figurinista, divulgador e, por fim, intérprete e diretor. Participa em 1963, como ator, de "Marafa", longa inacabado de Adolfo Celi*. No fim dos anos 60 diversifica suas atividades, passando a administrar espaços teatrais, a dirigir peças e a atuar mais regularmente no teatro e no cinema. Na tela grande, estreia em *O* *homem que comprou o mundo*, de Eduardo Coutinho*. A seguir, atua em uma série de filmes e ganha alguns prêmios, entre eles a CORUJA DE OURO e o CANDANGO de melhor ator de 1971, pela interpretação do personagem Timóteo, de *A casa assassinada*, de Paulo César Saraceni*, que considera um trabalho importante. Eclético, faz pornochanchadas*, filmes infantis e filma com alguns diretores cinemanovistas, destacando-se suas participações em *Os inconfidentes* e *Guerra conjugal*, de Joaquim Pedro de Andrade*; *Gordos e magros*, de Mário Carneiro*, e *Noites do sertão*, de Carlos Alberto Prates Correia*. Faleceu em 13 de junho no Rio de Janeiro. (HH)

KUSNET, Eugênio (Evgenii Chamanski Kuznetsov) – Kerson, Rússia, 1898-1975. Ator.

FILMOGRAFIA: 1952-1953 – *Sinhá Moça*. 1955 – *A estrada*. 1957 – *Casei-me com um xavante*; *Uma certa Lucrécia*; *Cara de fogo*. 1959 – *Cidade ameaçada*. 1960 – *Estrada do amor* (coprodução estrangeira); *Zé do Periquito*. 1961 – *Tristeza do Jeca*. 1966 – *A derrota*. 1968 – *O homem que comprou o mundo*; *Hitler Terceiro Mundo*. 1974 – *Gente que transa* (*Os imorais*).

Importante personalidade do teatro brasileiro, chega ao Brasil em 1926, depois de ter estudado teatro em sua pátria. Após exercer a atividade de comerciante por vários anos, retorna ao teatro, quando entra em contato com Ziembinski* e o grupo Os Comediantes. Participa do Teatro Brasileiro de Comédia (TBC), em 1951, quando estreia como ator em *Paiol velho*, de Abílio Pereira de Almeida*, sob a direção de Ziembinski. No mesmo ano, trabalha em *Seis personagens à procura de um autor*, de Luigi Pirandello, com direção de Adolfo Celi*, e no papel principal de *Convite ao baile*, de Jean Anouilh, com direção de Luciano Salce*. Trabalha como tradutor, junto com Brutus Pedreira, de *Ralé*, de Máximo Górki, para a encenação de Flamínio Bollini Cerri. Atua em outras companhias, como o Teatro Popular de Arte, em *Manequim*, de Henrique Pongetti*, como ator e diretor, em 1952, e em *O canto da cotovia*, de Jean Anouilh, com direção de Gianni Ratto, em 1954. Volta ao TBC, em *Profundo mar azul*, de Terence Rattingan, sob direção de Adolfo Celi, em 1955. Apresenta-se em *A casa de chá do luar de agosto*, de John Patrick, em 1956, e em *A rainha e os rebeldes*, de Ugo Betti, ambas sob direção de Maurice Vaneau. Em seu último espetáculo na casa, atua em *Os interesses criados*, de Jacinto Benavente, sob direção de Alberto D'Aversa*. No Teatro de Arena atua em *Eles não usam black-tie*, de Gianfrancesco Guarnieri*, de 1958, com direção de José Renato. Em 1960, representa o texto de Bertolt Brecht, *Alma boa de Setsuan*, sob direção de Flamínio Bollini Cerri. No Teatro Cacilda Becker, participa, em 1962, de *A visita da velha senhora*, de Friedrich Dürrenmatt, com direção de Walmor Chagas*. No Teatro Oficina, a partir de 1961 e durante quase toda a década, organiza cursos de preparação de atores e para profissionais. É ator em *A vida impressa em dólar*, de Clifford Odets, em 1961-1962, e em *Os inimigos*, de Máximo Górki, ambos sob direção de José Celso Martinez Corrêa. Faz *Toda donzela tem um pai que é uma fera*, de Gláucio Gill, sob direção de Benedito Corsi, e *Andorra*, de Max Frisch, com direção de José Celso Martinez Corrêa, ambas de 1964. Em *Os pequenos burgueses*, de Máximo Górki, de 1964-1965, atua novamente sob direção de José Celso Martinez Corrêa. É tradutor do texto *Quatro num quarto*, de Valentin Kataiev, encenado por Maurice Vaneau em 1963. Em *Um caso em Irkutsk*, de Alexei Arbusov, é responsável pela tradução e direção; essa peça é realizada com seus alunos. Na década de 70, dá aulas de teatro na Fundação das Artes, em São Caetano do Sul. Escreve importantes livros, como *Iniciação à arte dramática* (1968); *Introdução ao método da ação inconsciente* (1971) e *Ator e método*. No cinema, sua participação, embora significativa, não tem a mesma dimensão. Estreia em filme da VERA CRUZ*, como o bondoso frei José, de *Sinhá Moça*, direção de Tom Payne* e Osvaldo Sampaio*. Com a direção de Sampaio, interpreta o velho Tomás, em *A estrada*. Participa como coadjuvante de uma série de filmes: das comédias *Casei-me com um xavante*, de Alfredo Palácios*, e *Uma certa Lucrécia*, de Fernando de Barros*; dos dramas *Cara de fogo*, de Galileu Garcia*, e *Cidade ameaçada*, de Roberto Farias*; da coprodução com a Alemanha, feita no Brasil, *Estrada do amor*, direção do diretor germânico Wolfgang Schleif; e de dois filmes de Mazzaropi*, *Zé do Periquito*, com direção de Ismar Porto* e Amácio Mazzaropi, e *Tristeza do Jeca*, assinado pelo comediante. Em meados dos anos 60 participa de filmes de maiores pretensões, como o político *A derrota*, de Mário Fiorani*; da comédia *O homem que comprou o mundo*, de Eduardo Coutinho*; e do experimental *Hitler, Terceiro Mundo*, de José Agrippino de Paula*. Encerra sua carreira no cinema com a comédia *Gente que transa*, de Sílvio de Abreu. Após sua morte, o histórico Teatro de Arena passou a chamar-se Teatro Experimental Eugênio Kusnet. Morreu em 28 de agosto em São Paulo. (LFM)

LABORATÓRIOS CINEMATOGRÁFICOS

O primeiro laboratório cinematográfico brasileiro é instalado pela EMPRESA PASCHOAL SEGRETO em 1898 na cidade fluminense de Petrópolis, em virtude das temperaturas médias da região e do grau de pureza da água. Montado por Afonso Segreto*, transfere-se posteriormente para o Rio de Janeiro, utilizando provavelmente os apetrechos típicos de um quarto escuro para a revelação e a própria câmera de filmar como copiador (característica da maioria dos modelos da época). Os requisitos técnicos relativamente simples das primeiras décadas permitem a manutenção desses processos e mesmo a improvisação de equipamentos similares, como os desenvolvidos por Antônio Medeiros* a partir de carcaças de câmeras e projetores para a INDEPENDÊNCIA-OMNIA FILM. A formação fotográfica de muitos profissionais também propicia uma adaptação dos métodos e meios da fotografia fixa para a revelação e a copiagem cinematográficas, caso de inúmeros cinegrafistas de atualidades, como Aníbal Requião*, e fotógrafos dos chamados Ciclos Regionais*, como Edson Chagas* no Recife e Pedro Comello em Cataguases. Destaca-se particularmente, nesse período, o laboratório itinerante do major Luiz Thomaz Reis*, montado quase sempre em plena selva, utilizando já a técnica das cubas e teares para a revelação, a câmera como copiador e a própria luz do sol como iluminante para a copiagem. Quanto à padronização em bases industriais, os primeiros passos são dados por Alberto Botelho*, que obtém os melhores resultados de tratamento e as melhores cópias da década de 10, e por Luiz de Barros*, que introduz o copiador e o densitômetro Lobel no país, conseguindo um controle de densidade e uma marcação de luz mais precisos. Há limitações quanto à variedade dos banhos e seus componentes, compostos muitas vezes com produtos locais e a partir de fórmulas desenvolvidas na prática corrente. O processamento está voltado quase sempre para películas europeias, em particular os filmes da PATHÉ. Na década de 20, generaliza-se o uso de viragens e ocorre um maior aprimoramento dos trabalhos de laboratório, verificando-se preocupações em eliminar defeitos comuns, como halos e flutuações. Destacam-se pela correção e mesmo qualidade final dos serviços os resultados apresentados pela família José e Victor Del Picchia na INDEPENDÊNCIA, responsável pela revelação e copiagem de quase todos os filmes paulistas do período, e por Paulo Benedetti* na BENEDETTI FILM, responsável pelo processamento de títulos como *Brasa dormida*, *Barro humano* e *Limite*. Benedetti também realiza a passagem do tratamento de películas ortocromáticas para as pancromáticas, o que imporia rapidamente a hegemonia dos produtos Kodak no país e implicaria uma complexidade crescente da área. Marco importante na atualização tecnológica dos laboratórios brasileiros e na implantação de métodos mais científicos de trabalho é a vinda dos fotógrafos e laboratoristas húngaros Adalberto Kemeny* e Rodolfo Lustig. Ao comprarem o laboratório da INDEPENDÊNCIA, transformado em Laboratórios Rex, introduzem máquinas como os copiadores alemães Ernemann, preocupando-se com a estrita observância dos parâmetros de processamento, como o controle de tempo e temperatura. O avanço qualitativo apresentado pelo Rex não repercute inicialmente, sendo necessárias quase duas décadas para a aceitação plena dos seus serviços como os melhores do país da fase do preto e branco. A passagem para o filme sonoro na década de 30 complexifica ainda mais o processamento e será responsável pelo paulatino desaparecimento dos pequenos laboratórios vindos do período mudo, como os da BOTELHO FILM e da Fan FILMES, incapazes de acompanhar a contento as contínuas transformações tecnológicas do setor. Ainda nos anos 30, a CINÉDIA* dá um passo decisivo na atualização da área ao comprar a reveladora Multiplex, fabricada pela francesa DeBrie, para revelação contínua, o que eliminava de vez as flutuações provocadas pelos teares, uniformizando o processamento, e os copiadores Matipo, também da DeBrie, mais ágeis e precisos na marcação de luz. Pouco depois da II Guerra Mundial, o REX incorpora os avanços com uma reveladora contínua Arri e contrafações tchecas do Matipo, equipamento que processaria todos os filmes da VERA CRUZ* em sua melhor fase. Nos anos 40 surgem outros laboratórios, como o da ATLÂNTIDA* e o da CINEGRÁFICA SÃO LUIZ, unificados ao final da década, ambos bastante criticados pelo desprezo de certas normas de trabalho, pela baixa qualidade dos reagentes utilizados e pelos consequentes resultados desanimadores em termos de fotografia (sem relevo, opaca, com variações bruscas de luz e mesmo alguma sujeira) e de som (abafado, distorcido). Quase rivalizando em termos técnicos com o REX, surge nos anos 50 o laboratório da COMPANHIA INDUSTRIAL CINEMATOGRÁFICA. Montado por europeus, com Mathieu Bonfanti à frente, preocupa-se com a estrita observância dos padrões de processamento e abre-se ao tratamento de trabalhos mais afeitos ao universo neorrealista (texturas mais "sujas", maior latitude entre as zonas claras e escuras, admissão de estouros de luz), como *Rio 40 graus*. A destruição das suas instalações cariocas por um incêndio em 1957 e o surgimento da primeira lei de obrigatoriedade de copiagem de filmes estrangeiros no país abrem caminho para a ascensão do LÍDER CINE LABORATÓRIOS, fundado em 1944 por José Augusto Rodrigues com o nome de LABORATÓRIO ODEON, dedicado a pequenos trabalhos, renomeado e transferido para um casarão no bairro carioca de Botafogo em 1954. O REX continua a liderar o segmento, introduzindo a revelação em cores em 1956, aplicada aos filmes publicitários nos primeiros tempos e, regularmente, aos longas, a partir de *A morte comanda o cangaço* (1960). Ainda estão em funcionamento pequenos laboratórios como o CINELAB, de Luiz Marano, dedicado a cinejornais*, e há espaço para o surgimento de alguns outros como o LAB 16, especializado na bitola de 16 mm, servindo de esteio à maior parte da produção que passa pelos festivais JB-MESBLA nos anos 60. Mesmo assim, nenhum deles alcança os anos 70. Com preços mais em conta e, após algumas discussões, com certa flexibilidade para o processamento das obras do Cinema Novo*, o LÍDER conquista paulatinamente o mercado. Percebendo o fim da era do preto e branco, investe pesadamente em sua filial paulistana, introduzindo, em 1968, reveladoras contínuas Arri mais ágeis e copiadores Geyer para síntese substrativa, equipamento destinado exclusivamente ao processamento de filmes coloridos. Em pouco tempo está em condições de absorver o REX, o que ocorre em 1972. Nessa mesma época, regulamentam-se os dispositivos ligados à obrigatoriedade de copiagem, o que proporciona um pequenino *boom* de novos laboratórios. A família Kemeny parte para um empreendimento menor, o laboratório REVELA, mantendo a qualidade distintiva de seu processamento. Surgem o INTERLAB e o FLICK LABORATÓRIOS, este curiosamente especializado no processamento de filmes Super-8*. Nenhum deles ultrapassa a década de 70, com o LÍDER, a essa altura, já instalado em nova e enorme sede no bairro de Vila Isabel, no Rio de Janeiro, absorvendo o REVELA em 1982. Apesar das pressões advindas da imposição da obrigatoriedade de copiagem, que resul-

tam na incorporação de produtos que não fossem da Kodak na sua rotina de trabalho, em especial a utilização da película Orwo, fabricada na antiga Alemanha Oriental, o LÍDER consegue o monopólio do mercado. Estimulado pela Kodak, é montado em 1985 o CURT-ALEX LABORATÓRIOS, associação de uma conhecida rede de venda e processamento de materiais fotográficos comuns e o famoso laboratório cinematográfico argentino. A qualidade do processamento da cor recebe muitos elogios – tendo em vista resultados como os obtidos em *Ópera do malandro* –, mas os custos são mais altos. O fim da obrigatoriedade de copiagem e a brutal queda de produção do filme nacional no início dos anos 90 determinam o encerramento de suas atividades em meados da década. Apesar de passar por grave crise financeira por causa da conjuntura adversa, o LÍDER consegue sobreviver, realizando nos últimos anos um grande esforço de atualização tecnológica, com a incorporação do processamento em DOLBY STEREO e DOLBY DIGITAL para o som e o tratamento de novas películas como a Vision, da Kodak. (HH)

LACERDA, Hilton – Recife, PE, 1965. Roteirista.

FILMOGRAFIA: 1995 – *Baile perfumado*. 2002 – *Amarelo manga*. 2004 – *Esses moços*. 2005 – *Árido movie*. 2006 – *Baixio das bestas*; *Cartola – música para os olhos* (dir.); *Os 12 trabalhos*. 2007 – *A festa da menina morta*. 2008 – *FilmeFobia*.

Formado em Jornalismo e em Educação Artística, deu início a sua carreira cinematográfica como assistente de direção em 1988, com o curta-metragem *Batom*, de Ana Paula Portela. Trabalhou também com o cineasta Lírio Ferreira*, no curta-metragem *Crime da imagem* (1992). É o principal roteirista da turma pernambucana, que tem produzido algumas das narrativas mais densas do novo cinema brasileiro. Em seu primeiro longa-metragem, *Baile perfumado*, divide autoria do roteiro com Lírio Ferreira, parceiro de outros trabalhos, dramatizando a cinebiografia do cineasta mascate Benjamim Abrahão*. Destaca-se com o roteiro do filme *Amarelo manga*, drama com cores fortes, de Cláudio Assis*, ambientado nos subúrbios sórdidos de Recife, sua cidade natal. A dramaturgia de *Amarelo manga* é repetida em filmes posteriores, dentro de um paradigma do novo cinema brasileiro que pode ser chamado de "naturalismo cruel". Na linha, mas sem o mesmo frescor, escreve também o roteiro de *Baixio das bestas*, segundo longa em que colabora com Cláudio Assis. Retratando

a geração anos 90 de Recife, faz, com Lírio Ferreira, Sergio Oliveira e Eduardo Nunes, o roteiro de *Árido movie*. Sentimos, na amarração solta da trama e das personagens, a criação a oito mãos. Ainda com o parceiro Lírio, codirigiu e escreveu *Cartola – música para os olhos,* documentário inovador sobre o compositor carioca, destacando-se pela criativa fragmentação narrativa. Realizou vários documentários para TV. Em parceria com o DJ Dolores, assina diversos trabalhos, como clipes e projetos gráficos de capas de discos. Radicado na cidade de São Paulo, trabalhou no roteiro do drama urbano *Os 12 trabalhos*, de Ricardo Elias*, enfocando a vida dos motoboys paulistanos. Roteirizou novo drama exasperado em *A festa da menina morta*, primeiro longa-metragem com direção do ator Matheus Nachtergaele*, ambientado na região amazônica. Escreveu o roteiro e participou como ele próprio de *FilmeFobia*, documentário assinado pelo diretor Kiko Goifman*, com Jean-Claude Bernardet* na figura de protagonista. (FPR/VLD)

LACERDA, Luiz Carlos (Luiz Carlos Lacerda de Freitas) – Rio de Janeiro, RJ, 1945. Diretor.

FILMOGRAFIA: 1971 – *Mãos vazias*. 1978 – *O princípio do prazer*. 1987 – *Leila Diniz*. 1996-1997 – *For All – o trampolim da vitória*. 2002 – *Viva Sapato!*.

Filho do produtor João Tinoco de Freitas, membro do Partido Comunista Brasileiro e figura que aglutinou a maioria das iniciativas cinematográficas da esquerda nas décadas de 40 e 50, cofinanciando, entre outros, *24 anos de luta*, de Ruy Santos*, e *Rio 40 graus*, de Nelson Pereira dos Santos*. Tenta a literatura na adolescência, chegando a figurar em diversas antologias poéticas publicadas na década de 60. Decidindo-se pelo cinema, Bigode, como é mais conhecido, estreia como assistente de direção no longa *Onde a terra começa* e no curta *A história da luz*, ambos de Ruy Santos. Exerce a mesma função nas pequenas cinebiografias *Adhemar Gonzaga** e *José Medina**, participando ainda como assistente de produção de *Panorama do cinema brasileiro*, de Jurandyr Noronha*. Trabalha como diretor de produção de vários curtas e longas. A partir do filme *El Justicero* (1966), estabelece longa colaboração com Nelson Pereira dos Santos*, desempenhando ora uma ora outra dessas funções. Após *Tenda dos milagres* (1977), também de Nelson Pereira dos Santos, migra para o cinema publicitário e nos anos 80 para a televisão, onde se torna produtor de seriados e novelas da REDE

GLOBO. Faz rápidas incursões pelo vídeo, assinando *Barão de Itararé – entre sem bater* (1988), *Caju for All* (1990), *Vem para a Lapa você também* (1992) e *Toda mulher quer ser feliz* (1995). Desde meados dos anos 60, desenvolve carreira como roteirista e diretor, interessando-se principalmente pelo universo da literatura e pelo tema da ruptura comportamental. É diretor dos curtas *Angelo Agostini, sua pena é sua espada*, *O enfeitiçado* (sobre Lúcio Cardoso), *Nelson filma* (sobre dois filmes de Nelson Pereira dos Santos), *Sereno desespero* (sobre Cecília Meireles), *Odoia 67*, *Conversa de botequim* (sobre João da Bahiana), *Ernesto Nazareth, O homem e sua hora* (sobre Mário Faustino). Estreia no longa-metragem com adaptação da obra de Lúcio Cardoso *Mãos vazias*. Funda em seguida, com Carlos Alberto Diniz, a produtora PARAÍSO FILMES, realizando obra experimental em 16 mm, *Como era freak o meu vale* (1972). Aborda o incesto em *O princípio do prazer* e a vida de Leila Diniz em filme homônimo. Dirige com Buza Ferraz *For All – o trampolim da vitória*, sobre a presença americana em Natal durante a II Guerra Mundial. (HH) Dirigiu a comédia *Viva Sapato!*, cujo lançamento deixou muito a desejar. Em 2007, a Coleção Aplauso publica *Luiz Carlos Lacerda – prazer & cinema*, organizado por Alfredo Sternheim*.

LACERDA, Vanda – Rio de Janeiro, RJ, 1923-2001. Atriz.

FILMOGRAFIA: 1944 – *Gente honesta*. 1945 – *Vidas solidárias*. 1946 – *Fantasma por acaso*. 1965 – *A falecida*. 1967 – *Cara a cara*. 1969 – *Matou a família e foi ao cinema*. 1971 – *São Bernardo*. 1972 – *Tati, a garota*. 1974 – *A estrela sobe*. 1978 – *O sol dos amantes*. 1980 – *Insônia* (2º episódio: 'A prisão de J. Carmo Gomes'). 1981 – *Álbum de família*. 1995 – *Felicidade é...* (2º episódio: 'Bolo').

Vanda Lacerda era filha de um fabricante de objetos de prata. Foi casada com o ator Mário Brasini*, com quem teve uma filha, Cláudia, que faleceu prematuramente após longa enfermidade. Contrariando a vontade do pai, que desejava que ela estudasse Odontologia, Vanda entrou para a Escola Nacional de Música em 1940, tendo concluído o curso de piano em 1946. Quando ainda era estudante da Escola de Música, fez teatro amador e atuou em alguns programas na RÁDIO CLUBE DO BRASIL e na RÁDIO TUPI. Ingressou também no Teatro do Estudante, onde conheceu Brasini. Fez seu primeiro filme em 1944, na ATLÂNTIDA*: *Gente honesta*, de Moacyr Fenelon*. No ano seguinte, foi

a protagonista de *Vidas solidárias*, também na ATLÂNTIDA e dirigido por Fenelon, que abordava a vida de estudantes de Medicina. Embora sua carreira como atriz tenha privilegiado o teatro e a televisão, teve atuações destacadas no cinema, como em *A falecida* e *São Bernardo*, ambos de Leon Hirszman*, e *Cara a cara* e *Matou a família e foi ao cinema*, de Júlio Bressane*. (LAR) Faleceu em 14 de julho no Rio de Janeiro.

LACRETA, Idê (Ideli Fátima Senize Lacreta) – São Paulo, SP, 1948. Montadora.

FILMOGRAFIA: 1979 – *Cabaré mineiro*. 1983-1984 – *Corpo a corpo, todos os sonhos do mundo*. 1984 – *Noites do sertão*. 1984-1985 – *Amenic, entre o discurso e prática*. 1985 – *A hora da estrela*; *Ópera do malandro*. 1987 – *O país dos tenentes*. 1990-1991 – *Sua Excelência, o candidato*. 1996 – *Ed Mort*. 1997 – *Um céu de estrelas*. 1998 – *Kenoma*; *Por trás do pano*. 1999 – *Um copo de cólera*. 2000 – *Latitude zero*; *Através da janela*. 2001 – *Urbânia*. 2003 – *O prisioneiro da grade de ferro (Autorretratos)*. 2004 – *500 almas*. 2005 – *Em trânsito*. 2006 – *Antônia*. 2007 – *Corpo*. 2009 – *Hotel Atlântico*.

Parceira do cineasta Carlos Alberto Prates Correia* nos filmes *Cabaré mineiro* e *Noites do sertão*, ambientados no interior mineiro, região norte do estado, onde o diretor realiza seus longas-metragens. Nesses trabalhos iniciais de montagem, acumula a produção executiva. *Noites* foi baseado em *Buriti*, do escritor mineiro João Guimarães Rosa. Montadora do filme experimental *Amenic, entre o discurso e a prática*, único longa de Fernando Silva, e da esmerada produção *Ópera do malandro*, de Ruy Guerra*, extraída da peça teatral homônima de Chico Buarque de Hollanda. Radicada na cidade de São Paulo, montou o filme urbano *A hora da estrela*, que marcou a estreia da diretora Suzana Amaral*, numa feliz adaptação do texto de Clarice Lispector. Monta também *O país dos tenentes*, de João Batista de Andrade*, e a comédia *Sua Excelência, o candidato*, do estreante Ricardo Pinto e Silva, adaptação da peça teatral homônima de Marcos Caruso e Jandira Martini. Outras fitas urbanas foram a comédia *Ed Mort*, de Alain Fresnot*, baseada no texto de Luis Fernando Verissimo, e o tenso drama *Um céu de estrelas*, baseado no romance de Fernando Bonassi*, que lançou a diretora Tata Amaral*. Outra diretora estreante, Eliane Caffé*, contou com sua montagem no drama rural *Kenoma*. Também com estreantes foi a montagem de *Por trás do pano*,

primeiro longa de Luiz Villaça; *Um copo de cólera*, extraído do romance homônimo de Raduan Nassar, lançando Aluizio Abranches; *Latitude zero*, primeiro longa ficcional de Toni Venturi*; e *Urbânia*, de Flávio Frederico*. Ainda com Tata Amaral faz a montagem de *Através da janela*. Possui um belo e complexo trabalho no documentário *O prisioneiro da grade de ferro (Autorretratos)*, em que lidou com extenso material bruto de origens diversas, sem concatenação prévia. O resultado é uma narrativa com ritmo claro. Em *500 almas*, trabalha com o material de Joel Pizzini*, em outro longa-metragem de estreia. *Em Trânsito*, único longa de Henri Gervaiseau, monta documentário sobre as grandes distâncias enfrentadas no transporte metropolitano de São Paulo. Ainda em fitas urbanas trabalha com *Antônia*, da cineasta Tata Amaral, e *Corpo*, parceria entre os cineastas estreantes Rubens Rewald e Rossana Flogea. Outra cineasta que reencontrou foi Suzana Amaral, no drama *Hotel Atlântico*, adaptado de texto de João Gilberto Noll. (LFM)

LAFOND, Monique (Monique de Gormaz Lafond) – Rio de Janeiro, RJ, 1954. Atriz.

FILMOGRAFIA: 1968 – *Até que o casamento nos separe*. 1972 – *Salve-se quem puder, o rally da juventude*. 1973 – *Aladim e a lâmpada maravilhosa*; *As moças daquela hora*. 1974 – *Robin Hood, o trapalhão da floresta*; *Ipanema, adeus!*; *Ladrão de Bagdá, o magnífico*. 1975 – *Enigma para demônios*; *O motel*; *Com um grilo na cama*. 1976-1977 – *Paixão e sombras*. 1977 – *Emanuelle tropical*; *O trapalhão nas minas do rei Salomão*. 1979 – *Amante latino*; *Eu matei Lúcio Flávio*. 1980 – *Mulher sensual*; *Giselle*; *Um menino... uma mulher*. 1981 – *Os campeões*; *Prazeres permitidos*; *Eros, o deus do amor*; *Luz del Fuego*. 1982 – *Fuscão preto*; *Retrato falado de uma mulher sem pudor*; *Tudo na cama*. 1983 – *Amor maldito*; *Mulher de proveta*; *Memórias do cárcere*. 1984-1985 – *Fulaninha*. 1986 – *Eu*. 1987 – *Sonhos de menina-moça*. 1991 – *A serpente*. 1990-1991 – *Não quero falar sobre isso agora*. 1994-1996 – *As feras*.

Inicia sua carreira em pequenos papéis, estreando na comédia *Até que o casamento nos separe*, do diretor Flávio Tambellini*; com o diretor J. B. Tanko*, atua no papel de mocinha, em uma série de filmes infantis, como *Salve-se quem puder, o rally da juventude* e alguns ao lado dos Trapalhões*. Com o cômico Ankito* e o diretor Victor Lima*, filma *Ladrão de Bagdá, o magnífico*. Em seguida, é protagonista em papéis dramáticos em *As moças daquela* hora, de Paulo Porto*; *Ipanema, adeus!*, de Paulo Roberto Martins; *Enigma para demônios*, de Carlos Hugo Christensen*. Inicia sua participação em várias porno-chanchadas* cariocas, entre elas, *O motel*, de Alcino Diniz; *Com um grilo na cama*, de Gilvan Pereira*; e *Emanuelle tropical*, de J. Marreco, que dá vazão à onda de erotismo do cinema nacional. Mais tarde, atua na Boca do Lixo* em *Prazeres permitidos* e *Tudo na cama*, ambos de Antônio Melian-de*; além do filme rural *Fuscão preto*, de Jeremias Moreira Filho*, e da chanchada *Mulher de proveta*, do diretor boliviano José Rady Cuellar Ulrizar. Uma atriz khouriana, com o diretor Walter Hugo Khouri* filma *Paixão e sombras*; *Eros, o deus do amor*; *Eu*. Filma também a comédia musical, veículo de promoção do cantor Sidney Magal, *Amante latino*, de Pedro Carlos Rovai*, e o policial *Eu matei Lúcio Flávio*, de Antônio Calmon*. Nos dramas *Amor maldito*, de Adélia Sampaio, e *Retrato falado de uma mulher sem pudor*, de Jair Correia e Hélio Porto, enfrenta os papéis desafiadores de lésbica assumida, no primeiro filme, e de mulher liberada, sem limites, no segundo. Após vários pequenos papéis, participa de *A serpente*, de Alberto Magno, adaptação da última peça de Nélson Rodrigues*. Na televisão, sua participação é pequena, destacando-se nas novelas da GLOBO – *A moreninha* (1975-1976), adaptação de Marcos Rey* do romance homônimo de Joaquim Manuel de Macedo – e da MANCHETE – *Antônio Maria* (1985), de Geraldo Vietri* e Walter Negrão. (LFM)

LAGE, Eliane (Eliane Margaret Elizabeth Lage) – Paris, França, 1928. Atriz.

FILMOGRAFIA: 1950 – *Caiçara*; *Terra é sempre terra*. 1951 – *Ângela*. 1952-1953 – *Sinhá Moça*. 1957-1958 – *Ravina*.

Eliane Lage veio para o Brasil com seis meses. Viveu no Rio de Janeiro, passando a infância na Ilha do Viana, baía de Guanabara, propriedade de sua família. Filha de mãe inglesa e neta de francesa, seu pai, Jorge Lage, possuía um estaleiro na ilha. Seu tio Henrique presenteou a esposa, Gabriela Bezanzone, cantora lírica, com magnífica mansão incrustada no parque Lage, na cidade do Rio de Janeiro. Eliane foi aluna interna no Colégio Sion, em Petrópolis (RJ), e com 19 anos dirigiu-se para a Europa, procurando completar sua educação formal: cursou, na Inglaterra, o Nursery Training College, adquirindo noções mais aprofundadas de puericultura (havia, antes, prestado serviços voluntários aos favelados no

lactário infantil situado no morro carioca de São Clemente). Depois do estágio regular nesse estabelecimento foi para a Grécia e, durante um ano, trabalhou num campo de concentração, encarregando-se da assistência aos pequeninos refugiados da Macedônia, em uma das chamadas Pe-depolis (cidade das crianças). Voltou para o Brasil, radicou-se no Rio de Janeiro e veio passar férias em São Paulo, na casa de Yolanda Penteado, amiga de sua família, casada com Ciccilo Matarazzo. Justamente nessa época fundava-se a VERA CRUZ*, e na casa de Yolanda foi jantar Tom Payne*, que chegava ao país naquele mesmo dia, a convite de Alberto Cavalcanti*, para integrar os quadros técnicos da companhia. Por insistência de Payne, fez teste na VERA CRUZ e, apesar da oposição inicial de Cavalcanti, foi aceita pelo diretor Adolfo Celi* para o papel de Marina, em *Caiçara*, a primeira película da nova produtora, compondo o par romântico com Mário Sérgio*. Em 1951 casou-se com Payne e, nesse mesmo ano, codirigida por ele e por Abílio Pereira de Almeida*, filmou *Ângela*, rodado em grande parte em Pelotas (RS), ao lado do ator Alberto Ruschel*. Participou também de *Terra é sempre terra*, em papel secundário, dirigida por Payne. Encerrou sua carreira na VERA CRUZ protagonizando *Sinhá Moça*, de Tom Payne e Osvaldo Sampaio*, juntamente com Anselmo Duarte*. Adaptado do romance de Maria Dezzone Pacheco Fernandes, é um filme de época, versando sobre a abolição da escravatura no Brasil. Constituiu-se em grande sucesso do cinema brasileiro, recebendo vários prêmios internacionais: LEÃO DE BRONZE do FESTIVAL DE CINEMA DE VENEZA (1953); Prêmio do FESTIVAL DE CINEMA DE BERLIM (1954); Prêmio da OCIC, no FESTIVAL DE CINEMA DE PUNTA DEL ESTE (1955); Prêmio INCA, do Peru (1956). Afastou-se do cinema após *Sinhá Moça* para cuidar da família, que foi sendo ampliada: Vivien Elizabeth nasceu em 1953 e Vanessa Lais, em 1956 (teve ainda um menino, Thomas). Voltou ao cinema em *Ravina*, dirigida pelo crítico e cineasta Rubem Biáfora*. Tentou, sem sucesso, a televisão: em 1957 estreando a série *As encrencas da vida com Eliane*, na TV TUPI (São Paulo), canal 3, dirigida por Payne. Contracenando com Ruth de Souza*, José Mercaldi, Astrogildo Filho e o elenco da TUPI, o programa semanal, nos moldes do famoso *I Love Lucy*, procurava explorar as aventuras e desventuras de um jovem casal (Eliane-Mercaldi, este último revelado no filme *Arara vermelha*) às voltas com os mais diversos problemas matri-

moniais. A experiência televisiva durou apenas seis programas. O dinheiro acumulado por Eliane e Payne na VERA CRUZ foi empregado para comprar um sítio no Embu (São Paulo), onde viviam, cultivavam a terra e criavam os filhos. Entretanto, Payne resolveu voltar a dirigir (*Arara vermelha*, 1956 – UNIFILMES). Como a película resultou em fracasso comercial, as dívidas se acumularam e tiveram de vender o sítio. Acabaram construindo uma casa geminada no Guarujá, na praia do Tombo, onde tinham um terreno, pois alugariam metade do imóvel para veranistas. A casa do Guarujá fez sucesso e Payne ganhou dinheiro como empresário e construtor, até que foi acometido de tuberculose. Eliane foi obrigada a buscar fonte alternativa de renda e, assim, surgiu a montagem do antiquário no Guarujá, atividade essa que manteve a família por cinco ou seis anos. Entretanto, três filhos e 14 anos depois, chegava ao fim o casamento de Eliane e Payne. Após a separação, a atriz voltou a Petrópolis e o cineasta continuou no Guarujá, com a loja de antiguidades, tendo se casado novamente. Eliane, acompanhada dos filhos, fez um pouco de tudo para viver: foi tradutora, diretora de escola de inglês, vendedora de enciclopédias e guia turística, entre outras ocupações. Morou em São Paulo por algum tempo e, ao optar pela velha paixão (cultivar a terra), morou em Cotia, Paraty, e outras cidades do litoral fluminense e sul da Bahia (Nova Viçosa). Passou seis meses em Tiradentes até chegar a Brasília. Gostou da região e examinou pequenas fazendas em Olhos D'Água, Formosa e Unaí, até fixar-se em Pirenópolis (GO), onde mantém um sítio, cercada pelos três filhos e quatro netos. (AMC) Em 2005, escreveu autobiografia, *Ilhas, veredas e buritis*, publicada pela Editora Brasiliense.

LAGO, Mário – Rio de Janeiro, RJ, 1911-2002. Ator.

FILMOGRAFIA: 1947 – *Asas do Brasil*; *O homem que chutou a consciência*. 1948-1949 – *Terra violenta*. 1949 – *Uma luz na estrada*; *O homem que passa*; *A sombra da outra*. 1951 – *Pecadora imaculada*. 1953 – *Balança mas não cai*. 1956 – *Papai fanfarrão*. 1961 – *Mulheres, cheguei*; *Assassinato em Copacabana*. 1962 – *Assalto ao trem pagador*. 1965 – *História de um crápula*; *O padre e a moça*; *Na mira do assassino*. 1966 – *Cuidado, espião brasileiro em ação*; *Na onda do iê-iê-iê*; *Terra em transe*. 1966 – *Essa gatinha é minha*. 1968 – *Dezesperato*; *Massacre no supermercado*; *Vida provisória*; *O bravo guerreiro.* 1968-1969 – *Os herdeiros.* 1969 – *Tempo de violência; Pedro Diabo.* 1970 – *Balada dos infiéis.* 1971 – *São Bernardo.* 1973 – *Café na cama.* 1976 – *A menor violentada* (produção estrangeira). 1981-1983 – *Idolatrada.*

Ator, escritor, roteirista, compositor, radialista, dublador, advogado e funcionário público, o polivalente Mário Lago descende de uma família ligada às artes: avós, pais e tios eram músicos. Carioca da rua do Resende, filho do maestro, compositor e arranjador Antônio Lago. Cresceu e viveu dentro de teatros. O pai desejava que ele se tornasse concertista, mas Mário, desde cedo atraído pela música popular, só conseguiu chegar até o sétimo ano no Conservatório de Música, onde teve como professora Lucília Villa-Lobos, esposa do grande compositor brasileiro. Reprovado na quarta série do curso ginasial, seu pai o obrigou a trabalhar para custear os estudos. O jornalista Álvaro Moreyra arranjou-lhe um emprego de revisor na Sociedade Anônima O Malho, editora de publicações como *Paratodos* e *Tico-tico.* Aos 21 anos, Mário formou-se bacharel em Direito. Começou escrevendo para o Teatro de Revista em 1933. Sua primeira peça foi *Flores da Cunha*, que tinha muitas músicas no roteiro. Na década de 30, Mário foi redator-chefe do Departamento de Estatística do Estado do Rio de Janeiro. Compositor de grandes sucessos, é autor de quase cem músicas, como *Nada além* (lançada em 1937 e seu primeiro sucesso), *Aurora* (sucesso no carnaval de 1941) e, principalmente, *Amélia*, composta em 1942. Mário Lago estreou como ator no teatro em 1942. No começo de 1945, passou a trabalhar como radioator na RÁDIO NACIONAL, onde ficou até 1964, quando foi demitido pelo governo militar. Na televisão, Mário Lago participou inicialmente do *Grande Teatro* da TV TUPI e de *shows* humorísticos e de variedades, como o programa de Flávio Cavalcanti. Sua primeira novela na TV GLOBO foi *O sheik de Agadir*. Até os anos 60, suas relações com o cinema não eram muito estreitas, embora composições suas tenham sido aproveitadas em alguns filmes. Uma ou outra de suas peças de teatro foi adaptada para o cinema. Na década de 50, teve uma de suas revistas filmadas pela ATLÂNTIDA*: *O golpe*, dirigida por Carlos Manga* e estrelada por Oscarito* (a peça havia sido escrita especialmente para o comediante). Como ator, Mário começou em *Asas do Brasil*, produção da ATLÂNTIDA, dirigida por Moacyr Fenelon*. No mesmo ano, participou também de *O homem que chutou a consciência*, dirigido por Ruy Costa*. A partir dos anos 60, quando passou a se dedicar mais à carreira de ator, Mário Lago passou a atuar com mais frequência no cinema. Fez chanchadas* (*Mulheres, cheguei*, de Victor Lima*), policiais (*Assassinato em Copacabana*, de Eurides Ramos*, e *Assalto ao trem pagador*, de Roberto Farias*) e dramas (*História de um crápula*, de Jece Valadão*). Participou de filmes importantes do Cinema Novo*, como *Terra em transe*, de Glauber Rocha*, *O padre e a moça*, de Joaquim Pedro de Andrade*, *São Bernardo*, de Leon Hirszman*, *O bravo guerreiro*, de Gustavo Dahl*, e *Os herdeiros*, de Carlos Diegues*. Após esse período de assídua presença nos filmes nacionais, Mário passou a se dedicar mais às telenovelas, tornando-se um dos atores mais brilhantes da televisão brasileira. Escreve vários livros, sendo o primeiro, de 1949, *O povo escreve a história nas paredes*. É também autor de dois preciosos livros de memórias: *Na rolança do tempo* e *Bagaço de beira de estrada*. (LAR) Faleceu em 30 de maio no Rio de Janeiro. No filme *Noel – Poeta da Vila* (2007), do diretor estreante Ricardo Van Steen, Mário Lago foi interpretado pelo músico Supla.

LARA, Odete (Odete Righi) – São Paulo, SP, 1928. Atriz.

FILMOGRAFIA: 1956 – *O gato de madame; Arara vermelha.* 1957 – *Absolutamente certo; Uma certa Lucrécia.* 1959 – *Dona Xepa; Moral em concordata; Na Garganta do Diabo.* 1960 – *Dona Violante Miranda; Cacareco vem aí (Duas histórias); Sábado a la noche, cine* (produção estrangeira). 1961 – *Mulheres e milhões; Esse Rio que eu amo* (1º episódio: 'Balbino, homem do mar'); *Sete Evas.* 1962 – *Boca de Ouro; Sonhando com milhões.* 1963 – *Bonitinha mas ordinária.* 1964 – *Noite vazia; Pão de açúcar* (produção estrangeira). 1967 – *Mar corrente.* 1968 – *As sete faces de um cafajeste; Copacabana me engana; O dragão da maldade contra o santo guerreiro* (coprodução estrangeira). 1968-1969 – *Os herdeiros.* 1968-1972 – *Câncer.* 1970 – *Vida e glória de um canalha; Lúcia McCartney, uma garota de programa; Em família; O jogo da vida e da morte.* 1971 – *As aventuras com tio Maneco; A Rainha Diaba.* 1972 – *Viver de morrer; Quando o carnaval chegar.* 1973 – *Vai trabalhar, vagabundo; Os primeiros momentos.* 1974 – *A estrela sobe.* 1978 – *O princípio do prazer.* 1982-1985 – *Um filme 100% brasileiro.* 1991 – *Vai trabalhar, vagabundo II, a volta.*

Odete Lara é filha do imigrante italiano Giuseppe Bertoluzzi (originário de Veneza, radicado no Brasil na década de 20) e de Virgínia Righi. Sua mãe suicida-se quando a menina tem 6 anos de idade. Depois de uma estadia num orfanato de freiras, Odete é criada pela madrinha. O pai, por quem tem verdadeira adoração, fica afastado por causa de uma tuberculose e comete suicídio quando a filha mal completara 18 anos. Adolescente, sem recursos, a moça começa a trabalhar como datilógrafa e secretária. No Museu de Arte de São Paulo (Masp), faz um curso de manequim e participa no primeiro desfile da moda brasileira, promovido por Pietro Maria Bardi. A seguir, entra para a TV TUPI de São Paulo como garota-propaganda (1954), obtendo sucesso imediato no programa *Mappin Movietone*. Seu primeiro papel como atriz é a Rainha Má da peça *Branca de Neve e os sete anões*, na mesma emissora. Daí passa para o programa *TV de Vanguarda*. No palco, estreia no Teatro Brasileiro de Comédia, na peça *Luz de gás*, sob a direção de Adolfo Celi* (1954). No TBC, trabalha também em *Santa Marta Fabril S. A.* (1955). O autor da peça, Abílio Pereira de Almeida*, convida-a para a primeira atuação no cinema, *O gato de madame* (Agostinho Martins Pereira*), contracenando com Mazzaropi*, numa das comédias produzidas nos estúdios de São Bernardo do Campo. Em ritmo de aventuras, participa em *Arara vermelha* (Tom Payne*). No teatro, interpreta ainda *A casa de Bernarda Alba*, de Federico García Lorca, *Moral em concordata*, de Abílio Pereira de Almeida, *O casal vinte*, de Miroel Silveira*, *Society em baby-doll*, de Henrique Pongetti*. Trabalha também como cantora: no *show Skindô* (1961), no encontro com Vinicius de Moraes* registrado em disco patrocinado por Aloysio de Oliveira (*Vinicius & Odete Lara*, Elenco, 1963). No entanto, a carreira cinematográfica é mais marcante e absorvente. Apesar de possuir uma estatura média (1,62 m), suas formas generosas e sua fotogenia lembram as estrelas do norte da Itália que alimentam na época as fantasias do público das salas escuras. No Brasil, sua cabeleira loura e principalmente seu ar desafiante – em realidade produto de uma personalidade insegura e instável – despertam um exotismo às avessas, num ambiente dominado pela beleza das mulatas do espetáculo musical. Nos primeiros anos, é sua presença física que se impõe, mesmo quando a comédia procura se afastar da chanchada* carnavalesca, conforme acontece em *Absolutamente certo* (Anselmo

Duarte*). As comédias mais convencionais – *Uma certa Lucrécia* (Fernando de Barros*), *Dona Xepa* (Darcy Evangelista), *Cacareco vem aí* (*Duas histórias*) (Carlos Manga*), *Sete Evas* (Carlos Manga) – reforçam sua popularidade. Depois do primeiro papel dramático consistente em *Moral em concordata* (Fernando de Barros*) – resultado do sucesso no palco –, Walter Hugo Khouri* valoriza o seu talento em *Na Garganta do Diabo* e, principalmente, em *Noite vazia*, em que contracena com sua rival em matéria de sensualidade agressiva, Norma Bengell* (ambas já tinham trabalhado juntas em *Mulheres e milhões*, sob a direção de Jorge Ileli*). A versatilidade de Odete Lara fica comprovada em *Boca de Ouro*, de Nelson Pereira dos Santos*, em que alterna o tipo ingênuo e de mulher fatal com a naturalidade e a ambivalência requeridas pela personagem de Nélson Rodrigues*. A segunda obra do dramaturgo na tela, *Bonitinha mas ordinária* (com direção de Jece Valadão*), conta também com sua participação no elenco. Odete Lara conquista então uma aura mitológica, feita de sedução e mistério, reservada às verdadeiras estrelas. Seu sorriso no canto da boca, mistura de sarcasmo e altivez, é inimitável. Com Glauber Rocha*, aceita a experiência do desbunde e a improvisação, no *underground Câncer* (filmado em 1968, acabado quatro anos depois, lançado somente em 1982). Logo em seguida, encarna a mulher-dama frustrada e intrigante de *O dragão da maldade contra o santo guerreiro*, numa coreografia mórbida e dilacerada digna da grande prostituta do Apocalipse. O Cinema Novo* encontra em Odete Lara bem mais do que uma intérprete consumada, com o apelo necessário junto ao público e o profissionalismo que falta a muitas debutantes: ela representa o mito da feminilidade exuberante, o arquétipo de uma nova sexualidade. Com Carlos Diegues*, atua em *Os herdeiros*; com David E. Neves*, *Lúcia McCartney, uma garota de programa*; e com Antonio Carlos Fontoura*, *Copacabana me engana* e *A Rainha Diaba* – duas das suas melhores interpretações. Em plena maturidade, publica quatro livros de confissões íntimas e reflexões, além de traduções de livros budistas. Encerra sua carreira, mas abre uma ou outra exceção, como o curta-metragem *Flores para os mortos*, do diretor Joel Yamaji. A cineasta Ana Maria Magalhães*, inspirada no livro *Eu nua*, de Odete Lara, fez o filme *Lara*, sobre sua vida. Na galeria de figuras femininas do cinema brasileiro, Odete Lara é uma presença das mais singulares. (PAP)

LATINI FILHO, Anélio – Nova Friburgo, RJ, 1925-1986. Diretor.

FILMOGRAFIA: 1947-1952 – *Sinfonia amazônica*.

Realizador do primeiro longa-metragem de animação feito no Brasil, dedica parte da vida tentando implantar, sem grande sucesso, uma infraestrutura dedicada à feitura de desenhos animados brasileiros. Ainda adolescente, acompanha o irmão Mário Latini, que trabalhava desde 1940 no setor de cinema do Departamento de Imprensa e Propaganda (DIP). Paralelamente, faz curso de pintura no Museu Antônio Parreiras, em Niterói. Cruzando as duas áreas, interessa-se pelo desenho animado, que procura exercitar em alguns curtas feitos a partir de 1945, os quais não alcançam repercussão. Ao participar, no ano seguinte, de uma coletiva de pintura junto com o pai e o irmão Murilo, consegue vender todos os seus quadros, decidindo investir numa produção animada de grande envergadura. A partir de um argumento do folclorista Joaquim Ribeiro, que narrava um conjunto de lendas amazônicas, confecciona praticamente sozinho cerca de 500 mil desenhos de *Sinfonia amazônica* (entre croquis, artes-finais, cenários e desenhos definitivos), filmados pelo irmão Mário. Assina também a escolha das músicas, o roteiro final e a montagem. *Sinfonia amazônica* leva seis anos para ser finalizado e lançado em 1953, alcançando enorme repercussão pública e fraco desempenho de bilheteria. O filme recebe inúmeros prêmios e menções honrosas, entre os quais o SACI, revelando-se obra singular, seja pelo traço delicado, seja pelo tema romântico e ultranacionalista. Funda a ANÉLIO LATINI PRODUÇÕES e mal inicia um filme com atores, *Contrabando*, terminado por Mário Latini e por Eduardo Llorente. Volta-se para a produção de desenhos animados para a televisão e para o cinema publicitário. Dentre as dezenas de filmetes que realiza com sua equipe, destaca-se o comercial do sal de frutas Eno, primeiro desenho animado colorido brasileiro, feito em 1958. Nos anos 60, dirige alguns documentários de curta metragem, como *Os pintores de Nassau*, premiado pelo INSTITUTO NACIONAL DO CINEMA*. Cria a animação para os créditos de *O levante das saias* (1968), de Ismar Porto*, responsabilizando-se ainda pelos desenhos de ligação entre as diversas sequências. Em 1968, inicia a realização de um segundo longa de animação, agora em cores, "Kitan da Amazônia", que não consegue concluir. Abandona o cinema em 1970 e retoma com sucesso a pintura, privilegiando paisagens de caráter impressionista. (HH)

LATORRACA, Ney (Antônio Ney Latorraca) – Santos, SP, 1944. Ator.

FILMOGRAFIA: 1969 – *Audácia, fúria dos desejos* (2º episódio: 'Amor 69'). 1973 – *A noite do desejo*. 1974 – *Sedução (Qualquer coisa a respeito do amor)*. 1976 – *Deixa, amorzinho... deixa*. 1976-1977 – *Anchieta, José do Brasil*. 1978 – *O Grande Desbun...*; *Uma estranha história de amor*. 1982 – *Das tripas coração*. 1986 – *Ópera do malandro*; *Ele, o boto*; *A bela palomera*. 1988 – *Festa*. 1992-1994 – *Carlota Joaquina, princesa do Brazil*. 1996-1997 – *For All – o trampolim da vitória*. 1999 – *Minha vida em suas mãos*. 2002 – *Viva Sapato!*. 2003 – *Diabo a quatro*. 2005 – *Irma Vap – retorno*. 2009 – *Topografia de um desnudo*.

Filho de artistas ligados a cassinos, tem infância e adolescência marcadas por um obstinado desejo de se tornar ator e por periódicos contatos com o mundo artístico. Aos 7 anos trabalha em uma radionovela, na RÁDIO RECORD. Já cursando o científico no Colégio Canadá, em Santos, é convidado por Serafim Gonzalez a atuar em montagem escolar de *Pluft, o fantasminha*. Seu desempenho o credencia para novos espetáculos no colégio. A experiência o encoraja a vir para São Paulo, onde faz teste para o Teatro de Arena. Ingressa no Grupo Barraca, estreando na peça *Reportagem de um tempo mau*. Com a interdição do espetáculo, segue para a Alemanha em viagem de aperfeiçoamento. Ao retornar, começa a trabalhar na Santa Casa de Santos. Ingressa no movimento teatral da faculdade de Filosofia da cidade, conseguindo em pouco tempo os principais papéis e mesmo um prêmio de melhor ator universitário. Por conselho de Cacilda Becker*, entra para a Escola de Arte Dramática (EAD) da Universidade de São Paulo, formando-se em 1969. Participa de diversas montagens paulistanas na virada para os anos 70, entre as quais *O balcão*, *Hair*, *Bodas de sangue* e *Yerma*. Paralelamente, faz inúmeras telenovelas, como *Superplá*, *O tempo não apaga* e *Venha ver o sol na estrada*. Na mesma época passa a frequentar a Boca do Lixo*, estreando em *Audácia*, de Antônio Lima*. A linha de filmes eróticos de que participa o leva a um inesperado sucesso, com o papel principal de *Sedução*, de Fauzi Mansur*. Sua interpretação é consagrada com a CORUJA DE OURO de melhor ator de 1975. Tenta, em conjunto com outros atores, a fundação de uma companhia teatral, a Royal Bexiga's Company, que encena apenas *O que você* *vai ser quando crescer?*. Transfere-se para o Rio de Janeiro, contratado pela REDE GLOBO, projetando-se nacionalmente com as novelas *Escalada* e *Estúpido Cupido*. Aceita convite de Paulo César Saraceni* para interpretar o papel-título de *Anchieta, José do Brasil*, encarnando com rara adequação o personagem histórico. Dedica-se cada vez mais à telinha, tornando-se um dos seus intérpretes mais elogiados e requisitados. Nos anos 80, lidera ou integra o elenco de um conjunto de minisséries que marcam a história da televisão, destacando-se *Anarquistas, graças a Deus*, *Rabo de saia* e *Grande sertão: veredas*. Fixando o perfil do ator versátil, divide-se cada vez mais entre vilões irônicos e sádicos e tipos cômicos, como o Barbosa do humorístico *TV Pirata*. Retorna esporadicamente ao cinema, encarnando personagens coadjuvantes, sobressaindo-se o delegado Tigrão do musical *Ópera do malandro*, de Ruy Guerra*. Protagoniza o curta *A mulher do atirador de facas*, dirigido por Carla Camurati* em 1989. É recordista brasileiro, junto com Marco Nanini, de permanência em cartaz com uma mesma peça, *Irma Vap*, que co-protagonizou por mais de dez anos. (HH) Retomou a parceria com Marco Nanini na comédia *Irma Vap – o retorno*, uma espécie de celebração do sucesso nos palcos, contando com direção da cineasta Carla Camurati. Embora contendo os ingredientes do sucesso na cena teatral, o filme não decolou, talvez em função das dificuldades da adaptação, que buscou colar no original um verniz metalinguístico.

LAURELLI, Glauco Mirko – São Paulo, SP, 1930. Montador, diretor.

FILMOGRAFIA: 1962 – *Vendedor de linguiças* (dir.); *Nordeste sangrento* (mont.). 1963 – *Seara vermelha* (mont.); *Casinha pequenina* (dir.); *O Lamparina* (mont., dir.). 1964 – *Meu Japão brasileiro* (mont., dir.); *São Paulo S. A.* (mont.). 1964-1968 – *Vidas estranhas* (mont.). 1965 – *Quatro brasileiros em Paris* (mont.); *Herança sangrenta* (dir.); *Riacho de sangue* (mont.). 1966 – *O anjo assassino* (mont.). 1967 – *O caso dos irmãos Naves* (mont.); *O Jeca e a freira* (mont.). 1968 – *Anuska, manequim e mulher* (mont.); *As libertinas* (1º episódio: 'Alice'; 3º episódio: 'Ana') (mont.); *Maria Bonita, rainha do cangaço* (mont.); *Panca de valente* (mont.); *No paraíso das solteironas* (mont.); *Agnaldo, perigo à vista* (mont.); *Gamal, o delírio do sexo* (mont.). 1969 – *Adultério à brasileira* (2º episódio: 'A assinatura') (mont.); *Em cada coração um punhal* (1º episódio: 'Transplante de mãe') (mont.); *Uma pistola para Djeca*

(mont.). 1970 – *Os maridos traem... e as mulheres subtraem!* (mont.); *Betão Ronca Ferro* (mont.); *A moreninha* (mont., dir.). 1971 – *Geração em fuga* (mont.). 1972 – *Cassy Jones, o magnífico sedutor* (mont.). 1973 – *Trindad... é meu nome* (mont.). 1976 – *Doramundo* (mont.).

Após a conclusão do curso no SEMINÁRIO DE CINEMA, ingressa nos estúdios da MARISTELA*, onde trabalha em várias funções, inclusive de assistente de montagem. Na MULTIFILMES* alcança o cargo de assistente de direção e faz carreira trabalhando com os diretores Armando Couto (*O amanhã será melhor*, *O homem dos papagaios* e *A sogra*), sendo também roteirista dos dois últimos filmes; Ernesto Remani*, em *Destino em apuros*; Jacques Maret, em *Fatalidade*; e na produção da MAYRA FILMES, *A estrada*, de Osvaldo Sampaio*. Trabalha com Mário Civelli*, como assistente de direção em *O grande desconhecido*. Retorna à MARISTELA e prossegue no cargo de diretor assistente em *A pensão de d. Stela*, de Alfredo Palácios* e Ference Fekete; em *Arara vermelha*, de Tom Payne*; em *Casei-me com um xavante* e *Vou te contá*, do qual também é roteirista, ambos sob direção de Alfredo Palácios. Na VERA CRUZ*, presta assistência aos realizadores Fekete, em *A doutora é muito viva*, e Anselmo Duarte*, em *Absolutamente certo*. Encerrada a fase dos estúdios, é bolsista no Centro Experimental de Cinema, na Itália, em 1961, sem chegar a concluir o curso. Ainda trabalha como diretor assistente em *Seara vermelha*, sob direção de Alberto D'Aversa*. Em 1962, inicia a carreira de diretor de filmes de Mazzaropi* e de montador. Estreia na direção com uma comédia e substitui Milton Amaral antes do início das filmagens, na realização do drama *Casinha pequenina* – produção de maior empenho do comediante paulista e sua maior bilheteria (7,5 milhões de espectadores). Com Mazzaropi, filma também *O Lamparina*, paródia aos filmes de cangaço. Dirige também um dos filmes mais bem-sucedidos de Mazzaropi, a comédia *Meu Japão brasileiro*, homenagem à colônia japonesa de São Paulo.

É montador de carreira eclética, com filmes de prestígio, como *São Paulo S. A.* e *O caso dos irmãos Naves*, ambos sob direção de Luís Sérgio Person*, tendo também trabalhado em filmes experimentais e produções de rotina. Com o inglês Jeffrey Mitchell, codirige a aventura amazônica, *Herança sangrenta*. Sócio de Person na LAUPER FILMES, produz alguns filmes da empresa (*O caso dos irmãos Naves*; *Panca de valente*; *A Moreninha*; e *Cassy*

Jones, o magnífico sedutor) e uma série de comerciais. Dirige adaptação musical de Miroel Silveira* e Cláudio Petraglia para *A moreninha*, extraído do romance homônimo de Joaquim Manuel de Macedo, primeiro filme, como protagonistas, de Sônia Braga* e David Cardoso*. Esse é, sem dúvida, seu mais empenhado trabalho como diretor; um filme de extraordinária leveza e simpatia. Após fazer a montagem de *Doramundo*, do diretor João Batista de Andrade*, troca definitivamente o cinema pela atividade de gerente e empresário teatral. No começo dos anos 70, é sócio de Person no Auditório Augusta e nos espetáculos que este dirige. Em 2007 foi lançado o livro *Glauco Mirko Laureli – um artesão do cinema*, por Maria Ângela de Jesus pela Coleção Aplauso da Imprensa Oficial do Estado de São Paulo. (LFM)

LAVIGNE, Paula (Paula Mafra Lavigne) – Rio de Janeiro, RJ, 1969. Produtora.

FILMOGRAFIA: 1995-1996 – *Tieta do agreste*. 1998-1999 – *Orfeu*. 1999 – *Gêmeas*. 2003 – *Benjamim; Lisbela e o prisioneiro*. 2004 – *Meu tio matou um cara*. 2005 – *2 filhos de Francisco*; *O coronel e o lobisomem*. 2007 – *Ó Paí, Ó*. 2008 – *Romance*. 2009 – *O Bem Amado*; *Coração vagabundo*.

A carioca Paula Lavigne iniciou a vida artística no cinema com atuação curta, no filme *O cinema falado* (1986), dirigido pelo cantor e compositor Caetano Veloso*, com quem foi casada e teve dois filhos. Na televisão, atuou em novelas e minisséries como *Anos dourados* (1986), *Vale tudo* (1988). Com *Explode coração* (1995), praticamente encerra uma promissora atividade frente às câmeras. Em 1992, associa-se à Natasha Records, lançando trilhas sonoras de filmes e álbuns de artistas nacionais, como Titãs, Adriana Calcanhoto, Caetano Veloso. É hoje uma produtora ativa no cinema brasileiro, tendo em seu currículo obras-chave da filmografia pós-1994. Apostou na retomada do cinema brasileiro, com a produção dos longas-metragens do diretor Carlos Diegues*, *Tieta do agreste* (1995), baseado no romance homônimo de Jorge Amado*, e *Orfeu* (1997), refilmagem da peça teatral *Orfeu da Conceição*, de Vinicius de Moraes*. Em 1995, lançou o diretor Andrucha Waddington* no drama urbano *Gêmeas*. Em *Benjamim*, produziu obra homônima de Chico Buarque de Hollanda para a diretora Monique Gardemberg*, que já havia feito longa em *Jenipapo*. Lavigne acerta um filme de grande público com *Lisbela e o* prisioneiro, de Guel Arraes*, visto por mais de 3 milhões de espectadores, extraído de peça de Osman Lins. A presença de Caetano Veloso em produções de Lavigne permite uma movimentação mais ampla na articulação da produção, repercutindo no resultado, como é o caso de Lisbela. O sucesso do filme fornece prestígio à produtora, permitindo agilidade financeira em voos maiores. Mostra capacidade na profissão de produzir cinema, atividade pouco valorizada no Brasil. Ainda junto com a turma do grupo Arraes, que faz muito sucesso na dramaturgia global dos anos 90/2000, produz Meu tio matou um cara, comédia de Jorge Furtado*. Seguindo na trilha da conquista do grande público, obtém a segunda maior bilheteria do cinema brasileiro nos anos 2000 com 2 filhos de Francisco, do diretor estreante Breno Silveira. Também esteve presente em O coronel e o lobisomem, primeiro longa de Mauricio Farias, adaptado do clássico romance de José Cândido de Carvalho. Em 2007, coproduz a comédia musical Ó Paí, Ó, em nova parceria para a direção de Monique Gardemberg. Também sucesso de público, o filme foi transformado em série de televisão. Em 2009, produziu interessante documentário sobre Caetano Veloso intitulado Coração vagabundo, dirigido pelo estreante Fernando Grostein Andrade, em estilo bem marcado pelo cinema direto. Ainda no mesmo ano, produz O Bem Amado, de Guel Arraes*, que teve lançamento em 2010. O filme tenta herdar o prestígio da novela que teve como inspiração um drama de Dias Gomes, escrito em 1962, intitulado Odorico, o bem-amado ou Os mistérios do amor e da morte. O longa é marcado pela série televisiva, não conseguindo amarrar, em seu formato, a trama da peça. Retoma personagens que na novela respiram mais naturalmente, dando-lhes um tom que se arrasta para o caricato. Os atores parecem ter dificuldade em fugir dos estereótipos e algumas interpretações soam forçadas. Apesar da grande produção, o filme não decolou na bilheteria. (FPR/MM)

LEAL, Antônio – Viana do Castelo, Portugal, 1876-1946. Fotógrafo, diretor.
FILMOGRAFIA: 1908 – Os estranguladores (fot.). 1909 – Mil adultérios (1º episódio: 'Maboulier e a negrinha'; 2º episódio: 'Amores a Tzigana'; 3º episódio: 'Furores do sr. Magiron'; 4º episódio: 'Ao pé da letra'; 5º episódio: 'Adultério gorado' (fot.). 1915 – A moreninha (fot., dir.). 1916 – Lucíola (fot.).

1917 – A quadrilha do esqueleto (fot.); Rosa que se desfolha (fot., dir.). 1918 – Pátria e bandeira (fot.). 1926 – O descrente (fot.). 1947 – Uma aventura aos 40 (fot.).
Antônio Leal nasceu na região do Rio Minho em Portugal, tendo imigrado ainda criança para o Brasil. Trabalhou como fotógrafo na imprensa carioca – na revista O Malho, por exemplo – e em 1904 possuía um ateliê na rua do Ouvidor. Suas atividades cinematográficas iniciaram-se em 1905 ao realizar Inauguração da fonte Ramos Pinto. Além de "vistas" da então recém-inaugurada avenida Central – futura avenida Rio Branco –, Leal registrou acontecimentos de impacto na opinião pública do Rio de Janeiro, como a Operação das Marias Xifópagas pelo dr. Chapot Prevost (1907). Em 1908, associando-se ao italiano Giuseppe Labanca – homem dedicado a vários negócios, inclusive o jogo do bicho –, Leal constituiu a produtora FOTO-CINEMATOGRÁFICA BRASILEIRA e o CINEMA PALACE, este localizado na rua do Ouvidor, importantes vetores do que a historiografia consagrou como a "bela época do cinema brasileiro", período entre 1908 e 1911, no qual alguns produtores eram também exibidores, garantindo o escoamento comercial dos seus produtos. Para a FOTO-CINEMATOGRÁFICA BRASILEIRA, realizou diversos "naturais", tais como Barroso e Saldanha, trasladação e homenagens da Marinha Brasileira – sobre a pompa fúnebre dos dois almirantes – e O circuito de Itapecerica – sobre a primeira corrida de automóveis realizada na América do Sul, mais precisamente em São Paulo –, ambos de 1908. Para a FOTO-CINEMATOGRÁFICA BRASILEIRA, Antônio Leal passou a fotografar e às vezes dirigir "posados" de vários gêneros. Comédias como Os capadócios da cidade nova (1908) – sobre os tipos populares do Rio de Janeiro –, O comprador de ratos (1908) – que abordava o fato de a saúde pública comprar ratos durante a reurbanização do Rio de Janeiro para evitar a propagação de doenças –, Amor e... piche (1909) – que ironizava as desventuras de um rapaz metido a conquistador –, És portas do céu (dir. Antônio Serra, 1909), Um cavalheiro deveras obsequioso (dir. Antônio Serra, 1909), O fósforo eleitoral (dir. Antônio Serra, 1909), Pega na chaleira (1909) – que satirizava os principais acontecimentos políticos da época –, Passaperna & Cia. ou traz a fazenda e... o dinheiro (1909) – sobre um trambiqueiro que enganou vários comerciantes e consumidores no Rio de Janeiro – e Zé Bolas e o famoso telegrama nº 9 (1909) – sátira sobre o incidente di-

plomático envolvendo os chanceleres do Brasil e da Argentina, respectivamente, o barão do Rio Branco e Estanislau Zeballos. Realiza adaptações de obras literárias, como Os guaranis (1908) (filmagem da pantomima circense Os guaranis, de Benjamin de Oliveira*, por sua vez inspirada em O guarani, de José de Alencar*) e A cabana do pai Tomás (direção de Antônio Serra, 1909), baseada no livro Uncle Tom's Cabin, de Harriet Beecher Stowe. Foram filmados dramas como João José (direção de Eduardo Leite, 1909) e mesmo operetas como A viúva alegre (direção de Eduardo Leite e Américo Colombo, 1909).
Deve-se destacar um gênero muito popular, os filmes sobre crimes, geralmente tendo como base fatos verídicos. A primeira dessas produções, fotografada por Antônio Leal, foi Os estranguladores (dir. Francisco Marzullo, 1908), baseada na peça teatral A quadrilha da morte, de Rafael Pinheiro e Figueiredo Pimentel, que recontava um crime famoso, ocorrido em 1906, no Rio de Janeiro: o assassinato dos irmãos Paulino e Carluccio Fuoco, cometido pelo bando de Carletto e Rocca. A duração de Os estranguladores – possivelmente mais de meia hora – era grande para a média dos filmes da época e, mesmo assim, a produção foi um grande sucesso de público, tendo no elenco, além de Francisco Marzullo, João de Deus*, Antônio Serra e João Barbosa, todos nomes importantes no cinema brasileiro daquele período. Outros filmes do mesmo gênero foram: A mala sinistra (1908), cujo ponto de partida era o assassinato e esquartejamento de Elias Farhat, cometido por Michel Traad, que colocou o corpo da vítima numa mala e atirou-a ao mar (o fato ocorreu em São Paulo e gerou outra fita com o mesmo título, produzida por Marc Ferrez); Um drama na Tijuca, direção de Antônio Serra, 1909, inspirado num crime passional ocorrido no seio da classe alta do Rio de Janeiro; e Noivado de sangue, direção de Antônio Serra, 1909, inspirado num crime passional ocorrido em São Paulo. Após desfazer a sociedade com Giuseppe Labanca e a partir da crise da produção cinematográfica brasileira nos anos 10, Antônio Leal passou a dedicar-se quase exclusivamente a realizar "naturais" e cinejornais*. Vez por outra, entretanto, insistia em filmes "posados", como A vida do barão do Rio Branco (1912), com J. Silveira no papel principal. Em 1915, sob a chancela da sua LEAL FILM, produziu, dirigiu e fotografou A moreninha, adaptação do romance homônimo de Joaquim Manuel de Macedo, com Lydia Bottini e Oscar

Soares no elenco. No ano seguinte, produziu e fotografou *Lucíola*, adaptação de outra obra literária do romantismo brasileiro, escrita por José de Alencar*, com direção de Franco Magliani e interpretada, além do próprio Magliani, por Aurora Fúlgida* e Edmundo Maia. Esse filme foi um marco no cinema brasileiro e críticos veteranos como Pedro Lima* sempre o mencionavam. Os historiadores têm dúvidas sobre a participação de Antônio Leal dirigindo e/ou fotografando o drama *Rosa que se desfolha* (1917), cujo elenco era integrado por Aurora Fúlgida, Alberto Zacconi e Edmundo Maia. Em 1918, fotografou *Pátria e bandeira*, filme dirigido por Simões Coelho. Antônio Leal faleceu em 1946, na época fotografando o longa-metragem de ficção *Uma aventura aos 40* (direção de Silveira Sampaio*), tendo sido substituído por Meldy Melinger. Até a década de 50, quando do início dos estudos históricos sobre cinema brasileiro, acreditou-se que Antônio Leal teria sido o primeiro a filmar no Brasil, mas as pesquisas de Adhemar Gonzaga* e Vicente de Paula Araújo* demonstraram que, já no final do século passado, foram realizadas filmagens no Brasil. (AA)

LEAL, Leandra (Leandra Rodrigues Leal Braz e Silva) – Rio de Janeiro, RJ, 1982. Atriz.

FILMOGRAFIA: 1996-97 – *A ostra e o vento*. 1998 – *O viajante*. 2001 – *Dias de Nietzsche em Turim*. 2003 – *O homem que copiava*. 2004 – *Cazuza, o tempo não para*. 2006 – *Zuzu Angel*. 2007 – *Nome próprio*. 2008 – *Se nada mais der certo*. 2009 – *Bonitinha mas ordinária*.

Criada no meio artístico, o avô era dono do Teatro Rival e a mãe é a atriz Ângela Leal. Pisou nos palcos pela primeira vez aos 7 anos e aos 8 enfrentou as câmeras de TV, veículo em que vem fazendo carreira. Produziu *shows* musicais no teatro da família. No cinema desde adolescente, interpretou a jovem sonhadora Marcela em seu filme de estreia, *A ostra e o vento*, de Walter Lima Jr.*, baseado em romance homônimo de Moacir C. Lopes. Viveu o personagem Sinhá em *O viajante*, de Paulo César Saraceni*, extraído do romance homônimo de Lúcio Cardoso. Trabalhou com o diretor Júlio Bressane* (*Dias de Nietzsche em Turim*). Criou uma jovem batalhadora que namora um rapaz negro em *O homem que copiava*, de Jorge Furtado*. Representou o personagem Bebel em *Cazuza, o tempo não para*, de Walter Carvalho* e Sandra Werneck*. Interpretou uma guerrilheira em *Zuzu Angel*, de Sérgio

Rezende*, filme político baseado em fatos reais. Protagonista de *Nome próprio*, de Murilo Salles*, baseado em *Máquina de pinball* e *Vida de gato*, livros da escritora Clarah Averbuck. Atuou no drama *Se nada mais der certo*, de José Eduardo Belmonte*. Filmou no papel de Bonitinha em *Bonitinha mas ordinária*, de Moacyr Góes*, baseado na peça teatral de Nélson Rodrigues. Atuou nos curtas-metragens *O maior* (1998-2000) e *O melhor* (2002). (LFM)

LEANDRO, Consuelo (Maria Consuelo da Costa Ortiz Nogueira) – Lorena, SP, 1932-1999. Atriz.

FILMOGRAFIA: 1953 – *Três recrutas*; *Carnaval em Caxias*. 1954 – *O petróleo é nosso*. 1955 – *Angu de caroço*; *Tira a mão daí*. 1957 – *Com a mão na massa*. 1958 – *No mundo da lua*. 1959 – *Espírito de porco*; *Mulheres à vista*. 1960 – *Pistoleiro bossa-nova*; *Sai dessa... recruta*. 1969 – *A arte de amar bem* (*Trilogia do herói grotesco*) (2º episódio: 'Honestidade de mentir'). 1971 – *Lua de mel & amendoim* (1º episódio: 'Lua de mel & amendoim'). 1977 – *O bem-dotado, o homem de Itu*. 1979 – *Gugu, o bom de cama*; *O menino arco-íris* (*A infância de Jesus Cristo*). 1981 – *Como faturar a mulher do próximo* (1º episódio: 'A represália'); *Ousadia* (1º episódio: 'A peça'). 1983 – *Os bons tempos voltaram* (*Vamos gozar outra vez*) (1º episódio: 'Sábado quente'). 1989-1991 – *O escorpião escarlate*.

No início da década de 1950, mudou-se para o Rio de Janeiro, frequentando a escola de dança clássica do Teatro Municipal e o Teatro do Estudante, de Paschoal Carlos Magno. Em 1953, ingressou no Teatro de Revista, estreando no espetáculo *Carrossel de mulheres*. A seguir, trabalhou na Rádio Nacional, como atriz no programa humorístico *Balança Mas Não Cai*. No cinema, trabalhou sempre em papéis cômicos, em várias fitas populares, em personagens com nomes como Boca de Caçapa, Chica Bagunça, Emengarda e Pequenina, criados por realizadores como Eurides Ramos* (*Três recrutas* e *Angu de caroço*), Paulo Vanderley* (*Carnaval em Caxias*), Watson Macedo* (*O petróleo é nosso*), Ruy Costa* (*Tira a mão daí*), Roberto Farias* (*No mundo da lua*), Victor Lima* (*Espírito de porco* e *Pistoleiro bossa-nova*) e J. B. Tanko* (*Mulheres à vista*). Após essa fase, atuou esporadicamente, fazendo várias fitas episódicas e até comédias eróticas, quase sempre com personagens cômicos. Badalada comediante na televisão, participou de bom número de programas humorísticos, entre eles, *A Praça da Alegria*; *A Praça É*

Nossa e *Escolinha do Golias*. Seu último filme foi o curta-metragem *A idade do coração* (1999), de Tammy Marrachine, sobre a terceira idade, que contou com sua participação e das atrizes Eva Todor e Lucélia Santos. Faleceu na cidade de São Paulo no dia 5 de julho. (LFM)

LEÃO, Mariza (Mariza Leão Salles) – Rio de Janeiro, RJ, 1952. Produtora.

FILMOGRAFIA: 1980 – *Até a última gota*. 1981 – *O sonho não acabou*. 1984 – *Nunca fomos tão felizes*. 1985 – *O homem da capa preta*. 1986 – *Vento sul*. 1987 – *Romance da empregada*. 1987-1988 – *Lili, a estrela do crime*. 1988-1989 – *Doida demais*. 1990-1991 – *Sua Excelência o candidato*. 1994 – *Lamarca, coração em chamas*. 1997 – *Guerra de Canudos*. 2000 – *Quase nada*. 2004 – *Onde anda você?*; *Perigosa obsessão* (coprodução estrangeira). 2006 – *O cobrador* (coprodução estrangeira). 2007 – *Inesquecível*. 2008 – *Meu nome não é Johnny*; *Apenas o fim*.

Exercendo múltiplas funções, que vão desde a concepção dos projetos e a respectiva captação de recursos até o gerenciamento completo da parte executiva, torna-se uma das principais produtoras dos anos 80 e 90. Formada em Jornalismo, com passagem de um ano pelo jornal *O Globo*, envolve-se com o meio por intermédio do namorado e futuro marido, Sérgio Rezende*, com quem frequentava um curso de cinema no início dos anos 70. Sugere e co-dirige com Sérgio o documentário de curta metragem *Leila para sempre Diniz* (1974). Tomando a iniciativa de comercializá-lo para a televisão, obtém expressivo retorno financeiro, possibilitando a fundação da empresa familiar MORENA FILMES. Dirige na segunda metade dos anos 70 mais três curtas: *Palmas para Jesus*, documentário sobre a religião pentecostal, *O saxofonista*, baseado em conto de Lygia Fagundes Telles, e *Circos e sonhos*, ficção dedicada ao universo infantil. Assume a produção dos longas-metragens da empresa, destacando-se por seu estilo criativo e agressivo de comercialização e pela montagem de parcerias que viabilizam empreendimentos difíceis, em geral de caráter histórico, como as cinebiografias *O homem da capa preta*; *Lamarca, coração em chamas*, ambos com direção de Sérgio Rezende. Ainda nos anos 80, dá nova dimensão à sua carreira, intensificando sua atuação como produtora em parceria, como produtora associada, à L. C. Barreto. Nos anos 1990, chega à superprodução, num filme ambicioso sobre Antônio Conselheiro e seus seguidores, *Guerra de Canudos*, também com Rezende. Assume a presidência da RIOFILME, importante produtora e distribuidora de filmes brasileiros. Atua como representante dos produtores no Conselho Nacional de Cinema (CONCINE) e na Associação Brasileira de Produtores Cinematográficos. Em suas últimas produções estão coproduções internacionais como *Perigosa obsessão*, dirigida por Raul Rodriguez, com a PATAGONIK FILM GROUP, da Argentina, e *O cobrador*, do cineasta mexicano Paul Leduc, com a SALAMANDRA PRODUCIONES, do México. Dirigiu dois documentários, *Revolução invisível* (2002) e *Regatão – o shopping da selva* (2005), e ainda produziu o documentário *Waldick, sempre no meu coração* (2007), de Patrícia Pillar*. Atuou como produtora executiva no curta *Fúria* (2006), de Marcelo Laffitte, selecionado para o FESTIVAL DE GRAMADO. Em 2007, lançou o policial *Inesquecível*, de Paulo Sérgio Almeida, e, no ano seguinte, *Meu nome não é Johnny*, de Mauro Lima*, grande sucesso de bilheteria baseado em fatos reais da biografia escrita por Guilherme Fiuza. Produziu, mais recentemente, *Apenas o fim*, de Matheus Souza, longa-metragem que partiu de um trabalho de final de curso na PUC-RJ. Em 2009, tomou posse na presidência do Sindicato Interestadual da Indústria do Audiovisual (SICAV). (LFM/HH)

LEGISLAÇÃO

Embora haja uma unanimidade em se considerar o Decreto nº 21.240, de 1932, como o marco inicial da legislação sobre cinema no Brasil, em 1916 já existia o Decreto nº 12.124, que tratava das questões cinematográficas. Conforme esse decreto, a partir de então, a COMPANHIA PELLICULAS D'LUXO DA AMÉRICA DO SUL LTDA., posteriormente chamada de PARAMOUNT FILMS (S. A.) INC., era autorizada a funcionar no Brasil. Mas é no decreto de 1932 que se evidenciam os germes de grande parte das medidas introduzidas ao longo dos anos posteriores, determinando a forma como o Estado interveio nas atividades cinematográficas, sejam elas de produção, reprodução, comercialização, venda, locação, permuta, exibição, importação ou exportação de obras cinematográficas. Trata-se de uma medida de caráter sistêmico que constituiu a base de um padrão ideológico e político da relação Estado/sociedade até 1990. Seus artigos sintetizavam conveniências de vários setores, tratando desde o cinema educativo até o cinema comercial, da censura até a estruturação de órgãos estatais, sem ser uma mera somatória de artigos

que contemplassem pressões e conflitos. O sentido interventor desse decreto era trazer os conflitos expressos para uma solução disciplinadora, sem mediações e centralizadora, tal como convinha à política do governo de Getúlio Vargas. Além disso, os incentivos sinalizados visavam ao incremento da produção de filmes de curta metragem, especialmente aqueles com fins educativos, atendendo ao projeto de reforma a sociedade introduzindo mudanças no ensino e propagandear o aspecto integrador/centralizador da ideologia nacionalista. Lembrando que o mercado exibidor, a partir dos anos 20, é dominado pelo cinema estrangeiro, particularmente pelos filmes norte-americanos, é natural que se questione o que nesse período foi feito para que o cinema nacional pudesse se desenvolver e competir com a indústria cinematográfica estrangeira. As primeiras reivindicações por parte dos produtores são: a abertura de um espaço para exibição de filmes nacionais e a isenção das taxas alfandegárias que incidiam sobre os filmes virgens. Se, cumprindo o que estipulava o decreto de 1932, tornou-se obrigatória a exibição de um filme educativo em cada programa e já se aventasse a obrigatoriedade de exibição de outros gêneros, em relação às taxas alfandegárias – o mesmo decreto afirma que a importação do filme virgem deve ser facilitada –, o que ocorreu foi uma significativa redução de 90% sobre as taxas.

A obrigatoriedade de exibição de filmes nacionais nas salas de cinema, mais conhecida como reserva de mercado, era reivindicada desde os anos 20 e foi efetivamente testada, pela primeira vez, a partir de 1934. Foi concebida como uma forma de coibir os abusos do mercado, traduzidos pela má vontade dos exibidores e a ganância das companhias cinematográficas estrangeiras que procuravam impedir a entrada de novos concorrentes. Até então, acreditava-se que, havendo oportunidade, o cinema nacional venceria pela qualidade e pela exigência das plateias. Posteriormente, durante o Estado Novo, a reserva de mercado foi estendida para o filme de longa metragem (Decreto-lei 1.949/39). Além disso, é de se notar que foi durante o primeiro governo de Getúlio Vargas, e conforme estava previsto no decreto de 1932, que surgiu o primeiro órgão estatal preocupado com as questões cinematográficas, embora ele só tenha sido instituído em 1934. Trata-se do Departamento de Propaganda e Difusão Cultural. A ele se sucederam o Instituto Nacional do Cinema Educativo (INCE*), em 1937, o Departa-

mento de Imprensa e Propaganda (DIP), em 1939, e o Departamento Nacional de Informações (DNI), em 1945. É de se assinalar que dentro do DIP criou-se o CONSELHO NACIONAL DE CINEMATOGRAFIA, primeiro órgão colegiado, ao mesmo tempo que se instituíram os percentuais de locação e distribuição dos filmes e igualou-se o prazo de permanência da exibição dos filmes nacionais e estrangeiros (Decreto nº 4.064/42).

No entanto, todas as medidas estabelecidas a partir do decreto de 1932, se trouxeram resultados positivos, não foram suficientes para consolidar uma indústria cinematográfica nacional que pudesse competir com o produto estrangeiro. Diversas foram as dificuldades encontradas, muitas delas semelhantes às atuais. A reserva de mercado, por exemplo, desde então sempre veio acompanhada das críticas dos exibidores: a proteção antecede uma produção de filmes significativa e de qualidade. Depois de 1945, durante o período democrático, as empresas mais ativas (CINÉDIA* e ATLÂNTIDA*, e posteriormente a VERA CRUZ*, MARISTELA* e MULTIFILMES*) pressionaram no sentido de ampliar a reserva de mercado para a exibição de longas. Modificou-se o critério que regulava a reserva de mercado e introduziu-se um representante do Sindicato Nacional da Indústria Cinematográfica para colaborar na fiscalização. Essas medidas e as portarias a elas relacionadas refletem, na verdade, as várias pressões contra e a favor da reserva. É interessante notar que não houve mudança substancial no número de dias de exibição compulsória dos filmes nacionais entre 1950 e 1962, apenas o critério é alterado. Assim, se até então as salas de cinema eram obrigadas a exibir um número fixo de filmes por ano, que em 1950 eram seis, no final de 1951 o critério passou a ser estipulado pela proporcionalidade. Trata-se da famosa "lei 8 × 1", que corresponde no mínimo a 42 dias de exibição, e, finalmente, em 1959, é estipulado o critério, ainda hoje utilizado, do número fixo de dias de exibição por ano. Só em 1963 a reserva aumentou para 56 dias por ano. Posteriormente, com a criação do INC*, subiu para 112 dias e, com o CONCINE*, ela chegou ao ponto máximo: 140 dias. Em 1998, a obrigatoriedade continuou valendo, fixada em 49 dias. No entanto, por meio de recursos impetrados, inúmeras salas deixaram de cumprir a obrigatoriedade de exibição e a reserva de mercado continua hoje em vigor apenas formalmente (para isso, por diversas vezes, mudaram-se os critérios e as penalidades visando ao seu cumprimento). Uma avaliação genérica sobre a reserva de mercado certamente concluiria que ela contribuiu para a sobrevivência da produção nacional na medida em que garantiu a exibição dos seus filmes. Por outro lado, tornou a legislação cada vez mais complexa, aumentando a intervenção do Estado.

Foi também a partir dos anos 50 que o Estado interveio no mercado por meio de outras medidas. Se isentou o filme virgem de taxas alfandegárias e favoreceu as distribuidoras estrangeiras na remessa de lucros dos seus filmes, por outro lado tabelou o preço dos ingressos durante anos. Com a falência da VERA CRUZ, a atuação dos cineastas no sentido de propor medidas em prol do desenvolvimento do cinema no Brasil deixa de ser amadorística e começa a se basear em estudos que expunham os problemas da produção, como o baixo preço estipulado para os ingressos. Cavalheiro Lima e Jacques Deheinzelin descobrem que se, por um lado, o cinema nacional, mesmo com o sucesso de alguns filmes, não conseguia pagar sua produção, por outro, o cinema americano contava com vantagens na remessa de seus lucros comprando dólares ao câmbio oficial de Cr$ 18,82, enquanto no câmbio livre a taxa chegava a Cr$ 35,00. Para contornar o problema de forma imediata, por meio de uma Comissão Municipal de Cinema (CMC), instituída em São Paulo no ano de 1955, propôs-se o adicional sobre o imposto de diversões públicas que seria revertido em um prêmio aos melhores filmes. O "adicional de renda", como ficou conhecido, foi criado para o município de São Paulo e depois copiado pelo Rio de Janeiro e Marília, até que o INC o estendeu para todo o país. Tratava-se de um adicional sobre o imposto de diversões públicas incidente em cada ingresso. Concedia-se aos produtores de filmes nacionais um prêmio calculado sobre a renda bruta anual auferida pelos filmes de sua produção e exibidos pelos cinemas. Diferenciava os filmes nacionais, "considerados de qualidade normal", que recebiam um prêmio anual de 15% da sua renda bruta, dos filmes nacionais de "reconhecido valor técnico e artístico", que recebiam 25% da sua renda bruta. A medida tinha por objetivo equilibrar o custo médio com a renda média de cada filme, já que o cinema, como qualquer outra atividade econômica, não pode se desenvolver se tiver de produzir sem a expectativa de uma renda média.

Posteriormente, por iniciativa dos cineastas, a CMC vai se desdobrar em outros organismos atrelados ao Estado: duas comissões (Estadual – São Paulo/55 e Federal/56) seguidas do Grupo de Estudos da Indústria Cinematográfica (GEIC), de 1958, e Grupo Executivo da Indústria Cinematográfica (GEICINE), de 1961. Em 1963, é a vez de o Rio de Janeiro criar a Comissão de Auxílio à Indústria Cinematográfica (CAIC) durante o governo de Carlos Lacerda. Trata-se de órgãos que procuram organizar o meio cinematográfico com o objetivo de pressionar o Congresso Nacional, mas também de se articular junto aos Poderes Executivo e Legislativo para criar uma legislação que amparasse o cinema nacional. Ao mesmo tempo, a intenção era pressionar para que se aprovasse uma legislação que colocasse os filmes brasileiros em pé de igualdade com os estrangeiros, seja estabelecendo regras de competitividade que restringissem o sistema de lote, seja no sentido de impedir o *dumping*. Chegaram a se reunir quatrocentas pessoas do meio cinematográfico para coagir o então presidente Juscelino Kubitschek a alterar a lei da remessa de lucros. Em consequência da movimentação dos cineastas, atores e das várias denúncias feitas quanto à questão naquele período, as transferências financeiras para o exterior passaram a ser processadas, de acordo com a Lei nº 3.244/57, pelo mercado de taxas livres. O impacto da medida pode ser verificado comparando-se o montante da remessa de aluguéis de filmes, realizada em 1962, de US$ 3.900.000, e o montante de 1957, de US$ 10.271.000, apesar de o número de filmes importados censurados nesses anos ter sido semelhante. A partir de então são propostas desde medidas que dessem amparo financeiro à produção até aquelas que taxassem a importação dos filmes impressos e isentassem dos impostos alfandegários os filmes virgens (que com a lei de 1957 voltaram a ser taxados) e equipamentos cinematográficos. É de se notar que, no final dos anos 80, com a alta inflacionária, a remessa de aluguéis dos filmes é novamente beneficiada, pois era realizada pelo câmbio oficial defasado em 122% em relação ao câmbio paralelo. Sublinhe-se ainda, em relação aos filmes virgens e aos equipamentos cinematográficos, que mesmo se, em 1966, o Decreto-lei 43 tenha extinto o imposto de importação que sobre eles recaía, por diversas vezes uma nova legislação restabeleceu o imposto. É interessante notar que entre 1930 e 1945 temos 22 decretos-leis e decretos e apenas uma lei, e, entre 1946 e 1963, temos 48 decretos-leis e decretos e 16 leis, ou exatamente três vezes mais atos promulgados pelo Poder Executivo comparados aos promulgados pelo Legislativo. Mas, a partir de 1966, com a criação do INC, o campo cinematográfico passa a ser organizado pelas decisões centralizadas no Executivo. O INC procurou formular e executar a política governamental relativa à produção, importação, distribuição e exibição de filmes, ao desenvolvimento da indústria cinematográfica brasileira, ao seu fomento cultural e à sua promoção no exterior. Dessa política resultaram 112 resoluções baixadas até 1975, ano em que o Instituto é extinto e suas atribuições passam a ser exercidas pela EMBRAFILME* e, em seguida, pelo CONCINE. Com o INC, o Estado assumiu o financiamento da produção e houve um significativo avanço em relação à produção nacional de filmes. Foi especialmente no período compreendido entre 1974 e 1979, na gestão de Roberto Farias* frente à EMBRAFILME – quando diversas medidas protecionistas foram aplicadas e efetivamente cumpridas –, que os filmes nacionais sedimentaram sua inserção no mercado exibidor. Assim, de 1974 a 1978, o número de espectadores de filmes nacionais dobrou, ao passo que o de filmes estrangeiros diminuiu. Entretanto, nos anos 80, e especialmente no final da década, a crise econômica transformou o espetáculo cinematográfico em produto supérfluo, e em 1991 o público não ultrapassou os 60 milhões de espectadores. Até mesmo o setor de vídeo foi atingido pela recessão.

Nos anos 90, durante o governo Collor, foram extintos ou dissolvidos diversos órgãos: o Ministério da Cultura, que significava apenas 0,5% do orçamento da União; a FUNDAÇÃO DO CINEMA BRASILEIRO, que, além de realizar festivais e conceder prêmios, desenvolvia a pesquisa, a conservação de filmes e a formação profissional; o CONCINE, que exercia a função de normatizar, controlar e fiscalizar as atividades cinematográficas e de vídeo; a EMBRAFILME, agência criada durante o regime militar e responsável por diversas atividades, entre as quais o financiamento, a distribuição e a exibição dos filmes nacionais. Além disso, o governo Collor aboliu os incentivos fiscais para aplicação na área cultural (Lei Sarney) e criou a Secretaria da Cultura. Oito anos depois, os reflexos desse desmanche ainda são notados: faltam dados sobre o mercado cinematográfico, não há controle sobre a remessa de lucros obtida com a comercialização dos filmes importados, e no mercado de videocassetes o direito autoral é burlado, pois, sem fiscalização, a "pirataria" voltou a crescer. Em 1991, quando o secretário de Cultura Ipojuca Pontes* foi substituído por Sérgio Paulo Rouanet, os agentes ligados à produção cultural vislumbraram a possibilidade de interferir junto aos poderes públicos e procuraram estabelecer medidas que apoiassem a criação cultural. Assim, encaminharam ao Congresso um projeto de lei com novas formas de apoio e incentivo à indústria do audiovisual e à conservação de filmes nacionais, embora tivessem mantido algumas das formulações da gestão anterior. Trata-se da Lei nº 8.401/92, que foi sancionada após receber onze vetos, significativamente aqueles que direta ou indiretamente mais possibilitavam o fomento da produção, como a proposta de que as televisões estatais destinassem 20% do tempo de sua programação mensal à exibição de filmes nacionais de qualquer metragem. É curioso notar que, com o processo de *impeachment*, o governo de Itamar Franco, ao substituir o de Collor, reintroduziu, com pequenas modificações em outra lei, a Lei nº 8.685/93, mais conhecida como Lei do Audiovisual, muitos dos artigos que haviam sido vetados por Collor. Certamente, entre essas medidas, aquela que mais influenciou a retomada da produção cinematográfica foi a reintrodução do abatimento integral de uma porcentagem do imposto de renda devido aos investimentos realizados na produção de filmes. Ao lado dessas medidas, a Lei Rouanet, sancionada pelo presidente Collor em 23 de dezembro de 1991, vinha completar os mecanismos de apoio à produção do audiovisual e apareceu como uma reedição melhorada da antiga Lei Sarney. No mesmo ano, mas já no âmbito municipal da cidade de São Paulo, era regulamentada a Lei nº 10.923 que, por iniciativa do vereador Marcos Mendonça, permitiu que o contribuinte do ISS e do IPTU deduzisse até 5% para subvenção de projetos culturais. Outros municípios, como Aracaju, Belo Horizonte, Curitiba, Porto Alegre, Rio de Janeiro, Teresina e Vitória, com pequenas diferenças, seguiram o exemplo. No âmbito estadual, no Ceará, a Lei Jereissati (1995) oferecia às empresas a possibilidade de abater até 2% do ICMS para patrocínio na cultura e, em São Paulo, a Lei nº 8.819/96 estipulou um valor máximo para projetos culturais. Bahia, Distrito Federal, Pernambuco, Rio de Janeiro, Rio Grande do Sul e Mato Grosso também formularam uma legislação de incentivo às atividades culturais. Afora essas medidas, vários estados têm estimulado a criação de polos de desenvol-

vimento, como o do Ceará e o do Espírito Santo, para atividades ligadas ao cinema e ao vídeo. (ASi)

Pode-se dizer que até o final da década de 1990 foi reconstituído um novo corpo legislativo para o cinema e o audiovisual brasileiros. Entretanto, ainda faltava uma perna, que seria a presença de um órgão normatizador da atividade. O período legislativo dessa nova fase pode ser caracterizado em subperíodos distintos e complementares entre si. O primeiro deles (1990-1991) é caracterizado pela extinção do amparo estatal à cultura; o segundo (1992-2001) coincide com a edição de leis federais, estaduais e municipais de incentivo; o terceiro acontece entre 2001 e 2010. Na segunda fase, o Estado passa a investir na atividade de maneira mais ampla. Entre 1995 e 2002, o investimento foi da ordem de US$ 421.023.728, sem correção da inflação. A grande maioria dos recursos era oriunda de leis federais de incentivo fiscal (Rouanet e Audiovisual). Trata-se de valor inédito de investimento estatal na atividade audiovisual, ainda que insuficiente para a autossustentabilidade da mesma. O maior problema desse processo legislativo foi o fato de que a produção dita industrial do cinema brasileiro ficou basicamente controlada pelas empresas *majors*. Isso por causa do Artigo 3º da Lei do Audiovisual e seus desdobramentos. Em função desse mecanismo, a produção *blockbuster* nacional foi totalmente controlada pelas empresas donas do mercado cinematográfico. Poucos filmes que fizeram mais de um milhão de espectadores não tiveram como mecanismo de apoio esse criticado artigo.

A edição da Medida Provisória nº 2.228/01 resultou na criação da Agência Nacional do Cinema (ANCINE) e de outras medidas de apoio ao desenvolvimento da indústria nacional. Entre as medidas de apoio destaca-se o Artigo 39, uma adequação de pagamento da CONDECINE pelas operadoras de canais de TV a cabo que operam no território brasileiro. A criação desse órgão regulador do mercado cinematográfico e do audiovisual independente foi uma conquista de demandas oriundas do III Congresso Brasileiro de Cinema (CBC), que foi realizado em Porto Alegre, no final de 2000, e tinha como seu presidente o cineasta Gustavo Dahl*, que se tornou o primeiro diretor-geral da ANCINE. A MP nº 2.228/01 embutia uma série de artigos que davam poder à agência para fiscalizar e regulamentar o mercado cinematográfico audiovisual de maneira geral. Ficou fora das atribuições da ANCINE a regulamentação da TV aberta. Para

sustentar as atividades fim da ANCINE foi criada a Taxa de Contribuição para o Desenvolvimento da Indústria Cinematográfica (CONDECINE). Sua aplicação acabou se dando de modo bastante tímido, buscando conciliar os interesses de vários grupos econômicos que não hesitaram em fazer *lobby* contra a aplicação da CONDECINE no âmbito das suas atividades. Foi o caso da indústria de equipamentos eletrônicos do tipo celulares, computadores, monitores, televisores e outros *hardwares* que difundem conteúdo audiovisual.

Num primeiro momento, a ANCINE ficou acolhida no âmbito da Chefia da Casa Civil e depois se transfere para o organograma do MinC, concorrendo com outro organismo ministerial, a Secretaria do Audiovisual (SAv). Várias atribuições da SAv passaram a ser realizadas pela ANCINE, como o controle do investimento feito através das leis federais de incentivo. A MP nº 2.228/01 contém uma série de artigos que atribuem um poder de intervenção inédito na indústria, como a criação dos Fundos de Investimento da Indústria Cinematográfica Nacional (FUNCINES). Ainda que tenha havido demora na implantação desses fundos, hoje funcionam e começam a produzir resultados satisfatórios. Por sua vez, a ANCINE já editou uma série de mais de oitenta instruções normativas (IN) que são seus principais instrumentos legais de regulamentação do mercado. As instruções normativas tratam basicamente dos seguintes setores sob a responsabilidade da ANCINE: acompanhamento de mercado, CONDECINE, controle, fiscalização, mecanismos de fomento, prestação de contas, programas de fomento e registro. Respeitando-se as diferenças históricas, esses instrumentos equivalem às resoluções do INC e do CONCINE. Às ações das INs são agregados outros atos legais que dizem respeito às atividades e atribuições da agência. A esse quadro legislativo se une hoje a legislação que incide em novas áreas do direito civil, notadamente no que diz respeito a questões de direitos autorais na obra cinematográfica. (AG)

LEITE, Maurício Gomes (João Maurício Amarante Gomes Leite) – Belo Horizonte, MG, 1936-1993. Crítico de cinema, diretor.

FILMOGRAFIA: 1968 – *A vida provisória*.

Teve formação no Centro de Estudos Cinematográficos (CEC-BH), sendo jornalista do *Estado de Minas* e do *Diário da Tarde*. Foi crítico da lendária *Revista de Cinema* (juntamente com Cyro Siqueira*,

Jacques do Prado Brandão, Fritz Teixeira de Salles e Paulo Arbex, entre outros), em que assinava uma coluna inspirada no *Petit Journal Intime*, dos CAHIERS DU CINÉMA, na qual faria desfilar seus cineastas favoritos – John Houston, John Ford, Fritz Lang, Nicholas Ray, entre outros –, na Belo Horizonte da segunda metade da década de 50. Em 1960, no Rio de Janeiro, foi editor do caderno internacional do *Correio da Manhã*, em que também participa do prestigiado CONSELHO DE CINEMA e já expressa com vigor as suas novas influências (leque que se estende de André Bazin-François Truffaut a Alex Viany*-Paulo Emilio Salles Gomes*). Em meados dos anos 60, torna-se um dos mais influentes críticos do *Jornal do Brasil*. Em 1966 faz seu *début* na direção, em um documentário em 16 mm, traçando o perfil do intelectual europeu Otto Maria Carpeaux, personalidade de forte influência sobre a inteligência brasileira, e principalmente carioca, no início dos anos 40. *O velho e o novo*, filme de curta metragem, foi realizado como um *Petit Journal Intime*, ou seja, a reunião afetiva de seu grupo mais próximo, com o escritor Carlos Heitor Cony como produtor, o crítico Sérgio Augusto como assistente de direção e o crítico José Carlos Avellar como diretor de fotografia. *A vida provisória*, seu primeiro longa-metragem, é uma experiência extremamente pessoal, em que materializa suas mais profundas influências, indo de Jean-Luc Godard (de quem é ardoroso admirador e exegeta) ao filme de Bernardo Bertolucci, *Prima della rivoluzione*, passando por *O desafio*, de Paulo César Saraceni*, e o seminal filme de Glauber Rocha*, *Terra em transe*. Em 1969 produz, através da TEKLA FILMES, o documentáro *Tostão, a fera de ouro*, para o irmão Ricardo Gomes Leite, diretor do filme em parceria com Paulo Laender. Traduz, em 1975, auxiliado por Angela Loureiro, para a Artenova, o célebre romance existencialista de Malcolm Lowry, *À sombra do vulcão*. Morre do coração em Paris, a 7 de novembro de 1993, onde trabalhava na Unesco desde a década de 70, sem nunca ter deixado de exercer sua veia crítica. Em fevereiro de 1981, envia uma crítica de *Idade da terra* (1978-1980) para o *Jornal do Brasil*: "[...] o que ninguém pode desconhecer, de *Barravento* a *Idade da terra*, é que existe em Glauber um poder muito raro, que hoje, no mundo, só é encontrado em duas ou três pessoas na mesma área de ação: sua entrega selvagem, desesperada, física e mental a uma necessidade de vida e morte, à necessidade de filmar", escreve Maurício Gomes Leite. (ALT)

LEMMERTZ, Júlia (Júlia Lemmertz Dias) – Porto Alegre, RS, 1963. Atriz.

FILMOGRAFIA: 1968 – *As amorosas*. 1971 – *Cordelia, Cordelia...* 1982 – *As aventuras de Mário Fofoca*. 1984 – *Patriamada*. 1986 – *A cor do seu destino*. 1990 – *Lua de cristal*. 1995-1999 – *Tiradentes*. 1996 – *Jenipapo*. 1997 – *A hora mágica*. 1998-1999 – *Até que a vida nos separe*. 1999 – *Um copo de cólera*. 2001 – *Nelson Gonçalves*; *Cristina quer casar*. 2002 – *As Três Marias*. 2003 – *Acquária*. 2005 – *Jogo subterrâneo*; *Gatão de meia-idade*. 2007 – *Onde andará Dulce Veiga?*; *Mulheres sexo verdades mentiras*. 2008 – *Meu nome não é Johnny*; *Bela noite para voar*. 2009 – *Do começo ao fim*.

Filha de artistas, os atores Lineu Dias e Lillian Lemmertz* (ambos falecidos). Casada com o ator Alexandre Borges, com quem fez vários trabalhos. Cedo deixou Porto Alegre, viveu durante muitos anos em São Paulo, transferindo-se em meados da década de 1980 para o Rio de Janeiro. Popular atriz da TV, veículo em que estreou no ano de 1981. No teatro, tem feito trabalhos importantes, desde a estreia em 1982, em *Lição de anatomia*, de Carlos Mathus; em 1993, em *Hamlet*, de William Shakespeare, sob direção de José Celso Martinez Corrêa; em 1994, *Eu sei que vou te amar*, de Arnaldo Jabor*, sob direção de William Pereira, e *Maria Stuart*, de Schiller. No cinema, foi atriz infantil em *As amorosas*, de Walter Hugo Khouri*, e *Cordelia, Cordelia...*, de Rodolfo Nanni*. Seu primeiro filme como atriz adulta foi na comédia *As aventuras de Mário Fofoca*, de Adriano Stuart*. Teve participação especial, como mulher de um empresário, em *Patriamada*, mistura de documentário e ficção realizado pela cineasta Tizuka Yamasaki*. Viveu Patricia, uma prima chilena no drama político *A cor do seu destino*, que lançou como diretor o roteirista Jorge Durán*. Como atriz convidada viveu a prima Lindinha em *Lua de cristal*, quando voltou a trabalhar com a cineasta Tizuka Yamasaki. Foi Antônia, mulher de Tiradentes, no filme histórico *Tiradentes*, de Oswaldo Caldeira*. Viveu personagem de nome Júlia no drama *Jenipapo*, que marcou a estreia na direção de Monique Gardemberg*. Protagonizou no papel de Lúcia, jovem ambiciosa, o drama *A hora mágica*, de Guilherme de Almeida Prado*, baseado no conto *Cambio de luces*, do escritor argentino Julio Cortázar. Viveu Maria, executiva de uma multinacional em *Até que a vida nos separe*, único longa dirigido pelo publicitário José Zaragoza. Novamente protagonista em *Um copo de có-lera*, primeiro longa de Aluisio Abranches, baseado no romance homônimo de Raduan Nassar. Interpretou Lurdinha Bitencourt, mulher de Nelson Gonçalves em *Nelson Gonçalves*, mixto de documentário e drama do diretor Eliseu Ewald. Fez participação especial como Bia na comédia *Cristina quer casar*, de Luiz Villaça. Foi um dos narradores de *Poeta das sete faces* (2002), de Paulo Thiago*, documentário sobre o poeta Carlos Drummond de Andrade. No papel de Maria Francisca, um dos papéis centrais no drama *As Três Marias*, voltou a trabalhar com o diretor Aluisio Abranches. Foi Nara na ficção científica *Acquária*, único longa dirigido pela publicitária Flávia de Moraes. A esperta e simpática ceguinha Laura foi outra criação baseada em conto de Julio Cortázar, *Manuscrito encontrado num bolso*, no filme *Jogo subterrâneo*, do diretor Roberto Gervitz*. Interpretou Betty, ex-mulher de um conquistador, *Gatão de meia-idade*, comédia de Antônio Carlos Fontoura*, baseado nos quadrinhos criados por Miguel Paiva. Em novo trabalho com o diretor Guilherme de Almeida Prado, atuou em *Onde andará Dulce Veiga?*, baseado no romance homônimo de Caio Fernando Abreu. Com outro personagem de nome Laura, protagonizou *Mulheres sexo verdades mentiras*, de Euclydes Marinho, no papel de uma documentarista bem-sucedida no profissão e que fez descobertas que mudam sua frustrada vida pessoal. Viveu a mãe do personagem título em *Meu nome não é Johnny*, de Mauro Lima*, drama baseado em fatos reais. Interpretou a mulher do jornalista, escritor e político Carlos Lacerda no drama *Bela noite para voar*, de Zelito Viana*. Reencontrou o diretor Aluisio Abranches em *Do começo ao fim*. Filmou diversos curtas-metragens ficcionais, tais como *Mal Star* (1985-1986), de Pedro Nanni; *Vaidade* (1990), de David França Mendes e Vicente Amorim; *Amor materno* (1994), de Fernando Bonassi*; *Até a eternidade* (1995), de Luiz Villaça e Flávio de Souza; *Glaura* (1995), de Guilherme de Almeida Prado. No papel de Joana, protagonizou, junto com Alexandre Borges no papel de Marcelo, o seriado *Joana e Marcelo*, nos telefilmes *Mangueira – amor à primeira vista* (1997); *Amor que fica* (1999) e *Joana e Marcelo, amor quase perfeito* (2002) todos sob direção de Marco Altberg. (LFM)

LEMMERTZ, Lilian – Porto Alegre, RS, 1938-1986. Atriz.

FILMOGRAFIA: 1965 – *Corpo ardente*. 1966 – *Cariocas* (2º episódio). 1968 – *As amorosas*. 1969 – *Elas* (4º episódio: 'Artesanato de ser mulher'). 1970 – *Barão Olavo, o horrível*; *Copacabana, mon amour*. 1971 – *Cordelia, Cordelia...* 1972 – *As deusas*. 1973 – *O último êxtase*; *Um intruso no paraíso*. 1974 – *O anjo da noite*. 1975 – *O desejo*; *Lição de amor*. 1975-1976 – *Aleluia, Gretchen*. 1976-1977 – *Paixão e sombras*. 1978 – *Os amantes da chuva*. 1980-1982 – *Tensão no Rio*. 1981 – *Eros, o deus do amor*. 1982 – *Janete*. 1984 – *Patriamada*.

Iniciou sua carreira no teatro amador de Porto Alegre, Rio Grande do Sul, com Antonio Abujamra*, Paulo José* e Lineu Dias, com quem viria a se casar em 1961. No grupo do Teatro Universitário de Porto Alegre foi dirigida, em 1956, por Abujamra em *À margem da vida*, de Tennessee Williams, com o qual ganhou o prêmio NEGRINHO DO PASTOREIO. Com o mesmo grupo atuou em *XYZ*, de Klabund; *O pai*, de Strindberg (1958) e *A bilha quebrada*, de Kleist (1962), todos dirigidos por Lineu Dias. Por este último trabalho recebeu o prêmio de melhor atriz do FESTIVAL NACIONAL DO TEATRO DO ESTUDANTE, promovido por Paschoal Carlos Magno. De Chico de Assis, ainda como amadora, fez a peça *Testamento do cangaceiro*. Graças a um convite de Cacilda Becker* e Walmor Chagas*, de quem Lineu Dias era amigo, foi para São Paulo em 1963, estreando no musical *Onde canta o sabiá*, peça de Gastão Tojeiro, de 1921, na versão adaptada de Hermilo Borba Filho. Somente com o seu trabalho em *Quem tem medo de Virginia Woolf?*, dirigido por Maurice Vaneau, ainda com Walmor e Cacilda, foi que sentiu pela primeira vez que tinha feito uma escolha correta ao entrar para o teatro profissional (no mesmo espetáculo, outro jovem se destacaria: Fulvio Stefanini). Nos anos seguintes construiu uma sólida carreira atuando em grandes peças, de *A noite do iguana* (1964) a *Esperando Godot* (1977), esta encenada só por atrizes: Lilian, Eva Wilma* e Lelia Abramo. Participou também de montagens medíocres como *Mary Mary* (Jean Kerr) ou *Toda donzela tem um pai que é uma fera* (Glaucio Gill). Ela considerava que não tinha nenhum método ou técnica especial de representação, tendo aprendido tudo que sabia no palco com Cacilda Becker. Embora já tivesse feito televisão em Porto Alegre, somente em 1968 foi que Walter Avancini a convidou para participar de uma novela na antiga TV EXCELSIOR. A partir desse reinício fez várias novelas e trabalhos para a tevê. Foi atriz do *Teatro Dois* e apresentou o programa *Panorama*, ambos na TV CUL-TURA de São Paulo. Atuou em novelas da BANDEIRANTES (dirigida por Maurice Capovilla*), e duas na TV RECORD. Mas foi somente com *Baila comigo*, em 1981, que obteve um grande sucesso popular. A personagem na novela de Manoel Carlos era a de uma mulher madura, mas a sua interpretação chamou a atenção dos espectadores. Como a tevê tinha gravações muito extenuantes, Lilian alternava essa atividade com o teatro e o cinema.

Sua entrada no cinema quase aconteceu em 1964. Walter Hugo Khouri* a convidou para o segundo papel feminino em *Noite vazia*, depois de ver uma foto de Lilian no jornal, representando em *Onde canta o sabiá*. Ela recusou o trabalho por considerá-lo demasiadamente importante e forte para a sua pouca experiência. Odete Lara* acabaria ficando com a personagem. No filme seguinte de Khouri, o diretor com quem mais trabalharia, fez um pequeno papel em *Corpo ardente*. Eram duas cenas e três dias de filmagens no papel de uma moça que tinha um caso com um homem casado. No mesmo ano teve outra pequena participação em *As cariocas*. No episódio dirigido por Fernando de Barros*, Lilian fazia a amiga de Norma Bengell*, limitando-se a acompanhá-la. Seu primeiro grande personagem no cinema veio com *As amorosas*, novamente com Khouri. No filme tinha um papel denso, contracenando com Paulo José*, personagem que fazia o *alter ego* do diretor. Declarou ter tido duas experiências decepcionantes com diretores do Cinema Marginal*. A primeira foi com Júlio Bressane*, em *Barão Olavo, o horrível*, realizado em uma semana e sem roteiro. Depois foi com Rogerio Sganzerla*, em *Copacabana, mon amour*, em que vivia uma prostituta. Em 1971 trabalhou em *Cordelia, Cordelia...*, de Rodolfo Nanni*. Lilian conhecia bem a peça de Antonio Bivar, *Vamos começar outra vez, Cordélia Brasil*, levada ao palco por Norma Bengell no papel principal. A versão cinematográfica era muito mais edulcorada. Lilian era uma secretária que ganhava bem, se vestia bem, sustentando um marido inútil. Ela não conseguia encarnar a personagem feminina que, diante da situação de desespero em que vivia, acaba se suicidando. Mesmo assim, o filme teve problemas com a censura e foi pouco visto. Trabalhou em produções menores, como *Elas*, de José Roberto Noronha, e *Um intruso no paraíso*, de Heron d'Avila.

No conjunto, sua carreira ficou marcada pela participação nos filmes de Khouri. Atuou em *Corpo ardente, As amorosas, As deusas, O último êxtase, O anjo da noite, O desejo, Paixão e sombras* e *Eros, o deus do amor*. O diretor via em Lilian o tipo ideal para os seus personagens hieráticos, introvertidos e "bergmanianos", quase "nórdicos", como se chegou a dizer pejorativamente. O sucesso de público viria, no entanto, pelas mãos de um outro diretor, Eduardo Escorel*, em *Lição de amor*. Seu trabalho nesse filme rendeu-lhe o prêmio de melhor atriz do FESTIVAL DE GRAMADO, em 1976. As filmagens foram realizadas em Petrópolis, durante dois meses. Diretor, equipe e elenco fecharam-se na casa que serviu para o cenário principal. Lilian fazia uma variante mais contida dos personagens khourianos no papel de Helga, a preceptora de alemão e amor de um adolescente de família aristocrática. O papel requeria grande sensibilidade e delicadeza, que Lilian soube encaminhar com maestria. Sylvio Back* a chamou para a interpretação de outra personagem alemã em *Aleluia, Gretchen*. Dessa vez trocavam-se os sentimentos de *Lição de amor* pela representação de uma simulada e violenta nazista, participante da destruição de Carlos Vereza*. Na década de 80, dividida entre o teatro e o sucesso televisivo, Lilian teve poucas oportunidades para interpretar um bom papel no cinema. Seu último trabalho na TV GLOBO foi no especial *Nego Léo*, escrito por Chico Anysio*. Teve uma morte rápida, solitária e prematura, em 5 de junho de 1986, aos 48 anos. A filha, Júlia (1963), fruto de sua união com o ator Lineu Dias, está fazendo interessante carreira no cinema, teatro e televisão. (JIMS) Faleceu no Rio de Janeiro.

LEWGOY, José – Veranópolis, RS, 1920-2003. Ator.

FILMOGRAFIA: 1949 – *Carnaval no fogo*. 1949-1950 – *Perdida pela paixão*. 1950 – *Katucha, a mulher desejada*; *Aviso aos navegantes*; *Cascalho*; *Maior que o ódio*. 1951 – *Aí vem o barão*; *Barnabé tu és meu*; *Areias ardentes*. 1952 – *Amei um bicheiro*; *Três vagabundos*; *Carnaval Atlântida*. 1953 – *Três recrutas*; *Carnaval em Caxias*. 1954 – *Matar ou correr*. 1956 – *S. O. S. Noronha* (produção estrangeira). 1957 – *Escapade* (produção estrangeira); *Les fanatiques* (produção estrangeira). 1958 – *Quand sonnera midi* (produção estrangeira). 1965 – *Uma rosa para todos* (produção estrangeira); *História de um crápula*. 1966 – *Duelo nel mondo* (produção estrangeira); *Arrastão* (produção estrangeira); *Mercenários do crime* (3º episódio: 'Carnaval de assassinos') (produção estrangeira); *As cariocas* (3º episódio: 'Vistas por Roberto Santos'); *Terra em transe*. 1967 – *Palmeiras negras* (produção estrangeira); *Jerry, a* grande parada; Roberto Carlos em ritmo de aventura. 1968 – Os viciados (1º episódio: 'A trajetória'); Tarzan e o menino da selva (produção estrangeira); A vida provisória; Os paqueras; Roberto Carlos e o diamante cor-de-rosa; Os olhos do leão (coprodução estrangeira). 1969 – Operação Tumulto (produção estrangeira); A um pulo da morte (2º episódio: 'A Madona de ouro'); A cama ao alcance de todos (2º episódio: 'A segunda cama'); Pecado mortal; Não aperta, Aparício. 1970 – Os amores de um cafona. 1971 – O bolão; O donzelo; Pra quem fica... tchau!; Lua de mel & amendoim (2º episódio: 'Berenice'); Gaudêncio, o centauro dos pampas. 1972 – A viúva virgem; Quando o carnaval chegar; O grande gozador; Independência ou morte; Como era boa a nossa empregada (2º episódio: 'O terror das empregadas'). 1973 – Os mansos (1º episódio: 'A B... de ouro'). 1974 – Gente que transa (Os imorais); Relatório de um homem casado; As secretárias que fazem de tudo (1º episódio: 'A moça que veio servir o café'); As alegres vigaristas (2º episódio: 'O padre e a modelo'). 1975 – Assim era a Atlântida; Eu dou o que ela gosta; Intimidade; Um soutien para papai; O homem de papel (Volúpia do prazer); Padre Cícero: os milagres de Juazeiro; O quarto da viúva. 1976 – O Ibrahim do subúrbio (2º episódio: 'O Ibraim do subúrbio'); Ouro sangrento. 1977 – Diário da província; As aventuras de Momo Montanha. 1978 – O outro lado do crime; Gigante da América. 1978-1979 – Curumim. 1979 – República dos assassinos; Terror e êxtase. 1980 – Os Mucker. 1980-1982 – Tensão no Rio. 1981 – Engraçadinha; Fitzcarraldo (produção estrangeira). 1982 – Tabu; Burdens of Dreams (produção estrangeira). 1983 – Perdida em Sodoma; Os bons tempos voltaram, vamos gozar outra vez (1º episódio: 'Sábado quente'). 1984 – Blame It on Rio (produção estrangeira); O beijo da mulher-aranha (coprodução estrangeira). 1986 – Os Trapalhões e o Rei do Futebol. 1987 – A dama do Cine Shangai; Cobra verde (produção estrangeira). 1987-1994 – O Judeu. 1988 – Luar sobre Parador (produção estrangeira); Festa. 1988-1989 – Faca de dois gumes. 1989-1991 – O escorpião escarlate. 1990 – Stelinha. 1992 – Perfume de gardênia. 1992-1994 – Mil e uma. 1995 – O monge e a filha do carrasco (produção estrangeira); O quatrilho. 1996-1997 – Policarpo Quaresma, herói do Brasil. 1997-1998 – A hora mágica. 2001 – Sonhos tropicais. 2002-2003 – Apolônio Brasil, campeão da alegria.

Sempre lembrado pelos marcantes papéis de vilão que interpretou no início

de sua carreira, José Lewgoy é um dos atores mais versáteis e mais expressivos do cinema brasileiro. Seu estilo de interpretação, que funde técnica acadêmica e pragmatismo, fez de Lewgoy um ator sempre muito requisitado pelo cinema e pela televisão, beneficiando-se também de uma virtude muito apreciada: a rapidez e a agilidade em assimilar os papéis que recebeu. Ao mesmo tempo, Lewgoy tem sido considerado um dos atores mais temperamentais do país, por conta de seu notório mau humor e das opiniões, nem sempre lisonjeiras, que tem manifestado a respeito dos diretores com quem trabalhou. No cinema, Lewgoy é um dos atores mais prolixos do país, tendo atuado em cerca de 80 filmes. O reconhecimento de seu talento pode ser medido pela diversidade de láureas conquistadas em sua carreira, tanto no Brasil quanto no exterior. Lewgoy poderia ser definido como um ator que se vale de um processo psicológico de criação de personagem – isto é, trata-se de um ator que se vale do "método", ao mesmo tempo que procura se apropriar intelectualmente dele –, o que caracterizaria uma atitude desconstrutiva, brechtiana mesmo, em seu estilo interpretativo. Ele confessou, certa vez, que seu modelo de interpretação foram os atores franceses dos anos 30 a 50, como Jean Gabin, Jean Marais ou Pierre Fresnay, que atuaram em filmes de Marcel Pagnol, Marcel Carné e outros. Eram atores, segundo ele, "que não tinham vergonha de representar nem fingiam que não estavam representando". Nascido em Veranópolis (ex-Alfredo Chaves), cidade de colonização italiana no interior do Rio Grande do Sul, em 16 de novembro, Lewgoy pertence a uma família de imigrantes. Filho de pai russo e mãe americana que se conheceram em Nova York, foi o caçula de oito irmãos. Numa entrevista recente, ele contou que seu pai chegou a constituir várias fortunas (teve inclusive uma fábrica de casimira em Veranópolis), mas acabou perdendo-as todas. Lewgoy foi cedo para Porto Alegre, onde estudou em um ginásio americano. Aos 15 anos, começou a trabalhar em uma loja de móveis e a estudar à noite. Aos 18 anos, formou-se na Faculdade de Ciências Políticas e Econômicas de Porto Alegre. Quando explodiu a II Guerra Mundial, passou a trabalhar na Empresa de Correios e Telégrafos, onde, devido à fluência no inglês, era o encarregado de ler a correspondência dos marinheiros ingleses dos navios que abasteciam no porto local, com o objetivo de eliminar qualquer referência que permitisse identificar a localização do navio.

Mais tarde, começou também a trabalhar como tradutor na Livraria e Editora Globo, dirigida pelo escritor Érico Veríssimo. A convivência com o staff da Globo – Mário Quintana, Veríssimo, Dyonélio Machado e outros – deu a Lewgoy um verniz e um refinamento intelectual que ajudariam a moldar o seu perfil de ator culto.

Nessa época, entrou para o Teatro do Estudante do Rio Grande do Sul. Sua primeira peça foi Deus lhe pague, de Joracy Camargo. Depois, atuou em algumas peças de autores contemporâneos, como Topaze, de Marcel Pagnol, e A floresta petrificada, de Robert Sherwood. Em seguida, traduziu, desenhou os cenários, dirigiu e protagonizou O viajante sem bagagem, de Jean Anouilh. O adido cultural dos Estados Unidos em Porto Alegre compareceu à estreia da peça, levado por Érico Veríssimo e, ao fim do espetáculo, ofereceu a Lewgoy uma bolsa para estudar Arte Dramática na Universidade de Yale, nos Estados Unidos. Lewgoy embarcou em maio de 1947 para Yale, onde foi acolhido como special student. Voltou ao Brasil em 1949 e decidiu se estabelecer no Rio de Janeiro e se dedicar ao cinema. Contratado pela ATLÂNTIDA*, seu primeiro filme no estúdio, Carnaval no fogo, é um clássico da chanchada* de perseguição ou mal-entendido, praticada por Watson Macedo*. Em Carnaval no fogo, Lewgoy interpreta o temível bandido Anjo. Se a chanchada é um gênero que deve muito a Watson Macedo, José Carlos Burle*, Carlos Manga* e Cajado Filho* deve também a Lewgoy, que deu credibilidade e verossimilhança dramática aos vilões característicos do gênero. Em Aviso aos navegantes, chanchada de perseguições e troca-troca dirigida por Watson Macedo, Lewgoy interpretou o diabólico professor Scaramouche, um espião internacional que viaja a bordo de um transatlântico entre Buenos Aires e o Rio de Janeiro. Atuou sob as ordens de Fernando de Barros*, em Perdida pela paixão, no qual interpretou um rufião.

Após alguns filmes no Brasil, foi seguir carreira na Europa, onde viveu dez anos (de 1954 a 1964). Buscou na Europa o reconhecimento que julgara não ter tido no Brasil (numa entrevista da época, Lewgoy expressou, com a ironia que lhe era típica, o seu descontentamento com sua carreira no Brasil: "Estudei Arte Dramática em Yale, nos Estados Unidos. E todo o meu Shakespeare tem sido gasto em filmes lamentáveis"). Após assistir ao FESTIVAL DE CANNES, decidiu permanecer na França. Em Paris, chegou a passar fome, até conseguir um emprego no Escritório Comercial do Brasil (ou na Embaixada, não se recorda direito). Após um ano na França, passando as maiores dificuldades, conseguiu o seu primeiro papel no cinema, no filme S. O. S. Noronha, de Georges Rouquier. O filme era baseado em fatos verídicos, ocorridos em 1930 na ilha de Fernando de Noronha, na costa nordeste do Brasil, quando um grupo de presidiários confinados na ilha se rebelou e conseguiu fugir. Lewgoy interpretou o personagem Pratinho, um caboclo corajoso amigo do francês Colibaud, que enfrentou os revoltosos. Apesar de a história transcorrer em Fernando de Noronha, os produtores resolveram não usar locações reais, filmando na Córsega e na Sardenha. No filme, participou também a atriz e cantora brasileira Vanja Orico*. O astro foi o grande ator francês Jean Marais. Lewgoy participou ainda de outras produções francesas, como Quand sonnera midi, de Edmond T. Greville, contracenando com Danny Robin; Escapade, de Ralph Habib, ao lado de Louis Jourdan; e Les fanatiques, de Alex Joffé, com Pierre Fresnay. Ficou então um longo tempo afastado do cinema.

No início da década de 60, Lewgoy passou a dedicar-se ao comércio de importação do café do Brasil. Retornou ao país após o golpe de 64. Trabalhou inicialmente no teatro e no jornal O Pasquim. Participou então do filme Uma rosa para todos, de Franco Rossi, ao lado de Claudia Cardinalle. A convite de Jece Valadão*, filmou História de um crápula. Mas um dos momentos culminantes de sua carreira foi sua atuação em Terra em transe, de Glauber Rocha*, interpretando o político populista Don Porfirio Diaz, candidato a governador da república de Eldorado. Nas décadas de 1970 e 1980, o conhecimento de idiomas possibilitou a Lewgoy convites para atuar em várias produções internacionais, como Fitzcarraldo e Cobra verde, do diretor alemão Werner Herzog, Luar sobre Parador, do americano Paul Mazursky, Blame it on Rio, de Stanley Donen, e O beijo da mulher-aranha, de Hector Babenco*. Em 1983, último dia de gravação da telenovela Louco amor, em que interpretou o personagem Edgard, Lewgoy sofreu um grave acidente de carro. Mostrando enorme resistência e capacidade de superação, foi de cadeira de rodas do hospital para filmar suas cenas em O beijo da mulher-aranha. Além disso, manteve uma média impressionante de quase um filme por ano no Brasil, aparecendo em Tabu, de Júlio Bressane*, Tensão no Rio, de Gustavo Dahl*, Faca de dois gumes, de Murilo Salles*, República dos assassinos, de Miguel Faria Jr.*, O Ibraim

do subúrbio, de Cecil Thiré*, O monge e a filha do carrasco, de Walter Lima Jr.*. Na atual fase de retomada do cinema brasileiro, é um ator muito requisitado, tendo atuado em O Judeu, de Jom Tob Azulay (que lhe possibilitou o prêmio de melhor ator coadjuvante no FESTIVAL DE CARTAGENA, na Colômbia, por seu papel de inquisidor), O quatrilho, de Fábio Barreto*, e A hora mágica, de Guilherme de Almeida Prado*. Em 1997, Lewgoy foi agraciado com o TROFÉU OSCARITO*, concedido pela Fundação Banco do Brasil. (LAR) O produtor e cineasta Claudio Kahns* dirigiu o documentário Eu eu eu, José Lewgoy (2009). Faleceu no Rio de Janeiro em 10 de fevereiro.

LIBERATO, Ingra (Ingra de Souza Liberato) – Salvador, BA, 1966. Atriz.

FILMOGRAFIA: 1995-1996 – O cangaceiro. 1998-1999 – Dois Córregos – verdades submersas no tempo. 2000 – Eu não conhecia Tururu. 2001 – 3 histórias da Bahia (episódio: 'O pai do rock'); Sonhos tropicais. 2005 – As vidas de Maria. 2007 – Valsa para Bruno Stein.

Filha do cineasta de animação Chico Liberato, para quem a menina Ingra interpretou papel de sereia no curta-metragem Ementário (1973). A mãe, Alba Liberato, além de colaborar nos filmes do marido, também dirigiu o curta Muça Gambira (1981). Cresceu num ambiente familiar cinematográfico e na idade adulta filmou em diversas partes do país. Inicialmente, destacou-se pelos trabalhos na TV, tendo feito telenovelas na MANCHETE, GLOBO, RECORD e produções independentes. Estreou como atriz no longa-metragem, num dos papéis centrais de O cangaceiro, de Aníbal Massaini Neto*. Em seguida, trabalhou com o diretor Carlos Reichenbach* em Dois Córregos – verdades submersas no tempo, drama intimista cujo elenco feminino cercava um homem em crise com seu passado. Voltou a atuar em filme de elenco predominantemente feminino, Eu não conhecia Tururu, primeiro longa dirigido pela atriz internacional Florinda Bolkan. No papel de enviada do Diabo, filmou o episódio 'O pai do rock', inserido no longa-metragem baiano, 3 histórias da Bahia, sendo dirigida por um conterrâneo, o cineasta José Araripe Jr. Em outro filme de época, foi coadjuvante em Sonhos tropicais, primeiro longa do diretor André Sturm*, baseado na obra homônima de Moacyr Scliar, sobre a vida do sanitarista Oswaldo Cruz. A primeira chance como protagonista aconteceu em As vidas de Maria, de Renato Barbieri, quando interpretou o papel-título

em drama ambientado em Brasília. No drama Valsa para Bruno Stein, de Paulo Nascimento, baseado na obra homônima do escritor gaúcho Charles Kiefer, viveu uma mulher solitária que vive com uma família em lugar isolado. Também trabalhou nos curtas-metragens ficcionais Você sabe quem? (2000), de Maria Clara Guim, no qual viveu triângulo amoroso, e Cine paixão (2001), de Sérgio Concilio e Vera Senise, sobre os percalços de fazer cinema. (LFM)

LIMA, Mauro – São Paulo, SP, 1967. Diretor.

FILMOGRAFIA: 1996 – Loura incendiária. 2000 – Deus Jr. 2004 – Tainá 2, a aventura continua. 2008 – Meu nome não é Johnny.

Diretor de filmes publicitários. Fez vários videoclipes para a MTV BRASIL. Para TV dirigiu o programa de entrevistas Gente de Expressão (1998), produção independente apresentada por Bruna Lombardi, e episódios do seriado Ó Paí, Ó (2008). Diretor estreante no longa-metragem com a comédia Loura incendiária, feito na bitola 16 mm, misturando colorido e p&b, com roteiro e interpretação dos comediantes paulistanos Ângela Dip e Marcelo Mansfield. Passou à bitola 35 mm ao filmar o policial Deus Jr., filme que, como seu primeiro longa em 16 mm, permaneceu inédito nas salas de cinemas. Mudou-se para a cidade do Rio de Janeiro, quando funcionou como produtor executivo da comédia Lisbela e o prisioneiro (2003), de Guel Arraes*, e trabalhou para o produtor Pedro Carlos Rovai*, dirigindo o infantil Tainá 2, a aventura continua. Em 2008, emplacou um grande sucesso de bilheteria, o docudrama Meu nome não é Johnny, baseado no livro autobiográfico de Guilherme Fiuza, que roteirizou o filme junto com a produtora Mariza Leão*. Em filme marcado pela produtora, Lima consegue dar ritmo bom ao longa, extraindo interpretações consistentes do elenco. (LFM)

LIMA, Pedro (Pedro Mallet de Lima) – Rio de Janeiro, RJ, 1902-1987. Crítico de cinema, diretor.

Pedro Mallet de Lima nasceu no tradicional bairro de São Cristóvão. Filho de Honório Portella de Rosa Lima e Leopoldina Mallet de Lima. Fanático por cinema desde a infância, quando frequentava assiduamente o CINEMA PÁTRIA em São Cristóvão, Pedro Lima, no Colégio Pio Americano, fez amizade com Adhemar Gonzaga*. Os dois – mais Gilberto Souto, Paulo Vanderley*, Álvaro Rocha e Carlos Leal – formaram o Clube do Paredão, grupo de fãs que assistiam aos filmes no CINEMA ÍRIS e depois os discutiam intensamente. Em 1920 participou como ator coadjuvante do filme *Joia maldita*, dirigido por Luiz de Barros*. Já nessa época colaborava esparsamente no jornalismo cinematográfico, e, em 1924, lançou, na revista *Selecta*, a coluna "O Cinema no Brasil", dedicada à produção nacional. Paralelamente, Adhemar Gonzaga também mantinha uma seção nos mesmos moldes na revista *Paratodos*. Era o início da primeira campanha em favor do cinema brasileiro, cujos principais objetivos eram divulgar os filmes nacionais, fazer contato com os vários grupos de produção espalhados pelo país e compreender os principais problemas que travavam o desenvolvimento da produção.

Em 1926, Mário Behring e Adhemar Gonzaga criam a revista *Cinearte**, a mais importante publicação cinematográfica brasileira até a década de 30. No ano seguinte, Pedro Lima começa a trabalhar na revista, sendo o responsável pela coluna dedicada à produção nacional, intitulada inicialmente "Filmagem Brasileira" e depois "Cinema Brasileiro". Com o desenvolvimento da campanha, o grupo constituído em torno de *Cinearte* – formado por Adhemar Gonzaga, Pedro Lima, Paulo Vanderley e Álvaro Rocha – realizou *Barro humano*, um dos clássicos do período silencioso brasileiro, no qual Pedro Lima exerceu a função de diretor de produção. O sucesso de público e crítica levou o grupo a produzir *Saudade*, que ficou inacabado. Devido a divergências ideológicas e pessoais, Pedro Lima desligou-se de *Cinearte* em 1930, marcando o fim da campanha pelo cinema brasileiro. Passou a trabalhar então nos Diários Associados, sendo o responsável pelas seções cinematográficas de *O Jornal*, *Diário da Noite* (RJ) e *O Cruzeiro*. Permaneceu na empresa de Assis Chateaubriand até o início dos anos 60, sendo considerado o decano dos críticos do Rio de Janeiro e sempre dedicando atenção especial à produção nacional. Pedro Lima foi um dos integrantes da comissão organizadora da I Convenção Cinematográfica Nacional, ocorrida em 1932 e cujas resoluções influíram na Lei nº 21.240, pioneira legislação federal sobre cinema. Com o amigo Mário Peixoto*, Pedro Lima tentou voltar a realizar um longa-metragem de ficção em 1936. Trata-se de "Maré baixa" – projeto também intitulado "Mormaço" –, no qual Mário Peixoto ficaria encarregado de dirigir, roteirizar e montar, e Pedro Lima de produzir. Entretanto, as filmagens nunca foram iniciadas. Na segunda metade dos anos 30 passou a trabalhar também no Ministério da Agricultura, auxiliando o veterano cinegrafista Lafayette Cunha no Gabinete de Cinema do Serviço de Informação Agrícola. Os filmes realizados por esse órgão eram documentários sobre pecuária, agricultura, atividades do ministério e expedições científicas. Pedro Lima, nas décadas de 40 e 50, dirigiu 27 documentários de curta metragem para o Serviço de Informação Agrícola, entre os quais: *Nordeste*, *Além de Rondônia*, *Pelotas, a Princesa do Sul*, *Cuiabá e seus arredores*, *Semana do fazendeiro em Viçosa*, *Lindoia*, *uma fazenda em Minas Gerais* e *Trigo no Rio Grande do Sul*. Seu filme mais importante é *Nordeste*, no qual o sertão e a caatinga são mostrados em toda a sua crueza. A produção foi laureada com o 1º prêmio na 3ª EXPOSIÇÃO MUNDIAL DE CURTA-METRAGEM, ocorrida no Rio de Janeiro, em 1950. Pedro Lima participou ativamente na organização da Associação Brasileira de Cronistas Cinematográficos (ABCC) – da qual foi o primeiro presidente – e do Círculo de Estudos Cinematográficos (CEC), entidades que, na virada dos anos 40 para os 50, visavam elevar o nível da discussão sobre cinema. Fez parte ainda da Comissão Federal de Cinema, em 1956. A sua contribuição nas primeiras pesquisas históricas sobre o cinema brasileiro, realizadas nos anos 50, merece ser realçada. Alex Viany*, enquanto preparava o livro *Introdução ao cinema brasileiro*, consultou-o amiúde. Já então o seu arquivo pessoal era considerado uma das fontes mais importantes para a história do cinema brasileiro, na opinião do próprio Viany e de Paulo Emilio Salles Gomes*. Em 1963, abandonou, após quarenta anos de exercício contínuo, a atividade jornalística. Dedicou-se a partir de então à elaboração de um livro sobre a história do cinema brasileiro, projeto que nunca concluiu. No dia 2 de outubro de 1987, no Rio de Janeiro, Pedro Lima faleceu aos 85 anos. Atualmente, parte do seu imenso arquivo encontra-se depositada na CINEMATECA BRASILEIRA e no Arquivo Geral da Cidade do Rio de Janeiro. (AA)

LIMA, Valdemar – Aracaju, SE, 1934. Fotógrafo.

FILMOGRAFIA: 1962 – *O tropeiro, o cruzado da esperança*. 1963 – *Deus e o diabo na terra do sol*. 1965 – *Society em baby-doll* (dir.). 1967 – *As aventuras de Chico Valente*; *Bebel, a garota-propaganda*. 1968 – *As libertinas* (1º episódio: 'Alice'; 2º episódio: 'Angélica'; 3º episódio: 'Ana'); *Anuska, manequim e mulher*. 1969 – *As armas*.

Radica-se primeiro em Salvador e participa do movimento cinemanovista baiano, no final dos anos 50, atuando como assistente de câmera de *O pátio* e *Cruz na praça*, ambos de Glauber Rocha*, e *Um dia na rampa*, de Luiz Paulino dos Santos. A seguir, trabalha como assistente de câmera de Toni Rabatoni* e de direção de Glauber Rocha, em *Barravento*. Diretor de fotografia com curta carreira, sua estreia na função acontece em *O tropeiro, o cruzado da esperança*, de Aécio Andrade. Depois fotografa *Deus e o diabo na terra do sol*, de Glauber Rocha. No Rio de Janeiro, codirige com Luiz Carlos Maciel, além de fotografar a comédia *Society em baby-doll*, baseada na peça homônima de Henrique Pongetti*, e em filme de maior apelo comercial, *As aventuras de Chico Valente*, do produtor, diretor e ator Ronaldo Lupo*. Radica-se em São Paulo, a partir de 1966, e fotografa *Bebel, a garota-propaganda*, de Maurice Capovilla*; *As libertinas*, filme em episódios de João Callegaro, de Antônio Lima e de Carlos Reichenbach*, e *As armas*, de Astolfo Araújo. (LFM)

LIMA, Victor (Vítor José Lima) – Rio de Janeiro, RJ, 1920-1981. Roteirista, diretor.

FILMOGRAFIA: 1951 – *Barnabé, tu és meu* (rot.). 1952 – *Três vagabundos* (rot.); *Carnaval Atlântida* (rot.). 1953 – *Dupla do barulho* (rot.); *Nem Sansão, nem Dalila* (rot.). 1954 – *Matar ou correr* (rot.); *Marujo por acaso* (rot.). 1955 – *Angu de caroço*; *O rei do movimento* (rot., dir.); *O grande pintor* (rot., dir.); *O feijão é nosso* (rot., dir.); *O fuzileiro do amor* (rot.). 1956 – *O Boca de Ouro* (rot.). 1957 – *Metido a bacana* (rot.); *O noivo da girafa* (rot., dir.); *O barbeiro que se vira* (rot.); *De pernas pro ar* (rot., dir.); *É de chuá!* (rot., dir.). 1958 – *Sherlock de araque* (rot., dir.); *Chico Fumaça* (rot., dir.); *O camelô da rua Larga* (rot.); *Cala a boca, Etelvina* (rot.); *Pé na tábua* (rot., dir.); *Mulheres à vista* (rot.). 1959 – *Espírito de porco* (rot., dir.); *Minervina vem aí* (rot.); *O massagista de madame* (rot., dir.); *Titio não é sopa* (rot.). 1960 – *O pistoleiro bossa-nova* (rot., dir.); *A viúva Valentina* (rot.); *Tudo legal* (rot., dir.); *Viúvo alegre* (rot., dir.); *Eu sou o tal* (rot., dir.). 1961 – *Mulheres, cheguei* (rot., dir.); *Os três cangaceiros* (rot., dir.). 1962 – *Os cosmonautas* (rot., dir.). 1963 – *O homem que roubou a Copa do Mundo* (rot., dir.). 1964 – *Procura-se uma rosa* (rot.). 1965 – *História de um crápula* (rot.); *Paraíba, vida e morte de um bandido* (rot., dir.); *Morte para um covarde* (coprodução estrangeira) (rot.); *007 ½ no carnaval* (rot., dir.). 1966 – *Nudista à força* (rot., dir.); *Cuidado, espião brasileiro em ação* (rot., dir.). 1967 – *Papai trapalhão* (rot., dir.). 1968 – *Três mulheres de Casanova* (rot., dir.). 1969 – *A um pulo da morte* (1º episódio: 'Arquivos secretos de um repórter policial'; 2º episódio: 'A madona'; 3º episódio: 'A testemunha'; 4º episódio: 'A prisioneira') (rot., dir.); *Golias contra o homem das bolinhas* (rot., dir.). 1971 – *Bonga, o vagabundo* (rot., dir.). 1972 – *Ali Babá e os 40 ladrões* (rot., dir.). 1973 – *Aladim e a lâmpada maravilhosa* (rot.). 1974 – *O libertino* (rot., dir.); *Ladrão de Bagdá, o magnífico* (rot., dir.). 1975 – *O trapalhão na ilha do tesouro* (rot.); *O filho do chefão* (rot., dir.); *Com um grilo na cama* (rot.). 1976 – *Tem alguém na minha cama* (1º episódio: 'Um em cima e outro embaixo'; 2º episódio: 'Dois em cima e dois embaixo'; 3º episódio: 'Dois em cima, dois embaixo e dois olhando') (rot.); *Tem folga na direção* (rot., dir.). 1977 – *O Pequeno Polegar contra o dragão vermelho* (rot., dir.). 1981 – *Crazy, um dia muito louco* (rot., dir.); *Os paspalhões em Pinóquio 2000* (rot., dir.).

Completou seus estudos universitários em 1942, formando-se em Arquitetura. Nessa época, já trabalhava como jornalista e crítico de cinema, especialmente em *A Cena Muda*, *Cine-rádio Jornal* e *Correio da Noite*, nas funções de cronista cinematográfico e secretário de redação. Em *A Cena Muda* escrevia a seção "Tomada de Câmera" (1943). Interessou-se bem cedo pelo cinema nacional, mantendo a divulgação permanente das suas produções daquela época, começando a estudar todos os problemas de ordem técnica, artística e comercial que afligiam a indústria cinematográfica brasileira. Foi um dos fundadores da Associação Brasileira de Cronistas Cinematográficos (ABCC) e, com a entrada do Brasil na II Guerra Mundial, foi incorporado ao Exército brasileiro, servindo diretamente na Comissão Militar Mista Brasil-Estados Unidos, como tradutor, intérprete e ligação. Em 1945 foi contratado pelo governo norte-americano para trabalhar nas mesmas funções na Escola de Comando e Estado-Maior. Permaneceu nos EUA durante três anos para aperfeiçoar-se nos setores de produção e direção cinematográfica. Fez cursos de cenografia e roteiro na North Western University, em Chicago, estando também algum tempo em Hollywood, sob a tutela do diretor de fotografia Gregg Tolland, tendo também estagiado em Culver City, na METRO (MGM) e nos ESTÚDIOS DISNEY. Volta ao Rio de Janeiro em 1947, passando a dedicar-se ao cinema nacional. Em seguida

vendeu à ATLÂNTIDA* o primeiro roteiro realmente técnico feito no Brasil, tendo elaborado mais de cinquenta roteiros ao longo de sua carreira. Também escreveu o argumento e o roteiro dos filmes que dirigiu, envolvendo grandes cômicos do cinema brasileiro (Ankito*, Grande Otelo*, Zé Trindade*, Mazzaropi*, Ronald Golias*, Otelo Zeloni*, Renato Aragão* e Costinha*, entre outros). Na ATLÂNTIDA, fez os roteiros e os argumentos dos principais sucessos de Oscarito*, a saber: *Barnabé, tu és meu* e *Carnaval Atlântida*, ambos de José Carlos Burle*; *Dupla do barulho*, *Nem Sansão, nem Dalila* e *Matar ou correr*, estes de Carlos Manga*; além de vários outros filmes em distintas companhias – CINELÂNDIA FILMES, HERBERT RICHERS, MAGNUS. Encarregou-se, igualmente, do setor de produção de algumas dessas películas. Atendendo a convite do produtor Alípio Ramos*, iniciou-se na direção com *O rei do movimento* (1955), com Ankito. A partir de então, passou a dirigir fundamentalmente comédias e chanchadas*, embora tenha atuado nos gêneros policial, infantil e cangaço, entre outros. Vendeu a Herbert Richers* a história de *Metido a bacana*, de J. B. Tanko*, grande sucesso da época, nascendo daí sua associação com esse produtor, tendo realizado para ele cerca de duas dezenas de filmes. De acordo com Sérgio Augusto, a chanchada deve a Victor Lima a sua abertura "para o mundo que a cercava". Ele foi sempre "um defensor da comédia como o meio de expressão mais adequado para o nosso cinema, e nem a ascensão do Cinema Novo* o demoveu dessa ideia". Em meados da década de 1960, quando filmava uma paródia de James Bond com Costinha, *007 ½ no carnaval*, declarou em entrevista ao *Jornal do Brasil*: "a comédia é o verdadeiro cinema-espetáculo que o público aprecia, e só a comédia pode salvar o cinema brasileiro". Dirigiu também filmes para a tevê: 26 episódios para a *22-2000, Cidade Aberta*; *Prado of Rio* (episódio de meia hora para a tevê americana); *Audax* (parte de doze episódios de quinze minutos cada). Fez a produção e os diálogos brasileiros de *Sócio de alcova*, coprodução Brasil-Argentina-EUA. e o roteiro de *Morte para um covarde*, coprodução Brasil-Argentina. (AMC) Morreu em Los Angeles.

LIMA JR., Walter – Niterói, RJ, 1938. Diretor.

FILMOGRAFIA: 1965 – *Menino de engenho*. 1967-1968 – *Brasil, ano 2000*. 1970 – *Na boca da noite*. 1973-1977 – *A lira do delírio*. 1979-1985 – *Chico Rei*. 1982

– *Inocência*. 1986 – *Ele, o boto*. 1995 – *O monge e a filha do carrasco* (produção estrangeira). 1996-1997 – *A ostra e o vento*. 2008 – *Os desafinados*.

Walter Lima Júnior é filho de Elita Trigueiros Lima (1912-1989) e Walter Lima (1904-1985). Estudou no Colégio Brasil, em Niterói, e graduou-se em Direito na Universidade Federal Fluminense, mas não chegou a exercer a profissão de advogado. Desde menino era um cinéfilo: "Eu costumava fazer 'filmes' de brincadeira. Desenhava num papel de seda, passava numa caixa de sapato, num rolo, com uma luz atrás. E a brincadeira foi virando outra coisa. Comecei a escrever críticas para mim mesmo e, depois, para o jornal *Diário do Povo*, de Niterói", conta o diretor. Mais tarde, Walter passaria a escrever críticas para o influente (na época) jornal carioca *Correio da Manhã*. Frequentador assíduo de cineclubes*, ainda no segundo grau criou o Clube Fluminense de Cinema. "Exibimos o *Rio 40 graus* lá", Walter revela. Mas, antes dos cineclubes, a dieta era mesmo, em sua maior parte, de filmes americanos. Segundo o diretor, "os franceses eram proibidos para menores e os italianos quase não passavam". Então, em garoto, sua grande paixão eram os faroestes americanos, especialmente de John Ford e Howard Hawks, e também *Ladrões de bicicleta*, de Vittorio de Sica. Depois, nos cineclubes, pôde descobrir os filmes franceses, italianos, o cinema de Eisenstein, e outros. Foi nessa época (1956-1957), também, que conheceu, no recém-fundado Museu de Arte Contemporânea (MAC), no Rio, um outro jovem que ambicionava tornar-se cineasta, Leon Hirszman*. Em 1963, Walter recebeu o primeiro convite para trabalhar num *set* cinematográfico: foi assistente de direção de Adolfo Celi* no filme "Marafa", que, no entanto, nunca chegou a ser finalizado. Naquele mesmo ano, quando entrava no elevador do prédio da Associação Brasileira de Imprensa (ABI), onde ocorriam as sessões da Cinemateca do Museu de Arte Moderna, encontrou-se com Glauber Rocha*, que procurava um assistente de direção para seu primeiro longa-metragem, *Deus e o diabo na terra do sol* (1963). O assistente que escolhera, Vladimir Herzog, havia desistido do filme após ganhar uma bolsa para trabalhar na BBC em Londres. Antes que saíssem do elevador, no 7º andar, Glauber perguntou-lhe se não queria ocupar essa função. Resultado: naquela mesma semana, Walter viajava com a equipe do filme para o sertão da Bahia. A experiência seria fundamental para aquele que viria a ser um dos mais reconhecidos diretores do Cinema Novo*. Walter realizou seu primeiro longa-metragem como diretor, *Menino de engenho*, baseado no romance de José Lins do Rego, com adaptação do próprio Walter. Fiel ao romance, delicado, poético, foi um filme de estreia de quem já demonstrava domínio do fazer cinematográfico, merecendo o aplauso da crítica e do público. Ganhou o prêmio de melhor filme do IV Centenário da Cidade do Rio de Janeiro. Depois, o diretor fez a sua aventura tropicalista, ao rodar *Brasil, ano 2000*, uma radiografia do Brasil pós-golpe militar. Um filme estranho, radical, em que os elementos dramáticos, sonoros e visuais articulam-se de forma a envolver o espectador. Ganhou os prêmios URSO DE PRATA do FESTIVAL DE BERLIM de 1969 e CONCHA DE OURO em Cartagena, em 1971. Em tempos de experimentação e de cinema *underground*, o diretor rodou em 16 mm, em apenas dois dias, *Na boca da noite*, adaptação da peça *O assalto*, de José Vicente, com dois grandes atores: Rubens Correia e Ivan Albuquerque. No carnaval de 1973, Walter pegou uma câmera e começou a filmar, também em 16 mm, cenas do povo fantasiado brincando nas ruas de Niterói. O material ficaria guardado durante três anos, até que ele retomasse o projeto para realizar *A lira do delírio*. Protagonizado por Anecy Rocha* (1942-1977), sua mulher desde 1965, é um filme instigante, poético, incômodo, delirante, que se alterna em dois tempos: os quatro dias de carnaval e depois da festa. Recebeu os prêmios de direção, atriz, montagem, fotografia e ator coadjuvante do FESTIVAL DE BRASÍLIA, de 1978, e o GOLFINHO DE OURO de melhor filme. A essa altura, Walter começou a dirigir também documentários para a televisão sobre os mais variados temas. Nesse ínterim, realizou o piloto de 55 minutos do que deveria ser uma série também para televisão: o documentário ficcionado *Joana Angélica* (1978), sobre a religiosa franciscana que viveu na Bahia de 1762 a 1822, tendo como protagonista a atriz Maria Fernanda*. O filme-piloto foi exibido na TV EDUCATIVA, mas a série nunca foi realizada. Igualmente para a televisão, agora alemã, foi concebido *Chico Rei*, uma série em oito episódios que teve uma versão condensada para o cinema. Walter começou a rodar *Chico Rei* em 1979, porém só o finalizou em 1985, após muitos obstáculos e dificuldades na produção. Com argumento original e roteiro de Mario Prata, o filme conta a saga do escravo que conse-

guiu se emancipar, no século XVII, em Minas Gerais. Entre outros, ganhou o prêmio CINEDUC, dado pelo público jovem. Em 1981, Walter dirigiu o documentário de média metragem *Em cima da terra, embaixo do céu*, sobre a criatividade na construção das moradias dos favelados, ganhando o prêmio MARGARIDA DE PRATA da Conferência Nacional dos Bispos do Brasil (CNBB), como melhor documentário do ano. Antes de finalizar *Chico Rei*, realizou um de seus filmes mais tocantes: *Inocência*. Adaptação do romance de Visconde de Taunay, o diretor partiu do roteiro de Lima Barreto*, lançando no cinema a atriz Fernanda Torres*, num papel de extrema delicadeza. Poético, mágico, com a bela fotografia de Pedro Farkas* (que se tornaria seu parceiro habitual), obteve sucesso de público e de crítica, conquistando diversos prêmios, inclusive o de melhor filme no FESTIVAL DE HAVANA de 1983. Além da parceria com Farkas, uma outra teria início nesse filme: com o músico Wagner Tiso*. O trio Walter-Farkas-Tiso seria responsável por alguns dos mais belos momentos do cinema brasileiro. Em *Inocência*, Walter Lima já esboçava a sua preocupação com dois temas que, a partir daí, seriam cada vez mais profundamente abordados em seus filmes: a relação do ser humano com a natureza e o universo feminino. *Ele, o boto*, com argumento de Lima Barreto e Walter Lima, conta uma lenda amazônica do peixe que, em noites de lua cheia, se transforma em homem e seduz as mulheres. Mais uma vez, numa atmosfera extremamente poética, magia e realidade se confundem na grande fantasia do cinema. Recebeu os prêmios de melhor filme, direção, ator, atriz coadjuvante, fotografia e cenografia no FESTIVAL DE NATAL de 1987. Com o fechamento da EMBRAFILME* em 1990, pelo recém-eleito governo Collor, e a quase paralisação da vida cultural no país, Lima Jr. começou a dar cursos de interpretação no cinema para jovens atores. Essa atividade, desenvolvida a princípio como fonte de sobrevivência, abriu-lhe também um novo universo de prazer e de exercício da profissão, passando a fazer parte importante de sua vida. Paralelamente, dirigiu diversos documentários, para cinema e televisão, como *Uma casa para Pelé* (1991), sobre o cotidiano de famílias que vivem nas ruas do Rio, produzido pela emissora inglesa CHANNEL FOUR; e as minisséries *Capitães da areia* (baseada no romance de Jorge Amado*), para a TV BANDEIRANTES, em 1989-1990, e *Meu marido*, em 1991, com

roteiro original de Euclydes Marinho, exibida na TV GLOBO. Como diretor contratado, Walter realizou *O monge e a filha do carrasco*, uma produção americana independente coproduzida no Brasil por Jofre Rodrigues. Dirigiu, depois, para o canal de televisão GNT/GLOBOSAT a série jornalística *Chatô*, em sete capítulos, baseada no livro homônimo de Fernando Morais. Partiu para um projeto que alimentava há anos: a adaptação do romance de Moacir C. Lopes, *A ostra e o vento*. Com Leandra Leal* e Lima Duarte*, o filme conta a história de uma adolescente que vive isolada com o pai numa ilha deserta e desperta para a sua sexualidade, mantendo uma imaginária relação com o vento. Uma bela fantasia poética que mergulha na complexidade do feminino, em que as forças da natureza e os seres humanos se interligam num fluir contínuo, repleto de emoção. O filme representou o Brasil no FESTIVAL DE VENEZA de 1997, ganhou os prêmios de melhor filme e direção dos festivais de RECIFE e NATAL, e o PRÊMIO ESTAÇÃO BOTAFOGO nas mesmas categorias, além de atriz revelação para Leandra Leal, e o prêmio de melhor filme brasileiro de 1997 conferido pela ASSOCIAÇÃO DOS CRÍTICOS DO RIO DE JANEIRO. Walter Lima Jr. é pai de Jorge, nascido em 1976, e de Branca, em 1979, filha de seu casamento com a cantora Telma Costa (1953-1989), com quem viveu de 1978 a 1985. (HS) Em 2001, dirigiu filme policial feito para TV, *Um crime nobre* (2001), estrelado por Ornella Mutti, atriz com história no cinema italiano. Filmou o documentário *Thomaz Farkas – um brasileiro* (2004), sobre o produtor singular, com presença marcante na história do cinema brasileiro. Retornou à realização de um filme longa com *Os desafinados*, enfocando de forma ficcional o aparecimento do movimento musical da bossa nova no início dos anos 1960 e seu surgimento com destaque em Nova York.

LINHARES, Luiz (Luís Gonzaga Linhares) – Astolfo Dutra, MG, 1926-1995. Ator.

FILMOGRAFIA: 1950 – *Corações na sombra*. 1951 – *Sai da frente*. 1953 – *Família Lero-lero*. 1965 – *O desafio*. 1966 – *A derrota*; *Um diamante e cinco balas*. 1968 – *O Bandido da Luz Vermelha*. 1968-1969 – *Os herdeiros*. 1971 – *Os inconfidentes*. 1973 – *Sagarana: o duelo*. 1974 – *Nem os bruxos escapam*. 1976-1977 – *Anchieta, José do Brasil*. 1977 – *O desconhecido*. 1978 – *Tudo bem*; *O bandido Antônio Dó*. 1979 – *Memórias do medo*. 1980-1981 – *O homem do pau-brasil. 1989-1990 – Césio 137, pesadelo de Goiânia.*

Luiz Linhares nasceu em Astolfo Dutra, antigo distrito de Cataguases (MG), cidade à qual faz retornos envolvendo iniciativas locais de teatro amador e fases de recolhimento, nas quais se dedicou também à criação literária. Seu percurso constitui uma dessas frustrações que tradicionalmente nos proporciona o cinema brasileiro, de ver grandes atores de nosso teatro sem uma presença correspondente na tela, mesmo quando possuem equivalente "fotogenia" e uma admirável adaptação à linguagem do cinema. Já em 1942, Linhares vai ao Rio de Janeiro, onde cursa a Escola de Teatro do Distrito Federal. Numa encenação da *Salomé* de Oscar Wilde impressiona Paschoal Carlos Magno, que o leva ao prestigioso Teatro do Estudante. Sua estreia ali se dá em 1948 na célebre montagem de *Hamlet*, com Sérgio Cardoso. Excursiona pelo interior com a Companhia Sady Cabral*, e funda o Teatro dos Doze, em que alcança êxito artístico. No *Correio da Manhã*, Paschoal o deu por inesquecível, opondo a "sua interpretação cuidadosa, esmerada nos mínimos detalhes" à de Sérgio Cardoso, o grande nome da nova geração (e para o próprio colunista, "o maior ator do Brasil"), que estaria sendo levado a reproduzir noutras peças o seu carismático príncipe da Dinamarca. No início da década de 50, trabalha em São Paulo na Companhia Olga Navarro, Teatro Royal, ingressando a seguir no elenco do TBC (Teatro Brasileiro de Comédia), que integrou por mais de cinco anos. Teve mais tarde algumas participações no Oficina e no Arena, bem como ainda no TBC. No cinema daquela época, entretanto, fez apenas papéis sem maior significado em três filmes paulistas: *Corações na sombra*, de Guido Lazzarini, e as comédias da VERA CRUZ* *Sai da frente*, de Abílio Pereira de Almeida*, estreia de Amácio Mazzaropi*, e *Família Lero-lero*, de Alberto Pieralisi*, com Walter D'Ávila*.

Voltaria às telas, agora sim, num pequeno papel marcante de *O desafio*, de Paulo César Saraceni*, pelo qual recebeu no FESTIVAL DE TERESÓPOLIS o prêmio de melhor ator. Faz o jornalista Nelson, contemporizador e passadista, escritor joyciano e frustrado, colega do engajado Marcelo, o personagem central feita por Oduvaldo Viana Filho*, com o qual trabalha, nas sequências finais, o contraste decisivo para o filme. A sequência-ápice – que termina viscosa, numa saideira no apartamento de Nelson e com uma investida um tanto degradante de sua mulher sobre Marcelo – funciona como um divisor de águas ético e estético. Com seu trabalho interiorizado e preciso, Linhares empresta ao personagem uma inédita espessura dramatúrgica e enriquece a figuração da atmosfera viciada que se insinuava impositiva ao pensamento golpeado. Nesse filme corajoso de Saraceni, como veio a comentar Glauber Rocha*, "Luiz Linhares representa o câncer de porre", através do seu "existencialismo decadente".

Ainda no clima da angústia pós-golpe, Linhares, no seu filme seguinte, *A derrota*, de Mário Fiorani*, muda de lado no pesadelo de artistas e intelectuais de esquerda e passa do estatuto de condescendente ao de vítima. Raptado por um bando num velho casarão acaba preso novamente e enforcado, isso depois de reagir à tortura matando o chefe que numa dada altura humilhara e seviciara a sua esposa, vivida por Glauce Rocha*. Claustrofobicamente emparedado, respirando a morte, ele arrasta-se emudecido entre inquisições perversamente abstratas e violentas, mimetizando-se ao claustro sinistro como um corpo-objeto impressionante. Depois deste, ele faz ainda um outro papel principal em filme pouco visto, agora no sexto longa do veterano paraense Líbero Luxardo*, *Um diamante e cinco balas*. Linhares faria aqui João, um tropeiro goiano que chega ao garimpo do rio Tocantins e conhece Flor, jovem da região feita por Maria Gladys*. O sertanejo, o aventureiro ou o homem do interior já presentes nesse trabalho se repetirão em alguns de seus papéis menores da década seguinte: o ator mambembe de *Sagarana: o duelo*, de Paulo Thiago*, baseado em Guimarães Rosa; o bandido sequestrador Armando de *Nem os bruxos escapam* (melhor ator coadjuvante no I FESTIVAL DE CINEMA DE LAGES, 1975), de Valdi Ercolani; um dos jagunços em *O bandido Antônio Dó*, de Paulo Leite Soares*. Em 1968, voltaria à coadjuvação importante com o singular detetive Cabeção, do clássico *O Bandido da Luz Vermelha*, de Rogério Sganzerla*. Pobre-diabo tragicômico, incompetente para a tarefa de localizar e prender o prodigioso fenômeno do crime, o personagem patético vai extenuando-se entre bravatas impotentes e desgaste físico reiterado no consumo nervoso de carteiras de cigarro e injeções anti-infarto aplicadas por plantonistas em diligência, em meio a um sem-número de missões fracassadas. É notável a adaptação do seu *timing* em cinema ao registro *pop* e tropicalista do filme, que espalha ressonâncias irônicas em todas as direções, incluindo o Cinema Novo*. Nesse timbre, Cabeção mantém do Nelson, de *O desafio*, algum conservadorismo lúgubre, opondo, claudicante, ao protagonista, uma figura persecutória da morte.

Certa vez, comentando uma montagem de *Antígona*, dizia Miroel Silveira* que, ao contrário dos demais papéis do clássico grego, bem encarnados por Paulo Autran*, Ziembinski* e Sérgio Cardoso, "faltou a Luiz Linhares e a Cacilda Becker* o esplendor físico que se deve pedir a Hemon e a Antígona". Curiosamente, perseguiu de fato o trajeto de suas personagens mais felizes. Isso talvez explique a convocação mais constante no cinema para os papéis sombrios, taciturnos, anti-heroicos, farsescos. Apesar da nítida formação teatral que transpirava, seus desempenhos sempre foram de algum modo irreparavelmente cinematográficos. Tendo em vista esse percurso, não deixa de surpreender vê-lo logo após *O Bandido da Luz Vermelha* numa ponta de *Os herdeiros*, de Carlos Diegues*, repetir o delegado, agora em policial da ditadura de Getúlio. Representa o torturador do personagem central do filme, o jornalista Jorge Ramos, feito justamente pelo pouco cinematográfico Sérgio Cardoso. Merece reflexão esse fato singular de Linhares, malgrado não ter tido no cinema uma galeria de personagens da envergadura dos que defendeu no teatro, obter uma admiração tão ou mais irrestrita no meio cinematográfico que no teatral.

Ponto alto de suas atuações no cinema foi a extraordinária presença que teve em *Os inconfidentes*, de Joaquim Pedro de Andrade*, como Tomás Antônio Gonzaga. Brechtiano confesso, aqui talvez esteja o momento mais luminosamente "distanciado" de Linhares no cinema. Seu desempenho ajudou sem dúvida a conferir ao poeta aquela dimensão de personagem mais rico e complexo da trama, mesmo com a importância e o tempo cênico equiparáveis aos dos demais conspiradores, incluindo o Tiradentes de José Wilker*. Interessava ao filme, naquele momento de apogeu da ditadura militar, questionar o papel dos intelectuais diante daquele dos homens de ação, e para isso cruzar num primeiro plano razão e contemporização, lustre e covardia, pompa e patifaria. Apequenado pela perspectiva de interpretação adotada, entre cerebral e lúcido, vaidoso e desfrutável, viu-se recuado à *finesse* do palavreado astuto e à geometria do mítico "salve-se quem puder". Ainda assim, como disse Gilda de Mello e Souza em notável estudo (que chega a alinhar o filme às interpretações *obreiristas* do evento histórico), "Luiz Linhares interpretou magistralmente este aspecto superficial da personagem, mas não pôde nos dar uma composição convincente de Tomás Antônio porque o roteiro não penetrou no significado profundo do seu comportamento". Mas há, de todo modo, um persistente mistério na comoção que nos provoca o seu declamar impetuoso.

Fadado a interpretar o que há no classicismo de impróprio e falseante, no país da importação de ideias, ei-lo em seguida, como não poderia deixar de ser, no estereótipo do lirismo parnasiano, tão predileto nacionalmente. Será em *Tudo bem*, de Arnaldo Jabor*, o espectro do poeta Pedro Penteado, funcionário público do Departamento de Águas e Esgotos, que assessora o amigo ainda vivo, o aposentado Juarez, feito por Paulo Gracindo*. Poeta, como reza o roteiro publicado, "romântico e tuberculoso, [...] vagamente castroalvista e egresso do eterno Parnaso que assola permanentemente a *intelligentzia* nacional [...] Morre estrangulado e bradando: 'morro em nome da poesia'". Sem o cinismo profundo do jornalista de *O desafio* nem o rebuscamento onisciente do seu Gonzaga, como se declamasse Camões circunstanciado por um assombro popularesco, Penteado vai desgastando-se mortalmente a cada palavra até a tosse convulsiva: "As trevas caíram, o sol está negro, mas eu ouço 200 milhões de homens andando no mapa do Brasil. São multidões que crescem de todos os lados, ouço passos andando, milhões de passos andando, andando, andando! Para onde?".

Antes de *Tudo bem* ele tinha feito, como protagonista, outro longa muito pouco visto (como, aliás, todos em que é ator central), *O desconhecido*, de Ruy Santos*, baseado na novela de Lúcio Cardoso. Seu personagem, José Roberto, emprega-se como capataz em decadente fazenda no interior de Minas Gerais, atendendo a anúncio de jornal. Solitário e misterioso sobre seu passado, provoca paixões e conflitos entre a fazendeira feudal e a sua filha, e acaba por matar o único amigo, o garoto da família, de quem se tornara um mentor intelectual. O diretor Ruy Santos teria começado a sua longa carreira de fotógrafo e documentarista, experimentado em paisagem brasileira, observando ainda adolescente as filmagens de *Limite*, de Mário Peixoto*. Mas sua inaptidão para a *mise-en-scène* comprometeu sensivelmente aquele que poderia ter sido o grande papel de Linhares no cinema. Os silêncios espessos, típicos da atmosfera de Lúcio Cardoso, são penosamente alcançados num filme que liga várias das facetas da galeria de desempenhos do ator, o existencialismo enevoado e sombrio, à brasileira, o cultivo íntimo das letras de par com o trato das coisas da terra que faz a plenitude do homem do interior. A própria biografia de Linhares parece aproximar-se desse universo do interior de Minas, tal como ele mesmo o retrataria no trajeto de Eugênio do Espírito Santo, personagem bastante autobiográfico de seu romance *Desencontros de Harvey* (1986). Ator como ele, depois de aventuras e desventuras por São Paulo e Rio de Janeiro em épocas semelhantes às que por ali passou, termina seus dias no abandono de um sítio no interior mineiro. Em 1978, estreia, ao lado do argentino Hector Grillo, como dramaturgo (e diretor) no Rio em *Balaio de gatos*, em que também insistiria no cenário de ruínas, aqui de um ex-hotel, frequentado por moça *hippie*, ex-guerrilheiros, com misticismo incaico e confusas projeções de filmes com fuzilamentos nos Andes. As incursões de Linhares nas letras sugerem processos de interiorização da personagem que demandam, como em alguns de seus filmes, uma expressão exterior, um realismo quase expressionista que teria como parâmetro mais próximo os trabalhos de Saraceni e de Lúcio Cardoso. Já em seus papéis de empreendedor, que realizou em três dos seus últimos filmes, deu-se menos bem. Abra-se relativa exceção para o padre Manuel da Nóbrega, em *Anchieta, José do Brasil*, de Saraceni. Em seguida, vêm dois fazendeiros: em *Memórias do medo*, de Alberto Graça, e em *O homem do pau-brasil*, de Joaquim Pedro de Andrade, representando neste último ninguém menos que Paulo Prado, também empresário e intelectual, conhecido ensaísta de *Paulistânia* e *Retrato do Brasil*. Em poucas falas modernistas, muito caricatas, convida o poeta Blaise Cendrars em Paris e o traz à sua fazenda de café, depois de advertir com bonomia senhoras num salão contra a poesia superada dos parnasianos, "máquinas de fazer versos". Da máquina tevê manteve-se distante, significativamente, exceto por dois papéis secundários, o primeiro na TUPI, em *Nenhum homem é Deus*, estreia do horário das 21 horas, mais ousado, em 1969; depois a mininovela das 18 horas, *O noviço*, da GLOBO, em 1975. Preferiu multiplicar no teatro desempenhos normalmente bem elogiados, como o do jornalista carioca Garcin, na peça de Sartre *Entre quatro paredes*. Essa montagem paulista de 1974, dirigida por Luiz Sérgio Person*, que retraduziu a peça, contou ainda com Lilian Lemmertz* e Nathália Timberg. Foi considerada a melhor montagem brasileira da peça, o que não é pouco, quando lembramos que esse papel decisivo (que permite a Linhares a frase paradigmática "O inferno são os outros") conhecera entre 1950 e 1977 interpretações de relativo sucesso com Sérgio Cardoso, Paulo Autran, Othon Bastos*, Ney Latorraca* e Otávio Augusto*.

Observou-se em Linhares, às vezes, no trabalho como na vida, um temperamento explosivo. Talvez como delicada compensação concentrou-se tanto nessa *interiorização* que logrou levar a um duplo sentido (de natureza psicológica e cultural) o mítico "homem do interior". Deu a ambos um peso existencial "datado", no melhor sentido do termo, o do existencialismo tal qual foi vivido no país, não como moda, mas como permanência entranhada em tradições mais sólidas. Emprestou relevo e profundidade tanto a papéis intelectualizados como aos mais simplórios. Lembre-se de que o seu premiado Zé do Burro, na peça de Dias Gomes, lançou sombras sobre a contemporânea versão no cinema de *O pagador de promessas*. Se a sua veemência parece antes desvario, delírio, como disse uma vez Décio de Almeida Prado, "Linhares sugere sempre dúvida, incerteza, complexidade psicológica. Não é por acaso que faz tão bem personagens torturados ou mais velhos". No seu trabalho de corpo, a maneira perturbadamente sutil de torcer o pescoço, corresponde, em algum plano, ao espaço enviesado que busca num esforço ao mesmo tempo físico e imaginativo. Algo que não se oferece à primeira vista; algo inusitado, na compenetração, intuído, latência de um fora de campo que se evoca pelo desvio tortuoso dos gestos. Uma gestualidade que seria capaz de remontar, se não às cores mais simples de um Almeida Júnior, seguramente ao universo figurativo do barroco. Se a sua geração pôde ter um sentimento profundo do país, algo se deve a esse intérprete estupendo. (RMJr) Faleceu em Astolfo Dutra, cidade em que nasceu, em Minas Gerais, em 20 de abril.

LITERATURA (Adaptações)

Nos primeiros anos do cinema ficcional brasileiro, a literatura estrangeira desperta interesse nos cineastas pioneiros. Em 1909, a FOTO-CINEMATOGRÁFICA BRASILEIRA* lança o filme *A cabana do pai Tomás*, baseado no *best-seller* de Harriet Beecher Stowe sobre a abolição da escravatura nos EUA. Na cena final, o filme mostra os líderes abolicionistas brasileiros Visconde do Rio Branco e José do Patrocínio. Em 1910, a produtora WILLIAM & CIA., com direção e argumento de Alberto Moreira,

LITERATURA

apropria-se de uma poesia de Rostand para realizar o filme *O chantecler*, paródia em forma de revista que critica acontecimentos e personalidades públicas do cenário político brasileiro. Em 1917, a MAC'S FILME filma o clássico romance português *Amor de perdição*, de Camilo Castelo Branco, com direção de José Vianna. De 1915 até o final dos anos 20, com o aumento da produção cinematográfica no Brasil, que começa a se organizar em novas companhias, vários cineastas buscam inspiração na fase romântica da literatura nacional, principalmente nos romances indianistas e de caráter regional. José de Alencar* será a fonte mais frutífera durante esse período. Sua obra tem estado sempre presente nas telas, recebendo as mais variadas versões até os dias atuais. Romances de Joaquim Manuel de Macedo originaram *A moreninha*, filmado por Antônio Leal* em 1915, e *Como deus castiga*, baseado em *O rio do quarto*, de Miguel Milano em 1920. O filme *O curandeiro*, baseado em conto de Cornélio Pires, é dirigido por Antonio Campos* em 1917; *O garimpeiro*, extraído da obra de Bernardo Guimarães, é filmado em 1920 por Vittorio Capellaro*; e *Escrava Isaura*, baseado em romance do mesmo autor, é filmado em 1929 por Marques Filho (e terá nova versão sonora em 1949, dirigida por Eurides Ramos*). *Inocência*, baseado na obra de Visconde de Taunay, é exibido em 1915 com direção de Vittorio Capellaro. Esse consagrado romance receberá mais duas versões no cinema sonoro, ambas com o mesmo título do original; uma em preto e branco, de 1949, dirigida por Luiz de Barros* e Fernando de Barros*, e a outra colorida, de 1982, dirigida por Walter Lima Jr.*. Caso idêntico se dá com *A carne*, do romance naturalista de Júlio Ribeiro, filmado no mudo por Felipe Ricci* em 1925, no sonoro por Guido Lazzarini em 1952 e em versão colorida por J. Marreco em 1974. Do pré-modernista Monteiro Lobato teremos o conto *Os faroleiros*, filmado com o mesmo título por Miguel Milano em 1920. Baseado na novela homônima do escritor pernambucano Costa Monteiro, o diretor Jota Soares* filma *A filha do advogado* em 1926.

O advento do filme sonoro na década de 30 inicia o gênero musical-carnavalesco, de origem radiofônica, que provoca grande entusiasmo no público. Há nessa época uma considerável diminuição de adaptações literárias. Uma das raras adaptações do período, *Maria Bonita*, extraída do romance homônimo de Afrânio Peixoto, foi dirigida pelo francês Julian Mandel em 1936, na única produção da SONOARTE.

Os anos 40 apresentam maior diversidade no que diz respeito a adaptações literárias para o cinema. Das realizações da CINÉDIA* foram elogiadas as versões cinematográficas dos romances *Pureza*, de José Lins do Rego, feita em 1940 por Chianca de Garcia*, e *O cortiço*, de Aluísio Azevedo, feita em 1945 por Luiz de Barros. Primeira produtora a adaptar uma obra de Jorge Amado* (*Terras do sem fim*), a ATLÂNTIDA* investiu também em escritores como Galeão Coutinho, cujo romance *Vovô Morungaba* foi transformado por José Carlos Burle*, em 1944, na comédia *Romance de um mordedor*. Produção de maior empenho artístico, *Terra Violenta* (1948-49) foi dirigida pelo americano Eddie Bernouy e extraído da obra de Jorge Amado, *Terras do sem fim*. O escritor Gastão Cruls teve seu romance psicológico *Elza e Helena* adaptado no filme *A sombra da outra*, dirigido por Watson Macedo* em 1949. Na ALIANÇA FILMES, o conto *O homem e o capote*, de Aníbal Machado, é transposto para a comédia *Cem garotas e um capote* (1946), de Milton Rodrigues*. Em 1949, mais um romance regionalista, *Caminhos do sul*, de Ivan Pedro Martins, é adaptado por Fernando de Barros para a CAPITAL FILMES, com o mesmo título. Na década de 50, com os estúdios paulistas da VERA CRUZ*, MARISTELA*, MULTIFILMES*, KINO FILMES* e BRASIL FILME em plena atividade, cresce a produção cinematográfica e há uma tentativa de investir em projetos mais ambiciosos, alguns de caráter urbano. A SUL FILME promove a adaptação do romance regionalista *Cascalho*, de Herberto Sales, sob mesmo título, com direção de Leo Marten*. Baseado no romance urbano homônimo de Benjamim Costallat, filma-se *Katucha*, de Paulo R. Machado, numa produção de George Dusek. O romance *Presença de Anita*, de Mário Donato, que alcançou grande sucesso de vendas na época, será o primeiro filme produzido pela MARISTELA, em 1950, e terá direção de Ruggero Jacobi. No mesmo estúdio serão feitas adaptações de Monteiro Lobato (cujo conto *O comprador de fazendas* é dirigido com o mesmo título por Alberto Pieralisi* em 1951), de Nélson Rodrigues* (na primeira adaptação de uma obra sua para o cinema) e de Galeão Coutinho (*Simão, o caolho*, de 1952, numa bem-sucedida comédia do diretor Alberto Cavalcanti*). O primeiro longa-metragem infantil brasileiro, *O saci*, baseado em obra de Monteiro Lobato, recebeu belo tratamento do diretor estreante Rodolfo Nanni* em 1951-1953, em produção da BRASILIENSE FILMES. *Areão*,

história regionalista baseada em conto de Francisco Brasileiro, é filmada pelo diretor italiano Camillo Mastrocinque em 1952, em produção de um grupo de italianos da INCA FILMES. Em suas únicas incursões na literatura, a VERA CRUZ aposta nas mulheres. *Sinhá Moça*, romance de Maria Dezonne Pacheco Fernandes sobre a escravidão, é dirigido por Tom Payne* e Osvaldo Sampaio* em 1952, e *Floradas na serra*, de Dinah Silveira de Queiroz, é dirigido por Luciano Salce* entre 1953 e 1954. Produzida pela BRASIL FILME, a saga de Érico Veríssimo 'O sobrado' (episódio do romance *O tempo e o vento*) tem versão de Walter George Dürst* e Cassiano Gabus Mendes em 1955. No ano seguinte, a mesma produtora investirá em Afonso Henriques de Lima Barreto, cujo conto *A nova Califórnia* é adaptado como a comédia *Osso, amor e papagaios* por Carlos Alberto Souza Barros* e César Mêmolo Jr. De José Mauro de Vasconcelos, autor já popular na década de 50, serão filmados *Arara vermelha*, com igual título, vertido por Tom Payne em 1956 para a MARISTELA, e *Vazante*, cuja versão, *Mulher de fogo*, foi dirigida pelo diretor mexicano Tito Davison em 1958, numa coprodução Brasil-México. Ainda na década de 50, mais dois filmes rurais são produzidos e realizados no interior paulista: *João Negrinho*, de Oswaldo Censoni, do romance homônimo de Jaçanã Altair, e *Chão bruto*, de Dionísio Azevedo*, do romance de Hernani Donato, que terá nova versão colorida do mesmo diretor em 1976.

Nos anos 60, com as experiências de linguagem desenvolvidas pelos integrantes do Cinema Novo*, muitos realizadores vão afastar-se dos estúdios transformando-se em produtores-diretores independentes. Buscarão, muitas vezes, apoiar-se na literatura para pesquisar uma linguagem cinematográfica inovadora e nacional. Falando sobre essa fase do cinema, Jean-Claude Bernardet* detecta o teor dessas adaptações inovadoras, que "entram num diálogo com o texto literário" e que se diferenciam de um mero "aproveitamento do título conhecido do público ou do enredo já pronto", prática bastante frequente até então. Dessa forma, a obra regionalista *Vidas secas*, de Graciliano Ramos, dirigida por Nelson Pereira dos Santos* em 1963, torna-se um clássico do cinema nacional, causando impacto por sua estética cruamente realista. Nesse sentido, os filmes *Grande sertão* e *A hora e vez de Augusto Matraga*, baseados em Guimarães Rosa, alcançaram uma aproximação visual para o sofisticado estilo literário do autor. O primeiro, produzido pela VERA CRUZ em 1964, foi dirigido por Geraldo* e Renato Santos Pereira e o segundo, com produção de Luiz Carlos Barreto* e Nelson Pereira dos Santos, teve direção de Roberto Santos* em 1965. Nesse ano, ressaltando a poesia de seus autores, Walter Lima Jr.* filma *Menino de engenho*, do romancista José Lins do Rego, e Joaquim Pedro de Andrade* dirige poema de Carlos Drummond de Andrade, com o título *O padre e a moça*. Joaquim Pedro retornará a uma obra modernista em 1969, com a direção do filme *Macunaíma*, baseado em romance de Mário de Andrade, acrescentando a ele um tempero tropicalista. O romance histórico *Ganga Zumba*, de João Felício dos Santos, dirigido por Carlos Diegues* em 1963-1964, resgata a história do Quilombo de Palmares. *Selva trágica*, de Hernani Donato, dirigido por Roberto Farias* com o mesmo título em 1964, busca captar a violência do ambiente dos plantadores de mate em Mato Grosso. É significativo notar que a peculiar linguagem de um autor como Machado de Assis só fosse abordada a partir dessa década. O conto *Noite de almirante*, episódio de *Esse Rio que eu amo*, é dirigido por Carlos Hugo Christensen* em 1961; *Memórias póstumas de Brás Cubas* é transformado em *Viagem ao fim do mundo* por Fernando Cony Campos*; *Dom Casmurro* em *Capitu* por Paulo César Saraceni* (os dois últimos filmados em 1967); e *O alienista* em *Azyllo muito louco* por Nelson Pereira dos Santos em 1969. Aníbal Machado, filiado ao surrealismo, receberá sucessivas versões de Carlos Hugo Christensen: em 1961, com a utilização do conto *A morte da porta-estandarte* em um dos episódios de *Esse Rio que eu amo*; em 1964, com *Viagem aos seios de Duília*, extraído de conto homônimo, e em 1966, com *O menino e o vento*, do conto *O iniciado do vento*, primeiro filme nacional que toca em tema homossexual. Outra tendência da época será adaptar obras que tratam da temática urbana de forma crítica. O romance *Um ramo para Luiza*, de José Condé, é filmado com o mesmo título por J. B. Tanko* em 1964; as crônicas *As cariocas*, de Sérgio Porto (Stanislaw Ponte Preta), formam os episódios dirigidos em 1966 por Fernando de Barros, Walter Hugo Khouri* e Roberto Santos. Vários contos e crônicas serão aproveitados para falar da vida na cidade grande. *O homem nu*, de Fernando Sabino, é filmado por Roberto Santos com o mesmo título em 1967; *Bebel que a cidade comeu* e *Ascensão ao mundo de Anuska*, ambos de Ignácio de Loyola Brandão, dão origem aos filmes *Bebel,*

a garota-propaganda (1967), de Maurice Capovilla*, e *Anuska, manequim, mulher* (1968), de Francisco Ramalho Jr.*. De forma diversa, *Esse Rio que eu amo* (composto dos contos *Noite de almirante*, de Machado de Assis, *A morte da porta-estandarte*, de Aníbal Machado, *Balbino, o homem do mar* e *Milhar seco*, ambos de Orígenes Lessa) e *Crônicas da cidade amada*, de Carlos Hugo Christensen, baseado em vários textos de autores nacionais, ressaltam de forma otimista a vida urbana. Além de duas adaptações de romances de Nélson Rodrigues (*Asfalto selvagem*; *Engraçadinha depois dos trinta*), foram ainda filmados nos anos 60: *A caatinga*, de Ciro C. Leite (*O grito da terra*, 1964, de Olney São Paulo); *O julgamento do fauno*, de Waldir Luna Carneiro (*O levante das saias*, 1968, de Ismar Porto*); *As aventuras de El Justicero*, de João Bethencourt (*El Justicero*, 1966, de Nelson Pereira dos Santos), e *Histórias para se ouvir à noite*, de Guilherme Figueiredo (*Fome de amor*, 1968, de Nelson Pereira dos Santos). Em 1968, os romances *Madona de cedro*, de Antônio Callado, e *Antes, o verão*, de Carlos Heitor Cony, são dirigidos, respectivamente, por Carlos Coimbra* e Gerson Tavares.

A característica mais marcante dos anos 70 (que pode ser observada com menor ênfase já na década de 60) foi a adaptação cinematográfica de narrativas curtas e ágeis (novelas, contos, crônicas e poemas). Muitos filmes, entre os anos de 1970 e 1974, basearam-se nesses gêneros, frequentemente utilizando o mesmo título da obra original. Abre-se a década com as produções de *Um uísque antes... um cigarro depois*, de Flávio Tambellini* (baseado em dois contos de Orígenes Lessa, *Uma vingança* e *Ivone*, e num terceiro de Dalton Trevisan, *Mocinha de luto*), e de *Lúcia McCartney, uma garota de programa*, de David Neves* (baseado em dois contos de Rubem Fonseca, *Lúcia McCartney* e *O caso F. A.*). Seguem-se as produções de *Anjo mau*, da novela de Adonias Filho, dirigido por Roberto Santos; *Tati, a garota*, do conto homônimo de Aníbal Machado, por Bruno Barreto*; *Sagarana: o duelo*, do conto homônimo de Guimarães Rosa, por Paulo Thiago*; *Relatório de um homem casado*, do conto *Relatório de Carlos*, de Rubem Fonseca, por Flávio Tambellini; *Guerra conjugal*, baseado em contos de Dalton Trevisan, por Joaquim Pedro de Andrade. Foram ainda baseados em contos homônimos de Machado de Assis: *A cartomante*, de Marcos Farias*; *O homem célebre*, de Miguel Faria Jr.*, e *Confissões de uma viúva moça*, de Adnor Pitanga. Em

1975, *As três mortes de Solano*, de Roberto Santos, é baseado no conto *A caçada*, de Lygia Fagundes Telles; *A dama do lotação*, de Neville d'Almeida*, em crônica homônima de Nélson Rodrigues; *Enigma para demônios*, de Carlos Hugo Christensen, na poesia *Flor, telefone e moça*, de Carlos Drummond de Andrade. Em 1976, *Noite sem homem*, de Renato Neumann, inspira-se em romance homônimo de Orígenes Lessa; *Marília e Marina*, de Luís Fernando Goulart, no poema *Balada para duas mocinhas de Botafogo*, de Vinicius de Moraes; *Morte e vida severina*, de Zelito Viana*, no poema homônimo de João Cabral de Melo Neto; *O jogo da vida*, de Maurice Capovilla, no conto *Malagueta, Perus e Bacanaço*, de João Antonio; *Contos eróticos*, de Roberto Santos, Roberto Palmari, Eduardo Escorel* e Joaquim Pedro de Andrade, em quatro contos premiados pela revista *Status* em 1976. Em 1977, *Barra pesada*, de Reginaldo Faria*, é extraído de *Uma reportagem maldita – Querô*, de Plínio Marcos*, e *Lúcio Flávio – o passageiro da agonia*, de Hector Babenco*, do romance-reportagem homônimo de José Louzeiro*. Ao longo da década, o cinema também exibirá filmes extraídos de romances de Marcos Rey* e dirigidos por Alberto Pieralisi* (*Memórias de um gigolô*; *O enterro da cafetina*; *Café na cama*, retirados de romances e contos homônimos). Alguns filmes de produção da Boca do Lixo*, aproveitando o centenário de José de Alencar, utilizam-se de textos do autor, dando-lhes um tratamento erótico.

Da vasta produção apresentada na década de 70 destacam-se ainda algumas adaptações de clássicos, realizadas em função do apoio da EMBRAFILME* a projetos literários. *O seminarista*, de Bernardo Guimarães, é dirigido por Geraldo Santos Pereira em 1976; *O cortiço*, de Aluísio Azevedo, será refilmado em cores por Francisco Ramalho Jr., e *O livro de uma sogra*, do mesmo autor, será adaptado por Luiz de Miranda Corrêa, recebendo o título *Como matar uma sogra*; *Iaiá Garcia*, de Machado de Assis, é dirigido por Geraldo Vietri* com o título *Iaiá Garcia – que estranha forma de amar*. Também são filmados os romances regionalistas nordestinos *São Bernardo*, de Graciliano Ramos, por Leon Hirszman*; *Fogo morto*, de José Lins do Rego, por Marcos Farias; *A bagaceira*, de José Américo de Almeida, dirigido como *Soledade* por Paulo Thiago; *Dora Doralina*, de Rachel de Queiroz, por Perry Salles, além de obras de Jorge Amado*. As sagas de Érico Veríssimo, *Ana Terra* e *Um certo capitão Rodrigo*, são dirigidas, respecti-

LITERATURA

vamente, por Durval Garcia e Anselmo Duarte*. Os romances de José Mauro de Vasconcelos, *Rua descalça*, *Confissões de frei Abóbora* e *Meu pé de laranja-lima*, são dirigidos, respectivamente, por J. B. Tanko, Braz Chediak* e Aurélio Teixeira*. O romance de época *Mestiça*, de Gilda de Abreu, é dirigido por Lenita Perroy como *Mestiça, a escrava indomável*, e o romance histórico *A marcha*, de Afonso Schmidt, é dirigido por Oswaldo Sampaio*. Nessa década filmam-se, também, escritores de linha introspectiva, como Lúcio Cardoso, que terá sua obra dirigida por Paulo César Saraceni (*Crônica da casa assassinada*), Luiz Carlos Lacerda* (*Mãos vazias*), e Ruy Santos* (*O desconhecido*). No final dos anos 70, com o processo de distensão da ditadura militar, algumas adaptações apresentam teor político, como o já citado *Lúcio Flávio*, além de *Doramundo*, de João Batista de Andrade*, baseado em obra de Geraldo Ferraz, e *Xica da Silva*, de Carlos Diegues, baseado no romance histórico de João Felício dos Santos. Entre as obras que foram filmadas na década: *Amar, verbo intransitivo*, de Mário de Andrade, com o título *Lição de amor*, dirigido por Eduardo Escorel; *Cléo e Daniel*, de Roberto Freire, dirigido pelo próprio autor; *Canaã*, de Graça Aranha, dirigido por Jece Valadão*, com o título *Vale do Canaã*; *O monstro de Santa Teresa*, de Josué Montello, dirigido por William Cobbett; *A estrela sobe*, de Marques Rebelo, dirigido por Bruno Barreto; *Geração do deserto*, de Guido Wilmar Sassi, dirigido por Sylvio Back* como *A Guerra dos Pelados*; *Totônio Pacheco*, de João Alphonsus, dirigido por Roberto Palmari como *O predileto*; e *O Pica-pau Amarelo*, de Monteiro Lobato, dirigido por Geraldo Sarno* com título homônimo.

Nos anos 80, vários filmes de escritores contemporâneos passam-se durante os anos de ditadura no país, uns abordando temas políticos, outros falando da exploração da classe dominante, o que seria impensável sob a vigência da censura. Hector Babenco, que na década de 70 já havia se inspirado no romance-reportagem de José Louzeiro, com *Lúcio Flávio*, retorna ao universo desse autor com *Pixote, a lei do mais fraco*, além de dirigir também nessa década uma adaptação do romance *O beijo da mulher-aranha*, do argentino Manuel Puig, então radicado no Brasil. Essa co-produção Brasil-EUA trouxe no elenco atores de peso como Raul Julia e William Hurt, além da brasileira Sônia Braga*. *O homem do pau-brasil*, de Joaquim Pedro de Andrade, inspirado livremente na obra de Oswald de Andrade; *Sargento Getúlio*, de

Hermano Penna*, baseia-se em história de João Ubaldo Ribeiro para mostrar o autoritarismo de um serviçal do poder dos coronéis; *Memórias do cárcere*, de Nelson Pereira dos Santos, trata da prisão do autor, Graciliano Ramos, durante o Estado Novo; *Kuarup*, de Ruy Guerra*, mostra, através do romance de Antônio Callado, a crise existencial de um padre esquerdista; *Com licença, eu vou à luta*, de Lui Faria, parte da autobiografia da jovem escritora Eliane Maciel; *Feliz ano velho*, de Roberto Gervitz*, também ambientado no Brasil dos anos 70, baseia-se em narrativa de Marcelo Rubens Paiva; *Parahyba Mulher Macho*, de Tizuka Yamasaki*, baseada em romance de José Joffily*, é um filme feminista que fala sobre um assassinato político; *Dedé Mamata*, de Rodolfo Brandão, baseado em romance homônimo de Vinícius Vianna, mostra jovens que descobrem, através do avô militar, fatos políticos que foram encobertos pela história do Brasil; *Nunca fomos tão felizes*, de Murilo Salles*, baseado no conto *Alguma coisa urgentemente*, de João Gilberto Noll, aborda a difícil relação afetiva entre um pai militante político e seu filho. *Sete dias de agonia*, de Denoy de Oliveira*, baseado no conto *O encalhe dos 300*, de Domingos Pellegrini Jr., e *Jorge, um brasileiro*, de Paulo Thiago, baseado na história de Oswaldo França Jr., focalizam o drama dos caminhoneiros. Entre as adaptações realizadas durante os anos 80 mencionamos ainda *A hora da estrela*, de Suzana Amaral*, baseado em novela homônima de Clarice Lispector; *O coronel e o lobisomem*, de José Cândido de Carvalho, dirigido por Alcino Diniz; *Noites do sertão*, de Carlos Alberto Prates Correia*, baseado no conto *O buriti*, de Guimarães Rosa; *Ao sul do meu corpo*, de Paulo César Saraceni, baseado no conto *Duas vezes com Helena*, do livro *As três mulheres dos três Ps*, de Paulo Emilio Salles Gomes*; *O mágico e o delegado*, de Fernando Cony Campos, baseado em *Depois do último trem*, de Josué Guimarães; *Profissão: mulher*, filme em episódios dirigido por Cláudio Cunha*, baseado no livro de contos *O animal dos motéis*, de Márcia Denser. Outros filmes foram adaptados da obra de Fernando Sabino (*O grande mentecapto*, de Oswaldo Caldeira*, e *Faca de dois gumes*, de Murilo Salles), dos romances de Cassandra Rios (*Ariella*, de *A paranoica*, e *Tessa, a gata*, dirigidos por John Herbert*, e *A mulher-serpente e a flor*, dirigido por J. Marreco), além da adaptação de um romance de Nélson Rodrigues (*Engraçadinha*, de Haroldo Marinho Barbosa*). Apesar de a grande maioria dos autores escolhidos pe-

los cineastas ser representante da literatura mais recente, também há clássicos como Machado de Assis, que inspirou Roberto Santos em *Quincas Borba* e Júlio Bressane* em *Brás Cubas*. E outros como Domingos Olímpio, filmado por Fábio Barreto* (*Luzia Homem*), e o Visconde de Taunay, cujo romance *Inocência* recebe a terceira versão cinematográfica, dessa vez de Walter Lima Jr. Hector Babenco volta à cena abrindo a década de 90 com a produção americana de Saul Zaentz, *Brincando nos campos do Senhor*, baseada no romance homônimo de Peter Matthiessen, filmada na Amazônia com atores brasileiros e americanos, entre eles Tom Berenger e Daryl Hannah, que encabeçavam o elenco. O filme de estreia do diretor Walter Salles*, *A grande arte*, baseado em romance homônimo de Rubem Fonseca, também traz no elenco um nome internacional, Peter Coyote, em produção distribuída pela empresa americana MIRAMAX.

O início dos anos 90 marca um período de crise na produção cinematográfica brasileira. Porém, em 1993, com a realização de *A terceira margem do rio*, filme de Nelson Pereira dos Santos baseado em contos de Guimarães Rosa, tem início um movimento de reação e novas políticas culturais são colocadas na pauta de discussões do governo, causando um ressurgimento de projetos, entre eles diversas propostas de adaptações de romances. Assim, novos autores são lançados e algumas adaptações conseguem resultados que ultrapassam a fronteira nacional, participando de festivais internacionais. *O quatrilho* (concorrente ao OSCAR de filme estrangeiro em 1996) revela nas telas o autor gaúcho José Clemente Pozenatto, com direção de Fábio Barreto; *Sombras de julho*, o autor mineiro Carlos Herculano Lopes, com direção de Marco Altberg*; *Um céu de estrelas*, o paulista Fernando Bonassi*, com direção de Tata Amaral*; e *Os matadores*, do jovem contista paulista Marçal Aquino*, com direção de Beto Brant*. Alcançaram repercussão os filmes *A ostra e o vento*, extraído de romance do escritor Moacir C. Lopes, dirigido por Walter Lima Jr., e *O que é isso, companheiro?*, de Fernando Gabeira, com direção de Bruno Barreto, concorrendo ao OSCAR de filme estrangeiro em 1997. Autores consagrados também foram projetados com sucesso. Jorge Amado, com o filme *Tieta do agreste*, com direção de Carlos Diegues; José Lins do Rego, com *Bela Donna*, baseado em *Riacho Doce*, com direção de Fábio Barreto; Afonso Henriques de Lima Barreto, com *Policarpo Quaresma, herói do Brasil*, baseado em seu romance *Triste fim de Policarpo Quaresma*, com direção de Paulo Thiago; e Lúcio Cardoso, com *O viajante*, filme de Paulo César Saraceni, que compõe, juntamente com *Porto das Caixas* (1962), que teve roteiro original do escritor, e *Casa assassinada* (1970), uma trilogia do autor. São produzidas ainda duas adaptações livres atualizadas: *Causa secreta*, do conto de Machado de Assis, com direção de Sérgio Bianchi*, e *Miramar*, este último recriando o universo do autor a partir da leitura do diretor Júlio Bressane do romance *Memórias sentimentais de João Miramar*, de Oswald de Andrade. Apoiam-se em obras estrangeiras os diretores Guilherme de Almeida Prado*, com *A hora mágica* (1998), adaptação de *Cambio de luces*, do argentino Julio Cortázar, e Helvécio Ratton*, com *Amor & Cia.* (1997), adaptação de *Alves & Cia.*, do português Eça de Queirós. *O Menino maluquinho*, de Ziraldo, recebeu duas versões nesta década: *Menino maluquinho – o filme*, com direção de Helvécio Ratton, e *Menino maluquinho 2, a aventura*, com direção de Fernando Meirelles* e Fabrizia Pinto. Uma das últimas adaptações da década de 1990 a chegar às telas foi o romance *O tronco*, de Bernardo Elis, dirigida por João Batista de Andrade*. (AMR)

Desde o final dos anos 90 e no primeiro decênio do novo milênio, a produção de filmes de longa metragem aumentou, com um crescente número de adaptações literárias. Foram adaptados autores consagrados da nossa literatura e da literatura internacional, ensaios históricos, livros de cunho jornalístico, autobiografias. Espaço amplo foi dado às biografias, que tiveram várias adaptações cinematográficas no formato de docudrama. Um romance de autor difícil de adaptar, Raduan Nassar, foi trabalhado em *Um copo de cólera* (1999), filme dirigido por um cineasta estreante: Aluísio Abranches, com roteiro dele mesmo e Flávio R. Tambellini. O diretor André Klotzel* lançou *Memórias póstumas* (1999), adaptado da obra clássica de Machado de Assis *Memórias póstumas de Brás Cubas*, em filme que causou polêmica. Era a terceira versão cinematográfica da obra machadiana e neste caso foi escrita por Klotzel e José Roberto Torero.

Outro trabalho polêmico lançou a diretora Laís Bodanzky no longa-metragem, *Bicho de sete cabeças* (2000), foi baseado em fatos reais e no livro de *O canto dos malditos*, de Austregésilo Carrano Bueno. Primeiro filme urbano de Beto Brant, *O invasor* (2001), foi tirado de novela homônima de Marçal Aquino. O diretor Walter Salles recorreu à literatura estrangeira

em *Abril despedaçado* (2001), baseado no livro homônimo de Ismail Kadaré sobre o Kanum – o código que regulamenta os crimes de sangue na Albânia. O filme que revelou o diretor Fernando Meirelles, *Cidade de Deus* (2002), foi adaptado de romance homônimo de Paulo Lins. A comédia *Deus é brasileiro* (2001-2002), foi dirigida por Carlos Diegues e seu roteiro é baseado no conto *O santo que não acreditava em Deus*, de João Ubaldo Ribeiro. Sucesso de bilheteria foi *Carandiru* (2002), de Hector Babenco, adaptado do livro *Estação Carandiru*, de autoria do médico Drauzio Varella. Coprodução internacional envolvendo vários países, *Diários de motocicleta* (2003), de Walter Salles, se utilizou dos livros de Ernesto "Che" Guevara de La Serna (*Notas de viaje*) e Alberto Granado (*Con el Che por America*). Biografia de cantor muito popular, *Cazuza, o tempo não para* (2004), o sucesso de Sandra Werneck* e Walter Carvalho*, teve roteiro baseado no livro *Cazuza, só as mães são felizes*, escrito pela mãe do cantor, Lucinha Araújo e pela jornalista Regina Echeverria. Mais um filme polêmico, *Olga* (2004), dirigido por Jayme Monjardim, foi adaptado da biografia escrita por Fernando Morais. Assim como aconteceu pouco antes com Walter Salles, o diretor Fernando Meirelles também se socorreu de um autor estrangeiro em *O jardineiro fiel* (*Constant Gardener*) (2005), coprodução estrangeira entre EUA e Inglaterra numa adaptação do livro homônimo de John Le Carré. O escritor Marçal Aquino foi parceiro no roteiro de *O cheiro do ralo* (2006), de Heitor Dhalia*, extraído do romance homônimo de Lourenço Mutarelli. Livro autobiográfico de Guilherme Fiuza, *Meu nome não é Johnny* (2008), dirigido por Mauro Lima*, foi outro sucesso de bilheteria. O universo de João Guimarães Rosa inspirou *Mutum* (2007), extraído de sua obra *Campo geral*, e foi o primeiro exercício ficcional da diretora Sandra Kogut*. Outro autor consagrado, o português José Saramago, foi utilizado em *Ensaio sobre a cegueira* (2008), de Fernando Meirelles, uma coprodução entre Brasil, Canadá e Japão.

A erva do rato (2008) foi mais uma experimentação radical de Júlio Bressane, em uma adaptação de duas obras de Machado de Assis. O romance de estreia da cronista e poetisa Martha Medeiros foi primeiro sucesso nos palcos e depois nas telas dos cinemas. Inspirou *Divã* (2009), de José Alvarenga Jr., que, além de sucesso de bilheteria, marcou a atriz Lília Cabral. Primeiro grande sucesso de bilheteria a utilizar obra espírita, *Chico Xavier* (2009-2010), de Da-

niel Filho*, foi baseado no livro *As vidas de Chico Xavier*, do jornalista Marcel Souto Maior. *As melhores coisas do mundo* (2009), dirigido por Laís Bodanzky, foi inspirado na série de livros *Cidadão-aprendiz*, escrito pelos jornalistas Gilberto Dimenstein e Heloisa Prieto. Praticamente encerrando a década, a comédia *Quincas Berro d'Água* (2009), de Sérgio Machado*, foi adaptado da novela *A morte e a morte de Quincas Berro d'Água*, de Jorge Amado. Dando prosseguimento à onda de filmes espíritas, *Nosso lar* (2010), de Wagner Assis, baseado no livro homônimo de Chico Xavier, marcou definitivamente a demanda de público para esse tipo de filme no cinema brasileiro contemporâneo. (LFM/VLD)

LIVROS

A bibliografia sobre cinema brasileiro possui hoje uma dimensão considerável. Sem pretensões exaustivas, citamos aqui apenas obras que têm como tema, central ou periférico, o cinema brasileiro, seus filmes e personagens diversos, com a especificidade de serem livros ou coletâneas. Por questões editoriais, o verbete está organizado em duas partes, seguindo ordem cronológica. Cobre o conjunto da bibliografia até 1999 e, num segundo fôlego, avança até 2010. Um grupo bibliográfico deve ser realçado de início: as tentativas (poucas) de fornecer uma visão de conjunto da produção cinematográfica no Brasil. O pioneiro nesse campo é Francisco Silva Nobre, com sua *Pequena história do cinema brasileiro*, publicada no Rio de Janeiro, nos *Cadernos* da Associação Atlética do Banco do Brasil, volumes 5 e 6, em 1955. Trata-se de um apanhado cronológico do cinema brasileiro, com 122 páginas. Em 1962, Rudá de Andrade* desenvolve um trabalho semelhante ao publicar *Cronologia da cultura cinematográfica no Brasil* (FUNDAÇÃO CINEMATECA BRASILEIRA/ *Cadernos da Cinemateca*, nº 1). Em 1959, Alex Viany* publica, pelo Instituto Nacional do Livro/Ministério da Educação e Cultura, depois de anos de gestação, *Introdução ao cinema brasileiro*, primeira tentativa de peso de fazer uma história do conjunto da produção nacional. A ampla edição original, de 491 páginas, apresenta um completo levantamento de fichas técnicas de longas-metragens, um pioneiro levantamento filmográfico e biográfico por atores e cineastas e vasta documentação da legislação da época. Infelizmente, toda essa pesquisa não tem sido reproduzida nas edições mais recentes do livro. Em sintonia com seu tempo, e a virada que sua geração significou para o cinema brasileiro,

LIVROS

Glauber Rocha* revê a história de nosso cinema estabelecendo um novo patamar valorativo em *Revisão crítica do cinema brasileiro* (Civilização Brasileira), publicado em 1963. Não é propriamente um trabalho de historiador, mas um apanhado que coroa suas atividades de crítico, logo antes da eclosão de *Deus e o diabo na terra do sol* e de sua afirmação definitiva como cineasta. Em 1966, Paulo Emilio Salles Gomes* publica, com Adhemar Gonzaga*, *70 anos de cinema brasileiro* (Rio de Janeiro, Expressão e Cultura), obra de comemoração do aniversário redondo do cinema nacional. Paulo Emilio escreveu o texto e Adhemar Gonzaga cuidou da parte iconográfica. O texto é breve e não deixa de ser decepcionante, principalmente se levarmos em conta a dimensão da crítica desenvolvida até então por Paulo Emilio e o fato de que havia décadas Adhemar Gonzaga vinha coletando material para uma grande história do cinema brasileiro. Na mesma linha de um breve panorama global da filmografia brasileira, Carlos Roberto de Souza e o crítico Almeida Salles* publicam *A fascinante aventura do cinema brasileiro*, inicialmente artigo no Suplemento do Centenário do *Estado de S. Paulo* e depois livrete editado, em 1976, pela Secretaria Estadual de Cultura da Paraíba. O texto, em "edição revista e aumentada", ainda seria publicado em 1981 pela FUNDAÇÃO CINEMATECA BRASILEIRA, constando somente Carlos Roberto de Souza como autor. Em 1998, Carlos Roberto lança *Nossa aventura na tela – a trajetória fascinante do cinema brasileiro da primeira filmagem a "Central do Brasil"* (Cultura Editores Associados), com trechos do artigo original. Em 1977, Jean-Claude Bernardet* publica, pela Paz e Terra, *Cinema brasileiro: propostas para uma história*, também um breve panorama da história do cinema brasileiro, realçando alguns pontos de vista que o autor julga necessário privilegiar em caso de um trabalho historiográfico mais amplo. Em *Pequena introdução à história do cinema* (Martins, 1964), Otávio de Faria dedica três de um total de 148 páginas para traçar um panorama do cinema brasileiro. Ao percorrermos esses sobrevoos pessoais do conjunto da filmografia brasileira, não podemos deixar de sentir uma ponta de frustração pela inexistência de um trabalho historiográfico de peso que tenha marcado época, e que sirva hoje como ponto de partida para a utilização de metodologias mais aprimoradas de pesquisa. Apesar da inegável dimensão dos intelectuais, críticos e historiadores que arriscaram o

breve sobrevoo, este nunca decolou em um trabalho de levantamento mais exaustivo.

Podemos ainda lembrar as coletâneas, nacionais e internacionais, sobre cinema brasileiro que tiveram, em maior ou menor medida, a preocupação com a dimensão histórica em seu eixo: *História do cinema brasileiro*, organizada por Fernão Pessoa Ramos (Art Editora, 1987; com filmografia e índice remissivo); *Le cinéma brésilien*, organização de Paulo Antonio Paranaguá (Centre Georges Pompidou, 1987; com filmografia e ampla bibliografia); *Brazilian Cinema*, organizada por Randal Johnson e Robert Stam (Associated University Press, 1982, versão atualizada em 1996; com índice remissivo), *Il cinema brasiliano*, coletânea de 1961 publicada na Itália (Silva Editore), com organização de Gianni Amico, e, em espanhol, *Cine brasileño*, organizado pela Filmoteca Nacional de Espanha, em 1973. Em *Historiografia clássica do cinema brasileiro*, de Jean-Claude Bernardet (Annablume, 1995), encontramos uma interessante abordagem crítica da reflexão histórica do cinema brasileiro. Livro marcado pelo viés pós-estruturalista de questionamento do saber, debate a validade e a necessidade de uma historiografia periodicizante. Ainda podemos citar os seguintes livros que trazem sobrevoos horizontais da história do cinema brasileiro, aqui com a particularidade de possuírem vasto material iconográfico: *História ilustrada dos filmes brasileiros – 1929-1988* (Francisco Alves, 1989), de Salvyano Cavalcanti de Paiva*; *50 anos de Cinédia* (Record, 1987), de Alice Gonzaga; *No tempo da manivela* (EMBRAFILME*, Ebal/Kinart, 1987), de Jurandyr Noronha*; e *90 anos de cinema – Uma aventura brasileira* (Instituições Financeiras Sogeral, 1988), de Helena Salem, além de *70 anos de cinema brasileiro*, já mencionado.

Ainda nesse item, devem-se mencionar as obras de referência sobre cinema brasileiro. Com vários títulos publicados, Roberto Bandeira lança o *Pequeno dicionário crítico do cinema brasileiro* (Shogun Arte, 1983). Destaca-se também o pioneiro levantamento filmográfico-biográfico de Luiz Felipe Miranda em *Dicionário de cineastas brasileiros* (Art Editora, 1990), pesquisa que depois é utilizada nos verbetes brasileiros do *Dicionário de cinema – os diretores*, de Jean Tulard, feitos por Goida. O crítico Rubens Ewald Filho, em seu *Dicionário de cineastas*, coloca alguns diretores brasileiros na primeira edição do livro, tendo sido suprimidos na edição seguinte. Em 1998, Antonio Leão

da Silva Neto lança *Astros e estrelas do cinema brasileiro – dicionário de atrizes e atores*, com breves biografias e filmografia completa de atores e atrizes. Em termos de levantamento filmográfico, sobressai o trabalho de Araken Campos Pereira Júnior, em particular no seu *Cinema brasileiro (1908-1978)* (Editora Casa do Cinema, 1979, vol. I e II). Tão criticado quanto utilizado, as fichas técnicas da filmografia levantada por Araken, embora nem sempre exatas e com fontes desconhecidas, são, até hoje, o que existe no setor para o pesquisador de cinema brasileiro. Também neste campo, Jean-Claude Bernardet realiza importante pesquisa intitulada *Filmografia do cinema brasileiro 1900-1935 – Jornal O Estado de S. Paulo* (Secretaria de Cultura do Estado de São Paulo, 1979), em que levanta a filmografia brasileira do período, a partir de informações colhidas no jornal *O Estado de S. Paulo*. Abordando mais especificamente o cinema mineiro*, temos *Minas Gerais – ensaio de filmografia* (Belo Horizonte, Secretaria Municipal de Cultura e Turismo, 1984), de Márcio da Rocha Galdino. O trabalho mais consistente e sistemático nesse setor, embora infelizmente interrompido, foi realizado pela FUNDAÇÃO CINEMATECA BRASILEIRA com o *Guia de filmes* em quatro volumes: *Guia de filmes produzidos no Brasil entre 1897-1910*; *Guia de filmes produzidos no Brasil entre 1911 e 1920*; *Guia de filmes produzidos no Brasil entre 1921 e 1925*; todos publicados pela EMBRAFILME, respectivamente em 1984, 1985 e 1987. Em 1991, a série é finalizada com *Filmografia brasileira – quarto fascículo: período de 1926 a 1930*, editado pela CINEMATECA BRASILEIRA/Fapesp. Entre os trabalhos de levantamento bibliográfico sobre cinema brasileiro devem-se citar os livros de Silva Nobre *O livro de cinema no Brasil* (Grecel, 1976) e *Inventário do cinema brasileiro – bibliografia* (Grecel, 1978); a *Bibliografia brasileira do cinema brasileiro*, de Jean-Claude Bernardet (Cadernos de Pesquisa 3/EMBRAFILME/CPCB, 1986); o exaustivo levantamento bibliográfico sobre Cinema Novo* feito por Raquel Gerber que consta de *O cinema brasileiro e o processo político cultural (de 1950 a 1978)* (EMBRAFILME, 1982); e o trabalho desenvolvido pela equipe da Biblioteca Jenny Klabin Segall/Museu Lasar Segall nos doze volumes da *Bibliografia do cinema brasileiro*, abordando artigos e livros disponíveis na hemeroteca e biblioteca do museu.

Dos sobrevoos históricos podemos caminhar para outro núcleo bibliográfico forte: os livros sobre períodos históricos, ou conjuntos de produção filmográfica mais ou menos homogêneos. Vicente de Paula Araújo*, em *A bela época do cinema brasileiro* (Perspectiva, 1976), fornece um retrato do que chama de "primeira fase áurea de nosso cinema", que iria de 1908 até o final de 1911. Pesquisa pioneira em fontes primárias desse período, serviu como substrato para alguns dos sobrevoos mencionados acima. Esse período inicial do cinema brasileiro ainda seria abordado por Máximo Barro em *A primeira sessão de cinema em São Paulo* (Cinema em Close Up, 1987), e em *Verdades sobre o início do cinema no Brasil* (Funarte/Ministério da Cultura, 1996), de Jorge Capellaro e Paulo Roberto Ferreira. Em *Crônicas do cinema paulistano* (Ática, 1975), Maria Rita Galvão apresenta um pequeno ensaio sobre o período mudo paulista a partir de 1915, seguido de depoimentos e filmografia comentada. Também sobre cinema paulista, a FUNDAÇÃO CINEMATECA BRASILEIRA publica, em 1980, com textos de Maria Rita Galvão, Walter Hugo Khouri*, Tania Savietto e Carlos Roberto Souza, *30 anos de cinema paulista*. Abordando o final do mudo no Brasil, voltado para a crítica em *Cinearte** e no CHAPLIN CLUB*, Ismail Xavier publica, em 1978, *Sétima arte: um culto moderno* (Perspectiva). Sobre a revista *Cinearte*, o CENTRO DE PESQUISADORES DO CINEMA BRASILEIRO publicou um substancioso caderno intitulado *Cinearte*, com trabalhos de Lécio Augusto Ramos, Hernani Heffner, Regina Machado, Saulo Pereira de Mello, entre outros. Em *Burguesia e cinema: o caso Vera Cruz* (Civilização Brasileira/EMBRAFILME, 1981), Maria Rita Galvão mantém o mesmo esquema de *Crônicas do cinema paulistano*: um breve ensaio sobre o conjunto da produção da VERA CRUZ, acompanhado pela transcrição de depoimentos, aqui sem filmografia. A chanchada* talvez seja o período com melhor cobertura bibliográfica. Podemos destacar a cuidadosa pesquisa de Sérgio Augusto em *Este mundo é um pandeiro – a chanchada de Getúlio a JK* (Companhia das Letras, 1989), que fornece um pitoresco panorama do período, acompanhado de índice remissivo e filmografia detalhada; o breve mas consistente *A chanchada no cinema brasileiro* (Brasiliense, 1983), de Afrânio Catani e José Inácio de Melo Souza; o pioneiro *Filmusical brasileiro e chanchada – posters e ilustrações*, de Rudolf Piper (L. Oren, 1975), e *Chanchada – Cinema imaginário das classes populares na década de 50* (Relume Dumará,

1993), tese de mestrado de Rosângela de Oliveira Dias. Sobre a pornochanchada*, Inimá Simões publica, em 1981, *O imaginário da Boca* (Secretaria Municipal de Cultura/SP; com filmografia), retratando a produção erótica brasileira da Boca do Lixo* paulista. Já a bibliografia abordando o Cinema Novo como um todo é surpreendentemente reduzida, apesar do número considerável de ensaios. *Brasil em tempo de cinema*, de Jean-Claude Bernardet (Paz e Terra, 1966; com filmografia) é um livro escrito no calor da hora e publicado quando do auge da produção cinemanovista. Mantém um diálogo vivo com os diretores, influenciando nitidamente os filmes da segunda metade da década de 60. Sua tese central – de que os filmes do Cinema Novo expressam uma problemática de classe média, apesar da evidente necessidade que possuem de valorizar a cultura popular – atinge o nervo das preocupações da geração cinemanovista. O livro formula em termos concretos um difuso mal-estar presente, abrindo espaço para a má consciência futura. Também trabalhando com o Cinema Novo, em um livro de 1984 (University of Texas Press, 1984), Randal Johnson apresenta em *Cinema Novo × 5 – Masters of Contemporary Brazilian Film* excelentes monografias sobre Joaquim Pedro de Andrade*, Carlos Diegues*, Ruy Guerra*, Nelson Pereira dos Santos* e Glauber Rocha. Em *Copacabana Filmes – 30 anos de Cinema Novo – entrevista de Jarbas Barbosa* a Silvia Oroz* (Rio Filme, 1993), de Silvia Oroz, Jarbas Barbosa* dá um apanhado de sua carreira como produtor cinemanovista. Na Itália, em 1969, Bruno Torri publicou *Poesia e politica del cinema novo brasiliano* (Ufficio Stampa dell'Italia a noleggio). Temos também algumas coletâneas que aumentam a bibliografia sobre Cinema Novo: *Cinema moderno, Cinema Novo*, organização de Flávio Moreira da Costa e prefácio de Paulo Emilio Salles Gomes; *Le "Cinema Novo" brésilien I* (M. J. Minard-Lettres Modernes, 1972), com organização de Michel Esteve; alguns interessantes catálogos de festivais, como *Il Cinema Novo brasiliano – vol. 1 testi e documenti; vol. 2 I registri e i film* (Pesaro, Undicesima Mostra Internazionale del Nuovo Cinema, 1975) ou *Prima e dopo la rivoluzione – Brasile anni '60: dal Cinema Novo al Cinema Marginal*, com organização de Marco Giusti e Marco Melani (XIII FESTIVAL INTERNAZIONALE DEL CINEMA, Giovani/Lindau); ou, ainda, abordando um período um pouco posterior, *Il cinema brasiliano fra tradizione e rinnovamento – 1970/1988*

(XXV INCONTRI INTERNAZIONALE DEL CINEMA DI SORRENTO/La Casa Usher). A geração seguinte ao Cinema Novo, a do Cinema Marginal*, é abordada em *Cinema marginal (1968/1973): a representação em seu limite* (Brasiliense/EMBRAFILME, 1987; com filmografia), de Fernão Pessoa Ramos. Dentro de um recorte mais amplo, tematizando o conjunto do universo da vanguarda no cinema brasileiro, Jairo Ferreira* publica em 1986, pela Max Limonad/EMBRAFILME, *Cinema de invenção* (com filmografia). Com ênfase na interface entre artes plásticas e cinema de vanguarda, Ligia Canongia escreve *Quase cinema – cinema de artista no Brasil 1970/1980* (Funarte, 1981). Duas coletâneas fornecem um panorama interessante do cinema brasileiro recente. Em *Anos 70 – cinema* (Europa, 1979), Jean-Claude Bernardet, José Carlos Avellar e Ronald F. Monteiro abordam aspectos diversos da produção nacional na década de 70, tais como o documentário, a pornochanchada e o cinema udigrudi. A coletânea *O desafio do cinema – política do Estado e a política dos autores* traz artigos de Ismail Xavier, Jean-Claude Bernardet e Miguel Pereira abordando, respectivamente, a produção do Cinema Novo nos anos 70, os jovens paulistas da década de 80 e a transição INC/EMBRAFILME.

Neste recorte bibliográfico do cinema brasileiro, é necessário frisar alguns temas que congregam bibliografia em torno de si. Obra mais extensa, e pioneira, sobre a forte produção documentária do cinema brasileiro é *Cineastas e imagens do povo* (Brasiliense, 1985; com filmografia), de Jean-Claude Bernardet. O livro nos fornece um panorama do documentário* brasileiro entre 1960 e 1980, tendo por eixo de análise a representação do povo em *corpus* de filmes, de modo a atualizar, em 1985, preocupações sobre a heterogeneidade entre o cineasta e seu objeto de filmagem. Uma nova edição, de 2003, apresenta diversos apêndices atualizando a reflexão para a década de 2000, incluindo o filme que, por questões de prazo, havia faltado para dar fecho de ouro ao pensamento sobre documentário que evolui na edição de 1985: *Cabra marcado para morrer*. Ainda sobre documentário, José Marinho lança em 1998 *Dos homens e das pedras – o ciclo do cinema documentário paraibano (1959-1979)* (EdUFF), em que mostra, basicamente a partir de entrevistas, uma ampla e inédita pesquisa sobre o forte ciclo paraibano que esteve na raiz da formação da estética cinemanovista. Sobre documentário podemos também destacar o bem articulado livro de Ana Cristina César *Literatura não é documento* (MEC/Funarte, 1980). O levantamento realizado pela equipe de pesquisa do Idart (Eliana Queiroz, Carlos Roberto Souza, Zulmira Ribeiro Tavares e Flávio Luiz Porto e Silva) no livro *O filme curto* (Idart/Secretaria Municipal de Cultura de São Paulo, 1980) serve de boa fonte de informações sobre o curta-metragem em geral e, em particular, sobre o cinema documentário brasileiro. Em *Filme e realidade* (Martins, 1953), Alberto Cavalcanti* apresenta um panorama e considerações técnicas sobre o filme documentário em geral. No capítulo "Panorama do cinema brasileiro", escrito em junho de 1951, aborda a inexistência e ineficácia da produção de cinema (ficcional e documentário) no Brasil, que parece estar sendo inaugurada com sua chegada. Também aqui, o trabalho de pesquisa de Araken Campos Pereira Jr. deve ser destacado. Seu levantamento, em três volumes, intitulado *Cinema brasileiro – relação de documentários (educativos e instrutivos)* (Ed. Cinema Brasileiro, 1972), é o único levantamento sistemático dos documentários produzidos no Brasil até 1970. O primeiro e segundo volumes apresentam uma classificação cronológica (1905-1963 e 1963-1970), e o terceiro volume segue uma classificação por título. A obra possui as imprecisões que são corriqueiras no trabalho de Araken.

Dentro do tema "relações entre cinema e Estado", tão polêmico quanto essencial para o cinema brasileiro, três obras podem ser citadas: de José Mario Ortiz Ramos, *Cinema, Estado e lutas culturais – anos 50/60/70* (Paz e Terra, 1983; com filmografia); de Anita Simis, *Estado e cinema no Brasil* (Annablume/Fapesp, 1996); e, de Randal Johnson, *The Film Industry in Brazil – Culture and the State* (University of Pittsburgh Press, 1987). Sobre mercado de cinema no Brasil podemos citar, de Silva Nobre, *Mercado de cinema no Brasil* (Irmãos Pongetti, 1957). Também sobre o mesmo assunto temos *Mercado comum de cinema – uma proposta brasileira* (EMBRAFILME, 1977), com a íntegra dos debates do I Encontro Sobre a Comercialização de Filmes de Expressão Portuguesa. Em 1985, Jo Takahashi escreve, patrocinado pela Fundação Japão, *Cinema brasileiro: evolução e desempenho*, em que são alinhavados alguns dados. Também Geraldo Santos Pereira*, em *Plano geral do cinema brasileiro: história, cultura, economia e legislação* (Borsoi, 1973), desenvolve diversos capítulos dedicados à distribuição, exibição e legislação do cinema brasileiro.

A abordagem da legislação brasileira sobre cinema é feita principalmente por Alcino Teixeira de Mello em *Cinema – legislação atualizada e comentada* (INC, 1972) e *Legislação do cinema brasileiro (vol. I e II)* (EMBRAFILME, 1978). Sobre o assunto podemos também citar, de José Augusto Lemos de Almeida (coordenador), *Nova legislação cinematográfica nacional* (Forense, 1987). Sobre o tema "filme de animação no Brasil" podemos mencionar o trabalho de Antonio Moreno, *A experiência brasileira no cinema de animação* (EMBRAFILME/Artenova, 1978). Sobre o movimento cineclubista, Felipe Macedo escreveu *Movimento cineclubista brasileiro* (Cineclube da Fatec, 1982). Os festivais brasileiros foram cobertos pelos livros *O festival do cinema brasileiro de Gramado – levantamento dos seus 14 primeiros anos*, de Luiz Carlos Carrion (Tchê, 1987), obra bem fornida em termos de informações sobre os filmes exibidos em Gramado; *Os cinemas em festivais e os caminhos do curta-metragem no Brasil*, de Miriam Alencar (EMBRAFILME/Artenova, 1978), e, *30 anos de cinema e festival – a história do Festival de Brasília do cinema brasileiro, 1965-1997*, com coordenação de Berê Bahia, ampla edição com diversas filmografias e biografias retratando os principais filmes exibidos no festival (Secretaria de Cultura e Esporte de Brasília/Polo de Cinema e Vídeo, 1998).

Explorando as interfaces entre cinema e literatura podemos citar, de Randal Johnson, *Literatura e cinema – Macunaíma: do modernismo na literatura ao Cinema Novo* (T. A. Queiroz, 1982), em que aborda as relações cinema/literatura em *Macunaíma*, de Mario de Andrade. Trabalhando essa fronteira no mesmo romance, podemos lembrar de *Macunaíma, da literatura ao cinema*, de Heloísa Buarque de Hollanda (José Olympio/EMBRAFILME, 1978). Explorando de modo mais amplo essa relação, temos *Cinema e literatura no Brasil*, de José Carlos Avellar (Projeto Frankfurt, 1994); *Escritores brasileiros no cinema*, de Wills Leal (Ed. do Autor, 1969); e *A literatura no cinema*, de Roberto Bandeira (Pongetti, 1962). Ainda no recorte temático cito alguns livros sobre salas de cinema no Brasil: de Alice Gonzaga, *Palácios e poeiras – 100 anos de cinema no Rio de Janeiro* (Funarte/Record, 1996), cobrindo a região carioca; de Inimá Simões, *Salas de cinema em São Paulo* (Secretaria Municipal de Cultura, 1990), centrando-se em São Paulo; de Vicente de Paula Araújo, *Salões, circos e cinemas de São Paulo* (Perspectiva, 1981), sobre distribuição e

salas de cinema na capital paulista do início do século; de Ataídes Braga, *O fim das coisas – As salas de cinema de Belo Horizonte* (Secretaria Municipal de Cultura de Belo Horizonte/Crav, 1995); e de baiano Sílio Boccanera Jr., *Os cinemas na Bahia 1897-1918* (Tipografia Bahiana, 1919). Todos, com exceção do último, possuem vasto material iconográfico.

Também no recorte temático, abordando a questão da representação do negro no cinema brasileiro, podemos citar, de João Carlos Rodrigues, *O negro brasileiro e o cinema* (Globo, 1988), e de Celso Prudente, *Barravento – o negro como possível referencial estético no Cinema Novo de Glauber Rocha*. Sobre a questão racial no cinema brasileiro, Robert Stam publica, em 1997, nos Estados Unidos, *Tropical Multiculturalism – a Comparative History of Race in Brazilian Cinema and Culture* (Duke University Press, 1997). Dois autores brasileiros pensam a frágil relação entre o cinema brasileiro e esta coisa heterogênea denominada cinema latino-americano: Paulo Antonio Paranaguá (*Cinema na América Latina: longe de Deus e perto de Hollywood* – L&PM, 1985) e José Carlos Avellar (*A ponte clandestina – teorias de cinema na América Latina* – Edusp/Editora 34, 1995). Temos ainda sobre o assunto, de Geraldo Sarno*, *Glauber Rocha e o cinema latino-americano* (CIEC, 1995). A bibliografia de autores norte-americanos sobre o que chamam de "cinema latino" é bastante ampla. Ainda dentro do recorte de "estudos culturais", as pesquisas, de caráter feminista ou não, sobre a situação ou a imagem da mulher no cinema brasileiro praticamente inexistem. Como exceção, podemos destacar *As musas da matinê*, de Elice Munerato e Maria Helena Darcy de Oliveira (Rio Arte, 1982). A questão do popular no cinema brasileiro é tematizada por diversos ensaios, mas possui um livro específico sobre o assunto: *Cinema: repercussões em caixa de eco ideológica (as ideias de "nacional" e "popular" no pensamento cinematográfico brasileiro)*, de Jean-Claude Bernardet e Maria Rita Galvão, publicado na coleção O Nacional e o Popular na Cultura Brasileira (Brasiliense, 1983). Sobre censura*, Inimá Simões escreveu para a Editora SENAC São Paulo e Editora Terceiro Nome, em 1999, *Roteiro da intolerância – a censura cinematográfica no Brasil*. Em cinema e educação, ou cinema educativo, temos uma bibliografia razoável na primeira metade do século, podendo ser citados: de Joaquim Canuto Mendes de Almeida, *Cinema contra cinema – bases gerais para um esboço de* *organização do cinema educativo no Brasil* (Ed. Nacional, 1931), e de Jonathas Serrano e Venâncio Filho, *Cinema e educação* (Melhoramentos, s.d.). Nos anos 70 temos o isolado *Cinema e história do Brasil*, de Jean-Claude Bernardet e Alcides Freire Ramos (Contexto/Edusp, 1978), tentando pensar o cinema como material historiográfico. Aborda questões metodológicas que se tornariam moda nos anos 2000. Sobre cartazes podemos citar, de Araken Campos Pereira Junior, *Cartazes – cinema brasileiro* (Ed. Cinema Brasileiro, s.d., 11 vols.), em que, por ordem alfabética, encontramos reproduções, com pouca definição, de cartazes do cinema brasileiro (do mesmo autor e editora sobre esse assunto, há também *Cartazes: astros brasileiros no cinema estrangeiro*, em um volume).

A bibliografia sobre ciclos ou produções regionais é bastante extensa, refletindo as dominantes preocupações regionalistas de nossos pesquisadores. Entre eles podemos destacar: *Cinema gaúcho: uma breve história* (Movimento, 1986), de Tuio Becker, e *Cinema no Rio Grande do Sul* (Unidade Editorial, 1995), também de Tuio Becker, agora como organizador; *O cinema em Santa Catarina* (Editora da UFSC/EMBRAFILME), de José Henrique Nunes Pires, Norberto Verani de Depizzolatti e Sandra Mara de Araújo; *O cinema sergipano*, de Djaldino Mota Moreno (Ed. do Autor, Aracaju, 1988); *Esboço histórico do cinema em Mato Grosso* (Ed. do Autor, Campo Grande, 1974), de José Octavio Guizzo; *História da cinematografia pernambucana (cinema mudo): período compreendido entre os anos de 1923 a 1931* (Arquivo do Museu de Cinema, 1944), de Jota Soares*; *A estética do Ciclo de Recife* (Ed. da UFPE, 1995), de Eduardo Duarte; *Imagens de um sonho – iconografia do cinema campineiro de 1923 a 1972* (MIS/Campinas, 1995), sobre cinema em Campinas, com organização de Sonia Aparecida Fargim; *Cinema e província: história do cinema paraibano* (Ed. do Autor, João Pessoa, 1968); além de *O discurso cinematográfico dos paraibanos – a história do cinema da Paraíba* (Ed. do Autor, 1989), e também *O Nordeste no cinema* (UFPb/Funape/UFBa), de Wills Leal; *Eldorado das ilusões – cinema & sociedade: Manaus (1897/1935)* (Editora da Universidade do Amazonas, 1996), de Selda Vale da Costa; *A tônica da descontinuidade – cinema e política em Manaus dos anos 60* (Ed. Univ. do Amazonas), de Narciso J. Freire Lobo; *Panorama do cinema baiano*, de André Setaro (Fundação Cultural do Estado da Bahia, 1976);

Cinema baiano (CLUBE DE CINEMA DE SANTOS, 1963), coletânea com artigos de Jean-Claude Bernardet, Maurice Capovilla*, Walter da Silveira*, Alex Viany, Glauber Rocha e outros; *Panorama do cinema alagoano* (Secretaria de Educação e Cultura/Alagoas, 1983), de Elinaldo Barros; de Fernando Tatagiba, *História do cinema capixaba* (Prefeitura Municipal de Vitória, Espírito Santo, 1988); *Primórdios do cinema em São Luís* (Univ. Fed. do Maranhão, 1977), de Euclides Moreira; *Ceará e o cinema* (Ed. do Autor, 1989), de F. da Silva Nobre; e *Fortaleza e a era do cinema* (vol. 1, 1891-1931) (Secretaria da Cultura e do Desporto do Ceará, 1995), de Ary Bezerra Leite; *O écran natalense* (Sebo Vermelho, 1992), de Anchieta Fernandes; e o recente *O cinema em Belo Horizonte – do cineclubismo à produção cinematográfica na década de 60*, de José Américo Ribeiro (Ed. UFMG, 1997).

Outro setor com tradição na bibliografia do cinema brasileiro é o da análise fílmica. Podemos, de início, destacar *Alegorias do subdesenvolvimento – Cinema Novo, tropicalismo, Cinema Marginal* (Brasiliense, 1993), de Ismail Xavier, livro em que filmes centrais do Cinema Novo e do Cinema Marginal são analisados minuciosamente, explorando a questão da alegoria e da representação da história. Com um viés mais psicanalítico, Jean-Claude Bernardet analisa, em *O voo dos anjos* (Brasiliense, 1991), os primeiros filmes de Júlio Bressane* e Rogério Sganzerla*, buscando traços para estabelecer uma relação de cunho edipiano com a geração anterior, em especial Glauber Rocha. São obras próximas em sua metodologia e em seu objeto: análise fílmica cerrada, com viés descritivo, de filmes da virada da década de 60, utilizando o material coletado nessa análise para estabelecer e justificar pontes com sistemas conceituais mais amplos. Esse método de análise fílmica, já presente (embora sem a abertura conceitual) nas análises de Paulo Emilio Salles Gomes, em *Humberto Mauro, Cataguases, Cinearte* (Perspectiva, 1974), faz escola em diversos trabalhos universitários, trazendo consigo as vantagens e limitações de se trabalhar excessivamente próximo à imagem narrativa. Na mesma linha de abordagem, Ismail Xavier, em *Sertão mar – Glauber Rocha e a estética da fome* (Brasiliense, 1983), busca encontrar na análise fílmica de *Barravento*, *O pagador de promessas*, *Deus e o diabo na terra do sol* e *O cangaceiro* substrato para tematizar questões-chave para a geração cinemanovista, como alienação, papel da cultura

popular, narrativa clássica, representação épica. Mariarosaria Fabris, em *Nelson Pereira dos Santos – um olhar neorrealista?* (Edusp, 1994), trabalha dentro desse recorte analítico, tematizando a questão da recepção do neorrealismo no Brasil, a partir da análise dos primeiros filmes de Nelson Pereira dos Santos. Também José Gatti, em *Barravento – a estreia de Glauber* (Editora da UFSC, 1987), analisa em detalhe algumas sequências do filme de Glauber, buscando contextualizá-lo em sua época. Já dentro de uma linha mais informal, refletindo sua formação de crítico, José Carlos Avellar, em *O cinema dilacerado* (Alhambra, 1986), nos fornece amplos comentários sobre os filmes "dilacerados" dos anos 60 e 70. Nessa mesma linha analítica, o autor aborda o filme Deus e o diabo na terra do sol em *Deus e o diabo na terra do sol – a linha reta, o melaço de cana e o retrato do artista quando jovem* (Rocco, 1995). Saulo Pereira de Mello publica, também pela Rocco (1996), *Limite*, livro em que analisa, a partir de artigos anteriores, o filme de Mário Peixoto*. Também podemos lembrar o livro de José Octavio Guizzo *Alma do Brasil – o primeiro filme nacional de reconstituição histórica inteiramente sonorizado* (Ed. do Autor, Campo Grande, 1984) e *"Aspectos do alto Xingu" e a Vera Cruz*, de Manoel Rodrigues Ferreira (Nobel, 1983), sobre o documentário Aspectos do alto Xingu. Na linha de livro sobre filme, podemos destacar a coletânea *Deus e o diabo na terra do sol* (Civilização Brasileira, 1965), publicada em seguida ao lançamento do filme, com roteiro, depoimentos, transcrição de debates e ensaios. Também nos anos 60, aproveitando as repercussões da época em torno do ciclo da produção baiana dessa década, é lançado o livro *A grande feira*, organizado por Walter da Silveira (Associação dos Críticos Cinematográficos da Bahia, s.d.), com textos e documentos sobre o filme. Com o mesmo recorte podemos lembrar *O país de São Saruê: um filme de Vladimir Carvalho* (UnB/EMBRAFILME, 1986), com amplos comentários críticos sobre o filme e o documentarismo paraibano. Sobre Terra em transe e Os herdeiros, Jean-Claude Bernardet e Teixeira Coelho organizam em 1982 (Ed. Com-Arte) *Espaços e poderes: Terra em transe, Os herdeiros*, com textos sobre esses dois filmes escritos a partir de curso sobre o assunto. Em 1997, a Editora Senac São Paulo, em parceria com o Sesc/ São Paulo, publicou o livro *Guerra de Canudos – o filme*, de Nilza Rezende, sobre o *making of* do filme de Sérgio Rezende*.

LIVROS

Dois roteiros inéditos de Alberto Cavalcanti* foram editados em *Um canto, um judeu e algumas cartas – uma pequena homenagem e duas grandes obras malditas de Alberto Cavalcanti*, com organização de Claudio Valentinetti (Instituto Lina Bo e P. M. Bardi, CINEMATECA DO MAM, 1997). De Mário Peixoto temos publicado o roteiro de "Salustre" (*A alma segundo Salustre, filme de Mário Peixoto* – EMBRAFILME, 1983) e a decupagem visual de *Limite* em *Limite – filme de Mario Peixoto* (Inelivro/Funarte, 1978), organizado por Saulo Pereira de Mello. Mais recentemente foi publicado o roteiro de *Limite* (Sette Letras, 1996). Entre outros, os seguintes filmes/projetos possuem roteiros, planos de filmagem ou decupagem publicados: *Eu sei que vou te amar*, de Arnaldo Jabor* (Record, 1996); *Tudo bem – um filme de Arnaldo Jabor*, de Arnaldo Jabor e Leopoldo Serran* (Civilização Brasileira, 1978); *Chuvas de verão*, de Carlos Diegues (Civilização Brasileira, 1977); *Quilombo, roteiro do filme e crônica das filmagens*, de Nelson Nadotti e Carlos Diegues (Achiamé, 1984); *Agulha no palheiro*, de Alex Viany* (Univ. Federal do Ceará, 1983); *Jango*, de Sílvio Tendler* e Maurício Dias (L&PM, 1984); *O imponderável Bento contra o crioulo voador*, de Joaquim Pedro de Andrade (Marco Zero/CINEMATECA BRASILEIRA, 1990); *Pedro Mico: uma lição de malandragem* (Rocco, 1985), de Ipojuca Pontes*; *Aleluia, Gretchen: argumento, roteiro e diálogos* (Movimento, 1978), e *República guarani* (Paz e Terra, 1982), de Sylvio Back*; *São Paulo sociedade anônima – o filme de Person descrito por Jean-Claude Bernardet* (Alhambra/EMBRAFILME, 1987); *Conterrâneos velhos de guerra – opinião da crítica e roteiro*, de Vladimir Carvalho (Secretaria de Cultura e Esporte/DF, 1997); *Pra frente Brasil*, de Roberto Farias (Alhambra, 1983); *Coronel Delmiro Gouveia*, de Geraldo Sarno e Orlando Senna* (Codecri, 1979); *Feliz ano velho – roteiro do filme*, de Roberto Gervitz* (1988); *Anjos da noite*, de Wilson Barros* (Tchê, 1987); *Terra estrangeira – um roteiro de Daniela Thomas, Marcos Bernstein, Walter Salles* (Rocco, 1996); *O homem da capa preta*, de Sérgio Rezende, José Louzeiro* e Tairone Feitosa (Tchê, 1987); *Carlota Joaquina, princesa do Brazil – um filme de Carla Camurati* (Vira e Mexe Ed., 1995), do filme de Carla Camurati*; *Terra dos índios*, de Zelito Viana* (EMBRAFILME, 1979); *ABC da greve – documentário inédito*, de Leon Hirszman* (CINEMATECA BRASILEIRA, 1991); *O cangaceiro*, de Lima Barreto* (Edições da Univ. Fed. do Ceará/Capes, 1984); *A ostra e o vento*, de Walter Lima Jr.* (Rocco, 1997); *Pequeno dicionário amoroso*, de Sandra Werneck* (Objetiva, s.d.); *Navalha na carne*, de Neville d'Almeida* (Francisco Alves, 1997); *Central do Brasil – roteiro de João Emanuel Carneiro e Marcos Bernstein baseado em história original de Walter Salles*, de Walter Salles (Objetiva, 1998).

Outro bloco bibliográfico a ser destacado é o dos livros sobre diretores, dentro de um recorte de ênfase autoral. Inicialmente podemos lembrar da obra de Paulo Emilio Salles Gomes, *Humberto Mauro, Cataguases e Cinearte* (Perspectiva, 1974), livro marco no gênero, em que a vida do jovem Humberto nos é narrada através de deliciosa prosa. Também sobre Humberto Mauro, seu sobrinho-neto, André Felipe Mauro, publica, em 1997, *Humberto Mauro – o pai do cinema brasileiro* (IMF; com filmografia). Além disso, podemos citar a coletânea *Humberto Mauro – sua vida, sua arte, sua trajetória no cinema*, com organização de Alex Viany (Artenova/EMBRAFILME, 1978). Sobre Nelson Pereira dos Santos, temos o livro de Helena Salem, *Nelson Pereira dos Santos – o sonho possível do cinema brasileiro* (Nova Fronteira, 1987; com filmografia), e também *Nelson Pereira dos Santos*, de David Neves*, Jean-Claude Bernardet e João Carlos Avellar, publicado pelo FESTIVAL DEL CINE IBEROAMERICANO, em 1985, e *Nelson Pereira dos Santos*, escrito por Fabiano Canosa (Casterman, Paris, 1971). Em 1986, o FESTIVAL DE VERONA, Itália, publicou, com organização de Inês Cabrini, *Gli anni 80 del cinema brasiliano – Omaggio al regista Nelson Pereira dos Santos*. Em *Alberto Cavalcanti* (Instituto Lina Bo e P. M. Bardi/FESTIVAL INTERNACIONAL DE LOCARNO, 1995), Lorenzo Pellizari e Claudio M. Valentinetti nos apresentam uma variada coletânea com textos organizados e um capítulo com a inédita biografia de Hermilo Borba Filho, escrita em vida do diretor, sob a supervisão do mesmo. Também no livro é publicada uma pequena autobiografia, ensaios diversos do próprio Cavalcanti e de outros autores sobre o diretor, acompanhados de cuidadosa filmografia com fichas técnicas. Ainda sobre Cavalcanti, Wolfgang Klaue já havia editado, em 1962, pelo Staatliches Filmarchiv, da antiga República Democrática Alemã, *Alberto Cavalcanti*, com textos diversos sobre sua obra. A bibliografia sobre a vida e a obra de Glauber Rocha também é ampla. Entre outros, podemos citar, de Sylvie Pierre, *Glauber Rocha* (Papirus, 1996; com filmografia); de Raquel Gerber, *O mito da civilização atlântica – Glauber Rocha, cinema, política e a estética do inconsciente* (Vozes, 1982); de Cinzia Bellumori, *Glauber Rocha* (La Nuova Italia, 1975); de Ayêska Paulafreitas e Júlio César Lobo, *Glauber – a conquista de um sonho – os anos verdes* (Dimensão, 1995); de João Carlos Teixeira Gomes, *Glauber Rocha – esse vulcão* (Nova Fronteira, 1997); de Jean-Louis Bory, *Glauber Rocha* (Casterman, 1971); de Augusto Torres, *Glauber Rocha*, editada em 1981 pelo FESTIVAL DEL CINE IBEROAMERICANO; de Martin Cezar Feijó, *Anabasis Glauber – da idade dos homens à idade dos deuses* (Anabasis, 1996); de Pedro del Picchia e Virginia Murano, *Glauber, o leão de Veneza* (Escrita, s.d.); de Sidney Rezende (organizador), *Ideário de Glauber Rocha* (Philobiblion, 1986); de Burns S. P. Hollyman, *Glauber Rocha and the Cinema Novo in Brazil: a Study of his Films and Critical Writings* (Garland, Nova York, 1982). Podemos ainda lembrar da coletânea *Glauber Rocha* publicada pela Paz e Terra, em 1977 – com o ensaio de recorte estruturalista de René Gardies que na França rendeu o livro *Glauber Rocha* (Seghers, 1974) –, e a coletânea *Le Cinema Novo brésilien nº 2/Glauber Rocha* (M. J. Minard/Lettres Modernes, 1973), com artigos sobre o diretor.

Na linha de abordagem autoral, enfatizando a figura central do diretor como artista, ainda podemos citar: de Helena Salem, *Leon Hirszman – o navegador das estrelas* (Rocco, 1997; com filmografia); de Silvia Oroz, *Carlos Diegues – os filmes que não filmei* (Rocco, 1984); a coletânea *Júlio Bressane – cinepoética* (Massao Ohno, 1995; com filmografia), com organização de Bernardo Vorobow e Carlos Adriano; de Bernadette Lyra, *A nave extraviada* (Annablume, 1995; com filmografia), abordando alguns filmes da obra de Bressane; de Lorenzo Pellizari e Claudio M. Valentinetti, *Alberto Cavalcanti* (Instituto Lina Bo e P. M. Bardi, 1995) [Pellizari já havia publicado na Itália, em 1985, *Alberto Cavalcanti*]; de Ivana Bentes, *Joaquim Pedro de Andrade* (Relume Dumará, 1996; com filmografia); de Oséas Singh Jr., *Adeus cinema – vida e obra de Anselmo Duarte, ator e cineasta mais premiado do cinema brasileiro* (Massao Ohno, 1993); e também sobre o mesmo diretor no início da carreira *Dá licença – biografia de Anselmo Duarte*, de Januário De Paschoal (Rodemar, 1962); de Inimá Simões, *Roberto Santos – a hora e a vez de um cineasta* (Estação Liberdade, 1997; com filmografia); de Olga Futemma,

Roberto Santos – vinte e três anos após 'O grande momento', 'Os amantes da chuva' (Centro Cultural São Paulo, Secretaria Municipal de Cultura, 1982; com filmografia); de Fatimarlei Lunardelli, *Ô psit! O cinema popular dos Trapalhões* (Artes e Ofícios, 1996; com filmografia); de André Barcinski e Ivan Finotti, *Maldito – a vida e o cinema de José Mojica Marins, o Zé do Caixão* (Editora 34, 1998); de R. F. Lucchetti, com desenhos em quadrinhos de Nico Rosso, *José Mojica Marins – o estranho mundo do Zé do Caixão* (L&PM, 1987); sobre Mazzaropi*, *Mazzaropi, a imagem de um caipira*, publicado pelo Sesc em 1994, com textos de Carlos Roberto Rodrigues, Olga Rodrigues Nunes de Souza, Jean-Claude Bernardet e outros; com organização de Ivan Cardoso* e R. F. Luchetti, *Ivampirismo – o cinema em pânico* (Ebal/FUNDAÇÃO DO CINEMA BRASILEIRO, 1990); de Edith Gabus Mendes, *Otávio Gabus Mendes – do rádio à televisão* (Lua Nova, 1988); de Rosana A. Cardoso de Melo, *O cinema de Jorge Ileli* (Unilivros, s.d.); sobre Sylvio Back, *Filmes noutra margem*, publicado, em 1992, pela Secretaria de Estado da Cultura do Paraná; de Gastão Pereira da Silva, *Serrador, o criador da Cinelândia* (Ed. Vieira de Melo, s.d.); de Selda Vale da Costa e Narciso Júlio Freire Lobo, *No rastro de Silvino Santos* (SCA/Manaus, 1987; com filmografia); de Jorge J. V. Capellaro e Vittorio Capellaro, *Vittorio Capellaro; italiano pioneiro do cinema brasileiro* (Cadernos de Pesquisa/CPCB/ EMBRAFILME; com filmografia); de Yolanda Lhullier dos Santos e Pedro Henrique Caldas, *Francisco Santos – pioneiro do cinema do Brasil* (Semeador, 1995); de André Setaro e José Umberto, *Alexandre Robatto Filho – um pioneiro do cinema baiano* (Fundação Cultural do Estado, 1992; com filmografia). Em *Cinema brasileiro: 8 estudos* (EMBRAFILME/Funarte, 1980) encontramos, entre outros, estudos sobre pioneiros como Eduardo Abelim*, Anibal Requião*, Paulo Benedetti*, escritos por Rudá de Andrade, Maria Rita Galvão, Solange Stecz, Elizabeth Karam e Márcio da Rocha Galdino. Em *Breve esboço de uma cinebiografia de Mário Peixoto*, Saulo Pereira Mello escreve sobre a vida de Mário Peixoto (Minc/Casa de Rui Barbosa, 1996).

Uma boa parcela dos diretores, além de filmar, ou por filmar tão pouco, também escrevem. De Glauber poderíamos lembrar, além da *Revisão crítica do cinema brasileiro*, já citado, *Revolução do Cinema Novo* (Alhambra/EMBRAFILME, 1981) e *O século do cinema* (Alhambra, 1983), livros em que encontramos parte de sua vasta atividade de escritura crítica, comentando pessoas, filmes, livros, além de entrevistas, depoimentos e manifestos. Glauber também publicou um romance, em 1978, intitulado *Riverão Sussuarana* (Record). Suas cartas foram editadas em 1997 (*Glauber Rocha – cartas ao mundo*, organização de Ivana Bentes, Companhia das Letras) e alguns de seus roteiros estão editados em *Roteiros do terceyro mundo* (EMBRAFILME/Alhambra, 1985, organização de Orlando Senna). De Glauber também foi publicado o roteiro *Senhor dos navegantes* (Macunaíma, 1987) e, na Itália, o roteiro não filmado de *O nascimento dos deuses* (*La nascita degli dei*, ERI/Edizione RAI, 1981). Na Itália, temos ainda duas coletâneas de textos seus a partir do material de *Revolução do Cinema Novo* e *O século do cinema*, além de outras fontes, ambos com organização de Lino Miccihè, intitulados *Glauber Rocha: scritti sul cinema* (Editora da Bienal de Veneza, 1986) e *Rocha: saggi ed invettive sul Nuovo Cinema* (ERI/RAI, 1986). Recentemente, foi feita uma segunda edição do romance de Mário Peixoto, *O inútil de cada um* (Sette Letras, 1996), e também uma segunda edição dos poemas de *Mundéu* (Sette Letras, 1996). Alberto Cavalcanti, durante sua aventura brasileira nos anos 50, publicou o já citado *Filme e realidade*. Adhemar Gonzaga teve parte de seus escritos publicados em *Gonzaga por ele mesmo – memórias e escritos de um pioneiro do cinema brasileiro* (Record, 1989), organização de Alice Gonzaga e Carlos Aquino. Júlio Bressane publicou, em 1996, *Alguns* (Editora Imago), em que traça comentários sobre imagens, luz e som, explorando sua veia poética. Paulo César Saraceni* publicou em 1993, pela Nova Fronteira, *Por dentro do Cinema Novo – minha viagem*, um livro de memórias sobre sua vida e seus filmes. Ainda no calor da hora, David Neves edita, em 1966, *Cinema Novo no Brasil* (Vozes), com um ensaio pessoal sobre o movimento e depoimentos de colegas (em 1993 publicaria *Cartas de meu bar* – Editora 34 –, pequena crônica poética que mistura cinema e cotidiano carioca). Carlos Diegues tem uma coletânea de textos, organizada por Sergio Roberto Silva, publicada em *Cinema brasileiro – ideias e imagens* (Editora da Universidade, 1988). Lima Barreto também escreve bastante, tendo publicado *Lima Barreto conta histórias* (Ed. das Américas, 1961) e *Quelé do Pajeú*. Sylvio Back possui atividade como escritor e ensaísta, tendo publicado *Pensar é insalubre – a polêmica sobre as missões jesuíticas* (Imago, 1989). Renato Tapajós publica, em 1977, um romance intitulado *Em câmera lenta* (Ed. Alfa Ômega). João Batista de Andrade* é outro diretor que publica bastante: além de contos infantis, publicou *Perdidos no meio da rua* (Global, 1989) e *Um olé em Deus* (Scipione, 1997). Em um livro de 1987, *Cinema cativo – reflexões sobre a miséria nacional* (EMW Editores), Ipojuca Pontes* nos apresenta, entre outros assuntos, sua visão sobre o futuro da EMBRAFILME [Pontes também publicaria *Brasil Filmes Ltda.*, Codecri, 1983]. O cineasta Luís Renato Brescia* escreveu uma consistente autobiografia intitulada *Como fiz cinema em Minas Gerais* (O Lutador, 1986). Também numa linha memorialista, podemos citar, de Luiz de Barros*, *Minhas memórias de cineasta* (Artenova/EMBRAFILME, 1978), e, do produtor Mario Audrá*, *Cinematográfica Maristela*: memórias de um produtor* (São Paulo, Silver Hawk, 1997). Jabor é um cineasta bastante produtivo nas letras, tendo publicado as coletâneas *Os canibais estão na sala de jantar* (Siciliano, 1993), *Brasil na cabeça* (Siciliano, 1995) e *Sanduíches de realidade* (Objetiva, 1997). Também Ruy Guerra* publica suas crônicas em *20 navios* (Francisco Alves, 1996).

Atores possuem uma razoável bibliografia sobre suas vidas, embora não costumem escrever como os diretores. Para fugir à regra, em *Como deixar um relógio emocionado*, José Wilker* mostra seu lado cinéfilo através de pequenas crônicas cinematográficas, publicadas originalmente no *Jornal do Brasil*. Leila Diniz* tem um tratamento privilegiado com três biografias publicadas: de Claudia Cavalcanti, *Leila Diniz, uma história de amor* (Brasiliense, 1983); de Luiz Carlos Lacerda*, *Leila para sempre Diniz* (Record, 1987); e *Toda mulher é meio Leila Diniz*, de Miriam Goldenberg (Record, 1995). Glauce Rocha* teve sua vida pesquisada por José Octávio Guizzo em *Glauce Rocha: atriz, mulher, guerreira* (Hucitec/UFMS, 1996). Em *Glauce Rocha, uma vida interrompida* (Relume Dumará, 1996), Aldomar Conrado reúne uma série de testemunhos sobre a atriz. Dina Sfat* deu a Mara Caballero um longo depoimento, que postumamente foi composto junto com alguns escritos da atriz, em *Dina Sfat – palmas pra que te quero* (Nórdica, 1988). Lucia Rito escreve *Fernanda Montenegro em O exercício da paixão* (Rocco, 1990), biografia da atriz a partir de depoimento pessoal. Outro depoimento sobre a carreira da atriz está em *A vida de Fernanda Montenegro – de-*

poimento (Faculdades Integradas Estácio de Sá, s.d.). Sobre Grande Otelo*, há *Grande Otelo, um artista genial* (Relume Dumará, 1996), de Roberto Moura; e a edição ilustrada *Grande Otelo em preto e branco* (Ultra-Set, 1987), de Marly Serafin e Mario Franco; além de *Grande Otelo*, com organização de Sebastião Uchoa e Ana Pessoa (EMBRAFILME/Funarte/Inacen, 1985). Sobre Teixeirinha*, Miriam de Souza Rossini escreveu *Teixeirinha e o cinema gaúcho* (Fumproarte, 1996). Sobre Jece Valadão* foi publicado *Jece Valadão – memórias de um cafajeste*, de Maria Teresa Artacho Eça (Geração, 1996). Sobre Carmen Miranda* podemos citar a polêmica biografia *A pequena notável – uma biografia não autorizada*, de Martha Gil Monteiro (Record, 1989); o fartamente ilustrado *Carmen Miranda*, de Cassio Emmanuel Barsante (Elfos, 1994); e o pequeno mas interessante livro de Luiz Henrique Saia, *Carmen Miranda* (Brasiliense, 1984). Em *Estrelas do cinema mudo – Brasil 1908/1930* (Ciec, ECO/UFRJ, MIS-RJ), com organização de Heloísa Buarque de Holanda e pesquisa de Maria Fernanda Bicalho e Patrícia Moran, é oferecido um amplo panorama da vida e da carreira das estrelas de nosso cinema mudo. Odete Lara* escreve a autobiografia precoce, *Eu nua – Odete Lara* (Civilização Brasileira, 1976), complementada posteriormente por *Minha jornada interior*. Já Tônia Carrero* fala sobre si em *Tônia Carrero – o monstro de olhos azuis* (L&PM, 1986).

A escritura cotidiana do cinema, chamada crítica, merece um espaço à parte. Vários críticos tiveram seus escritos reunidos em livros, fornecendo o panorama de uma carreira de acompanhamento da produção cinematográfica brasileira contemporânea. Paulo Emilio Salles Gomes teve seus trabalhos com viés crítico publicados em *Paulo Emilio – um intelectual na linha de frente* (Brasiliense/EMBRAFILME, 1986), organização de Carlos Augusto Calil e Maria Tereza Machado. Os artigos, em geral mais amplos, publicados no Suplemento Literário de *O Estado de S. Paulo*, foram editados em *Paulo Emilio – crítica de cinema no Suplemento Literário* (EMBRAFILME/Paz e Terra, 1983). Em *Cinema: trajetória no subdesenvolvimento* (Paz e Terra/EMBRAFILME, 1980), encontramos reproduzidos, entre outros, o já mencionado *Panorama do cinema brasileiro: 1896/1966*, assim como *Cinema: trajetória no subdesenvolvimento*, texto que exerceu influência fundamental na produção e na crítica cinematográficas do Brasil dos anos 60. Parte da crítica de

Francisco Luiz de Almeida Salles está presente em *Cinema e verdade – Marilyn, Buñuel, etc. por um escritor de cinema* (Companhia das Letras, 1988, organização de Carlos Augusto Calil; com índice remissivo). Também o poeta Vinicius de Moraes* teve sua fase de crítico de cinema reunida em *O cinema dos meus olhos* (Companhia das Letras, 1991, organização de Carlos Augusto Calil; com índice remissivo). Jean-Claude Bernardet publicou, em 1978, *Trajetória crítica* (Polis, 1978; com filmografia), um apanhado de críticas e ensaios publicados nos anos 60 e 70, e, também no mesmo esquema, *Piranha no mar de rosas* (Nobel, 1982). Em 1982, José Carlos Avellar edita uma seleção de suas críticas, publicadas entre 1973 e 1981, intitulada *Imagem e som, imagem e ação, imaginação* (Paz e Terra). O crítico carioca Ely Azeredo* teve algumas de suas críticas publicadas em *Infinito cinema* (Unilivros, 1988), e o crítico/cineasta paulista B. J. Duarte* publicou, pela Massao Ohno-Roswitha Kempf (1982), a trilogia *Caçadores de imagens*, *Lâmpada cialítica* e *À luz fosca do dia nascente*, com depoimentos, discursos, crônicas, mas não críticas. O crítico Carlos Ortiz* publicou, em 1954, *ABC cinematográfico – dicionário do cinema brasileiro* (Iris), explicitando alguns termos técnicos usados no Brasil. Sobre o autor temos também *Carlos Ortiz e o cinema brasileiro na década de 50*, reproduzindo algumas críticas, com uma entrevista, a partir de pesquisa e texto de Carlos Eduardo Ornelas Berriel, numa publicação do Idart/Secretaria Municipal de Cultura (1981). Os textos do influente crítico baiano Walter da Silveira foram reunidos em *A história do cinema vista da província*, com edição da Fundação Cultural do Estado da Bahia, em 1978 [Silveira também assinou *Fronteiras do cinema*, Tempo Brasileiro, 1966]. Em 1986, Heitor Capuzzo edita, pela Nova Stella, *O cinema segundo a crítica paulista*, com depoimentos de críticos como Almeida Salles, Inácio Araújo, Rubens Ewald, Rubem Biáfora*, Orlando Fassoni e outros. Em 1998, o jornalista Amir Labaki organiza *O cinema brasileiro: de O pagador de promessas a Central do Brasil* (Publifolha, 1998), reunindo críticas sobre filmes marcos do cinema brasileiro a partir dos anos 60. Dando um panorama da crítica de cinema em Recife nos anos 50, Luciana Araújo escreveu *A crônica de cinema no Recife dos anos 50* (Fundarpe, 1997). Também na mesma linha, Pedro Veriano publicou, em 1983, *A crítica de cinema em Belém* (Secretaria da Cultura, Desportos e

Turismo do Pará), e Fernando Spencer*, em 1989, *20 anos de cinema 1969/1989* (Ed. Bagaço). Sobre Cosme Alves Netto*, Glória Maria Barbosa e Maria Luiza Tambellini organizam *Velhos amigos, novas homenagens a Cosme Alves Netto* (Funarte/Secretaria de Cultura e Esporte do Distrito Federal, 1996), reunindo textos de amigos e críticos do eterno diretor da CINEMATECA DO MAM.

É necessário mencionar os quatro CD-ROMs realizados sobre cinema brasileiro, no auge da popularidade dessa mídia, que reuniram bom material que acabou sendo subaproveitado: de Jurandyr Noronha, *Pioneiros do cinema brasileiro – 1896 a 1936* (Melhoramentos, s.d.); a coletânea de textos e informações visuais intitulada *Em memória*, organizada pela CINEMATECA BRASILEIRA (CINEMATECA BRASILEIRA/ Ministério da Cultura, 1996); *Trajetória do curta brasileiro – filmografia 1986-1996*, organizado pela Kino Forum; *Cinema brasileiro anos 60 – uma câmera na mão, uma ideia na cabeça* (Rio Filme, Secretaria de Cultura do Rio de Janeiro, 1997), de José Carlos Avellar e Jorge Bodanzky*; e *Estudos sobre Limite*, uma realização do Laboratório de Investigação Audiovisual da UFF (1998). Nelas há uma abundância de material iconográfico que a emergência da questão dos direitos autorais iria impedir nas publicações dos anos 2000.

A década de 2000 apresenta um movimento editorial vigoroso na área de cinema brasileiro, com dezenas de livros publicados. Há que se destacar o significativo aumento na publicação de trabalhos com perfil acadêmico, originados em cursos de mestrado e doutorado. Atualmente, o principal eixo de pesquisa em cinema brasileiro está localizado em universidades, e a figura do pesquisador autônomo, tão forte nos anos 60 e 70, praticamente desapareceu. Alguns campos bibliográficos foram privilegiados, outros minguaram. Destaque pode ser dado à publicação de biografias (e autobiografias) de personalidades do cinema, principalmente diretores e atores, estimulada pelo ritmo seriado que a coleção Aplauso, da Imprensa Oficial do Estado de São Paulo, imprimiu. Dessa editora, podemos citar, entre outros, o bom levantamento levado a cabo por Maria do Rosário Caetano que faz Meirelles falar, na primeira pessoa, em *Fernando Meirelles – biografia prematura*; o trabalho similar feito por Carlos Alberto Mattos com Jorge Bodanzky em *Jorge Bodanzky – o homem com a câmera* e com Vladimir Carvalho em *Vladimir Carvalho – pedras na Lua e pelejas no Planalto*; a autobiografia de

Carlos Reichenbach*, *Carlos Reichenbach – o cinema como razão de viver*, colhida por Marcelo Lyra; a de João Batista de Andrade também por Maria Rosário Caetano em *João Batista de Andrade – algumas solidões e muitas histórias*; a de Guilherme de Almeida Prado* por Luiz Zanin Oricchio em *Guilherme de Almeida Prado – um cineasta cinéfilo*; a de David Cardoso* por Alfredo Sternheim* em *David Cardoso – persistência e paixão*; a de Fernanda Montenegro em *Fernanda Montenegro – a defesa do mistério*, por Neusa Barbosa; *Ivan Cardoso – o mestre do terrir*, por Remier; *Liberdade de imprensa – o cinema de intervenção*, de Renata Fortes e João Batista de Andrade; *Mauro Alice – um operário do filme*, de Sheila Schvarzman; *Alain Fresnot – um cineasta sem alma*, escrita pelo próprio Alain Fresnot*; *Mazzaropi – uma antologia de risos*, de Paulo Duarte; *Helvécio Ratton – o cinema além das montanhas*, de Pablo Villaça; *Luiz Carlos Lacerda – prazer & cinema*, de Alfredo Sternheim; *José Carlos Burle – drama na chanchada*, de Máximo Barro; *José Antonio Garcia – em busca da alma feminina*, de Marcel Nadale; *Raul Cortez – sem medo de se expor*, de Nydia Licia; *Rodolfo Nanni – um realizador presente*, de Neusa Barbosa; *Ugo Giorgetti – o sonho intacto*, de Rosane Pavan; *Ary Fernandes – sua fascinante história*, de Antonio Leão da Silva Neto; *Jece Valadão – também somos irmãos*, de Apoenam Rodrigues; *Anselmo Duarte – o homem da Palma de Ouro*, de Luiz Carlos Merten; *Paulo José – memórias substantivas*, de Tania Carvalho; *Miguel Borges – um lobisomem sai da sombra*, de Antonio Leão da Silva Neto; *Maurice Capovilla – a imagem crítica*, de Carlos Alberto Mattos; *Eva Wilma – arte e vida*, de Edla Van Steen; *Marisa Prado – A estrela, o mistério*, de Luiz Carlos Lisboa; *Gianfrancesco Guarnieri – um grito solto no ar*, de Sérgio Roveri; *Reginaldo Faria – o solo de um inquieto*, de Wagner Assis; *Betty Faria – rebelde por natureza*, de Tania Carvalho; *Dina Sfat – retratos de uma guerreira*, de Antonio Gilberto; *Ruth de Souza – estrela negra*, de Maria Angela de Jesus; *Walmor Chagas – ensaio para um homem indignado*, de Djalma Limongi Batista; *Ozualdo Candeias – pedras e sonhos no cinema da Boca*, de Moura Reis; *Ana Carolina Teixeira Soares – cineasta brasileira*, escrito por Evaldo Mocarzel, a partir de depoimento da diretora; e *Roberto Gervitz – brincando de Deus*, escrito pelo próprio Roberto Gervitz, a partir de depoimentos a Evaldo Mocarzel.

O conjunto de artistas e cineastas biografados nesse período é amplo e inclui também *Paulo Emilio no paraíso*, de José Inácio de Melo Souza (Record, 2002); *Nelson Pereira dos Santos*, de Darlene J. Sadlier (University of Illinois Press, 2003); *Alex Viany – crítico e historiador*, de Arthur Autran (Perspectiva, 2003); *Carmen – uma biografia*, de Ruy Castro (Companhia das Letras, 2005); *Na estrada – o cinema de Walter Salles* (PubliFolha, 2010), de Marcos Strecker; *Walter Lima Jr. – viver cinema*, de Carlos Alberto Mattos (Casa da Palavra, 2002); *Mazzaropi, o Jeca do Brasil*, de Glauco Barsalini (Átomo, 2002); *Genésio Arruda, um caipira de Vila Nery e o cinema sonoro*, de Névio Dias (Prefeitura de São Carlos/Icacesp, 2010); *Jogos de armar – a vida do solitário Mário Peixoto, o cineasta de Limite* (Lacerda Ed., 2000), de Emil Castro; *Oscarito, o riso e o siso* (Record, 2007), de Flávio Marinho; *O rei do cinema – a extraordinária história de Luiz Severiano Ribeiro, o homem que multiplicava e dividia* (Record, 2008), de Toninho Vaz; *Anselmo Duarte*, de Cristina Magalhães (Universidade Estácio de Sá, 2005); *David Cardoso – autobiografia do rei da pornochanchada* (Letra Livre, 2006), de Henrique Alberto de Medeiros Filho; *Grande Otelo – uma biografia* (Ed. 34, 2007), de Sergio Cabral; *A arte do ator Othon Bastos* (Cadernos Cineacademia, 2004), de Claudio M. Valentinetti; *Milton Gonçalves, um negro em movimento* (Cadernos Cineacademia, 2004), de Claudio Valentinelli; *Ankito – minha vida... meus amores* (Funarte), de Denise Casais Lima Pinto; *Leila Diniz – uma revolução na praia* (Companhia das Letras, 2008), de Joaquim Ferreira dos Santos; *Os adoráveis Trapalhões – histórias e curiosidades do quarteto mais famoso do Brasil* (Matrix, 2007), de Luís Joly e Paulo Franco. Sobre o trabalho de ator propriamente, quase não se publica no Brasil. A exceção, com foco no cinema brasileiro, é o interessante *O voo cego do ator no cinema brasileiro*, escrito por Nikita Paula (Annablume, 2001).

Algumas obras, com perfil enciclopédico, sobre personalidades do cinema brasileiro foram lançadas no período. Em *Quem é quem no cinema no Brasil* (EspaçoZ/FilmeB, 2003), de Paulo Sergio Almeida e José Maria Oliveira, estão compilados dados sobre cineastas em atividade no Brasil, com atualização na internet. Pequenas biografias e material iconográfico selecionado compõem *As grandes personagens da história do cinema brasileiro* (Fraiha), obra editada em três volumes (1930-1959;1960-1969. 1970-1979), com autoria de Eduardo Giffoni Flórido e, no último volume, Flávio Leandro de Souza. Antonio Leão da Silva Neto segue com sua produção de dicionarista, publicando *Dicionário de filmes brasileiros – longa metragem* (Ed. do Autor, 2002/2009) e *Dicionário de filmes brasileiros – curta e média metragem* (Ed. do Autor, 2006). Em 2009, Jurandyr Noronha lança seu *Dicionário Jurandyr Noronha do cinema brasileiro – 1896 a 1936 – do nascimento ao sonoro* (EMC Edições, 2009), mostrando sua vasta erudição no estilo dos antigos pesquisadores de cinema brasileiro que hoje não se fazem mais. Também no mesmo ano publica *O momento mágico*, livro de memórias em que relata episódios de sua vida, sempre envolvida com cinema. Ainda no setor de livro de referência, Zita Carvalhosa vem editando anualmente o *Guia Brasileiro de Festivais de Cinema e Vídeo*, mais recentemente chamado de *Guia Kinoforum de Festivais de Cinema e Vídeo*, com detalhada cobertura das dezenas de festivais que se espalham pelo Brasil.

Além dos livros com recorte biográfico, podemos mencionar, a partir de 2000, a publicação de pesquisas com foco na obra fílmica dos cineastas. Trata-se de uma tendência forte no Brasil contemporâneo, com bons livros como *Humberto Mauro e as imagens do Brasil* (Ed. Unesp, 2003), de Sheila Schvarzman; *O documentário de Eduardo Coutinho* (Zahar, 2004), de Consuelo Lins; *Câmera-faca, o cinema de Sérgio Bianchi* (Festival de Cinema Luso-brasileiro, Santa Maria da Feira, 2004), de João Luiz Vieira, *Quanto vale um cineasta brasileiro? Sergio Bianchi em palavras, imagens e provocações*, de Marcelo Soler (Garçoni, 2005); *Carmen Santos – o cinema dos anos 20* (Aeroplano, 2002), de Ana Pessoa; *O equilíbrio das estrelas – filosofia e imagens no cinema de Walter Hugo Khouri* (Annablume, 2001), de Renato Luiz Pucci Jr.; *Guel Arraes, um inventor no audiovisual brasileiro*, com organização de Yvana Fechine e Alexandre Figueirôa (Cepe, 2008); *Alberto Cavalcanti, o cineasta do mundo* (Ed. Teatral, 2005), de Sergio Caldieri; *Person por Person*, de Amir Labaki (2002, Ed. do Autor); *Walter Salles, uma entrevista*, de Carlos Helí Almeira (Festival de Cinema Luso-brasileiro, Santa Maria da Feira, 2002); *Eduardo Coutinho, o homem que caiu na real*, de Carlos Alberto Mattos (Festival de Cinema Luso-brasileiro, Santa Maria da Feira, 2003); *O que é ser diretor de cinema – memórias profissionais de Cacá Diegues*, de Maria Silvia Camargo

(Record, 2004); *Tizuka Yamasaki, a vida invade o cinema*, de Inimá Simões (Cadernos Cineacademia, 2004); *Meu compadre cinema – sonhos, saudades e sucessos de Nelson Pereira dos Santos* (Cadernos Cineacademia, 2004); *Hugo Carvana, adorável vagabundo*, de Regina Zappa (Relume Dumará, 2005); *Silvino Santos – o cineasta do ciclo da borracha*, de Marcio Souza (Funarte); *O cinema de Humberto Mauro*, de André Andries (Funarte); *Olney São Paulo e a peleja do cinema sertanejo*, de Angela José (Quartet, 1999). Firmino Holanda nos oferece um bom panorama da passagem de Orson Welles pelo Brasil, com foco em sua estadia no Nordeste para filmar *It's All True* em *Orson Welles no Ceará* (Fundação Demócrito Rocha, 2001). Em *Os cineastas – conversas com Roberto d'Ávila* (Bom Texto, 2002), Nelson Pereira dos Santos, Cacá Diegues, Walter Salles, Zelito Viana, Hugo Carvana e Bruno Barreto são entrevistados pelo apresentador de televisão, com depoimentos extensos.

A bibliografia sobre Glauber Rocha tem um forte incremento nos anos 90 e continua crescendo, embora em ritmo menos acelerado, nos anos 2000. Há de se destacar a reedição, em volumes com produção caprichada, de seus principais livros pela editora Cosac & Naify, dentre os quais podemos destacar a obra de juventude, *Revisão crítica do cinema brasileiro*, e as coletâneas de textos menores, mas não menos importantes, *O século do cinema* e *Revolução do Cinema Novo*. Em *Glauber Pátria Rocha Livre* (Senac, 2001), Gilberto Felisberto Vasconcellos consegue arrancar uma verve nacionalista mais simplista da retórica barroca glauberiana, ao conformá--la a demandas da esquerda brasileira na virada dos anos 2000. Claudio Valentinetti desenvolve alguns aspectos biográficos a partir da visão pessoal de um europeu italiano em *Glauber, um olhar europeu* (Instituto Lina Bo, 2002). Regina Mota recupera a carreira televisiva de Glauber e seu trabalho com a mídia eletrônica em *A épica eletrônica de Glauber – um estudo sobre cinema e TV* (UFMG, 2001). Teresa Ventura escreveu *A poética polytica de Glauber Rocha*, publicado em 2000 pela Funarte. Na coleção O Pensamento Vivo foi lançado, em 1987, o livro *O pensamento vivo de Glauber Rocha* (Martin Claret, 1987), contendo frases escolhidas de colegas sobre Glauber e do próprio diretor sobre si. De 1994, com certa precedência na bibliografia glauberiana, é *Glauber Rocha revisitado*, produto escrito na terra natal do cineasta e publicado pela editora da Useb (Universidade Estadual

do Sudoeste da Bahia). Em 2002, o filho caçula de Glauber, Eryk Rocha, publicou coletânea de entrevistas de setembro de 1971, período em que o diretor residiu em Cuba, intituladas *Rocha que voa* (Aeroplano). Alexei Bueno escreveu, em 2003, dentro de coleção organizada por Wally Salomão e Maria Caldas, *Mais fortes são os poderes do povo* (Manati), retomando algumas análises fílmicas e episódios conhecidos de sua biografia. José Roberto Arruda levanta alguns aspectos inéditos da vida do diretor ao escrever a biografia de sua mãe, Lúcia Rocha, intitulada *Lúcia, a mãe de Glauber* (Geração, 1999). Em *Glauber Rocha e a literatura de cordel – uma relação intertextual* (Edições Casa de Rui Barbosa, 2007), Sylvia Nemer desenvolve uma criteriosa análise fílmica, aprofundando o mapa das relações entre a obra de Glauber e a literatura de cordel, já apontada por outros autores.

Outro campo de publicações que teve trajetória ascendente nos anos 2000 foi o de roteiros de filmes. Surgem também livros-álbuns sobre filmes, como decorrência de esquemas de divulgação em produções maiores. Também nesse caso, é intensa a presença da Imprensa Oficial do Estado de São Paulo, capitaneada pelo crítico Rubens Ewald. No caso de filmes que tiveram seus roteiros publicados, podemos destacar o roteiro de *Cidade de Deus* em *Cidade de Deus – o roteiro do filme*, de Bráulio Mantovani, Fernando Meirelles e Anna Luiza Müller (Objetiva, 2003); da obra não realizada de Joaquim Pedro de Andrade em *Casa-grande, senzala & Cia.*, de Joaquim Pedro de Andrade com organização de Ana Maria Galano (Aeroplano, 2001); do também não filmado *Outono, o jardim petrificado, scenario*, de Saulo Pereira de Melo e Mário Peixoto (Aeroplano, 2002); do concluído *Capitu*, de Lygia Fagundes Telles e Paulo Emilio Salles Gomes (Cosac & Naify, 2008; primeira edição, Siciliano, 1993); do clássico *O Bandido da Luz Vermelha*, de Rogério Sganzerla (Imprensa Oficial, 2008); de *O invasor* (Geração, 2002), em livro assinado por Marçal Aquino, que traz também o romance que deu origem ao roteiro; de *Bicho de sete cabeças*, de Luiz Bolognesi* (Editora 34, 2002); de *Três vezes Rio*, de Nelson Pereira dos Santos (Rocco, 1999), livro reunindo três roteiros-chave de Nelson Pereira (*Rio 40 graus*, *Rio Zona Norte* e *O amuleto de Ogum*). Também são publicados o bom roteiro de *De passagem*, de Ricardo Elias e Cláudio Yosida (Imprensa Oficial, 2005); *Durval Discos*, de Anna Muylaert* (Papagaio, 2003); *Cruz e Souza, o poeta do*

Desterro (Sette Letras, 2001), de Sylvio Back; *O homem que virou suco – roteiro de João Batista de Andrade*, de Ariane Abdallah e Newton Cannito (Imprensa Oficial, 2005); *A partilha*, de Miguel Falabella e Daniel Filho (Objetiva, 2001); *Dias melhores virão*, de Cacá Diegues (Record); *Louco por cinema*, de André Luiz Oliveira (Fundação Cultural do Distrito Federal); *A Guerra dos Pelados*, de Sylvio Back (Annablume); *Abril despedaçado*, de Pedro Butcher e Anna Luiza Muller (Companhia das Letras, 2002); *Amores possíveis*, de Paulo Halm (Objetiva, 2001); *Lance maior*, de Sylvio Back (Imago); *O signo da cidade, roteiro de Bruna Lombardi*, de Bruna Lombardi (Imprensa Oficial, 2008); *Onde andará Dulce Veiga?*, de Guilherme de Almeida Prado (Imprensa Oficial, 2008); *Meu tio matou um cara e outras histórias*, de Jorge Furtado (L&PM, 2004); *Quanto vale ou é por quilo?*, de Sérgio Bianchi, Newton Cannito e Eduardo Benaim (Imprensa Oficial, 2008); *Lost Zweig – os últimos dias de Stefan Zweig no Brasil*, de Sylvio Back e Nicholas O'Neill (Imago); *O Caçador de Diamantes de Vittorio Capellaro – o primeiro roteiro completo do cinema brasileiro*, de Máximo Barro (Imprensa Oficial, 2004); *O caso dos irmãos Naves – roteiro original comentado por Jean-Claude Bernardet*, de Luís Sérgio Person e Jean-Claude Bernardet (Imprensa Oficial, 2004); *Bens confiscados*, de Daniel Chaia e Carlos Reichenbach (Imprensa Oficial, 2005); *Villa-Lobos, roteiro*, de Zelito Viana e Joaquim Assis (2001); *Cabra Cega – o caminho do filme, do roteiro de Di Moretti às telas*, de Toni Venturi e Ricardo Kauffman (Imprensa Oficial, 2005), *Narradores de Javé*, de Eliana Caffé* e Luis Alberto de Abreu (Imprensa Oficial, 2005); *Dois Córregos – verdades submersas no tempo*, de Carlos Reichenbach (Imprensa Oficial, 2005); *Como fazer um filme de amor*, de Luiz Moura e José Roberto Torero (Imprensa Oficial, 2004); *A dona da história*, de João Falcão, João Emanuel Carneiro e Daniel Filho* (Imprensa Oficial, 2004); *Bossa nova*, de Alexandre Machado e Fernanda Young (Ediouro, 2000); *Batismo de sangue* (Imprensa Oficial, 2008); *Estômago*, de Lusa Silvestre, Marcos Jorge e Cláudia da Natividade (Imprensa Oficial, 2008); *O ano que meus pais saíram de férias*, de Claudio Galperin, Bráulio Mantovani, Anna Muylaert e Cao Hamburger (Imprensa Oficial, 2008); *O céu de Suely*, de Karim Aïnouz*, Felipe Bragança e Maurício Zacharias (Imprensa Oficial, 2008); *Chega de saudade*, de Luiz Bolognesi (Imprensa Oficial, 2008); *Feliz*

Natal, de Selton Mello* e Marcelo Vidicatto (Imprensa Oficial, 2009); *Cidade dos Homens*, de Paulo Morelli e Elena Soárez (Imprensa Oficial, 2008); *Zuzu Angel*, de Sérgio Rezende e Marcos Bernstein (Imprensa Oficial, 2006); *Os 12 trabalhos*, de Claudio Yosida e Ricardo Elias (Imprensa Oficial, 2008), entre outros. Trata-se de um número significativo de publicações que retratam a valorização da atividade do roteirista no Brasil e a descoberta de um nicho editorial que viabiliza a divulgação de seu trabalho.

Também se destaca a edição de uma série de manuais de roteiro, nacionais e internacionais, dentre os quais mencionamos o trabalho profissional, com corte irônico, levado a cabo por Newton Cannito e Leandro Saraiva em *Manual de roteiro – ou manuel, o primo pobre dos manuais de cinema e TV* (Conrad, 2004). Em *O poder do clímax – fundamentos do roteiro de cinema e TV* (Record), Luiz Carlos Maciel apresenta os princípios estruturais na elaboração de um roteiro, com foco na questão do clímax dramático. O livro clássico nesse campo, na bibliografia nacional, é *Da criação ao roteiro*, de Doc Comparato*, amplo manual para roteirista que teve muito sucesso desde sua primeira edição em 1993 (foi publicado inicialmente em espanhol em 1992). Ainda no quesito "livros sobre filmes" podemos destacar *Carandiru, registro geral*, luxuosa edição com texto e produção de Mario César Carvalho, publicada em 2003 pela Wide Publishing, e *Sobre o filme Lavoura arcaica*, assinado por Luiz Fernando Carvalho* (Ateliê Editorial, 2002), também em edição caprichada, transcrevendo debate sobre o filme realizado em 2001. Daniel Caetano, em *Serras da desordem*, publica alguns ensaios sobre o longa-metragem que marcou o retorno de Andrea Tonacci (Azougue, 2008). Em *Lua de outubro – a aventura do primeiro filme do Mercosul* (Sulina, 1997), Mario Arregui, Henrique de Freitas Lima e Alfredo Sirkis reuniram originais de Mario Arregui e roteiro da grande produção gaúcha que acabou não decolando. Em *Gênese de Deus e o diabo na terra do sol* (Annablume, 2006), Josette Monzani realiza um levantamento minucioso em fontes primárias sobre a realização do segundo longa-metragem de Glauber Rocha.

Além dos roteiristas, também os cineastas, principalmente diretores, publicaram uma série de livros nos últimos dez anos. São livros que versam sobre suas atividades profissionais ou demonstram suas capacidades literárias em outros setores (o ensaio poético, por exemplo). Eduardo Escorel, por exemplo, mostra sua veia de crítico e analista em *Adivinhadores de água* (Cosac & Naify, 2005). David Neves teve sua atividade crítica mapeada e publicada por Carlos Augusto Calil em *David E. Neves – telégrafo visual, crítica amável de cinema* (Ed. 34, 2004). Cacá Diegues dá longo depoimento sobre a profissão para Maria Silvia Camargo em *O que é ser diretor de cinema? Memórias profissionais de Cacá Diegues* (Record, 2004). Diversas entrevistas de Eduardo Coutinho foram reunidas em *Encontros – Eduardo Coutinho* (Azougue, 2009). Também Alex Viany tem diversas entrevistas e alguns textos publicados em *O processo do Cinema Novo*, em edição organizada por José Carlos Avellar (Aeroplano, 1999). Saulo Pereira de Mello, continuando a reunir a obra de Mário Peixoto, publica em 2000, com amplos comentários, *Mário Peixoto – escritos sobre cinema*. Também de Mário Peixoto foi publicado *Poemas de permeio com o mar* (Aeroplano, 2002), com parte da produção poética do cineasta. Utilizando o amplo material iconográfico que dispõe em seus arquivos, Ivan Cardoso publica em 2004, pela Funarte, *De Godard a Zé do Caixão*. Júlio Bressane publica em 2005 *Fotodrama* (Imago), pequena coletânea com textos próprios de viés mais pessoal. Em linha de exploração ensaística, Bressane também publicou, em 2000, *Cinemancia* (Imago, 2000). Seu parceiro de geração, Rogério Sganzerla, teve carreira de crítico na juventude, com uma série de textos publicados em jornais. Em *Por um cinema sem limite* (Azougue, 2001) sente-se o pulso da escrita do diretor, voltada para temas candentes em sua obra. Em *Rogério Sganzerla – Encontros* (Azougue, 2007), Roberta Canuto organiza edição com textos diversos, entrevistas e depoimentos. João Batista de Andrade escreveu *O Povo Fala – um cineasta na área de jornalismo na TV brasileira* (Editora do Senac, 2002), sobre sua experiência no jornalismo televisivo durante os anos negros da ditadura.

Em *50 anos luz, câmera e ação* (Senac, 1999), Edgar Moura* nos fornece com generosidade os segredos da profissão que exerce com talento em tantos filmes. Também Jorge Monclar escreve sobre fotografia de cinema em *O diretor de fotografia* (Ed. Solutions Comunicações). Outro técnico, o montador Eduardo Leone, escreve sobre montagem em *Reflexões sobre a montagem cinematográfica*, publicado pela Editora da UFMG em 2005. Em 2003, a Azougue publica uma coletânea de textos de Fernando Cony Campos intitulada *Cinema – sonho e lucidez*. Também na linha de transmitir sua experiência de diretor e roteirista, Jorge Furtado escreveu, em 1992, *Um astronauta no Chipre*, livro que contém os roteiros de *Ilha das Flores, Esta não é a sua vida* e *A matadeira*.

A questão do som e da música no cinema vem adquirindo justificado espaço, seja em congressos de estudos de cinema, seja em publicações técnicas. Podemos destacar os seguintes livros, com maior ou menor foco em cinema brasileiro: *Som-imagem no cinema*, de Luiz Adelmo Manzano (Perspectiva, 2003), obra com recorte teórico; *Vocês ainda não ouviram nada – a barulhenta história do cinema mudo*, de Celso Sabadin (Summus, 2009); *A música do cinema – os 100 primeiros anos*, de João Máximo (Rocco, 2003); *Nas trilhas do cinema brasileiro*, com organização de Rafael de Luna Freire (Light/TelaBrasilis, 2009); *O som no cinema brasileiro*, de Fernando Morais Costa (Sette Letras, 2008), e sua obra anterior, de 1992, *Música popular – teatro e cinema* (Vozes). De Ney Carrasco é publicado *Sygkhronos – a formação da poética musical do cinema* (Via Lettera, 2003).

Recentemente, tem-se dado mais destaque à economia do cinema. Significativa, nessa direção, é a edição, por Alessandra Meleiro, de *Indústria cinematográfica e audiovisual brasileira* (Escrituras, 2010), em três volumes (vol. 1 – *Cinema e políticas de Estado*; vol. 2 – *Cinema e economia política*; vol. 3 – *Cinema e mercado*). A mesma autora já havia se lançado em outra iniciativa editorial ampla, com recorte temático similar, ao publicar, em cinco volumes, *Cinema no mundo, indústria, política e mercado* (Escrituras, 2007), com divisão por continentes. O segundo volume é dedicado à América Latina, com textos abordando a situação brasileira. *O cinema e a produção*, de Chris Rodrigues (DP&A Editora, 2002), tem abordagem prática nos ensinando a produzir um filme. Com *Cinema – desenvolvimento e mercado* (Aeroplano, 2003), Paulo Sérgio Almeida e Pedro Butcher publicam obra sobre mercado cinematográfico aproveitando dados recolhidos por sua empresa. O mercado gaúcho é abordado por Leandro Valiati em *Economia da cultura e cinema – notas empíricas sobre o Rio Grande do Sul* (Terceiro Nome, 2010), a partir de pesquisa que recebeu prêmio para publicação do Ministério da Cultura. Com a mesma premiação é também editada, pela Terceiro Nome, em 2010, *O filme nas telas – a distribuição do cinema nacional*, importante pesquisa sobre tema deixado para trás na bibliografia nacional, e *Entre lanternas mágicas e cinematógrafos – as origens do espetáculo cinematográfico em Porto Alegre 1861/1908*, sobre os primórdios do cinema gaúcho. A conservação e a preservação de obras cinematográficas, aspecto essencial para qualquer cinematografia que se preze, é abordada em *Manuseio de películas cinematográficas – procedimentos utilizados na Cinemateca Brasileira*, de Fernanda Coelho (Imprensa Oficial, 2006). Também sobre a CINEMATECA BRASILEIRA podemos destacar a obra histórica *A Cinemateca Brasileira, das luzes aos anos de chumbo*, de Fausto Douglas Correa Jr. (Unesp, 2010), abordando as duas primeiras fases da CINEMATECA BRASILEIRA, entre 1937 e 1959 e depois no período 1957-1968. Sobre direitos autorais, tema muito atual, Ivana Có Crivelli escreve *Direitos autorais na obra cinematográfica*, amplo estudo apresentando fundamento técnico e saber jurídico (Letras Jurídicas, 2008). Cobrindo o campo terminológico do cinema, com utilização em traduções, podemos citar o trabalho original de Adriana Lopes em *Vocabulário para cinema – inglês/português*, livro de 2004 publicado pela SBS Editora.

Críticos de cinema não se caracterizam pela produção de textos mais extensos. Mas diversos deles tiveram suas críticas cotidianas e pequenos ensaios reunidos em coletâneas. Podemos destacar a coletânea organizada por Alessandro Gamo com as críticas de Jairo Ferreira no *São Paulo Shimbun* que recebeu o título de *Jairo Ferreira – críticas de invenção: os anos do São Paulo Shimbun* (Imprensa Oficial, 2006). Também os críticos cariocas José Lino Grünewald e Antonio Moniz Vianna tiveram suas críticas publicadas pela Companhia das Letras, em caprichado trabalho de organização levado a cabo por Ruy Castro: *Antonio Moniz Vianna – um filme por dia, crítica de choque* (2004) e *José Lino Grünewald – um filme é um filme, o cinema de vanguarda dos anos 60* (2001). Também de Grünewald surge a coletânea com ensaio e críticas, *Vertentes do cinema moderno – inventores e mestres* (Pontes, 2003), organizada por José Armando Pereira da Silva e Rolf de Luna Fonseca. Parte da extensa obra crítica de Rubem Biáfora foi reunida em *Críticas de Rubem Biáfora – a coragem de ser*, organizadas por Carlos M. Motta (Imprensa Oficial, 2006). Ely Azeredo teve nova coletânea com suas críticas publicada em 2010, em edição cuidadosa do Instituto Moreira Salles e título de *Olhar crítico – 50 anos*

de cinema brasileiro. O gaúcho Enéas de Souza, crítico que demonstra olhar arguto suficiente para detectar camadas profundas da estilística cinematográfica, teve republicado seu clássico *Trajetórias do cinema moderno* (2007, Prefeitura Municipal de Porto Alegre), com edição original de 1965. Trata-se de livro consistente que pode ser valorizado para além de ênfase regionalista. Em *Sublime obsessão* (2003), também com edição da Prefeitura de Porto Alegre, está reunida a produção crítica de Tuio Becker, com seleção e organização de Marcus Mello. Ainda em edição municipal na capital gaúcha (Unidade), podemos destacar *A crítica de cinema em Porto Alegre* (2008), resultado de cuidadosa pesquisa de doutorado de Fatimarlei Lunardelli. Também sobre a crítica gaúcha foi publicado, em 1997, *Cadernos de cinema de P. F. Gastal*, trabalho extenso organizado pelo pesquisador Tuio Becker, em 1996, sobre o crítico Paulo Fontoura Gastal (iniciando a coleção Escritos de Cinema, patrocinada pelo município de Porto Alegre). Na mesma coleção, e no mesmo ano, também seria publicado, de Jacob Koutzii e Flávio Loureiro Chaves (org.), *A tela branca – a crítica de Plínio Moraes*, sobre o crítico gaúcho, e *Nas primeiras fileiras*, de Hiron Cardoso Goidanich, o Goida, outro crítico de renome no Sul, com fortes ligações com o Clube de Cinema gaúcho. Ainda um outro gaúcho teve seus escritos sobre cinema publicados em *O reino da imagem* (Unidade, 2002), obra que reúne a produção crítica de Hélio Nascimento. Um dos principais críticos de cinema paraibano, Barreto Neto, reúne obra em *Cinema por escrito*, com organização de Silvio Osias (A União, 2010). O crítico baiano André Setaro também compôs livro com seus escritos de quarenta anos de atividade: *Escritos sobre cinema*, coletânea editada pela Azougue (2010), com bela edição em três volumes. Antonio Gonçalves Filho teve sua crítica cinematográfica reunida em *A palavra náufraga – ensaios sobre cinema* (Cosac & Naify, 2005). Em *Os melhores filmes novos – 290 filmes comentados e analisados* (Contexto, 2009), Luciano Ramos reúne sua produção crítica de atualidade, acompanhando os lançamentos entre 2005 e 2008. Jean-Claude Bernardet teve seus escritos reunidos por Laura Bacqué, Maria Dora Mourão e Maria do Rosário Caetano em *Jean-Claude Bernardet, uma homenagem* (Imprensa Oficial, 2007). A obra de Anatol Rosenfeld vai além da crítica de cinema, mas não se pode esquecer sua produção nessa área. Em *Na Cinelândia paulista* (Perspectiva, 2002),

Nanci Fernandes organiza um panorama da obra de Rosenfeld em crítica de filmes que surpreende por sua extensão. Também de Anatol Rosenfeld, em *Cinema – arte e indústria* (Perspectiva, 2009), são reunidos ensaios mais extensos sobre cinema, publicados na revista *Íris* ou inéditos.

Outro filão forte na bibliografia do cinema brasileiro são as publicações de recorte regionalista, com ênfase nas produções de cada estado. Em função da proximidade entre a vida do crítico e a produção local, a lente pode fazer o grão crescer. De todo modo, o movimento é forte e o estudo com foco regionalista parece ser o espaço em que pesquisadores de cinema brasileiro movem-se mais à vontade. Muitas vezes, as publicações são de difícil rastreamento, sustentadas por editoras sem circulação nacional. Destaque pode ser dado ao cinema gaúcho, que provoca amplos debates locais sobre sua especificidade. Carlos Gerbase* e Cristiane Freitas Gutfreind organizaram, em 2010, *Cinema gaúcho – diversidades e inovações*, publicada pela Editora Sulina. Luiz Carlos Merten publica, sobre o mesmo tema, *A aventura do cinema gaúcho* (Ed. Unisinos, 2002). Ainda sobre cinema gaúcho, temos a boa análise fílmica de *Vento Norte* desenvolvida por Glênio Póvoas em *Vento Norte – história e análise do filme de Salomão Scliar* (Unidade/Prefeitura de Porto Alegre, 2002) e as cuidadosas pesquisas de Fatimarlei Lunardelli, *Como éramos jovens – história do Clube de Cinema de Porto Alegre* (Unidade, 2000). A crítica de cinema em Porto Alegre na década de 1960 (Porto Alegre: Secretária Municipal de Cultua/Editora de UFRGS, 2008). Os pernambucanos às vezes são chamados de gaúchos do Nordeste, e sua reflexão sobre a produção local não fica atrás no tom. Além do livro de Luciana Araújo, já citado, Alexandre Figueirôa publica, pela Prefeitura da Cidade de Recife, em 2000, *Cinema pernambucano, uma história em ciclos*. O mesmo autor publicará em 2004, com edição da Assembleia Legislativa do Estado de Pernambuco, *O cinema em Pernambuco*. Também sobre o Ciclo de Recife e a modernização da cidade, há *Sob a luz do projetor imaginário*, de Eduardo Duarte, publicado pela Editora Universitária da UFPE em 2000. Em publicações patrocinadas pela Fundação Joaquim Nabuco, Paulo Cunha faz levantamento exaustivo dos escritos de Jota Soares em *Relembrando o cinema pernambucano – dos arquivos de Jota Soares* (2006) e Bertino Silva apresenta sua visão do que é *O mundo fantástico do cinema* (2005), com foco paralelo no cinema pernambucano (o prefácio é do cineasta Fernando Spencer). Ainda sobre o Ciclo de Recife, Paulo Cunha lança, em 2010, pela Editora da UFPE, *A utopia provinciana – Recife, cinema melancolia*, com foco que busca ir além do cinema. Abordando a forte produção contemporânea em Recife, Amanda Mansur Custódio Nogueira escreveu *O novo ciclo de cinema em Pernambuco – a questão do estilo*, com lançamento em 2010, também pela Editora da UFPE.

A representação cinematográfica do Rio de Janeiro é motivo para os cariocas declararem o amor à cidade em *O Rio de Janeiro que Hollywood inventou*, de Bianca Freire-Medeiros (Zahar, 2005), com foco maior no cinema norte-americano, e *O Rio no cinema*, de Antonio Rodrigues (Nova Fronteira, 2008), com abordagem mais horizontal, incluindo a filmografia nacional. Suzana Cristina de Souza Ferreira escreve sobre o significado do cinema para a cidade em *Cinema carioca nos anos 30 e 40 – os filmes musicais nas telas da cidade* (Annablume, 2003) e Thalita Ferraz descreve a ocupação do bairro da Tijuca pelo cinema em *A segunda Cinelândia carioca – cinemas, sociabilidade e memória na Tijuca* (Multifoco, 2005). Em Minas Gerais, em 2008, Paulo Augusto Gomes lança *Pioneiros do cinema em Minas Gerais* (Crisálida), gênero de pesquisa regional importante, mas raro nos últimos anos. Também no mesmo recorte histórico, temos, de Raymundo Nonato da Silva Fonseca, *"Fazendo fita" – cinematógrafos, cotidiano e imaginário em Salvador, 1897-1930* (Edufba, 2002), e a boa pesquisa contida em *O cinema invadiu a Athenas – a história do cinema ambulante em São Luís 1898-1909*, de Marcos Fábio Belo Matos (Func, 2002). Ainda em Minas Gerais, a produção crítica do Centro de Estudos Cinematográficos de Minas Gerais foi mapeada na bela coletânea *Presença do CEC – 50 anos de cinema em Belo Horizonte* (Crisálida), organizada por Mário Alves Coutinho e Paulo Augusto Gomes. Também sobre o CEC e a ampla cinefilia mineira, o crítico Carlos Armando escreveu o detalhado *Os adoradores de filmes* (Autêntica, 2004). Com foco no conceito de "mineiridade" e nas especificidades da vida intelectual em Minas Gerais, Elysabeth Senra de Oliveira escreve *Uma geração cinematográfica – intelectuais mineiros da década de 50* (Annablume, 2003). Ainda em Minas, Luiz Nazario organizou o *Catálogo Filmoteca Mineira* (Escola de Belas Artes UFMG, 2004), com acervo de filmes em Minas

Gerais e suas condições de preservação. Sobre o novo cinema brasiliense, Raquel Maranhão Sá nos apresenta o extenso e bem documentado *Cineastas de Brasília*, de 2003, publicado pela Secretaria de Cultura do Distrito Federal. Em São Paulo, Waldir Salvadore escreveu *São Paulo – cinema e sociedade nos anos 50 e 60*, trabalho com origem acadêmica que consegue bom foco no recorte fílmico proposto. Sobre a produção cinematográfica da pequena burguesia paulista, conhecida como "Cinema da Boca", tivemos publicada a tese de Nuno César Abreu *Boca do Lixo, cinema e classes populares* e a bem cuidada obra de referência *Cinema da Boca – dicionário de diretores*, de Alfredo Sternheim (Imprensa Oficial, 2005). Ainda sobre a Boca, Ozualdo Candeias registra com sua lente a região em plena efervescência, e todos ainda muito jovens, em *Uma rua chamada Triunfo* (Ed. do Autor, 2001). *São Carlos, no escurinho do cinema (1897/1997)* (Ed. do Autor, 2009), de Marco Antonio Leite Brandão, traz pesquisa em fontes primárias e depoimentos pessoais sobre exibição cinematográfica na cidade. *Vera Cruz – imagens e histórias do cinema brasileiro* é livro de Sérgio Martinelli que, em cuidadosa impressão, se aproveita do amplo material iconográfico da produtora paulista. Em *O rural no cinema brasileiro* (Aeroplano, 2003), Célia Aparecida Ferreira Tolentino estabelece um recorte diferenciado no regionalismo, percorrendo horizontalmente, a partir da análise fílmica, o Brasil que existe fora das grandes metrópoles.

No campo da pesquisa histórica, diversos trabalhos foram publicados, embora nenhum com perfil horizontal mais amplo. Talvez a exceção seja *Cinema brasileiro – das origens à Retomada* (Fundação Perseu Abramo, 2005), de Sidney Ferreira Leite, de fôlego curto. Dentro dos trabalhos centrados em períodos, podemos destacar *Imagens do passado – São Paulo e Rio de Janeiro nos primórdios do cinema* (Senac, 2004), de José Inácio de Melo Souza, com cuidadosa pesquisa sobre como se configurou o primeiro cinema no Brasil. Em *Artes e manhas da Embrafilme* (EdUFF, 2000), Tunico Amâncio debruça-se sobre a produção da estatal brasileira de cinema em seu período mais fértil, lidando com uma produção até hoje bastante desconhecida em sua amplitude. *Propaganda e cinema a serviço do golpe* (Mauad, 2001), de Denise Assis, contém consistente pesquisa sobre o período que antecedeu o golpe militar de 1964 no Brasil, com amplo levantamento de fontes audiovisuais que ilustram a ideologia que

sustentou o movimento, particularmente no Ipes. Na coletânea organizada por Anita Simis, *Cinema e televisão durante a ditadura militar – depoimentos e reflexões* (Cultura Acadêmica, 2005), o cinema do período militar é abordado, junto com textos sobre televisão. O período do Estado Novo e seu contexto totalitário, com interface aberta para a produção cinematográfica e de cinejornais, é traçado por Cassio dos Santos Tomais em *Janela da alma: cinejornal e Estado Novo – fragmentos de um discurso totalitário* (Annablume, 2006). Ainda sobre Estado Novo, temos *O cinema como "agitador de almas" – Argila, uma cena do Estado* (Annablume, 1999), competente estudo de Cláudio Aguiar Monteiro que apresenta boa análise fílmica com recorte histórico. Também sobre o período estado-novista, com foco parcial no cinema, José Inácio de Melo Souza escreveu *O Estado contra os meios de comunicação* (Annablume, 2003). Monica Rugai Bastos aborda a criação da ATLÂNTIDA e sua época áurea em *Tristezas não pagam dívida* (Olho D'água, 2001).

A pós-modernidade no cinema brasileiro, com foco principalmente nos anos 80, é o tema de *Cinema brasileiro pós-moderno – o neon-realismo* (Sulina, 2009), escrito por Renato Luiz Pucci Jr., a partir de sua tese de doutorado. Também sobre cinema brasileiro na década de 80, o psicanalista Tales A. M. Ab'Sáber lançou o interessante *A imagem fria – cinema e crise do sujeito no Brasil dos anos 80* (Ateliê, 2003). Afrânio Catani aborda a produção da MARISTELA, a partir de pesquisa que desenvolveu durante anos, no livro *A sombra da outra – a Cinematográfica Maristela e o cinema industrial paulista dos anos 50* (Panorama, 2002). A produção bibliográfica sobre a chanchada não mantém, na década de 2000, o ritmo de anos anteriores, mas é editado o bom trabalho *Paródia & chanchada – imagens do Brasil na cultura das classes populares* (Eduel, 2005), de Willian Reis Meirelles. Em *Um cinema brasileiro antropofágico?* (Annablume, 2008), Guiomar Ramos trabalha a noção de antropofagia no cinema brasileiro a partir de análise fílmica centrada em obras da primeira metade dos anos 70. Flávio Reis, em *Cenas marginais* (Ed. do Autor, 2005), realiza análise autoral, trabalhando com filmes de Glauber, Sganzerla e Bressane. André Parente e Fernando Cocchiarale apresentam o cinema experimental brasileiro em película, com ensaios reunidos em *Filmes de artista – Brasil 1965-80* (Contracapa, 2007), obra desenvolvida a partir de mostra.

Pedro Simonard ousa publicar sobre Cinema Novo, tema muito discutido mas sobre o qual poucos pesquisadores arriscam uma visão de conjunto, em *A geração do Cinema Novo – para uma antropologia do cinema* (Mauad X, 2006). Ismail Xavier retoma alguns temas clássicos sobre cinema dos anos 60 na coletânea de textos seus *O cinema brasileiro moderno* (Paz e Terra, 2001). Em *O cinema brasileiro – The Films From Brazil: de O pagador de promessas a Central do Brasil* (Publifolha, 1998), Amir Labaki reúne críticas publicadas no jornal *Folha de S.Paulo*, por críticos diversos que escreveram no jornal, a partir dos anos 60. Dentro de um recorte particular que rende frutos, Alexandre Figueirôa escreve *Cinema Novo – a onda do jovem cinema e sua recepção na França* (Papirus, 2004). Sobre a produção imagética da Comissão Rondon, Fernando de Tacca escreveu *A imagética da Comissão Rondon – etnografias fílmicas estratégicas* (Papirus, 2001).

Sobre o chamado Cinema da Retomada, referindo-se ao período que se segue à paralisia da produção nacional no início dos anos 90, há bibliografia mais ampla. Luiz Zanin Oricchio escreve *Cinema de novo – um balanço crítico da Retomada* (Estação Liberdade, 2003), abordando de modo crítico o período. Em *O Cinema de Retomada* (Editora 34, 2002), Lúcia Nagib apresenta vasto material coletado em depoimentos de cineastas importantes dos anos 90. Pedro Butcher oferece pequeno panorama dessa produção em *Cinema brasileiro hoje*, da coleção Folha Explica (Publifolha), com publicação em 2005. Denilson Lopes organizou coletânea intitulada *Cinema dos anos 90* (Argos, 2005), na qual alguns artigos pensam o cinema brasileiro da época. Com foco especificamente no cinema brasileiro, Daniel Caetano organiza *Cinema brasileiro 1995-2005 – ensaios sobre uma década* (Azougue, 2005). O crítico uberabense Guido Bilharinho publica bastante, tendo escrito diversas obras a partir de recorte cronológico, como *O cinema brasileiro nos anos 50 e 60* (2009), *O cinema brasileiro nos anos 70* (2007), *O cinema brasileiro nos anos 80* (2002), *O cinema brasileiro nos anos 90* (2000), além de um *Cem anos de cinema brasileiro* (1997), todos pelo Instituto Triangulino de Cultura.

Especificamente para o curta-metragem, Oswaldo Caldeira*, Sérgio Sanz e Manfredo Caldas escrevem o breve *Contribuição à história do curta-metragem brasileiro* (Ed. do Autor, 2003). Sobre cinema de animação tivemos publicado, de

Alberto Lucena Júnior, *Arte da animação – técnica e estética* (Senac, 2001), embora sem foco no cinema brasileiro, seguindo o livro pioneiro de Antonio Moreno (já citado). A bibliografia sobre salas de cinema tem muitas vezes recorte regionalista, abordando estados brasileiros. Nela sentimos a força e a influência que a imagem cinematográfica exerceu, quando ainda era exclusiva desses verdadeiros templos da imagem. Dentre os livros, podemos destacar: *No tempo das matinês – emoções no cinema de bairro*, de Diamantino Silva, Umberto Losso e Kendi Sakamoto (Ed. Laço, 2007); *Arquitetura do espetáculo – teatros e cinemas na formação da Praça Tiradentes e da Cinelândia*, de Evelyn Furquim Werneck Lima (Ed. UFRJ, 2000); *A sala dos sonhos*, de Carlos Armando (Ed. C/Arte, 1999); *The End – cinema de calçada em Porto Alegre*, de Cristiano Zanella (Ideias a Granel, 2006); *Salas de cinema – cenários porto-alegrenses*, de Susana Gastal (Unidade Editorial, 1999); *Cine Marabá – o cinema no coração de São Paulo*, de Julio Simões (Clube de Autores, 1999); *Salas de sonhos – história dos cinemas de Campo Grande*, de Marinete da Costa Gomes Pinheiro (Ed. da UFMS, 2008), seguido por *Volume II – Salas de sonhos – memórias dos cinemas de Mato Grosso do Sul*, da mesma autora.

Ainda sobre o tema cinema brasileiro, mas sem ênfase cronológica de períodos, podemos destacar as coletâneas *Cinco mais cinco – os maiores filmes brasileiros em bilheteria e crítica* (Legere, 2007), assinada pelos críticos Rodrigo Fonseca, Luiz Carlos Merten e o cineasta Cacá Diegues; *Cinema brasileiro: três olhares*, de Marco da Silva Graça, Sergio Botelho do Amaral e Sônia Goulart (EdUFF, 1997), com perfil mais histórico; *A utopia no cinema brasileiro* (Cosac & Naify, 2007), de Lucia Nagib, com corte ensaístico. Sobre filme de cangaço, Maria Rosário Caetano organizou *Cangaço, o Nordestern no cinema brasileiro* (Avathar, 2005), coletânea sobre a produção com textos de Lucila Ribeiro Bernardet, Walnice Nogueira Galvão, Ruy Guerra, entre outros. Ainda sobre cangaço temos, de Marcelo Dídimo, *O cangaço no cinema brasileiro* (Annablume, 2010). O movimento de cineclubes teve contada sua história em *Cineclubismo, memórias dos anos de chumbo*, escrito pela cineclubista Rose Clair (Luminária, 2008). Na coletânea *Congressos, patriotas e ilusões e outros ensaios de cinema* (Ed. do Autor, 2005), José Inácio de Melo e Souza nos apresenta pesquisa sobre os primeiros congressos de

cinema no Brasil dos anos 50, além de outros ensaios. O Centro de Pesquisadores do Cinema Brasileiro teve sua história narrada em *Memória da memória, uma história do Centro de Pesquisadores do Cinema Brasileiro*, com edição organizada por Carlos Alberto Mattos, Carlos Brandão, José Tavares de Barros e Myrna Brandão, sem editora e patrocinada pela Petrobras. Em *O Brasil dos gringos – imagens no cinema* (Intertexto, 2000), Tunico Amâncio realiza levantamento sobre imagens do Brasil em filmes estrangeiros, encontrando algumas preciosidades. *O cinema brasileiro em cartaz* (PimentaDesign & Comunicação, 2007) é obra fartamente ilustrada que mostra o trabalho do artista plástico, autor de cartazes-chave da filmografia nacional, Fernando Pimenta.

O tema de classes e do "popular" no cinema não está hoje tão em evidência como já esteve, mas duas obras debruçaram-se sobre o assunto: *Cultura popular no cinema brasileiro dos anos 90*, de Marina Soler Jorge (Ed. Arte e Cultura, 2009), e *Popular Cinema in Brazil (1930-2001)*, Manchester University Press, 2004, das brasilianistas Stephanie Dennison e Lisa Shaw, em que o conceito "popular" é mais trabalhado no sentido de filme de grande público. Temas caros ao recorte dos "estudos culturais", como a questão racial ou de gênero no cinema, encontram repercussão em escritos sobre cinema brasileiro. Robert Stam tem traduzida para o português sua obra de referência no tema, *Multiculturalismo tropical – uma história comparativa da raça na cultura e no cinema brasileiro* (Edusp, 2008). Jeferson De traz a temática para o Brasil em *Jefferson De – Dogma Feijoada, o cinema negro brasileiro*, publicado pela Imprensa Oficial em 2005. Em *A personagem homossexual no cinema brasileiro* (EdUFF, 2001), Antonio Moreno desenvolve ampla análise de gênero com foco em alguns dos principais filmes brasileiros. *A diversidade cultural vai ao cinema* (Autêntica, 2006) é coletânea organizada por Inês Assunção de Castro Teixeira e José de Sousa Miguel Lopes que busca pensar a questão da alteridade cultural ao lado da desigualdade social. A coletânea *Cinema, globalização e interculturalidade* (Argos, 2010), de Andréa França e Denilson Lopes, trabalha com conceitos caros ao culturalismo norte-americano, trazendo, em alguns textos, pitadas da teoria que se debruça em questões da subjetividade.

Alguns outros núcleos temáticos fortes têm se delineado na bibliografia de cinema brasileiro nos últimos anos. Os trabalhos sobre cinema documentário parecem ter ocupado um espaço de destaque na década de 2000. Se até o final da década podíamos localizar em *Cineastas e imagens do povo*, de Jean-Claude Bernardet, a única obra sobre o tema, a situação hoje não parece ser a mesma. Além das obras com corte biográfico centradas na produção documentária de Humberto Mauro e Eduardo Coutinho, já citadas, há ampla produção de corte mais horizontal sobre o documentário brasileiro e diversos estudos trabalhando com referencial teórico. Em *Espelho partido – tradição e transformação do documentário* (Azougue, 2004), Silvio Da-Rin apresenta estudo sobre a produção documentária no século XX com olhar histórico. Francisco Elinaldo Teixeira conseguiu reunir bons textos sobre o documentário brasileiro na coletânea *Documentário no Brasil – tradição e transformação* (Summus, 2004). A coletânea *Ensaios no Real – o documentário brasileiro hoje* (Azougue, 2010) de Cezar Migliorin, oferece um panorama conceitual bem característico do pensamento sobre documentário no Brasil, no final da primeira década do milênio. Vladimir Carvalho reúne textos e entrevistas para publicá-los em *Cinema candango – matéria de jornal* (Cinememória, 2002), trazendo um painel amplo de suas atividades escritas. Em *Aruanda – jornada brasileira* (UFPB Editora, 2003), com organização de João Lima Soares, são apresentados textos diversos homenageando João Ramiro de Melo* e Rucker Vieira. Duas coletâneas reúnem textos de importantes pensadores do cinema documentário, oferecendo, em português, um panorama de questões perenes e diretores indispensáveis: *O cinema do real*, organizado por Maria Dora Mourão e Amir Labaki (Cosac & Naify, 2005) e *Teoria contemporânea do cinema – documentário e narratividade ficcional*, organizado por Fernão Pessoa Ramos (Senac, 2004). Em *Roteiro de documentário* (Papirus, 2009), Sergio Puccini escreve sobre roteiro de documentário, desfazendo alguns mitos sobre o assunto. Em *Filmar o real – sobre o documentário brasileiro contemporâneo* (Zahar, 2008), Consuelo Lins e Cláudia Mesquita apresentam panorama da cena documentária brasileira, com corte teórico característico da produção acadêmica dominante. Em *Introdução ao documentário brasileiro* (Francis, 2006), Amir Labaki também faz um curto apanhado da produção nacional. Seu trabalho à frente do FESTIVAL É TUDO VERDADE surge retratado em *É tudo cinema – 15 anos de "É Tudo*

Verdade" (Imprensa Oficial, 2010), em que aproveita para fornecer um panorama da produção contemporânea a partir de sua vivência pessoal. Encontramos as críticas jornalísticas de Labaki em *É tudo verdade – reflexões sobre a cultura do documentário* (Francis, 2005). Karla Holanda realiza em *Documentário nordestino, mapeamento, história e análise* (Annablume, 2008), significativo levantamento da produção documentária contemporânea no Nordeste, em obra com ampla pesquisa de fontes primárias. Com abordagem mais teórica, podemos destacar *Nem tudo é verdade! Produção simbólica e construção do real no documentário*, de Luiz Carlos Lucena (Ativa, 2007); *Documentário, realidade e semiose – os sistemas audiovisuais como fontes de conhecimento*, de Hélio Godoy (Annablume, 2001); e *Mas afinal... o que é mesmo documentário?*, de Fernão Pessoa Ramos (Senac, 2008). O cinema latino-americano nunca constituiu prioridade para os pesquisadores brasileiros e poucas são as obras que relacionam a produção nacional com países fronteiriços. Em *Olhares desinibidos – o novo documentário ibero-americano (2000/2008)* (Governo de Espanha, 2009), Paulo Antonio Paranaguá nos apresenta um interessante panorama da produção documentária na península Ibérica e na América Latina, incluindo o Brasil.

"História e cinema" (mas não "história do cinema") é um tema que parece ter virado moda recentemente, com vários historiadores se debruçando sobre filmes como quem trabalha com fontes primárias. Em *Cinematógrafo, um olhar sobre a história* (Edufba/Unesp, 2009), Jorge Nóvoa, Soleni Fressato e Kristian Feigelson apresentam uma série de pensadores que se dedicaram a pensar o tema. *A história vai ao cinema – vinte filmes brasileiros comentados por historiadores* (Record, 2001), tem organização de Mariza de Carvalho Soares e Jorge Ferreira, sendo coletânea pioneira no campo. Com uma leitura próxima da análise fílmica, filmes brasileiros são comentados por pesquisadores com formação metodológica em História. Também Jorge Nóvoa, junto com José d'Assunção Barros, organiza, em 2007, *Cinema e história – teoria e representações sociais no cinema* (Apicuri), com foco maior em cinema brasileiro. Dennison de Oliveira é historiador que vem pensando o tema e lançou, em 2010, *O túnel do tempo – um estudo de história e audiovisual* (Juruá). *Canibalismo dos fracos – cinema e história do Brasil* (Edusp, 2002) é tentativa de Alcides Freire Ramos em aprofundar

alguns tópicos relativos à representação cinematográfica, em cotejo próximo com a história do Brasil. Em *História e cinema – dimensões históricas do audiovisual* (Alameda, 2007), Maria Helena Capelato, Eduardo Morettin, Marcos Napolitano e Elias Thomé Saliba organizam coletânea que aborda questões metodológicas mais caras ao historiador que à história do cinema. Com lente similar, em abordagem mais ampla, *Cinema – lanterna mágica da história e da mitologia* é editado em Santa Catarina (Editora da UFSC, 2009) tendo como organizadores Anelise Reich Corseuil, Fátima Sebastiana Gomes Lisboa, Henrique Luiz Pereira Oliveira e Maria Cecília de Miranda Nogueira Coelho. Com recorte metodológico parecido, Bernardo Jefferson de Oliveira descobre a história da ciência no cinema relacionando filmes a conteúdos relevantes da ciência, em *História da ciência no cinema* (Argumentum, 2005) e *História da ciência no cinema 2, o retorno* (Argumentum, 2007). Também na encruzilhada entre cinema e ciências, explorando filmes sobre o tema, foi publicado *Ciência em foco – o olhar pelo cinema*, de Gabriel Cid de Garcia e Carlos A. Q. Coimbra (Garamond, 2008).

Outro campo que possui boa publicação bibliográfica é a educação, ou pedagogia, em sua relação com o cinema. Em 2003, pela Annablume, Maria Eneida Fachini Saliba publicou o interessante *Cinema contra cinema – o cinema educativo de Canuto Mendes (1922-1931)*, abordando a primeira visão mais teórica do cinema no Brasil, carregada pelo viés educativo. *Como usar o cinema em sala de aula* (Contexto, 2004), de Marcos Napoletano, apresenta ideias para implementar a utilização do cinema como ferramenta pedagógica, trazendo diversos exemplos fílmicos, incluindo filmes brasileiros. Na mesma linha podemos também citar *A escola vai ao cinema*, boa coletânea com organização de Inês Assunção de Castro Teixeira e José de Sousa Miguel (Autêntica, 2003); *A infância vai ao cinema* (Autêntica, 2006), dos mesmos autores mais Jorge Larrosa; e *Cinema & educação*, também pela Editora Autêntica, 2002, de Rosália Duarte.

As relações entre cinema e futebol foram trabalhadas por Luiz Zanin Oricchio em *Cinema e futebol no Brasil – fome de bola*, publicado pela Imprensa Oficial em 2006. Victor Andrade de Melo publica sobre o tema *Cinema e esporte – diálogos* (Aeroplano, 2006) e *O esporte vai ao cinema*, juntamente com Fabio Peres (Senac, 2005). Sobre o assunto, Melo publica também, com Marcos Alvito, *Futebol por todo o mundo – diálogos com o cinema* (Editora FGV, 2006), e *Esporte e cinema – novos olhares*, com Maurício Drumond (Apicuri, 2009), coletânea que compreende também a América Latina.

Outro bloco temático que surpreende na bibliografia sobre cinema brasileiro é o das relações entre cinema e literatura. Robert Stam teve traduzida obra de referência nesse campo, intitulada *A literatura através do cinema* (Editora UFMG, 2008), detendo-se em clássicos da literatura brasileira adaptados para o cinema, como *Macunaíma, Memórias póstumas de Brás Cubas, A hora da estrela*. Em *O chão da palavra – cinema e literatura no Brasil* (Rocco, 2007), José Carlos Avellar percorre ampla gama de títulos adaptados e ideias sobre cinema, realizando obra de extensão horizontal. Em *Cinematizações – ideias sobre literatura e cinema* (Círculo de Brasília, 2007), Renato Cunha desenvolve também estudos de caso em cinema brasileiro, apresentando desenvolvimentos teóricos. João Batista Brito também avança na teoria em *Literatura no cinema* (Unimarco, 2006) analisando algumas obras nacionais. A francesa Sylvie Debs teve traduzida para o português sua obra sobre cinema e literatura brasileira intitulada *Cinema e literatura no Brasil: os mitos do sertão, emergência de uma identidade nacional* (Interarte, 2007).

A questão das novas tecnologias e do cinema digital tem percorrido a bibliografia nacional em diversas áreas. Mais especificamente sobre o tema, às vezes passando ao largo da inflexão do evolucionismo tecnológico, podemos citar *A hora do cinema digital – democratização e globalização do audiovisual*, de Luiz Gonzaga Assis de Luca (Imprensa Oficial, 2009); *Diálogos sobre a tecnologia do cinema brasileiro*, de Paulo B. C. Schettino (Ateliê Editorial, 2007), e *Cinema digital, um novo cinema?*, de Luiz Gonzaga Assis de Luca (Imprensa Oficial, 2004). Com corte evolutivo na visão do cinema, e ênfase na questão tecnológica, podemos citar, de Arlindo Machado, *Pré-cinemas & pós-cinemas* (Papirus, 1997). Também *Transcinemas* (Contracapa, 2009), coletânea com organização de Katia Maciel, apresenta textos com inflexão nesse tema, abordando o cinema que quer ir além da tela.

A reflexão em teoria do cinema tendo como pano de fundo o cinema brasileiro cresceu bastante nos últimos dez anos, com diversos títulos publicados. A influência dominante adquire tintura pós-estruturalista com colorações deleuzianas. Podemos

notar grupos de pesquisadores, principalmente no Rio de Janeiro e em Minas Gerais, produzindo nessa direção. No caso carioca, pode-se citar Rogério Luz, que, com *Filme e subjetividade* (Contracapa, 2002), exerce ampla influência na bibliografia centrada nos dilemas do estatuto da subjetividade. Em linha similar podemos lembrar *Terras e fronteiras, no cinema político contemporâneo*, de Andrea França (Sette Letras, 2003); *Poeta herói, idiota – o pensamento de cinema no Brasil*, de Katia Maciel (N Imagem, 2000); *Cinema brasileiro (anos 60-70), dissimetria, oscilação e simulacro*, de Claudio Costa (Sette Letras, 2000), e textos da coletânea *Ecos do cinema – de Lumière ao digital*, de Ivana Bentes (Editora da UFRJ, 2007). Também a coletânea *Imagem contemporânea – cinema, TV, documentário, fotografia, videoarte, games...*, de Beatriz Figueiredo (Hedra, 2009), caminha nessa direção. Em *O terceiro olho*, de Francisco Elinaldo Teixeira, encontramos três ensaios em cinema brasileiro marcados por questionamentos típicos da narrativa moderna. Julio Cabrera é um argentino que pensa a encruzilhada entre cinema e filosofia de modo original, com presença residual do cinema brasileiro. Em 2006, publicou pela Editora Rocco o seu *O cinema pensa – uma introdução à filosofia através dos filmes*, tradução de livro homônimo publicado em 1999 pela Editora Gedisa de Barcelona. Em *O olhar e a cena* (Cosac & Naify, 2003), Ismail Xavier reúne ensaios dispersos, buscando pensar a representação cinematográfica a partir de conceitos como melodrama e alegoria. Bernadette Lyra e Gelson Santana encontram um bom recorte para trabalhar com a produção brasileira contemporânea nos dois volumes da coletânea *Cinema de bordas*, publicados pela Editora A Lápis, respectivamente em 2006 e 2008. Com corte psicanalítico, podemos citar o livro de Dinara Machado Guimarães, *A voz na luz – psicanálise e cinema* (Garamond, 2004), a coletânea organizada por Giovanna Bartucci (*Psicanálise, cinema e estéticas de subjetivação* – Imago, 2000) e o livro de Sérgio Telles (*O psicanalista vai ao cinema* – Casa do Psicólogo, 2004), contendo passagens e textos que abordam cinema brasileiro. Em *Teoria contemporânea do cinema, vol. I – Pós-estruturalismo e filosofia analítica* (Senac, 2004), Fernão Pessoa Ramos reúne ensaios, alguns trabalhando com cinema brasileiro, que traçam panorama da teoria de cinema com análises inspiradas em bibliografia analítica e pós-estrutural. Importante bibliografia sobre pesquisa em cinema brasileiro foi

reunida nas diversas coletâneas lançadas pela SOCINE (Sociedade Brasileira de Estudos de Cinema) nos anos 2000. Nesse sentido, destacamos: o primeiro volume, *Estudos de Cinema II e III* (Annablume, 1999), com organização de Fernão Pessoa Ramos; o segundo, *Estudos de Cinema 2000* (Sulina, 2002), com organização de Fernão Pessoa Ramos, Maria Dora Mourão, Afrânio Catani e José Gatti; o terceiro, *Estudos Socine de Cinema Ano III* (Sulina, 2003), com organização de Mariarosaria Fabris, João Guilherme Barone e outros; o quarto, *Estudos Socine de Cinema ano IV* (Panorama, 2003), com organização de Afrânio Catani, Wilton Garcia e outros; *Estudos Socine de Cinema ano V* (Panorama, 2004), com organização de Mariarosaria Fabris, Afrânio Catani e outros; *Estudos de Cinema Socine ano VI* (Nojosa, 2005), com organização de Maria Rosaria Fabris, Wilton Garcia e Afrânio Catani; *Estudos de Cinema Socine* (Annablume, 2006), com organização de Rubens Machado, Rosana Lima Soares e Luciana Corrêa; *Estudos de Cinema Socine* (Annablume, 2007), com organização de Rubens Machado, Rosana de Lima Soares e Luciana Correa de Araújo; e *Estudos de Cinema Socine ano IX*, com organização de Esther Hamburgo, Gustavo Souza, Leandro Mendonça e Tunico Amâncio (Annablume, 2008). Em 2010, a SOCINE colocou em seu site mais coletâneas, contendo comunicações de seu encontros: "X Estudos de Cinema e Audiovisual", organizado por Mariarosaria Fabris, Gustavo Souza, Rogério Ferraz, Leonardo Mendonça e Gelson Santa; e "XI Estudos de Cinema Audiovisual", organizado por Samuel Paiva, Laura Cánepa e Gustavo Souza. (FPR)

LOMBARDI, Ugo – Roma, Itália, 1911-2002. Fotógrafo.

FILMOGRAFIA: 1936 – *Joel il Rosso* (produção estrangeira) (fot.). 1938 – *Pietro Micca* (produção estrangeira) (fot.); *Equatore* (produção estrangeira) (fot.); *Terra di nessuno* (produção estrangeira) (fot.). 1939 – *Piccolo hotel* (produção estrangeira) (fot.); *Montevergine* (produção estrangeira) (fot.); *Levedi come sei... Lo vedi come sei?* (produção estrangeira). 1941 – *La forza bruta* (produção estrangeira) (fot.); *I mariti* (produção estrangeira) (fot.); *L'amore canta* (produção estrangeira) (fot.); *Luna di miele* (produção estrangeira) (fot.); *Margherita fra i tre* (produção estrangeira) (fot.). 1942 – *Mater dolorosa* (produção estrangeira) (fot.); *La principessa del sogno* (produção estrangeira) (fot.);

La guardia del corpo (produção estrangeira) (fot.). 1943 – *La prigione* (produção estrangeira) (fot.); *Il fidanzato di mia moglie* (produção estrangeira) (fot.); *Totò nella fossa dei Leoni* (produção estrangeira); *Due cuore le breve* (produção estrangeira). 1943-1946 – *Nono mandamento: não desejar* (*Desidério*) (produção estrangeira) (fot.). 1946 – *O Águia Negra* (*Aquila Nera*) (produção estrangeira) (fot.). 1947 – *El alarido* (produção estrangeira). 1948 – *Maria de los reyes* (produção estrangeira); *O guarani* (produção estrangeira); *Caçula do barulho* (fot.). 1950 – *Somos dois* (fot.). 1951 – *Hóspede de uma noite* (dir.). 1952 – *Areão* (fot.). 1953 – *Uma pulga na balança* (fot.); *Esquina da ilusão* (fot.); *É proibido beijar* (fot., dir.); *El curioso impertinente* (produção estrangeira). 1957 – *Rebelião em Vila Rica* (fot.). 1959 – *Maria 38*. 1960 – *Dona Violante Miranda* (fot.); *Samba em Brasília* (fot.); *Virou bagunça* (fot.); *Três colegas de batina* (fot.). 1960-1961 – *Teus olhos castanhos* (fot.). 1962 – *Um morto ao telefone* (fot.). 1963 – *A desforra* (fot.).

Em 1928 ingressa no cinema italiano, trabalhando como assistente de câmera em cinejornais*. Mais tarde, no período sonoro, é promovido a diretor de fotografia em *Nono mandamento: não desejar*, sob direção de Roberto Rossellini. Chega ao Brasil, em 1948, para filmar *O guarani*, cinebiografia de Carlos Gomes, de produção italiana e sob direção de Riccardo Freda. A seguir, ambos são contratados pela ATLÂNTIDA* e realizam a comédia *Caçula do barulho*. Radica-se no Rio de Janeiro e faz carreira de iluminador no cinema carioca, trabalhando em produções articuladas por um grupo de italianos, reunidos na NOVA TERRA FILMES, em que realizam a adaptação do romance *Iracema*, sob direção de Vittorio Cardinali. Foi fotógrafo de *Somos dois*, filme dirigido por Milton Rodrigues*. Estreia na direção com a comédia *Hóspede de uma noite*. A seguir, muda-se para São Paulo e filma *Areão*, sob direção de seu conterrâneo Camillo Mastrocinque. Na VERA CRUZ*, fotografa *Uma pulga na balança*, de Luciano Salce*, e *Esquina da ilusão*, de Ruggero Jacobbi, e dirige sua segunda comédia: *É proibido beijar*. Fotografa *Rebelião em Vila Rica*, primeiro filme colorido realizado nos estúdios da VERA CRUZ, uma produção da BRASIL FILMES, sob direção dos irmãos gêmeos Geraldo Santos Pereira* e Renato Santos Pereira. Despede-se da cidade com a fotografia da comédia *Dona Violante Miranda*, de Fernando de Barros*. Retorna ao Rio de Janeiro contratado pela PRODUÇÕES WATSON MACEDO, onde fotografa para

o produtor e diretor Watson Macedo* os filmes *Três colegas de batina* (este sob direção de Darcy Evangelista), *Samba em Brasília*, *Virou bagunça* e *Um morto ao telefone*. Encerra sua atividade, a seguir, com a fotografia de outro filme com direção de um estrangeiro, Gino Palmisano, de Alexandria (Egito). É pai da estrela televisiva Bruna Lombardi. Morreu em São Paulo em 6 de julho. (LFM)

LOPES, Xuxa (Maria Luiza de Souza Dantas Lopes) – Rio de Janeiro, RJ, 1953. Atriz.

FILMOGRAFIA: 1973-1975 – *Assuntina das Américas*. 1977 – *Snuff, vítimas do prazer*. 1977-1978 – *Pequenas taras*. 1979 – *Memórias do medo*. 1979-1980 – *Prova de fogo*. 1980 – *O beijo no asfalto*; *Bonitinha mas ordinária*. 1982 – *Das tripas coração*. 1983 – *Águia na cabeça*. 1985 – *Fonte da saudade* (1º episódio: 'Bárbara'). 1986-1987 – *Sonho de Valsa*. 1987 – *Sonhos de menina-moça*. 1995 – *O lado certo da vida errada*. 1997-1998 – *Coração iluminado*. 1999-2000 – *Amélia*. 2002 – *Gregório de Mattos*.

De estilo interpretativo contido e tipo esguio e incomum, constrói carreira irregular, associada a projetos de caráter mais autoral. Após estudos na Inglaterra, retorna ao Rio de Janeiro em 1971, entrando em contato com o meio teatral, em especial através dos integrantes da peça *A China é azul*. Passa a trabalhar como modelo e a estudar no Tablado. Ingressa em vários grupos teatrais, destacando-se no de Ilo Krugli. A estreia no cinema se dá em *Assuntina das Américas*, de Luiz Rosemberg Filho*, jamais exibido comercialmente. No final dos anos 70 começa a ganhar certa projeção, participando de montagens históricas como *Prometeu acorrentado*, com Rubens Correa, e *Hedda Gabler*, com Dina Sfat*. Após separar-se do marido, o ator Carlos Vereza*, protagoniza junto a Cláudio Marzo* o filme *Memórias do medo*, de Alberto Graça. Tem rápidas passagens pela televisão em seriados e novelas. Atua no curta *A Nélson Rodrigues*, rodado por Haroldo Marinho Barbosa* em 1978. O encontro com a cineasta Ana Carolina* muda sua trajetória artística, proporcionando-lhe reconhecimento crítico pelos desempenhos em *Das tripas coração* e *Sonho de Valsa*. Depois de longo hiato, em que se dedica principalmente ao teatro, volta a filmar nos anos 90 em *Coração iluminado*, dirigida pelo cineasta Hector Babenco* em um dos principais papéis de sua carreira. (HH) Nos anos 2000, trabalha novamente com Ana Carolina em *Amélia* e depois em

Gregório de Mattos. Trabalhou como atriz em curtas ficcionais como *A mulher do Corpo Santo* (1979), dirigida por Haroldo Marinho Barbosa. Atua também sob a direção de Daisy Newlands em *Qualquer semelhança é mera coincidência* (1981) e *Reflexo* (1991).

LOUREIRO, Oswaldo (Oswaldo Loureiro Filho) – Rio de Janeiro, RJ, 1932. Ator.

FILMOGRAFIA: 1938-1944 – *Romance proibido*. 1939-1943 – *Inconfidência Mineira*. 1942-1943 – *O brasileiro João de Sousa*. 1943 – *É proibido sonhar*. 1947 – *Asas do Brasil*. 1959 – *Um caso de polícia!*. 1962 – *Sonhando com milhões*; *O quinto poder*; *Os mendigos*. 1964 – *Pedro e Paulo* (coprodução estrangeira); *Morte em três tempos*; *Manaus, glória de uma época* (coprodução estrangeira). 1965 – *Uma rosa para todos* (produção estrangeira). 1967 – *Mineirinho, vivo ou morto*; *O homem nu*. 1968 – *Máscara da traição*. 1968-1969 – *Os herdeiros*. 1971 – *Confissões de frei Abóbora*. 1977 – *Um brasileiro chamado Rosaflor*. 1978 – *O sol dos amantes*. 1980 – *O beijo no asfalto*. 1982 – *Bar Esperança, o último que fecha*; *Parahyba Mulher Macho*. 1983 – *Atrapalhando a suate*; *Para viver um grande amor*. 1987 – *Leila Diniz*; *Sexo frágil*; *Rádio Pirata*. 1998 – *Simão, o fantasma trapalhão*.

Em sua carreira, alterna papéis cômicos e dramáticos. Na televisão, atua numa série de novelas desde sua estreia em 1969. Na TUPI, divide o estrelato com Eva Wilma* em *Revolta dos anjos* (1972-1973), de Carmen Silva, e na GLOBO destaca-se em papel cômico em *Cambalacho* (1986), de Sílvio de Abreu. No teatro, é diretor de *shows* de Jô Soares* e de outros artistas desde os anos 70 e também ator e diretor de espetáculos de puro divertimento. No cinema, começa ainda criança a partir do início da década de 40. Na época dos estúdios cariocas participa de filmes da CINÉDIA*, *Romance proibido*, de Adhemar Gonzaga*; da BRASIL VITA FILME*, *Inconfidência Mineira*, de Carmen Santos*; e da ATLÂNTIDA*, *É proibido sonhar*, de Moacyr Fenelon*. Em sua participação de maior destaque representa o papel de João de Souza criança, em *O brasileiro João de Souza*, do diretor Bob Chust, única produção da CINEX. Adolescente, volta a trabalhar com Fenelon, em *Asas do Brasil*. A partir de seu trabalho na comédia policial *E é um caso de polícia?!*, de Carla Civelli, faz carreira de ator em papéis de coadjuvante. Atua nas produções mais comerciais, como *Sonhando com milhões*, de

Eurides Ramos*; *Os mendigos*, de Flávio Migliaccio*; *Morte em três tempos*, de Fernando Cony Campos*. É o ator principal do suspense policial *O quinto poder*, com direção de Alberto Pieralisi*. Coadjuvante, participa das produções estrangeiras filmadas no Brasil *Pedro e Paulo*, do argentino Angel Acciaresi; *Manaus, glória de uma época*, do alemão radicado no Brasil Francisco Eichorn; e *Uma rosa para todos*, do italiano Franco Rossi. Trabalha também em outros filmes nacionais, como *Mineirinho, vivo ou morto*, de Aurélio Teixeira*; *O homem nu*, de Roberto Santos*; e *Máscara da traição*, de Roberto Pires*. Faz pequena participação no filme *Os herdeiros*, do cinemanovista Carlos Diegues*. Na década de 70, entre os poucos filmes de que participa estão *Confissões de frei Abóbora*, de Braz Chediak*, e *Um brasileiro chamado Rosaflor*, de Geraldo Miranda. Em seu melhor papel, representa um coronel fazendeiro no filme rural *O sol dos amantes*, de Geraldo Santos Pereira*. Na década de 80 interpreta o repórter em busca de notícia sensacionalista em *O beijo no asfalto*, de Bruno Barreto*, baseado na peça homônima de Nélson Rodrigues*. Faz mais uma série de papéis como coadjuvante em *Bar Esperança, o último que fecha*, de Hugo Carvana*; *Parahyba Mulher Macho*, de Tizuka Yamasaki*; e *Para viver um grande amor*, de Miguel Faria Jr.*. Participa de várias comédias voltadas ao público infantil e adolescente, desempenhando em algumas o papel de vilão, como *Atrapalhando a suate*, de Vítor Lustosa* e Dedé Santana*; *Leila Diniz*, de Luiz Carlos Lacerda*; *Sexo frágil*, de Jessel Buss; *Rádio Pirata*, de Lael Rodrigues; e *Sonho de verão*, de Paulo Sérgio Almeida. (LFM)

LOUZEIRO, José (José de Jesus Louzeiro) – São Luís, MA, 1932. Roteirista.

FILMOGRAFIA: 1975 – *Os amores da pantera*. 1977 – *Lúcio Flávio, o passageiro da agonia*. 1978 – *Amor bandido*; *O caso Cláudia*. 1979 – *Parceiros da aventura*. 1979-1980 – *O fruto do amor*. 1981 – *O sequestro*; *Escalada da violência*. 1982 – *Estranhas relações*. 1983 – *O sedutor fora de série*; *O desejo da mulher amada*. 1984 – *Noite*. 1985 – *O homem da capa preta*. 1995-1996 – *Quem matou Pixote?*.

Muda-se para o Rio de Janeiro em 1954. Inicia imediatamente carreira de repórter. A seguir, trabalha em vários jornais. Em 1969 é editor do jornal literário *Jornal do Escritor*. Também se dedica à carreira literária, publicando os livros de contos: *Depois da luta* (1958) e *Judas arrependido* (1968); a novela *Acusado de homicídio/*

Ponte sem aço (1960); e a biografia de André Rebouças (1968). Conquista sucesso popular com seus romances-reportagens *Aracelli meu amor* (1975) e *O estranho hábito de viver* (1978), entre outros. No cinema, a partir da segunda metade da década de 70, colabora numa série de roteiros baseados em fatos reais. Em seu primeiro trabalho para a tela, escreve o roteiro de *Os amores da pantera*, filme de Jece Valadão*, que explora o caso do assassinato de uma jovem *socialite* mineira conhecida nacionalmente. Posteriormente publica o romance batizado com o mesmo título do filme. Seu segundo filme como roteirista, *Lúcio Flávio, o passageiro da agonia*, de Hector Babenco*, baseia-se em seu livro homônimo sobre o famoso bandido carioca. O terceiro longa, *Amor bandido*, ambientado nos *bas-fonds* cariocas (regiões das boates e inferninhos de Copacabana), tem história baseada em ideia do diretor Bruno Barreto*. Com base em argumento do escritor João Felício dos Santos, roteiriza o drama *Parceiros da aventura*, única experiência do fotógrafo José Medeiros* na direção de um longa. Hector Babenco volta a trabalhar sobre história de sua autoria ao adaptar seu romance *Infância dos mortos* (1977) para o filme *Pixote, a lei do mais fraco* (1980). Com o filme de ficção científica *O fruto do amor*, inicia sua colaboração com o diretor Milton Alencar Jr. Baseado no livro homônimo de Valério Meinel, escreve, em parceria com este, o roteiro de *O sequestro*, de Victor Di Mello. Roteiriza uma série de filmes para o diretor Alencar Jr.: o policial *Escalada da violência*; as comédias eróticas *Estranhas relações* e *O sedutor fora de série*; e o drama *O desejo da mulher amada*. Colabora com o diretor no roteiro de *Noite*, filme de Gilberto Loureiro, em história ambientada em Porto Alegre, baseado em original de Érico Veríssimo. É também roteirista de *O homem da capa preta*, de Sérgio Rezende*, cinebiografia do político populista fluminense Tenório Cavalcanti. Escreve também, por algum tempo, séries para a televisão. O diretor José Joffily* filma a vida de Fernando Ramos da Silva com a colaboração de Louzeiro no roteiro e também como personagem dele mesmo. O filho José Moreau Louzeiro trabalha no cinema desde os anos 80 na função de técnico de som. (LFM)

LUCCHETTI, Rubens F. (Rubens Francisco Lucchetti) – Santa Rita do Passa Quatro, SP. 1934. Roteirista.

FILMOGRAFIA: 1967 – *O estranho mundo de Zé do Caixão* (1º episódio: 'O fabricante de bonecas'; 2º episódio:

'A tara'; 3º episódio: 'A ideologia'). 1969-1983 – *O despertar da besta*. 1970 – *A marca da ferradura*; *Sexo e sangue na trilha do tesouro*. 1971 – *Finis Hominis*; *A herdeira rebelde*. 1972 – *Quando os deuses adormecem*. 1974 – *O exorcismo negro*. 1975 – *A estranha hospedaria dos prazeres*. 1976 – *Inferno carnal*. 1977-1978 – *Delírios de um anormal*. 1977-1981 – *O segredo da múmia*. 1978 – *O mundo, mercado do sexo*. 1984-1986 – *As sete vampiras*. 1986 – *Chapeuzinho Vermelho*; *Joãozinho e Maria*. 1988 – *O Gato de Botas extraterrestre*. 1989-1991 – *O escorpião escarlate*. 2005 – *Um lobisomen na Amazônia*.

Um dos raros roteiristas de filmes populares, o único com carreira nos filmes tupiniquins de terror. Sempre viveu no interior paulista, na região de Ribeirão Preto. Nessa cidade funda, com Bassano Vaccarini, o CENTRO EXPERIMENTAL DE CINEMA em 1960. Realizam, entre 1961 e 1962, em animação, *Abstrações*, *Cosmos voo cósmico*, *Viagem à Lua* e *Estudos*. Começa no cinema profissional com José Mojica Marins*, de quem se torna colaborador frequente, também na televisão. Para Mojica escreve os roteiros de *O estranho mundo de Zé do Caixão*, na linha de terror, e o mais ambicioso projeto artístico de ambos, *Ritual de sádicos*, filme de talento incomum que permanece proibido por quase quinze anos pela censura, sendo lançado com o novo título de *O despertar da besta*, em 1983, entretanto, sem conquistar a mesma repercussão. A partir da década de 70, trabalha com o produtor e diretor Nelson Teixeira Mendes*, quando colabora na história do filme sertanejo *A marca da ferradura* e no drama urbano *A herdeira rebelde*. Mantém a parceria com Mojica no filme de aventura *Sexo e sangue na trilha do tesouro*; nos filmes de terror *Quando os deuses adormecem*, *O exorcismo negro* e *A estranha hospedaria dos prazeres*, este último sob a direção de Marcelo Mota. Na segunda metade da década de 70, ainda com Mojica, colabora com as fitas de terror *Inferno carnal*, *Delírios de um anormal* e o sensacionalista *O mundo, mercado do sexo*. Na década de 80, estreia duas novas parcerias com o diretor Ivan Cardoso* nas comédias batizadas pelo crítico musical Nelson Motta de "terrir", uma espécie de subgênero que mistura terror com humor. Juntos filmam as paródias do gênero terror: *O segredo da múmia* e *As sete vampiras*. Em seu terceiro filme juntos, *O escorpião escarlate*, a trama baseia-se no conhecido personagem O Anjo, do popular seriado do rádio carioca da década de 50. Para o produtor e diretor Wilson Rodrigues roteiriza os filmes infantis *Chapeuzinho*

Vermelho, Joãozinho e Maria e *O Gato de Botas extraterrestre*, baseados em histórias clássicas da literatura universal. Foi realizado o curta-metragem *O papa do pulp: R. F. Lucchetti* (2002), pelo diretor Carlos Adriano, sobre o escritor de contos, roteirista e autor de quadrinhos. Baseando-se em romance de Gastão Cruls, Lucchetti roteirizou *Um lobisomem na Amazônia*, terror de Ivan Cardoso. (LFM)

LUPO, Ronaldo (Ronaldo Lupovici) – Campinas, SP, 1913-2005. Ator, produtor, diretor.

FILMOGRAFIA: 1938 – *Alma e corpo de uma raça* (ator). 1948 – *Estou aí* (ator). 1950 – *Maria da Praia* (ator). 1952 – *Era uma vez um vagabundo* (ator). 1953 – *Está com tudo* (ator). 1954 – *Trabalhou bem, Genival* (ator, prod.). 1955 – *Genival é de morte* (ator, prod.). 1957 – *Tem boi na linha* (ator, prod.); *Hoje o galo sou eu* (ator, prod.). 1959 – *Titio não é sopa* (ator). 1960 – *Só naquela base* (ator, prod., dir.); *Briga, mulher e samba* (ator, prod.). 1962 – *Quero essa mulher assim mesmo* (ator, prod., dir.). 1967 – *Aventuras de Chico Valente* (ator, prod., dir.). 1972 – *O supercareta* (ator, prod. dir.).

Descendente de romenos, tem longa carreira artística, destacando-se como bem-sucedido produtor independente de chanchadas* da década de 50. Com a transferência da família para Petrópolis, ingressa adolescente na Escola de Música Santa Cecília. Participa na cidade de pequenos espetáculos amadores, em que canta, dança e representa. A inclinação pelo repertório popular, em especial valsas e canções românticas, que lhe valeriam o título de Cancioneiro Galante do Brasil, leva-o a uma precoce experiência cinematográfica. Sob o pseudônimo de Raphael Lyto interpreta em 1929 uma pequena cançoneta italiana para a câmera e o gravador VITAPHONE de Paulo Benedetti*. Por volta de 1933 abandona os estudos eruditos e estabelece-se como comerciante no Rio de Janeiro. Paralelamente, começa a oferecer suas composições, convencendo Gastão Formenti a gravar *Samba da saudade*, um clássico da música popular brasileira. Faz incursões pelas rádios cariocas, fixando-se como cantor em 1937. Aparece tocando clarinete e cantando *Ao sereno vivo* em *Alma e corpo de uma raça*, de Milton Rodrigues*, filme estrelado pelo irmão Roberto Lupo, cuja carreira no cinema – *Sedução do garimpo*, de Luiz de Barros*, e *Inconfidência Mineira*, de Carmen Santos* – seria interrompida com a morte em 1945. Em 1939 ingressa na companhia de revistas de Álvaro Pinto, passando em seguida à de Suzana Negri, com a qual viaja para o Sul. Junto com o cômico Augusto Aníbal* monta na Rádio Difusora Gaúcha o programa de grande sucesso *Alegrias no Ar*, passando a residir em Porto Alegre. Retorna ao Rio de Janeiro, indo pioneira e corajosamente cantar no cabaré Conga, na zona boêmia da Lapa. Torna-se *crooner* de vários cassinos e faz pequenas temporadas em dezenas de rádios, clubes e casas de espetáculos espalhadas pelo país. Aceita convite de Moacyr Fenelon* para desempenhar pequeno papel em *Estou aí*, de Cajado Filho*. Interessando-se por cinema e sem outros convites para atuar, resolve coproduzir *Era uma vez um vagabundo*, de Luiz de Barros, em que assume o papel principal. Deslancha carreira, fundando a LUPO FILMES em 1954. Centra seus personagens em tipos ingênuos e simplórios, quase sempre às voltas com quiproquós familiares. Opta por comercializar diretamente suas produções em cidades interioranas, oferecendo ainda seus espetáculos artísticos. O esquema funciona, gerando sucessos de público e bilheteria, como *Trabalhou bem, Genival* e *Hoje o galo sou eu*, ambos sob a direção de Aluisio T. Carvalho*. Assume a direção em *Só naquela base*, assinando ainda *Quero essa mulher assim mesmo*, realizado por J. P. Carvalho. Eleito para o Sindicato Nacional da Indústria Cinematográfica no quadriênio 1963-1967, defende a criação de órgãos públicos de fomento à produção cinematográfica, apoiando o surgimento da Carteira de Auxílio à Indústria Cinematográfica e do Instituto Nacional do Cinema (INC)*. Em meados dos anos 60, ao diminuir suas atividades, ainda produz, dirige e interpreta duas comédias. Retoma a realização, procurando ressuscitar a velha fórmula da chanchada, sem sucesso. Em 1974 monta a distribuidora da EMBRAFILME*, permanecendo poucos meses à sua frente. Retira-se do meio, passando a residir na cidade fluminense de Saquarema. Faleceu em 18 de agosto, no Rio de Janeiro. (HH)

LUSTOSA, Vítor (Antônio Vítor Lustosa Neto) – Gilbéus, PI, 1949. Roteirista, diretor.

FILMOGRAFIA: 1973 – *Mais ou menos virgem* (rot.). 1974 – *Secas e molhadas* (rot.). 1975 – *O Trapalhão na ilha do tesouro* (rot.). 1976 – *Pedro Bó, caçador de cangaceiros* (rot.); *Simbad, o marujo trapalhão* (rot.); *Sete mulheres para um homem só* (rot.); *O trapalhão no planalto dos macacos* (rot.). 1977 – *Os Trapalhões nas minas do rei Salomão* (rot.). 1978 – *Seu Florindo e suas duas mulheres* (rot.); *As aventuras de Robinson Crusoé* (rot.). 1979 – *O rei e Os Trapalhões* (rot.); *Os três mosquiteiros trapalhões* (rot.). 1980 – *O incrível monstro trapalhão* (rot.). 1981 – *A cobiça do sexo* (rot.). 1983 – *Atrapalhando a suate* (rot., dir.). 1984 – *Os Trapalhões e o Mágico de Orós* (rot., dir.).

Radicado no Rio de Janeiro, começa como curta-metragista na direção de *Newton Cavalcanti, um artista brasileiro* (1973) e *O som e a fúria* (1979). Profissionalmente trabalha como assistente de direção e roteirista em filmes eróticos e paródias de Mozael Silveira (*Mais ou menos virgem*; *Secas e molhadas*; *Pedro Bó, caçador de cangaceiros*; *Sete mulheres para um homem só*; e *Seu Florindo e suas duas mulheres*). Seu último filme com esse realizador, *A cobiça do sexo*, é baseado no conto *O casarão*, de Edgar Allan Poe. É assíduo roteirista dos filmes do grupo Os Trapalhões*, sob direção de J. B. Tanko* (*Simbad, o marujo trapalhão*; *O trapalhão no planalto dos macacos*; e *Os Trapalhões nas minas do rei Salomão*), e de Adriano Stuart* (*O rei e Os Trapalhões*; *Os três mosquiteiros trapalhões*; e *O incrível monstro trapalhão*). Estreia na direção ao lado de Dedé Santana* na paródia ao seriado televisivo *SWAT* intitulada *Atrapalhando a suate*, único filme do grupo sem a presença de seu líder Renato Aragão*. Dirige também uma paródia de *O mágico de Oz* – produção norte-americana de 1937 dos estúdios da METRO – com a presença de Renato Aragão, novamente reunido ao grupo, em *Os Trapalhões e o Mágico de Orós*. Após frustrada tentativa de filmar "Uma aventura de Xuxa", tenta retornar ao cinema. (LFM)

LUTFI, Dib – Marília, SP, 1936. Fotógrafo.

FILMOGRAFIA: 1963 – *Esse mundo é meu*. 1966 – *ABC do amor* (2º episódio: 'O pacto'). 1967 – *Carnaval barra-limpa*; *Opinião pública*; *Edu, coração de ouro*. 1968 – *Fome de amor*; *Os marginais* (1º episódio: 'Guilherme'; 2º episódio: 'Papo amarelo'); *Jardim de guerra*. 1968-1969 – *Os herdeiros*. 1969 – *As duas faces da moeda*; *Azyllo muito louco*. 1969-1970 – *Juliana do amor perdido*. 1970 – *Quatro contra o mundo* (episódio: 'O menino da calça branca'); *Os deuses e os mortos*; *Como era gostoso o meu francês*; *O azarento, um homem de sorte*. 1971 – *Procura-se uma virgem*. 1972 – *Viver de morrer*; *Quando o carnaval chegar*; *Quem é Beta?*. 1973 – *Joana Francesa*; *Os condenados*. 1973-1977 – *A lira do delírio*. 1974 – *A noite do espantalho; Nem os bruxos escapam.* 1975 – *As aventuras d'um detetive português; O casamento; A nudez de Alexandra* (coprodução estrangeira). 1977 – *Costinha e o King Mong; Daniel, o capanga de Deus; Samba da criação do mundo.* 1978 – *Tudo bem.* 1980-1992 – *A serpente.* 1981 – *Pra frente, Brasil.* 1983 – *Aguenta, coração.* 1987-1991 – *Vai trabalhar, vagabundo II, a volta.* 1984-1996 – *Bahia de todos os sambas.* 2005 – *Carreiras.* 2006 – *Mein Freund, der Moder.* 2007 – *Castelar e Nelson Dantas no país dos generais.* 2008 – *Juventude.*

Considerado o maior câmera do cinema brasileiro, é uma das figuras centrais do Cinema Novo* e um dos diretores de fotografia mais abertos às experimentações do período. Descendente de sírios, passa a infância e a adolescência entre Marília, Rio de Janeiro e São Vicente, onde se forma técnico de contabilidade, atividade que não exerce. O fascínio pelas máquinas e sua técnica o leva a fazer um curso de técnico de rádio, passando a trabalhar com o conserto desses aparelhos. Ao prestar o serviço militar, amplia seus conhecimentos sobre a área, desempenhando a função de radiotelegrafista no Exército. Em meados da década de 50, muda-se com a família para a antiga capital federal, retomando a profissão de técnico de aparelhos de rádio e também de televisão. Interessa-se por esse novo veículo, desejando ingressar em seus quadros profissionais. A oportunidade surge em 1957. O irmão João Mansur Lutfi, mais tarde conhecido pelo pseudônimo de Sérgio Ricardo, avisa-o de que a TV RIO está oferecendo curso de *cameraman*. Contratado pela emissora, faz telejornalismo com as pesadas câmeras Auricon 16 mm, sustentadas quase sempre sem tripé e sem muito movimento, experiência fundamental no aprimoramento do seu equilíbrio. É deslocado para os chamados programas de auditório realizados ao vivo, começando pelo de Lídia Matos, e participando de inúmeros outros, como *Preto no Branco* e *Noite de Gala*. A necessidade de lidar com o universo da imagem (luz, enquadramento, angulação) o leva a estudar, por conta própria, fotografia fixa, comprando uma câmera Leica e depois uma Rolleiflex, com as quais se exercita.

Como decorrência dessas práticas e do envolvimento do irmão com o cinema, para quem fotografa o curta *O menino da roupa branca* (1961), resolve participar do seminário sobre documentário e novas técnicas de filmagem, promovido pelo Itamaraty e pela Unesco e ministrado pelo cineasta sueco Arne Sucksdorff* na CINEMATECA DO MAM. Fundamental para a formação dos primeiros quadros do Cinema Novo, o encontro ocorrido em 1962 proporciona-lhe não só o contato com diversos de seus futuros membros e com novos equipamentos como a oportunidade para lançar-se no meio cinematográfico. Faz câmera e direção de fotografia do filme-laboratório do seminário, o curta *Marimbás*, dirigido por Vladimir Herzog. Considera o longa *Fábula* – rodado por Sucksdorff com parte da equipe desse filme, em que trabalha como primeiro assistente de câmera – sua verdadeira escola de aprendizagem. Estreia profissionalmente com *Esse mundo é meu*, rodado pelo irmão em uma favela, chamando a atenção pela firmeza e liberdade na condução da câmera. A perfeita adaptação a registradoras mais leves – em especial os modelos Arriflex e Cameflex – e a completa assimilação do novo conceito de registro da realidade – aproximação do objeto e respeito ao seu tempo natural, o que se reflete em planos cada vez mais longos e na dispensa de suportes de estabilidade como tripés e carrinhos – credenciam-no na primeira geração do Cinema Novo. Em pouco mais de dois anos faz assistência e ocupa o posto de câmera em um conjunto de filmes que o projeta internacionalmente, atesta sua resistência física e sintetiza sua capacidade de transformar a câmera em um elemento participante da encenação, pelos precisos, constantes e pouco usuais deslocamentos que realiza, o que lhe confere a alcunha de "grua humana". Desenvolve técnica pessoal que lhe permite sustentar o equipamento e manipular o foco e o diafragma durante a realização dos planos, originando dessa forma o uso quase irrestrito de qualquer tipo de locação, incluindo passagens do interior ao exterior e vice-versa. Obtém absoluta confiança dos realizadores, passando a funcionar quase como um coautor das obras, como se vê nos *making of* registrados no curta *Cinema Novo*, realizado por Joaquim Pedro de Andrade* para a televisão alemã em 1966.

Sem abandonar jamais a posição de câmera, deslancha a carreira de diretor de fotografia com a feitura do documentário *Opinião pública*, de Arnaldo Jabor*, no qual desenvolve inúmeras experiências de revelação, mexendo com o contraste, a textura e o grão do negativo. Torna-se o fotógrafo mais requisitado no final dos anos 60 e início da década de 70, filmando principalmente com o irmão João, Nelson Pereira dos Santos*, Carlos Diegues* e Domingos Oliveira*. Faz poucos curtas, a maioria para esses mesmos cineastas (*Fala, Brasília, Cruzada ABC, VII Bienal de São Paulo*). Não se entusiasma com a perspectiva de uma carreira internacional, rodando apenas o curta *Kimel* e o longa *Desgraça* (1971), com o cineasta alemão Peter Fleischmann. Faz a passagem para a fotografia em cores sem alterar substancialmente seu estilo, no qual, em consonância com a orientação estética da época, o tom realista abandona a contraluz e qualquer outro elemento de criação de profundidade, incorporando a sub ou superexposição de luz e qualquer outro elemento de estranhamento visual. Continua emprestando suas melhores qualidades como fotógrafo e câmera a um sem-número de filmes, obtendo às vezes resultados expressivos, como em *A lira do delírio*, de Walter Lima Jr.*, e *Tudo bem*, de Arnaldo Jabor. Raramente se envolve com projetos de natureza estritamente comercial. Retorna à televisão em 1971, fotografando três títulos para o *Globo Repórter*. Em função desse mesmo programa é convidado em 1978 pela REDE GLOBO para organizar suas equipes de filmagem, participando de dezenas de reportagens. Aceita convite isolado de Roberto Farias* para registrar *Pra frente, Brasil*, acidentando-se de forma casual em meio às filmagens. Com problemas de coluna, passa dois anos longe do cinema, reaparecendo com *Aguenta, coração*, de Reginaldo Faria*. Trabalha como câmera em algumas sequências de *Ópera do malandro*, de Ruy Guerra*. A essa altura, com a volta a um cinema de estúdio, visualmente barroco, e a estabilização dos movimentos de câmera, através de inúmeros novos equipamentos como as gruas eletrônicas e o *steadicam*, dedica-se à televisão e ao vídeo. Integra os quadros da REDE GLOBO, da REDE MANCHETE e, atualmente, da TVE carioca. Na década de 90 faz apenas o longa *Vai trabalhar, vagabundo II, a volta*, de Hugo Carvana*, e o média-metragem *Noel*, de Rogério Sganzerla*. Seu último trabalho é a série de seis episódios em vídeo *O ponto de mutação: China hoje*, dirigida por Lucélia Santos*. Está retratado no vídeo *Dib*, de Márcia Derraik Barbosa, premiado no RIO CINE FESTIVAL de 1997. É um dos diretores de fotografia mais premiados do cinema brasileiro, salientando-se os CANDANGOS por *Fome de amor, Jardim de guerra, Os deuses e os mortos, Azyllo muito louco, A lira do delírio* e *Tudo bem*, e as CORUJAS DE OURO por *Os deuses e os mortos, Os herdeiros, Os condenados* e *A noite do espantalho*. (HH) Depois de um longo afastamento, voltou a trabalhar como iluminador, colaborando com um parceiro de outrora, Domingos Oliveira. Para Domingos, que teve boa produção na década de 2000, fotografa *Carreiras* e *Juventude*. Também para outro colega dos anos 60/70, Carlos Alberto Prates Correia*, faz a fotografia de *Castelar e Nelson Dantas no país dos generais*. No documentário sobre fotógrafos de cinema, *Iluminados*, de Cristina Leal, Dib Lufti deixou significativo depoimento sobre sua arte.

LUXARDO, Líbero – Sorocaba, SP, 1908-1980. Diretor.

FILMOGRAFIA: 1930-1931 – *Alma do Brasil (Retirada de Laguna)*. 1936 – *Caçando feras*. 1937 – *A luta contra a morte*. 1938 – *Aruanã*. 1962 – *Um dia qualquer*. 1964 – *Marajó, barreira do mar*. 1966 – *Um diamante e cinco balas*. 1974 – *Brutos inocentes* (1º episódio: 'Brutos inocentes'; 2º episódio: 'A promessa').

Fotógrafo, cineasta, político e escritor, Líbero Luxardo era filho de imigrantes italianos. O pai, Júlio Luxardo, veio para o Brasil com 8 anos de idade. Radicou-se em Sorocaba, onde se tornou fotógrafo. Em 1917, quando Líbero tinha apenas 9 anos, Júlio montou um laboratório fotográfico e cinematográfico em Sorocaba, chegando a fazer alguns filmes de propaganda. Desde cedo, Líbero acostumou-se a frequentar o laboratório do pai. Em 1922, quando Júlio foi trabalhar em São Paulo na IN-DEPENDÊNCIA FILMES, dos húngaros Rodolfo Lustig e Adalberto Kemeny*, Líbero teve a oportunidade de se familiarizar com a técnica cinematográfica. A certa altura, porém, teve de abandonar a aprendizagem de cinema para estudar Economia. Logo retornou ao cinema, tornando-se cinegrafista. Sua primeira experiência nessa área foi em 1928, quando colaborou com Francisco Campos, que fotografava *O crime da mala*, produzido por Isaac Saidemberg. Júlio acabou dirigindo uma pequena sequência no filme, sem ser creditado. No mesmo ano, foi convidado para ser o cinegrafista da "Bandeira Carlos de Campos", uma expedição que, saindo de São Paulo, percorreu o Mato Grosso e, seguindo o curso de vários rios, terminou no Amazonas. Quando a expedição se desfez em São Luís de Cáceres, Líbero decidiu ficar em Campo Grande, no Mato Grosso. Trabalhando como professor primário, reuniu condições para realizar seu primeiro filme, *Alma do Brasil (Retirada de Laguna)*, primeira e única produção de longa metragem da FILMES ARTÍSTICOS NACIONAIS (FAN FILMES), empresa que fundou com Alexandre Wulfes*, que também foi o responsável pela fotografia. Misto de documentário e ficção, *Alma do Brasil* mesclava imagens de manobras das tropas comandadas pelo general Bertoldo Klinger à reconstituição do episódio da Guerra do Paraguai. Em 1936, sua produtora LUX FILM associou-se à CINÉDIA* para a realização de *Caçando feras*, uma curiosa mistura de filme de aventura (apresentava uma cena de caçada em Mato Grosso) e comédia musical (o ator Barbosa Júnior cantava um samba ao piano e a menina Dorita Soares fazia um número de sapateado, situações passadas no Rio de Janeiro). Adaptação de uma lenda indígena de Mato Grosso (Kaotiki, a "índia branca"), *Aruanã* foi o segundo fruto de sua associação com a CINÉDIA. Cenas documentais do hábitat dos javaés – indígenas da região do rio das Mortes, no Mato Grosso – foram combinadas com sequências ficcionais filmadas nos estúdios da CINÉDIA. Fotografado pelo próprio Luxardo e por A. P. Castro*, o filme apresentava algumas inovações técnicas, como legendas superpostas traduzindo os diálogos da índia Kaotiki, superposições, máscaras e uma imagem mais nítida, resultado de melhoras do laboratório da CINÉDIA, que acabara de importar a copiadora Matipo, da DeBrie. O resultado agradou tanto aos críticos condescendentes, como Guilherme de Almeida ("a fotografia limpa e sempre inspirada"), quanto aos rigorosos, como Raymundo Magalhães Jr. ("belos lampejos de cinema e paisagens admiráveis como as das cenas finais"). Ainda no Rio de Janeiro, trabalhou com o dr. Mário Kroeff no documentário de longa metragem *A luta contra a morte*, sobre o combate ao câncer. Em 1939 foi para Belém filmar um congresso médico e acabou ficando por lá, abandonando temporariamente o cinema e constituindo família. Nesse período fez política e se dedicou à literatura, chegando a ser eleito para a Academia Paraense de Letras. No começo da década de 60, resolveu voltar ao cinema. Produziu e dirigiu *Um dia qualquer*, primeiro longa-metragem feito em terras paraenses. Fiel ao seu estilo de misturar ficção e documentário, o filme é um drama temperado por músicas e o folclore do Pará, apresentando composições de Waldemar Henrique – *Tamba tajá* e *Chero cheroso* – e pelejas de boi-bumbá. Em apenas três meses, Líbero realizou outro filme, *Marajó, barreira do mar*, estrelado pelos atores paraenses Eduardo Abdelnor e Zélia Porpino, também protagonistas de *Um dia qualquer*. Luxardo dirigiu ainda mais dois filmes: *Um diamante e cinco balas*, estrelado por Luiz Linhares* e Maria Gladys*, e *Brutos inocentes*, com Rodolfo Arena*, Leila Prado, Zózimo Bulbul* e Cláudio Barradas. (LAR)

LUZ, Marta (Marta Carvalho Luz) – Joaima, MG, 1954. Montadora.

FILMOGRAFIA: 1979 – *Muito prazer*. 1981 – *O santo e a vedete*. 1985 – *Com licença, eu vou à luta*. 1987 – *Os Trapalhões no Auto da Compadecida*. 1988 – *Dedé Mamata*; *Jardim de Alah*. 1989-1990 – *Manoushe, uma lenda cigana*. 1990 – *Stelinha*. 1992-1994 – *Mil e uma*; *Carlota Joaquina, princesa do Brazil*. 2000 – *O casamento de Louise*. 2005 – *Celeste e Estrela*.

Sua formação segue o padrão tradicional, atuando como assistente de montagem e montadora de curtas, além de trabalhar em outras funções como continuísta. Em nosso cinema, é a segunda montadora a fazer carreira na função, junto com Vera Freire*. A década de 80 revela uma série de montadoras, como Denise Fontoura, Dominique Paris*, Isabelle Rathery*, Diana Vasconcelos e várias outras que estão em seus primeiros filmes. A seguir, monta seu primeiro longa, *Muito prazer*, quando estabelece parceria com o diretor David Neves*, que continua em *Luz del Fuego* e em *Jardim de Alah*. Participa de uma produção de grupo: o filme do diretor estreante Lui Faria, *Com licença, eu vou à luta*. É montadora do filme de maior ambição intelectual do quarteto Os Trapalhões*, em *Os Trapalhões no Auto da Compadecida*, sob direção de Roberto Farias*. Trabalha na montagem de filmes de alguns diretores estreantes, como Rodolfo Brandão (*Dedé Mamata*); Luiz Begazzo (*Manoushe*); e Suzana Moraes (*Mil e uma*). Para o diretor Miguel Faria Jr.*, faz a montagem de *Stelinha*. (LFM)

MACEDO, Watson – Itaocara, RJ, 1918-1981. Diretor.

FILMOGRAFIA: 1945 – *Não adianta chorar*. 1946 – *Segura esta mulher*. 1947 – *Este mundo é um pandeiro*. 1948 – *E o mundo se diverte*. 1949 – *A sombra da outra*; *Carnaval no fogo*. 1950 – *Aviso aos navegantes*. 1951 – *Aí vem o barão*. 1953 – *É fogo na roupa*. 1954 – *O petróleo é nosso*. 1955 – *Carnaval em Marte*; *Sinfonia carioca*. 1956 – *Rio fantasia*. 1957 – *A baronesa transviada*; *A grande vedete*; *Alegria de viver*. 1958 – *Aguenta o rojão*. 1959 – *Maria 38*. 1960 – *Samba em Brasília*; *Três colegas de batina*; *Virou bagunça*. 1962 – *Um morto ao telefone*. 1966 – *Rio, verão e amor*.

Dosando muito bem os principais elementos que contribuíram para a definição e consolidação do filme musical carnavalesco no Brasil, Watson Macedo pode ser considerado o mestre da chanchada* no cinema brasileiro. Desde o início da carreira, acostumado ao multifacetado padrão de improvisação que caracterizava as produções cinematográficas no país, Macedo, talvez melhor que qualquer outro, soube transformar o improviso em virtude e, principalmente, em estilo, e demonstrar uma enorme vontade e paixão pela expressão cinematográfica, imprimindo marcas autorais em diversos filmes que, hoje, são verdadeiros clássicos da chanchada. Sem medo algum de "meter a mão na massa", Macedo, não só em seu período de aprendizado, mas ao longo de toda uma carreira, não se furtava em trabalhar com aspectos tão diferentes da produção e da linguagem cinematográficas como o roteiro, a montagem, o vestuário, a cenografia ou a maquiagem, transitando com total desenvoltura e controle de um para o outro. Em nosso incipiente sistema de estúdios, ele exerceu, durante algum tempo e apesar do baixíssimo salário, total controle sobre o resultado final de seus filmes na ATLÂNTIDA*, até firmar-se como produtor independente com sua própria empresa. Ao lado de outros artesãos bem talhados, como Moacyr Fenelon*, José Carlos Burle* e, mais tarde, Carlos Manga*, Macedo possui seu lugar de inegável destaque no panteão da chanchada. Sua carreira teve início na BRASIL VITA FILME*, aos 19 anos de idade, como assistente de direção de Carmen Santos* no malfadado épico *Inconfidência Mineira*. Já decidido a provar que poderia ser diretor, escreveu a história e o roteiro de seu primeiro filme, *Barulho na universidade* (1943), realizado com latas de negativos que sobraram de *Inconfidência*, com os prazos de validade vencidos. Sem qualquer verba, a filmagem era feita aos domingos, com elenco composto de amigos e amadores, em cenários reciclados do épico em andamento. Foi o único filme em que Macedo participou como ator, na pele do reitor da tal universidade, usando barbas postiças. Infelizmente, o filme não possuía a metragem necessária a um longa e não chegou a ser exibido. Pior, foi destruído junto com o material da BRASIL VITA FILME durante o incêndio ali ocorrido em 1957.

Desiludido com a promessa não cumprida de Carmen Santos de lhe entregar um filme para direção, Macedo procurou outros caminhos, entrando para a ATLÂNTIDA como montador em 1944, ali levado pelo fotógrafo Edgar Brasil*. Além da montagem, fez assistência de direção e desenvolveu argumentos próprios que, no espaço de um ano e meio, o levaram a dirigir seu primeiro longa, *Não adianta chorar*, no qual se encarregou também da cenografia. Junto com as outras funções já desempenhadas, Macedo iniciava assim sua carreira de diretor nos estúdios cariocas, responsabilizando-se por esses e outros aspectos das oito produções que realizou para a ATLÂNTIDA nos seis anos seguintes. Essa inesgotável versatilidade, aliada a um olhar bastante preciso, fizeram do realizador um descobridor de talentos, responsável, entre outros, por lançar ao estrelato a sobrinha Eliana*, em *E o mundo se diverte*. Lançou, ainda, a cantora e acordeonista Adelaide Chiozzo*, o cômico José Vasconcelos, o galã Alberto Ruschel* e o cantor Bobby Nelson, todos no mesmo filme, *Este mundo é um pandeiro*. Também se credita a Macedo o lançamento da carreira de Elizete Cardoso, que só teria conseguido gravar sua primeira música após cantar em *É fogo na roupa*. A lista de "descobertas" é enorme e inclui também nomes como os de Yoná Magalhães*, em papel secundário em *Alegria de viver*; Roberto Carlos, como um simples extra no mesmo filme e em *Aguenta o rojão*; Jece Valadão* e Francisco Carlos, em *Carnaval no fogo*; Carlos Imperial*, em *Aguenta o rojão*; e até mesmo o compositor Luís Bonfá fazendo uma ponta em *E o mundo se diverte*, como integrante do conjunto Quitandinha Serenaders. Em seu primeiro grande êxito de bilheteria, *Este mundo é um pandeiro*, Macedo lança mão da paródia como estratégia cômica ao colocar Oscarito* travestido de Rita Hayworth, em *Gilda*. Numa época em que não só o musical como todos os gêneros produzidos por Hollywood dominavam o mercado, essa estratégia, que não era nova, deu certo e passou a ser repetida com inúmeras variações nos filmes seguintes dele e de outros diretores que se exercitaram na comédia cinematográfica brasileira.

Ao final da década, o diretor daria um novo fôlego à chanchada, misturando numa alquimia bem equilibrada os elementos-chave que a definiriam, com maior ou menor sucesso, como gênero de ampla aceitação popular na década seguinte. *Carnaval no fogo* emblematizaria os ingredientes clássicos do gênero ao dosar, narrativamente, uma certa inocência temática com músicas cantadas por ídolos do rádio, muitos deles saídos da Rádio Nacional. Como bom artesão que era, Macedo, além da chanchada, também transitou por outras formas e estilos, como no drama psicológico *A sombra da outra*, do mesmo ano de *Carnaval no fogo*. Mas, ironicamente, não foi com a chanchada, e sim com o dramalhão que a ASSOCIAÇÃO BRASILEIRA DE CRÍTICOS CINEMATO-GRÁFICOS o premiou como melhor diretor e melhor filme. Após mais dois filmes na ATLÂNTIDA, Macedo deixa a empresa em 1951 para fundar sua própria produtora, a WATSON MACEDO PRODUÇÕES CINE-MATOGRÁFICAS, dirigindo mais catorze filmes entre 1952 e 1966, algumas vezes associado à CINEDISTRI*, do produtor paulista Oswaldo Massaini*. Nesse período, destacam-se duas elegias à então "cidade maravilhosa": os musicais não carnava-lescos *Sinfonia carioca* e *Rio fantasia*, ambos estrelados por Eliana, sua atriz preferida. Com menor sucesso, a paródia continuaria, agora tendo Dercy Gonçalves* como atriz em *A baronesa transviada* e *A grande vedete*, inspirados, respectivamente, pelos originais *A condessa descalça* e *Crepúsculo dos deuses*. A versatilidade de Macedo ainda encontraria espaço para mais algumas experiências em sintonia com um novo cinema já em gestação no Brasil, com o suspense psicológico *Um morto ao telefone* e, em meados da década, com sua única experiência em cores e último filme, *Rio, verão e amor*, que, de certa maneira, até antecipava um pouco alguns traços mais leves da comédia erótica dos anos seguintes. A contribuição de Watson Macedo ao cinema brasileiro parece inestimável e, talvez mesmo antes de ser celebrado como o mestre da chanchada, foi esse realizador um dos que mais ajudou a sustentar a indústria cinematográfica no Brasil, bem antes do Cinema Novo*, do Instituto Nacional do Cinema (INC*) e da EMBRAFILME*. Faleceu em 8 de abril, no Rio de Janeiro. (JLV)

MACEDO, Zezé (Maria José de Macedo) – Silva Jardim, RJ, 1916-1999. Atriz.

FILMOGRAFIA: 1954 – *O petróleo é nosso*; *Trabalhou bem, Genival*. 1955 – *O feijão é nosso*; *Carnaval em Marte*; *Sinfonia carioca*; *Tira a mão daí*. 1956 – *Garotas e samba*; *Rio fantasia*; *Quem sabe... sabe!*. 1957 – *Tem boi na linha*; *De vento em popa*; *Maluco por mulher*; *Treze cadeiras*; *É de chuá!*; *A grande vedete*; *Rico ri à toa*; *Rico à noite*; *O santo módico* (produção estrangeira). 1958 – *Aguenta o rojão*; *O camelô da rua Larga*; *E o espetáculo continua*; *Esse milhão é meu*; *Cala a boca, Etelvina*; *O homem do Sputnik*. 1959 – *Dona Xepa*; *Minervina vem aí*. 1960 – *Três colegas de batina*; *Virou bagunça*. 1961 – *Capital do samba*, *Rio à noite*. 1964 – *Lana, rainha das amazonas* (coprodução estrangeira). 1966 – *As cariocas* (3º episódio). 1969 – *Macunaíma*. 1970 – *Os monstros do Babaloo*. 1972 – *Salve-se quem puder, rally da juventude*; *Tati, a garota*. 1973 – *Os mansos* (1º episódio: 'A b... de ouro'); *Mais ou menos virgem*; *Como era boa a nossa empregada* (2º episódio: 'O terror das empregadas'); *Assim era a Atlântida*. 1974 – *As mulheres fazem diferente* (1º episódio: 'Uma delícia de mulher'); *Oh! Que delícia de patrão*; *Robin Hood, o trapalhão da floresta*; *Secas e molhadas*. 1975 – *O padre que queria pecar*; *Com as calças na mão*; *Onanias, o poderoso machão*; *O monstro de Santa Teresa*. 1976 – *As loucuras de um sedutor*; *Pedro Bó, caçador de cangaceiros*; *Sete mulheres para um homem só*; *Gordos e magros*. 1977 – *As eróticas profissionais*; *Ele, ela, quem...* 1978 – *O erótico virgem*. 1979 – *A virgem camuflada*. 1983 – *Eteia, a extraterrestre em sua aventura no Rio*. 1983 – *Os bons tempos voltaram* (1º episódio: 'Sábado quente'). 1984 – *O rei do Rio*. 1984-1986 – *As sete vampiras*. 1987 – *Fogo e paixão*. 1988 – *O casamento dos Trapalhões*. 1987-1988 – *Natal da Portela*. 1989-1991 – *O escorpião escarlate*. 1990 – *O diabo na cama*.

Foi atriz de rádio, teatro, cinema e televisão. Extremamente popular, escondeu com obstinação sua idade ("Ah, idade é algo banal; artista não tem idade"). Já atuou em mais de sessenta de filmes nacionais. Oscarito* dizia que ela era a maior comediante do cinema brasileiro. Grande Otelo* preferia falar que Zezé era o "Carlitos de saia", enquanto o diretor Ivan Cardoso*, que a dirigiu em *As sete vampiras*, recebeu-a no *set* de filmagem chamando-a de "a primeira dama do cinema brasileiro". O público das chanchadas* já a chamou de "a empregadinha do Brasil" (referência aos inúmeros papéis que desempenhou como doméstica) e, posteriormente, de "Biscoito", pela sua personagem no pro-

grama de tevê de Chico Anysio*. Seu tipo magérrimo e *mignon* (pouco mais de quarenta quilos distribuídos em um metro e meio) sempre lhe garantiu papéis cômicos, que a tornaram conhecidíssima em todo o país. Entretanto, a sua vida não foi de grande comicidade. Criada no interior fluminense, seu padrasto era tabelião e prefeito da então Capivari e, segundo ela, sempre se esforçava para que companhias mambembes se apresentassem na cidade. Desde pequena representava peças e escrevia poesias com facilidade. Aos 15 anos casou-se com o mecânico e eletricista Adiles Manhães, desistindo de ser atriz. Morando em Niterói, antes de completar 17 anos teve um filho, Hércules, que morreu com um ano, quando caiu do colo de sua sogra e fraturou o crânio. Depois, separada, foi escriturária e funcionária da prefeitura, antes de chegar ao rádio. A partir das amizades de seu padrasto, começou a ler poesias de sua autoria no *Grande Jornal Fluminense*, aos domingos, na Rádio Tamoyo. O diretor artístico Paulo de Grammont gostou do que ouviu e contratou-a, sem salário, para trabalhar no setor de radioteatro. Como não tinha vaga, ficou nesse setor secretariando Rodolfo Mayer* e Dias Gomes, tendo permanecido três anos nessa função. Aos poucos, no entanto, começou a fazer pontas em vários programas, substituindo atrizes, lendo poemas e, por conta disso, publicou seu primeiro livro de poesias, *Coração profano* (1954), grande sucesso de vendas. Seus outros livros foram *Uma estrela caiu*, *Meu breviário* (1981) e *A menina do gato* (1997). Um dia, Zezé entrou no programa *Lar, Doce Lar*, substituindo a atriz que faria a empregada. Agradou em cheio e, no dia seguinte, Paulo Porto* foi, com Olavo de Barros, tirá-la da Tamoyo para levá-la para a Rádio Tupi, sendo ambas da rede de Assis Chateaubriand. "Fui com o direito de fazer televisão por fora. Eu fazia, no mínimo, dez programas de radioteatro e, muitas vezes, dois ou três de televisão", testemunha a atriz. Sua personagem, a empregada Dorcelina Marlene, era serelepe, brejeira e namoradeira – imagem que a acompanha até hoje.

Watson Macedo* assistiu-a na televisão e convidou-a para trabalhar em *O petróleo é nosso*, sua estreia cinematográfica. A partir daí, trabalhou na ATLÂNTIDA*, fazendo diversos filmes com Oscarito. Depois da morte do ator é que foi saber que ele tinha sido seu "santo protetor": "Ele me exigiu em todos os seus filmes dali por diante, e nunca me disse isso". Trabalhou com Valter Pinto em *Eu quero* é me badalar, no Teatro Recreio. Casou-se com o ator e cantor Vitor Zambito, quando os dois integravam o elenco do Teatro Recreio, tendo Virgínia Lane e Valter Pinto como padrinhos. De todas as chanchadas, a que mais gostou de ter feito foi *De vento em popa*, dirigida por Carlos Manga*, que lhe deu o papel de uma cantora de ópera (Mme. Frufru). Ninguém queria fazer as velhas, as solteironas, as feias, as empregadinhas, as meninas. Disse que adorava tais papéis, porque era o seu ganha-pão, o seu emprego, nunca se preocupando com isso. Fez também mennininhas jovens, as pestes, as más, aquelas que jogavam pedra em menina aleijada. Adorou, também, *O homem do Sputnik* e *Esse milhão é meu*, ambos dirigidos por Manga. Foi protagonista em *Eteia*, versão cômica do filme *E. T.*, de Spielberg, dirigida por Roberto Mauro. Em *As sete vampiras*, de Ivan Cardoso, vive Rina Bazar, chapeleira da boate Quitandinha, que lhe propiciou o prêmio especial do júri do FESTIVAL DE GRAMADO de 1986. Zezé não usufruiu os tempos de glória da ATLÂNTIDA, pois trabalhava demais. Conseguiu juntar dinheiro, comprou dezoito apartamentos, até chegar à estafa, ficando cinco anos sem poder trabalhar, tendo de vender alguns imóveis para fazer tratamento, pois naquela época fazia, ao mesmo tempo, teatro, cinema e televisão. No XXVII FESTIVAL DE BRASÍLIA DO CINEMA BRASILEIRO, recebeu o prêmio especial do júri, "pelo privilégio de tê-la de volta às telas", no curta em 16 mm intitulado *Jaguadarte*. Faleceu em 8 de outubro no Rio de Janeiro. (AMC)

MACHADO, Nilo (Nilo Araújo Machado) – Maceió, AL, 1924-1996. Produtor, diretor.

FILMOGRAFIA: 1962 – *Terra da perdição*. 1964 – *Tuxauá... o maldito*. 1967 – *A psicose de Laurindo*. 1968 – *Aconteceu no Maracanã*. 1973 – *O playboy maldito*. 1974 – *Nas garras da sedução*. 1975 – *Lua de mel, sem começo... sem fim*; *Traição conjugal*. 1976 – *Desejo sangrento*. 1977 – *Tarzan... o bonitão sexy*. 1978 – *Emanuelo... o belo*; *Traí... minha amante descobriu*. 1980 – *Não fale em sexo*. 1982 – *Tarados na fazenda dos prazeres*. 1985 – *Nas garras da cafetina*; *A ilha dos cornos*. 1986 – *O preço de uma prostituta*. 1988 – *A filha da p...*; *A noiva piranha*; *A máfia do sexo*.

Nilo Machado fez sua carreira ignorando deliberadamente as regras tradicionais de realização de um filme. Ganhou dinheiro exibindo suas produções caseiras nos *poeiras* do subúrbio e do centro do Rio de Janeiro e no interior de São Paulo. Sua origem é obscura. Sustentava ser filho ilegítimo de um senhor de engenho pernambucano, o que contraria a naturalidade alagoana de seus documentos. Adolescente, ingressou como *boy* no escritório da distribuidora UNITED ARTISTS, em Recife. Em 1948, após dar baixa do Exército como terceiro-sargento de infantaria, chegou ao Rio de Janeiro sem dinheiro: "só tinha um dente na parte superior da boca e um sapato furado que, se pisasse num charuto aceso, me faria dançar o *rock*", diz o diretor. Arranjou emprego no cinema POLYTHEAMA, onde alternava as funções de bilheteiro e lanterninha. Trabalhou também nos cines ELDORADO e PIEDADE, onde fez carreira e chegou a gerente. Transferiu-se em seguida para a distribuidora WARNER, onde exerceu o cargo de contador, passando ainda pela COLUMBIA e pela FRANÇA FILMES. Em 1953, comprou a pequena RIO-MAR DISTRIBUIDORA, especializada em filmes estrangeiros de baixíssimo orçamento e em produções brasileiras de gênero, melodramas e policiais, hoje esquecidas. Por volta de 1957, Nilo descobriu que poderia enxertar pequenos números de *strip-tease* em filmes já desgastados comercialmente, alterar seus títulos e redistribuí-los com sucesso. Com o aumento da demanda, passou ele mesmo a filmar os *strip-teases*. Em 1960, abriu a NILO MACHADO PRODUÇÕES ARTÍSTICAS. Virou figura lendária no Beco da Fome, antigo reduto da classe cinematográfica carioca, na Cinelândia. Seu escritório funcionava no edifício Rex. Começou a comprar sistematicamente produções brasileiras semiacabadas ou mesmo prontas, que remontava a seu gosto, incluindo muitos nus e outras cenas filmadas, lançando-as como produções suas. Conforme declara: "Reuni umas neguinhas do terceiro time e montamos uma tribo africana. No meio colocava umas cenas que eu tinha no arquivo, onde apareciam uns leões rugindo e uns elefantes, uma picaretagem". Dessa maneira realizou seu longa-metragem, *Tuxauá... o maldito*, ambientado na África, mas filmado num matagal atrás do Hospital Geral de Curupaity, em Jacarepaguá. O filme é dedicado ao cão-ator Príncipe, vira-lata da filha do diretor, atropelado durante as filmagens. Situações de alucinação e sonho são usadas com frequência para inserir material estrangeiro em seus filmes. Em *A psicose de Laurindo*, um amigo conta ao outro suas aventuras nas boates parisienses. Os delírios de Laurindo são pretexto para que Nilo enxerte no filme várias cenas de nu artístico tiradas das produções francesas que distribuía. Em *Aconteceu no Maracanã*, um marido leva a mulher rabugenta para assistir à final da Copa de 1950, apresentada em cenas reaproveitadas de velhos cinejornais. Enquanto a mulher reclama e o Brasil perde para o Uruguai, o homem tem visões com mulheres nuas. Com o sucesso dessas produções, compra uma câmera Arriflex e alguns refletores de A. P. Galante e roda *O playboy maldito*. Explorando sempre o filão erótico, aproveita qualquer motivo para criar os enredos, cuidando ainda da iluminação, figurinos, cenografia e, às vezes, montagem e fotografia (a cargo de José Assis de Araújo Dutra, na maioria dos filmes), além da produção e direção. O montador Severino Dadá foi seu grande amigo e colaborador. Júlio Bressane*, Rogério Sganzerla*, Carlos Reichenbach* e Glauber Rocha* estão entre seus fãs mais importantes. Luiz de Barros* e Nélson Gonçalves eram os grandes ídolos de Nilo no cinema e na música. O sucesso de algumas produções estrangeiras inspirou as versões *Tarzan... o bonitão sexy* e *Emanuelo... o belo*. Ambos filmes "super-realistas", fotografados no sistema "big color", de acordo com a publicidade elaborada pelo próprio Nilo. Sylvio Kristal é o galã de *Emanuelo... o belo*, um açougueiro a quem Nilo devia dinheiro e foi transformado em "estrela" do cinema erótico. Na década de 1970, construiu o estúdio ADELANA – junção do nome das filhas, Adelaide e Ana Maria – no subúrbio carioca de Ricardo de Albuquerque. Alcançou relativa notoriedade, debochando de si mesmo e de suas "fitas". Apareceu de cuecas, filmando no estúdio, na imprensa e no curta-metragem *Cinema 77. Não fale em sexo*, história de um pai de família que trai a mulher com a sogra, foi exibido simultaneamente em vários estados. Tirou partido da lei de obrigatoriedade do curta-metragem com uma série de "filmes educativos" – *Ginástica, base para uma boa saúde*; *A libertação dos escravos*; *Tiradentes*; *O liberalista*; *São Paulo e suas rodovias*; *Beleza artística francesa*; *Sábio Oswaldo Cruz*. Todos realizados com diapositivos do INC e sobras de filmes antigos. Aproveitando seu arquivo, fez também *Dilermando Pinheiro e seu chapéu de palha* e *Blecaute, o general da banda*. Aderiu ao sexo explícito em *Tarados na fazenda dos prazeres*, mas já estava fraco para o negócio. Num último esforço, reuniu toda a produção (incluindo os velhos melodramas em preto e branco que distribuía) e relançou com novos títulos e enxertos. Agora, nada de *strip-teases*, só sexo explícito e em cores. (RL)

MACHADO, Roberto (Roberto Machado dos Santos) – Niterói, RJ, 1924-2001. Diretor.

FILMOGRAFIA: 1973 – *Um virgem na praça*. 1974 – *Uma mulata para todos*. 1977 – *Deu a louca nas mulheres*. 1978 – *Essa freira é uma parada*. 1980 – *A gostosa da gafieira*. 1982 – *Piranha de véu e grinalda* (1º episódio: 'O tabu da virgindade'; 2º episódio: 'A sonâmbula'). 1983 – *Carnaval das taras* (1º episódio: 'Os cascateiros'; 2º episódio: 'Os doidos'; 3º episódio: 'Os safados').

Diretor, roteirista, produtor e montador, começou a carreira como gerente de produção em filmes de Watson Macedo*, Carlos Manga*, J. B. Tanko* e Eurides Ramos*. Nos anos 70, no auge da pornochanchada*, começou a fazer longas-metragens se dedicando ao cinema erótico. Seus primeiros filmes eram inspirados na comédia italiana de costumes com apelo erótico. Em 1974, com *Uma mulata para todos*, Roberto Machado descobriria a sua musa, Juciléia Telles. Ela atuaria ainda em outros filmes de Roberto: *A gostosa da gafieira, Deu a louca nas mulheres, Essa freira é uma parada* (o único filme não erótico de sua filmografia) e *Piranha de véu e grinalda*. Os filmes do diretor e produtor apelavam para o erotismo popular e eram destinados ao grande público. Segundo relatório da EMBRAFILME de setembro de 1984, os sete longas de Roberto foram assistidos por 3.353.634 espectadores. No começo dos anos 80, foi presidente do Sindicato dos Produtores de Cinema do Rio de Janeiro, por dois mandatos consecutivos. Com Mauro Gonçalves, o trapalhão Zacarias, coproduziu *Deu a louca nas mulheres* (o compromisso firmado com Machado pode haver impedido que Zacarias participasse de *Os Trapalhões no Planalto dos Macacos*, filmado na mesma época, e que seria o seu primeiro filme com o grupo). Roberto roteirizou, produziu, dirigiu e montou *A gostosa da gafieira*, tendo a mulata Juciléia Telles como estrela e um elenco de atores de peso, como Ruy Rezende, Jorge Cherques e Moacyr Deriquem. Nesse filme, que foi seu maior sucesso, Roberto se esmerou para retratar o ambiente de uma gafieira. O filme era um projeto conjunto com o ator Grande Otelo* e o argumento original baseava-se no livro *Maxixe, a dança proibida*, de Jota Efegê. Roberto resolveu prosseguir sozinho no projeto e escreveu um roteiro original, contando os últimos dias de uma mulher sexualmente livre que desaparece da gafieira deixando os frequentadores perplexos. Dois anos depois, Juciléia Telles foi novamente o chamariz de *Piranha de véu e grinalda*. O último longa de Roberto Machado como diretor foi o filme em episódios *Carnaval das taras*. Aproveitando a intensa erotização que tomou conta dos bailes de carnaval com a liberalização dos costumes que se verificou no período, Roberto Machado avançou até onde o gênero erótico não explícito permitia. A voga do sexo para valer, posta em prática pelo cinema da Boca do Lixo*, levou a pornochanchada carioca ao esgotamento, conduzindo cineastas como Roberto a sair de cena nessa época. (LAR)

MACHADO, Sérgio – Salvador, BA, 1968. Diretor.

FILMOGRAFIA: 2001 – *3 histórias da Bahia* (episódio: 'Diário do convento'). 2002 – *Onde a terra acaba*. 2005 – *Cidade baixa*. 2009 – *Quincas Berro d'Água*.

Figura presente na nova geração do cinema brasileiro, demonstrando a força da produção que teve sua origem fora do eixo Rio-São Paulo. Diz que seu gosto pelo cinema surgiu muito cedo, sendo cinéfilo desde a adolescência. Em 1993, ainda estudante, realiza curta-metragem no curso de Jornalismo, chamado *Troca de cabeças* (último trabalho do ator Grande Otelo*). Dois anos depois, seu conterrâneo Jorge Amado* apresenta-o para o diretor Walter Salles*. Em 1996, muda-se para São Paulo para terminar seu mestrado em cinema. Nesse período passa a trabalhar com Walter Salles, assinando a assistência de direção de *Central do Brasil* (1997). Foi o início de uma parceria que continuaria nos filmes seguintes de Salles, como *O primeiro dia* (1998), em que também é assistente de direção, e *Abril despedaçado*, em que atua como diretor assistente e corroteirista. Salles estará também presente na produção de *Quincas Berro d'Água*. Ainda sob a guarda de Salles e seguindo as preferências do diretor, estreia na direção de longas com o documentário *Onde a terra acaba*, produção da VIDEOFILMES, sobre a vida e a obra de Mário Peixoto. Trata-se de documentário que vai além da narrativa meramente expositiva assertiva. Busca captar a sensibilidade e a subjetividade lírica de Mário nas imagens do documentário, obtendo efeito considerável. Em 2005 lança *Cidade baixa*, seu primeiro longa de ficção, em sintonia com a estética exasperada, dominante no cinema brasileiro contemporâneo. *Cidade baixa* é estrelado por três atores, protagonistas da nova geração, sob direção que dá espaço à criação densa de personagens dramáticos. Wagner Moura*, Lázaro Ramos* e Alice Braga* mostram uma bem conduzida química de entrosamento. No curta *Príncipe encantado* (2009), Machado dividiu a direção com Fátima Toledo. Lança em 2010 novo longa ficcional, *Quincas Berro d'Água*, numa coprodução entre Brasil e França, baseado na novela *A morte e a morte de Quincas Berro d'Água*, de Jorge Amado. À vontade na mitologia baiana do Pelourinho de Salvador, Machado compõe uma narrativa ágil, com mão leve na direção. Até mesmo Paulo José*, com uso excessivo no final de sua carreira, está bem adequado para o papel cômico que desempenha. Mariana Ximenes, talvez em seu melhor papel no cinema, trabalha com sutilezas a ambiguidade da filha careta do defunto que acaba entregando-se ao guarda-costas do delegado. Machado assina um ótimo trabalho de roteiro em *Quincas Berro d'Água*, transportando com agilidade para as telas a novela de Jorge Amado. Também escreve e dirige seriados para TV, demonstrando sintonia com o eixo criativo da nova geração do cinema brasileiro. Em os *Pastores da noite* (2002), produção GLOBO do núcleo Guel Arraes, divide os créditos de roteiro com Guel Arraes* e Claudio Paiva e a direção com Maurício Farias. Em *Alice*, série brasileira com produção e exibição na rede HBO, trabalha na direção e roteiro dos seriados, conjuntamente com Karim Ainouz*. (FPR/VLD)

MADER, Malu (Maria de Lourdes da Silveira Mader) – Rio de Janeiro, RJ, 1966. Atriz.

FILMOGRAFIA: 1985 – *Rock estrela*. 1987 – *Feliz ano velho*. 1988 – *Dedé Mamata*. 1999 – *Mauá, o imperador e o rei*. 2001 – *O invasor; Bellini e a esfinge*. 2004 – *Sexo, amor e traição*. 2006 – *Brasília 18%; Podecrer!*. 2007 – *Sexo com amor?*. 2008 – *A casa da mãe Joana; Contratempo* (dir).

Atriz musa da geração que viveu a interrupção da produção nacional no início dos anos 90. Mantém um interesse no cinema e uma sensibilidade nem sempre comuns em sua profissão. Estreia como atriz no Teatro do Tablado. Na televisão, seu primeiro trabalho foi uma participação na novela *Eu prometo* (1983). Após três anos, protagonizou a minissérie *Anos dourados*, de Gilberto Braga, quando chega ao estrelato. Entre novelas e minisséries, vem atuando na TV quase ininterruptamente. Estreou no cinema em 1985 com o curta *A espera*, de Luiz Fernando Carvalho* e Maurício Farias. Posteriormente fez *Rock estrela*, de Lael Rodrigues, filme que a lançou na grande tela. Em 1987/1988 compõe personagens memoráveis em dois filmes-chave para se entender o fim do ciclo EMBRAFILME: *Feliz ano velho*, de Roberto Gervitz*, e *Dedé Mamata*, de Rodolfo Brandão. Ambos trazem para o primeiro plano da produção nacional uma nova geração, descolada da política e da contracultura do final dos anos 60. Chegam com atraso à direção de longas e não mantêm continuidade. Malu Mader, nesse momento, é uma atriz referência. Vem do Baixo Leblon (retratado em *Dedé Mamata*) e se transfere para São Paulo (onde se situa a produção e a ficção de *Feliz ano velho*). O intervalo em sua atuação cinematográfica é significativo do soluço de continuidade do cinema brasileiro, até o amadurecimento do novo modo de produção que toma forma no governo Fernando Henrique. Após uma pausa de onze anos, retorna em 1999 com o filme *Mauá, o imperador e o rei*, no papel de May, esposa do protagonista Visconde de Mauá. Num raro trabalho, dublou o personagem Neera no filme *Dinossauro*, do ESTÚDIO DISNEY. Atuou ainda no drama *O invasor*, de Beto Brant*, obra com boa tensão dramática embora com protagonistas masculinos. *Bellini e a esfinge* ocupa lugar particular na carreira de Mader. Escrito a partir de romance homônimo de seu marido Tony Belloto, o casal envolve-se também na produção, ficando a trilha sonora por conta de músicos do grupo Titãs (além de Belloto, Charles Gavin) e Andreas Kisser (Sepultura). Malu faz o papel de uma misteriosa garota de programa, em interpretação carregada de sensualidade (o livro teria em 2009 uma refilmagem intitulada *Bellini e o demônio*, com Rosane Mulholland*). Mesmo com uma direção frouxa, Mader encontra em *Bellini e a esfinge* espaço maior para desenvolver sua personagem. Apesar do gosto pelo trabalho em cinema, é inegável que falta um filme-âncora na carreira da atriz. Seus grandes papéis foram na telinha. Em *Brasília 18%*, é dirigida por Nelson Pereira dos Santos*, em obra que gerou em si expectativa, apesar da simultaneidade com o grave problema de saúde que sofreu na época. Aparece ainda em *Podecrer!*, de Arthur Fontes, agora já mais senhora, como mãe, cara a cara com a geração que poderia ser de seus filhos. Recentemente atuou nas comédias *A casa da mãe Joana*, de Hugo Carvana*, e *Sexo com amor?*, de Wolf Maya, além do curta *Se não fosse o Onofre... (Thanks, Onofre)* (2008). Passa finalmente à direção de longa (como outros colegas atores nos últimos anos) em *Contratempo*, documentário que assina juntamente com Mini Kerti, sobre crianças carentes que encontram na música clássica uma forma de expressão. (FPR/VLD)

MADRIGANO, Francisco – São Paulo, SP, 1899-1978. Ator, diretor.

FILMOGRAFIA: 1920 – *Perversidade* (ator). 1924 – *O segredo do corcunda* (ator). 1925-1928 – *O orgulho da mocidade* (ator, dir.). 1926 – *Filmando fitas* (ator); *O descrente* (dir.); *Vício e beleza* (ator). 1927-1928 – *Morfina* (ator, dir.). 1928 – *O crime da mala* (ator, dir.). 1929 – *Enquanto São Paulo dorme* (ator, dir.). 1930 – *Eufêmia* (ator, dir.). 1953 – *Paixão tempestuosa* (ator).

Figura muito ativa e típica dos aventureiros que atuam no cinema mudo paulista. No início dos anos 20, ingressa na Escola de Artes Cinematográficas Azurri, de Arturo Carrari*. Em seguida, atua em papéis de destaque nos filmes dramáticos *Perversidade*, de José Medina*; e *O segredo do corcunda*, de Alberto Traversa*, em que é vilão; e foi protagonista na comédia *Filmando fitas*, de Antonio Rolando. Ator coadjuvante no drama *Vício e beleza*, de Antônio Tibiriçá*, diretor com quem volta a trabalhar em outro drama (sonoro) nos anos 50, *Paixão tempestuosa*, baseado em romance homônimo do diretor. Em 1925, funda a Escola Internacional, que dá origem a vários filmes (*O orgulho da mocidade*; *Filmando fitas*; *O descrente* e *Enquanto São Paulo dorme*), funcionando durante um ano. Atuou como ator em seu primeiro filme como diretor, *O orgulho da mocidade*, uma produção complicada que leva três anos em sua gestação. Historicamente, é o primeiro filme brasileiro a passar pelas mãos de vários diretores, pois tem cenas filmadas com direção de Madrigano (o único creditado na função), José Pedro, Carmo Nacarato, Antônio Rolando e Antônio Caldas, este o produtor e galã que conclui a fita. Sua segunda direção, *O descrente*, é um filme religioso com produção do ator principal, Francisco de Simone, para a VITÓRIA FILME. *Morfina*, seu terceiro longa, é um drama sobre a droga, produção da UBA FILME, na qual Madrigano acumula as funções de ator, produtor, diretor e argumentista, junto com Nino Ponti, nessa adaptação de livro homônimo de autor desconhecido. É ator e diretor na trama criminal *O crime da mala*, baseada em fatos reais. Trata-se de uma produção de Isaac Saindeberg para a MUNDIAL FILME, que compete com filme de igual título e história, de Antônio Tibiriçá, concluído e exibido a seguir. Dando prosseguimento à sua carreira, volta a trabalhar com o ator e produtor Francisco de Simone, da VITÓRIA FILME, como ator e diretor no drama *Enquanto São Paulo dorme*, que utiliza o processo sonoro VITAPHONE. Despede-se do cinema mudo interpretando e dirigindo o drama *Eufêmia*, que adapta em parceria com Manoel E. Franco, do romance *Madalena*, também de autor desconhecido, para os produtores Nicolino Locozelli e Takaki, de origem nipônica, filme que teve como fotógrafos os irmãos japoneses José e Pedro Chida. A história se esquece desse cineasta pioneiro, cavador a seu modo e que fez escola no cinema nacional sonoro. (LFM)

MAGALHÃES, Ana Maria (Ana Maria Portinho Magalhães) – Rio de Janeiro, RJ, 1950. Atriz.

FILMOGRAFIA: 1966 – *Arrastão* (produção estrangeira); *Todas as mulheres do mundo*. 1967 – *Garota de Ipanema*; *O diabo mora no sangue*. 1969 – *Azyllo muito louco*. 1970 – *Minha namorada*; *Como era gostoso o meu francês*. 1971 – *O doce esporte do sexo* (1º episódio: 'O torneio'); *Os devassos*; *Mãos vazias*. 1972 – *Quando o carnaval chegar*; *Uirá, um índio em busca de Deus*; *Quem é Beta?*. 1973 – *Joana Francesa*; *Sagarana: o duelo*. 1975 – *Amantes amanhã, se houver sol*; *Deliciosas traições de amor* (2º episódio: 'Os divinos sons da música do prazer'); *Paranoia*. 1976-1977 – *Anchieta, José do Brasil*. 1977 – *Lúcio Flávio, o passageiro da agonia*; *Os sete gatinhos*; *Se Segura, Malandro!*. 1978-1980 – *A idade da Terra*. 1980-1982 – *Tensão no Rio*. 1980-1985 – *Real desejo*. 1982 – *Os Trapalhões na Serra Pelada*. 1992 – *Oswaldianas* (5º episódio: 'Perigo negro'). 1994 – *Érotique* (episódio: 'Final Call') (coprodução estrangeira) (dir.). 2002 – *Lara* (dir.). 2004 – *Afonso Eduardo Reidy – saudades do futuro* (dir.).

Ana Maria Magalhães é filha do deputado pernambucano Sérgio Neves de Magalhães, cassado em 1964. Ainda adolescente, acompanhava a irmã nas aulas de arte dramática no Teatro Dulcina. Estudou no Conservatório Nacional de Teatro e frequentou durante dois anos o curso de Ciências Sociais na UFRJ. Estreou nos palcos como figurante em *Quatro num quarto*, dirigida por José Celso Martinez Corrêa. Aos 17 anos, começou a atuar no cinema. Foi a protagonista de *O diabo mora no sangue*, com direção de Cecil Thiré*, seu marido na época, e participou de *Garota de Ipanema*, de Leon Hirszman* – o primeiro dos vários diretores ligados ao Cinema Novo* com quem iria trabalhar. No final dos anos 60, faz parte do grupo ligado a Nelson Pereira dos Santos* (pai de seu primeiro filho), que cria uma comunidade na cidade histórica de Paraty, realizando ali alguns filmes. Ana Maria atua em *Azyllo* muito louco e interpreta a índia Seboipep em *Como era gostoso o meu francês*. A partir do primeiro, começa a trabalhar em outras funções: continuidade, produção, assistência de direção e montagem. Com Jece Valadão*, produz *Mãos vazias*, em que contracena com a amiga Leila Diniz*. Faz assistência de montagem em *A casa assassinada* (1971), de Paulo César Saraceni*, em *O homem do corpo fechado* (1972), de Schubert Magalhães*, e em *Passe livre* (1974), de Oswaldo Caldeira*. Assume a montagem do curta *O tempo e a forma* (1971), documentário dirigido por Gustavo Dahl*, com quem ficaria casada durante dez anos e teria dois filhos. Ana Maria volta a interpretar uma índia em *Uirá, um índio em busca de Deus*, segundo longa-metragem de Dahl. Faz par romântico com Chico Buarque em *Quando o carnaval chegar*, de Carlos Diegues*, com quem trabalharia novamente em *Joana Francesa*. É dirigida por outros dois realizadores do Cinema Novo: Zelito Viana* (*Minha namorada* e *O doce esporte do sexo*) e Paulo César Saraceni (*Anchieta, José do Brasil*, interpretando a mãe do jesuíta). Destaca-se também como a namorada do assaltante em *Lúcio Flávio, o passageiro da agonia*. Nos anos 70, estreou na televisão no papel de Glorinha, "a moça da janela", em *Gabriela* (1975). No ano seguinte, fez *Saramandaia*. Por essa época, começa a desenvolver o projeto de seu primeiro filme, o média-metragem *Mulheres de cinema* (finalizado em 1977), sobre dez atrizes e diretoras do cinema brasileiro: Aurora Fúlgida*, Eva Nil*, Carmen Santos*, Gilda Abreu*, Eliana*, Helena Ignez*, Norma Bengell*, Isabel Ribeiro*, Ana Carolina* e Dina Sfat*. No final da década, aparece como Aurora Madalena, mistura de índia com deusa do candomblé, no último filme de Glauber Rocha*, *A idade da Terra*. Nos anos 80, o trabalho como atriz vai perdendo espaço para os projetos da diretora. Dirige *Já que ninguém me tira pra dançar* (1983), vídeo sobre Leila Diniz, com trechos de filmes, depoimentos e cenas com três atrizes (Lídia Brondi, Louise Cardoso* e Lygia Diniz) interpretando Leila em diferentes momentos. Em seguida, realiza o curta *Assaltaram a gramática* (1984), com alguns dos principais poetas da "geração mimeógrafo": Paulo Leminski, Chacal, Waly Salomão e Chico Alvim. Seguindo a proposta de mapear a cultura de sua geração, filma em São Paulo o curta *Spray jet* (1985), voltado para os trabalhos dos artistas plásticos Leonilson, Leda Catunda e Ciro Cozzolino. Depois, toma como base um poema erótico de Vinicius de Moraes* e dirige *O

mergulhador* (1985), com Arduíno Colassanti e Nina de Pádua. Em *O bebê* (1987), Andréa Beltrão* é a jovem mãe que ouve seu bebê falar, mas não consegue fazer que acreditem nela. Em coprodução com a França, dirige o documentário *Mangueira do amanhã* (1992). Fez também a direção de episódio de longa-metragem internacional *Érotique*, coprodução internacional com três episódios dirigidos por mulheres de diferentes países (as outras duas diretoras são a americana Lizzie Borden e a chinesa Clara Law). Ana Maria assina 'Final Call', livremente baseado no conto *A língua do P*, de Clarice Lispector, que tem Cláudia Ohana* e Guilherme Leme nos papéis principais. Desde 1995, com planos de filmar a vida da atriz Odete Lara* – da infância à conversão ao zen-budismo, acaba concretizando o projeto em 2002, fazendo seu primeiro longa-metragem como diretora, numa adaptação das autobiografias de um dos mitos do cinema brasileiro. Não deixa de fazer documentários, gênero que marcou seus primeiros trabalhos na direção. Realiza filme sobre o arquiteto Affonso Eduardo Reidy (responsável pelo projeto do Museu de Arte Moderna, no Rio de Janeiro). (LCA)

MAGALHÃES, Schubert (Amantino Schubert de Souza Magalhães) – Belo Horizonte, MG, 1936-1984. Diretor.

FILMOGRAFIA: 1970 – *O homem do corpo fechado*. 1983-1984 – *Ela e os homens*.

Através de sua amizade com o intelectual mineiro João Machner, conhece o CEC e sua biblioteca, da qual se torna assíduo frequentador e leitor. Na década de 50, é ativo cineclubista, assiste a filmes e participa dos debates com os críticos de cinema Cyro Siqueira*, Jacques do Prado Brandão e Fritz Teixeira de Salles, criadores e articulistas das importantes *Revista de Cinema* e *Revista de Cultura Cinematográfica*. Entre 1957-1961, é aluno do curso de teatro da EAD em São Paulo, tendo estudado com os professores Alfredo Mesquita, Décio de Almeida Prado, Augusto Boal e Antonio Candido. Em 1958-1959, na USP, dirige as peças *O homem da flor na boca*, de Pirandello, e *Piquenique no front*, de Fernando Arrabal. Em 1960, começa no cinema na Bahia, junto com seu colega e conterrâneo Flávio Pinto Vieira, na prática de assistente de direção. Trabalha nos primeiros dias da produção de *Barravento*, da IGLU FILMES, ainda sob a direção de Luiz Paulino dos Santos. Sai junto com o diretor na primeira semana,

após a interrupção do filme, quando acontece a conhecida troca de Paulino pelo produtor executivo Glauber Rocha*. Em São Paulo, 1962, nos estúdios da VERA CRUZ*, junto com Alfredo Sternheim*, funciona como assistente de direção de Walter Hugo Khouri* em *A ilha*. No ano seguinte, no Rio de Janeiro, frequenta o curso de cinema do documentarista sueco Arne Sucksdorff*, nas dependências do Itamaraty. A seguir, em Belo Horizonte, é um dos fundadores do CENTRO MINEIRO DE CINEMA EXPERIMENTAL (CEMICE), atuando como diretor de produção e com pequena participação como ator no curta *O milagre de Lourdes* (1966), de Carlos Alberto Prates Correia*, primeira produção do CEMICE. Volta a trabalhar como assistente de direção, novamente com o diretor Luiz Paulino dos Santos, em *Mar corrente* (1967). Produtor, diretor e roteirista de seu primeiro curta, *Aleluia* (1968), um filme experimental, também uma produção do CEMICE. Apesar de sua aparente formação acadêmica e intelectual, sempre foi um andarilho errante. Entre as várias atividades que exerceu, está a de caminhoneiro, tendo trabalhado no circo em diferentes funções, destacando-se como trapezista. Isso de certa forma o identifica com a trajetória artística e de vida do cineasta paulista Ozualdo Candeias*. Em 1969-1970, escreve no Suplemento Literário do jornal *Minas Gerais* e faz críticas de filmes no *Estado de Minas*. Em sociedade com Flávio Werneck e Vítor de Almeida, funda a FILMES D'EL REY, produtora de seu primeiro longa, *O homem do corpo fechado*, filme místico de aventura, elogiado pelo crítico Alex Viany*, que enxerga nele influências da obra de Guimarães Rosa e o aproxima das características de um bom *western*, com perseguições pelo sertão mineiro que percorrem todo o filme (colorido no processo EASTMANCOLOR). Após alguns anos de afastamento, dirige os curtas coloridos *Tradição no serro do frio* (1978), que focaliza festa religiosa no interior mineiro, e o institucional *O circuito das águas* (1980). Seu segundo longa, *Ela e os homens*, produção de Paulo Leite Soares*, com roteiro do dramaturgo Alcione Araújo, tem sua realização complicada, em consequência da morte de Schubert, logo após o final das filmagens, não conseguindo lançamento. Infelizmente, esse cineasta mineiro é hoje pouco lembrado. Em 2007, seu trabalho é resgatado por Carlos Prates em *Castelar e Nelson Dantas no país dos generais*, filme que faz uma análise do cinema mineiro realizado nos anos da ditadura, através dos cineastas Joaquim

Pedro de Andrade*, Andréa Tonacci*, Alberto Graça, Carlos Prates e Schubert Magalhães. (LFM)

MAGALHÃES, Yoná (Yoná Magalhães Gonçalves) – Rio de Janeiro, RJ, 1935. Atriz.

FILMOGRAFIA: 1957 – *Alegria de viver.* 1958 – *Um desconhecido bate à porta.* 1963 – *Deus e o diabo na terra do sol.* 1965 – *Society em baby-doll.* 1967 – *Opinião pública.* Yoná Magalhães nasceu em Lins de Vasconcelos, zona norte do Rio de Janeiro, em 7 de agosto. A data de seu nascimento – um dos mistérios mais insondáveis do cenário artístico brasileiro – nunca foi omitida nas reportagens que eram dedicadas a ela no início da carreira. Assim, a colunista Zenaide Andréa não tinha o menor problema em declinar-lhe a idade, em sua coluna na revista *Cinelândia* de junho de 1958: "quase 23 anos". E completava: "Ioná [*sic*] nasceu em 7 de agosto de 1935". A própria Yoná, em entrevista à *Revista do Rádio*, na mesma época, confessava ter 22 anos. Em algum momento dos anos 60, Yoná passou a esconder obsessivamente a idade, gerando-se uma grande especulação a respeito. O mistério chegou a tal ponto que os arquivos da TV GLOBO atribuíam a ela, em 1995, a idade de 48 anos, estabelecendo o ano de 1947 como o de seu nascimento. Essa lenda que ela alimentou em torno da idade é compreensível: uma das mais populares atrizes brasileiras, verdadeiro símbolo da telenovela e um ícone da mulher brasileira, Yoná é um mito, e um mito não deve sofrer a ação do tempo. Seu nome de batismo é Yoná Magalhães Gonçalves, apenas (o Mendes da Costa que sempre gostou de acrescentar é na verdade de seu primeiro marido, o produtor Luís Augusto Mendes da Costa). Teve uma infância simples de subúrbio e, desde criança, revelou uma tendência para a arte de representar. Filha de uma costureira, Eunice, estudou corte e costura. Aos 14 anos, subiu num palco pela primeira vez na escola, mas não passava pela sua cabeça seguir a carreira artística, que começou por absoluta necessidade de sobrevivência: estava cursando o científico e queria ajudar a pagar os estudos, já que o pai passava dificuldades na época. Assim, com 15 anos, começou a trabalhar na RÁDIO TUPI, inicialmente fazendo pequenas participações no radioteatro da emissora. Em sua autobiografia, publicada em 1991, Walter Clark* conta que conheceu Yoná Magalhães em 1953, no bar do prédio das Emissoras Associadas, na praça Mauá, Rio de Janeiro, onde funcionava o império das

telecomunicações de Assis Chateaubriand – a RÁDIO TUPI e a TV TUPI. Walter, então um garoto de 16 anos que começava sua bem-sucedida carreira como ajudante na RÁDIO TAMOIO, lembra que Yoná, normalista, chegava à RÁDIO TUPI ainda com seu uniforme de colégio, já que frequentava a escola de manhã e trabalhava na rádio à tarde. Yoná conseguiu concluir o científico atuando no rádio. Queria estudar Filosofia (alimentou esse desejo por muitos anos), mas a carreira não permitiu. Em 1953, passou a trabalhar também na televisão: ficou um ano fazendo pontas na TV TUPI. Morava em Lins, estudava no Engenho Novo e trabalhava na Urca, onde ficavam os estúdios da TV TUPI, no antigo Cassino da Urca. Dois anos depois, em 1955, tornava-se estrela do *telecast* da TUPI, fazendo o tipo "ingênua". Já era, portanto, uma figura popular no rádio e na televisão quando surgiu a oportunidade para trabalhar no cinema, a convite do produtor e diretor Watson Macedo*. *Alegria de viver*, o primeiro filme de Yoná, é uma comédia musical bem típica dos anos 50. Ela faz o papel de Sílvia, uma jovem apreciadora de música moderna e frequentadora do clube CopaJazz, que arma um plano para conquistar o namorado da melhor amiga, Elisabeth, interpretada por Eliana*. Entusiasmada com o cinema, fez logo seu segundo filme: *Um desconhecido bate à porta.* Lançado em 1958 e premiado no FESTIVAL DO CINEMA DO RIO DE JANEIRO, o filme trata do mundo das corridas de cavalos e foi produzido pelo jornalista Wilson do Nascimento e dirigido por Haroldo Costa. O galã foi Paulo Goulart*. O filme tem a primeira trilha de Tom Jobim* para o cinema. Em matéria de *O Jornal*, de 31 de agosto de 1958, a atuação de Yoná no filme é elogiada e ela é descrita afavelmente como a "estrelinha normalista". Apesar do sucesso da fita e dos elogios, Yoná se afastou do cinema, concentrando-se na televisão. Em 1963, estava casada com o baiano Luiz Augusto Mendes da Costa e residia em Salvador, onde o marido exercia o cargo de superintendente da RÁDIO GLOBO. Na Bahia, estudou dois anos na Escola de Teatro da Bahia, onde teve como professor Luiz Carlos Maciel. Numa entrevista, ela contou que um dia Glauber Rocha* procurou seu marido e mostrou a ele o *script* de *Deus e o diabo na terra do sol.* Luiz Augusto ficou tão entusiasmado com o que leu que decidiu produzir o filme. Glauber convidou-a para interpretar Rosa, a esposa cética do camponês Manoel. As filmagens duraram três meses e foram feitas no final de 1963,

na região de Cororobó, em Canudos, e nos degraus de pedra do Monte Santo, na Bahia. Yoná era obrigada a acordar às quatro horas da manhã para chegar às sete em Monte Santo, quando as filmagens tinham início. Tendo ficado grávida no meio das filmagens de *Deus e o diabo na terra do sol*, voltou ao Rio de Janeiro no final do ano. Devido ao nascimento do filho, Marcos Mendes da Costa, em meados de 1964, Yoná não pôde acompanhar a repercussão que o filme teve na época: não foi a CANNES nem à estreia do filme. Posteriormente, afirmou numa entrevista que *Deus e o diabo na terra do sol* fora o ápice de sua carreira de atriz, mais importante do que tudo o que fizera na televisão. Yoná teve ainda a oportunidade de fazer outro filme, também produzido pelo marido, *Society em baby-doll*, dirigido por Luiz Carlos Maciel e Valdemar Lima*, o fotógrafo de *Deus e o diabo na terra do sol* (Luiz Augusto queria que Glauber dirigisse o filme). Contracenando com atores consagrados no teatro, como Sérgio Brito*, Nathália Timberg e Marieta Severo*, Yoná saiu-se muito bem no papel de uma grã-fina da Zona Sul do Rio, casada com Sérgio Brito*. Separou-se então de Luiz Augusto e se casou com o ator Carlos Alberto (de quem também acabou se separando). Em 1966, foi contratada pela TV GLOBO, estreando na novela *Eu compro essa mulher*, de Glória Magadan. Sua carreira na televisão a transformou numa das atrizes mais populares do Brasil. Suas principais novelas foram *O sheik de Agadir* (1966), de Glória Magadan, *O grito* (1975), de Jorge Andrade, *Saramandaia* (1976), *Sinal de alerta* (1978), *Roque Santeiro* (1985), todas de Dias Gomes, e *Tieta* (1989), de Aguinaldo Silva*. (LAR)

MAIA, Nuno Leal – Santos, SP, 1947. Ator.

FILMOGRAFIA: 1972 – *Anjo loiro.* 1973 – *A virgem.* 1975 – *Cada um dá o que tem* (1º episódio: 'O despejo'); *Paranoia*; *O quarto da viúva*; *A dama do lotação.* 1976 – *Guerra é guerra* (1º episódio: 'Núpcias com futebol'); *Chão bruto*; *Elas são do baralho*; *Gente fina é outra coisa* (2º episódio: 'Chocolate ou morango'). 1977 – *O bem-dotado, o homem de Itu*; *O bom marido.* 1978 – *O caso Cláudia*; *Inquietações de uma mulher casada*; *O princípio do prazer*; *Alguém.* 1979 – *Embalos alucinantes.* 1979-1980 – *Ato de violência.* 1980 – *Mulher-objeto.* 1981 – *Índia, a filha do Sol*; *Ao sul do meu corpo.* 1982 – *As amantes de um homem proibido*; *Gabriela, cravo e canela* (produção estrangeira).

1983 – *Águia na cabeça*. 1984 – *O beijo da mulher-aranha* (coprodução estrangeira); *O rei do Rio*. 1984-1986 – *As sete vampiras*. 1988-1991 – *O escorpião escarlate*. 1988-1992 – *Oceano Atlântis*. 1994 – *Louco por cinema*. 1994-1996 – *As feras*. 2005 – *Um lobisomem na Amazônia*. 2007 – *Onde andará Dulce Veiga?*.

Nuno Leal Maia descobriu tarde a sua vocação de ator. Apaixonado por futebol, foi jogador do Santos até o juvenil. Mais tarde, viveu uma curta experiência como técnico de futebol, mas acabou voltando à vida artística. Mudando-se para São Paulo, em 1970, cursou a Escola de Comunicações e Artes da Universidade de São Paulo. Sua meta era ser diretor de cinema, mas não chegou a se formar. Dirigiu dois curtas-metragens quando cursava a universidade. Sua carreira de ator no teatro teve início em 1970, quando resolveu fazer um teste para a peça *Hair*. Após alguns papéis no teatro, foi descoberto pelo cinema. Seu primeiro filme, *Anjo loiro*, dirigido por Alfredo Sternheim*, deu início à primeira fase de sua carreira no cinema: a de ator de pornochanchadas*. Essa fase foi marcada por filmes como *Cada um dá o que tem, Elas são do baralho* e *Embalos alucinantes*. Entre seus filmes, o de maior repercussão foi *O bem-dotado, o homem de Itu*, de José Miziara*, com Esmeralda de Barros, Marlene França*, Ana Maria Nascimento e Silva e outros. A primeira oportunidade que teve fora das cercanias da pornochanchada foi em *A dama do lotação*, de Neville d'Almeida*, em que interpretava o marido de Sônia Braga*. A partir de *Ato de violência*, de Eduardo Escorel*, passou a receber papéis melhores. Mudou-se para o Rio de Janeiro em 1976, contratado pela TV GLOBO para a novela *Estúpido Cupido*, de Mário Prata, em que interpretou o personagem Acioly. Seu papel mais famoso na televisão foi o do bicheiro Tony Carrado na novela *Mandala*, de Dias Gomes. Antes, fizera um bicheiro no cinema, no filme *O rei do Rio*, dirigido por Fábio Barreto*. Nos anos 80, teve suas melhores atuações no cinema, em filmes como *Índia, a filha do Sol*, novamente com Fábio Barreto, e *O beijo da mulher-aranha*, de Hector Babenco*. Na década de 90, fez filmes como *Louco por cinema*, de André Luiz de Oliveira, e *As feras*, de Walter Hugo Khouri*. Neste último, Nuno é um professor de Psicologia, namorado de uma aluna interpretada por Cláudia Liz. No novo milênio, filmou *Um lobisomem na Amazônia*, de Ivan Cardoso*, e *Onde andará Dulce Veiga?*, de Guilherme de Almeida Prado*. (LAR)

MAMBERTI, Sérgio – Santos, SP, 1939. Ator.

FILMOGRAFIA: 1966 – *Nudista à força*. 1968 – *O Bandido da Luz Vermelha*. 1970 – *O jogo da vida e da morte*. 1973 – *Toda nudez será castigada*. 1975-1976 – *À flor da pele*. 1977 – *Parada 88 (Limite de alerta)*. 1977-1981 – *Maldita coincidência*. 1980-1981 – *O homem do pau-brasil*. 1981 – *O olho mágico do amor*. 1981-1982 – *Noites paraguaias*. 1982 – *Rio Babilônia*. 1982-1984 – *Baiano fantasma*. 1984 – *Made in Brazil* (3º episódio: 'Um milagre brasileiro'). 1985 – *Sonho sem fim*; *Avaeté, semente da violência*; *Brasa adormecida*. 1986 – *Anjos da noite*. 1986-1987 – *Romance*. 1987 – *A menina do lado*; *A dama do Cine Shangai*; *O mentiroso*; *Fogo e paixão*. 1987-1992 – *Beijo 2.348/72*. 1989 – *O corpo*. 1992 – *Oswaldianas* (4º episódio: 'Uma noite com Oswald'); *Perfume de gardênia*. 1992-1994 – *Mil e uma*. 1993-1994 – *Efeito ilha*. 1996 – *Doces poderes*. 1998-1999 – *Hans Staden*. 1999 – *Castelo Rá-Tim-Bum, o filme*. 2000 – *Tônica dominante*; *Brava gente brasileira*. 2001 – *3 histórias da Bahia* (episódio). 2003 – *Xuxa abracadabra*. 2006 – *O cavaleiro Didi e a princesa Lili*. 2007 – *O homem que desafiou o diabo*. 2008 – *Bodas de papel*.

Artista coadjuvante com trabalhos na TV e carreira no cinema. Destaca-se por seu trabalho nos palcos onde, além de ator, é também diretor. No cinema, começou em pequenas participações, passando em seguida a papéis de coadjuvante. Impressiona por sua atuação no longa *O Bandido da Luz Vermelha*, como homossexual afetado dentro de um táxi. Interpreta também um homossexual em *Toda nudez será castigada*, de Arnaldo Jabor*, baseado em peça teatral homônima de Nélson Rodrigues*. No primeiro longa-metragem da dupla José Antônio Garcia* e Ícaro Martins*, *O olho mágico do amor*, criou o papel de Prolixenes, dono de uma exótica associação de pássaros. Representou um senador em *Avaeté, semente da violência*, drama do diretor Zelito Viana*. Fez um padre em *Brasa adormecida*, filme ambientado nos anos 1950, com direção de Djalma Limongi Batista*; um juiz na comédia *Beijo 2.348/72*, primeiro longa de Walter Rogério, e um cardeal em outra comédia, *Efeito ilha*, de Luiz Alberto Pereira*. Na fita infantil *Castelo Rá-Tim-Bum*, primeiro longa de Cao Hamburger, repetiu o papel que criou na TV, do dr. Victor Stradivarius. Representou outro padre, dessa vez no filme histórico *Brava gente brasileira*, de Lúcia Murat*. Foi o coronel Rusevelt em *O homem que desafiou o diabo*, drama de Moacyr Góes*. Circulou com agilidade na administração cultural do governo federal, ocupando cargos diversos no Ministério da Cultura do governo Lula. Assumiu a direção da Funarte. (LFM)

MAMEDE, Sônia (Sônia de Almeida Mamede) – Rio de Janeiro, RJ, 1933-1990. Atriz.

FILMOGRAFIA: 1956 – *Garotas e samba*. 1957 – *De vento em popa*; *É a maior*. 1958 – *Esse milhão é meu*. 1959 – *O cupim*; *Aí vem a alegria*; *Pintando o sete*; *O palhaço o que é?*. 1960 – *Cacareco vem aí (Duas histórias)*. 1970 – *Jesus Cristo, eu estou aqui*. 1971 – *Assalto à brasileira*. 1976 – *Elas são do baralho*; *A árvore dos sexos*. 1983 – *Desejo insaciável da carne (Brisas do amor)*.

Iniciou a carreira no teatro de revista em 1953, na companhia de Zilco Ribeiro, em que estreou na peça *Carnaval de 53*. Sua primeira real oportunidade, porém, foi como vedete na peça *Brasil 3000*, de Haroldo Barbosa. Estreou no cinema atuando em *Garotas e samba*, de Carlos Manga*, primeira comédia brasileira em CINEMASCOPE e inspirada no filme americano *Como agarrar um milionário*. Destacou-se como uma das principais atrizes cômicas da ATLÂNTIDA*, onde fez muitos filmes, como *De vento em popa*, ao lado de seu primeiro marido, Augusto César Vannucci; e *Esse milhão é meu* e *Duas histórias*, estes ainda sob a direção de Manga. Em 1960, gravou para a RGE um compacto com a música *Maria Chiquinha*, que fez enorme sucesso. Na televisão, começou na TV TUPI, onde participou dos programas *Noites Cariocas* e *Praça Onze*. Foi contratada, então, pela TV GLOBO, estreando em *Oh, que Delícia de Show!*. Seu quadro mais famoso, criado por Max Nunes, atravessou vários programas. Sônia interpretava Ofélia, uma ricaça burra, que fazia o marido Fernandinho (Lúcio Mauro) morrer de vergonha. Na TV GLOBO, Sônia trabalhou ainda nos programas *Planeta dos Homens, Satiricom* e *Chico City*. (LCA)

MANGA, Carlos (José Carlos Aranha Manga) – Rio de Janeiro, RJ, 1928. Diretor.

FILMOGRAFIA: 1953 – *Dupla do barulho*; *Nem Sansão nem Dalila*. 1954 – *Matar ou correr*. 1955 – *Guerra ao samba*; *O golpe*. 1956 – *Vamos com calma*; *Colégio de brotos*; *Papai fanfarrão*; *Garotas e samba*. 1957 – *De vento em popa*; *É a maior*. 1958 – *Esse milhão é meu*; *O homem do Sputnik*. 1959 – *O cupim*; *Pintando o sete*; *O palhaço o que é?*. 1960 – *Cacareco vem aí (Duas histórias)*; *Os dois ladrões*; *Quanto mais samba melhor*. 1961 – *As sete Evas*; *Entre mulheres e espiões*. 1974 – *O marginal*. 1975 – *Assim era a Atlântida*. 1986 – *Os Trapalhões e o Rei do Futebol*.

Carlos Manga tinha 19 anos quando visitou os estúdios da ATLÂNTIDA* pela primeira vez, levado por seu amigo Cyll Farney* (irmão do cantor Dick Farney). Manga era, na época, um estudante de Direito fascinado por cinema e fundador, com parentes e amigos, do Sinatra/Farney Fã Clube, dedicado a promover o trabalho de Frank Sinatra e de Dick Farney, que havia cantado e gravado nos Estados Unidos. O clube funciona por mais de um ano num porão no bairro da Tijuca, onde se encontram Johnny Alf, Paulo Moura, Nora Ney, João Donato e outros futuros nomes da bossa nova. Manga acumula as funções de diretor artístico e sócio fundador do clube, além de trabalhar na empresa aérea Cruzeiro do Sul e no Banco Boa Vista. O folheto de apresentação do clube o declara "exclusivamente dedicado ao intercâmbio musical em nosso país" e anuncia "reuniões semanais, *shows, jam sessions*, excursões, conversações musicais, sessões cinematográficas". Das *jam sessions* organizadas por Manga, suas primas e seu amigo Cyll Farney surgem festas com *shows* inspirados nos musicais da Broadway para vários clubes da cidade, como o Tijuca Tênis Clube, o Fluminense e a Associação Atlética Banco do Brasil. Quando Cyll Farney leva Manga até os estúdios da ATLÂNTIDA para conhecer Watson Macedo*, Manga espera um cenário hollywoodiano, mas o que encontra é um galpão de carpintaria, onde um homem aplaina a porta de um cenário. Para surpresa de Manga, aquele homem é o diretor Macedo. Mesmo decepcionado, o jovem insiste e deixa seu emprego para assumir várias funções no estúdio: ajudante de carpintaria, almoxarife, assistente de produção e de montagem. Nas horas de almoço, mexe com os equipamentos, experimenta. Em 1952 é assistente de Paulo Vanderley* e Jorge Ileli* em *Amei um bicheiro*. Mas, segundo Manga, foi o montador Waldemar "Didi" Noya* que lhe ensinou os princípios da mecânica cinematográfica: "foi com ele que aprendi a usar corretamente uma câmera; usei-o como instrutor técnico no primeiro filme que dirigi". Outro nome importante na formação de Manga é o de José Cajado Filho*, cenógrafo, roteirista e diretor.

Àquela época, o cinema carioca já tinha desenvolvido um gênero próprio de cinema, que viria a ser chamado de chanchada carnavalesca. Mas a admiração de Manga pelos musicais norte-americanos, geralmente distantes do espírito anárquico do carnaval, já se evidencia em seu primeiro trabalho de direção: dois números musicais inseridos no filme *Carnaval Atlântida*, cuja direção é de José Carlos Burle*. No primeiro, o cantor é justamente Dick Farney, que apresenta a composição *Alguém como tu* em meio a um jogo de luzes (previamente experimentado por Manga num *show* no Fluminense) e uma elaborada coreografia para corpo de baile, com arranjo de Lírio Panicalli*. Manga considera esses bailados como "cortinas musicais", para "facilitar a construção do roteiro e quebrar a continuidade". De certo modo, os números musicais dirigidos e coreografados por Manga viriam a modificar a chanchada tradicional, que ficou menos ligada às exigências do mercado fonográfico da temporada carnavalesca. Outro número inserido no mesmo filme mostra como o gênero se torna híbrido com a contribuição de Manga: Dick Farney e Nora Ney cantam a melancólica *Ninguém me ama*, acompanhados pela bateria jazzística de Cyll Farney, enquanto Grande Otelo*, Colé* e Oscarito* passeiam irreverentes pelas cenas. Manga estreia efetivamente como diretor em 1953 com *Dupla do barulho*, uma semibiografia da dupla Oscarito e Grande Otelo, com um roteiro assinado por Victor Lima*. Esse filme causa a suspensão temporária de Manga da ATLÂNTIDA, pois Severiano Ribeiro* não aprovava envolvimentos pessoais do diretor com a estrela da fita, no caso, Edith Morel. Manga passa a trabalhar como assistente de Carlos Machado, em boates e teatros, e volta ao estúdio mais tarde para realizar mais comédias musicais. Dirige *Nem Sansão nem Dalila* e *Matar ou correr*, paródias de grandes sucessos hollywoodianos da época (respectivamente *Sansão e Dalila*, de Cecil B. de Mille, e *Matar ou morrer*, de Fred Zinnemann). Para Jean-Claude Bernardet, *Nem Sansão nem Dalila* é um dos primeiros filmes explicitamente políticos realizados no Brasil, cheio de referências a episódios correntes, incluindo uma caricatura de Getúlio Vargas realizada por Oscarito. Em *Matar ou correr*, os vilões são derrotados por mocinhos atrapalhados, vividos por Oscarito e Grande Otelo. O quarto filme de Manga, *Guerra ao samba*, é mutilado pela censura, que corta dezoito piadas, e só pode ser exibido na íntegra por uma semana no Rio de Janeiro, por pressão de Severiano Ribeiro. Manga é recrutado em seguida para realizar uma comédia mais carnavalesca: a produção de *Vamos com calma* é apressada para o filme entrar em cartaz duas semanas antes do carnaval. Manga pode, depois, realizar *Colégio de brotos*, com Oscarito, Cyll Farney, Inalda de Carvalho e o cantor Francisco Carlos, comédia de meio de ano que teve 250 mil espectadores na semana de lançamento no Rio, conseguindo superar a bilheteria de filmes estrangeiros. Manga dirige *De vento em popa*, veículo para Oscarito e Sônia Mamede* realizarem proezas coreográficas, enquanto Cyll Farney e Dóris Monteiro fazem o par romântico. Mas é em 1958 que Manga realiza uma de suas comédias mais célebres, *O homem do Sputnik*, em que parodia a Guerra Fria, debochando de russos, franceses e norte-americanos. Esse filme marca a estreia de Norma Bengell* no cinema, fazendo o papel de uma sedutora espiã francesa. Na década de 60, Manga ainda realiza filmes como *Os dois ladrões* e *As sete Evas*, mas o declínio das comédias cariocas o afasta por treze anos do cinema e o leva a trabalhar em televisão, dirigindo programas musicais e humorísticos, como *O Riso é o Limite* e *Chico Anysio Show* para a rede TV RIO/TV RECORD, e *Times Square* e *My Fair Show* (cujos títulos demonstram sua fidelidade ao musical norte-americano) para a TV EXCELSIOR. Manga promove mudanças na gravação dos programas, introduzindo técnicas de montagem de cinema na manipulação das fitas de vídeo, que eram novidade tecnológica na época. Em 1964, passa um período na Itália, onde acompanha filmagens de Fellini. Volta ao Brasil para produzir *shows* musicais e um programa especialmente polêmico na TV RECORD de São Paulo: *Quem Tem Medo da Verdade*, programa de entrevistas definido pelo próprio Manga como um "*show* de agressão". Manga faz o papel de "mediador", enquanto um júri composto de personagens previamente preparados faz perguntas incômodas aos entrevistados. É talvez o trabalho que mais recebe críticas negativas na carreira de Manga, que é acusado de maltratar Grande Otelo, Dalva de Oliveira e outros. Manga se defende, alertando para o fato de que esses artistas, então em crise pessoal e profissional, tinham no programa a oportunidade de se promoverem novamente. Na década de 70, Manga dirige programas como *Chico City* para a GLOBO e realiza dois filmes: um deles a compilação *Assim era a Atlântida*, corroteirizada por Sílvio de Abreu e inspirada pelo sucesso de *Era uma vez em Hollywood* (*That's Entertainment*, que reunia trechos dos musicais da METRO); e o policial *O marginal*, protagonizado por Tarcísio

Meira* e produzido em São Paulo por Oswaldo Massaini* sobre um argumento de Dias Gomes e história original de Inalda de Carvalho, esposa de Manga. Em 1976 e 1977, Manga acumula prêmios CLIO e em festivais internacionais por seu trabalho como diretor de filmes publicitários. Realiza *Os Trapalhões e o Rei do Futebol*, roteirizado por Aguinaldo Silva* e Ricardo Linhares e fotografado por Edgar Moura*. Além dos Trapalhões*, estão presentes no elenco José Lewgoy* (o veterano vilão das chanchadas da ATLÂNTIDA), Maurício do Valle* e Pelé. (JG)

MANSUR, Fauzi (Fauzi Abdalla Mansur) – São Paulo, SP, 1941. Produtor, diretor.

FILMOGRAFIA: 1968 – *Deu a louca no cangaço* (dir.). 1969 – *Dois mil anos de confusão* (dir.). 1970 – *A ilha dos paqueras* (dir.). 1971 – *Cio, uma verdadeira história de amor* (dir.). 1972 – *Sinal vermelho, as fêmeas* (dir.). 1973 – *A noite do desejo* (*Data marcada para o sexo*) (dir.). 1974 – *Sedução* (*Qualquer coisa a respeito do amor*) (dir.). 1975 – *A noite das fêmeas* (*Ensaio geral*) (prod., dir.); *O sexo mora ao lado* (prod.). 1976 – *Belas e corrompidas* (prod., dir.). 1977 – *O mulherengo* (dir.). 1978 – *O guarani* (prod., dir.); *As amantes latinas* (prod.); *O inseto do amor* (dir.). 1979 – *Taras, prazeres proibidos* (prod.); *Incesto*: *desejo proibido* (dir.). 1979-1980 – *Sócias no prazer* (prod.). 1980 – *Orgia das taras* (prod.); *Em busca do orgasmo* (prod.); *A insaciável, tormentos da carne* (prod.). 1980-1981 – *Sexo profundo* (prod.). 1981 – *Me deixa de quatro* (prod., dir.); *A noite dos bacanais* (prod., dir.); *Sexo às avessas* (prod., dir.). 1982 – *Sadismo, aberrações sexuais* (prod., dir.). 1983 – *Sexo animal* (prod., dir.); *As ninfetas do sexo selvagem* (1º episódio: 'Sem título'; 2º episódio: 'As ninfetas do sexo selvagem') (prod., dir.). 1984 – *Promiscuidade, os pivetes de Kátia* (prod., dir.); *As rainhas da pornografia* (prod., dir.); *As delícias do sexo explícito* (prod., dir.); *Bacanais sem fim* (prod., dir.); *O analista de taras deliciosas* (prod., dir.); *Tudo dentro* (prod., dir.); *O vale das taradas* (prod.). 1985 – *Obscenidade total* (*Obsessão total*) (prod., dir.); *Aids, furor do sexo explícito* (prod., dir.); *A noite das penetrações* (prod., dir.); *Tesão, ninfetas deliciosas* (prod., dir.); *Não mexe que eu gozo* (prod., dir.); *Os lobos do sexo* (prod., dir.); *Ninfetas do sexo ardente* (prod., dir.); *Viagem além do prazer* (prod., dir.); *A seita do sexo profano* (prod., dir.). 1986 – *Boca quente* (*Quando a boca engole tudo*) (prod.,

dir.); *Euforia sexual* (*Sexo sem fundo*) (prod., dir.); *Devassidão total* (*Até o último orgasmo*) (prod., dir.); *A mulher do próximo* (prod., dir.); *Quatro noivas para sete orgasmos* (prod., dir.); *Aberrações sexuais de um cachorro* (1º episódio: 'Aberrações sexuais de um cachorro'; 2º episódio: 'A cunhadinha') (prod.); *Etesão, quanto mais sexo melhor* (prod.). 1987 – *Karma, enigma do medo* (prod., dir.); *Minha égua favorita* (prod.); *A noite do troca-troca* (prod.); *Meu cachorro, meu amante* (prod.). 1988 – *Tesão da minha vida* (prod., dir.); *Devassa e ordinária* (prod.); *Atração satânica* (dir.); *Noite de luxúria* (prod.); *Noites alucinantes de Messalina* (*Carícias ardentes*) (prod.); *Vespânia, prefeita erótica* (prod.); *Cio dos amantes* (prod.); *A cama cor-de-rosa* (prod.). 1989-1990 – *Ritual macabro* (prod., dir.). 1990 – *Todas as mulheres do universo* (prod.); *Nove semanas e meia de sexo explícito* (prod.); *Lambada erótica* (prod.); *Hospedaria Tieta* (prod.); *Aventuras eróticas de Dick Traça* (prod.). 1991 – *Aguenta, tesão* (prod.); *Alucinações sexuais de um macaco* (prod.); *Bonecas fogosas* (prod.); *Lambada erótica 2: a lambada do sexo explícito* (prod.); *Paola, a insaciável* (prod.). 1992 – *A gaiola da morte* (prod.).

Interessa-se inicialmente por teatro, trabalhando como técnico, ator e assistente de direção de Eugênio Kusnet*. Na década de 60, faz o curso da Comissão Estadual de Cinema e da Escola Superior de Cinema São Luís. Inicia-se profissionalmente no cinema entre os anos de 1965 e 1967, fazendo assistência de montagem de Glauco Mirko Laurelli* em *Riacho de sangue*, de Fernando de Barros*, e *Anjo assassino*, de Dionísio Azevedo*. Torna-se assistente de direção de Carlos Coimbra* em *Cangaceiros de Lampião* e *Madona de cedro*. Em 1968 realiza *Deu a louca no cangaço* (em codireção com Nelson Teixeira Mendes*) – dirigindo o final do filme, que considera "seu aprendizado na prática de direção". Dirige as comédias *Dois mil anos de confusão* e *A ilha dos paqueras*, com Renato Aragão* e Dedé Santana*. A partir daí, procura uma expressão pessoal, dedicando-se a temas dramáticos com clima erótico, realizando *Cio, uma verdadeira história de amor* e *Sinal vermelho, as fêmeas*, com bom êxito de público. Filma *A noite do desejo*, em que retrata "a noitada de dois operários na Boca do Lixo, à cata de mulheres e sensações. Busca que se transforma numa só frustração, em meio a um quase mundo cão da prostituição" (folheto promocional). Realiza a comédia *Sedução – qualquer coisa a respeito do amor* (filme que recebeu quatro prêmios – melhor filme, melhor direção,

melhor atriz e melhor ator coadjuvante – no FESTIVAL DO GUARUJÁ daquele ano), "em que o diretor faz questão de colocar seu filme em pleno verdor dos anos 30", lançando o ator Ney Latorraca* ao lado de Sandra Bréa. Funda as produtoras VIRGÍNIA FILMES, em 1975, e a FAUZI A. MANSUR CINEMATOGRÁFICA, em 1976, e produz *O sexo mora ao lado*, de Ody Fraga*, *Em busca do orgasmo* e *Tormentos da carne*, de Waldir Kopezky* – habitual roteirista de seus filmes –, e *Taras, prazeres proibidos*, de Luiz Castillini*, entre outros. Dedica-se ao drama erótico com algum experimentalismo em *A noite das fêmeas* (*Ensaio geral*), "no qual através de trama policial relativamente bem montada, é elaborado um jogo complexo para ser simultaneamente jogado pelos personagens da fita, seus autores e, inclusive, pela plateia". Retoma o veio das comédias com *O mulherengo*, filme que inicia uma parceria com o produtor J. D'Avila e que lança o ator Edwin Luisi. Dirige a comédia *O inseto do amor* e passa por um tema histórico filmando uma adaptação do romance *O guarani*, de José de Alencar*. Com os filmes *Incesto: desejo proibido* e *A noite dos bacanais* aproxima-se do erotismo pesado. Com *Sexo animal* e *As ninfetas do sexo selvagem* acompanha o movimento da produção dos filmes da Boca do Lixo*, tentando enfrentar o *hard core* americano. Passa a realizar filmes de sexo explícito, assinando com os pseudônimos de Bako, Victor Triunfo e Izuaf Rusman. Em 1986, funda a ALFA CINEMA E VÍDEO. Com a decadência do pornô nacional, dedica-se à realização de filmes do gênero terror, dirigindo *Atração satânica*, filme com versões em espanhol e inglês. No mesmo gênero realiza *Ritual macabro*, filmado em 16 mm, exibido em TVs a cabo e comercializado no mercado de *home video* dos EUA, onde também foi exibido em cinemas de segunda linha, após ampliação para 35 mm. Pretende filmar uma adaptação de *A arca dos marechais*, de Marcos Rey*. Em 2010, finaliza novo longa-metragem, "Casamento brasileiro", em parceria com Fernando Mizuno (edição) e Carlos Arenque (corroteirista). (NCA)

MANZON, Jean – Paris, França, 1915-1990. Diretor.

FILMOGRAFIA: 1955 – *Samba fantástico*. 1960 – *O Brasil em 80 minutos*. 1966 – *Portugal do meu amor*. 1967 – *Do Brasil para o mundo*. 1970 – *Amazônia*. 1978-1990 – *Uma canção brasileira*. 1988 – *Brasil, terra de contrastes*.

Nasceu em Paris, em 2 de fevereiro, e faleceu em Reguengas de Monsaraz,

Portugal, em 1º de julho. Começou sua carreira como redator, mas logo passou a fotógrafo, colaborando na revista *Vu*, no *Paris Soir* e no semanário *Match* (atual *Paris Match*). Durante a II Guerra Mundial, participou do serviço fotográfico e cinematográfico da Marinha francesa e foi agraciado com a Cruz de Guerra. Após a invasão da França pelos nazistas, transferiu-se para Londres e em seguida para o Rio de Janeiro, onde trabalhou no Departamento de Imprensa e Propaganda (DIP). Convidado por Assis Chateaubriand, ajudou a reformular a revista *O Cruzeiro*, a partir de meados de 1940, introduzindo no Brasil a figura do repórter fotográfico. Suas fotos de tipos humanos chamaram a atenção do diretor americano Orson Welles, que o contratou para a equipe de "It's All True", filmado no Brasil em 1942. Em 1947, amarrado no nariz aberto de um bimotor, fotografou aldeias xavantes e foi recebido a flechadas pelos índios, o que lhe rendeu fotos nas primeiras páginas das principais revistas do mundo. Em 1952, abandonou o fotojornalismo e abriu uma empresa de documentários – a JEAN MANZON PRODUÇÕES CINEMATOGRÁFICAS. Como documentarista, realizou quase sempre filmes institucionais, apresentando o Brasil como um país de natureza e paisagens exuberantes, harmonioso e bem governado. A partir de *Samba fantástico*, produziu e dirigiu vários documentários de longa metragem. Entre 1956 e 1961, foi o documentarista oficial da construção de Brasília. Nas décadas de 60 e 70, trabalhou em estreita sintonia com os governos militares. Realizou *Brasil, terra de contrastes*, quando mostrou pela primeira vez cenas de miséria, delinquência e poluição. (LAR)

MAPA FILMES (Produções Cinematográficas Mapa Ltda.)

A PRODUÇÕES CINEMATOGRÁFICAS MAPA LTDA. nasceu da associação de Zelito Viana*, Glauber Rocha*, Walter Lima Jr.* e Paulo César Saraceni*, no ano de 1965. O nome MAPA é originário da revista cultural que Glauber dirigia na Bahia e que foi de grande importância para a discussão das novas correntes culturais/cinematográficas relacionadas com a conjuntura da década de 60. Não demorou muito para Zelito se afirmar como o nome de referência no financiamento dos filmes do Cinema Novo*. *Menino de engenho*, de Walter Lima Jr., de 1965, é o primeiro filme produzido pela MAPA e obtém público de 1 milhão de espectadores. *Terra em transe*, que Glauber Rocha filmara em 1966, dá à MAPA, em 1967, o prêmio de melhor produtora, outorgado pela Air France. *O dragão da maldade contra o santo guerreiro*, que Glauber filma em 1969 e que chega a 1,5 milhão de espectadores, é outra das produções emblemáticas da produtora nessa fase. A MAPA coproduz, também, *Cabeças cortadas*, filme que Glauber realiza na Espanha, em 1970, e que entre os produtores espanhóis contava com Manuel Perez Estremera, o qual, na década de 80, dirigiria o Departamento de Coproduções com a América Latina da TV ESPANHOLA (TVE). Em pouco tempo, dos quatro sócios fundadores só resta Zelito, que dirige a empresa até hoje. A MAPA se autodefine atualmente como uma produtora multimídia que atua em todos os setores do audiovisual e possui equipamentos próprios para cobrir as necessidades de cinema e vídeo. (SO)

MARANHÃO, Luiza – Porto Alegre, RS, 1940. Atriz.

FILMOGRAFIA: 1960-1961 – *Barravento*. 1961 – *A grande feira*. 1962 – *Assalto ao trem pagador*. 1963-1964 – *Ganga Zumba, rei dos Palmares*. 1967 – *Garota de Ipanema*. 1979 – *Chico Rei*. 1980 – *Boi de prata*.

Uma das primeiras estrelas do nascente Cinema Novo*, impondo-se por incomum vigor interpretativo. Insere-se com distinção entre o grupo de não atores cooptados no início dos anos 60, na tentativa de uma desdramatização da encenação fílmica e de uma veracidade maior quanto aos tipos apresentados. Passa a infância em Minas do Gutiá, no interior gaúcho, onde o pai trabalha como mineiro. Ainda adolescente transfere-se para Porto Alegre, interessando-se por música, em especial chorinho. Tenta os programas de calouros da Rádio Guaíba, tornando-se cantora da emissora. Vem para o Rio de Janeiro prestar o vestibular para Odontologia, abandonando a ideia em favor de uma carreira artística. Faz algumas aparições em televisão, integra elencos teatrais, canta nas revistas de Carlos Machado e tenta novamente os programas de calouros, ingressando na RÁDIO TUPI. Ao participar, em Salvador, de um espetáculo musical em homenagem ao presidente Juscelino Kubitschek, é convidada por Luís Paulino dos Santos para estrelar *Barravento*, dirigido por Glauber Rocha*. A estreia é saudada entusiasticamente, incluindo elogios do escritor italiano Alberto Moravia. Ainda na Bahia protagoniza *A grande feira*, de Roberto Pires*, consolidando seu prestígio junto à jovem comunidade cinematográfica. De volta ao Rio de Janeiro, personifica a mulher de Tião Medonho em *Assalto ao trem pagador*, de Roberto Farias*, que a projeta nacionalmente. Em seu melhor desempenho, explora com felicidade as contradições psicológicas e sociais da personagem. Por indicação de Glauber, faz Dandara em *Ganga Zumba, rei dos Palmares*, de Carlos Diegues*. Cogitada para inúmeras outras produções, atua apenas no curta *Colagens*, homenagem de David Neves* ao seu talento. Excursiona por oito meses com o grupo do Teatro Opinião, dedicando-se em seguida à carreira de modelo. Pouco antes de mudar-se para a Europa, defende a música *Canção da esperança* no Festival Internacional da Canção de 1967. Em Paris, desfila alguns meses para a Maison Pierre Cardin. Vai para a Itália, onde se casa e fixa residência. Trabalha como modelo em Florença e frequenta a Faculdade de Letras e Filosofia de Perúgia. Torna-se assistente de estúdio da RAI, em Nápoles. Em seus últimos anos no país fez curso superior de direção. Retorna ao Brasil em 1977, estabelecendo-se em Cuiabá. (HH)

MARCHIANI, Georgina – Turim, Itália, 1897-?. Atriz.

FILMOGRAFIA: 1916 – *O guarani*; *Pátria brasileira*. 1917 – *Dioguinho*; *O Cruzeiro do Sul*.

Persistem dúvidas quanto ao seu ano de nascimento. Essa jovem italiana chega ao Brasil (São Paulo) entre 1912 e 1913, sendo uma das primeiras estrelas dos cinemas brasileiro e paulista. Casada com Guelfo Andaló, crítico de arte e teatro do *Fanfulla*, do *Jornal dos Italianos* e da revista *La Colonia*, editada por ele, também escritor, autor do livro *L'archere*, e dublê de cineasta. Seu único filho, brasileiro, fruto de seu casamento, também é escritor e publica no final dos anos 30, na Itália, os ensaios *Raça, nação e guerra* e *Mesticiato*, falecendo, em 1940, em Tobruk. Dedica grande parte de sua vida ao teatro, sempre representando em língua italiana em grupos dramáticos italianos, como nas peças *Francesca da Rimini*, de Gabrielle D'Annunzio; *A vida que te dei*, de Luigi Pirandello; *O conde de Monte Cristo*, de Alexandre Dumas. Em 1940, na Itália, atua em uma companhia teatral de Florença, trabalha no rádio e representa pequenos papéis em dois filmes nos estúdios da CINECITTÀ, em Roma. No cinema mudo brasileiro, representa o papel de Ceci, em *O guarani*, sob direção de Vittorio Capellaro*, baseado na obra homônima de José de Alencar*. No mesmo ano, Andaló forma a PAULISTA FILME, produz e dirige, para o estrelato de sua esposa e musa, o melodrama patriótico *Pátria brasileira*, com letreiros do poeta Olavo Bilac, que chega a dirigir uma cena. Nesse filme, Georgina interpreta a jovem que enfrenta uma série de infortúnios. Juntos, no seu segundo filme, a aventura *Dioguinho*, representa a noiva do perigoso bandido paulista do título. Atua novamente, sob as ordens de Capellaro, no filme pouco conhecido *O Cruzeiro do Sul*. (LFM)

MARCOS, Plínio (Plínio Marcos de Barros) – Santos, SP, 1935-1999. Ator.

FILMOGRAFIA: 1969 – *A arte de amar bem* (1º episódio: 'A honestidade de mentir'). 1970 – *Beto Rockfeller*. 1971 – *O donzelo*. 1972-1975 – *A santa donzela*.

Dramaturgo da maior importância no panorama do teatro brasileiro, notabiliza-se por escrever sobre os marginalizados sociais. Entre suas principais obras, constam dois clássicos de nossos palcos, que são constantemente encenados: *Dois perdidos numa noite suja* e *Navalha na carne*. Entre suas peças restantes, incluem-se *Barrela*; *Abajur lilás*; *Noel Rosa, o poeta da Vila e seus amores*; *Jornada de um imbecil até o entendimento*; *Oração para um pé de chinelo*; *Signo da discotheque*; *O palhaço repete o seu discurso*; *Madame Blavatsky*; *Balada de um palhaço*; *Jesus homem*; *Mancha roxa*; *25 homens*; *Querô, uma reportagem maldita*. Na televisão, é ator na revolucionária novela *Beto Rockfeller* (1968), de autoria de Bráulio Pedroso. Com as primeiras adaptações de *Navalha na carne* e *Dois perdidos numa noite suja* transformadas em filmes do diretor Braz Chediak*, respectivamente, em 1969 e 1970, conquista as telas. No cinema, faz ainda algumas participações como ator no episódio 'A honestidade de mentir', numa rápida cena do longa *A arte de amar bem*, sob direção de Fernando de Barros*, no impagável papel do motorista de táxi. Ainda atua em *Beto Rockfeller*, filme de Olivier Perroy, em que esse diretor utiliza-se dos personagens criados na novela da TV. Também escritor, tem seu texto *Nenê Bandalho* filmado, em 1970, em linguagem experimental (16 mm) pelo diretor Emílio Fontana. Em 1971, suas histórias da Rainha Diaba, personagem inspirada no lendário malandro carioca Madame Satã, são transpostas para a tela em filme com igual título, sob direção de Antônio Carlos Fontoura*. Representa o papel de protagonista na comédia *A santa donzela*, de Flávio Porto. Outro texto seu, *Querô*, transforma-se no filme *Barra-pesada* (1977), de Reginaldo Faria*. Em 1989, *Barrela*, outra peça sua, é adaptada para a tela com direção de Marco Antônio Cury. Em 1997, *Navalha na carne* ganha uma segunda versão, com direção de Neville d'Almeida*. Em 2002, também *Dois perdidos numa noite suja* ganha uma segunda versão cinematográfica, dirigida por José Joffily*, e um texto seu é filmado pelo diretor estreante Carlos Cortez, em *Querô* (2006). Faleceu em São Paulo no dia 19 de novembro. (LFM)

MARINS, José Mojica – São Paulo, SP, 1931. Ator, diretor.

FILMOGRAFIA: 1957 – *Sina de aventureiro* (ator, dir.). 1961 – *Meu destino em suas mãos* (ator, dir.). 1964 – *À meia-noite levarei sua alma* (ator, dir.). 1965 – *O diabo de Vila Velha* (ator, dir.). 1966 – *Esta noite encarnarei no teu cadáver* (ator, dir.). 1967 – *Trilogia do terror* (3º episódio: 'Pesadelo macabro') (dir.); *O estranho mundo de Zé do Caixão* (1º episódio: 'O fabricante de bonecas'; 2º episódio: 'A tara'; 3º episódio: 'A ideologia') (ator, dir.). 1969 – *O cangaceiro sem Deus* (ator); *Audácia, fúria do desejo* ('Prólogo') (ator); *O profeta da fome* (ator). 1969-1983 – *Despertar da besta* (ator, dir.). 1970 – *Sexo e sangue na trilha do tesouro* (ator, dir.); *O fracasso de um homem nas duas noites de núpcias* (ator). 1971 – *Finis Hominis* (ator, dir.); *Dgajão mata para vingar* (dir.). 1972 – *Quando os deuses adormecem* (ator, dir.). 1972-1975 – *As mulheres do sexo violento* (ator). 1973 – *A virgem e o machão* (dir.). 1974 – *Exorcismo negro* (ator, dir.). 1975 – *Como consolar viúvas* (dir.); *A estranha hospedaria dos prazeres* (ator). 1976 – *Inferno carnal* (ator, dir.). 1977 – *A mulher que põe a pomba no ar* (dir.). *Abismu* (ator); *O vampiro da cinemateca* (ator). 1977-1978 – *Delírios de um anormal* (ator, dir.). 1977-1981 – *O segredo da múmia* (ator). 1978 – *A deusa de mármore* (*A escrava do diabo*); *Perversão* (ator, dir.); *O mundo, mercado do sexo* (ator, dir.). 1981 – *Chapeuzinho Vermelho, a gula do sexo* (ator). 1983 – *A quinta dimensão do sexo* (ator, dir.). 1984 – *Padre Pedro e a revolta das crianças* (ator); *O filho do sexo explícito* (ator); *Vinte e quatro horas de sexo ardente* (dir.). 1985 – *Quarenta e oito horas de sexo alucinante* (ator, dir.). 1986 – *Dr. Frank na clínica das taras* (dir.). 1986 – *Chapeuzinho Vermelho* (ator). 1987 – *Horas fatais* (ator); *As belas da Billings* (ator). 1988 – *O Gato de Botas extraterrestre* (ator). 1989 – *A dama de paus* (ator). 1996 – *Ed Mort* (ator). 1996-1997 – *Homem sem terra* (ator). 2001 – *Tortura selvagem, a grade* (ator). 2007-2008 – *Encarnação do demônio* (ator, dir.).

José Mojica Marins nasceu numa chácara, na Vila Mariana, em 13 de março. Descendente de espanhóis, seu avô foi toureiro amador na Espanha, atividade que continua a exercer no Brasil, de maneira modificada (sem matar o touro), em espetáculos circenses. O pai de Mojica dá continuidade a essas cenas de tourada circenses, mas acaba por tornar-se gerente de cinema – o novo empreendimento da Vila Anastácio, onde moravam. Em contato com filmes desde a infância e fascinado pelo sobrenatural, Mojica consegue ver o estranho, o exótico, o terror até em seu ídolo máximo Charles Chaplin: "[...] eu via o terror por trás daquelas mímicas, os olhos desse homem eram de uma tristeza infinita". Com 12 anos pede e ganha uma câmera de 8 mm. Foi com essa câmera que Mojica, com a colaboração de seu amigo João Andrusiack, montou o que seria uma espécie de estúdio cinematográfico. Um galinheiro e a providencial matança das galinhas com veneno de rato compuseram a cena desse primeiro filme. Após dezenas de experiências como essa, Mojica abandona os estudos sem completar o ginásio e engrena na aventura cinematográfica. Em junho de 1953 cria sua primeira empresa: COMPANHIA CINEMATOGRÁFICA ATLAS. A ATLAS passa a realizar filmes curtos não só em 8 mm como também em 16 mm. Um dos filmes dessa companhia foi *A mágica do mágico*, comédia sobre um mendigo, interpretado pelo próprio Mojica, que encontra no lixo um livro que lhe dá poderes mágicos. Com um simples gesto, o mendigo some e aparece em cima de uma árvore; depois, faz outra mágica, e sua roupa se transforma em um elegante terno. As fitas eram exibidas em parques de diversões e igrejas da capital e do interior de São Paulo. Como eram filmes mudos, durante sua projeção Mojica e outros atores ficavam atrás da tela, dublando as falas dos personagens e narrando a história. Infelizmente, todas as produções dessa companhia se perderam.

Em 1955, Mojica tenta realizar um filme em 35 mm, "Sentença de Deus", mas por falta de verba não consegue terminá-lo. Funda a APOLO CINEMATOGRÁFICA, cria uma escola de atores e consegue finalmente concluir seu primeiro longa, *Sina de aventureiro*. O filme, um faroeste brasileiro (sem contar os bangue-bangues paródicos das chanchadas*), desperta algum interesse. Apesar disso, não tem muito público nas várias cidades do interior onde é apresentado. Achando que a Igreja pudesse ter alguma culpa em relação ao fato, já que havia sido severa em criticar uma das cenas em que aparecem duas mulheres nuas tomando banho, Mojica resolve, para agradá-la, rodar o infantil *Meu destino em suas mãos*, com um personagem calcado no vagabundo Carlitos, de Charles Chaplin. A classe clerical parece ter ficado bastante contente com o conteúdo mostrado pelo filme, mas isso não significou que mais pessoas fossem assisti-lo. Mojica sente-se injustiçado e prepara, em contrapartida, uma história policial cheia de sexo e violência. É quando a situação toda se inverte, segundo o cineasta: adoece gravemente, os preparativos para a nova produção cessam e a família se mobiliza para ajudá-lo. Nesse transe, um estranho pesadelo o atormenta: sonha que está sendo arrastado por um homem, todo vestido de preto e sem rosto, que o leva até o cemitério, onde em frente a um túmulo está escrito seu nome e data de nascimento. Por instantes, consegue ver quem é a pessoa que o puxa: ele mesmo. Horrorizado, molhado de suor, acorda pensando em fazer um filme com essa figura do sonho. Uma capa de Exu (Candomblé), seu único terno preto, a cartola alugada da Casa do Artista compuseram o personagem inicial de Zé do Caixão, para o conhecido *À meia-noite levarei sua alma*. Para sua realização, seus pais venderam o carro da família, ninguém, além dos técnicos, ganhou para trabalhar, e muitos tiveram de pagar para poder tomar parte na fita, já que o sistema utilizado foi o de cooperativa. Mas valeu a pena e o filme foi um sucesso, inclusive financeiro. Causou tamanho impacto que a crítica se dividiu, considerando-o absolutamente genial ou ridículo. Mas Mojica continuou sem dinheiro, pois, pouco antes da estreia, havia vendido os direitos da obra para Ilídio Simões, que atua no filme.

Novamente a zero, mas já com algum reconhecimento, seu estúdio passa a ser frequentado pelos cineastas do incipiente Cinema Marginal* paulista: Rogério Sganzerla*, Carlos Reichenbach*, Jairo Ferreira* e Maurice Capovilla*. A história do cruel e sádico coveiro Zé do Caixão continua no filme *Esta noite encarnarei no teu cadáver*, que alcança sucesso de imediato em todo o país. Aproveitando a grande popularidade, o cineasta coloca em ação uma espetacular jogada de *marketing*, apelidada pela imprensa de "testes macabros". Consistia em nada menos do que torturas físicas e psicológicas em um palco. Os torturados eram voluntários, pretendentes a estrelas nos próximos filmes do Zé do Caixão. Homens e mulheres deitavam-se com cobras e aranhas, tinham os cabelos raspados, dentes arrancados sem anestesia,

comiam baratas vivas e minhocas com groselha. A imprensa fez grande estardalhaço, promovendo Zé do Caixão ao posto de *superstar*. Logo em seguida é convidado para comandar um programa próprio na recém-inaugurada REDE BANDEIRANTES. Mojica apresentou *Além, muito Além do Além* por um ano e, depois, mais seis meses na REDE TUPI, com o nome de *Estranho Mundo de Zé do Caixão*. As histórias eram criadas por Mojica e escritas pelo roteirista Rubens Francisco Lucchetti, que servia como uma espécie de intérprete, um organizador das ideias de Mojica. A dupla realizou ainda o curta 'Pesadelo macabro', parte do filme *Trilogia do terror* (os outros episódios foram dirigidos por Ozualdo Candeias* e Luís Sérgio Person*), e *O estranho mundo de Zé do Caixão*, composto de três contos de horror: em 'O fabricante de bonecas', marginais invadem a casa de um velhinho descobrindo que o segredo da confecção de suas bonecas é que os olhos são verdadeiros; em 'A tara', um pobre vendedor de balões fica obcecado por uma garota, possuindo-a somente após a sua morte; em 'A ideologia', o excêntrico professor Oaxiac Odéz enfrenta um rival e tenta provar que o instinto prevalece sobre a razão, com fortes doses de canibalismo e sadomasoquismo. O filme fica preso na censura e só consegue ser liberado com quase vinte minutos de cortes. Em 1969, já sem seus programas na TV, Mojica dirige aquele que seria seu filme mais violento: *Ritual de sádicos*, mais tarde batizado de *Despertar da besta*, que é imediatamente interditado, assim permanecendo por dezesseis anos. Essa interferência constante da censura também significou o afastamento completo dos produtores. A saída para o cineasta começa a ser trabalhar como ator em filmes que não eram seus como também realizar fitas que não o interessavam, mas que garantiriam seu sustento – *Sexo e sangue na trilha do tesouro* e o faroeste cigano *Dgajão mata para vingar* são algumas dessas produções. Na década de 70, Mojica dirige pornochanchadas*, como *A virgem e o machão*, *Como consolar viúvas*, *A mulher que põe a pomba no ar*. Impressionada com o sucesso mundial de *O exorcista*, a produtora CINEDISTRI* (através do conhecido produtor Anibal Massaini Neto*) propõe a Mojica uma versão nacional desse filme. *O exorcismo negro*, produção com grande elenco – Jofre Soares* e Walter Stuart – é lançado no final de 1974, com tal sucesso que consegue sustentar o diretor por dois anos. Na segunda metade dos anos 70, o cineasta volta a se utilizar do sistema de cooperativa para conseguir produzir *Inferno*

carnal e *A estranha hospedaria dos prazeres*. Entre uma produção e outra, Mojica tenta fazer retornar seu personagem, o Zé do Caixão. Este aparece em trechos de várias de suas obras: como apresentador em *A estranha hospedaria dos prazeres*, como referência entre o criador e a criatura em *Delírios de um anormal*, mas nunca mais foi protagonista de um filme seu. "Encarnação do demônio", que completaria a trilogia com *À meia-noite levarei sua alma* e *Esta noite encarnarei no teu cadáver*, só iria ser realizado muitos anos depois. Apesar do sucesso de alguns filmes e do apoio de intelectuais e cineastas como Mário Schemberg, Glauber Rocha* e Carlos Reichenbach, nesse momento, o único reconhecimento oficial de sua obra se deu com *Delírios de um anormal*, quando recebeu a PLACA DE PRATA no XI FESTIVAL DE BRASÍLIA de 1978. Quando a década de 80 inicia-se, o diretor encontra-se totalmente falido. Para continuar a fazer cinema, realiza, em Super-8*, "A praga". Aproveitando-se da lei da obrigatoriedade dos curtas-metragens, dirige cinco deles. Tenta recuperar o relativo sucesso obtido com as pornochanchadas e dirige seu primeiro filme de sexo explícito: *A quinta dimensão do sexo*. A ele seguiram-se *Vinte e quatro horas de sexo ardente*, *Quarenta e oito horas de sexo alucinante* e *Dr. Frank na clínica das taras*. Inicia, então, vários projetos, inclusive no formato de vídeo, mas não consegue concluir nenhum. Torna-se atração do Playcenter e depois apresentador de filmes do programa *Cine Trash*, da BANDEIRANTES. Em 1993, há uma outra reviravolta em sua carreira: treze dos seus filmes são lançados nos EUA através do brasileiro André Barcinski, que o coloca em contato com uma distribuidora especializada em produções B. Em quatro anos foram vendidas 7 mil fitas, o que é considerado excelente para o mercado alternativo. Passa a ser respeitado no exterior, onde é alvo de muitas premiações e homenagens. No Brasil, começa a ter um reconhecimento renovado: em 1998, Carlos Primati apresenta em CD-ROM toda a sua obra, não só fílmica, mas também sua participação em outras mídias, como a TV, o vídeo, o Super-8, etc. Nesse mesmo ano, André Barcinski e Ivan Finotti lançam biografia sobre o cineasta, para, três anos depois, produzirem o premiado documentário *Mojica na neve*, sobre o período em que o diretor esteve no SUNDANCE FESTIVAL. Em 2005, recebe das mãos do próprio presidente Luiz Inácio Lula da Silva o prêmio de Honra ao Mérito, por serviços prestados à cultura nacional. Depois de duas décadas sem dirigir um longa-metragem, finaliza a trilogia *Encarnação do demônio*, marca do retorno, em grande estilo, do ícone Zé do Caixão, agora de roupa nova, com figurinos de Alexandre Herchcovitch e participação de atores como Zé Celso Martinez Corrêa. No I FESTIVAL DE PAULÍNIA arrebata quase todos os prêmios: melhor filme de ficção, fotografia, montagem, edição de som, direção de arte e trilha sonora. É vencedor também do prêmio MIDNIGHT X-TREME no FESTIVAL DE CINEMA INTERNACIONAL DA CATALUNHA, o SITGES. Ainda nessa década, através do produtor Eugênio Puppo, Mojica tem sua obra organizada em uma ampla retrospectiva, acompanhada de exposição e de livro-catálogo. Em 2009, após quarenta anos da conhecida série *Além muito Além do Além,* veiculada pela TV BANDEIRANTES, na qual apresentava episódios, sempre muito assustadores, o diretor retorna à televisão, com um programa de entrevistas, *O estranho mundo de Zé do Caixão*, no CANAL BRASIL. *O olho do portal do inferno*, lançado em 2010, que traz cenas verídicas de uma operação na vista, à qual o diretor se submeteu, representa, mais uma vez, seu talento e persistência, pois alimentava o desejo de realização do projeto desde os anos 1990. A produção autoral de Mojica, que já havia sido legitimada pela crítica de cinema brasileiro nos anos 1970, hoje passa a ter um reconhecimento ainda maior, tornando-se um marco na forma de pensar o filme de terror no Brasil. (GPR)

MARION (Penha Maria Osório Masseran) – São Paulo, SP, 1924. Atriz.

FILMOGRAFIA: 1944 – *Tristezas não pagam dívidas*. 1945 – *Não adianta chorar*. 1946 – *Segura esta mulher*. 1947 – *Este mundo é um pandeiro*. 1948 – *É com este que eu vou*. 1949 – *Carnaval no fogo*; *Não é nada disso*. 1951 – *Barnabé, tu és meu*. 1953 – *É fogo na roupa*; *Balança mas não cai*. 1955 – *Tira a mão daí*. 1956 – *Depois eu conto*. 1958 – *Quem roubou meu samba?*.

Cantora e atriz de grande popularidade no rádio brasileiro entre as décadas de 40 e 50, Marion carregou o estigma (alimentado pela imprensa da época) de ser imitadora de Carmen Miranda*. Filha de Floriano Peixoto Masseran e Maria Antonieta Osório Masseran. Artista prodígio, começou a cantar aos 7 anos, na RÁDIO EDUCADORA paulista, levada por sua professora de canto, a cantora Sônia Carvalho, cunhada de Celso Guimarães*. Sua veia artística vinha de berço, já que o pai fora violinista da RÁDIO EDUCADORA de

São Paulo. No início, Marion dedicou-se à música regional. Aos 14 anos, foi para a RÁDIO TUPI, onde apresentou um programa infantil por alguns meses. Passou depois para o horário da noite. Assis Valente a ouviu e decidiu levá-la ao Cassino do Guarujá, onde fez sua primeira temporada profissional em 1940, interpretando suas músicas. Nos anos seguintes, apresentou-se com grande sucesso nos cassinos do país (Urca, Icaraí, Poços de Caldas e outros). Certa ocasião, foi ao Rio visitar os pais (Marion residia em São Paulo com a avó), deu uma audição no Cassino da Urca e acabou contratada. Ficou lá cinco anos, cantando acompanhada da orquestra do maestro Gaó, nos *shows* de Carlos Machado. Depois de passar pela RÁDIO EDUCADORA (depois Tamoio), foi em 1945 para a RÁDIO NACIONAL, onde ficou um ano e meio. Em 1947, casou-se com o empresário Paulo Armando Pereira. Teve uma filha, Edna Régia, e ficou dois anos afastada do rádio, até novembro de 1949. A popularidade de Marion no rádio logo a levou ao cinema. Nos anos 40, foi uma presença assídua nos filmes da ATLÂNTIDA*, atuando não apenas como cantora, mas também como atriz. Estreou em 1944 em *Tristezas não pagam dívidas*, dirigido por Ruy Costa* e José Carlos Burle*. Atuou em seguida em *Não adianta chorar* (canta *Vou pra Pernambuco*, de Frazão e Nássara), *Este mundo é um pandeiro* (canta *Placa de bronze*, de J. Costa e Mutt), *Segura esta mulher, Carnaval no fogo* (canta *Traga o meu pandeiro*), estes sob a direção de Watson Macedo*; *É com este que eu vou, Não é nada disso* e *Barnabé, tu és meu*, estes dirigidos por Burle, ou seja, em quase todos os carnavalescos da companhia feitos na segunda metade dos anos 40. *Barnabé, tu és meu* foi seu último filme na ATLÂNTIDA. Marion ainda apareceria como cantora em dois filmes dirigidos por José Carlos Burle para a CINEDISTRI*, de Oswaldo Massaini*: *Depois eu conto* e *Quem roubou meu samba?* (canta *Não vou perdoar*, de Almeidinha, Elias Cortes e Severino Oliveira). (LAR)

MARISTELA (Companhia Cinematográfica Maristela) – Empresa produtora.

O cinema também participa da efervescência cultural e artística que se observa na cidade de São Paulo após 1945, ocasião em que se assiste ao nascimento de dois museus de arte, de uma companhia teatral de alto nível; à multiplicação de concertos, escolas de arte, conferências, seminários, exposições, revistas de divul-

gação artística e cultural; à criação de uma filmoteca; à construção de uma moderna casa de espetáculos; e à inauguração de uma bienal internacional de artes plásticas. O surgimento da VERA CRUZ*, em 1949, apoiada pela elite financeira paulista e contando com o interesse da intelectualidade da época, propiciou a criação de duas outras grandes empresas, a COMPANHIA CINEMATOGRÁFICA MARISTELA e a MULTIFILMES* (a KINO FILMES*, em sua vida efêmera, vale-se dos estúdios da MARISTELA), além de permitir e estimular o aparecimento de vários produtores ditos independentes. Há que se acrescentar, também, o desencadeamento, na década de 50, de todo um aparato de legitimação e difusão cultural na área cinematográfica, destacando-se, entre outros, cineclubes*, concursos, prêmios, festivais, congressos, legislação, comissões e grupos de trabalho, publicações especializadas, críticos e associações de classe. Capitaneada pela família Audrá (industriais, proprietários de terras e de companhia de transportes), a COMPANHIA CINEMATOGRÁFICA MARISTELA (Ltda. e, posteriormente, S. A.) surge em 1950, nas trilhas abertas pela VERA CRUZ pouco menos de um ano antes, tentando imitá-la. Um grande aparato de produção é montado e quase 30 milhões de cruzeiros (segundo alguns bem informados) são gastos. Constituem-se grandes estúdios no distante bairro do Jaçanã, contrata-se um quadro fixo considerável (cerca de uma centena e meia de atores e técnicos, boa parte dos quais de origem estrangeira), observa-se uma atividade social intensa desenvolvida junto a jornalistas, críticos, cineastas e produtores (nacionais e estrangeiros), monta-se uma razoável máquina de propaganda e produzem-se quatro ou cinco filmes. Essas foram as principais características da primeira fase do trabalho desenvolvido pela família Audrá e por Mário Civelli*, evidentemente com menos brilho, mundanismo, pompa e estardalhaço que a VERA CRUZ.

O retorno do capital não é o esperado e a situação é contornada pela direção da empresa com a demissão de mais de uma centena de empregados: chegava ao fim a primeira fase das atividades da MARISTELA (final de 1950 a meados de 1951), tendo produzido em seus estúdios *Presença de Anita, Suzana e o presidente, O comprador de fazendas* e *Meu destino é pecar*, além de alugar os equipamentos para os realizadores de *A carne*. Na segunda fase (final de 1951 e parte de 1952), apenas *Simão, o caolho*, dirigido por Alberto Cavalcanti*, é produzido pela MARISTELA. Além dele,

Areão (1952) e *O saci* também são terminados com equipamentos alugados dos estúdios do Jaçanã. Apesar de não ter dado prejuízo, a bilheteria alcançada com *Simão, o caolho* ficou longe do mínimo necessário à amortização dos prejuízos acumulados na primeira fase. Assim, a família Audrá decidiu vender seus estúdios e equipamentos para uma nova companhia que se constituía, a KINO FILMES, tendo à frente o cineasta Alberto Cavalcanti e um grupo de capitalistas. Entretanto, a KINO também não conseguiu ir muito além: Cavalcanti dirigiu apenas duas películas, *O canto do mar* e *Mulher de verdade*, fracassando comercialmente em ambas. A diretoria da KINO, por não ter como continuar a pagar as prestações previstas no contrato firmado com os antigos proprietários da MARISTELA, devolveu-lhe o imóvel e seus outros ativos. Essa fase abrange o final de 1952, todo o ano de 1953 e alguns meses de 1954.

Nesse mesmo ano de 1954, Mário Audrá*, mais conhecido por Marinho Audrá, o filho mais novo dessa família e quem a lançou no negócio cinematográfico, consegue, finalmente, administrar a MARISTELA sem a interferência de seus parentes. Foi a fase mais dinâmica da companhia, em que se produzem (ou coproduzem), nos anos de 1954, 1955 e 1956, sete filmes – *Magia verde*; *Carnaval em lá maior*; *Mãos sangrentas*; *Quem matou Anabela?*; *Getúlio, glória e drama de um povo*; *A pensão de d. Stela* e *Cinco canções* –, além de *Leonora dos sete mares* e *Os três garimpeiros*, de produtores independentes. Essa terceira fase foi um autêntico "vale-tudo", pois foram coproduzidas fitas internacionais e nacionais, e na maior parte dos casos a MARISTELA não desembolsou dinheiro, participando com seus ativos e pessoal técnico. Observa-se, igualmente, outra mudança significativa: Marinho alia-se à COLUMBIA, entregando-lhe a distribuição de seus filmes, pois as alternativas para que os produtores chegassem às salas exibidoras eram praticamente inexistentes, uma vez que a COLUMBIA, a UNIVERSAL e a UNIÃO CINEMATOGRÁFICA BRASILEIRA, esta última de Luiz Severiano Ribeiro Jr.* (também comprometido com os trustes), dominavam o mercado. O contato mais estreito com a COLUMBIA faz que, em 1956, seja assinado um contrato de coprodução para quatro películas, das quais apenas duas – *Casei-me com um xavante* e *Vou te contá* – são feitas. Afora essas, *Arara vermelha*, *Rio, Zona Norte* e *O grande momento* contam com pequena participação da MARISTELA. A empresa, que inicia suas ativi-

dades como uma sombra da VERA CRUZ, vai, aos poucos, trilhando seu caminho próprio, alcançado plenamente na terceira fase. Comédias rápidas e baratas, coproduções nacionais e internacionais (estas últimas com um mercado já garantido, de modo que os custos fossem recuperados a curto ou médio prazo), filmes de encomenda e aluguel de estúdios e equipamentos podem ser caracterizados como a tônica desse caminho próprio. O negócio acaba fracassando, a partir de certo momento, entre outras razões, devido à política que os trustes cinematográficos desenvolviam no país, lutando pelo congelamento do preço dos ingressos anos a fio, remetendo seus lucros para o exterior ao câmbio oficial do dólar – cotado então a Cr$ 18,80, enquanto o dólar no câmbio paralelo estava perto de Cr$ 100,00. Assim, era impossível a qualquer produtora que operasse nos moldes "tradicionais" (com estúdios para serem mantidos e conservados; *cast* e técnicos exclusivos, que recebiam salários, trabalhando ou não) sobreviver, contando quase exclusivamente com o mercado interno para obter o retorno do capital empregado. Sintomaticamente, uma "produção independente", como *O grande momento*, foi concretizada em 1957 (ano em que a MARISTELA encerrou suas atividades), e Nelson Pereira dos Santos* foi seu principal produtor, alugando estúdios, pagando os atores na base de participação em bilheteria e arrumando com outros, ainda, alguns apetrechos necessários. Paradoxalmente, Marinho Audrá foi um dos produtores dessa película. Na verdade, o "prejuízo" acumulado pela MARISTELA ao longo dos anos foi bem menor do que os enfrentados por Franco Zampari* na VERA CRUZ e Anthony Assunção na MULTIFILMES. Em 1958, quando rescindiu o contrato de coprodução que o prendia à COLUMBIA, Marinho vende os terrenos do Jaçanã e parte do equipamento sonoro de sua empresa é utilizada na constituição, juntamente com alguns amigos, da GRAVA-SOM, firma pioneira na dublagem de filmes para a televisão (posteriormente a GRAVA-SOM se associa a uma subsidiária da COLUMBIA, passando a se chamar AIC). (AMC)

MARLENE (Vitória de Martino Bonaiutti) – São Paulo, SP, 1924. Atriz.

FILMOGRAFIA: 1944 – *Corações sem piloto*. 1945 – *Pif-paf*; *Loucos por música*. 1946 – *Caídos do céu*. 1947 – *Um beijo roubado*; *Esta é fina*. 1948 – *Pra lá de boa*. 1949 – *Caminhos do sul*. 1951 – *Tudo azul*; *Todos por um*. 1953 – *Balança mas não

cai*. 1954 – *Adiós, problemas* (produção estrangeira). 1957 – *O cantor e o milionário*. 1958 – *Quem roubou meu samba?*. 1967 – *Carnaval barra-limpa*. 1978 – *A volta do filho pródigo*. 1982 – *Profissão: mulher*.

Cantora popular, dançarina, estrela do rádio e do cinema, Marlene é um dos mitos femininos do *show business* brasileiro. Filha de imigrantes italianos, nasceu em 22 (ou 18, segundo certa fonte) de novembro. Há quem sustente que o ano de nascimento seja posterior, 1926 ou 1928, por exemplo. A fonte mais segura afirma que ela veio ao mundo quatro dias antes do falecimento do pai, que teria ocorrido em 1924. O cuidado em ocultar o ano de nascimento tem sido uma constante na vida de Marlene: certa vez, ao ser indagada sobre a idade, ela respondeu brincando que tinha "mil anos". Marlene foi a terceira filha da família, nascida depois de Geni e Marieta. Dos 4 aos 17 anos, foi interna no Colégio Batista Brasileiro, no bairro de Perdizes. Começou a vida modestamente, como escriturária de uma firma de São Paulo. Mais tarde foi secretária da Federação Paulista de Estudantes. Ainda adolescente, Marlene revelou um talento especial para o canto. Começou a carreira cantando de graça, num programa de estudantes da Rádio Bandeirante, em 1941. Estreou profissionalmente na RÁDIO TUPI de São Paulo em 1942, com 18 anos. Foi lá que surgiu o nome Marlene, uma homenagem à grande estrela alemã Marlene Dietrich. Em 1943, mudou-se para o Rio de Janeiro. Conseguiu emprego no Cassino Icaraí, em Icaraí, bairro da cidade de Niterói. Depois, foi para o Cassino da Urca. Em 1946, com o fim dos cassinos, foi para a RÁDIO MAYRINK VEIGA. No mesmo ano, gravou o seu primeiro disco na gravadora ODEON. Após uma curta passagem pela RÁDIO GLOBO, Marlene foi contratada em 1948 pela RÁDIO NACIONAL, onde alcançou o estrelato definitivo. Em 1949, foi eleita Rainha do Rádio, quebrando o ciclo das irmãs Linda e Dircinha Batista. Alimentada pelos respectivos fãs-clubes, ficou famosa a sua rivalidade com Emilinha Borba (que foi madrinha de seu primeiro casamento com o ator Luiz Delfino). Extraordinária cantora e *showwoman*, Marlene revelou-se também uma atriz exuberante, intuitiva e arrojada, com uma carreira bem expressiva no teatro, na televisão e no cinema. Estreou no cinema em *Corações sem piloto*, produção da CINÉDIA* dirigida por Luiz de Barros*. No filme, ela cantou o samba *Arrasta o pé*, de Peter Pan e Affonso Teixeira. A primeira personagem de Marlene foi a Maria de *Pif-paf*, dirigido por Luiz de

Barros, em que interpreta dois números musicais. O primeiro é antológico: ao lado de Chocolate, Marlene dança e canta O samba faz tanta confusão com uma leveza extraordinária, um charme e uma sensualidade bem brasileiras, apesar do sangue italiano. O segundo número é Isto é Brasil, de Vicente Paiva e Sá Roriz, em que ela é acompanhada por coristas do Cassino Atlântico. Em Caídos do céu, dirigido por Luiz de Barros, Marlene canta Vou sambar em Madureira, de Haroldo Lobo e Milton de Oliveira. A primeira atuação dramática de Marlene foi em Um beijo roubado, dirigido por Leo Marten*. Marlene contracenou no filme com Cyll Farney*, Walter D'Ávila* e Vera Nunes*. Em seguida, cantou em Esta é fina, de Luiz de Barros, e chegou ao estrelato em Tudo azul, produção da FLAMA FILMES*, dirigida por Moacyr Fenelon*. Durante as filmagens deste último, nasceu entre ela e Luiz Delfino o romance que haveria de terminar em casamento. Foi a protagonista também de Balança mas não cai, de Paulo Vanderley*, ao lado de Paulo Gracindo* e Herval Rossano. Outro filme de Marlene, Adiós, problemas, foi feito na Argentina. Ficou então longo tempo afastada do cinema. Retornou em A volta do filho pródigo, de Ipojuca Pontes*, num papel forte: interpretou a mãe cega e enlouquecida do protagonista, Helber Rangel*. O filme seguinte, Profissão: mulher, de Cláudio Cunha*, foi considerado o maior desafio da carreira de Marlene, não pelo filme em si, mas pela exigência do diretor, que a queria nua numa cena. Embora Marlene tivesse tentado, não conseguiu tirar a roupa. (LAR)

MARTEN, Leo (Léo Vymlátil) – Sarajevo, Bósnia, 1900-1965. Diretor.

FILMOGRAFIA: 1925 – Cruzadas da vida. 1928 – La jungle d'une grande ville (produção estrangeira). 1929 – Horské Voláni (produção estrangeira). 1930 – Utrpeni sedé sestry (produção estrangeira); Cerne oci, proc placete... (produção estrangeira); Operené stiny (produção estrangeira). 1932 – Ruzové kombiné (produção estrangeira). 1933 – Diagnosa X (produção estrangeira). 1934 – Zá radvými dvermi (produção estrangeira); Pozdny máj (produção estrangeira). 1936 – Cabocla bonita. 1937-1940 – Eterna esperança. 1940 – Direito de pecar; Vamos cantar. 1945 – Jardim do pecado. 1947 – Um beijo roubado. 1947-1948 – Almas adversas. 1950 – Cascalho.

A trajetória desse realizador permanece com muitos pontos obscuros, principalmente no que diz respeito à sua participação no período mudo e no início do sonoro, nos cinemas tcheco, alemão e brasileiro. Ainda no período mudo, exatamente no ano de 1919, apareceu no cinema como ator em pequenas participações em três fitas do diretor tcheco Václav Binovec. Chega ao Brasil na década de 20. No Rio de Janeiro, prepara para a FILMES ARTÍSTICOS BRASILEIROS (FAB) dois filmes a ser interpretados pela atriz e produtora Carmen Santos*: duas adaptações literárias dos romances A carne, de Júlio Ribeiro, e Mademoiselle Cinéma, de Benjamim Costallat. Por conta de informações desencontradas, ainda persistem dúvidas se o primeiro filme não chega a ser filmado e o segundo fica inacabado, ou se, em ambos os casos, o resultado não teria agradado à estrela Carmen Santos, que não permite sua exibição. Para a SUL FILME de Porto Alegre dirige As cruzadas da vida, de cuja produção pouco se sabe e, ao que consta, não é lançado. De volta à Europa dirige em estúdios da Tchecoslováquia La jungle d'une grande ville. Realizou vários filmes tchecos, alguns deles em parceria com o roteirista Karel Spelina, que, após a saída de Marten da Europa, se transformou em diretor. No começo dos anos 30, reaparece no Rio de Janeiro, quando filma para a FIEL FILMES o média-metragem Carnaval de 1933, em direção conjunta com Fausto Muniz, filme musical pioneiro no sistema sonoro MOVIETONE. Ainda para a FIEL, com a opereta Cabocla bonita, dirige a única obra no gênero no país. Em São Paulo, nos estúdios da COMPANHIA AMERICANA FILMES, realiza o drama Eterna esperança. De volta ao Rio, dirige dois filmes para a PAN-AMÉRICA FILMES, a adaptação da peça homônima de Gilberto Andrade Direito de pecar e o carnavalesco Vamos cantar. Sempre trabalhando para diferentes produtores, dirige para a FILMES ARTÍSTICOS NACIONAIS (FAN FILMES) o drama Jardim do pecado. Para a CINÉDIA*, filma a comédia musical Um beijo roubado, escrita pelo radialista Oswaldo Moles, também batizada de Noites de Copacabana. Para a TAPUIA FILMES, filma Almas adversas, argumento do escritor Lúcio Cardoso para o único filme brasileiro com a atriz teatral Bibi Ferreira* no papel principal, representando uma crente que vai pagar uma promessa em Congonhas do Campo, Minas Gerais. Utiliza um bom elenco, encabeçado por José Lewgoy*, na produção de Cascalho, da SUL FILME, enredo ambientado em garimpo, extraído do romance homônimo do escritor baiano Herberto Salles. (LFM)

MARTINS, Ícaro (Francisco Cataldi Martins) – Santos, SP, 1954. Diretor.

FILMOGRAFIA: 1981 – O olho mágico do amor. 1983 – Onda nova. 1984 – A estrela nua. 2009-2010 – Luz nas trevas – a volta do Bandido da Luz Vermelha.

Faz curso de Cinema na Escola de Comunicações e Artes da USP, onde se especializa em som e animação. No curso de Cinema tem oportunidade de realizar os seus primeiros exercícios cinematográficos: os curtas Rock (1976), O tamanduá taí (1977) e Tatuagem (1978). Trabalha como assistente de direção no longa de Sérgio Bianchi* Maldita coincidência (1977-1981). Inicia uma das raras parcerias de diretores cinematográficos do cinema brasileiro, com seu colega de escola José Antônio Garcia*. A dupla encontra o produtor Adone Fragano, através da OLYMPUS FILMES, que vai apoiar suas produções. Ícaro identifica-se com a geração do cinema paulista dos anos 80, ao mesmo tempo que estabelece uma ponte com a produção de filmes de apelo erótico da Boca do Lixo*. No seu filme de estreia, O olho mágico do amor, exerce as funções de diretor e roteirista, alcançando, com poucos recursos, um razoável resultado estético e comercial. O segundo longa, Onda nova, tenta fazer um relato de um determinado segmento da juventude paulistana, utilizando-se para tanto de elementos de vanguarda musical do período, como obras de Arrigo Barnabé e Cida Moreira. O terceiro longa, Estrela nua, trabalha com os bastidores de pós-produção de um filme cuja principal atriz faleceu. Nos anos 90, a dupla dissocia-se e Martins passa a buscar projetos individuais. (AG) Depois de vários anos e algumas tentativas, retornou ao cinema de longa metragem como roteirista do documentário Tempo de resistência (2003), de Andre Ristum, e na codireção, com Helena Ignez*, da continuação de Bandido da Luz Vermelha (1968), de Rogério Sganzerla*. A nova versão recebeu como recebeu o título de Luz nas trevas – a volta do Bandido da Luz Vermelha, com Ney Matogrosso no papel protagonista.

MARZO, Cláudio (Claudio da Silva Marzo) – São Paulo, SP, 1940. Ator.

FILMOGRAFIA: 1966 – O mundo alegre de Helô. 1967 – O engano. 1968 – Os viciados (2º episódio: 'A fuga'); Copacabana me engana; O homem que comprou o mundo; Máscara da traição. 1970 – Em busca do su$exo; O capitão Bandeira contra o dr. Moura Brasil. 1973 – Os condenados. 1973-1977 – A lira do delírio. 1975 – O flagrante; A dama do lotação. 1977 – Se

Segura, Malandro!. 1977-1978 – *Pequenas taras.* 1977-1981 – *O segredo da múmia.* 1979 – *Memórias do medo.* 1979-1985 – *Chico Rei.* 1981 *Pra frente, Brasil.* 1982 – *Profissão: mulher; Parahyba Mulher Macho; O último voo do condor.* 1984 – *Nunca fomos tão felizes.* 1984-1985 – *Fulaninha.* 1985 – *Avaeté, semente da violência; Fonte da saudade.* 1992 – *Perfume de gardênia.* 1996 – *O homem nu.* 2000 – *Os três zuretas.* 1999-2001 – *O xangô de Baker Street.* 2002 – *A selva.* 2003 – *Meteoro.* 2008 – *A casa da mãe Joana.*

Um dos intérpretes mais requisitados de sua geração, desenvolve extensa carreira na televisão, alcançando reconhecimento crítico principalmente no teatro e no cinema. Entra em contato com o meio artístico de forma casual. Inscreve-se para papéis de figurante na TV PAULISTA, sendo chamado a atuar nos teleteatros da emissora em 1957. Transfere-se para a TV TUPI, onde fica três anos, incorporando-se ao elenco fixo do programa *Teatro de Comédias.* Recebe convite da direção do Teatro Oficina, estreando na peça *Os pequenos burgueses,* encenada por José Celso Martinez Corrêa. Dentro do grupo aperfeiçoa sua técnica com Eugênio Kusnet*. É considerado o ator-revelação de 1964, sendo contratado no ano seguinte pela TV GLOBO. Trabalha como coadjuvante até ser notado com o personagem do índio Robledo, na novela *Rainha louca.* Monta com a segunda mulher, a atriz Betty Faria*, a Companhia Teatral Brasileira, que obtém sucesso com um de seus trabalhos favoritos, *O bravo soldado Schweik.* Torna-se um dos galãs da televisão, estrelando novelas como *Véu de noiva* e *Minha doce namorada.* Mais recentemente, encanta as plateias com os personagens que encarna em *Pantanal.* Os primeiros filmes de que participa não o entusiasmam. Tem atuações elogiadas a partir de *Os condenados,* de Zelito Viana*, sobressaindo-se suas participações em *A lira do delírio,* de Walter Lima Jr.*, *Se Segura, Malandro!,* de Hugo Carvana*, e *Parahyba Mulher Macho,* de Tizuka Yamasaki*. Constrói sensível personalidade para o pai egresso da clandestinidade em *Nunca fomos tão felizes,* de Murilo Salles*, seu melhor trabalho no meio. Demonstrando talento e versatilidade, desempenha papéis surpreendentes, como o tímido professor de *Fulaninha,* de David Neves*, e o herói da comédia *O homem nu,* em que volta a trabalhar sob as ordens de Hugo Carvana. (HH) Integrou o elenco de diversas novelas e algumas minisséries nos anos 2000, quando volta a atuar em telefilme sob a direção de

Walter Lima Jr. (*Um crime nobre,* de 2001), fazendo o papel do deputado Andrade. Participou também de duas coproduções internacionais: no filme histórico *A selva,* do diretor português Leonel Vieira, e no drama *Meteoro,* do porto-riquenho Diego de la Texera. Na comédia *A casa da mãe Joana,* esteve mais uma vez sob o comando de Hugo Carvana.

MASAGÃO, Marcelo (Marcelo Sá Moreira Masagão) – São Paulo, SP, 1958. Diretor.

FILMOGRAFIA: 1999 – *Nós que aqui estamos por vós esperamos.* 2001 – *Nem gravata, nem honra.* 2003 – *1,99 – um supermercado que vende palavras.* 2007 – *Otávio e as letras.*

Teve formação em Psicologia na PUC/SP, embora não tenha concluído o curso. Foi o criador do Festival do Minuto em 1991, no qual apenas vídeos de um minuto de duração são aceitos. O recorte do novo formato lhe valeu reconhecimento, sendo copiado em outros festivais mundo afora. Diretor de vários curtas-metragens, como *Sexo, fé, sorte e morte no centro de São Paulo* (1987); *Neurotec* e *11hs e 30 minutos na Estação da Luz* (1989) e *O ar pertence a Deus* (1990). Em 1991, fez nova dobradinha de curtas, com *Deus tudo pode* e *1 minuto na vida de André e Liza.* Em 1999, realizaria o primeiro longa-metragem *Nós que aqui estamos por vós esperamos,* um documentário diferenciado em sua forma que antecipa algumas características do gênero nos anos 2000. Com forte utilização de material de arquivo, Masagão demonstra agilidade para recortar suas fontes imagéticas, em torno da temática "o breve século XX". O material fotográfico é manipulado na velocidade e desenhado com efeitos digitais. O estilo é carregado de inserções com letreiros que pontuam as asserções do documentário. O enunciado final, que dá título ao filme, figurando na porta de um cemitério do interior, é um achado para um documentário fundado em velhas imagens de arquivo. A música do compositor belga minimalista Wim Mertens, companheiro em seus longa-metragens posteriores (com exceção de *Nem gravata nem honra*), pontua o lado emocional do espectador, conforme a narrativa vai nos abrindo as imagens. O casamento com o músico no longa de estreia marca sua produção, dando o tom da filmografia de Masagão. Seu segundo filme *Nem gravata nem honra* trabalha com depoimentos em torno das diferenciações masculino/feminino, focando uma região geográfica bem delimitada (pequena comunidade no

interior). Além de depoimentos filmados por outros cineastas, a novidade seriam os próprios depoentes comentando suas imagens, num procedimento reflexivo. Em *1,99 – um supermercado que vende palavras,* seguimos na trilha de *Nós que aqui estamos...,* mas numa proposta que não possui resolução tão ágil. Trata-se de um filme que centra sua crítica à sociedade de consumo, passando ao largo da fala, com pontuação sonora lânguida. Em *Otávio e as letras,* predomina uma encenação não documentária e personagens se delineiam. Em destaque as imagens de São Paulo deserta, talvez bom acompanhamento para os acordes de Mertens, mas lembrando só na superfície o trabalho de Eugène Atget. (FPR)

MASSAINI, Oswaldo – São Paulo, SP, 1919-1994. Produtor.

FILMOGRAFIA: 1953 – *Rua sem sol.* 1955 – *O rei do movimento; O diamante; Grande pintor; O fuzileiro do amor.* 1956 – *Depois eu conto; Quem sabe... sabe!; Rio fantasia; O noivo da girafa.* 1957 – *Metido a bacana; O barbeiro que se vira; Com jeito vai* (*Soldados do fogo*); *A baronesa transviada; De pernas pro ar; Absolutamente certo; É de chuá!; Uma certa Lucrécia; A grande vedete; Chico fumaça; Alegria de viver.* 1958 – *Na corda bamba; O camelô da rua Larga; Quem roubou meu samba?; Cala a boca, Etelvina.* 1959 – *Minervina vem aí; Dona Xepa; Maria 38; Moral em concordata; Titio não é sopa; As pupilas do senhor reitor.* 1960 – *A viúva Valentina; Dona Violante Miranda; Samba em Brasília; Sai dessa, recruta; Eu sou o tal; A moça do quarto 13* (*Girl in Room 13*); *Três colegas de batina* (*Assim na terra como no céu*); *Virou bagunça.* 1961 – *Assassinato em Copacabana.* 1962 – *O pagador de promessas; Lampião, rei do cangaço.* 1963 – *Sonhando com milhões.* 1965 – *O santo milagroso.* 1966 – *O anjo assassino; Cangaceiros de Lampião.* 1967 – *A espiã que entrou em fria.* 1968 – *Os carrascos estão entre nós; Madona de cedro.* 1970 – *Os maridos traem... e as mulheres subtraem; Se meu dólar falasse.* 1972 – *Independência ou morte; O marginal.* 1978 – *O Caçador de Esmeraldas.*

Filho dos imigrantes italianos Aníbal e Geni Massaini, Oswaldo Massaini nasceu em 3 de abril em São Paulo. Cursou o Grupo Escolar do Arouche e o Ginásio Normal. Sua formação profissional foi obtida na Escola de Comércio Álvares Penteado, onde se diplomou em técnico de contabilidade. Começou no cinema em 5 de agosto de 1937 como auxiliar de contabilidade na DISTRIBUIDORA DE FILMES BRASILEIROS (DFB). Em 1938, transferiu-se para a COLUMBIA PICTU-RES OF BRAZIL INC., ficando nessa empresa até 1941. Logo depois, em 1942, iria trabalhar na CINÉDIA*, de Adhemar Gonzaga*. Nesse mesmo período, graças a uma carteira permanente de passe livre, podia frequentar todas as salas de cinema de São Paulo. É a fase da descoberta do cinema e, ao mesmo tempo, também do cinema brasileiro. Segundo suas palavras, "fui criando um certo pendor pelo cinema brasileiro, porque eu achava ele muito fracote. Nessa ocasião, quando aparecia uma cena de amor em filme nacional, com o galã beijando a mocinha, a plateia vinha abaixo de chacota e isso fazia com que eu ficasse com pena. Era a época dos filmes do Lulu de Barros, do com o Genésio Arruda, Tom Bill. Só depois é que começaram a aparecer os filmes melhores, como *Bonequinha de seda*". Massaini permaneceria na CINÉDIA até 1949, quando a empresa paralisou suas atividades de distribuição em São Paulo. Na empresa, o futuro produtor mantém contato profícuo com o pioneiro Adhemar Gonzaga, considerado por ele mesmo como o seu incentivador na carreira cinematográfica. Gonzaga foi o responsável pelo fato de Massaini aprender a respeitar e gostar do cinema brasileiro.

No ano de 1949 fundou a sua própria empresa, a CINEDISTRI*, especializada em distribuir exclusivamente filmes brasileiros de longa e de curta metragens. Como primeiro filme, Massaini produziu o drama social *Rua sem sol*, em 1953, cuja direção ficou a cargo do crítico Alex Viany*, com a participação de Glauce Rocha*, Dóris Monteiro e Angela Maria. Mesmo bem recebido pela crítica, o filme não obteve o desejado sucesso de bilheteria. Massaini encarou o resultado como um desafio e, percebendo que o mercado brasileiro de cinema se achava em fase de formação, demandando filmes menos dispendiosos e mais acessíveis ao grande público, passou a produzir filmes com elencos oriundos do teatro de revista e também com artistas populares, como Amácio Mazzaropi*, Dercy Gonçalves*, Violeta Ferraz*, Catalano*, etc. Outro segmento de filmes em que Massaini investiu foram os musicais de ocasião, com participação, entre outros, de Emilinha Borba, Cauby Peixoto, Nelson Gonçalves, Jorge Goulart, Benê Nunes, Ivon Cury e Angela Maria. Esta última foi uma descoberta do produtor, que a vira cantando na casa noturna Avenida Danças em São Paulo. Outro ponto importante na sua formação como produtor foi o contato e a associação que Massaini estabele-ceu, entre 1956 e 1961, com produtores cariocas como Watson Macedo*, Alípio Ramos*, Herbert Richers*, etc. São dessa fase grandes sucessos, como *Depois eu conto, Rio Fantasia* e *Alegria de viver*. Nessa época, desenvolveu uma atuação política que o conduziria à COMISSÃO ESTADUAL DE CINEMA. No entanto, Massaini era homem ambicioso e pretendia alçar voos mais altos na produção cinematográfica. Em 1957, iniciou sua produção solo com *Absolutamente certo,* dirigido por Anselmo Duarte*, e que, segundo ele, "foi produzido totalmente a crédito e felizmente constituiu-se em um grande sucesso, proporcionando bons resultados artísticos e financeiros". Com o esgotamento da era dos filmes musicados, principalmente por causa do advento da televisão, que incorporava elementos da comédia musical, Massaini ergueu um novo patamar em sua trajetória de produtor. Em parceria com Anselmo Duarte, conquistou a PALMA DE OURO no FESTIVAL DE CANNES de 1962 com o filme *O pagador de promessas*, que foi o único título brasileiro até hoje a obter essa láurea. Segundo Massaini, o filme custou 23 milhões de cruzeiros e consumiu todas as suas reservas financeiras, adquiridas com as comédias e musicais, principais características de sua produção até então. *O pagador de promessas* foi um sucesso de crítica e público não só no Brasil, pois o filme foi distribuído para dezenas de países, estabelecendo uma importante ponte para o mercado internacional.

Depois desse triunfo, Massaini iniciou outra duradoura parceria, dessa vez com o diretor Carlos Coimbra*, a partir do filme *Lampião, rei do cangaço*. Tendo lhe custado o triplo de *O pagador de promessas,* a produção tornou-se o maior êxito de bilheteria do produtor paulista. O filme foi distribuído para cerca de noventa países em todo o mundo, incluindo Japão e Estados Unidos. Como consequência da ampla aceitação desse filme, começaria o "ciclo do cangaço" – confirmando a tendência do mercado brasileiro para formar "ciclos" de gêneros dominantes, a exemplo do que acontecera antes com os filmes musicais e as comédias farsescas. A carreira tão bem-sucedida no cinema possibilitaria a Massaini transformar-se em importante personagem da sociedade paulistana, principalmente nos anos 60 e 70. Os lançamentos dos seus filmes eram acontecimentos festivos prestigiados pela elite artística e social e as recepções por ele promovidas, principalmente as de Ano--novo, chegaram a fazer história. Naquela época, o prestígio empresarial e o trânsito político de Massaini eram incontestáveis. Tornara-se amigo pessoal de figuras como o ex-presidente Jânio Quadros e Adhemar de Barros, entre outros personagens da esfera pública. Ao longo de sua carreira de produtor, porém, Massaini enfrentou dificuldades que levariam à interrupção de alguns de seus projetos. Em 1960, por exemplo, ambicionava produzir o musical em cores *Aquarela do Brasil*, primeiramente sob a direção de Watson Macedo e, mais tarde, em 1966, sob a direção de Carlos Manga*. Também planejou realizar a versão para o cinema da peça *O auto da compadecida*, de Ariano Suassuna, sob a direção de Anselmo Duarte, e, em meados dos anos 70, *A pequena notável,* biografia da cantora e atriz Carmen Miranda*, com direção de Carlos Manga. Após enveredar por vários gêneros cinematográficos, produziu o filme histórico *Independência ou morte*, com Tarcísio Meira* no papel de d. Pedro I, que obteve grande sucesso e lhe valeu o PRÊMIO GOVERNADOR DO ESTADO como melhor produtor, em 1973. Ao final dessa década, seguiram-se outras produções bem-sucedidas, destacando-se *O marginal*, sob a direção de Carlos Manga, com um elenco de primeira grandeza, comandado por Tarcísio Meira e Darlene Glória. Em 1979, realizou mais um épico histórico, *O Caçador de Esmeraldas,* dirigido por Osvaldo Oliveira. A relevância da obra de Oswaldo Massaini não deve ser medida somente por fatos extraordinários, como volumosas bilheterias e a láurea do FESTIVAL DE CANNES. Pode ser lembrada na implantação, em São Paulo, de uma atividade cinematográfica produtiva e comercial estável, contribuindo com a formação de plateias para o cinema brasileiro e a manutenção em constante atividade de um importante contingente de artistas e técnicos de cinema. (AG/LR)

MASSAINI NETO, Anibal – São Paulo, SP, 1945. Produtor, diretor.

FILMOGRAFIA: 1969 – *Corisco, o diabo loiro* (prod.). 1971 – *Lua de mel & amendoim* (1º episódio: 'Lua de mel & amendoim') (prod.). 1972 – *A infidelidade ao alcance de todos* – 1º episódio: 'A tuba' (prod.); 2º episódio: 'A transa' (prod., dir.); *Independência ou morte* (prod.). 1973 – *A super fêmea* (prod., dir.). 1974 – *As delícias da vida*; *Exorcismo negro* (prod.). 1975 – *Cada um dá o que tem* – 1º episódio: 'O despejo' (prod.); 2º episódio: 'Cartão de crédito' (prod.); 3º episódio: 'Uma grande vocação' (prod.). 1976 – *Elas são do baralho* (prod.). 1977 – *O bem-dotado, o homem de Itu* (prod.). 1978

– *O Caçador de Esmeraldas* (prod.). 1979 – *Histórias que nossas babás não contavam* (prod.). 1980 – *Mulher-objeto* (prod.). 1982 – *Amor, estranho amor* (prod.); *Das tripas coração* (prod.). 1983 – *Os bons tempos voltaram* – 1º episódio: 'Sábado quente' (prod.); 2º episódio: '1º de abril' (prod.). 1985 – *Filme demência* (prod.). 1986 – *Eu* (prod.). 1988 – *Forever* (coprodução estrangeira). 1989 – *O corpo* (prod.). 1990 – *The Guest* (coprodução estrangeira). 1992 – *Vagas para moças de fino trato*. 1992-1994 – *Mil e uma* (prod.). 1994-1996 – *As feras* (prod.). 1995-1996 – *O cangaceiro* (prod., dir.) 1998-99 – *Mário* (prod). 2003 – *Pelé eterno* (prod., dir.).

Formado em Economia pela Universidade Presbiteriana Mackenzie (SP), em 1969. Desde a infância frequentava os *sets* e os escritórios de seu pai, o produtor Oswaldo Massaini*. Começou a trabalhar profissionalmente em 1965, atuando como gerente de produção no filme *O santo milagroso*, de Carlos Coimbra*. Em seguida, exerceu essa mesma função nos filmes *O anjo assassino*, de Dionísio Azevedo*; *Cangaceiros de Lampião* e *Madona de cedro*, ambos de Carlos Coimbra. Anibal fez sua primeira produção executiva em *Corisco, o diabo loiro*, de Carlos Coimbra. Seguiram-se as comédias *Lua de mel & amendoim*, de Fernando de Barros* e Pedro C. Rovai*; *Cada um dá o que tem*, filme em episódios de John Herbert*, Sílvio de Abreu e Adriano Stuart*; e o *Exorcismo negro*, de José Mojica Marins*. Em 1972, durante a realização de *Independência ou morte*, produziu e dirigiu o curta-metragem *O grito*, um *making of* do filme. Em 1972, Anibal realizou o primeiro trabalho como diretor no episódio 'A transa', do filme *A infidelidade ao alcance de todos*. Produziu, dirigiu e foi coautor do roteiro do filme *A super fêmea* – uma sátira ao mundo da publicidade – que lhe valeu o PRÊMIO GOVERNADOR DO ESTADO DE SÃO PAULO pela produção. A partir desse filme assumiu as produções da CINEDISTRI*, atuando como produtor, produtor executivo e coprodutor em mais de 25 títulos e acreditando na realização de filmes de grande porte, como *Independência ou morte* e *O Caçador de Esmeraldas*. Em 1980 fundou sua própria produtora, a CINEARTE PRODUÇÕES CINEMATOGRÁFICAS LTDA., tendo realizado filmes de sucesso, como *Mulher-objeto*, de Sílvio de Abreu; *Os bons tempos voltaram*, de Ivan Cardoso* e John Herbert*; *Amor, estranho amor* e *Eu*, ambos de Walter Hugo Khouri*. Também coproduziu obras como *Das tripas coração*, de Ana Carolina*, e *Filme demência*, de Carlos Reichenbach*. Entre 1988

e 1991 concluiu três filmes, sendo dois deles coproduções internacionais: *Forever*, de Walter Hugo Khouri, e *The Guest*, de Carlos Passini Hansen; e o filme *O corpo*, de José Antônio Garcia*, laureado com cinco prêmios no FESTIVAL DE BRASÍLIA e três no de CARTAGENA, na Colômbia, incluindo o de melhor filme. Foi também coprodutor dos filmes *O marginal*, de Carlos Manga*, *Vagas para moças de fino trato*, de Paulo Thiago*; *Mil e uma*, de Suzana Moraes; *Mario*, de Hermano Penna*, e *As feras*, de Walter Hugo Khouri. Produziu e dirigiu o *remake* de *O cangaceiro*, um clássico de repercussão internacional do cinema brasileiro. Em 1996, Anibal criou a ANIMA PRODUÇÕES AUDIOVISUAIS LTDA., empresa que atua também na produção e distribuição de obras audiovisuais. Por meio dessa empresa e juntamente com outros produtores, materializou a criação de um canal de televisão por assinatura, o CANAL BRASIL, com programação composta predominantemente de filmes brasileiros. Na ANIMA, Anibal produziu e dirigiu *Pelé eterno*, documentário sobre a carreira de Edson Arantes do Nascimento. Esse filme conquistou o PREMIO ARCO-BALENO LATINO – CIDADE DE ROMA, concebido por Gillo Pontecorvo e atribuído ao melhor filme de países latinos incluídos na Programação Oficial do FESTIVAL DE CANNES. Em Milão, recebeu a GUIRLANDE D'HONNEUR pela Féderation Internacionale de Cinéma et Télévision Sportif. No Brasil, o seu *home-video* vendeu mais de 250.000 cópias. Por intermédio da ANIMA e da CINEARTE, já negociou mais de 150 títulos com emissoras de televisão aberta e coordenou as quatro edições da mostra "Isto é Cinema", que a Editora Três lançou, em todas as bancas de jornais do Brasil. Em 2010, Anibal finaliza duas séries televisivas: *O cangaceiro* e *Pelé eterno – longa versão*, composta de quatro episódios. Prepara o documentário de longa metragem *Oswaldo Massaini – uma paixão pelo cinema*. Anibal é membro do Conselho Industrial do Centro das Indústrias do Estado de São Paulo (Ciesp); do Conselho Superior de Estudos Avançados da Fiesp, além de ser conselheiro fiscal do Fórum Audiovisual de Cinema (FAC). Foi membro do Conselho de Administração da EMBRAFILME S. A.; presidente do Sindicato da Indústria Cinematográfica do Estado de São Paulo e presidente da Comissão de Cinema, da Secretaria da Cultura do Estado de São Paulo. (LR/NCA)

MASSENZI, Pierino – Roma, Itália, 1925-2009. Cenógrafo.

FILMOGRAFIA: 1950 – *Caiçara*; *Terra é sempre terra*. 1951 – *Ângela*; *Tico-tico no fubá*; *Sai da frente*. 1952 – *O cangaceiro*; *Nadando em dinheiro*. 1953 – *Luz apagada*. 1955 – *O sobrado*. 1956 – *O gato de madame*; *A doutora é muito viva*; *Curuçu, terror das amazonas* (produção estrangeira). 1957 – *Paixão de gaúcho*; *O cantor e o milionário*; *Absolutamente certo*; *Uma certa Lucrécia*; *Estranho encontro*; *Escravos do amor das amazonas* (produção estrangeira). 1957-1958 – *Ravina*. 1958 – *Fronteiras do inferno* (coprodução estrangeira); *Macumba na alta*. 1959 – *Cidade ameaçada*; *Moral em concordata*; *Na Garganta do Diabo*. 1960 – *Dona Violante Miranda*; *Mistério na ilha de Vênus* (produção estrangeira); *A moça do quarto 13* (coprodução estrangeira). 1962 – *Assalto ao trem pagador*; *A ilha*; *Copacabana Palace*. 1963 – *Casinha pequenina*; *Samba* (coprodução estrangeira). 1964 – *Noites quentes de Copacabana* (coprodução estrangeira); *Noite vazia*. 1965 – *Corpo ardente*.

Esse italiano viveu em São Bernardo por cerca de cinquenta anos, para onde se mudou com a construção dos palcos de filmagens dos estúdios da VERA CRUZ*. O primeiro filme da produtora, *Caiçara*, de Adolfo Celi*, é cenografado por seu conterrâneo, Aldo Calvo, e o segundo, *Terra é sempre terra*, de Tom Payne*, por Martim Gonçalves, tendo Pierino colaborado nos dois filmes. A seguir, na VERA CRUZ, monta os cenários do drama *Ângela*, de Payne e Abílio Pereira de Almeida*; da cinebiografia *Tico-tico no fubá*, de Celi; da comédia *Sai da frente*, de Abílio Pereira de Almeida; de *O cangaceiro*, de Lima Barreto*; e do melodrama *Luz apagada*, de Carlos Thiré. Com o surgimento de nova companhia, a BRASIL FILME, constrói os cenários de dois filmes de época: os épicos *O sobrado*, baseado na saga de Érico Veríssimo, e *Paixão de gaúcho*, extraído do romance *O gaúcho*, de José de Alencar*, ambos com direção de Walter George Dürst*. Faz também a cenografia da comédia *O gato de madame*, de Agostinho Martins Pereira*. O filme *Estranho encontro* marca o início de seu trabalho com o diretor Walter Hugo Khouri*. Uma interessante parceria que se desenvolve nos filmes seguintes do diretor (*Fronteiras do inferno*, *Na Garganta do Diabo*, *A ilha*, *Noite vazia* e *Corpo ardente*), todos realizados nos antigos estúdios da VERA CRUZ. Para o produtor Flávio Tambellini* trabalha em *Ravina*, sob direção de Rubem Biáfora*, última produção da BRASIL FILME. Ao mesmo tempo, trabalha para outras produções realizadas nos estúdios da antiga

VERA CRUZ, como as comédias *A doutora é muito viva*, de Ferenc Fekete; *O cantor e o milionário*, de José Carlos Burle*; *Absolutamente certo*, de Anselmo Duarte*; *Uma certa Lucrécia*, de Fernando de Barros*, e *Macumba na alta*, de Maria Basaglia*, este último realizado nos pequenos estúdios BANDEIRANTES. Participa de produções americanas da UNIVERSAL PICTURES, também realizadas nos mesmos estúdios: *Curuçu, terror das amazonas* e *Escravos do amor das amazonas*, de Curt Siodmark; da BRINTER, *Mistério na ilha de Vênus*, de Douglas Fowley; e nos anos 60, da coprodução Brasil-EUA, *A moça do quarto 13*, de Richard Cunha. Também colabora na coprodução com a SATUR FILMES, de Munique (Alemanha), *Noites quentes de Copacabana*, de Horst Hachler. Trabalha na comédia *Copacabana Palace*, de Steno, coprodução italiana da VITORIA FILMES, de Roma. É responsável pela montagem dos cenários de filmes de outros gêneros, como os policiais *Cidade ameaçada* e *Assalto ao trem pagador*, ambos de Roberto Farias*; das adaptações das peças homônimas de Abílio Pereira de Almeida – o drama *Moral em concordata* e a comédia *Dona Violante Miranda*, ambos sob a direção de Fernando de Barros. Com o comediante e produtor Amácio Mazzaropi* monta os cenários de *Casinha pequenina*, de Glauco Mirko Laurelli*. Artista plástico, deixou uma coleção de mais de 4 mil telas, aquarelas e desenhos. Faleceu aos 84 anos, em 13 de setembro, vítima de um câncer, em São Bernardo do Campo onde vivia. (LFM)

MASTRANGI, Matilde (Matilde Raspa Mastrangi) – São Paulo, SP, 1953. Atriz.

FILMOGRAFIA: 1974 – *As cangaceiras eróticas*. 1975 – *Cada um dá o que tem* (3º episódio: 'Uma grande vocação'); *Bacalhau* (Bac's); *Já não se faz amor como antigamente* (3º episódio: 'Três assobios'). 1977 – *Emanuelle tropical*. 1979 – *Incesto, desejo proibido*. 1979-1980 – *Sócias no prazer*. 1980 – *As intimidades de Analu e Fernanda*; *Orgia das taras*; *Noite das taras* (2º episódio); *Em busca do orgasmo*; *Palácio de Vênus*. 1980-1981 – *Volúpia do prazer*. 1981 – *Pornô!* (2º episódio: 'O prazer da virtude'); *As taras de todos nós* (1º episódio: 'O uso prático dos pés'). 1982 – *Amor, estranho amor*; *A cafetina de meninas virgens* (coprodução estrangeira); *Pecado horizontal*; *Tudo na cama*. 1983 – *Corpo e alma de uma mulher*; *A noite das taras 2*; *S.O.S. Sex Shop* (Como salvar meu casamento); *Erótica: a fêmea sensual*. 1984 – *A flor do desejo*; *Caçadas eróticas*

(1º episódio: 'A espiã portuguesa'). 1987 – *A dama do Cine Shangai*. 1992 – *Perfume de gardênia*. 1998 – *A hora mágica*.

Aos 18 anos, participa de um concurso na televisão, no *Programa Silvio Santos*, que escolheria a parceira do cantor Wanderley Cardoso para uma fotonovela da revista *Sétimo Céu*. O concurso não teve final, mas ela conseguiu o emprego de "silvete" (um tipo de dançarina e ajudante de palco), participando dos programas de auditório do animador. Ao mesmo tempo, trabalha como modelo fotográfico, posando para revistas. Com *As cangaceiras eróticas*, de Roberto Mauro, inicia carreira no cinema, onde exibiria seus admiráveis dotes físicos e seu talento, participando de muitos filmes e tornando-se uma das estrelas do gênero pornochanchada*, com destaque para *Bacalhau*, de Adriano Stuart*, *Palácio de Vênus* e *Erótica: a fêmea sensual*, ambos de Ody Fraga*. Atuou em filmes fora do gênero que a consagrou, participando de *A flor do desejo*, *A dama do Cine Shangai* e *Perfume de gardênia*, filmes de Guilherme de Almeida Prado*. Procura diversificar sua atuação, trabalhando em teatro nas peças *O grande motel*, *Uma ilha para três*, entre outras; e na televisão, participando da novela *Vereda tropical* (1984) da TV GLOBO. Em 1988, apresenta o quadro *Uma Cama Entre Nós* – um ousado *talk show* (programa de entrevistas) em que ela aparecia vestida em *baby-doll* entrevistando seus convidados numa cama – dentro do *Programa Goulart de Andrade*. É casada, desde 1980, com o ator Oscar Magrini, com quem tem uma filha. Depois de algum tempo afastada, retorna em 1998 ao teatro, fazendo a peça *Além da vida*. (NCA)

MAURO, Humberto (Humberto Duarte Mauro) – Volta Grande, MG, 1897-1983. Diretor.

FILMOGRAFIA: 1926 – *Na primavera da vida*. 1927 – *Tesouro perdido*. 1928 – *Brasa dormida*. 1929 – *Sangue mineiro*. 1930 – *Lábios sem beijos*. 1931-1933 – *Ganga bruta*. 1933 – *A voz do carnaval*. 1935 – *Favela dos meus amores*. 1936 – *Cidade-mulher*. 1937 – *O descobrimento do Brasil*. 1940 – *Argila*. 1950 – *O canto da saudade*.

Uma das figuras da maior importância de nosso cinema, com participação marcante no período mudo, no sonoro e no gênero documentário*. Reverenciado pelo grupo de cineastas da geração do Cinema Novo*, por nossos principais ensaístas, como Alex Viany* e Paulo Emilio Salles Gomes*, por historiadores da dimensão de Georges Sadoul e pelas mais diversas

gerações de críticos cinematográficos, principalmente entre os mineiros. Filho de pai italiano, Caetano Mauro, e de mãe mineira, Teresa Duarte Mauro, nasce no dia 30 de abril, na Zona da Mata, no interior mineiro, onde vive suas primeiras descobertas. Espera alguns anos pela chegada da luz elétrica para que essa traga consigo as primeiras fitas silenciosas a serem exibidas no cineminha da terra. Em 1910, muda-se para Cataguases, onde, no período de sua adolescência, assiste aos primeiros filmes e participa de um pequeno grupo teatral. Na década de 20, o interesse é pelo radioamadorismo (uma de suas paixões da vida toda), pois sempre se sentiu atraído pela técnica. Assiste na época a *David, o caçula* (*Tol'able David*, 1921), do diretor americano Henry King, obra que o marcaria e com a qual encontra grande identificação. Tem ainda a sua atenção atraída por outros cineastas estrangeiros, como o inglês Charles Chaplin, os norte-americanos D. W. Griffith e King Vidor, além do russo Serguei Eisenstein e do alemão Ernst Lubitsch, que impressionam o jovem futuro cineasta mineiro. De posse de uma câmera Pathé-baby, filma na bitola 9,5 mm o seu primeiro filme, *Valadião, o cratera* (1925). Experiência amadora, é um exercício de ficção que mistura aventura e comédia e em que utiliza atores. Estabelece contato com o emigrado italiano Pedro Comello, seu primeiro professor nos segredos do cinema. Juntos, após a primeira experiência, preparam-se para fazer o longa *Na primavera da vida*, filme que abre o mais importante ciclo regional do período silencioso: *Cataguases*. Ao mesmo tempo, constitui-se a PHEBO SUL AMÉRICA FILME, que monta seus estúdios com o apoio dos comerciantes locais Agenor de Barros e Homero Cortes, responsáveis pela produção do filme, que possui história e direção de Humberto Mauro, além de fotografia de Comello. No elenco, Eva Comello, a filha de Pedro Comello que, apesar de sua curtíssima carreira, ficaria marcada como uma das principais estrelas do cinema mudo, com o nome artístico de Eva Nil*. Entre seus companheiros de elenco, estão Bruno Mauro, irmão do diretor, Julio Ruffo, Alberto Sereno, Bastos Estephanio e Ivo Soares, estes quatro últimos escondidos sob pseudônimos. Curiosamente, Humberto Mauro assina a direção do filme com o nome artístico de Reynaldo Mazzei, do qual se desconhece a origem. Infelizmente não existe mais nenhuma cópia desse filme rural, que mistura ação dramática, aventura e história romântica, o qual é, muito provavelmente, mais um exercício de aprendizado do que um filme consistente em si. O jornalista português, Soares dos Santos, redator do jornal local, *O Cataguases*, que acompanha com interesse as atividades da produtora PHEBO e seus filmes iniciais, escreve elogiando a iniciativa, a fita de estreia, os artistas, apontando alguns pequenos senões na realização.

No segundo longa do grupo, *Tesouro perdido*, um novo filme de aventura, estão presentes os mesmos produtores e funciona o mesmo esquema de produção: história e direção de Mauro, fotografia de Pedro Comello, além de Humberto Mauro e seu irmão Bruno Mauro, que cuidam da fotografia na conclusão da fita. Uma pequena curiosidade: Humberto Mauro, nessa fita, trabalha pela primeira vez como diretor de fotografia. No elenco sobressaem Bruno Mauro e Lola Lys, pseudônimo utilizado por Maria de Almeida Mauro Suzana, a esposa do cineasta, em sua única participação no cinema, quando substitui Eva Nil, inicialmente escalada como atriz principal. Também atuam Alzir Arruda, Maximo Serrano e Humberto Mauro, em sua primeira participação como ator, no papel do vilão Manoel Faca. Esse filme é premiado com o MEDALHÃO DE BRONZE da revista *Cinearte** como melhor filme brasileiro de 1927. Apesar de seus problemas de exibição, o filme recebe boa acolhida por parte dos críticos Adhemar Gonzaga*, Pedro Lima* e Octávio Mendes*, da revista *Cinearte*. Com a razão social da produtora alterada para PHEBO FILME DO BRASIL, inicia-se a construção de um estúdio e a empresa parte para a sua terceira produção – *Brasa dormida*, com história e direção de Mauro. Na fotografia, em sua estreia na função, aquele que seria considerado um dos maiores iluminadores do cinema brasileiro: Edgar Brasil*. No elenco pontificam Luís Soroa*, Nita Ney, Cortes Real, Pedro Fantol e Maximo Serrano. Os atores principais e o fotógrafo são recrutados no Rio de Janeiro, onde parte da história é ambientada. Essa realização é uma fita romântica que mistura trama urbana com acontecimentos rurais. Os críticos mais exigentes da época, Octávio de Faria, Plinio Sussekind da Rocha, Cláudio Mello e Almir de Castro (que possuíam uma moderna visão do cinema, militando na revista *O Fan*), foram os que mais gostaram do filme, comparando-o a fitas americanas. Octávio de Faria se expressa assim sobre o filme: "*Sally dos meus sonhos* não tem o que *Brasa dormida* tem: um diretor de personalidade, um pensamento dentro do filme capaz de construir qualquer coisa mais do

que uma simples narração histórica" (*Sally dos meus sonhos – Mother Knows Best*, 1928, é uma fita do diretor John G. Blystone). Humberto Mauro, a seguir, dirige, fotografa e monta seu primeiro documentário, *Cataguases* (1929). Com doze minutos de duração, é uma encomenda das indústrias de Cataguases. No quarto e último filme do Ciclo de Cataguases*, *Sangue mineiro*, atua a mesma equipe, Agenor, Homero, Mauro, Edgar, recebendo o reforço de Carmen Santos* na dupla função de coprodutora e atriz principal. Carmen contracena com Luís Soroa e Nita Ney, artistas do filme anterior. *Sangue mineiro* tem suas cenas iniciais ambientadas em Belo Horizonte. Para Pedro Lima, em texto para *Cinearte*, esse filme demonstra "que Humberto procura pôr no cinema o que ele entende que é bem brasileiro. É a maneira que ele compreende o que deverá ser um filme brasileiro, tal como impressiona aquele pequeno mundo, para ele tão grande, que é Cataguases. É preciso conhecer o seu ambiente, o seu espírito essencialmente católico, o seu temperamento infantil contrastando com os primeiros fios de prata de seus cabelos, assim, pela luta com o nosso cinema e pelas responsabilidades da vida, para poder sentir e compreender os seus filmes, em que geralmente ele põe coisas de sua mocidade, recordações de sua infância e de outras infâncias que foram sua companhia... Reminiscências tristes ou alegres de um passado não tão remoto...".

A convite do produtor Adhemar Gonzaga, muda-se para o Rio de Janeiro, quando dirige a primeira produção dos estúdios CINÉDIA*, *Lábios sem beijos*, em substituição ao próprio Adhemar Gonzaga, que chega a iniciar a direção do filme. A fita tem produção, argumento e roteiro de Adhemar Gonzaga, direção e fotografia de Mauro e elenco composto por Lelita Rosa, Paulo Morano, Alfredo Rosário, Tamar Moema e Gina Cavalieri. Para o pesquisador F. da Silva Nobre, trata-se de "comédia de sabor bem carioca, Mauro foi uma recomendação de ouro para a nova produtora e seus mentores. Película digna de René Clair nos seus momentos mais felizes, utilizou com eficácia símbolos e surpresas para interromper o relato e sublinhar a ação cinematográfica". O segundo filme da CINÉDIA e o primeiro sonoro da empresa, o drama *Mulher*, com direção e argumento do crítico cinematográfico da *Cinearte* Octávio Mendes e roteiro de Gonzaga e Mendes, conta com a participação de Mauro como responsável pela fotografia, que colabora, com suas imagens, para o clima de intensa tensão

dramática da obra. Esse filme, de um erotismo exacerbado, tinha em seu elenco Carmem Violeta, Celso Montenegro, Ruth Gentil, Alda Rios, Luís Soroa e Humberto Mauro no papel de padrasto.

O primeiro filme sonoro do diretor, ainda na CINÉDIA, segunda produtora de sua carreira, foi *Ganga bruta*, com roteiro de Octávio Mendes. É seu único trabalho ao lado do fotógrafo estreante A. P. de Castro* e com elenco principal formado por Durval Bellini, Déa Selva*, Lu Marival e, em pequenas participações, Humberto Mauro, Adhemar Gonzaga, Edson Chagas*, Sérgio Barreto Filho e Pery Ribas. Na música do filme, um craque, Radamés Gnatalli*, também estreante. Como muitos outros, Alex Viany considera o filme uma obra-prima, dizendo que "a introdução de *Ganga bruta* é um modelo de articulação e medida de linguagem. De uma precisão que nada deve aos mestres estrangeiros, através do filme, na sequência do caminhar cambaleante de um embriagado, chega a transformar a câmera num elemento dramático diretamente participante dos ecos das aspirações da vanguarda internacional. Se os valores do filme se limitassem exclusivamente a esses aspectos, *Ganga bruta* não apresentaria um grande interesse. O que o torna atraente e saboroso é sua qualidade muito brasileira e pessoal ao mesmo tempo. Se a heroína evoca a visão cinematográfica norte-americana do encanto feminino, em voga até a década de 20, derivada do conceito griffithiano de feminilidade, o herói de *Ganga bruta*, com seus impulsos, sua melancolia, seu sentido de honra, seus bigodes, que são características latino-americanas em geral e brasileiras em particular, é indiscutivelmente uma expressão nacional. O universo dos personagens secundários traduz, sublinhada e deformada por um obscuro pessimismo, a realidade brasileira que Mauro codivide com muitos outros realizadores cinematográficos brasileiros, antigos e modernos. O povo brasileiro era e é até hoje um povo brutal. Dir-se-ia mesmo que Mauro propositadamente escolheu seus comparsas segundo um critério negativo. Uma certa sequência de briga num bar assume a forma dolorosa de um balé grotesco. Assim como boa parte do cinema dramático brasileiro *Ganga bruta* está impregnado de um odor de estagnação e decadência".

Com o semidocumentário sonoro *A voz do carnaval*, em que divide a direção com Adhemar Gonzaga, com argumento escrito pelo teatrólogo Joracy Camargo, realiza um dos primeiros longas com a temática que seria o esteio da produção de filmes brasileiros nos trinta anos seguintes: o carnaval. Nas telas dos cinemas, a fita exibe uma plêiade de estreantes e personalidades da cultura da época, entre elas, o comediante Palitos, Carmen Miranda*, Lamartine Babo, Jararaca & Ratinho, Paschoal Carlos Magno, Paulo Magalhães e Oscarito*. Com esse filme, despede-se da CINÉDIA e, após deixar a produtora de São Cristóvão, vai trabalhar com Carmen Santos, que, nesse momento, constrói os estúdios de sua empresa no bairro da Muda, no Alto da Tijuca, a futura BRASIL VITA FILME*. Em 1934, na nova produtora, dirige, fotografa e monta os documentários *As sete maravilhas do Rio de Janeiro*, filme turístico; mais as biografias *Pedro II* e *General Osório*. Dirige para o DIP o documentário *Feira de amostras do Rio de Janeiro* (1935). Retorna ao longa de ficção com a produção de Carmen Santos *Favela dos meus amores*. Com base em argumento criado por Henrique Pongetti*, dirige, roteiriza e fotografa esse filme, de cujo elenco participam Carmen Santos, Sílvio Caldas, Jayme Costa*, Rodolfo Mayer* e Armando Louzada. Para o crítico Salvyano Cavalcanti de Paiva*, "*Favela dos meus amores* foi o primeiro filme carioca a explorar um dos aspectos mais trágicos, exuberantes e musicais da vida da cidade do Rio de Janeiro: o morro. *Favela dos meus amores* constitui um marco importante no início do cinema sonoro por seu autêntico sentido popular".

A convite de Edgard Roquette Pinto*, inicia sua parceria com o Instituto Nacional de Cinema Educativo (INCE*), que duraria cerca de trinta anos, quando dirige, fotografa e monta grande quantidade de documentários nas bitolas 16 e 35 mm, em que aborda os mais variados assuntos, como zoologia, medicina, dança, física, mecânica, astronomia, história, geografia, literatura, música, folclore, botânica, indústria, documentação rural, química, educação artística. Trabalha em parceria com os fotógrafos Manoel P. Ribeiro, Luiz Mauro e José A. Mauro, estes dois últimos, seus filhos. Divide a direção de seu primeiro filme no INCE, *Lição prática de taxidermia* (1936), com Paulo Roquette Pinto. A seguir, codirige com a escritora Lúcia Miguel Pereira *Um apólogo (Machado de Assis)* (1936); com A. C. Fontes, *Morfogênese das bactérias* (1938); com Evandro Chagas, a série de filmes de 1939 (*Estudos das grandes endemias*; *Leishmaniose visceral americana* e *Tripanossomíase americana*); com Carlos Chagas Filho, *Propriedades elétricas do puraqué* (1939) e *Miocárdio em*

cultura (1942); com Edgard Roquette Pinto, *Coração físico de Ostwald* (1942); com Oscar D'Utra e Silva, *Convulsoterapia elétrica* (1943); com o historiador Pedro Calmon, *Castro Alves* (1948); com o professor Alcides Silva Jardim, *Lições de química 1, 2 e 3* (1959); e com Eduardo Alves Cruz e Rocha, *Técnicas estereotáxicas no estudo das regiões subcorticais* (1960). Realiza também reportagens e filma as biografias de *Benjamin Constant* (1936), de *Carlos Gomes* (*O guarani*) (1942), de *Euclides da Cunha* (1944), do *Barão do Rio Branco* (1944), de *Leopoldo Miguez* (1946), de *Martins Pena* (1947), e de *Ruy Barbosa* e *Alberto Nepomuceno*, ambos em 1949. A série de seis filmes chamada *Brasilianas* é uma de suas obras mais marcantes do período: *Chuá, chuá e Casinha pequenina* (1945); *Azulão e Pinhal* (1948); *Aboios e cantigas* (1954); *Engenhos e usinas* e *Cantos de trabalho* (1955); *Manhãs na roça*. Alguns de seus curtas da fase do INCE ganham uma importância de obras de destaque, como *Meus oito anos* (1956), *A velha a fiar* (1964) e a produção da CORISCO FILMES, *Carro de bois* (1974). Este seu último filme é o único trabalho em cores que dirige, com fotografia assinada por um jovem fotógrafo, Murilo Salles*, que mais tarde optaria pela direção.

Em paralelo com os trabalhos para o INCE, Mauro também atua no longa de ficção. Em 1936, roda *Cidade-mulher*, com o mesmo grupo da BRASIL VITA FILME que participou da realização de *Favela dos meus amores*: Carmen Santos na produção e no papel principal, argumento a crédito de Henrique Pongetti, direção e roteiro do próprio Humberto Mauro e a novidade da fotografia entregue a Manoel Ribeiro. No elenco, além de Carmen, aparecem Jayme Costa e Sarah Nobre, nos papéis principais. Embora com repercussão de crítica, não consegue alcançar o mesmo sucesso do filme anterior. Em ambos os filmes, *Favela dos meus amores* e *Cidade-mulher* (infelizmente perdidos), experimenta o musical de ficção, recebendo a colaboração musical de Noel Rosa no segundo, em sua única incursão no cinema. Volta a trabalhar como fotógrafo, dividindo a fotografia com Adam Jacko e William Gericke em *Grito da mocidade* (1936), de Raul Roulien*. Mauro ainda filma, como diretor contratado do Instituto de Cacau da Bahia, *O descobrimento do Brasil*, obra que dirige, roteiriza e faz parte da fotografia da produção histórica (a outra parte da fotografia é entregue a Alberto Botelho* e seu parceiro Manoel Ribeiro). O argumento é seu e de Afonso Taunay, inspirado na carta de Pero Vaz de Caminha. A música é de

Heitor Villa-Lobos. Nos papéis principais contracenam os atores Álvaro Costa, Manoel Rocha e Alfredo Silva. Para o escritor Graciliano Ramos, em raro texto seu sobre cinema, em *O descobrimento do Brasil*, "temos enfim um trabalho sério, um trabalho decente: a carta de Pero Vaz reproduzida em figuras, com admiráveis cenas, especialmente as que exibem multidão. Aí estão os fidalgos cobertos de veludo e de seda, a maruja descalça, a nau perdida, a chegada a Santa Cruz, a missa, a dança dos índios, a excelente dança dos índios, com excelente música de Villa-Lobos. E lamentamos que nesse trabalho de Mauro, trabalho realizado com tanto saber, se dê ao público retratos desfigurados dos exploradores que aqui vieram escravizar e assassinar os indígenas".

Para o INCE dirige, junto com Edgard Roquette Pinto, o curta *Um apólogo* (1939), nessa nova versão utiliza atores baseados em conto de Machado de Assis, com fotografia de Manoel Ribeiro, cenografia de Hipólito Collomb e elenco formado pelos atores Déa Selva, Nelma Costa, Gracia Moema e Darcy Cazarré. Pela última vez é parceiro da produtora e atriz Carmen Santos, em *Argila*, uma produção da BRASIL VITA com direção, argumento, roteiro e fotografia de Humberto Mauro, essa última função junto com Manoel Ribeiro. O filme tem cenografia de Hipólito Collomb, música de Villa-Lobos, Heckel Tavares e direção musical de Radamés Gnatalli. Como novidade na equipe técnica está o iniciante Watson Macedo*, trabalhando na cenografia e na montagem. Na parte artística, além de Carmen, estão presentes Celso Guimarães, Lídia Matos, Floriano Faissal e Saint-Clair Lopes. *Argila* é obra de pesquisa sobre a liberdade do artista, sobre sua relação com o ofício, com a criação. Em 1940, novamente em codireção com Edgard Roquette Pinto, com roteiro seu baseado em documentos oficiais, filma o média-metragem *Bandeirantes* (1940), com fotografia de Manoel Ribeiro e elenco formado por J. Silveira, Álvaro Pires, Judith de Andrade, Fialho de Almeida, José Wandeck, Hilson Maciel e Ruy Gedes de Mello. Sozinho dirige e roteiriza o média-metragem *O segredo das asas* (1944), fotografia de Manoel Ribeiro, inspirado em conto de Maria Eugênia Celso, com Celso Guimarães, Lídia Matos e Lígia Sarmento, a cargo da representação. Por volta de 1946-1947, Humberto Mauro tenta voltar à direção de longas de ficção, com seu roteiro de *A noiva da cidade*, no que seria uma produção sua que se torna inexequível, em função dos custos. Em

1948, prepara-se para dirigir uma nova versão do romance *Inocência*, do Visconde de Taunay, com produção de Carmen Santos para a BRASIL VITA FILME, com Raul Roulien num dos papéis principais, como o médico Cirino. O filme teria ainda Silveira Sampaio* e a atriz Dulce Bressane, no papel de Inocência. Infelizmente, devido à pressão do prazo de cessão dos direitos autorais, Carmen entrega a direção à rapidez de Luiz de Barros*, que utiliza outro elenco. O filme acabou sendo concluído por Fernando de Barros*.

Sem desanimar, funda em Volta Grande, Minas Gerais, sua empresa, os ESTÚDIOS RANCHO ALEGRE, quando produz e dirige, em sua terra natal, *O canto da saudade*, baseado em argumento e roteiro seus, com fotografia de José A. Mauro. Utiliza músicas de Heitor Villa-Lobos, Ernesto Nazaré, Noel Rosa, Carlos Gomes e Mário Mascarenhas, tendo como intérpretes Cláudia Montenegro, Mário Mascarenhas, Alfredo Souto de Almeida, Zizinha Macedo, Alcir Damata e Francisco Mauro. Em um dos papéis principais, ele mesmo representa o coronel Januário. O filme também conta com a participação dos atores Silveira Sampaio, Nicete Bruno, Luiz Delfino e Flávio Cordeiro, em seus próprios papéis. Para Carlos Ortiz*, em sua crítica para o jornal *Notícias de Hoje*, "não é só a nota de brasilidade que domina todo este *O canto da saudade*. Este é, sem favor, o filme mais brasileiro que já vimos, quer pelo ambiente, quer pela atmosfera, quer pelo tema e pelo tratamento. Outro grande mérito de *O canto da saudade* é o lirismo que poetiza suas melhores sequências". Animado com sua realização, tenta estabelecer-se como produtor e diretor, com os projetos de comédia "O prefeito dinâmico" e a paródia "A volta ao município em oito dias"; nesta última, pensava em trabalhar com seu conterrâneo, Grande Otelo*, no papel de Passepartout. Participa como ator, no papel do tio da personagem Helena, de *Memória de Helena* (1969), de David Neves*. Nesse mesmo ano de 1969, recebe o prêmio CORUJA DE OURO por sua contribuição ao cinema brasileiro. Ainda colabora com os diálogos e o texto na língua indígena tupi em *Como era gostoso o meu francês* (1970), de Nelson Pereira dos Santos*, e em *Anchieta, José do Brasil* (1976-1977), de Paulo César Saraceni*. O diretor Alex Viany homenageia Mauro quando filma *A noiva da cidade* (1975-1978), antigo projeto do cineasta mineiro, que colabora na criação do argumento e do roteiro, com pequena participação na figuração. Em 1974, é publicado pela Editora Perspectiva o livro *Humberto Mauro, Cataguases, Cinearte*, de Paulo Emilio Salles Gomes, e, em 1978, é publicado pela Editora Artenova, em convênio com a EMBRAFILME*, o livro *Humberto Mauro: sua vida, sua arte, sua trajetória no cinema*, organizado por Alex Viany. Tendo sido eleito por Glauber Rocha* e pela geração cinemanovista como ponto de referência, a obra de Mauro permanece influente ainda hoje, ocupando um lugar central no cinema brasileiro. Com o documentário *Carro de boi*, fez sua última realização no cinema, filmando em Volta Grande, sua terra natal. Faleceu em 5 de novembro, na cidade em que nasceu, em Minas Gerais, tendo recebido uma homenagem no FESTIVAL DE CANNES em seu último ano de vida. (LFM)

MAYER, Rodolfo (Rodolfo Jacob Mayer) – São Paulo, SP, 1910-1986. Ator.

FILMOGRAFIA: 1930 – *O mistério do dominó preto*. 1931 – *Casa de caboclo*. 1935 – *Favela dos meus amores*. 1937 – *O samba da vida*. 1938 – *Tererê não resolve*; *Maridinho de luxo*; *Onde estás, felicidade?*. 1939 – *Está tudo aí!*. 1939-1943 – *Inconfidência Mineira*. 1941 – *Sedução do garimpo*. 1948 – *Obrigado, doutor*. 1949 – *O homem que passa*. 1949 – *Escrava Isaura*. 1955 – *Leonora dos sete mares*. 1964 – *Viagem aos seios de Duília*. 1970 – *A marcha*. 1974 – *O signo de escorpião*.

Um dos brilhantes atores dramáticos brasileiros, Rodolfo Mayer nasceu em 4 de fevereiro e faleceu em Niterói, Rio de Janeiro, em 1º de agosto. Dono de uma carreira prolífica – seu currículo compreende novelas de rádio, peças de teatro, filmes para cinema e novelas de televisão –, ficou, entretanto, marcado por um único personagem: o Gumercindo Tavares do monólogo *As mãos de Eurídice*, peça de Pedro Bloch*, que ficou em cartaz durante vinte anos, com 4.200 representações no Brasil e em 45 países diferentes. Mayer começou a carreira ainda bem jovem, em 1927, como ator no radioteatro da Rádio Record, de São Paulo. Estreou no cinema ganhando um pequeno papel no filme *Escrava Isaura*, de Antônio Marques Costa Filho. Ainda na fase muda do cinema brasileiro, atuou em mais dois filmes: *O mistério do dominó preto*, de Cléo de Verberena*, e *Casa de caboclo*, dirigido por Augusto de Campos. No começo da década de 30, resolveu se estabelecer no Rio de Janeiro, tornando-se, então, um dos atores do cinema brasileiro. Sua primeira atuação importante no cinema deu-se, porém, num filme da BRASIL VITA FILME*, a produtora de Carmen Santos*: *Favela dos meus amores*, com argumento e roteiro de Henrique Pongetti* e direção de Humberto Mauro*. Na CINÉDIA*, Rodolfo Mayer começou a exercer seus dotes de galã a partir de *O samba da vida*, dirigido por Luiz de Barros*. No filme, Mayer interpreta o jovem Rodolfo, sobrinho de um rico coronel, Magalhães. Aproveitando a vigência do contrato que firmara com o ator, a CINÉDIA o incluiu, em seguida, no elenco de *Tererê não resolve*, uma comédia carnavalesca no estilo *vaudeville*, também dirigida por Luiz de Barros, filmada em tempo recorde no começo de 1938: sete dias. Mais ambicioso foi *Onde estás, felicidade?*, dirigido por Mesquitinha*, adaptação de peça homônima de Luiz Iglesias. Mayer faz o papel de Paulo, alvo de interesse amoroso de duas mulheres. Mesmo recriminando o caráter fortemente teatral do filme, a crítica não poupou elogios à atuação de Mayer, "muito acentuada e bastante natural". Em *Sedução do garimpo*, curiosa tentativa de Luiz de Barros de fazer um filme de aventura à maneira americana, Mayer teve a oportunidade de fazer o seu primeiro vilão, um espanhol, com direito a algumas brigas. Rodolfo Mayer fez ainda o papel de Tiradentes em *Inconfidência Mineira*, ambiciosa e conturbada versão de Carmen Santos para os *Autos da devassa*, iniciado em 1939 e somente lançado em 1948. Um dos maiores êxitos comerciais em sua carreira cinematográfica foi *Obrigado, doutor*, adaptação de um grande sucesso radiofônico, dirigido por Moacyr Fenelon*. Para Rodolfo Mayer, seu melhor desempenho no cinema deu-se em *Viagem aos seios de Duília*, de Carlos Hugo Christensen*, pelo qual recebeu o prêmio GOVERNADOR DO ESTADO de melhor ator em 1965. (LAR)

MAYO, Zilda (Zilda Sedenho) – Araraquara, SP, 1953. Atriz.

FILMOGRAFIA: 1975-1976 – *Ninguém segura essas mulheres* (4º episódio: 'O furo'). 1976 – *Possuídas pelo pecado*; *Excitação*. 1977 – *Presídio de mulheres violentadas*; *Internato de meninas virgens*; *Noite em chamas*; *Escola penal de meninas violentadas*; *A ilha dos prazeres proibidos*. 1978 – *Fugitivas insaciáveis*; *O caso Cláudia*. 1979 – *Liberdade sexual*; *O matador sexual*; *A dama do sexo* (*É hora de saber que sua mulher quer sair da rotina*); *O doador sexual*; *Tara das cocotas na ilha do pecado*; *Ninfas insaciáveis*. 1980 – *Motel, refúgio do sexo*; *Casais proibidos*. 1980-1981 – *Volúpia do prazer*. 1981 – *Muitas taras e um pesadelo*; *O filho da prostituta*;

Transa brutal, o fim da picada. 1982 – As gatas... mulheres de aluguel (1º episódio: 'Aretuza'); *O rei da Boca; As safadas* (1º episódio: 'A rainha do fliperama'); *O cafetão; Pecado horizontal; Tudo na cama; As meninas de madame Laura. 1983 – Perdida em Sodoma; Tensão e desejo; Escândalo na sociedade; Ivone, a rainha do pecado; Juventude em busca de sexo; A quinta dimensão do sexo. 1984 – Bacanais na ilha das ninfetas; Paraíso da sacanagem; Como afogar o ganso; O império do sexo explícito. 1985 – As mil e uma posições de...*

Começa sua carreira como demonstradora de uma empresa, o que a leva a viajar por todo o Brasil. Em Belo Horizonte, faz dois comerciais, sua primeira experiência na vida artística. Em 1975, está a serviço no Rio de Janeiro quando atende a um anúncio da revista *Amiga*, solicitando garotas para filmes de publicidade e fotonovelas nos ESTÚDIOS SILVIO SANTOS. Após um teste fotográfico, é convidada para atuar no filme *Ninguém segura essas mulheres* (no episódio dirigido por José Miziara*), produção dos ESTÚDIOS SILVIO SANTOS. Considera esse filme sua estreia no cinema apesar do pequeno papel. Depois, trabalha como "telemoça" no *Programa Silvio Santos*, e em *Bacará*, com Ronald Golias*, ficando quase um ano. Mas seu interesse é mesmo o cinema, e começa a trabalhar efetivamente quando convidada para fazer o filme *Possuídas pelo pecado* com David Cardoso*, dirigido por Jean Garrett*. Em seguida, atua em *Excitação*, com direção de Garret. Uma das principais atrizes do gênero pornochanchada*, atua em cerca de quarenta filmes. No teatro, participa de peças como *Cordélia Brasil, A outra face* e *As moças*. Na televisão, participa de um teleconto, *Angélica*, pela TV CULTURA. Atualmente, dedica-se mais ao teatro. (NCA)

MAZZAROPI, Amácio – São Paulo, SP, 1912-1981. Ator, produtor, diretor.
FILMOGRAFIA: 1951 – *Sai da frente* (ator). 1952 – *Nadando em dinheiro* (ator). 1953 – *Candinho* (ator). 1955 – *A carrocinha* (ator); *O fuzileiro do amor* (ator). 1956 – *O gato de madame* (ator); *O noivo da girafa* (ator). 1957 – *Chico Fumaça* (ator). 1958 – *Chofer de praça* (ator, prod.). 1959 – *Jeca Tatu* (ator, prod.). 1960 – *As aventuras de Pedro Malazartes* (ator, prod., dir.); *Zé do Periquito* (ator, prod., dir.). 1961 – *Tristezas do Jeca* (ator, prod., dir.). 1962 – *Vendedor de linguiças* (ator, prod.). 1963 – *Casinha pequenina* (ator, prod.); *O Lamparina* (ator, prod.). 1964 – *Meu Japão brasileiro* (ator, prod.). 1965 – *O*

puritano da rua Augusta (ator, prod., dir.). 1966 – *O corintiano* (ator, prod.). 1967 – *O Jeca e a freira* (ator, prod., dir.). 1968 – *No paraíso das solteironas* (ator, prod., dir.). 1969 – *Uma pistola para Djeca* (ator, prod.). 1970 – *Betão Ronca Ferro* (ator, prod., dir.). 1971 – *O grande xerife* (ator, prod.). 1972 – *Um caipira... em Bariloche* (ator, prod., dir.). 1973 – *Portugal... minha saudade* (ator, prod., dir.). 1974 – *O Jeca macumbeiro* (ator, prod., dir.). 1975 – *Jeca contra o capeta* (ator, prod., dir.). 1976 – *Jecão... um fofoqueiro no céu* (ator, prod., dir.). 1978 – *Jeca e seu filho preto* (ator, prod., dir.). 1979 – *A banda das velhas virgens* (ator, prod., dir.). 1980 – *O Jeca e a égua milagrosa* (ator, prod., dir.).

Amácio Mazzaropi era filho de pai italiano e mãe descendente de portugueses. Morava em Taubaté quando saiu de casa aos 14 anos para acompanhar um espetáculo ambulante. Viajando pelo país, começou a fazer as cortinas cômicas nos intervalos, interpretando o papel de caipira que estava em moda na época: "Genésio Arruda* e seu irmão Sebastião estavam no auge e eu procurei fazer o mesmo, principalmente imitando o Sebastião, que me parecia mais pacato". Em 1940, criou sua própria companhia, viajando com um barracão desmontável (o que se chamava teatro de emergência) – o Pavilhão Mazzaropi –, onde apresentava uma peça e, em seguida, um ato variado, como era costume na época. Na RÁDIO TUPI de São Paulo, Mazzaropi fazia, no fim dos anos 40, um programa de quinze minutos, em que conversava com os caipiras da grande cidade, tornando-se bastante popular. Contratado para fazer televisão, praticamemte inaugurou a TV TUPI de São Paulo, em 1950, participando do programa *Rancho Alegre*. Convidado para fazer filmes na VERA CRUZ*, Mazzaropi encontra no cinema o meio mais completo para a expressão de seus talentos, tornando-se um dos artistas mais populares. Os filmes protagonizados por aquele caipira sem jeito, com os cotovelos pedindo passagem, chamavam a atenção. Ali, participou de *Sai da frente, Nadando em dinheiro* e *Candinho*, dirigidos por Abílio Pereira de Almeida*. A seguir, sempre como principal atração, participa da produção independente *A carrocinha* e de *O gato de madame*, este para a BRASIL FILMES, e ambos com direção de Agostinho Martins Pereira*. No Rio de Janeiro fez *O fuzileiro do amor*, de Eurides Ramos*, e *O noivo da girafa* e *Chico Fumaça*, dirigidos por Victor Lima*. Seu estilo fazia sucesso popular e os filmes davam boa bilheteria. Em 1958, Mazzaropi

cria a PRODUÇÕES AMÁCIO MAZZAROPI (PAM FILMES), tornando-se seu próprio produtor com *Chofer de praça*, dirigido por Milton Amaral. A partir daí, todos os seus filmes serão produzidos pela PAM. Com *Jeca Tatu*, uma adaptação de um conto de Monteiro Lobato, com direção de Milton Amaral, é que Mazzaropi incorpora o personagem Jeca – estereótipo do caipira –, fundindo-o definitivamente com o seu estilo histriônico. Esse estereótipo é assentado nos clichês sobre o homem do campo do Sudeste e mais propriamente do interior paulista: indolente, simples e conformado, mas também astucioso, manhoso e valente quando necessário, além de honesto, sempre. Com carisma e inegável talento, Mazzaropi vai se impondo como o mais típico dos cômicos brasileiros e, no início dos anos 60, ao perceber que seu toque de Midas confirmava seguidamente grandes sucessos nas bilheterias, ele colocou sobre sua própria cabeça a coroa de Rei do Cinema Brasileiro. *Casinha pequenina*, dirigido por Glauco Mirko Laurelli*, é considerado o melhor de seus filmes, que teve a participação da atriz Geny Prado, sua constante companheira de trabalho. Realizando uma síntese audiovisual das formas de representação do caipira, desde a iconografia de almanaques de farmácia à tradição teatral e circense, Mazzaropi materializou um estereótipo que veio ocupar um espaço carente no cinema brasileiro e no imaginário popular. Seu Jeca tem uma linhagem histórica que se liga a Cornélio Pires, nos anos 20 e 30, a Genésio Arruda, nos anos 30, e a Nhô Anastácio, do início do século, entre os mais conhecidos, mas seu conteúdo é ainda mais antigo que todos eles. Essa fusão Mazzaropi/Jeca – uma evocação do caipira – trabalha com a redundância, o lugar-comum, o clichê, mas o consumo de seus filmes sugere que o público não necessita reconhecer um enredo, ou categorias como interpretação, montagem, ritmo ou composição. O que parece importar no universo cinematográfico de Mazzaropi/Jeca é a sua imagem. Contemporâneo à chanchada carioca, que, com poucas variações, produziu heróis que materializavam o "malandro", e ligado por condição à vida urbana, Mazzaropi talvez seja o único produto da chanchada paulista, trazendo traços opostos, formando uma imagem conservadora, que surge como veículo para valores antigos da vida rural, com um conteúdo reacionário, retrógrado e conformista. O humor em Mazzaropi/Jeca é, à primeira vista, calcado na relação empática com sua figura, de composição muito marcada, em que não há lugar para subentendidos, sutilezas e insinuações, nem mesmo para a agressividade transformadora do pastelão circense. Com um pé no sentimentalismo melodramático e outro na comicidade, ele retira da fala e dos movimentos um certo estilo pessoal, trabalhando as linhas essenciais da caricatura: no jeito de falar, é realçado um sotaque "caipira" com ritmo e palavreado próprios; no jeito de andar, um corpo desengonçado que se locomove abrindo espaço com os cotovelos à altura dos ombros. Em tudo procurou tirar partido do contraste entre o mundo moderno/urbano e o conservador/rural. Não é sem motivo que, mesmo nos filmes em que não interpreta um caipira, a fala e a gestualidade permanecem. A aura regionalista que emana da entidade mítica Mazzaropi/Jeca não o desvincula de um caráter nacional – talvez a sua melhor qualidade –, e o reconhecimento popular faz dessa aura parte de um processo de resistência cultural. Mazzaropi/Jeca oferece uma produção para atender um mercado que tem essa demanda, como ele próprio define: "O homem Mazzaropi é um empresário que pensa na sua empresa, pensa na evolução do cinema brasileiro em termos comerciais. Ao passo que o Mazzaropi ator pensa naquilo que o povo quer ver [...]. Então, é preciso ser bom comerciante para ser bom artista, para ter sucesso". Se nos filmes sobra ingenuidade, não há nenhuma no processo de produção. Amácio Mazzaropi compreendeu o sistema de produção/distribuição/exibição e atuou diretamente sobre ele, investindo na estrutura necessária para o máximo aproveitamento do mercado. Através de sua produtora adquiriu equipamentos de filmagem e iluminação, construiu um estúdio em sua fazenda em Taubaté, montou uma distribuidora exclusivamente para seus filmes, que se ramificou pelo país, e manteve ótimas relações com os exibidores escudados no seu sucesso comercial. Enquanto o Jeca circulava com desenvoltura de produto, seu esquema empresarial controlou cerca de 20% da arrecadação dos filmes nacionais entre 1970 e 1975, um público de cerca de 3 milhões de espectadores por filme. Mazzaropi parece representar para as novas massas urbanas formas de conservadorismo emanadas do mundo rural. Uma das dimensões desse estereótipo reflete outra faceta do desenvolvimentismo – o ridículo do que é atrasado. A evolução desse tipo parece colidir com os anseios desenvolvimentistas da crítica (e de setores da sociedade) que não aceita essa manifestação do rural (e do arcaico) em meio a um tempo de progresso industrial e intensa urbanização. Os críticos e os setores mais intelectualizados do cinema brasileiro rejeitavam seu primitivismo tanto pelo aspecto da realização, da elaboração formal, como por seu descompromisso social, sua alienação, por assim dizer. Uma certa complacência nacionalista parece ter sido um dos poucos traços de união entre Mazzaropi e os seus críticos. Jogando "com a carta do patético porque une a expressão dramática com a cômica", Mazzaropi estabeleceu empatia com um público que, pelo sentimentalismo e pelo riso, se deixava capturar numa identificação ao avesso: todos se sentiam mais modernos, mais urbanos, procurando ver através do Jeca a sua própria modernidade. O seu imobilismo caucionaria o "nosso" desenvolvimento. E sua "mensagem" com certeza é muito mais antiga. Como observa Paulo Emilio Salles Gomes*: "o segredo de sua permanência é a antiguidade. Ele atinge fundo o arcaico da sociedade brasileira e de cada um de nós". Mazzaropi faz parte das paixões que penetram o universo cultural popular. Ele construiu sobre essa relação uma faixa própria de atuação, que lhe assegura um lugar, encarnado no Jeca, na galeria de mitos da cultura brasileira. Amácio Mazzaropi morre de câncer em 13 de junho, em São Paulo. (NCA)

MAZZINI, Eder (Eder Azevedo Mazzini) – Catanduva, SP, 1950. Montador.

FILMOGRAFIA: 1975 – *O sexo mora ao lado*. 1978 – *O inseto do amor*; *A força dos sentidos*; *Amor, palavra prostituta*. 1979 – *Taras, prazeres proibidos*; *A mulher que inventou o amor*. 1979-1980 – *Sócias no prazer*. 1980 – *Em busca do orgasmo*; *O gosto do pecado*; *A insaciável, tormentos da carne*. 1981 – *Lilian, a suja*; *Anarquia sexual*; *Escrava do desejo*; *Karina, objeto do prazer*; *Ousadia* (1º episódio: 'A peça'; 2º episódio: 'O método'); *Reencarnação do sexo*. 1982 – *As gatas, mulheres de aluguel* (1º episódio: 'Aretuza'; 2º episódio: 'O gato'); *Amado Batista em Sol Vermelho*; *Amor, estranho amor*; *As safadas* (1º episódio: 'A rainha do fliperama'; 3º episódio: 'Belinha, a virgem'); *As amantes de um homem proibido*; *A noite do amor eterno*; *Prazeres permitidos* (1º episódio: 'Água abaixo... fogo acima'; 2º episódio: 'O sonho'); *Tudo na cama*. 1983 – *Estranho desejo*; *Extremos do prazer*; *Onda nova*; *Os bons tempos voltaram*. 1983-1984 – *Amor voraz*. 1984 – *A estrela nua*; *Oh! Rebuceteio*. 1985 – *Filme demência*. 1986 – *Anjos do arrabalde* (*As professoras*). 1987 – *O milagre das águas*. 1988 – *Forever*. 1989 – *O corpo*. 1997-1998 – *Paixão perdida*. 1998 – *Cinderela baiana*.

No início dos anos 70, após deixar a faculdade de Engenharia, vai trabalhar no cinema da Boca do Lixo*, onde faz sua aprendizagem como assistente de montagem, editor de som e, finalmente, montador, trabalhando ao lado dos montadores Inácio Araújo, Sylvio Renoldi* e Walter Wanny*. Inicialmente monta produções de rotina da Boca, de maior ou menor empenho artístico, de Fauzi Mansur* para a VIRGÍNIA FILMES, como *O sexo mora ao lado*, dirigido por Ody Fraga*, e *O inseto do amor*, do próprio Fauzi Mansur; *Taras, prazeres proibidos*, de Luiz Castillini*; *Sócias no prazer*, *Em busca do orgasmo* e *A insaciável, tormentos da carne*, de W. A. Kopezky*. Trabalha também nas produções de Cláudio Cunha* para a KINEMA FILMES e CLÁUDIO CUNHA CINEMA E ARTE, como *A força dos sentidos* e *Karina, objeto do prazer*, de Jean Garrett*; *O gosto do pecado*, de Cláudio Cunha; e *Reencarnação do sexo*, de Luiz Castillini. Interessa-se pelo setor de produção, sendo o produtor executivo e o montador de *Amor, palavra prostituta*, de Carlos Reichenbach*. Para outras empresas, monta as produções de A. P. Galante* para a GALANTE PRODUÇÕES CINEMATOGRÁFICAS, como *Lilian, a suja*; *Prazeres permitidos*; *Anarquia sexual*; *As safadas*; *Amado Batista em Sol Vermelho*, todos sob a direção de Antônio Meliande*. Monta também as produções de Cassiano Esteves para E. C. CINEMATOGRÁFICA, como *A mulher que inventou o amor*, dirigida por Jean Garrett; e as produções de Luiz Mewes para a IMAGEM CINEMATOGRÁFICA. Ainda na Boca monta *As amantes de um homem proibido*, de José Miziara*; para Clóvis Pires Ferreira, da LGR FILMES, *Ousadia*, os episódios de Luiz Castillini e Mário Vaz Filho; as produções que Jean Garrett dirige para a produtora deste, a ÍRIS FILMES, *O fotógrafo* e *A noite do amor eterno*; e, ainda, *Estranho desejo* e *Curras alucinantes*, de Antônio Meliande, ambas produções da CAM FILMES, de Carlos Alberto Duque. Reúne-se a dez outros profissionais de cinema (diretores, fotógrafos, montadores, etc.), fundando a Empresa Brasileira de Produtores Independentes (EMBRAPI), que produz vários filmes no espaço de seis meses. Para essa produtora monta *Instinto devasso*, de Luiz Castillini. Com o advento do filme pornográfico, monta *Oh! Rebuceteio*, de Cláudio Cunha, sua única incursão no gênero. Nesse momento passa a trabalhar com o cinema de autor, montando filmes de importantes diretores, como Walter Hugo Khouri*

(*Amor, estranho amor*, *Amor voraz* e *Forever*); Carlos Reichenbach (*Extremos do prazer*, *Filme demência*, *Anjos do arrabalde*); e dos jovens cineastas paulistas José Antônio Garcia* e Ícaro Martins* (*Onda nova* e *A estrela nua*); montando também o filme religioso *O milagre das águas*, de Ronaldo Pelaquim. Volta a atuar com o produtor e diretor Fauzi Mansur em seu filme de terror *Atração satânica*. Seu último filme na década de 80, na função de montador, é *O corpo*, de José Antônio Garcia*. Em 1984, estabelece-se como produtor, através da E. M. PRODUÇÕES CINEMATOGRÁFICAS, quando produz e é o produtor executivo, além de montador de *Filme demência*, de Carlos Reichenbach. No ano de 1986, vai para a empresa de publicidade Cinema Centro do Brasil, do produtor Enzo Barone. A partir de1998, volta à moviola em filmes de Walter Hugo Khouri (*Paixão perdida*) e Conrado Sanchez (*Cinderela baiana*). (LFM)

MEDEIROS, Anísio (Anísio Araújo de Medeiros) – Teresina, PI, 1922-2003. Cenógrafo.

FILMOGRAFIA: 1967 – *Capitu*. 1968 – *Roberto Carlos e o diamante cor-de-rosa*. 1969 – *Macunaíma*. 1970 – *É Simonal*. 1971 – *Os inconfidentes*. 1973 – *Joana Francesa*; *O Pica-pau Amarelo*. 1974 – *A estrela sobe*; *Guerra conjugal*. 1975 – *Lição de amor*. 1976 – *Dona Flor e seus dois maridos*; *Contos eróticos* (4º episódio: 'Vereda tropical'). 1977 – *Ajuricaba, o rebelde da Amazônia*; *Coronel Delmiro Gouveia*. 1978 – *Amor bandido*. 1979 – *Parceiros da aventura*; *Bye Bye Brasil*. 1980 – *Amor e traição* (*A pele do bicho*). 1984 – *Noites do sertão*; *O rei do Rio*. 1985-1986 – *A dança dos bonecos*. 1987-1988 – *O grande mentecapto*. 1995-1999 – *Tiradentes*.

Irmão do diretor de fotografia José Medeiros*. Como ele, radica-se no Rio de Janeiro desde os anos 30. Dedica-se às artes plásticas, setor em que atua, participando de várias exposições. Começa no cinema à época do Cinema Novo*, trabalhando, em sua estreia, em *Capitu*, de Paulo César Saraceni*. Levado por seu irmão para a produtora R. F. FARIAS, monta os cenários do filme de estreia do cantor Roberto Carlos, *Roberto Carlos em ritmo de aventura*, de Roberto Farias*, que seu irmão fotografa. Com *Macunaíma*, inicia-se sua parceria com Joaquim Pedro de Andrade*, criando inclusive o figurino nacionalista que Macunaíma usa no filme. Joaquim Pedro e Medeiros repetem a parceria em *Os inconfidentes*, *Guerra conjugal* e no episódio 'Vereda tropical',

do filme *Contos eróticos*. Para o diretor Domingos Oliveira*, constrói os cenários de *É Simonal*, outro veículo para filme de um cantor popular, no caso Wilson Simonal. É também responsável pelos cenários de filmes de vários diretores, como Carlos Diegues* (*Joana Francesa* e *Bye Bye Brasil*); Geraldo Sarno* (*O Pica-pau Amarelo* e *Coronel Delmiro Gouveia*); Bruno Barreto* (*A estrela sobe*, *Dona Flor e seus dois maridos* e *Amor bandido*); e Eduardo Escorel* (*Lição de amor*). Trabalha ainda para seu irmão José Medeiros, em *Parceiros da aventura*, no único exercício deste na direção. Oscilando entre filmes de época, rurais e urbanos, faz a cenografia para os filmes de alguns cineastas mineiros, como Oswaldo Caldeira* (*Ajuricaba, o rebelde da Amazônia* e *O grande mentecapto*); Carlos Alberto Prates Correia* (*Noites do sertão*); e Helvécio Ratton* (*A dança dos bonecos*). Num de seus últimos filmes, trabalha ao lado do diretor Fábio Barreto*, em *O rei do Rio*. Voltou a trabalhar novamente com o diretor Oswaldo Caldeira, no filme histórico *Tiradentes*. Faleceu em 26 de março, no Rio de Janeiro. (LFM)

MEDEIROS, Antônio – Santos, SP, 1900-?. Fotógrafo.

FILMOGRAFIA: 1925-1928 – *O orgulho da mocidade*. 1926 – *Filmando fitas*; *Vício e beleza*. 1927-1928 – *Morfina*. 1929 – *O piloto 13*; *As armas*. 1931 – *Amor e patriotismo*. 1934 – *Alô! Alô! Brasil*. 1935 – *Os estudantes*; *Alô! alô! Carnaval*. 1937 – *João Ninguém*.

Figura folclórica do cinema brasileiro. De origem humilde, ainda jovem exerce a profissão de sapateiro, sendo projecionista de cinema. Ingressa na empresa francesa de cinema PATHÉ-FRÈRES, na qual inicia seu aprendizado. Mas se forma mesmo como técnico na escola da curiosidade, na base do "vou aprendendo sozinho", e é dessa forma improvisada que vai trabalhar durante toda a vida. Conhecedor de máquinas, torna-se especialista em mecânica cinematográfica, consertando e restaurando equipamentos de cinema. Na função de fotógrafo, filma o cinejornal *Paulista Jornal nº 1* (1917-1918), que se encerra no primeiro número. Faz muitos documentários e reportagens de encomenda no interior, a pejorativamente chamada "cavação". Atua também no cinema de ficção, quando ilumina *Como Deus castiga*, de Miguel Milano, adaptação do pouco conhecido romance *Rio do quarto*, de Joaquim Manuel de Macedo. Durante alguns anos, permanece afastado do filme de enredo, quando trabalha como cinegrafista para a

INDEPENDÊNCIA-OMNIA FILME e a HÉLIOS FILMES. Junto com Carmo Nacarato, fotografa a complicada produção do drama *O orgulho da mocidade*, de Francisco Madrigano*, que gasta mais de três anos em sua filmagem e que registra a curiosa marca de ser o primeiro filme nacional a passar pelas mãos de vários diretores. Opera a manivela da câmera de comédia, que faz paródia do cinema nacional, em *Filmando fitas*, de Antônio Rolando. No final do mesmo ano, fotografa outro drama, *Vício e beleza*, de Antônio Tibiriçá*, em sua primeira fita sobre vícios, tão em voga no período final do cinema mudo paulista. Para a sua produtora, MEDEIROS FILMES, realiza o documentário de média metragem *Rumo aos céus da pátria* (1926), sobre os feitos do avião Jaú e seus pilotos. Em novo filme sobre vícios, ilumina o drama *Morfina*, que Madrigano e Nino Ponti dirigem para a UNIÃO BRASILEIRA DE ARTISTAS (UBA FILME), produtora desses diretores em sociedade com Nacarato e Medeiros. Filma o cinejornal *O carnaval de São Paulo em 1929*. Nesse mesmo ano fotografa *O piloto 13*, de Achilles Tartari, em que novamente faz tomadas aéreas (novidade na época). Colabora com o diretor estreante Octávio Mendes* no filme militar *As armas*, outra onda do momento. Volta a trabalhar com o diretor Tartari em *Amor e patriotismo*, filme que mistura revolução e romance. Com o advento do cinema sonoro, muda-se para o Rio de Janeiro, quando trabalha nas produções da WALDOW FILMES, filmadas no estúdio da CINÉDIA*: os carnavalescos *Alô! Alô! Brasil*, realizado junto com vários fotógrafos, e *Os estudantes*, em parceria com Edgar Brasil*, ambos sob direção de Wallace Downey*, e *Alô! alô! Carnaval*, de Adhemar Gonzaga*, em que é parceiro de Brasil e Victor Chiacchi. Encerra sua carreira na fita *João Ninguém*, de Mesquitinha*, primeiro filme brasileiro com uma sequência colorida. (LFM)

MEDEIROS, José (José Araújo de Medeiros) – Teresina, PI, 1921-1990. Fotógrafo.

FILMOGRAFIA: 1965 – *A falecida*. 1967 – *Proezas de Satanás na Vila de Leva-e-traz*; *Roberto Carlos em ritmo de aventura*; *Opinião pública*; *Viagem ao fim do mundo*. 1968 – *Os paqueras*; *Meu nome é Lampião*; *Roberto Carlos e o diamante cor-de-rosa*. 1969-1970 – *A vingança dos 12*. 1970 – *Em família*; *Faustão*. 1971 – *Pra quem fica... tchau!*; *Aventuras com tio Maneco*; *A 300 km por hora*; *Eu transo... ela transa*; *A Rainha Diaba*. 1973 – *Os machões*; *Vai trabalhar, vagabundo*; *O fabuloso Fittipaldi*.

1974 – *Quem tem medo de lobisomem?*. 1975 – *O caçador de fantasmas*; *Padre Cícero*. 1975-1976 – *Xica da Silva*; *Aleluia, Gretchen*. 1976 – *O seminarista*; *Morte e vida severina*. 1977 – *Ódio*; *Chuvas de verão*. 1978 – *Quem matou Pacífico?*. 1979 – *Maneco, o supertio*; *Parceiros da aventura* (dir.). 1980-1986 – *Nem tudo é verdade*. 1982 – *República guarani*. 1983 – *Memórias do cárcere*. 1985-1986 – *Jubiabá*. 1986 – *Guerra do Brasil*. 1987 – *Romance da empregada*. 1989 – *Técnicas de duelo*.

José Medeiros era conhecido como o Poeta da Luz. Seu pai dedicava-se, como amador, à fotografia fixa, e com apenas 10 anos José Medeiros ganhou a primeira câmera fotográfica. Ainda em Teresina, começou a fotografar profissionalmente e, em 1939, foi para o Rio de Janeiro para tentar cursar a faculdade de Arquitetura. Reprovado no vestibular, passou a trabalhar como funcionário público nos Correios e Telégrafos e, depois, no Instituto Nacional do Café. Nesse período, montou um pequeno estúdio em casa para continuar no ramo. Demitiu-se do serviço público, indo trabalhar como *freelancer* para as revistas *Tabu* e *Rio*, esta última dedicada à cobertura de acontecimentos sociais frequentados pela elite. Na *Rio* conheceu Jean Manzon*, que o levou em 1946 para *O Cruzeiro*, publicação pertencente a Assis Chateaubriand. A década de 50 foi o auge de *O Cruzeiro*, a revista de maior vendagem do Brasil na época e para a qual a fotografia era um suporte importantíssimo. Com liberdade para propor pautas e boas condições de trabalho, José Medeiros viajava constantemente com a finalidade de realizar reportagens, muitas vezes sobre os seus temas favoritos: a vida dos índios, a cultura negra, personalidades da política e da cultura brasileiras. Nas viagens mais interessantes, levava sempre consigo uma câmera cinematográfica Bell & Howell 16 mm, daí a origem dos documentários de curta metragem *Os Kubén-kran-kegn*, *Os profetas de Aleijadinho* e *Reisados em Alagoas*. Em 1957, José Medeiros publicou o livro *Candomblé*, com fotos tiradas na Bahia dessa religião afro-brasileira, à qual havia sido introduzido por Pierre Verger. Fotógrafos que se tornariam prestigiosos foram levados para *O Cruzeiro* por José Medeiros, tais como Indalécio Wanderley e Luiz Carlos Barreto*. José Medeiros saiu da revista em 1962, montando a agência fotográfica IMAGEM, em conjunto com Flávio Damm. Se nos primeiros anos de imprensa a influência mais ponderável sobre o trabalho de José Medeiros eram fotógrafos como Eugene Simés, com o tempo a influência principal passa a ser Henri Cartier-Bresson. Representativo disso é a troca da Rolleiflex pela Leica 35 mm, esta mais leve e menor que a primeira. No cinema ficcional, a estreia de José Medeiros deu-se como iluminador em *A falecida*, filme dirigido por Leon Hirszman* e cujo câmera foi Dib Lutfi*. Iniciava-se uma longa e importante carreira como diretor de fotografia ligado, de forma geral, a diretores egressos do Cinema Novo*. Trabalhou em *Proezas de Satanás na Vila de Leva-e-traz* (direção de Paulo Gil Soares*), *Roberto Carlos em ritmo de aventura* (direção de Roberto Farias*) – este o primeiro filme colorido que fotografou –, *A Rainha Diaba* (direção de Antônio Carlos Fontoura*) – pelo qual ganhou o prêmio de melhor fotografia no VIII FESTIVAL DE BRASÍLIA (1975) –, *Vai trabalhar, vagabundo* (direção de Hugo Carvana*), *O seminarista* (direção de Geraldo Santos Pereira*) – laureado como a melhor fotografia do V FESTIVAL DE GRAMADO (1977) –, *Aleluia, Gretchen* (direção de Sylvio Back*) – também laureado como a melhor fotografia do V FESTIVAL DE GRAMADO –, *Xica da Silva* e *Chuvas de verão* (ambos sob a direção de Carlos Diegues*), *Memórias do cárcere* (direção de Nelson Pereira dos Santos*), *Guerra do Brasil* (direção de Sylvio Back) e *Jubiabá* (direção de Nelson Pereira dos Santos). Por essa enumeração é possível atinar para a importância de José Medeiros como fotógrafo cinematográfico, que, na opinião de Glauber Rocha*, era "[...] o único que sabe fazer uma luz brasileira". A principal característica do seu trabalho no cinema era a utilização parcimoniosa da iluminação artificial, gerando grande expressividade de cunho realista. Nos anos 70, José Medeiros dirigiu dois filmes, o curta documentário *Von Martius*, de 1973, e o seu único longa-metragem de ficção, o qual também fotografou, intitulado *Parceiros da aventura*, centrado na vida de personagens populares marginalizados e com poucas opções de sobrevivência. Por sua grande experiência profissional, tornou-se professor de fotografia cinematográfica, primeiramente em 1986 na Casa Amarela da Universidade Federal do Ceará; depois, em 1988 e 1989, na Escola de Cinema de Santo Antônio de Los Baños, em Cuba. A Funarte homenageou-o em 1987 montando a exposição *José Medeiros, 50 anos de fotografia*, exibida no Rio de Janeiro e em São Paulo. Na ocasião também foi lançado pela Funarte um livro com o mesmo nome da exposição, contendo algumas das fotografias mais importantes de José Medeiros, depoimentos seus e de outros fotógrafos. Morreu de infarto na cidade italiana de L'Aquila, quando acompanhava uma comitiva de artistas brasileiros em visita àquele país. (AA)

MEDEIROS, Leonardo (Leonardo Wilson de Medeiros) – Rio de Janeiro, RJ, 1964. Ator.

FILMOGRAFIA: 1992-1994 – *Alma corsária*. 2001 – *Lavoura arcaica*. 2004 – *O veneno da madrugada*. 2005 – *Cabra-cega*; *Quanto vale ou é por quilo?*. 2006 – *O cheiro do ralo*; *5 frações de uma quase história*; *Não por acaso*. 2007 – *Corpo*. 2008 – *Nossa vida não cabe num Opala*; *Fim da linha*; *Feliz Natal*; *Terra vermelha* (coprodução estrangeira). 2009 – *Budapeste*; *Insolação*.

Ator com forte presença no novo cinema brasileiro da década de 2000. Atua em filmes significativos da nova geração de cineastas, com papéis marcantes. Seu estilo meio bonachão pode dar espaço para interpretações mais marcadas, com tons dramáticos. Radicado em São Paulo, estudou teatro na Escola de Comunicações e Artes da Universidade de São Paulo (ECA/USP) e no exterior, na British Theatre Association, onde foi aluno do professor Luther James. Participou de peças de autores importantes como Shakespeare (*Hamlet, Ricardo III*) e Brecht (*A ópera dos três vinténs*). Sua primeira participação no cinema foi em *Alma corsária*, de Carlos Reichenbach*. Anos mais tarde, participou do drama *Lavoura arcaica*, de Luiz Fernando Carvalho*, extraído da obra homônima de Raduan Nassar, pelo qual ganhou o prêmio de melhor ator coadjuvante no FESTIVAL DE BRASÍLIA. Na REDE GLOBO DE TELEVISÃO, atuou nas minisséries *A muralha* (2000) e *Os Maias* (2001), tendo trabalhado em outras emissoras nas novelas *Os ossos do barão* (1997) e *Meu pé de laranja-lima* (1998). Filmou *Cabra-cega*, de Toni Venturi, no papel de ativista político que se esconde nos anos 1970, com o qual foi escolhido melhor ator no FESTIVAL DE BRASÍLIA. Fez ainda outros dramas, como *O veneno da madrugada*, de Ruy Guerra*, extraído da obra de Gabriel García Marquez, e *Não por acaso*, do diretor estreante Philip Barcinski, com o qual ganhou o prêmio de melhor ator na 11ª edição do CINE PERNAMBUCO. Em 2007, volta à televisão para mais uma minissérie, *Amazônia, Amazônia, de Galvez a Chico Mendes*, que contou com direção geral de Marcos Schechtman, e em 2008 integra o elenco da novela de João Emanuel Carneiro, *A favorita*. No teatro participa da peça *Avenida Dropsie* (2005), de Will Eisner, dirigida por Felipe Hirsch. Protagonista de *Corpo*, dos estreantes Rossana Foglia e Rubens Rewald, no qual interpretou um legista. Participou da experiência do longa-metragem em vários episódios de *5 frações de uma quase história*, que contou com uma equipe de diretores: Armando Mendz, Cristiano Abud, Cris Azzi, Guilherme Fiúza, Lucas Gontijo e Thales Bahia. Interpretou um ladrão alcoólatra, filho mais velho de família decadente, em *Nossa vida não cabe num Opala*, do diretor estreante Reinaldo Pinheiro, baseado em peça teatral homônima de Mário Bortolotto. Foi coadjuvante em *Fim da linha*, do cineasta estreante Gustavo Steinberg, e protagonista de outro drama familiar, *Feliz Natal*, do diretor estreante Selton Mello*. No começo de 2008, filmou *Budapeste*, adaptação feita pelo diretor Walter Carvalho* do livro homônimo de Chico Buarque. Está também no elenco de *Insolação*, que marca a estreia cinematográfica do diretor teatral Felipe Hirsch, em filme codirigido por Daniela Thomas, e de uma coprodução ítalo-brasileira, *Terra vermelha*, longa do cineasta italiano Marcos Bechis, filmado no Mato Grosso. (LFM/MM)

MEDINA, José – Sorocaba, SP, 1894-1980. Diretor.

FILMOGRAFIA: 1920 – *Perversidade*. 1922 – *Do Rio para São Paulo para casar*. 1925 – *Gigi*.

Trabalhou na adolescência, com 14-15 anos, na fábrica Votorantim, como ajudante de um técnico em estamparia. Começou a se interessar por cinema quando foi projecionista e "ruidista" (contrarregra encarregado de criar o som de acompanhamento dos filmes mudos) no cinema instalado para os operários da fábrica. Em 1910, mudou-se para São Paulo, estudando no Liceu de Artes e Ofícios. Saiu diplomado em pintura e artes decorativas. Em 1913, abriu a firma Medina e Pettri, de pintores de placas e cartazes. Durante a reforma do Teatro São José, foi encarregado de todo o trabalho de pintura. Participou de grupos de teatro amador desde 1909, ainda trabalhando para a Votorantim. Em São Paulo, atuou no Congresso Gil Vicente, considerado um dos melhores grupos amadores da cidade. Interessou-se também por fotografia. As atividades profissionais em artes decorativas e teatro amador duraram até 1919. Nesse ano, Medina foi ao Rio de Janeiro abrir uma filial do ateliê paulistano. Foi quando conheceu Gilberto Rossi*, através de Eugenio Fonseca Filho (Fonk). Eugenio não só era de Sorocaba, como tinha sido guarda-livros da firma de

Medina em São Paulo. Além dessa atividade "oficial", ele trabalhava com desenho de animação e direção de filmes para Rossi. Foi um pioneiro do desenho animado em São Paulo com *Aventuras de Bille e Bolle*, em 1918. Com o fracasso da filial carioca, Medina passou seis ou sete meses indo muito ao cinema (os seus filmes favoritos eram da dinamarquesa Nordisk).

O encontro com Rossi deu-se numa casa de material fotográfico, a Casa Bastos Dias, e foi decisivo para o seu futuro. Voltou para São Paulo, discutindo muito com Rossi sobre a realização de filmes ficcionais, os "posados", como se dizia na época, em oposição aos "naturais", os documentários. Rossi era inábil tanto para a realização de roteiros como para uma angulação de câmera mais sofisticada. "Não tinha a menor sensibilidade plástica", chegou a dizer Medina para Maria Rita Galvão. Como experiência, Medina realizou *Exemplo regenerador*, um filme ao estilo dos curtas de David W. Griffith da fase moralizante de *A Drunkard's Reformation*, de 1909 (diria depois que o diretor que mais o impressionou foi Griffith, sendo que De Mille exagerava nas cenas). O roteiro foi escrito num fim de semana, sendo filmado a partir das sete horas do domingo, no pequeno quintal dos Rossi, transformado em estúdio (o cenário foi montado com os móveis dos Rossi). O elenco era de artistas amadores, um deles do Congresso Gil Vicente. Na segunda-feira já tinham o filme pronto. Foi exibido no CINEMA CONGRESSO por uma semana, e com muito sucesso. A atividade seguinte foi terminar *Como Deus castiga*, que estava parado. Mas o filme não tinha sorte, pois se queimou antes da estreia.

Organizaram depois a ROSSI FILME, da qual Medina declarou que nunca foi sócio. A primeira produção foi *Perversidade*, produzido com o resultado financeiro de *Exemplo regenerador*. O roteiro do filme mereceu elogios de Adhemar Gonzaga* e Octávio Mendes*, sendo comparado aos de Anita Loos, roteirista da FOX e da PARAMOUNT, autora, em 1920, de *How to Write Photoplays*. Gonzaga emprestou o livro para Medina, que descobriu na leitura que fazia roteiros como os americanos. *Perversidade* era a história de um casal cuja felicidade é perturbada pelo interesse do patrão pela esposa do empregado. O filme, segundo Medina, tinha muita ação em paralelo para a criação de suspense. Foi filmado sem refletores, como *Exemplo regenerador*. Exibido em outubro de 1921 no circuito SERRADOR, deu um lucro razoável. Segundo Medina, Antonio Campos*

tentou censurar a fita, mas não conseguiu. Filmaram depois rapidamente uma pequena ficção de dois rolos, *Carlitinho*, que chegou a ser exibida junto com *Perversidade*. O enredo da pequena metragem tratava de um menino imitando Chaplin no parque Siqueira Campos. No final do ano, Medina obteve para a ROSSI FILME uma subvenção do governo do estado para um cinejornal*, o *Rossi Atualidades*, que durou até 1930. Com a queda do Partido Republicano Paulista, o cinejornal acabou. Em 1922, filmaram outra ficção de dois rolos, *A culpa dos outros*, de sabor outra vez griffithiano: um pai bêbado é salvo da morte pelo filho, que acaba morrendo no seu lugar. A esposa também morre e ele passa o resto da vida remoendo a desgraça causada a duas pessoas amadas. O filme só teve uma exibição, mas em 1930.

O grande projeto foi *Do Rio para São Paulo para casar*. O argumento era do futuro jurista Canuto Mendes de Almeida*, que tinha ficado impressionado com *Perversidade*. Era baseado no encontro, na cidade do Rio, de uma moça paulista e um rapaz carioca. Ela volta para São Paulo, iniciando-se uma correspondência amorosa entre os dois. Ele decide se casar, e vem para São Paulo, daí o título do filme. Descobre, no entanto, que estava se correspondendo com a prima feia da moça bonita. A confusão é desfeita e o rapaz consegue se casar com a moça certa. Considerado um filme de "alta comédia", ao estilo de um Lubitsch ou Stroheim, filmado com bons equipamentos (refletores e uma câmera Debrie nova), foi lançado no melhor cinema de São Paulo, o REPÚBLICA, em abril de 1922. Em 1924, Medina começou a trabalhar com os Del Picchia, da produtora INDEPENDÊNCIA-OMNIA, no cinejornal *Sol e Sombra*. Era o produtor executivo tanto dos cinejornais como dos documentários (para Rossi ele também fazia esse trabalho). Somente em 1925 Medina faria o seu terceiro longa, *Gigi*. O enredo era baseado numa história de Viriato Correia, por sugestão de Canuto. Era um drama rural, no qual o filho de um fazendeiro tem uma amizade com a filha de um colono (Gigi). Com o passar dos anos, a amizade se transforma em amor. Mas o rapaz vai estudar na capital e retorna para a fazenda já casado. Gigi então se mata. A produção foi da empresa de Medina e Carlos Ferreira, a ASSOCIAÇÃO BRASILEIRA DE ARTE MUDA (ABAM). Dessa vez não trabalhou com atores amadores, mas com profissionais de uma companhia teatral portuguesa em excursão por São Paulo. Embora considere o seu melhor filme, somente pela leitura pode-se especular que *Gigi* pertencia mais ao universo do melodrama teatral do que propriamente ao estilo americano que tentava imprimir aos seus filmes. Pedro Lima* disse que era bem "confeccionado, em interiores construídos de verdade", com boa fotografia e ângulos de câmera. A ABAM também tinha como propósito a distribuição de filmes, faltando-lhe porém regularidade. Medina e Ferreira também faziam importação e exportação com a firma Medifer. O negócio, contudo, não foi para a frente.

Em 1926, depois do sucesso de *Gigi*, Medina projetou a construção de um estúdio no longínquo bairro de Moema. Houve problemas com a companhia imobiliária, e o negócio desandou. Por volta de 1926-1927, o laboratório da ROSSI FILME pegou fogo. Com exceção de *Exemplo regenerador*, tudo se queimou. Em julho de 1927, Medina viajou pela primeira vez aos Estados Unidos (faria outra viagem em 1971). Esteve com Raoul Walsh, a quem mostrou *Exemplo regenerador*. Visitou estúdios em Long Island, que considerou inferiores aos brasileiros. De volta ao Brasil, dirigiu *Fragmentos da vida*, baseado no conto *Soap*, de O. Henry. A ideia para o filme tinha nascido nos Estados Unidos. Os atores Carlos Ferreira e Farid Riskallah foram seus sócios, vindos do teatro amador. *Fragmentos da vida* retomava a trilha griffthiana: um pai, ao morrer num acidente de trabalho, pede ao filho que siga o caminho da honestidade e honradez. Ele prefere, entretanto, a vida de vagabundo. Quando pretende se regenerar, é preso pela polícia. As cenas de interior (igreja e restaurante) foram realizadas nos estúdios da VISUAL FILMES num único dia, porque o aluguel era alto. Os móveis para o restaurante e a igreja foram alugados na Casa Teatral. O filme foi um sucesso, correndo o circuito SERRADOR em São Paulo. Tendo custado 28 contos, rendeu 100. Teria sido sonorizado por discos (VITAPHONE).

Depois de *Fragmentos da vida*, Medina abandonou o cinema, trocando-o pelo rádio, no qual trabalhou por 26 anos. A convite de Otávio Gabus Mendes, começou a escrever novelas e pequenos romances seriados. Passou pela Bandeirantes, Record, Tupi e Difusora. Foi diretor de programação na Cultura. Além das teatralizações, Medina criou, em 1939, um programa de aproximadamente quinze minutos para os ouvintes da RÁDIO BANDEIRANTES interessados em arte fotográfica: *Instantâneos no Ar*. Recebia as fotos, analisando-as com um viés estético. Seu filho, formado em Química, ajudava nos aspectos técnicos. Na mesma época, juntamente com B. J. Duarte* e o seu velho amigo Eugenio Fonseca Filho, fundaram o Foto-Clube Bandeirante, mais tarde Foto--Cine-Clube Bandeirante. B. J. ficou com a vice-presidência, Medina ocupou a área técnica e Fonseca Filho, a publicidade e coordenação das excursões de fotografia ao ar livre. A sede foi instalada no edifício Martinelli, transferindo-se depois para a rua São Bento. A entrada de pessoas estranhas ao meio o afastaram da entidade, cuja importância foi muito grande nos anos 50 e 60. Recebeu um grande prêmio em fotografia na Exposição Internacional de Genebra. Em 1941, voltou ao cinema com um filme sobre São Paulo, baseado num poema de Cassiano Ricardo. O assunto do filme era a cidade, as fábricas, bondes, sua vida, enfim, com uma voz em *off* recitando o poema. Foi classificado de bairrista pela censura*. A película e o negativo foram queimados. Nas comemorações do IV Centenário de São Paulo, publicou um álbum fotográfico sobre a evolução da cidade. Medina sempre declarou que a sua paixão era a iluminação, preferindo as tomadas em contraluz ou com rebatedor, montando um claro-escuro à Rembrandt, segundo sua opinião, reflexo de um refinamento que o cinema norte-americano tinha tido a partir de 1909 com as novas possibilidades de iluminação em estúdio. Esse gosto, que ele também via em Gilberto Rossi, fazia que amasse ser chamado de um "artista da fotografia", apurado com o estudo da fotografia fixa. Tinha regras para a posição da câmera, respeitando sempre o mesmo ângulo e fundo de quadro para que não houvesse "pulo" entre tomadas de primeiro plano e plano geral. *Fragmentos da vida* utiliza-se de planos móveis com o uso de carrinho. Como a maioria dos diretores desse período, era um artesão, cuidando pessoalmente do roteiro, iluminação, ensaio dos atores, maquiagem e marcação da câmera. (JIMS)

MEIRA, Tarcísio (Tarcísio Magalhães Sobrinho) – São Paulo, SP, 1935. Ator.

FILMOGRAFIA: 1963 – *Casinha pequenina*; *A desforra*. 1968 – *Máscara da traição*. 1969 – *Quelé do Pajeú*; *Verão de fogo* (coprodução estrangeira). 1971 – *As confissões de frei Abóbora*; *Missão: matar*. 1972 – *Independência ou morte*. 1974 – *O marginal*. 1978 – *O Caçador de Esmeraldas*. 1978-1980 – *A idade da Terra*. 1979 – *República dos assassinos*. 1980 – *O beijo no asfalto*; *Eu te amo*. 1982 – *Amor, estranho amor*. 1986 – *Eu*. 1988-1989 – *Solidão, uma linda história de amor*. 1989-1990 – *Boca de Ouro*. 1994 – *Boca*.

Tarcísio Magalhães Sobrinho fez todos seus estudos em São Paulo. Seu objetivo era seguir a carreira diplomática, porém foi reprovado no exame para o Itamaraty, em 1959. Foi funcionário do Tribunal de Justiça do Estado de São Paulo. Participou do grupo de teatro amador do Clube Pinheiros, que encenou *A hora marcada*, de Isaac Gondim. A peça foi levada para o Festival Paulista de Teatro Amador. Tarcísio, e depois também a atriz Georgia Gomide, receberam os prêmios de revelação como atores. Sérgio Cardoso assistiu ao espetáculo no Pinheiros, convidando Tarcísio para o elenco do Teatro Bela Vista. Mas o futuro galã só procurou Sérgio Cardoso em 1959, após os exames fracassados para o Itamaraty. Estreou na peça *O soldado Tanaka*, com Sérgio Cardoso no papel principal, chegando a ser indicado para o prêmio de revelação do ano. Com a entrada no palco, adotou um novo nome: Tarcísio Meira. A sua carreira no palco foi longa. Ficou na companhia teatral de Sérgio Cardoso até 1961. Depois trabalhou na de Nídia Lícia em *Chá e simpatia* e *Apartamento indiscreto*. Passou a produtor na década de 70 com *Tudo bem no ano que vem*, *Vagas para moças de fino trato* e outras. A primeira chegou a permanecer seis meses em cartaz.

Começou na TV em 1961, atuando na primeira novela diária, *25499, ocupado*, apresentada pela EXCELSIOR, canal 9, de São Paulo. Ganhou todos os prêmios de ator-revelação do ano. Foi ator de teleteatro ao lado de Tônia Carrero* (*O retrato de Dorian Gray*, *O resgate*, etc.), recebendo o prêmio de ator-revelação de 1962. No ano seguinte recebeu o prêmio ROQUETTE PINTO da TV RECORD. Trabalhou na *TV de Vanguarda*, *Grande Teatro Tupi* e *TV Comédia*. Passando para a TV GLOBO, construiu uma sólida carreira como ator de novelas, tornando-se o maior salário da televisão no seu campo. Várias vezes fez par romântico com Glória Menezes*, formando um dos casais de atores mais famosos da TV. Seus personagens mais marcantes foram em *Irmãos Coragem* (João Coragem), *A escalada* (Antonio Dias), *O semideus*, *Cavalo de aço* e *Sangue e areia* (Juan). O cinema espelhou a carreira que Tarcísio Meira construiu na TV. Seu primeiro filme foi *Casinha pequenina*, de Glauco Mirko Laurelli*, com Mazzaropi* no papel principal. Na década de 70, trabalhou em filmes afinados com o espetáculo hollywoodiano, em que havia uma certa grandiloquência e o apego a gêneros consagrados. Além do filme histórico, cultivou também a vertente do filme policial, que forma um conjunto expressivo dentro do seu currículo. Muitas delas aproveitavam também o sucesso do casal Tarcísio e Glória como atrativo de bilheteria. Entre tantas películas de grande orçamento, como *Quelé do Pajeú*, *Independência ou morte* e *O Caçador de Esmeraldas*, certamente foi em *Independência ou morte*, de Carlos Coimbra*, interpretando d. Pedro I, que obteve o seu maior sucesso. O filme foi realizado dentro dos festejos do sesquicentenário da Independência (1972), recebendo do produtor Oswaldo Massaini* um grande empenho no sentido da obtenção do maior elenco, de uma cenografia a mais colada possível a um certo tipo de imaginário sobre a Independência e a construção de uma narrativa facilmente identificável pelos espectadores. Uma espécie de *Os dez mandamentos*, com a abertura do mar Vermelho sendo substituída pela réplica do quadro de Pedro Américo sobre o grito do Ipiranga. No gênero policial, talvez o filme mais importante tenha sido *O marginal*, dirigido por Carlos Manga*. Mas trabalhou também em produções internacionais, como *Verão de fogo*, de Pierre Kalfon. Ainda no cinema, foi coprodutor de filmes como *O crime do Zé Bigorna*, de Anselmo Duarte*, em que trabalhou como ator, e *O descarte*, este também de Anselmo, no qual Glória Menezes era a atriz principal. Como um dos atores de maior visibilidade no cinema, esteve numa comissão que foi, em 1975, juntamente com o presidente da EMBRAFILME*, Roberto Farias*, Luiz Carlos Barreto*, Nelson Pereira dos Santos* e Jece Valadão*, pedir ao general Geisel algumas medidas de proteção para o cinema brasileiro. O governo aumentou a obrigatoriedade do filme brasileiro de 84 para 112 dias, reestruturou a EMBRAFILME e criou o CONCINE*.

Com o passar do tempo, a máscara do ator enrijeceu-se. Embora tenha sempre declarado a sua oposição à classificação de galã, na TV a sua presença cênica sempre esteve imbricada a esse tipo de papel. Em dois filmes de Walter Hugo Khouri*, tais qualidades, como galã e como máscara enrijecida, ficam bem evidenciadas, mais em *Eu* do que em *Amor, estranho amor*. Na primeira película, aproveitando o seu sucesso na novela *Roda de fogo*, na qual interpretava o personagem Renato Vilar, Tarcísio apenas passeia a sua máscara de galã pela tela. O sorriso conquistador, em geral tomado de perfil, transforma-se num quase esgar, tal a fixação do personagem em mantê-lo. Em *A idade da Terra*, de Glau-

ber Rocha*, o procedimento é o mesmo, mas aproveitado de forma invertida. O diretor apenas se utilizou de uma máscara pronta para usá-la enquanto tal. Nos últimos anos, Tarcísio pouco tem trabalhado no cinema, reduzindo a sua presença na TV. Participou da refilmagem de *Boca de Ouro*, sob a direção de Walter Avancini. Casado com Glória Menezes, tem um filho, Tarcísio Meira Filho, também ator. Apareceu na versão americana do filme intitulado *Boca* (1994), do diretor norte-americano Zalman King. (JIMS)

MEIRELLES, Fernando (Fernando Ferreira Meirelles) – São Paulo, SP, 1955. Diretor.

FILMOGRAFIA: 1997-1998 – *Menino maluquinho 2: a aventura*. 2001 – *Domésticas, o filme*. 2002 – *Cidade de Deus*. 2005 – *O jardineiro fiel* (produção estrangeira). 2008 – *Ensaio sobre a cegueira* (produção estrangeira). 2009 – *Som & Fúria*.

Em sua formação, Fernando Meirelles condensa os parâmetros do novo cinema brasileiro na virada dos anos 2000. Vem de uma geração sem vínculo direto com o horizonte ideológico do grupo cinemanovista, desenvolvendo sua carreira na junção de influência do vídeo e da publicidade. O fato de ser originário de São Paulo também contribui para a singularidade. Nascido na capital do estado, passou a infância em bairro de classe média (Alto de Pinheiros). Fez o ensino médio em escola particular (Santa Cruz) e entrou na Faculdade de Arquitetura e Urbanismo da USP, onde obteve o diploma de arquiteto. Ainda cursando a graduação fundou a produtora ARUANÃ FILMES, junto com o seu futuro parceiro da O2 FILMES, Paulo Morelli, e também Dario Vizeu. Nela realizou pequenos trabalhos de animação, como o curta *Ecletino*, já em 35 mm. Apresenta um vídeo como trabalho de final de curso, sendo aprovado com nota mínima. A FAU perdia um arquiteto e o cinema brasileiro ganhava um futuro cineasta. Ainda nos tempos de estudante, Meirelles participa da revista *Cine-Olho*, editada basicamente por colegas da Escola de Comunicações e Artes da USP. O nome da revista e sua linha editorial remetem às experiências formais vanguardistas de Dziga Vertov e Jean-Luc Godard. A publicação sobrevive poucos números e Meirelles nunca assina um artigo, mas a convivência com o grupo testemunha o contato com a produção alternativa, fora dos padrões do *mainstream* cinematográfico. Saindo da FAU, ainda com os colegas da ARUANÃ, aos quais se juntam outros (inicialmente Paulo Morelli,

Marcelo Machado, José Roberto Salatini, e, logo depois, Marcelo Tas, Renato Barbieri, Sandra Conti, Toniko Melo), funda, em 1981, a OLHAR ELETRÔNICO, que vai marcar a produção videográfica no Brasil dos anos 80.

No campo do vídeo e da televisão havia um espaço amplo para a produção independente, diferentemente do Rio de Janeiro, onde jovens com ideias experimentais eram cooptados com mais facilidade pela TV GLOBO. No espaço do que na época se chamava "vídeo", tinham mais agilidade para trabalhar com a imagem em movimento. Seus futuros colegas cineastas, que resolveram enfrentar com cara e coragem a produção de cinema no início da carreira, davam tratos à bola para levantar recursos na EMBRAFILME, sofriam em pequenas produtoras da Vila Madalena, ou ainda pelejavam para enfrentar com humor a tacanha mentalidade pequeno-burguesa dos produtores da Boca do Lixo*. Meirelles e seus amigos videoastas arrumaram um jeito de saltar esse estágio e não encalhar com o mico da produção na mão. E o segredo da produção ágil, sempre tão importante para o cinema jovem, foi conseguir uma câmera de vídeo e uma ilha de edição. É o equipamento no suporte vídeo que servirá como base para as primeiras atividades do grupo OLHAR ELETRÔNICO. Podemos notar como as principais lideranças da geração dos videoastas dos anos 80, com o passar dos anos, tornam-se os cineastas-chave do cinema brasileiro dos anos 2000, agora dispostos a enfrentar o desafio das grandes produções (entre outros, além de Meirelles, os irmãos Salles*, Kogut*, Guimarães*, Arraes*, em certo sentido Furtado*, e diversos documentaristas). O discurso evolucionista para medir a relação entre cinema e vídeo aqui gira em falso.

Meirelles costuma narrar, com humor, como conseguiu trazer do Japão, por vias terrestres pouco usuais, uma das primeiras câmeras de vídeo que chegaram ao Brasil, seguida de uma ilha de edição. O aparelho era completamente inovador no início dos anos 80 e permitiu iniciar uma produção densa em vídeo, independente da mídia televisiva. A ideia de uma imagem no tubo, sem transmissão televisiva, era revolucionária e chamava atenção. Além da OLHAR ELETRÔNICO, surge também o grupo da TVDO (de Tadeu Jungle e Walter Silveira) que, segundo o humor de Marcelo Tas, formava com a primeira o dueto Beatles e Rolling Stones da época. A TVDO, que tinha um recorte mais experimental, ficava com o papel dos Stones. O FESTI-

VAL VIDEOBRASIL, de Solange Farkas, que surge em 1983, abre uma vitrine para essa produção, respondendo a uma clara demanda daquilo que, embora fosse vídeo, não era televisão. Junto à sede da OLHAR ELETRÔNICO, na praça Benedito Calixto, em Pinheiros, havia também o Teatro Lira Paulistana, onde boa parte da vanguarda paulistana da época se apresentou, com diversas *performances* sendo registradas em vídeo. Nessa época de produção alternativa, Meirelles realiza o média em vídeo *Garotos de subúrbio*, sobre o universo *punk* que então surgia com força em São Paulo, e *Marly normal*, de bastante sucesso e vencedor do I FESTIVAL VIDEOBRASIL, sobre a rotina tediosa de uma escriturária em frente a um aparelho de televisão, editado em ritmo frenético com planos de mesma duração. Mas a atração "televisão" fazia parte do conjunto vídeo e o OLHAR ELETRÔNICO não tardou a ceder à tentação. A entrada na televisão deu-se através de convite de Goulart de Andrade para ocupar espaços vazios do programa *23ª Hora*, que varava a noite na TV GAZETA. Os meninos da OLHAR encontram na precariedade da GAZETA o veículo ideal para dar vazão à sua criatividade. Estavam à disposição dos garotos não apenas breves minutos, como em geral se dispõe na televisão, mas longas horas, nas quais a veia humorística trabalhava a todo vapor. Foi nessas madrugadas que Marcelo Tas criou o personagem do repórter Ernesto Varela. Fernando Meirelles encarnava seu câmera, o Valdeci, constantemente chamado à cena por Varela.

Nos anos 80, Meirelles mergulha na mídia televisiva. Para a TV GAZETA, dirige programas como *Antenas*, ainda em 1983; *Crig-Rá*, em 1985; e *TV Mix*, em 1988. Na MANCHETE, fez *O mundo no ar*, de 1986, programa de humor com relativo sucesso. Sua experiência mais marcante na televisão foi com a direção de *Rá-Tim-Bum* (TV CULTURA, início em 1988), programa infantil de grande repercussão e que mudou os parâmetros da programação infantil brasileira, abrindo a porta para experiências no gênero. Meirelles dirigiu o programa por um ano e meio, contando com roteiro de Flávio de Souza (do Pod Minoga) e música de Edu Lobo. Ainda em 1988, recusa proposta de Guel Arraes para levar a experiência de *O mundo no ar* para a GLOBO, na equipe que estava se formando para o futuro programa *TV Pirata*. Nos anos 90, retoma o contato com Arraes, dirigindo, em 1997, *O que eu vou ser quando crescer*, da série *Comédia da Vida Privada* (exibida na GLOBO entre 1995 e 1999). O vínculo que se delineia com a GLOBO, desde os anos

80, será importante para entendermos o recorte dominante de sua carreira, que acaba se inclinando para o cinema. É na GLOBO que fará o curta/episódio *Palace II* e produzirá e dirigirá as séries *Cidade dos Homens* e *Som & fúria*.

No final dos anos 80, no entanto, começa a deixar a carreira de diretor televisivo em segundo plano e se aproxima do universo financeiramente mais atraente da publicidade. A OLHAR ELETRÔNICO, com seu clima de república estudantil, vai se dissolvendo naturalmente e cada um toma seu rumo. Em 1990, Fernando, junto com o fiel escudeiro Paulo Morelli dos tempos de FAU, funda a O2 FILMES, que também tem Andréa Barata Ribeiro como sócia. A produtora dá certo e levanta voo. Atua inicialmente só na publicidade e depois entra na produção para cinema e televisão. Publicidade é um campo árido e, para o perfil de Meirelles, repetitivo e pouco criativo. Com o fim da OLHAR ELETRÔNICO e a fundação da O2 FILMES, a opção se aprofunda e acaba por caracterizar de modo dominante suas atividades até a segunda metade dos anos 90. Meirelles não faz apenas trabalhos esporádicos para a publicidade, mas mergulha na atividade, conquistando alguns dos principais prêmios da área. Foi eleito cinco vezes, nos anos 90, melhor diretor de publicidade brasileiro, tendo conquistado prêmios em Cannes (Leão) e nos EUA (Clio Awards). Atualmente sua produtora, a O2, atua largamente na publicidade e Meirelles também dirige inserções institucionais, como a da campanha brasileira para sediar as Olimpíadas de 2016. Sua carreira na publicidade decolou efetivamente nos anos 80 e atravessa a década seguinte, antes que se volte para o cinema.

Meirelles costuma declarar que o encontro com o cinema manifestou-se de modo mais intenso na virada dos 40 anos, quando sentiu o relógio biológico bater mais forte e a necessidade de uma virada em seu cotidiano. Diz que um dos traços de sua personalidade é gostar de iniciar um projeto ou atividade, mas, quando está nos trilhos, funcionando a todo vapor, perde o interesse e tende a abandoná-lo. A necessidade do cinema se coloca mais claramente a partir de meados dos anos 90, e a porta de entrada foram os curtas. É nessa época que, com o apoio da produtora O2, dirige (com Nando Olival) o caprichado *E no meio passa o trem*, de 1998, ganhador de diversos prêmios, entre eles o do FESTIVAL DE GRAMADO, por melhor curta e melhor direção. Meirelles sente-se maduro para o longa e, em sua primeira experiência,

entra em num bonde já andando: *Menino maluquinho 2: a aventura*. Daniela Thomas era a diretora escalada, mas ficou grávida e teve de ser substituída. Fernando topou a parada e veio para um projeto que não considera autoral. Com elenco escolhido, roteiro já pronto, locações levantadas, *Menino maluquinho 2: a aventura* constituiu uma boa escola para o diretor, que teve de adaptar os conhecimentos de direção de publicidade, ou vídeo/TV, para as demandas do formato longa-metragem. A experiência autoral com *Rá-Tim-Bum* certamente pesou na escolha de *Menino maluquinho – o filme*, trazendo para o filme a familiaridade com o universo infantil. A codireção é assinada por Fabrizia Pinto. O primeiro longa com domínio mais amplo do processo criativo, e envolvendo sua produtora O2, foi *Domésticas, o filme*, codirigido por Nando Olival. *Domésticas* é baseado na peça *Domésticas*, de Renata Melo, escrita após ampla pesquisa da autora com empregadas domésticas em São Paulo. Além de interpretar uma das domésticas (Cida), Renata é também corroteirista do filme, que segue as personagens que havia delineado na peça, introduzindo motoboys, porteiros, motoristas e outros tipos populares que gravitam em torno do universo da classe média brasileira. Sente-se a presença da pesquisa da autora no roteiro e na densidade dos tipos. O tom do filme é cômico e o retrato é feito sem má consciência, o que provocou algumas críticas na época. O corte traz uma visão de classe na qual está embutido distanciamento, mas sem dilaceramento. O roteiro é ágil, as falas estão afiadas e os tipos são convincentes. Há momentos com pequenas pérolas da vida social confusa que provoca a separação de classes no cotidiano doméstico brasileiro. Os atores estão bem dirigidos, incorporando tipos populares num perfil que seria repetido em *Cidade de Deus*. A montagem segue o padrão O2, em que sentimos a experiência adquirida nos filmes publicitários, expressa pela rapidez e agilidade. A fotografia de Lauro Escorel* segue o profissionalismo de um dos principais fotógrafos brasileiros. Cronologicamente, *Domésticas* foi iniciado após Meirelles haver decidido fazer *Cidade de Deus* e como uma espécie de laboratório de baixo orçamento para um projeto maior. Quando sua realização começa, em 2000, o diretor já havia comprado os direitos do romance *Cidade de Deus*, de Paulo Lins, e Bráulio Mantovani já estava trabalhando no roteiro. As relações existentes entre os dois filmes são nítidas, a começar pela construção dos tipos populares. Ambos possuem pesquisa prévia, que sustenta a elaboração do roteiro na aproximação do universo popular.

Cidade de Deus, terceiro longa-metragem de Meirelles, é o filme que o lança no circuito internacional e afirma definitivamente sua carreira como cineasta. Teve sua origem no romance Cidade de Deus, que Paulo Lins escreve a partir de entrevistas realizadas em Cidade de Deus, seu local de moradia, bairro da periferia do Rio de Janeiro. Cursando Letras na UFRJ, Paulo Lins escreve o livro a partir de material que recolhe sob a orientação da antropóloga Alba Zaluar, acrescentando sua história de vida e tomando liberdades ficcionais. O crítico Roberto Schwarz orienta e incentiva o jovem autor no exercício da escritura. Aos poucos a pesquisa é transformada em romance extenso, que, depois de lapidado, atinge o formato atual. João Moreira Salles* e Kátia Lund, na época realizando Notícias de uma guerra particular, chegam a conversar com Lins e a se interessar pelo material. Os direitos de adaptação para o cinema são comprados, em 1998, por Meirelles. Bráúlio Mantovani é, desde o início, o escolhido para a tarefa hercúlea de transformar em um filme, com pouco mais de duas horas, um romance com mais de quinhentas páginas e 247 personagens. Conta Meirelles que Mantovani acabou criando um banco de dados com os personagens, acionado conforme as necessidades de evolução do roteiro. O segredo do sucesso do filme está em que Meirelles soube cercar-se de profissionais excelentes, a partir de sua sensibilidade e da experiência no cotidiano da produtora O2. Tanto a fotografia de César Charlone, como a montagem de Daniel Rezende, e também o roteiro de Mantovani, respondem plenamente aos diversos prêmios que foram indicados. Charlone abriu as portas de sua carreira internacional com Cidade de Deus. Consegue estabelecer diferentes padrões fotográficos em partes distintas do filme, evoluindo dramaticamente. Carrega na composição das cores, numa fotografia que não pode ser caracterizada como realista. Foi criticado por estetizar a miséria, ou por trazer para o cinema um padrão de acabamento próprio da publicidade. O fato é que a fotografia combina com o filme e responde à mudança de paradigma que a estética de Cidade de Deus introduz no cinema brasileiro. Não há cartilha de estilística cinematográfica que determine que a filmagem da miséria sem filtros de luz deva ser considerada ética em si mesma. Já a montagem de Rezende chama atenção pela agilidade e precisão, articulada em planos rápidos com uma resolução inteligente da composição narrativa dramática. Meirelles é particularmente atento aos aspectos da montagem dentro do conjunto dos procedimentos estéticos que cercam a realização cinematográfica, e podemos sentir sua mão nesse trabalho.

Mas a direção de Cidade de Deus tem outro crédito, talvez o maior deles. Este refere-se ao modo pelo qual resolve a representação de um universo popular (violento e carioca), que foge por completo à experiência do paulistano de classe média que é Meirelles. Um dos pontos nucleares da força do filme é a opção por tomadas em locação (ainda que não na própria Cidade de Deus) e, principalmente, a escolha de atores amadores, oriundos das favelas cariocas. Nesse sentido, o contato com o grupo Nós do Morro foi fundamental, assim como a experiência da codiretora do filme, Kátia Lund, com o universo dos morros cariocas. Lund está por detrás de dois filmes-chave na configuração estética do cinema brasileiro dos anos 2000: Cidade de Deus e Notícias de uma guerra particular. Filha de americanos, também nascida e criada em São Paulo, Kátia descobre, no final dos anos 90, os morros cariocas, conhecendo o líder do tráfico Marcinho VP. Mulher de personalidade forte, consegue deixar para trás uma vida de comodidades burguesas e educação em escola internacional da elite paulistana. Insere-se na vida cotidiana do Morro Dona Marta integrando a equipe de Spike Lee que esteve no Brasil para filmar o clipe de Michael Jackson, 'They Don't Care about Us', em 1996. Consegue entrar nessa e em outras comunidades em poucos anos, obtendo acesso a grupos fechados. Como Lund possui conhecimentos e interesse em cinema, abre portas diferenciais nessa direção. Tanto Meirelles como Salles reconhecem em entrevistas o quanto devem a Katia e ambos lhe conferiram status de codiretora nos créditos. No caso de Cidade de Deus, é ela que centraliza o trabalho de atores com a associação Nós do Morro, do Vidigal, coordenada por Guti Fraga. Katia depois seria a responsável pela ONG Nós do Cinema, que teve sua origem na oficina de treinamento de atores formada para Cidade de Deus. De agosto a dezembro de 2000, foram entrevistadas centenas de jovens e crianças em diversas comunidades do Rio de Janeiro para chegar a um grupo de duzentos atores, a partir dos quais se selecionou o elenco do filme. O trabalho com atores é responsável direto pelo estilo do filme. A equipe está homogênea, mostrando atores amadores em grande desempenho, nivelados aos poucos profissionais que atuam.

Aproveitando o material que já tinham em mãos e abrindo as portas para uma espécie de première do que seriam as filmagens, Lund e Meirelles dirigem, a partir de convite de Guel Arraes, o episódio Palace II, levado ao ar dentro da série Brava Gente, da TV GLOBO, sendo o único episódio filmado em película. Já com o romance de Paulo Lins ao fundo e o roteiro do filme pronto, os personagens Acerola (Douglas Silva) e Laranjinha (Darlan Cunha) surgem delineados, com os atores ainda crianças, explorando um episódio do romance. Os tipos já trazem a personalidade com a qual serão aproveitados anos mais tarde na série Cidade dos Homens. São também esses personagens que serão interpretados pelos mesmos atores, já adolescentes maduros, no filme homônimo (de 2007, com direção de Paulo Morelli). No segundo semestre de 2000, a oficina de atores que serve de base para a feitura de Palace II está em plena ebulição e os laboratórios de Cidade de Deus são intensificados. O processo, já na fase de filmagem, contou também com a participação de Fátima Toledo. O resultado final de Cidade de Deus surge na encruzilhada entre um ótimo roteiro, uma fotografia diferenciada, um montador que soube interagir à opção de estrutura dramática feita pelo filme, e o trabalho da direção, que explora ao máximo a opção realista da mise-en-scène. Por opção realista da mise-en-scène entenda-se o trabalho com atores amadores, que vivem a realidade descrita, e a escolha de filmagens em locações. Um grupo significativo de atores brasileiros tem origem nesse filme e depois consegue seguir carreira adiante (além de Douglas Silva e Darlan Cunha, Leandro Firmino da Hora, Alexandre Rodrigues, Phellipe Haagensen, Jonathan Haagensen, Luiz Carlos Ribeiro Seixas, Sabrina Rosa, Renato de Souza). Mesmo os atores profissionais, como Matheus Nachtergaele, Graziela Moreto, Gero Camilo, Alice Braga ou personalidades como Seu Jorge, revelam no filme novas facetas e têm sua carreira turbinada na esteira de sucesso de Cidade de Deus.

É à opção pelo corpo a corpo na cena, no embate com a realidade descrita, que devemos grande parte da qualidade do filme. A direção tem o mérito de fazer o filme respirar de modo homogêneo essa intensidade. Meirelles declara haver percebido, desde o início, que não tinha sentido fazer o filme com atores profissionais e tomadas em estúdio. O mergulho da câmera no espaço cotidiano do povo das favelas cariocas dá à ficção construída sua coloração própria, trabalhada com recursos amplos na pós-produção. Por ironia, e talvez esteja aí a raiz de algumas das críticas que o filme recebeu, *Cidade de Deus* teve na direção da encenação em favelas cariocas dois bem-nascidos jovens da classe média paulistana que até algum tempo antes da filmagem jamais haviam tido contato com as pessoas e o espaço físico em que filmaram. O lado singular dessa configuração está em que o filme consegue fluir bem narrativamente, explorando os personagem sem a carga da má consciência habitual que colore outras boas obras do cinema brasileiro. Nesse sentido, a crítica da estetização da miséria corresponde a uma sensibilidade que demanda tons mais exacerbados e agônicos. *Cidade de Deus* obtém resultado forte nas bilheterias para alívio de seu diretor, que produziu boa parcela do filme com recursos próprios. A obra segue carreira internacional premiada, principalmente em países anglo-saxões, conquistando quatro indicações para o OSCAR (direção, roteiro adaptado, fotografia e montagem).

A repercussão do filme faz que amadureça o projeto de uma série televisiva, já esboçado quando da exibição de *Palace II* no *Brava Gente*. A série se chamará *Cidade dos Homens* e terá quatro temporadas, exibidas em cada ano, entre 2002 e 2005. O programa obtém sucesso instantâneo com repercussão na mídia e entre os pares artistas. A série apresenta um conjunto de temas e uma realidade social pouco explorada na televisão brasileira. A vida nas favelas, de modo inédito, deixa de aparecer como pano de fundo para tramas desenvolvidas em residências de classe média e passa a abrigar o cenário da ação dos protagonistas. Além dos temas fortes (como violência, drogas, sexualidade, divisão social), a própria fisionomia popular dos protagonistas é novidade na televisão, apesar de bastante explorada pelo cinema brasileiro. A série tem produção da O2 FILMES e realização da CENTRAL GLOBO DE PRODUÇÃO, sempre capitaneada pelo núcleo Guel Arraes. A atração da GLOBO, juntamente com o poder agregador de Arraes, permite que a produção O2 conte, durante os anos em que a série foi exibida, com o que havia de melhor no audiovisual brasileiro. Participaram de diferentes episódios, além de Fernando Meirelles, Guel Arraes, Jorge Furtado, Regina Casé*, Cesar Charlone, Kátia Lund, Paulo Lins (equipe que monopoliza a primeira temporada), Melanie Dimantas, Rosa Amanda Strausz, Paulo Morelli, Newton Cannito, Leandro Saraiva, Philippe Barcinski, Roberto Moreira*, entre outros. Especificamente Meirelles, dirige um episódio da primeira temporada (2002), *Uólace e João Victor*, e o último episódio da série *Em algum lugar do futuro*, levado ao ar em 16-12-2005. Além dos episódios que dirigiu, também assina o roteiro de *A coroa do imperador* (2002), *Sábado* (2003), *Buraco quente* (2003), e o argumento de *O cunhado do cara* (2002).

O jardineiro fiel, produção internacional, será o projeto seguinte de Meirelles. Ainda em 2002, com a exibição de *Cidade de Deus* no FESTIVAL DE CANNES, Meirelles tem lançada sua carreira de diretor de cinema no cenário externo. Em função da repercussão do filme, começam a surgir convites e roteiros para direção. Entre diversas propostas e uma opção pessoal (uma espécie de refilmagem de *Intolerância*, de D. W. Griffith), acaba escolhendo um projeto já em andamento, mas com potencial para dar continuidade à sua carreira, mantendo uma linha em relação a *Cidade de Deus*. É o primeiro filme em inglês de Meirelles, o que aumenta consideravelmente a escala de produção. O projeto com estrelas hollywoodianas (Ralph Fiennes e Rachel Weisz), roteirista de prestígio (Jeffrey Caine), o fotógrafo de sua confiança (César Charlone), envolve uma grande produção de 25 milhões de dólares e a adaptação de um romance de sucesso (*The Constant Gardener*) de John Le Carré, além de complicadas filmagens em locação no Quênia. A trama gira em torno de crimes envolvendo uma multinacional de remédios. O realismo de Meirelles segue na linha de *Cidade de Deus*, mas sem o corpo a corpo com as locações que seu longa anterior exigiu. Trabalhando com estrelas e atores profissionais, o diretor mantém a experiência com a intensidade da tomada em locação, mas estas aparecem como pano de fundo na montagem do filme. Charlone consegue extrair imagens fortes das cidades e campos quenianos e sentimos nos atores o efeito da tomada em locação buscado por Meirelles. Mostrando seu talento para a direção de atores, permite que Rachel Weisz receba o OSCAR de atriz coadjuvante por seu trabalho. A decupagem é rápida e aponta no caminho aberto por *Cidade de Deus*, sendo assinada por Claire Simpson. As imagens de Charlone, embora não possuam o impacto de *Cidade de Deus*, exploram com intensidade a miséria humana das metrópoles superpovoadas da África, a força das expressões e a beleza das paisagens naturais. O filme é lançado com repercussão razoável e desenvolve boa carreira internacional.

Seu projeto seguinte remete-se a um caso antigo. Em 1997, antes de rodar seus primeiros longas, Meirelles havia se aproximado do escritor português José Saramago e proposto a compra dos direitos autorais de *Ensaio sobre a cegueira*. Saramago recusou, argumentando que o cinema matava a imaginação. Na realidade, tinha medo de entregar seu romance a um desconhecido e vê-la transformada em um filme de zumbis errantes. Esse receio se manteve durante anos, até que o produtor canadense Niv Fichman, da RHOMBUS MEDIA, e o roteirista canadense (também diretor e ator) Don McKellar conseguem vencer as resistências de Saramago. Em uma viagem até sua residência nas ilhas Canárias, apresentam um projeto de produção que se propunha passar ao largo das demandas de trama e ação dos estúdios norte-americanos. Fichman e McKellar conseguem os direitos do romance do "velho comunista" e propõem a direção do filme para Meirelles, que imediatamente se interessa. O diretor integra-se à produção da proposta, levando consigo a O2. A obra acaba tornando-se uma coprodução internacional de US$ 20 milhões, envolvendo Canadá, Japão, Inglaterra e Brasil. Meirelles trabalha sobre o roteiro de McKellar, que traz uma concepção bem clara da adaptação do romance. As coisas parecem ter corrido bem entre o roteirista canadense e Meirelles. McKellar também está presente nas tomadas do filme, fazendo o pequeno papel do ladrão de carros no início da trama. Na realidade, é McKellar que detona todo o projeto, articulando o produtor Fichman e oferecendo seu roteiro já pronto para a direção de Meirelles. Apesar de McKellar ser diretor reconhecido, provavelmente não se sentiu à vontade para assumir um projeto como *Ensaio sobre a cegueira*, efetivamente com perfil mais voltado para um cineasta de terceiro mundo, dominando o retrato da miséria humana na forma intensa que vimos em *Cidade de Deus*. A escolha é precisa e encontra em Meirelles características que unem demandas do romance de Saramago e a envergadura da produção. Meirelles lida bem com o recorte narrativo alternativo solicitado, não configurando a trama como filme catástrofe, principal receio de Saramago. Também possui verve para representar de modo realista um universo ficcional degradado, como já havia ficado claro em *Cidade de Deus*.

Uma das principais críticas que o filme recebe, seja em Cannes ou nos Estados Unidos, refere-se à intensidade da abjeção de algumas imagens. Meirelles defende-se dizendo que suavizou o romance, realizando cortes depois das primeiras exibições. A capacidade de Meirelles gerenciar uma grande produção internacional certamente foi conveniente aos produtores e a força visual de seu cinema apareceu como garantia. O diretor possui um padrão visual de constituição imagética que não pode ser caracterizado estreitamente como publicitário. O fato de ser singular no cinema brasileiro e encontrar resposta em padrão internacional provoca a designação na tentativa de nomear aquilo a que não se está habituado. Seu cinema responde a um formato de movimentação de câmera, enquadramento, ritmo de montagem, profundidade, primeiros planos, que encontra diálogo em produções envolvendo orçamentos maiores. Para *Ensaio sobre a cegueira*, Charlone é novamente chamado para a fotografia, conseguindo apresentar soluções engenhosas para a ideia da "cegueira leitosa" que está no romance de Saramago. Meirelles volta a trabalhar com Daniel Rezende na montagem. Em *Ensaio*, temos um ritmo ágil, com trechos rápidos de consecução de planos, numa estrutura que já notamos em *Cidade de Deus*. Na decupagem, a forma narrativa oscilou até o final, sendo que as primeiras versões do filme ainda continham uma narração onisciente em *off*. As tomadas em locação foram feitas em cidades como Montevidéu, Toronto e São Paulo. Meirelles trabalha novamente com atores internacionais e demonstra sua particular segurança para direção, inclusive com estrelas hollywoodianas. Juliane Moore faz o papel da mulher do médico (Mark Ruffalo), única que tem visão no grupo, seguida por Alice Braga, Gael Garcia Bernal, Yusuke Iseya. *Ensaio sobre a cegueira* abriu o FESTIVAL DE CANNES de 2008, tendo grande repercussão por suas cenas mais fortes. Saramago aprovou o filme em sessão particular e chancelou as opções de Meirelles, para aparente alívio do diretor.

Ainda durante a produção de *Ensaio*, Meirelles teve contato com membros da equipe de uma série televisiva canadense que vinha fazendo grande sucesso de público e crítica: *Slings and Arrows*. O perfil da carreira do diretor, aberta para a dramaturgia televisiva, fez que o material chamasse sua atenção. O produtor de *Slings* é Niv Fichman, o mesmo que conseguiu convencer Saramago a fornecer os direitos do romance. A roteirista de *Slings and Arrows* é Susan Coyne (assina a série juntamente com Bob Martin e Mark McKinney), atriz utilizada para pequeno papel em *Ensaio sobre a cegueira*.

Após o lançamento de *Ensaio*, em 2008, Meirelles fica no Brasil e engata, sem intervalo, a direção e produção de *Som & fúria*, adaptando pessoalmente o texto de *Slings and Arrows* para o contexto nacional. O universo ficcional é agora o Teatro Municipal de São Paulo. A trupe de atores enfrenta problemas pessoais e dilemas profissionais bem brasileiros. A ação passa a ter foco em questões que envolvem produção artística e o Estado brasileiro. É seu primeiro trabalho na dramaturgia nacional desde *Cidade de Deus*. A série é claramente um projeto em que investe suas melhores energias. Assina a direção geral e diversos episódios, juntamente com o núcleo de diretores composto por Toniko Mello, Gisele Barroco, Fabrizia Pinto e Rodrigo Meirelles. *Som & fúria* foi exibida em uma temporada, com doze episódios, entre 7 e 24 de julho de 2009. Meirelles trabalha fundo na adaptação, desenvolvendo personagens e realocando a trama em locais da cidade de São Paulo. Permanece o mote dos dilemas da criação no meio teatral, submetidos à ingerência do poder burocrático, com tonalidades shakespearianas ao fundo. A produção da série é feita de modo independente através da O2 FILMES. É entregue acabada, já com os créditos, para a GLOBO. O esquema de produção independente com a GLOBO é inédito no Brasil e Meirelles parece nutrir certo orgulho com relação a ele. Trata-se de estrutura bastante distinta da série anterior que produziu, *Cidade dos Homens*, realizada inteiramente dentro dos padrões globais, cercada pelas condições de material humano e produção da emissora. *Cidade dos Homens* é uma série em que se respira o trabalho de roteiristas ligados ao núcleo Arraes e o contexto social da classe média carioca em sua visão humorada e meio trágica do universo popular das favelas. *Som & fúria* é uma produção sem raízes nacionais, importada de um país ao norte, girando em torno de temas universais. A mão autoral paulistana de Meirelles transparece mais forte aqui. Em *Som & fúria* sua assinatura deixa finalmente para trás a marca do universo ficcional de *Cidade de Deus*, ampliado no Brasil pela sequência de *Cidade dos Homens*. O fato é que a série tem ótima repercussão de crítica, embora, para os padrões globais, deixe a desejar quanto à audiência. Reafirmando sua condição de forte diretor de atores, Meirelles traz de volta Felipe Camargo para a ribalta, desempenhando o que ele mesmo considera o papel de sua vida. Ator ainda jovem, mas já esquecido, Camargo identifica-se com o protagonista e constrói no personagem um

momento privilegiado da cena brasileira. É acompanhado no desempenho por Andréa Beltrão*, Pedro Paulo Rangel, Dan Stulbach*, Daniel de Oliveira*, Maria Flor* e até Regina Casé. Rodrigo Santoro* faz papel menor na trama. Sente-se nas imagens o capricho e o investimento da produção num momento diferenciado da teledramaturgia brasileira. A produção aproveita a exposição na mídia para fazer um corte do material para o cinema. Em 2009 é lançado o longa-metragem *Som & fúria*, com direção assinada por Meirelles e Toniko Mello. O filme é uma espécie de melhores momentos da série, numa montagem simpática mas sem a unidade e a densidade dramática do original. Com esse último projeto nacional, Meirelles afirma-se como diretor em plena atividade, circulando bem entre cinema e televisão. É dos poucos cineastas brasileiros que possui estrutura, pessoal e de produção, para atuar na arena internacional, cobrindo um espectro essencial para a afirmação da dramaturgia brasileira. (FPR)

MELIANDE, Antônio – Lucânia, Itália, 1945. Fotógrafo, diretor.

FILMOGRAFIA: 1970 – *Ipanema toda nua* (fot.). 1971 – *Paixão na praia* (fot.); *Pantanal de sangue* (fot.). 1973 – *O último êxtase* (fot.); *Um intruso no paraíso* (fot.); *A noite do desejo* (*Data marcada para o sexo*) (fot.). 1974 – *As delícias da vida* (fot.); *O anjo da noite* (fot.); *Exorcismo negro* (fot.); *O leito da mulher amada* (fot.); *O signo de escorpião* (fot.); *Trote de sádicos* (fot.). 1975 – *Cada um dá o que tem* (fot.); *Lucíola, o anjo pecador* (fot.); *O desejo* (fot.); *O sexualista* (fot.). 1975-1976 – *Ninguém segura essas mulheres* – 2º episódio: 'Desencontro' (fot.); 4º episódio: 'O furo' (fot.); *Esse Rio muito louco* (2º episódio: 'A louca de Ipanema') (fot.). 1976 – *Doramundo* (fot.). 1976-1977 – *Paixão e sombras* (fot.). 1977 – *Dezenove mulheres e um homem* (fot.); *Escola penal de meninas violentadas* (fot., dir.). 1978 – *Bandido, a fúria do sexo* (fot.); *Amada amante* (fot.); *Mulher desejada* (fot.); *A noite dos duros* (fot.); *Alucinada pelo desejo* (fot.); *Cinderelo trapalhão* (fot.); *Damas do prazer* (fot., dir.); *Iracema, a virgem dos lábios de mel* (fot.); *O Caçador de Esmeraldas* (fot.). 1979 – *Mulheres do cais* (fot.); *Nos tempos da vaselina* (fot.); *Embalos alucinantes* (*A troca de casais*) (fot.); *O prisioneiro do sexo* (fot.); *Os três mosqueteiros trapalhões* (fot.); *Essas deliciosas mulheres* (fot.); *Herança dos devassos* (fot.); *Ninfas insaciáveis* (fot.). 1980 – *Ariella* (fot.); *Os rapazes da difícil vida fácil* (fot.); *Convite ao prazer* (fot.); *As intimidades de Analu e Fernanda* (fot.); *Bacanal* (fot., dir.); *Os indecentes* (fot., dir.); *Mulher-objeto* (fot.). 1981 – *Eros, o deus do amor* (fot.); *Liliam, a suja* (fot., dir.); *O olho mágico do amor* (fot.); *Prazeres permitidos* (1º episódio: 'Água abaixo... fogo acima'; 2º episódio: 'O sonho') (fot., dir.); *Ousadia* – 1º episódio: 'A peça' (fot.); 2º episódio: 'O método' (fot.); *Anarquia sexual* (fot., dir.). 1982 – *As safadas* (3º episódio: 'Belinha, a virgem') (fot., dir.); *Amor, estranho amor* (fot.); *As gatas... mulheres de aluguel* (1º episódio: 'Aretuza') (fot., dir.); *Carícias eróticas* (*Um casal de três...*) (fot.); *Bonecas da noite* (fot., dir.); *A primeira noite de uma adolescente* (fot., dir.); *Amado Batista em Sol Vermelho* (fot., dir.); *As viúvas eróticas* (2º episódio: 'Sílvia') (fot., dir.); *Vadias pelo prazer* (fot., dir.); *Tudo na cama* (fot., dir.); *As aventuras de Mário Fofoca* (fot., dir.); *A próxima vítima* (fot.). 1983 – *Curras alucinantes* (fot., dir.); *Estranho desejo* (fot.); *Onda nova* (fot.); *Jeitosa: um assunto muito particular* (fot.). 1983-1984 – *Amor voraz* (fot.). 1984 – *Sexo proibido* (fot., dir.); *A flor do desejo* (fot.); *O delicioso sabor do sexo* (fot., dir.); *Meu homem, meu amante* (fot.); *Bobeou... entrou* (fot., dir.); *A estrela nua* (fot.); *Quando a b... não falta* (fot., dir.). 1985 – *Amante profissional* (fot., dir.); *Sexo total* (fot., dir.); *Prazeres proibidos* (fot., dir.); *Sandra, a libertina* (fot., dir.); *A grande suruba* (fot., dir.); *De pernas abertas* (fot., dir.); *A grande trepada* (fot., dir.). 1986 – *Um jumento na minha cama* (fot.); *Eu* (fot.); *Eu, Patrícia, só sacanagem* (fot., dir.); *Um pistoleiro chamado Papaco* (*Os amores de um pistoleiro*) (fot.); *A vingança de uma mulher* (fot.). 1987 – *Turbilhão dos prazeres* (fot.); *Mônica e a sereia do Rio* (fot.); *Jorge, um brasileiro* (fot.). 1988 – *Atração satânica* (fot.). 1989-1990 – *O corpo* (fot.). 1990 – *The Guest* (fot.) (produção estrangeira); *As gatas do sexo* (fot., dir.). 1994-1996 – *As feras* (fot.).

Em 1956, aos 11 anos, emigra da Itália com a família para ir morar no Rio de Janeiro. A carreira no cinema inicia-se na HERBERT RICHERS, no ano de 1965, como assistente de câmera de Ruy Santos*, seu grande mestre na arte da fotografia cinematográfica, segundo ele mesmo afirma. A primeira produção de Meliande, como assistente de câmera, foi no filme *Jerry, a grande parada*, direção de Carlos Alberto de Souza Barros*; depois veio *A doce mulher amada*, de Ruy Santos. Em 1968, Meliande desloca-se para São Paulo, onde também trabalha para o fotógrafo Osvaldo Oliveira*, na Boca do Lixo*, como assistente de câmera. Ainda como assistente de câmera, Meliande atua em produções como *Corisco, o diabo loiro*, de Carlos Coimbra*; *O pornógrafo*, de João Callegaro; e *Guerra dos Pelados*, de Sylvio Back*. Na comédia *Ipanema toda nua*, direção de Líbero Miguel, estreia como diretor de fotografia, guindado a essa função pelos produtores A. P. Galante* e Alfredo Palácios*. No filme de estreia do crítico Alfredo Sternheim*, *Paixão na praia*, consegue padronizar uma qualidade de imagem aproximando-a da fotografia estilizada dos filmes de Walter Hugo Khouri*, com quem realizará algumas destacadas obras mais tarde. A partir da sua passagem para fotógrafo, Meliande vê sua qualidade profissional reconhecida pelo meio cinematográfico e passa a ser bastante requisitado. Numa atividade frenética, em curto período de tempo, fotografa dezenas de filmes, especialmente aqueles produzidos na Boca do Lixo paulista. A carreira de Meliande adquirirá *status*, principalmente através da sua colaboração com diretores não envolvidos com a produção erótica da Boca, como Walter Hugo Khouri e João Batista de Andrade*. Obterá o reconhecimento da crítica especializada como um dos mais importantes fotógrafos da cinematografia brasileira somente com o filme *O anjo da noite*, de Walter Hugo Khouri, em 1975, no III FESTIVAL DE GRAMADO, quando ganha o KIKITO de melhor fotografia. Torna-se um dos técnicos mais requisitados do cinema brasileiro, dialogando com várias gerações e correntes cinematográficas. Trabalha também com a nova geração de cineastas paulistas, como José Antônio Garcia* e Ícaro Martins*, em *Olho mágico do amor*, *Onda nova* e *Estrela nua*. Ao lado do produtor Galante, seja na SERVICINE*, seja na GALANTE P. C., Meliande realiza uma série de trabalhos e também faz a sua estreia, como diretor, na série de filmes de presídio, na fita *Escola penal de meninas violentadas*. Entre os anos 1983-1984, Meliande adere ao gênero pornô como produtor e diretor, sob o pseudônimo de Tony Mel, paralelamente à sua atividade de diretor de fotografia e fotógrafo. Com a crise que se abate sobre o cinema brasileiro, a partir de 1985, e a consequente diminuição da produção cinematográfica, Antônio Meliande integra-se ao quadro funcional da REDE GLOBO, onde faz a luz de minisséries como *Boca do lixo* e de seriados como *Malhação*. Nos anos 90, Meliande reingressará no cinema com dois filmes: *O corpo*, de José Antônio Garcia, e *As feras*, de Walter Hugo Khouri. (AG)

MELLI, Nelo – Buenos Aires, Argentina, 1923-1986. Montador.

FILMOGRAFIA: 1941 – *Mi amor eres tu* (produção estrangeira); *Águilla Blanca* (produção estrangeira). 1942 – *Locos de verano* (produção estrangeira). 1943 – *El espejo*; *La calle Corrientes*; *Punto negro*. 1945 – *Rigoberto*; *Las seis suegras de Barba Azul* (produção estrangeira). 1949 – *Esperanza*; *La balandra de Isabel llegó esta tarde* (produção estrangeira). 1952 – *Sala de guardia* (produção estrangeira); *Paraíso robado*; *Donde comienzan los pantanos*. 1954 – *El cura Lorenzo*. 1955 – *Sinfonía de juventud*; *Concierto de una lágrima*; *Marianela*. 1956 – *El último perro*; *Estrellas de Buenos Aires*; *Surcos en el mar*; *La muerte flota en el rio*; *El protegido*. 1958 – *Un centavo de mujer*; *Demasiado jóvenes*. 1959 – *Meus amores no Rio* (*Mis amores en Rio*); *Campo virgen*. 1960 – *Mandacaru vermelho*. 1960-1961 – *Teus olhos castanhos*. 1962 – *Os cafajestes*; *Esse Rio que eu amo* (1º episódio: 'Balbino, homem do mar'; 2º episódio: 'O milhar seco'; 3º episódio: 'A morte da porta-estandarte'; 4º episódio: 'Noite de almirante'); *Pluft, o fantasminha*; *Porto das Caixas*. 1963 – *Gimba, presidente dos valentes*; *Garrincha, alegria do povo*. 1964 – *Pedro e Paulo* (coprodução estrangeira); *Viagem aos seios de Duília*. 1965 – *A falecida*. 1966 – *ABC do amor* (2º episódio: 'O pacto') (coprodução estrangeira); *El Justicero*; *O menino e o vento*. 1967 – *Garota de Ipanema*; *Perpétuo contra o esquadrão da morte*; *Capitu*. 1967-1968 – *Brasil, ano 2000*. 1969 – *Tempo de violência*. 1970 – *Anjos e demônios*. 1970-1973 – *Pontal da solidão*. 1971 – *Cômicos e mais cômicos*; *Romualdo e Juliana*. 1972 – *O supercareta*. 1973-1974 – *O segredo da rosa*. 1974 – *O marido virgem*; *Sinfonia brasileira*; *Uma tarde... outra tarde*; *Seguro de castidad* (produção estrangeira). 1975 – *Onanias, o poderoso machão*. 1976 – *Deixa, amorzinho... deixa*; *Marília e Marina*; *Cordão de ouro*. 1977 – *Na ponta da faca*. 1978 – *Batalha dos Guararapes*. 1981 – *A Rainha do Rádio*. 1982-1983 – *Dois homens para matar*. 1984 – *Tropclip*.

Tido pela maioria de seus contemporâneos como um dos maiores montadores dos cinemas argentino e brasileiro, faz carreira nos grandes estúdios portenhos. É trazido ao Brasil em fins dos anos 50 pelo diretor Carlos Hugo Christensen*, estabelecendo-se no Rio de Janeiro. Admirador do estilo vigoroso de Christensen, edita quase todos os seus filmes. De grande inventividade na resolução do andamento geral dos filmes, mostra-se adepto de uma montagem rítmica e emocional. Vale-

-se da memória privilegiada do material filmado para executar trabalhos rápidos e de grande rigor formal. É lendária a impressionante precisão quanto aos pontos de corte, determinados após uma única apreciação dos copiões. A diversidade de gêneros praticada pelo cinema argentino proporciona-lhe tarimba suficiente para lidar com produções de baixo orçamento, criando soluções narrativas a partir de material heterogêneo, como na sequência de abertura de *Garrincha, alegria do povo*, de Joaquim Pedro de Andrade*. Surpreendentemente, integra-se ao espírito de renovação da linguagem presente no Cinema Novo* brasileiro. Pode-se dizer que estabelece a pulsação dos primeiros filmes do movimento, de ritmo lento e cheios de "tempos mortos". Destacam-se, entre outros, *Porto das Caixas*, de Paulo César Saraceni*, e *Os cafajestes*, de Ruy Guerra*. Monta também inúmeros curtas financiados pelo Instituto Nacional de Cinema (INC*), Petrobras e Aerp. Sua personalidade neurastênica, preocupada com os procedimentos corretos à mesa de montagem, paulatinamente o afasta dos trabalhos mais instigantes, condenando-o a um imerecido ostracismo. Dedica-se, progressivamente, a partir de meados dos anos 70, ao cinema publicitário. (HH)

MELLO, Selton (Selton Figueiredo Mello) – Passos, MG, 1972. Ator.

FILMOGRAFIA: 1990 – *Uma escola atrapalhada*. 1994 – *Lamarca, coração em chamas*. 1996 – *O que é isso, companheiro?*. 1997 – *Guerra de Canudos*. 1999 – *O auto da compadecida*. 2001 – *Caramuru – a invenção do Brasil; Lavoura arcaica*. 2003 – *Lisbela e o prisioneiro*. 2004 – *Garotas do ABC; Nina*. 2005 – *O coronel e o lobisomem; Árido movie*. 2006 – *O cheiro do ralo*. 2008 – *Meu nome não é Johnny; Feliz Natal* (dir.); *Os desafinados; A erva do rato*. 2009 – *A mulher invisível; Jean Charles; Federal; Reis e ratos*.

Um dos principais rostos da nova geração de atores brasileiros. Faz sucesso na TV. No cinema, também é dublador de filmes de animação estrangeiros. Estreou na comédia *Uma escola atrapalhada*, de Antonio Rangel. Segue inicialmente em papéis de coadjuvante, quando fez dois filmes seguidos com o diretor Sérgio Rezende*: o primeiro foi *Lamarca, coração em chamas*, e o segundo, *Guerra de Canudos*, no qual fez um tenente. Entre os dois, filmou *O que é isso, companheiro?*, de Bruno Barreto*, baseado no *best-seller* de Fernando Gabeira. Conquistou papéis de protagonista quando estabeleceu parceria com o diretor Guel

Arraes* em minisséries transformadas em filmes para cinema. Começou em *O auto da compadecida*, baseado na peça homônima de Ariano Suassuna, para o qual criou o Chicó. Interpretou papel-título em *Caramuru – a invenção do Brasil*, baseado em fatos reais. Viveu Leléu em *Lisbela e o prisioneiro*, baseado no texto teatral de Osman Lins. Diversificou o gênero de filmes em *Lavoura arcaica*, de Luiz Fernando Carvalho*, baseado na obra homônima de Raduan Nassar, no qual interpretou André, jovem que rompe com família burguesa. Fez uma participação especial em *Garotas do ABC*, de Carlos Reichenbach*. Foi um amigo em *Nina*, do estreante Heitor Dhalia*. Tem um dos papéis centrais, de Pernambuco Nogueira, em *O coronel e o lobisomem*, de Maurício Farias, baseado no clássico romance de José Cândido de Carvalho. Fez Bob, um jovem em busca de diversão em *Árido movie*, de Lírio Ferreira*. Criou o excêntrico personagem de Lorenço, em *O cheiro do ralo*, de Heitor Dhalia, extraído da obra de Lourenço Mutarelli. Produtor, diretor e roteirista do drama *Feliz Natal*, em que não trabalhou como ator. Interpretou o personagem-título em *Meu nome não é Johnny*, de Mauro Lima*, baseado em fatos reais narrados no livro de Guilherme Fiuza. Interpretou Dico, um dos vários personagens centrais ou um dos desafinados de *Os desafinados*, filme que o cinemanovista Walter Lima Jr.* fez de forma ficcional sobre a bossa nova e a repercussão desse novo estilo musical em Nova York. Contracenou com a atriz Alessandra Negrini como um dois únicos personagens do filme experimental *A erva do rato*, de Júlio Bressane*, baseado no conto homônimo de Machado de Assis. No papel de Pedro protagonizou a comédia *A mulher invisível*, de Cláudio Torres, que conquistou público e crítica. Interpretou um personagem da vida real no drama *Jean Charles*, de Henrique Goldman, cineasta nascido no Brasil que trabalha na Europa. Seus filmes mais recentes são *Federal*, de Erick de Castro, e *Reis e ratos*, de Mauro Lima. Nos curtas-metragens, além de ator em *Flora* (1995), de Marcel Cordeiro, *Razão para crer* (1996), de Erick de Castro e Heber Moura, *Sete vidas* (2007), de Marcelo Spomberg e Zé Mucinho, também foi produtor executivo, roteirista, diretor e montador do curta-metragem *Quando o tempo cair* (2006). (LFM)

MELO, João Ramiro (João Ramiro Faria de Melo) – João Pessoa, PB, 1934-2003. Montador.

FILMOGRAFIA: 1963 – *Gimba, presidente dos valentes*. 1964 – *O grito da terra*.

1965 – *Menino de engenho*. 1965-1968 – *Brasil verdade* (1º episódio: 'Memória do cangaço'). 1966 – *Todas as mulheres do mundo*. 1967 – *Mar corrente; Opinião pública; O grande assalto*. 1968 – *Os carrascos estão entre nós; O tesouro de Zapata*. 1969 – *Rifa-se uma mulher; Memória de Helena; Incrível, fantástico, extraordinário* (1º episódio: 'A ajuda'; 2º episódio: 'O sonho'; 3º episódio: 'A volta'; 4º episódio: 'O coveiro'). 1970 – *Balada dos infiéis; Pindorama; Salário da morte; Prata palomares*. 1971 – *A volta pela estrada da violência*. 1972 – *A filha de madame Betina*. 1973 – *Obsessão; As depravadas; Como evitar o desquite; O homem que descobriu o nu invisível; Como nos livrar do saco; Um edifício chamado 200; Mais ou menos virgem*. 1974 – *Caingangue, a pontaria do diabo; O mau-caráter; Essas mulheres lindas, nuas e maravilhosas*. 1975 – *Guru das sete cidades; O pistoleiro; O homem de 6 milhões de cruzeiros contra as panteras*. 1976 – *Tem folga na direção; O sósia da morte* (dir.); *A noite dos assassinos; Crueldade mortal*. 1978 – *As filhas do fogo; O sol dos amantes*. 1984 – *O Evangelho segundo Teotônio*.

Inicia-se no cinema quando participa da realização de *Aruanda*, em 1960, como assistente de direção. É diretor do curta *Romeiros da Guia* (1962), sobre a romaria à ilha de Nossa Senhora da Guia, tendo Vladimir Carvalho* como codiretor, filme que representou o Brasil no FESTIVAL INTERNACIONAL DE BILBAO (Espanha). Participante da geração cineclubista em João Pessoa, torna-se diretor da entidade em meados dos anos 50 e, nos anos 60, migra para o Rio de Janeiro, onde trabalha como assistente de montagem. Montador formado pelo Cinema Novo*, é responsável pela montagem de mais de quarenta longas, entre os quais *Menino de engenho*, de Walter Lima Jr.*, *Opinião pública* e *Pindorama*, ambos de Arnaldo Jabor*; *Todas as mulheres do mundo*, de Domingos Oliveira*; *Memórias de Helena*, de David Neves*; *O salário da morte*, de Linduarte Noronha*; *As filhas do fogo*, de Walter Hugo Khouri*; *O Evangelho segundo Teotônio*, de Vladimir Carvalho. Também trabalha na montagem de vários curtas: *Maranhão, Maranhão* (1966), de Glauber Rocha*; *Urbanização carioca* (1968) e *Rio, capital do cinema* (1969), filmes de Arnaldo Jabor*; *Vila Boa de Goiás* (1972), *Museu de Brasília* (1973), *A pedra da riqueza* (1974), *As doceiras* (1975), todos de Vladimir Carvalho. Dirige seu primeiro e único longa, *O sósia da morte*, que conta a história de um professor universitário que, envolvido com problemas familiares, se vê ameaçado por um sósia perfeito. Entre 1977 e 1980 é montador e editor cinematográfico da LYNXFILMES, em São Paulo, exercendo as mesmas funções para a JOBER PRODUÇÕES CINEMATOGRÁFICAS em 1981. É premiado, em 1967, pelo Instituto Nacional de Cinema, com o CORUJA DE OURO pela montagem do filme *Todas as mulheres do mundo*, de Domingos Oliveira. (RAS)

MENDES, Bete (Elizabeth Mendes de Oliveira) – São Paulo, SP, 1949. Atriz.

FILMOGRAFIA: 1974 – *As delícias da vida*. 1978 – *J. S. Brown, o último herói*; *Os amantes da chuva*. 1980 – *Insônia* (1º episódio: 'Dois dedos'). 1981 – *Eles não usam black-tie*. 2006 – *Vestido de noiva*; *Brasília 18%*.

Atriz televisiva presente em várias novelas, estreando na TUPI na revolucionária *Beto Rockfeller* (1969), de Bráulio Pedroso, sob direção de Lima Duarte*. Na GLOBO, a partir dos anos 70, atua num dos principais papéis de *O rebu* (1974), novamente de autoria de Bráulio Pedroso. Em papéis de mulheres cordatas, interpreta a esposa ingênua, de bom coração, em *Tieta* (1989), em adaptação do romance homônimo de Jorge Amado*, escrita por Aguinaldo Silva*, e na minissérie *Anos rebeldes* (1992), de autoria de Gilberto Braga. No cinema, estreia na comédia *As delícias da vida*, de Maurício Rittner. Nos filmes seguintes, interpreta papéis de maior destaque, como a mulher do malandro J. S. Brown, no filme de produção baiana de José Frazão. Em *Os amantes da chuva*, de Roberto Santos*, representa a moça simples que trabalha no centro e mora na periferia da cidade de São Paulo que conhece um rapaz (Helber Rangel*) na mesma situação, e essa história de amor deles é explorada pela publicidade. Em *Eles não usam black-tie*, de Leon Hirszman*, adaptação da peça de Gianfrancesco Guarnieri*, representa o papel da operária de fábrica do ABC paulista, namorada de um jovem (Carlos Alberto Riccelli*), filho de sindicalista, que entra em crise com a mentalidade do movimento operário, de seu pai e dos companheiros deste. Presente no elenco de várias novelas, minisséries e também seriados, nos anos 2000 voltou-se também para o cinema, fazendo a narração do filme *A cobra fumou* (2002), de Vinicius Reis. Em *Vestido de noiva*, baseado na mais famosa peça teatral de Nélson Rodrigues e com direção do filho do dramaturgo, Joffre Rodrigues, interpreta d. Lígia. No filme de Nelson Pereira dos Santos*,

Brasília 18%, participa como Chiquinha Gonzaga. (LFM)

MENDES, Nelson Teixeira – São José da Bela Vista, SP, 1927. Produtor, diretor.

FILMOGRAFIA: 1962 – *O cabeleira* (prod.). 1965 – *O diabo de Vila Velha* (prod.). 1968 – *Deu a louca no cangaço* (prod., dir.). 1969-1972 – *As duas lágrimas de Nossa Senhora Aparecida* (prod., dir.). 1970 – *A marca da ferradura* (prod., dir.); *Sexo e sangue na trilha do tesouro* (prod., dir.); *O fracasso de um homem nas duas noites de núpcias* (prod.). 1970-1972 – *Os três justiceiros* (prod., dir.). 1971 – *A herdeira rebelde* (prod., dir.); *Finis Hominis* (prod.); *Papa-defunto, o pistoleiro* (prod.). 1972 – *Quando os deuses adormecem* (prod.); *E ninguém ficou em pé* (prod.). 1972-1975 – *As mulheres do sexo violento* (prod.). 1976 – *Pesadelo sexual de um virgem* (prod.). 1978 – *Os cangaceiros do vale da morte* (prod.); *Quando as mulheres tinham rabo* (*No tempo dos trogloditas*) (prod.). 1979 – *Maníaco por meninas virgens* (prod.).

Comerciante e empresário do interior paulista, dono da Supergasbrás e de revendedora de automóveis, resolve investir no cinema no começo dos anos 60. Em sua cidade natal monta sua produtora, NTM FILMES, no ano de 1962. Produz seu primeiro filme, ainda integrado às produções realizadas em várias cidades do interior paulista que acontecem desde o princípio da década de 50. Seu filme de estreia, o cangaço em cores *O Cabeleira*, de Milton Amaral, é baseado no romance homônimo de Franklin Távora. A seguir, produz outro filme de ação, *O diabo de Vila Velha*, que passa pelas mãos dos diretores Armando Miranda, Ody Fraga* e José Mojica Marins*. Em seguida, radica-se em São Paulo, transfere sua empresa e monta também uma distribuidora, através da qual permanece como produtor de filmes populares. Dirige a paródia *Deu a louca no cangaço*, com os comediantes Dedé Santana* e Dino Santana, em filme concluído por Fauzi Mansur*. Aparece como ator em alguns de seus filmes, sob o pseudônimo de Nelson Laforet. Produz e dirige fitas rurais, como o policial de fundo religioso *As duas lágrimas de Nossa Senhora Aparecida*; as aventuras *A marca da ferradura* e *Os três justiceiros*, com a dupla de músicos sertanejos Tonico & Tinoco; e o drama *A herdeira rebelde*. Instala-se na Boca do Lixo*, produzindo, sob a direção de José Mojica Marins, a aventura *Sexo e sangue na trilha do tesouro* e os dois filmes

do personagem Finis Hominis, interpretado pelo próprio diretor (*Finis Hominis* e *Quando os deuses adormecem*). Na mesma linha da fita anterior faz o filme de mistério *O fracasso de um homem nas duas noites de núpcias*, de George Michel Serkeis. Ainda no filme de gênero, é produtor de dois faroestes, *Papa-defunto, o pistoleiro*, de seu ex-assistente Mimo Valdi, e *E ninguém ficou em pé*, de José Vedovato. Ajuda a concluir o drama *As mulheres do sexo violento*, outra fita sua a passar pelas mãos de vários diretores e que está creditada a Francisco Cavalcanti. Cede à tentação das produções eróticas quando filma as pornochanchadas *Pesadelo sexual de um virgem*, de Roberto Mauro; *Quando as mulheres tinham rabo*, de Edward Freund; e *Maníaco por meninas virgens*, de Alexandre Sandrini. Colabora na conclusão da produção pernambucana *Os cangaceiros do vale da morte*, de Apolo Monteiro. Na década de 80, troca o cinema pelo ramo imobiliário. (LFM)

MENDES, Octávio (Otávio Gabus Mendes) – Ribeirão Bonito, SP, 1906-1946. Crítico de cinema, diretor.

FILMOGRAFIA: 1929 – *Às armas*. 1931 – *Mulher*. 1932 – *Onde a terra acaba*.

Um dos maiores nomes do rádio paulista e brasileiro, Octávio Mendes teve uma curta, porém significativa, passagem pelo cinema brasileiro. Nascido na localidade de Dourados, município de Ribeirão Bonito, estado de São Paulo, em 4 de fevereiro, cursou os colégios Dulley e Anglo-americano e os ginásios Diocesano e Carmo, em São Paulo. Deixou o Ginásio do Carmo com um diploma de bacharel em Ciências e Letras, sabendo inglês, francês, italiano, alemão e espanhol. Começou então a trabalhar, passando pelas firmas A. Barbosa & Cia., Sociedade Anônima Martinelli, Casa Pratt S. A. e, por último, na Repartição de Águas e Esgotos. A partir de 1924, começou a escrever sobre sua grande paixão, que começara na infância: o cinema. Tornou-se colaborador do semanário *Paratodos*. Teve início aí sua amizade com Adhemar Gonzaga*, um dos editores da revista e responsável pela seção dedicada ao cinema brasileiro. Quando Gonzaga expandiu a cobertura cinematográfica de *Paratodos* numa publicação autônoma e criou a *Cinearte*, em março de 1926, Octávio foi transformado no correspondente da revista em São Paulo. Além de fazer críticas dos filmes em cartaz na capital paulista, assinando O. M., Octávio exercitava na *Cinearte* o seu talento de cronista, sendo dos seus colaboradores o que revelou maiores aptidões literárias. Quando Gonzaga e seus colegas da *Cinearte* partiam da teoria à prática e realizavam *Barro humano*, Octávio resolveu também dirigir um filme. Escreveu um roteiro e o apresentou ao produtor Joaquim Garnier, que acabara de montar um estúdio e estava estudando qual seria a primeira produção. Realiza *Às armas*, que conta a história de um matuto que vai para São Paulo servir o Exército e salva o comandante do quartel da morte, numa cilada armada por um recruta rebelde, retornando à sua cidade como herói. Convocado por Gonzaga, transferiu-se para o Rio de Janeiro em 1930, escrevendo para a *Cinearte*. Nessa época, começou a escrever o argumento de *Ganga bruta*, que Humberto Mauro* realizaria entre 1931 e 1933. Gonzaga o integrou à CINÉDIA* e, no ano seguinte, dirigiu seu primeiro filme no estúdio: *Mulher*, com argumento de Gonzaga e do próprio Octávio, e estrelado por Carmen Violeta* e Celso Montenegro. Melodrama bem ao gosto das plateias da época, *Mulher* contava as agruras de uma mulher pobre (Carmen Violeta) em busca da felicidade. O roteiro de Octávio apresentava situações bastante ousadas para a época, como sequências passadas em favelas (que seriam suprimidas do filme por exigência dos exibidores, sob a alegação de que desagradavam aos espectadores), e um erotismo baseado em símbolos visuais, que exerceria uma forte influência em Humberto Mauro (que, além de ter sido o fotógrafo do filme, interpretou o padrasto de Carmen). Octávio foi escolhido para ser o diretor de *Onde a terra acaba*, versão modernizada de *Senhora*, de José de Alencar*, produzida por Carmen Santos*, que resolveu usar o mesmo título do inacabado projeto com Mário Peixoto*. Carmen utiliza o título de Peixoto não apenas para forjar uma continuidade entre as duas versões, evitando a volta das mesmas reprimendas que sofrera nos anos 20 por conta de suas promessas não cumpridas, mas também porque era legítima proprietária do título, tendo firmado com Peixoto contrato em cartório a esse respeito. Realizado simultaneamente a *Ganga bruta*, foi o último filme dirigido por Octávio Mendes. A crise que viveu a CINÉDIA* no período, em virtude do fracasso comercial dos dois filmes e da afirmação do filme sonoro, forçaram-no a abandonar o cinema. Octávio começou então uma vitoriosa carreira no rádio. Seu primeiro contato com o meio se deu em 1932, quando, devido ao afastamento do titular Rubey Wanderley, preso como revolucionário, passou a fazer comentários cinematográficos na RÁDIO SOCIEDA-DE DO RIO DE JANEIRO (depois RÁDIO MEC). No final daquele ano, foi contratado pela RÁDIO CRUZEIRO DO SUL, de São Paulo, como locutor auxiliar, ganhando 250 mil-réis mensais. Em 9 de setembro de 1933, foi para a RECORD, com salário dobrado. Organizou então a discoteca da emissora e, depois, fez o mesmo na RÁDIO NACIONAL DO RIO DE JANEIRO. Seu sistema foi imitado por outras emissoras. Octávio passou então a redigir textos. Iniciou as transmissões esportivas de todos os gêneros. Já era um grande locutor quando começou a irradiar programas animados, como *Diga-diga-du*, *Popeye*, *Caricatura* e outros. Em seguida fez o célebre *A Tchá Tchá* e a grande novidade, *A Ópera pelo Avesso*. Em 1935, segundo algumas versões, criou os programas de calouros e também os de auditório, com a participação dos ouvintes. Outra de suas inovações foi a radiofonização de peças de teatro. A primeira foi *Primavera*. Em 1939, Octávio vai para a BANDEIRANTES, onde foi diretor de radioteatro e também atuou como ator. Retornou à RECORD, onde apresentou novos programas, entre eles *Escola Risonha e Franca*. As EMISSORAS ASSOCIADAS contrataram Octávio por 10 mil cruzeiros mensais, ordenado astronômico para o rádio brasileiro da época. Voltou para a BANDEIRANTES em princípio de 1946, com salário ainda maior: 15 mil cruzeiros por mês. Criou nessa emissora o *Cinema em seu Lar* e os programas *Senhores Jurados* e *O Avesso da História*. Sua última criação foi *A Marcha do Tempo*. Casou-se com Esther de Moraes em 8 de setembro de 1925 e um de seus filhos, Cassiano Gabus Mendes, foi autor de novelas. Octávio Mendes falece em São Paulo, em 13 de setembro, após longa enfermidade. (LAR)

MENDONÇA, Maria Luísa – Rio de Janeiro, RJ, 1970. Atriz.

FILMOGRAFIA: 1995-1996 – *Quem matou Pixote?*. 1997-1998 – *Coração iluminado*. 2002 – *As três Marias; Carandiru*. 2004 – *Nina*. 2005 – *Jogo subterrâneo*. 2006 – *O magnata*. 2007 – *Querô*. 2008 – *A mulher do meu amigo; Nossa vida não cabe num Opala*. 2008 – *Se eu fosse você 2*. 2009 – *A mulher invisível; Insolação*.

Atriz que começou a carreira no teatro, onde se destacou em alguns trabalhos. Em seguida foi para a TV. No cinema, estreou em *Quem matou Pixote?*, de José Joffily*, no pequeno papel de Malu. Interpretou Ana, mulher casada que reencontrou antigo amor, em *Coração iluminado*, de Hector Babenco*. Viveu Maria Rosa no drama *As três Marias*, de Aluisio Abranches. Foi Dalva em *Carandiru*, de Hector Babenco, baseado no *best-seller Estação Carandiru*, de Drauzio Varella. Apareceu num sonho em *Nina*, do diretor estreante Heitor Dhalia*. Criou Ana para *Jogo subterrâneo*, de Roberto Gervitz*, baseado no conto *Manuscrito encontrado num bolso*, de Julio Cortázar. Interpretou a mãe do personagem-título em *O magnata*, do diretor estreante Johnny Araújo. Fez participação especial em *Querô*, de outro diretor estreante, Carlos Cortez, baseado em texto do dramaturgo Plínio Marcos*. Na comédia *A mulher do meu amigo*, de Claudio Torres, foi Pamela, uma das esposas trocadas. Interpretou a esquisita Silvia no drama *Nossa vida não cabe num Opala*, de mais um diretor estreante na função, Reinaldo Pinheiro, baseado na peça teatral homônima de Mário Bortolotto. Tem rápida participação na comédia *Se eu fosse você 2*, de Daniel Filho*, um extraordinário sucesso de bilheteria. Fez Marina, a esposa que repentinamente resolveu se separar, deflagrando a trama da comédia *A mulher invisível*, em outro trabalho com o diretor Claudio Torres. Interpretou Ana em *Insolação*, drama de Daniela Thomas e do estreante Felipe Hirsch, diretor teatral que incursiona pelo cinema. No curta-metragem ficcional, foi atriz em *Amar* (1997), de Carlos Gregório*, e *A delicadeza do amor* (2004), de Éder Santos. Codiretora, com Vicente Franco, do documentário de média metragem *Nasci mulher negra* (1999), enfocando a vida de Benedita da Silva, a primeira senadora negra do Brasil. (LFM)

MENEZES, Glória (Nilcedes Soares) – Pelotas, RS, 1935. Atriz.

FILMOGRAFIA: 1962 – *O pagador de promessas; Lampião, rei do cangaço*. 1968 – *Máscara da traição*. 1970 – *O impossível acontece* (2º episódio: 'Eu, ela e outro'). 1972 – *Independência ou morte*. 1973 – *O descarte*. 1978 – *O Caçador de Esmeraldas*. 1983 – *Para viver um grande amor*. 2006 – *Se eu fosse você*.

Estrela da televisão brasileira, desenvolve carreira em grande parte associada à de seu segundo marido, o ator Tarcísio Meira*. Decidida a fazer carreira artística, cursa a Escola de Arte Dramática da Universidade de São Paulo. Ao formar-se, monta com Maria Célia Camargo o grupo amador Os Jovens Independentes, encenando a peça *As feiticeiras de Salem*. Ganha prêmio de melhor atriz de 1959, atraindo a atenção da TV TUPI. Estreia no programa *TV de Vanguarda*, interpretando a personagem-título de *Um lugar ao sol*. Seus desempenhos impressionam

Anselmo Duarte*, que a convida para viver a mulher de Zé do Burro no filme *O pagador de promessas*. É laureada com o SACI de melhor atriz com seu trabalho seguinte, *Lampião, rei do cangaço*, de Carlos Coimbra*. A promissora carreira cinematográfica sofre brusca interrupção. Contratada pela TV EXCELSIOR, assume um dos papéis principais da primeira novela diária brasileira, *25499, ocupado*, um sucesso imediato. Seguem-se inúmeras telenovelas na EXCELSIOR e depois na TV GLOBO, consagrando-a como um dos maiores nomes do gênero em toda sua história. Entre os incontáveis sucessos estão *A deusa vencida*, *Almas de pedra*, em que se fazia passar por homem, *Sangue e areia*, *Irmãos Coragem*, *Pai herói*, *Guerra dos sexos* e *Rainha da sucata*. Protagoniza o primeiro programa em cores da televisão brasileira, o especial *A dama das camélias*, de 1972. No teatro, atua em várias peças, com destaque para *Navalha na carne*, *Tudo bem no ano que vem*, *Vagas para moças de fino trato* e *Um dia muito especial*. Participa de mais alguns filmes, salientando-se os épicos *Independência ou morte*, de Carlos Coimbra, e *O Caçador de Esmeraldas*, de Osvaldo Oliveira*. (HH). Nas duas últimas décadas, participou de pelo menos uma dezena de novelas, ganhando notoriedade. Atua no grande sucesso do cinema brasileiro dos anos 2000, a comédia *Se eu fosse você*, interpretando com personalidade a sogra mal-humorada do protagonista que vive no corpo de sua filha.

MESQUITINHA (Olímpio Bastos) – Lisboa, Portugal, 1902-1956. Ator, diretor.

FILMOGRAFIA: 1934 – *Alô! Alô! Brasil* (ator). 1935 – *Noites cariocas* (ator); *Os estudantes* (ator). 1936 – *João Ninguém* (ator, dir.). 1937 – *O bobo do rei* (ator, dir.). 1938 – *Tererê não resolve* (ator); *Maridinho de luxo* (ator); *Bombonzinho* (ator). 1939 – *Onde estás, felicidade?*. (ator, dir.). 1939 – *Está tudo aí!* (ator, dir.). 1940 – *Pega ladrão* (ator). 1943 – *Samba em Berlim* (ator); *É proibido sonhar* (ator). 1944 – *Romance de um mordedor* (ator). 1946 – *Cem garotas e um capote* (ator); *Segura esta mulher* (ator). 1948 – *Esta é fina* (ator). 1952 – *Simão, o caolho* (ator). 1953 – *Está com tudo* (ator).

Até a consagração cinematográfica de Oscarito*, na década de 40, é tratado como o maior cômico do país. Para alguns críticos e contemporâneos, possui técnica mais apurada, com expressão corporal mais contida e refinada e uso da voz em diferentes registros. Especialista em caracterizações faciais, faz sucesso a partir do próprio tipo físico franzino, baixinho e feioso. Cria uma persona artística de extrema simpatia, na qual se confundem ingenuidade, malícia e bom coração, aproximando-o do Carlitos de Charles Chaplin. Com 5 anos é trazido ao Brasil pelos padrinhos, um casal de artistas que o cria. Acompanha-os em turnê pelo país, acabando por aprender algumas cançonetas e estrear aos 6 anos em um teatro de Campos, no estado do Rio de Janeiro. Fixam-se na capital paulista, procurando afastá-lo dos palcos. Vai para o internato do Colégio Coração de Jesus, saindo aos 18 anos para cursar a faculdade de Engenharia. Abandona-a no segundo ano, disposto a ingressar na carreira artística. Entra para a Companhia Arruda Gonçalves, sediada no Teatro Boa Vista, começando na burleta *Sustenta a nota* e estourando como o galãzinho roceiro da revista *Pé de anjo*. Transfere-se para a Companhia de Antônio de Souza e mais tarde para o Rio de Janeiro, fazendo fama nos teatros Carlos Gomes e Recreio. Convidado por Wallace Downey*, interpreta papéis nos filmes *Alô! Alô! Brasil* e *Estudantes*, que o próprio Downey dirige. João de Barro e Alberto Ribeiro desenvolvem o argumento, Ruy Costa* roteiriza e o próprio Mesquitinha interpreta e dirige *João Ninguém*, sua bem-sucedida estreia na direção de longas. Tido como precursor de uma certa atmosfera neorrealista, impulsiona sua efêmera carreira como realizador. É um dos primeiros filmes brasileiros a apresentar uma sequência em cores. Seus filmes seguintes, como diretor, *O bobo do rei* e *Onde estás, felicidade?*, são adaptações teatrais. *Está tudo aí!* é mais ágil, sintetizando com perfeição a estrutura dramática que sustentaria a chanchada* em seus primeiros tempos. Como ator sai-se melhor, deixando pelo menos duas interpretações memoráveis em *Maridinho de luxo* e *Simão, o caolho*. (HH)

MIGLIACCIO, Flávio – São Paulo, SP, 1934. Ator, diretor.

FILMOGRAFIA: 1957 – *O grande momento*. 1962 – *Cinco vezes favela* (1º episódio: 'Um favelado'); *Os mendigos* (dir.). 1963 – *Canalha em crise*. 1964 – *Fábula* (produção estrangeira). 1965 – *A hora e vez de Augusto Matraga*. 1966 – *Todas as mulheres do mundo*; *Terra em transe*; *Arrastão* (produção estrangeira) (ator). 1967 – *O homem nu*. 1968 – *O homem que comprou o mundo*; *Pobre príncipe encantado*; *Como vai, vai bem?* (1º episódio: 'Uma vez Flamengo, sempre Flamengo'; 2º episódio: 'Mulher à vista'; 3º episódio: 'Dez anos de casado'; 4º episódio: 'A santinha do encantado'; 5º episódio: 'O apartamento'; 6º episódio: 'Os meninos do padre Bentinho'; 7º episódio: 'Hei de vencer'; 8º episódio: 'O grande dia'); *Máscara da traição*; *Parafernália, o dia da caça*. 1969 – *A cama ao alcance de todos* (2º episódio: 'A segunda cama'); *A penúltima donzela*; *Pais quadrados, filhos avançados*; *Vida e glória de um canalha*; *Quatro contra o mundo* (episódio: 'Jovem retaguarda'; episódio: 'História da praia'); *Os caras de pau* (ator, dir.); *Em busca do su$exo*; *Como ganhar na loteria sem perder a esportiva*; *O donzelo*; *Uma garota em maus lençóis*. 1971 – *Pra quem fica... tchau!*; *O donzelo*; *Aventuras com tio Maneco* (ator, dir.); *A 300 quilômetros por hora*; *Assalto à brasileira* (ator, dir.). 1973 – *Os machões*; *Um virgem na praça*. 1975 – *Aventuras d'um detetive português*; *O caçador de fantasmas* (ator, dir.); *O filho do chefão*. 1979 – *Maneco, o supertio* (ator, dir.); *Parceiros da aventura*. 1986 – *Tanga* (*Deu no New York Times*). 1989 – *Os Trapalhões na terra dos monstros* (dir.). 1991 – *O filme de minha vida*. 1997 – *Boleiros, era uma vez o futebol...*; *Menino maluquinho 2: a aventura*. 2006 – *Boleiros 2, vencedores e vencidos*. 2007 – *Os porraloquinhas*. 2008 – *Verônica*.

Intérprete, realizador, roteirista, dramaturgo, cartunista, autor de livros infantis e homem de televisão, em que se dedica principalmente a programas humorísticos, fixa imagem de artista cômico, destacando-se por trabalhos voltados para o público infantojuvenil. Sempre irrequieto, passa parte da adolescência em seminário religioso. Frequenta o grupo teatral da igreja matriz do bairro paulistano de Tucuruvi, assumindo posteriormente a sua direção. Faz teste e cursa interpretação teatral com Ruggero Jaccobi no Teatro do Quarto Centenário. Ingressa no Teatro de Arena, participando dos seminários e laboratórios. Integra, entre outras, as montagens originais de *Eles não usam black-tie* e *Revolução na América do Sul*. Faz figuração em cinema na cena do casamento de *O grande momento*, de Roberto Santos*. Ao excursionar pelo Rio de Janeiro entra em contato com o Centro Popular de Cultura (CPC/UNE), estabelecendo-se na cidade. Participa de diversas peças, como *Chapetuba Futebol Clube*, de Oduvaldo Viana Filho*. Aproxima-se do meio cinematográfico, atuando em 'Um favelado', de Marcos Farias*, episódio de *Cinco vezes favela*. Entusiasmado, escreve, interpreta e dirige *Os mendigos*, manifesto humanista em que coloca os atores interagindo com as pessoas comuns, filmando às escondidas. O resultado impressiona o cineasta sueco Arne Sucksdorff*, que o convida para pesquisar e coescrever o roteiro de *Fábula*, encarregando-o ainda de orientar os atores infantis durante as filmagens. A experiência leva-o a refletir sobre a necessidade de um cinema infantojuvenil. Prossegue a carreira, atuando em obras importantes, como *A hora e vez de Augusto Matraga*, de Roberto Santos, e *Terra em transe*, de Glauber Rocha*. Ganha a condição de protagonista em *O homem que comprou o mundo*, de Eduardo Coutinho*, e *O donzelo*, de Stephan Wohl. Torna-se um dos nomes mais constantes da comédia carioca de leve sabor erótico, assinando a história deste último e de um dos episódios de *A cama ao alcance de todos*. Roteiriza, dirige e atua nos bem-humorados *Os caras de pau* e *Assalto à brasileira*, este baseado em peça de sua autoria. Cria finalmente o tio Maneco, protagonista da trilogia *Aventuras com tio Maneco*, *O caçador de fantasmas* e *Maneco, o supertio*, alcançando grande sucesso. O personagem transforma-se em série de televisão, veiculada no programa *Catavento* da TVE, e em livros infantojuvenis. Na telinha, começa figurando em programa humorístico de Chico Anysio*, até ser contratado para fazer a novela *O primeiro amor*, que o torna conhecido do grande público. Escreve textos para diversos humorísticos, como *Viva o Gordo* e *Escolinha do Professor Raimundo*, atuando ainda em algumas novelas, como *O astro*, *Pai herói* e *Rainha da sucata*. Nos anos 80 e 90, tem pouco contato com o cinema, realizando o último filme com os integrantes originais do grupo Os Trapalhões*. Representa um dos boleiros em *Boleiros, era uma vez o futebol*, de Ugo Giorgetti*. (HH) Novamente foi boleiro na sequência desse filme, *Boleiros 2, vencedores e vencidos*, também com direção de Giorgetti. Em *Os porralokinhas*, filme infantojuvenil de Lui Farias, interpreta tio Maneco, figura há muito conhecida do ator, que encarna com facilidade o tipo e a ele é identificado. Foi diretor e protagonista dos três filmes anteriores da série, todos com o personagem do tio Maneco (*Aventuras com tio Maneco*, 1971; *O caçador de fantasmas*, 1975 e *Maneco, o supertio*, 1979). Em *Verônica*, dirigido por Maurício Farias, interpreta o pai da protagonista.

MIGLIORI, Gabriel – São Paulo, SP, 1909-1975. Músico.

FILMOGRAFIA: 1952 – *O cangaceiro*. 1953 – *Família Lero-lero*; *Candinho*. 1954 – *São Paulo em festa*; *Carnaval em lá maior*.

1955 – *Armas da vingança*; *O primo do cangaceiro*; *Quem matou Anabela?*. 1955-1956 – *Fernão Dias*. 1956 – *O capanga*. 1956-1957 – *Paixão de bruto*. 1957 – *Dioguinho*; *Paixão de gaúcho*; *Estranho encontro*. 1958 – *Padroeira do Brasil (Cavalgada da esperança)*. 1959 – *Cidade ameaçada*; *Na Garganta do Diabo*. 1960 – *A primeira missa*; *A moça do quarto 13 (coprodução estrangeira)*; *Nudismo não é pecado*. 1962 – *O pagador de promessas*; *Lá no meu sertão*; *Lampião, rei do cangaço*; *Luta nos pampas*; *Isto é strip-tease*. 1964 – *Obrigado a matar*. 1965 – *O santo milagroso*. 1966 – *Cangaceiros de Lampião*; *O anjo assassino*. 1968 – *Madona de cedro*. 1969 – *Corisco, o diabo loiro*. 1971 – *O homem-lobo*.

Primeiro compositor a dedicar-se continuamente à criação de trilhas musicais originais, distinguindo-se por um estilo vibrante e atmosférico, baseado na técnica da *mood music* americana. Estuda com os maestros Amadeu Pugliesi, Savino de Benedictis e Agostinho Cantu, pensando em tornar-se concertista clássico. Chega a trabalhar como pianista, abandonando a execução em favor da regência e composição erudita. Entre suas obras premiadas estão *Variações sinfônicas sobre um tema popular*, *Concerto para violino*, *Impressões brasileiras*, *Pirapora* e *Berceuse*. Torna-se diretor da orquestra da RÁDIO RECORD e depois da TV RECORD. É contratado pela VERA CRUZ*, afirmando-se imediatamente como um dos melhores compositores do meio. Populariza mundialmente a canção folclórica *Mulher rendeira*, utilizando seus acordes básicos para compor a música de fundo de *O cangaceiro*, de Lima Barreto*. Trabalha quase sempre variando um *leitmotiv* ao longo do filme. Também se mostra econômico na colocação da música, valorizando os tempos fortes da montagem. Utiliza pequenos conjuntos para filmes mais intimistas, como em *Estranho encontro*, de Walter Hugo Khouri*. Entre suas obras mais expressivas estão *Cidade ameaçada*, de Roberto Farias*; *Lampião, rei do cangaço* e *Madona de cedro*, ambos de Carlos Coimbra*. Ganha quatro prêmios SACI e dois CIDADE DE SÃO PAULO, conquistando também uma láurea internacional no FESTIVAL DE SAN FRANCISCO, por *O pagador de promessas*, de Anselmo Duarte*. Participou como jurado do programa de televisão *É Proibido Colocar Cartazes*, comandado por Pagano Sobrinho, ficando conhecido do grande público. Faleceu em 12 de janeiro, em São Paulo. (HH)

MIGUEL, João – Salvador, BA, 1970. Ator.

FILMOGRAFIA: 2004 – *Esses moços*. 2002-2005 – *Eu me lembro*. 2005 – *Cidade baixa*; *Cinema aspirinas e urubus*. 2006 – *O céu de Suely*. 2007 – *Deserto feliz*; *Mutum*; *Estômago*. 2008 – *Se nada mais der certo*. 2009 – *Hotel Atlântico*.

Sua trajetória se iniciou aos 9 anos de idade num programa de televisão, passando por peças de teatro. Foi protagonista aos 13 anos da peça de circo *A viagem de um barquinho*, com crianças carentes. Aos 17 anos foi para o Rio de Janeiro e teve sua formação teatral na Casa das Artes de Laranjeiras (CAL), onde conheceu Luiz Carlos Vasconcelos, ator e diretor do Grupo Piolim. Mais adiante, em João Pessoa, aperfeiçoou a arte circense e juntamente com Luiz Carlos excursionou com a peça *Vau de Sarapalha*, pelo Brasil e exterior até 2006. Em 2001 apresenta o monólogo *O Bispo*, sobre o artista Artur Bispo do Rosário (interno num hospício por cinquenta anos produzindo obras de arte). Esse papel motivou sua escolha para o filme *Cinema aspirinas e urubus*, dirigido pelo estreante Marcelo Gomes*, e sua atuação foi reconhecida pelo público e pela crítica, recebendo vários prêmios no ano de 2005: melhor ator no FESTIVAL DE GUADALAJARA (México); TROFÉU REDENTOR de melhor ator no FESTIVAL DO RIO e melhor ator no FESTIVAL DE CUIABÁ. Inicialmente, foi ator em filmes nordestinos realizados por cineastas de uma nova geração. Estreou em *Esses moços*, primeiro longa-metragem de José Araripe Jr., seguido de *Cidade baixa*, primeiro trabalho ficcional do diretor Sérgio Machado*, em que viveu Edvan, e o premiado Ranulpho de *Cinema aspirinas e urubus*. Filmou *Eu me lembro*, de Edgar Navarro, no papel de Daniel; *O céu de Suely*, de Karim Ainouz*, no papel de João, e *Deserto feliz*, de Paulo Caldas*, no qual interpretou Mão de Vaca. Nos filmes seguintes trabalhou em produções de outros estados fora do Nordeste. Representou o pai em *Mutum*, primeiro longa ficcional de Sandra Kogut*, baseado na obra de João Guimarães Rosa. Criou Nonato, personagem protagonista de *Estômago*, longa de estreia do diretor Marcos Jorge; foi Wilson em *Se nada mais der certo*, de José Eduardo Belmonte*, e Sebastião em *Hotel Atlântico*, de Suzana Amaral*, baseado na obra homônima de João Gilberto Noll. Do cinema chamou a atenção da TV, que o levou aos seriados globais, aos quais chegou em 2005, participando de episódios de *Carandiru, Outras Histórias*, *Antônia*, *Casos e Acasos* e *Grande Família*. (MM)

MINAS GERAIS

O cinema mineiro, seguindo a mesma tendência das produções feitas fora do eixo Rio-São Paulo, acontece de forma cíclica e desordenada. Não existiram, na história do cinema mineiro, laboratórios, estúdios e infraestrutura tecnológica que possibilitassem a criação de uma indústria cinematográfica. Os filmes realizados, na maioria das vezes, tiveram distribuição e exibição precárias. As tentativas de estabelecer uma política para o setor nunca frutificaram, e os empreendimentos de industrialização mostraram-se inconsequentes, não conseguindo estabelecer relações de produção com o mercado. O período mudo, no entanto, tem uma produção consistente, e, apesar de ser pequena, bastante significativa. Na década de 20, filma-se muito em Minas Gerais. Em Pouso Alegre, Francisco de Almeida Fleming* inicia carreira com 19 anos de idade. Em 1922 realiza "In hoc signo vinces", que ficou inacabado; em 1923-1924, *Paulo e Virgínia*, ambos em Pouso Alegre; e, em 1925-1926, realiza, em Ouro Fino, também em MG, sua obra mais ambiciosa, *O vale dos martírios*, todos com produção da AMÉRICA FILMS. Outra figura singular da década de 20 foi E. C. Kerrigan*, que já havia realizado filmes em Campinas (SP) e em Porto Alegre (RS). Em 1925 dirige, em Guaranésia (MG), *Corações em suplício*, filme fotografado por Américo Masotti e produzido por Carlos Masotti. O nome mais importante do cinema mineiro da década de 20 é, sem dúvida, Humberto Mauro*. Sua produção nesse período pertence ao chamado Ciclo de Cataguases*. Dentro desse ciclo registra-se a participação de Pedro Comello, fotógrafo dos primeiros filmes de Humberto Mauro. Comello deixou dois filmes inacabados, "Os três irmãos" (1925) (desse, não se tem certeza nem mesmo de que tenha sido iniciado. Parece que não ultrapassou o estágio do argumento, que Comello depois fez imprimir) e "Os mistérios de São Mateus" (1926). Seu único filme concluído e lançado foi *Senhorita Agora Mesmo* (1927), produção da ATLAS FILM. Também nessa época, em Belo Horizonte, Manoel Talon dirigiu *Entre as montanhas de Minas* (1928), com fotografia de Rodrigo Otávio Arantes (Bonfioli fotografou uma única sequência, para a qual foi chamado, pois Arantes não conseguia solucionar tecnicamente o problema. José Silva também alegava que ele é que ajudou Arantes) e produção da BELO HORIZONTE FILMES. José Silva dirigiu *Boêmios* (1927), produção da INCONFIDÊNCIA FILMES, e *Perante Deus* (1930). Igino Bonfioli, em 1922-1923, fotografa e produz o filme *Canção da primavera*, dirigido pelo francês Cyprien Ségur, produção da BONFIOLI FILMES. Em 1930, também fotografa e produz *Tormenta*, direção de Arthur Serra, produção da SAIFA YARA.

Na década de 30, algumas empresas cinematográficas estavam ligadas aos serviços de propaganda estaduais, encarregadas de cobrir os principais acontecimentos ligados às realizações do governo. Destacam-se, em Belo Horizonte, a BONFIOLI FILMES, de Igino Bonfioli, e a CARRIÇO FILMES, de João Carriço, em Juiz de Fora. Nos anos 40 e 50, Belo Horizonte passou por um período de grande vigor criativo. Começava um processo de modernização, introduzido pelos prefeitos Otacílio Negrão de Lima e Juscelino Kubitschek de Oliveira. A construção de obras arquitetônicas e artísticas em torno da lagoa da Pampulha trouxe nomes expressivos como Guignard, Oscar Niemeyer, Portinari, Ceschiati, Burle Marx, motivando a discussão em torno das artes. Nesse período, a cidade foi também centro gerador de conhecimento cinematográfico, a partir de um forte movimento cineclubista, iniciado com o CLUBE DE CINEMA DE BELO HORIZONTE, em 1947, que reunia críticos de cinema, literatos, artistas plásticos, músicos. Qualquer assunto era motivo de discussão no espaço do cineclube*. Transformou-se posteriormente no Centro de Estudos Cinematográficos – CEC (1951-1998), responsável pelo surgimento da *Revista de Cinema* (1954-1964) e *Claquete* (1960-1962). A *Revista de Cinema* iniciou, através de um artigo de Cyro Siqueira*, "Revisão do método crítico", um debate nacional sobre a questão de um novo posicionamento da crítica em face do surgimento de novas cinematografias internacionais. Diversas empresas cinematográficas foram criadas nos anos 40 e 50 visando à industrialização: LIBERTAS FILME, ORBIS FILME, MINAS FILME, União dos Propagandistas Católicos (UPC), SION FILMES, ORGANIZAÇÃO CINEMATOGRÁFICA CINEMINAS. Havia, ainda, o movimento cineclubista católico, preocupado com a educação do espectador, que editava a *Revista de Cultura Cinematográfica* (1957-1963) e que, em 1962, criou a Escola Superior de Cinema, na Universidade Católica de Minas Gerais.

A partir do cineclubismo surge, em 1965, um ciclo de curtas-metragens em 16 mm. Foram produzidos, no período de 1965-1969, 59 filmes que focalizavam a conturbada vida social e política do país, diretamente ou através de metáforas. Começaram suas carreiras, nesse período, Carlos Alberto Prates*, Neville d'Almeida*, Schubert Magalhães*, Geraldo Veloso, Guará*, Alberto Graça, Flávio Werneck, entre outros. Em 1968 foi realizado o PRIMEIRO FESTIVAL DE CINEMA BRASILEIRO DE BELO HORIZONTE, quando foi lançado o Fundo Pró-cinema, do Banco de Desenvolvimento de Minas Gerais (BDMG), que pretendia criar um sistema de financiamento permanente da produção cinematográfica em Minas Gerais. Inicialmente estava prevista a produção de quatro filmes: *O homem do corpo fechado* (1970), de Schubert Magalhães, *Crioulo doido* (1970), direção de Carlos Alberto Prates Ambos produções de filmes D'el Rey; *Balada dos infiéis* (1970), de Geraldo Santos Pereira*, produção da CINEMATOGRÁFICA VILA RICA/VERA CRUZ; e "O Jovem Cão", de Maurício Gomes Leite*, filme não realizado. Maurício já havia dirigido antes o longa-metragem *A vida provisória* (1968), produção da TEKLA FILMES e SAGA FILMES*. O Fundo Pró-cinema não vingou e a cobrança de juros normais de banco comercial inviabiliza a continuidade do programa.

Com o governo Aureliano Chaves, em 1975, o Estado começa a ter uma participação maior no projeto cinematográfico. Sob pressão da classe cinematográfica, exercida pela Associação Mineira de Cinema (AMICE) e pela Associação Mineira dos Produtores Cinematográficos (AMPC), foi criado o POLO CINEMATOGRÁFICO MINEIRO, por meio de convênio firmado entre a Coordenadoria de Estado da Cultura e a EMBRAFILME*. Em 1976 foi criado o CONCURSO ANUAL DE FILMES DE CURTA-METRAGEM. A proposta do governo privilegiava o curta-metragem como sustentação de uma futura indústria cinematográfica. De 1977 a 1983 foram realizados sete concursos e premiados dezenove filmes. O primeiro filme produzido pelo POLO foi *O bandido Antônio Dó* (1978), de Paulo Leite Soares*, produção da FILMES DO VALE. Em 1981-1983, foi realizado *Idolatrada*, de Paulo Augusto Gomes, produção do GRUPO NOVO DE CINEMA, com recursos do convênio. Em 1981, são produzidos seis curtas-metragens em convênio com o Estado e em parceria com a iniciativa privada, através da Mineração Brasileira Reunidas (MBR). Inicia-se a produção do longa-metragem *Dois homens para matar* (*Vivos e mortos*) (1982-1983), de Paulo Leite Soares, produção da FILMES DO VALE; *Ela e os homens* (1983-1984), de Schubert Magalhães, também da FILMES DO VALE; e *Um filme 100% brasileiro Carlos Alberto Prates Correia (1982-1985), de*

José Sette de Barros, produção do GRUPO NOVO DE CINEMA. Durante 1984 é criada a Secretaria de Estado da Cultura de Minas Gerais, que assina outro convênio com a EMBRAFILME. Em 1985-1986, foi realizado *A dança dos bonecos*, de Helvécio Ratton*, produção do GRUPO NOVO DE CINEMA. Em 1994 é realizado *Menino maluquinho – o filme*, de Helvécio Ratton, produção do GRUPO NOVO DE CINEMA. Com o fechamento da EMBRAFILME, durante o governo Collor, o convênio foi extinto. O ano de 1997 marca a retomada da produção através da Lei do Audiovisual, com a realização dos filmes *Menino maluquinho 2: a aventura* (1997-1998), de Fernando Meirelles* e Fabrízia Alves Pinto, produção do GRUPO NOVO DE CINEMA, e *Amor & Cia.*, com direção de Helvécio Ratton. Com a criação do Fundo Estadual de Apoio à Indústria Cinematográfica (FEAIC) e a entrada em vigor da Lei Estadual de Incentivo à Cultura, uma série de projetos começam a ser elaborados visando à criação de um cinema mineiro com bases industriais.

Em agosto de 1988, foi criado o Núcleo Regional de Cinema de Animação, convênio entre a EMBRAFILME, a Fundação do Cinema Brasileiro e o National Film Board do Canadá com o Departamento de Fotografia e Cinema da Escola de Belas Artes da UFMG. Esse núcleo foi o embrião da Habilitação de Cinema de Animação, da EBA/UFMG, que se tornou centro de produção de animação no estado, lançando nomes importantes no mercado nacional. Ainda, em 1988, Fábio Carvalho inicia sua carreira, trabalhando na linha de José Sette de Barros, com um cinema independente e instigante. Realiza em 2003, *O general*, que é uma retomada dos filmes mineiros dos anos 60. Na década de 1990, surge um novo modelo de financiamento de produção pelo Estado com as leis federais de incentivo à cultura (1991 e 1993), a Lei Municipal (1993), na gestão do prefeito Patrus Ananias, e a Lei Estadual de Incentivo à Cultura (1997), no governo Eduardo Azeredo. Dentro desse modelo de financiamento produziu-se uma série de longas-metragens, como *Menino maluquinho – o filme* (1994) e *Amor & Cia.* (1997), ambos de Helvécio Ratton; *O circo das qualidades humanas* (2000), Geraldo Veloso, Paulo Augusto Gomes, Jorge Moreno e Milton Alencar Jr.; *Uma onda no ar* (2002), Helvécio Ratton; *Samba canção* (2002), Rafael Conde; *Aleijadinho, paixão, glória e suplício* (1999-2000), Geraldo Santos Pereira. Em 1999, foi criada a Associação Curta Minas, que tem procurado estimular

e viabilizar a produção audiovisual, além de se preocupar com a preservação da memória da produção mineira. A partir da análise da produção de curtas-metragens de 1990/2003, observa-se que as produtoras continuam, de uma forma geral, a funcionar como cobertura legal para os cineastas obterem financiamento através das leis de incentivo, como é o caso da FILMEGRAPH, MACONDO FILMES, TEIA, CAMISA LISTRADA, MARIA FILMES, entre outras. Em 2004, no governo Aécio Neves, criou-se o Filme em Minas, mecanismo de incentivo ao audiovisual, gerenciado pela Secretaria de Estado da Cultura em parceria com a Cemig. Entre os longas-metragens que se beneficiaram das leis de incentivo listamos: *Vinho de rosas* (2005), Elza Cataldo; *Confronto final* (2005), Alonso Gonçalves; *História de um amor perfeito* (2005), Geraldo Magalhães; *Depois daquele baile* (2005), Roberto Bomtempo*; *Batismo de sangue* (2006), Helvécio Ratton; *Acredite, um espírito baixou em mim* (2006), Jorge Moreno; *Cinco frações de uma quase história* (2006), Armando Mendz, Criz Azzi, Cristiano Abdul, Guilherme Fiúza, Lucas Gontijo e Thales Bahia; *Andarilho* (2007), Cao Guimarães*; *Descaminhos* (2007), filme em episódios dirigidos por Marília Rocha, Luiz Felipe Fernandes, Alexandre Baxter, Maria de Fátima Augusto, Leandro HBL, Fernando Mendz e Cristiano Abdul. Deve-se frisar o papel desempenhado pelas escolas de comunicação e pelos cursos de cinema na produção de filmes, tais como o Curso de Especialização de Cinema do IEC/PUC e o OFFICINE, ambos dirigidos pelo professor Paulo Antônio Pereira, e a Escola Livre de Cinema de Belo Horizonte.

Os festivais de cinema têm igualmente um papel significativo no incentivo, na divulgação e na discussão da produção brasileira. Destacamos a MOSTRA DE CINEMA DE TIRADENTES, desde 1998, o FESTIVAL INTERNACIONAL DE CURTAS DE BELO HORIZONTE, realizado a partir de 1994, a MOSTRA CURTA MINAS, desde 2000, o MÚMIA – MOSTRA UDIGRUDI MUNDIAL DE ANIMAÇÃO, desde 2003, MOSTRA CINE BH, desde 2007. Além destes, têm surgido diversos festivais e mostras no interior de Minas Gerais, destacando-se o FESTIVAL DE CINEMA DE PAÍSES DE LÍNGUA PORTUGUESA – CINEPORT, de Cataguases, desde 2005, e a CINEOP – MOSTRA DE CINEMA DE OURO PRETO, que teve início em 2006. O curta-metragem apresenta uma produção consistente e que se destaca em âmbito nacional. Quanto ao longa-metragem, a

produção em Minas Gerais parece estar descobrindo um caminho com as leis de incentivo. A distribuição e a exibição ainda constituem problemas, carecendo de uma política mais agressiva que defenda o produto nacional. Na segunda metade dos anos 2000, acentua-se a produção cinematográfica alternativa mineira, com a participação de alguns cineastas que tiveram sua origem na videoarte. Tanto no campo do documentário como no da ficção, diretores mineiros experimentam os limites do cinema em filmes marcados por ritmos e estrutura narrativa diferenciais. Nesse caso podemos lembrar a produção experimental do já citado Cao Guimarães (*Ex Isto*, 2010, *A alma do osso*, 2004), Marília Rocha (*Acácio*, 2008, *A falta que me faz*, 2009, *Aboio*, 2007), Rodrigo Siqueira (*Terra deu, terra come*, 2009), Sergio Borges (*Um céu sobre os ombros*, 2010), Tiago Mata Machado (*Os residentes*, 2010), entre outros. Pioneiro nessa veia é Carlos Alberto Prates Correia, que, em *Castellar e Nelson Dantas no país dos generais* (2007), relembra a produção marginal dos anos 70. A trama política, com viés mais narrativo, surge em *Batismo de sangue* (2006) de Helvécio Ratton. Também dele é o episódico *Pequenas histórias* (2007). (JAR)

MIRANDA, Ana Maria (Ana Maria Nóbrega Miranda) – Fortaleza, Ceará, 1951. Atriz.

FILMOGRAFIA: 1970 – *Como era gostoso o meu francês*. 1971 – *Os devassos*. 1972 – *Amor, carnaval e sonhos*; *A faca e o rio* (coprodução estrangeira); *Quem é Beta?*. 1975 – *A lenda do Ubirajara*; *Ovelha negra, uma despedida de solteiro*; *A nudez de Alexandra* (coprodução estrangeira); *Padre Cícero*. 1976 – *Crônica de um industrial*. 1976-1977 – *Anchieta, José do Brasil*. 1977 – *Na ponta da faca*. 2000 – *Barra 68, sem perder a ternura*. 1978 – *Amor bandido*; *O princípio do prazer*; *Tenda dos milagres*.

Foi criada em Brasília e no Rio de Janeiro. Estudou Arquitetura e Artes Plásticas na Universidade de Brasília. Dedicava-se ao desenho, pintura e xilogravura. Sua estreia no cinema profissional se deu em um pequeno papel em *Como era gostoso o meu francês*, de Nelson Pereira dos Santos*. Atuou em *Mãos vazias*, de Luiz Carlos Lacerda*. Transitando pelo cinema comercial e pelo cinema independente e marginal, Ana Maria Miranda teve o auge de sua carreira nos anos 70, estrelando *Amor, carnaval e sonhos* e *Anchieta, José do Brasil*, ambos de Paulo César Saraceni*, e *Crônica de um industrial*, de Luiz Rosemberg Filho*. Nos anos 80, resolveu trocar o cinema pela literatura, passando a assinar apenas Ana Miranda. Publicou dois livros de poesia – *Anjos e demônios* (José Olympio, 1978) e *Celebrações do outro* (Antares, 1983). Revelou-se uma escritora talentosa, afeita aos romances de época, como *Boca do Inferno* (1989), biografia romanceada do poeta satírico baiano Gregório de Matos. Em sua obra, que já ganhou reconhecimento internacional, destacam-se títulos como *O retrato do rei* (1991), *Sem pecado* (1993), *A última quimera* (1995), *Desmundo* (1996) e *Que seja em segredo* (1998), entre outros. Recebeu o Prêmio Jabuti em 1990. É irmã da cantora e compositora Marlui Miranda, com quem formou, na adolescência, um duo musical. (LAR) Nos anos 2000 tem escrito artigos para jornais e revistas como *Caros Amigos* e *Correio Braziliense*. Neste último, publicou crônicas sobre suas memórias da construção de Brasília. Seu romance *Desmundo* ganhou uma adaptação para o cinema com boa reconstituição de época, em longa homônimo dirigido por Alain Fresnot* (2001/2003), onde surge com fôlego o universo intimamente feminino que cerca a obra da autora.

MIRANDA, Aurora (Aurora da Cunha Miranda) – Rio de Janeiro, RJ, 1915-2005. Atriz.

FILMOGRAFIA: 1935 – *Alô! Alô! Brasil; Os estudantes.* 1936 – *Alô! alô! Carnaval.* 1938 – *Banana da terra.* 1943 – *Você já foi à Bahia?* (produção estrangeira). 1944 – *A dama fantasma* (produção estrangeira); *Brazil* (produção estrangeira); *Os conspiradores.* 1945 – *Conte tudo às estrelas* (produção estrangeira); *Three Caballeros* (produção estrangeira). 1947 – *Copacabana.* 1988-1989 – *Dias melhores virão.* 1994 – *Carmen Miranda, Banana is My Business.*

Aurora Miranda foi cantora, animadora, radioatriz, atriz de televisão e estrela de cinema. Irmã mais nova de Carmen Miranda*, sua carreira começou em 1934, aos 19 anos, quando gravou com Francisco Alves a famosa marchinha *Cai, cai, balão*. A carreira de Aurora pode ser dividida em três fases: o período de 1934 a 1940, de intensa atividade artística, quando gravou uma média de doze discos de 78 rpm por ano; o período de 1942 a 1952, que passou nos Estados Unidos, em companhia de Carmen Miranda, quando cantou ou fez pontas em diversos filmes, realizou algumas narrações e estrelou o filme *Você já foi à Bahia?*, de Walt Disney; e, finalmente, o período a partir de seu regresso dos Estados Unidos, quando sua carreira artística teve pouca atividade. Como cantora, gravou, além do já mencionado *Cai, cai, balão*, sucessos como *Ladrãozinho, Se a Lua contasse, Você somente, Bibelô* e *Cidade maravilhosa*. Essa marcha, que se tornaria mais tarde o hino oficial da cidade do Rio de Janeiro, foi seu maior êxito. Aurora conheceu André Filho, o autor da marcha, na RÁDIO MAYRINK VEIGA, que lhe apresentou a canção e a ofereceu para que gravasse. Cantou diversas vezes em dueto com Carmen Miranda, com quem fez temporadas em Montevidéu e Buenos Aires. Achava difícil acompanhar a irmã em virtude do modo como ela cantava: tinha que ficar atenta às expressões que Carmen fazia para não desencontrar o ritmo e a coreografia. (Aurora sempre alegou que nunca sofrera influência artística da irmã.) No Brasil, sua carreira no cinema está ligada à da irmã. Trabalhou com ela no filme *Alô! Alô! Brasil*, produção de Wallace Downey* e da CINÉDIA*, tendo recebido um cachê considerado alto para a época – 1.200$000 (um conto e duzentos mil-réis), pelas duas músicas que cantou: *Cidade maravilhosa* e *Ladrãozinho*. Participou em seguida de *Estudantes*, no qual cantou *Onde está o seu carneirinho?*, de Custódio Mesquita, e do grande clássico musical da CINÉDIA *Alô! alô! Carnaval*, interpretando duas músicas: *Molha o pano*, de Getúlio Marinho e Cândido Vasconcelos, e *Cantores do rádio*, de João de Barro (Braguinha), Lamartine Babo e Alberto Ribeiro, em antológico dueto com Carmen. Fez ainda mais um filme no Brasil, *Banana da terra*, produzido por Wallace Downey para a SONOFILMS e dirigido por Ruy Costa*. Em 1942, Aurora, já casada com Gabriel Richaid, foi para os Estados Unidos, onde o marido fez um curso de Engenharia Aeronáutica. Em Hollywood, Aurora participou de vários filmes. Depois, interpretou a própria irmã, sob o nome de Estela Monteiro, no *mystery thriller* da UNIVERSAL, *A mulher misteriosa*, dirigido por um dos mestres do *film noir*, Robert Siodmak, e no qual Franchot Tone fazia o vilão e em que apareciam também Ella Raines e Alan Curtis. Aurora fez o papel de uma atriz brasileira de revista que atuava nos palcos da Broadway. Decidiu não usar o seu sobrenome para não se aproveitar da fama de Carmen. Depois, apareceu numa praia cantando um fado em *Conspiradores*, da Warner, dirigido por Jean Negulesco e estrelado por Hedy Lamarr e Paul Henreid. Cantou um número em *Conte tudo às estrelas*, com Robert Livingston e Ruth Terry. Em 1947, participou de *Copacabana*, produzido por seu cunhado David Sebastian para a UNITED ARTISTS e estrelado por Carmen Miranda e Groucho Marx. Aurora voltou ao Brasil, em 1950, com o marido e dois filhos. Passou a priorizar a família, com esporádicas incursões na carreira artística. Aceitou o convite de Carlos Diegues* e voltou às telas numa participação especial em *Dias melhores virão*, uma homenagem à era das cantoras do rádio. (LAR) Faleceu aos 90 anos, em 22 de dezembro no bairro do Leblon, e foi enterrada no cemitério São João Batista. *Cantoras do rádio, o filme* (2009), de Gil Baroni e Marcos Avellar, resgata e presta créditos aos anos dourados da MPB, utilizando imagens de arquivo da atriz.

MIRANDA, Carmen (Maria do Carmo Miranda da Cunha) – Marco de Canavazes, Portugal, 1909-1955. Atriz.

FILMOGRAFIA: 1933 – *A voz do carnaval.* 1935 – *Alô! Alô! Brasil; Estudantes.* 1936 – *Alô! alô! Carnaval.* 1938 – *Banana da terra.* 1939 – *Laranja da China.* 1940 – *Serenata tropical* (produção estrangeira). 1941 – *Uma noite no Rio* (produção estrangeira); *Aconteceu em Havana* (produção estrangeira). 1942 – *Minha secretária brasileira* (produção estrangeira); *Entre a loura e a morena* (produção estrangeira). 1944 – *Quatro moças num jipe* (produção estrangeira); *Serenata boêmia* (produção estrangeira); *Alegria, rapazes* (produção estrangeira). 1945 – *Sonhos de estrela* (produção estrangeira). 1946 – *Se eu fosse feliz* (produção estrangeira). 1947 – *Copacabana* (produção estrangeira). 1948 – *O príncipe encantado* (produção estrangeira). 1950 – *Romance carioca* (produção estrangeira). 1953 – *Morrendo de medo* (produção estrangeira).

Os adjetivos nunca parecem esgotar a riqueza e a dimensão do talento múltiplo dessa que foi considerada, antes de sua carreira cinematográfica, a mais completa intérprete de MPB na chamada "fase de ouro". Entre os anos 30 e 40, sua discografia registra mais de trezentos títulos. Os epítetos proliferam. No Brasil, a "Pequena Notável"; nos EUA, segundo a moda de nomear as qualidades *calientes* das intérpretes latinas, ela foi a *Brazilian Bombshell*. Seguramente, se o critério é o sucesso na "matriz", Carmen Miranda pode liderar um seleto grupo de artistas estrangeiros que conseguiram se impor nos EUA, mais precisamente em Hollywood, para onde se mudou em 1940 e realizou, até a sua morte, catorze filmes. Lá, em sua mansão de Beverly Hills, debilitada aos 46 anos de idade por excesso de trabalho e muita tensão, morre de enfarte, deixando para trás uma fulgurante carreira de *performer* multimídia, compreendendo rádio, discos, cassinos cariocas, boates, teatro de revista, cinema, *nightclubs* americanos, televisão.

Carmen Miranda nasceu em Marco de Canavezes, próximo à cidade do Porto, Portugal, filha de José Maria Pinto da Cunha e de Maria Emília Miranda da Cunha. Em 1911, a família muda-se para o Rio de Janeiro, onde o pai trabalhava como barbeiro. Sob a influência da irmã mais velha, Olinda, Carmen não só aprendeu a costurar como, principalmente, a descobrir e a cantar a música popular que se fazia no Rio de Janeiro da época. Para ajudar no sustento da família, Carmen, em torno de 1925, foi trabalhar no comércio como balconista, vendendo gravatas, e, em seguida, como aprendiz de chapeleira numa loja de modas do então centro elegante do Rio. É muito provavelmente através dessa exposição ao mundo da moda que Carmen desenvolveu uma aguda intuição do papel do vestuário em diálogo com o corpo, uma relação organicamente experimentada com total domínio pela futura cantora. Bem antes do acabamento da figura com a qual Carmen seria identificada – a da baiana estilizada –, voz e corpo já se fundiam na expressão de algo absolutamente original tanto no rádio quanto nas artes cênicas brasileiras. Sua descoberta foi feita por um frequentador da pensão dos Miranda da Cunha, o baiano Aníbal Duarte, que organizou, em 1928, uma festa beneficente no Instituto Nacional de Música, no Passeio Público. Através dele, aos 19 anos, Carmen chegou ao diretor artístico do espetáculo, o compositor Josué de Barros. Impressionado com a voz e a interpretação da aspirante a cantora, a quem acompanhou ao violão, Josué abriu as portas para que Carmen passasse a se apresentar em clubes, rádios e teatros. Em 1929, ela gravou dois discos com músicas do compositor. Mas foi outro compositor, Joubert de Carvalho, também fascinado com a energia e o comportamento extrovertido da jovem cantora, quem lhe deu seu primeiro grande sucesso, a marchinha *Pra você gostar de mim* (*Taí*), êxito instantâneo e fenômeno de venda no carnaval de 1931. Daí para a frente, a carreira da cantora deslancha, alternando o rádio com o teatro de revista, apresentações nos cassinos da Urca e Atlântico, com excursões pelo Brasil e Argentina. Em 1932, acontece a estreia no cinema, no média-metragem *O carnaval cantado*, produzido por Vital Ramos de Castro. Em seguida, Carmen atua no semidocumentário *A voz do carnaval*, de Adhemar Gonzaga* e Humberto Mauro*, cantando no estúdio da RÁDIO MAYRINK

VEIGA, numa espécie de mera ilustração de um número musical fixo, presa diante do microfone. Sempre na CINÉDIA*, Carmen emprestou sua jovial e carismática presença em diversos números musicais de *Alô! Alô! Brasil* e *Estudantes*, ambos dirigidos por Wallace Downey*. No primeiro filme, Carmen já é uma estrela consagrada, com direito, inclusive, a encerrar a fita, privilégio apenas concedido ao maior nome do elenco. Nesse clímax, ela cantava a marchinha *Primavera no Rio*, de João de Barro. Em *Estudantes*, ela interpretava Mimi, cantora de rádio que desperta paixões nos estudantes encarnados por Mesquitinha* e Barbosa Júnior. Seu coração, entretanto, balançava para o lado de Mário Reis. Nesse filme, ela interpreta o samba *E bateu-se a chapa*, de Assis Valente, compositor de cuja obra Carmen é considerada a maior intérprete. Nesses dois primeiros filmes, a então cantora e atriz transfere para o cinema seu sucesso no rádio e no disco, divulgando e popularizando sua imagem junto a um grande público, que, impossibilitado de frequentar teatros ou os cassinos da época, só a conhecia pela voz. No ano seguinte, junto com a irmã Aurora Miranda*, Carmen interpreta o melhor e mais dinâmico número musical da comédia *Alô! alô! Carnaval*, de Adhemar Gonzaga, a canção *Cantores de rádio*, de Alberto Ribeiro, João de Barro e Lamartine Babo, revirando os olhos num sorriso brejeiro e arriscando alguns passos dentro de um fraque dourado, com direito a cartola, diante de um fantástico cenário futurista/carnavalesco concebido por J. Carlos. Carmen faz seu último filme no Brasil antes de seguir para os EUA, contratada pelo empresário norte-americano Lee Schubert para estrelar o musical *Streets of Paris*, na Broadway. No filme intitulado *Banana da terra*, produção da SONOFILMS dirigida por Ruy Costa*, Carmen interpreta o samba *O que é que a baiana tem?*, de Dorival Caymmi, exibindo, pela primeira vez, a imagem da baiana estilizada. As pulseiras, o turbante, os brincos e balangandãs, os tamancos altíssimos e o torso de seda, aliados aos gestos ensinados por Caymmi, emblematizam em sua *persona* artística a superposição da música popular brasileira com outros símbolos de nossa cultura tropical.

O sucesso no teatro e em *nightclubs* nova-iorquinos foi o passaporte natural para o cinema, e, em 1940, Carmen estrela seu primeiro filme americano, em contrato com a TWENTIETH CENTURY FOX, intitulado *Serenata tropical* (*Down Argentina way*), de Irving Cummings. Nesse filme, canta

outro número emblemático, dessa vez bem de acordo com as orientações indicadas na política da boa vizinhança – *Good neighbor policy* – do Departamento de Estado norte-americano, durante o governo do presidente Roosevelt. Ultrapassando as fronteiras meramente brasileiras, Carmen passa a corporificar todo um continente ao interpretar *South American Way*, canção de Jimmy McHugh e Dubin, numa produção que desagradou igualmente brasileiros e argentinos pela visão estereotipada que apresentava da vida e dos costumes latino-americanos. Na Argentina, inclusive, onde Carmen havia estado tantas vezes com sucesso, o filme foi proibido. No ano em que Carmen iniciou sua carreira nos EUA, a ameaça de guerra com a Alemanha era um fato concreto e iminente. Roosevelt promoveu essa política no intuito de manter a unidade e a hegemonia americanas no hemisfério, diante da possibilidade de invasão estrangeira e de uma certa simpatia que o governo de Getúlio Vargas demonstrava pelos alemães. O cinema tinha um importante papel a cumprir na disseminação de uma ideologia pró-americana. Na interpretação clara dos estúdios da FOX, Carmen Miranda era uma figura mais que bem-vinda, pois seu enorme carisma era o elemento central em que se apoiavam narrativas repletas de fantasias exóticas que suavizavam e naturalizavam as relações sempre de exploração entre os EUA e os demais países "ao sul do rio Grande". O filme *Entre a loura e a morena* (*The Gang's All Here*), de Busby Berkeley, emblematiza essas tensões melhor que qualquer outro de sua fase americana. No palco artificial de uma boate de estúdio transformado em cais de porto, chega um navio chamado *SS Brazil*, que desembarca os produtos de exportação do continente – açúcar, uma variedade enorme de frutas tropicais que parecem sair do turbante de Carmen, ela mesma carregando um saquinho de café nas mãos. Misturada a esses produtos, Carmen transforma-se no símbolo maior da exportação de matérias-primas – o corpo, a voz, a mulher – em troca da importação do manufaturado que ela também representa enquanto filme, mercadoria, atriz. Também uma troca se estabelece no desenrolar da introdução de *Entre a loura e a morena* quando o apresentador da boate comenta diante de Carmen e dos produtos brasileiros que "aí está a sua política de boa vizinhança", enquanto Carmen ensina à plateia da boate o "tio Sam-ba". É nesse filme que se encontra também o célebre número musical *The Lady with the Tutti-Frutti Hat* no qual, num inacreditável cenário de cores delirantes, Carmen é representada uma vez mais em meio a uma profusão de bananas e morangos gigantescos numa espécie de utopia erótico-tropical concebida por Busby Berkeley. No segundo filme, *Uma noite no Rio* (*That Night in Rio*), de Irving Cummings, ela interpreta *Chica Chica Boom Chic*, pela primeira vez cantando num inglês engraçado, autoparódico. É nesse mesmo ano que Carmen é convidada a deixar as marcas de suas mãos e dos saltos plataforma na calçada da fama do mítico Chinese Theater, em Hollywood. Seu sucesso é tão grande que em 1945 ela já é a atriz mais bem paga dos EUA, à frente, por exemplo, de Bing Crosby, Joan Crawford, Cary Grant ou mesmo Humphrey Bogart. O impacto da novidade trazida por Carmen Miranda foi tão grande que não só ela foi muitas vezes parodiada por atores como Mickey Rooney cantando *Mamãe eu quero* no filme *Babes on Broadway*, ou Bob Hope em *Road to Rio*, como também apressou outros estúdios a capitalizar a força explosiva da *Brazilian Bombshell*, criando outras latinas de simulacro, como Acquanetta, o "Vulcão Venezuelano", ou ainda Olga San Juan, a "Pimenta Porto-riquenha". De 1940 a 1953, foram ao todo catorze filmes, nos quais Carmen contracenou ao lado de, entre muitos outros, Jane Powell, Betty Grable, Don Ameche, Alice Faye, Groucho Marx, Jerry Lewis e Dean Martin. Em todos, apesar do constante desejo de se desfazer da imagem da baiana "americanizada" construída pela FOX, Carmen repetia a mesma personagem. Isso ocorre também nos outros estúdios onde trabalhou, como a METRO-GOLDWYN-MAYER e a PARAMOUNT, inclusive com pouca variação em nomes que repetiam um sufixo latino e variavam entre "Carmelita", "Rosita", "Dorita", "Chita" ou "Chiquita". Este último, ironicamente, eternizando-a até hoje na marca das famosas bananas Chiquita, que trazem, coladas à casca, um pequeno adesivo oval ilustrado por um desenho de uma figura feminina sorridente, usando turbante com frutas, em evidente referência a Carmen Miranda. Sua última atuação no cinema foi no filme *Morrendo de medo* (*Scared Stiff*), de George Marshall. Em dezembro de 1954, Carmen voltou para o Rio de Janeiro para se recuperar de uma depressão, retornando aos EUA em abril do ano seguinte. Estrelou o *show* inaugural do cassino New Frontier em Las Vegas, permanecendo em cartaz por quatro semanas. Em julho, Carmen viajou para Havana, em temporada de duas semanas no célebre cassino Tropicana. No início de agosto, aceita participar de um programa de televisão comandado pelo cômico Jimmy Durante e, em meio a um número musical, sente os primeiros sintomas do que viria a ser, poucas horas depois, um ataque cardíaco. As imagens dessa última aparição pública de Carmen Miranda exibem uma atriz que, apesar do visível cansaço, mantém o carisma, a energia e a vibração que sempre a caracterizaram. Morreu em sua casa, na madrugada de 5 de agosto, e seu corpo voltou para o Rio uma semana depois, quando uma multidão de admiradores prestou-lhe as últimas homenagens, acompanhando seu fenomenal cortejo fúnebre ao som do samba *Adeus, batucada*, de Sinval Silva, que ela ajudou a imortalizar. O legado e a influência de Carmen Miranda parecem inesgotáveis, seja nas inúmeras referências em filmes, *shows*, musicais, livros e teses, ou nas homenagens em desfiles de moda e enredos de escola de samba. Em toda a sua exuberância, Carmen sempre foi sinônimo de uma estética do excesso, em sintonia com o visual *drag queen* e o estilo eclético da pós-modernidade. Carmen tem sido constantemente regravada, e seu repertório se renova na voz da atriz Marília Pêra* ou de cantoras de diversas gerações, como Marion*, Maria Alcina, Rita Lee, Joyce ou Marisa Monte. Nos EUA, os coreógrafos Patrícia Hoffbauer e George Emílio Sanchez têm se inspirado no estilo e principalmente nos diversos significados da representação de Carmen Miranda para conceber uma série de *performances* paródicas intituladas *Carmenland: the Saga Continues*, sobre a experiência latina nos EUA. Em 1994, a cineasta Helena Solberg* concluiu um semidocumentário intitulado, ironicamente, *Bananas is My Business*, em que procura, de forma bastante pessoal e sensível, entender um pouco da ambiguidade e do fascínio exercidos pela cantora e atriz. A presença de fãs-clubes no exterior, principalmente nos EUA e na Inglaterra, testemunham o alcance e a presença ininterrupta de Carmen Miranda no imaginário popular. (JLV). No cinquentenário de sua morte foi lançado o livro *Carmen – uma biografia,* por Ruy Castro.

MIZIARA, José (José de Barros Miziara) – Barretos, SP, 1935. Diretor.

FILMOGRAFIA: 1975-1976 – *Ninguém segura essas mulheres* (4º episódio: 'O furo'). 1977 – *O bem-dotado, o homem de Itu*. 1977-1978 – *Meus homens, meus amores*. 1979 – *Mulheres do cais; Nos tempos da vaselina; Embalos alucinantes* (*A troca de casais*). 1980 – *Os rapazes da difícil vida fácil; As intimidades de Analu e Fernanda*. 1981 – *Como faturar a mulher do próximo* (1º episódio: 'A represália'; 2º episódio: 'Ginástica numa manhã de sol'; 3º episódio: sem título). 1982 – *Pecado horizontal; As amantes de um homem proibido*. 1984 – *Mulher... sexo... veneno* (1º episódio: 'A que ficou na saudade'; 2º episódio: 'O grito de independência'); *Deliciosas sacanagens*. 1985 – *Sem vaselina* (1º episódio: 'O piroca de ouro'; 2º episódio: 'Chá de cuzinha'); *Rabo 1*. 1986 – *O Oscar do sexo explícito; O quebra-galho sexual*.

No início dos anos 50, José Miziara transfere-se para São Paulo. Na capital paulista, trabalha inicialmente como artista no Circo Piolim e, depois, como ator de teatro nas peças *A ceia dos cardeais* e *As máscaras*. Buscando novos horizontes de trabalho, Miziara segue para o Rio de Janeiro, onde atua na Rádio Nacional e também na televisão a partir de 1959. Nessa fase, Miziara exerce as mais variadas funções, como ator, dublador e diretor de *shows* (*Moacyr Franco Show*, *Noites Cariocas*, etc.). No cinema, iniciou como ator em *Duas histórias* (1960), de Carlos Manga*. Nos anos 70 e 80, foi ator em filmes da Boca do Lixo*, inclusive em alguns que dirige. Como diretor, Miziara pôde trabalhar para várias produtoras, como ESTÚDIOS SILVIO SANTOS, CINEDISTRI*, TITANUS e GALANTE PRODUÇÕES CINEMATOGRÁFICAS. Nessa função, identifica-se plenamente com o produto típico de produção da Boca do Lixo: a pornochanchada*. Nessa fase, Miziara teve oportunidade de dirigir filmes dos mais variados gêneros, como filmes policiais (*Mulheres do cais*), sátiras (*O bem-dotado, o homem de Itu*), comédias (*Como faturar a mulher do próximo*), sempre trabalhando como diretor contratado. No entanto, a partir de 1984, passa a dirigir e a produzir seus próprios filmes através da sua empresa, a MIZIARA PRODUÇÕES ARTÍSTICAS. Com a decadência do gênero pornochanchada, a exemplo do que aconteceu com outros realizadores da Boca, Miziara aproveita-se do *boom* do filme de sexo explícito, utilizando-se principalmente do expediente do filme de episódios e de baixo custo. (AG)

MOCARZEL, Evaldo (Evaldo Sérgio Vinagre Mocarzel) – Niterói, RJ, 1960. Diretor.

FILMOGRAFIA: 2003 – *À margem da imagem*. 2004 – *Mensageiras da luz – parteiras da Amazônia*. 2005 – *Do luto à luta; À margem do concreto*. 2007 – *Brigada paraquedista; Jardim Ângela; O cinema dos meus olhos*. 2008 – *À margem do lixo*. 2009

– *BR3 – a peça*; *BR3 – o documentário*. 2010 – *Quebradeiras*; *Cinema de guerrilha*.

Cidadão fluminense, formado em Cinema e Jornalismo pela Universidade Federal Fluminense (UFF), é radicado em São Paulo. Trabalhou diversos anos no jornal *O Estado de S. Paulo*, onde foi editor-chefe do caderno de cultura. Diretor dos documentários de curta metragem *Retrato no parque* (1999) e *À margem da imagem* (2001), depois transformado em longa. Ainda em 2004, realizou os curtas *O mestre invisível* e *Primeiros passos*. Documentarista ativista, possui obra com ênfase em questões sociais. Coloca foco sobre os excluídos da sociedade de consumo (moradores de rua, catadores de lixo, sem-teto), e nos movimentos sociais que os representam. O tom das asserções documentárias é de denúncia e revolta por existir excluídos. *À margem da imagem* (2004) é seu primeiro longa. Retrata o cotidiano dos moradores de rua, dentro de um estilo "verdade" que vai ao local fazendo entrevistas, com participação ativa do cineasta. É dada ênfase à própria constituição do discurso narrativo, revelado ao espectador em procedimentos de metalinguagem. A dimensão reflexiva da narrativa vem para primeiro plano. As condições de filmagem são detalhadas, tornando-se o centro de gravidade narrativo. Em *A margem da imagem*, o dispositivo da tomada é constantemente revelado, inclusive nas negociações com os moradores de rua para obtenção dos direitos de imagem. Em seu segunda longa, também filmado em estilo "direto", Mocarzel vai à Amazônia e nos traz cenas do trabalho de mulheres parteiras, numa antiga tradição da região. No estado do Amapá acompanha o delicado trabalho de dar à luz em comunidades isoladas, com modo de transporte fluvial e tradições indígenas. *Do luto à luta* é um filme que envolve sua história de vida pessoal. Pai de uma criança com síndrome de Down, Mocarzel diz ter feito "o filme que gostaria de ter assistido quando minha filha nasceu". Trata-se de uma obra "para cima", que mostra jovens com essa deficiência através de uma visão alegre, buscando apontar novas perspectivas. Mais uma vez a voz e o corpo do cineasta estão bastante presentes nas tomadas que contam com a participação de sua filha. Em *À margem do concreto* retoma sua temática predileta, agora focando os sem-teto, dentro da qual pensa concluir uma tetralogia sobre os excluídos do sistema capitalista (além de *À margem da imagem*, *À margem do lixo* e *À margem do concreto*, já lançados, planeja *À margem do consumo*). A figura do diretor está presente em primeiro plano em *À margem do concreto*, com uma atuação repleta de ação dentro do calor da hora, numa ocupação noturna de prédio abandonado. Trata-se de um estilo de documentário que envolve interferência ativa na tomada e interação com o sujeito filmado e que tem Michael Moore como seu expoente mais polêmico. Em *À margem do lixo*, a comunidade retratada é a dos catadores de lixo. Em *Jardim Ângela*, é a periferia distante e violenta. O filme foi realizado a partir de oficinas de vídeo promovidas pela Associação Cultural Kinoforum no bairro Jardim Ângela. Mocarzel vai a campo como cineasta presente, flexionando as tomadas. Acentua na intensidade, buscando cores dramáticas e depoimentos definitivos sobre a miséria, a violência, a exploração. A câmera é atraída pelas cicatrizes dos corpos e os próprios moradores, a certo ponto, ficam exasperados com o ar pesado que a circunstância da tomada exala. Haveria risco de estetização da miséria, servindo à catarse do espectador de classe média? O cinema de Mocarzel respira bem no clima de polêmica. Em *Brigada de paraquedista*, o diretor entra no Exército confrontando imagens de filmes com o imaginário da tropa aérea. *O cinema dos meus olhos* é um filme mais tranquilo, feito durante a XXX MOSTRA DE CINEMA DE SÃO PAULO, coletando depoimentos de artistas e críticos. Nos longas *BR 3 – a peça* e *BR 3 – o documentário*, Mocarzel se debruça sobre peça homônima de Bernardo Carvalho, conforme encenada no rio Tietê pelo Teatro da Vertigem. (FPR)

MONTAGEM

A montagem de filmes, apesar de existir no período mudo da forma como a concebemos hoje, aparece na primeira década do cinema falado. O profissional que exerce essa função é, portanto, um personagem dos tempos do filme sonoro. Nos anos 30, com a movimentação dos estúdios cariocas e seu projeto de um cinema industrial, surge a necessidade de um especialista em juntar as cenas dos filmes, de forma que tenham uma coordenação lógica. Curiosamente, um dos nossos primeiros montadores é uma mulher, a argentina Juanita Jacko, casada com o iluminador Adam Jacko. Com prática na nascente indústria argentina, aqui monta, nas décadas de 30 e 40, filmes fotografados por seu marido, como: *Noites cariocas*, de Enrique Cadicamo; *Grito da mocidade*, de Raul Roulien*, e, mais tarde, *Coração materno*, de Gilda Abreu*, e *O noivo de minha mulher*, de Ferrucio Cerio. Pau para toda obra, Nelson Schultz é uma figura pouco lembrada. A seu modo, é um batalhador dos anos 30 e 40, quando monta *Maria Bonita*, de Julien Mandel; *Aves sem ninho*, de Raul Roulien; *Moleque Tião*, de José Carlos Burle* – neste último filme, é um faz-tudo, atuando como assistente de direção e também roteirista. Retorna à montagem no documentário *Vinte e quatro anos de luta*, de Ruy Santos*, *Caçula do barulho*, de Riccardo Freda, e *Dentro da vida*, de Jonald Descendente de alemães, Schultz escreve, dirige e monta *Sempre resta uma esperança* (1946), drama que aborda o problema do divórcio no Brasil. Ainda nessa fase, alguns diretores, como Luiz de Barros* e Ruy Costa*, montam seus próprios filmes, o que era usual no período silencioso. Outros, como Achilles Tartari – diretor dos filmes silenciosos *O piloto número 13* (1929) e *Amor e patriotismo* (1931) –, monta, no sonoro, filmes de outros cineastas, como a única produção do estúdio da AMERICANA FILMES, *A eterna esperança*, de Leo Marten*; o documentário *Sertões bravios*, de Willy Aurelli; *O circo chegou à cidade*, de Alberto Severi, e grande quantidade de cinejornais*.

O cinema carioca dos anos 40 apresenta seus primeiros montadores de carreira, Waldemar Noya* e Rafael Valverde*, que trabalham inicialmente nos estúdios da ATLÂNTIDA* e da CINÉDIA*, e depois fazem carreira importante na montagem. Como ocorre com Luiz de Barros e Ruy Costa na década anterior, Watson Macedo*, a partir dessa década, monta as produções da ATLÂNTIDA e seus próprios filmes. Outro pau para toda obra, a maquiadora, assistente de produção e de direção, que faz carreira na função de continuísta, Arlete Lester, monta na CINÉDIA, em colaboração com A. P. Castro*, os filmes *O ébrio* e *Pinguinho de gente*, ambos de Gilda Abreu. Depois monta algumas produções de Moacyr Fenelon*, como *Todos por um* e *Um falso detetive*, ambas do diretor Cajado Filho*, e *Inconveniência de ser esposa*, de Samuel Markenzon, retornando em seguida ao trabalho de continuidade. Pouco se sabe de Alberto Cruz, que monta *No trampolim da vida*, de Francisco Eichorn*; depois trabalha nas produções de Alípio Ramos*, como *Querida Suzana*, de Alberto Pieralisi*, e *Pecado de Nina* e *Perdidos de amor*, de Eurides Ramos*. Também pouco se sabe do assistente de direção Walter Peixoto, que anteriormente trabalha no cinema argentino e que, por aqui, monta *Almas adversas*, de Leo Marten*, e *Mãe*, de Teófilo de Barros Filho. Credenciado diretor de produção, com passagem pelo cinema mexicano, em que atua como montador, o espanhol Mário Del Rio, no Brasil desde 1949, monta *Caminhos do sul*, de Fernando de Barros*; *Depois eu conto*, de José Carlos Burle; *Rio, Zona Norte*, de Nelson Pereira dos Santos*; *Tem boi na linha*, de Aluizio T. Carvalho*; mais uma série de filmes de Luiz de Barros, em que trabalha também como assistente de direção (*Samba da Vila, Tudo é música, Um pirata do outro mundo, Com a mão na massa* e *Aí vêm os cadetes*); e ainda *Mulher de fogo*, de Tito Davinson; *Redenção*, de Roberto Pires*; *Só naquela base*, de Ronaldo Lupo*; *Assassinato em Copacabana*, de Eurides Ramos; e *Fugitivos da noite*, de Antonio Orellana. Foi também produtor de *Rua sem sol*, de Alex Viany*, e diretor da comédia *Com o diabo no corpo* (1952). Ator, diretor e montador do cinema italiano, em atividade desde o período mudo, Gino Talamo, no Rio de Janeiro a partir de 1949, monta *Iracema*, de Vittorio Cardinali, o policial *Echarpe de seda* e a comédia *Meu dia chegará* (estes dois também dirige). Muda-se para São Paulo, quando monta *Areão*, de Camillo Mastrocinque, e assume o posto de titular da montagem na MULTIFILMES*, onde monta *O amanhã será melhor, O homem dos papagaios* e *A sogra*, todos de Armando Couto; *Destino em apuros*, de Ernesto Remani*; *Fatalidade*, de Jacques Maret; *Uma vida para dois*, de Armando Miranda; *O craque* e *Chamas no cafezal*, de José Carlos Burle; e, ainda, *A outra face do homem*, de J. B. Tanko*. A italiana Carla Civelli desembarca no Brasil, ao final dos anos 40, e monta *Caçula do barulho*, de Riccardo Freda; *Luar do sertão*, de Tito Batini e de seu irmão Mário Civelli*. Monta ainda os filmes de seu marido na época, Ruggero Jacobbi: na MARISTELA*, *Presença de Anita* e *Suzana e o presidente*, e, na VERA CRUZ*, *Esquina da ilusão*. Monta depois mais um filme de Mário Civelli, o documentário *O grande desconhecido*, e, após trabalhar como pioneira na TV RECORD, retorna ao Rio de Janeiro, onde dirige a comédia policial *E é um caso de polícia?!* (1959). Com o advento dos grandes estúdios paulistas no começo dos anos 50, prestam diferentes contribuições o croata Oswald Hafenrichter* e o espanhol José Cañizares*, que colaboram na formação de montadores na VERA CRUZ e na MARISTELA, como Mauro Alice*, Lúcio Braun*, Maria Guadalupe* e Carlos Coimbra*, que fazem carreira no cinema paulista. Dois outros profissionais que iniciam seu aprendizado nessa época são Máximo Barro* e Glauco Mirko Laurelli*. O italiano Giuseppe Baldacconi chega ao Rio

de Janeiro no final dos anos 40, quando trabalha como assistente de direção de Fernando de Barros, em *Caminhos do sul*, montando seus primeiros filmes brasileiros: *Perdida pela paixão*, do mesmo Fernando de Barros, e *Hóspede de uma noite*, de seu conterrâneo Ugo Lombardi*. A seguir trabalha no departamento de montagem da VERA CRUZ, sob a supervisão de Oswald Hafenrichter, quando participa da pré-montagem de filmes como *O cangaceiro*, de Lima Barreto*. Fora dos estúdios, monta o policial *Cais do vício*, de Francisco José Ferreira. Em meados dos anos 50, retorna ao Rio, onde monta o policial *Contrabando*, de Mário Latini e Eduardo Llorente; trabalha na montagem do primeiro filme da produtora de Herbert Richers*, *Sai de baixo*, de J. B. Tanko, e várias outras chanchadas*, a maior parte delas dirigida por Aluisio T. Carvalho (*Hoje o galo sou eu, O batedor de carteiras, Minha sogra é da polícia* e *Pequeno por fora*), além de *Comendo de colher*, de Al Ghiu; monta também filmes de outros gêneros, como *Um desconhecido bate à porta*, de Haroldo Costa, e *Depois do carnaval*, de Wilson Silva*. É produtor e montador da comédia policial *E é um caso de polícia?!*, direção de Carla Civelli. Durante quinze anos, Baldacconi permanece afastado do cinema e, quando retorna à sua tradicional função, ocupa-se de filmes mais comerciais da produção carioca dos anos 70, como *Os amores da pantera*, de Jece Valadão*; *Essa mulher é minha... e dos amigos* e *O amante de minha mulher*, ambos de Alberto Pieralisi; *Um marido contagiante*, de Carlos Alberto Souza Barros*; *Quem matou Pacífico*, de Renato Santos Pereira; *O caso Cláudia* e *Consórcio de intrigas*, ambos de Miguel Borges*; *O coronel e o lobisomem*, de Alcino Diniz; *Terror e êxtase* e *A mulher sensual*, ambos de Antônio Calmon*; *Giselle* e *O sequestro*, ambos de Victor Di Mello. Curiosamente, foi casado com as montadoras e pioneiras cineastas Zélia Costa e Carla Civelli; e algumas vezes assina seu nome na forma aportuguesada José Baldacconi. Com passagem pelo cinema alemão dos anos 30 e 40, quando trabalha na importante empresa UFA, onde dirige filmes de diferentes gêneros, Milo Harbich retorna ao Brasil no final da década de 40 e atua no cinema carioca, montando, na década seguinte, *Pecadora imaculada, Almas em conflito* e *Nobreza gaúcha*, todos de Rafael Mancini; e *Noivas do mal*, de George Dusek. Dirige também a comédia *A mulher do diabo* (1951), baseada na peça *Deixa de conversa, meu bem*, de Gustavo Dória. O espanhol Lorenzo Serrano inicia sua par-

ticipação no cinema como dublador nos estúdios de Madri e de Paris. De passagem pelo Chile, trabalha com mixagem; na Argentina, monta e dirige *Mar del Plata, ida e volta* (1941); no Brasil, a partir de 1952, trabalha como montador no drama *Sós e abandonados*, de Fernando Gardel Filho. Espécie de faz-tudo, trabalha como produtor, supervisor de direção, coordenador de produção de vários filmes, nos quais sempre trabalha com a montadora Maria Guadalupe. Produz e dirige o faroeste *Homens sem paz* (1956). Outro assistente de José Cañizares é João de Alencar, que monta *Se a cidade contasse*, de Tito Batini; *Casei-me com um xavante*, de Alfredo Palácios*; *O circo chegou à cidade*, de Alberto Severi; e dois importantes filmes dos anos 50, *Cara de fogo*, de Galileu Garcia*, e *O grande momento*, de Roberto Santos*. Depois de um afastamento de cerca de vinte anos, quando trabalha em montagem na publicidade, João Alencar retorna à função em 1978, na qual permanece até meados dos anos 80, em produções da Boca do Lixo*, como *As amantes latinas, Orgia das taras* e *Elite devassa*, de Luiz Castillini*; *O guarani* e *Incesto: desejo proibido*, de Fauzi Mansur*; *A dama da zona, Palácio de Vênus, A fêmea do mar, A fome de sexo, O sexo nosso de cada dia* e *Erótica: fêmea sensual*, todos de Ody Fraga*; *O menino arco-íris*, de Ricardo Bandeira; *Os insaciados*, de Líbero Miguel; *Nicolli, a paranoica do sexo*, de Alexandre Sandrini e Flávio Porto; *Sexo e violência no vale do Inferno*, de Domingos Antunes; *As taras de todos nós*, de Guilherme de Almeida Prado*; *Excitação diabólica*, de John Doo*; e *Como afogar o ganso*, de Conrado Sanchez. Monta, inclusive, algumas fitas pornográficas, como *Obscenidade total (Obsessão total)* e *Devassidão total (Até o último orgasmo)*, assinadas por pseudônimos de Fauzi Mansur; e *Devassa e ordinária*, de Fernando Ferro (pseudônimo de W. A. Kopezky*). Também assistente de montagem, Walter Roenick monta alguns filmes de coprodução estrangeira, como *Tumulto de paixões*, do polonês Zygmunt Sulistrowski; *Caminhos da esperança*, do mexicano Mauricio de La Serna; e o documentário de produção nacional *Rio à noite*, de Aluisio T. Carvalho. A partir do início dos anos 60, trabalha durante muitos anos como responsável pela montagem dos cinejornais de futebol do *Canal 100* e dos documentários *Brasil bom de bola*, ambos de Carlos Niemeyer; *Futebol total*, de Carlos Leonan e Oswaldo Caldeira*; e *Brasil bom de bola 78*, de Oswaldo Caldeira.

MONTAGEM

Uma nova geração de montadores revela-se a partir dos anos 60, na qual se destacam o experiente montador argentino Nello Melli*, que aqui se radica a partir daquela época, e os brasileiros Ismar Porto*, Raimundo Higino*, Sylvio Renoldi*, Glauco Mirko Laurelli, João Ramiro Melo*, Eduardo Escorel*, Fauzi Mansur, cineasta que começa sua carreira como montador, mudando-se a seguir para os setores de produção e direção. Pau para toda obra, Zélia Costa atua em seus mais de quarenta anos de carreira como continuísta, assistente de direção e de montagem. Atua também como montadora em *Com minha sogra em Paquetá*, de Saul Lachtermacher; *Os cafajestes*, de Ruy Guerra*; *Em ritmo jovem*, de Mozael Silveira; *Ele, ela, quem?*, de Luiz de Barros. Zélia tem também a seu crédito a direção do drama *As testemunhas não condenam* (1961). O cineasta mineiro Geraldo Veloso radica-se no Rio de Janeiro, onde monta o episódio 'Guilherme', de Carlos Alberto Prates Correia*, do longa *Os marginais*; *Matou a família e foi ao cinema* e *Lágrima pantera*, ambos de Júlio Bressane*; *Jardim de guerra*, *Piranhas do asfalto* e *Mangue-bangue*, todos de Neville d'Almeida*; *Os monstros do Babaloo*, de Elyseu Visconti; *Sagrada família*, de Sylvio Lanna; um episódio de *Herança do Nordeste*, filme de vários diretores. É também produtor, diretor, roteirista e montador dos longas *Perdidos e malditos* (1970) e *Homo sapiens* (1975). Uma das raras ou talvez a única montadora da Boca do Lixo, Jovita Pereira Dias passa dos filmes do Cinema Marginal* paulista para as pornochanchadas* de rotina, tendo montado *Audácia, a fúria dos desejos*, de Carlos Reichenbach* e Antônio Lima; *República da traição*, de Carlos Alberto Ebert; *Longo caminho da morte*, de Júlio Calasso; *Quando os deuses adormecem*, de José Mojica Marins*; *Elas*, de José Roberto Noronha; *Papa-defunto, o pistoleiro*, de Mimo Valdi; *A herdeira rebelde*, de Nelson Teixeira Mendes*; *Regina e o dragão de ouro*, de Líbero Miguel; *O homem-lobo*, de Raffaele Rossi; *Pensionato das mulheres* e *Chumbo quente*, ambos de Clery Cunha; *Pesadelo sexual de um virgem*, de Roberto Mauro; *Mulheres do sexo violento*, de Francisco Cavalcanti; *Os galhos do casamento*, de Sérgio Segall; *Motel, refúgio do sexo*, de Alexandre Sandrini; *Por que as mulheres devoram os machos?*, de Alan Pek; *O santo sudário*, de Brancato Jr.; *As taras das sete aventureiras*, de Custódio Gomes. Outro montador vinculado à Boca do Lixo é o ex-assistente de montagem Roberto Leme, que monta *Sou louca por você*, de Ruy Gomes; *Finis Hominis* e *Como*

consolar viúvas*, ambos de José Mojica Marins; *O grande xerife*, de Pio Zamuner*; *Os três justiceiros* e *As duas lágrimas de Nossa Senhora Aparecida*, ambos de Nelson Teixeira Mendes; *Sob o domínio do sexo*, de Tony Vieira*; *O descarte*, de Anselmo Duarte*; *Pedro Canhoto, o vingador erótico*, de Raffaele Rossi; *O marginal*, de Carlos Manga*; os episódios de *Ninguém segura essas mulheres*, de Anselmo Duarte, Jece Valadão e José Miziara*; *Internato de meninas virgens*, de Osvaldo Oliveira*; *O bem-dotado, o homem de Itu*, de José Miziara; *Amada amante*, de Cláudio Cunha*; *A noite dos duros*, de Adriano Stuart*; *A noite dos imorais*, de Reynaldo de Barros; *Ariella*, de John Herbert*; *A cafetina de meninas virgens*, de Agenor Alves e Guillermo Vera; *Muitas taras e um pesadelo*, de Salvador Amaral; *O sexo e as pipas*, de José Vedovato; *As taras de todos nós*, de Guilherme de Almeida Prado; *Arapuca do sexo*, de Alcides Caversan; *As aventuras de Mário Fofoca*, de Adriano Stuart; *As meninas de madame Laura*, de Ciro Carpentieri; *S. O. S. sex shop (Como salvar meu casamento)*, de Alberto Salvá*. Com alguns filmes como atriz, Nazareth Ohana (mãe da atriz Cláudia Ohana*) trabalha como assistente de direção, montando também os curtas *Arquitetura: a transformação do espaço*, de Walter Lima Jr.*, e *Arte popular*, de Paulo Gil Soares*, ambos em 1972; os longas *Capitão Bandeira contra o dr. Moura Brasil*, de Antônio Calmon; *Os deuses e os mortos*, de Ruy Guerra; *As duas faces da moeda*, *É Simonal* e *A culpa*, estes de Domingos Oliveira*; *Vai trabalhar, vagabundo*, de Hugo Carvana*; *Quando as mulheres querem provas*, de Cláudio MacDowell; *Aventuras d'um detetive português*, de Stefan Wohl; o episódio 'Dois em cima, dois embaixo e dois olhando', de *Tem alguém na minha cama*, de Luiz Antônio Piá; *A mulata que queria pecar*, de Victor Di Mello; *Paraíso no inferno*, de Joel Barcelos*; e o episódio de *O namorador*, de Lenine Ottoni. Rapidamente monta *A mulher de todos*, de Rogério Sganzerla*, e *Lista negra para Black Medal*, de Carlos Augusto Oliveira. Montador de filmes populares, Jaime Justo, que também assina Jayme Justo Soares, monta inicialmente filmes gaúchos, como *Para, Pedro, Não aperta, Aparício!* e *Janjão não dispara, foge*, todos de Pereira Dias*; *Gaudêncio, o centauro dos pampas*, de Fernando Amaral. Trabalha também com outros diretores, como em *Amor em quatro tempos*, de Vander Sílvio; *O azarento, um homem de sorte*, de João Bênnio; *Amante muito louca*, de Denoy de Oliveira*; *Com um grilo na cama* e *Elke Maravilha contra o homem atômico*, ambos

de Gilvan Pereira*; os episódios de *As mulheres que dão certo*, de Adnor Pitanga e Lenine Ottoni; *Pedro Bó, o caçador de cangaceiros*, de Mozael Silveira; o episódio 'A bela da tarde', do filme *As mulheres que fazem diferente*, e *O padre que queria pecar*, estes de Lenine Ottoni; *Garanhão no largo das virgens*, de Marcos Lyra; *O homem de seis milhões de cruzeiros contra as panteras do sexo* e *Sexo e violência em Búzios*, ambos de Luiz Antônio Piá; *O Grande Desbun...*, de Antônio Pedro e Braz Chediak*; os episódios de *Esse Rio muito louco*, de Geraldo Brocchi, de Denoy de Oliveira e de Luiz de Miranda Corrêa; *Os foragidos da violência* e *Pantera nua*, ambos de Luiz de Miranda Corrêa; *Gargalhada final*, de Xavier de Oliveira*; episódio de *O namorador*, de Adnor Pitanga; *A intrusa*, de Carlos Hugo Christensen*; *Bububu no bobobó*, de Marcos Farias*; *O cangaceiro trapalhão*, de Daniel Filho*; *Profissão: mulher*, de Cláudio Cunha; *Os Trapalhões e o Mágico de Oroz*, *Os Trapalhões no reino da fantasia* e *Os Trapalhões no rabo do cometa*, de Dedé Santana*, sendo o primeiro em codireção com Vítor Lustosa*. Dono de ampla carreira de montador, Manoel Oliveira monta *Chegou a hora, camarada*, de Paulo R. Machado; *O rei da pilantragem*, de Jacy Campos; *Marcelo Zona Sul* e *André, a cara e a coragem*, ambos de Xavier de Oliveira*; do episódio 'Berenice', de *Lua de mel & amendoim*; de *A viúva virgem* e *Amante latino*, estes de Pedro Carlos Rovai*. Oliveira monta também *Salve-se quem puder, o rally da juventude*; *Robin Hood, o trapalhão da floresta*; *O trapalhão na ilha do tesouro*; *Simbad, o marujo trapalhão*; *O trapalhão no planalto dos macacos*; *O trapalhão nas minas do rei Salomão*; *As borboletas também amam*; *Vamos cantar disco, baby?*; *Os saltimbancos trapalhões* e *Os vagabundos trapalhões*, todos estes de J. B. Tanko; o episódio 'Uma delícia de mulher', de *As mulheres que fazem diferente*, e *Confissões de uma viúva moça*, estes de Adnor Pitanga; os episódios de *As deliciosas traições de amor*, de Domingos Oliveira, de Phydias Barbosa e de Teresa Trautman*; *O desconhecido*, de Ruy Santos; *Aventuras de Robinson Crusoé*, de Mozael Silveira; *Inquietações de uma mulher casada*, de Alberto Salvá; *Nos embalos de Ipanema*, de Antônio Calmon; *Os três mosqueteiros trapalhões*, de Adriano Stuart; *A volta do filho pródigo* e *Pedro Mico*, ambos de Ipojuca Pontes*.

Nos anos 70, destacam-se em suas carreiras os montadores Walter Wanny*, Mair Tavares*, Gilberto Santeiro*, Leovigildo Cordeiro*, Vera Freire* e Éder Mazzini*, resumindo bem a importância progressiva que essa função vai assumindo na produção cinematográfica. Outros nomes que despontam nessa época são Amaury Alves, que monta o curta *Moreira da Silva* (1973), de Ivan Cardoso*, e, bissextamente, os longas *Barão Olavo, o horrível*; *Família do barulho* e *O rei do baralho*, todos de Júlio Bressane; *Vida e glória de um canalha*, de Alberto Salvá; *Carnaval na lama*, de Rogério Sganzerla; *A possuída dos mil demônios*, de Carlos Frederico; *Prata Palomares*, de André Faria Jr.; *A lenda de Ubirajara* e *Louco por cinema*, ambos de André Luiz Oliveira; *Coronel Delmiro Gouveia*, de Geraldo Sarno*; *Um filme 100% brasileiro*, de José de Barros; *Noites do sertão*, de Carlos Alberto Prates Correia; *Areias escaldantes*, de Chico de Paula; *Terra para Rose*, de Tetê Moraes*; *O grande mentecapto*, de Oswaldo Caldeira; e *Vai trabalhar, vagabundo II, a volta*, de Hugo Carvana. Diretor de curtas, Gilberto Macedo monta *Dezesperato*, de Sérgio Wladimir Bernardes Filho; e *Crazy Love* e *Memórias de um estrangulador de loiras*, ambos de Júlio Bressane. Mais atuante na publicidade, Laércio Silva monta os filmes *O macabro dr. Scivano*, de Raul Calhado e Rosalvo Caçador; *A Revolução de 30, República guarani* e *Guerra do Brasil*, todos de Sylvio Back*; *Sargento Getúlio* e *Fronteira das almas*, ambos de Hermano Penna*. Com alguns trabalhos nas funções de continuísta e de assistente de direção, Alzira Cohen monta poucos filmes, como *Minha namorada*, de Zelito Viana* e Armando Costa*; *O pecado de Marta*, de José Rubens Siqueira; *O judoca*, de Marcelo Ramos Motta; *Uma nega chamada Teresa*, de Fernando Cony Campos*; e *Lerfa Mu*, de Carlos Frederico. Professor no curso de Cinema da ECA/USP, Eduardo Leone monta *A vida de Jesus Cristo*, de José Regattieri; *Anjo loiro*, de Alfredo Sternheim*; *O país de São Saruê* e *Conterrâneos velhos de guerra*, ambos de Vladimir Carvalho*; *As três mortes de Solano* e *Os amantes da chuva*, ambos de Roberto Santos; *... E a vaca foi pro brejo*, de José Adalto Cardoso; *O grande palhaço*, de William Cobbett. Diretor e montador de curtas, assistente de direção, Ricardo Miranda monta *Amor, carnaval e sonhos*; *Anchieta, José do Brasil* e *Ao sul do meu corpo*, todos de Paulo César Saraceni*; *Triste trópico*, de Arthur Omar*; *Crônica de um industrial*, de Luiz Rosemberg Filho*; *A idade da Terra*, de Glauber Rocha*; *O segredo da múmia*, de Ivan Cardoso; *O homem de Areia*, de Vladimir Carvalho em que divide o trabalho de montagem com Manfredo Caldas. Ricardo Miranda dirige o longa *Assim na tela como no céu* (1991). Crítico de cinema, assistente de direção e de montagem, roteirista, Inácio Araújo, na década de 70, experimenta carreira considerável no setor de montagem, quando monta *A selva*, de Márcio de Souza; *Sinal vermelho, as fêmeas*, *A noite do desejo* e *A noite das fêmeas*, de Fauzi Mansur; *Os garotos virgens de Ipanema*, de Osvaldo Oliveira; *O Jeca macumbeiro*, de Amácio Mazzaropi* e Pio Zamuner; *O poderoso machão*, de Roberto Mauro; *A última bala*, de Luigi Picchi*; *O dia em que o santo pecou*, de Cláudio Cunha*; *Lilian M*, de Carlos Reichenbach*; *Aleluia, Gretchen*, de Sylvio Back. Curta é a carreira de Carlos Alberto Camuyrano, que monta *Como era gostoso o meu francês*, *Quem é Beta?*, *Estrada da vida*, *Memórias do cárcere* e *A terceira margem do rio*, todos de Nelson Pereira dos Santos; *Samba da criação do mundo*, de Vera Figueiredo; *Muda Brasil*, de Oswaldo Caldeira. Outro faz-tudo, assistente, ator, músico e roteirista, Black Cavalcanti monta *O macabro dr. Scivano*, de Raul Calhado e Rosalvo Caçador; *Macho e fêmea*, de Ody Fraga; *... E ninguém ficou em pé*, *Garimpeiras do sexo* e *Tem piranha no garimpo*, todos de José Vedovato; *Caminhos contrários*, de Arlindo Ponzio. Também monta e dirige *Sinfonia sertaneja* (1979) e várias fitas pornográficas durante os anos 80. Diretor e montador de curtas, Manfredo Caldas monta os longas *O forte*, de Olney São Paulo; *O marido virgem*, de Saul Lachtermacher; *Dora Doralina*, de Perry Salles; além de montar e dirigir o documentário *Uma questão de terra* (1988). Curiosa é a carreira de Severino Dadá, com alguns trabalhos de ator e de técnico de som, passando à montagem, em *Amuleto de Ogum* e *Tenda dos milagres*, de Nelson Pereira dos Santos; *Assuntina das Amérikas*, de Luiz Rosemberg Filho; *Um brasileiro chamado Rosaflor*, de Geraldo Miranda; *O banquete das taras*, de Carlos Alberto Almeida; *A longa noite do prazer*, de Afrânio Vital; *O sedutor fora de série*, de Milton Alencar Jr.; *Memória viva, Uma avenida chamada Brasil, A dívida da vida* e *O lado certo da vida errada*, todos esses de Octávio Bezerra; *Matou a família e foi ao cinema*, de Neville d'Almeida; *A saga do guerreiro Alumioso* e *Corisco & Dadá*, ambos de Rosemberg Cariry*. A curtíssima atividade de Charles Ferdinand Mendes de Almeida inclui a montagem de *Paixão de um homem*, de Egydio Eccio; *O anjo negro*, de José Umberto Dias; e *Compasso de espera*, de Antunes Filho. Ligado às produções de Alfredo Palácios, seu sobrinho Mauricio Wilke monta *Lucióla, o anjo pecador*, de Alfredo Sternheim; *O desejo e Paixão e sombras*, ambos de Walter Hugo Khouri*; os episódios de *Sabendo usar não vai faltar*, de Francisco Ramalho Jr.*, Adriano Stuart e Sidney Paiva Lopes; o episódio 'O poderoso cifrão', de Alfredo Palácios, do filme *Guerra é guerra*; *O jogo da vida*, de Maurice Capovilla*; *Empregada para todo serviço*, de Geraldo Gonzaga*; *Damas do prazer*, de Antônio Meliande*; e *Paula, a história de uma subversiva*, de Francisco Ramalho Jr. Gilberto Wagner é mais um montador da Boca do Lixo com longa carreira, montando *O supermanso*; *Quando elas querem... e eles não*; o episódio 'Núpcias com futebol', de *Guerra é guerra*, *Sexo selvagem*, *Essas deliciosas mulheres*, *Orgia das libertinas*, *Fábrica de camisinhas* e *As vigaristas do sexo*, todos estes de Ary Fernandes*; *Escola penal de meninas violentadas*, *A primeira noite de uma adolescente* e *Vadias pelo prazer*, estes de Antônio Meliande; *Pensionato das vigaristas*, *As fugitivas insaciáveis*, *A filha de Emanuelle* e *Curral de mulheres*, esses quatro de Osvaldo Oliveira; *Meus homens, meus amores*, *Embalos alucinantes*, *Nos tempos da vaselina*, *Os rapazes da difícil vida fácil*, *As intimidades de Analu e Fernanda*, *Como faturar a mulher do próximo* e *Pecado horizontal*, todos de José Miziara; *A mulher desejada*, *Herança dos devassos*, *As prostitutas do dr. Alberto* e *Tensão e desejo*, estes quatro de Alfredo Sternheim; *Eu compro essa virgem*, de Roberto Mauro; *O convite ao prazer*, de Walter Hugo Khouri*; *O império do desejo*, de Carlos Reichenbach*; *A menina e o estuprador*, de Conrado Sanchez; e *Hospital da corrupção e dos prazeres*, de Rajá Aragão*. Curta-metragista, Umberto Martins monta *Fogo morto*, de Marcos Farias. Com formação de assistente de montagem e montador de curtas, Carlos Brajsblat monta *Perdida*, de Carlos Alberto Prates Correia; *Ajuricaba, o rebelde da Amazônia*, de Oswaldo Caldeira; *República dos assassinos* e *Para viver um grande amor*, ambos de Miguel Faria Jr.*; *Mar de rosas*, de Ana Carolina*; *Fonte da saudade*, de Marco Altberg*; o episódio 'Quem seria o feliz conviva de Isadora Duncan?', de Júlio Bressane, do filme *Oswaldianas*; além de montar e dirigir o documentário *Egungun* (1983). Também assistente de direção, Marco Antônio Cury monta *Gordos e magros*, de Mário Carneiro*; *Um soutien para papai*, de Carlos Alberto Souza Barros; *Os noivos*, de Afrânio Vital; *Flamengo paixão* e *Fulaninha*, ambos de David Neves; *O homem do pau-brasil*, de Joaquim Pedro de Andrade*; *Música para sempre*, de Neville d'Almeida, Guará* e Dudi Guper; *Os sete gatinhos* e *Rio Babilônia*, de Neville d'Almeida; *Os Trapalhões e* o Rei do Futebol, de Carlos Manga; Noite, de Gilberto Loureiro; Lua de cristal, de Tizuka Yamasaki*; Sonho de verão, de Paulo Sérgio Almeida*; Gaúcho negro, de Jessel Buss; Vagas para moças de fino trato, de Paulo Thiago*; As meninas, de Emiliano Ribeiro, além de dirigir a adaptação da peça homônima de Plínio Marcos*, Barrela (1992). Pequena é a participação de Rubens Amorim, montador de Varão de Ipanema, de Luiz Antônio Piá; A dama de branco, de Mário Latini; e A serpente, de Alberto Magno. Outra pequena participação é a de Milton Bolinha, que monta Emanuelle tropical, de J. Marreco; Sete dias de agonia e O baiano fantasma, ambos de Denoy de Oliveira*; e Avesso do avesso, de Tony de Souza.

Parceira de José Mojica Marins, com quem foi casada, Nilcemar Leyart trabalha como maquiadora e responsável pelos figurinos dos filmes deste, para quem monta A virgem e o machão, de J. Avelar (pseudônimo de Mojica); A estranha hospedaria dos prazeres, de Marcelo Mota; A mulher que põe a pomba no ar, de Rosangela Maldonado e J. Avelar; Inferno carnal, Delírios de um anormal, Perversão, O mundo, mercado do sexo e A quinta dimensão do sexo, de José Mojica Marins. Sobrinho de Walter Wanny, Jair Garcia Duarte aprende o ofício com seu tio, passando a montar principalmente as produções da DACAR. Possui longa carreira na Boca em filmes como Bandido, a fúria do sexo, de David Cardoso*; O prisioneiro do sexo, de Walter Hugo Khouri; O corpo devasso, Violência na carne, Amor de perversão, Brisas do amor, o episódio 'Gatas no cio', do filme Sacanagem, borboletas e garanhões, todos de Alfredo Sternheim; Reformatório das depravadas, Terapia do sexo, E agora, José?, Tentação na cama, todos de Ody Fraga; Joelma, 23º andar, de Clery Cunha; os episódios de A noite das taras e de Aqui, tarados, de vários diretores; Bacanal, de Antônio Meliande; os episódios de Delírios eróticos, de vários diretores; Me deixa de quatro, de Fauzi Mansur; Desejo selvagem, As seis mulheres de Adão, Corpo e alma de uma mulher, Estou com aids, o terror da humanidade e O dia do gato, todos de David Cardoso; O olho mágico do amor, de José Antônio Garcia* e Ícaro Martins*; Deu veado na cabeça, de Bentinho; Mulher natureza, de Dorival Coutinho; os episódios de Noite das taras 2 e de Viúvas eróticas, de vários diretores; Escândalos na sociedade, de Arlindo Barreto; A flor do desejo e A dama do Cine Shangai, ambos de Guilherme de Almeida Prado*; A freira e a tortura, de Ozualdo Candeias*; Coisas eróticas 2, de

Raffaele Rossi; os episódios de Caçadas eróticas, de Cláudio Portioli* e David Cardoso. Com o início do sexo explícito na Boca, passa à montagem de fitas como Império do sexo explícito, de Marcelo Motta, atuando principalmente nas produções da GALÁPAGOS, como Sexo a cavalo, A garota do cavalo, Meu marido, meu cavalo, Seduzida por um cavalo, Duas mulheres e um pônei, Júlia e os pôneis, Mulheres e cavalos, Viciadas em cavalos, Bonecas do amor, Gatinhas as suas ordens, Ninfetas nota 10, Eu Márcia F... 23 anos, A ninfeta sapeca, Ninfas pornôs, Tudo por um cavalo e Um homem, uma mulher e um cavalo, todos esses de Juan Bajon*; e Sexo dos anormais, Sexo livre e Garotas sacanas, esses de Alfredo Sternheim; Me leva pra cama e A dama de paus, ambos de Mário Vaz Filho. Outro formando da ECA, Carlos Vera, monta o episódio 'Arroz com feijão', de Contos eróticos, e Quincas Borba, ambos de Roberto Santos. Montador de alguns curtas, José Motta, que trabalha no setor de preservação de filmes da CINEMATECA BRASILEIRA, monta Asa Branca, um sonho brasileiro, Brasa adormecida e Bocage, o triunfo do amor, todos de Djalma Limongi Batista*. Diretora de curtas, Maria Inês Villares monta Nasce uma mulher, de Roberto Santos, e O último voo do condor, de Emilio Fontana. Empregado da exibidora HAWAY CINEMATOGRÁFICA, Joaquim Lima monta dois filmes da empresa: Carícias eróticas, de Adriano Stuart, e A b... profunda, de Geraldo Domino (pseudônimo de Álvaro Moya). Rápida é a participação de Joaquim R. Souza, que monta Sexo animal e Promiscuidade, os pivetes de Kátia, ambos de Fauzi Mansur. Walter Rogério atua principalmente como técnico de som, seu ofício durante alguns anos. É também diretor de curtas e, no longa, é assistente de direção e roteirista. Monta Céu aberto, de João Batista de Andrade*, e, nos anos 90, estreia na direção, assinando os longas Beijo 2.348/72 (1987-1991) e Olhos de vampa (1994-1996). Antônio S. Dias (Paquito) é mais um cineasta da Boca do Lixo com vasta filmografia. Monta Fantasias sexuais, Loucuras sexuais, Bacanal de colegiais, Juventude em busca de sexo, Taras de colegiais, Penetrações profundas, Colegiais e lições de sexo, Colegiais em sexo coletivo, Sexo com chantilly, Sexo de todas as formas, A colegial sacana e Revelações de uma sexomaníaca, todos de Juan Bajon; Bacanais na ilha das ninfetas, de Osvaldo Oliveira; Prostituídas pelo vício, de Tony Vieira; Variações do sexo explícito, Sexo em festa, Fêmeas que topam tudo, Corpos quentes e Orgasmo louco, todos de Alfredo Sternheim; Prazeres proibidos e Só sacanagem, de Tony Mel (pseudônimo

de Antônio Meliande); Turbilhão dos prazeres, de Jobero (pseudônimo de Bentinho); A vingança de uma mulher, de Mário Vaz Filho; Alucinações eróticas de um jegue e Amantes de um jumento, ambos de Diogo Angélica.

Montador de curtas, Tércio Gabriel da Mota monta poucos longas, como Daniel, o capanga de Deus, de João Baptista Reimão; Música para sempre, de Neville d'Almeida, Guaracy Rodrigues e Dudi Guper; Alguém, de Júlio Silveira; e Vera, de Sérgio Toledo*. Produtor e diretor, Lael Rodrigues, após deixar o curso de Cinema da UFF e fazer alguns filmes como assistente de direção e dirigir curtas, monta J. S. Brown, o último herói, de José Frazão; Se Segura, Malandro! e Bar Esperança, o último que fecha, de Hugo Carvana; Gaijin, caminhos da liberdade e Parahyba Mulher Macho, de Tizuka Yamasaki. Monta e dirige Bete Balanço (1984); Rock estrela (1985) e Rádio pirata (1987). Foi também sócio de Tizuka Yamasaki e Carlos Alberto Diniz, no Centro de Produção de Comunicação (CPC). Outra curta carreira é a de Antônio Sarmento, que monta Jesus Cristo, eu estou aqui, de Mozael Silveira; O preço do prazer, de Levy Salgado; O fruto do amor, Escalada da violência, Os três palhaços e o menino, todos de Milton Alencar Jr.; Eu matei Lúcio Flávio e O torturador, de Antônio Calmon.

Nos anos 80, quem se destaca como montadora é Marta Luz*. Nessa década despontam várias mulheres montadoras. Filho da montadora Jovita Pereira Dias, Walmir Dias, após formação de assistente, monta Paixão de sertanejo e A volta do Jeca, de Pio Zamuner; Boneca cobiçada, de Raffaele Rossi; Casais proibidos, de Ubiratan Gonçalves; Condenada por um desejo, Fêmeas violentadas, Tortura cruel, todos esses de Tony Vieira; Tráfico de fêmeas, Noite de orgia, As prisioneiras da ilha do Diabo e A volta de Jerônimo, esses de Agenor Alves; os episódios de Coisas eróticas, de Raffaele Rossi e de Laente Callichio; Comando explícito e Orgia familiar, ambos de Alfredo Sternheim; As meninas da b... doce e Venha brincar comigo, ambos de Mauri Queiroz (pseudônimo de Tony Vieira); A máfia sexual e Troca de óleo, ambos de Sady Baby e Renalto Alves; e No bacanal das adolescentes, de Norberto Ramalho. Atual diretor da CINEMATECA DO MUSEU DE ARTE MODERNA DO RIO JANEIRO (MAM/RJ), Francisco Sérgio Moreira é também montador, com atuação em diversos documentários, como Jango; Os anos JK, uma trajetória política e O mundo mágico dos Trapalhões, todos de Sílvio Tendler*; O canto da terra, de Paulo Ruffino; Uma questão de terra, de Manfredo Caldas; Rádio Auriverde e Yndio do Brasil, ambos de

Sylvio Back. *Me beija*, de Werner Schünemann, é seu único filme de ficção. Em sua curta carreira, Raul Corrêa Soares monta *Revólver de brinquedo*, de Antônio Calmon; *Samba da criação do mundo*, de Vera de Figueiredo; e *A idade da Terra*, de Glauber Rocha. Carlos Cox aparece igualmente como montador de *A idade da Terra*, que ainda tem Ricardo Miranda nos créditos de montagem. Cox também monta *Exu-Piá, coração de Macunaíma*, de Paulo Veríssimo; e *Os Trapalhões na terra dos monstros*, de Flávio Migliaccio*. O diretor José Adalto Cardoso monta *A virgem e o bem-dotado*, de Edward Freund; *Arapuca do sexo*, de Alcides Caversan; e vários filmes que dirige, como *O império das taras, Massage for Men, Paraíso da sacanagem* e *As 1.001 maneiras*. Nos anos 90, monta fitas pornográficas de Sady Baby para o produtor E. Szankovski. Diretor de curtas, Alpheu Godinho monta *Verdes anos*, de Carlos Gerbase* e Giba Assis Brasil*. Técnico de som de longa carreira, e também responsável pelos efeitos especiais de vários filmes, Walter Goulart monta *Futebol total*, de Carlos Leonan e Oswaldo Caldeira; *Nordeste: cordel, repente, canção*, de Tânia Quaresma; *A virgem camuflada*, de Célio Gonçalves; *A difícil viagem* e *O círculo de fogo*, ambos de Geraldo Moraes; *O mágico e o delegado*, de Fernando Cony Campos; *Tormenta* e *Por incrível que pareça*, ambos de Uberto Molo; *Tigipió, uma questão de amor*, de Pedro Jorge de Castro. Diretora e montadora de curtas, Eunice Guttman monta *Intimidade*, de Michael Sarne; *Samba da criação do mundo*, de Vera Figueiredo; *O bandido Antônio Dó*, de Paulo Leite Soares*; *Os doces bárbaros* e *Corações a mil*, ambos de Jom Tob Azulay. Professor da cadeira de Cinema no curso de Comunicação da UFMG e também diretor de curtas, José Tavares de Barros monta *Um filme 100% brasileiro*, de José de Barros; *Idolatrada*, de Paulo Augusto Gomes; *Tigipió, uma questão de amor* e *O calor da pele*, ambos de Pedro Jorge de Castro. Ex-aluno do curso de Cinema da ECA, Wanderley Klein monta *A filha do Calígula*, de Ody Fraga; *Como faturar a mulher do próximo*, de José Miziara; *As prostitutas do dr. Alberto*, de Alfredo Sternheim; *Tessa, a gata*, de John Herbert*; *Sadismo, aberrações sexuais*, de Fauzi Mansur; *Instinto devasso*, de Luiz Castillini; e *Deliciosas sacanagens*, de Antônio Meliande. Com apenas um filme, Pedro Garcia monta *O motorista do fuscão preto*, de José Adalto Cardoso. Assistente de montagem, a partir de 1980, Danilo Tadeu monta *Me deixa de quatro, A noite dos bacanais* e *Sadismo, aberrações sexuais*, todos de Fauzi Mansur; *Cidade oculta*, de Chico Botelho; *Lua cheia*, de Alain Fresnot; *Beijo 2.348/72*, de Walter Rogério; *O corpo*, de José Antônio Garcia*; *Perfume de gardênia*, de Guilherme de Almeida Prado; e *Capitalismo selvagem*, de André Klotzel. Outra assistente de montagem que surgiu em 1980 é Denise Fontoura, montadora de *Nem tudo é verdade*, de Rogério Sganzerla; *Os Trapalhões e o Mágico de Oroz*, de Dedé Santana e Vítor Lustosa; *A filha dos Trapalhões*, de Dedé Santana; e *Espelho de carne*, de Antônio Carlos Fontoura*. Montadora de curtas, Aída Marques monta *Tensão no Rio*, de Gustavo Dahl*; *Fêmeas em fuga*, de Michelle Massimo Tarantini; *Igreja da libertação*, de Sílvio Da Rin; e *Assim na tela como no céu*, de Ricardo Miranda. Montador de filmes publicitários, Paulo Matos monta os longas *Jogo duro*, de Ugo Giorgetti*; e *Sonho de Valsa*, de Ana Carolina. Montador na publicidade e parceiro de Ugo Giorgetti, Marc D'Rossi monta *Jeitosa, um assunto muito particular*, de Nello d'Rossi; e *Festa, Sábado* e *Boleiros, era uma vez o futebol...*, todos de Ugo Giorgetti. Matos também faz a montagem de *No rio das Amazonas*, de Ricardo Dias. Mais presente no curta, Marilia Alvim monta os longas *Primeiro de abril, Brasil*, de Maria Letícia; *Romance*, de Sérgio Bianchi*; *Corpo em delito*, de Nuno César Abreu; *Barrela, escola de crimes*, de Marco Antônio Cury; e o episódio 'Final Call', de Ana Maria Magalhães*, do filme *Érotique*; e *Buena sorte*, de Tânia Lamarca. Mais um assistente de montagem da safra do ano de 1980, Dominique Paris monta *O trapalhão na arca de Noé*, de Antônio Rangel; *Brás Cubas* e *Sermões*, de Júlio Bressane; *A cor do seu destino*, de Jorge Durán*; *Sexo frágil*, de Jessel Buss; *Uma escola atrapalhada*, de Antônio Rangel*. Aluno formado pela ECA, Renato Neiva Moreira monta *A próxima vítima*, de João Batista de Andrade; *O baiano fantasma*, de Denoy de Oliveira, e *Anjos da noite*, de Wilson Barros*. Montadora dos Trapalhões*, Diana Vasconcelos monta *Leila Diniz*, de Luiz Carlos Lacerda*; *Os fantasmas trapalhões*, de J. B. Tanko; *Banana Split*, de Paulo Sérgio Almeida; *Os heróis trapalhões, uma aventura na selva, O casamento dos Trapalhões, O mistério de Robin Hood* e *Os Trapalhões e a árvore da juventude*, todos de José Alvarenga Jr., sendo o primeiro em parceria com Wilton Franco; e *Homem nu*, de Hugo Carvana. Filho do diretor Galileu Garcia*, o diretor e montador de curtas Galileu Garcia Jr. monta o longa *Feliz ano velho*, de Roberto Gervitz*.

Curiosamente, desde meados dos anos 80 até meados dos anos 90, as mulheres dominam a área de montagem no cinema brasileiro. Uma delas é Luelane Correia, que monta *Sonhei com você*, de Ney Sant'anna; *A terceira margem do rio* e *Cinema de lágrimas*, de Nelson Pereira dos Santos. Ana Maria Diniz monta *Leila Diniz*, de Luiz Carlos Lacerda; *O mistério do Colégio Brasil*, de José Frazão; *Lua de cristal*, de Tizuka Yamasaki; *O amor está no ar*, de Amylton de Almeida; *Era uma vez...*, de Arturo Uranga; *For All – o trampolim da vitória*, de Luiz Carlos Lacerda e Buza Ferraz. Sobrinha de Humberto Mauro*, a montadora de curtas Valéria Mauro monta *Stelinha*, de Miguel Faria Jr.; e *A causa secreta*, de Sérgio Bianchi. Bem-sucedida é a recém-iniciada carreira de Cristina Amaral, com os filmes *Sua Excelência o candidato*, de Ricardo Pinto e Silva; *Alma corsária*, de Carlos Reichenbach; o episódio 'Cruz', de Cecílio Neto, do filme *Felicidade é...*; *O cego que gritava luz*, de João Batista de Andrade; *O velho, a história de Luiz Carlos Prestes*, de Toni Venturi; e *A hora mágica*, de Guilherme de Almeida Prado. A montadora de curtas e professora do curso de Cinema da ECA/USP Vânia Debs monta o episódio 'A princesa radar', de Roberto Moreira, do filme *Oswaldianas*; e *Baile perfumado*, de Paulo Caldas e Lírio Ferreira. Editora de som, Virginia Flores monta *Miramar*, de Júlio Bressane; e *Pequeno dicionário amoroso*, de Sandra Werneck*. Pouco se sabe de Zé Rubens, montador de *O inspetor Faustão e o Mallandro, a missão primeira e única*, de Mário Márcio Bandarra. Diretores de curtas, José Carone Jr., Michael Ruman e Roberto Moreira montam, respectivamente, os longas *Real desejo*, de Augusto Salvá; *Os olhos de vampa*, de Walter Rogério; e *O cineasta da selva*, de Aurélio Michiles. Montador estreante, Ricardo Parente monta *O efeito ilha*, de Luiz Alberto Pereira*. Parceiro do diretor Walter Salles*, o montador Felipe Lacerda trabalha em *Terra estrangeira*, co-direção de Daniela Thomas, e em *Central do Brasil*. Outro montador da recente safra é Sérgio Mekler, que monta *A ostra e o vento*, de Walter Lima Jr.; e *Crede-mi*, de Bia Lessa e Danny Roland.

Além de Daniel Rezende* e Paulo Sacramento*, poucos montadores apresentaram seus trabalhos iniciais na década de 2000. Felipe Lacerda, Jordana Berg, João Paulo de Carvalho e Marcelo de Moraes já estavam em atividade e aprofundaram suas carreiras com o incremento da produção. Lacerda montou curtas e longas-metragens de Walter Salles, como *Central do Brasil* (1997) e *O primeiro dia* (1998), além dos documentários de João Moreira Salles, *Nelson Freire* (2003) e *Entreatos* (2004), sendo também parceiro do diretor Daniel Filho, para quem montou *A partilha* (2001-

2002), *A dona da história* (2004), *Se eu fosse você* e *Muito gelo e dois dedos d'água* (2006). Também trabalhou com José Padilha*, para quem montou os documentários *Ônibus 174* (2002), onde assina a codireção, e *Garapa* (2008). Outra parceria constante existe entre a montadora Jordana Berg e o documentarista Eduardo Coutinho, para quem tem sido uma espécie de alterego nesse setor. Berg se especializou na montagem de documentários, área em que possui currículo. Com Coutinho fez *Santo forte* (1999), *Babilônia 2000* (2000), *Edifício Master* (2002), *Peões* (2004), *O fim e o princípio* (2005) e *Jogo de cena* (2007). Também atuou nos documentários *Oscar Niemeyer – a vida é um sopro* (2007), de Fabiano Maciel, e *Uma noite em 67* (2010), de Ricardo Calil e Renato Terra, mostrando sua agilidade no gênero. Em *Bendito fruto* (2004), de Sérgio Goldemberg, faz sua única montagem em ficção. Outro montador muito solicitado é João Paulo de Carvalho, cujo primeiro longa foi *Minha vida em suas mãos* (1999), de José Antônio Garcia. Tem a total confiança do produtor Diler Trindade, para quem montou filmes de Renato Aragão, Xuxa e padre Marcelo Rossi, além de *Um show de verão* (2003), *Coisa de mulher* (2005) e *Trair e coçar é só começar* (2006). Sua vocação permitiu a montagem de trabalhos ocasionais para outros realizadores, como *Lara* (2002), de Ana Maria Magalhães; *Benjamim* (2003), de Monique Gardemberg*, e *1972* (2006), de José Emílio Rondeau. Outro especialista na montagem de documentários é Marcelo Moraes, que fez vários trabalhos com o documentarista Evaldo Mocarzel: *À margem da imagem* (2003), *Do luto à luta* e *À margem do concreto* (2005), *Brigada paraquedista* e *Jardim Ângela* (2007). Monta os documentários *Coisa mais linda* (2005), de Paulo Thiago, e *Iluminados* (2008), de Cristina Leal, fazendo decupagem também nos filmes ficcionais *O outro lado da rua* (2004), *Zuzu Angel* e *Podecrer!* (2006), *Meu nome não é Johnny* (2008), *Salve geral* (2009) e *De pernas pro ar* (2010). (LFM)

MONTEIRO FILHO (Alcebíades Monteiro Filho) – Porto, Portugal, 1909-1990. Cenógrafo.

FILMOGRAFIA: 1931 – *Mulher*. 1943 – *Moleque Tião*. 1952 – *Agulha no palheiro*. 1953 – *Rua sem sol*. 1955 – *Tira a mão daí*. 1956 – *Depois eu conto*. 1957 – *Tem boi na linha*; *Hoje o galo sou eu*. 1958 – *Na corda bamba*; *Minha sogra é da polícia*; *O camelô da rua Larga*; *Aguenta o rojão*. 1959 – *Pequeno por fora*. 1960-1961 – *Teus olhos castanhos*. 1963 – *Nos tempos dos bravos*.

Moderniza a técnica cenográfica, substituindo o padrão teatral, à base de panejamentos, pelo uso de estruturas de madeira e gesso. Monteirinho, como era chamado pelos colegas, descendia de uma família de artistas, o pai igualmente cenógrafo e a mãe atriz e cantora de operetas. Imigra para o Brasil em 1920, iniciando-se no desenho em 1922. Dois anos mais tarde já ajuda o pai, confeccionando tabuletas, cartazes e panos de boca no Teatro Lírico. Entra para a Escola de Belas Artes em 1926, começando no ano seguinte sua longa trajetória como ilustrador de jornais e revistas. Torna-se assistente de Hipólito Collomb, erguendo vários cenários para as revistas de Manuel Pinto. No início dos anos 30, assume o posto de cenógrafo-chefe da Companhia Procópio Ferreira, sendo seu primeiro trabalho a peça *O vendedor de ilusões*. Diversifica suas atividades fazendo trabalhos para agremiações e bailes carnavalescos. Participa da criação, junto com Adolfo Aizen, do *Suplemento Juvenil*, introdutor das histórias em quadrinhos no Brasil. Oduvaldo Viana* o leva para visitar o *set* de *Bonequinha de seda*, filme para o qual acaba desenhando um painel, fazendo os figurinos do balé final e criando o cartaz. Introduz o cenário em gesso no inacabado "Alegria", do mesmo Viana. Seus conhecimentos técnicos, que o levam a valorizar a profundidade e a adequação da iluminação aos cenários, são requisitados por José Carlos Burle* e Alex Viany*. Fixa em *Moleque Tião* (para o qual também cria o famoso cartaz com Grande Otelo*) e *Agulha no palheiro* as bases de uma imagem calcada na realidade suburbana carioca, proporcionando uma certa aproximação com o neorrealismo italiano. Sem nunca ter se assumido como um cenógrafo de teatro ou cinema, colabora ainda com diversas chanchadas*. Considera seu melhor trabalho *Teus olhos castanhos*, de Ibanez Filho, o único realizado em cores. Entre os seus múltiplos afazeres paralelos, destaca-se o de desenhista de arquitetura, sendo o autor da fachada do Hotel Quitandinha, em Petrópolis. Seus filhos Mauro e Mário seguem a profissão, com o segundo assinando a cenografia de alguns filmes, como *Bar Esperança, o último que fecha*, de Hugo Carvana*. (HH)

MONTENEGRO, Fernanda (Arlette Pinheiro Esteves da Silva) – Rio de Janeiro, RJ, 1929. Atriz.

FILMOGRAFIA: 1965 – *A falecida*. 1969 – *Pecado mortal*. 1970 – *Em família*; *Minha namorada*. 1971 – *A vida de Jesus Cristo*. 1976 – *Marília e Marina*. 1978 – *Tudo bem*. 1979 – *O menino arco-íris* (*A infância de Jesus Cristo*). 1981 – *Eles não usam black-tie*. 1985 – *A hora da estrela*. 1987 – *Fogo e paixão*. 1994 – *Veja esta canção* (4º episódio: 'Samba de um grande amor'). 1996 – *O que é isso, companheiro?*. 1997 – *Central do Brasil*. 1998 – *Traição* (episódio: 'O primeiro pecado'); *Gêmeas*. 1999 – *O auto da compadecida*. 2004 – *Do outro lado da rua*; *Olga*; *Redentor*. 2005 – *Casa de areia*. 2007 – *Amor nos tempos do cólera* (produção estrangeira).

Fernanda Montenegro é atriz de teatro, cinema e televisão. Filha do operário (modelador mecânico) Vitorino Pinheiro Esteves da Silva, descendente de imigrantes portugueses, e da dona de casa Carmen Nieddu, de origem italiana (da Sardenha), tem duas irmãs, Aída e Áurea. Na infância, nutriu uma paixão imensa pelo cinema: assistia a pelo menos três filmes por semana (quando não assistia a três por dia), encantando-se com os grandes atores americanos e franceses como Bette Davis, Greta Garbo, Gérard Philippe, Marlene Dietrich e Laurence Olivier, entre outros. Fernanda foi uma incansável batalhadora desde sempre. Quando completou o primeiro grau, matriculou-se nos cursos de secretariado, inglês e francês e, aos 15 anos, atendendo a um anúncio da RÁDIO MINISTÉRIO DE EDUCAÇÃO – que procurava jovens para o *Radioteatro da Mocidade* – deu os primeiros passos na carreira de atriz. Foi aí também que surgiu o nome de Fernanda Montenegro, que ela passou a adotar. No entanto, na RÁDIO MEC, onde trabalhou durante dez anos, ela a princípio usou os dois nomes: Arlette, como locutora e atriz; e Fernanda, como redatora e adaptadora de contos e romances para programas de cunho literário. Sempre gostou de ler os clássicos, como Stendhal, Dostoiévski, Machado de Assis, Thomas Hardy, Goethe, e autores brasileiros com Carlos Drummond de Andrade, Cecília Meireles, Graciliano Ramos e tantos outros. Foi em 1948, na mesma RÁDIO MEC, durante a gravação de um *jingle*, que conheceu o futuro marido e companheiro de toda a vida, o ator Fernando Torres (que, na época, era estudante de Medicina, mas abandonou o curso para fazer um filme), com quem se casou cinco anos depois. Em 1952, os dois criaram juntos, na rádio, o programa *Falando de cinema*, em que eram entrevistadas personalidades do mundo cinematográfico nacional, da Atlântida* e VERA CRUZ*, como Cyll Farney* e Anselmo Duarte* – e, eventualmente, do mundo cinematográfico internacional que estivessem em visita ao país. A estreia da atriz no teatro aconteceu em 1950, no Rio, com a peça *Alegres canções nas montanhas*, texto de Julian Luchaure, com tradução de Miroel Silveira* e direção de Ester Leão. Em 1951, Fernanda começou a trabalhar na TV TUPI, sendo a sua primeira atriz contratada. Durante dois anos, participou de peças ao lado de Paulo Porto*, Colé*, Heloísa Helena* e Grande Otelo*, sob direção de Jacy Campos, Chianca de Garcia* e Olavo de Barros, apresentando peças de grandes autores nacionais, entre os quais Arthur de Azevedo e Gonçalves Dias, de clássicos como Sófocles, autos medievais e textos internacionais de Oscar Wilde, Alexandre Dumas, etc. Participou na TV TUPI de São Paulo, entre 1953 e 1954, e de 1956 a 1965, do elenco do *Grande Teatro Tupi*, apresentado ao vivo, sob coordenação de Sérgio Brito*, que marcou a vida cultural do país na época e foi também, para a atriz, uma grande escola em sua carreira. Igualmente, foi dele que surgiu o convite para Fernanda atuar em seu primeiro filme: *A falecida*, de Leon Hirszman*. O filme era coproduzido por Nélson Rodrigues*, autor da peça homônima em que ele se baseia, e o dramaturgo, que conhecia Fernanda do *Grande Teatro Tupi* (onde ela havia feito várias peças de Nélson), propôs a Hirszman que a escalasse para o elenco. A atriz fez o papel de Zulmira, mulher do subúrbio, de classe média baixa, que trai o marido com um homem milionário (Paulo Gracindo*), de má reputação, e, ao ser flagrada pela prima e vizinha, entra num processo de culpabilização e hipocondria, acabando por morrer. Fernanda, então com 34 anos, estava perfeita no papel – que ela conhecia bem, já que havia passado a primeira parte de sua infância e adolescência na mesma vida de subúrbio carioca –, com algumas cenas memoráveis, como aquela em que toma banho de chuva no jardim de sua casa. Sua personagem, embora com toda a morbidez que vai desenvolvendo, possui também um humor sutil. Por sua atuação, ela ganhou o prêmio de melhor atriz na SEMANA DE CINEMA BRASILEIRO DE BRASÍLIA (que daria origem ao futuro FESTIVAL DE CINEMA DE BRASÍLIA) de 1965, e o prêmio especial do I FESTIVAL INTERNACIONAL DE CINEMA DO RIO. "Gosto muito desse filme, até hoje", diz ela. Atua no filme *Em família*, de Paulo Porto, uma adaptação da peça de Oduvaldo Viana Filho*, sobre a velhice. Entre seus poucos e grandes papéis no cinema, faz a protagonista de *Tudo bem*, de Arnaldo Jabor*, comédia que atinge os limites da crueldade, numa radiografia da classe média do "milagre econômico" da ditadura militar. Com esse filme, Fernanda ganhou os prêmios de melhor atriz do FESTIVAL DE TAORMINA, na Itália, e o MOLIÈRE de melhor atriz de cinema, no Brasil. Voltou a trabalhar com Leon Hirszman em *Eles não usam black-tie*. Interpretando Romana, a mulher de um operário (Gianfrancesco Guarnieri*), é uma figura forte, a grande mãe e companheira, mas sem abrir mão da doçura, que aparece contida, ora num sorriso, ora num olhar. Por sua atuação, Fernanda ganhou o PRÊMIO AIR FRANCE DE CINEMA como melhor atriz, em 1981. Nas décadas de 80 e 90, ela trabalhou também em diversas novelas de grande sucesso na TV GLOBO, como *Baila comigo* (1981), de Gilberto Braga, *Guerra dos sexos* (1983) e *Cambalacho* (1986), de Sílvio de Abreu, além de participações especiais em minisséries, entre as quais *Riacho doce* (1990). Ainda nos anos 80, fez uma participação especial em outro filme muito premiado, *A hora da estrela*, de Suzana Amaral*; e no instigante curta-metragem de Arthur Fontes *Trancados por dentro* (1988). Fernanda fez o episódio 'Samba do grande amor', no filme *Veja esta canção*, de Carlos Diegues*. Pela primeira vez, atuou no cinema ao lado do marido Fernando Torres, fazendo o papel de sua mulher, dona de uma belíssima voz, que seduz de forma arrebatadora um jovem poeta (Emílio de Mello) das cercanias de onde vive o casal. Foi como a protagonista de *Central do Brasil*, de Walter Salles, em papel escrito para ela, segundo o diretor. Interpretando a escritora de cartas para analfabetos, Dora, que sai Brasil afora à procura do pai de Josué (Vinícius de Oliveira), um menino que fica órfão de mãe, Fernanda recebeu consagração internacional ao ganhar o URSO DE PRATA de melhor atriz no FESTIVAL DE BERLIM de 1998 (onde o filme conquistou também o URSO DE OURO). Toda a maturidade, grandeza, humor, inteligência e versatilidade da atriz estão presentes em seu magistral desempenho nesse filme. (HS) Em *O auto da compadecida* tem outro bom papel, compondo com sutilezas uma justa e irônica Virgem Maria. Em 2004, atua como protagonista no sensível *Do outro lado da rua*, filme de estreia do roteirista Marcos Bernstein*, no qual inicia um caso de amor com um homem maduro, em raro filme nacional sobre amor na terceira idade. Nesse filme, Fernanda Montenegro compõe à vontade sua personagem, mostrando domínio próprio à grande dama dos palcos e telas brasileiras. Em 2005, contracena com sua filha, Fernanda Torres*, em *Casa de areia*, dirigida pelo genro Andrucha Waddington*. O clima excessivamente familiar transparece na tela, com interpretações carregadas, trabalhadas com poucas sutilezas na expressão. Montenegro já havia contracenado com Fernanda Torres: ambas estão em *Gêmeas*, também de Waddington. Ainda em ambiente familiar, é dirigida pelo filho Cláudio Torres em *Redentor*, interpretando a mesma personagem de sua filha, Fernanda Torres, em épocas distintas. Tem boa participação em *Olga*, primeiro longa do diretor televisivo Jayme Monjardim, em que faz o papel de Leocádia Prestes, mãe do líder comunista.

MONTI, Félix – Brasil, 1938. Diretor de fotografia.

FILMOGRAFIA: 1973 – *Juan Carlos Onetti, un escritor* (produção estrangeira). 1974 – *La civilización está haciendo masa y no deja oir* (produção estrangeira). 1975 – *Las sorpresas* (episódio: 'Los pocillos') (produção estrangeira). 1976 – *Juan que reía* (produção estrangeira). 1983 – *Espérame mucho* (produção estrangeira). 1985 – *A história oficial* (produção estrangeira); *Tangos, exílio de Gardel* (coprodução estrangeira). 1988 – *Sur* (produção estrangeira). 1989 – *Old Gringo* (produção estrangeira). 1990 – *Yo, la peor de todas* (produção estrangeira). 1992 – *El viaje* (produção estrangeira); *A peste* (produção estrangeira). 1993 – *Convivencia* (produção estrangeira); *De eso no se habla* (produção estrangeira); *Un muro de silencio* (produção estrangeira). 1994 – *Una sombra ya pronto serás* (produção estrangeira); *Of Love and Shadows* (produção estrangeira). 1995 – *O quatrilho*. 1996 – *O que é isso, companheiro?*. 1997 – *Momentos robados* (produção estrangeira). 1997-1998 – *Bela Donna* (coprodução estrangeira). 1999 – *O auto da compadecida*. 2000 – *Eu não conhecia Tururu*. 2000-2001 – *A partilha*. 2001 – *Rosarigasinos*; *Caramuru – a invenção do Brasil*. 2002 – *A paixão de Jacobina*; *Assassination tango* (produção estrangeira). 2004 – *La Niña Santa* (produção estrangeira); *Peligrosa obsesión* (produção estrangeira). 2005 – *Nordeste* (produção estrangeira). 2007 – *Luz de domingo* (produção estrangeira). 2008 – *Aniceto* (produção estrangeira). *Sangre de mayo* (produção estrangeira). 2009 – *O segredo dos teus olhos* (produção estrangeira).

Diretor de fotografia de carreira internacional, inicialmente trabalhou na Argentina, depois acumulou trabalhos no Brasil, também filmou em Hollywood e na Espanha. Na Argentina, começou no curta-metragem: *Los que trabajan* (1964), de Nemésio Juarez, e *Después de horas* (1965), de Nicolás Sarquis. Trabalhou como operador de câmera, fez fotografia adicional. Filmou pouco nos anos iniciais da carreira, quando estreou como iluminador de longas-metragens no documentário *Juan Carlos Onetti, un escritor*, de Julio Jaimes. O primeiro longa ficcional foi o drama *La civilización está haciendo masa y no deja oir*, de Julio Cesar Luduena. Criou a luz da comédias dramáticas *Juan que reía* e *Convivencia*, ambas de Carlos Galettini. Nos anos 1980, trabalhou em *Espérame mucho*, drama de Juan José Jusid. Estabeleceu importantes parcerias com os diretores Luiz Puenzo (*A história oficial*; *Old Gringo*; *A peste*); Fernando Solanas (*Tangos, exílio de Gardel*; *Sur*; *El Viaje*) e Maria Luísa Bemberg (*Yo*; *La peor de todas* e *De eso no se habla*). Fotografou os dramas *Un muro de silencio*, de Lita Stantic; *Una sombra e pronto serás*, de Hector Olivera, e *Of Love and Shadows*, de Betty Kaplan, esse último coprodução entre Argentina e EUA. No Brasil, a partir de 1995, iluminou filmes de Fábio Barreto* (*O quatrilho*; *Bela Donna* e *A paixão de Jacobina*) e filmou com Bruno Barreto* (*O que é isso, companheiro?*). Foi igualmente parceiro do diretor Guel Arraes* (*O auto da compadecida* e *Caramuru – a invenção do Brasil*). Deu suporte ao trabalho de estreia na direção da atriz internacional Florinda Bolkan em *Eu não conhecia Tururu*. Alternou trabalhos na Argentina, *Momentos robados*, de Oscar Barney Finn; em Hollywood, *Assassination Tango*, dirigido pelo ator Robert Duvall; na Espanha, *Luz de domingo* e *Sangre de mayo*, ambos do cineasta espanhol José Luis Garci. Tem ocasionais incursões na TVs argentina e brasileira. Entre importantes trabalhos recentes estão *La Niña Santa*, de Lucrecia Martel, e *O segredo dos seus olhos*, de Juan José Campanella. (LFM)

MORAES, Conchita de (Maria de la Concepción Alvarez Bernard) – Santiago, Cuba, 1885-1962. Atriz.

FILMOGRAFIA: 1936 – *Bonequinha de seda*; *Grito da mocidade*. 1937 – *O bobo do rei*. 1938 – *Bombonzinho*. 1940 – *Pureza*. 1941 – *Vinte e quatro horas de sonho*.

Conchita de Moraes era filha dos atores espanhóis Dulcina Bernard de los Rios e Servando Alvarez Vallina. Seus pais haviam chegado a Cuba em 1883, em turnê da companhia de Zarzuelas Espanholas, organizada por José Bernard, irmão de Dulcina. Em 1889, a companhia partiu em excursão para o Brasil, aportando inicialmente em Belém do Pará. Dulcina e Servando decidiram fixar residência no país e mudaram-se para o Rio de Janeiro. Morreram, porém, pouco tempo depois, deixando órfãos Conchita e irmãos. Conchita foi então acolhida por Ismênia dos Santos, grande atriz brasileira da época, que se tornou amiga dos Alvarez Vallina logo após sua chegada ao Brasil. Entretanto, parentes de sua mãe, radicados na Argentina, exigiram que Conchita fosse morar com eles, e ela ficou dez anos em Buenos Aires. De volta ao Brasil, decidiu abraçar a carreira de atriz e ingressou na companhia de Ismênia dos Santos, estreando na peça *Alma do outro mundo*. Em 1907, casou-se com Átila de Moraes (Galaor), nascido em Valença (RJ), que começou a fazer teatro amador em 1901, aos 18 anos, e se integrou tempos depois à companhia de Ismênia dos Santos. Desse casamento, nasceram cinco filhos, três dos quais manteriam a tradição teatral da família: Dulcina, Odete e Edith. O auge da carreira teatral de Conchita ocorreu quando ela e Átila integraram a companhia de Oduvaldo Viana*. No cinema, a carreira foi episódica. Sua atuação mais expressiva deu-se logo em seu primeiro filme, *Bonequinha de seda*, dirigido por Oduvaldo Viana. No filme, Conchita interpretou a bondosa madame Valle, que ensinava uma pobre filha de alfaiate, Marilda (Gilda Abreu*), a se tornar uma dama de sociedade. Ainda na CINÉDIA*, Conchita fez mais dois filmes: *Pureza*, dirigido pelo português Chianca de Garcia* (no papel de Felismina, empregada do dr. Jorge – Sérgio Serrano), e *Vinte e quatro horas de sonho*, também de Chianca (no papel de uma camareira de hotel). Nesse filme, ela contracenou com a filha Dulcina e o genro Odilon Azevedo. Conchita de Moraes retirou-se da vida artística nos anos 50, falecendo aos 77 anos no dia 9 de outubro no Rio de Janeiro. (LAR)

MORAES, Dulcina de (Dulcina Mymssen de Moraes) – Valença, RJ, 1908-1996. Atriz.

FILMOGRAFIA: 1941 – *Vinte e quatro horas de sonho*.

Filha dos atores Átila e Conchita de Moraes*, Dulcina de Moraes nasceu em Valença, estado do Rio de Janeiro, em 3 de fevereiro (o jornalista Brício de Abreu informa outra data: 8 de fevereiro), durante uma temporada naquela cidade da companhia de Francisco Santos*, que seus pais integravam. Ator, empresário teatral e posteriormente exibidor cinematográfico no Sul do país, Francisco Santos era casado com a atriz Adelina Nobre e pai da também atriz Sarah Nobre, de quem Dulcina foi amiga de infância. Em virtude das andanças da família, os cinco filhos do casal nasceram em lugares diferentes: a irmã Odete, por exemplo, nasceu em Campos, em 1910. Após a infância vivida em Campos, onde estudou com Odete no colégio de um tio, Dulcina veio para o Rio, passando a integrar a companhia dos pais. Há duas versões para a sua estreia nos palcos. Segundo a primeira, ela começou sua carreira profissional em 1922, na peça *Travessuras de Berta*, encenada no Teatro Trianon pela Companhia Brasileira de Comédia, de Viriato Correia e Nicolino Viaggiani. Seu papel era pequeno, mas sua atuação lhe valeu elogios generosos do crítico Mário Nunes. A outra versão sustenta que ela debutou no teatro em 1923, aos 15 anos, participando de um grupo teatral organizado por seus tios maternos Júlia e Armando Duval, que montou no Teatro Municipal de Niterói a peça *Amor de perdição*. Em 1924, ingressou na companhia de Leopoldo Fróes*, estreando em *Lua cheia*, que a consagrou como uma grande revelação dos palcos nacionais. Em 1931, Dulcina se casou com o ator Odilon Azevedo, filho de um fazendeiro de Santa Rita de Cássia, Minas Gerais. Odilon Melo de Azevedo nasceu em 13 de junho de 1904 e faleceu no Rio em 1972. Formado em Direito, Odilon tentou a carreira diplomática, que não conseguiu por haver sido reprovado em um idioma. Durante algum tempo, trabalhou como jornalista. Apaixonado pelo teatro, conseguiu emprego na companhia de Leopoldo Fróes. Após a primeira temporada, Leopoldo seguiu para a Europa e Odilon resolveu criar sua própria companhia, associando-se a Joracy Camargo e ao casal Átila e Conchita de Moraes. Convidada a integrar a companhia, Dulcina e Odilon se apaixonaram e em poucos meses estavam casados. Em 1934, criaram a Companhia Dulcina-Odilon, cuja primeira peça foi *Amor*, de Oduvaldo Viana*. Uma das maiores expressões dos palcos nacionais, a carreira cinematográfica de Dulcina se limitou a um único filme, *Vinte e quatro horas de sonho*. Antes desse filme, ela havia tido apenas duas experiências com o cinema. Em 1935, participou de testes de câmera na CINÉDIA* para o elenco do projeto "Canção da felicidade", baseado na peça de sucesso de Oduvaldo Viana, que acabou não se concretizando. Em 1937, Dulcina e Odilon fizeram uma viagem a Hollywood. Na volta, resolveram produzir a peça *Hollywood*, sobre a decadência de uma grande estrela do cinema americano. Decidiram então incluir um pequeno curta-metragem para ambientar a peça, mostrando um dos antigos sucessos da atriz. Intitulado *A mulher que passa*, o filme foi realizado na CINÉDIA, tendo Dulcina contracenado com o ator Mário Salaberry. Foi dirigido por Adhemar Gonzaga* e fotografado por Edgar Brasil*. Em 1939, Dulcina manifestou em entrevista a um jornal carioca o seu desinteresse pelo cinema: "Não desejo absolutamente fazer cinema. Acho-o demasiado mecânico e não me satisfaz interpretar para o celuloide". Em 1941, ela voltou atrás e, sempre ao lado de Odilon, decidiu produzir um filme em associação com Adhemar Gonzaga, baseado num argumento de Joracy Camargo. O contrato que firmaram com a CINÉDIA determinava que Dulcina e Odilon forneceriam o argumento e pagariam a equipe técnica, ao passo que a CINÉDIA se encarregaria da produção do filme. Dirigido pelo português Chianca de Garcia*, *Vinte e quatro horas de sonho*, lançado em 1941, foi uma das melhores produções da CINÉDIA, uma comédia sofisticada, de enredo extremamente consistente, roteiro eficiente, direção e fotografia impecáveis. A despeito de sua base teatral, Dulcina de Moraes está inteiramente à vontade na tela grande, numa interpretação carismática e antológica. Ela vive uma jovem desencantada pela vida que resolve se suicidar, atirando-se do alto do Corcovado. O motorista de táxi que a transporta ao local consegue demovê-la do gesto, convencendo-a a aproveitar a vida antes da consumação do ato fatal. Por sugestão do motorista, ela se faz passar por uma condessa refugiada pela guerra e se hospeda no Copacabana Palace, passando a desfrutar do dia de sonho de que fala o título. Apesar de todos esses ingredientes, o filme não foi bem nas bilheterias, o que levou o casal Dulcina e Odilon a desistir de qualquer outra investida no cinema. Em 1942, em entrevista a outro jornal carioca, Dulcina assevera: "Não voltaremos a trabalhar no cinema". Segundo depoimento de Odilon, eles teriam investido trezentos contos de réis no filme, reembolsando apenas cem. As informações existentes na CINÉDIA indicam que o valor investido por eles não chegou a tanto. Nos últimos anos de sua vida, Dulcina se dedicou à Fundação Brasileira do Teatro, que criou em Brasília, onde se radicou em 1980. Ela faleceu em Brasília em 4 de novembro. (LAR)

MORAES, Tetê (Maria Teresa Porciúncula de Moraes) – Rio de Janeiro, RJ, 1943. Diretora.

FILMOGRAFIA: 1982 – *Lages, força de um povo*. 1985 – *Brazil, Brazil* (1º episódio: 'São Paulo after the Miracle'; 2º episódio: 'God, Football and Carnival'; 3º episódio: 'Water, Land and Survival'; 4º episódio: 'What Price Progress?'). 1987 – *Terra para Rose*. 1997-2000 – *O sonho de Rose – 10 anos depois*. 2006 – *O Sol: caminhando contra o vento*.

Cineasta brasileira com militância em movimentos sociais e feministas. Nos anos 1960, trabalhou como jornalista, entre outros órgãos, no *Correio da Manhã* e na revista *Visão*. Em 1970, deixa o Brasil rumo ao exílio por motivos políticos. Primeiro, nos Estados Unidos, fez curso na Community Video Tape Center na cidade de Washington. Trabalhou com a cineasta Helena Solberg* na pesquisa e preparação de filmes sobre a mulher latina. Talvez nessa estadia americana tenha adquirido a consciência feminista, ideologicamente forte no país. Na Europa, trabalhou em programas de educação de adultos no Ministério da Educação de Portugal. No filme feito por pequena equipe de três mulheres, dirigiu com Aída Ferreira, na bitola Super-8, o documentário de média metragem *Aulas e azeitona* (1976), enfocando integração entre comunidade e escola na reforma agrária na região do Alentejo. Em 1980, retornou ao Rio de Janeiro. Documentarista por excelência. Trabalhou inicialmente com a bitola 16 mm, e passou logo ao primeiro curta, *Quando a rua vira casa* (1980-1981), em que abordou as mudanças urbanas no bairro carioca do Catumbi. Transferiu-se de imediato aos longas-metragens. Para a EMBRAFILME, realizou *Lages, a força de um povo*, sobre a participação comunitária na administração pública acontecida no município de Lages (SC). Lançou sua empresa cinematográfica, a VEMVER COMUNICAÇÃO, em uma coprodução internacional com a BRITISH BROADCASTING CORPORATION TV (BBC), o documentário em episódios *Brazil, Brazil*, filme no qual dividiu a direção com Peter Riding e Mary Strant. Em seu filme seguinte, *Terra para Rose*, passou à bitola 35 mm e enfocou os problemas dos sem-terra no interior gaúcho. Documentário sensível, além da questão política dos sem-terra consegue compor personalidades e histórias de vida no movimento popular. Dez anos mais tarde retorna ao mesmo local para ter um encontro emocionante com as personagens-pessoas do filme anterior em *O sonho de Rose – 10 anos depois*. A experiência funciona e ao novo contexto retratado pelo filme se juntam as potencialidades da imagem-câmera fotográfica em captar o passar do tempo. O resultado é convincente e os dois filmes compõem um momento alto no documentarismo brasileiro. Troca o nome de sua produtora para VEM VER BRASIL e realiza o documentário *O Sol: caminhando contra o vento*, enfocando o encontro de diversas personalidades da vida artística e cultural que foram contemporâneas do pioneiro jornal alternativo e de curta duração *O Sol*. Retrata com talento o verão da contracultura em 1967/1968, tomando depoimentos que têm como mote o órgão de imprensa. Também dirigiu o documentário de curta metragem *Nasci para bailar – João Donato ao vivo em Havana* (2008), registro de apresentação do importante músico brasileiro. (FPR/LFM)

MORAES, Vinicius de (Marcus Vinícius de Melo Morais) – Rio de Janeiro, RJ, 1913-1980. Crítico de cinema, músico.

FILMOGRAFIA: 1961 – *Pluft, o fantasminha*. 1962 – *Um morto ao telefone*; *Um homem, uma mulher* (produção estrangeira). 1962-1963 – *Sol sobre a lama*. 1967 – *Garota de Ipanema*. 1976 – *A fera carioca (Carioca tigre)*. 1978 – *Iracema, a virgem dos lábios de mel*; *Cascabel* (produção estrangeira).

Vinicius de Moraes fez todos os seus estudos no Rio de Janeiro, bacharelando-se em 1929 pelo tradicional Colégio Santo Inácio. No ano seguinte, ingressou na Faculdade de Direito, ligando-se a outros estudantes como Octavio de Faria, San Tiago Dantas, Almir de Andrade e Plínio Doyle, atuantes no Centro Acadêmico de Estudos Jurídicos e Sociais (Caju). Mesmo sem vocação para a advocacia, bacharelou-se em 1933. A amizade com Octavio de Faria seria fundamental em dois planos: o da poesia e do cinema. Influenciado por Octavio, publicou, em 1933, o seu primeiro livro, *O caminho para a distância*, seguido, dois anos depois, por *Forma e exegese*, que lhe deu renome nacional. A poesia de Vinicius, nesse momento, era fortemente espiritualista e impregnada de religiosidade, angulação que mudou na década seguinte, quando o poeta desceu à terra, publicando versos plenos de sensualidade carnal. Vinicius bebeu em Octavio de Faria todo o conceito de cinema vindo do CHAPLIN CLUB*, que teve o seu auge entre 1928-1930, através da publicação do periódico *O Fan*. O CHAPLIN CLUB foi fundado em 13 de junho de 1928 por Octavio, Plínio Sussekind Rocha, Almir de Castro e Cláudio Mello. *O Fan* defendia Chaplin e o cinema mudo num momento em que o sonoro começava a dominar o cinema com os seus primeiros exemplos: *Broadway Melody* e *The Jazz Singer*. O aprendizado das qualidades do mudo foi realizado a partir de 1932, quando Vinicius passou a discutir mais Chaplin do que Direito Romano na faculdade da rua do Catete. Com a vitória inelutável do sonoro, *O Fan* abandonou o campo de luta em dezembro de 1930. Vinicius classificou o seu aprendizado como ontológico e esotérico, em termos de cinema, e nietzschiano e fascista em literatura e política. Substituiu o jornalista Prudente de Moraes Neto como representante do Ministério da Educação e Saúde na Comissão de Censura Cinematográfica, instituída por decreto em 1934. Ficou no cargo de censor até 1938, ano em que ganhou uma bolsa de estudos do British Council para estudar literatura inglesa no Magdalen College, em Oxford. Foi nessa ocasião que aumentou a sua cultura cinematográfica frequentando a OXFORD FILM SOCIETY.

Voltou para o Brasil em outubro de 1939 devido à deflagração da II Guerra Mundial. Em 8 de agosto de 1941, assumiu a coluna de crítica cinematográfica do jornal da ditadura estado-novista *A Manhã*, dirigido por Cassiano Ricardo. O aparecimento da coluna de Vinicius deu-se num momento de renovação da crítica cinematográfica, pois em São Paulo, através da revista *Clima*, Paulo Emilio Salles Gomes* também fazia uma pequena revolução com a sua seção de cinema. Depois de um hiato de mais de dez anos, novamente o ensaio longo sobre cinema, criado por *O Fan*, voltou a ser praticado em *Clima*. A contribuição da crítica de Vinicius desenvolveu-se tanto no nível formal, com a estilística do poeta criando verdadeiros momentos de boa literatura dentro de um lugar inesperado, a crítica cinematográfica, como na reposição do debate sobre a situação do cinema, que tinha permanecido em suspenso com o fim da revista do CHAPLIN CLUB. Na primeira crítica ele já se preocupava em sintonizar o seu trabalho com o debate intelectual que tinha vigorado no final da década de 20, mantendo também um perfeito alinhamento e intercâmbio com a crítica de Paulo Emilio. O debate encerrado por *O Fan* defendia as qualidades do cinema mudo, dentro de uma concepção bebida diretamente na vanguarda francesa dos anos 20. Desconfiava-se enormemente do cinema sonoro, em que a fala tinha usurpado as qualidades do subentendimento e do ritmo da montagem. Além do mais, rebelavam-se os críticos contra a mercantilização do cinema operada pelas grandes produtoras

americanas, vistas como fábricas de produtos em série e não de artefatos artísticos. Para Vinicius, Chaplin continuava sendo o grande exemplo de cinema a ser seguido, mesmo tendo se rendido ao sonoro em *O grande ditador*. Após algumas escaramuças contra o som, a palavra e o filme colorido, a coluna abriu espaço para a manifestação de outros intelectuais, transcreveu cartas de leitores e publicou o manifesto de Dziga Vertov, Eisenstein e Pudovkin sobre o cinema sonoro. Durante a reunião para a entrega do prêmio de melhor filme de 1941 para Orson Welles, por *Cidadão Kane*, o confronto entre os partidários do mudo e do sonoro explodiu. Entre 28 de maio e 1º de agosto de 1942, a polêmica mudo *versus* falado correu solta, sendo chamados a dar a sua opinião os partidários do sonoro (maioria) e os defensores do mudo. Vinicius ultrapassou a coluna do jornal, conseguindo a cessão de uma sala para a exibição de clássicos mudos como forma de explicitar as qualidades de Chaplin, Robert Wiene e Ewald Andreas Dupont, exibindo filmes como *O gabinete do dr. Caligari*, *Variété* e pequenas comédias de dois rolos das fases Mutual e Essanay. Embora hoje a questão nos pareça pobre, bizantina e eivada de argumentos esotéricos, foi através dela que se retomou a discussão do cinema enquanto arte, dando-lhe um significado novo e, até onde era possível, popular. Retirava-se o cinema do consumismo exacerbado e inconsequente para elevá-lo à condição de cinefilia, isto é, destacava-se uma espécie de sociabilidade entre os interessados numa forma artística, compartilhando-se em grupo a discussão do objeto. O cinema adquiria outro patamar cultural, cuja expansão ocorreria depois da guerra com o CLUBE DE CINEMA DE SÃO PAULO e a FILMOTECA DO MUSEU DE ARTE MODERNA. A posição de Vinicius e de outros intelectuais favoráveis ao mudo, como Paulo Emilio, Almeida Salles* e Ruy Coelho, estava de antemão derrotada, mas isso não os impediu de mantê-la viva até 1945.

Depois de 1943, Vinicius começou a perder a chama inicialmente sustentada pela sua coluna. A sua grande contribuição tinha se encerrado no ano anterior. Por outro lado, ele tinha feito concurso público para o Itamaraty, sendo aprovado em 1943. Em 1946 foi destacado para Los Angeles como vice-cônsul, permanecendo no posto até o final de 1950. Juntamente com o jornalista Alex Viany*, iniciou a publicação da revista *Filme* (1947), da qual saíram apenas dois números. Na sua volta ao Brasil, retomou a crítica cinematográfica para

o jornal dirigido por Samuel Wainer, *Última Hora*, mas o espírito era outro. Mesmo assim, atraiu oposições que consideravam o seu estilo muitas vezes impróprio para a discussão do cinema. Iniciou a roteirização de um projeto sobre o Aleijadinho para Alberto Cavalcanti*, cujas filmagens nunca se iniciaram. Participou da comissão de organização do I FESTIVAL INTERNACIONAL DE CINEMA DO BRASIL, acontecido entre janeiro e fevereiro de 1954, dentro das comemorações do IV Centenário de São Paulo. Em 1955 começou a preparação do roteiro de *Orfeu do Carnaval* para o produtor francês Sacha Gordine, extraído da sua peça *Orfeu da Conceição*, premiada em 1954. A produção dirigida por Marcel Camus* seria vitoriosa no FESTIVAL DE CANNES (1959) com a PALMA DE OURO, recebendo também o OSCAR de melhor filme estrangeiro. Ainda no plano internacional, houve uma fracassada tentativa de roteirização de *Arrastão* (1964). De volta ao Brasil, iniciou a roteirização do seu grande sucesso musical *Garota de Ipanema*, que acabou sendo realizada pelo diretor do filme, Leon Hirszman*, e por Eduardo Coutinho* assinando o roteiro, em 1967. Vinicius participa da produção com crédito do argumento. Vinicius morreu no Rio de Janeiro no dia 9 de julho, em consequência de complicações decorrentes de diabetes e isquemia cerebral. Casado com Beatriz de Melo Moraes (1939), teve dois filhos, ambos ligados ao cinema: Suzana, diretora, e Pedro, fotógrafo. Depois, casou-se com Lila Maria Esquerdo e Bôscoli (1951), Maria Lúcia Proença (1958), Nelita Abreu Rocha (1962), Cristina Gurjão (1968), a também atriz de cinema Gessy Gesse (1971), Marta Rodriguez Santamaria (1975) e Gilda Mattoso (1979). (JIMS) Em 2005 é lançado o documentário *Vinicius de Moraes*, dirigido por Miguel Faria Jr.*, com produção de sua filha Suzana Moraes. O filme faz boa carreira nas bilheterias, sendo uma das maiores arrecadações em documentário da Retomada. A figura do poeta também surge em imagens de arquivo em *Coisa mais linda – história e casos da bossa nova* (2005), de Paulo Thiago*. Suas composições também marcam presença em alguns curtas-metragens, como *Viva Volta* (2005), *Duas mocinhas de Botafogo* (2006), *Nós somos um poema* (2008) e *Meu malvado favorito* (2010).

MORAIS, Milton (Manoelito Soares Moraes) – Fortaleza, CE, 1930-1993. Ator.

FILMOGRAFIA: 1955 – *A estrada*. 1962 – *Assassinato em Copacabana*. 1963 –

Gimba, presidente dos valentes; Montanha dos sete ecos. 1966 – *Nudista à força.* 1967 – *Mineirinho, vivo ou morto; Perpétuo contra o esquadrão da morte.* 1968 – *Maria Bonita, rainha do cangaço.* 1969 – *A um pulo da morte.* 1970 – *É Simonal; Senhores da terra.* 1971 – *O barão Otelo no barato dos bilhões; Os devassos.* 1973 – *Os homens que eu tive; Um edifício chamado 200; Sagarana: o duelo.* 1975 – *O homem de papel* (*Volúpia do desejo*). 1975-1976 – *Ninguém segura essas mulheres* (2º episódio: 'O desencontro'). 1977 – *Barra-pesada; Um marido contagiante.* 1978 – *O amante de minha mulher.* 1979 – *República dos assassinos.* 1980 – *Bonitinha mas ordinária.* 1981 – *O sequestro; Beijo na boca; Os paspalhões em Pinóquio 2000; Pra frente, Brasil.* 1983 – *Aguenta, coração; O trapalhão na arca de Noé.* 1986 – *Os Trapalhões e o Rei do Futebol.*

De considerável carreira no teatro, cinema e televisão, fica marcado por um conjunto de personagens cafajestes, encarnados idealmente no papel-título da peça *Boca de Ouro*, de Nélson Rodrigues, seu desempenho mais elogiado. Eterno coadjuvante nos dois últimos veículos, dedica-se com afinco aos trabalhos de palco, ultrapassando a marca de mais de cem montagens ao longo da carreira. O interesse em ser ator nasce na infância e é desencorajado em sua passagem pelo colégio dos irmãos maristas. Adolescente, entra para um grupo de teatro amador, com o qual segue em turnê pelo país a partir de 1945. Passam dois anos mambembando, ao fim dos quais decidem retornar a Fortaleza. Contrariando os colegas, toma o rumo do Rio de Janeiro, onde chega de carona e praticamente sem dinheiro. Resolve conhecer a Cinelândia, descobrindo a existência de muitos teatros em seus arredores. Tenta entrar para várias companhias, conseguindo um papel na de Darcy Cazarré. Estreia fazendo figuração como um jogador de ioiô em *Manjar dos deuses*. Faz inúmeras pontas, passando pelos elencos de Dulcina de Moraes*, Dercy Gonçalves* e Procópio Ferreira*, entre outros. Dorme nos fundos do Teatro Regina. No início dos anos 50, já superando o forte sotaque que exibia, participa de alguns programas de televisão. Sua primeira grande oportunidade surge quando Delorges Caminha o indica para um dos principais papéis da peça *O tigre*, que é encenada pela Companhia Jayme Costa. Deslancha sua carreira, tornando-se o galã e primeiro ator da Companhia Alda Garrido. Viaja para Portugal e Espanha e em 1955 é chamado para atuar no filme *A estrada*, de Oswaldo Sampaio*, pelo qual ganha um prêmio de melhor ator coadjuvante. Lança-se a projetos mais arrojados, trabalhando com Fernanda Montenegro* em *A casa de chá do luar de agosto*, em montagem do Teatro Brasileiro de Comédia, e com Maria Della Costa* em *A moratória* e *O canto da cotovia*, sendo considerado o melhor ator coadjuvante de 1956. No ano seguinte protagoniza a peça *Pedro Mico*, levada à cena pelo Teatro Nacional de Comédia, pela qual ganha os principais prêmios teatrais do país, identificando-se pela primeira vez com tipos malandros, mal-educados, pilantras. Fica conhecido através dos teleteatros da TV TUPI (*Teatro de Romance, Teatro Walita, Teatro de Equipe* e *Teatro de Comédia*). Casa-se com a atriz Norma Blum. No início dos anos 60, recebe elogios rasgados, inclusive de Nélson Rodrigues*, por sua caracterização do Boca de Ouro. Retoma a carreira cinematográfica com elogiado desempenho em *Assassinato em Copacabana*, de Eurides Ramos*, encarnando com perfeição, daí por diante, uma extensa galeria de personagens rudes. Excetuando umas poucas comédias eróticas, interpreta sobretudo indivíduos violentos, policiais corruptos, bandidos e cangaceiros. Tem pouca chance de apresentar trabalhos mais densos, como em *Gimba, presidente dos valentes*, de Flávio Rangel. Sintetiza o estereótipo que o acompanha na figura de Alfredo Gamela, protagonista da peça *Um edifício chamado 200*, especialmente encomendada ao dramaturgo Paulo Pontes, e depois transformada em filme homônimo, sob a direção de Carlos Imperial*. Obtém com a ideia, inspirada em malandro real que conhecera na década de 50, seus maiores sucessos de bilheteria. A popularidade o leva de volta à televisão, onde vez por outra repete com dignidade o já conhecido papel, integrando o elenco de inúmeras telenovelas, como *Bandeira 2, O espigão, Dancin' Days, Água viva* e *Meu bem, meu mal*. Apaixonado por cavalos de corrida, constitui um haras, chegando a possuir vinte animais. Faleceu aos 62 anos, em 15 de fevereiro, no Rio de Janeiro. (HH)

MOREIRA FILHO, Jeremias (Jeremias Moreira da Silva Filho) – Taquaritinga, SP, 1942. Diretor.

FILMOGRAFIA: 1976 – *O menino da porteira.* 1977 – *Mágoa de boiadeiro.* 1982 – *Fuscão preto.* 2009 – *O menino da porteira.*

Transfere-se para São Paulo, onde faz curso de pintura e cenografia de 1964 a 1968. Paralelamente, interessa-se por cinema e dramaturgia, frequentando o curso de realização da Comissão Estadual de Cinema e tomando aulas de interpretação com Eugênio Kusnet*, a quem considera um de seus mestres. Conhece Luís Sérgio Person*, tornando-se diretor de produção de inúmeros comerciais produzidos pela LAUPER FILMES. Começa carreira no meio publicitário, passando a montador e diretor. Em cinema, assume a função de assistente de direção nos curtas *Rua Augusta* (1968) e *Santa Casa Santa* (1969). Assina o primeiro filme, o curta *Jogos abertos do interior*, em 1970. A partir dessa época aceita esporadicamente alguns trabalhos, como o de assistente de direção em *Pantanal de sangue* (1971), de Reynaldo Paes de Barros, e *Efigênia dá tudo o que tem* (1974-1975), de Olivier Perroy, e o de montador em *O predileto* (1975), de Roberto Palmari. Lança-se na direção de longa-metragem com a adaptação do sucesso musical *Menino da porteira*, cantado por Sérgio Reis. Captando com sinceridade e simplicidade a mitologia da região central do país, logra uma das maiores bilheterias dos anos 70, atingindo mais de 5 milhões de espectadores. É um dos primeiros artistas a explorar as transformações e a massificação da cultura sertaneja, cristalizadas no imenso sucesso do filme. Persistindo no tema, leva às telas um argumento de Benedito Ruy Barbosa, *Mágoa de boiadeiro*. Precursora síntese moralista dos chamados novos valores do campo, não repete o mesmo desempenho do musical anterior. Volta no início dos anos 80, quando começou a manequim Xuxa Meneghel* em uma nova estrela de cinema. Mantém a estratégia de partir de uma canção de sucesso para traçar um painel com pinceladas sociológicas de um mundo rural em transição. *Fuscão preto* exibe as mesmas limitações narrativas, mas agrada ao público. Opta, a partir dessa época, por dedicar-se inteiramente à publicidade. (HH) Depois de três décadas, decidiu refilmar *Menino da porteira*, tendo como protagonista o cantor Daniel, em filme que assintou com nome de Jeremias Moreira.

MOREIRA, Roberto (Roberto Franco Moreira) – São Paulo, SP, 1961. Diretor.

FILMOGRAFIA: 1992 – *Oswaldianas* (3º episódio: 'Princesa Radar'). 2004 – *Contra todos.* 2009 – *Quanto dura o amor?.*

Aluno e posteriormente professor no curso de Cinema da Escola de Comunicações e Artes da Universidade de São Paulo (ECA/USP). Participou de vários curtas-metragens. Começou como continuísta de *Feliz ano novo* (1981), de Francisco Magaldi; foi montador de *Os circuitos do olhar* (1984), de Fernando Bonassi*; assistente de direção de *Dov'è Meneghetti* (1989), de Beto Brant*; roteirista de *No tempo da II Guerra* (1990), de André Klotzel*, e, em 1991, argumentista de *Faça você mesmo*, de Fernando Bonassi, roteirizando também *Novos rumos: o pós-guerra*, de Mirella Martinelli. Estreou como diretor em *Além das estrelas* (1986) e, em 1987, faz *O quadro não sangra* (1987), trama policial sobre o mistério do assassinato de mulheres loiras em São Paulo. Na direção documentária estreia com *Nasce a República* (1989), exibindo a passagem do século XIX para o século XX e o nascimento da ideia de progresso. Enfoca a década de 1920 no documentário *Modernismo: os anos 20* (1992), com narrativa documentária tradicional e ampla utilização de imagens de arquivo. Em *O cão louco Mário Pedrosa* (1993), sobre o crítico e historiador da arte Mário Pedrosa, aborda sua carreira na política, entre a entrada no PCB até sua ruptura com Trotski em 1941. No longa-metragem, funcionou como assistente de direção de *Besame mucho* (1986), de Francisco Ramalho Jr.*. Dirige o episódio 'Princesa Radar' do longo *Oswaldianas*, filme com cinco episódios produzido pela Secretaria de Cultura do Estado de São Paulo para comemorar o centenário do poeta Oswald de Andrade. Foi roteirista de *Um céu de estrelas* (1996) e *Antônia*, ambos da diretora Tata Amaral*, além de montador de *Cineasta da selva* (1997), de Aurélio Michiles. A carreira cinematográfica, de mais de vinte anos, prepara uma estreia afirmativa no longa-metragem. *Contra todos* é filme de personalidade que mostra um diretor maduro em sua opções de *mise-en-scène*. Filmado com câmera nervosa, traz como inspiração a improvisação de atores do tipo Cassavetes e a abertura para indeterminação do estilo direto. A temática é própria da geração paulistana egressa dos bancos escolares da ECA/USP. A visão do outro popular é carregada de horror, e a dramaturgia carregada de berros. A imagem do mar vermelho de sangue (utilizada na divulgação do filme) caracteriza bem a ação no universo ficcional. Em seu segundo longa, mantém a agilidade da direção, agora com trama voltada para a vida noturna na cidade de São Paulo. Uma atriz recém-chegada do interior se deslumbra com o visual e os tipos que a megalópole paulistana oferece. Moreira trabalha bem os personagens (o roteiro foi feito em parceria com Anna Muylaert*) em uma trama com intrigas paralelas de amores fugazes e decepções na noite da cidade. (FPR/LFM)

MORELENBAUM, Jaques – Rio de Janeiro, RJ, 1954. Músico.

FILMOGRAFIA: 1987 – *A menina do lado*. 1989-1991 – *República dos anjos*. 1995 – *O quatrilho*. 1995-1996 – *Tieta do agreste*. 1997 – *Central do Brasil*. 2002 – *Fale com ela (Hable con ella)*; *A paixão de Jacobina*. 2006 – *Pago (Paid)*. 2009 – *Olhos azuis*.

Compositor, arranjador, instrumentista, regente, violoncelista e produtor musical. Pertence a uma família de músicos, filho do maestro Henrique Morelenbaum e da professora de piano Sarah Morelenbaum. Participou de vários grupos musicais, como: A Barca do Sol, em que iniciou sua carreira; foi parceiro de Antonio Carlos Jobim com a Banda Nova, de 1984 a 1994; em seguida integrou o Quarteto Jobim Morelenbaum, com o qual fez excursões pela Europa e EUA. Formou, juntamente com sua esposa Paula Morelenbaum e o pianista e compositor japonês Ryuichi Sakamoto, o grupo M2S. Como regente, dirigiu alguns dos mais importantes conjuntos do país, incluindo a Orquestra Sinfônica da Bahia, Orquestra Sinfônica de Brasília, Orquestra Sinfonia Cultura, da RÁDIO E TELEVISÃO CULTURA, de São Paulo, Orquestra Jazz Sinfônica, dirigiu orquestras locais em Paris, Londres, Roma, Madri, Barcelona, Nova York, Miami, Buenos Aires, entre outras. Como violoncelista, participou de discos de famosos da MPB, num total de mais de quinhentos álbuns. Participou em festivais de jazz em várias cidades do mundo. Como arranjador, traz em sua bagagem importantes álbuns de Tom Jobim, Caetano Veloso, Gal Costa, Beto Guedes, João Bosco, Paula Morelenbaum, Ivan Lins, Barão Vermelho, Skank, Titãs, Marisa Monte e Carlinhos Brown. Em alguns deles acumulou a função de maestro. Tem feito arranjos e orquestrações também para grupos e cantores estrangeiros. Compôs a trilha sonora para o filme *A república dos anjos*, de Carlos del Pino. Em parceria com Caetano Veloso, compôs e produziu as trilhas sonoras para os filmes *O quatrilho*, de Fábio Barreto*; *Tieta do agreste* e *Orfeu* – ambos de Carlos Diegues*. Também compôs e produziu, com Antonio Pinto, a trilha do filme *Central do Brasil*, de Walter Moreira Salles*, vencedor do PRÊMIO SHARP, como melhor trilha sonora para o cinema. Participou da filmagem de *Hable con ella*, de Pedro Almodóvar, interpretando, com Caetano Veloso, a canção "Cucurucucu paloma". Compôs ainda as trilhas de *A paixão de Jacobina*, de Fábio Barreto. Escreveu e produziu a trilha sonora para o filme holandês *Pago (Paid)*, dirigido por Laurence Lamers. O violoncelo, em *Deus é brasileiro* e na música que Leo Gandelman fez para o documentário *Moacir – arte bruta*, é de Morelenbaum. (VLD)

MORETTI, Di – São Paulo, SP, 1961. Roteirista.

FILMOGRAFIA: 1997 – *O velho – a história de Luiz Carlos Prestes*. 2000 – *Latitude zero*. 2005 – *As filhas do vento*; *Cabra-cega*; *As vidas de Maria*. 2008 – *Nossa vida não cabe num Opala*; *Simples mortais*. 2009 – *23 anos em 7 segundos* (dir.).

Redator em jornais, revistas, rádio e TV, formado pela Faap e pela PUC/SP em Jornalismo. Seu primeiro trabalho foi com Toni Venturi, no roteiro do documentário *O velho – a história de Luiz Carlos Prestes*, biografia do líder comunista Luiz Carlos Prestes. Ainda com Venturi, trabalha no segundo longa do diretor, a ficção *Latitude zero*. Escreve o filme baseado na peça teatral de estreia de Fernando Bonassi*, *As coisas ruins de nossa cabeça*, adaptada para a narrativa cinematográfica. O roteiro tem agilidade e consegue traduzir o clima de claustrofobia, beirando a histeria, que marca a obra de Bonassi em busca de densidade existencial. Também com Venturi faz *Cabra-cega*, filme no qual assina roteiro premiado no XXXVII FESTIVAL DE BRASÍLIA (2004). O argumento é ainda de Fernando Bonassi, em obra bem característica do que foi o cinema paulista nos anos 2000, com busca de identidade junto e constante manifestação de mal--estar. Moretti roteirizou também as *Filhas do vento*, do diretor Joel Zito Araújo, obra que marca época no cinema negro brasileiro por sua temática, e pelo prestigioso estrelato presente. Mostrando inserção no meio cultural paulistano, escreveu o roteiro de *Nossa vida não cabe num Opala*, dirigido por Reinaldo Pinheiro. O roteiro é baseado em peça teatral de Mário Bortolotto, intitulada *Minha vida não cabe num Chevrolet*, característica da intensa verve dramatúrgica *underground* da metrópole. Por esse trabalho recebe prêmio de melhor roteiro na 12ª edição do CINE PE – FESTIVAL AUDIOVISUAL DO RECIFE em 2008. Em 2009, apesar do sobrenome italiano, consegue dirigir documentário emotivo e bem articulado sobre as agruras da fiel torcida ao conquistar, depois de 23 anos, um campeonato paulista. *23 anos em 7 segundos* mostra a conquista do título de campeão paulista de 1977 pelo Corinthians. (FPR)

MOSSY, Carlo (Moisés Abraão Goldzal) – Telaviv, Israel, 1946. Ator, diretor, produtor.

FILMOGRAFIA: 1968 – *Copacabana me engana* (ator). 1969 – *A penúltima donzela* (ator). 1970 – *Estranho triângulo* (ator). 1971 – *Soninha toda pura* (ator); *Lua de mel & amendoim* (2º episódio: 'Berenice') (ator); *Quando as mulheres paqueram* (*Assim nem a cama aguenta*) (ator). 1972 – *Viver de morrer* (ator). 1973 – *Como é boa a nossa empregada* (3º episódio: 'O melhor da festa') (ator, prod.). 1974 – *Essa gostosa brincadeira a dois* (ator, prod.); *Oh! Que delícia de patrão* – 1º episódio: 'As loucuras do patrão' (ator, prod.); 2º episódio: 'Um brinde ao patrão' (ator, prod.); *Pureza proibida* (ator); *Quando as mulheres querem provas* (ator, prod.). 1975 – *Com as calças na mão* (ator, prod., dir.); *Lucíola, o anjo pecador* (ator). 1976 – *As massagistas profissionais* (ator, prod., dir.); *As grã-finas e o camelô* (ator, prod.). 1977 – *Ódio* (ator, prod., dir.); *Manicures a domicílio* (ator, prod., dir.). 1978 – *As taradas atacam* (ator, prod., dir.); *Bonitas e gostosas* (1º episódio: 'O coça-saco'; 2º episódio: 'Cospe concreto'; 3º episódio: 'Bandidona e bicha') (ator, prod., dir.); *As 1.001 posições do amor* (1º episódio: 'O mijão'; 2º episódio: 'Quizumba no bilhar'; 3º episódio: 'Eu não sou bicha'; 4º episódio: 'As 1.001 posições do amor') (ator, prod., dir.). 1980 – *Giselle* (ator, prod.). 1981 – *O sequestro* (ator, prod.). 1984-1986 – *As sete vampiras* (ator). 1988-1989 – *Solidão, uma linda história de amor* (ator). 2002-2003 – *O homem do ano* (ator). 2005 – *Cafuné* (ator). 2006 – *Meu nome é Dindi* (ator). 2008 – *Cleópatra* (ator).

Muda-se para o Brasil (Rio de Janeiro) aos 7 anos de idade. Na década de 60, estuda cinema nos seguintes cursos: Yves Fourret (Paris); Actor's Studio (Nova York) e Royal Academy of Arts (Londres). Estreia no cinema como ator principal de *Copacabana me engana*, de Antônio Carlos Fontoura*, quando encarna o personagem do *playboy* da Zona Sul carioca. A seguir, interpreta uma série de primeiros papéis, começando na comédia *A penúltima donzela*, de Fernando Amaral; e nos dramas *Estranho triângulo*, de Pedro Camargo, contando a velha história de rapaz interiorano (Mossy) ambientando-se aos costumes libertinos da grande cidade; e *Soninha toda pura*, de Aurélio Teixeira*, este de pretensões sociais. Na trama de *Viver de morrer*, de Jorge Ileli*, é uma das peças-chave. A comédia erótica *Quando as mulheres querem provas* marca seu encontro com o diretor Victor Di Mello, seu futuro parceiro. Mossy é um dos criadores do gênero pornochanchada*, em que atua como ator, produtor e diretor, ao fundar a VYDIA PRODUÇÕES CINEMATOGRÁFICAS, em 1972. Começa com o sucesso de *Como é boa a nossa empregada*, filme em episódios dos diretores Di Mello e Ismar Porto*, em que acumula as funções de produtor e ator. Cria o tipo do malandro carioca, boa-vida, esperto e mulherengo, sempre se dando bem, que explora em diversos filmes. Atua como ator nas pornochanchadas (das quais também é produtor) *Essa gostosa brincadeira a dois*, de Victor Di Mello; *Oh! Que delícia de patrão*, de Alberto Pieralisi*; e *Quando as mulheres querem provas*, de Cláudio MacDowell. Trabalhando apenas como ator, contracena com Rossana Ghessa*, nos dramas *Pureza proibida*, no qual, curiosamente, interpreta um padre, e em *Lucíola, o anjo pecador*, filme de época baseado no romance homônimo de José de Alencar*, ambos sob as ordens do diretor Alfredo Sternheim*. Também é produtor, diretor e ator das fitas *Com as calças na mão*, *Massagistas a domicílio*, *As taradas atacam*, *Bonitas e gostosas*, *As 1.001 posições do amor*, e *As grã-finas e o camelô*, em que entrega a direção a Ismar Porto. Na linha de filmes sérios, tenta o policial *Ódio*, em que interpreta advogado que faz justiça pelas próprias mãos, semelhante ao sucesso americano *Desejo de matar*, com Charles Bronson, grande bilheteria da mesma época. Na década de 80, funciona como ator e produtor de *Giselle*, fita de alta dosagem erótica, e do policial *O sequestro*, este baseado no livro de Valério Meinel, ambos sob direção de Victor Di Mello. Aparece numa ponta interpretando ele mesmo na última cena de *As sete vampiras*, de Ivan Cardoso*, e como coadjuvante, em *Solidão*, mais uma vez trabalhando com Di Mello. A partir da década de 90, dedica-se ao vídeo erótico caseiro, utilizando o pseudônimo de Giselle H*. Em 2002, retorna ao cinema, depois de mais de dez anos afastado, com o filme *O homem do ano*, de José Henrique Fonseca, onde interpreta o delegado Santana. Atuou em outros poucos longas e, uma novidade, em alguns curtas. (LFM)

MOTTA, Zezé (Maria José Mota) – Campos, RJ, 1944. Atriz.

FILMOGRAFIA: 1969 – *Em cada coração um punhal* (1º episódio: 'Transplante de mãe'). 1970 – *Cléo e Daniel*. 1971 – *A Rainha Diaba*. 1973 – *Vai trabalhar, vagabundo*. 1974 – *Banana mecânica*; *Um varão entre as mulheres*. 1975-1976 – *Xica da Silva*. 1976 – *Ouro sangrento* (*Tenda dos prazeres*); *Cordão de ouro*. 1977 – *A força de Xangô*. 1978 – *Tudo bem*. 1980-1992 – *A serpente*. 1983 – *Quilombo*; *Águia na cabeça*; *Para viver um grande amor*. 1985-1986 – *Jubiabá* (coprodução estrangeira). 1986 – *Anjos da noite*. 1987 – *Sonhos de uma menina-moça*. 1987-1988 – *Natal da Portela*. 1988 – *Prisioner of Rio* (produção estrangeira); *Mestizo* (produção estrangeira); *Orfeu*. 1988-1989 – *Dias melhores virão*. 1994 – *O testamento do sr. Napumoceno* (coprodução estrangeira). 1995-1996 – *Tieta do agreste*. 1999 – *Cronicamente inviável*. 2000 – *Saudade, Sehnsucht* (produção estrangeira). 2004 – *Xuxa e o tesouro da cidade perdida*. 2005 – *Quanto vale ou é por quilo?*; *O amigo invisível*. 2006 – *O cobrador – In God we Trust* (coprodução estrangeira); *A ilha dos escravos* (coprodução estrangeira). 2007 – *Deserto feliz*. 2009 – *Xuxa em o mistério da Feiurinha*.

Com arrebatadora interpretação da personagem-título em *Xica da Silva*, de Carlos Diegues*, transforma-se em uma estrela do cinema brasileiro. Desenvolve carreira paralela de cantora e atriz, atuando ainda como estilista, letrista e comerciante. Filha de costureira e de motorista de ônibus, vem para o Rio de Janeiro ainda pequena. O pai, violonista clássico de formação e líder de um grupo regional que se apresenta nas gafieiras Elite e Estudantina, tenta ensinar-lhe, sem resultado, o instrumento. Estuda no Internato João Evangelista dos 6 aos 12 anos, manifestando interesse pelo canto e a interpretação dramática. Transfere-se para o Ginásio João XXIII, dentro da Cruzada São Sebastião. Como prêmio por seu desempenho no grêmio escolar, o diretor Jader de Brito, ligado ao ensino e pesquisa teatrais, a indica para um curso de férias na escolinha do Teatro Tablado, onde estreia com a peça *Miss Brasil*. Ganha bolsa de estudo para continuar o aprendizado de arte dramática, integrando-se ao currículo regular da instituição. Por conselho paterno, faz curso paralelo de técnico de contabilidade, sem exercer a profissão. Trabalha no Laboratório Moura Brasil, onde começa como embaladora e chega a supervisora de produção, até que Maria Clara Machado a convida para um seminário de leitura dramática no Conservatório Nacional de Teatro. Um dos participantes, Flávio Santiago, gosta de sua apresentação e a estimula a fazer teste para o elenco de *Roda-viva*, a ser montada na capital bandeirante em 1967. Consegue um dos papéis e larga o emprego.

Com a proibição da peça pela censura*, é contratada junto com parte do elenco por Marília Pêra*, encenando *A moreninha* e *A vida escrachada de Joana Martini e Baby Stompanato*. Aceita pequenas participações em televisão e cinema, como nas novelas *Beto Rockfeller* e *A patota*, e nos filmes *Em cada coração um punhal*, no episódio dirigido por Sebastião de Souza, e *Cléo e Daniel*, de Roberto Freire. Para sobreviver, torna-se *crooner* das boates Balacobaco e Teleco-teco. Excursiona em 1970 pelo circuito universitário da América Latina e dos Estados Unidos com o espetáculo *Arena conta Zumbi*. Retorna para o Rio de Janeiro em 1971, apresentando-se em vários espetáculos teatrais, com destaque para as montagens com elenco racial misto de *Hamlet*, dirigida por Flávio Rangel, e *Fígaro, fígaro!*, a cargo de Gianni Ratto, em que faz uma condessa. Continua em pequenas pontas na telinha e na tela grande, quase sempre interpretando empregadas domésticas. Consegue algum destaque com *Vai trabalhar, vagabundo*, de Hugo Carvana*.

É indicada ao diretor Carlos Diegues para personificar Xica da Silva. Após ser aprovada em teste, ganha o papel, os principais prêmios de melhor atriz e fama imediata. Construindo uma versão sensual e agressiva da famosa personagem do século XVIII, apoiada nos figurinos de Carlos Prieto, que se tornaria uma espécie de consultor visual particular para a sua carreira, revela grande talento interpretativo e expressivo *timing* de câmera. Aproveita o sucesso repentino para relançar-se como cantora-solo através de compactos com músicas das peças *A moreninha* (1969) e *Godspell* (1973), do filme *Xica da Silva* (1976) e o *long-playing Gerson Conrad e Zezé Motta* (1975). Ao longo de vinte anos de carreira, Zezé Motta lança *Negritude*, *Dengo*, *Frágil força* e *Chave dos segredos*, entre outros, realizando inúmeros *shows* no país e no exterior. Grava a música-tema do filme *O cortiço*, de Francisco Ramalho Jr.*. Assina ainda a letra de várias canções, entre elas a de *Prisioneiro do Rio*, sobre o ladrão inglês Ronald Biggs, integrante da trilha sonora da produção homônima, dirigida pelo polonês Lech Majewski. Depois de *Xica da Silva*, desempenha papéis importantes, principalmente em filmes sobre a cultura negra, como *Cordão de ouro*, de Antônio Carlos Fontoura*; *A força de Xangô*, de Iberê Cavalcanti; *Quilombo*, de Carlos Diegues; e *Jubiabá*, de Nelson Pereira dos Santos*. Roda no exterior o cabo-verdiano *O testamento do sr. Napumoceno*, de Francisco Manso. Em televisão

atua nas novelas *Transas e caretas*, *Pacto de sangue*, *Kananga do Japão* e *Xica da Silva*, e na minissérie *Mãe de santo*. Está retratada no vídeo *As divas negras do cinema brasileiro* (1989), de Vic e Adauto de Souza. É militante do Movimento Negro Unificado contra a Discriminação Racial e criadora do Centro de Documentação de Artistas Negros (Cedan). (HH) Continua atuando nos anos 2000, tendo participado de uma dezena de filmes nessa última década, entre curtas-metragens e fitas populares, com preocupações sociais e regionais. Tem a biografia escrita por Rodrigo Murat em *Zezé Motta – muito prazer*. Em 2007, no XXXV FESTIVAL DE GRAMADO, recebeu o TROFÉU OSCARITO pelo conjunto da obra. Como cantora, a convite do Itamaraty, apresentou-se em Hannover (Alemanha), Carnegie Hall de Nova York (EUA), França, Venezuela, México, Chile, Argentina, Angola e Portugal.

MOURA, Edgar (Edgar Peixoto de Moura) – Rio de Janeiro, RJ, 1948. Fotógrafo.

FILMOGRAFIA: 1976 – *A queda*. 1977 – *Se Segura, Malandro!*. 1978 – *O escolhido de Iemanjá*. 1979 – *Gaijin, caminhos da liberdade*; *Terror e êxtase*. 1980 – *Mulher sensual*. 1981 – *O sonho não acabou*. 1981-1984 – *Cabra marcado para morrer*. 1982 – *Bar Esperança, o último que fecha*; *Parahyba Mulher Macho*. 1983 – *O cangaceiro trapalhão*. 1984 – *Bete Balanço*; *Avaeté, semente da violência*. 1985 – *A hora da estrela*; *Urubus e papagaios*. 1986 – *Os Trapalhões e o Rei do Futebol*; *Tanga (Deu no New York Times)*; *A bela palomera* (produção estrangeira). 1987 – *Um trem para as estrelas*; *Hotshot* (produção estrangeira); *Kickboxer 3: the Art of War* (produção estrangeira). 1988-1989 – *Kuarup*. 1990 – *Lua de cristal*; *Sonho de verão*. 1991 – *Encontros imperfeitos* (produção estrangeira). 1992 – *Kickboxer III* (produção estrangeira). 1993 – *Piège* (produção estrangeira). 1994 – *O testamento do sr. Napumoceno*; *Sinais de fogo*. 1995-1996 – *Tieta do agreste*. 1998 – *Jaime* (produção estrangeira). 1999 – *Peixe-lua* (produção estrangeira). 2002 – *Camarote* (produção estrangeira); *Nha Fala* (produção estrangeira). 2002-2005 – *Gaijin – ama-me como sou*. 2003 – *A passagem da noite* (produção estrangeira); *Xuxa abracadabra*. 2004 – *Xuxa e o tesouro da cidade perdida*. 2005 – *Xuxinha e Guto contra os monstros do espaço*. 2006 – *Brasília 18%*; *Xuxa gêmeas*. 2007 – *A outra margem* (produção estrangeira).

Um dos mais conceituados e criativos fotógrafos da geração surgida nos anos

70, destaca-se pelas soluções técnicas e pelo aproveitamento estético dos diversos elementos da área. Desde a adolescência interessa-se por fotografia e cinema, tendo trabalhado como fotojornalista no *Última Hora*, em 1968. No mesmo ano entra para a Escola Nacional de Química da Universidade Federal do Rio de Janeiro, abandonando-a pouco tempo depois. Segue, em 1969, para o Institut National Supérieur des Arts du Spectacle de Bruxelas, onde se gradua em 1972. Especializando-se na questão da imagem fotográfica e cinematográfica, escreve monografia de conclusão de curso abordando a técnica de filmagem do cinema direto, mais tarde publicada no Brasil sob o título *Câmera na mão, som direto e informação*. Trabalha na Europa como membro da agência Gamma, da qual só se desligará completamente em 1983. Retorna ao Brasil em meados da década de 70, exercendo de 1976 a 1978 a função de professor de fotografia no curso de Cinema da Universidade Federal Fluminense. Paralelamente, estreia como diretor de fotografia filmando *A queda*, de Ruy Guerra*, em que aplica parte de suas ideias a respeito da mobilidade da câmera e sua proximidade do objeto filmado. O extraordinário resultado como que formula um novo tipo de realismo o credencia imediatamente. Incorporando e evidenciando com sua presença na imagem as mais adversas condições de filmagem, compõe um impressionante retrato do processo mesmo da criação cinematográfica. Entre um e outro, além de ter passado uma temporada lecionando no Instituto Nacional de Cinema de Moçambique (1978-1979), começa a pesquisar os efeitos da luz natural sobre a imagem. Respeitando sempre as condições luminosas das locações, procura aproveitá-las através de diversos artifícios, como rebatedores e similares, obtendo marcantes resultados. Radicaliza essa proposta em *Parahyba Mulher Macho*, em que dispensa qualquer tipo de refletor e monta intrincada parafernália de espelhos para filmar os interiores aproveitando o sol como iluminante. Abre-se a filmes mais comerciais, desde que possa comandar a fotografia e experimentar algum elemento, como em *Bete Balanço*, de Lael Rodrigues, que falseia espacialmente os elementos de composição da imagem. Volta-se em meados da década de 80 para a pesquisa das emulsões, explorando a latitude em *Um trem para as estrelas*, de Carlos Diegues*; o descarte dos filtros de compensação de cor em *Kuarup*, novamente com Ruy Guerra, e a definição nas baixas luzes em *Tieta*, também de Diegues, evidencia nítida preferência pelas filmagens ao ar livre, inserindo-se na tradição almendrosiana. Mesmo assim também pesquisa os novos instrumentos de iluminação artificial, em particular os pequenos refletores. Com eles obtém efeitos interessantes em *A hora da estrela, A bela palomera* e *Lua de cristal*. Encontra campo particularmente propício para esses usos na televisão, onde fotografa as minisséries *Primo Basílio* (1988) e *AEIO... Urca* (1989). No começo dos anos 90 passa a alternar os trabalhos no vídeo (as minisséries *Marina*, de 1991, *Anos rebeldes*, de 1992, e *Lucíola*, de 1993) com incursões pelo cinema português e cabo-verdiano, em particular com o diretor Jorge Marreco, com quem filma *Encontros imperfeitos* e *Piège*. Pioneiro do uso de película cinematográfica colorida na televisão brasileira, com as séries *A Justiceira* e *A Vida como Ela É*, ambas dirigidas por Daniel Filho* em 1996, vem se dedicando ultimamente ao cinema publicitário. Lança o livro *50 anos luz, câmera e ação* no início de 2000. (HH) Tem dividido a carreira entre filmes infantis da Xuxa, trabalhos para o cinema português e parceria com Tizuka Yamasaki* (*Gaijin, ama-me como sou*). Trabalhou com Nelson Pereira dos Santos* fotografando *Brasília 18%*.

MOURA, Wagner – Salvador, BA, 1976. Ator.

FILMOGRAFIA: 2000 – *Sabor da paixão* (produção estrangeira). 2001 – *Abril despedaçado*. 2001-2002 – *Deus é brasileiro*. 2002 – *As três Marias; Carandiru*. 2003 – *O homem do ano; O caminho das nuvens*. 2004 – *Nina*. 2005 – *Cidade baixa; A máquina*. 2006 – *Tropa de elite*. 2007 – *Ó Paí, Ó; Saneamento básico, o filme*. 2008 – *Romance; Tropa de elite 2. O inimigo agora é outro*. 2010 – *Vips*.

Um dos principais atores da atualidade. Junto com Selton Mello, faz a nova dupla de protagonistas do cinema brasileiro, embora nunca tenham atuado em conjunto (exceção para papéis coadjuvantes em *Nina*). Possui em sua filmografia diversos filmes de destaque na década de 2000. Baiano da gema, formado em Jornalismo pela Universidade Federal da Bahia, Wagner Moura iniciou como amador no Teatro do Colégio Mendel. Encontrou destaque nacional, junto com Lázaro Ramos* e Vladimir Brichta, quando integrou o elenco da peça *A máquina*. Sua estreia no cinema deu-se nos curtas-metragens *Pop killer* (1998), de Victor Mascarenhas, e *Rádio Gogó* (1999), de José Araripe Jr. O primeiro longa-metragem foi uma produção estrangeira, *Sabor da paixão* (*Woman*

on Top), da cineasta venezuelana Fina Torres, no qual fez pequena participação. Em seguida atuou em *Abril despedaçado*, de Walter Salles*, extraído da obra de Ismail Kadaré; *Deus é brasileiro*, de Carlos Diegues*, extraído do conto de João Ubaldo Ribeiro; e nos dramas *Nina*, do diretor estreante Heitor Dhalia*, e *O homem do ano*, do estreante José Henrique Fonseca. Foi protagonista de *O caminho das nuvens*, no papel de chefe de família nordestina que viaja para o Sul do país em busca de melhorias. Na REDE GLOBO DE TELEVISÃO participou do seriado *Carga Pesada* (2003) e logo depois viveu os personagens Edu/Magali do seriado *Sexo Frágil*. Interpretou Juscelino Kubitschek (jovem) na primeira fase da minissérie *JK* (2006) e ainda participou da série *Som & fúria*, com direção e supervisão de Fernando Meirelles*. Na mesma emissora, estreou em novelas como *A lua me disse*, de Miguel Falabella, protagonizando o galã Gustavo. Ficou conhecido nacionalmente com o personagem do capitão Nascimento do longa *Tropa de elite*, papel que firmou sua carreira, lançando-o ao estrelato propriamente. Com ação segura, sustenta o personagem de militar durão, sem abandonar a face humanista que a narrativa pede. A composição vem bem a calhar para as demandas ideológicas de José Padilha* no filme. Mesmo numa direção com mão pesada, mantém a sutileza na interpretação sem a cristalizar na intensidade. Em *Cidade baixa* fez dupla com Lázaro Ramos, compondo trinca baiana ao serem dirigidos por Sergio Machado*. A dupla de atores está à vontade, sentindo-se em casa no meio físico em que a ação se desenvolve. A química entre os dois brilha na tela, intensificada pela presença de Alice Braga, uma atriz à altura do embate entre ambos que parece introduzir, na própria interpretação, a rivalidade do mundo ficcional. Em *Ó Paí, Ó*, Wagner Moura circula sem constrangimento pelo Pelourinho de sua terra natal. Ressente-se, no entanto, na composição do personagem, caindo às vezes para um tipo artificialmente marcado, com cacoetes expressivos. Quando fica pouco à vontade com a direção, esta é a saída que encontra. Mas também nesse filme tem momentos altos quando contracena com Lázaro Ramos. Compõe, no cinema, um tipo desleixado, às vezes autoritário, mas com um olhar terno que lhe permite ampla gama de nuances. Tem fã-clube entre público adolescente e pinta de galã. Atua também em publicidade, encarnando um formato masculino com *sex appeal*. Fez a locução do documentário *Mataram*

a irmã Dorothy (2008), do cineasta norte-americano Daniel Junge.

Em 2010, volta com força ao protagonismo nas telas brasileiras interpretando novamente o capitão Nascimento na continuação de *Tropa de elite*, novo recordista de público no cinema brasileiro. O tipo que constrói para o segundo capitão Nascimento é ainda mais doce e tem jeito de menino bom. O crédito deve ser dividido com Padilha, que soube dirigir bem o ator no *thriller* policial. Onde a maioria dos atores brasileiro escaparia para o berro e a exasperação, Moura se mantém *cool*, fazendo valer seu olhar de mau, capaz de crueldades, mas sem perder a ternura, jamais. É essa ternura que lhe permite dar verossimilhança à consciência humanista do capitão Nascimento, essencial para o estabelecimento do conflito nuclear do filme. Ele é responsável não só pela construção de um personagem complexo, não plano, mas também pela repercussão do personagem entre setores de classe média do público brasileiro que teriam dificuldades de identificação com um policial troglodita. Em capitão Nascimento, Moura encontra um desafio à altura de seu talento, com espaço para se converter no principal ator brasileiro da atualidade. (FPR/LFM)

MULHOLLAND, Rosanne (Rosanne Santos Mulholland) – Brasília, DF, 1980. Atriz.

FILMOGRAFIA: 2004 – *Araguaya – conspiração do silêncio*. 2005 – *A concepção*. 2006 – *Bellini e o demônio; Nome próprio; O magnata*. 2007 – *Meu mundo em perigo; Falsa loura*.

Jovem atriz que vem assumindo destaque no cinema brasileiro contemporâneo. Atuou em vários filmes, peças teatrais, minisséries e novelas. Rosanne Mulholland é nome artístico que assumiu após 2006, pois havia anteriormente simplificado seu sobrenome para Holland. Inicia a carreira artística aos 12 anos, quando já cursava escola teatral. No cinema, em 2002, participou do curta *Dez dias felizes*. Em 2004, Rosanne, estudante de Psicologia, protagonizou *Araguaya – conspiração do silêncio*, dirigida por Ronaldo Duque, no papel de Criméia Alice, personagem baseado na guerrilheira que engravidou na selva, conseguiu furar o cerco militar para ter o seu filho, e acabou sendo uma das poucas sobreviventes civis do conflito. Esse filme exigiu da atriz treinamento militar na floresta amazônica. Posteriormente, em *A concepção*, de José Eduardo Belmonte*, é Liz, garota que vive entre orgias, drogas e crimes. Em *Bellini e o demônio*, dirigido por

Marcelo Silva Galvão, Rosanne é Gala, uma jornalista que investiga a morte de uma garota brutalmente assassinada. Em *Nome próprio*, de Murilo Salles*, representa Paula, que vive íntima relação, não declarada, com a personagem protagonista Camila. Em *Magnata,* dirigido por Johnny Araújo, Rosanne faz o papel de Dri, namorada de uma estrela do *rock*. No mesmo ano fez ainda a personagem Lantelme, paixão de Santos Dumont, no curta *14 Bis*, do diretor André Ristum. Em *Meu mundo em perigo,* filme de José Eduardo Belmonte, destacou-se como a protagonista Isis, uma mulher enigmática que assume a própria fragilidade na relação com um fotógrafo em crise interior. Em *Falsa loura*, dirigida por Carlos Reichenbach*, tem um desempenho maduro no papel de uma operária que se envolve com dois ídolos da MPB. Com cada um deles vai experimentar lições de vida. Com esse filme foi homenageada pelo "conjunto da obra" no FESTIVAL DE TIRADENTES de 2008. (VLD)

MÜLLER, Aldine (Aldine Rodrigues Raspini) – Portugal, 1953. Atriz.

FILMOGRAFIA: 1974 – *O clube das infiéis*. 1975 – *Os pilantras da noite (Picaretas sexuais)*; *As audaciosas*. 1976 – *A ilha das cangaceiras virgens*; *Pesadelo sexual de um virgem*; *As meninas querem... e os coroas podem*; *Socorro! Eu não quero morrer virgem*. 1976-1977 – *Paixão e sombras*. 1977 – *Dezenove mulheres e um homem*; *Internato de meninas virgens*; *O segredo das massagistas*; *O bem-dotado, o homem de Itu*; *Ninfas diabólicas*; *O artesão de mulheres*. 1978 – *O estripador de mulheres*; *Os galhos do casamento*; *A força do sexo*; *A força dos sentidos*; *Império do desejo*. 1979 – *Uma cama para sete noivas*; *Os imorais*; *Nos tempos da vaselina*; *O prisioneiro do sexo*; *Colegiais e lições de sexo*; *Viúvas precisam de consolo*; *A mulher que inventou o amor*. 1980 – *A fêmea do mar*; *Convite ao prazer*; *O fotógrafo*; *Bacanal*; *Consórcio de intrigas (Consórcio do sexo)*. 1981 – *Boneca cobiçada*. 1982 – *A noite do amor eterno*. 1983 – *Excitação diabólica*; *Perdida em Sodoma*; *Elite devassa*; *Shock*; *Força estranha*. 1984 – *Noite*. 1984-1985 – *Amenic*.

Filha de pai italiano e mãe portuguesa, Aldine Müller veio para o Brasil aos 2 anos de idade, quando sua família se instalou no Rio Grande do Sul. Em Caxias do Sul fez os estudos iniciais num colégio interno e participou de grupos de teatro amador. Na adolescência consagrou-se localmente como Rainha da Festa da Uva, passo decisivo para iniciar a carreira de modelo. Passou a viver em Porto Alegre, onde ganhava a vida trabalhando no comércio enquanto participava de muitos desfiles até se decidir por um voo mais alto. Aconselhada por amigas, Aldine chegou a São Paulo com 18 anos e foi fazer um curso de manequim com Christine Yufon. Na capital paulista seguiu o roteiro básico de uma candidata ao estrelato. Participou de inúmeros concursos de beleza em clubes e programas de televisão, até na Venezuela. Foi capa de revistas dirigidas ao público juvenil e, depois de se tornar conhecida no cinema, posou para revistas masculinas. Sua estreia nas telas se deu no filme *O clube das infiéis,* dirigido por Cláudio Cunha*, diretor identificado com o cinema erótico paulista. Bonita e fotogênica, com um toque brejeiro que a diferenciava das outras candidatas ao estrelato, Aldine se viu transformada instantaneamente em atriz das mais requisitadas, o que a levou – ao lado de Helena Ramos* – a ser reconhecida como uma das rainhas da pornochanchada*, com direito a fã-clubes espalhados pelo país. Nesse período trabalhou com David Cardoso*, Jean Garrett*, John Doo* e José Miziara* em grandes sucessos de bilheteria, de *Dezenove mulheres e um homem* a *O bem-dotado, o homem de Itu*. Com Walter Hugo Khouri*, o diretor preferido das atrizes em busca de reconhecimento artístico, fez *O prisioneiro do sexo* e *Paixão e sombras*. O esvaziamento do ciclo da pornochanchada na virada dos anos 80, com a substituição gradativa dos filmes eróticos pelos de sexo explícito, levou muitos profissionais ligados ao cinema a buscar alternativas. Aldine foi das poucas que sobreviveu atuando como atriz. Um dos raros filmes em que atuou em meados da década de 80 foi uma espécie de ação entre amigos, sendo uma produção gaúcha em toda a linha. Rodado em Porto Alegre, *Noite* é um filme baseado numa história de Érico Veríssimo, com direção de Gilberto Loureiro, no qual Aldine Müller contracena com Paulo César Pereio*. Sua repercussão é mínima, o que não representou nenhum inconveniente para Aldine, que a esta altura já estava engajada na televisão. Sua carreira na TV havia se iniciado algum tempo antes quando apresentou o *Telecurso*. Passou a ser atriz em telenovelas, com passagem pelo SBT e um início auspicioso na TV GLOBO, onde faria minisséries, inúmeras telenovelas – entre as quais *Sassaricando* (1987), *O salvador da pátria* (1989) e *Rainha da sucata* (1990) – até revelar uma faceta do seu talento, até então desconhecida do grande público, ao contracenar com Chico Anysio* na *Escolinha do Professor Raimundo* durante algumas temporadas. No teatro, esteve no elenco de várias peças, entre as quais *Vagas para moças de fino trato*, grande sucesso de público, que permaneceu longos meses em cartaz nas principais cidades do país. (IS)

MULTIFILMES

A produtora MULTIFILMES S. A. foi o último grande empreendimento da burguesia paulista no campo do cinema. A VERA CRUZ* tinha sido a pioneira em 1949, sob a direção de Franco Zampari*, associado a industriais como Francisco Matarazzo Sobrinho, sendo seguido por Mário Audrá Filho*, com a MARISTELA*, que transferiu capitais da indústria têxtil para a cinematográfica. Formada em 19 de setembro de 1952 como uma sociedade anônima, a empresa tinha Anthony Assumpção na presidência. Um grupo de empresários paulistas tomava assento na diretoria: mais dois membros da família Assumpção, quatro da Jafet, um da Racy e outro da Lutfalla. Esses nomes significavam a associação ao empreendimento de capitais provenientes das áreas fabris de tecidos, papéis e mecânica, além da importante participação do setor financeiro. Os estúdios foram instalados no vizinho município de Mairiporã, distante quarenta minutos do centro de São Paulo. Utilizou-se para tal um terreno de 50 mil metros quadrados, onde foram construídos quatro grandes estúdios à prova de som, de forma que se pudessem encaminhar várias produções simultaneamente. Uma unidade de três geradores fornecia energia tanto para os estúdios como para o laboratório de som montado com equipamentos Westrex, restaurante, escritórios e até uma fábrica de refletores, concentrando duzentos empregados. O escritório central foi instalado em São Paulo, na rua Martim Francisco, 303. O produtor geral foi o controvertido Mário Civelli*, que tinha antes trabalhado na MARISTELA. O departamento de argumentos ficou sob a direção de Marcos Marguliés, o de divulgação e publicidade com os jornalistas Luis Giovanini e, depois, Guido Sonino. Foram contratados vários atores, o maior deles sendo Procópio Ferreira*, secundado por astros emergentes, como Hélio Souto*, Luigi Picchi*, Paulo Autran* e Jaime Barcelos. Ruy Santos* veio do Rio de Janeiro como diretor de fotografia. Alinor Azevedo*, Alberto Dines, Armando Couto, Sérgio Brito* e Helio Tys fizeram parte da equipe de argumentistas, roteiristas e dialoguistas. Foram aproveitados técnicos da VERA CRUZ, como Harry Hand.

A primeira produção da MULTIFILMES antecedeu à formação da empresa como sociedade anônima. Anthony Assumpção contou que conheceu Mário Civelli em Águas de Lindoia, durante uma estadia de repouso. Da conversa em volta de uma mesa de *bridge*, o produtor o teria convencido de que o cinema brasileiro necessitava de filmes baratos, nada além de um milhão de cruzeiros, rodados rapidamente, no máximo em trinta dias, e de maneira contínua. Um dos seus projetos em preparação era *Modelo 19*, depois batizado com o nome de *A ponte da esperança* (filme de 1952, dirigido por Armando Couto). O empresário entrou com 600 mil cruzeiros. O filme agradou ao financiador, que se envolveu na aventura da MULTIFILMES. O maquinário usado na produção do primeiro filme, que tinha sido alugado no Rio de Janeiro, foi comprado. Os estúdios começaram a ser construídos. Na primeira fase do empreendimento investiram-se 25 milhões de cruzeiros. A primeira película da sociedade anônima foi *O homem dos papagaios*, também dirigido por Armando Couto, com Procópio Ferreira puxando o elenco. Seguiram-se *Fatalidade*, dirigido por Jacques Maret, egresso da VERA CRUZ; *Uma vida para dois*, com o português Antonio Miranda; *O craque*, dirigido com José Carlos Burle*, que faria um segundo filme, *Chamas no cafezal*, na produtora, como diretor contratado; *A sogra*, de novo com Armando Couto, totalizando sete filmes em praticamente um ano, se contarmos *Modelo 19*.

Dentro do terceiro ou quarto filme da sequência aparece o projeto de realização de *Destino em apuros*. A película seria em cores, uma verdadeira temeridade, posto que não havia laboratórios com condições de revelação e copiagem. O processo escolhido foi o ANSCOCOLOR, dominado pelo técnico norte-americano H. B. Corell, que teria trabalhado com Richard Thorpe em *Fiesta brava* (1947). Depois haveria acusações veladas de que ele não estava nem inscrito na AMERICAN SOCIETY OF CINEMATOGRAPHERS, da mesma forma que se denunciava o currículo de Civelli no cinema italiano como falso. Compraram-se mais equipamentos dos Estados Unidos. A direção ficou a cargo de Ernesto Remani*, possuidor de uma carreira internacional. Foi amplamente anunciado como o primeiro filme brasileiro em cores, mas durante a carreira comercial do filme uma das críticas feitas era de que houve precedentes. Durante a década de 10, por exemplo, projetaram-se vários filmes ficcionais coloridos, alguns pela PATHÉ-FRÈRES. O custo final da produção atingiu 6 milhões de cruzeiros, ou seja, fugia-se aos princípios determinados pelo próprio Civelli, mesmo se levarmos em conta que o longa foi filmado em apenas setenta dias. As primeiras cenas copiadas foram exibidas aos jornalistas em maio de 1953. Quando foi lançado em outubro, em grande circuito da SERRADOR, poucos críticos tentaram salvar alguma coisa da fita. Almeida Salles*, pelo prestigioso *O Estado de S. Paulo*, foi um dos mais generosos ao declarar que a cor era um elemento estranho ao filme; como narrativa, considerava-o maduro. A maioria, entretanto, estava no lado oposto. O colorido foi classificado de borrão, com alterações para melhor nos exteriores (críticos mais à esquerda achavam que, por ter sido copiado e revelado nos Estados Unidos, o filme não poderia sequer ser considerado brasileiro). Pedro Lima* achou a história tola e que Paulo Autran, como o Destino, tinha sido colocado em cena de maneira desastrosa. Enquanto se rodava *A sogra*, com Procópio Ferreira, Eva Wilma* e Herval Rossano, preparava-se *Chamas no cafezal*. Foi nesse final de 1953, depois do lançamento de *Destino em apuros*, que Civelli cometeu outro gesto audacioso ao iniciar a produção de *O americano*, trazendo o ator norte-americano Glenn Ford, o produtor Robert Stillman e o diretor Budd Boetticher. As filmagens foram logo interrompidas. O diretor criticou os equipamentos à disposição, achando-os pouco qualificados. Os dois projetos seguidos e caros levaram Assumpção a pedir um empréstimo ao Banco do Brasil, dando como garantia os equipamentos. Ficou desanimado com a recusa na concessão dos 16 milhões de cruzeiros necessários para a continuidade da empresa, principalmente quando se sabia que o Banco do Brasil e o Banco do Estado vinham enterrando milhões na VERA CRUZ. Com a venda de bens (uma fazenda e o prédio da sede em São Paulo), manteve a produtora à tona, mas iniciou o processo de liquidação. *Chamas no cafezal* foi apresentado dentro do quadro do I FESTIVAL INTERNACIONAL DE CINEMA DO BRASIL, realizado em janeiro de 1954, em São Paulo, por ocasião do seu IV Centenário de fundação. Nesse mesmo mês, contudo, os estúdios já estavam paralisados. Contratos com diretores e atores foram rompidos, inclusive com o astro Procópio Ferreira. Em março, Civelli foi despedido. Quatro meses depois, os últimos empregados em Mairiporã deixaram a empresa. Mudou-se a sede para os estúdios. No balanço de 1953, fechado no início de 1954, a empresa ainda apresentava equilíbrio entre receita e despesa.

No ano seguinte, não havia mais necessidade de maquiagens, contabilizando-se um prejuízo de 8 milhões de cruzeiros. Celso Galvão foi eleito para o cargo de gerente dos estúdios, seguindo a política das outras grandes companhias cinematográficas após a falência: o aluguel dos equipamentos ou a coprodução, nas quais se entrava com equipamentos. O primeiro deles realizado dentro do novo regime foi *A estrada*, seguido por *A carrocinha*, com Amácio Mazzaropi*.

O fracasso da MULTIFILMES foi mais uma prova de fogo para a burguesia paulista envolvida com um projeto cultural do qual desconhecia a dinâmica econômica. O caso mais pavoroso foi, sem dúvida, o da VERA CRUZ, sorvendo em aspiral ascendente a fortuna de Zampari e dos bancos públicos. Quando os estúdios de São Bernardo do Campo voltaram a funcionar, foi sob um outro nome, a CINEMATOGRÁFICA BRASIL FILME, dirigida por Abílio Pereira de Almeida*, como forma de escapar da COLUMBIA PICTURES, contratada pela VERA CRUZ para a distribuição dos filmes. A MARISTELA teve uma sobrevida maior pelo empenho de Mário Audrá* no aluguel dos estúdios e coproduções. Assumpção foi precavido. Paralisou tudo quando não recebeu o empréstimo de que necessitava. Por sorte, todos os estúdios, porém, não acompanharam a trajetória da MARISTELA. Ou por descaso de Celso Galvão ou por causa da distância do centro de São Paulo ou mesmo pelo desinteresse do acionista majoritário, os estúdios de Mairiporã entraram em processo de esquecimento. Dez anos depois eles eram motivo apenas para notas curiosas sobre o passado. Assumpção descobriu a duras penas que nem todos os filmes eram sucesso, mesmo quando baratos. Além do mais, o retorno financeiro era muito lento. O ingresso tabelado era um entrave que só favorecia o cinema estrangeiro. Para o restante das pequenas produtoras, reafirmou-se a ideia do cinema independente. (JIMS)

MUNIZ, Lauro César (Lauro César Martins Amaral Muniz) – Guará, SP, 1938. Roteirista.

FILMOGRAFIA: 1966 – *Anjo assassino*. 1971 – *Idílio proibido*. 1972 – *Independência ou morte*; *A infidelidade ao alcance de todos* (1º episódio: 'A tuba'; 2º episódio: 'A transa'). 1972-1975 – *A santa donzela*. 1973 – *Os mansos* (1º episódio: 'A b... de ouro'); *A super fêmea*. 1977 – *O crime do Zé Bigorna*. 1982 – *A próxima vítima*. 1994-1995 – *As feras*. 1997-1998 – *Forever, juntos para sempre*.

Filho de professora primária e de um pai apaixonado pelo teatro e arte circense. Aos 14 anos escreve a primeira peça, iniciando-se no teatro amador em 1956. No entanto, sua primeira opção profissional será a de engenheiro, profissão que abandonará definitivamente em 1965. Muniz também cursou a Escola de Arte Dramática (EAD), concluída em 1962. A importância da EAD na sua formação pode ser medida nas suas próprias palavras: "Eu me formei na primeira turma de dramaturgia da escola. Foi lá que aprendi a parte teórica do teatro. Fui aluno de gente muito boa, como Augusto Boal, Alfredo Mesquita, Alberto D'Aversa, Anatol Rosenfeld, Sábato Magaldi, Décio de Almeida Prado, realmente pessoas maravilhosas que deram uma tremenda abertura pra mim". Muniz estreia como dramaturgo em 1959, com a peça *Este ovo é um galo*. O reconhecimento profissional não tardaria a chegar pois, em 1962, seria requisitado pela televisão para escrever no novo veículo, realizando duas obras: *A bruxa, bar da esquina* e *A estátua* (1963), no gênero teleteatro. Esse gênero o autor só vai retomar em 1974 em *O crime do Zé Bigorna* e *O desquite*. Além da formação básica teatral, Muniz também encontrou no cinema poderosa fonte de aprendizagem, fundamentalmente em função do efervescente movimento cultural cinematográfico que eclodiu em São Paulo no final dos anos 40 e início dos 50. Sua carreira de dramaturgo logo obteve reconhecimento da crítica, sendo laureado, em 1963, com o prêmio de autor revelação da Associação Paulista de Críticos de Arte (APCA). Sua primeira telenovela viria somente em 1966, na extinta TV EXCELSIOR, intitulada *Ninguém crê em mim*. A partir desse momento, sua carreira encontrará na telenovela um dos seus maiores suportes. Em 1970, Muniz adaptaria para a televisão o romance *As pupilas do senhor reitor*, de Júlio Diniz. Para a TV RECORD escreveria *Os deuses estão mortos* (1971). Após a experiência na RECORD, Muniz muda de emissora e transfere-se para a TV GLOBO, em 1973, onde produzirá obras significativas de teledramaturgia, estreando com *Carinhoso* (1973), novela que alcançou altos índices de audiência, num momento de ascensão do gênero em âmbito nacional. Ainda na GLOBO, outras novelas contaram com a assinatura de Muniz, como *Escalada* (1975) e *O casarão* (1976). Em 1978, Muniz retorna aos palcos com a peça *O mito*, depois virá *Sinal de vida*, conquistando com essa peça o prêmio MOLIÈRE de melhor autor. Muniz apresenta novo texto teatral,

Direita, volver, em 1986. Paralelamente, desenvolve *Sonho meu*, novela escrita a seis mãos com Daniel Más e Mário Prata. Em 1989, escreve outra novela de grande repercussão, *O salvador da pátria,* e em 1997 é a vez de *Zazá*, com Fernanda Montenegro* no papel-título. Muniz preparou uma biografia televisiva, em quarenta capítulos, baseada na vida da compositora e maestrina Chiquinha Gonzaga. A série, intitulada *Chiquinha Gonzaga*, entrou no ar em janeiro de 1999, com a presença de Regina e Gabriela Duarte interpretando o papel-título.

Sua peça *O santo milagroso* foi adaptada para o cinema com direção de Carlos Coimbra* e produzida por Oswaldo Massaini*. Muniz adapta o roteiro de *O anjo assassino*, baseado na novela *A outra face de Anita*, de Ivani Ribeiro. O filme teve a direção do ator Dionísio Azevedo*. A presença do roteirista Muniz no cinema cresce entre os anos 70 e 80. Roteiriza *Idílio proibido*, de Konstantin Tkaczenko*. Além desses roteiros, outras peças teatrais do dramaturgo também foram adaptadas para o cinema, como: *A santa donzela*, de Flávio Portho*, e *A infidelidade ao alcance de todos*, filme em dois episódios dirigidos por Olivier Perroy e Anibal Massaini Neto*. Muniz participou do roteiro de *Independência ou morte*, de Carlos Coimbra, uma das superproduções do cinema brasileiro da década de 70. Escreve o roteiro de *A super fêmea*, de Anibal Massaini Neto, filme centrado na figura feminina de Vera Fischer*, com ótima repercussão de público. Ainda prepara o episódio 'A b... de ouro', que faz parte do filme *Os mansos*, de Pedro Carlos Rovai*. Outra obra sua adaptada para o cinema foi *O crime do Zé Bigorna*, de Anselmo Duarte*, texto originalmente exibido na TV GLOBO. Ainda na função de roteirista cinematográfico, uma das mais significativas contribuições de Muniz foi a roteirização do filme policial *A próxima vítima*, de João Batista de Andrade*, estrelado por Mayara Magri e Antônio Fagundes*. Muniz mantém contato com a nova geração de cineastas, como André Klotzel*, com quem colabora na finalização do roteiro de *Capitalismo selvagem* (1992). (AG) No cinema, colaborou com o diretor Walter Hugo Khouri* nos roteiros dos dramas *As feras* e *Forever, juntos para sempre*. Na TV, para a REDE RECORD, escreveu as telenovelas *Cidadão brasileiro* (2006) e *Poder paralelo* (2009).

MUNIZ, Míriam (Míriam Muniz de Mello) – São Paulo, SP, 1931-2004. Atriz.

FILMOGRAFIA: 1969 – *Macunaíma*. 1970 – *Cléo e Daniel*. 1973 – *O Pica-pau Amarelo*. 1976 – *O jogo da vida*. 1977 – *Mar de rosas*. 1980-1981 – *O homem do pau-brasil*. 1982 – *Das tripas coração; Nasce uma mulher*. 1997 – *Alô*. 1999-2000 – *Amélia*. 2004 – *Nina*.

Míriam Muniz é filha de Agostinho Muniz de Mello e de Rosária Ferri de Mello, descendendo de portugueses e italianos, mistura essa, como ela própria afirma, responsável pelos aspectos antagônicos de sua maneira de ser. Dos portugueses herdou a austeridade e dos italianos a extroversão. Incentivada por uma amiga, entra em 1958 para a Escola de Arte Dramática de São Paulo, formando-se em 1961. Logo em seguida, ingressa no teatro profissional participando dos elencos do Teatro Oficina, Cia. Nídia Lícia e Teatro de Arena. Com a dissolução das companhias estáveis, atua em montagens realizadas por grupos esporádicos, como foi o caso de seu último grande sucesso: *Porca miséria*, de Jandira Martini e Marcos Caruso, encenada em 1993. Unindo as técnicas de Stanislávski propostas pelos professores da EAD às novas ideias dos grupos surgidos a partir dos anos 60 (notadamente o trabalho com Augusto Boal no Arena), Míriam Muniz desenvolve uma maneira muito especial de atuação fundamentada numa ironia cômico-dramática que a faz abordar com inteligência tanto a mulher do Gigante no tropicalista *Macunaíma*, de Joaquim Pedro de Andrade*, quanto a inquietante Tonica de *O jogo da vida*, de Maurice Capovilla*. Foi, aliás, com esse trabalho que mereceu o prêmio de melhor atriz coadjuvante no VI FESTIVAL DE CINEMA BRASILEIRO DE GRAMADO.

Dona de uma formação essencialmente teatral, suas breves aparições no cinema não procuram ocultar a teatralidade. Muito pelo contrário, serve-se dela sem qualquer cerimônia, usando-a como reforço à dramaticidade que costuma impor às personagens cômicas ou patéticas que interpreta. É o que se pode observar na dona de bordel, Gaby, de *Cléo e Daniel*, de Roberto Freire; em dona Niobe, de *Mar de rosas* e em Muniza, de *Das tripas coração*, ambos de Ana Carolina*; ou mesmo em *O homem do pau-brasil*, de Joaquim Pedro de Andrade; *Nasce uma mulher*, de Roberto Santos*; e *Alô*, de Mara Mourão. Particularmente feliz foi sua intervenção no Super-8 *A pequena ilha da Sicília*, realizado por Flávio Império, em que diz magistralmente trechos de *A divina increnca*, de Juó Bananère. Assinale-se também a parceria *sui generis* que estabeleceu com

Ana Carolina, a ponto de ser mencionada pela diretora como uma coparticipante em seu aprendizado cinematográfico: "foi a partir das pausas da Míriam, através de seu olhar para os outros atores, de seu ritmo peculiar, que nasceu minha escrita cinematográfica". Com Ana Carolina, além das participações nos já citados *Mar de rosas* e *Das tripas coração*, filma *Amélia*, um roteiro pensado especialmente para a atriz. Há muito vem se dedicando também ao ensino de interpretação. (MTV) Em 2004 interpreta um de seus bons papéis no cinema, fazendo a velha ranzinza de *Nina*, adaptação para o cinema do romance *Crime e castigo*, de Dostoiévski. Por este seu último trabalho, ganhou prêmio de melhor atriz, póstumo, no FESTIVAL DE PORTO ALEGRE (2004). Faleceu em 18 de dezembro, em São Paulo.

MUNIZ, Sergio (Sergio Aurélio de Oliveira Muniz) – São Paulo, SP, 1935. Diretor.

FILMOGRAFIA: 1978 – *Andiamo In'Merica*. 2007-2009 – *Amizade*.

Sergio Muniz é documentarista brasileiro. Para além dos filmes que fez ou participou, também colaborou no planejamento e instalação da EICTV, Escola Internacional de Cine y TV, em Cuba, tendo sido seu primeiro diretor docente entre 1986 e 1988. Foi também assessor de Marilena Chauí na Secretaria Municipal de Cultura (1989-1992) e desenvolveu projetos de memória cinematográfica para o Museu da Imagem e Som (1993-1995). Trabalhou entre 1995-2000 no Memorial da América Latina e foi um dos curadores do I FESTIVAL DE CINEMA LATINO-AMERICANO DE SÃO PAULO. Sua primeira experiência concreta no cinema foi como assistente de câmera em um documentário, *A casa de Mário de Andrade*, em 1954, de Ruy Santos, cineasta que conheceu por intermédio de seu primo Bráulio Pedroso. Desde então, o cinema foi uma presença constante em sua vida, particularmente pela influência que exerceram os filmes argentinos trazidos pelo cineasta platino Fernando Birri, mas também filmes franceses, ingleses e clássicos do cinema americano, sem contar os brasileiros como *Vidas secas* e *Deus e o diabo*, o neorrealismo italiano, filmes japoneses e, no pós-1966-1967, diretores como Joris Ivens, Fernando Solanas, Santiago Alvarez e uma série de documentários de Jean Rouch. Cinema e a companhia de um grupo de amigos que circulavam na área cultural: Bráulio Pedroso, Agenor Parente, Fernando Henrique Cardoso, Rodolfo Nanni*, Nelson Pereira dos Santos*, Artur Neves, Galileu Garcia*, Villanova Artigas, Agostinho Martins Pereira*, entre outros, abriram-lhe novas perspectivas.

A partir de 1962 se aproximou da CINEMATECA DE SÃO PAULO, época em que conheceu um personagem fundamental para sua carreira: Fernando Birri, com quem tomou contato através de seu amigo, o fotógrafo Thomaz Farkas*, o qual deu impulso à produção de documentários na qual Muniz se incorporou, inicialmente como substituto de Vladimir Herzog, no documentário *Viramundo*. A partir de 1964, e até o início de 80, atua como diretor ou coprodutor de quatro dos documentários de Farkas. Em fins de 1963, Ruy Santos o convidou, junto com Carlos Alberto de Souza Barros*, para ser diretor de produção do filme *Os corumbas*, um roteiro do que foi considerado o primeiro romance proletário brasileiro. Com o golpe militar, não houve filme. Ao mesmo tempo, continuava em contato com a CINEMATECA e Thomaz Farkas. Este tinha um projeto de documentários sobre reforma agrária para o governo de João Goulart e já trabalhavam nele Maurice Capovilla*, Vladimir Herzog, Fernando Birri, Edgardo Pallero, Dolly Pussi e Manuel Horácio Gimenez. Com o golpe de 64, esse projeto também é desarticulado e alguns acabam partindo, como Fernando Birri e sua mulher. Isso coincide com a vinda de Geraldo Sarno*, fugido da Bahia por ter sido dirigente da UNE e membro do CPC baiano, que se incorpora ao grupo que ficou. Tendo já montado um mínimo de estrutura de produção, Farkas desiste da temática da reforma agrária e começa a pensar em fazer filmes sobre o Brasil. Geraldo Sarno propõe *Viramundo*, obra sobre os migrantes nordestinos. Do Rio de Janeiro vem Paulo Gil Soares*, que trabalhou com Glauber em *Deus e o diabo na terra do sol*, e propõe a realização de um documentário, chamado *Memória do cangaço*, baseado na história de um policial, conhecido como coronel José Rufino, que participou de várias volantes contra o cangaço, Lampião e Corisco, e no qual Glauber se baseou para fazer o *Antônio das Mortes*. É a esse grupo que Sergio Muniz se une e filma sua primeira obra, *Roda & outras estórias*, baseada em cinco canções do então desconhecido compositor Gilberto Gil.

Roda & outras estórias foi feito com a ajuda de vários tipos de pessoas, como é o caso da participação da DOCUMENTAL, produtora de comerciais de Galileu Garcia e Agostinho Martins Pereira, que emprestou câmera 35 mm e moviola, local onde Muniz trabalhava ao mesmo tempo em que fazia o filme de Geraldo Sarno. Também contou com o auxílio de Luiz Carlos Barreto* (que emprestou cenas de material de *Vidas secas*, além de material filmado por Paulo Gil na Bahia), assim como folhetos de cordel da coleção de Valdemar Herrman. Muniz usou o material, fotografando, reproduzindo e montando. Junto com isso há fragmentos de filmes-reportagens da Guerra do Vietnã, fragmentos de um soldado ferido, de outro com uniforme, as marchadeiras do golpe de 64, cenas do carnaval do filme *Nossa escola de samba*, enfim, um caleidoscópio combinando inovação não gratuita com canções. Em meados dos anos 60, Sergio Muniz fez parte de um seminário sobre cultura que envolveu Francisco Ramalho Jr.*, João Batista de Andrade*, Geraldo Sarno e os arquitetos Antonio Benetazzo e Moacyr Vilella. Já no final da década, integrado ao grupo de Thomas Farkas, prepara-se para filmar *Rastejador*, dentro do qual haveria também um personagem fabricando uma besta medieval. No entanto, na semana que chegou para filmar, em julho de 1969, com a notícia de que o primeiro homem iria pôr os pés na Lua, decide tirar o trecho com a fabricação da besta do documentário *Rastejador* e fazer outro documentário específico, *Beste*, que narra exclusivamente como se constrói a besta. Em 1972-1973, com dois materiais que tinha filmado com Farkas, um raizeiro no Crato/CE e uma rezadeira em Santa Brígida/BA, e vendo as sobras de todos documentários, montou um filme novo para Farkas: *De raízes & rezas entre outras*.

No momento da consolidação da televisão no Brasil, Muniz foi trabalhar na BLIMP FILMES, de Carlos Augusto de Oliveira, realizando dois documentários para o *Globo Repórter*: *A loucura nossa de cada dia*, como diz o próprio título, sobre a loucura na vida cotidiana, e *Vera Cruz, a fábrica de desilusões*, onde encontramos entrevistas inéditas com Abílio Pereira de Almeida*, Anselmo Duarte*, Lima Barreto*, Galileu Garcia, entre outros. Ainda com Farkas, entre 1976-1977, fez em coprodução dois filmes sobre café em Santos: um sobre um armazém de catação de café, chamado *Um a um*, e outro sobre os provadores de café, *Cheiro/gosto, o provador de café*. Na sequência, mais dois documentários foram feitos em coprodução com Farkas, *A cuíca* e *O berimbau*, além de ter montado para Guido Araújo *Feira da banana*. Já em 1978, dirigiu o documentário *Andiamo In'Merica*, dois capítulos, produzidos pela EMBRAFILME por meio da produtora de Farkas e que hoje é apresentado como longa-metragem. O filme faz um relato histórico do processo de imigração e contém inclusive sequências filmadas na Itália, nas regiões de onde houve maior fluxo de imigração para o Brasil, documentando o que ocorreu com aqueles que retornaram. Mostra como a imigração do final do século XIX e início do XX foi diferente da imigração dos anos 30, ou ainda da imigração do pós-guerra/final dos anos 50 e 70. Em nosso país, o documentário é centrado principalmente no Rio Grande do Sul, onde a tradição italiana ainda era mantida em muitas cidades, e depois faz o contraponto com o interior de São Paulo, onde os imigrantes italianos que se instalaram no campo deixaram poucos traços culturais.

Muniz participou da montagem de um documentário dirigido por Farkas que focava o futebol do ponto de vista do espectador, intitulado *Todomundo*. Em 1967, foi convidado pela professora Maria Isaura de Queiroz e pelo Instituto de Estudos Brasileiros para integrar um projeto interdisciplinar que propunha uma revisita à cidade de Santa Brígida no interior da Bahia, onde no início dos anos 50 Maria Isaura tinha realizado um trabalho sobre religiosidade popular e messianismo. Esse projeto envolveu diferentes áreas acadêmicas, como antropologia, sociologia, geografia, psicologia, e um registro filmado dessa comunidade e do próprio andamento do projeto. O filme, que se chama *O povo do velho Pedro, anotações*, não é um registro das diferentes áreas acadêmicas, mas um documento do que era a comunidade no momento em que era feita a pesquisa. E por ser o único documento filmado sobre o guia religioso que dirigia essa comunidade religiosa, conhecido como Pedro Batista, falecido poucos meses após, é um filme que tem percorrido os sertões, principalmente em anos mais recentes. A obra só foi apresentada para a comunidade de Santa Brígida trinta anos depois, em 1997. Em vez de tentar ilustrar com imagens os capítulos desse livro, anotou o conteúdo de cada capítulo e transformou-os nas principais sequências do documentário, nomeando-as com citações bíblicas que, por sua vez, traduziam o conteúdo dos capítulos do livro.

O povo do velho Pedro, Andiamo In'Merica, Rastejador, Cuíca, Berimbau, Um a um, Cheiro & gosto são filmes que trazem basicamente entrevistas e foram feitos respondendo a uma conjuntura ocasional. Nesse sentido, sua filmografia pode ser pensada em dois gêneros diferenciados, um mais inventivo e outro mais tradicional. De um lado, uma parte estabelece uma relação entre si, não a partir de uma trilha sonora encomendada, mas sim através de canções da época, como *Roda & outras estórias, Beste, Raízes & rezas*. De outro lado, encontramos documentários com entrevistas. E há ainda dois outros polos – *Roda & outras estórias* é um filme ingênuo de agitação e propaganda, e *Você também pode dar um presunto legal,* um filme político de denúncia e distante do restante, o que, de certa forma, o singulariza. *Você também pode dar um presunto legal* foi realizado no final de 1970, quando Sergio Muniz assumiu a direção administrativa do Teatro São Pedro, em São Paulo. Naquele momento era apresentada a peça de teatro *O interrogatório*, de Peter Weiss. Foi no início dos anos 70 que começaram a vazar mais insistentemente notícias de torturas e assassinatos políticos, as quais influenciaram Muniz a fazer o filme. Nele procura mostrar como os elementos que compunham o Esquadrão da Morte em São Paulo, entre eles o famigerado delegado Fleury, se entrosaram no trabalho de perseguição e captura de pessoas ditas subversivas e terroristas, numa articulação que serviu de ensaio geral para a repressão política que começava a se instalar no país. Na mesma época, também era apresentada no Teatro São Pedro a peça *A resistível ascensão de Arturo Ui*, de B. Brecht. Muniz emprega fragmentos das duas peças, ainda que fora de seu contexto original, para ilustrar e informar sobre o processo de violência política, entrelaçando essa ilustração ao material que recolheu em jornais, revistas e imagens de telejornalismo sobre o Esquadrão da Morte. Trata-se de um filme de média metragem que deveria ser exibido no Brasil daquela época, mas que, ao ser finalizado entre 1973 e início de 1974, não foi lançado, pois poderia pôr em risco não só o próprio diretor, como aqueles que dele participaram. Em 2006, esse documentário foi reeditado e vem sendo desde então exibido.

Outros projetos ainda devem ser aqui citados. Em 1989 e 1990, fez um breve documentário, chamado *Insuficiência renal crônica*, para divulgar os cuidados que os doentes renais crônicos deveriam ter no processo de hemodiálise e de preparação para um transplante renal. Em 1993 fez dois vídeos experimentais, com dois minutos de duração *That's life* e *In memoriam*. O primeiro com uma reflexão sobre o que é a vida, o segundo sobre o significado maior da chamada Queda do Muro de Berlim. Seu último filme é um longa-metragem, *Amizade*, realizado em 2007 e finalizado em 2009, que inquire sobre a "amizade", essa estranha relação humana em desuso. (ASi)

MURAT, Lúcia (Lúcia Murat Vasconcellos) – Rio de Janeiro, RJ, 1949. Diretora.

FILMOGRAFIA: 1988 – *Que bom te ver viva*. 1992 – *Oswaldianas* (2º episódio: 'Daisy das almas deste mundo'). 1996 – *Doces poderes*. 1999-2000 – *Brava gente brasileira*. 2004 – *Quase dois irmãos*. 2006 – *Olhar estrangeiro*. 2007 – *Maré, nossa história de amor*.

Entra para a faculdade de Economia em 1967, envolvendo-se com o movimento universitário. Torna-se vice-presidente do Diretório Acadêmico e participa do histórico Congresso de Ibiúna, promovido pela União Nacional dos Estudantes (UNE). Com o AI-5, vai para a clandestinidade, ingressando no grupo guerrilheiro MR-8 com o codinome de Margô. Presa e torturada em 1971, passa três anos e meio na cadeia. No segundo semestre de 1974, trabalha alguns meses para o *Jornal do Brasil*, sendo pressionada a demitir-se. Continua a redigir matérias para a grande imprensa, em geral assinadas por jornalistas amigos. Escreve em diversas publicações alternativas, como *Opinião*, *Repórter* e *Movimento*. Em 1979 vai à Nicarágua acompanhar a Revolução Sandinista, registrando a insurreição, que mais tarde virou o média-metragem *O pequeno exército louco* (1984), que codirigiu com Paulo Adário. Finalizado cinco anos mais tarde, ganha os prêmios de melhor filme e melhor montagem do RIO CINE FESTIVAL de 1985. Decide abordar de forma semidocumental a participação e as sequelas de um grupo de guerrilheiras torturadas durante a ditadura, escrevendo e dirigindo o corajoso e pungente documentário *Que bom te ver viva*. É convidada para realizar um dos episódios do longa em homenagem ao centenário do escritor Oswald de Andrade, optando pelo caso de amor entre o poeta e uma normalista. Aborda o universo do *marketing* político e a influência da televisão no processo eleitoral no surpreendente *Doces poderes*. Realiza ainda comerciais, institucionais e vídeos didáticos. No segundo semestre de 1999, filma *Brava gente brasileira*, sobre um episódio histórico envolvendo a tribo indígena dos cadiueus. (HH) Estabeleceu parceria com o escritor Paulo Lins, autor do livro *Cidade de Deus*, com quem escreveu o roteiro de seu filme seguinte, o drama político *Quase dois irmãos*, retratando os dois lados da cisão de classes que vigora no Brasil. Com boa trama, o filme retrata dois amigos de infância que tomam rumos distintos na vida. *Olhar estrangeiro* é baseado no livro *O Brasil dos gringos*, de Tunico Amâncio, do qual retira material para realizar documentário que retrata a visão do Brasil no exterior. Através de entrevistas e material de arquivo, Lúcia Murat fornece um panorama dos preconceitos e idealizações que cercam os arquétipos sobre o Brasil que vigoram em outros países. Numa curiosa coprodução entre Brasil, França e Uruguai, dirige *Maré, nossa história de amor*, em outro filme escrito em parceria com Paulo Lins. *Maré* reconstrói uma espécie de Romeu e Julieta da favela, compondo-se como musical. Sua construção mistura música, dança e juventude, ocupando um espaço singularmente pouco explorado, o do musical, no cinema de um país com fortes tradições sonoras. (FPR)

MUSICAIS

A ligação da música com o cinema vem da época do cinema mudo, com os chamados filmes cantantes*, nos quais cantores se postavam atrás da tela para acompanhar as imagens de revistas musicais e operetas filmadas. Com o desenvolvimento dos processos de sonorização, muitos realizadores buscaram a música para servir como fundo dos seus experimentos. O italiano Paulo Benedetti* (1863-1944) produziu no Brasil diversos curtas falados e cantados acompanhados por discos, no sistema VITAPHONE. O cantor paulista Paraguaçu (1894-1976) foi o primeiro que utilizou o processo em 1927, para cantar na tela sua música *Bem-te-vi*, em filme do mesmo nome. Ele participa também de *Acabaram-se os otários* (1929), de Luiz de Barros*, aproveitando-se da fama de suas músicas na época. Com a popularização do sistema sonoro, o caminho para os musicais foi aberto com o filme *Coisas nossas* (1931), de Wallace Downey*, e, com ele, a participação dos cantores que faziam sucesso no rádio e nos discos, permitindo que vários deles, em seguida, fossem lançados como atores. Uma coisa ajudava a outra: o sucesso musical os levava para a tela e a tela popularizava ainda mais os cantores, o que torna difícil em alguns casos delimitar a principal atuação, se como cantor ou ator.

A CINÉDIA*, com *Alô! Alô! Brasil* (1934), de Downey, e *Alô! alô! Carnaval* (1935), de Adhemar Gonzaga*, reuniu os principais astros e estrelas da canção dos anos 30, numa sucessão de números musicais que não deixou muito espaço para os atores, quanto mais para experiências interpretativas dos cantores. Já em *Estudantes* (1935), de Downey, Mário Reis – em experiência isolada –, Aurora Miranda* e Carmen Miranda*, cantores de destaque nos filmes anteriores, fazem personagens da trama, além de cantar. O intitulado Rei da Voz, Francisco Alves (1894-1952), figura marcante no rádio e dos primeiros musicais, teve também participação única exibindo seus dotes como ator em *Berlim na batucada* (1944), de Luiz de Barros, tornando-se personagem, após sua morte, em *Chico Viola não morreu* (1955), de Román Viñoly Barreto, interpretado por Cyll Farney*. O compositor Custódio Mesquita (1910-1945), autor de canções como *Mulher* e *Nada além*, sintetizou o interesse do mundo musical da época pelo cinema quando, além de compor as canções do filme *Noites cariocas* (1935), de Enrique Cadicamo, leva para diante da câmera e apresenta a cantora Lourdinha Bittencourt (1928-1979). Depois chegou a atuar em *Bombonzinho* (1938), de Joracy Camargo, e *Moleque Tião* (1943), de José Carlos Burle*, em papéis de destaque. Já Lourdinha teve posteriores participações como atriz coadjuvante ou mesmo principal – em filmes como *Maria Bonita* (1936), de Julien Mandel; *É proibido sonhar* (1943), *Asas do Brasil* (1947), *Obrigado, doutor* (1948), *Poeira de estrelas* (1948) e *O homem que passa* (1949), estes sob a batuta de Moacyr Fenelon* – que chegaram mesmo a obscurecer sua carreira de cantora, que retomaria plenamente quando integrou a última formação do Trio de Ouro, junto com Herivelto Martins (1912-1992) e Raul Sampaio, de 1952 até 1957, totalizando dezesseis aparições na tela. Dircinha Batista (1922-1999), nome adotado por Dirce Grandino de Oliveira, foi outra cantora de sucesso, com canções como *Muito riso, pouco siso* e *Tirolesa*. Participa dos primeiros musicais, sendo lançada como atriz em *Bombonzinho* (1938), continuando como atriz e cantora em *Onde estás, felicidade* (1938), de Mesquitinha*, *Banana da terra* (1938), *Futebol em família* (1939), *Laranja-da-China* (1939), todos de Ruy Costa*, e *Entra na farra* (1940), de Luiz de Barros, entre suas 29 aparições na tela. Dedicando-se principalmente à música, chegou a atuar como radioatriz e no teatro nos anos 50. Emilinha Borba foi um caso excepcional de sucesso musical e na tela. Nascida Emília Savana da Silva Rocha, em 1923, no Rio de Janeiro, tornou-se cantora de imenso sucesso. Estrela da Rádio Nacional, gravando clássicos como *Chiquita bacana*, *Baião de dois* e *Tomara que chova*, teve aparição cantando em 34 longas, mas só em três demonstrou seus dotes de atriz: *Poeira de estrelas* (1948), de Fenelon, *Estou aí* (1948), de Cajado Filho*, e *Barnabé, tu és meu* (1951), de José Carlos Burle. Menor ainda, mas decididamente marcante para a história do cinema brasileiro, a presença de Vicente Celestino (Antonio Vicente Filipe Celestino, 1894-1968) em *O ébrio* (1946) e *Coração materno* (1949), ambos com direção de Gilda Abreu*, levou para a tela o cantor de voz operística, autor de ambas as canções-título, além de outras como *Patativa* e *A serenata*. Excursionou pelo país nos anos 40 com a versão teatral de *O ébrio*, havendo também uma adaptação como novela de televisão em 1965. *Coração materno*, de menor sucesso mas também marcante, foi recuperado como um ícone do movimento tropicalista e gravada por Caetano Veloso*. Esse filme encerra, para o cinema, a dupla que Vicente Celestino formou com sua mulher, a diretora Gilda Abreu.

As chanchadas*, fórmula de comédias musicais de cunho carnavalesco popularizadas pela ATLÂNTIDA*, foram um campo fértil, principalmente a partir do final dos anos 40, para a apresentação dos sucessos do rádio. Serviram também de veículo para carreiras, como intérpretes, de cantores e cantoras. Cantora e atriz de teatro de revista, Virginia Lane (Virginia Giacone), chamada A Vedete do Brasil, teve 22 participações em filmes, mas atuou em apenas um, *Anjo do lodo* (1950), de Luiz de Barros, no qual foi a atriz principal e causou polêmica com uma cena ousada para a época, em que se vislumbra seu corpo nu em silhueta. Dorival Caymmi teve participação como ator somente no filme *Estrela da manhã* (1948-1950), de Jonald, para o qual também compôs as canções. Dick Farney, nome adotado por Farnésio Dutra e Silva (1921-1987), experimentou a carreira de ator em *Somos dois* (1950), de Milton Rodrigues*, e *Perdidos de amor* (1953), de Eurides Ramos*, mas deixou para o irmão Cyll Farney as glórias de galã. O mineiro Ivon Cury (Ivon José Cury, 1928-1995), com suas cançonetas francesas, marcou com interpretações ambíguas de nobres pilantras *Aviso aos navegantes* (1950) – em que canta *C'est si bon* –, *Aí vem o barão* (1951), *É fogo na roupa* (1953), todos de Watson Macedo*, e *Vamos com calma* (1956) e *Garotas e samba* (1956), ambos de Carlos Manga*, tornando-se um ícone, que foi recuperado para o cinema em *As sete vampiras* (1984-1986) e *O escorpião escarlate* (1988-1993), ambos de Ivan Cardoso*. Na área dos galãs, Francisco Carlos (Francisco Rodrigues Filho, alcunhado de El Broto), em suas dezessete aparições na tela, foi intérprete em *Colégio de brotos* (1956), *Garotas e samba* e *Esse milhão é meu* (1958), todos de Carlos Manga. Bill Farr, nome artístico de Antonio Medeiros Francisco, foi outro cantor-galã que atuou em *Baronesa transviada* (1957), de Watson Macedo, *É de chuá* (1957) e *Mulheres à vista* (1958), de J. B. Tanko*, e *Pé na tábua* (1958), de Victor Lima*, antes de abandonar ambas as carreiras. Cauby Peixoto, com onze participações cantantes na época, só veio a atuar anos depois em *Ed Mort* (1997), de Alain Fresnot*, fazendo o papel de si mesmo. Caso semelhante ao de Angela Maria e sua participação em *Rio, Zona Norte* (1957), de Nelson Pereira dos Santos*. Dóris Monteiro (Adelina Dóris Monteiro, 1934) também chamou atenção como atriz, participando de *Agulha no palheiro* (1952) e *Rua sem sol* (1953), de Alex Viany*; *Carnaval em Caxias* (1953), de Paulo Vanderley*; *A carrocinha* (1955), de Agostinho Martins Pereira*; *Tudo é música* (1957), de Luiz de Barros; *De vento em popa* (1957), de Carlos Manga; *E o espetáculo continua* (1958), de Cajado Filho; e *Copacabana Palace* (1962), de Steno. O Trio Iraquitã, formado por Edison Reis de França, Paulo Gilvan Duarte Bezerril e João da Costa Neto, foi um dos vários que se apresentaram no período, em *Rio fantasia* (1956) e *Virou bagunça* (1960), de Watson Macedo, e *Três colegas de batina* (1960), de Darcy Evangelista. Agnaldo Rayol (Agnaldo Coniglio Rayol) começou como cantor-mirim e logo foi chamado para participar de *Também somos irmãos* (1949) e *Maior que o ódio* (1950), ambos de José Carlos Burle. Com treze participações, voltou a interpretar – agora já como galã – em *Garota enxuta* (1959), de J. B. Tanko. Somente anos depois voltaria à tela protagonizando *Agnaldo, perigo à vista* (1968), de Reynaldo Paes de Barros. Ainda participou de *A herança* (1971), de Ozualdo Candeias*, e *Possuídas pelo pecado* (1976), de Jean Garrett*.

Fora dos grandes centros urbanos, uma linha musical de ritmos rurais ou nordestinos se desenvolve e revela seus astros, aproveitados em filmes musicais desde o início. Jararaca e Ratinho, pseudônimos do alagoano José Luiz Rodrigues Calazans (1896-1977) e do paraibano Severino Rangel de Carvalho (1896-1972), foi uma das mais famosas dessas duplas, e com suas músicas cômicas participaram em *Voz do carnaval* (1933), de Humberto Mauro* e Adhemar Gonzaga; *Berlim na batucada* (1944), de Luiz de Barros; *Romance proibido* (1938-1944) e *Loucos por música*

(1945-1949), de Adhemar Gonzaga. Foram protagonistas de *No trampolim da vida* (1946), do qual foram tiradas cenas para *Comendo de colher* (1959), de Al Ghiu. Sem o seu parceiro, Jararaca também atuou em *Salário mínimo* (1969-1970), de Adhemar Gonzaga, e depois em programas humorísticos na televisão. Não menos famosa foi a dupla Alvarenga e Ranchinho, pseudônimos do mineiro Murilo Alvarenga (1912-1978) e do paulista Diésis dos Anjos Gaia (1913-1991), que, seguindo linha semelhante de música e diálogos cômicos em suas vinte aparições na tela, atuam em *Tererê não resolve* (1938) e *Pif-paf* (1945), de Luiz de Barros, e *Abacaxi azul* (1943), de Wallace Downey e Ruy Costa. Outra dupla que cruzou décadas, musicalmente e também na tela, foi a de Tonico e Tinoco (os paulistas João Salvador Perez – 1919-1994 – e José Perez), com participação inicialmente em *Lá no meu sertão* (1962) e *Obrigado a matar* (1964), de Eduardo Llorente. Nos anos 70 participaram de *A marca da ferradura* (1970) e *Os três justiceiros* (1970-1972), de Nelson Teixeira Mendes*, e *Luar do sertão* (1971), de Osvaldo Oliveira*, encerrando a atuação no cinema com *O menino jornaleiro* (1980-1982) e *A marvada carne* (1984-1985), de André Klotzel*. Os anos 80 veem, por sinal, uma volta dos músicos sertanejos aos grandes centros urbanos. Marca esse retorno, assim como o início de uma renovação do gênero, a presença de Milionário e José Rico em *Estrada da vida* (1980), de Nelson Pereira dos Santos*, e depois em *Sonhei com você* (1988), de Ney Sant'anna. Outros cantores regionalistas deixaram suas imagens na tela de maneira mais isolada, como a curitibana Estelinha Egg (1914-1991) em *Vamos cantar*, de Leo Marten*, e os gaúchos José Mendes em *Para, Pedro* (1969) – baseado em seu sucesso homônimo – e *Não aperta, Aparício* (1969), estes de Pereira Dias*; e ainda Gaúcho da Fronteira (Heber Artigas Fróis) na aventura juvenil *Gaúcho negro*, de Jessel Buss. Um caso de diversidade de atuação é o de Rolando Boldrim, que, de radialista, contador de histórias e cantor, passou para a tela em *Doramundo* (1976), de João Batista de Andrade*, e em *Ele, o Boto* (1986), de Walter Lima Jr.*, além de longa carreira na televisão. Outro caso de mudança de registro foi o do paulistano Sérgio Reis, nascido Basini, que iniciou carreira como cantor da Jovem Guarda e passou para a música sertaneja, emplacando na tela suas músicas de sucesso nos filmes *O menino da porteira* (1976) e *Mágoa de boiadeiro* (1977), de Jeremias Moreira Filho*; e *O filho adotivo* (1984),

de Deni Cavalcanti. Também responsável pela presença do estilo musical nos centros urbanos, amplia sua carreira atuando em telenovelas e como apresentador de programas.

Os anos 60 marcaram a produção brasileira com os filmes do Cinema Novo*, mas musicalmente a Jovem Guarda deixou uma série de filmes de cunho comercial, em que se sucediam as participações musicais, como *Na onda do iê-iê-iê* (1966), de Aurélio Teixeira*, em que o cantor Silvio César faz sua única participação no cinema como ator. Mais intensas foram as aparições de Jerry Adriani, nascido Jair Alves de Sousa, que atuou em *Essa gatinha é minha* (1966), de Jece Valadão*; *Jerry – a grande parada* (1967) e *Em busca do tesouro* (1967), ambos de Carlos Alberto de Souza Barros*. No primeiro, ele faz dupla com Pery Ribeiro, filho de Herivelto Martins e Dalva de Oliveira (1917-1972), que não desconhecia um *set* de filmagem, pois já figurara quando criança em "It's All True", de Orson Welles, *Berlim na batucada* (1944) e *Caídos do céu* (1946), de Luiz de Barros. A Jovem Guarda também teve os seus conjuntos musicais, e, no cinema, Os Incríveis protagonizaram um filme rodado em vários países intitulado *Os Incríveis neste mundo louco* (1966), dirigido por Paulino Brancato Jr., empresário do grupo. Mas o grande destaque que marcou o movimento foram os sucessos de Roberto Carlos em *Roberto Carlos em ritmo de aventura* (1967), *Roberto Carlos e o diamante cor-de-rosa* (1968) e *A 300 km por hora* (1971), todos sob a direção de Roberto Farias*. Seu parceiro musical e também de atuação nos dois últimos filmes, Erasmo Carlos, representaria ainda em *Os machões* (1973), de Eduardo Escorel*, e *Cavalinho azul* (1984), de Reginaldo Faria*. O núcleo central do movimento era formado também por Wanderleia, que atuou em *Roberto Carlos e o diamante cor-de-rosa* e *Juventude e ternura* (1968), de Aurélio Teixeira. Com o tempo, permaneceram os integrantes da ala mais romântica, como Wanderley Cardoso, que participou de um dos episódios de *O amor em 4 tempos*, de Vander Sílvio, e depois protagonizou *Pobre príncipe encantado*, de Daniel Filho*. Outro foi Ronnie Von, nascido Ronaldo Nogueira, que faz uma aparição em *Garota de Ipanema* (1967), de Leon Hirszman*, e depois estrela *Janaína, a virgem proibida* (1973), de Oliver Perroy, e *O descarte* (1973), de Anselmo Duarte*. Participa também de programas de televisão e atua em *A filha dos Trapalhões* (1984), de Dedé Santana*. Antonio Marcos (1945-1992), também cantor romântico, foi lançado como ator em *Pais quadrados, filhos avançados* (1969), seguido de *Som, amor e curtição* (1971), ambos de J. B. Tanko, e da comédia *Com a cama na cabeça* (1972), de Mozael Silveira, neste último acompanhado de sua mulher, a cantora Vanusa, em experiência isolada diante das câmeras. Também o cantor e compositor Taiguara, com *O bolão* (1971), de Wilson Silva*, e Wilson Simonal em *É Simonal* (1970), de Domingos Oliveira*, tiveram sua experiência cinematográfica. Seguindo uma linha mista entre baladas românticas e o regional, Waldick Soriano protagoniza *Paixão de um homem* (1971), de Egydio Eccio, baseado na história de sua vida, e depois *O poderoso garanhão* (1973), de Antonio B. Thomé, e *À sombra da violência* (1975), de J. Figueira Gama. Sidney Magal tenta se lançar no cinema em *Amante latino* (1979), de Pedro Carlos Rovai*, a partir de sua canção com o mesmo título. Fabio Jr., nome artístico de Fabio Correa Ayrosa Galvão, é um caso em que o ator lança o cantor. Depois de um início de carreira sem sucesso na música, enverada pela interpretação e com o sucesso adquirido na televisão, retoma o caminho musical. No cinema participa de *Bye Bye Brasil* (1979), de Carlos Diegues*. Gretchen é lançada como cantora graças aos seus atributos físicos e coreográficos, e a fama a leva para o cinema na comédia juvenil *Vamos cantar disco, baby? (É proibido beijar as Melindrosas)* (1979), de J. B. Tanko, em que divide a cena com o grupo vocal As Melindrosas, e depois no filme erótico *Alugam-se moças* (1981), de Deni Cavalcanti. No extremo oposto, um cantor de ópera, Paulo Fortes (Paulo Gomes de Paiva Barata Ribeiro Fortes – 1923-1997), respeitado em seu meio e popularizado pela televisão, faz da ligação do erudito e do popular motivo de uma carreira, em filmes como *O enterro da cafetina* (1971), *A difícil vida fácil* (1972), *O estranho vício do dr. Cornélio* (1975), todos de Alberto Pieralisi*; *A filha de madame Betina* (1972) e o episódio 'Pastéis para uma mulata', ambos de Jece Valadão; *Ninguém segura essas mulheres* (1976); *Os saltimbancos trapalhões* (1981), de J. B. Tanko, e *A serpente* (1982-1992), de Alberto Magno.

O mundo do samba também teve seus representantes na tela. Além de música, Zé Kéti, nome artístico de José Flores de Jesus (1921-1999), participou como ator em *Rio 40 graus* (1954-1955), *Rio, Zona Norte* (1957) e *Boca de Ouro* (1962), de Nelson Pereira dos Santos; *O grande momento* (1957), de Roberto Santos*; *Gimba, o presidente dos valentes* (1963),

de Flávio Rangel; *A falecida* (1964), de Leon Hirszman; *A grande cidade* (1965), de Carlos Diegues; e *Mar corrente* (1967), de Luiz Paulino dos Santos. Ele fez uma ligação entre os novos cineastas da época e os compositores dos morros cariocas, diferente do aproveitamento dos sambas já gravados e de sucesso, utilizados pela chanchada. Cartola, apelido de Agenor de Oliveira (1908-1980), foi outro compositor que figurou na tela em *Ganga Zumba, rei dos Palmares* (1964-1963), de Carlos Diegues, e a ligação continuaria com Monsueto Menezes (1924-1973) em *Os deuses e os mortos* (1970), de Ruy Guerra*; *A hora e a vez do samba* (1973), de Geraldo Miranda; *O forte* (1973-1976), de Olney São Paulo; e anteriormente na coprodução argentina *Pedro e Paulo* (1968), de Angel Acciaresi. Seguiram essa trilha Martinho da Vila, com participação especial em *O homem das estrelas* (1971), de Jean-Daniel Pollet; e *A hora e a vez do samba* (1973) e posteriormente Almir Guineto, como coprotagonista em *Natal da Portela* (1987-1988), de Paulo César Saraceni*.

As mudanças advindas com a Bossa Nova e a Jovem Guarda tornaram os anos 60 abertos a uma diversidade musical que rompeu com estilos rígidos, ampliando-se ainda mais com o Tropicalismo. O termo MPB (Música Popular Brasileira) passa a ser usado para abraçar os diferentes estilos pessoais de canção urbana que sofreram essas influências. Exemplo da geração, Chico Buarque de Hollanda fez músicas para filmes e faz ponta em *Garota de Ipanema*, de Leon Hirszman, e anos depois em *Vai trabalhar, vagabundo II, a volta*, de Hugo Carvana*; *O mandarim*, de Júlio Bressane*; e *Ed Mort*, de Alain Fresnot; sendo retratado no documentário *Certas palavras com Chico Buarque* (1978-1980), de Maurício Beru. Atua efetivamente, além de compor as canções, no musical de Carlos Diegues *Quando o carnaval chegar* (1972), ao lado das cantoras Maria Bethânia e Nara Leão (1942-1989); esta também fez participações especiais em *Garota de Ipanema*, de Leon Hirzman; *Os herdeiros* (1968-1969), de Carlos Diegues; *Um homem célebre* (1974), de Miguel Faria Jr.*; e *A lira do delírio* (1973-1977), de Walter Lima Jr. Pelo lado dos baianos, Gilberto Gil só viria a participar de filmes através do documentário *Doces bárbaros* (1976), de Jom Tob Azulay, ao lado de Bethânia, Gal Costa e Caetano Veloso. Participa depois de *Corações a mil* (1982), também de Jom Tob Azulay, e faz pontas em *O mandarim* e *Ed Mort*. Tom Zé, outro baiano tropicalista, só atuaria em cinema no filme

Sábado, de Ugo Giorgetti*. Outra vertente musical veio de Minas Gerais, e Milton Nascimento participa de *Os deuses e os mortos* (1970), em que também faz a música. Com carreira musical consolidada, faz pontas no filme do alemão Werner Herzog, *Fitzcarraldo* (1982), e em *Noites do sertão* (1984), de Carlos Alberto Prates Correia*. De Pernambuco, vem Alceu Valença para protagonizar o musical *A noite do espantalho* (1974), de Sérgio Ricardo, fazendo uma participação especial depois em *Patriamada* (1984), de Tizuka Yamasaki*. No Rio de Janeiro, Jorge Ben Jor, nome artístico de Jorge Duílio Lima Meneses, é protagonista de *Uma nega chamada Teresa* (1970), de Fernando Cony Campos*, em sua única experiência cinematográfica. Outro renovador do samba, Jards Macalé atua em *O amuleto de Ogum* (1974), em que também é responsável pela música, e *Tenda dos milagres* (1977), ambos de Nelson Pereira dos Santos. No Cinema Marginal* participa de *O vampiro da cinemateca* (1975-1977), de Jairo Ferreira*, e depois na experiência musical *Areias escaldantes* (1984), de Chico de Paula. Jorge Mautner foi outro que contribuiu para o Cinema Marginal, sendo ator e corroteirista de *Jardim de guerra* (1968), de Neville d'Almeida*; ator em *Carnaval na lama* (1970), de Rogério Sganzerla*, e depois nas produções paulistas *O olho mágico do amor* (1981), de José Antônio Garcia* e Ícaro Martins*, e *Festa* (1988), de Ugo Giorgetti. Dirige filme experimental em Londres, com a participação de brasileiros exilados, intitulado *O demiurgo* (1972).

Os anos 80 retomam o *rock*, que havia sido obscurecido nos anos anteriores. O cinema não fica indiferente e uma linha de filmes para a juventude ganha forma, agregando também os novos românticos. Alguns musicais são exceções, como *Para viver um grande amor* (1983), de Miguel Faria Jr., que contou como protagonista com o cantor e compositor Djavan e a cantora e atriz Elba Ramalho, que atuaria ainda em *Ópera do malandro* (1985), de Ruy Guerra. Outra que seguiu paralelamente as duas atividades foi Lucinha Lins, que no cinema atua no musical *Os saltimbancos trapalhões* (1981), de J. B. Tanko; e depois nos dramas *Amor voraz* (1983-1984), de Walter Hugo Khouri*, e *Assim na tela como no céu* (1991), de Ricardo Miranda, antes de se firmar como atriz de televisão. Na linha do *rock*, o filme-símbolo é *Menino do Rio* (1981), de Antônio Calmon*, que contou com a participação do ator e cantor Evandro Mesquita, vocalista do conjunto Blitz. Ele ainda participa de *O segredo da* múmia (1977-1981), de Ivan Cardoso*, e é o protagonista de *Não quero falar sobre isso agora* (1991), de Mauro Farias, e também de papéis em novelas. Outro produto dessa safra foi *Rock estrela* (1985), de Lael Rodrigues, tendo a participação de Leo Jaime, autor da canção-título, que também atua em *As sete vampiras* (1984-1986) e *O escorpião escarlate* (1988-1993), de Ivan Cardoso. Outra participação como ator em *Rock estrela* é a do músico Tim Rescala, que iria protagonizar a comédia *Por incrível que pareça* (1985), de Uberto Molo. Ainda no Rio, Cazuza, apelido de Agenor de Miranda Araújo (1958-1990), do conjunto Barão Vermelho, faz a música-tema e uma participação especial em *Bete Balanço* (1984), de Lael Rodrigues, aparecendo ainda no filme *Um trem para as estrelas* (1987), de Carlos Diegues. O também roqueiro Lobão (João Luis Woerdenbag Filho), que iniciou carreira nos anos 70, faz um pequeno papel em *Areias escaldantes* (1984), de Chico de Paula. Em São Paulo, a música dos anos 80 que chega ao cinema vem através de Arrigo Barnabé, que, em *Cidade oculta* (1986), de Chico Botelho*, acumula as funções de corroteirista, ator e autor da trilha sonora. Ele já havia feito uma participação atuando em *O olho mágico do amor* e composto música de outros filmes. Em momento de grande atividade, participa ainda de *Anjos da noite* (1986), de Wilson Barros*, e, interpretando o papel de Orson Welles, de *Nem tudo é verdade* (1980-1986), de Rogério Sganzerla. A cantora Cida Moreira também teve atividade intensa no início dos anos 80, participando como atriz dos filmes *O olho mágico do amor*; *Ao sul do meu corpo* (1981), de Paulo César Saraceni; *Onda nova* (1983) e *Estrela nua* (1984), de José Antônio Garcia e Ícaro Martins; e *Flor do desejo* (1984), de Guilherme de Almeida Prado*. Rita Lee, roqueira desde os anos 60, faz uma pequena participação em *Fogo e paixão* (1987), de Isay Weinfeld e Marcio Kogan, e ganha um papel de maior destaque em *Dias melhores virão* (1988-1989), de Carlos Diegues. A ala mais jovem, representada pelo roqueiro Supla (Eduardo Smith de Vasconcelos Suplicy), chega à tela em *Escola atrapalhada* (1990), de Antonio Rangel, *Sua Excelência, o candidato* e *Era uma vez*, de Ricardo Pinto e Silva. No primeiro trabalho, ele faz par romântico com Angélica, apresentadora de programas de televisão e cantora que já havia atuado antes em *Os heróis trapalhões, uma aventura na selva* (1988), de Wilton Franco e José Alvarenga Jr., e *Os trapalhões na terra dos monstros* (1989), de Flávio Migliaccio*. (LG)

MUSSUM (Antônio Carlos Bernardes Gomes) – Rio de Janeiro, RJ, 1941-1994. Ator.

FILMOGRAFIA: 1976 – *O trapalhão no planalto dos macacos*. 1977 – *O trapalhão nas minas do rei Salomão*; *Os Trapalhões na guerra dos planetas*. 1978 – *Cinderelo trapalhão*. 1979 – *O rei e Os Trapalhões*; *Os três mosqueteiros trapalhões*. 1980 – *O incrível monstro trapalhão*. 1981 – *O mundo mágico dos Trapalhões*; *Os saltimbancos trapalhões*. 1982 – *Os vagabundos trapalhões*; *Os Trapalhões na Serra Pelada*. 1983 – *O cangaceiro trapalhão*; *Atrapalhando a Suate*. 1984 – *Os Trapalhões e o Mágico de Oroz*; *A filha dos Trapalhões*. 1985 – *Os Trapalhões no reino da fantasia*; *Os Trapalhões no rabo do cometa*. 1986 – *Os Trapalhões e o Rei do Futebol*. 1987 – *Os Trapalhões no Auto da compadecida*; *Os fantasmas trapalhões*. 1988 – *Os heróis trapalhões, uma aventura na selva*; *O casamento dos Trapalhões*. 1989 – *A princesa Xuxa e Os Trapalhões*; *Os Trapalhões na terra dos monstros*. 1990 – *O mistério de Robin Hood*; *Uma escola atrapalhada*. 1991 – *Os Trapalhões e a árvore da juventude*.

Carioca do morro da Cachoeirinha, mas criado na Mangueira, Antônio Carlos Bernardes Gomes era o mais alegre e irreverente dos Trapalhões*. Sambista por vocação e comediante por opção, Mussum forneceu o tempero carioca que ajudou o grupo a se tornar um dos mais populares da história do humor brasileiro. Como comediante, seguiu uma linha introduzida por outros atores negros, como Grande Otelo* e Chocolate, do típico malandro carioca de morro, com o samba na ponta do pé e vidrado em bebida e mulheres. Nascido numa família humilde, entrou na Aeronáutica, onde serviu por nove anos. A vocação para o samba veio de berço e, ainda adolescente, foi baterista de um conjunto de baile. A carreira musical começou no início dos anos 60, quando formou o conjunto Os Sete Modernos, que, alguns anos mais tarde, mudaria o nome para Os Originais do Samba. Com o conjunto, ele recebeu três discos de ouro, com *Tragédia no fundo do mar* (que ficou conhecida em todo o país pelo refrão – "Assassinaram o camarão" – da faixa-título), *Esperanças perdidas* e *Do lado direito da rua Direita*. Sem interromper o seu trabalho no grupo, Mussum estreou como humorista na televisão, participando, em 1966, do programa *Burro Feliz*. Foi nessa ocasião que o ator Grande Otelo, que também participava do programa, lhe colocou o apelido de Mussum, que inventou para xingá-lo em razão das suas frequentes gargalhadas.

Mussum participou depois de musicais da TV GLOBO e TV EXCELSIOR. Nesta última, conheceu Dedé Santana*, que desde 1963 fazia dupla com Renato Aragão*. Dedé o convidou para se juntar ao grupo, que seria mais tarde completado com a chegada do mineiro Zacarias* (o nome Os Trapalhões surgiu em 1975, quando o grupo ganhou um programa exclusivo na TV TUPI). Os compromissos de Os Trapalhões obrigaram-no a abandonar o grupo Os Originais do Samba, em 1980. O primeiro filme de Mussum com Os Trapalhões foi *O trapalhão no planalto dos macacos*, de J. B. Tanko*. O primeiro filme com o quarteto foi *Os Trapalhões na guerra dos planetas*, de Adriano Stuart*. Mussum era sócio de Dedé Santana e de Zacarias na empresa ZDM, que administrava os negócios do trio. A empresa acabou falindo depois que a Receita Federal constatou que ela não recolhia os impostos. Em 1983, eles brigaram com Renato Aragão e resolveram se separar. O trio dissidente lançou um filme, *Atrapalhando a Suate*, de Vítor Lustosa* e Dedé Santana. A cisão se revelou desastrosa, e os filmes não chegaram perto da bilheteria dos anteriores. Em 1984, o grupo voltou a se reunir em *Os Trapalhões e o Mágico de Oroz*, dos mesmos realizadores. Mussum faleceu em 29 de julho, dezessete dias após submeter-se a um transplante de coração no Hospital da Beneficência Portuguesa, em São Paulo. Deixou esposa e quatro filhos. (LAR)

MUYLAERT, Anna (Anna Luiza Muylaert) – São Paulo, SP, 1964. Diretora.

FILMOGRAFIA: 2002 – *Durval Discos*. 2009 – *É proibido fumar*.

Ativa diretora de curtas-metragens. Começou na bitola Super-8, com os trabalhos em parceria com Márcio Ferrari, *Kikos marinhos* (1979) e *Jeito de corpo* (1981). Passou à bitola 16 mm, dirigindo os experimentais *O sétimo artesão* (1982) e *Hot-dog* (1983), sendo que neste último voltou a trabalhar com Márcio Ferrari como codiretor, e *Paixão XX* (1984). Chegou à bitola 35 mm no documentários *Rock paulista* (1988), quando enfocou as bandas Titãs, Ira, Mercenárias e RPM, e *Pós-modernidade* (1989), registro da cultura paulistana dos anos 1980. Em *As rosas não calam* (1992), mostrou encontro imaginário entre um jovem *videomaker* e o príncipe dos poetas, Guilherme de Almeida. Fez a comédia *A origem dos bebês segundo Kiki Cavalcanti* (1995), relatando a vida amorosa de um casal visto pelo olhar da filha de 6 anos. Apareceu no curta *Mais luz* (1986), de Reinaldo Pinheiro, em companhia dos críticos cineastas Jean-Claude Bernardet*, Rubem Biáfora* e Jairo Ferreira*, dos diretores Roberto Santos*, Andrea Tonacci*, Paula Gaitán, Denoy de Oliveira*, Carlos Diegues*, Chico Botelho*, Cláudio Kahns*, Walter Rogério e Luiz Alberto Pereira*. Parceira do cineasta Cao Hamburger, foi sua roteirista no curta *O menino, a favela e as tampas de panela* (1995), no longa infantil adaptado de programa televisivo de sucesso *Castelo Rá-Tim-Bum* (2000), e no longa dramático *O ano em que meus pais saíram de férias* (2006). Ainda roteirizou o drama *Quanto dura o amor?* (2009), de Roberto Moreira*. Em seus longas volta a focar a realidade paulistana, onde se sente à vontade. Dirigiu as tramas urbanas *Durval Discos* e *É proibido fumar*, filmes dramáticos com toques de comédia. Seu longa inicial, *Durval*, foi ambientado no bairro de Pinheiros, abordando um universo cultural próximo da realizadora, centrado em uma loja de discos. Seu segundo longa, *É proibido*, traz uma trama inteligente e viés cômico, com Paulo Miklos e Glória Pires em grande desempenho. (LFM)

NACHTERGAELE, Matheus – São Paulo, SP, 1979. Ator.

FILMOGRAFIA: 1996 – *O que é isso, companheiro?*. 1997 – *Anahy de las Misiones*; *Central do Brasil (Central Station)*. 1998 – *O primeiro dia (Le premier jour)*; *Kenoma*. 1999 – *Castelo Rá-Tim-Bum, o filme*; *Gêmeas*; *O auto da compadecida*. 2000 – *Bufo & Spallanzani* (dir.). 2002 – *Onde a Terra acaba*; *Cidade de Deus*; *Eclipse*; *Amarelo manga*; *Os narradores de Javé*. 2004 – *Nina*; *500 almas*. 2005 – *Deu zebra (Racing stripes)*; *Crime delicado*; *Árido movie*; *Concepção*. 2006 – *Tapete vermelho*; *12 horas até o amanhecer (Journey to the End of the Night)*; *Baixio das bestas*. 2007 – *A festa da menina morta* (dir.). 2008 – *Terra vermelha (Birdwatchers)*; *La virgen negra*.

Durante um ano e meio, ensaiou com o encenador Antunes Filho, mas, às vésperas da estreia da peça *Paraíso Zona Norte*, de Nélson Rodrigues, foi cortado do elenco. Decepcionado, viajou para a Europa. Na volta, em 1991, Matheus estava determinado a ser ator. Ingressou na Escola de Arte Dramática (EAD) da Universidade de São Paulo e dois anos depois já integrava a primeira montagem do Teatro da Vertigem, *Paraíso perdido*, que estreou em fins de 1992. Em 1996 ganhou o Prêmio SHELL e o Prêmio MAMBEMBE de Melhor Ator por seu trabalho no espetáculo *Livro de Jó*, da Companhia Teatro da Vertigem. Foi convidado para atuar na televisão como protagonista da minissérie *O auto da compadecida*, de Guel Arraes*, no papel de João Grilo, que contou com versão cinematográfica em longa metragem lançada nos cinemas, baseada na obra teatral clássica de Ariano Suassuna. Desde então, tem feito inúmeras participações, estreando no cinema como o guerrilheiro Jonas de *O que é isso, companheiro?*, de Bruno Barreto*. Seguiram-se papéis em filmes dramáticos como *Anahy de las Misiones*, de Sérgio Silva; *Central do Brasil*, de Walter Salles*, e *Kenoma*, de Eliane Caffé*. Participou da transposição para o cinema de sucesso na telinha, *Castelo Rá-Tim-Bum*, primeiro longa do diretor Cao Hamburger, e *Bufo & Spallanzani*, baseado no romance de Rubem Fonseca e que lançou o produtor Flávio Ramos Tambellini como diretor de longas. Sem nunca deixar de lado o teatro e a televisão, ganhou duas vezes o prêmio de melhor ator no GRANDE PRÊMIO CINEMA BRASIL, pelos filmes *O primeiro dia* e *O auto da compadecida*. Protagonizou com Paulo Autran* o média-metragem *O enfermeiro* (1998), de Mauro Farias, uma produção para a TV baseada em conto homônimo de Machado de Assis. Na televisão, Matheus Nachtergaele trabalhou em várias minisséries, entre elas *Hilda Furacão*, extraída do romance do escritor mineiro Roberto Drumond, e *Os Maias*, adaptado do texto clássico de Eça de Queiroz. Foi um dos poucos atores profissionais escalados para *Cidade de Deus*, filme de Fernando Meirelles* baseado no romance homônimo de Paulo Lins. Matheus Nachtergaele atuou ainda em outros dramas, como *Os narradores de Javé*, quando voltou a trabalhar com a diretora Eliane Caffé, em *Nina*, filme de estreia de Heitor Dahlia*. Criou um interessante personagem de caipira calcado em Mazzaropi* para *Tapete vermelho*, de Luiz Alberto Pereira*, pelo qual ganhou o prêmio de melhor ator no X CINE PE e no X FESTIVAL DE MIAMI. Sempre filmando pelo país afora, fez *Árido movie*, filme pernambucano de Lírio Ferreira*, e *A concepção*, filme brasiliense de José Eduardo Belmonte*. Participou também do elenco do longa-metragem americano *Journey to the End of the Night*, dirigido por Eric Eason, rodado no Brasil, além de *Baixio das bestas*, de Cláudio Assis*. Também em 2007, Matheus apresentou o quadro "O valor do amanhã", no *Fantástico*. Em 2008, participou do elenco da minissérie *Queridos amigos*, e nesse mesmo ano também estreou como diretor e roteirista do filme *A festa da menina morta*, em que também atua como ator, selecionado para integrar a mostra UN CERTAIN REGARD, no LXI FESTIVAL DE CANNES. Também em 2008, participa da série televisiva *Ó Paí, Ó*, da REDE GLOBO DE TELEVISÃO. Em 2009, Matheus participa da minissérie *Decamerão – a comédia do sexo*. (MM)

NANDI, Ítala (Ítala Maria Helena Pelizzari Nandi) – Caxias do Sul, RS, 1942. Atriz.

FILMOGRAFIA: 1966 – *Gentle Rain*. 1968 – *O Bandido da Luz Vermelha*. 1969 – *América do sexo* (episódio: 'Antropofagia'; episódio: 'Balanço'; episódio: 'Sexta-feira da Paixão, Sábado de Aleluia'). 1969-1970 – *Juliana do amor perdido*. 1969-1983 – *Ritual de sádicos*. 1970 – *Os deuses e os mortos*; *Prata Palomares*; *Pindorama*. 1972 – *Roleta-russa, o jogo da vida*. 1973 – *Os homens que eu tive*; *Sagarana: o duelo*. 1974 – *Guerra conjugal*; *A cartomante*. 1976 – *Pecado na sacristia*; *Noite sem homem*. 1977 – *Barra-pesada*; *O cortiço*. 1979 – *Muito prazer*. 1980 – *In vino veritas* (dir.); *Amor e traição (A pele do bicho)*. 1980-1981 – *O homem do pau-brasil*. 1981 – *Luz del Fuego*.

Ítala Nandi é filha de Massimo Nandi e Edith Pellizzari Nandi. Formada em

Contabilidade, trabalhou dois anos num banco em Porto Alegre. Na adolescência, fez um pouco de teatro amador. Seu primeiro trabalho profissional foi no Teatro São Pedro, em Porto Alegre, em 1961, na peça *O beijo no asfalto*, de Nélson Rodrigues*, com direção de Fernando Torres. Certa ocasião, o pessoal do Teatro de Arena passou por lá, viu o seu trabalho e a convidou a integrar o grupo. A partir de 1963, passou a integrar a Sociedade Cultural Teatro Oficina, trabalhando com José Celso Martinez Corrêa, Renato Borghi e Fernando Peixoto. Seu primeiro papel no Oficina foi na peça *Quatro num quarto*. Ítala Nandi ficou famosa por protagonizar o primeiro nu frontal do teatro brasileiro, na peça *Selva das cidades*, de Bertolt Brecht, dirigida por José Celso. De outubro de 1967 a julho de 1968 esteve em Paris, tendo recebido uma bolsa de estudo de teatro oferecida pelo governo francês. Na França, fez cursos com Roger Planchon, Roger Blin e André Barsacq. Sua carreira no cinema teve início em um filme americano realizado no Brasil: *Gentle Rain*, de Burt Balaban. A partir de 1968, passou a se dedicar mais efetivamente ao cinema, participando de vários filmes que posteriormente seriam enquadrados no rótulo de Cinema Marginal*, como *O Bandido da Luz Vermelha*, de Rogério Sganzerla*, *Juliana do amor perdido*, dirigido por Sérgio Ricardo, e *Ritual de sádicos*, de José Mojica Marins*. Seu papel em *Os deuses e os mortos*, de Ruy Guerra*, valeu-lhe o primeiro prêmio como atriz de cinema: a CORUJA DE OURO, criado pelo Instituto Nacional de Cinema (INC*). Ítala foi premiada também com o MOLIÈRE, da Air France, por sua atuação em *Guerra conjugal*, de Joaquim Pedro de Andrade*. Atriz eminentemente de teatro e cinema, fez incursões esporádicas na TV. Seu primeiro trabalho foi na TV estatal do Uruguai, no começo dos anos 60, no teleteatro *O cimento*, de Gianfrancesco Guarnieri*. Fez novelas na GLOBO – *O pulo do gato*, de 1977, *O direito de amar*, de 1986, e *Que rei sou eu?*, de 1990 –, e na MANCHETE – *Pantanal*, de 1991. Em 1990, lançou o livro *Teatro Oficina – onde a arte não dormia*, editado pela Nova Fronteira. (LAR)

NANNI, Rodolfo – São Paulo, SP, 1924. Diretor.

FILMOGRAFIA: 1951-1953 – *O saci*. 1971 – *Cordelia, Cordelia...* 2008 – *O retorno*.

Diretor bissexto. Desde a década de 1940 manifestou grande interesse pela arte. Em 1943, participou como ator da peça *As flores do mal* do Grupo de Teatro Experimental de Alfredo Mesquita. Por essa época, junto com pequeno grupo, teve aulas de desenho com a modernista Anita Malfatti. Em 1947, foi estudar pintura, primeiro no Rio de Janeiro e no ano seguinte foi para Paris, onde conviveu num grupo de brasileiros entre os quais estavam Mário Gruber, Carlos Scliar, Otávio Araújo e vários latino-americanos, além de Thereza Nicolau, com quem foi casado. Na capital francesa, estudou cinema no Instituto de Altos Estudos Cinematográficos (IDHEC), sendo aluno de Georges Sadoul e tendo como colegas os irmãos Geraldo* e Renato Santos Pereira, além de Eros Martim Gonçalves, que se tornaria mais tarde renomado encenador no Brasil. No Instituto, teve a chance de escrever seu primeiro roteiro, adaptando o romance *Capitães da areia*, de Jorge Amado*. Em 1950 voltou ao Brasil, sendo continuísta de *Aglaia*, de Ruy Santos*, longa-metragem que ficou inacabado, depois de quase todo filmado. Convidado pelo produtor estreante Artur Neves, montou uma boa e experiente equipe de cinema, tendo Ruy Santos na fotografia e José Cañizares na montagem, para filmar seu primeiro filme, *O saci*, longa inspirado em obra de Monteiro Lobato. Na equipe ainda estavam Alex Viany* na gerência de produção e, em seu primeiro longa, Nelson Pereira dos Santos* na função de assistente de direção. O filme resultou num dos melhores filmes infantis realizados no Brasil e numa bela realização que participou de festivais na Europa. Faz parte do curioso time de cineastas, formado por gente como Chianca de Garcia*, José Carlos Burle*, Fernando de Barros*, Suzana Amaral* e o produtor italiano Carlo Ponti, que tentaram filmar sem sucesso o romance *Mar morto*, de Jorge Amado. Foi convidado por Alberto Cavalcanti*, na época em que esteve à frente da KINO FILMES, para dirigir comédia satírica adaptada da obra *Os mistérios de São Paulo*, de Afonso Schmidt, projeto interrompido por conta do fechamento da produtora. Pouco lembrada é sua obra documental. Esteve envolvido com o projeto de filme internacional não realizado, um longa-metragem em episódios que também teria entre os participantes Roberto Rossellini e Cesare Zavattini, para adaptar o livro *Geografia da fome*, de Josué de Castro. Na época, foi convidado por Josué para filmar a parte brasileira, que concluiu e chamou o *Drama das secas* (1958). Depois fez o curta institucional *Realidade de um plano* (1961), em codireção com José Cañizares, sobre o plano de governo do governador paulista Carvalho Pinto. Para o Instituto Nacional de Cinema fez *Os vencedores: 1952-1965* (1968), sobre os cineastas e filmes brasileiros premiados no exterior. Em 1969, fundou a RODOLFO NANNI PROCINE PRODUÇÕES e retornou à direção de longas com *Cordelia, Cordelia...*, inspirado na peça teatral *O começo é sempre difícil, Cordélia Brasil, vamos tentar outra vez*, de Antônio Bivar. A partir de 1969 e por mais de trinta anos, lecionou no curso de Cinema da Faculdade Armando Álvares Penteado (Faap). Foi diretor de vários documentários, como o institucional *O mundo de Valmet* (1975), sobre fábrica de tratores da Finlândia. Para a Empresa Municipal de Urbanização (Emurb) fez uma série de curtas sobre a cidade de São Paulo, começando com *São Paulo – Centro* (1975), em que enfocou as mudanças ocorridas na região central; seguidos de *Avenida Paulista* e *Rua para pedestres*, sobre a novidade que eram os calçadões (1976). *Bela Vista* teve realização em 1978, no qual contou a história do tradicional bairro paulistano. Aproveitando material filmado quando de sua estadia na Finlândia para fazer *O mundo de Valmet*, realizou *Finlândia, um país quente: visão de um brasileiro* (1977), registro do povo daquele país frio que possui mais água do que terra. Em 1990, com coprodução da EMBRAFILME, iria fazer o longa-metragem "A travessia", baseado no livro de Amyr Klink, sobre a façanha desse navegador, que atravessou num barco a remo da África ao Brasil. Com o fechamento da empresa estatal, o projeto naufragou. No biênio 1993-1994, realizou pequena série de vídeos: *Governadores*; *Acervo artístico do Palácio Bandeirantes*; *Percurso da arte moderna brasileira* e *Tarsila*. Cinquenta anos após ter realizado *O drama das secas*, retornou ao Nordeste para observar as mudanças ocorridas nas regiões que filmou naquela época, resultando no documentário de longa metragem *O retorno*. (LFM)

NERCESSIAN, Stepan – Cristalina, GO, 1953. Ator.

FILMOGRAFIA: 1969 – *Marcelo Zona Sul*. 1970 – *André, a cara e a coragem*. 1971 – *Pra quem fica... tchau!*; *A Rainha Diaba*. 1972 – *Revólveres não cospem flores*. 1973 – *Como é boa a nossa empregada* (2º episódio: 'O terror das empregadas'); *Amante muito louca*; *Os primeiros momentos*. 1974 – *Quem tem medo de lobisomem?*. 1975 – *Deliciosas traições de amor* (3º episódio: 'Os divinos sons da música do prazer'). 1975-1976 – *Xica da Silva*. 1975-1977 – *Gargalhada final*. 1976 – *Os maníacos eróticos*; *O padre que* queria pecar; Marília e Marina. 1977 – Na ponta da faca; Barra-pesada; Lúcio Flávio, o passageiro da agonia; Um brasileiro chamado Rosaflor. 1978 – Nos embalos de Ipanema. 1979 – Parceiros da aventura. 1981 – Beijo na boca. 1989-1990 – Césio 137, o pesadelo de Goiânia. 1996 – Doces poderes. 1998-1999 – Orfeu. 1999 – Memórias póstumas; Minha vida em suas mãos. 2001-2002 – Deus é brasileiro. 2006 – Mulheres do Brasil; O maior amor do mundo; Podecrer!. 2007 – Chega de saudade.

De ascendência armênia, Stepan Nercessian mudou-se bem jovem para Goiânia, onde ingressou no movimento estudantil e se tornou militante do Partido Comunista Brasileiro. Estreou no cinema aos 15 anos, no filme Marcelo Zona Sul, de Xavier de Oliveira*. O sucesso do filme levou o diretor a convidá-lo a protagonizar seu filme seguinte, André, a cara e a coragem. Depois Stepan fez algumas comédias eróticas, que prenunciaram o ciclo da pornochanchada* da primeira metade dos anos 70. Seus melhores papéis surgiram logo depois: o pivete Bereco, de A Rainha Diaba, de Antônio Carlos Fontoura*, gigolô da personagem de Odete Lara*, e um jovem libertário em Xica da Silva, de Carlos Diegues*. Outro filme em que teve atuação destacada foi Barra-pesada, de Reginaldo Faria*. Após uma ausência de anos, voltou ao cinema, participando de Césio 137, o pesadelo de Goiânia, de Roberto Pires*. No filme, fez o papel de Edson, um pintor de carros vitimado pelo césio 137. Foi casado com a atriz Camila Amado, com quem teve os filhos Rafaela e Rodrigo. Ator contratado da TV GLOBO, atuou em diversas novelas. (LAR) Nos últimos tempos tem se dedicado a atividades como a de presidente do Sindicato dos Artistas, sendo responsável pelo Retiro dos Artistas. Exerce mandato de vereador na Câmara Municipal do Rio de Janeiro. Ainda que menos presente na vida artística, devemos dar destaque a seu papel de um homem sedutor no nostágico Chega de saudade, filme de Laís Bodanzky.

NEVES, David (David Eulálio Neves) – Rio de Janeiro, RJ, 1938-1994. Diretor.

FILMOGRAFIA: 1969 – Memória de Helena. 1970 – Lúcia McCartney, uma garota de programa. 1979 – Muito prazer. 1980 – Flamengo paixão. 1981 – Luz del Fuego. 1984-1985 – Fulaninha. 1988 – Jardim de Alah.

Crítico de cinema, fotógrafo, montador, produtor e diretor, um dos fundadores do Cinema Novo*, foi, nas palavras de Carlos Diegues*, uma liderança "ecumênica" do movimento, "uma espécie de liderança sentimental e estilística, criadora de uma maneira política e cultural de ser confidente e conselheiro de todos os partidos". Graduou-se em Direito na Pontifícia Universidade Católica do Rio de Janeiro, sem nunca exercer a profissão, ligando-se ao cinema quando estava ainda na faculdade. Cinéfilo apaixonado, fez críticas de cinema nos jornais O Metropolitano (da União Metropolitana de Estudantes, UME, do qual Diegues era redator-chefe) e Tribuna da Imprensa, no início dos anos 60. Pouco depois, teria importante participação na Comissão de Auxílio à Indústria Cinematográfica (CAIC), no antigo estado da Guanabara. Irreverente, querido pelas mais diferentes tendências políticas do cinema brasileiro, David ou Davizinho, como era carinhosamente chamado, desenvolveu uma obra profundamente ligada à cidade do Rio de Janeiro, expressando melhor do que ninguém a alma do carioca. Antes de fazer seu primeiro longa-metragem, ele se exercitou em diversas funções e com diferentes diretores. Seu primeiro trabalho no cinema foi como fotógrafo do curta-metragem, em 16 mm, Perseguição, de Paulo Perdigão, de 1958. Fez também, logo em seguida, a fotografia de dois curtas em 16 mm de Carlos Diegues, Domingo e Fuga, ambos de 1960. Nesse mesmo ano, foi assistente de câmera de Couro de gato, de Joaquim Pedro de Andrade*, que seria incluído em Cinco vezes favela (1962), filme marco do Cinema Novo*. Novamente voltou a trabalhar com Joaquim Pedro de Andrade, como câmera e assistente de câmera do primeiro longa do diretor, o documentário Garrincha, alegria do povo (1963). Fez a montagem e assistência de direção de A nave de São Bento, de Mário Carneiro*, curta-metragem em 35 mm (1964); a coordenação de produção do curta Maioria absoluta, de Leon Hirszman*; a fotografia do média-metragem Integração racial (1964), de Paulo César Saraceni*; a coprodução de Lima Barreto: trajetória, curta-metragem de Júlio Bressane* e Eduardo Escorel* (1966); entre outros. Seu primeiro filme como diretor foi realizado em 1968: Mauro, Humberto, curta-metragem em 35 mm, em que fez também a produção e a fotografia, sobre Humberto Mauro*, com quem David manteria uma relação de profunda admiração e afeto. Naquele mesmo ano, dirigiu outros três curtas – Colagem, Jaguar e Vinicius de Moraes – e, em 1969, Um museu e Tarzan (em codireção com Michel do Espírito Santo).

Estreia no longa-metragem com Memória de Helena, do qual fez também a produção e roteiro. Cheio de lirismo e poesia, é um filme delicado, que revela a imensa sensibilidade do diretor. O fato de ter dirigido um longa não o impediu de retornar às atividades que exercera antes: foi codiretor (com Fernando Cony Campos*) do curta Tarsila do Amaral (1969); coprodutor do curta A criação literária em João Guimarães Rosa, de Paulo Thiago*; câmera do longa Tostão, a fera de ouro (1969), de Paulo Laender e Ricardo Gomes Leite; coprodutor dos curtas Gal e Mutantes, ambos de Antônio Carlos Fontoura*, de 1970. No ano seguinte, realizou o segundo longa: Lúcia McCartney, uma garota de programa, do qual também era autor do roteiro e produtor. Inspirado nos contos O caso F. A. e Lúcia McCartney, de Rubem Fonseca, ágil, delirante, mergulha nos conflitos humanos mais profundos, ao mesmo tempo que busca atingir o grande público. Igualmente em 1971, David dirigiu quatro curtas-metragens: "Um amor de mulher" (inacabado), Cartas do Brasil, O Palácio dos Arcos e Bienal – mão do povo (ambos em codireção com Gilberto Santeiro*). Nos oito anos que se seguiram, exerceu novamente funções diferentes em curtas e longas-metragens, de cineastas de variadas tendências. Entre outros, fez a fotografia de dois curtas de Harry Roitman – Desenho industrial e Paraty, impressões; a coprodução do curta Carlos Leão, de Suzana de Moraes; a câmera de Doces bárbaros, de Jom Tob Azulay; a fotografia e montagem de Viva a Penha!, de José Mariani; a fotografia de Maxixe, a dança proibida, o média-metragem em 16 mm de Alex Viany*, grande amigo e também diretor do longa A noiva da cidade (1975-78), do qual David fez a fotografia e foi coprodutor. Nesse ínterim, entre os anos de 1974 e 1976, criou a SABIÁ FILMES, junto com o escritor Fernando Sabino, e dirigiu uma série de dez documentários sobre figuras da literatura nacional, exercendo as suas habilidades de acurado documentarista ao retratar alguns dos mais importantes autores nacionais. Foram eles: O fazendeiro do ar (sobre Carlos Drummond de Andrade), Um contador de história (Érico Veríssimo), Em tempo de Nava (Pedro Nava), Na casa do Rio Vermelho (Jorge Amado*), O habitante de Pasárgada (Manuel Bandeira), O curso do poeta (João Cabral de Melo Neto), O escritor na vida pública (Afonso Arinos de Melo Franco), Romancista ao norte (José Américo de Almeida), Veredas de Minas (João Guimarães Rosa) e Música, poesia e amor (Vinicius de Moraes).

A partir de 1979, quando rodou *Muito prazer*, David Neves se concentrou na realização de seus próprios longas-metragens, elaborando o roteiro e sendo coprodutor de todos eles, além de diretor. Extremamente carioca, revelando os meandros da Zona Sul do Rio de Janeiro, *Muito prazer* foi o primeiro filme de uma trilogia sobre a cidade, que continuaria com *Fulaninha* e *Jardim de Alah*. Antes, porém, David dirigiu o longa documentário *Flamengo paixão*, sobre os três tricampeonatos conquistados pelo clube, na ótica do torcedor de futebol, aquele que tanto sofre e também vibra com os fracassos e vitórias do time. O filme faz ainda uma homenagem aos grandes craques que passaram pelo Flamengo. Em seguida, realizou *Luz del Fuego*, com Lucélia Santos*, que interpreta a mitológica personagem de Dora Vivacqua, chamada de Luz del Fuego, que vivia numa ilha e se cercava de cobras, praticando o nudismo numa época em que a moral vigente era extremamente conservadora. Depois de muito desafiar a sociedade, Luz acabou sendo assassinada. Em *Fulaninha*, o segundo da trilogia carioca, David tem como musa uma adolescente (Mariana de Moraes) que vive múltiplas situações no seu rito de passagem à condição de mulher. *Jardim de Alah*, rodado em torno de uma conhecida praça do Rio de Janeiro, explora o cotidiano de personagens de diferentes classes, com humor e carinho. Um filme que tem a cara de David: irreverente, leve, despretensioso, imperfeito e profundamente generoso, para ser curtido antes de ser pensado. Preparava-se para dirigir um filme há muito sonhado, *As meninas*, baseado na obra homônima de Lygia Fagundes Telles, quando veio a falecer. O sonho foi concretizado pelo diretor Emiliano Ribeiro em 1994. (HS)

NEY, Nita (Marcelle Nita Strada) – Paris, França, 1903-1996. Atriz.

FILMOGRAFIA: 1924 – *Dever de amar*. 1928 – *Brasa dormida*. 1929 – *Sangue mineiro*.

Estrela dos dois últimos filmes do Ciclo de Cataguases*, *Brasa dormida* e *Sangue mineiro*, ambos sob a direção de Humberto Mauro*, Nita Ney é filha de imigrantes. Chegou ao Brasil quando seu pai foi contratado por uma firma francesa para montar as instalações elétricas da Exposição de 1908, no Rio de Janeiro. Apaixonada desde criança pela dança clássica, Nita frequentou, ao lado da irmã Yvonne Strada, as aulas ministradas pela professora russa Maria Olenewa, diretora do corpo de baile do Teatro Municipal.

Apesar de ter atuado em vários espetáculos beneficentes e também se apresentado no Teatro Municipal, Nita não seguiu a carreira de bailarina. Após concluir o ginásio, empregou-se como vendedora em uma butique de alta-costura. Em 1922, ao visitar a Exposição do Centenário da Independência, realizada no Rio de Janeiro, travou o seu primeiro contato com o cinema. Foi convidada pelo fotógrafo e produtor Paulo Benedetti*, que filmava algumas cenas no local, para atuar como figurante. Essas cenas, segundo ela, teriam sido inseridas em *Dever de amar*, primeira produção da BENEDETTI FILME, fundada nesse ano. Após esse primeiro contato com o cinema, Nita não teve outras oportunidades. Sua curta carreira de atriz teve início efetivamente em 1928, quando certo dia apareceram em sua casa Humberto Mauro e Pedro Lima* procurando sua irmã Yvonne, que havia sido eleita recentemente Rainha dos Sports e atuara como figurante em *Barro humano*. Eles a iriam convidar para trabalhar em *Brasa dormida*. Segundo a lenda, Yvonne não estava e Mauro ficou tão impressionado com Nita que resolveu convidá-la para ser a protagonista do filme. Na verdade, quem determinou a escolha de Nita foi seu pai, alegando que ela era a mais velha. Liberada pelo pai, Nita firmou um contrato com a PHEBO BRASIL FILM, pelo qual recebeu 1 conto de réis pela sua participação no filme. Viajou então para Cataguases em companhia da mãe, lá permanecendo cerca de um mês. Segundo ela, não havia roteiro algum e não sabia nada sobre a história do filme. As roupas que ela usou em cena foram fornecidas por ela mesma. A revista *Cinearte* deu a Nita um tratamento de estrela, o que lhe deu muita popularidade e ocasionou um intenso assédio de fãs. No ano seguinte, Nita foi escalada para atuar em *Sangue mineiro*, coproduzido por Carmen Santos*. Em vez da mocinha ingênua e virtuosa, ela encarnou Neusa, uma moça moderna e namoradeira, adepta de festas e agitações. Após quase sessenta anos de anonimato, Nita Ney foi redescoberta em 1988, quando gravou um depoimento para o Museu da Imagem e do Som do Rio de Janeiro. Nita Ney faleceu no Rio de Janeiro. (LAR)

NIL, Eva (Eva Clotilda Leopolda Tonetti Comello) – Cairo, Egito, 1909-1990. Atriz.

FILMOGRAFIA: 1926 – *Na primavera da vida*. 1927-1929 – *Barro humano*.

Diáfana e etérea estrela do cinema mudo brasileiro, Eva Nil simboliza ao mesmo tempo a insustentável leveza e a mítica permanência desse cinema. O estigma da desaparição física que paira sobre o silencioso brasileiro foi especialmente cruel com Eva, o maior mito estelar que se forjou na época: nenhum dos seis filmes em que atuou (incluindo aí o filme amador de estreia e dois que ficaram inacabados) foi preservado. Resta uma curta cena de *Barro humano*, pinçada de seu espólio, insuficiente para se ter a dimensão do impacto que sua presença causou em seus contemporâneos. E o mais impressionante em toda essa popularidade é que, à exceção do último, *Barro humano*, seus filmes foram pouco vistos. A base de sua fama foram as fotografias publicadas nas revistas, especialmente em *Cinearte* (o crítico e historiador Paulo Emilio Salles Gomes* chegou a escrever que "Eva Nil foi, assim, uma criação de *Cinearte*"). Quando suas primeiras fotografias apareceram nas revistas da época, houve quem comparasse sua silhueta tênue e delicada à das atrizes americanas Lillian Gish, Betty Bronson e, sobretudo, Mary Philbin (a semelhança com esta última é de fato bem acentuada). Essas atrizes tinham se especializado em Hollywood num tipo muito admirado pelos fãs: o da mocinha frágil e triste, quase intangível. Seu pai, Pedro Comello, italiano do Piemonte, fora para o Egito prestar serviço militar, lá permanecendo e casando-se com a mãe de Eva, Ida Tonetti. Em 1914, a família decidiu emigrar para o Brasil. A intenção inicial era ir para o Canadá, mas informações obtidas sobre o clima brasileiro, mais ameno, convenceram Comello a mudar de ideia e optar pelo Brasil. Pedro Comello veio diretamente para a Colônia Major Vieira, núcleo agrícola formado por colonos italianos em Cataguases (MG), onde um lote já estava destinado aos Comello. A família, porém, permaneceu pouco tempo na colônia. Dotado de grande inventividade, habilidoso com máquinas, Comello decidiu morar na cidade, que oferecia melhores oportunidades para o exercício de suas aptidões, do que numa colônia rural. Poliglota (além do italiano, conhecia inglês, francês, árabe e naturalmente português, que falava com forte sotaque piemontês), Comello era músico e instrumentista, tendo exercido ainda a função de instrutor e afinador de piano.

No começo dos anos 20, Comello abriu um ateliê fotográfico em Cataguases, que passou a ser o seu trabalho regular. Eva – que desde a infância revelava algum talento dramático, declamando poesias em serões familiares – aprendeu todo o trabalho fotográfico com o pai e, a partir dos 13 anos, responsabilizava-se pelo estúdio quando ele se ausentava a negócios. Durante a adolescência, alimentou o sonho de estudar Medicina, mas as precárias condições do ensino local a obrigaram a desistir da ideia. Aproximando-se de seu compatriota Caetano Mauro pela afinidade comum com a música, Pedro Comello acabou se tornando amigo de seu filho mais velho, Humberto Mauro*, um jovem mecânico eletricista interessado em fotografia. Os dois passaram a fazer experiências com fotografia e com uma câmera cinematográfica amadora, pertencente a Comello, uma singela Pathé-baby. Tiveram então a ideia de realizar um filme de experiência, *Valadião, o cratera*, realizado em 1925. Comello escalou a filha para ser a protagonista da história (anos mais tarde, ela confessaria que não sentia nenhuma inclinação para a carreira artística e se tornou atriz somente para satisfazer o pai). Tratava-se de uma fita puramente amadora, nada além de um teste para sentir as possibilidades de fazer cinema em Cataguases. A história era simples: Eva, a heroína indefesa, era raptada pelo vilão Cratera e levada para uma pedreira, até que o mocinho aparecia para salvá-la. Animados com os resultados obtidos em sua primeira experiência, Comello e Mauro partiram para a realização de um projeto mais ambicioso. Para tanto, conseguiram o apoio do comerciante Homero Cortes Domingues e adquiriram no Rio de Janeiro uma câmera profissional de 35 mm, Ernemann, de fabricação alemã. Com roteiro de Comello, "Os três irmãos" foi a primeira tentativa não amadora do grupo, mas não chegou a ser finalizado: o filme foi abandonado logo no início. Com a adesão de outro comerciante, Agenor Gomes de Barros, o grupo criou a PHEBO SUL AMÉRICA FILM e começou logo em seguida a realização de um novo filme, dessa vez com roteiro e direção de Humberto Mauro, cabendo a Comello a parte técnica. Trata-se de *Na primavera da vida*, de 1926, o primeiro filme do chamado Ciclo de Cataguases*. Em *Na primavera da vida*, Eva fez o papel de Margarida, filha do vigia fiscal da fictícia Vila de São João, que se enamora de um jovem engenheiro (interpretado por Francisco Mauro, irmão de Humberto), encarregado de obras do estado na região, e é assediada pelo chefe de uma quadrilha de contrabandistas, cuja ação vinha drenando as rendas do posto fiscal. Repelido em suas investidas, o vilão rapta a mocinha, que é resgatada no final pelo engenheiro. *Na primavera da vida* não conseguiu o lançamento comercial esperado, sendo exibido apenas em Cataguases

e cidades vizinhas. Apesar disso, o filme teve grande repercussão nacional, graças ao trabalho de jornalistas como Adhemar Gonzaga* e Pedro Lima*, que passaram a anunciar o surgimento de uma nova estrela: Eva Nil.

Após a realização de *Na primavera da vida*, a PHEBO iniciou seu projeto seguinte, "Os mistérios de São Mateus", baseado em argumento de Comello, e que teria a sua direção. A ação girava em torno do delegado da cidade de São Mateus, que não conseguia impedir as ações criminosas de uma quadrilha de bandidos acoitados num vale fora da cidade. A Eva coube dessa vez um papel diferente, que revelaria a sua versatilidade: ela interpretava Joana, uma jovem que enlouquece quando os bandidos matam seu marido e sequestram-lhe o filho. Quando "Os mistérios de São Mateus" já estava sendo filmado, Homero e seus amigos decidiram produzir simultaneamente *Tesouro perdido*, que também teria Eva como protagonista. Em junho de 1926, Humberto, Comello e os artistas viajaram para Belo Horizonte para realizar filmagens das duas produções. Pouco depois, surgiu a notícia de que "Os mistérios de São Mateus" não seria mais realizado. Diante dessa decisão, Eva, dona de uma personalidade forte e já ciosa de sua condição de estrela, teria se recusado a participar de *Tesouro perdido*, afastando-se da PHEBO. O desligamento de Eva do primeiro núcleo de produção de Cataguases nunca foi perfeitamente elucidado, havendo versões que apontam Humberto Mauro e Homero Cortes Domingues como o estopim dessa separação. A hipótese de que o problema tenha sido com Eva e não com Comello é reforçada pelo fato de que este continuou normalmente a colaborar com a PHEBO. A primeira cópia do filme foi revelada no ateliê de Comello e, além disso, seu filho mais novo, Roger, teve um papel importante no filme, sob o nome artístico de Ben Nil. Esse episódio causou o rompimento irreconciliável entre Eva Nil e Humberto Mauro, e ela passou a tratá-lo com desprezo e antipatia, contrariando o próprio Comello, que a aconselhava a tratá-lo "como sempre". Em 1927, Pedro Comello se desligou da PHEBO e fundou a ATLAS FILM. O novo filme de Eva nessa fase é preparado: *Senhorita Agora Mesmo*, um curta em duas partes. Eva é Lili, a heroína, que cai em poder dos bandidos e é salva por Mário, o mocinho. Sua personagem agora é bem mais elaborada. Administradora da Fazenda das Esmeraldas, corajosa, enérgica, conhecida na região como "Senhorita Agora Mesmo", ela

aparecia vestida de *cowboy*. No começo de outubro de 1928, o filme foi exibido por três dias no cinema GLÓRIA, do Rio de Janeiro, de Francisco Serrador*.

Tendo ido ao Rio de Janeiro para acompanhar a exibição de *Senhorita Agora Mesmo*, Eva Nil foi formalmente convidada por Adhemar Gonzaga a participar de *Barro humano*, primeira produção do grupo de *Cinearte*, em associação com a BENEDETTI FILME. Ela concordou imediatamente, afirmando que não queria receber absolutamente nada pela sua participação no filme, desejando apenas contribuir para o triunfo do cinema brasileiro. A sua personagem, Diva, escrita especialmente para ela, é a irmã adotiva do protagonista, o paquerador e *bon-vivant* Mário Bueno (Carlos Modesto), por quem nutre uma paixão. Eva chegou ao Rio de Janeiro para filmar em 8 de agosto de 1928, acompanhada do pai. A personalidade forte a diferenciava das outras atrizes da época. Durante a realização de *Barro humano*, Eva foi a única a se preocupar com a questão da "composição" da personagem, reclamando insistentemente o acesso ao roteiro, a partir do qual criaria a sua "interpretação" (como ela chamava). Demonstrava também grande consciência artística e profissional de sua função. Sua participação, embora pequena, foi considerada uma das melhores do filme pela maioria dos críticos dos principais jornais e revistas do país. Para o crítico Pedro Lima, Eva Nil era "talvez a melhor de nossas artistas".

E o crítico paulista João Raymundo Ribeiro, numa carta a Eva, não lhe poupava elogios: "O cinema nacional é você. Quem alude à arte muda no Brasil tem de, forçosamente, lembrar o seu nome". Após *Barro humano*, Eva chegou a cogitar um novo projeto, "Canção das ruas", que acabou não realizando. No final de 1929, apesar de ainda receber muitos convites para o cinema e ser uma das atrizes com maior volume de correspondência de fãs da época (recebeu cartas de Portugal, da Argentina, do Egito, da França e até dos Estados Unidos), Eva Nil comunicou a decisão de abandonar a carreira de atriz. Passou a se dedicar então exclusivamente à fotografia, auxiliando o pai. Quando este faleceu, Eva assumiu o estúdio fotográfico, que funcionou até a década de 70. Desde que se afastou da carreira artística, Eva passou a viver uma vida simples, quase reclusa, recusando-se a dar entrevistas ou depoimentos sobre o seu passado de estrela. No fim da vida, conservava a mesma altivez, a mesma personalidade decidida e a mesma postura de estrela que exibia no auge de sua carreira. Eva faleceu em 15 de agosto em Cataguases, Minas Gerais. (LAR)

NOEL, Rogério – Natal, RN, 1951-1973. Fotógrafo.

FILMOGRAFIA: 1971 – *Mãos vazias; A culpa.* 1972 – *Uirá, um índio em busca de Deus.*

Após morar em Salvador, São Paulo e Brasília, Rogério Noel fixou-se no Rio de Janeiro, onde foi aluno destacado do curso de Cinema promovido pela CINEMATECA DO MUSEU DE ARTE MODERNA. Iniciou sua atividade profissional como segundo assistente de câmera do fotógrafo Dib Lutfi* em *As duas faces da moeda* (1968), de Domingos Oliveira*. Sempre acompanhando Dib Lutfi, Rogério Noel foi promovido a primeiro assistente de câmera, participando dos filmes *É Simonal*, de Domingos Oliveira; *Juliana do amor perdido*, de Sérgio Ricardo; e *Azyllo muito louco*, de Nelson Pereira dos Santos*, todos de 1970. Fez também as fotos de cena de *Como era gostoso o meu francês*, de Nelson Pereira dos Santos. Rogério Noel fotografou o seu primeiro longa-metragem, *Mãos vazias*, dirigido por Luiz Carlos Lacerda*. No mesmo ano fotografou *A culpa*, de Domingos Oliveira. Por esse filme, Rogério Noel foi premiado no VII FESTIVAL DE BRASÍLIA (1971), recebeu o CORUJA DE OURO – troféu concedido pelo Instituto Nacional do Cinema (INC*) – na categoria melhor fotografia em cores, além de ter sido muito elogiado pela crítica devido à expressividade do seu trabalho. O último filme fotografado por Rogério Noel foi *Uirá, um índio em busca de Deus*, dirigido por Gustavo Dahl*. (AA)

NOGUEIRA, Ana Beatriz – Rio de Janeiro, RJ, 1967. Atriz.

FILMOGRAFIA: 1986 – *Vera.* 1989-1991 – *Matou a família e foi ao cinema.* 1990 – *Stelinha.* 1995 – *Jenipapo.* 1997-1999 – *Villa-Lobos, uma vida de paixão.* 2001 – *Copacabana.* 2002 – *Querido estranho; Lara.* 2003 – *Diabo a quatro* (coprodução estrangeira). 2004 – *O vestido* (coprodução estrangeira). 2006 – *Mulheres do Brasil.*

Aos 16 anos frequenta curso de teatro ministrado por Miguel Falabella no Colégio Andrews, onde estuda. Como exercício, participa de montagem interna de *Rocky Horror Show*. Dois anos mais tarde ingressa na escola do Teatro Tablado, atuando em *Ubu rei*. Decide profissionalizar-se como atriz, entrando para o Centro de Artes Laranjeiras (CAL). Atua em

Maroquinhas Frufru, substituindo Drica Moraes, e em *Galileu Galilei*. Lê notícia sobre a busca de uma intérprete para a personagem principal do filme *Vera*, de Sérgio Toledo*, ganhando o papel após um teste. Desenvolve desempenho marcante, bastante contido e interiorizado, conquistando diversos prêmios nacionais e internacionais, como o URSO DE PRATA de melhor atriz do FESTIVAL DE BERLIM de 1987. Apesar da repercussão do filme e de sua atuação, recebe poucos convites para retornar ao cinema. O principal deles foi para estrelar o longa-metragem "Era uma vez em Brasília", escrito por Helvécio Ratton* e Alfredo Oroz*, jamais realizado. Só volta a filmar nos anos 90, em papéis coadjuvantes. Integra ainda o elenco de novelas e da minissérie *As noivas de Copacabana*, dirigida por Roberto Farias*. (HH) Curiosamente, atuou em três filmes dirigidos por cineastas mulheres, estreantes no ofício de direção: *Lara*, de Ana Maria Magalhães*; *Diabo a quatro*, de Alice de Andrade, e *Mulheres do Brasil*, de Malu de Martino. Trabalha também em *O vestido*, drama dirigido por Paulo Thiago*, baseado em Carlos Drummond de Andrade.

NORONHA, Jurandyr (Jurandyr Passos Noronha) – Juiz de Fora, MG, 1916. Diretor.

FILMOGRAFIA: 1968 – *Panorama do cinema brasileiro.* 1971 – *Cômicos e mais cômicos.* 1974 – *70 anos de Brasil.*

Em 1922 passou a morar no Rio de Janeiro e, no início dos anos 30, já escrevia sobre cinema para os periódicos *A Vanguarda*, *Diário Trabalhista* e *Dom Casmurro*. Na revista *Cinearte** foi responsável pelas seções "Cinema Educativo" e "Cinema de Amadores". Iniciou-se em 1940 na produção cinematográfica trabalhando para a PAN FILMES, produtora de Jaime Pinheiro. Em 1942, Jurandyr Noronha foi trabalhar na CINÉDIA*, de Adhemar Gonzaga*, exercendo várias funções nas atualidades *Cinédia Jornal* e *Cinédia Revista*. No mesmo ano, começou a dirigir curtas-metragens documentais para a FAN FILMES, de Alexandre Wulfes*, entre os quais é possível citar *A evolução da arquitetura no Brasil* (1942); *A evolução dos transportes* (1942); e *Evocação a Castro Alves* (1943). Durante o Estado Novo, Jurandyr Noronha trabalhou no Departamento de Imprensa e Propaganda (DIP), realizando para esse órgão documentários como *Esforço de guerra do Brasil* (1943) e *A volta dos pracinhas* (1945). A partir de então sua atividade profissional esteve ligada ao Estado: chefiou a Seção

de Adaptação do Serviço de Técnica Cinematográfica do Instituto Nacional de Cinema Educativo (INCE*), representou o Ministério da Educação e Cultura no Grupo Executivo da Indústria Cinematográfica (GEICINE), chefiou a Seção da Filmoteca do Instituto Nacional de Cinema (INC*). Para o INCE, dirigiu os curtas documentais *A doença de Chagas* (1948), *A medida do tempo* (1964), *O monumento* (1965) e *Uma alegria selvagem* (1966). Uma característica marcante na atuação de Jurandyr Noronha é o seu trabalho em defesa da memória do cinema brasileiro, além de escrever textos como *Mostra e filmoteca* – para o catálogo da I MOSTRA RETROSPECTIVA DO CINEMA BRASILEIRO (1952). Dirigiu os documentários de curta metragem *Carmen Santos* (1969), *Inconfidência Mineira – sua produção* (1969), *Humberto Mauro* (1970) e *O cinegrafista de Rondon* (1979). Diretor dos documentários de longa metragem *Panorama do cinema brasileiro*, *Cômicos e mais cômicos* e *70 anos de Brasil*. Nesse sentido, publicou os livros *No tempo da manivela* (1987), coedição da EMBRAFILME*, Ebal e Kinart, e *Pioneiros do cinema brasileiro* (1994), edição em português, inglês e alemão, financiada pela Câmara Brasileira do Livro por ocasião da XLVI Feira Internacional do Livro de Frankfurt, na qual o Brasil era o tema. Jurandyr Noronha foi o criador do MUSEU DO CINEMA, que reúne equipamentos antigos utilizados na produção cinematográfica nacional. Em 2009, lançou no Rio de Janeiro, aos 93 anos, o *Dicionário de cinema brasileiro de 1896 a 1936, do nascimento ao sonoro.* (AA)

NORONHA, Linduarte (Linduarte Noronha de Oliveira) – Ferreiros, PE, 1930. Diretor.

FILMOGRAFIA: 1970 – *Salário da morte.*

Radicado em João Pessoa (PB) desde 1933, cidade para onde se muda com a família, exerce atividades diversas: jornalista, fotógrafo, ensaísta, contista, crítico e professor. Diplomado em Direito em 1958 pela Universidade Federal da Paraíba (UFPB), tem ampla atuação como jornalista, profissão com a qual obtém alguns prêmios, divulgando reportagens em revistas importantes no Brasil e no exterior. Mas é como cineasta que vive seu momento profissional mais instigante ao realizar o antológico *Aruanda* (1959-1960), com o cinegrafista Rucker Vieira e com a colaboração de João Ramiro Melo* e Vladimir Carvalho*. Sua formação cinematográfica deve-se à atuação como jornalista e crítico cinematográfico, integrante que foi de uma geração cineclubista da década de 50, junto com Wills Leal, João Ramiro Melo, Vladimir Carvalho e José Rafael de Menezes. Amigo de Alberto Cavalcanti*, profundo admirador de Humberto Mauro* e amante dos filmes naturais, o cineasta paraibano sempre quis pôr em prática o ator natural e encontra nos personagens de *Aruanda* matéria-prima para o intento. Em sua opinião, "o verdadeiro cinema brasileiro só poderá alcançar, um dia, a universalidade, quando se voltar ao elemento antropológico". Elemento este que tem sido a tônica dos seus trabalhos, seja em filmes, contos, críticas, ensaios ou reportagens. *Aruanda*, que segundo seu autor quer dizer "terra prometida", é considerado um dos deflagradores do Cinema Novo*, marcando também, juntamente com outro curta seu, *O cajueiro nordestino* (1962), o início do Ciclo Paraibano de Cinema, "o mais fecundo e significativo ciclo de produção cinematográfico da Paraíba". Realizado com recursos do antigo Instituto Joaquim Nabuco de Pesquisas Sociais e do Instituto Nacional de Cinema Educativo (INCE*) sob a tutela do cineasta Humberto Mauro, *Aruanda* é seu filme mais importante, destacando-o no cenário cinematográfico brasileiro. A realização de *O cajueiro nordestino* alcança bem menos repercussão que *Aruanda*, mas confirma sua vocação como documentarista e sua preocupação com as questões culturais e sociológicas regionais. Em meados dos anos 60, escreve o roteiro de "A bagaceira", baseado no livro homônimo do escritor paraibano José Américo de Almeida, roteiro premiado no concurso do Instituto Nacional do Livro, mas o projeto não é concretizado. Realiza aquele que seria seu único longa-metragem, no qual aborda a questão dos pistoleiros de aluguel do Nordeste, vinculados ao sindicato do crime. Implanta, em 1974, o Instituto do Patrimônio Histórico e Artístico do Estado da Paraíba (IPHA), sendo seu diretor por dezoito anos. Também implantou o Departamento de Cinema da Universidade Federal da Paraíba, em 1963, professor de jornalismo cinematográfico da universidade. (RAS)

NOYA, Waldemar – ?-1986. Montador.

FILMOGRAFIA: 1943 – *Moleque Tião; É proibido sonhar.* 1945 – *Não adianta chorar.* 1946 – *Segura esta mulher.* 1947 – *Este mundo é um pandeiro.* 1948 – *Caçula do barulho; E o mundo se diverte.* 1948-1949 – *Terra violenta.* 1949 – *Também somos irmãos; A sombra da outra; Não é nada disso; Carnaval no fogo.* 1950 – *Aviso aos navegantes.* 1951 – *Aí vem o barão; Brasil desconhecido; Areias ardentes; Barnabé, tu és meu.* 1952 – *Amei um bicheiro; Três vagabundos; Carnaval Atlântida.* 1953 – *A carne é o diabo; Dupla do barulho; É pra casar?; Nem Sansão nem Dalila.* 1954 – *Malandros em quarta dimensão; Matar ou correr; Paixão nas selvas* (coprodução estrangeira). 1955 – *Chico Viola não morreu* (coprodução estrangeira); *Guerra ao samba; O golpe.* 1956 – *Vamos com calma; Colégio de brotos; Papai fanfarrão; Garotas e samba.* 1957 – *De vento em popa; Treze cadeiras; É a maior.* 1958 – *E o espetáculo continua; Esse milhão é meu; O homem do Sputnik.* 1959 – *Aí vem a alegria; O cupim; Pintando o sete; O palhaço o que é?* 1960 – *Cacareco vem aí* (*Duas histórias*); *Os dois ladrões; Quanto mais samba melhor.* 1961 – *As sete Evas; Entre mulheres e espiões.* 1962 – *Os apavorados.* 1963 – *Rei Pelé.* 1964 – *Os selvagens* (coprodução estrangeira); *Lana, rainha das amazonas* (coprodução estrangeira). 1965 – *Crônica da cidade amada.* 1966 – *Toda donzela tem um pai que é uma fera; O mundo alegre de Helô.* 1967 – *Adorável trapalhão; Jogo perigoso* (coprodução estrangeira) (1º episódio: 'H. O.'; 2º episódio: 'Divertimento'); *O diabo mora no sangue.* 1968 – *Como matar um playboy; Jovens pra frente.* 1970 – *Como ganhar na loteria sem perder a esportiva; Jesus Cristo, eu estou aqui.* 1971 – *Som, amor e curtição; Rua descalça; Confissões de frei Abórbora; Eu transo... ela transa.* 1973 – *Aladim e a lâmpada maravilhosa; O fabuloso Fittipaldi.* 1974 – *Quem tem medo de lobisomem?; Ipanema, adeus!.* 1975 – *Enigma para demônios; Nós, os canalhas; Assim era a Atlântida; O casal; Padre Cícero.* 1976 – *A mulher do desejo.* 1977 – *Barra-pesada.* 1983 – *Aguenta coração.*

Principal montador da ATLÂNTIDA*, Waldemar Noya, conhecido como Didi, é uma das figuras mais obscuras do cinema brasileiro. Sua longa carreira, de mais de trinta anos, não sensibilizou historiadores e jornalistas de cinema a registrar o seu depoimento. Colegas de trabalho se recordam dele como um homem discreto, simples e extremamente competente, dotado de grande habilidade técnica. Didi começou a carreira nos anos 30. Na década de 40, foi contratado pela ATLÂNTIDA, tornando-se o responsável pela montagem dos filmes do estúdio até o final de sua existência como produtora. O primeiro filme a contar com seu nome nos créditos foi *Moleque Tião*, dirigido por José Carlos Burle*. É provável, entretanto, que Noya tenha sido o montador oficial da ATLÂNTIDA desde *Astros em desfile*, espécie de cartão de visitas musical do novo estúdio, dirigido por Burle no começo de 1943. Profissional dedicado, conhecedor profundo da mecânica cinematográfica, Didi era constantemente testado em sua eficiência e competência: os filmes de carnaval, por vários motivos, atrasavam e, tendo de estrear às vésperas do carnaval, o trabalho de montagem tinha de ser feito praticamente em cima da hora, isto é, a poucas horas da estreia do filme. Carlos Manga*, que foi assistente de Didi em *Areias ardentes*, dirigido por J. B. Tanko*, sempre reconheceu a capacidade do montador. Em *Matar ou correr*, quando Manga procurou reproduzir alguns enquadramentos de *Matar ou morrer* (*High Noon*, 1952), dirigido por Fred Zinnemann, e a tradicional sequência de duelo dos *westerns* americanos, é a montagem isomórfica de Didi que dá a fluência necessária ao efeito cômico desejado pelo diretor. Outro exemplo da agilidade de Noya, lembrado por Manga, ocorreu em *Vamos com calma*, filmado, apesar do título, às pressas (as filmagens começaram um mês antes do início do carnaval de 1956). Noya conseguiu editar o material em tempo recorde, à medida que os rolos iam saindo do laboratório. Deixando a ATLÂNTIDA, Didi teve uma carreira intensa nos anos 60, tendo sido o montador de uma boa parte das comédias populares da época. Deve ser ressaltada a parceria que Noya estabeleceu com o diretor argentino-brasileiro Carlos Hugo Christensen*, tendo sido o montador de vários filmes deste: *Rei Pelé, Crônica da cidade amada, Como matar um playboy, Enigma para demônios* e *A mulher do desejo*. Sua carreira prossegue no mesmo ritmo na primeira metade dos anos 70. Seu último trabalho foi *Barra-pesada*, policial dirigido por Reginaldo Faria*. Quase uma década depois, Waldemar Noya faleceu esquecido pelo meio cinematográfico. (LAR)

NUNES, Vera (Isaura Nunes Henriques) – Rio de Janeiro, RJ, 1928. Atriz.

FILMOGRAFIA: 1947 – *Um beijo roubado; Pinguinho de gente.* 1948 – *Falta alguém no manicômio; Não me digas adeus* (produção estrangeira). 1947-1948 – *Mãe.* 1949 – *Uma luz na estrada; Também somos irmãos.* 1950 – *Garota mineira.* 1951 – *Presença de Anita; Suzana e o presidente.* 1952 – *Custa pouco a felicidade.* 1955 – *Armas da vingança.* 1956-1957 – *Dorinha no soçaite.*

Pioneira estrela do cinema brasileiro, da época dos estúdios, inicia sua carreira como radioatriz em 1945. A seguir, ingressa nos estúdios da CINÉDIA*, filma os dramas *Um beijo roubado*, de Leo Marten*, contracenando com o galã Cyll Farney*; e *Pinguinho de gente*, de Gilda Abreu*, dividindo o estrelato com Anselmo Duarte*. Na ATLÂNTIDA*, namora o galã Rocir Silveira na comédia *Falta alguém no manicômio*, de José Carlos Burle*; com o mesmo ator, atua no drama *Também somos irmãos*; em novo trabalho, atua com Anselmo Duarte, na coprodução Brasil-Argentina *Não me digas adeus*, drama sob a orientação do diretor portenho Luis Moglia-Barth; e, em outro papel dramático, filma *Uma luz na estrada*, de Alberto Pieralisi*. No biênio 1949-1950, trabalha na companhia teatral de Fernando de Barros*, com os atores iniciantes Paulo Autran* e Tônia Carrero*, nas peças *Amanhã, se não chover*, de Henrique Pongetti*, sob a direção de Silveira Sampaio*; *Helena fechou a porta*, de Accioly Netto, com direção de Ziembinski*; e *Don Juan*, de Guilherme Figueiredo, do diretor Armando Couto. Anos depois, em São Paulo, monta sua própria companhia. Com o galã estreante Hélio Souto*, atua em *Garota mineira*, de H. Leopoldo. Mas, com o aparecimento dos estúdios paulistas, muda-se para São Paulo, atuando como estrela nos primeiros filmes da MARISTELA*: no drama *Presença de Anita*, adaptação do romance homônimo de Mário Donato, e na comédia *Suzana e o presidente*, ambos sob a direção de Ruggero Jacobbi. Na televisão, trabalha na pioneira novela da TUPI, *Helena* (1951), baseada no romance homônimo de Machado de Assis, sob a direção de Ruggero Jacobbi. A seguir, atua em filmes de produção independente, contracenando com o ator Paulo Geraldo, na comédia romântica *Custa pouco a felicidade*, de Geraldo Vietri*; e na aventura rural *Armas da vingança*, de Carlos Coimbra*. Volta a trabalhar com o diretor Vietri na comédia *Dorinha no soçaite*. Diminuindo sua atividade, torna-se atriz bissexta quando, em meados dos anos 60, atua em novelas da EXCELSIOR. Na década seguinte, é atriz nas peças *Labirinto* (1978), de autoria de Agatha Christie, e *O bengalão do finado* (1980), com produção e direção suas. (LFM)

OHANA, Cláudia (Maria Cláudia Carneiro e Silva) – Rio de Janeiro, RJ, 1963. Atriz.

FILMOGRAFIA: 1980 – *Bonitinha mas ordinária*; *Amor e traição (A pele do bicho)*. 1981 – *Menino do Rio*; *Beijo na boca*. 1982 – *Rio Babilônia*; *As aventuras de um paraíba*; *Erêndira*. 1985 – *Ópera do malandro*; *Les longs manteaux* (produção estrangeira). 1986 – *A bela palomera*. 1987 – *Luzia Homem*. 1988-1989 – *Kuarup*. 1989 – *Love Dream*. 1994 – *Érotique* (episódio brasileiro: 'Final Call') (coprodução estrangeira). 2010 – *Desenrola, o filme*.

Filha do pintor Arthur Carneiro e da montadora Nazaré Ohana, Cláudia Ohana é carioca de Copacabana. Aos 6 anos de idade, com a separação dos pais, foi viver com a mãe, então casada com o diretor Domingos Oliveira*. Perdeu a mãe com 15 anos. Resolveu então ingressar na carreira artística. Após pequena participação em *Bonitinha mas ordinária*, peça de Nélson Rodrigues*, vertida para o cinema por Braz Chediak*, conquista seu primeiro papel importante, em *Amor e traição*, de Pedro Camargo, transposição para a tela da peça *A pele do bicho*, de Francisco Pereira da Silva. No filme, Cláudia faz Maria Sílvia, uma sertaneja envolvida numa trama de amor e traição. Em seguida, estudou canto, dança, fez várias pontas em televisão; em 1979, conseguiu uma bolsa para o curso de teatro do Tablado, de Maria Clara Machado. Em *Menino do Rio*, de Antônio Calmon*, interpretou Soninha, uma típica garota de Ipanema. Em seu filme seguinte, *Beijo na boca*, baseado na rumorosa história do casal de criminosos Lou e Van e dirigido por Paulo Sérgio Almeida, Cláudia interpretou Celeste, contracenando com Mário Gomes (o filme teve sua exibição por muito tempo proibida pela Justiça, por iniciativa dos acusados que inspiraram a história). Após interpretar uma florista cega em *As aventuras de um paraíba*, de Marco Altberg*, Cláudia Ohana teve sua grande oportunidade ao atuar em *Erêndira*, que o moçambicano-brasileiro Ruy Guerra* realizou, com roteiro de Gabriel García Márquez. Esse papel lhe deu projeção internacional e alguns convites, mas Cláudia acabou optando pela televisão brasileira, e atuou em várias novelas, como *Fera ferida*, *Rainha da sucata*, *Vamp* e *A próxima vítima*. Voltou ao cinema, como a malandra Ludmila, em *Ópera do malandro*, de Ruy Guerra, com quem era casada na época. Em seguida, filmou na Argentina, ao lado de Bernard Giraudeau, a coprodução franco-argentina *Les longs manteaux*, dirigida por Gilles Béhat. Ainda com Ruy Guerra, fez *A bela palomera* e *Kuarup*. Uma de suas mais recentes atuações no cinema foi em *Érotique*, no episódio 'Final Call', dirigido por Ana Maria Magalhães*. Disposta a se tornar produtora e diretora, Cláudia Ohana tem se empenhado em obter os meios para levar para as telas a vida da heroína Anita Garibaldi. (LAR). Já madura, atua em papel de mãe no longa *Desenrola, o filme*, para público adolescente. (LAR)

OLIVEIRA, Adhemar – Jaboticabal, SP, 1955. Exibidor.

Cineclubista da geração que começa atuar na década de 1980. Iniciou sua carreira no CINECLUBE DO BIXIGA, localizado no tradicional bairro paulistano do mesmo nome. Cineclube de grande sucesso, marcou época na exibição dos anos 80 com produção alternativa ligada a procedimentos profissionais de exibição. A sala promovia também cursos e debates, tornando-se ponto de encontro. Em 1985 mudou-se para o Rio de Janeiro, levando aos cariocas a experiência com o sucesso do BIXIGA. Foi um dos fundadores do CINECLUBE ESTAÇÃO BOTAFOGO, que se firmou no mesmo esquema. Em 1989 esteve entre os criadores da MOSTRA BANCO NACIONAL DE CINEMA, que colocou o Rio de Janeiro na trilha dos festivais, com circulação internacional alternativa. Em 1993, retorna a São Paulo para criar o ESPAÇO UNIBANCO DE CINEMA. A atividade cineclubista agora se profissionaliza. Conquista uma gama mais ampla de espectadores pagantes, deixando para trás o amadorismo. Oliveira se revela empreendedor, tornando-se, em poucos anos, um dos principais exibidores brasileiros, com salas em diversas capitais do país. Descobre cedo o filão dos *shoppings*, concorrendo com as gigantes norte-americanas. Alia exibição de filme de arte, dentro do conceito de *cult movie*, com *blockbusters* de grande apelo popular. Atualmente dirige um circuito nacional de cinema. Além das salas cariocas e paulistanas, seu circuito abrange as cidades de Curitiba, Fortaleza, Juiz de Fora, Porto Alegre, Recife, Salvador, entre outras. No ano 2000, em sociedade com Leon Cakoff, formaliza a distribuidora MAIS FILMES. Sua empresa, a ESPAÇO DE CINEMA, é atualmente a sétima maior rede exibidora do país, com mais de oitenta salas. Em janeiro de 2009, faz aposta de grande porte inaugurando a primeira sala Imax do Brasil, localizada no ESPAÇO UNIBANCO POMPEIA, em São Paulo. Oliveira é exemplo da geração cineclubista brasileira que soube avançar dentro dos meandros do mercado exibidor e situar-se de modo independente. Não abandona o vínculo com o circuito internacional, o que lhe permite situar-se de modo agressivo no mercado. Por outro lado, mantém uma janela aberta para a produção brasileira, deixando espaços para filmes de produtores e diretores que vivem o cotidiano do país. Também não renega o passado cineclubista, considerando a programação de viés cultural. A geração cineclubista, neste ponto distinta dos grandes exibidores nacionais do século XX (que chegaram a dominar o mercado em algumas décadas), entra sem medo na briga pelo mercado, conseguindo simultaneamente manter vínculo com o filme de arte e com a produção brasileira. (FPR/LFM)

OLIVEIRA, Benjamin de – Pará de Minas, MG, 1870-1954. Ator.

FILMOGRAFIA: 1908 – *Os guaranis.* 1939-1943 – *Inconfidência Mineira.*

Lendário artista de circo, eleito no início do século XX o maior palhaço do Brasil. "Mestre de gerações", na afirmação de Procópio Ferreira*, introduz em 1903 os espetáculos teatrais no picadeiro, encenando no Circo Spinelli, sediado no Rio de Janeiro, desde pequenas pantomimas até tragédias shakespearianas. Filho de ex-escravos – o pai, vindo de Angola, era tropeiro e amansador de burros e cavalos; a mãe era quituteira –, aos 12 anos torna-se "madrinha" de tropa para os peões de passagem por Pará de Minas. Entra para a escola de Mestre João Pereira Coelho, vendendo nas horas vagas bolos e doces na porta dos circos que passavam pela cidade. Encanta-se com o mundo do picadeiro, decidindo fugir com a trupe que o aceitasse. A oportunidade surge com o Circo Sotero e um concurso de montaria em potro bravio, que vence. Nesse circo, onde fica quase três anos, aprende acrobacias, trapézio, trabalho na corda e outras especialidades. Foge em seguida, para escapar de maus-tratos, juntando-se a um grupo de ciganos. Como estes planejam trocá-lo por um cavalo, foge novamente, indo parar no estado de São Paulo. Ingressa na pequena companhia do mágico Jaime Pedro Adayme, de origem norte-americana. Em excursão por Minas Gerais, encontra perto de São João del-Rei o circo de Manuel Barcellino, ao qual se junta. Considera Barcellino seu mestre definitivo, aperfeiçoando-se nas artes circenses. Durante um espetáculo impressiona Frutuoso Pereira, que o contrata para sua trupe. Com a chegada da República, e já com um segundo dono, Albano, o circo fixa endereço na cidade de São Paulo. Quando adoece o palhaço

Antônio Freitas, resolvem usar Benjamin como substituto, saindo-se ele muito mal. Mesmo assim, continua na função de escada para Freitas. Ao se separarem Albano e Pereira, transforma-se com este último definitivamente em palhaço, acrescentando ao espetáculo, vez por outra, lundus e chulas de sua autoria, que executa sempre ao violão. Transfere-se em 1892 para o Circo Amaral, alcançando enorme sucesso na função. Chega ao Rio de Janeiro em 1894, onde trabalha para o comendador Caçamba, figura folclórica do mundo do circo, caindo nas graças do presidente Floriano Peixoto. Sua fase de ouro inicia-se em 1895, quando o segundo palhaço da trupe, Alfonso Spinelli, herda uma herança e compra o circo. Mesmo contra a vontade do novo dono, lança a ideia de agregar um espetáculo teatral à função principal, no qual toma parte sempre como diretor e um dos intérpretes. Começam em um boliche da praça Onze com a peça *O diabo e o Chico.* Com o sucesso contínuo, Spinelli fixa o primeiro pavilhão (nome dado aos circos que tinham palco) na praça da Bandeira, durante o ano de 1903. O apogeu vem mais para o final da década, quando, em lance de extrema ousadia, o palhaço resolve montar no mesmo local a opereta *A viúva alegre,* de Franz Lehar, reservando-se o papel do barão Niehaus. O sucesso é total, transformando-se no maior acontecimento da *belle époque* carioca. Esse fato atrai a atenção do cinegrafista Antônio Leal*, que filma em câmera fixa a pantomima *Os guaranis,* baseada em *O guarani,* de José de Alencar*. Prossegue trabalhando no mesmo pavilhão, que recebeu várias denominações e teve vários donos, até o final dos anos 40. Participa também do filme de Carmen Santos* *Inconfidência Mineira,* em que faz um papel secundário. É autor de algumas operetas – *Vingança operária, Greve num convento, Ilha das maravilhas* e *Colar perdido* – e de um drama lírico – *Os pecadores.* Encerra sua carreira em 1947. Faleceu em 3 de maio, no Rio de Janeiro. (HH)

OLIVEIRA, Daniel de – Belo Horizonte, MG, 1977. Ator.

FILMOGRAFIA: 2000 – *O circo das qualidades humanas.* 2004 – *Cazuza, o tempo não para; A dona da história.* 2006 – *Zuzu Angel; Batismo de sangue.* 2008 – *A festa da menina morta.* 2009 – *Jean Charles; Som e fúria – o filme.* 2010 – *400 contra um: uma história do crime organizado; Boca do lixo.*

Cazuza, o tempo não para, de Sandra Werneck* e Walter Carvalho*, foi

o trabalho que marcou e impulsionou sua carreira no cinema. A caracterização do personagem, embora às vezes muito marcada, impressiona pela atuação recebendo diversos prêmios. Na televisão estreou na novela *Brida* (1998), da REDE MANCHETE, baseada no livro homônimo de Paulo Coelho e com direção de Walter Avancini. Na REDE GLOBO, participou do seriado *teen Malhação* (1999) e, dois anos depois, da telenovela *A padroeira,* de Walcyr Carrasco, quando voltou a trabalhar com o diretor Walter Avancini. Participou da minissérie *Um só coração* (2004), de Maria Adelaide Amaral e Alcides Nogueira. Foi protagonista da novela *Cabocla,* de Benedito Ruy Barbosa. Viveu o palhaço Quirino da série *Hoje é dia de Maria* (2005) e atuou em *Decamerão – a comédia do sexo,* série baseada no livro de Giovanni Bocaccio, e *Som & fúria* (2009). No cinema, estreou no filme mineiro *O circo das qualidades humanas,* dirigido por vários diretores. Participa ainda de *Zuzu Angel,* de Sérgio Rezende*, no papel de Stuart Angel, o jovem assassinado pelos militares. Filmou o curta-metragem *14 Bis,* de André Ristum, no qual viveu Santos Dumont (2006), e *Batismo de sangue,* de Helvécio Ratton* (2006). Em 2008, recebe o prêmio KIKITO de melhor ator no FESTIVAL DE GRAMADO por sua atuação no filme *A festa da menina morta,* estreia do ator Matheus Nachtergaele como diretor. Trata-se de atuação bastante afetada, onde desempenha o papel de um líder espiritual que mantém relações sexuais com o próprio pai. (MM)

OLIVEIRA, Denoy de (Denoy Gonçalves de Oliveira) – Belém, PA, 1933-1998. Diretor.

FILMOGRAFIA: 1973 – *Amante muito louca.* 1975-1976 – *Esse Rio muito louco* (1º episódio: 'A louca de Ipanema'). 1978 – *J. J. J., o amigo do super-homem.* 1979-1982 – *Sete dias de agonia (O encalhe dos 300).* 1982-1984 – *Baiano fantasma.* 1995-1997 – *A grande noitada.*

Com premiada carreira como ator, músico e realizador cinematográfico, centra suas preocupações como criador no tema das desigualdades sociais, exibindo raro teor humanista e contido lirismo. Descendente de um sapateiro anarquista, é criado no subúrbio carioca de São Cristóvão. Trabalhando desde muito cedo, exerce em meados da década de 50 a função de bancário. Entra para a Faculdade de Arquitetura da Universidade Federal do Rio de Janeiro (UFRJ) em 1957, fazendo paralelamente o curso regular da Escola de Teatro Martins Pena. Envolve-se com os Centros Populares de Cultura da União Nacional dos Estudantes (UNE). Estreia profissionalmente como ator em 1962, atuando na peça *O círculo de giz caucasiano*. Participa dois anos mais tarde da fundação do grupo de teatro Opinião, integrando o elenco das peças *Liberdade, liberdade* e *Se correr o bicho pega, se ficar o bicho come*. É o autor das músicas dessa peça e de duas de Plínio Marcos*, *Dois perdidos numa noite suja* e *Jornada de um imbecil até o entendimento*. Juntamente com os irmãos Xavier e Rui, desenvolve vivo interesse pelo cinema. Começa colaborando com Xavier no curta *Escravos de Jó*, de 1966, vencedor do I FESTIVAL DE CINEMA AMADOR JB-MESBLA. A partir da bem-sucedida edição da fotonovela *Vitrine de sonhos*, com a qual ganham muito dinheiro, resolvem fundar a produtora LESTEPE. Sempre ajudando o irmão Xavier de Oliveira*, assume a produção executiva e a trilha musical de *Marcelo Zona Sul* e *André, a cara e a coragem*, no biênio de 1969 e 1970. Inicia carreira de ator em *Massacre no supermercado* (1968), de J. B. Tanko*. Na década de 70, lança-se como roteirista e diretor, obtendo rápido reconhecimento com seu primeiro longa-metragem, *Amante muito louca*, premiado no FESTIVAL DE GRAMADO e seu maior sucesso de público. Após roteirizar a comédia *Como matar uma sogra* (1977), de Luís de Miranda Corrêa, e filmar o episódio 'A louca de Ipanema', transfere-se para São Paulo, onde adota a bitola 16 mm em produções de baixíssimo orçamento, como *J. J. J., o amigo do super-homem* e *Sete dias de agonia* (*O encalhe dos 300*), posteriormente ampliados e lançados comercialmente. Conquista com o último vários prêmios nacionais e o do FESTIVAL DE HAVANA de 1983. Escreve a comédia erótica *Os indecentes*, dirigida por Antônio Meliande*, e produz mais um filme para o irmão, *Gargalhada final* (1975-1977). Como ator participa de *Doramundo* e *O homem que virou suco* (com o qual ganha o prêmio de melhor ator coadjuvante do FESTIVAL DE GRAMADO de 1980), ambos de João Batista de Andrade*. Dirige o curta *O vendedor de ilusões* (1982) e, a partir do especial de televisão *O medo*, que realiza em seguida para a TV CULTURA, desenvolve a ideia central de seu filme mais aclamado e premiado, *Baiano fantasma*. Registra documentalmente duas das cinco peças escritas, ensaiadas e interpretadas pelas detentas da Penitenciária do Carandiru, sob orientação da atriz Maria Rita Freire Costa, transformadas no curta *Nós de valor... nós de fato* e no média *Fala só de malandragem*, ambos

de 1985. O cotidiano do cárcere feminino e o trabalho de reeducação da atriz rendem ainda o vídeo *Prisão mulher* (1987). Fica uma década sem filmar. Retorna com a adaptação operística da lenda de Tristão e Isolda, travestida em parábola social, *A grande noitada*. Preside a Associação Paulista de Cineastas (APACI) no final dos anos 70. Faleceu em São Paulo em 4 novembro. (HH)

OLIVEIRA, Domingos (Domingos José Soares de Oliveira) – Rio de Janeiro, RJ, 1936. Diretor.

FILMOGRAFIA: 1966 – *Todas as mulheres do mundo*. 1967 – *Edu, coração de ouro*. 1969 – *As duas faces da moeda*. 1970 – *É Simonal*. 1971 – *A culpa*. 1973 – *Deliciosas traições de amor* (1º episódio: 'Mais de cem'; 3º episódio: 'O olhar'). 1977 – *Teu tua* (1º tempo: 'O oráculo'; 2º tempo: 'Um homem debaixo da cama'; 3º tempo: 'O corno imaginário'). 1998 – *Amores*. 2002 – *Separações*. 2004 – *Feminices*. 2005 – *Carreiras*. 2008 – *Juventude*; *Todo mundo tem problemas* (*Sexuais*).

Aos 21 anos foi casado no curto prazo com uma pintora. Foi seu sogro que descobriu sua veia artística. Ator bissexto, autor televisivo, cineasta, dramaturgo, encenador e escritor. Iniciou a carreira artística no teatro. No princípio da década de 1960, lançou os primeiros textos teatrais, *Somos todos do jardim de infância* (1963) e *A estória de muitos amores* (1964). A partir dos anos 1980, intensificou a carreira de encenador, montando desde então pelo menos um espetáculo por ano e continuou a escrever e lançar suas peças. Na TV GLOBO, desde a inauguração da emissora, prestou colaboração na criação de vários programas em diferentes passagens pela casa. Os primeiros contatos com o cinema foram como assistente de direção dos documentários de Joaquim Pedro de Andrade*, em seus curtas-metragens iniciais *Poeta do castelo* e *O mestre de Apicucos* (1959) e *Couro de gato* (1960), tendo participado também do média-metragem *Cinema novo* (1965). Estreou como diretor em longas-metragens urbanos ambientados na Zona Sul carioca. O primeiro deles foi *Todas as mulheres do mundo*, que enfoca relacionamento desfeito, seguido de *Edu, coração de ouro*, sobre jovem *bon-vivant* de classe média. Ambos foram escritos em parceria com Eduardo Prado e protagonizados por Paulo José. Leila Diniz, sua primeira mulher-parceira, foi a coprotagonista de *Todas as mulheres do mundo*. Em parceria com o roteirista Joaquim Assis, escreveu seus três filmes seguintes: *As

duas faces da moeda*, *É Simonal* e *A culpa*. Em *As duas faces da moeda* encontrou sua segunda mulher-parceira, Nazareth Ohana, que faria a montagem dessas três obras. Desde a segunda metade dos anos 1960, estavam em moda filmes com cantores. *É Simonal* foi feito com e para promoção de Wilson Simonal. Também dirigiu *A culpa*, violento drama familiar. Em 1972, foi diretor dos documentários de médias metragens *Aldeia global*, no qual enfocou o problema da comunicação no mundo atual, e *Esporte no país no futebol*, sobre o interesse despertado naquela época por outras modalidades esportivas. No restante da década de 1970, dirigiu fitas em episódios, como *Deliciosas traições do amor*, baseado nos contos *O tempero da vida* e *O sinal*, do marquês de Sade. Encontra aí sua terceira mulher-parceira, a dramaturga Lenita Plonckzinski. Com ela divide o roteiro da comédia *Deliciosas traições de amor* e o roteiro do filme *Teu tua*, baseado em *Oráculo*, texto teatral clássico de Arthur Azevedo. Também com Lenita escreve bastante para televisão, fazendo especiais e seriados na GLOBO. É ator no episódio 'Divinos sons da música', dirigido pelo amigo Phydias Barbosa em *Deliciosas traições de amor*. e em *Os maníacos eróticos* (1976), de Alberto Salvá*. Foi diretor de inédito filme para TV, o média-metragem *Vida, vida* (1978). No final dos anos 1990, retomou a carreira de realizador com *Amores*, baseado em peça teatral homônima de autoria de sua quarta mulher-parceira, a dramaturga Priscilla Rozembaum, atriz de seus filmes mais recentes, em que abordou encontros e desencontros amorosos. Exerceu outras funções quando foi roteirista de *Amores possíveis* (2000), de Sandra Werneck*, e *2 filhos de Francisco* (2005), de Breno Silveira. Dirige o longa *Separações*, baseado em peça teatral sua, versando sobre os diferentes estágios das separações (negação, revolta e aceitação). Foi ator em *Suspiros republicanos ao crepúsculo de um império tropical* (2002), curta de Rosane Svartman e José Lavigne, e em *Redentor* (2004), primeiro longa do diretor Claudio Torres. Dirige ainda o drama *Feminices*, baseado na peça teatral *Confissões das mulheres de 40*, de autoria da atriz Clarice Niskier, coprotagonista do filme. Diretor de novos dramas, *Carreiras*, sobre bonita jornalista da TV que perde espaço para profissionais mais jovens; e *Juventude*, sobre o encontro de três velhos amigos num casarão isolado. Seu mais novo filme, o drama *Todo mundo tem problemas* (*Sexuais*), baseado em peça teatral de sua autoria, permanece estranhamente inédito. Afirmou como brincadeira que trabalha como intérprete em vários de seus filmes recentes para ter menos um ator para dirigir. Na verdade, foi um dos protagonistas de *Amores, Separações, Carreiras* e *Juventude*. Publicou livros com suas peças ou textos originais: *História de muitos amores* (1968); *Leila Diniz Almanaque Pasquim – Uma mulher solar* (1982); *Ouro sobre azul* (1985); *Do tamanho da vida: reflexões sobre teatro* e *O dia em que os adultos desapareceram* (1987); *Confissões de mulheres de trinta*, este em parceria com Dino Menasche; *A vida – duas ou três coisas que sei dela* (1994); e *Do fundo do lago escuro* (1997). A filha Maria Mariana é ocasionalmente atriz, autora de teatro e TV, além de escritora do *best-seller Confissões de adolescente,* sucesso no teatro e na TV. (LFM)

OLIVEIRA, Osvaldo – São Paulo, SP, 1931-1990. Fotógrafo, diretor.

FILMOGRAFIA: 1962 – *O vigilante rodoviário* – 1º episódio: 'O contrato' (fot.); 2º episódio: 'O fugitivo' (fot.). 1963 – *O vigilante contra o crime* (fot.). 1964 – *O vigilante e os cinco valentes* (fot.); *O vigilante em missão secreta* – 1º episódio: 'Aventura de Tuca' (fot.); 2º episódio: 'O aventureiro' (fot.); 3º episódio: 'A experiência' (fot.); 4º episódio: 'Terras de ninguém' (fot.). 1965 – *Herança sangrenta* (fot.). 1965-1968 – *O mistério do Taurus 38* – 1º episódio: 'Fórmula de gás' (fot.); 2º episódio: 'Café marcado' (fot.); 3º episódio: 'O suspeito' (fot.); 4º episódio: 'O garimpo' (fot., dir.). 1967 – *O caso dos irmãos Naves* (fot.); *Viagem ao fim do mundo* (fot.). 1968 – *Trilogia do terror* – 2º episódio: 'Procissão dos mortos' (fot.); *Panca de valente* (fot.); *O agente da lei* (fot.). 1969 – *O cangaceiro sanguinário* (fot., dir.); *Corisco, o diabo loiro* (fot.); *O cangaceiro sem Deus* (fot., dir.). 1970 – *O pornógrafo* (fot.); *Sertão em festa* (fot., dir.); *Guerra dos Pelados* (fot.); *O homem do corpo fechado* (fot.). 1971 – *No Rancho Fundo* (fot., dir.); *Luar do sertão* (fot., dir.). 1972 – *Cassy Jones, o magnífico sedutor* (fot.); *Rogo a Deus e mando bala* (fot., dir.). 1973 – *Os garotos virgens de Ipanema* (*Purinhas do Guarujá*) (fot., dir.); *A super fêmea* (fot.); *Mestiça, a escrava indomável* (fot.). 1974 – *O marginal* (fot.); *Gente que transa* (*Os imorais*) (fot.); *A noiva da noite* (*Desejo de sete homens*) (fot.). 1975 – *Cada um dá o que tem* (3º episódio: 'Grande vocação') (fot.); *O casal* (fot.); *O roubo das calcinhas* – 1º episódio: 'O roubo das calcinhas' (fot.); 2º episódio: 'I love bacalhau' (fot.); *O homem de papel* (*Volúpia do desejo*) (fot.);

Kung Fu contra as bonecas (fot.); *Já não se faz amor como antigamente* – 1º episódio: 'Oh! Dúvida cruel'; 2º episódio: 'O noivo'; 3º episódio: 'Flor-de-lys' (fot.). 1976 – *As meninas querem... e os coroas podem* (fot., dir.); *Elas são do baralho* (fot.). 1977 – *Internato de meninas virgens* (fot., dir.); *O crime do Zé Bigorna* (fot.); *Pensionato das vigaristas* (fot., dir.); *O bem-dotado, o homem de Itu* (fot.). 1978 – *Fugitivas insaciáveis* (fot., dir.); *A filha de Emanuelle* (fot., dir.); *O caçador de esmeraldas* (dir.); *Os trombadinhas* (fot.). 1979 – *Histórias que nossas babás não contavam* (fot., dir.). 1980 – *Bordel, noites proibidas* (fot., dir.). 1981 – *A prisão* (fot., dir.). 1982 – *Curral de mulheres* (fot., dir.). 1983 – *A fêmea da praia* (fot.). 1984 – *Bacanais da ilha das ninfetas* (fot., dir.). 1985-1987 – *Ilusão sangrenta* (fot.). 1986-1988 – *Presença de Marisa* (fot.).

Vizinho dos estúdios da MARISTELA*, no bairro do Jaçanã (Zona Norte da capital paulista), ainda jovem, em 1951, ingressa nesses estúdios, fazendo ali seu aprendizado. Inicialmente maquinista, mais tarde atua como assistente de câmera de Rodolfo Icsey*, em *Arara vermelha* (Tom Payne*, 1956) e *Casei-me com um xavante* (Alfredo Palácios*, 1957). Depois de dedicar-se por vários anos à MARISTELA, passa a trabalhar em outras produções, a partir de 1958. Atua como assistente de câmera de Tony Rabatoni* em *A morte comanda o cangaço* (Carlos Coimbra*, 1960) e de Ricardo Aronovich* em *Vereda da salvação* (Anselmo Duarte*, 1964). Com sua promoção a fotógrafo, colabora na pioneira série de televisão *O Vigilante Rodoviário*, filmada em película pela equipe formada por seus ex-colegas de MARISTELA: o produtor Alfredo Palácios, o diretor Ary Fernandes* e o ator Carlos Miranda. Depois colabora em alguns episódios de outra série do diretor Ary Fernandes: *O Agente da Lei*. Curiosamente, seu primeiro longa na função, *Herança sangrenta*, de Glauco Mirko Laurelli* e Jeffrey Mitchell, é feito em cores, numa época em que predominava o preto e branco na fotografia do cinema brasileiro. A seguir, faz longa carreira de cerca de 25 anos como fotógrafo, em que trabalha com diretores do porte de Luís Sérgio Person* (*O caso dos irmãos Naves; Panca de valente* e *Cassy Jones, o magnífico sedutor*); Sylvio Back* (*Guerra dos Pelados*); Carlos Manga* (*O marginal*) e Anselmo Duarte (*O crime do Zé Bigorna* e *Os trombadinhas*). Quando vai trabalhar na Boca do Lixo* torna-se homem de confiança dos produtores Oswaldo Massaini* e A. P. Galante*, participando em diferen-

tes funções de várias equipes de filmagens. Também trabalha ocasionalmente como assistente de direção de Astolfo Araújo, em *As armas* (1969), e de Carlos Coimbra*, em *Independência ou morte* (1972). Foi fotógrafo e diretor de fitas populares dos mais variados gêneros, em filmes de aventuras como *O cangaceiro sanguinário* e *O cangaceiro sem Deus*; em filmes sertanejos como *Sertão em festa*; *No Rancho Fundo* e *Luar do sertão*; na paródia dos faroestes italianos *Rogo a Deus e mando bala*, que assina com pseudônimo de Oswald Olivier, e numa série de pornochanchadas*, como *Os garotos virgens de Ipanema, As meninas querem... e os coroas podem, A filha de Emanuelle, Curral de mulheres* e *Bacanais na ilha das ninfetas*. Também roteirista, em seus primeiros filmes conta com a colaboração do futuro produtor Enzo Barone no roteiro e também como assistente de direção. No filme *Luar do sertão*, tem como assistente de direção e roteirista o escritor Márcio de Souza, que tentava fazer carreira no cinema. Dirige a série de filmes de presídios femininos com *Presídio de mulheres violentadas* (em que substitui o diretor Luiz Castillini*, concluindo as filmagens), *Internato de meninas virgens, Pensionato das vigaristas, Fugitivas insaciáveis* e *A prisão*. Também tem sua direção a superprodução *O Caçador de Esmeraldas*, cinebiografia do bandeirante Fernão Dias Paes Leme escrita pelo especialista Hernani Donato, em que, pela primeira e única vez, entrega a direção de fotografia de um filme seu a outro, no caso, Antônio Meliande*. Filma a paródia erótica *Histórias que nossas babás não contavam*, erotizando a clássica história infantil *Branca de Neve e os sete anões*. Surpreende com o pungente drama erótico *Bordel, noites proibidas*. Está creditado na direção de *A fêmea da praia*, filme que na verdade foi dirigido por John Doo* e que tem cenas de sexo explícito enxertadas. Conclui a direção da comédia erótica *Uma banana para Bergman*, quando substitui o diretor Astolfo Araújo. Como fotógrafo, participa de diferentes fases do cinema brasileiro, fotografando *O pornógrafo*, de João Callegaro, filme vinculado ao Cinema Marginal*; *O homem do corpo fechado*, de Schubert Magalhães*, filme mineiro; mais as produções de cunho comercial, como as paródias *A super fêmea*, de Anibal Massaini Neto*, e *O bem-dotado, o homem de Itu*, de José Miziara*; os dramas rurais *Mestiça, a escrava indomável* e *A noiva da noite*, ambos sob a direção de Lenita Perroy; a comédia *Gente que transa* (*Os imorais*), de Sílvio de Abreu; o drama *O casal*, de Daniel Filho*; a aventura *Ilusão* *sangrenta*, de Tadeu Gomes Fernandes; e o mistério *Presença de Marisa*, de John Doo. Com essa obra despede-se do cinema. Em boa parte de seus filmes como realizador conta com a competente montagem de Sylvio Renoldi*. Sua esposa Maria Inês também trabalha no cinema na função de continuísta. (LFM)

OLIVEIRA, Xavier de (Francisco Xavier de Oliveira Filho) – Rio de Janeiro, RJ, 1937. Diretor.

FILMOGRAFIA: 1969 – *Marcelo Zona Sul*. 1970 – *André, a cara e a coragem*. 1975-1977 – *Gargalhada final*. 1976 – *O vampiro de Copacabana*. 1997-1999 – *Adágio ao sol*.

Cineasta que ensaia em seus filmes uma reflexão sobre o comportamento da sociedade brasileira, Xavier de Oliveira cresceu fascinado pelo cinema e pelo circo. Nascido num bairro da Zona Norte do Rio de Janeiro, ainda adolescente fez concurso para o Banco do Brasil e foi aprovado. Aos 19 anos foi transferido para a agência de Itapetinga, no interior baiano. Mesmo assim, não se afastou do cinema. Passou a escrever críticas de filmes no jornalzinho da cidade e fundou, reunindo colegas e amigos, um grupo de teatro. Em 1964, voltou ao Rio de Janeiro, ainda como funcionário do Banco do Brasil. Fez então um curso de cinema, com professores como Ruy Guerra* e Gustavo Dahl*. Realizou seu primeiro filme, um curta-metragem em 16 mm, *Escravos de Jó* (1966). O começo foi auspicioso, tendo Xavier conquistado o primeiro prêmio no I FESTIVAL DE CURTA-METRAGEM JB- -MESBLA de 1965. Em decorrência dessa láurea, teve a oportunidade de conhecer toda a turma do Cinema Novo* (Luiz Carlos Barreto*, Nelson Pereira dos Santos*, Glauber Rocha*, Roberto Santos*, Carlos Diegues*, Paulo César Saraceni* e outros), o que lhe proporcionou convites para escrever roteiros e trabalhar como assistente de direção em alguns filmes. Dirigiu seu primeiro longa-metragem, *Marcelo Zona Sul*, estrelado por um jovem ator, Stepan Nercessian*. Definido pelo próprio Xavier como uma parábola sobre a classe média urbana brasileira, refletida através do garoto Marcelo, o filme foi recebido com entusiasmo pela crítica e conquistou a PLACA DE PRATA do FESTIVAL INTERNACIONAL DE CINEMA de San Sebastian, Espanha, em 1970. O êxito de crítica e público logo no primeiro filme fez que Xavier deixasse o emprego seguro do Banco do Brasil, confiante de que era possível sobreviver apenas como cineasta. Partiu então para o segundo longa, *André, a cara e a coragem*, uma crônica amarga sobre a desintegração de um jovem do interior mineiro na cidade grande. Apesar de ter sido agraciado com o prêmio GOVERNADOR DO ESTADO de melhor diretor em 1971, foi um enorme fracasso de público, levando Xavier a se desfazer de seu patrimônio para saldar as dívidas contraídas com a produção. Produziu *Amante muito louca* (1973), dirigido por seu irmão Denoy de Oliveira* e premiado no FESTIVAL DE GRAMADO. Xavier produziu também o curta *Rodolfo Arena*, de Stepan Nercessian. Em seu filme seguinte, *Gargalhada final*, coproduzido com a EMBRAFILME*, Xavier de Oliveira tratou de uma realidade que marcou a sua infância: o circo. Os palhaços Trombada e Marreco fogem de um circo mambembe decadente e partem para um centro maior, em busca da oportunidade de continuar a exercer a sua arte. Xavier iniciou a realização de *O vampiro de Copacabana*, coproduzido pelo Grupo Luiz Severiano Ribeiro. O filme lhe valeu nova premiação: o prêmio CORUJA DE OURO de melhor roteiro de 1976, concedido pelo Instituto Nacional do Cinema (INC*). A partir desse filme, Xavier ficou mais de vinte anos sem dirigir um longa-metragem. Seu retorno ocorreu quando realizou seu quinto longa, *Adágio ao sol*. (LAR)

OMAR, Arthur (Arthur Omar Noronha Squeff) – Poços de Caldas, MG, 1948. Diretor.

FILMOGRAFIA: 1974 – *Triste trópico*. 1997 – *Sonhos e histórias de fantasmas*.

Mudou-se ainda criança para o Rio de Janeiro, onde desde cedo manteve contato com a música por intermédio de sua mãe, professora de piano. Depois veio a fotografia. A partir dos 13 anos participa e chega a ganhar prêmios em salões de fotografia. Não obstante sua formação de músico e fotógrafo, gradua-se em Ciências Sociais. Também se envolve com literatura e lança um livro de poesia, *O asno íris* (1973), com desenhos seus. Essa formação bastante eclética vai influenciar diretamente a feitura de seus filmes. Cursa a escola de Cinema do MAM, onde realiza seus primeiros curtas: *Serafim Ponte Grande* (1971), uma adaptação sintética do romance homônimo de Oswald de Andrade, e *Sumidades carnavalescas* (1971), com tipos e máscaras de carnaval. Mas é com os filmes *Congo* (1972), quase todo construído com letreiros que ocupam o lugar das imagens, e o longa *Triste trópico* (1974), versão metalinguística do conflito litoral/sertão dentro da história brasileira, que Omar potencializa uma capacidade de experimentação que terá continuidade em todo o seu trabalho. Desacreditando do documentário como reprodução do real e denunciando sua forma-espetáculo, Omar quebra o fluxo da montagem audiovisual desse tipo de cinema e desenvolve, numa linguagem aparentemente afim com as ciências sociais, um discurso fragmentado e ambíguo. Esse questionamento apresenta-se também no artigo que o cineasta escreve para a *Revista de Cultura Vozes* (1978), intitulado "O antidocumentário". Nos seus curtas seguintes, essas experiências aparecem ainda mais radicalizadas: em *Tesouro da juventude* (1977), fragmentos de documentários antigos nos são mostrados com o intuito principal de buscar novas texturas para as imagens, e em *Vocês* (1979), o espectador é atingido por metralhadoras de luzes através da imagem de um homem atirando sem parar. A imagem ofuscante é também utilizada como arma. Na década de 80, o cineasta realiza ainda em película o filme *Música barroca mineira* (1981), *O som ou tratado de harmonia* (1984), *O inspetor* (1988) e *Ressurreição* (1989). No primeiro, imagens de escadarias de velhas igrejas, seus santos, seus ícones adquirem vida própria e, ao serem filmados em *close*, mixados com fragmentos de músicas barrocas, contam a história de Minas Gerais do século XVII. Em *O som*, o cineasta consegue montar um verdadeiro tratado sobre o universo sonoro das artes visuais, com vozes advindas de contextos diversos, como o psicológico, o sexual, o político. Em *O inspetor*, Jamil Warwar, o mestre dos disfarces, inspetor de polícia conhecido na década de 70 por ter desvendado o caso Cláudia, nos é apresentado, não só com depoimentos e representações de fatos que fazem parte do universo do delegado, como também com textos poéticos do próprio diretor. A música *Ressurreição*, de Mahler, que permeia e dá dramaticidade às cenas, também sugere o nome para seu curta seguinte. *Ressurreição* é uma montagem de fotografias (dos arquivos da polícia técnica) de torturas, massacres, chacinas ocorridos nas favelas do Rio de Janeiro. As estranhas posturas dos corpos mutilados, acompanhadas na trilha sonora por um hino religioso, vão estabelecendo um sentido irônico e crítico aos versos tradicionais do canto de exaltação à Virgem Maria. A partir da década de 80, Arthur Omar assume a linguagem do videoteipe – recém-inaugurado no país. Com o vídeo, Omar unifica cada vez mais as diferentes artes que também desenvolve separadamente: a música, as artes plásticas, o cinema, a fotografia, tornando-se um dos primeiros artistas multimídia do país. Não deixa porém de continuar atuando, em paralelo com sua produção de vídeos, como músico, fotógrafo e artista plástico. Apresenta as exposições *Antropologia da face gloriosa I* (1984) e *Antropologia da face gloriosa II* (1993), uma série de fotografias carnavalescas em grande formato, cujos títulos contrastam com as imagens.

Como artista midiático, Omar constrói e desenvolve projetos realizáveis através de instalações. Em *Tristão e Isolda* (1983), utiliza a multimídia com forte conteúdo erótico e apelo popular. Na instalação *Silêncios do Brasil* (1992), o cineasta sonoriza a cúpula do Centro Cultural Banco do Brasil, no Rio de Janeiro, durante a ECO 92, com música eletrônica e material sonoro documental coletado em quatro meses de viagens pelo país. *Os dez mil coisas* (1993) é composto de 24 desenhos e colagens apresentados no Museu de Arte Moderna do Rio de Janeiro, na exposição retrospectiva de *Arte erótica*. *Inferno* (1994) é uma grande instalação que ocupa uma sala do antigo Matadouro Municipal de São Paulo, dentro do projeto Arte/cidade. Numa linha horizontal, temos dezessete monitores com imagens de fogo e do que se queima dentro dele, enquanto, na vertical, quatro monitores mostram nuvens; as duas linhas formam uma grande cruz. Em 1989, o filme *O inspetor* é escolhido para representar a América Latina no New York Film Festival. Esse seria apenas o início de uma série de premiações, retrospectivas e convites para produção no estrangeiro.

Entre 1989 e 1994 foram organizadas seis retrospectivas de sua obra no estrangeiro e duas no Brasil: no Experimental Film Congress, Toronto, Canadá (1989); no Museu de Arte Moderna de Nova York (MoMA), EUA (1990), no Festival de Cinema de Miami, EUA (1990), no Festival de Caracas, Venezuela (1994), no Festival de São Paulo, no Museu da Imagem e do Som (MIS), São Paulo (1993), e no Centro Cultural Banco do Brasil (CCBB), Rio de Janeiro (1994). O reconhecimento internacional faz que seus filmes possam ter financiamento de produtoras de televisão estrangeiras. A Channel Four, da TV inglesa, a ZDF (canal da TV alemã) e Arte (canal da TV francesa) apoiam seus trabalhos: *Coroação de uma rainha, Drums Spots*, e o longa-metragem do vidro, *Sonhos e histórias de fantasmas (1997)*. Esses documentários abordam temáticas ligadas a manifestações folclóricas brasileiras, assunto já traba-

lhado em seus filmes da década de 70 e revisitado de maneira poética e com uma pesquisa estendida. Em 1997 envolve-se com o mundo da moda e, a partir de desfiles da grife M. Officer, realiza dois vídeos incluindo *performances* dos artistas plásticos Tunga e Cabelo: *A última sereia e Pânico sutil*. Realiza para a ZDF/ARTE, emissora de TV europeia, junto com mais outros oito artistas de várias partes do mundo, um vídeo diário sobre a chegada do ano 2000: *Notas do céu e do inferno*. Em abril de 1998 é publicado o livro *Antropologia da face gloriosa*, com fotografias coletadas durante mais de vinte anos e já mostradas em exposição com o mesmo nome.

A partir de 2000, volta-se com mais intensidade para o mundo da fotografia e das instalações fotográficas ou videográficas. Retoma trabalhos como os de *Antropologia da face gloriosa*, em 2005, e apresenta em Arles, na França, imagens inéditas. Em *Fluxos*, mostra através da exposição Esplendor dos Contrários, no Rio de Janeiro e em São Paulo, 108 monitores com imagens que fazem referência ao cinema, ao vídeo, ao videogame, e tematizam assuntos de teor urbano-social, como o massacre de crianças na Candelária ou os grafites dos muros da cidade. Em 2005, 2006 e 2007 apresenta outras instalações de vídeo, fotografia e caixas de luz. Em Dervixxx, oito canais de vídeo são projetados sobre três paredes representando o interior de uma mesquita, a partir de imagens registradas pelo diretor quando de sua viagem ao Afeganistão. Em Zooprismas, vídeos e fotografias, através dos efeitos do *strobo* e da flicagem, nos remetem às experiências do início do cinema. Trilogia Cognitiva é composta de três instalações interligadas em salas contíguas representando o processo de pensamento, como se formando uma escala ascensional. Atualmente, é personagem e objeto de estudo de um longa-metragem do documentarista Evaldo Mocarzel*, composto a partir de uma longa entrevista com o artista. Omar nunca se enquadrou neste ou naquele suporte. Construiu sua obra mantendo uma total disponibilidade para burlar regras, para destruir fronteiras, entre as artes plásticas e o cinema, o documentário e a ficção, a forma e o conceito. Essa diversidade, hoje reconhecida como procedimento inevitável para a construção do discurso audiovisual, sempre fez parte de sua produção artística. (GPR)

ONOFRE, Waldyr (Waldyr Couto) – Itaguaí, RJ, 1934. Ator.

FILMOGRAFIA: 1962 – *Cinco vezes favela* (2º episódio: 'Zé da Cachorra').

1963 – *Canalha em crise*. 1967 – *Perpétuo contra o esquadrão da morte*. 1968 – *Maria Bonita, rainha do cangaço*. 1969 – *Macunaíma*. 1970 – *Senhores da terra*. 1972 – *Jesuíno Brilhante, o cangaceiro*. 1973 – *Sagarana, o duelo; Toda nudez será castigada*. 1974 – *O amuleto de Ogum*. 1975 – *As aventuras amorosas de um padeiro* (dir.); *A dama do lotação*. 1976 – *Marcados para viver*. 1978 – *O caso Cláudia; Quilombo*. 1983 – *Memórias do cárcere*. 1985 – *O homem da capa preta*. 1987 – *Jorge, um brasileiro*. 1988-1989 – *Doida demais*. 1993 – *A terceira margem do rio*. 1999 – *Mauá, o imperador e o rei*. 2003 – *Lost Zweig*.

Coadjuvante bastante considerado pelo tipo físico, a expressividade facial e o talento interpretativo, filma seletamente, quase sempre atuando em papéis de vilão. De origem humilde, começa ainda criança a trabalhar como engraxate, aprendendo em seguida as profissões de serralheiro e de ferreiro. Faz curso de técnico de rádio e televisão, passando a viver daí por diante dos consertos que consegue, independentemente dos trabalhos artísticos. Interessado por teatro e cinema, torna-se aluno de cursos de interpretação por correspondência. Descobre, em 1953, o curso de radiointerpretação ministrado por Berliet Júnior, produtor da Rádio Nacional. Três anos mais tarde, ingressa no Conservatório Nacional de Teatro, onde passa quatro anos. Estuda com João Bethencourt e faz estágio com o ensaiador americano Jack Brown, discípulo de Stanislavski. Participa de algumas peças no Conservatório e consegue figurações em alguns filmes. Estreia profissionalmente com a montagem de *O contato*, drama americano encenado em 1960. Seu desempenho chama a atenção do diretor Miguel Borges*, que o convida para protagonizar o curta *Zé da Cachorra*, incluído no longa *Cinco vezes favela*. Torna-se um colaborador regular desse diretor, com quem filma ainda *Canalha em crise*, *Perpétuo contra o esquadrão da morte* (em que lidera o elenco e tem a função de assistente de direção) e *Maria Bonita, rainha do cangaço*. Inclui nos dois últimos vários alunos do curso de interpretação que havia instituído no Ginásio Afonso Celso, no bairro de Campo Grande, Rio de Janeiro, onde mora desde a infância. Após uma excursão patrocinada pelo Serviço de Divulgação Cultural da Embaixada dos Estados Unidos (no qual fazia leituras dramatizadas de peças de vanguarda americanas e que cobriu 22 cidades do país), monta no fim de 1968 a primeira peça de sua escolinha de teatro,

Papai Noel e os dois ladrões, original do antigo professor João Bethencourt. Prossegue com os papéis de bandido, conquistando a admiração de Nelson Pereira dos Santos*, com quem roda *O amuleto de Ogum*. Esse diretor o incentiva a passar à realização e a explorar o universo da vida suburbana. O resultado é a comédia de costumes *As aventuras amorosas de um padeiro*, registro sincero e algo nuançado do cotidiano da classe média baixa, incluindo leve discussão sobre o preconceito racial. Dirige mais alguns curtas, como *Clóvis, a alegria do carnaval suburbano* (1980) e *Clóvis na Zona Norte* (1982). Volta-se para a montagem de um projeto pioneiro, uma agência de figuração dedicada exclusivamente a atores negros, efetivada na década de 80. Filma esporadicamente daí por diante, destacando-se sua participação em *Memórias do cárcere*, de Nelson Pereira dos Santos. Tem ligeiras participações em teatro, como na peça *Ponto de partida*, e televisão, na qual faz as novelas *Irmãos Coragem* e *O homem que deve morrer*. (HH) Esse competente e discreto ator negro filma pouco, pois se dedica a outras atividades culturais. Foi homenageado no filme *Waldyr Onofre* (1979), curta-metragem de Tininho da Fonseca.

ORICO, Vanja (Evangelina Leiva de Carvalho Orico) – Rio de Janeiro, RJ, 1930. Atriz.

FILMOGRAFIA: 1949 – *Mulheres e luzes* (produção estrangeira). 1952 – *O cangaceiro*. 1954 – *Paixão nas selvas* (coprodução estrangeira). 1955 – *A rosa dos ventos* (episódio brasileiro: 'Ana') (coprodução estrangeira); *Yalis, a flor selvagem* (coprodução estrangeira). 1956 – *Club des Femmes* (produção estrangeira); *S. O. S. Noronha* (produção estrangeira). 1954 – *Concheta und der Ingenieur* (produção estrangeira); *Paris Music-Hall* (produção estrangeira). 1962 – *Os mendigos*; *Lampião, rei do cangaço*. 1965 – *Arrastão* (coprodução estrangeira); *O santo milagroso*. 1966 – *Cangaceiros de Lampião*; *Em ritmo jovem*. 1972 – *Independência ou morte*; *Jesuíno Brilhante, o cangaceiro*. 1973-1974 – *O segredo da rosa* (dir.). 1974 – *Leão do Norte*. 1978 – *O Caçador de Esmeraldas*. 1993 – *A terceira margem do rio*.

Vanja é filha do escritor e diplomata paraense Oswaldo Orico e de Clara Orico. Após concluir o curso secundário, Vanja cursou o Conservatório de Música Santa Cecília, recebendo uma bolsa de estudo com a duração de três anos. Morou na Itália no final dos anos 40. Estudou no Colégio das Irmãs Ursulinas, em Roma, de disciplina rígida. De espírito rebelde, Vanja conseguia escapar do controle das freiras para fazer passeios por Roma. Num desses passeios, cruzou com a equipe de *Mulheres e luzes* (1949), dirigido por Alberto Lattuada e Federico Fellini, que estava sendo filmado na Piazza Navona. Ao percebê-la, a produtora Bianca Lattuada a abordou dizendo que precisavam de um tipo brejeiro como o dela, com aparência de cigana, para completar o elenco. Assim, Vanja teve a sua primeira oportunidade no cinema, cantando *Meu limão, meu limoeiro*. Em seguida, Vanja foi convidada para comandar um programa de rádio na RAI, batizado de *Macumba*. Depois que o programa terminou, Vanja ficou ainda algum tempo na Europa. De volta ao Brasil, participou de um teste para *O cangaceiro*, da VERA CRUZ*, ao tomar conhecimento de que o diretor Lima Barreto* queria alguém que, além de interpretar, também fosse cantora. Acabou sendo a escolhida e teve uma atuação muito elogiada, compondo bem o tipo da cangaceira áspera e ciumenta imaginado por Barreto. Vanja Orico ficou famosa com a personagem Maria Clódia de *O cangaceiro*, de Lima Barreto, vencedor da categoria de melhor filme de aventura no FESTIVAL DE CANNES de 1953. Ela cantou no filme duas músicas que fizeram enorme sucesso: *Muié rendeira* e *Sodade meu bem sodade*, esta composta por Zé do Norte. Sua carreira foi marcada pela participação em várias produções estrangeiras, como *Paixão nas selvas*, de Francisco Eichorn*, e *A rosa dos ventos* (Vanja atuou no episódio brasileiro, 'Ana', dirigido por Alex Viany*), ambas coprodução Brasil-Alemanha; *Yalis, a flor selvagem*, coprodução Brasil-Itália, de Francesco De Robertis, filmada em Mato Grosso e em Roma; em filmes na Europa, nos anos de 1956 e 1957. No Brasil, Vanja atuou em *Os mendigos*, um drama dirigido por Flávio Migliaccio*, com Ruy Guerra* no elenco. No entanto, a imagem que prevaleceu em sua carreira no cinema foi a de cangaceira. Dirigida por Carlos Coimbra*, foi a Maria Bonita de *Lampião, rei do cangaço*. Do mesmo Coimbra, atuou em *Cangaceiros de Lampião*. Vanja Orico dirigiu o longa-metragem *O segredo da rosa*, envolvendo crianças. Seu conto *O boto – uma história de amor* serviu de base para o roteiro de *Ele, o boto* (1986), de Walter Lima Jr.*. Participou de *A terceira margem do rio*, de 1993, dirigida por Nelson Pereira dos Santos*, em que fez o papel de uma parteira. (LAR)

OROZ, Alfredo (Alfredo Oscar Oroz) – La Plata, Argentina, 1944-1993. Roteirista.

FILMOGRAFIA: 1975 – *Informes y testimonios, la tortura política* (produção estrangeira). 1977 – *Sweet Revenge* (produção estrangeira). 1984 – *Tropclip*. 1985 – *A hora da estrela*. 1987-1988 – *O grande mentecapto*. 1989-1990 – *O corpo*. 1994 – *Lamarca, coração em chamas*.

Roteirista argentino de cinema e TV, licenciado em Cinematografia pela Universidad Nacional de La Plata (1970). Na Argentina, no período 1966-1979, foi roteirista e realizador dos curtas-metragens *Hombres del Rio*, *Casa tomada*, *El triunfador*, *La ratonera*, do longa-metragem coletivo *Informes y testimonios, la tortura política*, além de dezenas de roteiros de filmes institucionais para empresas públicas e privadas. No Brasil, foi roteirista dos longas-metragens *A hora da estrela*, de Suzana Amaral*; *Tropclip*, de Luiz Fernando Goulart; *O grande mentecapto*, de Oswaldo Caldeira*; *O corpo*, de José Antônio Garcia*, e *Lamarca, coração em chamas*, de Sérgio Rezende*. Nos EUA, escreveu o longa-metragem *Sweet Revenge*. Escreveu roteiros para séries de TV, ministrou cursos e seminários no Brasil, na Argentina e em Cuba, além de ser premiado nos festivais de BRASÍLIA, HAVANA, PARIS e BERLIM e de ter sido agraciado com os prêmios GOVERNADOR DO ESTADO DE SÃO PAULO, PROVÍNCIA E MUNICIPALIDADE DE BUENOS AIRES, INSTITUTO NACIONAL DE CINEMATOGRAFIA ARGENTINO, PRÊMIO CLIO 1978 e 1979 (Bélgica). (AMC)

ORTIZ, Carlos – Jambeiro, SP, 1910-1995. Crítico de cinema, diretor.

FILMOGRAFIA: 1950-1951 – *Alameda da saudade, 113*. 1951-1953 – *Luzes nas sombras*.

Estudou humanidades, filosofia e teologia no Seminário de Taubaté, mudando-se daí para a capital paulista, na década de 40. Seu interesse por cinema surgiu por volta de 1945, levando-o a tomar parte ativa no movimento de cultura cinematográfica. Nesse sentido, colaborou na criação e lecionou no Seminário de Cinema do Masp, foi crítico da *Folha da Manhã* (1948-1952) (sendo demitido desse periódico por pressão do comércio cinematográfico) e também do *Notícias de Hoje* (1952-1954), jornal financiado pelo PCB. Escreveu esparsamente na revista cultural *Fundamentos*, também ligada ao PCB. Publicou vários livros de divulgação, tais como *Cartilha de cinema* (1949), *Argumento cinematográfico e sua técnica*

(1949), *O romance do gato preto* (1952) e a *Montagem na arte do filme* (1955). No início dos anos 50, Carlos Ortiz ingressou na realização dirigindo *Alameda da saudade, 113*, uma das primeiras experiências do chamado "cinema independente". Foi contratado em 1951 pela MARISTELA*, onde trabalhou durante poucos meses participando das produções de *Meu destino é pecar* (direção de Manuel Peluffo), como corroteirista junto com Manuel Peluffo e assistente de direção, e *O comprador de fazendas* (direção de Alberto Pieralisi*), como ator coadjuvante. Já fora da MARISTELA, Carlos Ortiz dirigiu *Luzes nas sombras*, película de ficção que aborda a luta contra o câncer. Deve-se ainda destacar sua atividade na política cinematográfica, pois Ortiz, juntamente com Nelson Pereira dos Santos* e Alex Viany*, teve grande participação no I CONGRESSO PAULISTA DO CINEMA BRASILEIRO e no I CONGRESSO NACIONAL DO CINEMA BRASILEIRO, ambos ocorridos em 1952. Em meados dos anos 50, abandonou a atividade cinematográfica para dedicar-se ao magistério, voltando a residir no interior de São Paulo. (AA)

OSCARITO (Oscar Lorenzo Jacinto de la Imaculada Concepción Teresa Diaz) – Málaga, Espanha, 1906-1970. Ator.

FILMOGRAFIA: 1933 – *A voz do carnaval*. 1935 – *Noites cariocas*; *Alô! alô! Carnaval*. 1938 – *Banana da terra*; *Bombonzinho*. 1939 – *Está tudo aí!*. 1940 – *Céu azul*. 1941 – *O dia é nosso*; *Vinte e quatro horas de sonho*. 1943 – *Tristezas não pagam dívidas*. 1944 – *Gente honesta*. 1945 – *Não adianta chorar*. 1946 – *Fantasma por acaso*. 1947 – *Asas do Brasil*; *Este mundo é um pandeiro*. 1948 – *É com este que eu vou*; *Falta alguém no manicômio*; *Caçula do barulho*; *E o mundo se diverte*. 1949 – *Carnaval no fogo*. 1950 – *Aviso aos navegantes*. 1951 – *Aí vem o barão*; *Barnabé, tu és meu*. 1952 – *Três vagabundos*; *Carnaval Atlântida*. 1953 – *Dupla do barulho*; *Nem Sansão nem Dalila*. 1954 – *Matar ou correr*. 1955 – *Guerra ao samba*; *O golpe*. 1956 – *Vamos com calma*; *Colégio de brotos*; *Papai fanfarrão*. 1957 – *De vento em popa*; *Treze cadeiras*. 1958 – *Esse milhão é meu*; *O homem do Sputnik*. 1959 – *O cupim*; *Pintando o sete*. 1960 – *Cacareco vem aí* (*Duas histórias*); *Os dois ladrões*. 1961 – *Entre mulheres e espiões*. 1962 – *Os apavorados*. 1965 – *Crônica da cidade amada* (episódio: 'Receita de domingo'). 1967 – *A espiã que entrou em fria*. 1968 – *Jovens pra frente*.

Oscar Lorenzo Jacinto de la Imaculada Concepción Teresa Diaz é o nome completo desse que foi, junto com Grande Otelo*, a grande personalidade que a comédia cinematográfica brasileira produziu em seus anos de ouro, as décadas de 40 e 50. Oscarito veio de uma família com tradição secular no espetáculo circense. Da Europa chega primeiro ao Brasil, a fim de trabalhar em espetáculos de variedades, Lili Cardona, uma tia de Oscarito que, com o marido Oscar, formava a dupla Os Cardonas. Foram eles que recomendaram a um empresário que mandasse buscar uma outra dupla para também tentar fazer carreira por aqui. Os Teresas desembarcaram no Rio de Janeiro em 1907 trazendo com eles o filho primogênito, Oscarito, nascido um ano antes. Contam os relatos que o menino já trabalhava no picadeiro com 4 ou 5 anos de idade. E muito antes de formar par com Grande Otelo, Oscarito já aparecia ao lado do famoso palhaço negro Benjamin de Oliveira*, numa adaptação de *O guarani*. A carreira do versátil e prematuro ator cobriria a partir daí praticamente todos os caminhos e formas do espetáculo popular no Brasil. Além do circo, Oscarito experimentou o teatro, primeiro em incursões pelos modestos teatros do subúrbio e do interior como passaporte para a consagração no teatro de revista da capital da República. Em 1932, na peça *Calma, Gegê*, ele aparece já com o nome artístico de Oscarito Brenier, um ator de sucesso excursionando pelo Brasil e pelo exterior. O teatro permaneceria sempre no horizonte de trabalho do múltiplo ator. A exposição e consagração possibilitada pelo cinema permitiu inclusive que Oscarito, já na década de 50, montasse a sua própria companhia teatral, encenando peças de José Wanderley e Mário Lago*, algumas delas mais tarde curiosamente adaptadas para o cinema, como *O golpe*, *Papai fanfarrão* e *O cupim*, todas sob a direção de Carlos Manga*. A dedicação e paixão pelo teatro lhe valeram, em 1948, o título de melhor ator, dado pela Associação Brasileira de Cronistas Teatrais. Mas Oscarito também passeou pelo rádio (contratado pela TUPI já em 1942), e, no limiar da década de 50, emplacou pelo menos dois grandes sucessos no disco, com a *Marcha do gago*, gravada por sugestão do jornalista David Nasser e cantada no filme *Carnaval no fogo*, e, no ano seguinte, a *Marcha do neném*, um dos números mais engraçados do filme *Aviso aos navegantes*, que, como o anterior, conta com a direção de Watson Macedo*. Oscarito também exercitou a carreira de compositor em coautoria com o parceiro

Grande Otelo, assinando o tema musical do filme *Dupla do barulho*, de Carlos Manga. Finalmente, a televisão também não passaria incólume por esse artista de múltiplas faces e, como que antecipando o verdadeiro destino da chanchada*, além de artista convidado da TV RIO, na TUPI Oscarito ancora uma série, digamos, visionária, intitulada *Trapalhadas de Oscarito*. Mas como a televisão ainda engatinhava, sem o vislumbre do alcance que teria no final do século, foi mesmo através do cinema que um público maior conheceu, identificou-se e cultuou nosso cômico maior.

A estreia nas telas acontece em *A voz do carnaval*, de Adhemar Gonzaga* e Humberto Mauro*, semidocumentário da CINÉDIA* mostrando as folias de Momo na capital, com um inédito som direto gravado nas ruas da cidade, intercalando esses registros com algumas filmagens em estúdio. Nesse início de carreira cinematográfica, além da CINÉDIA, Oscarito também atuou para a SONOFILMS* em duas produções de sucesso, *Bombonzinho*, de Joracy Camargo, e *Céu azul*, de Ruy Costa*. Daí em diante, a partir de 1943 e por quase vinte anos, Oscarito foi não só um dos artistas exclusivos da ATLÂNTIDA* como também o seu maior nome, no bem-sucedido esquema de *star system* promovido pelos estúdios cariocas. Oscarito fez de tudo um pouco. E fez muito. Frequentemente comparado a Chaplin, Totó e Cantinflas, cômicos que igualmente percorreram vasta quilometragem em espetáculos e expressões de raízes totalmente populares, Oscarito era, nas palavras de seu patrão, Luiz Severiano Ribeiro Jr.*, uma verdadeira "mina de ouro". É difícil destacar este ou aquele traço interpretativo da *persona* cinematográfica construída pelo cômico Oscarito. Tanto os inúmeros trejeitos, quanto sua capacidade inesgotável de criar o improviso através de seu corpo dinâmico e completamente maleável, e principalmente as linhas naturais do rosto, denunciam mais do que tudo a forte ligação com o circo. O desenho de sua boca, ressaltado pelas maçãs do rosto e o nariz, lembrará sempre a clássica máscara do palhaço. Na linguagem da chanchada, Oscarito ajudou a definir os contornos mais precisos da paródia, ao ironizar e exagerar sempre alguns dos aspectos mais evidentes da personalidade parodiada, fossem o jogo sedutor dos ombros de uma Gilda/Rita Hayworth, em *Este mundo é um pandeiro*, de Watson Macedo, a dança "moderna" de um Nijinsky em *A dupla do barulho*, ou quando assume a expressão corporal e a voz no discurso populista de

Getúlio Vargas em *Nem Sansão nem Dalila*, ou mesmo no grotesco travesti de Eva Todor em frente ao "espelho" em *Os dois ladrões*, estes dois últimos de Manga. A perfeita alquimia com Otelo – com quem já havia trabalhado antes em *Noites cariocas*, dirigido pelo argentino Enrique Cadicamo, e *Céu azul* – só começou a tomar forma mesmo na ATLÂNTIDA, em 1943, com *Tristezas não pagam dívidas*, de Ruy Costa e José Carlos Burle*. E também na paródia a dupla atirava certeiramente, trabalhando as inversões necessárias a essa linguagem, tanto racial quanto sexual, como na antológica sequência de *Carnaval no fogo*, em que os alvos são Romeu e Julieta, ou nas incongruências genéricas do faroeste em *Matar ou correr*, mais uma vez com Manga. Com o declínio da ATLÂNTIDA e a transferência da chanchada para os programas de televisão, já em pleno período do Cinema Novo*, Oscarito só fez mais três filmes depois de 1962, na pele de um chefe de família em *Crônica da cidade amada*, de Carlos Hugo Christensen*; numa aparição surpresa na paródia tardia *A espiã que entrou em fria*, de Sanin Cherques; e como um padre simpático em *Jovens pra frente*, do estreante Alcino Diniz, seu último filme. Oscarito foi casado com a atriz Margarida (Margot) Louro e teve dois filhos, Myriam Therezinha, também atriz e que trabalhou com os pais no teatro e no cinema, e José Carlos, que restringiu seu interesse artístico à música, tocando bateria. Faleceu em 4 de agosto no Rio de Janeiro. (JLV)

OTELO, Grande (Sebastião Bernardes de Sousa Prata) – Uberlândia, MG, 1915-1993. Ator.

FILMOGRAFIA: 1935 – *Noites cariocas*. 1936 – *João Ninguém*. 1938 – *Onde estás, felicidade?*. 1938-1944 – *Romance proibido*. 1939 – *Futebol em família*; *Laranja da China*. 1940 – *Pega ladrão*; *Céu azul*. 1941 – *Sedução do garimpo*. 1943 – *Caminho do céu*; *Moleque Tião*; *Samba em Berlim*; *Tristezas não pagam dívidas*. 1945 – *Gol da vitória*; *Não adianta chorar*. 1946 – *Segura esta mulher*. 1946-1947 – *Luz dos meus olhos*. 1948 – *É com este que eu vou*; *E o mundo se diverte*. 1948-1949 – *Terra violenta*. 1949 – *Caçula do barulho*; *Também somos irmãos*; *Carnaval no fogo*. 1950 – *Aviso aos navegantes*. 1951 – *Barnabé, tu és meu*. 1952 – *Amei um bicheiro*; *Três vagabundos*; *Carnaval Atlântida*. 1953 – *Dupla do barulho*. 1954 – *Malandros em quarta dimensão*; *Matar ou correr*; *Paixão nas selvas*. 1955 – *Brasiliana*. 1956 – *Depois eu conto*. 1957 – *A baronesa transviada*; *Metido a bacana*; *De pernas pro ar*; *Com jeito vai*; *Rio, Zona Norte*; *É de chuá!*. 1958 – *E o bicho não deu*; *Mulher de fogo*; *Mulheres à vista*; *Pé na tábua*. 1959 – *Garota enxuta*. 1960 – *Pistoleiro bossa-nova*; *Vai que é mole*; *Um candango na Belacap*. 1961 – *O dono da bola*; *Os três cangaceiros*. 1962 – *Assalto ao trem pagador*; *Os cosmonautas*; *Quero essa mulher assim mesmo*. 1963 – *O homem que roubou a Copa do Mundo*; *Samba*. 1965 – *Arrastão*; *Crônica da cidade amada* (episódio: 'Um pobre morreu'); *Uma rosa para todos*. 1966 – *Em ritmo jovem*. 1968 – *Enfim sós... com o outro*; *Massacre no supermercado*; *Os marginais* (2º episódio: 'Papo amarelo'); *A doce mulher amada*. 1968-1969 – *Os herdeiros*. 1969 – *Macunaíma*; *Não aperta, Aparício*. 1970 – *Família do barulho*; *Se meu dólar falasse...* 1971 – *O donzelo*; *O barão Otelo no barato dos bilhões*. 1972 – *Cassy Jones, o magnífico sedutor*. 1973 – *O negrinho do pastoreio*; *O rei do baralho*. 1974 – *A estrela sobe*; *A transa do turfe*; *Ladrão de Bagdá, o magnífico*. 1975 – *Assim era a Atlântida*; *As aventuras d'um detetive português*; *O flagrante*. 1975-1978 – *A noiva da cidade*. 1976 – *Deixa amorzinho... deixa*; *Os pastores da noite* (Otália da Bahia); *A fera carioca*. 1977 – *Ladrões de cinema*; *Lúcio Flávio, o passageiro da agonia*; *A força de Xangô*; *Agonia*. 1978 – *A noite dos duros*; *As aventuras de Robinson Crusoé*. 1979-1987 – *Exu-Piá, coração de Macunaíma*. 1980-1981 – *O homem do pau-brasil*. 1980-1986 – *Nem tudo é verdade*. 1983 – *Quilombo*. 1985 – *Brasa adormecida*. 1985-1986 – *Jubiabá*. 1987-1988 – *Natal da Portela*. 1988 – *Abolição*; *Jardim de Alah*. 1989-1990 – *Boca de Ouro*. 1990 – *Katharsys – histórias dos anos 80*.

Por ter começado a trabalhar muito cedo, ainda na década de 20, é Grande Otelo que, por sua genialidade, leva a experiência artística dos pioneiros do teatro e do cinema para a cultura brasileira moderna. Nasce em 18 de outubro, filho de Francisco e Maria Abadia de Souza, trabalhadores negros que viviam agregados a uma família de brancos – os Prata –, tendo seu pai nele colocado o sobrenome dos patrões e o do presidente Artur Bernardes. A inscrição no grupo escolar era difícil para os meninos negros, mas graças a uma família branca que se encantara com ele, é matriculado num colégio particular. Passa a frequentá-lo, para escândalo da cidade, sendo, entretanto, logo assimilado, por sua inteligência e vivacidade – situação recorrente em sua vida. Por essa época, começa a frequentar o *hall* do Hotel do Comércio, onde canta em troca de tostões, enquanto começa a trabalhar, fazendo qualquer coisa, nos circos que passavam pela sua cidade. Com 8 anos entra, pela primeira vez, no meio de um quadro cômico, com um travesseiro amarrado no traseiro, fazendo a mulher do palhaço. Assim, torna-se um "profissional" do entretenimento ainda na primeira infância, partilhando sua renda com a família. O circo foi sua primeira escola, com seus números de variedades em que de tudo aprendeu um pouco. Mas foi no cinema que ele viu, pela primeira vez, crianças em cena, na série de filmes curtos *Our Gang*, protagonizada pelo pequeno e espertíssimo Farina, o impressionante ator-menino negro Allen Clayton Hoskins, que trazia para o cinema americano a novidade de juntar crianças brancas e negras. Em 1924, é visto num espetáculo de circo pela cantora lírica Abigail Gonçalves, em trânsito pela cidade, que se oferece para levá-lo para São Paulo, com o que seus pais concordam. Abigail é a responsável por apresentá-lo às convenções teatrais da época, e, principalmente, por lhe transmitir o prazer e a emoção de estar em cena, de ser um ator, uma pessoa excepcional, distante das rotinas e dos padrões, como ele precisava. Já em Campinas, fazendo pequenos papéis na companhia do conhecido cômico paulista Genésio Arruda*, no Teatro Ringue, dá-se seu encontro com a famosa Companhia Negra de Revistas, formada só por negros, fundada pelo cantor e ator baiano De Chocolat, inspirado pela Revue Nègre, de Josephine Baker. Bastião é logo incorporado nas apresentações com grande sucesso, já denominado "pequeno Otelo", de alguma forma associado ao personagem shakespeariano.

Com a companhia, ele chega à capital e o Rio de Janeiro o recebe de braços abertos, como atestam os jornais da época, reconhecendo seu precoce talento. Com o fim da Companhia Negra, o menino é adotado pela família do dr. Antônio de Queirós, líder católico, fundador do Partido Democrata Cristão em São Paulo, de onde é enviado para o Liceu Coração de Jesus, em regime de internato. Com 18 anos volta à vida artística, inicialmente em São Paulo, retornando ao Rio de Janeiro na companhia do importante empresário Jardel Jércoles. Na capital, trabalhando no teatro de revista, no universo da mitológica praça Tiradentes, Otelo se aproxima do meio cinematográfico carioca, que estava efervescente porque, com os problemas enfrentados pelos americanos com a chegada do sonoro, fora aberto um espaço para o cinema brasileiro. Em 1935, faz sua primeira aparição cinematográfica em uma ponta de *Noites cariocas*, de Enrique Cadicamo. Em seu filme seguinte, *João Ninguém*, contracena com o cômico Mesquitinha*, que também dirige o filme, personificando um moleque trapalhão, valendo-se de macetes inspirados pelo cômico americano Stepin Fetchit, um dos seus ídolos cinematográficos na época. Fetchit foi o primeiro ator negro adulto contratado por um grande estúdio americano, pelo sucesso de sua caracterização de negro simplório, obtuso, preguiçoso, confuso e trapalhão. Otelo atualiza seus tiques também no pateta que faz em *Onde estás, felicidade?*, novamente trabalhando sob as ordens de Mesquitinha. No filme, rouba umas rabanadas e, quando é pego em flagrante, as esconde na boca fingindo uma dor de dentes. Mas ninguém o influenciaria tanto como Mesquitinha, uma das estrelas maiores dos palcos e das telas da cena carioca da época, que percebe logo seu talento, investindo no rapaz e lhe dando suas primeiras chances. Mesquitinha lhe passa toda a experiência que o teatro popular brasileiro tinha até ali acumulado, alertando para que procurasse se libertar da imagem de cômico que o público e os produtores, pelo seu tipo e características (media algo em torno de um metro e meio), iam tentar lhe impor. Ainda no final da década de 30, Otelo contracena no teatro com Josephine Baker, durante sua primeira visita ao Brasil, e logo depois com Carmen Miranda* – artistas no topo do sucesso, nacional e internacional, que o confirmam como uma estrela. Na SONOFILMS*, faz ainda três comédias carnavalescas com números musicais, que partiam da fórmula dos musicais americanos, dirigidas por Ruy Costa*: *Pega ladrão*, estrelada por Mesquitinha, *Laranja da China* e *Céu azul*.

Com a crise do cinema brasileiro no final dos anos 30, este passa a não encontrar seu espaço no mercado, onde se reafirma a hegemonia das distribuidoras americanas. A CINÉDIA, o último grande estúdio carioca a fechar suas portas, aluga seu espaço para os americanos da RKO, que, com a "política da boa vizinhança" do Departamento de Estado norte-americano, em sintonia com o governo Vargas, trazem Orson Welles ao Rio de Janeiro para dirigir um filme que teria uma parte brasileira e outra mexicana. Otelo é magneticamente percebido por Welles, que o contrata para o projeto, enquanto o brasileiro apresenta o americano ao Rio negro e popular que ocuparia muitas sequências do filme. Esse episódio seria tema do filme *Berlim na batucada*, dirigido pelo experiente Lulu de Barros*, com argumento de seu grande amigo, o compositor Herivelto Martins.

Otelo participa da criação da ATLÂNTIDA CINEMATOGRÁFICA*, projeto de um grupo de atores e técnicos cinematográficos de esquerda, formado pelos irmãos Burle, por Moacyr Fenelon*, Alinor Azevedo* e por outros, voltado para a realização de filmes baratos e populares. O primeiro longa-metragem da nova companhia é *Moleque Tião*, dirigido por José Carlos Burle*, uma biografia ficcional do próprio Otelo, que antecipa o neorrealismo italiano em sua confiança nas filmagens fora de estúdio, feitas em ambientes naturais e na poesia do cotidiano popular. Em *Tristezas não pagam dívida*, em cumplicidade com seus amigos, o roteirista Alinor Azevedo e o diretor José Carlos Burle*, Otelo dirige e interpreta uma maravilhosa cena de gafieira retratando o seu querido Elite Club, da praça da República. No seu filme seguinte, *Não adianta chorar*, que conta com a direção do estreante Watson Macedo*, é quando se forma a célebre dupla cômica com Oscarito*. De 1945 até 1954, Otelo filmaria exclusivamente na ATLÂNTIDA. Faz filmes dirigido por Burle, *Também somos irmãos*, um melodrama dramático extremamente agressivo para a sociedade carioca da época, focalizando o tema do racismo, com Otelo fazendo um rapaz criado por uma família branca que, ao perceber os preconceitos quanto à sua cor, se marginaliza. Torna-se vedete dos espetáculos dos cassinos, onde apresentava números cômicos, monólogos, cantava e dançava. Com a proibição do jogo, passa a trabalhar nas grandes boates abertas por Carlos Machado, estrelando seus luxuosos *shows* de variedades. Em 1949, sua companheira Lúcia Maria se mata e mata seu próprio filho, enquanto Otelo filmava *Carnaval no fogo*. No dia seguinte, Otelo vai mesmo assim para o estúdio, rodando a antológica cena com Oscarito, dirigida pelo refinado Watson Macedo, parodiando *Romeu e Julieta*. *Aviso aos navegantes*, de Macedo, *Barnabé, tu és meu* e *Três vagabundos*, ambos de Burle, tinham consolidado a dupla com Oscarito, tornada já claramente para a direção da ATLÂNTIDA a base do fenômeno de bilheteria da chanchada*, tão grande era o prestígio e a intimidade que o público sentia por aqueles cômicos malandros cariocas. Entre os dois a relação sempre foi competitiva: não aceitando ser o cômico secundário, o "escada", Otelo improvisava sobre os roteiros que o desfavoreciam, criando um estilo da dupla. Na empresa, depois da saída de Alinor, de Burle e de Fenelon, insatisfeitos com a direção da companhia nas mãos de Luiz Severiano Ribeiro Jr.*, distribuidor e exibidor ligado ao cinema americano, Otelo se liga ao projeto de dois estreantes, Jorge Ileli* e Paulo Vanderley*, que codirigem *Amei um bicheiro*, um policial *noir*, em que tem novamente a oportunidade de brilhar num papel dramático. Faz ainda dois filmes com o novo diretor, Carlos Manga*: *Dupla do barulho*, em que Manga procura transcender a chanchada para uma leitura da relação entre os dois cômicos que haviam feito o mito da ATLÂNTIDA, questionando a subalternização do ator negro na dupla; e *Matar ou correr*, uma paródia ao filme de Fred Zinnemann, o último trabalho da dupla. A rumorosa saída de Otelo faz que ele seja logo procurado por outras produtoras de chanchada no mercado carioca. Assim, volta a trabalhar com Watson Macedo, em *A baronesa transviada*, estrelando com Dercy Gonçalves*, e conhece novos diretores, como o croata J. B. Tanko*, com quem faz sucesso em *Metido a bacana* com um novo parceiro, Ankito*. Em 1952, casa-se com Olga, mãe dos seus filhos Carlos, Mário, José Antônio e Oswaldo Aranha, um casamento que seu temperamento e sua notoriedade se encarregam progressivamente de problematizar. Protagoniza o filme de Nelson Pereira dos Santos* *Rio, Zona Norte*, como Espírito, um sambista anônimo, personagem terno e desesperado, que simboliza todo o Rio de Janeiro popular, em um dos seus grandes papéis. O filme, para ele, é o encontro com a nova geração que fundaria o Cinema Novo*.

Vem, então, a fase de bons papéis em filmes dramáticos, que sublinha com grandes *performances* – como em *Assalto ao trem pagador*, dirigido por Roberto Farias* –, que garantem a manutenção do seu prestígio num meio artístico em grande mutação, reafirmando suas possibilidades ilimitadas como ator. Com o fim das chanchadas, Otelo passa a trabalhar em papéis análogos na televisão, onde desenvolve um importante traço de sua carreira, fazendo papéis cômicos e dramáticos, mais tarde trabalhando na REDE GLOBO, que o mantém sob contrato, e na TV EDUCATIVA, onde, além de ator, faz jornalismo e programas culturais. Mas é com *Macunaíma*, de Joaquim Pedro de Andrade*, que Otelo, novamente chega ao grande sucesso, dividindo com Paulo José o personagem-título criado por Mário de Andrade, uma síntese provocadora do brasileiro, que lhe cai como uma luva. Sua criação, transcendendo o próprio filme, seria considerada como um personagem-síntese do cinema brasileiro. Otelo tinha se transformado num mito. Ele nunca para de trabalhar e, antes mesmo de *Macunaíma* estrear, filma com Carlos Diegues* o ambicioso *Os herdeiros*, quando discute e digere seu varguismo, contracenando com atores como Sérgio Cardoso e Odete Lara*. O sucesso de sua parceria com Joaquim Pedro impulsiona sua carreira cinematográfica, que segue tanto na comédia dramática, *O barão Otelo no barato dos bilhões*, de Miguel Borges*, com Dina Sfat*, como no documentário realizado por Murilo Salles* e Ronaldo Foster, *Sebastião Prata, ou bem dizendo, Grande Otelo* (1971): o primeiro, um filme escrito para seu tipo cinematográfico; o segundo, um documentário tocante sobre sua pessoa. Filma também um projeto que por anos acalentara, *O negrinho do pastoreio*, melodrama piedoso do martírio de um menino negro que, sempre revisto por ele, não cansava de emocioná-lo. Sua enorme versatilidade e sua capacidade de renovação o

colocam sempre em contato com as novas tendências do cinema brasileiro. Assim, faz *O rei do baralho*, de Júlio Bressane*, vendo seu próprio mito reconduzido ao ambiente primordial da CINÉDIA. Filma, com Fernando Cony Campos*, *Ladrões de cinema*, projeto interessantíssimo feito com parcos recursos, em que um grupo de favelados rouba uma câmera de um gringo e passa a fazer seu próprio filme. Faz ainda pequenos papéis magistralmente, como é o caso de seu personagem denso e comovente no sucesso *Lúcio Flávio, o passageiro da agonia*, de Hector Babenco*, em que confirma sua cancha nos *thrillers* policiais. Retoma desafiadoramente o livro *Macunaíma* em *Exu-Piá, coração de Macunaíma* como um cúmplice privilegiado do diretor Paulo Veríssimo. Com Rogério Sganzerla*, retorna parodicamente ao episódio de Welles no Brasil em *Nem tudo é verdade*.

Em *Jubiabá*, uma produção francesa com a EMBRAFILME*, dirigida por Nelson Pereira dos Santos, faz o personagem-título de um pai de santo com majestade e poesia, com absoluto destaque à frente do elenco franco-brasileiro. O último filme que protagonizou foi *Katharsys – histórias dos anos 80*, de Roberto Moura, uma biografia ficcional de uma geração de cineastas pós-Cinema Novo, no qual Otelo representa um multiforme Exu carioca. Trabalhava num projeto intitulado "Elite Club", que anunciava como uma síntese de sua carreira quando viajou para Nantes, onde seria apresentada uma mostra de sua obra no FESTIVAL DES TROIS CONTINENTS. No Aeroporto Charles de Gaulle, Paris, é acometido por um infarto, morrendo em 26 de novembro. (RM)

PADILHA, José – Rio de Janeiro, RJ, 1967. Diretor.
FILMOGRAFIA: 2002 – *Ônibus 174*. 2006 – *Tropa de elite*. 2008 – *Garapa*. 2009 – *Segredos da tribo*. 2010 – *Tropa de elite 2. O inimigo agora é outro*.

Carioca, formou-se em Administração de Empresas pela PUC/RJ. Em 1987, trabalha na produção do único filme de Henfil, *Tanga (deu no New York Times)*, como produtor associado. Também como produtor associado auxilia, em 1990, a realização de *Boca de Ouro*, longa de Walter Avancini. Em 1997, firma sociedade com o cineasta Marcos Prado, seu parceiro para todos os projetos. Fundam a ZAZEM PRODUÇÕES, que servirá como produtora para os filmes de ambos. Em 1999, produzem e concebem o primeiro longa da casa, o documentário *Os carvoeiros* (1999), convidando o documentarista inglês Nigel Noble para a direção. Conhecido pelo estilo mais "direto" de filmar, Noble foi ganhador de um OSCAR de curta documentário (*Close Harmony*), em 1981. O filme tem sua origem em trabalhos anteriores de Marcos Prado: viagens ao sul da Bahia – e depois a Goiás, Minas Gerais, Mato Grosso do Sul e Pará – fotografando fornos primitivos de carvão. As fotos geraram o livro *Os carvoeiros*, assinado por Prado. O documentário aborda as consequências ambientais e sociais da produção de carvão para a população que sobrevive com queima da lenha e construção dos fornos. Seguindo a autoria de Noble, o documentário caminha numa toada mais *cool* e esvaziada de asserções que outros trabalhos da dupla. A veia denuncista não está tão excitada, embora a imagem escorregue para o sentimental. *Os carvoeiros* é um filme sensível, que esgrima para tratar um tema carregado de emotividade: a exploração do trabalho infantil em condições aviltantes de sobrevivência. A obra parece ter aberto a trilha para produções internacionais, explorada em outros filmes da casa. As produções da ZAZEN estão em sintonia com a consciência politicamente correta da comunidade internacional. Os contatos de produção atingem diversas ONGs que se dedicam a temas humanitários (meio ambiente, fome, minorias). A casa obtém financiamentos diversos que vão de Al Gore a George Soros, passando pela Unesco. A *Os carvoeiros* segue, em 2001, a primeira assinatura de Padilha na direção de formato mais extenso: *Os pantaneiros*. Filmado a partir da vivência pessoal de Padilha da região do Pantanal (seu tio é proprietário de uma fazenda no local), *Os pantaneiros* é um documentário sobre a vida dos vaqueiros na região. O documentário oscila entre uma ode ao estilo de vida agressivo dos vaqueiros (a caça a animais selvagens, o transporte predador do gado, etc.) e a defesa ecológica da reserva pantaneira. A produção conta com a participação da GLOBOSAT, que garante a estreia do documentário, em 2001, no canal a cabo GNT. Como subproduto da empreitada, ainda são realizados os internacionais *Facing the Jaguar* e *Pantanal Cowboys*, com veiculação televisiva pela NATIONAL GEOGRAPHIC.

Em 2001/2002, Padilha adentra o primeiro grande desafio de sua carreira: a realização de *Ônibus 174*, um documentário sobre o sequestro de um ônibus com final trágico, transmitido em rede nacional em 12 de junho de 2000. Padilha consegue reconstruir a história, articulando uma vibrante narrativa a partir do fato bruto. O documentário não se restringe ao evento e vai atrás da impressionante história de vida do sequestrador, Sandro Barbosa do Nascimento, menino de rua sobrevivente do massacre da Candelária, com diversas passagens em organismos estatais de recuperação de menores. A reconstrução é ágil e a articulação com imagens de arquivo do sequestro dá um caráter impactante ao documentário. O tom do filme é acusador, apontando em direção à inoperância do Estado e à inércia da classe média (eixo ao qual o diretor retorna em *Tropa de elite*). O filme se detém em imagens com cores escatológicas, tendo uma espécie de prazer em chocar o espectador ao exibir celas do sistema penitenciário carioca, ou a vida de crianças na rua expostas a todo tipo de exploração. Encontramos no filme influência clara de *Notícias de uma guerra particular* (João Salles*, 1998), documentário que abordou temática similar alguns anos antes.

Em seu projeto de fôlego seguinte, *Tropa de elite*, Padilha retorna ao universo da criminalidade e da força policial, mas de perspectiva distinta, agora inteiramente dentro do veio ficcional. Para isso, conta com a assessoria próxima do ex-capitão do Bope Rodrigo Pimentel (personagem central de *Notícias*), e do roteirista Bráulio Mantovani (também presente em *Cidade de Deus*, outro filme na mesma quadra temática). O protagonista da ficção é um capitão da polícia especial, interpretado por Wagner Moura, em um de seus grandes papéis no cinema. A vida de Pimentel na polícia especial do Rio de Janeiro, relatada em depoimentos diversos, serve como ponto de inspiração para o personagem. A narrativa é ágil e a ação contínua, num filme de ação que tocou o imaginário popular. O resultado ultrapassa expectativas e a produção se torna uma das maiores bilheterias desde a Retomada na primeira metade dos anos 90. Padilha segura bem a direção, extraindo o melhor dos atores, mesmo se deixa correr interpretações carregadas. Depois de muita polêmica sobre cópias ilegais, o filme conquista o prêmio maior do FESTIVAL DE BERLIM de 2008 (URSO DE OURO). A estreia de Padilha na ficção traz para primeiro plano o estilo realista que adquiriu no documentário. Os assuntos corrupção, violência policial, consumo de drogas pela burguesia carioca, são, por natureza, polêmicos. O foco narrativo é claramente simpático às ações heterodoxas do capitão Nascimento, o que levou muitos a classificarem o filme como fascista. Na realidade, *Tropa de elite* leva até o final o corte sensacionalista, já presente em obras anteriores do diretor e da ZAZEM, colhendo os resultados. No entanto, ao contrário dos documentários, aqui o véu humanista e ecológico não é suficiente para cobrir a demanda do impacto sensacionalista/emotivo. O resultado acaba chocando.

Na obra seguinte do diretor, *Garapa*, voltamos ao reino da boa consciência na interação com a imagem impactante. Como em *Estamira,* documentário de 2007 realizado por seu companheiro Marcos Prado, predomina a necessidade de evidenciar a consciência humanista como motivo nobre para a catarse emotiva. Em *Garapa*, Padilha enfrenta desafio de monta: como, em documentário, filmar a fome? Como filmar a miséria? A escolha é reduzir ao máximo qualquer exuberância estilística, de modo a não agredir a miséria da imagem que se mostra. O filme corre dentro do estilo "direto" mais tosco, sem cor ou efeitos visuais, e basicamente com som direto. Mas a necessária pudicícia para filmar o sofrimento alheio não vai além dos elementos básicos da matéria fílmica. A demanda pela catarse no estampar da miséria faz o filme percorrer, em cima da lâmina, a perigosa linha de uma estética do miserabilismo. A emotividade fácil, que também encontramos em *Estamira*, compõe uma moeda de duas faces com a obra do diretor na ficção.

Padilha, que vem se firmando como um dos principais diretores brasileiros, possui uma capacidade de produção notável e um domínio narrativo consistente, tanto do documentário como da ficção. Em 2009, terminou filme sobre os primeiros contatos de antropólogos com ianomâmis, em 1960, intitulado *Segredos da tribo*, em que seu faro de documentarista encontra

material farto para o tom impactante de seu estilo. Destrincha com agilidade o desfile de egos e perversões pessoais que circundaram o primeiro contato dos ianomâmis com a civilização ocidental, feito através de antrópologos norte-americanos. Da obra emerge uma questão essencial para o documentário: a ética no contato com o outro, particularmente quando o outro possui a fragilidade extrema de populações indígenas isoladas. Os segredos e a luxúria da "tribo" dos antropólogos são esmiuçados, com algumas revelações constrangedoras. Na confluência entre o contexto ideológico que satisfaz ONGs internacionais e as demandas da produção de corte hollywoodiano (The Weinstein Company, ligada às *majors*, é uma das coprodutoras de *Tropa de elite*), a consciência de Padilha parece oscilar. Trabalhos como *Charcoal* (Padilha) e *Waste* (Prado), foram realizados para a Live Earth de Al Gore, com foco de denúncia ecológica. O primeiro (*Charcoal*, assinado por Padilha, 2007) a partir do material coletado em *Os carvoeiros*; o segundo (*Waste*, assinado por Prado, 2007) com as imagens tomadas no aterro do Jardim Gramacho, cenário de *Estamira*. Entre os polos ecológico/miserabilista e os achados da imagem impactante afirma-se uma obra autoral, cercada de inegável capacidade de produção.

Ainda no final de 2010, Padilha lança *Tropa de elite 2*, filme que teve intensa repercussão social. Ultrapassando os 10.735.524 milhões de espectadores de *Dona Flor e seus dois maridos*, tornou-se o filme de maior bilheteria na história do cinema brasileiro. O recorde testemunha o bom momento que vive a produção de cinema no Brasil, apesar da ideia, vigente em alguns círculos acadêmicos, de que o cinema é uma arte condenada à extinção no curto prazo. Como no primeiro filme da saga, a continuação está envolta na temática da violência nos morros cariocas, questionando os tipos de atitude policial possíveis na situação. *Tropa de elite 2* é um filme que segue a excelência narrativa do original, demonstrando a agilidade de Padilha e seu domínio dos procedimentos fílmicos da narrativa clássica. Decupagem e roteiro estão adequados e enxutos, a fotografia é limpa e funcional, encontramos uma boa direção de cena, os atores têm orientação presente e atuam de modo contido, recursos musicais são utilizados com inteligência. Trata-se de filme político na boa tradição de Costa-Gravas, unindo, à catarse emotiva dos *thrillers*, sentimentos de compaixão detonados por temas com repercussão política/social. Nos dois *Tropa*

de elite está no horizonte a incapacidade da sociedade carioca de construir uma convivência pacífica entre os habitantes da cidade do Rio de Janeiro dentro dos parâmetros de desigualdade social que atingem o Brasil como um todo.

A figura do capitão Nascimento cresce ainda mais na continuação. Sua atuação busca resgatar uma dívida com a camada bem pensante da classe média brasileira, que criticou o filme na primeira edição por sua postura favorável à truculência policial. Em busca do consenso, Padilha transfere o foco da defesa da tortura e da violência para a crítica de algo vago denominado "sistema". A aprovação parece ser garantida, principalmente quando ao termo "sistema" se identifica a classe política. O momento da catarse coletiva é agora a sequência em que Nascimento espanca um político corrupto. A identificação com o ideário do filme é forte, provocando atitudes estranhas à fruição cinematográfica mais típica, como aplaudir com ênfase no meio da sessão. Os aplausos dão a medida de como o cinema nacional toca de modo diferenciado nosso espectador, segundo intuição já levantada por Paulo Emilio Salles Gomes. O fato demonstra, igualmente, a agilidade e rapidez com que Padilha, artista antenado, consegue identificar demandas que estão no ar e transformá-las em narrativa com imagens e sons. O saldo da visão de mundo dos dois *Tropa de elite* (mais ainda na continuação) traz em seu bojo a demanda de uma intervenção autoritária sobre o social. No filme constata-se que a sociedade é incapaz de lidar com a entidade "sistema", que a supera por todos os lados, agindo acima das instituições e do Estado. *Tropa de elite* aponta para a abrangência de uma espécie de *Mabuse* contemporâneo que, como o herói de Fritz Lang, incorpora um gênio do mal pairando como um polvo no ar, que tudo vê e controla. Resta torcer para que, nas características que nascem do novo líder capitão Nascimento, também não esteja o controle autoritário de vontades que destoem desse consenso para ações cirúrgicas. (FPR)

PAES, Dira (Ecleidira Maria Fonseca Paes) – Abaetuba, PA, 1969. Atriz.

FILMOGRAFIA: 1984 – *Floresta das esmeraldas* (*The Emerald Forest*). 1986 – *Ele, o boto*. 1988-1989 – *Corpo em delito*. 1991 – *O filme da minha vida*. 1996 – *Corisco & Dadá*. 1997 – *Anahy de las Misiones*. 1998 – *Lendas amazônicas* (1º episódio: 'O boto'; 2º episódio: 'Matinta Perera'; 3º episódio: 'A cobra grande'; 4º episódio: 'Mitos e mistérios'). 1999 – *Retrato falado do poeta Castro Alves*; *Cronicamente inviável*. 2000 – *Vida e obra de Ramiro Miguez*. 2001 – *O casamento de Louise*. 2002 – *Lua Cambará – nas escadarias do palácio*; *Amarelo manga*. 2003 – *Noite de São João*. 2004 – *Meu tio matou um cara*. 2005 – *Celeste e Estrela*; *Incuráveis*; *2 filhos de Francisco*. 2006 – *Baixio das bestas*; *Mulheres do Brasil*. 2007 – *Ó Pai, Ó*; *A grande família, o filme*. 2008 – *A festa da menina morta*.

Uma rara atriz de cinema. Começou a carreira na produção estrangeira, *Floresta das esmeraldas*, dirigida pelo cineasta inglês John Boorman, na pequena participação como Kachiri. Em seguida, trabalhou com um diretor importante, Walter Lima Jr.*, em *Ele, o boto*, no papel de Corina. Dentro do novo *status* de coadjuvante, atuou no drama *Corpo em delito*, único longa-metragem de Nuno César Abreu. A primeira protagonista aconteceu no papel de Alvarina em *O filme da minha vida*, primeiro longa como diretora de Alvarina Souza Silva, filme que permanece inédito, sendo remontado em 1994 e rebatizado com novo título de *Obra do destino*. Acompanhou a crise do cinema brasileiro e ficou cinco anos sem filmar. No papel de Dadá, participou do filme de cangaço *Corisco & Dadá*, de Rosemberg Cariry*. Depois de filmar no Norte e Nordeste brasileiros, filmou no interior do estado do Rio Grande do Sul o drama *Anahy de las Misiones*, de Sérgio Silva. Tem papel de destaque em *Lendas amazônicas*, produção paraense que mistura documentário e ficção realizada pelos diretores estreantes Moisés Magalhães e Ronaldo Passarinho Filho. Filma cinebiografia do poeta Castro Alves em *Retrato falado do poeta Castro Alves*, de Sílvio Tendler*. Foi Amanda, um dos seis personagens principais de *Cronicamente inviável*, de Sérgio Bianchi*. Voltou a trabalhar com a diretora Alvarina Souza Silva no drama *Vida e obra de Ramiro Miguez*. Criou Luiza, a empregada da comédia *O casamento de Louise*, primeiro longa da diretora Betse de Paula. Representou Lua Cambará em *Lua Cambará – nas escadarias do palácio*, de novo trabalhando com o diretor Rosemberg Cariry. Interpretou Kika, mulher muito religiosa casada com açougueiro que tem uma amante, no drama *Amarelo manga*, primeiro longa do diretor Cláudio Assis*. Viveu Joana em *Noite de São João*, filme de época de Sérgio Silva. Foi Cleia na comédia *Meu tio matou um cara*, de Jorge Furtado*. Representou Celeste Espírito Santo no filme romântico *Celeste e Estrela*, de Betse de Paula. Vive com o ator Fernando Eira um casal enclausurado num quarto em *Incuráveis*, único longa de Gustavo Acioli. Fez o papel de Helena, a mãe dos filhos de Francisco no surpreendente sucesso de bilheteria *2 filhos de Francisco*, que lançou o diretor de fotografia Breno Silveira como diretor. Fez novo filme com o diretor Cláudio Assis, *Baixio das bestas*. Foi Júlia, uma das *Mulheres do Brasil*, longa de estreia na direção de Malu de Martino, mistura de documentário e drama, cuja equipe de produção e técnica era toda formada por mulheres. Fez um personagem de nome estranho, Psilene, em *Ó Pai, Ó*, de Monique Gardemberg*. Criou Marina, nova funcionária da repartição pública na comédia *A grande família, o filme*, de Maurício Farias. Tem em Diana um dos papéis centrais de *A festa da menina morta*, drama que lançou Matheus Nachtergaele* como diretor. Participou como atriz do curta *Estado de alerta* (2000), de André Mattos. Anos mais tarde, passou a trabalhar também na TV. Desde 2004, é, junto com Emanuel de Freitas, diretora executiva do FESTIVAL DE BELÉM DO CINEMA BRASILEIRO, do qual foi uma das idealizadoras. Na REDE GLOBO DE TELEVISÃO, participou de humorísticos, minisséries, seriados, telenovelas, ficando conhecida nacionalmente como a Norminha, da novela *Caminho das Índias* (2009), de Gloria Perez e direção geral de Marcos Schetchman. Foram raras suas incursões no teatro. (LFM)

PAGÃ, Elvira (Elvira Olivieri Cozzolino) – Itaraté, SP, 1923-2003. Atriz.

FILMOGRAFIA: 1935 – *Alô! alô! Carnaval*. 1937 – *O bobo do rei*. 1949 – *Carnaval no fogo*. 1950 – *Dominó negro*; *Echarpe de seda*; *Aviso aos navegantes*.

Um dos maiores mitos sexuais da cena artística brasileira nasceu em 1923 (segundo outras fontes, teria nascido em 1920 ou 1924). Filha de italianos, estudou no Colégio Imaculada Conceição, dirigido pelas irmãs de la Charité. Fez parte do coral do colégio. Não prosseguiu os estudos, interrompendo-os sem completar o curso primário. Em 1938, aos 14 anos, um *speaker* de rádio a ouviu e a convidou para se apresentar em seu programa. Elvira fazia dupla com a irmã Rosina e assim surgiram as Irmãs Pagãs, talvez a mais precoce dupla feminina do rádio brasileiro. Em 1936, as Irmãs Pagãs ingressaram no cinema, atuando como cantoras no musical *Alô! alô! Carnaval*, produção da CINÉDIA* dirigida por Adhemar Gonzaga*. A carreira de cantora não foi muito adiante e Elvira resolveu se dedicar ao teatro de revista. Trabalhou em centenas de peças, como vedete ou corista e eventualmente como cantora. Estrelou *Dominó negro*, do diretor Moacyr Fenelon*, uma das primeiras tentativas brasileiras no gênero policial. O filme transformou Elvira em símbolo sexual. Passou então a se apresentar em trajes mínimos – foi uma das introdutoras do biquíni no Brasil. Ao mesmo tempo que amealhava um número cada vez maior de fãs, começou a sofrer uma implacável perseguição de autoridades e políticos conservadores. Foi presa algumas vezes por atentado ao pudor. Em 1951, foi eleita Rainha do Carnaval. Ao chegar ao baile de gala da cidade em trajes sumários, foi detida pela polícia. Em 1952, em São Paulo, envolveu-se em uma briga no Nick Bar e acabou presa e condenada a dois anos de prisão, de que conseguiu se livrar pagando fiança. Sua carreira começou a entrar em declínio e Elvira resolveu se dedicar à pintura. Faleceu aos 82 anos em 8 de maio, no Rio de Janeiro. (LAR)

PAGÉS, Mário – Buenos Aires, Argentina, 1914-?. Fotógrafo.

FILMOGRAFIA: 1937 – *El misterio de la dama gris* (produção estrangeira). 1941 – *Los afincaos* (produção estrangeira); *Melodías de América* (produção estrangeira). *1942 – En el último piso* (produção estrangeira). 1943 – *Juvenilia* (produção estrangeira). 1945 –*Llegó la niña Ramona* (produção estrangeira). 1946 – *Camino del infierno* (produção estrangeira); *Maria Rosa* (produção estrangeira); *Las tres ratas* (produção estrangeira). 1947 – *La senda oscura* (produção estrangeira); *El pecado de Julia* (produção estrangeira); *Vacaciones* (produção estrangeira). 1948 – *La secta del trebol* (produção estrangeira); *Don Bildigerno en Pago* (produção estrangeira); *Los secretos del buzón* (produção estrangeira). 1949 – *El extraño caso de la mujer asesinada* (produção estrangeira). 1950 – *Perdida pela paixão*; *Hoy canto para ti* (produção estrangeira); *El ultimo payador* (produção estrangeira). 1951 – *Mi vida por la tuya* (produção estrangeira); *Los isleros* (produção estrangeira); *Presença de Anita*; *Suzana e o presidente*; *Tudo azul*; *Volver a la vida* (produção estrangeira). 1952 – *Meu destino é pecar*; *Com o diabo no corpo*; *Agulha no palheiro*. 1953 – *Balança mas não cai*; *Rua sem sol*. 1954 – *O petróleo é nosso*; *Mãos sangrentas*. 1955 – *Assassinos* (*So heiß wie die Sonne brennt*); *Sinfonia carioca*; *Leonora dos sete mares*; *Tira a mão daí*. 1956 – *Depois eu conto*; *Rio fantasia*. 1957 – *Baronesa transviada*; *Escravos do amor das amazonas* (produção estrangeira); *Uma certa Lucrécia*; *A grande vedete*; *Alegria de viver*; *É de chuá!*. 1958 – *Aguenta o rojão*. 1959 – *Maria 38*. 1960 – *Tudo legal*. 1963 – *Rei Pelé*; *Pão de Açúcar* (coprodução estrangeira). 1965 – *Los guerrilleros* (produção estrangeira). 1967 – *Hoy canto para ti*. 1968 – *La novela de un joven pobre* (produção estrangeira); *La casa de madame Lulù* (produção estrangeira). 1969 – *Deliciosamente amoral* (produção estrangeira). 1971 – *Cômicos... mais cômicos*. 1974 – *Sinfonia brasileira*.

Com 22 anos, após o serviço militar obrigatório, começou a trabalhar como assistente de cenografia do artista espanhol José Silva, pintando os fundos dos cenários de teatro. O pintor argentino Gregório Lopez Naguil, coordenador artístico do Teatro Casino, convidou-o para ser seu assistente, colocando-o em contato com as grandes companhias teatrais estrangeiras da época que excursionavam pelo país. Algum tempo depois ingressou nos ESTUDIOS CINEMATOGRÁFICOS RÍO DE LA PLATA, de Francisco Canaro e Jaime Yankelevich, sendo este último também proprietário da maior rádio argentina da época, a RÁDIO BELGRANO. Por dominar amplamente o idioma inglês, pois fora educado em colégios particulares ingleses, tornou-se assistente de câmera do diretor de fotografia norte-americano Paul Perry, que foi a Buenos Aires com a finalidade de lá instalar um laboratório. Tornou-se amigo de Perry e, em 1936, com sua orientação, começou a dar seus primeiros passos na direção de fotografia. Seu primeiro filme como diretor de fotografia foi *El misterio de la dama gris*, com direção de James Bauer. Em 1938, inauguraram-se os ESTUDIOS SAN MIGUEL (ESM) e, recomendado por Perry, foi contratado de imediato, lá permanecendo até 1949, só saindo para atender ao convite para filmar no Rio de Janeiro a película *Perdida pela paixão*, dirigida por Fernando de Barros*, contando com a participação na equipe de Mário del Rio e produzida por Roberto Acácio*. Pagés foi indicado por seu amigo José Maria Beltrán, que também fora diretor de fotografia nos ESM. Terminadas as filmagens, voltou à Argentina. Nos ESTUDIOS SAN MIGUEL, filmou com Arturo S. Mom, Leonidas Barletta, Catrano Catrani, Mario Soffici, Eduardo Morera, Augusto C. Vatteone, Luiz Saslavsky, Lucas Demare, L. Moglia-Barth, Luis Mottura e R. Gavaldon, entre outros. De 1940 a 1949 foi, além de diretor de fotografia, diretor técnico. Fotografou ainda, para produtores independentes, *Hoy canto para ti*, dirigida por Gregorio Barrios, e *Novela de um jovem pobre*, de Garcia Nacson e E. Cahen Salaberry. Foi convidado por Mário Civelli*, diretor-geral de produção da COMPANHIA CINEMATOGRÁFICA MARISTELA*, para trabalhar em São Paulo, convite este intermediado por Fernando de Barros. Trabalhou no cinema paulista nos anos 50 e também na FLAMA FILMES* e na BRASIL VITA FILMES*. Nesta última filmou, na maioria das vezes, com Watson Macedo* e, posteriormente, com Herbert Richers*, que ocuparam essas instalações. Participou ainda de *Escravos do amor das amazonas*, de Curt Siodmark (UNIVERSAL FILMES), *Pão de Açúcar* (coprodução norte-americana), de Paul Sylbert, e *Sinfonia brasileira*, com produção e direção de Jaime Prades. Em 1959, começou suas atividades na televisão, com a instalação da TV CONTINENTAL (canal 9), Rio de Janeiro. Quem recebeu a concessão desse canal foi o então deputado Rubens Berardo, um dos ex-proprietários dos estúdios FLAMA. Pagés fundou com outros colegas, em fins de 1959, a GENERAL FILMES DO BRASIL, estúdio especializado em filmes publicitários e documentários. Retirou-se da firma em 1967, voltando para a Argentina, onde filmou outras películas. Colaborou, em 1963, na instalação da TV GLOBO, ajudando a organizar o Departamento de Reportagem e Jornalismo, tendo dirigido a instalação do sistema de iluminação dos estúdios. Em 1973, dirigiu um documentário em Israel (*Israel, ontem e hoje*), para a Divisão de Reportagens Especiais da TV GLOBO. Desde então trabalhou nessa divisão, editando programas para o *Globo Repórter*. (AMC)

PAIVA, Salvyano Cavalcanti de (Salvyano Cavalcanti de Paiva Pereira) – Natal, RN, 1924-2000. Crítico de cinema.

Um dos mais polêmicos críticos do cinema brasileiro, constrói longa e irregular carreira na grande imprensa, marcada pelo combate ao totalitarismo político e pela condenação veemente de parte da produção cinemanovista. Vai para o Rio de Janeiro ainda criança, desenvolvendo o gosto pelo cinema precocemente. Ingressa na Faculdade Nacional de Filosofia, formando-se em 1952. Frequenta o cineclube universitário comandado por Plínio Sussekind Rocha, entrando em contato com os clássicos da era muda. Trabalha como jornalista desde meados dos anos 40, desempenhando as funções de repórter, redator, copidesque e secretário de redação em diversas publicações. Começa a escrever sobre cinema em 1947, na revista *Panfleto*. Desponta para a crítica especializada em outubro de 1950, ao entrar para a *Cena muda*. Procura matizar as questões em torno da industrialização do cinema brasileiro, denunciando a ocupação estrangeira do mercado e defendendo uma melhor formação técnica e estética para os profissionais da área, entre outras teses. Combate a chanchada* em nome de um cinema mais consequente artisticamente, embora viesse a publicar mais tarde obra sobre o chamado teatro rebolado, considerado tão ou mais pornográfico que as inocentes comédias musicais. Cobre, inicialmente através da *Cena muda* e da revista *Manchete*, os diversos acontecimentos do meio cinematográfico, procurando reforçar o *star system* nacional e incentivar o público a ver os filmes brasileiros. Amplia seu raio de atuação, comandando o programa *Cinema Falado*, na RÁDIO JORNAL DO BRASIL, passando mais tarde também a comentar sessões de filmes exibidas em televisão. Prossegue com suas considerações em publicações tão diversas quanto o *Diário do Rio*, *Revista da Televisão*, *Correio da Manhã*, *Pulso*, *Diário de Notícias* e *O Globo*, entre outras. Defensor do cinema de arte, alinha-se em geral ao lado dos críticos que combatem ou veem com reservas a chegada do Cinema Novo*. Entre julho de 1967 e outubro de 1968, convidado por Antônio Moniz Viana* e Jorge Ileli*, assume a Divisão de Fomento do Filme Nacional do Instituto Nacional do Cinema (INC*), onde procura desburocratizar o financiamento ao filme brasileiro e equacionar as questões legais em torno da produção. É autor do documentário *Brasileiros em Hollywood* (1970), sobre os atores e atrizes que filmaram no cinema americano. Leciona no curso de cinema da Universidade Federal Fluminense nos anos 70. Larga a crítica diária na década seguinte, dedicando-se a partir de então a projetos de pesquisa como a alentada *História ilustrada do cinema brasileiro*, de 1988. Tem publicados ainda os seguintes títulos na década de 50, *O gângster no cinema* e *Pequena história do cinema das repúblicas populares*, além de obras sobre teatro e outros assuntos. (HH)

PALÁCIOS, Alfredo (Alfredo Soares Palácios) – São Paulo, SP, 1922-1997. Produtor, diretor.

FILMOGRAFIA: 1952 – *Simão, o caolho* (prod.). 1954 – *Carnaval em lá maior* (prod.). 1955 – *Quem matou Anabela?*. (prod.). 1956 – *Getúlio Vargas, glória e drama de um povo* (prod., dir.); *Pensão de d. Stela* (prod., dir.); *A doutora é muito viva* (prod.). 1957 – *Casei-me com um xavante* (dir.); *Vou te contá* (dir.). 1958 – *Rastros na selva* (prod.). 1962 – *O vigilante rodoviário* – 1º episódio: 'O contrato' (prod.); 2º episódio: 'O fugitivo' (prod.). 1963 – *O vigilante contra o crime* (prod.). 1964 – *O vigilante e os cinco valentes* (prod.); *O vigilante em missão secreta* – 1º episódio: 'Aventura de Tuca' (prod.); 2º episódio: 'O aventureiro' (prod.); 3º episódio: 'A experiência' (prod.); 4º episódio: 'Terras de ninguém' (prod.). 1965-1968 – *O mistério do Taurus 38* (1º episódio: 'Fórmula de gás' (prod.); 2º episódio: 'Café marcado' (prod.); 3º episódio: 'O suspeito' (prod.); 4º episódio: 'O garimpo' (prod.). 1968 – *O agente da lei* (prod.). 1969 – *O cangaceiro sanguinário* (prod.); *Águias em patrulha* (prod.); *O cangaceiro sem Deus* (prod.). 1970 – *As gatinhas* (prod.); *O pornógrafo* (prod.); *Sertão em festa* (prod.); *A Guerra dos Pelados* (prod.); *Ipanema toda nua* (prod.). 1971 – *No Rancho Fundo* (prod.); *Paixão na praia* (prod.); *Luar do sertão* (prod.). 1972 – *As deusas* (prod.). 1973 – *Os garotos virgens de Ipanema* (*Purinhas do Guarujá*) (prod.); *O último êxtase* (prod.). 1974 – *As cangaceiras eróticas* (prod.); *Trote de sádicos* (prod.). 1975 – *Lucíola, o anjo pecador* (prod.). 1978 – *Empregada para todo serviço* (prod.); *Mulher desejada* (prod.); *O vigilante rodoviário* (prod.); *Damas do prazer* (prod.). 1979 – *Eu compro essa virgem* (prod.).

Produtor e diretor, homem de sete instrumentos, que atuou mais de quarenta anos no cinema paulista. Formado em Direito, iniciou sua carreira no cinema como crítico de rádio e jornais quando ainda era estudante universitário. Completado o curso, ingressou no escritório de advocacia de Roberto de Abreu Sodré e Wilson Rahal, acumulando essa nova atividade com a exercida no cinema. Foi publicista em empresas cinematográficas estrangeiras e atuou também como importador de filmes. Em 1950, ingressou na CINEMATOGRÁFICA MARISTELA*, tendo lá permanecido durante toda a trajetória da empresa, isto é, até 1958. Desempenhou as funções de assistente de diretoria, uma espécie de relações-públicas da companhia, além de escrever quase toda a publicidade que era distribuída à imprensa. Quando os estúdios da MARISTELA* passaram para a KINO FILMES* (final de 1952, todo o ano de 1953 e alguns meses de 1954), Palácios ficou em Jaçanã como uma espécie de administrador geral, responsável por todo o equipamento caro, que ainda não havia sido pago pelos novos proprietários.

Posteriormente, com a extinção da KINO FILMES, tudo volta para a MARISTELA. Nessa companhia foi corroteirista de *Suzana e o presidente*, de Ruggero Jacobbi, fez os diálogos adicionais em *Meu destino é pecar*, de Manoel Peluffo, além de ser o produtor de *Simão, o caolho*, dirigido por Alberto Cavalcanti*. Codirigiu *A pensão de d. Stela*; dirigiu *Getúlio, glória e drama de um povo*; *Casei-me com um xavante* e *Vou te contá*; e em várias delas foi roteirista e coprodutor. Em outra película de Cavalcanti, *Mulher de verdade*, responsabilizou-se pela direção de produção, enquanto produziu, entre outras, *Carnaval em lá maior* (Adhemar Gonzaga*), *Mãos sangrentas* (Carlos Hugo Christensen*) e *Quem matou Anabela?* (Didier Hamza). Atuou em filmes de outras empresas feitos na MARISTELA e foi produtor executivo de *A doutora é muito viva* (Ferenc Fekete) e *Arara vermelha* (Tom Payne*). Produziu *O Vigilante Rodoviário* (Ary Fernandes*), o primeiro seriado da televisão brasileira, composto de 38 episódios. Criou, juntamente com Antônio Polo Galante*, a SERVICINE* (1968-1976), produzindo uma grande quantidade de filmes eróticos. Trabalhou, simultaneamente, como produtor independente, com Rogério Sganzerla* (*A mulher de todos*) e Sylvio Back* (*Lance maior* e *A Guerra dos Pelados*). Produziu fitas de Walter Hugo Khouri* (*O último êxtase* e *O desejo*) e, em 1978, montou a KINOART, produzindo *A mulher desejada*, de Alfredo Sternheim*. Ensinou produção cinematográfica no Seminário de Cinema do Masp e na Fundação Armando Álvares Penteado (Faap), proferindo também inúmeras conferências em colégios. Fez algumas experiências na televisão, escrevendo e dirigindo peças de teatro na antiga TV PAULISTA, atual TV GLOBO. Durante muitos anos, trabalhou em radioteatro, como novelista e diretor. Recebeu várias láureas, destacando-se as de melhor produtor nos prêmios GOVERNADOR DO ESTADO por *Quem matou Anabela?* e *A Guerra dos Pelados*. Em mais de uma oportunidade foi eleito presidente dos Sindicato dos Produtores da Indústria Cinematográfica do Estado de São Paulo. (AMC)

PANICALLI, Lyrio – Queluz, SP, 1906-1984. Compositor.

FILMOGRAFIA: 1939 – *Aves sem ninho*. 1943 – *Moleque Tião*; *É proibido sonhar*. 1945 – *Gol da vitória*; *Não adianta chorar*. 1946 – *Sob a luz do meu bairro*. 1946-1947 – *Luz dos meus olhos*. 1947 – *Este mundo é um pandeiro*. 1948 – *Falta alguém no manicômio*; *O caçula do barulho*. 1948-

1949 – *Terra violenta*. 1949 – *Também somos irmãos*; *A sombra da outra*; *Carnaval no fogo*; *Não é nada disso*. 1950 – *Maior que o ódio*. 1951 – *Barnabé, tu és meu*. 1952 – *Areias ardentes*; *Três vagabundos*; *Carnaval Atlântida*. 1953 – *Dupla do barulho*; *Nem Sansão nem Dalila*. 1954 – *Malandros em quarta dimensão*; *Matar ou correr*; *Paixão nas selvas*. 1955 – *Chico Viola não morreu* (coprodução estrangeira); *Guerra ao samba*; *O golpe*; *Sinfonia carioca*. 1956 – *Colégio de brotos*; *Depois eu conto*; *Papai fanfarrão*; *Rio fantasia*. 1957 – *A baronesa transviada*; *Com jeito vai*; *De pernas pro ar*; *Rico ri à toa*; *É a maior*; *A grande vedete*. 1958 – *Aguenta o rojão*; *E o espetáculo continua*; *Esse milhão é meu*. 1959 – *Aí vêm os cadetes*; *Maria 38*; *Matemática, 0... amor, 10*; *O palhaço o que é?*; *Eles não voltaram*. 1960 – *Amor para três*; *Cacareco vem aí* (*Duas histórias*); *Tudo legal*; *Um candango na Belacap*; *Marido de mulher boa*; *Virou bagunça*. 1961 – *O dono da bola*. 1962 – *Quero morrer no carnaval* (coprodução estrangeira); *Esse Rio que eu amo* (1º episódio: 'Balbino, homem do mar'; 2º episódio: 'O milhar seco'; 3º episódio: 'A morte da porta-estandarte'; 4º episódio: 'Noite de almirante'). 1963 – *Fugitivos da noite* (coprodução estrangeira); *Rei Pelé*. 1964 – *Viagem aos seios de Duília*. 1965 – *Crônica da cidade amada* (episódios: 'O índio', 'Iniciada a peleja', 'O homem que se evadiu', 'Um pobre morreu', 'Receita de domingo', 'A morena e o louro', 'Aparição', 'Mal-entendido', 'O pombo enigmático', 'Aventura carioca', 'Luiza'). 1966 – *O menino e o vento*. 1967 – *Katu no mundo do nudismo* (coprodução estrangeira). 1975 – *Assim era a Atlântida*.

Maestro e arranjador, Lyrio Panicalli foi um dos mais ativos compositores do cinema brasileiro. Apesar disso, seu nome nunca foi lembrado por essa atividade, e sim pela sua atuação no rádio brasileiro. De origem italiana, nasceu em Queluz, na divisa com o Rio de Janeiro, em 1906. Firmou-se nos anos 40 como um dos principais maestros e arranjadores de matriz semierudita do Brasil, ao lado de Radamés Gnatalli* e Léo Peracchi. Trabalhou muitos anos na RÁDIO NACIONAL, onde fez escola. Sua estreia no cinema deu-se em 1939, quando, a convite de Raul Roulien*, criou o *score* musical de *Aves sem ninho*. A partir de *É proibido sonhar*, dirigido por Moacyr Fenelon*, começou uma longa colaboração com a ATLÂNTIDA, tendo sido o responsável pelos arranjos e orquestrações das músicas e canções da maior parte da produção do estúdio carioca. Além disso, Panicalli

PARAÍBA

compôs também temas ou trilhas musicais completas para dramas, como *Terra violenta*, dirigido por Eddie Bernoudy e Paulo Machado, e *Também somos irmãos*, de José Carlos Burle*. Ágil e versátil como exigia o ritmo de trabalho na ATLÂNTIDA (os filmes de carnaval, por exemplo, ficavam prontos quase sempre em cima da hora e a música tinha de ser composta, escrita e gravada num tempo exíguo), Panicalli sabia atender com eficiência as solicitações que lhe faziam. O jovem Carlos Manga* – assistente de direção de José Carlos Burle em *Carnaval Atlântida* e responsável pela criação dos números musicais que fazem parte do filme – pediu a ele para adaptar à canção *Alguém como tu*, de Dick Farney, o arranjo de *That Old Black Magic*, que Farney gravara nos Estados Unidos. Nos anos 60, Panicalli integrou o departamento musical da TV GLOBO, sendo o responsável pelo *score* de *Rosa rebelde* e outras novelas da emissora. Faleceu em 29 de novembro, em Niterói. (LAR)

PARAÍBA

A exemplo de outros estados, o cinema chegou à Paraíba trazido por um ambulante europeu. Nicola Maria Parente realizou as primeiras projeções em agosto de 1897, na capital do estado, durante a tradicional Festa das Neves. Em 1902, Mário Quineau, diretor da Empresa Norte Brasil, passou a exibir regularmente no Teatro Santa Rosa. O incipiente mercado se estabilizou e tomou algum impulso a partir de 1907, quando os primeiros filmes de ficção chegaram à capital e o interior viu surgir suas primeiras salas de exibição. As primeiras produções locais apareceram em 1918 pelas mãos de Pedro Tavares, fotógrafo do governo do estado, que registrou por pouco tempo, além de obras governamentais, os principais acontecimentos da época. O cinema paraibano ganhou vulto com a obra de Walfredo Rodrigues, que realiza em 1923 o documentário *Carnaval paraibano e pernambucano*, e inicia em 1925 *Sob o céu nordestino*, considerado seu mais importante trabalho. Concluído em 1928, veio a se constituir, na opinião de críticos e cineastas, num marco etnológico dentro da história do cinema brasileiro, por retratar pioneiramente e sem exotismos a cultura popular do Nordeste. Tal feito rendeu-lhe o título de Pai do Cinema Paraibano. Da obra restaram alguns fragmentos, utilizados por Vladimir Carvalho* em *Homem de areia*. Dirigiu ainda *Reminiscências de 30*, seu último filme. Em meados da década de 20, também se iniciou a atividade crítica, através das páginas da revista *Era Nova*.

Com a introdução do som, cessou a atividade cinematográfica no estado, havendo lenta retomada com a criação, pelo governador José Américo de Almeida, do Serviço de Cinema Educativo em 1955, cujos filmes estavam a cargo de João Córdula, e com o movimento cineclubista. Com a criação do primeiro cineclube, em 1952-1953, iniciativa de José Rafael de Menezes e dos padres Antônio Fragoso e Luís Fernandes, surgiu um polo aglutinador das discussões teóricas e estéticas em torno de um novo cinema paraibano. Como consequência, aparece em 1955 a Associação dos Críticos Cinematográficos da Paraíba (ACCP), contemporânea da fundação da Universidade Federal da Paraíba (UFPB). O final da década de 50 foi marcado sobretudo pela constituição de uma nova cinematografia, embrião imediato do chamado Cinema Novo*. Foi o momento da realização de *Aruanda* (1959-1960), de Linduarte Noronha*, e da deflagração do Ciclo do Documentário Paraibano, que durou de 1959 a 1979. *Aruanda* representou a afirmação do cinema paraibano no panorama nacional e impulsionou a produção no estado, especialmente a documental. Despontam nomes como Vladimir Carvalho (*O país de São Saruê*, *Conterrâneos velhos de guerra*), João Ramiro Melo* (*Romeiros da Guia*, *O sósia da morte*), Ipojuca Pontes* (*Poética popular*, *Os homens do caranguejo*) e muitos outros. Linduarte ainda realizou mais dois filmes: o curta documental *O cajueiro nordestino* (1962) e o longa ficcional *O salário da morte* (1970). A década de 60 contabilizou considerável aumento da produção de filmes, levando-se em conta as dificuldades para a obtenção de equipamentos, recursos e profissionais especializados. A maior parte dos filmes foi feita por equipes integradas por no máximo quatro pessoas. As dificuldades iriam se acentuar com o tempo e nos anos 70 os principais protagonistas do ciclo deflagrado em 1959 migrariam para outros estados. Em movimento contrário, a cultura e a literatura paraibanas atrairiam na mesma época cineastas do Sul do país, resultando em três longas-metragens de ficção: *Menino de engenho*, de Walter Lima Jr.*, feito em 1965 a partir da obra de José Lins do Rego; *Soledade*, filmado por Paulo Thiago* em 1976 com base em *A bagaceira*, de José Américo de Almeida; e *Fogo morto*, rodado por Marcos Farias* no mesmo ano, adaptação da obra homônima do mesmo Lins do Rego.

O movimento local se reanimou por ocasião da realização da VIII JORNADA BRASILEIRA DE CURTA-METRAGEM, em 1979, durante a qual se discutiu a criação de um polo cinematográfico na Paraíba, o que nunca aconteceu, apesar do prometido financiamento da EMBRAFILME* e do governo do estado. O que de concreto a Jornada produziu foi a criação do Núcleo de Documentação Cinematográfica (NU-DOC). Graças a um convênio de cooperação técnico-cultural feito entre a UFPB e o Centro de Formação em Cinema Direto de Paris (Association Varan), que previa a implantação de um ateliê de cinema direto em João Pessoa e o estágio dos alunos locais na capital francesa, o NUDOC conseguiu comprar equipamentos audiovisuais, tornando-se coprodutor de boa parte dos filmes realizados no estado nos anos 80. O projeto, que tinha a sua frente o diretor do Comitê de Filme Etnográfico da França, Jean Rouch, consistia na aquisição de um sistema completo de produção em bitola Super-8*. A proposta acabou por dividir os cineastas locais, que acreditavam que as metas estabelecidas por Rouch divergiam das propostas traçadas pela geração documentarista dos anos 60. Estes viam no NUDOC a possibilidade da retomada da produção em bitolas mais profissionais. Foi nesse clima de desencontros consensuais que a Paraíba inaugurou a chamada fase superoitista. A bitola amadora dinamizou o processo de produção, permitindo aos novos cineastas uma experimentação mais intensa da ficção. Pouco antes, a cidade de Campina Grande havia se tornado um razoável polo de produção e discussão cinematográficas. Esta girou em torno da criação do Cinema de Arte e contou com nomes como Bráulio Tavares, José Umbelino Brasil e os irmãos Romero e Rômulo Azevedo. Aquela teve em Machado Bittencourt e na sua CINÉTICA FILMES LTDA., um dos raros estúdios cinematográficos do país especializados em 16 mm, uma base segura para a realização de diversos curtas experimentais e de dois longas de ficção, *Maria Coragem* (1977) e *O caso de Carlota* (1981). Machado foi ainda um dos fundadores da Fundação Nordestina de Cinema (FUNCINE), fechada com a extinção da EMBRAFILME em 1990. Ao longo dos anos 80, com o apoio da FUNAPE, órgão vinculado à UFPB, realizaram-se ainda alguns curtas documentais e semidocumentais na mesma bitola 16 mm: *Cinema paraibano 20 anos* (1983) e *Nau Catarineta* (1987), ambos de Manfredo Caldas; *Parahyba* (1985), de Machado Bittencourt; *24 horas* (1986), de Marcus Vilar; *Itacoatiara – a pedra no caminho* (1987), de Torquato Joel; Palácio de Riso e Reino de Deus (1994) de Vânia Perazza Barbosa em coprodução com a

Bulgária. Vilar, Joel e Perazzo foram formados pelo ateliê Varan de Paris. A década de 90 apresenta novamente uma queda acentuada na produção. O único filme apresentado é *Viagem a São Saruê*, de João de Lima e Everaldo Vasconcelos, iniciado em 1987 e concluído em 1995. Esboça-se ao final da década uma recuperação. Vilar e Joel filmam, respectivamente, os curtas *A árvore da miséria* (1998) e *Janela da alma* (2001). (RAS) Em meados dos anos 2000, a Paraíba fez dois longas-metragens, sendo ambos de diretores estreantes: a comédia *Por 30 dinheiros*, de Vânia Perazzo Barbosa e Ivan Hlebarov, e o drama *O sonho de Inacin – o aprendiz do padre Rolim* (2006), de Eliézer Rolim. Mas o filme de maior destaque é assinado por um dos mais importantes documentaristas brasileiros, Vladimir Carvalho, que realizou, em 2006, *O engenho de Zé Lins*, enfocando o escritor José Lins do Rego.

PARANÁ

Foi no ano de 1897 que Curitiba assistiu às primeiras exibições de cinema, nos intervalos das apresentações dos Teatros Guaíra e Hauer. Mas só em 1907 foi feito o primeiro filme paranaense, *O desfile militar de 15 de novembro*, de Aníbal Requião*. Com a Revolução de 30, outro paranaense seria conhecido nacionalmente: João Baptista Groff, com o documentário *Pátria redimida* (1930), filme que é hoje um inestimável documento para a reconstituição daquele período e o mais completo registro do movimento revolucionário. O sonho de criar uma indústria cinematográfica também fez parte da história do cinema no estado, através de Arthur Rogge, que comprou equipamento cinematográfico nos Estados Unidos, onde fez *Hollywood Studios* (1927). Voltando ao Paraná, montou a ROGGE PRODUÇÃO E ORGANIZAÇÃO CINEMATOGRÁFICA, através da qual fez seu segundo e último filme – *A chegada de Diddi Caillet em Curitiba* (1929).

Das décadas seguintes há poucos registros no interior do estado; em União da Vitória, José Cleto fez sua única obra, *Nossa terra* (1930). A maioria dos outros filmes feitos no período são cinejornais produzidos para o Departamento de Imprensa e Propaganda (DIP) e para as empresas colonizadoras do norte do Paraná. Eugênio Felix foi um dos cinegrafistas que produziram cinejornais e documentários até o início dos anos 70. No norte do estado, na década de 50, registra-se a presença de Roberto Melito, com a RILTON FILMES. Projetos de filmes de ficção, como "Rosalinda" (1950), de Guido Padovani, e "O crime do Vossoroca" (1954), de Arsênio Pabst, são anunciados e iniciados, mas não há registros concretos de sua finalização.

Através da Universidade Federal do Paraná, um tcheco radicado no Paraná, o cinegrafista Wladimir Kozak, documentou em cores, nos anos 50, *Os cesteiros de Santa Felicidade*, *Cavalhada de Guarapuava*, e outros temas ligados à história e à antropologia. A mais importante obra de Kozak foi filmada na bitola 16 mm: *Os índios xetas na serra dos Dourados* (1954), em coautoria com o professor Loureiro Fernandes, registra os principais aspectos da vida do grupo indígena, que em poucos anos seria extinto, ao entrar em contato com os cafeicultores que se instalaram na região. São desse período os cinejornais de Hermes Gonçalves, *Além do Pão de Açúcar* e *Usos e costumes dos poloneses no Paraná* (1952-1953), com o registro das tradições dos imigrantes poloneses. O cineasta Leonel Moro, também professor da Universidade Federal do Paraná, inventou um processo de filmagens que denominou MOROSCOPE, com o qual fez *Um soneto* (1962) e *O círculo perfeito* (1964), um longa-metragem policial. Em 1969 é lançado o longa *Maré alta* (1965-1968), dirigido por Carlos Eugênio Contin, para a CINEMATOGRÁFICA GUAÍRA. Sylvio Back* lança seu primeiro longa-metragem, *Lance maior* (1968). No norte paranaense, na cidade de Siqueira Campos, frei Gabriangelo Caramore e Joracy Garanhani lançam um filme feito em 16 mm com ajuda da população da cidade, o longa *Senhor Bom Jesus da Cana Verde* (1966). Mais longas-metragens seriam produzidos no período: *O diabo tem mil chifres* (1970-1971), de Penna Filho; *E ninguém ficou de pé* (1972), de José Vedovato; *Os galhos do casamento* (1978), de Sérgio Segall; *Caminhos contrários* (1980), de Arlindo Ponzio. Na primeira metade da década de 1980, um paranaense de Ponta Grossa, Sérgio Bianchi*, lançou filmes feitos em 16 mm, tendo como seu primeiro longa-metragem *Maldita coincidência* (1977-1980) e o média-metragem *Mato eles?* (1983), em que discute a questão fundiária refletindo sobre os índios caingangues e a morte do cacique Ângelo Cretã.

A CINEMATECA DO MUSEU GUIDO VIARO (atual CINEMATECA DE CURITIBA), criada em 1975 e dirigida por Valêncio Xavier até meados dos anos 80, foi um polo mobilizador e formador de toda uma geração de cineastas paranaenses. Integrante da primeira equipe da CINEMATECA e também seu diretor nos anos 90 e entre 2005 e 2008, o jornalista e crítico de cinema Francisco Alves dos Santos dirigiu, em 16 mm, os curtas *Cicatrizes* (1982) e *Pesadelos* (1983). Os festivais de cinema Super-8, organizados pelo Teatro Guaíra e pela Escola Técnica Federal do Paraná, atual Cefet/PR, revelaram importantes curta-metragistas, como os irmãos Wagner (Helmut Jr., Rosana, Ingrid e Elizabeth), que iniciaram sua carreira com o Super-8 *Metamorfose* (1977) e seguiram fazendo cinema de animação até os anos 90. São deles os filmes em 35 mm *Respeitável público* (1987) e *A flor* (1991). Os cineastas Fernando Severo, Peter Lorenzo e Rui Vezzaro formaram o GRUPO EXPERIMENTAL PRIMEIRO PLANO, que produziu o Super-8 *A luminosa espera do apocalipse* (1979). Rui Vezzaro incursiona pela ficção com *Noturno* (1980), em 16 mm. O realizador Fernando Severo começa nessa época uma sólida carreira com diversos filmes e vídeos, sendo vencedor de mais de cinquenta prêmios nacionais e internacionais. No FESTIVAL DE CINEMA DE GRAMADO de 2003, seu filme *Paisagem de meninos* recebeu os KIKITOS de melhor média-metragem, melhor roteiro, melhor ator e prêmio especial do júri. Entre seus filmes em 16 mm, pode-se dar destaque para *O mundo perdido de Kozák* (1988). Em 35 mm, realiza *Os desertos dias* (1991), curta de ficção, e *Corpos celestes* (2009), em parceria com Marcos Jorge.

Entre os realizadores que começaram sua produção nos anos 1970 destaca-se a diretora Berenice Mendes, que inicia carreira na bitola 16 mm com *Como sempre* (1980), uma visão dos bastidores da visita do papa João Paulo II ao Paraná. Realizou *A classe roceira* (1985), documentário sobre as condições dos trabalhadores sem-terra paranaenses. Na questão da denúncia social vale destacar outros filmes em 16 mm, como *Catadores* (1977), de Homero de Carvalho, e *Póstuma Cretan* (1980), de Ronaldo Duque, sobre a morte do líder caingangue Ângelo Cretã. Na mesma linha estão os filmes *Quarup Sete Quedas* (1983), curta sobre o fim das Sete Quedas do Iguaçu, e *O desapropriado* (1984), média-metragem, ambos do diretor Frederico Fulgraff. A experimentação da linguagem está presente em *Roça* (1985), de Hugo Mengarelli, e *A rua da minha janela* (1982), de Nivaldo Lopes. Nivaldo foi buscar inspiração na história de Curitiba para seu primeiro longa, também em 16 mm, *A guerra do pente* (1986), baseado em revolta ocorrida em 1959. Outro filme sobre uma lenda curitibana é *A loira fantasma* (1991), da diretora Fernanda Morini, que se utilizou da bitola 35 mm. Trabalhando com diferentes suportes, Beto Carminatti, cineasta e *video-*

maker, registra em 16 mm os documentários *Terra* (1982) e *Delirium Dreams* (1987). Criou, em videoarte, *Marinheiro* (1989) e *Buchener* (1990), passando ao digital com *Welcome to Paradise* (1989) e *Agora é que são elas* (2002), longa-metragem baseado no romance de Paulo Leminski. Em 2003, dirige os filmes ficcionais *Adeus menino* e *Eternamente*, assim como o documentário *Um dia para desaparecer*. Dirige também as ficções *Terra incógnita* (2004), *O mistério da japonesa* (2005), baseado em conto de Valêncio Xavier, e *Mistéryos* (2008), sendo que nesses dois últimos filmes contou com a parceria de Pedro Merege Filho no roteiro, direção, montagem e produção. Também assina o documentário *As muitas vidas de Valêncio Xavier* (2009). Ainda da geração que começa a filmar nos anos 80 é o cineasta Pedro Merege Filho, o qual realiza, em 16 mm, seu primeiro filme, *O cabedal*, em 1981. Também dirige o curta em Super-8 *Está nas escrituras* (2007); a ficção em 35 mm *Mistéryos* (2008); *Esmarteza* (2009), com roteiro e direção em parceria com Beto Carminatti; e, em digital, *Apã* (2010), com resgate de registros culturais de uma comunidade quilombola no interior do Paraná. Destaca-se ainda Werner Schumann com *O poeta e a rainha* (1986), em 16 mm, e *Trabalho de parto* (1997), em 35 mm, codirigido com seu irmão Willy Schumann, com quem também fez o vídeo *Ervilha da fantasia* (1985), documento raro sobre a obra de Paulo Leminski, com depoimentos do escritor paranaense. Willy Schumann produziu, também em vídeo, o longa de ficção *Muiraquitã* (1988). É dos irmãos Schumann o vídeo *Pioneiros do cinema*, uma comédia de ficção feita com base em material fílmico dos precursores do cinema paranaense. Os Schumann também dirigiram o documentário *De Bona – caro nome* (1990), sobre a obra do pintor Theodoro De Bona, e o longa-metragem em digital *Onde os poetas morrem primeiro* (2002), comédia romântica que descreve as dificuldades dos relacionamentos humanos nas grandes metrópoles. O filme *Sol na neblina*, dirigido por Werner Schumann e coproduzido por Willy, foi premiado no LV FESTIVAL DE SAN SEBASTIAN/Espanha e vencedor do prêmio TVE AWARDS da televisão espanhola em 2008.

Na década de 1980, os irmãos Schumann integravam um movimento cinematográfico que marcou Curitiba: o Grupo do Balão Mágico, composto também de Elói Pires Ferreira, Altenir Silva, Geraldo Pioli, Paulo Friebe, Nivaldo Lopes. Filmavam em todos os formatos, inclusive em Super-8 e VHS. Elói Pires Ferreira reflete, em seus curtas e longas em 35 mm, a Curitiba de diferentes épocas. Dirigiu os curtas em 35 mm *Vamos juntos comer defunto* (1990), com fotografia de Euclides Fantin, *Waldir e Rute* (1997) e *Polaco da Nhanha* (2001). Estreante de longa ficcional, *O sal da terra* (2008) foi vencedor do prêmio MARGARIDA DE PRATA 2009 da Conferência Nacional dos Bispos do Brasil (CNBB). O diretor e roteirista Altenir Silva trabalha na bitola 16 mm, sendo autor de *O açougueiro do norte contra o cineasta voador* (1987) e de *O candidato* (1989), codirigido por Geraldo Pioli, e *Tesouros* (1996). Falecido em 2006, o ator e diretor Paulo Friebe fez, em 35 mm, *Ah... essa é boa* (1988). Trabalhando na CINEMATECA DE CURITIBA há 23 anos, Geraldo Pioli coordenou cursos de Cinema e entre suas realizações estão o documentário *Paraguay, una mirada* (2009), os curtas em 35 mm *Inferno* (2007), *Aldeia* (2000), *Devoção* (2005) e *Templo das musas* (2005), e o longa digital *Belarmino e Gabriela* (2005). Ainda dirigiu e roteirizou seu primeiro curta em 35 mm, feito em parceria com Paulo Friebe, *Bento cego* (1999). Da mesma geração, Talício Sirino é um dos pioneiros na implantação do polo produtivo audiovisual de Cascavel, na região oeste do Paraná. Realizou, em vídeo, os longas-metragens ficcionais *Acerto final* (1993) e *Fronteira sem destino* (1995), passando ao 35 mm em *Conexão Brasil* (2001) e *Conexão Japão – a lenda* (2007). O cineasta Paulo Munhoz foi um dos fundadores da ASSOCIAÇÃO DE VÍDEO E CINEMA DO PARANÁ. Dirigiu o vídeo *A grande depressão* (1995), depois copiado para película. Fez em animação *O poeta* (2001); *Mitorama – lendas brasileiras* (2004), um média-metragem formado por cinco curtas sobre folclore brasileiro; *Pax* (2005), ganhador de dois prêmios do ANIMA MUNDI; o média-metragem *Curitiba, em busca da identidade perdida* (2006); os primeiros longas-metragens de animação paranaense *Brichos* (2007) e *Belowars* (2008). Cineasta e escritor, Guido Viaro realizou, em 16 mm, o ficcional *Fuirei* (1998). Túlio Viaro realizou em digital *Metamorfose* (2000) e *Guido Viaro – retrato coletivo* (2008), no qual visita a obra de seu avô, o pintor Guido Viaro, italiano de nascimento, que viveu em Curitiba de 1929 até sua morte em 1971. Os curtas de ficção *A atriz* (2004), baseado no conto *A corista*, de Tchekhov, fala da traição conjugal, e *Mandarim* (2008) relata um dia na vida de um homem misterioso e solitário. Em 2009, lançou *Carrascos – artistas do ringue*, documentário que aborda, através de depoimentos e imagens de arquivo, as histórias dos lutadores de luta livre que atuaram no famoso programa de *telecatch* nas décadas de 60 e 70 na televisão brasileira. Em 2003, Luciano Coelho, tendo estudado cinema na Escuela Internacional de Cine y Televisión de Cuba, onde realizou o filme de ficção de média-metragem *O fim do ciúme* (2002), criou, ao lado de Marcelo Munhoz, o PROJETO OLHO VIVO, centro de formação e produção audiovisual. Na área de documentários, dirigiu o curta em 16 mm *História de um passado perdido* (1998), realizado no Chile, além do curta feito em vídeo *Vida de balcão* (2007). E em 2009 lançou o vídeo *Música subterrânea*, sobre a cena de *jazz* da capital paranaense.

Outro destaque na cinematografia paranaense é Marcos Jorge, diretor do vídeo experimental *O medo e seu contrário* (2000), além dos curtas *O encontro* (2002) e *Infinitamente maio* (2003), e do vídeo *O ateliê de Luzia – arte rupestre no Brasil* (2004). Em 2007, mostra a densidade de seu trabalho autoral assinando *Estômago*, longa de repercussão no cenário do cinema brasileiro da década de 2000. Novos diretores estão surgindo no cenário paranaense, como Luigi De Franceschi, cujos trabalhos iniciais foram em 16 mm: *Os três roteiros* (1999), *Helena* (2003), em codireção de Ademir Silva, e *Tubo* (2004). Experimentou o 35 mm com *Ninguém dá bola pro Ernesto* (2007), e aderiu ao digital em *A trilha da mamona* (2008), *O Natal do Onofre* (2009), *Caminhando para a vida* (2010). Outro realizador, Moacir David, fez em 35 mm, em 2007, os curtas *Jennifer* e *Maria*, e, em 2008, *Lala*. Eduardo Baggio iniciou no digital com *Sob imagens* (1998), *Joaquim e Silvério* (1999), *28 anos* (2003), *Michaud: entre os crocodilos e as serpentes* (2004), *Fotos de família* (2005), *Generoso* (2007), *Amadores do futebol* (2007), e os vídeos poesia *Sonetos* (2001) e *Pimedere* (2002). A documentarista Ana Johann dirigiu *De tempos em tempos* (2006) e *Abaixo do céu* (2010). Outro adepto do digital, Guto Pasko, fez seu primeiro longa, o documentário *Made in Ucrânia* (2006), sobre os ucranianos no Paraná. Realizou também *Sociedade* (2004), *Antonina, Morretes e Paranaguá – unidas pela história* (2005), codirigido por Maria Fernanda Cordeiro, e ainda *A heroína* (2009). Nascido em Curitiba e criado entre a capital paranaense e Nova York, Ricardo Machado é cineasta e videoartista, tendo utilizado-se de mídias como digital, VHS e películas. Dirigiu em 2001, em digital, *Pastor Robson*, e, em 16 mm, *Madame Olívia* e *Tentativa de alimentar uma tentação*. Em VHS, fez *O descanso* (2002). Filmou *1 (um) real* (2003) e a videoarte *Andorinhas* (2006).

Os documentários em digital *Gringo in Rio* (2004) e *Tchau, pai* (2005) tiveram mais de 260 mil acessos no YouTube. Com a criação, em 2005, do Curso de Cinema e Vídeo da Faculdade de Artes do Paraná, uma nova geração de estudantes/cineastas está ganhando espaço no cenário nacional. Novos talentos surgem, como Alexandre Rafael Garcia, com seu primeiro curta feito em digital, o documentário *Pastoreio* (2009). Em codireção com João Marcelo Gomes, Garcia também realiza o documentário *A revolta* (2009). Diego Florentino Muritiba realizou os curtas ficcionais *Convergências* (2007) e *Com as próprias mãos* (2008). Fabio Allon, em digital, dirigiu os curtas *Colorado Esporte Clube* (2007) e *Nós* (2008), sendo seu mais recente trabalho *Cru* (2009), em Super-8. (SS)

PARENTE, Nildo (Nildo Gomes Parente) – Rio de Janeiro, RJ, 1934-2011. Ator.

FILMOGRAFIA: 1962 – *O quinto poder*. 1968 – *O homem que comprou o mundo*. 1969 – *Tempo de violência*; *Azyllo muito louco*. 1970 – *Anjos e demônios*. 1971 – *O homem das estrelas* (produção estrangeira); *O doce esporte do sexo* (1º episódio: 'O torneio'); *Mãos vazias*; *O jardim das espumas*. 1971-1972 – *São Bernardo*. 1972 – *Quem é Beta?* (coprodução estrangeira). 1973 – *Os condenados*. 1974 – *Ipanema, adeus!*; *Nem os bruxos escapam*; *Um homem célebre*. 1975 – *Onanias, o poderoso machão*; *Padre Cícero*. 1976 – *O seminarista*. 1977 – *Ajuricaba, o rebelde da Amazônia*; *Tenda dos milagres*; *Coronel Delmiro Gouveia*; 1978 – *Batalha dos Guararapes*; *O coronel e o lobisomem*; *O princípio do prazer*. 1979 – *Eu matei Lúcio Flávio*; *Cabaré mineiro*; *Terror e êxtase*; *Parceiros da aventura*; *Cabaré mineiro*. 1979-1980 – *O fruto do amor*. 1980 – *Giselle*. 1981 – *Luz del Fuego*. 1982 – *Rio Babilônia*. 1983 – *Águia na cabeça*; *Amor maldito*; *Memórias do cárcere*; *Para viver um grande amor*. 1984 – *O beijo da mulher-aranha* (coprodução estrangeira). 1987 – *Kickboxer 3: the Art of War* (produção estrangeira). 1987-1988 – *Natal da Portela*. 1990 – *O mistério de Robin Hood*. 1990-1991 – *Assim na tela como no céu*. 1994 – *Érotique* (episódio: 'Final Call') (coprodução estrangeira). 1997-1998 – *Bela Donna*. 2002 – *Inesquecível*. 2002-2003 – *Seja o que Deus quiser*. 2006 – *Brasília 18%*. 2007 – *Cleópatra*. 2008 – *Meu nome é Dindi*. 2009-2010 – *Chico Xavier*.

Ator de cinema, com passagem pela televisão, em novelas e minisséries, e pelo teatro. Após estrear em *O quinto poder*, de Alberto Pieralisi*, trabalha em alguns filmes do Cinema Novo*, como *O homem que comprou o mundo*, de Eduardo Coutinho*. A partir de *Azyllo muito louco*, de Nelson Pereira dos Santos*, em que interpreta o papel principal de Simão Bacamarte, participa de alguns filmes do cineasta, como *Quem é Beta?*; em *Tenda dos milagres*, uma adaptação do romance homônimo de Jorge Amado*, interpretando o obstinado professor conservador Nilo Argolo; e em *Memórias do cárcere*, adaptação da obra homônima de Graciliano Ramos, quando interpreta o preso político Emanuel. Atua em *O homem das estrelas*, do cineasta francês Jean-Daniel Pollet; em *São Bernardo*, de Leon Hirszman*, adaptação da obra homônima de Graciliano Ramos, interpreta Luís Padilha, o patrão que vira empregado. É um dos sequestradores (Solano), no filme policial *Nem os bruxos escapam*, de Valdi Ercolani. Sempre diversificando seus papéis, é o duro fazendeiro capitão Antunes, que quer seu filho ordenado padre, em *O seminarista*, de Geraldo Santos Pereira*, adaptação do romance homônimo de Bernardo Guimarães. Correto coadjuvante, também aparece em pequenos papéis, nos filmes de maior ambição: *Os condenados*, de Zelito Viana*; *Padre Cícero*, de Helder Martins; *Coronel Delmiro Gouveia*, de Geraldo Sarno*; *Batalha dos Guararapes*, de Paulo Thiago*; *O princípio do prazer*, de Luiz Carlos Lacerda*; *Eu matei Lúcio Flávio*, de Antônio Calmon*; *Cabaré mineiro*, de Carlos Alberto Prates Correia*; *O beijo da mulher-aranha*, de Hector Babenco*; e *Natal da Portela*, de Paulo César Saraceni*. Atua também em algumas pornochanchadas* e em produções de rotina do cinema carioca, como *Onanias, o poderoso machão*, de Geraldo Miranda e Élio Vieira do Araújo. Participou de novelas da GLOBO e da RECORD, retornando aos palcos num projeto com Francisco Cuoco. Em 2002, segue sua carreira de ator coadjuvante participando dos longas *Inesquecível*, de Paulo Sergio Almeida e *Seja o que Deus quiser*, de Murilo Salles*. Atuou também em *Brasília 18%*, de Nelson Pereira dos Santos; *Cleópatra*, de Júlio Bressane*; *Meu nome é Dindi*, de Bruno Safaldi; e *Chico Xavier*, de Daniel Filho*. Faleceu no Rio de Janeiro em 31 de janeiro. (LFM)

PARIS, Dominique – Paris, França, 1952. Montadora.

FILMOGRAFIA: 1985 – *Brás Cubas*. 1986 – *A cor do seu destino*. 1987 – *Sexo frágil*; *Terra para Rose*; *Os Trapalhões no Auto da Compadecida*; *Eternamente Pagu*. 1989 – *Sermões*. 1990 – *Uma escola atrapalhada*. 1992 – *Udju Azul di Yonta* (produção estrangeira). 1997 – *Capitaine au Long Cours* (produção estrangeira). 1997-1998 – *Bela Donna*. 2000 – *Addio Lugano bella* (produção estrangeira). 2001 – *Malraux, tu m'étonnes!* (produção estrangeira). 2002-2003 – *Seja o que Deus quiser*. 2002 – *Nhá Fala* (coprodução estrangeira). 2003 – *O diabo a quatro* (coprodução estrangeira). 2004 – *O arquiteto e a cidade velha* (coprodução estrangeira). 2006 – *Cartas a uma ditadura* (coprodução estrangeira).

Paulatinamente encaminhada para o cinema durante curso universitário de literatura francesa, desenvolve carreira principalmente no Brasil, transformando-se em uma das profissionais mais requisitadas da década de 80. Durante os estudos regulares em Paris já mantivera contato com alguns aspectos do meio, decidindo ingressar no CONSERVATOIRE LIBRE DE CINÉMA FRANÇAIS para uma formação mais específica, optando por edição e montagem. Começando a trabalhar, envolve-se com alguns cineastas brasileiros de passagem pela França, montando um documentário para Ricardo Lua. Em 1977, muda-se para o Brasil, assumindo os cargos de assistente de montagem e sonoplasta na área publicitária. No ano seguinte, ingressa no cinema comercial, fazendo a assistência de João Ramiro Melo* em *O sol dos amantes*, de Geraldo Santos Pereira*. Como assistente, trabalha em diversos filmes e transforma-se em uma das primeiras editoras de som regulares do país, consolidando a função. Convidada por Júlio Bressane*, torna-se a montadora de *Brás Cubas*. Captando com rara sensibilidade o ritmo mais pausado do filme brasileiro, estabelece um padrão fluido e discreto de montagem, valorizado em obras como *A cor do seu destino*, de Jorge Durán*, e *Eternamente Pagu*, de Norma Bengell*. Flerta com a televisão assinando algumas edições de programas como *Globo Repórter*. Realiza um de seus melhores trabalhos no descontínuo e criativo *Sermões*, de Bressane. A queda de produção nos anos 90 a leva de volta a Paris, onde se radica, montando principalmente para a televisão francesa. (HH) Suas atuações mais recentes são filmes em coprodução, como *Nhá Fala*, *O arquiteto e a cidade velha*, *O diabo a quatro* e *Cartas a uma ditadura*, documentário de Inês Medeiros sobre cartas encontradas acidentalmente, sobre a ditadura de Salazar.

PAULA, José Agrippino de – São Paulo, SP, 1937-2007. Diretor.

FILMOGRAFIA: 1967-68 – *Hitler, Terceiro Mundo*.

Seus filmes são com frequência associados ao chamado Cinema Marginal. Quando Agrippino nasceu, seus pais ainda moravam em Itu. A família veio para São Paulo quando ele ainda era pequeno. A mãe era professora de história e o pai, advogado. Morou e estudou nos bairros da Pompeia e da Lapa. Ingressou na Faculdade de Arquitetura e Urbanismo da Universidade de São Paulo (FAU/USP) na segunda metade da década de 1950. Após três anos no primeiro ano, transferiu-se para a Faculdade Nacional de Arquitetura, no Rio de Janeiro, onde concluiu o curso. Em 1961, montou no teatro de arena da faculdade uma versão de *Crime e castigo*, de Dostoiévski. Além de dirigir, interpretou o personagem Raskolnikof e cuidou do cenário. Chegou a estudar direção e interpretação com Gianni Ratto por um ano. Também participou, como ator secundário, em algumas peças, entre elas *Bonitinha mas ordinária*, com direção de Martim Gonçalves. Vivia de pequenas adaptações de romances para a TV. De volta a São Paulo, frequenta o ateliê do artista José Roberto Aguilar na rua Frei Caneca, ponto de encontro de artistas. Lá conheceu a dançarina Maria Esther Stockler, recém-chegada de Nova York. Casou-se com ela em seguida. Estreia na literatura com *Lugar público*, editado em 1965 pela Civilização Brasileira. O físico Mário Schemberg chamou o romance *Panamérica*, publicado por Agrippino dois anos depois, pela Editora Tridente, com capa de Antônio Dias, de "epopeia contemporânea". Agrippino participou ativamente de três espetáculos dirigidos e coreografados pela mulher Maria Esther, com os atores e bailarinos do grupo Sonda, misturando música, teatro, dança, circo e *performance*. Cuidava da produção, figurinos e cenários, iluminação, preparação dos atores e escrevia os textos. *Tarzan do Terceiro Mundo* (também chamado *Mustang hibernado*) foi o primeiro espetáculo, em 1967. Em *O Planeta dos Mutantes*, musical com os Mutantes, apresentado no ano seguinte, Agrippino e Maria Esther dividem a autoria do roteiro com Rita Lee e os irmãos Arnaldo e Sérgio Dias Baptista. Desses dois espetáculos saíram muitos dos personagens, situações e elementos de *Hitler, Terceiro Mundo*. O filme foi rodado em 16 mm, ao longo de dois anos. A fotografia é de Jorge Bodanzky* e a montagem de Rudá de Andrade*. Ainda com Bodanzky, Agrippino filmou, em 16 mm, a montagem de Victor Garcia para a peça *O balcão*, de Jean Genet. Também com Bodanzky filma *Rito do amor selva-*

gem (1969), último espetáculo realizado por Agrippino e Maria Esther. *Rito do amor selvagem* é uma adaptação da peça *Nações Unidas* (originalmente um roteiro para cinema), escrita por Agrippino em 1966 e publicada pela Tridente em 1967. O espetáculo teve grande repercussão. Agrippino é o personagem Zulu Anárquico que aparece em *A mulher de todos* (1969), de Rogério Sganzerla*. Após uma batida policial na casa onde moravam, Agrippino e Maria Esther decidem sair do país. Entre 1971 e 1972, Agrippino percorreu o oeste da África, com Maria Esther, registrando os costumes religiosos locais em cerca de quinze horas de Super-8. Chegou a exibi-los em Nova York, numa sala de projeção *underground* chamada OUTSCREEN, ganhando destaque no periódico *Village Voice*. Os superoitos *Dogon* e *Kids* foram deixados para ampliar em 16 mm no laboratório HOLLYWOOD VALLEY, em Los Angeles, e se perderam por falta de pagamento. Sobraram *Candomblé no Dahomey*, *Candomblé no Togo* (ou *Mãe de santo Djatassi*) e *Maria Esther: danças na África*. De volta ao Brasil, Agrippino e Maria Esther tentam reproduzir em Arembepe, na Bahia, o estilo de vida das comunidades *hippies* norte-americanas. São desse período os superoitos *Céu sobre água* – rodado em duas épocas, a primeira com Maria Esther grávida (1974) e a outra, dois anos depois, com Manhã, filha do casal – e *Mãe Terra* (1976). *Céu sobre água* foi exibido na JORNADA DO CURTA-METRAGEM DE SALVADOR de 1978. Um ano após a sua chegada à Bahia, montou na praia, para cerca de 2 mil pessoas, uma adaptação do *Fausto* com crianças escolhidas no terreiro de candomblé do Gantois, com patrocínio do Instituto Goethe de Salvador. Ainda nos anos 1970, publicou contos em revistas independentes e propôs a Jorge Bodanzky a realização de uma série de documentários sobre artes marciais no Brasil, incluindo a capoeira. Entrevistado em 1979, declarou: "Apoiado na filosofia Vaishnava e no existencialismo, eu deixei de lado completamente os objetos que se podem produzir para representar a individualidade. Poesias, filmes, livros, teatro, videoteipe, qualquer coisa que transmite você através dos objetos, não é você". Separou-se de Maria Esther no final dos anos 1970 e foi morar no Embu (hoje Embu das Artes), periferia de São Paulo. Em 1980 recebeu o diagnóstico de esquizofrenia e passou a viver isolado, sob os cuidados da mãe e depois do irmão, até a morte em 2007, vítima de um infarto. Em 1988, Lucila Meirelles realizou a

instalação *I Movimento de Abertura da Sinfonia Panamérica*, "1 concerto de 10 monitores para 3 VTs", reunindo depoimentos do artista, trechos e releituras de sua obra. O trabalho foi lançado num grande evento sobre Agrippino. Em entrevistas realizadas na época, Agrippino disse que tinha um novo livro pronto e que pretendia, com uma câmera de vídeo doméstica, transformá-lo em telenovela. Ele nunca parou de escrever e muitos textos inéditos aguardam publicação. Lucila continua divulgando e cuidando da obra de Agrippino. Seus dois romances foram relançados pela Editora Papagaio em 2006. No ano anterior, a psicanalista Miriam Chnaiderman procurou Agrippino com uma câmera Super-8 na expectativa de que ele voltasse a filmar. O encontro está documentado no curta-metragem *Passeios no recanto silvestre* (2006), de Chnaiderman. Em 2008, *Panamérica* foi publicado na França pela Éditions Leo Scheer. (RL)

PAYNE, Tom (Thomas Payne) – Lomas de Zamora, Argentina, 1914-1996. Diretor.

FILMOGRAFIA: 1950 – *Terra é sempre terra*. 1951 – *Ângela*. 1952-1953 – *Sinhá Moça*. 1956 – *Arara vermelha*.

Diretor argentino de origem galesa, aos 16 anos foi viver na Inglaterra, tentando a carreira de pintor. Ingressou nos estúdios ingleses em 1937, trabalhando como dublê e acabando por percorrer quase todas as funções: foi assistente de produção em *César e Cleópatra* (1945, Gabriel Pascal) e assistente de direção em *Sapatinhos vermelhos* (1948, Michel Powell e Emeric Pressburg). Trabalhou, igualmente, no teatro inglês, como assistente de Thorton Wilder em *Nossa cidade*, com Vivien Leigh. Convidado por Alberto Cavalcanti* para integrar a equipe da VERA CRUZ*, chegou ao Brasil em janeiro de 1950. Foi o primeiro assistente de direção de Adolfo Celi* em *Caiçara*, tendo dirigido, na companhia, *Terra é sempre terra* (adaptação da peça *Paiol velho*, de Abílio Pereira de Almeida*), *Ângela* (codireção de Abílio, baseado no conto *Sorte no jogo*, de E. T. A. Hoffmann) e *Sinhá Moça* (codirigido com Oswaldo Sampaio*, adaptado do romance de Maria Dezzone Pacheco Fernandes, versando sobre a abolição da escravatura no Brasil). *Ângela* estava sendo filmado em Pelotas, no Rio Grande do Sul, iniciado por Martim Gonçalves. Com a saída de Cavalcanti da VERA CRUZ, Payne assume a direção, designado por Franco Zampari*, diretor-presidente da empresa cinematográfica. *Sinhá Moça*, com o par romântico

Anselmo Duarte* e Eliane Lage* como protagonistas, estreou em São Paulo em 26 cinemas, no mês de maio de 1953. Posteriormente, Payne dirigiu *Arara vermelha*, adaptação do romance de José Mauro de Vasconcelos. O diretor foi responsável pela descoberta e lançamento no cinema da atriz Eliane Lage, com quem viveu durante catorze anos, tendo três filhos. Trabalhou como ator em *Curuçu, terror das amazonas*, produção norte-americana de 1956, de Curt Siodmak. No ano de 1957 dirigiu sem sucesso, para a TV TUPI de São Paulo, uma série televisiva, tendo Eliane Lage encabeçando o elenco. Afastado do cinema, Tom Payne foi empresário-construtor no Guarujá (litoral paulista), teve antiquário e tentou, sem êxito, ao menos em três ocasiões, voltar às atividades cinematográficas como diretor. Merece ser destacado que *Terra é sempre terra* recebeu o prêmio SACI, enquanto *Sinhá Moça* foi laureado com onze prêmios internacionais, entre eles um LEÃO DE PRATA no FESTIVAL DE VENEZA (1959), além de outras distinções em Berlim e no Vaticano, tendo também sido exibido em dezenas de países. Faleceu em 15 de setembro, na cidade de Alfenas, Minas Gerais. (AMC)

PEIXOTO, Mário (Mário José Breves Rodrigues Peixoto) – Bruxelas, Bélgica, 1908-1992. Diretor.

FILMOGRAFIA: 1930-1931 – *Limite*.

Já foi maior, mas ainda resiste uma verdadeira mitologia em torno da figura desse singular cineasta. Uma parte dela sem dúvida originou-se em seu próprio comportamento e personalidade, que combinava ingredientes de recolhimento, megalomania e um raro talento literário. Outra parte dela provinha do fato de *Limite*, o seu único filme, ter praticamente desaparecido das telas desde suas marcantes projeções ainda nos anos 30. Uma preocupante decomposição da película de nitrato, durante os anos 50, levou Mário a confiar sua restauração ao amigo Plínio Sussekind Rocha, graças a quem até então se faziam ainda raras projeções em restritos ambientes universitários. Mas o restauro, auxiliado por Saulo Pereira de Mello, aluno de Plínio, só veio a completar-se nos anos 70. Durante duas ou três décadas – coincidindo com a fase de maior importância na formulação da história, identidade e rumos do cinema brasileiro –, *Limite* não foi senão lembrança virulenta de poucos, e de gerações que se afastavam. Em seu livro *Revisão crítica do cinema brasileiro* (1963), Glauber Rocha* dedica a ele um capítulo inteiro sem tê-lo

visto, numa espécie de acerto de contas demolidor com um suposto "intimismo" formalista, sem contato com a realidade social. O filme recuperado, com a exceção de uma trilha sonora até hoje sem as sincronias exatas e relativamente pouca imagem perdida, ganhou também uma versão em vídeo, bem distribuída, e tem sido bastante visto no país a partir dos anos 80. O estranho, porém, é que, em vez de se dissiparem as mitologias, elas parecem às vezes se renovar, com traços do mais autêntico entusiasmo. É certo, entretanto, que nisso tem colaborado a impressão causada pelas qualidades formais e poéticas do filme. Contribui também ter sido *Limite* uma manifestação única e um tanto isolada no quadro do cinema brasileiro. Os timbres cosmopolitas que ainda dominam as reações recentes ganham em estridência diante do silêncio de críticos e historiadores internacionais, que prosseguem ignorando o filme. A impressão que partilhamos é a de que *Limite* faria jus a certo destaque na literatura especializada, ou mesmo exigiria o esboço de algumas novas concepções.

Um caminho promissor e no caso ainda pouco trilhado seria a frequentação do universo literário de Mário Peixoto. Por exemplo, a filiação modernista do seu livro de poesia *Mundéu*, publicado em 1931, parece-nos um terreno fértil. Mário de Andrade escrevia sobre o livro que "se tem a impressão do jato violento, golfadas irreprimíveis. São poemas que nascem feitos, explosões duma unidade às vezes excelente, em que o movimento plástico das noções e das imagens é incomparável dentro da nossa poesia contemporânea". Considere-se, no entanto, que para a avaliação de *Limite* a comunicabilidade entre meios de expressão diferentes talvez se iniba diante do impacto plástico e rítmico tão especificamente fílmico que sofremos. Sua espantosa sintaxe formal, lânguida e esparramada, prefigurando magnificamente uma "tropical melancolia" tão buscada mais tarde, talvez não encontre paralelos no país senão na fluidez lamentosa e interminável da música de um Villa-Lobos, cujo infinito *Choro nº 11*, com mais de uma hora de execução, é contemporâneo do filme. Obra única, esse verdadeiro "corpo estranho" no cinema brasileiro pareceria, com efeito, manter maior parentesco com o cinema europeu de vanguarda. Pode-se aproximá-lo das experiências francesas dos anos 20 com o ritmo, ou talvez da contemplação da natureza em Flaherty, ou ainda da cadência amorosamente lenta de Dovjenko. Mas algo nos diz que esses parentescos são tão longínquos quanto o

modo *alla* Antonioni com que se expressa a paralisia dos personagens através da captação que a câmera faz do espaço.

Há uma situação básica, temática, em *Limite*: três náufragos numa barca, duas mulheres e um homem, que contam uma passagem de suas vidas. Antes de cada história ser contada, antes mesmo da apresentação desse ponto de partida na barca, em calmaria desolada, vemos com o fundo escuro uma mulher envolvida em dois braços masculinos algemados, que nos olha com expressão fixa. E como que demarcadas já nesse olhar, as histórias dos náufragos retornam a paixões e prisões, fugas e fatalidades. A cadência lenta e a construção singular alternam composições estáveis e rígidas com movimentações de grande soltura da câmera. Configura-se no conjunto um olhar coerente de contemplação poética, a um tempo realista e metafísico. No entanto, os rumos tomados pela incipiente mas crescente indústria cinematográfica no Rio de Janeiro deram cada vez menos lugar ao amadorismo de grandes ambições artísticas que permitira aquela primeira e única eclosão do cineasta. Mesmo continuando a escrever, e não só romances e poemas, mas também roteiros, e iniciando a produção de alguns deles, chegando até a rodar certas cenas, a obra cinematográfica de Mário acabou ficando em *Limite*. Em vários aspectos, o conjunto de sua produção mantém com essa obra inaugural relações importantes. Há uma constante que talvez possa ser pesquisada no seu vínculo com a geografia fluminense que habitou desde criança. De um lado encontra-se um ente individual e urbano, com suas vicissitudes civilizadas, de outro, propondo uma lírica diversa e no entanto umbilicalmente ligada à primeira, uma paixão pela terra, em suas paisagens físicas e humanas. A combinação densa dessas duas vertentes líricas, muitas vezes nitidamente separadas, já no dizer de Mário de Andrade, baseia-se nos dois elementos principais de sua criação poética, "a terra e o mistério". O seu estilo parece originar-se em algum ponto indeterminado entre a invenção modernista da primeira vaga e a inspiração realista que orientou a geração seguinte em direção ao regionalismo, a partir dos anos 30. Há um popularismo radicalizado em seu trabalho que, se aproximado da vertente urbana ou da telúrica, pode prefigurar campos literários que só se desenvolveram mais tarde, fazendo-nos pensar, entre outros, num Nélson Rodrigues* ou num Jorge Amado*.

Essa ancoragem geográfica de seu universo poético poderia nos propor a redenção de um mundo físico correspondente, de alguma maneira, à biografia do autor. Nessa matéria, apesar de progressos recentes e da organização no Rio de Janeiro do Arquivo Mário Peixoto por Saulo Pereira de Mello, sob os auspícios de Walter Salles*, continuam vagos e enevoados diversos pontos de importância. A começar por seu nascimento, documentado no Rio de Janeiro em contradição com o que dizia Mário, ao afirmar ter nascido e vivido até os 2 anos na Bélgica, onde seu pai teria estudado Química (pesquisas recentes do arquivo têm reunido provas convincentes, ainda que não definitivas, nessa direção). Bem-nascido, de todo modo, Mário jamais precisou trabalhar. Tem por parte de pai e de mãe famílias aparentadas que nos levam, por exemplo, ao conhecido comendador Joaquim José de Souza Breves, maior plantador de café do Império e proeminente traficante de escravos; ou ainda a usineiros de açúcar na região de Campos, os Rodrigues Peixoto. As terras do comendador, no litoral e interior, iam da Restinga de Marambaia às fronteiras paulistas, sendo a capital marítima desse mini-império, já muito decadente na infância de Mário, a vila de Mangaratiba, onde ele filmou *Limite*. A ligação do cineasta com o litoral sul fluminense só se dá mais tarde, embora ele já trouxesse desde cedo a experiência do contraste não só entre os ramos da família, mas também entre a forte decadência dessa região e a riqueza fluminense que o cercava, urbana e rural canavieira.

Nascido em 25 de março, com pai e avô usineiros de açúcar, a partir da morte da mãe, aos seus 14 anos, Peixoto parece ter passado infância e juventude com a parte mais abastada da família, entre as casas do avô paterno, no Flamengo, e na sede da Fazenda Santa Cecília, em Volta Redonda, além da casa de verão da família em Petrópolis. Estudou dos 8 aos 18 anos no Colégio Santo Antônio Maria Zaccaria, no Catete, onde foram seus colegas Octávio de Faria, Plínio Sussekind Rocha e Cláudio Melo, posteriormente fundadores do CHA-PLIN CLUB*. Faz então uma viagem para estudar na Inglaterra, de outubro de 1926 a agosto de 1927, no Hopedene College, em Willingdon, próximo de Eastbourne, no Sussex. Consta ter detestado o clima inglês e a formalidade britânica. Quanto ao seu contato com o cinema, só se sabe ter sido nessa estada infeliz que resolveu ser ator. E, efetivamente, de volta ao Brasil, é apresentado pelo intelectual Cláudio de Souza, amigo da família, ao jovem Brutus Pedreira, que o conduz ao Teatro de Brin-

quedo. Lá conhece os irmãos Sylvio e Raul Schnoor e, pouco depois, na casa deles, a irmã, Eva Schnoor, a qual estrelaria durante o ano de 1928 *Barro humano*, realizado nos fins de semana pelos frequentadores da mesma casa, Adhemar Gonzaga* e Pedro Lima*, e cujas filmagens Mário passaria a acompanhar.

Nesse mesmo ano é fundado o CHA-PLIN CLUB, que editou a revista *O Fan* e realizou discussões teóricas sobre cinema, pioneiras no país. Sem ter participado do grupo, mantendo porém nessa época maior contato com o grande amigo que continuou sendo sempre Octávio de Faria, não se sabe ao certo quais das discussões em curso teria Mário acompanhado, nesse período em que, muito provavelmente, se dá a sua sedução pelo cinema. O maior estudioso da vida do cineasta e um exegeta erudito de *Limite*, Saulo Pereira de Mello, escreveu recentemente que "é possível que as discussões teóricas do clube chegassem até Mário, completando o que estava aprendendo praticamente, vendo *Barro humano* ser feito". Os debates que podemos ler na revista em torno de Murnau e seu *Aurora*, sobre a especificidade do cinema, as noções de ritmo, de continuidade e de movimento da câmera nos parecem bastante relacionáveis a *Limite*. Quando Mário volta à Europa, agora em companhia do pai, de junho a outubro de 1929, tudo indica que não se trata de uma viagem de estudos, mas de férias, em que se pode supor o interesse já formado pelo contato com o cinema em Londres e Paris. Mesmo sem sabermos o que viu na viagem, estava bem assessorado, pois o amigo Octávio de Faria, com quem se correspondia de Londres, na ocasião se localizava em Paris. Dentre as várias expectativas que a observação de *Limite* pode suscitar, sem pretender presumir a pesquisa necessária do que estaria em cartaz nesse verão nas duas cidades, e mesmo ignorando as referências mais prediletas de Mário, como Eisenstein e Chaplin, é de se lembrar a afinidade da fita com aspectos da chamada *avant-garde* francesa, o ritmo de Gance, o tratamento do espaço em alguns filmes de Dulac ou certos traços temáticos de fitas de Epstein. Mário conta que foi em Paris que viu a imagem que lhe teria proporcionado uma primeira antevisão de *Limite*, a capa da revista *Vu*, nº 74, de 14 de agosto de 1929, a face feminina com olhos fixados envolta de braços masculinos algemados, que o levou à imediata redação emocionada de um primeiro rascunho do argumento. Concorreriam no estado de espírito por que passava nesse momento

graves desavenças com o pai, que não veria com bons olhos a sua aproximação do universo artístico e cinematográfico, desejando-lhe a carreira de médico. Tais conflitos, a postura *gentleman* do cineasta deixaria sempre muito enevoados. Em suas entrevistas e depoimentos posteriores, algo de semelhante também ocorre com relação a suas eventuais tendências homossexuais, bem como suas relações materiais com a herança familiar.

De volta ao Brasil, frequenta a casa de madame Mathilda Schnoor e os seus círculos do Teatro de Brinquedo de Eugênia e Álvaro Moreyra, sendo possível que tenha presenciado as filmagens de "Lábios sem beijos" e "Saudade", dois filmes não concluídos de Adhemar Gonzaga. É provável que tenha conhecido, nessa época, Carmen Santos* e Edgar Brasil*, presentes ambos em *Limite*, este último o fotógrafo unanimemente apontado como o corresponsável pela magnífica plástica do filme. O amigo Brutus Pedreira, que cuidou da trilha sonora de *Limite* e interpretou um pequeno personagem na fita, teria sido o seu principal incentivador desde as primeiras intenções manifestadas. Ao fazer um primeiro tratamento do roteiro, a partir do rascunho de Paris, Mário propõe a direção desse *scenario* (publicado em volume em 1996) a Adhemar Gonzaga, e depois a Humberto Mauro*, que a recusam, sugerindo-lhe que dirigisse ele próprio, sob a consideração de tratar-se dum projeto muito pessoal. Adhemar entretanto indicou-lhe Edgar para a fotografia e pediu a Pedro Lima que lhe mostrasse o álbum de atrizes da CINÉDIA*, de onde Mário escolheu a sua expressiva "mulher nº 2", Taciana Rei, nome artístico de Yolanda Bernardi. O principal papel masculino ficou com Raul Schnoor, e a "mulher nº 1", Olga Breno, era Alzira Alves, balconista do seu tio na *bonbonnière* da Casa Globo. A fita não logrou distribuição comercial malgrado iniciativas de Adhemar Gonzaga. Mas o CHAPLIN CLUB, numa de suas derradeiras atividades, patrocinou a sua estreia em 17 de maio de 1931 pela manhã, no Capitólio, instando o surgimento de diversos artigos. Deram-se em seguida algumas sessões em Paris e em Londres, tendo ficado conhecido no Brasil um artigo de Serguei M. Eisenstein sobre a fita, ocasionado por uma dessas projeções. Apurou-se recentemente que tal artigo teria sido escrito pelo próprio Mário, imitando as ideias do mestre soviético, o qual nem sequer houvera passado na época por aquelas capitais europeias.

Naquele mesmo mês do lançamento de *Limite* inicia-se uma longa lista de realizações cinematográficas não levadas a termo ao longo de sua vida, com as filmagens bastante alardeadas na imprensa de *Onde a terra acaba*, produção de grande porte financiada por Carmen Santos, atriz principal da fita. Superada nos anos seguintes a ruptura de Mário com a *star*, ocasionada aparentemente pelo choque de personalidades no trabalho, ele escreve a seu pedido, em 1937, o roteiro de *Tiradentes*, posteriormente engavetado. O mesmo ocorreu em 1946, quando Carmen Santos e Afonso Campiglia pensaram em voltar a filmar *Onde a terra acaba* em versão falada e, no ano seguinte, quando a atriz quer que ele adapte para o cinema *ABC de Castro Alves*, de Jorge Amado. Com Pedro Lima planejou em 1936 um filme chamado "Constância", recusado ainda no roteiro, e em seguida "Maré baixa", também chamado "Mormaço", inviabilizado pela ruptura de Pedro com Adhemar Gonzaga, de cuja CINÉDIA Mário então se aproximara inadvertidamente. Com a dupla de *Barro humano*, Eva Schnoor e Carlos Modesto, tentou fazer "Três contra o mundo" em 1938. Ruy Santos e Afonso Campiglia anunciaram, em 1948, a produção iminente de seu filme "Sargaço", que não vingou e que Mário acabou transformando no roteiro *A alma segundo Salustre*, que foi publicado, em 1983, por Carlos Augusto Calil na EMBRAFILME*. Nesse projeto fixou-se exclusivamente durante décadas, envolvendo até entendimentos com a atriz Brigitte Bardot em 1971. Em 1984, Mário Peixoto publica o primeiro volume de uma nova versão do romance já publicado em 1934-1935, *O inútil de cada um*, agora expandido para seis volumes e recebe, em 1989, uma bolsa da Fundação Vitae para concluir os volumes restantes. Deixou inéditos roteiros, peças de teatro, diários, correspondência e um livro de poemas. Num inquérito nacional entre críticos promovido pela CINEMATECA BRASILEIRA em 1988, *Limite* foi escolhido o melhor filme brasileiro de todos os tempos. Num novo inquérito do jornal *Folha de S.Paulo*, em 1995, a escolha repetiu-se. Faleceu no Rio de Janeiro em 3 de fevereiro. (RMJr)

PENIDO, Antônio (Antônio Parreiras Horta Penido) – Rio de Janeiro, RJ, 1945. Fotógrafo.

FILMOGRAFIA: 1975 – *Ovelha negra, uma despedida de solteiro*. 1977 – *Na ponta da faca*. 1977-1978 – *Pequenas taras*. 1981 – *Engraçadinha*; *Beijo na boca*. 1982 – *O bom burguês*. 1983 – *Águia na cabeça*. 1984 – *Noite*. 1984-1985 – *Fulaninha*. 1986 – *Baixo Gávea*; *Banana Split*. 1989 – *Barrela, escola de crimes*. 1991 – *O inspetor Faustão e o Mallandro, a missão primeira e única*. 1992 – *Vagas para moças de fino trato*. 1996-1997 – *Policarpo Quaresma, herói do Brasil*. 1999 – *Cronicamente inviável*.

Um dos poucos fotógrafos assumidamente realistas do cinema brasileiro, explora contidos efeitos de luz e composição, destacando-se as soluções em circunstâncias restritivas de trabalho, como em *Barrela, escola de crimes*, de Marco Antonio Cury. Em sua permanência nos Estados Unidos faz o curso regular do californiano Brooks Institute of Photography, concluindo-o em 1970. Retornando ao Rio de Janeiro, ingressa no meio cinematográfico atuando como câmera em *Perdidos e malditos*, de Geraldo Veloso, e como fotógrafo de cena no curta *Triunfo hermético* (1971), de Rubens Gershman, além dos longas *O capitão Bandeira contra o dr. Moura Brasil*, de Antônio Calmon*, e *Vida de artista*, de Haroldo Marinho Barbosa*. Com esse realizador passa a diretor de fotografia e câmera, captando as imagens do curta *Petrópolis* (1972) e deslanchando fiel parceria. Sua carreira nos anos 70 passa por obras pouquíssimo conhecidas, como o longa *Pequenas taras*, de Maria do Rosário. Destacam-se as imagens de *Ovelha negra*, de Haroldo Marinho Barbosa. Exercita-se mais continuamente no curta-metragem, assinando a fotografia de *Cantilena de Arlequim* (1975), de Dayse Newlands, *Uma lição de moral* (1976) e *Nélson Rodrigues* (1978), ambos de Haroldo Marinho Barbosa, *Dionélio Machado* (1978), de Ivan Cardoso*, e *Vista para o mar* (1978), de Ney Costa Santos. Na virada para os anos 80, torna-se o principal diretor de fotografia dos filmes da ENCONTRO PRODUÇÕES CINEMATOGRÁFICAS, empresa fundada pelos cineastas Paulo Thiago*, Paulo Sérgio Almeida e Haroldo Marinho Barbosa. Começa pelos curtas *Dá-lhe, Rigoni* e *Sobrenatural de Almeida*, ambos de 1979 e dirigidos por Paulo Sérgio. Passa em seguida aos longas e a sua melhor fase, com destaque para *Engraçadinha*, de H. M. Barbosa, e *Águia na cabeça*, de Paulo Thiago. Após o pesado e irregular *Noite*, capta com sensibilidade o cotidiano da classe média carioca no solar *Fulaninha* e no sombrio *Baixo Gávea*. Por essa época volta-se para a televisão, fazendo a iluminação de casos especiais (*Bar, doce bar* e *Amor por um fio*, ambos de 1985), novelas (*Mandala*, de 1987, e *O outro*, de 1988), seriados (*Armação Ilimitada*, de 1987-1988) e minisséries (*Anos dourados* e *Desejo*, ambas de 1990). Ainda nesse período trabalha no malogrado projeto da TV RIO, capitaneado por Walter Clark*. Por ocasião da retração da produção no fim dos anos 80 e início dos 90, fotografa em condições precárias, extraindo de conceitos básicos, como a luz geral vertical de *Barrela*, resultados bastante eficientes. Por essa época, volta-se para a implantação da MULTI-RIO, central de produção televisiva da Prefeitura do Rio de Janeiro, coordenando o projeto de iluminação da programação da empresa. Como iluminador participa ainda da novela *Amazônia*, de Tizuka Yamasaki*, e da minissérie *Memorial de Maria Moura*. Retorna ao longa-metragem em 1996 com *Policarpo Quaresma, herói do Brasil*, sofisticando seu estilo e apresentando uma de suas melhores criações quanto à técnica e ao acabamento. Sua longa e variada carreira inclui inúmeros outros curtas (*Canto da sereia*, *Zadig*, *Paralelas*, *Decisão*, *Circo vicioso* e *Promessas*), um documentário (*Grupo Magman*, filmado em 1983 por Zeca Zimmerman), diversos institucionais (entre os quais se destacam *Grupo CMP*, dirigido em 1985 por Alberto Graça, e *Vale do Rio Doce*, dirigido por Nelson Pereira dos Santos* em 1990), e um videoclipe (*João Bosco*, realizado por Paulo Severo em 1997). Professor de fotografia da Escola Superior de Propaganda e Marketing, é autor do projeto de estúdio da mesma escola. (HH) Pela primeira vez trabalhou com um cineasta paulista, Sérgio Bianchi*, sendo responsável pela fotografia de *Cronicamente inviável*.

PENNA, Hermano – Crato, CE, 1945. Diretor.

FILMOGRAFIA: 1978-1983 – *Sargento Getúlio*. 1986-1987 – *Fronteira das almas*. 1998-1999 – *Mário*. 2007 – *Olho de boi*.

Aos 10 anos, sua família se estabeleceu em Salvador. Chegou no momento em que a cidade encontrava-se em período de grande efervescência cultural. Frequentou o Clube de Cinema, onde conheceu o importante crítico cinematográfico Walter da Silveira*. Fez contatos com o encenador Martim Gonçalves, o crítico de cinema e cineasta Glauber Rocha* e nomes da intelectualidade baiana. Assistiu ao surgimento do Cinema Novo* em sua fase baiana. A partir de 1965, viveu em Brasília, onde participou da realização de curtas-metragens e trabalhou no Instituto Central de Artes na Universidade de Brasília (UnB). Participou da recriação do curso de Cinema daquela universidade. Documentarista, seu primeiro curta foi *CPI do Índio* (1968). Radicado em São Paulo, cidade onde vive desde 1969. Trabalhou como técnico de cinema em diferentes funções e iniciou como responsável pelo som dos curtas. Assistente de câmera do diretor de fotografia Jorge Bodanzky* nos longas-metragens *Gamal, delírio do sexo* (1968), de João Batista de Andrade*; *Compasso de espera* (1969-1973), de Antunes Filho; e *O dia marcado* (1971-1977), de Iberê Cavalcanti; e assistente de direção de Maurice Capovilla* em *O profeta da fome* (1970). Junto com Bodanzky dirigiu o curta *Caminhos de Valderez* (1971). Sozinho, filmou vários curtas, começando com *Memória da Independência: uma exposição piloto* (1972). Escreveu o argumento de *Iracema, uma transa amazônica* (1974), documentário longo de Bodanzky e Orlando Senna*. Para o programa *Globo Repórter*, fez *Folias do divino* (1972) e *A mulher no cangaço* (1976). Também dirigiu o curta *Raso da Catarina* (1977). Na BLIMP FILMES, realiza seu primeiro longa, *Sargento Getúlio*, filmado na bitola 16 mm, em 1978, e ampliado para bitola 35 mm, em 1983. *Sargento Getúlio* foi um trabalho que delineou sua filmografia, sendo adaptação do romance homônimo de João Ubaldo Ribeiro, a quem havia conhecido em Salvador. Retomou a carreira de documentarista, com a realização dos curtas *África Novo Mundo* (1981) e *Índios: direitos históricos* (1982). Dirigiu seu segundo longa-metragem, o drama rural *Fronteira das almas*, na época em que realizava mais curtas, como *Aos ventos do futuro* (1986) e *O outro* (1991). Dirigiu novo drama no terceiro longa, *Mário*, enfocando homem que abandona a cidade grande e busca adaptar-se à vida no interior do país. Diretor do telefilme *Voo cego rumo sul* (2004), baseado no romance *Cara coroa coragem*, de Sinval Medina. Seu mais recente longa foi o drama *Olho de boi*, livremente inspirado em *Édipo Rei*, de Sófocles. (LFM)

PÊRA, Marília (Marília Marzullo Pêra) – Rio de Janeiro, RJ, 1943. Atriz.

FILMOGRAFIA: 1968 – *O homem que comprou o mundo*. 1970 – *É Simonal*. 1971 – *O donzelo*. 1975 – *Ana, a libertina*; *O rei da noite*. 1978 – *O Grande Desbun...* 1980 – *Pixote, a lei do mais fraco*. 1982 – *Bar Esperança, o último que fecha*. 1983 – *Mixed Blood* (produção estrangeira). 1986 – *Anjos da noite*. 1988-1989 – *Dias melhores virão*. 1995-1996 – *Tieta do agreste*. 1997 – *Central do Brasil*. 1998 – *O viajante*. 1999-2000 – *Amélia*. 2002-2003 – *Seja o que Deus quiser*. 2003 – *Garrincha, a estrela solitária* (coprodução estrangeira). 2006 – *Vestido de noiva*; *Acredite, um espírito baixou em mim*. 2007 – *Jogo de cena*.

2008 – *Embarque imediato*; *Nossa vida não cabe num Opala*; *Polaroides urbanas*.

Filha, sobrinha e neta de atores, Marília Pêra nasceu em 22 de janeiro, praticamente dentro de um camarim de teatro onde seus pais, Dinorah Marzullo e Manoel Soares Pêra, trabalhavam. Sua avó materna, Antônia Marzullo, além de ter tido uma importante carreira no teatro brasileiro, destacou-se também no cinema (atuou, por exemplo, em *O ébrio*, de Gilda Abreu*). Seu pai, Manoel, e seu tio, Abel Pêra, atuaram também no cinema. Sua estreia como atriz deu-se aos 4 anos, quando interpretou a filha de Medeia na tragédia homônima, trabalhando ao lado da grande atriz Henriette Morineau. Dos 4 aos 8 anos, viajou por todo o Brasil e chegou a fazer uma temporada em Portugal. Tendo estudado balé durante doze anos, decidiu se tornar bailarina clássica. Ao perceber a dificuldade da carreira no balé clássico, resolveu ser bailarina de *shows* e musicais, trabalhando no teatro, na televisão, em boate (com Carlos Machado) e até em circo. Em 1961, fez uma segunda viagem a Portugal, onde fez pequenos papéis em uma companhia de comédias. De volta ao Brasil, acabou se firmando como uma grande atriz de musicais, participando de peças de grande sucesso, como *My Fair Lady*, *Como vencer na vida sem fazer força*, *A ópera dos três tostões*, *O barbeiro de Sevilha*, *Roda-viva*, *A megera domada*, *Onde canta o sabiá*, *Pippin*, *Fala baixo senão eu grito*, *Exercício*, *Doce deleite*, *Elas por ela*, e outras. Marília construiu também uma expressiva carreira na televisão, a partir da personagem Manuela, de *Beto Rockfeller*. No cinema, seu primeiro papel foi em *O homem que comprou o mundo*, dirigido por Eduardo Coutinho*, e a própria Marília confessou que sua atuação não a deixou satisfeita. Em seguida, Marília atuou em *É Simonal*, de Domingos Oliveira*, em *O donzelo*, de Stefan Wohl, e *Ana, a libertina*, de Alberto Salvá*. Sua primeira oportunidade de peso foi-lhe dada por Hector Babenco*, que a escalou para o filme *O rei da noite*, em que contracenou com Paulo José*. Pelo papel no filme, Marília recebeu o prêmio GOVERNADOR DO ESTADO de melhor atriz. Mas o filme que marcou a sua carreira no cinema foi *Pixote, a lei do mais fraco*, também dirigido por Babenco. Sua interpretação sensível e tecnicamente irrepreensível de Sueli, uma prostituta à beira da loucura que se envolve com o garoto Pixote, valeu-lhe a consagração: além do prêmio AIR FRANCE de melhor atriz no Brasil, foi escolhida a melhor atriz do ano pela crítica dos EUA,

país em que o filme fez uma boa carreira. A projeção internacional que obteve lhe valeu convites para atuar no cinema americano, valendo ressaltar sua participação em *Mixed Blood*, de Paul Morrissey. Outro filme importante na carreira de Marília foi *Bar Esperança, o último que fecha*, de Hugo Carvana*. Interpretando uma atriz de telenovelas, Ana Morena, Marília foi eleita a melhor atriz do FESTIVAL DE GRAMADO de 1983. Teve também atuações marcantes em *Anjos da noite*, de Wilson Barros*, e *Dias melhores virão*, de Carlos Diegues*. Dirigida por este último, foi a Perpétua de *Tieta do agreste*, contracenando com Sônia Braga*. Atuou também em *Central do Brasil*, de Walter Salles*, vencedor do FESTIVAL DE BERLIM de 1998. Atriz segura, disciplinada e versátil, Marília Pêra soube aliar com precisão a vocação atávica para o palco ao aperfeiçoamento de suas aptidões dramáticas através do estudo e do aprendizado sistemático. É uma atriz que consegue fundir equilibradamente técnica e intuição. (LAR) Podemos também destacar sua atuação como protagonista do filme de estreia na direção do televisivo Miguel Falabella, a comédia *Polaroides urbanas*, em que interpreta duas irmãs gêmeas. Prestou depoimentos aos documentários *Pixote in memoriam* (2006), de Felipe Briso e Gilberto Topczewski, e *Dzi Croquettes* (2009), de Raphael Alvarez e Tatiana Issa.

PEREIO, Paulo César (Paulo César de Campos Velho) – Alegrete, RS, 1940. Ator.

FILMOGRAFIA: 1963 – *Os fuzis*. 1966 – *Terra em transe*. 1968 – *O homem que comprou o mundo*; *O bravo guerreiro*; *A vida provisória*; *Gamal, o delírio do sexo*; *Os marginais* (2º episódio: 'Papo amarelo'). 1969 – *Pedro Diabo ama Rosa Meia-noite*; *Viagem ao fim do mundo*. 1970 – *O capitão Bandeira contra o dr. Moura Brasil*; *A Sagrada Família*. 1971 – *Bang-bang*; *Os inconfidentes*. 1973 – *Toda nudez será castigada*; *Vai trabalhar, vagabundo*; *Sagarana: o duelo*. 1973-1977 – *Lira do delírio*. 1974 – *Relatório de um homem casado*; *A estrela sobe*; *A cartomante*; *As mulheres que fazem diferente* (3º episódio: 'Flagrante de adultério'); *Nem os bruxos escapam*; *Iracema, uma transa amazônica*. 1975 – *A extorsão*; *Aventuras amorosas de um padeiro* (*Adultério à suburbana*); *Os amores da pantera*; *A dama do lotação*. 1975-1976 – *Bandalheira infernal*. 1976 – *As loucuras de um sedutor*; *Gordos e magros*; *A queda*. 1976-1977 – *Anchieta, José do Brasil*. 1977 – *Chuvas de verão*; *O bom marido*; *Lúcio Flávio, o passageiro da agonia*; *Daniel, o capanga* de Deus; Se Segura, Malandro!. 1977-1981 – O segredo da múmia. 1978 – Tudo bem. 1979 – L'uomo della guerra possibile (produção estrangeira). 1979-1980 – O fruto do amor. 1980 – Os Mucker; Eu te amo. 1980-1982 – Tensão no Rio. 1981 – Ao sul do meu corpo. 1982 – Rio Babilônia; Retrato falado de uma mulher sem pudor; Bar Esperança, o último que fecha. 1982-1985 – Um filme 100% brasileiro. 1984 – Noite. 1985-1990 – Real desejo. 1986 – Banana Split. 1987-1988 – Natal da Portela. 1988-1989 – Dias melhores virão. 1989 – Barrela, escola de crimes. 1992 – Vagas para moças de fino trato. 1997 – Navalha na carne. 1998 – O viajante. 2003 – Homem do Ano; Harmada; Onde anda você?. 2005 – Árido movie; Gatão de meia-idade. 2006 – O cheiro do ralo. 2007 – Noel – poeta da Vila. 2008 – Nossa vida não cabe num Opala. 2009 – É proibido fumar; Meninos de Kichute.

Um dos mais incisivos e anárquicos intérpretes de sua geração, dono de um estilo personalíssimo de atuação, faz uso do improviso e reveste as personagens que incorpora com traços marcantes de sua personalidade. Autor de declarações tão bombásticas quanto aparentemente incoerentes, é tido como malandro, encrenqueiro e debochado, e sintetiza dessa forma a perplexidade e a coragem irônica diante de situações opressoras, sejam elas familiares ou sociais e históricas, transformando-se para muitos críticos no ator fetiche dos anos de ditadura militar. Descendente pelo lado paterno de formadores do estado gaúcho, contraria os parentes desde muito cedo, inclinando-se para as artes. Gago por muitos anos, tenta ainda criança o canto, chegando a ganhar concursos de auditório em rádios de Porto Alegre. Já adolescente, assume o posto de locutor radiofônico, comandando o programa Caleidoscópio. Resolve o problema da gagueira ao decidir-se pelos palcos, saindo de casa. A estreia acontece aos 16 anos com a peça A coroa do rei. Logo participa de vários grupos amadores, ora como ator, ora como maquinista ou contrarregra. Funda em pouco tempo o Teatro de Equipe, integrado entre outros por Paulo José* e Mário de Almeida. Dirige o Centro Popular de Cultura da União Nacional dos Estudantes (CPC/UNE) em Porto Alegre, integrando eventualmente os elencos das peças montadas pelo órgão. Muda-se para São Paulo no início da década de 60, entrando em contato com as experiências teatrais de vanguarda. Passa pelo Grupo Decisão, Teatro Oficina e Teatro de Arena, trabalhando com os princi-

pais encenadores da época (Augusto Boal, José Celso Martinez Corrêa, Victor Garcia, Antônio Abujamra e Fauzi Arap). Integra o elenco de espetáculos históricos como Roda-viva, O balcão, Rapazes da banda e AntiNélson Rodrigues, os dois últimos seus preferidos, desenvolvendo intensa carreira por anos a fio. Ainda no começo de sua estada na cidade é convidado por Luís Paulino dos Santos para emprestar sua voz à narração de filmes publicitários, tornando-se com o tempo um dos profissionais mais conhecidos e requisitados do meio. Eventualmente escreve para jornais, colaborando mais assiduamente com o diário Última Hora e o semanário O Panfleto, de Leonel Brizola, um velho amigo de família (sua mãe trabalhava para a esposa do político). Durante uma de suas apresentações teatrais é convidado pelo diretor Ruy Guerra* para fazer um dos soldados de Os fuzis. Identificando-se com a estética do Cinema Novo* e a liberdade concedida ao ator, não admite inicialmente concessões, filmando pouco. Após breves papéis em Terra em transe, de Glauber Rocha*, e A vida provisória, de Maurício Gomes Leite*, protagoniza O bravo guerreiro, de Gustavo Dahl*, conquistando o prêmio GOVERNADOR DO ESTADO em São Paulo. Aumenta o ritmo de incursões no cinema, tornando-se um dos atores mais requisitados dos anos 70. Tem elogiadas interpretações em Vai trabalhar, vagabundo, de Hugo Carvana*, como um louco anarquista, e em Iracema, uma transa amazônica, de Jorge Bodanzky* e Orlando Senna*, como o caminhoneiro que atravessa a região divagando sobre seus infortúnios. Em decisão repentina, adere à pornochanchada*, praticando e defendendo o gênero. Como que resumindo sua carreira, obtém grande reconhecimento crítico e popular por sua atuação inquieta e indagativa em Eu te amo, de Arnaldo Jabor*. O sucesso proporciona-lhe a oportunidade para comandar um programa de televisão na REDE BANDEIRANTES, o Variety – 90 Minutos, que abandona após desavenças com a emissora. Suas esporádicas incursões no veículo incluem ainda algumas novelas na REDE TUPI e na REDE GLOBO, como O homem que deve morrer e Partido alto, a minissérie O tempo e o vento e alguns episódios de seriados como Carga Pesada. Protagoniza também o vídeo independente Elixir do pajé (1989), dirigido por Helvécio Ratton*. A perda do sentido de seu tipo característico, problemas de ordem pessoal e um acidente que lhe causa a perda de parte da língua vão paulatinamente alijando-o da produção audiovisual. (HH) Na década de

2000 retorna, recuperado, às telas brasileiras e à televisão, onde apresenta programa de entrevistas intitulado Sem Frescuras. Sua personalidade afirma-se, agora na maturidade, a partir do tipo que criou e que continua a ser bastante disputado entre cineastas, mesmo sem o protagonismo de outras épocas. Muito polêmico, afirmou definitivamente figura de cafajeste sem travas na língua. Em 2006, reuniu fotos, cartas, anotações e desenhos no livro Por que se mete, porra? – delicadezas de Paulo César Pereio. Para homenageá-lo, Allan Sieber, autor de quadrinhos, cartunista e animador, fez o documentário de longa-metragem Eu te odeio Pereio (2002-2010). Sua voz fora de campo está presente nos curtas Os idiotas mesmo (2000), Onde andará Petrucio Elker? (2001), e no longa O cheiro do ralo. Desde os tempos do Cinema Marginal*, Pereio é o ator das causas perdidas e das produções difíceis. Personifica como nenhum outro a exasperação aguda que vagueia amplamente pelo cinema brasileiro do século XX. Ele dá corpo, e voz, a essa exasperação, trazendo para a tela a expressão desbocada de quem está lá para esculachar e dar a cara a bater. É nessa linha que surge em personagens como o inesquecível Tião Brasil Grande de Iracema, uma transa amazônica, num misto de desprezo e arrogância machista que choca a sensibilidade politicamente correta; ou em Bang-bang, no incrivelmente debochado homem-gorila, incorporando a atitude esculachada que está na base do Cinema Marginal. Oscila algumas vezes num tipo mais cool, de fundo irônico, o qual combina com sua voz clássica e grave, perfeita para apresentar comerciais à família brasileira. Em sua interpretação, destaca-se o contraste entre o ser debochado, que seu corpo encarna com naturalidade, e a voz, sóbria e compenetrada, que consegue dar ao deboche o verniz de algo respeitável. Na proximidade com a produção alternativa, encarnando a fundo o espírito marginal e sua agonia, podemos destacar sua atuação em A vida provisória, Gamal, o delírio do sexo, Viagem ao fim do mundo, Capitão Bandeira contra o dr. Moura Brasil, Os inconfidentes, Lira do delírio, O bravo guerreiro. É indispensável também lembrarmos da extensa carreira de ator curta-metragista, traço que reafirma sua personalidade ao largo do estrelato e das grandes produções, apoiando cineastas iniciantes ou de pequenas produções. Entre os curtas em que atua podemos citar Puro fantasma (1969), Amor (1994), Onde andará Petrucio Felker (2001), O comendador, Praça Clóvis (2002), Quando o amor vem por necessidade, Plano-sequência, Rostilidades

(2003), *Os sentidos do rosto, Superstição, Veja & Ouça* (2004), *Maria Baderna no Brasil, Pobres diabos no Paraíso* (2005), *Vermelho rubro, Nanoilusão, Jantar em família* (2006), *Ponto.Org* (2010). (FPR)

PEREIRA, Agostinho Martins – Vila São Fernando, Portugal, 1923. Diretor.

FILMOGRAFIA: 1955 – *A carrocinha*. 1956 – *O gato de madame*. 1979 – *O campineiro, garotão para madames*.

Responsável por alguns dos melhores filmes de Amácio Mazzaropi*, desenvolve carreira ligada principalmente à VERA CRUZ*. Vem para o Brasil com 4 anos incompletos, estabelecendo-se com a família na cidade de São Paulo. Embora apaixonado por cinema, assunto que procura estudar através da bibliografia disponível, decide fazer o curso superior de Ciências Contábeis e Atuariais, na então Escola Álvares Penteado. Paralelamente, frequenta grupos amadores de teatro universitário, em especial o de Osmar Rodrigues Cruz, desempenhando pequenos papéis em peças como *Retalho, Feitiço, Os espectros* e *As mulheres não querem almas*. Participa também das reuniões e sessões do CINE-CLUBE BANDEIRANTES, ingressando em seu Departamento de Cinema. Com a criação da VERA CRUZ, consegue colocação como assistente de câmera no primeiro longa da empresa, *Caiçara*, de Adolfo Celi*. Ainda durante sua produção, evolui rapidamente para segundo e primeiro assistente de direção. Desempenha a primeira assistência também em *Tico-tico no fubá*, quando trabalha novamente com Celi, em *Appassionata*, de Fernando de Barros*, do qual também escreve o roteiro técnico, e *Esquina da ilusão*, de Ruggero Jacobbi, em que dirige algumas cenas. Ainda no início da companhia, colabora no roteiro e nas filmagens prévias do longa não realizado "Mormaço". É encarregado de organizar o departamento interno de curta-metragem, que não deslancha. Com a falência, em 1953, inviabiliza-se seu primeiro filme como realizador, "Um galã para você", com roteiro de Walter George Dürst*. Monta em seguida, com Fernando de Barros*, a produtora UNIFILMES, preparando os projetos de "Amante da Penha", não realizado, e *Arara vermelha*, dirigido por Tom Payne*. Nesse meio-tempo, tem sua primeira experiência com o cinema publicitário, rodando quatro comerciais para a Companhia União dos Refinadores de Açúcar e Álcool. Na mesma época faz a decupagem e dirige *A carrocinha*, considerado o melhor filme com o cômico Mazzaropi e responsável pela consolida-

ção de sua carreira. A parceria se repete em *O gato de madame*, que confirma sua competência artesanal. Colabora no curta documental *O livro* (1957), dirigido por Lima Barreto* para o Instituto Nacional de Cinema Educativo (INCE*). Junta-se a César Mêmolo Jr. e funda a LYNX FILMES em 1960, dedicando-se, como diretor, exclusivamente aos comerciais, institucionais e pequenos documentários. Volta tardia e isoladamente ao longa com a comédia erótica *O campineiro, garotão para madames*. Tem pequenas participações como ator em *Ângela, Appassionata* e *A carrocinha*. (HH) Em 2008, foi lançado pela Coleção Aplauso, da Imprensa Oficial do Estado de São Paulo, o livro *Agostinho Martins Pereira – o idealista*, organizado por Maximo Barro.

PEREIRA, Cristina – São Paulo, SP, 1949. Atriz.

FILMOGRAFIA: 1975 – *O rei da noite*. 1976 – *Elas são do baralho*. 1977 – *Mar de rosas*. 1980 – *P. S.: post-scriptum*. 1982 – *Das tripas coração*. 1985 – *Brás Cubas*. 1986 – *Tanga (Deu no New York Times)*. 1986-1987 – *Sonho de Valsa*. 1987 – *Romance da empregada*. 1999-2000 – *Amélia*. 2002 – *Xuxa e os duendes 2 – no caminho das fadas; Poeta de sete faces*. 2003 – *Xuxa abracadabra*. 2004-2005 – *Mais uma vez amor*. 2006 – *Trair e coçar é só começar*. 2007 – *O sal da terra*.

Na década de 1970, cursou a Escola de Arte Dramática (EAD). Conta com mais de quarenta anos de profissão. Seu nome está ligado a produções de sucesso também no teatro, tendo atuado em dezenas de peças, além de ser sócia-fundadora da Casa da Gávea, diretora e professora de teatro. Na década de 70, Cristina Pereira estreou no cinema com o filme *O rei da noite*, de Hector Babenco*, em que foi uma das irmãs Maria, a Maria das Graças. Dois anos depois, tornou-se nacionalmente conhecida fazendo a adolescente endiabrada no filme *Mar de rosas*, primeira obra da trilogia feminina da cineasta Ana Carolina*, ao lado de Xuxa Lopes*. Passa então a ser uma das marcas do cinema autoral da cineasta, em filmes como *Das tripas coração* e *Sonho de Valsa*. Com Ana Carolina participou também de *Amélia*, como hóspede de hotel na ficção sobre a passagem da lendária atriz francesa Sarah Bernhardt pelo Brasil. Na única incursão do cartunista Henfil na direção de longa, o anárquico *Tanga, (deu no New York Times)*, recebeu o prêmio SOL DE OURO no RIO CINE FESTIVAL, por seu trabalho como guerrilheira da Liga da Mulher Ideal. Outros trabalhos da atriz no

cinema foram nas fitas da Xuxa, quando fez a mãe de Chapeuzinho Vermelho em *Xuxa abracadabra*, de Moacyr Góes*, e em *Xuxa e os duendes 2 – no caminho das fadas*, de Rogério Gomes e Paulo Sérgio de Almeida; *Trair e coçar é só começar*, quando foi novamente dirigida por Moacyr Góes interpretando uma síndica cricri. Participou da comédia de curta metragem *Os penúltimos serão os segundos* (1998), de Sung Sfai. Vem trabalhando na TV, onde iniciou em 1988 com *TV Pirata*. Passou pela REDE GLOBO, percorrendo outras emissoras, como TUPI, BANDEIRANTES, MANCHETE e RECORD. Viveu a experiência de trabalhar num longa-metragem feito diretamente para o mercado de vídeo em *Por um fio* (2003), de João Batista de Andrade*. (VLD)

PEREIRA, Geraldo Santos (José Geraldo Santos Pereira) – Visconde de Rio Branco, MG, 1925. Diretor.

FILMOGRAFIA: 1957 – *Rebelião em Vila Rica*. 1964 – *Grande sertão*. 1970 – *Balada dos infiéis*. 1976 – *O seminarista*. 1978 – *O sol dos amantes*. 1999-2000 – *Aleijadinho, paixão, glória e suplício*.

Em estreita parceria com o irmão gêmeo, (José) Renato Santos Pereira, desenvolve carreira cinematográfica voltada para a história e as tradições culturais de seu estado natal. Ao tempo da Faculdade de Direito, que cursava na Universidade Federal de Minas Gerais, funda o CLUBE DE CINEMA (1947), escreve crítica cinematográfica no jornal *Estado de Minas* e realiza, com produção do irmão, o documentário de curta metragem *Batalha do trânsito* (1948). Pouco depois prestam concurso público e conseguem vaga para o curso regular do Institut des Hautes Études Cinématographiques (IDHEC), em Paris. Na escola, Geraldo assina a direção do exercício *Antoine et Antoinette*, refilmagem do longa homônimo. Paralelamente faz curso sobre Literatura Contemporânea na Sorbonne. De volta ao Brasil, em 1952, dão cursos no Museu de Arte Moderna de São Paulo e são convidados por Franco Zampari* para integrar a equipe da VERA CRUZ*. É oferecida a ambos a possibilidade de dirigir filmes, recusada por considerarem-se pouco experientes profissionalmente. Preferem começar como assistentes de direção. Geraldo faz primeira assistência em *Uma pulga na balança*, de Luciano Salce*, e *Luz apagada*, de Carlos Thiré, e Renato, em *Sinhá Moça*, de Tom Payne* e Oswaldo Sampaio*. Com a falência da empresa, Renato parte para a realização de filmes institucionais, passando ainda pela televisão e pelo jornalismo. Depois os irmãos engajam-se em cargos públicos, com Renato assumindo a condução do Instituto Nacional do Livro e Geraldo defendendo a criação e posteriormente ingressando na Comissão Federal de Cinema e no Grupo Executivo da Indústria Cinematográfica (GEICINE). Ainda durante o governo Kubitschek, roteirizam, produzem e dirigem uma atualização histórica do episódio da Inconfidência Mineira, *Rebelião em Vila Rica*, realizado em AGFACOLOR e revelado em Buenos Aires, que ganha menção honrosa no FESTIVAL MUNDIAL DO FILME de 1958, em Bruxelas, constituindo-se em um dos primeiros filmes brasileiros a centrar nos jovens a condução de uma história. Tornam-se colaboradores regulares do Instituto Nacional do Cinema Educativo (INCE*), assinando cerca de uma dezena de documentários, em sua maioria voltados para temas mineiros, como *Serra da Piedade* e *Roteiro barroco mineiro*, de Geraldo, e *Tiradentes* e *Serro*, de Renato. Aprofundando a mineiridade, fundam a VILA RICA PRODUÇÕES CINEMATOGRÁFICAS e lançam-se ao ousado projeto de adaptar para o cinema a obra máxima de Guimarães Rosa, *Grande sertão: veredas*. O resultado decepcionante os reencaminha para o jornalismo e os cargos públicos. Geraldo escreve para o *Diário Carioca* e o *Diário de Notícias* e exerce a função de diretor do filme educativo do Instituto Nacional do Cinema (INC*). Renato torna-se professor de Direito na Universidade Federal Fluminense, assumindo daí em diante a produção executiva dos filmes do irmão e realizando, isoladamente, como diretor, o policial *Quem matou Pacífico?*, em 1978. Exibindo um estilo narrativo sempre correto, mas sem maior brilho, Geraldo roda ainda a comédia *Balada dos infiéis*, e os dramas *O seminarista*, seu filme mais elogiado e premiado, baseado no romance homônimo de Bernardo Guimarães, e *O sol dos amantes*. É autor de livro sobre a trajetória e os problemas do cinema brasileiro, *Plano geral do cinema brasileiro*, lançado em 1973, e do relato autobiográfico, entremeado por contos, *Ciranda barroca*, lançado em 1984. Seus projetos, nos anos 90, incluíram uma tentativa frustrada de transformar este último em filme. (HH) Depois de mais de vinte anos sem filmar, dirigiu, em 1999, a biografia *Aleijadinho, paixão, glória e suplício*. Filme inicialmente pensado para a direção de Renato Santos Pereira, acabou sendo assumido por Geraldo, que levou adiante o projeto utilizando o roteiro já escrito pelo irmão.

PEREIRA, Gilvan (José Gilvan Pereira) – Aliança, PE, 1938-2002. Roteirista, diretor.

FILMOGRAFIA: 1969 – *Pobre príncipe encantado*. 1969 – *Pais quadrados, filhos avançados*. 1970 – *Impossível acontece* (2º episódio: 'Eu, ela e outro'); *Como ganhar na loteria sem perder a esportiva*. 1971 – *Som, amor e curtição*. 1972 – *Salve-se quem puder, rally da juventude*. 1973 – *Aladim e a lâmpada maravilhosa*. 1974 – *Robin Hood, o trapalhão da floresta*. 1975 – *Com um grilo na cama* (rot., dir.). 1977 – *Os sensuais, crônica de uma família pequeno burguesa* (rot., dir.). 1978 – *Elke Maravilha contra o homem atômico* (rot., dir.). 1979 – *Vamos cantar disco, baby?* (*É proibido beijar as Melindrosas*). 1980 – *Bonitinha mas ordinária*. 1981 – *Álbum de família*; *Os saltimbancos trapalhões*. 1982 – *Os vagabundos trapalhões*; *Os Trapalhões na Serra Pelada*. 1983 – *Perdoa-me por me traíres*; *Atrapalhando a Suate*. 1984 – *Os Trapalhões e o Mágico de Oroz*; *A filha dos Trapalhões*. 1987-1994 – *O Judeu*.

Polivalente homem de cinema, passa por quase todas as funções, dedicando-se, como roteirista, a dar forma a um certo cinema infantil e adolescente, e, como diretor, a tentar psicologizar a pornochanchada*. Transfere-se para o Rio de Janeiro, onde entra em contato com o meio cinematográfico quase na metade da década de 60. Trabalha inicialmente nos filmes do diretor J. B. Tanko*, aprendendo a carpintaria do roteiro, da produção e das filmagens. Especializa-se em decupagem. Com *Pobre príncipe encantado*, de Daniel Filho*, inicia uma interessante crônica de costumes do desbum carioca, inserindo esse universo social e cultural em diversos enredos. Explora particularmente em alguns roteiros uma epigônica Jovem Guarda, como em *Som, amor e curtição*, de Tanko, que concebe e estrutura. Convidado por esse diretor, roteiriza *Aladim e a lâmpada maravilhosa*, dando início a uma longa parceria em torno dos projetos que Tanko desenvolve para o grupo Os Trapalhões*. A dupla firma-se no filme seguinte, *Robin Hood, o trapalhão da floresta*, grande sucesso de bilheteria. Gilvan experimenta cenografar a comédia *O comprador de fazendas* (1974), de Alberto Pieralisi*, e parte para a criação de uma produtora, a GILVAN PEREIRA FILMES. Escreve e dirige o melodrama pornochanchadesco *Com um grilo na cama*, apreciado pela ausência de escracho e retrato de certas situações. Associando-se à ATLÂNTIDA*, parte para um projeto mais ousado: *Os sensuais*, exame dos descaminhos da burguesia carioca

em chave erótica. Elogia-se a sinceridade do roteiro, ressalvando-se a falta de uma criatividade maior na *mise-en-scène* e o pouco embasamento das teses centrais. O sucesso relativo do filme leva-o a um empreendimento mais comercial, o infantil *Elke Maravilha contra o homem atômico*, seu último trabalho como diretor. A pobreza da produção aumenta o *nonsense* do enredo, mobilizando o público da época. Após atuar como diretor de produção de *O Grande Desbun...* (1978), de Braz Chediak* e Antônio Pedro, volta a trabalhar somente como roteirista, assinando três adaptações comerciais de Nélson Rodrigues* (*Bonitinha mas ordinária*, *Álbum de família* e *Perdoa-me por me traíres*), todas sob a direção de Braz Chediak. Nos anos 80, reata a parceria com Tanko, coassinando os enredos de todas as produções dos Trapalhões por ele dirigidas, destacando-se os elogiados *Os saltimbancos trapalhões* e *Atrapalhando a Suate*, de Dedé Santana* e Vítor Lustosa. Envolve-se profundamente na produção e na criação do roteiro de *O Judeu*, de Jom Tob Azulay, não antevendo a verdadeira epopeia em que se transformariam as filmagens. Somente após o lançamento do filme, quase uma década mais tarde, retorna ao meio, fazendo direção de produção de *Policarpo Quaresma, herói do Brasil* (1996-1997), de Paulo Thiago*. (HH)

PEREIRA, Luiz Alberto (Luiz Alberto Mendes Pereira) – Guaratinguetá, SP, 1951. Diretor.

FILMOGRAFIA: 1979-1981 – *Jânio a 24 quadros*. 1993-1994 – *Efeito ilha*. 1994 – *Os sete sacramentos de Canudos* (episódio: 'A ordem'). 1998-1999 – *Hans Staden*. 2006 – *Tapete vermelho*.

Cineasta oriundo de uma das primeiras turmas da Escola de Comunicações e Artes, da Universidade de São Paulo (ECA/USP). Na escola tem oportunidade de dirigir, escrever e montar o seu primeiro curta-metragem, na bitola de 16 mm, intitulado *Monteiro Lobato* (1972), em preto e branco. O curta, além de ser uma cinebiografia do escritor, também é um olhar sobre as origens interioranas do diretor. Na bitola profissional, 35 mm, realiza *O sistema do dr. Alcatrão e do professor Pena*. Trabalha como câmera na Companhia Estadual de Tecnologia de Saneamento Básico e Defesa do Meio Ambiente (Cetesb), onde também prepara roteiros, e no *Globo Repórter* (1975). Luiz Alberto exerce a função de montador em *A voz de Deus* (1976), e de ator em alguns filmes, como *O homem que virou suco*, de João Batista de Andrade*; *A caminho das Índias*, de Isa Castro e Augusto Sevá*; *Que filme tu vai fazer?*, de Denoy de Oliveira*. No seu primeiro longa-metragem de ficção, *Efeito ilha*, Luiz Alberto trabalha como ator no papel principal do filme. Essa atuação lhe valeu elogios da crítica norte-americana, que o reconheceu como o Woody Allen brasileiro. Como diretor de filmes de longa metragem, Luiz Alberto Pereira realizou o documentário *Jânio a 24 quadros*, interrompido por motivo de produção várias vezes, em que retrata o ex-presidente de uma maneira bem-humorada. Já com *Efeito ilha*, relata comicamente a situação de um homem que vive o mundo através de um aparelho de televisão, uma crítica satírica aos meios de comunicação modernos. Nos anos de queda abrupta da produção cinematográfica brasileira, Luiz Alberto viu um projeto seu de filme curto, *A ordem*, premiado pelo Instituto Goethe. *A ordem* integrou o longa *Sete pecados sacramentais*, filme em que participaram vários diretores brasileiros que tematizaram sobre Canudos. Seu terceiro longa-metragem, *Hans Staden*, relata a passagem do alemão no Brasil e o seu contato com os índios. *Tapete vermelho* revive o mito Mazzaropi em um bom diálogo com o cinema de gênero. Indiretamente também nos remete às brincadeiras do colega André Klotzel* em *Marvada carne*. Lá o caipira queria, porque queria, comer um bife. Aqui quer muito, mas também não consegue, assistir a um filme de Mazzaropi no cinema. (AG)

PEREIRA, Tonico (Antonio Carlos Souza Pereira) – Campos, RJ, 1948. Ator.

FILMOGRAFIA: 1973-1977 – *A lira do delírio*. 1976 – *Crueldade mortal*; *A queda*. 1978 – *O coronel e o lobisomem*. 1979 – *República dos assassinos*. 1983 – *Memórias do cárcere*. 1984 – *O rei do Rio*; *Nunca fomos tão felizes*. 1985 – *O homem da capa preta*. 1986 – *Ele, o boto*. 1987 – *Romance da empregada*. 1987-1991 – *Vai trabalhar vagabundo II, a volta*. 1988 – *Dedé Mamata*. 1988-1989 – *O círculo do prazer*; *Corpo em delito*. 1990-1991 – *Assim na tela como no céu*. 1991 – *A grande arte*. 1992 – *Era uma vez...* 1994 – *Menino maluquinho – o filme*. 1995-1996 – *O cego que gritava luz*. 1996-1997 – *Policarpo Quaresma, herói do Brasil*; *O guarani*. 1997 – *Guerra de Canudos*; *No coração dos deuses*. 1998 – *Traição*. 1999 – *O primeiro dia*. 2000-2001 – *A hora marcada*. 2001 – *Copacabana*; *Caramuru, a invenção do Brasil*. 2002 – *Querido estranho*. 2003 – *Maria, mãe do filho de Deus*; *Um show de verão*. 2004 – *Quase dois irmãos*; *Redentor*; *O veneno da madruga-*da (coprodução estrangeira). 2005 – *O coronel e o lobisomem*. 2006 – *Vestido de noiva*; *Brasília 18%*. 2007 – *Saneamento básico, o filme*. 2008 – *Romance*. 2010 – *O Bem Amado*.

Ator de grande versatilidade e notável capacidade de caracterização, Tonico Pereira é um dos mais importantes atores coadjuvantes do cinema brasileiro contemporâneo*. Apesar de uma sólida carreira teatral, nunca alimentou grandes sonhos como ator, profissão que abraçou ainda adolescente. Procurou sempre manter uma atividade paralela à de ator para garantir a sua sobrevivência. Técnico de contabilidade formado, foi gerente de banco, trabalhou na Varig, teve uma livraria em Niterói e lojas de materiais de construção no Rio de Janeiro e foi até dono de uma peixaria na Cidade de Deus, em Jacarepaguá. Tonico começou a carreira no grupo de teatro comunitário da Universidade Federal Fluminense (UFF), de Niterói, em 1968. A partir dessa experiência como ator, teve a oportunidade de fazer os seus primeiros filmes: *A lira do delírio*, de Walter Lima Jr.*, sua estreia, quando teve um pequeno papel; *Crueldade mortal*, de Luiz Paulino dos Santos, em outra discreta participação; *A queda*, de Nelson Xavier* e Ruy Guerra*. Em *República dos assassinos*, dirigido por Miguel Faria Jr.*, ele viveu um de seus maiores desafios, interpretando o marido de um travesti. Em *A grande arte*, dirigido por Walter Salles*, Tonico experimentou a maior glória de sua carreira até então. O personagem interpretado por ele, Rafael, um matador com problemas psicológicos atribuídos à dominação da figura materna, rendeu-lhe generosos elogios da crítica brasileira. Sem falar inglês, Tonico se preparou com tanto afinco que conseguiu se sair convincentemente, sem precisar ser dublado. Tonico chegou a receber uma proposta para trabalhar nos Estados Unidos, que acabou não se consumando. É o protagonista em *O cego que gritava luz*, de João Batista de Andrade*, interpretando um humilde contador de histórias, Dimas, que passa os dias num boteco de Brasília contando histórias aos frequentadores e se recusa a revelar o final de uma delas. Ator muito requisitado por diretores brasileiros, Tonico teve ainda participações elogiadas em *Memórias do cárcere*, de Nelson Pereira dos Santos*; *O homem da capa preta*, de Sérgio Rezende*; *Ele, o boto*, de Walter Lima Jr.; *O rei do Rio*, de Fábio Barreto*; e *Dedé Mamata*, de Rodolfo Brandão. Em *Guerra de Canudos*, um dos filmes mais caros da história do cinema brasileiro, também dirigido por Sérgio Rezende, Tonico Pereira encarnou o temido e sanguinário coronel Moreira César, chefe de uma malograda expedição do Exército republicano enviada para dar cabo da rebelião de Canudos. Tonico atuou também em *O guarani*, de Norma Bengell*, interpretando o personagem Aires Gomes. Além de sua presença marcante no cinema nacional, Tonico Pereira tem uma carreira expressiva no teatro e na televisão. Um dos seus grandes sucessos como ator foi a peça *Papa Highirte*, encenada em 1979, quando foi indicado como o melhor ator do ano. (LAR) Desenvolve trabalho sistemático no cinema contemporâneo, atuando como coadjuvante em cerca de dez filmes na década de 2000. Foi lançado o livro *Tonico Pereira, um ator improvável – uma autobiografia não autorizada*, encomendado pela Coleção Aplauso, da Imprensa Oficial do Estado de São Paulo, contando a trajetória do ator através de depoimentos dos amigos, com coordenação de Rubens Ewald Filho.

PERNAMBUCO

As primeiras exibições de cinema em Pernambuco teriam acontecido em 1902, no Animatógrafo da rua da Imperatriz, no centro do Recife. Meses depois, começaram as sessões permanentes, no CINE PATHÉ. Quanto à produção, há registros de atualidades com assuntos locais a partir de 1915, a exemplo de *Procissão dos passos em Recife*, da empresa pernambucana MARTINS & C. Em 1917, são lançadas duas edições do *Pernambuco Jornal*, realizado pela LEOPOLDIS-FILM, trazendo entre outras atrações a moda parisiense em Pernambuco, a matinê de domingo do cinema MODERNO (que financiou os filmes) e imagens do cangaceiro Antônio Silvino, o "terror dos sertões". No início dos anos 1920, há diversos registros da produção de complementos locais, com a atuação de empresas como COMELLI & CIACCHI FILMS, que lança em 1920 *O Jornal do Commercio* e *A passagem de sua Alteza Real o Príncipe Leopoldo pelo Recife*, entre outros, e de cinegrafistas como o pernambucano A. Grossi e o mineiro Aristides Junqueira que, à frente da EMPRESA CINEMATOGRÁFICA NORTE DO BRASIL, realiza o *Pernambuco Jornal* (1924) e exibe diversos filmes sobre o interior do estado durante a Exposição Geral de Pernambuco. Imagens do mesmo evento fazem parte do longa-metragem *Pernambuco e sua exposição de 1924* (1925), produzido pela PERNAMBUCO-FILM, dos sócios Ugo Falangola e J. Cambieri. A empresa firma-se no mercado e mostra-se bastante ativa em 1924, produzindo documentários com regularidade, graças à ligação com o governo do estado, para o qual realiza também *Recife no Centenário da Confederação do Equador* (1924). No Rio de Janeiro, exibem *Veneza americana*, uma compilação de cenas dos dois longas anteriores. Ao que tudo indica, a produção de filmes de enredo no estado tem início com *Retribuição* (1923-1924), de Gentil Roiz*, o primeiro da AURORA-FILM, uma das principais empresas do Ciclo do Recife*, termo que engloba um período de grande atividade cinematográfica na cidade, na segunda metade dos anos 1920, quando são realizados e exibidos dezenas de filmes, entre eles treze fitas de enredo. No final da década, observa-se uma significativa movimentação na crítica cinematográfica, com destaque para as resenhas e artigos publicados pelos jovens críticos Evaldo Coutinho e Nehemias Gueiros. Desde pelo menos 1936, atua na cidade a MERIDIONAL FILMES, produzindo complementos e cinejornais até a década de 1950. Em 1942, a empresa lança *Coelho, sai* – o "primeiro filme falado produzido no norte do Brasil", segundo o material de divulgação –, recheado de números musicais. Tecnicamente, o filme foi viabilizado por Firmo Neto, responsável pela fotografia, revelação, montagem e sonorização. A partir daí, Firmo continuaria sempre em atividade. Nos anos 1950, na mesma época que Alberto Cavalcanti* filma *O canto do mar* (1953) – mobilizando artistas e técnicos da região –, Firmo lança oito números do cinejornal *Folha da Manhã na Tela*. Outro cinegrafista em atividade é Valter Mota, que produz dois cinejornais pela sua empresa, NOVA REL FILMES. O carnaval pernambucano é tema constante de documentários, realizados por Firmo, Mota e Durval Rosa Borges. Com financiamento do Instituto (hoje Fundação) Joaquim Nabuco, o francês Romain Lesage filma em 1953 o média-metragem *Bumba-meu-boi* (ou *O bicho misterioso dos Afogados*). Particularmente ativos ao longo dos anos 1950 são os cinegrafistas amadores, entre os quais se destaca Armando Laroche, com uma vasta filmografia que inclui o documentário *O mundo do mestre Vitalino* (1953). A atividade cineclubista, que no início dos anos 1950 ganha impulso com o CINE CLUBE DO RECIFE e o VIGILANTI CURA (ligado à Igreja Católica), continua na virada da década com o Centro de Estudos Cinematográficos da Faculdade de Arquitetura, incentivado pelo professor Evaldo Coutinho. Um dos poucos no estado a se dedicar aos estudos da teoria do cinema, Coutinho

escreveu *A imagem autônoma* (1972), em que justifica a supremacia do cinema mudo, retomando as ideias da revista *O Fan*, que contava com seu irmão, Aluízio, entre os principais colaboradores. Nos anos 1960, o cineclubismo volta a ter papel atuante com as sessões e debates promovidos pelo PROJEÇÃO 16. À frente do cineclube está Francisco Bandeira de Mello, também responsável pela criação da produtora CINEMA-1, junto com Carlos Garcia e Cristina Tavares, que tinha como proposta desenvolver um trabalho profissional. Acabou se dissolvendo depois de realizar alguns institucionais (como *O chofer é a beleza do mundo*, para o DER) e documentários inacabados. Ao longo dos anos 1970, quem consegue dirigir com certa regularidade curtas em 16 mm e 35 mm é Fernando Monteiro, que finaliza em 1972 seu primeiro curta: *Visão apocalíptica de um radinho de pilhas*. Entre as décadas de 1960 e 1970, os longas-metragens de ficção finalizados são poucos e com circulação muito restrita. José Carlos Burle* dirigiu *Terra sem Deus* (1962-1963), projeto pessoal do produtor Valença Filho. *Nas trevas da obsessão* (1969), de Pedro Onofre, permaneceu inédito comercialmente, porque não apresentou qualidade técnica para ganhar do Instituto Nacional do Cinema (INC*) autorização para ser exibido. Os irmãos Carlos e Cleto Mergulhão dirigiram, respectivamente, *O último cangaceiro* (1961-1970) e *O palavrão* (1971), enquanto Mozart Cintra concluiu com dificuldade o longa em preto e branco *Luciana, a comerciária* (1974-1975). A partir de 1973 e nos dez anos seguintes, constitui-se um período de grande efervescência na produção cinematográfica, com a realização de filmes de curta metragem viabilizados pela praticidade de uma nova bitola. É o Ciclo do Super-8*, que começou quando onze filmes pernambucanos na categoria foram inscritos na II JORNADA NORDESTINA (no ano seguinte, BRASILEIRA) DE CURTA-METRAGEM, em Salvador. Cerca de duzentos filmes foram realizados no período, seguindo abordagens diversas: documentários com temas regionais, filmes experimentais, ficção, sátiras, impressões de viagem. Entre os realizadores mais importantes estão Fernando Spencer* (*Valente é o galo*, *Caboclinhos do Recife*), Geneton Moraes Neto (*Mudez mutante*, *Esses onze aí*), Jomard Muniz de Britto (*Infernolento*, *O palhaço degolado*), Celso Marconi (*Propaganda*), Kátia Mesel (*El barato*), Flávio Rodrigues (*A feira de Caruaru*) e Amin Stepple (*Robin Hollywood*). Em 1977, é criado o GRUPO

DE CINEMA SUPER-8 DE PERNAMBUCO, que promove três edições (1977, 1978 e 1979) do FESTIVAL DE CINEMA SUPER-8 DO RECIFE. Na virada da década, a bitola vai perdendo espaço nos festivais. Não só as dificuldades de exibição, mas também as complicações na compra e revelação dos filmes (o Super-8 dá lugar, como registro amador, para o vídeo) contribuem para a gradual diminuição da produção. O último filme em Super-8, que fecha o ciclo, é *Morte no Capibaribe* (1983), de Paulo Caldas*. Na década de 1980, a produção de cinema em Pernambuco é mantida com os curtas-metragens em 16 mm e 35 mm, dirigidos por jovens cineastas ou por aqueles que haviam passado pela experiência com Super-8. Spencer é um dos mais ativos, sempre abordando temas e personalidades da cultura pernambucana. A documentarista Kátia Mesel, uma das primeiras a trabalhar com Super-8, realiza *Sulanca*, entre outros curtas. Geneton Moraes Neto codirige com Paulo Cunha *O coração do cinema* (com Jomard Muniz de Britto como ator). Surge uma nova geração de cineastas, como Paulo Caldas (*Nem tudo são flores*, *O bandido da sétima luz* e *Chá*), Cláudio Assis* (*Henrique?*) e Lírio Ferreira* (*O crime da imagem*, finalizado em 1992). Há o ressurgimento do cineclubismo, com a criação em 1987 do JURANDO VINGAR, que promove exibições durante quatro anos. A partir de 1995, a produção de curtas alcança certa regularidade, trazendo filmes expressivos como *That's a Lero-lero*, de Lírio Ferreira e Amin Stepple; *Recife de dentro pra fora*, de Kátia Mesel; *Cachaça*, de Adelina Pontual; *Maracatu, maracatus*, de Marcelo Gomes* (melhor curta no FESTIVAL DE BRASÍLIA de 1995); *Simião Martiniano, o camelô do cinema*, de Hilton Lacerda* e Clara Angélica; e *Clandestina felicidade*, de Marcelo Gomes e Beto Normal. Com exceção dos dois primeiros, todos têm participação da PARABÓLICA BRASIL, produtora em atividade desde 1993, realizando curtas, videoclipes e documentários. Depois de vinte anos sem a produção de um longa pernambucano, Lírio Ferreira e Paulo Caldas dirigem *Baile perfumado* (melhor filme no FESTIVAL DE BRASÍLIA de 1996), recriando a trajetória do fotógrafo e cinegrafista libanês Benjamin Abrahão*, único a filmar Lampião e seu bando. Desde então, o número de curtas e longas produzidos no estado tem sido crescente, sob o impulso das tecnologias digitais e com o apoio de editais locais e federais. Em esquema independente e utilizando suportes diversos, o coletivo TELEPHONE COLORIDO se destaca na primeira metade dos anos 2000 dentro da postura provocativa que caracteriza *Resgate cultural, o filme* (2001). Ao longo da década, várias produtoras se estabelecem, a exemplo da REC PRODUTORES, criada em 1998, que produz os longas de Marcelo Gomes, *Cinema aspirinas e urubus* (2005) e *Viajo porque preciso, volto porque te amo* (2009, codirigido por Karim Ainouz*). Em torno da SÍMIO FILMES e da TRINCHEIRA FILMES, ambas surgidas em meados da década, reúnem-se jovens realizadores como Daniel Bandeira (*Amigos de risco*, longa de 2007) e Tião, diretor do curta *Muro* (2008). Profissionais da geração consolidada no trabalho em *Baile perfumado* constituem filmografias acentuadamente pessoais, como é o caso de Cláudio Assis em *Amarelo manga* (2002) e *Baixio das bestas* (2006), Paulo Caldas (*Deserto feliz*, 2007) e Lírio Ferreira, com documentários voltados para personalidades da música brasileira: *Cartola – música para os olhos* (2006, codireção de Hilton Lacerda) e *O homem que engarrafava nuvens* (2008), sobre Humberto Teixeira. A produção pernambucana mostra-se variada, tanto nos temas quanto nas abordagens. Permanece o interesse pela paisagem geográfica e sentimental do sertão, como em curtas de Camilo Cavalcante, premiado no FESTIVAL DE BRASÍLIA em 2009 com *Ave Maria ou Mãe dos sertanejos*, mas também se observa uma tendência cada vez mais presente em explorar questões e fisionomias urbanas, assim como desenvolvidas nos curtas do crítico e cineasta Kleber Mendonça Filho, entre eles *Eletrodoméstica* (2005) e *Recife frio* (2009). (LCA)

PERSON, Luís Sérgio – São Paulo, SP, 1936-1976. Diretor.

FILMOGRAFIA: 1957-1967 – *Marido barra-limpa*. 1964 – *São Paulo S. A.* 1967 – *O caso dos irmãos Naves*. 1968 – *Trilogia do terror* (2º episódio: 'Procissão dos mortos'); *Panca de valente*. 1972 – *Cassy Jones, o magnífico sedutor.*

Diretor de cinema e teatro, cuja morte prematura, aos 39 anos, num acidente automobilístico, abreviou uma vida criativa e inquieta, que incluiu cinco longas-metragens, cinco curtas e a elaboração de vários roteiros que nunca foram filmados. Foi ator de teatro e cinema, produtor nos dois meios, fez filmes publicitários premiados, fundou o Auditório Augusta, além de ter trabalhado como colaborador do *Pasquim*, escrito alguns contos e poemas e feito ensaios fotográficos. Person seria mais um advogado formado pela Faculdade de Direito do Largo São Francisco (São

Paulo) se não tivesse abandonado o curso no último semestre para virar ator. Antes mesmo de deixar a universidade, aos 20 anos (1956), fundou com um grupo de amigos – entre os quais Antunes Filho e Flávio Rangel – o Teatro Paulista de Câmara, na qualidade de "amador". Nesse mesmo ano, editou a revista *Sequência* e, em 1957, escreveu e dirigiu teleteatro na TUPI e na RECORD, tendo atuado igualmente como ator (revelação pelo *Grande Teatro Cacilda Becker*, que era levado ao ar às segundas-feiras, na TV RECORD). Aos 21 anos, dirigiu profissionalmente teatro: *De amor também se morre*, que tinha em seu elenco nomes como Sérgio Brito*, Aurora Duarte* e Eddy Cerri, entre outros. Em 1957, dirigiu o filme *Um marido para três mulheres*, lançando um jovem comediante, Ronald Golias*, ao lado de Machadinho, Maria Vidal e Meire Nogueira. Essa película só chegaria aos circuitos comerciais dez anos depois, com o título *Marido barra-limpa* e cenas adicionais filmadas por Renato Grecchi, que constou na ficha técnica como seu único diretor. Nesse mesmo ano atuou em *Casei-me com um xavante*, produção da MARISTELA*, dirigida por Alfredo Palácios*. Foi também corroteirista e segundo assistente de direção desse filme, atirando as flechas dos índios. Em 1958, afastou-se de tudo, desiludido com a crise que abalava o cinema brasileiro, passando a dedicar-se a atividades mais lucrativas: foi agente de um decorador amigo e assumiu a diretoria da empresa PERSON-BOUQUET S. A., fábrica de ferramentas do avô, de onde tirou ideias que usaria mais tarde no filme *São Paulo S. A.* Depois abandonou tudo e foi para Roma cursar o CENTRO SPERIMENTALE DI CINEMATOGRAFIA, onde permaneceu por dois anos. Ali fez seu primeiro curta, *Al ladro – cronaca urbana*, que representou o cinema italiano nos FESTIVAIS DE VENEZA e BILBAO de 1962, além de receber o prêmio de QUALIDADE DO GOVERNO DA ITÁLIA. Realizou igualmente seu segundo curta, *L'ottimista sorridente* (1963). Estudante de direção na Itália, conheceu e acompanhou vários ciclos e autores (a *nouvelle vague*, o cinema independente americano, o cinema político de Petri e Rosi e de seu mestre Valério Zurlini), tendo ainda trabalhado como assistente de Luigi Zampa em *Anni ruggenti* e assinado o documentário *Palazzo Doria Pamphili*. Voltou ao Brasil, em 1963, escrevendo a primeira versão do argumento de *São Paulo S. A.*, com um título bastante significativo: *Agonia. São Paulo S. A.* foi lançado em 1965 e, nas palavras do cineasta Carlos

Reichenbach*, narra as sequelas do progresso perverso e desordenado que assolou a metrópole de 1957 a 1961, durante a expansão da indústria automobilística. Person vale-se de todos os expedientes do cinema moderno: narrativa fragmentada, cortes secos e abruptos, vozes contrastantes em *off*, grafismo, alteração proposital do diafragma na mesma cena e mistura ostensiva do documentário na ficção. O filme não só apresenta a cidade de São Paulo (cujos prédios estão sempre presentes ao fundo das cenas), bem como focaliza a história do ponto de vista do jovem Carlos (Walmor Chagas*), representante da classe média nascida à sombra da Anchieta, com o novo-riquismo que desponta na periferia da industrialização avassaladora. Carlos começou do nada, ascendeu a inspetor de qualidade de uma grande montadora e progrediu até tornar-se sócio de uma fábrica de autopeças, juntamente com Arturo (Otelo Zeloni*). Apesar do sucesso, vive angustiado e insatisfeito, sendo peça numa engrenagem desumanizadora. Mesmo possuindo uma vida afetiva estável (casado com Luciana – Eva Wilma*), não se adapta, abandona a família e vaga um dia inteiro pelas ruas do centro de São Paulo, recordando sua vida nos últimos anos. Nós o vemos fazendo um ato gratuito de revolta, roubando um Karmann-Ghia e fugindo, saindo da cidade e escapando para a serra do Mar. Adormece e acorda algumas horas depois: tem que decidir se rompe com seu mundo ou se retoma seu lugar na sociedade que o sufoca. Ele volta, não encontra alternativas, levando o crítico Jean-Claude Bernardet* a escrever que Carlos, em seu fracasso ao tentar se manter à margem do processo, na sua indiferença afetiva e existencial, na abulia de suas atitudes sociais e políticas, tem os braços abertos ao fascismo. Como penitência para a sua impotência, está o eterno recomeçar. O elenco é excelente, destacando-se Ana Esmeralda, Darlene Glória* e, em especial, Otelo Zeloni. Dois anos depois, com roteiro seu, Person reconstitui o caso verídico de um erro judiciário ocorrido em Minas Gerais (Araguari) em 1937, dirigindo *O caso dos irmãos Naves*, película política que se tornou uma contundente denúncia da violência e das arbitrariedades no Brasil dos anos 30, influenciada pelo cinema de Francesco Rosi. A preocupação do diretor era a de relatar a história de dois irmãos (Juca de Oliveira e Raul Cortez*) que, embora inocentes, são presos, torturados e condenados, e descrever o mecanismo que tornou possível o erro judiciário pelo qual ambos são condenados por um crime que não existiu. Um dos irmãos morre na prisão e quinze anos depois, em 1952, a suposta vítima reaparece na cidade. Anselmo Duarte* interpreta o truculento delegado, nomeado pelo Estado Novo para desvendar o suposto crime. Um ano depois, em 1968, Person faz o roteiro e dirige 'Procissão dos mortos', episódio de *Trilogia do terror*, realizado com Ozualdo Candeias* e José Mojica Marins*. Estrelado por Lima Duarte* e Cacilda Lanuza, 'Procissão dos mortos' foi filmado sob o impacto da morte de Che Guevara. É uma espécie de fábula, em que um garoto descobre um guerrilheiro morto numa cidade do interior. A população se apavora com os boatos, e a narrativa evolui para o fantástico, com guerrilheiros zumbis se reunindo na procissão do título. *Panca de valente* é uma sátira aos faroestes italianos (os *westerns-spaghetti*). Os críticos o consideram seu pior filme, rodado com poucos recursos e tendo no elenco Marlene França*, Bibi Vogel e Chico Martins. Seu último longa-metragem foi *Cassy Jones, o magnífico sedutor*, uma comédia erótica, talvez uma das primeiras pornochiques brasileiras, em que procurou homenagear o teatro de revista e a comédia em si. Protagonizado por Paulo José* e marcando a estreia de Sandra Brea, tinha ainda Glauce Rocha*, Carlos Imperial* e Grande Otelo*. Person trabalhou como ator em *Casei-me com um xavante*, *O quarto* (Rubem Biáfora*), *O estranho mundo de Zé do Caixão* (José Mojica Marins), *Anuska, manequim e mulher* (Francisco Ramalho Jr.*), em um episódio da comédia italiana *As bonecas* e em *Audácia* (Carlos Reichenbach e Antônio Lima). Voltou ao cinema em 1975, com o curta-metragem *Vicente do Rego Monteiro*, no qual apresenta, com grande sensibilidade, os trabalhos do pintor e mostra os locais em que viveu. Com essa película ganhou, postumamente, o prêmio de melhor curta-metragem no XI FESTIVAL DE CINEMA DE BRASÍLIA. São apenas dez minutos, rodados no Brasil e na França, com texto de Olívio Tavares de Araújo, narrado por Paulo Goulart* e música de Villa-Lobos. Tentou, sem sucesso, adaptar para a tela *A hora dos ruminantes*, de J. J. Veiga. De temperamento intempestivo, embora afetivo, Person montou em 1966, com Glauco Mirko Laurelli*, a LAUPER FILMES, produtora de documentários e comerciais (que dirigiu de 1969 a 1971). Ganhou muito dinheiro fazendo comerciais para a televisão, mas um dia perdeu a paciência e resolveu sair da área publicitária. A LAUPER produziu

seus longas-metragens (*O caso dos irmãos Naves*, *Panca de valente* e *Cassy Jones, o magnífico sedutor*) e *A moreninha*, dirigido por Laurelli em 1970. Foi, por algum tempo, professor no curso de Cinema da Faculdade São Luís. Ao deixar a publicidade, enveredou para o teatro, criando juntamente com Laurelli, em São Paulo, o Auditório Augusta, antigo CINE SAINT-TROPEZ, casa de espetáculos com 350 lugares. O teatro foi inaugurado com a peça *El grande de Coca-cola*, de Ronald House e Diane White. Para essa montagem, que também dirigiu, Person foi obrigado a vender até seu barco. O êxito foi grande, com cinco atores excepcionais no elenco: Armando Bogus, Suely Franco, Cacilda Lanuza, Laerte Morrone e Ricardo Petraglia. Em seguida, dirigiu *Entre quatro paredes*, de Jean-Paul Sartre, em tradução própria, com Nathália Timberg e Lilian Lemmertz*. Seguiu-se *Orquestra de senhoritas*, adaptado de Jean Anouilh. O impecável e hilariante trabalho dos atores transformou a peça em grande sucesso comercial de 1975, valendo a Paulo Goulart o prêmio de melhor ator do ano. Outras montagens ocorreram no Auditório Augusta, merecendo destaque *Brecht segundo Brecht* e *Lição de anatomia*, do argentino Carlos Malthus. A Censura Federal não lhe permitiu realizar seu mais ambicioso projeto como encenador teatral, proibindo a peça *Trótski no exílio*, de Peter Weiss. Criticado algumas vezes por só ter produzido textos estrangeiros, resolveu encenar um musical essencialmente brasileiro. Com essa finalidade, começou a escrever, juntamente com o jornalista Ricardo Kotscho, peça que abordaria os anos decisivos da década de 30, sintetizando as primeiras modificações políticas, sociais e econômicas sofridas pelo país. Seu título seria *Pegando fogo: um sucesso musical dos anos 30*. Infelizmente, Person não teve tempo de concluí-la. Sua filha Marina Person realizou o documentário *Person* (2007), enfocando sua carreira e vida. Faleceu em Itapecirica da Serra em 7 de janeiro. (AMC)

PICCHI, Luigi – Florença, Itália, 1922-1986. Ator.

FILMOGRAFIA: 1952 – *O amanhã será melhor*. 1953 – *Uma vida para dois*; *Chamas no cafezal*. 1955 – *Armas da vingança*. 1956 – *O capanga*. 1957 – *Estranho encontro*. 1958 – *Crepúsculo de ódios*; *Fronteiras do inferno*. 1959 – *Na Garganta do Diabo*. 1959-1961 – *Bruma seca*. 1961 – *Mulheres e milhões*. 1962 – *A ilha*; *Quatro mulheres para um herói* (pro-

dução estrangeira). 1962-1963 – *Luta nos pampas*. 1964 – *Mulher satânica* (produção estrangeira); *Grande sertão*. 1965 – *Onde a Terra começa*. 1969 – *Adultério à brasileira* (1º episódio: 'O telhado'). 1971 – *Fora das grades*. 1973 – *O último êxtase*. 1974 – *A última bala* (dir.). 1977 – *Internato de meninas virgens*. 1976 – *Belas e corrompidas*. 1978 – *O guarani*. 1981 – *Karina, objeto de prazer*.

Luigi Picchi começou a carreira artística na Itália, em teatro de amadores. Cursou também a Escola de Teatro de Ermete Zacconi. Após lutar durante cinco anos na II Guerra Mundial, resolveu emigrar para a América do Sul. Aportou no Brasil em 1950. Ia na verdade para a Venezuela, mas, ao fazer uma escala no Rio de Janeiro, ficou impressionado com a cidade e resolveu ficar. Foi depois para São Paulo, onde tentou ser técnico de cinema. Começou a carreira na MULTIFILMES*, como simples operário. O produtor Mário Civelli* decidiu entretanto lançá-lo como ator. Seu primeiro filme foi *Modelo 19*, de Armando Couto, posteriormente intitulado *O amanhã será melhor*, em que contracenou com Ilka Soares*. Recebeu logo nesse primeiro filme o prêmio GOVERNADOR DO ESTADO de melhor ator. A seguir, ainda no estúdio, filmou *Uma vida para dois*, de Armando Miranda, e *Chamas no cafezal*, de José Carlos Burle*. Especialista em papéis de homem duro e frio, nos anos de 1955 e 1958, ganhou dois prêmios SACI com as interpretações em dois filmes de ação: *Armas da vingança*, de Carlos Coimbra*, e *O capanga*, de Alberto Severi. Foi um dos atores favoritos de Walter Hugo Khouri*, com quem filmou *Estranho encontro*, *Fronteiras do inferno*, *Na Garganta do Diabo*, *O último êxtase* e *A ilha*. Participou ainda de algumas coproduções internacionais. Foi casado com a atriz Lia Cortese, e nos últimos anos de sua vida dedicou-se mais à produção e à distribuição, além de dirigir alguns curtas para a Secretaria de Educação e Cultura do Estado de São Paulo. Faleceu em 30 de junho em São Paulo. (LAR)

PICCHIA, Menotti del (Paulo Menotti del Picchia) – São Paulo, SP, 1892-1988. Roteirista.

FILMOGRAFIA: 1926 – *Vício e beleza*. 1929 – *Acabaram-se os otários*. 1930 – *Messalina*. 1931 – *O campeão de futebol*; *Alvorada de glória*.

Criado em cidades do interior paulista (Itapira e Campinas) e em Pouso Alegre, foi escritor e jornalista, político, editor na grande imprensa, cronista, poeta, romancista. Na década de 20, participa do movimento modernista. Entre suas obras principais, escreve o poema *Juca Mulato* (1917), os romances *Dente de ouro* (1923) e *Salomé* (1940). É também contista, cronista e ensaísta. Sua família, através de seu irmão José e seu sobrinho Victor (ambos fotógrafos e produtores), envolve-se com o cinema, quando todos trabalham na INDEPENDÊNCIA-OMNIA FILM, empresa realizadora de cinejornais*, em atividade na década de 20. Para o produtor e diretor Antônio Tibiriçá*, da IRIS FILME, escreve seu primeiro e único roteiro para filme silencioso, *Vício e beleza*, abordando o drama do vício das drogas. Mais tarde, na SINCROCINEX, novamente trabalha com seus parentes José e Victor del Picchia e outros, na época da transição do mudo para o sonoro. Nessa empresa, onde é pioneiro na função de escrever filmes, Menotti faz os roteiros do primeiro filme sonoro brasileiro – a comédia *Acabaram- -se os otários*, com a dupla de comediantes Genésio Arruda* e Tom Bill – e da adaptação do romance *Orgie latine*, de Felicien Champseur, para o filme erótico *Messalina*, que tem música e ruídos adicionados após a montagem, ambos os filmes sob direção de Luiz de Barros*. Seu filme seguinte conta com a mesma dupla Genésio Arruda e Tom Bill, que participa da comédia sonora, dirigida por Genésio, *O campeão de futebol*, contracenando com Friedenreich e Feitiço, craques da bola da época. Seu último filme é o drama patriótico *Alvorada de glória*, do sobrinho Victor del Picchia. Em meados dos anos 50, a MARISTELA* cogita de filmar seu romance *Dente de ouro*, com roteiro e direção de Lima Barreto*. Faleceu em 23 de agosto em São Paulo. (LFM)

PIERALISI, Alberto (Pier Alberto Pieralisi) – Isesi, Itália, 1911-2001. Diretor.

FILMOGRAFIA: 1942 – *To Dromaki tou Paradisou* (produção estrangeira). 1946 – *Il richiamo della strada* (produção estrangeira). 1947 – *Querida Suzana*. 1949 – *Uma luz na estrada*. 1951 – *O comprador de fazendas*. 1952 – *João Gangorra*. 1953 – *Família Lero-lero*. 1955 – *Rosas no céu, milagres na terra*. 1958 – *Pega ladrão*. 1962 – *O quinto poder*. 1970 – *Memórias de um gigolô*. 1971 – *O enterro da cafetina*; *Um marido sem... é como um jardim sem flores*; *Missão: matar*. 1972 – *A difícil vida fácil*. 1973 – *Café na cama*. 1974 – *Oh! Que delícia de patrão* (1º episódio: 'As loucuras do patrão'; 2º episódio: 'Um brinde ao patrão'). 1974 – *O comprador de fazendas*; *As secretárias que fazem de tudo* (1º episódio: 'A moça que veio servir o café'; 2º episódio: 'Fazer o que em Paris?'; 3º episódio: 'Avante, C. C. S.'). 1975 – *O estranho vício do dr. Cornélio*; *O homem da cabeça de ouro*. 1976 – *Essa mulher é minha... e dos amigos*. 1978 – *O amante de minha mulher*.

Apaixonado por cinema desde a adolescência, quando teve acesso a uma câmera amadora de 16 mm, abandona o curso de Direito no primeiro ano. Consegue ingressar nos grandes estúdios de Roma, no início dos anos 30, acompanhando o ressurgimento do cinema italiano. Passa pelos estúdios da CINES e depois pela CINECITTÀ, onde exerce a função de assistente de direção. Transferindo-se para a SCALERA FILMS, em 1935, desenvolve paralelamente um longa-metragem em 16 mm, responsabilizando-se pelo argumento, roteiro, direção e papel principal. Chega a filmar nove cenas de *Amore e dovere*, sendo convocado para participar da Guerra da Eritreia (Etiópia). Filiando- -se ao Instituto Luce, fica encarregado de realizar reportagens cinematográficas sobre o conflito e alguns documentários temáticos. Com o posto de subtenente do 184º Batalhão de Infantaria grava *Con la Gavinana verso l'Africa Orientale*. Retornando à Itália, continua como documentarista, dirigindo *Orvietto, nave sulla terra* (1936), *Napoli nostalgica* (1937), e *Asolo, patria de Eleonora Duse* (1938), entre outros. Estreia no longa-metragem em meio à II Guerra Mundial, filmando *To Dromaki tou Paradisou*, na Grécia ocupada. A sincronização do filme fica a cargo de Spyros Saliveros, que depois emigraria para o Brasil, trabalhando em rádio e cinema. Ao final da conflagração, de volta a Roma, faz *Il richiamo della strada*. A pouca repercussão da obra e o desejo de sair da Europa facilitam a aceitação de convite para dirigir a primeira produção da CINELÂNDIA FILMES, *Querida Suzana*, que já apresenta os elementos que caracterizariam a comédia pieralisiana: texto enxuto, pouco histrionismo, decupagem ágil. O padrão algo sofisticado o afasta das chanchadas* e o credencia para projetos mais ambiciosos. Dirige o melodrama *Uma luz na estrada*, baseado no roteiro de Pedro Bloch*. Com a ebulição suscitada pelos grandes estúdios paulistas, é contratado pela MARISTELA* para dirigir a adaptação de um texto de Monteiro Lobato. *O comprador de fazendas* torna-se o maior sucesso de bilheteria da companhia e seu filme mais bem-sucedido, firmando-o como um especialista no gênero comédia. Resolve tentar por conta própria um produto mais popularesco, assumindo produção, direção e montagem de *João Gangorra*, que reafirma seu talento para o filme cômico. Nessa condição vai para a VERA CRUZ*, onde assina a direção de *Família Lero-lero*, deliciosa comédia de quiprocós. Em fins de 1953 é contratado pela DIVULGADORA CINEMATOGRÁFICA BANDEIRANTE para organizar o Departamento de Longa-metragem da empresa, projeto que não evolui. Retomando isoladamente a veia documental, retrata em *Rosas no céu, milagres na terra* o misticismo e as romarias religiosas suscitadas pelos supostos milagres ocorridos na cidade paulista de Tambaú. Volta ao Rio de Janeiro, fixando-se em definitivo na cidade. Dirige *Pega ladrão*, agraciado com os prêmios de melhor filme, direção, interpretação masculina e música do FESTIVAL CINEMATOGRÁFICO DO DISTRITO FEDERAL de 1958. Seu filme seguinte, *O quinto poder*, é uma película de espionagem em chave hitchcockiana. Dirige também a segunda unidade de *Operação paraíso*, de Henry Levin. Dando uma guinada em direção à comédia de costumes e ao erotismo, torna- -se um dos mais bem-sucedidos diretores dos anos 70. Consciente das limitações impostas pelo produto comercial, procura utilizar originais literários, buscando alguma consistência narrativa. Adapta em especial obras do escritor Marcos Rey* ligadas ao universo boêmio do Rio de Janeiro. A partir da criação da ALBERTO PIERALISI PRODUÇÕES, em 1971, obtém grandes sucessos de bilheteria, em especial com *Um marido sem... é como um jardim sem flores* e *Café na cama*. Refilma com inúmeras modificações *O comprador de fazendas* e *João Gangorra*, rebatizado de *Essa mulher é minha... e dos amigos*. Seu último título é uma rara coprodução Brasil- -Paraguai. Retira-se do meio no final dos anos 70. Faleceu em 8 de outubro, no Rio de Janeiro. (HH)

PILLAR, Patrícia (Patrícia Gadelha Pillar) – Brasília, DF, 1964. Atriz.

FILMOGRAFIA: 1983 – *Para viver um grande amor*. 1988 – *Festa*. 1992 – *A maldição do Sanpaku*. 1994 – *Menino maluquinho – o filme*. 1995 – *O quatrilho*; *O monge e a filha do carrasco* (coprodução estrangeira). 1996 – *O noviço rebelde*. 1997 – *Amor & Cia*. 2006 – *Zuzu Angel*. 2006 – *Se eu fosse você*. 2007 – *Pequenas histórias*.

Filha do oficial da Marinha Nuno Pillar e de Lucy Pillar. Nascida em Brasília, foi para o Rio de Janeiro com um ano e meio. Decidida a se tornar atriz, dedicou-se ao teatro amador desde pequena. Cursou o Tablado, de Maria Clara Machado, depois tomou aulas de canto e interpretação. Sua carreira tomou um grande impulso quando passou a integrar o grupo Asdrúbal Trouxe o Trombone. Segundo a própria Patrícia, a parceria com Hamilton Vaz Pereira foi fundamental para a sua formação. A primeira oportunidade real, porém, foi no cinema, em *Para viver um grande amor*, uma adaptação de Miguel Faria Jr.* de uma peça de Vinicius de Moraes*, contracenando com o cantor Djavan, filme em que participou como ator. Patrícia fez um pequeno papel em *Festa*, de Ugo Giorgetti*. Afastou-se então do cinema, dedicando-se mais à televisão, o que lhe possibilitou atingir a condição de estrela e se firmar como atriz sensível e promissora. Já consagrada como atriz, vive a sedutora aeromoça Cris, no filme *A maldição do Sanpaku*, dirigido por José Joffily*. O filme serviu como veículo para introduzi-la como uma nova musa do cinema nacional. Logo depois, fez *Menino maluquinho – o filme*, dirigido por Helvécio Ratton*. Para interpretar *A mãe*, teve de adotar uma postura mais contida, utilizando uma peruca preta para ocultar os cabelos louros. Viveu uma imigrante italiana em *O quatrilho*, de Fábio Barreto*, primeiro filme brasileiro a concorrer ao OSCAR de melhor filme estrangeiro, em 1996. Participou ainda de *O monge e a filha do carrasco*, de Walter Lima Jr.*, produzido para o mercado internacional. Após fazer par romântico com Tony Ramos na comédia *O noviço rebelde*, de Tizuka Yamasaki*, serve de vértice no triângulo amoroso formado em *Amor & Cia.*, de Helvécio Ratton, cineasta com quem voltou a filmar. (LAR) Ao interpretar a estilista famosa em *Zuzu Angel*, de Sérgio Rezende*, mergulhou no projeto complexo da personagem, que luta para encontrar o filho morto pela ditadura militar. Está presente no elenco de *Pequenas histórias*, de Helvécio Ratton, sobre contos fantásticos. Estreou como diretora de cinema no premiado documentário de média metragem *Waldick, sempre no meu coração* (2007), sobre a vida do cantor e compositor da música romântica brasileira Waldick Soriano.

PINTO, Fernando Alves – São Paulo, SP, 1969. Ator.

FILMOGRAFIA: 1995 – *Terra estrangeira*. 1997 – *Anahy de las Misiones*. 1997-1998 – *Menino maluquinho 2: a aventura*. 2000 – *Tônica dominante*. 2001 – *Mater Dei*. 2004 – *Quase dois irmãos; Araguaya, A conspiração do silêncio*. 2005 – *Árido movie*. 2006 – *O veneno da madrugada*. 2007 –

Mulheres sexo verdades mentiras; O signo da cidade. 2009 – *Lula, o filho do Brasil*.

Ator com carreira cinematográfica. De família de artistas, filho do jornalista, pintor e artista gráfico Zélio Alves Pinto e sobrinho do cartunista e escritor Ziraldo, Fernando viveu um ano em Nova York e quando voltou, em 1988, entrou para o grupo de teatro Boi Voador. Ainda em Nova York, recebeu o convite de Walter Salles* e Daniela Thomas para fazer o longa-metragem *Terra estrangeira*, ao lado de Fernanda Torres*. Participou de vários filmes, dentre eles *Tônica dominante*, de Lina Chamie, onde foi protagonista; *Menino maluquinho 2: a aventura*, de Fernando Meirelles* e Fabrizia Pinto; *Anahy de las Misiones*, de Sergio Silva; *Mater Dei*, de Vinicius Mainardi; *Quase dois irmãos*, de Lucia Murat*; *O veneno da madrugada*, de Ruy Guerra*. Trabalhou também em mais de quinze curtas-metragens, com destaque para *Quatro minutos* (1997), de Sergio Volpi, prêmio de melhor ator nos festivais de BRASÍLIA e GRAMADO. Na televisão, participou da novela *Desejos de mulher*, 2002, dirigida por Dennis Carvalho, na REDE GLOBO, e de séries como *Avassaladoras*, 2006, na REDE RECORD; *Casos e acasos*, 2008, direção de Jayme Monjardim e Marcos Schechtman, na REDE GLOBO; e *Dilemas de Irene*, série exibida no canal GNT, com Mônica Martelli. Participou de *Lula, o filho do Brasil*, com direção de Fábio Barreto*. (MM)

PIOVANI, Luana (Luana Elidia Afonso Piovani) – Jaboticabal, SP, 1976. Atriz.

FILMOGRAFIA: 1994 – *Super colosso*. 2003 – *O homem que copiava*. 2005 – *O casamento de Romeu e Julieta*. 2006 – *Seus problemas acabaram; Zuzu Angel*. 2009 – *A mulher invisível; Família vende tudo*.

Atriz de sucesso em função do talento e por saber promover junto à mídia seus dotes naturais e personalidade forte. A figura sensual compõe intrinsecamente sua *performance* de atriz. Desenvolve um estilo de interpretação chapado que tradicionalmente flui bem no cinema, embora com maior dificuldade de aceitação no teatro. Ótimas atrizes cinematográficas já fizeram carreira de sucesso explorando seu tipo de encenação. Aos 14 anos, Luana começa como modelo, abrindo espaço para, três anos mais tarde, iniciar carreira de atriz atuando em minisséries e novelas na REDE GLOBO. No cinema, estreia em uma das primeiras superproduções da Retomada, o filme *Super colosso*, de Luiz Ferre, baseado no programa infantil

TV Colosso, em que Luana representa a apaixonada Alice. Permanece quase dez anos fora da cena cinematográfica para retomar a carreira com um papel menor, mas marcante, em *O homem que copiava*, de Jorge Furtado*. Interpreta Marinês, garota ambiciosa que trabalha na operadora de xerox do protagonista Lázaro Ramos* (André). Luana sustenta bem o duo atrás do balcão com Lázaro, introduzindo o viés levemente irônico que caracteriza seu estilo. Volta à mesma sintonia em *O casamento de Romeu e Julieta*, bom filme de Bruno Barreto* em que desenvolve um de seus melhores trabalhos no cinema. À vontade no papel, interpreta Julieta, vivendo o drama shakespeariano transposto para a rivalidade futebolística brasileira. Faz a palestrina carcamana, de família palmeirense tradicional, às voltas com os dilemas provocados pela paixão de um corintiano roxo. O tom meio *cool* de seu trabalho casa bem com a estranheza que as mulheres mantêm com o futebol, diante de algo tão mais palpável como sexo e amor. Na realidade, Piovani é daquelas atrizes que parece não ter trabalho de interpretação, mas irradia fotogenia. A contradição pode espantar, mas a encenação achatada combina com a base imagética do cinema. Em *Seus problemas acabaram*, com o grupo humorístico Casseta & Planeta, dirigida por José Lavigne, Luana faz participação especial dentro do esquadro televisivo. Em *Zuzu Angel*, de Sérgio Rezende*, interpreta Elke Maravilha na juventude. Para *Família vende tudo*, de Alain Fresnot*, vive o papel de Jennifer, esposa que está à sombra de seu marido. Mas é em *A mulher invisível* que Cláudio Torres soube extrair o melhor de seu tipo performático, dando-lhe um papel sob medida. Luana nada a braçadas na mistura de sensualidade e ironia, levando pelo colarinho Selton Mello*, outro grande ator dessa geração. Embora atriz para a câmera, no teatro tem papéis variados, como no infantil *Peter Pan*, em que faz o menino do título; em *Alice no País das Maravilhas*, fazendo a protagonista; e como mulher sensual em *Pássaro da noite*. (FPR/VLD)

PIRES, Cleo (Cleo Pires Ayrosa Galvão) – Rio de Janeiro, RJ, 1982. Atriz.

FILMOGRAFIA: 2003 – *Benjamim*. 2008 – *Meu nome não é Johnny*. 2009 – *Lula, o filho do Brasil*.

Filha da atriz Glória Pires e dos músicos Fábio Jr. (biológico) e Orlando Moraes (de criação). Atriz de expressão forte e olhar fino, enfrenta sem incômodo papéis de vilã ou de mocinha angelical. Iniciou sua carreira em 1994 na minissérie *Me-*

morial de Maria Moura, na REDE GLOBO DE TELEVISÃO. Sua fama nacional deu-se nessa emissora, com o especial infantil *Clara e o chuveiro do tempo*, e as novelas *América, Cobras & lagartos, Ciranda de pedra* e *Caminho das Índias*. Em 2007 apresentou o programa *Cineview*, no qual entrevistou celebridades do cinema internacional. Estreou no cinema em 2003 como protagonista do filme *Benjamim*, de Monique Gardemberg*, representando papel duplo: Ariela Masé no passado e Castana Beatriz, no presente, numa trama vivida em dois tempos, baseada em livro homônimo de Chico Buarque de Hollanda. No filme *Meu nome não é Johnny*, de Mauro Lima*, Cleo representou a mulher de um traficante da Zona Sul do Rio de Janeiro. Em *Lula, o filho do Brasil*, viveu o papel de Maria de Lurdes da Silva, a primeira esposa de Lula. (VLD)

PIRES, Glória (Glória Maria Cláudia Pires de Moraes) – Rio de Janeiro, RJ, 1963. Atriz.

FILMOGRAFIA: 1981 – *Índia, a filha do Sol*. 1983 – *Memórias do cárcere*. 1986 – *Besame mucho*. 1987 – *Jorge, um brasileiro*. 1995 – *O quatrilho*. 1995-1996 – *O guarani*. 1996 – *Pequeno dicionário amoroso*. 2000-2001 – *A partilha*. 2006 – *Se eu fosse você*. 2007 – *O primo Basílio*. 2008 – *Se eu fosse você 2*. 2009 – *É proibido fumar*; *Lula, o filho do Brasil*.

Filha do ator e comediante Antônio Carlos Pires, Glória Pires foi precoce até no nascimento. Nasceu com oito meses de gestação, em 23 de agosto, devido a um tombo sofrido pela mãe, Elza. Aos 7 anos, fez sua primeira aparição na televisão, na abertura da novela *A pequena órfã*, na extinta TV EXCELSIOR, de São Paulo. Estudava balé, sapateado e *jazz* quando surgiu a chance de fazer a primeira versão da novela *Selva de pedra*, da TV GLOBO, em 1972. Fez o teste e foi escolhida pelo diretor, Daniel Filho*. Abandonou a escola na sétima série para se concentrar na carreira de atriz. Em 1978, Glória se firmou na TV como a Marisa de *Dancin' Days*. Aos 17, estourou em todo o Brasil com a novela *Cabocla*, da GLOBO. Glória Pires acabou se tornando um dos maiores ícones da dramaturgia de TV, um exemplo eloquente da autossuficiência do meio em prover seus próprios atores. Intuitiva, jamais fez curso de teatro ou preparação especial, valendo-se inteiramente de sua sensibilidade e talento. Embora muito associada à televisão, Glória construiu uma carreira bastante sólida no cinema. Em sua estreia interpretou o papel principal

em *Índia, a filha do Sol*, de Fábio Barreto*, filme baseado num conto do escritor goiano Bernardo Élis. Trata-se da história do amor de uma índia da tribo dos javaés, chamada Putkoé, por um cabo do Exército, interpretado por Nuno Leal Maia*. Foi também uma atuação ousada, pois aparece seminua a maior parte do filme. Glória teve apenas duas semanas para assimilar a cultura da personagem do filme e baseou sua interpretação de raríssimas falas (em javaé) na expressão corporal e facial. Nelson Pereira dos Santos* a convocou para interpretar a esposa de Graciliano Ramos*, Heloísa, em *Memórias do cárcere*. A atuação de Glória é discreta e introspectiva, e ela se revela bem mais à vontade na tela grande do que no primeiro filme. Seu filme seguinte foi *Besame mucho*, dirigido por Francisco Ramalho Jr.*. Aqui Glória interpreta Olga, uma moça determinada de Pirassununga que vai a Paris, nos agitados anos 60. Nos seus três primeiros papéis, Glória Pires revelou sua marca de atriz: a economia de gestos e expressões, traduzida na segurança, convicção e firmeza que emprestava a seus personagens. O diretor Francisco Ramalho Jr. a definiu como stanislavskiana. Na realidade, ela leu muito pouco sobre teoria de interpretação e sempre se valeu mais da intuição do que da técnica. Glória participou de *Jorge, um brasileiro*, de Paulo Thiago*, num papel sem grande destaque. Ficou então um bom tempo afastada do cinema, vivendo a sua melhor fase na televisão. Seu retorno à tela grande ocorreu quando foi convidada para viver uma imigrante italiana em *O quatrilho*, de Fábio Barreto. Mal terminou de filmar *O quatrilho*, Glória foi convocada por Norma Bengell* para trabalhar em *O guarani*. Foi difícil para ela fazer o filme. Era um projeto que acalentava havia anos, mas ela e Norma acabaram se desentendendo. Não chegaram a brigar ou discutir, mas seus gênios não se sintonizaram e as consequências ficaram patentes no seu desempenho frio e distante. Participou também de *Pequeno dicionário amoroso*, de Sandra Werneck*, um dos grandes sucessos da chamada Retomada do cinema brasileiro. (LAR) Como Selma, integrou o elenco de *A partilha*, de Daniel Filho*, numa adaptação da peça de Miguel Falabella. Ao lado de Tony Ramos, esteve na comédia romântica *Se eu fosse você*, um dos maiores sucessos de bilheteria do cinema brasileiro, com direito a continuação em *Se eu fosse você 2*, ambas sob direção de Daniel Filho. Com essas obras afirma-se definitivamente como uma das grandes damas do cinema brasileiro. Continua em

alto nível de encenação, à beira da comédia, numa ambiguidade que poucas conseguem assumir no Brasil, ao fazer a protagonista fumante que consegue achar seu amor, apesar do vício, em *É proibido fumar*, de Anna Muylaert*. Encontra o papel épico de sua carreira em *Lula, o filho do Brasil*, de Fábio Barreto, vivendo d. Lindu, mãe do futuro presidente. Após temporada de dois anos na França, retornou ao país para comemorar seus quarenta anos de carreira com o lançamento da biografia *40 anos de Glória*, de Eduardo Nassif e Fábio Fabretti.

PIRES, Roberto (Roberto de Castro Pires) – Salvador, BA, 1934-2001. Diretor.

FILMOGRAFIA: 1955-1959 – *Redenção*. 1961 – *A grande feira*. 1962 – *Tocaia no asfalto*. 1963 – *Crime no Sacopã*. 1968 – *Máscara da traição*. 1970 – *Em busca do su$exo*. 1981 – *Abrigo nuclear*. 1989 – *Brasília, a última utopia* (episódio: 'A volta de Chico Candango'). 1989-1990 – *Césio 137, o pesadelo de Goiânia*.

Cineasta de apurada artesania, pioneiro e, algumas vezes, inventor de fórmulas, Roberto Pires tem um estilo no qual os elementos da linguagem cinematográfica encontram-se sempre a serviço do corte em movimento, da ação, dos movimentos de câmera. Pioneiro do longa-metragismo baiano, realizador de *Redenção* que, rodado em quatro anos – com uma lente anamórfica inventada pelo cineasta, a IGLUSCOPE (como a do CINEMASCOPE) –, serve de locomotiva para a eclosão do ciclo baiano de cinema. Exercício de *thriller*, influenciado pela narrativa do cinema americano, conta a história de um psicopata estuprador contido por dois jovens fazendeiros, um dos quais envolvido com a polícia e que, ao proteger uma jovem ameaçada, encontra a "redenção" de sua vida. Policial com visíveis toques amadorísticos, *Redenção* não possui os postulados básicos do ciclo que viria a seguir. Encontra, no entanto, ressonância no ambiente cultural da província, sinalizando a possibilidade de se fazer cinema na Bahia e fazendo que Rex Schindler, profissional liberal, se anime a produzir uma série de filmes que focalize o drama do homem brasileiro. O primeiro, *Barravento* (1960-1961), de Glauber Rocha*, precede o maior sucesso do ciclo, *A grande feira*. Este último, com argumento de Schindler e direção de Pires, é "uma crônica brechtiana da província", focalizando a problemática dos feirantes diante das especulações de multinacionais interessadas na desapropriação da antiga Feira de Água de Meninos. Em seguida,

Tocaia no asfalto prossegue na vertente analítica, com Glauber Rocha – mentor inicial do ciclo – trabalhando como produtor executivo em uma trama que envolve corrupção política, o pistoleirismo e um matador de aluguel. Ambos os filmes, ainda que com influência marcante do *thriller* na estruturação de sua narrativa, pertencem ao Cinema Novo*, cuja deflagração é propiciada por Glauber Rocha no Suplemento Dominical do *Jornal do Brasil*. Sentindo o fim do ciclo, Roberto Pires transfere-se para o Rio de Janeiro e filma no estilo que mais aprecia: a intriga policialesca. *Crime no Sacopã*, produção carioca da COPACABANA FILMES, é um filme sobre um assassinato muito famoso na época, que envolveu o tenente Bandeira. Obra esquecida, merece revisão. Entre 1963 e 1968 passa quatro anos sem incursionar pelo longa, mas, ainda no Rio de Janeiro, monta vários filmes (entre os quais *O homem que comprou o mundo*, de Eduardo Coutinho*; *Antes, o verão*, de Gerson Tavares), até que a MAPA/DIFILM*, produtora e distribuidora do Cinema Novo, estimulada por Glauber, concede a Pires a oportunidade de um filme de ação, bem ao gosto do cineasta. *Máscara da traição* é um *thriller* que focaliza o planejamento de um grande roubo no estádio do Maracanã. A obra seguinte é atípica e completamente alheia ao estilo do diretor: *Em busca do su$exo*, comédia filmada em 16 mm e depois ampliada para 35 mm. A seguir, após muitos anos sem filmar, volta à terra natal e, com projeto ambicioso, constrói um estúdio subterrâneo na Boca do Rio (bairro de Salvador) para rodar uma *science fiction* de sua autoria: *Abrigo nuclear*, que permanece, excetuando-se a praça de exibição baiana, quase no anonimato. Seu trabalho mais recente é o drama *Césio 137, o pesadelo de Goiânia*. Mais uma vez é parceiro de Glauber Rocha, quando fotografa parte de *A idade da Terra* (1978-1980) e colabora em *Di Cavalcanti* (1976). Em fins dos anos 1990, Roberto Pires tem projeto de filmar *Nasce o sol a 2 de julho*, filme sobre a história da independência da Bahia, em parceria com o produtor e argumentista Rex Schindler. Feitas algumas tomadas da festa, o cineasta vem a morrer em 2001. O Governo do Estado da Bahia, em parceria com a IGLU FILMES, se compromete, em 2009, a ajudar na restauração de *Redenção* (1959), seu primeiro longa, e o primeiro do cinema baiano. A Assembleia Legislativa, em homenagem aos cinquenta anos desse filme, realiza uma sessão especial e edita uma biografia do cineasta de autoria do jornalista Aléxis Góis. (ASe)

PITANGA, Antonio (Antônio Luiz Sampaio) – Salvador, BA, 1939. Ator.
FILMOGRAFIA: 1959-1960 – *Bahia de Todos os Santos*. 1960 – *A estrada do amor* (produção estrangeira). 1960-1961 – *Barravento*. 1961 – *A grande feira*. 1962 – *O pagador de promessas*; *Senhor dos navegantes*; *Tocaia no asfalto*; *Lampião, rei do cangaço*. 1962-1963 – *Sol sobre a lama*. 1963 – *Esse mundo é meu*; *Samba* (coprodução estrangeira). 1963-1964 – *Ganga Zumba, rei dos Palmares*. 1964 – *Fábula* (produção estrangeira). 1965 – *Menino de engenho*; *A grande cidade*. 1966 – *Cangaceiros de Lampião*. 1967 – *Mar corrente*. 1968 – *Jardim de guerra*. 1968-1972 – *Câncer*. 1969 – *A mulher de todos*; *Golias contra o homem das bolinhas*; *Corisco, o diabo loiro*. 1969-1970 – *Juliana do amor perdido*. 1969-1973 – *Compasso de espera*; *Vozes do medo* (episódio). 1970 – *República da traição*; *Uma nega chamada Teresa*. 1972 – *Quando o carnaval chegar*. 1973 – *Joana Francesa*; *Mestiça, a escrava indomável*. 1976 – *Os pastores da noite*; *Cordão de ouro*. 1977 – *Ladrões de cinema*. 1978 – *Na boca do mundo* (dir.); *A deusa negra* (coprodução estrangeira). 1978-1980 – *A idade da Terra*. 1979-1985 – *Chico Rey*. 1980-1981 – *O homem do pau-brasil*. 1982 – *Rio Babilônia*. 1983 – *Quilombo*. 1984 – *O rei do Rio*. 1987 – *Eternamente Pagu*. 1988 – *Dedé Mamata*. 1990 – *O quinto macaco* (produção estrangeira); *Barrela, escola de crimes*. 1996 – *Como ser solteiro*. 1997-1999 – *Villa-Lobos, uma vida de paixão*. 1999 – *Mauá, o imperador e o rei*; *A terceira morte de Joaquim Bolívar*. 2003 – *Apolônio Brasil, o campeão da alegria*. 2004 – *Garotas do ABC*. 2006 – *Mulheres do Brasil*; *Zuzu Angel*. 2007 – *O homem que desafiou o diabo*.
Antônio Sampaio trabalhava como carteiro em Salvador – onde costumava participar de autos religiosos encenados ao ar livre durante a Páscoa, o Natal e o Dia de Reis – quando foi abordado na rua pelo assistente de produção de *Bahia de Todos os Santos*, que lhe propôs fazer teste para o filme. Ganhou o papel de Pitanga e sua estreia alcançou repercussão suficiente para que passasse a adotar o nome do personagem. Foi só depois de fazer o filme de Trigueirinho Neto que começou a estudar arte dramática, matriculando-se na Escola de Teatro da Universidade da Bahia. Mais tarde participaria de peças como *Calígula* e *Chapetuba Futebol Clube*, integrando o Teatro de Equipe. Sempre se caracterizou, no entanto, como ator de cinema. E desde o início recebeu convites para trabalhar em produções estrangeiras rodadas no Brasil.

Logo em seguida a *Bahia de Todos os Santos*, filmou *A estrada do amor*, de Wolfgang Schleif, produção da antiga Alemanha Oriental, que não chegou a ser exibida no circuito comercial brasileiro. Pitanga torna-se uma das estrelas dos filmes realizados na Bahia nos primeiros anos da década de 60, ao lado de Helena Ignez* e Geraldo D'El Rey*. Com eles, faz *A grande feira*, de Roberto Pires*, interpretando o rebelde Chico Diabo, que defende medidas violentas para acabar com a exploração na comunidade. Outro personagem marcante da época é Firmino, de *Barravento*, de Glauber Rocha*, o rapaz que volta da cidade com ideias de mudança que contrastam com o misticismo da aldeia de pescadores onde nasceu. Participa de outros filmes – entre eles o premiado *O pagador de promessas*, de Anselmo Duarte*, no papel do capoeirista Mestre Coca – antes de viajar para o Rio de Janeiro, para interpretar Zumbi dos Palmares em *Ganga Zumba, rei dos Palmares*, de Carlos Diegues*. Durante a temporada carioca, trabalha também em *Esse mundo é meu*, de Sérgio Ricardo; *Fábula*, de Arne Sucksdorff*; e na produção espanhola *Samba*, de Rafael Gil, contracenando com Sarita Montiel. Nesse período, integra-se ao Grupo de Ação, equipe de teatro formada exclusivamente por artistas negros. Entre 1963 e 1965, viaja pela Europa, Oriente Médio e África a convite do Ministério das Relações Exteriores. Leva na bagagem cópias de *Barravento*, *Esse mundo é meu* e *Ganga Zumba, rei dos Palmares*, que exibe dentro do programa de divulgação do cinema brasileiro e da cultura negra no país. Impressiona-se particularmente com a África, entrando em contato com líderes de ex-colônias e procurando estabelecer projetos de intercâmbio, que resultariam, quase quinze anos depois, no filme *A deusa negra*, coprodução Brasil-Nigéria, dirigida por Ola Balogum e com elenco de atores brasileiros como Pitanga, Léa Garcia* e Zózimo Bulbul*. Mesmo mantendo estreita ligação com o Cinema Novo*, o ator percorreu outros territórios. Trabalhou em filmes voltados para o grande público, como as produções do ciclo do cangaço dirigidas por Carlos Coimbra* – *Lampião, rei do cangaço*; *Cangaceiros de Lampião*; *Corisco, o diabo loiro*. Mas também deixou sua marca em filmes marginais como *Jardim de guerra*, de Neville d'Almeida*, e *A mulher de todos*, de Rogério Sganzerla*, quando volta a contracenar com Helena Ignez. Entre os diretores cinemanovistas, é com Glauber Rocha* e Carlos Diegues que Pitanga mantém mais extensa colaboração. É o protagonista de *Barravento*, longa de estreia de Glauber; faz uma ponta em *Terra em transe*; toma parte nas improvisações de *Câncer*; e surge como o Cristo Negro de *A idade da Terra*. Com direção de Diegues, faz dois filmes que têm como tema a revolta de escravos liderada por Zumbi dos Palmares (*Ganga Zumba* e *Quilombo*); apresenta desempenho memorável em *A grande cidade*; além de atuar no musical *Quando o carnaval chegar* e no drama de época *Joana Francesa*. Durante uma conversa com Diegues em 1965, surge o argumento que vai resultar, mais de dez anos depois, no roteiro de *Na boca do mundo*, único longa dirigido por Pitanga. Filmado na praia de Atafona (Rio de Janeiro), mesma locação de *Ganga Zumba, rei dos Palmares*, conta a história do pescador negro (Pitanga) que, convencido pela namorada, procura tirar vantagem do envolvimento com uma grã-fina (Norma Bengell*) que se instala no lugarejo. Ao longo de sua carreira, Pitanga atua com frequência em filmes que abordam diretamente a história e a cultura negras – é o caso das duas versões da saga de Zumbi que faz com Diegues e também de *Barravento*, *Cordão de ouro*, de Antonio Carlos Fontoura*, *A deusa negra* e *Chico Rei*, de Walter Lima Jr.*. O envolvimento do ator nas questões do negro no Brasil leva-o à militância partidária a partir dos anos 90, quando se elege vereador no Rio de Janeiro pelo Partido dos Trabalhadores. Pitanga mantém as atividades como ator. Na televisão participa da novela *A próxima vítima* (1995), ao lado da filha Camila Pitanga. Integra o elenco de *Jango, uma tragédia*, peça escrita por Glauber Rocha e encenada em 1996 com direção de Luiz Carlos Maciel. No cinema, faz uma rápida participação na comédia carioca *Como ser solteiro*, além de atuar nos filmes *Villa-Lobos, uma vida de paixão*, de Zelito Viana*, e *Mauá, o imperador e o rei*, de Sérgio Rezende*. (LCA) Pitanga mantém carreira ativa na maturidade, com participação em filmes diversos, mantendo seu espaço como figura forte do cinema brasileiro. Atua em filmes como *Apolônio Brasil, o campeão da alegria*, comédia de Hugo Carvana*; *Garotas do ABC*, de Carlos Reichenbach*; *Mulheres do Brasil*, de Malu de Martino; *Zuzu Angel*, de Sérgio Rezende, e *O homem que desafiou o diabo*, de Moacyr Góes*. Ensaiou carreira política, estando casado com a ex-governadora do Rio de Janeiro, Benedita da Silva.

PITANGA, Camila (Camila Manhães Sampaio) – Rio de Janeiro, RJ, 1977. Atriz.

FILMOGRAFIA: 1983 – *Quilombo*. 1994 – *Super colosso*. 2001 – *Caramuru, a inven-*ção do Brasil. 2003 – *O signo do caos*. 2004 – *Redentor*; *Bendito fruto*; *O preço da paz*. 2005 – *Sal de prata*. 2006 – *Mulheres do Brasil*. 2007 – *Saneamento básico, o filme*; *Noel – poeta da Vila*.

Filha do ator Antonio Pitanga e da atriz Vera Manhães. Começou a carreira de modelo bem jovem, logo passando a atuar na televisão como assistente de palco do programa *Clube da Criança* na TV MANCHETE, apresentado pela Angélica, e na minissérie *Sex appeal* (1992), da REDE GLOBO. No ano seguinte, já era sucesso na novela *Fera ferida*. Durante todos esses anos se destaca em papéis que desempenha em novelas e minisséries, como na telenovela *Paraíso tropical*. Camila estreou criança no cinema, aos 6 anos de idade, no filme histórico de Carlos Diegues* *Quilombo*. Retornou ao cinema onze anos mais tarde no filme infantil *Super colosso*, de Luiz Ferre, baseado em sucesso televisivo. A carreira cinematográfica custou a engrenar. Entre 2001 e 2007, atuou na série televisiva *Caramuru, a invenção do Brasil*, escrita e dirigida por Guel Arraes*, que mais tarde teve versão em longa metragem exibida nos cinemas e em que criou a índia Paraguaçu. Os filmes seguintes foram *O signo do caos*, de Rogério Sganzerla*, no qual criou o curioso personagem do Furacão de Santos; viveu desfrutável manicure na comédia *Bendito fruto*, de Sérgio Goldenberg, e atuou na trama histórica de *O preço da paz*, de Paulo Morelli. Em raro papel de protagonista, foi uma das *Mulheres do Brasil*, da diretora estreante Malu de Martino, vivendo moça que deixa a cidade pequena para viver na cidade grande. Foi Ceci, uma dançarina por quem Noel Rosa se apaixonou em *Noel – poeta da Vila*, de Ricardo van Steen. Adepta dos curtas-metragens ficcionais, filmou *The Big Shit* (1998), de Renata Neves, e *Bala perdida* (2003), de Victor Lopes. É casada com o diretor de arte Cláudio Amaral Peixoto. (VLD)

PIZZINI, Joel – Rio de Janeiro, RJ, 1960. Diretor.

FILMOGRAFIA: 2004 – *500 almas*. 2007 – *Anabazys*.

Foi criado em Dourados, Mato Grosso do Sul. Inicia sua carreira como assistente de direção do documentário de longa metragem *Guerra do Brasil* (1986), de Sylvio Back. Tem vasta filmografia de curtas, atuando como diretor durante vários anos. Possui sensibilidade para a plástica da imagem, com estilo próximo às experiências formais da videoarte. Um de seus primeiros trabalhos, *Caramujo-flor* (1988), na bitola 35 mm, é sobre o poeta Manoel de Barros, explorando a plástica imagética de poemas retirados do livro *Gramática expositiva do chão – poesia quase toda*. Em *O pintor* (1995), volta às formas abstratas da imagem, em média metragem sobre o pintor gaúcho Iberê Camargo, uma das principais figuras da arte brasileira no século XX. Através de tomadas de seu estúdio e das obras, explora a plástica do movimento na criação, para figurar a pintura de Iberê. Pizzini continua no universo das artes plásticas no curta *Enigma de um dia* (1996), uma ficção em que um vigia de museu vê-se às voltas com o universo surrealista/metafísico do pintor italiano Giorgio de Chirico. Ainda nesse campo, da exploração plástica de imagem-câmera, podem-se citar as experiências de *Dormente* (2005), com origem em uma videoinstalação, inspirado em figuras de rostos, trilhos, trens, passagens. Em 2001, Pizzini dirige *Glauces – estudos de um rosto*, média carregado de imagens de arquivo da atriz Glauce Rocha*, explorando primeiros planos, numa sensível homenagem a uma das principais intérpretes do cinema brasileiro. Pizzini voltará à pesquisa em arquivo no longa *Anabazys* e em *Depois do transe* e *Milagres*. Ainda no curta-metragem, faz *Abry* (2003), sobre a mãe de Glauber Rocha*, Lúcia Rocha, avó de sua esposa (é casado com Paloma Rocha, filha primogênita de Glauber com Helena Ignez*). Em *Abry*, a matriarca dos Rocha é filmada no hospital, às vésperas de uma delicada intervenção cirúrgica. Ainda em família, Pizzini dirige, em 2005, *Helena zero*, sobre a atriz Helena Ignez, musa do Cinema Novo* e, depois, do Cinema Marginal*. *Helena zero* compõe, juntamente com *Paulo José: um autorretrato brasileiro*; *Evangelho segundo Jece Valadão*; *Elogio da luz* (sobre Rogério Sganzerla*); *Retrato da Terra* (Glauber Rocha) e *Um homem só* (Leonardo Vilar*), uma série de documentários sobre personalidades-chave do cinema brasileiro, com ampla utilização de material de arquivo e entrevistas. A partir de 2004 envolve-se, junto com Paloma Rocha, em um projeto de recuperação, digitalização e lançamento em DVD dos filmes de Glauber Rocha. Para esse projeto, explicitamente com formatação para ser explorado em DVD, realiza os documentários *Depois do transe* (sobre *Terra em transe*); *Milagres* (sobre *O dragão da maldade contra o santo guerreiro*); *Kanto Santo* (sobre *Barravento*) e *Anabazys* (sobre *A idade da Terra*). *Anabazys* terá carreira independente, sendo, inclusive, exibido no FESTIVAL DE VENEZA, onde, décadas atrás, *A idade da*

Terra havia sido recebido de modo bastante polêmico. Pizzini chega efetivamente ao longa-metragem com *500 almas*, produção do cineasta de maior fôlego, em que se permite voos mais amplos. Com fotografia de Mário Carneiro*, música de Lívio Tragtenberg*, e utilização dos atores Paulo José* e Matheus Nachtergaele*, o filme busca resgatar a cultura e a memória da dispersa tribo guató, habitante milenar do Pantanal mato-grossense. A veia lírica do filme é acentuada, buscando trazer para a tela o tempo próprio da tribo e a materialidade quase líquida do universo que os cerca. (FPR)

POLANAH, Ruy – Moçambique, 1922-2008. Ator.

FILMOGRAFIA: 1963 – *Os fuzis*; 1963-1964 – *Ganga Zumba, rei dos Palmares*. 1964 – *Selva trágica*. 1967 – *Mar corrente*. 1970 – *Os deuses e os mortos*; *O homem do corpo fechado*. 1973 – *Sagarana: o duelo*; *Joana Francesa*. 1974-1975 – *Cristais de sangue*. 1975 – *A nudez de Alexandra* (coprodução estrangeira). 1976 – *Marcados para viver*. 1976-1977 – *Anchieta, José do Brasil*. 1977 – *Ladrões de cinema*; *Barra pesada*; *O cortiço*. 1978 – *A deusa negra* (coprodução estrangeira). 1980 – *Insônia* (2º episódio: 'A prisão J. Carmo Gomes'). 1981 – *Índia, a filha do Sol*; *Fitzcarraldo* (produção estrangeira). 1982 – *Bar Esperança, o último que fecha*. 1983 – *Quilombo*; *Para viver um grande amor*. 1984 – *Noites do sertão*; *Floresta das esmeraldas* (produção estrangeira). 1985-1986 – *Dança dos bonecos*. 1986 – *Ele, o boto*. 1986-1987 – *Sonho de Valsa*. 1987 – *Luzia Homem*; *Jorge, um brasileiro*; *Running out of Luck* (produção estrangeira). 1988-1989 – *Kuarup*; *Círculo de fogo*. 1990 – *Brincando nos campos do Senhor* (produção estrangeira); *Amazon* (produção estrangeira). 1992 – *O quinto macaco* (coprodução estrangeira). 1995 – *O lado certo da vida errada*; *Filhas de Yemanjá* (produção estrangeira). 1996 – *O barbeiro do Rio* (produção estrangeira). 1997 – *No coração dos deuses*. 1998 – *Orfeu*. 2000 – *Tainá, uma aventura na Amazônia*. 2004 – *Tainá 2, a aventura continua*; *O veneno da madrugada*. 2006 – *Cobrador: in God we trust* (coprodução estrangeira); *12 horas até o amanhecer* (produção estrangeira).

Seu tipo físico o levou a interpretar muitos papéis de índio. Participou como ator coadjuvante de mais de quarenta filmes, entre eles marcos do Cinema Novo*, como *Os fuzis*, de Ruy Guerra*, e *Ganga Zumba, rei dos Palmares*, de Carlos Diegues*. Exerceu outras funções por trás das câmeras. Em *Cristais de sangue*, interpretou viajante que roda a pé região de garimpo do interior baiano à procura de seu pai. Depois de vários filmes rurais, atuou em fitas históricas e também fitas urbanas. Trabalhou em importantes filmes brasileiros de diretores de renome como Paulo César Saraceni* (*Anchieta, José do Brasil*) e Walter Lima Jr.* (*Ele, o boto*), além dos citados Diegues e seu conterrâneo Ruy Guerra, com quem fez quatro filmes. Foi dirigido por vários cineastas estrangeiros que filmaram no Brasil, gente como o francês Pierre Kast (*A nudez de Alexandra*); o nigeriano Ola Balogun (*A deusa negra*); o alemão Werner Herzog (*Fitzcarraldo*), para quem criou o personagem de um barão da Borracha; os ingleses John Boorman (*Floresta das esmeraldas*) e Julien Temple (*Running*); os finlandeses Mika Kaurismaki (*Amazon*) e Pia Tikka (*Filhas de Yemanjá*). Num raro trabalho para a TV, no biênio 2006 e 2007, participou da novela *Bicho do mato*, da REDE RECORD. Morreu no Rio de Janeiro, no dia 3 de setembro. (LFM/MM)

POLICENA, José (José Bonezi Peliccini) – São Paulo, SP, 1911. Ator.

FILMOGRAFIA: 1937 – *O bobo do rei*. 1947 – *Um beijo roubado*; *Pinguinho de gente*. 1952 – *Brumas da vida*; *Força do amor*; *Amei um bicheiro*. 1952-1953 – *Sinhá Moça*. 1953 – *Na senda do crime*. 1954 – *Mãos sangrentas*. 1955 – *Armas da vingança*; *O diamante*; *A estrada*. 1957 – *Dioguinho*; *O circo chegou à cidade*; *Absolutamente certo*. 1960 – *Um candango na Belacap*. 1961 – *Esse Rio que eu amo* (2º episódio: 'Milhar seco'). 1962 – *Lampião, rei do cangaço*; *Um morto ao telefone*. 1963 – *Samba*. 1964 – *Interpol chamando Rio* (produção estrangeira); *Os selvagens* (coprodução estrangeira). 1970 – *A marcha*. 1971 – *Paixão de um homem*; *São Bernardo*. 1973 – *O Pica-pau Amarelo*. 1976 – *Tiradentes, o mártir da Independência*. 1979 – *Dani, um cachorro muito vivo*.

Com sua longa carreira, de mais de cinquenta anos, iniciada no fim dos anos 20, trabalha em grande número de companhias teatrais. No cinema, sempre correto coadjuvante, começa sua carreira nos estúdios da SONOFILMS*, na comédia *O bobo do rei*, de Mesquitinha*. Alguns anos mais tarde, na CINÉDIA*, filma os dramas *Um beijo roubado*, de Leo Marten*, e *Pinguinho de gente*, de Gilda Abreu*. Em seguida, faz dois filmes românticos na CINELÂNDIA FILMES, *Brumas da vida* e *Força do amor*, de Eurides Ramos*. Conquista seu grande papel, na VERA CRUZ*, como o fazendeiro escravocrata do drama *Sinhá Moça*, de Tom Payne* e Oswaldo Sampaio*. Na mesma casa, filma o policial *Na senda do crime*, de Flamínio Bollini Cerri. Faz a seguir quatro filmes de ação: *Mãos sangrentas*, de Carlos Hugo Christensen*; *Armas da vingança*, de Carlos Coimbra*; *O diamante*, de Eurides Ramos*; e *A estrada*, de Oswaldo Sampaio. Apesar de sua máscara de homem duro, interpreta um velho paralítico em *Absolutamente certo*, de Anselmo Duarte*. Volta a trabalhar com o diretor Coimbra nas aventuras rurais *Dioguinho* e *Lampião, rei do cangaço*. Nos anos 60, após filmar o policial *Um morto ao telefone*, de Watson Macedo*, atua em filmes estrangeiros realizados no Brasil: *Samba*, de Rafael Gil; *Interpol chamando Rio*, de Leo Fleider, e *Os selvagens*, de Eugênio Martin. Na década de 70, faz seu último filme importante, *São Bernardo*, de Leon Hirszman*. (LFM)

POMPÊO, Antônio – São José do Rio Pardo, SP, 1953. Ator.

FILMOGRAFIA: 1975-1976 – *Xica da Silva*. 1977 – *O cortiço*; *Se Segura, Malandro!*. 1979 – *Parceiros da aventura*. 1981 – *Escalada da violência*. 1983 – *Quilombo*. 1984 – *Nunca fomos tão felizes*. 1999-2001 – *O xangô de Baker Street*. 2001 – *Condenado à liberdade*. 2002 – *Seja o que Deus quiser!*. 2004 – *Quase dois irmãos*. 2007 – *O homem que desafiou o diabo*.

Ator negro importante no cinema brasileiro, com filmografia diversificada. Trabalha em dois filmes de Cacá Diegues*, *Xica da Silva* e *Quilombo*. Estreou em *Xica da Silva* e, em *Quilombo*, interpreta o protagonista Zumbi, líder histórico de Quilombo de Palmares. Entre o fim dos anos 1970 e começo dos 1980, fez diversos filmes, entre eles o drama *O cortiço*, de Francisco Ramalho Jr.*, baseado no romance homônimo de Aluísio Azevedo. Filma a comédia *Se Segura, Malandro!*, de Hugo Carvana*, e o drama *Parceiros da aventura*, único longa-metragem dirigido pelo iluminador José Medeiros. Em 1984, trabalha no drama político *Nunca fomos tão felizes*, de Murilo Salles*. Nos anos seguintes, dedica-se mais à televisão, voltando ao cinema somente no final da década de 90. Participando de novelas e minisséries como *Lampião e Maria Bonita* (1982), *A máfia no Brasil* (1984), *O tempo e o vento* (1985), *Tenda dos milagres* (1985), *Sinhá Moça* (1986), *O outro* (1987), *Kananga do Japão* (1989), *Escrava Anastácia* (1990), *Rosa dos rumos* (1990), *A história de Ana Raio e Zé Trovão* (1990), *Pedra sobre pedra* (1992),

Mulheres de areia (1993), *Fera ferida* (1993), *Tocaia grande* (1995), *O rei do gado* (1996), *Pecado capital* (1998), *A casa das sete mulheres* (2003) e *Prova de amor* (2005). Em seu retorno ao cinema atuou na coprodução internacional *O xangô de Baker Street*, de Miguel Faria Jr.*, baseado no *best-seller* de Jô Soares e, em seguida, no drama *Condenado à liberdade*, de Emiliano Ribeiro. Filmou ainda *Seja o que Deus quiser*, de Murilo Salles, e, no papel chefe do tráfico, fez o filme político *Quase dois irmãos*, de Lúcia Murat*. É também pintor e gravurista, e suas obras foram expostas no Espaço de Estética e Cultura Afro-Daí do Rio de Janeiro. (MM)

PONGETTI, Henrique (Henrique Feltrini Pongetti) – Juiz de Fora, MG, 1898-1979. Roteirista.

FILMOGRAFIA: 1935 – *Favela dos meus amores*. 1936 – *Cidade-mulher*. 1939 – *Joujoux e balangandãs*. 1947 – *O cavalo 13*; *O malandro e a grã-fina*. 1951 – *Tudo azul.*

Aos 2 anos, muda-se para Petrópolis, educa-se nessa cidade e dirige o curta de ficção *A estrangeira* (1919). A partir da década de 20, radica-se no Rio de Janeiro, quando segue a carreira literária, sendo jornalista, cronista, romancista, dramaturgo e crítico de cinema. Editor na grande imprensa das revistas *A Ideia*, *Manchete* e outras; de livros pela Irmãos Pongetti Editores. No teatro, escreve o espetáculo *Joujoux e balangandãs* e é autor de comédias sofisticadas, como *Amanhã, se não chover* e *Manequim*, entre outras. No cinema, torna-se um raro roteirista a fazer carreira a partir de meados dos anos 30, quando escreve dois filmes de Humberto Mauro* (*Favela dos meus amores* e *Cidade-mulher*), duas crônicas sobre a cidade do Rio de Janeiro. Para Raul Roulien*, escreve o drama *Grito da mocidade*. Escreve também o espetáculo musical que serve de propaganda do governo do ditador Getúlio Vargas, *Joujoux e balangandãs*, filmado por Amadeu Castelaneto. Na década de 40, escreve duas comédias, *Cavalo 13* e *O malandro e a grã-fina*, a primeira em parceria com Raimundo Magalhães Jr., e ambos os filmes sob a direção de Luiz de Barros*. Na década de 50, escreve com Alinor Azevedo* seu último roteiro, a comédia carnavalesca *Tudo azul*, com produção e direção de Moacyr Fenelon*. Nos anos 60, suas peças *Society em baby-doll* e *Zefa entre os homens* são filmadas em duas comédias, a primeira por Luiz Carlos Maciel e Waldemar Lima* e a segunda por Mozael Silveira, com o título de *Jesus Cristo, eu estou aqui*. Faleceu em 9 de novembro no Rio de Janeiro. (LFM)

PONS, Gianni (Giovanni Claudio Pons) – Milão, Itália, 1909-1975. Diretor.

FILMOGRAFIA: 1942 – *L'angelo del crepuscolo* (produção estrangeira). 1946 – *Non siamo sposati* (produção estrangeira). 1952 – *Veneno*. 1954 – *Os três garimpeiros*.

Ator de papéis coadjuvantes no cinema italiano, nos anos 30, atua como assistente de direção de Alessandro Blasetti em *Romântico aventureiro* (*Un'avventura di Salvator Rosa*, 1939). Também foi argumentista e roteirista, em *La moglie in castigo* (1940), de Leo Menardi, e *Divieto in sosta* (1941), de Marcello Albani. Na Espanha, em meados dos anos 40, trabalha na SOCIEDAD PRODUCCIONES HISPÁNICAS, em Barcelona. Dirige dois filmes na Itália, o primeiro, a comédia dramática *L'angelo del crepuscolo*, baseada em história de sua autoria. Seu segundo filme, a comédia *Non siamo sposati*, é a versão italiana do filme francês *Nous ne sommes pas mariés*. Em São Paulo, no começo dos anos 50, vem trabalhar na VERA CRUZ*, onde escreve e dirige o elogiado melodrama de suspense policial *Veneno*, com Anselmo Duarte* e Leonora Amar, estrela do cinema mexicano e brasileira de nascimento, em seu único filme no país. A seguir, dirige a aventura rural *Os três garimpeiros*, com Alberto Ruschel*, Milton Ribeiro* e Hélio Souto*, ambientada em garimpo no interior paulista. (LFM)

PONTES, Ipojuca (Antônio de Ipojuca Holanda Pontes) – João Pessoa, PB, 1943. Diretor.

FILMOGRAFIA: 1976 – *Canudos*. 1978 – *A volta do filho pródigo*. 1985 – *Pedro Mico*.

Documentarista paraibano, crítico de cinema em Recife, João Pessoa e Rio de Janeiro, estabelece-se na capital carioca a partir dos anos 70. Projeta-se no cenário cinematográfico brasileiro através da realização de documentários importantes como: *A cabra na região semiárida* (1968), *Os homens do caranguejo* (1969), *Poética popular* (1970), *Cidades históricas do Nordeste* (1974), *As rendeiras do Nordeste* (1975) e o filme inacabado "Ouro branco", todos curtas-metragens. É um dos documentaristas mais premiados do cinema brasileiro – cerca de trinta prêmios entre nacionais e internacionais, especialmente com os curtas. Um dos traços marcantes de seu trabalho é a preocupação com os problemas do homem numa região adversa e sua luta pela sobrevivência. Instalado definitivamente no Rio de Janeiro, trabalha como roteirista de *A Compadecida* (1969), de George Jonas; *Um edifício chamado 200*

(1973), de Carlos Imperial*; e *O varão de Ipanema* (1974), de Luiz Antônio Piá. Realiza *Canudos*, o seu primeiro longa-metragem – selecionado para representar o Brasil nos festivais de CANNES e SAN SEBASTIAN –, que faria parte de uma trilogia iniciada com o filme *Homens do caranguejo* e seria finalizada com o não realizado "Os coronéis". Dois anos mais tarde, realiza o longa de ficção *A volta do filho pródigo*, um drama sobre as migrações internas. Dirige seu terceiro longa, *Pedro Mico*, protagonizado pela sua então esposa Tereza Rachel e pelo jogador de futebol Pelé. Baseado numa peça do escritor Antônio Callado, narra a história de um malandro carioca que se apropria do produto de um roubo e passa a ser perseguido pela polícia e por bandidos. O filme nunca foi lançado comercialmente. Dirige ainda, para a CBS-NEW YORK, o média-metragem *Portrait of Vaguerro* (1977). Esteve ligado ao teatro como autor, produtor e diretor. Seu trabalho mais importante na área é a direção da peça *Os emigrados*. Escreve, em 1988, um livro intitulado *Cinema cativo*, série de ensaios que abordam as relações entre cinema e Estado. No governo Collor, assume a Secretaria Especial de Cultura. Sua indicação ao cargo frustra boa parte do meio cinematográfico, sobretudo por se declarar avesso a uma produção cultural subvencionada pelo Estado. É ardoroso defensor da criação dos polos cinematográficos como forma de descentralizar a produção cinematográfica concentrada no eixo Rio-São Paulo. Em sua gestão, desativa a EMBRAFILME*, o Conselho Nacional de Cinema (CONCINE*) e todas as demais autarquias ligadas ao Ministério da Cultura, revogando ainda parte da legislação cinematográfica, em especial a que regulamenta a reserva de mercado, o que abre uma crise cultural sem precedentes no país. Após um ano à frente da Secretaria, é destituído de suas funções e indicado para o cargo de adido cultural brasileiro na Argentina. (RAS)

PORNOCHANCHADA

O rótulo pornochanchada serviu como uma designação para filmes que, na passagem para a década de 70, apresentavam uma confluência de fatores econômicos e culturais, produzindo uma nova tendência no campo cinematográfico: um cinema que apontava na direção do questionamento dos costumes, da exploração do erotismo. O gênero pornochanchada – conjunto de filmes com temáticas diversas mas com formas de produção aparentadas –, identificado com comédias eróticas, rapidamente conquistou amplas parcelas do mercado. Produzidas com "recursos controlados", as pornochanchadas aglutinavam a influência dos filmes italianos em episódios, o erotismo que se insinuava nos filmes paulistas do final da década 60 (e em seus títulos apelativos) e a reatualização da tradição carioca da comédia popular urbana. O termo desgastou-se pelo uso indiscriminado, designando tanto filmes de produção apressada e mal-acabada, como outros de construção elaborada, mas o critério básico é a prioridade na exibição anatômica feminina (mesmo que em conflito com o desenvolvimento dramático) e a construção de roteiros com ênfase em piadas ou situações eróticas. Se a chanchada* continha-se na ingenuidade, às vezes com malícia, a pornochanchada introduziu intenções explícitas. Agregar a palavra "porno" à chanchada não se traduz, no entanto, ao acréscimo de uma pornografia no sentido transgressivo. Na realidade, utilizou-se o nome de um genuíno gênero nacional, com forte apelo popular, acrescentando-lhe a malícia sugestiva de conter "pornografia", embora, para os mais conservadores, realmente contivesse. A pornochanchada foi mais uma expressão nacional, um reflexo da onda de permissividade, de liberação dos costumes da época, uma tematização da "revolução sexual" à brasileira, tecendo tramas que se prendiam às paqueras, às conquistas amorosas, à virgindade, ao adultério, à viúva disponível e fogosa, aos "dilemas do dar e do comer". Expunham a nudez – cuja fartura estava quase sempre em relação direta com um bom faturamento –, às vezes deformando mais do que exibindo. Servindo-se de um erotismo implícito, combinando títulos com duplo sentido, situações e quiproquós amorosos, piadas maliciosas e *gags* imaginosas, a pornochanchada condensa um imaginário que chega ao público "popular" de maneira precisa. Para muitos de seus críticos, os filmes eram grosseiros, vulgares e apelativos, fruto de um momento de forte repressão do poder à produção cultural e de controle da informação – uma "filha da ditadura militar". Numa leitura política, censura* e pornochanchada são vistas como irmãs gêmeas de comportamentos opostos, nascidas nos primeiros meses de 1969, tendo vida intensa no período em que cortes e proibições criavam as condições propícias para produtos mal-acabados e grosseiros. O gênero teve seu começo com filmes produzidos no Rio de Janeiro, *Os paqueras* (Reginaldo Faria*, 1968), *Memórias de um gigolô* (Alberto Pieralisi*, 1970) e, em São

Paulo, *Adultério à brasileira* (Pedro Carlos Rovai*, 1969). Pode-se reconhecer um primeiro bloco de produção, entre 1969 e 1972, que mostra a entrada em cena de produtores e diretores mais tarimbados, numa espécie de recrutamento de certa competência para dar a arrancada inicial, quando são produzidas comédias eróticas com cuidados na elaboração do roteiro (podemos lembrar a colaboração de autores como Armando Costa*, Oduvaldo Viana Filho* e Lauro Cesar Muniz*, por exemplo), na escolha de elenco e um eficiente trabalho de direção. Comprovada a eficácia do produto, começam a se cristalizar produtores e novos diretores nascidos no gênero, com a maioria da produção já centralizada em São Paulo – que, como para o café, se mostrou uma verdadeira terra roxa para o gênero –, mais especificamente num local que se convencionou chamar de Boca do Lixo*. Espaço urbano de contorno definido no bairro da Luz, onde historicamente se localizaram os escritórios de produtores, exibidores e distribuidores nacionais e estrangeiros. A partir da irrupção da pornochanchada, esse perímetro, na época considerado a Hollywood brasileira, produziu um número considerável de títulos, indo desde filmes com experiências de linguagem até barbarismos. Foi um período fértil, em que se pode reconhecer alguma qualidade na massa crítica de sua produtividade. Uma vigorosa produção começa a crescer, os filmes se diversificam, alguns ampliando seu lado chanchada, outros estendendo o erótico e seus domínios além da comédia. Amparados nos êxitos comerciais – entre as 25 maiores bilheterias entre 1970 e 1975 estavam nove pornochanchadas, capitaneadas pela recordista *A viúva virgem*, de Pedro Carlos Rovai* (1972) –, uma grande quantidade de títulos passou a circular no mercado sob o olhar nervoso dos críticos, da censura e de parcelas moralistas da sociedade. As pornochanchadas incomodavam também os órgãos estatais e as distribuidoras americanas, pois conseguiram efetivamente conquistar importante fatia do mercado com seus modos nada educados e padrões de gosto duvidoso.

Vivia-se, então, uma "época de ouro" (1972-1982) para o cinema nacional, em termos de mercado. A Boca do Lixo era responsável por cerca de sessenta dos noventa filmes brasileiros produzidos anualmente, em média, na década de 70, realizando todos os subgêneros possíveis da pornochanchada: o filão da comédia erótica, o pornodrama, o porno-horror (filmes de José Mojica Marins*, o Zé do

Caixão), o pornopolicial, o *pornowestern*, e até mesmo o pornoexperimental – como alguns filmes de Carlos Reichenbach*, verdadeiras experiências de linguagem, pode-se dizer metapornôs, entre eles *A ilha dos prazeres proibidos* (1977) e *O império dos desejos* (1978). É nesse processo que crescem produtoras como a SERVICINE*, de Alfredo Palácios* e A. P. Galante*, a CINEDISTRI*, de Oswaldo Massaini*, com um leque diversificado de filmes. No horizonte das propostas da Boca, emergem pequenos ciclos em torno de temáticas que acusam respostas de bilheteria, consolidando a produção, entre os quais se destacam alguns filmes e diretores, como Ody Fraga* (também roteirista de muitos filmes), com *Reformatório das depravadas* (1978) e *A dama da zona* (1979); Roberto Mauro, diretor de *As mulheres amam por conveniência* (1972) e *As cangaceiras eróticas* (1974); Fauzi Mansur*, com *A ilha dos paqueras* (1970) e *Sinal vermelho – as fêmeas* (1972); Jean Garret*, diretor de *Mulher, mulher* (1977) e *A força dos sentidos* (1978); Claudio Cunha*, com *O dia em que o santo pecou* (1975) e *Amada amante* (1978); Sílvio de Abreu, com *Mulher-objeto* (1980); e outros realizadores, como John Doo*, Egydio Eccio, Tony Vieira*, além de técnicos como Cláudio Portioli*, Antônio Meliande*, fotógrafos; Eder Mazzini*, montador; Rajá Aragão*, roteirista e editor da revista *Cinema em Close Up* (publicação voltada à produção da Boca). Pode-se atribuir ao gênero (e à Boca do Lixo) o feito de terem conseguido construir um precário mas estimulante *star system* à margem dos esquemas de publicidade massiva e das redes de televisão, lançando atrizes como Vera Fischer*, Helena Ramos*, Aldine Müller*, Matilde Mastrangi*, Zaira Bueno*, Arlete Moreira, entre outras, ou cooptando nomes já conhecidos como Sandra Brea, Kate Lyra e até mesmo a nobreza de Ira de Furstenberg, além de atores que criaram tipos de sucesso como o "machão" David Cardoso* (que também se tornou um produtor eficiente). O mais notável, no aspecto econômico, é que a pornochanchada (a exemplo da chanchada nos anos 50) proporcionou a existência de uma relação harmoniosa entre os produtores, os distribuidores e os grupos exibidores (muitas vezes, também associados como produtores) e um público suficientemente amplo para sustentar, na bilheteria, a continuidade do processo. A prosperidade desse sistema de produção-distribuição-exibição não poderia ficar imune à crise econômica que atingiu o Brasil nos anos 80, com a diminuição vertiginosa de público, que atinge tanto o filme nacional quanto o estrangeiro. Nesse quadro, a pornochanchada já sinalizava seu esgotamento, tanto de seu modelo estético quanto de seu modelo econômico. O esvaziamento das salas pode ter uma explicação política: o gênero não teria acompanhado a dinâmica da sociedade brasileira, pois, estruturada no regime autoritário e, de certa forma, beneficiária dele, não teve sensibilidade suficiente para sentir o processo político democratizante dos anos 80 e reagir a ele, estagnando-se.

Também nessa época, um outro rival aparecia: o *hardcore* americano, que começava a dominar o mercado que pertencia às pornochanchadas. Para tentar defender-se, o gênero radicaliza e a Boca caminha vacilante, mas rapidamente, para a produção de filmes pornográficos de sexo explícito a partir de 1981, passando do ainda implícito (com sexo simulado) *Fome de sexo* para *Coisas eróticas*, de Rafaelle Rossi, primeiro pornô nacional concebido conforme as regras do gênero. *Coisas eróticas* chega aos cinemas por força de mandado judicial, obtendo a cifra de 4 milhões de espectadores (até hoje uma das maiores bilheterias, em número de espectadores, do Brasil). Produzidos com custos mais baixos e pior qualidade que a pornochanchada, os filmes eróticos pesados ocupam vasta fatia de mercado, com cerca de quinhentos títulos nos anos seguintes (em 1984, dos 105 filmes nacionais exibidos em São Paulo, 69 – sem intenção cabalística – eram de sexo explícito). Alguns profissionais da Boca aderiram à onda *hardcore* produzindo filmes sob pseudônimo: Antônio Meliande (Tony Mel), Fauzi Mansur (Bak, Victor Triunfo, Rusanm Izuaf), Ody Fraga* (Johannes Frayer), David Cardoso (Roberto Fedegozo, Armando Pinto), Alvaro Moya (Gerard Dominó), José Mojica Marins (J. Avelar), entre muitos que circulavam pela nossa "Hollywood". Os filmes *hardcore* nacionais não chegaram a criar um *star system*, digamos assim. As atrizes mais conhecidas pelo público das pornochanchadas não foram cooptadas e, nos poucos filmes em que emprestaram seus nomes, foram "dubladas" nas cenas de sexo explícito, logo abandonando o *set*. Os atores e atrizes mais requisitados, surgidos no calor da produção, tornaram-se especialistas na matéria: Oásis Miniti (ator do primeiro filme pornô nacional) tornou-se professor de interpretação (de sexo explícito), Márcia Ferro (proprietária de uma casa de espetáculos) e Sandra Morelli (conhecida pelos filmes em que contracenava com cavalos) apresentam-se

em *shows* ao vivo de sexo explícito. Até o final dos anos 80, o pornô explícito tem uma produção considerável para os padrões nacionais, passando por fases como a de títulos com reticências apelativas (uso comercial da censura) como *Viciado em c..., A b... profunda, Elas querem é f...*, ou de evidências como *Taradas no cio, Sacanagem ou dá ou desce, Curras alucinantes, 24 horas de sexo ardente, As taradas do sexo*, até a introdução de sexo bizarro, aberrações que deságuam na zoofilia (o sexo com animais era simulado mas muito realista), em filmes como *Meu marido, meu cavalo, Um jumento em minha cama, Emoções sexuais de um jegue, Mulheres taradas por animais*, "ciclo" que chegou a penetrar no mercado de *home video* dos Estados Unidos, mas que acabou sendo o filão terminal para esse tipo de produção no Brasil. Os filmes de sexo explícito foram os últimos produtos da Boca do Lixo – que não existirá mais como foi conhecida – e a diluição melancólica da pornochanchada. (NCA)

PORTHO, Flávio (Flávio Antônio Ceccato) – São Paulo, SP, 1939. Ator, diretor.

FILMOGRAFIA: 1968 – *As amorosas; Até que o casamento nos separe.* 1969-1970 – *Juliana do amor perdido.* 1969-1973 – *Compasso de espera.* 1970 – *Uma mulher para sábado; O jogo da vida e da morte.* 1971 – *Um anjo mau.* 1972 – *Viver de morrer.* 1972-1975 – *A santa donzela* (dir.). 1973-1975 – *A casa das tentações.* 1974 – *A noiva da noite (Desejo de sete homens).* 1976 – *Antônio Conselheiro e a Guerra de Canudos.* 1978 – *O guarani; O inseto do amor.* 1978-1983 – *Sargento Getúlio.* 1979 – *Ninfas insaciáveis.* 1980 – *Orgia das taras; O incrível monstro trapalhão.* 1980-1981 – *Volúpia do prazer.* 1981 – *Nicolli, a paranoica do sexo* (dir.); *Delírios eróticos* (2º episódio: 'Ressurreição'); *Reencarnação do sexo; A tara de todos nós* (2º episódio: 'A tesourinha'); *Como faturar a mulher do próximo.* 1982 – *A noite do amor eterno; Nasce uma mulher.* 1982-1984 – *O baiano fantasma.* 1995-1997 – *A grande noitada.*

Em 1968, no Teatro Oficina, faz com Eugênio Kusnet* o curso de interpretação, sendo ator na peça *Os inimigos*, de Máximo Górki, direção de José Celso Martinez Corrêa. Esporadicamente, atua na televisão, em seriados. Ingressa no cinema como continuísta e ator, em *As amorosas*, de Walter Hugo Khouri*. Atua como coadjuvante em *Até que o casamento nos separe*, de Flávio Tambellini*; *Juliana do amor perdido*, de Sérgio Ricardo; *Com-*

passo de espera, de Antunes Filho; e *Viver de morrer*, de Jorge Ileli*; sendo coadjuvante no faroeste *A noiva da noite*, de Lenita Perroy. Interpreta papéis principais em *Uma mulher proibida*, de Maurício Rittner, como o jovem *playboy* milionário que não quer assumir as responsabilidades da vida adulta. Em *Um anjo mau*, de Roberto Santos*, adaptação de Adonias Filho, representa Martinho, um personagem alegórico. Em *A casa das tentações*, de Rubem Biáfora*, encarna um jovem perdido num mundo de decadência, no qual ele se nega a participar. Representa o papel de Antônio Conselheiro, no filme *Antônio Conselheiro e a Guerra de Canudos*, de Carlos Augusto Oliveira. A seguir, radica-se nas produções da Boca do Lixo*, depois de interpretar o papel de dom Antônio Mariz, em *O guarani*, de Fauzi Mansur*, atuando numa série de pornochanchadas*. É assistente de direção em *O jogo da vida e da morte*, de Mário Kuperman, no qual faz também um pequeno papel. Também foi assistente em *Sargento Getúlio*, de Hermano Penna*, e *Eles não usam black-tie*, de Leon Hirszman*. Dirige a comédia *A santa donzela*, e codirige com Alexandre Sandrini a pornochanchada *Nicolli, a paranoica do sexo*. (LFM)

PORTIOLI, Cláudio – Presidente Prudente, SP, 1935-2004. Fotógrafo.

FILMOGRAFIA: 1971 – *Cio, uma verdadeira história de amor; A corrida em busca do amor.* 1972 – *Sinal vermelho: as fêmeas.* 1972-1975 – *A santa donzela.* 1973-1975 – *A casa das tentações.* 1974 – *Sedução (Qualquer coisa a respeito do amor); Adultério, as regras do jogo; Trote de sádicos.* 1975 – *Cada um dá o que tem; O sexo mora ao lado; Amantes amanhã, se houver sol; O dia em que o santo pecou; Eu faço... elas sentem; A noite das fêmeas (Ensaio geral).* 1976 – *Guerra é guerra* (1º episódio: 'Núpcias com futebol'; 2º episódio: 'O poderoso cifrão'); *Pedro Bó, o caçador de cangaceiros; Belas e corrompidas.* 1977 – *O mulherengo.* 1978 – *O guarani; Reformatório das depravadas.* 1979 – *Desejo selvagem (Massacre no Pantanal); Tara, prazeres proibidos; E agora, José? (Tortura do sexo); Joelma, 23º andar.* 1979-1980 – *O império das taras.* 1980 – *Corpo devasso; A noite das taras; Palácio de Vênus; A fêmea do mar; O fotógrafo.* 1981 – *Pornô!* (1º episódio: 'As gazelas'; 2º episódio: 'O prazer da virtude'; 3º episódio: 'O gafanhoto'); *Aqui, tarados!* (1º episódio: 'A tia de André'; 2º episódio: 'A viúva do dr. Vidal'; 3º episódio: 'O pasteleiro'); *Escrava do desejo; A fome do sexo; Karina, objeto de prazer; Reen-*

carnação do sexo; *O sexo nosso de cada dia*. 1982 – *As seis mulheres de Adão*; *As meninas de madame Laura*; *Tchau, amor*; *As viúvas eróticas*; *A noite das taras 2* (1º episódio: 'Solo de violino'; 2º episódio: 'A guerra das Malvinas'); *Mulher tentação*; *O prazer do sexo*. 1983 – *Excitação diabólica*; *Corpo e alma de uma mulher*; *Tentação na cama*; *O círculo do prazer*; *Erótica: fêmea sensual*. 1984 – *Mulher... sexo... veneno...*; *Caçadas eróticas* (1º episódio: 'A espiã portuguesa'; 2º episódio: (sem título); 3º episódio: 'Os punks'). 1985 – *Abre as pernas, coração*; *O viciado em c...*; *As novas sacanagens do viciado em c...* (*Vícios nº 2*); *Troca-troca do prazer*. 1986 – *Sexo cruzado*. 1987 – *A dama do Cine Shangai*; *O dia do gato*. 1989 – *A dama de paus*. 1991 – *A piranha, o cafetão, o travesti e seu amante*. 1992 – *Gaiola da morte*; *Perfume de gardênia*. 1994 – *Os sete sacramentos de Canudos* (episódio: 'A ordem'). 1994-1996 – *Os olhos de Vampa*. 1995-1996 – *O cangaceiro*. 1995-1997 – *A grande noitada*. 1997-2002 – *As tranças de Maria*. 1999-2000 – *Aleijadinho, paixão, glória e suplício*. 2001 – *Os xeretas*. 2002-2006 – *Estórias de Trancoso*. 2003 – *Ilha Rá-Tim-Bum em O martelo de Vulcano*.

Inicia a sua carreira cinematográfica em 1962, no filme *O Cabeleira*, direção de Milton Amaral e produção de Nelson Teixeira Mendes*, exercendo a função de eletricista. Curiosamente, além de Portioli, também estavam presentes em *O Cabeleira* (um filme de cangaço em cores, uma das últimas produções realizadas por empresas do interior paulista) futuros cineastas como Pio Zamuner*, Ozualdo Candeias* e John Doo*. Até sua estreia na fotografia, exerceu outras funções técnicas, especializando-se como maquinista, função que exerceu em vários filmes. Nessa atividade, Portioli contribui de maneira bastante criativa no clássico de Roberto Santos* *A hora e vez de Augusto Matraga* (1965), improvisando uma grua de madeira utilizada em planos do filme. Nessa fase, Portioli trabalha de maneira peregrina em produções cinematográficas de outros estados, principalmente no Rio de Janeiro, onde mantém contato com o Cinema Novo*. Já em 1971, radicado em São Paulo, na Boca do Lixo*, Portioli é promovido à função de diretor de fotografia, na qual trabalha com o cineasta Fauzi Mansur* no filme *Cio, uma verdadeira história de amor*. A parceria Fauzi e Portioli renderia uma série de filmes dos mais variados gêneros, como melodrama, terror, comédia erótica, etc. Alguns filmes dessa fase, como *Sinal vermelho*, *Sedução* e *O guarani*, são produ-

ções mais empenhadas. Paralelamente ao trabalho com Mansur, o fotógrafo Portioli ilumina filmes de outros diretores, como a obra de estreia de Carlos Reichenbach*, a comédia *A corrida em busca do amor*, e o drama *A casa das tentações*, do crítico e cineasta bissexto Rubem Biáfora*. Outro diretor que estreou utilizando-se do suporte técnico de Portioli foi o ator Flávio Portho*, na fita *A santa donzela*. Portioli é o tipo do fotógrafo que estabelece parcerias duradouras com alguns diretores, como é o caso, além de Mansur, de Ody Fraga*. Com Fraga chegou a trabalhar em dez filmes. Trabalhando em produções dirigidas por Fraga, o fotógrafo Portioli pôde dar continuidade ao seu trabalho de maneira criativa, desenvolvendo um estilo próprio, muito próximo do estilo acadêmico de fotografar, a exemplo da maioria dos técnicos que trabalharam em pornochanchadas*. Esse seu modo de fotografar, por exemplo, pode ser percebido no filme *Erótica: fêmea sensual*, em que a câmera realiza um trabalho intenso com belos planos-sequências e o uso correto de recursos como o *travelling*, *zoom*, etc. Em *Erótica*, Portioli também faz uma pequena ponta como ator. Na produtora DACAR, do ator, diretor e produtor David Cardoso*, realiza filmes com o próprio David e Ody Fraga. Nos anos 80, Portioli trabalha no filme *As meninas de madame Laura*, em que colabora com o jovem diretor Guilherme de Almeida Prado*, sendo a direção do filme creditada ao produtor Ciro Carpentieri. O cineasta John Doo também contaria com a sua colaboração em vários filmes, como *Escrava do desejo*, *Excitação diabólica*, etc. A partir de 1983, Portioli é obrigado a atuar na vertente do filme de sexo explícito, gênero que predominaria na Boca do Lixo até o final da década. Ainda nessa época, Portioli trabalha com Guilherme de Almeida Prado no comercialmente bem-sucedido *A dama do Cine Shangai* e mais recentemente em *Perfume de gardênia*, do mesmo diretor. Nos anos 90, com a progressiva extinção da produção da Boca do Lixo, Portioli trabalha no curta 'A ordem', episódio de *Os sete sacramentos de Canudos*, direção de Luiz Alberto Pereira*. No longa-metragem, Portioli fotografa os seguintes filmes: *Os olhos de Vampa*, de Walter Rogério; *A grande noitada*, filmado nos estúdios da VERA CRUZ*, de Denoy de Oliveira*; e na superprodução *O cangaceiro*, de Anibal Massaini Neto*, filmado em locações de Pernambuco. Foi diretor do episódio 'Magnólia' de *As viúvas eróticas*. Dividiu com Ody Fraga a direção dos dois episódios, 'Solo de

violino' e 'A Guerra da Malvina', da fita erótica *A noite das taras 2*. Dirigiu outras fitas de realização problemática em que não está creditado como diretor, talvez por questões contratuais e por sua opção preferencial ser sempre a fotografia. Mais recentemente, na virada do milênio, fotografou, no interior do estado de Goiás, *As tranças de Maria*, de Pedro Carlos Rovai*, baseado nos versos da poetisa goiana Cora Coralina; no interior mineiro, criou a luz para a biografia do famoso escultor em *Aleijadinho, paixão, glória e suplício*, de Geraldo Santos Pereira*; em pequena cidade do interior paranaense fez o infantil *Os xeretas*, de Michael Ruman, e no litoral baiano iluminou *Estórias de Trancoso*, de Augusto Sevá*. Fez nova fita infantil, *Ilha Rá-Tim-Bum em O martelo de Vulcano*, de Eliana Fonseca*, com personagens do programa infantil da TV CULTURA. Ao longo da carreira, fotografou diversos curtas-metragens, como *A Festa do Divino* (1969), de Sebastião de Souza. Ainda nos curtas, fez, em 1971, dois trabalhos com o diretor Maurice Capovilla*: *Terra dos Brasis* e *Rally*. Também trabalhou com Vera Lúcia em *Violinos* (1979); fez a fotografia do curta *São Paulo, acusação, defesa, exaltação* (1979-1980), de Antônio Celso Lopes da Costa; *Úbere São Paulo* (1994), de Roberto D'Ávila; *Velhos, viúvos e malvados* (2004), de Rogério Moura, e *Amor de mula* (2005), de Caio Vecchio. Faleceu em São Paulo no dia 15 de maio. (AG/LFM)

PORTO, Ismar (Ismar Fernandes Porto) – Salvador, BA, 1931. Montador, roteirista, diretor.

FILMOGRAFIA: 1956 – *Rio fantasia* (rot.). 1957 – *A baronesa transviada* (rot.); *Alegria de viver* (rot.). 1959 – *Maria 38* (rot.). 1960 – *Samba em Brasília* (rot.); *Zé do Periquito* (dir.). 1962 – *Os apavorados* (dir.); *Nordeste sangrento* (rot.); *Um morto ao telefone* (rot.); *O quinto poder* (mont.). 1962-1963 – *Terra sem Deus* (rot.). 1963 – *No tempo dos bravos* (rot.). 1963-1964 – *Ganga Zumba, rei dos Palmares* (mont.). 1964 – *Encontro com a morte* (coprodução estrangeira) (mont.); *Crime de amor* (rot.). 1965 – *O desafio* (mont.). 1966-1967 – *Férias no Sul* (mont.). 1967 – *Carnaval barra-limpa* (rot.); *Cristo de lama* (*História do Aleijadinho*) (mont.). 1968 – *Enfim sós... com o outro* (mont.); *Juventude e ternura* (mont.); *O levante das saias* (dir.); *Até que o casamento nos separe* (mont.). 1969-1970 – *Salário mínimo* (mont.). 1970 – *O amor em quatro tempos* (mont.); *Os caras de pau* (mont.); *Um uísque antes... e um cigarro depois* – 1º episódio: 'Um uísque antes' (mont.); 2º episódio: '...' (mont.); 3º episódio: 'E um cigarro depois' (mont.); *Uma garota em maus lençóis* (mont.); *Os amores de um cafona* (mont.). 1971 – *O bolão* (mont.). 1972 – *Jerônimo, o herói do sertão* (mont.); *Condenadas pelo sexo* (dir.); *Roleta-russa* (*O jogo da vida*) (mont.). 1973 – *As depravadas* (mont.); *Êxtase de sádicos* (mont.); *Como era boa a nossa empregada* (1º episódio: 'Lula e a copeira') (dir.); *Divórcio à brasileira* (dir.); *Os primeiros momentos* (mont.). 1974 – *Karla, sedenta de sexo* (dir.); *Oh! Que delícia de patrão* – 1º episódio: 'As loucuras do patrão' (mont.); 2º episódio: 'Um brinde ao patrão' (mont.); *Pureza proibida* (mont.); *As secretárias que fazem de tudo* – 1º episódio: 'A moça que veio servir o café' (mont.); 2º episódio: 'Fazer o que em Paris?' (mont.); 3º episódio: 'Avante, C. C. S.' (mont.). 1975 – *Com as calças na mão* (mont.); *As aventuras d'um detetive português* (mont.). 1976 – *As massagistas profissionais* (mont.); *As desquitadas em lua de mel* (mont.); *Tem alguém na minha cama* – 1º episódio: 'Um em cima e outro embaixo' (mont.); 2º episódio: 'Dois em cima e dois embaixo' (mont.); *As grã-finas e o camelô* (dir.). 1977 – *Ódio* (mont.); *Manicures a domicílio* (mont.); *Sexo e violência em Búzios* (mont.); *A mulata que queria pecar* (mont.); *Teu tua* (mont.). 1978 – *Quanto mais pelada melhor* (dir.).

Ismar Fernandes Porto começou no cinema trabalhando nos estúdios da MARISTELA*, em São Paulo. Fez assistência de direção e montagem em coproduções internacionais como *Mãos sangrentas* e *Leonora dos sete mares*. No Rio de Janeiro, foi assistente e roteirista em chanchadas* de Watson Macedo* (*Sinfonia carioca*, entre outras) e adaptador de filme de José Carlos Burle*. Escreveu o roteiro e realizou o filme de Mazzaropi* *Zé do Periquito*, lançado em São Paulo. Rodou uma comédia para a ATLÂNTIDA*, *Os apavorados*, com Oscarito* e Vagareza*, filme de pequena repercussão. Em pleno regime das comédias com um certo sentido sexual, mas sem a agressividade do que viria depois com a pornochanchada*, rodou no sul de Minas, em Alfenas, *O levante das saias*. A intenção do roteirista era produzir uma comédia rural sem Mazzaropi, mas o resultado ficou aquém do esperado. Durante o período da pornochanchada, dirigiu *Condenadas pelo sexo*; o episódio 'Lula e a copeira', de *Como era boa a nossa empregada*; *Karla, sedenta de sexo*; *As grã-finas e o camelô* e *Quanto mais pelada melhor*. *As grã-finas e o camelô* foi realizado para enaltecer o

estrelismo do galã Carlo Mossy*, uma variante carioca de David Cardoso*, mas com muito menos importância para o gênero. *Quanto mais pelada melhor*, no qual participou das mais diversas etapas, da produção, do argumento, do roteiro e da direção, foi lançado num circuito de sete cinemas da METRO, em São Paulo. Biáfora anunciou-o como uma espécie de *A noite americana*, de François Truffaut, um filme dentro do filme, não se sabendo se a observação era a sério ou não. Tinha como estrela Meire Vieira. Seu maior sucesso no campo da pornochanchada foi *Karla, sedenta de amor*, história de uma estudante de belas-artes traumatizada por um estupro. Luciano Ramos, no *Jornal da Tarde*, resumiu a importância da produção declarando que cada banho da atriz principal durava um sabonete inteiro. Artesão competente, foi um dos mais presentes montadores do cinema brasileiro entre 1957 e 1977, segundo Araken Campos Pereira Jr. Começou como assistente de montagem de José Cañizares* em *Mãos sangrentas* (Carlos Hugo Christensen*), chegando a coordenador da montagem do filme de Flávio Tambellini* *Até que o casamento nos separe*. Na maioria das vezes, porém, trabalhou em filmes de diretores vinculados a uma vertente mais comercial, como Macedo, Wilson Silva* e Carlo Mossy. Suas pornochanchadas foram bem rendosas, pois ganhou o prêmio de adicional de renda do Instituto Nacional do Cinema (INC*) em 1972 (*Condenadas pelo sexo*) e em 1973 (*Como é boa a nossa empregada*, no qual dirigiu um dos episódios). Fora do cinema, exerceu outras atividades, como jornalista de rádio e TV para a GLOBO. (JIMS)

PORTO, Paulo (Paulo Epaminondas Ventania Porto) – Muriaé, MG, 1917-1999. Ator, diretor.

FILMOGRAFIA: 1939-1943 – *Inconfidência Mineira* (ator). 1947 – *Asas do Brasil* (ator). 1949 – *O homem que passa* (ator). 1950 – *Dominó negro* (ator). 1951 – *Milagre de amor* (ator). 1964 – *Um ramo para Luiza* (prod., ator). 1968 – *Fome de amor* (prod., ator); *O bravo guerreiro* (ator); *Roberto Carlos e o diamante cor-de-rosa* (ator). 1968-1969 – *Os herdeiros* (ator). 1969 – *A penúltima donzela* (prod., ator). 1970 – *Como ganhar na loteria sem perder a esportiva* (ator); *Em família* (prod., ator, dir.). 1971 – *Pra quem fica... tchau!*. 1973 – *Toda nudez será castigada* (prod., ator); *Os primeiros momentos* (ator); *As moças daquela hora* (prod., dir.). 1975 – *O casamento* (prod., ator). 1975-1978 – *A noiva*

da cidade (ator). 1978 – *As borboletas também amam* (ator); *Fim de festa* (ator, prod., dir.). 1981 – *Pra frente, Brasil* (ator). 1982 – *O bom burguês* (ator). 1983 – *Memórias do cárcere* (ator). 1985 – *Com licença, eu vou à luta* (ator). 1987 – *Os fantasmas trapalhões* (ator). 1988 – *Dedé Mamata*.

Bisneto do cacique Ventania, Paulo Porto mudou-se para o Rio de Janeiro no final da década de 30. Em 1940, era estudante de Direito quando venceu um concurso promovido pelo Teatro do Estudante, de Paschoal Carlos Magno, para a escolha do ator que interpretaria Romeu na tragédia shakespeariana *Romeu e Julieta*, dirigida por Itália Fausta. Esse foi o seu primeiro papel como ator. Deixou a advocacia de lado e resolveu se dedicar integralmente à carreira de ator, tendo interpretado no teatro vários personagens nas companhias de Aimée, Milton Carneiro* e Procópio Ferreira*. Atuou também por longo tempo no radioteatro e na televisão. Estreou no cinema, como ator, em *Inconfidência Mineira*, de Carmen Santos*, lançado em abril de 1948. Fez em seguida três filmes com Moacyr Fenelon*: o primeiro na ATLÂNTIDA*, *Asas do Brasil*, e os dois seguintes na produtora de Fenelon: *O homem que passa* e *Dominó negro*. Após mais um filme com Fenelon, *Milagre de amor*, filmado na FLAMA FILMES, afastou-se do cinema, dedicando-se ao teatro. Seu retorno às telas deu-se em 1964, quando criou a VENTANIA PRODUÇÕES CINEMATOGRÁFICAS. Envolveu-se mais profundamente com a realização cinematográfica quando produziu e atuou na adaptação do romance *Um ramo para Luiza*, de José Condé, drama dirigido por J. B. Tanko*. Ao mesmo tempo deu continuidade à sua carreira de ator cinematográfico em filmes mais comerciais, como as comédias em que atuou, e em filmes de diretores com maior ambição autoral, como Gustavo Dahl* (*O bravo guerreiro*), Carlos Diegues* (*Os herdeiros*) e Alex Viany* (*A noiva da cidade*). Como produtor e ator, realizou e trabalhou em *Fome de amor*, baseado na crônica "História para ouvir à noite", de Guilherme Figueiredo, e dirigido por Nelson Pereira dos Santos*. Repetiu as mesmas funções na comédia *A penúltima donzela*, de Fernando Amaral. Produziu, dirigiu e interpretou seu longa de estreia, *Em família*, drama já filmado no cinema americano. Em parceria com o diretor Arnaldo Jabor*, filmou adaptações de obras de Nélson Rodrigues*, a peça *Toda nudez será castigada* e o romance *O casamento*. Voltou a produzir, dirigir e interpretar no drama de leve apelo erótico *As* *moças daquela hora* e em outro drama, *Fim de festa*, baseado em história de Péricles Leal, roteirizado por Gilberto Braga. Na década de 80, representou o papel do dr. Sobral Pinto, no filme *Memórias do cárcere*, de Nelson Pereira dos Santos. Vítima de pneumonia, faleceu em 3 de julho, no Rio de Janeiro. (LAR/LFM)

PRADO, Geny (Geny Almeida Prado) – São Manuel, SP, 1919-1998. Atriz.

FILMOGRAFIA: 1958 – *Jeca Tatu*. 1959 – *Chofer de praça*. 1960 – *As aventuras de Pedro Malazartes*; *Zé do Periquito*. 1961 – *Tristeza do Jeca*. 1962 – *Vendedor de linguiças*. 1963 – *Casinha pequenina*; *O Lamparina*. 1964 – *Meu Japão brasileiro*. 1967 – *O Jeca e a freira*. 1968 – *No paraíso das solteironas*. 1969 – *Golias contra o homem das bolinhas*. 1970 – *Betão Ronca Ferro*. 1972 – *Um caipira em Bariloche*. 1976 – *O Jeca contra o capeta*. 1977 – *Jecão... um fofoqueiro no céu*. 1978 – *O Jeca e seu filho preto*. 1979 – *A banda das velhas virgens*. 1980 – *O Jeca e a égua milagrosa*. 1984-1985 – *A marvada carne*.

Começou a trabalhar no rádio na década de 1940, onde conheceu Mazzaropi. A história dessa atriz se confunde com a da televisão paulista, na qual foi pioneira. Na TV TUPI desde 1953, trabalhou na programação ao vivo na *TV de Vanguarda* (1956-1959), *TV Teatro* (1958) e *TV de Comédia* (1958-1959). A partir da década de 1960, passa a atuar nas telenovelas diárias, participando de cerca de vinte trabalhos. Começou na EXCELSIOR em *Ainda resta uma esperança* (1966), de Julio Atlas, com direção de Waldemar de Morais e Carlos Zara. Numa telenovela da TV RIO (carioca), trabalhou com a dupla Janete Clair (autora) e Daniel Filho* (diretor), antes de a dupla se cristalizar nos sucessos dos anos 1970 na REDE GLOBO DE TELEVISÃO. Com o fechamento da EXCELSIOR, participou do último folhetim da empresa, *Mais forte que o ódio* (1970), de Marcos Rey e Palma Bevilácqua, com direção de Gonzaga Blota e Henrique Martins. No final do ano de 1970, retornou à TUPI, onde permaneceu até o fechamento da emissora no início de 1980. Passou ainda por telenovelas da BANDEIRANTES e do SBT (SISTEMA BRASILEIRO DE TELEVISÃO), onde encerrou a carreira televisiva na telelágrimas *Uma esperança no ar* (1985-1986), de Amilton Monteiro e Ismael Fernandes, com direção de Jardel Mello. No cinema, trabalhou nos estúdios da VERA CRUZ e da PRODUÇÕES AMÁCIO MAZZAROPI (PAM FILMES), em Taubaté,

tendo atuado em quase todos os filmes da empresa. Na maior parte deles representou o papel de esposa dos personagens criados pelo comediante Mazzaropi. Seus personagens atendiam por nomes curiosos, como Cesariana, Fifica, Maria Bomba, Poluição e outros. Fora das produções da PAM, trabalhou na comédia *Golias contra o homem das bolinhas*, dirigida por Victor Lima*, interpretando papel de mãe. Seu último papel foi de Nhá Policena, na fita caipira *A marvada carne*, que lançou o diretor André Klotzel* no longa-metragem. Faleceu em São Paulo no dia 17 de abril. (LFM)

PRADO, Guilherme de Almeida – Ribeirão Preto, SP, 1954. Diretor.

Filmografia: 1981 – *As taras de todos nós* (1º episódio: 'O uso prático dos pés'; 2º episódio: 'A tesourinha'; 3º episódio: 'Programa duplo'). 1982 – *As meninas de madame Laura*. 1984 – *A flor do desejo*. 1987 – *A dama do Cine Shangai*. 1992 – *Perfume de gardênia*. 1998 – *A hora mágica*. 2007 – *Onde andará Dulce Veiga?*.

Descendente de tradicional família paulista, realiza suas primeiras tentativas no cinema exercitando-se na bitola de Super-8*. Sua incursão pelo cinema profissional – depois de abandonar a engenharia civil – se dá pela Boca do Lixo*, onde foi assistente de direção, principalmente do ativíssimo Ody Fraga* (atua em *Palácio de Vênus* e *Fêmea do mar*). Sua estreia como diretor efetiva-se no início dos anos 80 com o longa-metragem composto de episódios *As taras de todos nós*, em que pretendia criticar o cinema produzido pela Boca, composto de pornochanchadas* e dos denominados pornochiques. O primeiro episódio, 'O uso prático dos pés', brinca com a primeira modalidade; o segundo, 'A tesourinha', toma como referência os filmes pretensamente mais sofisticados, versões mais chiques das pornochanchadas; enquanto o último, 'Programa duplo', é uma espécie de crítica do próprio tipo de filme que se está realizando. Trata-se, enfim, de uma tentativa de realizar a metalinguagem da Boca utilizando a sua estrutura, e conseguindo como resultado uma boa bilheteria. Dirige a pornochanchada *As meninas de madame Laura*, em que está creditado como assistente de direção, quando contou com a colaboração do fotógrafo Cláudio Portioli*, seu futuro parceiro.

Seu filme seguinte, *A flor do desejo*, tem por ambientação a Boca de Santos, onde circulam a prostituta Sabrina (Imara Reis*) e o estivador desempregado Gato (Caíque Ferreira), formando um estranho casal que aplica pequenos golpes. O filme

oscila entre a aventura, a comédia e toques de erotismo, em que não faltam as citações cinematográficas do diretor cinéfilo, rato de cinemateca. Assim, de repente, vemos uma sequência toda em branco, que nos remete a Alain Resnais, ou a presença da cantora Cida Moreira em um bordel que lembra imediatamente Federico Fellini. Confirma-se, portanto, o talento de um jovem cineasta, de apenas 29 anos, utilizando a fotografia primorosa de Antônio Meliande*, um iluminador que posteriormente continua sua carreira trabalhando em minisséries e telenovelas da REDE GLOBO. Em seguida, vem a referência a Orson Welles, e seu filme clássico, com *A dama do Cine Shangai*. Mas Guilherme fica no título quanto à alusão a Welles e prefere enveredar pela inspiração em filmes dos anos 40, o chamado cinema *noir*, batendo num liquidificador os clichês do gênero e realizando uma verdadeira homenagem a um tipo de filme que admira. Trabalhando com um elenco de prestígio – Maitê Proença*, Antônio Fagundes* e José Lewgoy* –, o diretor reafirma sua paixão pelo cinema e consegue concretizar um produto cultural extremamente bem elaborado, com requinte visual e condução segura, escapando da onda de nostalgia enquanto mero modismo. *Dama* é cinema de qualidade, vencedor merecido de seis prêmios em GRAMADO, em 1988. Com sua história complicada, seguindo a trilha da literatura e filmes que parafraseia, embaralha um corretor de imóveis (Fagundes) e uma atriz (Maitê) casada com um gângster (Paulo Vilaça).

Em *Perfume de gardênia*, realizado em 1992, mas só lançado três anos depois, temos uma continuidade das preocupações do diretor com o universo policial e, principalmente, com o metacinema. Através da saga de um chofer de táxi (José Mayer) e de sua mulher (Christiane Torloni), que de dona de casa transfigura-se em estrela de um filme de baixa qualidade, surge o enredo perfeito para Almeida Prado praticar seu exercício predileto: falar de cinema em profusão. Logo no início aparece a grande referência do diretor: o táxi é tomado por um casal que é, ninguém mais, ninguém menos, que Helena Ignez* e Paulo Vilaça, protagonistas do já clássico *O Bandido da Luz Vermelha*, de Rogério Sganzerla*. O chofer assassina os dois friamente. Mais claro seria impossível: é o Cinema Marginal* que está sendo morto para ceder lugar a um cinema que envolva o espectador. Note-se ainda a preocupação em colocar em contato os extremos, de sua carreira e do cinema brasileiro, utilizando num mesmo filme as atrizes Matilde Mastrangi* – que se destacou em filmes da Boca, como *Noite das taras*, em episódio de David Cardoso* – e Betty Faria*, mais ligada ao cinema "culto". Mas o cineasta não interrompe as atividades e finaliza *A hora mágica*, narrando uma história baseada livremente no conto "Cambio de luces", de Julio Cortázar. Centraliza a narrativa na virada dos anos 40/50, um período em que o rádio e o cinema passam a conviver com o surgimento da televisão. Novamente Maitê Proença figura no elenco, mas o cineasta não considera o filme uma continuação de *A dama do Cine Shangai*, apesar de a obra ser atravessada pelas referências cinematográficas, uma obsessão de Guilherme. Após algum tempo afastado do cinema de longa metragem, volta à direção com *Onde andará Dulce Veiga?*, adaptação do romance homônimo de Caio Fernando Abreu e que conta novamente com Maitê Proença no elenco. O filme narra a história de um jornalista que busca descobrir o paradeiro da atriz e cantora Dulce Veiga, desaparecida há vários anos. Temos assim um diretor cuja carreira é marcada pela interrogação metalinguística sobre o cinema. (JMO)

PRADO, Marisa (Olga Castenaro) – Araçatuba, SP, 1930-1982. Atriz.

FILMOGRAFIA: 1950 – *Terra é sempre terra*. 1951 – *Tico-tico no fubá*. 1952 – *O cangaceiro*. 1953 – *Candinho*. 1955 – *Orgullo* (produção estrangeira); *Tarde de toros* (produção estrangeira). 1958 – *Una chica de Chicago* (produção estrangeira); *Azfatas con permiso* (produção estrangeira). 1959 – *El traje de oro* (produção estrangeira); *Vida sin risas* (produção estrangeira); *As pupilas do senhor reitor* (coprodução estrangeira); *La rebelión de los adolescentes* (produção estrangeira); *Movie de la O* (produção estrangeira). 1960 – *Nada menos que um arkángel* (produção estrangeira). 1962 – *Plaza de Oriente* (produção estrangeira); *Los secretos del sexo débil* (produção estrangeira). 1963 – *Aqui está tu enamorado* (produção estrangeira); *No temos la ley* (produção estrangeira).

No começo dos anos 50, trabalhava como secretária nos escritórios da VERA CRUZ* em São Bernardo do Campo, quando foi notada por Alberto Cavalcanti*, produtor responsável por seu lançamento no cinema, como a segunda estrela do estúdio. Sem nenhuma experiência anterior como atriz, inicia sua carreira com o principal papel feminino de *Terra é sempre terra*, de Tom Payne*, interpretando a infeliz esposa do capataz de decadente fazenda de café,

que se apaixona pelo herdeiro das terras (Mário Sérgio*), jovem que se encontra em crise existencial. O filme baseia-se na peça *Paiol velho*, de Abílio Pereira de Almeida*. Em seu filme seguinte, *Tico-tico no fubá*, de Adolfo Celi*, biografia do músico Zequinha de Abreu (interpretado por Anselmo Duarte*), divide o estrelato com Tônia Carrero*, representando a sofrida esposa do compositor. Finalmente, consegue seu grande papel, em *O cangaceiro*, de Lima Barreto*, como professora da escola primária da pequena localidade invadida pelo bando de facínoras que se apaixona pelo cangaceiro Teodoro (Alberto Ruschel*). Encerra sua participação em nosso cinema na comédia *Candinho*, de Abílio Pereira de Almeida. Nessa livre adaptação de *Cândido*, de Voltaire, contracena com Mazzaropi*, como a jovem fazendeira que, após abandonar a tediosa vida do campo, perde-se na cidade grande e encontra a felicidade ao lado do homem que ama. Com o sucesso internacional de *O cangaceiro*, recebe convite para trabalhar na Espanha. Em seu filme de estreia, no cinema espanhol, *Orgullo*, de Manuel Mur Otti, contracena com Alberto Ruschel. Segue carreira até o começo dos anos 60, geralmente em melodramas, filmando em estúdios na Espanha, em Portugal e até história ambientada em Cuba. Novamente contracena com Anselmo Duarte em *As pupilas do senhor reitor*, baseado no romance homônimo de Júlio Diniz, numa coprodução Brasil-Portugal, sob a direção do cineasta português Perdigão Queiroga. Abandona o cinema. Faleceu em 12 de fevereiro no Cairo, Egito. (LFM)

PRIETO, Adriana – Buenos Aires, Argentina, 1950-1974. Atriz.

Filmografia: 1966 – *El Justicero*. 1967 – *A lei do cão*. 1968 – *As sete faces de um cafajeste*; *Os paqueras*. 1969 – *As duas faces da moeda*; *Memória de Helena*; *A penúltima donzela*. 1970 – *Balada da página três*; *Uma mulher para sábado*; *O palácio dos anjos* (coprodução estrangeira); *As gatinhas*; *Ipanema toda nua*; *Lúcia McCartney, uma garota de programa*. 1971 – *Soninha toda pura*; *Um anjo mau*. 1972 – *A viúva virgem*. 1974 – *Ainda agarro esta vizinha*. 1975 – *O casamento*.

Adriana Prieto, naturalizada aos 21 anos, é filha de brasileira com um diplomata chileno, nascida em Buenos Aires, mas criada no Rio de Janeiro, no subúrbio carioca de Piedade, com estudos no Colégio Pedro II. É uma das poucas atrizes nacionais que, em sua breve vida, nunca se entusiasmou pelo trabalho na televisão

(apesar da breve passagem na novela *Tempo de viver*). No teatro, chegou a viver personagens de Ibsen (*Os espectros*), Nélson Rodrigues* (*Álbum de família*) e Boal (*Marido magro, mulher chata*), mas foi ao cinema que dedicou de modo quase exclusivo sua carreira. Estreia, de modo retumbante, em *El Justicero*, de Nelson Pereira dos Santos*, filme que lhe vale o PRÊMIO GOVERNADOR DO ESTADO de melhor atriz coadjuvante. Apesar da plêiade de atrizes que passam pelo filme, Adriana destaca-se no papel de menina que consegue seduzir o protagonista mulherengo. Nesse seu primeiro filme, já sentimos a eletricidade natural que produz quando na presença da câmera. Depois de passar por papéis menores em dois longas de Jece Valadão* (*A lei do cão* e *As sete faces de um cafajeste*), aparece em *Os paqueras*, em que desempenha uma ladra que rouba o paquerador (Reginaldo Faria*, também diretor do filme). Um papel que lhe exige um pouco mais foi interpretado em *As duas faces da moeda*, de Domingos Oliveira*, mas é em *Memória de Helena*, de David Neves*, que seu talento encontra um espaço maior no papel da protagonista Helena, que, em um momento de crise no casamento, rememora o passado com sua amiga Rosa (Rosa Maria Penna). *Memória de Helena* compõe, junto com *Um anjo mau*, de Roberto Santos*, os papéis geralmente citados como bem-sucedidos dentro da filmografia da atriz. Embora em *Memória de Helena* a interpretação se sofistique em detalhes, em ambos os filmes, e principalmente em *Um anjo mau*, a interpretação de Prieto surge fixada em um papel dramático excessivamente pesado para suas características, reduzindo a capacidade de expressão da atriz a um tipo carregado. Se *Um anjo mau* serviu para construir o nome de Adriana em um meio intelectual, as sutilezas e nuanças sensuais de sua interpretação aparecem congeladas no esgar dilacerado típico da época. Em seus melhores papéis, como é o caso da garota protagonista que desempenha em *Lúcia McCartney, uma garota de programa* (pelo qual recebeu o PRÊMIO AIR FRANCE, em 1971), Adriana Prieto desenvolve uma sofisticada elaboração de personagem, que oscila entre a sensualidade vulgar e o tom irônico de menina safadinha. Seu olhar é duro, mas sabe se desmanchar em promessas. O clima sensual que a figura de Adriana parece poder compor na tela acaba por levá-la a desempenhar sucessivos papéis na linha erótica. Sua atuação em *O palácio dos anjos* confirma a fama adquirida por Walter Hugo Khouri* de excelente diretor de atrizes, embora ele pareça estar excessivamente absorvido por Geneviève Grad para dedicar maior atenção a Prieto. Em *Uma mulher para sábado*, de Maurício Rittner, obtém bom rendimento em papel dramático. Adriana encerra sua carreira com *O casamento*, de Arnaldo Jabor*, filme em que podemos ver amadurecidas suas potencialidades como atriz, as quais, infelizmente, não pôde aprofundar. Adriana Prieto morre logo em seguida à conclusão desse filme, na véspera do Natal de 1974, após seu Fusca haver sido atingido de forma violenta por um carro de polícia. Faleceu em 24 de dezembro no Rio de Janeiro. (FPR)

PRODUÇÃO

Apesar de algumas dúvidas relativas à primeira filmagem realizada no país, pode-se afirmar que o primeiro produtor foi o italiano Paschoal Segreto*, que também foi o primeiro exibidor brasileiro, ao lado de José Roberto da Cunha Salles. Em 1898, quando Afonso Segreto* fez as primeiras filmagens no Brasil, e meses depois, com o início da produção efetiva de programas de atualidades para o Salão de Novidades Paris, no Rio de Janeiro, tem início a produção regular de filmes nacionais. Durante vários anos, Paschoal Segreto foi o único produtor. A produção se resumia a cinejornais* e documentários (vistas da cidade, solenidades diversas, chegada ao país de autoridades estrangeiras, etc.). Somente em meados da primeira década do século é que começaram a surgir novas companhias produtoras. Elas se dedicavam basicamente a filmes de atualidades, jornais cinematográficos e documentários. Em 1908, foram fundadas no Rio de Janeiro as duas primeiras produtoras que se dedicariam efetivamente ao filme de ficção: a FOTO-CINEMATOGRÁFICA BRASILEIRA*, do italiano Giuseppe Labanca, empresário do jogo do bicho, e do fotógrafo português Antônio Leal*, e a WILLIAM & CIA., constituída pelo comerciante de móveis Cristóvão Guilherme Auler, tendo Júlio Ferrez* como fotógrafo e diretor artístico. O primeiro produtor de um filme de ficção parece ter sido Arnaldo Gomes de Souza, dono da ARNALDO & CIA. Ele produziu, em 1908, *Nhô Anastácio chegou de viagem,* filmado por Júlio Ferrez. O segundo filme de enredo, *Os estranguladores*, também de 1908, foi produzido e fotografado por Antônio Leal, sendo o filme mais longo até então realizado, cerca de quarenta minutos. Leal também filmou, em 1909, *Noivado de sangue* (ou *Tragédia paulista*), *Um drama na Tijuca* e *A mala sinistra*. Associado a Labanca, Leal produz para a FOTO-CINEMATOGRÁFICA BRASILEIRA *Os capadócios da cidade nova* e *O comprador de ratos*, assumindo a liderança da produção cinematográfica nacional. Outros produtores que se destacaram no período foram Giacomo Rosario Staffa, dono do cinema PARISIENSE, Marc Ferrez e Francisco Serrador*, exibidor em São Paulo e posteriormente no Rio de Janeiro, que produz os primeiros filmes cantantes*. A característica dominante dessa época é a perfeita harmonia entre produção e exibição, em razão do fato de que a maioria dos produtores era também proprietária de cinemas e mesmo de empresas de distribuição. Nos anos 10, com o fim da solidariedade de interesses entre a atividade de produção e o comércio exibidor, novos produtores surgem a todo momento e desaparecem da mesma forma. Era comum realizador e produtor serem a mesma pessoa (Paulo Benedetti*, Vittorio Capellaro*). A partir da década de 10, a produção se regionalizou, tendo eclodido uma série de ciclos em diversas cidades brasileiras, até mesmo no interior. Assim, em Pelotas, surge a GUARANY FILMS, de Francisco Santos*, que em 1913 produziu uma comédia curta, *Os óculos do vovô*, que chegou quase intacta até os nossos dias e se constitui no mais antigo filme de ficção conservado do cinema brasileiro. Em meados da década, surgiram no Rio de Janeiro produtoras que possibilitaram a emergência de um ciclo ficcional, destacando-se a GUANABARA FILMES e a CARIOCA FILMES. A primeira chegou a possuir estúdio. Uma produtora formada com o concurso do elemento estrangeiro foi a carioca ÔMEGA FILMES. Com sua história um tanto nebulosa, ela foi fundada por um americano, William Jansen, que teria chegado ao Brasil em 1918, procedente de Buenos Aires. A ÔMEGA produziu apenas um filme, *Urutau*, feito em 1919. É possível que o milionário Antônio Lartigau Seabra tenha investido anonimamente na produtora. Muitas vezes, o produtor não era um homem de cinema, mas um empresário ou comerciante tradicional, convencido por algum cineasta a financiar-lhe os projetos. Nessa categoria, podem ser incluídos os produtores Agenor Gomes de Barros e Homero Cortes Domingues, que foram convencidos por Humberto Mauro* a construir um estúdio em Cataguases e constituir uma empresa, a PHEBO SUL AMERICA FILM (depois rebatizada de PHEBO BRASIL FILM).

Em 1924, o incansável Benedetti funda a BENEDETTI FILME, que em pouco mais de um ano produz dois filmes: *A gigolete*, com Amélia de Oliveira e Jayme Costa* no elenco, e *O dever de amar*, ambos com direção do italiano Vittorio Verga. Em 1925, Benedetti se associa a seu compatriota Carlo Campogalliani, estabelecido na Argentina, para a realização de *Esposa do solteiro*, que vem a ser a primeira coprodução internacional do cinema brasileiro. E, em 1927, Benedetti se associa ao grupo de *Cinearte* para a realização do clássico *Barro humano*. Uma definição mais precisa do papel do produtor é esboçada nos anos 30, com as presenças atuantes de Carmen Santos* e Adhemar Gonzaga*. Nos anos 40, com a fundação da ATLÂNTIDA*, um novo estilo de produção é introduzido no país, uma espécie de sistema cooperativo em que os sócios da empresa, técnicos e diretores em sua origem, alternavam as tarefas de produtor e diretor. O sistema durou até a entrada de Luiz Severiano Ribeiro Jr.* na companhia, em 1947. Ele passou a atuar como produtor tradicional, aprovando projetos e viabilizando os recursos para a realização dos filmes. Com o aparecimento do cinema sonoro, uma nova fase se delineia na história do cinema brasileiro – a era dos grandes estúdios, quando a possibilidade de implantação de uma indústria cinematográfica no país se baseava na construção de unidades de produção. O produtor (pelo menos do longa-metragem de ficção) de certa forma se define como o proprietário de um estúdio, não apenas como o financiador ou o arregimentador de meios e pessoal para a produção. Esse "ciclo industrial" inicial é dominantemente carioca: a produção paulista, muito intensa na virada da década, estagnará a partir de 1934, restando alguns pálidos lampejos, como a COMPANHIA AMERICANA DE FILMES. Por outro lado, com o surgimento também de uma legislação de obrigatoriedade da exibição de filmes educativos (a começar pelo Decreto nº 21.240, de 1932), volta à cena o fenômeno da cavação. Pequenos produtores repentinamente se multiplicam país afora, tudo para aproveitar a oportunidade oferecida por um dispositivo legal que garantia a exibição antecipada.

Em 1932, foi fundada a Associação Cinematográfica dos Produtores Brasileiros (ACPB), a primeira entidade de representação da classe produtora surgida no país que contava em sua diretoria com os produtores Adhemar Gonzaga e Carmen Santos. Em sua constituição, no entanto, predominavam os pequenos produtores, que sobreviviam com a realização de jornais de tela e complementos.

PRODUÇÃO

A BRASIL VITA FILME*, empresa que Carmen Santos organizou no começo dos anos 30, apesar de sua existência jurídica relativamente impecável (contrato social registrado em cartório, registro na Junta Comercial, balanços anuais publicados em jornais, assembleias de acionistas, etc.) não deixa de apresentar certo amadorismo em sua estruturação. À exceção de *Favela dos meus amores*, de Humberto Mauro (1935), seus filmes não deram lucro. Antônio Lartigaud Seabra, o milionário marido e mentor de Carmen Santos, foi quem sustentou a existência deficitária da produtora. O terceiro grande estúdio carioca, a SONOFILMS*, foi fundada por um paulista, Alberto Byington Jr., que se valeu da providencial associação com Wallace Downey*. Foi esse americano que mostrou o mapa da mina aos produtores brasileiros: o filme de carnaval. Após produzirem em São Paulo o precursor do gênero, *Coisas nossas* (1930), que Downey dirigiu, se estabelecem no Rio de Janeiro, na praça Mauá. A produção de Byington, lamentavelmente perdida no incêndio que atingiu seu laboratório no começo dos anos 40, é da mesma linha da CINÉDIA, indo da adaptação de comédias teatrais às comédias carnavalescas próximas das futuras chanchadas* da ATLÂNTIDA, como a chamada trilogia das frutas tropicais: *Banana da terra, Laranja da China* e *Abacaxi azul*, que Ruy Costa* realizou, a última junto com Downey. Em 1940, foi fundada no Rio de Janeiro a PAN-AMÉRICA, companhia de curta duração. A PAN-AMÉRICA produziu um filme mais ambicioso, mas de resultado insatisfatório: *Vamos pecar*, dirigido pelo indefectível Leo Marten*, e outro, o musicarnavalesco *Vamos cantar*, também de Marten. Alguns produtores independentes tentam viabilizar seus projetos buscando parceria com esses estúdios. Um desses produtores sem estúdio foi o pernambucano Milton Rodrigues*, o mais velho dos catorze filhos do jornalista Mário Rodrigues e irmão do dramaturgo Nélson Rodrigues*. Rodrigues começou a carreira de produtor independente em 1938, fundando a MILTON RODRIGUES PRODUÇÕES CINEMATOGRÁFICAS e associando-se à CINÉDIA para a produção de *Alma e corpo de uma raça*, cujo objetivo quase exclusivo era promover uma de suas paixões: o Clube de Regatas Flamengo. Rodrigues produziu vários jornais cinematográficos, como *O Esporte em Marcha*, *A Marcha da Vida* e *Atualidades em Revista*. Em 1943, retornou à CINÉDIA para produzir e dirigir *Caminho do céu*, estrelado por Rosina Pagã e Celso Guimarães*, cujo argumento, que tratava dos aviadores da Força Aérea Brasileira da base do Campo dos Afonsos, na Zona Oeste do Rio de Janeiro, procurava tirar proveito do clima de mobilização da opinião pública pela participação brasileira na II Guerra Mundial. Rodrigues produziu e dirigiu, ainda em associação com a CINÉDIA, *O dia é nosso* (1941), filme sobre a possibilidade de ganhar na loteria. Registre-se o detalhe de que obteve a exclusividade para a cobertura da Copa do Mundo de futebol de 1950, realizada no Brasil, cujas imagens captadas por seus cinegrafistas correram o mundo. Rodrigues ainda dirigiu a comédia *Cem garotas e um capote* (1946) e o drama *Somos dois* (1950). Moacyr Fenelon* criou em 1948 sua própria produtora, a CINE PRODUÇÕES FENELON, realizando seus filmes nos estúdios da CINÉDIA.

O primeiro exemplo da tentativa da burguesia paulista para investir na criação de uma empresa produtora em formato industrial foi a COMPANHIA AMERICANA DE FILMES, fundada em 1937 por um grupo formado por fazendeiros, políticos e um jornalista: João Manoel Vieira de Moraes, advogado e proprietário na capital e em Pirassununga; Francisco Vieira, deputado, proprietário em Itapira e Mogi-Guaçu; Luís Amaral, escritor e jornalista; Joaquim Amaral Mello, deputado, lavrador em Pirajuí; Vasco Lobo Pereira Bueno, lavrador em Campinas. No mesmo ano, foi lançada a pedra fundamental para a construção do "catedralesco" (como o denominou um jornalista na época) estúdio da empresa, no bairro de Campo Belo, cujas obras consumiram quase 400 contos de réis e duraram vários anos. Graças à ajuda de políticos influentes, como o interventor Adhemar de Barros e Armando Salles de Oliveira, o governo federal financiou o projeto, através da Caixa Econômica Federal. Trata-se do primeiro caso de participação governamental direta no financiamento de uma companhia cinematográfica, facilitada por interesses políticos e pelo contexto desenvolvimentista do Estado Novo. A organização da AMERICANA causou enorme alvoroço e euforia em todo o estado, recebendo o apoio até de intelectuais como Oswald de Andrade. A expectativa em torno do novo estúdio pode ser avaliada pelo fato de que a inauguração do laboratório, concluído em 1937, foi marcada por uma solenidade cheia de pompa, com direito a placa de bronze comemorativa e à presença do presidente Getúlio Vargas. Para constituir seu parque de equipamentos, a AMERICANA adquiriu todo o material da CINE SOM ESTÚDIOS, de Fausto Muniz, avaliado em 400 contos de réis, e uma Mitchell importada dos Estados Unidos, que custou 100 contos. A confiança de Muniz na nova empresa era tamanha que ele preferiu receber o valor da venda de suas máquinas em ações. A AMERICANA partiu logo para a realização de um filme ambicioso, que tinha como tema a seca do Ceará. Para dirigir o filme, contratou o diretor Leo Marten. *Eterna esperança* foi iniciado em 1937 e se arrastou por quase três anos, concluído com a cooperação da CINÉDIA. Depois, foi contratado o uruguaio Amadeu Castelaneta, que havia dirigido *Joujoux e balangandãs* com as benesses da primeira dama do país, Darci Vargas, para ocupar o lugar de Marten. Castelaneta chegou cheio de planos. Começou a dirigir um filme cheio de pretensões, "Terra e espada". Pretendia filmar também "Luz e som", que teria no elenco a futura grande dama do teatro brasileiro, Cacilda Becker*. Nenhum dos projetos de Castelaneta foi concretizado ("Terra e espada" foi iniciado, mas parou na metade) e ele também foi afastado da companhia. O malogro era questão de tempo: mal administrada desde o início (os diretores da empresa recebiam um salário de 6 contos de réis, altíssimo para a época), sem projetos definidos e dando sinais de que se tratava sobretudo de uma megacavação, a AMERICANA começou a ser alvo de diversos processos judiciais. No começo dos anos 40, virou COMPANHIA SUL-AMERICANA e tentou se manter fazendo muitos *shorts* (curtas-metragens). O fim foi melancólico: seu gigantesco estúdio jamais ficou pronto, e em 1946 a Caixa Econômica Federal de São Paulo, financiadora e credora da empresa, realizou a execução judicial da companhia e vendeu os equipamentos para pagamento da dívida.

Entre 1949 e 1952, graças ao recorrente interesse da burguesia paulista pela sétima arte, foram fundadas em São Paulo cerca de dez empresas produtoras. A principal foi a VERA CRUZ*, idealizada pelo italiano Franco Zampari*, cuja curta existência gerou (e gera até hoje) uma polêmica intensa. Festejada na época como um esforço extraordinário de pôr fim ao marasmo que caracterizava a cinematografia nacional, a VERA CRUZ surgiu com a ambição de modernizar toda a nossa infraestrutura da produção cinematográfica, dos argumentos à direção de atores. Dezenas de técnicos estrangeiros foram contratados, modernos equipamentos foram adquiridos e um grande estúdio (o maior que já existiu no país) foi montado em São Bernardo do Campo. O cineasta brasileiro de carreira internacional Alberto Cavalcanti* foi chamado para comandar a produção do estúdio. Implacavelmente atacada pelos críticos, a VERA CRUZ encerra suas atividades no ano de 1953, recentemente revalorizada em dois aspectos: a atualização tecnológica e a profissionalização da produção cinematográfica que promoveu são claramente perceptíveis. Devemos mencionar ainda os nomes de Mário Audrá Jr., fundador da MARISTELA*, cujos estúdios localizavam-se no bairro do Jaçanã, e de Anthony Assumpção, dono da MULTIFILMES, que construiu seus estúdios na cidade de Mairiporã. Abílio Pereira de Almeida* dirigiu a produção da BRASIL FILMES, que ocupou os estúdios da VERA CRUZ de 1955 a 1958. Também deve ser lembrado o paulista Oswaldo Massaini*, um produtor que se especializou em filmes de forte apelo popular.

A decadência da chanchada, a emergência de um cinema independente e autoral e o surgimento do Cinema Novo* marcam a vigência de um nova fase na produção cinematográfica brasileira. Vários produtores se destacam nesse período, entre os quais Jarbas Barbosa*, Roberto Farias*, Luiz Carlos Barreto* e Zelito Viana*. O paraibano Jarbas Barbosa funda, em 1962, a COPACABANA FILMES, cuja primeira produção é *Boca de Ouro*, de Nelson Pereira dos Santos*, adaptação de peça de Nélson Rodrigues. A COPACABANA FILMES cresceu e passou a ser também uma distribuidora. Produziu filmes importantes do Cinema Novo, como *Os fuzis*, de Ruy Guerra*; *Deus e o diabo na terra do sol*, de Glauber Rocha*; e *Ganga Zumba, rei dos Palmares*, de Carlos Diegues*, de quem também produziria, em 1968-1969, *Os herdeiros* e, em 1975-1976, *Xica da Silva*, um de seus maiores êxitos de bilheteria. Em 1965, Jarbas criou a JB PRODUÇÕES, que produziu *Entre o amor e o cangaço*, de Aurélio Teixeira*. A produção nos anos 60, marcada pelo Cinema Novo, não é, entretanto, reduzida a ele. Essa é uma visão que deve ser problematizada, já que não se apoia em pesquisa rigorosa ou dado concreto que permita afirmá-lo taxativamente. A prova de que o Cinema Novo não ficou tão distante do mercado é a trajetória da MAPA FILMES*, fundada em 1965 por Zelito Viana*, Glauber Rocha, Walter Lima Jr.* e Paulo César Saraceni*. A MAPA, nome derivado de uma revista que Glauber dirigia na Bahia, é responsável por filmes importantes do movimento, como *Menino de engenho*, de Walter Lima Jr., de 1965, um grande sucesso de bilheteria, com cerca de um milhão de espectadores; *Terra em transe* e *O dragão da maldade contra o santo guerreiro*, de Glauber, este último com um público estimado de 1,5 milhão de espectadores. Os outros fundadores acabaram se afastando, e Zelito ficou como o único proprietário da MAPA, produzindo seus filmes até a atualidade. Um dos mais bem-sucedidos produtores brasileiros, Luiz Carlos Barreto*, dá início à sua carreira no começo dos anos 60. Os anos 70 marcam-se pela participação do Estado na produção cinematográfica. São também conhecidos como os "anos EMBRAFILME". Curiosamente, após a publicação do Ato Institucional nº 5 (AI-5) em 1968. A classe cinematográfica defende a ideia da participação direta do Estado na atividade cinematográfica sob a forma de uma entidade que apoiaria (promoveria, na verdade) a comercialização dos filmes. Em 1969, surgiu a EMBRAFILME*, com a meta inicial de cuidar apenas da distribuição de filmes brasileiros. Sua atuação direta no mercado era interpretada como a única forma de permitir que a produção brasileira, que ainda tinha pela frente boas perspectivas de crescimento, sobretudo com o previsível arrefecimento dos pudores censórios, chegasse aos cinemas. Apenas a legislação de reserva de mercado (os cinemas vinham sendo compelidos a destinar cada vez mais espaço ao filme brasileiro) não era suficiente: era preciso que o Estado organizasse todo o fluxo de comercialização, de colocação do filme nacional no mercado. A criação da EMBRAFILME consolida portanto o modelo estatal de intervenção no processo cinematográfico. Atuando nos setores de produção e distribuição, à EMBRAFILME faltou apenas constituir uma cadeia de cinemas (a empresa chegou a ter dois cinemas) para garantir o êxito do processo econômico cinematográfico no âmbito do consumidor/espectador. Cumpre observar que a participação do Estado no processo de produção cinematográfica é relativamente recente. Remotamente presente em várias instâncias na área cinematográfica, o Estado brasileiro só se interessa em interferir diretamente na produção a partir dos anos 30, no primeiro governo Vargas. O Instituto Nacional do Cinema Educativo (INCE*) e o Departamento de Imprensa e Propaganda (DIP) foram responsáveis pela produção estatal nas esferas específicas do filme educativo e do cinejornal de propaganda. O Instituto Nacional do Cinema (INC*), primeiro órgão efetivo de política cinematográfica do país, surge em novembro de 1966, em plena ditadura, no governo do marechal Castelo Branco. O Estado finalmente começa a se envolver diretamente com a produção e alguns filmes são coproduzidos pelo INC. A obrigatoriedade passou para 64 dias, chegando a 112 em 1975, ano da extinção do órgão. A partir de 1969, a EMBRAFILME assume o papel de financiadora, coprodutora e distribuidora de filmes brasileiros, dominando o mercado sobretudo a partir de 1973 e 1974.

A vertente erótica surge também nessa época como uma alternativa de produção bem peculiar. Com produção pobre, filmes tecnicamente muito precários e livres de quaisquer preocupações estéticas, conseguiram imediatamente uma grande aceitação popular. Um dos produtores-símbolo desse período é o paulista Pedro Carlos Rovai*, produtor de boa parte das pornochanchadas* cariocas da primeira metade dos anos 70. Fundou a produtora SINCROCINE, que produziu vários sucessos. A pornochanchada no Rio de Janeiro deslancha com *Os paqueras*, dirigido por Reginaldo Faria*, produção da R. F. FARIAS, e *Memórias de um gigolô*, dirigido por Alberto Pieralisi* e produzido pela MAGNUS FILMES, de Jece Valadão*. A CINEDISTRI de Oswaldo Massaini adere ao gênero a partir de *Lua de mel & amendoim*, dirigido por Rovai e Fernando de Barros*. Todos fizeram grande sucesso de bilheteria, superando a marca de um milhão de espectadores. A fórmula da comédia erótica cai no gosto do espectador: entre 1970 e 1975, entre as 25 maiores bilheterias do cinema brasileiro, nove são pornochanchadas, entre as quais uma detém o recorde do período – *A viúva virgem*, de Pedro Carlos Rovai. Com o sucesso do gênero, surgem ou se consolidam produtoras especializadas, sobretudo na Boca do Lixo* paulistana, que logo conquista a hegemonia. Entre essas produtoras, destaca-se a SERVICINE*, de Alfredo Palácios* e A. P. Galante* (que posteriormente criaria a PRODUÇÕES CINEMATOGRÁFICAS GALANTE, em 1976). A produção cresceu vertiginosamente, elevando a média anual a mais de cem filmes. O esquema de produção é simplificado, com os filmes realizados com equipes diminutas. Criticada por todos os lados, a pornochanchada incomodava sobretudo os intelectuais. Por outro lado, nos anos 70, afirma-se também um cinema "eficiente", artesanalmente competente. Assinale-se também o triunfo impressionante dos Trapalhões*, assim como o fenômeno chamado Mazzaropi*. Na Boca do Lixo, produtores tradicionais, como Galante e Massaini, passam a ter novos concorrentes, atraídos pelos lucros

PRODUÇÃO

ascendentes do gênero erótico. Uma cadeia de exibidores, a HAWAY, entra na área, produzindo filmes para J. Marreco (*A carne*, de 1975, e *Emanuelle tropical*, de 1977) e para Antônio Calmon* (*Paranoia*, de 1975). David Cardoso*, com a DACAR, é o modelo de produção que vingou na Boca, realizando filmes com baixo orçamento, ambicionando um *star system* próprio. Walter Hugo Khouri*, um remanescente da VERA CRUZ, conseguiu atrair vários produtores da Boca, trabalhando com Alfredo Palácios, da SERVICINE (*As deusas*, de 1972), Anibal Massaini Neto*, da CINEARTE (*Amor, estranho amor*, de 1982, e *Eu*, de 1986), e A. P. Galante, da GALANTE (*Convite ao prazer*, de 1980).

Entre os produtores que despontaram nos anos 70, destaca-se Carlos Alberto Diniz, que se formou em Cinema na Universidade Federal Fluminense (UFF), no final dos anos 60. De início, trabalhou como gerente de produção de vários filmes. Paralelamente, em 1971, fundou a PARAÍSO, onde produziu e dirigiu o média-metragem *Pérola negra* e o filme experimental *Como era freak o meu vale*, de Luiz Carlos Lacerda*. Anos mais tarde, em 1978, fundou com Lael Rodrigues e Tizuka Yamasaki*, egressos do curso de Cinema da UFF, o CENTRO DE PRODUÇÃO E COMUNICAÇÃO (CPC), com uma proposta de filmes de mercado baseados em temas populares ou na história do país. O primeiro filme da empresa foi *J. S. Brown, o último herói* (1978), de José Frazão, ao qual se seguiram *Gaijin, caminhos da liberdade* (1979), *Parahyba Mulher Macho* (1982) e *Patriamada* (1984), todos de Tizuka Yamasaki; mais os filmes de Lael Rodrigues, *Bete Balanço* (1984) e *Rock estrela* (1985), estes de linha mais comercial. Em 1987, Carlos Alberto assumiu a sua nova produtora, PONTO FILMES, responsável pelos títulos *Leila Diniz*, de Luiz Carlos Lacerda, *Sexo frágil*, de Jessel Buss, ambos de 1987, e *Lua de cristal* (1990), de Tizuka Yamasaki. Casado com a cenógrafa Yurika Yamasaki*, o mais recente trabalho do produtor é *Fica comigo* (1995-1996), dirigido por sua cunhada, Tizuka. Um exemplo de empresário que se dispôs a investir na produção cinematográfica com regularidade, privilegiando projetos de grande flexibilidade orçamentária, é o carioca Hélio Paulo Ferraz, filho e sucessor do fundador dos Estaleiros Mauá, em Niterói. Formado em Direito, Hélio produziu ou coproduziu vários filmes, entre o final dos anos 70 e início dos 80. Seu projeto mais recente é *For All – o trampolim da vitória* (1996-1997), dirigido pelo irmão Buza Ferraz e por Luiz Carlos Lacerda.

Do ponto de vista da produção, a década de 80 foi um período de início de crise para o cinema brasileiro. As raízes da crise que culminou com o aniquilamento do cinema brasileiro no governo Collor (1990-1992) encontram-se entre 1979 e 1985. O mercado total de cinema sofreu uma queda vertiginosa, que afetou tanto o filme brasileiro quanto o estrangeiro. Caiu o número de salas, e, em 1985, a presença do filme brasileiro no mercado, que era em torno de 30%, começou a despencar ladeira abaixo. A Boca paulista caminhou celeremente na direção do sexo explícito, a partir de *Coisas eróticas*, de 1981, dirigido por Raffaele Rossi, com seus 4 milhões de espectadores. Produtores antigos tiveram de se render ao novo gênero. A pornochanchada cede lugar ao *hardcore*. Em 1983-1984 vivemos a curiosa situação de ter uma produção em níveis parecidos com os tempos áureos, com mais de cem filmes produzidos por ano, só que predominantemente pornográficos. Paralelamente, aparecem algumas obras de grande produção, como *Quilombo* (1983), que consumiu 1,5 milhão de dólares, e *O beijo da mulher-aranha* (1984), dirigido por Hector Babenco*. Em 1986, Ruy Guerra* dirigiu *Ópera do malandro*, adaptação de um musical de sucesso de Chico Buarque. Outro exemplo de produção ambiciosa é *Eu te amo*, de 1980, dirigido por Arnaldo Jabor* e produzido pelo ex-homem forte da TV GLOBO, Walter Clark*. Autêntico "filme de produtor", esse inusitado encontro entre a pornochanchada e o Cinema Novo* foi um enorme sucesso, com 3,5 milhões de espectadores. Houve, portanto, uma grande elevação nos custos de produção, ao mesmo tempo que se acentuava a queda de público. Apesar disso, nem só de orçamentos milionários se vivia: um dos filmes mais bem-sucedidos da época, *Memórias do cárcere*, de 1983, de Nelson Pereira dos Santos, produzido por Luiz Carlos Barreto, custou pouco mais de 550 mil dólares. No período surgem novas produtoras, como a MORENA FILMES, de Mariza Leão* e Sérgio Rezende*, realizadores de *O homem da capa preta*, de 1986, com bom desempenho nas bilheterias. Em São Paulo, uma espécie de movimento, batizado de cinema da Vila Madalena, bairro habitado por artistas e intelectuais, dá novo vigor à produção paulistana, revelando diretores como André Klotzel*, José Antônio Garcia*, Ícaro Martins* e Chico Botelho*, e produtores como Claudio Khans*. Uma figura de destaque na cena paulistana da produção é Assumpção Hernandez, dona da RAIZ PRODUÇÕES CINEMATOGRÁFICAS, que

tem a seu crédito filmes expressivos como *A hora da estrela*, de 1985, dirigido por Suzana Amaral*, *Brasa adormecida*, do mesmo ano, dirigido por Djalma Limongi Batista*, e *O país dos tenentes*, de 1987, dirigido por João Batista de Andrade*. Outros produtores que despontaram nessa época foram Tarcísio Vidigal*, cuja produtora GRUPO NOVO DE CINEMA deu novo alento ao cinema mineiro*, revelando diretores como Helvécio Ratton*, em *A dança dos bonecos*, de 1986; o empresário Paulo César Ferreira, produtor de *Dedé Mamata*, de 1988, dirigido por Rodolfo Brandão, e *Lili, a estrela do crime*, de 1988, dirigido por Lui Farias e Diler Trindade*, dono da DREAMVISION, que se direciona ao filme infantil, produzindo, entre os anos de 1987 e 1990, os megassucessos *Super Xuxa contra o Baixo Astral*, de Anna Penido, *Lua de cristal*, de Tizuka Yamasaki, *Sonho de verão*, de Paulo Sérgio Almeida, *A princesa Xuxa e os Trapalhões* e *O mistério de Robin Hood*, ambos de José Alvarenga Jr.

Entre 1985 e 1990, a crise de produção se acentua. O público infantil permanece e é o único segmento do mercado que mantém a produção cinematográfica em atividade plena. Apesar disso, assiste-se a uma grande modernização no sistema de produção. Consolida-se, por exemplo, a figura do diretor de produção, às vezes chamado de coordenador de produção, responsável por estabelecer o orçamento geral do filme. Esse misto de gerente financeiro e administrador de empresas que se agrega à produção ajudou a dar a seriedade que faltava ao empreendimento cinematográfico, sempre tão criticado pela forma insatisfatória com que se gerenciavam os aportes financeiros públicos e privados. Ganha importância também o chamado produtor executivo, frequentemente o próprio financiador do projeto, mas que muitas vezes é um profissional encarregado de aplicar o capital obtido com os vários financiamentos para a produção. Hector Babenco, quando foi realizar filmes nos Estados Unidos, levou seu próprio produtor executivo, Francisco Ramalho Jr.*. Em março de 1990, o presidente Fernando Collor de Mello extinguiu a EMBRAFILME e praticamente todos os órgãos relacionados à área cultural. Essa medida, a que se deu enorme publicidade, teve muitos defensores na área cinematográfica, desejosos de ver se extinguir uma estatal que havia se transformado num celeiro de polêmicas e deturpações. A estratégia de "terra arrasada", adotada como pretexto da modernização do Estado brasileiro, teve como efeito a quase total paralisação da produção cinematográfica brasileira, não deixando qualquer dúvida quanto a sua dependência em relação ao Estado. A crise que se seguiu foi uma das mais graves na história da produção brasileira. Em 1992, foram lançados apenas três filmes brasileiros. Com o *impeachment* de Collor de Mello, assume a presidência o vice Itamar Franco, cujo governo promoveu uma restauração na área cultural. A mobilização da classe cinematográfica em torno de uma nova política do Estado em relação ao cinema levou à publicação da Lei nº 8.685, de julho de 1993, conhecida como Lei do Audiovisual, que estabeleceu o modelo de apoio à produção adotado na atualidade. O Estado se exime das subvenções e financiamentos diretos e cria uma legislação de incentivos fiscais com o intuito de atrair a classe empresarial para a produção cinematográfica. A Lei do Audiovisual, aperfeiçoada no governo seguinte, de Fernando Henrique Cardoso, favoreceu a retomada de um ritmo regular de produção. Assim, se em 1993 apenas quatro filmes brasileiros ganharam as telas, sendo um de produção iniciada em 1989, nos cinco anos seguintes a produção de longas cresceu significativamente. Foram lançados nesse período cerca de cinquenta filmes, uma média de dez por ano. Praticamente todos se beneficiaram de alguma forma das leis de incentivo fiscal e de apoio à produção de organismos estaduais e municipais, como foi o caso das secretarias estaduais de Cultura e, no Rio de Janeiro, da RIOFILME. Em 1994, sete filmes foram lançados, com destaque para *Lamarca, coração em chamas*, de Sérgio Rezende, assistido por cerca de 130 mil espectadores. No ano seguinte, o número saltou para onze filmes, sendo *Carlota Joaquina, princesa do Brazil*, de Carla Camurati*, o de maior sucesso e emblemático da chamada Retomada do cinema brasileiro, atingindo a cifra de 1,3 milhão de espectadores. Foi lançado ainda *O quatrilho*, de Fábio Barreto, indicado ao OSCAR de melhor filme estrangeiro e maior bilheteria de 1996. Nesse mesmo ano, foram 21 os lançamentos, destacando-se *Tieta do agreste*, de Carlos Diegues, *O guarani*, de Norma Bengell*, e *Jenipapo*, de Monique Gardemberg*, todos amparados pela Lei do Audiovisual. *Guerra de Canudos*, de Sérgio Rezende, *O que é isso, companheiro?*, de Bruno Barreto, também selecionado para o OSCAR de melhor filme estrangeiro, e *Pequeno dicionário amoroso*, sucesso de Sandra Werneck*, com 400 mil espectadores, destacam-se entre os 22 lançamentos de 1997. Em 1998, a produção brasileira atinge a casa dos 34 lançamentos, com destaque total para *Central do Brasil*, de Walter Salles*, com 1,2 milhão de espectadores, premiado com o URSO DE OURO de melhor filme e o URSO DE PRATA de melhor atriz, para Fernanda Montenegro*, no FESTIVAL DE BERLIM e o GLOBO DE OURO de melhor filme estrangeiro obtido nos Estados Unidos, recebendo ainda duas indicações para o OSCAR, de melhor filme e atriz de 1999. Dos filmes realizados no período, apenas um não foi realizado com o apoio da Lei do Audiovisual: *Cinderela baiana*, de Conrado Sanchez, estrelado pela dançarina de axé-music Carla Perez. Assim, foram cerca de 106 filmes realizados e exibidos sob os auspícios das leis de incentivos fiscais.

Assistimos, portanto, a uma redefinição completa da atitude do Estado diante da produção cinematográfica. Uma das características do renascimento do cinema brasileiro é que os custos de produção se elevaram consideravelmente. Antes, filmes que roçavam o patamar do meio milhão de dólares eram considerados superproduções (é o caso de *Memórias do cárcere*, de Nelson Pereira dos Santos, que custou mais ou menos isso). Recentemente, filmes de 6, 7 ou mais milhões de dólares são comuns. O orçamento-padrão de um filme brasileiro saltou de 1 ou 2 milhões de dólares, no começo da década, para 7, 8 e até 10 milhões de dólares. Se fosse fazer hoje um filme como *Quilombo*, cuja produção em 1983 consumiu cerca de 1,5 milhão de dólares, Carlos Diegues certamente trabalharia com um orçamento de mais de 5 milhões de dólares. A elevação dos custos de produção deveu-se sobretudo a uma redefinição do formato da produção do filme de enredo no Brasil, que adotou definitivamente o modelo americano. Com isso, todas as etapas, instâncias, pessoal, serviços, equipamentos e elementos necessários para a realização de um filme têm de ser orçados. Surge um novo conceito da produção cinematográfica. A finalização, fator antes um pouco negligenciado, passou a ser uma etapa prioritária e onerosa (por exemplo, edição não linear em plataforma Avid e inserção de efeitos especiais, tremendamente facilitados com o desenvolvimento de soluções digitais bem mais acessíveis). E a comercialização, com o fim de qualquer reserva de mercado, requer uma estratégia de *marketing* bem dispendiosa. Esse é o novo panorama da produção de cinema no Brasil, inserido em um projeto de formação de um cinema de alta categoria, tecnicamente impecável e com elenco consagrado (mesmo que seja no âmbito da televisão brasileira). É a fase da afirmação internacional do cinema brasileiro, que vem sendo reconhecido através dos vários prêmios de prestígio concedidos a filmes nacionais nos últimos anos. A internacionalização da forma de produzir cinema no Brasil pode ser vista em dois aspectos: linguagem, forma e conteúdo adaptados ao mercado e associação com o capital estrangeiro. (LAR)

Criada em 1998, a GLOBO FILMES, braço cinematográfico das Organizações Globo, é uma das principais empresas cinematográficas em atividade no novo milênio. Trabalha no sistema de coproduções, em estreito vínculo com a mídia exibidora TV GLOBO, de modo a aproveitar seus diretores, roteiristas e *star system*. Aproveita-se das séries para exibi-las no formato cinematográfico, fazendo também o percurso inverso, aproveitando sobras de produção para estender filmes no formato serial televisivo. Em suas atividades patrocina produções independentes do circuito televisivo, que posteriormente podem ser aproveitadas caso se afirmem no mercado. Outra empresa que se destaca na produção cinematográfica, voltada para a produção documentária e o mercado de DVDs, é a VIDEOFILMES (1987), de propriedade dos irmãos João Moreira e Walter Salles, que também atua em coproduções internacionais de filmes ficcionais. A GULLANE FILMES (1997), dos irmãos Caio e Fabiano Gullane, tem trabalhado no mercado internacional e no sistema de coprodução com as *majors* estrangeiras. A CONSPIRAÇÃO FILMES (1991), atuante no mercado publicitário e no cinema, é fruto de interesses de seus associados iniciais, os cineastas José Henrique Fonseca, Arthur Fontes, Lula Buarque de Hollanda*, Claudio Torres, Andrucha Waddington*. Conta atualmente com quinze sócios. Trabalhando em moldes parecidos, com forte presença no mercado publicitário, pode-se citar a O2 FILMES (1991), de Andrea Barata Ribeiro, Fernando Meirelles* e Paulo Morelli, tendo Meirelles se consagrado na direção de filmes de produção internacional. José Padilha*, junto com Marcos Prado, produz através da ZAZEN PRODUÇÕES, empresa que possui boa agilidade para levantar recursos em circuitos internacionais e que soube sustentar o grande sucesso de *Tropa de elite*.

PROENÇA, Maitê (Maitê Proença Gallo) – São Paulo, SP, 1958. Atriz.
FILMOGRAFIA: 1979-1980 – *Prova de fogo*. 1985 – *Brasa adormecida*. 1987 – *Sexo frágil*; *A dama do Cine Shangai*. 1987-1992 – *Beijo 2.348/72*. 1988-1989 –

Solidão, uma linda história de amor; Kuarup. 1995 – *16.060; Jogo subterrâneo.* 1997 – *A hora mágica; Paixão perdida.* 2000 – *Tolerância; Bufo & Spallanzani.* 2001 – *A partilha.* 2002 – *A selva* (produção estrangeira). 2003 – *Viva Sapato!.* 2005 – *Sal de prata.* 2007 – *Onde andará Dulce Veiga?.* 2009 – *Elvis & Madona.*

Atriz de acento aristocrático e beleza helênica, aclamada como um dos maiores símbolos sexuais do país, Maitê Proença tem na paixão pelo cinema um dos traços distintivos de sua carreira. Embora bem-nascida na alta classe média paulistana, teve uma infância e adolescência particularmente conturbadas. Filha de um procurador do Estado, Eduardo Gallo, e de uma professora de Filosofia, Margô Proença, Maitê Proença Gallo nasceu em São Paulo em 28 de janeiro, mas passou a infância em Ubatuba, no litoral paulista, e em Campinas. Maitê estudou na prestigiosa Escola Americana de São Paulo, o que lhe deu uma sólida base de inglês e francês. Por influência da mãe, teve desde criança uma boa formação musical, tendo aulas de canto, piano, violão clássico e flauta. Aos 13 anos, perdeu a mãe de forma trágica, fato que aceleraria o seu processo de amadurecimento. Deixou a casa do pai e viveu num internato luterano e na casa do padre Francisco de Almeida, amigo da família. Aos 17 anos, tirou férias e, com a pensão deixada pela mãe, viajou pelo mundo durante um ano. Passou pelos Estados Unidos e Europa e foi parar até na Índia. Retornou ao Brasil em 1979. Prestou o vestibular para Psicologia na Pontifícia Universidade Católica de São Paulo, passou, mas não concluiu o curso. Fez também cursos no Museu da Imagem e do Som (MIS) de São Paulo. Quando sua beleza se tornou incontornável, começou a trabalhar como modelo em meados dos anos 70. Na mesma época, começou a se envolver com o teatro, tendo uma rápida experiência com o grupo Macunaíma, do diretor Antunes Filho. Em função dessa participação, e também devido à sua beleza deslumbrante, foi convidada pelo autor Mário Prata para fazer o papel de Joaninha na novela *Dinheiro vivo*, na extinta TV TUPI. Em 1979, despontou para o estrelato na telenovela *Os brutos também amam*, da mesma emissora, contracenando com Antônio Fagundes*. Já era uma atriz promissora quando foi contratada pela TV GLOBO para um dos principais papéis da telenovela *As três Marias*, de 1983. Em 1986, protagonizou a novela *Dona Beja*, uma das primeiras investidas da TV MANCHETE no folhetim televisivo.

Maitê estreou no cinema no filme *Prova de fogo*, primeiro longa dirigido por Marco Altberg*. O filme só foi exibido em 1982, devido a uma questão judicial relacionada a uma acusação de plágio feita pela antropóloga Yvonne Velho, que alegava ter sido o roteiro do filme baseado em um livro de sua autoria. Maitê faz a manicure Sandra, iniciada na umbanda pelo pai de santo Nívio, interpretado por Pedro Paulo Rangel, com direito a uma rápida cena de nudez à meia-luz. Maitê interpretou uma operária em *Beijo 2.348/72*, de Walter Rogério, em que contracenou com Chiquinho Brandão, falecido precocemente num acidente automobilístico. O filme é baseado em um fato verídico: dois operários foram processados por terem se beijado na fábrica onde trabalhavam. Estrelou também *A dama do Cine Shangai*, dirigido por Guilherme de Almeida Prado*. Inspirado nos filmes *noir* de Hollywood dos anos 40, o filme arrematou sete prêmios no FESTIVAL DE GRAMADO de 1988. Outra atuação de destaque encontra-se em *Brasa adormecida*, de Djalma Limongi Batista*. No filme, ela vive a personagem Bebel, de casamento marcado com o primo Toni (Paulo César Grande), que, ao reencontrar um antigo colega de infância, o caipira Ticão (Edson Celulari*), revive sua antiga paixão. Numa homenagem a Humberto Mauro*, o filme faz citações a seus clássicos *Brasa dormida* e *Sangue mineiro*. Apesar de rejeitado pela comissão de seleção do FESTIVAL DE GRAMADO de 1986, o filme proporcionou a Maitê sua primeira láurea no cinema: o prêmio de melhor atriz no II RIO CINE FESTIVAL. Maitê participou de *16.060*, dirigido pelo estreante Vinícius Mainardi. O título do filme faz referência aos 44 anos – ou 16.060 dias – de vida do marido da personagem de Maitê. Voltou a trabalhar com Guilherme de Almeida Prado em *A hora mágica*, centrado no mundo dos dubladores de cinema. Nesse filme, ela teve a oportunidade de interpretar papéis diferentes. Num deles, revive Barbarella, personagem que popularizou Jane Fonda. No mesmo ano, participa de *Paixão perdida*, de Walter Hugo Khouri*. Sua personagem, Anna, é a falecida esposa do empresário Marcelo Rondi (Antônio Fagundes*), cujo filho Marcelo vive em estado vegetativo desde a morte da mãe num acidente de carro. Maitê foi casada com o empresário Paulo Marinho, pai de sua filha Maria. (LAR) Protagonista de *Tolerância,* filme sobre um casal e seus confrontos entre sonhos, teorias e realidade, passando pelo adultério. Com forte atuação de Maitê, o filme obteve repercussão. A atriz também participa do filme *Bufo & Spallanzani,* de Flávio R. Tambellini, com roteiro baseado no livro homônimo de Rubem Fonseca. Protagonizou dona Yatá no filme *A selva*, de Leonel Vieira, uma coprodução de Espanha, Portugal e Brasil, ao lado de Cláudio Marzo* e do ator português Diogo Morgado. Também atuou no filme *Viva Sapato*, na pele de uma cômica jornalista americana, em comédia dirigida por Luiz Carlos Lacerda*. Em 2005, lança seu primeiro livro, *Entre ossos e a escrita*, reunindo cinquenta crônicas publicadas na revista *Época*, entre 2003 e 2004. Em 2008, finalizou seu segundo livro, *Uma vida inventada*, mistura de ficção e fatos reais articulados num jogo de pistas falsas que obteve grande sucesso. Também escreveu a peça *As meninas*, em parceria com Luiz Carlos Góes, que estrearia somente em 2009, depois de alguma polêmica com Lygia Fagundes Telles, envolvendo direitos sobre o título. Fez parte do programa de debates *Saia Justa* e participou das filmagens de *Elvis & Madona,* dirigido por Marcelo Laffitte, que conta a história de um casal formado por uma lésbica e um travesti. Atua em papel protagonista em *Onde andará Dulce Veiga?*, desempenhando cantora e atriz que, após um período de sucesso, desaparece misteriosamente nos anos 1960. O filme tem direção de Guilherme de Almeida Prado, baseado em obra de Caio Fernando Abreu. Prado mantém-se fiel a seu estilo com cores e ambiência pós-modernas, retomando traços da atuação de Proença em *A dama do Cine Shangai.* Em 2010, Maitê Proença faz Helga na dublagem brasileira de *Atlantis – o reino perdido*, animação longa da Disney. (LFM)

PUZZI, Nicole (Teresa Puzzi Ferreira Filha) – Mandaguaçu, PR, 1958. Atriz.
FILMOGRAFIA: 1976 – *Possuídas pelo pecado.* 1977 – *Escola penal de meninas violentadas; Pensionato das vigaristas.* 1978 – *Bandido! fúria do sexo; Reformatório das depravadas; Damas do prazer.* 1978-1979 – *Belinda dos orixás na praia dos desejos.* 1979 – *O prisioneiro do sexo.* 1980 – *Ariella; Convite ao prazer; Giselle.* 1980-1981 – *Volúpia do prazer.* 1981 – *Eros, deus do amor; Filhos e amantes.* 1982 – *Tessa, a gata; Gabriela, cravo e canela* (coprodução estrangeira); *O bom burguês; Retrato falado de uma mulher sem pudor.* 1983 – *Perdida em Sodoma.* 1984-1986 – *As sete vampiras.* 1986 – *Eu; Anjos do arrabalde (As professoras).*

Até os 12 anos vive num sítio com mais quatro irmãos. Muda-se para São Paulo com a intenção de seguir carreira religiosa, mas muda de ideia ao participar de um desfile, levada pela irmã Maria Antonia. Torna-se então modelo profissional, sem abandonar completamente sua vocação solidária, trabalhando como enfermeira durante algum tempo para complementar a renda. Em seguida, começa a aparecer no programa *Ligue e Pegue* na TV TUPI. Nos anos 80 e 90, além de vários trabalhos na televisão, tem destacada carreira no teatro, principalmente na peça *Meno male*, de Juca de Oliveira. No cinema, estreia em pequenos papéis nas produções de rotina da Boca do Lixo*, dirigidas por Jean Garrett* (*Possuídas pelo pecado*), Antônio Meliande* (*Escola penal de meninas violentadas* e *Damas do prazer*), Osvaldo Oliveira* (*Pensionato das vigaristas*), David Cardoso* (*Bandido! fúria do sexo*) e Ody Fraga* (*Reformatório das depravadas*). Trabalhou com produtores como David Cardoso e A. P. Galante*, tendo ainda participado de alguns filmes da série de presídios deste último. Representando Belinda, no estranho filme *Belinda dos orixás na praia dos desejos*, de Antonio B. Thomé, curiosa mistura de candomblé e sexo, conquista seu primeiro papel. Em seguida, atuando em filmes de melhor qualidade, recebe melhores papéis, como quando filma com Walter Hugo Khouri* (*O prisioneiro do sexo, Convite ao prazer, Eros, o deus do amor* e *Eu*), Francisco Ramalho Jr.* (*Filhos e amantes*), Bruno Barreto* (*Gabriela, cravo e canela*). Como atriz principal, atua nos filmes de John Herbert* (*Ariella* e *Tessa, a gata*) e Rubens Eleutério (*Volúpia do prazer*). Seu mais recente trabalho foi em *Anjos do arrebalde*, de Carlos Reichenbach*. (NCA/LFM)

QUEIROZ, Emiliano (Emiliano de Guimarães Queiroz) – Aracati, CE, 1938. Ator.

FILMOGRAFIA: 1962 – *Pedro e Paulo* (coprodução estrangeira). 1963 – *O Lamparina*. 1966 – *Engraçadinha depois dos trinta*. 1967 – *Carnaval barra-limpa*. 1968 – *Jovens pra frente*; *Enfim sós... com o outro*. 1969 – *Navalha na carne*. 1970 – *Dois perdidos numa noite suja*; *Uma garota em maus lençóis*. 1971 – *O bolão*; *As confissões de frei Abóbora*. 1972 – *Uma pantera em minha cama*; *A difícil vida fácil*; *Independência ou morte*. 1973 – *Mestiça, a escrava indomável*. 1974 – *As quatro chaves mágicas*. 1975 – *A extorsão*; *Intimidade*; *O pistoleiro*. 1976 – *Deixa, amorzinho... deixa*; *O vampiro de Copacabana*. 1977 – *Um brasileiro chamado Rosaflor*. 1983 – *Amor maldito*. 1987-1988 – *O grande mentecapto*. 1990 – *Stelinha*. 1995-1999 – *Tiradentes*. 1999-2001 – *O xangô de Baker Street*. 2002 – *Xuxa e os duendes 2, no caminho das fadas*; *Madame Satã*. 2005 – *Casa de areia*. 2006 – *Mulheres do Brasil*; *Xuxa gêmeas*. 2008 – *Feliz Natal*. 2010 – *Suprema felicidade*.

Radica-se no Rio de Janeiro, onde faz longa carreira na televisão, destacando-se na GLOBO na primeira versão de *Irmãos Coragem* (1970), de Janete Clair, sob direção de Daniel Filho*, atuando também na segunda versão de 1995, no papel do dr. Maciel, o médico alcoólatra. Torna-se conhecido do grande público ao representar o abobado Dirceu Borboleta em *O bem-amado* (1973), de Dias Gomes. No cinema, estreia no filme argentino *Pedro e Paulo*, rodado no Brasil pelo diretor portenho Angel Acciaresi. A seguir, atua como coadjuvante na paródia *O Lamparina*, de Glauco Mirko Laurelli*, e depois trabalha em *Engraçadinha depois dos trinta*, de J. B. Tanko*, baseado no romance homônimo de Nélson Rodrigues*. Atua numa série de filmes cariocas de produção rotineira, como *Carnaval barra-limpa*, de Tanko; o musical *Jovens pra frente*, de Alcino Diniz; e a comédia *Enfim sós... com o outro*, de Wilson Silva*. É roteirista e ator em papéis de destaque em dois filmes: *Navalha na carne* e *Dois perdidos numa noite suja*, baseados nas peças homônimas de Plínio Marcos*, sendo ambos sob direção de Braz Chediak*. No primeiro, interpreta o papel do faxineiro homossexual Veludo, e, no segundo, o papel do miserável empregado de mercado Tonho. Na comédia *Uma garota em maus lençóis*, de Wilson Silva (seu diretor em *Enfim sós...* e *O bolão*), interpreta um ladrão sofisticado, e aparece em pequena participação em *Confissões de frei Abóbora*, outro filme com o diretor Chediak. Representa um puritano na comédia erótica *Uma pantera em minha cama*, de Carlos Hugo Christensen*; e o personagem histórico Chalaça em *Independência ou morte*, de Carlos Coimbra*. É apenas um correto coadjuvante em pequenos papéis em vários filmes dos anos 70, como nos dramas eróticos *A difícil vida fácil*, de Jece Valadão*, e *Mestiça, a escrava indomável*, de Lenita Perroy; no infantil *As quatro chaves mágicas*, de Alberto Salvá*; no suspense *A extorsão*, de Flávio Tambellini*; no drama *Intimidade*, de Michael Sarne e Perry Salles; no faroeste *O pistoleiro*, de Oscar Santana; no erótico *Deixa, amorzinho... deixa*, de Saul Lachtermacher; na comédia *O vampiro de Copacabana*, de Xavier de Oliveira*; no drama *Um brasileiro chamado Rosaflor*, de Geraldo Miranda. Na década de 80, faz apenas dois filmes, o drama *Amor maldito*, de Adélia Sampaio, e a comédia *O grande mentecapto*, de Oswaldo Caldeira*. No filme *Primeiro de abril, Brasil* (1985-1988), de Maria Letícia (sua ex-mulher), é unicamente roteirista junto com a diretora, na adaptação da peça *Vejo um vulto na janela, me acudam que eu sou donzela*, de Leilah Assumpção. Em *Stelinha*, de Miguel Faria Jr.*, interpreta o fã de uma cantora de rádio. Com uma participação de apenas quatro minutos nesse filme, ganhou o KIKITO DE OURO no FESTIVAL DE GRAMADO, de melhor ator coadjuvante. Reconhecido pelo público e pelas críticas elogiosas, seus personagens renderam-lhe alguns prêmios. Entre os seus trabalhos no cinema destacam-se, *O xangô de Baker Street*, de Miguel Faria Jr., *Madame Satã*, de Karim Ainouz*, e *Casa de areia*, de Andrucha Waddington*. Também atuou em *Mulheres do Brasil*, de Malu de Martino, e *Xuxa, gêmeas*, de Jorge Fernando. Participa de *Feliz Natal*, drama que lançou o ator Selton Mello* como diretor de longas. Na série Aplausos teve relatada sua biografia, *Na sobremesa da vida*, pela escritora e cineasta Maria Letícia. Faz uma participação em *Suprema felicidade*, que marca a volta de Arnaldo Jabor* à direção de longas. (LFM)

RABATONI, Toni (Antônio Rabatoni Martins) – Pirangi, SP, 1927-1995. Fotógrafo, diretor.

FILMOGRAFIA: 1954 – *Queridinha do meu bairro* (fot.); *A um passo da glória* (fot.). 1956-1957 – *Dorinha no soçaite* (fot.). 1957-1967 – *Marido barra-limpa* (fot.). 1959-1960 – *Brasil maravilhoso* (fot.). 1959 – *Cidade ameaçada* (fot.). 1960 – *A morte comanda o cangaço* (fot.). 1960-1961 – *Barravento* (fot.). 1961 – *Os cafajestes* (fot.). 1962 – *Quero morrer no carnaval* (coprodução estrangeira) (fot.); *Lampião, rei do cangaço* (fot.). 1963-1964 – *Os vencidos* (fot.). 1964 – *Asfalto selvagem* (fot.). 1964-1968 – *Vidas estranhas* (fot., dir.). 1966 – *O anjo assassino* (fot.); *Cangaceiros de Lampião* (fot.). 1968 – *As três mulheres de Casanova* (fot.). 1974 – *Ainda agarro esta vizinha* (fot.); *As alegres vigaristas* (1º episódio: 'As alegres vigaristas'; 2º episódio: 'O padre e a modelo') (fot.); *Uma tarde... outra tarde* (fot.); *O libertino* (fot.). 1976 – *Na trilha da justiça* (fot.). 1977 – *Presídio de mulheres violentadas* (fot.). 1978 – *Tropeiro velho* (fot.); *Gaúcho de Passo Fundo* (fot.). 1981 – *Duas estranhas mulheres* (1º episódio: 'Diana'; 2º episódio: 'Eva') (fot.). 1982 – *Retrato falado de uma mulher sem pudor* (fot.); *O vale dos amantes* (fot., dir.). 1983 – *Põe devagar... bem devagarinho* (fot., dir.); *Shock* (fot.). 1984 – *A doutora é boa pacas* (1º episódio: 'A doutora é boa pacas') (fot., dir.).

Por sugestão de um amigo, Agostinho Martins Pereira*, em atividade como assistente de direção na VERA CRUZ*, ingressa nos mesmos estúdios em 1950, quando é apelidado pelos ingleses de Toni. Inicialmente, nos anos de 1951 e 1952, trabalha como assistente de direção em filmes de Abílio Pereira de Almeida*, como *Ângela*, em codireção com Tom Payne*; *Sai da frente* e *Nadando em dinheiro*, em codireção com Carlos Thiré*. Mais interessado pela fotografia, acompanha o trabalho dos fotógrafos do estúdio, os ingleses Chick Fowle*, Bob Hucke e Ray Sturgess, todos com formação no cinema inglês dos anos 40. Após deixar a VERA CRUZ, participa das pequenas produções do ESTÚDIO PINTO FILHO, localizado no bairro do Ipiranga, quando estreia na função de diretor de fotografia de *Queridinha do meu bairro*, de Felipe Ricci*, e escreve os diálogos, o roteiro e faz a fotografia de *A um passo da glória*, de Pinto Filho. Viaja aos Estados Unidos, onde passa um ano, quando cursa fotografia e estagia na ROCKETT PICTURES, entre 1955 e 1956. De volta aos pequenos estúdios do Ipiranga, fotografa *Dorinha no soçaite*, de Geraldo Vietri*, e *Brasil maravilhoso*, de Pinto Filho. Em outro pequeno estúdio, o da CINDERELA FILMES, no bairro da Bela Vista, divide a fotografia com Ferenc Fekete, da conturbada produção de *Marido barra-limpa*, primeiro filme do diretor Luís Sérgio Person*, só concluída dez anos mais tarde. No policial *Cidade ameaçada*, de Roberto Farias*, e em *A morte comanda o cangaço*, de Carlos Coimbra*, filmado no Ceará, participa de suas primeiras produções de maior empenho. Em 1960, muda-se para o Rio de Janeiro, quando fotografa o primeiro filme de Glauber Rocha* (*Barravento*), totalmente filmado em locações na praia de Buraquinho, no litoral baiano. Para seu filme seguinte, *Os cafajestes*, de Ruy Guerra*, cria uma fotografia captando a solidão urbana da grande metrópole. Sua primeira fotografia em cores é na coprodução Brasil-México *Quero morrer no carnaval*, do diretor mexicano Fernando Cortez. Volta a iluminar filmes sobre o cangaço, o colorido *Lampião, rei do cangaço* e o preto e branco *Cangaceiros de Lampião*, ambos de Carlos Coimbra, produções da CINEDISTRI*. Após fotografar parte do drama racial *Os vencidos*, de Glauro Couto, fixa-se na produção de característica mais comercial, quando fotografa, nos estúdios da HERBERT RICHERS*, *Asfalto selvagem*, de J. B. Tanko*, adaptação de romance de Nélson Rodrigues*. Dirige e fotografa o melodrama *Vidas estranhas*, em que é creditado na direção, junto com o produtor e ator Itamar Borges. Fotografa *O anjo assassino*, de Dionísio Azevedo*, curiosa trama policial baseada em novela de televisão, e a comédia *As três mulheres de Casanova*, de Victor Lima*. Após algum tempo afastado, volta a trabalhar no Rio, já com predomínio do filme colorido, como diretor de fotografia de uma série de comédias: *Ainda agarro esta vizinha*, de Pedro Carlos Rovai*; *As alegres vigaristas*, de Carlos Alberto Souza Barros*; *O libertino*, de Victor Lima, e o drama *Uma tarde... outra tarde*, de William Cobbett. Muda-se para Porto Alegre, onde ilumina os filmes de Teixeirinha*, *Na trilha da justiça* e *Tropeiro velho*, ambos de Milton Barragan, e *Gaúcho de Passo Fundo*, de Pereira Dias*. Atua em alguns filmes na Boca do Lixo* paulistana, como no primeiro filme da série de presídios do produtor A. P. Galante*, *Presídio de mulheres violentadas*, direção do estreante Luiz Castillini* (na realidade, Castillini e Rabatoni foram despedidos quase no final das filmagens, concluídas por Osvaldo Oliveira*, que fez a direção e a fotografia, embora Galante tenha levado os créditos como diretor). Diretor de fotografia dos filmes *Duas estranhas mulheres*, *Retrato falado de uma mulher sem pudor* e *Shock*, todos sob direção do jovem cineasta Jair Correia. Além de fotografar, dirige as fitas eróticas *O vale dos amantes*, *Põe devagar... bem devagarinho* e o primeiro episódio de *A doutora é boa pacas*. Trabalha durante vários anos como diretor de fotografia em empresas de publicidade e de curtas no Rio Grande do Sul, especialmente nos filmes de Antônio Jesus Pfeil. Em 1991, escreve em parceria com o diretor Milton Barragan o argumento da comédia musical *Gaúcho negro*, de Jessel Buss. (ALT)

RAMALHO JR., Francisco (Francisco Ramalho de Mendonça Jr.) – Santa Cruz das Palmeiras, SP, 1940. Produtor, diretor.

FILMOGRAFIA: 1968 – *Anuska, manequim e mulher* (prod., dir.). 1975 – *Sabendo usar não vai faltar* (1º episódio: 'Joãozinho') (dir.). 1976 – *À flor da pele* (prod., dir.). 1977 – *O cortiço* (dir.); *Caramuru* (prod., dir.). 1978 – *Paula, história de uma subversiva* (prod., dir.). 1979 – *Os amantes da chuva* (prod.). 1981 – *Das tripas coração* (prod.); *Filhos e amantes* (dir.). 1984 – *O beijo da mulher-aranha* (coprodução estrangeira) (prod.). 1987 – *Besame mucho* (prod., dir.). 1990 – *Brincando nos campos do Senhor* (produção estrangeira) (prod.). 1997 – *Coração iluminado* (coprodução estrangeira) (prod.). 2001 – *Cristina quer casar*. 2005 – *O casamento de Romeu e Julieta* (prod.); *Jogo subterrâneo* (prod). 2006 – *Canta Maria* (prod., dir.). 2009 – *O contador de histórias* (prod.). 2010 – *A suprema felicidade* (prod.).

Muda-se para São Paulo no início dos anos 60 e começa a se interessar por cinema quando cursa a Escola Politécnica (USP) e passa a frequentar o cineclube dessa faculdade. Assiste às sessões e debates de cinema na CINEMATECA BRASILEIRA, local onde trabalha durante dois anos no setor de difusão cultural. Seu primeiro curta é *Teatro popular* (1964), no qual utiliza as influências recebidas do documentarista argentino Fernando Birri. Trabalha como assistente de montagem em *Subterrâneos do futebol* (1965), de Maurice Capovilla*. Reúne-se em torno de um grupo de futuros realizadores, entre eles Maurice Capovilla, Geraldo Sarno*, João Batista de Andrade* e Sérgio Muniz*, que constituem um núcleo de produção de filmes documentários no Instituto de Estudos Brasileiros (IEB), incentivados por Paulo Emilio Salles Gomes* e com o apoio de José Aderaldo

Castelo, então diretor do instituto, quando participa do *Auto da vitória* (1966), de Sarno, e dirige *Mal de Chagas* (1967), que enfoca essa doença ainda sem solução. Em 1968, participa na sociedade da produtora TECLA FILMES e da distribuidora REUNIÃO DE PRODUTORES INDEPENDENTES (RPI), uma tentativa de criar uma empresa de produção e distribuição em grupo, sendo ambas de curta duração. É diretor de mais um curta, *Tietê* (1974), sobre o mais importante rio que corta a capital paulista. Produtor para a TECLA e diretor e roteirista de seu primeiro longa, *Anuska, manequim e mulher*, baseado no conto *Ascensão ao mundo de Anuska*, de Ignácio de Loyola Brandão, que reúne o casal protagonista Marília Branco e Francisco Cuoco numa trama em que tentam construir sua vida em comum na grande métropole (Sampa) dos anos 60. No ano de 1975, atua como diretor de produção do documentário *Nordeste: cordel, repente, canção*, de Tânia Quaresma, e funda com mais três sócios a produtora OCA CINEMATOGRÁFICA, que produzirá alguns de seus filmes seguintes. Dirige o episódio 'Joãozinho', da pornochanchada* *Sabendo usar não vai faltar*, seu primeiro trabalho com os produtores A. P. Galante* e Alfredo Palácios*, da SERVICINE*, e o drama *À flor da pele*, baseado em peça homônima de Consuelo de Castro. Como diretor contratado pelos produtores Edgar Castro e Renato Carrera Filho, da ARGOS FILMES, dirige *O cortiço*, luxuosa adaptação do clássico romance homônimo de Aluísio Azevedo, e, para o projeto de filmes para a televisão da EMBRAFILME*, é diretor de *Caramuru*, retrato desse personagem da história do Brasil, utilizando-se do roteiro do escritor João Felício dos Santos. Trabalha como produtor executivo de *Os amantes da chuva*, de Roberto Santos*. Produtor, diretor e roteirista do policial político *Paula, história de uma subversiva*, baseado em argumento de sua autoria, uma tentativa de reflexão sobre quem enfrenta a repressão da ditadura. Para o produtor A. P. Galante, escreve e dirige *Filhos e amantes*, sobre os conflitos que vivem os jovens de classe média alta, isolados numa casa de campo. A seguir, associa-se à H. B. FILMES, produzindo a adaptação do romance homônimo de Manuel Puig *O beijo da mulher-aranha*, coprodução com os EUA, sob direção de Hector Babenco*, com elenco internacional, incluindo Sônia Braga*, William Hurt, Raul Julia, com roteiro do americano Leonard Schroeder. É produtor, diretor e roteirista de adaptação da peça *Besame mucho*, de Mário Prata, filme de época ambientado em cidade

pequena do interior paulista nos anos 60. Ainda em 1986, funda a F. RAMALHO JR. FILMES. Também foi produtor executivo de dois filmes de produção internacional de Hector Babenco, com elencos mistos de brasileiros e estrangeiros: a produção americana *Brincando nos campos do Senhor* e a coprodução com a Argentina *Coração iluminado*.

Ramalho possui perfil singular no cinema brasileiro, tratando-se de produtor que atua com consistência em sua área, assumindo projetos diversificados. Apesar de atuar na direção, não se restringe a esse campo. São poucos os profissionais que, sabendo dirigir, se ocupam da produção de cinema no Brasil. Na década de 2000 tem atuado mais como produtor, quando fez a comédia *Cristina quer casar*, de Luiz Villaça, e o drama *Jogo subterrâneo*, de Roberto Gervitz*. Fez também a produção executiva de outra comédia, *O casamento de Romeu e Julieta*, de Bruno Barreto*. Roteirizou, produziu e dirigiu o longa-metragem *Canta Maria*, baseado no livro *Os desvalidos*, de Francisco Dantas. Afirmando cada vez mais seu perfil de produtor, seus projetos mais recentes são *O contador de histórias*, quando trabalhou novamente com o diretor Luiz Villaça, e a organização de um projeto amplo, *A suprema felicidade*, que marcou a volta ao cinema de Arnaldo Jabor*. *Éramos apenas paulistas* é sua história e trajetória contadas pelo crítico de cinema e jornalista Celso Sabadin, pela Coleção Aplauso. (LFM)

RAMOS, Alípio – Bebedouro, SP, 1907-1973. Produtor.

FILMOGRAFIA: 1947 – *Querida Suzana*. 1949 – *Escrava Isaura*. 1950 – *Pecado de Nina*. 1951 – *Tocaia*. 1952 – *Brumas da vida*; *Força do amor*. 1953 – *Perdidos de amor*; *Três recrutas*. 1954 – *Marujo por acaso*. 1955 – *Angu de caroço*; *O rei do movimento*; *O diamante*; *O grande pintor*; *O feijão é nosso*; *O fuzileiro do amor*. 1956 – *O Boca de Ouro*; *Quem sabe... sabe!*; *O noivo da girafa*. 1957 – *O barbeiro que se vira*; *Chico Fumaça*. 1958 – *Na corda bamba*; *O camelô da rua Larga*; *Quem roubou meu samba?*; *Cala a boca, Etelvina*. 1959 – *Minervina vem aí*; *Dona Xepa*; *Titio não é sopa*. 1960 – *A viúva Valentina*; *Sai dessa, recruta*; *Eu sou o tal*. 1961 – *Assassinato em Copacabana*. 1962 – *Sonhando com milhões*.

Prolífico produtor de chanchadas*, desenvolve carreira em parceria com o irmão, o diretor Eurides Ramos*. Mudando-se para a cidade de São Paulo, em meados da década de 10, presta o serviço militar com apenas 15 anos. Acompanha o irmão em seu período radiofônico, tornando-se locutor da RÁDIO CRUZEIRO DO SUL. Em 1939, transferem-se para o Rio de Janeiro e começam realizando o cinejornal* *Jornal da Tela*. Fundam, em 1945, em parceria com o técnico de som Hélio Barrozo Neto*, a CINELÂNDIA FILMES. Tentam inicialmente um cinema de certa pretensão, desenvolvendo melodramas, como *Escrava Isaura*, baseado no romance homônimo de Bernardo Guimarães, mais *Pecado de Nina* e *Brumas da vida*. É dessa fase o primeiro longa da empresa, *Querida Suzana*, dirigido por Alberto Pieralisi*. Alípio dedica-se sobretudo à parte gerencial da produtora e à comercialização dos filmes. Modificando a estratégia da empresa, procura explorar a fórmula da comédia musical que vinha se firmando com a CINÉDIA* e a ATLÂNTIDA*, esteio de um esquema de produção de baixíssimo custo, desenvolvido quase sempre em parceria com outros produtores ou exibidores. Além do irmão, trabalha com os diretores Luiz de Barros*, Victor Lima* e José Carlos Burle*. A partir de meados da década de 50, estabelece contratos de coprodução com Luiz Severiano Ribeiro Jr.*, e Oswaldo Massaini*, resultando na melhor fase da companhia. Entre os títulos lançados, destacam-se a paródia *O barbeiro que se vira* e a série com a atriz Dercy Gonçalves*: *Cala a boca, Etelvina, Minervina vem aí, a viúva Valentina*. Antevendo o fim da chanchada, tentam aos poucos explorar o gênero policial em filmes como *Assassinato em Copacabana*. De clara inspiração americana, a proposta tem pouco retorno de bilheteria, talvez por ressentir-se do conteúdo social que marcaria o gênero em seus novos tempos. Abandonam o meio após *Sonhando com milhões*, adaptação da peça *Em moeda corrente no país*, de Abílio Pereira de Almeida. (HH)

RAMOS, Eurides – Bebedouro, SP, 1906-1986. Diretor.

FILMOGRAFIA: 1949 – *Escrava Isaura*. 1950 – *Pecado de Nina*. 1951 – *Tocaia*. 1952 – *Brumas da vida; Força do amor*. 1953 – *Perdidos de amor; Três recrutas*. 1954 – *Marujo por acaso*. 1955 – *Angu de caroço; O diamante; O fuzileiro do amor*. 1956 – *O Boca de Ouro*. 1957 – *O barbeiro que se vira*. 1958 – *Na corda bamba; O camelô da rua Larga; Cala a boca, Etelvina*. 1959 – *Minervina vem aí; Titio não é sopa*. 1960 – *A viúva Valentina; Eu sou o tal*. 1961 – *Assassinato em Copacabana*. 1962 – *Sonhando com milhões*.

Eurides Ramos é irmão do produtor de cinema Alípio Ramos*, com quem trabalhou em vários filmes. Ainda garoto, Eurides Ramos veio morar na cidade de São Paulo, ingressando no início dos anos 30 no rádio como programador e locutor nas emissoras EDUCADORA e CRUZEIRO DO SUL. Em 1939, Eurides e Alípio mudaram-se para o Rio de Janeiro. Os dois irmãos, associados com o fotógrafo, montador e engenheiro de som Hélio Barrozo Neto*, fundam, em meados dos anos 40, a CINELÂNDIA FILMES, que produz inicialmente o cinejornal* *Jornal da Tela*. O longa-metragem de estreia da CINELÂNDIA FILMES foi a comédia *Querida Suzana*, de 1947, realizada em coprodução com Luiz Severiano Ribeiro Jr.* e dirigida por Alberto Pieralisi*, na qual Eurides Ramos exerceu a função de supervisor. Dois anos depois, dirigiu o seu primeiro longa, *Escrava Isaura*, adaptação do romance homônimo de Bernardo Guimarães. A partir desse filme, que lançou o par romântico Cyll Farney* e Fada Santoro*, foi montado um esquema dentro da CINELÂNDIA FILMES que se repete nas produções seguintes da empresa: Eurides Ramos como diretor, Alípio Ramos como produtor e Hélio Barrozo Neto como responsável pela parte técnica. Estrelados por Cyll Farney e Fada Santoro, Eurides Ramos dirigiu o drama *Pecado de Nina* e a aventura rural *Tocaia*. Realizou também os filmes românticos *Brumas da vida*, com Mara Rúbia e Graça Melo; *Força do amor*, com Miro Cerni e Fada Santoro; e *Perdidos de amor*, com Dick Farney e Fada Santoro. Eurides Ramos passou então a fazer chanchadas* interpretadas por Ankito*: *Três recrutas, Marujo por acaso, Angu de caroço* e *O Boca de Ouro*. Dirigiu Mazzaropi* em *O fuzileiro do amor*, que se passava em ambiente militar, uma recorrência nas suas chanchadas. Nesse mesmo ano realizou o filme de aventura *O diamante*, estrelado por Anselmo Duarte*, Lídia Matos e Gilberto Martinho. Para a CINEDISTRI*, produtora de Oswaldo Massaini*, Eurides Ramos dirigiu *O barbeiro que se vira*, paródia da ópera *O barbeiro de Sevilha*, com o palhaço Arrelia e Eliana* no elenco; além das chanchadas *Na corda bamba* e *O camelô da rua Larga*, ambas com Zé Trindade*. Seus últimos filmes são comédias rasgadas, feitas sob medida para o humor de Dercy Gonçalves*. Baseadas em peças de Armando Gonzaga, são *Cala a boca, Etelvina* – que mantém o título do palco – e *Minervina vem aí* – adaptação de *O poder das massas*. Faz também nesse estilo *A viúva Valentina* – cuja história é baseada numa ideia de Alex Viany* – e *Sonhando com milhões* – adaptação da peça *Em moeda corrente do país*, de Abílio Pereira de

Almeida*. Sem a participação de Dercy Gonçalves, dirigiu as comédias *Titio não é sopa*, com Eliana, Procópio Ferreira* e Ronaldo Lupo*; e *Eu sou o tal*, com Vagareza*. Realizou ainda um filme policial, *Assassinato em Copacabana*, com Milton Morais* e Maria Petar. Considerado pela crítica da época como um diretor de poucos recursos artísticos, seus filmes agradavam em cheio ao público popular. Com a decadência da chanchada no cinema, que é absorvida enquanto espetáculo pela televisão, Eurides Ramos não conseguiu partir para outra linha de produção. Voltou para São Paulo em 1964 e afastou-se do cinema, tornando-se dono de um posto de gasolina. (AA)

RAMOS, Helena (Benedita Helena Ramos) – Cerqueira César, SP, 1955. Atriz.

FILMOGRAFIA: 1974 – *As cangaceiras eróticas; O clube das infiéis; A ilha do desejo (Paraíso do sexo); Pensionato de mulheres*. 1975 – *Lucíola, o anjo pecador; Os pilantras da noite (Picaretas sexuais); Kung Fu contra as bonecas*. 1976 – *A ilha das cangaceiras virgens; Possuídas pelo pecado; Guerra é guerra* (2º episódio: 'O poderoso cifrão'); *Mulheres violentadas*. 1977 – *Dezenove mulheres e um homem; O mulherengo; O bem-dotado, o homem de Itu; Roberta, a moderna gueixa do sexo; Noite em chamas; Mulher, mulher*. 1977-1979 – *Patty, mulher proibida*. 1978 – *Os galhos do casamento; A noite dos duros; Iracema, a virgem dos lábios de mel; O inseto do amor*. 1979 – *Diário de uma prostituta*. 1980 – *O convite ao prazer; As intimidades de Analu e Fernanda; Por um corpo de mulher; Os indecentes; Mulher objeto; Mulher sensual (Novela das oito); Palácio de Vênus*. 1981 – *Me deixa de quatro; Violência da carne; O sequestro*. 1983 – *Corpo e alma de uma mulher*. 1984 – *Volúpia de mulher*.

Conhecida como a rainha do pornô não explícito da Boca do Lixo*, musa da pornochanchada*, rainha da Boca do Lixo e outros títulos parecidos, Helena Ramos é o símbolo maior do cinema erótico paulista dos anos 70 e 80, na sua fase pré-pornô, que alguns críticos batizaram de "pornô-chic". Curiosamente, sua carreira como atriz de cinema foi curta: durou apenas dez anos, de 1974 a 1984. Caçula de cinco irmãos (um irmão e quatro irmãs), nasceu Benedita Helena Ramos na Fazenda Água Branca, município de Cerqueira César, no interior de São Paulo, em 10 de março. Teve uma infância difícil: seus pais se separaram cedo e ela, aos 8 anos, foi enviada para um colégio de freiras em

Campos do Jordão, o Chateaubriand, onde permaneceu dois anos. Aos 13 anos, já residindo em São Paulo, começou a trabalhar como balconista de uma drogaria. Posteriormente, trabalhou numa fábrica de cristais, onde chegou a ser lapidadora. Em 1971, foi contratada como telemoça do *Programa Silvio Santos*, onde ficou três anos. O cinema nacional foi interromper a sua discreta carreira na televisão em 1974, quando foi convidada pelo diretor Roberto Mauro para fazer um filme com o título de *As cangaceiras eróticas*. De família muito católica, educada em colégio de freiras, Helena no início recusou, ao saber que teria de tirar a roupa. A insistência do diretor e a garantia de que não apareceria "inteiramente nua" persuadiram-na a aceitar. Durante as filmagens, Roberto Mauro tentou convencê-la a fazer uma cena mais à vontade, mas Helena recusou e ameaçou abandonar o filme. No final, concordou em tirar a roupa, mas sem exibir a nudez.

Podemos dividir a carreira de Helena em duas fases: a primeira compreende o período de 1974 a 1979, em que ela não mostra muita coisa além do belo corpo, e a segunda vai de 1980 até 1984, quando teve maiores oportunidades como atriz. Da primeira, seu filme de maior repercussão foi *Mulher, mulher*, dirigido por Jean Garrett*. Talvez a cena mais ousada que fez foi nesse filme, quando sua personagem, uma mulher sexualmente insatisfeita, tem relações com um cavalo. A cena foi difícil de filmar: o cavalo, um árabe puro-sangue, custou a se aproximar do corpo besuntado de hortelã de Helena para fazer a sua parte, chegando a reagir de forma violenta às diversas tentativas do treinador. Foi a cena mais comentada do cinema nacional da época, e um prenúncio do fascínio que o sexo com equinos exerceria sobre os imaginosos cineastas do pornô paulista dos anos 80. No filme, além de transar com um cavalo, ela também participa de cenas de lesbianismo. No rol de suas *performances* mais ousadas pode ser incluída a de *Patty, mulher proibida*, de Luiz Gonzaga dos Santos, quando transou com um anão. Nesse mesmo ano, atuou em *O inseto do amor*, de Fauzi Mansur*, uma "sátira" à pornochanchada*. Em *Diário de uma prostituta*, dirigido por Edward Freund*, Helena fez o papel de Bia, uma prostituta que sonha um dia publicar o diário que escreve. Outro filme a ser lembrado é *Iracema, a virgem dos lábios de mel*, de Carlos Coimbra*, baseado no romance homônimo de José de Alencar*. A partir de 1980, sua carreira ganhou um novo impulso, quando, apesar de continuar frequentando assiduamente o *mainstream*

da Boca do Lixo, recebeu convites para trabalhar com diretores de maior prestígio. Criticada principalmente pela voz de adolescente de que nunca conseguiu se livrar, Helena resolveu investir na sua formação como atriz, estudando balé e expressão corporal. Assim, ela foi convidada por Walter Hugo Khouri* para um papel em *Convite ao prazer*. Sua atuação no filme não decepciona. Seu maior sucesso de público e crítica foi *Mulher objeto*, dirigido por Sílvio de Abreu. Sob a direção de Antônio Calmon*, interpretou uma atriz famosa em *Mulher sensual (Novela das oito)*. Participou de *Por um corpo de mulher*, de Hércules Breseghelo, contracenando com Armando Bógus. No filme, volta a interpretar uma lésbica. Com o abrandamento da censura, a partir de 1980, as cenas de sexo foram se tornando mais ousadas. Nesse período de maior liberdade para o cinema erótico, ela fez poucos filmes, como *As intimidades de Analu e Fernanda*, dirigido por José Miziara*, *Me deixa de quatro*, dirigido por Fauzi Mansur, e *Corpo e alma de uma mulher*, de David Cardoso*. Seu filme mais recente é *Volúpia de mulher*, de John Doo*. Tentou então a televisão. Sua primeira novela foi *Guerra dos sexos*, de 1983, autoria de Sílvio de Abreu, em que fez o papel da secretária Lucilene. No SBT, fez, em 1984, *Meus filhos, minha vida*. Voltou à GLOBO para atuar em *Sassaricando*, também de Sílvio de Abreu. No teatro, Helena fez duas incursões: *As moças do segundo andar* e *Cama, caramelo e confusão*. Mãe de Natasha, nascida em 27 de novembro de 1981, está atualmente afastada da carreira artística. (LAR)

RAMOS, Lázaro (Luiz Lázaro Sacramento Ramos) – Salvador, BA, 1978. Ator.

FILMOGRAFIA: 1996 – *Jenipapo*. 1998 – *Cinderela baiana*. 2000 – *Sabor da paixão* (produção estrangeira). 2002 – *As três Marias*; *Madame Satã*; *Carandiru*. 2003 – *O homem do ano*; *O homem que copiava*. 2004 – *Meu tio matou um cara*; *Nina*. 2005 – *A máquina*; *Cafundó*; *Cidade Baixa*; *Quanto vale ou é por quilo?*. 2006 – *O cobrador: in God we trust* (coprodução estrangeira). 2007 – *Ó Paí, Ó*; *Saneamento básico, o filme*.

Uma das principais presenças no cinema brasileiro contemporâneo. Antes de ser ator, trabalhou como técnico em patologia. Fez cursos avulsos de teatro, dança, canto, tendo sido revelado pelo Bando de Teatro Olodum em Salvador, dirigido por Marcio Meirelles e formado por atores negros. Em 2000, participou de peças teatrais como *A*

máquina e *Mamãe não pode saber*, ambas de autoria de João Falcão, com sucesso de público e crítica. Em *Madame Satã*, filme de estreia de Karim Ainouz*, fez o papel-título em seu primeiro longa como protagonista, representando malandro homossexual do bairro carioca da Lapa. A atuação é carregada e Lázaro Ramos efetivamente incorpora o personagem dentro da faixa da intensidade. Mas, mesmo nesse tipo extremo, encontramos uma espécie de sobriedade que é marca de sua atuação. Na telenovela global, *Cobras & lagartos*, interpretou o personagem Foguinho, um trambiqueiro simpático que caiu no gosto do público. Também em *Carandiru*, de Babenco*, faz Ezequiel, perigoso presidiário ligado ao tráfico. Em *O homem que copiava*, compõe seu segundo papel protagonista, em duo com Leandra Leal*, tendo ao fundo Luana Piovani*. O filme sustenta bem a comédia, mesmo quando encara uma demanda de cinema reflexivo deslocada. Lázaro aí tem um de seus melhores papéis, como tímido e *voyeur* operador de xerox que tenta se aproximar de sua amada distante tendo o avião da Piovani por perto. Em *Cidade Baixa* também se destaca, sustentando e dando o tom da interpretação no duo com Wagner Moura e Alice Braga ao fundo. Ramos possui uma gama restrita de tipos, neles exercendo a composição interpretativa de modo compacto. Compenetrado, tanto na comédia, como no drama, ou no desbunde, atua na faixa da estabilidade, mantendo sempre a nobreza no tom, mesmo na exasperação. Em *Ó Paí, Ó*, brilha no ambiente baiano do cenário. Nesse filme, podemos ver um significativo dueto com Wagner Moura. No *tetê-à-tetê*, enfrentando a frieza de seu olhar, Moura oscila e necessita multiplicar o movimento do corpo para manter a continuidade natural do gesto. Em 2006, dirigiu o documentário *Zózimo Bulbul*. Trabalhou também no programa *Fantástico*, da REDE GLOBO, como apresentador, e dirige o programa *Espelho*, no CANAL BRASIL. Em julho de 2009, foi nomeado embaixador do Fundo das Nações Unidas para a Infância/Unicef. (FPR/MM)

RAMOS, Maria Augusta – Brasília, DF, 1964. Diretora.

FILMOGRAFIA: 1994 – *Brasília, um dia em fevereiro*. 2000 – *Desi*. 2004 – *Justiça*. 2007 – *Juízo*.

Formada em Música pela Universidade de Brasília (UnB), está radicada em Amsterdã. Estudou musicologia e música eletroacústica, possuindo atividades na área até o final dos anos 80. Em 1987, obteve especialização em pós-graduação no Groupe de Recherche Musicale da Radio France (Paris) e, em 1989, em música eletrônica na Universidade de Londres, com o trabalho "Estruturas semânticas e forma na música eletroacústica". Em 1990, muda-se para a Holanda e encontra o cinema na The Netherlands Film and Televison Academy, onde se forma com especialização em direção e montagem. Diretora de dois médias-metragens feitos na bitola 16 mm, *Eu acho que o que eu quero dizer é ...* (1994) e *Boy en Aleid* (1995), além dos curta-metragens *Violette cherche les cornichons* (vídeo, 1993), *Channel Islands* (vídeo, 1993), *Two Times at Home* (16 mm, 1996) e *O segredo do Vibrato* (1999), os dois últimos já para a televisão holandesa VPRO. Também para a VPRO dirige, em 1998, a premiada série *Borboletas em seu estômago*, em seis episódios, sobre o universo infantil. *Brasília, um dia em fevereiro* foi seu primeiro longa, ainda em 16 mm, com 68 minutos, trabalho de conclusão do curso de cinema na academia holandesa. O filme gira em torno do depoimento de três personagens distintos (uma estudante, a mulher de um diplomata e um vendedor ambulante), encontrados ao acaso, em locomoção por Brasília. Em 2000 dirige *Desi*, longa em 35 mm sobre a menina Desi, filha de pais separados, que erra em Amsterdã sem muitos cuidados. Realizado após *Borboletas em seu estômago*, *Desi* é seu segundo documentário sobre crianças, tema que seria retomado em *Juízo*. A câmera distante e fria de Maria Ramos já se faz sentir, afirmando um estilo. Em 2002, também para a televisão holandesa (vídeo, cinquenta minutos), dirige *Rio, um dia em agosto*.

Em 2004, realiza *Justiça* e desembarca no tema que vai consagrar sua carreira de documentarista. Diz pretender filmar uma trilogia sobre o assunto (*Justiça* e *Juízo* já foram lançados). Em *Justiça* encontramos Ramos madura, já no domínio pleno de seu estilo, diante de um assunto no qual sabe como puxar o fio da meada. O documentário aborda o trabalho de promotores, juízes e defensores públicos na II Vara de Justiça do Rio Janeiro, seguindo audiências, no estilo direto, e fazendo entrevistas. A narrativa está solta nas tomadas, enfrentando personagens que parecem se derreter em exibicionismo, face a face com sua câmera fria. Cruel paradoxo provocado por uma presença documentária inteligente e uma direção recuada, mas aguda. Suas imagens possuem enquadramentos fixos, distantes, com ausência de entrevistas ou depoimentos, e não utilização de voz fora de campo explicativa. Os recursos assertivos do documentário clássico, ou a dimensão mais interventiva do documentário participativo, estão ausentes. A evidência do que se mostra, a tensão do instante da ação, é, no entanto, evidente. A cineasta assume uma posição recuada, mas está muito longe da câmera oculta. Ramos tem o talento dos grandes documentaristas que trabalham nesse estilo (Wiseman, por exemplo), em que as ações parecem se mover por molas próprias, mas secretamente estão atraídas pelo funil que é a presença da câmera. Em *Juízo*, segue a trilha que já havia firmado em *Justiça*. Tomadas em recuo, planos fixos, sem voz assertiva fora de campo. O tema do exercício da Justiça (as audiências) volta, do mesmo modo que o desempenho dos juízes. A presença da cineasta e sua câmera mais uma vez detona *performances* extraordinárias. Ramos, no entanto, introduz nesse filme um procedimento diferenciado, que produz *frisson* na crítica especializada. Nas tomadas, no contracampo do diálogo com a juíza (e também em outras tomadas), substitui os internos menores (que por lei devem ter o rosto oculto) por colegas de classe social da mesma idade. A ideia funciona de modo excelente e a narrativa adquire uma agilidade que outros documentários sob o tema não possuem (ver, por exemplo, *Falcão – meninos do tráfico*). Neles, as tarjas ou o desfocamento escondem a expressão dos personagens e retiram a força da imagem. É significativo que tal procedimento de filmagem (a encenação dos meninos) acabe por deslocar a análise de um documentário que certamente tem seu foco em outro eixo. Revela a obsessão contemporânea com o tema do estatuto da representação. Em *Juízo*, Ramos se revela uma autora madura, em pleno domínio das ferramentas de sua arte: o cinema documentário. (FPR)

RANGEL, Helber (Helber Silva Rangel) – Rio de Janeiro, RJ, 1944. Ator.

FILMOGRAFIA: 1973 – *Joana Francesa*; *Os condenados*. 1975 – *Perdida*. 1975-1976 – *Esse Rio muito louco*. 1976 – *A queda*; *Revólver de brinquedo*. 1977 – *O cortiço*; *O bom marido*; *Se Segura, Malandro!*. 1978 – *Os amantes da chuva*; *J. S. Brown, o último herói*; *A volta do filho pródigo*. 1979 – *Embalos alucinantes (A troca de casais)*; *Cabaré mineiro*; *Paula, a história de uma subversiva*; *Memórias do medo*. 1979-1980 – *Prova de fogo*. 1980 – *Mulher sensual*. 1981 – *Luz del Fuego*; *Crazy, um dia muito louco*. 1982 – *Os três palhaços e o menino*. 1983 – *O mágico e o delegado*; *O desejo da mulher amada*.

1984-1985 – *Amenic, entre o discurso e a prática*. 1986 – *Quincas Borba*.

Sua presença mais constante é nas telas, precisamente no cinema carioca, interpretando papéis de homem amedrontado, tímido, maníaco. Estreia no filme *Joana Francesa*, de Carlos Diegues*, no curioso papel de rapaz que não fala, e é um dos filhos do fazendeiro decadente do engenho de açúcar alagoano, em personagem alegórico. Filma a seguir, em corretos desempenhos de coadjuvante: *Os condenados*, de Zelito Viana*; *Perdida*, de Carlos Alberto Prates Correia*; e *A queda*, de Ruy Guerra* e Nelson Xavier*. No papel principal da comédia *Revólver de brinquedo*, de Antônio Calmon*, baseado em história original de Leopoldo Serran*, representa o rapaz que vive a sonhar acordado, reprimido e superprotegido pela mãe. Nova série de pequenos papéis, na adaptação literária de *O cortiço*, de Francisco Ramalho Jr.*; nas comédias *O bom marido*, de Calmon; *Se Segura, Malandro!*, de Hugo Carvana*; e *J. S. Brown*, de José Frazão. Contracena com Bete Mendes*, ambos como protagonistas, como o casal de namorados "explorado" pela publicidade em *Os amantes da chuva*, de Roberto Santos*, e é o personagem-título do drama de origem bíblica *A volta do filho pródigo*, do diretor Ipojuca Pontes*. No papel de um *gay*, trabalha em sua primeira pornochanchada*, *Embalos alucinantes*, de José Miziara*, em produção da Boca do Lixo*. Com o diretor paulista Francisco Ramalho Jr., filma em São Paulo o policial político *Paula, a história de uma subversiva*. Com o diretor mineiro Prates Correia, interpreta o curioso papel de um *cowboy* do interior de Minas, no alegórico *Cabaré mineiro*. É coadjuvante no drama *Prova de fogo*, de Marco Altberg*, e em *Mulher sensual*, de Calmon; na biografia do mito *Luz del Fuego*, de David Neves*; no infantil *Os três palhaços e o menino* e no drama erótico *O desejo da mulher amada*, ambos sob direção de Milton Alencar Jr. Volta a trabalhar com Roberto Santos, interpretando o machadiano personagem Quincas Borba, do romance homônimo de Machado de Assis. Seu personagem viaja dentro de sua própria loucura, da riqueza à pobreza. (LFM)

RATHERY, Isabelle (Christine-Isabelle Rathery) – Paris, França, 1947. Montadora.

FILMOGRAFIA: 1972 – *Far from Dallas* (produção estrangeira). 1976 – *Spermula* (produção estrangeira). 1978 – *La femme qui pleure* (produção estrangeira). 1980 – *Memê les mômes ont du Vague à l'âme* (produção estrangeira). 1984 – *Les fauves* (produção estrangeira). 1986 – *Peau d'ange* (produção estrangeira). 1987 – *Romance da empregada*. 1988-1989 – *Faca de dois gumes*. 1990-1991 – *A grande arte*. 1994 – *Lamarca, coração em chamas*. 1995-1996 – *Como nascem os anjos*; *O guarani*; *O que é isso, companheiro?*. 1996-1997 – *Guerra de Canudos*. 1997 – *Central do Brasil*. 1998-1999 – *Oriundi*. 1999 – *Mauá, o imperador e o rei*; *O dia da caça*. 2000 – *Quase nada*; *Amores possíveis*. 2001 – *Abril despedaçado*; *Onde a terra acaba*. 2004 – *Onde anda você*.

Seu estilo é ágil e sua vertente é a clássica, como se evidencia sobretudo em *Central do Brasil*, de Walter Salles*, em que dá um verdadeiro *show* de continuidade (seus *raccords* são extremamente rigorosos e dão plena fluência à narrativa do filme). Como singularidade, assinale-se que ela e sua conterrânea Dominique Paris*, que foi a montadora de *A cor do seu destino*, dirigido por Jorge Durán*, são a contribuição francesa ao setor da edição cinematográfica no Brasil, onde a presença feminina é bem relevante (citemos Vera Freire* e Marta Luz*). Rathery começou a carreira no Brasil a convite do diretor Bruno Barreto*, para quem fez a montagem de *Romance da empregada*. Isabelle fez a edição de *A grande arte*, de Walter Salles*. A montagem do filme foi elogiada pelo jornal americano *Daily Variety* (*beautiful editing*). Após um intervalo, correspondente ao período de aguda crise de produção que se abateu sobre o cinema brasileiro, Isabelle retoma a carreira em grande estilo, editando *O guarani*, de Norma Bengell*, e *Como nascem os anjos*, de Murilo Salles*. Faz a montagem de *Lamarca, coração em chamas* e *Guerra de Canudos*, ambos de Sérgio Rezende*, e de *O que é isso, companheiro?*, de Bruno Barreto, que concorreu, em 1998, ao OSCAR de melhor filme estrangeiro. Também foi a montadora, junto com Felipe Lacerda (habitual colaborador de Walter Salles), do premiadíssimo *Central do Brasil*, vencedor do GLOBO DE OURO de melhor filme estrangeiro em 1999. Tecnicamente impecável, *Central do Brasil* tem na montagem precisa um de seus pontos fortes. Após *Central do Brasil*, Rathery editou *O dia da caça*, de Alberto Graça, um policial que trata do submundo das drogas em Brasília. (LAR) Regressou para a França em 2002, mas antes disso foi responsável pelas montagens de *Amores possíveis*, de Sandra Werneck*, e *Onde a Terra acaba*, de Sérgio Machado*. Em 2004, de volta ao Brasil, montou *Onde anda você*, de Sérgio Rezende.

RATTON, Helvécio (Helvécio Luís de Amorim Ratton) – Divinópolis, MG, 1949. Diretor.

FILMOGRAFIA: 1985-1986 – *A dança dos bonecos*. 1994 – *Menino maluquinho – o filme*. 1997 – *Amor & Cia*. 2002 – *Uma onda no ar*. 2006 – *Batismo de sangue*. 2007 – *Pequenas histórias*.

Responsável pelas obras infantojuvenis mais elogiadas das décadas de 80 e 90, tem carreira marcada pela incorporação da cultura mineira em suas múltiplas manifestações. Radicado em Belo Horizonte desde os 2 anos de idade, interessa-se por cinema na adolescência, frequentando cineclubes* e os debates do CÍRCULO DE ESTUDOS CINEMATOGRÁFICOS. Entra para a Faculdade de Economia da Universidade Federal de Minas Gerais (UFMG), participando ativamente do movimento estudantil. Trava contato com a realização de filmes trabalhando como ator e assistente de produção em dois curtas universitários amadores, rodados em 16 mm. Processado e condenado pelo regime militar, cai na clandestinidade, vivendo inicialmente em Brasília. Em 1970, exila-se no Chile, onde passa quatro anos. Lá, retoma casualmente a ligação com a produção cinematográfica, sendo convidado para trabalhar na empresa estatal CHILE FILMES. Exerce os cargos de assistente de produção e assistente de direção em mais de quarenta curtas e longas-metragens. Ainda em Santiago, torna-se diretor, assinando o curta *Um crime muito comentado* (1973). Retorna ao Brasil, ingressando no curso de Psicologia da UFMG e associando-se a Tarcísio Vidigal*, José Sette de Barros e outros na produtora GRUPO NOVO DE CINEMA. Faz produção executiva de inúmeros comerciais e institucionais para a empresa, exercendo a mesma função em alguns documentários e nos longas *Idolatrada*, *Noites do sertão* e *Um filme 100% brasileiro*. Dirige os curtas *Criação* (1977), em que mistura animação e imagens de arquivo, *Em nome da razão* (1979), sobre temas ligados à psiquiatria e aos manicômios, *João Rosa* (1980), em que explora a figura e a obra do escritor João Guimarães Rosa a partir de depoimentos e intervenções do vaqueiro Manuelzão, e *Um homem público* (1981), em torno da trajetória do político Milton Campos. Com *Em nome da razão*, ganha diversos prêmios, incluindo o MARGARIDA DE PRATA de 1980. Resolve passar, em seguida, ao longa-metragem com o argumento infantil *Martinho contra o dr. Cape*, que substitui pela história de *A dança dos bonecos*. A atribulada produção não afeta a poesia e o acabamento dessa fábula que

mistura atores e bonecos articulados. É um dos filmes mais premiados da década, arrebatando nada menos de treze troféus CANDANGO no FESTIVAL DE BRASÍLIA de 1986, além de diversos outros prêmios nacionais e internacionais. Nesse mesmo ano, funda, em sociedade com o irmão Carlos Alberto Ratton e o fotógrafo Dileny Campos, a VT3 PRODUÇÃO E ASSESSORIA DE COMUNICAÇÃO AUDIOVISUAL, realizando em base magnética comerciais, programas políticos e institucionais. Roteiriza junto com Alfredo Oroz* o longa 'Era uma vez em Brasília', inviabilizado pelo fim da EMBRAFILME*. Com as dificuldades de produção trazidas pela era Collor, volta-se para o vídeo, dirigindo os curtas *O elixir do pajé* (1989), *Um olhar sobre Barcelona* (1990) e *Vida de rua* (1991). Retoma a antiga ideia de adaptar o livro infantil *O menino maluquinho*, de Ziraldo, realizando o longa *Menino maluquinho – o filme*, um dos marcos da Retomada dos anos 90. Sincera e bem narrada evocação da primeira infância, transforma-se em grande sucesso de bilheteria, gerando, inclusive, uma continuação, *Menino maluquinho 2: a aventura*, dirigida por Fernando Meirelles* e Fabrizia Pinto. Desenvolve a série *Pequenas histórias* (1996-1997), relativa ao centenário de Belo Horizonte, constituída dos seguintes curtas, gravados em betacam (vídeo) e posteriormente quinescopados: *E os próximos cem?*, *Contratempo*, *A cidade dos livros*, *O poeta do viaduto* e *Pampulha até quando?* Procurando diversificar os rumos da carreira, funda a QUIMERA FILMES, em 1995, e realiza *Amor & Cia.*, sobre um texto póstumo de Eça de Queirós, roteirizado pelo irmão. (HH)

Em 2002, dirige *Uma onda no ar*, inspirado na história da Rádio Favela, vencedor de dez prêmios nacionais e internacionais. O filme mostra a força de uma rádio comunitária numa favela, num momento em que se discutiam os limites e a propriedade dos meios de comunicação no Brasil. Os atores foram escolhidos entre jovens moradores da comunidade, em processo pioneiro na época. Em 2004, Ratton filmou o curta-metragem *Procissão das almas*. O diretor do longa-metragem dramático *Batismo de sangue*, inspirado na obra homônima de Frei Betto sobre a ditadura militar da década de 1960, ganhador de dois troféus CANDANGO no FESTIVAL DE BRASÍLIA de 2006 (melhor diretor e melhor fotografia). A obra possui intensidade, carregando nas cenas de tortura e dilaceramento que marcaram a luta, e depois a agonia de Frei Betto em sua batalha contra a ditadura militar. Em 2007, mudando de tom, lança *Pequenas* histórias, ficção que retrata personagens do imaginário brasileiro, com direcionamento prioritário para o público infantil. Ao lado do recorte político, Ratton possui como marca, em sua carreira, o fato de saber dirigir-se ao público infantojuvenil e preocupar-se em construir obras para atingi-lo. Trata-se de interesse pouco comum no cinema brasileiro. Seu universo imaginário é amplo e, quando explorado nessa direção, atinge seus melhores momentos. É o caso de filmes como *A dança dos bonecos*, *Menino maluquinho – o filme* e *Pequenas histórias*. São três longas-metragens dedicados a uma parcela do público praticamente esquecida. Merecem reconhecimento pela qualidade de sua produção e pela atenção através da qual constroem um imaginário fantasista, carregado de raízes nacionais. Desde *Dança dos bonecos*, e principalmente a partir de *Menino maluquinho – o filme*, Ratton dedica-se a construir fábulas, nas quais está presente sua formação no mundo interiorano das serras mineiras. Tem a essência do cinema mineiro, vindo de uma geração anterior àquela que se embrenhou nas trilhas do experimentalismo. Teve sua biografia contada em *O cinema além das montanhas*, lançada na XXIX MOSTRA INTERNACIONAL DE CINEMA DE SÃO PAULO, escrita por Pablo Villaça. (FPR/LFM)

RAULINO, Aloysio (Aloysio Albuquerque Raulino de Oliveira) – Rio de Janeiro, RJ, 1947. Fotógrafo.

FILMOGRAFIA: 1970 – *Vozes do medo* (episódio: 'A santa ceia') (dir.); *Pauliceia fantástica*. 1974-1975 – *Cristais de sangue*. 1978 – *Canudos*. 1979 – *Braços cruzados, máquinas paradas*. 1981 – *O homem que virou suco*. 1982 – *Ao sul do meu corpo*. 1981-1982 – *Noites paraguaias* (dir., fot., rot.). 1982-1984 – *Baiano fantasma*. 1984 – *Senta no meu, que eu entro na tua*. 1986-1987 – *Romance*. 1990 – *Real desejo*. 1998 – *Os três zuretas* (fot.). 2000 – *Mário* (fot.). 2003 – *O prisioneiro da grade de ferro* (fot.). 2006 – *Serras da desordem* (fot.); *Cartola – música para os olhos* (fot.). 2007 – *O aborto dos outros* (fot.). 2008 – *Fim da linha* (fot.); *Canção de Baal* (fot.); *FilmeFobia* (fot.). 2009 – *O fim da picada* (ator).

Aloysio Raulino muda-se para São Paulo, onde frequenta a Escola de Comunicações e Artes da USP, formando-se em Cinema. Em 1967, realiza seu primeiro curta-metragem, *São Paulo*, seguido de *Retorna, vencedor* (1968), PRÊMIO ESPECIAL DO JÚRI no FESTIVAL JB/RIO de 1968, *Rua 100/New York* (1969), *Lacrimosa* (1970), *Arrasta a bandeira colorida* (1970),

Jardim Nova Bahia (1971) e *O tigre e a gazela* (1980). Com *Teremos infância* (1974), ganha o GRANDE PRÊMIO no FESTIVAL DE OBERHAUSEN, na Alemanha, o PRÊMIO ESPECIAL no FESTIVAL DE BILBAO, na Espanha, e ainda o prêmio GOVERNADOR DO ESTADO DE SÃO PAULO como melhor curta-metragem. Com *Porto de Santos* (1978) recebe o PRÊMIO ESPECIAL DO JÚRI e com *O inventário da rapina* (1980), o prêmio de melhor fotografia no FESTIVAL DE FORTALEZA. É fundador e presidente da Associação Brasileira de Documentaristas (ABD) e da Associação Paulista de Cineastas (APACI) entre os anos de 1973 e 1975. Escreve, produz, dirige e fotografa o longa *Noites paraguaias*. Foi diretor de fotografia dos longas *Cristais de sangue*, de Luna Alkalay, *O homem que virou suco*, de João Batista de Andrade*, e *Baiano fantasma*, de Denoy de Oliveira*. Também dirige trabalhos em vídeo: *Como dança São Paulo, Credo* e *Nos muros recortados*. Realiza o média *Puberdade*, 1996, em 16 mm, com finalização em vídeo; nele, o cineasta transcreve o universo dos adolescentes brasileiros, segundo três classes sociais. A partir de 2000, fotografa com mais constância curtas e longas brasileiros. Em 2003, como fotógrafo de *O prisioneiro da grade de ferro*, torna-se peça fundamental para que o diretor, Paulo Sacramento*, realize a experiência de entregar a câmera para os detentos se autofilmarem, ação já experimentada em seu curta-documentário *Jardim Nova Bahia*. Com *Serras da desordem*, 2006, recebe o prêmio de melhor fotografia no FESTIVAL DE GRAMADO. Realiza em 2009 o curta *Celeste*, exibido na abertura do FESTIVAL É TUDO VERDADE, em São Paulo. Documentarista e dono de um olhar diferenciado e intencional, Raulino é hoje reconhecido como um dos mais importantes fotógrafos do cinema brasileiro. (GPR)

REICHENBACH, Carlos (Carlos Oscar Reichenbach Filho) – Porto Alegre, RS, 1945. Diretor, fotógrafo.

FILMOGRAFIA: 1968 – *As libertinas* (1º episódio: 'Alice') (dir.). 1969 – *Audácia, fúria dos desejos* – Prólogo – 1º episódio: 'A badaladíssima dos trópicos' (dir.); 2º episódio: 'Amor 69' (fot.). 1970 – *Orgia ou o homem que deu cria* (fot.); *Os amores de um cafona*. (fot.) 1971 – *Corrida em busca do amor* (dir.). 1974 – *Liliam M, relatório confidencial* (dir.). 1976 – *Excitação* (fot.). 1977 – *Sede de amar* (*Capuzes negros*) (dir.); *A ilha dos prazeres proibidos* (dir.); *Mulher, mulher* (fot.); *Snuff, vítimas do prazer* (fot.). 1977-1978 – *Meus homens, meus amores* (fot.). 1978 – *J. J. J. O amigo*

do super-homem (fot.); *A força dos sentidos* (fot.); *Império do desejo* (dir.). 1979 – *A dama da zona* (fot.); *A mulher que inventou o amor* (fot.); *Viúvas precisam de consolo* (fot.); *Amor, palavra prostituta* (dir.). 1980 – *O gosto do pecado* (fot.); *Paraíso proibido* (dir.). 1981 – *As prostitutas do dr. Alberto* (fot.). 1982 – *Amor de perversão* (fot.); *As safadas* (1º episódio: 'A rainha do fliperama') (dir.); *Tessa, a gata* (fot.); *Doce delírio* (fot.); *Instinto devasso* (fot.). 1983 – *Elite devassa* (fot.); *Extremos do prazer* (dir.); *S. O. S. Sex... Shop* (*Como salvar meu casamento*) (fot.). 1984 – *Made in Brazil* (3º episódio: 'Um milagre brasileiro') (fot.). 1985 – *Os bons tempos voltaram* (2º episódio: '1º de abril') (fot.). 1985 – *Filme demência* (dir.). 1986 – *Anjos do arrabalde* (*As professoras*) (dir.). 1988 – *City Life* (episódio: 'Desordem em progresso') (dir.). 1990-1991 – *Sua Excelência, o candidato* (fot.). 1992-1994 – *Alma corsária* (dir.). 1998-1999 – *Dois Córregos – verdades submersas no tempo* (dir.). 2004 – *Garotas do ABC* (dir.). 2004-2005 – *Bens confiscados* (dir.). 2008 – *Falsa loura* (dir.).

Carlos Oscar Reichenbach Filho criou-se em São Paulo. Seu pai era empresário gráfico e, dado importante para a trajetória do futuro cineasta, amigo de Oswaldo Sampaio*, participante da VERA CRUZ*. Aos 10 anos de idade assistiu ao filme *A estrada* (*Ronda da morte*), com direção de Oswaldo Sampaio*. Esse fato, e o contato com Sampaio, parecem ter inseminado de forma precoce, e definitiva, o "vírus" cinematográfico em Reichenbach. Depois veio a descoberta de filmes do Cinema Novo*, o cineasta Luís Sérgio Person* e a Escola Superior de Cinema São Luís (realizada em 1966-1967, onde teve a oportunidade de conhecer intelectuais como Anatol Rosenfeld e Paulo Emilio Salles Gomes*), as leituras apaixonadas do *Cahiers du Cinéma*, além das sessões da Sociedade Amigos da Cinemateca (SAC), onde privou com amigos diletos e influentes na sua formação, como Jairo Ferreira*. Daí para a prática de fazer cinema foi um pulo, e sem nenhuma experiência profissional dirige um episódio, 'Alice', de *As libertinas*, junto com o crítico mineiro Antonio Lima e o futuro publicitário João Callegaro. A proposta era de um cinema cafajeste e antiestético. Mas, com problemas financeiros, ocorreu a aproximação com a região da Estação da Luz, mais especificamente com a rua do Triunfo, onde começava a se aglutinar, de forma precária, um pessoal interessado em cinema que depois originaria o polo produtor conhecido como Boca do Lixo*.

Ainda na euforia do início da Boca, filma, com o mesmo Antonio Lima, um episódio tratando de cinema para o longa *Audácia, fúria dos desejos*, num semiamadorismo que mantém continuidade com o projeto anterior. Tem ainda, dessa época, um projeto inacabado que intitulou 'Guatemala, ano zero', revelador de uma mudança de rumos na Boca, imersa num país que se modernizava a toque de caixa. Nada mais normal, então, que embarcar num projeto comercial, num filme direcionado para crianças e juventude: *Corrida em busca do amor*, produção de um profissional conhecido na Boca, Renato Grechi, que conta com a colaboração de Jairo Ferreira. Em seguida, mais uma fusão dos desejos cinematográficos com as necessidades do país: fica sócio de uma produtora de comerciais, sonhando com a possibilidade de criar ali estúdios para filmagens. Lá dirige um sem-número de filmezinhos comerciais que detestava, mas que lhe conferiram um conhecimento e uma destreza inegáveis no fazer cinematográfico. Investe tudo então naquele que pode ser considerado o seu primeiro "grande filme" *Liliam M, relatório confidencial*. Liliam (Célia Olga Benvenutti) transita do campo para a cidade e muda constantemente de parceiros e ambientes. O filme a acompanha, dando oportunidade para Reichenbach exercitar todo o seu vasto conhecimento cinematográfico, pois muda de gênero e influência de cineastas, conforme a ambientação em que a personagem central se encontra. Viajamos assim pela ambientação do cinema japonês, pelo cinema policial e pelas influências decisivas de Samuel Fuller e Jean-Luc Godard. O filme, inclusive, é atravessado por uma certa ironia, na forma como o cinema brasileiro tratou, exaustivamente, o meio rural. É necessário marcar aqui, como parênteses, a vasta experiência de Reichenbach como fotógrafo. Fotografa mais de trinta filmes: de *Orgia ou O homem que deu cria*, primeiro longa daquele que depois seria conhecido como escritor, João Silvério Trevisan, a *A força dos sentidos*, do precocemente falecido Jean Garrett*. É também contratado como iluminador, mas acaba por dirigir *Sede de amar* (*Capuzes negros*), projeto do teatrólogo Mauro Chaves (também são de Mauro Chaves o argumento e o roteiro), que seria dirigido pelo diretor teatral Celso Nunes, que é substituído por Reichenbach antes do início das filmagens. A partir de 1977, mergulha fundo na Boca do Lixo, ali realizando vários filmes. O primeiro é *A ilha dos prazeres proibidos*, em que inocula um libertarismo na forma de amor livre, desconhecido nas pornochanchadas* da época.

Valendo-se bem da plástica perfeita da atriz Neide Ribeiro, não foge completamente do gênero, mas realiza um filme original que a todos agrada e principalmente a seu produtor, A. P. Galante*, já que a película consegue milhões de espectadores em toda a América Latina. Está aberta, assim, a possibilidade de conseguir financiamentos para filmar nesse polo da produção paulista dos anos 70 e 80. A seguir, desenvolve uma experiência mais radical, ainda no universo da Boca: *O império do desejo*, com o mesmo Galante. Misturam-se as influências políticas e cinematográficas do diretor – num processo semelhante a *Liliam M* –, mas em um nível muito mais cáustico e brincalhão. O filme também é armado em blocos, com personagens inesperados, indo de um casal remanescente da contracultura a um poeta maluco, passando por uma militante maoista que é cozida num caldeirão enquanto lê o *Livro Vermelho* de Mao Tsé-tung. No ano seguinte, realiza *Amor, palavra prostituta*, uma obra polêmica, com a colaboração no roteiro do crítico Inácio Araújo, e que ficou interditado na censura por três anos, acusada de fazer a defesa da liberação do aborto. Possui uma cena tocante em que Alvamar Tadei é banhada, ainda sangrando da intervenção proibida. O filme faz parte do que o diretor chama de "cinema da alma" e, na verdade, é um filme "feminino", com toques de melodrama. Na obra seguinte, Reichenbach retorna a Galante, através de seu filho Roberto, com *Paraíso proibido*, que narra as desventuras de um radialista (Jonas Bloch*) numa cidadezinha do litoral. Ainda com A. P. Galante realiza o primeiro episódio de *As safadas*, que lhe permite mais uma radiografia do universo urbano, dessa vez realizando, através do tema fliperama, uma incursão no lado oculto desse mundo. No ano seguinte filma, por meio de uma empresa formada por profissionais da Boca (a EMBRAPI), *Extremos do prazer*, com pouquíssimos recursos, mas professando as mesmas ideias: um ex-professor ensandecido que foi cassado (por motivos políticos), uma jovem *hippie*, um jovem dramaturgo, alguns "caretas" e muitas citações de anarquistas, para dar o ponto no tempero do diretor. Não se economizam cenas de sexo (nunca gratuitas), inclusive com sadomasoquismo, sabendo-se bem a que público se dirige o filme. Em seguida realiza *Filme demência*, produzido em parceria com a EMBRAFILME*, no qual não faz concessão nenhuma à ideologia oficial. Baseado em Goethe, temos um "Fausto paulistano" composto como um filme-colagem, com blocos de sequências relativamente autônomas e a narrativa gi-

rando em torno de personagens-ideias, com perfis frouxos. A obra enfrenta problemas de filmagem, com várias paradas. A equipe abandona a realização e, dos 35 que iniciam a película, apenas seis a finalizam. Foi um fiasco comercial e constitui, no entanto, um dos grandes filmes do diretor. Logo na sequência realiza *Anjos do arrabalde* (*As professoras*), um filme que nasce da experiência de sua mulher como dentista de um colégio de periferia, da influência do cineasta italiano Valério Zurlini e de sua atração pelo chamado "filme feminino". É um filme realista, numa época em que, como diz, imperava o "neon-realismo" dos filmes pós-modernosos. Mulheres (entre elas a forte e carismática Betty Faria*) vagam por uma periferia estranhamente modernizada e ali vivem suas dores e paixões.

Reichenbach tem sido uma presença constante no FESTIVAL DE ROTERDÃ, da Holanda, e é reconhecido também na França, inclusive pelo jornal *Libération*, que o denominou Fassbinder brasileiro. Filma ainda o episódio 'Desordem em progresso' que compõe, com obras de outros cineastas internacionais, o longa *City Life*. Em 1994, termina *Alma corsária*, retomado de um roteiro escrito onze anos antes. É uma poética incursão pela amizade de dois rapazes, um filme em que os homens dão o tom, ao contrário de *Anjos do arrabalde*. Em *Dois Córregos – verdades submersas no tempo*, narra o rito de passagem de duas garotas em uma cidade do interior, que transitam da adolescência para a idade madura em mais um filme "feminino" em sua exitosa carreira. As mulheres também são o foco central dos seus filmes seguintes: *Garotas do ABC*, *Bens confiscados* e *Falsa loura*. *Bens confiscados* tem como intérprete principal Betty Faria como a enfermeira Serena, que aceita acompanhar numa viagem ao litoral do Sul do Brasil o filho ilegítimo de um político corrupto acossado por várias acusações. Já *Garotas do ABC* e *Falsa loura* têm como pano de fundo o mesmo ambiente, a periferia da região metropolitana de São Paulo, além de ambos os filmes terem como personagens centrais moças jovens que trabalham, amam, sonham e procuram tocar suas vidas apesar da pobreza, do machismo e da violência. (JMO)

REIS, Imara (Imara dos Reis Ferreira) – Rio de Janeiro, RJ, 1948. Atriz.
FILMOGRAFIA: 1978 – *Inquietações de uma casada*. 1982 – *Retrato falado de uma mulher sem pudor*. 1983 – *Doce delírio*. 1984 – *A flor do desejo*. 1983 – *O mágico e o delegado*. 1985 – *Sonho sem fim; Filme demência*. 1986 – *Vera*. 1986-1987 –

Romance. 1987 – Jorge, um brasileiro; A dama do Cine Shangai. 1987-1988 – O grande mentecapto. 1988 – Jardim de Alah. 1988-1989 – Faca de dois gumes. 1991 – Manobra radical. 1995-1996 – O guarani. 1997-1998 – A hora mágica. 1999 – Minha vida em suas mãos. 2006 – Bodas de papel. 2007 – Remissão; Onde andará Dulce Veiga?. 2009 – Amanhã nunca mais.

Atriz de cinema, teatro e televisão, formada em Letras pela Universidade Federal Fluminense, com pós-graduação em Teatro na Escola de Comunicações e Artes da USP. Defendeu tese sobre o gênero popular do pastoril, tema que motivou novas pesquisas para a Funarte e resultou no estudo Pastoril – o povo e o poder ou A terra de sapo de cócoras com ele. Inicia sua carreira de atriz, em 1972, no grupo teatral Chegança, de Luiz Mendonça, ao lado de Elba Ramalho, Tânia Alves* e Tonico Pereira*. Atua nos espetáculos Viva o cordão encarnado e Lampião no inferno (ambas de 1974). Estreia no cinema atuando no longa-metragem Inquietações de uma mulher casada, de Alberto Salvá*. Em viagem de estudos à Europa, faz cursos de especialização em Paris e Madri e protagoniza o curta-metragem Sílvia, de Helena Rocha (rodado em Paris, 1978). De volta ao Brasil, passa a atuar na TV TUPI e na TV BANDEIRANTES. Protagoniza o longa-metragem A flor do desejo, de Guilherme de Almeida Prado*. Sua personagem, Sabrina, lhe rende o prêmio de melhor atriz no I FESTIVAL DE CINEMA DE CAXAMBU, em 1984, e o prêmio GOVERNADOR DO ESTADO DE SÃO PAULO, em 1985. Fez o curta Obscenidades (1986), de Roberto Henkin. Em 1988, ganha o troféu CANDANGO de melhor atriz por seu desempenho no filme Romance, de Sérgio Bianchi*. Atuou ainda nos curtas-metragens Três moedas na fonte (1988), de Cecílio Neto, e A voz do morto (1993), de Sérgio Zergler e Vitor Ângelo. Trabalhou em longas-metragens de cineastas paulistas: Amanhã nunca mais, de Tadeu Jungle; Minha vida em suas mãos, de José Antônio Garcia*; Bodas de papel, de André Sturm*, e no seriado Marcelo, amor (quase) perfeito, de Marco Altberg*. Em 2006, foi assistente de direção na peça O cravo e a rosa, em São Paulo. No mesmo ano, esteve no elenco da peça Madame Sade. Em 2009, Imara Reis atuou no espetáculo teatral Dois irmãos. (MRC)

REIS, Luiz Thomaz – Alagoinhas, BA, 1878-1940. Diretor.

FILMOGRAFIA: 1912-1913 – Os sertões de Mato Grosso. 1912-1917 – De Santa Cruz. 1932 – Ao redor do Brasil. 1938 – Inspetoria E. de Fronteiras.

Luíz Thomáz Reis entrou para o Exército em 1900, aos 22 anos de idade. Após sair da Escola de Guerra de Porto Alegre, foi nomeado em 1910 para o Ministério de Viação e Obras Públicas, servindo como auxiliar de desenho na Comissão de Linhas Telegráficas e Estratégicas de Mato Grosso ao Amazonas, no posto de segundo-tenente. Desloca-se então para o Mato Grosso e lá fica encarregado dos trabalhos fotográficos, pois o antigo responsável havia sido desligado. Cândido Rondon, na época tenente-coronel, chefiava os trabalhos da comissão e utilizava largamente a fotografia com a finalidade de registro. Em 1912, quando Rondon ocupava o posto de coronel, Luíz Thomáz Reis viajou à Europa para adquirir a última palavra em equipamentos e negativos que possibilitassem filmar as expedições da comissão, levando-se em conta as dificuldades técnicas, topográficas e climáticas. Nesse mesmo ano, assumiu a chefia da Seção de Fotografia e Cinematografia da Comissão de Linhas Telegráficas. Em 1914, esta foi reorganizada, passando a contar com as seguintes seções: Expediente, Contabilidade, Desenho, Fotografia e Cinematografia. Como observa o pesquisador Carlos Roberto de Souza, pode-se depreender, a partir daí, a importância do registro visual para os trabalhos da comissão. Thomáz Reis assume, então, a chefia da Seção de Cinematografia. O seu primeiro filme foi Os sertões de Mato Grosso, quando dos estudos efetuados para o assentamento de linhas telegráficas na região. Esse filme foi lançado comercialmente no Rio de Janeiro e em São Paulo com sucesso de público. Em 1914, dirige Expedição Roosevelt a Mato Grosso, documentário sobre a expedição científica comandada pelo ex-presidente dos Estados Unidos, Theodore Roosevelt, e guiada por Rondon. Luíz Thomáz Reis realizou em 1916 aquele que seria considerado um dos seus mais importantes filmes, Rituais e festas bororo, registrando costumes indígenas que desapareceriam posteriormente. No ano seguinte, finalizou Indústria da borracha em Mato Grosso e no Amazonas. Promovido a capitão, viajou para os Estados Unidos em 1918, patrocinado pela National Geographic Society, exibindo no Carneggie Hall de Nova York a película De Santa Cruz, por ocasião de uma palestra proferida por Theodore Roosevelt. Esse filme foi lançado comercialmente no Rio de Janeiro em 1920, porém com alterações. Durante a década de 20, dirigiu os filmes Inspeção no Nordeste (1922), que abordava a zona afetada pela seca naquela região; Ronuro, Selvas do Xingu (1924), sobre explorações realizadas no rio Ronuro; e Operações de guerra (1924-1925), sobre a campanha militar contra a revolta do general Isidoro Dias Lopes no Paraná. Com a nomeação do general Rondon para a chefia da Inspetoria de Fronteiras, em 1927, Luíz Thomáz Reis ficou encarregado do serviço cinematográfico desse órgão e realizou Parima, fronteiras do Brasil e Viagem ao Roraima. Em 1928, foi reformado compulsoriamente no posto de major da reserva, mas imagens contidas em Ao redor do Brasil, filme com mais de uma hora de duração e vários planos filmados entre 1924 e 1930, demonstram que ele continuou trabalhando ao lado de Rondon na Inspetoria de Fronteiras até esse último ano. A película foi exibida comercialmente em São Paulo em 1933. Quando da Revolução de 30, Rondon pediu reforma após ser preso na fronteira com a Argentina por aliados de Getúlio Vargas, o que acarreta o afastamento de Luíz Thomáz Reis. Apenas em pleno Estado Novo voltaria a filmar, auxiliado por Charlote Rosenbaun, o filme Inspetoria E. de Fronteiras, sobre a visita do novo inspetor, coronel Manoel Alexandrino Ferreira da Cunha, às fronteiras do Amazonas. Esse filme, ao contrário daqueles feitos sob o comando de Rondon, centra-se mais nas missões indígenas organizadas pelos padres salesianos do que nos índios tribalizados. Foi realizado com o auxílio da Inspetoria E. de Fronteiras. No ano seguinte, Luíz Thomáz Reis foi convocado para o serviço ativo do Exército, ficando à disposição da Comissão de Linhas Telegráficas. Morreu em dezembro de 1940 no Rio de Janeiro, devido aos ferimentos ocasionados pelo desabamento de uma parede, enquanto filmava a demolição de um antigo quartel-general. É importante salientar a inexistência de contatos entre Luíz Thomáz Reis e o meio cinematográfico brasileiro daquele período. Graças aos esforços do Museu do Índio e da CINEMATECA BRASILEIRA, significativa parte dos trabalhos de Luíz Thomáz Reis encontra-se preservada, sendo possível citar: Parima, fronteiras do Brasil; Viagem ao Roraima; Rituais e festas borôro; Ao redor do Brasil e Inspetoria E. de Fronteiras. (AA/FT)

REMANI, Ernesto – Merano, Itália, 1906-1966. Diretor.

FILMOGRAFIA: 1946 – L'isola del sogno (produção estrangeira). 1951 – El gaucho y el diablo (produção estrangeira). 1953 – Destino em apuros. 1955 – Sob o céu da Bahia.

Começa a trabalhar no cinema italiano nos anos 30. Sua promoção acontece rápido, logo passando a assistente de direção nos filmes, *Marionette* (1938); *Il sogno di Butterfly* e *Manon Lescaut* (1939), todos sob direção de Carmine Gallone. Entre 1940 e 1943, trabalha em vários países europeus, como Áustria, França, Inglaterra. Na Alemanha, realiza, durante a guerra, documentários em que registra atividades em campos de concentração. Nos EUA, participa da equipe de *A estrela do norte* (*North Star*, 1943), sob direção de Lewis Millestone. Dirige seu primeiro filme, na Itália, *L'isola del sogno*, fita romântica, também conhecido por *Amori e canzoni*. No começo da década de 50, vem para Buenos Aires, com seu habitual colaborador, o diretor de fotografia H. B. Corell, alemão de nascimento, que antes trabalhou em Hollywood. Diretor do primeiro filme colorido argentino, *El gaucho y el diablo*, no sistema ANSCOCOLOR, caríssima produção da EMELCO. Em 1952, desembarca em São Paulo, nos estúdios da MULTIFILMES*, para dirigir o primeiro filme brasileiro colorido (também no processo ANSCOCOLOR) de ficção, o melodrama *Destino em apuros*. Associa-se a Corell e ao cenógrafo Franco Cenni na criação da CORONA FILMES e na produção de *Sob o céu da Bahia*, drama ambientado em colônia de pescadores do litoral baiano. A seguir, desaparece sem deixar vestígios. Faleceu em 12 de dezembro na cidade alemã de Frankfurt. (LFM)

RENOLDI, Sylvio – São Paulo, SP, 1942-2004. Montador.

FILMOGRAFIA: 1962-1963 – *Luta nos pampas*. 1962-1967 – *Vidas nuas*. 1962-1968 – *África eterna*. 1965 – *A hora e vez de Augusto Matraga*. 1965-1968 – *Brasil verdade* (episódio: 'Viramundo'). 1966 – *As cariocas* (3º episódio). 1967 – *O homem nu*; *Bebel, a garota-propaganda*. 1968 – *O Bandido da Luz Vermelha*; *Trilogia do terror* (1º episódio: 'O acordo'; 2º episódio: 'Procissão dos mortos'; 3º episódio: 'Pesadelo macabro'); *As libertinas* (2º episódio: 'Angélica'). 1969 – *O cangaceiro sanguinário*; *Adultério à brasileira* (1º episódio: 'O telhado'; 3º episódio: 'A receita'); *As armas*; *O cangaceiro sem Deus*; *Quelé do Pajeú*; *O profeta da fome*; *Em cada coração um punhal* (2º episódio: 'Clepsusana'; 3º episódio: 'O filho da televisão'). 1969-1970 – *Juliana do amor perdido*. 1970 – *O pornógrafo*; *Sertão em festa*; *Ipanema toda nua*; *O jogo da vida e da morte*. 1970-1972 – *Piconzé*. 1971 – *No Rancho Fundo*; *Paixão na praia*; *Luar do sertão*; *Corrida em busca do amor*; *Fora das grades*. 1972 – *Os desempregados* (*Os irmãos sem coragem*);

A infidelidade ao alcance de todos (1º episódio: 'A tuba'; 2º episódio: 'A transa'); *Maridos em férias* (*Mês das cigarras*); *As deusas*; *Rogo a Deus e mando bala*. 1973 – *Os garotos virgens de Ipanema* (*Purinhas do Guarujá*); *O último êxtase*; *Um intruso no paraíso*; *Mestiça, escrava indomável*; *O poderoso garanhão*. 1973-1975 – *A casa das tentações*. 1974 – *A noite do espantalho*; *A noiva da noite* (*Desejo de sete homens*). 1974-1975 – *Efigênia dá tudo que tem*. 1975 – *A extorsão*; *Ladrão de galinhas*; *Paranoia*; *O rei da noite*; *Aruã na terra dos homens maus*; *Chapéu de couro*. 1976 – *O Ibraim do subúrbio* (1º episódio: 'Roy, o gargalhador profissional'; 2º episódio: 'O Ibraim do subúrbio'); *Socorro! Eu não quero morrer virgem*; *Snuff, vítimas do prazer*; *Gente fina é outra coisa* (1º episódio: 'A guerra da lagosta'; 2º episódio: 'Chocolate ou morango'; 3º episódio: 'O prêmio'). 1977 – *Será que ela aguenta?*; *A praia do pecado*; *O segredo das massagistas*; *O cortiço*; *Lúcio Flávio, o passageiro da agonia*; *O artesão de mulheres*. 1978 – *A força do sexo*; *Adultério por amor*; *Os três boiadeiros*; *O Caçador de Esmeraldas*. 1979 – *A tara das cocotas da ilha do pecado*. 1980 – *Campineiro, o garotão para madames*. 1992 – *Oswaldianas* (5º episódio: 'Perigo negro'). 1995-1998 – *Tudo é Brasil*. 2005 – *O signo do caos*.

Paulistano do Jaçanã, Sylvio Renoldi estava fadado a trabalhar no cinema. Morando ao lado dos estúdios da MARISTELA*, ainda menino começou a frequentá-los. Segundo Talvani Guedes da Fonseca, em 1954, aos 12 anos, foi uma espécie de terceiro assistente de José Cañizares* na montagem de *Mulher de verdade*, de Alberto Cavalcanti*. A partir daí, ingressou na profissão, trabalhando como assistente de montagem de vários filmes realizados nos estúdios da MARISTELA*. Entre 1957 e 1963 fez dublagens para a GRAVASOM, especializando-se na técnica de sonorização. Trabalhou também com *jingles* para a LYNX FILME. Quando fez a montagem de *Viramundo*, de Geraldo Sarno*, foi elevado à condição de um dos melhores montadores do cinema brasileiro. Para Roberto Santos* realizou a montagem de *A hora e vez de Augusto Matraga*, o episódio de *As cariocas* e *O homem nu*. Segundo Inimá Simões, a escolha de Renoldi para a montagem de *Matraga* teria desagradado ao produtor Luiz Carlos Barreto*, porque o montador vinha do cinema comercial, não estando à altura do empreendimento. Roberto manteve a sua escolha. Foram três meses de trabalho na moviola. Na falta de sons de pássaros, Renoldi teria imitado o piado do arisco paturi, deixando

até Guimarães Rosa espantado. Foi requisitado por Maurice Capovilla* para *Bebel, a garota-propaganda*. Montou *O Bandido da Luz Vermelha*, de Rogério Sganzerla*, o que levou Jairo Ferreira* a chamá-lo de "gênio da montagem". Com esse filme ganhou o prêmio GOVERNADOR DO ESTADO de melhor montagem e o prêmio INC, em 1968. No ano seguinte ganhou o prêmio de melhor montagem no FESTIVAL DE BRASÍLIA por seu trabalho em *O profeta da fome*, novamente com Capovilla. Como profissional, trabalhou com vários gêneros, filmes de cangaço, comédias, Cinema Marginal* e documentários.

Quando trabalhava na ODIL FONO BRASIL, de Adhemar de Barros Filho, adquiriu, em 1967, juntamente com Antonio Polo Galante*, o filme de Ody Fraga*, iniciado em 1962 com o título de *Erótica*, que estava paralisado. Desse modo, passou a coprodutor de *Vidas nuas*, título com que foi lançado o filme de Fraga. Foi coprodutor de *Trilogia do terror* e *O pornógrafo*. Com João Callegaro, diretor de *O pornógrafo*, dividiu a produção do curta *O suspense segundo Hitchcock*. Foi engenheiro de som do filme de Rubem Biáfora* *O quarto*. Assinou o roteiro, com Osvaldo de Oliveira* e Lenita Perroy, além de realizar a montagem de *A noiva do desejo*, em 1974. Com João Luiz Araújo e Mário Araújo fundou a TELSTAR, empresa que faz trabalhos de laboratório para a ODIL. A firma especializou-se em *jingles* para TV. Em 1972, a TELSTAR partiu para um projeto mais ambicioso, a realização de um desenho de longa-metragem dirigido por Yppe Nakashima, *Piconzé*, o terceiro no gênero realizado no Brasil. Sylvio Renoldi foi produtor associado e montador desse filme. A experiência com o desenho, na época, era diferente das montagens de filmes de ficção, pois o editor trabalhava com uma *storyboard* que já continha a montagem final. Essa prática, para os longas de ficção, ainda está pouco difundida no Brasil. O maior problema enfrentado por *Piconzé* foi sua edição sonora.

Renoldi, até 1977, não era um dos montadores mais requisitados no mercado, mas a qualidade dos trabalhos em que interveio colocou-o entre os mais prestigiados do Brasil. Faleceu em 6 de fevereiro em São Paulo. (JIMS)

REQUIÃO, Aníbal (Aníbal Rocha Requião) – Curitiba, PR, 1875-1929. Diretor.

De tradicional família paranaense, além de fotógrafo amador era tipógrafo e dono de uma livraria em sociedade com

Heitor Stockler. Foi também dono de um armarinho, onde vendia bijuterias e artigos para homens e senhoras. A primeira filmagem de que se tem registro de Aníbal Requião foi *Desfile militar de 15 de novembro de 1907*. Há, nos jornais da época, referências a um filme denominado *Cachoeiras do Iguaçu*, mas não há dados concretos para afirmar se teria sido feito por Requião ou pelos cinematografistas da PATHÉ FRÈRES. A carreira de cineasta alia-se à de exibidor e, em 6 de junho de 1908, Requião inaugura, no número 67 da rua XV de Novembro, o primeiro cinema de Curitiba, o SMART CINEMA, numa sala exibidora que funcionava diariamente. Ali Requião projetava os filmes que fazia de Curitiba e arredores, em programações que incluíam outros filmes nacionais e estrangeiros. Para ele, a exibição era um conjunto, e, para criar a ambientação, ele mesmo acompanhava os filmes na pianola ou no oboé. Nos filmes românticos, além da música, queimava incenso, e na Semana Santa colocava panos roxos nas paredes e repicava sinos nas cenas da Paixão de Cristo. Seus filmes retratam a vida curitibana, praças, edifícios, recepção a personalidades. Citado nos jornais da época como o "habilíssimo operador da KOSMOS FILMES", Requião é frequentemente elogiado pelo seu trabalho. A coluna "Várias Notícias" do jornal *A República*, de 21 de novembro de 1909, ao comentar o filme *Festa da bandeira em Curitiba*, afirma: "há nesta fita trechos que rivalizam com as mais nítidas fitas estrangeiras da PATHÉ FRÈRES". As pesquisas não estabeleceram a exata ligação entre Requião e a KOSMOS FILMES. A partir de 1909 ele é sempre citado como "operador" da KOSMOS. Um anúncio de exibição de filmes paranaenses no cinema ODEON do Rio de Janeiro, em 1910, cita o ATELIER KOSMOS de Aníbal Requião. Familiares entrevistados afirmaram desconhecer as relações do artista com a empresa, da qual ele poderia ter sido sócio. Seus filmes foram também exibidos no Rio de Janeiro. Notas nos jornais falavam da "extraordinária concorrência às fitas cinematográficas do estado do Paraná" e de sua continuidade "devido ao modo como têm agradado ao público". No dia 26 de setembro de 1911, as instalações ampliadas do SMART CINEMA são entregues ao público, "abrindo um novo salão otimamente instalado na rua XV, dispondo de todos os requisitos necessários a um magnífico teatrinho familiar".

A partir de 1912, desaparecem as referências a Requião nos jornais. Sabe-se que se acentuaram seus problemas cardíacos e que, em 1918, sofreu um infarto, provavelmente abandonando o cinema. Morreu em 1929, aos 54 anos, em uma casa da rua Vicente Machado. Requião teria feito aproximadamente trezentos filmes. Os dados de sua produção e de sua história foram levantados, basicamente, a partir dos jornais de época. De sua obra, restam hoje apenas dois filmes descobertos e recuperados pela CINEMATECA DO MUSEU GUIDO VIARO (atual CINEMATECA DE CURITIBA). São eles: *Panorama de Curytiba* (1909) e *Carnaval em Curityba* (1910). De sua ampla filmografia perdida podemos destacar: *Desfile militar de 15 de novembro de 1907* e *Chegada do primeiro automóvel a Curitiba*, de 1907; *Ferrovia Paranaguá-Curitiba, Entrega da bandeira aos voluntários paranaenses e desfilar dos mesmos pela rua XV*, de 1908; *Vista panorâmica de Curitiba* (provavelmente *Panorama de Curitiba*), *Manobras do Regimento de Segurança, A linha férrea no trecho da Serra do Mar, Ascensão do balão Granada no passeio público, Viagem presidencial do dr. Afonso Pena ao Paraná, Desfilada do Regimento de Segurança pela rua XV, Regimento de Segurança, Colônia Gonçalves Júnior, Romaria ao túmulo do dr. Vicente Machado, O Colégio Paranaense, O passeio público, O desfilar do Batalhão de Caçadores, Cemitério de Curitiba em Dia de Finados, O Jardim Botânico, Exercícios do Batalhão Infantil do Colégio Paranaense, Manobras militares em Curitiba, Comemorações do 20º aniversário da República, A festa da Bandeira em 19 de novembro*, de 1909; *Da Serrinha aos primeiros saltos do Iguaçu, Panoramas campesinos, cenas da vida nas estâncias, etc., Apanhado do Instituto Agronômico e do Campo de Experiências do Bacacheri, Partida dos caçadores do tiro Rio Branco na estação de ferro, Passagem dos cavalheiros e senhoritas que compõem a nossa sociedade chique pela rua XV de Novembro, Reunião turfística e exposição pecuária no Jockey Clube Paranaense, Carnaval em Curitiba*, de 1910; *Viagem à Serra do Mar, Destroyer Paraná, Grande maratona de 20 km no Clube Espéria, Manifestação ao barão do Rio Branco, Entrega do estandarte à seção de ginástica da Sociedade dos Operários Alemães, Inauguração dos bondes a Pinhais, Os oficiais da Guarnição de Curitiba em exercício de equitação, Formatura do Regimento de Segurança, A volta do marechal Hermes do estado de Minas Gerais*, de 1911; e *Chegada dos funerais do coronel João Gualberto, Partida do regimento de Segurança para Palmas, A festa militar no Ahú*, de 1912. (SS)

RESTIER, Renato (Renato Vagner dos Santos Restier) – Santana do Livramento, RS, 1920-1984. Ator.

FILMOGRAFIA: 1950 – *Pecado de Nina*. 1951 – *Tocaia; Areias ardentes; Barnabé, tu és meu*. 1952 – *Três vagabundos; Era uma vez um vagabundo; Carnaval Atlântida*. 1953 – *Dupla do barulho*. 1954 – *Matar ou correr; A outra face do homem; Paixão nas selvas* (coprodução estrangeira). 1955 – *Guerra ao samba; O golpe*. 1955-1956 – *Sai de baixo*. 1956 – *Colégio de brotos; Com água na boca; O negócio foi assim*. 1957 – *Metido a bacana; Com jeito vai; De pernas pro ar; É de chuá!*. 1958 – *E o bicho não deu; O camelô da rua Larga; Mulheres à vista*. 1959 – *O cupim; Garota enxuta; Aí vem a alegria*. 1960 – *Pistoleiro bossa-nova; Sai dessa, recruta; Vai que é mole; Viúvo alegre; Marido de mulher boa*. 1961 – *Mulheres, cheguei!; Bom mesmo é carnaval*. 1964 – *Manaus, glória de uma época; Três histórias de amor* (2º episódio: 'Madrugada, amor na praia'). 1972 – *Independência ou morte; Quatro pistoleiros em fúria; Regina e o dragão de ouro*. 1973 – *A super fêmea*. 1977 – *O mulherengo*. 1979 – *A banda das velhas virgens*. 1981 – *Os insaciados*.

Renato Restier, o homem mau do cinema brasileiro (ficou famoso pelos papéis de vilão que interpretou), nasceu em 24 de fevereiro de 1920 (ou 1918, como indicam algumas fontes) em Santana do Livramento, no Rio Grande do Sul. Até atingir a vida adulta, pensava que fosse filho dos atores Hortênsia Santos e Restier Jr. A mãe ele acertou, mas o pai era outro: o grande ator Procópio Ferreira*, em cuja companhia seus pais trabalhavam na época de seu nascimento. Procópio só assumiu a paternidade quando Renato já era adulto e havia ingressado na carreira artística. Completados seus estudos, seus pais deciram dar-lhe uma pequena oportunidade na companhia teatral que tinham. Era o papel de um empregadinho, em que teria pouca margem para se sobressair. Ainda assim, foi um fracasso. Restier Jr. foi rigoroso e disse que ele "não dava para isso" e que fosse "ser peão em uma fazenda de gado". Sob o impacto dessa rejeição, Renato Restier fugiu de casa. Tentou então ser cantor, ingressando, em meados da década de 30, na RÁDIO MAYRINK VEIGA, no Rio de Janeiro. Depois de gravar dois discos, trocou a música pelo teatro, quando ingressou, em 1937, na companhia mambembe de José Rios. Pouco depois, foi chamado para integrar a companhia de Procópio e sua filha Bibi Ferreira*, estreando na peça *Tudo por você*. Daí em diante, recebeu uma série de convites para tomar parte em outras companhias, como as de Dulcina-Odilon-Cazarré, até chegar à de Oscarito*, na peça *Cupim*. Trabalhava com Procópio

Ferreira quando foi convidado por Eurides Ramos* para fazer um papel em *Pecado de Nina*, estrelado por Fada Santoro* e Cyll Farney*, filme com direção de Eurides Ramos*. Interpretando o capataz e rufião, Renato chamou a atenção pela capacidade de encarnar vilões convincentes e bem "cinematográficos". Fez em seguida um bandoleiro em *Tocaia*, com os mesmos elementos, e um fazendeiro em *Areias ardentes*, de J. B. Tanko*. A seguir, atua em filmes sob as ordens do diretor José Carlos Burle*. Salomão, o turco de prestações de *Barnabé, tu és meu*, foi uma de suas mais impagáveis caracterizações e é a primeira de uma série de chanchadas* que faria na ATLÂNTIDA*. Em *Três vagabundos*, fez o papel do marido bobo da francesa Josette Bertal, que teve seu cérebro transferido para o de Oscarito, o famoso bandido Carne Seca. Fez o produtor Cecílio B. de Milho em *Carnaval Atlântida*. No primeiro filme dirigido por Carlos Manga* na ATLÂNTIDA, *A dupla do barulho*, Renato Restier fez seu primeiro vilão no estilo que adotaria nos filmes posteriores e que chegaria ao auge em *Matar ou correr*. Restier foi um ator muito requisitado pelo cinema nos anos 50 e começo dos anos 60. Com a decadência da chanchada, resolveu aceitar um convite da TV RECORD e mudou-se, em 1962, para São Paulo. Daí em diante, fez poucos filmes. Trabalhou nas TVs TUPI e SBT. Seu último trabalho foi no humorístico *Reapertura*, que deixou em outubro de 1983, já doente. Faleceu em 1º de agosto em São Paulo, em consequência de um câncer no pulmão. (LAR)

RESTON, Thelma (Thelma Salim Reston) – Piracanjuba, GO, 1934. Atriz.

FILMOGRAFIA: 1964 – *Asfalto selvagem*. 1966 – *Engraçadinha depois dos trinta*; *Terra em transe*; *El Justicero*. 1967 – *Proezas de Satanás na Vila de Leva-e-traz*; *O homem nu*. 1969 – *A mulher de todos*; *As duas faces da moeda*; *Simeão, o boêmio*. 1975 – *Eu dou o que ela gosta (Seduzida pelo amor)*; *Perdida*. 1976 – *Deixa amorzinho... deixa*; *O vampiro de Copacabana*; *As loucuras de um sedutor*; *Gente fina é outra coisa* (2º episódio: 'Chocolate ou morango'); *Os pastores da noite (Otália da Bahia)* (coprodução estrangeira). 1977 – *Se Segura, Malandro!*; *Os sete gatinhos*. 1978 – *Na boca do mundo*. 1979 – *Cabaré mineiro*. 1979-1980 – *Prova de fogo*. 1980 – *O beijo no asfalto*. 1982 – *Bar Esperança, o último que fecha*; *Os vagabundos trapalhões*. 1983 – *Quilombo*. 1984 – *Patriamada*. 1985 – *Brás Cubas*. 1986 – *Banana Split*. 1987

– *Sexo frágil*. 1988 – *Os heróis trapalhões, uma aventura na selva*; *Dedé Mamata*. 1989-1990 – *Césio 137, o pesadelo de Goiânia*. 1990 – *Lua de cristal*. 1990-1991 – *Assim na tela como no céu*. 1996 – *O homem nu*.

Atriz versátil, que transita com igual desenvoltura pela comédia e pelo drama. Em sua cidade natal, era professora primária e se formou em contabilidade. O desejo de tornar-se atriz levou-a a mudar-se para o Rio de Janeiro em 1957. Foi estudar na escola da Fundação Brasileira do Teatro, onde teve como professores Adolfo Celi*, Cecília Meireles, Henriette Morineau, Maria Clara Machado e Dulcina de Moraes*. Sua estreia como atriz se deu em 1959 com a peça *Tia Maine*, ainda como aluna da fundação. Estreou no teatro profissional na Companhia de Rubens Corrêa e Ivan de Albuquerque, na peça *O prodígio do mundo ocidental*, de Synge. Quando fazia essa peça, sofreu um acidente: o palco do teatro despencou, mas ela continuou representando seu papel normalmente. No teatro, atuou em várias peças, como *Espectros*, de Ibsen, *A falecida*, de Nélson Rodrigues*, *A ratoeira*, de Agatha Christie, *Os sete gatinhos*, de Nélson Rodrigues (que também faria no cinema), e *Se correr o bicho pega, se ficar o bicho come*, de Oduvaldo Viana Filho*. Em 1960, segundo seu próprio depoimento, ela descobriu a sua paixão pelo cinema. No entanto, só foi fazer o primeiro filme alguns anos depois, quando participou de *Asfalto selvagem* e *Engraçadinha depois dos trinta*, dois romances de Nélson Rodrigues e que foram dirigidos por J. B. Tanko. Telma teve pequena participação em *Terra em transe*, de Glauber Rocha*. A partir da segunda metade dos anos 60, sua carreira no cinema foi mais intensa, tendo atuado em diversos filmes, como *Proezas de Satanás na Vila de Leva-e-traz*, de Paulo Gil Soares*, *A mulher de todos*, de Rogério Sganzerla*, e *As duas faces da moeda*, de Domingos Oliveira*. Em 1968, foi para São Paulo. Atuou então em peças que foram marcos do teatro brasileiro contemporâneo, como *Hoje é dia de rock*, *O casamento do pequeno burguês* e outras. Em 1980, ganhou no Festival de GRAMADO o prêmio de melhor atriz por sua atuação em *Os sete gatinhos*, dirigido por Neville d'Almeida*. No papel de Gorda, Telma não teve problemas em exibir os seios numa cena, o que fez com que fosse alvo de várias provocações. Mais recentemente, teve atuações de destaque em *O beijo no asfalto*, de Bruno Barreto*, *Cabaré mineiro*, de Carlos Alberto Prates Corrêa*, e em *Brás Cubas*, de Júlio Bressane*. Uma das atrizes preferidas de Hugo

Carvana*, participou de três filmes do diretor: *Se Segura, Malandro!*, *Bar Esperança, o último que fecha* e *O homem nu*, este o seu filme mais recente. Telma foi casada com o fotógrafo Hélio Silva* e tem dois filhos: Renato e Luciano. (LAR)

REVISTAS E *SITES*

Na década de 10, a partir da cristalização do setor exibidor nas principais cidades brasileiras, começam a surgir as primeiras revistas dedicadas ao cinema. Boa parte delas de forma não exclusiva, cobrindo frequentemente também o teatro. A pioneira parece ter sido *O Cinema*, editada no Rio de Janeiro em 1913 e que circulou por seis meses até transformar-se em *Cine-Theatro*. Mais para o final da década, no Rio de Janeiro, foram criadas *Theatro e Film* (1917), *A Fita* (1918) e *Palcos e Telas* (1918). Nesse período, a revista mais importante é *Paratodos*, que cobria um amplo naipe de assuntos e chegou a dedicar metade de cada edição ao cinema. Com o crescimento desse tema, a Sociedade Anônima O Malho – editora de *Paratodos* – decidiu, em 1926, lançar *Cinearte**, publicação especializada que circulou até 1942, dirigida por Mário Behring e Adhemar Gonzaga*. *Selecta*, ligada à empresa Fon-Fon e Selecta S. A., inicialmente não tratava de cinema, mas passou a fazê-lo em 1922 e, de 1923 até 1930, dedica-se quase exclusivamente ao assunto, tendo como redator Paulo Lavrador. Também merece destaque *A Scena Muda* – cuja grafia do título alterou-se posteriormente para *A Cena Muda* –, que circulou de 1922 até 1955, editada pela Companhia Editora Americana. Dentre seus secretários de redação, podem-se destacar Renato de Castro, Pery Ribas, Raimundo Magalhães Jr. e Leon Eliachar. As três publicações tinham vários pontos em comum: pertenciam a grupos editoriais fortes, tinham circulação nacional, serviam de veículo para o *star system* hollywoodiano e suas principais fontes de renda provinham da publicidade de filmes norte-americanos anunciados por empresas distribuidoras ou por circuitos de exibição. Em outros pontos do Brasil começavam a surgir revistas de cinema, como em Salvador, *Artes e Artistas*, que circulou de 1920 a 1923 sob a direção de Artur Arésio da Fonseca; ou em Porto Alegre, *A Tela*, editada a partir de 1927 por José de Francisco e Ary Thurmann.

Em 1928, no Rio de Janeiro, surgiu o primeiro periódico brasileiro de difusão e discussão sobre estética cinematográfica; trata-se de *O Fan*, órgão oficial do CHA-

PLIN CLUB*, cujos membros principais eram Plínio Sussekind Rocha, Otávio de Faria, Almir Castro e Cláudio Mello. Animado por polêmicas como a de Otávio de Faria – admirador da obra de F. W. Murnau – contra Plínio Sussekind – admirador da obra de King Vidor – e pela defesa comum do cinema silencioso em oposição ao sonoro, *O Fan* tinha circulação bastante restrita e foi editado por nove números, sete em formato de jornal e os dois últimos como revista, até dezembro de 1930, quando o CHAPLIN CLUB autodissolveu-se por não estar de acordo com a afirmação do cinema sonoro. Somente em 1949, e mesmo assim por apenas dois números, aparece outra revista com nível elevado: *Filme*, organizada por Alex Viany* e Vinicius de Moraes*. A década de 50 é marcada por duas importantes publicações de cunho ensaístico, ambas de Belo Horizonte, a *Revista de Cinema* e a *Revista de Cultura Cinematográfica*. A *Revista de Cinema*, criada por Cyro Siqueira*, Guy de Almeida, Jacques do Prado Brandão e José Roberto D. Novaes, tirou 25 números entre 1954 e 1957. Reapareceu em 1961 sob a direção de J. Haroldo Pereira, mas publicou apenas quatro edições até 1964. Além dos próprios organizadores, importantes críticos brasileiros publicaram na *Revista de Cinema*, tais como Salvyano Cavalcanti de Paiva*, Maurício Gomes Leite*, Fritz Teixeira de Salles e Jomard Muniz de Brito. Foram publicadas ainda traduções de artigos de Georges Sadoul, Cesare Zavattini, Siegfried Kracauer e John Grierson. A *Revista de Cultura Cinematográfica* era financiada pela União dos Propagandistas Católicos (UPC), seguindo evidente orientação religiosa. Seus 36 números foram editados entre 1957 e 1963, tendo como diretor responsável Fábio Horta. Publicou traduções de artigos de Henri Agel e André Malraux, além de críticas de Elísio Valverde, José Sanz*, Moniz Vianna* e Silviano Santiago.

Na linha das publicações voltadas para a grande massa de fãs estão *Cinelândia* e *Filmelândia*, ambas cariocas e editadas por Roberto Marinho. A primeira surgiu em 1952 e a segunda em 1954, e traziam reportagens sobre atores e atrizes, fotos coloridas, cinerromances e fofocas, tudo quase sempre envolvendo Hollywood. O *Jornal do Cinema*, cuja pauta principal era a divulgação da produção nacional, começou a ser publicado em 1951, mas só tomou forma de revista a partir do número 35, de março de 1955, tirando mais cinco números e uma edição extra até dezembro de 1957. O diretor do *Jornal do Cinema*,

desde o seu início, foi Célio Gonçalves e o redator-chefe, na época do formato revista, foi Alex Viany*. Em 1960, surgiu a efêmera *Delírio*, que publicou três números, sendo editada em São Paulo por jovens ligados à CINEMATECA BRASILEIRA, tais como Rudá Andrade*, Gustavo Dahl* e Jean-Claude Bernardet*. A CINEMATECA DO MUSEU DE ARTE MODERNA (RJ) publicou por seis números, em 1959, *Cinemateca*, com críticas dos filmes apresentados assinadas por Moniz Vianna, José Sanz* e José Lino Grünewald*, entre outros. Em Porto Alegre, a FEDERAÇÃO GAÚCHA DE CINECLUBES editou os dois números de *Filme 66*, dirigida por Olavo Macedo de Freitas. Já no extremo oposto do país, em Manaus, o crítico José Gaspar criou *Cinéfilo*, patrocinada pela Fundação Cultural do Amazonas, que tirou cinco números entre 1968 e 1969. Revistas como *Cinelândia* e *Filmelândia* deixam de ser publicadas em meados dos anos 60, quando esse filão editorial entra em franca decadência. Também as revistas direcionadas para um público mais refinado não conseguem decolar. *Filme Cultura* é a exceção, pois tem continuidade, apesar da falta de periodicidade. Surgida em 1966, era subvencionada inicialmente pelo Instituto Nacional de Cinema Educativo (INCE*) e pelo GEICINE, tendo como coordenador Ely Azeredo*. A partir do número 4, de março-abril de 1967, *Filme Cultura* passou a ser financiada pelo Instituto Nacional de Cinema (INC*). A capa inspirava-se na revista francesa *Cahiers du Cinéma*, e o arco de abordagens era amplo, cobrindo de críticas de filmes nacionais e estrangeiros a reportagens de cunho histórico, passando por matérias institucionais relacionadas com o INC. Em 1975, a EMBRAFILME* absorve as funções do INC e *Filme Cultura* passa então para a esfera de controle daquela empresa estatal. Sob a editoria de Leandro Góes Tocantins, a partir do número 28, publicado em fevereiro de 1978, a revista tem o formato diminuído e passa a dar cobertura exclusiva ao cinema brasileiro, além de o aspecto institucional ser intensificado. A última alteração radical na revista foi em 1980. O número 34, de janeiro-fevereiro-março de 1980, volta à formatação maior e é organizado por um conselho de redação composto, entre outros, de David Neves*, Ismail Xavier e José Carlos Avellar, dando caráter mais ensaístico para a publicação. Esse modelo, com algumas mudanças, prevalecerá até o fim de *Filme Cultura*, em novembro de 1988, no número 48, o único editado pela FUNDAÇÃO DO CINEMA BRASILEIRO.

A curiosa *Cinema em Close-up* surgiu em 1975 e foi publicada até o número 18, em 1979. Divulgava principalmente as produções eróticas da Boca do Lixo* paulistana. Suas capas sempre expunham atrizes com pouca ou nenhuma roupa, e as matérias cobriam os filmes da Boca do Lixo, traziam entrevistas com diretores e artistas, além de reportagens especiais sobre vários temas relativos ao cinema. Proposta radicalmente oposta era a de *Cine Olho*, inicialmente editada pelo CENTRO DE ARTE CINEMATOGRÁFICA da PUC-RJ e, a partir do número 4, por universitários da USP, posto que a revista estava engajada no movimento estudantil e no cineclubismo. *Cine Olho*, entre 1976 e 1979, tirou nove números, e teve entre seus colaboradores Sérgio Santeiro, Luiz Rosemberg Filho*, Rubens Machado, Luiz Nazário, Arlindo Machado e Joel Yamaji. Na década de 80, é possível destacar *Moviola*, editada por oito números, em Porto Alegre, de 1983 até 1987; *Revista de Cinema Cisco*, que circulou por doze números entre 1985 e 1988, editada inicialmente em Goiânia e depois em São Paulo; e *Tabu*, produzida entre 1986 e 1990 no Rio de Janeiro pelo cineclube* ESTAÇÃO BOTAFOGO, primeiro como jornal e, a partir de 1989, no formato revista. Voltada para o público saudosista havia *Cinemin*, revista da Ebal, cujo editor era Fernando Albagli e que foi publicada até a primeira metade dos anos 1990 com destaque para os lançamentos do cinema americano e do brasileiro, além de grande atenção para com a Hollywood do período clássico. Caso interessante é *Set*, dedicada ao cinema e ao *home video* e que reedita a velha fórmula de fotos, fofocas, entrevistas e reportagens sobre cinema americano, com especial destaque para a programação visual. *Set* é publicada mensalmente com regularidade desde 1987, voltada para um nicho do mercado que se julgava perdido. Nos anos 90, as duas mais importantes iniciativas de revistas ensaísticas foram *Imagens*, lançada pela Editora da Unicamp em 1994 e que tirou oito edições até 1998, e *Cinemais*, editada a partir de 1996 e que circulou até o número 38 em 2005.

Em 2000, surge a *Revista de Cinema*, periódico mensal editado em São Paulo que tem como seu diretor Hermes Leal e cuja linha é marcada pelo apoio incondicional ao cinema brasileiro nas suas reportagens, entrevistas e críticas, não obstante haver material sobre filmes estrangeiros. Já *Sinopse* tem como linha editorial principal a discussão em torno do cinema brasileiro, mas o ponto de vista crítico predomina nessa publicação ligada aos professores e alunos da Escola de Comunicações e Artes da USP, surgida em 1999 e que teve periodicidade irregular. Outra revista surgida nos últimos anos e que não possui periodicidade é *Teorema*, editada em Porto Alegre, e cujo primeiro número veio a público em 2002. O viés da revista é marcado pela cinefilia e seu ponto forte são os textos ensaísticos de críticos radicados no Rio Grande do Sul, como Fernando Mascarello e Marcus Mello. Também a revista *Paisà* possuía um recorte nitidamente cinéfilo. Esse periódico foi editado em São Paulo com a direção de Sérgio Alpendre e tirou dez números entre 2006 e 2007. A revista *Reserva Cultural*, editada e distribuída por exibidor de salas com esse nome, também reserva espaço amplo à cobertura do cinema nacional. (AA)

Progressivamente, as publicações na rede acabaram por dominar o mercado editorial da crítica de cinema mais jovem, apesar da permanência de alguns órgãos com formato de mídia impressa, aproveitando-se da mídia digital para divulgação. É o caso da veterana *Revista de Cinema* e da nova *Filme Cultura*, que, depois de um intervalo de doze anos, volta a ser editada em 2010. *Filme Cultura* é publicada dentro de esquema estatal similar ao que proporcionou sua primeira fase entre 1966 e 1988. Com perfil mais clássico, é uma revista de cinema já na meia-idade, que sofreu os problemas de solução de continuidade que atingiram a totalidade dos projetos ligados à era EMBRAFILME. Nos anos 2000, a *Filme Cultura* não é o único dos tentáculos da grande estatal que conseguiu ser reanimado.

Desde o início dos anos 2000, proliferam na internet publicações sobre cinema brasileiro, com exclusiva divulgação digital. A produção independente da crítica na internet recebe o nome de *blogs* e é nesse formato que a escritura dos jovens cinéfilos prolifera. Constitui forma de expressão diferencial para uma crítica de cinema que antes estava sujeita às demandas do mercado editorial. Muitos jovens que são picados pela cinefilia têm agora, além da mesa de bar e dos cineclubes, um canal público para divulgar suas opiniões. Nesse horizonte, muitos espaços surgem e desaparecem rapidamente, deixando poucos traços. Alguns, no entanto, persistem, criando estilo próprio e atingindo um público leitor sempre expressivo em número. A crítica jovem do cinema contemporâneo esgrima com ardor suas preferências na internet no tom de polêmica que, no bom e velho estilo, sempre manteve acesa a chama da cinefilia. É nesse espaço que novos filmes e diretores são descobertos (e "baixados") e campos de opinião estabelecidos. Além dos jovens, também figuras já estabelecidas no meio crítico – como Carlos Reichenbach, Inácio Araújo, Jean-Claude Bernardet, Luiz Zanin Orichio, Maria Rosário Caetano, Carlos Alberto Mattos, Eduardo Escorel*, José Carlos Avellar, Rubens Ewald Filho e outros –, mantêm ativa escritura na rede, através de *blogs* ou espaços similares, expressando opiniões e juízos de valor sobre filmes, cineastas, livros, economia do cinema e outras questões. Há também os *sites* que congregam dados e informações mais objetivas sobre os filmes, diferenciando-se do espaço da crítica propriamente. Temos vários que se ocupam de cinema brasileiro, podendo-se destacar *Adoro Cinema Brasileiro*, *Porta Curtas*, *Omelete*, *Adoro Cinema*, *Filme B*, e, o mais confiável, *Filmografia Brasileira*, disponível no *site* da CINEMATECA BRASILEIRA. Nesses *sites*, a produção brasileira é mapeada em diversas direções, nem sempre com a mesma certeza na procedência dos dados. Há que se mencionar também o internacional Internet Movie Data Base (IMDB), que mantém em suas páginas amplo espaço dedicado ao cinema nacional.

É, no entanto, nas revistas eletrônicas que se concentram os críticos mais ativos da atualidade, onde podemos sentir de modo orgânico a verve da crítica contemporânea em ação. Dois *sites* destacam-se nesse sentido, ambos com origem em uma mesma raiz, afirmando-se separadamente em 2006: *Contracampo* e *Cinética*. No espaço da *Contracampo* permanecem na editoria Ruy Gardnier e Luiz Carlos Oliveira, e na *Cinética* ficam Eduardo Valente, Cléber Eduardo e Felipe Bragança. As duas revistas são bem características de uma nova crítica carioca (Cléber Eduardo escreve em São Paulo), que mistura o perfil realizador de pequenas obras audiovisuais com tonalidades de uma escritura mais erudita, mostrando domínio bibliográfico teórico em cinema. O ponto forte de ambos os *sites* é a crítica de filmes, embora não se restrinjam a ela. A unidade narrativa "filme", como unidade formal própria do cinema, continua a centralizar o espaço da crítica. Esta aborda os filmes a partir do circuito de exibição e distribuição. Ou seja, escreve-se sobre filmes que estão em cartaz nos cinemas (que foram "lançados"), ou estão prestes a sê-lo, com exibições em festivais. O corte crítico de ambas as revistas possui clara influência do gosto acadêmico dominante. Podemos sentir as preocupações reflexivas na elegia da posição fragmentada do sujeito que enuncia, a partir de um eixo teórico sustentado dentro das coordenadas do pensamento chamado "pós-estruturalista". O eixo reflexivo, o desdobrar-se sobre o dispositivo, as estratégias de achatamento/fragmentação da subjetividade narrativa, obtêm receptividade calorosa. A preocupação não deixa de possuir uma pitada monocórdica e atravessa de modo latente parcela dominante das críticas nessas revistas. A filmografia com corte narrativo mais diluído, seja na própria trama, seja na conformação dos personagens que a conduzem, recebe os desenvolvimentos mais amplos e consistentes. São os filmes que têm a maior atenção nos dois *sites*. Sentimos nesses momentos uma crítica satisfeita por encontrar seus pares e poder soltar sua verve, em geral rebuscada, na empatia do gosto e na descoberta. Já o cinema em seu formato narrativo mais clássico não encontra compasso para servir sua medida. A crítica desse formato resulta num diálogo de surdos, mesmo em relação a algumas propostas autorais que mantêm distância com o eixo hollywoodiano. O quadro apresentado é generalista, mas aponta tendências dominantes. Casos significativos podem fugir do aspecto mais homogêneo da crítica de viés acadêmico, inclusive pelo fato de os *sites* abrigarem colaboradores diversos.

De São Paulo, o *site Cinequanon* pôde dar a impressão de evoluir em direção similar, mas não tomou desenvolvimento mais denso com o decorrer dos anos. O *site Criticos.com.br*, abrigado dentro do Portal Globo, é mantido pela crítica de viés mais tradicional, com alguns elementos da velha guarda, que desde muito escreve sobre cinema em cotidianos e órgãos de imprensa no Rio de Janeiro. Tem foco nos filmes em lançamento, possuindo abertura para ensaios e cobertura de festivais. Nele escrevem críticos já calejados na boa tradição jornalística, com a leve veia humorística carioca, entre os quais podemos citar Carlos Alberto Mattos, Luciano Trigo, Marcelo Janot, Pedro Butcher, Nelson Hoineff. No espaço da internet surgem também *sites* de crítica com origem mais regional, refletindo grupos locais que se dedicam a acompanhar e a escrever sobre a produção cinematográfica contemporânea, como a bem acabada *Filmes Polvo*, de Minas Gerais, *Coisa de Cinema*, da Bahia, e *Revista de Zingu*, com origem em São Paulo. (FPR)

REY, Marcos (Edmundo Donato) – São Paulo, SP, 1925-1999. Roteirista.

FILMOGRAFIA: 1960 – *Quanto mais samba melhor*. 1961 – *Entre mulheres e espiões*. 1971 – *O grande xerife*. 1972 – *A filha de madame Betina*. 1973 – *Os garotos virgens de Ipanema*. 1974 – *As cangaceiras eróticas*; *Ainda agarro esta vizinha*; *Sedução (Qualquer coisa a respeito do amor)*; *O clube das infiéis*; *As secretárias que fazem de tudo* (1º episódio: 'A moça que veio servir o café'; 2º episódio: 'Fazer o que em Paris?'; 3º episódio: 'Avante, C. C. S.'); *O supermanso*; *Trote de sádicos*; *As alegres vigaristas* (1º episódio: 'As alegres vigaristas'; 2º episódio: 'O padre e a modelo'). 1975 – *Cada um dá o que tem*; *A noite das fêmeas (Ensaio geral)*; *O quarto da viúva*; *O sexualista*. 1976 – *As loucuras de um sedutor*; *Nem as enfermeiras escapam*; *Belas corrompidas*. 1977-1979 – *Patty, a mulher proibida*. 1978 – *O guarani*; *O inseto do amor*.

Um dos raros escritores brasileiros populares, com livre trânsito da literatura erótica aos livros infantojuvenis. Viaja do conto ao romance, com rápidas passagens pelo texto teatral e o ensaio. De sua vasta obra, composta de cerca de trinta livros, constam romances como *Memórias de um gigolô* (1968); *Malditos paulistas* (1980) e a série de romances direcionados ao público infantojuvenil, com títulos como *O rapto do garoto de ouro* e *Dinheiro do céu*. É irmão do escritor Mário Donato, autor do romance *Presença de Anita*, primeira produção da CINEMATOGRÁFICA MARISTELA*, sob a direção de Ruggero Jacobbi. Junto com seu irmão, mais os escritores Hernani Donato, Artur Neves e Tito Batini, fundam a Editora Autores Reunidos. Criam também a Donato Editores. Eclético, escreve séries e telenovelas para várias emissoras de televisão, com raríssimas incursões no teatro. Trabalha em publicidade, e também como cronista de jornais e revistas. Seus romances filmados receberam na tela os mesmos títulos: *Memórias de um gigolô*; *O enterro da cafetina* e *Café na cama*, todos sob direção de Alberto Pieralisi*. Seu conto *Mustang cor de sangue* transforma-se em *Patty, a mulher proibida*, de Luiz Gonzaga dos Santos, e sua telepeça *A próxima vítima*, intitula-se nas telas *O quarto da viúva*, sob direção de Sebastião de Souza. Sua experiência com o cinema é longa, havendo ingressado na produtora ATLÂNTIDA* como roteirista do carnavalesco *Quanto mais samba melhor* e da paródia *Entre mulheres e espiões*, ambos sob direção de Carlos Manga*, este último escrito para o humor do grande Oscarito*. Dez anos mais tarde, escreve nova paródia (*O grande xerife*, de Pio Zamuner*) para outro comediante, Mazzaropi*. A seguir,

no período das comédias eróticas e das pornochanchadas*, colabora no roteiro de uma série de filmes cariocas, *Ainda agarro esta vizinha*, de Pedro Carlos Rovai*; *As secretárias que fazem de tudo*, de Pieralisi; *As alegres vigaristas*, de Carlos Alberto de Souza Barros*. Na Boca do Lixo* faz os roteiros de *Os garotos virgens de Ipanema*, de Osvaldo Oliveira*; da paródia *As cangaceiras eróticas*, de Roberto Mauro; da comédia dramática *Sedução*; do drama *A noite das fêmeas*; da comédia de terror *Belas e corrompidas*; e da pornochanchada *O inseto do amor*, todos estes de Fauzi Mansur*, diretor de quem foi assíduo colaborador, inclusive na adaptação de *O guarani*, romance de José de Alencar*. Escreve ainda roteiros para as comédias *O clube das infiéis*, de Cláudio Cunha*; *O supermanso*, de Ary Fernandes*; *O sexualista*, de Egydio Eccio*; e *Nem as enfermeiras escapam*, de André José Adler. Encerra com esses filmes sua participação como ativo roteirista do cinema brasileiro popular dos anos 70. (LFM)

REYMOND, Cauã (Cauã Reymond Marques) – Rio de Janeiro, RJ, 1980. Ator.

FILMOGRAFIA: 2004 – *Ódiquê?*. 2008 – *Falsa loura*. 2009 – *Se nada mais der certo*; *Divã*; *À deriva*.

Iniciou a carreira de modelo aos 17 anos de idade, desfilando nos grandes centros internacionais da moda como Milão e Paris, para estilistas como Gaultier e Ferré. Morou dois anos em Nova York, onde estudou no lendário Actor's Studio com Susan Baston. Ao voltar para o Brasil, iniciou participação na REDE GLOBO DE TELEVISÃO, onde estreou na série *Malhação* (2002). Atuou na telenovela *Da cor do pecado* (2004) e ganhou seu primeiro papel de destaque na novela *Belíssima* (2005) ao interpretar um garoto de programa. No cinema, faz papéis de coadjuvante, trabalhando com novos diretores. Estreou no filme dramático *Ódiquê?*, de Felipe Joffily. Atuou ainda em outro drama, *Falsa loura*, do veterano Carlos Reichenbach*; além de *Se nada mais der certo*, do cineasta brasiliense José Eduardo Belmonte*. A única comédia de que participou foi *Divã*, de José Alvarenga Jr., em que faz o amante moçoilo da dona de casa de meia-idade que está terminando seu casamento. Trabalha em *À deriva*, de Heitor Dhalia*. (MM)

REZENDE, Daniel – São Paulo, SP, 1975. Montador.

FILMOGRAFIA: 2002 – *Cidade de Deus*; *Narradores de Javé*. 2004 – *Diários de motocicleta* (coprodução estrangeira).

2005 – *Dark Water (Água negra)* (produção estrangeira). 2006 – *O ano em que meus pais saíram de férias*; *Tropa de elite*. 2007 – *Cidade dos homens*. 2008 – *Ensaio sobre a cegueira* (produção estrangeira); *Jazz in the Diamand District* (produção estrangeira). 2010 – *As melhores coisas do mundo*; *Tropa de elite 2*; *Tree of Life (A árvore da vida)* (produção estrangeira).

Formado pela Escola Superior de Propaganda e Marketing. Trabalha como montador de comerciais e videoclipes. Montador de filmes importantes de realizadores que se destacam nos cenários nacional e internacional. Estreou no ofício com um sucesso de público e crítica, *Cidade de Deus*, de Fernando Meirelles*, baseado no livro de Paulo Lins, trabalho pelo qual ganhou o BAFTA – prêmio da Academia de cinema da Inglaterra, além da indicação ao OSCAR (2004), o troféu de melhor editor no GRANDE PRÊMIO DE CINEMA BRASILEIRO (2003) e melhor edição no FESTIVAL DE HAVANA. Montou em seguida a fita rural *Narradores de Javé*, de Eliane Caffé*. Fez duas parcerias internacionais com o diretor Walter Salles, para quem montou um sucesso de crítica e público, *Diários de motocicleta*, e *Dark Water (Água negra)*, fita de produção norte-americana e filmada nos EUA. A edição de *O ano em que meus pais saíram de férias*, de Cao Hamburguer, exibe uma tensão contida, em contraposição ao ritmo de *Tropa de elite*, mais eletrizante. Em novo trabalho com o diretor Fernando Meirelles, editou *Ensaio sobre a cegueira*, baseado na obra homônima do escritor português José Saramago, filme selecionado para a mostra competitiva do FESTIVAL DE CANNES, recebendo o prêmio da ACADEMIA BRASILEIRA DE CINEMA (ABC) de melhor montagem. Com trama parecida com *Cidade de Deus*, montou também *Cidade dos homens*, de Paulo Morelli. O primeiro longa de cineasta estrangeiro que montou foi *Jazz in the Diamond District*, da cineasta norte-americana Lindsey Christian. Estreia na direção em *Blackout* (2008), melhor curta no FESTIVAL INTERNACIONAL DO RIO DE JANEIRO, com Wagner Moura, Augusto Madeira (melhor ator no FESTIVAL DE CINEMA DE GRAMADO), Deo Teixeira e Cesar Charlone, que além de fotógrafo fez sua estreia como ator. *A árvore da vida* é uma produção norte-americana dirigida por Terence Malick, estrelado por Sean Penn e Brad Pitt. (LFM)

REZENDE, Sérgio (Sérgio Peres de Rezende) – Rio de Janeiro, RJ, 1951. Diretor.

FILMOGRAFIA: 1980 – *Até a última gota*. 1981 – *O sonho não acabou*. 1985

– *O homem da capa preta*. 1988-1989 – *Doida demais*. 1992 – *Children is Waiting*. 1994 – *Lamarca, coração em chamas*. 1997 – *Guerra de Canudos*. 1999 – *Mauá, o imperador e o rei*. 2000 – *Quase nada* (1º episódio: 'Foice'; 2º episódio: 'Veneno'; 3º episódio: 'Machado'). 2003 – *Onda anda você?*. 2006 – *Zuzu Angel*. 2009 – *Salve geral*.

Exibindo obra de grande coerência estilística e temática, explora aspectos da história brasileira, retrabalhando-os quase sempre pela ótica de personagens reais com forte espírito de liderança e capacidade empreendedora. Adepto da narrativa clássica, procura filmar com a mesma equipe e atores, preocupando-se ainda com a repercussão pública dos filmes. Interessa-se por cinema a partir do hábito paterno de registrar acontecimentos familiares com uma câmera de 16 mm e a partir de um curso ministrado por um padre jesuíta no Colégio Santo Inácio, onde estuda. Mesmo assim tenta ser músico, escolhendo a bateria como instrumento. Demonstra pouca vocação e passa ao curso universitário de Direito, que abandona no terceiro ano. Retoma os exercícios de filmagem, matriculando-se no início dos anos 70 nas aulas de cinema, dadas por Vicente de Paiva. Compra uma nova câmera de 16 mm e torna-se curta-metragista, escrevendo e dirigindo, entre outros, *Pra não dizer que competi* (1974), *Leila para sempre Diniz* (1975) e *P. S.: te amo* (1977). O segundo é correalizado pela esposa e produtora Mariza Leão* e possibilita a fundação da empresa familiar MORENA FILMES. No final da década lança-se a projetos mais ousados, dirigindo o documentário-denúncia *Até a última gota*, que enfoca o comércio de sangue na América Latina. O substrato político prosseguiria pelo resto da carreira, quase sempre associado a determinada personagem. A exceção fica por conta do projeto seguinte, *O sonho não acabou*, em que o retrato social e histórico é traçado a partir de um grupo de jovens moradores da capital da República. O prêmio ESPECIAL DO JÚRI no FESTIVAL DE GRAMADO granjeia-lhe prestígio e permite a produção de uma cinebiografia polêmica, *O homem da capa preta*, sobre o político reacionário Tenório Cavalcanti. Construído com grande vigor narrativo, transforma-se em sucesso de bilheteria, ultrapassando a marca de 1 milhão de espectadores. Filma em seguida *Doida demais*, trabalho desigual e mal recebido por crítica e público. A partir de indicação do fotógrafo Antônio Luís Mendes, é convidado por um produtor inglês para dirigir *Children is Waiting*, drama político rodado em Moçambique. Retornando ao país, filma a vida do guerrilheiro Carlos Lamarca, em *Lamarca, coração em chamas*. O tom épico presente em mais essa cinebiografia se acentua no projeto seguinte, o ambicioso *Guerra de Canudos*. Uma das produções mais caras da história do cinema brasileiro, conta com sua habitual competência dramática e narrativa. Concebido tanto como obra cinematográfica quanto minissérie de televisão, aborda o conflito a partir de uma ótica feminina e situa o papel da mídia na cobertura da campanha militar. Convidado pelo produtor Joaquim Vaz de Carvalho, empreende outra cinebiografia, agora sobre a figura do barão de Mauá, empresário-símbolo das tentativas de modernização do país no século XIX. (HH) Em 2006, ainda com produção de Joaquim Vaz de Carvalho, Rezende dirige o docudrama *Zuzu Angel*, baseado em fatos reais ocorridos durante a repressão política na ditadura militar. Com boa reconstituição histórica, em trama ágil com roteiro assinado por Marcos Bernstein* e Sérgio Rezende, o filme retrata a luta da estilista Zuzu Angel em busca de seu filho desaparecido. Para o mesmo Joaquim Vaz Carvalho criou, em *Salve geral*, outro filme sobre evento histórico, relatando a revolta de presos em São Paulo comandados pelo Primeiro Comando da Capital (PCC), totalmente filmado na capital paulistana. Rezende tem se firmado como o grande diretor de docudramas no cinema brasileiro. Embora com resultados diversos, possui conhecimento para adaptar eventos históricos ao formato narrativo cinematográfico, extraindo dramas densos e obras consistentes.

RIBEIRO, Agildo (Agildo da Gama Barata Ribeiro Filho) – Rio de Janeiro, RJ, 1932. Ator.

FILMOGRAFIA: 1955 – *Angu de caroço*; *O grande pintor*; *O feijão é nosso*; *O fuzileiro do amor*. 1958 – *Meus amores no Rio* (coprodução estrangeira). 1959 – *Aí vêm os cadetes*; *Matemática, 0... amor, 10*. 1960 – *Amor para três*. 1961 – *Esse Rio que eu amo* (4º episódio: 'Noite de almirante'); *Pluft, o fantasminha*. 1962 – *Tocaia no asfalto*. 1963 – *Crime no Sacopã*. 1965 – *Na mira do assassino*. 1967 – *A espiã que entrou em fria*; *Jerry, a grande parada*. 1968 – *Como matar um playboy*; *A cama ao alcance de todos* (1º episódio: 'A primeira cama'). 1970 – *Como ganhar na loteria sem perder a esportiva*. 1971 – *Tô na tua, bicho*. 1973 – *Café na cama*; *Divórcio à brasileira*. 1974 – *O comprador de fazendas*. 1975 – *O sexualista*. 1976 – *O pai do povo*. 1979 – *Gugu, o bom de cama*. 1991-2001 – *O xangô de Baker Street*. 2003 – *O homem do ano*. 2008 – *Casa da mãe Joana*.

Ator, filho de Agildo Barata (militar comunista e participante da Revolução de 1932), exilou-se com a família aos seis meses em Portugal, voltando ao Brasil com 3 anos. Seu pai conheceu o exílio e a prisão em outras oportunidades: Agildo conta que chegou a visitar o velho Agildo em Ilha Grande, quando criança. Além disso, sua casa era invadida periodicamente e, em mais de uma ocasião, sua mãe foi detida. Estudou no Colégio Militar e havia na família a expectativa de que o filho único do casal seguisse, igualmente, a carreira paterna. Entretanto, acabou sendo expulso, por indisciplina, desse estabelecimento. Foi para o Educandário Ruy Barbosa, onde, de acordo com suas palavras, "a bagunça era tão grande que para você repetir de ano precisava de pistolão". Aos 18 anos resolveu seguir a carreira artística, incentivado por Procópio Ferreira*, amigo da família. O primeiro passo foi entrar no Teatro do Estudante, que funcionava nos fundos da casa de Paschoal Carlos Magno, onde foi colega de Oswaldo Loureiro*, Maria Fernanda*, Sérgio Cardoso, Glauce Rocha* e Consuelo Leandro* (que se tornou sua primeira mulher). Protagonizou, em 1953, *Joãozinho anda para trás*, peça infantil de Lúcia Bennedetti. Em 1954 estreia profissionalmente como bailarino da Companhia de Teatro de Revista de Zilco Ribeiro, "o rei das revistas musicais dos anos 50". Dois anos depois, Agildo tornou-se o principal ator da companhia, estreando em São Paulo, no Teatro de Alumínio, ao lado de Consuelo Leandro, na revista *Doll Face*. Em 1957, Miroel Silveira* deu-lhe a oportunidade de protagonizar João Grilo, em *O auto da compadecida*, de Ariano Suassuna – a partir daí, sua carreira teve grande impulso, sendo o ator principal em *Se correr o bicho pega; se ficar o bicho come* (de Oduvaldo Viana Filho*, Paulo Pontes e Ferreira Gullar – Grupo Opinião), com elenco constituído pelo próprio Vianinha, Fregolente*, Odete Lara*, Marieta Severo*, Oswaldo Loureiro, Sérgio Mamberti*, Hugo Carvana*, sendo Gianni Ratto o diretor. Fez *A pena e a lei*, de Ariano Suassuna (Grupo Opinião), sob a direção de Luís Mendonça; *O inspetor geral*, de Nicolai Gógol; *As aventuras de Ripió Lacraia*, de Chico de Assis, no Teatro Nacional de Comédia, ao lado de Teresa Rachel, sob a direção de José Renato. Trabalhou, também, em *Romanof e Julieta*, de Peter Ustinov, sob a direção de

Henriette Morineau; *Os direitos da mulher*, de Alfonso Paso, sob a direção de Luis de Lima; *A tia do Carlito*, de Brandon Thomas, dirigida por Fabio Sabag. Fez vários *shows*, como protagonista, escritos por Max Nunes e Haroldo Barbosa, tais como *Agildo em ritmo de loucura*; *Fica combinado assim*; *Misto-quente*; *Misto-quente do outro lado* e *Alta rotatividade*. Apenas quando deixou de ser ator de teatro e de cinema e passou a fazer mais *shows* é que começou, efetivamente, a ganhar dinheiro. Isso se acentuou quando, a exemplo de José Vasconcelos nos anos 50, Chico Anysio* e Jô Soares*, posteriormente, transformou-se em *one man show*, excursionando por todo o Brasil e no exterior, trabalhando e vivendo longas temporadas em Portugal. Fez outros *shows* de sucesso, merecendo destaque *Vou querer também senão eu conto pra todo mundo*, escrito em 1984 e que ficou mais de dois anos em cartaz. Encenou, em 1987, *O silicone*, comédia que escreveu com Gugu Olimecha. Ingressou na TV GLOBO em 1965, obtendo vários êxitos em programas humorísticos: *Bairro Feliz*; o apresentador de *Topo Gigio*, o ratinho que encantou o país; o professor de Filosofia em *O Planeta dos Homens*; *Viva o Gordo*; *Estúdio A... gildo*; etc. Apesar de ter permanecido contratado pela emissora, ficou sem atuar nela por mais de dois anos. Saindo da GLOBO, foi para o SBT, tendo feito o programa *Não pergunta que eu respondo*. Voltou à GLOBO, aceitando convite de Chico Anysio, para participar de *A Escolinha do Professor Raimundo*. Na GLOBO integrou, ainda, o elenco da novela *De quina pra lua* (1985), de Alcides Nogueira, sobre o argumento de Benedito Ruy Barbosa. Doze anos depois aceitou o convite de Walter Avancini para trabalhar na REDE MANCHETE, na novela *Mandacaru*. A carreira de Agildo no cinema engloba pequenos papéis em filmes da CINELÂNDIA FILMES, como *Angu de caroço* e *O fuzileiro do amor*, ambos de Eurides Ramos*, e neste último contracena com Amácio Mazzaropi*. Ainda para a mesma empresa, filma, ao lado de Ankito*, as comédias *O grande pintor* e *O feijão é nosso*, com o diretor Victor Lima*. Em seu filme seguinte, o primeiro que faria em cores, *Meus amores no Rio*, iniciaria duradoura parceria com o diretor Carlos Hugo Christensen* (*Matemática, 0... amor, 10*, *Amor para três*, *Esse Rio que eu amo*), que lhe entregaria papéis de maior relevo, inclusive o papel principal de *Como matar um playboy*, este último extraído de peça homônima de João Bethencourt. Curiosamente, foi com o diretor Luiz de Barros* que fez seu primeiro papel dramático no cinema, como o soldado do filme militar em cores *Aí vêm os cadetes*. No começo dos anos 60, filma no cinema baiano, no papel de um matador do sertão em *Tocaia no asfalto*, de Roberto Pires*. Com o mesmo diretor, mais um filme dramático: *Crime no Sacopã*. Ainda no gênero policial apresenta um bandido em *Na mira do assassino*, de Mário Latini. Retorna às comédias, em papéis principais ou de destaque, na paródia *A espiã que entrou em fria*, de Sanin Cherques; em *Como ganhar na loteria sem perder a esportiva*, de J. B. Tanko*; *Tô na tua, bicho*, de Raul Araújo e *O comprador de fazendas*, de Alberto Pieralisi*, sendo esta uma nova versão do conto de Monteiro Lobato. Ingressa na pornochanchada em *Café na cama*, do mesmo Pieralisi, filmando ainda no gênero *Divórcio à brasileira*, de Ismar Porto*; *O sexualista*, de Egydio Eccio, e *Gugu, o bom de cama*, de Mário Benvenuti*, em que faz um costureiro *gay*. Entre seus trabalhos mais recentes, está também uma aparição na comédia *O pai do povo*, que seu amigo Jô Soares* dirigiu. (AMC). Consagrado como ator cinematográfico, dedica-se a fazer humor na TV, com vários tipos marcantes. De volta ao cinema em *O xangô de Baker Street*, interpreta um delegado. Em *Casa da mãe Joana*, debochado e irreverente, fez um comendador *gay* que foi *drag queen* no passado e ainda sonha em fazer *shows* ao som de "Não existe pecado ao sul do Equador", de Chico Buarque.

RIBEIRO, Isabel (Frederica Isabel Iat Ribeiro) – São Paulo, SP, 1941-1990. Atriz.

FILMOGRAFIA: 1966 – *ABC do amor* (2º episódio: 'O pacto'); *Todas as mulheres do mundo*. 1967 – *Garota de Ipanema*. 1968 – *Lance maior*; *Como vai, vai bem?* (5º episódio: 'O apartamento'). 1968-1969 – *Os herdeiros*. 1969 – *Tempo de violência*; *Azyllo muito louco*. 1971 – *O doce esporte do sexo* (4º episódio: 'A suspeita'). 1971-1972 – *São Bernardo*. 1972 – *Quem é Beta?* (coprodução estrangeira). 1973 – *Os condenados*; *Toda nudez será castigada*. 1975 – *Deliciosas traições de amor* (4º episódio: 'O olhar'). 1976 – *A queda*. 1977 – *Na ponta da faca*; *Coronel Delmiro Gouveia*. 1978 – *O coronel e o lobisomem*. 1979 – *O menino arco-íris*; *Parceiros da aventura*. 1986 – *Besame mucho*. 1987 – *Feliz ano velho*.

Considerada uma das mais sensíveis e brilhantes atrizes brasileiras, dotada de uma riqueza de expressões faciais e de uma intensidade dramática incomum, Isabel Ribeiro nasceu em São Paulo em 8 de julho e faleceu em 13 de fevereiro, em Jundiaí, em decorrência de um câncer. Era filha de uma polonesa e de um político paulista, que morreu quando ela tinha seis meses, deixando a família em situação financeira difícil. Aos 15 anos começou a trabalhar. Foi auxiliar de escritório, secretária de autoescola, caixa de camisaria, balconista e auxiliar de laboratório. Vítima de uma forte crise de depressão, tentou o suicídio aos 20 anos, ingerindo de uma só vez sessenta comprimidos de amostra grátis de tranquilizante. Levada para o hospital, chorou quando recobrou a consciência e percebeu que estava viva. Esse fato, que confessou em entrevistas, despertou-lhe o desejo de se tornar atriz. Certa ocasião, foi levada por amigos ao Teatro Oficina para assistir à peça *José, do parto à sepultura*, de Augusto Boal. Fascinada pelo ambiente, transformou-se em "rato de camarim", e, no ano seguinte, pisou pela primeira vez no palco, na peça infantil *A bruxinha que era boa*, de Maria Clara Machado. Frequentou durante seis meses o curso de interpretação do professor Eugênio Kusnet*. Logo depois, foi convidada por Augusto Boal para o papel de Lucrécia na peça *A mandrágora*, de Maquiavel, encenada pelo Teatro de Arena. Em 1964, mudou-se para o Rio de Janeiro, onde deu continuidade à carreira na peça *A moratória*, de Jorge de Andrade. Suas atuações mais expressivas foram nas peças *Avatar*, *Antígona*, *O santo inquérito* e *Hoje é dia de rock*. Na televisão, Isabel atuou em várias novelas, como *O rebu*, *Champagne*, *Sol de verão* e *Sinal de vida*. Seu último trabalho na TV foi na novela *Helena*, de 1987. Embora tenha se destacado como uma das grandes atrizes do moderno teatro brasileiro, Isabel Ribeiro confessou que o cinema lhe proporcionara as maiores satisfações de sua carreira. Sua estreia na tela grande se deu pelas mãos de Eduardo Coutinho*, que a dirigiu em 'O pacto', episódio do filme *ABC do amor*. No início, não se incomodou em fazer apenas pontas, como em *Todas as mulheres do mundo*, de Domingos Oliveira*, e *Garota de Ipanema*, de Leon Hirszman*. Seu primeiro papel de importância foi a Raquel de *Os herdeiros*, dirigido por Carlos Diegues*. Mas quando interpretou Madalena, a esposa reprimida de Paulo Honório, em *São Bernardo*, dirigido por Leon Hirszman*, Isabel demonstrou sua veia econômica, exigida pelo temperamento recatado e pelos diálogos secos da personagem. Por esse papel, recebeu o prêmio AIR FRANCE de melhor atriz em 1974. Outra atuação memorável foi a da prostituta Alma de *Os condenados*, de Zelito Viana*, que ela considerava um dos pontos altos de sua carreira. Seu estilo sóbrio e intenso pode ser visto em outros filmes de que participou, como *Azyllo muito louco*, de Nelson Pereira dos Santos*; *Toda nudez será castigada*, de Arnaldo Jabor*; *A queda*, de Ruy Guerra* e Nelson Xavier*; e *Os parceiros da aventura*, de José Medeiros* (filme que lhe proporcionou o prêmio de melhor atriz no FESTIVAL DE GRAMADO de 1979). Seu último filme de longa metragem foi *Feliz ano velho*, dirigido por Roberto Gervitz*, no qual fez o papel de uma enfermeira de paraplégicos. Na mesma época, descobriu que estava com câncer, mas, mesmo debilitada pela doença, interpretou uma suicida no curta-metragem *A voz da felicidade*, de Nelson Nadotti. Sua atuação, contida e impecável, proporcionou-lhe o derradeiro reconhecimento: o prêmio de melhor atriz de curta-metragem no FESTIVAL DE GRAMADO de 1988. (LAR)

RIBEIRO, José Tadeu (José Tadeu Vasconcelos Ribeiro) – Três Corações, MG, 1953. Fotógrafo.

FILMOGRAFIA: 1984 – *O cavalinho azul*; *Noites do sertão*; *Nunca fomos tão felizes*; *O rei do Rio*. 1985 – *Os Trapalhões no reino da fantasia*; *Brás Cubas*; *Sonho sem fim*. 1986 – *A cor do seu destino*; *Besame mucho*. 1987 – *Luzia Homem*; *Romance da empregada*. 1988 – *Dedé Mamata*. 1988-1989 – *Faca de dois gumes*. 1989 – *Os sermões*. 1989-1990 – *Matou a família e foi ao cinema*. 1989-1991 – *O escorpião escarlate*. 1991 – *Uma casa para Pelé*. 1992 – *Oswaldianas* (1º episódio: 'Quem seria o feliz conviva de Isadora Duncan?'). 1994 – *Veja esta canção* (episódio: 'Você é linda'); *Menino maluquinho – o filme*. 1996 – *O mandarim*. 1996-1997 – *Miramar*. 1997 – *Alô!*; *Amor & Cia*. 1999 – *São Jerônimo*; *Minha vida em suas mãos*. 2001 – *Copacabana*; *Dias de Nietzsche em Turim*. 2002 – *Uma onda no ar*; *Avassaladoras*. 2003 – *Sexo, amor e traição*. 2004 – *Espelho d'água, uma viagem pelo rio São Francisco*. 2005 – *Concerto campestre* (coprodução estrangeira).

Em Belo Horizonte, fotografa o curta *Aníbal, um carroceiro e seus marujos* (1981), de Luiz Alberto Sartori. A seguir, radica-se no Rio de Janeiro, e nos seus anos de formação atua inicialmente como assistente de câmera e fotógrafo de curtas. Dono de importante carreira de diretor de fotografia, trabalha com cineastas de destaque desde seu primeiro longa na função, a fábula infantil *O cavalinho azul*, de Eduardo Escorel*. Colabora no filme mineiro, quando sua câmera registra o interior imaginado pelo escritor Guimarães Rosa em *Noites do sertão*, de Carlos Alberto Prates Correia*, e o subúrbio carioca, em *Romance da empregada*, de Bruno Barreto*. Cria a luz dos filmes dirigidos pelos importantes fotógrafos Murilo Salles* (*Nunca fomos tão felizes* e *Faca de dois gumes*) e Lauro Escorel Filho* (*Sonho sem fim*), dos quais fora assistente de câmera. Parceiro constante do cineasta experimental Júlio Bressane*, conhecido pelo cuidado que dedica à fotografia elaborada de seus filmes. Trabalha em *Brás Cubas*; no primeiro episódio, 'Quem seria o feliz conviva de Isadora Duncan?', de *Oswaldianas*; em *O mandarim*; em *Os sermões*; e em *Miramar*. Muito requisitado, fotografa a produção de marca mais comercial, como os filmes *O rei do Rio* e *Luzia Homem*, de Fábio Barreto*; *Os Trapalhões no reino da fantasia*, de Dedé Santana*; *A cor do seu destino*, de Jorge Durán*; *Besame mucho*, de Francisco Ramalho Jr.*; *O escorpião escarlate*, de Ivan Cardoso*; *Dedé Mamata*, de Rodolfo Brandão; *Matou a família e foi ao cinema*, de Neville d'Almeida*; e *Menino maluquinho – o filme*, de Helvécio Ratton*. Filma com os cineastas do Cinema Novo* Walter Lima Jr.* (*Uma casa para Pelé*) e Carlos Diegues* (no episódio 'Você é linda', de *Veja esta canção*). Em 2003, fotografou *Sexo, amor e traição*, refilmagem de comédia chilena feita pelo diretor televisivo Jorge Fernando. Também fotografa *Espelho d'água, uma viagem pelo rio São Francisco*, filme rural do diretor estreante Marcus Vinicius César, e *Concerto campestre*, do cineasta gaúcho Henrique Freitas Lima. (LFM)

RIBEIRO, Milton (Milton de Sousa Mineiro) – São Paulo, SP, 1920-1972. Ator.

FILMOGRAFIA: 1948-1950 – *A vida é uma gargalhada*. 1949 – *Quase no céu*. 1951 – *Ângela*; *Sai da frente*. 1952 – *O cangaceiro*. 1954 – *Os três garimpeiros*. 1955-1956 – *A lei do sertão*. 1956 – *Arara vermelha*. 1957 – *Cara de fogo*; *Vou te contá*. 1959 – *Na Garganta do Diabo*. 1960 – *A morte comanda o cangaço*; *Férias no arraial*. 1962 – *Três cabras de Lampião*; *O Cabeleira*; *Lampião, rei do cangaço*. 1963 – *O vigilante contra o crime* (episódio); *O homem do Rio* (produção estrangeira). 1965 – *O diabo de Vila Velha*; *Entre o amor e o cangaço*. 1966 – *Cangaceiros de Lampião*. 1968 – *Agnaldo, perigo à vista*; *Meu nome é Lampião*. 1969 – *Corisco, o diabo loiro*. 1970 – *Se meu dólar falasse...*; *O homem do corpo fechado*. 1971 – *Pantanal de sangue*.

Criou-se em Batatais, estado de São Paulo, e foi militar, carreira que abandonou para ser ator. Começou em espetáculos de circo, fazendo excursões pelo interior mineiro e paulista. Depois atuou em radionovelas e chegou ao teatro, merecendo destaque duas de suas apresentações: *O casal no ano 20* e o Cristo negro em *O auto da compadecida*, de Ariano Suassuna. Em sua estreia no Teatro Brasileiro de Comédia (TBC) interpretou o árabe de *The Time of your Life*, de William Saroyan, sob a direção de Adolfo Celi*. Fez teatro de revista e chegou a gravar um disco em 1963, cantando uma marcha-hino, *Terra brasileira*, e uma canção nordestina, *Bumba meu boi*. No cinema, iniciou com uma ponta em *A vida é uma gargalhada*, de Mario Santos, vindo depois *Quase no céu*, de Oduvaldo Viana*. Ingressa nos estúdios VERA CRUZ*, onde filma *Ângela*, de Tom Payne* e Abílio Pereira de Almeida*, e *Sai da frente*, com direção de Abílio. Sua consagração deu-se em *O cangaceiro*, produção da VERA CRUZ dirigida por Lima Barreto*, em que desempenhou o papel do capitão Galdino, que o consagrou no Brasil e no exterior: "cara sempre feia, marcante, gestos bruscos, expressões de ódio e rancor, comportamento violento". A película foi premiada em CANNES, na categoria "filme de aventura", e Milton Ribeiro tornou-se, a partir de então, a principal figura na maioria dos filmes de cangaço realizados pelo cinema nacional, representando o vilão e o homem mau, o bruto marcado pela aspereza do ambiente. São nessa linha suas atuações em *Os três garimpeiros*, de Gianni Pons; *A lei do sertão*, de Antoninho Hossri; *Arara vermelha*, de Tom Payne; *Cara de fogo*, de Galileu Garcia*; *Na Garganta do Diabo*, de Walter Hugo Khouri*; a série com o diretor Carlos Coimbra* (*A morte comanda o cangaço*, *Cangaceiros de Lampião* e *Corisco, o diabo loiro*), mais *Três cabras de Lampião*, de Aurélio Teixeira*; *Meu nome é Lampião*, de Mozael Silveira; *O homem do corpo fechado*, de Schubert Magalhães*, e *Pantanal de sangue*, de Reynaldo Paes Barros. Participou ainda de algumas comédias. (AMC)

RIBEIRO JR., Luiz Severiano – Fortaleza, CE, 1912-1993. Exibidor, produtor.

Empresário responsável por inúmeras iniciativas nos campos da produção e finalização cinematográficas, destacando-se a produtora ATLÂNTIDA* e o laboratório CINEGRÁFICA SÃO LUIZ, foi herdeiro da maior cadeia exibidora do país, que passa a conduzir diretamente a partir dos anos

60. Filho de Luiz Severiano Ribeiro, que laboriosamente constrói enorme circuito exibidor, começando por Fortaleza, em 1915, e atingindo todo o Nordeste, Norte e o litoral do Sudeste, é destinado desde a infância ao controle futuro das diversas empresas da família. Para tanto é enviado a Londres no começo dos anos 30 para estudar Administração. Descobrindo a verdadeira amplitude da indústria cinematográfica, volta ao país em 1937 disposto a empreender a incorporação das esferas da distribuição e da produção aos negócios do pai. Começa trabalhando como programador dos cinemas de bairros cariocas, inteirando-se da mecânica varejista do comércio exibidor. Logo recebe autonomia para ampliar o campo de atuação cinematográfica da família. Investe na DISTRIBUIDORA DE FILMES BRASILEIROS, alcançando o seu controle no início da década de 40. Extingue-a paulatinamente, substituindo-a pela UNIÃO CINEMATOGRÁFICA BRASILEIRA (UCB), fundada em 1946. Quase na mesma época começa a envolver-se com a produção de filmes, injetando capital minoritário em *Aves sem ninho* (1939), de Raul Roulien*. A experiência não é bem-sucedida e, mudando de estratégia, abre um laboratório, o CINEGRÁFICA SÃO LUIZ. Faz seguidos adiantamentos de borderô para a recém-fundada ATLÂNTIDA, tornando-se seu principal acionista em 1947. Sua presença na empresa provoca a saída do diretor Moacyr Fenelon*, a compra de equipamentos mais modernos, incluindo o espólio da MULTIFILMES* nos anos 50, e a modificação da linha de produção, privilegiando-se com o tempo enredos mais comerciais. A nova orientação propicia a formalização da chanchada*, efetuada por Watson Macedo* a partir de *Carnaval no fogo* (1949). Acercando-se cada vez mais do cotidiano interno, promove a ascensão do diretor Carlos Manga*. Esse cineasta sofistica o gênero e alcança as maiores bilheterias da década de 50, valendo-se da enorme cadeia Severiano Ribeiro (cerca de duzentas salas em todo o país). A ATLÂNTIDA torna-se sinônimo de cinema popular e consagra astros como Oscarito*, Eliana* e Grande Otelo*. Paralelamente, faz acordos de coprodução com diversos outros produtores, como a CINELÂNDIA FILMES e grupos estrangeiros. Desenvolve também grande número de jornais da tela, apresentando o *Atualidades Atlântida* até o final dos anos 80. No início dos anos 60, percebendo o declínio da chanchada, encerra a produção ficcional, concentra as atividades da empresa na locação de serviços de som, nos cinejornais* e na exibição. Sem nunca ter se afastado realmente do comando da cadeia exibidora, tem participação mais ativa no seu gerenciamento a partir da crise de 1954, quando são fechados simultaneamente diversos cinemas do país. Administrando a consolidação das empresas, reunidas sob a sigla Grupo Severiano Ribeiro, consegue mantê-las na liderança do mercado exibidor. Nos anos 70, dá tímido início à renovação das salas. Desde meados de 1966, associa-se a uma série de produções cinematográficas de acentuada linha comercial, em pornochanchadas*, através de empresas como a KIKOFILMES. Procurando adequar-se aos novos tempos, investe pioneiramente nas chamadas multissalas, instaladas em *shopping centers*. Dessa forma, reverte a tendência de queda do número de cinemas no grupo. Com sua morte, a condução das empresas é exercida por seu filho, Luiz Severiano Ribeiro Neto. (HH)

RICCA, Marco (Marco Antonio Ricca) – São Paulo, SP, 1962. Ator.

FILMOGRAFIA: 1994-1996 – *Olhos de Vampa*. 1995-1996 – *O guarani*. 1995-1999 – *Tiradentes*. 1996 – *O que é isso, companheiro?*. 1998-1999 – *Até que a vida nos separe*. 2000 – *Deus Jr*. 2001 – *O invasor*; *Cristina quer casar*. 2001-2002 – *Rua 6, sem número*. 2005 – *O casamento de Romeu & Julieta*; *O coronel e o lobisomem*; *Crime delicado*. 2006 – *O maior amor do mundo*; *Canta Maria*; *Sonhos e desejos*. 2007 – *A Via Láctea*. 2009 – *Cabeça a prêmio* (dir.).

Um ator devotado ao cinema. Começou a carreira atuando numa série de filmes curtos ficcionais. Em 1991, filmou *Isabel*, de Sérgio Augusto Mesquita; *O outro*, de Hermano Penna* e *O caminho da salvação*, de José Tavares. Em 1992, filmou *Batimam e Robim*, de Ivo Branco, e *Tango*, de Iara Rosenthal. Finalizou essa série com *Zuleika, um caso verdade* (1993), de Luiz Dantas. Foi protagonista no primeiro longa, *Olhos de Vampa*, de Walter Rogério, no papel de um policial. Esse filme nunca foi lançado comercialmente e é um trabalho pouco visto. Em seguida, filmou projetos ambiciosos e transformou-se num ator eclético. Em *O guarani*, de Norma Bengell*, baseado no clássico romance de José de Alencar*, foi um nobre, dom Álvaro Sá. Foi o poeta Alvarenga Peixoto em mais uma refilmagem do histórico drama de *Tiradentes*, de Oswaldo Caldeira*. Pouco aparece em *O que é isso, companheiro?*, de Bruno Barreto*, baseado no *best-seller* de Fernando Gabeira. Num filme com elenco jovem, *Até que a vida nos separe*, único longa-metragem dirigido pelo publicitário José Zaragoza, interpretou Paulo, herdeiro de bem-sucedida imobiliária. Outro filme inédito seu é o drama *Deus Jr.*, de Mauro Lima*, no qual pouco tem a fazer. Passou a protagonista quando filmou *O invasor*, de Beto Brant*, baseado na novela de Marçal Aquino*, em que fez dono de imobiliária envolvido em crime e numa crise de consciência. Na comédia *Cristina quer casar*, que lançou o diretor Luiz Villaça, contracenou com a comediante Denise Fraga*; nesse filme criou Chico, dono de agência de casamentos quase falida. O Solano de *Rua 6, sem número*, drama de João Batista de Andrade*, desempregado em Brasília que tenta entender a cidade em que mora. Em nova comédia, *O casamento de Romeu & Julieta*, atuou mais uma vez sob direção de Bruno Barreto, na sátira ao texto clássico *Romeu e Julieta*, interpretando Romeu, médico corintiano que se apaixona por Julieta, de família fanática pelo Palmeiras. Foi o maior Badejo na refilmagem de *O coronel e o lobisomem*, comédia de Maurício Farias, baseado no clássico romance de José Cândido de Carvalho. Produtor, roteirista e protagonista no papel do crítico teatral Antônio Martins no drama intimista *Crime delicado*, novamente sob direção de Beto Brant, baseado no texto homônimo de Sérgio Sant'anna. Em *O maior amor do mundo*, de Carlos Diegues*, dividiu seu personagem com o ator Sérgio Brito, sendo o maestro quando jovem e também pai do protagonista. Como o personagem Felipe, atuou no filme de cangaço *Canta Maria*, de Francisco Ramalho Jr.*, baseado no romance *Os desvalidos*, de Francisco Dantas. Foi Heitor, homem em crise amorosa e perdido no trânsito de São Paulo no drama *A Via Láctea*, de Lina Chamie. Estreou como diretor com *Cabeça a prêmio*, baseado na obra homônima de Marçal Aquino. Também faz teatro, tendo participado de mais de trinta peças e alcançou certa notoriedade na televisão. (LFM)

RICCELLI, Carlos Alberto – São Paulo, SP, 1946. Ator.

FILMOGRAFIA: 1970 – *A moreninha*. 1978 – *O princípio do prazer*. 1981 – *Eles não usam black-tie*. 1985 – *Sonho sem fim*. 1986 – *Ele, o boto*. 1987 – *Leila Diniz*; *Jorge, um brasileiro*. 1997 – *A melhor vingança* (produção estrangeira). 1998-1999 – *Dois Córregos – verdades submersas no tempo*. 2005 – *Stress, Orgasm and Salvation* (*S. O. S.*) (dir.). 2006 – *Brasília 18%*. 2007 – *O signo da cidade* (dir.). 2008 – *Federal*. Carlos Alberto Riccelli formou-se em Engenharia, profissão que chegou a exercer antes de optar definitivamente pela carreira de ator. Cursou a Escola de Arte Dramática, na USP, e atuou em algumas peças antes de estrear no cinema em *A moreninha*, de Glauco Mirko Laurelli*, ao lado de Sônia Braga*. Com o filme, veio o convite para trabalhar na TV TUPI, onde faria diversas novelas ao longo dos anos 70, incluindo *Éramos seis*, *A viagem* e *Aritana*, seu maior sucesso na época. Durante as gravações, conheceu a atriz Bruna Lombardi, com quem se casou. Afastado do cinema por alguns anos, retorna no curioso e pouco conhecido filme sobre o tema do incesto, *O princípio do prazer*, de Luiz Carlos Lacerda*, em que quatro irmãos, representados por Paulo Villaça*, Odete Lara*, Ana Maria Miranda* e Riccelli, mantêm relações sexuais entre si. Na década de 80, com atuações destacadas, representa o filho do líder sindical, mais preocupado com sua vida e seu futuro casamento, em *Eles não usam black-tie*, de Leon Hirszman*, baseado na peça homônima de Gianfrancesco Guarnieri*. Interpreta o papel do pioneiro cineasta gaúcho Eduardo Abelim* no filme *Sonho sem fim*, de Lauro Escorel Filho*. No papel do boto, seduz as mulheres em *Ele, o boto*, de Walter Lima Jr.*, e volta a trabalhar com o diretor Luiz Carlos Lacerda na cinebiografia de Leila Diniz*; curiosamente, esse mito carioca tem um filme com elenco majoritariamente paulista. Defende o papel do caminhoneiro Jorge em *Jorge, um brasileiro*, de Paulo Thiago*, adaptação do romance homônimo do escritor mineiro Oswaldo França Jr. Na década de 90, muda-se para Los Angeles, onde frequenta cursos e *workshops* de cinema. Protagoniza e coproduz nos Estados Unidos o *thriller A melhor vingança*, sobre jornalista salvadorenho que persegue seu torturador americano. Volta a filmar no Brasil, com o drama *Dois Córregos – verdades submersas no tempo*, de Carlos Reichenbach*, interpretando o político Hermes, que volta ao país clandestinamente depois de cassado pelo golpe militar de 1964. Em 2005, estreia na direção do longa *Stress, Orgasm and Salvation (S. O. S.)*, baseado no texto de Bruna Lombardi, com elenco americano e rodado em Los Angeles. Volta a atuar, protagonizando o drama de Nelson Pereira dos Santos* *Brasília 18%*, como Olavo Bilac, personagem médico-legista. Em *Federal*, de Erick de Castro, representa o delegado Vital, do grupo de elite da Polícia Federal. No Brasil, produz e dirige *O signo da cidade*, com roteiro de Bruna Lombardi, que interpreta uma astróloga. *O signo da cidade* acumulou prêmios e críticas favo-

ráveis, com atuação de atores veteranos como Eva Wilma* e Juca de Oliveira. (LCA/LFM)

RICCI, Felipe – Mogi-Mirim, SP, 1900-1988. Diretor.

FILMOGRAFIA: 1924 – *A carne (Escravidão)*. 1927 – *Mocidade louca*. 1954 – *Queridinha do meu bairro*.

Batalhador dos primórdios do cinema mudo brasileiro, participante de toda a fase do curto Ciclo de Campinas*. Funciona como assistente de câmera de Tomás de Túlio* e de direção de Amilar Alves* e é montador do primeiro filme do ciclo – *João da Mata* (1923). Faz os intertítulos (diálogos dos atores que aparecem entre as cenas dos filmes mudos) e a improvisada montagem ("a olho", direto no negativo; a montagem profissional começa no cinema nacional nos anos 40 e 50, na ATLÂNTIDA* e na VERA CRUZ*) de *Sofrer para gozar* (1923), de E. C. Kerrigan*, e *Alma gentil* (1924), de Antônio Dardes Netto. Diretor, adaptador-roteirista e montador da primeira e única versão silenciosa do romance erótico *A carne*, de Júlio Ribeiro; essa obra será refilmada mais duas vezes no sonoro: em preto e branco nos anos 50 e em cores nos anos 70. É diretor, roteirista e montador de *Mocidade louca*, filme de ação sobre a juventude da época, baseado em história sua. Muda-se para São Paulo em 1943, onde fixa residência e trabalha fazendo letreiros para salas de cinema. Na época dos grandes estúdios paulistas, filma de forma amadora (atores desconhecidos, que só trabalham aos domingos) a primeira produção dos ESTÚDIOS PINTO FILHO, *Queridinha do meu bairro*, que dirige, roteiriza e monta, utilizando uma história singela de sua autoria. É também o filme de estreia na direção de fotografia de Toni Rabatoni* (ex-assistente de câmera na VERA CRUZ). A seu modo, Felipe Ricci representa para o cinema de Campinas o que Jota Soares* representa para o Ciclo do Recife*. (LFM)

RICHERS, Herbert – Araraquara, São Paulo, 1923-2009. Produtor.

FILMOGRAFIA: 1955-1956 – *Sai de baixo*. 1956 – *Com água na boca*. 1957 – *Metido a bacana*; *De pernas pro ar*; *Com jeito vai*; *É de chuá!*. 1958 – *E o bicho não deu*; *Sherlock de araque*; *Mulheres à vista*; *Pé na tábua*. 1959 – *Garota enxuta*; *Espírito de porco*; *Entrei de gaiato*; *Massagista de madame*. 1960 – *Vai que é mole*; *Pistoleiro bossa-nova*; *Marido de mulher boa*; *Tudo legal*; *O viúvo alegre*; *Um candango na Belacap*. 1961 – *O dono da bola*; *Mulheres,*

cheguei!; *Sócio de alcova* (coprodução estrangeira); *Os três cangaceiros*; *Bom mesmo é carnaval*. 1962 – *Assalto ao trem pagador*; *Os cosmonautas*. 1963 – *Vidas secas*; *O homem que roubou a Copa do Mundo*. 1964 – *Asfalto selvagem*; *Pão de Açúcar* (coprodução estrangeira); *Selva trágica*; *Um ramo para Luiza*. 1965 – *História de um crápula*; *Morte para um covarde* (coprodução estrangeira); *Paraíba, vida e morte de um bandido*. 1966 – *Cuidado, espião brasileiro em ação*; *Engraçadinha depois dos trinta*; *Essa gatinha é minha*. 1967 – *Jerry, a grande parada*; *Em busca do tesouro*; *A lei do cão*; *Mineirinho vivo ou morto*; *Papai trapalhão*. 1968 – *Dois na lona*; *Fome de amor*; *Massacre no supermercado*. 1969 – *A um pulo da morte* (1º episódio: 'Arquivos secretos de um repórter policial'; 2º episódio: 'A prisioneira'; 3º episódio: 'A testemunha'); *Golias contra o homem das bolinhas*. 1970 – *Meu pé de laranja-lima*; *Como ganhar na loteria sem perder a esportiva*. 1971 – *Bonga, o vagabundo*; *Rua descalça*; *Confissões de frei Abóbora*.

Aos 33 anos estava radicado no Rio de Janeiro, onde foi estudar Engenharia. Sobrinho do cineasta Alexandre Wulfes*, fotógrafo desde os anos 20 e cineasta a partir da década seguinte, quando passou a produzir o cinejornal* *Imagens do Brasil*. Iniciou a carreira como repórter cinematográfico com seu tio e, em 1945, foi premiado com duas medalhas pela cobertura da caça a um submarino na costa brasileira. Em 1946 e 1947, trabalhou em outro cinejornal, *Esportes na tela*, de Milton Rodrigues*, sendo responsável pelo futebol. Permaneceu na ATLÂNTIDA* por quase cinco anos (1948-1952), tendo sido em 1952 assistente do diretor de fotografia Amleto Daissé* em *Amei um bicheiro*, de Jorge Ileli* e Paulo Vanderley*. Saindo da companhia de Luiz Severiano Ribeiro Jr.*, fundou a PRODUÇÕES CINEMATOGRÁFICAS HERBERT RICHERS S. A., passando a produzir o cinejornal *Repórter na Tela*, posteriormente, *Teleobjetiva*, com um estilo mais dinâmico que o dos concorrentes, utilizando como novidade três cinegrafistas. Associado à SINOFILMES ou à CINEDISTRI*, do produtor paulista Oswaldo Massaini*, Richers produziu, a partir de meados dos anos 50, uma série de comédias filmadas nos estúdios da TV RIO, da FLAMA FILMES* e nos da BRASIL VITA FILME*, adquiridos a partir de 1959. Ali instalou seus estúdios de dublagem para cinema e televisão, ampliando as instalações para quatro estúdios, com doze moviolas. *Sai de baixo* (com direção de J.

B. Tanko*) foi o primeiro grande sucesso de Herbert Richers, de mais de cinquenta películas de longa metragem que produziu. Reuniu atores, técnicos e diretores que filmaram com ele praticamente todo o tempo: os diretores J. B. Tanko e Victor Lima*, o diretor de fotografia Amleto Daissé, o cenógrafo Alexandre Horvath e os atores Fred, Carequinha e Ankito* (vindos do circo), Zé Trindade* (originário do rádio, que fez vários filmes com Richers), Ronald Golias* (saído da televisão), Grande Otelo*, Renata Fronzi*, Costinha*, Anilza Leoni e Nelly Martins. Nos anos 60, foi responsável pela chegada às telas de *Assalto ao trem pagador*, de Roberto Farias*, *Vidas secas* e *Fome de amor*, estes de Nelson Pereira dos Santos*. As produções de Richers eram mais modestas do que as da ATLÂNTIDA. Nos anos 60, Richers incorporou em suas comédias a estética televisiva da época. Monta o bem-sucedido estúdio de dublagem a partir de sugestão de Walt Disney, chegando a dominar cerca de 70% do mercado brasileiro. Faleceu aos 86 anos, em 20 de novembro no Rio de Janeiro. (AMC)

RIO GRANDE DO SUL

O cinema no Rio Grande do Sul renasce em ciclos. De dez em dez anos a produção de longas-metragens se reativa. Da primeira ficção, *O ranchinho do sertão*, de Eduardo Hirtz (1909), a *Lua de outubro* (1997), de Henrique de Freitas Lima, o panorama da produção cinematográfica no extremo sul do país alterna períodos de grande atividade – como foram os anos 70 – com épocas de produção rarefeita, quase inexistente. A primeira produção gaúcha da Retomada do cinema brasileiro a ser lançada foi *Anahy de las Misiones* (1997), de Sérgio Silva. *Anahy de las Misiones* e *Lua de outubro* foram produzidos graças aos incentivos da Lei do Audiovisual. São produções de época e envolvem aspectos históricos do estado. Os filmes voltam-se também para a temática rural, contrapondo-se à ambientação urbana dos filmes produzidos nos anos 80. Aspectos da vida rural marcaram o primeiro longa-metragem de ficção rodado no Rio Grande do Sul, *Ranchinho do sertão*. Carlos Cavaco foi o protagonista desse filme de que não existem outros vestígios senão notícias em jornais da época. Francisco Santos*, outro dos pioneiros do cinema gaúcho, realizou em Pelotas, no interior do estado, *O crime dos banhados* (1913) e *A mulher do chiqueiro* ou *O marido fera* (1914). Os dois filmes são baseados em incidentes da crônica policial, uma prática muito em moda até hoje no

cinema. Eduardo Abelim*, realizador de *Castigo do orgulho* (1927) e *O pecado da vaidade* (1931), e E. C. Kerrigan*, que dirigiu *Amor que redime* (1927) e *Revelação* (1929), são outros nomes destacados da época silenciosa do cinema no Rio Grande do Sul. Esse período se estendeu por muitos anos. O primeiro sonoro foi um documentário rodado em 1937 por Ítalo Manjeroni, sobre a Festa da Uva de Caxias do Sul. A mesma empresa, LEOPOLDIS SOM, filmou por essa época a primeira ficção sonora, o curta *Cachorricídio*, com os comediantes Piratini e Carne Assada. O primeiro longa-metragem sonoro chegou somente em 1951, com a realização de *Vento norte*, de Salomão Scliar*. Com a presença de autoridades do governo, o filme teve uma concorrida estreia no CINEMA IMPERIAL, em Porto Alegre. Conhecido repórter fotográfico, Scliar havia trabalhado na ATLÂNTIDA* e na VERA CRUZ*. Na praia de Capão da Canoa rodou uma história sobre os amores de personagens chamados João e Maria. No roteiro de Josué Guimarães se esboça também o conflito entre personagens urbanos e pescadores. Um cruzamento entre o formalismo soviético e o neorrealismo italiano dá o tom do filme, que tem uma cópia preservada na CINEMATECA BRASILEIRA. A instituição possui também a única cópia da produção gaúcha seguinte, *Agosto 13, sexta-feira* (1953), de Camilo Tebaldi. Uma comédia de erros que toma como base o tempo – todas as ações começam na mesma hora –, o filme é uma produção da TOMAZONI FILMES, conhecida produtora de documentários e cinejornais*. A produção de longas-metragens no Rio Grande do Sul logo desapareceria sob o signo de *Remissão*, filme de José Picoral em meados da década de 50, cujos copiões se perderam.

Até *Coração de luto*, a ideia de um cinema gaúcho se alimentou de projetos frustrados – entre eles, *Encontrado na noite*, de Silva Ferreira e Henrique Meyer, e *A sombra do umbu*, de Daniel Czamanski. Sob a égide dos empréstimos da carteira de cinema do Banco Regional de Desenvolvimento do Extremo Sul (BRDE), e no entusiasmo despertado pelas gordas bilheterias dos primeiros filmes estrelados pelo cantor regionalista Teixeirinha*, a produção gaúcha deslanchou junto com o milagre econômico brasileiro. *Coração de luto* (1967), de Eduardo Llorente, produzido pela LEOPOLDIS SOM, ainda em preto e branco, foi a primeira aparição do cantor no cinema. Em seguida atua no filme colorido *Motorista sem limite* (1969), de Milton Barragan, da INTERFILMES.

Quando Teixeirinha montou sua produtora, escolheu Pereira Dias* para dirigir *Ela tornou-se freira* (1971); este em seguida fez *Pobre João* (1974), *A quadrilha do perna dura* (1975), *Carmen, a cigana* (1976), *Meu pobre coração de luto* (1977) e *Gaúcho de Passo Fundo* (1978). Barragan assinou os títulos restantes dos doze trabalhos de Teixeirinha: *Teixeirinha a sete provas* (1972), *Na trilha da justiça* (1976), *Tropeiro velho* (1978) e *A filha de Iemanjá* (1981). A repetição das mesmas fórmulas fez que o público do cantor fosse se desinteressando pelos filmes, todos de baixa qualidade. Pouca coisa se salva dos longas rodados no Rio Grande do Sul nos anos 70. A tentativa mais bem-sucedida – e ambiciosa – do ciclo foi *Pontal da solidão*, dirigido pelo ator Alberto Ruschel*, entre 1970 e 1974. Odilon Lopez fez, em 1970, *Um é pouco, dois é bom*, e o carioca Fernando Amaral dirigiu, em 1971, a comédia *Gaudêncio, o centauro dos pampas*. Antônio Augusto Fagundes assinou *O negrinho do pastoreio* (1973) e *O grande rodeio* (1975). O português David Quintans realizou *Um homem tem de ser morto* (1973), e o uruguaio Américo Pini, *Um crime no verão* (1971). *Ana Terra*, baseado em *O continente*, de Érico Veríssimo, foi dirigido por Durval Garcia (1971). A filmografia de Pereira Dias no Rio Grande do Sul inclui ainda, nesse período, os seguintes títulos: *Para, Pedro* (1969), *Não aperta, Aparício* (1969), *Janjão não dispara... foge* (1970), *A morte não marca tempo* (1972) e *Domingo de Gre-Nal* (1979).

A gestação de uma nova geração de cineastas treinados para o longa-metragem nasceu do movimento do Super-8*. Os primeiros curtas documentais e de ficção da bitola foram rodados a partir de meados da década de 70. A chamada bitola nanica cresceu em importância paralelamente à decadência das produções em 35 mm. O primeiro longa em Super-8, *Deu pra ti, anos 70*, de Nelson Nadotti e Giba Assis Brasil*, surgiu em 1981 e registrou um inusitado sucesso de bilheteria. *Coisa na roda* (1981), de Werner Schünemann, e *Inverno* (1982), de Carlos Gerbase*, foram outros longas rodados na bitola, juntamente com uma produção expressiva, que inclui *A palavra cão não morde* (1982), de Roberto Henkin e Sérgio Amon; *O racha*, de Rudimar Serves; *Rodrigo Aipimandioca* (1983) e *MCM, o filme* (1984), ambos de Antônio Saccomori; *Calma violência* (1983), de Lucas Webber da Silva; *Boas ondas, brother*, de Webber da Silva e Péricles Daniel (1984); *Laura, teu nome é mulher* (1984), de Luca Risi; *Tempo sem glória* (1984), de Henrique de Freitas Lima; e *Louca utopia* (1984), de Márcia Lara. Sem novos filmes gaúchos de longa metragem em 35 mm – *Verdes anos* estrearia em 1984 –, os longas em Super-8 preenchiam a lacuna, ganhando exibições em salas alternativas. Os super-oitistas evoluíram para o 35 mm com a criação da Z PRODUTORA, que gerou um ciclo de três filmes: *Verdes anos* (1983), de Giba Assis Brasil e Carlos Gerbase; *Me beija* (1983), de Werner Schünemann; e *Aqueles dois* (1984), de Sérgio Amon. Sérgio Lerrer, produtor desses três filmes, fez ainda, em 1985, *Quero ser feliz*. E Schünemann dirigiu em 1987 *O mentiroso*. Rodado em 16 mm, *Adiós, general*, de Omar Barros Filho, estreou em 1986. Na mesma bitola, entre 1988 e 1990, Sérgio Silva e Tuio Becker rodaram, em 16 mm, o longa *Heimweh/Nostalgia*. Os anos Collor se abateram sobre o cinema gaúcho incrementando a produção de curtas-metragens, que serviram para manter acesa a ideia de uma produção cinematográfica regional, fora do eixo Rio--São Paulo. Algumas produções paulistas e cariocas tiveram locações no Rio Grande do Sul e envolveram elementos locais, por suas características se parecerem com filmes gaúchos. Entre elas encontram-se duas adaptações de Érico Veríssimo, *Um certo capitão Rodrigo* (1970), de Anselmo Duarte*, e *Noite* (1984), de Gilberto Loureiro. *Caminhos do sul* (1949), de Fernando de Barros*; *Ângela* (1951), de Tom Payne* e Abilio Pereira de Almeida; e *Nobreza gaúcha* (1954), de Rafael Mancini, são alguns desses títulos a que vêm se juntar *Os abas largas* (1963), de Sanin Cherques, e *Luta nos pampas* (1962-1963), de Alberto Severi, rodado em CINEMASCOPE e em cores. *Os Mucker* (1980), de Jorge Bodanzky* e Wolf Gauer, e *A intrusa* (1978), de Carlos Hugo Christensen*, são dois dos mais meritórios filmes desse grupo que inclui *As filhas do fogo* (1978), de Walter Hugo Khouri*. Dois dos nomes mais conhecidos do cinema gaúcho atual, os diretores Jorge Furtado* e José Pedro Goulart, reuniram-se a dois realizadores paulistas – José Roberto Torero e Cecílio Neto – para produzir o longa em episódios *Felicidade é...* (1995). Trata-se de quatro curtas-metragens que foram, depois, exibidos de forma independente.

A produção gaúcha de curtas tem sido expressiva, mostrando força nas décadas de 80 e 90. Furtado foi premiado com o URSO DE PRATA do FESTIVAL DE BERLIM de 1990, com *Ilha das Flores*, o mesmo festival em que, em 1998, *O pulso*, de Goulart, foi selecionado para a mostra oficial. As origens dos curtas-metragens no Rio Grande do Sul remontam ao fim da primeira década do século. Eduardo Hirtz

realizou diversos documentários curtos, entre eles *Procissão de Corpus Christi* (1909) e *Sociedade Recreio Juvenil* (1912), o único recuperado. Os irmãos Fellipi, que excursionaram com o cinematógrafo durante as duas primeiras décadas do século XX, também realizaram "filmes naturais" no Rio Grande do Sul e, com *A defesa da bandeira nacional*, tentaram o "filme posado". Data desse período a criação da GUARANY FILMES, em Pelotas, e as realizações de Francisco Santos*, diretor de *Os óculos do vovô* (1913), o mais antigo filme brasileiro de ficção de que existem fragmentos. No Rio Grande do Sul, os primeiros filmes sonoros foram os documentários feitos, em 1937, por Ítalo Manjeroni na LEOPOLDIS SOM. Foi por essa época que surgiu o primeiro curta de ficção sonoro. *Cachorricídio* era uma espécie de esquete radiofônico interpretado pelos comediantes Piratini e Carne Assada. A atividade cinematográfica no Rio Grande do Sul se desenvolveu, nos anos 40 e 50, em torno dos cinejornais e de algumas experiências realizadas por associados a entidades culturais com o CLUBE DE CINEMA DE PORTO ALEGRE – fundado em 1948 e ainda em atividade –, o FOTOCINE CLUBE GAÚCHO e o CENTRO DE ESTUDOS CINEMATOGRÁFICOS DA PUC. Pedrotto Hengist (*Frutos da bondade*, 1959), Francisco Xavier de Souza (*Romance na querência*, 1963), Antônio Carlos Textor (*A última estrela*, 1965), Alpheu Ney Godinho (*O marginal*, 1963), e João Carlos Caldasso (*Cadeião dos arquidiabos*, 1962) surgiram nessa época. É com a realização de *No amor*, de Nelson Nadotti (1982), que a geração egressa da bitola Super-8 dá início a uma fértil produção de curtas em 35 mm. Os longas produzidos pela Z foram precedidos pela produção de três curtas: *Interlúdio*, de Carlos Gerbase, *Dona dele*, de Alpheu Ney Godinho, e *Urbano*, de Antônio Carlos Textor. Esses filmes misturavam em suas equipes os egressos do Super-8 dos anos 70 e o pessoal da produção em 16 mm, do final dos anos 60. Ao longo dos anos 80, na produção de curtas se firmou e se projetou internacionalmente o nome de Jorge Furtado, com *Ilha das Flores*. Mas a geração de curta--metragistas gaúchos compreende vários outros nomes, gente que produziu muito nos anos 80, mantendo-se em atividade na década de 90. Figuram entre eles Antonio Jesus Pfeil (*Cinema gaúcho dos anos 20*), Roberto Henkin (*Obscenidades*), Antônio Oliveira (*O negrinho do pastoreio*), Flavia Seligman (*O caso do linguiceiro*), Mariangela Grando (*Jogos*), Gilberto Perin (*Au revoir, Shirley*), Beto Souza (*A morte no edifício*

Império), Renato Falcão (*Presságio*), Paulo Nascimento (*Dedos de pianista*), Diego de Godoy e Dainara Toffoli (*Um homem sério*), Rogério Ferrari (*Paulo e Ana Luiza em Porto Alegre*), Jaime Lerner (*Duelo*), Fiapo Barth (*Trampolim*), e Cícero Araújo (*A agenda*). Em 16 mm aparecem Ana Luiza Azevedo (*Ventre livre*), Mônica Schmiedt (*Antártida, o último continente*), Marta Biavaschi (*Bola de fogo*) e Fernando Mantelli (*A próxima geração*). No setor da animação, Otto Guerra desenvolveu carreira paralela iniciada com o curta *O Natal do burrinho* (1984), chegando ao longa com *Rocky e Hudson, os caubóis gays* (1994). Com o ressurgimento da produção em Super-8, uma nova geração de diretores se criou em Porto Alegre. O FESTIVAL DE CINEMA DE GRAMADO, com suas mostras paralelas, permite que tanto os super-oitistas quanto os que atuam na bitola de 16 mm sigam em atividade. Destacam-se da novíssima safra Gustavo Spolidoro (*TPD*), Cristiano Zanella (*Snuff Movie*), Cristiano Trein (*Escuro*) e Fabiano de Souza (*Rastros de verão*). Alguns deles – Spolidoro (*Velinhas*) e Souza (*Nós*) – produziram também em 16 mm, bitola em que Rodrigo Portella, Márcio Schoenardie e Daniel Merel fizeram *Continuidade*. (TB)

Na década de 2000, a produção de longas-metragens no Rio Grande do Sul ultrapassou a casa dos trinta filmes, com trabalhos de adaptação literária, animação, documentários e fitas ficcionais. O mais ativo cineasta, com cinco longas, é Carlos Gerbase (*Verdes Anos*; *Tolerância*; *Sal de prata*; *3 EFES* e *1983: o ano azul*). Outro ativo realizador é Jorge Furtado, autor de quatro longas (*Houve uma vez dois verões*; *O homem que copiava*; *Meu tio matou um cara* e *Saneamento básico, o filme*). Gerbase e Furtado tornaram-se conhecidos nacionalmente, enquanto *Anahy de las Misiones* (1997) ganhou mais notoriedade do que seu próprio realizador Sérgio Silva (*Heimweh/Nostalgia*, 1988-1990). Anos mais tarde, Sergio Silva dirigiria *Noites de São João* (2003), livre adaptação da clássica peça teatral *Senhorita Júlia*, do dramaturgo sueco August Strindberg, transportada para trama ambientada em festa de São João, no interior gaúcho do início do século XX. Também de Silva é *Quase um tango* (2008-2009), drama de homem interiorano que se muda para Porto Alegre. Outro cineasta que se destaca, com quatro longas no currículo, é Beto Souza, dividindo a direção com Tabajara Ruas em *Netto perde sua alma* (2002), filme baseado em romance do próprio Tabajara que enfocou no filme a figura histórica do General Netto, participante da Guerra do

Paraguai e de outras batalhas importantes. Em trabalho solo, Beto dirige o drama *Cerro do Jarau* (2005), ambientado em lugar místico do Sul, próximo da fronteira, inspirado na lenda Salamanca do Jarau. Em *Inacreditável, a Batalha dos Aflitos* (2007), Souza dirige emocionante documentário sobre jogo decisivo para o Grêmio, que conseguiu escapar de ficar mais um ano na segunda divisão do campeonato nacional. Em 2008, realiza o drama *Dias e Noites* (2008), baseado no romance *Clô Dias e Noites*, de Sérgio Jockymann.

Paulo Nascimento é produtor e roteirista, com larga experiência em publicidade e televisão. Depois de uma carreira como curta-metragista, estreia com *Diário de um Mundo Novo* (2005), filme histórico baseado na obra *Um quarto de légua em quadro*, do escritor gaúcho Luiz Antônio Assis Brasil. Também dirige *Valsa para Bruno Stein* (2007), drama baseado no livro homônimo do escritor gaúcho Charles Kiefer, sobre a solidão de gente que vive isolada no campo, filme premiado no FESTIVAL DE GRAMADO com Ingra Liberato. *A casa verde* (2009) é comédia infantojuvenil que mistura animação e uma história fantasiosa. No docudrama *Em teu nome...* (2010), Nascimento narra, inspirado em fatos reais, o envolvimento de um jovem com a luta armada nos anos duros do regime militar, com posterior exílio no Chile e na Argélia.

Em *Mar doce* (2002), documentário sobre o rio Guaíba, o diretor Werner Schünemann, realizou seu terceiro filme longo e depois mudou-se para o Rio de Janeiro, onde atua como ator de TV e cinema. O escritor gaúcho Tabajara Ruas, codiretor de *Netto perde sua alma* (2002), estreia em 2008 na direção solo com o documentário *Brizola, tempos de luta*, enfocando a trajetória do líder político Brizola. Em *Netto e o domador de cavalos*, retoma o personagem do General Netto enfocando a lenda gaúcha do Negrinho do Pastoreio. Diretores com atividade mais espaçada chegaram ao segundo longa nos anos 2000. Entre eles, Sérgio Daniel Lerrer, com *Cara limpa* (2000), drama que mostra a batalha dos jovens por suas primeiras conquistas na vida. Também foi o caso de Henrique de Freitas Lima, que realiza *Concerto campestre* (2005), filme baseado em obra homônima de Luiz Antônio Assis Brasil. Além de *Lua de outubro*, Lima dirigiu um primeiro longa em Super-8, intitulado *Tempo de glória* (1984). Otto Guerra apresenta seu segundo longa na forma de animação com *Wood & Stock, sexo, oregano e rock'n roll* (2006), baseado em personagem do universo em quadrinhos do cartunista Angeli. Gustavo Spolidoro, com o documentário *Gigante – como o Inter conquistou o mundo* (2007), mostra quais são suas cores prediletas, dissertando sobre a primeira conquista internacional do clube que leva esse adjetivo na camisa. *Ainda orangotangos* (2008) é seu segundo longa, para o qual se coloca um desafio estilístico de peso: filmá-lo em único plano-sequência. Resta saber se a proposta não engole o desafio.

No segmento de diretores estreantes tivemos o documentarista Jaime Lerner, que dirige *Harmonia* (2000), nome de um parque da região central de Porto Alegre, próximo ao rio Guaíba, palco de disputa entre dois grandes movimentos de cultura popular do Rio Grande do Sul: os tradicionalistas e os carnavalescos. Renato Falcão, com *A festa de Margarette* (2002), aborda os sonhos de um marido em realizar festa para a esposa. A documentarista Liliana Sulzbach enfoca, em *O cárcere e a rua* (2005), a vida das internas da penitenciária feminina Madre Pelletier, de Porto Alegre, em filme denso e delicado. A produtora Mônica Schmiedt e o diretor de fotografia Sylvestre Campe dirigiram *Extremo Sul* (2005), documentário sobre a expedição de alpinistas ao monte Sarmiento (Chile). Ana Luiza Azevedo filma, em *Antes que o mundo acabe* (2007-2008), uma livre adaptação da novela de autoria do literato gaúcho Marcelo Carneiro da Cunha, enfocando a vida adolescente em pequena cidade gaúcha. Sérgio Assis Brasil dirigiu *Manhã transfigurada* (2009), filme histórico baseado na obra homônima de Luiz Antônio Assis Brasil. O colorado Saturnino Rocha rodou *Nada vai nos separar – os cem anos do S. C. Internacional* (2009), documentário que comemora o centenário do time gaúcho. Outro documentarista, Augusto Mallmann, dividiu com Carlos Gerbase a direção de *1983: o ano azul* (2009), enfocando o título de campeão do mundo conquistado pelo time do Grêmio em 1983. Numa rara coprodução, entre o Brasil e França, ambientada no Sul do país, o cineasta Esmir Filho dirigiu *Os famosos e os duendes* (2010), baseado no livro de outro escritor gaúcho, Ismael Canapelle. (LFM)

ROCHA, Anecy (Anecyr de Andrade Rocha) – Vitória da Conquista, BA, 1942-1977. Atriz.

FILMOGRAFIA: 1965 – *Menino de engenho*; *A grande cidade*. 1967 – *Capitu*. 1967-1968 – *Brasil, ano 2000*. 1968 – *As amorosas*. 1968-1969 – *Os herdeiros*. 1969 – *Pecado mortal*. 1970 – *Em família*; *Faustão*; *Na boca da noite*. 1973-1977 – *A lira do delírio*. 1974 – *O amuleto de Ogum*. 1977 – *Tenda dos milagres*.

Anecyr de Andrade Rocha era a caçula do casal Adamastor e Lúcia Rocha, sendo irmã de Glauber Rocha*. O nome Anecyr foi tirado pela mãe de uma personagem indígena de um romance. Com o problema de saúde do pai, a família mudou-se para Salvador. Começou no teatro aos 16 anos, vivendo Branca de Neve numa peça infantil. Com o irmão, participou de *As jogralescas*, espetáculos de estudantes nos quais poemas eram dramatizados. Entrou para a Escola de Teatro da Universidade da Bahia e foi aluna de Martim Gonçalves. Seu primeiro trabalho no cinema foi no curta de Álvaro Guimarães, *Moleques de rua*. Algumas fontes informam que teria atuado em *Mandacaru vermelho*, de Nelson Pereira dos Santos*, mas não há confirmação. Quando Glauber veio para o Rio de Janeiro, em 1961, para a montagem de *Barravento*, Anecyr o acompanhou. Trabalhou como datilógrafa do Centro Latino-Americano de Pesquisa em Ciências Sociais, ligado à Organização das Nações Unidas para a Educação, Ciência e Cultura (Unesco), enquanto se preparava para o vestibular na Faculdade de Direito. Foi nessa época que se casou com Walter Lima Jr.*.

O primeiro papel importante que recebeu foi de Walter Lima Jr., em *Menino de engenho*. O diretor estreante tinha trabalhado com Glauber em *Deus e o diabo na terra do sol*, como assistente de direção. Nessa época, o projeto de *Menino de engenho* já estava em gestação, concretizando-se em 1965. Anecyr, que encurtou seu nome para Anecy, interpretou a personagem da tia Maria, figura real e ainda viva, com 95 anos no momento das filmagens. Ficou morando três meses com ela no engenho de Itapuã, Paraíba, paisagem do livro. O filme foi lançado em junho de 1966 no Rio de Janeiro e em São Paulo. Representou o Brasil no FESTIVAL DE KARLOVY-VARY. Depois trabalhou com Carlos Diegues* em *A grande cidade*, fazendo o papel de Luzia, classificado por Glauber como o "melhor personagem feminino do Cinema Novo*". Rodado em 35 dias e com locações em trinta lugares diferentes do Rio, Luzia era amada por outros três migrantes, representados por Leonardo Vilar*, Joel Barcelos* e Antonio Pitanga*. Envolvida pela polícia que caçava o bandido Jasão (Vilar), Luzia o atrai, sem saber, para a armadilha mortal. Mais tarde fez um papel num filme de Walter Hugo Khouri*, *As amorosas*, rodado em São Paulo. No segundo longa de Walter Lima Jr.*, *Brasil, ano 2000*, Anecy faz parte da família de classe média que perambula pelo país depois da III Guerra Mundial. Citado como um dos filmes desencadeadores do tropicalismo, junto com *Terra em transe*, de Glauber, a narrativa desenvolve-se a partir de um núcleo familiar que, ao chegar à cidade de Me Esqueci, é contratado por um general, chefe do Serviço de Educação do Índio, para fazer o papel dos indígenas inexistentes. A mãe aceita o papel, o filho quer ser astronauta da base de lançamentos de Me Esqueci, e somente a filha, vivida por Anecy, rebela-se contra o mecanismo burocrático. Após a participação em *Brasil, ano 2000*, teve pequenos papéis em *Pecado mortal*, de Miguel Faria Jr.*, e *Faustão*, de Eduardo Coutinho*. Só voltaria a ter uma boa personagem em *O amuleto de Ogum*, de Nelson Pereira dos Santos*. Fazendo a mulher do chefe do bando criminoso (Jofre Soares*), a personagem de Anecy (Eneida) apaixona-se pelo jovem bandido Gabriel (Ney Sant'Ana), que teria o corpo fechado. Rubem Biáfora* ficou tão entusiasmado com o trabalho de Anecy que a comparou a uma mistura de Ingrid Bergman e Marion Nixon.

Em 1973, Walter Lima Jr.* começou um filme sobre carnaval em 16 mm e som direto. Não havia roteiro, somente a vontade de fazer um musical com os quatro dias de carnaval de Niterói. Filmou cinco horas que ficaram, momentaneamente, na prateleira. Ele foi examinando o material e dele tirou uma história. Realizou em junho e julho de 1976 cenas complementares com Anecy Rocha, Paulo César Pereio* e Claudio Marzo* na zona boêmia da Lapa, estabelecendo dois polos narrativos. Um localizava a trama policial sobre um bebê de uma *taxi-girl*, Ness Elliott (Anecy), de um *dancing* da Lapa, que foi raptado com o objetivo de chantageá-la, posto que ela não se rendia às vontades de um machão sul-americano (o bebê era o próprio filho do casal Walter e Anecy, adotado naquele ano). Outro polo situava-se nas tomadas de carnaval, esfuziantes e livres, em que a dançarina libertava-se das chantagens do seu opressor. Antes do lançamento do filme, aconteceu a tragédia da morte da atriz. Um elevador quebrado, um corredor sem iluminação, num prédio em Botafogo, e Anecy caiu para a morte. Tinha 35 anos. Glauber entrou em estado de choque, acusando Walter Lima de tê-la assassinado. *A lira do delírio* foi lançado em julho de 1979 em São Paulo e, em novembro, no Rio. Antes disso, teve que passar pelo vexame de alguns cortes da censura, como nudez frontal e beijos na boca "entre pessoas do mesmo sexo". Mas nada disso empanou o brilho da atuação da atriz. Volta a trabalhar com Nelson Pereira dos Santos, em *Tenda dos milagres*. Faleceu em 26 de março no Rio de Janeiro. (JIMS)

ROCHA, Glauber (Gláuber Pedro de Andrade Rocha) – Vitória da Conquista, BA, 1939-1981. Diretor.

FILMOGRAFIA: 1960-1961 – *Barravento*. 1963 – *Deus e o diabo na terra do sol*. 1966 – *Terra em transe*. 1968-1972 – *Câncer*. 1968 – *O dragão da maldade contra o santo guerreiro*. 1969 – *O leão de sete cabeças* (*Der leone have sept cabeças*) (produção estrangeira). 1970 – *Cabeças cortadas* (coprodução estrangeira). 1972-1974 – *História do Brasil* (coprodução estrangeira). 1974 – *As armas e o povo* (coprodução estrangeira). 1975 – *Claro* (produção estrangeira). 1978-1980 – *A idade da Terra*.

Filho primogênito de Adamastor Bráulio Silva Rocha e Lúcia Mendes de Andrade Rocha, seu primeiro nome foi escolhido tendo como referência o cientista alemão Johann Rudolf Glauber, descobridor, no século XVII, do sulfato de sódio. Glauber viveu sua infância em Vitória da Conquista, tendo recebido educação presbiteriana. Teve duas irmãs de sangue, Ana Marcelina de Andrade Rocha e Anecyr de Andrade Rocha (caçula), ambas mortas precocemente. Em 1948, com 9 anos de idade, muda-se com a família para Salvador. No ano seguinte, o pai, engenheiro de estradas, sofre um acidente que o deixa com graves sequelas físicas e mentais. Lúcia Rocha assume o comando da família e a direção da loja de armarinho e café, O Adamastor, que seu marido havia acabado de comprar no centro de Salvador, na rua Chile. Em 1952 venderia a loja para abrir uma pensão (o "14") por onde, anos mais tarde, passaria boa parte da turma do Cinema Novo*, quando da primeira leva de filmes com temática nordestina. A partir de 1949, Glauber começa a cursar o internato presbiteriano Dois de Julho. Lá tem contato próximo com uma educação religiosa protestante, frequentando a Igreja Batista de Sião, no Campo Grande (Salvador), onde cantou no coro e estudou na escola bíblica dominical. Dos 12 aos 14 anos integra a Sociedade Evangélica dos Moços do Brasil. Em 1952, Ana Marcelina morre de leucemia, deixando profundas marcas no Glauber adolescente. Nesse mesmo ano, seus pais registram Ana Lúcia Mendes da Rocha, filha do marido de dona Lúcia, como sua terceira irmã. Em 1954, com 15 anos, entra no Colégio Central da Bahia, escola com fama de ser liberal e que apresenta nítidas diferenças metodológicas comparada ao rígido internato presbiteriano (na realidade, Rocha ficou menos de um ano como interno no Dois de Julho). É também dessa época sua aproximação com o Círculo de Estudo, Pensamento e Ação (Cepa), órgão dirigido por Germano Machado, em Salvador, acusado de influências integralistas. É no Colégio Central que Glauber, já adolescente, desenvolve suas primeiras atividades de maior peso no universo artístico e cultural. A partir de 1956 e durante 1957, no esplendor de seus 18 anos, Glauber integra um grupo de alunos do Colégio Central que organiza *As jogralescas*, série de espetáculos teatrais que provoca ampla repercussão na sociedade baiana da época, extrapolando inclusive as fronteiras do estado. Foram cinco jograis (três em 1956 e dois em 1957) dramatizando a poesia de Carlos Drummond de Andrade, Manuel Bandeira, Cecília Meireles, João Cabral de Melo Neto, Vinicius de Moraes*, entre outros, através de espetáculos que coreografavam os poemas. O quarto jogral, com o poema *Blasfêmia*, de Cecília Meireles, foi considerado ofensivo por órgãos religiosos, motivo de acirrada polêmica nos jornais baianos. Parte desse grupo do Colégio Central está presente na revista *Mapa*, cujo primeiro número sai em julho de 1957 com um interessante artigo de Glauber intitulado "O western – uma introdução ao estudo do gênero e do herói". O futuro diretor, nessa época, já tinha alguma experiência crítica com uma recente coluna no *Diário de Notícias* e artigos sobre cinema publicados em outros periódicos de pequena circulação (como em *O Momento*, órgão do Partido Comunista). Além disso, também participava de um programa radiofônico de crítica na RÁDIO EXCELSIOR da Bahia, intitulado *Cinema em Close-up*. É importante lembrar aqui a influência exercida pelo crítico Walter da Silveira* e o CLUBE DE CINEMA da Bahia na formação cinematográfica de Glauber. Fundado em 1950, o CLUBE DE CINEMA forneceu matéria-prima para toda uma geração de cinéfilos, exibindo clássicos do cinema mundial e produções recentes do pós-guerra em sessões bastante concorridas. Além do CLUBE DE CINEMA, Salvador fervilhava culturalmente na segunda metade dos anos 50, tendo como foco irradiador a política de incentivo cultural da Universidade Federal da Bahia, na pessoa do reitor Edgar Santos. Formaram-se vários núcleos de atividades em campos artísticos diversos, reunindo personalidades que trabalhavam ligadas à universidade, como Martim

Gonçalves (teatro), Agostinho Silva (cultura negra), Hans Joachim Koellreutter (música), Yanka Rudzka (dança). Além disso, poderíamos lembrar a formação do Museu de Arte Moderna da Bahia, dirigido por Lina Bo Bardi, e a presença de artistas e intelectuais como Carybé, Pierre Verger, Ernst Widmer, Anton Walter Smetak. Esse intenso movimento está na raiz da formação cultural do jovem Glauber, e servirá como pano de fundo para as primeiras atividades cinematográficas do diretor, em particular a realização dos curtas *O pátio* e *Um dia na rampa* e do longa *Barravento.*

Em 21 de setembro de 1956, Glauber funda – juntamente com José Telles de Magalhães e com a participação de Luiz Paulino dos Santos, Paulo Gil Soares* e Fernando da Rocha Peres, entre outros –, a SOCIEDADE COOPERATIVA DE CULTURA CINEMATOGRÁFICA YEMANJÁ, vulgo YEMANJÁ FILMES, produtora através da qual seriam feitas tentativas precárias de articular uma produção cinematográfica na Bahia. Nos primeiros meses de 1957, o diretor faz uma viagem ao Rio de Janeiro, São Paulo e Minas Gerais, onde tenta fazer contatos para levantar financiamento para os projetos de produção da YEMANJÁ, entre eles o curta *Senhor dos navegantes*. Uma vez no Rio, estabelece uma ponte com Alex Viany* e conhece Nelson Pereira do Santos*, assistindo às filmagens de *Rio, Zona Norte*. Em Minas, visita o pessoal da *Revista de Cinema* (Maurício Gomes Leite*, Frederico de Moraes, Fritz Teixeira de Salles, Geraldo Fonseca), tendo ido também a São Paulo. De volta à Bahia, Glauber cursa precariamente, durante pouco mais de um ano, a Faculdade de Direito da Universidade Federal da Bahia. Em meados de 1958, ingressa no recém-formado *Jornal da Bahia*, onde, entre outras coisas, cuida da coluna policial e escreve no caderno dominical, colaborando com críticas de cinema. A partir de 1957, suas atividades cinematográficas delineiam-se com mais clareza, ocupando o centro de suas preocupações. Ainda em 1957, começa a filmar *Pátio* com parte do orçamento financiado pela Prefeitura de Salvador e parte levantada por Helena Ignez* (na época sua namorada e atriz principal do filme) com um banqueiro amigo. Em seu primeiro curta-metragem podemos sentir a preocupação com composições estilizadas que valorizem plasticamente a imagem. Dentro de uma proposta cenográfica com traços concretistas, dois personagens evoluem expressando emoções sem um eixo claro de intriga. Também o fundo musical, com traços de música concreta, deixa claro

o horizonte estético com o qual a obra dialoga. A fotografia é de Luiz Paulino dos Santos (juntamente com José Ribamar de Almeida), que participaria da conturbada produção de *Barravento* (Glauber já havia, em 1956, sonorizado o curta de Luiz Paulino, *Um dia na rampa*). O filme foi rodado em uma mansão em Salvador que possuía o pátio quadriculado com casas em xadrez, em torno do qual evoluem os personagens. *Pátio* será concluído somente no início de 1959, durante a segunda viagem de Glauber como cineasta, em busca de contatos e produção, a São Paulo e Rio de Janeiro. Antes de sonorizar e fazer a montagem definitiva de *Pátio* no Rio de Janeiro, Glauber, em companhia de Walter da Silveira e Helena Ignez, passa, no final de 1958, por São Paulo, onde exibe o copião mudo do curta para Walter Hugo Khouri* e conhece os críticos Paulo Emilio Salles Gomes*, Almeida Salles* e Rudá de Andrade*. De volta à Bahia, casa-se em 30 de junho de 1959, em grande estilo, com Helena Ignez, concluindo um namoro com a jovem da alta sociedade baiana. Para que o casamento fosse possível em igreja católica, Glauber recebe o batismo e acrescenta Pedro ao sobrenome (passa a se chamar Glauber Pedro de Andrade Rocha). Logo em seguida, inicia as filmagens do inconcluso "Cruz na praça", seu único filme perdido, que chegou a ser montado, mas não sonorizado. Feito a partir de um conto de sua autoria intitulado *A retreta na praça*, o curta teve Luiz Carlos Maciel interpretando o protagonista. Filmado em locações de igrejas barrocas em Salvador, tematizava a questão do desejo.

Barravento, o primeiro longa do diretor, é conhecido pelas disputas que envolveram sua realização. Inicialmente um projeto de Luiz Paulino dos Santos, teve sua produção articulada por Glauber (que havia gostado do roteiro) junto com o pessoal da IGLU FILMES (Roberto Pires*, Braga Neto, Oscar Santana e Rex Schindler). Além de Braga e Schindler, o filme também teve como financiador o governo do estado baiano, através de um mecanismo que aproveitava recursos desviados do jogo do bicho. O próprio Glauber ficaria com a produção executiva, sendo, segundo suas palavras, "responsável técnico e artístico do filme". Luiz Paulino seria o diretor. Filmado a partir de setembro de 1960 na praia de Buraquinho (na época distante e isolada da cidade de Salvador), teve inicialmente Sônia Pereira como atriz principal. A atenção excessiva dada por Paulino a Sônia foi, supostamente, o motivo para os desentendimentos que levaram

Glauber, poucos dias depois das filmagens terem se iniciado, a assumir a direção do filme e destituir o amigo. Paulino estaria prejudicando o cronograma de filmagem por causa de sua paixão pela atriz. Na realidade, Luiz Paulino não soube administrar os conflitos da equipe e abriu espaço para que a personalidade forte de Glauber se impusesse. Este pagou os direitos do roteiro para Paulino e, trabalhando junto com José Telles, introduziu, segundo seu testemunho, profundas mudanças na decupagem e nos diálogos originais. Alguns planos que já haviam sido filmados foram aproveitados. Sônia Pereira também saiu do filme, tendo sido substituída por Lucy Carvalho no papel de Naína. Mais adiante, Glauber iria se desentender com Toni Rabatoni* (fotógrafo que havia ido buscar em São Paulo para o filme). Para fazer o filme, Glauber abandonou seu cargo no *Jornal da Bahia* para poder se dedicar totalmente à produção. Viveu durante dois meses recluso em Buraquinho, convivendo cotidianamente com os pescadores. Nesse seu primeiro longa-metragem, podemos sentir um misto de desconfiança e fascínio para com a religiosidade popular expressa pelo candomblé. Existe uma atração quase sensual para com esse universo, contrabalanceada por um discurso com cores marxistas. O filme mostra uma colônia de pescadores que tem o candomblé como principal obstáculo a uma tomada de consciência de sua situação social de explorados. Em sua constituição visual, *Barravento* possui influência evidente do cinema de Eisenstein, principalmente nos enquadramentos marcados e na exploração das diagonais em profundidade, a partir de primeiros planos acentuados. Ainda durante as filmagens em Buraquinho, Glauber abandona as locações para ver sua mulher, Helena Ignez, encenando *A ópera dos três vinténs*, de Bertolt Brecht, dirigida por Martim Franscisco. Esse primeiro contato com uma encenação de Brecht, que repercutiu fortemente na sociedade baiana do final de 1960, deixa evidentes marcas na obra do diretor. Em 1960, em 12 de junho, nasce sua primeira filha, Paloma. A finalização de *Barravento* ocorre quando de sua estadia no Rio de Janeiro, com Nelson Pereira dos Santos assumindo a montagem. O filme ainda recebe o prêmio ÓPERA PRIMA do FESTIVAL DE CINEMA DE KARLOVY-VARY (Tchecoslováquia), em 1962. Também em 1962, Glauber muda-se para o Rio de Janeiro, onde já era bastante conhecido, tanto por seus artigos no suplemento dominical do *Jornal do Brasil*, como pela repercussão de *Barravento* (que, no entanto, só seria lançado em 1964).

Em seu primeiro livro *Revisão crítica do cinema brasileiro*, publicado em 1963, Glauber afirma-se como artista-intelectual que possui uma visão panorâmica de sua própria arte, nos fornecendo um precioso testemunho do cinema brasileiro visto em retrospecto pelos olhos da geração cinemanovista. Sua atividade de crítica e crônica, exercida nos jornais baianos *Diário de Notícias*, *Estado da Bahia*, *Jornal da Bahia* e no suplemento dominical do *Jornal do Brasil*, adquire aqui uma dimensão mais sistemática e programática. No dia 18 de junho de 1963, inicia as filmagens de *Deus e o diabo na terra do sol*, que vão até 2 de setembro. Filmado em Monte Santo (onde a equipe se hospedou) e também em Canudos, no deserto de Cocorobó, Feira de Santana e Salvador (cenas internas), a beleza das locações de *Deus e o diabo na terra do sol* é resultado das diversas viagens que Glauber realizou pelo Nordeste desde sua adolescência. Trata-se de um projeto antigo, cujas primeiras versões do roteiro, anteriores a *Barravento*, receberam o nome de *A ira de Deus*. As filmagens em locação exigiram bastante da equipe, que foi obrigada a se locomover pelo sertão árido, numa produção com poucos recursos. A intriga gira em torno de dois camponeses, Manuel e Rosa, que, desprovidos de seus meios de subsistência, erram pelo sertão, sendo atraídos, sucessivamente, pela religiosidade do messianismo e pelo banditismo do cangaço. Como em *Barravento*, a religiosidade de cunho popular, expressa na pessoa do beato, recebe uma carga negativa, caracterizada como fanatismo, enquanto o cangaço é visto com bons olhos por seu potencial revolucionário. Duas figuras emolduram esse quadro e percorrem o filme, fazendo a ação progredir: a do cego Júlio, voz narrativa que periodicamente canta a história, e a de Antônio das Mortes. Este último, como típica figura pendular da produção cinemanovista, aceita o pacto com os poderosos, mas recupera sua culpa ao girar a roda da história aguçando as contradições sociais.

No início de 1964, Glauber viaja à Europa para levar *Deus e o diabo na terra do sol* a CANNES. Apesar da ótima receptividade, o filme não é premiado, perdendo a PALMA DE OURO para o musical *Os guarda-chuvas do amor*, de Jacques Démy. Em julho de 1964, *Deus e o diabo na terra do sol* é lançado no Rio de Janeiro. É na Europa que Glauber recebe a notícia do golpe militar de 1964, evento que desloca as perspectivas de ação cultural e política

de sua geração. Com receio de voltar, aproveita para ficar mais tempo no exterior, viajando também pela América, durante 1964, para divulgar o filme e participar de festivais. Expõe em Gênova, Itália, em janeiro de 1965, no congresso TERZO MONDO E COMUNITÀ MONDIALE (organizado pelo COLUMBIANUM), durante a V RASSEGNA DEL CINEMA LATINO-AMERICANO, o manifesto *Estética da fome*, elemento-chave para a compreensão de sua obra e propostas estéticas. Esse manifesto reafirma a opção de Glauber por uma estética que impeça a incorporação "digestiva" da representação da miséria, através de um questionamento da forma narrativa. Ao propor uma estética da violência, o diretor defende o "miseralismo" do Cinema Novo, os filmes "feios, tristes, gritados e desesperados". É através da violência estética, pensada para agredir o espectador, que será impedida a fruição da miséria como folclore pelo interlocutor estrangeiro. *Estética da fome* tem em seu eixo a figura desse interlocutor, buscando uma resposta ofensiva para o horizonte colonizado/colonizador. Já de volta ao Brasil, Glauber é preso, em novembro de 1965, juntamente com outros intelectuais que protestavam contra os militares durante uma reunião da Organização dos Estados Americanos (OEA) no Rio de Janeiro. Fica 23 dias na prisão. Participa também nessa época da fundação da MAPA FILMES* e da DIFILM*, passos da geração cinemanovista em direção à conquista de uma infraestrutura de produção e distribuição. Também coproduz *Menino de engenho*, de Walter Lima Jr.*, e *A grande cidade*, de Carlos Diegues*.

No início de 1966, Glauber filma, na sequência, e em locações geograficamente próximas, seus dois primeiros documentários*: *Amazonas, Amazonas* e *Maranhão 66*. Ainda não merecedora de uma análise mais atenta, a produção documental do diretor (*Amazonas, Amazonas*; *Maranhão 66*; "1968"; *História do Brasil*; *Di Cavalcanti*; *Jorjamado no cinema*, e ainda a participação de *As armas e o povo*) ocupa uma porcentagem ampla de sua obra, com evidentes influências sobre o estilo de seus filmes ficcionais. *Amazonas, Amazonas* é, portanto, seu primeiro curta documental e também sua primeira experiência com cores. Foi filmado no Amazonas, sendo uma produção de Luiz Augusto Mendes com patrocínio do Departamento de Turismo e Promoções do Estado do Amazonas. *Maranhão 66*, documentário em preto e branco sobre a posse do governador José Sarney, contrapõe a cenas do líder populista de direita imagens

da miséria do povo. Glauber destaca, dessa experiência no Maranhão, a importância da filmagem inédita em som direto e a transposição da visualidade do material recolhido para as cenas ficcionais de *Terra em transe*. É também do início de 1965 a primeira versão do roteiro de "América nostra", projeto no qual Glauber trabalharia durante anos, faria várias versões, e que, finalmente, acabaria não sendo realizado. Se é nítida a relação de filiação de *Terra em transe* com o texto de "América nostra", o trabalho com esse roteiro ainda sobreviveria para bem além do filme. Em ambos encontramos a presença do poeta/jornalista que erra entre a poesia e a política. As filmagens de *Terra em transe* se iniciam no segundo semestre de 1966, com locações feitas principalmente no Parque Lage no Rio de Janeiro. Apesar dos desempenhos marcantes de Jardel Filho*, Paulo Gracindo*, Glauce Rocha*, o *casting* do filme, que parece exato e planejado, foi obra do acaso e da coincidência de disponibilidade dos atores (a única primeira opção original foi o ator Paulo Autran*), repetindo a história de *Deus e o diabo na terra do sol*, quando o titular Adriano Lisboa foi substituído por Othon Bastos* (na época Glauber teve de paralisar as filmagens para ir localizar Bastos em Salvador). Tanto *Terra em transe* como *O dragão da maldade contra o santo guerreiro* têm a produção articulada por Zelito Viana*, através da MAPA FILMES. Assim como em *Deus e o diabo na terra do sol*, a trilha sonora de *Terra em transe* é pontuada por Villa-Lobos (*Bachianas* nºˢ 3 e 6), aqui acrescida de trechos de *O guarani*, de Carlos Gomes. A trilha sonora da produção glauberiana dos anos 60 dialoga predominantemente com a tradição sonora popular, oscilando entre repentistas e cantores nordestinos e a expressão dos cantos negros do candomblé. Em *Terra em transe*, fica patente o principal eixo da obra glauberiana nesse período: um misto de atração e repulsão, de admiração e desprezo pela força da cultura e do modo de ser popular. Essa oscilação é recheada de má consciência e compõe o substrato dos dilemas de Paulo Martins "entre a política e a poesia". *Terra em transe* foi lançado no Rio de Janeiro, em 8 de maio de 1967, com razoável sucesso de público. Antes foi exibido no XX FESTIVAL DE CANNES, tendo sido selecionado pela direção do festival, apesar da oposição do Itamaraty, que enviou *Todas as mulheres do mundo*, de Domingos Oliveira*, para representar o Brasil. *Terra em transe* ganhou o importante prêmio da crítica, perdendo a PALMA DE OURO para *Blow Up*, de Antonioni.

Em agosto de 1968, quando se prepara para filmar *O dragão da maldade contra o santo guerreiro*, Glauber fica retido no Rio de Janeiro com problemas burocráticos. Resolvido a experimentar algumas técnicas que seriam utilizadas a seguir, filma, em quatro dias, *Câncer*, em preto e branco, 16 mm, com alto grau de improvisação, trabalhando com dois atores que usaria em *O dragão da maldade* (Odete Lara* e Hugo Carvana*) e mais Antonio Pitanga*, Eduardo Coutinho*, Rogério Duarte e Hélio Oiticica. *Câncer* é a experiência de Glauber na direção da estética e da forma de produção do Cinema Marginal*, às vésperas de filmar *O dragão da maldade*. Feito com amigos, numa produção caseira, o filme aborda, através da forte personalidade glauberiana, temas caros ao universo da contracultura, como drogas, questões raciais, minorias, problemas conjugais de um casal de classe média, sexualidade. Segundo seu depoimento, o filme surgiu a partir de conversas com o cineasta francês Jean-Marie Straub sobre o plano-sequência. Foi filmado com a proposta de que cada plano durasse um chassi da câmera Éclair (de 11 a 12 minutos), totalizando 27 planos longos com três atores improvisando situações. A duração dos planos, apesar de longa, não obedece de modo rigoroso a essa proposta. Também em 1968, Glauber filma, com Affonso Beato*, o documentário sem montagem final "1968", registrando, no calor da hora, as manifestações estudantis no Rio de Janeiro. Logo após terminar *Câncer*, Glauber inicia as filmagens, em Milagres, Bahia, de *O dragão da maldade contra o santo guerreiro*. Primeiro longa-metragem em cores do diretor, foi filmado em som direto aproveitando o campo maior de improvisação aberto por esse procedimento. A fotografia de Affonso Beato é orientada por Glauber no sentido de nada acrescentar à cor original da região (já um pouco carregada pela cenografia), aproveitando-se do tempo encoberto para rodar. Suas instruções são também para evitar a composição marcada ao nível do enquadramento, privilegiando-se a composição na encenação. *O dragão da maldade contra o santo guerreiro* irá finalmente render a Glauber sua primeira premiação em CANNES (XXII FESTIVAL, 1969), levando a PALMA DE OURO de melhor direção. O filme é lançado no Brasil em 9 de junho de 1969, tornando-se o maior sucesso de público do diretor. Ainda nesse ano, no mês de setembro, Glauber viaja para a África com o objetivo de achar locações para *O leão de sete cabeças* (*Der leone have sept cabeças*). Acaba escolhendo Brazzaville, no Congo, onde serão feitas as filmagens em 22 dias, tendo como protagonista o ator francês da *nouvelle vague* Jean-Pierre Léaud. Primeira produção internacional de Glauber, foi produzida pelo francês Claude Antoine, que durante anos cuidaria dos negócios do diretor na Europa. Parábola sobre a revolução africana, o filme realiza uma abertura, já em gestão desde meados dos anos 60, que vai ampliando o horizonte da temática glauberiana do Brasil para a América Latina, e depois para o mundo (e em particular para o Terceiro Mundo), terminando num movimento que busca abarcar a história das civilizações "oriento-ocidentais" e as grandes religiões (ver *A idade da Terra* e o roteiro "O nascimento dos deuses", escrito em 1973). Ainda aproveitando as repercussões de seu prêmio em CANNES, que lhe garantiram um período particularmente favorável para levantar produções, Glauber filma entre fevereiro e março de 1970, na Catalunha, Espanha, *Cabeças cortadas*. Nele, o diretor retrata um tirano, Diaz II (interpretado pelo ator espanhol Francisco Rabal), às voltas com a morte que se aproxima, povoado das recordações dos atos de sua tirania. Nesse que foi o período mais fértil de sua carreira, entre agosto de 1968 e março de 1970, em um ano e meio portanto, Glauber Rocha dirigiu quatro longas-metragens. Seu longa de ficção seguinte, *Claro*, só seria realizado em 1975.

Com a situação política no Brasil tornando-se insustentável em função do fechamento político do regime militar, Glauber viaja, em janeiro de 1971, para Nova York, iniciando um longo exílio que duraria até junho de 1976. Ainda no final de 1971 vai para Cuba, onde tenta, sem conseguir, levantar a produção de "América nostra". Não sem algumas hesitações, assume o projeto de Marcos Medeiros, *História do Brasil*, com o qual divide a direção. *História do Brasil* foi produzido pelo Instituto Cubano de Arte e Indústria Cinematográficas (ICAIC) e teve sua finalização (somente em 1974, em Roma, Itália) possibilitada por Renzo Rossellini. É um documentário que retrata quinhentos anos de história brasileira intermeado de material de 47 filmes brasileiros que Glauber encontrou no ICAIC. O tom do filme é extremamente didático, contido e convencional, veiculando uma visão marxista ortodoxa da história brasileira. No final, há como uma explosão barroca de imagens e sons de atualidades sobrepostas. Glauber permanece em Cuba até dezembro de 1972, com constantes viagens à Europa (principalmente Itália, para a coleta de material para *História do Brasil*) e América Latina. Em 1973, instala-se por alguns meses em Paris, depois de conseguir autorização do Estado cubano para que sua esposa (havia se casado novamente, em 1971), a cubana Maria Tereza Sopeña, o acompanhe. Ainda nesse ano de 1973, se separa de Maria Tereza e vai para Roma, onde começa a preparação do projeto "O nascimento dos deuses", inicialmente planejado para ser um filme com seis partes de uma hora para a TV, abordando, de modo panorâmico, da civilização clássica antiga (através da vida de Ciro I, criador do império persa) até a primeira invasão romana na Grécia. Esse é um trabalho que o próprio Glauber admite manter fortes vínculos com a primeira versão do roteiro de *A idade da Terra*, escrito em Paris entre maio e julho de 1972. É também desse período inicial do exílio a conclusão de *Câncer*, em Roma, em 1972.

Em 31 de janeiro de 1974, Glauber envia a Zuenir Ventura uma carta sintetizando seu pensamento político, com frases elogiosas aos militares e demonstrando confiança de que o novo presidente, Ernesto Geisel, viesse a democratizar o país. Autorizado por Glauber, Zuenir publica o conteúdo da carta como depoimento na revista *Visão* de março de 1974. As expressões de Glauber ("Golbery gênio da raça", "militares legítimos representantes do povo") caem como uma bomba no ambiente cultural brasileiro, tradicionalmente de esquerda, isolando o diretor. Suas declarações não contêm, no entanto, nenhuma mudança radical de eixo em seu pensamento. A defesa do militarismo autoritário-nacionalista pode ser vista, em Glauber, como um tenentismo tardio, antiburguês. Sua manifestação é no sentido de deixar claro que, tendo de optar entre a "burguesia nacional internacional" e o "militarismo nacionalista", sua escolha recai "sem outra possibilidade de papo" sobre o segundo. Esse flerte com o intervencionismo e o autoritarismo militar, como solução para os problemas do país, segue a atuação tradicional do populismo nacionalista de esquerda no Brasil. O horizonte desse dilema está presente em diversos longas do diretor nos anos 60 e, em particular, é incorporado de formas diversas em personagens como Antônio das Mortes ou Paulo Martins. Em 1974, Glauber apenas atualiza, de modo coerente, as principais contradições desse posicionamento político. Em 30 de abril de 1975, depois de um longo intervalo de cinco anos, volta a filmar. *Claro* é feito em

Roma, com produção de Alberto Marucchi e Marco Tamburella, e a atuação da atriz francesa Juliet Berto, companheira de Glauber na época. Longa-metragem de 110 minutos, tem como protagonista uma mulher que vive na Roma contemporânea e sobre a qual recaem movimentos totalizadores de representações amplas de civilizações, povos, tradições culturais, bem no estilo abarcador do cinema glauberiano, aqui atuando sobre uma alma feminina. É também dessa época sua participação em *As armas e o povo*, filme feito em 1974 por um sindicato de cineastas portugueses sobre a Revolução dos Cravos. Os contatos para a produção de seus dois principais projetos desse período do exílio, *A idade da Terra* e "O nascimento dos deuses" – assim como uma antiga adaptação do romance de William Faulkner, *Palmeiras selvagens* –, continuam através de viagens ao México e aos Estados Unidos sem qualquer resultado concreto.

Em 23 de junho de 1976, depois de cinco anos de exílio, Glauber volta ao Brasil. Já em outubro de 1976 filma os funerais de Di Cavalcanti em *Di*, também chamado de *Di Glauber* ou *Di Cavalcanti*, exibido em março de 1977. Com dezoito minutos de duração, *Di* é um dos documentários mais densos do diretor, em que a profusão barroca de sons, imagens, movimentos de câmera e informação narrativa sobrepõem-se com extrema agilidade e graça, pontuados pela voz fora de campo de Glauber narrando o evento e comentando a obra de Di Cavalcanti. É um testemunho inequívoco da força criativa do diretor no reencontro com as raízes culturais que permitem dar plena vazão ao seu talento. É também sua primeira obra produzida pela EMBRAFILME*. As filmagens são polêmicas, em função do clima de luto profanado pela equipe, e a família interdita o filme. Em março de 1977 morre sua irmã Anecy Rocha* de modo trágico, caindo no poço de um elevador. Glauber fica profundamente abalado e não se recupera mais desse choque. No seu romance *Riverão Sussuarana*, publicado em 1978, é sobreposta à narrativa ficcional um testemunho da investigação que ele mesmo desenvolveu sobre as condições da morte da irmã. A suspeita (não compartilhada pelos próximos) de assassinato pelo marido (Walter Lima Jr.*) desgasta o equilíbrio emocional do diretor. O isolamento no qual se encontra depois de sua volta do exílio (em parte devido às suas posições políticas) acentua-se. A fragmentação de seus escritos torna-se mais marcante e Glauber inicia a utilização sistemática de uma grafia própria, substituindo as letras

C, I e S por K, Y, Z e X. Também em 1977 tem seu segundo filho, agora com Maria Aparecida de Araújo Braga. Ainda nesse ano conhece a colombiana Paula Gaitan, com quem passa a viver e com quem teria ainda mais dois filhos (Glauber tem um quinto filho, com Marta Jardim Gomes, que teve sua paternidade reconhecida na Justiça).

O quinto e último documentário finalizado de Glauber, *Jorjamado no cinema*, é um média-metragem com cinquenta minutos de duração, filmado em 1977. Feito também com produção da EMBRAFILME, Setor de Rádio e Televisão, foi originalmente pensado para divulgação televisiva. O baiano Glauber entrevista o conterrâneo e velho amigo Jorge Amado*, com seu habitual jeito prolixo. Esboçando um estilo que, em seguida, exerceria à perfeição no programa *Abertura*, Glauber possui em alguns de seus documentários (e também em inserções de seus filmes de ficção) uma forma de atuação que lembra métodos de intervenção participativa do "cinema verdade" francês levados ao extremo. O entrevistado é curvado face ao intenso fluxo de estímulos verbais e gestuais vindos de fora de campo e, desorientado, desarticulado em seu discurso. Glauber aproveita-se então dessa desarticulação para extrair *performances* inesquecíveis. Além de Jorge Amado, Glauber leva ao máximo esse estilo em entrevistas célebres, como as que realiza com o psicanalista Eduardo Mascarenhas, o jornalista Carlos Castelo Branco (em *A idade da Terra*) e outros. São de 1979 suas polêmicas intervenções, basicamente entrevistas, no programa *Abertura*, a partir de convite de Fernando Barbosa Lima. No início de 1978 começam as filmagens de seu último filme, *A idade da Terra*, com locações no Rio de Janeiro, Brasília e Salvador. Previsto para ser um épico do Terceiro Mundo, o filme sobrepõe parte das grandes sínteses sociorreligiosas previstas em "O nascimento dos deuses" aos polos principais da realidade cultural/geográfica brasileira (Brasília, Rio de Janeiro, Salvador – significativamente, São Paulo é excluído) e às forças políticas nacionais. Em setembro de 1980, Glauber vai para Veneza seguir a exibição de *A idade da Terra*. O filme provoca acesas polêmicas. No final do ano viaja para Paris e, de lá, em fevereiro de 1981, para Portugal, onde pretende fixar residência em Sintra por algum tempo. Em agosto do mesmo ano, seu estado de saúde se agrava, sendo internado em um hospital. Glauber, que sempre teve uma saúde problemática, aos poucos

é consumido por complicações broncopulmonares e nada se consegue fazer de mais consistente para estancar o processo. Em 20 de agosto, já em estado de extrema gravidade, é trazido de volta ao Brasil. A viagem, sem acompanhamento adequado, parece ter sido fatal para suas chances de sobrevivência. Morre às 4 horas da manhã do dia 22 de agosto de 1981, na Clínica Bambina, no bairro do Botafogo, no Rio de Janeiro. O velório é no parque Lage, dentro do clima de grande exaltação e revolta que marcou sua vida. (FPR)

ROCHA, Glauce (Glauce Eldé Ilgenfritz Correa de Araújo Rocha) – Campo Grande, MS, 1933-1971. Atriz.

Filmografia: 1950 – *Aviso aos navegantes*. 1952 – *Com o diabo no corpo*. 1953 – *Aventura no Rio* (produção estrangeira); *Rua sem sol*. 1954-1955 – *Rio 40 graus*. 1956 – *O noivo da girafa*. 1958 – *Traficantes do crime*. 1959 – *E é um caso de polícia!*. 1961 – *Mulheres e milhões*. 1962 – *Os cafajestes*; *Cinco vezes favela* (5º episódio: 'Pedreira de São Diogo'); *Quatro mulheres para um herói* (produção estrangeira). 1962-1963 – *Sol sobre a lama*. 1963 – *O beijo*. 1965 – *Na mira do assassino*. 1966 – *Engraçadinha depois dos trinta*; *A derrota*; *Terra em transe*. 1968 – *Jardim de guerra*. 1969 – *Tempo de violência*; *Incrível, fantástico, extraordinário*; *Navalha na carne*. 1971 – *Um homem sem importância*. 1971-1977 – *O dia marcado*. 1972 – *Cassy Jones, o magnífico sedutor*.

Foi uma das mais importantes atrizes do cinema e teatro brasileiros, de grande força dramática e forte personalidade. Aluna do então Conservatório de Teatro do Estado da Guanabara, debutou, em 1952, no grupo de Amadores do Teatro Duse, de Paschoal Carlos Magno, no Rio de Janeiro, com a obra *João sem terra*, de Hermilo Borba Filho. Como profissional, inicia sua carreira em 1953 com a obra *Dona Xepa*, de Pedro Bloch*, na Companhia de Alda Guarrido. Glauce atua em pequenas participações, nos estúdios da FLAMA, na comédia *Com o diabo no corpo*, de Mario del Rio, e a produção mexicana *Aventura no Rio*, de Alberto Gout. Mario del Rio, um dos produtores de *Rua sem sol*, filme que Alex Viany* dirigiria, mostrou ao mesmo um copião do filme mexicano e Alex entusiasmou-se com Glauce que, na época, tinha 20 anos. Assim converteu-se no rosto "desglamorizado" ideal para *Rua sem sol* e para a proposta de um novo cinema brasileiro, inspirado no neorrealismo italiano. Alex Viany diz sobre a atriz: "seu talento nervoso, explosivo, derrubava os limites do enquadramento".

O corpo delgado, o rosto definido por uma forte expressão, a postura erguida e a mirada segura a converteram numa figura emblemática do cinema e do teatro, somando-se a isso sua posição contestadora perante questões políticas e a situação de desamparo sindical da classe dos atores. Negou-se a participar de uma obra ao saber que uma das atrizes, Aracy Balabanian, na época desconhecida, tinha sido discriminada devido a uma questão salarial. Glauce queria ser médica, vocação que acabou rapidamente com um exame de Química e sua definição pela carreira de atriz. Durante sua curta vida conviveu com a lembrança do assassinato do pai, ocorrido na sua frente quando ela tinha só 2 anos. Apesar disso, dizia que sua infância tinha sido alegre, pois não lhe faltara nem um pedaço de terra nem um chuveiro para tomar banho. Depois de *Rua sem sol*, atua em *Rio 40 graus*, de Nelson Pereira dos Santos*. O filme, recebido como uma nova perspectiva do cinema brasileiro, na sua procura pela integração com os problemas sociais do país, foi aplaudido pela intelectualidade e proibido em todo o território nacional, pois o censor de turno, o coronel Meneses Cortes, dizia que "tinha cheiro a comunismo" no filme. Nessa ocasião, Glauce enviou um recado para o coronel: "O sr. me dá licença de acreditar na natureza humana?". Glauce consolida a figura de atriz antiestrela, comprometida politicamente, com uma necessidade compulsiva de atuar. Foi casada várias vezes mas não teve filhos, coisa que confessou ter desejado. Seu estilo austero de atuação, no qual primava a síntese de recursos expressivos, manifestava-se também na sua forma de vida: era de uma total austeridade no seu cotidiano e seu vestuário não era vasto. Nunca alcançou altos salários, apesar de ter recebido doze prêmios de grande importância durante sua curta carreira. Junto com a intensa atividade cinematográfica e teatral, também trabalhava na televisão. Fez nove novelas e dois programas semanais regulares. Não teve problema em encarnar mulheres "más", numa época na qual esse protótipo não estava em moda para as atrizes principais. Também chamou a atenção que não tivesse problemas em fazer papéis de "mãe", comprometendo sua imagem de "mulher jovem".

Após alguns filmes comerciais, participa do curta de Leon Hirszman*, 'Pedreira de São Diogo', que integra um dos episódios do filme *Cinco vezes favela*, primeira e única produção do Centro Popular de Cultura (CPC) do Rio de Janeiro, considerado por alguns críticos como marco do Cinema Novo*. Filma *Quatro mulheres para um herói*, coprodução argentino-francesa dirigida por Leopoldo Torre Nilsson. No mesmo ano, volta a trabalhar com Alex Viany em *Sol sobre a lama*, e transita, com o mesmo profissionalismo e competência, por filmes de diferentes tendências. Atua em *Terra em transe*, de Glauber Rocha*, interpretando o papel de Sara, mulher que abandona tudo para seguir um homem. Segundo a própria Glauce, esse foi o papel cinematográfico do qual mais gostou. Com o filme de Glauber volta a repetir-se o episódio de *Rio 40 graus*. É proibido pela ditadura militar e Glauce enfrenta, outra vez com firmeza, a censura*. Glauce mantinha um ritmo alucinante de trabalho. Quando filmou *Navalha na carne*, de Braz Chediak*, gravava na TV GLOBO doze horas, ia para o teatro e à meia-noite para as filmagens. Dessa maneira entrou no esquema de pílulas para dormir e para acordar. Em 1972, ganha o PRÊMIO MOLIÈRE de teatro pelo seu trabalho em *Um uísque para o rei Saul*, de César Vieira. O prêmio foi recebido por Paschoal Carlos Magno, pois Glauce tinha falecido em São Paulo quatro dias antes da entrega, em 12 de outubro, aos 38 anos, de infarto fulminante. Quando tinha 20 anos de idade e dois de carreira, disse: "Gostaria de morrer jovem. Não quero viver mais de dez anos...". Em dezenove anos de carreira, participou de quase 50 peças teatrais e 24 longas-metragens. (SO)

ROCHA, Manoel (Manuel da Silva Júnior) – Lisboa, Portugal, 1887-1952. Ator.

FILMOGRAFIA: 1936 – *Bonequinha de seda*; *Grito da mocidade*; *Jovem tataravô*. 1937 – *O descobrimento do Brasil*; *O samba da vida*. 1938-1944 – *Romance proibido*. 1940 – *Pureza*; *Entra na farra*. 1941 – *O dia é nosso*. 1943 – *Samba em Berlim*. 1944 – *Berlim na batucada*. 1945 – *O cortiço*. 1946 – *O ébrio*. 1947 – *Um beijo roubado*; *Fogo na canjica*; *Um pinguinho de gente*. 1948 – *Pra lá de boa*. 1949 – *O homem que passa*. 1950 – *Dominó negro*; *Serra da aventura*. 1951 – *Milagre de amor*. 1952 – *Brumas da vida*; *Força do amor*; *Agulha no palheiro*.

Um dos coadjuvantes mais ativos das décadas de 30 e 40, compõe tipos lusitanos bem recebidos pela crítica da época. A origem teatral influencia fortemente suas atuações, marcadas pelos gestos largos e pelas caracterizações. Procurando ingressar nos palcos, liga-se inicialmente à companhia de Chaby Pinheiro, um dos atores mais populares de Portugal. Torna-se seu secretário particular, viajando pela primeira vez ao Brasil nessa condição. Logo o mestre o leva à ribalta, sobressaindo-se em papéis cômicos. Volta ao país em meados da década de 20, integrando a companhia Adelina-Aura Abranches-Chaby Pinheiro. Após excursionar por várias cidades, decide radicar-se em definitivo no Rio de Janeiro. Passa pelos elencos do Teatro Trianon e Teatro São José, assim como pela Companhia Raul Roulien*. Na década de 30, passa a fazer parte do elenco fixo do Teatro Rival. Ingressa no cinema em *Bonequinha de seda*, de Oduvaldo Viana*, filma a comédia *Jovem tataravô*, de Luiz de Barros*, com quem faria diversos filmes. Encarna a figura do escrivão Pero Vaz de Caminha em *O descobrimento do Brasil*, de Humberto Mauro*. Faz seu melhor trabalho interpretando o saudoso português vendedor de laranjas, João Lameira, em *O grito da mocidade*, dirigido por Raul Roulien*. Retoma a carreira teatral na Companhia Renato Viana, excursionando pelo país. Torna-se um colaborador regular da CINÉDIA*, acabando por ser contratado em caráter permanente. Funciona como assistente de produção em *Pif-paf* e *Corações sem piloto*, e como contrarregra de estúdio a partir de *O cortiço*. Sempre que o personagem favorece seu sotaque e seu tipo atarracado, a interpretação sobressai, como a do dono de botequim em *O ébrio*. Após sair da CINÉDIA*, filma com Luiz de Barros e para a CINE PRODUÇÕES FENELON, encerrando sua longa carreira com mais um tipo popular em *Agulha no palheiro*, de Alex Viany*. É o ator principal do curta-metragem *O culpado*, dirigido por Milton Rodrigues*, em 1941. (HH)

RODRIGUES, Alexandre – Rio de Janeiro, RJ, 1983. Ator

FILMOGRAFIA: 2002 – *Cidade de Deus*; 2005 – *Cafundó*; *Proibido proibir*.

Alexandre iniciou sua carreira no longa *Cidade de Deus*, de Fernando Meirelles*, baseado na obra homônima de Paulo Lins. O filme foi indicado como representante brasileiro ao OSCAR de melhor filme estrangeiro em 2002. O ator, morador do morro Cantagalo, na cidade do Rio de Janeiro, participava do grupo Nós do Cinema, projeto voluntário fundado por Kátia Lund e Fernando Meirelles, que promove a inclusão social de jovens de comunidades carentes. Depois de enfrentar os testes, consegue o papel do protagonista Buscapé. Seu primeiro papel na televisão foi em *Cabocla* (2004), *remake* de Benedito Ruy Barbosa. Ainda do mesmo autor atuou nas novelas *Sinhá Moça* (2006) e *Paraíso* (2009), todos trabalhos na REDE GLOBO DE TELEVISÃO. Depois de sua estreia no cinema, Alexandre filmou ainda *Cafundó*, de Paulo Betti* e Clóvis Bueno*, e foi um dos protagonistas de *Proibido proibir*, de Jorge Durán. Por esse filme, Alexandre ganhou o prêmio de melhor ator no II FESTCINE DE GOIÂNIA. Fez ainda os curtas *Bumba* e *Palace II*, ambos de 2000, *Posto 9* (2004) e *Memórias da Chibata* (2005). (MM)

RODRIGUES, Emanoel (Emanoel Rodrigues de Melo) – Quebrângulo, AL, 1936. Roteirista.

FILMOGRAFIA: 1968 – *Deu a louca no cangaço*. 1976 – *Socorro! Eu não quero morrer virgem*. 1977 – *Costinha e o King Mong*. 1979 – *Histórias que nossas babás não contavam*; *O doador sexual*; *Os Pankekas e o calhambeque de ouro*. 1980-1981 – *O inferno começa aqui* (dir.). 1983 – *Atrapalhando a Suate*. 1984 – *A filha dos Trapalhões*.

Começa no rádio em Maceió, em 1955, escrevendo humor. Radica-se em São Paulo a partir de meados da década de 60. Na TV RECORD, desenvolve esquetes humorísticos para Walter D'Ávila* e Os Insociáveis. No teatro, escreve vários *shows* para o comediante Costinha*. No cinema, escreve uma comédia para os irmãos Dedé* e Dino Santana (em seu filme de estreia), parodiando os filmes de cangaço, *Deu a louca no cangaço*, de Nelson Teixeira Mendes* e Fauzi Mansur*. Para Costinha escreve duas paródias, a primeira inspirada na superprodução americana *King Kong*, *Costinha e o King Mong*, de Alcino Diniz; e, na segunda, a clássica história da literatura infantil *Branca de Neve e os sete anões*, utiliza o tempero erótico, em *Histórias que nossas babás não contavam*, de Osvaldo Oliveira*. Trabalhando para as produções da Boca do Lixo*, não escapa das pornochanchadas*: é roteirista de *Socorro! Eu não quero morrer virgem*, de Roberto Mauro; satiriza o milionário ganhador da loteria esportiva "Dudu da Loteca", em *O doador sexual*, de Henrique Borges. Tenta criar novo filão cinematográfico com antigos cômicos da TV TUPI, na mesma linha de Os Trapalhões*, em *Os Pankekas e o calhambeque de ouro*, de Antonio Moura Mattos, projeto que acaba não se concretizando. Único filme que escreve, produz e dirige, o drama *O inferno começa aqui* aborda o problema da seca e os açudes no interior do estado de Alagoas. Roteiriza ainda mais dois filmes de Os Trapalhões: o primeiro deles a paródia do seriado televisivo *Swat*, no *Atrapalhando a Suate*, de Dedé Santana e Vítor Lustosa*. Em seu filme mais recente como roteirista, *A filha dos Trapalhões*, sob a direção de Dedé, reúne os quatro Trapalhões. (LFM)

RODRIGUES, Márcia (Márcia Lessin Rodrigues) – Rio de Janeiro, RJ, 1949. Atriz.

FILMOGRAFIA: 1966 – *Todas as mulheres do mundo*; *El Justicero*. 1967 – *Garota de Ipanema*. 1968 – *O homem que comprou o mundo*; *A vida provisória*; *Fome de amor*. 1969 – *Matou a família e foi ao cinema*. 1970 – *Lúcia McCartney, uma garota de programa*. 1971 – *O donzelo*. 1972 – *Vida de artista*. 1975 – *Ovelha negra, uma despedida de solteiro*; *A dama do lotação*. 1976 – *Gente fina é outra coisa* (3º episódio: 'O prêmio'). 1981 – *Menino do Rio*. 1984 – *Amor voraz*. 1985 – *Brás Cubas*.

Márcia Rodrigues nasceu no bairro de Santa Teresa, filha de Nilton Calazans Rodrigues e Maria Lessin Rodrigues. Na fase urbana do Cinema Novo*, atinge o estrelato encarnando a personagem-título de *Garota de Ipanema*, de Leon Hirzman*. Criada em Copacabana, aos 15 anos resolve ingressar com o irmão em um curso de teatro ministrado por Nelson Xavier* no Estúdio Raquel Levi. Descoberta por um dos roteiristas do curta *O quarto movimento*, de Joel Macedo, faz teste e ganha o papel principal do filme. Inscrita no FESTIVAL DE CINEMA AMADOR JORNAL DO BRASIL-MESBLA, a obra lhe proporciona o prêmio de melhor atriz e um convite de Nelson Pereira dos Santos* para atuar em *El Justicero*. Concorre com mais de cem candidatas, entre elas Ana Maria Magalhães* e Irene Stefânia*, sendo escolhida para protagonizar *Garota de Ipanema*. Alcança fama imediata e recebe o prêmio AIR FRANCE de atriz revelação de 1967. Quando volta da França, faz pequenas aparições em *A vida provisória*, de Maurício Gomes Leite*, e *O homem que comprou o mundo*, de Eduardo Coutinho*. Intuitiva, tenta aperfeiçoar-se em curso de teatro ministrado na Maison de France. Participa da montagem-exercício *Du vent dans les branches du sassafrás*, sátira ao *western* cinematográfico de René de Olbadia, e de sua transposição para o português, levada à cena profissional por Paulo Affonso Grisolli. É escolhida por Júlio Bressane* para atuar em *Matou a família e foi ao cinema*. Desenvolve pequena carreira, em que assume papéis coadjuvantes, algumas vezes como um referente de si mesma, caso, por exemplo, de *Menino do Rio*, de Antônio Calmon*. Recentemente, atua em *Amor voraz*, de Walter Hugo Khouri*. Tem passagens rápidas pela televisão, integrando o elenco de novelas (*Brilhante*, *Sol de verão*) e casos especiais. Tenta uma reciclagem no início dos anos 80, fazendo diversos cursos, incluindo um de interpretação com Sérgio Brito*. Nos anos 90 assume a coordenação do Instituto Banerj de Ação Cultural. (HH/LAR)

RODRIGUES, Milton – Rio de Janeiro, RJ, 1937. Ator.

FILMOGRAFIA: 1961 – *Quero morrer no carnaval* (coprodução estrangeira); *Esse Rio que eu amo* (4º episódio: 'Noite de almirante'). 1962 – *Copacabana Palace* (produção estrangeira). 1963 – *Choque de sentimentos* (coprodução estrangeira). 1963-1964 – *Os vencidos*. 1964 – *Morte em três tempos*. 1965 – *Na mira do assassino*; *História de um crápula*; *Uma rosa para todos* (produção estrangeira). 1966 – *Rio, verão, amor*; *Cangaceiros de Lampião*. 1967 – *Jogo perigoso* (2º episódio: 'Divertimento') (coprodução estrangeira); *Peligro...!*; *Mujeres en acción* (produção estrangeira). 1968 – *Meu nome é Lampião*. 1970 – *Vida e glória de um canalha*; *O vale do Canaã*; *Sangue quente em tarde fria*; *Las puertas del Paraíso* (produção estrangeira); *Las primaveras de los escorpiones* (produção estrangeira); *Ya somos hombres* (produção estrangeira). 1971 – *Fin de fiesta* (produção estrangeira); *El juego de la guitarra* (produção estrangeira); *Los cacos once al assalto* (produção estrangeira). 1971-1972 – *El muro del silencio* (produção estrangeira); *El festin de la loba* (produção estrangeira); *Cristo te ama* (produção estrangeira); *El juez de la soga* (produção estrangeira); *Uno para la horca* (produção estrangeira); *Fe, esperanza y caridad* (produção estrangeira). 1974 – *Kaliman en el siniestro mundo de Humanon* (produção estrangeira). 1976 – *El diabólico* (produção estrangeira). 1977 – *Ciclón (Cyclone)* (produção estrangeira); *Niño y el tiberón* (produção estrangeira); *Cananea* (produção estrangeira). 1978 – *Tempestad* (produção estrangeira). 1979 – *Manaos (La fiebre del gaucho)* (produção estrangeira); *La isla de Rarotonga* (produção estrangeira); *Fuego en el mar* (produção estrangeira). 1980 – *Pesadilla mortal* (produção estrangeira). 1981 – *Mas locos que una cabra (Cabra)* (produção estrangeira); *Me lleva la tristeza* (produção estrangeira); *Com México no hay* (produção estrangeira); *Rastro de muerte* (produção estrangeira). 1982 – *El color de nuestra piel* (produção estrangeira); *De pulquero a milionario* (produção estrangeira). 1983 – *Pedro Navaja* (produção estrangeira); *Fuga de carrasco* (produção estrangeira); *El gran relajo mexicano* (produção estrangeira); *Perdidos no vale dos dinossauros*; *Me lleva tristeza* (produção estrangeira). 1984 –

Jungle Warriors (produção estrangeira); *Braceras y Mojados* (produção estrangeira). 1985 – *La buena vista, paraíso erótico* (produção estrangeira); *Avaeté, semente da violência*. 1986 – *Casa de muñecas para adultos* (produção estrangeira). 1988 – *El gran realejo mexicano* (produção estrangeira). 1997 – *Ambición mortal* (produção estrangeira).

Um dos primeiros atores brasileiros a ter uma bem-sucedida carreira internacional, Milton Rodrigues, homônimo do produtor e diretor de *O dia é nosso* e *Caminho do céu*, é carioca de Copacabana. Radicou-se no México nos anos 60. A carreira de Milton no cinema brasileiro começou com pontas em alguns filmes. Seu primeiro papel importante foi em *Morte em três tempos*, dirigido por Fernando Cony Campos*, em que atuou ao lado de Irma Alvarez* e Josef Guerreiro. Depois de um ou dois filmes, ganhou fama internacional ao ser escolhido para um dos papéis principais de *Uma rosa para todos*, filme italiano rodado no Brasil com Claudia Cardinale, sob a direção de Franco Rossi. Ao mesmo tempo, fez *Rio, verão e amor*, uma comédia de Watson Macedo*. Atuou em seguida em outra produção internacional, *Jogo perigoso*, filme em dois episódios. Foi o protagonista do episódio 'Divertimiento', sob a direção de Luís Alcoriza, um dos nomes mais respeitados do cinema mexicano, tendo sido roteirista de Luís Buñuel. Na carreira brasileira de Milton Rodrigues, podem ser destacados os seguintes filmes: *Cangaceiros de Lampião*, de Carlos Coimbra*, *Meu nome é Lampião*, de Mozael Silveira, *O vale do Canaã*, de Jece Valadão*, e *Sangue quente em terra fria*, de Fernando Cony Campos. Depois desse filme, partiu para o México, onde seu primeiro filme foi *Puertas del paraíso*, de Salomon Laiter. Muito procurado pelos produtores mexicanos. Sob a direção de Francisco del Villar, protagonizou *La primavera de los escorpiones*, ao lado de Isela Vega, grande êxito de bilheteria no México, que consagrou definitivamente o ator brasileiro. Em seu filme seguinte, *Fin de fiesta*, dirigido por Mauricio Wallenstein, Milton interpretou um *hippie*. Participou de *El muro del silencio*, rodado na Colômbia, dirigido por Luís Alcoriza. Fez depois *El juego de la guitarra*, de José Fernando Unsain, *Los cacos*, de José Estrada, *El festin de la loba*, dirigido por Francisco del Villar, e *Cristo te ama*, de Unsain. Milton atuou também em dois *westerns* de coprodução americano-mexicana, rodados em Durango, ambos sob a direção de Alberto Mariscal: *El juez de la soga* e *Uno para la horca*. Seu maior

sucesso no México foi *Fe, esperanza y caridad*, dirigido por Luís Alcoriza, filme em episódios. Milton é o protagonista do episódio 'Esperanza', um faquir que é destruído pela máquina publicitária. Pelo seu desempenho no filme, ganhou o prêmio de melhor ator no FESTIVAL DE CARTAGENA, na Colômbia. Em 1974, atuou em *Kaliman en el siniestro mundo del humanon*, com algumas cenas filmadas no Rio de Janeiro. A carreira de Milton Rodrigues no México não se limitou ao cinema, tendo também aparecido no teatro e na televisão. Seus filmes mexicanos, alguns dos quais com diretores de primeira linha, não foram distribuídos no Brasil. Retornou ao Brasil nos anos 80. Participou então de *Avaeté, semente da violência*, dirigido por Zelito Viana*. (LAR)

RODRIGUES, Nélson (Nélson Falcão Rodrigues) – Recife, PE, 1912-1980. Dramaturgo.

FILMOGRAFIA: 1952 – *Meu destino é pecar*. 1962 – *Boca de Ouro*. 1963 – *Bonitinha mas ordinária; O beijo*. 1964 – *Asfalto selvagem*. 1965 – *A falecida*. 1966 – *Engraçadinha depois dos 30*. 1973 – *Toda nudez será castigada*. 1975 – *O casamento; A dama do lotação*. 1977 – *Os sete gatinhos*. 1980 – *O beijo no asfalto; Bonitinha mas ordinária*. 1980-1992 – *A serpente*. 1981 – *Álbum de família; Engraçadinha*. 1983 – *Perdoa-me por me traíres*. 1989-1990 – *Boca de Ouro*. 1999 – *Traição*. 1999 – *Gêmeas*. 2006 – *Vestido de noiva*. 2009 – *Bonitinha mas ordinária*.

Considerado um dos mais originais autores da moderna dramaturgia brasileira, durante décadas Nélson Rodrigues provocou polêmica ao inovar radicalmente o teatro pela ousadia dos temas enfocados e pelos recursos formais introduzidos em textos hoje clássicos, como *A mulher sem pecado* (1941) ou *Vestido de noiva* (1943). No texto, por exemplo, substituiu uma pesada sintaxe clássica portuguesa pela linguagem mais ágil de um cotidiano (sub) urbano carioca. Na temática, usualmente explorou situações consideradas escandalosas, como o incesto e o homossexualismo. Para encenadores, indicou inovações como o *fade* – a divisão dos atos em cenas pontuadas por escurecimentos totais, como no cinema –, além do uso de situações paralelas ocorrendo em espaços cênicos divididos apenas por jogos de luz, lembrando a montagem cinematográfica. São essas algumas das inúmeras inovações que fizeram de Nélson Rodrigues um pioneiro na experimentação criativa de recursos modernos trazidos de outras formas de

expressão, como o cinema e o rádio. A esses, mesclou recursos tradicionais do teatro clássico, como o coro com inusitadas superposições. Crítico importante dos anos 50, Pompeu de Souza apontou o caráter fundador do teatro rodriguiano, que pela primeira vez no Brasil elevou-se ao nível das obras de arte "que enterram suas raízes no chão universal da sobrevivência". Referia-se o crítico a temas eternos que nasceram com o homem e viverão com ele até o fim.

O cinema brasileiro também foi atraído pelo fascínio dessa obra monumental e densa desde 1952, quando Manuel Peluffo adaptou *Meu destino é pecar*, produção paulista da MARISTELA*, a partir do romance-folhetim que Nélson escreveu sob o pseudônimo de Suzana Flag. Mais de duas dezenas de filmes de longa metragem, além de curtas, foram realizados com base em suas peças, romances e crônicas. Paralelamente à multiplicidade de interpretações e avaliações críticas da obra rodriguiana, as adaptações cinematográficas também compõem um conjunto bastante heterogêneo, em que diretores tão diversos como Arnaldo Jabor*, Neville d'Almeida*, Nelson Pereira dos Santos*, Braz Chediak*, Andrucha Waddington*, Moacyr Góes*, entre outros, deram vida, com maior ou menor sucesso, a personagens de uma classe média mesquinha e sórdida, povoada de prostitutas, portadores de defeitos congênitos, impotentes, degradados física e moralmente. Um universo, enfim, em que a noção de herói, no sentido clássico-épico, passou por uma revisão radical. Em pleno Cinema Novo*, prosseguindo na linha inaugurada por *Rio 40 graus* e *Rio Zona Norte*, Nelson Pereira dos Santos realizou a adaptação para o cinema do original de Nélson Rodrigues, *Boca de Ouro*, com Jece Valadão* no papel-título. Radiografia trágica do subúrbio carioca, no caso Madureira e arredores, o filme do cineasta de *Vidas secas* – que seria seu projeto seguinte – foi uma versão relativamente fiel à peça original, enfatizando a violência contra e entre elementos marginalizados socialmente, com muitas sequências em exteriores, o que reduzia bastante o lado mais teatral do texto e dava um novo dinamismo às palavras rodriguianas. No ano seguinte, 1963, outra adaptação, dessa vez de *Bonitinha mas ordinária*, realizada por J. P. Carvalho, deu o tom pelo qual a maioria das adaptações se pautou, ou seja, caindo na armadilha sempre colocada por uma proposta de fidelidade integral ao texto. Em lúcida observação crítica ao filme, Jean-Claude Bernardet* chamou atenção para o fato de que a principal qualidade e o principal defeito do filme era ter ficado exatamente fiel à peça: "Qualidade porque foram respeitados diálogos, personagens e a significação do original. Defeito porque Nélson Rodrigues deu à sua peça aquilo que no palco se chama 'ritmo cinematográfico' e que se manifesta principalmente pela mudança brusca de lugares e de tempo [...]. Acontece que essa maleabilidade do espaço e do tempo é normal na linguagem cinematográfica. Passar bruscamente de um lugar para o outro, elipses de espaço ou de tempo, não representam efeitos no cinema. A obediência escolar àquilo que parecia ser a qualidade cinematográfica da peça levou a uma direção de J. P. Carvalho sem força". Essa mesma observação pode ser feita para muitas das traduções cinematográficas de Nélson Rodrigues. De um lado encontramos uma série de filmes aparentemente pouco interessados nos aspectos estilísticos da obra rodriguiana, aproveitando o apelo sensacionalista existente na maior parte das obras, em que sexo, intrigas, escândalos, alguma escatologia e o grotesco eram itens obrigatórios; constituíram-se em obras desprovidas de um maior interesse estético. Produções que não ousaram formalmente, não buscaram nenhum tipo de "tradução" para o cinema do fenômeno poético rodriguiano. Em geral, o texto do dramaturgo era aproveitado enquanto argumento, em função da originalidade de suas tramas. Muitas vezes o diálogo, ousado e dinâmico, também foi aproveitado, considerando que o cinema brasileiro recorreu diversas vezes ao dramaturgo, servindo-se da reserva erótica e de choque para levar espectadores ao cinema. Por outro lado, encontramos filmes com propostas autorais mais delineadas, filmes em que se percebia a intenção do realizador de chegar mais próximo do mundo rodriguiano, ainda que por outras vias. Num ensaio inédito, Marcelo Mendes (1986) chamou atenção para o fato de que, mesmo nos filmes autorais, os resultados acabaram se assemelhando, embora por razões diversas. O excesso de reverência foi responsável por uma boa parte de "erros". No caso de *A falecida*, de Leon Hirszman*, foi o próprio Nélson Rodrigues quem apontou a "falha", afirmando que esse era um filme sem humor.

Em geral, realizadores talentosos se interessaram pela obra de Nélson Rodrigues, mas costumavam ver nela apenas uma de suas facetas, muito provavelmente aquela que os sensibilizou, pela qual tiveram afinidade. Assim, as tensões da obra rodriguiana acabaram despercebidas. Uns optaram pela linha trágica, melodramática, outros pela farsesca, mas, na verdade, as peças de Nélson nunca estiveram num ponto ou no outro, numa poética do "quase": *A falecida* é "quase" uma peça trágica, mas seu indiscutível e finíssimo humor negro aproxima-se de uma comédia de costumes. No entanto, também não pode ser classificada a rigor como comédia, já que o inexorável dos acontecimentos, o caráter essencial da obra, faz que ela esteja também sempre muito próxima do trágico. As rupturas introduzidas pelo teatro rodriguiano encontraram no cinema sua melhor tradução com Arnaldo Jabor, em especial pela guinada introduzida na trajetória geral do Cinema Novo em 1972 em seu diálogo com o mercado e as relações com o nacionalismo das décadas de 50 e 60. *Toda nudez será castigada*, assim como *O casamento*, dois filmes analisados pelo professor, ensaísta e crítico Ismail Xavier (1993), mergulharam de cabeça no universo rodriguiano, carregando nos tons melodramáticos da história e da encenação estilizada, com trilha sonora repleta de *latinidad* via Piazzola ou Roberto Carlos, e, principalmente, exibindo a carismática e explosiva interpretação de Darlene Glória*. Ismail chamou a atenção para a capacidade de Jabor de articular, nessas duas adaptações, questões centrais do Cinema Novo que nos anos 60 eram mais ligadas à esfera pública, como a decadência de grandes propriedades rurais, a modernização urbana e a brutalização da pobreza, agora inscritas no mundo doméstico dos dramas de família rodriguianos. Em *O casamento*, as ações do protagonista definiram um embaralhamento maior das esferas pública e privada, desenvolvendo uma poderosa metáfora central em torno de imagens de enchentes nas ruas do Rio de Janeiro. Ao longo da década de 70, Nélson Rodrigues foi outra vez invocado, com maior êxito ainda, em pleno apogeu do cinema erótico, agora via o estrelismo consolidado de Sônia Braga* em *A dama do lotação*. Com essas e outras poucas exceções, minimizou-se, enfim, o grande "defeito" da maioria das adaptações cinematográficas rodriguianas, sempre abaixo da dimensão trágica e da "atmosfera de constante tensão semântica" presente nos textos teatrais. Enquanto toda a obra de Nélson Rodrigues é marcada pela grandiloquência, a maioria dos filmes feitos a partir dela tendem ao naturalismo trivial das novelas televisivas, meio que, só a partir da metade da década de 90, finalmente conseguiu absorver parte do conteúdo "desagradável" e "pestilento" de seus textos em produções como a minissérie *Engraçadinha* (TV GLOBO, 1995) ou nas vinhetas serializadas de *A Vida como Ela É* (TV GLOBO, 1996). Ao final da década de 90, no período conhecido (não sem polêmica) como Retomada do cinema brasileiro, a adaptação de *Gêmeas* (1999), dirigida por Andrucha Waddington, com Fernanda Torres* interpretando simultaneamente as irmãs do título, tenta inserir o universo rodriguiano num projeto audiovisual mais atualizado, com efeitos especiais, atmosfera sombria e gótica. E, neste novo século, novas adaptações continuam a ser feitas na tentativa de traduzir esse espírito obsessivo e dramático rodriguiano em adaptações como *Vestido de noiva* (2006), de Joffre Rodrigues, ou a terceira incursão na tela de um argumento originalmente pensado para o cinema, *Bonitinha mas ordinária* (2009), de Moacyr Góes*, que, mais uma vez, orquestra temas como degradação, culpa, ressentimento e redenção, num elenco em que se sobressaem Leandra Leal*, na pele de Ritinha, e João Miguel, como Edgard. (JLV)

ROIZ, Gentil (Gentil Rodrigues dos Santos) – Canguaratema, RN, 1899-1975. Diretor.

FILMOGRAFIA: 1925 – *Retribuição*. 1925 – *Aitaré da praia* (*Jangada da morte*).

Gentil Roiz cresceu no Recife, onde se tornou ourives e gravador. Muito interessado por cinema, fã dos seriados americanos de aventuras, comprou um projetor que transformou em câmera, com a qual fazia letreiros para os filmes exibidos no CINE OLINDA. Adquiriu depois uma câmera de segunda mão e, disposto a realizar filmes de enredo, associou-se a Edson Chagas*, criando a AURORA-FILM. É o início do Ciclo do Recife*, cujo primeiro título, *Retribuição*, teve direção e roteiro de Roiz. Protagonizou *Jurando vingar*, de Ary Severo*, ao lado da futura esposa Rilda Fernandes. Dirigiu *Um ato de humanidade* (1925) e a primeira versão de *Aitaré da praia*, grande sucesso local, que ele tentou em vão exibir no Rio de Janeiro, onde passou a residir. Em meados de 1927, volta ao Recife a convite de João Pedrosa da Fonseca, proprietário da AURORA, então inativa, mas permanece apenas alguns dias na cidade. Incentivado por Adhemar Gonzaga*, criou uma nova AURORA-FILM no Rio de Janeiro e começou a dirigir *Religião do amor*, depois intitulado *Paralelos da vida*, não concluído. Anunciou a realização de *Taça da vida*, filme de aventuras a ser produzido pela CINÉDIA, antes de abandonar definitivamente o cinema. (LCA)

ROQUETTE PINTO, Edgard – Rio de Janeiro, RJ, 1884-1954. Conservador.

Formado em Medicina, começou a sua carreira científica no Museu Nacional em 1905, como assistente da Seção de Antropologia e Etnografia. Após acompanhar Rondon em expedição pelo Norte do Brasil, em 1912, Roquette Pinto trouxe registros cinematográficos dos índios nhambiquaras. Organizou no Museu Nacional a FILMOTECA CIENTÍFICA, que exibia filmes para o público escolar. Intelectual de projeção nacional, Roquette Pinto tornou-se diretor do Museu Nacional em 1926 e ingressou na Academia Brasileira de Letras dois anos depois, tendo publicado livros como *Rondônia* (1917), *Seixos rolados* (1927) e *Ensaios de antropologia brasiliana* (1933). Foi o responsável pela fundação, em 1923, da primeira emissora de rádio do Brasil, a Rádio Sociedade do Rio de Janeiro, cuja programação era predominantemente cultural. Desligou-se do Museu Nacional em 1936, quando foi encarregado por Gustavo Capanema, então ministro da Educação, de organizar e dirigir o Instituto Nacional do Cinema Educativo (INCE*). Roquette Pinto chamou, então, Humberto Mauro* para compor o quadro técnico deste que foi o primeiro órgão estatal brasileiro voltado para o cinema. A influência das ideias de Roquette Pinto sobre o cineasta pode ser aferida não somente nos filmes de Humberto Mauro realizados para o INCE, mas ainda em *Argila*, longa-metragem de 1940, produzido e estrelado por Carmen Santos*. Roquette Pinto foi, ao lado de Afonso de Taunay e Bernardino José de Souza, consultor histórico de *O descobrimento do Brasil*, produção do Instituto de Cacau da Bahia de 1937 também dirigida por Humberto Mauro. Roquette Pinto escreveu vários artigos tratando do cinema educativo, cuja função principal, a seu ver, era instruir aqueles que não tiveram educação formal. Faleceu no Rio de Janeiro em 18 de outubro. (AA)

ROSA, José (José dos Santos Rosa)
– São Gonçalo, RJ, 1934. Fotógrafo.
FILMOGRAFIA: 1963 – *Vidas secas*. 1964 – *Procura-se uma rosa; Selva trágica; Grande sertão; Um ramo para Luiza*. 1965 – *História de um crápula; Paraíba, vida e morte de um bandido; 007 ½ no carnaval*. 1966 – *Na onda do iê-iê-iê; Nudista à força; Engraçadinha depois dos trinta; Cuidado, espião brasileiro em ação*. 1967 – *Jerry, a grande parada; Papai trapalhão*. 1968 – *Antes, o verão; Juventude e ternura*. 1969 – *A um pulo da morte* (1º episódio: 'Os arquivos secretos de um repórter policial'; 2º episódio: 'A madona de ouro';

3º episódio: 'A testemunha'; 4º episódio: 'A prisioneira'); *A penúltima donzela; Pais quadrados, filhos avançados; Quelé do Pajeú*. 1970 – *Estranho triângulo*. 1971 – *O donzelo; As confissões de frei Abóbora; O enterro da cafetina; Edy Sexy, o agente positivo; Os devassos; Um marido sem... é como um jardim sem flores; Missão: matar*. 1972 – *A difícil vida fácil*. 1973 – *Como é boa a nossa empregada* (3º episódio: 'O melhor da festa'); *As moças daquela hora*. 1974 – *Essa gostosa brincadeira a dois; Oh! Que delícia de patrão* (1º episódio: 'As loucuras do patrão'; 2º episódio: 'Um brinde ao patrão'); *As secretárias que fazem de tudo* (1º episódio: 'A moça que veio servir o café'; 2º episódio: 'Fazer o que em Paris?'; 3º episódio: 'Avante C. C. S.'). 1975 – *Quando as mulheres querem provas; Um soutien para papai*. 1976 – *As loucuras de um sedutor; A árvore dos sexos; O sexomaníaco*. 1978 – *Copa 78, o poder do futebol; As aventuras de Robinson Crusoé*. 1979 – *Sábado alucinante*. 1980 – *Delícias do sexo*. 1981 – *Mulheres... mulheres*.

Dono de uma carreira eclética e de um estilo clássico e versátil, José Rosa é sobrinho-neto de um dos mais importantes fotógrafos de cinema do país, Edgar Brasil*, com quem compartilhou, além de alguns traços físicos, muitas afinidades estéticas. Com sólida formação fotográfica (ambos tiveram uma carreira brilhante na fotografia fixa), adaptaram-se perfeitamente às oscilações do mercado, procurando manter sempre um elevado padrão técnico. Além de Edgar, Rosa recebeu também uma poderosa influência do fotógrafo italiano Amleto Daissé*, de quem foi assistente em muitos filmes. Nascido em São Gonçalo, estado do Rio de Janeiro, em 3 de março, é filho de Felinto dos Santos Rosa e Elza Maria do Carmo de Lima Dumans (que era sobrinha de Edgar Brasil, filha de sua meia-irmã Maria Luiza, precocemente falecida). Rosa começou a se envolver com cinema e fotografia ainda garoto, frequentando os estúdios da BRASIL VITA FILME*, em companhia de Edgar, e o estúdio fotográfico que este possuía, no centro do Rio. Suas primeiras lembranças cinematográficas são da época em que Edgar atuava como braço direito de Carmen Santos* na atribulada produção de *Inconfidência Mineira*, no começo dos anos 40. Quando Edgar foi contratado pela ATLÂNTIDA*, em 1943, José Rosa foi algumas vezes ao estúdio. Após a morte de Edgar, em 1954, José Rosa foi incentivado pela mãe deste, Maria Hauschildt, a estudar fotografia. Maria doou-lhe os livros sobre técnica fotográfica e cinematográfica

que haviam pertencido ao filho. Durante vários anos, trabalhou como assistente de câmera nos estúdios da BRASIL VITA FILME, posteriormente arrendados pelo produtor Herbert Richers*. Nessa função, Rosa trabalhou em diversos filmes, como comédias de Watson Macedo*, de Victor Lima* e de J. B. Tanko*. Passou em seguida à condição de operador de câmera, destacando-se logo como um dos técnicos mais competentes do cinema brasileiro. Entre os filmes em que atuou como operador, podemos destacar dois de 1962: *O Boca de Ouro*, de Nelson Pereira dos Santos*, e *Assalto ao trem pagador*, de Roberto Farias*.

Rosa assumiu efetivamente a condição de diretor de fotografia em *Vidas secas*, de Nelson Pereira dos Santos, dividindo a função com o fotógrafo e produtor Luiz Carlos Barreto*. A elogiada fotografia de *Vidas secas*, em que foi usada uma grande abertura de diafragma para exacerbar a dureza quase ofuscante da paisagem nordestina, deveu-se muito à competência de Rosa, embora se admita que a concepção dessa fotografia tenha sido obra de Barreto. Após *Vidas secas*, Rosa assinou a fotografia de filmes como *Selva trágica*, de Roberto Farias; *Grande sertão*, de Geraldo* e Renato Santos Pereira; e *Um ramo para Luiza*, de J. B. Tanko*. Em relação ao trabalho de Rosa em *Selva trágica*, a opinião da crítica se dividiu. Segundo Paulo Perdigão, "José Rosa, coautor das imagens de *Vidas secas*, mostra-se irreconhecível no academicismo do claro-escuro, talvez porque mais não lhe invocasse o estilo de *close-ups* e meios planos adotado por Farias". Outro crítico destacou o "branco e preto sombrio e participante da moderna fotografia de José Rosa, que acaba por criar uma atmosfera opressiva". A fotografia de *Grande sertão* foi também alvo de opiniões controversas, sendo elogiada por Tati de Moraes ("o filme tem uma fotografia irregular, mas que quando é boa, é boa mesmo, haja vista toda a belíssima primeira sequência brumosa") e Sérgio Augusto ("a sequência do prólogo do filme, quando um grupo de vaqueiros surge da bruma, é o único momento relevante do filme"), mas criticada por Luiz C. de Oliveira ("primária e incapaz de aproveitar a paisagem do sertão"). As opiniões também divergiam em relação ao filme de Tanko. Enquanto para Alex Viany* a fotografia de Rosa tinha "altos e baixos", Salvyano Cavalcanti de Paiva* elogiava o trabalho do fotógrafo, que "captou e aumentou a beleza de Sônia Dutra, enquadrou maravilhosamente o expressivo olhar e o atrevido busto de Darlene Glória*, ampliou a graça de Elisabeth Gasper e soube tirar partido da fotogenia de Lúcia Alves". O comentário de Salvyano permite destacar uma outra qualidade de Rosa, assimilada à de Edgar: a técnica de glamurizar a figura feminina, através do uso de filtros difusores que suavizam os traços faciais. Rosa foi o diretor de fotografia de *Quelé do Pajeú*, de Anselmo Duarte*, primeiro filme em 70 mm rodado no Brasil. Apesar de algumas restrições, a crítica em geral elogia o trabalho do fotógrafo, que explorou ao máximo os recursos que a bitola oferecia, como *closes* gigantescos, grandes angulares e teleobjetivas em cenas de grande movimentação. Uma das cenas mais impressionantes é a cavalgada de Quelé (Tarcísio Meira*), que parte em busca do homem que abusara de sua irmã menor. Filmada em teleobjetiva, a cena é de grande impacto, dando a impressão de que ele não sai do lugar. Nos anos 70, José Rosa emprestou o seu talento a um bom número de produções populares, incluindo aí várias pornochanchadas*. Em diversas fitas, Rosa acumulou as funções de diretor de fotografia e câmera, como em *O enterro da cafetina*, produzido pela MAGNUS FILMES de Jece Valadão* e dirigido por Alberto Pieralisi*. Atuou como diretor de fotografia para o produtor e diretor Carlos Imperial*: *As delícias do sexo* e *Mulheres... mulheres.* (LAR)

ROSA, Lelita (Maria Rosa Maccari)
– São Paulo, SP, 1908-?. Atriz.

> FILMOGRAFIA: 1926 – *Vício e beleza*. 1927-1929 – *Barro humano*. 1928 – *Brasa dormida*. 1930 – *Lábios sem beijos*. 1935 – *Alô! alô! Carnaval*.

Aos 18 anos, determinada a tornar-se atriz de cinema, ofereceu-se ao produtor e diretor Antônio Tibiriçá, que andava à cata de uma jovem desinibida para seu próximo filme, de tema bastante ousado para a época. *Vício e beleza* pertencia à safra de filmes eróticos realizados em São Paulo, na segunda metade dos anos 20, protegidos pelo álibi de "filmes científicos": a degradação moral e física, causada frequentemente pelo consumo de drogas, seria mostrada com intenções dissecatórias, não sensacionalistas. Lelita fez seu *début* num filme polêmico que teve sérios problemas com a censura*. Mas isso não a estigmatizou. Dedicou-se ao seu papel com seriedade, a ponto de o crítico Pedro Lima* ter escrito em *Cinearte** que fora "a melhor coisa do filme". Tinha a seu favor (para os padrões da época, pelo menos) uma privilegiada fotogenia. Seu tipo tendia ligeiramente ao exótico: os olhos meio rasgados davam-lhe uma feição oriental e os cabelos pretos muito lisos e compridos, com a ajuda de uma apropriada maquiagem, um ar de mulher fatal verdadeiramente convincente. Necessitando de uma atriz para o segundo papel feminino de *Barro humano*, Pedro Lima convocou Lelita ao Rio de Janeiro em outubro de 1929. Começou a filmar em novembro. O papel destinado a Lelita, o de Gilda, filha de dona Zeferina (Luiza del Valle) e amiga e confidente de Vera (Gracia Morena). Gilda transitava então da aparente inocência à total permissividade, dando vazão a que Lelita exercitasse, com a indução de Adhemar Gonzaga*, uma certa sensualidade. Aceitou participar de *Brasa dormida*, de Humberto Mauro*. Lelita foi chamada por Adhemar Gonzaga para ser a estrela de *Lábios sem beijos*, de Humberto Mauro*. Ela desempenhou o papel de Lelita, moça de 22 anos criada pelo tio. De temperamento forte, vinha sendo repreendida pelos seus arroubos amorosos. Achava que a juventude era uma época para flertes sem consequência, para a dança e a música, enquanto não viesse o grande amor. É o que acontece quando lhe cruza o caminho o paquerador Paulo. Após muitas festas e revezes, eles acabam concretizando uma feliz união num idílio campestre. Na verdade, Lelita não estava totalmente de acordo com o perfil da personagem que lhe foi dada. Lelita se empenhou em exalar sensualidade, em maiôs, penhoares, camisolas e longos beijos provocantes. Foi reconduzida à condição de estrela, com a exaltação de sua ardência interpretativa e de seu comportamento chique. Lelita fez uma ponta em *Alô! alô! Carnaval*, de Adhemar Gonzaga*. Faleceu na década de 1980. (LAR)

ROSEMBERG FILHO, Luiz – Rio de Janeiro, RJ, 1943. Diretor.

> FILMOGRAFIA: 1968 – *Balada da página três*. 1969 – *América do sexo* ('Antropofagia'). 1971 – *Jardim de espumas*. 1972 – *Imagens do silêncio*. 1973-1975 – *Assuntina das Américas*. 1976 – *Crônica de um industrial*. 1981 – *O santo e a vedete*.

Também artista plástico e ensaísta, anima como articulista, desde os anos 70, diversas publicações críticas, independentes, amadoras ou da chamada "imprensa nanica". Organiza o livro *Godard, Jean-Luc* (1986), com textos, entrevistas e depoimentos do cineasta francês. Enfileira-se desde as suas primeiras realizações cinematográficas, ainda no final dos anos 60, entre o projeto do Cinema Novo* mais reflexivo e a desenvoltura rebelde do Cinema Marginal*. Mantém, conforme bem apontou Geraldo Veloso, "uma linha de independência, mas próximo à estética do experimental, como Carlos Frederico, Sérgio Santeiro, Carlos Alberto Prattes Correia, Sérgio Bernardes". Seu primeiro longa, *Balada da página três*, cuja cópia perdeu-se, aborda a violência no mundo dos jovens, e tem no elenco Adriana Prieto*, Sindoval Aguiar e Echio Reis. 'Antropofagia', episódio de *América do sexo*, tem como ator José Celso Martinez Corrêa, interpretando um embaixador que é sequestrado e assassinado. Rosemberg o considera hoje, de certo modo, uma preparação para o seu segundo longa, *Jardim de espumas*. Fernão Pessoa Ramos comenta que esse é um filme "marcado por algumas preocupações sociais e políticas do Cinema Novo, em que a representação de um sequestro (tema que se delineia) acaba atropelada pela encenação da agonia e do desespero". David Neves* acha que o filme "era assim como uma *Terra em transe* soterrada e conseguindo emergir ao *ground*, tudo num visual muito precário mas belo, como se o belo dependesse justamente da precariedade. Rosemberg, porém, consegue o trunfo de revelar um 'glauberianismo' conteudístico-formal com personalidade própria". Glauber Rocha*, que teria visto o filme somente uma vez no final dos anos 70, diz, em *Revolução do cinema novo*, que *Jardim de espumas* "é um *apokalypze* talentário que me provocou fantásticas liberações". O líder cinemanovista, aliás, um pouco reconhecendo-se nos projetos de Rosemberg, "todos possuídos de ambições totalizantes", identifica nele "um 'cineasta&artista&ser vibrante' como a forja de Wagner na bigorna da espada de Siegfried". E com toda a sua divergência com o rumo desse realizador "marginal", considera que ele "contestou o Cinema Novo, no alienado revisionismo *a la mode*, continuou nos erros de avaliação crítica – mas realizou filmes de vanguarda, como *Assuntina das Amérikas* e *Crônica de um industrial* – dolorosa reflexão sobre o fracasso da burguezya brazyleyra". Já *Imagens do silêncio* nunca foi exibido no Brasil. Segundo o autor, é o seu "trabalho mais radical e sofrido". É um filme com lindas mulheres, violento e parado no tempo, mas sem diálogos, som ou música, num país que não pode se expressar. Recebe o grande prêmio do júri no FESTIVAL INTERNACIONAL DE TOULON na França, e a cópia perde-se com os excessos de cuidado na circulação, não tendo certificado da censura*, nem quaisquer créditos nos letreiros.

Assuntina das Amérikas, filme que foi chamado de chanchada* *underground*, é protagonizado por Analú Prestes com uma força a um tempo alegre e obscura. Através de alegorias críticas, de alguma inspiração brechtiana, Rosemberg busca, com uma precariedade manifesta dos recursos técnicos e uma estratégia anti-ilusionista cheia de improviso, sintonizar a dimensão ideológica de um país carnavalizado e minado pelo capitalismo selvagem. Em seu filme mais difundido, *Crônica de um industrial*, o personagem central vê-se paralisado e impotente com a distância de suas antigas vocações utópicas, inviabilizadas em seu teor revolucionário. Embora ainda pesado, difícil, denso e intransigente, é talvez o seu filme mais consumível por um público maior. David Neves chega a dizer que a *mise-en-scène* é "ritualística e cada sequência assemelha-se a um sacrifício religioso, uma oferenda, ou uma doação. O domínio do *métier* atinge sua plenitude e faz, finalmente, extravasar do filme um 'charme', uma fotogenia, que as palavras não conseguem definir". Configura-se na trajetória do industrial uma alegoria dolorosa através da figura de sua mulher morta, pela comunhão de perspectivas que se perderam. Simulacro moreno, a segunda mulher contrapõe em vão a reconciliação entre os sentidos acalentados no passado e o horizonte concreto de possibilidades. Rostos fortes e gestos dispersos, no trânsito entre os dois amores encontra-se a impossibilidade trágica de transformar o semblante cosmopolita de ideais revolucionários universais em um semblante nativo, presente, de Ação. Soçobram espíritos que não tomam carne, anjos letárgicos, emudecidos pelo terror do sangue.

Em *O santo e a vedete*, Rosemberg exercita dentro de alguns parâmetros consagrados pela pornochanchada* uma caricatura social em torno de um casal de baixa renda que luta para ascender. Valores hipócritas ligados à posição social são discutidos quando a tentativa de construção de um cabaré numa cidade do interior esbarra em contradições e dificuldades. Rosemberg dá início a uma série de curtas, exercitando um cinema de tipo *agit-prop*, de intervenção crítica sobre o monopólio da imagem, como *Ideologia* (1977) e *Auschwitz* (1983). Essa série prossegue em vídeo a partir do encarecimento do processo em película no início dos anos 80. Mescla ou alterna nesses curtas discurso poético e político, este último com bastante recurso à montagem crítica compondo pequenos afrescos (como as colagens em papel, de que é artífice, chegando a expor em galerias) nos quais os fragmentos correm inflamados pelo som de textos de grande inquietude. Volta ao humor chanchadesco, que já retomara no longa *O santo e a vedete*, no média-metragem *Videotrip* (1983). Nele, Wilson Grey* interpreta um produtor picareta que tenta passar da pornochanchada ao filme cultural financiado pelo Estado, "apostando" numa jovem cineasta que adapta peça de Oswald de Andrade. Nos anos 90, dá início a nova série com *Experimental*, mostrando a TV como um dos braços fortes do fascismo existente. Em *Cinema Novo* faz um elogio-balanço do movimento valendo-se de depoimentos de alguns participantes que mantiveram independência, como Sérgio Santeiro. *Science-fiction* é uma antificção sobre a destruição do planeta. Somos vistos em imagens idiotas por um E. T. que só aparece no fim, quando as imagens originais da Terra já se paralisaram. *Barbárie* reflete sobre a violência no corpo feminino quando utilizado pelo poder. Manipulação e humilhação que prostituem os sentimentos e ideias vendendo confortavelmente a mulher. *Pornografia* é, ao contrário, um vídeo de horror sobre as "imagens" de políticos publicadas na mídia. *As sereias* é uma tentativa de "desencenação" da moda: enquanto amplia o congelamento do olhar sobre a beleza feminina, torna-se também uma reflexão traumática sobre a produção do olhar como expressão de conceitos dúbios num país como o nosso. Rosemberg é das poucas vozes iradas que se levantaram no meio cinematográfico contra os trustes da indústria cultural, como a REDE GLOBO. Sua trajetória o leva dos dilemas políticos do prazer às críticas mais ácidas e, desde os anos 80, praticamente solitárias, aos meios de comunicação e à fabricação de imagens no país. (RMJr)

ROSSI, Gilberto – Livorno, Itália, 1882-1971. Fotógrafo, produtor.

FILMOGRAFIA: 1919 – *O crime de Cravinhos* (fot., prod.). 1920 – *Perversidade* (fot., prod.). 1922 – *Do Rio para São Paulo para casar* (fot., prod.). 1924 – *O segredo do corcunda* (fot., prod.). 1925 – *Gigi* (fot.). 1929 – *Escrava Isaura* (fot.). 1946-1948 – *O palhaço atormentado* (fot.). 1951 – *Mistério do campo santo* (fot., prod.).

Gilberto Rossi ficou órfão ainda criança e foi criado por um tio que residia em Pisa, onde começou a trabalhar no ateliê fotográfico de Mestre Blondi. Assim que a produção italiana de cinema surgiu, Gilberto Rossi engajou-se nela como cinegrafista, graças aos conhecimentos adquiridos na fotografia estática. Conheceu então Luigi Guerazzi, brasileiro, filho de italianos, que lhe propôs associarem-se para produzir filmes em São Paulo, pois esse mercado não havia praticamente sido explorado e a cidade encontrava-se em franca expansão econômica. Em 1911, Rossi veio com a mulher para São Paulo, deixando na Itália os filhos Ludovico e Norvegia, mas a associação com Luigi Guerazzi acabou não ocorrendo. Sem conseguir estabelecer-se como cinegrafista, voltou a trabalhar com a fotografia estática, chegando a morar no Mato Grosso a serviço de uma companhia agrícola americana. Após retornar a São Paulo, resolveu insistir em cinema e passou a registrar lugares ou acontecimentos interessantes, fitas essas que conseguiam ser vendidas para os exibidores por interessar ao público. Também filmagens de lojas, indústrias e fazendas eram efetuadas. Rossi, então, mostrava o serviço feito ao possível cliente, que acabava muitas vezes comprando o filme. Em pouco tempo a SÃO PAULO NATURAL FILM, nome da sua empresa, passou a receber encomendas para realizar esse tipo de produção, que se convencionou chamar pejorativamente de "cavação". Na segunda metade dos anos 10, conheceu Arturo Carrari*, outro imigrante italiano dedicado ao cinema, diretor da Escola de Artes Cinematográficas Azzurri e produtor de documentários e de filmes de ficção. Rossi e Carrari produziram *O crime de Cravinhos*. Rossi foi responsável pela fotografia e Carrari, pela direção. Os intérpretes eram, de forma geral, alunos da Azzurri. A fita recontava a história de um crime recente envolvendo uma família paulista de destaque social, e, devido a esse fato, teve inicialmente sua exibição censurada. Em novembro de 1920, por meio de ação judicial, Rossi e Carrari conseguiram lançar o filme com grande sucesso, pois o público já acompanhava o escândalo pelos jornais. É digno de nota que, desde a primeira década do século, a produção cinematográfica brasileira reconstituía crimes de grande repercussão como forma de atrair bilheteria, bastando pensar em *Os estranguladores* (1908), de Francisco Marzullo. Entretanto, os dois italianos desentenderam-se e não produziram mais filmes em conjunto.

Foi com outro sócio que Gilberto Rossi continuou a fazer "posados", alguns deles clássicos do cinema silencioso brasileiro. Tratava-se de José Medina*. Através de Eugênio Fonseca Filho, desenhista dos bonecos da animação *Aventuras de Bille e Bolle* (produzida e fotografada por Rossi), os dois foram apresentados no Rio de Janeiro. Em 1919, Medina propôs a Rossi a realização de um pequeno filme para lhe demonstrar a continuidade cinematográfica tal como os americanos a vinham praticando. O título da fita era *Exemplo regenerador*, filme ainda preservado, sobre o marido relapso que recebeu uma lição da mulher, auxiliada pelo mordomo. Essa produção, literalmente de "fundo de quintal", pois foi em boa parte filmada no pequeno quintal de Rossi, tinha a chancela da ROSSI FILM, nome que a sua produtora passaria a adotar. A partir de então, a dupla, sempre com José Medina como diretor e Gilberto Rossi como fotógrafo, realizou uma série de "posados" ao longo de toda a década de 20. Primeiramente tentaram finalizar *Como Deus castiga*, filme iniciado por Rossi com a direção de Eugênio Fonseca Filho. Após a interrupção da produção, José Medina assumiu-a, mas nunca chegou a existir uma cópia final. A sobrevivência econômica de Rossi, porém, nunca se desligou dos documentários. Quando Washington Luís governou o estado, Rossi passou a filmar os mais variados eventos com a participação desse político e chegou a tornar-se cinegrafista oficial do governo do estado. Em 1921, conseguiu de Washington Luís um subsídio mensal do governo do estado de São Paulo para produzir quinzenalmente o cinejornal *Rossi Atualidades*. O lançamento ocorreu em grande estilo quando da inauguração do CINE REPÚBLICA, na época a melhor casa exibidora de São Paulo. O *Rossi Atualidades*, sempre exibido no REPÚBLICA e percorrendo outras salas importantes do circuito, foi o cinejornal de maior continuidade do cinema mudo brasileiro, sendo projetado até 1931 com poucas interrupções na sua periodicidade. O suporte econômico do subsídio governamental foi um fator importante para tornar a ROSSI FILM a principal produtora de São Paulo, dando tranquilidade suficiente a Gilberto Rossi para que ele finalmente pudesse trazer seus dois filhos da Itália e também continuasse a produzir com José Medina filmes "posados". Como complemento financeiro, Rossi por vezes conseguia vender as reportagens mais interessantes para a FOX FILM. Seus filhos chegaram no Brasil já crescidos e o pai colocou-os para trabalhar consigo – Norvegia tornou-se laboratorista e Ludovico aprendeu a operar câmera para acompanhá-lo nas filmagens.

Após o frustrado *Como Deus castiga*, Rossi e Medina realizaram, em 1921, o drama *Perversidade*, e dois filmes curtos, a comédia *Carlitinho* e, no ano seguinte, o melodrama *A culpa dos outros*. *Perversidade* impressionou positivamente o jovem Canuto Mendes de Almeida, que passou então a frequentar a ROSSI FILM. Com argumento de Canuto Mendes de Almeida, Medina e Rossi fizeram dois filmes, *Do Rio a São Paulo para casar* – comédia passada na alta sociedade – e *Gigi* – baseado num conto do escritor Viriato Correia. A última fita da dupla foi o curta *Fragmentos da vida*, de 1929, baseado no conto *Soap*, do escritor O. Henry. Esse filme também se encontra preservado e é considerado um dos clássicos do cinema brasileiro, narrando as desventuras de dois vagabundos na cidade de São Paulo. A intensa atividade de Gilberto Rossi nos anos 20 não se limitou ao cinejornal e às produções citadas. Ele continuava a realizar documentários – tais como *Os escoteiros do estado de São Paulo* (1922), *Estrada de ferro dos Campos do Jordão* (1925) e *Hospital do Juquery* (1927) – e a fotografar filmes ficcionais quando era solicitado – casos de *O segredo do corcunda*, de Alberto Traversa, ou *A escrava Isaura*, de Antônio Marques Filho. Com a pretensão de que o *Rossi Atualidades* tivesse circulação nacional, Gilberto Rossi chegou a editar um opúsculo no qual anunciava a disposição em comprar imagens de lugares ou acontecimentos interessantes, explicando, inclusive, a melhor técnica de filmagem. O cinejornal, entretanto, nunca chegou a ter dimensão nacional. Com a Revolução de 30 (que retirou o Partido Republicano Paulista do poder e, consequentemente, comprometeu o subsídio recebido por Rossi) e a chegada do cinema sonoro (que encareceu sobremaneira os custos de produção, além de trazer complicações técnicas de difícil solução), o *Rossi Atualidades* não passou de 1931. A situação de Rossi era ainda pior porque o seu laboratório havia pegado fogo na segunda metade dos anos 20, levando-o a perder equipamentos, negativos e cópias das suas produções. Como forma de sobrevivência dentro de um mercado que diminuiu muito, já que a partir dos anos 30 o grosso da produção cinematográfica brasileira concentrou-se no Rio de Janeiro, Rossi associou-se aos imigrantes húngaros Adalberto Kemeny* e Rodolfo Rex Lustig, proprietários da REX FILM e diretores de *São Paulo, sinfonia da metrópole*. Forma-se a ROSSI-REX FILM, que produziu entre 1934 e 1936 o cinejornal *A Voz do BRASIL* e, entre 1937 e 1940, o *Atualidades Rossi-Rex*, ambos amparados pela Lei federal nº 21.240 de 1932, que obrigava a exibição de um complemento nacional antes de cada longa-metragem estrangeiro. Após desfazer a sociedade com Kemeny e Lustig, Gilberto Rossi ainda voltou a trabalhar sozinho, construindo estúdio e laboratório no Bosque da Saúde, onde instalou sua produtora com o antigo nome ROSSI FILM. Nesse estúdio, fotografou e produziu *Palhaço atormentado*, filme dirigido por Rafael Falco Filho e estrelado por Arrelia. Seu último, ainda nas funções tradicionais de fotógrafo-produtor, *O mistério do campo santo*, também com direção de Rafael Falco Filho, permanece inédito. Ao completar 80 anos, sentindo o peso da idade, vendeu seu equipamento para Primo Carbonari*. Gilberto Rossi faleceu em São Paulo em 29 de julho. (AA)

ROSSI, Ítalo (Ítalo Balbo Di Fratti Copola) – Botucatu, SP, 1931-2011. Ator.

FILMOGRAFIA: 1953 – *Destino em apuros*; *O homem dos papagaios*; *Uma vida para dois*; *A sogra*; *Esquina da ilusão*. 1957 – *Pão que o diabo amassou*. 1958 – *E o espetáculo continua*. 1965 – *Society em baby-doll*; *Paraíba, vida e morte de um bandido*. 1966 – *A derrota*. 1967 – *O engano*; *Cara a cara*. 1968 – *O bravo guerreiro*; *Dezesperato*. 1976 – *Noite sem homem*; *Aventuras de Momo Montanha* (coprodução estrangeira). 1979 – *República dos assassinos*. 1988-1989 – *Doida demais*. 1995-1997 – *A grande noitada*. 2003 – *Maria, mãe do Filho de Deus*. 2007 – *Sexo com amor?*.

Ganhador de quatro prêmios MOLIÈRE por suas interpretações nas peças *A noite dos campeões*, *Quatro vezes Becket*, *Encontro com Fernando Pessoa* e *O encontro de Descartes e Pascal*. É reconhecidamente, desde sua estreia profissional, um dos grandes nomes do palco brasileiro. Desde os 10 anos de idade tinha intenção de tornar-se ator, interpretando escondido na garagem de casa textos que o irmão escrevia. Sempre driblando a desaprovação da família, trabalha sob pseudônimo como radioator adolescente na paulistana RÁDIO PIRATININGA. Procurando ampliar essa experiência, tenta ingressar na Escola de Arte Dramática de Alfredo Mesquita, sendo reprovado. Estuda línguas e taquigrafia, preparando-se para ajudar no escritório paterno. Ao lado do curso de Psicologia, que logo abandona, e de empregos de circunstância, aproxima-se novamente do teatro no início dos anos 50, frequentando os ensaios de grupo amador. Atua em dezenas de peças, passando em seguida ao elenco do Teatro das Segundas-feiras, no Teatro Brasileiro de Comédia (TBC), dirigido por Carla Civelli, e à direção do Teatro Paulista do Estudante. No ano de 1953, após atuar em pequenas participações em quatro filmes da MULTIFILMES, consegue um papel melhor, como o assessor do diretor da fábrica, em *Esquina da ilusão*, produção da VERA CRUZ* dirigida por Ruggero Jacobbi. Ao final da década, atua no drama *Pão que o diabo amassou*, de produção independente com direção de Maria Basaglia, e, no Rio, na comédia musical da ATLÂNTIDA *E o espetáculo continua*, de Cajado Filho*. Descoberto pelo ensaiador belga Maurice Vaneau, profissionaliza-se com o personagem Sakini de *A casa de chá do luar de agosto*, o grande espetáculo da temporada teatral de 1956-1957. O estrondoso sucesso de sua interpretação o leva imediatamente para a televisão, onde atua no *Grande Teatro Tupi*. Deixa o Teatro Brasileiro de Comédia (TBC) e entra para a Sociedade Teatro dos Sete, junto com Fernanda Montenegro*, Sérgio Brito*, Gianni Ratto e outros. Entre as peças montadas pelo grupo, destacam-se *Com a pulga atrás da orelha* e *O beijo no asfalto*, especialmente escrita por Nélson Rodrigues* para os integrantes da companhia. Retorna ao cinema na época do Cinema Novo*, quando atua em filmes de preocupações políticas, *A derrota* e *O engano*, estes de Mário Fiorani*, e *O bravo guerreiro*, de Gustavo Dahl*. Anteriormente filma a comédia *Society em baby-doll*, de Luiz Carlos Maciel e Valdemar Lima*, extraído do texto homônimo de Henrique Pongetti*, e o policial *Paraíba, vida e morte de um bandido*, de Victor Lima*. O clima pesado dos filmes favorece suas interpretações estudadas e milimetricamente compostas. Já morando no Rio de Janeiro, dá continuidade à carreira teatral, alcançando inúmeros sucessos (*O sr. Puntila e seu criado Matti*, *Brasileiro, profissão esperança*, *Doroteia vai à guerra*, entre outros), e envolve-se mais diretamente com a televisão, onde continua participando de programas do tipo *Grande Teatro*, fazendo inúmeras novelas e minisséries. Dedica particular interesse ao projeto do filme *Noite sem homem*, de Renato Neumann, cujo elenco lidera. O desempenho marcante, pleno de recursos e perfeitamente integrado à *mise-en-scène*, fica inédito, devido à interdição da obra pela censura*. Consagrando-se nos anos 80 como um dos maiores atores do país, permanece ao largo da produção cinematográfica, registrando-se apenas um pequeno papel em *Doida demais*, de Sérgio Rezende*. Na década de 90, assume a direção do Teatro Villa-Lobos e participa de dois curtas-metragens, *Morte por água*, de Marcelo Augusto, e *Chão de estrelas*, de José Cláudio Castanheira e Marcelo Carvalho, ambos de 1992. (HH) Faleceu no Rio de Janeiro em 2 de agosto.

ROTEIRO

O roteiro é uma peça corriqueira da indústria cinematográfica internacional, principalmente nos países com cinematografias desenvolvidas. No Brasil, em função de um modo próprio de produção cinematográfica, o trabalho dos roteiristas ainda não possui uma dimensão ampla. O roteirista é o profissional de cinema que escreve o filme, ou seja, trabalha o argumento literário, original ou teatral, em forma de cenas e planos, procurando criar o interesse do espectador na trama do filme. O primeiro filme brasileiro a conseguir um grande sucesso, a comédia *Paz e amor* (1910), tem sua história criada pelo escritor e jornalista José do Patrocínio Filho, escondido sob o pseudônimo de Antônio Simples. Após 1915, quando os filmes ganham uma maior metragem, alguns importantes escritores da época, como Oscar Lopes e Cláudio Souza colaboram com filmes como o drama *Perdida* (1915), de Luiz de Barros*, e o patriótico *Pátria e bandeira* (1918), de Simões Coelho. Também Coelho Neto escreve e dirige *Os mistérios do Rio de Janeiro* (1917). No início da década de 20, o crítico de cinema, Canuto Mendes de Almeida* é colaborador de José Medina* e, em meados da década, o escritor modernista Menotti del Picchia* escreve a trama de um filme mudo e mais tarde, no fim da década, roteiriza os primeiros filmes sonoros paulistas. Outro crítico, Niraldo Ambra, é colaborador de Vittorio Capellaro*, em filmes sonoros, como na saga bandeirante *O Caçador de Esmeraldas* (1932-1933) e na comédia *Fazendo fita* (1935). Com o surgimento do cinema sonoro nos anos 30, o escritor Henrique Pongetti* é colaborador de Humberto Mauro*.

Na década de 40, aparece nosso primeiro roteirista, Alinor Azevedo*, o principal nome do setor nos vinte anos seguintes. A pioneira mulher a exercer essa função, Gita de Barros*, colabora nos filmes de seu marido, o cineasta Luiz de Barros. Paulo Vanderley* colabora nos filmes do final dos anos 40 e dirige no começo dos 50. Escrevendo os carnavalescos e as chanchadas* da ATLÂNTIDA*, Hélio do Soveral*, outro escritor, trabalha na virada da década de 40 para a de 50. Outro nome desse momento é o do dramaturgo Pedro Bloch*, que escreve alguns dramas. Com a criação dos grandes estúdios paulistas e a importação de profissionais estrangeiros, surgem os italianos Fábio Carpi*, Gino de Sanctis e o francês Jacques Maret como grandes figuras do cinema industrial brasileiro. Maret, que trabalhou na METRO,

em Hollywood, e, logo depois, torna-se chefe do departamento de roteiros da VERA CRUZ*, escreve *Tico-tico no fubá* (1951), dirigido por Adolfo Celi*. Também trabalha na MULTIFILMES*, como roteirista de *Destino em apuros* (1953), de Ernesto Remani*, e é roteirista e diretor de *Fatalidade* (1953). Sanctis, correspondente em São Paulo do jornal italiano *Il Messagero*, escreve roteiros na Itália e as comédias *Suzana e o presidente* (1951), de Ruggero Jacobbi; *O comprador de fazendas* (1951), de Alberto Pieralisi*; e o drama *Areão* (1952), produção independente de um grupo de italianos, todos filmados nos estúdios da MARISTELA*, sob direção de seu patrício Camillo Mastrocinque. O mais importante do trio, Fábio Carpi, trabalha em alguns filmes da VERA CRUZ e mais tarde faria carreira de roteirista e diretor no cinema italiano. Na mesma produtora, trabalham os brasileiros Oswaldo Sampaio* e Abílio Pereira de Almeida*. A escritora Nelly Dutra é uma mulher pioneira na função de roteirista na VERA CRUZ e em nosso cinema, colaborando nas adaptações dos contos *Sorte no jogo*, de Augusto Hoffman, para o filme *Ângela* (1951), de Abílio Pereira de Almeida e Tom Payne* (em que seu nome não aparece nos créditos), e *Carantonha*, de Afonso Schmidt, para o filme *Cara de fogo* (1957), produção independente com direção de Galileu Garcia*. Nesse momento, vários escritores brasileiros, como o poeta e ex-crítico de cinema Guilherme de Almeida, o dramaturgo Guilherme Figueiredo (estes dois principalmente como consultores), mais o romancista José Mauro de Vasconcelos, são testados como dialoguistas e roteiristas nos estúdios paulistas. Vasconcelos é o roteirista de *O canto do mar* (1953), de Alberto Cavalcanti*, e faz curta carreira de ator. Outros críticos de cinema, como Alex Viany*, Carlos Ortiz* e Ortiz Monteiro, são contratados da MARISTELA, sendo que este último trabalha na produção e roteiriza o filme independente *Alameda da Saudade, 113* (1950-1951), de Carlos Ortiz. Alguns, como o teatrólogo Miroel Silveira* e o radialista Oswaldo Moles, são parceiros em filmes da MARISTELA. No Rio, mais um crítico, o jornalista de *O Cruzeiro*, José Amádio, escreve os dramas *Caminhos do sul* (1949), adaptação de romance regionalista homônimo de Ivan Pedro Martins, e *Perdida pela paixão* (1949-1950), ambos sob a batuta do diretor Fernando de Barros*. Com a aparente industrialização de nosso cinema, a ATLÂNTIDA necessita formar seus quadros de roteiristas. A dupla Victor Lima* e Berliet Jr. é então ativada nos últimos filmes de José Carlos Burle* e nos primeiros de Carlos Manga*. Lima faz longa carreira como roteirista e diretor por quase trinta anos, e Berliet colabora no filme *Depois eu conto* (1956), que Burle dirige para os produtores Oswaldo Massaini* e Watson Macedo*. Também na ATLÂNTIDA o cenógrafo Cajado Filho* substitui a dupla Berliet-Lima, tornando-se o fiel colaborador nos roteiros dos filmes de Carlos Manga, ao longo dos anos 50. Com sua produtora, o produtor e diretor Watson Macedo não dispensa os trabalhos do próprio roteirista que criou, Ismar Porto*, seu assistente de direção e futuro montador de carreira no cinema carioca.

Na década de 60, com o advento do Cinema Novo* surgem dois talentos, nas personalidades de Leopoldo Serran* e Miguel Torres*. O primeiro é um dos mais bem-sucedidos roteirista do cinema brasileiro, com sua longa carreira como parceiro de Carlos Diegues*, Arnaldo Jabor*, Bruno Barreto* e vários outros diretores. Torres, após início consagrador, morre cedo, logo no início de sua carreira. Na década de 70, surgem nomes como Alexandre Pires, em atividade entre 1970 e 1975, que escreve roteiros de comédias eróticas, como, em 1970, *Os maridos traem... e as mulheres subtraem!* e *Ascensão e queda de um paquera*, ambas de Victor Di Mello; os episódios 'Lua de mel & amendoim', de Fernando de Barros, e 'Berenice', de Pedro Carlos Rovai*, do filme *Lua de mel & amendoim* (1971). Com o mesmo Rovai, colabora em *A viúva virgem* (1972); como parceiro do diretor Victor Di Mello, Pires escreve *Quando as mulheres paqueram* (1971), *O grande gozador* (1972), *Essa gostosa brincadeira a dois* (1974) e *Como é boa a nossa empregada* (1973), no episódio 'Lula e a copeira', de Ismar Porto, que pode ser considerada uma das primeiras pornochanchadas*. Na CINEDISTRI*, Pires é roteirista da chanchada colorida *Se meu dólar falasse...* (1970), que utiliza o humor de Dercy Gonçalves*, Grande Otelo*, Manoel Vieira* e Zilda Cardoso, sob a direção de Carlos Coimbra*, e da paródia *A super fêmea* (1973), filme de estreia como diretor de Aníbal Massaini Neto*. Encerra a carreira em duas produções de Di Mello: em *As mulheres fazem diferente* (1974), no episódio 'A bela da tarde', de Lenine Ottoni, e *As mulheres que dão certo* (1975), no episódio 'O velhinho da Colombo', de Adnor Pitanga. Nessa década de 70, ao optar pelos filmes de maior apelo popular, o cinema nacional contrata alguns nomes da literatura, da televisão e do teatro, como Armando Costa*, Emanuel Rodrigues*,

Marcos Rey*, Lauro César Muniz*, para bolar histórias para o grande público. Um desses nomes é Benedito Ruy Barbosa, novelista de sucesso da televisão, que colabora nas comédias, dramas e musicais do produtor e diretor Cláudio Cunha*: *O dia em que o santo pecou* (1975); *Amada amante* (1978); *Sábado alucinante* (1979); nos filmes sertanejos estrelados por Sérgio Reis, *Mágoa de boiadeiro* (1977), de Jeremias Moreira Filho*, e *O filho adotivo* (1984), de Deni Cavalcanti; e no filme erótico, *A mulher-serpente e a flor* (1983), de J. Marreco. O grupo Os Trapalhões* também cria seus roteiristas: Gilvan Pereira* e Vitor Lustosa*, este também parceiro de Geraldo Gonzaga*, sendo que ambos trabalham para o pornochanchadeiro Mozael Silveira, todos os três também diretores.

A Boca do Lixo* dá oportunidade para seus escritores de roteiros, nas figuras dos citados Rey e Muniz, assim como Ody Fraga*, Rajá Aragão*, Luiz Castillini*, e, nos anos 80, Waldyr Kopezky* e Mário Vaz Filho, que também dirigem filmes. Vaz Filho escreve os roteiros do drama *A noite do amor eterno* (1982), de Jean Garrett*; do musical sertanejo *Amado Batista em Sol Vermelho* (1982), de Antônio Meliande*; do pornográfico *Oh! Rebuceteio* (1984), de Cláudio Cunha; além dos roteiros da série de fitas pornográficas que dirige. Na década de 80, novos roteiristas surgem nas figuras dos escritores da televisão, como Aguinaldo Silva*, Doc Comparato*, e do cinema, como José Joffily*, Jorge Durán*, Alfredo Oroz* e Yoya Wurch*, uma das raras mulheres a atuar nessa função, num universo aparentemente dominado por homens. O mineiro Tairone Feitosa é roteirista da comédia *J. S. Brown, o último herói* (1978), de José Frazão; do roteiro da cinebiografia do temido político Tenório Cavalcanti, *O homem da capa preta* (1985), de Sérgio Rezende*; do roteiro da lenda amazônica *Ele, o boto* (1986), de Walter Lima Jr.*; e da adaptação do romance homônimo de Domingos Olímpio, *Luzia Homem* (1987), de Fábio Barreto*. O dramaturgo mineiro Alcione Araújo assina os roteiros dos filmes *Ela e os homens* (1983), de Schubert Magalhães*; adapta o conto *Alguma coisa urgentemente*, de João Gilberto Noll, em *Nunca fomos tão felizes* (1984); e colabora em *Faca de dois gumes* (1988-1989), este uma adaptação do conto homônimo de Fernando Sabino, os dois últimos filmes do diretor Murilo Salles*. Araújo também é roteirista do semidocumentário político *Patriamada* (1984), de Tizuka Yamasaki*; de *Jorge, um brasileiro* (1987); atua como colaborador do pro-

dutor e diretor Paulo Thiago*, adaptando sua peça *Vagas para moças de fino trato* (1992), além de adaptar o romance homônimo do escritor Lima Barreto, *Policarpo Quaresma, herói do Brasil* (1997). Araújo é roteirista do filme infantil* *Menino maluquinho – o filme* (1994), de Helvécio Ratton*, baseado na obra de Ziraldo, junto com as filhas deste, Daniela Thomas e Fabrizia Pinto, que também trabalham em *Menino maluquinho 2: a aventura* (1997), de Fabrizia Pinto e Fernando Meirelles*. Também nos anos 80, novos parceiros trabalham com Os Trapalhões: Paulo Andrade e Mauro Wilson, especialistas em filmes infantis. Depois da estreia em *Os Trapalhões no reino da fantasia* (1985), de Dedé Santana* (em que Andrade trabalha sem a parceria de Mauro Wilson), a dupla escreve os filmes do quarteto de 1988 até 1991, entre eles: *Os heróis Trapalhões* (1988), *O casamento dos Trapalhões* (1988), *A princesa Xuxa e os Trapalhões* (1989), *O mistério de Robin Hood* (1990) e *Os Trapalhões e a árvore da juventude* (1991), todos sob direção de José Alvarenga Jr. e *Os Trapalhões na terra dos monstros* (1989), sob direção de Flávio Migliaccio*. Na década de 90, Paulo Halm escreve o drama de mistério *A maldição do Sanpaku* (1991) e a cinebiografia do pequeno "ator-bandido" Fernando Ramos da Silva* (o Pixote), em *Quem matou Pixote?* (1995-1996), ambos do diretor José Joffily. Em parceria com o escritor José Roberto Torero, Halm faz também o romântico *Pequeno dicionário amoroso* (1996), de Sandra Werneck*. Júlia Altberg, esposa do diretor Marco Altberg*, escreve as adaptações dos filmes *Fonte da saudade* (1985) e *Sombras de julho* (1995), ambos sob direção de seu marido, o primeiro baseado no romance *Trilogia do assombro*, de Helena Jobim, e o segundo no romance homônimo de Carlos Herculano Lopes.

No período que se convencionou chamar de Retomada, e depois, na década de 2000, aparecem diversos novos roteiristas, como Marçal Aquino*, Marcos Bernstein*, Luiz Bolognesi*, Fernando Bonassi*, João Emanuel Carneiro*, Di Moretti*, Melanie Dimantas*, Hilton Lacerda*, e o diretor Jorge Furtado*, que também escreve filmes para outros realizadores. Outros nomes do período são Victor Navas, que tem sua participação no cinema iniciada em *Ed Mort* (1996), numa adaptação dos quadrinhos de Luis Fernando Verissimo. Escreve também *Os matadores* (1997), do conto de Marçal Aquino, e o argumento de *Ação entre amigos* (1998), ambos para Beto Brant*. Navas também faz a adaptação do romance *Estação Carandiru*, de

Drauzio Varella, para *Carandiru* (2002), com Fernando Bonassi, parceria que repete em *Cazuza, o tempo não para* (2004), com Sandra Werneck e Walter Carvalho*. Alexandre Machado e Fernanda Young tiveram suas estreias como roteiristas no cinema com o filme *Bossa nova* (1999), escrevendo posteriormente *Os normais – o filme* (2003), *Muito gelo e dois dedos d'água* (2006) e *Os normais 2 – a noite mais maluca de todas* (2009). A partir do final dos anos 1980, David França Mendes escreve e dirige diversos projetos, entre eles os curtas-metragens *Vaidade* (1990) e *O curinga* (1993); codirigindo também, com Vicente Amorim, o primeiro longa-metragem de ambos, o documentário *2000 Nordestes* (2000). França escreveu o roteiro de *O caminho das nuvens* (2003) e *Irmãos de fé* (2004). Em 2007, trabalhou no roteiro de *Corações sujos* e *Um romance de geração* (2008), que foi sua primeira direção solo. Flávio de Souza é dramaturgo, autor televisivo e roteirista de cinema. Como ator, integrou o grupo teatral Pod Minoga. Escreveu mais de sessenta peças, entre elas *Fica comigo esta noite*, transformada em filme. No cinema assinou, em 2003, os roteiros de *Ilha Rá-Tim-Bum em O martelo de Volcano*, *Um show de verão*, *Xuxa abracadabra* e *Xuxa e o tesouro da cidade perdida* (2004). Em 2005, colaborou no roteiro de *Um lobisomem na Amazônia*, e da animação *Xuxinha e Guto contra os monstros do espaço*. Foi um dos roteiristas de *Didi – o caçador de tesouros* (2005) e, em seguida, trabalhou também nos dois filmes mais recentes estrelados por Xuxa: *Xuxa gêmeas* (2006) e *Xuxa em sonho de menina* (2007). George Moura, com longa experiência na televisão no desenvolvimento de séries como *Carga Pesada*, *Cidade dos Homens* e *Por Toda a Minha Vida*, assinou o roteiro do documentário *Moro no Brasil* (2002). Em 2008 trabalhou no roteiro de *Linha de passe*. A experiência teatral de João Falcão contribuiu para a adaptação de *O auto da compadecida*, de Ariano Suassuna, para a televisão, versão dirigida por Guel Arraes* que foi transformada em filme de título homônimo em 2000, no qual teve participação no roteiro. Escreveu também os roteiros de *A dona da história* (2004) e *O coronel e o lobisomem* (2005). Sua estreia na direção se deu com *A máquina* (2005), adaptação da peça de sua autoria. No ano seguinte, dirigiu *Fica comigo esta noite*. O escritor e jornalista José Roberto Torero, coautor do roteiro de *Pequeno dicionário amoroso* (1996), fez os diálogos adicionais de *Memórias póstumas* (1999) e escreveu o curta *Uma história de futebol* (1999). Foi

responsável pelo roteiro e a direção de 'O bolo', um dos episódios do longa-metragem *Felicidade é...* (1995). Colaborou ainda no roteiro de *Celeste e Estrela* (2005). Em 2004, lançou nos cinemas seu primeiro longa como diretor, *Como fazer um filme de amor*, sendo coautor do roteiro de *O contador de histórias* (2009). Newton Cannito foi roteirista do filme *Quanto vale ou é por quilo?* (2005), além de dirigir os documentários *Violência S. A.* (2005) e *Jesus no Mundo Maravilha* (2007). Para cinema fez o roteiro do longa *O mistério da estrada de Sintra* (2006), numa coprodução Brasil-Portugal e mais recentemente assina o roteiro de *Bróder* (2009), selecionado para o VI LABORATÓRIO DE ROTEIROS do Instituto Sundance. Autor de um *Manual de roteiro*, lançado pela Editora Conrad em 2004, fez o roteiro para episódios da série *Cidade dos Homens*. Também trabalhou no roteiro da série televisiva *9 mm São Paulo*, exibida em 2008 pelo cabo da FOX. Paulo Halm atua como roteirista desde os anos 90, sendo diretor de curtas e médias-metragens como *Biu – a vida não tem retake* (1995), *Bela e galhofeira* (1998), *Retrato do artista com um 38 na mão* (2000) e *O resto é silêncio* (2003). Contribuiu para roteiros de longas-metragens como *A maldição do Sanpaku* (1991), *Quem matou Pixote?* (1995-1996), *Pequeno dicionário amoroso* (1996), *Guerra de Canudos* (1997), *O sonho de Rose – dez anos depois* (1997-2000), *Mauá, o imperador e o rei* (1999) e *Amores possíveis* (2000). Em 2006, recebe o prêmio de melhor roteiro adaptado para cinema da Academia Brasileira de Letras por *Achados e perdidos* (2005), de José Joffily. No ano de 2009, assina os roteiros de *Antes que o mundo acabe* e *Olhos azuis*. Estreou com *Histórias de amor duram 90 minutos*, seu primeiro longa-metragem como diretor, fazendo também o roteiro de *Sonhos roubados*. Renê Belmonte tem em seu currículo filmes de grande sucesso de público, como *Sexo, amor e traição* (2004), *Se eu fosse você* (2006) e *Se eu fosse você 2* (2008). São dele os roteiros dos longas-metragens *Sexo ou amor?*, *Show de bola* e *Entre lençóis*. Wagner Assis, formado em Cinema nos Estados Unidos, trabalhou na REDE GLOBO até constituir sua produtora, a CINÉTICA FILMES. Escreveu roteiros de quatro filmes da apresentadora Xuxa: *Xuxa requebra* (1999); *Xuxa pop'star* (2000); *Xuxa e os duendes* (2001) e *Xuxa e os duendes 2, no caminho das fadas* (2002), em que contou com a parceria de Vivian Perl. Seu primeiro longa-metragem como diretor foi uma versão contemporânea do conto *A cartomante*, de Machado de Assis. Dirigiu

um sucesso de bilheteria, *Nosso lar* (2010), baseado na obra espírita homônima de Francisco Cândido Xavier.

A atuação feminina na área de roteiros aumentou bastante na década de 2000, com diversas mulheres assumindo a escritura dramática para cinema. Adriana Falcão roteirizou o filme *A dona da história* (2004), tendo em seguida um movimentado ano de 2006 com *Se eu fosse você*; *Irma Vap – o retorno*; *Fica comigo esta noite*; *O ano em que meus pais saíram de férias* e *A grande família – o filme* (2007). Em 2009, escreveu dois roteiros: *Eu e meu guarda-chuva*, junto com Marcelo Gonçalves e Bernardo Guilherme, e *Sonhos roubados*, com Paulo Halm, Michelle Franz, Sandra Werneck, José Joffily e Mauricio Dias. Carolina Kotscho escreveu o filme campeão de bilheteria *2 filhos de Francisco* (2005). A atriz Dani Patarra passou para trás das câmeras, sendo coautora de *Proibido proibir* (2005) e escreveu o roteiro de *Batismo de sangue* (2006). Elena Soárez surgiu na cena cinematográfica com o roteiro do longa-metragem *Gêmeas* (1999). Em seguida, roteirizou *Eu tu eles* (2000), *Redentor* e *Vida de menina*, sendo ambos de 2004, e ainda *Casa de areia* (2005), *Nome próprio* (2007) e *Os desafinados* (2008). Patrícia Andrade, responsável ao lado de Carolina Kotscho pelo roteiro de *2 filhos de Francisco* (2005), escreveu o roteiro de *Era uma vez...* (2007), colaborando também no roteiro de *A mulher do meu amigo* (2008). Esse sucesso possibilitou que escrevesse, entre 2006 e 2008, os roteiros de *Besouro* (2009) e *Salve geral* (2009). Rita Buzzar fundou a produtora NEXUS CINEMA, em 1987, produzindo *Vera*, seu primeiro filme. Foi roteirista de *Lara* (2002), do documentário *Carandiru. doc* (2002), de *Olga* (2004) e de *Budapeste* (2009). Parceira do diretor Beto Brant, Renata Ciasca foi seu roteirista de *Ação entre amigos* (1998) e *O invasor* (2001). Em 2005, produziu e coescreveu *Crime delicado* e *Cão sem dono* (2007). (LFM/MM/TS)

ROULIEN, Raul (Raul Salvador Intisse Pepe Roulien) – Rio de Janeiro, RJ, 1905-2000. Ator, diretor.

FILMOGRAFIA: 1931 – *Eran trece* (produção estrangeira) (ator); *Deliciosa* (produção estrangeira) (ator). 1932 – *Mulheres e aparências* (produção estrangeira) (ator); *Promotor público* (produção estrangeira) (ator); *A mulher pintada* (produção estrangeira) (ator). 1933 – *O último varão sobre a terra* (produção estrangeira) (ator); *Primavera de outono* (produção estrangeira) (ator); *Não deixes a porta aberta* (produção estrangeira) (ator); *It's Great to*

Be Alive (produção estrangeira); *Voando Para o Rio* (produção estrangeira). 1934 – *Granadeiros do amor* (produção estrangeira) (ator); *E o mundo marcha* (produção estrangeira) (ator); *Alegre divorciada* (produção estrangeira) (ator). 1935 – *Piernas de seda* (produção estrangeira) (ator); *A mágica da música* (produção estrangeira) (ator); *Asegure a su mujer!* (produção estrangeira) (ator); *Te quiero con locura* (produção estrangeira) (ator). 1936 – *Grito da mocidade* (ator, dir.). 1939 – *Aves sem ninho* (dir.). 1947 – *A caminho do Rio* (produção estrangeira) (ator).

Possuidor de carreira no cinema americano, principalmente em versões realizadas em espanhol de filmes americanos. Descendente de espanhóis ligados aos palcos, estreia ainda criança ao lado do pai, Braz Pepe, e do irmão, Salvador Pepe, com o nome artístico de Raul Pepe. Viaja intensamente pela América Latina, estabelecendo-se posteriormente no Brasil. Alcança fama como pianista e *chansonnier*, apresentando composições pessoais e de terceiros. Funda a Companhia de Filmes Cênicos de Raul, excursionando pelos teatros do país na segunda metade da década de 20. A promoção de concursos para a escolha de atores e atrizes a ser enviados para Hollywood o levam a fazer, em 1930, um teste nos estúdios da CINÉDIA* e a pedir algumas cartas de recomendação às companhias de cinema norte-americanas. Ao lado da primeira mulher, Diva Tosca, bailarina, intérprete teatral e atriz do filme *Às armas* (1929), de Octávio Mendes*, com quem se casara secretamente, chega a Nova York no ano seguinte. Após fazer a narração em português do documentário *Africa Speaks*, consegue ser contratado pela FOX FILM para trabalhar nas versões em espanhol das produções correntes da companhia. Estreia em *Eran trece* (versão de *Charlie Chan Carries on*), em que canta *Crispim* e *Mala yerba*, ambas de sua autoria, e uma canção apache. Sua interpretação para a canção *Delicious*, de George Gershwin, apresentada no filme homônimo e depois lançada em disco, o torna imediatamente famoso, granjeando-lhe papéis melhores e finalmente o posto de galã. Tem atuações destacadas em *O promotor público*, *Voando para o Rio* e *E o Mundo Marcha*, este dirigido por John Ford. No primeiro, canta o tango *Bibelot*, de sua autoria, e, no segundo, interpreta outro de seus sucessos musicais, *Orchids in the Moonlight*. Seu crescente prestígio leva o estúdio a filmá-lo interpretando *Continental*, apenas para a versão a ser exibida no Brasil. Insere composição pessoal na trilha musical de *A mágica da música*, de George Marshall. Em *Granadeiros do amor*, vem a conhecer a segunda mulher, Conchita Montenegro (Diva morre em 1933, atropelada pelo então *playboy* e roteirista John Huston), com a qual retorna em definitivo ao Brasil em 1936. Trabalha como jornalista em *A Manhã*, *Carioca* e *A Noite*, enquanto prepara a produção de *Grito da mocidade*. Filmado em tom realista, propõe-se a ser um chamamento idealista da juventude universitária brasileira, engajando-a espontaneamente em causas sociais. Elogiado pela fluência narrativa, logra atrair a atenção da primeira dama Darcy Vargas, que o incita a abordar o tema da infância desassistida. *Aves sem ninho* investe no drama social da orfandade feminina, comprometendo-se pelo tom excessivamente oficialesco e pela encenação irregular. Prossegue na mesma linha com uma elegia ao Correio Aéreo Nacional, em *Asas do Brasil*. Pouco antes do lançamento, o filme é destruído no incêndio da SONOFILMS*, o mesmo acontecendo com sua última produção ficcional, *Jangada*. Além de uma curta aparição na versão de *A caminho do Rio* distribuída no Brasil, o envolvimento com o cinema restringe-se daí por diante ao documentário "Maconha, erva maldita" (1950), não finalizado. Tendo retomado a companhia teatral no início dos anos 40, passa ao rádio e à televisão na década seguinte. Em 1961, funda a PLACARD PRODUÇÕES, empresa especializada na organização de concursos e exposições. Tenta um retorno ao cinema no início dos anos 80, propondo-se a filmar a vida de Oswaldo Cruz, entre outros projetos não realizados. Retira-se em meados da década, vivendo recluso na cidade de São Paulo. Veio a falecer em São Paulo, aos 95 anos, no dia 8 de setembro, por problemas cardíacos. (HH)

ROVAI, Pedro Carlos – Ourinhos, SP, 1938. Produtor, diretor.

FILMOGRAFIA: 1969 – *Adultério à brasileira* (1º episódio: 'O telhado'; 2º episódio: 'A assinatura'; 3º episódio: 'A receita') (prod., dir.). 1971 – *Lua de mel & amendoim* (2º episódio: 'Berenice') (dir.). 1972 – *A viúva virgem* (dir.); *Salve-se quem puder, o rally da juventude* (prod.). 1973 – *Os mansos* – 1º episódio: 'A b... de ouro' (dir.); 2º episódio: 'O homem de quatro chifres' (prod.); 3º episódio: 'O homem, a mulher e o etc. numa noite de loucuras' (prod.). 1974 – *Ainda agarro esta vizinha* (prod., dir.). 1975 – *O roubo das calcinhas* (1º episódio: 'O roubo das calcinhas'; 2º episódio: 'I love bacalhau') (prod.). 1976 – *Eu dou o que ela gosta* (*Seduzida pelo amor*) (prod.); *Luz, cama, ação* (prod.); *Gente fina é outra coisa* (1º episódio: 'A guerra da lagosta'; 2º episódio: 'Chocolate com morango'; 3º episódio: 'O prêmio') (prod.). 1977 – *O Ibraim do subúrbio* (1º episódio: 'Roy, o gargalhador profissional'; 2º episódio: 'O Ibraim do subúrbio') (prod.); *O bom marido* (prod.). 1978 – *Nos embalos de Ipanema* (prod.). 1979 – *Amante latino* (prod., dir.). 1980 – *Ariella* (prod.); *Bonitinha mas ordinária* (prod.). 1981 – *Beijo na boca* (prod.). 1983 – *Sex... shop* (*Como salvar o meu casamento*) (prod.). 1984 – *Uma banana para Bergman* (prod.). 1997-2002 – *As tranças de Maria* (dir.). 2000 – *Tainá, uma aventura na Amazônia* (prod.). 2004 – *Tainá 2, a aventura continua* (prod.).

Um dos mais bem-sucedidos produtores de pornochanchadas* dos anos 70, dirigiu alguns clássicos do gênero, como *A viúva virgem*. Fascinado por cinema, passou a frequentar o meio na cidade de São Paulo. Entra para o Seminário de Cinema (1957-1959), tornando-se em seguida assistente de Ozualdo Candeias*. Consegue uma câmera amadora de 16 mm, com a qual realiza dois pequenos exercícios, *Formas* e *Far West*. Em meados da década de 60, exerce função de assistente de direção de Luís Sérgio Person*, em *São Paulo S. A.*, e de Rubem Biáfora*, em *O quarto*. Entre um e outro funda a SINCRO FILMES, almejando produzir comerciais, documentários e cinejornais*. Dirige os curtas *Campos do Jordão* e *Djanira em Paraty*, este laureado com o prêmio GOVERNADOR DO ESTADO DE SÃO PAULO. O dinheiro recebido permite-lhe produzir o longa em episódios *Adultério à brasileira*, em que explora a crítica de costumes associada à repressão sexual. Essa fórmula é ampliada e misturada com propriedade a elementos da comédia urbana carioca, por ocasião de sua transferência para o Rio de Janeiro em 1970. Fazendo uso da irreverência e do inusitado das situações, constrói uma singular carreira como realizador e produtor. Em particular, lança mão de alguns recursos metalinguísticos para rebater de forma bem-humorada as pesadas acusações de pornografia contra os filmes. Sustenta um difuso sociologismo em *Ainda agarro esta vizinha* e *A viúva virgem*, produções que alavancam definitivamente a pornochanchada. Após *Luz, cama, ação*, de Cláudio MacDowell, película que brinca com os dilemas do gênero, muda paulatinamente a linha de trabalho. Através da produtora SINCROCINE, financia obras pretensamente mais sérias, como *O Ibraim do subúrbio*, de Astolfo Araújo e Cecil Thiré*, ou *Nos embalos de Ipanema*, de Antônio Calmon*, que, no entanto, não escondem uma carga erótica cada vez maior, evidente em *Bonitinha mas ordinária*, de Braz Chediak*, ou *Beijo na boca*, de Paulo Sérgio Almeida. Retoma de forma pouco estusiasmada à carreira de realizador com *Amante latino*, roteiro desenvolvido por Paulo Coelho a partir da figura do cantor Sidney Magal, astro da fita. O declínio do cinema erótico o leva a fazer incursões pela produção teatral, responsabilizando-se pelos espetáculos *A gaiola das loucas* e *Piaf*, entre outros. No início dos anos 90, integra a Comissão de Liquidação da EMBRAFILME* e tenta levantar a produção de uma cinebiografia de Luiz Gonzaga. (HH) Produtor significativo do período áureo do cinema brasileiro dos anos 70 e 80, não sobrevive ao fim do cinema erótico. Depois de dez anos de afastamento retorna de modo mais modesto, dirigindo *As tranças de Maria*, inspirado nos versos da poetisa goiana Cora Coralina. Enquanto produtor, alcança certo sucesso de bilheteria na década de 2000 com os filmes para público infantil da indiazinha *Tainá*.

RUDNER, Irene (Irene Ignez Rudner)
– São Paulo, SP, 1910-1974. Atriz.

FILMOGRAFIA: 1926 – *O descrente*. 1929 – *Enquanto São Paulo dorme*. 1930 – *O babão*; *Iracema*. 1931 – *Amor e patriotismo*; *Anchieta entre o amor e a religião*. 1932-1933 – *O caçador de diamantes*.

Estrela do cinema paulista, participante da transição do período silencioso para o sonoro. Muito jovem, ainda adolescente, atua em seu primeiro filme, conquistando um dos papéis principais no drama religioso mudo *O descrente*, de Francisco Madrigano*. Nessa produção da VITÓRIA FILME, contracena com Francisco de Simone, que, além de ator principal, é também produtor do filme. Em seu segundo filme, nova produção da VITÓRIA, *Enquanto São Paulo dorme*, é um dos destaques nesse drama policial. Trabalha com a mesma equipe do anterior, com a diferença de essa fita ser sonorizada no sistema VITAPHONE. A seguir, interpreta pequenos papéis, em *O babão*, de Luiz de Barros*, paródia do filme americano *O pagão* (produção SINCROCINEX no sistema VITAPHONE), e no drama *Amor e patriotismo*, do diretor Achille Tartari, da ANHANGÁ FILME, este ainda silencioso. Na produtora CUBA FILME, do aventureiro espanhol Alberto Vidal (dublê de produtor, diretor e ator, mais um dos famosos cavadores, tão violentamente criticado por Pedro Lima*, nas páginas de *Cinearte** e *Selecta*), envolve-se numa série de projetos de filmes inacabados e inéditos, como "Isto é que é vida", no qual é a estrela e cujas filmagens não são concluídas. Atua ainda nos inéditos *Alma dourada* e *O campeão*, nos quais contracena com um lutador de boxe famoso na época, lançado no cinema sob o nome artístico de Reid Valentino, todos sob a direção de Vidal. No papel de uma índia tamoio, é a estrelinha de novo filme religioso, gênero muito em voga no período mudo. Trata-se da produção sonora de Alberto Vidal, para a LUZ-ARTE FILME, *Anchieta entre o amor e a religião*, que enfoca a vida do padre Anchieta e a catequese dos índios pelos jesuítas, com direção de Arturo Carrari*. Despede-se do cinema em pequeno papel no filme histórico sonoro – *O caçador de diamantes*, de Vittorio Capellaro*. Faleceu em São Paulo em 11 de novembro. (LFM)

RUSCHEL, Alberto (Alberto Manuel Miranda Ruschel) – Estrela, RS, 1918-1996. Ator.

FILMOGRAFIA: 1947 – *Este mundo é um pandeiro*. 1948 – *É com este que eu vou*; *Não me digas adeus*; *E o mundo se diverte*. 1951 – *Ângela*. 1952 – *Appassionata*; *O cangaceiro*. 1953 – *Esquina da ilusão*. 1954 – *Os três garimpeiros*. 1955 – *Orgullo* (produção estrangeira); *El puente del diablo* (produção estrangeira); *Ha pasado un hombre* (produção estrangeira). 1956 – *O capanga*. 1957 – *Cara de fogo*; *Paixão de gaúcho*. 1959 – *Matemática, 0... amor, 10*. 1960 – *A morte comanda o cangaço*. 1962 – *Luta nos pampas*. 1964 – *Aconcágua* (produção estrangeira). 1965 – *Riacho de sangue*. 1970 – *O palácio dos anjos* (coprodução estrangeira). 1970-1973 – *Pontal da solidão* (dir.). 1974 – *A noiva da noite* (*Desejo de sete homens*). 1975 – *Intimidade*; *O grande rodeio*. 1978 – *O guarani*; *Iracema, a virgem dos lábios de mel*; *Os trombadinhas*. 1979 – *Desejo selvagem* (*Massacre no Pantanal*). 1981 – *A volta de Jerônimo*.

Alberto Ruschel começou sua carreira no teatro amador, quando era estudante de Agronomia em Porto Alegre. Depois de uma passagem por uma rádio como discotecário, começou a cantar, tornando-se um animador de serenatas. Foi convocado, em 1940, para a equipe de natação gaúcha enviada aos Jogos Olímpicos Universitários, realizados no Rio de Janeiro. Com seu irmão Paulo Ruschel, que seria mais tarde escultor, Luís Telles e outro companheiro da equipe de esportes, organizou um quarteto que ganhou o americanizado nome de Quitandinha Serenaders. O grupo trabalhou no próprio cassino do Hotel Quitandinha e em outras casas noturnas, como o Night and Day e o Hotel Copacabana Palace. A sua entrada no cinema deu-se, inicialmente, em Porto Alegre, quando trabalhou num documentário comemorativo do III Centenário da cidade para a LEOPOLDIS-SOM, em 1940 (roteiro turístico de Porto Alegre, direção de Milo Harbich). Em 1946 foi *stand-man* para Jean Manzon*, quando filmava cenas do Rio de Janeiro para inserção na fita de Hitchcock, *Interlúdio* (*Notorious*, 1946). São suas as costas de Cary Grant entrando no Palácio Monroe (Senado). A pedido de Grande Otelo*, Watson Macedo* convidou o grupo do Quitandinha Serenaders para trabalhar em *Este mundo é um pandeiro*. O quarteto nessa época tinha uma outra formação (Ruschel, Luis Bonfá, Telles e Chicão Pacheco). Eles cantavam *Malagueña* no trem que subia a serra de Petrópolis. Em 1948, o grupo participou de outra chanchada* de Macedo, *E o mundo se diverte*, e dessa vez Ruschel ganhou o seu primeiro papel no elenco (o ator confundiu o trabalho nesse filme com o realizado em *Este mundo é um pandeiro*, quando declarou que foi o galã ao lado de Marion*). Em *É com este que eu vou*, de José Carlos Burle*, do mesmo ano, atuou somente com o conjunto musical. Em seguida, o Quitandinha trabalhou na coprodução argentino-brasileira *Não me digas adeus*, de Luis Moglia-Barth, na qual Anselmo Duarte* tinha o papel principal. Depois dessa fase de chanchadas e MPB, Ruschel voltou para o Sul. Em Porto Alegre, no início de 1950, participou da fundação da HORIZONTE, com Salomão Scliar*. Vários projetos foram comunicados à imprensa, mas nenhum foi concretizado. Logo depois, Ruschel não apareceu mais nos informes da HORIZONTE, não se sabendo como aconteceu o distrato com a produtora. Voltou a São Paulo para trabalhar na VERA CRUZ*. Foi técnico de som (microfonista) de *Terra é sempre terra* (1950), dirigido por Tom Payne*. Na produção seguinte, *Ângela*, também de Payne, ganhou o primeiro papel masculino, o do personagem Dinarte, obcecado pelo jogo. O filme tinha locações em Pelotas. Depois foi lançado o seu segundo filme na VERA CRUZ: *Appassionata*. O principal papel era de Anselmo Duarte, contracenando com Tonia Carrero*. Durante as filmagens teria havido algumas querelas entre Anselmo e Ruschel sobre o machismo latino-americano, mas o primeiro veio a público declarar que havia o máximo de respeito entre os dois. O filme que o catapultou para o estrelato foi *O cangaceiro*, de Lima Barreto*. No papel do bandido de bom coração, Teodoro, Ruschel fazia o oposto de Milton Ribeiro*, o cangaceiro mau e sanguinário. Lançado em janeiro de 1953, em São Paulo, foi um sucesso fulminante. Quando apresentado no FESTIVAL DE CANNES, ganhou o prêmio de melhor filme de aventura. O sucesso nacional e internacional chamou a atenção de produtores mexicanos, franceses e italianos. Na esteira da repercussão internacional, Ruschel ganhou uma coluna de cinema no jornal *A Gazeta Esportiva*, que recebia mais de quinhentas cartas por mês. Na verdade, tinha menos cinema e mais respostas aos fãs, desejosos de uma foto autografada do astro (ele avisou que se recusava a fazer crítica cinematográfica porque respeitava o mandamento de "cada macaco no seu galho"). Teria feito também rádio. Como um dos representantes da delegação paulista, participou do II CONGRESSO NACIONAL DO CINEMA BRASILEIRO, no Rio de Janeiro.

O seu contrato para o exterior apareceu durante o I FESTIVAL INTERNACIONAL DE CINEMA DO BRASIL, realizado em São Paulo, em 1954. Juntamente com Marisa Prado*, a professorinha de *O cangaceiro*, foi para a Espanha levado pelo diretor Manuel Mur Oti, que lhe deu o primeiro papel de *Orgullo*. Antes de viajar, teve a oportunidade de assistir ao seu último trabalho na VERA CRUZ, *Esquina da ilusão*. Foi o principal ator de uma produção independente de São Paulo, *Os três garimpeiros*, iniciada em março de 1954. Ruschel ficou na Espanha de julho de 1954 a março de 1956. Além de *Orgullo*, realizou mais dois filmes: *El puente del diablo* e *Ha pasado un hombre*. Marisa Prado ficou na Europa um tempo maior, realizando uma carreira mais longa. No seu retorno, Ruschel trabalhou em *O capanga*. Almeida Salles*, crítico de *O Estado de S. Paulo*, escreveu que o filme era um pastiche de *O cangaceiro*. De qualquer forma, seu nome estava estava amarrado a um certo tipo de filme: ou o filme rural ou o de cangaço. Além da atuação no filme de Alberto Severi, tão asperamente criticado por Almeida Salles, realizou *Paixão de gaúcho* e *Cara de fogo*. O primeiro era dirigido por Walter George Dürst*. Baseado no romance de José de Alencar*, era ambientado no Rio Grande do Sul. O segundo foi dirigido por Galileu Garcia*, que tinha sido assistente de Lima Barreto* em *O cangaceiro*. A película era um drama rural extraído do conto *A Carantonha*, de

Afonso Schmidt. Ambos foram rodados em São José dos Campos, aproveitando-se de um surto local de produção. *Cara de fogo* aproveitava alguns cenários do filme de Dürst. Foi presidente da Associação de Técnicos e Atores de Cinema do Estado de São Paulo (ATACESP), em 1957.

Depois de passar por uma comédia de Carlos Hugo Christensen*, *Matemática, 0... amor, 10*, Ruschel enfrentou novamente o capitão Galdino (Milton Ribeiro*), em *A morte comanda o cangaço*, de Carlos Coimbra* (levado ao FESTIVAL DE BERLIM, em 1961). Nessa mesma época, o ator tinha um cargo de relações-públicas das Indústrias Romi, fabricante do único carro de *design* nacional, o Romiseta. Em 1962, Ruschel filma em Porto Alegre *Luta nos pampas*, sob a direção de Alberto Severi. Projetado para ser em CINEMASCOPE e EASTMANCOLOR, foi um empreendimento que consumiu seus dois anos seguintes. Fez uma participação especial no filme argentino *Aconcágua*. Em 1964, lançou-se em outro projeto, "Espora de prata", o qual pretendia produzir e dirigir, que começou esperançosamente com o apoio da Caixa Econômica Federal. Mas, com o recuo da CEF, o projeto gorou. O ator só conseguiu ser diretor em 1970, com a acidentada produção de *Pontal da solidão*. Com locações nas praias de Torres, Rio Grande do Sul, demorou três anos para ser montado. Ganhou o certificado de exibição somente em 1976, embora tenha participado do FESTIVAL DE GRAMADO e do II FESTIVAL DO GUARUJÁ, ambos em 1974 (neste, ganhou o prêmio de fotografia para Mário Carneiro*, embora dois fotógrafos tenham participado da película, sendo o segundo, Rodolfo Icsey*). Segundo Ruschel, o filme tinha sido concebido dentro do "realismo mágico", procurando explorar ao máximo a pureza e a plasticidade da história tirada de um conto de Lima Barreto. A música foi composta por seu filho, Beto Ruschel. Para Rubens Ewald Filho, *Pontal da solidão* era "estranho e frustrado". Lançado em 1979, em um cinema de São Paulo e outro do Rio, passou praticamente despercebido do público. Como nunca teve respeito pela TV, sua carreira se encerrou. No final da vida, morava no Retiro dos Artistas em Jacerapaguá, Rio de Janeiro. Estava internado no hospital da Ilha do Fundão para uma operação do fêmur, quando aconteceu uma hemorragia intestinal. Casado com a argumentista e escritora Nelly Dutra, em 1944, teve dois filhos, Rita Ruschel, escritora, e Alberto Ruschel Filho, músico.

(JIMS) Faleceu em 18 de janeiro no Rio de Janeiro.

RZEPECKI, Eryk (Stanislaw Rzepecki) – Poznán, Polônia, 1913-1993. Maquiador.

FILMOGRAFIA: 1945 – *Caesar and Cleopatra* (produção estrangeira); *Eram irmãs* (produção estrangeira). 1946 – *Lash Dear* (produção estrangeira); *Beware of Pity* (produção estrangeira); *Madonna of the Seven Moons* (produção estrangeira). 1947 – *Pinguinho de gente*. 1947-1948 – *Mãe*. 1948 – *Obrigado, doutor*. 1948-1949 – *Terra violenta*. 1952 – *Veneno*. 1953 – *Esquina da ilusão*; *É proibido sonhar*; *É proibido beijar*. 1957 – *Chico Fumaça*; *Com jeito vai*; *É de chuá!*. 1958 – *Na corda bamba*; *Mulheres à vista*.

Stanislaw Rzepecki estava concluindo o curso de Filosofia quando eclodiu a II Guerra Mundial. Engajou-se então no Exército polonês. Capturado, ficou preso na Rússia e na Alemanha. Conseguiu fugir para a Inglaterra, onde se incorporou ao Exército Livre Polonês. Em 1944, ainda como soldado, fez um estágio num estúdio cinematográfico de Londres, onde, ao término da guerra, iniciou a carreira de maquiador. Entre as façanhas de sua passagem por Londres, orgulhava-se de ter maquiado a atriz Lili Palmer. Veio para o Brasil no pós-guerra, trazido por Paschoal Carlos Magno. Na sua bagagem, trouxe uma mala repleta de cosméticos, com tudo o que havia de mais moderno para a maquiagem profissional. Na sua chegada ao Rio de Janeiro, ficou hospedado na Casa do Estudante do Brasil e, através de uma entrevista concedida por ele ao *Correio da Manhã*, foi convidado a trabalhar na CINÉDIA* pelo produtor Adhemar Gonzaga*. Seu primeiro filme para esse estúdio foi *Pinguinho de gente*, dirigido por Gilda Abreu*, estrelado por Anselmo Duarte* e Vera Nunes*. Participou em seguida de *Terra violenta*, adaptação do romance *Terras do sem fim*, de Jorge Amado*, dirigido pelo americano Eddie Bernoudy. Em sua carreira no cinema, trabalha na CINÉDIA, na ATLÂNTIDA*, na VERA CRUZ* e na HERBERT RICHERS. Ainda nos anos 50, começou a trabalhar na TV, começando na TV TUPI e atuando em seguida na TV RIO e na TV EXCELSIOR. Nos anos 60, entrou para a TV GLOBO, onde organizou o departamento de maquiagem da emissora. Eryk faleceu em 27 de março. (LAR)

SABAG, Fabio (Fadlo Abussamra Sabag) – Bariri, SP, 1931-2008. Ator.
FILMOGRAFIA: 1958 – *Ladrão em noite de chuva*. 1959 – *O palhaço o que é*. 1961 – *Pluft, o fantasminha*. 1962 – *Um morto ao telefone*; *O quinto poder*; *Os mendigos*. 1963 – *Gimba, presidente dos valentes*. 1965 – *O sabor do pecado*. 1966 – *Essa gatinha é minha*. 1967 – *Cristo de lama: a história do Aleijadinho*; *Mineirinho vivo ou morto*; *Jerry, a grande parada*; *Em busca do tesouro*; *Palmeiras negras* (produção estrangeira). 1968 – *O matador profissional*; *Os viciados* (3º episódio: 'A favela'); *A doce mulher amada*. 1969 – *Os raptores*; *Incrível, fantástico, extraordinário* (1º episódio: 'A ajuda'; 2º episódio: 'O coveiro'; 3º episódio 'O sonho'; 4º episódio: 'A volta'); *Por um amor distante* (coprodução estrangeira). 1970 – *Memórias de um gigolô*. 1971 – *O donzelo*; *Os devassos*; *Os inconfidentes*; *Edy sexy, o agente positivo* (dir.). 1972 – *Tati, a garota*. 1974 – *Relatório de um homem casado*; *Um homem célebre*. 1975 – *O roubo das calcinhas* (1º episódio: 'O roubo das calcinhas'); *As aventuras d'um detetive português*; *O casal*. 1977 – *Teu tua* (3º episódio: 'O corno imaginário'). 1978 – *O peixe assassino* (coprodução estrangeira). 1979 – *Eu matei Lúcio Flávio*; *O preço do prazer (Onde andam nossos filhos?)*. 1980-1981 – *O homem do pau-brasil*. 1980-1982 – *Tensão no Rio*. 1981 – *Luz del Fuego*; *Com sexo na cabeça*. 1982 – *Profissão: mulher*. 1983 – *Memórias do cárcere*. 1985 – *Ópera do malandro*. 1987 – *Jorge, um brasileiro*. 1996-1997 – *Policarpo Quaresma, herói do Brasil*. 2003 – *Maria, mãe do filho de Deus*. 2004 – *Irmãos de fé*; *O veneno da madrugada*.

Ao longo da carreira – cerca de sessenta anos – trabalhou em grande quantidade de espetáculos teatrais e em cerca de cinquenta filmes. Essencialmente um profissional da televisão, onde fez de tudo: como ator nos pioneiros teleteatros e como diretor de casos especiais, telenovelas, minisséries e até programas como *Fantástico*. Inicialmente morou na cidade de São Paulo, onde estreou no teatro, integrando os elencos do TBC e da Companhia Maria Della Costa. Radicado no Rio de Janeiro a partir de 1956. Na TUPI carioca, foi criador de programa infantil na telinha, *Teatrinho Trol*, que permaneceu dez anos em cartaz. Em 1968, dirigiu sua primeira novela na TV GLOBO, *A grande mentira*, escrita por Hedy Maia e gravada em São Paulo. Entre os anos de 1973 e 1977, ocupou o cargo de produtor artístico e executivo da CENTRAL GLOBO DE PRODUÇÃO. Logo depois, dirigiu outras novelas como *Anjo mau* (1976) e *Locomotivas* (1977), ambas escritas por Cassiano Gabus Mendes. A última participação foi no humorístico *Zorra Total*. Dono de longa carreira de ator coadjuvante no cinema, atuou em várias fitas populares. Estreou nas comédias *Ladrão em noite de chuva*, do diretor Armando Couto, baseado na peça teatral *Do tamanho de um defunto*, de Millôr Fernandes, e na produção da ATLÂNTIDA*, *O palhaço o que é?*, sendo dirigido por Carlos Manga*; trabalhou no papel de contrabandista com outro diretor importante da época, Watson Macedo*, na trama policial de *Um morto ao telefone*; e, no primeiro papel de realce, era um dos mendigos em *Os mendigos*, primeiro longa como diretor do ator Flávio Migliaccio*. Destacou-se por representar tipos populares. Foi o suburbano Nenem Russo em *Mineirinho vivo ou morto*, de Aurélio Teixeira*; representou um padre em *Cristo de lama*, de Wilson Silva*; fez um advogado em *Os raptores*, de Aurélio Teixeira. Na única vez que trabalhou como diretor de um longa-metragem, filmou a comédia policial *Edy sexy, o agente positivo*. Também trabalhou com diretores importantes, interpretando o Visconde de Barbacena em *Os inconfidentes*, filme histórico de Joaquim Pedro de Andrade*. Viveu um editor musical em *Um homem célebre*, de Miguel Faria Jr.*, baseado no conto homônimo de Machado de Assis. Em *Tensão no Rio*, de Gustavo Dahl*, representou um embaixador. Foi um analista em *Profissão: mulher*, de Claudio Cunha*, extraído do livro de contos *Animal dos motéis*, da escritora paulistana Márcia Denser. Para Ruy Guerra* criou o Otto Strudell, alemão que dirige cabaré no bairro da Lapa carioca em *Ópera do malandro*, a partir de peça teatral de Chico Buarque de Hollanda. Também fez um deputado em *Policarpo Quaresma, herói do Brasil*, de Paulo Thiago*, adaptado do romance clássico de Afonso Henriques de Lima Barreto. Trabalha em alguns curtas-metragens, como *Resumo* (1998) e *A máquina do tempo* (2000), ambos do cineasta Frederico Cardoso, e *Ensaio* (2002), de Paulo F. Camacho. Sua biografia foi escrita pela sobrinha-neta Luciana Sabbag no livro *Fabio Sabag – uma vida sob holofotes* (2007). (LFM/MM)

SACRAMENTO, Paulo – Santo André, SP, 1971. Montador, produtor.
FILMOGRAFIA: 1999 – *Cronicamente inviável* (mont.). 2000 – *Tônica dominante* (mont.). 2002 – *Amarelo manga* (mont., prod.). 2003 – *O prisioneiro da grade de ferro (Autorretratos)* (prod., dir., mont.). 2005

– Quanto vale ou é por quilo?. (mont.); _A concepção_ (mont., prod.). 2007 – _Querô_ (mont.). 2007-2008 – _Encarnação do demônio_ (mont., prod.). 2009 – _É proibido fumar_ (mont.).

Figura atuante do jovem cinema brasileiro. Formado pela Escola de Comunicações e Artes da Universidade de São Paulo (ECA/USP). Desde 1992, trabalha em diferentes funções. Presente em vários curtas como produtor, editor de som, diretor de fotografia e, principalmente, montador. Ainda estudante, foi diretor dos curtas experimentais _Ave_ (1992) e _Juvenília_ (1994). Obras de personalidade, já apontam para a estética da crueldade que vai caracterizar o cinema brasileiro na década seguinte. Entre os principais trabalhos de montagem, dos cerca de vinte filmes curtos em que colaborou, estão _Atrás das grades_ (1993), de Paolo Gregori; _Amor_ (1994), de José Roberto Torero; _Onde São Paulo acaba_ (1995), de Andrea Seligman; _5 filmes estrangeiros_ (1997), de José Eduardo Belmonte*. Em 1997, presidiu a Associação Brasileira de Documentaristas (ABD). Montou ainda _Geraldo Filme_ (1998), de Carlos Cortez, e _Texas Hotel_ (1999), de Cláudio Assis*. Iniciou suas atividades no formato longa sendo assistente de direção de _Causa secreta_ (1991-1994), de Sérgio Bianchi*. Desde 1999 trabalha como montador, quando foi parceiro de Bianchi (_Cronicamente inviável_; _Quanto vale ou é por quilo?_), de Lina Chamie (_Tônica dominante_), Carlos Cortez (_Querô_) e de Anna Muylaert* (_É proibido fumar_). Através de sua produtora OLHOS DE CÃO, acumulou funções de montador e produtor de _Amarelo manga_, de Cláudio Assis; _A concepção_, de José Eduardo Belmonte, e, em sociedade com Caio e Fábio Gullane, produziu _Encarnação do demônio_, de José Mojica Marins*. Em seu único trabalho dirigindo longa, realiza o documentário _O prisioneiro da grade de ferro_ (_Autorretratos_). O filme obtém forte repercussão, documentando os últimos meses do presídio Carandiru, antes da implosão. Sacramento consegue a proeza de entrar no presídio e dirigir seu filme em interação próxima com os detentos. O documentário possui um procedimento diferenciado que causou estranheza na época: o diretor entrega a câmera aos presos que filmaram, eles mesmos, diversas sequências. O resultado (cenas noturnas na cela, por exemplo) é forte, com imagens intensas e singulares que marcaram o documentário brasileiro dos anos 2000. Sacramento é artista de personalidade, com capacidades múltiplas, tendo mostrado presença em obras-chave do novo cinema brasileiro. (FPR/LFM)

SAGA FILMES

Com o objetivo de realizar filmes publicitários para a televisão, os amigos Gérson Tavares e Sérgio Montagna fundam em 1958 a produtora SAGA FILMES. Eles haviam se conhecido na Europa. Montagna trabalhava no Escritório Comercial do Brasil em Paris e Tavares havia estudado cinema no Centro Experimental de Cinema, em Roma. Como equipamento, contam com uma nova câmera Caméflex, comprada em Paris, e uma mesa de _tabletop_. A produtora instala-se na garagem da casa de Joaquim Pedro de Andrade*, amigo e vizinho de Montagna, e durante alguns meses realiza filmes publicitários. É Joaquim Pedro quem informa os sócios sobre a concorrência aberta pela Petrobras para a realização de um institucional. A SAGA ganha a concorrência e produz _A Petrobras forma seu pessoal técnico_ (1958), dirigido por Gérson Tavares. Joaquim Pedro, incorporado à produtora como sócio, faz assistência de direção. Depois do institucional, Tavares deixa a sociedade para dirigir seus próprios projetos de documentários. Joaquim Pedro entra com uma proposta no Instituto Nacional do Livro (INL) para a realização de documentários sobre escritores brasileiros vivos. Daí resulta seu primeiro curta como diretor, _O mestre de Apipucos e o poeta do castelo_ (1959), sobre o sociólogo Gilberto Freyre e o poeta Manuel Bandeira. Em seguida, a SAGA produz com financiamento do Museu Nacional o documentário _Arraial do Cabo_ (1959), dirigido por Paulo César Saraceni* e Mário Carneiro*. Em meados de 1960, a produtora é adquirida por Leon Hirszman* e Marcos Farias*, como informa um artigo na revista _Cine Clube_ (julho-setembro de 1960), cujo diretor responsável era o próprio Farias. A mudança de proprietários não impede que a SAGA produza o filme seguinte de Joaquim Pedro, o curta-metragem _Couro de gato_ – filmado em 1960, finalizado na Europa no ano seguinte e depois incorporado ao longa _Cinco vezes favela_ (1962). A produtora permanece fora de atuação até 1966, quando é reativada pelos sócios Hirszman, Farias e mais Eduardo Coutinho*. Estabelecem uma coprodução Argentina-Brasil-Chile que resulta em _O ABC do amor_ (1967), filme em três episódios dirigidos por Coutinho, pelo argentino Rodolfo Kuhn e pelo chileno Helvio Soto. A SAGA está envolvida em diversos filmes do período, de formas variadas: emprestando câmera e equipamentos de luz, fornecendo pessoal para a equipe, ajudando a levantar crédito em laboratórios. Entre os filmes nos quais

a SAGA teve participação encontram-se: _Todas as mulheres do mundo_ (1966), de Domingos Oliveira*; _Bebel, a garota-propaganda_, de Maurice Capovilla*; _Garota de Ipanema_, de Leon Hirszman, esses de 1967; mais _O bravo guerreiro_, de Gustavo Dahl*, e _A vida provisória_, de Maurício Gomes Leite*, sendo ambos de 1968, e _O barão Otelo no barato dos bilhões_, de Miguel Borges*, e o curta-metragem _Nelson Cavaquinho_, de Leon Hirszman, esses dois de 1971. No final dos anos 60, os três sócios começam a pôr em prática o projeto que previa a realização de filmes sobre o cangaço, que tivessem apelo comercial mas ao mesmo tempo apresentassem uma abordagem crítica do tema. Dentro desse projeto são produzidos apenas dois filmes: _A vingança dos 12_, de Marcos Farias, e _Faustão_, de Eduardo Coutinho, ambos de 1970. Filmados em Nova Jerusalém, no interior de Pernambuco, tiveram dificuldades de exibição e não proporcionaram o retorno financeiro esperado. Por essa época, a SAGA entra em outra coprodução internacional, dessa vez com a França, realizando _O homem das estrelas_ (1971), dirigido por Jean-Daniel Pollet. Mesmo atravessando um período de instabilidade financeira, a SAGA lança-se na produção de _São Bernardo_, com locações em Alagoas. Filmado com extrema limitação de recursos, o filme demora a ser exibido, ficando retido pela censura*. O atraso contribui para a falência definitiva da produtora. Segundo declaração de Hirszman, quando vieram os lucros com a exibição do filme, o dinheiro foi encaminhado pela Justiça para o pagamento dos credores. (LCA)

SALAS DE CINEMA

A evolução da sala de espetáculo cinematográfico brasileira dá-se em estreita correlação com as transformações do produto fílmico importado. Surge em função dele e adapta-se estruturalmente às suas características técnicas mais salientes. Ainda assim traveste-se aqui e ali de influências locais, seja na arquitetura, seja nas práticas e costumes engendrados em seu interior. Nos primórdios não se pode falar em um padrão específico. A simplicidade do espetáculo – uma tela, tecido ou parede brancos, o projetor a manivela ou adaptado a um motor e as cadeiras ou bancos – leva-o para espaços como os teatros existentes no país, simples salões ou salas de velhos prédios coloniais e mesmo as praças públicas. A itinerância característica da exibição nos primeiros tempos também impede a fixação de determinados locais. Após a introdução do cinema no país, em 8 de julho de 1896, com as sessões cariocas do OMNIÓGRAFO, os espetáculos sucedem-se em São Paulo, Porto Alegre, Petrópolis, Niterói, Juiz de Fora, Salvador e São Luís, com o cinema atingindo praticamente todas as grandes cidades do país até o início do século XX. A primeira sala fixa, entendida nesse momento como aquela que oferece sessões contínuas por um período superior a dois meses, aparece em 31 de julho de 1897. É o SALÃO DE NOVIDADES PARIS no Rio, de José Roberto Cunha Sales e Paschoal Segreto*. Logo, esse último encarrega-se do local e parte para a formação da primeira grande cadeia de salas de cinema do país. Sob a égide da Empresa Paschoal Segreto, chega a possuir dezessete espaços espalhados pela região Sudeste por volta de 1905. Responsabiliza-se também pela formalização de algumas características do espetáculo, como a introdução de um instrumento de acompanhamento musical, e pela pioneira exibição regular de filmes brasileiros. Com a regularização do fornecimento internacional de filmes e a melhoria dos equipamentos de projeção, ocorre a estabilização dos primeiros conjuntos regionais. O *boom* de salas estabelece definitivamente não só o espetáculo como alguns traços arquitetônicos e determinados comportamentos do público. As sessões ainda não são contínuas, mas sucedem-se diariamente, engendrando-se o ritual proporcionado pela presença da sala de espera, onde se apresentam conjuntos musicais e impera a estética *art nouveau* (a fachada das salas é quase sempre neoclássica). Os cinemas hierarquizam-se de acordo com a localização, o grau de riqueza na decoração e os filmes apresentados. Em seu interior passa a vigorar a separação por classes, com a primeira tendo direito a sentar-se em cadeiras de palhinha e mais próxima da tela, e a segunda em cadeiras de madeira e nos fundos do salão (logo a disposição espacial se inverteria por causa da irritação nos olhos, que ocorria pela projeção frontal por trás da tela, forma que seria trocada pela projeção de fundo a partir dos anos 10). As salas são pequenas, com as maiores atingindo setecentos lugares, a tela é quadrada e o espetáculo mudo com acompanhamento de pequenos conjuntos e eventualmente grande orquestra. As sessões não duram mais de hora e meia, sempre com intervalos para aliviar o calor. As centenas de exibidores que surgem preocupam-se prioritariamente com os filmes franceses e italianos, com poucos, como Auler e Labanca, voltando-se para

os filmes brasileiros. Pouco a pouco vão despontando alguns, como Francisco Serrador*, que organiza um grande circuito pelo interior paulista e logo transfere-se para a capital da República. Também toma a iniciativa de organizar os primeiros trustes do meio, como a COMPANHIA CINEMATOGRÁFICA BRASILEIRA, que ajudariam na formalização dos circuitos regionais e mesmo nacionais e fixariam as primeiras salas duradouras. Ainda sob a égide de Serrador e já sob o influxo do filme americano, se remodelariam em grande parte as salas existentes, ampliando-se consideravelmente. Por volta de 1920, o país já conta com cerca de setecentas salas, chegando a lotação de algumas delas a atingir mil espectadores. Esse padrão vai sofrendo grandes mutações ao longo da década, fruto da extraordinária absorção do cinema como lazer de massa. Por conta desse sucesso, formalizam-se as chamadas cinelândias, caracterizadas não só pelo gigantismo dos números como também pelo luxo dos espaços. Verifica-se também uma crescente concentração dos circuitos nas mãos de umas poucas empresas, destacando-se o conjunto liderado por Luiz Severiano Ribeiro Jr.*, que logo seria o maior exibidor do país. Com o advento da projeção sonora em 1929, deslancha-se novo *boom* de salas, que durará até meados da década de 50. É o período de ouro da exibição brasileira, quando o circuito amplia-se rapidamente para cerca de 2,5 mil salas em 1950, atingindo-se lotações como a do paulistano CINE UNIVERSO (5 mil espectadores), requintam-se as salas de espera e os salões de projeção com a estética *art déco*, igualmente estendida às fachadas, e encerram-se as práticas típicas do cinema mudo. O novo ritual inclui jogos de luzes, gongo, lanterninhas e a legendagem dos filmes estrangeiros. A imponência dos chamados cinemas de rua sofre seu primeiro abalo com o advento da televisão. A partir de fins dos anos 50, o público recuará seguidamente, a despeito de tentativas como os grandes formatos (CINEMASCOPE e similares), a terceira dimensão e o cinerama. As salas começam a diminuir e a simplificar a decoração, indo paulatinamente para o interior de galerias, centros comerciais e finalmente *shopping centers*. Isso nas grandes cidades, pois o interior vivencia o desaparecimento quase completo do circuito longamente estabelecido. A recuperação do circuito só se verifica em fins da década de 80, quando se completa quase totalmente a substituição das antigas salas pelas unidades multissalas dos *shoppings*. Já nos anos 90, o interior

volta a merecer o interesse das empresas exibidoras estrangeiras (até então o setor era inteiramente nacional), introduzindo o chamado multiplex em cidades como São José dos Campos e Ribeirão Preto. (HH)

Na década de 2000, o número de salas permanece relativamente estabilizado, embora haja gradativa ampliação. O grande diferencial dessa década foi a definitiva afirmação do chamado sistema multiplex. Partimos de salas grandes e individuais, localizadas nas zonas centrais e em alguns bairros das grandes cidades, para um sistema de salas múltiplas e de médio e pequeno porte, concentradas num mesmo local. Os edifícios preferenciais para o estabelecimento das novas salas passam a ser *shoppings centers*, que dominam o sistema de exibição. Contrariando expectativas, o público das salas de cinema se mantém ativo, ampliando-se no período. Com o crescimento econômico do país, a chamada nova classe C passa a ter acesso à exibição cinematográfica. Alguns complexos de sala são estabelecidos em *shoppings* de periferias mais distantes, atendendo a esse público. Há tentativas de construir salas em locais distantes nas capitais, ou em cidades de menor porte, a partir de linhas de financiamento do Estado. Cinemas em salas individuais de bairro desaparecem definitivamente e as grandes salas centrais sofrem reformas, sendo fatiadas para sediar salas múltiplas. Em levantamento estatístico, realizado em 2007, o Ministério da Cultura informa haver, no Brasil, 2.098 salas de cinema, sendo 1.244 no Sudeste, 328 no Sul, 273 no Nordeste, 193 no Centro-Oeste e 60 no Norte.

A arquitetura das novas salas multiplex é, antes de tudo, funcional, com aproveitamento máximo do espaço para projeção de filmes e consumo de mercadorias de alimentação. Os distribuidores descobrem que o consumo de bebidas e comidas durante a projeção do filme pode ser estimulado, gerando fonte de recursos que às vezes equivale aos próprios lucros obtidos com o produto cinematográfico. Nos novos templos do cinema, espaço amplo é reservado para cafeterias e *bonbonnières*, onde são vendidos pipoca, doces, salgadinhos, refrigerantes. As poltronas são adequadas ao consumo dos alimentos com braços especiais para repouso de líquidos. A década de 2000 é a década dos aprimoramentos técnicos, que revigoram o sistema de exibição. A introdução de som digital com saídas múltiplas cada vez mais sofisticadas, o aprimoramento progressivo da projeção com telas gigantes (sistema

IMAX), imagens digitais, e novas técnicas de imagens em três dimensões, dão nova vida às salas de cinema. Ir ao cinema permanece um hábito forte de parcelas significativas da população, reservado a um tipo de prazer particular. Longe de contradizer a fruição televisiva e o visionamento na internet, o prazer de ver um filme parece ter lugar na sociedade contemporânea. O sistema de exibição em salas públicas está em expansão gradativa, mas constante. Surge num patamar diferenciado daquele existente na primeira metade do século XX, quando tinha exclusividade. O templo por excelência da forma narrativa fílmica continua a ser a sala de cinema, ainda que a fruição do filme seja possível em outras mídias. O espaço da sala de cinema condensa o padrão ideal de exibição e fruição cinematográfica mais intensa, moldando de modo particular a recepção. (FPR)

SALCE, Luciano – Roma, Itália, 1922-1989. Diretor.

FILMOGRAFIA: 1953 – *Uma pulga na balança*. 1953-1954 – *Floradas na serra*. 1960 – *As pílulas do amor* (produção estrangeira). 1961 – *O fascista* (produção estrangeira). 1962 – *Um pedaço de mau caminho* (produção estrangeira); *A mamata* (produção estrangeira). 1963 – *As horas do amor* (produção estrangeira); *Le monachine*. 1964 – *Alta infidelidade* (produção estrangeira) (episódio: 'La sospirosa'). 1965 – *Homem, mulher e dinheiro* (produção estrangeira) (episódio: 'La moglie bionda'); *As aventuras imprevisíveis do sétimo homem* (produção estrangeira); *Le bambole* (produção estrangeira) (episódio: 'Il trattato di eugenetica'). 1966 – *Como aprendi a amar as mulheres* (produção estrangeira); *El Greco* (produção estrangeira); *As rainhas* (*Le fate*) (episódio: 'Fata Sabrina'). 1967 – *Casei contigo para me divertir* (produção estrangeira). 1968 – *A ovelha negra* (produção estrangeira). 1969 – *Colpo di stato*; *A fabulosa clínica do dr. Tersilli* (produção estrangeira). 1970 – *Um toque de castidade* (produção estrangeira). 1971 – *Il provinciale* (produção estrangeira). 1972 – *O agitador* (produção estrangeira). 1973 – *Io e lui*. 1974 – *Fantasias eróticas* (produção estrangeira). 1975 – *Fantozzi* (produção estrangeira); *Pato com laranja* (produção estrangeira). 1976 – *Il secondo tragico Fantozzi* (produção estrangeira). 1977 – *La presidentessa* (produção estrangeira); *Il... Belpaese* (produção estrangeira); *Ride bene chi ride ultimo* (produção estrangeira); *Tanto va la gatta al lardo...* (produção estrangeira). 1978 – *Onde passaremos as férias?* (produção estrangeira) (episódio: 'Sim, Buana'); *O golpe mais louco do mundo* (produção estrangeira); *Ridendo e scherzando* (produção estrangeira). 1980 – *Rag, Arturo De Fanti Bancario-precario* (produção estrangeira). 1982 – *Vieni avanti, cretino* (produção estrangeira). 1984 – *Vediamoci chiaro* (produção estrangeira). 1988 – *Quelli del casco* (produção estrangeira).

Diretor e ator de cinema, teatro, televisão e rádio, argumentista e roteirista de filmes, escritor de espetáculos de TV, rádio e *music hall*. Formou-se em Direito pela Universidade de Roma e em direção teatral pela Academia Nacional de Arte Dramática nos anos 40. Dirigiu cerca de uma dezena de peças em Roma, Milão e Florença. Residiu em São Paulo de 1950 a 1954, contratado pelo Teatro Brasileiro de Comédia (TBC), dirigindo peças de Tennessee Williams e Alexandre Dumas Filho. Na VERA CRUZ* dirigiu a comédia *Uma pulga na balança*, com afinado elenco, onde pontuavam Paulo Autran*, Gilda Nery, Mário Sérgio, Lola Brah*, o comediante Waldemar Wey e o estreante John Herbert*. Seu segundo longa, o drama *Floradas na serra*, é uma adaptação do romance homônimo de Dinah Silveira de Queiroz, estrelado por Cacilda Becker* e Jardel Filho*. De volta à Itália, após alguns anos, consegue se estabelecer como realizador na indústria cinematográfica, filmando películas como *As pílulas do amor* e *Pato com laranja*, que, além de demonstrar seu gosto pela comédia de *boulevard*, denunciam sua origem teatral. No final dos anos 70 realizou, no Brasil, a comédia *O golpe mais louco do mundo*, produção ítalo-brasileira, tendo no elenco Adolfo Celi* e José Wilker*. Faleceu em Roma, Itália, em 17 de dezembro. (AMC)

SALDANHA, Carlos – Rio de Janeiro, RJ, 1966. Diretor.

FILMOGRAFIA: 2002 – *A era do gelo* (*Ice Age*). 2005 – *Robots*. 2006 – *A era do gelo 2* (*Ice Age: the Meltdown*). 2009 – *A era do gelo 3* (*Ice Age: Dawn of the Dinosaurs*). 2010 – *Rio*.

Mudou-se para os EUA em 1991, onde cursou mestrado em Artes e se especializou em animação por computação gráfica na School of Visual Arts, em NY. Seu primeiro curta, *Time for Love* (1994), arrebatou prêmio no festival canadense IMAGES DU FUTURE, na categoria voto popular e, em 1995, o de melhor animação em computação gráfica, no FESTIVAL INTERNACIONAL DE ANIMAÇÃO POR COMPUTADOR DE GENEBRA, Suíça. Em 1993, antes mesmo de conquistar prêmios, o cineasta já havia chamado a atenção de Chris Wedge, professor de mestrado na NYSVA, sendo convidado para trabalhar na BLUE SKY, que produzia comerciais, logo depois arrebatada pela FOX FILMES, que passou a desenvolver projetos para cinema. Colaborou na animação do curta *Bunny* (1998), que venceu o OSCAR de melhor curta de animação em 1999. Primeiro brasileiro a codirigir (junto com Chris Wedge) um longa de animação digital em Hollywood, *A era do gelo*, marcando a estreia da produtora BLUE SKY fora do setor da publicidade e o retorno da FOX ao mundo dos desenhos animados. Também com Wedge, codirige *Robots*. Sua direção solo, em longa, aconteceu em *A era do gelo 2*. Dividiu a direção com Mike Thurmeier em *A era do gelo 3*, filme em 3D. Após *A era do gelo*, quando a equipe estava parada, resolveu fazer *Gone Nutty* (2002), curta que ganhou o primeiro lugar no LOS ANGELES ART FILM FESTIVAL. Era a saga do neurótico esquilo Scrat recolhendo nozes e armazenando tudo no interior de uma árvore oca, fatalmente terminando num desastre. Em 2004, *No Time for Nuts* recebeu indicação para o OSCAR. O novo desafio desse cineasta que conseguiu arrecadar com os dois primeiros filmes "glaciais" mais de 1 bilhão de dólares, será *Rio*, com trama passada no Rio de Janeiro, tendo como protagonista uma arara azul que volta ao país durante o carnaval, depois de deixar sua gaiola nos EUA. (TS)

SALDANHA, Luiz Carlos (Luiz Carlos de Barros Saldanha) – Rio de Janeiro, RJ, 1943. Fotógrafo.

FILMOGRAFIA: 1968-1972 – *Câncer*. 1976 – *Marília e Marina*. 1978 – *Raoni* (dir.); *Copa 78, o poder do futebol*; *Terra dos índios*. 1980 – *1 x Flamengo*. 1983-1985 – *Imagens do inconsciente* (1º filme: 'Em busca do espaço cotidiano'; 2º filme: 'No reino das mães'; 3º filme: 'A barca do sol'). 1984-1996 – *Bahia de todos os sambas*.

Um dos técnicos mais destacados da primeira geração do Cinema Novo*, atua em várias funções, optando posteriormente pela direção de fotografia e pelo documentário. Colabora com o movimento desde a sua origem, participando ativamente como assistente de câmera e ator de vários episódios de *Cinco vezes favela*. Procura formalizar a experiência adquirida inscrevendo-se no famoso seminário ministrado pelo cineasta sueco Arne Sucksdorff* na CINEMATECA DO MUSEU DE ARTE MODERNA (MAM). Interessa-se particularmente pelas modernas técnicas de filmagem, estudando ainda a gravação em som direto por meio do gravador Nagra. Participa do filme de conclusão do seminário, o curta *Marimbás* (1963), de Vladimir Herzog, e assume a assistência de direção de *Os mendigos* (1962), de Flávio Migliaccio*, entrando em contato com algumas técnicas do cinema direto. Já na condição de diretor de fotografia, integra a equipe do documentário *Maioria absoluta* (1964), de Leon Hirszman*, pioneiro no uso do som direto no Brasil. Interfere criativamente na materialização do som obtido, solucionando problemas técnicos e ajudando na montagem. Da mesma forma trabalha no curta *Jornal do Brasil* (1965), dirigido por Nelson Pereira dos Santos*. Em função do golpe militar e de uma bolsa concedida pelo governo italiano, transfere-se em 1965 para Roma, onde faz o curso regular do Centro Sperimentale de Cinematografia. Desenvolve pequena carreira na Itália, chegando a fotografar a série de televisão *La via del Petrolio*, de Bernardo Bertolucci, e a fazer assistência de direção de *Il giardino delle delizie*, de Silvano Agosti. Para a RADIO TELEVIZIONE ITALIANA (RAI) fotografa *Corrida* e *Antonio Gadez*, ambos de Paolo Brunatto. Assumindo também a direção, realiza na mesma época dois pequenos documentários para a Embaixada do Brasil em Roma: *Visite del Presidente Saragat in Brasile* e *Monumento de Pistoia*. Efetua algumas viagens ao Brasil antes de retornar definitivamente em 1973. Em uma delas aproveita para fotografar *Câncer*, de Glauber Rocha*, utilizando equipamento (câmera Éclair e gravador Nagra IV) que comprara para a empresa ENSAIO, fundada pouco antes em parceria com Eduardo Escorel* e David Neves*. Assumindo inteiramente a proposta do diretor, perpetua uma das mais radicais experiências de câmera na mão do cinema brasileiro. Já morando novamente no país, dirige a fotografia colorida dos curtas *Ecologia* e *Megalópolis*, ambos de Leon Hirszman e nos quais explora a cruel beleza dos assuntos enfocados. A partir de imagens de arquivo monta o documentário de longa metragem *Getúlio Vargas* (1973-1974), de Ana Carolina*. Estabelece parceria com o diretor Luiz Fernando Goulart, fotografando mais de dez curtas e o longa *Marília e Marina*. A convite do produtor Pierre Louis Saguez, junta-se à equipe de realização de *Raoni*, codirigindo-o e fotografando-o. É consagrado no FESTIVAL DE GRAMADO de 1979 com os prêmios de melhor filme, música, fotografia e montagem. O filme é indicado ao OSCAR de melhor

documentário de 1978 e é exibido nos Estados Unidos com narração do ator Marlon Brando. Corajosa descrição das condições de vida dos índios mencragnotires, faz eloquente denúncia do contínuo aculturamento e mesmo desaparecimento da tribo. A carreira de fotógrafo prossegue com inúmeros curtas (*Smetak, Ciclo do ouro, Ciclo do diamante*, entre outros) e dois títulos em torno do futebol: *Copa 78, o poder do futebol*, de Maurício Sherman, e *1 x Flamengo*, de Ricardo Solberg, nos quais exercita novamente a câmera na mão. Envolve-se profundamente nos dois últimos filmes do diretor Leon Hirszman*, tornando-se o esteio da realização de *Imagens do inconsciente*, que fotografa e monta. Voltando à Itália, cofotografa em 1983 o *show* que daria origem anos mais tarde a *Bahia de todos os sambas*, codirigido por Paulo César Saraceni*. (HH) Em 2005, fotografou *Cinema de preto*, curta-metragem da diretora Dandara Guerra, filha do cineasta Ruy Guerra*.

SALLES, Almeida (Francisco Luís de Almeida Salles – Jundiaí, SP, 1912-1996. Crítico de cinema.

Formado pela Faculdade de Direito da Universidade de São Paulo, a tradicional escola do largo de São Francisco, onde foi orador da turma de 1938. Ingressou no serviço público no ano seguinte, especializando-se em Direito Constitucional e Administrativo, tendo se aposentado como procurador do estado de São Paulo. Assessor do governador Abreu Sodré, sua atuação foi decisiva em 1970 na criação do Museu da Imagem e do Som (MIS), concebido para absorver o acervo e as atividades da CINEMATECA BRASILEIRA. Na juventude participou da Revolução Constitucionalista de 1932 e do movimento integralista. Considerado por Paulo Emilio Salles Gomes* (1916-1977) "o elemento mais inteligente do integralismo", passou a colaborar na revista *Clima*, de tendência democrática, a partir de 1941. Foi um dos organizadores do I FESTIVAL INTERNACIONAL DE CINEMA DO BRASIL (realizado em 1954, em São Paulo, por ocasião do seu quarto centenário de fundação), membro da Comissão Federal de Cinema (1956), do Grupo de Estudos da Indústria Cinematográfica (1958), e presidente do segundo CLUBE DE CINEMA DE SÃO PAULO (1946), da FILMOTECA DO MUSEU DE ARTE MODERNA (1949), da sua sucessora CINEMATECA BRASILEIRA, a partir de 1956, e da Comissão Estadual de Cinema, no decênio de 1970. Por essa constante liderança à frente de iniciativas

culturais, era chamado carinhosamente por amigos e colaboradores de "presidente".

Iniciou-se na crítica no jornal *Diário de S. Paulo*, em 1943, sob inspiração de seu amigo Vinicius de Moraes* (1913-1980), então titular da coluna de cinema de *A Manhã*, influente jornal do Rio de Janeiro. Mas foi em *O Estado de S. Paulo*, entre outubro de 1950 e dezembro de 1961, que Almeida Salles exerceu a crítica quase diária, sem assinar as matérias publicadas, como era praxe na época. No início de 1962, assumia o posto de adido cultural na embaixada brasileira em Paris. De volta a São Paulo, publicaria ensaios assinados no Suplemento Literário do mesmo jornal em 1965 e 1966. Almeida Salles possuía uma escrita límpida, que se destacava pela clareza e harmonia, um estilo clássico de pensar e exprimir-se, embasado em sólida formação literária e filosófica. Era "um escritor de cinema", segundo a feliz observação de Paulo Emilio feita em 1960. As pesquisadoras Ilka Brunhilde Laurito e Flora Christina Bender reuniram, por encomenda da EMBRAFILME*, cerca de 1,4 mil textos – entre resenhas, ensaios, entrevistas, necrológios, reportagens, notícias – de Almeida Salles. Com esse acervo, organizou-se em 1988 uma antologia que recebeu o título de *Cinema e verdade*. Nela podemos acompanhar a atividade de um crítico zeloso da sua função de orientar o leitor, com plena consciência do seu ofício. Nos anos em que Almeida Salles exerceu a crítica, o cinema atingiu o auge de seu prestígio entre as manifestações culturais, aliciando na sua reflexão as melhores inteligências. Por isso, o crítico podia afirmar que "o cinema é um fato da cultura moderna e não só da arte, e o filme transborda do plano exclusivamente estético para colocar problemas relativos ao homem e à sociedade".

A análise exigente do crítico reuniu um repertório teórico do qual emergiram quatro atitudes principais: a) uma clareza conceitual sobre o que deveria ser a crítica, de como o crítico veria o filme e a escala de valores que iria empregar no seu julgamento; b) um repúdio às posições estéticas dogmáticas, optando por uma crítica que ele chamava de "realista", em que os elementos particulares da linguagem no cinema eram condicionamento do juízo estético, numa perspectiva humanista; c) o desprendimento dos modismos, que lhe permitia agir com independência, possibilitando introduzir discussões e reavaliações preciosas como a da obra de Jean Epstein, que ainda hoje carece de uma justa compreensão; d) a facilidade com que o crítico transitou do cinema para as outras disciplinas, das quais frequentemente emprestou as ferramentas da sua análise. Na sua abordagem, a conceituação filosófica forneceu o instrumental analítico. Se "o material do cinema é a aparência do visível", a verdade, no cinema, não está na verossimilhança, nem no neorrealismo. A verdade no cinema estaria no "real transcendentalizado pela participação sutil do artista". Na mesma linha de pensamento, "o que interessa ao cinema é a existência, para, por meio dela, operar de novo a junção entre a consciência e o mundo. Por isso é que Kierkegaard é tão pai do cinema quanto Lumière e Méliès". A trajetória do crítico permitiu avaliar tanto a evolução do seu gosto, do clássico ao moderno, como do seu credo político, com a gradual aceitação do compromisso ideológico da obra. Ao mesmo tempo, acompanhamos o deslocamento do seu interesse, antes exclusivo pelo filme estrangeiro, para a produção nacional. No decênio de 1950, em que predominavam os *westerns*, um dos gêneros preferidos de Almeida Salles, a "linha clássica de expressão em cinema [era] nitidamente realista, fiel às aparências do universo visível". Nas palavras do crítico, "a lei do cinema [então] se fundamenta[va] não na valorização, mas na imolação da imagem". A câmera como "instrumento" deveria, portanto, "ocultar-se". Desse ponto de vista, Almeida Salles cultivou verdadeira aversão à eloquência e à retórica, aos elementos exteriores à narrativa. Elogiou a discrição de Mikio Naruse em *O amor que não morreu*; apreciou a lição de Renoir contra o "formalismo virtuosístico e adjetivo"; identificou na técnica esmerada de um Joseph Lewis, diretor de *A mulher sem nome*, a maestria capaz de produzir "arte no corpo da indústria"; deplorou em *O terceiro homem* o enfeite da angulação, "o puro malabarismo formal". Em contrapartida, *Os brutos também amam* possui o "senso do corte funcional e elegante, a fluidez quase líquida da sua continuidade". Em 1965, o *western* já lhe soava como "língua morta, mas soberana na sua pureza e na sua classicidade". O território do faroeste, habitado por figuras míticas como Raoul Walsh, em que imperava o "cinema físico, colado à pele", se perdeu à distância, num grande plano. E o crítico apurou o foco para outras paisagens, não menos áridas. Na obra de Antonioni, apontou o predomínio de um "cinema de situações", num autor que parecia pouco interessado em contar uma história, cujo estilo rarefeito promovia a "interiorização da ação e o

relevo plástico da imagem". Imbuído da missão didática de formar e informar um público de cinema, Almeida Salles, sempre que necessário, refazia o itinerário do autor ou do gênero. Em Bergman, destacou o primado da "dinâmica da experiência amorosa". O tema desse diretor, praticamente seu *leitmotiv*, foi o do "rompimento com a circunstância social, a identificação pagã com a natureza, o conflito invencível, expresso pela árdua convivência decorrente ora da efemeridade, ora da instabilidade, ora da unilateralidade do amor". O olho do crítico não se enganou: viu em *A doce vida*, de Fellini, a dimensão de um "sagrado laicizado", reconheceu em Buñuel uma inclinação pelo "cinema de ideias", mas a sensualidade desse espanhol arredio às abstrações o conduziu para a busca do prazer na "carne das ideias". A polêmica em torno de Visconti, Almeida Salles a resolveu advertindo que a "versatilidade" nesse cineasta era tão importante quanto o seu "estetismo". A sua personalidade artística só se completou, no entanto, com os elementos próprios da ambiguidade do aristocrata comunista.

A conversão do crítico ao cinema brasileiro foi lenta e gradual. Suas primeiras críticas em *O Estado de S. Paulo* foram endereçadas ao filme de estreia da VERA CRUZ*: *Caiçara*, de Adolfo Celi*. Embora entusiasmado com a irrupção do surto industrial, o crítico manteve-se numa atitude exterior à obra, mais afeita a um repórter. Acompanhou, pela coluna do jornal, os lançamentos nacionais, mas com relação a *Agulha no palheiro*, de Alex Viany*, seu colega de ofício, sua atitude foi severa: com assumida sinceridade, não absolveu a fatura canhestra e a "demagogia nas intenções políticas e sociais". Com a *Sinfonia carioca*, de Watson Macedo*, foi mais tolerante: celebrou a "graça, sensibilidade e capacidade expressiva" de Eliana* e ressaltou o valor do filme – a partir da sua modéstia – na "linha média de criação" do cinema brasileiro. Na análise de *Rio 40 graus*, de Nelson Pereira dos Santos*, reteve apenas o seu caráter panfletário e, com acuidade, percebeu que o "maneirismo neorrealista" do filme acabava "confundindo crueza com descaso técnico". A adesão profunda de Almeida Salles à produção nacional manifestou-se em 1958, quando acolheu com entusiasmo o lançamento de *Estranho encontro*, de Walter Hugo Khouri*, e promoveu a revisão crítica de *O cangaceiro*. No primeiro, vislumbrou um "cinema humano e psicológico, à margem do pitoresco", tributário de Bergman, apesar da deficiência dos diálogos. Numa

perspectiva conservadora, declarou que "um cinema não é nacional apenas quando busca o típico". A propósito, ao rever *O cangaceiro*, de Lima Barreto*, relançado cinco anos depois de sua estreia, o crítico adquiriu a consciência de que "o cinema que temos não é o que desejaríamos fazer, mas aquele que é feito". Ainda no capítulo das conversões, Almeida Salles, pouco antes de encerrar a carreira de crítico diário, foi tocado por uma poderosa revelação. Ao resenhar um programa de curtas-metragens exibido na VI BIENAL DE SÃO PAULO, em que se vislumbrava o germe do que se convencionaria chamar de Cinema Novo*, o crítico demitiu os critérios formais e universais que eram os seus, para aceitar o cinema visionário: "o que se espera do novo cinema brasileiro é menos acertos técnicos e estéticos, menos demonstração de que podemos fazer filmes no nível de exigências de outros países, do que uma ideologia, uma tomada de posição em função de uma problemática social e humana brasileira, um estilo de criação que decorra dessa problemática e exprima a nossa forma própria de ver e sentir a realidade". Sua posição, à medida que o movimento avançava, apresentando filmes mais combativos e empenhados na perspectiva do depoimento pessoal, assumia um cunho igualmente radical: "aqueles que não compreenderam que o grande acontecimento do cinema moderno foi a sua emancipação da categoria de espetáculo aprazível, para se impor como forma de conhecimento da realidade humana e social, ficaram à margem da esplêndida revolução e insistiram no cinema inautêntico, de fabricação de dramazinhos alienados, à maneira deste ou daquele paradigma consagrado". Almeida Salles não ficou indiferente à crença num cinema de emancipação política e social, tão em voga nos anos 60, sobretudo "no Brasil, onde a consciência política é um lusco-fusco ocasional de resignação, aturdimento e espera, e onde a confiança nos políticos e nos partidos é um dado de submissão do povo". O intelectual maduro já perdera de vista o jovem integralista do remoto decênio de 1930.

Entre os achados e perdidos de uma reflexão feita no calor da hora, mereceram destaque: a insensibilidade com o cinema *art déco* de Busby Berkeley, que nunca teria se elevado "de um nível de rotina medíocre"; "a afirmação da vida autêntica e simples" no imediatamente reconhecido como "clássico" *Depois do vendaval*; o expressionismo de Billy Wilder, atraído pelo anormal, monstruoso, amoral; "os fundamentos do cinema vitorioso" de Cecil B. de Mille; e os perfis de dois mitos trágicos do cinema americano: James Dean e Marilyn Monroe. A "morbidez" de James Dean tornou-o "parente de Maldoror e de Rimbaud". Já Marilyn é dotada de uma capacidade rara: "pode criar uma 'natureza' que seus papéis não explicam, e que transcende à psicologia, para se erigir num arquétipo da feminilidade, a concentração e o precipitado de toda uma legião de encarnações particulares que formaram a mulher moderna". Além dessas agudas observações, Almeida Salles foi capaz de antecipar, em 1953, que *O cangaceiro* faria escola: "talvez o cangaço seja um tema infinito na futura filmografia brasileira". E cunhou uma frase para dar conta da dicotomia em que se debatia (e se debate ainda) o nosso cinema: "Toda a história do cinema brasileiro está caracterizada por essa oscilação entre o polo da criação pessoal e o da indústria empírica e mal-assentada". Em 1979, por iniciativa de amigos, Almeida Salles publicava *Espelho da sedução*, definido pelo autor como reunião de "semipoemas", "louvações a pessoas, a locais e a presenças", "improvisados registros" de Lorca, José Lewgoy*, Manuel Bandeira, Luís Lopes Coelho, Cícero Dias, Efraim Tomás Bó, Augusto Frederico Schmidt, Flávio de Carvalho, Luís Sérgio Person*, Paulo Emilio Salles Gomes, dos bares que frequentava, de um prosaico caracol, etc.

Aspectos marcantes da personalidade de Almeida Salles não poderiam ficar aqui omissos: a modéstia, o afeto e a generosidade, que lhe carrearam inúmeros amigos, das mais variadas extrações. Esses traços estão presentes num poema – *Invocação* – que lhe dirigiu Paulo Emilio Salles Gomes numa festa por ocasião dos seus 60 anos. Versos de brincadeira, celebraram a amizade alegre dos dois críticos de cinema e camaradas de ação cultural. Juntos criaram ou participaram ativamente da fundação do CLUBE DE CINEMA DE SÃO PAULO, da CINEMATECA BRASILEIRA, do curso de cinema da Escola de Comunicações e Artes da USP, do Museu da Imagem e do Som, e de outras iniciativas. Versos recortados desse poema:

"Quem – de todos os presidentes – é o menos demente?
O Presidente.
Qual o grande jurista e escritor que só assinando é prudente?
O Presidente.
Quem parece parado, mas sempre vai em frente?
O Presidente.

Quem é o homem generoso que só por generosidade mente?
O Presidente.
Quem em Paris como na praça da República é o residente?
O Presidente.
Entre presentes e ausentes, qual é o mais inteligente?
O Presidente.
Enfim, de todos nós, qual é mais gente?
O Presidente.
Ele ama e quer todo o Universo, da formiguinha ao Supremo Ente.
O Presidente."

A personalidade amável de Almeida Salles foi por duas vezes captada pelas câmeras: no curta-metragem *Visita ao presidente* (direção de Haroldo Marinho Barbosa*, produção da EMBRAFILME*, de 1983, com onze minutos, em 35 mm), e em *O presidente do mundo* (produção e direção de Ricardo Miranda, Goffredo Telles Neto e Paulo César Saraceni*, vídeo, 55 minutos, 1982-1985). Faleceu em 30 de agosto. (CAC)

SALLES, João Moreira. Rio de Janeiro, RJ, 1962. Diretor.
FILMOGRAFIA: 2002 – *Nelson Freire.* 2004 – *Entreatos.* 2006 – *Santiago.*

João Salles é filho do diplomata e banqueiro Walter Moreira Salles, um dos fundadores do grupo Unibanco. Possui três irmãos, sendo dois do mesmo casamento: Walter Salles*, cineasta, e Pedro Moreira Salles, que seguiu carreira no banco. Fernando Moreira Salles é seu meio-irmão. Em depoimentos, João Salles declara que sua profissão é documentarista. Menciona o encontro com a atividade como circunstância casual da vida. Exerceu durante anos a docência, dando cursos de documentário em instituições de ensino superior do Rio de Janeiro. João Salles chega ao documentário pelas mãos de seu irmão Walter, que o convida para escrever o roteiro das cerca de quarenta horas que filmara no Japão. O material torna-se *Japão, uma viagem no tempo* (1986), exibido em episódios na TV MANCHETE, com direção de Walter Salles. Em 1987, o próprio João vai ao Oriente para dirigir *China, o império do centro*, seu primeiro trabalho como diretor (Walter fica com a montagem e o roteiro é dividido com Arthur Fontes, que será seu colaborador em outras empreitadas). Ambos os filmes possuem narração *over* de José Wilker*, sendo realizados para a TV MANCHETE e veiculados em episódios na mídia televisiva. Os dois cineastas estavam em início de carreira e o resultado de crítica e público

parece ter sido satisfatório. Respira-se uma certa estética dos anos 80, com o conteúdo das asserções remetendo ao contexto ideológico da pós-modernidade. A fascinação com a fragmentação do capitalismo tardio caminha junto com a imagética de luzes, néon, rapidez de movimentos, etc. A forma documentária é a tradicional, com voz *over* recorrente e entrevistas de personalidades. No âmago do contexto pós-moderno, surge a sensibilidade para o ser alienado manifestando-se no tema do estrangeiro, das fronteiras, da sensação de perda do real, do simulacro, do mundo em espetáculo. A mesma temática surge em *América*, seriado realizado por João Salles no esquema dos filmes anteriores (coprodução TV MANCHETE e exibição televisiva), sobre os Estados Unidos. O documentário possui assessoria e roteiro de Nelson Brissac Peixoto (o roteiro é dividido com João Salles, que assina o texto da voz *over*) que, em 1987, havia lançado *Cenários em ruína*, condensando a influência da estética pós-moderna na *intelligentsia* nacional. Simultaneamente ao filme, Brissac escreveria *América*, na mesma toada, livro lançado em 1989. Tanto João Salles como seu irmão (ver *A grande arte*) são marcados, na primeira fase de suas carreiras, por esse contexto ideológico que, a seguir, se torna rarefeito nos anos 90, dando lugar à dominante cor social-nacional.

Nos três primeiros documentários que João participa (*Japão, China, América*), temos um conjunto com traços estilísticos comuns e uma forma de produção semelhante, envolvendo a VIDEOFILMES (fundada por Walter e João em 1987) e a TV MANCHETE. Ainda com o material da série *América*, realiza o documentário *Blues* (1990), também veiculado pela Manchete, em codireção com Arthur Fontes e Rudi Lagemann. Em 1989, faz *Poesia é uma ou duas linhas e por trás uma imensa paisagem*, filme pessoal que explora a fala poética e a plástica da imagem-câmera. Junto com o curta *Dois poemas* (1992), *Poesia* foge à sua obra documentária vista em parâmetros mais homogêneos. *Poesia* é um lânguido filme lírico, uma balada em homenagem a Ana Cristina César, presente pela voz e pela fala poética, expressa em belas criações visuais. Sente-se a emotividade do cineasta, e de todo o grupo que assina o filme, diante da obra de uma poetisa que nos deixou prematuramente. Já *Dois poemas* é um curta-metragem mais árido, também com imagens e formas abstratas, sobre a poesia de Zbigniew Herbert. Também nesse ano de 1992, Salles realiza as tomadas que mais tarde serviriam de base para o filme *Santiago*. A estética dessas tomadas remetem-se à imagética e à posição narrativa que encontramos em seu material dos anos 80, como *China* e *América*, e casam bem com *Poesia*, produção do mesmo ano. Logo após haver concluído *América* e *Poesia*, João passa por uma experiência que considera central em sua formação. Fica cerca de um ano no Quênia, onde trabalha voluntariamente em uma organização não governamental, administrada pelo bispo Desmond Tutu, ensinando edição e trabalho em vídeo para uma população carente.

Com a paralisação geral do cinema brasileiro, após o fim da EMBRAFILME*, e durante a primeira metade da década de 90, João volta-se para a VIDEOFILMES, onde se especializa na produção publicitária, dedicando-se de forma quase exclusiva a esse campo. Em 1995, dirige o média *Jorge Amado*, em coprodução com a televisão francesa, numa entrevista corpo a corpo com o escritor baiano na qual realça a influência de Gilberto Freyre em sua obra. O efetivo reencontro de Salles com a produção documentária dá-se com *Futebol* (1998), obra em três episódios, formato para exibição televisiva (no canal GNT), em codireção com Arthur Fontes. Nesse documentário já encontramos claramente delineados a temática e o estilo que estariam presentes em suas obras seguintes. Em *Futebol*, João tem o primeiro embate efetivo com a realidade popular brasileira, focando o esporte predileto das massas. Já estão presentes a metodologia das tomadas, com a necessária espera do cinema direto, e também a montagem em blocos temáticos que repete em seus filmes seguintes. Retoma assim uma carreira que havia apenas esboçado em *China, o império do centro* e *América*. Agora encontramos um diretor mais à vontade em seu trabalho, já atento para a respiração do mundo e o tempo do outro diante da câmera. Sentimos um cineasta que havia descoberto, no intervalo para o final da década de 90, as experiências do cinema direto e conhecido de modo mais amplo, como ele mesmo declara em entrevistas, a tradição do cinema documentário. Se ainda não mostra a fluidez do estilo que encontramos em *Entreatos* e *Nelson Freire*, já se vislumbra em *Futebol* a transição entre sua primeira produção e os documentários da década de 2000.

Em 1997-1998, Salles filma *Notícias de uma guerra particular* (56 min.). A própria narrativa considera o filme um "programa", exibido posteriormente no canal GNT. Distinguimos em *Notícias* um diretor já com domínio de seu estilo, abrindo-se para um ritmo forte de montagem, que não deixa de lado a respiração próxima da intensidade do mundo na favela. As imagens e os depoimentos de crianças armadas nos morros cariocas chocam. *Notícias* é um filme que obtém repercussão instantânea, inaugurando uma nova imagética no cinema brasileiro. Garotos armados e encapuzados no alto do morro, pairando como pássaros de terror sobre a classe média carioca no asfalto, falas agressivas com vozes infantis, rostos cobertos sem identificação, bangue-bangue nas vielas, voz *over* apocalíptica, vão marcar não só o documentário e o cinema de ficção da década seguinte, mas o próprio imaginário nacional. *Notícias de uma guerra particular* dá forma plena a temas que já permeavam a sociedade brasileira, mas ainda estavam para eclodir. O documentário é filmado em período curto, aproveitando um trabalho mais antigo na favela de Kátia Lund, que coassina a direção. Possui tom sensacionalista, com música de fundo que constrói um clima de pânico ascendente. Destinado ao público de classe média, *Notícias*, talvez por seu ineditismo, exibe imagens montadas de modo agressivo. Aponta o dedo para o espectador, numa exibição do horror, sem abertura para diálogo ou solução. Carrega em sua origem uma parcela da culpa que estampa, afundando no painel de fim do mundo que exibe. É um documentário de montagem, amarrado na voz expositiva, construindo um segundo degrau na carreira de Salles. O filme possui uma estruturação marcada que organiza o material e o divide para o espectador em função de temas prévios. De um lado os policiais, de outro os populares e os traficantes do morro.

Também de 1998-1999 é *Adão ou somos todos filhos da terra*, curta sobre o músico Adão Xalebaradã, artista popular no morro do Cantagalo. Adão e sua família fazem parte ativa de *Notícias* com diversos trechos de depoimentos inseridos no filme. O documentário com Adão é assinado conjuntamente pela equipe de *O primeiro dia* (ficção de Walter Salles e Daniela Thomas) e de *Notícias*, sendo testemunho da descoberta de um novo morro, na virada do século XX, pela parcela da classe média carioca que se dedica à produção de cinema. Mesmo diretores mais antigos, como Diegues*, em *Orfeu*, ou Coutinho*, que de certa forma detona o processo em *Santa Marta: duas semanas no morro* (1987), retornam à nova favela que apresenta uma configuração de poder invertida, agora ameaçadora. A proximidade com essas comunidades e o tipo de tomada que a proximidade permite estão na base do impacto que *Notícias* possui. Também em 2000, Salles coordena para a GNT *Seis histórias brasileiras*, série que busca personagens anônimos brasileiros, de viés popular, com bom testemunho de vida. Para a série, Salles dirige os médias *O vale*, sobre a ocupação pelo café do vale do Paraíba, a partir de depoimentos de camponeses e fazendeiros, e *Santa Cruz*, acompanhando o nascimento de uma igreja evangélica.

Nelson Freire é seu primeiro filme em formato cinematográfico, um longa-metragem com 114 minutos de duração. A diferenciação com relação a *Notícias* e aos documentários anteriores é nítida. Salles mantém a organização do filme em tópicos, que amarram uma decupagem mais fluida, entregando-se com habilidade ao transcorrer da tomada. Mas os blocos ainda são isolados entre si e a decupagem tem marcação forte. O documentário leva a toada da música de Nelson com maestria e sabe construir um perfil biográfico, uma personalidade clara, sem a utilização da voz narrativa fora de campo. Em seu documentário seguinte, *Entreatos*, João Salles descobre efetivamente a trilha do cinema direto e a aprofunda de modo pleno. O modelo no horizonte é *Primary*, de Robert Drew, filmado durante a campanha de Kennedy à presidência dos EUA, em 1960. Em um ambiente de relacionamento pessoal que não é o anglo-saxão, Salles consegue a proeza de obter a autorização e a complacência de Lula e sua equipe para grudar em seus calcanhares durante a eleição presidencial de 2002. Salles, tendo na câmera seu antigo companheiro Walter Carvalho*, lança-se na empreitada de viver o cotidiano de campanha na eleição de 2002. O filme é um marco no documentário brasileiro e mostra a plenitude do domínio estilístico que, com os anos, João Salles adquiriu. Com exceção da breve voz na apresentação inicial, o documentário caminha solto pelo mundo da campanha, seguindo seu protagonista sem utilização da voz *over*. A câmera de Carvalho é central no processo e demonstra a agilidade e a boa visão para a narrativa de um fotógrafo talhado para o tipo de fotografia que esse filme exige. Os planos são mais longos e a ação parece convergir por gravidade para o campo da imagem. A decupagem respira mais que nos filmes anteriores. Salles abandona a estrutura sincopada de blocos que marca seu trabalho desde *China*. Uma visão do documentário ligada à valorização da capacidade assertiva da narrativa é agora abandonada, pela graça da configuração do mundo na tomada. E a personalidade de Lula ajuda nessa graça, mesmo quando cansativa pela repetição e pelos toques narcisistas. Lula mostra-se feito à medida para a câmera, inteiramente à vontade no tipo de representação mais exibicionista. Se é esse tipo de representação que faz o sucesso do documentário direto no gênero de *Entreatos*, Salles sabe usar o artifício com parcimônia, sem deixá-lo transbordar em vulgaridade. Numa retrospectiva, podemos enxergar *Entreatos* como a conclusão do processo de amadurecimento de um cineasta, que vinha tateando o caminho desde meados dos anos 80.

Nesse mesmo fôlego, como herdeiro das lições e da ética do direto, Salles dirige *Santiago*, redirecionando, em perspectiva, o horizonte de seu aprendizado estilístico. Agora vê de modo crítico sua própria obra. Trata-se de um filme que tem como protagonista o antigo mordomo da família Salles, Santiago Badariotti Merlo. Foi realizado em dois momentos distintos, com uma primeira versão tomada em maio de 1992, que não é finalizada, e um retorno ao material original, em agosto de 2005. Se o documentário, inicialmente, tem seu foco em Santiago, no retorno ao material o foco transfere-se para João Salles, que aproveita o impasse para realizar uma reflexão sobre si próprio e, indiretamente, sobre sua própria carreira. Uma imagem antiga flexionada por uma voz contemporânea: este é o percurso crítico de *Santiago*. O que incomoda o diretor de 2005 é a forma de direção que a versão de 1992 contém. Realizado em outro contexto ideológico, Salles chega a seu antigo mordomo, em 1992, com um roteiro bastante definido e busca ajustá-lo a uma demanda prévia. Nas primeiras tomadas, às vezes temos a impressão da direção de um ator em filme de ficção. No documentário de 2005, essa forma de direção surge no foco da visão crítica que o filme carrega, sendo exposta como uma postura não ética de João Salles em relação ao sujeito de seu documentário. A crítica a um modo de direção documentária é mote para introduzir a onipresente temática de classe do cinema brasileiro, ampliando o tema da direção documentária para a relação entre empregado e patrão, entre o mordomo e o filho do dono da casa. A acusação é sentida como grave e Salles sucumbe à má consciência e à culpa. Cobra de si próprio uma adequação à ética do cinema direto que só iria surgir como dominante no cinema brasileiro do final dos anos 90, pelas mãos (e olhos) de Eduardo Coutinho. O filme certamente não se res-

tringe à crítica de um tipo de documentário que não se pratica mais em meados da década de 2000 (mas se praticava quando as imagens foram tomadas). Inclui na crítica, além da direção propriamente, as imagens de estilo pós-moderno anos 80, carregadas de luzes e sombras de estúdio. A voz fora de campo de *Santiago* é uma bela voz lírica, voltada à intensidade da experiência infantil, que os anos carregaram. *Santiago* é, antes de tudo, um filme em primeira pessoa, sobre o passado mais remoto do protagonista que dá sentido à voz, mesmo que não a incorpore (o corpo da voz é de Fernando Moreira Salles, irmão de João). É também um filme sobre seu passado mais recente, de documentarista. Talvez o mais significativo no processo seja a própria possibilidade de existência do filme, o espaço que ele testemunha no cinema brasileiro para uma narrativa com foco na primeira pessoa. É essa interação entre o filme e o "eu" que *Santiago* explora: a de um documentarista voltando-se sobre sua obra; a de um adulto que se volta para a experiência da infância; e a de um indivíduo social diante de uma relação de classe que lhe é intrínseca. Não há dúvida de que a experiência da favela (e principalmente das tomadas na favela) deu um outro colorido à descoberta desse último aspecto, ausente no copião de 1992. O percurso de Salles como autor no documentário brasileiro fecha-se, com o lançamento de *Santiago*, de um modo bastante coerente, com poucos barbantes de fora para serem desenrolados. Desde 2006, João Salles tem atuado no jornalismo, editando a revista *Piauí*. (FPR)

SALLES, Murilo (Murilo Navarro de Salles) – Rio de Janeiro, RJ, 1950. Fotógrafo, diretor.

FILMOGRAFIA: 1972 – *Tati, a garota* (fot.). 1973 – *Um edifício chamado 200* (fot.). 1974 – *A estrela sobe* (fot.); *O varão de Ipanema* (fot.). 1975 – *Lição de amor* (fot.). 1976 – *Dona Flor e seus dois maridos* (fot.). 1979 – *Cabaré mineiro* (fot.). 1980 – *O beijo no asfalto* (fot.); *Eu te amo* (fot.). 1980-1982 – *Tensão no Rio* (fot.). 1982 – *Tabu* (fot.). 1984 – *Nunca fomos tão felizes* (dir.). 1988-1989 – *Faca de dois gumes* (dir.). 1994-1995 – *Todos os corações do mundo* (dir.). 1996 – *Como nascem os anjos* (dir.). 2002-2003 – *Seja o que Deus quiser* (dir.). 2005 – *Árido movie* (fot.). 2007 – *Nome próprio* (dir.).

Desde cedo apaixonado por cinema, sofre o impacto do advento da *nouvelle vague* e dos cinemas novos frequentando o CINE PAISSANDU e a CINEMATECA DO

MUSEU DE ARTE MODERNA (MAM). Decidido a fazer filmes, trava conhecimento, através de Ronaldo Foster, com a família do produtor Luiz Carlos Barreto*. Consegue com o ainda adolescente Bruno Barreto* uma câmera de 16 mm emprestada. Realiza e fotografa para o famoso FESTIVAL DE CINEMA AMADOR, promovido pelo *Jornal do Brasil*, três pequenos títulos: *Premissa menor* (1968), que obteve menção honrosa, *Amém* (1969) e *ABC montessoriano* (1970), segundo prêmio do certame e codirigido por Foster. Com o dinheiro ganho no concurso assina o primeiro curta em 35 mm, *Sebastião Prata, ou bem dizendo, Grande Otelo* (1971). Fotografa para Bruno três documentários caseiros. Faz algumas assistências de câmera e novamente Bruno o convida para fotografar seu primeiro longa-metragem profissional, *Tati, a garota*, logo seguido de *A estrela sobe*. Apontado como um *expert* nos problemas da cor, é convidado para fotografar o primeiro filme de Humberto Mauro* na modalidade, o curta *Carro de bois* (1974). Alcança resultados expressivos com *Lição de amor*, de Eduardo Escorel*, e em *Dona Flor e seus dois maridos*, de Bruno Barreto. Na mesma época faz seus primeiros trabalhos em publicidade. Convidado por Ruy Guerra* para trabalhar em Moçambique, permanece no país de 1976 a 1978. Inicialmente dá aulas no INSTITUTO DE CINEMA, onde orienta exercícios de montagem que impressionam o presidente Samora Machel. Este o convida para acompanhá-lo como fotógrafo e cinegrafista oficial do governo. Nessa condição registra a invasão do território moçambicano pelas tropas da Rodésia, material aproveitado no média-metragem não assinado *Estas são as armas*, POMBA DE PRATA do FESTIVAL DE LEIPZIG de 1978 e melhor montagem do I FESTIVAL INTERAFRICANO DE CINEMA, realizado em Cuagadbougou, Alto Volta, em 1981. Retornando ao Brasil, roda, como fotógrafo, *Cabaré mineiro*, de Carlos Alberto Prates Correia*, e *Eu te amo*, de Arnaldo Jabor*, nos quais constrói universos de grande sofisticação pictórica. Ganha seguidamente prêmios de melhor fotógrafo nos principais festivais brasileiros e resolve lançar-se como produtor e diretor. Funda em 1982, com os primos José Joaquim de Salles e Betsy Salles, a produtora SALLES & SALLES, responsável por alguns programas de televisão. Obtém retumbante consagração no FESTIVAL DE BRASÍLIA de 1984 com seu primeiro filme como realizador, *Nunca fomos tão felizes*. A história da retomada de um relacionamento familiar afetado pela ditadura militar transforma-se em uma encenação plena de simbolismos. Retoma a carreira publicitária, abrindo a produtora HIPER FILMES em 1985. Torna-se um dos profissionais mais requisitados do ramo, fotografando ou dirigindo mais de duzentos comerciais. Aceita o convite para rodar o policial *Faca de dois gumes*. Consegue sucesso de público e crítica, demonstrando seguro domínio da narrativa clássica. Faz críticas contundentes ao modelo cultural da era Collor, provocando escândalo no FESTIVAL DE GRAMADO de 1992, quando apresenta o panfleto audiovisual *Pornografia*, codirigido por Sandra Werneck*. É convidado para dirigir o filme oficial da Copa do Mundo de Futebol de 1994: *Todos os corações do mundo*, documentário que valoriza a emoção. Com a retomada da produção, transporta à tela uma ideia original sua, em que discute a violência urbana e o impasse social brasileiro: *Como nascem os anjos*. (HH) Em 2002/2003 dirige *Seja o que Deus quiser*, rodado em super 16 mm e telecinado para HDTV. O filme trata da ética nos tempos atuais, através de trama complexa a partir de uma jornalista de classe média que vem fazer uma matéria sobre banda da favela carioca do Complexo do Alemão. A trama evolui para um sequestro, desembocando em tradicional ação dramática do cinema brasileiro dos anos 2000, baseada na tensão de classes. O filme segue na linha de *Como nascem os anjos,* mas com soluções dramáticas menos resolvidas. Ainda em torno de drama com exasperação existencial aguda, Salles dirige e roteiriza *Nome próprio*, vencedor do prêmio de melhor filme no FESTIVAL DE GRAMADO (2008). Nesse caso, o corte social é menos marcado e a trama evolui aproveitando-se de motivos pescados no novo universo digital experimentado por jovens. O filme luta para criar ambiência, estabelecendo um universo ficcional em que progride o desespero da protagonista. Salles também dirigiu em vídeo, em 2003, o documentário *És tu Brasil*, além de produzir e fotografar o drama *Árido movie*, de Lírio Ferreira*.

SALLES, Walter (Walter Moreira Salles Jr.) – Rio de Janeiro, RJ, 1955. Diretor.

FILMOGRAFIA: 1989-1991 – *A grande arte* (*High Art*). 1995 – *Terra estrangeira*. 1997 – *Central do Brasil*. 1998 – *O primeiro dia*. 2001 – *Abril despedaçado*. 2003 – *Diários de motocicleta* (*The Motocycles Diaries*). 2005 – *Água negra* (*Dark Water*) (produção estrangeira). 2006 – *Paris te amo* (*Paris je t'aime*) (episódio: 'Loin du 16ème') (produção estrangeira). 2007 – *Cada um com seu cinema* (*Chacun son cinéma ou Ce petit coup au coeur quand la lumière s'éteint et que le film commence*) (episódio: 'A 8.944 km de Cannes') (produção estrangeira). 2008 – *Linha de passe.*

Aclamado como um dos melhores cineastas brasileiros nos anos 90, recebe consagração internacional com seu terceiro trabalho, *Central do Brasil*, premiado com o URSO DE OURO (melhor filme) e o URSO DE PRATA (melhor atriz) no FESTIVAL DE BERLIM de 1998. Filho de um embaixador e banqueiro, passa parte da infância e primeira adolescência em Washington e Paris. Na capital francesa desenvolve interesse pela fotografia fixa, frequentando ainda a CINEMATECA FRANCESA. De volta ao Rio de Janeiro, divide-se entre os esportes e o curso de Economia da Pontifícia Universidade Católica. Em 1978, resolve fazer mestrado em Comunicação Audiovisual na Universidade do Sul da Califórnia, estudando particularmente o documentário. Retornando ao país, ingressa na televisão através da produtora independente INTERVÍDEO. Dirige cerca de trinta episódios do programa de entrevistas *Conexão Internacional*, entre 1983 e 1985, enfocando personalidades como Federico Fellini, Marcelo Mastroianni e Jorge Luis Borges. Em 1985, abre com o irmão João Moreira Salles* e mais um sócio a produtora VIDEOFILMES, responsável por inovadora produção de televisão, veiculada principalmente através das TVs MANCHETE e BANDEIRANTES. Assina os dois primeiros títulos da empresa, os documentários *Japão, uma viagem no tempo* (1986) e *Franz Krajcberg – o poeta dos vestígios* (1987). Supervisiona e edita o terceiro, *China, o império do centro* (1987), e produz o quarto, *América* (1989), igualmente documentários, realizados por João. Paralelamente, envolve-se com a direção de filmes publicitários, em carreira que ultrapassaria 250 comerciais, alguns deles famosos, como o da campanha da grife Calvin Klein, veiculado em 1987. Roda para a televisão, nesse mesmo ano, o policial *noir O último tiro*, com Carla Camurati* e Edson Celulari*.

O interesse pelo gênero policial ganha uma produção irretocável e uma estética publicitária em sua estreia no cinema. *A grande arte*, baseado no livro homônimo de Rubem Fonseca, é bastante criticado pelo seu descompromisso com a realidade social brasileira e por ser falado em inglês. Mesmo assim, carrega algumas marcas de estilo, visíveis nos projetos seguintes, como o apuro formal, o exame de antinomias (arcaico/moderno, interior/exterior, pureza/maldade) e o enfoque documental de certas sequências. Roda o curta *Socorro nobre* (1992), sobre o relacionamento estabelecido, a partir de uma carta, entre uma presidiária e o artista plástico Krajcberg, um dos pontos de partida do roteiro de *Central do Brasil*. Com esse filme, inicia a parceria com o fotógrafo Walter Carvalho* e conquista o prêmio FIPA D'OR em 1994. Dirige vários especiais para a televisão girando em torno dos grandes nomes da música popular: *Chico ou o país da delicadeza perdida* (1990); *Especial Marisa Monte* (1988); *Caetano Veloso 50 anos* (1993), *João e Antônio* (1992); *Tributo a Tom Jobim* (1993). Divide a realização de *Terra estrangeira* com Daniela Thomas, obtendo reconhecimento crítico no Brasil e no exterior. O impasse ante os descaminhos do país é ampliado com a esperançosa busca empreendida pelos personagens principais de *Central do Brasil*. Ao lirismo daquele, sobrepõe-se a dramaticidade deste. (HH)

Central do Brasil marca o cinema brasileiro no início do século XXI, constituindo não só uma virada na carreira de Salles, mas também um novo horizonte para a produção nacional. Salles evolui de uma filmografia marcada pelos dilemas pós-modernos dos anos 80, conforme encontramos em *A grande arte* e *Terra estrangeira*, para o eixo maduro de sua obra, expresso na confrontação com o universo da cultura popular, sobre o qual derrama uma espécie de má consciência de classe. O movimento é nítido em *Central do Brasil*, seguindo o crescente arrependimento da protagonista (Fernanda Montenegro), com seus atos culminando na espécie de expiação na sequência da procissão. O filme teve sua origem no material coletado no documentário *Socorro nobre* e é marcado pela estética documentária, seja nos depoimentos frontais do início, seja nas tomadas na Estação Central do Brasil carioca, seja nas longas cenas rodadas em locação no sertão nordestino. É dado destaque à presença da fisionomia popular, criando uma imagética de expressões que marcará em seguida diversas obras no cinema brasileiro. O filme também é carregado pela necessidade de exprimir um Brasil sórdido, onde as piores ações parecem ser cotidianas. A visão negativa do país atinge seu auge na virada do milênio e permanecerá forte nos anos seguintes. *Central do Brasil* é um de seus pontos marcantes. Contrapõe uma sociedade que aceita passivamente o tráfico e assassinato de crianças para extração de órgãos (na "Central" do país), como forma de figurar o sofrimento de seu povo. O filme tem direção segura e um bom trabalho de fotografia assinado por Walter Carvalho. O roteiro é de João Emanuel Carneiro* e Marcos Bernstein*, a partir de ideia original de Walter Salles. Os atores aparecem com interpretações fortes, com destaque para Fernanda Montenegro fazendo Dora, em um dos melhores papéis de sua carreira. Recebe pelo trabalho indicação para o OSCAR de melhor atriz em 1999 e prêmio de melhor atriz em BERLIM (URSO DE PRATA) em 1998. Fátima Toledo trabalha na preparação do personagem do garoto Josué, interpretado por Vinícius de Oliveira, certamente auxiliada por Kátia Lund, que assina a assistência de direção.

O primeiro dia é o lançamento seguinte de Salles, e tem uma produção diferenciada. Foi inicialmente realizado para a série televisiva *2000 visto por...*, patrocinada pela televisão francesa ARTE, sob a coordenação de Pierre Chevalier, na qual colaboraram diretores como Hal Hartley, Alain Berliner, Laurent Cantet, Tsai Ming-Lang, entre outros. O nome original do episódio brasileiro, com direção de Walter Salles e Daniela Thomas, é *Minuit*. A ideia original era trabalhar com diretores de diversas partes do mundo, apresentando visões diferenciadas da virada do milênio. O filme foi feito na passagem do ano de 1996 para 1997, em simultaneidade com as filmagens de *Central do Brasil*, que estavam em andamento. Foi concluído em 1998 e exibido em 31 de dezembro de 1999 pela televisão francesa. Ainda em 1998, Salles volta para o filme acrescentando trechos inéditos e transformando-o em longa-metragem cinematográfico, a ser lançado em circuito, com o título de *O primeiro dia*. O filme ressente-se das filmagens em ritmo rápido, em um tom realista que chega a ser atraente. Câmera na mão, cenas nervosas e em locação, filmagem em três semanas, caracterizam essa produção de baixo orçamento, feita em estilo de produção televisiva, que acabou no cinema. Não deixa de ser um desafio para Salles, que retoma propostas já postas em prática em *Terra estrangeira*. Diferencia-se das produções maiores que já havia enfrentado em *A grande arte* e estava enfrentando em *Central do Brasil*. Diversas tomadas foram realizadas na favela Chapéu Mangueira, cenário de diversos filmes dos anos 2000 que ocupa, junto com outras comunidades da Zona Sul carioca, primeiro plano na cenografia do cinema nacional da época. As cenas da passagem do ano, do *réveillon*

de 1996, foram filmadas em uma cobertura de Copacabana. *O primeiro dia* é, portanto, obra que se localiza na origem da entrada de grupos da classe média carioca em zonas conflagradas dos morros que cercam a Zona Sul. A subida dos morros na virada de década de 1990 rendeu obras-chave de nossa filmografia documentária, como *Notícias de uma guerra particular*, *Santo forte*, *Babilônia 2000*, estabelecendo um imaginário que permeia a produção ficcional da década, conforme pode ser tipificada nas produções marcantes de *Cidade de Deus*, *Tropa de elite* e *Tropa de elite 2*. *O inimigo agora é outro*.

Nesse sentido, embora pouco valorizado, *O primeiro dia* ocupa um lugar-chave não só na filmografia de Walter Salles, mas na evolução do cinema brasileiro no início deste milênio. Filmado de modo concomitante ao mais refinado *Central do Brasil*, revela o que estava fervendo nas entranhas do seu irmão gêmeo mais rico e mais sofisticado estilisticamente: o contato com as camadas populares da população brasileira, numa espécie de retomada dos ingredientes que marcaram a eclosão da criatividade do cinema brasileiro nos anos 60. Depois de haver vislumbrado o caminho, com o faro que lhe é particular, Walter Salles deixa campo aberto para ser explorado por outros. Em seu filme seguinte, *Abril despedaçado*, Salles volta a um esquema de produção próximo de *Central do Brasil*, capitaneado também pelo produtor hollywoodiano meio alternativo Arthur Cohn. A proposta baseia-se em adaptação do romance *Abril despedaçado*, do escritor albanês Ismail Kadaré. Salles conta com auxiliares próximos para a adaptação do livro, trabalhando juntamente com Sergio Machado* e Karim Ainouz*, na época jovens talentosos em início de carreira. Aposta também na revelação Rodrigo Santoro*, que tem seu primeiro papel de destaque no cenário internacional. A preparação de atores segue padrão do cinema brasileiro contemporâneo, dentro do método Stanislavski de vivência interna do papel e do universo ficcional a ser interpretado. O filme é feito em locação isolada no sertão da Bahia. Parte da equipe se fecha com antecedência no local para experimentar em profundidade personagens e ambiência. O resultado são interpretações carregadas, algumas vezes bem-sucedidas e em outras escorregando para o que poderia ser chamado de *overacting*. O filme como um todo tem densidade, apesar de a narrativa não se sentir à vontade nos voos simbolistas que a direção busca imprimir ao roteiro. A imagem tem

força e mostra um diretor manipulando à vontade a matéria-prima de sua expressão. Os enquadramentos estéticos de Walter Carvalho proliferam no filme, dentro de um viés embelezador. A força visual é inegável e Salles parece encontrar a trilha certa para expressar uma necessidade de afirmação nesse campo. A trama em si não possui frescor para enfrentar o ritmo lento, sendo às vezes coberta por movimentos simbólicos que acabam não conseguindo tomar corpo.

Seguindo a facilidade para rodar em locação, seu filme seguinte envolve ampla engenharia de produção, em projeto acalentado há anos: a filmagem dos diários juvenis de Ernesto "Che" Guevara, *Notas de viaje*, e do livro de Alberto Granado Jiménez, *Con El Che por Sudamérica*, relatando a viagem de ambos pela América Latina, durante sete meses, em 1952, dois anos antes do primeiro encontro de Che com Fidel Castro e sete anos antes da vitória da Revolução Cubana em 1959. O roteiro adaptado é de autoria de José Rivera. Iniciando o périplo em Buenos Aires, atravessam a América do Sul passando por Chile, Peru, Colômbia, separando-se na Venezuela. O projeto do filme é apresentado inicialmente a Salles por Robert Redford. Ele será o produtor executivo dessa obra que lança o diretor de modo definitivo no mercado internacional. A produção internacional contou com a participação de produtoras de países diversos como Argentina, Brasil, Chile, Inglaterra, França. *Diários de motocicleta* cumpre bem o modelo de *road movie*, tendo sido construído após exaustivo levantamento de locações, com tomadas abertas para a indeterminação e o improviso no cotidiano das filmagens. Embora não seja exatamente um filme construído durante as filmagens, o clima das tomadas em locação (em sua maior parte em Super-16) impregna as imagens, dando à narrativa uma coloração realista. As belas imagens da América Latina andina são usadas com parcimônia pelo fotógrafo francês Eric Gautier, evitando que um esteticismo de cartão-postal prejudique o filme. Salles, no entanto, não consegue evitar o tom sentimentalista que percorre o conjunto da obra. Che Guevara nos é mostrado com personalidade de pouca espessura, tendendo para a idealização. Integridade pessoal e integridade do projeto político fazem uma só voz, reduzindo o personagem. A sequência do leprosário e da travessia do Amazonas coroa o tom idealista. Compõe o quadro entre a intuição política sem a dimensão da práxis e a elevação da personalidade.

A preocupação com o discurso da unidade latino-americana é constante, apesar de a viagem da dupla haver conseguido a proeza de atravessar a América do Sul sem penetrar no Brasil, nem se referir à sua presença. A América de *Diários de motocicleta* nos mostra uma América Latina com fortes cores andinas, vista a partir do eixo cultural ítalo-hispânico que sopra das margens platinas. O tom realista do filme é presente, explorando a questão social a partir de lugares-comuns incontestáveis. No final, a sequência em preto e branco, com marca documentária, traz a variedade da fisionomia popular latino-americana, tendo como referência as imagens de abertura de *Central do Brasil*. O filme termina com a fisionomia da figura física de Alberto Granado, marcada pelos anos, num olhar que tensiona o estatuto ficcional da obra. O longa teve ótima repercussão internacional, com um público estimado em mais de 12 milhões de espectadores. Recebeu duas indicações para o OSCAR (2005) (roteiro adaptado e melhor canção original), tendo levado o prêmio por melhor canção ("El otro lado del rio"), composta pelo uruguaio Jorge Drexler. A trilha sonora do filme foi feita pelo premiado autor argentino Gustavo Santaolalla. Na entrega do OSCAR, uma decisão polêmica impediu a interpretação da canção-tema do filme por Drexler, seu autor.

Ainda antes do lançamento de *Diários*, Salles engata um novo projeto que aparentemente destoa em sua filmografia. A partir de encomenda, aceita fazer a refilmagem do filme de terror japonês *Dark Water* (*Honogurai mizu no soko kara*), dirigido por Hideo Nakata em 2002. Nakata é um jovem diretor que vinha se destacando no cinema japonês, autor de filmes de terror muito prezados pela crítica, em particular *Ringu*, de 1998, que teve continuação em 1999, além de uma versão ocidental, lançada no Brasil e no mercado internacional com o nome de *The Ring* (*O chamado*, 2002). Salles impressiona-se pela narrativa sutil de Nakata e crê poder reproduzi-la em uma nova adaptação de sua obra. Da mesma maneira que *Ringu* havia resultado em *O chamado* (ambos dirigido por Nakata), tenta fazer que *Dark Water* de Nakata transforme-se no *Dark Water* de Salles. A aposta é alta e sentimos que os desejos pessoais de Salles acabaram não levando em consideração a dura realidade das grandes produções internacionais. O que teria atraído o diretor para a obra de Nakata, a ponto de fazê-lo não enxergar os limites que inevitavelmente seriam colocados numa produção de US$ 25 milhões, dentro

de um estúdio hollywoodiano? Em outras palavras, como reclamar de interferência no corte final, ou de projeções em cabines, quando se trabalha dentro de um esquema de produção no qual esses procedimentos estão claramente previstos? Seu montador, Daniel Rezende, afirma, em entrevistas, que a interferência final dos produtores não foi grande, apesar de reconhecer sua existência. O fato é que Salles demonstrou não estar contente com o resultado final do trabalho, creditando sua insatisfação à interferência da esfera da produção. Talvez o filme estivesse comprometido desde o início, ao misturar uma forma narrativa centrada na ação com exigências mais psicológicas próprias ao formato no qual o diretor está acostumado a trabalhar. Ao apostar em um *thriller* com perfil misto (estilo Polanski/*O bebê de Rosemary*), sem o domínio total da produção, Salles criou uma demanda sem ter conseguido ascendência para formatá-la. Seu biógrafo, Marcos Strecker, autor de *Na estrada, o cinema de Walter Salles*, teve um bom *insight* para entender a escolha do diretor por esse projeto, aparentemente tão distante da imagem que armou de si para o grande público. Aponta para a forte figura feminina da mãe em *Água negra*, que protege sua prole em meio a dificuldades sobrenaturais e acaba sucumbindo, deixando à filha o legado de sua morte. Na vida real, também a mãe de Salles faleceu de modo trágico, cometendo suicídio, numa forma que implicou deixar para o filho legado similar. O fato é que a adaptação norte-americana de *Honogurai mizu no soko kara*, dirigida pelo brasileiro, não caminha em terra firme, oscilando entre um filme de gênero claramente preso numa camisa de força e um drama psicológico que não consegue decolar. O resultado é uma obra que, se não fracassou completamente nas bilheterias, também não teve a repercussão dos outros longas do diretor. Na linha autoral do trabalho de Salles, *Água negra* não é completamente estranho, podendo ser relacionado a outro filme próximo do universo de gênero, seu primeiro longa *A grande arte*. Está longe, no entanto, de se vincular ao veio mais produtivo de sua filmografia, que tem fortes tons realistas, como *Terra estrangeira*, *Central do Brasil*, *Diários de motocicleta*, *O primeiro dia,* (e mesmo *Abril despedaçado*), nos quais tramas de cunho psicológico, com uma dramaturgia presa a densos dilemas interiores, sobrepõem-se a uma visão social ligada aos destinos de um continente ou de um país.

Esse é o caso de *Linha de passe*, longa--metragem que segue *Água negra* e em que

Salles volta os olhos novamente para as contradições sociais de seu país de origem. O desenvolvimento do longa sofre vários percalços, inclusive uma modificação radical do roteiro em função de problemas com o roteirista original, João Emanuel Carneiro, que já havia trabalhado com Walter em *O primeiro dia* e *Central do Brasil*. A relação entre os dois azedou quando o diretor encontrou trechos do roteiro inédito do filme na novela da GLOBO *Cobras & lagartos*. Dentro da proposta original do grupo, a cristalização da história em uma novela de televisão comprometeria a concepção geral do projeto. Pensado como filme de baixo orçamento, *Linha de passe* é desenvolvido dentro de um recorte realista, centrando foco na temática popular em voga no cinema brasileiro da primeira década dos anos 2000. A partir de uma família nuclear, Salles busca traçar o quadro do cotidiano popular de uma mãe com quatro filhos homens, alguns já adolescentes, grávida do quinto filho. O pai, ou os pais, são uma figura ausente, inclusive o responsável pela última gravidez. A estrutura familiar fragmentada serve de base para a constituição do cenário popular, acrescida de dois elementos que seriam característicos: o futebol e a crescente influência do cristianismo pentecostal. A visão do outro de classe, tão cara ao cinema de Salles, aqui é manifesta em forma bem definida, trazendo uma visão do mundo popular marcada por sua origem de classe. Em outras palavras, através de uma dramaturgia densa, em um trabalho filmográfico de elaboração refinada, emerge o universo de quem constrói o filme, olhando com espanto para o cotidiano popular. Salles propõe trabalhar com atores desconhecidos, de pouca experiência no cinema. O resultado é forte e o filme recebe prêmio em CANNES de melhor atriz pela convincente interpretação de Sandra Corveloni. Vinícius de Oliveira, que já havíamos encontrado ainda garoto em *Central do Brasil*, volta a atuar sob a direção de Salles, fazendo o protagonista que busca se achar na vida através do futebol. *Linha de passe*, de certa maneira, fecha o ciclo da representação do Brasil iniciado com *Central do Brasil*. Nesse horizonte, Walter não está sozinho e reconhece a influência e a parceria com seu irmão, cristalizada no filme-chave para o acompanhamento da obra de ambos que é *Notícias de uma guerra particular*. Em entrevistas, Salles revela que *Linha de passe* foi construído tendo no horizonte o material coletado por João na série *Futebol* e no curta *Santa Cruz*, respectivamente abordando a presença do pentecostalismo e o futebol na cultura popular brasileira. Se *Central do Brasil* traz o momento em que esse universo popular é descoberto, na forma que toma nos anos 1990 e 2000, em *Linha de passe* temos sua abordagem madura, já cercada de amargura, ultrapassando a intensidade violenta das primeiras figurações. *Linha de passe*, nesse sentido, é um filme amargo, em que o universo popular é visto pela lente do fracasso, com algumas tinturas de otimismo, alguns breves momentos de abertura nas nuvens negras. Na realidade, é a sociedade brasileira como um todo que está falida e o filme pretende ser sua testemunha. O pano de fundo com São Paulo, cidade por definição sombria para esse imaginário, vem complementar o quadro adicionando desenraizamento urbano à falta da identidade cultural expressa pelo futebol mercantilista e o pentecostalismo. A marca realista do filme é expressa na proximidade com tomadas documentárias, seja no trabalho com atores sem experiência, seja nas tomadas em locação, exploradas em sua intensidade e indeterminação. Salles insiste na proximidade com a improvisação dos *road movies* e aponta esse tipo de cinema como uma característica que gosta de ver em sua obra. *Linha de passe* seria assim um *road movie* em São Paulo, construído conforme as filmagens avançavam, no tempo do drama. Salles se mostra um diretor de envergadura ao realizar, nessas condições, um filme com boa curva dramática, trabalhando com atores amadores ou de primeira viagem no cinema, com baixo orçamento e intenso trabalho em locações.

Entre *Água negra* e *Linha de passe*, e simultaneamente à produção dos filmes, Walter Salles trabalha em dois projetos de filmes em episódios: *Paris te amo*, de 2006, e *Cada um com seu cinema*, de 2007. *Paris te amo* é longa-metragem com 21 curtas sobre a cidade de Paris, cada um com cinco minutos de duração. A ideia original é que cada episódio aborde um *arrondissement*, ou um bairro de Paris. Alguns episódios não passaram da mesa de montagem. Walter Salles (em codireção com Daniela Thomas) ficou com o chamado de *seizième arrondissement* (o décimo sexto), um *quartier* de luxo na geografia parisiense. Seu episódio intitula-se 'Loin du 16ème' e mostra uma jovem babá que deixa com pesar seu bebê em uma creche da *banlieue* (subúrbio) para ir cuidar do bebê da patroa em um apartamento no *16ème arrondissement*. O filme é curto, mas sensível e preciso, mostrando o pleno domínio de Salles sobre a técnica narrativa com imagens, mesmo no formato micro. *Cada um com seu cinema* é um longa em episódios, proposto por Gilles Jacob, diretor do FESTIVAL DE CANNES, para comemorar os sessenta anos do Festival em 2007. Salles envia dois episódios, sendo o primeiro (que não foi retido, apesar de exibido em uma das sessões) intitulado *Carta a V.* Tem a forma de uma carta a seu primeiro filho, Vicente, na qual fala de seu amor pelo cinema exibindo trechos de filmes como *Vidas secas*, *Limite*, *O homem de Aran*, *O grande ditador*. O segundo episódio enviado, e que compõe o longa, intitula-se *A 8.944 km de Cannes*, mostrando a dupla de embolada Caju e Castanha cantando em Miguel Pereira, cidade fluminense, em frente de um cinema chamado CINE ESTÚDIO 33 que exibe o filme *Les 400 coups*, que os repentistas entendem ser uma obra pornográfica. A famosa dupla pernambucana improvisa um divertido desafio envolvendo pornografia, o FESTIVAL DE CANNES, a cidade de Cannes, os franceses, as francesas e até mesmo Gilles, o produtor do filme e do Festival. O episódio é baseado em outro curta, codirigido por Daniela Thomas, intitulado *Uma pequena mensagem do Brasil ou a saga de Castanha e Caju contra o encouraçado Titanic* exibido no FESTIVAL DE CANNES em 2002, na mostra QUINZENA DOS REALIZADORES. Nesse primeiro curta, o nome da dupla de repentistas é o mesmo, mas a formação é outra, anterior ao falecimento de um dos membros. A retórica da fala dos cantadores é similar à versão de 2007, trazendo uma posição irônica às instituições cinematográficas do primeiro mundo, vistas a partir de um humilde cinema a 8.944 km de distância.

Salles ainda dirige outro curta com cantoria intitulado *Adão ou somos todos filhos da terra*, de 1999, com produção da VIDEO FILMES. Trata-se de obra que tem estatuto particular em sua filmografia, com crédito de realização atribuído à "criação coletiva das equipes de filmagem de *O primeiro dia* e *Notícias de uma guerra particular*". *Adão ou somos todos filhos da terra* foi dirigido a oito mãos por Walter Salles, Daniela Thomas, Kátia Lund e João Salles, a partir de subidas ao morro de Cantagalo, em Ipanema, dos irmãos Salles e das acompanhantes Lund e Thomas (às vezes bem mais que acompanhantes), além do fotógrafo predileto do grupo, Walter Carvalho. No caso de *Adão*, o encontro com a figura de Adão Santos Tiago, codinome Adão Dãxalebaradã, compositor e cantor carioca até então inédito, rende também um belo videoclipe intitulado "Armas e paz" e, em 2003, o álbum *Escolástica*. Adão Tiago possui o perfil ideal para representar o encontro dos jovens da Zona Sul carioca com a nova cultura armada dos morros. Com sensibilidade artística e discurso agressivo, Adão vivenciou pessoalmente a violência e o tráfico sem perder a ternura (por assim dizer). "Armas e paz" tem letra em estilo *rap* e um fluxo visual moderno, com marcação e montagem ágil, oscilando com criatividade entre ritmo e movimento. *Adão* é o filme que, pioneiramente, sintetiza a sensibilidade de uma cidade que conseguiu, através do cinema, expandir seu universo particular para o Brasil como um todo. À criação coletiva das equipes de *O primeiro dia* e *Notícias de uma guerra particular*, podemos juntar a produção de Eduardo Coutinho nos mesmos morros cariocas para compor um núcleo criativo bastante influente na cultura brasileira nos anos 2000.

É importante realçar a filmografia de Walter Salles como produtor. Otimizando a estrutura de produção que soube construir em sua carreira, independentemente, ou não, de seus recursos pessoais, sempre dedicou tempo, espaço e fundos para promover obras de cineastas brasileiros e latino-americanos, abrindo portas para autores emergentes. O próprio Fernando Meirelles*, que tem estilo de atuação similar, contou com sua colaboração em *Cidade de Deus*, em que Salles recebe crédito como produtor. Atua também como produtor com os argentinos, com presença nos filmes de Pablo Trapero, como *Nascido e criado* e *Leonera*; em *Café dos maestros*, do também argentino Miguel Kohan; em *Hermanas*, de Julia Solomoff. A VIDEOFILMES, empresa da qual é sócio majoritário, produziu e coproduziu na última década um número amplo de filmes. Focando sua atuação como produtor creditado, podemos destacar *Quincas Berro d'Água*, de Sérgio Machado; *No meu lugar*, de Eduardo Valente; *O céu de Suely* e *Madame Satã*, de Karim Ainouz; além de seus próprios filmes com produção nacional, *Central do Brasil* e *Linha de passe*. Conforme divulgado amplamente, Salles está envolvido em produção internacional para adaptar o livro *On the Road* (*Pé na estrada*, na edição brasileira), de Jack Kerouac, com produção da francesa MK2 e da americana ZOETROPE, de Francis Ford Coppola. Para viabilizar a realização da ficção, dentro do estilo de tomadas em locação no qual filmou *Diários de motocicleta*, Salles percorreu o cenário descrito no livro de Kerouac em sua travessia dos Estados Unidos, de leste a oeste. Filmou durante anos em locações diversas e entrevistou diversos personagens que, de uma forma ou de outra, relacionaram-se com o quadro cultural no qual *Pé na estrada* foi escrito. O documentário originado dessas explorações intitula-se *Searching for 'On the Road'* e ainda está inédito. (FPR)

SALVÁ, Alberto (Alberto José Bernardo Salvá Contel) – Barcelona, Espanha, 1938-2011. Diretor.

FILMOGRAFIA: 1968 – *Como vai, vai bem?* (2º episódio: 'Mulher à vista'; 5º episódio: 'O apartamento'; 7º episódio: 'Hei de vencer'). 1969 – *A cama ao alcance de todos* (1º episódio: 'A primeira cama'). 1970 – *Vida e glória de um canalha.* 1971 – *Um homem sem importância.* 1972 – *Revólveres não cospem flores.* 1974 – *As quatro chaves mágicas.* 1975 – *Ana, a libertina.* 1976 – *Os maníacos eróticos.* 1978 – *Inquietações de uma mulher casada.* 1983 – *Sex... shop* (*Como salvar meu casamento*). 1987 – *A menina do lado.*

Aos 14 anos vem com a mãe e o irmão para o Brasil, encontrando-se com o pai, que imigrara pouco antes. Exerce durante algum tempo os ofícios de pedreiro e pintor de obra. Torna-se escriturário da Companhia de Cigarros Souza Cruz, onde permanece por seis anos. Passa a atuar como fotógrafo em 1960. Naturaliza-se no ano seguinte. Interessado por cinema, matricula-se no seminário sobre documentário ministrado por Arne Sucksdorff* na CINEMATECA DO MUSEU DE ARTE MODERNA (MAM). Realiza seu primeiro filme, o curta *A paixão do Aleijadinho*, filmado em 1963 e premiado como melhor documentário no FESTIVAL DE CURTAS-METRAGENS DA BAHIA, em 1965. Faz crítica cinematográfica no *Jornal dos Sports* nos primeiros meses de 1964. Em seguida, fotografa o média-metragem *Nossa escola de samba*, de Manuel Gimenez, incluído no longa de episódios *Brasil verde*. Por indicação de Jurandyr Noronha*, monta e fotografa vários curtas produzidos pelo INSTITUTO NACIONAL DE CINEMA, entre os quais *Calçadas do Rio* e *A linguagem da dança*, de David Waisman; *Fala, Brasília*, de Nelson Pereira dos Santos*; *A linguagem do teatro*, de João Bethencourt; e *Fábulas*, de Antônio Calmon*, Rubens Richter e Carlos Frederico. Dirige igualmente os curtas *Aspectos da Segunda Guerra Mundial* e *O sol no labirinto*, ambos de 1966, o segundo em parceria com Fernando Cony Campos*, e *A sala dos milagres*, de 1967. Passando ao longa-metragem, assina a montagem de *Um homem e sua jaula*, de Fernando Cony Campos* e Paulo Gil Soares*, e *Edu, coração de ouro*, de Domingos Oliveira*. É um dos fundadores do GRUPO CÂMARA, em 1966, cooperativa cinematográfica responsável pela produção de *Como vai, vai bem?*. No filme, cujos argumentos foram discutidos coletivamente, assume a fotografia e a montagem e assina a direção de três episódios. Prossegue na mesma linha de análise cômica dos relacionamentos e do casamento com o episódio de *A cama ao alcance de todos*. Filma *Os maníacos eróticos*, com 18 histórias ambientadas em 62 esquetes, e *Inquietações de uma mulher casada*, voltada aos problemas da família: amor, filhos, traições, angústias existenciais. É contratado para dirigir, fotografar e montar *Vida e glória de um canalha*, um melodrama policial. Exerce todas essas funções e mais a de roteirista na maioria das obras que realiza daí em diante. Apresenta relato autobiográfico em *Um homem sem importância* e desenvolve adaptação da história infantil dos irmãos Grimm *João e Maria* em *As quatro chaves mágicas*, recebendo a CORUJA DE OURO pelos dois roteiros. Abre com Teresa Trautman* a produtora THOR FILMES e envereda pelo gênero policial com *Revólveres não cospem flores*. Entra para a REDE GLOBO, trabalhando pioneiramente com a cor em alguns casos especiais (*Meu primeiro baile*, *Ano novo/vida nova* e *Tudo cheio de formiga*, além das séries *Aplauso*, *Carga Pesada*, *Globo Repórter* e *Obrigado, Doutor*). Aplica técnicas de televisão em *Ana, a libertina* (como a filmagem simultânea com mais de uma câmera), fita em que Marília Pêra* desempenha o papel de uma prostituta. O erotismo leve e descompromissado prossegue no conscientemente improvisado *Os maníacos eróticos* e em *Inquietações de uma mulher casada*. Ingressa no cinema publicitário e realiza mais alguns curtas: *Baloeiros* (1980), *Sem intermediários* e *O ritual* (ambos de 1982). Contratado para dirigir *Sex... shop*, desentende-se com o produtor Pedro Carlos Rovai*, que refilma e remonta parte do material, creditando a obra a Alberto S. Contel. Vence um concurso de contos eróticos da revista *Status* com a história *Alice*, base para o roteiro de *A menina do lado*, seu filme mais bem-sucedido comercialmente, que relata a história de um quarentão que se apaixona por uma adolescente. Nesse meio-tempo, fotografa o longa gaúcho *Me beija*, de Werner Schünemann. Durante o período Collor produz *Manobra radical*, estreia cinematográfica de sua mulher, a cineasta Elisa Tolomelli. Assina ainda o episódio 'Solidão', do programa de televisão *Documento Especial*. Convidado por Mônica Schmiedt para montar o documentário *Antártida* (1996), refaz completamente o plano original, recebendo um crédito de codireção. (AMC/HH) Faleceu em 13 de outubro no Rio de Janeiro.

SAMPAIO, Oswaldo (Oswaldo Lebre Sampaio) – São Paulo, SP, 1912-1996. Diretor.

FILMOGRAFIA: 1952-1953 – *Sinhá Moça*. 1955 – *A estrada*. 1958 – *O preço da vitória*. 1970 – *A marcha*.

Em 1930, ingressa no teatro trabalhando na função de cenógrafo na Companhia de Revistas Otília Amorim-Nino Nello e na Companhia Brasileira de Comédias Renato Viana. Na Companhia Procópio Ferreira, de 1936 a 1950, acumula as funções de cenógrafo, contrarregra e diretor de cena, entre outras atividades no período, como a de editor de livros. Em 1949, ingressa no cinema. Novamente acumula funções: é assistente de direção, cenógrafo e roteirista no drama *Somos dois*, sob a direção de Milton Rodrigues*. Sob contrato com a VERA CRUZ*, trabalhando no departamento de roteiristas da empresa, escreve o roteiro de *Tico-tico no fubá*, biografia do compositor popular Zequinha de Abreu, dirige algumas cenas do filme e é assistente de direção do diretor Adolfo Celi*. É roteirista e codiretor, junto com Tom Payne*, do drama sobre a escravatura, *Sinhá Moça*, filme baseado no romance homônimo de Maria Dezzone Pacheco Fernandes. Durante anos, acalenta o sonho de filmar a vida dos caminhoneiros, projeto que não consegue concretizar na VERA CRUZ. Finalmente, associado ao produtor Moacyr Peixoto, funda a MAYRA FILMES e utiliza os estúdios da MULTIFILMES*, onde produz e dirige o drama *A estrada*, com soberbas interpretações de Miro Cerni e Pagano Sobrinho (em raro papel dramático), baseado em argumento de sua autoria. Escreve, produz e dirige o drama *O preço da vitória*, um dos raros filmes sobre futebol no país do futebol, em que retrata a vida de um jogador e seu time. Nos estúdios da ATLÂNTIDA*, o diretor Carlos Manga* filma com Oscarito* a comédia *Pintando o sete*, baseada em argumento de Oswaldo Sampaio. Após um afastamento de mais de dez anos, retorna ao cinema e associa-se ao ator Paulo Goulart*, na SG PRODUÇÕES, quando produz e dirige outro drama sobre a escravidão, *A marcha*, com Pelé como protagonista, extraído do romance homônimo de Afonso Schmidt. Foi casado com Verah Sampaio, atriz contratada da VERA CRUZ, que participa de *Caiçara* e de *Tico-tico no fubá*, ambos sob a direção de Adolfo Celi, além de atuar nos filmes *Appassionata*, de Fernando de Barros*, e *A estrada*. Faleceu em 13 de janeiro em São Paulo. (LFM)

SAMPAIO, Silveira (José Silveira Sampaio) – Rio de Janeiro, RJ, 1914-1964. Diretor.

FILMOGRAFIA: 1946-1947 – *Uma aventura aos 40*.

Artista de prestígio nos anos 50, envolveu-se com o teatro e a televisão e tem uma peculiar experiência cinematográfica. Descendente de portugueses pelos lados paterno e materno, passa ainda criança alguns meses em uma quinta na cidade de Fafe, acrescentando um duradouro e algo impertinente sotaque lusitano à sua fala. Na adolescência, sente atração pelo teatro. Vê peças e torna-se aluno-ouvinte da Escola Dramática Coelho Neto (futura Escola de Teatro Martins Pena). Escreve as comédias de palco *Filhos modernos* e *Férias na roça*. Aos 17 anos, de acordo com desejo familiar, ingressa na Faculdade de Medicina da antiga Universidade do Brasil. Descobre uma turma de futuros doutores mais interessada nas artimanhas da criação artística. Com o colega de ginásio Arnaldo Faro reescreve *Filhos modernos*, inscrevendo-a em concurso de novos autores teatrais promovido pelo *Jornal do Brasil*. Reintitulada *Futebol em família* (sem relação com o filme homônimo), a peça ganha o primeiro prêmio, sendo encenada no Teatro São José. Em 1933, torna-se cronista mundano do *Diário Carioca*, publicando mais tarde alguns contos em outros jornais. Já inclinado a seguir somente a carreira médica, escreve e leva ao palco, em 1934, em benefício da Pró-matre, o espetáculo amador *Reginaldo, costureiro*, peça em que estreia como ator, obtendo críticas favoráveis. Entusiasmado, escreve mais três peças, *Carnaval, santo remédio*, *Licor e charutos* e *O rei da banana*, as duas primeiras com Faro e a segunda com Miécio Tati, somente encenadas em teleteatros da TV TUPI em 1952.

Em sua colaboração ao cinema, escreve a comédia *O gol da vitória*, de José Carlos Burle*, para a ATLÂNTIDA* e, com produção do colega de faculdade João Novais de Souza, dirige dois pequenos curtas de propaganda, exibidos no CINEAC TRIANON. Resolve partir para uma realização inusitada, o longa *Uma aventura aos 40*. Juntamente com Novais de Souza, o também médico Flávio Cordeiro, Darcy Evangelista e Samuel Markenzon, constituem o grupo Os Cineastas. Dirige uma comédia sofisticada, filmando ao ar livre com câmeras escondidas e sem som, procedimentos instaurados pelo neorrealismo que só viriam a ser largamente utilizados nos anos 60. A crítica elogia a experiência e o filme ganha prêmios. Isso o estimula a investir numa segunda produção, "As sete mulheres de Barba Azul", com Flávio Cordeiro, Tatiana Leskova, Laura Suarez, Luís Delfino e o cineasta Humberto Mauro* no elenco, deixada inacabada. Escreve ainda o roteiro de *Quem roubou meu samba?*, tirado do *show* homônimo e levado às telas, em 1958, por José Carlos Burle. Paralelamente, escreve inúmeras peças, como *A inconveniência de ser esposa*, que a atriz Aimée monta no Teatrinho Íntimo, em 1948. O sucesso de sua encenação e interpretação encerra a carreira médica. A adaptação cinematográfica, com roteiro do próprio Sampaio, é feita pelo diretor estreante Samuel Markenzon. A convite de Lauro Lessa, transfere-se para o Teatro de Bolso, dando continuidade à Trilogia do Herói Ridículo, constituída ainda pelas peças *Da necessidade de ser polígamo* e *A garçonnière do meu marido*, filmada, após sua morte, por Fernando de Barros*, com o título *A arte de amar bem* (1969). Volta-se para a crítica política, encenando *Paz entre os bichos de boa vontade*, *Só o faraó tem alma* e *Sua Excelência em vinte e seis poses*, parceria com Teófilo de Vasconcelos. Filma *O canto da saudade*, de Humberto Mauro, em que faz o seu próprio papel. Também trabalha com Carlos Machado, que lhe oferece o espaço da boate Monte Carlo para um novo tipo de espetáculo, o chamado teatro da madrugada. Idealiza pequenos *shows* calcados em seu múltiplo talento de autor, ator e diretor, como *Bacanal*, *O terceiro homem* e *Um americano em Recife*. Sem perder a ironia corrosiva, aprofunda a proposta quando passa para a boate Béguin, montando pequenas revistas a partir da cultura sincrética popular. Cria vastos e inovadores painéis culturais para o gênero em *No país dos Cadillacs* e *Brasil de Pedro a Pedro*. Seduzido pela televisão, abandona paulatinamente os palcos, onde recriou dezenas de textos e desenvolveu inovador estilo não naturalista de interpretação, começando a investigar as possibilidades expressivas do novo meio. Destaca-se com dois programas de grande audiência, *Bate-papo com Silveira Sampaio*, de 1958, em que imaginariamente dialoga com convidados ou responde a cartas, abordando em tom de sátira temas políticos do momento, e *Silveira Sampaio Show*, levado ao ar pela TV RECORD de São Paulo na década de 60, um dos primeiros *talk shows* regulares do país. Alto, narigudo e sempre sorridente, esperava apenas ver o América novamente campeão. Faleceu em 23 de novembro no Rio de Janeiro. (HH)

SANTA CATARINA

Uma das primeiras notícias de exibições de aparatos pré-cinematográficos em Santa Catarina é a da apresentação, em 1894, do uruguaio Enrique de Moya, no Theatro Santa Izabel, em Desterro, capital da província. Ele traz um espetáculo de telepatia, declamação e projeção de sylphorama, com vistas do Vaticano e outros locais célebres. Mas é em 1900 que os jornais registram apresentações de *kinematographen* no Teatro Frohsinn, em Blumenau, e no CINEMATÓGRAPHO APOLLO, na capital então rebatizada de Florianópolis. O programa é variado, com imagens de cortejos das aristocracias alemã e inglesa, pequenas cenas cômicas e aquela que talvez tenha sido a primeira filmagem realizada em Santa Catarina: em Blumenau é intitulada *Vistas de Brusque, Itajaí e arredores*, e nas sessões de Florianópolis é anunciada como *Viagem para o Egito e para o estado de Santa Catarina*. Em 1909 é fundada a EMPRESA JULIANELLI, pelo italiano Salvador Julianelli, que acumula as funções de motorista de ônibus, herbalista, projecionista e cavador, sendo conhecido como o primeiro profissional de cinema do estado. Julianelli atua por mais de trinta anos, registrando inaugurações, visitas ilustres e outros eventos na capital e no vale do Itajaí. O alemão Alfred Baumgarten inicia suas atividades em Blumenau em 1932, filmando, revelando e copiando seus próprios trabalhos em 35 mm, que chegam a ser distribuídos em todo o país pela SONOFILMS*. Na mesma cidade, a partir de 1952, Willy Sievert registra acontecimentos locais em 16 mm, acumulando um acervo de 62 edições de cinejornais* até 1983. Em 1949, por iniciativa do Grupo Sul, movimento responsável pela introdução do modernismo na literatura e nas artes plásticas catarinenses, cria-se o CLUBE DE CINEMA DO CÍRCULO DE ARTE MODERNA, liderado por Eglê Malheiros, Salim Miguel, Armando Carreirão e outros aficionados. A partir dessa época, a atividade cinematográfica catarinense se concentra em Florianópolis.

Em 1956, como resultado dos trabalhos do clube, tem início a produção do primeiro longa-metragem de ficção no estado: *O preço da ilusão*. A produção organiza-se conforme o modelo cooperativo, com a venda de quotas. O argumento é de Miguel e Malheiros, o roteiro tem a colaboração de E. M. Santos e a produção fica a cargo de Carreirão. De Porto Alegre, Nilton Nascimento (que já dirigira *O negrinho do pastoreio*) é convidado para a direção. Os protagonistas são Lilian Bassanesi, Celso Borges (de Lages, SC; o único ator do elenco com alguma experiência, que havia participado de *Rio 40 graus*, de Nelson Pereira dos Santos*, e de uma montagem de *Vestido de noiva* no Rio de Janeiro) e o ator-mirim Emanuel Miranda. *O preço da ilusão* é saudado pela crítica da época como um exemplo de neorrealismo, em que tragédias pessoais são narradas num contexto de crítica social. As cópias do filme, no entanto, estão desaparecidas. Em 1980, são localizados na CINEMATECA BRASILEIRA os negativos dos 15 minutos finais e as latas contendo a banda sonora completa. Depois de *O preço da ilusão*, Carreirão, Malheiros e Miguel realizam filmes publicitários e cinejornais de 1958 a 1970. Em 1962, egressos do Grupo Sul, ao lado de Eliseu Fernandes*, Marcos Farias* e outros, organizam a I SEMANA DO CINEMA NOVO BRASILEIRO. São exibidos, entre outros filmes, *Arraial do Cabo*, de Paulo César Saraceni* e Mário Carneiro*, *A grande feira*, de Roberto Pires*, e são realizadas mesas-redondas transmitidas pelo rádio, com a participação de Paulo Emilio Salles Gomes*, Salvyano Cavalcanti de Paiva*, Cláudio Abramo e outros. Em 1969, o Grupo Universitário de Cinema Amador, ligado à Universidade Federal de Santa Catarina, produz o curta-metragem *Novelo*, com direção, roteiro e fotografia de Pedro Paulo Souza e Gilberto Gerlach. Outros curtas-metragens são produzidos no período: *No elevador* e *Nau fantasma* (de Gilberto Gerlach em colaboração com o artista plástico e poeta Rodrigo de Haro); *A Via Crucis* e *Olaria* (de Nelson Machado dos Santos, Deborah Cardoso e Pedro Bertolino). Gerlach tem atuado, desde a década de 70, como coordenador do CINECLUBE NOSSA SENHORA DO DESTERRO, que exibe filmes do circuito alternativo e de arte.

Na década de 80, uma nova geração de cineastas emerge em Santa Catarina e, em 1984, acontece a MOSTRA DO NOVO CINEMA CATARINENSE, em que são exibidos diversos curtas em Super-8* e um média-metragem: *Blunn, o desafio de uma raça*, de autoria de Gilson Giehl, que trata da saga de uma família judia numa comunidade nazista em Santa Catarina durante a II Guerra Mundial. O ano de 1986 marca novos desdobramentos no cenário do cinema catarinense. Têm início, na Universidade Federal de Santa Catarina, cursos

regulares de linguagem cinematográfica e roteirização, contribuindo para a formação de realizadores; Darci Costa e Alberto Fermiano fundam o ART-7, mais um cinema da capital dedicado a filmes de caráter cultural; é aberta a primeira produtora de filmes de animação no estado, a GRAPHT – DESENHOS ANIMADOS E PROPAGANDA; e, ainda em 1986, é fundada a CINEMATECA CATARINENSE, entidade autônoma que funciona no *campus* da universidade e que tem catalisado os esforços de realizadores e pesquisadores. Em 1997, realiza-se em Florianópolis o I SEMINÁRIO DE CINEMA E TELEVISÃO DO MERCOSUL, reunindo realizadores, produtores e pesquisadores de vários países latino-americanos. Entre os criadores que atuam em Florianópolis destacam-se Bebel Orofino Schaeffer (diretora de *Recado da 81* e coautora, com Elaine Borges, do vídeo *Conceição da Lagoa*), Bob Barbosa (diretor do vídeo *Anga* e, na Argentina, em colaboração com Francis Silvy, do filme *Tela*), Eduardo Paredes (realizador de *Desterro*, curta-metragem premiado no FESTIVAL DE GRAMADO, pela fotografia de Peter Lorenzo), Everson Faganello (realizador do documentário *O voo solitário* e de diversos vídeos experimentais), José Rafael Mamigonian (documentarista de *Seu Chico, terra e alma*), Lena Bastos (egressa do cinema paulista, realizadora de vídeos, como o premiado *Ilha Catarina: mulheres e meninas*, e diretora do curta de ficção *Bruxa viva*), Maria Emília Azevedo (autora do curta *Alva paixão*), Mauro Faccioni (autor do experimental *Bruxas*), Penna Filho (profissional oriundo de São Paulo, realizador dos curtas *Naturezas-mortas* e *Victor Meirelles: quadros da história*), Pepe Pereira dos Santos (autor de *Margaridas do campo*), Zeca Pires (realizador do filme *Ponte Hercílio Luz* e coautor, com Norberto Depizzolatti, do premiado curta *Manhã* e do polêmico documentário *Farra do boi*), os roteiristas e cineastas Antonio Celso dos Santos e Fábio Brüggemann, o produtor Jair dos Santos, o ator e produtor Daniel Izidoro, o ator Valdir Brasil, e os cinegrafistas Charles da Silva e Newland Silva (que participou de *O quatrilho*, de Fábio Barreto*). Nos últimos anos têm surgido trabalhos produzidos fora da área da capital. Em Lages, João Amorim realiza longas em 35 mm (*Calibre 12*, de Tony Vieira*, e *Homem sem terra*, de Francisco Cavalcanti). Experiências com longas-metragens em VHS são realizadas em Itajaí, por José Emílio Dalçoquio (*Conexão Paraguai*) e Valmir Pereira Raupp (*O bondoso e o invejoso*, *A trajetória de um pai* e *A herança perdida*), e em Palmital, por Peter Baierstoff (*O monstro-legume do espaço*).

Entre outros nomes de origem catarinense que têm atuado no cinema nacional estão Eduardo Moscovis, João Callegaro, Marcos Farias, Ody Fraga* (que realizou, em Florianópolis, o filme erótico *A fêmea do mar*), Rogério Sganzerla*, Sylvio Back* (que realizou filmes que tratam de episódios da história catarinense, como *Guerra dos Pelados* e *Aleluia, Gretchen*) e Vera Fischer*. (JG) Um cineasta paulista, Francisco Cavalcanti, filmou em Santa Catarina *Um homem sem terra* (1997), produção de um artista do estado, João Amorim. Na década de 2000, a produção acentua-se, tendo sido realizados cinco longas-metragens. *Seo Chico, um retrato* (2004) é um documentário de José Rafael Mamigoniam sobre Francisco Thomaz dos Santos, "manezinho" da ilha, proprietário do último engenho de moagem de cana e alambique tradicional. *Procuradas* (2004), de José Frazão e Zeca Pires, é filme que mistura linguagem de documentário com drama policial. Pires, sozinho, dirigiu também o drama sobre a gente açoriana de Santa Catarina em *A antropóloga* (2006-2008). O veterano Penna Filho realizou o documentário *Um craque chamado Divino* (2006), sobre o jogador Ademir da Guia, e a comédia *Doce de coco* (2009). Peter Baiestorf, da CANNIBAL PRODUÇÕES, é catarinense. Dirigiu grande quantidade de filmes no estilo *trash/gore*, com vários longas-metragens inclusive em suporte VHS.

SANTANA, Dedé (Manfried Sant'Anna) – São Gonçalo, RJ. 1936. Ator, diretor.

FILMOGRAFIA: 1961 – *Rio à noite, capital do samba*. 1966 – *Na onda do iê-iê-iê*. 1967 – *A espiã que entrou em fria*; *Adorável trapalhão*. 1968 – *Dois na lona*; *Deu a louca no cangaço*. 1969 – *2.000 anos de confusão*. 1970 – *A ilha dos paqueras*; *Se meu dólar falasse...* 1971 – *Bonga, o vagabundo*. 1972 – *Ali Babá e os 40 ladrões*; *Os desempregados (Irmãos sem coragem)*. 1973 – *Sob o domínio do sexo*; *Aladim e a lâmpada maravilhosa*. 1974 – *Robin Hood, o trapalhão da floresta*. 1975 – *O trapalhão na ilha do tesouro*. 1976 – *Simbad, o marujo trapalhão*; *O trapalhão no planalto dos macacos*. 1977 – *O trapalhão nas minas do rei Salomão*; *Os Trapalhões na guerra dos planetas*. 1978 – *Cinderelo trapalhão*. 1979 – *O rei e os Trapalhões*; *Os três mosqueteiros trapalhões*. 1980 – *O incrível monstro trapalhão*. 1981 – *O mundo mágico dos Trapalhões*; *Os saltimbancos trapalhões*. 1982 – *Os vagabundos trapalhões*; *Os Trapalhões na Serra Pelada*. 1983 – *O cangaceiro trapalhão*; *Atrapalhando a Suate* (ator, dir.). 1984 – *Os Trapalhões e o Mágico de Oroz* (ator, dir.);

A filha dos Trapalhões (ator, dir.). 1985 – Os Trapalhões no reino da fantasia (ator, dir.); Os Trapalhões no rabo do cometa (ator, dir.). 1986 – Os Trapalhões e o Rei do Futebol. 1987 – Os Trapalhões no auto da Compadecida; Os fantasmas trapalhões. 1988 – Os heróis trapalhões, uma aventura na selva; O casamento dos Trapalhões. 1989 – A princesa Xuxa e Os Trapalhões; Os Trapalhões na terra dos monstros. 1990 – O mistério de Robin Hood; Uma escola atrapalhada. 1991 – Os Trapalhões e a árvore da juventude. 1997 – O noviço rebelde. 1998 – Simão, o fantasma trapalhão. 1999 – O trapalhão e a luz azul.

Um dos integrantes do quarteto cômico Os Trapalhões*, distingue-se no grupo como o escada do líder Renato Aragão*, assumindo a personalidade do eterno malandro otário. Descendente de importante família circense, em que desponta o tio Petrônio Rosa Santana, mais conhecido como Colé*, passa a infância e a adolescência atuando em picadeiros. Desempenha vários números – trapézio, equilibrismo, acrobacias –, adquirindo importante experiência corporal, utilizada em suas caracterizações cômicas na televisão e no cinema. Largando a vida de circo, exerce as profissões de engraxate, verdureiro, costureiro e mecânico, aproximando-se do universo popular. Levado pelo tio para o teatro de revista, aparece no início dos anos 60 em A panela está fervendo. Um dos espetáculos em que atua acaba incluído no documentário Rio à noite, de Aluisio T. Carvalho*, representando sua estreia fortuita no cinema. Forma com o irmão Dino Santana a dupla de sucesso Maloca e Bonitão, o que lhe permite ingressar na televisão, onde faz diversos programas cômicos. Inicia carreira como coadjuvante cinematográfico em filmes ligados à cultura pop, como Na onda do iê-iê-iê, de Aurélio Teixeira*, e A espiã que entrou em fria, de Sanin Cherques, e em paródias, como Se meu dólar falasse..., de Carlos Coimbra*. Escreve ainda o argumento de Deu a louca no cangaço, de Fauzi Mansur* e Nelson Teixeira Mendes*, e roteiriza Os desempregados (Irmãos sem coragem), de Antônio B. Thomé, atuando em ambos os filmes. A partir da convivência cinematográfica com Renato Aragão, desenvolvem o programa de esquetes cômicos Os Trapalhões, lançado no final dos anos 60 pela TV TUPI e transmitido posteriormente pela TV GLOBO, quando se juntam à dupla o sambista Antônio Carlos Bernardes Gomes, o Mussum*, e o ator Mauro Faccio Gonçalves, o Zacarias*. Transposto às telas sem grandes alterações, o humor ingenua-

mente malicioso do grupo transforma-se em campeão de bilheterias, dominando o ranking dos filmes mais vistos das décadas de 70 e 80. Robin Hood, o trapalhão da floresta, de J. B. Tanko*, representa o início efetivo da série, desdobrada em vários longas-metragens. Sua participação nos rumos cinematográficos do grupo aumenta quando se torna assistente de direção em Cinderelo trapalhão, de Adriano Stuart*, e também por ocasião da dissensão interna de 1983. Sem Renato Aragão e ao lado de Mussum e Zacarias cria a DEMUZA, escrevendo, produzindo e codirigindo com Vítor Lustosa* Atrapalhando a Suate, um dos mais engraçados filmes do grupo. O estilo sóbrio e comunicativo de direção o credencia para comandar os quatro projetos em conjunto seguintes, após a reunificação do quarteto. Mantendo a funcionalidade dos enredos e da encenação, logra sustentar a popularidade atingida nos filmes anteriores. Codirige com Lustosa Os Trapalhões e o Mágico de Oroz e roteiriza e dirige A filha dos Trapalhões, Os Trapalhões no reino da fantasia e Os Trapalhões no rabo do cometa. Com a morte de Mussum e Zacarias, o grupo se desfaz. Após um princípio de infarto em 1995, torna-se adepto da igreja Assembleia de Deus. Reata a antiga parceria com Aragão em O noviço rebelde, de Tizuka Yamasaki*. (HH)

SANTEIRO, Gilberto (Gilberto Costa de Magalhães Santeiro) – Rio de Janeiro, RJ, 1946. Montador.

FILMOGRAFIA: 1970 – A sagrada família. 1972 – Uirá, um índio em busca de Deus. 1973 – O Pica-pau Amarelo. 1974 – Isto é Pelé. 1975 – Lição de amor; Ovelha negra, uma despedida de solteiro. 1976 – Morte e vida severina. 1977 – Contos eróticos (3º episódio: 'O arremate'). 1977-1981 – O segredo da múmia. 1978 – Tudo bem. 1979 – Memórias do medo. 1979-1980 – Ato de violência; Prova de fogo. 1981 – Engraçadinha. 1982 – O bom burguês. 1984 – O cavalinho azul. 1984-1986 – As sete vampiras. 1985 – Avaeté, semente da violência; Sonho sem fim. 1986 – Baixo Gávea. 1987 – Um trem para as estrelas; Jorge, um brasileiro. 1988-1989 – Dias melhores virão. 1988-1991 – O fio da memória. 1989-1991 – O escorpião escarlate. 1996 – O mandarim. 1996-1997 – Policarpo Quaresma, herói do Brasil. 2000 – A terceira morte de Joaquim Bolívar. 2007 – Manhã transfigurada.

Gilberto Santeiro nasceu em 2 de julho. Foi criado em Copacabana e passava suas férias em Belo Horizonte, donde era oriunda sua família. Foi nessa cidade, no cine ACAIACA, que viu Um dia de vida,

filme mexicano de Emilio Fernández, quando tinha por volta de 8 anos. Esse filme, com fotografia de Gabriel Figueroa, ficaria vagamente na sua memória. Formado na geração Paissandu, lembra Pierrot le fou, de Jean-Luc Godard, como o filme que mais o marcou. O Cinema Novo* foi outra fonte de motivação cinematográfica. Grande cidade, de Carlos Diegues*, é um dos filmes de sua predileção; viu Deus e o diabo na terra do sol nada menos do que 47 vezes. Entre seus diretores favoritos, Renoir e Mizoguchi, sem contar o Fellini de La dolce vita e o Ford de My Darling Clementine. Cantinflas e as chanchadas* de Oscarito* e Grande Otelo* dirigidas por Watson Macedo* também definem suas preferências cinematográficas. Eduardo Escorel* e Mair Tavares* são os editores que considera seus mestres e que o ajudaram na sua carreira. Em 1968, dirige o curta-metragem Cordiais saudações, sobre a vida do compositor Noel Rosa, uma das suas paixões musicais.

Gilberto é um editor com corte espacial dentro do estilo narrativo clássico. Lição de amor, de Eduardo Escorel*, é nesse sentido um trabalho impecável, e o coloca num lugar de suma importância no cinema brasileiro. Obsessivo no seu trabalho, faz diários de cada filme que monta. Essa memória é um registro de todos os detalhes que constituem a sua profissão e que se convertem num "manual" de edição em condições determinadas. É irmão do curta-metragista Sérgio Santeiro, e fotografou o curta que o mesmo dirigiu em 1966, Paixão. No mesmo ano faz a fotografia de Nadia, curta-metragem de Paulo Antônio Paranaguá. Por Morte e vida severina, de Zelito Viana*, e O mandarim, de Júlio Bressane*, ganha o prêmio de melhor montagem no FESTIVAL DE BRASÍLIA. (SO) Montou A terceira morte de Joaquim Bolívar, do diretor estreante Flávio Cândido, e o longa póstumo de Sérgio de Assis Brasil, Manhã transfigurada.

SANTORO, Fada (Mafalda Basílio Monteiro dos Santos Mandarim Santoro) – Rio de Janeiro, RJ, 1926. Atriz.

FILMOGRAFIA: 1937 – O samba da vida. 1938 – Maridinho de luxo. 1938-1944 – Romance proibido. 1944 – Berlim na batucada. 1949 – Escrava Isaura. 1950 – Pecado de Nina. 1951 – Milagre de amor; Tocaia; Areias ardentes; Barnabé, tu és meu. 1952 – Força do amor; Agulha no palheiro. 1953 – Perdidos de amor; Nem Sansão nem Dalila. 1954 – Dúvida; Detective. 1955 – La delatora (produção estrangeira). 1956 – África ríe (produção estrangeira); *O Boca de Ouro*; *O capanga*. 1975 – *Assim era a Atlântida*.

Mafalda Santoro nasceu no Méier, Zona Norte do Rio de Janeiro. Fez sua escolaridade como interna do Colégio Silvio Leite. Aos 12 anos começou estudos de dança com a famosa bailarina Eros Volusia, tendo aulas no Serviço Nacional do Teatro. Sua estreia no palco deu-se no espetáculo *As minas de prata*, apresentado no Teatro Carlos Gomes pelo grupo de Eros Volusia. Aos 14 anos ganhou uma ponta numa peça da companhia Alda Garrido, tendo excursionado pelo Sul do Brasil. Em São Paulo, o Juizado de Menores descobriu a menoridade da atriz, mandando-a de volta ao Rio de Janeiro. Ainda menor, foi *girl* do Cassino de Icaraí, em Niterói, durante um ano. Com uma das irmãs foi trabalhar no Cassino da Pampulha, em Belo Horizonte. Continuou como *girl* até os 17, quando começou como *lady-crooner*, cantando boleros e sambas-canções no Cassino da Urca. Trabalhou ainda no cassino do Hotel Quitandinha e do Copacabana Palace.

Sua primeira aparição na tela grande, ainda criança, ocorreu no filme *Maridinho de luxo*, de Luiz de Barros*; mais tarde participou do bailado marajoara coreografado por Eros Volusia para *Romance proibido*, de Adhemar Gonzaga*. No mesmo ano ganhou uma participação maior em *Berlim na batucada*, também de Luiz de Barros, produzido pela CINÉDIA*, dançando como uma das havaianas e cantando uma marchinha, dublada por Dalva de Oliveira. Eurides Ramos* a chamou para a versão do livro de Bernardo Guimarães *Escrava Isaura*. Ela fazia a personagem principal, a escrava, subjugada pelo amor do senhor do engenho, quando na verdade ama outro, o galã Cyll Farney*, com quem faria o par romântico em muitos filmes. Salvyano Cavalcanti de Paiva*, em luta contra os desmazelos burgueses, afirmou que a atriz tomou um banho de rio nua na película. Eurides Ramos chamaria a dupla Santoro/Farney para a produção seguinte da CINELÂNDIA FILMES, *Pecado de Nina*. No papel clássico da ingênua de melodrama, a atriz, que tinha pecado por amor, lutava contra o mundo que a desprezava, enquanto Cyll Farney fazia o vacilante Roberto. Salvyano, novamente, disse que a "ingênua" dessa vez tinha disfarçado a nudez de uma cena com uma malha cor de carne. Em 1951, trabalhou em dois filmes: um para a FLAMA, *Milagre de amor*, e outro para Eurides Ramos, *Tocaia*. O filme de Eurides era um torturante romance de amor, com Cyll Farney, ambientado num

cenário de crime e traição. O segundo era uma obrigação contratual com Moacyr Fenelon*, que inaugurava seus estúdios em Laranjeiras. O grande sucesso como atriz apareceria com J. B. Tanko* em *Areias ardentes*. Embora Cyll Farney continuasse como galã, Fada era Gisela, uma jovem que procurava desesperadamente a felicidade, encontrando apenas a tragédia provocada por sua beleza. O tipo moreno jambo da atriz, bem brasileiro, e as personagens que encarnava, em geral a da ingênua romântica, transformaram Fada numa campeã de correspondência, batendo até Anselmo Duarte*. Mesmo assim perdeu duas vezes o título de Rainha do Cinema, na promoção da Associação Brasileira de Cronistas Cinematográficos (ABCC). Na primeira, em 1950, foi derrotada por Dinah Mezzono. Na segunda, pela estrela criada pela poderosa VERA CRUZ*, Eliane Lage*.

Com o sucesso, ela não poderia escapar às chanchadas* mesmo que declarasse preferir às comédias os enredos dramáticos, opinião encampada pela revista *A Cena Muda*, colocando-a, depois de Eliana*, como a melhor atriz dramática do cinema brasileiro. A primeira chanchada que fez para a ATLÂNTIDA* foi *Barnabé, tu és meu*, de José Carlos Burle*, com Oscarito* e Grande Otelo*. Ambientado no Oriente, Fada era a princesa Suleiman, ou Zulema, segundo Sergio Augusto, uma espécie de viúva-negra que matava os maridos com um beijo na noite de núpcias. O escolhido, no caso, era Oscarito, que fazia de tudo para que o ato não se concretizasse. Grande Otelo era o abanador-mor da corte, e Cyll Farney era, inevitavelmente, o galã. O número de filmes que interpretou com o ator criou boatos de uma ligação amorosa entre os dois, que sempre foi negada. Teria também rompido com Cyll Farney em 1954, quando passaram a ser *just good friends*. Para Eurides Ramos trabalhou novamente em *Força do amor*, tendo Miro Cerni como galã. No papel de Lúcia, interpretava uma bela jovem acossada por aventureiros de toda espécie. Era uma vida de sofrimentos e humilhações, mas na qual a alma continuava pura, com a esperança de que, um dia, o seu grande amor voltaria. Moacyr Fenelon, produtor do diretor estreante Alex Viany*, escalou-a para *Agulha no palheiro*, como a ingênua Mariana, que sai do interior para procurar na capital o namorado (Hélio Souto*). De certa maneira, ela abandonava o papel de ingênua conformada e sofredora dos filmes anteriores para ganhar um papel mais ativo. Mas a película de Alex era uma exceção. A regra eram filmes como o de Eurides Ramos, *Perdidos de amor*, em que

interpreta uma empregada numa fazenda. Dick Farney, irmão de Cyll, fez o galã. Filmou sob a direção de Carlos Manga* a chanchada *Nem Sansão nem Dalila*. A fita tinha uma trama passada no Oriente, sendo classificada por Fada como um enredo "simplesmente maluco". Em *Nem Sansão nem Dalila*, Oscarito adormecia e, quando acordava, estava no distante Reino de Gaza. Fada era a princesa Miriam, enquanto Eliana era a irmã, Dalila, par romântico de Cyll Farney. O filme foi um sucesso estrondoso, com Oscarito imitando na gestualidade e na fala o populista presidente Getúlio Vargas, meses antes de ele "sair da vida para entrar na história". Além desse filme, Fada atuou em um policial rodado em São Paulo, *Dúvida*, de Wladimir Lundgren.

Fada Santoro foi contratada pela GUARANTEED PICTURES, a mesma empresa que havia coproduzido *Não me digas adeus* e *Mãos sangrentas*, para atuar em três filmes argentinos: *Detective*, ao lado do cômico Palitos e sob a direção de Carlos Schlipper; *La delatora*, com direção de Kurt Land, no qual cantou um baião; e *África ríe*, contemplado com mais uma música brasileira, um samba-canção de Luis Bonfá. Tinha contrato para filmar *El último perro*, mas o projeto não foi adiante. De volta ao Brasil, foi para a TV fazer o programa *Noite de Gala*. Seu último filme como atriz foi *O capanga*, de Alberto Severi, ao lado de Alberto Ruschel* e Luigi Picchi*. Também deu seu depoimento em *Assim era a Atlântida*, de Carlos Manga. Abandonou tudo pelo casamento com Mieczlaw Krimchngowski, de quem teve um filho. (JIMS)

SANTORO, Rodrigo (Rodrigo Junqueira dos Reis Santoro) – Petrópolis, RJ, 1975. Ator.

FILMOGRAFIA: 1996-1997 – *A ostra e o vento*. 1997 – *Como ser solteiro*. 1999 – *O Trapalhão e a luz azul*. 2000 – *Bicho de sete cabeças*. 2001 – *Abril despedaçado*. 2002 – *Carandiru*; *Em Roma na primavera* (*The Roman Spring of Mrs. Stone*). 2003 – *As panteras detonando* (*Charlie's Angel: Full Throttle*); *Simplesmente amor* (*Love Actually*). 2004 – *A dona da história*. 2007 – *300*; *Não por acaso*. 2008 – *Os desafinados*; *Cinturão vermelho* (*Redbelt*); *Leonera*; *Che* (*Che: Part One*); *Che 2 – a guerrilha* (*Che: Part Two*). 2009 – *I Love Phillip Morris*; *Post Grad Survival Guide*; *Som e fúria – o filme*.

Na década de 1990, ingressou na REDE GLOBO DE TELEVISÃO, emissora onde trabalhou mais dez anos em telenovelas e minisséries. Na TV americana, atuou na série *Lost* em 2006. Um dos primeiros trabalhos no cinema brasileiro foi como ator no curta *Depois do escuro* (1997), de Dirceu Lustosa. Apareceu pouco nos três filmes iniciais que fez: o drama *A ostra e o vento*, de Walter Lima Jr.*, extraído do romance homônimo de Moacir C. Lopes; a comédia *Como ser solteiro*, de Rosane Svartman, e o infantil *O Trapalhão e a luz azul*, de Alexandre Boury e Paulo Aragão. Em seguida, torna-se protagonista do drama *Bicho de sete cabeças*, primeiro longa da diretora Laís Bodanzky*, baseado no livro *O canto dos malditos*, de Austregésilo Carrano Bueno, no papel de jovem em grave crise familiar. Também obtém o primeiro plano em *Abril despedaçado*, de Walter Salles*, extraído do romance homônimo de Ismail Kadaré, onde vive o dilema de moço condenado a uma vingança no sertão nordestino. Representou o travesti Lady Di em *Carandiru*, de Hector Babenco*, adaptado do *best-seller Estação Carandiru*, de Drauzio Varella. No telefilme *Em Roma na primavera*, de Robert Allan Ackerman, fez um dos trabalhos iniciais nos Estados Unidos. Em seguida, iniciou carreira em pequenos papéis de filmes americanos como *As panteras detonando*, de McG, e *Simplesmente amor*, de Richard Curtis. Dividido entre filmes americanos e brasileiros, representou mais um papel de jovem, em *A dona da história*, de Daniel Filho*, baseado na peça teatral homônima de João Falcão. Atuou na superprodução histórica de Hollywood, *300*, de Zack Snyder. Tem um dos papéis centrais em *Não por acaso*, primeiro longa de Phillipe Barcinski, vivendo um homem simples que enfrenta drama pessoal, e em *Os desafinados*, de Walter Lima Jr., ficção que homenageia a bossa nova. Fez mais fitas americanas como *Cinturão vermelho*, de David Mamet, *Che*, e *Che 2 – a guerrilha*, ambos do diretor Steven Soderberg, e o filme argentino *Leonera*, de Pablo Trapero. (LFM)

SANTOS, Carmen (Maria do Carmo Santos Gonçalves) – Vila Flor, Portugal, 1904-1952. Atriz, produtora.
FILMOGRAFIA: 1919 – *Urutau* (atriz). 1929 – *Sangue mineiro* (prod., atriz). 1930-1931 – *Limite* (atriz). 1932 – *Onde a terra acaba* (prod., atriz). 1935 – *Favela dos meus amores* (prod., atriz). 1936 – *Cidade-mulher* (prod., atriz). 1939-1943 – *Inconfidência Mineira* (prod., atriz, dir.). 1940 – *Argila* (prod., atriz). 1947 – *O malandro e a grã-fina* (prod.). 1948 – *Inocência* (prod.). 1952 – *O rei do samba* (prod.).
Maria do Carmo Santos Gonçalves era de família modesta do ponto de vista econômico. Mudou-se para o Brasil em 1912. Antes de iniciar-se no cinema, Maria do Carmo trabalhou na Parc Royal, casa de modas então famosa no Rio de Janeiro. Estreou como atriz no filme *Urutau*, cuja história baseava-se numa lenda indígena. A película foi coprotagonizada por Alves da Cunha, dirigida pelo norte-americano William Jansen e produzida pela ÔMEGA FILM. *Urutau*, entretanto, não teve distribuição comercial. A atriz adotou, a partir daí, o pseudônimo de Carmen Santos. Nessa época, conheceu e apaixonou-se por Antônio Lartigaud Seabra, com quem teve dois filhos, um dos quais – Murilo Seabra – tornou-se produtor de cinema nos anos 50. Antônio Lartigaud Seabra era um rico empresário do ramo têxtil, constituindo-se no suporte econômico para as empreitadas seguintes de Carmen Santos no cinema. Em 1924, ela produziu e atuou em "A carne", adaptação do romance homônimo de Júlio Ribeiro, dirigida por Leo Marten* e coprotagonizada por Ivan Dolski. No ano seguinte, após fundar a FILMES ARTÍSTICOS BRASILEIROS (FAB), também produziu e atuou em "Mademoiselle Cinéma", adaptação da obra homônima de Benjamin Costallat, dirigida novamente por Leo Marten e coprotagonizada por Alex Orloff, Edith Mars e Ivan Dolski. Ambos os filmes não chegaram a ser finalizados. Mesmo sem ter nenhum filme lançado comercialmente, Carmen Santos tornou-se a estrela mais conhecida da incipiente produção brasileira de então, pois se promovia através de fotos – muitas com caráter sensual – publicadas nas principais revistas cinematográficas. A segunda metade da década de 20 foi marcada por uma das tantas fases de entusiasmo da produção nacional, principalmente através da afirmação de diretores como Humberto Mauro*, José Medina* e Adhemar Gonzaga*. Foi através de Gonzaga que Carmen Santos conseguiu ver lançado nos cinemas, em 1929, um filme seu, pois ele a indicara para atuar em *Sangue mineiro*, película realizada em Cataguases por Humberto Mauro, coproduzida pela PHEBO BRASIL FILM e pela própria Carmen Santos. Em *Sangue mineiro*, ela interpretava uma moça ingênua do interior que, ao descobrir não ser correspondida pelo amado, acaba fugindo e passa a ser disputada por dois primos. Integravam ainda o elenco de *Sangue mineiro*: Maury Bueno, Nita Ney*, Máximo Serrano, Luís Soroa e Pedro Fantol. No mesmo ano, Carmen Santos atua também na versão inacabada de "Lábios sem beijos", dirigida por Adhemar Gonzaga. O filme seria retomado depois, mas com Lelita Rosa* no lugar de Carmen e tendo Humberto Mauro como diretor, na primeira produção da CINÉDIA*, empresa fundada por Gonzaga em 1930.

Através de Edgar Brasil*, fotógrafo tanto de *Sangue mineiro* como de *Limite*, Carmen Santos conheceu Mário Peixoto*, realizador de *Limite*, e fez um pequeno papel nesse filme, que é um clássico do cinema silencioso brasileiro. Impressionada com Mário Peixoto, Carmen encomendou-lhe um roteiro, nascendo daí *Onde a terra acaba*, projeto que suscitou muitas esperanças em críticos da época, como Pedro Lima*. Com direção do próprio Mário Peixoto, fotografia de Edgar Brasil e tendo Carmen Santos, Raul Schnoor e Brutus Pedreira nos papéis principais, escolheu-se como locação a belíssima região da Restinga de Marambaia, litoral sul do Rio de Janeiro. Passados alguns meses, no entanto, a filmagem foi interrompida devido aos desentendimentos entre a atriz e produtora e o diretor. Após total modificação do roteiro, que passou a ser uma versão modernizada do romance *Senhora*, de José de Alencar*, *Onde a terra acaba* foi dirigido por Octávio Mendes*, rodado nos estúdios da CINÉDIA e estrelado por Carmen e Celso Montenegro. Lançado em 1933, tornou-se um fracasso comercial e artístico. Ampliando seu campo de militância, Carmen Santos participou da I CONVENÇÃO CINEMATOGRÁFICA NACIONAL (1932) – na qual pronunciou um discurso em defesa da produção brasileira –, e posteriormente também integrou a Associação Cinematográfica de Produtores Brasileiros (ACPB) – entidade que teve importante papel na luta por uma legislação procionista. Auxiliada por Humberto Mauro, que nessa época já estava morando no Rio de Janeiro, Carmen Santos fundou, em 1933, a companhia cinematográfica BRASIL VOX FILM, que teve seu nome alterado para BRASIL VITA FILME* em 1935, devido a um processo movido pela 20TH CENTURY FOX. Em 1936, ficou pronto o estúdio da companhia, localizado na rua Conde de Bonfim, no bairro da Muda. As primeiras produções da BRASIL VITA FILME foram complementos e documentários, cuja exibição obrigatória prevista pela Lei nº 21.240 de 1932 garantia o retorno financeiro. A estreia da empresa no longa-metragem de ficção foi em 1935, com *Favela dos meus amores*, dirigido por Humberto Mauro, escrito por Henrique Pongetti* e interpretado por Carmen Santos – no papel de uma ingênua professorinha –, Rodolfo Mayer* – o dono da boate pelo qual a professorinha se apaixona –,

Armando Louzada – como um malandro tuberculoso –, Sílvio Caldas e Jayme Costa. Para historiadores como Alex Viany*, *Favela dos meus amores* constituiu-se num marco do cinema brasileiro por ter sido o primeiro filme a abordar a vida e a cultura dos setores populares que habitam o morro carioca. A película foi um grande sucesso de público e animou Carmen Santos a produzir, no ano seguinte, *Cidade-mulher*, com Mauro na direção e Pongetti como roteirista. O elenco era formado por Carmen – dessa vez interpretando uma mulher da alta sociedade –, Jayme Costa, Bibi Ferreira* e Sarah Nobre. Infelizmente, *Cidade-mulher* não repetiu o sucesso de *Favela dos meus amores*. Para a BRASIL VITA FILME, Humberto Mauro ainda dirigiu, em 1940, *Argila*, sempre com Carmen Santos como principal intérprete feminina, representando nesse filme uma mulher rica que se apaixona por um artesão, papel de Celso Guimarães*. Deve-se destacar em *Argila* o forte teor nacionalista da trama, em sintonia com as ideias do Estado Novo sobre cultura brasileira. O último filme interpretado por Carmen Santos foi também o seu projeto mais ambicioso, *Inconfidência Mineira*. Esse filme de caráter histórico teve um longo e complicado desenvolvimento: começou a ser planejado em 1937, a ser filmado em 1939 e só estreou em 1948. Carmen Santos, além de produzir e fazer o papel de Bárbara Heliodora, também dirigiu e roteirizou a película, cujo elenco era integrado por Rodolfo Mayer – como Tiradentes –, Roberto Lupo e Osvaldo Louzada. Apesar de todo o esforço na reconstituição histórica, envolvendo filmagens em São João del-Rei e a participação como consultores do historiador Afonso de Taunay e do arquiteto Lúcio Costa, *Inconfidência Mineira* foi um fracasso de público e de crítica.

A partir da segunda metade dos anos 40, Carmen Santos passou a dedicar-se exclusivamente à produção. São desse período *O malandro e a grã-fina* – chanchada* dirigida por Luiz de Barros* – e *Inocência* – adaptação do romance homônimo do Visconde de Taunay dirigida por Luiz de Barros e Fernando de Barros*. O último filme produzido por Carmen Santos foi *O rei do samba* – biografia romanceada do compositor Sinhô dirigida por Luiz de Barros. Carmen Santos faleceu prematuramente aos 48 anos, no dia 24 de setembro, no Rio de Janeiro. Nessa época realizava-se no Rio de Janeiro o I CONGRESSO NACIONAL DO CINEMA BRASILEIRO, que, para homenageá-la, enviou uma delegação composta de Walter da Silveira*, Moacyr Fenelon* e Carlos Ortiz* para acompanhar o funeral. Por desejo de Carmen Santos, após sua morte os estúdios da BRASIL VITA FILME continuaram sendo alugados para filmagens até 1959, quando foram comprados pelo produtor Herbert Richers*. Atualmente os estúdios pertencem à REDE GLOBO DE TELEVISÃO, que os utiliza para a gravação de novelas e especiais. Existe no Museu da Imagem e do Som (RJ) um rico arquivo dedicado à memória de Carmen Santos, com documentos e acervo fotográfico. Em 1969, o cineasta e pesquisador Jurandyr Noronha* dirigiu dois curtas-metragens documentários sobre a atriz e produtora, ambos custeados pelo Instituto Nacional do Cinema (INC*): *Carmen Santos* e *Inconfidência Mineira – sua produção*. Também deve-se registrar que, em 1992, a pesquisadora Ana Pessoa defendeu na Escola de Comunicações da UFRJ a dissertação de mestrado *Sob a luz das estrelas: Carmen Santos e o cinema brasileiro silencioso (1919-1934)*, o primeiro estudo aprofundado sobre a importância de Carmen Santos na história do nosso cinema. (AA)

SANTOS, Francisco (Francisco Dias Ferreira dos Santos) – Porto, Portugal, 1873-1937. Diretor.

FILMOGRAFIA: 1913-1914 – *O crime dos Banhados*. 1914 – *O marido fera*.

Pioneiro na realização de filmes no Rio Grande do Sul, é autor de um dos primeiros longas-metragens brasileiros e do filme de ficção mais antigo preservado. Transparece em sua obra cinematográfica domínio artístico e comercial acima do comum para a época, o que o colocaria como personalidade de destaque das primeiras gerações de produtores e cineastas. Perdendo o pai na infância, acaba não se adaptando ao segundo casamento da mãe, saindo de casa aos 18 anos, juntamente com o irmão menor. Torna-se aprendiz e assistente de fotógrafo, assumindo em seguida a função. Trabalha como redator no jornal de um tio, frequentando os grandes centros mundanos portugueses. O ambiente o leva a acercar-se do teatro. Em 1896, já integra um dos elencos mais prestigiados de Portugal, salientando-se como intérprete de recursos. Interessa-se vivamente pelo cinema, adquirindo provavelmente em Paris um projetor e posteriormente uma câmera Pathé. Transforma-se em exibidor ambulante, percorrendo várias províncias do país e, como cinegrafista, filmando Portugal, Espanha e o norte da África, entre 1898 e 1900. Retorna ao teatro, já em companhia da primeira esposa, a atriz Adelina Nobre, e da primogênita, Sarah. Decidem vir para o Brasil separando-se a família logo em seguida, com mãe e filha prosseguindo no meio e fixando-se mais tarde por aqui. Sarah tornou-se também radioatriz e fez incursões pelo cinema dos anos 40, como em *Direito de pecar*, de Leo Marten*; *Pureza*, de Chianca de Garcia*; *Moleque Tião* e *Romance de um mordedor*, estes dois últimos de José Carlos Burle*. Santos cumpre o início da excursão, apresentando-se em palcos de Belém e Manaus. Nesta cidade contrai febre amarela e conhece Francisco Vieira Xavier, ator português e posteriormente sócio em todos os seus empreendimentos. Estreitando a amizade, que dura a vida inteira, decidem rumar para o Rio de Janeiro. Conseguem entrar para o meio teatral local e já ao final da primeira década do século XX, sempre sob a liderança de Santos, criam a Grande Companhia Dramática Francisco Santos. Viajam pelo país entre 1909 e 1912, colhendo quase sempre críticas favoráveis às encenações e às interpretações. Nesse último ano, durante turnê pelo Rio Grande do Sul, Santos decide ingressar na produção cinematográfica, criando a fábrica GUARANY FILMS. Os primeiros filmes são feitos em Bagé e Jaguarão (*Sétima Exposição da Feira de Bagé* e *Manobras em Jaguarão*), fixando-se a companhia e seus titulares em definitivo na cidade de Pelotas. Outro motivo para tanto são as reclamações da segunda esposa de Santos, a atriz Maria do Carmo Menezes Rabello, que deseja criar os filhos em ambiente mais estável. Uma casa é adaptada para estúdio, incluindo o uso de três câmeras, vários cinegrafistas e laboratório completo. A companhia teatral fornece os elencos. O empreendimento está fora dos padrões usuais da época, pela infraestrutura, pela cobertura alcançada (pelo menos dezoito reportagens em pouco mais de seis meses) e pela preocupação com a qualidade do produto final. Além das atualidades, logo a empresa volta-se para pequenos curtas encenados, dos quais o mais famoso é a comédia *Os óculos do vovô* (1913). Escrito, fotografado, interpretado e dirigido por Santos, com a coadjuvação no elenco de seu filho Mário, mais tarde também cineasta (terminou *O palhaço atormentado* e dirigiu *A vida é uma gargalhada*), constitui um dos poucos exemplares existentes da fase de criação cinematográfica nas primeiras décadas do século. Ainda encantador na sua simplicidade, é um inovador, um realizador cônscio dos recursos básicos do meio àquela altura. Em sintonia com o produto mais requisitado pelo público, o filme criminal – até porque, arrendando o Coliseu Pelotense para aumentar as rendas dos primeiros filmes, inicia sua carreira de exibidor –, documenta um episódio verídico dessa natureza em *O marido fera*. Com mais de uma hora de duração, a produção estoura as bilheterias gaúchas e leva a GUARANY a empreendimentos mais ousados. Parte-se então para a ficcionalização de outro crime famoso da região em *O crime dos Banhados*. Aparentemente com quase duas horas de duração em sua versão final, mescla filmagens em locação com elementos típicos da romanesca oitocentista, cercando a produção de inúmeros cuidados artísticos, como viragens (colorização artificial das cenas) e caracterização apurada. O sucesso é monumental, permitindo à GUARANY elevar seu capital para a espantosa cifra de 1 mil contos de réis. Surpreendentemente, logo em seguida a empresa fecha. Fala-se em prejuízos causados pela eclosão da I Guerra Mundial. Santos mantém-se com a tipografia que fundou e retoma as encenações teatrais. Pensando em ter um teatro próprio, associa-se a um capitalista e concebe o Teatro Guarany, um dos maiores e mais afamados do Brasil por décadas. Desentendimentos levam-no a sair do empreendimento e a criar uma empresa exibidora, a SANTOS & XAVIER, responsável pelo arrendamento do Teatro Sete de Abril e pela construção dos cinemas APOLO, AVENIDA e CAPITÓLIO, em Pelotas, e CAPITÓLIO e APOLO, em Bagé. A firma chega a ser uma potência regional, mas declina com a morte dos fundadores, em 1935 e 1937, solicitando a falência em 1942. (HH) Sua neta Yolanda Lhullier e o jornalista Pedro Henrique Caldas publicaram o livro *Francisco Santos – pioneiro no cinema brasileiro* (1992). Faleceu em Bagé (Rio Grande do Sul), em 17 de junho.

SANTOS, Lucélia (Maria Lucélia dos Santos) – Santo André, SP, 1957. Atriz.

FILMOGRAFIA: 1975 – *Paranoia*; *Já não se faz amor como antigamente* (1º episódio: 'Oh! Dúvida cruel'). 1976 – *O Ibraim do subúrbio* (2º episódio: 'O Ibraim do subúrbio'). 1977 – *Um brasileiro chamado Rosaflor*. 1980 – *Bonitinha mas ordinária*. 1981 – *Engraçadinha*; *Álbum de família*; *Luz del Fuego*; *O sonho não acabou*. 1984-1986 – *As sete vampiras*. 1985 – *Fonte da saudade*. 1986 – *Baixo Gávea*. 1988-1989 – *Kuarup*. 1992 – *Vagas para moças de fino trato*. 1997 – *A enxada*. 2001 – *Timor Lorosae, o massacre que o mundo não viu* (dir.); *3 histórias da Bahia*.

2008 – *Um amor do outro lado do mundo*. 2009 – *Lula, o filho do Brasil*.

Aos 14 anos estreava na peça infantil *Dom Chicote Mulamanca e seu fiel companheiro Zé Chupança*, da obra de Oscar von Pfuk, primeiro em papel secundário, depois como protagonista, substituindo a atriz principal. Estudou teatro com Eugênio Kusnet* e em 1974 mudou-se para o Rio de Janeiro, para integrar o elenco da peça *Godspell*. Chegou a trabalhar como recepcionista em uma clínica de emagrecimento antes de chamar a atenção com a peça *Transe no 18*, que lhe valeu o convite para interpretar o papel principal na novela *Escrava Isaura*, aos 19 anos. Grande sucesso na época e depois exibida em 130 países, a novela consagrou a atriz, que logo passou a trabalhar também no cinema, estreando na comédia de episódios *Já não se faz amor como antigamente*, dirigida por Anselmo Duarte*. Depois de estrelar outras novelas (*Locomotivas*, *Feijão maravilha*, *Água viva*) e a série *Ciranda, cirandinha*, dá novo fôlego à carreira no cinema interpretando personagens de Nélson Rodrigues* em três adaptações: *Bonitinha mas ordinária*, *Álbum de família* e *Engraçadinha*, as duas primeiras com direção de Braz Chediak* e a última de Haroldo Marinho Barbosa*. A atriz se considerava "o tipo das mocinhas rodriguianas, misto de fragilidade com um lado meio demoníaco". Em seguida, mais um papel de forte apelo sensual, dessa vez encarnando a vedete que dançava com cobras e escandalizava a sociedade com suas ideias e atitudes em *Luz del Fuego*, de David Neves*. Em 1981, volta pela primeira vez a Santo André, e é recebida em solenidade com banda de música, discurso do prefeito, placa comemorativa e exibição de *Engraçadinha*. Nos anos 80, intensifica suas atividades políticas, militando nas campanhas do Partido dos Trabalhadores e do Partido Verde. O engajamento em causas ecológicas iria aproximá-la, em 1988, do líder dos seringueiros na Amazônia, Chico Mendes (assassinado em dezembro do mesmo ano). É também nessa época que se envolve com o ritual do Santo Daime. No cinema, transita por gêneros diversos, desde o drama intimista (*Fonte da saudade*, de Marco Altberg*, em que interpreta três papéis diferentes) até a trama política (*Kuarup*, de Ruy Guerra*), passando pelo "terrir" de Ivan Cardoso* (*As sete vampiras*). Voltaria a protagonizar em 1988 uma novela de época com ênfase no tema da escravidão: *Sinhá Moça*. No ano seguinte vai para a TV MANCHETE, onde faz *Carmem*, e em seguida passa a

trabalhar no SBT (*Brasileiros e brasileiras*, *Dona Anja*, entre outras novelas). Depois de atuar em peças como *Pluft, o fantasminha* e *No Natal a gente vem te buscar*, participa da grandiosa montagem de *Floresta amazônica em sonho de uma noite de verão*, dirigida pelo cineasta alemão Werner Herzog, que foi apresentada no Rio de Janeiro durante a ECO 92. Em 1985, Lucélia viajou pela primeira vez à China – onde a novela *Escrava Isaura* alcançou imensa repercussão popular – para receber o prêmio de melhor atriz do ano anterior, escolhida com mais de 300 milhões de votos pelos leitores de uma revista de televisão. A partir de 1993 começa a desenvolver o Projeto Brasil-China, estabelecendo coproduções entre os dois países. Produziu em 1995 para a televisão chinesa o documentário *The Beautiful Brazil*. No mesmo ano visitou novamente o país, dessa vez fazendo parte da comitiva do presidente Fernando Henrique Cardoso. À frente da produtora NHOCK, estreou na direção em 1997 com o programa *O ponto de mutação – China hoje*, realizado com uma equipe de seis brasileiros que percorreu em torno de 12 mil quilômetros, registrando diversos aspectos da realidade chinesa. Volta a atuar no cinema em *A enxada*, de Iberê Cavalcanti. (LCA) Em 2001, estreou como diretora quando realizou um documentário sobre a independência do Timor-Leste intitulado *Timor Lorosae – o massacre que o mundo não viu*. Com uma equipe reduzida, registrou a trágica situação do país durante um mês, em filme que foi censurado no VIII FESTIVAL INTERNACIONAL DE CINEMA DE JACARTA. O episódio *3 histórias da Bahia* é título de um filme cujo tema principal é o carnaval da Bahia. Em *Lula, o filho do Brasil*, de Fábio Barreto*, interpreta a professora que antevê o grande futuro de seu rebento.

SANTOS, Nelson Pereira dos – São Paulo, SP, 1928. Diretor.

FILMOGRAFIA: 1954-1955 – *Rio 40 graus*. 1957 – *Rio, Zona Norte*. 1960 – *Mandacaru vermelho*. 1962 – *Boca de Ouro*. 1963 – *Vidas secas*. 1966 – *El Justicero*. 1968 – *Fome de amor*. 1969 – *Azyllo muito louco*. 1970 – *Como era gostoso o meu francês*. 1972 – *Quem é Beta?* (coprodução estrangeira). 1974 – *O amuleto de Ogum*. 1977 – *Tenda dos milagres*. 1979-1980 – *Estrada da vida*. 1980 – *Insônia* (3º episódio: 'O ladrão'). 1983 – *Memórias do cárcere*. 1985-1986 – *Jubiabá* (coprodução estrangeira). 1993 – *A terceira margem do rio*. 1995 – *Cinema de lágrimas* (produção estrangeira). 2003 – *Raízes do*

Brasil – uma cinebiografia de Sérgio Buarque de Hollanda. 2006 – Brasília 18%. 2007 – Português, a língua do Brasil.

Nelson Pereira dos Santos é filho de Antônio Pereira dos Santos (1897-1970) e de Angelina Binari dos Santos (1900-1992), ambos paulistas. O pai era do oeste do estado, e a mãe da cidade de Caçapava, filha de italianos da região do Vêneto. Nelson foi o quarto e último filho do casal. De classe média, a família morava no bairro do Brás, o preferido da colônia italiana na capital paulista. O pai chegou a fazer teatro amador em Campinas, tornando-se depois alfaiate. Cinéfilo, Antônio Pereira costumava passar os domingos inteiros assistindo com a família a uma maratona de filmes no cinema. O próprio nome do filho caçula foi dado a partir do filme *The Divine Lady* (de Frank Lloyd, 1927), sobre o almirante Nelson (1758-1805), que o encantara. Segundo o irmão mais velho de Nelson, Saturnino (1922-1987), o gosto pelo cinema do diretor deve ter surgido "naquelas matinês do CINE TEATRO COLOMBO", quando a família assistia a todos os grandes clássicos do cinema, durante horas. Mais tarde vieram também os cineclubes*. Nelson fez o ensino fundamental no Colégio Paulistano e o ensino médio no Colégio do Estado Presidente Roosevelt. Lá adquiriu consciência política, vinculando-se ao Partido Comunista Brasileiro (PCB), do qual se afastaria em 1956, e fez teatro amador, como ator e diretor. Apaixonado por música clássica, leitor ávido de literatura e filosofia, nutriu um encantamento especial pela figura e obra de Castro Alves. Paralelamente aos estudos, para contribuir no orçamento doméstico trabalhava como revisor no *Diário da Noite*, dando início também a uma atividade profissional que exerceria durante anos como fonte de sobrevivência: o jornalismo. Em 1947, entrou para a Faculdade de Direito do largo São Francisco, um dos principais núcleos da vida política estudantil da época, sendo eleito procurador do Centro Acadêmico XI de Agosto. Embora tenha cursado Direito, Nelson nunca exerceu a profissão de advogado. Desde o colégio, sua meta era fazer cinema, segundo testemunho de colegas. Em 1949, junto com os amigos e artistas plásticos Luís Ventura e Otávio Araújo, Nelson viajou para a França, onde permaneceu cerca de dois meses. Essa sua primeira viagem ao exterior seria essencial para a sua formação cultural: em Paris frequentou assiduamente a CINEMATECA FRANCESA, então dirigida por Henri Langlois, e travou contato com o fértil movimento cultural do pós-guerra. De volta ao Brasil, casou-se em janeiro de 1950 com Laurita Sant'Anna, com quem teve três filhos (Nelson, 1950; Ney, 1954; e Márcia, 1962). Foi nesse mesmo ano que fez sua primeira experiência cinematográfica: o documentário *Juventude*, de 45 minutos, sobre os jovens trabalhadores de São Paulo, para o Festival da Juventude de Berlim (que reunia jovens comunistas de todo o mundo). O filme foi feito junto com Mendel Charatz, estudante de engenharia e cinéfilo, que tinha um laboratório e distribuía filmes estrangeiros em 16 mm. "Foi um barato, descobrimos o cinema", diz Nelson. Em 16 mm, com narração de Carlos Alberto de Souza Barros*, o filme teve também uma versão em francês. Enviado para Berlim, nunca mais voltou. Segundo Charatz, "o negativo ficou com o Partido, depois desmancharam para usar pedacinhos em filmes de propaganda. Mas ele inspirou muito os outros filmes de política que fizeram". Em 1951, Nelson realizou um outro documentário político para a Campanha da Paz: "Era um filme sobre a divisão de trabalho, sugerido por uma leitora de Josué de Castro. Eu misturava o antimalthusianismo, a produção da riqueza e o anti-imperialismo, todas as ideias da juventude de esquerda da época". Porém, o filme não chegou a ser editado. Também em 1951, foi assistente de Rodolfo Nanni em *O saci*, baseado na obra homônima de Monteiro Lobato, destinado ao público infantil. Em seguida, a convite de Ruy Santos*, que fotografou *O saci* e era seu companheiro de PCB, foi para o Rio de Janeiro a fim de participar da finalização de "Aglaia", dirigido pelo próprio Ruy. O filme nunca foi concluído, mas Nelson permaneceu no Rio para fazer assistência de Alex Viany* em *Agulha no palheiro* (1952). A partir daí, não voltaria mais a viver em São Paulo, radicando-se definitivamente no Rio.

Paralelamente ao cinema, Nelson desenvolveu sempre, ao longo de sua vida, intensa atividade política. No início dos anos 50 escrevia na revista *Fundamentos*, da intelectualidade comunista da época, e participou do CONGRESSO PAULISTA DE CINEMA (1951) e do I e II CONGRESSO NACIONAL DO CINEMA BRASILEIRO (1952 e 1953), nos quais defendeu a criação de uma cinematografia que retratasse o povo brasileiro, reproduzindo "na tela a vida, as histórias, as lutas, as aspirações de nossa gente" (*Fundamentos*, janeiro de 1951). Nelson e seu grupo de jovens intelectuais opunham-se ao cinema feito nos estúdios da COMPANHIA VERA CRUZ*, afirmando que, neles, até o português utilizado não era a língua falada pelo povo e os negros só apareciam em papéis estereotipados. Em 1953, Nelson fez no Rio de Janeiro também seu terceiro filme como assistente de direção, *Balança mas não cai*, de Paulo Vanderley*, que transpunha para a tela um programa de humor da Rádio Nacional, extremamente popular, com ingredientes da chanchada*. Naquele mesmo ano começou a escrever o roteiro de seu primeiro longa-metragem, *Rio 40 graus*. Contando a história de cinco meninos negros vendedores de amendoim espalhados pelo Rio de Janeiro, o filme oferecia uma visão totalmente diferente da cidade maravilhosa dos cartões-postais. Pela primeira vez, viu-se na tela o povo brasileiro em sua diversidade – rico, pobre, branco, negro – e cotidiano, fazendo que o filme se tornasse um divisor de águas no cinema brasileiro. Realizado em esquema de cooperativa, por um pequeno grupo de jovens durante quase um ano, o modo de produção de *Rio 40 graus* foi fortemente influenciado pelo cinema neorrealista italiano de Roberto Rossellini e Cesare Zavattini. Ou seja, foi feito com pouquíssimos recursos, fora do esquema dos grandes estúdios e com vários atores não profissionais. Finalizado num momento de crise nacional, o filme viu-se imiscuído num imbróglio político que resultou na sua proibição durante quatro meses, sob a alegação de que havia sido feito por comunistas e denegria a imagem da cidade. Foi liberado apenas com a posse do novo presidente da República eleito, Juscelino Kubitschek, em princípio de 1956. Em defesa de sua liberação, mobilizou-se um amplo movimento nacional e internacional de intelectuais.

Em seguida, Nelson escreveu e dirigiu *Rio, Zona Norte*, com Grande Otelo* como protagonista, no papel de um compositor popular que era obrigado a vender seus sambas para sobreviver. Sem o caráter inovador do filme anterior, era, no entanto, mais bem estruturado e elaborado. Ao deixar de filmar *Rio, Zona Sul*, o filme seguinte deveria ser *Vidas secas*, baseado no livro de Graciliano Ramos. No entanto, quando a equipe e o elenco se encontravam no sertão da Bahia, onde deveria ser rodado, começou a chover, tornando-se inviável a sua realização. Nelson decidiu então, de improviso, rodar *Mandacaru vermelho*, um pequeno *western* local, no qual desempenhou, pela primeira e única vez, o papel principal. Como diretor contratado, fez *Boca de Ouro*, na primeira adaptação de uma peça de Nélson Rodrigues* para o cinema, obtendo seu primeiro grande sucesso de público. Finalmente reuniu as condições para rodar *Vidas secas*, agora no interior de Alagoas, cenário original do livro. Narrando a saga de uma família que lutava para sobreviver em meio à seca, com uma fotografia inovadora – estourada, sem filtros, de modo a revelar a luz da caatinga – de Luiz Carlos Barreto*, o filme traça um belo e contundente panorama da situação do campo no Nordeste do país. Indicado, junto com *Deus e o diabo na terra do sol*, de Glauber Rocha*, para representar o Brasil no FESTIVAL DE CANNES de 1964, conquistou diversos prêmios (não oficiais) e o reconhecimento da crítica internacional. *El Justicero* foi um projeto menor, de crítica irreverente à ditadura militar recém-instalada no poder (1964). Começou então o "exílio em Paraty", quando Nelson e seu grupo de técnicos e atores se instalaram no litoral fluminense, rodando quatro filmes, dos quais três com uma linguagem metafórica, que lhe permitiu fazer críticas radicais ao regime ditatorial sem que este se desse conta. Foram eles: *Fome de amor*, sobre o isolamento dos grupos de esquerda que pregavam a luta armada na América Latina; *Azyllo muito louco*, livremente inspirado em novela de Machado de Assis (*O alienista*), que denunciava e ironizava os projetos megalômanos da ditadura militar; *Como era gostoso o meu francês*, uma visão do colonizado, isto é, o índio, sobre o colonizador (o único filme dessa fase com linguagem não metafórica e que, para ser liberado pela censura, teve de sofrer cortes); e *Quem é Beta?* – totalmente experimental, em coprodução com a França, sobre a pauperização do povo provocada pelo "milagre econômico" da ditadura e a indiferença das elites.

Nelson realizou *O amuleto de Ogum*, centrado nos rituais da umbanda e ambientado no jogo do bicho da Baixada Fluminense. Lançou, então, a discussão sobre a necessidade de fazer um cinema popular num Brasil que, lentamente, começava a se preparar para a reabertura política. Nessa mesma época, representou os cineastas na comissão oficial que reestruturou a EMBRAFILME* (criada pelos militares em 1969) e, no ano seguinte, foi eleito o primeiro presidente da Associação Brasileira de Cineastas (ABRACI). Junto com Graciliano Ramos, o escritor Jorge Amado* foi uma das figuras especialmente marcantes na formação de Nelson: é do escritor baiano o livro que deu origem ao filme seguinte de Nelson, *Tenda dos milagres*. Rodado na Bahia, agora o cineasta deteve-se no universo do candomblé, outra

religião perseguida, debatendo também a questão da miscigenação na sociedade brasileira. No filme seguinte, *Estrada da vida*, o diretor mais uma vez trilhou um caminho totalmente diferente, ao eleger como protagonistas a dupla sertaneja Milionário e José Rico. "Chega de sociologismo", disse ele na época, provocando polêmica. Um filme simples, direto, feito com total liberdade e respeito pelo outro, que abriria caminho para uma obra maior: *Memórias do cárcere*, sua terceira adaptação de Graciliano Ramos para o cinema (a segunda foi o média-metragem *Um ladrão*, baseado no conto homônimo do livro *Insônia*), que narrou o período em que o escritor ficou preso durante a ditadura do Estado Novo, em 1936. Com inúmeros personagens, de um forte humanismo, abriu a QUINZENA DOS REALIZADORES no FESTIVAL DE CANNES de 1984 e conquistou o prêmio da crítica internacional, além de diversos outros prêmios nacionais e internacionais. *Memórias do cárcere* também anunciava o processo de redemocratização que estava por acontecer no país. Pouco depois, Nelson retornou a Jorge Amado, adaptando seu romance *Jubiabá*, em nova coprodução com a França. O fechamento da EMBRAFILME em 1990 e todas as dificuldades que paralisaram a atividade cultural no país levaram-no a permanecer sete anos sem filmar. Apenas em 1993 ele voltou ao *set* para dirigir *A terceira margem do rio*, adaptação de cinco contos de João Guimarães Rosa, do livro *Primeiras estórias*. Realizado sob condições extremamente difíceis, foi o primeiro projeto importante da Retomada do cinema brasileiro, pós-governo Collor. Nelson também desenvolveu intensa atividade política, participando ativamente na criação da nova Lei do Audiovisual, que permitiu ao cinema se reerguer. A convite do BRITISH FILM INSTITUTE, fez *Cinema de lágrimas*, ficção/documentário sobre o melodrama latino-americano, para participar das comemorações do centenário mundial do cinema, ao lado de dezessete diretores de outros países. (HS) Diminuiu sua atividade nos últimos tempos, comemorando 83 anos no dia 22 de outubro de 2011. Dirigiu, em 2001, o curta-metragem *Meu cumpadre Zé Keti*, documentário afetivo sobre Zé Keti, mostrando o subúrbio carioca de Inhaúma. Com amigos relembra o compositor que trabalhou como ator em seu filme *Rio 40 graus*. Seguindo na linha documentária, realizou o longa-metragem *Raízes do Brasil*, em duas partes, com enfoque na vida e obra de um dos principais intelectuais brasileiros do século passado,

Sérgio Buarque de Hollanda. *Português, a língua do Brasil* é documentário sobre a diversidade de fala da língua portuguesa com depoimentos de João Ubaldo e Moacyr Scliar, entre outros. Em 2006, realizou seu último filme ficcional, *Brasília 18%*, no qual, em trama policial, estabelece uma visão crítica dos hábitos políticos reinantes em Brasília. Os personagens desse filme utilizam nomes da literatura brasileira, como Olavo Bilac e Augusto dos Anjos. Também em 2006, foi eleito para a Academia Brasileira de Letras, tornando-se o primeiro cineasta brasileiro a ingressar na centenária instituição.

SANTOS, Roberto (Roberto Santos Pinhanez) – São Paulo, SP, 1928-1987. Diretor.

FILMOGRAFIA: 1957 – *O grande momento*. 1965 – *A hora e vez de Augusto Matraga*. 1966 – *As cariocas* (3º episódio). 1967 – *O homem nu*. 1969-1973 – *Vozes do medo* (episódio: 'Caminhos'; episódio: 'Retrato de um jovem brigador'; episódio: 'Pantomima das três forças'). 1971 – *Um anjo mau*. 1975 – *As três mortes de Solano*. 1977 – *Contos eróticos* (1º episódio: 'Arroz com feijão'). 1978 – *Os amantes da chuva*. 1982 – *Nasce uma mulher*. 1986 – *Quincas Borba*.

Roberto Santos nasceu no Brás, bairro paulistano de grande tradição nas lutas operárias das primeiras décadas do século. O pai, Elói Pelagio de La Santíssima Trindade Pinhanez e Santos era espanhol, com irmãos e tios ligados ao movimento anarquista. Sua mãe, Concheta Santos, filha de italianos, havia passado a I Guerra Mundial na Europa. Elói era fotógrafo e retocador, tendo muita influência na formação de Roberto, que se iniciou profissionalmente com o pai, sem nunca abandonar os estudos. Em 1950, ainda em dúvida sobre o futuro, ingressa nas faculdades de Filosofia e Arquitetura, para abandoná-las posteriormente ao ser seduzido pelo projeto de seguir carreira no cinema, através de um curso oferecido pelo CENTRO DE ESTUDOS CINEMATOGRÁFICOS DE SÃO PAULO, mantido pela prefeitura, sob a coordenação de Alberto Cavalcanti*.

Ao fim de dois anos de estudos, Roberto Santos vai participar de inúmeras produções cinematográficas, em atividades subalternas, até chegar à função de assistente de direção de José Carlos Burle* em *O craque*. São Paulo vivia um momento de grande efervescência cinematográfica com o funcionamento dos grandes estúdios, o que gerava paralelamente debates sobre as questões estruturais do cinema brasileiro num ambiente de antagonismos ideológicos. Por ocasião do I CONGRESSO PAULISTA DO CINEMA BRASILEIRO, em 1952, defendeu-se acesamente a produção de obras que refletissem a vida, os costumes e os tipos do povo como alternativa aos filmes "distantes da realidade brasileira" realizados pelos estúdios. Veio dessa época a amizade sólida que se estabeleceu entre Roberto Santos e Nelson Pereira dos Santos*, partidários dessa posição, apresentados um ao outro pelo fotógrafo Hélio Silva*.

A falência dos estúdios na metade da década de 50 provocou uma debandada geral e o cinema paulista entrou em fase de recesso. Muitos profissionais voltaram ao Rio de Janeiro enquanto outros tentaram sobreviver em São Paulo. Roberto incluiu-se entre esses últimos enquanto carregava consigo o projeto de um longa-metragem mostrando o dia a dia das pessoas comuns, mais especificamente sobre a gente simples do Brás. *O grande momento*, que conta as atribulações de um casal no dia de seu casamento, foi finalmente realizado em 1957, nos estúdios da MARISTELA*, em regime de mutirão e muita restrição orçamentária, e selou mais uma grande amizade: Gianfrancesco Guarnieri*. O filme foi saudado como um trabalho afinado com o neorrealismo e obra de um cineasta completo. Apesar da recepção calorosa por parte da crítica, o mesmo não aconteceu com o público. Roberto Santos demorou quase oito anos para realizar seu segundo longa-metragem, dessa vez baseado na obra de um escritor então considerado infilmável: Guimarães Rosa. Nesse intervalo, participou dos primeiros momentos do cinema publicitário brasileiro. A adaptação de *A hora e vez de Augusto Matraga* resultou numa obra de grande impacto, com Leonardo Vilar* liderando grandes interpretações e trilha musical de Geraldo Vandré. O filme foi o vencedor do I FESTIVAL DE BRASÍLIA (nessa época SEMANA DO CINEMA BRASILEIRO) e representou o Brasil no FESTIVAL DE CANNES em 1966, onde, apesar de não receber prêmios, cumpriu marcante presença como representante do Cinema Novo*, mesmo com as evidentes diferenças em relação à produção dos jovens cineastas do Rio de Janeiro. Logo em seguida, Roberto foi convidado a dirigir um episódio no filme *As cariocas*, ao lado de Fernando de Barros* e Walter Hugo Khouri*. Sua adaptação da história *A desinibida do Grajaú*, de Sérgio Porto, surpreendeu a todos, a começar pelo roteiro que desenvolve a mais rigorosa crítica feita até então ao papel da TV como manipuladora

da opinião pública. Além disso, o episódio confirmou definitivamente o talento de Roberto Santos na direção de atores. Íris Bruzzi, vedete do teatro de revista, fez o papel dramático que emocionou as plateias, e o episódio foi o único incluído nas antologias do cinema nacional. Em *O homem nu*, baseado num conto curto de Fernando Sabino, Roberto Santos desenvolveu uma história ao mesmo tempo engraçada e angustiante, bem no clima do país pós-golpe de 64, protagonizada por Paulo José. Como o filme anterior, *O homem nu* foi um sucesso de bilheteria em todo o país, e Santos foi reconhecido como um dos diretores mais importantes de sua geração. A repressão política e as ameaças constantes às liberdades individuais levam-no a aceitar um convite de Rudá de Andrade* para dar aulas no recém-criado curso de Cinema da Universidade de São Paulo (USP), onde realiza o curta *A João Guimarães Rosa,* premiado em festivais. A convivência com os jovens universitários de um lado e os técnicos de cinema de outro encaminham Roberto Santos para um projeto ousado e original na encruzilhada em que vive o Brasil: realizar um filme como se fosse uma revista, ou seja, com editorial, reportagens, crônica, ensaio, HQ, etc. Então surgiu *Vozes do medo*, organizado em catorze episódios, dirigido por vários artistas convidados por ele. Escolhido pelo Instituto Nacional de Cinema (INC*) para representar o Brasil no FESTIVAL DE BERLIM de 1971, o filme foi apresentado à censura* e absolutamente interditado por quatro anos, até a posse do general Ernesto Geisel como presidente da República. Dos episódios do filme, pelo menos dois foram integralmente cortados da versão exibida comercialmente e só anos mais tarde o material referente foi recuperado.

A essa altura da carreira, ele se viu com poucas perspectivas na vida. Convidado por Walter Hugo Khouri, fez o filme *Um anjo mau*, dirigindo Adriana Prieto* numa adaptação livre de um romance de Adonias Filho. Mas Roberto estava exausto. A censura proibia tudo, a vigilância sobre os autores e artistas era cada vez mais sufocante e ele se afastava temporariamente do cinema, optando por trabalhar na TV CULTURA de São Paulo, onde desenvolve programas sobre o cinema brasileiro e documentários que marcaram época, como a série *O poeta e a cidade*, além de colaborar também nos primeiros tempos do *Globo Repórter*, na TV GLOBO. Entre 1975 e 1979 realizou três filmes: *As três mortes de Solano*, primeiro longa-metragem realizado com alunos do curso

de Cinema da USP, um episódio do longa *Contos eróticos*, e o ambicioso projeto *Os amantes da chuva*, com Bete Mendes* e Helber Rangel* nos papéis principais, que não obteve muita repercussão. Para homenagear um velho companheiro de cinema, pouco conhecido das novas gerações, fez o curta *Chick Fowle, faixa preta em cinema*, que ganhou o prêmio de melhor filme no FESTIVAL DE BRASÍLIA em 1981. Com o apoio da EMBRAFILME*, dirigiu os dois últimos longas *Nasce uma mulher* e *Quincas Borba*, este último defenestrado pela crítica quando foi apresentado no FESTIVAL DE GRAMADO em maio de 1987.

De volta a São Paulo, logo em seguida à sua participação nesse festival, Roberto morreu no aeroporto de Guarulhos, vítima de um infarto fulminante em 3 de maio. (IS)

SANTOS, Ruy (Rui Borges dos Santos) – Rio de Janeiro, RJ, 1916-1989. Diretor, fotógrafo.

FILMOGRAFIA: 1945 – *Vinte e quatro anos de lutas* (fot., dir.). 1947 – *O malandro e a grã-fina* (fot.); *O homem que chutou a consciência* (fot.). 1948 – *Inocência* (fot.). 1948-1950 – *Estrela da manhã* (fot.). 1950 – *Maria da Praia* (fot.). 1951-1953 – *O saci* (fot.). 1953 – *Balança mas não cai* (fot.); *Uma vida para dois* (fot.); *O craque* (fot.); *A sogra* (fot.). 1954 – *O canto dos rios* (parte brasileira: 'O rio das amazonas') (produção estrangeira) (fot., dir.). 1957 – *O cantor e o milionário* (fot.). 1961 – *Com minha sogra em Paquetá* (fot.); *Meu destino em suas mãos* (fot.); *Amor nas selvas* (coprodução estrangeira) (fot., dir.). 1962 – *Um dia qualquer* (fot.). 1962-1963 – *Sol sobre a lama* (fot.); *Terra sem Deus* (fot.). 1965 – *Onde a Terra começa* (fot., dir.). 1967 – *Mineirinho, vivo ou morto* (fot.); *Em busca do tesouro* (fot.). 1968 – *A doce mulher amada* (fot., dir.). 1973 – *Os primeiros momentos* (fot.). 1974 – *Pureza proibida* (fot.). 1975-1977 – *Gargalhada final* (fot.). 1976 – *O vampiro de Copacabana* (fot.). 1977 – *Um brasileiro chamado Rosaflor* (fot.); *O desconhecido* (fot., dir.). 1984 – *Momentos de prazer e agonia* (fot.).

Ruy Santos era filho de um comerciante que faliu com a crise de 1929. Premido por essa situação financeira difícil, estudou apenas até o segundo ano do curso secundário, pois teve, então, de se dedicar em tempo integral ao trabalho. Muito moço tomou contato com a produção cinematográfica brasileira ao auxiliar o fotógrafo Edgar Brasil* nas filmagens do clássico *Limite*, de Mário Peixoto*, realizado em 1930. Através de Fúlvio Benedetti conseguiu empregar-se no laboratório de Paulo Benedetti*, pai de Fúlvio e um dos mais importantes cinegrafistas e técnicos de laboratório do cinema mudo brasileiro. Com 18 anos de idade, Ruy Santos assumiu a gerência do cinema PALACE VITÓRIA, pertencente a Paulo Benedetti. Apesar do aprendizado de câmera e laboratório com Benedetti, Ruy Santos só assinou a fotografia de um longa-metragem de ficção em 1947, no filme *O malandro e a grã-fina*, de Luiz de Barros*. Antes, porém, trabalhou como técnico de laboratório na CINÉDIA*, assistente de câmera e, já em 1936, foi o responsável pela fotografia de exteriores do longa *Maria Bonita*, dirigido por Julien Mandel. Mas foi no documentário que Ruy Santos se desenvolveu como fotógrafo e iniciou sua carreira de diretor, nas décadas de 30 e 40. Entre seus documentários destacaram-se *Debret e o Rio de hoje*, *Terra seca*, *Dança* e *As missões*, todos produzidos pelo Departamento de Imprensa e Propaganda (DIP) durante o Estado Novo. Com produção de João Tinoco de Freitas, Ruy Santos realizou também curtas baseados em músicas de Dorival Caymmi, *A jangada* e *Itapoã*. Apesar do trabalho no DIP, Ruy Santos foi militante do Partido Comunista e, com a legalização do partido em 1945, como documentarista realizou filmes sobre o comício de Luiz Carlos Prestes no estádio de São Januário e *Marcha para a democracia*, curta que abordava a viagem de Prestes por São Paulo, Minas Gerais e Rio Grande do Sul. Essas fitas foram produzidas pelo jornal *Tribuna Popular*, órgão de imprensa pertencente ao Partido Comunista. Junto com Oscar Niemeyer, Ruy Santos constituiu a LIBERDADE FILMES, produtora voltada para o registro e a propaganda cinematográficos das atividades comunistas. Nesse sentido, foram realizados por Ruy Santos dois documentários, *O comício de Prestes no Pacaembu* e *Vinte e quatro anos de lutas*. O título de *Comício* resumiu o tema e *Vinte e quatro anos de lutas* foi um documentário de longa metragem, idealizado e roteirizado por Astrojildo Pereira, sobre a história do PCB. Com o partido posto novamente na ilegalidade, em 1947, não apenas as atividades da produtora cessaram, como ainda *Vinte e quatro anos de lutas* ficou retido na Censura Federal. Durante o período de grande repressão que se seguiu, Ruy Santos chegou a ser preso em 1948. A seguir, fotografou o longa de ficção *Estrela da manhã*, dirigido pelo crítico Jonald, filme gerador de muitas expectativas no meio cinematográfico quanto às suas qualidades estéticas, mas cujo resultado final foi recebido friamente. Fotografou nessa época o inacabado "A mulher de longe", incursão pelo cinema do escritor Lúcio Cardoso. Ruy Santos, em 1950, tentou dirigir seu primeiro longa de ficção, intitulado "Aglaia", porém nunca conseguiu finalizá-lo. Posteriormente, de forma significativa, fotografou filmes de dois integrantes da equipe: *O saci*, de Rodolfo Nanni*, e *Sol sobre a lama*, de Alex Viany*. Com a irrupção da produção empresarial paulista, capitaneada pela VERA CRUZ*, Ruy Santos passou a trabalhar, em 1953, na MULTIFILMES*, fotografando para a empresa *Uma vida para dois*, de Armando Miranda, *O craque*, de José Carlos Burle*, e *A sogra*, de Armando Couto. Em 1954, Joris Ivens encomendou a Ruy Santos a direção da parte brasileira do documentário *O canto dos rios*, produzido pela ex-Alemanha Oriental, parte esta que se concentrava no rio Amazonas. Fotografou a fita *O cantor e o milionário*, na qual ainda foi coprodutor ao lado do diretor José Carlos Burle. Ruy Santos, nos anos 50, continuou dirigindo documentários curtos, por exemplo: *A batalha dos transportes*, *Anatomia do progresso* e *A casa de Mário de Andrade*. Conseguiu realizar o seu primeiro longa de ficção em 1961, codirigindo *Amor nas selvas*, com Konstantin Tkaczenko*. Exercendo as funções de diretor, fotógrafo, roteirista e coprodutor, Ruy Santos, na década de 60, realizou dois longas-metragens, *Onde a Terra começa* – melodrama inspirado num conto de Máximo Górki, no qual os personagens interpretados por Irma Alvarez* e Luigi Picchi* vivem uma tórrida paixão – e *A doce mulher amada* – história sobre um ídolo das telenovelas indeciso entre o amor de duas mulheres, com o elenco encabeçado por Arduino Colassanti*, Irma Alvarez e Irene Stefânia*. Seu último filme como diretor foi *O desconhecido*, adaptação da obra homônima de Lúcio Cardoso, com Luiz Linhares* no papel do capataz de fazenda que, apaixonado por outro homem, o mata por ciúmes. Ruy Santos faleceu em 7 de março, em Cabo Frio, estado do Rio de Janeiro. (AA)

SANTOS, Silvino (Silvino Simões dos Santos Silva) — Sernache do Bonjardim, Portugal, 1886-1970. Diretor.

FILMOGRAFIA: 1921 – *No país das amazonas*. 1923 – *Terra encantada (Cidade maravilhosa)*. 1924-1925 – *No rastro do Eldorado*. 1926 – *Chegada e estadia em Manaus do dr. Washington Luiz*. 1927 – *Miss Portugal*. 1934 – *Terra portuguesa, o Minho*.

Filho de abastados agricultores portugueses, não foi a necessidade financeira que motivou sua vinda para a Amazônia, em novembro de 1899, com apenas 13 anos. A imensa curiosidade pelo Eldorado amazônico, pelo grande rio Amazonas e sua floresta, estimulou desde cedo seu espírito aventureiro. Filho de Antônio Simões dos Santos Silva, professor, músico e dono de terras, e de Virgínia Júlia da Conceição Silva, Silvino Santos estudou o primário no seminário de Sernache do Bonjardim, vila na província da Beira Baixa, Portugal, mas "não dava para padre" e tampouco queria trabalhar na lavoura, sendo, então, mandado para a cidade do Porto, para trabalhar com um tio comerciante. Nada o desviava, entretanto, da vontade de vir para o Brasil, aonde finalmente chegou, aportando em Belém do Pará, logo ficando definitivamente encantado pela Amazônia. Trabalhou por três anos na livraria de Taveira Barbosa, adoeceu com impaludismo e, para curar-se, viajou pelo interior amazônico. Tendo descoberto, aos 15 anos, a fotografia, com uma máquina 13 × 18 fez seus primeiros registros nessa viagem ao Xingu, ao Alto Guamá e às cachoeiras de São Miguel, onde retratou pela primeira vez povos indígenas, que viriam a ser tema constante de sua atividade. Com o pintor e fotógrafo Leonel Rocha, que percorria o Brasil e chegou a Belém, Silvino viajou a Iquitos, no Peru, e durante dois meses aperfeiçoou-se na nova profissão. Voltou a Portugal em 1903, passando uma temporada com a família, trabalhando como fotógrafo. Ao retornar a Belém, continuou ligado às letras e artes, trabalhando outra vez em uma livraria, a de Sabino Silva, e profissionalizando-se como pintor e fotógrafo. Em 1910, estabeleceu-se definitivamente em Manaus, então no auge do "esplendor do ouro negro, a borracha", instalando-se em modesto estúdio à rua Henrique Martins, no centro da cidade. Em 1912, foi convidado pelo cônsul do Peru para realizar um estudo fotográfico sobre os índios nas terras do todo-poderoso seringalista peruano Julio Cesar Arana no rio Putumaio, fronteira entre o Peru e a Colômbia. Silvino aceitou e deu início a uma perigosa relação com os poderosos da região. Arana era acusado em Londres pelo assassinato e escravização de indígenas em suas imensas terras de caucho, através de uma campanha de denúncia do jovem engenheiro W. Hardenburg. As fotos, resultado de mais de dois meses de trabalho em plena selva, foram reveladas no laboratório da Peruvian Amazon Rubber Company, em Iquitos, e enviadas a Arana, que vivia então na Europa. Este, percebendo a importância e o impacto maior das imagens em movimento, resolveu realizar um documentário e enviou Silvino Santos a Paris, em 1913, para um estágio nos estúdios da PATHÉ-FRÈRES e nos laboratórios dos irmãos Lumière, para pesquisar uma combinação química que, aplicada à emulsão da fita, assegurasse a resistência ao clima tropical. Munido de mais de 2 mil metros de filme negativo, uma filmadora Pathé e o conhecimento aperfeiçoado na arte cinematográfica, Silvino retornou à Amazônia para realizar o documentário. Na viagem conheceu Ana Maria Shermuly, peruana e rica afilhada de Arana, com a qual se casou em 30 de agosto de 1913, em Iquitos. A lua de mel foi na selva, filmando os indígenas do Putumaio.

Teve início, assim, a aventura cinematográfica, só interrompida nos últimos anos de vida. Filmar a Amazônia, naquele tempo, era realmente um trabalho de pioneiro. Silvino filmou durante dois meses, percorrendo os rios e as terras de Arana, registrando festas e costumes dos indígenas, devidamente preparados pelos ajudantes do seringalista. Revelava os filmes em plena selva e preparava-os para ser enviados a Lima e à Europa, para a defesa de Arana. O material, entretanto, não serviria aos objetivos deste, pois, com o afundamento do navio que os transportava, perderam-se os negativos. O material fotográfico ficou a salvo, assim como algumas sequências filmadas, posteriormente exibidas nos cinemas de Manaus – *Índios witotos do rio Putumayo*. Com máquinas e algum dinheiro, voltou com Ana Maria para Manaus, onde tentou continuar sua atividade profissional, realizando filmes de propaganda e de costumes locais – *O Horto Florestal de Manaus*, *Expedição Leopoldo de Mattos ao Alto Guaporé*, entre outros. Sua principal ocupação, entretanto, continuava a ser a fotografia, que sustentava a família, agora acrescida de dois filhos: Guilherme, nascido em 1914, e Lília, nascida em Sernache do Bonjardim, Portugal, em 1916, para onde Silvino havia mandado a esposa e o filho, porque em Manaus a vida estava dura. Mas, em 1918, em plena crise comercial, o governo do Amazonas descobriu o cinema como meio eficaz de propaganda. Montou a primeira produtora cinematográfica local, a AMAZÔNIA CINE FILM, uma aliança bem-sucedida entre Estado e capitais particulares, tendo Silvino Santos como cinegrafista. Na AMAZÔNIA CINE FILM, sua técnica e arte afirmaram-se, recebendo o reconhecimento regional, com a realização de mais de doze documentários, nos quais registrou fatos sociais, políticos e esportivos – *Matches*

de foot-ball entre amazonenses e paraenses; *Inauguração do Banco Ultramarino em Manaus em 1º de junho de 1918*; *A festa da bandeira*; *Amazônia Jornal*; *Uma família de Manaus*; *Manaus e seus arredores*; *O oriente peruano*; entre outros – e a concretização, finalmente, de seu sonho, filmar *Amazonas, o maior rio do mundo*. Foram três anos de filmagens, mais uma vez perdidos com o roubo dos negativos levados a Londres para serem revelados e copiados. A AMAZÔNIA CINE FILM vai à falência.

Em 1920, Silvino Santos, empobrecido, foi contratado por outro barão da borracha, o comendador Joaquim Gonçalves de Araújo, dono de uma poderosa empresa de comércio, com uma rede enorme de lojas em Manaus e Porto Velho, para realizar um filme de propaganda do Amazonas para ser exibido na Exposição do Centenário da Independência, no Rio de Janeiro, em 1922. Na firma de J. G. Araújo, onde permaneceu até sua morte, Silvino filmou, então, sua principal obra, *No país das amazonas*, primeiro longa-metragem rodado inteiramente no Amazonas, o mais expressivo documento visual da Amazônia dos anos 20. Filme-revelação, foi um sucesso no Rio de Janeiro, São Paulo e em quase todas as capitais brasileiras, com lotações esgotadas. Foi o único a merecer a medalha de ouro da Exposição do Centenário da Independência. Teve versões em francês, inglês e alemão e exibições na Europa e nos Estados Unidos. Para a sua produção, a firma J. G. Araújo instalou um laboratório completo com os mais aperfeiçoados e modernos equipamentos da época, preparado para realizar viragens e reduções. No Rio de Janeiro, filmou outro longa-metragem, *Terra encantada*, documentário sobre a capital federal e a Exposição do Centenário. Na equipe da expedição de Hamilton Rice às nascentes do Rio Branco (Roraima), realizou seu terceiro longa-metragem, *No rastro do Eldorado*, com as primeiras tomadas aéreas na Amazônia. Entre 1927 e 1929 permaneceu em Portugal, acompanhando a família de J. G. Araújo, e lá filmou *Miss Portugal*, além de 35 documentários sobre as regiões e os hábitos portugueses, todos exibidos comercialmente em Lisboa e organizados, em 1934, no Rio de Janeiro, no longa-metragem sonorizado *Terra portuguesa – o Minho*. Nesse ano, J. G. Araújo desativou a produção de filmes e os serviços de Silvino foram deslocados para outras atividades na empresa, na confecção de borracha-crepe e na seção de bananas-passas. Silvino continuava, entretanto, com a atividade fotográfica para a empresa e para atender

às demandas locais. Dos médias e curtas-metragens, filmou temas portugueses (35 curtas), temas amazônicos (22 filmes de média e curta duração) e temas familiares (31 curtas). Acompanhando a família Araújo ao longo dos anos, produziu uma autêntica crônica familiar, com cenas do cotidiano de Manaus e do interior do Amazonas, gravadas também em expressivas fotografias, das quais mais de 1.500 negativos em vidro encontram-se restaurados. Do conjunto de sua obra – 7 longas, 5 médias e 83 curtas-metragens –, foram localizados os longas *No país das amazonas*, *No rastro do Eldorado*, *Terra encantada*, *Miss Portugal* (5') e *Santa Maria da Vila Amazônia* (2 latas) e mais 15 curtas (10 em Lisboa e 5 no Brasil), acervo pertencente atualmente à FUNDAÇÃO CINEMATECA BRASILEIRA, em São Paulo. No final da vida, Silvino Santos vivia de suas memórias e alguns trabalhos fotográficos. Em 1965, participou da organização visual de um museu da Associação Comercial do Amazonas. Alojado com suas máquinas e velhos filmes num velho armazém de material antigo da empresa, ficou esquecido da população de Manaus. Em outubro de 1969, entretanto, um grupo de aficionados de cinema, entre eles Cosme Alves Netto*, Djalma Limongi Batista e Márcio Souza, localizaram-no, e Silvino foi homenageado durante a realização do I FESTIVAL NORTE DE CINEMA BRASILEIRO, no CINE ODEON. Faleceu em Manaus, em 14 de maio de 1970, aos 84 anos. Em 1997, Aurélio Michiles dirige filme de longa-metragem sobre Silvino Santos intitulado *O cineasta da selva* (1997). (SVC)

SANZ, José – Pelotas, RS, 1915-1987. Crítico de cinema.

Um dos primeiros defensores do Cinema Novo* entre os críticos das gerações mais velhas, posiciona-se desde o final da década de 30 como defensor do cinema de arte. Ainda adolescente, fascinado por cinema e sobretudo interessado no processo de realização cinematográfica, procura frequentar o estúdio da CINÉDIA* em São Cristóvão, chegando algumas vezes a pular os muros. Encaminha-se para o jornalismo, aproximando-se imediatamente da crítica cinematográfica. Começa escrevendo para a revista *Carioca*, na qual faz reportagens sobre filmagens e o *star system* nacional. Funda em 1939 o CINE CLUB DO BRASIL, de efêmera existência, iniciativa de apoio ao cinema brasileiro e de defesa do filme como obra de arte. Conhece a atriz e produtora Carmen Santos*, que o convida a colaborar na produção do épico

Inconfidência Mineira. Realiza inúmeras tarefas no filme. Começa a escrever crítica diária em meados dos anos 40, passando por inúmeras publicações, entre elas *O Globo* e *Presença*. A lucidez e firmeza de suas posições na imprensa o credenciam a assumir, em 1959, a CINEMATECA DO MAM. Viabiliza a formação do primeiro acervo fílmico da instituição, valendo-se de sua amizade com o francês Henri Langlois, da CINEMATECA FRANCESA. Dá todo o apoio ao surgimento do Cinema Novo, acolhendo os filmes e promovendo o famoso SEMINÁRIO SOBRE DOCUMENTÁRIO ministrado pelo cineasta sueco Arne Sucksdorff*. Desliga-se em 1964. Organiza o *Symposium*, evento de divulgação e discussão da ficção científica, uma de suas paixões. Traz ao Brasil inúmeros escritores e cineastas, como J. G. Ballard, Stanislaw Lem e George Pal. Casado com a atriz Luiza Barreto Leite e pai dos cineastas Luiz Alberto e Sérgio Sanz, retira-se da vida pública no final dos anos 70. (HH)

SARACENI, Paulo César – Rio de Janeiro, RJ, 1933. Diretor.

FILMOGRAFIA: 1962 – *Porto das Caixas*. 1965 – *O desafio*. 1967 – *Capitu*. 1970 – *A casa assassinada*. 1972 – *Amor, carnaval e sonhos*. 1976-1977 – *Anchieta, José do Brasil*. 1978 – *Copa 78, o poder do futebol*. 1981 – *Ao sul do meu corpo*. 1984-1996 – *Bahia de todos os sambas*. 1987-1988 – *Natal da Portela*. 1998 – *O viajante*. 2002 – *Banda de Ipanema – Folia de Albino*. 2010 – *O Gerente*.

Paulo César Saraceni é filho do despachante da Alfândega Guilherme Saraceni, descendente de imigrantes italianos radicados em São Paulo, e da funcionária pública mineira Maria da Conceição Ribeiro de Castro. Nos anos 50, iniciou-se na carreira esportiva, atuando no time juvenil do Fluminense Futebol Clube. Praticou natação e polo aquático. De 1955 a 1958, dedicou-se ao teatro. Na filial carioca do Teatro Brasileiro de Comédia (TBC), trabalhou como assistente de direção de Adolfo Celi* e Ziembinsky. Chegou a pensar em ser ator. Tanto que, além de diretor, foi protagonista de seu primeiro curta: *Caminhos* (1957), realizado em 16 mm. Embora, mais tarde, tenha atuado nos filmes *Morrer gratuitamente* (Itália, 1966), de Sandro Franchina; *Amor, carnaval e sonhos* (1972), de sua autoria; *Gordos e magros* (1977), de Mário Carneiro*; e *Muito prazer* (1979), de David Neves*, já no final dos anos 50 descobria sua vocação: dirigir filmes. Em 1959, em parceria com o fotógrafo Mário Carneiro, codirige o curta-metragem *Arraial do Cabo*.

O filme, considerado ao lado de *Aruanda* (1959-1960), de Linduarte Noronha*, um dos marcos inaugurais do Cinema Novo*, percorre circuito de festivais europeus, conquista prêmios e rende uma bolsa para Saraceni estudar no Centro Experimental de Cinematografia, em Roma (1961-1962). Ao lado de Gustavo Dahl*, também aluno do CEC de Roma, Saraceni inicia uma série de contatos com seus colegas italianos (Bernardo Bertolucci, Marco Bellochio e Guido Cosulich) e mantém frequente correspondência com Glauber Rocha*. Juntos estabelecem os postulados do Cinema Novo. Ao regressar ao Brasil, começa a preparar seu primeiro longa-metragem, *Porto das Caixas*. Na maior parte de seu tempo, discute cinema com os colegas cinemanovistas (Leon Hirszman*, Mário Carneiro, Joaquim Pedro de Andrade*, Marcos Farias*, Miguel Borges*). Escreve artigos e manifestos, defende "um cinema diferente do que é praticado em Hollywood", mas "também da VERA CRUZ* e da chanchada* da ATLÂNTIDA*". Busca pontos em comum com o neorrealismo italiano e tem Roberto Rosselini (1906-1977) como seu principal mentor intelectual. Em sua autobiografia, *Por dentro do Cinema Novo – minha viagem*, ressalta que "já em 1954 (ano em que assistiria ao FESTIVAL INTERNACIONAL DE CINEMA do IV Centenário de São Paulo e conheceria André Bazin) era partidário do cinema impuro defendido pelo crítico francês" e "tinha sido definitivamente marcado por *Viaggio in Italia*, de Rosselini". Vê, também, filmes de Serguei M. Eisenstein (1898-1948) e mantém frequentes encontros com Paulo Emilio Salles Gomes* e Almeida Salles*, mestres e amigos. Paulo Emilio, além de acompanhar seus filmes de perto, escreverá para ele (em parceria com Lygia Fagundes Telles) o roteiro de seu terceiro longa-metragem, *Capitu*. Saraceni conhece Glauber Rocha, em 1959, nos LABORATÓRIOS LÍDER, em Botafogo, no Rio de Janeiro. O cineasta baiano montava seu primeiro curta, *O pátio*. Saraceni montava *Caminhos*. A amizade entre os dois foi duradoura e o cineasta baiano homenageou o amigo com artigos que apontavam *Arraial do Cabo* e *Aruanda* como grandes anunciadores do movimento cinematográfico que chegava (o Cinema Novo). Num de seus textos mais famosos – *O Cinema Novo* (1962) –, Glauber usou uma frase de Saraceni como epígrafe: "O Cinema Novo não é uma questão de idade; é uma questão de verdade". O primeiro longa-metragem de Paulo César Saraceni, *Porto das Caixas*, deu início à sua trilogia

"Lúcio Cardoso", sequenciada com *A casa assassinada* e concluída com *O viajante*. O romancista mineiro Lúcio Cardoso (1913-1968) é um dos autores prediletos do cineasta carioca. *Porto das Caixas* inspirou-se em fato que obteve grande destaque na crônica policial da época – o crime da machadinha. O jovem cineasta pediu a Lúcio Cardoso que trabalhasse o episódio ficcionalmente. Depois, ele mesmo se encarregou do roteiro técnico. O filme conta a história de uma mulher (Irma Alvarez*) que comete um assassinato para livrar-se da vida medíocre num lugarejo perdido e estagnado. Ela tenta aliciar o amante (Reginaldo Faria*) para ajudá-la no crime, que consiste em matar o marido (Paulo Padilha), que a oprime. Como o amante não se decide, ela busca a ajuda de um soldado e de um barbeiro. Quem acaba aceitando é o amante. Mas na hora de cometer o crime, ele vacila. Ela, então, comete o assassinato. O filme, fotografado por Mário Carneiro e musicado por Tom Jobim*, é denso e de atmosfera asfixiante. Sem dúvida, o melhor trabalho do cineasta.

Com o golpe militar de 1964, que derrubou as esperanças revolucionárias, alimento do grupo cinemanovista, Saraceni decide realizar seu segundo longa, *O desafio*. O filme se passa nos primeiros meses pós-triunfo das forças militares e focaliza um intelectual, Marcelo (Oduvaldo Viana Filho*), que acreditava na vitória das forças renovadoras (ou seja, nas promessas revolucionárias dos grupos de esquerda). Ao ver seu sonho vir abaixo, entra em estado de total perplexidade. *O desafio* registra o Marcelo pós-golpe, através de sua vida amorosa, profissional e política. O filme mostra, também, um trecho do espetáculo *Opinião*, estrelado por Maria Bethânia, Zé Kéti e João do Vale. Saraceni volta-se para literatura brasileira, adaptando a obra *Dom Casmurro*, de Machado de Assis. O roteiro, escrito por Paulo Emilio e Lygia Fagundes Telles, intitulou-se *Capitu*. O filme, com Isabella* no papel-título, não foi bem recebido pela crítica. A atriz principal não convence. Em sua segunda incursão literária – no romance *Crônica da casa assassinada*, de Lúcio Cardoso (que para *Porto das Caixas* escrevera apenas o argumento) –, Saraceni obteve êxito. O filme, estrelado por Norma Bengell* e Carlos Kroeber*, recebeu muitos prêmios e convenceu com seu clima denso, de inspiração viscontiana. Dois anos depois, o cineasta realizou um filme de carnaval chamado *Amor, carnaval e sonhos*. Reuniu uma trupe de amigos (Leila Diniz*, Arduino Colassanti*, Hugo Carvana* e Ana Miranda) e ele mesmo (que atua no filme) e promoveu um exercício livre, sem se preocupar com a construção de personagens ou com a definição de um roteiro preciso. O resultado é uma fantasia carnavalesca. O filme seguinte – o drama histórico *Anchieta, José do Brasil*, protagonizado por Ney Latorraca* – teve uma trajetória das mais tumultuadas. As filmagens demoraram muito, houve problemas financeiros, e integrantes da equipe, inclusive o diretor, chegaram a ser notícia em jornais de crime, quando foram detidos em Vitória, um dos cenários do filme, no Espírito Santo, acusados de porte de maconha. No final dos anos 70, Saraceni buscou no conto *Duas vezes com Helena*, de Paulo Emilio Salles Gomes (publicado no livro *As três mulheres de três Ps*), o ponto de partida do drama político *Ao sul do meu corpo*, protagonizado por Ana Maria Nascimento e Silva, Paulo César Pereio* e Nuno Leal Maia*. A narrativa inicia-se na São Paulo dos anos 30, onde se forma um triângulo amoroso tendo em seus vértices um professor quarentão, seu aluno predileto e uma mulher refinada. A trama alcançará o país já na década de 70, tempo em que se tortura nos porões do governo militar. O filme foi concluído, mas não pôde ser lançado, pois a censura* o interditou. Em 1983, Saraceni foi à Itália, na companhia de Leon Hirszman e de um grupo de artistas baianos (Dorival Caymmi, Batatinha, João Gilberto, Caetano Veloso*, Gilberto Gil, Gal Costa e o Trio Elétrico de Dodô e Osmar). Lá, em parceria com o produtor e cineasta Gianni Amico (1945-1990), registraram "13 horas de imagens dos festejos que transformaram a capital romana numa sucursal da Bahia". O material só seria transformado num longa-metragem, *Bahia de todos os sambas*, em 1996. O filme teve seu lançamento mundial em setembro do mesmo ano, no FESTIVAL DE VENEZA. Saraceni faria apenas mais um filme nos anos 80, *Natal da Portela*, cinebiografia do bicheiro Natalino José de Oliveira, o homem de um braço só que comandou uma das mais famosas escolas de samba do Rio, a Portela. Para o papel-título, Saraceni convoca Milton Gonçalves*. Para o de Paulo da Portela (o compositor Paulo Benjamin de Oliveira), primo de Natal, ele escala o sambista Almir Guineto. O filme, fotografado por Mário Carneiro, representou o Brasil na QUINZENA DE REALIZADORES, no FESTIVAL DE CANNES de 1988. Coprodução entre Brasil e França, *Natal da Portela* teve seus negativos retidos em Paris (pela firma Cout de Coeur) e acabou não encontrando

espaço no mercado brasileiro. Nem sequer foi lançado. Só chegou ao público, através do vídeo doméstico, em 1997. De 1988 até 1998, ano em que filmou *O viajante*, a partir de romance inacabado de Lúcio Cardoso, Saraceni realizou uma série de vídeos (*Baci*, 1990; *Almeida Salles – o presidente do mundo*, 1992; e *Torquato Neto – o anjo torto*, 1993), escreveu sua autobiografia e cuidou, com Fiorella Amico, viúva de Gianni Amico, da finalização de *Bahia de todos os sambas*. *O viajante*, filme que encerra a trilogia "Lúcio Cardoso", conta a história de um caixeiro viajante (Jairo Mattos) que chega a uma pequena cidade do interior de Minas Gerais, por ocasião da Festa da Padroeira, e desperta paixão em duas mulheres. Uma, já madura, viúva e carente (Marília Pêra*), e outra, bem jovem (Leandra Leal*). (MRC) Em 2002, dirigiu o longa documentário *Banda de Ipanema – Folia de Albino*. Em estilo direto, Saraceni entrevistou diversos membros da banda que fazem parte da boêmia estrelada carioca, com tomadas regadas a alto teor alcoólico. Ainda prestou depoimentos para os documentários *Glauber, o filme – labirinto do Brasil* (2003) e *Adolfo Celi, un uomo per due culture* (2006). O primeiro roteiro de Saraceni, escrito em 1952, adaptado de "O Gerente" obra do mineiro poeta Carlos Drummond de Andrade, é seu mais novo longa-metragem.

SARNO, Geraldo (Fidélis Geraldo Sarno) – Poções, BA, 1938. Diretor.

FILMOGRAFIA: 1965-1968 – *Brasil verdade* (episódio: 'Viramundo'). 1970-1972 – *Herança do Nordeste* (2º episódio: 'Casa de farinha'; 5º episódio: 'Padre Cícero'). 1973 – *O Pica-pau Amarelo*. 1976 – *Iaô*. 1977 – *Coronel Delmiro Gouveia*. 1987 – *Deus é um fogo*. 2008 – *Tudo isso me parece um sonho*. 2010 – *O último romance de Balzac*.

Fidélis Geraldo Sarno fez seus estudos em Salvador no Colégio Bahia Central. Como estudante universitário, dirige o jornal *Unidade*, da União Estadual dos Estudantes (UEE) da Bahia, e o Diretório Central dos Estudantes (DCE). Foi ainda diretor da revista *Ângulos*. Bacharelou-se em Direito pela Universidade da Bahia. Juntamente com Waldemar Lima e Orlando Senna* criou o Departamento de Cinema do Centro Popular de Cultura (CPC), em Salvador, no qual teria realizado alguns curtas experimentais. Partiu para São Paulo, no início de 1964, para trabalhar com a equipe de curtas-metragistas formada por Thomaz Farkas*. Seu primeiro trabalho foi 'Viramundo', para o qual escreveu o argu-

mento e realizou a direção. Filmado em 16 mm, tinha como assunto a migração nordestina para São Paulo. A película foi um dos exemplos paradigmáticos daquilo que Jean-Claude Bernardet* classificou como modelo sociológico, ou seja, um cinema apoiado na realidade dos despossuídos, a qual o cineasta procurava expressar narrativamente de uma tal forma que o objeto enfocado deixasse de ser para o espectador uma representação da realidade, mas a realidade em si. Um dos pilares para a realização desse tipo de abordagem cinematográfica encontrava-se no cinema direto (*cinéma-vérité*), resultado da utilização de novos equipamentos (câmeras portáteis e o gravador Nagra), cuja experiência mais impactante tinha sido *Chronique d'été*, de 1961, com direção de Jean Rouch e Edgar Morin. Escrevendo em 1966, Sarno disse que os filmes concebidos em cinema direto representavam, naquele momento, duas tendências. A primeira era a dos documentaristas, como Vladimir Herzog (*Marimbás*) ou Paulo Gil Soares* (*Memória do cangaço*, reunião de quatro curtas, entre eles 'Viramundo'), preocupados com o conteúdo informativo a ser transmitido, tomando um instrumental científico principalmente das Ciências Sociais. Em segundo lugar, vinham os que se utilizavam do mesmo instrumental para a construção de uma linguagem renovadora da dramaturgia dentro do espetáculo cinematográfico, como Joaquim Pedro de Andrade* em *Garrincha, alegria do povo*. Na dialética entre esses dois movimentos se debatia o cinema brasileiro. Essa perspectiva, nuançada com o passar do tempo, sempre esteve presente no cinema de Sarno. Em 1984, escreveu que o cinema brasileiro construiu a sua poética próxima às Ciências Sociais. Elas funcionavam como prismas pelas quais as lentes das câmeras buscavam entender a realidade. Nunca se pensou em atingir a pura objetividade, utilizando-se do instrumental científico como uma mediação. A natureza do documentário encontrava-se na poética, em que se buscava a ampliação da linguagem com o emprego de elementos de dramaturgia e ficção.

O segundo filme do cineasta foi *Auto da vitória*, para o Departamento de Produção de Filmes Documentários do Instituto de Estudos Brasileiros (IEB) da USP. O curta dividia-se em duas partes: numa, tinha-se a transladação dos restos mortais do padre Anchieta para a Basílica de Aparecida, apresentada como uma reportagem em som direto; noutra, atores da Escola de Arte Dramática (EAD), dirigidos por Alfredo Mesquita, encenavam trechos da peça *Auto da vitória*, escrita por Anchieta, tendo como cenário igrejas paulistas. O período mais produtivo de Geraldo Sarno foi entre 1968 e 1970, filmando uma série de curtas sobre temáticas nordestinas. O primeiro deles foi *Dramática popular*, seguido por *Vitalino/Lampião*, *Os imaginários*, *Jornal do sertão*, *O engenho*, *Casa de farinha*, *A cantoria*, *Viva Cariri!* e *Padre Cícero*. Em cada um desses filmes um tema era abordado: a literatura de cordel, Mestre Vitalino e Lampião, artesãos e gravadores de xilogravuras de cordel, cantadores, fabricação de farinha e de rapadura, introdução de formas industriais de produção no Nordeste. Em todos eles há uma crítica ao modelo desenvolvimentista implantado no país após o golpe de 1964, discutindo-se ainda a questão da terra, o latifúndio e o coronelismo. *Casa de farinha* foi visto como o documentário de maior abrangência social entre os produzidos pela série iniciada por Thomaz Farkas. Outra temática muito presente nos seus filmes, desde 'Viramundo', é a religiosidade. Em 'Viramundo', ela era apresentada como alienante, ganhando um grande espaço na construção da película. No longa *Iaô*, rodado em 16 mm, o enfoque é outro. Embora tenha declarado que o filme tinha sido pensado entre 1964 e 1965, *Iaô* tem uma visão positiva da religiosidade afro-brasileira. Como disse Bernardet, o que era alienação no primeiro, virou resistência cultural no segundo. No seu período de maior produção, vários são os curtas em que a religiosidade está presente. No curta *Imaginários*, temos o santeiro Mestre Noza e o gravador de xilogravuras Valfredo Gonçalves trabalhando sobre o Apocalipse. No curta *Padre Cícero* utilizaram-se imagens de época para destacar a importância da religiosidade no imaginário popular. Ele voltaria novamente ao candomblé com o filme de 1976, *Espaço sagrado*. Seu documentário longa, *Deus é um fogo*, analisa a Igreja progressista na América Latina, com cenas rodadas no Peru, Equador, México, Cuba, Nicarágua e Brasil.

Em 1973 considerou que o trabalho dos cineastas junto do povo tinha se tornado impossível. A frase dita numa entrevista no exterior apontava para a realização de alguns curtas dentro dos princípios defendidos pela cultura oficial, como *Monteiro Lobato* (codireção de Ana Carolina*), considerado por alguns críticos, entre os quais, José Carlos Monteiro, como uma matéria-prima desperdiçada; *Semana de Arte Moderna*, para o *Globo Shell Especial*; *Um mundo novo*, documentário sobre o ensino; *Petroquímica da Bahia*, codirigido por Lia Mônica; *Casa-grande e senzala*, sobre

Gilberto Freyre, para a EMBRAFILME*. Para o DAC/MEC iniciou o projeto sobre feiras populares do Nordeste. Data dessa época a realização do seu primeiro filme de ficção em longa metragem, *O Pica-pau Amarelo* (produção de Thomaz Farkas). Rodado em Divinolândia, interior de São Paulo, tinha no elenco nomes como o do diretor Gianni Ratto, no papel de Sancho Pança, e de Cosme dos Santos, fazendo o saci, descoberto por Arne Sucksdorff*, em 1963. A narrativa procurava integrar os personagens das histórias de Monteiro Lobato com outros vindos da modernidade industrial (Tom Mix, Batman, Capitão América, Capitão Gancho). O segundo filme de ficção foi *Coronel Delmiro Gouveia*. Com locações em Alagoas, na própria região onde aconteceram os fatos, litoral da Bahia e Petrópolis, foi rodado em três meses. Narra a história do comerciante e industrial nordestino Delmiro Gouveia, construtor de uma fábrica de linhas que enfrentou a gigante internacional Machine Cottons (linhas Corrente). Acabou assassinado, e a fábrica, destruída. Lançado em São Paulo em oito cinemas (cinco no Rio), em março de 1979, teve uma boa acolhida do público. Encarado como um filme político, foi comparado ao estilo do italiano *O caso Mattei*. Durante o lançamento, algumas chamadas pela imprensa assustaram, principalmente a frase sobre Delmiro: "O homem que não vendeu o povo brasileiro". Para Sarno, o ângulo tomado pelo filme era claro, a burguesia sozinha não podia lutar contra o imperialismo, necessitando do apoio da classe operária. Bernardet, na sua análise, reforçou esse aspecto ao escrever que o filme era um marco enquanto exposição didática do papel da burguesia industrial brasileira na história moderna do Brasil. Ao insistir no vínculo entre a burguesia nacionalista e o povo (camponês e operário), Sarno seguia as grandes linhas gerais estatuídas pela linha política do Partido Comunista Brasileiro (PCB), a revolução histórica por etapas, em que Delmiro seria a etapa da revolução burguesa. Se fosse realizado na época em que foi pensado (1969), causaria mais impacto do que em 1979, concluiu Bernardet. Suas últimas películas têm sido feitas em regime de coprodução entre a produtora SARUÊ FILMES e televisões estrangeiras, caso de *Deus é um fogo* (TV canadense). Outra área em que tem trabalhado é a da pesquisa e do ensino. Escreveu um livro sobre as relações entre Glauber Rocha* e o cinema latino-americano (1995). (JIMS)

Sarno aproveita a expansão da produção de cinema no Brasil na década de 2000

para lançar dois longas documentários em sequência, entre 2008 e 2010. *Tudo isso me parece um sonho* reflete as preocupações metalinguísticas do documentário brasileiro contemporâneo. Tematiza longamente a própria feitura de um filme que tem como tema a vida e luta do general pernambucano José Ignácio de Abreu e Lima, militar que participou de batalhas para a libertação da Colômbia, Venezuela e Peru no século XIX. O filme dá tonalidades bolivarianas ao herói, colocando-o como personagem dentro de uma luta maior pela libertação da América Latina. No centro da narrativa, refletindo a dominante estilística do documentário brasileiro contemporâneo, o desafio é a própria captação das imagens na estruturação do filme, em tomadas abertas para a indeterminação. Em *O último romance de Balzac*, Sarno explora a nova temática espírita do cinema brasileiro. Faz documentário sobre um romance de Balzac que teria sido escrito no além e psicografado por Waldo Vieira, médium que trabalhou com Chico Xavier. O romance que Balzac enviou do túmulo teria o nome de *Cristo espera por ti* e sua autoria poderia ser confirmada, em termos estilísticos, a partir de estudos realizados por Osmar Ramos Filho. Sarno aproveita a similitude entre o texto psicografado e o romance balzaquiano *A pele de onagro* para encenar no filme trechos do universo ficcional balzaquiano. Ainda no início da década de 2000, Sarno dirigiu uma série de médias documentários (cinquenta minutos), com formato para exibição televisiva, sobre cineastas brasileiros, intitulada *A linguagem do cinema*. Foram produzidos oito filmes retratando a obra de diretores brasileiros: *Espaço e tempo no cinema de Ruy Guerra*; *A construção do filme em torno de uma imagem* (Walter Salles* e Daniela Thomas); *Por um cinema artesanal e do sentimento* (Carlos Reichenbach*); *Ana Carolina no país do cinema; O baile pernambucano* (Paulo Caldas* e Marcelo Luna); *Aruanda visto por Linduarte Noronha*; *50 minutos e 23 segundos* (Júlio Bressane*) e *O realizador vai à luta* (Murilo Salles*). (FPR)

SCALVI, Patricia (Vera Lúcia de Souza) – São Paulo, SP, 1954. Atriz.

FILMOGRAFIA: 1977 – *Dezenove mulheres e um homem*; *Presídio de mulheres violentadas*; *Ninfas diabólicas*; *Noite em chamas*. 1978 – *As amantes latinas*; *Reformatório das depravadas*; *Sexo selvagem*; *Caçador de Esmeraldas*. 1979 – *Tara, prazeres proibidos*; *Amor, palavra prostituta*. 1980 – *Convite ao prazer*; *Corpo devasso*; *Noite das taras* (1º episódio: 'A carta de

Érica'); *Orgia da taras*; *Bacanal*; *O fotógrafo*; *Os indecentes*. 1981 – *Eros, deus do amor*; *Pornô!* (1º episódio: 'As gazelas'); *Como faturar a mulher do próximo*; *Duas estranhas mulheres* (1º episódio: 'Diana'); *Escrava do desejo*; *Ousadia* (1º episódio: 'A peça'); *Reencarnação do sexo*. 1982 – *Tessa, a gata*; *Viúvas eróticas*; *Profissão: mulher*; *Instinto devasso*. 1983 – *A mulher-serpente e a flor*; *Elite devassa*. 1992 – *Eternidade* (coprodução estrangeira).

Uma das atrizes favoritas do crítico Rubem Biáfora*, faz cinema na Boca do Lixo*. Inicia sua carreira no primeiro filme da série de presídios do produtor A. P. Galante*, sob direção da dupla Luiz Castillini* e Osvaldo Oliveira*. A seguir, filma desde pornochanchadas* rotineiras às produções mais esmeradas, com vários diretores como David Cardoso* (*Dezenove mulheres e um homem* e *Corpo devasso*), John Doo* (*Ninfas diabólicas*, o episódio 'A carta de Érica', de *Noite das taras*, e *Escrava do desejo*), Jean Garrett* (*Noite em chamas* e *O fotógrafo*), Ody Fraga* (*Reformatório das depravadas*), Ary Fernandes* (*Sexo selvagem*), Osvaldo Oliveira (*Caçador de Esmeraldas*), Antônio Meliande* (*Bacanal* e *Os indecentes*), José Miziara* (*Como faturar a mulher do próximo*). Musa de seu ex-marido, o cineasta Luiz Castillini, com ele filma *As amantes latinas*; *Tara, prazeres proibidos* (neste acumulando a função de assistente de direção); *Orgia das taras*; os episódios 'As gazelas', de *Pornô!*, e 'A peça', de *Ousadia*; *Reencarnação do sexo*; *Instinto devasso*; e *Elite devassa*. Quase sempre em papéis de protagonista, atua em filmes cada vez mais ambiciosos, tendo seu papel marcante na operária que sustenta o homem que ama, um intelectual em crise, em *Amor, palavra prostituta*, de Carlos Reichenbach*. Filma duas vezes com o especialista no feminino, Walter Hugo Khouri*, em *Convite ao prazer* e *Eros, deus do amor*. Sob a direção do estreante Jair Correia, atua em *Duas estranhas mulheres*, no episódio 'Diana'. Com o produtor e diretor Cláudio Cunha*, tem ótima interpretação, contracenando com Otávio Augusto*, em *Profissão: mulher*, adaptação do livro de contos *O animal dos motéis*, de Márcia Denser. Atua em *A mulher-serpente e a flor*, filme baseado em original de Cassandra Rios, sob a direção de J. Marreco. Após sua participação no cinema, desenvolve alguns trabalhos no teatro e também na televisão, em algumas novelas como *Meus filhos, minha vida* (1984-1985), de autoria de Ismael Fernandes, Henrique Lobo e Crayton Sarzy, produção do SBT. A mais recente participação no cinema foi em *Eternidade*, filme do diretor português Quirino Simões. (LFM)

SCHULTZ, Harald – Porto Alegre, RS, 1909-1966. Fotógrafo.

Harald Schultz era de ascendência alemã e dinamarquesa. Completou seu estudo fundamental na Alemanha, entre 1915 e 1924. Sua trajetória profissional – como fotógrafo e etnógrafo – foi marcada por mais de trinta anos de pesquisa ininterrupta sobre inúmeros grupos culturais. Foi aluno de dois grandes representantes da ação indigenista no Brasil: Rondon e Curt Nimuendaju, que despertaram em Schultz o entusiasmo de conhecer, defender e divulgar a realidade desses povos. A partir de 1939 passou a acompanhar como fotógrafo as expedições do Serviço de Proteção ao Índio (SPI), coordenadas pelo marechal Rondon, registrando fotograficamente com a finalidade de criar o Departamento de Documentação Cinematográfica e Etnográfica, que se transformou na Seção de Estudos do SPI. Devido ao seu interesse, em 1942, passou a compor a equipe como etnógrafo, acompanhando as expedições até 1945, quando encerrou sua carreira no SPI. Nessa ocasião manteve contato com vários grupos indígenas, principalmente com os Umutina, com o qual produziu seu primeiro filme. Em 1946, quando se mudou para São Paulo, passou a trabalhar como assistente de pesquisa de Herbert Baldus, na Escola de Sociologia e Política, onde Baldus havia criado a cadeira de Etnologia Brasileira. Em 1947, Baldus fundou a Seção de Etnologia no Museu Paulista, onde Schultz passou a ocupar o cargo de assistente de Etnologia. Foi o período de maior destaque de sua carreira. Schultz foi responsável pela ampliação sistemática das coleções etnográficas do museu e promoveu a coleta sistemática de mais de um terço (cerca de 6 mil itens) da coleção atual. Conseguindo subsídios com a venda de fotos para revistas estrangeiras – como a *National Geographic* –, voltou a filmar a partir de 1948-1949, formando, assim, o acervo filmográfico e fotográfico do Museu Paulista, hoje incorporado ao Museu de Arqueologia e Etnologia da Universidade de São Paulo. Os filmes, de curta metragem, em 16 mm, duram de quatro a dez minutos e são em sua maioria coloridos. É interessante observar que, em muitos deles, se encontram registrados os processos de confecção, ou uso, da maior parte das peças coletadas. Dedicou toda a sua vida à investigação e proteção às populações indígenas brasileiras, registrando em fotos, filmes e artigos a realidade tão diversa dessas culturas. Deixou realizados os seguintes documentários: *Dança de culto aos mortos* (1944-1945 – umutina), *Queimada*, *Corrida de revezamento ritual com toras de madeira*, *Cerimônia matinal*, *Preparando um grande bolo de mandioca para festa* (1949 – craô); *Expedição de festa e pesca* (1951 – caxinauá); *Trançando um ornamento de penas para a cabeça* (1959 – carajá); *Crochetando ornamento de penas*, *Escarificação*, *Cerâmica: fazendo uma panela para cozinhar*, *Dança de máscaras aruanã*, *Trançando uma pequena esteira com rebordo forte* (1959 – javaé); *Trançando uma máscara kokrit*, *Dança de máscaras kokrit*, *Fazendo uma flecha*, *Expedição de caça de dois grupos cerimoniais*, *Expedição de pesca*, *Trançando um cesto*, *Fiando um fio de algodão*, *Tecendo um cinturão para carregar crianças* (1959 – craô); *Comer, beber e fumar: homem com botoque* (1960 – txucarramãe); *Fabricação de um botoque*, *Fazendo uma flecha*, *Obtenção de plantas aquáticas*, *Cultivo de campo queimado*, *Pesca por envenenamento de água* (1960 – suiá); *Pescando por envenenamento de água*, *Pescando um pirarucu com arrastão*, *Trançando uma esteira grande* (1960 – carajá); *Fazendo um pano de casca* (1960 – tucuna); *Fazendo um colar de javali*, *Cultivo de campo queimado*, *Obtenção de fogo*, *Trançando um cesto*, *Fazendo uma tanga de fibras de casca* (1962 – erigpactsa); *Fabricando um cocar*, *Fazendo um colar*, *Fazendo um enfeite de cabeça para meninos*, *Pintando o corpo*, *Buscando água*, *Jogo de luta javari, luta romana*, *Obtenção de sal de plantas aquáticas*, *Fazendo uma tábua para ralar mandioca*, *Procissão de máscaras das figuras Sapokuyaná*, *Trançando um leque para fogo*, *Colheita e preparo de mandioca*, *Cozendo beijus*, *Obtenção do corante urucu* (1964 – uaurá); *Apontando os dentes*, *Perfurando o lóbulo da orelha*, *Pintura de corpo*, *Juntando e preparando tartarugas*, *Preparando frutas de palmeira*, *Cozendo tortinhas*, *Fazendo brinquedos de folhas de palmeira*, *Trançando um cesto* (1965 – craô). (SLC)

SCLIAR, Salomão – Porto Alegre, RS, 1925-1991. Diretor.

FILMOGRAFIA: 1950-1951 – *Vento norte*.

Em 1943, morando no Rio de Janeiro, trabalhou como assistente de câmera nos primeiros filmes da ATLÂNTIDA*. Em 1944, na praia de Capão da Canoa (RS), rodou o curta *Homens do mar*, também conhecido como *Enterro do pescador*. Novamente no Rio de Janeiro, fez carreira como repórter fotográfico da revista *O Cruzeiro*. Paralelamente trabalhou como assistente de câmera nos filmes de Luiz de Barros* (*Cavalo 13* e *Inocência*), nos estúdios da

BRASIL VITA FILME*. Em 1949, acompanhou o diretor Fernando de Barros* (que havia concluído *Inocência*) nas filmagens de *Caminhos do Sul*, rodado em Uruguaiana (RS), no qual faz a fotografia de exteriores. No mesmo ano, esteve cogitado para dirigir "A última noite", primeiro roteiro do crítico e cineasta Alex Viany*, nunca realizado. Em seguida, começou a filmar, em Torres (RS), *Vento norte*, acumulando as funções de diretor, roteirista e fotógrafo desse primeiro longa-metragem sonoro gaúcho. Nessa mesma época, fundou em Viamão (RS) a produtora HORIZONTE FILMES. Mais tarde, tentou rodar outro filme, "Terra de sangue", que nem chegou a ser iniciado. Manteve-se como realizador de documentários, de meados dos anos 40 até 1960, filmando *Problemas de uma cidade*, *Bolívia*, *Verdes mares bravios*, *O Museu de Arte de São Paulo* e *A história de um povo: a formação do Paraná*, alguns dos dez filmes que compõem a sua obra. Morreu em Porto Alegre em 15 de fevereiro. (TB) Em 2002, a dissertação de mestrado de Glênio Nicola Povoas, intitulada *Vento norte: história e análise do filme de Salomão Scliar*, foi lançada em conjunto pela CINEMATECA BRASILEIRA e Secretaria Municipal de Cultura de Porto Alegre.

SEGRETO, Afonso (Alfonso Segreto) – San Martino de Cilento, Itália, 1875-?. Diretor, fotógrafo.

Existem poucas informações sobre Afonso, gerando um mistério em torno desse homem que, por orientação de seu irmão Paschoal Segreto*, se tornou o primeiro cineasta brasileiro, realizando, entre 1898 e 1901, cerca de sessenta fitas, que constituem a maioria absoluta das primeiras filmagens que ocorrem no país exibidas comercialmente no Rio de Janeiro entre 1898 e 1901. Na verdade, temos notícias de Afonso apenas entre 1896 – quando é trazido por seus irmãos Paschoal e Gaetano da Itália para o Rio de Janeiro, onde eles haviam se estabelecido no negócio de jogos e diversões – e 1901, quando Afonso roda o seu último filme na cidade. Permanecem nebulosas as origens de Afonso, supondo-se que nasceu, como os irmãos, na cidade interiorana de San Martino de Cilento, na província de Salerno, filho de Domenico e Concetta Segreto, provavelmente na metade da década de 1870. No Rio de Janeiro, trabalha na EMPRESA PASCHOAL SEGRETO, inicialmente encarregado de resolver pequenas questões, muitas vezes viajando para Campos, interior do estado do Rio, São Paulo e Minas Gerais, onde Paschoal tinha

negócios e salas de espetáculo. Participa do lançamento pela EMPRESA da primeira sala "fixa" de cinema no país, o SALÃO DE NOVIDADES PARIS NO RIO, na rua do Ouvidor, revelando para o irmão pendores técnicos. Em janeiro de 1898, parte para Nova York incumbido por Paschoal de adquirir novas fitas para a programação do salão e também para comprar e aprender a operar um equipamento de filmagem. Meses depois chega de volta ao Rio no navio *Brésil*, vindo de Paris, onde realizara um estágio na PATHÉ FILMS. Do tombadilho, na entrada da baía de Guanabara, realiza em 19 de julho de 1898 aquela que é considerada a primeira filmagem no Brasil (contestada por pesquisas recentes, que não encontram o registro dessa fita nos jornais da época ou de sua exibição), data em que é celebrado o nascimento do cinema brasileiro. Criou-se o mito do plano inaugural rodado por Afonso, um *travelling* lento (o movimento do navio) de um plano aberto do Rio de Janeiro silhuetado pelo amanhecer, visto da entrada da baía. Um estrangeiro manipulando uma tecnologia importada, buscando reproduzir a forte impressão que aquele ambiente lhe provocara. Outros planos que Afonso roda na baía naquele período são exibidos meses depois no SALÃO DE NOVIDADES PARIS NO RIO, com o título *Fortaleza e navios de guerra na baía de Guanabara*. Paschoal, que se mantém de 1898 a 1907 como o único exibidor e produtor de cinema regular no Brasil, tem Afonso como seu "braço cinematográfico", passando a apresentar nas suas casas – onde o cinema era a principal atração de um espetáculo de variedades –, filmes locais como um diferencial em relação às outras exibições do cinematógrafo que ocorriam irregularmente na capital, consolidando seu sucesso como o primeiro grande empresário de entretenimento no país. Afonso, que, de acordo com seu sobrinho Luís Segreto, fora visto inicialmente como "um sujeito pouco ativo, elegante, conquistador, gozador, mordedor, que usava uma lente pincenê azul", entusiasma-se com a nova atividade, encarregando-se das filmagens, da revelação e da copiagem do material das fitas, aos poucos formando auxiliares. Ainda em 1898 viaja para Nova York a fim de repor os equipamentos perdidos num incêndio do PARIS NO RIO, voltando ao Rio de Janeiro em 23 de fevereiro de 1899, quando é recebido por seu irmão Gaetano e pela diretoria do Círculo Operário Italiano.

Esses filmes se constituíam de fitas de curta duração, compostos de planos autônomos, que abordavam, inicialmente,

os rituais e os representantes do poder, geralmente aparições dos presidentes da República, e o movimento das tropas, nitidamente fazendo parte da política de boa vizinhança que Paschoal possuía com as elites do país, como *Chegada do dr. Campos Sales a Petrópolis* (1898), *Um batalhão do Exército* (1899), *Festas em homenagem ao presidente da Argentina, general Julio Roca* (1899) e *Um batalhão de artilharia fazendo exercícios de fogo* (1900), ou que documentavam partes e atividades pitorescas da cidade, como *O largo de São Francisco de Paula* (1898), *A praia de Santa Luzia* (1898), *Pescadores tirando peixe nas águas de Niterói* (1900), etc. Progressivamente surgem fitas que tinham como tema espetáculos artísticos, cômicos, coreográficos ou musicais, como *Um careca* (1899), *Dança de uma baiana* (1899), *Infelicidade de um velho na primeira noite de casamento* (1899), *Maxixe do outro mundo*, *Quadrilha no Moulin Rouge* (1901). Afonso, que, aos poucos, vai dominando o metiê e explorando suas possibilidades, provavelmente em *Dança de um baiano* encena pela primeira vez no Brasil uma ação cinematográfica com um ator-bailarino. Do mesmo modo, em 1901, faz no Moulin Rouge a primeira filmagem, de que se tem notícias aqui, com iluminação artificial.

Entretanto, muito cedo, ele revelara suas preferências políticas ligadas à participação dos italianos no movimento operário que pulsa no Rio e em São Paulo durante a Primeira República. Em 1899, viaja com Gaetano até São Paulo para uma reunião do Círculo Italiano paulista, quando realiza a primeira filmagem na capital paulista, no dia 20 de setembro de 1899, aniversário da unificação da Itália. Com eles viajam outros 125 sócios do Rio de Janeiro. Afonso já desce do trem filmando o foguetório e depois o grupo seguindo a pé da estação até o túmulo do socialista Polinice Mattei, assassinado no ano anterior. De lá vão todos em direção ao velódromo da cidade para as corridas em homenagem aos visitantes, sendo tudo por ele documentado. *Círculo Operário Italiano em São Paulo* é exibido em setembro no SALÃO DE NOVIDADES PARIS NO RIO. Outras filmagens de reuniões e manifestações de operários que Afonso, com bastante independência de atuação, havia filmado e exibido nas salas da EMPRESA teriam sido proibidas quando percebidas por Paschoal. Esse fato acabaria por indispor Afonso com Paschoal, que então se afastava das ligações com a contravenção e a quem não interessava defender nos "seus" filmes a causa de anarquistas e socialistas. Em 14

SEGRETO

de março de 1900, Afonso novamente vai a Paris adquirir novidades para a EMPRESA. Mas o conflito entre suas simpatias políticas e a temática tradicional da EMPRESA teriam levado Paschoal a tomar a decisão pragmática, para não prejudicar os negócios, de enviar Afonso de volta para a Itália. De fato, pouco se sabe exatamente por que e como ele é afastado bruscamente da EMPRESA. Em 1902, a EMPRESA apresenta um único filme, *Vistas nacionais* (nitidamente um reaproveitamento de filmagens anteriores de Afonso), paralisando suas atividades cinematográficas até 1906. O Afonso que aparece nos filmes da EMPRESA depois de 1907 e, em seguida, na lista do enterro de Paschoal, em 1920, é, no primeiro caso, provavelmente um engano, e, no segundo, seguramente seu sobrinho homônimo, filho de Gaetano. O verdadeiro Afonso Segreto, o pioneiro do cinema brasileiro, perdeu-se na história, deixando como legado a direção de filmes como: *Fortaleza e navios de guerra na baía de Guanabara, Chegada do dr. Campos Sales a Petrópolis, Chegada do dr. Prudente de Morais e sua comitiva ao arsenal da Marinha, A família do presidente Prudente de Morais no Palácio do Catete, Inauguração da Igreja da Candelária, O largo da Carioca, O largo de São Francisco de Paula, O largo do Machado, A praia de Santa Luzia, O préstito do marechal Floriano para o cemitério, Vistas de aspectos fluminenses* (1898); *Algumas localidades do Rio de Janeiro, Baldeação da barca de Petrópolis, A barca de Niterói, Um batalhão do Exército, Um careca, Chegada do dr. Campos Sales no arsenal da Marinha, Círculo Operário Italiano em São Paulo, O corpo de bombeiros em movimento, Dança de uma baiana, Dança de um baiano, Embarque do dr. Campos Sales para Petrópolis, Enterro do primeiro tenente Pio Torelli, Entrada de uma barca de Niterói, Festas em homenagem ao presidente da Argentina, general Julio Roca, Grandes solenidades comemorativas da colônia italiana no Rio, Incêndio na praça do Mercado, Infelicidade de um velho na primeira noite de casamento, Largo de São Francisco por ocasião de um meeting, O mágico dos bonecos, Praça Tamarindo no dia treze de maio, Quadros nacionais, Rua do Ouvidor, Uma viagem de núpcias que acaba mal, Vistas de sítios e cenas do Rio de Janeiro* (1899); *A banda do corpo de bombeiros, O bando precatório para a seca do Ceará, Um banho na praia do Flamengo, Um batalhão de artilharia fazendo exercícios de fogo, Chegada da barca de Niterói, A chegada do dr. Campos Sales de Buenos Aires, Comemoração cívica no largo de São Francisco, Descarga de um vapor em Santos, O dr. Campos Sales nos funerais de Humberto I, As festas da Penha, Maxixe do outro mundo, Oficiais do Exército e da Guarda Nacional no arsenal da Marinha esperando o presidente Prudente de Morais, O Palácio do Catete, Passagem da cavalaria brasileira no campo de Santana, Passagem do Círculo Operário Italiano no largo de São Francisco de Paula de volta de São Paulo, Passagem do enterro do dr. Ferreira de Araújo no largo do Machado, Pescadores tirando peixes nas águas de Niterói, Piquenique na Cantareira, Piquenique na ilha do Governador pelo Clube Vasco da Gama, Regatas em Botafogo, A rua do Catete* (1900); *Embarque do general Roca, Escalada de um muro por alunos da Escola Militar, Exercícios na fortaleza de Santa Cruz, Uma família feliz em Botafogo; Festejos do general Roca no Catete, O largo da Carioca, Missa fúnebre de Humberto I na Candelária, Quadrilha no Moulin Rouge, Regatas em Botafogo* (1901). O ano de falecimento de Afonso é igualmente obscuro. (RM)

SEGRETO, Paschoal (Pascoale Segreto) – San Martino di Cilento, Itália, 1868-1920. Produtor.

Paschoal foi o primeiro grande empresário voltado para o entretenimento no Brasil, tendo sido responsável pela introdução do cinema no país. Nasceu numa pequena cidade na província de Salerno, filho de Domenico e Concetta Segreto, numa família de uma Itália pobre e superpovoada, forçando Paschoal e seu irmão dois anos mais velho, Gaetano, ainda adolescentes, a vir para o Brasil, em 1883, tentar a vida. No Rio de Janeiro, trabalham vendendo bilhetes de loteria e como jornaleiros, terminando por organizar um pioneiro sistema de bancas. Logo, com enorme disposição e tino para negócios, estariam ligados às primeiras formas de empresariamento de divertimentos na cidade, atuando também no jogo, através de diversas formas de apostas e loterias, consideradas como uma contravenção – o que garante aos irmãos uma significativa folha penal nos seus primeiros anos aqui (Paschoal com treze e Gaetano com nove entradas na casa de detenção). Estabelecidos, começam a trazer o resto da família (o primeiro que chega é o irmão seguinte, Afonso Segreto*, em 1896), sempre solidários e pragmáticos, integrando todos nos negócios sob a autoridade de Gaetano e a indiscutível liderança de Paschoal. Dessa primeira época, um parceiro de negócios fundamental foi José Roberto da Cunha Sales, advogado pernambucano, jurista, inventor, um escroque genial na praça do Rio de Janeiro que explorava formas de jogo associadas a exibições culturais e espetáculos, valendo-se de formas originais de publicidade. Gaetano continua trabalhando com distribuição de jornais, mas vai se envolvendo de forma cada vez mais profunda com a colônia italiana na capital, tornando-se membro e depois dirigente de diversas associações de *oriundi* no Rio, como o Círculo Operário Italiano, fundado em 1901, e o *Il Bersagliere*, um jornal publicado no Rio em italiano, do qual se torna editor.

Enquanto isso, Paschoal dirige seu dinamismo e criatividade para o empresariamento de diversões, uma novidade na cidade, que na última década do século assiste o surgimento de cabarés, cafés-concerto e casas de chope, onde são oferecidos como atração espetáculos de variedades, com artistas e as novidades mecânicas, principalmente o fonógrafo e o cinematógrafo. Pioneiro, funda a primeira empresa de porte e de nome nacional do setor, a mitológica EMPRESA PASCHOAL SEGRETO, que Paschoal nunca formalizou e só foi registrada depois de sua morte. Paschoal observa o sucesso das exibições irregulares do cinematógrafo realizadas no Rio, e, mesmo com a instabilidade da energia por vezes prejudicando a nitidez das sessões, resolve investir no negócio. Em 31 de julho de 1897, em sociedade com Cunha Sales, funda na privilegiada rua do Ouvidor o SALÃO DE NOVIDADES PARIS NO RIO, a primeira sala "fixa" de exibição cinematográfica do país. Com o extraordinário sucesso de público do SALÃO, o cinema seria a menina dos olhos de Paschoal, investimento no qual apostaria antes que qualquer outro aqui. Também com o cinema ficaria conhecido e daria uma nova dimensão a seus negócios. Duplamente pioneiro, além de importar fitas para a programação regular da sala, manda seu irmão Afonso para o exterior comprar e aprender a manejar um equipamento cinematográfico. Em agosto de 1898, um incêndio destrói por completo o SALÃO DE NOVIDADES PARIS NO RIO, assim como o resto, os dois outros andares onde os Segreto guardavam equipamentos e estoques e moravam. No entanto, o prédio estava no seguro, e, depois de contestado, Paschoal é pago e, em janeiro de 1899, reabre o cinematógrafo, já sem a parceria de Cunha Sales, que leva seus negócios para Petrópolis, onde era menos notório. Enquanto Gaetano se casa, em 1896, com Elia Saccardi, que lhe daria dez filhos, Paschoal mantém uma vida irregular, dedicando-se apaixonadamente ao trabalho, dormindo no escritório e nos bastidores

648

dos seus cinemas e teatros. Ganha grande popularidade na cidade, com a qual cada vez mais se identifica, conhecendo todo tipo de gente: desde o Camisa Preta, capoeirista da Saúde, artistas, boêmios, vendedores de rua, fiscais, policiais, até comerciantes ricos, funcionários públicos importantes, políticos. Em junho de 1898, como sinal de sua aceitação também pelas órbitas superiores, livre de Cunha Sales e da antiga imagem de contraventor, o presidente Prudente de Morais vai ao seu cinema acompanhado de sua esposa, família e autoridades civis e militares. Em 1899, Paschoal abre o Parque Fluminense e, logo depois, o Coliseu Boliche, onde apresenta, além do cinematógrafo, cosmoramas, lanterna mágica com retratos de brasileiros ilustres, ofertas de fotos instantâneas, tiro ao alvo, cavalinhos de pau, a mulher voadora, o cantor Eduardo das Neves, e muito mais. Assim, nas casas da empresa, o cinema é a atração central, mas não exclusiva, de um espetáculo de "palco e tela", onde se oferece uma diversão barata (ingressos a 1$000 – mil-réis), moderna, absolutamente moral e instrutiva – ele anunciava – às famílias. Com sua visão empresarial, percebe a importância da divulgação das atividades da sua empresa e produz fotos, cartazes e publicações sobre seus espetáculos, assim como busca o acesso aos jornalistas, sendo um pioneiro no modo de lidar com a imprensa, sempre obtendo propaganda barata e eficiente.

Em relação às sessões de cinema, seu diferencial estava exatamente na exibição, junto com as fitas estrangeiras, das filmagens locais de Afonso, abordando os temas que escolhia cuidadosamente. Em 1900, os irmãos montam um estúdio "para filmagem de atualidades" e um laboratório, o primeiro de que se tem notícia na cidade, mantendo-se a empresa até 1907 como o único exibidor e produtor de cinema regular na capital e no país. De 1898 a 1901, realiza cerca de sessenta fitas, que poderíamos resumir como fitas que registram os rituais do poder e seus personagens, entre outras: *A família do presidente Prudente de Morais no Palácio do Catete* (1898), *Festas em homenagem ao presidente da Argentina, general Julio Roca* (1899) e *Um batalhão de artilharia fazendo exercícios de fogo* (1900); fitas que documentam as partes pitorescas da cidade, entre outras: *O largo de São Francisco de Paula* (1898), *A praia de Santa Luzia* (1898), *Pescadores tirando peixes nas águas de Niterói* (1900); fitas com artistas (cômicas ou coreográfico-musicais), entre outras: *Um careca* (1899), *Dança de uma*

baiana (1899), *Infelicidade de um velho na primeira noite de casamento* (1899); e fitas que abordam acontecimentos do meio operário, como: *Círculo Operário Italiano em São Paulo* (1899), *Largo de São Francisco por ocasião de um meeting* (1899). A empresa só volta a produzir filmes em 1905. Paschoal, cognominado de Ministro das Diversões pela imprensa, beneficia seus estabelecimentos instalando motores a vapor, e arrenda novos teatros, o São José, o São Pedro e o Carlos Gomes, consolidando seu império na praça Tiradentes. Em 1906, volta a produzir cinema com *Inauguração da avenida Central* (1905). Embora continue fazendo filmes sobre os presidentes da República, procura tornar mais dinâmicos seus documentários, como *O carnaval na avenida Central* (1906), produzindo depois *Roca, Carletto e Pegatto na Casa de Detenção* (1906), um grande sucesso de público. Em 1907, com o fornecimento regular de energia para a capital, começa o *boom* dos cinemas, que surgem numerosos em torno da avenida Central (atual Rio Branco), rompendo a hegemonia da EMPRESA PASCHOAL SEGRETO na exibição e na produção de filmes. Surgem novos produtores e exibidores, quando se inicia um ciclo cinematográfico extraordinário e precoce que produz cerca de duzentos filmes por ano entre 1907 e 1911, destacando-se William Auler*, fabricante de móveis, e os bicheiros Jácomo Rosário Staffa e Giuseppe Labanca. A partir de 1908, com o acirramento da disputa pelo mercado, Paschoal passa a importar e a produzir "filmes alegres", como eram chamados, realizando *Beijos de amor* (1908), *Um colegial numa pensão* (1908), *Surpresas no carnaval* (1908), *Pulga recalcitrante* (1908), *Pintor e modelo* (1909). Reagindo aos novos tempos, o SALÃO DE NOVIDADES PARIS NO RIO muda de nome para PAVILHÃO INTERNACIONAL, em 1907, com lutadores franceses de luta romana e cinematógrafo. Se a família dizia que Paschoal, o *capo*, era "intratável", cada vez mais sólida se mantém sua ligação com Gaetano, e, quando este viaja para a Itália, os irmãos se abraçam no cais do Rio a ponto de atrasar o navio. Gaetano morre na Itália em 22 de junho de 1908, perto de sua cidade natal, onde é enterrado, deixando nove filhos, que são criados por Paschoal, e é ao cuidado e à sensibilidade de colecionador de Luís, o caçula, que devemos boa parte das informações de que hoje dispomos sobre a família. Paschoal ainda tenta adaptar a empresa à nova conjuntura, enquanto Francisco Serrador*, gerente da COMPANHIA CINEMATOGRÁFICA BRASILEIRA,

testa de ferro dos interesses de produtoras e distribuidoras internacionais, principalmente americanas, vai irreversivelmente se apossando do mercado cinematográfico paulista e depois do carioca, avançando por outras cidades, comprando os cinemas de primeira linha, configurando, desde então, uma situação estrutural para o cinema brasileiro: a de existir em um mercado nacional invadido. Com Serrador surge um novo conceito: o longa-metragem. Assim, praticamente termina a produção de fitas no Rio em 1912, só se filmando cinejornais*. Paschoal se mantém no setor apenas como um pequeno exibidor, enquanto continua empresariando variedades. Em 1911, funda a COMPANHIA NACIONAL S. JOSÉ, a nova "menina dos seus olhos", chegando a empresariar simultaneamente três companhias. Traz para o teatro seus conceitos de entretenimento a preços populares com o regime de sessões, pelo que é muito contestado, respondendo com seu usual pragmatismo, defendendo a continuidade da atividade artística. É fundamental a sua contribuição para a formação de um teatro musical e cômico nacional, notável pela tipificação dos personagens da cidade em enredos descontínuos e alegóricos, misturando gêneros, em que, concreta e metaforicamente, o palco fala diretamente com a plateia. Paschoal morre em 22 de fevereiro, no comando de sua empresa, tendo um dos enterros mais celebrados e concorridos do seu tempo. Como obra nos legou os filmes realizados por Afonso Segreto (ver filmografia deste), entre 1898 e e as películas realizadas posteriormente: *Inauguração da avenida Central* (1905); *Atualidades do Rio de Janeiro, O carnaval na avenida Central, Desembarque de mr. Root, Um passeio no Leme, Roca, Carletto e Pegatto na Casa de Detenção* (1906); *Almoço à imprensa no restaurante do Pão de Açúcar, Almoço ao doutor Sampaio Correia, Almoço aos conselheiros argentinos no Pavilhão Nacional de Agricultura, Ascensão no Pão de Açúcar, O batalhão do capitão Lippi, Beijos de amor, Um colegial numa pensão, O corso de carruagens na exposição, Exposição da seção pecuária, Exposição Nacional de 1908, Inauguração da Exposição Nacional, Obras de exposição, Surpresas do carnaval, Vacina obrigatória, Vingança moderna* (1908); *Pintor e modelo, Pulga... recalcitrante* (1909); *O carnaval de 1910, A chegada do marechal Hermes, Geisha, Inauguração do monumento do marechal Floriano, Julgamento dos implicados no assassinato dos estudantes, Parada das sociedades de tiro brasileiro na avenida* (1910), *Cerimônia da posse do presidente do estado do Rio* (1911). (RM)

SELVA, Déa (Jandira Berad Câmara) – Quipapá, PE, 1917-1993. Atriz.

FILMOGRAFIA: 1931-1933 – *Ganga bruta*. 1936 – *Bonequinha de seda; João Ninguém*. 1937 – *O bobo do rei*. 1939 – *Aves sem ninho; Anastácio*. 1940 – *Céu azul*. 1947-1948 – *Mãe*. 1949 – *Escrava Isaura*. 1956 – *Depois eu conto*.

Mudou-se para o Rio de Janeiro ainda adolescente. Logo após terminar um curso de comércio, fez um teste para o cinema, obtendo o primeiro papel feminino no filme *Ganga bruta*, de Humberto Mauro*. Sônia, sua personagem, era uma mocinha brejeira do interior, noiva de Décio (Décio Murilo), que acabou se envolvendo com o engenheiro Marcos Resende (Durval Bellini), marcado pela tragédia: matara a mulher na noite de núpcias ao descobrir que era traído e fora inocentado pela Justiça. Hoje tido como um clássico do cinema brasileiro e ponto culminante da carreira de Humberto Mauro, *Ganga bruta* foi na época um grande insucesso de público e recebido negativamente pela crítica. O jornalista, escritor e dramaturgo Raymundo Magalhães Jr., ao rememorar em 1936 o início da carreira de Déa Selva, mantinha a mesma ojeriza ao filme: "Começou mal. Começou, mesmo, pessimamente, naquele filme sem nexo, sem continuidade, sem beleza, sem cinema, que foi *Ganga bruta*". Depois desse filme, Déa Selva ingressou no teatro. Após algumas tentativas, Procópio Ferreira* lhe deu um pequeno papel na peça *Fruto proibido*, de Oduvaldo Viana*. Em sua estreia nos palcos, Déa atuava no prólogo, contracenando com Manoel Pêra, pai de Marília Pêra*. Nessa ocasião, conheceu o ator e empresário Darcy Cazarré, com quem logo se casou, tendo Procópio Ferreira como padrinho. Atuou por algum tempo na Companhia Cazarré, do marido, e nas companhias Elza-Cazarré-Delorges (de quem eram sócios ela, o marido e os atores Elza Gomes e Delorges Caminha), Renato Vianna, Raul Roulien* e Jayme Costa*. Nessa última companhia, teve o primeiro papel de destaque em sua carreira, na peça *Carlota Joaquina*, de R. Magalhães Jr. Voltou ao cinema em *Bonequinha de seda*, dirigido por Oduvaldo Viana e estrelado por Gilda Abreu*. Logo em seguida, fez *João Ninguém*, primeiro filme dirigido pelo ator Mesquitinha*. Déa Selva fez ainda vários filmes, trabalhando nos estúdios da CINÉDIA*, SONOFILMS* e em realizações independentes. Voltou a trabalhar com Humberto Mauro num curta de ficção do Instituto Nacional de Cinema Educativo (INCE*), *Um apólogo*, adaptação de um conto de Machado de Assis. Seu último papel no cinema foi em *Depois eu conto*, dirigida por José Carlos Burle*. Afastou-se então do cinema, mas a carreira artística na família teve prosseguimento com os filhos Olney e Older Cazarré. (LAR)

SENNA, Orlando (Orlando de Sales Sena) – Afrânio Peixoto, BA, 1940. Roteirista, diretor.

FILMOGRAFIA: 1969 – *A construção da morte* (rot., dir.). 1974 – *Iracema, uma transa amazônica* (rot., dir.). 1975 – *O rei da noite* (rot.). 1976 – *Gitirana* (rot., dir.). 1977 – *Diamante bruto* (rot., dir.); *Coronel Delmiro Gouveia* (rot.). 1981 – *Abrigo nuclear* (rot.). 1985 – *Ópera do malandro* (rot.). 1987-1988 – *Brás Cubas* (coprodução estrangeira) (rot., dir.). 1993 – *A dívida da vida* (rot.). 1995 – *O lado certo da vida errada* (rot.). 1996 – *Edipo Alcade* (produção estrangeira) (rot.). 1998 – *Iremos a Beirute* (rot.); *Enredando sombras* (episódio: 'Cinema novo') (produção estrangeira) (dir.). 2003 – *Glauber, o filme – labirinto do Brasil* (rot.). 2006 – *ZA 05. Lo viejo y lo nuevo* (rot.).

Em Salvador, na virada dos anos 50 para os 60, participa da efervescência cultural e política da época. Frequenta a Escola de Teatro da Bahia, quando assiste às aulas ministradas por Eros Martin Gonçalves e atua no Centro Popular de Cultura (CPC). Nessa época é jornalista, colaborando no Suplemento Cultural do *Diário de Notícias*, de Salvador, escrevendo críticas de cinema. Nos anos 70, trabalha no *Correio da Manhã*, *Última Hora* e *Jornal do Brasil*, no Rio de Janeiro. No teatro dirige, em São Paulo, a peça *Teatro de cordel* (1970), sendo também dramaturgo e autor dos livros *Delmiro Gouveia*, *Xana*, *Ares nunca dantes navegados*, além do romance *Máquinas eróticas*. No cinema, ainda na Bahia, dirige os documentários *Imagem da terra e do povo*, *Lenda africana* e *Dois de julho*, sendo assistente de direção de Roberto Pires* em *Tocaia no asfalto* (1962), produção da IGLU FILMES. Muda-se para o Rio em 1968, vivendo entre Salvador, São Paulo e Rio. Nessa época, dirige e roteiriza seu primeiro longa, o filme-denúncia *A construção da morte*. Em parceria com o fotógrafo Jorge Bodanzky* e o roteirista Wolf Gauer, registra, em película de 16 mm, *Iracema, uma transa amazônica*, mistura de reportagem, ficção e documentário, e *Gitirana*, sobre os problemas sociais do Brasil dos anos 70. Escreve o roteiro de *O rei da noite*, de Hector Babenco*. Também dirige e roteiriza a adaptação do romance *Bugrinha*, do escritor baiano Afrânio Peixoto, pequena produção semidocumental em 16 mm, feita em sua cidade natal com o ator José Wilker*. É roteirista de *Coronel Delmiro Gouveia*, de Geraldo Sarno*. Nos anos 80, é roteirista da ficção científica *Abrigo nuclear*, de Roberto Pires, e do musical *Ópera do malandro*, de Ruy Guerra*, este baseado na peça homônima de Chico Buarque de Hollanda. Também nesse período foi professor na Escola de Cinema de Santo Antônio de Los Baños, em Cuba, quando intensifica mais ainda seus contatos com o cinema latino-americano. Dessa experiência dirige, em parceria com o cubano Santiago Alvarez, o documentário *Brás Cubas*. Nos anos 90, volta a trabalhar como roteirista, em parceria com o diretor Octávio Bezerra, em *A dívida de vida* e *O lado certo da vida errada*. É também organizador e professor no curso de cinema da Escola Dragão do Mar em Fortaleza. Entre 2003 e 2007, foi secretário do Audiovisual do Ministério da Cultura, assumindo a diretoria geral da Empresa Brasil de Comunicação, coordenando o desenvolvimento da TV BRASIL, novo canal da televisão pública no país. Deixa o cargo menos de um ano depois por discordar da forma de gestão da empresa. Foi consultor de roteiro do filme *Glauber, o filme – labirinto do Brasil*, de Silvio Tendler*, e um dos roteiristas do filme dirigido por Fernando Birri, *ZA 05. Lo viejo y lo nuevo*, uma produção de Cuba e Argentina. Teve lançado em 2007, no auditório do Centro Dragão do Mar de Arte e Cultura, seu livro *Um gosto de eternidade*, que mergulha na realidade latina através de seus mitos, suas histórias e contradições. Desde 2008 é presidente da Televisão América Latina (TAL), rede de comunicação entre canais educativos, produtores independentes e instituições culturais da América Latina. A Coleção Aplauso lançou, em 2008, o livro *Orlando Senna – o homem da montanha*, com texto de Hermes Leal. Em 2009, a Editora Record lança um romance de sua autoria intitulado *Os lençóis e os sonhos*. (LFM)

SÉRGIO, Mário (Mário Sérgio Carvalho) – Santos, SP, 1929-1981. Ator.

FILMOGRAFIA: 1950 – *Caiçara; Terra é sempre terra*. 1951 – *Ângela*. 1953 – *Uma pulga na balança; Luz apagada; É proibido beijar*. 1957 – *Estranho encontro*. 1957-1958 – *Ravina*.

Foi descoberto nas praias de Santos por Alberto Cavalcanti*, segundo consta em informações de várias fontes. O primeiro galã da VERA CRUZ* faz curta carreira no cinema, protagonizando os dois primeiros filmes do estúdio. Em seu primeiro filme, *Caiçara*, de Adolfo Celi*, interpreta um pescador do litoral paulista e vive um caso de amor com a personagem interpretada por Eliane Lage*. Em seu segundo filme, *Terra é sempre terra*, de Tom Payne*, seu personagem é totalmente diferente, um jovem milionário que assiste à decadência da fazenda cafeeira da família e que se apaixona pela mulher do capataz, interpretada por Marisa Prado*. Em *Ângela*, de Abílio Pereira de Almeida* e Tom Payne, o papel principal é entregue ao segundo galã da companhia, Alberto Ruschel*, e Mário Sérgio faz apenas uma pequena aparição. Em 1951, trabalha como ator no Teatro Brasileiro de Comédia (TBC), na peça *Harvey*, de Mary Chase, com direção de Ziembinski*. Em seu único papel de coadjuvante na produtora, representa um jovem milionário "desligado" e paquerador na comédia *Uma pulga na balança*, de Luciano Salce*. Em *Luz apagada*, de Carlos Thiré, volta a ser protagonista, quando representa um marinheiro que se envolve com uma mulher, Maria Fernanda* (sua *partner*), que esconde um segredo. Em *É proibido beijar*, de Ugo Lombardi*, comédia em que tem um caso com uma moça que não consegue beijar, faz par romântico com Tônia Carrero*. Nas produções da BRASIL FILME atua em *Estranho encontro*, sob a direção de Walter Hugo Khouri*, no qual vive um homem em crise, dividido entre a boa vida mantida por uma amante rica e mais velha, interpretada por Lola Brah*, e a descoberta do amor jovem e enigmático, no papel vivido por Andrea Bayard (em seu primeiro filme). Com o diretor Rubem Biáfora*, atua no filme de época *Ravina*, de atmosfera grandiosa e decadente, contracenando novamente com a estrela Eliane Lage. (LFM)

SERMET, Ozen (Ozen Seremetiev) – Istambul, Turquia, 1923-1995. Fotógrafo.

FILMOGRAFIA: 1950 – *Uçuncu Selim'in Gozdesi* (produção estrangeira). 1951 – *Yavuz Sultan Selim Ve Yeniçari Hasan* (produção estrangeira); *Lale Devri* (produção estrangeira); *Barbaros Hayretten Pasa* (produção estrangeira). 1953 – *Drakula Istambul'da* (produção estrangeira). 1954 – *Laylaklar Altinda* (produção estrangeira); *Aramizda Yasayamazsin* (produção estrangeira). 1957 – *De vento em popa*; *É a maior*; *Sangue, amor e neve*. 1958 – *E o espetáculo continua*; *Esse milhão é meu*; *O homem do Sputnik*. 1959 – *Aí vem a alegria*; *O cupim*; *Pintando o sete*; *O palhaço o que é?*. 1960 – *Cacareco vem aí*; *Os dois ladrões*; *Quanto mais samba melhor*. 1962 – *As sete Evas*; *Cinco vezes favela* (1º episódio: 'Um favelado'; 3º episódio: 'Escola de samba, alegria de viver'). 1962 – *O quinto poder*. 1963 – *O mundo em que Getúlio viveu*. 1963-1964 – *Os vencidos*. 1965 – *Crônica da cidade amada* (episódios: 'O índio', 'Iniciada a peleja', 'O homem que se evadiu', 'Um pobre morreu', 'Receita de domingo', 'A morena e o louro', 'Aparição', 'Mal-entendido', 'O pombo enigmático', 'Aventura carioca', 'Luiza'); *Riacho de sangue*. 1967 – *Cristo de lama, história do Aleijadinho*; *O diabo mora no sangue*. 1968 – *Jovens pra frente*; *Operação tumulto* (produção estrangeira); *Parafernália, o dia da caça*; *Simeão, o boêmio*; *Tarzan and the Jungle Boy* (produção estrangeira). 1970 – *Quatro contra o mundo* (episódio: 'Jovem retaguarda'). 1972 – *Uma pantera na minha cama*; *Tormento (A sombra de um sonho)* (dir.).

Ao lado de Amleto Daissé*, é responsável pelo padrão visual dos filmes da última fase da ATLÂNTIDA*. De origem e formação desconhecidas, com supostas passagens por escola de cinema e por estúdios europeus, onde teria ganho prêmios de montagem e fotografia, chega ao Brasil em 1954, convidado por Alberto Cavalcanti* para fotografar o projeto não realizado "Anchieta". Desempregado e disposto a permanecer no país, aceita uma colocação na TV TUPI, onde desempenha a função de assistente de *cameraman*. A partir de uma oportunidade oferecida por Alcino Diniz, transforma-se em iluminador da emissora. Passa ao cinema, trabalhando numa série de filmes com Carlos Manga*. Imprime características inovadoras à imagem da chanchada*, acentuando os meios-tons e ampliando a profundidade de campo. Confere maior relevo e realismo às cenas, acentuando dessa forma a verossimilhança e a dramaticidade dos enredos, como em *O homem do Sputnik*, de Carlos Manga. Encaminha-se para o documentário e o filme institucional, dirigindo dezenas de curtas para as Forças Armadas até o final dos anos 70. Escreve, produz e dirige o melodrama *Tormento (A sombra de um sonho)*. Excepcionalmente, monta *A morte transparente*, de Carlos Hugo Christensen*. Com a chegada do vídeo, retira-se paulatinamente do meio, transferindo-se no início dos anos 90 para São Francisco, nos Estados Unidos. (HH)

SERRADOR, Francisco (Francisco Serrador Carbonell) – Valência, Espanha, 1878-1941. Exibidor, produtor.

Em 1884, Francisco Serrador parte para Madri, após a morte do seu pai, com quem trabalhava vendendo peixes nas feiras valencianas. Na capital espanhola, Serrador persegue o sonho de ficar rico, mas o máximo que consegue é trabalhar em pequenas funções. Em 1887, Serrador embarca com uma passagem de terceira classe para o Brasil. O seu primeiro destino foi o porto da cidade de Santos, onde trabalha numa obra de drenagem, que mal lhe permite seu sustento. Consegue economizar alguns parcos recursos, com os quais decide ir ao Paraná. Chega à cidade de Paranaguá, rumando em seguida em direção a Curitiba. Na capital paranaense, retoma a antiga atividade de vendedor de peixes, ramo que logo abandonaria para vender frutas. Todos os biógrafos de Serrador são unânimes em afirmar que se tratava de pessoa imbuída de caráter empreendedor e com alto tino comercial. Em Curitiba, Serrador encontra a oportunidade ideal de abrir um negócio próprio e a aproveita imediatamente. Essa oportunidade surge com a abertura de um quiosque em frente ao tradicional Hotel Tassi. Nesse estabelecimento, Serrador vende biscoitos e outras iguarias muito apreciadas pela freguesia. Além disso, Serrador também faz batidas muito elogiadas e que acabam conquistando seleta clientela. A partir do sucesso desse seu primeiro empreendimento, Serrador abre uma série de outras filiais em Curitiba. Duas pessoas nesse momento associam-se a Serrador: a primeira é seu patrício Manuel Laffite Busquets, com quem cria a primeira agência de mensageiros do Paraná; a outra é Antonio Gadotti, com quem abre uma cancha de frontão, tradicional jogo basco. O Frontão Coritibano, como fica conhecido, inova em uma série de quesitos, entre os quais o fato de ser pioneiro na importação de bolas, além de contar eventualmente com a presença de famosos pelotistas, para exibições em torneios, vindos diretamente da Espanha. Por trabalhar com essas atividades, Serrador também fica conhecido como homem de temperamento esportivo que adora equitação, automobilismo, frontão, entre outras modalidades esportivas. A partir da experiência do frontão, Serrador entra no mundo das diversões, arrendando circos e promovendo touradas no antigo largo Tereza Cristina. No Clube Cervantes, administra vários tipos de jogos de azar, incluindo o jogo do bicho. Embora seja uma prática que Serrador nunca tenha admitido publicamente, trata-se de fato comum entre os exibidores da época. Os três sócios contratam inúmeras companhias teatrais do Rio de Janeiro e Lisboa que atuam nos teatros Hauer, Mignon e

São Teodoro (futuro Teatro Guaíra). Em 1902, os sócios fundam o Parque Coliseu, cuja programação é composta de teatro de variedades, tiro ao alvo, e, depois, cinema ao ar livre.

É, portanto, no Coliseu que Serrador entra em contato pela primeira vez com a atividade cinematográfica de forma empresarial. A partir desse momento, os biógrafos de Serrador afirmam que ele antevia no cinema a maior diversão do século e uma porta excepcional para a fortuna. Serrador expande as suas atividades e parte para explorar o mercado paulista no ano de 1905, no qual exerce a função de exibidor itinerante, tanto na capital quanto no interior do estado. A sua trupe, a EMPRESA RICHABONY, apresenta-se no interior de São Paulo e do Paraná. Serrador retorna para São Paulo em 1907, só que dessa vez para se fixar como exibidor cinematográfico. As primeiras exibições de Serrador acontecem no Teatro Sant'Anna, que foi alugado do pioneiro exibidor carioca Paschoal Segreto* por um curto período. Ainda nesse ano, Serrador aluga o Teatro Eldorado, transformando-o na primeira sala fixa de cinema de São Paulo. Nessa fase, em 1907, conhece o cinegrafista Alberto Botelho*, e os dois realizam uma série de cinejornais*, registrando os eventos mais importantes da cidade que seriam depois exibidos nas salas do circuito SERRADOR. Ainda em 1908, Serrador passa a controlar os teatros Bijou e o Grêmio São Paulo. Nessa última sala ocorrem as primeiras ações de censura* cinematográfica de que se tem notícia, pois o salão pertence à ordem dos salesianos, que não permitem que nada de impróprio seja exibido.

O império de Serrador passou a expandir-se de forma vertiginosa, da mesma forma que a exibição cinematográfica torna-se uma das mais procuradas formas de lazer e entretenimento, tanto em São Paulo quanto no Rio de Janeiro. Esse crescimento permite que Serrador construa um novo Coliseu, e, em sociedade com Antonio Gadotti, erga um novo BIJOU PALACE, a primeira sala construída em São Paulo com a finalidade de ser destinada exclusivamente à exibição cinematográfica. A expansão de Serrador é contínua, pois logo após integra o circuito às salas RADIUM e ÍRIS, dois dos principais teatros de São Paulo. A partir do momento que Serrador percebe que está consolidada sua inserção no mercado paulista, inicia uma ação ofensiva no sentido de se estabelecer no Rio de Janeiro, onde sua primeira sala foi o CHANTECLER. No Rio, pretende diferenciar-se dos exibidores estabeleci-

dos na capital federal, sendo essa talvez a principal característica de Serrador como empresário da exibição cinematográfica. Cria, nesse sentido, um dos primeiros *slogans* de que se tem notícia: "O CINE CHANTECLER só exibe novidades". No Rio, em 1909, Serrador passa a produzir filmes cantantes*, competindo com o estabelecido produtor William Auler*, um dos pioneiros desse gênero no Brasil. Entre 1909 e 1910, Serrador e Botelho produzem cerca de 45 filmes, os quais são exibidos em São Paulo e no Rio de Janeiro no circuito SERRADOR. Esses filmes contam com a participação dos cantores Claudina Montenegro e Santiago Pepe, utilizando-se para tanto de curiosa técnica, na qual estes ficam atrás da tela e fazem intervenções sonoras. Serrador é o primeiro personagem da cinematografia a verticalizar totalmente a atividade, o que lhe valeu o mérito de sua empresa ser conhecida, na época, como o primeiro *trust* do cinema brasileiro. Em 1911, Serrador continua a expansão do seu império cinematográfico com a inauguração do cinematógrafo RICHEBOURG e a importação de um Nickleodeon. Nesse mesmo ano, ele cria a COMPANHIA CINEMATOGRÁFICA BRASILEIRA (CCB), que segundo Randal Johnson é "talvez a primeira aventura cinemática no país que atraiu investidores, e também iria bem mais longe do que a tradicional empresa familiar que até então tinha caracterizado a indústria nesse ponto". O corpo de investidores e a direção da empresa ficam constituídos pelos seguintes sócios: Antonio Candido de Carvalho, Antônio Bittencourt Filho, Antonio Gadotti e Leônidas Moreira, além de médicos, banqueiros e industriais. A empresa é bastante ativa nos campos da distribuição e exibição, enquanto a produção passa a ser uma atividade secundária na época. Comercialmente, a CCB é conhecida como circuito SERRADOR. Em 1913, a CCB anuncia um aumento de capital que passaria de 640 mil dólares para cerca de 1,28 milhão de dólares – conforme atualização feita por Johnson. Nesse período, a CCB opera duas salas no Rio (AVENIDA e ODEON), oito salas em São Paulo (ÍRIS, BIJOU, RADIUM, TEATRO RIO BRANCO, PAVILHÃO CAMPOS ELÍSEOS, SMART, IDEAL e TEATRO COLOMBO), duas em Santos (GUARANY e COLISEU SANTISTA), uma em Belo Horizonte, Juiz de Fora, Curitiba, Niterói, além de outras salas em cidades menores. Nessa época, constrói duas outras salas em São Paulo, TEATRO MARCONI e PATHÉ PALACE. Nesse período, a empresa apresenta um lucro de mais

de 400 mil dólares. As receitas da CCB não provêm exclusivamente da exibição, mas da distribuição, pois, segundo Vicente de Paula Araújo*, nessa fase a empresa tem mais de 7 milhões de metros de filme circulando pelo país.

Em 1917, acontecem significativas mudanças na CCB, que passa a se chamar COMPANHIA BRASIL CINEMATOGRÁFICA (CBC), e, nessa mudança, Serrador fica, momentaneamente, sem nenhuma sala de exibição em São Paulo. Na CBC, no entanto, 99% das ações estão nas mãos do espanhol. A recuperação é rápida e, em 1919, a empresa já é o mais importante circuito exibidor brasileiro, operando cerca de quatrocentas salas. Nesse momento, nasce a ideia da criação do projeto do QUARTEIRÃO SERRADOR, que seria construído no terreno de um antigo convento situado nas cercanias do Teatro Municipal. O terreno é adquirido apenas em 1922; logo depois, Serrador parte para uma viagem aos Estados Unidos, para conhecer Hollywood e a Broadway e estudar o comércio e a indústria do cinema. Esse período de andanças dura cerca de três anos, durante os quais ele volta ao Brasil apenas para dar os andamentos necessários e inadiáveis. Voltando ao país em 1925, Serrador dá continuidade ao seu projeto maior, contando com o apoio financeiro de Afonso Viseu, Antônio Ribeiro Seara, Eugênio Honoloc, Luís da Rocha Miranda, Marc Ferrez, Marcolino Ribeiro de Carvalho e Vivaldi Luztoza Ribeiro. A inauguração do QUARTEIRÃO SERRADOR dá-se em 23 de abril de 1925 com a abertura da sala CAPITÓLIO, que introduz um novo conceito na exibição cinematográfica brasileira: os palácios de cinema. A sala é de tamanho médio, para os padrões da época, com cerca de 1.400 lugares, contando com poltronas confortáveis, bela ornamentação e *foyer* de luxo. Introduzem-se ali equipamentos moderníssimos com cabines de projeção que trabalham com quatro projetores, enquanto os concorrentes contam no máximo com dois projetores por cabine. Além dessas novidades tecnológicas, as salas do QUARTEIRÃO contam com pequenos quiosques que vendem guloseimas variadas, como pipoca e cachorro-quente, até então uma iguaria desconhecida pelos brasileiros. Outro destaque a favor dos palácios de cinema está no serviço prestado à sua clientela, pois as salas de exibição contam com funcionários uniformizados em trajes de gala, surge também nesse período a figura do condutor ou lanterninha, como ficou popularmente conhecida essa função. A partir desse momento, a exibição brasileira nunca mais seria a mesma. A concorrência para sobreviver necessita acompanhar essas transformações, passando a copiar os métodos da CBC. Depois da sala CAPITÓLIO, uma série de salas como GLÓRIA, IMPÉRIO, ODEON e outras são inauguradas no QUARTEIRÃO SERRADOR, embrião da CINELÂNDIA carioca.

Com o advento do cinema sonoro, mais uma vez pode-se observar o espírito altamente empreendedor de Serrador, pois, já em 20 de junho de 1929, é exibido o filme *Melodia na Broadway*, no PALÁCIO TEATRO. Essa película utiliza-se do sistema revolucionário de som sincronizado conhecido como MOVIETONE, que aqui foi instalado por engenheiros da Western Electric Company. O primeiro filme brasileiro que se utiliza do sistema MOVIETONE, *Coisas nossas*, de Wallace Downey*, estreia em 30 de novembro de 1931 também nas salas de Serrador em São Paulo. Com o advento do cinema sonoro, Serrador chega a sonhar com a construção de uma Hollywood brasileira na cidade de Correias. Tenciona importar todos os equipamentos necessários dos Estados Unidos, só que nesse projeto Serrador não encontra parceiros dispostos a financiá-lo e ele acaba não saindo do papel. Algumas das salas de Serrador também funcionam como cineteatros, dando um bom espaço à emergente música popular brasileira e ao teatro de revista. Nesse tipo de atividade, o cine ALHAMBRA é um dos expoentes no QUARTEIRÃO SERRADOR. Em 1940, Serrador recebe a cidadania brasileira, e em 22 de março de 1941 falece vítima de uma afecção pulmonar agravada pela arteriosclerose. O seu legado para a história é enorme. Ao morrer, deixa a CBC em uma posição confortável de liderança no mercado exibidor cinematográfico brasileiro, além de ser uma das empresas mais atuantes e bem-sucedidas na história da exibição comercial de todos os tempos. O circuito de salas, como tal, só sai das mãos dos controladores da empresa em 1978, após mais de seis décadas. As salas do circuito são arrematadas por várias outras companhias exibidoras, principalmente pela francesa GAUMONT. Faleceu no Rio de Janeiro. (AG)

SERRAN, Leopoldo (Leopoldo Augusto Bhering Serram) – Rio de Janeiro, RJ, 1942-2008. Roteirista.
FILMOGRAFIA: 1963-1964 – *Ganga Zumba, rei dos Palmares*. 1965 – *A grande cidade (As aventuras e desventuras de Luiza e seus três amigos chegados de longe)*. 1968 – *Máscara da traição*; *Copacabana me engana*; *Dezesperato*. 1970 – *Um certo capitão Rodrigo*. 1974 – *A estrela sobe*. 1976 – *Dona Flor e seus dois maridos*; *Marília e Marina*; *Revólver de brinquedo*; *Gente fina é outra coisa* (1º episódio: 'A guerra da lagosta'; 2º episódio: 'Chocolate com morango'; 3º episódio: 'O prêmio'). 1977 – *O bom marido*; *Se Segura, Malandro!*. 1978 – *Amor bandido*; *Tudo bem*; *Nos embalos de Ipanema*; *Na boca do mundo*; *O golpe mais louco do mundo* (coprodução estrangeira). 1979 – *Eu matei Lúcio Flávio*; *República dos assassinos*; *Bye Bye Brasil*. 1980 – *Eu te amo*. 1982 – *O bom burguês*; *Gabriela, cravo e canela* (produção estrangeira). 1988-1989 – *Faca de dois gumes*. 1993 – *Setembro e uma ternura confusa* (produção estrangeira). 1995 – *O quatrilho*; *Pandora* (produção estrangeira). 1996 – *O que é isso, companheiro?*. 1998-1999 – *Até que a vida nos separe*. 1999 – *O dia da caça*. 2002 – *A paixão de Jacobina*. 2003 – *Onde anda você*.
Principal e mais ativo roteirista do cinema brasileiro, começa sua carreira à época do Cinema Novo*, quando escreve seu primeiro roteiro, em parceria com o diretor estreante Carlos Diegues* e Rubem Rocha Filho: a adaptação do romance homônimo de João Felício dos Santos, para o filme *Ganga Zumba, rei dos Palmares*. Sua trajetória pessoal é próxima da geração cinemanovista, com participação cineclubística, origem universitária, uma nova ideia de proposta estética para o cinema nacional e passagem pelo Centro Popular de Cultura. Ainda na fase cinemanovista, novamente colabora com o diretor Diegues no drama urbano *A grande cidade*. Com seu roteiro para *Máscara da traição*, de Roberto Pires*, baseado em fatos reais, busca uma aproximação com o cinema de gênero policial. Parceiro de outro diretor estreante, Antônio Carlos Fontoura*, na tentativa de mesclar um cinema autoral e a conquista de público do cinema comercial, ambos realizam *Copacabana me engana*, outro drama urbano, que busca entender as perspectivas da juventude da Zona Sul carioca da época. Roteiriza para o diretor Anselmo Duarte* o romance épico *Um certo capitão Rodrigo*, de Érico Veríssimo, para filme de igual título, em seu raro trabalho para o cinema paulista. Com a eficiente adaptação do romance *A estrela sobe*, de Marques Rebelo, para filme homônimo, inicia sua parceria com o diretor Bruno Barreto*, que tem continuidade em *Dona Flor e seus dois maridos* e *Gabriela, cravo e canela*, de Jorge Amado*, além de *Amor bandido*, baseado em história criada pelo diretor. Escreve também em parceria com outros roteiristas, como nas comédias em que é parceiro de Armando Costa*. Para o diretor Luiz Fernando Goulart, adapta o poema *Balada para duas mocinhas de Botafogo*, de Vinicius de Moraes*, no filme *Marília e Marina*. Inicia nova parceria, dessa vez com o diretor Antônio Calmon*, com a comédia dramática *Revólver de brinquedo*, uma de suas raras histórias originais filmadas. A partir daí, desenvolve comédias cariocas: *Gente fina é outra coisa*, *O bom marido* e *Nos embalos de Ipanema*, além do drama *Eu matei Lúcio Flávio*, polêmico filme baseado na vida do policial Mariel Mariscot. Na mesma linha da comédia carioca escreve, para o ator e diretor Hugo Carvana*, *Se Segura, Malandro!*. Com Arnaldo Jabor* faz *Tudo bem* e *Eu te amo*, duas comédias dramáticas. Colabora na única incursão na direção do ator Antonio Pitanga*, *Na boca do mundo*, baseado em argumento de Carlos Diegues e do próprio Pitanga, um drama ambientado numa localidade de pescadores do estado do Rio de Janeiro. É um dos roteiristas da comédia *O golpe mais louco do mundo*, coprodução Brasil-Itália estrelada pelo comediante Walter D'Ávila* e pelo ator Adolfo Celi*, com direção do italiano Luciano Salce*. Participa de *República dos assassinos*, filme de Miguel Faria Jr.*, sobre a vida de Mariscot e esquadrão da morte, baseado no livro homônimo de Aguinaldo Silva*. No final dos anos 70, escreve *Shirley, a história de um travesti*, que esteve nas cogitações de Hector Babenco*. Embora não tenha sido filmado, o roteiro é publicado como romance. Volta a colaborar com o diretor Carlos Diegues no sucesso de bilheteria que é *Bye Bye Brasil*, no qual retrata o Brasil dos anos 70. Filma pouco na década de 80, quando colabora com o filme político *O bom burguês*, de Oswaldo Caldeira*, baseado em fatos reais da recente história do país nos anos críticos da ditadura. Seu segundo trabalho na década é a trama policial *Faca de dois gumes*, de Murilo Salles*, baseado no conto homônimo de Fernando Sabino. No princípio da década de 90, dedica-se mais à televisão. Adapta a minissérie *Engraçadinha*, baseada em romance homônimo de autoria de Nélson Rodrigues*. Desenvolve em Portugal aquele que é seu único trabalho no exterior, colaborando com o produtor e diretor Antônio da Cunha Telles, em *Setembro e uma ternura confusa*. Em meados da década de 90, retoma seu ritmo com o roteiro de *O quatrilho*, de Fábio Barreto*, adaptação do romance homônimo do escritor gaúcho José Clemente Pozenato. É também roteirista de *O que é isso, companheiro?*, do dire-

tor Bruno Barreto*, livremente inspirado no livro homônimo de Fernando Gabeira. A partir dessa nova parceria com o diretor, escreveu também *A paixão de Jacobina*. Em 2003, escreveu o roteiro de *Onde anda você*, seu último trabalho, para o filme de Sérgio Rezende*. No livro *Arara carioca*, publicado em 2006, faz alusão à cidade do Rio de Janeiro, onde nasceu. Faleceu em 20 de agosto, vítima de câncer, no Rio de Janeiro. A família promete lançar o livro *O penúltimo caso*, uma coletânea com textos inéditos do roteirista. (LFM)

SERVICINE (Serviços Gerais de Cinema)

Empresa criada por Alfredo Palácios* e A. P. Galante*, dois produtores tarimbados com os meandros da cinematografia, com vasta experiência no sistema industrial dos estúdios cinematográficos paulistanos da década de 50. A SERVICINE, rapidamente, tornou-se uma das maiores empresas cinematográficas da Boca do Lixo*, ao lado da CINEDISTRI*. A principal característica da empresa, como empresa produtora, residia no fato de ela deter os meios de estabelecer uma associação com os grandes exibidores, que necessitavam de películas cinematográficas para poder cumprir a lei de obrigatoriedade de exibição do filme de longa metragem brasileiro. Esse sistema de produção era garantido através do expediente de avanço de bilheteria, normalmente fornecido pelo exibidor. A contrapartida da SERVICINE era a de produzir filmes baratos e que conseguissem bons resultados de bilheteria. Esse tipo de produção se tornaria o padrão Boca do Lixo, seguido por outras pequenas produtoras de filmes do gênero erótico e que também entrariam em coprodução com a SERVICINE. Uma das características da empresa, principalmente na sua primeira e mais produtiva fase (1968-1973), era a de trabalhar filmes dirigidos por realizadores estreantes em filmes de longa metragem, como Osvaldo Oliveira* (*O cangaceiro sanguinário*, 1969), Líbero Miguel (*Ipanema toda nua*, 1970), João Callegaro (*O pornógrafo*, 1971), Alfredo Sternheim* (*Paixão na praia*, 1971), Aldir Mendes de Souza (*O homem que descobriu o nu invisível*, 1973) e Márcio Souza (*A selva*, 1973). Realizadores importantes como Rogério Sganzerla* (*A mulher de todos*, 1969), Sylvio Back* (*Guerra dos Pelados*, 1970), Walter Hugo Khouri* (*Último êxtase*, 1973) também tiveram suas obras produzidas pela SERVICINE. Como distribuidora, a empresa limitava-se a distribuir filmes basicamente no estado de São Paulo. Apenas ocasionalmente a SERVICINE se interessava pela distribuição de filmes produzidos por outras empresas. Em 1975, a SERVICINE realizaria a sua mais ambiciosa produção: o filme *Lucíola, o anjo vingador*, baseado na obra homônima de José de Alencar*, trazendo na direção Alfredo Sternheim. Lançado pela EMBRAFILME*, *Lucíola* alcançou expressivos resultados de público. (AG)

SEVÁ, Augusto (Augusto César Corrêa Sevá) – Campinas, SP, 1954. Diretor.

FILMOGRAFIA: 1976-1981 – *A caminho das Índias*. 1980-1985 – *Real desejo*. 2002-2006 – *Estórias de Trancoso*.

Entre 1973 até 1978 fez o curso de Cinema da Escola de Comunicações e Artes da Universidade de São Paulo (ECA/USP), onde conheceu muitos dos futuros parceiros de trabalho. Por essa época, teve uma curta passagem pela crítica em sua cidade natal (Campinas). Transitou praticamente por todas as funções da realização cinematográfica, atuando como técnico de som, montador, diretor de fotografia, diretor de produção, produtor executivo em diversos curtas e alguns longas. Escreveu, junto com o diretor Rubens Xavier, o argumento de *Boca aberta* (1985), curta que Rubens dirigiu. Inicialmente, foi diretor de curtas-metragens documentais. Os primeiros filmes foram feitos na bitola 16 mm; em *Pau pra toda obra* (1976), dividiu a direção com Reinaldo Volpato e enfocou o trabalho dos migrantes nordestinos que trabalham na construção civil na cidade de São Paulo. Em 1977, apareceu com dois novos curtas e em direção solo: em *Nós e eles*, mostrou a luta entre seringueiros e pecuaristas em Rio Branco (Acre); e em *Gilda* finalmente passou para a bitola 35 mm, retratando uma moradora de Campinas que vive no mundo da fantasia, imaginando-se a estrela do filme norte-americano *Gilda*. Realizou *Oro* (1980), abordando a vida dos pescadores da cidade de Lucena (Paraíba). Produtor através de empresa da qual foi um dos sócios, GIRA FILMES (1976) e ALBATROZ CINEMATOGRÁFICA (1996). É montador de *Jânio a 24 quadros* (1979-1981), primeiro longa de Luiz Alberto Pereira*, e codiretor com Isa Castro de *A caminho das Índias*, baseado no livro homônimo de Bete Cristianini. Seu segundo longa, *Real desejo*, é um filme urbano, em que a atriz se divide entre sua imagem pública e a vida pessoal. No terceiro longa como diretor, *Estórias de Trancoso*, voltou à cidade onde rodou seu primeiro longa e conta histórias sobre as modificações que vão ocorrendo no pequeno povoado que se transformou em badalado ponto turístico. Imagina um novo longa-metragem que fecharia uma trilogia sobre aquele local. Em diferentes momentos de sua carreira, militou em entidades de classe e trabalhou em órgãos governamentais, como a Associação Paulista de Cineastas (APACI), EMBRAFILME (1983-1985), Secretaria Municipal de Cultura de São Paulo (SMC/SP) (1995-1996); atualmente trabalha junto ao Governo do Estado de São Paulo, Ministério da Cultura (MINC) (1999-2001) e Agência Nacional de Cinema (ANCINE). (LFM)

SEVERO, Ary (Luís da Rosa Torreão) – Recife, PE, 1903-1994. Ator, diretor.

FILMOGRAFIA: 1925 – *Jurando vingar*. 1927 – *Dança, amor e ventura*. 1928 – *Aitaré da praia*. 1929 – *O destino das rosas*.

Um dos mais versáteis componentes do Ciclo do Recife*. Esse ator, diretor, produtor, argumentista e roteirista é uma grande personalidade do cinema mudo brasileiro e figura obrigatória durante quase toda a fase silenciosa dos filmes recifenses. Filho de importante família tradicional, realiza seus estudos formais em escolas francesas. Um dos fundadores da AURORA FILMES (1925), dirige e interpreta em *Jurando vingar*, drama de aventura rural. Casa-se com Almery Steeves, sua esposa por toda a vida e a principal estrela do Ciclo do Recife. A seguir, protagoniza, no papel de um pescador, o filme *Aitaré da praia*, sob a direção de Gentil Roiz*. Escreve e dirige a comédia curta *Herói do século XX* (1926). Logo no começo das filmagens, abandona a direção de *A filha do advogado*, a mais cara e ambiciosa produção daquela época, e assume seu posto Jota Soares*, único responsável pelo filme. Desliga-se da AURORA FILMES, sendo um dos fundadores da LIBERDADE FILMES em 1927. Nessa nova empresa, é ator e diretor de *Dança, amor, ventura*, história policial de ambiente cigano, tirada de argumento seu. Refilma trechos novos, incluídos no drama *Aitaré da praia*, em codireção com Jota Soares e Luiz Maranhão (esta segunda versão de *Aitaré da praia* inaugura um quase hábito do cinema brasileiro dos anos 70 e 80, o enxerto e a remontagem de fitas, prática quase comum na Boca do Lixo*). Como diretor, seu último filme é o drama religioso *O destino das rosas*, baseado na peça teatral *As rosas de Nossa Senhora*, de Manoel Mattos. (LFM)

SEVERO, Marieta (Marieta Severo da Costa) – Rio de Janeiro, RJ, 1946. Atriz.

FILMOGRAFIA: 1965 – *Society em baby-doll*. 1966 – *Todas as mulheres do mundo*. 1970 – *Quatro contra o mundo* (episódio: 'Jovem retaguarda'). 1972 – *Roleta-russa, o jogo da vida*. 1976 – *Gente fina é outra coisa* (1º episódio: 'A guerra da lagosta'). *Crueldade mortal*. 1977 – *Chuvas de verão*. 1978-1980 – *Certas palavras com Chico Buarque*. 1979 – *Bye-bye, Brasil*. 1985 – *Com licença, eu vou à luta*; *O homem da capa preta*; *Sonho sem fim*. 1987 – *Leila Diniz*; *Sonhos de menina-moça*. 1987-1988 – *Mistério do Colégio Brasil*. 1987-1991 – *Vai trabalhar, vagabundo II, a volta*. 1988-1989 – *Faca de dois gumes*. 1989-1990 – *O corpo*. 1992-1994 – *Carlota Joaquina, princesa do Brasil*. 1997 – *Guerra de Canudos*. 1999 – *Castelo Rá-Tim-Bum, o filme*. 1997-1999 – *Villa-Lobos, uma vida de paixão*. 1999 – *Outras estórias*. 2001 – *As três Marias*. 2004 – *A dona da história*; *Cazuza, o tempo não para*; *Quase dois irmãos*. 2006 – *Irma Vap – o retorno*. 2007 – *A grande família: o filme*; *Pequenas histórias*. 2009 – *Sonhos roubados*. 2010 – *Quincas Berro d'Água*.

Marieta Severo é neta de fazendeiro plantador de café e filha de advogado mineiro, e teve uma educação tipicamente burguesa. Sua mãe, dona Lígia, era professora e dona de casa. Passou sua infância no bairro do Leblon e a adolescência em Ipanema. Foi uma típica garota da Zona Sul. Aos 3 anos entrou no Colégio Metodista Bennett, que, conforme narra Marieta, lhe deixou marcas negativas, no temor às religiões radicais. De qualquer maneira foi uma garota levada, que andava de bicicleta todas as tardes e era líder do seu grupo na escola, tomando parte de todas as bagunças escolares. Até os 14 anos participou, de manhã, do culto metodista, e foi nesse momento que resolveu que a praia era mais importante, coisa que não impediu que tivesse atitudes místicas durante a adolescência. Numa dessas fases teve vontade de ser missionária na África; noutra, fazia teatro num hospital para crianças que iam ser operadas. Sua adolescência também incluiu o *rock*, pelo qual Marieta era apaixonada, e grande bailarina. Estudou balé com Eugênia Feodorova e costuma definir-se como uma bailarina frustrada. Na sua adolescência viu chanchadas* e musicais americanos. Não sabe quantas vezes chegou a ver *Sete noivas para sete irmãos*. Durante o segundo ano do curso de magistério, fez um teste para o filme *Society em baby-doll*, de Luiz Carlos Maciel e Waldemar Lima*, que marcou sua estreia nas telas do cinema. Aceitou um convite de Maria Clara Machado para atuar em *As feiticeiras de Salém*. Era o ano de 1966, e aí começa sua carreira profissional. Na mesma época conhece o compositor Chico Buarque de Hollanda, com quem vive até 1996 e tem três filhas. Esse foi seu segundo matrimônio, pois já havia sido casada com um dos artistas plásticos mais significativos da geração dos anos 60: Carlos Vergara. Sua relação de casamento e companheirismo com Chico Buarque fez que ela o acompanhasse no seu exílio na Itália, onde, em 1969, nasce sua primeira filha. A partir de 1985, com os filmes *Com licença, eu vou à luta*, de Lui Faria; *O homem da capa preta*, de Sérgio Rezende*; e *Sonho sem fim*, de Lauro Escorel*, se transformou em um dos rostos mais procurados pelos diretores brasileiros e é figura emblemática nos últimos quinze anos. Pelos três filmes mencionados, e o curta *A espera*, de Maurício Farias e Luiz Fernando Carvalho*, recebeu o prêmio de melhor atriz no FESTIVAL DE GRAMADO de 1986. Fez peças de teatro e novelas, e nestas não teve medo de interpretar a malvada, como em *Pátria minha*, de Gilberto Braga, em que construiu uma perversa e "charmosa" Loreta, que lhe deu grande popularidade. Outro papel de malvada que encarna é o de Carlota Joaquina, no filme de Carla Camurati*. (SO) No filme *As três Marias*, interpreta uma mulher forte que tem seu marido e dois filhos brutalmente assassinados. Para vingar a morte, convoca suas três filhas, que partem à procura do matador. Recebeu o prêmio OSCARITO, em Gramado, pelos anos de carreira dedicados ao cinema brasileiro. Filmou *Cazuza, o tempo não para*, no qual compôs com interpretação precisa Lucinha Araújo, a mãe do cantor Cazuza. Protagoniza com leveza cômica (sua outra face como atriz) o longa *A dona da história*, baseado na peça de João Falcão, que Marieta já havia encenado no teatro com sucesso, dividindo o palco com Andréa Beltrão*. Em mais um papel de mãe, participa do drama de personagens populares *Quase dois irmãos*, dirigido por Lúcia Murat*. Em 2007, faz *Pequenas histórias*, longa escrito e dirigido por Helvécio Ratton*, baseado na história *Zé Burraldo*, conto de Ricardo Azevedo. O filme tem narração e interpretação de Marieta, utilizando o folclore brasileiro para contar histórias que pretendem agradar adultos e crianças. Atua como uma cabeleireira protetora em *Sonhos roubados*, longa de Sandra Werneck*, abordando a dura vida de mães adolescentes da periferia do Rio de Janeiro crescendo junto à droga e à prostituição. O filme tem roteiro baseado no livro *As meninas da esquina*, da jornalista Eliane Trindade, desenvolvido a partir de depoimentos de vida verídicos. Inaugura o Teatro Poeira, seu lado empreendedor, num projeto antigo dela e de Andréa Beltrão, com o espetáculo *As centenárias*. Como atriz, também participa da versão cinematográfica do seriado *A grande família*, no papel da mãe (o mesmo que interpreta na TV). Em *Quincas Berro D'Água*, de Sérgio Machado*, faz o papel de uma dona de cabaré decadente, amante de Quincas, em mais uma de suas atuações consistentes.

SFAT, Dina (Dina Kutner) – São Paulo, SP, 1938-1989. Atriz.

FILMOGRAFIA: 1965 – *Corpo ardente*; *Três histórias de amor* (1º episódio: 'A carreta, amor no campo'). 1967 – *Edu, coração de ouro*. 1968 – *Jardim de guerra*; *A vida provisória*. 1969 – *Macunaíma*. 1970 – *Os deuses e os mortos*; *O capitão Bandeira contra o dr. Moura Brasil*; *Perdidos e malditos*. 1971 – *Gaudêncio, o centauro dos pampas*; *O barão Otelo no barato dos bilhões*; *A culpa*. 1972 – *Tati, a garota*. 1980-1981 – *O homem do pau-brasil*. 1980-1982 – *Tensão no Rio*. 1981 – *Álbum de família*; *Eros, o deus do amor*. 1982 – *Das tripas coração*. 1986 – *A bela palomera*. 1987-1994 – *O Judeu*.

Descendente de família judaica polonesa, escolheu como nome artístico a denominação da cidade natal de sua mãe (Sfat). Passou sua infância no bairro do Alto da Lapa. Estreou no palco em 1961, interpretando Bertolt Brecht em *Os fuzis da senhora Carrar*, montagem estudantil do grupo teatral ligado ao Centro Acadêmico Horácio Lane, da Escola de Engenharia da Universidade Mackenzie. Em julho do ano seguinte, fez com o mesmo grupo *Aquele que diz sim, aquele que diz não*, também do dramaturgo alemão. Em 1963, participou de seu primeiro elenco profissional em *O melhor juiz, o rei*, peça que interpretou ao lado de atores como Joana Fomm*, Juca de Oliveira, Gianfrancesco Guarnieri* e Isabel Ribeiro*. O sucesso de seu desempenho fez que se aproximasse do Teatro de Arena. No ano seguinte atuou em duas montagens do Arena, *O melhor juiz, o rei*, de Lope de Vega, com direção de Augusto Boal, e *O filho do cão*, de Gianfrancesco Guarnieri, com direção de Paulo José*, ator com quem se casou e teve três filhas. Dina Sfat percorreu, nos anos 60, os principais grupos da cultura alternativa que se opunham ao poder político militar. Ainda no grupo Arena participou das montagens de Boal que marcaram o teatro brasileiro, *Arena conta Zumbi*, de 1966, e *Arena conta Tiradentes*, de 1967. No cinema, depois da estreia em *Corpo ardente*, de Walter Hugo Khouri*, e do episódio 'A carreta', de *Três histórias de amor*, de Alberto d'Aversa*, encontrou-se próxima de seu futuro tipo em *Jardim de guerra*, de Neville d'Almeida*. Depois de muita insistência, de sua parte, e de hesitação, por Joaquim Pedro de Andrade*, conseguiu o papel da guerrilheira protagonista em *Macunaíma*.

Ainda na virada da década, o flerte com a contracultura expressou-se em atuações em obras-chave do Cinema Marginal*, como o já citado *Jardim de guerra*; o impagável filme de estreia de Antônio Calmon*, *O capitão Bandeira contra o dr. Moura Brasil*, e o carregado e tipicamente marginal *Perdidos e malditos*, de Geraldo Veloso. Além disso também atuou no desesperado *Os deuses e os mortos*, de Ruy Guerra* (que tem seu marido Paulo José como produtor), ganhando com esse filme o prêmio de melhor atriz no FESTIVAL DE BRASÍLIA. Protagonizou e coproduziu *Tati, a garota*, primeiro filme de Bruno Barreto*, no qual nitidamente foi realizada uma tentativa de construir uma personagem feminina forte que servisse às ambições da atriz. Desentendimentos com o diretor produziram um desempenho aquém do esperado. Apesar do perfil de artista que investiu em uma carreira alternativa, Dina Sfat sempre foi próxima do meio televisivo, no qual atuou com crescente sucesso. As contradições entre uma mulher pública com sucesso na mídia e o perfil contestatório de sua geração foram expressas em diversas entrevistas. Estreou na televisão, na TUPI, em 1966, com a novela *Ciúme*, em que contracenou com Cacilda Becker*. Dessa época, e também da mesma emissora, participou de *A intrusa*. Afirmou-se definitivamente na GLOBO, no início da década, com seguidos sucessos de Janete Clair – que tinha nela uma de suas atrizes preferidas –, como *O homem que deve morrer* (1971), *Selva de pedra* (1972), *Fogo sobre terra* (1974) e, definitivamente, *O astro* (1977). Dina já havia trabalhado com a mesma autora na RECORD, em 1969, em *Acorrentados*. Dizia ser a televisão "o lugar onde mais me exerço como atriz, o veículo que mais bem me aproveita". Essa simbiose com o meio foi expressa pela sua participação em dezessete novelas; além das citadas, podemos mencionar o sucesso em *Saramandaia* (1976), *Gabriela* (1975), *Os gigantes* (1979) e pelo menos onze casos especiais (com duração menor que as novelas). Dina Sfat estourou na televisão no início da década, em 1970-1972, quando

grávida duas vezes, de suas primeiras filhas, atuou em *Verão vermelho* (em que sua personagem também tem que engravidar), *Assim na Terra como no céu* e *O homem que deve morrer*.

Os anos 70 apareceram para Dina Sfat como um período no qual se dedicou mais à televisão e à criação das filhas. Em 1976, montou um dos grandes sucessos de sua carreira teatral, *Seis personagens à procura de um autor*, de Luigi Pirandello, com direção de Paulo José. Em 1981, terminou o casamento de dezessete anos com Paulo José e, já na fase dos 40, uma nova etapa parecia se abrir para a atriz. Depois de haver posado nua para a *Playboy* em 1980, aos 42 anos, foi eleita musa do verão carioca em 1981. Em julho do mesmo ano participou de uma entrevista do general Dilermando Gomes Monteiro, no programa *Canal Livre*, da TV BANDEIRANTES, na qual teve uma atuação memorável. Sua declaração, dita face a face, de que os generais lhe causavam medo físico, expressou um sentimento generalizado contra os militares, fazendo que sua ousadia resultasse em uma enxurrada de telefonemas e mensagens de apoio em sua casa. Também desse ano foi sua polêmica declaração contra o que chamou de "fascismo *gay*", declarando ser o verão de 1982 o "do homem e da mulher". No campo artístico atuou, em 1981, na peça *As criadas*, de Jean Genet, trabalho pelo qual foi bastante elogiada. Produziu e atuou em *Hedda Gabler*, de Henrik Ibsen, espetáculo dirigido por Celso Nunes. No cinema, a diminuição do ritmo televisivo pareceu abrir espaço para um reencontro com as raízes da representação alternativa dos anos 60, voltando a trabalhar em fitas com narrativa bastante fragmentada e tom dramático exasperado. Com o mesmo Joaquim Pedro, de *Macunaíma*, fez *O homem do pau-brasil*, em outro encontro com a vanguarda modernista dos anos 20. Com Ana Carolina* filmou *Das tripas coração*, trama ambientada em tradicional colégio de freiras paulista. Destacou-se ainda, com uma interpretação contida, em *Álbum de família*, de Braz Chediak*, uma transposição da peça homônima de Nélson Rodrigues*, que, em seu leito de hospital (o dramaturgo não viveu para ver o filme), a convidou para integrar a produção. Também nessa época fez uma participação em *Tensão no Rio*, de Gustavo Dahl*, e em *A bela palomera*, de Ruy Guerra*, no qual desempenhou o papel de uma professora de meia-idade. Também nesse ano produziu e compôs *Dina Sfat na União Soviética* – uma produção conjunta

da GLOBO VÍDEO, com supervisão de Daniel Filho*, exibida posteriormente em um *Globo Repórter* –, no qual entrou em contato com a incógnita que era, na época, a perestroica e o final do socialismo soviético. Entrevistou artistas e personalidades. Sempre com atuação política, Dina engajou-se fortemente na campanha das Diretas Já apoiando Tancredo Neves. Com a morte de Tancredo, decepcionada com o país, tentou um exílio voluntário em 1985, que durou oito meses (de junho a março) entre Portugal e Inglaterra, retornando ao Brasil à época do Plano Cruzado. Dina Sfat faleceu vítima de um câncer diagnosticado em 1986. Inconformada com as mutilações exigidas pelo tratamento tradicional, tentou terapias alternativas, sem sucesso, levando a um agravamento da situação. Ainda em vida publicou *Palmas, para que te quero* (Nórdica, 1988), biografia organizada pela jornalista Maria Caballero, baseada em entrevistas e trechos de seu diário. Faleceu no dia 20 de março, no Rio de Janeiro. Sua última participação foi em *O Judeu*, filme luso-brasileiro, dirigido por Jom Tob Azulay, que só estreou em 1996. (FPR)

SGANZERLA, Rogério – Joaçaba, SC, 1946-2004. Diretor.

FILMOGRAFIA: 1968 – *O Bandido da Luz Vermelha*. 1969 – *A mulher de todos*. 1970 – *Sem essa aranha*; *Copacabana, mon amour*; *Carnaval na lama*. 1971 – *Fora do baralho*. 1971-1977 – *Mudança de Hendrix*. 1977 – *Abismu*. 1980-1986 – *Nem tudo é verdade*. 1992 – *Oswaldianas* (5o episódio: 'Perigo negro'). 1995-1998 – *Tudo é Brasil*. 2005 – *O signo do caos*.

Vindo de família de classe média do oeste catarinense, com descendência italiana por parte de pai e de mãe, Rogério teria começado a falar somente aos 5 anos, tendo aos 7 impresso na gráfica de amigos da família um livro seu chamado *Novos contos*. Estuda em colégio de padres maristas. Costuma referir-se à mediocridade ou pequenez da sua formação interiorana em contraste com a vida metropolitana que passa a ter em São Paulo, desde o começo dos anos 60, morando em pensão e entrando em contato, adolescente ainda, com as sessões da CINEMATECA BRASILEIRA. É levado à atividade cineclubista a partir de encontro com o crítico Almeida Salles*, em quem reconhece um mestre e pensador. Interessando-se pela obra de Orson Welles, pelo Cinema Novo* e por aspectos diversos do cinema paulista, de Luís Sérgio Person* a Alberto Cavalcanti*, de Lima Barreto* a Primo Carbonari*, debuta precocemente como crítico. Décio de Almeida Prado, que dirigia então o Suplemento Literário de *O Estado de S. Paulo*, ampara o jovem talento, que viria a desempenhar um papel discreto, mas sistemático, de intérprete e defensor do Cinema Novo, numa postura um tanto solitária na imprensa paulista. Além da sua colaboração no jornal *Estadão* (1964-1967), iniciada ainda aos 17 anos com um artigo sobre *Os cafajestes* (1962), de Ruy Guerra*, escreve também no *Jornal da Tarde* (1966-1967) e na *Folha da Tarde* (1967-1968). A partir de 1978 é articulista bissexto da *Folha de S.Paulo*, e de algumas outras publicações dispersas, discorrendo sobre os seus próprios temas de criação, revisitando fielmente um estável e restrito panteão pessoal de cineastas, músicos e cantores. Em 1986, organiza um pequeno livro, *O pensamento vivo de Orson Welles* (São Paulo, Martin Claret Editores), obra de divulgação em que monta fragmentos de textos e de testemunhos sobre o cineasta. Em 2001, Sganzerla publica uma antologia de suas críticas de maior inclinação teórica, *Por um cinema sem limite* (Rio de Janeiro: Azougue), com artigos de épocas diversas, sem maior cuidado. Depois de sua morte saem dois livros, não mais do crítico, mas com outros textos e depoimentos do cineasta, *Tudo é Brasil – Projeto Rogério Sganzerla: fragmentos da obra literária* (Joinville: Letradágua), organizado por Helena Ignez* e Mario Drumond em 2005, e *Encontros* (Rio de Janeiro: Azougue), organizado por Roberta Canuto em 2007; além de um catálogo com textos de vários autores, *Mostra Rogério Sganzerla: por um cinema sem limites* (São Paulo: Sesc), em 2004.

Em 1965, recebendo de Maurice Legeard, diretor do CINECLUBE DE SANTOS, uma oferta de financiamento suficiente para a compra de negativo de 16 mm, escreve o roteiro de um curta ficcional com vocação metalinguística, isto é, no qual se fala do ver e do fazer cinema. O filme chama-se *Documentário* (1966) e é produzido juntamente com Andrea Tonacci* e Otoniel Santos Pereira. No mesmo período, Tonacci também estreia com o seu *Olho por olho*, que Sganzerla monta. *Documentário* trata de acompanhar uma perambulação vagabunda de dois jovens que, na falta de garotas e de melhor programa vespertino, escolhem ir a uma sessão de cinema e, sob critérios muito exigentes, acabam não se decidindo por nenhuma. O entregar-se da câmera à circunstância direta e à gestualidade mais casual dos personagens só teria precedentes nos desdobramentos ficcionais do *cinéma-vérité*

e cinema direto no filme independente ou experimental americano, talvez alguns momentos da *nouvelle vague* ou dos novos cinemas dos anos 60. *Documentário* apenas esboça algumas das linhas gerais da poética que se cristaliza em *O Bandido da Luz Vermelha* (1968), sua explosiva estreia no longa. A gestação desse seu segundo filme nutre-se não só de suas viagens, incluindo as internacionais, realizadas como acompanhamento de projeções do seu curta e cobertura de festivais, mas também do convívio de um grupo jovem de cinéfilos que se adensa em São Paulo na segunda metade da década, com aspirantes a cineastas vanguardistas e críticos cosmopolitas. Marcados também pelo Cinema Novo e inspirados na espontaneidade popular de um José Mojica Marins* ou mesmo na de um precursor mais imediato, que foi Ozualdo Candeias* com o seu *A margem* (1967), eles protagonizam a seguir um ciclo de inclinação anárquica, meio disperso, com o rótulo de cinema do lixo, cafajeste, da Boca, marginal – este último, o mais consagrado depois pela crítica. Fazem parte dele Andrea Tonacci, Antônio Lima, Carlos Reichenbach*, Jairo Ferreira*, João Callegaro, João Silvério Trevisan, Júlio Calasso, Maurice Capovilla*.

O ambiente dessa nova geração paulista emerge não só na estética como na própria figuração d'*O Bandido da Luz Vermelha*. Seu universo forma-se naquilo que se convenciona chamar então de Boca do Lixo*, região que liga o Centro às estações ferroviárias e à rodoviária da época, local onde diversas produtoras vêm se instalar. O que não se espera é que isso se dê tão logo e numa obra tão complexa e definitiva. Apoiado em caso verídico que, como é frequente, se torna fenômeno da imprensa sensacionalista, *O Bandido da Luz Vermelha* tem no gênero policial apenas um ponto de partida. O filme configura, na verdade, um painel de múltiplos gêneros, não só do cinema como, em certa medida, também do rádio, para não falar da imprensa escrita, da televisão e das histórias em quadrinhos. Refundindo fragmentos espirrados dessas diferentes fontes, o tom da narrativa se aproxima do registro irônico e do falsete paródico. O filme narra paralelamente a trajetória de Jorginho (Paulo Villaça*), que seria o tal bandido, e a de um Bandido da Luz Vermelha, "ente" construído pelo sensacionalismo da imprensa, rádio e TV. Entidade e personificação entrecruzam-se e sobrepõem-se, ora confundindo-se, ora contrastando-se comicamente. A própria autoidentidade de Jorginho faz parte da berlinda montada pelo filme. Não só a mídia se

pergunta com retumbante grandiloquência "Quem é afinal o tal Bandido da Luz Vermelha?", como Jorginho salpica a sua trajetória com as indagações mais ecléticas a respeito do seu próprio ser. Incontáveis assaltos se sucedem sem que o seu perseguidor, extenuado e patético, o detetive Cabeção (Luiz Linhares*), possa ao menos ver a sombra do alardeado prodígio do crime. A prostituta Janete Jane (Helena Ignez*), que acaba por trair Jorginho, entra como pivô no assédio que a polícia lhe faz, entregando-o aos comparsas de J. B. da Silva (Pagano Sobrinho), um político-gângster populista, "o rei da Boca". A grande e formidável galeria de tipos que desfila durante o filme não tem paralelos, ainda que se diga que algo se deve à chanchada carioca. Ao retomar de outros cineastas elementos de estilo narrativo, a fita não propõe citações de homenagem isolada, tal como se torna comum mais tarde. A fragmentação da montagem em cortes bruscos, poética, rústica ou semicarnavalizante, vinda de Glauber Rocha*, Godard ou Primo Carbonari[*?]; a mixagem de trilhas sonoras* próprias a rituais incompossíveis, trazida de *Terra em transe* (1966); a situação básica de *Acossado* (*À bout de souffle*, 1959) e o desfecho de *O demônio das onze horas* (*Pierrot le fou*, 1965), ambos de Godard; o clima, angulações e movimentos de *A marca da maldade* (*The Touch of Evil*, 1948), de Welles: tudo isso, levando-se em conta os temas e a realidade envolvida, entrelaça-se numa unidade extremamente singular e inovadora. Faz parte do cataclismo provocado pelo filme um "desrecalque", uma erupção em camadas de experiência "modernizada", que o rumo conservador imposto à vida nacional vem até ali recalcando como falsa libertação, assim intuída pela consciência dos artistas. Fazem parte desse quadro as objeções cultas ou nacionalistas às primeiras vagas locais do iê-iê-iê, assim como certa resistência do Cinema Novo à paisagem física e humana das modernas metrópoles. Irrompe assim no filme uma "nova" paisagem que simplesmente não vem sendo filmada, apesar de vivida. E não se trata simplesmente da "Boca" (ou de um avesso qualquer da metrópole pujante), mas sim dela mesma filtrada e entrecortada pelos *media*, nos dando a perceber a pulsação de uma nova realidade em alegoria. *O Bandido da Luz Vermelha* proporcionou, desse modo, um choque de repercussão só comparável aos primeiros longas de Glauber. À vontade nos espaços mais convencionais da cidade e do campo, o Cinema Novo (prestes a ensaiar um ingresso "tático" nos padrões conservadores do mercado) não pode assimilar o golpe e reage com desdém ou pouco-caso. O choque de valores é considerável. Além de filme inaugural, *O Bandido da Luz Vermelha* é sem dúvida, dali em diante, também um divisor de águas entre os cinemanovistas e essa recente floração irrequieta que Glauber não hesita em depreciar como cinema udigrudi, referência direta ao *underground* ianque. O poder de impacto d'*O Bandido da Luz Vermelha*, entretanto, está ainda por ser avaliado nos seus diversos aspectos. Por exemplo, o modo pelo qual o seu discurso propõe uma reinterpretação da história do cinema brasileiro parece ser peça importante na inversão de perspectiva que se deu a propósito da chanchada*, cuja fortuna crítica andou em baixa até então (com claro posicionamento negativo por parte dos cinemanovistas), e que passa a ser revalorizada intelectualmente a partir desse momento.

Os filmes posteriores de Sganzerla são menos compreendidos. Talvez por serem menos intrigantes ou menos escancaradamente novos, enigmáticos, provocativos, cada vez menos atentatórios. Merecem entretanto maior interesse e estudo. No mesmo diapasão de *O Bandido da Luz Vermelha*, ele filma no ano seguinte *A mulher de todos*, com Helena Ignez, sua mulher, no papel-título. Principal papel feminino também n'*O Bandido*, faz aqui uma personagem-síntese, condensando as vocações fantasiosas da conquistadora insaciável presente numa linha de mulheres cinematográficas, que nos anos 60 parece chegar ao apogeu, se difundindo crescentemente como um ícone-fetiche da própria época. Com locações em Itanhaém, cidade balneária paulista de passado colonial, a ação se dá num fim de semana na fictícia Ilha dos Prazeres, em que Ângela trai inúmeras vezes Plirtz (Jô Soares*), seu esposo, empresário chefe de um truste nacional de histórias em quadrinhos, enganando-o com uma plêiade de personagens que não ficam atrás daquelas histórias porventura publicadas por seu marido. Com efeito, em relação ao filme anterior, o desfile dos personagens se aprimora na forma acabada de uma galeria de pretendentes, contando ainda em paralelo com a evolução de uma família farofeira na praia, telegrafando uma inigualável caricatura cinematográfica do paulista médio, ou melhor, do brasileiro do futuro inscrito no paulista médio. Mais cômico que *O Bandido da Luz Vermelha* – sobretudo para as plateias universitárias, que durante anos puderam revê-lo na montagem original, mais ágil –, *A mulher de todos* repete o sucesso de público do primeiro filme. Nas suas produções

posteriores, Sganzerla entretanto perde por completo o diálogo com o mercado cinematográfico, que distingue tanto essas suas duas fitas. Fazem ainda parte dessa fase, em 1969, dois documentários didáticos, que têm a colaboração de Álvaro Moya, *História em quadrinhos* e *Quadrinhos no Brasil*, estes ligados flagrantemente à pesquisa de *A mulher de todos*.

Mudando-se para o Rio de Janeiro, associa-se com Júlio Bressane* e funda a BELAIR, tendo em vista a realização desembaraçada e rápida de filmes em regime praticamente amador, com uma mesma trupe de artistas e técnicos. Em três meses rodam seis longas. O seu anunciado projeto "O picareta", a ser realizado em nove planos-sequências de duração máxima, transforma-se em *Sem essa aranha*, filme em que Jorge Loredo adapta o seu conhecido personagem Zé Bonitinho dos programas humorísticos da TV para um fantástico Aranha, o último capitalista do país. Sganzerla repete a escolha de um comediante tarimbado da TV, como o Pagano Sobrinho e o Jô Soares dos filmes anteriores, aqui para um papel central, ladeado de Helena Ignez e Maria Gladys*, e com participações especiais dos músicos populares Moreira da Silva e Luiz Gonzaga. Em reflexão sobre o Brasil, Aranha se diz exilado no Paraguai, entre boates e inferninhos miseráveis, numa ambientação dos morros cariocas – de onde desce aliás aos trancos e barrancos em um antológico plano-sequência com a câmera na mão, trombando nos personagens em *performance* improvisada entre curiosos aglutinados da favela. Restrito a dezessete longos planos sem cortes, Sganzerla radicaliza nesse filme, a seu modo, os preceitos do realismo revelatório, a "montagem proibida" sugerida pelo crítico francês André Bazin. Essa tendência, oposta ao ritmo mais forte e ao corte mais frequente dos filmes da fase paulista, instala-se definitivamente e surgirá, depois, mesmo numa cópia nova de *A mulher de todos*, em que foram incluídos planos não liberados para a cópia de mercado, além da duração maior de algumas tomadas. Ainda no Rio, realiza, pela BELAIR, *Copacabana, mon amour*, com Helena Ignez, Otoniel Serra, Paulo Villaça, Joãozinho da Gomeia, Lilian Lemmertz* e Guará*. Aqui prosseguem suas experiências com a liberdade das angulações visuais e do movimento da câmera na mão, interessada em ultrapassar limites diversos. Paralelamente roda em 8 mm e em Super-8 uma espécie de documentário nos ambientes das filmagens que pretendia montar com o título de "A miss e

o dinossauro", e que dizia focar a simultânea urgência e dificuldade de se filmar no espaço público do país naquela virada de década. Parte desse material se recuperou depois na montagem empreendida por Helena Ignez em curta-metragem homônimo de 2005, no qual se ausentam entretanto as ruas que protagonizariam o argumento aludido, concentrando-se no convívio mais recluso da trupe. Em seguida, o grupo em torno da BELAIR se dissolve, e, como uma boa parte dos artistas e intelectuais brasileiros na época, exila-se, procurando alguma reestruturação em andanças pelo exterior. *Carnaval na lama* (ex-*Betty Bomba, a exibicionista*) é parcialmente rodado em Nova York, com Helena Ignez e Jorge Mautner, e aborda a reclusão neurótica diante do totalitarismo. O documentário de longa metragem *Fora do baralho* é rodado no Saara, na África. Começa a realizar igualmente *Mudança de Hendrix*, feito com trechos de apresentações filmadas do guitarrista, filme que é remontado (prática frequente a ser averiguada com alguns de seus filmes ao longo das décadas seguintes) e apresentado em outra versão em 1977.

Volta à carga só em 1977 com *Abismu*, apresentando Norma Bengell*, José Mojica Marins, Jorge Loredo, Edson Machado, Wilson Grey* e Mário Thomar. Aqui os seus personagens ganham um peso arqueológico que não tinham, alusivo a transcendências criptográficas que remontam tanto à revisão sganzerliana do cinema brasileiro quanto a elos perdidos com civilizações ancestrais e pré-cabralinas. Ensaiando uma "mitopoética" do Brasil em clave hermética, recria o seu próprio universo de personagens cinematográficas. Na mesma época Sganzerla realiza o curta *Viagem e descrição do Rio Guanabara por ocasião da França Antártica* (1976-1977), baseado na obra de Jean de Léry, no qual temos Paulo Villaça no papel de Villegaignon. Depois de alguns anos sem filmar, uma nova safra filmográfica terá lugar só no início dos anos 80, em torno dos mesmos temas que ele vinha retomando na imprensa, ao revisitar suas esfinges prediletas do audiovisual. Em música, como se sabe, integram a sua galeria de figuras cardeais da cultura contemporânea, além dos artistas da voz e da composição melódica, Luiz Gonzaga, João Gilberto e Agostinho dos Santos, o artista da guitarra Jimi Hendrix, ao qual dedicou dois de seus filmes (*Mudança de Hendrix* e *Abismu*), e o compositor Noel Rosa, ao qual consagra o curta *Noel por Noel* (1981) e o média *Isto é Noel* (1990), com João Braga interpretando o compositor. Em seguida, monta no curta *Brasil* (1981), com o som de João Gilberto, imagens recuperadas de arquivos, incluindo cine-jornais* do Departamento de Imprensa e Propaganda (DIP), girando em torno da formação de uma cultura musical no país. São dessa fase também os curtas *O petróleo* (1980-1982), ou *O petróleo nasceu na Bahia* e *Irani* (1983), com participação especial de Espiridião Amin.

Os seus três filmes seguintes sobre Orson Welles, o curta *Linguagem de Orson Welles* (1985-1987) e os longas *Nem tudo é verdade* e *Tudo é Brasil* requerem mais tempo de pesquisa. Dois deles vêm à luz na segunda metade dos anos 80: o curta *Linguagem de Orson Welles* e o longa ficcional *Nem tudo é verdade*, com Helena Ignez, e Arrigo Barnabé no papel do cineasta americano em terras brasileiras com o seu projeto "It's All True". Desenvolve-se aqui o seu tradicional tema do fazer cinema no Brasil, agora como tarefa hollywoodiana às avessas: a identificação do Welles malogrado é contraposta à dificuldade de um projeto audiovisual brasileiro em moldes redentores, ambos como contrapartida ao *status quo* repressivo da indústria cultural. Sganzerla filma o episódio de ficção 'Perigo negro', que integra o longa coletivo *Oswaldianas*. Baseia-se numa história tirada do romance *Marco zero*, de Oswald de Andrade, em que a trajetória pessoal de um futebolista é narrada por um torcedor fanático. Em 1998, lança *Tudo é Brasil*, documentário longo, com imagens de Carmen Miranda*, Grande Otelo* e Eros Volúsia, entre outros, sobre os bastidores do interrompido "It's All True", rodado no Brasil dos anos 40 por Welles, e a sua interação suspensa com a cultura do país. O tema do fracasso, central na obra de Sganzerla, adquire nessa empreitada mítica do gênio hollywoodiano uma importância decisiva. Em 2003, lança o seu último filme, *O signo do caos*, em que parecem convergir as pesquisas em torno do fracasso de Welles e dos bondes perdidos pelo imaginário brasileiro desde sempre, ou ao menos desde Getúlio Vargas e Juscelino Kubitschek. Deixou, entre outros projetos, uma continuação do seu longa de estreia, um roteiro retomado por Helena Ignez em codireção com Ícaro Martins*, *Luz nas trevas: a revolta de Luz Vermelha* (2009). O Brasil, isto é, as culturas visual e radiofônica brasileiras, sempre em causa, e chave do seu corte estético na história do cinema brasileiro, atingem uma dimensão universal na medida de sua irrealização cinematográfica mundial, incrustando-se e comprovando-se na experiência fracassada de Welles. Considerado por Al-meida Salles e Caetano Veloso* a maior personalidade cinematográfica brasileira ao lado de Glauber Rocha, Rogério Sganzerla sentencia, já no final dos anos 60: "o cinema brasileiro é o máximo porque é o impossível". (RMJr)

SILVA, Aguinaldo (Agnaldo Ferreira Silva) – Carpina, PE, 1943. Roteirista.
FILMOGRAFIA: 1979 – *República dos assassinos*. 1970-1980 – *Prova de fogo*. 1982 – *O bom burguês*; 1983 – *O cangaceiro trapalhão*; *Águia na cabeça*; *O trapalhão na arca de Noé*. 1986 – *Os Trapalhões e o Rei do Futebol*. 1987 – *Luzia Homem*. 1995-1996 – *Como nascem os anjos*.

Aguinaldo Silva mora nas cidades de Recife e depois no Rio de Janeiro, a partir de 1962. Escritor, é autor de uma série de romances, desde sua estreia com *Redenção de Job* (1961), dos quais são adaptados para o cinema *República dos assassinos* (1976) e *A história de Lili Carabina* (1981) – o primeiro por Miguel Faria Jr.*, em filme batizado com igual título, e o segundo por Lui Faria, com o título *Lili, a estrela do crime*. Também escreve livros de contos e novelas, além da peça *As tias* (1981), em parceria com Doc Comparato*. Jornalista, trabalha na imprensa carioca como redator e repórter em grandes jornais, como *O Globo*, ou na imprensa alternativa, em *O Lampião*, onde é editor. Seu *habitat* natural, nos últimos anos, é a televisão, onde estreia como um dos autores da série *Plantão de Polícia*. No começo da década de 80, escreve as minisséries *Lampião e Maria Bonita*, *Bandidos da falange*, *Padre Cícero*, *Tenda dos milagres* e *Riacho doce*, essas duas últimas baseadas, respectivamente, nos romances homônimos de Jorge Amado* e José Lins do Rego. A partir de 1984 torna-se um nome bastante popular entre o grande público, escrevendo as telenovelas *Partido alto*, *Roque Santeiro*, *O outro*, *Tieta*, esta baseada no romance *Tieta do agreste*, de Jorge Amado; *Pedra sobre pedra*, além de *Fera ferida* e *A indomada*. No cinema, colabora no roteiro de *República dos assassinos*, de Miguel Faria Jr., extraído de seu romance. Roteiriza também o drama político *O bom burguês*, de Oswaldo Caldeira*, baseado em fatos reais. Escreve os roteiros dos filmes infantis de Os Trapalhões*, as paródias *O cangaceiro trapalhão*, de Daniel Filho*; *O trapalhão na arca de Noé*, de Antônio Rangel, este em parceria com Doc Comparato; e *Os Trapalhões e o Rei do Futebol*, de Carlos Manga*. É novamente parceiro de Comparato no roteiro de *Águia na cabeça*, de Paulo Thiago*, filme ambientado no universo do jogo do bicho. Não participa nem da feitura nem do roteiro da adaptação de seu romance *A história de Lili Carabina*, filmado por Lui Farias, com o título *Lili, a estrela do crime* (1987-1988). Na década de 90, escreve o roteiro de *Como nascem os anjos*, de Murilo Salles*, sobre as crianças de rua que se transformam em bandidos. (LFM)

SILVA, Ana Maria Nascimento e – Rio de Janeiro, RJ, 1957. Atriz.
FILMOGRAFIA: 1976 – *Marcados para viver*. 1977 – *Ladrões de cinema*; *A força de Xangô*; *O bem dotado – o homem de Itu*; *Paraíso no Inferno*. 1978 – *A força do sexo*; *Desejo violento*; *Os trombadinhas*. 1979-1981 – *Asa Branca, um sonho brasileiro*. 1980 – *Mulher sensual* (*Novela das oito*); *Ao sul do meu corpo*. 1985 – *Brasa adormecida*. 1987-1988 – *Natal da Portela*; 1989-1992 – *Eternidade*. 1990 – *Sonho de verão*. 1993 – *A terceira margem do rio*. 1994-1997 – *Bocage – triunfo do amor*. 1998 – *O viajante*. 2003 – *O general*. 2010 – *O Gerente*.

Formada em História da Arte, filha de Harry Anastassiadi, de nacionalidade grega, ex-presidente da FOX FILM para a América Latina. Começou no teatro infantil e teve sua estreia no cinema em 1976, no drama *Marcados para viver*, de Maria do Rosário Nascimento e Silva. O ano seguinte marcou sua estreia na televisão na novela *Nina*, de autoria de Walter George Dürst, com direção de Walter Avancini. Também em 1977 casou-se com cineasta Paulo César Saraceni*. Mais tarde, através da SHATER PRODUÇÕES ARTÍSTICAS, produz os filmes de seu marido: *O viajante*, baseado na obra de Lúcio Cardoso e o documentário, *Banda de Ipanema – a Folia de Albino* (2002). Foi secretária de Cultura da cidade de Duque de Caxias, no estado do Rio de Janeiro, e, em 2002, criou o FESTIVAL DE CINEMA DE PARATY (PARACINE), na cidade de Paraty. Trabalhou como atriz na coprodução entre Brasil e Portugal *Eternidade*, do cineasta português Quirino Simões. Seu mais recente filme é a produção mineira *O general,* do diretor estreante em longa, Fábio Carvalho. Na televisão atuou em várias novelas e minisséries. (VLD)

SILVA, Fernando Ramos da – Diadema, SP, 1968-1987. Ator.
FILMOGRAFIA: 1980 – *Pixote, a lei do mais fraco*. 1981 – *Eles não usam black-tie*. 1982 – *Gabriela, cravo e canela*.

Famoso em função do personagem-título de *Pixote, a lei do mais fraco*, de

Hector Babenco*, protagoniza uma das mais dramáticas trajetórias da vida artística brasileira. Órfão de pai e filho de uma vendedora de bilhetes, mãe de mais dez crianças, cresce em uma favela da periferia de sua cidade natal. Semialfabetizado, espontâneo e interessado pelo universo da interpretação, aos 8 anos participa da montagem teatral de *O último carro*, de João das Neves, em que desempenha um papel ligado ao seu cotidiano, o de um trombadinha. Um companheiro de elenco, Gilberto Moura, o indica para a produção de *Pixote*, adaptação do livro *A infância dos mortos*, de José Louzeiro*, sobre o problema do menor abandonado no Brasil. Selecionado entre mais de 1.500 candidatos pelo seu ar plenamente infantil e levemente melancólico, revela-se a perfeita encarnação da criança pobre que é levada ao mundo do crime e da violência pelas circunstâncias sociais. Confundindo-se muitas vezes com o personagem, exibe surpreendente caracterização para um ator instintivo. Responsável por boa parte do impacto do filme, recebe imediatamente inúmeros convites para atuar no teatro e na televisão. Faz as peças *Inútil pranto dos anjos de cara suja* e *Garotos de aluguel* e a novela *O amor é nosso*, em que se exploram tipos com trajetória semelhante à sua. Incapaz de superar as dificuldades econômicas e psicológicas, volta para Diadema, entrando em uma vida de crimes, após a primeira prisão em 1984. Retorna definitivamente a Diadema, procurando sustentar a jovem esposa Maria Aparecida da Silva. Seguindo o destino trágico de alguns dos irmãos, morre assassinado pela polícia. Louzeiro dedica-lhe o livro *Pixote – a lei do mais forte*, e a sua companheira, a biografia *Pixote nunca mais*, ambos utilizados pelo diretor José Joffily* no roteiro de *Quem matou Pixote?*, realizado em 1996. Faleceu em 25 de agosto em São Paulo. (HH)

SILVA, Hélio – Pirapora, MG, 1929-2004. Fotógrafo.

FILMOGRAFIA: 1954-1955 – *Rio 40 graus*. 1955-1959 – *Redenção*. 1957 – *Rio, Zona Norte*; *O grande momento*. 1960 – *Mandacaru vermelho*. 1961 – *A grande feira*; *América de noite* (coprodução estrangeira). 1962 – *Tocaia no asfalto*; *Três cabras de Lampião*; *Tres cuentos colombianos* (episódio: 'La sarda') (produção estrangeira). 1964 – *El río de las tumbas* (produção estrangeira). 1965 – *A hora e vez de Augusto Matraga*; *Amor e desamor*. 1966 – *O mundo alegre de Helô*; *El Justicero*. 1967 – *Jogo perigoso* (coprodução estrangeira) (1º episódio: 'H. O.'; 2º episódio: 'Divertimento'); *O homem nu*. 1968 – *Dois na lona*; *Lance maior*; *Massacre no supermercado*; *O matador profissional*; *O homem que comprou o mundo*. 1969 – *Adultério à brasileira* (1º episódio: 'O telhado'; 2º episódio: 'A assinatura'; 3º episódio: 'A receita'); *Em cada coração um punhal* (1º episódio: 'Transplante de mãe'); *Navalha na carne*. 1969-1973 – *Vozes do medo* (episódios: 'Caminhos'; 'Retrato de um jovem brigador'; 'Pantomina das três forças'). 1970 – *Meu pé de laranja-lima*; *Os maridos traem... e as mulheres subtraem*; *Memórias de um gigolô*; *O vale do Canaã*; *Dois perdidos numa noite suja*. 1971 – *Soninha toda pura*; *Ana Terra*; *Um anjo mau*. 1972 – *A viúva virgem*; *Salve-se quem puder, o rally da juventude*. 1973 – *Os mansos* (1º episódio: 'A b... de ouro'; 2º episódio: 'O homem dos quatro chifres'; 3º episódio: 'O homem, a mulher e o etc. numa noite de loucuras'); *O descarte*. 1974 – *Isto é Pelé*; *Banana mecânica*; *O amuleto de Ogum*. 1975 – *Guru das sete cidades*; *Ana, a libertina*; *Eu dou o que ela gosta* (*Seduzida pelo amor*); *As aventuras amorosas de um padeiro*; *O homem de seis milhões de cruzeiros contra as panteras*. 1976 – *Deixa, amorzinho... deixa*; *O sósia da morte*; *Crueldade mortal*; *Esse Rio muito louco* (2º episódio: 'A louca de Ipanema'). 1977 – *Tenda dos milagres*; *Sexo e violência em Búzios*. 1978 – *O Grande Desbun...*; *Copa 78, o poder do futebol*. 1979 – *Amante latino*; *Eu matei Lúcio Flávio*; *O torturador*. 1980 – *Bonitinha mas ordinária*. 1981 – *Álbum de família*; *Escalada da violência*. 1982 – *Os três palhaços e o menino*. 1983 – *Perdoa-me por me traíres*. 1984 – *Double Trouble* (produção estrangeira). 1984-1985 – *Amenic*. 1989 – *Manoushe, uma lenda cigana*. 1989-1990 – *Boca de Ouro*. 1993 – *A dívida da vida*. 1995 – *O lado certo da vida errada*. 2007 – *Atabaques, Nzinga*.

Decano dos fotógrafos da atualidade, filma ao longo de quatro décadas. Constrói carreira principalmente ao lado dos diretores Nelson Pereira dos Santos* e Roberto Santos*, materializando a partir de parcos recursos a inovadora imagem do filme independente dos anos 50. Transfere-se para o Rio de Janeiro no início dos anos 50, procurando ingressar no meio cinematográfico. Consegue emprego na COMPANHIA INDUSTRIAL CINEMATOGRÁFICA, na qual desempenha inúmeras funções técnicas. Torna-se segundo assistente de câmera de Mário Pagés* em *Agulha no palheiro*, de Alex Viany*, fazendo amizade com o assistente de direção Nelson Pereira dos Santos. Contratado pela MULTIFILMES*, integra a equipe de fotografia das produções rodadas nos estúdios da cidade de Mairiporã. Emprestado à KINO FILMES*, trabalha com Edgar Brasil* em *Mulher de verdade*, de Alberto Cavalcanti*. Recebe convite de Nelson Pereira dos Santos para registrar as imagens de *Rio 40 graus*. Influenciado pela estética neorrealista, abole o uso rigoroso da contraluz, evitando qualquer efeito de compensação ao contraste exacerbado, aos estouros de luz e à imagem granulada. Procura encontrar um tom luminoso adequado às paisagens naturalistas requeridas pela nova geração de cineastas. Suavizando o impacto da luz pelo uso de filtros e de difusores, logra atingir um meio-termo entre a neutralidade visual do cenário e a atmosfera psicológica requerida pelo enredo. Com *Mandacaru vermelho*, de Nelson Pereira dos Santos, enfrenta pela primeira vez o desafio da luz nordestina, optando pela erradicação do fundo como elemento relevante. Esse estilo, cada vez mais depurado e funcional, atinge perfeita adequação aos objetivos da direção em *A hora e vez de Augusto Matraga*, de Roberto Santos. Encaminha-se paulatinamente para o cinema comercial, assinando a direção de fotografia de inúmeras pornochanchadas*, documentários sobre futebol e filmes infantis*. Modifica pouco seu padrão estético com a chegada da cor, guardando rara coesão e coerência em obra tão extensa. Obtém resultados expressivos nessa segunda metade de sua carreira quase sempre a partir de originais teatrais, como *Dois perdidos numa noite suja*, *Bonitinha mas ordinária*, ambos de Braz Chediak*, e *Boca de Ouro*, do estreante Walter Avancini. O estilo seco e duro ganha extraordinário relevo quando o tema é a violência urbana. Nos anos 90, dividiu-se entre o Brasil e Cuba, onde ensina fotografia na Escola Internacional de Cinema e Vídeo de Santo Antônio de Los Baños. Faleceu em 27 junho no Rio de Janeiro. (HH)

SILVA, Wilson (Wilson Nunes da Silva) – Maruim, SE, 1932. Diretor.

FILMOGRAFIA: 1958 – *Depois do carnaval*. 1959 – *Eles não voltaram*. 1962 – *Nordeste sangrento*. 1963 – *No tempo dos bravos*. 1967 – *Cristo de lama: a história do Aleijadinho*. 1968 – *Enfim sós... com o outro*. 1970 – *Uma garota em maus lençóis*. 1971 – *O bolão*. 1974 – *A cobra está fumando*. 1982-1988 – *Só restam as estrelas*. 1983 – *As ninfetas do sexo selvagem*.

Suas primeiras experiências cinematográficas, com câmera de 16 mm, acontecem na adolescência, em Aracaju.

A partir de 1949, passa a viver no Rio de Janeiro e em meados dos anos 50, dirige os documentários curtos *História da numismática*, *Pegando aratu* e *Laranjeiras, patrimônio histórico*. Em 1958, funda a CELESTIAL FILMES, no mesmo ano transformada na WILSON SILVA PRODUÇÕES CINEMATO-GRÁFICAS. Quase sempre é produtor dos filmes que escreve e dirige. Estreia com o drama *Depois do carnaval*, cuja trama era consequência de fatos ocorridos durante as festas carnavalescas, tendo Miguel Torres* como protagonista. Seu segundo filme, *Eles não voltaram*, é um drama que enfoca a participação do Brasil na II Guerra Mundial. Realiza seu primeiro filme colorido, no gênero cangaço, filmando *Nordeste sangrento*. Muitos anos antes de aparecer o filme de gângster com crianças *Bugsy Malone, quando as metralhadoras cospem... chantilly*, do diretor Alan Parker (1976), dirige, nos estúdios da CINÉDIA*, *No tempo dos bravos*, um faroeste com atores infantis. Diretor de *Cristo de lama*, baseado no romance homônimo histórico de João Felício dos Santos, que narra a história de Aleijadinho, com Geraldo D'El Rey* no papel-título. Para o produtor Osíris Parcifal de Figueiroa, dirige duas comédias de costumes com a estrela televisiva Neide Aparecida: *Enfim sós...* e *Uma garota em maus lençóis*. Em seguida, dirige sua terceira comédia, *O bolão*, na qual satiriza a mania do brasileiro de jogar na loteria esportiva. No começo dos anos 70, praticamente encerra sua carreira. Seu "novo" filme, *A cobra está fumando*, é uma remontagem de *Eles não voltaram*, que ele mesmo realiza no começo de sua carreira. Nos anos 80, na tentativa de retomada da carreira, dirige a ficção científica *Só restam as estrelas*, sobre os perigos de uma guerra nuclear. Filme no qual gasta seis anos para realizar e que permanece inédito. Em sua única incursão no cinema erótico, filma *As ninfetas do sexo selvagem* para o produtor Fauzi Mansur*, trabalho que renega. (LFM)

SILVEIRA, Miroel – Santos, SP, 1914-1988. Roteirista.

FILMOGRAFIA: 1952 – *Simão, o caolho*. 1954 – *Mulher de verdade; Carnaval em lá maior*. 1955 – *Quem matou Anabela?*. 1956 – *A doutora é muito viva*. 1957 – *Casei-me com um xavante*. 1970 – *A moreninha*. 1974 – *Trote de sádicos*.

Filho do escritor Waldomiro Silveira, conceituado autor regionalista. Foi membro de uma grande família de literatos, entre os quais, seu tio Breno Silveira, suas primas Dinah Silveira de Queiroz e Helena Silveira e seu sobrinho Ênio Silveira. Dedica-se inicialmente à literatura, quando escreve os livros de contos *Bonecos de engonço, O clube dos nudistas e outros contos* e também a obra infantil *O mistério do anel*. Muitos anos mais tarde, retorna ao gênero conto com *Caiu na vida*. Profissional completo de teatro, possui quase cinquenta anos de atividade no meio. Trabalha como tradutor de textos clássicos, entre outros, *César e Cleópatra*, de Bernard Shaw, *Com a pulga atrás da orelha*, de Georges Feydeau, e *Geração em revolta*, de John Osborne. É autor dos textos teatrais *A moreninha*, musical baseado no romance homônimo de Joaquim Manuel de Macedo, *O milagre dos milagres, Casal 20* e *Madame underground*, sendo também diretor da Companhia de Comédias Bibi Ferreira e do grupo Os Comediantes. Além de dirigir montagens profissionais, fez com seus alunos os espetáculos *Casa-grande e senzala*, baseado na obra homônima de Gilberto Freyre, e *Natan, o sábio*, de Lessing, importante autor alemão do século XVIII. Foi crítico teatral da *Folha da Manhã*. Desde sua fundação foi professor na Escola de Arte Dramática (EAD), onde ensinou direção teatral. Também escreveu os livros *A contribuição italiana ao teatro brasileiro (1895-1964)* e *A outra crítica*.

No cinema tenta, em meados da década de 40, a direção do filme "A moreninha", com Bibi Ferreira*, baseado no sucesso teatral de sua peça, infelizmente não realizado. Essa seria a primeira produção da TAPUIA FILMES. Nos estúdios da MARISTELA* colabora nos roteiros das produções da empresa, em particular na comédia *Simão, o caolho*, de Alberto Cavalcanti*, baseado nas crônicas de Galeão Coutinho, sua primeira parceria com o radialista Oswaldo Moles. Novamente com Moles, escreve a comédia *Mulher de verdade* para outra direção de Cavalcanti, uma produção da KINO FILMES*, e seu único carnavalesco, *Carnaval em lá maior*, com direção de Adhemar Gonzaga*. Sozinho, roteiriza ainda a comédia policial *Quem matou Anabela?*, de D. A. Hamza, seu último filme na MARISTELA, companhia que ainda filmaria, em 1957, sua peça teatral *Casei-me com um xavante*, no primeiro roteiro escrito por Luís Sérgio Person* para filme de igual título do diretor Alfredo Palácios*. Nos estúdios da VERA CRUZ*, Ferenc Fekete dirige a refinada comédia *A doutora é muito viva*, escrita por Miroel, em produção da CINEBRÁS. Outro cineasta da MARISTELA, Glauco Mirko Laurelli*, dirige Sônia Braga* e David Cardoso*, em 1970, na adaptação cinematográfica de sua peça *A moreninha*, conservando o mesmo título na película que lança os dois artistas ao estrelato. Tardiamente, tem filmado seu último roteiro (em parceria com Marcos Rey*), o drama *Trote de sádicos*, com direção de Aldir Mendes de Souza, cuja trama gira em torno dos trotes universitários dos aprovados no vestibular. Faleceu em São Paulo em 30 de julho. (LFM)

SILVEIRA, Sara – Porto Alegre, RS, 1950. Produtora.

FILMOGRAFIA: 1993-1994 – *Alma corsária*. 1995 – *16.060*. 1997 – *Os matadores; Alô!?*. 1998 – *A hora mágica*. 1998-1999 – *Dois Córregos – verdades submersas no tempo*. 2000 – *Bicho de sete cabeças*. 2002 – *Durval Discos*. 2004 – *Garotas do ABC; Bens confiscados*. 2005 – *Cinema aspirinas e urubus*. 2006 – *Sonhos e desejos*. 2007 – *Person; Ó Paí, Ó; Falsa loura; Caixa dois*. 2009 – *Os famosos e os duendes da morte; Insolação; É proibido fumar*.

Formada em Ciências Jurídicas e Sociais, começou na área de cinema como assistente de produção de Roberto Santos* no filme *Nasce uma mulher* (1982). Em seguida assume outros trabalhos nessa década, como *Além da paixão*, de Bruno Barreto*; *Filme demência*, de Carlos Reichenbach*; *O país dos tenentes*, de João Batista de Andrade* e *Luar sobre Parador*, de Paul Mazursky. Assume a direção de produção de *O grande mentecapto* (1987-1988), de Oswaldo Caldeira*. Em 1991, Sara e Carlos Reichenbach fundam a DEZENOVE SOM E IMAGENS PRODUÇÕES, depois de uma parceria que os aproximou no filme *Anjos do arrabalde* (1987). Farão uma dupla de longa vida e ampla produção no cinema brasileiro. O episódio 'Desordem em progresso', dirigido por Reichenbach ampliado em 35 mm para o longa internacional *City Life* (1988), marcou a atuação da produtora como assistente de direção e na continuidade. Profissional especializada e capacitada, realizou *Alma corsária* e *Dois Córregos – verdades submersas no tempo*, ambos de Reichenbach; *Ação entre amigos*, de Beto Brant*; e *A hora mágica*, de Guilherme de Almeida Prado*, adaptado do conto *Cambio de luces*, de Julio Cortázar. Produziu a estreia em longa de três diretoras paulistas: Mara Mourão, com *Alô!?*; Laís Bodanzky com *Bicho de sete cabeças*, coprodução com a FÁBRICA DE CINEMA, produtora italiana; e Anna Muylaert*, com *Durval Discos*. Continuando sua parceria com Reichenbach, produz *Garotas do ABC* e *Bens confiscados*. Lançou o diretor pernambucano Marcelo Gomes* no longa-metragem ao produzir *Cinema* *aspirinas e urubus*, que foi selecionado para a Mostra UM CERTO OLHAR, no FESTIVAL DE CANNES de 2005. Foi também produtora do documentário *Person*, de Marina Person, sobre a vida e a obra do cineasta Luís Sérgio Person*, trazendo a reconstituição da história do cineasta paulista através da perspectiva pessoal de sua filha. Produz *Sonhos e desejos*, de outro realizador estreante, Marcelo Santiago, e banca outro filme de Carlos Reichenbach, *Falsa loura*. Seus projetos e parcerias têm lhe rendido vários prêmios, entre KIKITOS e CANDANGOS, mas conquistou dois prêmios pessoais: um CANDANGO especial como produtora executiva (*A hora mágica*) e COXIPONÉ, no FEST CUIABÁ, pela participação na produção de três filmes (*Ação entre amigos, A hora mágica e Alô!?*). Recentemente produziu *É proibido proibir*, de Anna Muylaert, grande vencedor no FESTIVAL DE BRASÍLIA de 2009, e *Insolação,* de Felipe Hirsch e Daniela Thomas. Também está por detrás de *Os famosos e os duendes da morte,* primeiro longa de Esmir Filho, reafirmando uma faceta de sua atuação. Sarah costuma ser lembrada por seu talento em permitir a emergência de cineastas estreantes, promovendo, incentivando e, mais importante, produzindo seus filmes. (TS)

SILVEIRA, Walter da (Walter Raulino da Silveira) – Salvador, BA, 1915-1970. Crítico de cinema.

Walter da Silveira foi considerado por Glauber Rocha*, ao lado de Paulo Emilio Salles Gomes* e Alex Viany*, uma das "pedras angulares de nossa teoria cultural". Em 1935, forma-se em Direito pela Universidade Federal da Bahia, exercendo a carreira de juiz de 1938 até 1945 e abandonando-a para tornar-se advogado trabalhista. Escreveu o seu primeiro artigo sobre cinema em 1936, no jornal da Associação Universitária da Bahia, tratando do filme *Tempos modernos*, de Charles Chaplin. Walter da Silveira teve sua formação intelectual marcada pelo marxismo; ainda em 1935, toma parte da ANL (Aliança Nacional Libertadora) e chega nos anos 40 e 50 a militar no Partido Comunista. Em 1959, assumiu como suplente o mandato de deputado estadual pelo PTB (Partido Trabalhista Brasileiro) na Assembleia Legislativa baiana. Foi o principal responsável pelo CLUBE DE CINEMA DA BAHIA, fundado em 27 de junho de 1950, que se localizava no auditório da Secretaria de Educação e Saúde e fora transformado, em 1965, em cinema de arte. Esse foi um dos cineclubes* mais importantes do Brasil,

não apenas pela longevidade e regularidade nas atividades, mas ainda devido aos quadros formados, podendo-se listar: Glauber Rocha, Orlando Senna*, Roberto Pires*, Rex Schindler e João Palma Neto, ou seja, boa parte dos integrantes do surto baiano de produção ocorrido no final dos anos 50 e ao longo dos 60, cujo marco inicial foi o filme *Redenção*, de Roberto Pires. Quando iniciaram as atividades do primeiro cineclube baiano, o acanhamento da cultura cinematográfica local era tão grande que a exibição de *Os visitantes da noite*, de Marcel Carné, foi atacada pela imprensa, pois os filmes franceses eram considerados imorais. Combatendo a tacanhice reinante já em 1951, Walter da Silveira organizou o I FESTIVAL DE CINEMA DA BAHIA, que levou importantes figuras do meio cinematográfico brasileiro para Salvador. As suas tarefas não eram apenas de cunho organizativo e, antes de cada filme exibido no CLUBE DE CINEMA DA BAHIA, ele tecia várias considerações a respeito da obra apresentada. Walter da Silveira militou na crítica escrevendo constantemente nos principais jornais da Bahia nos anos 50 e 60, tais como o *Diário de Notícias, Diário da Bahia* e *A Tarde*. De forma mais esparsa publicou em jornais ou revistas do sul do país, por exemplo, *Leitura* e *Tempo Brasileiro* (ambas do Rio de Janeiro) ou *O Estado de S. Paulo* e *Anhembi* (de São Paulo). Além de palestrante e crítico, ocupou as cadeiras de professor de Cinema na Escola de Teatro da Faculdade de Arquitetura e na Escola de Belas Artes da Universidade Federal da Bahia. Walter da Silveira atuou na política cinematográfica, ocupando os cargos de relator geral do I CONGRESSO NACIONAL DO CINEMA BRASILEIRO (1952), vice-presidente do II CONGRESSO NACIONAL DO CINEMA BRASILEIRO (1953) e membro da COMISSÃO PERMANENTE DE DEFESA DO CINEMA BRASILEIRO, o que apontou para o seu interesse no tocante à produção nacional. Se por um lado a sua preferência estética em relação ao cinema internacional recaía sobre o cinema silencioso – filmes como *A paixão de Joana D'Arc* (de Carl Dreyer), *Outubro* (de Sergei Eisenstein) ou *Em busca do ouro* (de Charles Chaplin) –, por outro foi um entusiasta do Cinema Novo*, considerando *Terra em transe* e *Deus e o diabo na terra do sol*, ambos de Glauber Rocha, os melhores filmes realizados no Brasil. Em 1960, Walter da Silveira destacou-se na I CONVENÇÃO NACIONAL DA CRÍTICA CINEMATOGRÁFICA, ocorrida em São Paulo, e irmanou-se a Paulo Emilio Salles Gomes na defesa da CINEMATECA BRASILEIRA,

entidade da qual foi conselheiro. Walter da Silveira tomou parte na fundação da Associação dos Críticos Cinematográficos da Bahia e do Centro de Pesquisadores do Cinema Brasileiro. Demonstrativas do reconhecimento da sua importância como crítico foram as participações nos júris do FESTIVAL DE BRASÍLIA, do FESTIVAL DE SESTRI LEVANTI (Itália) e do FESTIVAL DE KARLOVY VARY (antiga Tchecoslováquia). O primeiro livro publicado por Walter da Silveira foi *Fronteiras do cinema*, editado pela Tempo Brasileiro em 1966, ano que marcou o seu ingresso na Academia Baiana de Letras. Tratava-se da reunião de vários artigos sobre cinema estrangeiro, abordando diretores como Ingmar Bergman, Federico Fellini, Jacques Tati, Alfred Hitchcock e Alain Resnais. Publicou ainda em vida *Imagem e roteiro de Charles Chaplin*, pela editora Mensageiro da Fé em 1970. Esse livro é um ensaio sobre a importância cinematográfica e histórica da obra de Chaplin. No dia 5 de novembro, Walter da Silveira faleceu vitimado pelo câncer, deixando viúva Ivani da Silveira. Somente em 1978, graças ao trabalho de José Umberto Dias, foi publicado o último trabalho de Walter da Silveira, que morreu antes de terminá-lo, *A história do cinema vista da província*, editado pela Fundação Cultural do Estado da Bahia. O livro retratou o desenvolvimento da exibição e da produção de cinema na Bahia. As análises de Walter da Silveira foram marcadas, sobretudo, pelo agudo conhecimento da história do cinema e por uma perspectiva humanista. Quando se completaram 20 anos de seu falecimento, foram organizadas, para homenageá-lo, uma mostra de filmes na Faculdade de Comunicação e uma exposição de fotos e documentos na Escola de Belas Artes da Universidade Federal da Bahia. Em 2006, foram publicados quatro alentados volumes, organizados por José Umberto Dias, reunindo a produção crítica de Walter da Silveira, com o título de *Walter da Silveira – o eterno e o efêmero*. (AA)

SIQUEIRA, Cyro (Cyro Rodrigues de Siqueira) – Presidente Soares, MG, 1930. Crítico de cinema.

Cyro Siqueira iniciou-se na crítica cinematográfica em 1949, substituindo os irmãos José Renato e Geraldo Santos Pereira* no jornal *Estado de Minas*. Em 1951, em companhia de Jacques do Prado Brandão, Raimundo Fernandes e Fritz Teixeira de Salles, fundou o Centro de Estudos Cinematográficos (CEC), que se destinava à projeção e discussão de filmes.

Participou também, ao lado de Jacques do Prado Brandão, Guy de Almeida e José Roberto D. Novaes, da criação da *Revista de Cinema*, cujo primeiro número desta que foi a mais importante publicação nacional dos anos 50 especializada em cinema saiu em abril de 1954. No primeiro número, Cyro Siqueira escreveu o artigo "A revisão do método crítico", que teve ampla repercussão entre os críticos brasileiros. Suas preferências cinematográficas são os diretores David Lean, Vittorio de Sica, Billy Wilder, William Wyler, John Huston, John Ford, Ingmar Bergman e Michelangelo Antonioni. Quanto à teoria, recebeu influências de André Bazin, Luigi Chiarini e Guido Aristarco. Por volta de 1958, Cyro Siqueira desligou-se da crítica diária, pois assumiu a chefia de redação do *Diário da Tarde*, vespertino ligado ao grupo *Estado de Minas*. Voltou para esse jornal no início dos anos 60, onde ocupou os cargos de editor do caderno cultural e chefe de redação. Atualmente, Cyro Siqueira é diretor do *Estado de Minas*. Publicou em 1994 o livro *A vida revisitada*, no qual abordou vários assuntos, tais como recordações de fatos passados e suas preferências literárias. (AA)

SOARES, Ilka (Ilka Hack Soares) – Rio de Janeiro, RJ, 1931. Atriz.

FILMOGRAFIA: 1949 – *Iracema*. 1950 – *Echarpe de seda*; *Katucha*; *Maior que o ódio*. 1952 – *Três vagabundos*; *O amanhã será melhor*. 1953 – *Esquina da ilusão*. 1954 – *Floradas na serra*. 1955 – *Carnaval em Marte*. 1956 – *Depois eu conto*. 1959 – *Pintando o sete*. 1985 – *Brasa adormecida*. 2001 – *Copacabana*. 2005 – *Gatão de meia-idade*.

Sua estreia no cinema causa escândalo, quando, muito jovem ainda, aparece nua dentro de um rio, como protagonista de *Iracema*, sob a direção de Vittorio Cardinali, numa produção capitaneada por um grupo de italianos da NOVA TERRA FILMES, baseada no romance homônimo de José de Alencar*. Com os mesmos produtores, participa do policial *Echarpe de seda*, de Gino Talamo. Um segundo papel erótico lhe está reservado no drama *Katucha*, de Paulo R. Machado, extraído do romance homônimo de Benjamin Costallat. Sob a direção de José Carlos Burle*, contracena com os galãs da ATLÂNTIDA*: com Anselmo Duarte*, no melodrama policial *Maior que o ódio*, e com Cyll Farney*, na comédia *Três vagabundos*. Muda-se para São Paulo e atua na MULTIFILMES*, no drama *O amanhã será melhor*, do diretor Armando Couto. Na VERA CRUZ*, filma com os galãs da casa: Alberto Ruschel*, na comédia dramática *Esquina da ilusão*, de Ruggero Jacobbi; e Miro Cerni, no melodrama *Floradas na serra*, sob a direção de Luciano Salce*. A seguir, casa-se com Anselmo Duarte. De volta ao Rio, filma com seu marido, nos estúdios da BRASIL VITA FILME*, duas comédias, *Carnaval em Marte*, de Watson Macedo*, e *Depois eu conto*, de José Carlos Burle, e na ATLÂNTIDA, sob as ordens de Carlos Manga*, faz a comédia *Pintando o sete*. Nos anos 60, casa-se com o diretor de televisão Walter Clark*. Nesse veículo permanece atuando em *shows* e novelas por mais de vinte anos em papéis de grã-fina. Trabalhava principalmente em novelas (*Anjo mau*, *Locomotivas*, *Te contei*) escritas por Cassiano Gabus Mendes, nos anos 70, para o horário das sete da noite, na GLOBO. Em meados dos anos 80, participa ao lado de Anselmo Duarte da comédia *Brasa adormecida*, ambientada nos idealizados anos 50, com direção de Djalma Limongi Batista*. Na comédia *Copacabana*, de Carla Camurati*, sobre a vida e a velhice no célebre bairro carioca, atuou como dona Lily. Em *Gatão de meia-idade*, dirigido por Antônio Carlos Fontoura*, baseado em personagem do cartunista Miguel Paiva, faz o papel da mãe do protagonista Gatão. (LFM)

SOARES, Jô (José Eugênio Soares) – Rio de Janeiro, RJ, 1938. Ator.

FILMOGRAFIA: 1958 – *O homem do Sputnik*; *Pé na tábua*. 1960 – *Tudo legal*; *Vai que é mole*. 1961 – *Pluft, o fantasminha*. 1967 – *Papai trapalhão*; *Agnaldo, perigo à vista*; *Hitler, terceiro mundo*. 1969 – *A mulher de todos*. 1970 – *Nenê Bandalho*. 1973 – *Amante muito louca*. 1976 – *Tangarela, a tanga de cristal*; *O pai do povo* (dir.). 1986 – *Cidade oculta*. 1994 – *Sábado*. 1999-2001 – *O xangô de Baker Street*. 2004 – *A dona da história*.

Com início de carreira ligado ao cinema, é na televisão que atinge grande popularidade e prestígio, como um dos grandes nomes do humorismo nacional. Na infância, suas diabruras o levam precocemente a um colégio interno em Petrópolis. Entrando na adolescência, vai estudar na Suíça, com o objetivo de preparar-se para a carreira diplomática. Volta ao Brasil em meados dos anos 50 e passa a morar com a família em um anexo do Copacabana Palace. Estreia no cinema no papel de um agente do serviço secreto americano em *O homem do Sputnik*, comédia de Carlos Manga*. Atrai a atenção do teatrólogo, cineasta e homem de televisão Silveira Sampaio*, que lhe consegue uma colocação na TV RIO, como ator do programa *TV Mistério*, realizado pela companhia teatral de Adolfo Celi*, Tônia Carrero* e Paulo Autran*, função que troca pela de redator. Ingressa no teatro em 1959 com a peça *O auto da compadecida*, de Ariano Suassuna, no papel do bispo, prosseguindo com pequenas participações em televisão (TV CONTINENTAL). No ano seguinte, vai para a cidade de São Paulo, contratado como redator do *Dick Farney Show*. O maestro Enrique Simonetti o leva para seu programa da TV EXCELSIOR, mudando em seguida para a TV RECORD de São Paulo, onde fica até 1970. Começa no *Silveira Sampaio Show*, responsabilizando-se logo pelas entrevistas externas. Passa em seguida ao programa de Hebe Camargo, conversando com as atrações estrangeiras. Desponta para a fama interpretando o personagem Gordon (alusão a sua conhecida obesidade) em *A Família Trapo*. Entra para o jornalismo em 1961, assinando uma coluna diária no jornal paulistano *Última Hora*. Diversifica suas atividades, escrevendo letras para canções (grava um compacto simples em 1964), dirigindo peças (*Os sete gatinhos*, *Romeu e Julieta*, *O casamento do senhor Mississipi*, pela qual foi premiado) e trabalhando como artista plástico, condição que o leva a participar da IX Bienal de Artes Plásticas de São Paulo, em 1967. Volta ao cinema nas comédias *Papai trapalhão*, de Victor Lima*, e *Agnaldo, perigo à vista*, de Reynaldo Paes de Barros, nos filmes do Cinema Marginal*, como *Hitler, terceiro mundo*, de José Agrippino de Paula*, *A mulher de todos*, de Rogério Sganzerla*, e *Nenê Bandalho*, de Emílio Fontana. Levado por Max Nunes para a TV GLOBO, comanda nos anos 70 inúmeros programas humorísticos de grande sucesso, como *Faça humor, não faça a guerra*, *Satiricon* e *Planeta dos Homens*. Em 1975, volta à direção teatral com *Feira do adultério*, *Oh, Carol* e *O estranho casal*, e à direção cinematográfica com *O pai do povo*, sátira política em tom de comédia, em que contracena com a primeira mulher, a atriz Teresa Austregésilo (casaria ainda com a também atriz Sílvia Bandeira e Flávia Junqueira Pedras). Excursiona pelo país com inúmeros espetáculos-solo, entre eles os humorísticos *Ame um gordo antes que ele acabe*, *Todos amam um homem gordo* e *Viva o gordo, abaixo o regime*, seu maior sucesso no meio. Depois de sete anos à frente do programa *Viva o Gordo*, transfere-se em 1988 para o SISTEMA BRASILEIRO DE TELEVISÃO (SBT), onde estreia o humorístico *Veja o Gordo* e o programa de entrevistas *Jô Soares, Onze e*

Meia, que o transforma em uma das maiores personalidades contemporâneas do veículo. No mesmo ano, estreia na Rádio Eldorado de São Paulo o programa sobre *jazz Jô Soares, Jam Session*. Tem pequenas participações nos filmes *Cidade oculta*, de Chico Botelho*, e *Sábado*, de Ugo Giorgetti*. Monta ainda os *shows* teatrais *Um gordoidão no país da inflação*, *Um gordo ao vivo* e *Um gordo em concerto*. Após escrever textos humorísticos em colunas de revistas e jornais (*O Pasquim*, *O Globo*, *Veja*, etc.) e em livros (*O astronauta sem regime*, *O humor nos tempos de Collor*), lança-se como escritor de sucesso com os romances *O xangô de Baker Street* (1995) e *O homem que matou Getúlio Vargas* (1998). (HH) Participou do filme *Person* (2005), de Marina Person, documentário que reúne vasta documentação. Faz também *Joana e Marcelo, amor quase perfeito*, filme de Marco Altberg*, resultado da minissérie homônima exibida no Canal MULTISHOW, que rendeu três temporadas. Interpreta ele mesmo em *A dona da história*, romance dirigido por Daniel Filho* com roteiro baseado em peça teatral de João Falcão.

SOARES, Jofre (José Jofre Soares)
– Palmeira dos Índios, AL, 1918-1996. Ator.

FILMOGRAFIA: 1963 – *Vidas secas*. 1964 – *Selva trágica*; *Manaus, glória de uma época*; *Grande sertão*. 1965 – *Entre o amor e o cangaço*; *A hora e vez de Augusto Matraga*; *A grande cidade*. 1966 – *Terra em transe*; *ABC do amor* (coprodução estrangeira) (2º episódio: 'O pacto'). 1967 – *Proezas de Satanás na Vila de Leva-e-traz*; *Viagem ao fim do mundo*; *O homem nu*. 1968 – *Madona de cedro*; *Maria Bonita, rainha do cangaço*; *Panca de valente*; *O dragão da maldade contra o santo guerreiro* (coprodução estrangeira). 1969 – *A um pulo da morte*; *O cangaceiro sanguinário*; *Águias em patrulha*; *Corisco, o diabo loiro*; *O cangaceiro sem Deus*; *O profeta da fome*; *A virgem prometida*. 1970 – *Guerra dos Pelados*. 1971 – *Cio, uma verdadeira história de amor*; *São Bernardo*. 1972 – *A faca e o rio* (produção estrangeira). 1972-1975 – *A santa donzela*. 1973 – *Trindade... é meu nome*; *Sagarana: o duelo*. 1974 – *As cangaceiras eróticas*; *Exorcismo negro*; *O exorcista de mulheres*; *A noiva da noite* (*Desejo de sete homens*); *O amuleto de Ogum*; *Guerra conjugal*; *O Jeca macumbeiro*; *Trote de sádicos*. 1975 – *Cada um dá o que tem* (1º episódio: 'O despejo'); *O predileto*; *Padre Cícero*; *Chapéu de couro*. 1976 – *Fogo morto*;

Soledade; *O menino da porteira*; *O jogo da vida*; *Os pastores da noite* (*Otália da Bahia*) (coprodução estrangeira); *Crueldade mortal*; *Morte e vida severina*; *Cordão de ouro*. 1977 – *O crime do Zé Bigorna*; *Tenda dos milagres*; *A virgem da colina*; *Chuvas de verão*; *Um brasileiro chamado Rosaflor*; *Coronel Delmiro Gouveia*. 1978 – *Quem matou Pacífico?*; *Batalha dos Guararapes*; *O coronel e o lobisomem*; *O guarani*; *Milagre, o poder da fé*; *O inseto do amor*; *O Caçador de Esmeraldas*. 1978-1981 – *Dora Doralina*. 1979 – *Bye Bye Brasil*. 1980 – *Amélia, mulher de verdade*; *Bacanal*; *Amor e traição* (*A pele do bicho*). 1981 – *O filho da prostituta*. 1982 – *Gabriela, cravo e canela* (produção estrangeira); *O bom burguês*. 1983 – *Águia na cabeça*; *Memórias do cárcere*; *Quilombo*. 1984 – *Os Trapalhões e o Mágico de Oroz*. 1985 – *Perdidos no vale dos dinossauros*; *Por incrível que pareça*. 1985-1986 – *Jubiabá*. 1987 – *Sonhos de menina-moça*. 1987-1988 – *O grande mentecapto*. 1988 – *Sonhei com você*. 1988-1989 – *Dias melhores virão*. 1991 – *O canto da terra*. 1993 – *A terceira margem do rio*. 1995 – *Felicidade é...* (2º episódio: 'Bolo'). 1995-1996 – *O cangaceiro*. 1997 – *Baile perfumado*.

José Jofre Soares ficou órfão aos 5 anos, sendo criado por um tio. Fez sua escolaridade em Palmeira dos Índios, Alagoas. Quando foi expulso do Colégio Marista por indisciplina, o tio colocou-lhe duas alternativas: o seminário ou a Marinha. Jofre preferiu o engajamento. Nos 25 anos em que ficou na Marinha de Guerra, esteve embarcado em navios como o *Minas Gerais*, foi mergulhador e torpedista-mineiro. Deu baixa como primeiro-tenente. Voltou para a cidade natal, trabalhando com parentes numa loja de eletrodomésticos e realizando pequenos consertos de aparelhos. Na Marinha tinha tido uma experiência malsucedida como ator. Quando retornou a Palmeira, começou animando bailes e festas populares. Depois foi palhaço num circo organizado para atuar na tribo de índios da reserva do município. Passou a ator amador representando *O marido da Candinha*, *Morre um gato na China* e o clássico de Pedro Bloch*, *As mãos de Eurídice*. Foi nessa situação que Nelson Pereira dos Santos* encontrou Jofre Soares em Palmeira dos Índios quando foi filmar *Vidas secas*, no início de 1963. Ele precisava de alguém para aparar arestas políticas na cidade, e Jofre foi contratado para uma espécie de assistência. Mas logo Nelson reconheceu no típico físico do assistente a pessoa ideal para o papel do fazendeiro. Tinha nascido

um ator (profissional). Jofre foi ao Rio de Janeiro para a dublagem da sua participação no filme e, depois disso, somente voltava para Palmeira para visitar as irmãs.

Fez teatro com Gianni Ratto na peça *Se correr o bicho pega, se ficar o bicho come*. Quando ela estreou em São Paulo, ganhou o prêmio de melhor ator. O seu primeiro grande papel no cinema veio com o filme de Roberto Santos*, *A hora e vez de Augusto Matraga*. As filmagens começaram em fevereiro de 1965, em Diamantina. Leonardo Vilar* fazia o papel principal, Matraga, e Jofre o segundo papel masculino, o chefe dos jagunços, Joãozinho Bem-bem. A idade e o rosto vincado de Jofre eram perfeitos para a composição do jagunço de fala mansa, mas de dureza escondida, que tinha vindo ao povoado cumprir um trabalho: matar um homem protegido do padre (Maurício do Valle*), que estava escondido na igreja. Matraga resolve enfrentar o bandido, depois de oferecer-lhe hospedagem e comida na sua casa, numa das sequências mais tensas e de melhor composição do filme. O tipo físico do ator, de certa maneira, marcou-o para a realização de vários filmes ambientados no Nordeste ou de temática fundada no cangaço. Trabalhou em produções comerciais como *Maria Bonita, rainha do cangaço*, de Miguel Borges*; *O cangaceiro sem Deus* e *O cangaceiro sanguinário*, ambos de Osvaldo Oliveira*, e *Corisco, o diabo loiro*, de Carlos Coimbra*, mas também em produções mais engajadas, como *São Bernardo*, de Leon Hirszman*, e *Coronel Delmiro Gouveia*, de Geraldo Sarno*. Fez papéis pequenos para Glauber Rocha* (em *Terra em transe*, é o frade) e comédias, como *O homem nu*, quando voltou a trabalhar com Roberto Santos. A série de participações em que Jofre se envolveu depois do promissor início em 1963 fizeram que se radicasse definitivamente em São Paulo, a partir de 1966. Escalado para vários filmes por ano, chegou a realizar, em 1977, nove películas. Em 1976, recebeu o prêmio de melhor ator do FESTIVAL DE GRAMADO por sua atuação em *O predileto*, de Roberto Palmari. Embora tenha dito que não fazia muita televisão porque detestava ficar preso às gravações, o que prejudicava o seu interesse pelo cinema, ele não poderia ficar imune ao sistema. Chamado por Lima Duarte*, fez o pai de Luiz Gustavo em *Beto Rockfeller*. Com o sucesso do personagem, também trabalhou em *Toninho On the Rocks*, ambos para a TV TUPI. Na BANDEIRANTES atuou em *O todo-poderoso* e *Rosa Baiana*. Para o SBT fez *As pupilas do senhor reitor*, e na MANCHETE, *Mania de querer*. Para a

GLOBO, atuou em novelas como *Transas e caretas*, *Paraíso* e vários casos especiais e séries como *Carga Pesada*, *Plantão de Polícia*, *Obrigado, Doutor* e *Lampião e Maria Bonita*, principalmente na década de 80. No teatro foi mais inconstante, embora tenha trabalhado em peças importantes como *O balcão*, com Victor Garcia, e *Os inconfidentes*.

Para quem tinha começado no cinema aos 45 anos, o tipo de papel à sua disposição estava limitado. Foi patriarca de um Nordeste decadente em *O dragão da maldade contra o santo guerreiro*, de Glauber Rocha. Novamente chefe de bandidos, para Nelson Pereira dos Santos, em *O amuleto de Ogum*. Mesmo assim, o seu estilo seguro e impressivo de representação sempre nos reservava surpresas, como o Joãozinho, de *Guerra conjugal*. O episódio criado por Joaquim Pedro de Andrade* limitava-se ao cotidiano de um casal de velhos, na qual a figura do marido é composta com maestria enquanto ogre bilioso e Otelo assassino (vinte anos depois faria um pastiche desse papel para José Roberto Torero em *Felicidade é...*). O contraponto ao tipo cruel de Joãozinho está no Afonso, de *Chuvas de verão*, de Carlos Diegues*. Aqui, a composição do personagem busca estabelecer um jogo de sedução e encanto entre filme e espectador, a propósito de um aposentado pobre e suburbano. Não se trata de um exercício de pieguice ou de melancolia, mas da extração de um potencial de vida que, mesmo na decadência, ainda se mostra vital. O subúrbio carioca tinha servido de cenário para outra grande interpretação de Jofre em *Crueldade mortal*, dois anos antes. Nesse filme, de Luis Paulino dos Santos, baseado num fato real, um linchamento na Baixada Fluminense, Jofre tem uma primeira parte rica de improvisações quando vive um velho alagoano amalucado e em eterno conflito com os vizinhos. Seu estado não é o desse mundo, mas o das recordações de um passado e as tentações de sátiro decadente sobre uma vizinha que, além de tudo, ainda era crente. O desfecho cruel da vingança sobre o pária – o ator sai de cena e é substituído pela população ensandecida de ódio – torna mais marcante ainda a sua interpretação pelo contraste criado. No final de sua carreira, Jofre tinha se tornado um ícone. Trabalhou no *remake* de *O cangaceiro*. Durante as filmagens do filme de Anibal Massaini Neto*, tinha de fazer transfusões de sangue antes de trabalhar, porque acreditava que estava anêmico. O câncer foi rápido e fatal. Embora tivesse uma namorada em cada porto, morreu solteiro. Faleceu em 19 de agosto, em São Paulo. (JIMS)

SOARES, Jota (José Soares Silva Filho) – Propriá, SE, 1906-1988. Diretor.

FILMOGRAFIA: 1926 – *A filha do advogado*. 1927 – *Aitaré da praia*; *Sangue de irmão*. 1930 – *No cenário da vida*.

Filho de dono de cinema, Jota Soares fez teatro, estudou música, foi operário, soldado e artista de circo antes de juntar-se, aos 18 anos, à equipe de *Retribuição*, de Gentil Roiz*, primeiro filme do Ciclo do Recife*. Chamou a atenção na época com as fotos em que surge caracterizado como o ator Lon Chaney. Versátil, escreveu argumentos, roteiros, interpretou, dirigiu, fotografou. Como ator, atuou em *Jurando vingar*, de Ary Severo*, no curta *Um ato de humanidade* e em *Aitaré da praia*, estes de Roiz. Em *A filha do advogado*, substituiu Ary Severo na direção, realizando um dos filmes mais bem-sucedidos do ciclo. Realiza a aventura *Sangue de irmão*, colabora na refilmagem de *Aitaré da praia* e dirige as cenas de cabaré em *No cenário da vida*. Em 1929, anuncia o projeto "A feiticeira da rua da Moeda", nunca filmado. Destacou-se também como o grande cronista e divulgador do Ciclo do Recife. Preservou uma cópia de *A filha do advogado*, escreveu em 1944 com Pedro Salgado Filho *História da cinematografia pernambucana* e nos anos 60 e escreveu para o *Diário de Pernambuco* as 59 crônicas da série *Relembrando o cinema pernambucano*, publicadas em 2006 com organização de Paulo Cunha. Seguiu carreira como jornalista e radialista, e apresentou no início dos anos 50 o programa *Epopeia do Cinema*. Voltou a trabalhar como ator em *Labirinto*, filme em Super-8* dirigido em 1973 por Fernando Spencer, além de dar depoimentos para outros filmes sobre o cinema silencioso pernambucano, dirigidos pelo cineasta. (LCA)

SOARES, Paulo Gil (Paulo Gil de Andrade Soares) – Salvador, BA, 1935-2000. Diretor.

FILMOGRAFIA: 1965-1968 – *Brasil verdade* (4º episódio: 'Memória do cangaço'). 1967 – *Proezas de Satanás na Vila de Leva-e-traz*. 1968-1969 – *Um homem e sua jaula*. 1970-1972 – *Herança do Nordeste* (episódios: 'Erva bruxa'; 'Jaramantaia'). 1971 – *Procura-se uma virgem*.

A partir de meados dos anos 50, acontece uma verdadeira efervescência na cultura baiana, quando se destacam figuras como a de Walter da Silveira*, na crítica; Eros Martins Gonçalves, no movimento teatral e na montagem de espetáculos, revelando atores como Geraldo D'El Rey* e Othon Bastos*; Lina Bo Bardi, na arquitetura. É nesse momento que aparece um grupo talentoso envolvido com o cinema, em que pontuam Roberto Pires*, Glauber Rocha*, Oscar Santana, Olney São Paulo, Valdemar Lima*, Orlando Senna*, Rex Schindler, David Singer e Braga Neto. Contemporâneo desse momento, Paulo Gil é parceiro de Glauber Rocha. Juntos participam das encenações do grupo Jogralesca de Teatralizações Poéticas, colaboram para as revistas *Mapa* e *Sete Dias* (onde escreve sobre teatro), são colegas no *Jornal da Bahia* e participantes da YEMANJÁ FILMES. Seu interesse inicial é pela literatura, em particular a poesia, e pelo teatro, ao qual se dedica estudando também o folclore. Jornalista, inicia-se na profissão em 1957, quando ingressa no grupo Diários Associados, trabalhando também no jornal *A Tarde*. Grande colaborador de *Deus e o diabo na terra do sol* (1963), de Glauber Rocha, em que faz a assistência de direção, escreve os diálogos em parceria com Glauber e ainda atua como cenógrafo e figurinista. Em meados da década de 60 muda-se para o Rio de Janeiro, onde dirige o documentário de média metragem *Memória do cangaço* (1965), mais tarde incluído no longa em episódios *Brasil verdade*. Seu primeiro filme é um estudo do cangaço nos anos 30. Em 1967, dirige seu segundo filme, o documentário *Amazonas, mito e realidade*. Estreia no longa produzido por Jarbas Barbosa* *Proezas de Satanás na Vila de Leva-e-traz*, baseado em história sua, misto de comédia e farsa, sobre uma cidade do interior em que o diabo se instala como um nababo e apronta das suas para cima da pobre população desorientada, no primeiro filme com música de Caetano Veloso*. A seguir, filma seu segundo longa, em produção de Aurora Duarte*, dirigindo *Um homem e sua jaula*, adaptação do livro *Matéria da memória*, de Carlos Heitor Cony, com roteiro seu em parceria com o conterrâneo Fernando Cony Campos*. Este acaba concluindo o filme, em substituição a Paulo Gil, que deixa as filmagens e assina a codireção. A seguir, no período de 1969 a 1970, dirige uma série de documentários sobre o Nordeste brasileiro, para o produtor Thomaz Farkas*, com os seguintes títulos: *Frei Damião: trombeta dos aflitos e martelo dos hereges*, *Homem de couro*, *A vaqueijada* e *A morte do boi*. Dessa fase, seus filmes *Erva bruxa* e *Jaramantaia*, são incluídos no longa *Herança do Nordeste*, do produtor Farkas. A partir de 1971 ingressa na televisão, onde vai dirigir o programa *Globo Repórter*. Além de dirigir vários documentários (*Arte* popular, *Testemunho do Natal, O pão nosso de cada dia, O negro na cultura brasileira*), leva para a televisão diversos cineastas do quilate de Eduardo Coutinho* e Walter Lima Jr.*, que filmam em película seus documentários. Restabelece contato com o produtor Jarbas Barbosa, quando dirige para este a comédia *Procura-se uma virgem,* tentativa de mostrar que a pornochanchada* podia ter vida inteligente. Em 1985, publica o livro *Vida, paixão e morte de Corisco, o diabo loiro.* Faleceu em 28 de junho, no Rio de Janeiro. (LFM)

SOARES, Paulo Leite (Paulo Mateus Leite Soares) – Paraopeba, MG, 1939. Diretor.

FILMOGRAFIA: 1978 – *O bandido Antônio Dó.* 1982-1983 – *Dois homens para matar* (*Vivos ou mortos*).

Desde pequeno vive em Belo Horizonte. Ao final dos anos 50, militante, atua como cineclubista e diretor do Centro de Estudos Cinematográficos (CEC) e do Centro Mineiro de Cinema Experimental (CEMICE). Colabora como crítico de cinema na *Revista de Cultura Cinematográfica,* junto com Maurício Gomes Leite* e José Haroldo Pereira. Na década de 70, escreve nos principais jornais da cidade (*Diário de Minas, Estado de Minas, Folha de Minas* e *Diário da Tarde*). No curta, atua como diretor de *Vila Rica de Ouro Preto* (1976), *Morada antiga* (1978) e *Região dos cerrados* (1980), sendo produtor de outros filmes como *Sabará* (1978), de Harley Carneiro, e *O circuito das águas* (1980), de Schubert Magalhães*. Monta, em 1978, a FILMES DO VALE, produtora de curtas e longas. Produz e dirige dois filmes rurais com temática enfocando preocupações sociais: *O bandido Antônio Dó,* filme de época que põe em evidência o banditismo do período, baseado em argumento e roteiro seus; e *Dois homens para matar* (*Vivos ou mortos*), filme que exibe a perseguição policial a dois lavradores. Em 1983-1984, produz *Ela e os homens,* fita de Schubert Magalhães, e *Aleijadinho, paixão, glória e suplício* (2000), filme de Geraldo Santos Pereira*. (LFM)

SOLBERG, Helena (Maria Helena Collet Solberg) – São Paulo, SP, 1938. Diretora.

FILMOGRAFIA: 1994 – *Carmen Miranda: Bananas Is My Business.* 2004 – *Vida de menina.* 2008 – *Palavra (en)cantada.*

Documentarista brasileira premiada, com reconhecimento no exterior e carreira profissional extensa. Morou durante muitos anos nos EUA, produzindo e dirigindo filmes com foco na mulher e em temas latino-americanos. Realizou e produziu trabalhos para importantes empresas audiovisuais do mundo como NATIONAL FILM BOARD (Canadá), BBC e CHANNEL 4 (ingleses), PUBLIC BROADCASTING SERVICE (PBC, norte-americana), RTP (Rádio e Televisão de Portugal), e vários canais de cabo como NATIONAL GEOGRAPHIC, HBO, TURNER, ARTS & ENTERTAIMENT. Atua, desde os anos 90, através de sua produtora RADIANTE FILMES. É casada com o produtor e diretor norte-americano David Meyer. Circulou na geração Cinema Novo* e no meio cinematográfico brasileiro nos anos 60/70. Revela ter conhecido Cacá Diegues* e Arnaldo Jabor* nos corredores da PUC/RJ, tendo participado das tomadas de *Capitu, O padre e a moça, O Bandido da Luz Vermelha, A mulher de todos.* Inicia como diretora, em 1966, com *A entrevista,* curta de trinta minutos em que entrevista antigas colegas do tradicional Colégio Sacré-Cœur, trazendo uma visão crítica da mulher, noivas e expectativas de casamento. A temática de gênero e a postura feminista, que acompanhará sua carreira, já se encontra presente nessa primeira obra. Três anos após, em 1970, fez a ficção curta *Meio-dia,* repercutindo o clima das revoltas estudantis de 1968-1969 dentro de uma escola de crianças. A trilha do filme é "Proibido proibir", de Caetano Veloso. Em 1971, viaja para os EUA, onde vai residir, e se profissionalizar, nos trinta anos seguintes. Sua carreira nos Estados Unidos começa em 1975, com dois filmes que têm como temática o movimento feminista. Em 16 mm, com sessenta minutos de duração, realiza *A dupla jornada* (*The Double Day*), sobre a dupla jornada de trabalho das mulheres. A história do movimento feminista surge em *A nova mulher* (*The Emerging Woman*), que aborda os últimos duzentos anos da mulher norte-americana e a transformação contemporânea de seu papel social. A partir de 1978, começa uma longa e profícua colaboração com a PBC, televisão estatal norte-americana, para quem filma, entre 1978 e 1986, *Simplesmente Jenny* (1978), *Nicarágua hoje (From the Ashes... Nicarágua Today)* (1982); *A conexão brasileira (The Brazilian Connection); Chile: by Reason or by Force* (1983); *Portrait of a Terrorist (Retrato de um terrorista)* (1986) e *Berço dos bravos (Home of the Brave)* (1986). *Simplesmente Jenny* é uma produção norte-americana que busca retratar aspectos das mulheres latino-americanas a partir de três bolivianas internadas em um reformatório para mulheres. *Nicarágua hoje* é sobre a revolução sandinista e a Nicarágua dos anos 90, dentro de um movimento que desempenhou amplo papel no imaginário da esquerda norte-americana. O foco está numa família de camponeses, repercutindo temas maiores que envolvem atores sociais. Sente-se no filme a presença do olhar feminino, abrindo-se sobre a violência e a guerra. O documentário obtém amplo reconhecimento e abre espaço para sua carreira nos EUA. O filme é premiado pelo CHICAGO FILM FESTIVAL e recebe o NATIONAL EMMY AWARD, OSCAR da televisão norte-americana. Em 1986, dirige o documentário de trinta minutos *Retrato de um terrorista,* que tem como personagem Fernando Gabeira. Do mesmo ano é *Berço dos bravos (Home of the Brave),* em que trabalha com a questão indígena, procurando pensá-la dentro de uma perspectiva que envolva uma consciência mundial das particularidades dos diferentes grupos. Em 1990, ainda com a PBC e mais o NATIONAL FILM BOARD do Canadá, dirige e coproduz com David Meyer, através da INTERNATIONAL CINEMA CORPORATION (que servirá também para outros projetos), *A terra proibida* (*The Forbidden Land*). O documentário de sessenta minutos é sobre a Igreja progressista brasileira na virada dos anos 90, repercutindo o discurso da teologia da libertação sobre excluídos e luta pela terra.

Em 1995, Solberg chega ao longa-metragem cinematográfico, lançado em circuito, com *Carmen Miranda: Bananas Is My Business.* O documentário tem ótima repercussão, no Brasil e no exterior, obtendo também sucesso de público. Helena consegue levar para a tela uma biografia à altura de uma das maiores estrelas brasileiras do século XX. Obtém acesso a um grande número de fontes de arquivo e consegue articulá-las de modo dinâmico, construindo uma narrativa de bom ritmo sobre a vida e a obra de Carmen Miranda. Para tal, além das entrevistas, depoimentos e material de arquivo, utiliza também material encenado, em que reproduz com atores e personalidades momentos-chave da vida da cantora. A mistura de elementos tão diversos exige maestria e Solberg se sai bem no desafio. Em *Bananas Is My Business* sentimos a experiência e os anos da escola documentária televisiva, numa abordagem em que se respira o feminino de Carmen Miranda. Com o sucesso do longa, Solberg passa a ter um reconhecimento mais amplo em seu país de origem, embora ainda demore outros dez anos para dirigir seu segundo longa. Resolve tentar a chance no campo da ficção, no qual ainda é uma estranha, apenas com a experiência solo de *Meio-dia*. Realiza sonho antigo de roteirizar o belo diário da mineira Alice Dayrell Caldeira Brant, intitulado *Minha vida de menina*, escrito entre 1893 e 1895 e admirado por grandes nomes da literatura mundial. A autora publicou o texto em 1942 no Brasil com o pseudônimo de Helena Morley. Solberg adapta o livro para o cinema com a colaboração de Elena Soarez no roteiro. O filme é rodado em locação com boa parte das tomadas feitas na própria Diamantina, Minas Gerais, onde Alice havia escrito o diário no século XIX. Apesar dos bons momentos, e da força do original em que se baseia, a narrativa não consegue deslanchar, revelando uma direção que não se sente muito à vontade com atores e as amarras de um roteiro ficcional. A direção de Solberg não está em seu ambiente natural. Predomina o olhar feminino sobre o olhar feminino, realçando a introspecção púbere e os impulsos da adolescência. Em 2008, Helena retorna ao documentário com *Palavra (en)cantada*. Em sintonia com a forte presença da canção na cultura brasileira, o filme busca formas de falar sobre a canção, com a difícil missão de não ser redundante. Vai direto à fonte, tomando depoimentos sobre o tema de figuras de destaque na música popular brasileira. Há vários depoimentos frontais com digressões sobre a canção, buscando explorar a personalidade dos entrevistados e algumas ideias mestras sobre o que é a música popular brasileira. O método de explorar personalidades (anônimas ou não), em depoimentos, tem feito bastante sucesso no documentário brasileiro. Aqui sentimos a dificuldade da diretora em trabalhar com personalidades já endurecidas no contato cotidiano com a câmera. Desenvolvem uma espécie de crosta, que se repete a cada ocasião. O resultado traz alguns achados, mas muitos depoimentos reproduzem expressões já conhecidas. Por outro lado, o que poderia ser o ponto forte do filme – a linha evolutiva da MPB, delineada a partir da colaboração dos pensadores compositores José Miguel Wisnik, Antonio Cícero e Luis Tatit – acaba por se diluir no meio das tomadas com personalidades famosas. O filme foi realizado a partir de argumento de Marcio Debellian, que também é seu coprodutor. Solberg toma depoimento na intimidade de nomes da MPB como Chico Buarque, Maria Bethânia, Tom Zé, Arnaldo Antunes, Adriana Calcanhoto, Jorge Mautner, Lenine, Zélia Duncan, Martinho da Vila e outros. (FPR).

SOLTRENICK, Jacob (Jacob Sarmento Soltrenick) – São Paulo, SP, 1961. Diretor de fotografia.

FILMOGRAFIA: 2000 – *Latitude zero*. 2001 – *Sonhos tropicais; Bellini e a esfinge*. 2002 – *Durval Discos*. 2004 – *Garotas do ABC; Quase dois irmãos; Bens confiscados*. 2005 – *Sal de prata; Filhas do vento; As vidas de Maria*. 2006 – *Antônia*. 2007 – *Os Porralokinhas; Saneamento básico, o filme; Falsa loura*. 2008 – *Nossa vida não cabe num Opala*. 2009 – *É proibido fumar; Antes que o mundo acabe*.

Formado em Zootecnia pela Universidade de São Paulo (USP), iniciou-se profissionalmente em comerciais. Aspirando trabalhar em cinema, foi requisitado em *A marvada carne* (1985), primeiro longa de André Klotzel*. Trabalhou como produtor de *set* e cenografia, assistente de câmera e, depois de vários anos de experiência, como operador de câmera. Participou de mais de 28 longas, 500 comerciais, vários documentários e dezenas de curtas-metragens, como: *A origem dos bebês segundo Kiki Cavalcanti* (1995), de Anna Muylaert*; *Amassa que elas gostam* (1998), de Fernando Coster, e *Homem voa?* (2001), de André Ristum. Estreia na direção de foto no longa-metragem urbano *Latitude zero*, de Toni Venturi*. Seguem-se outros trabalhos com realizadores estreantes, como André Sturm* em *Sonhos Tropicais* e Anna Muylaert em *Durval Discos*. Volta a trabalhar com Muylaert em mais uma trama urbana, *É proibido fumar*. Tornou-se parceiro do diretor Carlos Reichenbach*, com quem filmou *Garotas do ABC, Bens confiscados* e *Falsa loura,* e lançou mais uma cineasta, Ana Luiza Azevedo, diretora de *Antes que o mundo acabe*. Fotografou o interior mineiro em *Filhas do vento*, primeiro longa ficcional de Joel Zito Araújo; diferentes momentos da cidade de Brasília em *As vidas de Maria*, de Renato Barbieri; a periferia paulistana em *Antônia*, de Tata Amaral*. Faz ainda a trama infantil *Os Porralokinhas*, de Lui Farias, e *Nossa vida não cabe num Opala*, do estreante Reinaldo Pinheiro, baseado na peça teatral de Mário Bortolotto. Em 2002, recebe o KIKITO de melhor fotografia por *Durval Discos*. Em *Garotas do ABC*, de Carlos Reichenbach, carrega na luz azul para criar atmosfera sombria. Diretor que explora cores com características marcantes, cria uma linguagem fotográfica para o universo feminino (negativo com pouco grão, luz branca e suave, leve difusão) e outra para os homens (sombras, negativo puxado, granulado, mistura de diferentes fontes de luz, sem difusão). Dirige a fotografia de filme como *Sal de prata*, mostrando

habilidade para captar com leveza o clima de Porto Alegre, embora em tons sombrios. Iluminou também o filme político *Quase dois irmãos*, de Lúcia Murat, e a comédia macabra, *Saneamento básico, o filme*, de Jorge Furtado. (LFM/TS)

SOLVIATTI, Sandro (Sandro Solviatti Siqueira) – Rio de Janeiro, RJ, 1937-1993. Ator.

FILMOGRAFIA: 1977 – *Os sete gatinhos*. 1978 – *O gigante da América*. 1980 – *Bonitinha mas ordinária*. 1982 – *Gabriela, cravo e canela* (produção estrangeira); *Rio Babilônia*. 1983 – *Para viver um grande amor; Memórias do cárcere; Quilombo*. 1984 – *Areias escaldantes*. 1986 – *Ele, o boto*. 1987 – *Os Trapalhões no Auto da Compadecida; Um trem para as estrelas*. 1987-1991 – *Vai trabalhar, vagabundo II, a volta*. 1988 – *Sonhei com você*. 1989-1991 – *O escorpião escarlate*. 1990-1991 – *Matou a família e foi ao cinema*. 1991 – *Não quero falar sobre isso agora*. 1992 – *Oswaldianas* (5º episódio: 'Perigo negro').

Descendente de uma família do interior paulista, é criado no Rio de Janeiro, onde entra em contato com a cultura *hippie*, o *rock'n'roll* e a espiritualidade oriental. Ingressa no conjunto Brazilian Beatles, com o qual excursiona pelo país. As feições marcantes, os trejeitos corporais e a personalidade irreverente logo compõem uma marca de estilo que o perseguirá durante sua carreira. Expressivo, torna-se um coadjuvante bastante requisitado, amoldando-se a tipos como o bandido, o louco e o inconformista. Atravessa o fim dos anos 70 e toda a década de 80 em papéis tão díspares quanto os que interpretou em *Os sete gatinhos* e *Rio Babilônia*, de Neville D'Almeida*, *Bonitinha mas ordinária*, de Braz Chediak*, e *Gabriela, cravo e canela*, de Bruno Barreto*. A marcante participação como um extraterrestre em *Não quero falar sobre isso agora*, de Mauro Farias, um de seus últimos trabalhos, resume um pouco a carinhosa imagem que cunhou ao longo de sua trajetória. Faleceu no Rio de Janeiro. (HH)

SOM

O conjunto de sons de um filme é conhecido tecnicamente pelo termo "trilha sonora". É um termo ambíguo, pois coloquialmente usado para se referir apenas à música do filme, ou seja, à sua trilha musical. Esse desvio do termo pode ser reflexo de um momento em que se prestava muito mais atenção à música do filme do que aos outros sons que o compõem. A trilha sonora, no jargão técnico do cinema, é composta de três dimensões sonoras: a dimensão da fala, ou diálogos, a música e o que tradicionalmente era chamado de ruídos, no Brasil, e que hoje muitas vezes é tratado por *sound design,* ou efeitos sonoros. Essa indefinição terminológica que presenciamos hoje reflete as transformações que a área de som de cinema sofreu dos anos 1970 para cá, em âmbito internacional, e, um pouco tardiamente, no Brasil, dos anos 1980 até o presente. Para entender essas transformações é preciso conhecer a história da trilha sonora. Esse formato tripartite do som no cinema consolida-se na década de 1930, no momento em que, vencidas as limitações técnicas da primeira fase do som no cinema, se torna possível manipular o som com o mesmo grau de sofisticação das imagens em movimento e independente delas. Os profissionais de som daquele período descobriram que poderiam obter resultados técnica e poeticamente muito mais eficientes se manipulassem os sons em pistas separadas, juntando-os depois em uma única banda sonora para acompanhar o filme. É nesse período que surgem os conceitos dos três canais (diálogos, ruídos e música), da dublagem e da mixagem.

Contudo, nessa época os equipamentos de som ainda não eram muito sofisticados. Microfones, gravadores, mesas de mixagem eram bastante limitados se comparados a seus similares contemporâneos. O próprio sistema de gravação em película analógico e monofônico impunha um corte na banda de frequências que tornava o espectro sonoro dos filmes bastante restrito se comparado às curvas de frequência dos equipamentos atuais. Nos aspectos poético e estético havia uma compreensão por parte dos realizadores de que cada dimensão sonora possuía uma função muito específica. Os diálogos deveriam trazer ao público as falas dos personagens, os ruídos deveriam materializar os sons implícitos nas imagens: passos para quem anda, campainha para o telefone, pássaros no ambiente do parque, e assim por diante. Da década de 1930 para cá, o som de cinema passou por grandes transformações, não apenas no desenvolvimento tecnológico dos equipamentos. Também mudaram os conceitos poéticos e estéticos dos profissionais de cinema em relação ao som. Hoje é possível uma exploração do universo do filme muito mais sofisticada. Não é mais um incômodo a presença de ruídos desvinculados da imagem. Em certo sentido, é possível dizer que os ruídos foram ocupando um lugar que antes pertencia à música, em termos significativos

e expressivos. Até mesmo a classificação dos sons se sofisticou. Hoje, a dimensão sonora dos ruídos subdivide-se em: sons ambientes, efeitos sonoros, *foley* (antes chamados de ruídos de sala, no Brasil) e sons de arquivos, ou bibliotecas.

No Brasil, o som é, entre as áreas da criação cinematográfica, aquela que, ao longo do tempo, foi foco de polêmicas e críticas. Primeiramente, durante muito tempo ele era tido como de baixa qualidade, vítima de um atraso crônico que, por muito tempo, provocou tanto reações iradas de público e crítica quanto incompreensão diante dos reais parâmetros envolvidos. Certamente existiram ao longo da história limitações de ordem técnica e de ordem estética na esfera da criação, além de alguns profissionais com pouca qualificação. Contudo, na maior parte do tempo, mesmo o melhor som encontrava obstáculos quase intransponíveis para se evidenciar. Entraves que começavam nos laboratórios mal aparelhados e pouco rigorosos nos inúmeros testes e procedimentos requeridos para a copiagem sonora, e terminavam nas salas de exibição, igualmente defasadas em termos técnicos, sem um planejamento acústico adequado e pouco atentas à conservação rotineira de seus equipamentos e instalações. Há, no entanto, uma trajetória de assimilação da tecnologia sonora e um continuado esforço para dar à trilha sonora uma amplitude e um valor maiores do que a mera sincronização labial.

Ainda na chamada fase muda ou silenciosa, termos em si bastante inadequados, sabe-se que Paschoal Segreto* mantinha um piano para acompanhamento dos filmes projetados no SALÃO DE NOVIDADES PARIS NO RIO, certamente utilizando-o nas sessões com material filmado pelo irmão Afonso Segreto*. A incorporação do acompanhamento musical ao espetáculo fílmico é um fenômeno mundial. A famosa sessão dos irmãos Lumière no Grand Café de Paris, em dezembro de 1895, contou com a presença de um pianista, ainda que não tenham restado informações sobre o repertório por ele tocado durante a exibição dos filmes. Contudo, não foi uma prática única. No início das exibições públicas de filmes, diversos métodos de sonorização foram experimentados. Alguns deles ao vivo, com o uso de narradores, atores, músicos e cantores, como é o caso dos *cantantes*, no Brasil. Também foram utilizados equipamentos mecânicos de sonorização, principalmente o ainda jovem fonógrafo. Essas práticas vão aos poucos desaparecendo e a dimensão sonora do

cinema passa a ser ocupada apenas pelo acompanhamento musical, na maior parte das salas executada por apenas um instrumentista, ao piano ou ao órgão. Em salas mais ricas era possível encontrar duos, trios ou outras pequenas formações. No Brasil não foi comum o uso das grandes formações orquestrais, como em salas de exibição mais sofisticadas na Europa e nos Estados Unidos. A partir de 1912 praticamente todas as exibições públicas de filmes contavam com o acompanhamento musical. Muitas vezes referia-se a esses músicos pejorativamente como "pianeiros". Por ficar sob a responsabilidade da sala de exibição, muitas vezes a música dos filmes era malcuidada. Porém, não é correto dizer que só havia música de má qualidade nas salas de exibição. Era também possível encontrar grandes profissionais. Basta ver que Ernesto Nazareth e Heitor Villa-Lobos trabalharam como músicos de cinema antes de se tornaram ícones da música brasileira do século XX.

No período mudo, a música dos filmes não era uniforme. Cada sala era responsável por sua música e a variedade em termos de qualidade e eficiência era enorme. O cinema viveu, então, um período em que esteve dividido entre duas eras: a película com as imagens em movimento já pertencia ao universo das artes industrializadas, reprodutíveis, enquanto o som ainda pertencia ao domínio do artesanal, à era do espetáculo ao vivo, único e efêmero. Essas duas eras só iriam convergir a partir do advento do som sincronizado, na década de 1920, quando o cinema atingiria sua maturidade, tornando-se uma arte plenamente industrial.

Já no início desse século circulavam pelo país as primeiras tentativas de conjugação da imagem com o som, realizando-se projeções sincronizadas com gramofones ou fonógrafos. Em pouco tempo, espertos produtores locais, como William Auler* e Francisco Serrador*, incorporariam a novidade, refazendo a parte visual com elencos locais. Ousada e criativamente, dispensariam o aparelho mecânico, substituindo-o pelos próprios intérpretes, colocados por trás das telas dos cinemas acompanhando sincronizadamente as letras das árias e operetas. Surgia o filme cantante*, coqueluche da *belle époque* no Rio de Janeiro e em São Paulo que, em sua ânsia por novidades, levaria o gênero a incorporar ruídos e mesmo diálogos, como no famoso *Paz e amor* (1910). Basicamente, permanece pelas décadas seguintes o acompanhamento musical do piano ou pequeno conjunto de câmara, sendo rara a utilização de grande orquestra e dos chamados criadores de ruídos, atribuição às vezes repassada aos músicos. O repertório variava de sala para sala, mas de maneira geral se confundia com o repertório dos próprios músicos, somado a trechos improvisados para as transições entre peças. Não há registros no Brasil do uso corriqueiro das *cue sheets*, coletâneas de músicas para filmes vendidas com os temas musicais já classificados por categorias para acompanhamento musical, tais como "romance", "guerra", "perseguição", etc. Também não foi comum a prática de compor a partitura original nesse período, hábito muito comum em outros países, especialmente nos Estados Unidos. Apenas na década de 20 produtores e cineastas vão se preocupar em criar ou selecionar um conjunto de temas intimamente ligados ao desenrolar dos enredos. Por exemplo, o maestro Gaó configura um entrecho musical para *Barro humano* (1927-1929), de Adhemar Gonzaga*, e o pianista e ator Brutus Pedreira monta a extraordinária trilha erudita de *Limite* (1930), de Mário Peixoto*. Sobre essa trilha é preciso destacar o fato de ela fugir à convenção do acompanhamento ao vivo, tendo sido planejada para ser executada por meio de dois toca-discos, algumas vezes operados pelo próprio Brutus ou por Mário Peixoto. Paralelamente, pioneiros do som de cinema prosseguem na pesquisa de formas mais automáticas de sincronização. Entre os quase sempre quiméricos inventores, destaca-se o italiano Paulo Benedetti*. Em meados da década de 10 apresenta a CINEMETROFONIA, artifício que consistia em registrar um metrônomo na parte inferior do fotograma, conduzindo dessa forma o andamento do acompanhamento musical em sincronia com o movimento visual e o desenvolvimento do enredo dos filmes. Deve ser ressaltada aqui a embrionária preocupação estética com a sincronia entre sons e imagens em movimento. Após a apresentação do filme--teste, *Uma transformista original* (1915), Benedetti tentou aperfeiçoar o processo sem grande sucesso. A maioria dos outros inventos eram ainda muito precários, como o AMÉRICA-CINE-FONEMA, de Almeida Fleming*, invariavelmente não passavam de associações do gramofone com o projetor, com resultados pífios, após algumas sessões. Mesmo assim, tentava-se corajosa e pioneiramente a apresentação de um texto falado, um monólogo retirado de *A capital federal*.

Os primeiros sistemas de sonorização usados no Brasil foram os mesmos que marcaram o advento do som nos Estados Unidos: o VITAPHONE e o MOVIETONE. O VITAPHONE, desenvolvido pela Western Electric e posteriormente adquirido pela Warner Brothers, era um sistema de som em disco muito eficiente se comparado aos seus similares. Por trabalhar com discos de 16 polegadas, ele permitia a sincronização de um rolo inteiro de filme, possibilitando a sincronia contínua do filme, pois a troca de disco correspondia à troca do rolo no projetor. O sistema permitia um tipo primitivo de mixagem, pela transcrição de vários discos em um outro, que acompanhava o filme. Não era possível, no entanto, editar o material sonoro em função das imagens. A película, por sua vez, podia ser editada livremente, desde que respeitando o tamanho de cada momento sonoro, para que a sincronia fosse preservada. O VITAPHONE foi o primeiro sistema usado comercialmente em filmes de ficção.

O MOVIETONE, por sua vez, foi o primeiro sistema de som óptico, ou seja, em película, a ser usado comercialmente no cinema. Ele foi desenvolvido no Case Research Lab por Theodore Case e Earl Sponable e posteriormente adquirido pela FOX FILM CORPORATION, que depois viria a se tornar a 20TH CENTURY FOX. Era um sistema de som em película no formato conhecido como *single system*, ou seja, aquele em que sons e imagens são gravados na mesma película. Os sistemas de som óptico em *single system* foram usados regularmente pelo cinejornalismo e, até o advento do videoteipe, também pelo telejornalismo, pois permitia filmar as notícias sonorizadas. Contudo, sua sobrevivência no cinema de ficção foi curta, pois não permitia a edição de sons e imagens com independência. Ao se cortar a imagem, corta-se o som, invariavelmente, e vice-versa. Esse problema só seria superado com a chegada dos *double systems*, aqueles que permitem gravar o som em sincronia com as imagens, porém em películas separadas. O Brasil, nesse período, vivia o mesmo problema enfrentado em outros países na transição entre os períodos mudo e sonoro do cinema. Os sistemas eram precários e levaram a mudanças radicais no modo de produção do cinema, com efetivas perdas estéticas e poéticas. Não era possível editar o som e a prática de montagem foi totalmente afetada pela limitação de corte imposta pelo som.

Nesse período, novamente Benedetti sai na frente, acoplando um *interlock* na câmera e no gramofone-gravador. Entre 1927 e 1930 roda cerca de cinquenta curtas musicais, limitando-se a registrar em plano fixo a *performance* do intérprete ou conjunto. Paraguaçu inaugura a série cantando *Bem-te-vi*. Luiz de Barros* dá um passo adiante: associando-se à fábrica de discos Parlophon, consegue introduzir o som na ficção *Acabaram-se os otários* (1929). O filme transforma-se num sucesso e sustenta um pequeno *boom* de sincronizados por discos em São Paulo. O auge desse processo concentra-se em dois filmes: *Coisas nossas* (1931), de Wallace Downey*, maior bilheteria do nascente cinema sonoro brasileiro, desvenda um veio que desaguaria na chanchada*, formalizando os elementos básicos do gênero; e *Ganga bruta* (1931-1933), de Humberto Mauro*, última produção a lançar mão da gravação em discos, expõe as limitações técnicas e estéticas desses primeiros tempos, em que pese a preocupação com a sonoplastia, a esmerada trilha musical e a utilização dramática de alguns diálogos. No geral, a utilização de discos conflitava com o desgaste natural das cópias, recorrendo-se a pontas pretas para substituir os fotogramas perdidos e manter o sincronismo, enfeiando o espetáculo após algum tempo. Com relação ao MOVIETONE, as incorporações foram bem mais lentas. No começo, essa lentidão explica-se em função do protecionismo americano, que determinava a não comercialização dos equipamentos de gravação para o exterior. Depois, em função do preço dos mesmos e da consequente necessidade de alterar todo o processo de filmagem, impondo-se inexoravelmente o isolamento do estúdio. Essa obrigatoriedade em parte explica a extinção da maioria das iniciativas isoladas que surgiam em todos os cantos do país, os chamados Ciclos Regionais*. O alto custo das instalações, dos equipamentos, da mão de obra e das produções circunscrevem bastante as pretensões dos cineastas e os resultados das diversas áreas, incluindo o som.

Em formato óptico, isto é, gravado fotograficamente na película, o som chega ao Brasil somente em 1932, introduzido pela CINÉDIA* no curta *Como se faz um jornal moderno*. Nem o equipamento Rico, importado por Adhemar Gonzaga*, nem as contratações nacionais de um Fausto Muniz ou da dupla Adalberto Kemeny* e Rudolf Rex Lustig conseguem bons resultados. A situação melhora com o primeiro conjunto completo RCA trazido por Wallace Downey* e utilizado nos *Alôs, alôs* e na SONOFILMS*. A qualidade da gravação é satisfatória, desde que efetuada nas condições controladas do estúdio, pois o som é captado diretamente e os microfones existentes incorporam eventuais ruídos de segundo plano. A maioria dos cinejornais* da época é narrada *a posteriori* por causa desse aspecto. A ausência de uma mixagem propriamente dita também afeta a criação, impedindo a superposição de diálogos, música e ruídos. Se uma se apresenta, as outras modalidades desaparecem, como em *O descobrimento do Brasil* (1937), de Humberto Mauro, em que predomina apenas o acompanhamento musical, omitindo-se quase totalmente a conversação e o som ambiente. Esses entraves começam a ser superados quando a CINÉDIA importa, em 1939, um novo RCA, modelo High Fidelity, com mesa de dois canais. Já em *Pureza* (1940), de Chianca de Garcia*, apresenta-se uma música de fundo composta por Arthur Bosmans. Mesmo assim, a gramática das chanchadas, principalmente, refletirá por muito tempo a rígida divisão entre cenas com diálogos e cenas com música, além de exibir uma crônica pobreza de ruídos. Comparada com a CINÉDIA e a BRASIL VITA FILME*, a ATLÂNTIDA* mantém-se bastante atrasada em seus primeiros tempos, utilizando um *rack* de gravação construído com peças das mais variadas origens. Um segundo canal é conseguido acoplando a moviola ao sistema.

Essa realidade muda no final da década de 40, quando se compra o equipamento do americano Howard Randall. A essa altura, o som passa por sua primeira grande atualização no país, com o surgimento da VERA CRUZ* e da Companhia Industrial Cinematográfica, mais conhecida como Laboratórios Bonfanti. Ambas importam o que há de mais moderno no setor e preocupam-se pioneiramente com o acompanhamento laboratorial do negativo de som e sua copiagem. Implantam-se, principalmente no Laboratório Rex, testes de densidade e de *cross-modulation*, obtendo-se notável incremento no volume, inteligibilidade e qualidade tímbrica dos sons. A mixagem respeita as diversas alturas e as harmoniza num todo controlado. Pela primeira vez pode-se falar em planejamento sonoro, salientando-se o Departamento de Som da VERA CRUZ, por seus equipamentos e profissionais. O francês Antoine Mathieu Bonfanti assessora a instalação da infraestrutura de som em estúdios como a MARISTELA* e a MULTIFILMES*, reintroduz a dublagem no país (a pioneira fora a SONOFILMS) e coloca suas unidades paulistana e carioca à disposição do mercado sob a forma de aluguel/hora. Estes últimos dispositivos têm vital importância para o nascente cinema independente dos anos 50. Optando pelas locações e não podendo utilizar muito o pesado equipamento de som direto, de difícil deslocamento em planos com movimento (dos atores ou da câmera), e ainda dependendo de microfones onidirecionais, que não "separam" o primeiro plano e o fundo sonoros, os novos cineastas ganham o recurso de manipular ou recriar *a posteriori* as gravações efetuadas. Algumas tentativas de uso de gravadores de pequeno porte, como o Kinevox, esbarram na precariedade da fita de fio de aço recoberta com a camada oxidante, que se partia muito facilmente. Poucos ousam experimentar a novidade, introduzida em *Dominó negro* (1950), de Moacyr Fenelon*. Em termos puramente estéticos, em um ou outro caso, impera o mais estrito realismo sonoro, sem qualquer acréscimo ou manipulação mais metafórica no campo dos diálogos ou dos ruídos. Na VERA CRUZ ainda se tenta adequar os sons a certa ambiência determinada pela locação cenográfica ou por um conceito mais geral da obra, sem nenhum resultado mais expressivo. No campo da trilha musical evolui-se sensivelmente, com a fixação de compositores regulares para o cinema e o uso dramático dos temas, em geral dentro da tradição americana. Um bom exemplo é a música de *O cangaceiro* (1953), de Lima Barreto*, marcante em sua funcionalidade e adequação à narrativa. Outro aspecto que deve ser ressaltado em relação à VERA CRUZ é que ela teve papel decisivo também na formação de profissionais de cinema. Foi na escola de cinema da VERA CRUZ que pela primeira vez se viu o som ser considerado uma especialização em curso de cinema no Brasil.

A revolução representada pelo surgimento do gravador Nagra IV também chega tardiamente ao país, sendo assimilada na década de 60. A essa altura, sem que se consiga melhorar de uma maneira geral a qualidade do som, altera-se o seu uso estético. Sem ter à disposição as facilidades da VERA CRUZ, que vão desaparecendo com o tempo, e os recursos da unidade carioca do Bonfanti, que pega fogo em 1957, o nascente Cinema Novo* troca a qualidade técnica por certo efeito de estranhamento, evidenciado no plano inicial de *Vidas secas* (1963), de Nelson Pereira dos Santos*. O famoso ruído do carro de boi, tradução sinestésica e quase metafísica do tema do filme, engendrado pelo sonoplasta Geraldo José*, indicaria os possíveis e ricos diálogos entre imagem e som. Não por acaso, valorizam-se a partir daí os arquivos sonoros e as estratégias surrealistas. Além disso, fascinados pelos conceitos e procedimentos do chamado cinema direto, a maioria dos cineastas do movimento procura alternativas que se coadunem com a infraestrutura existente. Apesar da introdução do Nagra IV pelo cineasta sueco Arne Sucksdorff* em seu seminário ministrado na CINEMATECA DO MUSEU DE ARTE MODERNA (MAM) em 1962 e da locação de serviços sonoros pela ATLÂNTIDA, que abandonara a produção, certas dificuldades persistem. Difunde-se a ideia de que os filmes encontram problemas de comercialização no exterior por causa da má qualidade da banda sonora. Generaliza-se o uso da dublagem, sem que as críticas cessem. Procurando dar uma solução definitiva ao problema, o produtor Jarbas Barbosa* associa-se ao seu irmão, o apresentador Abelardo Barbosa, mais conhecido como Chacrinha, e ao técnico de som Nélson Ribeiro para criar em fins dos anos 60 a SOMIL. Trazendo para o país os mais modernos equipamentos de finalização sonora, incluindo o pioneiro uso de computadores, a empresa logra superar a maioria das deficiências anteriores. Nesse momento, também surgem no mercado os primeiros microfones direcionais e, mais para a frente, os chamados sem fio ou de lapela, que melhoram a qualidade das gravações feitas em locação. A nova tecnologia permite até a formulação de diferentes planos sonoros dentro de uma mesma cena, como no precursor *Pindorama* (1970), de Arnaldo Jabor*. O avanço representado pela SOMIL se consubstancia no tratamento de quase 90% de toda a produção nacional da primeira metade dos anos 70. O fechamento da empresa em 1975 só não representa um retrocesso porque um ex-técnico de som da VERA CRUZ, o inglês Michael Stoll, havia conseguido montar estrutura semelhante. Os ESTÚDIOS DE SOM ÁLAMO mantêm a qualidade técnica atingida pela SOMIL e agregam uma consciência criativa à etapa da mixagem. Essa nova realidade se traduz no surgimento, em fins dos anos 70, de toda uma nova categoria, os editores de som. Ocorre como que uma especialização definitiva das diversas intervenções sonoras ao longo da feitura de um filme (captadores, gravadores, sonoplastas, editores e mixadores, sem falar na presença do diretor e do montador em todo o processo).

Até o início dos anos 80, os filmes brasileiros eram praticamente todos dublados. O uso do som direto era raro. De lá para cá houve uma transformação bastante significativa dos procedimentos e dos equipamentos de gravação, fazendo que se usasse cada vez mais a captação de som direto. Também deve ser mencionado que até essa época não havia o hábito de editar a banda sonora internacional, ou seja, a trilha sonora mixada sem a pista de diálogos, que permite a comercialização do filme em outros países, para que seja dublado na língua local. A necessidade de fazer a banda internacional, imposta pelo mercado de cinema, levou a um grande desenvolvimento dos profissionais de som. É nesse período que se consolidam as especializações dos profissionais de cada uma das subáreas. Esse processo leva ao surgimento do editor de som no sentido estrito do termo. Até então era muito comum que as trilhas sonoras dos filmes fossem editadas pelo próprio montador do filme, responsável também pela montagem visual. Muitas vezes o profissional de som era entendido apenas como sonoplasta, ou seja, sua função era a de suprir a produção do filme de material sonoro solicitado para compor as imagens. Não se percebia o som como uma parte da obra audiovisual, indissociável das imagens e com um potencial poético imenso, indispensável para a articulação narrativa do filme. O surgimento da figura do editor de som abriu o caminho para a exploração desse potencial.

O cinema da década de 80 apresenta uma nova obsessão: a ambiência sonora e a necessidade de abrir dezenas de pistas para uma única cena, tornando o trabalho do som meticuloso e demorado. Essa sofisticação se associaria à lenta incorporação das tecnologias de redução de ruídos e espacialização representadas pelos equipamentos DOLBY STEREO, tanto na produção quanto na exibição. Embora utilizadas desde *Lili, a estrela do crime* (1987-1988), de Lui Farias, costuma-se afirmar que seus efeitos sobre o público só foram definitivamente percebidos em meados dos anos 90. Um nome decisivo nesse período é o da editora de som Virgínia Flores, que participou de *Lili* e *Carlota Joaquina, princesa do Brazil* (1992-1994). *Carlota* não foi masterizado em DOLBY, é um filme monofônico e a confecção de sua banda sonora é simbólica dessa fase de transição entre o som analógico e o digital. Seus diálogos foram editados ainda em moviola e a música, o som ambiente e os efeitos sonoros foram editados já no sistema digital, na WAVE FRAME dos estúdios da ÁLAMO, a primeira do país, pela própria Virgínia e José Luiz Sasso. Já o filme *O quatrilho* teve sua trilha sonora processada na primeira estação SONIC SOLUTIONS do Brasil, pertencente ao estúdio da ROB FILMES.

Presente desde 1980, o DOLBY só se generalizou posteriormente, tendo lenta incorporação. A padronização dos estúdios e das salas de exibição, necessárias à implantação dos novos sistemas, somadas à entrada no mercado brasileiro das redes de exibição estadunidenses, contribuíram para a melhoria das condições gerais de reprodução e acústica. Além disso, com a incorporação da redução de ruídos e da gravação digital em várias etapas do processo, a revelação do negativo de som passou a ser feita fora do país, em geral nos Estados Unidos, eliminando o último entrave a uma boa qualidade sonora nas cópias exibidas. Em particular, a introdução de estações de tratamento digital do som, como a SONIC SOLUTIONS, tornaram possível um controle quase total sobre o resultado final das trilhas sonoras dos filmes.

Se o sistema DOLBY demorou a pegar, hoje ele é uma realidade e faz parte do cotidiano dos profissionais de som no cinema brasileiro. Um nome decisivo no processo de incorporação do sistema DOLBY no Brasil é o de José Luiz Sasso. Técnico de som da ÁLAMO, foi por muitos anos proprietário do ESTÚDIO JLS. Um dos primeiros a dominar tecnicamente o sistema, contribuiu para a sua disseminação e para o treinamento de profissionais capacitados a utilizá-lo. Na área de som direto, os velhos gravadores Nagra, magnéticos e analógicos, hegemônicos por décadas, foram substituídos inicialmente pelos DATs (*Digital Audio Tape*), na década de 1990 e, atualmente, vem sendo substituído pelos gravadores digitais multipista, que permitem a gravação de vários canais em simultaneidade e sincronizados.

A consolidação do som digital no cinema brasileiro se deu nos anos 2000. Até então, o que observamos é a convivência dos dois modos de produção, como foi observado em relação ao filme *Carlota Joaquina, princesa do Brazil*, em que parte do áudio foi editada no sistema analógico e parte no digital, mas ainda sem o processamento digital do som na pós-produção. Observamos também que, nesse primeiro momento, conviveram diversos sistemas, como as já citadas estações WAVE FRAME e SONIC SOLUTIONS. A partir do ano 2000 ocorre a padronização em torno da DAW (*Digital Audio Workstation*) PRO TOOLS da DIGDESIGN. Desde então, todo estúdio de som para cinema possui uma dessas estações. A padronização foi decisiva para a consolidação do áudio digital no cinema. Deu liberdade de trânsito aos editores de som, *sound designers* e profissionais de pós-produção sonora de filmes, possibilitando que cada trabalho possa ser feito em locais diferentes, optando-se pelo mais adequado em cada fase da produção. A diminuição do tamanho e do custo dos equipamentos também foi importante, pois permitiu aos profissionais da área de criação e edição de som adquirir estações de áudio digital similares às dos grandes estúdios. Hoje é possível realizar a maior parte do trabalho de confecção da trilha sonora em estúdios de pequeno porte, muitas vezes domésticos, sendo necessárias instalações de grandes estúdios apenas para a finalização, mixagem e masterização do áudio. A década de 2000 também assistiu ao lançamento de um número imenso de *softwares* compactos de processamento de áudio digital, conhecidos como *plugins*. São *softwares* programados para funcionar dentro das DAWs – no caso do cinema, dentro do PRO TOOLS –, permitindo processamentos específicos de som numa variedade imensa.

Amor bandido, 1978, de Bruno Barreto*, é tido como marco inaugural da edição sonora no Brasil. O desenvolvimento da área a partir desse ponto foi imenso e hoje possuímos padrão internacional no aspecto tecnológico e na qualidade dos profissionais. O surgimento do conceito de *sound design*, em meados dos anos 1970 nos Estados Unidos, também interferiu nesse processo. A edição de som configura-se cada vez mais a partir de profissionais que atuam como *sound designers*, ou seja, são responsáveis pelo planejamento sonoro, pelo aspecto técnico e pelo criativo. Nomes como Virgínia Flores, Miriam Biderman, Eduardo Santos Mendes e Luiz Adelmo são alguns dos que compõem essa primeira geração de editores de som e *sound designers* brasileiros, promovendo um desenvolvimento amplo do som de cinema no Brasil. (HH\NC)

SONOFILMS

Empresa cinematográfica fundada por volta de 1930 na cidade de São Paulo pelo industrial Alberto Byington Jr. Inicialmente sob a denominação de BYINGTON & CIA., modificada posteriormente para SÃO PAULO SONOFILM e, com a mudança para o Rio de Janeiro, finalmente para SONOFILMS, destaca-se no cenário cinematográfico dos anos 30 por montar eficiente sistema de comercialização e produzir inúmeros títulos considerados precursores da chanchada*. Descendente de americanos e com negócios ligados à gravadora Columbia Records, Byington volta de seus estudos na América impressionado com o advento do filme sonoro e disposto a investir na associação do mundo da música com o cinema. A família já possuía uma gravadora, a Gravações Elétricas Ltda., mais conhecida pelo selo Continental, e emissoras de rádio paulistanas como a CRUZEIRO DO SUL. A chegada de um novo diretor técnico e musical para fazer a transição para a gravação elétrica de discos, o americano Wallace Downey*, impulsiona seus desejos e dá-lhes forma. Downey concebe a estrutura, arregimenta os elencos e a equipe técnica, com destaque para o sonografista Moacyr Fenelon* e o fotógrafo Adalberto Kemeny*, e dirige o primeiro filme da companhia, *Coisas nossas* (1931). Com som gravado pelo sistema VITAPHONE (discos), o musical revela a imagem da nova geração da música popular e explora com felicidade os entrechos cômicos e paródicos, como na famosa sequência com Procópio Ferreira* cantando *Singing in the rain* no banheiro, transformando-se no primeiro grande sucesso do cinema sonoro brasileiro. A empresa estabelece uma linha de curtas musicais, geralmente gravados nos estúdios das emissoras. Cria também um departamento de atualidades, a cargo de William Gericke, e adapta um prédio para servir de estúdio. Suas atividades sofrem séria descontinuidade devido ao envolvimento de Byington na Revolução Constitucionalista. Exilado até meados de 1933, ao voltar retoma lentamente o controle de seus negócios. A SÃO PAULO SONOFILMS recomeça a produzir filmes de curta duração em meados de 1934, não contando mais com a presença de Downey.

Aproximando-se do governo federal, Byington acaba por transferir o comando de seus negócios para a então capital do país, reorganizando a SONOFILMS em meados de 1936. Na mesma época, descontente com a DISTRIBUIDORA DE FILMES BRASILEIROS (DFB) e valendo-se de uma ligação com o circuito METRO, monta sua própria distribuidora de filmes, a DISTRIBUIÇÃO NACIONAL (DN). Com uma cadeia de exibição à sua disposição, faz acordo com Downey e o encarrega de estruturar uma nova linha de produção. Este dá continuidade às atualidades e aos curtas musicais, quase sempre realizados por Luiz de Barros*. Estimula também a criação de um departamento de dublagem – viabilizado pela capacidade técnica de Fenelon –, responsável pelas versões brasileiras dos desenhos animados de Walt Disney (*Branca de Neve e os sete anões* e *Pinóquio*). Para o longa-metragem privilegia os baixos orçamentos, a utilização dos artistas que mantém sob contrato na Todamérica Música Ltda. e entrechos cômicos extraídos do teatro de costumes. Estabelece também a alternância entre

uma produção, essencialmente musical, para o período do carnaval, e outra, mais cômica, para o meio do ano. Contando com profissionais como Moacyr Fenelon, Ruy Costa*, Roberto Cavalieri e Edgar Brasil*, a SONOFILMS roda dez títulos em apenas quatro anos. Os primeiros, *O bobo do rei* (1937), de Mesquitinha*, e *Bombonzinho* (1938), de Joracy Camargo, ainda são feitos em estúdio improvisado, um pavilhão da Feira de Amostras. Logo em seguida, Byington cede um de seus armazéns de café, próximo ao cais do porto, onde as fitas seguintes são realizadas. As sátiras imperam, explorando-se quase sempre a cultura popular *versus* cultura erudita. Em *Banana da terra* (1938), de Ruy Costa, maior sucesso da empresa, o reino de Bananolândia, preocupado com a superprodução de seu único produto de exportação, envia emissário ao Brasil para tentar convencer o governo local a comprar-lhe o excesso. Um pândego Oscarito* opta, em vez de conversações oficiais, por uma campanha em emissoras de rádio, cassinos e similares, o que permite o desfile de sucessos carnavalescos. Um deles, a canção *O que é que a baiana tem?*, faz tanto sucesso que catapulta Carmen Miranda* para uma carreira internacional e é reprisado em nova produção da companhia, *Laranja da China* (1939), também de Costa. A crítica bem-humorada aos preconceitos contra a cultura popular envolvem o futebol (*Futebol em família*, rodado em 1939 e igualmente de Costa). Em linha mais suave, Fenelon procura incentivar a adaptação de comédias leves, geralmente voltadas para o retrato de tipos populares ou suburbanos, que desenvolveria melhor na ATLÂNTIDA*. Ascendendo ao cargo de supervisor, acompanha a feitura de *Anastácio* (1939), de João de Barro (Braguinha), de *Pega ladrão* (1940), de Ruy Costa, e, já assumindo a direção por completo, de *Simpático Jeremias* (1940). Satisfeito com os resultados, Byington dá sinal verde para a primeira tentativa mais ousada da SONOFILMS, a produção do patriótico *Asas do Brasil*, dirigida por Raul Roulien*. Com todas as filmagens concluídas e parte do material já montado, irrompe violento e misterioso incêndio no estúdio, destruindo por completo os filmes e as instalações. Byington ainda tenta um heroico esforço, alugando o estúdio da BRASIL VITA FILME* e rodando rapidamente o musical *Céu azul*, dirigido por Ruy Costa, esperançoso de que o filme estoure no carnaval de 1941, o que não acontece. Decide não reerguer o estúdio, repassando a estrutura da DN e a marca SONOFILMS para Downey. Este,

em associação com a CINÉDIA, produz em 1943 o último título da empresa, *Abacaxi azul*, dirigido mais uma vez por Ruy Costa. Sem maiores repercussões de bilheteria ou crítica, o filme parecia indicar a necessidade de sofisticação da fórmula, o que aconteceria com o advento da chanchada propriamente dita. (HH)

SOROA, Luís (Luís Miguel Jorge Olegário Vicente de Soroa García Goyena Cairovas y Rodrigo de Agra Monte) – Rio de Janeiro, RJ, 1906-1980. Ator.

FILMOGRAFIA: 1928 – *Brasa dormida*. 1929 – *Sangue mineiro*. 1931 – *Mulher*.

Galã dos filmes de Humberto Mauro* em Cataguases, Luís Soroa nasceu no Rio de Janeiro em 28 de junho (ou agosto, segundo outra fonte), filho do espanhol Luís García y Goyena. Formado em Comércio, era estudante de Direito e trabalhava com câmbio, quando surgiu a oportunidade de se tornar ator de cinema. No final de 1927, a PHEBO BRASIL FILM, de Cataguases, precisava de um novo galã para o seu filme seguinte, *Brasa dormida*, cujas filmagens iniciais seriam realizadas no Rio de Janeiro. Tomando conhecimento do fato, Soroa se apresentou ao diretor Humberto Mauro, que solicitou o apoio de Adhemar Gonzaga*. Este estava dirigindo na mesma época seu primeiro filme, *Barro humano*. Num intervalo de filmagem, Soroa foi submetido a um teste. Foi aprovado, tornando-se então o galã da PHEBO BRASIL FILM. A intensa publicidade do filme feita pela revista *Cinearte*, dirigida por Gonzaga, tornou Soroa popular da noite para o dia, passando a receber milhares de cartas de fãs entusiasmadas. Soroa foi o protagonista dos dois últimos filmes da PHEBO: *Brasa dormida*, lançado no começo de 1929, e *Sangue mineiro*, filmado em 1929 e lançado em 1930. Seu papel em ambos os filmes é o do típico galã voluntarioso e conquistador, pronto para atos heroicos e até sacrifícios em nome da mulher amada. Após *Sangue mineiro*, Soroa ficou afastado do cinema durante mais de um ano, a despeito das especulações que o incluíam no elenco de vários filmes. Em 1931, ele foi convidado para atuar na segunda produção da CINÉDIA*, *Mulher*, escrito e dirigido por Octávio Mendes*. Depois de interpretar dois personagens virtuosos, Soroa teve a oportunidade de mostrar a sua versatilidade no papel de um vilão, o dr. Artur Soares, um médico de má índole. Para compor o personagem, usou um monóculo e deixou crescer o cavanhaque. Esse foi também seu último filme. Abandonou então o cinema, no auge do sucesso, e, junto com o irmão Raul de Soroa y García Goyena (falecido em 1º de abril de 1986), ingressou na Polícia Especial, por intermédio do chefe João Alberto. Sua passagem por essa instituição foi marcada por uma série de incidentes. Por exemplo, ele foi guarda da cela onde o líder comunista Luiz Carlos Prestes ficou detido nos anos 30. Participou também de sessões de espancamento aos presos políticos confinados num casarão do Morro de Santo Antônio, no centro do Rio de Janeiro. Após essa passagem pela polícia, Soroa ingressou na carreira diplomática. Na década de 40, foi membro da representação diplomática brasileira em Moscou, capital da então União Soviética, exercendo o cargo de secretário. Em 1947, ao tomar conhecimento do fato, alguns jornalistas de esquerda resolveram denunciar na imprensa o seu passado ligado à repressão anticomunista no Brasil. Soroa viveu muitos anos na Espanha, onde nos anos 70 foi adido comercial na embaixada brasileira. (LAR)

SOUSA, Mauricio de (Maurício Araújo de Souza) – Santa Isabel, SP, 1935. Diretor.

FILMOGRAFIA: 1982 – *As aventuras da turma da Mônica*. 1983 – *A princesa e o robô*. 1985 – *Os Trapalhões no reino da fantasia*; *Os Trapalhões no rabo do cometa*. 1986 – *As novas aventuras da turma da Mônica*. 1987 – *Mônica e a sereia do rio*; *A turma da Mônica em O Bicho-papão e outras histórias*. 1990 – *Chico Bento, oia a onça*. 2007 – *Turma da Mônica em Uma aventura no tempo*.

Desenhista e criador de personagens de história em quadrinhos que o levam ao cinema de animação. Educado em Mogi das Cruzes (SP), desde jovem dedica-se ao desenho. Sua família muda-se para São Paulo em 1954. Depois de completar os estudos, tenta publicar os seus trabalhos em jornal, mas ingressa como repórter policial na *Folha da Manhã* (hoje *Folha de S.Paulo*), onde colabora também com ilustrações em algumas matérias. Em 1959, publica a primeira tira com os personagens Bidu e Franjinha, aos quais se seguiram, no ano seguinte, Cebolinha e Piteco, e posteriormente Cascão. Em 1963 já trabalhava com uma equipe, e, em 1964, lança a personagem que marcaria a sua carreira: Mônica, que daria nome ao principal grupo de personagens feitos por Mauricio. Em 1966, funda sua distribuidora de quadrinhos e suas próprias revistas passam a ser publicadas em 1970. A partir de 1968, uma série de desenhos animados foram produzidos

com seus personagens, inicialmente em comerciais, depois em campanhas institucionais e ainda no especial *O Natal de todos nós*, veiculado na televisão em 1976 e 1977. Parou de desenhar em 1975 e de escrever roteiros em 1980. Constitui a produtora BLACK & WHITE & COLOR para realizar sistematicamente filmes de animação.

Em 1982, junto com a EMBRAFIL-ME*, produz o quarto longa-metragem de animação no Brasil, *As aventuras da turma da Mônica*, filme composto de quatro episódios. No ano seguinte, lança *A princesa e o robô*, com uma história completa com o mesmo grupo de personagens. Constitui a MAURICIO DE SOUSA PRODUÇÕES e realiza, em 1985, numa parceria com a RENATO ARAGÃO PRODUÇÕES, os filmes *Os Trapalhões no reino da fantasia*, em que faz um trecho de vinte minutos em animação, e *Os Trapalhões no rabo do cometa*, com o enredo todo animado. Depois de um intervalo por falta de financiamento, lança em 1986, com produção própria, *As novas aventuras da turma da Mônica*, voltando ao formato de episódios, agora mais curtos. No ano seguinte, inova sua produção ao mesclar animação com cenas filmadas ao vivo, com direção de Walter Hugo Khouri*, em *Mônica e a sereia do rio*. Em seguida lança *A turma da Mônica em O Bicho-papão e outras histórias* e passa a se dedicar exclusivamente aos lançamentos em vídeo com *Turma da Mônica e a estrelinha mágica* em 1988 e, em 1990, *Chico Bento, oia a onça!* Com o desenvolvimento da computação gráfica, passa a fazer lançamentos mais sistematicamente: em 1996, *Turma da Mônica, quadro a quadro*; em 1997, *O Mônico e O plano sangrento*; e, em 1998, *O estranho soro do dr. X*, todos em episódios curtos entremeados de canções e jogos. (LG) Em 2004, José Márcio Nicolosi dirigiu *Cinegibi – o filme com a turma da Mônica*, produzido pela MAURICIO DE SOUSA PRODUÇÕES. Em 2007, Mauricio e sua "turma" receberam homenagem da escola de samba Unidos do Peruche com o enredo "Com Mauricio de Sousa a Unidos do Peruche abre alas, abre livros, abre mentes e faz sonhar". Ainda nesse mesmo ano, temos *Turma da Mônica em Uma aventura no tempo*, dirigido pelo próprio Mauricio de Sousa, com produção DILER TRINDADE & ASSOCIADOS, MAURICIO DE SOUSA PRODUÇÕES, MIRAVISTA e LABO CINE.

SOUTO, Hélio (Hélio da Silva Cotê Figueiredo de Almeida Coutinho) – Rio de Janeiro, RJ, 1929-2001. Ator.

FILMOGRAFIA: 1950 – *Garota mineira*. 1951 – *O comprador de fazendas*. 1951-

1953 – *Luzes nas sombras*. 1952 – *Agulha no palheiro*. 1953 – *Destino em apuros*; *O homem dos papagaios*. 1954 – *Os três garimpeiros*. 1955 – *Armas da vingança*. 1957 – *Dioguinho*. 1958 – *Fronteiras do inferno* (coprodução estrangeira). 1960 – *Conceição* (dir.). 1962 – *O Cabeleira*. 1964 – *Noites quentes de Copacabana* (coprodução estrangeira)). 1972 – *Os desclassificados*. 1975 – *Já não se faz amor como antigamente* (4º episódio: 'Flor-de-lys'); *A noite das fêmeas* (*Ensaio geral*); *Bacalhau* (*Bac's*). 1978 – *Mulher desejada*; *Cinderelo trapalhão*. 1979 – *Desejo selvagem* (*Massacre no Pantanal*); *Viúvas precisam de consolo*. 1980 – *Motel, refúgio do amor*; *Noite da orgia*; *Mulher-objeto*. 1981 – *A volta de Jerônimo*. 1982 – *Carícias eróticas* (*Um casal de três*); *Pecado horizontal*. 1987 – *Sonhos de menina-moça*; *Luar sobre Parador* (produção estrangeira).

Descoberto por Konstantin Tkaczenko*, que o lança em *Garota mineira*, filme dirigido pelo cineasta H. Leopoldo. É batizado artisticamente Hélio Souto por Alex Viany*. Muda-se para São Paulo e atua como galã nas produções dos estúdios da MARISTELA*, como *O comprador de fazendas*, de Alberto Pieralisi*. No Rio de Janeiro, trabalha em dois dramas, *Agulha no palheiro*, de Alex Viany, e *Luzes nas sombras*, de Carlos Ortiz*. Na MULTIFILMES* atua em *Destino em apuros*, de Ernesto Remani*, primeiro filme colorido brasileiro, produzido pelo sistema ANSCOCOLOR, e *Homem dos papagaios*, de Armando Couto. Com o fechamento dos estúdios paulistas, participa de filmes de ação e de aventura, de produção independente: *Os três garimpeiros*, de Gianni Pons*, *Armas da vingança* e *Dioguinho*, ambos sob a direção de Carlos Coimbra*. Experimenta a produção e a direção em *Conceição*, filme policial de pequeno porte, interpretando também o papel principal. Constitui a H. S. PRODUÇÕES CINEMATOGRÁFICAS, em 1960. Na televisão, a partir de meados dos anos 60, torna-se galã de grande número de novelas: *A moça que veio de longe* (1964), de Ivani Ribeiro, na EXCELSIOR; *O mestiço* (1965), de Cláudio Petraglia, baseado em original cubano, *A ré misteriosa* (1966), de Geraldo Vietri*, *Super Plá* (1970), de Bráulio Pedroso, estas na TUPI; *Vendaval* (1973), de Ody Fraga*, adaptada do romance *O morro dos ventos uivantes*, de Emily Brontë, na RECORD. A partir desse momento faz pequenas participações ou desempenha papéis coadjuvantes, e até alguns de destaque, como em *Acorrentada* (1983), de Henrique Lobo, no SBT, e em *Casos Especiais* e séries. Atua bissextamente no cinema. Protagoniza *O Cabeleira*, no papel-título do filme de cangaço de Milton Amaral. Nos estúdios da VERA CRUZ*, participou do policial de coprodução germânico-brasileira *Noites quentes de Copacabana*, do diretor alemão Horst Haechler. Nos anos 70 retorna ao cinema como galã de filmes eróticos no drama *A noite das fêmeas*, de Fauzi Mansur*, e na comédia *Viúvas precisam de consolo*, sob a direção de Ewerton de Castro*. Depois, representa pequenos papéis em dois pretensos filmes de ação: *Desejo selvagem*, de David Cardoso*, e o faroeste *A volta de Jerônimo*, de Agenor Alves. Ainda faz algumas participações em diversos filmes, incluindo a produção americana *Luar sobre Parador*, de Paul Mazursky. Participou da minissérie *Memorial de Maria Moura* (1994), da REDE GLOBO DE TELEVISÃO, afastando-se depois do meio artístico. Faleceu em 5 de outubro, de infarto, no seu sítio em Atibaia, sendo sepultado no Cemitério do Morumbi. (LFM)

SOUZA, Jackson de (Jackson Ferreira de Souza) – PB, 1917. Ator.
FILMOGRAFIA: 1947 – *O cavalo 13*; *Fogo na canjica*. 1948-1949 – *Terra violenta*. 1949 – *Caminhos do sul*. 1949-1950 – *Perdida pela paixão*. 1950 – *A echarpe de seda*; *Cascalho*. 1951 – *Comprador de fazendas*; *A mulher do diabo*. 1952 – *Veneno*; *Agulha no palheiro*. 1953 – *Fatalidade*. 1954 – *A outra face do homem*; *Mãos sangrentas*. 1954-1955 – *Rio, 40 graus*. 1955 – *O diamante*. 1956 – *Osso, amor e papagaios*. 1957 – *O barbeiro que se vira*. 1962 – *Nordeste sangrento*; *Sonhando com milhões*. 1967-1968 – *Brasil, ano 2000*. 1975 – *As aventuras d'um detetive português*. 1976 – *O sol dos amantes*. 1980 – *Insônia* (1º episódio: 'Dois dedos'). 1983 – *Memórias do cárcere*. 1985 – *Urubus e papagaios*; *O homem da capa preta*. 1987 – *Jorge, um brasileiro*.
Filho do ator Modesto de Souza*. Trabalha durante muitos anos no teatro, passando por várias fases da cena carioca. Integrante do grupo Os Comediantes, atua em 1946 nas peças *O desejo*, de Eugene O'Neill, e *A rainha morta*, de Montherlant, ambas sob a direção de Ziembinski*. Nos anos 50, em São Paulo, participa do Teatro Brasileiro de Comédia (TBC) na peça *Provas do amor*, de João Bethencourt. É um dos bons coadjuvantes do cinema nacional, em seus quase quarenta anos de carreira, dignificando até pequenos papéis. É mais um ator a estrear no cinema em fitas do prolixo Luiz de Barros*, com quem filma a comédia *O cavalo 13* e o carnavalesco *Fogo na canjica*. Na ATLÂNTIDA* figura em *Terra violenta*, de Eddie Bernoudy. Com o diretor Fernando de Barros* filma os dramas *Caminhos do sul* e *Perdida pela paixão*. Trabalha no policial *Echarpe de seda*, de Gino Talamo. Geralmente desempenha papéis de homens do povo. Em *Cascalho*, de Leo Marten*, interpreta um garimpeiro. Sempre variando, participa da comédia *A mulher do diabo*, de Milo Harbisch. Filma também nos estúdios paulistas da MARISTELA* (*O comprador de fazendas*, de Alberto Pieralisi*, e *Mãos sangrentas*, de Carlos Hugo Christensen*), da VERA CRUZ* (*Veneno*, de Gianni Pons*), da MULTIFILMES* (*Fatalidade*, de Jacques Maret, e *A outra face do homem*, de J. B. Tanko*) e da BRASIL FILMES (*Osso, amor e papagaios*, de Carlos Alberto de Souza Barros* e César Mêmolo Jr.). Em um de seus melhores papéis no cinema representa o chefe da família em *Agulha no palheiro*, sob a direção de Alex Viany*, nos estúdios da FLAMA FILMES* em Laranjeiras. É argumentista, juntamente com o ator Jaime Barcelos, da comédia *Aí vem o general* (1952), de Alberto Attili, fita de pequena produção, na qual nenhum dos dois trabalha como ator. Filma com Nelson Pereira dos Santos* *Rio 40 graus* e *Memórias do cárcere*. Na CINELÂNDIA FILMES trabalha sob as ordens de Eurides Ramos* (*O diamante*, *O barbeiro que se vira* e *Sonhando com milhões*). Depois dos anos 60 atua esporadicamente no cinema. Sempre como coadjuvante, figura no filme de cangaço *Nordeste sangrento*, de Wilson Silva*, na ficção científica *Brasil, ano 2000*, de Walter Lima Jr.*, na comédia *As aventuras d'um detetive português*, de Stephan Wohl, no drama *O sol dos amantes*, de Geraldo Santos Pereira*, na comédia *Urubus e papagaios*, de José Joffily*, nos dramas *O homem da capa preta*, de Sérgio Rezende*, e *Jorge, um brasileiro*, de Paulo Thiago*. (LFM)

SOUZA, Modesto de (Modesto Bittencourt de Souza) – São Miguel dos Campos, AL, 1894-1967. Ator.
FILMOGRAFIA: 1938-1944 – *Romance proibido*. 1939 – *Anastácio*. 1940 – *O simpático Jeremias*. 1944 – *Romance de um mordedor*. 1946 – *Cem garotas e um capote*. 1948 – *Falta alguém no manicômio*; *Obrigado, doutor*; *E o mundo se diverte*. 1948-1949 – *Terra violenta*. 1949 – *Carnaval no fogo*; *Não é nada disso*. 1950 – *Cascalho*. 1951 – *Tico-tico no fubá*. 1953 – *Carnaval em Caxias*; *Rua sem sol*. 1954-1955 – *Rio 40 graus*. 1955 – *A carrocinha*; *Leonora dos sete mares*. 1956 – *Osso, amor e papagaios*. 1958 – *Orfeu do Carnaval* (coprodução estrangeira). 1961 – *Entre mulheres e espiões*. 1966 – *Terra em transe*.
Pai do ator Jackson de Souza*. Destaca-se no teatro, onde atua por mais de trinta anos em diversas companhias, visitando quase todos os gêneros, a comédia, o drama, o musical e a revista. É ator, entre diversos espetáculos, nas peças *Tiradentes*, de Viriato Correia, com direção de Rodolfo Mayer*, *Onde canta o sabiá*, de Gastão Tojeiro, e *O senhor Puntila e seu criado Matti*, de Bertolt Brecht. No cinema participa de muitas comédias. Seu primeiro filme é *Romance proibido*, de Adhemar Gonzaga*, uma produção da CINÉDIA* que leva vários anos em sua realização devido a problemas de produção. Como coadjuvante, trabalha nas principais produtoras da época. Na SONOFILMS* atua em *Anastácio*, de João de Barro, interpretando o mesmo papel do palco, pois o filme era baseado na peça de Joracy Camargo. Também trabalha no filme de estreia de Moacyr Fenelon* – *O simpático Jeremias*, baseado em peça homônima de Tojeiro. Com o diretor Milton Rodrigues* filma a comédia *Cem garotas e um capote*, baseada no conto *O homem e o capote*, de Aníbal Machado. Na ATLÂNTIDA* faz vários filmes, dividindo a parte de humor com Oscarito*, em *Falta alguém no manicômio*, e com Catalano*, em *Não é nada disso*, em ambos os filmes sob a batuta de José Carlos Burle*. Ainda na ATLÂNTIDA atua em parceria com a dupla Oscarito e Grande Otelo*, em *E o mundo se diverte* e em *Carnaval no fogo*, dirigidos por Watson Macedo*. Faz também papéis dramáticos, como em *Terra violenta*, de Eddie Bernoudy, produção da ATLÂNTIDA. Volta a trabalhar com o diretor Fenelon, na CINE PRODUÇÕES FENELON, em *Obrigado, doutor*, baseado no sucesso radiofônico homônimo de Paulo Roberto. Em *Cascalho*, de Leo Marten*, trabalha em filme rural. Em São Paulo, na VERA CRUZ*, atua em *Tico-tico no fubá*, de Adolfo Celi*, cinebiografia do músico Zequinha de Abreu e, na MARISTELA*, em *Leonora dos sete mares*, de Carlos Hugo Christensen*, baseado na peça *Leonora*, de Pedro Bloch*. Coprodução da FLAMA FILMES* e da ATLÂNTIDA, *Carnaval em Caxias*, de Paulo Vanderley*, é uma paródia sobre o político Tenório Cavalcanti. Na BRASIL VITA FILME* atua em *Rua sem sol*, de Alex Viany*. Acompanhando nova fase do cinema, está na produção independente *Rio 40 graus*, de Nelson Pereira dos Santos*. Em seu último filme paulista, produção da BRASIL FILMES, tem um duelo de interpretação com Jayme Costa*, em *Osso, amor e papagaios*, sob a direção

de Carlos Alberto de Souza Barros* e César Mêmolo Jr., baseado no conto *A nova Califórnia*, de Afonso Henriques de Lima Barreto. Tem pequena participação em seu único filme estrangeiro, a produção francesa de Sacha Gordine, *Orfeu do Carnaval*, de Marcel Camus*, inspirado na peça musical *Orfeu da Conceição*, de Vinicius de Moraes*. Na paródia da ATLÂNTIDA *Entre mulheres e espiões*, de Carlos Manga*, divide a comicidade com Oscarito e Vagareza*. Em *Terra em transe*, de Glauber Rocha*, despede-se do cinema, na cena antológica em que samba no meio do povo, vestido de fraque, representando um político. Faleceu em 20 de agosto no Rio de Janeiro. (LFM)

SOUZA, Ruth de (Ruth Pinto de Souza) – Rio de Janeiro, RJ, 1921. Atriz.

FILMOGRAFIA: 1948 – *Falta alguém no manicômio*. 1948-1949 – *Terra violenta*. 1949 – *Também somos irmãos*. 1950 – *Terra é sempre terra*. 1951 – *Ângela*. 1952-1953 – *Sinhá Moça*. 1953 – *Candinho*. 1955 – *Mistério da ilha de Vênus* (produção estrangeira); *Quem matou Anabela?*. 1956 – *Osso, amor e papagaio*. 1957-1958 – *Ravina*. 1958 – *Fronteiras do inferno*. 1959-1961 – *Bruma seca*. 1960 – *A morte comanda o cangaço*; *Favela* (coprodução estrangeira). 1962 – *Assalto ao trem pagador*; *O Cabeleira*. 1963 – *Gimba, presidente dos valentes*. 1974 – *Pureza proibida*. 1975 – *Ana, a libertina*. 1977 – *Ladrões de cinema*. 1978 – *Quem matou Pacífico?*. 1979-1980 – *O fruto do amor*. 1985-1986 – *Jubiabá* (coprodução estrangeira). 1999 – *Um copo de cólera*. 1999-2000 – *Aleijadinho, paixão, glória e suplício*. 2005 – *As filhas do vento*.

Originária de família pobre, ficou órfã de pai ainda na infância, tendo de trabalhar bem jovem como caixa de casa comercial e enfermeira de hospital. Sua carreira como atriz está ligada inicialmente ao importante grupo Teatro Experimental do Negro (TEN), organizado por Abdias do Nascimento, que, entre outros atores, contava nos seus quadros com Agnaldo Camargo. A primeira peça na qual Ruth de Souza trabalhou foi *O imperador Jones*, de Eugene O'Neill, montada pelo TEN em 1945. Ainda no TEN destacou-se em *Filho pródigo*, de Lúcio Cardoso. Após sair desse grupo, a atriz ingressou na companhia Os Comediantes para fazer a peça *Terra violenta*, adaptação do romance *Terras do sem fim*, de Jorge Amado*. A estreia de Ruth de Souza no cinema foi na adaptação desse mesmo romance, também intitulada *Terra violenta*, produção da ATLÂNTIDA*

dirigida por Eddie Bernoudy. Na ATLÂNTIDA, Ruth de Souza trabalhou em dois filmes dirigidos por José Carlos Burle*, a chanchada *Falta alguém no manicômio* e o drama sobre o racismo *Também somos irmãos*, assunto até então poucas vezes explorado pelo cinema brasileiro. Em 1950, Ruth de Souza participou das filmagens de "Aglaia", produção dirigida por Ruy Santos* que permaneceu inacabada. Convidada por Alberto Cavalcanti* para integrar o elenco fixo da VERA CRUZ*, a atriz transferiu-se para São Paulo. Seu primeiro filme nessa companhia foi *Terra é sempre terra*, dirigido por Tom Payne*, que lhe valeu o prêmio de melhor atriz coadjuvante de 1951, concedido pela Associação Brasileira dos Cronistas Cinematográficos (ABCC). Em seguida atuou em *Ângela*, codirigido por Tom Payne e Abílio Pereira de Almeida*, filme pelo qual recebeu mais um prêmio, o GOVERNADOR DO ESTADO DE SÃO PAULO. Com o apoio de Pascoal Carlos Magno, Ruth de Souza ganhou, em 1951, uma bolsa da Fundação Rockefeller para ir estudar teatro nos Estados Unidos, mais especificamente na Karamu House, em Cleveland. Aproveita a estada americana para conhecer a Broadway, em Nova York, e atuar em peças naquele país. De volta ao Brasil integrou o elenco de *Sinhá Moça*, produção da VERA CRUZ, codirigida por Tom Payne e Oswaldo Sampaio*. Esse drama, que aborda a escravidão no Brasil, teve boa repercussão no FESTIVAL DE VENEZA, levando o nome de Ruth de Souza a ser cogitado para a premiação de melhor atriz. No Brasil ganhou o SACI, prêmio oferecido pelo jornal *O Estado de S. Paulo*. Na VERA CRUZ trabalhou ainda em *Candinho*, um dos primeiros sucessos interpretados por Amácio Mazzaropi*, dirigido por Abílio Pereira de Almeida. Na MARISTELA*, outra empresa cinematográfica fundada em São Paulo na primeira metade dos anos 50, atuou em *Quem matou Anabela?*, comédia policial de D. A. Hamza. Contratada pela televisão RECORD, fez por cerca de um ano teleteatros da emissora. Ruth de Souza atuou ainda nos filmes *Osso, amor e papagaio*, de Carlos Alberto de Souza Barros* e César Mêmolo Jr., *Ravina*, de Rubem Biáfora*, *Fronteiras do inferno*, de Walter Hugo Khouri*, *A morte comanda o cangaço*, de Carlos Coimbra*, e *Assalto ao trem pagador*, de Roberto Farias*. De volta ao Rio de Janeiro, passou a integrar o elenco fixo da REDE GLOBO a partir do final dos anos 60, participando de novelas como *A cabana do Pai Tomás*, *Os ossos do barão*, *O bem-amado*, *O grito*, *Sétimo sentido*,

Duas vidas, *Corpo a corpo* e *Mandala*, ou de minisséries como *Memorial de Maria Moura*. Desde então tem trabalhado com menos frequência no cinema, devendo-se mencionar suas interpretações em *Ladrões de cinema*, de Fernando Cony Campos*, *Quem matou Pacífico?*, de Renato Santos Pereira, e *Jubiabá*, de Nelson Pereira dos Santos*. Merece ainda especial destaque a sua atuação ao lado de Léa Garcia no filme *Filhas do vento*, de Joel Zito Araújo, drama que retrata de forma poética e intensa os impasses na vida de duas mulheres negras. No teatro, entre 1983 e 1984, trabalhou na peça *Réquiem para uma negra*, de William Faulkner. Em 1986, Ruth de Souza foi homenageada com uma exposição de fotos na galeria Modern Times, no Rio de Janeiro. Em entrevistas ou depoimentos, Ruth de Souza sempre salienta que o negro brasileiro, tanto no cinema, como no teatro ou na televisão, interpreta na maioria das vezes apenas papéis secundários, não havendo oportunidades de destaque. (AA)

SOVERAL, Hélio do (Hélio do Soveral Rodrigues de Oliveira Trigo) – Setúbal, Portugal, 1918-2001. Roteirista.

FILMOGRAFIA: 1946 – *Segura esta mulher*. 1947 – *Este mundo é um pandeiro*. 1948 – *É com este que eu vou*; *Falta alguém no manicômio*; *E o mundo se diverte*. 1950 – *Dominó negro*. 1951 – *Milagre de amor*; *O falso detetive*. 1975 – *O esquadrão da morte*.

Radialista de sucesso, em atividade desde os anos 40, é escritor com mais de quatrocentos títulos (faroestes, policiais), em publicações vendidas em bancas, assinadas com os mais variados pseudônimos. No cinema, começa na ATLÂNTIDA* roteirizando os filmes do diretor Watson Macedo*, como nas fitas carnavalescas *Segura esta mulher*, *Este mundo é um pandeiro* e *E o mundo se diverte*, que renovaram o gênero musical, dando-lhe uma estrutura formal. Com direção de José Carlos Burle*, escreveu o carnavalesco *É com este que eu vou*, também roteirizando *Falta alguém no manicômio*. Em 1950, ingressa na FLAMA FILMES*, onde escreve o policial *Dominó negro* e o drama *Milagre de amor*, ambos dirigidos por Moacyr Fenelon*, além da comédia *O falso detetive*, esta sob a direção de Cajado Filho*. Mais de vinte anos depois, retorna ao cinema, com outro filme policial, *O esquadrão da morte*, produzido e dirigido por Carlos Imperial*. Encerra sua participação cinematográfica com o filme de mistério *A noite dos assassinos*, de 1976, produzido e dirigido por Jece Valadão*, baseado em seu conto *Ruth e o* *homem gordo.* Faleceu em Brasília (DF) no dia 21 de março. (LFM)

SPENCER Fernando (Fernando José Spencer Hartman) – Recife, PE, 1927. Diretor.

Fernando Spencer começou a colaborar no *Diário de Pernambuco* nos anos 1950, integrando o quadro de redatores do jornal por mais de quatro décadas, até 1998. No início dos anos 1960, passa a assinar diariamente a coluna de cinema, além de apresentar os programas *Falando de Cinema*, na TV RÁDIO CLUBE, afiliada da TUPI, e *Filmelândia*, na Rádio Clube, durante mais de dez anos. A partir de 1973, depois de ser considerado o "cineasta do filme inacabado", por não conseguir finalizar seus projetos, Spencer torna-se um dos mais produtivos realizadores pernambucanos. É figura de destaque no Ciclo do Super-8, dirigindo 21 curtas na bitola até 1981. Apesar de fazer também ficção, firma-se como documentarista voltado para a cultura pernambucana e nordestina, abordando temas como a briga de galo (*Valente é o galo*) e a cerâmica de Caruaru (*Adão foi feito de barro*) e personalidades importantes (*Um instante maestro Nelson Ferreira, Frei Damião: um santo do Nordeste?*). Trabalhando com 16 e 35 mm desde 1979, Spencer dá continuidade à sua produção, da qual sobressaem os filmes dedicados ao Ciclo do Recife: *Jota Soares, um pioneiro do cinema, Almery e Ary: Ciclo do Recife e da Vida, Memorando Ciclo do Recife* e *Estrelas de celuloide*. Volta ao tema nos documentários em vídeo que codirige com Amin Stepple: *História de amor em 16 quadros* e *70 anos de cinema pernambucano*. Entre 1980 e 2000, atua como coordenador da Cinemateca da Fundação Joaquim Nabuco. É uma das personalidades escolhidas como Patrimônio Vivo de Pernambuco, em 2007. Lança os curtas *Almery, a estrela* (2007), mais um título dedicado ao cinema silencioso pernambucano, e *Nossos ursos camaradas* (2009). (LCA)

SPIEWAK, José Júlio – Tomaszow Mazowieck, Polônia, 1931. Crítico de cinema, ator.

FILMOGRAFIA: 1949 – *Quase no céu.* 1954 – *Carnaval em lá maior.* 1957-1958 – *Ravina.* 1958 – *Fronteiras do inferno* (coprodução estrangeira). 1960 – *Conceição.* 1962 – *A ilha.* 1968 – *Trilogia do terror* (2º episódio: 'O acordo'). 1969 – *Sentinelas do espaço.* 1970 – *As gatinhas; O pornógrafo.* 1971 – *Paixão de um homem; Cio, uma verdadeira história de amor.* 1972 – *As mulheres amam por conveniência; Gringo, o último matador* (*O matador erótico*). 1972-1975 – *A santa donzela.* 1973 – *Noite do desejo* (*Data marcada para o sexo*); *A super fêmea.* 1974 – *Sedução* (*Qualquer coisa a respeito do amor*); *Liliam M: relatório confidencial.* 1975 – *Amantes amanhã, se houver sol; Eu faço... elas sentem; A noite das fêmeas* (*Ensaio geral*). 1976 – *Nem as enfermeiras escapam; Chão bruto.* 1977 – *Será que ela aguenta?; Noite em chamas; O mulherengo; Sede de amar* (*Capuzes negros*). 1978 – *O estripador de mulheres; O inseto do amor.* 1979 – *Diário de uma prostituta.* 1983 – *Elite devassa.* 1984 – *Bacanais sem fim.*

Vivendo em São Paulo desde 1940, liga-se à corrente crítica admiradora do cinema americano, formada por Rubem Biáfora* e Flávio Tambellini*. A partir de 1949 frequenta o CLUBE DE CINEMA, que mais tarde daria origem à CINEMATECA BRASILEIRA. Com Biáfora, organiza o Grupo de Cinema Orson Welles em 1950. Nessa década colabora com artigos para o *Diário de São Paulo*, na coluna de Tambellini, e para *O Estado de S. Paulo*. Exerce a crítica cinematográfica no *Diário de São Paulo* (1962-1967) e, desde 1975, colabora com *O Jornal da Manhã*. No cinema, dirige o curta documentário *Pressa do futuro* (1966) e escreve o argumento do filme rural *Crepúsculo de ódios* (1958), de Carlos Coimbra*. Praticamente acompanha de perto a história do cinema paulista desde o final dos anos 40 e faz pequenas participações em vários filmes, destacando-se em *Liliam M: relatório confidencial*, de Carlos Reichenbach*, e em *Amantes amanhã, se houver sol*, de Ody Fraga*. (LFM)

STAMATO, João – São Carlos, SP, 1886-1951. Fotógrafo.

FILMOGRAFIA: 1910 – *Imigração e colonização no estado de São Paulo* (fot., prod., dir.). 1916 – *Pátria brasileira.* 1917 – *Dioguinho; Amor de perdição.* 1919 – *Ubirajara.* 1920 – *Coração de gaúcho.*

Um dos cinegrafistas mais requisitados das primeiras décadas, constrói longa e produtiva carreira, colaborando provavelmente em mais de cem títulos. Transferindo-se para a capital paulista, aprende o ofício de fotógrafo de pose fixa. Em 1905, abre um pequeno estúdio, com laboratório, que lhe permite lidar em seguida com o instrumental cinematográfico. Encantado com a magia dos filmes e acercando-se do meio exibidor, fecha o estúdio em 1909, compra uma câmera Pathé e propõe negócio ao dono do cinema RADIUM, tornando-se seu cinegrafista oficial. Funda a SÃO PAULO FILMS, produtora e laboratório, rodando o primeiro documentário de longa metragem do cinema brasileiro, *Imigração e colonização no estado de São Paulo*. Entre os documentários realizados por João Stamato na época podemos citar *Segunda-feira de Páscoa na serra da Cantareira* e *Terceiro match de futebol Coríntians e Brasileiros*, todos de 1910. Acercando-se do poder público, consegue o cargo de cinegrafista oficial da Comissão Geológica e Geográfica do Estado de São Paulo. Muda-se algum tempo depois para o Rio de Janeiro em busca de melhores oportunidades. Seu primeiro filme na cidade é *A chegada do Minas Gerais*. Logo em seguida é contratado por Alfredo Musso, passando uma temporada no Rio Grande do Sul e depois fazendo registros de autoridades governamentais e uma série de títulos sobre temas agrícolas para o Ministério da Agricultura, alguns dos quais enviados para a Exposição Internacional de Agricultura, em Roma e Turim. Por volta de 1913 passa novamente a *freelancer*. Monta laboratório na praça XV e registra para a Comissão de Engenheiros da Estrada de Ferro Central do Brasil, a ser implantada no centro do país, os locais do futuro traçado da malha ferroviária. Com a diminuição das cavações e das filmagens em geral, monta novo laboratório na rua do Riachuelo, aproximando-se daqueles que trabalham com ficção. Por essa época fotografa, revela e copia o curta *Honra de operário*. Recebe convite do poeta Olavo Bilac para voltar a São Paulo e fotografar *Pátria brasileira*. O trabalho agrada ao diretor Guelfo Andalò, com quem trabalha em *Dioguinho*. Retornando ao Rio de Janeiro, fotografa o curta *Entre a arte e o amor* (1917), estrelado pelo casal de dançarinos Duque e Gaby e dirigido por Robert Blake, pseudônimo de um certo Mac Laren. Registra em seguida as cenas de *Amor de perdição*, de José Viana, pai dos técnicos de som Alberto e Aloísio Viana e do diretor de fotografia Afonso Viana*. Sempre atento às novidades e aberto a experimentações, monta a infraestrutura para a realização das animações do caricaturista Seth. Responsabiliza-se pelas imagens do famoso desenho *O Kaiser* (1917). Já reconciliado com Luiz de Barros* (com quem havia brigado durante as filmagens de *Perdida*, sendo substituído por Paulino Botelho*), filma *Coração de gaúcho* e *Ubirajara*.

Associa-se à AMAZÔNIA FILM, onde produz e fotografa reclames com entrecho ficcional, entre os quais o famoso *Convém martelar* (1920), dirigido por António Silva e Manuel F. Araújo*. Stamato repassa seus equipamentos e laboratório para a BRASÍLIA FILME, misto de escola de cinema e empresa de cavação, pertencente a Salvador Aragão. Nessa companhia, realiza algumas reportagens e faz principalmente créditos e intertítulos para filmes estrangeiros. Por volta de 1923 funda a ITA FILM, com a qual volta a fazer letreiros e a filmar atualidades, cavações (encomendas oficiais e particulares) e mesmo alguns títulos licenciosos. Instala novo laboratório no Beco da Carioca, rapidamente destruído por um incêndio. Viaja pelo país inteiro. Com a chegada do sonoro e a assinatura do Decreto nº 20.240, que criava uma reserva de mercado para o chamado complemento, lança-se à confecção do cinejornal *Brasil Jornal*. Chamado por Adhemar Gonzaga*, desenvolve para a CINÉDIA* outro cinejornal*, intitulado *Lanterna Mágica*, marcado pela forma pouco usual de enquadrar os assuntos filmados. Passando ao quadro regular da empresa, realiza entre 1934 e 1940 dezenas de curtas documentais e um sem-número de reportagens para o *Cinédia Jornal*. Transfere-se para o Departamento de Imprensa e Propaganda (DIP), onde continua a filmar atualidades. Inicia nos segredos da profissão o filho Fernando, que logo assume o posto de cinegrafista oficial da Força Expedicionária Brasileira (FEB). Saindo do DIP, realiza trabalhos esparsos para a CINÉDIA. Em 1944, é convidado a substituir Lafayette Cunha no Departamento de Cinema do Serviço de Informação Agrícola (SIA), do Ministério da Agricultura, onde permanece até sua morte. Entre as dezenas de curtas que realiza para o SIA destaca-se *Inseminação artificial*. Morre, vítima de um ataque cardíaco, durante a montagem de seu primeiro filme em cores, sobre a usina hidrelétrica localizada no rio São Francisco. (HH/AA)

STEFÂNIA, Irene – São Paulo, SP, 1948. Atriz.

FILMOGRAFIA: 1966 – *O mundo alegre de Helô*. 1967 – *Garota de Ipanema*. 1968 – *Fome de amor*; *Lance maior*; *Os paqueras*; *A doce mulher amada*. 1969 – *A cama ao alcance de todos* (1º episódio: 'Primeira cama'); *As armas*; *Azyllo muito louco*. 1970 – *É Simonal*; *Cléo e Daniel*. 1971 – *O donzelo*; *O doce esporte do sexo* (5º episódio: 'O apartamento'); *Mãos vazias*. 1971-1974 – *Amor e medo*. 1978 – *Damas do prazer*. 1984 – *Anjos do arrabalde* (*As professoras*). 2007 – *O signo da cidade*.

Após suas primeiras atuações, em *O mundo alegre de Helô*, de Carlos Alberto de Souza Barros*, e *Garota de Ipanema*, de Leon Hirszman*, no final dos anos 60, sua carreira deslancha. Em *Fome de amor*, sob a direção de Nelson Pereira dos Santos*, interpreta estranho personagem nesse filme alegórico. Em *Lance maior*, de Sylvio Back*, representa o papel da moça ingênua, funcionária do comércio, que perde seu namorado (Reginaldo Faria*) para moça da alta classe média (Regina Duarte*). Faz a garota da Zona Sul carioca na comédia *Os paqueras*, de Reginaldo Faria; e a garota romântica em outra comédia, *A doce mulher amada*, filme de rotina de Ruy Santos*. É uma militante política em *As armas*, de Astolfo Araújo. Com Nelson Pereira dos Santos filma seu primeiro trabalho de época, *Azyllo muito louco*. Vive o personagem Cléo, em *Cléo e Daniel*, único filme dirigido pelo psicanalista Roberto Freire, baseado em seu romance homônimo. Outro personagem em que exibe sua graça é o que interpreta em *É Simonal*, de Domingos Oliveira*. Em seguida, atua em duas comédias: *O donzelo*, de Stephan Wohl, e o episódio 'O apartamento', do filme *O doce esporte do sexo*, de Zelito Viana*. Em *Mãos vazias*, de Luiz Carlos Lacerda*, tem a oportunidade de representar um bom papel. Contracena com José Wilker* em *Amor e medo*, de José Rubens Siqueira. Curiosamente, atua em uma única pornochanchada*, *Damas do prazer*, de Antônio Meliande*. Fica afastada do cinema algum tempo e retorna como a professora dividida entre o magistério e a vida de dona de casa em *Anjos do arrabalde*, de Carlos Reichenbach*. Em 2006 e 2007, apresenta-se com a peça *Cachorro*, ao lado de Edson D'Santana. Ainda fez uma participação especial no drama *O signo da cidade*, de Carlos Alberto Riccelli*. (LFM)

STERNHEIM, Alfredo (Alfredo Davis Sternheim) – São Paulo, SP, 1942. Crítico de cinema, diretor.

FILMOGRAFIA: 1971 – *Paixão na praia*. 1972 – *Anjo loiro*. 1974 – *Pureza proibida*. 1975 – *Lucíola, o anjo pecador*. 1978 – *Mulher desejada*. 1979 – *Herança dos devassos*. 1980 – *Corpo devasso*. 1981 – *Violência na carne*; *As prostitutas do dr. Alberto*. 1982 – *Amor de perversão*. 1983 – *Desejo insaciável da carne* (*Brisas do amor*); *Tensão e desejo*. 1984 – *Sexo em grupo*; *Variações do sexo explícito*; *Sacanagem* (1º episódio: 'Gatas no cio'); *Sexo dos anormais*. 1985 – *Sexo livre*; *Borboletas também amam*; *Comando explícito*. 1986 – *Orgia familiar*; *Sexo em festa*; *Sexo doido*; *Fêmeas que topam tudo*. 1987 – *Orgasmo louco*; *Corpos quentes*. 1988 – *Garotas sacanas*.

Cineclubista ligado ao grupo de Rubem Biáfora*, a partir de 1958 frequenta o Centro Dom Vital, onde exerce atividade cineclubista. Crítico de cinema desde 1963, escreve para inúmeras publicações, entre as quais, *O Estado de S. Paulo* (1963-1967), *Folha da Tarde* (1972-1979) e a revista *Set*, a partir dos anos 80. No cinema, começa como assistente de direção de Walter Hugo Khouri* em *A ilha* e *Noite vazia*. Em seguida, dirige uma série de curtas: *Noturno* (1967), *Flávio de Carvalho* (1968) e *Issei-nissei-sansei* (1970). Sempre como diretor e roteirista contratado, trabalha para os produtores A. P. Galante*, Alfredo Palácios*, Elias Curi Filho, David Cardoso*, Adone Fragano e Juan Bajon*, sediados na Boca do Lixo*. Dirige seu longa de estreia, *Paixão na praia*, melodrama com Norma Bengell*, aproximando-se da estética de *Noite vazia*. Diretor de melodramas ambiciosos, seu segundo filme, *Anjo loiro*, protagonizado por Vera Fischer*, é uma adaptação do clássico *Anjo azul*, de Josef Von Sternberg, com Marlene Dietrich, inspirado no romance *Der Professor Unrath*, de Heinrich Mann. Em seguida, dirige Rossana Ghessa*, outra estrela erótica, numa produção da atriz, *Pureza proibida*, drama baseado em original escrito pela atriz Monah Delacy. Produção de época, com Galante e Palácios associados à EMBRAFILME*, *Lucíola, o anjo pecador*, protagonizado por Rossana Ghessa, é a adaptação do romance *Lucíola*, de José de Alencar*. Seguindo a linha de diretor de estrelas e melodramas de apelo erótico, filma *Mulher desejada*, veículo para o estrelato de Kate Hansen, sobre a crise pessoal de uma estrela de televisão. Dirige Sandra Bréa em *Herança dos devassos*, quando aborda a decadência de uma família tradicional. Quando os filmes da Boca se tornam mais tórridos, sob contrato com David Cardoso dirige o ator em *Corpo devasso*. Dirige também Helena Ramos* em *Violência na carne*, para Adone Fragano, e *As prostitutas do dr. Alberto*, para A. P. Galante e Alexandre Adamiu, produção de rotina, direcionada ao público da série de sucesso, do mesmo produtor, de filmes com presídios femininos. Para o produtor estreante Paulo de Tarso Vianna Silveira, baseado em argumento deste, dirige Leonardo Vilar*, Norma Blum, Raul Cortez*, Carmem Silva, John Herbert*, Tássia Camargo, Paulo Guarnieri e lança ao estrelato a jovem Alvamar Taddei, em *Amor de perversão*, numa produção de maior empenho. Escreve o roteiro, fato ímpar em sua carreira, para *As vigaristas do sexo*, de Ary Fernandes*. Dirige as pornochanchadas *Desejo insaciável da carne* e *Tensão e desejo*, esta última com Zilda Mayo*, outra estrela erótica da Boca. No ano seguinte, troca o erótico pelo pornográfico ao dirigir uma série de filmes para o produtor e diretor Juan Bajon, vários deles com Sandra Morelli. Em *Garotas sacanas*, faz colagem reutilizando cenas de sexo explícito de outros filmes da GALÁPAGOS FILMES. A partir da década de 1980 deu continuidade ao ofício de escrever sobre cinema, colaborando em diferentes períodos com uma série de publicações como *Internacional, Cine-Vídeo, Classe News, Guia de Vídeo, Ver Vídeo, Hustler* e *G Magazine*. Publicou contos, em duas publicações, utilizando os pseudônimos de Fred Davis, Suely Vartan, Vincent Byron, Frederico Navarro e Guimarães Flores. Em 1992, publicou seus primeiros livros, *Nosso amigo Charlie Chaplin* (em coautoria com Márcia Kupstas) e *Greta Garbo – uma biografia*. Desde 2004, é assíduo colaborador da Coleção Aplauso, para a qual publicou livros sobre personalidades como David Cardoso, Suely Franco, Luiz Carlos Lacerda, Arlete Montenegro, Maximo Barro e Diogo Pacheco. Escreveu também o amplo *Cinema da Boca – Dicionário de cineastas* (2005) e sua própria autobiografia, *Alfredo Sternheim – um insólito destino* (2009). (LFM)

STEVES, Almery – Jaboatão dos Guararapes, PE, 1904-1982. Atriz.

FILMOGRAFIA: 1923-24 – *Retribuição*. 1925 – *Aitaré da praia* (*Jangada da Morte*). 1927 – *Dança, amor e ventura*. 1929 – *O destino das rosas*.

Primeira atriz do cinema pernambucano. Derrubou preconceitos em uma época em que "boas moças" não eram bem-vistas na profissão. Participou do chamado Ciclo do Recife (1923-1931), que condensa a produção de um período fértil na capital pernambucana, recortando um conjunto de produções dentro de um horizonte vazio em outros momentos históricos. Iniciou sua curta carreira com o personagem principal, Edith, no filme *Retribuição,* dirigido por Gentil Roiz*, contracenando com o galã Barreto Júnior. Em *Aitaré da praia*, novamente sob as ordens do diretor Roiz, interpretou moça de localidade de pescadores e contracenou com Ary Severo, também argumentista e roteirista do filme, com quem estava recém-casada. Em 1925, deu o primeiro beijo do cinema pernambucano. No filme *Dança, amor e ventura*, Almery foi a heroína e pela primeira vez Ary a dirigiu, além de escrever o argumento e roteiro e também atuar em pequeno papel. Foi protagonista de *Destino das rosas*, também dirigido por Ary e baseado na peça teatral *As rosas de Nossa Senhora*, de Manoel Matos. Prestou depoimentos nos documentários do dublê de cineasta e pesquisador Fernando Spencer, em *Almery e Ari: Ciclo do Recife e da Vida* (1979-81) e em *Almery, a estrela* (2005). Almery, no início chamou-se Maria Torreão e Maria Esteves Torreão, também foi a primeira funcionária pública do estado, se tornando ícone feminino do cinema de Pernambucano. Faleceu as vésperas do dia de Natal em Olinda. (VLD)

STUART, Adriano (Adriano Roberto Canales) – Quatá, SP, 1944. Diretor.

FILMOGRAFIA: 1975 – *Cada um dá o que tem* (1º episódio: 'O despejo'); *Sabendo usar não vai faltar* (3º episódio: 'Três assobios'); *Kung Fu contra as bonecas*. 1976 – *Bacalhau* (*Bac's*); *Já não se faz amor como antigamente* (3º episódio: 'Flor-de-lys'). 1977 – *Os Trapalhões na guerra dos planetas*. 1978 – *A noite dos duros*. 1979 – *O rei e Os Trapalhões*; *Os três mosqueteiros trapalhões*. 1980 – *O incrível monstro trapalhão*. 1982 – *Carícias ardentes* (*Um casal de três...*); *As aventuras de Mário Fofoca*. 1988 – *Fofão, nave sem rumo*.

Nascido no circo, trabalha no cinema e na televisão, construindo carreira voltada para a comédia popular. É filho de Walter Stuart e sobrinho de Afonso Stuart, importante ator das chanchadas cariocas nos anos 50. Muda-se para a capital paulista com a família, quando o circo é vendido, em 1950. Seu pai, diretor de estúdio na TV TUPI, torna-se um dos primeiros grandes comediantes da televisão, valendo-se da técnica circense. Adriano Stuart inicia sua carreira na televisão como ator infantil em 1951 e estreia na direção em 1967, sendo considerado um dos diretores mais jovens do veículo ao dirigir o programa de entrevistas *Vida Convida*. Passando também pelas TVs RECORD, GLOBO, BANDEIRANTES e SBT, permanece na televisão até hoje. Dirige as novelas *As professorinhas* (1969), de Walter Avancini, e a segunda parte de *Os deuses estão mortos* (1970-1971), de Lauro César Muniz*, ambas na RECORD; as comédias infantis *Shazan, Xerife & Cia.*, no início da década de 70, e *Os Trapalhões* (1976-1980), ambas na GLOBO; programas humorísticos, como o retorno de Ronald Golias* à televisão (1987), na REDE BANDEIRANTES; e o programa musical *Som Brasil* (1988-1989), na TV GLOBO. Depois de 26 anos trabalhando nos bastidores, em 1997 volta a atuar nas minisséries *Uma janela para o céu* e *O desafio de Elias*, na RECORD.

No cinema começa como ator infantil em *O sobrado*, de Walter George Dürst* e Cassiano Gabus Mendes, e adulto em *Meu Japão brasileiro*, de Glauco Mirko Laurelli*. Retorna em 1973 como assistente de direção, argumentista e roteirista em *A super fêmea*, de Anibal Massaini Neto*, comédia paródica, gênero predominante em sua filmografia. Ainda como assistente de direção e roteirista, trabalha em *Exorcismo negro* (1974), de José Mojica Marins*, além de atuar na refilmagem *Chão bruto* (1976), de Dionísio Azevedo*. Vinculado ao grupo de realizadores da Boca do Lixo*, dirige filmes de episódios, atua e dirige as paródias *Kung Fu contra as bonecas*, do seriado de televisão *Kung Fu*, e *Bacalhau* (*Bac's*), inspirada no filme *Tubarão*. A afinidade com Os Trapalhões* na TV determina o convite para roteirizar *O trapalhão nas minas do rei Salomão* (1977), com direção de J. B. Tanko*, e dirigir os primeiros filmes do quarteto, na constituição da R. a. PRODUÇÕES, a partir de *Os Trapalhões na guerra dos planetas*. A herança circence contribuiu para uma parceria bem-sucedida com o grupo. Em 1978, experimenta o drama urbano em *A noite dos duros*, com Antônio Fagundes*, Marco Nanini, Sandra Barsotti*, Grande Otelo* e o pai, Walter Stuart. Ainda como diretor contratado, realiza a comédia para adultos *Um casal de três...* – depois relançada como *Carícias eróticas*. Leva o personagem de telenovela Mário Fofoca ao cinema em *As aventuras de Mário Fofoca*. Afasta-se do cinema, devido à predominância das produções pornográficas dos anos 80. Sua última direção, *Fofão, nave sem rumo* (1988), é com o personagem Fofão, do programa infantil de televisão, criado e interpretado por Orival Pessini. Tem interpretações marcantes nos filmes de Ugo Giorgetti*, *Festa* (1988) e *Boleiros* (1998), e faz participações especiais no curta *Wholes* (1992), de Cecílio Neto, e nos longas *Sábado* (1996), de Giorgetti, e *Os matadores* (1997), de Beto Brant*. (FL) Foi Mestre Paddok em *O Príncipe* (2001) e filmou também *Boleiros 2 – vencedores e vencidos* (2006), ambos de Giorgetti. Faz *Crime delicado* (2005), de Beto Brant. Atuou como Zé Carlos, em *Urbânia* (2001), de Flávio Frederico, e no longa de Carlos Reichenbach* *Garotas do ABC* (2004), como Oswaldo Sampaio. Em *Encarnação do demônio* (2007-2008), de José Mojica Marins, interpretou o capitão Oswaldo Pontes.

STULBACH, Dan (Dan Filip Stulbach) – São Paulo, SP, 1969. Ator.

FILMOGRAFIA: 2000 – *Cronicamente inviável*. 2001 – *Mater Dei*. 2004 – *Viva voz*. 2004-2005 – *Mais uma vez amor*. 2006 – *Living the Dream*. 2008 – *Dias e noites*.

É o primeiro filho nascido no Brasil de uma família de imigrantes de judeus poloneses. Cursou Engenharia por um ano e também frequentou o curso da Escola de Arte Dramática da USP, mas acabou se formando em Comunicação Social. Começou a fazer teatro com 16 anos e a partir daí foi professor de teatro para crianças, adolescentes e terceira idade por aproximadamente doze anos. Apesar de trabalhar em teatro, ficou conhecido nacionalmente pelo personagem violento Marcos, da novela *Mulheres apaixonadas*, de Manoel Carlos, exibida pela REDE GLOBO em 2003. Seu primeiro trabalho profissional em teatro foi na peça *Peer Gynt* (1990), de Ibsen, sob direção de Roberto Lage. De lá pra cá, fez, entre outros, *Senhora Lênin*, de Klémnikov; *Pentesileias*, de Kleist; *Um violinista no telhado*; *Ciúmes de Barbuillé*, de Molière; *Prova de fogo*, de Consuelo de Castro; *Guerreiras do amor*, adaptação da comédia clássica *Lisístrata*; *Esplêndido*, de Jean Genet; *Édipo*, de Sófocles, com a Companhia Armazém de Teatro. Em 2000, contracenou com Paulo Autran* na peça *Visitando o sr. Green*. Trabalhou como assistente de direção de Elias Andreato, Marco Nanini e Naum Alves de Souza, quando estes trabalharam como encenadores. Em 2002, estreou juntamente com Toni Ramos a peça *Novas diretrizes em tempos de paz*, sob direção de Daniel Filho*, com a qual recebeu o Prêmio APCA e o Prêmio SHELL de melhor ator. Na televisão atuou ainda nas minisséries *Os Maias* (2001), dirigida por Luiz Fernando Carvalho*; *Amazônia, de Galvez a Chico Mendes* (2007), de Gloria Perez; *Queridos amigos* (2008), de Maria Adelaide Amaral. Seu primeiro longa-metragem foi *Cronicamente inviável*, dirigido por Sérgio Bianchi*; seguido por *Mater Dei*, de Vinícius Mainardi; interpretou o marido suspeito na comédia *Viva voz*, de Paulo Morelli; e também foi protagonista na fita romântica *Mais uma vez amor*, de Rosane Svartman. Nos Estados Unidos, filmou *Living the Dream*, dirigido por Christian Schoyen e Allan Fiterman. (MM)

STURM, André (André Luiz Pompeia Sturm) – Porto Alegre, RS, 1966. Exibidor, diretor.

FILMOGRAFIA: 2001 – *Sonhos tropicais*. 2008 – *Bodas de papel*.

Distribuidor, exibidor, diretor, produtor, esse gaúcho radicado em São Paulo começou a trabalhar com cinema ainda estudante de Administração de Empresas na Fundação Getulio Vargas (FGV), sendo programador do CINECLUBE GV. Em contato com salas de cinema, programação e distribuição de filmes, inicia sua carreira como cineasta no curta-metragem ficcional *Arrepio* (1987), história ambientada no cotidiano de um ônibus. Logo a seguir, filma *Nem tudo que é sonho desmancha no ar* (1989), curta onde um jovem vai assistir ao filme clássico *Casablanca* (1942) e confunde suas fantasias com a realidade. Depois de algum tempo, realiza novos curtas, como *Domingo no campo* (1994), em que um casal se envolve em estranhos acontecimentos, e *Quem você mais deseja?* (2005), sobre a troca de cartas entre funcionário dos Correios e mulher solitária. Em entrevistas de época, diz ter como objetivo abrir um cinema para exibir filmes que não chegam ao Brasil e organizar ciclos. É o que faz ao decidir participar do FESTIVAL DE BERLIM em 1989, circulando pelo mercado da distribuição internacional e contatando distribuidores. Retorna ao Brasil com os primeiros contatos comerciais fechados. Monta a distribuidora PANDORA FILMES, percorrendo trâmites que nem sempre cineclubistas conseguem. Estreia suas atividade com *Vozes distantes* (1988), de Terence Davies, no CINEARTE, seguindo-se *O estado das coisas* (1982), de Wim Wenders, e *Diálogos angelicais* (1985), de Derek Jarman. Convidado para chefiar a programação da SALA CINEMATECA, realiza eventos e retrospectivas. A PANDORA especializa-se em filmes de arte e clássicos do cinema. Possui outras experiências com exibição, no CINECLUBE BIXIGA e no CINECLUBE VENEZA. Atuou na área política do cinema em diversas entidades de classe. Foi presidente da ABD (Associação Brasileira de Documentaristas) São Paulo, da ABD Nacional e presidente do Sindicato da Indústria Cinematográfica do Estado de São Paulo. Consegue reabrir o tradicional CINE BELAS ARTES que havia sido fechado com a saída da francesa GAUMONT do Brasil. Sob sua direção, em parceria com a produtora O2 de Fernando Meirelles*, o BELAS ARTES volta à atividade plena, com financiamento de banco (passa a se chamar HSBC BELAS ARTES) até meados de 2011, quando o cinema fecha definitivamente. Exibe programação variada, envolvendo filmes de circuito, filmes exclusivos, relançamentos e cinema nacional. Atualmente, Sturm coordena o Programa Cinema do Brasil, do Sindicato da Indústria Audiovisual, destinado a estimular a exportação de filmes brasileiros, criado e financiado pela Apex (Agência de Promoção de Exportações e Investimentos) e pelo Ministério da Cultura. Estreia como diretor de longa em 2002 quando lança o filme *Sonhos Tropicais*, adaptado de livro homônimo de seu conterrâneo Moacyr Scliar, inspirado na vida do cientista Oswaldo Cruz. Seu segundo longa, *Bodas de papel*, retrata drama romântico no qual um casal se conhece ao acaso. Tem como cenário cidade semiabandonada, buscando criar clima interior. Apesar da boa interpretação de Helena Ranaldi, seguida pelo experiente ator argentino Dario Grandinetti, o filme não decola, talvez mostrando fragilidade em roteiro. A dificuldade na direção ilumina a atuação de Sturm como importante quadro na distribuição e administração do cinema brasileiro, campo em que nossos talentos são bem mais raros. (FPR/TS)

SUCKSDORFF, Arne (Arne Edwards Sucksdorff) – Estocolmo, Suécia, 1917-2001. Diretor.

FILMOGRAFIA: 1953 – *A grande aventura* (produção estrangeira). 1957 – *O arco e a flauta* (produção estrangeira). 1960 – *O menino na árvore* (produção estrangeira). 1964 – *Fábula* (produção estrangeira). 1971 – *Mr. Foubush and the Penguins*.

Arne Sucksdorff iniciou os estudos em sua cidade natal. Após começar graduação em Zoologia na Universidade de Estocolmo, interrompeu o curso para estudar pintura na Otte Sköld. Viajou para Berlim em 1937, matriculando-se na Reimanschule, uma escola de belas-artes; porém, com a perseguição aos judeus promovida pelos nazistas, Sucksdorff abandonou a Alemanha. A partir de 1939 começou a realizar documentários, muitos deles tendo como tema o homem e suas relações com a natureza, nos quais tiveram papel preponderante os seus estudos de Zoologia. Segundo Jean Béranger, um dos principais especialistas em cinema escandinavo, ele fez parte da segunda idade de ouro do cinema sueco, ao lado de nomes como Alf Sjoberg e Ingmar Bergman. Ganhou evidência na Suécia depois da guerra, quando realizou um documentário sobre a nova arquitetura de Estocolmo, *Människor i stad*. O filme foi mal recebido, só obtendo reconhecimento local após a premiação com o OSCAR de melhor documentário estrangeiro de 1947. Sua carreira como documentarista foi ampla, realizando dezessete filmes. Foi diretor de quatro longas-metragens de ficção. No Brasil, poucas dessas películas chegaram a ser exibidas. A RKO trouxe *Människor i stad*, exibido com o título de *Sinfonia de uma cidade*, possivelmente apresentado no III FESTIVAL MUNDIAL DE FILMES DE CURTA METRAGEM, no

Rio de Janeiro, em 1950, para o qual o diretor foi convidado. *A grande aventura* passou em sessão especial.

A sua ligação com o Brasil começou em 1962, quando foi convidado pela Organização das Nações Unidas para a Educação, Ciência e Cultura (Unesco) para lecionar no Rio de Janeiro. Sucksdorff vinha de uma realização bem-sucedida, *O menino na árvore* (*Pojken i trädet*), mas comercialmente fracassada. Desiludido então com a situação cultural sueca, aceitou o convite da Unesco, articulado pelo diplomata Lauro Escorel, chefe do Departamento Cultural e de Informação do Itamaraty (caso ele não aceitasse, uma segunda opção seria Jean Rouch). O objetivo do curso era preparar a jovem geração de cineastas brasileiros que apareciam com o Cinema Novo*. O cineasta chegou ao Rio no início de outubro de 1962, trazendo na bagagem entre 25 mil e 30 mil dólares em equipamentos para o Seminário de Cinema. Entre eles estava uma Arriflex de 35 mm blimpada e um gravador Nagra. O Itamaraty adquiriu uma moviola Steenbeck. Arnaldo Jabor* foi o intérprete. Para a seleção inicial, 230 candidatos se inscreveram, e, após o curso básico de elementos de técnica cinematográfica, uma prova seletiva foi necessária em 3 de dezembro de 1962. Somente dezoito alunos continuaram no curso. Entre eles estavam Dib Lutfi*, Eduardo Escorel*, Vladimir Herzog, José Wilker*, Luís Carlos Saldanha*, David Neves* e outros. Durante as aulas foram utilizados filmes de Joris Ivens, Flaherty, Kaneto Shindo, Eisenstein, Grierson e as últimas produções de Antonioni, fornecidos pela FUNDAÇÃO CINEMATECA BRASILEIRA e pela CINEMATECA DO MAM. A segunda parte do curso durou de dezembro a fevereiro de 1963. Para a prova final dos alunos escolheu-se o argumento e roteiro de Vladimir Herzog, *Marimbás*. Realizado em som direto, constituiu uma das primeiras experiências nesse campo no Brasil. O uso do equipamento trazido por Sucksdorff, contudo, não ficou restrito a esse filme. Várias películas do Cinema Novo foram montadas na moviola Steenbeck, tais como *Vidas secas, Maioria absoluta, Ganga Zumba, rei dos Palmares, Os fuzis* e *Terra em transe*, e a Arriflex foi utilizada na filmagem de outros tantos filmes. O curta de Herzog continha elementos que o próprio diretor Sucksdorff utilizaria logo depois. O filme, iniciado em fevereiro de 1963, tinha como tema a comunidade de pescadores de Copacabana, que, segundo Jean-Claude Bernardet, era um símbolo da marginalidade social, pois, além da atividade pesqueira, sobrevivia ainda de biscates e de pequenos negócios no bairro. Esteticamente, *Marimbás* chegou a ser definido como um fracasso. Foi exibido pela primeira vez em Porto Alegre, durante a V JORNADA NACIONAL DE CINECLUBES.

Terminado o curso, Sucksdorff iniciou as filmagens de *Fábula*. Produzido pela SVENSK FILMINDUSTRI, contou com o apoio, na parte brasileira, de João Elias Ribeiro. Realizado com roteiro de Flávio Migliaccio* e do teatrólogo João Bethencourt, o filme focaliza as agruras de um grupo de quatro crianças faveladas (Cosme dos Santos, Josafá da Silva Santos, Antônio Carlos de Lima e Leda Santos de Souza). Exageradamente comparado a *Los olvidados*, de Luis Buñuel, *Fábula* apresenta uma visão atenuada e adocicada da miséria carioca, das quatro crianças que viviam entre o morro e as areias de Copacabana, numa narrativa que mistura ficção e realidade. Foi utilizado o som direto, o que de certa forma continuava, para a equipe brasileira, o ensino dado durante o Seminário de Cinema. Como no caso de *Rio 40 graus*, de Nelson Pereira dos Santos*, rodado quase dez anos antes, a exposição da miséria carioca não agradou a alguns setores da sociedade brasileira, fato que motivou a prisão da equipe de filmagem por duas vezes e a consequente submissão do filme, por determinação da censura*, ao crivo de 25 pessoas. Apesar de ter obtido um parecer liberatório, quando foi lançado em 1965 no Rio, João Elias chegou a receber ligações anônimas, com ameaças de que bombas seriam lançadas contra os cinemas que o exibissem. Permaneceu apenas uma semana em cartaz no CINE PAISSANDU e em São Paulo só foi lançado em 1968. Quando estreou em Estocolmo, em março de 1965, os atores principais viajaram com o diretor para a apresentação. Adotados por famílias suecas, dois deles não retornaram (um se tornou economista, outro trabalhou na companhia aérea SAS), a menina Leda voltou para a sua vida no subúrbio e Cosme dos Santos foi o único a seguir carreira na TV ao voltar para o Brasil. Exibido no FESTIVAL DE CANNES de 1965, foi considerado um equívoco pelo crítico de *O Estado de S. Paulo* Novais Teixeira.

Retornando ao Brasil, Sucksdorff esteve no Pantanal em 1966 em busca de locações para um documentário. No ano seguinte voltou à região para as filmagens da série *Um mundo à parte*, realizadas entre 1967 e 1972. Durante viagem de núpcias para a Suécia (1969-1970), recebeu de industriais suecos uma gleba de 60 mil hectares no norte de Mato Grosso. A posse das terras, embora legal, gerou conflito entre Sucksdorff e a Fundação Nacional do Índio (Funai), que pretendia agregar a área ao Parque Nacional do Xingu utilizando-se de métodos excusos. Em litígio com o órgão, passou a ser chantageado por funcionários do governo, não lhe restando alternativa senão, com sua experiência de técnico, gravar as ameaças sofridas, transcrevendo-as e depositando-as em cartório. Apesar de tal medida preventiva não ter sido determinante para o desfecho da disputa e de ainda terem ocorrido vários atentados contra sua vida, Sucksdorff fixou residência em Cuiabá. Publicou um livro de fotografias sobre o Pantanal em 1981. Voltou para a Suécia em 1994. Em 1995, foi homenageado com uma mostra de seus filmes na JORNADA INTERNACIONAL DE CINEMA DA BAHIA. Foi casado com Maria Graça de Jesus Sucksdorff e tem dois filhos. (JIMS) Escreveu, ainda, seu livro de memórias *En drömmares väg*, inédito em português, vindo a falecer de pneumonia, no dia 4 de maio, aos 84 anos, na Suécia. A pesquisadora mato-grossense Bárbara Fonte realizou, em 2002, o média documentário *Arne Sucksdorff: uma vida documentando a vida*.

SUPER-8

O Super-8, desenvolvimento da bitola amadora de 8 mm, chegou ao Brasil em 1970. Um dos seus introdutores e principais divulgadores no país foi o cineasta Abrão Berman, que, em conjunto com a publicitária Maria Luísa Alencar, criou, na cidade de São Paulo em 1972, o Grupo de Realizadores Independentes de Filmes Experimentais (GRIFE), inicialmente voltado para a produção de películas culturais, didáticas, recreativas e artísticas em Super-8. Mais tarde, as atividades do GRIFE desdobraram-se na organização de cursos para amadores desejosos de iniciar-se na técnica cinematográfica. Com o objetivo de divulgar os filmes realizados nessa bitola, o GRIFE organizou em 1973 o SUPER FESTIVAL NACIONAL DO SUPER-8, que teve como vencedor *Homem-aranha contra dr. Octopus*, de Otoniel Santos Pereira. Esse tipo de evento iria se tornar a principal forma de exibição da bitola. Além desse festival, que continuou sendo organizado anualmente até a década de 80, é possível citar o FESTIVAL BRASILEIRO DO FILME SUPER-8, cuja primeira edição ocorreu em 1974, em Curitiba, e foi organizada por Sylvio Back*; a MOSTRA NACIONAL DO FILME SUPER-8, realizada na CINEMATECA DO MUSEU DE ARTE MODERNA (RJ) pela FEDERAÇÃO DE CINECLUBES DO RIO DE JANEIRO, cuja primeira edição também data de 1974; a JORNADA DE CURTA-METRAGEM DE SALVADOR, na qual a bitola dividia espaço com a de 16 mm e a de 35 mm; o FESTIVAL NACIONAL DE CURTA-METRAGEM, organizado pela Aliança Francesa do Rio de Janeiro e também aberto a todas as bitolas; e o FESTIVAL DO FILME SUPER-8 DE GRAMADO, paralelo ao festival realizado na mesma cidade e organizado pela comissão deste em conjunto com a Fundação Nacional de Arte (Funarte) a partir de 1977. Até a metade da década de 70, o INSTITUTO NACIONAL DE CINEMA vetava a exibição comercial dos filmes realizados em Super-8 devido a questões burocráticas. Somente em 1975 houve liberação nesse sentido e, mesmo assim, nunca chegou a ser formado um circuito comercial de salas que exibissem tais filmes continuamente. A produção em Super-8 pode ser dividida em quatro tipos, segundo os objetivos de quem a realiza: produção destinada a consumo familiar, ou seja, registro de aniversários, casamentos, etc.; produção institucional, isto é, filmes feitos com o intuito de divulgar empresas, produtos, etc.; produção de ensaio para outras bitolas mais "profissionais"; e produção experimental, tanto do ponto de vista temático quanto estético, que por motivos econômicos ou políticos não poderia ser realizada de outra forma. Devido a esse amplo leque de opções, aos preços convidativos e à facilidade no manejo, a difusão do equipamento Super-8 foi bastante ampla. Essa difusão refletiu-se ainda na expressiva quantidade de filmes realizados fora do eixo Rio-São Paulo. Entre os principais títulos que se destacaram nas mostras ou pela imprensa, é possível citar: *Marilyn* (direção de Abrão Berman), *Declaração*, que, premiado com o MARGARIDA DE PRATA, concedido pela Conferência Nacional dos Bispos do Brasil, concorreu com produções sem distinção de bitola, e *Rua da paz* (ambos sob a direção de Otoniel Santos Pereira), *Gratia plena* (direção de Carlos Porto de Andrade Jr. e Leonardo Crescenti Neto), *Alice no País das Mil Novilhas* (direção de Edgard Navarro), *Não tem título* (direção de Flávio del Carlo), *Grama* (direção de Cláudio Tozzi), *Nosso primeiro filme musical* (direção de Márcio Kogan e Isay Weinfeld), *Faculdades Zacharias* (direção de Alex Flemming), *Nosferatu do Brasil* (direção de Ivan Cardoso*), *Horror Palace Hotel* e *O vampiro da cinemateca* (ambos sob a direção de Jairo Ferreira*), *Pira* (direção de Sérgio Peo), *Copa 74* (direção de Albert Roger Hemsi), *Bloqueio* (direção de Roberto Saul), *O quintal* (direção de Luiz Antônio Pio), *O palhaço degolado* (direção de Jomard Muniz de Britto), *Lua Cambará* (direção de Ronaldo Correia de Brito, Horácio Careli Mendes e Francisco Assis de Souza Lima), *Deu pra ti* (1981, direção de Nélson Nadotti e Giba Assis Brasil*), *Inverno* (direção de Carlos Gerbase*). Os dois últimos filmes são longas-metragens do Rio Grande do Sul, estado no qual o Super-8 teve um período de resistência maior – até quase a metade dos anos 80 –, e algumas produções, como a dirigida por Nélson Nadotti e Giba Assis Brasil, chegaram a ter circulação comercial razoável. Abrão Berman apresentou, a partir de 1975 na TV CULTURA, o programa semanal *Ação Super-8*, mostrando entrevistas com realizadores, reportagens sobre eventos ligados à bitola, filmes ou trechos de filmes rodados em Super-8 e esclarecimento de dúvidas técnicas. Algumas publicações chegaram a manter seções especializadas sobre o tema, como o jornal *Folha da Tarde* (SP), cujo responsável era Sílvio Marques; *O Pasquim* (RJ), em coluna escrita por Carlos Sampaio; e a revista *Íris* (SP), sob a responsabilidade de Abrão Berman. Na virada de 1976 para 1977, a produção em Super-8 sofreu um encarecimento brutal devido à nova tarifa para importação de equipamento e película determinada pelo governo. No início dos anos 80, a difusão do vídeo cada vez mais ampla (com boa qualidade de imagem e preço mais acessível) decretou, em conjunto com a dificuldade de encontrar película na praça, a marginalização da produção na bitola Super-8. (AA)

TAMBELLINI, Flávio – Batatais, SP, 1927-1976. Crítico de cinema, diretor. FILMOGRAFIA: 1963 – *O beijo*. 1968 – *Até que o casamento nos separe*. 1970 – *Um uísque antes... e um cigarro depois* (1º episódio: 'Um uísque antes'; 2º episódio: '...'; 3º episódio: 'E um cigarro depois'). 1974 – *Relatório de um homem casado*. 1975 – *A extorsão*.

Crítico cinematográfico por um longo período (1951-1960) nos jornais da cadeia associada *Diário de S. Paulo* e *Diário da Noite*, em São Paulo. Durante a sua atividade como crítico manteve campanhas contra o tabelamento do preço do ingresso de cinema, ao qual atribuía o estado de estagnação do cinema brasileiro após a falência dos grandes estúdios paulistas. Foi membro da Comissão Municipal de Cinema e da Comissão Estadual de Cinema (1955-1960), chegando a ser presidente da segunda. Foi durante esse período (governo Jânio Quadros no estado de São Paulo), que foram obtidas algumas medidas protecionistas para os filmes realizados em São Paulo, na forma de prêmios ou adicionais de renda sobre a bilheteria. Durante a campanha de Jânio à Presidência, Paulo Emilio Salles Gomes* escreveu que, pela primeira vez, um candidato declarou coisas como a "formidável ausência federal no cinema brasileiro", denunciando-se o "privilégio odioso" ao filme importado. Não era xenofobismo nem um nacionalismo desabusado, mas se tratava de trazer as relações entre as cinematografias nacionais e estrangeiras a um nível de normalidade. Com a vitória de Jânio, Tambellini foi chamado para assumir o Instituto Nacional do Cinema Educativo (INCE*), em março de 1961. Em abril passou a secretário executivo do recém-criado Grupo Executivo da Indústria Cinematográfica (GEICINE), órgão federal que sucedia à Comissão Federal de Cinema (CFC) e ao Grupo de Estudos da Indústria Cinematográfica (GEIC), criados durante o governo de Juscelino Kubitschek – Tambellini já participava do segundo. Na época declarou que o Estado, no mandato anterior, optou pelo favorecimento da importação de filmes em detrimento da construção de uma cinematografia nacional. Com o ingresso tabelado, o governo continuou favorecendo as distribuidoras estrangeiras, permitindo a remessa dos lucros ao câmbio livre em até 30% do total. Uma das primeiras propostas do GEICINE foi extinguir essa prática. Outras medidas encaminhadas durante a gestão de Tambellini foram a diminuição da taxação do filme virgem, o aumento da taxação do filme impresso importado, a elevação do imposto sobre a remessa de lucros para o exterior e a criação de um imposto sobre o consumo para o filme impresso, com a formação de um fundo para aplicação no Brasil. A taxa da censura*, criada em 1934, cobrada por metro linear, nunca tinha sido alterada, sendo revista pelo órgão. O filme estrangeiro estava livre do imposto sobre consumo porque era considerado um produto sem valor de mercado. Eliminou-se o tabelamento dos ingressos. Aumentou-se a obrigatoriedade de exibição do filme brasileiro de 42 para 56 dias por ano. Estabeleceu-se a renda de 50% para o produtor nacional. Muitas dessas medidas foram estabelecidas a partir de acordos com o Banco Nacional de Desenvolvimento, o Conselho de Desenvolvimento Econômico e o Conselho de Política Aduaneira. Uma das mais impactantes medidas tomadas pelo GEICINE foi o encaminhamento, em 23 de agosto de 1963, do projeto do Instituto Nacional do Cinema (INC*) ao Ministério da Indústria e Comércio (MIC). O INC, isto é, a criação de um órgão gestor da política do Estado para o cinema (basicamente o INCE e o GEICINE, posto que a censura não saiu da Polícia Federal, argumentando-se que os intelectuais eram muito liberais para assumir o encargo), vinha sendo encaminhado desde o segundo governo Vargas (1951-1954), quando Alberto Cavalcanti* foi encarregado da redação de um anteprojeto. A discussão no MIC e na Câmara alongou-se por três anos, sofrendo ataques de todas as áreas ligadas ao cinema: produtores e exibidores nacionais e distribuidoras estrangeiras. Um pouco antes da aprovação do projeto, que só aconteceu por decreto do governo militar, jornais cariocas, como o *Jornal do Brasil*, consideravam a intervenção do Estado como similar ao estatismo soviético. Quando Jânio abandonou a Presidência, foi pedida a demissão de Tambellini, que conseguiu, no entanto, permanecer no governo. Mesmo que muitas ideias originais tivessem sido alteradas durante a tramitação, o projeto acabou sendo criado em novembro de 1966. Por poucos meses ele foi o primeiro presidente do órgão. Durante a sua gestão foi fundada a revista *Filme Cultura*, a qual supervisionou até o quarto número.

Como realizador, Tambellini fez a adaptação, o argumento e a produção de *Ravina*, dirigido por Rubem Biáfora*. O filme foi considerado por Abílio Pereira de Almeida*, diretor da CINEMATOGRÁFICA BRASIL FILME, sucessora da VERA CRUZ*, como a pá de cal na produtora em razão dos seus custos elevados. Por outro lado, alinhava Tambellini com o grupo opositor do Cinema Novo*, situação que perduraria durante toda a sua carreira cinematográfica posterior a 1958. Em 1960, escreveu o roteiro de *Mulheres e milhões*, dirigido por Jorge Ileli*. Seu primeiro filme como diretor foi *O beijo*, baseado na peça de Nélson Rodrigues* *O beijo no asfalto*. Produzido em 1963 pela CIA. SERRADOR E TAMBELLINI, sua película de estreia ganhou aplausos por dar dignidade ao texto do dramaturgo, segundo Alfredo Sternheim*. A frase preconceituosa do crítico, alinhado a Tambellini, explica-se pela cena mais chocante da peça, quando um homem atropelado pede, antes de morrer, que um homem o beije. O gesto é um deflagrador de tensões entre os personagens. Seu segundo filme, *Até que o casamento nos separe*, foi rodado após a sua saída do INC, sendo uma das coproduções que se valeram da retenção dos lucros das distribuidoras estrangeiras, no caso a inglesa RANK. Lançado em junho de 1969 em São Paulo, passou praticamente ignorado. No ano seguinte foi a vez daquilo que Orlando Fassoni, pela *Folha de S.Paulo*, chamou de "pecado", *Um uísque antes... e um cigarro depois*. Baseado em três contos (dois de Orígenes Lessa e um de Dalton Trevisan), foi considerado por Ely Azeredo* como um conjunto de histórias independentes, no estilo do filme de episódios *As cariocas*. O encontro com o escritor Rubem Fonseca fez surgir aqueles que são considerados os seus filmes mais complexos e, também, os mais problemáticos na avaliação da sempre dividida crítica cinematográfica, quando se tratava de tecer considerações sobre a sua obra. O primeiro deles foi *Relatório de um homem casado*, seguido por *A extorsão*. Tendo como assunto permanente as análises das relações amorosas, inclusive com *O beijo*, Tambellini, segundo uma parte da crítica, teria se consagrado totalmente com *Relatório*, chegando ao plano da excepcionalidade, de acordo com Biáfora, com *A extorsão*. Por outro lado, houve vários senões com relação ao esquematismo das situações e, principalmente, o fracasso dos diálogos armados por Rubem Fonseca. Muitos viram frases pomposas ou ridículas ditas pelos personagens. *A extorsão* foi lançado em São Paulo depois da morte do cineasta, que preparava o projeto "O abismo". Casado com Diva Campos Tambellini, teve um filho, Flávio R. Tambellini, ambos ligados à atividade cinematográfica. (JIMS)

TANAKA, Misaki – Tóquio, Japão, 1956. Atriz.

FILMOGRAFIA: 1974 – *Macho e fêmea*. 1976-1977 – *Paixão e sombras*. 1977 – *O bom marido*; *Ninfas diabólicas*. 1978 – *Reformatório das depravadas*; *A força dos sentidos*; *O inseto do amor*; *Império do desejo*. 1979 – *O prisioneiro do sexo*; *Gaijin, caminhos da liberdade*; *Colegiais e lições de sexo*. 1980 – *Bacanal*; *O fotógrafo*; *A virgem e o bem-dotado*. 1981 – *E a vaca foi pro brejo*; *A noite das depravadas*; *Duas estranhas mulheres* (2º episódio: 'Eva'); *Chapeuzinho Vermelho, a gula do sexo*. 1987 – *Fogo e paixão*. 1990-1991 – *Sua Excelência o candidato*. 2003 – *Garotas do ABC*.

Chegou ao Brasil em 1964, mais tarde naturalizando-se brasileira. No começo dos anos 70, quando trabalhava como bailarina na TV RECORD, conheceu o diretor Ody Fraga*, que a convidou para participar de seu filme *Macho e fêmea*. Atriz e diretor trabalhariam novamente juntos em *Reformatório das depravadas*, filme da série de presídio do produtor A. P. Galante*. Filma com Walter Hugo Khouri* (*Paixão e sombras* e *O prisioneiro do sexo*), que utiliza o seu tipo para explorar características culturais orientais. Atriz de papéis coadjuvantes, participa na comédia *O bom marido*, de Antônio Calmon*. No filme de estreia da diretora Tizuka Yamasaki* (*Gaijin, caminhos da liberdade*), integra o grupo de imigrantes japoneses. Com o chinês John Doo*, filma o mistério *Ninfas diabólicas*, faz um de seus raros papéis principais. Uma obra que explora seu erotismo é *A força dos sentidos*, sendo também uma das modelos de *O fotógrafo*, em ambos os filmes atuando sob a direção de Jean Garrett*. Em 1978, trabalha em nova comédia, dessa vez mais apimentada, *O inseto do amor*, de Fauzi Mansur*. Outro diretor importante com quem trabalhou é Carlos Reichenbach*, que explora seu tipo oriental integrado à cultura brasileira em *Império do desejo*. É uma das colegiais sapecas de *Colegiais e lições de sexo*, com direção de outro chinês, Juan Bajon*, chinês com quem filma também pequena participação em *A noite das depravadas*. Interpreta o clássico papel da mocinha ingênua na fita caipira *E a vaca foi pro brejo*, de José Adalto Cardoso. Outros filmes eróticos de que participa são *Bacanal*, de Antônio Meliande*, e *A virgem e o bem-dotado*, de Edward Freund. Também protagoniza o episódio 'Eva', do longa *Duas estranhas mulheres*, de Jair Correia. Seus três filmes mais recentes são realizações feitas fora da Boca do Lixo*. Artista de múltiplas facetas, atuou nas televisões brasileiras e, na década de 90, destacou-se como diretora na emissora japonesa NHK,

de Tóquio. Musicista, jornalista, radialista e publicitária, ainda encontrou tempo para tornar-se escritora, tendo publicado em 1997, pela editora Ática, a coleção infantojuvenil *Os bichos da praia*. Voltou a trabalhar com o diretor Carlos Reichenbach em *Garotas do ABC*. (LFM)

TANKO, J. B. (Josip Bogoslaw Tanko) – Sisak, Croácia, 1906-1993. Diretor.

FILMOGRAFIA: 1951 – *Areias ardentes*. 1954 – *A outra face do homem*. 1955-1956 – *Sai de baixo*. 1956 – *Com água na boca*. 1957 – *Metido a bacana*; *Com jeito vai* (*Soldados do fogo*). 1958 – *E o bicho não deu*; *Mulheres à vista*. 1959 – *Garota enxuta*; *Entrei de gaiato*. 1960 – *Vai que é mole*; *Marido de mulher boa*. 1961 – *O dono da bola*; *Bom mesmo é carnaval*. 1964 – *Asfalto selvagem*; *Um ramo para Luiza*. 1966 – *Engraçadinha depois dos trinta*. 1967 – *Carnaval barra-limpa*; *Adorável trapalhão*. 1968 – *Massacre no supermercado*. 1969 – *Pais quadrados, filhos avançados*. 1970 – *Como ganhar na loteria sem perder a esportiva*. 1971 – *Som, amor e curtição*; *Rua descalça*. 1972 – *Salve-se quem puder, rally da juventude*. 1973 – *Aladim e a lâmpada maravilhosa*. 1974 – *Robin Hood, o trapalhão da floresta*. 1975 – *O trapalhão na ilha do tesouro*. 1976 – *Simbad, o marujo trapalhão*; *O trapalhão no planalto dos macacos*. 1977 – *O trapalhão nas minas do rei Salomão*. 1978 – *As borboletas também amam*. 1979 – *Vamos cantar disco, baby?* (*É proibido beijar as Melindrosas*). 1981 – *Os saltimbancos trapalhões*. 1982 – *Os vagabundos trapalhões*; *Os Trapalhões na Serra Pelada*. 1987 – *Os fantasmas trapalhões*.

De família croata tradicional, embora o pai fosse médico e a mãe de origem burguesa, precisou trabalhar desde cedo, pois pertencia ao ramo familiar pobre. Entrou em contato com o cinema aos 6 anos, quando a família mudou-se para Zagreb, capital da Croácia. Em sua primeira ida ao cinema, ficou hipnotizado pelas imagens, assistiu a uma sessão após a outra, até ser retirado da sala pelo gerente. Autodidata, perseguiu o sonho infantil, chegando ao cinema na transição do mudo para o sonoro. Na Áustria, começou traduzindo legendas e diálogos para versões iugoslavas de filmes alemães e austríacos. O aprendizado se fez na prática, integrado a equipes de cinema, como terceiro assistente de direção. Na década de 30, em períodos diferentes, trabalhou em diversos estúdios. Em Viena, no SASCHA-FILMINDUSTRIE AG e no WIEN-FILM GMBH e, em Berlim, no

TOBIS FILMKUNST, TERRA FILMKUNST e UFA. Foi assistente de direção em *Der Zigeunerbaron* (1934-1935, Karl Hartl), *Bosniaken/Blutsbrüder* (1935, Johannes Alexander Hübler-Kahla) e *Eine Seefahrt die ist Lustig* (1935, Alwin Elling). Em Belgrado, na Iugoslávia (1936-1937), organizou coproduções e realizou documentários na CENTRAL NACIONAL DE FILME. Foi roteirista de *Die Korallenprinzessin* (1937, Viktor Janson) e *Der Klapperstorchverband* (1937, Carl Boese). A partir de 1937-1938, em Viena, participou das equipes da WIEN-FILM, recém-criada por Goebbels, e dirigida pelo austríaco Karl Hartl. Também trabalhou como representante do cinema iugoslavo, importando e exportando filmes para Áustria, Alemanha e a antiga Tchecoslováquia. Com o início da II Guerra Mundial, apresentou-se ao serviço militar, em Belgrado, assumindo o Departamento de Cinema Documental do Exército. Em 1941, registrou em película o bombardeio da cidade, quando a Iugoslávia foi invadida pelo exército alemão. Fugiu para Berlim levando a cópia do filme e de lá foi para Viena em 1942, integrando equipes de filmagens dos diretores Hans Thimig e Hubert Marischka, especialistas em filmes de entretenimento. Devido a necessidades financeiras, durante a guerra, chegou a trabalhar como lanterninha na sala exibidora de um amigo, maquinista e eletricista em filmes. No pós-guerra, escreveu e dirigiu o documentário *Amerika Hilft Oesterreich*. Sem família, massacrada na Croácia, decidiu sair da Europa.

Radicado no Brasil (Rio de Janeiro) desde 1948, contribuiu com sua experiência diversa para a profissionalização da produção local. Começou na CINELÂNDIA FILMES, produtora dos irmãos Alípio Ramos* e Eurides Ramos*, como assistente de direção e roteirista em *Escrava Isaura*, adaptação do romance homônimo de Bernardo Guimarães. Foi também roteirista e argumentista do drama romântico *Pecado de Nina* (1950) e gerente de produção em *Tocaia* (1951), todos dirigidos por Eurides. Sem se desligar da CINELÂNDIA, vinculou-se à ATLÂNTIDA*, onde desempenhou diversas funções e iniciou carreira de diretor adaptando a novela de Eduardo P. Guimarães, no drama *Areias ardentes*, interpretado por Fada Santoro* e Cyll Farney*, com história passada em Cabo Frio. Na CINELÂNDIA, também foi gerente de produção, argumentista e roteirista nos dramas românticos *A força do amor*, *Brumas da vida*, *Perdidos de amor*, a comédia *Os três recrutas* e o filme de ação *O diamante*, estes também sob a direção de Eurides. Nos estúdios da ATLÂNTIDA foi assessor técnico de *Dupla do barulho* e *Nem Sansão nem Dalila*, primeiros filmes de Carlos Manga* na direção, em 1953. Em coprodução da empresa de Luiz Severiano Ribeiro Jr.* com a paulista MULTIFILMES*, dirigiu o drama *A outra face do homem*, nos estúdios localizados na cidade de Mairiporã. Embora apreciasse os dramas, ficou frustrado com o fracasso de público de seus dois primeiros filmes, apesar de premiados e elogiados pela crítica. Percebeu que, "se queria se comunicar com o povo, deveria falar a língua do povo", por isso optou pela comédia. Em 1955, passou a trabalhar com Herbert Richers*, para o qual dirigiu dezoito filmes, incluindo o primeiro da produtora, a comédia *Sai de baixo*, com Fred e Carequinha, que voltariam a atuar em *Com água na boca* e *Com jeito vai*. É diretor de produção em *É de chuá!* e *Tudo legal*, de Victor Lima*. Em uma sucessão de chanchadas*, carnavalescos e comédias, dirige os cômicos populares Ankito* e Grande Otelo* (*Metido a bacana*, *E o bicho não deu*, *Garota enxuta*, *Vai que é mole*), Zé Trindade* (*Mulheres à vista*, *Entrei de gaiato*, *Marido de mulher boa* e *Bom mesmo é carnaval*) e Golias* (*O dono da bola*). Voltando aos filmes sérios, adaptou romances de Nélson Rodrigues* (*Asfalto selvagem* e *Engraçadinha depois dos trinta*) e do romancista João Condé (*Um ramo para Luiza*). Dirigiu o vigoroso policial baseado em fatos reais *Massacre no supermercado*. A adaptação do romance de José Mauro de Vasconcelos, *Rua descalça*, destinado ao público infantil, foi o último que dirigiu para a HERBERT RICHERS. Em 1967, dirigiu dois filmes produzidos por Jarbas Barbosa*, ambos com o irmão do produtor, o apresentador de televisão Chacrinha: *Carnaval barra-limpa*, resgate do gênero carnavalesco, e *Adorável trapalhão*, no qual Tanko encontrou Renato Aragão*. Embora fosse demarcada pela diversidade, predominou em sua filmografia o segmento infantojuvenil e, nesse sentido, a parceria com o cômico cearense foi fundamental. Fundou a J. B. TANKO FILMES (1969) e, em diversas coproduções, dirigiu comédias adolescentes: *Pais quadrados, filhos avançados* e *Som, amor e curtição*, com a R. F. FARIAS; *Salve-se quem puder, rally da juventude*, com a SINCROFILMES; e a sátira *Como ganhar na loteria sem perder a esportiva*, com a HERBERT RICHERS. Reencontrou Renato Aragão em 1973, como diretor contratado em *Aladim e a lâmpada maravilhosa*, e passou a produzir Os Trapalhões* em *Robin Hood, o trapalhão da floresta* até a constituição da R. A. PRODUÇÕES ARTÍSTICAS (1977).

Nesse período, com *O trapalhão nas minas do rei Salomão*, conquistou uma das maiores bilheterias, com cerca de 6 milhões de espectadores. Antes de retornar aos Trapalhões na década de 80, manteve-se em atividade produzindo e dirigindo o melodrama erótico *As borboletas também amam* e o musical *Vamos cantar disco, baby?*, com o conjunto As Melindrosas. Produz, pela J. B. TANKO FILMES, a comédia *As aventuras de Robinson Crusoé* (Mozael Silveira), que reuniu a dupla Costinha* e Grande Otelo, e coproduz *Fim de festa* (Paulo Porto*). Entre os onze filmes que realizou com Os Trapalhões inclui-se o projeto mais arrojado de Renato Aragão, *Os saltimbancos trapalhões*, que Tanko roteirizou com Gilvan Pereira*, a partir da peça teatral de Chico Buarque, Sérgio Bardotti e Luiz Bacalov. Musical com sequências filmadas nos Estados Unidos, foi considerado pela crítica o melhor trabalho do quarteto. Em 1983, produziu o drama rodriguiano *Perdoa-me por me traíres* (Braz Chediak*) e, associado à DEMUZA, a comédia *Atrapalhando a Suate* (Dedé Santana* e Vítor Lustosa*). Responsável pelo lançamento das atrizes Norma Blum, Anilza Leone, Nelly Martins, Evelyn Rios, Vera Viana*, Darlene Glória*, Rossana Ghessa* e Angelina Muniz, dos palhaços Fred e Carequinha, do cantor Antonio Marcos, do cômico Mussum* e do ator Arlindo Barreto. Formaram-se nas equipes de Tanko, diretores e roteiristas como Gilvan Pereira, Vítor Lustosa, José Alvarenga Jr., Domingos Demasi, o fotógrafo Nonato Estrela*, entre outros. Aos 81 anos dirigiu seu último filme, *Os fantasmas trapalhões*. Severo com atores, dos quais exigia que conhecessem o roteiro, era flexível como realizador, fazendo a produção avançar com ou sem dinheiro. Reinvestindo sempre em cinema, manteve-se em atividade permanente e contribuiu para a manutenção do mercado de trabalho. Diretor e roteirista de todos os seus filmes, destacou-se pelo amplo domínio da realização cinematográfica, consciente do seu lugar na história do cinema brasileiro: "não sou gênio, mas sou artesão". Morreu aos 87 anos, de infarto, no dia 5 de outubro no Rio de Janeiro. (FL)

TAPAJÓS, Renato (Renato Carvalho Tapajós) – Belém, PA, 1943. Cineasta.

FILMOGRAFIA: 1980-1982 – *Linha de montagem*.

Além de cineasta, é autor de obras como *A infância acabou* e *Em câmera lenta*, entre outros livros. Crítico de cinema no jornal *O Liberal*, editado em

Belém do Pará. Radicado em São Paulo, teve engajamento político marcado, lutando contra o regime militar. Ingressou no ITA, após vestibular para Engenharia, não seguindo até o final. Entre 1964 e 1968, cursou Ciências Sociais na USP, no período de maior agitação política. *Vila da Barca*, seu primeiro filme, data de 1964. Produção independente feita com dificuldades, aborda favela construída sobre palafitas nas margens do rio Amazonas e as precárias condições de vida dos seus moradores. Recebe o prêmio de melhor documentário em Leipzig, na Alemanha, o que impulsiona a carreira de Tapajós para o cinema. Militante do movimento estudantil, produziu dois documentários financiados pelo Grêmio da Faculdade de Filosofia: *Universidade em crise* (1965), no qual aborda a greve dos alunos do Grêmio da Faculdade de Filosofia, em protesto contra o aumento de preços e a violência da polícia; e *Um por cento* (1967), sobre vestibulares. Na época faz também crítica de cinema para pequenos jornais da imprensa alternativa. Militante político, optou pela clandestinidade e a luta armada. Preso em 1969, foi libertado cinco anos depois. Aproximou-se do Sindicato dos Metalúrgicos de São Bernardo do Campo, onde ministrou curso de cinema, nascendo assim a proposta de realização de filmes no próprio sindicato, como *Acidente de trabalho* (1977), em que busca retratar o acidente de trabalho através do ponto de vista do operário. Com a grande greve dos metalúrgicos de 1979, formou uma equipe com Zetas Malzoni, Maria Inês Villares e Francisco Coca para acompanhar o movimento. O resultado é *Greve de março*, média-metragem realizado na cola dos eventos, também conhecido por *Que ninguém, nunca mais, duvide da capacidade de luta do trabalhadores* ou *Um dia nublado*.

Ainda com o material da greve de 1979 e aproveitando os eventos de 1980, que resultaram na intervenção no Sindicato de Metalúrgicos de São Bernardo e na prisão de Lula, Tapajós realiza *Linha de montagem*. O percurso da greve de 1979 agora é apanhado em sua totalidade, resultando em longa-metragem que retrata o movimento como um todo. As imagens tomadas por Tapajós, em função de sua proximidade com os sindicalistas, são fortes e o filme respira a intensidade do momento. Com música de Chico Buarque de Hollanda, montagem de Roberto Gervitz* e voz *over* de Othon Bastos*, o documentário mostra um acabamento cuidadoso, sendo uma das obras mais consistentes da fornada de documentários sobre o movimento ope-

rário do ABC no final dos anos 70. Esse movimento, que deu origem ao grupo de sindicalistas que iria governar o Brasil no início do milênio, foi documentado por figuras maiores do cinema brasileiro como Leon Hirszman* (*ABC da greve*), João Batista de Andrade* (*Greve*; *trabalhadores: presente!*), Roberto Gervitz e Sergio Toledo* (*Braços cruzados, máquinas paradas*). *Linha de montagem* figura com méritos nesse conjunto. Uma inédita canção de Chico, até hoje pouco conhecida, embala bem a narrativa, costurando as asserções e dando ritmo à montagem. A câmera está no nível do chão e capta com agilidade a fala e a gestualidade dos operários. A voz *over* não é muito incisiva, deixa a ação correr e não amarra muito a edição. Lula, ainda bem moço, está sempre à vontade diante da câmera, falando com a mesma fluência e as mesmas figuras de linguagem que mais tarde seriam vistas à exaustão na mídia. *Em nome da Segurança Nacional*, realizado em 1984, após o fim do momento nuclear das greves, aponta para a mobilização política pelas liberdades democráticas na primeira metade dos anos 80. Registra o Tribunal Tiradentes, evento que encenou um julgamento da Lei de Segurança Nacional no Teatro Municipal de São Paulo, em sessão presidida por Teotônio Vilela e com a presença de Lula, Márcio Thomaz Bastos, Luiz Eduardo Greenhalgh. O documentário trabalha com depoimentos e ações do "julgamento" no palco do Municipal, que são intercalados com amplo material de arquivo. Com material tomado durante os eventos que se seguiram à morte traumática do operário Santo Dias da Silva, Tapajós realiza *A luta do povo* (1980), inserindo os fatos na perspectiva de movimentos sociais ativos na época. Em *No olho do furacão* (2003), documentário média, codirigido com Toni Venturi*, entrevista militantes de esquerda que foram presos, viveram a clandestinidade, muitos deles exilados. Trata-se de documentário com depoimentos de vida intensos, resgatando, através de quem os viveu, a experiência da clandestinidade, o cotidiano da luta armada e o horror das torturas. Falas frontais bastante expressivas, mostram a marca que esse período deixou na experiência de vida de uma parcela significativa da juventude brasileira. Em 2008, é convidado pela Secretaria do Audiovisual para realizar filme sobre os Pontos de Cultura, documentando iniciativa do governo federal. Através da Tapiri Cinematográfica, sua produtora desde os primórdios da carreira, produz o média-metragem *O rosto no espelho*. (FPR/TS)

TAVARES, Mair (Mair Barbosa Tavares) – Fortaleza, CE, 1945. Montador.

FILMOGRAFIA: 1969 – *O anjo nasceu*; *Pecado mortal*. 1970 – *A família do barulho*; *Copacabana, mon amour*; *Lúcia McCartney, uma garota de programa*; *Barão Olavo, o horrível*. 1971 – *Lobisomem, terror da meia-noite*. 1973-1977 – *Lira do delírio*. 1975-1976 – *Xica da Silva*. 1977 – *Chuvas de verão*. 1979 – *Bye Bye Brasil*. 1980 – *Eu te amo*. 1983 – *Quilombo*. 1984 – *Eu sei que vou te amar*. 1985 – *Ópera do malandro*. 1986 – *Cinema falado*; *Ele, o boto*; *A bela palomera*. 1988-1989 – *Kuarup*. 1994 – *Veja esta canção* (1º episódio: 'Drão'; 2º episódio: 'Você é linda'; 3º episódio: 'Pisada de elefante'; 4º episódio: 'Samba de um grande amor'). 1995 – *O quatrilho*. 1995-1996 – *Tieta do agreste*. 1995-1998 – *Tudo é Brasil*. 1999 – *Milagre em Juazeiro*; *Estorvo*. 2000 – *Brava gente brasileira*. 2001 – *3 histórias da Bahia*; *Timor Lorosae*. 2002 – *A paixão de Jacobina*; *Uma onda no ar*. 2003 – *O risco – Lúcio Costa e a utopia moderna*. 2004 – *Quase dois irmãos*; *O veneno da madrugada*. 2005 – *Soy Cuba: o mamute siberiano*. 2006 – *Batismo de sangue*; *A ilha da morte*; *Cartola – música para os olhos*. 2007 – *Maré, nossa história de amor*. 2008 – *O homem que engarrafava nuvens*. 2009 – *Sonhos roubados*.

Um dos mais destacados profissionais da primeira geração pós-Cinema Novo, consegue a rara façanha de restringir seu trabalho a uns poucos realizadores, aos quais se mantém fiel. Fascinado por cinema, participa em diversas funções da gênese de *Infância* (1964), curta de 16 mm de Antônio Calmon*. Rapidamente se volta para a área de montagem, fazendo assistência em *Terra em transe*, de Glauber Rocha*, *A vida provisória*, de Maurício Gomes Leite*, *Macunaíma*, de Joaquim Pedro de Andrade*, e *Tostão, a fera de ouro*, de Paulo Laender e Ricardo Gomes Leite. Exerce por algum tempo também a função de diretor de produção. Torna-se montador a partir do final dos anos 60, com um grupo de filmes experimentais, oriundos do chamado Cinema Marginal*. A típica quebra das "regras" de continuidade desse movimento lhe permite um estudo das possibilidades expressivas da montagem, em particular a distensão dos tempos e os falsos *raccords*. Obtém bons resultados com *A família do barulho*, de Júlio Bressane*, e *Copacabana, mon amour*, de Rogério Sganzerla*, montados rapidamente. Mudando os rumos de sua carreira, aproxima-se de diretores egressos do Cinema Novo. Fixa parceria mais ou menos duradoura com quatro deles: Carlos Diegues* e Ruy

Guerra*, no primeiro caso, e Walter Lima Jr.* e Arnaldo Jabor*, no último. Monta apenas três filmes com outros diretores: *Lúcia McCartney, uma garota de programa*, de David Neves*, *Cinema falado*, de Caetano Veloso*, retomada fugaz do ritmo mais livre e errático do cinema *underground*, e *O quatrilho*, de Fábio Barreto*, em que dosa com sabedoria os tempos dos diversos elementos envolvidos. Com Diegues desenvolve intensa identificação, assinando a concatenação de sons e imagens de sua melhor fase. *Xica da Silva, Chuvas de verão* e *Bye Bye Brasil* fixam o estilo do montador, com a permanência dos planos para além da medida necessária, assumindo ares inquisitivos e gerando certos efeitos de estranhamento. Após *Quilombo*, a parceria é retomada em outra chave com *Veja esta canção* e *Tieta do agreste*. A opção por não fragmentar determinados planos, associada à duração mais curta da maioria das imagens, proporciona um distanciamento seguro para a correta absorção das tramas. Com Guerra, a quem se junta a partir de *Ópera do malandro*, montando todos os seus filmes a partir daí, explora a associação de imagens como ilusão, conduzindo o espectador a pequenos choques e surpresas. Atualiza seu estilo, acelerando-o, através da obra desse diretor. Com Jabor e Walter Lima Jr., tem oportunidades de fugir aos padrões que ia construindo. Em *Lira do delírio*, aborda com propriedade um cinema livre, calcado na improvisação. Em *Eu te amo*, sai-se bem da intrincada rede de duplos da narrativa, conduzindo-a sempre em ritmo de tensão. (HH) Na última década, atuou em filmes de diferentes diretores e estilos, como *O risco – Lúcio Costa e a utopia moderna*, de Geraldo Motta Filho, sobre o conceituado urbanista; *Quase dois irmãos*, ficção de Lúcia Murat*, cuja montagem bem realizada articula com agilidade as diferentes fases da vida dos personagens; *Maré, nossa história de amor*, também de Lúcia Murat, livremente inspirada na história de Romeu e Julieta, embalada por agito *rap* ambientado na luta do tráfico; *Soy Cuba: o mamute siberiano*, de Vicente Ferraz, em bom trabalho de montagem com material de arquivo, resgatando a produção soviética dos anos 60, rodada em Cuba. Mair divide a montagem desse filme com Dull Janiel. Também monta *O veneno da madrugada*, de Ruy Guerra; faz parceria com Ratton* em *Batismo de sangue*; trabalha em *A ilha da morte*, de Wolney Oliveira; *Cartola – música para os olhos*, documentário de Lírio Ferreira* e Hilton Lacerda*; e *Sonhos roubados*, de Sandra Werneck*. No longa de Lírio Ferreira, *O homem que engarrafava nuvens,* divide a montagem com Daniel Garcia, conseguindo manter a coerência das informações e um ritmo ágil na narrativa documentária. Mair afirma-se hoje como um dos principais montadores em atividade no Brasil, com vasto currículo sustentando sua atuação.

TEATRO (Adaptações)

Já no primeiro decênio do século XX, a incipiente indústria cinematográfica brasileira aproveitou várias operetas que estavam sendo representadas, reproduzindo-as no que se convencionou chamar filmes cantantes*. Em 1908, a FOTO-CINEMATO-GRÁFICA BRASILEIRA*, primeira e mais ativa produtora da época, sociedade do italiano Giuseppe Labanca com o português Antônio Leal*, lança *Os estranguladores*, adaptação da peça *A quadrilha da morte*, escrita pelos jornalistas Rafael Pinheiro e Figueiredo Pimentel, a partir do assassinato de dois jovens no Rio de Janeiro, em 1906, por dois ladrões. Essa produção teve grande repercussão por ter sido o primeiro filme com duração mais longa, de quarenta minutos, além de abordar um crime que abalou a sociedade da época. A mesma produtora vai documentar o espetáculo *Sô Lotero e Siá Ofrásia com seus produtos na exposição* (baseado na revista teatral *O maxixe*, de José Batista Coelho e Bastos Tigre – conhecidos como João Phoca e D. Xiquote, respectivamente), no Teatro da Exposição Nacional do Rio de Janeiro, em 1908. Em seguida, Antônio Leal registra, tal como era apresentada no Circo Spinelli, a pantomima circense *Os guaranis* (inspirada em *O guarani*, de José de Alencar*), com o ator negro Benjamin de Oliveira*, que pintava o rosto de branco para representá-la. Em 1909, Eduardo Leite filma o drama teatral *O remorso vivo*, de Furtado Coelho e Joaquim Serra. Em 1917, a recém-formada LEAL FILME, de Antônio Leal, lança a versão cinematográfica *Rosa que se desfolha*, baseada em texto teatral de Gastão Tojeiro. Em 1919, a comédia *A caipirinha*, dirigida por Caetano Matanó, é a primeira adaptação teatral paulista a chegar às telas, baseada em peça de Cesário Mota. Na década de 20, período dos Ciclos Regionais*, filma-se em vários locais do país. Em 1923, dois filmes são adaptações de peças regionalistas: *Canção da primavera*, de Aníbal Matos, filmado em Belo Horizonte pelos cineastas Igino Bonfioli* e Cyprien Ségur, e *João da Mata*, de Amilar Alves*, em Campinas, com direção do próprio autor. (*Fernão Dias*, drama histórico de sua autoria, será dirigido em 1957 por seu filho Alfredo Roberto Alves).

Ainda em 1923, no Rio de Janeiro, Luiz de Barros* filma *A capital federal*, famosa burleta de Artur Azevedo. Pouco se sabe do filme paulista *Manhãs de sol* (1925), de Arturo Carrari*, baseado na comédia de costumes homônima de Oduvaldo Viana*. Curiosamente, em 1930, a peça *Rosas de Nossa Senhora*, de Manoel de Matos, é filmada duas vezes, a primeira no Recife, por Ary Severo*, com o título *O destino das rosas*, e a segunda em São Paulo, por Pasquale Di Lorenzo, que conservou o título da peça.

A partir da década de 30, com o advento do cinema sonoro e com a construção dos primeiros grandes estúdios, o gênero teatral que mais inspirou o cinema foi, sem dúvida, a comédia de costumes, que terá grande representatividade nas telas até os anos 70. Comédias de Joracy Camargo (consagrado autor de *Deus lhe pague*, de 1932) foram filmadas por Mesquitinha* (*O bobo do rei*, em 1937) e por João de Barro (*Anastácio*, em 1939). Joracy teve uma experiência na direção de cinema ao filmar a comédia *Bombonzinho* (1938), baseada em texto de Viriato Correia. O popular autor Gastão Tojeiro, que já havia sido filmado no mudo, terá algumas comédias transpostas para as telas, como *O simpático Jeremias* (1940), dirigida por Moacyr Fenelon* em produção da SONOFILMS*; *A pensão de d. Stela* (1956), pelos diretores Alfredo Palácios* e Ferenc Fekete, nos estúdios da MARISTELA*; e *Minha sogra é da polícia* (1958), por Aluizio T. Carvalho*. *O tataravô*, de Gilberto de Andrade, terá duas versões cinematográficas, ambas dirigidas por Luiz de Barros: *Jovem tataravô* (1936) e *Um pirata do outro mundo* (1957). Eurico Silva, autor de teatro, radionovela e do argumento do primeiro filme de Watson Macedo*, *Não adianta chorar* (1945), tem suas peças *Frederico II* e *O grande marido* adaptadas, respectivamente, por Luiz de Barros, *O samba da vida* (1937), e por Luís Sérgio Person*, *Marido barra-limpa* (1957-1967). Mais um comediógrafo, o também empresário Luiz Iglézias, inspirou os filmes *Onde estás, felicidade?* (1938), de Mesquitinha, e *Vamos com calma* (1956), de Carlos Manga*, este último baseado em *Cabeça de porco* (escrita em parceria com Miguel Santos). Os textos de José Wanderley vão proliferar nas telas entre os anos 30 e 50; sua peça *Compra-se um marido* receberá duas versões, a primeira de Luiz de Barros, *Maridinho de luxo* (1938), e a segunda de Aluizio T. Carvalho, *Hoje o galo sou eu* (1957). De sua obra foram adaptadas também *Era uma vez um vagabundo* (escrita em parceria com Daniel

TEATRO

Rocha), dando origem ao filme homônimo em 1952, e *A cura do amor* (escrita com Daniel Rocha e Mário Lago*), que originou *Está com tudo* (1953), ambos dirigidos por Luiz de Barros. Textos escritos a quatro mãos por Wanderley e Mário Lago renderam três comédias homônimas ao diretor Carlos Manga, todas trazendo Oscarito* no elenco: *O golpe* (1955), *Papai fanfarrão* (1956) e *O cupim* (1959). Anos mais tarde, em 1977, Daniel Rocha, parceiro em algumas ocasiões de José Wanderley, escreverá o argumento da comédia *Ele, ela, quem?*, dirigida por Luiz de Barros. Outro popular comediógrafo da época, o ator, autor e médico Silveira Sampaio* também será filmado. Crítico de cinema e dramaturgo, R. Magalhães Jr. encontrou em Alberto Pieralisi* um diretor e roteirista para suas peças. *Essa mulher é minha*, filmada como *João Gangorra* em 1952, será refilmada em cores, como comédia erótica, com o título *Essa mulher é minha... e dos amigos*, em 1976; *As aventuras da família Lero-lero*, que Pieralisi também adaptou para os estúdios da VERA CRUZ*, foi levada às telas como *Família Lero-lero*, em 1953. Pouco lembrado hoje, Armando Gonzaga, autor de sucesso na década de 20, será relembrado no cinema da década de 50 pelas comédias *A carne é o diabo* (1953), baseada em *Lar, doce lar*, dirigida por Plínio Campos para a ATLÂNTIDA*; *Cala a boca, Etelvina* (1958) e *Minervina vem aí* (1959), ambas dirigidas por Eurides Ramos* para a CINELÂNDIA FILMES (a primeira com o título original e a segunda baseada em *O poder das massas*), e *Mulheres, cheguei* (1961), adaptada da comédia *A flor dos maridos* e dirigida por Victor Lima* na HERBERT RICHERS. O dramaturgo Millôr Fernandes (que pertencia aos quadros de roteiristas da MULTIFILMES*) terá a peça *Do tamanho de um defunto* transformada na comédia *Ladrão em noite de chuva*, em 1958, pelo diretor Armando Couto. Millôr também não deixará de escrever alguns roteiros de cinema.

Entre as décadas de 30 e 50, quase todas as grandes empresas e algumas pequenas, como as cariocas CINÉDIA*, SONOFILMS, ATLÂNTIDA e CINELÂNDIA e as paulistas VERA CRUZ e MARISTELA, fizeram uso do texto cômico, respaldadas no cartaz de atores populares como Mesquitinha, Oscarito, Grande Otelo*, Procópio Ferreira*, Walter D'Ávila*, Jayme Costa*, Colé*, Dercy Gonçalves*, Zé Trindade*, Violeta Ferraz*. Na década de 50, porém, a produção cinematográfica também irá buscar inspiração em dramas de autores como Abílio Pereira Almeida*,

Pedro Bloch* e em musicais de Vinicius de Moraes*. Já nos revolucionários anos 60, o cinema investirá de forma enfática em temas sociais e políticos, o que refletiu na escolha de novos dramaturgos, com posições políticas claras, numa época em que tanto o cinema como o teatro procuravam engajar-se na realidade política e social do Brasil. *O pagador de promessas*, de Dias Gomes, e *Vereda da salvação*, de Jorge Andrade, recebem versão cinematográfica de Anselmo Duarte*, em 1962 e 1963, respectivamente. O primeiro foi laureado com a PALMA DE OURO do FESTIVAL DE CANNES em 1962 e o segundo, filmado em planos-sequências, desafiou a narrativa tradicional. *Crime de amor*, drama verídico de Edgard da Rocha Miranda, foi dirigido com o mesmo título por Rex Endesleigh em 1964. Comédias que haviam feito carreira no teatro são trazidas para o cinema quase simultaneamente. *Procura-se uma rosa*, de Gláucio Gill, é filmada como *Uma rosa para todos* (1965), com produção italiana dirigida por Franco Rossi e estrelada por Claudia Cardinale, e *Toda donzela tem um pai que é uma fera*, do mesmo autor, receberá versão homônima de Roberto Farias*, em 1966. *O auto da compadecida*, de Ariano Suassuna, será filmada por George Jonas como *A Compadecida* (1969), e, mais tarde, refilmada com Os Trapalhões* em *Os Trapalhões no Auto da Compadecida* (1987), por Roberto Farias. Do comediógrafo João Bethencourt serão filmadas as peças *Como matar um playboy*, em 1968 (que manteve o mesmo título), com direção de Carlos Hugo Christensen*, e *A venerável madame Goneau* (*Um marido contagiante*), em 1977, por Carlos Alberto Souza Barros*. Textos de Henrique Pongetti*, Gianfrancesco Guarnieri*, Nélson Rodrigues* e Lauro César Muniz* aparecerão pela primeira vez nas telas dos cinemas a partir dos anos 60.

Nos anos 70, o cinema arriscou inspirar-se numa dramaturgia nacional mais variada. O grande diferencial, no entanto, foi o enfoque da marginalidade e do submundo urbano em adaptações da poética violenta e radical de Plínio Marcos*, um dos autores mais censurados no período da ditadura militar. Entre as produções dessa década destacam-se as de propostas autorais: *O assalto*, de José Vicente, filmado em planos-sequências com o título *Na boca da noite* (1970), por Walter Lima Jr.*; *O começo é sempre difícil, Cordélia Brasil, vamos tentar outra vez*, de Antonio Bivar, como *Cordelia, Cordelia...* (1971), por Rodolfo Nanni*; *Marta de tal*, de Graça Melo, como *Pecado de Marta* (1971), rea-

lizada pelo também diretor de teatro José Rubens Siqueira; *À flor da pele*, de Consuelo de Castro, que leva o título da peça na versão cinematográfica de 1976, de Francisco Ramalho Jr.*. Numa linha mais comercial são tentadas algumas comédias eróticas que vão preceder a indústria da pornochanchada: *Divórcio à brasileira*, de Ismar Porto*, baseada em *Os desquitados*, de Aurimar Rocha, em 1973; e, no mesmo ano, *Um edifício chamado 200*, de Carlos Imperial*, inspirada na peça homônima de Paulo Pontes; e *O sexo das bonecas*, do mesmo diretor, a partir do sucesso *Greta Garbo, quem diria, acabou no Irajá*, de Fernando Mello, de 1974. Na linha da comédia de costumes teremos, ainda em 1978, duas adaptações de Martins Pena: *Desgraças de uma criança*, que será transformada em *O Grande Desbun...*, por Braz Chediak* e Antônio Pedro, e *O namorador*, de Adnor Pitanga e Lenine Ottoni, tirado de duas peças do autor. A década de 80 apresenta configuração bastante diversa em relação à dramaturgia escolhida para figurar no cinema. Não há linhas identificáveis, mas variações para diferentes gostos. Alguns autores foram utilizados pela primeira vez no cinema. *A pele do bicho*, de Francisco Pereira da Silva, recebe o título *Amor e traição* (1980), por Pedro Camargo. *O rei da vela*, escrita em 1933 pelo modernista Oswald de Andrade e encenada somente em 1967 pelo Teatro Oficina, com direção de José Celso Martinez Corrêa (causando grande impacto na cena brasileira pela sintonia do texto com os acontecimentos da época e com os pressupostos cênicos modernos), vai receber versão cinematográfica codirigida pelo próprio José Celso e Noilton Nunes, em produção iniciada em 1971 e concluída somente em 1981. Em 1980, *Os sete gatinhos*, uma adaptação da peça de Nélson Rodrigues, foi levada ao cinema por Neville d'Almeida*. Em 1981, acontece o surpreendente sucesso de bilheteria de *Eles não usam black-tie*, de Gianfrancesco Guarnieri*. O monólogo *A rainha do rádio*, de José Saffioti Filho, é dirigido por Luiz Fernando Goulart na mesma época. Em 1985, o musical *Ópera do malandro*, de Chico Buarque de Hollanda, recebe tratamento cinematográfico do diretor Ruy Guerra*, e *Pedro Mico*, de Antônio Callado, é filmado por Ipojuca Pontes*. Filme de época, *Besame mucho*, de Mário Prata, é dirigido por Francisco Ramalho Jr. em 1986. O sucesso teatral da dupla Marcos Caruso e Jandira Martini, *Sua Excelência o candidato* (1990-1991), não alcançou o mesmo êxito no cinema na versão de Ricardo Pinto e Silva, assim como a adaptação da peça de Alcione Araújo, *Vagas para moças de fino trato* (1992), dirigida por Paulo Thiago*. Do teatro infantil, são transportadas para película algumas obras de Maria Clara Machado, nossa autora mais filmada: *Pluft, o fantasminha* (1961), direção de Romain Lesage; *A dança das bruxas* (1970), baseado em *A bruxinha que era boa*, filmado por Francisco Dreux; e *O cavalinho azul* (1984), dirigido por Eduardo Escorel*. *Os saltimbancos*, de Chico Buarque de Hollanda e Sérgio Bardotti, recebe versão intitulada *Os saltimbancos trapalhões*, dirigida por J. B. Tanko* em 1981. (AMR)

O romance *O beijo da mulher-aranha* (1984), de Manuel Puig, foi adaptado por Leonard Schrader e dirigido pelo cineasta Hector Babenco*, sendo que, após o lançamento do filme, Puig adaptou sua própria obra para peça de teatro. Um musical homônimo da Broadway foi produzido em 1993. O filme *Eu sei que vou te amar* (1984), de Arnaldo Jabor, com música de Tom Jobim e Vinicius de Moraes, foi adaptado para o teatro. Também o *best-seller Feliz ano velho*, de Marcelo Rubens Paiva, foi espetáculo teatral dirigido por Paulo Betti*, em 1983, antes que Roberto Gervitz* dirigisse a versão do romance para o cinema em1987. Outras adaptações da segunda metade dos anos 1980 foram *1º de abril, Brasil* (1985-1988), de Maria Letícia, baseado na peça *Vejo um vulto na janela, me acudam que eu sou donzela*, de Leilah Assumpção, enfocando a tomada do poder pelo movimento militar, sob a observação de inquilinos de um pensionato para moças. O filme *Lua cheia* (1987-1989), dirigido por Alain Fresnot*, é uma livre adaptação da peça *O sr. Puntila e seu criado Matti*, de Bertolt Brecht; *Barrela, escola de crimes* (1989), de Marco Antonio Cury, foi baseado na peça *Barrela*, de Plínio Marcos; *Boca de Ouro* (1989-1990), de Walter Avancini, foi tirado da peça teatral homônima de Nélson Rodrigues; *Navalha na carne* (1997), de Neville d'Almeida*, foi outra adaptação de Plínio Marcos, sendo uma refilmagem; o mesmo ocorreu com *Orfeu* (1998-1999), de Carlos Diegues*, e *O auto da compadecida* (1999). A peça *Orfeu da Conceição*, escrita por Vinicius de Moraes a partir de personagens da mitologia grega, foi adaptada para o cinema em 1998 por Carlos Diegues, no filme *Orfeu*, com roteiro escrito a várias mãos por João Emanuel Carneiro*, Carlos Diegues, Paulo Lins, Hamilton Vaz Pereira e Hermano Vianna, com música de Caetano Veloso*. Foi uma nova versão de *Orfeu do Carnaval*, de Marcel Camus, diretor francês que, em 1958, ganhou com a obra o OSCAR de melhor filme estrangeiro.

No ano 2000 estreou o filme *O auto da compadecida*, dirigido por Guel Arraes*, baseado em peça de teatro homônima, uma comédia em forma de auto, em três atos, escrita em 1955 por Ariano Suassuna, com elementos da literatura de cordel e enfoque regionalista. O filme se passa no vilarejo de Taperoá, sertão da Paraíba. Em 1987 já havia sido feita uma adaptação livre da peça de Suassuna, *Os Trapalhões no Auto da Compadecida*, com Os Trapalhões, dirigidos por Roberto Farias, filme que foi também comercializado em Portugal. *A Compadecida*, de George Jonas, feito em 1969, também foi baseada na peça. Em 2001, *Domésticas, o filme*, dirigido por Fernando Meirelles* e Nando Olival, foi adaptado da peça de Renata Melo sobre os sonhos, anseios e dúvidas de cinco mulheres que trabalham como empregadas domésticas. Também em 2001, o filme *A partilha*, dirigido por Daniel Filho*, foi uma adaptação da peça escrita e dirigida por Miguel Falabella, em 1991, sobre o encontro de quatro irmãs após o falecimento da mãe, quando elas discutem e relembram os velhos tempos. O filme *Dois perdidos numa noite suja* (2003), dirigido por José Joffily*, foi outra adaptação de peça teatral de Plínio Marcos, ganhando diversos prêmios em festivais nacionais. Houve outra adaptação da mesma peça no cinema em 1970, dirigida por Braz Chediak. Foi lançado também em 2003 o filme *Lisbela e o prisioneiro*, dirigido por Guel Arraes, baseado em peça homônima de Osman Lins. *Alegres comadres*, filme da diretora estreante Leila Hipólito, foi uma adaptação livre da obra *As alegres comadres de Windsor*, de William Shakespeare, filmado na cidade mineira de Tiradentes. Em 2004, foi lançado o filme *Querido estranho*, dirigido por Ricardo Pinto e Silva, baseado na obra teatral *Intensa magia*, de Maria Adelaide Amaral. Nesse ano também chega ao circuito exibidor *A dona da história*, comédia romântica com roteiro baseado em peça teatral de João Falcão. A peça de teatro e o filme foram dirigidos por Daniel Filho e protagonizados por Marieta Severo*. Lançado no ano de 2006, o filme *Depois daquele baile*, de Roberto Bomtempo*, com roteiro da crítica de cinema Susana Schild, foi baseado na peça teatral de Rogério Falabella. Tentando repetir o sucesso nos palcos, foi natural que *Trair e coçar é só começar* chegasse aos cinemas, sob a direção de Moacyr Góes*, comédia baseada na peça teatral do mesmo nome de Marcos Caruso. Outra comédia teatral lançada no cinema foi *Fica comigo esta noite*, dirigida por João Falcão, autor da peça homônima

em que o filme se baseou. Curiosamente, causou pouca repercussão a versão cinematográfica de *Vestido de noiva*, baseada em obra de Nélson Rodrigues, com direção de Joffre Rodrigues, filho de Nélson. Em 2007, foi adaptada do palco a obra *Ó Paí, Ó*, dirigida por Monique Gardemberg*, comédia musical com trilha sonora de Caetano Veloso, cujo roteiro foi baseado em peça de Márcio Meirelles. O filme trabalha com atores do Bando de Teatro Olodum, grupo que também atua na peça de teatro. Outro sucesso teatral, *Caixa dois*, dirigido por Bruno Barreto*, foi baseado na peça teatral homônima de Juca de Oliveira. Produção mineira, a comédia *Acredite, um espírito baixou em mim*, dirigida por um estreante, Jorge Moreno, tem roteiro de Ronaldo Ciambroni e Rodrigo Campos, adaptado da peça teatral de Ciambroni. Para seu filme como diretor estreante, *Polaroides urbanas*, Miguel Falabella adaptou seu espetáculo teatral *Como encher um biquíni selvagem*. Em 2008 estreia nos cinemas o drama *Nossa vida não cabe num Opala*, dirigido por outro diretor estreante, Reinaldo Pinheiro, com roteiro adaptado por Di Moretti da peça *Nossa vida não vale um Chevrolet*, do badalado dramaturgo paranaense radicado em São Paulo Mário Bertolotto. A comédia *A mulher do meu amigo*, de Cláudio Torres, teve seu roteiro baseado na peça teatral *Largando o escritório*, de Domingos Oliveira*. No ano de 2009 estreou *Divã*, de José Alvarenga Jr., sucesso de bilheteria inspirado na obra literária de mesmo nome, um romance de Martha Medeiros. Do mesmo ano é *Topografia de um desnudo*, dirigido por uma veterana encenadora teatral e estreante em cinema, Teresa Aguiar, com adaptação da peça do chileno Jorge Diaz, que resgata o fato histórico conhecido como "operação mata-mendigos", ocorrido na cidade do Rio de Janeiro na década de 1960. (VLD)

TÉCNICO DE SOM

O ofício de técnico cinematográfico começa a se estruturar a partir da introdução do som e do surgimento dos grandes estúdios nos anos 30. É certo que desde a introdução do cinema no país, em fins do século XIX, já existiam funções a desempenhar na confecção da obra cinematográfica. Contrariando a lógica, a simplificação e a concentração se impõem, assumindo o cinegrafista quase sempre as tarefas de elaborar, dirigir e montar o filme. A introdução da ficção em fins da primeira década do século XX torna mais complexo o processo, carreando-se profissionais da área de teatro para efetivarem personagens, libretos, cenários e condução de atores. A voga não enraíza tais procedimentos e o núcleo de criação da obra cinematográfica permanece, até o final do período mudo, em geral adstrito ao diretor e ao fotógrafo, no universo do documentário e do cinejornal*, acrescentando-se os intérpretes no caso da ficção. O primeiro poderia eventualmente acumular o roteiro e a cenografia, o segundo, a parte de laboratório e os últimos providenciarem a infraestrutura de produção que viabilizava os filmes. Luiz de Barros* sintetiza esse *status quo* ao enfeixar praticamente todas as funções da produção de um filme, da ideia à cópia final, em sua pessoa, prática que efetiva em alguns títulos. A introdução do som encerra essa doce anarquia e baliza a formalização dos conhecimentos para o desempenho das diversas funções dentro do *set* de filmagem. A separação radical entre um campo visual e um campo sonoro enseja saberes específicos e principalmente posturas particulares no ato da filmagem, impedindo quase sempre o acúmulo de funções.

Entre todas as áreas da realização cinematográfica, a que mais se fraciona enquanto produção de um resultado final é a do som. As particularidades da evolução tecnológica do setor somadas às inúmeras transformações necessárias para a viabilização final da trilha impõem um longo processo e sua crescente especialização. Além disso, o primado da imagem acaba conferindo *status* diferenciado aos técnicos que interferem diretamente na sua composição (roteiristas, fotógrafos, cenógrafos, figurinistas), o que não acontece para os da área de som, que passam décadas sendo desconsiderados ou insuficientemente creditados quanto à autoria da composição sonora. Outro indício dessa inferiorização aparece no decorrer da montagem. Igualmente por décadas, o montador preocupava-se prioritariamente com a imagem. Em relação ao encaixe do som, procurava delimitar a forma com que sonoplastia, ruídos de sala e música deveriam ser incluídos, repassando ao assistente de montagem a responsabilidade pela execução. A chamada edição sonora só seria reconhecida e valorizada como tal no início dos anos 80, levando-se ainda algum tempo para a correta apresentação da função nos créditos. Percebe-se, assim, que os técnicos de som tiveram uma árdua trajetória de diferenciação técnica e valorização de seu objeto de trabalho. Nos primeiros tempos, a tecnologia comanda a estruturação das funções. A obrigação de gravar o som *in loco* e a impossibilidade

de uma remixagem desse mesmo som determinam duas funções básicas: a da captação, efetuada pelo *boom-man*, isto é, o microfonista, e a do registro, efetuada por um profissional apresentado inicialmente como o técnico de som, na verdade, o técnico de gravação, que nesse momento também se ocupa de uma protomixagem. Ainda na fase da sonorização por discos, puderam-se unir as duas funções, exercidas, por exemplo, por um Moacyr Fenelon*, em *Coisas nossas* (1931), de Wallace Downey*, e por um Jorge Bichara, em *Ganga bruta* (1931-1933), de Humberto Mauro*. A passagem para o som óptico impõe a diferenciação. Após alguns improvisos em *A voz do carnaval*, de Adhemar Gonzaga* e Humberto Mauro, e *Honra e ciúmes*, de Antônio Tibiriçá*, ambos de 1933, Hélio Barrozo Neto* assume o controle do microfone de captação de som direto, e Fenelon e A. P. Castro* tornam-se técnicos de gravação, os mais destacados da década de 30. A impossibilidade de mixar impede a edição sonora. Os eventuais ruídos ou foram pré-gravados ou provêm de coleções discográficas de ruídos de sala, e são sempre inseridos onde não há fala ou música. A evolução das mesas de gravação, com a ampliação do número de canais e sofisticação de *recorders* e microfones permite, no final dos anos 40, o surgimento do chamado engenheiro de som e da regravação ou mixagem.

Com a introdução dos primeiros estúdios de som completos – o montado pelo americano Howard Randall, que mais tarde é parcialmente vendido à ATLÂNTIDA*, e os da Companhia Industrial Cinematográfica (CIC) e da VERA CRUZ* –, passa-se a um nível de diferenciação crescente na criação do som. Existem agora claramente duas etapas no processo: uma de platô e outra de estúdio. Na primeira interferem o microfonista e o técnico de gravação, que opera o gravador de *set*. Na segunda efetua-se uma transcrição e um posterior balanceamento das camadas sonoras básicas (diálogos, música e ruídos), com a possibilidade ainda do uso da dublagem. Esse balanceamento é efetuado em condições controladas de manipulação do som, emulando o estúdio às condições acústicas da projeção comercial padrão. Ao engenheiro compete zelar principalmente pela inteligibilidade e qualidade técnica da gravação final, funcionando quase sempre como o mixador propriamente dito. Estão sob seu comando os técnicos de transcrição, os sonoplastas, um eventual mixador e os *foleys*, profissionais que simulam ruídos nas condições controladas do estúdio

(passos, tiros, socos, etc.). O termo engenheiro de som cederá lentamente a vez ao de mixador, assim como se confundiram com o tempo as figuras do sonoplasta e do *foley*. Como engenheiros destacaram-se Erick Rasmussen, dinamarquês trazido por Alberto Cavalcanti* para comandar o departamento sonoro da VERA CRUZ, e Antoine Mathieu Bonfanti, francês que comandava a CIC e patenteara alguns anos antes um sistema sonoro. Bonfanti foi também responsável pelo uso mais intensivo da dublagem e pela introdução de equipamentos de gravação mais leves, como o Kinovox, o que iria paulatinamente unindo as antigas figuras do microfonista e do técnico de gravação. No Cinema Novo* essas funções são quase sempre desempenhadas por uma única pessoa, em função da operação dos gravadores Nagra. Será dentro do movimento que o uso criativo do som começará a ganhar *status* e projetará alguns dos técnicos envolvidos, caso do sonoplasta Geraldo José e dos irmãos Aloísio e Alberto Vianna, exímios captadores, gravadores e transcritores. Uma concepção mais ampla do som ainda teria que esperar, em que pese a presença dos primeiros mixadores propriamente ditos de destaque, como o espanhol Carlos Della Riva, à frente da TECNISOM, e o brasileiro Nelson Ribeiro, à frente da SOMIL. Ainda são os assistentes de montagem que efetuam a chamada edição sonora no início dos anos 70. Esse panorama se transformará somente com a vinda da francesa Emanuelle Castro, em meados da década. Castro enfatiza a necessidade de um profissional especializado na função, com autonomia e *status* semelhante ao do montador, atuando entre este e o mixador. Forma-se assim a primeira geração de editores, salientando-se profissionais como Virgínia Flores, Hélio Lemos e Dominique Paris*. A essa altura sua função está plenamente definida, voltando-se mais para os aspectos conceituais da criação sonora, preocupando-se o mixador em efetivar adequada e criativamente a ambiência sonora previamente determinada. Com o surgimento dos estúdios ÁLAMO, empresa do ex-microfonista inglês Michael Stoll, as diversas funções profissionais ganham respeito e formalização crescentes, surgindo em seus quadros o primeiro grande nome da área da mixagem, José Luiz Sasso. Sua influência e competência o levam inclusive a criar empresas próprias e a assumir, já nos anos 90, a função de *sound designer* em algumas produções, caso do desenho *Cassiopeia* (1993-1996). Equipara-se pela primeira vez a criação do som à da imagem, em nível de conceituação prévia e de realização. (HH)

A principal inovação técnica ocorrida no cinema contemporâneo foi a expansão vertiginosa do som digital, simultânea à grande valorização do técnico responsável pelo som na criação cinematográfica. A atividade se multiplica em funções diversas, acompanhando a crescente complexidade do meio na produção atual. A mixagem sonora é hoje realizada por um conjunto amplo de profissionais que atingem no filme espaço de importância similar à edição de imagens. Com os novos dispositivos sonoros, o som é amplamente construído em mesas de mixagem digitais, tendo como guia a fala na tomada ou a construção de ruídos e dublagem. A interação com a música é plena e constitui o mapa mais amplo do material sonoro de um filme. Filme é imagem e som, e ambos os aspectos estão intrinsecamente ligados. Essa realidade transforma-se atualmente em novas oportunidades profissionais para o técnico de som. Na nova safra do cinema brasileiro, diversos técnicos despontam. Entre os que fizeram estreia a partir da Retomada podemos citar José Moreau Louzeiro, estreante em *A terceira margem do rio* (1993), Sílvio Da-Rin em *Pequeno dicionário amoroso* (1996), Márcia Câmara em *A ostra e o vento* (1996-1997), Renata Calaça em *A cobra fumou* (1999). Entre os nomes em atividade na nova década estão Eduardo Santos Mendes, estreante em *Latitude zero* (2000), Armando Torres Jr. em *Lavoura arcaica* (2001), Leandro Lima em *Coisa mais linda* (2004). Alguns técnicos veteranos, com filmografia extensa, precisam ser mencionados, a começar por Jorge Saldanha, figura central no quesito som do cinema brasileiro, com filmografia de cerca de trinta filmes, remontando a *Idade da Terra*, de Glauber Rocha. Walter Goulart é também referência para a área, tendo sido responsável pelo som em mais de uma centena de filmes. Vem do início do Cinema Novo, pelas mãos de Luiz Carlos Saldanha*, personagem que primeiro aprendeu a mexer no Nagra no Brasil, de importância central para o documentário direto e o novo cinema brasileiro. No currículo de Goulart, encontramos clássicos como *Os fuzis, Matou a família e foi ao cinema, São Bernardo, O dragão da maldade contra o santo guerreiro*, entre outros. Uma agradável surpresa na produção contemporânea são as diversas mulheres em atividade que dominam a técnica do som cinematográfico, sendo que veteranas como Zezé d'Alice, responsável por *O homem da capa preta* (1986), Virgínia Flores, de *Garota dou-rada* (1983), Tide Borges, de *Marvada carne* (1985), e Valéria Ferro, de *Baile perfumado* (1994), permanecem atuando, atendendo a demanda crescente desse importante setor da criação fílmica. (LFM)

TEIXEIRA, Aurélio (Aurélio Gianini Teixeira) – Santana do Parnaíba, SP, 1926-1973. Ator, diretor.

FILMOGRAFIA: 1951 – *Hóspede de uma noite*; *Barnabé, tu és meu*. 1952 – *Amei um bicheiro*; *Destino* (coprodução estrangeira). 1953 – *Carnaval em Caxias*. 1954 – *Mãos sangrentas*. 1955 – *Quem matou Anabela?*; *A rosa dos ventos* (episódio brasileiro: 'Ana') (coprodução estrangeira). 1956 – *Arara vermelha*. 1957 – *Absolutamente certo*; *Uma certa Lucrécia*. 1958 – *Aguenta o rojão*; *Quem roubou meu samba?*. 1960 – *Pistoleiro bossa-nova*; *Vai que é mole*. 1961 – *Mulheres e milhões*. 1962 – *Três cabras de Lampião* (ator, dir.). 1964 – *Selva trágica*. 1965 – *Entre o amor e o cangaço* (ator, dir.). 1966 – *Na onda do iê-iê-iê* (dir.). 1967 – *Mineirinho, vivo ou morto* (dir.). 1968 – *Juventude e ternura* (dir.). 1969 – *Os raptores* (dir.). 1970 – *Meu pé de laranja-lima* (ator, dir.). 1971 – *Soninha toda pura* (dir.). 1973 – *Os mansos* (3º episódio: 'A mulher e o etc. numa noite de loucuras') (ator, dir.).

Em São Paulo, no final dos anos 40, começa sua carreira artística como locutor da rádio paulista Guarujá. Em 1950 muda-se para o Rio, tornando-se radioator na Tamoio. *Hóspede de uma noite* marca sua estreia no cinema, sob a direção de Ugo Lombardi*. Na ATLÂNTIDA*, faz alguns filmes em que interpreta papéis de vilão, em sua maioria bandido, ao lado dos diretores Jorge Ileli* e Paulo Vanderley*, em *Amei um bicheiro* e *Carnaval em Caxias*; José Carlos Burle*, em *Barnabé, tu és meu* e *Carnaval Atlântida*. Na MARISTELA* atua em *Mãos sangrentas*, de Carlos Hugo Christensen*; *Quem matou Anabela?*, de D. A. Hamza, e *Arara vermelha*, de Tom Payne*. Nos estúdios da VERA CRUZ* trabalha em *Absolutamente certo*, de Anselmo Duarte*, e em *Uma certa Lucrécia*, de Fernando de Barros*. Mais uma vez brinca de vilão nas chanchadas cariocas *Aguenta o rojão*, de Watson Macedo*, *Quem roubou meu samba?*, de José Carlos Burle, *Pistoleiro bossa-nova*, de Victor Lima*, e *Vai que é mole*, de J. B. Tanko*. Volta a atuar sob as ordens de Jorge Ileli no policial *Mulheres e milhões*. Dedica-se à direção de espetáculos para o grande público, e seu primeiro filme como diretor é *Três cabras de Lampião*, baseado em argumento de Miguel Torres*. Inicialmente destinado à direção de Alex Viany*, acaba revelando-se um vigoroso exercício de produção cinematográfica de cangaço. Trabalha ainda como ator em *Selva trágica*, de Roberto Farias*, drama rural no qual interpreta o papel de um homem intransigente. Contratado pelo produtor Jarbas Barbosa*, trabalha como diretor das comédias *Entre o amor e o cangaço* (baseado na novela *Sangue da terra*, de Pericles Leal, com Geraldo D'El Rey* e Milton Ribeiro*), e *Na onda do iê-iê-iê*, filme recheado de números musicais da época da jovem guarda, primeira atuação conjunta da dupla Renato Aragão* e Dedé Santana*. Para os produtores Herbert Richers* e Jece Valadão* dirige *Mineirinho, vivo ou morto*, policial baseado na vida do bandido José R. Miranda. É argumentista de *Cangaceiros de Lampião*, sob a direção de Carlos Coimbra*. Dirige também o filme romântico *Juventude e ternura*, veículo para a cantora Wanderléa, em novo trabalho para o produtor Jarbas Barbosa. Como diretor ainda faz outro policial, *Os raptores*, sob a chancela do produtor Valadão. Dirige para Herbert Richers *Meu pé de laranja-lima*, um grande sucesso, adaptado do romance homônimo de José Mauro de Vasconcelos. Mais uma vez em parceria com Jarbas Barbosa (de quem é o diretor favorito), realiza *Soninha toda pura*, flerte com o cinema erótico, exibindo a beleza morena de Elza de Castro e a sensualidade de Adriana Prieto*. Em quase todos os filmes em que assina a direção participa como ator. Faleceu no Rio de Janeiro. (LFM)

TEIXEIRINHA (Vítor Mateus Teixeira) – Rolante, RS, 1927-1985. Ator, produtor.

FILMOGRAFIA: 1967 – *Coração de luto* (ator, prod.). 1969 – *Motorista sem limites* (ator). 1971 – *Ela tornou-se freira* (ator, prod.). 1972 – *Teixeirinha a sete provas* (ator, prod.). 1974 – *Pobre João* (ator, prod.). 1975 – *A quadrilha do Perna Dura* (ator, prod.). 1976 – *Carmem, a cigana* (ator, prod.); *Na trilha da justiça* (ator, prod.). 1977 – *Meu pobre coração de luto* (ator, prod.). 1978 – *Tropeiro velho* (ator, prod.); *Gaúcho de Passo Fundo* (ator, prod.). 1981 – *A filha de Iemanjá* (ator, prod.).

Filho mais velho do segundo casamento do carreteiro Saturnino Teixeira com Ledurina Teixeira, aos 6 anos ficou órfão de pai e aos 9 de mãe, passando a viver nas ruas. Por isso, desde cedo, precisou trabalhar: quando criança vendia doces; na adolescência foi tentar a vida em Porto Alegre, onde se empregou como auxiliar de verdureiro no mercado público, entregador de viandas, operador de máquinas. De várias uniões teve sete filhas, que costumavam atuar em seus filmes, e dois filhos. O filho, Victor Teixeira Filho, sempre o acompanhou no cinema como ator e produtor e mais tarde, em 1992, gravou um disco com as músicas do pai, seguindo hoje carreira musical. Teixeirinha aprendeu a tocar violão sozinho e desde os 18 anos tentava ser cantor. Compunha músicas, as quais apresentava em programas de rádio e chegou a formar dupla com um dos cunhados. Para chamar a atenção do público, participava de bailes desafiando os músicos presentes. Em 1958, gravou seu primeiro disco pela gravadora paulista Chantecler. Entre as canções estava *Coração de luto*, que narrava a morte de sua mãe após cair em uma fogueira por causa de um ataque epiléptico. Apelidada de *Churrasquinho de mãe*, a música fez muito sucesso, vendendo 118 mil cópias na época e tornando-o conhecido do público popular do Brasil e de outros países (Portugal, França, Canadá, Estados Unidos, além de países da América do Sul). Sua vida musical também foi marcada pelo encontro com Mary Teresinha Cabral Brum. Ele já era famoso quando, em 1963, foi fazer dezesseis *shows* em Bagé e casualmente conheceu a sanfoneira, de apenas 15 anos, cujo pseudônimo era Teixeirinha de Saias, pois tocava as músicas do cantor no acordeão. Com ela formou dupla nas telas e nos palcos. Enquanto isso, a música *Coração de luto* continuava fazendo sucesso, tanto que em 1965 chamou a atenção do produtor de cinejornais* Derly Martinez, da LEOPOLDIS SOM, que resolveu convidar Teixeirinha para coproduzir e estrelar um filme baseado na história pessoal do cantor. O objetivo de Martinez era fazer um filme com amplo apelo popular e que tivesse público garantido para, dessa forma, impulsionar a criação de um polo cinematográfico no Rio Grande do Sul.

Assim, em 1967, deu-se início à produção cinematográfica de *Coração de luto*, tendo ainda como financiador, além da LEOPOLDIS SOM e de Teixeirinha, o Banco Federico Mentz. No elenco, havia nomes como Odilon Lopes e Amélia Bittencourt; o diretor era o espanhol Eduardo Llorente, que já havia filmado a dupla sertaneja Tonico e Tinoco; a fotografia foi do uruguaio Américo Pini, que mais tarde faria *Um dia, no verão...*, estrelado por Márcia de Windsor. As filmagens se realizaram durante pouco mais de seis meses, num sítio de Belém Velho, e em setembro do mesmo ano estavam concluídas. Llorente foi para São Paulo a fim de finalizar seu novo trabalho – sonorização, montagem e dublagem. Em 19 de setembro de 1967, após muita expectativa, *Coração de luto* chegou às telas de sete cinemas de Porto Alegre – IMPERIAL, THALIA, ATLAS, COLOMBO, ROSÁRIO, AVENIDA e MARROCOS –, ficando em cartaz um mês e onze dias, durante os quais foi assistido por aproximadamente 200 mil pessoas, o que era um recorde na capital sulina. O sucesso de *Coração de luto* impulsionou a criação de uma carteira de crédito do BRDE (Banco Regional de Desenvolvimento Estadual) específica para financiar filmes da região Sul, que vigorou até 1974, permitindo ao estado ocupar a quarta posição nacional em produção de longas-metragens. Esse novo estímulo cinematográfico iria influenciar outra empresa de cinejornais, a INTERFILMES, a aventurar-se na área do ficcional. Em 1969, o produtor Itacyr Rossi convidou Teixeirinha e sua parceira Mary Teresinha para estrelarem uma produção sua: *Motorista sem limites*, que seria lançado em julho de 1970. O diretor era Milton Barragan, estreante na direção de longas-metragens, que depois dirigiria mais quatro filmes com o cantor e ator. Do elenco faziam parte Walter D'Ávila*, Ivan Trilha e Jimmy Pippiolo, que se tornou o humorista constante, aparecendo em dez dos doze filmes do cantor. A direção de fotografia coube a Antônio Gonçalves*.

Embora *Motorista sem limites* não tenha obtido grande sucesso de público, foi após esse trabalho que, em 1971, Teixeirinha resolveu montar sua própria produtora, a TEIXEIRINHA PRODUÇÕES ARTÍSTICAS, a qual produziu dez películas entre 1971 e 1981, responsáveis pela ininterrupta produção em longa metragem no estado. Victor Teixeira, então, passou a assinar os argumentos de seus filmes, em geral baseados em suas letras de músicas, e a financiá-los, buscando complementar a verba de produção com *merchandising*. Os principais eram os dos anunciantes dos programas de rádio, outro veículo no qual Teixeirinha trabalhava desde 1965. O primeiro filme da produtora foi *Ela tornou-se freira*, segundo grande sucesso cinematográfico do cantor, lançado em 1972 e assinado por Pereira Dias*, que roteirizou e dirigiu outras cinco histórias de Teixeirinha, todas com sucesso de público. No entanto, o trabalho seguinte foi novamente de Milton Barragan, que preferia a linha da aventura. Produzido em 1972 e lançado em 1973, *Teixeirinha a sete provas* apresenta um estilo próprio. O roteiro de Anibal Damasceno Ferreira propunha cenas que exigiam o uso de efeitos especiais até então ausentes no cinema gaúcho* (luta com espadas eletrificadas), e de inovações técnicas (filmagens embaixo d'água). O pouco sucesso da fita, entretanto, fez que os três seguintes fossem dirigidos por Pereira Dias*, na linha do melodrama: *Pobre João*, *A quadrilha do Perna Dura*, *Carmem, a cigana*. A partir de *Pobre João*, terceiro grande sucesso de Teixeirinha, a produtora do cantor passou a fazer também a distribuição dos filmes, restringindo-se porém aos três estados do Sul. Mesmo assim, *Carmem, a cigana* foi a 36ª bilheteria nacional, segundo levantamento do Sindicato da Indústria Cinematográfica do Estado de São Paulo. Posição ainda melhor obteve *Na trilha da justiça*, aventura dirigida por Barragan em 1976 e lançada em 1977: 12ª bilheteria nacional numa lista de cinquenta filmes. O diretor diria depois que com esse filme entendera o estilo de cinema de Teixeirinha. Mas nos dois anos seguintes foi sob a direção de Pereira Dias que o cantor trabalhou em *Meu pobre coração de luto*, que aproveitou o sucesso do primeiro filme para contar as dificuldades da gravidez de Mary Teresinha, e em *O gaúcho de Passo Fundo*, que ficou aquém do esperado pelo diretor, fazendo-o desistir do gênero. Assim, foi com Milton Barragan que Teixeirinha encerrou sua carreira cinematográfica. *Tropeiro velho* foi lançado em 1979, e *A filha de Iemanjá* em 1981. O declínio de público após *Na trilha da justiça* foi dificultando a prática de reinvestir o lucro de um filme na produção do seguinte. Consequentemente, em seu último trabalho, Teixeirinha precisou recorrer à EMBRAFILME*, a fim de obter os prêmios de bilheteria para terminar a fita. E mesmo com distribuição nacional, o público de *A filha de Iemanjá* foi menor do que os dos filmes lançados apenas no Sul, inviabilizando definitivamente o projeto cinematográfico de Teixeirinha, que seguiu sua carreira como cantor, até falecer por parada respiratória em 5 de dezembro, em Porto Alegre. (MR)

TENDLER, Sílvio – Rio de Janeiro, RJ, 1950. Diretor.

FILMOGRAFIA: 1976-1980 – *Os anos JK, uma trajetória política*. 1981 – *O mundo mágico dos Trapalhões*. 1981-1984 – *Jango*. 1997 – *Retrato falado de Castro Alves*. 2003 – *Glauber, o filme – labirinto do Brasil*. 2007 – *Encontro com Milton Santos ou O mundo global visto do lado de cá*. 2009 – *Utopia e bárbarie*.

O jovem Tendler foi um assíduo frequentador de salas de exibição, principalmente em cinematecas* e cineclubes*.

Ele próprio afirma que era o que se chama de rato de cinemateca. Essa cinefilia lhe permitiu entrar em contato com diferentes estilos e gêneros, embasando sua formação cinematográfica geral. Tendler fez curso de cinema promovido pelo Museu de Arte Moderna do Rio de Janeiro (MAM), ao lado de Ronald F. Monteiro e José Carlos Avellar. Ativo participante do movimento cineclubista, em 1968 foi eleito presidente da Federação de Cineclubes do Rio de Janeiro. Nesse período, a sua maior referência política e cinematográfica foi o programador e curador da CINEMATECA do MAM, Cosme Alves Neto*, um dos maiores incentivadores de sua carreira. Entre os anos 70 e 72 viajou para o Chile, onde trabalhou em programas de cultura popular. Após essa experiência, Tendler rumou para Paris, com o objetivo de estudar no Institut des Hautes Études Cinématographiques (IDHEC). Ainda nessa fase acadêmica participou de importante curso de cinema aplicado às Ciências Sociais, ministrado por Jean Rouch, o teórico do cinema-verdade. Trabalhou como assistente de direção no filme *La spirale*, de Chris Marker, entre 1973 e 1975. Voltando ao Brasil iniciou a sua primeira experiência no cinema de longa metragem dirigindo *Os anos JK*, documentário realizado com depoimentos de personagens do período, como o marechal Lott, Marcos Heuzi e Juraci Magalhães. A pesquisa de imagens, em que é um especialista, e a realização desse filme consumiram quatro anos de atividade, entre 1976 e 1980. Essa incursão pelo filme documental foi muito bem-sucedida de todos os pontos de vista, pois *Os anos JK* obteve excelente resultado de bilheteria, numa fase em que raríssimos documentários políticos eram exibidos comercialmente nos cinemas.

Alinhado politicamente à esquerda, Tendler dirigiu para o Partido Comunista Brasileiro (PCB) o *I Programa Nacional do PCB*, em 1986. Em seguida fez os *I e II Programa Nacional do Partido Socialista Brasileiro*, em 1987 e 1988, respectivamente. Profissionalmente envolveu-se na produção audiovisual para campanhas políticas de partidos como PCB, Partido Socialista Brasileiro (PSB), Partido da Social Democracia Brasileira (PSDB). Algumas dessas campanhas chegaram a cobrir localidades como Manaus. Na capital amazonense, sua participação foi das mais importantes na eleição em que o deputado Artur Virgílio Neto derrotou o candidato da situação, Gilberto Mestrinho, num pleito histórico. Cineasta eclético, Tendler também trabalha com a TV, onde já dirigiu o programa

sob encomenda *Rondônia: viagem à terra prometida*, para a REDE MANCHETE em 1987. O seu segundo longa-metragem é um documentário sob encomenda a respeito do quarteto de comediantes Os Trapalhões*. *O mundo mágico dos Trapalhões* fez cerca de 2,5 milhões de espectadores, mostrando a capacidade de comunicação que os filmes de Tendler estabelecem com o público, independentemente do gênero. Seu longa-metragem *Jango* mostra o pesquisador e cineasta maduro. *Jango* é uma biografia do ex-presidente João Goulart, que retrata o período de transição e da ascensão do regime militar, contando com material de arquivo e depoimentos de importantes personalidades como Leonel Brizola e Maria Goulart. O seu seguinte filme, *Retrato falado de Castro Alves*, enfoca a legendária personagem do poeta abolicionista. O filme foi preparado em duas versões: uma de 70 minutos, para ser exibida comercialmente em salas de cinema, e outra de 59 minutos, mais adequada para formato televisivo. Em 2003 realiza o audacioso *Glauber, o filme – labirinto do Brasil*, sobre a trajetória do principal cineasta brasileiro. O encontro com a figura de proa, inspiração do próprio diretor que faz o documentário, reveste-se de certo cerimonial, carregando um pouco a agilidade narrativa do filme. Em seguida filma *Encontro com Milton Santos ou O mundo global visto do lado de cá*, em que aborda a figura de outro brasileiro de expressão internacional, o geógrafo Milton Santos. A crítica ao neoliberalismo, própria à fala de Santos, é incorporada pelo filme em uma sintonia congratulatória. Em *Utopia e barbárie*, volta ao tema da limitação do horizonte capitalista de nossa época. Mostra o "capitalismo" e o "neoliberalismo" em suas faces mais amargas, contrapondo-os à explosão libertária e à dimensão utópica das revoluções de esquerda. Desde 1979, Tendler leciona no Departamento de Comunicação Social da PUC-RJ. (AG)

THIAGO, Paulo (Paulo Thiago Ferreira Paes de Oliveira) – Aimorés, MG, 1945. Diretor, produtor.

FILMOGRAFIA: 1970 – *Senhores da terra* (dir.). 1973 – *Sagarana: o duelo* (dir.). 1976 – *Soledade* (dir.). 1978 – *Batalha dos Guararapes* (dir.). 1981 – *Engraçadinha* (prod.); *Beijo na boca* (prod.). 1982 – *O bom burguês* (prod.). 1983 – *Águia na cabeça* (dir.). 1984 – *Muda Brasil* (prod.). 1984-1985 – *Fulaninha* (prod.). 1987 – *Jorge, um brasileiro* (dir.). 1992 – *Vagas para moças de fino trato* (dir.). 1996-1997 – *Policarpo Quaresma, herói do Brasil* (dir.).

2002 – *Poeta das sete faces*. 2004 – *O vestido*. 2005 – *Coisa mais linda: história e casos da bossa nova*. 2008 – *Orquestra de meninos*.

Com uma obra em grande parte voltada para os clássicos literários, a cultura rural e as raízes da nacionalidade, constrói um estilo funcional, marcado pelo bom acabamento técnico. Descendente de um dos fundadores de sua cidade natal, muda-se com 5 anos para o Rio de Janeiro. Cursa o semi-internato do Colégio São Bento. Na adolescência tem aulas de violão com Roberto Menescal, aproximando-se de membros da bossa nova. Faz amizade com o músico Sidney Miller, passando a escrever as letras de suas canções, algumas delas gravadas pelo Quarteto em Cy. Passa a frequentar as sessões da CINEMATECA do MAM e do CINE PAISSANDU. Com a música *Queixa*, feita em parceria com Miller e Zé Kéti, conquista o terceiro lugar no Festival da Canção, promovido pela TV RECORD, em 1965. Entra para o curso de Economia e Sociologia Política da Pontifícia Universidade Católica (PUC), deslanchando carreira como realizador amador. Filma em 16 mm *Baixada Fluminense* (1964), *O homem da praça* (1965) e *Memória e ódio* (1966), os dois últimos inscritos no FESTIVAL DE CINEMA AMADOR JB-MESBLA. Formado, ingressa no Instituto Econômico de Pesquisas Aplicadas e depois no Instituto de Pesquisas Cândido Mendes, abandonando o emprego em favor da carreira no cinema. É diretor de produção de vários curtas no final dos anos 60 e, por sugestão de David Neves*, debuta no documentário de 35 mm com *A criação literária de João Guimarães Rosa* (1969), premiado no FESTIVAL DE SANTARÉM, em Portugal. Volta a Aimorés para realizar o primeiro longa-metragem, *Os senhores da terra*, uma alegoria sobre o coronelismo, que obteve o prêmio da crítica no FESTIVAL DE KARLOVY VARY. Funda a PAULO THIAGO PRODUÇÕES CINEMATOGRÁFICAS, mantendo-se no universo rural com *Sagarana: o duelo*, baseado na obra de Guimarães Rosa, seu primeiro sucesso de público e ganhador da CORUJA DE OURO de melhor fotografia e ator coadjuvante, e com *Soledade*, transposição para a tela grande do romance *A bagaceira*, de José Américo de Almeida, que conquistou o prêmio de melhor fotografia e melhor música do FESTIVAL DE BRASÍLIA de 1976. Dirige um dos filmes mais caros da história do cinema nacional, *Batalha dos Guararapes*, produção que tenta fixar alguns dos constituintes históricos e culturais do país. É o primeiro filme brasileiro a utilizar uma estratégia ampla e simultânea de lançamento, com cerca de 150 cópias. Volta-se unicamente para a produção com a ENCONTRO PRODUÇÕES CINEMATOGRÁFICAS, viabilizando, entre outros, *Engraçadinha*, de Haroldo Marinho Barbosa*, *Muda Brasil*, de Osvaldo Caldeira*, e *Fulaninha*, de David Neves. Retoma a direção com uma abordagem do universo do jogo do bicho, tratado em perspectiva "sociologizante". Já em parceria com a produtora e sua esposa Gláucia Camargos e com o roteirista Alcione Araújo, roda um de seus filmes mais populares, *Jorge, um brasileiro*, extraído do romance homônimo, de Oswaldo França Jr. As dificuldades advindas com o período Collor o levam a desenvolver um filme, *Vagas para moças de fino trato*, adaptação teatral da peça homônima de Alcione Araújo. Envolve-se em novo projeto ambicioso, a transposição para o cinema do livro *Triste fim de Policarpo Quaresma*, de Lima Barreto, associando-o ao debate contemporâneo da identidade nacional, quando dirige sua primeira comédia. É um dos fundadores da Associação Brasileira de Cineastas (ABRACI) e preside a Associação Brasileira de Produtores Cinematográficos (ABPC) entre 1985 e 1987. (HH) Realizou dois projetos em torno da vida e da obra do poeta Carlos Drummond de Andrade: *O poeta das sete faces* e a ficção *O vestido*. No ano seguinte, foi eleito presidente do Sindicato da Indústria Cinematográfica e Audiovisual do Rio de Janeiro (SICAV). Em 2005, estreou um novo documentário: *Coisa mais linda*, sobre a bossa nova. Seu mais recente longa-metragem, *A orquestra dos meninos* – que estreou em 2008 –, conta a história real do maestro Mozart Vieira, que organizou uma orquestra sinfônica com jovens sem recursos no interior do Nordeste. O cineasta volta a atuar como produtor e dedica-se à produção do longa-metragem "Aparecida, o milagre (2010)", em parceria com Gláucia Camargos sob direção de Tizuka Yamasaki.

THIRÉ, Cecil (Cecil Aldery Thiré) – Rio de Janeiro, RJ, 1943. Ator.

FILMOGRAFIA: 1962 – *Cinco vezes favela* (5º episódio: 'Pedreira de São Diogo'); *Os mendigos*. 1963 – *Os fuzis*. 1965 – *Society em baby-doll*; *Crônica da cidade amada* (episódio: 'Aventura carioca'). 1967 – *O diabo mora no sangue* (dir.). 1968 – *O bravo guerreiro*. 1973 – *Como nos livrar do saco*. 1974 – *Ainda agarro esta vizinha*. 1975 – *Eu dou o que ela gosta*. 1977 – *O Ibraim do subúrbio* (2º episódio: 'O Ibraim do subúrbio') (dir.). 1979 – *Muito prazer*. 1981 – *Luz del Fuego*. 1986 – *A bela palomera*. 1988-1989 – *Forever*. 1991 – *Manobra radical*. 1992 – *Oswaldianas* (2º episódio: 'Daisy das almas deste mundo'). 1992-1994 – *Mil e uma*. 1995 – *O quatrilho*. 1999 – *Caminhos dos sonhos*; *Cronicamente inviável*. 2001 – *Sonhos tropicais*. 2003 – *Harmada*. 2006 – *Didi, o caçador de tesouros*. 2009 – *Destino*; *Bela noite para voar*.

Filho da atriz Tônia Carrero e do cenógrafo Carlos Thiré, Cecil Thiré resistiu por algum tempo à atração que a carreira de ator exercia sobre ele, já que o teatro frequentemente o privava do convívio com sua mãe. Acabou, entretanto, cedendo aos apelos do palco e, aos 20 anos, iniciou a sua preparação para a carreira artística, que incluiu um período de dois anos como técnico de cinema. Estreou como ator em 1964, na peça *Descalços no parque*, de Neil Simon, em dupla romântica com Helena Ignez*. No cinema, participou em papéis de coadjuvante, desde sua estreia no episódio de Leon Hirszman*, em *Cinco vezes favela*. Contracena ao lado de Fregolente* e Vagareza* no episódio 'Aventura carioca', do filme *Crônica da cidade amada*, de Carlos Hugo Christensen*. Interessado em se tornar diretor, Cecil foi assistente de Ruy Guerra* em *Os fuzis*. Esse diretor foi seu grande mestre, com quem aprendeu a técnica cinematográfica e a arte da direção em cinema. Dirigiu seu primeiro filme, *O diabo mora no sangue*, drama sob o incesto. Posteriormente, dedicou-se ao teatro e à televisão, com diversas incursões no cinema. (LAR) Desde a década de 90, interpreta o papel de Pôncio Pilatos no espetáculo *A paixão de Cristo*, apresentado em Angra dos Reis e nos Arcos da Lapa, no Rio de Janeiro. Paralelamente, tem atuado em filmes de diferentes diretores, como *Cronicamente inviável*, de Sérgio Bianchi*. Em *Sonhos tropicais*, drama biográfico sobre o sanitarista Oswaldo Cruz, é dirigido por André Sturm* interpretando o presidente Rodrigues Alves. Atua também em *Harmada*, baseado em romance homônimo do escritor gaúcho João Gilberto Noll, com roteiro e direção de Maurice Capovilla*. Em *Didi, o caçador de tesouros*, Cecil Thiré atua junto com seu filho, Miguel Thiré. Além de serem pai e filho na vida real, também são parentes no filme: Miguel interpreta o espírito de Lucas Walker, pai de Samuel Walker (vivido por Cecil). Trabalha em *Destino*, uma rara coprodução cinematográfica sino-brasileira, dirigida por Moacyr Góes*, sobre história de amor entre uma jornalista brasileira e um mestre de circo chinês.

TIBIRIÇÁ, Antônio – São Paulo, SP, 1898-1968. Produtor, diretor.

FILMOGRAFIA: 1920 – *A joia maldita* (prod.). 1924 – *Hei de vencer* (prod.). 1926 – *Vício e beleza* (prod., dir.). 1928 – *O crime da mala* (prod., dir.). 1932-1933 – *Honra e ciúmes* (prod., dir.). 1951 – *Liana, a pecadora* (prod., dir.). 1953 – *Paixão tempestuosa* (prod., dir.).

Um dos primeiros a tratar o cinema como produto comercial, explora a aventura e a sexualidade como ingredientes principais para atrair o público, construindo carreira de sucesso no período mudo. Descendente de eminentes personalidades públicas do estado de São Paulo – neto do Visconde de Parnaíba, governador da província no tempo do Império, e de João Tibiriçá Piratininga, presidente e subscritor da Convenção Republicana de Itu, e filho de Jorge Tibiriçá, governador do estado por duas legislaturas (1890-1891 e 1904-1908) e senador da República –, segue orientação familiar, matriculando-se na Faculdade de Direito de São Paulo. Forma-se em 1919, praticando a advocacia por pouco tempo. Nesse mesmo ano é nomeado subprocurador da Fazenda do Estado, cargo que exerce até 1927, quando assume o posto de escrivão do 12º Ofício Cível do Foro de São Paulo, no qual se aposenta no início dos anos 60. Utilizando as facilidades econômicas e políticas da família, dá livre curso à paixão juvenil pelo cinema. Funda a PÁTRIA FILM, partindo para a produção, no Rio de Janeiro, de um roteiro de sua autoria, *A joia maldita*. Entrega a direção a Luiz de Barros*, desempenhando ainda o papel principal sob o pseudônimo de Paulo Sullis. Os relatos de época elogiam a participação da trupe da Companhia Leopoldo Fróes. A experiência encoraja-o a ampliar o financiamento para mais um original de sua autoria, *Hei de vencer*. A produção explora o universo da aviação, um de seus *hobbies*. Mais uma vez comanda o elenco como Paulo Sullis. É exibida com sucesso no Brasil e apresentada também em vários países da América do Sul. Em retribuição ao diretor Luiz de Barros, colabora anonimamente na realização de *A capital federal*. Fixando suas atividades cinematográficas em São Paulo, funda a ÍRIS FILME e investe de forma decidida em um filme de conteúdo apelativo, *Vício e beleza*. A pretexto do exame "científico" dos malefícios do fumo, da obesidade e das enfermidades sexuais, apresenta variado desfile teratológico, equilibrando-o com sensual e pouco vestido elenco feminino, no qual desponta a atriz Lelita Rosa*. Assumindo a direção desse filme, alcança a espantosa cifra de 500 contos de réis de bilheteria somente no Brasil. Lançado com estardalhaço no resto do continente, permanece um ano em cartaz somente na Argentina, perfazendo ao final de sua comercialização nesse país, no Uruguai e no Chile mais 300 contos de réis. É o primeiro grande sucesso de público do cinema brasileiro desde o início do século. A estratégia prossegue com a adaptação de acontecimento real, um violento crime, retratado em uma das versões de O crime da mala. Embora bem-sucedido em termos de exibição, agrada menos à crítica contemporânea, que só enxerga oportunismo e grosseria na obra, destituída das qualidades de narrativa e encenação do filme anterior. Os novos afazeres e a chegada do sonoro forçam-no a uma pausa na carreira, retomada com o drama de tribunal Honra e ciúmes, filmado na CINÉDIA*. Primeira ficção brasileira gravada pelo sistema MOVIETONE (registro do som na película), sofre as limitações impostas pela nova tecnologia e pela natureza da história, aproximando-se enfadonhamente do teatro filmado. O público ignora a produção, e sua carreira é interrompida por quase duas décadas, tempo em que se dedica à literatura. No começo dos anos 50 adapta dois de seus três romances para o cinema, Liana, a pecadora e Paixão tempestuosa (o terceiro intitula-se Alucinação). (HH)

TISO, Wagner (Wagner Tiso Veiga) – Três Pontas, MG, 1945. Músico.

FILMOGRAFIA: 1970 – Os deuses e os mortos. 1973-1977 – A lira do delírio. 1975-1985 – Chico Rey. 1981-1984 – Jango. 1982 – Inocência. 1986 – Ele, o boto; Besame mucho; Tanga (Deu no New York Times). 1987-1988 – O grande mentecapto. 1993 – Encontros imperfeitos (produção estrangeira). 1995-1996 – O guarani. 1995-1997 – O toque do oboé. 1995-1998 – Tiradentes. 1996-1997 – A ostra e o vento. 1995-1999 – Tiradentes. 2004 – Vida de menina. 2006 – Sonhos e desejos. 2008 – Os desafinados.

Maestro, compositor, arranjador e multi-instrumentista, com especial predileção por piano e teclados, tem participação expressiva na música popular brasileira dos anos 70 e 80. Compõe marcantes trilhas sonoras para o cinema, o teatro e a televisão, destacando-se a parceria com o cineasta Walter Lima Jr.*. Aprende os rudimentos da música com a mãe, experimentando os mais diversos instrumentos desde a infância. Ainda pré-adolescente conhece o futuro cantor e compositor Milton Nascimento, que participa de praticamente todos os seus conjuntos até meados dos anos 60, começando pelo Luar de Prata, criado em 1957. Com o parceiro, forma em seguida o W's Boys, com o qual excursiona pelo interior de Minas tocando rock até 1961 e grava um compacto pela Dex Discos do Brasil. Sempre acompanhando Milton Nascimento, constitui, em Belo Horizonte, o Berimbau Trio, grupo instrumental jazzístico que se apresenta no Bar Berimbau e na TV ITACOLOMI. Transferem-se para o Evolu-Samba, liderado por Márcio Borges. Em 1964, Wagner Tiso muda-se para o Rio de Janeiro e Milton Nascimento para São Paulo. Para sobreviver, toca piano nas boates de Copacabana, passando a figurar ocasionalmente em conjuntos como o Sambacana, no qual reencontra Milton, e o Quarteto, de Edison Machado. Apresentando-se na boate Drink's, onde acompanha a estrela da casa, Cauby Peixoto, é descoberto pelo maestro e saxofonista Paulo Moura, que o julga bastante promissor e o convida para integrar seu grupo. Considera Moura seu verdadeiro mestre musical, em particular pelo estímulo ao trabalho como arranjador. Permanece com ele de 1965 a 1967, quando, julgando-se suficientemente tarimbado, começa a acompanhar em turnê artistas como Maísa, Ivon Curi e Marcos Valle. Em fins de 1969 entra para o famoso Som Imaginário, conjunto formado para o espetáculo Milton Nascimento e o Som Imaginário, que estreia no Teatro Opinião em 1970. O antológico show consagra seus músicos, e, para além das apresentações com Milton e outros cantores, o grupo ganha vida própria. Aproximando-se dos estilos rock progressivo e fusion, constitui uma das bases da nova música instrumental brasileira, junto com o Quarteto Novo, Egberto Gismonti e César Camargo Mariano, entre outros.

Essa associação ainda permite a Tiso o primeiro contato com o cinema. Milton Nascimento e o Som Imaginário são os responsáveis pela trilha musical de Os deuses e os mortos, de Ruy Guerra*. O grupo grava três discos-solo, e no terceiro, Matança de porco (1973), Tiso retoma alguns dos temas e arranjos que havia feito para o filme. Cada vez mais requisitado como orquestrador e instrumentista, trabalha com os grandes nomes da música brasileira e internacional (Johnny Alf, Gonzaguinha, Flora Purim, Ron Carter e Wayne Shorter). Ganha seguidos prêmios como melhor arranjador do ano e resolve lançar-se em carreira solo. Seu primeiro disco, intitulado Wagner Tiso, sai em 1978, ano em que retoma o contato com o cinema, compondo a música-tema de A lira do delírio, de Walter Lima Jr. Prossegue sua trajetória de músico e autor em centenas de shows e em quase duas dezenas de discos e cds, destacando-se o espetáculo Nave cigana, seu maior sucesso de público e crítica, e as gravações de Trem mineiro (1980), Wagner Tiso ao vivo na Europa (1982), Todas as teclas (1983), Coração de estudante (1985), Manu Çaruê, uma aventura holística (1988), Baobab (1990) e Cenas brasileiras (1996). Aproxima-se do teatro em 1980, compondo a trilha da adaptação do Poema sujo, de Ferreira Gullar; da televisão em 1982, assinando a música da minissérie Tiradentes, nosso herói; e definitivamente do cinema, quando cria a sensível e marcante partitura de Inocência, de Lima Jr., tornando-se a partir de então seu colaborador regular. Na televisão desenvolve os temas da novela Dona Beja (1986) e das minisséries Primo Basílio (1988), de Daniel Filho*, Meu marido (1989), de Lima Jr., e O sorriso do lagarto (1991), de Roberto Talma. No cinema consolida sua posição como um dos melhores autores da década ao assinar a música do documentário Jango, de Sílvio Tendler*. Um dos temas, posteriormente intitulado Coração de estudante, é adotado como hino dos movimentos sociopolíticos que defendem o fim do regime militar. Talentoso, capaz de executar todas as etapas necessárias à materialização da trilha, da composição, passando pela orquestração e performance musical, até a gravação propriamente dita, consagra um estilo baseado nos teclados como sonoridade e na recriação de uma herança musical mais propriamente popular, afastando-se da música eletrônica corriqueira e dos ritmos internacionais. Consegue resultados expressivos em Ele, o boto e O grande mentecapto, este de Oswaldo Caldeira*. Ainda na década de 80 atua à frente do colégio Música de Minas, Escola Livre da casa de espetáculos Cabaré Mineiro, e de um programa na RÁDIO INCONFIDÊNCIA FM, sempre em Belo Horizonte. Sua presença no mundo ibérico rende-lhe ainda o convite para musicar o filme português Encontros imperfeitos, de Jorge Marrecos. Retorna ao Brasil em fins de 1991. Merecem destaque as belíssimas trilhas da peça Peer Gynt, encenada por Moacyr Góes*, e do filme A ostra e o vento, em nova parceria com Lima Jr. Entre seus trabalhos mais recentes no campo musical estão os arranjos para o show e cd Acústico, de Gal Costa. Assina a música dos curtas Carta aos credores

(1985), *Memória do aço* (1987), *68* (1988) e *O olhar do fotógrafo* (1988), todos de Sílvio Tendler. Tem alguns dos temas compostos para o cinema reunidos no disco *Cine Brasil*, de 1989. (HH) Em *O toque do oboé*, filme de Cláudio MacDowel, teve de criar música em cima de outra, que já estava gravada e filmada. Em *Vida de menina*, de Helena Solberg*, inspirou-se no ambiente do filme e nas conversas com a diretora, retratando com toque forte o ambiente mineiro de época. Em *Os desafinados*, de Walter Lima Jr., a ambiência era a própria música, que faz parte da cena. Exigiu trabalho delicado que evita a duplicidade e conduz o filme. *Sonhos e desejos,* filme de estreia de Marcelo Santiago, retrata o início dos anos 70, em que os militantes da esquerda eram perseguidos pela polícia. Para retratar a época, usou teclados e sintetizadores, buscando abrir um espaço sonoro. Em 2009, é lançado, pela Coleção Aplauso, *Wagner Tiso – som, imagem, ação*, de Beatriz Coelho Silva.

TKACZENKO, Konstantin – Poltava, Ucrânia, 1925-1973. Fotógrafo, produtor, diretor.

FILMOGRAFIA: 1955 – *Armas da vingança* (fot.). 1955-1956 – *A padroeira do Brasil* (fot.). 1957 – *Dioguinho* (fot., prod.). 1958 – *Fronteiras do inferno* (coprodução estrangeira) (fot., prod.). 1960 – *A moça do quarto 13* (coprodução estrangeira) (fot., prod.); *Conceição* (fot.); *Nudismo não é pecado* (fot., prod., dir.). 1961 – *Amor na selva* (produção estrangeira) (dir.). 1962 – *Isto é strip-tease* (fot., prod., dir.); *Superbeldades* (fot., prod., dir.). 1965 – *O santo milagroso* (fot.). 1967 – *Diversões naturistas* (fot., prod., dir.); *Perpétuo contra o esquadrão da morte* (fot.). 1968 – *Maria Bonita, rainha do cangaço* (fot., prod.). 1971 – *Idílio proibido* (fot., prod., dir.). 1972 – *Maridos em férias* (fot., prod., dir.). 1973 – *Como evitar o desquite* (fot., prod., dir.).

Um dos muitos técnicos europeus a emigrar para o Brasil na época da Segunda Guerra, Konstantin Tkaczenko radicou-se primeiro na França, onde foi assistente de câmera. Começou no cinema brasileiro como assistente de câmera no filme inacabado "Jangada", de 1949. Exerceu essa função em vários filmes, como *Almas adversas*, de Leo Marten*, *Garota mineira*, de H. Leopoldo, e *Luzes nas sombras*, de Carlos Ortiz*. Lançou-se como produtor com *Armas da vingança*, de Carlos Coimbra*. Seu trabalho como diretor de fotografia nesse filme lhe proporcionou o prêmio SACI da categoria no ano seguinte.

Produziu e dirigiu *Nudismo não é pecado*, que, apesar de filmado no Brasil, era todo falado (e narrado, por Fred Maness) em inglês. No elenco estavam Siomara, Mário Benvenuti* e Numen Branca. Dirigiu *Amor na selva*, com Pedro Paulo Hatheyer, Abílio Marques, Pola e Jacqueline Myrna. Tkaczenko faleceu em 17 de novembro, logo após terminar seu último filme. (LAR)

TOLEDO, Fátima (Maria de Fátima Toledo) – Maceió, AL, 1953. Preparadora de atores.

Figura forte no cinema brasileiro contemporâneo. Firmou, entre nós, a importância do profissional voltado para a preparação de atores. Afirma ter desenvolvido metodologia própria para trabalhar com atores, a qual denomina o "Método". O termo (The Method) foi antes utilizado por Lee Strasberg e seus discípulos na escola nova-iorquina Actors Studio, designando treinamento de atores inspirado parcialmente no sistema estabelecido por Constantin Stanislavski. No Actors Studio passaram atores famosos de Hollywood, como James Dean, Marilyn Monroe, Montgomery Clift, Marlon Brando, Jack Nicholson, Paul Newman. O "Método" de Toledo propõe um trabalho de encenação de corte espontaneísta, valorizando a criação de personagens a partir de emoções vividas pelo próprio ator. A ideia é que o ator não interprete, mas busque as emoções em si mesmo para atuar. A postura abre espaço para o trabalho produtivo com atores amadores. Obtém rapidamente interpretações fortes com populares selecionados em seus locais de moradia ou trabalho. A ideia seduz cineastas brasileiros contemporâneos que saem em busca do contato com o outro, distante de sua classe social. A proposta de lidar com o lado mais intuitivo critica a composição racional e o trabalho de pesquisa consciente e autorreflexivo no desenvolvimento do personagem. A crítica à composição não é nova na história do cinema, ou do teatro, e cabe bem na produção brasileira contemporânea. Permite obter interpretações com naturalidade em crianças, ou conseguir que atores exacerbem ao máximo os sentimentos que representam. A estética do berro tem reforço no método de Toledo, que valoriza a descoberta de sentimentos provocados sem mediação da intenção racional. Para explorar o ator expressando a raiva, por exemplo, vai procurar, em exercícios, o que na vida pessoal do ator provoca a emoção raiva. Uma vez descoberto o fato, centra seu treinamento na exacerbação e na repetição

da ação traumática, valorizando o vetor verdade e espontaneidade. Podemos notar a presença contemporânea de um discurso que tem sua validade inaugurada no contexto do romantismo do século XIX. De toda maneira, os resultados são concretos e sua proposta molda a representação em filmes-chave do cinema brasileiro contemporâneo, iniciando com *Pixote, a lei do mais fraco* (1980), de Hector Babenco*. O diretor descobre Fátima Toledo trabalhando com crianças na Febem e tem o mérito de trazê-la para o cinema. O desempenho obtido com Fernando Ramos da Silva* impressiona, apesar do resultado trágico que o filme impõe à vida do ator. Trabalha novamente com Babenco em 1990, em *Brincando nos campos do Senhor*. Fátima viaja para as locações do filme no Norte do país, onde permanece meses morando com índios. Segue-se a produção internacional *O curandeiro da selva* (1993), do cineasta norte-americano John McTierman, que abre definitivamente as portas para sua carreira como preparadora de atores. A consagração profissional ocorre em 2002, com a interpretação que obtém dos garotos de favelas cariocas selecionados para atuar em *Cidade de Deus* (2002). O filme atinge repercussão internacional. A espontaneidade da encenação dos meninos não foge aos olhos da crítica, sendo a homogeneidade do trabalho do elenco um dos pontos realçados. Nesse filme consegue desempenhos extraordinários de atores amadores que mais tarde seguiriam carreira no cinema e na televisão, como Leandro Firmino, Douglas Silva, Alexandre Rodrigues, Roberta Rodrigues, Jonathan Haagensen. O estilo de interpretação valorizado por Toledo atende à demanda contemporânea do cinema brasileiro por atores com interpretações carregadas, olhares e gestos exacerbados, falas aos gritos, sentimentos dilacerados. Fátima, nos ensaios, carrega a mão nessa direção. Bate, provoca, insulta, em laboratórios voltados para obter reações intensas na composição dos tipos. O resultado está em filmes como *Central do Brasil* (1997), de Walter Salles*; *Cidade Baixa* (2005), de Sérgio Machado*; *Tropa de elite* (2006), de José Padilha*; *Linha de passe* (2008), de Walter Salles e Daniela Thomas; *A casa de Alice*, de Chico Teixeira. Tem facilidade no trato com crianças, conforme fica demonstrado em *Castelo Rá-Tim-Bum, o filme* (1999), de Cao Hamburger; *Besouro* (2009), de João Daniel Tikhomiroff, *Tainá 2 – a aventura continua* (2004), de Mauro Lima*. Atuou na preparação de obras-chave do cinema brasileiro como *Baiano fantasma* (1982-1984), de

Denoy de Oliveira*; *Hans Staden* (1998-1999), de Luiz Alberto Pereira*; *Memórias póstumas* (1999), de André Klotzel*; *Eu tu eles* (2000), de Andrucha Waddington*; e *Quincas Berro d'Água* (2009), de Sérgio Machado. Não é exagero afirmar que o trabalho de Fátima Toledo deixou marca forte no cinema brasileiro contemporâneo. (FPR)

TOLEDO, Sérgio (Sérgio Toledo Segall) – São Paulo, SP, 1956. Diretor.
FILMOGRAFIA: 1978 – *Braços cruzados, máquinas paradas*. 1986 – *Vera*. 1990 – *A guerra de um homem* (produção estrangeira).

Herdeiro de tradição artística, é neto do pintor Lasar Segall, filho do dramaturgo Maurício Segall (autor do texto *O coronel dos coronéis*), diretor do Museu Lasar Segall, e da atriz Beatriz Segall. Junto com seu companheiro de geração Roberto Gervitz*, inicia suas experiências na bitola Super-8*, filmando *Parada geral* e *Histórias do ganha-pão*, nos anos de 1975 e 1976. Em seguida passa a trabalhar profissionalmente em longas como assistente de montagem de Mauricio Wilke em *O jogo da vida* (1976), de Maurice Capovilla*, e em *Paixão e sombras* (1976-1977), de Walter Hugo Khouri*. Novamente em parceria com Gervitz, dirige e monta *Braços cruzados, máquinas paradas*, documentário sobre as greves metalúrgicas do ABC paulista. Monta filmes publicitários e o longa *Das tripas coração* (1982), de Ana Carolina*. Produz, escreve e dirige *Vera*, drama sobre jovem de origem humilde em crise com sua identidade sexual, em filme que revela a atriz Ana Beatriz Nogueira*, premiadíssima por sua atuação. Seu terceiro longa, *A guerra de um homem* – uma produção estrangeira encomendada pela televisão europeia, com o ator inglês Anthony Hopkins e Fernanda Torres* –, ficou inédito nos cinemas brasileiros. É um filme dramático sobre as perseguições políticas a uma família na América Latina. (LFM)

TONACCI, Andrea – Roma, Itália, 1944. Diretor.
FILMOGRAFIA: 1969-1970 – *Bang-bang*. 1975-1995 – *Interprete mais, ganhe mais*. 1976-1977 – *Conversas no Maranhão*. 2006 – *Serras da desordem*.

Andrea Tonacci possui uma carreira singular sob diversos aspectos. Avesso a concessões, preferiu manter a integridade das propostas de vanguarda que endossou nos anos 60, sacrificando sua inserção no mercado. Seu primeiro longa, *Bang-bang*, teve boa repercussão crítica. Sua filmografia dirigiu-se mais para o documentário*, gênero no qual realizou principalmente registros de tribos indígenas, destacando-se como pioneiro da introdução do vídeo no Brasil.

Tonacci chega a São Paulo, com a família, em 1953 e passa a residir na cidade, cursando Engenharia e Arquitetura no Mackenzie e dando aulas na Escola de Cinema São Luís. Em 1965, dirigiu o curta *Olho por olho*, que participou com sucesso do FESTIVAL JB-MESBLA. Por ter fotografado os curtas *Documentário*, de Rogério Sganzerla*, e *O pedestre*, de Otoniel Serra, recebe prêmio, nesse festival, por melhor conjunto de obra fotográfica. *Olho por olho* mostra um grupo de garotos que erra por São Paulo e decide partir para a agressão gratuita a um desconhecido. Entre 1967 e 1968 morou no Rio de Janeiro, de onde é obrigado a se retirar depois de ter seu apartamento invadido pela polícia. Em 1968 concluiu *Blá, blá, blá*, seu primeiro filme mais maduro, premiado como melhor média no FESTIVAL DE BRASÍLIA daquele ano. Estrelado por Paulo Gracindo*, delineia uma crítica ácida à política como discurso, colocando em evidência a utilização dos meios de comunicação de massa, em uma situação em que sua manipulação volta-se contra o próprio manipulador. Tonacci articulou a realização de seu primeiro longa, *Bang-bang*. O filme foi realizado em Belo Horizonte e Montes Claros, em onze dias, com fotografia de Tiago Veloso, cenografia de Milton Gontijo e do próprio Tonacci. Roman Stulbach fez uma montagem tênue, articulando planos longos já compostos nas filmagens. O filme não conseguiu espaço no circuito exibidor e sua exibição ficou restrita a cineclubes e circuitos alternativos (foi exibido durante uma semana no ELETRIC CINEMA, em Londres). *Bang-bang* retrata o clima da época com uma intriga fragmentada ao extremo, gestos dilacerados e um universo ficcional carregado de cenas que misturam deboche irritadiço com significantes abjetos e animalescos. O personagem desempenhado por Paulo César Pereio* aparece em diversas cenas usando uma máscara de *O planeta dos macacos*. A representação do baixo e do disforme se dispõe em uma espécie de disco riscado que, periodicamente, faz a ação dramática se deter em forma de repetição. O filme é construído como uma imensa repetição em sintagmas de cenas que podem se articular de maneira livre. O objetivo de Tonacci, segundo revelou em entrevistas na época, foi realizar uma obra em grandes planos-sequências, independentes entre si, que pudessem ser intercambiados em qualquer ordem. A negação da disposição clássica da ação como intriga mantém, no entanto, personagens bem definidos na estrutura narrativa. Na sinopse divulgada, a ação foi resumida como a de um homem neurastênico que, durante a realização de um filme, se vê envolvido em várias situações, como o romance com uma bailarina espanhola, perseguições, discussões com um motorista de táxi e enfrentamentos com um trio de bandidos "no mínimo estranhos" (esse trio, um dos polos do filme, é composto "por um bandido cego e mudo, cuja pistola dispara a esmo, um outro bandido narcisista e um terceiro, que é mãe de todos e come o tempo inteiro"). Além da recorrente referência ao aparato do dispositivo cinematográfico envolvido na constituição do discurso fílmico, *Bang-bang* trava um diálogo próximo, e sem má consciência, com o classicismo hollywoodiano. A cenografia é carregada de elementos de época e a trilha sonora pontua com ênfase, no modo clássico dos grandes filmes comerciais, uma ação sem peripécias, criando um interessante contraponto de tensão musical e vazio dramático. Em 1970, *Bang-bang* foi convidado a participar do FESTIVAL DE CANNES e exibido na QUINZENA DE REALIZADORES.

Em 1969, Tonacci dirige os curtas *Arrastão*, sobre religião japonesa no Brasil, e *Nô*, sobre dança japonesa, que são assinados por Lucila Simon para poderem receber certificado da lei do curta. Também no mesmo ano dirige *Traineira* e *Tenrykio*, que são assinados por Oto Marques pelo mesmo motivo. Em 1972, realiza com Júlio Bressane* uma viagem ao Extremo Oriente, atravessando toda a Ásia (Irã, Paquistão e Índia), e documenta com fotografias a região (apenas Bressane filma nessa viagem). Suas experiências em vídeo são pioneiras no Brasil, iniciando-se já em 1972. Ambos os filmes misturam depoimentos de pessoas próximas e clima ficcional que remete a *Bang-bang*. Em 1974, registra em vídeo preto e branco (em HSVT) uma série de *shows* e entrevistas, como *Miles Davis em São Paulo* (no Teatro Municipal), *Milton Nascimento em São Paulo*, *Jorge Mautner em São Paulo* e *Sergio Kera em São Paulo*. Em 1975, realiza *Do tabu ao totem*, documentário de trinta minutos em vídeo, que retrata a inauguração de uma exposição do artista plástico Roberto Aguilar. Sobre o mesmo artista faz o documentário *Roberto Aguilar em Nova York*, no qual podemos vê-lo em atividade criativa. Tonacci também dirige, em 1975, seu segundo longa-metragem,

Interprete mais, ganhe mais, registrando a conturbada montagem da peça *Os autos sacramentais*, de Calderón de la Barca, em adaptação para o teatro de Carlos Queiroz Teles, com produção de Ruth Escobar, direção e cenografia de Victor Garcia. Em um estilo próximo ao cinema direto, Andrea abstém-se de qualquer tipo de intervenção, mantendo a câmera funcionando em longos planos enquanto os dilemas que envolvem a montagem da peça transcorrem. O filme foi realizado numa tentativa de criação coletiva que parece não ter sido inteiramente bem-sucedida. Filmado em Paris e Chiraz, com uma trupe de atores brasileiros, o documentário registra diversas passagens da produção da peça e do cotidiano dos atores, terminando com uma grande discussão que quase inviabiliza a realização do trabalho. Ruth Escobar, a produtora da peça e do filme, é a grande protagonista das imagens, deixando transparecer seu temperamento forte e polêmico. *Interprete mais, ganhe mais* foi gravado em vídeo preto e branco de meia polegada e também em 35 mm e 16 mm, com som direto. Passado inteiramente para película, foi montado nesse suporte. O filme ficou mais de dez anos interditado por Ruth Escobar, que parece não haver gostado de algumas cenas mais cruas do documentário, retratando os conflitos da peça. Para sua exibição exigiu que fosse cortada a cena em que aparece tomando banho com uma amiga em uma banheira. Essa cena foi suprimida na versão que hoje circula. O documentário, em função desses problemas, foi finalizado somente em 1995.

Conversas no Maranhão é o primeiro filme de Tonacci em torno de um assunto no qual se aprofundaria nos anos seguintes: a representação da vida indígena. Com essa película inicia um projeto que, recebendo em seguida o apoio da Fundação Guggenheim, se estenderia de 1977 a 1983. Filmado no Maranhão, o longa retrata a luta pela terra dos timbiras orientais, da tribo canela ou apaniecra. Do mesmo modo que *Interprete mais, ganhe mais*, desenvolve-se em um estilo próximo ao cinema direto. A interferência da equipe nos acontecimentos é pequena, embora seja maior do que em *Interprete mais, ganhe mais*. Os índios e colonos são deixados à vontade para dar seu depoimento, e a câmera os acompanha com calma, no ritmo dos habitantes da região. Andrea ficou três meses no Maranhão para filmar, e as tomadas foram realizadas em 16 mm com som direto. Como estratégia, preferiu não utilizar os equipamentos no primeiro mês. Isso fez que os índios,

paulatinamente, fossem se desinibindo, gerando a boa ambientação que dá o tom de contundência e espontaneidade dos depoimentos. O filme avança no próprio ritmo dos índios e dos caboclos, com um contínuo som de fala e canções indígenas ao fundo. Essa aderência ao transcorrer da fala indígena, que marca o ritmo do filme, é conseguida por meio de longos planos-sequências. Neles, os índios aparecem à vontade para expor sua vida, seus costumes e, principalmente, seus problemas com a demarcação de terras. *Conversas no Maranhão* é um dos pontos altos do documentário brasileiro, filme de personalidade que une domínio estilístico rigoroso a um fundo de documentação significativo em sua espontaneidade. Entre 1977 e 1978 Tonacci recebe uma bolsa da Fundação Guggenheim, dentro de um esquema que se repetiria também em 1982-1983, permitindo que dê continuidade e aprofunde as experiências de *Conversas no Maranhão*. O projeto apresentado, *A visão dos vencidos*, tinha como objetivo retratar os índios de todo o continente americano a partir de seu próprio ponto de vista. O limite aqui, como proposta de realização cinematográfica, seria o olho do índio no visor. A ideia era fornecer material e condições para que as comunidades indígenas se expressassem no formato audiovisual, interferindo de modo dinâmico em seu cotidiano. Foram tomados depoimentos e feitas experiências de entregar a câmera aos protagonistas da cultura que se estava retratando. Algumas tribos usaram as imagens para se comunicar entre si. Nos Estados Unidos, México, Peru, Bolívia, Tonacci realizou, em vídeo preto e branco de meia polegada, os documentários *Jimmy Durham* (1978), *Mary Jo Hopkins* (1978), *Clyde Bellcourt* (1978), *Pow Wow Feast in NYC* (1978), *Arizona New Mexico* (1978), *Comuneros de Milpa Alta* (1978), *Festa do Tepache* (1978) e *Caso Parakanã* (1978). Em 1979, também dentro do mesmo projeto, filma, no Brasil, *Tupiniquins do Espírito Santo*, *Guaranis de Parelheiros* e *Guaranis de Espírito Santo*. Em 1980, documenta (em HSVT, com três horas de duração) importante reunião de índios latinos em Cuzco, Peru, promovida pela Igreja Católica, no filme *Congresso Internacional de Índios da América Latina*. *Ampam Karakrás*, de 1980, em HSVT, com quarenta minutos, mostra um líder indígena colombiano conclamando a união das tribos amazônicas. Fora do projeto Guggenheim, Tonacci realiza, em 1979, documentário para sindicatos operários no ABC, como *1º de Maio em São Bernardo do Campo* e *13 de Maio em São Bernardo do*

Campo. Em 1978 filma documentário sobre um *show*, em 16 mm, intitulado *Hermeto, Macalé e Novos Baianos*.

Ainda em 1980 inicia outro documentário sobre a questão indígena intitulado *Os Arara* (I, II e III, de 1980, 1981 e 1983, respectivamente), retratando os índios araras, do Norte do país, que tiveram suas terras invadidas por colonos trazidos pela rodovia Transamazônica. Durante três anos embrenha-se na selva com uma expedição da Fundação Nacional do Índio (Funai) de primeiro contato com as comunidades araras, até então isoladas. Também apoiado pela Fundação Guggenheim, foram feitas nesse projeto mais de trinta horas de gravação, em vídeo (U-matic), de 16 mm e Super-8* (Leicina), que, montadas, foram reduzidas a três filmes com sessenta minutos cada, totalizando três horas de duração. A terceira parte do filme ainda está incompleta, tendo sido divulgadas as partes I e II. O material, sem a montagem final, foi exibido durante diversas noites pela TV ALTAMIRA, do Pará, até que um coronel pressionasse o responsável da empresa por sua suspensão. Em 1982, a REDE BANDEIRANTES, coprodutora do filme, o exibe comercialmente. Além dos procedimentos para os primeiros contatos com o grupo arara, o filme mostra os conflitos que envolvem a tentativa de apropriação da terra indígena por uma grande companhia de exploração agrícola. Embora sem o rigor de *Conversas no Maranhão*, o documentário *Os Arara* mantém a mesma linha estilística, com uma abertura maior para o improviso e o acompanhamento do dia a dia da região. Tonacci fotografa e faz a câmera – em geral na mão, acompanhando as picadas na mata –, improvisando as tomadas durante as caminhadas e localização de aldeias. São apresentados longos depoimentos com caboclos, funcionários das companhias e índios. *Os Arara* é um filme solto, feito conforme vão surgindo situações e acontecimentos, aberto para a denúncia da forma de colonização trazida pela Transamazônica.

Ainda nos anos 80, Andrea une-se a Carlos Reichenbach*, Inácio Araújo, Julio Calasso, Guilherme de Almeida Prado* e André Luiz Oliveira para fundar a produtora CASA DE IMAGENS. Tenta captar recursos para o longa de ficção "Agora nunca mais", que não é realizado. Nos anos 90 aprofunda-se em seu *work in progress*, *Paixões*, espécie de diário filmado, realizado durante anos, em 16 mm e agora em vídeo digital. Dirige também diversos trabalhos para publicidade e vídeos institucionais. Em 1994, faz para a Fundação Bienal documentário de 65 minutos, em vídeo, intitulado *Bienal Brasil século XX*. Registra mais de sessenta horas, tomando depoimentos e retratando artistas plásticos em atividade, dentro da ideia de promover um amplo arquivo da arte brasileira contemporânea. No mesmo ano, para o evento Arte/Cidade, realiza *Óculos para ver pensamentos*, ficção em vídeo, com vinte minutos de duração. Entre 1997 e 1998 faz, para o Ministério da Cultura, em vídeo digital, *Biblioteca Nacional do Rio de Janeiro* (22 minutos) e *Teatro Municipal* (sessenta minutos). Em 1998 dirige para a TVE, do Rio de Janeiro, *Idade não é documento*, documentário sobre direitos humanos.

Nos anos 2000, Tonacci mergulha fundo em seu projeto, acalentado há anos, de filmar a extraordinária vida do índio Carapirú. Abraça a realização do documentário *Serras da desordem*, testemunho da capacidade e criatividade do diretor, mesmo após anos afastado do formato longa. Originário da tribo guajá, do Maranhão, Carapirú sobrevive a um massacre de seu povo em 1977. Erra durante dez anos pelas serras do Brasil central, isolado e vivendo na selva, até ser localizado pelo sertanista Sydney Possuelo a 2.000 km de onde vivia, na Bahia. A história tem cobertura da imprensa nacional, seguindo-se um esforço para determinar sua origem. A identificação como membro da comunidade linguística guajá dá-se através de seu filho Tiramukõn, de quem descobre ser pai, depois de considerá-lo morto. Retorna então com o filho à aldeia indígena, mas é difícil adaptar-se à vida que levava décadas antes. O filme acompanha essa pequena odisseia, sobrepondo-a às modificações ocorridas no Brasil durante o período, inclusive com material de arquivo. Tonacci elabora uma narrativa fragmentada no estilo, com a utilização de recursos díspares que fogem à linearidade. A crítica brasileira estranha o filme em função de um procedimento comum no cinema documentário: a encenação explícita da ação, vivida anteriormente por seus protagonistas. Carapirú reencena, a seu modo, para Tonacci e sua câmera, alguns fatos ocorridos durante e após o massacre. *Serras da desordem* começa a ser filmado em setembro de 2002, continua por 2003, com tomadas espaçadas, sendo finalizado em 2004/2005, depois de quase dois anos de montagem. Há de se destacar o trabalho, na edição, de Cristina Amaral, companheira antiga de Tonacci que torneia e dá unidade final ao vasto material coletado em 35 mm e, principalmente, em vídeo, totalizando mais de 140 horas de tomadas.

Na realidade, Tonacci conhece Carapirú em 1993 e imagina um filme de ficção para contar sua história. Trabalha até 2001 no roteiro, mas acaba enveredando pelo documentário, por opção pessoal e como modo mais ágil de viabilizar a produção. Depois de décadas sem conseguir efetivar projetos, envolvido em trabalhos noutros formatos, *Serras da desordem* configura o tão esperado retorno de Tonacci ao formato longo. (FPR)

TORÁ, Lia (Horácia Correia d'Ávila) – Rio de Janeiro, RJ, 1907-1972. Atriz.

FILMOGRAFIA: 1928 – *Bastará ser rico* (produção estrangeira). 1929 – *A mulher-enigma* (produção estrangeira); *Alma camponesa* (produção estrangeira). 1930 – *O rei do jazz* (produção estrangeira); *Soldiers Plaything* (produção estrangeira); *À meia-noite* (produção estrangeira). 1931 – *Don Juan diplomático* (produção estrangeira); *Soñadores de la Gloria* (produção estrangeira); *Hollywood, cidade de sonho* (produção estrangeira); *Eran trece*. 1971 – *Confissões de frei Abóbora*.

Estrela brasileira que atua no cinema americano, no período final do mudo, depois de ser vencedora do concurso da empresa FOX FILM, em 1927. Participa, no mesmo ano, do documentário *Belezas brasileiras*, que cobre o concurso. Na América estreia como atriz no curta *The Low Necker* (1927); no ano seguinte participa como extra de vários filmes. Ainda em 1928 faz seu primeiro papel em *Bastará ser rica*, sob a direção de Alfred E. Green. Em 1929, escreve os argumentos e protagoniza dois filmes: *A mulher-enigma*, do diretor Emmett Flynn, e *Alma camponesa*, que conta com a direção de seu marido Júlio Moraes, em história ambientada em Portugal. Com o advento do sonoro, faz-se presente em *O rei do jazz* e contracena com o comediante Harry Langdon, sob as ordens do diretor Michael Curtiz. A partir de 1931 atua em versões espanholas de filmes americanos. (LFM)

TORNADO, Toni (Antônio Vianna Gomes) – Presidente Prudente, SP, 1937. Ator.

FILMOGRAFIA: 1971 – *Tô na tua, bicho*. 1973 – *A virgem*. 1974 – *O clube das infiéis*. 1975 – *Os pilantras da noite* (*Picaretas sexuais*). 1976 – *Pesadelo sexual de um virgem*; *Ouro sangrento* (*Tenda dos prazeres*); *Chão bruto*. 1977 – *As amantes de um canalha*; *A praia do pecado*. 1978 – *Tráfico de fêmeas*. 1979 – *Uma cama para sete noivas*. 1980 – *Pixote, a lei do mais fraco*. 1983 – *Quilombo*. 1984 – *Os Trapalhões e o*

Mágico de Oroz; *O rei do Rio*. 1987-1988 – *Natal da Portela*. 1987-1991 – *Vai trabalhar, vagabundo II, a volta*. 2006 – *1972, o filme*.

Músico de formação, desenvolve carreira no cinema e na televisão, quase sempre como coadjuvante. Na localidade de Rio das Flores conclui o curso regular e frequenta a banda de música da escola, familiarizando-se com vários instrumentos, em especial bateria e percussão. Entra para o conjunto folclórico Coisas do Brasil, com o qual passa dois anos na Europa, entre 1965 e 1967. Deixa o grupo durante a turnê americana, vivendo por um ano no Harlem nova-iorquino. Descobre a *soul music* e a submissão do intérprete musical a uma *mise-en-scène* de palco. Retorna ao Rio de Janeiro em 1969, trabalhando como leão de chácara em boates de Copacabana. Consegue uma chance na Little Club e logo é contratado por Ed Lincoln, passando a figurar no conjunto da New Holiday, onde é descoberto pelos compositores Antônio Adolfo e Tibério Gaspar, que o empresariam. Grava o compacto *Eu sou negro* e participa do Festival Internacional da Canção de 1970. Em arrebatadora interpretação da música *BR-3*, escrita por Adolfo, ganha o festival e fama imediata. O sucesso o leva ao cinema, meio no qual desenvolve carreira associada inicialmente à pornochanchada*, e também à televisão, em que atua principalmente em novelas e programas humorísticos. Paulatinamente abandona a música em favor desses veículos, descobrindo-se um ator de certos recursos. No cinema aparece cantando em seu primeiro filme, a comédia *Tô na tua, bicho*, de Raul Araújo. Depois participou de uma série de filmes realizados na Boca do Lixo* paulista, geralmente em papéis de bandido ou de chefe deles, quando contracena com Tony Vieira*, nos filmes que este dirigiu: *Os pilantras da noite* e *As amantes de um canalha*. Conquista seus dois primeiros papéis nos policiais *Ouro sangrento*, de César Ladeira Filho, tendo como parceira Sandra Barsotti*, e *Tráfico de fêmeas*, de Agenor Alves. Mas é com o diretor Hector Babenco*, no papel de um traficante violento, que tem a oportunidade de exibir o talento de ator no filme *Pixote, a lei do mais fraco*, quando começa a participar de filmes fora da Boca. Representa Ganga Zumba em *Quilombo*, de Carlos Diegues*, sua única participação em filme histórico. No cinema carioca atua também em filmes infantis dos Trapalhões*. Firmou-se na televisão, tornando-se um coadjuvante regular das novelas da REDE GLOBO. Consegue sua melhor interpretação na minissérie *Agosto*, de 1993. (HH)

Interpreta Tião, homem pobre e perdido, entregue à bebida, que reencontra seu idealismo em *1972, o filme*, do estreante José Emílio Rondeau.

TORRES, Fernanda (Fernanda Pinheiro Monteiro Torres) – Rio de Janeiro, RJ, 1966. Atriz.

FILMOGRAFIA: 1982 – *Inocência*. 1984 – *Eu sei que vou te amar*. 1984-1985 – *A marvada carne*; *Amenic*. 1985 – *Com licença, eu vou à luta*; *Sonho sem fim*. 1987 – *Fogo e paixão*. 1987-1992 – *Beijo 2.348/72*. 1987-1994 – *O Judeu* (coprodução estrangeira). 1988 – *A mulher do próximo* (produção estrangeira). 1988-1989 – *Kuarup*. 1990 – *A guerra de um homem* (produção estrangeira). 1992 – *Não quero mais falar sobre isso*; *Capitalismo selvagem*. 1995 – *Terra estrangeira*. 1996 – *O que é isso companheiro?*. 1996-1997 – *Miramar*. 1998 – *Traição* (episódio: 'Diabólica'); *O primeiro dia*. 1999 – *Gêmeas*. 2003 – *Os normais, o filme*. 2004 – *Redentor*. 2005 – *Casa de areia*. 2007 – *Jogo de cena*; *Saneamento básico, o filme*. 2009 – *A mulher invisível*; *Os normais 2 – a noite mais maluca de todas*.

Filha dos atores Fernando Torres e Fernanda Montenegro*, começou no teatro fazendo curso no Tablado, de Maria Clara Machado, participando de peças infantis. Também fez cursos com o ator Sérgio Brito* e com o grupo Asdrúbal Trouxe o Trombone. Aos 13 anos estreou na televisão com o especial *Queridos, fantásticos sábados*, dirigido por Domingos Oliveira*. Prestou vestibular para a Faculdade de Artes Plásticas, mas não chegou a frequentar as aulas, optando por prosseguir com a carreira de atriz. Em novelas fez personagens secundárias em *Baila comigo*, *Brilhante* (no papel da neta da matriarca, interpretada por Fernanda Montenegro) e *Eu prometo*, e assumiu o posto de protagonista no *remake* de *Selva de pedra*. Em 1986, durante as gravações da novela, Fernanda foi escolhida como melhor atriz no FESTIVAL DE CANNES – dividindo o prêmio com Barbara Sukowa, de *Rosa Luxemburgo* (1985), de Margarethe von Trotta – pelo seu desempenho em *Eu sei que vou te amar*, de Arnaldo Jabor*, filme centrado nas lembranças e discussões de um jovem casal recém-separado. No cinema, a atriz já havia chamado a atenção com sua estreia em *Inocência*, a delicada história de amor dirigida por Walter Lima Jr.*. Três anos depois, o prêmio em Cannes consolidou definitivamente sua carreira, que atravessava na época um período produtivo e com atuações marcantes. Foi o caso do trabalho em *A marvada carne*,

de André Klotzel*, no qual compôs com irresistível apelo cômico a personagem da caipira Carola, disposta a apelar para promessas e crendices com o intuito de conseguir um casamento o quanto antes. Outro papel de destaque, baseado no livro autobiográfico de Eliane Maciel, foi o da moça de subúrbio que enfrentava os pais em *Com licença, eu vou à luta*, de Lui Farias. Nesse filme, a atriz, que havia sido casada com o jornalista Pedro Bial, foi dirigida pelo segundo marido, Lui Farias, então estreando no longa-metragem. Fernanda também teve atuação significativa na produção dos jovens cineastas paulistas que surgem nos anos 80. Além de *A marvada carne*, interpretou a operária Claudete na comédia *Beijo 2.348/72*, de Walter Rogério, e voltou a trabalhar com André Klotzel em *Capitalismo selvagem*. Com Sérgio Toledo* (diretor de *Vera*), fez *A guerra de um homem*, produção para a TV a cabo americana HBO e para o CHANNEL 4 inglês, na qual contracenou com Anthony Hopkins e Norma Alejandro. Pouco antes havia atuado em outra produção estrangeira, o português *A mulher do próximo*, de José Fonseca e Costa, no papel da moça de tradicional família lisboeta que insiste em falar com sotaque brasileiro. Durante a estada em Portugal, filmou trechos de *O Judeu*, finalizado somente em 1994. Em 1990 – quase dez anos depois de sua peça anterior, *Rei Lear* – voltou aos palcos em *Orlando*, dirigida por Bia Lessa. Daí por diante passou a manter frequente atividade teatral. A partir de 1992 integrou a Companhia de Ópera Seca, criada por Gerald Thomas (com quem estava casada na época), atuando nas peças *The Flash and Crash Days*, ao lado de Fernanda Montenegro, *O império das meias verdades* e *Don Juan*, além de desenhar os figurinos para *Unglauber*. Junto com Débora Bloch*, Luiz Fernando Guimarães*, Diogo Vilela, Pedro Cardoso e Miguel Magno formou o elenco de *5 × comédia*, grande sucesso de público em 1996. Dois anos depois envolveu-se como produtora e intérprete na montagem da peça *A gaivota*, com direção de Daniela Thomas, na qual novamente dividiu a cena com Fernanda Montenegro. Na televisão, depois de atuar na novela *Selva de pedra*, dedicou-se aos programas especiais, entre eles a série *A Vida como Ela É*, adaptação das crônicas de Nélson Rodrigues*. Também tomando por base essas crônicas, a CONSPIRAÇÃO FILMES produziu curtas-metragens reunidos no longa *Traição*, no qual Fernanda não só trabalhou como atriz mas também colaborou como roteirista em 'Diabólica', episódio dirigido pelo irmão

Cláudio Torres. Em parceria com Elena Soares, escreveu o roteiro de *Redentor*, sobre um homem morto que relembra sua vida, enquanto espera para entrar no céu. Dirigida por Bruno Barreto* em *O que é isso, companheiro?*, interpretou a guerrilheira Maria, na trama que recria o sequestro do embaixador americano em 1969. Entre seus filmes mais recentes há espaço também para o cinema experimental de Júlio Bressane*, com a particular leitura de Oswald de Andrade promovida em *Miramar*. Depois de ter feito *Terra estrangeira* em Portugal com Walter Salles* e Daniela Thomas, voltou a filmar com os mesmos diretores em *O primeiro dia*, filme que competiu no FESTIVAL DE LOCARNO de 1998. (LCA)

Na década de 90, Fernanda mantém a postura seletiva na escolha de filmes atuando em poucas obras, mas com interpretações fortes. Em cada trabalho sentimos um investimento diferenciado da atriz. Mesmo no caso de filmes realizados a partir de programas de sucesso televisivo, como *Os normais* (*Os normais, o filme* e *Os normais 2 – a noite mais maluca de todas*), a presença em campo de Fernanda traz uma intensidade diferenciada, carregada de presença cênica, ou fotogênica, para utilizarmos termo cinematográfico. Em *Os normais* contracena com Luiz Fernando Guimarães. É significativo o trabalho de uma geração de jovens atores cariocas que circulam livremente pelos corredores da GLOBO estabelecendo um padrão dramatúrgico e de conduta para o país. *Os normais* sintetizam essa postura e o programa é transportado com sucesso para o cinema, seguindo trilha de outros trabalhos do grupo Guel Arraes*. A dupla interage com Marisa Orth no primeiro filme (*Os normais, o filme*) e Claudia Raia no segundo (*Os normais 2 – a noite mais maluca de todas*), sempre no universo da dramaturgia global, colocando voltagem nos papéis de tipo cômico que interpretam. Torres sente-se à vontade na comédia.

Vinda de família tradicional nas artes cênicas, ocupa, sem fazer força, lugar central na corte carioca. O esquema familiar marca sua atuação no cinema brasileiro, no qual atua dirigida por maridos, irmão, e contracena com a mãe. Em *Casa de areia* temos o resultado da proximidade familiar. Torres está num de seus papéis de maior toque dramático, mas sem uma alteridade mais marcada para dirigi-la. O papel que desempenha é complexo, acrescido pela presença da mãe (Fernanda Montenegro), no contraponto, e do marido (Andrucha Waddington*) no *set*. Sua atuação como atriz dilui-se em voluntarismos, sem que sintamos uma mão para podar os excessos. Em *Jogo de cena*, Fernanda enfrenta uma proposta diferenciada, e com agilidade esgrima o desafio. Trata-se de desempenhar o papel de atriz numa forma de narrativa (o documentário) que não possui tradição nesse tipo de interpretação. O resultado é forte e segue o desejo de Eduardo Coutinho*. Fernanda avança com coragem no texto, mas desaba antes do fim, sentindo a impossibilidade de continuar. Testemunho autêntico de uma atriz profissional que abandona a interpretação e passa a encenar com o corpo.

Em *Saneamento básico, o filme*, a atriz surge próxima ao tipo no qual se sente à vontade, metade cômica, metade inocente, com toques de caipira do interior, agora na serra gaúcha. Tipo imortalizado em *Marvada carne* e que repete em *Saneamento básico, o filme*. Na realidade, Fernanda é atriz com leque amplo de atuação, sempre através de um estilo de interpretação construído. Oscila do infantil, inocente/erótico, com o qual começa sua carreira em *Inocência*, para o de mulher madura, às vezes agressiva, que se joga em relacionamentos tensos, expressando fortes sentimentos (*O primeiro dia, Redentor, Eu sei que vou te amar, Casa de areia*). A variação dominante do tipo infantil é no formato alegre (*Marvada carne, Saneamento básico, o filme*), chegando ao francamente cômico, com possibilidade de atingir o grotesco. Seu leque de atuação, portanto, vai do dramático interiorizado, com sutilezas de expressão, de *Eu sei que vou te amar*, à pureza travessa de *Marvada carne*, até o humor desbragado de *Os normais*. Fica faltando o erótico do tipo fatal, mas nesse formato Fernanda reconhece que não consegue atuar. Um bom filme em que a fronteira fica clara é *A mulher invisível*, do irmão Cláudio Torres, em que sua figura de mulher com dois pés no chão pode ser contraposta (mesmo sem protagonismo) à *bombshell* brasileira Luana Piovani. São poucas as atrizes hoje que conseguem desempenhar esse leque amplo de tipos, com a densidade que lhes concede Fernanda Torres. Possui também espaço para atuar na maturidade, com capacidade de interpretação que vai além dos papéis marcantes que já desempenhou na juventude. A atriz escreve para a mídia, com textos originais que demonstram ampla formação cultural, inclusive com agilidade suficiente para intervir em temas políticos candentes. (FPR)

TORRES, Miguel (Miguel Torres de Andrade) – Curaçá, BA, 1926-1962. Roteirista, ator.

FILMOGRAFIA: 1955 – *A rosa dos ventos* (episódio brasileiro: 'Ana') (coprodução estrangeira) (ator). 1958 – *Depois do carnaval* (ator). 1960 – *A morte comanda o cangaço* (ator); *Mandacaru vermelho* (ator). 1962 – *Os cafajestes* (rot.); *Três cabras de Lampião* (ator, rot.). 1962-1963 – *Sol sobre a lama* (rot.). 1963 – *Os fuzis* (rot.).

Pelos serviços prestados à Marinha no patrulhamento do Atlântico Sul, durante a II Guerra Mundial, Miguel Torres recebeu duas medalhas. Após dar baixa, em 1951, Miguel Torres começou a se dedicar ao teatro, estudando no Conservatório Nacional de Teatro. Atuou e escreveu peças infantis, além de ter trabalhado por um ano na TV TUPI. No cinema iniciou como ator em 'Ana', episódio brasileiro do longa-metragem *A rosa dos ventos* – uma produção de cinco episódios financiada pela antiga Alemanha Oriental, com coordenação geral de Joris Ivens, e 'Ana' foi dirigido por Alex Viany* e roteirizado por Jorge Amado*. Contracenando com Vanja Orico*, Miguel Torres fez o papel de um operário que foi ao Nordeste visitar os pais e voltou para São Paulo de caminhão pau de arara. No trajeto, o motorista tentou enganar os passageiros, pois estava mancomunado com um latifundiário que pretendia utilizar os retirantes como mão de obra barata. Entretanto, a ação do operário, organizando os retirantes, impediu que o plano surtisse efeito. *A rosa dos ventos* nunca foi lançado comercialmente no Brasil. Miguel Torres estrelou, ao lado de Anilza Leoni, *Depois do carnaval*, drama dirigido por Wilson Silva*. Interpretou ainda um vaqueiro nordestino, papel secundário de *Mandacaru vermelho*, filme de Nelson Pereira dos Santos*. Desejando trabalhar em outras funções no cinema, Miguel Torres passou a colaborar com o tarimbado roteirista Alinor Azevedo*. Além dessa experiência, Miguel Torres escreveu "O cavalo de Oxumaré", filme inacabado dirigido por Ruy Guerra*, em 1960. No ano seguinte escreveu o argumento, junto com Ruy Guerra, de um dos primeiros sucessos de público e crítica do Cinema Novo*, *Os cafajestes*. As armações dos cafajestes interpretados por Jece Valadão* e Daniel Filho*, além da nudez de Norma Bengell* (no primeiro nu frontal do cinema brasileiro), chamaram a atenção do grande público e a crítica interessou-se pelas claras influências estéticas da *nouvelle vague*. Bastante ligado ao então emergente Cinema Novo, Miguel Torres foi chamado por Alex Viany para escreverem juntos o roteiro de *Sol sobre a lama*, filme dirigido pelo próprio Viany que abordava a resistência de uma comunidade pobre de Salvador contra a opressão da elite local. O elenco contava com Geraldo D'El Rey*, Gessy Gesse, Glauce Rocha* e Othon Bastos*. Miguel Torres conseguiu ver filmado o seu roteiro mais acalentado em *Três cabras de Lampião*. Para a elaboração do roteiro, fez uma vasta pesquisa, conversando com cangaceiros e vaqueiros sobre Lampião. Tentou por sete anos vender esse roteiro, mas não obteve resultados positivos. Miguel Torres o havia oferecido a Alex Viany e Nelson Pereira dos Santos, que não tiveram condições de produzi-lo. Finalmente foi Aurélio Teixeira* quem conseguiu realizar *Três cabras de Lampião*, filme que buscou explicar o fenômeno do cangaço como resultante do latifúndio, das injustiças sociais e do misticismo religioso. O elenco era formado, além do próprio diretor Aurélio Teixeira, por Milton Ribeiro*, Catulo de Paula, Gracinda Freire e Miguel Torres, novamente no papel de um vaqueiro. O último filme com argumento de Miguel Torres foi *Os fuzis*, dirigido por Ruy Guerra. Ambientado no sertão nordestino, esse filme conta a história de um punhado de soldados que deve proteger o armazém cheio de víveres, porque este pode ser saqueado pela população faminta insuflada por um caminhoneiro. No elenco estão Átila Iório*, Nelson Xavier*, Hugo Carvana* e Joel Barcelos*. O filme foi premiado no FESTIVAL DE BERLIM com o URSO DE PRATA de melhor diretor. Miguel Torres, entretanto, não chegou a presenciar nem as filmagens, pois faleceu num acidente de carro em Cajazeiras, Paraíba, em 31 de dezembro, quando procurava locações para essa produção. Deve-se destacar ainda, apesar da morte precoce, a importância de Miguel Torres como uma espécie de ideólogo do Cinema Novo, pois declarações suas, recolhidas por David Neves* e publicadas em 1962 na *Revista de Cultura Cinematográfica*, tiveram ampla repercussão no movimento. No depoimento, Miguel atacou o cinema industrial, entendendo-o como mistificador e defendeu que os cineastas brasileiros estivessem comprometidos em registrar aquele momento histórico, considerado fundamental. (AA)

TRAGTENBERG, Lívio (Lívio Romano Tragtenberg) – São Paulo, SP, 1961. Músico.

FILMOGRAFIA: 1989 – *Sermões*. 1992 – *Oswaldianas* (1º episódio: 'Quem seria o feliz conviva de Isadora Duncan?'). 1994-1997 – *Bocage – o triunfo do amor*. 1995 – *O mandarim*. 1996-1997 – *Miramar*.

1997 – *Um céu de estrelas*. 2000 – *Através da janela*. 2000 – *Brava gente brasileira*; *Latitude zero*. 2004 – *500 almas*; *Contra todos*; *Do outro lado do rio*. 2007 – *Cleópatra*. 2008 – *FilmeFobia*. 2009 – *Quanto dura o amor?*.

Um dos principais compositores do cinema brasileiro, possui carreira independente como músico. Trabalha com cinema desde os anos 80, desenvolvendo longa parceria com cinestas. Sua carreira de músico de vanguarda faz que se aproxime de filmes não convencionais, envolvendo-se em experimentos na forma narrativa. É assim que possui ampla colaboração com Júlio Bressane*, Tata Amaral*, Joel Pizzini*, Lucas Bambozzi*, Roberto Moreira* e outros. Seu trabalho experimental envolve composições para orquestra, grupos vocais e instrumentais, ópera, teatro e dança, além da criação de instalações sonoras. Desde 2007 é curador musical da *Jornada Brasileira de Cinema Silencioso* na CINEMATECA BRASILEIRA. Em 2009, mais de trinta filmes mudos já haviam sido sonorizados, ao vivo, sob sua direção. Fez trilha sonora para o filme silencioso *São Paulo, a symphonia da metrópole* (1929), de Adalberto Kemeny* e Rodolfo Rex Lustig. Para o também silencioso *Aitaré da praia*, em sua estreia na CINEMATECA BRASILEIRA em agosto de 2007, criou a Blind Sound Orchestra, com sanfoneiros cegos de rua. Fez trilha sonora para diversos curtas-metragens, atuando com desenvoltura no setor: *Terceira idade* (1983), de Eliane Bandeira; *O quadro não sangra* (1986), *Amargo prazer* (1988) e *A princesa Radar* (1990), todos os três de Roberto Moreira; *Carta do império* (1991), de Renato Bulcão; *Rapsódia para cinema e orquestra* (1992), de Adilson Ruiz; *Torments* (1998), de Andrea Seligmann; *Sobre os anos 60* (1999), de Tata Amaral e Jean-Claude Bernardet*; *Travelling*, baseado no poema "As 4 gares", de Oswald de Andrade (do Arte-cidade 2), e *Glauces – estudos de um rosto* (2001), ambos de Joel Pizzini; *Espeto* (2006), de Sara Silveira e Guilherme Marback; *Menino aranha* (2008), de Mariana Lacerda; *Phedra* (2008), de Claudia Priscilla, e *Tem nego fora do samba* (2008), de Patrício Salgado. Trabalhou em diversos filmes com Bressane, sendo parceiro nos longas *O mandarim*; *Miramar*; *Sermões – a história de Antonio Vieira* e *Cleópatra*, além do episódio 'Quem seria o feliz conviva de Isadora Duncan?', do longa *Oswaldianas*. Também compõe para os dois primeiros longas de Tata Amaral, *Um céu de estrelas* e *Através da janela*, dentro do ambiente nervoso e intimista que marca os filmes.

Também fez *Bocage – o triunfo do amor*, de Djalma Limongi Batista*, e *Brava gente brasileira*, de Lúcia Murat*. É próximo da nova geração do cinema brasileiro, principalmente em obras com forma narrativa não convencional, em sintonia formal com as composições de vanguarda atonais que marcam seu estilo. É o caso de *500 almas*, de Joel Pizzini; *Do outro lado do rio*, de Lucas Bambozzi; *Contra todos* e *Quanto dura o amor?*, de Roberto Moreira; *Latitude zero*, de Toni Venturi*, e *FilmeFobia*, de Kiko Goifman*. (FPR/VLD)

TRAPALHÕES, OS

FILMOGRAFIA: 1977 – *Os Trapalhões na guerra dos planetas*. 1978 – *Cinderelo trapalhão*. 1979 – *O rei e Os Trapalhões*; *Os três mosqueteiros trapalhões*. 1980 – *O incrível monstro trapalhão*. 1981 – *O mundo mágico dos Trapalhões*; *Os saltimbancos trapalhões*. 1982 – *Os vagabundos trapalhões*; *Os Trapalhões na Serra Pelada*. 1983 – *O cangaceiro trapalhão*. 1984 – *Os Trapalhões e o Mágico de Oroz*; *A filha dos Trapalhões*. 1985 – *Os Trapalhões no reino da fantasia*; *Os Trapalhões no rabo do cometa*. 1986 – *Os Trapalhões e o Rei do Futebol*. 1987 – *Os Trapalhões no Auto da Compadecida*; *Os fantasmas trapalhões*. 1988 – *Os heróis trapalhões, uma aventura na selva*; *O casamento dos Trapalhões*. 1989 – *A princesa Xuxa e os Trapalhões*; *Os Trapalhões na terra dos monstros*. 1990 – *Uma escola atrapalhada*.

Os Trapalhões destacaram-se como o grupo de maior sucesso de público e de maior longevidade da história do cinema brasileiro. De 1978 a 1990, Renato Aragão*, Dedé Santana*, Mussum* e Zacarias* apareceram juntos em 22 filmes. O projeto Trapalhões, entretanto, era mais amplo e anterior à constituição do quarteto, que se iniciara no Ceará, no *show* humorístico *Vídeo Alegre*, no qual Renato Aragão estreara na TV CEARÁ, em 1961. O sucesso imediato levou-o para o Rio de Janeiro em 1963. Trabalhar sozinho não era o ideal de Renato: "Eu sou um comediante de dupla, de trio, de quarteto... Preciso de alguém para preparar a piada que vou dizer. Preciso de auxílio para fazer o público sorrir. Isso é o que diferencia o comediante do cômico. Eu me considero um cômico, um palhaço, não um comediante". Manfried Sant'Anna apresentava-se na televisão usando o nome artístico de Dedé Santana, coincidência significativa para formar uma dupla perfeita. Renato adotou o nome artístico Didi, criado minutos antes da sua estreia na televisão, em Fortaleza, pois precisava

com urgência de "um apelido carinhoso, uma coisa que fosse fácil de pronunciar, fácil de as pessoas gravarem na mente". O quadro humorístico que Didi e Dedé apresentavam no *AEIO... Urca* da TV TUPI, em 1963, foi a semente de um grupo que iria predominar na cena do humor ingênuo por quase trinta anos na televisão e no cinema brasileiro. Jarbas Barbosa*, produtor de obras do Cinema Novo*, como *Deus e o diabo na terra do sol* e *Os fuzis*, e de comerciais, ficou impressionado com a desenvoltura corporal da dupla, propondo a realização de um filme com música e com o humor circense.

Dirigido por Aurélio Teixeira*, *Na onda do iê-iê-iê* (1966) deu início à história dos Trapalhões no cinema. Inserindo-se na tradição do cinema popular brasileiro, especialmente no modelo consagrado das chanchadas*, esquetes dos palhaços foram intercalados com números musicais. O diálogo intertextual com a televisão – intenso ao longo de toda a filmografia do grupo – apareceu nessa trama, que utilizava diversas cenas do programa do Chacrinha. A televisão, nova mídia da indústria cultural, substituiu o rádio, cujo papel havia sido fundamental nas chanchadas dos anos 40 e 50. Ao mesmo tempo que atuava no primeiro filme, Renato foi convidado pela TV EXCELSIOR para apresentar um quadro em *A cidade se diverte*. Surgiu a primeira fase de Os Trapalhões, com Ivon Curi, Ted Boy Marino e Wanderley Cardoso. Renato Aragão e Wilton Franco definiam as linhas do programa, quando surgiu o nome *Adoráveis Trapalhões*, que a EXCELSIOR manteve no ar até 1968. No cinema, Jarbas Barbosa produziu o segundo filme, *Adorável trapalhão* (1967), no qual Renato, sozinho, é o empregado faz-tudo de um empresário do disco; e nas confusões em que se envolve, pula, atira-se no chão, rola pelas escadas, gesticula e faz números de malabarismo. A herança circense transposta para o universo da mídia cultural foi essencial no modelo de comunicação direta e imediata com o grande público. A direção foi de J. B. Tanko*, cineasta que melhor compreendeu o espírito circense do grupo. Produzido por Herbert Richers* no ano seguinte, o argumento de *Dois na lona*, dirigido por Carlos Alberto de Souza Barros*, aproveitou o sucesso de Ted Boy Marino como lutador. Um convite da TV RECORD produziu nova mudança e o encontro com o terceiro trapalhão, o carioca Antonio Carlos Bernardes Gomes, rebatizado por Grande Otelo* com o apelido Mussum*. Músico e integrante do grupo Os Originais do Samba, e cômico, era um dos alunos da *Escolinha do Professor Raimundo*, de Chico Anysio*, quando Dedé foi buscá-lo para participar do programa *Os Insociáveis*. Em 1968 estava composto o trio. No cinema só apareceriam juntos em 1976, num filme de extraordinário sucesso de público: *O trapalhão no planalto dos macacos*, com 4.566.796 espectadores (dados do CONCINE*). Os acertos que levaram a esse resultado haviam começado em 1972, ao firmar-se na tela a dupla Renato Aragão e Dedé Santana em *Ali Babá e os 40 ladrões* (1972). As tentativas cinematográficas anteriores incluem, durante o período paulista na TV RECORD, a produção de Nissin Katalan, dirigida por Fauzi Mansur*, *A ilha dos paqueras* (1970), protagonizado pela dupla, e *Bonga, o vagabundo* (1971), um solo de Renato, dirigido por Victor Lima*, no qual revela a influência de Charles Chaplin, marcante na composição do personagem Didi. Após um intervalo de três anos retornaram ao cinema para uma produção ininterrupta. Por sugestão de Victor Lima, que roteirizou, dirigiu e montou *Ali Babá e os 40 ladrões*, os contos das *Mil e uma noites* passaram a ser adaptados. Tanko, diretor de *Aladim e a lâmpada maravilhosa* (1973), associou-se a Renato Aragão em *Robin Hood, o trapalhão da floresta* (1974) e passou a produzir os filmes da dupla. Na televisão, cresceu a popularidade do trio atrapalhado, que, em 1974, trocou a RECORD pela TV TUPI, do Rio de Janeiro, e ganhou um programa de duas horas, agregando à trupe o mineiro de Sete Lagoas, Mauro Faccio Gonçalves, apelidado de Zacarias* por Renato (por influência da numerologia, Mauro suprimiu o *s* do nome artístico). O novo contrato com a TUPI definiu o perfil definitivo do grupo e o nome Os Trapalhões foi registrado para ser aproveitado em produtos que já começavam a aparecer.

A estreia do quarteto na TV GLOBO foi em 1976. Renato, em 1977, fundou a RENATO ARAGÃO PRODUÇÕES ARTÍSTICAS e realizou, em associação com a TV GLOBO, o primeiro filme do quarteto, *Os Trapalhões na guerra dos planetas*, dirigido por Adriano Stuart*. A partir de então são lançados dois filmes por ano, sempre nas férias escolares de julho e dezembro, e exibidos em até 130 salas em todo o país. Autor da maioria dos argumentos e dos roteiros escritos em parceria, Renato também produziu todos os filmes até a ruptura do grupo em 1983, ano em que a R. A. PRODUÇÕES ARTÍSTICAS realizou, para a temporada de dezembro, *O trapalhão na arca de Noé*, só com Renato Aragão e dirigido por Antônio Rangel. A DEMUZA, constituí-

da por Dedé Santana, Mussum e Zacarias, chegou ao mercado com *Atrapalhando a Suate*, produzido em associação com J. B. Tanko e dirigido por Dedé Santana e Vítor Lustosa*. Superadas as diferenças, o quarteto uniu-se em *Os Trapalhões e o Mágico de Oroz*, no qual a DEMUZA passou a ser produtora associada e Dedé Santana diretor dos filmes. O projeto fílmico mais ousado da R. A. PRODUÇÕES ARTÍSTICAS envolveu, em 1981, a participação decisiva da EMBRAFILME*, que distribuiu o documentário *O mundo mágico dos Trapalhões*, dirigido por Sílvio Tendler*, e coproduziu *Os saltimbancos trapalhões*, com o retorno de Tanko à equipe. Baseado na peça teatral *Os saltimbancos*, de Chico Buarque, Sérgio Bardotti e Luiz Bacalov, o filme mobilizou estúdio e equipe ao longo de um ano, incluindo sequências filmadas em Los Angeles, nos estúdios da UNIVERSAL. Sempre como produtora principal, a R. A. associa-se eventualmente ao Estado e a outras produtoras, como: MAURICIO DE SOUSA PRODUÇÕES, nos filmes com trechos de animação em *Os Trapalhões no reino da fantasia* e *Os Trapalhões no rabo do cometa*, dirigidos por Dedé Santana; e PRODUÇÕES CINEMATOGRÁFICAS R. F. FARIAS LTDA., em *Os Trapalhões no Auto da Compadecida*, dirigido por Roberto Farias*. No final dos anos 80, associa-se a distribuidores como a ART FILMS, a partir de *Os fantasmas trapalhões*, e a COLUMBIA PICTURES, em *O casamento dos Trapalhões*, dirigido por José Alvarenga Jr., que havia sido assistente de Tanko no filme anterior. A disponibilidade das datas no circuito exibidor decorria de articulações bem planejadas, mas também da garantia do sucesso de bilheteria.

Um dos elementos essenciais de atração de Os Trapalhões é a comédia paródica: citações a programas de televisão (*O cangaceiro trapalhão*, referindo-se à minissérie *Lampião e Maria Bonita*), filmes estrangeiros (*Os Trapalhões na guerra dos planetas*, sobre *Guerra nas estrelas*, de George Lucas) e seriados (*O incrível monstro trapalhão*, paródia de *O incrível Hulk*). Além de incluir no elenco artistas conhecidos da televisão (Angélica em *Os heróis trapalhões*; Xuxa Meneghel* em *A princesa Xuxa e Os Trapalhões*) ou figuras públicas queridas (Pelé em *Os Trapalhões e o Rei do Futebol*). Ao mesmo tempo que o discurso é fragmentado, compondo um universo anárquico e divertido, a estrutura narrativa mantém-se constante, com personagens desempenhando funções claramente definidas. A maioria dos filmes traz um casal romântico envolvido direta ou indiretamente com o nó da intriga,

em que Os Trapalhões também estão vinculados. Todos, mocinhos e palhaços, unem-se contra um grupo de antagonistas. Apesar de essencialmente corporais, não desprezam as possibilidades risíveis dos jogos de palavras, como trocadilhos e chistes. Longe de representar a coragem de guerreiros destemidos, *Os três mosquiteiros trapalhões* refere-se à tarefa que desempenham na mansão onde são empregados: matam os mosquitos e insetos que atrapalham o repouso da patroa. A empatia com o público decorria da diversidade oferecida pelos componentes do grupo e das possibilidades de identificação daí decorrentes. Didi era o bobalhão sabido, fazendo do espectador um cúmplice nas trapalhadas; Dedé era o menos gestual, o "inteligente" e "sério" da turma, fazendo a piada surgir do contraste com a tolice dos demais; sambista, Mussum representou o negro de um modo geral e, em particular, o tipo carioca, um malandro camarada, cheio de ginga; Zacarias personificava o mais ingênuo e infantil dos quatro trapalhões. Misturando tudo com voracidade, os filmes de Os Trapalhões representam uma solução original dentro do contexto do cinema brasileiro. Produzindo ininterruptamente ao longo dos anos 70, 80 e início dos 90, fizeram frente à ocupação dos mercados pelo filme norte-americano. A trajetória do quarteto acaba com a morte prematura de Zacarias, seguida pela de Mussum, mas não com o modelo fílmico concebido por Renato Aragão. Lançado em dezembro de 1997, *O noviço rebelde*, dirigido por Tizuka Yamasaki*, surpreendeu contabilizando mais de 1,5 milhão de espectadores. Como acontecia desde seu começo de carreira cinematográfica, Renato ainda protagoniza *Simão, o fantasma trapalhão*, lançado no Natal de 1998, e *O trapalhão e a luz azul*, o segundo com parceria do estreante Alexandre Boury, mais Dedé Santana no elenco. Didi e Dedé apareciam em programas esporádicos na tv e estavam sem filmar havia seis anos, mas continuavam mexendo com o imaginário coletivo. Disponíveis no mercado de vídeo e sistematicamente exibidos na televisão, os filmes de Os Trapalhões são fonte permanente de interesse popular. (FL)

TRAUTMAN, Teresa – São Paulo, SP, 1951. Diretora.

FILMOGRAFIA: 1970 – *Fantasticon: os deuses do sexo* (1º episódio: 'A curtição'). 1973 – *Os homens que eu tive*. 1975 – *Deliciosas traições de amor* (4º episódio: 'Dois é bom, quatro é demais'). 1987 – *Sonhos de menina-moça*.

Problematizando dilemas existenciais da mulher contemporânea, constrói pequena e sugestiva obra, capitaneada pelo maldito *Os homens que eu tive*. Descendente de uma pobre família camponesa de origem alemã, sediada no interior paulista, nasce quase por acaso na capital do estado. Sua madrinha, uma das donas da Companhia Antarctica, fixa a família na cidade e lhe propicia esmerada educação. Ainda adolescente frequenta o Colégio de Aplicação da Universidade de São Paulo, entrando em contato com o efervescente movimento cultural do local. Enturma-se com o pessoal de cinema, em especial os membros da Reunião de Produtores Independentes (João Batista de Andrade*, Luís Sérgio Person*, João Silvério Trevisan e Carlos Reichenbach*). Abandona a pretensão de formar-se em Medicina, troca de escola e passa a trabalhar na secretaria da Escola Técnica Antártica com o intuito de juntar recursos para realizar um longa-metragem em bitola profissional de 35 mm. Em 1968-1969 faz curso de interpretação e direção dramáticas com Eugênio Kusnet*. Responsabiliza-se pela narração do curta *Bárbaro e nosso*, dirigido pelo escritor Márcio de Souza. Conhece o cineasta José Marreco, com quem se casa e decide partir para a produção de um filme de baixíssimo orçamento. Escrevem juntos os episódios de *Fantasticon: os deuses do sexo*, realizado por meio de empréstimo de equipamentos. Responsabilizando-se pela direção, produção, montagem e edição da primeira história, 'A curtição', explora os conflitos comportamentais típicos de sua geração em narrativa descontraída e com toques anárquicos. No início dos anos 70 muda-se para o Rio de Janeiro, casando-se com o cineasta Alberto Salvá*. Escreve o primeiro roteiro de *Os homens que eu tive* para a atriz Leila Diniz*, modificando-o completamente em função de sua morte. Encontrando em Darlene Glória* uma atriz à altura dos provocantes questionamentos sobre o vazio existencial feminino, alcança grande polêmica nas primeiras exibições, o que acaba por despertar a atenção da Censura Federal, que o interdita por vários anos. Refletindo a informalidade narrativa característica da primeira fase da Boca do Lixo*, apresenta um quase panfleto sobre a condição social e política da mulher brasileira contemporânea. Com essa proibição, volta-se para os filmes do marido, em que exerce a assistência de produção, montagem e direção (*Revólveres não cospem flores*; *Ana, a libertina*; *Os maníacos eróticos*). Assina um dos episódios da comédia erótica *Deliciosas traições de amor*

e o curta-metragem *O caso Ruschi* (1977), premiado no FESTIVAL DE BRASÍLIA. Nos anos 80, dedica-se à realização de um antigo projeto, *Sonhos de menina-moça*, retrato de conflitos familiares em clima de decadência. A sofisticação da produção não entusiasma a crítica especializada. Nos últimos tempos dedica-se a dirigir a empresa Conceito A em Audiovisual. (HH)

TRILHA MUSICAL

As relações entre o cinema brasileiro e a música brasileira são bem estreitas e antigas. Desde a era do silencioso, a música é um elemento fundamental na linguagem cinematográfica e sua harmonia com o movimento visual, a narrativa e a dramaturgia fílmica é fundamental para o sentido do filme como um todo. O advento do som veio propiciar um estreitamento nas relações entre a produção brasileira de cinema e a música, em especial a música popular, mas não favoreceu a imediata aparição de um estilo próprio de música instrumental para filmes. Durante muito tempo, as trilhas musicais dos filmes brasileiros tiveram como principal referência a música da indústria cinematográfica americana. A introdução do som desarticulou momentaneamente o filme de enredo e colocou em cena o musical, que foi buscar no rádio, principalmente, sua referência musical. Do rádio vieram os artistas e as canções, mas foi do teatro de revista e do circo que o filme musical brasileiro trouxe os modelos de números musicais e cômicos.

Em se tratando de música para cinema, uma distinção importante deve ser feita entre as canções e a música instrumental usadas em trilhas musicais. A canção, pelo fato de ser um tipo de composição em que a música se liga a um texto poético, interfere no filme de modo distinto da música instrumental. Nela há sempre uma voz objetiva, o que faz com que sua articulação exija cuidados maiores por parte dos realizadores de filmes, especialmente em situações em que não é apresentada como número musical. A música instrumental, por sua vez, articula-se com o movimento visual e com a narrativa de modo diferente. Por não possuir o texto poético, seu grau de interferência é menor. Restrita ao domínio da música, ela não concorre com as vozes das personagens. Essa distinção é particularmente importante no cinema brasileiro, já que ao longo de sua história as canções sempre ocuparam lugar de destaque nos filmes.

Talvez possamos encontrar em *Barro humano*, lançado em 1929 e dirigido por

Adhemar Gonzaga*, uma das primeiras manifestações concretas de uma trilha musical em um filme brasileiro silencioso. A trilha de *Barro humano* incluía, além da canção *Tango*, composta por Alim e com letra de Lamartine Babo, uma partitura orquestral feita pelo maestro e compositor Alberto Rossi Lazzoli. Consciente da importância da música no filme, Gonzaga fez indicações muito concretas sobre os temas que queria para sua ambientação musical (cenas de idílio amoroso, cenas cômicas, clímax, etc.). Para Vera, personagem de Gracia Morena, Lazzoli compôs uma valsa suave e lânguida, *Maio*, de sonoridade caracteristicamente brasileira. Lazzoli foi também o autor da partitura orquestral de acompanhamento do segundo filme da CINÉDIA*, *Mulher*, dirigido por Octávio Mendes*, cuja sonorização na época do lançamento (1931) foi feita através de discos. Entretanto, o exemplo mais significativo da importância da música para a construção do sentido de um filme na época muda é sem dúvida o de *Limite*, de Mário Peixoto*, de 1931. Temos aqui a primeira trilha sonora adaptada de um filme brasileiro que funciona tão bem quanto uma trilha original. Atribuída ao músico e posteriormente homem de teatro Brutus Pedreira, a trilha de *Limite* consiste numa seleção de temas eruditos contemporâneos; a música-tema é *Gymnopédie nº 3*, de Erik Satie, na versão para orquestra de Claude Debussy. Essa e as composições de Debussy, Ravel, César Franck, Borodin, Stravinski e Prokofiev se harmonizam extraordinariamente às imagens dentro das quais foram inseridas. São temas musicais que reforçam e intensificam o sentido dessas imagens, e elas dependem daqueles de um modo inexorável. Nesse aspecto, *Limite* é também um exemplo isolado. Essa prática seria retomada a partir dos anos 60, com a chegada dos experimentalismos ao cinema brasileiro, quando alguns diretores tentaram organizar trilhas musicais criativas a partir de composições preexistentes.

Último filme de Humberto Mauro* na CINÉDIA, *Ganga bruta*, de 1933, é exemplar no processo de transição do cinema mudo ao sonoro no Brasil. Iniciado como um filme silencioso, acabou se tornando sonoro e até falado no meio do caminho. A trilha musical, que funcionaria de início como acompanhamento durante a projeção, acabou se fundindo à imagem, dando ao filme uma força maior de expressão. A trilha de *Ganga bruta* foi criada por dois ainda jovens compositores, Radamés Gnattali* e Heckel Tavares. Gnattali compôs uma música excelente, em que já se detectam traços de seu estilo peculiar, fundado na absorção da diversidade de ritmos populares brasileiros e numa orquestração bastante sofisticada. Quando o engenheiro Marcos Resende (Durval Bellini) supervisiona as obras da fábrica de Guaxindiba, ouvem-se alguns sons muito tênues que evocam os ruídos próprios das máquinas e engrenagens mostradas. A música de Gnattali que pontua essas imagens é muito mais impactante do que essa sonoplastia simples. Há uma fusão da pista de ruídos com a pista de música, produzindo no espectador uma sensação de modernidade e dinamismo. Além da música incidental dramática, Gnattali compôs um batuque, que marca a sequência da briga no bar em que se envolve o protagonista, e a música da canção *Teus olhos... água parada*. Heckel Tavares, um dos primeiros compositores a pesquisar os temas folclóricos e regionais do país, compôs a canção-tema, *Ganga bruta*, com letra de Joracy Camargo, e dois temas brasileiríssimos, os brejeiros *Coco de praia nº 1* e *Coco de praia nº 2*, cuja letra também é dele.

Em 1933, a CINÉDIA descobre o carnaval e o rádio e produz seu primeiro musical, *A voz do carnaval*, de Adhemar Gonzaga e Humberto Mauro, também o primeiro filme falado da companhia. Apresentando alguns dos mais populares cantores e compositores da época, como Carmen Miranda*, Lamartine Babo, Noel Rosa, Francisco Alves e Assis Valente, foi exibido com grande sucesso, inclusive em Paris. Inaugurou-se assim o gênero musicarnavalesco, cujo apogeu é *Alô! alô! Carnaval*, de 1935, dirigido por Adhemar Gonzaga. As trilhas sonoras dos musicais da CINÉDIA são nesse sentido um precioso *pout-pourri* da música de carnaval e dos demais gêneros populares da época. Além dos cantores e compositores já citados e muitos outros, devemos destacar o trabalho dos arranjadores e maestros responsáveis por essas orquestrações, como Simão Boutman, Joaquim Corrêa Rondon (autor da música de abertura de *Alô! alô! Carnaval*), Gaó (Odmar do Amaral Gurgel), Romeu Silva, Romeu Ghipsman e Augusto Vasseur. Apesar da predominância natural das canções, a música incidental esteve presente nos filmes da CINÉDIA, em 1936, como em *O jovem tataravô*, dirigido por Luiz de Barros*, cuja música é de Aldo Taranto e Bonfilio de Oliveira, e *Caçando feras*, dirigido por Líbero Luxardo*, para o qual o maestro Martínez Grau compôs e regeu a orquestra que gravou o tema de abertura. *Bonequinha de seda*, de Oduvaldo Viana*, avançou alguns passos na utilização da música incidental no cinema brasileiro. A

trilha incidental ficou a cargo do grande compositor, regente e pianista Francisco Mignone*, que inclusive aparece no filme, regendo a orquestra na cena do bailado. Mignone compôs o que na época se chamava de música de fundo (extradiegética) que funciona como um elemento de conotação ou de pontuação da cena. Anos mais tarde, em 1950, Mignone assinaria a trilha musical de *Caiçara*, filme da VERA CRUZ* dirigido por Adolfo Celi*, no qual a adequação da música à ação e à narrativa é muito bem realizada.

Devemos destacar também a única partitura especialmente escrita para um filme nacional pelo nosso maior compositor erudito Heitor Villa-Lobos: a suíte *O descobrimento do Brasil*, de 1937, composta para o filme homônimo de Humberto Mauro, produzido pelo Instituto Nacional do Cinema Educativo (INCE*) e pelo Instituto do Cacau da Bahia. A trilha de Arthur Bosmans para o filme *Vinte e quatro horas de sonho*, produção da CINÉDIA de 1941, dirigida pelo português Chianca de Garcia*, pode ser considerada também um marco no gênero. Recém-chegado ao Brasil, Bosmans compôs uma trilha musical que se aproximava mais dos modelos europeu e americano, com o uso de técnicas específicas de composição para filmes, como o *mickeymousing*, um dos recursos mais comuns nas trilhas musicais hollywoodianas daquele período. Pode, portanto, ser considerada uma trilha bastante atualizada para a época. A trilha não serve apenas de fundo musical às cenas não dialogadas. A música é utilizada para atribuir às imagens uma efetiva conotação. Por exemplo, a cena em que a personagem de Dulcina de Moraes* desce as escadas do Corcovado é marcada por uma música rápida, saltitante, que paraleliza o movimento visual. Outro exemplo razoavelmente bem-sucedido de música incidental se verifica em *Pureza*, de Chianca de Garcia, de 1940, de Radamés Gnattali. Esses exemplos não constituem a regra que marca esse período, sendo uma exceção à prática vigente de se dar pouca importância à música instrumental. Marcado pelo apogeu dos gêneros musicais populares, primeiro na CINÉDIA e depois na ATLÂNTIDA*, é um período em que a canção importa mais que o fundo musical. Compositores e arranjadores populares no rádio, como Radamés Gnattali, Lyrio Panicali* e Leo Peracchi são recrutados para escrever arranjos para as composições de carnaval. Além desse trabalho, tinham a responsabilidade de compor temas que eventualmente eram utilizados para costurar as sequências cômicas ou dramáticas.

Excelente arranjador e orquestrador, o paulista Lyrio Panicali começou a compor trilhas em 1939, quando Raul Roulien* o chamou para fazer a música de *Aves sem ninho*. A partir de 1943, com *Moleque Tião*, dirigido por José Carlos Burle*, torna-se um dos principais compositores da ATLÂNTIDA. Leo Peracchi destacou-se também como um magnífico arranjador. Ele começou a trabalhar para a COMPANHIA ATLÂNTIDA CINEMATOGRÁFICA em 1951, como arranjador para as trilhas de Lyrio Panicali e nela atuou por dois anos. Desse período podemos destacar a trilha de *Maior que o ódio*, de 1950, de José Carlos Burle, com trilha de Lyrio Panicali e arranjos de Léo Peracchi. Compositor e arranjador de grande competência, Peracchi fez boas trilhas também para *Amei um bicheiro*, de Paulo Vanderley* e Jorge Ileli*, e *Barnabé, tu és meu*, de José Carlos Burle, ambos de 1952. Em 1944, o renomado compositor Guerra-Peixe criou a sua primeira trilha para a ATLÂNTIDA, para o filme *Tristezas não pagam dívidas*, dirigido por Ruy Costa e José Carlos Burle. Ele teria atuação intensa como compositor de trilhas nos anos seguintes.

Na década de 50, podemos destacar inicialmente a trilha feita pelo compositor italiano Enrico Simonetti para *Veneno*, de 1952, produção da VERA CRUZ* estrelada por Anselmo Duarte* e dirigida por Gianni Pons*. Trata-se de uma das primeiras trilhas musicais feitas no país a seguir o modelo forjado em Hollywood para o filme policial, com temas adequados para momentos de idílio amoroso, perseguição, clímax e morte. Simonetti é sem dúvida o grande nome da trilha musical brasileira dos anos 50, sobretudo porque sua música é basicamente funcional, existe em função da imagem. Ele fez música para diversos gêneros de filmes: comédia (*Uma pulga na balança*, 1953), comédia romântica (*É proibido beijar*, 1954), romance (*Floradas na serra*, 1954), drama (*Appassionata*, 1952; *Luz apagada*, 1953), entre outros. É também o autor da trilha de outro policial "clássico", *Mulheres e milhões*, de 1961, de Jorge Ileli. Apesar de incorporar alguns motivos populares e folclóricos, a trilha de Gabriel Migliori* para *O cangaceiro*, de 1953, de Lima Barreto*, também pode ser inserida nessa linha de inspiração hollywoodiana, embora nesse caso a variante seguida seja a dos filmes de aventura, em que se destacaram mestres como Dimitri Tiomkin, Erich Wolfgang Korngold, Max Steiner e Miklos Rosza. Migliori recebeu por sua trilha para *O cangaceiro* a menção honrosa no FESTIVAL DE CANNES e o prêmio SACI de melhor compositor. Ele também é o compositor da música do premiadíssimo *O pagador de promessas*, de 1962. Sua filmografia conta mais de trinta filmes, entre eles alguns clássicos, como: *A família Lero-lero*, 1953, e *Na Garganta do Diabo*, 1960, além dos anteriormente citados.

De modo geral, a produção paulista da VERA CRUZ, MARISTELA* e MULTIFILMES* é aquela em que melhor se identifica a influência da música de Hollywood no cinema brasileiro. Na produção carioca do período, marcada ainda pela hegemonia da chanchada*, essa influência não é tão forte. Na ATLÂNTIDA, a música instrumental tinha importância secundária. Devemos ressaltar que a fórmula do musical da Broadway que Hollywood incorporou e reformatou – com uma trilha de canções próprias, compostas especialmente para o filme ou adaptadas ao seu enredo – não seduziu os brasileiros. A maior parte das chanchadas se caracterizou por uma arregimentação oportunista (no sentido positivo e comercial da palavra) de canções de carnaval, com um fio de narrativa intervalando a sucessão contínua dos números musicais, um modelo de articulação dramático-musical que havia se desenvolvido no Brasil no universo do teatro de revista. Mesmo assim, até as chanchadas possuíam música de fundo e, em alguns casos, como em *Carnaval no fogo*, de Watson Macedo*, *Carnaval Atlântida*, de José Carlos Burle, sua qualidade está acima da média. Nesse período, sobretudo no Rio de Janeiro, alguns diretores passam a valorizar a incorporação e vertentes contemporâneas e populares da música brasileira aos filmes, como foi o caso de Nelson Pereira dos Santos*. Em *Rio 40 graus*, de 1954, e *Rio, Zona Norte*, de 1957, abrindo caminho para o novo cinema também nesse setor, concedeu passaporte cinematográfico ao samba carioca, a "voz do morro". Ele foi buscar no samba-reportagem de Zé Kéti uma espécie de autenticação de seu retrato engajado do povo carioca. Nos dois filmes, porém, não abriu mão de música instrumental, que ficou a cargo respectivamente de Radamés Gnattali, no primeiro, e de Radamés e Alexandre Gnattali, no segundo. Dentro desse mesmo espírito, Alex Viany* convocou o mestre Pixinguinha para musicar *Sol sobre a lama*, de 1962-1963. No primeiro filme de Viany, *Agulha no palheiro*, de 1952, a música foi feita por Cláudio Santoro. Já em *Rua sem sol*, de 1953, a trilha musical foi composta por Henrique Gandelman. Nessa época, tem início a carreira daquele que pode ser considerado o primeiro compositor brasileiro especializado em música de cinema: o carioca Remo Usai*. No final da década de 1940, Remo Usai foi para a Califórnia, EUA, estudar composição para filmes com Miklos Rozsa, um dos importantes compositores de trilhas da indústria de cinema hollywoodiana. Retornando ao Brasil, Remo Usai passou a trabalhar intensamente na área, sendo responsável por trilhas musicais antológicas como a de *Assalto ao trem pagador*, de 1962, dirigido por Roberto Farias*. Na trilha desse filme encontramos a primeira experiência feita no Brasil de se integrar a percussão característica das escolas de samba à orquestra sinfônica. Até hoje, Remo Usai é o compositor que acumula o maior número de trilhas musicais para longas-metragens no Brasil.

Paralelamente à chanchada, um cinema mais ambicioso se desenvolveu nos anos 50, o que levou ao recrutamento de vários compositores eruditos, como Francisco Mignone, Camargo Guarnieri, Guerra-Peixe, Cláudio Santoro, Luís Cosme e Souza Lima, que compôs uma ótima trilha para *Vento norte*, de 1950-1951, dirigido por Salomão Scliar*. Guerra-Peixe escreveu a música para *Terra é sempre terra*, de 1951, de Tom Payne*; *O canto do mar*, de 1953, de Alberto Cavalcanti*; *Chão bruto*, de 1957-1958, de Dionísio Azevedo*. Na primeira metade da década de 50, Santoro foi o autor das músicas de *O saci*, de Rodolfo Nanni*, *Agulha no palheiro*, de Alex Viany, *Chamas no cafezal*, de José Carlos Burle, e *A estrada*, de Oswaldo Sampaio*. Quanto a Mignone, podemos citar, entre as partituras que escreveu na época, *Beleza do diabo*, de 1949-1950, dirigido por Romain Lessage; *A ponte da esperança*, de 1952, dirigido por Armando Couto, e dois filmes de Ernesto Remani*: *Destino em apuros*, de 1953 (primeiro filme colorido feito no Brasil), e *Sob o céu da Bahia*, de 1955. Camargo Guarnieri compôs em 1957 a elogiada trilha de *Rebelião em Vila Rica*, dos irmãos Renato e Geraldo Santos Pereira*. Ele também foi responsável pela música de três filmes importantes para a VERA CRUZ: *Caiçara*, *Ângela* e o premiado *Sinhá Moça*.

Pode-se dizer que o Cinema Novo* se distingue também pela busca de uma sonoridade musical própria. Essa sonoridade é resultante da mistura de muitos elementos musicais. Por um lado, há a busca pela identidade nacional-popular, característica do período, que levou à incorporação de gêneros regionais da música brasileira, em particular a música do Nordeste brasileiro. A ela se somaram o samba carioca, a então jovem bossa nova e a música brasileira erudita do período, principalmente da vertente tradicional, nacionalista, mas também um pouco da música experimental do período. Em *Barravento*, de 1960-1961, primeiro longa de Glauber Rocha*, a música (de Washington Bruno e Batatinha), embora se integre perfeitamente à história, ainda é usada de forma tradicional. Em *Os cafajestes*, filme do Cinema Novo mais próximo da *nouvelle vague* francesa, Ruy Guerra* recorreu à bossa nova de Luiz Bonfá. Sua trilha trouxe para o cinema o estilo de arranjo característico da bossa nova, centrado em pequenas formações instrumentais, em contraposição à prática que vigorava até então, tanto no rádio como no cinema, baseada nas grandes formações orquestrais. Bonfá usou uma formação instrumental pouco comum no cinema da época: a tamba, um instrumento de percussão inventado por Hélcio Milito, que também a executa no filme, saxofone, executado por Bebeto, contrabaixo, por Jorginho, e a voz, usada também como instrumento. A trilha oscila entre a bossa nova e o *cool jazz*. O efeito obtido é de um certo estranhamento: a música é pouco convencional para o período, predominantemente rítmica, sem sublinhar situações dramáticas ou diegéticas. Trata-se às vezes de um corpo estranho, que corre paralelo à imagem. Ruy Guerra, que nunca escondeu o deliberado experimentalismo do filme, buscou talvez o efeito de contraponto preconizado por Eisenstein. Bonfá, autor da internacionalmente famosa *Manhã de carnaval*, havia tido até então um contato intenso com o cinema. Como integrante do grupo Quitandinhas Serenaders, ele colaborou com a ATLÂNTIDA desde suas primeiras produções. Sua primeira atuação se deu no filme *Este mundo é um pandeiro*, 1947, dirigido por Watson Macedo. Posteriormente, compôs canções para as trilhas de duas chanchadas de Carlos Manga*: *Matar ou correr* e *Nem Sansão nem Dalila* (o autor da trilha instrumental foi Lyrio Panicali). Ele compôs ainda a trilha para a derradeira chanchada de Carlos Manga na ATLÂNTIDA, realizada quase à mesma época de *Os cafajestes*. Trata-se de *As sete Evas*, estrelada por Cyll Farney*. Outro colaborador regular da ATLÂNTIDA que deve ser citado é Alexandre Gnattali. Ele compôs as trilhas de mais de dez filmes. Sua parceria com o diretor Carlos Manga na última fase da produtora inclui filmes como *Garotas e samba*, *De vento em popa*, *Esse milhão é meu*, e o clássico *O homem do Sputnik*.

Outro filme com uma música bastante expressiva foi *Noite vazia*, de 1964, dirigido por Walter Hugo Khouri*. Criada por um compositor de vanguarda, Rogério Duprat, a música de *Noite vazia* acentua o clima de tédio e desencanto que marca os personagens do filme. Sérgio Mendes, que depois se radicaria nos Estados Unidos, também está presente na trilha de *Noite vazia*. Não podemos esquecer de mencionar aqui o caso peculiar de *Vidas secas*, de 1963, de Nelson Pereira dos Santos, que, como se sabe, não teve uma trilha musical propriamente dita (embora se credite a Leonardo Alencar a música do filme). Para retratar com realismo a aridez e a desolação do sertão nordestino, Nelson adotou um estilo despojado, eliminando qualquer artifício cinematográfico, como filtros fotográficos, gruas, maquiagem e até música de fundo. A única concessão que fez a isso foi em relação ao som do carro de boi, que aparece em boa parte do filme. A despeito de sua natureza diegética e realista, trata-se de um efeito sonoro, criado pelo brilhante sonoplasta Geraldo José*, que funciona como uma verdadeira música de fundo, atribuindo às imagens o mesmo reforço semântico próprio de uma trilha tradicional. Deve-se ressaltar que a vanguarda musical que eclodiu nos anos 60 e que revelou compositores como Ricardo Tacuchian, Willy Corrêa de Oliveira, Edino Krieger, Marlos Nobre, Esther Scliar, Rogério Duprat e outros, foi de certa forma ignorada pelo Cinema Novo. Duprat musicou *Noite Vazia*, de Walter Hugo Khouri e diversos outros filmes desse realizador além de *A derrota* (1966), de Mário Fiorani*, cuja música foi composta por Esther Scliar. Não é difícil entender o motivo dessa incompatibilidade, já que o Cinema Novo havia assumido um compromisso com a música popular, na esperança de atingir as massas. Houve espaço, porém, para iniciativas como a de Glauber Rocha, que, em *Terra em transe*, de 1966, misturou Villa-Lobos, batucadas de samba e ruídos de multidão. A trilha de *Deus e o diabo na terra do sol*, de 1964, que une a música de Villa-Lobos às canções de Sérgio Ricardo, também merece ser citada.

Com limitações financeiras ainda maiores, os diretores do período que se seguiu ao Cinema Novo, chamado de Cinema Marginal*, providenciavam eles mesmos a trilha sonora de seus filmes. É o caso de Rogério Sganzerla*, que ao longo de sua carreira raramente recorreu a um compositor. Em *O Bandido da Luz Vermelha*, de 1968, Sganzerla usou temas clássicos bem conhecidos, como a *Quinta sinfonia*, de Beethoven, *O barbeiro de Sevilha* e *O guarani*, mixados livremente. A colagem de sons e ruídos de *O Bandido da Luz Vermelha* mostra uma preocupação em abandonar

a forma tradicional de associação entre o som e a imagem. A trilha de *Macunaíma*, de Joaquim Pedro de Andrade*, de 1969, também faz uma curiosa mistura de temas eruditos brasileiros e internacionais, canções com versos de Mário de Andrade, música popular da época do filme e anterior a ela, ainda que nos créditos a informação seja precária, constando apenas os nomes de Villa-Lobos, Borodin e Strauss (Johann). Em relação à trilha sonora, Júlio Bressane* alterna em sua obra duas atitudes: ou usa uma trilha original, essencialmente experimental (recorreu a dois compositores de vanguarda, Guilherme Guimarães Vaz e Lívio Tragtenberg*, para as trilhas de *O anjo nasceu* e *Miramar*), ou parte ele mesmo para a elaboração da trilha, à Sganzerla.

Nos anos 70, tivemos experiências curiosas como a de *Lerfa Mu*, de Carlos Frederico, que usa sons eletrônicos distorcidos em vez de música. Vários compositores populares continuaram a ser convidados para compor trilhas para o cinema. Em alguns casos, apesar do talento do compositor, o resultado alcançado é pouco satisfatório. O carioca Edu Lobo, que despontou no período dos festivais dos anos 60 e compôs várias trilhas, é um exemplo. Seu interesse por trilha sonora o levou a fazer um curso de música para cinema nos Estados Unidos. Frequentaram as salas de mixagem vários compositores de música popular, como Chico Buarque de Hollanda, Caetano Veloso*, Francis Hime, Milton Nascimento, Roberto Menescal e Egberto Gismonti. Desses, apenas Francis Hime (com formação erudita tradicional na Europa) e Egberto Gismonti (formado pelo Conservatório Brasileiro de Música) compuseram trilhas musicais propriamente ditas. Uma das melhores contribuições de Egberto Gismonti ao gênero está em *Lição de amor*, de 1975, de Eduardo Escorel*, baseado no romance *Amar, verbo intransitivo*, de Mário de Andrade. Para esse filme, Francis Hime compôs belos temas para piano, bem ajustados ao estilo dos anos 30. Em seguida, fez a trilha para *Marília e Marina*, de Luiz Fernando Goulart. E compôs ainda músicas da trilha de *Dona Flor e seus dois maridos*, de Bruno Barreto*, com canções de Chico Buarque. Foi o ápice da carreira de Francis Hime como compositor de cinema, que recebeu por esses dois filmes o prêmio de melhor trilha sonora no FESTIVAL DE GRAMADO. Chico Buarque escreveu canções para vários filmes na década de 70, como *Joana Francesa* e *Quando o carnaval chegar*, de Carlos Diegues*, *Dona Flor e seus dois maridos* (para o qual

compôs a música-tema *O que será*), e *Eu te amo*, de Arnaldo Jabor*. Além destes, cabe destacar a música do filme *Bye Bye Brasil*, de Carlos Diegues*, 1979, que assina em parceria com Roberto Menescal.

O fluminense Egberto Gismonti, um dos mais brilhantes compositores e arranjadores brasileiros, compôs também várias trilhas, sobretudo nos anos 70 e 80. Sua primeira trilha, para o filme *A penúltima donzela*, de 1969, de Fernando Amaral, recebeu o prêmio do Instituto Nacional de Cinema (INC*) relativo à categoria de trilha sonora. Suas melhores criações foram para os filmes *Ato de violência*, de Eduardo Escorel, e *Raoni*, de Jean-Pierre Dutilleux e Luiz Carlos Saldanha*, que lhe valeu o prêmio de melhor trilha sonora no FESTIVAL DE GRAMADO de 1979, em que pôde manifestar a influência da música indígena que recebeu de uma temporada no Xingu com o cacique Sapain. Fez ainda música para outros filmes, como *Parada 88, (limite de alerta)*, de 1977, de José de Anchieta, *Retrato falado de uma mulher sem pudor*, de 1982, de Jair Correia e Hélio Porto, e *Pra frente Brasil*, 1981, de Roberto Farias. Egberto foi um dos poucos compositores brasileiros a ter uma oportunidade em Hollywood, sendo convidado para compor uma música para a trilha de *Cruising (Parceiros da noite)*, de 1980, dirigido por William Friedkin e estrelado por Al Pacino (o *score* principal é assinado por Jack Nitzsche). Egberto criou de improviso um tema de oito minutos em pleno estúdio.

Entretanto, o grande compositor de trilhas para o cinema do período é o carioca John Neschling, com sólida formação erudita e uma bem-sucedida carreira de regente de orquestra na Europa. Sua trilha orquestral é um marco no cinema brasileiro contemporâneo*, já que consegue a proeza de conciliar características nitidamente brasileiras (por exemplo, ele utiliza muito bem a tradicional forma seresta ou serenata) com as pontuações, climatizações e marcações típicas da música incidental moderna. Além disso, Neschling conhece a obra dos principais compositores de cinema e sua escrita mostra que ele havia assimilado bem referências fundamentais para o seu trabalho. Para ele, a música não era algo agregado ao filme, mas "um elemento da própria linguagem cinematográfica". Neschling compôs, na década de 70, as trilhas de *O cortiço*, de Francisco Ramalho Jr.*, *Pixote, a lei do mais fraco* e *Lúcio Flávio, o passageiro da agonia*, ambos de Hector Babenco*, *Os condenados*, de Zelito Viana*. Outras trilhas do período que devem ser mencionadas devido à sua qualidade foram as de Ailton Escobar para *Ajuricaba*, de Oswaldo Caldeira*, e de J. Lins para *Mãos vazias*, de Luiz Carlos Lacerda*, e *Ladrões de cinema*, de Fernando Cony Campos*. O compositor e instrumentista carioca Paulo Moura compôs inspiradas trilhas para filmes como *A lira do delírio*, de Walter Lima Jr.*, em que utiliza, ao lado de criações originais, algumas músicas lançadas anteriormente em seu disco *Confusão urbana, suburbana e rural*, e *Parceiros da aventura*, de José Medeiros*.

A década de 80 foi caracterizada pelo surgimento de uma nova geração de compositores. A maior parte deles militava na música popular brasileira como compositores, arranjadores e instrumentistas. Foi também a época da disseminação dos instrumentos eletrônicos, que haviam surgido para a música comercial na década de 1960, tendo como primeiro exemplo os sintetizadores Moog. O processo de digitalização desses instrumentos levou ao lançamento de um número muito grande de sintetizadores digitais, que ocuparam o lugar dos antigos sintetizadores analógicos. O uso em profusão desses instrumentos, que marcou a música popular do período, também pode ser percebido na música dos filmes brasileiros. Um dos compositores mais atuantes foi o mineiro Wagner Tiso, também arranjador e tecladista. Wagner Tiso é autor de algumas das mais belas e populares trilhas do cinema brasileiro, como as de *Inocência*, de 1982, dirigido por Walter Lima Jr., e *Jango*, de 1981-1984, dirigido por Sílvio Tendler* (a canção-tema, *Coração de estudante*, composta por Tiso e Milton Nascimento, foi um grande sucesso popular). Outro compositor bastante atuante nos anos 80 foi Sérgio Saraceni, que pode ser incluído igualmente na escola eletrônica da música para cinema brasileiro. Dono de um estilo mais lírico e menos preso às convenções da música de cinema, Saraceni compôs trilhas para vários filmes, como *Nunca fomos tão felizes*, de 1983; *Águia na cabeça*, de 1984; *Fulaninha*, *Noite*, *O rei do Rio* e *Os Trapalhões e o Rei do Futebol*, todos de 1985; *Baixo Gávea* e *Banana Split*, de 1987; *Sonhei com você*, de 1989; *Natal da Portela*, de 1990; *O viajante* e *Policarpo Quaresma, herói do Brasil*, ambos de 1998.

Foi nessa época que começou a carreira de um dos mais produtivos compositores de música para cinema no Brasil. Trata-se do carioca David Tygel*. Ele já era conhecido como músico por integrar o conjunto vocal Boca Livre, mas seu primeiro filme foi *Espelho de carne*, 1984, de Antonio Carlos Fontoura*. David Tygel assina as trilhas musicais de alguns dos filmes mais representativos da década de 80, como: *O homem da capa preta*, de Sérgio Rezende*; *Leila Diniz*, de Luiz Carlos Lacerda; e *Doida demais*, também de Sérgio Rezende. A parceria entre esse diretor e o compositor continuaria por muitos anos e cinco filmes: *Lamarca, coração em chamas*, *Quase nada* e *Onde anda você*. David Tygel trabalhou também com vários cineastas brasileiros de renome, como Sílvio Da-Rin (*A igreja da libertação*), Sandra Werneck* (*Damas da noite*, *Guerra dos meninos*, *Profissão criança*), José Joffily* (*A maldição de Sanpaku*), André Klotzel* (*Capitalismo selvagem*), entre outros.

Merecem destaque aqui, também, as incursões pelas trilhas de filmes do compositor Arrigo Barnabé, em particular a música do filme *Cidade oculta*, 1986, de Chico Botelho*. O filme enquadra-se no gênero policial, mas apresenta elementos poéticos do musical e da história em quadrinhos. Sua música é articulada a partir de canções e números de nomes expressivos do movimento musical que viria a ser conhecido como "vanguarda paulista", tais como o próprio Arrigo, Hermelino Neder, Eliete Negreiros, Tetê Espíndola, entre outros. Arrigo possui também música instrumental composta especialmente para o filme, no estilo característico do compositor, que une elementos da música popular, *rock* e *pop* a procedimentos das vanguardas musicais do século XX. É também desse ano, 1985, a única trilha musical de cinema assinada pelo paulista Hélio Ziskind, para o filme *Marvada carne*, de André Klotzel. Hélio Ziskind é compositor atuante na área de trilhas, cuja carreira se concentrou, principalmente, na televisão e na publicidade. Também deve ser citado o compositor Luiz Henrique Xavier, que faz nessa época a sua primeira trilha para o longa-metragem *Feliz ano velho*, 1987, de Roberto Gervitz*. Posteirormente Xavier compõe também a trilha de "Fogo Subterrâneo", de mesmo diretor. A década de 1990 foi para o cinema brasileiro um período de transformação. Duas produções brasileiras voltadas para o mercado internacional tiveram a colaboração de importantes compositores, como o americano Philip Glass, que compôs a trilha do filme *Jenipapo*, de Monique Gardemberg*, e, colaborador de Krisztof Kieslowski, o polonês Zbigniew Preisner, autor da trilha de *Coração iluminado*, de Hector Babenco. A música para cinema manteve em geral um bom nível, com composições bem ajustadas às características dos filmes. Em São Paulo, a parceria entre Hermelino Neder e Guilherme de Almeida Prado*,

iniciada em 1987 em *A dama do Cine Shangai*, prosseguiu em *A hora mágica*, de 1998. Deve-se destacar também a bonita trilha do grupo mineiro Uakti, liderado por Marco Antônio Guimarães, para *Kenoma*, de Eliane Caffé*. Outro profissional muito atuante a partir dessa década é Lívio Tragtenberg, compositor de vanguarda. Destaca-se aqui sua parceria com o diretor Júlio Bressane, que teve início em 1989, com o filme *Sermões – a história de Antonio Vieira* e prosseguiu nos filmes *Oswaldianas*, *O mandarim*, e *Miramar*. Lívio também assinou a trilha de *Um céu de estrelas*, de 1996, dirigido por Tata Amaral*, e *Bocage, o triunfo do amor*, (1994-1997), dirigido por Djalma Limongi Batista*.

Nos filmes dos anos 90, o cinema brasileiro manteve a tradição de usar canções em profusão, trazendo compositores de sucesso no mercado fonográfico para colaborar com as trilhas musicais. Por outro lado, o aumento quantitativo das produções, somado ao desejo dos produtores de promover a inserção de seus filmes no mercado internacional, deu início a um processo até então não visto no cinema de nosso país. Pela primeira vez o Brasil começou a possuir um núcleo de compositores especializados em cinema. Até então, a prática usual era a de contratar compositores e arranjadores ligados ao rádio, à televisão e, posteriormente, à publicidade. A partir da Retomada, surgem compositores cuja atividade principal é a de compor e produzir música para filmes, vulgarmente conhecidos como "trilhistas". Esse fenômeno é bastante significativo. O Brasil transforma-se em "exportador" de compositores de trilhas e vai se tornando cada vez mais comum ver o nome de um brasileiro em créditos de filmes internacionais. Ao mesmo tempo, encontramos alguns casos de compositores estrangeiros atuando em filmes brasileiros. Bruno Barreto convidou o baterista do grupo inglês The Police, Stewart Copeland, para assinar a trilha de seu filme *O que é isso, companheiro?*, de 1997. Foi o primeiro de uma extensa lista de filmes que contaram com a colaboração desse compositor, mas o único produzido no Brasil. Essas duas vias são simbólicas da internacionalização por que passa nossa produção cinematográfica.

Um nome a ser lembrado é o de Jacques Morelenbaum, que dividiu com Caetano Veloso, em 1997, a trilha de *Tieta*, de Cacá Diegues. Em 1998, com a colaboração de Antônio Pinto, compõe também a trilha de *Central do Brasil*, de Walter Salles*, em um belo trabalho fundindo música nordestina com temas eruditos. No filme, a música é usada de forma tradicional e eficiente. Antônio Pinto, junto com André Abujamra, forma a dupla mais simbólica dessa nova geração de compositores especializados em música para filmes, tanto pelo volume de filmes quanto pela qualidade de suas trilhas. Antônio Pinto iniciou sua carreira em 1994, com o filme *Menino maluquinho – o filme*, de Helvécio Ratton*. Sua filmografia enumera mais de vinte longas-metragens, dentre os quais alguns clássicos do período, como *Abril despedaçado*, de Walter Salles, e *Cidade de Deus*, de Fernando Meirelles*. Devido ao sucesso desses filmes, Antônio Pinto passou a ser convidado para atuar com frequência em filmes produzidos em Hollywood. Dentre esses filmes destacam-se as trilhas de *Lord of War* (*O senhor das armas*), de 2005, dirigido por Andrew Niccol, e *Perfect Stranger* (*A estranha perfeita*), 2007, de James Foley. Ele também colaborou como compositor na trilha do filme *Collateral* (*Colateral*), 2004, de Michael Mann, embora não lhe tenham sido dado os créditos correspondentes à importância de seu trabalho nesse filme. A trilha musical de *Abril despedaçado* é uma das mais bem articuladas do período. Muito econômica, ela é construída a partir de um material temático sucinto, usado criteriosamente para compor a atmosfera do filme e colaborar com o desenvolvimento de sua narrativa.

André Abujamra começou sua carreira nos longas-metragens com o filme *Capitalismo selvagem*, de André Klotzel. Assinou a trilha de *Carlota Joaquina, princesa do Brazil*, dirigido por Carla Camurati*. Sua filmografia é extensa. Dela constam mais de trinta longas-metragens, entre eles alguns dos filmes de maior repercussão no período, como *Ação entre amigos*, de Beto Brant*; *Um copo de cólera*, de Aluísio Abranches; *Domésticas*, de Fernando Meirelles; *Bicho de sete cabeças*, de Laís Bodanzky*, com canções de Arnaldo Antunes; *Durval Discos*, dirigido por Anna Muylaert*; *Carandiru*, de Hector Babenco; *Achados e perdidos*, de José Joffily. Também assina a trilha de um grande número de produções para a televisão. Dentre elas destaca-se sua participação na equipe responsável pela música do antológico *Castelo Rá-Tim-Bum*, produzido pela TV CULTURA em 1991, dirigido por Cao Hamburger. Outro compositor com vasta produção de trilhas para a televisão no período é Marcus Viana. No cinema, seu trabalho mais significativo é a música do filme *Olga*, de Jayme Monjardim.

Em se tratando de trilha musical não se pode deixar de mencionar o conjunto da produção dos cineastas pernambucanos, que integram ao cinema compositores da região. Merecem destaque as trilhas de *Viajo porque preciso, volto porque te amo*, de Marcelo Gomes* e Karim Ainouz*, assinada por Chambaril; *Cinema aspirinas e urubus*, também dirigido por Marcelo Gomes, com música de Tomaz Alves de Souza; *Baile perfumado*, de Paulo Caldas* e Lírio Ferreira*, que é a única trilha com a participação de Chico Science; *Árido movie*, também de Lírio Ferreira, com a música produzida por Otto; *Amarelo manga*, dirigido por Cláudio Assis*, com música de Jorge Du Peixe e Lúcio Maia.

Por fim, merece ser citado o compositor Pedro Bromfman, que iniciou sua carreira como compositor de cinema no Brasil com o filme *Tropa de elite*, de José Padilha*, e vem atuando regularmente. Nesse período ele já assinou as trilhas musicais de cinco filmes, inclusive o recente sucesso *Tropa de elite 2. O inimigo agora é outro*. Pedro Bromfman, assim como Antônio Pinto, tem atuado regularmente em produções internacionais. Passados mais de quinze anos desde o início da Retomada, nota-se uma preocupação cada vez maior com a música por parte dos realizadores. A existência de um núcleo de profissionais especializados em trilhas, trabalhando regularmente, leva à realização de composições mais articuladas, estabelecendo uma identidade musical para o cinema brasileiro contemporâneo. (LAR/NC)

TRINDADE, Diler (Dilermando Torres Homem Trindade) – Rio de Janeiro, RJ, 1943. Produtor.

FILMOGRAFIA: 1987 – *Super Xuxa contra o Baixo Astral*. 1989 – *A princesa Xuxa e Os Trapalhões*. 1990 – *Lua de cristal*; *Sonho de verão*; *O mistério de Robin Hood*. 1991 – *O inspetor Faustão e o Mallandro, a missão primeira e única*; *Gaúcho negro*. 1996 – *O mandarim*. 1999 – *Xuxa requebra*. 2000 – *Xuxa Pop Star*. 2001 – *Nelson Gonçalves*; *Xuxa e os duendes*. 2002 – *Zico*; *Xuxa e os duendes 2, no caminho das fadas*. 2003 – *Didi, o cupido trapalhão*; *Dom. Maria – a mãe do filho de Deus*; *Xuxa abracadabra*. 2004 – *Didi quer ser criança*; *Um show de verão*; *Irmãos de fé*; *Xuxa e o tesouro da cidade perdida*. 2005 – *Coisa de mulher*; *A máquina*; *Um lobisomem na Amazônia*; *Xuxinha e Guto contra os monstros do espaço*. 2006 – *Didi, o caçador de tesouros*; *Fica comigo esta noite*. 2007 – *Trair e coçar, é só começar*; *A turma da Mônica em uma aventura no tempo*; *O cavaleiro Didi e a princesa Lili*. 2008 – *Didi e a ninja Lili*; *Juízo*; *Destino*.

Através de sua empresa, DREAMVISION, fundada em 1987 com seu sócio David Sonnenschein, é responsável pelo ciclo de filmes infantis da virada dos anos 80 para os 90. Produz o filme *Super Xuxa contra o Baixo Astral*, de Anna Penido, para o estrelato de Xuxa Meneghel*. A seguir reúne a estrela com Os Trapalhões*, em *A princesa Xuxa e Os Trapalhões*, de José Alvarenga Jr., e com o comediante Sérgio Mallandro, em *Lua de cristal*, de Tizuka Yamasaki*. Para o público adolescente, juntou Paquitos e Paquitas, com Sérgio Mallandro, em *Sonho de verão*, de Paulo Sérgio Almeida. Novamente, sob as ordens de José Alvarenga Jr., são reunidos Os Trapalhões e Xuxa em *O mistério de Robin Hood*. Na tentativa de formar uma nova dupla cômica, Faustão (Fausto Silva) e Sérgio Mallandro estão juntos em *O inspetor Faustão e o Mallandro*, de Mário Márcio Bandarra. Letícia Spiller, a jovem estrela da televisão, e o cantor Gaúcho da Fronteira estreiam no cinema com o musical *Gaúcho negro*, de Jessel Buss. É também produtor associado de *O mandarim*, de Júlio Bressane*. No final da década de 90, o produtor Diler e a estrela Xuxa voltam a se reunir no sucesso *Xuxa requebra*, de Tizuka Yamasaki. Na década de 2000 reafirma seu papel como um dos principais produtores brasileiros. Em 2003, seu nome foi divulgado na seleta lista anual do FESTIVAL DE CANNES, pela revista *Variety*, citado entre os "10 produtores a se prestar atenção". Os filmes produzidos por sua companhia estavam atingindo a marca de 20 milhões de espectadores. Ainda em 2003, voltado ao público infantil, produziu *Didi – o cupido trapalhão*. Na mesma linha podemos citar *Didi quer ser criança*, de Reynaldo e Alexandre Boury, e, com direção de Moacyr Góes*, *Um show de verão*, protagonizado por Angélica. Continua com Xuxa em *Xuxa abracadabra*, filme com boa bilheteria, voltado ao espectador criança. Também faz *Xuxa e o tesouro da cidade perdida*, recheado de atores globais, com roteiro do dramaturgo, escritor e encenador Flávio de Souza. Mirando um público mais sofisticado produz, de Paulo Aragão e Alexandre Boury, *Dom*, baseado na obra *Dom Casmurro*, de Machado de Assis, filme que marcou a estreia do diretor Moacyr Góes. No início da voga de filmes religiosos realizou *Maria – a mãe do filho de Deus*, com o padre Marcelo Rossi, grande sucesso de bilheteria. Em *Irmãos de fé* busca explorar novamente o filão, trabalhando na mesma fórmula com o padre Marcelo Rossi. Entre 2005 e 2006 produziu seis longas: *Coisa de mulher*, de Eliana Fonseca*, primeiro filme da SBT

Filmes; *A máquina*, estreia de João Falcão na direção de cinema e prêmio do júri popular no FESTIVAL DO RIO; *Um lobisomem na Amazônia*, de Ivan Cardoso*, ícone do cinema de terror; *Xuxinha e Guto contra os monstros do espaço*, arrojado e inovador projeto cinematográfico envolvendo personagem de animação que utiliza técnicas de duas e três dimensões, dirigido por Clewerson Saremba; *Didi, o caçador de tesouros*, de Marcus Figueiredo; e o segundo filme de João Falcão, *Fica comigo esta noite*. Em 2007, esperando repetir o sucesso na cena teatral, lançou a comédia *Trair e coçar é só começar*, de Moacyr Góes, baseado na peça de Marcos Caruso. A bilheteria não se repetiu e o filme passou em branco. No campo de animação produziu *A turma da Mônica em uma aventura no tempo*, de Mauricio de Sousa. *O cavaleiro Didi e a princesa Lili*, de Marcus Figueiredo, e *O guerreiro Didi e a ninja Lili*, de Marcus Figueiredo, vão, aos poucos, encerrando a carreira de Renato Aragão no cinema. O documentário *Juízo*, de Maria Augusta Ramos*, sobre a questão do menor infrator, é uma produção diferenciada em sua carreira, envolvendo a realização de obra sofisticada sobre a questão da Justiça no Brasil. *Destino*, de Moacyr Góes, participou da sessão Panorama no FESTIVAL DE SHANGAI, fora do concurso. É filme sobre a história de amor entre uma jornalista brasileira, representada por Lucélia Santos, e um mestre de circo chinês. (LFM)

TRINDADE, Zé (Milton da Silva Bittencourt) – Salvador, BA, 1915-1990. Ator.

FILMOGRAFIA: 1947 – *O cavalo 13*; *O malandro e a grã-fina*; *Fogo na canjica*. 1948 – *Inocência*; *Pra lá de boa*. 1950 – *Aguenta firme, Isidoro*; *Anjo do lodo*; *Meu dia chegará*. 1952 – *O rei do samba*. 1954 – *Trabalhou bem, Genival*. 1955 – *O primo do cangaceiro*; *Genival é de morte*. 1956 – *Depois eu conto*; *Garotas e samba*; *O negócio foi assim*. 1957 – *Tem boi na linha*; *Maluco por mulher*; *Rico ri à toa*; *Treze cadeiras*; *O batedor de carteiras*. 1958 – *Aguenta o rojão*; *Na corda bamba*; *O camelô da rua Larga*; *Mulheres à vista*. 1959 – *Espírito de porco*; *O massagista de madame*; *Entrei de gaiato*. 1960 – *Viúvo alegre*; *Marido de mulher boa*. 1961 – *Mulheres, cheguei*; *Bom mesmo é carnaval*. 1970 – *Jesus Cristo, eu estou aqui*. 1976 – *Tem folga na direção*. 1987 – *Um trem para as estrelas*.

"O negócio é mulher!", "com licença da má palavra", "é lamentável", "papelão", "o negócio é perguntar pela Maria" são apenas algumas entre as inúmeras frases ditas, invariavelmente com muita malícia e pesado sotaque nordestino por Zé Trindade, autor de expressões e trejeitos que atravessaram gerações e garantiram sentimentos de cumplicidade com o público da chanchada*. Em geral, ao final dessas exclamações, Zé Trindade deixava à mostra uma língua lúbrica de saliva e explícita em suas "más" intenções, indispensável à troca de energias com o público, possibilitada pela identificação imediata com o universo sexista do gênero. Milton da Silva Bittencourt era o nome verdadeiro do célebre cômico que cristalizou, durante os anos de glória da chanchada carioca, a quintessência do tipo baixinho, gordo e de bigodinho fino, uma espécie de "cafajeste maduro", trambiqueiro e conquistador. O contato com o público acontece cedo, a partir dos 11 anos de idade, quando Milton trabalhava como contínuo em um dos melhores hotéis de Salvador. Em 1938, aos 17 anos, ingressou na RÁDIO SOCIEDADE DA BAHIA, convidado para trabalhar no programa *Teatro pelos Ares*. Sua carreira de cômico de rádio prosseguiu no Rio de Janeiro, para onde vai em 1945 trabalhar nas rádios CLUBE e MAYRINK VEIGA, onde permaneceu por vinte anos, animando programas como *Vai da Valsa*, *Alegria de Rua* e *A Cidade se Diverte*. Além do rádio, Zé Trindade também fez teatro, televisão e música, tendo gravadas mais de duzentas composições suas, vários discos de humor e diversos elepês como cantor, que lhe valeram até um prêmio como melhor intérprete de música nordestina.

Mas foi no cinema que o talento múltiplo de Zé Trindade encontrou sua melhor expressão, estreando na comédia *O cavalo 13*, de Luiz de Barros*, aparecendo numa "ponta". Ao sotaque nordestino, Zé Trindade iria acrescentar gírias e um modo de falar carioca, trabalhando o tipo que, em meados da década de 50, já estaria definido em comédias como *Rico ri à toa*, do então estreante Roberto Farias*, *Maluco por mulher* e *Tem boi na linha*, ambos de Aluisio T. Carvalho*. O universo por onde transitavam seus personagens era habitado, invariavelmente, por outros tipos também opostos, como a esposa, a "patroa", ou a sogra, mais velhas, repressoras e "comuns", e as "boazudas", ricas, vizinhas ou empregadas. Violeta Ferraz*, Sonia Mamede, Emma D'Ávila, Renata Fronzi*, Zezé Macedo*, foram algumas das vítimas do humor verbal daquele experiente malandro que veio do Nordeste para tentar levar vantagem em quase tudo na então capital federal. No final, ele sempre perdia suas conquistas e acabava voltando mesmo para casa, num derrotismo bastante conformista. Esse indefectível humor sexista produziu, nos personagens encarnados por Zé Trindade, algumas pérolas como o falso massagista Polidoro, de *O massagista de madame*, de Victor Lima*, ou Anacleto, de *Marido de mulher boa*, de J. B. Tanko*. Em todos esses filmes, o rosto do ator não escondia propositadamente as marcas da idade, necessárias à caracterização de seus personagens, nem as marcas de antigas espinhas, que acentuavam o tipo meio rude e grosseiro popularizado por Zé Trindade, totalmente identificado com a chanchada. Uma de suas especialidades era dizer algo no plano da fala, reiterando a expressão pela imagem visual, o que denunciava, uma vez mais, a presença do rádio, ou mesmo do circo e do teatro de revista. A técnica funcionava sempre bem como recurso cômico toda vez que Zé Trindade submetia o conteúdo quase sempre explícito ou de dupla leitura de suas falas com caretas, insinuações, galhofa ou, ainda, subterfúgios. Após uma aparição na minissérie *Memórias de um gigolô*, em 1986, na TV GLOBO, no papel de um porteiro de cabaré chamado Buster Keaton, Zé Trindade, no ano seguinte, atuou sob a direção de Carlos Diegues* em *Um trem para as estrelas*. Esse foi seu último trabalho no cinema. Faleceu no Rio de Janeiro, em 2 de maio. (JLV)

TÚLIO, Tomás de – Campinas, SP, 1898-?. Fotógrafo.

FILMOGRAFIA: 1923 – *João da Mata*; *Sofrer para gozar*. 1924 – *Alma gentil*. 1925 – *A carne*. 1927 – *Mocidade louca*; *Amor que redime*.

Tomás de Túlio (originalmente grafado Thomaz de Tullio) era filho de um imigrante italiano atraído para Campinas pelo café. Por volta dos 14 anos começou a interessar-se por fotografia fixa e, como a situação financeira da família era boa, o garoto teve a possibilidade de importar revistas e livros italianos especializados no assunto, além de instalar um laboratório na sua residência. Após trabalhar algum tempo no ramo, mudou-se para São Paulo em 1921 objetivando ingressar na produção cinematográfica. Nessa cidade, conseguiu emprego na INDEPENDÊNCIA-OMNIA FILM, produtora de José del Picchia, Menotti del Picchia* e Armando Pamplona. Em 1923, Tomás de Túlio foi convidado por Felippe Ricci a voltar para Campinas a fim de fotografar *João da Mata*, filme dirigido por Amilar Alves*. Essa produção marcou o início do que a historiografia consagrou como o Ciclo de Campinas*, no qual Tomás de Túlio desempenhou um papel essencial, tendo sido o fotógrafo de todos os filmes seguintes do ciclo: *Sofrer para gozar*, de E. C. Kerrigan*, *Alma gentil*, de Antônio Dardes Netto, *A carne* e *Mocidade louca*, ambos de Felippe Ricci. Na época da realização desse filme, Tomás de Túlio foi chamado por E. C. Kerrigan para trabalhar em *Amor que redime*, fita dirigida pelo próprio Kerrigan em Porto Alegre. Como Tomás de Túlio aceitou a proposta, teve de ser substituído em *Mocidade louca* por José del Picchia e Vítor del Picchia. De volta a Campinas em 1928, Tomás de Túlio passou a fazer filmes de encomenda até 1930. Com a chegada do som, montou uma firma especializada em importar e instalar equipamentos de reprodução sonora em salas de cinema. Após essa atividade, abandonou de vez qualquer ocupação relacionada com cinema, abrindo uma empresa no ramo de refrigeração, atividade a que se dedicou até aposentar-se. (AA)

TYGEL, David – Rio de Janeiro, RJ, 1949. Músico.

FILMOGRAFIA: 1984 – *Espelho de carne*. 1985 – *Igreja da libertação*; *O homem da capa preta*. 1987 – *A cor do seu destino*; *Leila Diniz*; *O mentiroso*. 1988 – *O mistério do Colégio Brasil*. 1992 – *Capitalismo selvagem*. 1994 – *Lamarca, coração em chamas*; *Sombras de julho*. 1996 – *Quem matou Pixote?*. 1997 – *O homem nu*; *For All – o trampolim da vitória*. 1998 – *Uma aventura de Zico*. 1999 – *Minha vida em suas mãos*. 2000 – *Quase nada*; *O chamado de Deus*. 2002 – *Dois perdidos numa noite suja*. 2003 – *Apolônio – campeão de alegria*. 2004 – *Onde anda você*. 2006 – *O sol caminhando contra o vento*. 2007 – *Inesquecível*. 2009 – *Ouro negro*.

Compositor mais requisitado na passagem dos anos 80 para os 90, cria o padrão musical do novo filme brasileiro, discreto e envolvente. Fiel à concepção de que a música funciona como substrato psicológico da obra, utiliza a técnica de desdobrar um tema básico em variações climáticas de acordo com o tom das sequências. Músico de carreira, integra o grupo Momento 4 no final dos anos 60, participando da apresentação da canção *Ponteio* no Festival de Música Popular da TV Record, em 1967. Instrumentista, cantor e autor, forma com Cláudio Nucci, Zé Renato e Maurício Maestro o famoso conjunto Boca Livre, emplacando alguns sucessos, como *Toada*. Paralelamente, interessa-se pela música adicionada a peças e filmes, acabando por sair do conjunto no início dos anos 90. Considera seus primeiros trabalhos uma fase de aprendizado, tendo estreado com *Espelho de carne*, de Antônio Carlos Fontoura*. O encontro com o cineasta Sérgio Rezende*, para quem faz todas as trilhas musicais a partir de *O homem da capa preta*, premiado no Festival de Gramado, proporciona-lhe a exata compreensão da função da música dentro de um filme. Deslancha carreira no meio, adequando a orquestração das trilhas ao padrão musical mais corrente. Sobressaem as músicas criadas para *A cor do seu destino*, de Jorge Durán*, *Capitalismo selvagem*, de André Klotzel*, *For All – o trampolim da vitória*, de Buza Ferraz e Luiz Carlos Lacerda*, *Lamarca, coração em chamas*, de Sérgio Rezende. Vence a categoria de melhor trilha musical do Festival de Gramado mais três vezes, por *Doida demais*, de Sérgio Rezende, *Quem matou Pixote?*, de José Joffily*, um de seus melhores trabalhos, e *For All – o trampolim da vitória*. Assina ainda o acompanhamento musical das peças *Papa Highirte* e *Os veranistas*. Nos últimos anos tem se dedicado também a dar *workshops* por vários estados do país. (HH)

Voltado para trabalhos em cinema, vídeo e TV, fez ainda trilhas sonoras de filmes como *A igreja da libertação*, documentário de Silvio Da-Rin; a cinebiografia *Leila Diniz*, de Luiz Carlos Lacerda; a comédia *O mentiroso*, de Werner Schünemann; *O círculo de fogo*, drama de Geraldo Moraes; o documentário *A guerra dos meninos* (1993), de Sandra Werneck*; o policial *A maldição do Sanpaku* e o documentário *O chamado de Deus*, ambos de José Joffily*. Musicou *Lamarca, coração em chamas*, de Sérgio Rezende; *Sombras de julho*, de Marcos Altberg*, e o curta-metragem *Criaturas que nasciam em segredo*, de Chico Teixeira, premiado como a melhor música original do Festival de Brasília e do Festival de Cuiabá. Em seguida, terminou a trilha musical de *Quem matou Pixote?*, um dos seus melhores trabalhos, pela qual recebeu seu terceiro Kikito no Festival de Gramado. Em 1997, gravou a trilha para a comédia *O homem nu*, de Hugo Carvana*. Musicou também o filme *Uma aventura do Zico*, produzido por Luiz Carlos Barreto*, sob direção de Antonio Carlos Fontoura*. No início do milênio, fez a música do filme de Sérgio Rezende *Quase nada*, compondo também para o vídeo *Redescobrimento*, de Nelson Hoineff, Marcelo Dantas e David França Mendes, na "Mostra 500 Anos". Parceiro de Hugo Carvana, preparou a trilha musical de *Apolônio Brasil, campeão da alegria*, e, com Maria Zilda Bethlem*, a trilha sonora de *Minha vida em suas mãos*. Compôs as canções *Olhos nos olhos* e *Caô!*, para a trilha sonora do filme *Dois perdidos numa noite suja*, de José Joffily, e do documentário *O sol, caminhando contra o vento*, de Tetê Moraes*. Foi também responsável pelas trilhas do filme policial *Inesquecível*, de Paulo Sérgio Almeida, e *Ouro negro*, de Isa Albuquerque, produção retratando a descoberta do petróleo no Brasil. (LFM)

USAI, Remo (Antônio Remo Usai) – Rio de Janeiro, RJ, 1928. Músico.

FILMOGRAFIA: 1958 – *E o bicho não deu*; *Pega ladrão*; *Juventude sem amanhã*; *Pé na tábua*. 1959 – *Garota enxuta*; *Espírito de porco*; *Mulheres à vista*; *O massagista de madame*; *Entrei de gaiato*. 1960 – *Vai que é mole*; *Homens do Brasil*; *Pistoleiro bossa-nova*; *Mandacaru vermelho*. 1961 – *A grande feira*; *Mulheres, cheguei*; *Três cangaceiros*; *Bom mesmo é carnaval*. 1962 – *Assalto ao trem pagador*; *Os cosmonautas*; *Nordeste sangrento*; *Tocaia no asfalto*; *Boca de Ouro*; *O quinto poder*; *O tropeiro, cruzado da esperança*. 1963 – *Crime no Sacopã*; *Manaus, glória de uma época* (coprodução estrangeira); *Choque de sentimentos* (coprodução estrangeira); *No tempo dos bravos*. 1963-1964 – *Os vencidos*. 1964 – *Pão de Açúcar* (coprodução estrangeira); *Crime de amor*; *O grito da terra*. 1965 – *007½ no carnaval*. 1966 – *Nudista à força*; *Cuidado, espião brasileiro em ação*; *Na onda do iê-iê-iê*. 1966-1967 – *Férias no sul*. 1967 – *Carnaval barra-limpa*; *Jogo perigoso* (1º episódio: 'H. O.'; 2º episódio: 'Divertimento') (coprodução estrangeira); *Perpétuo contra o esquadrão da morte*; *Papai trapalhão*. 1968 – *Chegou a hora, camarada*; *Como matar um playboy*; *O levante das saias*; *Maria Bonita, rainha do cangaço*; *Até que o casamento nos separe*; *Sete homens vivos ou mortos*. 1969 – *A um pulo da morte* (1º episódio: 'Arquivos secretos de um repórter policial'; 2º episódio: 'A madona de ouro'; 3º episódio: 'A testemunha'; 4º episódio: 'A prisioneira'). 1970 – *As escandalosas*. 1971 – *O bolão*. 1972 – *Condenadas pelo sexo*. 1973 – *Como evitar o desquite*. 1976 – *Essa mulher é minha... e dos amigos*; *Pecado na sacristia*; *Costinha e o King Mong*; *O trapalhão nas minas do rei Salomão*. 1977 – *As aventuras de Robinson Crusoé*; *O caso Cláudia*; *A dama de branco*. 1979 – *Terror e êxtase*; *Os três mosqueteiros trapalhões*. 1980 – *O incrível monstro trapalhão*; *Mulher sensual*. 1981 – *Verde vinho* (coprodução estrangeira); *Escalada da violência*. 1982 – *Aventuras da Turma da Mônica*. 1983 – *O trapalhão na arca de Noé*; *Atrapalhando a Suate*. 1984 – *Fêmeas em fuga*.

Compositor, orquestrador, diretor musical e sonoplasta de quase uma centena de curtas e longas-metragens, além de *spots* publicitários, programas de televisão e de rádio, é um dos mais importantes e dedicados autores de trilhas musicais para filmes brasileiros. Adepto da tradição clássica americana, que desdobra os temas sob forma atmosférica (*mood music*), adequando-os ao gênero da produção, constrói estilo vigoroso, vibrante e intenso, aproveitando com propriedade as possibilidades da grande orquestra. Descendente de italianos, demonstra pendores musicais desde a infância. Estuda piano com J. Octaviano, orquestração com Léo Peracchi e composição com Cláudio Santoro. Formação tão requintada não o impede de largar momentaneamente a música e ingressar no curso de Engenharia Agronômica da Universidade Rural, completado em 1953. Exerce a função no Instituto Nacional de Imigração e Colonização. Em 1956, abandona o emprego e viaja para os Estados Unidos para fazer um curso de dois anos voltado para a música de cinema. Entra para a University of Southern California, tornando-se aluno de Miklos Rozsa (música para cinema), Ingolf Dahl (orquestração) e Harley Stevens (harmonia e composição livre). Retorna ao Brasil em 1958, sendo imediatamente convidado a musicar "E o bicho não deu", de J. B. Tanko, e *Pega ladrão*, de Alberto Pieralisi*. A funcionalidade e beleza dos temas encantam o meio. Logo é convidado a compor a música incidental de inúmeras chanchadas*, trabalhando principalmente para o produtor Herbert Richers* e o diretor J. B. Tanko*. Inicia parceria com Nelson Pereira dos Santos*, assinando as sugestivas trilhas de *Mandacaru vermelho* e *Boca de Ouro*. Entre um e outro vai aos Estados Unidos, onde leciona harmonia e orquestração, conduz algumas orquestras em apresentações públicas e escreve as partituras do filme *Hoffnung*, documentário de longa metragem produzido pela televisão alemã, e *Valley of Forge*, média-metragem criado para a televisão americana. De volta, desenvolve alguns de seus melhores momentos musicais para filmes como *A grande feira* e *Tocaia no asfalto*, ambos de Roberto Pires*; *Assalto ao trem pagador*, de Roberto Farias*, e *Manaus, glória de uma época*, de Francisco Eichorn*. Torna-se o mais requisitado compositor do meio, responsabilizando-se por uma média de três a quatro produções de longa metragem por ano. Sai-se melhor com entrechos dramáticos, salientando-se particularmente a adequação de seu estilo ao universo do filme policial. Já trabalhando paralelamente em televisão, assina inúmeras vinhetas de programas e noticiários. Concebe e dirige programas voltados para o mundo musical, como *Musicalíssima*, *Tonelux* e *Chopin*. Contratado pela TV GLOBO em 1964, organiza seu departamento musical e marca com seus temas alguns dos primeiros programas da emissora (os seriados *22-2000*, *Cidade Aberta* e *Audax*, e os programas

Câmera Indiscreta e *Um Milhão por uma Canção*). Em 1965, sai da emissora para trabalhar na firma paterna, prosseguindo com as trilhas para cinema e fazendo sonoplastia para os documentários produzidos por Jean Manzon*. Compõe trilhas para o diretor Miguel Borges* (*Perpétuo contra o esquadrão da morte* e *O caso Cláudia*) e para alguns títulos mais como *Terror e êxtase*, de Antônio Calmon*. É igualmente autor da música de alguns curtas: *Kuarup* (1965), de Heinz Förthmann*; *Bola de meia* (1972), de Carlos Couto; *Tempo futuro* e *Amazonas, um desafio* (ambos de 1974), de Thomas Somlo. Em meados dos anos 70, diversifica sua arte voltando-se para o cinema infantil. São sensíveis e surpreendentes os comentários musicais para filmes como *As aventuras da Turma da Mônica*, de Mauricio de Sousa*. É autor do pequeno filme *Construções metálicas*, que produz e dirige nos Estados Unidos em 1974. Nos anos 80, com a diminuição da produção e o esgotamento de seu estilo, retira-se do meio. (HH)

VAGAREZA (Hamilton Augusto) – Rio de Janeiro, RJ, 1928-1997. Ator.

FILMOGRAFIA: 1960 – *Eu sou o tal*; *Quanto mais samba melhor*. 1961 – *Entre mulheres e espiões*. 1962 – *Os apavorados*. 1965 – *Crônica da cidade amada* (episódio: 'Aventura carioca').

No princípio dos anos 50, começa sua carreira no teatro de revista. É participante do elenco do Teatro Follies e de outras companhias. Comediante de grande sucesso na televisão dos anos 60, estreia em *Milhões de Napoleões*, destacando-se no quadro do aluno embromador na *Escolinha do Professor Raimundo*, no programa *Noites Cariocas* e em *O Riso é o Limite*, na TV RIO. Chega tarde ao cinema, na fase final da chanchada*, quando estreia como protagonista na comédia *Eu sou o tal*, de Eurides Ramos*. A seguir, na ATLÂNTIDA*, filma três comédias: as duas primeiras, *Quanto mais samba melhor* e *Entre mulheres e espiões*, sob a direção de Carlos Manga*, contracenando no segundo filme com Oscarito*; na terceira comédia, *Os apavorados*, do diretor Ismar Porto*, a reunião de Oscarito com Vagareza é uma tentativa de criação de nova dupla cômica. Curiosamente, é o último filme da companhia. Golias* e Vagareza são os pioneiros comediantes que transitam do sucesso na televisão para o cinema, ao contrário de seus antecessores. Em sua curta carreira no cinema despede-se com o divertidíssimo personagem Passarinho, no episódio 'Aventura carioca', extraído de uma crônica de Paulo Mendes Campos, no longa *Crônica da cidade amada*, de Carlos Hugo Christensen*. Sua esposa Siwa, bailarina do Teatro Municipal, também atua no teatro de revista, onde se conhecem. Juntos, apresentam-se em espetáculos pelo país, contracenam em *shows* televisivos e participam dos filmes *Eu sou o tal*, *Os apavorados* e *Crônica da cidade amada*. Vivendo há muitos anos em São Paulo, ambos foram proprietários do Siwa Ballet. Esse comediante que o tempo esqueceu, faleceu anonimamente em São Paulo, no dia 18 de abril. (LFM)

VALADÃO, Jece (Gecy Valadão) – Murundu, RJ, 1930-2006. Ator, produtor, diretor.

FILMOGRAFIA: 1949 – *Também somos irmãos*; *Carnaval no fogo*. 1951 – *Barnabé, tu és meu*. 1952 – *Amei um bicheiro*; *Três vagabundos*. 1953 – *Almas em conflito*; *Carnaval em Caxias*. 1954-1955 – *Rio 40 graus*. 1956 – *Garotas e samba*. 1957 – *Rio, Zona Norte*. 1958 – *Mulher de fogo* (coprodução estrangeira). 1960 – *Tudo legal*. 1961 – *Mulheres e milhões*; *Os cafajestes* (ator, prod.). 1962 – *Favela* (coprodução estrangeira); *Pedro e Paulo* (coprodução estrangeira); *Boca de Ouro*. 1963 – *Bonitinha mas ordinária* (ator, prod.). 1964 – *Asfalto selvagem*; *Procura-se uma rosa* (prod., dir.). 1965 – *História de um crápula* (ator, prod., dir.); *Paraíba, vida e morte de um bandido* (ator, prod.). 1966 – *Essa gatinha é minha* (prod., dir.). 1967 – *A lei do cão* (ator, prod., dir.); *Mineirinho, vivo ou morto* (ator, prod.); *Jerry, a grande parada* (prod.); *Em busca do tesouro* (prod.). 1968 – *As sete faces de um cafajeste* (ator, prod., dir.); *Os viciados* – 1º episódio: 'A trajetória') (prod.); (2º episódio: 'A fuga') (prod.); (3º episódio: 'Favela') (prod.); *O matador profissional* (ator, prod., dir.). 1969 – *Os raptores* (prod.); *Navalha na carne* (prod.); *A noite do meu bem* (prod., dir.); *Quelé do Pajeú*. 1970 – *O vale do Canaã* (prod., dir.); *Dois perdidos numa noite suja* (prod., dir.); *Memórias de um gigolô* (prod.). 1971 – *Edy Sexy, o agente positivo* (prod.); *Mãos vazias* (prod.); *O enterro da cafetina* (ator, prod.). 1972 – *A difícil vida fácil* (ator, prod.); *A filha de madame Betina* (ator, prod., dir.). 1973 – *Obsessão* (ator, prod., dir.); *Um edifício chamado 200*. 1974 – *O mau-caráter* (ator, prod., dir.). 1975 – *Nós, os canalhas* (ator, prod., dir.); *O homem de papel* (*Volúpia do desejo*); *A nudez de Alexandra* (coprodução estrangeira); *Os amores da pantera* (prod., dir.). 1975-1976 – *Ninguém segura essas mulheres* (3º episódio: 'Pastéis para uma mulata') (dir.); (4º episódio: 'O furo'). 1976 – *Tem folga na direção* (prod.); *A noite dos assassinos* (ator, prod., dir.). 1978 – *A deusa negra* (coprodução estrangeira) (prod.); *Quem matou Pacífico?*. (prod.); *Gigante da América* (ator, prod.). 1978-1980 – *A idade da Terra*. 1979 – *Eu matei Lúcio Flávio* (ator, prod.); *O torturador* (ator, prod.). 1979-1980 – *O fruto do amor* (prod.). 1980 – *Um menino... uma mulher* (prod.). 1980-1992 – *A serpente* (ator, prod.). 1981 – *Viagem ao céu da boca* (prod.). 1983 – *Águia na cabeça*. 1995-1996 – *Tieta do agreste*; *O cangaceiro*. 2003 – *Garrincha, estrela solitária*. 2007 – *5 frações de uma quase história*. 2007-2008 – *Encarnação do demônio*.

Como ator, Valadão pertence à linhagem dos intérpretes intuitivos e naturalistas, para os quais o carisma importa mais que a técnica. Como diretor, especializou-se em comédias eróticas e policiais. Sua carreira como produtor é bem peculiar: começa no Cinema Novo*, passa pelo melodrama realista de inspiração teatral, segue pelo drama policial e termina flertando com a pornochanchada*. Filho de Cupertino e Hermínia Valadão, teve infância e adolescência bastante difíceis. Aos 8 anos, mudou-se para Cachoeiro do Itapemirim, no Espírito Santo. Lá, começou a trabalhar cedo, como aprendiz de alfaiate. Em 1948, aos 18 anos, iniciou a carreira artística, quando entrou para a rádio local, onde trabalhou como radioator. Depois, foi convidado a substituir um locutor da rádio. Antes de vir para o Rio de Janeiro, atuou na RÁDIO INDUSTRIAL, de Juiz de Fora, e foi contratado pela RÁDIO CULTURA de Campos. No Rio de Janeiro, trabalhou na RÁDIO TUPI, como locutor e radioator. Produziu para a emissora um programa diário de meia hora, que ia ao ar à meia-noite, com o título de *Um Tango à Meia-noite*. Trabalhava também como corretor de anúncios de rádio.

Valadão tinha ambições artísticas e tenta a carreira de ator de cinema na ATLÂNTIDA*. Seu primeiro filme foi *Também somos irmãos*, dirigido por José Carlos Burle*. No filme, Valadão faz apenas uma ponta, como um garçom. Logo depois, fez outra figuração em *Carnaval no fogo*, de Watson Macedo*. Em seguida, fez pequenas participações em mais dois filmes dirigidos por Burle: *Três vagabundos* e *Barnabé, tu és meu*. Neste último, teve um papel um pouco maior, como o arauto do palácio da princesa Zulema, interpretada por Fada Santoro*, em que o protagonista Oscarito* é trancafiado. Participou de *Amei um bicheiro*, dirigido por Paulo Vanderley* e Jorge Ileli*; atuou em *Almas em conflito* e *Carnaval em Caxias*. Valadão começou a despontar com seu tipo popular, seu jeito de malandro e seu rosto expressivo, talhado para personagens fortes e vilões. A consagração definitiva veio com *Rio 40 graus*, dirigido por Nelson Pereira dos Santos*, em que começou a forjar o perfil do personagem que interpretaria com maestria no cinema: o indivíduo de caráter duvidoso, mulherengo e machão, características que posteriormente seriam resumidas em apenas uma palavra – cafajeste. Em *Rio 40 graus*, porém, Miro, seu personagem, está longe de ser definido como tal: trata-se de um malandro de morro ciumento e valentão, um *bon vivant* que no final acaba se revelando também um sujeito solidário. Valadão ainda trabalhava na RÁDIO TUPI quando recebeu o convite de Nelson (que havia conhecido num congresso de cinema*) para ser seu assistente no filme e participar também como ator. Em 1956, Valadão ganhou o prêmio de melhor ator, concedido pelo I FESTIVAL DE CINEMA DO RIO DE JANEI-

RO, por sua atuação em *Rio 40 graus*. Após um breve retorno à ATLÂNTIDA, onde atuou numa chanchada*, *Garotas e samba*, dirigida por Carlos Manga*, Valadão voltou a trabalhar com Nelson Pereira dos Santos em *Rio, Zona Norte*, interpretando um compositor picareta que comprava as músicas de Zé Kéti e as apresentava como se fossem suas. Em 1957, o ator Rodolfo Mayer* o convidou para trabalhar no teatro, na peça *A mulher sem pecado*, de Nélson Rodrigues*. Na época, a irmã de Nélson, Dulce Rodrigues, trabalhava na companhia de Mayer. Valadão passou a assediá-la, mas foi rejeitado. Após muita insistência, acabou conquistando-a e eles se casaram em 1958. O casamento durou catorze anos (Dulce faleceu em 1985). Na virada da década de 50 para a de 60, atuou em três coproduções com países latino-americanos: *Mulher de fogo*, coprodução com o México, dirigida por Tito Davison; *Favela*, dirigida por Armando Bo, e *Pedro e Paulo*, dirigida por Ángel Acciaresi, estas sendo coproduções com a Argentina.

Os filmes que firmaram a reputação de Valadão no cinema foram realizados entre 1961 e 1962: *Mulheres e milhões*, um policial dirigido por Jorge Ileli; *Boca de ouro*, dirigido por Nelson Pereira dos Santos, em que interpreta um bicheiro; e *Os cafajestes*, de Ruy Guerra*, que produziu e estrelou, ao lado de Norma Bengell* e Daniel Filho*. No filme de Nelson Pereira dos Santos, baseado na peça teatral homônima de Nélson Rodrigues, a caracterização de Valadão como um bicheiro mulherengo e populista é magistral. *Os cafajestes* é o filme que melhor absorveu as influências da *nouvelle vague*, com cenas ao ar livre, câmera na mão, longos planos-sequências e montagem não linear. Os filmes baseados em textos de Nélson Rodrigues, que fez posteriormente, como *Bonitinha mas ordinária*, de J. P. Carvalho, e *Asfalto selvagem*, de J. B. Tanko*, ajudaram a consolidar a reputação do ator. Afastando-se do pessoal do Cinema Novo, Valadão firmou um pacto com um cinema mais popular e comercial. Estreou como diretor no filme *Procura-se uma rosa*, adaptação da peça homônima de Pedro Bloch*. A partir de então, passou a produzir e a dirigir seus próprios filmes, por meio de sua produtora, MAGNUS FILMES, fundada em 1960. Na década de 60, conseguiu conciliar a carreira de produtor com a de diretor e ator, em produções próprias e de outras companhias, tendo sido ator, diretor e corroteirista (com Victor Lima*) de *História de um crápula*, e ator em *Paraíba, vida e morte de um bandido*, dirigido por Victor Lima. Seus persona-

gens eram sempre protótipos do mau: ora sobressaía o vilão convencional (*O matador profissional*), ora o cafajeste sedutor (*As sete faces de um cafajeste*). Produziu também duas comédias populares: *Essa gatinha é minha*, com direção sua, e *Jerry, a grande parada*, dirigido por Carlos Alberto de Souza Barros*. Resolveu então produzir dramas e comédias eróticas baseadas em obras de autores consagrados, como Plínio Marcos*, Marcos Rey*, Pedro Bloch* e Nélson Rodrigues. Foi o primeiro a levar para as telas o teatro cru e realista de Plínio Marcos. Produziu *Navalha na carne*, dirigido por Braz Chediak*; Valadão interpretou o cafetão, atuando ao lado de Glauce Rocha* e Emiliano Queiroz*. A seguir, foi a vez de levar para as telas *Dois perdidos numa noite suja*, de Braz Chediak. De Marcos Rey, Valadão produziu as comédias eróticas *Memórias de um gigolô*, *O enterro da cafetina*, dirigidas por Alberto Pieralisi*, e *A filha de madame Betina*, filme do qual também assina a direção e que ficou retido pela censura* por vários anos. *A difícil vida fácil* é outra comédia que produz, com direção de Pieralisi, que obtém muito sucesso. Em 1969, produziu e dirigiu *A noite do meu bem*, inspirado na vida da cantora e compositora Dolores Duran. O filme foi sucesso de bilheteria, mas a família de Dolores não gostou do resultado e processou Valadão. Como ator, teve uma atuação elogiada em *Quelé do Pajeú*, de Anselmo Duarte*. Dirigiu também alguns filmes policiais, retratando o cotidiano dos subúrbios cariocas, como *O mau-caráter* e *A noite dos assassinos*. Em *Eu matei Lúcio Flávio*, de Antônio Calmon*, Valadão tem outra atuação dentro da linha naturalista que sempre o caracterizou. Participou do último filme de Glauber Rocha*, *A idade da Terra*. A mais recente produção da MAGNUS foi *A serpente*, adaptação de uma peça de Nélson Rodrigues, dirigida pelo filho Alberto Magno. O filme teve uma produção complicada e só foi lançado anos depois de ficar pronto.

Em 1981, época em que a censura abrandou e quando se discutia a criação de salas especiais para o cinema erótico, Valadão resolveu investir no pornô explícito produzindo *Viagem ao céu da boca*, com direção de Roberto Mauro. Porém, estrategicamente, seu nome não aparece nos créditos do filme. Foi preciso uma longa batalha judicial para liberar o filme. A incursão de Valadão ao pornô acabou se limitando a esse único título. Em *Águia na cabeça*, dirigido por Paulo Thiago*, Valadão interpretou mais uma vez um bicheiro. Seus filmes mais recentes como ator são

Tieta do agreste, dirigido por Carlos Diegues*, em que representou o papel do comandante Dário, que chega a Mangue Seco e se apaixona pela natureza do lugar, e *O cangaceiro*, *remake* do clássico da VERA CRUZ*, dirigido por Anibal Massaini Neto*. Valadão atuou pouco em televisão (sua participação mais recente em novela foi em *O dono do mundo*, na TV GLOBO, em que interpretou um personagem de bom caráter). No teatro, atuou em cerca de cinquenta peças, sendo três de sua autoria: *Mister Ego, Camisa preta* e *Minha amiga também quer*. Em 1995, para surpresa geral, abdicou de sua fama de machão e cafajeste e converteu-se ao protestantismo, filiando-se a uma instituição chamada Adhonep (Associação dos Homens de Negócios pelo Evangelho Pleno). Em 1996, Valadão publicou sua autobiografia, sob o título de *Memórias de um cafajeste*, escrita por Maria Teresa Artacho Eça. Foi casado cinco vezes. Com a primeira mulher, Dulce Rodrigues, teve os filhos Estela e Alberto Magno, este também diretor de cinema. A segunda mulher foi a atriz Vera Gimenez*, com quem teve um filho. Com a atual mulher, Cátia, tem também um filho. Ao todo, teve nove filhos. (LAR) Participou da nova versão de *O cangaceiro*, de Anibal Massaini Neto e do drama *Garrincha, estrela solitária*, de Milton Alencar Jr. Gravou o documentário *O Evangelho segundo Jece Valadão*, sobre sua própria vida e como a religião o modificou. Fez participação especial nos seriados da GLOBO *Sob Nova Direção e A Diarista*. Foi protagonista na minissérie de Cao Hamburger *Filhos do Carnaval*, da HBO, em que interpretou o bicheiro Anésio Gebara, patrono de uma escola de samba carioca. Antes de sua morte, participa da produção mineira *5 frações de uma quase história*, na qual interpreta um juiz corrupto, e também de *Encarnação do demônio*, de José Mojica Marins*, interpretando o coronel Claudiomiro Pontes. Tentava captar recursos para o filme sobre a vida do apóstolo Paulo, projeto que seria uma releitura da passagem bíblica para os dias atuais. No roteiro, escrito por Valadão, Paulo seria um promotor público arrogante que muda após encontrar a fé. Faleceu em 27 de novembro, na cidade de São Paulo, e foi enterrado em Cachoeiro de Itapemirim, no Espírito Santo.

VALLE, Maurício do (Maurício de Miranda) – Rio de Janeiro, RJ, 1928-1994. Ator.

FILMOGRAFIA: 1955-1956 – *Lei do sertão*. 1957 – *Além do rio das Mortes*. 1960 – *Briga, mulher e samba*. 1962 – *Boca de Ouro*. 1962-1963 – *Terra sem Deus*. 1963 – *Deus e o diabo na terra do sol*. 1964 – *Selva trágica; Grande sertão*. 1965 – *A hora e vez de Augusto Matraga; Riacho de sangue*. 1966 – *Cangaceiros de Lampião; Terra em transe*. 1967 – *Bebel, a garota-propaganda; O Jeca e a freira*. 1968 – *O dragão da maldade contra o santo guerreiro* (coprodução estrangeira); *Sete homens vivos ou mortos*. 1969 – *Cangaceiro sanguinário; Corisco, o diabo loiro; O cangaceiro sem Deus; Audácia, fúria dos desejos* (Prólogo); *O profeta da fome*. 1969-1970 – *A vingança dos 12*. 1970 – *As gatinhas; Pindorama*. 1971-1978 – *Os cangaceiros do vale da morte*. 1974 – *O marginal; A cartomante*. 1975 – *O roubo das calcinhas* (2º episódio: 'I love bacalhau'); *Bacalhau (Bac's); O dia em que o santo pecou; Kung Fu contra as bonecas*. 1976 – *As meninas querem... e os coroas podem; Pecado na sacristia; Soledade; Chão bruto; O jogo da vida; Crueldade mortal*. 1976-1977 – *Anchieta, José do Brasil*. 1977 – *O cortiço; Os sete gatinhos*. 1978 – *Cinderelo trapalhão; O coronel e o lobisomem; O caçador de esmeraldas*. 1978-1980 – *A idade da Terra*. 1979 – *Mulheres do cais; Nos tempos da vaselina; Sábado alucinante; Parceiros da aventura*. 1979-1985 – *Chico Rei*. 1980 – *As intimidades de Analu e Fernanda*. 1982 – *Gabriela, cravo e canela* (produção estrangeira); *Profissão: mulher; Rio Babilônia; Curral de mulheres*. 1983 – *Águia na cabeça; Quilombo*. 1984 – *Os Trapalhões e o Mágico de Oroz; Os Trapalhões no reino da fantasia*. 1986 – *Os Trapalhões e o Rei do Futebol*. 1987 – *Rastros na areia*. 1987-1988 – *O grande mentecapto*.

Carioca da Zona Norte, corpulento, Maurício trabalhou primeiro na Polícia Marítima. O cinema apareceu na sua vida quando leu um anúncio de jornal em que se pediam extras para o filme de Moacyr Fenelon*, *Tudo azul*. Atraído pelo mundo artístico, mudou-se para São Paulo, atuando na produção de Antoninho Hossri, realizada no interior do estado, *Lei do sertão*, fazendo o papel de vilão. Duilio Mastroiani o chamou para ser o personagem principal de *Além do rio das Mortes*. O seu tipo físico era ideal para papéis de homens duros. Trabalhou tanto em filmes em que atuou como marginal como em filmes de cangaço. Glauber Rocha* o viu num restaurante, achando-o perfeito para o papel de Antônio das Mortes. Barbado, chapelão e capa negra sulista, foi um personagem que começou de um jeito no roteiro, terminando de outro no filme *Deus e o diabo na terra do sol*. É um personagem deflagrador, que vem ao sertão para cumprir um trabalho, a eliminação de Corisco e do cangaço, no qual ele mesmo se situa de forma ambígua. A interpretação de Maurício foi em geral contida, chegando mesmo a ser submissa, quando a hora o pedia, como no encontro com os coronéis que encomendam os seus serviços de matador. Nesse filme, ele interpretou um personagem antípoda em relação à maioria dos trabalhos que realizou, em que a sua presença física se apresenta na tela de uma maneira extrovertida, literalmente enchendo o quadro. Nos filmes que fez para Maurice Capovilla*, por exemplo, isso está bem claro, fazendo em *Bebel, a garota-propaganda* e *O jogo da vida*, personagens que gritam e se esparramam pela narrativa. O sucesso de Antônio das Mortes colocaria Maurício no elenco de outros filmes de Glauber Rocha. Fez um pequeno papel em *Terra em transe*. Antônio das Mortes voltaria em *O dragão da maldade contra o santo guerreiro*, que foi vendido pelo produtor europeu Claude Antoine com o título do personagem de Maurício do Valle. Esse filme lhe valeu convites para trabalhar no exterior, mas ele preferiu ficar no Brasil. Roberto Santos* o chamou para ser o padre de *A hora e vez de Augusto Matraga*, quando atuou ao lado de Jofre Soares* e Leonardo Vilar*. Trabalhou com Arnaldo Jabor* no alegórico *Pindorama*, um filme pouco visto. Fez também três filmes com Os Trapalhões*.

Apesar da diversidade de diretores e gêneros, o ator não se recusou a fazer pornochanchadas*, quando esse gênero foi dominante na década de 70. Para a revista defensora do cinema da Boca do Lixo*, *Cinema em Close-up*, ele declarou: "nunca tive nada contra esse tipo de filme que apelidaram de pornochanchada, uma definição meio depreciativa, que passa longe da realidade". Para ele, o cinema brasileiro não poderia ficar restrito a um único tema, sendo a diversidade dos gêneros uma necessidade. O preconceito contra o cinema comercial deveria ser recusado, ou seja, a pornochanchada tinha todo o direito de continuar sendo produzida. Essas ideias seriam reafirmadas no FESTIVAL DE GRAMADO de 1978. Dentro de um cinema industrial, disse Maurício numa das mesas de debates, a fórmula comercial era pertinente. Assim como outros atores tinham passado para a produção, como Jece Valadão*, John Herbert* ou Tony Vieira*, Maurício pensava em seguir o mesmo caminho. Chegou a participar da produção de *A cartomante*, de Marcos Farias*. Do mesmo modo que os atores citados, seu passo seguinte deveria ser a direção. Tinha em vista um argumento sobre um catador de papel que usava o dinheiro ganho para a compra de material escolar para crianças abandonadas, mas o projeto melodramático não foi adiante. Na televisão chegou a fazer mais de dezesseis novelas. Seu primeiro papel foi numa adaptação de *A dama das camélias*, em 1952. A melhor fase, entretanto, foi a partir de 1967, quando atuou, a convite de Dionísio Azevedo*, na série *O tempo e o vento*, fazendo o índio Rafael. Seguiram-se *A fonte*, *Meu pedacinho de chão*, *Jerônimo, o herói do sertão*, *Cabocla*, *Sublime amor* e *Roque Santeiro*. Contratado da TV GLOBO, fez, além de novelas, participações no programa *Os Trapalhões*. Seu último trabalho para a TV foi na série *Você Decide*. Pisou no palco poucas vezes. Numa delas, trabalhou na peça *O analista de Bagé*, baseada nos textos de Luis Fernando Verissimo. Maurício do Valle tinha diabetes e problemas cardíacos. Casado com Julia Taborda, teve dois filhos. Faleceu em 7 de outubro, no Rio de Janeiro. (JIMS)

VALVERDE, Rafael (Rafael Justo Valverde) – Rio de Janeiro, RJ, 1924-1986. Montador.

FILMOGRAFIA: 1948 – *Obrigado, doutor*. 1949 – *O homem que passa*. 1950 – *Dominó negro*; *Maria da praia*. 1951 – *Milagre de amor*; *O preço de um desejo*; *Tudo azul*. 1951-1953 – *Luzes nas sombras*. 1952 – *Com o diabo no corpo*; *Destino*; *Agulha no palheiro*. 1953 – *Balança mas não cai*; *Carnaval em Caxias*; *Rua sem sol*. 1954-1955 – *Rio 40 graus*. 1955 – *O primo do cangaceiro*; *Genival é de morte*; *Tira a mão daí*. 1956 – *Com água na boca*. 1957 – *Metido a bacana*; *Com jeito vai* (*Soldados do fogo*); *De pernas pro ar*; *É de chuá!*. 1958 – *E o bicho não deu*; *Sherlock de araque*; *Mulheres à vista*; *Pé na tábua*. 1959 – *Garota enxuta*; *Espírito de porco*; *Entrei de gaiato*; *O massagista de madame*; *Eles não voltaram*. 1960 – *Vai que é mole*; *Pistoleiro bossa-nova*; *Marido de mulher boa*; *Tudo legal*; *Viúvo alegre*; *Briga, mulher e samba*; *Um candango na Belacap*. 1961 – *O dono da bola*; *Mulheres, cheguei*; *Os três cangaceiros*; *Bom mesmo é carnaval*. 1962 – *Assalto ao trem pagador*; *Os cosmonautas*; *Boca de Ouro*; *Quero essa mulher assim mesmo*. 1963 – *O homem que roubou a Copa do Mundo*; *Bonitinha mas ordinária*; *Deus e o diabo na terra do sol*; *Vidas secas*. 1964 – *Asfalto selvagem*; *Pão de Açúcar* (produção estrangeira); *Procura-se uma rosa*; *Selva trágica*; *Um ramo para Luiza*. 1965 – *Entre o amor e o cangaço*; *História de um crápula*; *Morte para um covarde* (co-produção estrangeira); *Society em baby-doll*; *Onde a terra começa*; *Paraíba, vida e morte de um bandido*; *007½ no carnaval*. 1966 – *Nudista à força*; *Cuidado, espião brasileiro em ação*; *Engraçadinha depois dos trinta*; *Essa gatinha é minha*; *Na onda do iê-iê-iê*. 1967 – *Jerry, a grande parada*; *Em busca do tesouro*; *A lei do cão*; *Mineirinho, vivo ou morto*; *Proezas de Satanás na Vila de Leva-e-traz*; *As aventuras de Chico Valente*; *Cristo de lama, a história do Aleijadinho*; *Mar corrente*. 1968 – *Dois na lona*; *Fome de amor*; *Massacre no supermercado*; *As sete faces de um cafajeste*; *Três mulheres de Casanova*; *Os viciados* (1º episódio: 'A trajetória'; 2º episódio: 'A fuga'; 3º episódio: 'A favela'); *A doce mulher amada*; *O matador profissional*; *Meu nome é Lampião*; *Roberto Carlos e o diamante cor-de-rosa*. 1969 – *A um pulo da morte* (1º episódio: 'Os arquivos secretos de um repórter policial'; 2º episódio: 'A madona de ouro'; 3º episódio: 'A testemunha'; 4º episódio: 'A prisioneira'); *A noite do meu bem*; *Os raptores*; *A penúltima donzela*; *Navalha na carne*; *Azyllo muito louco*; *Pais quadrados, filhos avançados*. 1969-1970 – *A vingança dos 12*. 1970 – *Estranho triângulo*; *Em família*. 1971 – *Pra quem fica... tchau!*; *As aventuras com tio Maneco*; *A 300 km por hora*; *A Rainha Diaba*. 1973 – *Os machões*; *Toda nudez será castigada*; *Um virgem na praça*. 1974 – *As moças daquela hora*; *Uma mulata para todos*; *Nem os bruxos escapam*. 1975 – *O caçador de fantasmas*; *O casamento*. 1977 – *Deu a louca nas mulheres*. 1978 – *Fim de festa*. 1979 – *Maneco, o supertio*; *Parceiros da aventura*. 1980 – *Bonitinha mas ordinária*. 1981 – *Álbum de família*; *Beijo na boca*. 1983 – *Atrapalhando a Suate*; *Perdoa-me por me traíres*. 1985 – *O homem da capa preta*. 1986 – *Vento sul*; *Tanga* (*Deu no New York Times*).

Começou a trabalhar na adolescência, interrompendo a sua escolaridade no segundo grau. Teria sido admitido na oficina mecânica de parentes que fabricavam e reformavam máquinas reveladoras e copiadoras para o laboratório da ATLÂNTIDA*, mas não há confirmação. Depois de 1942 foi admitido como mecânico da produtora. Após o expediente, ficava observando as filmagens, gravações e serviços de laboratório. Foi Moacyr Fenelon* quem lhe deu a primeira oportunidade. Percebendo o interesse do mecânico, facilitou-lhe o aprendizado em diversas funções técnicas. Valverde efetivou-se no laboratório da ATLÂNTIDA. Quando Fenelon saiu da produtora, Rafael o acompanhou na CINE PRODUÇÕES FENELON, onde realizou a sua primeira montagem: *Obrigado, doutor*, com direção do próprio Fenelon. Da associação de Fenelon com o radialista Rubens Berardo surgiu a FLAMA FILMES*. Rafael Valverde continuou na nova produtora, mas depois da morte de Fenelon, em 1953, começou a trabalhar para outras empresas, como a HERBERT RICHERS, e as produtoras de Ronaldo Lupo*, Jece Valadão*, J. B. Tanko* e outros. Mas na FLAMA ainda fez a montagem do primeiro filme de Alex Viany*, *Agulha no palheiro*. Para Nelson Pereira dos Santos* montou *Rio 40 graus*, *Vidas secas* e *Boca de Ouro*; para Roberto Farias*, *Assalto ao trem pagador*. Foi montador de *Deus e o diabo na terra do sol*, de Glauber Rocha*. Na década de 70, trabalhou para a R. F. FARIAS, montando *Os machões* e *Toda nudez será castigada*. Nas suas palavras, Roberto Farias era o diretor que melhores indicações dava ao montador. Segundo Araken Campos Pereira Jr., autor do livro em dois volumes *Cinema brasileiro – 1908-1978*, Rafael J. Valverde foi um dos montadores mais presentes nos filmes de longa-metragem do cinema brasileiro. (JIMS)

VANDERLEY, Paulo (Paulo Rondot Vanderlei) – Rio de Janeiro, RJ, 1903-1973. Roteirista, diretor, crítico de cinema.

FILMOGRAFIA: 1927-1929 – *Barro humano* (rot.). 1946 – *Fantasma por acaso* (rot.). 1946-1947 – *Luz dos meus olhos* (rot.). 1948 – *É com este que eu vou* (rot.). 1950 – *Maria da praia* (rot., dir.). 1952 – *Amei um bicheiro* (rot., dir.). 1953 – *Balança mas não cai* (rot., dir.); *Carnaval em Caxias* (rot., dir.).

O carioca Paulo Vanderley nasceu em 9 de abril. Ele fez parte da primeira geração brasileira de fãs de cinema que tinham em comum a idolatria pelas atrizes estrangeiras e a predileção pelo cinema americano. A paixão pelo cinema o levou a trabalhar até como bilheteiro do cinema PÁTRIA, em São Cristóvão. Resolveu se dedicar inteiramente ao jornalismo. Em 1918, publicou sua primeira crônica em *Palcos e Telas*. Vanderley ficou encarregado de fazer as biografias dos artistas que apareciam na capa. Além disso, promoveu concursos de popularidade para a eleição da estrela favorita dos leitores, invariavelmente vencidos por atrizes estrangeiras. Além de *Palcos e Telas*, Vanderley escreveu também para o *Rio Jornal*. Depois, ingressou no semanário *Paratodos*, editado por O Malho S. A., onde passou a escrever crônicas e a traduzir artigos de revistas estrangeiras. Em 1926, tornou-se colaborador de *Cinearte**, um desmembramento da seção cinematográfica de *Paratodos*. Era um dos responsáveis pela seção de crítica dos filmes exibidos no Rio de Janeiro, ao lado de Álvaro Rocha (assinavam P. V. e A. R.). Numa época em que a crítica de cinema ainda não se libertara totalmente da condição de simples resenha, Vanderley foi um dos precursores da crítica opinativa e informativa.

Seu envolvimento com a prática cinematográfica foi precoce. Segundo seu depoimento ao Museu da Imagem e do Som (MIS) do Rio de Janeiro, começou com *A capital federal*, de 1923, produção da GUANABARA FILME dirigida por Luiz de Barros*, como figurante. Em 1927, o grupo de *Cinearte* resolveu se associar ao produtor Paulo Benedetti* para a realização de *Barro humano*, de Adhemar Gonzaga*. Vanderley foi encarregado de escrever o roteiro do filme. Segundo depoimento concedido a Alberto Shatovsky em abril de 1953, coube a ele a descoberta da estrela do filme, Gracia Morena. O filme fez sucesso de bilheteria e foi elogiado pela crítica da época. Após a dissolução do grupo de *Cinearte*, Vanderley se afastou do cinema. Ingressou então no serviço público municipal. Atuou também na Secretaria de Finanças. Vanderley voltou anos depois a exercer a crítica cinematográfica através da Ecebel, uma empresa que fornecia críticas cinematográficas aos diversos jornais em circulação no Rio de Janeiro.

A partir de 1945, foi contratado pela ATLÂNTIDA* para escrever argumentos e roteiros. Vanderley exerceu na produtora também uma espécie de assessoria artística. Escreveu o argumento e o roteiro de *Fantasma por acaso*, de Moacyr Fenelon*, estrelado por Oscarito*, Mary Gonçalves, Mário Brasini* e Vanda Lacerda*, e os roteiros de *É com este que eu vou*, também com Oscarito, e *Luz dos meus olhos,* que marcou a estreia da atriz Cacilda Becker* no cinema, estes dois sob a direção de José Carlos Burle*. Depois de deixar a produtora, Paulo Vanderley dirigiu seu primeiro filme, *Maria da praia*, que obteve o prêmio de melhor filme brasileiro do ano na eleição promovida pela Associação Brasileira de Cronistas Cinematográficos (ABCC). A oportunidade para dirigir esse filme surgiu graças a Murilo Lopes, que convocou Paulo e Hernani Maldonado para organizarem a produtora IMPERATOR, com sede num edifício na rua México, no centro do Rio de Janeiro. Estrelado por Dinah Mezzomo, que havia sido eleita Rainha do Cinema Brasileiro em 1950, e tendo no elenco Dary Reis e Gilberto

Martinho, o filme contava a história de uma moça, filha de pescadores. Paulo Vanderley dirigiu, em colaboração com Jorge Ileli*, o melodrama *Amei um bicheiro*, na ATLÂNTIDA. O filme foi um sucesso de bilheteria e bem recebido pela crítica. Vanderley e Ileli dividiram o prêmio de melhor diretor em 1953 no I FESTIVAL CINEMATOGRÁFICO DO DISTRITO FEDERAL, instituído pelo departamento de turismo da prefeitura. Após dois filmes "sérios", Paulo Vanderley experimentou a comédia em *Balança mas não cai*, uma adaptação do popular humorístico da RÁDIO NACIONAL. O filme teve uma produção atribulada, devido à crise financeira da produtora. As filmagens foram interrompidas e o filme só foi lançado no ano seguinte. A finalização foi entregue ao assistente de Vanderley, um rapaz chamado Nelson Pereira dos Santos*. Vanderley dirigiu seu último filme, a comédia carnavalesca *Carnaval em Caxias*. Em seu depoimento no MIS, Paulo Vanderley rejeitou a aplicação do termo chanchada* ao filme. Definiu *Carnaval em Caxias* como um filme limpo e distante da apelação que, segundo ele, caracterizava as chanchadas. A partir dos anos 50, Vanderley teve uma atuação destacada na política cinematográfica. Integrou várias comissões de críticos de cinema em congressos cinematográficos, foi presidente da Associação Brasileira de Cinema e membro da diretoria da ABCC entre 1947 e 1952. Integrou também o Instituto Nacional do Cinema (INC*). Em 1959, Adhemar Gonzaga o chamou para trabalhar na CINÉDIA*, então em fase de reconstrução em Jacarepaguá. Nomeou-o diretor-secretário da companhia e tinha grandes planos de produção. Estes, entretanto, acabaram não se concretizando. Paulo Vanderley faleceu em 10 de junho. Foi casado com Nyrta Vanderley, com quem teve os filhos Alice, Roberto e João Paulo Vanderley. (LAR)

VASCONCELOS, Anselmo (Anselmo Carneiro de Almeida Vasconcelos) – Rio de Janeiro, RJ, 1953. Ator.
FILMOGRAFIA: 1977 – *Se Segura, Malandro!*. 1977-1981 – *O segredo da múmia*. 1978 – *Tudo bem*; *Fim de festa*. 1979 – *República dos assassinos*; *Eu matei Lúcio Flávio*; *O torturador*; *Terror e êxtase*; *Amante latino*. 1979-1985 – *Chico Rei*. 1980 – *Consórcio de intrigas (Consórcio de sexo)*. 1981 – *Eles não usam black-tie*. 1982 – *O bom burguês*; *Bar Esperança, o último que fecha*. 1983 – *Perdoa-me por me traíres*. 1984 – *Tropclip*. 1985 – *Urubus e papagaios*. 1991 – *A viagem de volta*; *A*

maldição do Sanpaku. 1995 – *Sombras de julho*. 1996 – *O homem nu*; *Quem matou Pixote?*. 1999 – *O dia da caça*. 2000 – *Condenado à liberdade*. 2003 – *Apolônio Brasil, campeão da alegria*. 2006 – *Brasília 18%*. 2007 – *Primo Basílio*. 2009 – *Tempos de paz*. 2009-2010 – *Chico Xavier*.

Atua na televisão, a partir dos anos 80, no programa do comediante Ronald Golias*, da TV BANDEIRANTES. Revelado como ator de cinema através de uma série de papéis coadjuvantes, alterna comédias e dramas. Estreia na comédia *Se Segura, Malandro!*, de Hugo Carvana*. Filma com o diretor Ivan Cardoso*, quando interpreta um caçador de múmias em *O segredo da múmia*. Com o diretor Arnaldo Jabor*, atua no cômico papel de um operário em *Tudo bem*. Trabalha com outros diretores, como Miguel Faria Jr.*, em *República dos assassinos*, e causa escândalo, no papel de um homossexual, ao beijar outro homem na boca. Pequeno é seu papel, em *Fim de festa*, de Paulo Porto*. Com o diretor Antônio Calmon*, interpreta um policial em *Eu matei Lúcio Flávio*; vive um nazista em *O torturador*, e um malandro em *Terror e êxtase*. Representa um cafetão em *Consórcio de intrigas (Consórcio de sexo)*, de Miguel Borges*. Seu primeiro trabalho de rotina é o musical *Amante latino*, de Pedro Carlos Rovai*. Com o diretor de *Eles não usam black-tie*, Leon Hirszman*, representa mais um operário, dessa vez do ABC paulista. Uma série de pequenos papéis em *Perdoa-me por me traíres*, de Braz Chediak*; em *Tropclip*, de Luiz Fernando Goulart, e em *Urubus e papagaios*, de José Joffily*, mantém o ritmo de sua atividade. Faz seu primeiro filme de época em *Chico Rei*, de Walter Lima Jr.*. Curiosamente, seu primeiro papel principal, em *A viagem de volta*, de Emiliano Ribeiro (quando interpreta um terapeuta de clínica de recuperação de drogados), foi exibido somente na televisão, permanecendo inédito nos cinemas. Volta a trabalhar com o diretor José Joffily em *A maldição do Sanpaku*, no papel de bandido. Experimenta um pequeno papel em raro filme para a televisão, *Sombras de julho*, de Marco Altberg*. Volta a trabalhar com Hugo Carvana, como o aloprado comandante de esquadrão especial, na comédia *O homem nu*. Eleito diretor da Escola de Teatro Martins Penna, integra o corpo docente da instituição desde 1988. Fundou a Casa de Ensaio, que lançou artistas de uma nova geração. Também foi um dos fundadores do Centro Experimental Teatro Escola, que trabalha em pesquisas e práticas. Em parceria com Marco Antonio Shiavon, escreveu o roteiro cinematográfico *Um táxi* *para Viena d'Áustria*, adaptação do romance de Antonio Torres. Também faz os roteiros *Ao fim do longo inverno*, inspirado na peça teatral homônima de Fabio Fernandes e o argumento original de *Cara de Cavalo*. Em *Quem matou Pixote?*, drama biográfico sobre a trajetória de Fernando Ramos da Silva*, dirigido por José Joffily, interpreta diretor de cinema. Em *Condenado à liberdade*, suspense dirigido por Emiliano Ribeiro, ambientado em Brasília, interpreta policial. Foi apresentador em *Apolônio Brasil, campeão da alegria*, sexto longa do cineasta carioca Hugo Carvana, um musical alegre e capaz de levar o público à reflexão. Interpreta o escritor Coelho Neto no filme de Nelson Pereira dos Santos *Brasília 18%*. Continua atuando em teatro e, na televisão, faz o humorístico *Zorra Total*. Tem uma espécie de parceria com o diretor Daniel Filho*, atuando nos filmes *Primo Basílio*, no personagem de um policial, em *Tempos de paz*, e em *Chico Xavier* como Perácio, um espírita evoluído. (LFM)

VÉLOSO, Caetano (Caetano Emmanuel Vianna Telles Veloso) – Santo Amaro da Purificação, BA, 1942. Compositor.

Filmografia: 1965-1968 – *Brasil verdade* (episódio: 'Viramundo'). 1967 – *Proezas de Satanás na Vila de Leva-e-traz*. 1967 – *Viagem ao fim do mundo*. 1967-1968 – *Brasil ano 2000*. 1968 – *Os marginais* (1º episódio: 'Guilherme'). 1971 – *São Bernardo*. 1973-1976 – *O forte*. 1975 – *A dama do lotação*. 1981 – *Índia, a filha do Sol*. 1982 – *Tabu*. 1986 – *Cinema falado* (dir.). 1988 – *Dedé Mamata*. 1992 – *Veja esta canção* (2º episódio: 'Você é linda'). 1995 – *O quatrilho*. 1995-1996 – *Tieta do agreste*. 1998-1999 – *Orfeu*. 2004 – *Meu tio matou um cara*. 2005 – *O coronel e o lobisomem; 2 filhos de Francisco*. 2007 – *Ó Paí, Ó*; *Bem-vindo a São Paulo* (episódio: 'Concreto') (dir.). 2008 – *Romance*. 2010 – *O Bem Amado*.

A relação de Caetano Veloso com o cinema pertence simultaneamente ao horizonte da cinefilia e da atividade profissional. Caetano tem canções em dezenas de filmes nacionais (ver a seguir), muitas delas compostas exclusivamente. Também dirigiu um longa-metragem, um curta, e teve diversas experiências como ator. Quando jovem, publicou um número razoável de críticas em jornais. Costuma dizer em entrevistas ter sido o cinema sua primeira opção em termos de atividade artística. Quando chega à capital baiana, aos 18 anos, vindo de Santo Amaro da

Purificação, o cinema parece ocupar um lugar privilegiado no quadro denso de opções culturais que a cidade oferece. A gestão de Edgar Santos na Universidade Federal da Bahia (onde Caetano inicia o curso de Filosofia) acompanha e acentua o clima de ebulição cultural em Salvador, trazendo para a órbita da instituição artistas como Eros Martins Gonçalves (diretor da Escola de Teatro), Lina Bo Bardi (que dirigia o Museu de Arte Moderna da Bahia), Agostinho Silva (que coordenava o Centro de Estudos Afro-Orientais), Hans Joachim Koelreutter (nos Seminários Livres de Música da UFBA), Yanka Rudzka (na Escola de Dança). Walter da Silveira* dirigia as atividades do CLUBE DE CINEMA DA BAHIA, fundado em 1950, cineclube* que serviu para formar uma geração de cineastas que então dava seus primeiros passos. Em 1961-1962, o primeiro longa sonoro do cinema baiano (*Redenção*) já era uma realidade, com grande repercussão na sociedade local, e Roberto Pires* preparava a realização de outros dois filmes: *A grande feira* e *Tocaia no asfalto*. Glauber Rocha* filmava *Barravento*. Diversos curtas também haviam sido concluídos ou estavam em produção. *Bahia de Todos os Santos*, de Trigueirinho Neto, *Mandacaru vermelho*, de Nelson Pereira dos Santos*, *O pagador de promessas*, de Anselmo Duarte*, *Três cabras de Lampião*, de Aurélio Teixeira*, entre outros, estavam sendo filmados na Bahia, aproveitando as locações que tanto atraíram o Cinema Novo*. A geração de Luiz Paulino dos Santos, Paulo Gil Soares*, Oscar Santana, Rex Schindler e, mais que tudo, Glauber Rocha filmava e produzia a todo vapor.

Salvador respirava cinema e o jovem Caetano, segundo depoimento à *Revista Bondinho*, "só andava com o pessoal do cinema e ficava fascinado com aquela vitalidade com que o Glauber vinha arrasando com tudo". Também em seu livro, *Verdade tropical*, publicado em 1997, fica nítida a admiração pela personalidade do jovem diretor. Quatro anos mais velho, Glauber já é "uma pessoa mítica", uma personalidade, quando Caetano chega em Salvador: dava palestras, publicava artigos polêmicos, editava o caderno cultural do jornal *Diário de Notícias* (no qual Veloso publicaria críticas de *Barravento* e *A grande feira*) e estava concluindo seu primeiro longa-metragem. A influência de Glauber iria perdurar. Anos mais tarde, já no Rio de Janeiro, a visão de *Terra em transe*, no primeiro semestre de 1967, parece haver cristalizado um processo criativo que desemboca, ainda em 1967, na composição da canção "Tropicália" e

no lançamento, em 1968, do LP *Tropicália* (a canção "Tropicália" não está no disco *Tropicália*, mas compõe o LP-solo *Caetano Veloso*, lançado antes, também em 1968). São conhecidas as declarações de Caetano sobre a influência que teve *Terra em transe* na formação da estética e da sensibilidade tropicalista, ainda que a forte veia *pop*/antropofágica do tropicalismo só viesse a aparecer, organicamente, no cinema brasileiro, com *O Bandido da Luz Vermelha*, em 1968. O próprio Caetano diz em entrevista, nos anos 80, referindo-se a *Terra em transe*, que esse filme "tem alguma coisa que é demasiadamente Villa-Lobos e muito pouco Oswald de Andrade, o que de certa forma me afasta de Glauber". De todo modo, é marcante a influência, na formação do compositor, do cenário cultural cinematográfico baiano do início da década de 60. Suas atividades como crítico são marcadas pelo gosto pessoal de imagens em movimento narrando histórias. Ainda quando morava em Santo Amaro, que tinha na época três cinemas, revezava-os de modo a poder ver filme todos os dias. A distribuição norte-americana não dominava completamente o mercado exibidor e o jovem cinéfilo pôde ter acesso a clássicos do cinema italiano, francês e alguma produção mexicana. Já em Salvador, Caetano escreveu, entre 1960 e 1962, uma série de doze críticas para o jornal *O Archote*, de Santo Amaro. Como visitava periodicamente sua cidade natal, quando estava lá era solicitado para escrever na publicação. Acompanhava a produção corrente que chegava a Salvador e o que era exibido em Santo Amaro. Também, na mesma época, escreveu críticas para o *Diário de Notícias de Salvador* sobre filmes da produção baiana da primeira metade dos anos 60. As críticas de Caetano em *O Archote* mostram a influência difusa do quadro ideológico que cerca o pensamento sobre o cinema no pós-guerra europeu, em particular em torno do neorrealismo italiano. Sente-se a presença da chamada "política do autor", em várias de suas críticas. Nessa linha, Caetano tenta convencer o público de que o mais importante, na compreensão de um filme, é apreender a dimensão "autoral" que cabe ao diretor, pois "não é o ator e sim o diretor que é importante no filme". Dentro desse viés, no entanto, está ausente o recorte defendido pela crítica francesa da *nouvelle vague*, que vai buscar essa dimensão autoral dentro da produção industrial hollywoodiana. Nas críticas de Caetano, sentimos uma nítida aproximação com o "cinema de arte" europeu e uma postura pouco complacente para com o cinema de gênero norte-americano. Apenas alguns anos depois o compositor daria uma guinada em seu gosto, abrindo-se, dentro da sensibilidade *pop* que envolve o tropicalismo, para a valorização *trash* do cinema industrial. A apologia do "lixo", não só cinematográfico, mas da indústria cultural como um todo, torna-se uma de suas principais bandeiras ao sustentar a atitude provocativa do tropicalismo. Essa proposta é próxima, em vários pontos, do horizonte ideológico do Cinema Marginal*. Nas críticas do início da década de 60, no entanto, refletindo o meio cultural baiano e brasileiro da época, o horizonte da deglutição anárquica da indústria cultural está por completo ausente. Já nos anos 90, dizendo-se cansado de ver "carros batendo e tribunais de júri", Caetano novamente multiplicaria declarações contra a produção industrial hollywoodiana, reivindicando espaço para outras cinematografias, um pouco no tom de seus primeiros artigos.

Mas a paixão de Veloso pelo cinema não se esgotou nesses breves voos como crítico. Explorando sua veia artística, fez trilhas, compôs canções para diversos filmes, atuou como ator e realizou seu sonho de adolescente dirigindo *Cinema falado*. Desse conjunto, sua atividade mais marcante é como compositor. Em 1962, Caetano compõe trilha sonora cantada por Maria Bethânia para *Moleques de rua*, curta-metragem do baiano Álvaro Guimarães, diretor que, em 1970, faria o longa "marginal" *Caveira, my friend*, em que também participa com a canção "Cinema Olympia". Ainda em 1965, realiza, junto com José Carlos Capinam, a canção-tema do média *Viramundo*, de Geraldo Sarno*. A canção, interpretada no filme por Gilberto Gil, tem letra que aborda a questão da migração do Nordeste para São Paulo, servindo como fundo para o tema do documentário*. O primeiro longa-metragem para o qual compôs trilha sonora foi *Proezas de Satanás na Vila de Leva-e-traz*, do diretor baiano Paulo Gil Soares*, obra cuja canção-tema também é sua. Em seguida compõe "Objeto não identificado" para *Brasil, ano 2000*, de Walter Lima Jr.*, fita em que a segunda geração cinemanovista faz uma tentativa mais consciente de levar o tropicalismo até o cinema brasileiro. Gilberto Gil fez a trilha sonora desse filme. Caetano compôs a trilha sonora de *São Bernardo*. Vozes e sons no limite de atonalidade alternam-se periodicamente, pontuando a dramaticidade esvaziada do filme. Num trabalho com viés mais tradicional, cria "Pecado original" para *A dama do lotação*, de Neville d'Almeida*, uma das canções com presen-

ça mais marcante no cinema brasileiro. "Pecado original" é utilizada por Neville de modo repetitivo, retomando no ritmo da fita a dimensão insaciável do desejo da protagonista. Para *Índia, a filha do Sol*, de Fábio Barreto*, Caetano fez outro trabalho amplo, compondo a canção-tema "Luz do sol" e a trilha sonora. Para *Dedé Mamata*, com direção de Rodolfo Brandão, compõe especialmente "Falou, amizade" e também "Tá combinado". Em 1992, invertendo o processo de composição, sua canção "Você é linda" serve como inspiração para Carlos Diegues* dirigir e roteirizar o episódio 'Você é linda', do longa *Veja esta canção*. "A voz amada" foi realizada pelo compositor para *O quatrilho*, de Fábio Barreto, seu primeiro trabalho em parceria com Jacques Morelenbaum. Também faz para esse filme três temas com variações para trilha sonora, embora frise que seu trabalho aqui é restrito, ficando os principais créditos da orquestração com Morelenbaum. Em *Tieta do agreste*, novamente trabalhando com o diretor Diegues, Caetano realiza um de seus trabalhos mais elaborados e completos para o cinema, compondo uma série de sete canções e também as variações temáticas e a orquestração da trilha sonora. Além do tema principal – a canção "A luz de Tieta" –, estão presentes no filme, tematizando personagens e situações dramáticas, "Vento"; "Venha cá, coraçãozinho"; "Miragem de carnaval"; "O motor da luz"; "Coração pensamento". Compõe a trilha sonora do filme *Orfeu*, de Carlos Diegues, obra lançada em 1999. Novamente com Jacques Morelenbaum, realiza um trabalho amplo de orquestração e composição de canções, em um filme baseado na peça *Orfeu da Conceição*, de Vinicius de Moraes*. A peça teve originalmente trilha composta por Vinicius de Moraes e Tom Jobim*, com clássicos como "Se todos fossem iguais a você" e "Eu e o meu amor" (parte das canções da peça foram aproveitadas no filme *Orfeu do Carnaval*, de Marcel Camus*). Para *Orfeu*, Caetano compôs toda a estrutura da orquestração e a melodia de oito temas, que, em seguida, foram transferidos para a linguagem de orquestra por Morelenbaum. Realizou igualmente canções aproveitadas no filme como "Sou você" e "O enredo de Orfeu". Em *Orfeu*, o trabalho de Caetano Veloso como compositor de cinema atinge sua maturidade.

Encontramos igualmente canções de Caetano numa série ampla de filmes brasileiros, demonstrando a força de sua melodia e do imaginário de suas canções na dramaturgia nacional. Podemos destacar,

nesse sentido, os marginais *Hitler, terceiro mundo*, de José Agrippino de Paula*; *Meteorango Kid, o herói intergalático*, de André Luís Oliveira; *Superoutro*, de Edgar Navarro; *Câncer*, de Glauber Rocha; a adaptação livre de Machado de Assis, *Viagem ao fim do mundo* (com ampla gama de canções tropicalistas como "Tropicália", "Alegria, alegria", "Superbacana", "Soy loco por ti América", "Anunciação", "Ave Maria"); *Copacabana me engana*; *O desafio*; *O capitão Bandeira contra o dr. Moura Brasil* ("Analfomega", "Trio elétrico", "Marinheiro só"); *O forte*, do baiano Olney São Paulo, em que compõe trilha para o filme; *O demiurgo* (de Jorge Mautner, 1972); *Ori* ("Terra"); *Rei da vela* ("É proibido proibir"); *Janete*, de Chico Botelho*; *Bar Esperança*, de Hugo Carvana*; os documentários *Bahia, por exemplo*, de Rex Schindler, *Bethânia bem perto* (onde aparece jovem, recém-chegado ao Rio Janeiro); *Vestibular 70*, de Vladimir Carvalho* (curta); *Passe livre*, de Oswaldo Caldeira*, *Na boca do mundo*, de Antonio Pitanga*; *Final do juízo*, com produção dos Novos Baianos, 1972; entre outros. Diversas canções suas possuem temas cinematográficos, como "Cinema Olympia", "Giulietta Masina", "Trilhos urbanos", "Clever's boy samba". A canção que dá o título ao LP *Qualquer coisa* (1975) foi realizada como uma homenagem ao filme *Sem essa aranha*, de Rogério Sganzerla*, frase que é repetida no refrão. Em 1993, Caetano escreve a letra da canção "Cinema Novo" (música de Gilberto Gil) em um momento em que o cinema brasileiro estava paralisado e ainda distante da repercussão estética atual. A canção faz uma espécie de retrospectiva histórica do cinema nacional, realçando com poesia seus momentos de destaque: chanchada*, VERA CRUZ*, ATLÂNTIDA*, Cinema Novo, Cinema Marginal e as fases posteriores.

Caetano Veloso costuma dar declarações bastante críticas com relação às suas atuações como ator. Diz não se sentir à vontade em frente da câmera como se sente à vontade diante de refletores que têm a plateia de um *show* por detrás. É nos filmes de Júlio Bressane* que Caetano encontra um espaço maior para tentar elaborar personagens e enfrentar o desafio de ser ator. Em *Tabu* possui amplo papel como Lamartine Babo, compondo um personagem duro, que desenvolve de acordo com o contexto do filme e a direção de Bressane, adequando-se às falas recitativas. Em *O mandarim* interpreta um personagem de si mesmo e está mais à vontade. Trabalha também para Bressane em *Sermões*, em que tem duas intervenções recitando versos do poeta barroco Gregório de Matos, uma delas acompanhada de música sua (a canção "Triste Bahia", do disco *Transa*). Sua estreia como ator foi no curta *Dom Quixote* (1967), de Haroldo Marinho Barbosa*, seguindo-se pequena participação em *Os herdeiros* (1968-1969), de Carlos Diegues, em que aparece vestindo a clássica jaqueta de general. Em *O demiurgo* (1972), de Jorge Mautner, encontra um espaço maior, dentro da improvisação e da espontaneidade avacalhada das criações "marginais" da época. Aceita aparecer em *Onda nova* (1983), de José Antônio Garcia* e Ícaro Martins*, quando interpreta a si mesmo numa longa viagem de táxi sem destino, na qual surge beijando uma garota sob os olhos admirados e invejosos de uma motorista. Caetano também está presente em uma longa série de filmes documentários, como *Bethânia bem de perto*, curta de Júlio Bressane; *Carnets brésiliens*, de Pierre Kast; *Os doces bárbaros* e *Corações a mil*, de Jom Tob Azulay; *Certas palavras com Chico Buarque*, de Maurício Beru; *Brasil*, de Rogério Sganzerla; *O mundo mágico dos Trapalhões*, de Sílvio Tendler*; *Bahia de todos os sambas*, de Leon Hirszman* e Paulo César Saraceni*; *Uma noite em 67*, de Renato Terra e Ricardo Calil, e diversos outros. Aparece também em *Carnavale*, curta-metragem dirigido em 1976 por Guará*.

Em 1986, causando grande repercussão na mídia, dirige *Cinema falado*, seu primeiro longa-metragem, numa produção conjunta com Guilherme Araújo. Realizado em ritmo de quem compõe uma canção, *Cinema falado* traz para a tela um universo pessoal: seu "velho e vasto estranho reino". Dentro desse universo, o filme caracteriza-se por ser uma obra de textos e de falas que se sobrepõem. Caetano diz não ter escrito um roteiro, mas sim textos para serem lidos. O filme foi concebido a partir de programas de entrevistas, "assistindo ao *TV Mulher* nas horas de insônia matinal" e com a ideia de que "assistir a gente falando interessa sempre". No horizonte encontra-se a nítida influência de Godard e a maneira através da qual, segundo Caetano, "mescla leituras e declarações às suas quase histórias". É na proximidade com a linha de filmes em primeira pessoa, hoje uma tendência forte no cinema documental (e também ficcional), que *Cinema falado* pode ser visto. Quadros isolados entre si trazem manifestações da sensibilidade e do gosto estético do diretor, que deixa de exprimir-se através da forma que mistura letra e música para utilizar-se de recursos audio-

visuais. Os planos e a fala fluem como as longas canções dissertativas que Caetano costuma colocar (em geral não mais que uma) em cada disco. Um cinema de textos, de citações, em que seus amigos Regina Casé*, Antonio Cícero, Paulo César Souza, Hamilton Vaz Pereira, Gilberto Gil, Dorival Caymmi, Júlio Bressane, Rogério Duarte, Felipe Murray, seu filho Moreno, sua então nova namorada Paula Lavigne, sua ex-mulher Dedé, sua mãe dona Canô e seu irmão Rodrigo Veloso recitam, cantam ou devaneiam. Thomas Mann, Heidegger, Guimarães Rosa, Godard, Fellini, Freud, Fidel Castro, Velásquez, escorrem da boca dos amigos e familiares em primeiro plano. Com fotografia bem cuidada (assinada por Pedro Farkas*) e alguns desafios estilísticos resolvidos, o filme é composto de planos longos, feitos na maior parte das vezes em uma só tomada, com cenas que se articulam em blocos. A montagem ficou a cargo de Mair Tavares*, e Jorge Saldanha cuidou do som direto, função essencial em um filme "falado". O próprio Veloso é o responsável pela trilha sonora. Caetano diz não ter tido trabalho para escolher os atores, pois cada texto já era pensado para uma pessoa "cujos modos conhecia bem". A longa fala de Dedé Veloso deixa claro que o gosto cinematográfico do diretor permanece ainda próximo daquele de suas primeiras críticas. O momento "apologista" (definição sua) da assimilação *pop*/*trash* não é mais tão evidente. Fica nítida uma visão crítica da produção hollywoodiana dominante (mesmo de um Wim Wenders americanizado), horizonte que é contraposto à antiga paixão pelo cinema de arte europeu, particularmente Godard e Fellini.

Caetano continua ativo na década de 2000, com atuação concentrada, no cinema, na elaboração de trilhas e canções para filmes. O casamento com a produtora Paula Lavigne impulsiona as atividades cinematográficas. Em boa parte de suas produções, Lavigne traz Caetano para fazer a parte musical, aproveitando a proximidade do compositor com a temática baiana e nordestina. É o caso, por exemplo, de *Ó Paí, Ó*, peça do Bando de Teatro Olodum que Caetano já havia tentado filmar, sem sucesso, em meados dos anos 90. Lavigne assume a produção do filme, viabilizando sua realização em 2007. Veloso compõe canções e trilha, deixando sua marca na parte musical da obra. A dupla Veloso e Lavigne funciona bem azeitada também em outros projetos. É o caso das propostas de trabalho conjunto com Guel Arraes*, particularmente *Romance* e *O Bem Ama-

do*, filmes dirigidos pelo pernambucano. Embora acabem não tendo o desempenho esperado de bilheteria, são filmes planejados para entrar com força no circuito exibidor. A música de Caetano Veloso surge em destaque em ambas as propostas, fornecendo referência gravitacional para a construção da ambiência dramática. Em *Romance* podemos destacar a canção "Nosso estranho amor", que percorre a trama, dando o tom do filme. *2 filhos de Francisco*, um dos recordistas de público no cinema brasileiro, também possui sua participação, assinando a trilha sonora conjuntamente com Zezé Di Camargo. Em *O coronel e o lobisomem* encontramos presente a dupla Lavigne e Arraes, agora como produtor, e novamente música de Caetano Veloso, em bom dueto com Milton Nascimento em "Sereia", "Senhor do tempo", "Perigo". O conjunto desses longas, na segunda metade de década de 2000, identifica a música de Caetano no cinema com temáticas nordestinas, próxima de obras que tocam o gênero da comédia ou sátira. A produção Lavigne/Arraes com a música de Caetano já está presente em *Meu tio matou um cara*, do gaúcho Jorge Furtado*, também ligado ao grupo de Arraes na GLOBO. É uma experiência diferenciada, talvez por sua anterioridade. Foge da temática nordestina, embora mantenha o tom divertido. Caetano, nesse filme, assume a direção musical, compondo a trilha sonora juntamente com André Moraes. Em *Lisbela e o prisioneiro*, que segue o padrão Arraes/Lavigne, já em 2003, Caetano aparece cantando o sucesso "Você não me ensinou a te esquecer" e "Oh, Carol", além de compor a música título "Lisbela".

Para além desse conjunto, a produção musical de Caetano aparece de modo amplo no cinema brasileiro da década de 2000 em filmes diversos que utilizam suas canções como *Meu nome não é Johnny* ("It's a long way"), *Chega de saudade* ("De noite na cama"), *Cinema de lágrimas* ("Cinema Novo"), *Histórias de amor duram apenas 90 minutos* ("Nature Boy"), *Divã* ("Rapte-me Camaleoa"); *Muito gelo e dois dedos d'água* ("Odara"); *O ano em que meus pais saíram de férias* ("Tropicália"), *Pode crer!* ("You don't Know Me"), *Cabra-cega* ("A Little More Blue"), *O rei do Rio* ("Baby"), *Eu me lembro* ("Baby"); *Estrela nua* ("Baby"), *Cazuza, o tempo não para* ("Todo o amor que houver nessa vida"), *O maior amor do mundo* ("Não identificado"), *Sexo, amor e traição* ("Tempestades solares"), *Apolônio Brasil, o campeão da alegria* ("Coração vagabundo"), *A terceira margem do rio* ("A terceira margem do rio"), *Separações* ("Queixa").

Também na década de 2000, Caetano é descoberto por produções internacionais de diretores renomados como Michelangelo Antonioni e Pedro Almodóvar. Além das melodias com ritmo adequado para marcação dramática, Caetano gosta de cinema, entende de cinema e possui disponibilidade para investir criativamente na forma artística cinematográfica. Em 2002, tem participação com destaque no filme *Fale com ela*, de Pedro Almodóvar. Faz seu próprio personagem como cantor interpretando a clássica canção mexicana "Cucurrucucu paloma" para uma plateia emocionada, reunida em torno de si. Em 1995, Almodóvar já havia utilizado a voz de Caetano numa bela interpretação de "La tonada de la luna llena", do compositor venezuelano Simon Diaz, em *A flor do meu segredo*. Em *Eros*, filme em episódios que conta com a participação de Wong Kar-Way e Steven Soderbergh, Caetano compõe música intitulada "Michelangelo Antonioni" para o episódio do diretor italiano ('O perigoso encadeamento das coisas'). A música também serve de elo entre os episódios. Também interpreta a canção "Burn it Blue", de Elliot Goldenthal, no filme *Frida*, de Julie Taymor, indicada para o OSCAR de melhor canção em 2003 (mas não levou o prêmio). Caetano, tímido e deslocado, cantou a música na cerimônia de premiação do OSCAR, acompanhado da cantora mexicana Lila Downs. Além desses filmes, Veloso possui canções utilizadas nos dramas, com temática homossexual, *My Summer of Love*, de Pawel Pawlikowski ("Três caravelas"), e *Felizes juntos*, de Wong Kar-Way. Em *Felizes juntos*, em 1997, interpreta pela primeira vez no cinema "Cucurrucucu paloma", mais tarde utilizada por Almodóvar. A comédia *Noches livres*, de Jered Hess, utiliza sua canção "Irene" como fundo musical. Ainda encontramos Caetano em *O alfaiate do Panamá*, de John Boorman; *Cabeza de Perro*, de Santi Amodeo; *Sabor da paixão*, de Fina Torres.

Caetano nunca escondeu sua atração pela direção de cena, particularmente cinematográfica, da qual permanece distante, segundo declarações, em função das complexas condições de produção que a arte do cinema exige. Em *Bem-vindo a São Paulo*, filme em episódios sobre a cidade de São Paulo, com organização de Leon Cakoff e Renata de Almeida, Caetano tem participação de destaque na visão da cidade de que o filme encerra. Assume a narração geral do longa, com voz em *off* interligando os episódios. Possui também, para si, um breve episódio, intitulado 'Concreto',

no qual recita texto contrapondo nomes indígenas de árvores da Mata Atlântica às conhecidas imagens aéreas de arranha-céus paulistanos. A ideia da contraposição é simples, mas chega a ter algum efeito. Segue o padrão do filme, que faz sentir em sua concepção o esquema precário da produção. As imagens de São Paulo não saem dos lugares-comuns da representação da cidade. A poesia de Veloso atravessa o filme. Deixa entrever a influência que exerce, até hoje, na ideia de São Paulo como cidade, a visão que o jovem baiano emigrante teve um dia da metrópole, em seu contato inicial com ela.

No documentário *Coração vagabundo* (2009), de Fernando Grostein Andrade, Caetano Veloso, sob inspiração (e produção) de Paula Lavigne, deixa colocar uma câmera rente a seu cotidiano. Sua vida é filmada em estilo direto. Grostein é um jovem diretor de talento e não decepciona. Extrai um belo filme em que a personalidade de Caetano aflora à superfície naturalmente, como nos principais documentários do gênero. Trata-se de estilo bastante praticado em biografias de artistas *pop*, pelos diretores do cinema direto dos anos 60 (Maysles, Pennebacker, Drew/Leacock). Grostein capta com agilidade o espírito do documentário direto e gruda no cotidiano de Caetano, 24 horas por dia, para compor o filme, rodado entre 2003 e 2005. A maior parte das imagens são tomadas no exterior, entre São Paulo, Nova York, Osaka e Kioto, durante a turnê de lançamento de seu disco *A Foreign Sound*. No período, Caetano se separa de Paula Lavigne e seu estado de espírito é retratado de modo sensível no filme. O estilo "direto" de *Coração vagabundo* permite que vejamos o cantor em atitude natural, provocando efeito pela pessoa que emerge numa representação carregada de improviso e indeterminação. (FPR)

VENTURI, Toni (Antônio Venturi Filho) – São Paulo, SP, 1955. Diretor.

FILMOGRAFIA: 1997 – *O Velho – a história de Luiz Carlos Prestes*. 2000 – *Latitude zero*. 2005 – *Cabra-cega*; *Dia de festa*. 2007 – *Rita Cadillac, a lady do povo*.

Morou no Canadá de 1976 a 1984, graduando-se bacharel em Artes Fotográficas/Cinema pela University of Ryerson, com o filme *TCC Under the Table* (1984), documentário curta sobre os imigrantes ilegais latino-americanos, premiado no CANADIAN STUDENT FILM FESTIVAL. Retornou ao Brasil e formou-se em Cinema na ECA/USP em 1987. Depois da crise Collor, funda a OLHAR IMAGINÁRIO, pro-

dutora que atende o mercado independente de programas de TV, publicidade e vídeos institucionais. Seu trabalho inclui a direção da série exibida pela REDE GLOBO DE TELEVISÃO, em 1988, *Teletubbies*, e como diretor do programa *Conexão Roberto d'Avila*, em 1996. Em 1999 e 2000, dirigiu os programas nacionais e os comerciais do PT, veiculados em rede no horário eleitoral dos partidos políticos. *O Velho – a história de Luiz Carlos Prestes*, documentário de estreia no cinema em longa-metragem, arrebatou prêmio de melhor filme brasileiro na segunda edição de É TUDO VERDADE, ganhando uma versão de quatro episódios para TV. Seu segundo longa e estreia na ficção, *Latitude zero*, centrado no personagem feminino interpretado pela atriz Débora Duboc, participou da Seção Panorama do LI FESTIVAL DE BERLIM, sendo vencedor de vários prêmios nos festivais nacionais e internacionais. Em 2005, o longa de ficção *Cabra-cega* recebeu seis premiações no FESTIVAL DE BRASÍLIA. Com interpretação forte de Leonardo Medeiros como protagonista, o filme adentra os conflitos psicológicos e as dúvidas de militante político clandestino, fechado entre quatro paredes enquanto aguarda ordem de ação. Dirigiu para a TV o documentário *No olho do furacão* (2003), sobre a história dos militantes da luta armada brasileira, em parceria com Renato Tapajós*. Com o documentário *Dia de festa*, uma coprodução franco-brasileira, o cineasta volta ao universo feminino, ao narrar a vida e a luta de quatro mulheres, líderes dos sem-teto. O filme é codirigido com o arquiteto Pablo Georgieff. Para a TV ESCOLA realizou *Paulo Freire contemporâneo*, documentário que resgata o método de alfabetização criado pelo educador. Em 2007 lançou, no FESTIVAL DO RIO, *Rita Cadillac, a lady do povo*, retratando sua singular carreira e vida, indo de ex-chacrete e atriz pornô a estrela muito popular no Carandiru e em serra Pelada. (TS)

VERA CRUZ (Companhia Cinematográfica Vera Cruz) – Empresa produtora.

A COMPANHIA CINEMATOGRÁFICA VERA CRUZ (1949-1954) foi a principal tentativa de implantar uma indústria cinematográfica no Brasil, baseada no sistema dos estúdios. Há ensaios anteriores, como a CINÉDIA* e a ATLÂNTIDA*. Mas a VERA CRUZ é uma empresa mais moderna e ambiciosa, que dispõe dos recursos da burguesia de São Paulo. Os industriais que fundam a companhia, Francisco Matarazzo Sobrinho e Franco Zampari*, simbolizam a prosperidade de uma parte da colônia italiana: tinham acabado de criar o Museu de Arte Moderna (MAM) e o Teatro Brasileiro de Comédia (TBC). Com a queda da ditadura getulista e o clima de efervescência do pós-guerra, São Paulo retoma a iniciativa cultural. A alma do projeto devia ter sido Alberto Cavalcanti*, que entra rapidamente em conflito com os donos dos enormes estúdios construídos em São Bernardo do Campo. A VERA CRUZ padece do estigma do mimetismo. De fato, o modelo é Hollywood, mas a mão de obra qualificada é importada da Europa: técnicos notáveis, como o fotógrafo britânico Chick Fowle*, o editor croata Oswald Hafenrichter e o engenheiro de som dinamarquês Eric Rassmussen. Pessoas de mais de 25 nacionalidades trabalham em São Bernardo. Os italianos são particularmente numerosos. Adolfo Celi*, ator com uma carreira internacional, assume a direção do primeiro filme da VERA CRUZ, *Caiçara* (1950), e de um dos seus maiores sucessos, *Tico-tico no fubá* (1951). Outro estreante famoso depois da sua volta à Itália é o diretor Luciano Salce*, à vontade na comédia *Uma pulga na balança* (1953) e no melodrama *Floradas na serra* (1954). Um terceiro italiano, Ruggero Jacobbi, diretor de *Esquina da ilusão* (1953), é uma personalidade significativa do nosso teatro. A escolha de certos argumentos mostra a preocupação em conciliar a universalidade dos códigos narrativos de Hollywood e a "cor local". É o caso de *Caiçara*, do melodrama musical *Tico-tico no fubá*, biografia romanceada do compositor Zequinha de Abreu, bem como do melodrama histórico abolicionista *Sinhá Moça* (1952-1953), de Tom Payne*. *O cangaceiro*, de Lima Barreto*, premiado no FESTIVAL DE CANNES em 1953, representa o ápice dessa pulsão nacionalista. A VERA CRUZ produz também as comédias de costumes de Amácio Mazzaropi*, comediante que se tornaria um campeão de bilheteria.

Ao lado desse nacionalismo culto ou populista, a companhia produz melodramas convencionais e pretensiosos. Antes de *O cangaceiro*, o cinema brasileiro tinha explorado em vão o gênero épico, ao procurar sua inspiração em alguns episódios históricos. É num fenômeno recente que Lima Barreto baseia o seu argumento: o cangaço ainda está vivo nas memórias. O filme inaugura um veio fértil do cinema popular, que serve de referência a Glauber Rocha*, apesar da sua severidade em relação a Lima Barreto. O Nordeste vira uma região emblemática para o cinema brasileiro, depois de tê-lo sido para a

literatura nacional. *Sinhá Moça* (premiado no FESTIVAL DE VENEZA) admite sua modéstia ideológica ao citar logo no início *A cabana do Pai Tomás*. O roteiro é primário e desajeitado, conforme costuma acontecer na VERA CRUZ, apesar da mistura de ação, romance e humor. O campo dos escravos não chega sequer a conferir alguma singularidade aos personagens: Ruth de Souza* mal pronuncia algumas linhas de diálogo. Mas a evocação da violência da escravatura tem o seu impacto. Os escravos agem e lutam, contrariando assim a lenda de uma abolição caída do céu, graças à princesa Isabel. O campo dos brancos apresenta uma variedade maior: o latifundiário escravocrata e seus agentes (o delegado, o feitor); os abolicionistas que não incomodam ninguém e aqueles que preferem agir nas sombras; as mulheres, que reagem coletivamente, apesar da divisão entre conservadoras e progressistas; o Exército, que recusa duas vezes o papel de instrumento da opressão. O protagonista de *Sinhá Moça* parece o Zorro, com sua vida dupla: no entanto, seu papel de mediador exterior, que traz a emancipação a uma comunidade, representa um esquema retomado depois pelo Cinema Novo*. O papel do padre confere a *Sinhá Moça* uma espécie de premonição: a cena do diálogo com o latifundiário sobre as relações entre a Igreja e a política está mais próxima da evolução do catolicismo pós-conciliar do que das mentalidades dos anos 50.

O melodrama pode inspirar o que há de melhor e de pior. *Appassionata* (1952), de Fernando de Barros*, é um filme tão mal costurado que parece se desmanchar e reduzir seus personagens à condição de marionetes. Apesar da artificialidade, podemos descobrir um contraponto social nos garotos do reformatório, cuja vivacidade não responde a uma necessidade dramatúrgica (a não ser inconsciente). O melodrama contemporâneo tem uma tradução mais comovente em *Floradas na serra*, o canto do cisne da VERA CRUZ, uma das duas únicas aparições na tela de Cacilda Becker*. O melodrama histórico sai-se melhor, com *Tico-tico no fubá* e *Sinhá Moça*, talvez porque dependesse das competências profissionais reunidas pelo sistema dos estúdios. Uma fita menor, da última fase da VERA CRUZ (quando as filmagens são feitas às pressas), encerra algumas qualidades. *Na senda do crime* (1953), de Flaminio Bollini Cerri, tenta adaptar à paisagem urbana de São Paulo o *film noir*, o policial clássico de Hollywood da década de 40. O modelo de referência está presente durante o assalto a um

cinema em que os personagens brigam e se confundem com as imagens de um filme americano, visto por trás da tela. O chefe da quadrilha é sobrinho de um banqueiro, algo a ser levado em conta nas relações ambíguas entre a VERA CRUZ e a burguesia paulista. Os claros-escuros de Chick Fowle encontram em *Na senda do crime* sua aplicação ideal. O contraste visual tem o seu desdobramento espacial: São Paulo parece uma cidade de uma mobilidade vertical espantosa, com figuras que sobem ou descem escadas e ladeiras, circulam em meios sociais de níveis diferentes. O clima predominante é noturno. No desenlace, porém, o filme eleva-se em plena luz do dia para mostrar a queda do protagonista e a multiplicação dos arranha-céus. O esforço da VERA CRUZ é palpável também na diversificação da comédia, em relação ao modelo dominante da chanchada* carioca, que explorava a carnavalização, a farsa e o grotesco. As situações de *Uma pulga na balança* a aproximam das raríssimas incursões brasileiras na comédia sofisticada. Antes de adotar as feições do caipira inspirado pelo Jeca Tatu de Monteiro Lobato, o cômico Mazzaropi encarna um arquétipo dos bairros pobres de São Paulo. Uma comédia urbana como *Sai da frente* (1951), de Abílio Pereira de Almeida*, reflete a efervescência popular da metrópole, com suas sucessivas levas de imigrantes de diferentes origens. Encontramos aí a burocracia emperrada e a demagogia do populismo na sua versão Adhemar de Barros. No segundo filme, *Nadando em dinheiro* (1952), de Abílio Pereira de Almeida e Carlos Thiré, Mazzaropi satiriza os novos-ricos, o que não deixa de ser curioso por partir da VERA CRUZ.

Mesmo os adversários mais ferrenhos da época admitem a contribuição da companhia quanto a qualidade técnica e interpretação. Até então, o cinema brasileiro se debatia na falta de recursos e improvisava na descontinuidade. Do ponto de vista temático e artístico, sofria de uma dependência excessiva em relação ao rádio, ao teatro de revistas e ao espetáculo musical. Os europeus trazidos por Cavalcanti formam brasileiros em áreas tão diversas quanto a fotografia, a montagem, o som, a produção, a cenografia, os trabalhos de laboratório e a maquiagem. A simbiose entre o TBC e a VERA CRUZ tem a desvantagem de marginalizar talentos cariocas. No entanto, ela deixa nas telas a marca do profissionalismo e mesmo da genialidade de intérpretes como Cacilda Becker, Tônia Carrero*, Paulo Autran*, Ziembinski*, Cleyde Yáconis, Waldemar

Wey, Jardel Filho*, Abílio Pereira de Almeida, Carlos Vergueiro, Célia Biar, Renato Consorte, Sérgio Cardoso, Marina Freire, Luiz Linhares* e Milton Ribeiro*. Menos feliz com estreantes como Marisa Prado*, Eliane Lage* ou Mário Sérgio*, a VERA CRUZ encontra seus melhores galãs na chanchada carioca: Alberto Ruschel* e Anselmo Duarte*. O desconhecimento do mercado brasileiro e internacional foi o calcanhar de aquiles dos estúdios de São Bernardo do Campo, o que não deixa de ser um paradoxo para os capitães da indústria. A ausência de planejamento adequado, a distribuição confiada à CO-LUMBIA, o lento e insuficiente retorno dos investimentos, num contexto de dependência estrutural, precipitam a frustração das esperanças, apesar da repercussão na imprensa nacional e os primeiros sucessos internacionais. Os estúdios de São Bernardo do Campo passam a ser administrados pelo Banco do Estado de São Paulo. A falência financeira e o auge do Cinema Novo – com outras opções em termos de expressão e produção – acabam deixando de lado essa experiência. A moda do cinema de autor joga os filmes de gênero na lata do lixo da história. No entanto, Anselmo Duarte retoma os ensinamentos e a perícia dos técnicos da VERA CRUZ e dos atores do TBC (a começar pelo fotógrafo Chick Fowle e o intérprete principal, Leonardo Vilar*) em *O pagador de promessas* (1962), consagrado em CANNES pela única PALMA DE OURO conquistada por um filme brasileiro. Ao mesmo tempo, o diretor é capaz de integrar ao drama as figuras e paisagens do cinema em gestação na Bahia, que acabaria renovando a imagem do Brasil. Enquanto a geração do Cinema Novo escolhe a ruptura radical, conforme acontecia em outros países na década de 60, Anselmo Duarte esboça uma transição tranquila entre a experiência anterior e a dramaturgia audiovisual que ainda estava por vir: Dias Gomes, o autor da peça *O pagador de promessas*, vai se tornar um dos principais criadores da novela de televisão. Anselmo Duarte representa um elo entre várias correntes e momentos do cinema brasileiro, da CINÉDIA aos anos 70, passando pela ATLÂNTIDA e os estúdios de São Paulo. Os dezoito longas--metragens da VERA CRUZ – uma produção bastante diversificada – mostram como o melodrama, a comédia, o filme histórico, o filme de aventuras e o filme policial foram assimilados num determinado momento. A companhia reflete também aspectos insuficientemente estudados da história cultural do Brasil: a

influência italiana, o papel de São Paulo na modernização da cultura, as dificuldades das indústrias culturais num país do hemisfério sul, as origens da produção audiovisual nacional. A preocupação da VERA CRUZ com o padrão de qualidade internacional ressurge mais adiante na principal empresa audiovisual brasileira, a GLOBO, e no "cinemão" dos anos 70. São Paulo continua sendo o único polo de produção capaz de rivalizar com o Rio de Janeiro, além de conquistar a hegemonia em matéria de filme publicitário, graças à infraestrutura e aos técnicos formados pela VERA CRUZ. (PAP)

VERBERENA, Cléo de (Jacira Martins Silveira) – Amparo, SP, 1909-1972. Diretora.

FILMOGRAFIA: 1930 – *O mistério do dominó negro*.

Considerada a primeira diretora do cinema brasileiro, Cléo de Verberena tem sua filmografia limitada a um único filme, *O mistério do dominó negro*. Nascida na região da grande São Paulo, órfã desde cedo. Ao contrário das outras mocinhas da época, em vez de reverenciar os galãs e as estrelas dos filmes americanos *mainstream*, ela preferia os diretores como Lubitsch e Murnau. Como espectadora, privilegiava os aspectos técnicos da realização, como a direção e a fotografia. Seu filme foi realizado no primeiro semestre de 1930 e regularmente coberto pela imprensa cinematográfica da época, principalmente pela revista *Cinearte**. Em 28 de maio de 1930, o correspondente em São Paulo, Ary Rosa, informava que Cléo havia terminado a sua participação como atriz e estava concluindo as cenas em que figuravam os outros atores do filme. Tendo testemunhado a sua *performance* como diretora, Rosa se entusiasmou com o que viu: "Dirigindo, Cléo é de uma exigência raríssima. Eu a vi em ação. É esmerada no seu trabalho. Dirige com segurança e firmeza. Muda a câmera constantemente de posição. Procura, sempre, o ângulo mais propício e mais fotogênico". A fotografia foi confiada a Ramon Garcia (cinegrafista de origem espanhola que mais tarde se transferiria para o Rio de Janeiro e trabalharia na CINÉDIA*) e a montagem foi confiada a Achille Tartari. Não há informações sobre a autoria do roteiro, de algum modo influenciado pela voga de filmes policiais produzidos em Hollywood às vésperas da chegada do sonoro. Do elenco, além de Cléo e Laes Reni, faziam parte o então novato Rodolfo Mayer*, Lina Vera, Emílio Dumas e Nelson Oliveira (estes frequentadores das

produções paulistanas da segunda metade da década de 20). O filme foi concluído em novembro de 1930 e exibido. Fotos e mais fotos de Cléo de Verberena apareceram nas publicações especializadas da época, que teve assim a sua popularidade elevada ao máximo. Depois de algumas tentativas, abandona o cinema. (LAR)

VEREZA, Carlos (Carlos Alberto Vereza de Almeida) – Rio de Janeiro, RJ, 1939. Ator.

FILMOGRAFIA: 1968 – *Massacre no supermercado*; *O bravo guerreiro*. 1973 – *O descarte*. 1975 – *O esquadrão da morte*. 1975-1976 – *Aleluia, Gretchen*. 1977 – *Snuff, vítimas do prazer*. 1983 – *Memórias do cárcere*. 1999 – *O primeiro dia*. 1999-2000 – *Aleijadinho, paixão, glória e suplício*. 2002 – *As três Marias*. 2006 – *Brasília 18%*. 2008 – *Bezerra de Menezes, o diário de um espírito*.

Considerado um perfeccionista, realiza impressionante interpretação encarnando o escritor Graciliano Ramos em *Memórias do cárcere*, de Nelson Pereira dos Santos*. O papel lhe confere vários prêmios internacionais, como o PAVÃO DE OURO de melhor ator no FESTIVAL INTERNACIONAL DE CINEMA DA ÍNDIA. Autodidata, tem em mente ser ator desde a adolescência. Frequentando a TV TUPI, consegue em 1958 uma ponta em um teleteatro. É reaproveitado em diversos programas da emissora, participando ainda de alguns comerciais. Lá conhece Oduvaldo Viana Filho*, que o leva para os Centros Populares de Cultura (CPCs). Excursiona com o Teatro de Rua do CPC e faz política estudantil, militando no Partido Comunista Brasileiro. Torna-se razoavelmente conhecido no programa *Noite de Gala* e interpretando um papel na novela *Um gosto amargo de festa*. Faz as primeiras aparições cinematográficas em *Massacre no supermercado*, de J. B. Tanko*, e *O bravo guerreiro*, de Gustavo Dahl*. Passa a trabalhar regularmente em novelas, atingindo enorme popularidade com o torturado bandido Miro, de *Selva de pedra*. Deslancha paralelamente uma carreira teatral. Obtém o prêmio MOLIÈRE de 1984 com *No brilho da gota de sangue*, escrita e dirigida por Domingos Oliveira*. Assina o texto e atua em *Nó cego* e *Transaminases*. Sobressai sua participação em *Aleluia, Gretchen*, de Sylvio Back*. Enfrenta a realização, produzindo e dirigindo o média-metragem *O frango assado* (1977). Mesmo com a consagração a partir da densa e meticulosa atuação em *Memórias do cárcere*, de Nelson Pereira dos Santos*, seu talento fica restrito a vilões de telenovelas como *Direito de amar* e a personagens esporádicos em minisséries como *Padre Cícero*. Assina ainda o videopoema experimental *Fábula da noite de vidro* (1985). (HH) Em 1992, Vereza sofre um acidente durante sua participação numa gravação. Permanece afastado para tratar-se e passa a frequentar um centro espírita. Depois da sua cura, tornou-se médium e voluntário no centro. Retorna então em *Aleijadinho, paixão, glória e poder*, drama biográfico dirigido por Geraldo Santos Pereira*, no qual interpreta o inconfidente Cláudio Manuel da Costa. Trabalhando novamente com Nelson Pereira dos Santos em *Brasília 18%*, faz brilhante interpretação, cabendo-lhe o papel do político corrupto, senador Silvio Romero. Foi convidado a interpretar o protagonista no filme *Bezerra de Menezes, o diário de um espírito*, de Glauber Filho e Joe Pimentel, visto por cerca de um milhão de pessoas. Acredita que o sucesso do filme abriu uma "corrente de obras espiritualistas".

VIANA, Afonso (Afonso Henrique Ferreira Viana) – Rio de Janeiro, RJ, 1929-1989. Fotógrafo.

FILMOGRAFIA: 1962 – *Terra dos amores*; *Os mendigos*. 1964 – *Tuxaua, o maldito*. 1965 – *Na mira do assassino*. 1967 – *O grande assalto*; *A psicose de Laurindo*. 1968 – *O levante das saias*; *Os carrascos estão entre nós*; *O tesouro de Zapata*. 1970 – *Ascensão e queda de um paquera*; *As escandalosas*; *Jesus Cristo, eu estou aqui*. 1971 – *O bolão*. 1972 – *Jerônimo, o herói do sertão*; *O supercareta*; *Com a cama na cabeça*; *E... as pílulas falharam*. 1973 – *Como é boa a nossa empregada* (1º episódio: 'Lula e a copeira'); *A hora e a vez do samba*; *As depravadas*; *Divórcio à brasileira*. 1974 – *Nas garras da sedução*; *Essas mulheres lindas, nuas e maravilhosas*; *Ladrão de Bagdá, o magnífico*. 1975 – *Onanias, o poderoso machão*; *Lua de mel sem começo... sem fim*. 1976 – *Desejo sangrento*; *Uma aventura na floresta encantada*. 1977 – *O garanhão no largo das virgens*; *A virgem da colina*; *As eróticas profissionais*. 1978 – *Seu Florindo e suas duas mulheres*; *Traí... minha amante descobriu*; *A dama de branco*. 1979 – *Dupla traição*; *O preço do prazer* (*Onde andam nossos filhos?*). 1980 – *As intimidades de duas mulheres – Vera e Helena*; *Um menino... uma mulher*; *O grande palhaço*. 1980-1986 – *Nem tudo é verdade*. 1981 – *A cobiça do sexo*. 1982 – *Mulheres liberadas* (1º episódio: 'O pneu'; 2º episódio: 'O telefone'; 3º episódio: 'A curra'); *Depravação 2*. 1983 – *Punks, os filhos da noite*. 1984 – *Solar das taras proibidas*. 1985 – *Bumbum, a coisa erótica*; *O verdadeiro amante sexual*.

Membro de família de técnicos cinematográficos (o pai, José Viana, fora exibidor ambulante no início do século, posteriormente dirigiu o filme *Amor de perdição*, em 1917, baseado no romance homônimo de Camilo Castelo Branco; também os irmãos Alberto e Aluizio Viana fizeram carreira na área de som). Afonso fez carreira de assistente de câmera. Ingressou na CINÉDIA*, fazendo segunda assistência de câmera em *Anjo do lodo* (1950), de Luiz de Barros*. Transferiu-se em seguida para a ATLÂNTIDA*, onde trabalhou nas equipes comandadas pelo fotógrafo Edgar Brasil*, nas filmagens de *Maior que o ódio*, de José Carlos Burle*, e *Aí vem o barão*, de Watson Macedo*. Ao deixar essa última produtora, passa a trabalhar como independente para várias empresas. Trabalha como assistente de câmera em filmes como *O petróleo é nosso*, de Watson Macedo; *Trabalhou bem, Genival*, de Luiz de Barros; *Leonora dos sete mares*, de Carlos Hugo Christensen*, e *Minha sogra é da polícia*, de Aluisio T. Carvalho*. Foi promovido a operador de câmera em seu primeiro trabalho em cores, *A mulher de fogo* (1958), de Tito Davinson, quando trabalhou com o fotógrafo Jack Drapper, um americano que atuava no cinema mexicano. Nessa função filma com o diretor Watson Macedo e o diretor de fotografia Ugo Lombardi* (*Samba em Brasília, Virou bagunça, Um morto ao telefone*), considerando esses seus principais instrutores. Ao lançar-se como diretor de fotografia, inicialmente registra inserções eróticas e cenas de ligação para as remontagens do diretor Nilo Machado* (*Terra dos amores*; *Tuxaua, o maldito*; e *Aconteceu no Maracanã*). Seus primeiros trabalhos completos na função foram os policiais *Na mira do assassino*, de Mário Latini, e *O grande assalto*, de Adolpho Chadler*. Tornou-se um dos mais requisitados fotógrafos do cinema comercial carioca da década de 70, filmando pelo menos três longas-metragens por ano. Manteve a parceria com Machado e compôs as imagens de inúmeras pornochanchadas*. Nos anos 80, chegou ao sexo explícito e teve uma fugaz colaboração com Rogério Sganzerla* em *Nem tudo é verdade*. (HH)

VIANA, Oduvaldo – São Paulo, SP, 1892-1972. Diretor.

FILMOGRAFIA: 1936 – *Bonequinha de seda*. 1938 – *El hombre que nació dos veces* (produção estrangeira). 1949 – *Quase no céu*.

Um dos mais importantes teatrólogos brasileiros, renovador da linguagem dramatúrgica nacional. Começou a escrever peças em 1921, rompendo com a tradição portuguesa que dominava o teatro brasileiro. Formou companhia própria, ao lado da primeira esposa, Abigail Maia, de Viriato Correia e Nicolino Viggiani, e logo atingiu a condição de autor e produtor incensado pela crítica e festejado pelo público. Em março de 1935 casou-se em segundas núpcias com Deocélia, com quem teve um filho, Oduvaldo Viana Filho*, o Vianinha, que teria também uma carreira brilhante no teatro brasileiro.

Consagrado no teatro, decidiu fazer cinema. Em 1929, realizou uma viagem de estudos aos Estados Unidos. Passou uma temporada em Los Angeles, tendo a oportunidade de assistir a filmagens e manter conversações com ilustres habitantes da capital do cinema. Quando retornou, decidiu realizar um filme. Oduvaldo e Adhemar Gonzaga* acertaram os ponteiros para a realização de *Bonequinha de seda*, que se tornaria um dos maiores sucessos. O roteiro de *Bonequinha de seda* foi escrito para Carmen Miranda*, que não aceitou o convite devido aos compromissos profissionais. Oduvaldo convidou então Gilda Abreu*, que se revelara atriz e cantora de talento, adaptando o roteiro à sua personalidade. Oduvaldo conseguiu convencer o amigo Oscar Pacheco Jordão, proprietário de cinemas em São Paulo, a se tornar produtor associado do filme. *Bonequinha de seda* representou um considerável avanço técnico para o cinema brasileiro. Essas inovações implementadas pelo fotógrafo Edgar Brasil* foram consequência do desejo de Oduvaldo de utilizar todos os recursos disponíveis no cinema da época, como planos de grua, maquetes, cenários maiores e mais realistas e trucagens óticas e mecânicas, como o *back projection*. O resultado desse esmero foi uma boa carreira nas bilheterias, além do aplauso da crítica.

Oduvaldo decidiu ir para a Argentina, atendendo ao convite para dirigir um filme com o título de *El hombre que nació dos veces*. Produzido pela PAF, de Buenos Aires, era estrelado por Cesar Ratti, Emma Martínez, Sebastián Chiola e outros. Trata-se da história de um médico que, cansado da tirania da família, resolve simular a própria morte e partir para a Europa. Regressa tempos depois, dizendo-se irmão gêmeo do falecido. Depois de se enamorar da própria esposa, ele acaba confessando a verdade e passa a desfrutar da vida que sempre sonhara. Preocupado com o clima político no Brasil e vendo na Argentina um campo de trabalho mais promissor, Oduvaldo decidiu se mudar para lá. No começo dos anos 40, estabelece-se em Buenos Aires, onde o aguardava um contrato num dos melhores teatros da cidade. Na Argentina, teve a oportunidade de ver sua peça *Amor* levada às telas, com o mesmo título, tendo Pepita Serrador, Severo Fernández e Ernesto Ráquen no elenco e sob a direção de Luiz Bayón Herrera.

Em 1942, de volta ao Brasil e radicado em São Paulo, Oduvaldo iniciou uma bem-sucedida carreira no rádio. Convidado a dirigir a Rádio São Paulo, introduziu a radionovela no Brasil com *A predestinada*. Em 1944, transferiu-se para a RÁDIO DIFUSORA, de Assis Chateaubriand. No final dos anos 40, Chateaubriand resolveu investir em cinema, criando até uma empresa, batizada de ESTÚDIOS CINEMATOGRÁFICOS TUPÃ, convocou Oduvaldo para dirigir um curta-metragem de vinte minutos, documentando os bastidores da RÁDIO TUPI e seu *cast* de artistas. O filme se chamou *Chuva de estrelas*. Oduvaldo teve a oportunidade de dirigir um novo longa-metragem, *Quase no céu*, também produzido por Chateaubriand e estrelado por Lia Aguiar, Antônio Carrilo, Dionísio Azevedo*, Lolita Rodrigues, oriundos do radioteatro. Seu filho Vianinha fez uma participação especial. Encerrou-se assim a ligação de Oduvaldo com o cinema. Faleceu no Rio de Janeiro, em 30 de maio. (LAR)

VIANA, Vera – Rio de Janeiro, RJ, 1945. Atriz.

FILMOGRAFIA: 1964 – *Asfalto selvagem; Um ramo para Luiza*. 1965 – *História de um crápula; Paraíba, vida e morte de um bandido*. 1966 – *Toda donzela tem um pai que é uma fera; Todas as mulheres do mundo; ABC do amor* (2º episódio: 'O pacto') (coprodução estrangeira); *Engraçadinha depois dos trinta*. 1967 – *Viagem ao fim do mundo*.

Uma das atrizes que desponta para a fama a partir de intensa divulgação em torno de sua nudez em *Asfalto selvagem*. Encarnação quase ideal das jovens e reprimidas personagens do teatrólogo Nélson Rodrigues*, tem breve e impactante carreira. Estoura com *Asfalto selvagem*, de J. B. Tanko*, e logo é aproveitada em veículos semelhantes, sendo apresentada como a jovem moderninha. Ainda em fins de 1964 estreia na televisão com a novela *O desconhecido*, outro original de Nélson Rodrigues, levada ao ar pela TV RIO. Passa em seguida à linha de *shows*, figurando em *Noites cariocas* e *Praça Onze*, na mesma emissora. Fica noiva do ator e teatrólogo Gláucio Gill, protagonizando

com imenso sucesso no palco e na tela sua peça *Toda donzela tem um pai que é uma fera*, de Roberto Farias*, faz participações em *ABC do amor*, no episódio de Eduardo Coutinho*, e *Viagem ao fim do mundo*, de Fernando Cony Campos*. Participa ainda de filmes como os policiais *História de um crápula*, de Jece Valadão*, e *Paraíba, vida e morte de um bandido*, de Victor Lima*. Em *Engraçadinha depois dos trinta*, de J. B. Tanko, volta a trabalhar sobre original de Nélson Rodrigues. (HH)

VIANA, Zelito (José Viana Oliveira de Paula) – Fortaleza, CE, 1938. Produtor, diretor.

FILMOGRAFIA: 1965 – *Menino de engenho* (prod.); *A grande cidade (As aventuras e desventuras de Luiza e seus três amigos chegados de longe)* (prod.). 1966 – *Terra em transe* (prod.). 1968 – *O homem que comprou o mundo* (prod.); *O dragão da maldade contra o santo guerreiro* (prod.). 1970 – *Minha namorada* (prod., dir.); *Em busca do su$exo* (prod.); *Cabeças cortadas* (coprodução estrangeira) (prod.). 1971 – *O doce esporte do sexo* (1º episódio: 'O torneio') (prod., dir.); (2º episódio: 'O filminho') (prod., dir.); (3º episódio: 'A boca') (prod., dir.); (4º episódio: 'A suspeita') (prod., dir.); (5º episódio: 'O apartamento') (prod., dir.). 1972 – *Quando o carnaval chegar* (prod.). 1973 – *Os condenados* (prod., dir.). 1975 – *Perdida* (prod.). 1976 – *Morte e vida severina* (prod., dir.). 1977-1981 – *O segredo da múmia* (prod.). 1978 – *Terra dos índios* (prod., dir.). 1981-1984 – *Cabra marcado para morrer* (prod.). 1985 – *Avaeté, semente da violência* (prod., dir.). 1994 – *Veja esta canção* – 1º episódio: 'Drão' (prod.); 2º episódio: 'Você é linda' (prod.); 3º episódio: 'Pisada de elefante' (prod.); 4º episódio: 'Samba de um grande amor' (prod.). 1997-1999 – *Villa-Lobos, uma vida de paixão* (prod., dir.). 2008 – *Bela noite para voar* (prod., dir.).

Zelito Viana muda-se para o Rio de Janeiro aos 4 anos de idade, onde se forma como engenheiro, em 1964, na Escola Nacional de Engenharia (ENE). Foi companheiro de Leon Hirszman* na ENE, dele recebendo as primeiras influências cinematográficas, que o fazem abandonar a Engenharia. Integra-se ao grupo de jovens do Cinema Novo*, Glauber Rocha*, Carlos Diegues*, Walter Lima Jr.*. Participa ativamente da proposta cultural e cinematográfica do grupo, identificando-se totalmente com ela. Em 1993, diz sobre o Cinema Novo: "A grande novidade foi uma proposta nova de produção com

uma ideia brasileira na cabeça". O que demonstra que suas inquietações de diretor sempre acompanham as de produtor. Em 1965, funda com Glauber Rocha e outros cineastas a PRODUÇÕES CINEMATOGRÁFICAS MAPA LTDA. (MAPA FILMES*). Assim, seu nome também se consolida como um dos mais importantes produtores dos diretores do Cinema Novo. Realiza e codirige, com Armando Costa*, *Minha namorada*, cujo tema gira em torno do comportamento sexual dos jovens da classe média. Dirige a comédia *O doce esporte do sexo*, em cinco episódios, cujo protagonista é o comediante Chico Anysio*, irmão de Zelito e nome de grande apelo popular, que ajuda a criar um filme com clima de chanchada carioca. Filma, em São Paulo, *Os condenados*, baseado na novela de Oswald de Andrade. Em 1976 recebe o prêmio MARGARIDA DE PRATA, da Conferência Nacional dos Bispos do Brasil (CNBB), por *Morte e vida severina*; e em 1985 a medalha de prata do FESTIVAL DE MOSCOU por *Avaeté, semente da violência*. Por sua permanente atuação como produtor entre 1969 e 1973, ocupa a direção da Associação Brasileira de Produtores Cinematográficos. É pai da diretora Betse de Paula e do ator Marcos Palmeira. Um de seus últimos filmes é *Villa-Lobos, uma vida de paixão*, projeto acariciado durante doze anos, que dirige entre 1997 e 1999. Depois disso, realizou documentários de curta-metragem: *Arte para todos* (2004), e *Ferreira Gullar – a necessidade da arte* (2005), codirigido com Vera de Paula, Aruanã Cavalleiro e Cláudia Duarte. Em 2009, lança *Bela noite para voar*, ficção sobre Juscelino Kubitschek que traz particularidades do ex-presidente, retratando 24 horas da sua vida, boa parte em pleno voo pelos céus do Brasil. A ação começa no Palácio do Catete com o anúncio do rompimento com o Fundo Monetário Internacional (FMI) e se desdobra em momentos históricos como o plano de sabotagem montado por um grupo de militares, os projetos e a atuação dos adversários e dos aliados do governo JK. (SO)

VIANNA, Antônio Moniz (Antônio Augusto Moniz Vianna) – Salvador, BA, 1924-2009. Crítico de cinema.

Nasceu em 11 de maio. Filho de Humberto Vicente Vianna e Helena Moniz Vianna, neto do governador da Bahia, Antônio Ferrão Moniz de Aragão (conhecido como Antônio Moniz). Aos 11 anos mudou-se definitivamente com a família para o Rio de Janeiro, onde cursou o ensino fundamental no Colégio Rezende (entre 1935 e 1940) e ensino médio (antigo científico) no Colégio Juruena (entre 1941 e 1942). Em 1943, entrou para a Faculdade Nacional de Medicina da Universidade do Brasil, atual Universidade Federal do Rio de Janeiro (UFRJ), onde se formou em 1948. Aos 21 anos começou a trabalhar para o *Correio da Manhã*, convidado para ser crítico de cinema por Paulo Bittencourt, dono do jornal e marido de sua prima. Suas críticas iniciais, no entanto, foram publicadas no jornal *Vanguarda Socialista*, dirigido por Mario Pedrosa e Edmundo Moniz (seu tio), que circulou durante quase um ano. A primeira crítica era sobre *Quando descerem as trevas* (*Ministry of Fear*), de Fritz Lang. Em 1946, ele entregou doze críticas a Paulo Bittencourt, que não as publicou logo. A primeira, sobre *Mulheres e diamantes* (*Billy Rose's Diamond Horseshoe*), de George Seaton, com Betty Grable e Dick Haymes, saiu em 9 de março de 1946, sem assinatura. A segunda foi sobre *Areias escaldantes* (*Escape in the Desert*), de Edward A. Blatt, uma refilmagem de *A floresta petrificada*. A partir daí, exerceu durante 28 anos – até o *Correio da Manhã* fechar, em 1974 – a função de crítico de cinema, que só interrompeu temporariamente quando se tornou diretor e redator-chefe do jornal, entre 1962 e 1963. Fundou, em 1949, o Círculo de Estudos Cinematográficos do Rio de Janeiro. Foi também fundador e conselheiro do Museu de Arte Moderna (MAM) do Rio de Janeiro e criador, com Ruy Pereira da Silva, de sua cinemateca, da qual foi diretor de 1957 a 1965. Entre 1958 e 1962 foi idealizador e diretor dos reputados festivais de história do cinema do MAM, que formaram a geração cinemanovista: americano (com a colaboração da CINEMATECA DO MUSEU DE ARTE MODERNA de Nova York, 1958), francês (com a colaboração da CINÉMATÈQUE FRANÇAISE e do Ministério da Cultura da França, 1959), italiano (com a colaboração da CINETECA NAZIONALE, de Roma, da CINETECA ITALIANA, de Milão, e do MUSEO NAZIONALE DEL CINEMA, de Turim, 1960), russo (com a colaboração da CINEMATECA BRASILEIRA, 1961) e britânico (com a colaboração do FILM BRITISH INSTITUTE, 1962). Também editou os catálogos desses festivais. Em 1961 foi membro do Conselho Federal de Cultura e do Conselho Consultivo do Grupo Executivo da Indústria Cinematográfica (GEICINE). Entre 1962 e 1968 foi vice-presidente da UNION MONDIALE DES MUSÉES DE CINÉMA (sediada em Paris). Foi também autor e supervisor do texto da antologia em longa-metragem *Panorama do cinema brasileiro*. Em 1965 e 1969 organizou e dirigiu os FESTIVAIS INTERNACIONAIS DO FILME (I e II) do Rio de Janeiro promovidos pelo então Ministério da Educação e Cultura (MEC), em convênio com o governo do antigo estado da Guanabara. Em 1970, produziu o documentário *O Brasil na guerra*, sobre a epopeia da Força Expedicionária Brasileira (FEB). Foi também o autor dos verbetes sobre cinema da *Enciclopédia Barsa*.

Moniz Vianna publicava seis críticas por semana, que não eram cortadas nem censuradas nem passavam por copidesque. Tinha total liberdade de escolha do filme a ser criticado, linguagem, espaço e tamanho. As críticas tinham até 120 linhas e eram publicadas em alto de página, às vezes em dois ou mais dias – caso do artigo sobre *O boulevard do crime*, de Marcel Carné, publicado em 1949 em quatro partes. Introduziu as fichas técnicas, publicadas inicialmente no alto das críticas e, mais tarde (nos anos 60), no pé desses artigos, com o título original e em português, nome do diretor, produtor, autor do roteiro (explicando se era original, baseado em livro, peça ou fato verídico), fotógrafo, cenografia, música, elenco, distribuidora, processo, tempo de projeção e ano de produção. Durante anos publicou páginas com a filmografia de diretores – encabeçadas por um breve comentário sobre a vida e a carreira de cada um. O título em português só aparecia uma vez nas críticas de Moniz Vianna (em geral, no título). Ele preferia se referir aos filmes pelo título original, o que, para ele, dava personalidade ao filme. Muitas vezes contava o final do filme, quando achava necessário para esclarecer algum ponto de sua argumentação. Não se sentia forçado a dizer se o filme era bom ou ruim e suas críticas não seguiam um roteiro. Dispensava o uso de cotações – como bonequinhos ou estrelinhas. Para ele, há uma maneira burocrática de analisar um filme – da qual devem constar o gênero, do que ele trata, o *approach* do diretor, a história e elementos que se destacam, como cenografia, fotografia, música e elenco – e uma maneira pessoal. Analisa o filme em dois planos: crítica e afetivamente, isto é, vendo se esse filme é agradável ou não. *Ama-me esta noite*, de Rouben Mamoulian, e *As vinhas da ira*, de John Ford, por exemplo, para ele, resistem às duas análises. Também utilizava um humor ácido mas inteligente e demonstrava falta de paciência com alguns diretores. Sobre ele, o também crítico Paulo Emilio Salles Gomes* escreveu: "Imagino mal um Moniz Vianna destituído de paixões cinematográficas. Certa exacerbação de sentimentos é parte integrante de seu método de conhecimento e comunicação". Confessou, certa vez, que "torcia" para um filme de John Ford ser bom. Para ele, Ford era "o maior de todos os cineastas", com quatro filmes na lista dos dez melhores de Moniz Vianna (a última que fez, já nos anos 90): *As vinhas da ira*, *O delator*, *Como era verde o meu vale* e *O sol brilha na imensidade* (a lista se completa com *A última gargalhada* e *Aurora*, de F. W. Murnau, *A turba*, de King Vidor, *Ama-me esta noite*, de Rouben Mamoulian, *Cidadão Kane*, de Orson Welles, e *O boulevard do crime*, de Marcel Carné). Seu trabalho obedecia a uma rotina. Chegava ao *Correio da Manhã* por volta das 16h30, depois de dar expediente como médico do estado. Trocava cumprimentos e ideias com os colegas, lia os jornais e, por volta das 18 horas, começava a escrever, em meio ao burburinho da redação. Antes das 20 horas ia para casa. Usava uma máquina Olivetti, que trancava na mesa de aço quando ia embora. Certa vez, comprou uma máquina de escrever igual para trabalhar em casa, mas não deu certo. Sentia falta do barulho da redação. Costumava assistir às sessões das 20 horas ou 22 horas nos cinemas (quase sempre escrevia sobre filmes em cartaz), embora as distribuidoras já adotassem o sistema de cabines, com exibição prévia dos lançamentos. Os filmes eram lançados em geral às segundas-feiras e não às sextas, como atualmente. Seu trabalho como crítico não interrompeu o exercício da Medicina no Rio de Janeiro. Depois de estágios no Instituto de Neurologia e no Instituto de Psiquiatria da Universidade do Brasil, foi médico do Ambulatório Edmundo Bittencourt (de 1950 a 1954) e do Instituto de Previdência do Estado do Rio de Janeiro (de 1952 a 1988). Politicamente era considerado de direita, e conspirou antes e depois do golpe militar que derrubou o governo de João Goulart. Administrou com consciência e senso de justiça a contradição de ser lacerdista no *Correio da Manhã*, um jornal que, eternamente na oposição, criticava duramente seu amigo Carlos Lacerda, governador da antiga Guanabara. Durante a ditadura militar, valeu-se de suas amizades com generais como Sizeno Sarmento para libertar jornalistas, cineastas e intelectuais presos por posições políticas diferentes das dele, como Paulo Francis e Joaquim Pedro de Andrade*. Hoje mudou radicalmente de posição e pode ser considerado de esquerda. Além do *Correio da Manhã*, publica artigos no *Jornal de Letras*, *O Cruzeiro*, *Visão*, *A Cena Muda*, *Aconteceu*, *Revista da Semana* e *A Cigarra*. Em 1954, dirigiu a revista *Jornal de Cinema*. Entre 1967 e 1970 também dirigiu as revistas *Guia de Filmes* e *Filme Cultura*, do Instituto Nacional de Cinema (INC*), do qual foi diretor. Até 1946, só três jornais do Rio de Janeiro tinham críticos de cinema escrevendo regularmente: *O Globo*, *A Noite* e *Diário da Noite*. A ida de Moniz Vianna para o *Correio da Manhã* instaura uma nova fase na crítica de cinema brasileira. Há uma espécie de efervescência da crítica e todos os jornais contrataram críticos. Decano da crítica brasileira de cinema, influencia nitidamente, apesar da relação às vezes conflituosa, críticos de uma geração mais nova como José Lino Grünewald*, Carlos Fonseca, Valério Andrade, Paulo Perdigão, Sérgio Augusto e Ruy Castro. As relações de Moniz Vianna com o cinema brasileiro nem sempre foram tranquilas. Chegou a ser apontado como "o inimigo número um do cinema nacional". Reprovava as chanchadas*, às quais atribuía a onda de descrédito e repulsa pelo cinema nacional. Chamou *É com este que eu vou* de "pornografia muito pouco espirituosa". Disse que *Carnaval em Marte* era um plágio de *Abbott & Costello no planeta Marte*. Nunca mudou de opinião e continuou achando o gênero sem nenhum interesse ou valor. Para Moniz Vianna, o Cinema Novo* não era nem uma escola nem um movimento. Os diretores formavam um grupo com características de corriola, fechado aos que discordavam da linha de cinema participante. Para o crítico, o Cinema Novo nada inventou e demonstra ingenuidade quando seus diretores pretendem analisar tudo pelo aspecto político-ideológico. Dentro do cinema brasileiro foi admirador de Lima Barreto*, Glauber Rocha*, Walter Hugo Khouri*, Walter Lima Jr.*, Carlos Diegues*, Oswaldo Sampaio*, Carlos Hugo Christensen*, Jorge Ileli* e Rubem Biáfora*. Moniz Vianna viveu durante anos em seu apartamento em Copacabana, no Rio de Janeiro, em meio a duas mil fitas com seus filmes prediletos, que revia sempre. Foi viúvo de Amires Alva Veronese de Guarischi, atriz de *O menino e o vento*, *Uma pantera em minha cama*, de Carlos Hugo Christensen*, *Viver de morrer*, de Jorge Ileli*, e *O quarto*, de Rubem Biáfora* (em que Moniz Vianna aparece numa ponta). Faleceu em 31 de janeiro, no Rio de Janeiro. (ARC)

VIANNA FILHO, Oduvaldo – Rio de Janeiro, RJ, 1936-1974. Ator.

FILMOGRAFIA: 1949 – *Quase no céu*. 1960 – *Amor para três*. 1962 – *Cinco vezes favela* (3º episódio: 'Escola de samba, alegria de viver'); *Os mendigos*. 1965 – *O desafio* (*No Brasil depois de abril*). 1966 – *A derrota*. 1967 – *Mar corrente*. 1969 – *As duas faces da moeda*. 1970 – *É Simonal*. 1971 – *Um homem sem importância*.

Grande personalidade do teatro nacional, filho do dramaturgo, cineasta e radialista Oduvaldo Vianna*, Vianinha, como ficou conhecido, foi uma figura muito atuante, tendo sido fundador do Teatro de Arena, em meados dos anos 50 em São Paulo, e do grupo Opinião, na década seguinte, no Rio de Janeiro. Também dramaturgo, foi autor dos textos *Chapetuba Futebol Clube* (1957), *Se correr o bicho pega, se ficar o bicho come* (1966), *A longa noite de cristal* (1969) e *Rasga coração* (1974). Seus textos *Moço em estado de sítio*, *Papa Highirte* e *Rasga coração*, após longa luta contra a censura, conseguiram ser montados pelos diretores brasileiros: o primeiro, por José Renato, em 1980; o segundo, por Aderbal Filho, em 1982; e o terceiro, por Reinaldo Maia, em 1986. Como ator, participou com destaque de vários espetáculos. Sua contribuição ao teatro originou uma série de livros: *Oduvaldo Vianna Filho – teatro* (1981), organizado por Yan Michalski; *Vianinha, teatro, TV e política* (1983), de Fernando Peixoto; *Um ato de resistência – o teatro de Oduvaldo Vianna Filho* (1984), de Carmelinda Guimarães; *O melhor do teatro de Oduvaldo Vianna Filho* (1985), dele próprio. Para a televisão, no começo dos anos 70, escreveu o seriado *A Grande Família*, em parceria com outros autores, exibido com grande sucesso pela GLOBO, além de outros trabalhos. No cinema, colaborou como roteirista do drama *Em família* (1970), de Paulo Porto*; do episódio 'O filminho', de *O doce esporte do sexo* (1971), de Zelito Viana*; da comédia *Ainda agarro esta vizinha* (1974), de Pedro Carlos Rovai*; e de *O casal* (1975), de Daniel Filho*, este último baseado em seu argumento televisivo *Enquanto a cegonha não vem*. Também ator, estreou no cinema como coadjuvante na comédia romântica *Amor para três*, do diretor Carlos Hugo Christensen*. Em seu filme seguinte, o episódio 'Escola de samba, alegria de viver', de Carlos Diegues*, do longa *Cinco vezes favela*, interpretou um homem dividido entre seus problemas pessoais e o sonho de conseguir fazer desfilar na avenida a escola de samba do morro onde mora. Vinculou-se ao Cinema Novo*, interpretando em *O desafio* (*No Brasil depois de abril*), de Paulo

César Saraceni*, o papel do intelectual em crise, um jornalista que acreditava em mudanças políticas e era obrigado a conviver com uma realidade que não gostaria de aceitar. Atua, a seguir, em outro filme político, *A derrota*, de Mário Fiorani*. Representou papéis de coadjuvante no drama *Mar corrente*, de Luiz Paulino dos Santos, e na comédia *As duas faces da moeda*, de Domingos Oliveira*. Em seu último filme como ator, *Um homem sem importância*, de Alberto Salvá*, fez o papel principal, vivendo um homem simples, sem instrução e com poucas chances de melhoria de vida na cidade grande. Aparece no documentário *Cartola – música para os olhos* (2006), de Lírio Ferreira* e Hilton Lacerda*. Faleceu no Rio de Janeiro, em 16 de julho. (LFM)

VIANY, Alex (Almiro Viviani Fialho) – Rio de Janeiro, RJ, 1918-1992. Crítico de cinema, diretor.

FILMOGRAFIA: 1952 – *Agulha no palheiro*. 1953 – *Rua sem sol*. 1955 – *A rosa dos ventos* (episódio brasileiro: 'Ana') (coprodução estrangeira). 1962-1963 – *Sol sobre a lama*. 1975-1978 – *A noiva da cidade*.

Almiro Viviani Fialho começou no jornalismo cinematográfico por intermédio de um concurso para fãs promovido pelo crítico Pedro Lima*, no *Diário da Noite*, Rio de Janeiro, em 1934. Adotara o pseudônimo Alex Viany, corruptela "americanizada" de Almiro Viviani. Nessa época, tinha, nas suas próprias palavras, "mania de americano". Após assinar uma coluna na revista *Carioca*, em que respondia dúvidas dos leitores sobre assuntos cinematográficos, passou a trabalhar em *O Cruzeiro*. Em 1945, Alex Viany partiu com a esposa, Elza, para Hollywood, tornando-se correspondente de *O Cruzeiro*. Entre 1945 e 1948 aprofundou seus conhecimentos sobre cinema através do contato com filmes, livros e revistas, aos quais não tinha acesso no Brasil, visitou estúdios, fez dois cursos de cinema – nos quais teve professores como o diretor Edward Dmytryk e o roteirista Herbert Biberman – e conheceu o assistente de Bertolt Brecht, Hans Winge, e Vinicius de Moraes*. Paralelamente há uma forte desilusão em relação ao *american way of life* e ao sistema de produção dominado pelos grandes estúdios. Alex Viany passou a defender progressivamente ideias políticas de esquerda e a tender ao neorrealismo italiano, o documentário e os filmes "B" produzidos por Val Lewton. A amizade com Vinicius de Moraes, então vice-cônsul do Brasil em Los Angeles, foi de grande importância nesse período, pois a sofisticação cultural do poeta em muito influenciou Viany. Ainda em Hollywood, os dois projetaram uma revista de cinema a ser publicada no Brasil.

Em dezembro de 1948, Alex Viany desembarcou no Rio de Janeiro com o projeto na bagagem e no ano seguinte foram publicados os dois únicos números de *Filme*. A alta qualidade dos artigos reunidos em *Filme* era até então inédita no Brasil. Ainda em 1949, começou a escrever na revista *A Cena Muda*, na coluna Telas da Cidade, e preparou um roteiro intitulado "Última noite", que nunca chegou a ser filmado. Durante a ebulição das tentativas de cinema industrial em São Paulo, Alex Viany mudou-se para a capital paulista ao ser convidado por Mário Civelli* para integrar o Departamento de Roteiros da MARISTELA*, em 1951. Nesse período escassearam suas contribuições na imprensa, mas a experiência na MARISTELA durou poucos meses, pois uma crise interna da empresa acarretaria sua demissão. Em São Paulo conheceu Carlos Ortiz*, Ortiz Monteiro, Nelson Pereira dos Santos* e Noé Gertel, simpatizantes do Partido Comunista, passando a alinhar-se com o stalinismo. Esse grupo de cineastas de esquerda organizou debates e mesas-redondas que discutiam os entraves à industrialização efetiva do cinema brasileiro, opunham-se também ao sistema de produção da VERA CRUZ*. Esses eventos culminaram no I CONGRESSO PAULISTA DE CINEMA BRASILEIRO e nos I e II CONGRESSOS NACIONAIS DE CINEMA BRASILEIRO, nos quais Alex Viany teve importante participação. Ao voltar para o Rio de Janeiro, dirigiu o seu primeiro longa-metragem, *Agulha no palheiro*, com Fada Santoro*, Roberto Battaglin*, Jackson de Souza*, Dóris Monteiro e Hélio Souto*. O roteiro do filme foi publicado em 1983 pela Universidade Federal do Ceará e pela Coordenação de Aperfeiçoamento de Pessoal de Nível Superior (Capes). O enredo trata da jovem interiorana que vai ao Rio de Janeiro procurar o rapaz que a engravidou, sendo ajudada por uma simpática família suburbana. O diretor pretendia transplantar para o Brasil algumas lições do neorrealismo italiano, mostrando a simplicidade e a dignidade do povo carioca. O resultado de *Agulha no palheiro*, na opinião de boa parte da crítica da época, saiu a contento. Em 1953, com Alinor Azevedo o roteiro "Estouro na praça", que tentou filmar durante vários anos, sem resultado positivo. A seguir, realizou *Rua sem sol*, um melodrama com pitadas de policial estrelado por Glauce Rocha*. Após várias

interrupções de produção, *Rua sem sol* foi lançado, sendo muito mal recebido pelo público e pela crítica. Além de dirigir essas duas películas, Viany trabalhou como assistente de direção em "Aglaia" (direção de Ruy Santos*, de 1950, inacabado), como diretor de produção em *O saci*, de Rodolfo Nanni*, e *Balança mas não cai*, de Paulo Vanderley*, e como roteirista de *Carnaval em Caxias*, também de Paulo Vanderley. Paulatinamente, Alex Viany voltou a trabalhar de forma contínua no jornalismo, colaborando em *Manchete*, *Revista de Cinema*, *Jornal do Cinema* e na edição carioca do *Shopping News*. Defendeu, nessa época, a revisão do método crítico, inspirando-se nos pressupostos estéticos de Guido Aristarco. Após a desistência de Alberto Cavalcanti* de filmar o episódio brasileiro da produção alemã oriental *A rosa dos ventos*, organizada por Joris Ivens, Alex Viany foi indicado para substituí-lo. O episódio brasileiro 'Ana', cujo roteiro é de Jorge Amado*, e tem o elenco encabeçado por Miguel Torres* e Vanja Orico*, tematiza a migração de retirantes nordestinos durante a seca no Nordeste e a exploração a que estão sujeitos. Foi rodado na região de Cocorobó, na Bahia, locação que também serviria a Glauber Rocha*, em *Deus e o diabo na terra do sol*.

Desde a sua temporada em São Paulo, quando passou a militar no Partido Comunista, Alex Viany interessou-se pela história do cinema brasileiro, fato que pode ser aferido nos seus artigos para a revista *Fundamentos*. Após anos de estudos e pesquisas, publicou em 1959, pelo Instituto Nacional do Livro, a *Introdução ao cinema brasileiro*. O livro teve grande importância intelectual para os então jovens pretendentes a cineastas que em breve integrariam o Cinema Novo*. Com o aparecimento desse movimento, Alex Viany ligou-se visceralmente a sua estética e ideologia, discutindo os filmes nas revistas *Senhor*, *Leitura* e *Revista da Civilização Brasileira*. O terceiro longa-metragem de Viany, *Sol sobre a lama*, narra a vida de uma comunidade miserável em Salvador que adquire consciência política lutando contra a elite econômica da cidade. Dificuldades de produção, em especial atritos com os produtores, provocaram o fracasso tanto crítico quanto comercial desse filme, cujo elenco era formado por Geraldo D'El Rey*, Othon Bastos*, Glauce Rocha e Gessy Gesse. Nesse período, de bastante agitação na vida política nacional, a envergadura intelectual de Alex Viany ultrapassou o campo cinematográfico.

Tomou parte – ao lado de Ênio Silveira, Álvaro Lins, Nélson Werneck Sodré e Dias Gomes, entre outros – do Comando dos Trabalhadores Intelectuais (CTI), um comitê que pretendia apoiar as reformas de base pleiteadas por João Goulart. Trabalhando na Editora Civilização Brasileira, como diretor da biblioteca básica de cinema, publicou vários títulos importantes tanto nacionais quanto estrangeiros. Aliás, o seu trabalho editorial era recorrente desde meados dos anos 50, colaborando com traduções, revisões técnicas e notas em vários livros sobre cinema. Entre os escritos de Alex Viany dos anos 60 destacou-se *O velho e o novo*, no qual buscou sintetizar as origens culturais do Cinema Novo e discutir o movimento diante das consequências do golpe militar de 1964. No final dessa década, passou a trabalhar no *Jornal do Brasil*, então o principal diário do país. Em 1970 publicou *Quem é quem no cinema brasileiro*, um pequeno dicionário com a biofilmografia sumária dos principais nomes do Cinema Novo. Alex Viany voltou à produção em 1974, dirigindo o curta-metragem *A máquina e o sonho*, um documentário sobre o pioneiro do cinema brasileiro Ludovico Persici, inventor de uma máquina que filmava, revelava e projetava. Dirigiu ainda os curtas documentários *Humberto Mauro: coração do bom* (1978) e *Maxixe, a dança perdida* (1979). No primeiro homenageia aquele que seria, para Viany, o maior cineasta brasileiro, no outro investiga a importância desse ritmo brasileiro na cultura musical. Desejando ampliar o diálogo com a obra de Humberto Mauro*, realizou o longa-metragem *A noiva da cidade*, cuja ideia original é de Mauro. Mais uma vez as condições de produção bastante adversas minaram as possibilidades comerciais do filme, lançado em 1978 e que teve alguma repercussão crítica. No elenco, Elke Maravilha, Jorge Gomes e Betina Viany, filha do diretor. O universo da obra é tipicamente de Humberto Mauro, narrando a história de uma famosa atriz que volta para a sua pequena cidade no interior de Minas Gerais e é seduzida pelo vento. O desenvolvimento das suas atividades como historiador levaram-no ao cargo de editor de cinema das enciclopédias Delta-Larrousse e Mirador. Dois importantes livros foram organizados por Viany: *Humberto Mauro – sua vida, sua arte, sua trajetória no cinema* (1978), que reúne artigos sobre o diretor, sua filmografia e depoimentos, e *Minhas memórias de cineasta* (1978), no qual Luiz de Barros* rememora sua carreira. Seu importante arquivo pessoal encontra-se na CINEMATECA DO MUSEU DE ARTE MODERNA do Rio de Janeiro, tendo sido organizado recentemente em projeto idealizado por Betina Viany, o qual disponibilizou vasto material referente ao cinema brasileiro pelo site www.alexviany.com.br. Em 1999, foi publicado um antigo projeto de Alex Viany, o livro *O processo do Cinema Novo*, organizado por José Carlos Avellar. Além de artigos de Viany, o volume contém entrevistas que, como crítico e historiador, realizou com os principais diretores do Cinema Novo. O documentário curta *Nós somos um poema* (2008), de Beth Formaggini e Sérgio Sbragia, trata da parceria entre Pixinguinha e Vinicius de Moraes para compor a trilha sonora do longa *Sol sobre a lama*. (AA)

VIDIGAL, Tarcísio (Tarcísio Teixeira Vidigal) – Paula Cândido, MG, 1950. Produtor.

FILMOGRAFIA: 1981-1983 – *Idolatrada*. 1982-1985 – *Um filme 100% brasileiro*. 1984 – *Noites do sertão*. 1985-1986 – *A dança dos bonecos*. 1988 – *Uaka*. 1994 – *Menino maluquinho – o filme*. 1997-1998 – *Menino maluquinho 2: a aventura*. 2002 – *Rocha que voa*. 2003 – *Filme de amor*. 2006 – *1972. Intervalo clandestino*. 2007 – *Cleópatra*. 2008 – *Estrada real da cachaça*.

Expoente da nova geração de produtores dos anos 80 e 90, é a principal figura da produtora GRUPO NOVO DE CINEMA. Mantém longa e intensa ligação com o movimento cinematográfico mineiro, do qual se torna um dos principais viabilizadores. Após acompanhar a feitura de alguns curtas, monta, em fins dos anos 70, juntamente com Helvécio Ratton* e José Sette de Barros, o GRUPO NOVO DE CINEMA, empresa com a qual ingressa no mercado, realizando inicialmente comerciais e institucionais. Assumindo sempre a função de produtor, dá partida ao chamado novo cinema mineiro*, arregimentando recursos para um conjunto de produções de longa-metragem com grandes pretensões artísticas. Começa por *Idolatrada*, de Paulo Augusto Gomes, e *Um filme 100% brasileiro*, de José Sette de Barros. Coproduz em seguida *Noites do sertão*, de Carlos Alberto Prates Correia*. Em 1984, realiza seu único filme como diretor, o curta *Ziraldo*, em que homenageia o principal autor de literatura infantil do país. O contato com o escritor já demonstra o interesse por essa faixa de público e antecipa o maior foco de interesse futuro da produtora. A virada para o universo da criança se dá com o bem-acabado e premiadíssimo *A*

dança dos bonecos, de Helvécio Ratton. Já sentindo os efeitos do recuo de produção do final dos anos 80, envolve-se em um projeto atípico, produzindo o documentário etnográfico rodado em 16 mm, *Uaka*, dirigido por Paula Gaitán. Sobrevivendo com a publicidade e os institucionais, volta a montar outro projeto de longa apenas em 1993, obtendo recursos do prêmio RESGATE para uma adaptação de *O Menino maluquinho*, o maior sucesso editorial de Ziraldo. Repetindo a parceria com Ratton e conseguindo montar um eficiente esquema de produção e filmagem para os recursos disponíveis, alcança um dos maiores sucessos da chamada Retomada do cinema brasileiro, atingindo a marca de 1 milhão de espectadores. Em 1995 transfere a produtora para o Rio de Janeiro, transformando-a igualmente em distribuidora internacional de filmes brasileiros. Seu filme seguinte é *Menino maluquinho 2: a aventura*, dirigido por Fernando Meirelles* e por Fabrízia Pinto, filha de Ziraldo. (HH) Em 2002, associou-se à PACIFIC SENSE na produção de *1972*, filme do diretor estreante José Emílio Rondeau. A seguir, produz os filmes *Rocha que voa* e *Intervalo clandestino*, ambos de Eryk Rocha, e *Filme de amor* e *Cleópatra*, de Júlio Bressane*. Produziu também *Estrada real da cachaça*, filme de outro diretor estreante, Pedro Urano, traçando investigação histórica e poética sobre a presença da cachaça na cultura brasileira.

VIEIRA, Manoel (Manuel Alves Vieira) – Rio de Janeiro, RJ, 1906-1979. Ator.

FILMOGRAFIA: 1935 – *Noites cariocas*. 1945 – *O cortiço*. 1946 – *O ébrio*. 1947 – *O cavalo 13*; *Fogo na canjica*. 1948 – *Esta é fina*; *Inocência*; *Pra lá de boa*. 1949 – *Escrava Isaura*. 1950 – *Anjo do lodo*. 1953 – *Está com tudo*; *É pra casar*. 1955 – *Angu de caroço*. 1956 – *Noivo da girafa*. 1956-1957 – *Samba da vila*. 1957 – *Tudo é música*; *Um pirata do outro mundo*; *Com a mão na massa*. 1958 – *Cala a boca, Etelvina*. 1970 – *Os caras de pau*; *Se meu dólar falasse...* 1971 – *Assalto à brasileira*. 1972 – *Independência ou morte*.

Marcado por papéis cômicos, invariavelmente associados à figura do português. Com longa trajetória ligada ao teatro de revista, estreou nos palcos em 1924 na Companhia Jardel Jércolis. Com ela excursionou por Portugal, passando dois anos no país, experiência que lhe seria fundamental na caracterização do patrício. Retornando em fins da década de 20, entrou para a Companhia Margarida Max-Marcel

Klass, atuando ao lado de Itália Fausta. Com essa companhia viajou por toda a América Latina. Voltou a trabalhar com Jardel, demonstrando todo o seu talento ao substituí-lo casualmente. Ainda por associação com Jardel, estreou no cinema em *Noites cariocas*, do diretor portenho Enrique Cadicamo, que aproveitava o elenco teatral do empresário. Passou à Companhia Jayme Costa e depois à Rádio Nacional, onde alcançou a fama participando do programa *Piadas do Manduca* com Lauro Borges. Foi contratado por Walter Pinto para o elenco das revistas do Teatro Recreio, atuando quase sempre ao lado de Oscarito*. Entre seus sucessos estão as peças *Maria Gasogênio*, *Trem da Central* e *Está com tudo e não está prosa*. Retornou ao cinema em papéis dramáticos, destacando-se em *O cortiço*, de Luiz de Barros* – com quem trabalharia em *Cavalo 13* e *Anjo do lodo* –, em que faz de forma contida o personagem João Romão, e *O ébrio*, de Gilda Abreu*, com a boa caracterização do ébrio amigo. Prosseguiu trabalhando em filmes sérios como *Escrava Isaura*, de Eurides Ramos*, até ter sua veia cômica explorada em algumas chanchadas* menores, como *Angu de caroço* e *Cala a boca, Etelvina*, de Eurides Ramos, encarnando tipos lusitanos. Alcançou o estrelato teatral protagonizando *Olhos de veludo*, em 1950. Ingressou na televisão ainda em seus primórdios, trabalhando em programas humorísticos, teleteatros e novelas até o fim da vida. Tem um rápido ressurgimento no cinema no início dos anos 70, quando atua como coadjuvante em algumas comédias e no épico *Independência ou morte*. (HH)

VIEIRA, Tony (Mauri Queiroz de Oliveira) – Dores do Indaiá, MG, 1938-1990. Ator, produtor, diretor.

FILMOGRAFIA: 1966 – *A vida quis assim*. 1968 – *Enquanto houver uma esperança*; *Panca de valente*. 1969 – *Corisco, o diabo loiro*; *Uma pistola para Djeca*; *Betão Ronca Ferro* (ator). 1971 – *Geração em fuga* (ator); *Um pistoleiro chamado Caviúna*. 1972 – *Quatro pistoleiros em fúria*; *Gringo, o último matador* (*O matador erótico*) (ator, prod., dir.). 1972 – *As mulheres amam por conveniência*. 1973 – *Sob o domínio do sexo* (ator, prod., dir.); *Desejo proibido* (ator, prod., dir.). 1974 – *O exorcista de mulheres* (ator, prod., dir.). 1975 – *A filha do padre* (ator, prod., dir.); *Os pilantras da noite* (*Picaretas sexuais*) (ator, prod., dir.). 1976 – *Traídas pelo desejo* (ator, prod., dir.); *Torturadas pelo sexo* (ator, prod., dir.). 1977 – *As amantes de um canalha* (ator, prod., dir.). 1978 – *Os violentadores* (ator, prod., dir.); *Os depravados* (ator, prod., dir.). 1979 – *O matador sexual* (prod., dir.); *Liberdade sexual* (prod.); *O último cão de guerra* (ator, prod., dir.); *A dama do sexo (É hora de saber que sua mulher quer sair da rotina)* (prod.). 1980 – *Tortura cruel, fêmeas violentadas* (ator, prod., dir.); *Um menino... uma mulher.* 1981 – *Condenada por um desejo* (prod., dir.); *As taras de uma mulher casada (O amor uniu dois corações)* (prod.); *As amantes de Helen* (prod., dir.). 1982 – *Suzy... sexo ardente* (prod., dir.); *Neurose sexual* (prod., dir.); *Desejos sexuais de Elza* (prod., dir.); *A cafetina de meninas virgens (O kapanga)*. 1983 – *Corrupção de menores* (ator, prod., dir.); *Meninas de programa (Porno girls)* (prod., dir.). 1984 – *Prostituídas pelo vício* (prod., dir.). 1985 – *Banho de língua* (prod., dir.); *Venha brincar comigo* (prod., dir.); *Garotas da boca quente* (prod., dir.). 1986 – *Meninas da b... doce* (prod., dir.). 1987 – *Eu adoro essa cobra* (prod., dir.); *A famosa língua de ouro* (prod., dir.); *Calibre 12* (ator, prod., dir.); *Julie... sexo à vontade* (prod., dir.); *Scandalous das libertinas* (prod., dir.).

Aos 12 anos, ganhou o mundo ao acompanhar um circo que passara por sua cidade natal. Durante quase dez anos, trabalhou no picadeiro, foi baleiro, locutor e trapezista. Em 1960, mudou-se para Belo Horizonte, trabalhando por seis anos na TV ITACOLOMI e frequentando o curso do Teatro Universitário, de Otávio Cardoso. Mudou-se para São Paulo, definitivamente, em 1968, e passou a atuar em novelas da TV EXCELSIOR. Representou o papel principal no seriado *Psiu, Táxi*, sob a direção de José Vedovato, gravado nos estúdios da rua Pedroso, no bairro da Bela Vista, de propriedade do produtor e diretor João Lopes. No cinema, começou em pequenos papéis, como nos dramas *A vida quis assim* e *Enquanto houver uma esperança*, de Edward Freund. Ainda como coadjuvante, especializou-se em filmes rurais, como *Panca de valente*, de Luís Sérgio Person*; *Corisco, o diabo loiro*, de Carlos Coimbra*; *Uma pistola para Djeca*, de Ary Fernandes*. Passou a protagonista dos faroestes *Um pistoleiro chamado Caviúna* e *Quatro pistoleiros em fúria*, sob a direção de Edward Freund. Foi galã de pornochanchadas*, em *As mulheres amam por conveniência*, de Roberto Mauro, com quem voltou a filmar, anos mais tarde, em *Um menino... uma mulher*. Criador do herói solitário, interpretou, produziu e dirigiu cerca de quinze filmes de faroeste e policiais de produção barata, inicialmente fazendo par romântico com Claudette Joubert* e papel cômico com Heitor Gaiotti,

que completou o trio de aventureiros de suas fitas. Associado ao ator e produtor Francisco A. Soares, fundou a MQ FILMES, em 1975, produzindo seus filmes e, para a direção de seu conterrâneo Wilson Rodrigues, os filmes dramáticos *Liberdade sexual*, *A dama do sexo (É hora de saber que sua mulher quer sair da rotina)* e *As taras de uma mulher casada (O amor uniu dois corações)*. No drama policial *A cafetina de meninas virgens (O kapanga)*, uma coprodução Brasil-Paraguai, voltou a trabalhar como ator sob a direção de Agenor Alves e do diretor paraguaio Guillermo Vera. A partir de *Meninas de programa (Porno girls)* dirigiu, sob seu nome de batismo, Mauri Queiroz, uma série de fitas pornográficas e seu último policial, *Calibre 12*. (LFM)

VIETRI, Geraldo – São Paulo, SP, 1930-1996. Diretor.

FILMOGRAFIA: 1952 – *Custa pouco a felicidade*. 1956-1957 – *Dorinha no soçaite*. 1964 – *O homem das encrencas (Imitando o sol)*. 1965 – *Quatro brasileiros em Paris*. 1968 – *O pequeno mundo de Marcos*. 1971 – *Diabólicos herdeiros*. 1972 – *A primeira viagem*. 1976 – *Senhora*; *Tiradentes, o mártir da Inconfidência*. 1977 – *... Que estranha forma de amar (Iaiá Garcia)*. 1978 – *Adultério por amor*. 1979 – *Os imorais*. 1981 – *Sexo, sua única arma*.

Famoso autor de novelas e diretor de televisão, um dos nomes de maior prestígio na história da extinta TV TUPI, onde trabalhou por mais de vinte anos. Nas décadas de 60 e 70, são seus grandes sucessos as novelas *Nino, o italianinho*, *Antônio Maria*, *Vitória Bonelli* e *Meu rico português*. Na década de 80, trabalhou nas televisões GLOBO, MANCHETE e BANDEIRANTES. No cinema, começou sua carreira em 1952 na pequena OCEANIA FILMES, de Sérgio Azario, quando participou das duas únicas produções da empresa: no primeiro filme, trabalhou como assistente de direção do italiano Guido Padovani, em *Conflito*, e depois como diretor, da comédia romântica *Custa pouco a felicidade*. Em seu segundo filme, foi diretor de outra comédia romântica, *Dorinha no soçaite*, finalizada nos estúdios PINTO FILHO, em que contou com a ajuda do diretor de fotografia Tony Rabatoni*. Em 1956, trabalhou como assistente de montagem de João Alencar, nos estúdios da MARISTELA*. Contratado pelo produtor Amaro César, utilizou os estúdios e os recursos da VERA CRUZ* em sua terceira comédia consecutiva, *O homem das encrencas*, um exercício à Frank Capra. A partir desse momento, passou a usar em seus filmes os atores e o

prestígio da TV TUPI. Associou-se com o distribuidor, exibidor e produtor Arnaldo Zonari, da FAMA FILMES, para a realização da comédia *Quatro brasileiros em Paris*; do seu primeiro drama, *O pequeno mundo de Marcos*; da comédia de humor negro *Diabólicos herdeiros*; e do seu primeiro filme intimista, *A primeira viagem*. Em meados dos anos 70, associou-se ao distribuidor e produtor Cassiano Esteves, da E. C. CINEMATOGRÁFICA. Dirigiu três filmes de época realizando adaptações cinematográficas dos romances *Senhora*, de José de Alencar*, e *Iaiá Garcia*, de Machado de Assis, este intitulado *... Que estranha forma de amar*. Dirigiu *Tiradentes, o mártir da Inconfidência*, sua única incursão pelo filme histórico e sua produção de maior empenho. Foi responsável pela conclusão e montagem da comédia *Gugu, o bom de cama*, de Mário Benvenuti*. Rendeu-se ao filme erótico dirigindo duas películas: *Adultério por amor*, na qual aborda o drama dos sentimentos pessoais, envolvendo triângulo amoroso, adultério, amor e gravidez, e *Os imorais*, em que aborda com leveza o drama do homossexualismo de um jovem interiorano perdido na solidão da cidade grande. Encerrou sua carreira com o melodrama erótico *Sexo, sua única arma*. Faleceu em São Paulo, no dia 1º de agosto. (LFM)

VILAR, Leonardo (Leonildo Mota) – Piracicaba, SP, 1923. Ator.

FILMOGRAFIA: 1962 – *O pagador de promessas*; *Lampião, rei do cangaço*. 1963 – *Samba*. 1964 – *Procura-se uma rosa*. 1965 – *O santo milagroso*; *A hora e vez de Augusto Matraga*; *Amor e desamor*; *A grande cidade*. 1967 – *Jogo perigoso* (coprodução estrangeira) (1º episódio: 'H. O.'). 1968 – *Madona de cedro*. 1982 – *Amor de perversão*. 1998 – *Ação entre amigos*. 2000 – *Brava gente brasileira*. 2007 – *Chega de saudade*.

Filho caçula de uma família de colonos, cedo foi obrigado a trabalhar. Aos 10 anos já era aprendiz de alfaiate. Em 1935, a família mudou-se para São Paulo. O futuro ator começou como alfaiate no Brás. Mais tarde, foi contratado pelo ateliê de Madame Rosita, uma conhecida casa de moda paulista, onde ficou oito anos. Trabalhava de dia e estudava à noite. Nessa época, sua grande aspiração era ser cantor de tango. Frequentava gafieiras na rua do Carmo. Começou a se interessar pelo teatro quando assistiu a *Chuva*, de Somerset Maugham, levado ao palco por Dulcina de Moraes*. Em 1948, Alfredo Mesquita fundou a Escola de Arte Dramática (EAD).

Leonildo foi examinado por Décio de Almeida Prado, Sábato Magaldi e Cacilda Becker*. Nunca achou que fosse seguir a carreira de ator devido à timidez. Foi despedido do ateliê de Madame Rosita por ter sido flagrado estudando teatro durante o serviço. Passou para a Casa Vogue, onde ficou dois anos. Depois dessa segunda experiência como empregado, abriu a sua própria alfaiataria na rua Quirino de Andrade, em frente à Biblioteca Pública Municipal. Sua estreia no palco deu-se em 1951. Ainda como aluno da EAD, foi convidado para atuar como figurante em *Seis personagens à procura de um autor*, de Pirandello. Para o Teatro Brasileiro de Comédia (TBC), e em particular para Cacilda Becker, fez o guarda-roupa de *O grilo na lareira*, de Charles Dickens, *Convite ao baile* e *A dama das camélias*, de Dumas Filho. Nessa última peça, chegou a contracenar com Cacilda ao fazer uma ponta como o médico. Já tinha adquirido o nome artístico de Leo Vilar. Formou-se na primeira turma da EAD. Ruggero Jacobbi foi quem o chamou para fazer o primeiro personagem importante em *Pedacinho de gente*, levado no Teatro Cultura Artística. A crítica foi implacável com o, agora, Leonardo Vilar. Achavam que devia abandonar o palco. Mesmo assim, insistiu. Vendeu a alfaiataria para ganhar cinco vezes menos como ator. Em 1953, participou da companhia Nídia Lícia-Sérgio Cardoso em *A raposa e as uvas*, no Rio de Janeiro, recebendo o prêmio de ator-revelação. Por indicação de Sérgio Cardoso, foi contratado para a tradicional Companhia Dramática Nacional, trabalhando em *A falecida*, de Nélson Rodrigues*, e *A canção dentro do pão*, de R. Magalhães Jr. De volta a São Paulo, foi contratado pelo TBC, onde ficou nove anos como ator fixo. Estreou em *Santa Marta Fabril S. A.*, de Abílio Pereira de Almeida*, consagrando-se em *Volpone*. Mas seu grande papel no TBC foi em *O panorama visto da ponte*, de Arthur Miller, pelo qual recebeu quatro prêmios em São Paulo e três no Rio de Janeiro. Na peça havia cenas de impacto para o teatro erudito da época: Leonardo dizia palavrões e beijava Egidio Eccio na boca.

Anselmo Duarte* comprou os direitos da peça *O pagador de promessas*, de Dias Gomes, para o cinema, em 1960. A peça ficou cinco meses em cartaz no TBC. Leonardo Vilar fazia o personagem principal, o Zé do Burro. Anselmo ofereceu-lhe o mesmo papel no cinema, desde que emagrecesse até chegar ao tipo esquálido e místico pensado pelo autor. Mesmo perdendo treze quilos, o resultado não foi satisfatório. Filmado em três meses, *O pagador de promessas* conta a história de um interiorano que, tendo recebido uma graça de santa Bárbara pela cura do seu burro, carrega uma cruz até Salvador para pagar a promessa. Na cidade, o padre recusa-se a deixá-lo entrar na igreja com a oferenda, por considerá-la fruto de sincretismo religioso. Entre os polos da fé popular e do conservadorismo católico e, depois, pela força da polícia, ocorrem outras histórias paralelas, como as tentações sofridas pela mulher (Glória Menezes*) na cidade grande. O crente acaba entrando na igreja pelas mãos do povo, mas morto. Para Jean-Claude Bernardet*, em *O pagador de promessas* não havia a possibilidade de alteração profunda das estruturas existentes, mas de reforma com o apoio popular. A construção dramatúrgica montada por Anselmo Duarte desenvolve-se dentro das regras do cinema clássico americano, com o naturalismo e as convenções básicas dos personagens, trocas de olhares, campo/contracampo. Levado ao FESTIVAL DE CANNES de 1962, ganhou o prêmio de melhor filme. No Brasil, a recepção do elenco foi semelhante à da seleção de futebol. Éramos mais uma vez campeões. Na volta de Cannes, Oswaldo Massaini*, produtor de *O pagador*, contratou Vilar para um *nordestern*: *Lampião, rei do cangaço*, ao lado de Vanja Orico* e Milton Ribeiro* (ambos atores de *O cangaceiro*, de quase dez anos antes). Depois, ele trabalhou no Rio de Janeiro na primeira direção de Jece Valadão*, *Procura-se uma rosa*. Em novo filme para Massaini, atuou em *O santo milagroso*. Para Carlos Diegues*, trabalhou em *A grande cidade*. No filme de Diegues, fazia um migrante que se transformava em bandido urbano, Jasão, cuja destruição pela polícia só foi possível com a ajuda da namorada, Anecy Rocha*. Seu grande personagem no cinema viria pelas mãos de Roberto Santos*, em *A hora e vez de Augusto Matraga*, baseado no conto homônimo de Guimarães Rosa. Para o diretor, Leonardo Vilar estava escolhido havia muito tempo. Vilar chegou a dizer que, comparado a Roberto, Anselmo era um intuitivo em cinema. Para *A hora e vez de Augusto Matraga* ficou três meses fazendo uma espécie de laboratório com o diretor, repassando o filme cena por cena. Discutiram todas as facetas do personagem, qual a entonação a ser dada, até chegarem ao ponto desejado. Iniciaram as filmagens, na região de Diamantina, praticamente pelo fim. As filmagens correram bem e o resultado pôde ser visto na excelente recepção acontecida durante a I SEMANA DO CINEMA BRASILEIRO DE BRASÍLIA, em novembro de 1965. Tendo Brasília como cenário, trabalhou no filme de Gerson Tavares, *Amor e desamor*. Para Massaini e Carlos Coimbra* fez *Madona de cedro*, baseado na obra de Antônio Callado. Leonardo Vilar sempre declarou que não aceitou mais trabalhos no cinema devido ao crescimento da pornochanchada*. Para ele, o gênero representava uma conquista do público, mas um retrocesso cultural.

A televisão foi um campo ao qual esteve ligado desde o tempo do *Grande Teatro Tupi* na década de 50. Começou a fazer telenovelas quando substituiu Sérgio Cardoso, morto durante as gravações de *O primeiro amor*, em 1972. Seguiram-se *Uma rosa com amor*, *Os ossos do barão*, *A escalada*, *O profeta* e muitas outras. Não se prendeu a contrato com a TV GLOBO, embora a maioria das novelas que realizou fosse para esse canal, tendo trabalhado somente uma vez na BANDEIRANTES e outra na TUPI. Sempre quis fazer a escolha certa nas novelas, e não a escala da programação. Por outro lado, isso o liberava para fazer teatro quando lhe conviesse. A TV o fez conhecido nacionalmente. Foi homenageado em 1994 no FESTIVAL DE GRAMADO, durante a apresentação de uma cópia restaurada de *A hora e vez de Augusto Matraga*. Participou do longa *Chega de saudade*, de Laís Bodanzky*, encarnando ótimo papel de terceira idade. (JIMS)

VILAR, Orlando – Rio de Janeiro, RJ, 1925-2005. Ator.

FILMOGRAFIA: 1947 – *O cavalo 13*; *Fogo na canjica*. 1949 – *Caminhos do sul*. 1949-1950 – *Perdida pela paixão*. 1950 – *O noivo da minha mulher*. 1951 – *Presença de Anita*; *Suzana e o presidente*. 1952 – *Areão*. 1953 – *Destino em apuros*; *Uma vida para dois*. 1962 – *O quinto poder*. 1964 – *Encontro com a morte* (coprodução estrangeira).

Galã da fase dos grandes estúdios, de curta carreira no cinema brasileiro. Foi contemporâneo de Anselmo Duarte*, Cyll Farney*, Mário Sérgio*, Alberto Ruschel*, Hélio Souto* e de outros de rápida passagem como Cláudio Nonelli e Rocir Silveira, que aparecem a partir do final da década de 40. Sua carreira foi iniciada em dois filmes de Luiz de Barros*: na comédia *O cavalo 13*, em que contracena com a estrela Maria Della Costa*, e no carnavalesco *Fogo na canjica*, em que faz o par romântico com Olivinha Carvalho. É protagonista dos dramas *Caminhos do sul*, novamente ao lado de Maria Della Costa, e *Perdida pela paixão*, em que divide o estrelato com Tônia

Carrero*, ambos os filmes sob a direção de Fernando de Barros*. Na comédia *O noivo da minha mulher*, de Ferrucio Cerio, trabalha com uma nova atriz: Dulce Bressane. Sob contrato com a MARISTELA*, atua no drama *Presença de Anita*, em que contracena com Antonieta Morineau e Vera Nunes*, que foi sua estrela na comédia *Suzana e o presidente*, ambos os filmes sob a direção de Ruggero Jacobbi. Ainda no estúdio, protagoniza *Areão*, em seu terceiro filme com Maria Della Costa, na produção da INCA FILME, sob responsabilidade do diretor italiano Camillo Mastrocinque. Contratado pela MULTIFILMES*, é o ator principal de mais um drama, *Uma vida para dois*, contracenando com Liana Duval*, primeiro filme brasileiro do diretor português Armando Miranda. Afastado por quase dez anos do cinema, retorna com dois filmes policiais: *O quinto poder*, de Alberto Pieralisi* – em participação especial no papel de vilão –, e *Encontro com a morte*, filme de outro diretor português, Arthur Duarte, em que interpreta o papel principal ao lado de Irma Alvarez*. Faleceu no Rio de Janeiro. (LFM)

VILLAÇA, Paulo (Paulo Barbosa Villaça – Rio de Janeiro, RJ, 1933-1992. Ator.

FILMOGRAFIA: 1964-1967 – *O matador*. 1968 – *O Bandido da Luz Vermelha*; *Jardim de guerra*. 1969 – *A mulher de todos*. 1970 – *Beto Rockfeller*; *Senhores da terra*; *Copacabana, mon amour*; *Lúcia McCartney, uma garota de programa*; *Perdidos e malditos*. 1971 – *O lobisomem, terror da meia-noite*; *Bang-bang*; *Mangue-bangue*; *Um pistoleiro chamado Caviúna*. 1972 – *Revólveres não cospem flores*. 1973 – *Sagarana: o duelo*; *Surucucu Catiripapo*. 1973-1976 – *O forte*. 1975 – *Paranoia*; *A dama do lotação*. 1976 – *Gente fina é outra coisa* (1º episódio: 'Guerra da lagosta'). 1977 – *Ajuricaba, o rebelde da Amazônia*. 1978 – *Nos embalos de Ipanema*; *O princípio do prazer*; *Os trombadinhas*; *O gigante da América*. 1979 – *República dos assassinos*; *O torturador*. 1982 – *Aventuras de um paraíba*; *Rio Babilônia*. 1984-1985 – *Fulaninha*. 1985 – *O homem da capa preta*. 1986 – *Quincas Borba*; *Banana Split*. 1987 – *A dama do Cine Shangai*; *Leila Diniz*; *Eternamente Pagu*. 1988 – *Prisoner of Rio* (produção estrangeira). 1990 – *O quinto macaco* (produção estrangeira). 1992 – *Perfume de gardênia*.

Paulo Barbosa Villaça bacharelou-se em Letras Clássicas pela Universidade de São Paulo (USP), em 1954. Foi professor de português no Instituto Mackenzie entre 1955 e 1962, e em escolas estaduais da cidade de São Paulo como o Augusto Comte e o Firmino Proença. Por dois anos, entre 1955 e 1957, foi professor-assistente da Cadeira de Língua e Literatura Grega da Faculdade de Letras da USP. Foi redator de *O Estado de S. Paulo* (1957-1959). Em 1959 vai para a França, com uma bolsa do governo francês, para estudar na École des Hautes Études en Sciences Sociales. Possivelmente na cidade universitária de Paris, encontrou-se com Antunes Filho e Antonio Abujamra, nascendo o ator Paulo Villaça. Chegaram a realizar a montagem de uma peça, em 1960, mas não há confirmação. Retornou ao Brasil, voltando a lecionar no Mackenzie, mas, ao mesmo tempo, inscreveu-se no curso de formação de ator da Escola de Arte Dramática (EAD), dirigida por Alfredo Mesquita. Foi demitido do Mackenzie em 1963 por ter recomendado aos alunos a leitura do livro de Fernando Sabino *O encontro marcado*. Passou a colaborar com a revista *Convivium*.

Terminado o curso na EAD, em 1964, sua primeira oportunidade apareceu no ano seguinte em duas peças: *O caso Oppenheimer*, de Heinar Kipphardt, com direção de Jean-Luc Descaves, e *Electra*, dirigido por Abujamra. Teve uma curta passagem como professor de teatro da Universidade Federal do Pará. Fez um pequeno papel em *Os inimigos*, de Górki, levado pelo Teatro Oficina, em 1966, com direção de José Celso Martinez Corrêa. A sua explosão como ator aconteceu em 1967 quando atuou em *Navalha na carne*, de Plínio Marcos*. A peça foi um marco no teatro brasileiro tanto por revolucionar a linguagem teatral como por enfrentar a censura militar pelo seu tema. Fazendo o papel do gigolô Vado, Paulo Villaça fez da crueldade e da sordidez do personagem uma forma de acúmulo de podridão num mundo sem saída. As relações com a TV, por outro lado, não foram pacíficas. Havia queixas veladas a certas restrições impostas pelo meio ao seu trabalho. Foi um dos poucos a declarar que o trabalho na TV acomodava o ator, que passava a se preocupar em ter apartamento na Barra da Tijuca ou cobertura com piscina. Foram poucos os seus trabalhos: a novela *O bofe*, para a TV GLOBO, depois *Os adolescentes*, com Norma Bengell*, na BANDEIRANTES (1982). Fez alguns especiais como *Quem ama não mata*, *Colônia Cecília* e *Chapadão do Bugre*.

Seu primeiro papel no cinema foi no filme terminado por Egidio Eccio, *O matador*, de Amaro César. Se nesse passou despercebido, tal não aconteceria no segundo, *O Bandido da Luz Vermelha*, de Rogério Sganzerla*. Fazendo o personagem principal, o "zorro mascarado", o terrível Bandido da Luz Vermelha, Paulo Villaça destacou-se como um dos maiores atores do Cinema Marginal*. O jogo do ator no cinema era diferente da violência exposta no teatro em *Navalha na carne*. Boa parte de sua filmografia está vinculada a filmes e diretores do Cinema Marginal: *A mulher de todos*, *Jardim de guerra*, *Perdidos e malditos*, *Bang-bang*, *O gigante da América*, dirigidos por Sganzerla, Neville d'Almeida*, Geraldo Veloso, Andrea Tonacci* e Júlio Bressane*. Analisando-se as poucas declarações que fez sobre o seu trabalho, percebe-se que a marginalidade foi assumida como uma atitude determinada contra o mundo burguês, que ele conhecia bem, pois as suas origens estavam fincadas nele. A sua rápida passagem pelo Oficina foi também a recusa de permanecer agregado a grupos elitistas, mesmo à esquerda. Ao contrário da maioria dos atores que não assumem um método de trabalho ou uma teoria de representação, inspirando-se em modelos de atores famosos e consagrados, Villaça tinha algumas regras que adotava no trabalho teatral ou cinematográfico. Uma delas refere-se à criação do personagem como próximo do êxtase, guardando semelhança com o teatro órfico. No cinema, a câmera provocava um desnudamento do ator, como se ela fosse um espetáculo. Mas a relação câmera/ator não era passiva. Ele deveria ter a capacidade de se despir física e espiritualmente para a plateia. Como o trabalho só apareceria depois, no caso do cinema, com o filme pronto e as reações do público na sala de exibição, o devassamento provocado pela câmera obrigava o ator a um desenvolvimento psicológico do personagem anterior ao início das filmagens, posto que as cenas não são rodadas numa sequência linear. Tal não ocorre na TV, em que o trabalho do ator segue o andamento da novela e as suas oscilações.

Depois do sucesso da peça *Fala baixo senão eu grito*, de Leilah Assumpção, na qual fazia o liberador da reprimida Mariazinha (Marília Pêra*), passou uma temporada em Londres, em 1970, quando morou com o guitarrista dos Rolling Stones, Mick Taylor. Em 1974, em outra viagem à França, trabalhou com Norma Bengell em *Une vieille maîtresse* (*A velha amante*), de Jacques Treboutta, um telefilme para a ORTF. Chegou a ser diretor tanto de teatro como de cinema. Em 1966-1967, dirigiu *As troianas* e *Um uísque para o rei*

Saul. Em 1976, ao retornar da França após uma estada de dois anos, dirigiu a peça de Antonio Bivar *Gente fina é outra coisa*, da qual também foi ator. Dirigiu um curta-metragem, *O transformista*, em 1979, sobre Cláudio Manuel da Costa, chamado por ele de um "antidocumentário". Foi casado com a atriz Marília Pêra. Faleceu em 24 de janeiro, no Rio de Janeiro. (JIMS)

VILELA, Diogo (José Carlos Monteiro de Barros) – Rio de Janeiro, RJ, 1957. Ator.

FILMOGRAFIA: 1984 – *Bete Balanço*; *Areias escaldantes*. 1985 – *Rock estrela*. 1987 – *Leila Diniz*. 1987-1988 – *O grande mentecapto*. 1992 – *Oswaldianas* (4º episódio: 'Uma noite com Oswald'). 1997 – *Miramar*; *For All – o trampolim da vitória*. 1999 – *O auto da compadecida*. 2001 – *Caramuru – a invenção do Brasil*. 2005 – *O coronel e o lobisomem*. 2006 – *Irma Vap – o retorno*.

Ator e comediante de sucesso na TV em programas cômicos como *TV Pirata*, *Toma Lá Dá Cá* e em telenovelas. No teatro, é um ator eclético, que transita das comédias até o universo pesado de um autor como Plínio Marcos (*Navalha na carne*). Protagonizou *Diário de um louco*, de Nikolai Gógol, *Hamlet*, de William Shakespeare, interpretou os cantores Nelson Gonçalves e Cauby Peixoto nos palcos e também atua ocasionalmente como encenador. No cinema, começou em fitas dirigidas ao público jovem, estreando com grande sucesso de bilheteria em um dos papéis centrais em *Bete Balanço*, de Lael Rodrigues, como amigo dos mais íntimos de Bete. Em *Areias escaldantes*, de Francisco de Paula, foi protagonista ao lado de vários atores como Regina Casé*, Luiz Fernando Guimarães* e outros. Voltou a trabalhar com o diretor Lael, como protagonista de *Rock estrela*, vivendo o papel de Rock. Atuou no curta-metragem ficcional *A espera* (1986), de Luiz Fernando Carvalho* e Maurício Farias. Viveu o papel de Luiz Carlos Lacerda* em filme dirigido pelo verdadeiro Luiz Carlos Lacerda, *Leila Diniz*, cinebiografia da revolucionária atriz. Como protagonista, interpretou o papel de Geraldo Viramundo em *O grande mentecapto*, de Oswaldo Caldeira*, comédia baseada no romance homônimo de Fernando Sabino. Representou um pai, em *Miramar*, de Júlio Bressane*, livremente inspirado em *Memórias sentimentais de João Miramar*, de Oswald de Andrade. Fez uma participação especial no drama histórico *For All – o trampolim da vitória*, de Luiz Carlos Lacerda e Buza Ferraz. Os filmes seguintes foram comédias. Desenvolveu com talento o personagem de um padeiro em *O auto da compadecida*, baseado na peça teatral de sucesso de Ariano Suassuna, e fez participação especial na fita histórica *Caramuru – a invenção do Brasil*, sendo ambos os filmes dirigidos por Guel Arraes* e no formato inicial de série televisiva, posteriormente lançados nas salas de cinema. Interpretou o coronel Ponciano de Azeredo Furtado em *O coronel e o lobisomem*, de Maurício Farias, baseado no romance clássico de José Cândido de Carvalho. Atua também em *Irma Vap – o retorno*. Enfrentou o trabalho de dublador nos filmes de animação da série *A era do gelo*. (LFM)

VIOLETA, Carmem (Germana Barbosa) – Santana do Livramento, RS, 1908-?. Atriz.

FILMOGRAFIA: 1927-1929 – *Barro humano*. 1930 – *Lábios sem beijos*. 1931 – *Mulher*. 1932 – *Onde a terra acaba*.

Carmem Violeta, em entrevista à revista *Cinearte*, de 1931, diz ser "carioca de nascimento" e ter "ascendência gaúcha", embora se saiba que sua formação foi concebida no Rio de Janeiro. Teve "educação artística aprimorada", estudando canto lírico e, principalmente, dança clássica. Faz participação em *Barro humano*, de Adhemar Gonzaga, e *Lábios sem beijos*, de Humberto Mauro*. Gonzaga a convidou para ser a protagonista de *Mulher*, história com certos ingredientes realistas, escrita e dirigida por Octávio Mendes*, ex-correspondente da *Cinearte* em São Paulo. Sua personagem, Carmem, era uma moça pobre, com dificuldade de relacionamento com o padrasto e que era expulsa de casa. Acreditando poder contar com o apoio do namorado, acaba descobrindo que ele era casado. Desamparada, tentava trabalhar, mas a vida lhe parecia inútil. Começa a vagar pelas ruas, até que desfalece e é encontrada por um milionário, com quem, após alguns percalços, encontra a felicidade. *Mulher* foi um dos primeiros filmes brasileiros a tratar o erotismo no tom certo. Pelo menos no que diz respeito às películas do começo do sonoro ou de parte do silencioso que possuem cópias preservadas. Entre os fãs do drama está o crítico paulista Jairo Ferreira*. Morreu no Rio Grande do Sul na década de 80. (LAR)

WADDINGTON, Andrucha (Andrew Waddington) – Rio de Janeiro, RJ, 1970. Diretor.

FILMOGRAFIA: 1999 – *Gêmeas*. 2000 – *Eu tu eles*. 2002 – *Viva São João*; *Outros (Doces) bárbaros*. 2005 – *Casa de areia*. 2010 – *Lope* (coprodução estrangeira).

Diretor de publicidade, desde 1995 é um dos vários sócios da CONSPIRAÇÃO FILMES, empresa também atuante no cinema. Dirigiu documentários musicais de média metragem como *Paralamas do Sucesso – longo caminho* (2002) e *Maria Bethânia – Pedrinha de Aruanda* (2007). Esse último, lançado nos cinemas, foi filmado durante as comemorações dos 60 anos da cantora. Também seguiu a tropa dos quatro baianos (Gil, Caetano, Gal, Bethânia) na retomada do projeto "Doces bárbaros", em 2002, filmando o documentário longo *Outros (Doces) bárbaros*. Como fundo desse filme, lembramos a primeira e acidentada excursão do grupo em 1976, tomada na tensão da hora, em estilo "direto", por Jom Tob Azulay (*Doces bárbaros* – 1976). Andrucha é diretor de vários videoclipes, com Caetano Veloso*, Marina Lima, Paralamas do Sucesso, Djavan, e outros. Casado com a atriz Fernanda Torres*, com quem tem dois filhos, circula com facilidade no núcleo da corte artística carioca. É irmão do diretor de televisão global Ricardo Waddington. Estreia na direção de longa com *Gêmeas*, drama adaptado de conto de Nélson Rodrigues. O universo pesado do dramaturgo é transferido para a tela com agilidade, em filme que conta com forte interpretação de Fernanda Torres (que faz as gêmeas), seguida por um trabalho à altura de Francisco Cuoco. Dirige quase sempre em parceria com a roteirista Elena Soarez. Seu longa seguinte, *Eu tu eles* é uma bem-sucedida comédia, aproveitando o carisma de Regina Casé*, que contracena à vontade com Lima Duarte*. A trama relata um caso real de *ménage à trois*, levado com humor para a tela. Repercute bem no exterior, onde teve lançamento. O caso da mulher do Brasil profundo que leva na coleira dois homens e um casamento fascina plateias diversas. Em sua carreira no documentário, podemos destacar *Viva São João*, sobre a tradicional festa popular de meio de ano. O filme conta com a produção e participação de Gilberto Gil, mais Alceu Valença, Dominguinhos, Elba Ramalho, Sivuca, percorrendo os rincões mais típicos da festa no Nordeste brasileiro. O documentário tem bela fotografia, números musicais bem escolhidos e depoimentos fortes, fugindo aos lugares-comuns do São João. Em 2004, Andrucha mergulha em seu projeto nacional mais ambicioso, a realização do drama *Casa de areia*, ambientado e filmado em locação, nas dunas dos Lençóis Maranhenses. Segundo entrevistas que concede, a origem do filme está em foto que Luiz Carlos Barreto* lhe mostrou de casa abandonada no imenso areial dos Lençóis. Com base nessa foto, Barretão, Andrucha e Elena Soarez desenvolvem o argumento do filme, ficando Soarez encarregada do roteiro. Andrucha chama sua sogra (Fernanda Montenegro*) e sua esposa (Fernanda Torres) para os papéis principais em um filme pensado para que as duas estrelas contracenassem no cinema pela primeira vez. A obra conta com a atuação de personalidades da ribalta nacional como Ruy Guerra*, Seu Jorge, Jorge Mautner, Nelson Jacobina, Luiz Melodia, Stênio Garcia* e outros. Apesar dos ingredientes favoráveis, a narrativa demora para dar liga e sentimos o esforço da direção para amarrar o potencial que tem em mãos. A imagem esteticista de Ricardo Della Rosa enfatiza em demasia o que, de si, já é belo. Igual movimento de ênfase sente-se na interpretação da dupla protagonista, onde algo se perde (ou se acrescenta no falsete) no ambiente familiar. O trabalho de Elena Soarez está longe dos resultados ágeis de *Eu tu eles*, obra com roteiro original também retirada de argumento pontual. Nos últimos anos, Andrucha parece ter acertado no alvo para deslanchar sua carreira internacional. Após planos para trabalhar com o ator norte-americano Orlando Bloom, filmou na Espanha e Marrocos grande produção sobre a juventude do dramaturgo espanhol, Félix Lope de Vega, intitulada *Lope*. (FPR/LFM)

WANNY, Walter (Walter Pedro da Silva) – Taciba, SP, 1946. Montador, diretor.

FILMOGRAFIA: 1971 – *Um pistoleiro chamado Caviúna* (mont.). 1972 – *Quatro pistoleiros em fúria* (mont.); *Gringo, o último matador* (*O matador erótico*) (mont.). 1973 – *Desejo proibido* (mont.). 1974 – *O exorcista de mulheres* (mont.); *Adultério, as regras do jogo* (mont.); *O clube das infiéis* (mont.); *A ilha do desejo* (*Paraíso do sexo*) (mont.); *As mulheres sempre querem mais* (*Um desejo insaciável de amar*) (mont.). 1975 – *Ainda agarro esse machão* (mont.); *Amantes amanhã, se houver sol* (mont.); *Os pilantras da noite* (*Picaretas sexuais*) (mont.); *Amadas e violentadas* (mont.); *As audaciosas* (mont.); *Jeca contra o capeta* (mont.); *Eu faço... elas sentem* (mont.). 1976 – *O dia das profissionais* (mont.); *Possuídas pelo pecado* (mont.); *Excitação* (mont.); *O mulherengo* (mont.). 1977 – *Dezenove mulheres e um homem* (mont.); *As amantes de um canalha* (mont.); *As eróticas profissionais* (mont.); *Mulher, mulher* (mont.); *A ilha dos prazeres proibidos* (mont.). 1978 – *O erótico virgem* (mont.); *Jeca e seu filho preto* (mont.); *Seu Florindo e suas duas mulheres* (mont.); *Os violentadores* (mont.); *Os depravados* (mont.); *A deusa de mármore, escrava do diabo* (mont.); *O estripador de mulheres* (mont.); *A noite dos imorais* (mont.); *Nós... os amantes* (mont.). 1979 – *A banda das velhas virgens* (mont.); *Liberdade sexual* (mont.); *O matador sexual* (mont.); *O último cão de guerra* (mont.); *Sábado alucinante* (mont.); *A dama do sexo (É hora de saber que sua mulher quer sair da rotina)* (mont.); *Doador sexual* (mont.). 1980 – *As intimidades de duas mulheres* (mont.); *O Jeca e a égua milagrosa* (mont.); *Tortura cruel, fêmeas violentadas* (mont.); *Bordel, noites proibidas* (mont.); *Meu primeiro amante* (mont.); *Por um corpo de mulher* (mont.); *O cangaceiro do diabo* (mont.). 1980-1982 – *O menino jornaleiro* (mont.). 1981 – *As amantes de Helen* (mont.); *A cobiça do sexo* (mont.). 1982 – *Desejos sexuais de Elza* (mont.); *O rei da Boca* (mont.); *Mulher amante (Por amor também se mata?)* (mont.); *As panteras negras do sexo* (mont.). 1983 – *Corrupção de menores* (mont.); *O início do sexo* (mont., dir.). 1983-1987 – *Masculino até certo ponto* (mont.). 1985 – *Sonhos e confusões de dois caboclos da cidade* (mont.). 1986 – *A tara do touro* (mont., dir.); *Chapeuzinho Vermelho* (mont.); *Joãozinho e Maria* (mont.). 1987 – *Navarros em trevas em terras de comanche* (mont.). 1988 – *O Gato de Botas extraterrestre* (mont.). 1991 – *Santhion nunca morre* (mont.). 1993 – *Inferno no Gama* (mont.). 1994 – *Escola do sexo anal* (mont., dir.); *Anal de verdade* (mont., dir.).

Vive em São Paulo desde os anos 60. Começa no cinema em pequenos papéis em fitas da Boca do Lixo*. Mais tarde, torna-se um de seus montadores mais ativos. Inicia seu aprendizado na função como assistente de montagem de Fauzi Mansur* e Roberto Leme, desde o final dos anos 60. É também assistente de direção de Tony Vieira* em *Desejo proibido, O exorcista de mulheres* e *Os violentadores*. É montador para um grande número de diretores de filmes populares que exigem corte rápido e agilidade no ritmo da ação. Entre seus trabalhos estão os faroestes de Edward Freund, os faroestes e os policiais de Tony Vieira, os policiais de David Cardoso* e Rajá Aragão*, os dramas de Cláudio Cunha*, Ody Fraga* e Jean Garrett*,

os filmes caipiras de Amácio Mazzaropi*, as comédias chanchadescas e paródicas de Roberto Mauro e Mozael Silveira, os filmes infantis de Wilson Rodrigues e uma quantidade enorme de eróticos, incluindo até fitas pornográficas. Com sua montagem de *A ilha dos prazeres proibidos*, de Carlos Reichenbach*, trabalha num filme de proposta autoral. Dirige o filme erótico *O início do sexo* e mais três da safra pornográfica (*A tara do touro, Escola do sexo anal* e *Anal de verdade*). No final dos anos 80, dá continuidade ao seu ofício de montador com as produções caseiras do cineasta brasiliense Afonso Braza (*Navarros em trevas em terras de comanche* e *Inferno no Gama*). (LFM)

WERNECK, Sandra (Sandra Werneck Tavares de Souza) – Rio de Janeiro, RJ, 1951. Diretora.

FILMOGRAFIA: 1996 – *Pequeno dicionário amoroso*. 2000 – *Amores possíveis*. 2004 – *Cazuza, o tempo não para*. 2006 – *Meninas*. 2009 – *Sonhos roubados*.

Sandra Werneck foi diretora de comercialização de documentários e curta-metragens da EMBRAFILME, entre 1984 a 1985. Entre 1990 e 1991, assumiu a diretoria da Associação Brasileira de Documentaristas (ABD). Até meados dos anos 90 desenvolve carreira como documentarista, dirigindo filmes como *Bom dia, Brasil* (1976), sobre migrante nordestino na cidade grande que acaba encontrando apoio em igreja da Assembleia de Deus; *Damas da noite* (1979), que aborda a prostituição infantil; *Ritos de passagem* (1979), em que travestis cariocas falam de suas vidas e dificuldades; *Pena prisão* (1984), o presídio feminino carioca, Instituto Penal Talavera Bruce; e *A guerra dos meninos* (1991), com acabamento consistente e diversos prêmios internacionais recebidos (GRAMADO, AMSTERDÃ, HAVANA, OCIC). Dirigiu também o documentário *Profissão criança* (1993). Ainda na direção faz *Geleia geral* (1986), *Canal Click* (1989), *Pintinho* (1994), *Pornografia* (1992) e *Canudos – as duas faces da montanha* (1994). Após carreira voltada ao documentário, dá uma guinada e adentra a ficção com a comédia romântica *Pequeno dicionário amoroso*, seu primeiro longa. O filme tem estrutura original, utilizando uma espécie de painel temático das emoções para descrever a relação amorosa problemática de um casal. É uma típica comédia carioca, com as graças e ironias do gênero. Ainda na sintonia romântica, dirige *Amores possíveis*, com Murilo Benício, explorando a temática da fugacidade do acaso no amor. Seu maior sucesso de público foi *Cazuza,*

o tempo não para, filme em que divide a direção com Walter Carvalho*, para narrar a vida trágica do famoso cantor e compositor. A biografia tem densidade e flui bem, embora a interpretação de Daniel Oliveira escorregue na marcação excessiva dos trejeitos e do entusiasmo. O filme teve a produção de Daniel Filho*, com o sucesso de público ultrapassando os três milhões de espectadores. Ainda no filão adolescente, e voltando à carreira de documentarista, lança, em 2006, o filme *As meninas*, sensível documentário sobre a gravidez adolescente. Isolando personagens fortes, acompanha, durante um ano, a vida de quatro meninas, de 13 a 15 anos, desde os primeiros meses de gravidez até o momento do parto, seja em suas casas, em bailes *funk*, ou em hospitais. Em *Sonhos roubados* mantém seu foco nas relações humanas femininas, abrindo espaço para temas mais carregados, em voga no cinema nacional. Retrata as tensões que envolvem três adolescentes da periferia carioca, às voltas com muito sexo, prostituição, violência, e também sonhos de vida. Trata-se de obra de ficção típica dos anos 2000, mostrando a imagem disforme do cotidiano popular aos olhos de uma classe média assustada, pouco à vontade com o quadro que retrata. O filme foi baseado em depoimentos de vida coletados de prostitutas infantis por Eliane Trindade, no livro *As meninas da esquina: diários dos sonhos, dores e aventuras de seis adolescentes do Brasil*. (FPR/VLD)

WILKER, José (José Wilker de Almeida) – Juazeiro do Norte, Ceará, 1947. Ator.

FILMOGRAFIA: 1965 – *A falecida*. 1966 – *El Justicero*. 1968 – *A vida provisória*. 1970 – *Estranho triângulo*. 1971 – *Os inconfidentes*. 1971-1974 – *Amor e medo*. 1971-1981 – *O rei da vela*. 1973 – *Deliciosas traições de amor* (3º episódio: 'Dois é bom... quatro é demais'). 1975 – *Ana, a libertina; O casal*. 1975-1976 – *Xica da Silva*. 1976 – *Confissões de uma viúva moça; Dona Flor e seus dois maridos*. 1977 – *Diamante bruto*. 1978 – *O golpe mais louco do mundo* (coprodução estrangeira); *Batalha dos Guararapes*. 1979 – *Bye Bye Brasil*. 1980 – *Bonitinha mas ordinária*. 1981 – *Fiebre amarilla* (produção estrangeira); *Los crápulas* (produção estrangeira). 1982 – *O bom burguês*. 1985 – *Fonte da saudade; O homem da capa preta*. 1986 – *Baixo Gávea; Besame mucho*. 1987 – *Um trem para as estrelas; Leila Diniz*. 1988 – *Prisoner of Rio* (produção estrangeira). 1988-1989 – *Doida demais; Dias melhores virão; Solidão,* uma linda história de amor. 1990 – *Filha da mãe* (produção estrangeira). 1992 – *O curandeiro da selva* (produção estrangeira). 1996 – *Pequeno dicionário amoroso*. 1996-1997 – *For All – o trampolim da vitória*. 1997 – *Guerra de Canudos*. 1997-1999 – *Villa-Lobos, uma vida de paixão*. 2002 – *Dead in the Water* (produção estrangeira); *Viva Sapato!*. 2003 – *O homem do ano*; *Maria, a mãe do filho de Deus*; *Onde anda você?*. 2004 – *Redentor*. 2006 – *Canta Maria*; *O maior amor do mundo*; *O sonho de Inacin – o aprendiz do padre Rolim*. 2007 – *Sexo com amor*. 2008 – *Casa da mãe Joana*; *Romance*. 2009 – *Embarque imediato*. 2010 – *O Bem Amado*; *Elvis e Madona*.

Ator, diretor e autor, trabalha em teatro, cinema e televisão. Quarto filho de uma família de seis irmãos, foi criado pelo pai, caixeiro-viajante, pela mãe, dona de casa, e por mais cinco tias solteiras e idosas. Com um ano e meio seguiu com sua família para Recife. Aos 13 anos fez teste para ser locutor de televisão. Foi reprovado, mas lhe ofereceram uma vaga de ator, que aceitou imediatamente, começando a participar de teleteatro infantil na TV RÁDIO CLUBE de Recife. Seu início no teatro ocorreu numa organização do estado, o Movimento de Cultura Popular (MCP), em Recife, que utilizava a arte (em especial o teatro) como suporte para a alfabetização de adultos. Havia no MCP departamentos que abrangiam desde a alfabetização até o teatro, passando por cinema, festas populares, praças de cultura, etc. Tal movimento contou com a participação de Paulo Freire, na época do governo de Miguel Arraes. Segundo Wilker, realizavam-se encenações em comícios, centros operários e em clareiras na Zona da Mata, defendendo as reformas de base. Acabaram tendo divergências com o Centro Popular de Cultura (CPC) da União Nacional dos Estudantes (UNE), pois representavam de tudo, desde autos de dom Marcos Barbosa, *Um hino nos foi dado*, bem como a *Paixão de Cristo*, até *Revolução na América do Sul*, de Augusto Boal. Com o tempo, o grupo começou a gostar mais de fazer teatro do que de política. Isso os levou a perceber que a fragilidade da linguagem do MCP comprometia a eficiência da encenação, levando-os a convidar Boal e Nelson Xavier*, para participar de seminários e ciclos de leitura. Em 1963 foi para o Rio de Janeiro, onde fez curso com o cineasta sueco Arne Sucksdorff*. A intenção era adquirir uma base de formação para voltar e instalar, em Recife, um setor do MCP dirigido para o cinema. Voltou, chegou a fazer dois documentários de curta metragem (que foram destruídos em um incêndio no laboratório, quando estavam sendo processados) e passou a integrar a equipe do primeiro *Cabra marcado para morrer*. A fita que começou a ser rodada em associação com a UNE, dirigida por Eduardo Coutinho*, foi interrompida pelo golpe militar de 1964, o material apreendido e grande parte do pessoal que a filmava foi preso. Wilker escapou por pouco e acabou dirigindo-se, novamente, para o Rio de Janeiro. A maioria das pessoas com quem havia convivido na capital carioca havia fugido ou estava presa, e Wilker passou por grandes dificuldades, até conseguir um papel na peça *Chão dos penitentes*, sobre Juazeiro do Norte, que Kléber Santos dirigiu em 1964. A partir daí trabalhou bastante, atuando como ator em *A moratória*, de Jorge Andrade, *Álbum de família*, de Nélson Rodrigues*, *Ópera dos três vinténs* e *O senhor Puntilla e seu criado Matti*, ambas de Bertolt Brecht, *Jornada de um imbecil até o entendimento*, de Plínio Marcos*, com direção de João das Neves, no Grupo Opinião, *Antígona*, de Sófocles. Escreveu, produziu e encenou *O trágico acidente que destronou Tereza* (montada com o dinheiro recebido como prêmio no Seminário de Dramaturgia), além de ser sócio em um teatro com o ator Carlos Vereza*. Estudou Sociologia e Economia na Pontifícia Universidade Católica do Rio de Janeiro (PUC-RJ), na qualidade de bolsista, abandonando os dois cursos antes de se formar. Acabou sendo convidado pelo ator Rubens Corrêa para encenar no Teatro Ipanema *O arquiteto e o imperador da Assíria*, de Francisco Arrabal, com direção de Ivan de Albuquerque. No Ipanema, no início dos anos 70, fez ainda *Hoje é dia de rock*, de José Vicente, *A China é azul*, em que foi autor, ator e diretor, tendo ensaiado essa peça com Rubens Corrêa durante oito meses, *Ensaio selvagem*, de José Vicente, em que fazia o papel de uma mulher – Wilker considera esse o seu melhor trabalho nessa fase. Ao deixar a companhia de Rubens e Ivan, ficou quase dez anos sem trabalhar em teatro.

Em 1972 fez, na REDE GLOBO, a telenovela *Bandeira 2*, de Dias Gomes, grande sucesso de audiência, com a qual conquistou o reconhecimento do público. Participou de muitas outras novelas na GLOBO, destacando-se: *Anjo mau*, *Gabriela*, *Salvador da pátria*, *Roque Santeiro*, *O bofe*, *Renascer*, *Fera ferida*, *A próxima vítima*, *O fim do mundo*, *Salsa e merengue*, e a minissérie *Anos rebeldes*. Dirigiu, durante um ano e meio (1986-1988), o Departamento de Dramaturgia da REDE MANCHETE DE TELEVISÃO, supervisionando novelas como *Mania de querer*, *Tudo ou nada* e *Carmen*, adaptando e dirigindo *Cinderela* e dirigindo *Helena*, adaptação de Mário Prata, baseada no romance de Machado de Assis, e *Corpo santo*, de José Louzeiro*. Quando rompeu seu contrato com a GLOBO e se transferiu para a MANCHETE, Wilker já trabalhava havia dezenove anos na emissora. Entre os anos de 1979 e 1983, foi diretor da Escola de Teatro Martins Pena, vinculada ao governo do estado do Rio de Janeiro. Fundada em 1908 por Coelho Neto, que foi seu diretor por 25 anos consecutivos, a Martins Pena era a única escola de nível médio do Rio de Janeiro em condições de preparar atores segundo a Lei nº 6.533 de 1978, que regulamentou a profissão. Na Martins Pena estudaram, entre outros, Procópio Ferreira*, Fregolente*, Joana Fomm* e Teresa Raquel. Enfrentando uma série de crises financeiras, Wilker conseguiu reunir uma equipe de excelentes profissionais que o acompanharam nesses quatro anos. Voltando à REDE GLOBO, continuou sua carreira de ator, tendo também dirigido as novelas *Louco amor* e *Transas e caretas*. No teatro atuou ainda em *Assim é, se lhe parece*, de Pirandello, e *A maracutaia*, adaptação de Miguel Falabella de *A mandrágora*, de Maquiavel. Escreveu algumas outras peças que foram encenadas e dirigiu, com êxito, *Sábado, domingo, segunda*, de Eduardo de Fillipo, *Perversidade sexual em Chicago*, de David Mamet, *Algemas de ódio*, de Terriel Anthony, *Odeio Hamlet*, de Paul Pudnick, *A morte e a donzela*, de Ariel Dorfman, *Querida mamãe*, de Maria Adelaide Amaral.

A carreira de José Wilker no cinema abarca mais de cinquenta películas, tendo se iniciado com uma pequena participação em *A falecida*, de Leon Hirszman*. Trabalhou com os mais importantes diretores brasileiros, reunindo em sua filmografia desempenhos com Joaquim Pedro de Andrade* (*Os inconfidentes*, no papel de Tiradentes), Bruno Barreto* (interpretando Vadinho, o marido morto-e-vivo de Sônia Braga*, em *Dona Flor e seus dois maridos*, adaptação do romance de Jorge Amado*, papel que o consagrou no país e no exterior), Carlos Diegues*, com quem filmou cinco vezes (*Xica da Silva*, *Bye Bye Brasil*, *Um trem para as estrelas*, *Dias melhores virão* e *O maior amor do mundo*). Sua participação em *Bye Bye Brasil* foi decisiva para a grande aceitação da película, distribuída por todo o circuito exibidor nacional e para vários outros países. Com o diretor Sérgio Rezende* fez *O homem da capa preta*, vivendo Tenório Cavalcanti, o belicoso cacique político da Baixada Fluminense. Protagonizou também *Guerra de Canudos*, filme que ajudou a produzir, interpretando Antônio Conselheiro (uma superprodução para os padrões brasileiros, filmada no sertão da Bahia, em Junco do Salitre), além de participar, com esse mesmo diretor, de *Doida demais*. Em 1992, contracenou com Sean Connery, em *O curandeiro da selva*, produção norte-americana dirigida por John McTierman, num momento em que o cinema brasileiro praticamente estava paralisado. Com a "reativação" do nosso cinema, participou de *Pequeno dicionário amoroso*, de Sandra Werneck*, uma despretensiosa comédia que obteve grande sucesso de público, e também *For All – o trampolim da vitória*, de Luiz Carlos Lacerda* e Buza Ferraz, sobre a instalação de uma base americana no Rio Grande do Norte durante a II Guerra Mundial. Merecem destaque, entre outras, suas atuações em *O bom burguês*, de Oswaldo Caldeira*, *Besame mucho*, de Francisco Ramalho Jr.*, *Baixo Gávea*, de Haroldo Marinho Barbosa*, *O casal*, de Daniel Filho*, *Diamante bruto*, de Orlando Senna*, *O rei da vela*, de José Celso Martinez Corrêa e Noilton Nunes, *Fonte da saudade*, de Marco Altberg*, *Batalha dos Guararapes*, de Paulo Thiago*, e *Bonitinha mas ordinária*, de Braz Chediak*. Um dos raros atores brasileiros que é cinéfilo inveterado, possui acervo com quase 4 mil fitas de vídeo e ampla biblioteca sobre cinema e teatro, além de escrever regularmente crônicas para o *Jornal do Brasil* e para o *Guia de programação da NET*. Uma seleção dessas crônicas, num total de 56, foi reunida em 1996 no livro *Como deixar um relógio emocionado* (Editora Scritta). Nele há comentários a respeito da pornochanchada*, de Sidney Pollack, Buster Keaton, Woody Allen, Billy Wilder, Bernardo Bertolucci, Gene Kelly, Vera Fischer*, Wilson Grey*, Rubens Corrêa, Massimo Troisi, sobre o cinema indiano de Satiajyt Ray, sobre Ken Loach e Yuri Mamin. Na década de 90, dirige na REDE GLOBO o programa humorístico semanal *Sai de Baixo*. (AMC)

Autor televisivo com grande produtividade cinematográfica, manteve o ritmo na década de 2000 atuando em mais de uma dezena de filmes. Embora não tenha participado das obras-chave da década, sua presença no cinema brasileiro continua forte, mantendo atividades de ator e diretor na REDE GLOBO. Desde 2001, comenta para o canal a cabo TELECINE a entrega anual dos prêmios na cerimônia

do OSCAR. Posteriormente fez os comentários para a transmissão da GLOBO. Entre 2003 e 2008 foi presidente da RIOFILME, estatal carioca dedicada principalmente à distribuição cinematográfica. Em *Redentor*, de Cláudio Torres, interpreta um empresário inescrupuloso inspirado na figura de Sérgio Naya, responsável pelos eventos do edifício Palace II. A obra, produção carioca, tem tom típico de denúncia: vários corruptos em ação, muita indignação e muito sexo. Também carioca é a comédia *Casa da mãe Joana*, de seu colega de geração (um pouco mais velho) Hugo Carvana*. Wilker faz um dos três protagonistas que dividem apartamento onde tudo acontece.

Talvez seu principal papel na década tenha sido proporcionado por Carlos Diegues, em *O maior amor do mundo*, quinto trabalho conjunto com o diretor. Interpreta um astrofísico brasileiro de renome internacional que retorna ao país natal para viver seus últimos dias. Wilker faz o protagonista, com espaço para pôr em prática o acervo instrumental de atuação que possui. Compõe um personagem melancólico, às vésperas da morte, figurando também uma geração desiludida com os rumos do Brasil. O personagem possui temperamento seco e é comovido por uma paixão temporã. Sentimos que a figura toca o ator, possibilitando um investimento particular em sua composição. Wilker é um ator *blasé* que, quando quer, consegue levar adiante seu trabalho sem muito esforço. Em função da ampla carga de trabalho que assume, não é raro o vermos em papéis com o piloto automático ligado. Mesmo nesses casos, consegue surfar bem na superfície, sem comprometer. Em *O maior amor do mundo*, sua veia mais viva de ator está presente. É também o caso de outro papel forte, em 2010, interpretando o Zeca Diabo de *O Bem Amado*, com direção de Guel Arraes*. O desafio é evidente e Wilker está ciente de não se tratar de apenas mais um papel. Além de ser um clássico da dramaturgia nacional, o personagem tem como referência uma interpretação antológica de Lima Duarte*. O ator diz ter buscado evitar a comparação na composição, partindo para uma encenação integralmente original. O resultado é bastante satisfatório e sentimos um Wilker desperto, retomando seu perfil ameaçador, numa gama de composição que lhe cai particularmente bem e na qual já teve sucessos anteriores como *O homem da capa preta*. Na comparação com personagens do tipo *Dona Flor e seus dois maridos* ou *A casa da mãe Joana* define-se o espaço de *casting* para Wilker, oscilando entre o moleque

atrevido e brincalhão de Vadinho e a fúria condenatória de Zeca Diabo, Antônio Conselheiro ou Tenório Cavalcanti. De um modo ou de outro, afirma-se o talento para a encenação deste que é um dos principais atores brasileiros. (FPR)

WILMA, Eva (Eva Wilma Rifles) – São Paulo, SP, 1933. Atriz.

FILMOGRAFIA: 1952-1954 – *Se a cidade contasse*. 1953 – *Uma pulga na balança*; *O homem dos papagaios*; *O craque*; *A sogra*. 1955 – *Chico Viola não morreu* (coprodução estrangeira). 1957 – *O cantor e o milionário*. 1959 – *Cidade ameaçada*. 1962 – *A ilha*; *O quinto poder*. 1964 – *Noites quentes de Copacabana* (coprodução estrangeira); *Convite ao pecado* (coprodução estrangeira); *São Paulo S. A.* 1967 – *Jogo perigoso* (2º episódio: 'Divertimento') (coprodução estrangeira). 1969 – *A arte de amar bem* (1º episódio: 'A inconveniência de ser esposa'). 1975 – *Cada um dá o que tem* (2º episódio: 'Cartão de crédito'). 1979 – *O menino arco-íris* (*A infância de Jesus Cristo*). 1979-1981 – *Asa Branca, um sonho brasileiro*. 1987 – *Feliz ano velho*. 2006 – *Veias e vinhos, uma história brasileira*. 2007 – *O signo da cidade*. 2009 – *A guerra dos vizinhos*.

Jovem bailarina do corpo de baile do Teatro Municipal da cidade de São Paulo. Estrela da televisão, é o grande nome da TUPI dos anos 50 aos 70, na série *Alô, Doçura*, ao lado de seu ex-marido John Herbert*. Atua em novelas por mais de trinta anos, quase sempre no papel principal ou de destaque, como num de seus grandes sucessos, *Mulheres de areia* (1973-1974), e *A viagem* (1975-1976), de Ivany Ribeiro. Com o fechamento da emissora paulista, a partir da década de 80 é contratada da GLOBO, onde atua em muitas novelas, começando em papéis cômicos, escritos por Cassiano Gabus Mendes, em *Plumas e paetês* (1980-1981) e *Elas por elas* (1982). No teatro, sua participação é discreta. Sua primeira aparição no cinema é em *Uma pulga na balança*, de Luciano Salce*, na VERA CRUZ*. Novamente contracena com John Herbert no semidocumentário *Se a cidade contasse*, de Tito Batini, filme comemorativo do IV Centenário da Cidade de São Paulo. Promovida a estrela da MULTIFILMES*, atua no papel de mocinha nas comédias *O homem dos papagaios* e *A sogra*, ambos sob a direção de Armando Couto, e no drama *O craque*, sob a direção de José Carlos Burle*. É estrela da cinebiografia do cantor Francisco Alves, *Chico Viola não morreu*, do diretor argentino Roman Vañoly Barreto, em coprodução da ATLÂNTIDA* com a SONOFILME argentina. Volta a trabalhar sob a direção de José Carlos Burle na comédia *O cantor e o milionário*. Nos anos 60, atua no policial *Cidade ameaçada*, de Roberto Farias*, na aventura *A ilha*, de Walter Hugo Khouri*, e no suspense *O quinto poder*, de Alberto Pieralisi*. Atua também nos filmes estrangeiros realizados no Brasil, as coproduções germânico-brasileiras, *Noites quentes de Copacabana* e *Convite ao pecado*, ambos do diretor alemão Horst Hachler. Seu grande papel é o de Luciana, a jovem esposa ambiciosa, casada com um alto funcionário da indústria paulista que busca ascensão social, em *São Paulo S. A.*, de Luís Sérgio Person*. Participa de três comédias em episódio: *A arte de amar bem* (1º episódio: 'A inconveniência de ser esposa'), baseada na peça homônima de Silveira Sampaio*, sob a direção de Fernando de Barros*; a coprodução Brasil-México *Jogo perigoso* (2º episódio: 'Divertimento'), sob a direção do diretor mexicano Luiz Alcoriza (ex-roteirista de Luiz Buñuel); e *Cada um dá o que tem* (2º episódio: 'Cartão de crédito'), sob a direção de John Herbert. Junto com grande número de atores de prestígio, faz pequena participação no filme religioso *O menino arco-íris (A infância de Jesus Cristo)*, de Ricardo Bandeira. Representa o papel de mãe abnegada em *Asa Branca, um sonho brasileiro*, de Djalma Limongi Batista*, e em *Feliz ano velho*, de Roberto Gervitz*, seus dois únicos filmes dos anos 80. Participou do filme *Veias e vinhos*, de João Batista de Andrade*, no qual interpreta a mãe dos protagonistas. Em *O signo da cidade*, de Carlos Alberto Ricelli*, também atua como mãe de um rapaz que vê a figura materna definhando em depressão, até cometer suicídio. Trabalha em *A guerra dos vizinhos*, estreia do diretor Rubens Xavier, em que três idosas, Adélia (Eva Wilma), Dircinha (Vera Mancini) e Beatriz (Karin Rodrigues), as irmãs Coleratti, depois de incomodarem seus vizinhos com calúnias e ofensas, são condenadas pela Justiça à prestação de serviços comunitários. (LFM)

WULFES, Alexandre – Cachoeira do Sul, RS, 1901-1974. Fotógrafo, produtor, diretor.

FILMOGRAFIA: 1930-1931 – *Alma do Brasil (Retirada de Laguna)* (prod., fot.). 1936 – *Caçando feras* (fot.). 1938 – *Aruanã* (fot.). 1945 – *Jardim do pecado* (prod.). 1945-1947 – *Jornadas heroicas* (prod., dir.). 1946 – *No trampolim da vida* (prod.). 1954 – *O poder da fé em Tambaú* (prod., dir.). 1956 – *A Virgem Aparecida é milagrosa* (prod., dir.).

Um dos mais pertinazes cinegrafistas brasileiros, filma sobretudo a natureza e as povoações das regiões Norte e Centro-Oeste. Criado na cidade mato-grossense de Corumbá, é preparado desde a adolescência pelo pai para assumir o negócio familiar, de ótica e fotografia. Nesse sentido é enviado aos 18 anos à capital paulista para estudar com o fotógrafo alemão Theodor Schumann, aprendizado que lhe seria bastante útil na condução de seus laboratórios cinematográficos*. Retorna dois anos mais tarde, dando impulso aos trabalhos fotográficos da firma. Em 1922 é encarregado pela Comissão Rondon para registrar as tribos indígenas do estado, viagem que o colocaria em contato com os temas da maior parte de sua filmografia e o levaria a conhecer o cinegrafista Paulino Botelho*. Este lhe ensina os segredos da manipulação de uma câmera cinematográfica, permitindo-lhe, algum tempo depois, a realização de pequenos documentários, como *Os garimpos de Jaurui*. Muda-se para Campo Grande (MS), abrindo a FILMES ARTÍSTICOS MATO-GROSSENSES (FAM FILMES). Por ocasião da filmagem das manobras militares comandadas pelo general Bertoldo Klinger, conhece o cineasta Líbero Luxardo*, então empenhado em viabilizar a produção de um épico sobre o episódio histórico da Retirada de Laguna. Associam-se e realizam *Alma do Brasil (Retirada de Laguna)*. Com os elogios à parte fotográfica e o advento da legislação protecionista ao curta-metragem, transfere sua empresa, já sob a denominação FILMES ARTÍSTICOS NACIONAIS (FAN FILMES), para o Rio de Janeiro. Associa-se de imediato a Afonso Campiglia, filmando para a LEVIOL FILMS, de Belém do Pará. Documenta aspectos da flora, da fauna, os costumes e localidades da região, realizando dezenas de complementos, entre eles *Nas profundezas do rio Amazonas*, *Amazonas e suas reservas* e *Farinha paraense*. Começa a pensar no projeto do longa "O gigante da América do Sul", vasto painel das riquezas e singularidades da terra brasileira, cujas filmagens estenderam-se por mais de uma década, sem conclusão. Atendendo a pedido de Luxardo, responsabiliza-se pelas cenas documentais e por alguns planos de estúdio de *Caçando feras*, de Líbero Luxardo, numa proposta de aproveitar ficcionalmente o exotismo das regiões intocadas do país. Entra em acordo com a CINÉDIA*, fornecendo inúmeras reportagens para os cinejornais* da companhia. Torna-se um dos mais respeitados documentaristas da época, vencendo seguidamente os concursos instituídos pelo Departamento

de Propaganda e Difusão Cultural, mais adiante transformado no Departamento de Imprensa e Propaganda (DIP). Entre os títulos que impressionam as plateias estão *A vida de um beija-flor*, *Inferno verde* e *Peixes do Amazonas*. Enquanto fotografa *Aruanã*, também de Luxardo, outro exemplar de um cinema de aventura mesclado a cenas reais de selvas e índios, tenta desenvolver um equipamento de trucagem ótica com a CINÉDIA, decidindo-se, ao final da década, a ampliar o pequeno laboratório cinematográfico da FAN FILMES. Aproxima-se do DIP, cativando o poder pela viabilização de um equipamento portátil de gravação sonora, o que permite o registro síncrono dos discursos de Getúlio Vargas. O governo passa a utilizar a infraestrutura técnica da FAN FILMES para a finalização do *Cine Jornal Brasileiro*, garantindo-lhe a estabilidade. Sempre interessado por novidades, passa a filmar em KODACHROME, flagrando o carnaval de 1941 e algumas aparições públicas de Vargas. Introduz ainda a legendagem, a microcinematografia, a animação e a copiagem reduzida entre os serviços da empresa, já contando com a ajuda dos sobrinhos Eurico e Herbert Richers*. Ao fim da II Guerra Mundial, produz *Jardim do pecado*, de Leo Marten*, e *No trampolim da vida*, de Francisco Eichorn*, filmes de ficção nos gêneros drama e comédia, respectivamente. Lança-se à realização, a partir de cenas de arquivo em grande parte filmadas por João Stamato*, de um filme sobre a participação brasileira no conflito, *Jornada heroica*. Mantém a produção de curtas documentais, como *A vida das abelhas*, e de cinejornais, como *Imagem do Brasil* e *Conheça o Brasil*. No final dos anos 40, muda a razão social do laboratório para CINE LABORATÓRIO ALEX LTDA., iniciando um lento declínio. Na década seguinte interessa-se vivamente pelo fenômeno do misticismo religioso, retratando-o em *O poder da fé em Tambaú* e *A Virgem Aparecida é milagrosa*. Em virtude das mortes de Francisco Alves e Carmen Miranda*, cujos funerais filmara com exclusividade, elabora os argumentos de "O samba não morreu" e "Samba e lágrimas", ficção e documentário que não consegue efetivar. Dedica-se a filmagens cada vez mais esporádicas. Na década de 60, empreende levantamento iconográfico para a edição do livro *História ilustrada do Rio*. Faz parte das fotos em sítios reais com uma câmera de 360°, de invenção própria. Com o material monta ainda um audiovisual, apresentado sob o nome de *Cityrama*, no Museu de Arte Moderna em 1965, seu último trabalho. (HH)

WURCH, Yoya (Maria Áurea Duarte Barbosa) – Rio de Janeiro, RJ, 1950. Roteirista.

FILMOGRAFIA: 1984 – *Bete Balanço*. 1985 – *Rock estrela*. 1987 – *Rádio pirata*; *Sexo frágil*. 1988 – *Os heróis trapalhões, uma aventura na selva*. 1990 – *Lua de cristal*; *Sonho de verão*. 1991 – *Gaúcho negro*. 1999 – *Minha vida em suas mãos*. 2001 – *Copacabana*. 2004 – *Espelho d'água, uma viagem ao rio São Francisco*.

Junto com o diretor Lael Rodrigues dá continuidade a um cinema para a juventude, assinando os roteiros de títulos do gênero nos anos 80. Ligada ao núcleo original da produtora CENTRO DE PRODUÇÃO E COMUNICAÇÃO (CPC), formada por Lael Rodrigues, José Frazão, Tizuka Yamasaki* e Carlos Alberto Diniz, escreve os três longas-metragens de Lael, delineando e formalizando os elementos de um novo cinema comercial, em que a atualidade da juventude (música *pop*, em especial o chamado *rock*, culto ao corpo, prática de esportes, etc.) mescla-se à luta pela ascensão social, protagonizada quase sempre por personagens femininos. Os diversos elementos consubstanciam-se no enorme sucesso de *Bete Balanço*, o que abre caminho para a repetição da fórmula em *Rock estrela* e *Rádio pirata*, sem a mesma repercussão anterior. Com o fim do CPC, passa a trabalhar com a PONTO FILMES, criada por Carlos Alberto Diniz, desenvolvendo inicialmente o andrógino enredo de *Sexo frágil*, comédia de Jessel Buss. É convidada na mesma época a escrever para o grupo Os Trapalhões*, o que a conduz a um cinema mais propriamente infantil. Constrói narrativas que promovem astros da televisão, como Xuxa* e Angélica. Emulando a trajetória da primeira, elabora enredo algo mitificante em *Lua de cristal*, de Tizuka. Assina ainda mais duas produções do gênero, mistura de elementos de produtos tipicamente norte-americanos com certas tradições locais, caso de *Sonho de verão* (o *teen college movie*), de Paulo Sergio Almeida, e *Gaúcho negro*, de Jessel Buss. Na década de 90, também trabalha na televisão. (HH) O drama *Minha vida em suas mãos*, dirigido por José Antonio Garcia* e roteiro de Yoya Wurch, focaliza o encontro e a paixão entre uma professora e seu sequestrador, interpretados por Maria Zilda e Caco Ciocler. *Copacabana*, dirigido por Carla Camurati*, também tem roteiro de Yoya, em parceria com Melanie Dimantas*. Para *Espelho d'água*, longa de estreia de Marcus Vinicius César, Wurch realizou quatro anos de pesquisas e minucioso período de escolha de locações, misturando ficção e documentário em histórias narradas em tom de fábula.

XAVIER, Nelson (Nelson Agostini Xavier) – São Paulo, SP, 1941. Ator.

FILMOGRAFIA: 1959 – *Cidade ameaçada*. 1963 – *Os fuzis*; *Seara vermelha*. 1964 – *A falecida*; *Três histórias de amor* (3º episódio: 'A construção, amor na cidade'). 1966 – *Arrastão* (produção estrangeira). 1967 – *ABC do amor* (2º episódio: 'O pacto') (produção estrangeira). 1968 – *Massacre no supermercado*; *Dezesperato*; *Jardim de guerra*. 1970 – *É Simonal*; *Os deuses e os mortos*; *Dois perdidos numa noite suja*. 1971 – *Confissões de frei Abóbora e seus amores*; *A culpa*; *A Rainha Diaba*. 1973 – *Vai trabalhar, vagabundo*. 1975 – *Ovelha negra, uma despedida de solteiro*. 1976 – *Gordos e magros*; *Soledade*; *Dona Flor e seus dois maridos*; *Marília e Marina*; *A queda* (dir.). 1978 – *Bububu no bobobó*; *O bandido Antônio Dó*. 1980 – *Amor e traição (A pele do bicho)*. 1980-1982 – *Tensão no Rio*. 1981 – *A rainha do rádio*; *Eles não usam black-tie*. 1982 – *Gabriela, cravo e canela* (produção estrangeira); *O bom burguês*. 1983 – *Para viver um grande amor*; *O cangaceiro trapalhão*; *O mágico e o delegado*. 1984 – *O rei do Rio*. 1987-1991 – *Vai trabalhar, vagabundo II, a volta*. 1988 – *Luar sobre Parador* (produção estrangeira). 1989 – *Les cavaliers aux yeux vferts* (produção estrangeira). 1989-1990 – *Césio 137, o pesadelo de Goiânia*. 1990 – *Brincando nos campos do Senhor* (produção estrangeira). 1994 – *O testamento do sr. Napumoceno*; *Lamarca, coração em chamas*; *Boca* (produção estrangeira). 1995 – *Sombras de julho*. 1997 – *O testamento do sr. Napumoceno* (produção estrangeira). 2001 – *Girl from Rio* (produção estrangeira). 2002 – *Narradores de Javé*; *Benjamin*; *Lua Cambará – nas escadarias do Palácio*. 2009 – *Sonhos roubados*. 2009-2010 – *Chico Xavier*. 2010-2011 – *As Mães de Chico Xavier*. 2010 – *O Gerente*.

Nelson Xavier se formou pela Escola de Arte Dramática da Universidade de São Paulo, mas também chegou a frequentar as aulas na Faculdade de Direito. No final dos anos 50, entra para o Teatro de Arena, atraído pela experiência do Seminário de Dramaturgia, cujos encontros começam em 1958 e continuam durante dois anos. É quando escreve a peça *Mutirão em novo sol*, sobre os conflitos entre camponeses e criadores de gado no interior de São Paulo. Fazendo apresentações com o Arena em diversos estados, entra em contato com o Movimento de Cultura Popular (MCP), promovido pelo então prefeito de Recife, Miguel Arraes. Como integrante do MCP, mora durante dois anos em Pernambuco, quando se filia ao Partido Comunista. Entre 1962 e 1963, passa uma temporada no Rio de Janeiro, frequentando o curso de cinema do sueco Arne Sucksdorff*, com o objetivo de fundar, em seguida, o núcleo de cinema do MCP. Nessa ocasião, aproxima-se do Centro Popular de Cultura (CPC). Anos depois, Xavier vai fazer um balanço do engajamento político da década de 60, escrevendo a peça *O segredo do velho mundo*, na qual discute o papel dos intelectuais de esquerda e o impacto do golpe militar. O ator, que havia estreado no cinema no policial *Cidade ameaçada*, de Roberto Farias*, tem seu primeiro papel de destaque em *Os fuzis*, dirigido por Ruy Guerra* no sertão da Bahia. No filme interpreta Mário, um dos soldados que defendem o armazém local do ataque da população faminta. Com Leon Hirszman*, outro cineasta do Cinema Novo*, faz *A falecida*, adaptação da obra de Nélson Rodrigues*, representando o malandro agente funerário. Na mesma época, atua no teatro em outra peça do autor, *Toda nudez será castigada*, dirigida por Ziembinski*, contracenando com Cleyde Yáconis. Mantém constante atividade tanto no teatro como no cinema. Conciliando as duas áreas, adapta para o cinema duas peças de Plínio Marcos*. É roteirista de *Navalha na carne* (1969) – que encena no teatro, ao lado de Tônia Carrero* – e também intérprete em *Dois perdidos numa noite suja*. Ambos têm direção de Braz Chediak*, com quem volta a trabalhar em *Confissões de frei Abóbora e seus amores*, como intérprete e assinando com o diretor o roteiro adaptado do romance de José Mauro de Vasconcelos. Também com Ruy Guerra, o ator estabelece significativa colaboração. Depois de trabalhar em *Os fuzis* e *Os deuses e os mortos*, ambos com locações no interior da Bahia, Xavier protagoniza a trama urbana *A queda*, filme no qual é responsável pelo roteiro e direção, junto com Guerra. Nele retoma personagens de *Os fuzis* e tem como protagonista o ex-soldado Mário, agora trabalhando na construção civil. Filmando em 16 mm, com muita câmera na mão e improvisação por parte do elenco, os diretores alcançam um estilo tão contundente quanto a história narrada. O filme foi proibido pela censura*, mas liberado logo depois de ganhar o URSO DE PRATA no FESTIVAL DE BERLIM. No gênero comédia, também interpreta em dois filmes o mesmo personagem. Em *Vai trabalhar, vagabundo* e na continuação, quase vinte anos depois, faz o malandro Babalu, craque da sinuca, ambos sob a direção de Hugo Carvana*. Em 1976, é encenada sua peça *Trivial simples*, sobre o violento cotidiano de um casal de classe média. A direção coube a Ruy Guerra, em seu primeiro trabalho como diretor teatral. Xavier não acompanha as apresentações da peça, porque na mesma época viaja para Londres, onde permanece durante nove meses fazendo curso de televisão educativa. Em 1979, dirige o curta *Linguagem musical: espontaneidade e organização* e em 1989 ganha um prêmio no I FESTIVAL DE CINEMA INFANTOJUVENIL de Moscou com o curta *Vamos à Disneylândia*. A partir dos anos 80, passa a realizar mais trabalhos para a televisão, entre eles o elogiado desempenho como o rei do cangaço na série *Lampião e Maria Bonita*. Mesmo assim, desempenha papéis de destaque no cinema, como em *O bandido Antônio Dó*, do cineasta mineiro Paulo Leite Soares*, e *O mágico e o delegado*, de Fernando Cony Campos*. No primeiro, protagoniza a história real de um pequeno fazendeiro de Minas Gerais que se rebela contra a elite política local. Em *O mágico e o delegado*, Xavier interpreta o mágico capaz de transformar em fartura a miséria de uma pequena cidade. A atuação nessa fábula que embaralha realidade e fantasia lhe valeu o prêmio de melhor ator no FESTIVAL DE GRAMADO, em 1983. Na década seguinte, em 1997, é novamente escolhido o melhor ator em GRAMADO – dessa vez dentro da competição latina, dividindo o prêmio com o peruano José Luís Ruiz – pelo elogiado desempenho no papel principal de *O testamento do sr. Napumoceno*, produção entre Portugal, Brasil e Cabo Verde, dirigida pelo português Francisco Manso. (LCA). Participou como bicheiro em *Girl from Rio*, produção hispano-inglesa, dirigida por Christopher Monger. Em *Narradores de Javé*, é Nelson Xavier que narra as venturas e desventuras de Antonio Biá, em filme de Eliane Caffé* que mostra o confronto entre o progresso e as tradições de um lugarejo. Em *Benjamin*, filme de Monique Gardemberg*, Xavier interpreta o dr. Cantagalo. Participa com seu depoimento, e como narrador, no documentário *Soldado de Deus* (2004), de Sérgio Sanz, sobre o integralismo no Brasil e Plínio Salgado. Com incrível semelhança e dedicada atuação, "incorpora", literalmente, Chico Xavier em *Chico Xavier*, interpretando o mais famoso médium em sua fase adulta, na produção de Daniel Filho*. Nelson repete o papel de Chico Xavier em participação no longa *As mães de Chico Xavier*, que mostra uma outra fase da vida do médium, quando estava mais velho, abordando três mães que recebem mensagens de seus filhos mortos, num filme de Glauber Filho e Halder Gomes. (LFM)

XAVIER, Valêncio (Valêncio Xavier Niculitcheff) – São Paulo, SP, 1933-2008. Conservador e cineasta.

Cineasta, escritor, produtor e diretor de televisão, o paulista Valêncio Xavier Niculitcheff nasceu em 21 de março de 1933 e morreu em Curitiba no dia 5 de dezembro de 2008. Ao longo de sua vida foi um homem de múltiplas funções e atividades; transitou por várias áreas da cultura nacional e sua obra contribuiu para cada uma delas, o cinema, a televisão, a imprensa, as artes plásticas e a literatura. Seu legado permanecerá como exemplo de um homem impulsivo, apaixonado que soube viver com intensidade cada uma de suas muitas vidas.

Trabalhou na TV paulista ao lado de Silvio Santos e Jô Soares, e no Paraná foi pioneiro da televisão na TV PARANÁ e na TV PARANAENSE Canal 12 (atual REDE PARANAENSE DE COMUNICAÇÃO), onde atuou por mais de vinte anos. Como homem de cinema, fundou a CINEMATECA DE CURITIBA, em 23 de abril de 1975, organizando um acervo de filmes paranaenses que foram prospectados, restaurados e apresentados ao público. Preocupado com o resgate da memória e a incorporação de dados sobre o cinema paranaense, implementou um grande projeto de pesquisa, responsável pelo levantamento de dados sobre as exibições e filmagens realizadas em Curitiba, de 1892 a 1930. Com ele, o período mudo do cinema paranaense definitivamente passou a ocupar seu espaço na história. O amor pelo cinema e a paixão pela pesquisa o aproximaram de grandes nomes da história do cinema brasileiro como Paulo Emilio Salles Gomes*, Cosme Alves Neto*, José Tavares de Barros e Alex Viany*, que estão entre os fundadores do Centro de Pesquisadores do Cinema Brasileiro, nos anos 1960. Sua participação na entidade foi intensa, como sócio, membro do Conselho Consultivo e presidente (1996-1998).

Na CINEMATECA, além da exibição de filmes de fora do circuito comercial, promovia cursos livres com grandes cineastas do Brasil e do exterior, incentivando a formação de profissionais do cinema na cidade. Como cineasta, produziu seu primeiro filme, *A visita do Velho Senhor* (1976), versão cinematográfica de um conto gráfico de Poty Lazzarotto publicado originalmente na *Revista Panorama*. Os desenhos do ilustrador paranaense sugerem, em sua sequência, um estranho e insólito encontro de amor. Os dois únicos personagens da película são vividos por José Maria Santos e Marlene Araújo. A direção coube ao cineasta paulista Ozualdo Candeias. Em 1979, filmou *Caro Signore Fellini*, vencedor do prêmio de melhor ficção na IX JORNADA BRASILEIRA DE CURTA-METRAGEM, na Bahia. O filme, que tem como pretexto informar ao cineasta italiano Federico Fellini sobre a cidade de Curitiba, é uma versão livre das características da vida curitibana, nos seus mais variados segmentos.

Em 1980, filmou *O monge da Lapa*, um média-metragem refazendo a trajetória do monge João Maria e de seus seguidores, ligados à Guerra do Contestado. Dirigiu também *Mostra da Gravura Poty* (1982), sobre a arte da gravura de Potty Lazzarotto. Em 1983, Valêncio dirigiu a livre adaptação do conto *O corvo*, de Edgar Allan Poe, com base na tradução de Reynaldo Jardim. Produziu *Póstuma Cretan* (1980), documentário de Ronaldo Duque sobre a morte do líder e cacique Angelo Cretã da Reserva de Mangueirinha, no Paraná. Realizou também o documentário com elementos de ficção *O pão negro – um episódio da Colônia Cecília* (1994), baseado nos textos do anarquista Giovani Rossi, fundador daquela colônia. Em 1995 resgata a memória de prisioneiros políticos paranaenses em *Os onze de Curitiba – todos nós* (1995). O filme conta a história de onze pessoas presas em março de 1978 sob a acusação de ensinarem marxismo às crianças de 1 a 6 anos de idade, e foi premiado na JORNADA DA BAHIA. Em 1996 fez seu último filme, *Nascimento, vida, paixão e morte de Cristo*, que mostra o personagem de Jesus vivido por uma figura controvertida da capital paranaense, o líder religioso Inri Cristo, que acredita ser a própria reencarnação de Cristo. Na década de 1990 realizou um grande projeto tendo como foco central o cinema latino-americano – Cineamericanidad – a propósito dos quinhentos anos da descoberta da América. Nele, Valêncio traçou um painel abrangente do cinema latino com publicações e gravações em vídeo das palestras, oficinas e seminários.

Sua produção literária começou com o livro *Curitiba de nós*, com ilustrações de Poty Lazzarotto. Em 1981, lançou *O mez da grippe,* onde inova a linguagem literária mesclando textos e imagens, para contar a epidemia de gripe espanhola que assolou Curitiba em 1918, além de outros livros como: *História de Curitiba em quadrinhos* (1981); *Maciste no inferno* (1983); *O minotauro* (1985); *O mistério da prostituta japonesa e A propósito de figurinhas* (1986); *Antologia sete de amor e violência* (1986); *Poty – trilhos, trilhas e traços* (1994); *A guerra de Carlos Scliar*

(1995) e *Meu sétimo dia* (1998). Levada ao cinema, a obra de Valêncio Xavier gerou os filmes *O mistério da prostituta japonesa*, curta-metragem, e *Mystérios*, longa-metragem, ambos de Beto Carminatti e Pedro Merege. Em 2009, o cineasta Beto Carminatti realizou o documentário *As muitas vidas de Valêncio Xavier*, que traça um painel das múltiplas faces do escritor e cineasta que deixou a sua marca na cultura brasileira. (SS)

XUXA MENEGHEL (Maria da Graça Meneghel) – Santa Rosa, RS, 1963. Atriz, produtora.

FILMOGRAFIA: 1982 – *Fuscão preto* (atriz); *Amor, estranho amor* (atriz). 1983 – *O Trapalhão na arca de Noé* (atriz). 1984 – *Os Trapalhões e o Mágico de Oroz* (atriz). 1985 – *Os Trapalhões no reino da fantasia* (atriz). 1987 – *Super Xuxa contra o Baixo Astral* (atriz). 1989 – *A princesa Xuxa e Os Trapalhões* (atriz, prod.). 1990 – *Lua de cristal* (atriz, prod.); *Sonho de verão* (prod.); *O mistério de Robin Hood* (atriz, prod.). 1991 – *O inspetor Faustão e o Mallandro, a missão primeira e única* (prod.); *Gaúcho negro* (atriz, prod.). 1999 – *Xuxa requebra* (atriz, prod.). 2000 – *Xuxa pop star* (atriz, prod.). 2001 – *Xuxa e os duendes* (atriz, prod.). 2002 – *Xuxa e os duendes 2, no caminho das fadas* (atriz, prod.). 2003 – *Xuxa abracadabra* (atriz, prod.). 2004 – *Xuxa e o tesouro da cidade perdida* (atriz, prod.). 2005 – *Xuxinha e Guto contra os monstros do espaço* (atriz, prod.). 2006 – *Xuxa gêmeas* (atriz, prod.). 2007 – *Xuxa em sonho de menina* (atriz, prod.). 2009 – *Xuxa e o mistério de Feiurinha* (atriz, prod.).

Nascida no interior do Rio Grande do Sul, mudou-se aos 7 anos com a família para Bento Ribeiro, no Rio de Janeiro. Aos 15 anos, sua beleza despertou a atenção de um funcionário da Editora Bloch. Passa a ser fotografada aos 16 anos, iniciando vertiginosa carreira como manequim e modelo fotográfico. Em 1980, foi capa de mais de oitenta revistas, ao mesmo tempo que se lançava no mercado internacional como modelo da agência Ford Models, de Nova York. Aos 18 anos posou nua para três grandes revistas do gênero: *Playboy*, *Status* e *Ele e Ela*. Estreia no cinema em dois filmes: *Fuscão preto*, baseado na música homônima de Almir Rogério, dirigido por Jeremias Moreira Filho*, e *Amor, estranho amor*, de Walter Hugo Khouri*, no qual aparece nua, seduzindo um garoto. A transformação da modelo em apresentadora de programas infantis deu-se após um convite de Maurício Sherman,

que trabalhava na TV BANDEIRANTES e observou Xuxa durante uma entrevista a Ziraldo, na TVE do Rio de Janeiro: "Apesar de ser considerada um símbolo sexual, senti que ela transmitia certa ingenuidade e percebi que as crianças gostavam do seu jeito". O projeto concretizou-se quando Sherman foi para a TV MANCHETE. Xuxa estreia como apresentadora no *Clube da Criança* (6/7/1983), que durante três meses é mera exibição de desenhos animados. Sherman chama a diretora de produção de programas como *J. Silvestre* e *Bar Academia*, Marlene Matos, para, junto com Xuxa, reestruturar o programa. Desse encontro nasce uma das parcerias mais bem-sucedidas da indústria cultural brasileira. O filme seguinte, *O Trapalhão na arca de Noé*, de Antonio Rangel, produção solo de Renato Aragão*, durante a breve ruptura de Os Trapalhões*, reforça a nova imagem. É o primeiro dos cinco que vai fazer com o grupo, seguido imediatamente por *Os Trapalhões e o Mágico de Oroz*, de Dedé Santana* e Vitor Lustosa*, em que interpreta uma professora, e *Os Trapalhões no reino da fantasia*, de Dedé Santana, no qual integra o elenco como uma simpática freirinha. Sai da MANCHETE para a TV GLOBO no início de 1986, onde estreia em junho o *Xou da Xuxa*. Constitui a *holding* XUXA PRODUÇÕES (1986), dirigida por Marlene Matos, que já foi considerada uma das maiores empresas mundiais de *show business*, controlando negócios nas áreas de *shows*, produção de discos, propaganda e *marketing*, licenciamento de produtos e programas de TV. Lança o primeiro disco em 1986, *Xou da Xuxa*, vendendo 3 milhões de cópias. Xuxa havia começado a cantar na MANCHETE com os convidados que se apresentavam no *Clube da Criança*. Em 1988, ganhou um disco de platina com o sucesso da música "Ilariê". Com quinze discos gravados, incluindo quatro edições em espanhol, já vendeu mais de 25 milhões de cópias. Consolida o sucesso alternando o programa na televisão com *shows* ao vivo nos fins de semana.

Xuxa, que nasceu de um parto difícil, recebeu o nome por causa de uma promessa religiosa e o apelido do irmão caçula, quando chegou em casa do hospital nos braços da mãe, era agora chamada de Rainha dos Baixinhos. Uma das estratégias de comunicação para estabelecer a empatia com o público infantojuvenil foi jamais se apresentar como adulta, mas estabelecer a cumplicidade interpretando a personagem da irmã mais velha. Volta ao cinema, associando-se à DREAMVISION, de Diler Trindade*, em *Super Xuxa contra o Baixo

Astral*. O filme é dirigido por Anna Penido, recém-chegada dos Estados Unidos com experiência no gênero. É artista convidada de Os Trapalhões em *A princesa Xuxa e Os Trapalhões*, e em seguida participa como produtora associada em *O mistério de Robin Hood*, em que interpreta a filha de um velho mágico, em ambos sob a direção de José Alvarenga Jr. Sob a direção de Tizuka Yamasaki*, é a estrela de *Lua de cristal*, com Sérgio Mallandro, Duda Little e Julia Lemmertz. É narradora em *Gaúcho negro*, filme produzido pela XUXA PRODUÇÕES. Aventura musical dirigida por Jessel Buss, traz em destaque o cantor regionalista Gaúcho da Fronteira. Na década de 90, dedica-se a outros segmentos. Em 1990, cria a Fundação Xuxa Meneghel, no Rio de Janeiro, de assistência a crianças carentes. Por meio da *holding*, controla as empresas Mega Events, que agencia artistas e eventos, Beijinho, Beijinho, de promoções, e O Bicho Comeu, de roupas infantis. Em 1993, entra no mercado televisivo norte-americano estreando o programa *Xuxa* em cem emissoras de televisão; para a Argentina, leva o *Xou da Xuxa*. Ao mesmo tempo que era apontada pela revista *Forbes* como uma das vinte artistas de maior faturamento no mundo em 1993, o excesso de trabalho a leva ao estresse e à redução no ritmo de atividades. Diminui o programa na TV GLOBO e planeja engravidar, o que ocorre no final de 1997, transformando-se em motivo para superexposição na mídia. Em 1998 nasce Sasha, sua filha com o modelo Luciano Szafir. Sempre apoiada pela família – o pai Luis, a mãe Alda, os irmãos Bladimir, Cirano e Solange, que participam dos negócios, e Mara Rúbia, modelo que mora na Espanha –, lança em 1998 o projeto Xuxa Water Park, um parque temático a ser instalado na estância balneária de Itanhaém, em São Paulo, empreendimento de US$ 250 milhões, do qual é sócia. Xuxa foi a primeira artista brasileira a comercializar a imagem em grande escala, em diversos produtos, servindo de modelo para uma série de apresentadoras de televisão no segmento infantil, como Angélica e Mara Maravilha. Depois de um período de afastamento, retorna ao cinema com o megassucesso *Xuxa requebra*, de Tizuka Yamasaki. (FL) Cai em popularidade progressivamente no cinema durante os anos 2000, não mais reproduzindo os recordes de bilheteria, embora ainda com público razoável. Faz experiências com animação, trocando de cineastas e de produtora. *Xuxa pop star*, de 2000, com direção de Paulo Sérgio Almeida e Tizuka Yamasaki, foi desenvolvido pela GLOBO FILMES e pela XUXA PRODUÇÕES. Seguem-se *Xuxa e os duendes,* que tem no elenco os apresentadores de TV Ana Maria Braga, Gugu Liberato, Luciano Huck e Angélica; e *Xuxa e os duendes 2, no caminho das fadas.* Tanto *Xuxa e os duendes,* como a continuação, tiveram direção de Paulo Sérgio de Almeida e Rogério Gomes. Em 2003, Xuxa inaugura o parque de diversões O Mundo da Xuxa, em São Paulo, numa área de 12 mil m², anunciado como o maior parque de diversões coberto da América Latina. Em 2005, produz a animação *Xuxinha e Guto contra os monstros do espaço,* com Clewerson Saremba responsável pela criação dos desenhos. Em *Xuxa gêmeas* faz as duas personagens gêmeas, uma boa e outra má, dirigida por Jorge Fernando. Em *Xuxa em sonho de menina,* com direção de Rudi Lagemann, faz Kika, professora que vem do interior para realizar seu sonho de ser atriz na cidade grande. Em uma coprodução XUXA PRODUÇÕES, CONSPIRAÇÃO FILMES, GLOBO FILMES e PLAYARTE, realiza *Xuxa e o mistério de Feiurinha,* em que desempenha o papel de Cinderela, com direção da sempre presente Tizuka Yamasaki, profissional que acompanha a apresentadora/atriz em diversas obras cinematográficas. Esse filme conta com a estreia de sua filha Sasha, atuando como protagonista na personagem de princesa Feiurinha, adaptação do livro *O fantástico mistério de Feiurinha,* do escritor Pedro Bandeira. Ainda às voltas com a negação de seu passado e o início de sua carreira como atriz, Xuxa desenvolve batalha na Justiça para censurar a exibição de *Amor, estranho amor,* de Walter Hugo Khouri. (VLD)

YAMASAKI, Tizuka (Tizuka Akiyoshi Yamasaki) – Porto Alegre, RS, 1949. Diretora.

FILMOGRAFIA: 1979 – *Gaijin, caminhos da liberdade*. 1982 – *Parahyba Mulher Macho*. 1984 – *Patriamada*. 1990 – *Lua de cristal*. 1995-1996 – *Fica comigo*. 1997 – *O noviço rebelde*. 1999 – *Xuxa requebra*. 2000 – *Xuxa pop star*. 2005 – *Gaijin, ama-me como sou*. 2008-2010 – *Amazônia Caruana*. 2009 – *Xuxa em o mistério da Feiurinha*. 2010 – *Aparecida, o milagre*.

Versátil no domínio dos meios audiovisuais, Tizuka Yamasaki transita com facilidade entre o cinema e a televisão, mantendo-se em permanente atividade. Criada em Atibaia, interior de São Paulo, deixou a cidade aos 15 anos para concluir os estudos secundários na capital. Fez curso de Cinema na Universidade de Brasília (UnB), entre 1970 e 1972, filmando em 16 mm: *Equipe de direção: filme-aula*, com a coordenação de Cecil Thiré*, e *Hover craft* (1971), com a coordenação de Vladimir Carvalho*, no qual foi assistente de direção e continuísta. Fez também o desenho animado *Fecundação humana*, com a coordenação de Fernando Duarte*. Ainda na bitola 16 mm, trabalhou como assistente de direção em *Escola de Comunicação* (1972), escreveu, dirigiu e montou *Mouros e cristãos*, com a coordenação de Nelson Pereira dos Santos*. Estagiou em algumas produções, sendo assistente de direção de Nelson Pereira dos Santos em *O amuleto de Ogum* (1974) e *Tenda dos milagres* (1977), fazendo também cenografia neste último, e de Glauber Rocha* em *Jorjamado no cinema* (1977) e *A idade da Terra* (1978-1980). Dirigiu o curta em 16 mm *Bom odôri* com Lael Rodrigues, constituindo com este, Carlos Alberto Diniz e José Frazão o CENTRO DE PRODUÇÃO E COMUNICAÇÃO (CPC) em 1977. Mais tarde, nos anos 80, foi produtora executiva dos filmes *Bete Balanço* e *Rock estrela*, de Lael Rodrigues.

Estreou no longa-metragem com *Gaijin, caminhos da liberdade*, filme baseado em suas vivências pessoais de neta de imigrantes japoneses, obtendo excelente acolhida de público e consagrando-se com vários prêmios. Ganhou cinco KIKITOS no VIII FESTIVAL DO CINEMA BRASILEIRO DE GRAMADO, incluindo o de melhor filme, e menções honrosas em festivais internacionais, entre os quais o de HAVANA, além da MARGARIDA DE PRATA da Conferência Nacional dos Bispos do Brasil (CNBB). Baseando-se no livro *Anayde Beiriz – paixão e morte na Revolução de 30*, do historiador José Joffily, escreveu com José Joffily Filho* o roteiro do segundo longa *Parahyba Mulher Macho*, sobre a condição da mulher diante do preconceito. Tomando como pano de fundo os acontecimentos políticos da Paraíba da década de 30, narrou a história da professora e poetisa Anayde Beiriz (Tânia Alves*), cujo romance com o jornalista e advogado João Dantas (Cláudio Marzo*), assassino do governador João Pessoa (Walmor Chagas*), escandalizou a sociedade da época. Realizado sob a efervescência da campanha popular pelas eleições diretas em 1984, *Patriamada* é um relato semidocumental, segundo a própria diretora, "uma reconstituição do amor ao Brasil, que a gente foi forçada a desprezar nesses últimos 20 anos". Os filmes seguintes foram realizados com grande intervalo de tempo e intercalados por uma carreira na televisão. A história atualizada de Cinderela inspirou *Lua de cristal*, com Xuxa Meneghel* e Sérgio Mallandro. O extraordinário sucesso do filme com o público infantojuvenil e a experiência pessoal de mãe adotiva inspiraram o projeto fílmico seguinte: *Fica comigo*, com roteiro escrito pelo amigo e permanente colaborador Jorge Durán*, um drama adolescente sobre a questão da adoção e a dificuldade de relacionamento entre jovens e seus pais. Voltou, nesse filme, a dirigir Antônio Fagundes*, protagonista de *Gaijin, caminhos da liberdade*. A afinidade com o formato do cinema popular infantojuvenil determinou o convite para dirigir a comédia infantil *O noviço rebelde*, que marcou o retorno de Renato Aragão* ao cinema depois de seis anos.

Na televisão, após rápida passagem pela TVE, onde produziu vários documentários, e a realização de um clipe de Rita Lee para a TV GLOBO, assumiu seu primeiro grande projeto ao dirigir a minissérie *O pagador de promessas*. Convidada por Paulo Afonso Grisolli, então coordenador de teledramaturgia da GLOBO, trabalhou sobre o roteiro de Dias Gomes baseado na peça encenada por Flávio Rangel, pela primeira vez, em 1960. Realizada em 1987, a minissérie, apresentada em versão reduzida e com cortes nas referências à reforma agrária, levou um ano para ser exibida (5/4/1988). Tizuka passou a ser convidada com frequência para dirigir na televisão, tornando-se uma das cineastas brasileiras com melhor trânsito entre o cinema e a TV: na MANCHETE dirigiu com Carlos Magalhães e Jayme Monjardim a novela *Kananga do Japão* (1989), escrita por Wilson Aguiar Filho, e também a segunda fase da novela *Amazônia* (1992), que dirigiu com

Marcos Scherchtman, Tania Lamarca e José Joffily; na GLOBO, dirigiu a minissérie *Madona de cedro* (1994), baseada em obra de Antonio Callado, e o quinto episódio do seriado *Tarcísio e Glória*, além de diversos episódios do programa *Você Decide* e o especial da apresentadora Xuxa, no Dia da Criança, em 1996. Além de concentrar suas atividades no cinema e na TV, mostrou-se eclética e aberta a novas propostas de trabalho, assumindo a direção geral da ópera de Giacomo Puccini *Madame Butterfly* (1988), montada pela Fundação Clóvis Salgado, de Belo Horizonte. Gravou, em vídeo, o documentário *Missa do vaqueiro* (1992), sobre o evento religioso em Pernambuco. Ao reunir Xuxa e o cantor Daniel, dirige o filme *Xuxa requebra*, uma aventura musical condenada ao sucesso. (FL) Em *Xuxa pop star*, mais uma nova produção da apresentadora Xuxa, Tizuka substitui o diretor Paulo Sérgio Almeida, que sofreu um infarto durante as filmagens. Na continuidade, engaja-se na realização de *Gaijin, ama-me como sou*, sequência de *Gaijin* sobre a saga de várias gerações emigrantes de japoneses em busca de sobrevivência. *Xuxa em o mistério de Feiurinha* é o quarto longa dirigido por Tizuka com Xuxa Meneghel, sendo uma adaptação do livro *O fantástico mistério da Feiurinha*, do escritor Pedro Bandeira. Trata-se de uma aventura infantojuvenil em que as princesas dos contos de fadas se reencontram. Em 2008, iniciou a realização de *Amazônia Caruana*, sobre as crenças da pajé Zeneida Lima, tendo como pano de fundo a maior floresta do mundo, suas riquezas, sua cultura e os riscos que esse patrimônio vem correndo nos últimos anos. Orçado em 5 milhões de reais, *Aparecida, o milagre*, outro longa com direção de Tizuka, trabalha em dois planos de imagem: no primeiro transcorre a trama principal, a parte ficcional do empresário que perde a fé ainda criança e a recupera diante da doença do filho. No outro, é contada a história oficial de Nossa Senhora Aparecida, cuja imagem foi encontrada num rio por pescadores, no século XVIII, provocando o milagre da pesca farta. O filme retoma o milagre de Nossa Senhora, santa eleita como a padroeira do Brasil. Em seu lançamento, a obra é tida como uma contraposição da Igreja Católica ao filme espírita *Chico Xavier*. (LFM)

YAMASAKI, Yurika (Yurika Akiyoshi Yamasaki) – Atibaia, SP, 1952. Cenógrafa.

FILMOGRAFIA: 1979 – *Gaijin, caminhos da liberdade*. 1982 – *Os vagabundos trapalhões*; *Parahyba Mulher Macho*; *Rio Babilônia*. 1984 – *Bete Balanço*. 1985 – *Por incrível que pareça*. 1987 – *Os fantasmas trapalhões*; *Leila Diniz*; *Sexo frágil*; *Super Xuxa contra o Baixo Astral*. 1988 – *Os heróis trapalhões, uma aventura na selva*; *O casamento dos Trapalhões*. 1989 – *A princesa Xuxa e Os Trapalhões*; *O Trapalhão na terra dos monstros*. 1990 – *Lua de cristal*; *Sonho de verão*. 1991 – *Gaúcho negro*. 1995-1996 – *Fica comigo*. 1997 – *O noviço rebelde*. 1999 – *Xuxa requebra*. 2001 – *Lavoura arcaica*. 2005 – *Gaijin, ama-me como sou*. 2009 – *Xuxa em o mistério de Feiurinha*.

Criativa diretora de arte e figurinista, desenvolve carreira quase sempre associada à da irmã, a cineasta Tizuka Yamasaki*, e ao marido, o produtor Carlos Alberto Diniz. Formada em Comunicação Social, volta-se para o meio cinematográfico, seguindo os passos de Tizuka. Estreia como figurinista em *Tenda dos milagres*, de Nelson Pereira dos Santos*. Engaja-se como assistente de produção na primeira filmagem de *A idade da Terra*, de Glauber Rocha*. Assume a direção de arte de *Gaijin, caminhos da liberdade*, de Tizuka, demonstrando versatilidade na composição dos ambientes. Ganha por esse filme os prêmios de melhor cenografia do FESTIVAL DE GRAMADO e da Associação Paulista de Críticos de Arte (APCA) – nesse caso incluindo também o vestuário. Desenvolve com muita sobriedade o figurino de *Eles não usam black-tie*, de Leon Hirzman*. Começa por essa época a recolher os modelos utilizados nos mais diversos filmes, compondo um estoque guardado na PONTO FILMES e mais tarde locado pela empresa Todas. Estabelece de forma mais completa a concepção e a execução dos cenários de *Rio Babilônia*, de Neville d'Almeida*, que lhe rende outro prêmio em GRAMADO, e de *Os vagabundos trapalhões*, de J. B. Tanko*, primeiro contato com o universo infantil, que marcaria grande parte de sua filmografia. Realiza brilhante reconstituição de época em *Parahyba Mulher Macho*, de Tizuka, conquistando novamente os prêmios de melhor cenografia do FESTIVAL DE BRASÍLIA e da APCA. O primeiro flerte com uma cenografia de invenção acontece na ficção científica *Por incrível que pareça*, de Uberto Molo. Tentando captar a evolução visual e de costumes do período pós-64, estabelece um padrão *clean* e funcional para o conjunto de filmes urbanos rodados pela produtora CPC, entre eles o grande sucesso *Bete Balanço*, de Lael Rodrigues. Após recuperar o Brasil dos anos 60, em *Leila Diniz*, de Luiz Carlos Lacerda*, dedica-se exclusivamente às produções do grupo Os Trapalhões* e da apresentadora Xuxa Meneghel*. Procura sustentar certo onirismo, peculiar à fabulação infantil, alcançando bom acabamento técnico na maior parte das obras. Tem se dedicado paralelamente a trabalhos para a área publicitária. (HH) Luiz Fernando Carvalho* decidiu estrear no longa-metragem com *Lavoura arcaica*, adaptação de livro considerada difícil por abordar temas como incesto e ódio filial. Yurika fez a direção de arte procurando traduzir o livro para o cinema explorando minúcias. Em *Gaijin, ama-me como sou*, colabora no roteiro e faz a cenografia. Trabalha também em *Xuxa em o mistério de Feiurinha*, dirigido por Tizuka.

ZACARIAS (Mauro Faccio Gonçalves) – Sete Lagoas, MG, 1934-1990. Ator.

FILMOGRAFIA: 1971 – *Tô na tua, bicho*. 1973 – *O fraco do sexo forte*. 1977 – *Deu a louca nas mulheres*; *Os Trapalhões na guerra dos planetas*. 1978 – *Cinderelo trapalhão*. 1979 – *O rei e Os Trapalhões*; *Os três mosquiteiros trapalhões*. 1980 – *O incrível monstro trapalhão*. 1981 – *O mundo mágico dos Trapalhões*; *Os saltimbancos trapalhões*. 1982 – *Os vagabundos trapalhões*; *Os Trapalhões na Serra Pelada*. 1983 – *O cangaceiro trapalhão*; *Atrapalhando a Suate*. 1984 – *Os Trapalhões e o Mágico de Oroz*; *A filha dos Trapalhões*. 1985 – *Os Trapalhões no reino da fantasia*; *Os Trapalhões no rabo do cometa*. 1986 – *Os Trapalhões e o Rei do Futebol*. 1987 – *Os Trapalhões no Auto da Compadecida*; *Os fantasmas trapalhões*. 1988 – *Os heróis trapalhões, uma aventura na selva*; *O casamento dos Trapalhões*. 1989 – *A princesa Xuxa e Os Trapalhões*; *Os Trapalhões na terra dos monstros*. 1990 – *Uma escola atrapalhada*.

Iniciou sua carreira como locutor na rádio de sua cidade natal. Na década de 60, mudou-se para Belo Horizonte, quando trabalhou como radioator na emissora Inconfidência Mineira. A seguir, transferiu-se para a novidade da época, a televisão, veículo em que se destacou como um dos mais conhecidos comediantes brasileiros, muito querido das crianças com seu personagem do ingênuo tímido, sempre se sentindo pouco à vontade nas situações em que se encontrava. Foi para o Rio de Janeiro, em 1963, levado para a EXCELSIOR, pelo diretor Wilton Franco, que mais tarde seria também seu diretor por muitos anos na GLOBO. Trabalhou em vários programas humorísticos como *Times Square* na EXCELSIOR, *Show Riso* na TV RIO e *Praça da Alegria* na RECORD. Na TUPI, foi um dos garçons do programa *Café sem Concerto*, sob a direção de Paulo Celestino, ao lado deste e de comediantes como Ary Leite. Foi nessa TV que, em 1974, se juntou a Renato Aragão*, Dedé Santana* e Mussum*, formando o quarteto Os Trapalhões*, que, de tanto roubar a audiência da GLOBO, foi contratado por essa emissora em 1976. No cinema, com o nome artístico de Mauro Gonçalves, participou, como coadjuvante ao lado de vários comediantes, da chanchada *Tô na tua, bicho*, de Raul Araújo, e da comédia *O fraco do sexo forte*, de Osíris Parcifal de Figueiroa. Com o nome artístico Zacarias, foi protagonista da comédia *Deu a louca nas mulheres*, de Roberto Machado*. A partir de *Os Trapalhões na guerra dos planetas*, de Adriano Stuart*, participou de quase todos os filmes do grupo Os Trapalhões, sob a orientação dos diretores J. B. Tanko*, Daniel Filho*, Carlos Manga*, Roberto Farias* e Flávio Migliaccio* e dos iniciantes Vítor Lustosa*, Dedé Santana, José Alvarenga Jr. e Wilton Franco. Esteve presente no documentário *O mundo mágico dos Trapalhões*, de Sílvio Tendler*, e nas experiências com animação de Mauricio de Sousa* (*Os Trapalhões no reino da fantasia* e *Os Trapalhões no rabo do cometa*). Faleceu em 18 de março, em São Paulo. (LFM)

ZAMPARI, Franco – Nápoles, Itália, 1898-1966. Produtor.

Primeiro dirigente a comandar os estúdios da VERA CRUZ*. Anteriormente, no final dos anos 40, idealizou e criou o Teatro Brasileiro de Comédia (TBC), empresa renovadora do teatro no Brasil, para a qual contratou os encenadores italianos Adolfo Celi*, Ruggero Jacobbi, Luciano Salce* e Flaminio Bollini Cerri, além do cenógrafo Aldo Calvo. Posteriormente, imigrou para o cinema e fundou a COMPANHIA CINEMATOGRÁFICA VERA CRUZ, contratando como produtor geral Alberto Cavalcanti*. Entre os anos de 1950 e 1951, os melodramas – como *Caiçara*, de Adolfo Celi; *Terra é sempre terra*, de Tom Payne*; e *Ângela*, de Tom Payne e Abílio Pereira de Almeida* – dominaram a produção. A contribuição de Cavalcanti foi valiosa, pois, além de supervisionar a construção dos estúdios, montou o quadro de técnicos da empresa, com o pessoal que trouxera do cinema inglês, como o fotógrafo Chick Fowle*; os operadores de câmera Bob Hucke e Ray Sturgess; os assistentes de câmera Jack Mills e Ronald Taylor; o assistente de direção Tom Payne; o montador-chefe Oswald Hafenrichter*; os montadores de documentários Rex Endsleigh e John Waterhouse; os maquiadores Gerry e Valerie Fletcher. Assim, a VERA CRUZ* tornou-se uma verdadeira escola para futuros cineastas. Jovens como Agostinho Martins Pereira*, Carlos Thiré, Galileu Garcia*, Toni Rabatoni*, Mauro Alice*, Lúcio Braun* ingressaram no estúdio, iniciando seus anos de aprendizagem. Depois, no biênio 1951-1952, Zampari trouxe do Rio de Janeiro Fernando de Barros*, que assumiu a produção dos melodramas *Tico-tico no fubá*, de Adolfo Celi, e *Appassionata*, que o próprio Fernando dirigiu. Entregou a outra parte da produção a Abílio Pereira de Almeida, diretor das comédias *Sai da frente*, *Nadando em dinheiro* e *Candinho*, produções que revelaram um novo comediante –

Mazzaropi*. Já no biênio 1952-1953, e em busca do almejado filme popular, tentou as adaptações literárias e teatrais, as comédias, os policiais, e contratou uma série de gerentes de produção, diretores, roteiristas e fotógrafos italianos, gente como Vittorio Cusani, Alberto Pieralisi*, Luciano Salce, Gianni Pons*, Ruggero Jacobbi, Fábio Carpi*, Ugo Lombardi*, que trabalharam vigorosamente no estúdio. A produção aumentou, os filmes ganharam dinamismo na sua realização e tecnicamente eram os mais bem realizados do país. Em 1953, foi obrigado a encerrar as atividades na VERA CRUZ. Infelizmente, esse homem apaixonado pela arte e pela cultura morreu pobre e foi enterrado no túmulo dos parentes de sua mulher (Débora Zampari), no Cemitério da Consolação, em São Paulo. Deixa de herança um teatro que modernizou nossas encenações e um grande estúdio, modérníssimo em sua época. (LFM)

ZAMUNER, Pio (Pio Roberto Zamuner) – Chiarano, Itália,1935. Fotógrafo, diretor.

FILMOGRAFIA: 1968 – *As amorosas* (fot.); *No paraíso das solteironas* (fot.); *Deu a louca no cangaço* (fot.). 1969 – *Uma pistola para Djeca* (fot.). 1970 – *Betão Ronca Ferro* (fot., dir.); *Se meu dólar falasse...* (fot.); *Nenê Bandalho* (fot.); *Um uísque antes... e um cigarro depois* (2º episódio: 'Mocinha de luto') (fot.). 1971 – *O grande xerife* (fot., dir.). 1972 – *Um caipira em Bariloche* (fot., dir.). 1973 – *Obsessão maldita* (fot.); *Portugal... minha saudade* (fot., dir.). 1974 – *O clube das infiéis* (fot.); *A gata devassa* (fot.); *Jeca macumbeiro* (fot., dir.). 1975 – *Jeca contra o capeta* (fot., dir.). 1976 – *A ilha das cangaceiras virgens* (fot.); *Traídas pelo desejo* (fot.); *O dia das profissionais* (fot.); *Jecão... um fofoqueiro no céu* (fot., dir.). 1977 – *As amantes de um canalha* (fot.). 1978 – *Jeca e seu filho preto* (fot., dir.); *Alucinada pelo desejo* (fot.); *Iracema, a virgem dos lábios de mel* (fot.); *Paixão de sertanejo* (fot., dir.). 1979 – *A banda das velhas virgens* (fot., dir.). 1980 – *O Jeca e a égua milagrosa* (fot., dir.). 1981 – *Violência na carne* (fot.); *A volta de Jerônimo* (fot.); *Os campeões* (fot.); *Como faturar a mulher do próximo* (1º episódio: 'A represália'; 2º episódio: 'Ginástica numa manhã de sol de domingo'; 3º episódio: '...') (fot.). 1982 – *As amantes de um homem proibido* (fot.); *As panteras negras do sexo* (fot.). 1983 – *Mulher-natureza* (fot.); *A volta do Jeca* (fot., dir.); *A doutora é boa pacas* (2º episódio: 'Manuela') (fot., dir.). 1983 – *De todas as maneiras* ('Prólogo'; 1º

episódio: 'O muro das virgens'; 2º episódio: 'As bonecas') (fot.). 1984 – *Sexo sem limites* (fot.); *Deliciosas sacanagens* (fot.). 1985 – *Sem vaselina* (1º episódio: 'O piroca de ouro'; 2º episódio: 'Chá de cuzinha') (fot.); *Macho, fêmea & Cia. (A vida erótica de Caim e Abel)* (fot.).

Radicado em São Paulo desde os anos 50. Frequenta, com Eliseu Fernandes*, Antônio B. Thomé e Ozualdo Candeias*, o escritório do fotógrafo Honório Marin, que era um ponto de encontro de profissionais de cinema. No começo da década de 60, atua profissionalmente como eletricista e maquinista em *O Cabeleira*, de Milton Amaral, e *O santo milagroso*, de Carlos Coimbra*; como assistente de câmera de Rodolfo Icsey* em *O quarto*, de Rubem Biáfora*, e *As amorosas*, de Walter Hugo Khouri*. A seguir, recebe a promoção a diretor de fotografia em *No paraíso das solteironas*, de Mazzaropi*. Na nova função, atua em *Uma pistola para Djeca*, de Ary Fernandes*, e *Nenê Bandalho*, de Emílio Fontana. Como diretor de fotografia, ilumina grande número de filmes na Boca do Lixo*, entre eles *O clube das infiéis*, de Claudio Cunha*, *Traídas pelo desejo*, de Tony Vieira*, e *Iracema, a virgem dos lábios de mel*, de Carlos Coimbra. É diretor de fotografia e codiretor de comédias de Mazzaropi. Durante uma década, desde que substituiu o diretor Geraldo Miranda no começo das filmagens de *Betão Ronca Ferro*, orientou as fitas cômico-dramáticas do caipira mais famoso do Brasil. Realiza *Paixão de sertanejo*, uma adaptação de *O sertanejo*, de José de Alencar*. Relança, sem sucesso, um personagem caipira – Chico Fumaça – em *A volta do Jeca*. (NCA)

ZELONI, Otelo – Roma, Itália, 1921-1973. Ator.

FILMOGRAFIA: 1951 – *Suzana e o presidente*. 1953 – *É proibido beijar*. 1956 – *Com água na boca*; *A doutora é muito viva*. 1957 – *A baronesa transviada*; *De pernas pro ar*. 1958 – *Cala a boca, Etelvina*. 1959 – *O cantor e a bailarina* (produção estrangeira). 1960 – *Vai que é mole*; *Marido de mulher boa*; *Por um céu de liberdade*; *Três colegas da batina*. 1964 – *São Paulo S. A.* 1967 – *Papai trapalhão*. 1969 – *Golias contra o homem das bolinhas*. 1969 – *Dois mil anos de confusão*; *A arte de amar bem* (2º episódio: 'A honestidade de mentir'). 1970 – *Beto Rockfeller*; *Como ganhar na loteria sem perder a esportiva*. 1971 – *Lua de mel & amendoim* (1º episódio: 'Lua de mel & amendoim'); *A 300 km por hora*.

Em 1950, ao excursionar pelo Brasil com uma companhia italiana de revistas,

decidiu permanecer no país. A partir daí, atuou em mais de trinta revistas musicais, tendo formado companhia própria em 1958. Em 1963, representou Eghisto Girotto, papel principal de *Os ossos do barão*, de Jorge Andrade, no Teatro Brasileiro de Comédia (TBC). Participou de seriados televisivos de sucesso, como *Dom Camilo* e *A Família Trapo*. Sua estreia no cinema foi com a comédia da VERA CRUZ* *É proibido beijar*, de Ugo Lombardi*. Anteriormente, fez uma pequena aparição na comédia *Suzana e o presidente*, de Ruggero Jacobbi, nos estúdios da MARISTELA*, o que não pode ser considerada uma estreia. Fez desde comédias sofisticadas, como *A doutora é muito viva*, de Ferenc Fekete, filmada na MARISTELA, até chanchadas cariocas, como *Marido de mulher boa*, de J. B. Tanko*, na qual contracena com Zé Trindade*. Em *São Paulo S. A.*, de Luís Sérgio Person*, é possível vislumbrar seu potencial dramático, convivendo com o seu já marcado estilo cômico. Conquista seu único papel de protagonista no cinema com *Papai trapalhão*, dirigido por Victor Lima*. Zeloni trabalhou até os últimos momentos de sua vida, quando gravava a telenovela *O conde zebra*, retirada do ar em consideração ao estado de saúde do ator. (AMR)

ZIEMBINSKI (Zbigniew Mariaw Ziembinski) – Wieliczka, Polônia, 1908-1978. Ator.

FILMOGRAFIA: 1931 – *Uwiedziona* (produção estrangeira). 1934 – *Czy Lucyna to Dziewczyna* (produção estrangeira); *Corka Generala Pankratowa* (produção estrangeira). 1936 – *Róza* (produção estrangeira); *Fredek Uszczesliwia Swiat* (produção estrangeira) (dir.). 1938 – *Kosciuszko pod Raclawicami* (produção estrangeira); *Granica* (produção estrangeira); *Rena* (produção estrangeira). 1939 – *Wloczegi* (produção estrangeira). 1942-1943 – *O brasileiro João de Souza*. 1945 – *Não adianta chorar*. 1947 – *Terra violenta*. 1951 – *Tico-tico no fubá*. 1952 – *Appassionata*; *Veneno*. 1953 – *É proibido beijar*. 1965 – *Crônica da cidade amada* (episódio: 'Iniciada a peleja'). 1967 – *Capitu*; *Edu, coração de ouro*. 1967-1968 – *Brasil, ano 2000*. 1968 – *Madona de cedro*. 1973 – *O descarte*. 1975 – *O caçador de fantasma*; *O homem de papel* (*Volúpia do desejo*).

Notável ator e um dos renovadores da encenação teatral no Brasil, Ziembinski era filho de Marian Ziembinski, médico, e de Leonia Cyfrowicz Ziembinska. Ziembinski estudou teatro em seu país, tornando-se, antes da eclosão da II Guerra, um grande encenador. Ziembinski estreou no palco aos 19 anos. No final de 1939, quando as tropas nazistas começavam suas invasões na Europa, o governo polonês decidiu reunir um grupo de artistas e intelectuais para preservar a cultura do país fora das fronteiras e organizou uma longa marcha até a Romênia, neutra na época. Entre eles, estava Ziembinski. Após perambular por vários países, Ziembinski percebeu que deveria deixar a Europa. Seu destino eram os Estados Unidos, onde o aguardava um contrato para ser diretor de teatro, mas o navio em que embarcou fez uma escala no Brasil, em 1941. Resolveu então ficar no Rio de Janeiro. O início da carreira brasileira de Ziembinski está ligado ao grupo Os Comediantes, fundado em 1937 por Luiza Barreto Leite, Pascoal Carlos Magno, Brutus Pedreira e outros. Inicialmente um departamento da Associação dos Artistas Brasileiros, Os Comediantes revolucionaram o teatro brasileiro, profissionalizando-o e trazendo para os palcos nacionais a renovação de ideias e a temática de autores como Nélson Rodrigues* e Joracy Camargo. A afirmação do nome de Ziembinski se deveu sobretudo à repercussão da montagem da peça *Vestido de noiva*, de 1943. A ligação de Ziembinski com o cinema começou ainda na Polônia, antes da guerra. O país possuía estúdios bem equipados, produção regular e laboratórios excelentes.

No Brasil, a carreira cinematográfica de Ziembinski teve início quando foi convidado a atuar em *O brasileiro João de Souza*, dirigido por Bob Chust, o primeiro filme brasileiro antinazista. Além de fazer o papel de Otto von Bock, um espião alemão que acaba preso pela Polícia Especial, Ziembinski foi o diretor artístico do filme. Atuou numa chanchada da ATLÂNTIDA*, *Não adianta chorar*, de Watson Macedo*, e teve uma participação pequena em *Terra violenta*, também da ATLÂNTIDA, dirigido pelo americano Eddie Bernoudy. Após alguns anos afastado do cinema, Ziembinski retornou no começo da década de 50, contratado pela VERA CRUZ*. Nos estúdios de

São Bernardo do Campo, fez quatro filmes: *Tico-tico no fubá*, *Appassionata*, *Veneno* e *É proibido beijar*. Em *Tico-tico*, de Adolfo Celi*, desempenha o papel de um artista circense. Em *Appassionata*, de Fernando de Barros*, Ziembinski interpreta o maestro Hauser, marido de uma grande pianista, Silvia Nogalis (Tônia Carrero*). O maestro é encontrado morto e a esposa é acusada do crime pela governanta. Ziembinski interpretou com a habitual sobriedade um delegado de polícia com ares de filósofo em *Veneno*, dirigido pelo italiano Gianni Pons*. Um afastamento ainda maior se seguiu ao último filme na VERA CRUZ*, uma comédia em que desempenha um dos papéis principais, ao lado de Otelo Zeloni*, Mário Sérgio* e Tônia Carrero*, todos sob a direção de Ugo Lombardi*. Ziembinski voltou ao cinema atuando em *Crônica da cidade amada*, de Carlos Hugo Christensen*. Nessa época, teve algumas atuações destacadas participando de *Capitu*, dirigido por Paulo César Saraceni*; *Brasil, ano 2000*, dirigido por Walter Lima Jr.*; e *Madona de cedro*, de Carlos Coimbra*. Nesse último, Ziembinski interpretou o dr. Villanova, chefe de uma quadrilha que planeja roubar a Madona de cedro em Congonhas do Campo. Seus últimos trabalhos no cinema foram *O descarte*, de Anselmo Duarte*; *O caçador de fantasma*, de Flávio Migliaccio*; e *O homem de papel* (*Volúpia do desejo*), um policial de Carlos Coimbra*. Além de atuar como ator, Ziembinski foi o roteirista de *O diabo mora no sangue*, de Cecil Thiré*. Ainda na Polônia, Ziembinski casou-se com Maria Prózynska, campeã de natação, e teve um filho, Krzysztof Ziembinski, tendo ambos permanecido na Polônia. O filho acabou se tornando um dos grandes atores poloneses, formando-se na Escola Superior de Teatro de Varsóvia, onde o pai foi professor. (LAR) Faleceu em 18 de outubro, aos 70 anos, de câncer no intestino, no Rio de Janeiro. Escrito pelo conterrâneo Yan Michalski, morto em 1990, e com organização final do estudioso Fernando Peixoto, teve sua biografia, *Ziembinski e o teatro brasileiro*, lançada em 1996 pela Editora Hucitec.

ZIMMERMANN, Vera (Vera Alice Santos Zimmermann) – Santos, SP, 1964. Atriz.

FILMOGRAFIA: 1983 – *Onda nova*. 1984 – *A estrela nua*. 1985 – *Os bons tempos voltaram: vamos gozar outra vez* (2º episódio: '1º de abril'). 1987 – *Leila Diniz*; *Besame mucho*; 1989 – *O corpo*. 1990 – *Atração satânica*; 1994 – *O efeito ilha*; 1998-1999 – *Mário*. 2000 – *Tônica dominante*; *Deus Jr.*

Aos 17 anos, em uma viagem à Bahia, conheceu Caetano Veloso* no camarim de *show* do cantor. Inspirado em sua beleza, Caetano escreveu a música *Vera gata*. Estreou nos palcos na peça *Nélson Rodrigues, o eterno retorno*, do diretor Antunes Filho. Após muitas peças em seu currículo, em 2008 novamente interpretou texto de Nélson Rodrigues* na peça *Vestido de noiva*. Em 1983, dois anos depois de estrear no teatro, dá início à sua carreira no cinema com o filme *Onda nova*, dirigido por José Antonio Garcia* e Ícaro Martins*. Na TV, estreou na telenovela *Vida nova* (1988), da REDE GLOBO DE TELEVISÃO. Atriz no curta-metragem *The Big Shit* (1998), de Renata Neves. Em 1999, venceu como melhor atriz no FESTIVAL DE GRAMADO, com o filme *Ela perdoa*, curta-metragem em 35 mm. Em 2007, atuou no curta *Páginas de menina*, que ganhou o prêmio de melhor curta no XVIII MELBOURNE INTERNATIONAL QUEER FILM FESTIVAL (Austrália). Em *A estrela nua*, trabalha novamente sob a direção de José Antonio Garcia e Ícaro Martins. Foi uma debutante em *Besame mucho*, de Francisco Ramalho Jr.*, baseado na peça teatral de Mário Prata. Com o diretor Fauzi Mansur* fez a fita de terror *Atração satânica*. Outro realizador com quem filmou foi Luiz Alberto Pereira* (*O efeito ilha*). Interpreta a esposa cujo marido abandona a cidade grande em *Mário*, de Hermanno Penna*. Foi violinista em *Tônica dominante*, de Lina Chamie. Participa dos seriados televisivos *Mangueira, amor à primeira vista* (1997); *Amor que fica* (1999) e *Joana e Marcelo, amor (quase) perfeito* (2002), sob direção de Marco Altberg*. (VLD)

Sobre os autores

Afrânio Mendes Catani Professor do Departamento de Administração Escolar e Economia da Universidade de São Paulo (USP) e autor de *A sombra da outra* (2002).

Ana Maria Rebouças Pesquisadora do Centro Cultural São Paulo e coorganizadora de *Cronologia das Artes em São Paulo 1975-1995 – Volume 3: Artes Cênicas* (1996).

André Gatti Professor do Departamento de Cinema da Fundação Armando Álvares Penteado (Faap) e autor de *Cinema brasileiro em ritmo de indústria (1969-1990)* (1999).

André Setaro Crítico de cinema e professor do Departamento de Comunicação da Universidade Federal da Bahia (UFBA), autor de *Escritos sobre cinema – trilogia de um tempo crítico* (2010).

Ângela Regina Cunha Pesquisadora de cinema.

Anita Simis Professora do Departamento de Sociologia da Universidade Estadual Paulista (Unesp) e autora de *Estado e cinema no Brasil* (1998).

Antônio Luiz Tinoco Pesquisador de cinema.

Arthur Autran Professor do Departamento de Artes e Comunicação da Universidade Federal de São Carlos (UFSCar) e autor de *Alex Viany: crítico e historiador* (2003).

Beto Leão Crítico de cinema e autor de *Goiás no século do cinema* (1996).

Carlos Augusto Calil Professor do Departamento de Cinema, Rádio e Televisão da Universidade de São Paulo (USP) e organizador de *Cinema e verdade: Marilyn, Buñuel, etc. Por um escritor de cinema* (1988).

Fatimarlei Lunardelli Professora do Departamento de Comunicação da Universidade do Vale do Rio dos Sinos (Unisinos) e autora de *A crítica de cinema em Porto Alegre na década de 1960* (2008).

Fernando de Tacca Professor do Departamento de Multimeios, Mídia e Comunicação da Universidade Estadual de Campinas (Unicamp) e autor de *A imagética da comissão Rondon* (2001).

Fernão Pessoa Ramos Professor do Departamento de Cinema da Universidade Estadual de Campinas (Unicamp) e autor de *Mas afinal... o que é mesmo documentário?* (2008).

Guiomar Pessoa Ramos Professora do Departamento de Expressão e Linguagem da Universidade Federal do Rio de Janeiro (UFRJ) e autora de *Um cinema brasileiro antropofágico (1970-1974)* (2008).

Helena Salem Pesquisadora de cinema e autora de *Nelson Pereira dos Santos – O sonho possível do cinema brasileiro* (1996).

Hernani Heffner Diretor de Conservação da Cinemateca do Museu de Arte Moderna do Rio de Janeiro (MAM/RJ).

Inimá Simões Jornalista e autor de *Roberto Santos – A hora e a vez de um cineasta* (1997).

João Luiz Vieira Professor do Departamento de Cinema e Vídeo da Universidade Federal Fluminense (UFF) e autor de *Câmera-faca – o cinema de Sérgio Bianchi* (Festival de Cinema Luso-brasileiro de Santa Maria da Feira).

José Américo Ribeiro Professor do Departamento de Fotografia e Cinema da Universidade Federal de Minas Gerais (UFMG) e autor de *O cinema em Belo Horizonte: do cineclubismo à produção cinematográfica da década de 1960* (1997).

José Gatti Professor da Universidade Tuiuti do Paraná e autor de *Barravento: a estreia de Glauber* (1988).

José Inácio Melo Souza Pesquisador da Cinemateca Brasileira e autor de *Paulo Emilio no paraíso* (2002).

José Maria Tenório Rocha Professor da Universidade Tiradentes de Aracaju e autor de *Folclore brasileiro – Alagoas* (1977).

José Mário Ortiz Ramos Professor do Departamento de Sociologia da Universidade Estadual de Campinas (Unicamp) e autor de *Cinema Estado e lutas culturais – anos 50/60/70* (1983).

Lécio Augusto Ramos Pesquisador da Cinédia.

Leo Gavina Organizador do Cinesul (Festival Ibero-Americano de Cinema e Vídeo) e autor de *Cinesul 2005 – Festival Latino-americano* (Cinesul).

Lúcia Nagib Professora da Universidade de Leeds e autora de *A utopia no cinema brasileiro – matrizes, nostalgia e distopias* (2006).

Luciana Corrêa de Araújo Professora do Departamento de Artes e Comunicação da Universidade Federal de São Carlos (UFSCar) e autora de *A crônica de cinema no Recife dos Anos 50* (1997).

Luciano Ramos Crítico de cinema e autor de *Os melhores filmes novos – 290 filmes comentados* (2009).

Luiz Felipe Miranda Pesquisador do Arquivo Histórico Municipal e autor de *Dicionário de cineastas brasileiros* (1990).

Luiz Zanin Oricchio Crítico de cinema e autor de *Cinema de novo: um balanço crítico da retomada* (2003).

Márcia Marani Pesquisadora do Centro Cultural São Paulo (CCSP) e coautora de *Alex Vallauri – Graffiti* (2011).

Marcos de Souza Mendes Professor do Departamento de Audiovisuais e Publicidade da Universidade de Brasília (UnB).

Maria do Rosário Caetano Jornalista e autora de *Cangaço – o nordestern no cinema brasileiro* (2005).

Maria Thereza Vargas Pesquisadora do Centro Cultural São Paulo e autora de *Cem anos de teatro em São Paulo 1875-1974* (2001).

Miriam Rossini Professora do Departamento de Comunicação da Universidade Federal do Rio Grande do Sul (UFRGS) e autora de *Teixeirinha e o cinema gaúcho* (1996).

Ney Carrasco Professor do Departamento de Música da Universidade Estadual de Campinas (Unicamp) e autor de *Sygkhronos: a formação da poética musical do cinema* (2003).

Nuno César Abreu Professor do Departamento de Cinema da Universidade Estadual de Campinas (Unicamp) e autor de *Boca do Lixo: cinema e classes populares* (2006).

Paulo Antônio Paranaguá Pesquisador de cinema e autor de *Cinema na América Latina: longe de Deus e perto de Hollywood*.

Remier Lion Pesquisador de cinema e autor de *Ivan Cardoso: mestre do terrir* (2008).

Roberto Moura Professor do Departamento de Cinema e Vídeo da Universidade Federal Fluminense (UFF) e autor de *Grande Othelo, um artista genial* (1996).

Rosinalva Alves de Souza Pesquisadora da Fundação Oswaldo Cruz (Fiocruz/RJ).

Rubens Machado Jr. Professor do Departamento de Cinema, Rádio e Televisão da Universidade de São Paulo (USP) e coorganizador de *Estudos de Cinema Socine VII* (2007).

Sandra Lacerda Campos Pesquisadora do Museu de Arqueologia e Etnologia da Universidade de São Paulo (USP).

Selda Vale da Costa Professora do Departamento de Ciências Sociais da Universidade Federal do Amazonas (UFAM) e autora de *No rastro de Silvino Santos* (1987).

Silvia Oroz Pesquisadora de cinema e autora de *Carlos Diegues: os filmes que não filmei* (1984).

Solange Stecz Professora da Faculdade de Artes do Paraná e organizadora de *Referências sobre filmagens e exibições cinematográficas em Curitiba: 1892/1907* (1976).

Thais Sandri Pesquisadora do Centro Cultural São Paulo e coorganizadora de *Cronologia das Artes em São Paulo 1975-1995 – Volume 4: cinema* (1996).

Tuio Becker Crítico de cinema e autor de *Cinema gaúcho: uma breve história* (1986).

Vera Lucia Donadio Pesquisadora do Centro Cultural São Paulo e organizadora de *Compositores brasileiros contemporâneos* (s./d.).

Walter Abreu Crítico de cinema.

Verbetes temáticos

Alagoas 20

Amazonas 28

Animação 33

Anos 80 35

Assistentes de direção 42

Atlântida (Atlântida Empresa Cinematográfica do Brasil S. A.) 44

Bahia 54

Boca do Lixo 82

Brasil Vita Filme 93

Cartaz 127

Ceará 141

Cenografia 144

Censura 149

Chanchada 152

Chaplin Club 154

Ciclo de Campinas 158

Ciclo de Cataguases 160

Ciclo do Recife 160

Ciclos Regionais 162

Cinearte 163

Cineclube 164

Cinédia 167

Cinedistri 169

Cinejornal 170

Cinema Brasileiro Anos 90 172

Cinema Marginal 174

Cinema Novo 177

Cinemateca 178

Concine 183

Congresso de cinema 184

Cor 187

Curta-metragem 197

Difilm 214

Distribuição 216

Documentário mudo 220

Documentário sonoro 224

Embrafilme (Empresa Brasileira de Filmes S. A.) 265

Espírito Santo 273

Exibição 274

Festivais 296

Filme cantante 298

Filme infantil 300

Filmes perdidos 302

Flama Filmes 305

Foto-cinematográfica brasileira 309

Fotografia 309

Goiás 340

INC (Instituto Nacional de Cinema) 372

INCE (Instituto Nacional de Cinema Educativo) 373

Kino Filmes 389

Laboratórios cinematográficos 393

Verbetes temáticos

Legislação 402
Literatura (Adaptações) 413
Livros 417
Mapa Filmes (Produções Cinematográficas Mapa Ltda.)........................449
Maristela (Companhia Cinematográfica Maristela)..............452
Minas Gerais 479
Montagem 484
Multifilmes...500
Musicais 505
Paraíba...536
Paraná...537
Pernambuco...548
Pornochanchada 558
Produção 565
Revistas e *sites* 586
Rio Grande do Sul..595
Roteiro..611
Saga Filmes 618
Salas de cinema 618
Santa Catarina 631
Servicine (Serviços Gerais de Cinema) 654
Som 667
Sonofilms 671
Super-8 680
Teatro (Adaptações)..687
Técnico de som 689
Trilha musical 704
Vera Cruz (Companhia Cinematográfica Vera Cruz)..............723

Deus e o diabo na terra do sol (1963), filme de Glauber Rocha.

Leonardo Vilar e Glória Menezes em *O pagador de promessas* (1962), filme de Anselmo Duarte.

Cor e movimento em *O dragão da maldade contra o santo guerreiro* (1968), de Glauber Rocha.

Déa Selva em *Ganga bruta* (1931-1933), de Humberto Mauro.

Oscarito em *Este mundo é um pandeiro* (1947), de Watson Macedo.

Sebastião Bernardes de Sousa Prata, conhecido como Grande Otelo.

Cena de *Os óculos do vovô* (1913),
de Francisco Santos.

Alberto Ruschel em *Ângela* (1951), de Tom Payne e Abílio Pereira de Almeida.

Estúdios da Vera Cruz ainda em construção em São Bernardo do Campo.

Movimento do Bar Soberano, ponto de encontro das produções da Boca do Lixo.

Cenas de *Limite* (1930-1931), de Mário Peixoto.

O cineasta Mário Peixoto.

Encontro de Humberto Mauro e Nelson Pereira dos Santos.

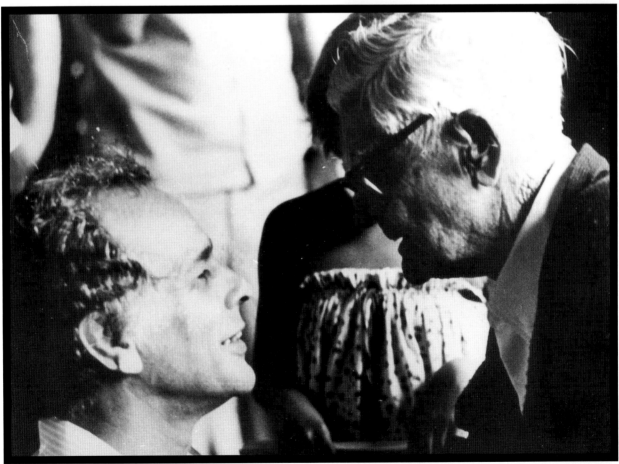

Eva Nil, uma das musas do cinema brasileiro.

Lágrima de Déa Selva em *Ganga bruta* (1931-1933), filme de Humberto Mauro.

Pose da jovem Carmen Santos.

Aurora Fúlgida, popular atriz do mudo brasileiro.

Fernanda Montenegro em *Central do Brasil* (1997), de Walter Salles.

Reginaldo Faria e Ana Maria Magalhães em
Lúcio Flávio, o passageiro da agonia (1977), de Hector Babenco.

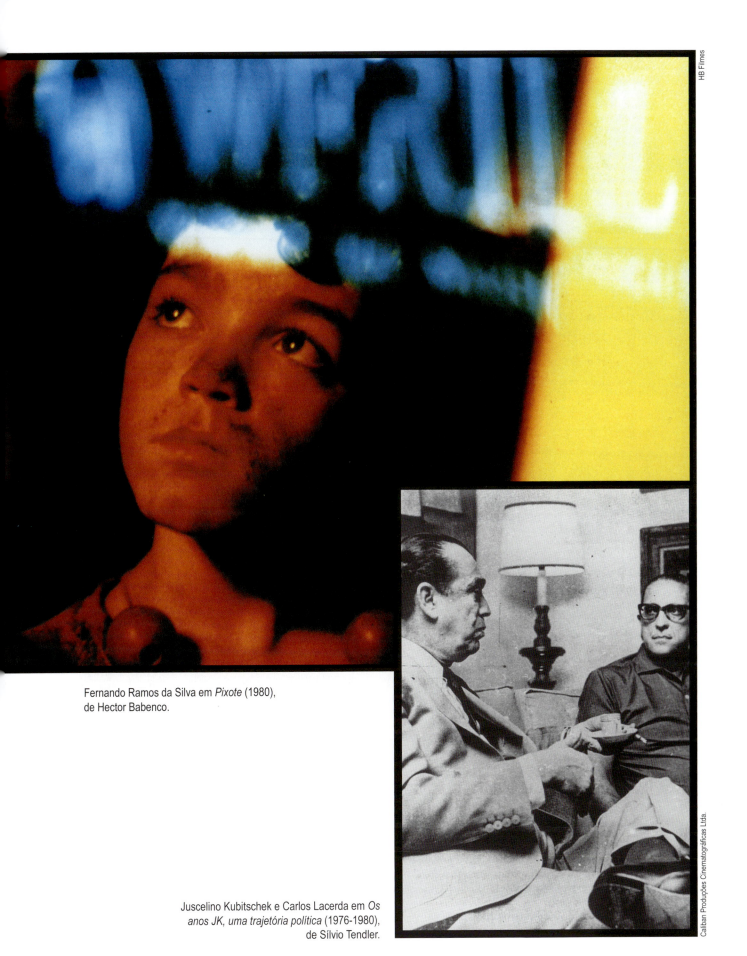

Fernando Ramos da Silva em *Pixote* (1980), de Hector Babenco.

Juscelino Kubitschek e Carlos Lacerda em *Os anos JK, uma trajetória política* (1976-1980), de Sílvio Tendler.

Edna de Cássia em *Iracema, uma transa amazônica* (1974), de Jorge Bodanzky.

Maria Bonita em tomada realizada por Benjamin Abrahão, utilizada por Paulo Gil Soares em 'Memória do cangaço', episódio de *Brasil verdade* (1965-1968).

Corisco, em outra tomada de Benjamin Abrahão utilizada em 'Memória do cangaço'.

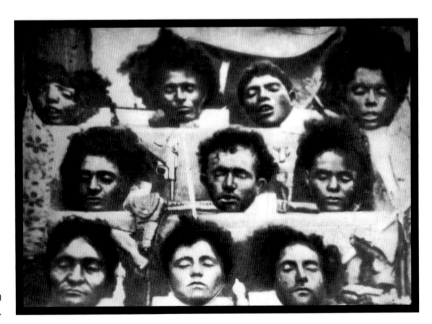

Cabeças decepadas de cangaceiros em cena de 'Memória do cangaço'.

Anecy Rocha em *A lira do delírio* (1977), de Walter Lima Jr.

Zezé Motta e Fernanda Montenegro em *Tudo bem* (1978), de Arnaldo Jabor.

Coisas eróticas (1981), de Raffaele Rossi e Laerte Callichio, filme que inicia a onda do sexo explícito no cinema brasileiro.

Helena Ramos e Nuno Leal Maia em *Mulher-objeto* (1980), de Sílvio de Abreu.

Fada Santoro, Oscarito e Eliana em *Nem Sansão nem Dalila* (1953), de Carlos Manga.

Grande Otelo e Oscarito em *Matar ou correr* (1954), de Carlos Manga.

Dercy Gonçalves em *A grande vedete* (1957), de Watson Macedo.

Oscarito travestido em cena de *Os dois ladrões* (1960), de Carlos Manga.

Oscarito e Zezé Macedo em *De vento em popa* (1957), de Carlos Manga.

Oscarito (ao centro) com Cyll Farney e Ilka Soares em *Pintando o sete* (1959), de Carlos Manga.

Zezé Macedo e Afonso Stuart com Oscarito (ao fundo) em *Esse milhão é meu* (1958), de Carlos Manga.

Chico Diaz e Stênio Garcia em *Os matadores* (1997), de Beto Brant.

Paulo Betti interpreta Lamarca, em *Lamarca, coração em chamas* (1994), de Sérgio Rezende.

Cláudio Mamberti (de branco) em cena de *Baile perfumado* (1997),
de Paulo Caldas e Lírio Ferreira.

Leona Cavalli em *Um céu de estrelas* (1997),
de Tatá Amaral.

777

O gigante da América (1978), filme de Júlio Bressane.

Chico Buarque e Maria Bethânia em *Quando o carnaval chegar* (1972), de Carlos Diegues.

O pioneiro Igino Bonfioli.

Ozualdo Candeias e Walter Wanny
na rua do Triunfo, Boca do Lixo.

A. P. Galante, produtor com vasta filmografia.

Wilson Grey, ator brasileiro com maior número de filmes.

Luiz de Barros, diretor com 60 longas-metragens.

São Paulo, sinfonia da metrópole (1929), de Adalberto Kemeny e Rudolf Lustig.

Guerra do Brasil (1986), de Sylvio Back.

Brasil maravilhoso (1928-1930), de Alfredo M. dos Anjos.

Pátria redimida (1930), de João Batista Groff.

Viagem a Roraima (1927),
de Luís Tomás Reis.

Funeral de Del Prete (1928),
de Igino Bonfioli.

Revolução de 30 em São Paulo (1930),
de cinegrafista desconhecido.

Santuário (1951), documentário dirigido por Lima Barreto.

O documentarista Luís Tomás Reis.

O documentarista Alberto Cavalcanti.

O diretor Leon Hirszman.

Carlos Diegues dirigindo o câmera Dib Lutfi.

O diretor Joaquim Pedro de Andrade.

O fotógrafo Mário Carneiro.

Glauber Rocha e sua irmã Anecy Rocha.

Antonio Pitanga em cena de *A idade da Terra* (1978-1980), de Glauber Rocha.

Rogério Sganzerla (1), Zelito Viana (2), Danuza Leão (3), José Lewgoy (4), entre outros, na saída da sessão de *Terra em transe* (1966), em Cannes.

Jorjamado no cinema (1977), documentário de Glauber Rocha.

O segredo do corcunda (1924), de Alberto Traversa.

Waldemar Moreno, Lúcia Laes e José Guedes de Castro em *Exemplo regenerador* (1919), de José Medina.

Barro humano (1927-1929), de Adhemar Gonzaga.

Tácito de Sousa como Peri em *O guarani* (1916), de Vittorio Capellaro.

Alma do Brasil (1930-1931), de Líbero Luxardo.

Genésio Arruda, Tom Bill e Margareth Edwards em *Acabaram-se os otários* (1929), de Luiz de Barros.

O documentarista Silvino Santos.

Cena de *Ópera sidéria* (data desconhecida), filme de Aníbal Requião.

Luís Tomás Reis, medindo um índio em *Ao redor do Brasil* (1932).

Jayme Costa em *Favela dos meus amores* (1935), filme perdido de Humberto Mauro.

O cineasta Afonso Segreto, pioneiro do cinema no Brasil.

Gilda Abreu em *Bonequinha de seda* (1936), de Oduvaldo Viana.

Mazzaropi em *Nadando em dinheiro* (1952), de Abílio Pereira de Almeida e Carlos Thiré.

Outra cena de Mazzaropi em *Nadando em dinheiro* (1952),

Jardel Filho e Cacilda Becker em *Floradas na serra* (1954), de Luciano Salce.

Waldemar Wey em *Uma pulga na balança* (1953), de Luciano Salce.

Grande Otelo em *Tudo é Brasil* (1995-1998), de Rogério Sganzerla.

Paulo Villaça (de binóculo) em
O Bandido da Luz Vermelha (1968),
de Rogério Sganzerla.

Cena de
A margem (1967),
filme de Ozualdo
Candeias.

Maria Gladys e Guará em *Piranhas do asfalto* (1970), de Neville d´Almeida.

Ana Maria Miranda e Renato Coutinho em *Crônica de um industrial* (1976), de Luiz Rosemberg Filho.

Lucy Carvalho e Daniel Filho em *Os cafajestes* (1962), de Ruy Guerra.

Odete Lara em *O dragão da maldade contra o santo guerreiro* (1968), de Glauber Rocha.

Cena de *Barravento* (1960-1961), de Glauber Rocha.

Cartaz de *Cinco vezes favela* (1962).

José Wilker e Roberto Maya em *Os inconfidentes* (1971), de Joaquim Pedro de Andrade.

Sady Cabral em *Rio, 40 graus* (1954-1955), de Nelson Pereira dos Santos.

Leila Diniz em *Todas as mulheres do mundo* (1966), de Domingos de Oliveira.

Ruth de Souza em *Sinhá moça* (1952-1953), de Tom Payne e Osvaldo Sampaio.

Luiza Maranhão (à esquerda) em *Ganga Zumba, rei dos Palmares* (1963-1964), de Carlos Diegues.

Milton Ribeiro e Edson França em *A morte comanda o cangaço* (1960), de Carlos Coimbra.

Carlos Miranda, Rosamaria Murtinho e o cachorro Lobo em *O vigilante rodoviário* (1962), filme de Ary Fernandes.

Alberto Cavalcanti no *set* de filmagem.

Cartaz de *Sinfonia amazônica* (1947-1952).

Cartaz de *O cangaceiro* (1952), de Lima Barreto.

Milton Ribeiro e Vanja Orico em *O cangaceiro*.

Odete Lara e Norma Bengell nas filmagens de *Noite vazia* (1964), de Walter Hugo Khouri.

Cartaz de *Noite vazia*.

Antônio Fagundes, Dina Sfat e Xuxa Lopes em *Das tripas coração* (1982), dirigido por Ana Carolina e produzido pela Cristal Cinematográfica Ltda.

Carmen Miranda em sua fase americana.

Procópio e Bibi Ferreira.

Débora Bloch em *A ostra e o vento* (1996-1997), de Walter Lima Jr.

Betty Faria em *Anjos do arrabalde* (1986), de Carlos Reichenbach.

Manuel Clemente (na câmera) e Vladimir Carvalho dirigindo *O país de São Saruê* (1967-1971), Foto de cena de Walter Carvalho.

Cena de *O país de São Saruê*, de Vladimir Carvalho.

Carmen Santos entre o jovem Vinicius de Moraes e Mário Peixoto.

Eliezer Gomes em *Assalto ao trem pagador* (1962), de Roberto Farias.

Maria Cláudia e Tarcísio Meira em *Independência ou morte* (1972), de Carlos Coimbra.

Cena de *Os herdeiros* (1968-1969), de Carlos Diegues.

Luís Soroa e Carmen Santos em
Sangue mineiro (1929), de Humberto Mauro.

Eliane Lage em *Ravina*
(1957-1958),
de Rubem Biáfora.

Carla Camurati em *Cidade oculta* (1986), de Chico Botelho.

Antônio Fagundes e Ana Ramalho em *Anjos da noite* (1986), de Wilson de Barros.

Reginaldo Faria dirige e atua em
Os paqueras (1968), com Adriana Prieto.

Lucélia Santos e Pedro Cardoso em
As sete vampiras (1984-1986), de
Ivan Cardoso.

David Cardoso e Jean-Claude Bernardet
na rua do Triunfo,
Boca do Lixo.

A jovem Carmen Miranda em *Alô! alô! Carnaval* (1935), de Adhemar Gonzaga.

O crítico Paulo Emílio Sales Gomes.

Violência urbana em *Cronicamente inviável* (1999), filme de Sergio Bianchi que marcou o cinema brasileiro nos anos 2000.

Carandiru (2002), de Hector Babenco, retrata cotidiano e morte no presídio, a partir de histórias do livro *Estação Carandiru*, escrito pelo médico Dráuzio Varella.

Wagner Moura tem atuação convincente no segundo *Tropa de elite* (2006), recordista absoluto de público no cinema brasileiro.

813

Fotografia marcada na praia de *Cidade de Deus* (2002),
filme que marcou a "retomada" do cinema brasileiro.

Família protagonista de *Linha de Passe* (2008), de Walter Salles e Daniela Thomas.

Paulo Miklos em *O invasor* (2001), de Beto Brant.

Leona Cavalli em *Contra todos* (2004), longa de estreia de Roberto Moreira.

Caio Blat, Jonathan Haagensen e Silvio Guindani em
Bróder (2009), filme do cineasta Jeferson De.

Carla Ribas e Berta Zemel em *A casa de Alice* (2007), de Chico Teixeira.

À margem do lixo (2008), filme de Evaldo Mocarzel, um dos documentaristas de produção mais profícua nos anos 2000.

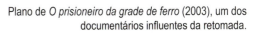

Santo forte (1999), de Eduardo Coutinho, filme que exerceu forte influência no cinema brasileiro recente.

Plano de *O prisioneiro da grade de ferro* (2003), um dos documentários influentes da retomada.

817

Eduardo Coutinho dirigindo *Babilônia 2000*.

Dona Conceição, personagem do documentário *Babilônia 2000* (2000), de Eduardo Coutinho.

Fernanda Torres encena personagem no documentário *Jogo de cena* (2007), de Eduardo Coutinho.

Nordeste filmado pela segunda vez por Rodolfo Nanni, no documentário *O retorno* (2008).

O mordomo Santiago, dirigido por João Salles no documentário autobiográfico *Santiago* (2006).

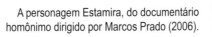

A personagem Estamira, do documentário homônimo dirigido por Marcos Prado (2006).

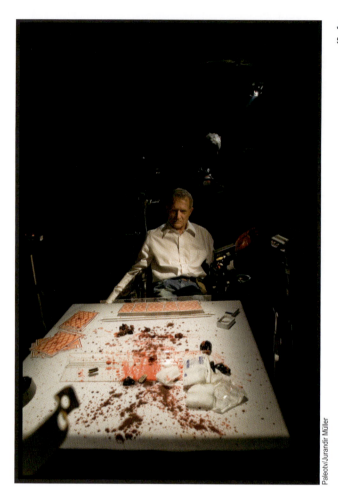

Jean-Claude Bernardet mostrando fobia de sangue em *FilmeFobia* (2008), de Kiko Goifman.

Sequestro armado retratado em *Ônibus 174* (2002), documentário de estreia de José Padilha.

O garoto Marcos Paulo Simão segurando a foto de Cartola no documentário
Cartola: música para os olhos (2006), dirigido por Lírio Ferreira e Hilton Lacerda.

Expressão de camponês mineiro no documentário *Terra deu, terra come* (2009), de Rodrigo Siqueira.

Foto do documentário *O andarilho* (2007), de Cao Guimarães.

Andrea Tonacci dirigindo Carapiru no documentário *Serras da desordem* (2006).

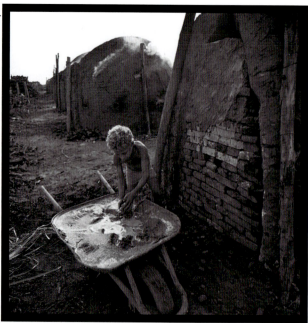

Trabalho infantil retratado em *Os carvoeiros* (1999), documentário dirigido por Nigel Noble.

O ator João Miguel na produção pernambucana *Cinema aspirinas e urubus* (2005), com direção de Marcelo Gomes.

Selton Mello em *Árido movie* (2005), de Lírio Ferreira.

Chico Diaz, ator com ampla filmografia, estrelando *Corisco e Dadá* (1995), de Rosemberg Cariry.

Rodrigo Santoro no início de sua carreira em *Bicho de sete cabeças* (2000), estreia da diretora Laís Bodansky.

Três atores da nova geração, Caio Blat, Alexandre Rodrigues e Maria Flor, em *Proibido proibir* (2005), de Jorge Durán.

O superoitista Edgar Navarro chega à metragem longa com a produção baiana *Eu me lembro* (2002-2005).

O garoto Miguel Joelsas, protagonista mirim de *O ano em que meus pais saíram de férias* (2006), de Cao Hamburger.

Beto Brandt em ação no set.

O cineasta André Klotzel.

Laís Bodanzky dirigindo *As melhores coisas do mundo* (2010).

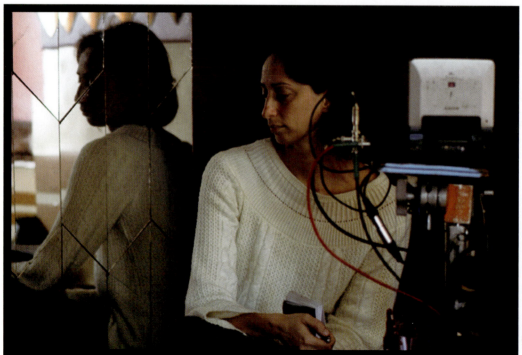

O cineasta Toni Venturi olhando no visor durante as filmagens de *Cabra-cega* (2005).

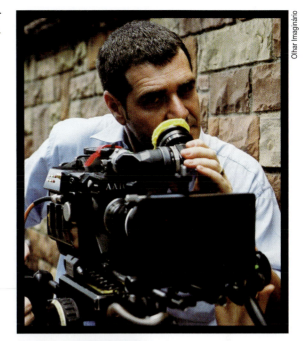

Sylvio Back dirigindo Maria Ceiça em *Cruz e Souza, o poeta do Desterro* (1998-1999).

Pai e filho, Rafael e Walbercy Ribas, duas gerações de cineastas de animação;

O casal Domingos de Oliveira e Priscilla Rosembaum no longa
Separações (2002), com direção do próprio Domingos.

Mãe e filha, Fernanda Montenegro e Fernanda Torres, dirigidas por
Andrucha Waddington em *Casa de areia* (2005).

Protagonista de *Reflexões de um liquidificador* (2010), filme de André Klotzel.

Lázaro Ramos e Flávio Bauraqui em *Cafundó* (2005), único longa dirigido pelo ator Paulo Betti.

Nelson Xavier encarnando o conhecido médium em
Chico Xavier (2009-2010), de Daniel Filho.

Carlos Vereza em *Bezerra de Menezes, o diário de um espírito* (2008),
filme que inicia a voga de produções espíritas.

O quarteto musical de *Antônia* (2006), de Tata Amaral.

Daniel de Oliveira interpreta o cantor em *Cazuza, o tempo não para* (2004), de Sandra Werneck e Walter Carvalho.

José Mojica Marins e José Celso Martinez Corrêa contracenam em *Encarnação do demônio* (2007-2008).

Maitê Proença em *Onde andará Dulce Veiga?* (2007), filme com toque retrô, de Guilherme de Almeida Prado.

O casal Fernanda Torres e Wagner Moura na comédia *Saneamento básico, o filme* (2007), de Jorge Furtado.

Marieta Severo e Eliana Fonseca no filme marco da retomada, *Carlota Joaquina, princesa do Brasil* (1992-1994), de Carla Camurati.

Selton Mello deixa Luana Piovani entrar em *A mulher invisível* (2009), de Cláudio Torres.

João Miguel e Fabíola Nascimento trocam olhares no filme paranaense *Estômago* (2007), de Marcos Jorge.

Lázaro Ramos posa com dinheiro falso em *O homem que copiava* (2003), de Jorge Furtado.

Toni Ramos, Glória Pires e elenco em festa de casamento do recordista de bilheteria *Se eu fosse você 2* (2008).

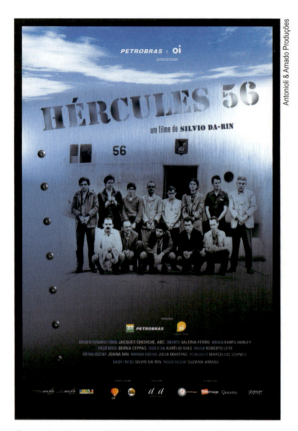

Cartaz de *Hércules 56* (2007), documentário dirigido por Silvio Da-Rin.

Seguindo tradição familiar, Maurício Farias dirige o policial *Verônica* (2008), com Andréa Beltrão e Marco Ricca.

Cartaz de *2 filhos de Francisco* (2005), de Breno Silveira.

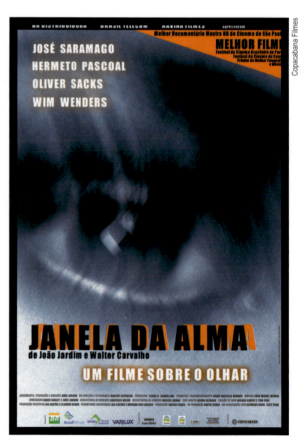

Cartaz de *Janela da alma* (2001), documentário de Walter Carvalho e João Jardim que obteve boa bilheteria.